《中国政党制度年鉴》编委会

中国政党制度年鉴

2010

中央社会主义学院中国政党制度研究中心 编

中央文献出版社

编辑说明

一、《中国政党制度年鉴》是中央社会主义学院中国政党制度研究中心主编的一部专业性年鉴。它全面、系统地记录和反映了一年内执政党建设理论和实践研究、政党制度理论创新和实践发展、参政党建设理论和参政能力建设的基本情况。鉴于目前国内关于执政党研究的理论和实践成果十分丰富，它突出介绍了政党制度和参政党的研究和实践状况。

二、《中国政党制度年鉴》以中国特色社会主义理论体系为指导，力争全面、客观地反映中国共产党领导的多党合作和政治协商制度的理论研究动态、实践成果、政党和政党制度建设情况。

三、本年鉴框架相对稳定。《中国政党制度年鉴·2010》共设中国政党制度研究，执政党研究，参政党研究，重要文献，政党活动纪要，学术会议、学术人物，参政议政案例选，附录共八个栏目。

四、重要文献主要选编各民主党派本年度内关于参政议政、自身建设等报告、领导重要讲话及规章制度；学术会议是指与政党和政党制度研究相关的学术会议；学术人物是指在政党和政党制度研究领域有较高社会知名度的学者和专家；附录一、二分别介绍了台湾政党制度、国外政党制度年度研究状况，附录三力求全面收录国内本年度关于政党制度相关研究的文献资料。欢迎社会各界积极推介有关政党制度的研究成果、学术会议和学术人物，我们将按标准收入年鉴。

五、鉴于中国政党制度的学科体系尚未规范，有关这方面的研究成果散见于各个学科之中，给资料收集工作带来很大困难，加上我们的学术水平和编辑能力所限，疏漏和不足之处在所难免，恳请广大读者不吝赐教，以便我们在今后的编辑工作中努力改进，使之不断完善。

目 录

中国政党制度研究

执政党研究

参政党研究

重要文献

政党活动纪要

学术会议　学术人物

参政议政案例选

附　录

中国政党制度研究

中国政党制度研究述评

2010年多党合作制度研究，在广大理论工作者和实践工作者的共同努力下，一大批多党合作的优秀成果展现在我们面前。同以往的研究相比，本年度的研究具有以下三个鲜明特点：一是高质量的研究成果同低水平的重复文章并存。二是政策性和学理性并重。由于缺少了重大历史事件的推动，少了一些应景之作，许多学者们给予了多党合作更多的理论思考。三是理论与实践并举。理论是实践的产物，不是人的头脑杜撰出来的，在经过了大规模的发掘之后，理论创新的素材明显短缺。而随着多党合作事业的发展，一些鲜活的案例需要进行抽象、概括和总结。于是，就出现了理论与实践相结合的良好局面。现将本年度研究的主要观点概述如下：

一、多党合作制度的形成和发展

中国多党合作制度的形成和发展，是中国近现代历史发展的必然选择，是马克思列宁主义与中国实际相结合的产物，是中国共产党和各民主党派共同奋斗的成果，是中国人民政治智慧的结晶。这一制度孕育于新民主主义革命时期、形成于中国人民共和国成立之时，发展于社会主义革命、建设和改革开放新的历史时期。这是多年来关于多党合作制度形成和发展研究方面取得的共识。本年度关于多党合作制度形成和发展的研究，主要从政治文明、传统文化、社会基础等方面进行了深入探讨，取得了一批研究成果。

（一）多党合作制度的历史必然性和现实合理性

本年度关于多党合作制度的历史必然性和现实合理性的研究，同以往的研究相比，一个突出的特点就是把中国多党合作制度的形成和发展放到世界政党制度产生的大环境中进行考察，从中总结出其产生和发展的一般规律，突出了学理性。其中以周淑真的《观察和衡量政党制度的几个维度》、杨光斌的《制度变迁中的政党中心主义》最具代表性。黎玉林、鲍跃华的《合作治理与中国政党制度的发展》，以合作治理为研究视角，也很有新意。

周淑真在《观察和衡量政党制度的几个维度》（《上海市社会主义学院学报》2010年第6期）一文中认为，一方面政治制度是“长成的”，另一方面政治制度又是“做成的”。因为人们在政治制度面前不是无能为力的，“政治制度在很大程度上是一种人为的创造”。中国共产党领导的多党合作和政治协商制度，是在中国人民争独立求解放的斗争中形成的，也是与多党制度和一党专政在中国的破产分不开的。同西方国家200多年的政党产生发展历史相比较，中国政党产生和发展的历史则要短一些，但是与西方英、美、法等国一开始就形成单纯的两党制或多党制相比较，中国人民对于各种形态的政党制度的经历与体验，则要丰富深刻得多，探索适合国情的政党制度的道路要曲折得多。中国的特殊历史发展道路决定了多党合作制度有既区别于一党制、又区别于多党制的特殊性。因为人们在政治制度面前不是无能为力的，“政治制度在很大程度上是一种人为的创造”。

杨光斌在《制度变迁中的政党中心主义》（《西华大学学报》2010 年第 2 期）一文中认为，社会科学中流行的和居主宰地位的社会中心主义和国家中心主义都是特定制度变迁经验的产物。也就是说，依靠市场方式和社会力量主导而走向现代化的英国—美国经验，自然就产生了以“天赋人权”和“社会契约论”为核心的社会中心主义理论体系；依靠国家或官僚机器推动而走向现代化的德国—日本经验，产生了以国家自主性和国家能力为核心的国家中心主义。但是，对于很多后发国家而言，比如俄罗斯和中国，第一次世界大战导致俄国国家的失败，辛亥革命以后的中国处于“丛林规则”状态，是政党把国家重新组织起来，形成了党—国体制下的制度变迁。对此，不要说社会中心主义的话语体系难以解释俄国、中国以及其他类似路径的发展中国家的现代化经验，就是国家中心主义也有很大的局限性。这里，依据俄国和中国经验，初步提出一个替代性的研究路径即“政党中心主义”。政党主导下的制度变迁，既是不能忽视的历史存在，也是很多国家的当下写照，因此，必须有一套相应的理论体系来解读特定的经验。正如不能因为国家主导式道路而经历了灾难而否定国家中心主义一样，也不能因为政党主导的现代化曾经历灾难而否定一个事实上的政党中心主义。但是，政党主导下的制度变迁，也必须适时地实行权力转移，以实现政党—国家—社会之间的平衡。这是比较政治发展的基本结论。因此，对于中国这样的国家而言，政党、国家与社会之间的均衡更具有相对性，比较而言，中国更需要组织国家的组织者。

鲁开垠、蔡冬菁在《演化经济学视角下的中国特色政党制度分析》（《中央社会主义学院学报》2010 年第 2 期）一文中认为，演化经济学具有三个重要特征：第一，演化具有路径依赖性。第二，创新是推动演化过程的内在动力。第三，演化可体现制度模式的变迁。用演化经济学理论来分析中国特色政党制度变迁的历史进程可以看到，第一，中国特色政党制度具有路径依赖性，在中国特色政党制度的演化过程中，中国共产党作为执政党，充当了制度演化的主体，影响着中国特色政党制度的发展进程和发展方向。第二，中国特色政党制度是创新的产物，而且随着社会环境的变迁，还在不断地创新与发展。一是我国政党结构具有创新性。二是我国政党制度运行方式具有创新性。第三，中国特色政党制度的历史体现为制度模式的变迁史。

黎玉林、鲍跃华在《合作治理与中国政党制度的发展》（《江苏省社会主义学院学报》2010 年第 5 期）一文中认为，中国共产党和民主党派的合作是建立在相互信任的基础上的。在长期革命斗争的实践中，中国共产党和民主党派结下了深厚的情谊，中国共产党在中国革命中的卓越表现和历史功绩，为民主党派信任中国共产党奠定了坚实的基础，积累了丰厚的历史资源；民主党派与中国共产党在革命中的相互配合也增进了彼此的信任，成为政党合作的信任基础。

邓凌、万光碧在《我国社会结构变化与多党合作制度的完善》（《江苏省社会主义学院学报》2010 年第 5 期）一文中认为，社会结构变化是我国多党合作制形成和发展的基本依据。第一，中国半殖民地半封建社会经济形态的多样性和特殊性以及政治思想的多样性，为中国特色的政党制度奠定了经济基础和思想基础。中国共产党和民主党派自身的特点，为我国多党合作制的形成和发展奠定了坚实的社会基础。第二，新中国建立初期，我国社会主要存在四个基本阶级，即工人阶级、农民阶级、民族资产阶级和城市小资产阶级。与这一时期阶级状况相适应，中国共产党是国家的领导者，在工农联盟基础上，广泛团结民族资产阶级、城市小资产阶级，建立起统一战线性质的政权。民主党派作为民族资产阶级和城市小资产阶级的政治代表参加国家政权，并代表他们参政议政。第三，改革开放后，两大阶级和一个阶层的社会结构，特别是对民主党派的性质重新认定，以及新的社会阶层的出现，为中国特色政党制度在新的历史条件下健康发展打下了坚实的基础。

邱秀华、杨雪在《中国特色政党制度的形成与发展》（《河南师范大学学报》2010 年第 4 期）一文中认为，中国共产党领导的多党合作和政治协商制度，是我国独具特色的政党制度。这一政党制度之所以能在中国革命、建设和改革的过程中逐步形成和发展，是与诸多因素的影响分不开的。马克思主义政党理论和统一战线学说是中国特色政党制度的理论基础，中国半殖民地半封建社会特殊的政治经济结构是中国特色政党制度的社会条件，近代以来民主党派和中国共产党始终与国家民族共命运同进步成为中国特色政党制度的政治基础，中国文化中的群体和谐、和而不同等传统价值观是中国特色政党制度的文化根基。

韩春平、饶显崴在《实践的原则与原则的实践——多党合作的历史诠释》（《求实》2010 年第 11 期）一文中认为，多党合作与始于 18 世纪末 19 世纪初的近现代中国百年宪政历程紧密结合。在长时段的历史观中，若干基本事实构成多党合作的整体镜像：它是中华复兴、国家强盛、社会进步的文明积淀；是和平统一、民主共和的政治制度选择；是科学执政、民主执政、依法执政的原创性动力。对这一镜像的历史诠释，是当下政党政治制度解放思想、科学发展、文明进步的基础。

于小英在《论我国多党合作和政治协商制度确立的重要基础》（《中央社会主义学院学报》2010 年第 6 期）一文中认为，中国共产党关于新民主主义理论以及建立民主联合政府政治主张的提出，为中国指明了一条适合国情的政治发展道路；中国共产党所创立的多党合作理论与实践，为建立以多党合作和政治协商为特征的新中国国家政权模式，提供了重要的理论基础和实践依据；中国共产党所倡导的以政治协商解决国事的方式和民主精神，成为多党合作的重要原则并发展为社会主义民主的重要形式。

彭承尧在（《试论坚持和完善中国特色政党的多党合作制度建设问题》（《改革与开放》2010 年 12 月刊）一文中认为，中国共产党领导的多党合作制度不仅具有产生的历史必然性，而且也具有存在的现实必然性。第一，多党合作制度首先是由我国经济基础决定的。共产党领导的多党合作和政治协商制度不仅是适合我国基本国情的，而且也是为我国公有制为主体、多种所有制经济共同发展的基本经济制度所需要的。第二，多党合作制度也是由我国的政治总格局决定的。由工人阶级领导的、工农联盟为基础的人民民主专政的国家性质决定了我国各政治团体在政治中的地位和作用。第三，多党合作制度也符合我国的文化传统。它根基于中华文化善同和求和的传统。求同存异，和而不同，从而更多地强调协商，而不是西方的竞争。

（二）传统文化对多党合作制度形成和发展的影响

政治文化、特别是中国几千年的传统文化对我国多党合作制度的形成和发展产生了巨大影响，也是多党合作理论研究的一个重要内容。本年度关于传统文化对多党合作制度影响的研究，以熊必军的《合作理论视域下的中国多党合作制度》最具代表性。

熊必军在《合作理论视域下的中国多党合作制度》（《社会主义研究》2010 年第 2 期）一文中认为，为什么在中国会形成不同于西方的合作型政党制度呢？首先中国传统文化的人性基础是“性善论”，人之初、性本善是对中国传统文化人性基础的最好描述，在此基础上形成的“尚中庸、喜和谐、重合作”的思想，影响着中国人的思想文化理念和行为模式。其次就是中国传统文化的集体主义，传统的中国社会是一个“治水社会”，治水社会的生产活动则需要大规模的合作，而要实施大规模的合作活动就必须要求大家具有集体至上的思想，要有强有力的集权领导。再次就是国家至上主义，天下兴亡，匹夫有责，国家的利益永远是至高无上，中国人要共同维护国家的利益，就必须精诚合作、精诚团结一致去努力拼搏奋斗。最后，我国的合作型政党制度产生于近现代的救亡图存，抵御外族的侵略斗争之中。面对强敌，只有团结合作，同时也必须有一个强有力的领导力量，才能取得胜利。所以中国共产党领导的多党合作和政治协商制度这种合作型政党制度虽移植于西方，但结合中国本土的文化基因，因此就形成了不同于西方竞争型的政党制度了。在中西政党制度的形成与演变的过程中，以及政党制度的研究理论体系中，形成不一样的道路和理论体系。西方政党制度研究的主流是以竞争型政党制度研究为主，其竞争型政党制度的人性基础是性恶论，文化基因是个人主义、自由主义，个人主义的一个文化特征就是竞争，所以在政党体制中的表现，竞争是主题。在中国，中国多党合作制度的文化基因是集体主义、国家主义，集体主义的文化特征就是合作，所以在中国的政党制度中，合作是主流。

蔡冬菁在《政治文化与当代中国政党制度的发展》（《广东省社会主义学院学报》2010 年第 2 期）一文中认为，政治文化规定了政治生活的基本内容、指导和规范各种政治行为、影响政治过程，是政治制度形成的一个重要原因。中国共产党领导的多党合作和政治协商制度的形成与发展，除了经济基础这个决定因素外，政治文化也是影响和制约它的重要力量。居于主导地位的政治文化是中国政党制度的思想基础，既是旗帜，又是精神动力。以马克思主义为指导的社会主义政治文化是中国政党制度的核心文化，和合文化是当代中国政党制度的文化基础，社会主义民主文化为中国政党制度提供发展方向。推进先进政治文化建设，一是建设社会主义核心价值体系。二是加强法治文化建设，推进中国政党制度的制度化、规范化、程序化。三是加强社会主义民主文化建设，拓宽公民的政治参与渠道。四是中国共产党和各民主党派要坚持正确的政治导向，把握政治社会化的正确方向。

孙丽娟在《试论中国政党制度之传统文化的内在规定性——继续以中国传统文化历史为路径进行的思考》（《湖北省社会主义学院学报》2010 年第 2 期）一文中认为，现行的中国政党制度体系之文化渊源来自于中华民族上下五千年崇尚的“天人合一”的整体宇宙观、“知行合一”的系统认识论，以及以社会和谐为本位的人文主义精神。正是中国传统文化中关于“和谐”的哲学思想、“大一统”的传统政治思想、“一准乎礼”的法律思想、“天理人情”的伦理道德思想以及传统的家庭伦理思想及其价值取向，共同构成了中华民族的文化基因，这种文化基因产生的“社会文化的内在力量”在当今乃至今后很长一段历史时期里，决定着中国现代政党制度存在的长期性、持久性。

（三）多党合作制度的历史探源

1949 年中国人民政治协商会议的召开，标志多党合作制度的确立，已成为不争的事实，而关于多党合作制度雏形的研究，尽管大部分研究者认为“三三制”政权就是多党合作制度的雏形，但也有不同的观点。梁玉玮在《中国特色政党制度雏形的缘起探析》一文中提出多党合作制度的雏形形成于西柏坡时期，也是值得思考的一个观点。

梁玉玮在《中国特色政党制度雏形的缘起探析》（《党史博采》2001 年第 1 期）一文中认为，在新中国即将诞生的西柏坡时期，中国共产党同各民主党派及无党派人士对国民党的反动统治展开最后决战，在平等协商的基础上对召开新的政治协商会议等一系列问题达成一致，体现出中国共产党统一战线政策的真诚性和长期性，中国特色政党制度雏形至此形成。西柏坡时期民主党派的立场发生转变，各民主党派响应中共中央《纪念“五一”劳动节口号》，坚定地站在人民一边，并开始接受新民主主义、接受中国共产党的领导。在革命即将胜利的历史时刻，各民主党派和进步人士代表在中共的精密安排下陆续来到解放区。中共同各民主党派进一步加强了沟通和了解、增进了友谊和信任，为人民解放战争和新政权建设并肩作战。西柏坡时期民主党派的进步人士不仅密切配合中共的军事斗争，而且从舆论上对国民党政权进行瓦解。这对加速解放战争进程，维护社会秩序以及解放后中国共产党城市工作的顺利开展创造了条件。西柏坡时期中共与民主党派合作的历史贡献：第一，明确确定中共与民主党派的友党关系。第二，为新政治协商会议的召开做了必要准备。第三，奠定了民主党派参政议政的坚固根基。

何虹在《“三三制”政权形式对形成中国特色政党制度的影响》（《陕西社会主义学院学报》2010 年第 2 期）一文中认为，陕甘宁边区的“三三制”政权形式，对中国特色的政党制度的形成产生了直接的影响。它所创造的原则和思想为中国共产党领导的多党合作和政治协商制度提供了宝贵的经验，并在中国特色政党制度中得到了充分的体现。这些经验主要有：第一，“三三制”政权是广泛团结各阶层人民的最好形式，为多党合作制度的形成奠定了基础。第二，坚持共产党的领导地位，坚持共产党领导的关键在于改善共产党的领导。第三，共产党必须接受党外人士的监督。第四，共产党同民主党派长期共存。

王克群在《延安时期多党合作民主政治建设探讨》（《天津市社会主义学院学报》2010 年第 3 期）一文中认为，所谓“三三制”，就是在各级参议会和政府成员的名额分配上实行“三三制”，共产党员、非党左派进步分子和中间分子各占三分之一。在“三三制”政权中，施政纲领由各方协商产生，党在政权中的领导地位主要靠党的主张正确性和党员的模范工作来实现。各个抗日阶级都有参政的机会和条件：这就确保了陕甘宁边区抗日政权是一个真正的民主政权，这种民主政权的架构，真正体现了中国共产党立党为公、执政为民的思想。陕甘宁边区的“三三制”政权，本质上是中国共产党领导下的抗日民族统一战线政权，是共产党领导的多党合作政党制度的雏形。

林祥庚在《党的第一代领导集体与新中国的多党合作》（《中共福建省委党校学报》2010 年第 1 期）一文中认为，党的第一代领导集体是新中国多党合作事业的开创者，其历史贡献主要体现为：深刻批判党内“左”倾关门主义，阐明革命胜利后共产党与民主党派继续保持政治联盟的重要性与必要性，为新中国的多党合作奠定了思想理论基础；支持帮助各民主党派整顿发展组织，将人民政协确立为党派合作的机关，为多党合作提供了组织形式上的保障；制定并坚持“长期共存，互相监督”党派关系基本方针，实际上建构了我国社会主义政党制度；在“文化大革命”极端困难的情况下，维护保存了多党合作的根基，为新时期党派关系的新发展准备了必要的条件。

陈睦富在《开国、奠基、创制——毛泽东对多党合作与政治协商制度的开拓性贡献》（《贺州学院学报 2010 年第 1 期》）一文中认为，在筹划建立新中国的过程中，以毛泽东为代表的党的第一代领导集体做了大量理论上、思想上和组织上的准备，其中关于确立多党合作开国建政原则是一个极其重要的奠基工作。思想理论上，毛泽东在《论人民民主专政》和《在中国共产党第七届中央委员会第二次全体会议上的报告》中，阐明了革命胜利后的国家性质及各阶级在国家政权中的地位，提出了中共在革命胜利后同党外民主党派、民主人士长期合作的思想。组织上，在中共中央直接部署、周恩来亲自组织下，一大批尚在香港和国统区的各民主党派负责人和无党派民主人士先后来到东北、华北解放区。这就为新政协的顺利召开，为中国共产党领导的多党合作开国建政提供了重要的组织保证。从制度的层面看，中共领导的多党合作在开国时期得到了最初的确立。政协第一次全体会议通过了《中国人民政治协商会议组织法》、《中国人民政治协商会议共同纲领》等重要文件。由于政协的成立和政权的建立，中共与各民主党派在民主革命时期的长期合作历经了血与火的考验，最终有了一个得以实现和体现的平台与载体。1949 年 9 月新政协第一届全体会议在北平隆重举行，使多党合作成为我国政治制度的重要里程碑。

（四）多党合作制度的历史分期和基本经验

关于多党合作制度的历史分期和基本经验的研究，基本上没有什么争议，只是发展阶段的具体划分上，略有不同。刘海清、张丹君的《坚持中国特色政党制度推进政治文明建设进程》，从政治文明发展进程的角度，将多党合作制度划分为初步形成和完成框架的构建两个大的历史时期，有一些独到之处。

刘海清、张丹君在《坚持中国特色政党制度推进政治文明建设进程》(《理论导报》2010年第1期)一文中认为，近代以来中国社会的性质，决定了西方资产阶级政党制度在中国没有生存的土壤。近代以来中国民主政治发展的潮流和趋势，决定了一党专制在中国同样是行不通的。近代以来中国革命的性质和任务，决定了中国不仅要走一条独特的革命道路，而且要建立独具特色的政党制度。1949年中国人民政治协商会议第一届全体会议召开，标志着中国政党制度的初步形成，而中国共产党领导的多党合作制的基本框架得以建构起来，则是以社会主义民主政治制度的确立为基础的，经历了较长一段时间的实践与探索。2005年中共中央发布《中共中央关于进一步加强中国共产党领导的多党合作和政治协商制度建设的意见》、2006年《中共中央关于加强人民政协工作的意见》和《中国的政党制度》白皮书颁布标志着多党合作制度基本框架的建成。

王义保在《当代中国多党合作制度的历史嬗变和未来走向》(《学海》2010年第6期)一文中认为，中国共产党领导的多党合作和政治协商制度是一种崭新的、具有中国特色的社会主义政党制度。建国以来，中国多党合作制度经历了产生与探索、恢复与发展、制度化发展和新世纪不断完善的四个时期，取得了令人瞩目的宝贵经验，那就是必须明确中国多党合作制度健康发展的基本前提，认清制度稳步发展的重要保障，充分发挥多党合作的制度优势，积极支持与帮助民主党派搞好自身建设。随着世界政治格局和社会结构的巨大变化，中国特色政党制度面临着世界政党政治发展新形势、国内经济政治体制改革新要求以及社会结构变迁的新挑战。坚持走中国特色政党制度发展道路，积极拓展多党合作和政治协商的制度发展空间，进一步优化多党合作中的政党关系，造就一种新的政党制度模式，是中国多党合作制度发展的良好趋势和美好未来。

蒲东恩在《多党合作制度的发展历程和宝贵经验》(《清江论坛》2010年第1期)一文中认为，共产党领导的多党合作制度，萌芽于“三三制”政权，形成于第一届中国人民政治协商会议的召开，发展于建国以后。党的十一届三中全会至今，是这一制度逐渐完善和成熟的时期。建国后，共产党领导的多党合作制度经历了由发展到曲折发展到日趋完善和成熟的三个阶段——即“两头好、中间差”的发展过程。第一阶段，发展阶段(1949—1956)。第二阶段，曲折发展阶段(1957—1978)。第三阶段，走向成熟、完善阶段(1979—)。多党合作的宝贵经验主要有：第一，加强和改善中共对多党合作的领导。一是要提高多党合作意识。二是必须改善党对民主党派的领导方式。三是照顾同盟者的利益。第二，加强民主党派自身建设，建设高素质的参政党。第三，在多党合作中必须保持宽松稳定、团结和谐的政治环境。第四，坚持“长期共存、互相监督、肝胆相照、荣辱与共”是我国多党合作共同遵循的指导方针。第五，坚持以为党和国家工作中心服务作为我国多党合作存在的根本宗旨和价值追求。

余天武在《多党合作制度六十年历程和基本经验研究》(《湖北省社会主义学院学报》2010年第2期)一文中认为，多党合作制度确立60年来，取得了辉煌的成就，开创了世界政党政治的新形式，创造了崭新的政党关系，创造了崭新的民主形式，创造了崭新的执政方式。积累了许多宝贵经验，留给人们许多重要启示。第一，必须坚持中国共产党领导，坚持中国特色政治发展道路。第二，必须坚持科学理论指导，巩固共产党同民主党派团结奋斗的共同思想政治基础。第三，加强参政党自身建设与可持续发展，充分发挥多党合作的独特优势和作用。第四，必须坚持加强多党合作制度建设，促进多党合作稳步有序发展。

熊必军在《六十年多党合作制度历程及其作用》（《天津市社会主义学院学报》2010 年第 1 期）一文中认为，多党合作制度60 年的发展历程表明，作为国家的一项基本政治制度，中国多党合作制度符合中国国情，符合社会主义民主政治的本质要求，具有独特的政治优势和强大生命力。在推进中国特色社会主义民主政治事业建设的伟大进程中，中国多党合作制度发挥出越来越重要的作用。尤其是改革开放 30 年来，社会的迅速变革，新的社会阶层的出现等已经深刻地影响到中国的政治、经济、文化、社会等领域，中国共产党领导的多党合作制度反映了各个社会阶层的改革诉求，整合了各个社会阶层的智慧和力量，形成一种强大的发展共识，通过引导大众对现状的认同和增强各级政府机构的凝聚力而降低了交易费用和协调成本。这种强大共识的形成不仅有利于实现政治和社会的稳定，而且有利于改变人民的价值观和思维方式，进而影响到人民对改革开放的自主参与性和积极性。而中国多党合作制度正是整合和增强了人民对改革开放的热情和动力，达成一种强大的发展共识，为推进改革开放、经济社会发展做出了巨大贡献。

二、多党合作制度的格局和主体关系

多党合作制度的概念、类型和主体之间的关系，一直是多党合作制度领域研究的一个重要内容。争论的焦点主要集中在“中国共产党领导的多党合作和政治协商制度”是指一种制度，还是两种制度，既包括政党制度，又包括人民政协制度。在政党制度类型上，也有个别学者提出了自己的看法。本年度关于上述问题的研究，虽然论文不多，但极具代表性。关于多党合作格局中的主体关系，主要是和谐政党关系的研究，也得到了进一步深化。

（一）多党合作制度的内涵和类型

关于多党合作制度概念的内涵和类型，以林尚立的《政党制度与中国民主：基于政治学的考察》和高放的《三论社会主义国家的政党制度——关于社会主义多党制之近见》最具代表性。对于争论的问题，他们给出了自己的确定答案，相信会对我们这方面的研究，有所启迪。

林尚立在《政党制度与中国民主：基于政治学的考察》（《武汉大学学报》2010 年第 3 期）一文中认为，中国的政党制度，即中国共产党领导的多党合作和政治协商制度，包含三个层面：即中国共产党领导，多党派合作和由各党派、界别参与所形成的人民政协制度，概括来说，就是由领导、合作和协商三个层面构成，从领导层面到协商层面，是一个主体日益多元、参与面不断扩大的过程。这样的政党制度框架在中华人民共和国成立后不久就已确立，但作为一个相对独立的制度体系存在并得以运行却是在改革开放之后，因为只有在改革之后，这个制度所包含的三个层面才日益制度化，并构成有机整体。

高放在《三论社会主义国家的政党制度——关于社会主义多党制之近见》（《探索》2010 年第 2 期）一文中认为，从多元论、多元化来看，多党制是适应社会发展规律要求的，它和多元论、多元化是一致的、对应的。既然世界发展和社会状态都是一元为主、多元互补，政党制度也应是一党为主、多党互补。资本主义国家的政党制度，不论两党轮流执政，一党多次连选连任、长期执政，或一党为主、多党联合执政，都是一元为主、多元互补的具体表现。社会主义国家理应开创比资本主义多党制更高类型的社会主义多党制。社会主义多党制比一党制能更全面代表、反映社会各阶级、阶层、群体的利益要求，做到集思广益，优势互补，有助于实现决策科学化、民主化。多党合作是大势所趋，大有可为，社会主义多党制未来一定大显神通、大放异彩，对巩固和发展世界社会主义发挥重大作用。当今资本主义世界多党制积弊弥深，越来越引起众多选民不满。在某些国家也可能出现另外一种前景，即在社会主义政党压力之下，资本主义政党被迫采取带有社会主义因素的措施。如果我们能开创出更高水平和类型的社会主义多党制，就必能吸引资本主义世界广大人民向往、归向社会主义。到那时，不但资本主义多党制不能和平演变社会主义国家，社会主义多党制反而可能和平演变资本主义国家，使之能够较为和平地过渡到社会主义。要大力发展和完善我国的多党合作制，为可预期的世界社会主义多党制这一光明前景起表率和促进作用。

王远启在《中国多党合作制度结构特征分析》（《上海市社会主义学院学报》2010 年第 5 期）一文中认为，中国多党合作制度内部结构模式是典型的“核心一元、环绕多元”原子结构形式。中国多党合作制度内部结构是一个中心与多点分布相结合的聚合结构体。首先，中国多党合作制度内部结构模式中“领导核心一元、周围环绕多元”的原子结构特征，突出体现为中国共产党在政治上居于领导地位，而各民主党派自觉接受中国共产党的政治领导。其次，“核心一元、环绕多元”的原子结构特征，体现为中共作为执政党和各民主党派作为参政党的亲密合作关系。再次，中国多党合作制度原子结构模型，既不同于开放、竞争、多极化的多党制，也不同于封闭、专制、单极化的一党制，而是一种非竞争、软威权、有序运转的政党体制。在结构形态上，一党制是一个孤立的中心点，多党制是多中心、多点位分布的复合结构体，而多党合作制度的原子结构是一个中心与多点分布相结合的聚合结构体。我国多党合作制度原子型的内部结构特征，体现为各政党之间“一党领导、多党合作”的政治地位和相互关系。原子型结构的多党合作制度外部结构特征，体现为“一党执政、多党参政”的政党与国家政权的关系。原子型结构的多党合作制度环境结构特征，体现为一致性与差异性、代表性与广泛性的有机统一。

吕善勇在《方向的力量——在实践中认识中国共产党领导的多党合作和政治协商制度》（《联合日报》2010 年 5 月 10 日）一文中认为，一个国家特别是一个大国必须有一个领导核心。在中国实行的是中国共产党领导的多党合作和政治协商制度，这个制度的核心是共产党领导，多党派合作，共产党执政，民主党派参政。既不是一党制，也不是国外意义上的多党制，是有领导核心的多党合作制，没有执政党和在野党之分，执政党和参政党之间是“长期共存，互相监督，肝胆相照，荣辱与共”团结合作的关系。这种制度不仅包含有发展了的马克思主义的内涵，同时也具有中国传统文化的内涵，是中华传统文化中中心主义思想的具体体现，即坚持核心，反对分散主义，又容许多元共生，既规范有序，又充满活力。

熊必军在《多党合作和政治协商制度结构的效率分析》（《湖南工业大学学报（社会科学版）2010 年第 2 期》）一文中认为，多党合作和政治协商的制度结构是主次交叉结构。中共是主政者，为执政党，是政党制度的领导核心，是国家政权的“轴心政治”力量，处于核心、主导地位。而各民主党派是参政党，相对共产党而言是“配角”，整体处在国家权力的边缘，但又参与国家权力的执掌，是一种新型的政党制度结构。

周淑真在《观察和衡量政党制度的几个维度》（《上海市社会主义学院学报》2010 年第 6 期）一文中认为，世界各国政党现象错综复杂，政党制度千差万别，没有一个国家的政党制度同另一个国家完全相同，没有一个统一的放之四海而皆准的模式。即使是同一类型的政党制度在不同的国家，政党制度的运行机制、运行规则和运作方式迥异，有多种模式。世界各国的政党制度不是用简单概念的类比所能说清楚的。一个国家的政党制度由其发展历史、社会经济基础和文化传统等具体国情所决定，而非靠外力和人的主观意志所能左右。国家差别和民族差异决定了政党制度的多样性。应该说，在世界各国，凡是能促进社会进步、经济发展、政治稳定、人民幸福的政党制度就是符合国情的政党制度，就是比较成熟的卓然挺立的政党制度。

（二）多党合作制度中的主体关系

关于多党合作制度主体关系的研究，是 2009 年研究的重点内容。本年度研究的突出成果主要表现在陈喜庆的《合作共赢是巩固发展多党合作事业的重要原则》这篇文章上，这篇文章是对多党合作中的主体关系研究成果的概括和总结。在对和谐政党关系的研究中，大家都把党际监督提高了相当重要的地位。这里尤其值得一提的是，无党派人士是多党合作制度中的重要成员，研究多党合作中的主体关系不能不涉及无党派人士。胡广坤在《加强党外人才队伍建设彰显中国特色政党制度优势》一文中将无党派人士纳入进来，也是今年研究的一个亮点。

陈喜庆在《合作共赢是巩固发展多党合作事业的重要原则》（《中国统一战线》2010 年第 11 期）一文中认为，社会性是人类的本质属性，合作是人类的刚性需求。人类社会合作本质上是基于利益基础上的合作，人们因共同利益而合作，因不同利益而分歧，利益是关乎合作的根本要素。任何一个具体合作都是有条件的，主要包括三条：一是必须在前进方向上同向；二是必须在拼搏奋斗上同力；三是必须在合作成果上同享。由此可以得出一个重要结论，共赢是合作得以实现、巩固和发展的根本条件。我国政党制度是中国共产党领导的多党合作制度。在多党合作实践中，各民主党派之所以自觉接受中国共产党的领导，同中国共产党紧密合作，从而形成和谐的政党关系，最重要的就是中国共产党与各民主党派始终坚持并做到了合作共赢。一部多党合作史，就是一部中国共产党与各民主党派的合作共赢史。这种合作，既体现在革命时期，也体现在建设和改革时期；既体现在政治建设方面，也体现在经济、文化、社会建设等方面。这种共赢，既体现为中国共产党支持各民主党派分享共同利益，也体现为照顾其具体利益；既体现为照顾其物质利益，也体现为照顾其政治利益。因此，合作共赢不仅是我国政党制度的显著特征，也是多党合作的优良传统，更是中国共产党和各民主党派始终坚持的重要原则。

章舜钦在《论中国特色政党制度下的党际和谐》（《广西社会主义学院学报》2010年第6期）一文中认为，党际和谐是指中国共产党和各民主党派之间，基于共同或相似的理想和目标，严格按照国家宪法、法律和党的规章制度办事，进而在思想、组织、制度、作风、利益和行动等方面形成的长期共存、团结合作、民主协商和互相监督的有序发展状态。我国党际和谐具有差异性、共同性、平等性和合作性的特征。实现党际和谐，有利于构建社会主义和谐社会、发展社会主义民主政治、巩固中国共产党的执政地位、发挥社会主义制度优越性。实现我国党际关系和谐的主要路径有坚持中国共产党的领导、坚持中国共产党领导的多党合作和政治协商制度、健全法制保障、加强政党监督。

王良永在《我国政党制度特征与和谐政党关系的构建》（《长白学刊》2010年第2期）一文中认为，和谐是中国政党制度和政党关系的鲜明特征。追求和谐是我国政党制度建立的目的，各党派政治方向的一致性为和谐政党制度奠定了坚实基础，根本利益的共同性为和谐政党制度提供了不竭动力。我国政党制度始终都在追求着和谐，体现着和谐，并在实践中不断实现着和谐。我国政党关系的和谐优势在于：第一，共产党领导形成总揽全局、协调各方的优势。第二，多党合作与政治协商带来集中智慧、群策群力的优势。第三，多党和谐相处形成共同发展、共同繁荣的优势。第四，相互监督带来肝胆相照、荣辱与共的优势。我国政党制度的和谐功能在于：第一，政党关系和谐带来政治稳定。第二，多党合作促进政治民主。第三，多党合作扩大政治参与。第四，合作与协商促进社会整合。

金刚在《政党关系和谐与中国特色政党制度发展的新境界》（《中央社会主义学院学报》2010年第4期）一文中认为，政党关系和谐，是坚持和完善中国共产党领导的多党合作和政治协商制度的必然结果和取得实效的深刻反映，更是为我们进一步开创中国特色政党制度发展的新境界提出了时代任务和明确要求。着眼于促进政党关系和谐，开创中国特色政党制度发展的新境界，应当把握好以下几个着力点：一是各个政党要切实增进党内和谐，着力打造政党关系和谐的坚实基础；二是执政党要大力弘扬良好作风，真正成为带动政党关系和谐的强大引擎；三是参政党要不断提高四种能力，充分发挥参政议政的重大作用。

中共大连市委统战部在《加强多党合作制度建设推动政党关系和谐发展》（《民主》2010年第6期）一文中认为，加强多党合作，促进推政党关系和谐发展，一是注重加强和改善党对多党合作和政治协商的领导。二是切实把民主协商纳入决策程序。坚持就重大民生问题、重点工程项目、重要人事安排等事项提前进行协商，充分听取各民主党派、无党派人士的意见建议，不断推进决策的科学化、民主化。三是切实加强多党合作宣传。充分运用报刊、广播、电视、网络等途径，广泛宣传多党合作事业取得成就和民主党派重大活动、典型人物等。四是切实维护和照顾同盟者利益。五是积极为民主党派履行职能发挥作用创造条件。支持民主党派开展考察调研，加强政府与民主党派对口联系及特约人员工作，支持民主党派开展社会服务活动。六是支持和帮助民主党派加强自身建设。以深化政治交接为重点，支持民主党派加强思想建设；以领导班子建设为重点，支持民主党派加强组织建设；以提高干部素质和完善机关工作机制为重点，支持民主党派加强机关建设。

田圣斌在《多党合作：关于政党和谐与监督的思考》（《湖北省社会主义学院学报》2010 年第 3 期）一文中认为，民主党派的民主监督有利于执政党地位的保障和维护，贯穿于权力机关的运行过程之中，是我国民主政治的需要，如何有效地协调中国共产党的领导与民主党派的监督，我们需要从两方面入手。一方面，坚持中国共产党的领导，提高执政能力，为民主党派监督提供途径；另一方面，民主党派强化自身监督能力，辅助中国共产党执政工作的开展。一要提高中国共产党的执政能力，保障民主监督的有效进行；二要保障民主党派民主监督的权利；三要扩大民主监督的范围。四要建立和健全民主监督的反馈机制。

游秀凤在《中国政党制度框架下的党际监督》（《团结》2010 年第 1 期）一文中认为，党际监督是中国政党制度所蕴涵的价值理念与制度设计，是中国政党制度的重要内容，是合作型的政党监督，是对西方竞争型政党监督制度的扬弃。中国政党制度框架下的党际监督具有鲜明的中国特色和很大的优越性。其一，党际监督具有鲜明的政党特征，是政党与政党之间的监督。其二，党际监督是一种政党间的异体监督。其三，党际监督是中国政党制度的内在机制和重要内容。其四，参政党的监督有助于执政党和政府更好地协调社会利益和动员社会力量。其五，党际监督具有较强的针对性。其六，民主党派作为政治联盟，具有自身独特的视角，能够对共产党提供一种单靠党内党员不容易提供的监督，起到敢于直言的“诤友”的作用。加强党际监督制度建设，提高党际监督实效：一要着力推进党际监督的规范化建设，从制度上克服党际监督的随意性。二要加强民主党派开展党际监督工作的程序化建设，在知情环节、沟通环节、反馈环节上建立健全相应的制度。三要建立创新机制，创新党际监督形式，拓宽党际监督渠道。四要建立配套运行保障机制，加强与其他形式监督体系有机联系，增强监督合力。

王彦飞在《创新多党合作的观念和方法必须借鉴国际经验》（《湖南省社会主义学院学报》2010 年第 4 期）一文中认为，加强党际监督，从制度上保证各参政党民主监督权利的实现，应该成为我们应对敌对势力的攻击与挑战，回答友好人士关心与批评的必然选择，同时也是我们贯彻落实科学发展观，吸收借鉴国际经验，完善多党合作制度，创新多党合作方法，避免重蹈其他政党执政教训，实现可持续发展的必然选择。一是要从制度上明确参政党的监督权，提高党派监督的刚性。二是要突出政党监督的特性，提高党派监督的层次性。三是要增强民主监督与权力监督的互动，提高党派监督的实效。四是要建立健全党派监督的运行程序，落实民主党派的监督权。五是要重视提案监督，增强党派监督的力度。

胡广坤在《加强党外人才队伍建设彰显中国特色政党制度优势》（《人民政协报》2010 年 7 月 7 日）一文中认为，新一代党外代表人士已经成为党外代表人士队伍的主体。作为改革开放的参与者、实践者和受益者，既有较高的政治认同，拥护党的路线方针政策认同社会主义制度，又有较强的民主参与意识；经历从计划经济到市场经济的转轨，既有较强的创新意识、进取精神、务实态度，又注重主观能动作用的实现；经历从相对封闭到全面开放的转变，既思想开放、眼界开阔、观念更新，又具有多样的价值取向；经历社会结构单一到多元的转型，既有一定的社会影响，又是各自领域的“小众代表”。统战部门要准确把握新一代党外代表人士成长的时代背景，充分认识其基本特点，积极探索其成长规律。要密切关注各领域崭露头角的党外人士，及时把他们纳入视野、跟踪培养、给予安排，为他们健康成长搭建平台、提供舞台；要把专业能力作为考察和选拔党外代表人士的基础，在安排使用中注意发挥专业特长，同时还要帮助他们适应新的岗位要求，改善知识结构、提高综合能力、实现角色转变，在更大范围、更广阔领域发挥代表性作用。要着眼发挥导向示范作用，既要培养与中国共产党亲密合作、具有较大影响、经得起风浪考验的社会活动家，又要在不同领域、不同群体、不同方面、不同层次形成具有引领作用的团队，发挥整体带动效应。

三、多党合作制度的特色和优势

多党合作制度的特色和优势，是多党合作制度研究中的一个不朽的课题。在经过了几年的泛泛研究之后，本年度突然发力，成为多党合作制度研究的热点问题之一，取得了一大批可喜的研究成果。其特点主要有三：一是将多党合作制度自身的特色同社会主义民主政治建设结合起来，突出了其作为国家一项基本政治制度的特色和优势。二是将中国的多党合作制度纳入到世界政党制度的大环境中进行考察，在同西方发达国家的政党制度、其他社会主义国家的政党制度的比较研究中凸显我国多党合作制度的特点和优势。三是把理论研究和实证研究紧密结合起来，以无可辩驳的事实证明我国多党合作制度的优势。

（一）多党合作制度的特色

关于多党合作制度自身的特色，学者们从多党合作制度的内涵、特征、形成和发展、运作方式以及作用等方面进行了深入探讨。其中，李金河的《如何认识我国政党制度所具有的中国特色》最富有新意。

李金河在《如何认识我国政党制度所具有的中国特色》（《当代世界与社会主义》2010 年第 1 期）一文中认为，所谓中国特色，只能是体现中国社会发展和中国社会主义民族性特质的东西。中国人究竟是怎样以自己的理论和实践去组织政党、处理政党关系、处理政党与国家权力和社会发展关系的。从这个角度出发，中国政党制度的中国特色可以归结为如下几个方面：第一，“长期共存”把马克思主义的多党合作思想从一种策略需要发展为一种战略需求。“长期共存”这一方针，把马克思、列宁关于多党合作是一种短期的、阶段性的、利益的、策略的需要发展为从长期的、根本的、战略的高度去认识实行社会主义条件下多党合作制度的必要性和重要性，这是对马克思列宁主义在社会主义时期政党关系学说的一个重大发展，是中国共产党人在长期革命和建设中积累起来的思想政治智慧的结晶。第二，“互相监督”方针的提出为社会主义民主政治建设的发展指明了方向和目标。“互相监督”方针的提出，不仅是对马克思列宁主义关于社会主义条件下政党关系学说的又一重大发展，而且为整个社会主义历史阶段中国共产党同民主党派的长期合作奠定了坚实的理论基础，为中国特色社会主义政党制度奠定了基础性架构，是社会主义国家政权中政党关系学说的开创之作，为中国特色社会主义政党制度的形成和发展做出了创造性的理论贡献，起到了奠基作用。同时，八字方针的提出，标志着我国的政党制度由此发生了重大转变，即由新民主主义的政党制度转变为社会主义的政党制度，并使这一制度成为具有中国特色的社会主义政党制度。第三，参政党概念的提出确定了民主党派在国家政治生活中的政治定位。民主党派在国家政治生活中参政党地位的确定，是中国共产党人对马克思列宁主义政党理论、国家学说的丰富和发展。第四，无党派人士群体是我国多党合作制度的有机构成。中国的多党合作制度既包括中国共产党与各民主党派的合作，也包括与无党派人士的合作。无党派人士作为一支重要的政治力量，在中国共产党领导下，为中国革命、建设和改革开放事业的发展发挥了重要作用。这一点在世界政党制度中是独一无二的，是我们自己政治实践的结晶。第五，人民政协是多党合作、政治协商的重要机构。人大按民主集中制原则行使国家权力，充分体现了尊重大多数人的意志，体现人民当家作主，代表最广大人民根本利益的原则。政协按民主协商原则汇集各方力量，反映社情民意，在代表最广大人民利益的同时又兼顾少数人的合理合法利益。两种制度相辅相成，政协和人大同时存在并继续发挥作用，是我们人民民主制度的一大特色。

黄铸在《多党合作制度是中国特色的社会主义政党制度》（《中央社会主义学院学报》2010 第 2 期）一文中认为，中国共产党领导的多党合作和政治协商制度是中国特色的社会主义政党制度，也是我国的一项基本政治制度。在这一政治制度下，实行共产党领导、多党派合作，共产党执政、多党派参政。这项制度最根本的特点，就是在中国共产党的领导下各党派之间是平等团结、相互合作的友党关系，而不是彼此对立、相互竞争的敌对关系。我国的多党合作制度具有以下几个特点：（1）这种合作是走什么道路、朝什么目标前进、执行什么样的路线和纲领等方面的合作。（2）这种合作是在各项重大方针、政策和工作部署上的合作。（3）这种合作是在政权中的合作。（4）中国共产党和各民主党派互相监督也是一种合作关系。

熊必军在《合作理论视域下的中国多党合作制度》（《社会主义研究》2010 年第 2 期）一文中认为，研究分析评价中国多党合作制度创造性价值，不应以西方的竞争型政党制度为标准，而应以合作理论的观点与思想为标准。第一，中国多党合作制度创建了新型的、不同于西方竞争型政党制度的合作型政党制度，丰富了世界政党制度类型。第二，中国多党合作制度创新了有政党政治国家的执政形式：一党执政、多党参与，打破要么是一党执政、无任何其他政党存在，或一党执政、一党或多党在野反对的一党独自执政形式，要么是两党竞争轮流执政或多党竞争轮流执政的轮流执政形式，以及多党联合执政的形式，发展了世界政党政治国家的执政形式。第三，中国多党合作制度的三大制度安排：政治协商的各种形式，参政议政的“一个参加三个参与”以及民主监督，完善了除票决民主之外的其他民主的实现形式——协商民主、参与民主，克服了西方代议制民主中公民只是在投票、选举中参与的缺陷。使得中国成为民主形式发展比较完善的民主政治国家。第四，中国多党合作制度所建构的合作型政党制度，为世界政党制度的研究提供了除竞争型政党制度之外的新政党制度研究范本。

王远启在《中国多党合作制度结构特征分析》（《上海市社会主义学院学报》2010年第5期）一文中认为，在中国多党合作制度原子型内部结构中，主要蕴涵两大张力系统：一是向心吸引力；二是异体监督力。当然，多党合作制度中党际关系互动的作用力与反作用力过程构成一个复杂的力学系统，其中，合理配置结构体的向心吸引力与异体监督力，至关重要。当代中国的制度环境客观上保障了多党合作制度的稳定性。中国多党合作制度的原子型结构，保持一定的弹性张力，能够随着社会结构的深刻变化进行适应性调节，体现了政党制度的开放包容性。中国多党合作制度原子形态结构具有较强的环境适应能力。中国政党制度“一与多”原子型结构，与人民内部在根本利益一致基础上多样化的利益差别，具有“形式同构”关系。这种“一与多”的结构内嵌于政党制度与社会领域的互动过程中，使多党合作制度的环境结构受到不同阶级阶层等社会力量发展状况的深刻影响。它要求多党合作制度去主动适应社会结构变化进行自我调整，及时反映社会结构和利益格局的发展变化。

齐卫平在《从中国政党制度特点看增强党的基层执政能力》（《学习时报》2010年6月）一文中认为，从世界范围看，中国独特的政党制度突出了中国共产党角色的双重性，即它不仅是执政党，而且是领导党。政治学视阈里，“执政党”是与不掌握权力的政党相对应的概念，反映政党与政党关系，并不涉及政党与社会的关系。西方国家有执政党但没有领导党的概念。中国社会主义政党制度形成过程中，领导党的概念使用在执政党的概念之前。新中国成立初期党的文献和中央领导人的讲话中，首先是从领导核心地位进行角色定位的，明确提出执政党的概念是在1956年中共八大。认识这个事实很重要，它表明，在领导角色基础上确立执政角色，是中国社会主义政党制度形成的一个基本特点，中国共产党不仅相对其他政党而言居于执政的地位，而且相对社会而言居于领导地位。

赵广东在《我国多党合作制度建设的新成就》（《黑龙江省社会主义学院学报》2010年第3期）一文中认为，改革开放以来，中国共产党领导的多党合作和政治协商制度取得了创造性的成果，多党合作理论不断创新，多党合作内容不断得到丰富，民主党派自身建设不断加强，呈现出了新的特点。具体说，第一，多党合作制度的价值和功能得到充分体现。第二，多党合作制度在国家政权建设中的地位更加突出。第三，多党合作制度在经济社会发展中的作用得到充分发挥。第四，多党合作制度是社会主义民主政治的重要组成部分。第五，衡量我国政党制度的标准更加明确。

（二）多党合作制度的优势

多党合作制度的优势到底是什么，这个命题固然重要，但更重要的是其优势如何体现，如果不能将应然变成实然，那就是一个无为的命题。我们把本年度的研究文章放在一起就会发现，这些文章形成了一个紧密联系的逻辑整体。如周淑真在《观察和衡量政党制度的几个维度》一文中提出了多党合作所具有的优势，而黄铸在《多党合作制度是中国特色的社会主义政党制度》一文中用举世公认的事实证明了这一优势。

周淑真在《观察和衡量政党制度的几个维度》（《上海市社会主义学院学报》2010年第6期）一文中认为，凡是比较成功的政党制度都有一两个强大的政党作为国家发展的支柱，世界各国政党制度从正、反两个方面证明了这一点。如英、美两国有许多政党的存在，但是起支柱和主导作用的只有两个政党。在德、法、意等形态各异的多党制的国家，多党并立，合法竞争，但是主要执政的政党基本稳定，内阁主要成员基本稳定，因而使历届政府的内外政策有较大的连续性，从而保证了国家政治社会的稳定和发展。在实行多党制的发展中国家，有一个共同特点，就是政党骤生骤灭，各政党分化组合不断，没有一个强大的政党作为发展支柱。这种国家的政治局势是最不稳定的。中国共产党领导的多党合作制度，既避免了多党竞争、互相倾轧所造成的混乱，又克服了一党专制所导致的弊端；既能集中统一领导，又能实现广泛的政治参与；既有利于政局的稳定和人民的团结，又有利于生产力的持续发展，这是在社会主义现代化实践中被充分证明的。

黄铸在《多党合作制度是中国特色的社会主义政党制度》（《中央社会主义学院学报》2010年第2期）一文中认为，中华人民共和国成立后，我国社会主义政治制度与西方国家的政治制度、中国共产党领导的多党合作和政治协商制度与西方的多党制，在实践中进行的无形较量，已凸显了其巨大的优越性。

熊必军在《多党合作和政治协商制度结构的效率分析》（《湖南工业大学学报（社会科学版）2010年第2期》）一文中认为，从多党合作和政治协商制度的结构来分析，我国多党合作和政治协商具备了制度的合理性、合法性和现实性三个特征。首先是多党合作和政治协商制度的合理性，这种合理性在半个多世纪的历史中得到了证明。其次是多党合作制度的合法性，多党合作和政治协商制度已成为我国政治生活的一部分，是我国的一项基本政治制度之一，它不光成为中国人民的意愿写进了国家宪法，成为人民法律意志的一部分，而且在政治生活中，已经成为人们的一种政治生活习惯，成为人们社会价值观念的一部分。再次是多党合作和政治协商制度的现实性，从多党合作和政治协商制度的历史发展进程来看，不光理论越来越完善，制度设计安排也越来越全面，程序设计现实性可操作性很强。最重要的是它降低了决策成本，减少了决策失误，由此降低了整个国家决策制度中的成本费用。

栗慧英在《从有效应对金融危机看中国特色政党制度的优势》（《河北日报》2010年9月8日）一文中认为，共产党和各民主党派在国家重大问题上进行民主协商、科学决策，集中力量办大事；共产党与各民主党派互相监督，促进共产党执政水平的提高和参政党建设的加强。这是我国政党制度的巨大优势，在应对国际金融危机中这一优势作用明显。有力地证明了这一政党制度完全符合中国的国情并具有巨大的优越性。一是起到了协调关系、维护稳定的作用。二是起到了利益整合、资源兼容的作用。三是起到了民主监督，互利双赢的作用。四是起到了实现民主，扩大有序政治参与的作用。我国应对国际金融危机所制定的措施，都包含着广大人民的意愿和呼声，理所当然地得到顺利执行和实施。

孙明奇、朱玉玲在《对发展民主与坚持中国特色政党制度的思考》（《山东省农业

管理干部学院学报》2010年第2期）一文中认为，在发展民主问题上，很多人把民主与多党制联系起来，认为只有在多党制条件下才能发展民主。其实，民主与政党的关系是一个十分复杂的关系，各国由于历史传统、文化等因素，政党制度千差万别，不能用政党数量多少来简单地与民主挂钩，多党不等于民主，一党不等于专制。中国共产党领导的多党合作和政治协商制度是在共产党执政的前提下，各民主党派通过参加国家政权与国家事务管理等途径，与共产党实行政治合作，民主协商，相互监督的政党制度。这一制度强调以协商、合作代替竞争、冲突，因此能够在中国特色社会主义的共同目标下，有效地将共产党领导和多党派合作有机结合，实现集中统一领导与广泛政治参与的统一、国家稳定与社会进步的统一、充满活力与富有效率的统一，体现出巨大的优越性和强大的生命力。在中国发展民主，必须坚持中国特色的政党制度，而不是实行西方的多党制。

张强、黄志军在《构建和谐社会必须坚持和完善中国共产党领导的多党合作和政治协商制度》（《学理论》2010年第10期）一文中认为，中国共产党领导的多党合作和政治协商制度，既合乎时代发展的潮流，又体现了中国社会发展的内在逻辑和要求，具有鲜明的中国特色和巨大的优越性。第一，多党合作和政治协商的基础巩固。第二，多党合作和政治协商的领域广阔。第三，多党合作和政治协商的内容丰富。中国共产党领导的多党合作和政治协商制度在构建和谐社会中必将起到至关重要作用：第一，有利于促进社会生产力的持续发展和社会全面进步。第二，这一制度有利于发展社会主义民主政治，增强党和国家的活力。第三，这一制度有利于保持国家政局的稳定和社会安定团结，实现和维护最广大人民的根本利益。

丁俊萍在《坚持中国共产党领导的多党合作和政治协商制度》（《湖北省社会主义学院学报》2010年第4期）一文中认为，中国多党合作制度既是中国近现代以来历史的选择，又是当代中国发展现实的需要，其在我国社会主义现代化建设中发挥了不可替代的作用，显示了强大的生命力和独特的优势。第一，中国多党合作制度与社会主义经济基础相适应，有利于集中力量办大事，促进经济社会持续快速发展。第二，中国多党合作制度体现了社会主义国家人民当家作主的本质要求，有利于实现和发展人民民主，增强党和国家的活力。第三，中国多党合作制度具有团结、合作、和谐的本质特征，有利于保持国家政局稳定，促进社会和谐发展。第四，中国多党合作制度有利于加强和改善中国共产党的领导，从而更好地实现、维护和发展最广大人民的根本利益。

温春继、温俊轶在《坚持中国共产党领导的多党合作和政治协商制度》（《廊坊师范学院学报》2010年第1期）一文中认为，中国共产党领导的多党合作和政治协商制度具有巨大的优越性和强大生命力。首先，坚持这一政党制度有利于实现和发展社会主义民主。民主不是单一的竞选、一人一票，在重大决策之前，人民内部进行协商，也是民主的重要形式，这既符合国情和文化传统，又能达到行动、意志上的更加统一，从而使政治资源的优化配置达到最优状态。其次，坚持这一政党制度有利于党和政府政治运作的民主化和政治决策的科学化，有利于畅通利益表达渠道。最后，坚持这一政党制度有利于安定团结的政治局面。中国共产党领导的多党合作和政治协商制度，

使各党派之间达到了一种高度的政治认同感和强大社会凝聚力，使执政党和参政党双方达到了一种心灵深处的和谐，表现为：合作共事、求同存异、民主协商，从而形成了强大的整合力，最终使中国出现了安定团结的政治局面。

熊磊、李建东在《坚持和完善中国共产党领导的多党合作和政治协商制度的思考》（《内蒙古农业大学学报》2010 年第 1 期）一文中认为，中国共产党领导的多党合作和政治协商制度根本不同于西方资本主义国家的多党制或两党制，也有别于一些社会主义国家曾经实行的一党制，有着自身的优越性。第一，我国的多党合作和政治协商制度有坚强的领导核心，其领导核心是中国共产党。第二，我国的多党合作和政治协商制度是广泛的政治参与和多党合作机制，能够调动广泛的社会阶层参与政治，有利于中国人民在改造世界的社会实践中做到统一认识、统一决策、统一意志、统一行动。第三，我国的多党合作和政治协商制度是多党制约机制，多党合作制提供了多元政治力量的存在，从而对执政党的权力运行能够实行有效的制约和监督。

朱铭来在《论如何正确认识中国共产党领导的多党合作和政治协商制度》（《天津市社会主义学院学报》2010 年第 3 期）一文中认为，中国共产党领导的多党合作和政治协商制度体现出巨大的优越性，拥有广阔的发展前景。中国共产党领导的多党合作和政治协商制度深深根植于中国的国情民情之中，符合中国特色社会主义事业的发展要求和全国各族人民的根本利益。第一，这项制度能够促进生产力的发展，有助于物质文明建设的全面进步。它能够更好地实现和发展人民民主，推进社会主义政治文明建设。第二，这项制度能够推进人民民主专政国家政权建设，增强党和国家的活力。第三，这项制度能够保持国家政局稳定和社会安定团结，推进社会主义和谐社会建设。社会的安宁与和谐是每个公民幸福的重要保证。

韩恩山在《浅议中国共产党领导的多党合作与政治协商制度的现实意义》（《天津市社会主义学院学报》2010 年第 3 期）一文中认为，中国多党合作制度在中国的政治和社会中显示出独特的政治优势和强大的生命力，发挥了不可替代的重大作用。第一，加强执政党执政能力建设、巩固执政党地位，是中国特色政党制度的重要目的。第二，政党关系和谐，是中国特色政党制度的重要体现。第三，发展社会主义民主政治，是中国特色政党制度的重要部分。第四，促进政党建设，是中国特色政党制度的重要贡献。第五，凝聚社会发展资源、保持社会稳定，是中国特色政党制度的重要作用。

（三）多党合作制度在社会主义民主政治建设中的作用

多党合作制度是我国的一项基本政治制度，是我国社会主义民主的重要实现形式，在社会主义民主政治建设中，多党合作制度具有巨大的优势。对于这一问题，一些学者进行了有益的研究，提出了一系列有价值的观点。其中，以林尚立的《政党制度与中国民主：基于政治学的考察》、徐文杰、王兰的《人民代表大会制度与中国共产党领导的多党合作和政治协商制度互动研究》和孙景峰、汪凤敏在《建构与重塑中国政党制度权威的时代价值》最具代表性。

林尚立在《政党制度与中国民主：基于政治学的考察》（《武汉大学学报》2010 年第 3 期）一文中认为，中国政党制度的健全和完善还需要一个持久的政党制度建设过

程。以人民民主为价值取向，以建立社会主义民主法治国家为时代使命的中国政治建设，决定了中国政党制度的建设和发展的基本取向就是：在制度上实现党的领导、多党合作和政治协商的三者有机统一，使得政党制度与国家的制度体系相辅相成：政党制度从国家制度体系中获得合法性与有效性的基础；与此同时，国家制度体系从政党制度中获得稳定与巩固的政治基础与制度资源。政党制度建设与发展对未来中国政治发展所可能产生的作用和影响，都首先取决于政党制度自身实实在在的建设与发展。尽管这种建设和发展离不开整个国家的民主建设和制度发展，但主体的自觉和努力依然是决定性的。从中国政党制度的内在逻辑和发展空间来看，政党制度在自我发展与完善中，应该着力在理论、体制和机制上处理好四对基本关系：第一，党的领导与多党合作的关系。一是如何通过多党派合作来巩固党的领导；二是如何通过多党派参政来提高党的执政能力。第二，多党合作与政治协商的关系。政治协商可以在党派之间直接进行，也可以通过人民政治协商会议这个制度进行。从长远发展来看，人民政协这个制度对于完善和充实多党合作更具有实质性意义。第三，政治协商与政治监督的关系。其四，政治协商与民主决策的关系。

杨憧在《政党制度的“中国道路”》（《人民政协报》2010 年 3 月 31 日）一文中认为，随着中国经济的崛起及国际影响力与日俱增，国际间有关“中国道路”的讨论日益成为焦点。所谓“中国道路”，实质就是中国特色社会主义道路，它是我们广泛吸收人类文明先进成果并结合中国的发展实践而最终选择的道路。这其中政党制度的“中国道路”是非常重要的一环。中国共产党领导的多党合作和政治协商制度在国家进步、经济发展、社会稳定等方面所起的作用，正成为不少国家研究的对象。政治制度是否合理最终要看群众的满意程度。判断一个国家的政党制度是否合理、优越，笔者认为有如下几个标准：是否符合本国国情，能否促进社会生产力的持续发展和社会全面进步，能否保持政局稳定和社会安定和谐。多党合作的实践证明，中国的政党制度是适合中国国情的、具有自己特色和优势的政党制度。中国在政党制度方面的探索必将丰富世界民主政治的内涵和形式，为人类做出独特的贡献。

朱兆华在《中国特色政治发展道路与中国特色政党制度研究——从发展党内民主的角度分析》（《理论建设》2010 年第 5 期）一文中认为，中国实行的政党制度是中国共产党领导的多党合作和政治协商制度，是具有中国特色的社会主义政党制度，其基本内涵和本质特征与中国特色社会主义民主政治的根本要求高度契合。第一，中国特色政党制度揭示了社会主义民主政治最为深刻的本质。第二，中国特色政党制度体现了依法治国的精神实质。第三，中国特色政党制度有利于强化体制内监督功能。发展党内民主对完善我国政党制度具有重大意义：第一，发展党内民主，既能坚持和完善中国共产党的领导，又能推动多党合作的民主化进程。第二，发展党内民主，既能提高中国共产党的执政能力，又能发挥民主党派的参政作用。第三，发展党内民主，既能保障中国共产党党内监督的有效实现，又能强化民主党派的民主监督功能。

徐文杰、王兰在《人民代表大会制度与中国共产党领导的多党合作和政治协商制度互动研究》（《江苏省社会主义学院学报》2010 年第 5 期）一文中认为，在国家政治运行过程中，以人民代表大会为载体的人民代表大会制度与以人民政协为载体的中国

共产党领导的多党合作和政治协商制度，两相结合、互为补充、相辅相成、交汇融合，共同在国家制度层面成为我国社会主义民主政治建设的独特优势。当前两项制度有效互动中亟待完善的问题主要有：代表、委员结构隐含着不合理的缺陷；一些代表履职热情不高，政协委员职能认识模糊；部分代表、委员的自身素质不能适应履职需要。从而影响着中国特色社会主义民主优势的发挥。对于人民代表大会制度和中国共产党领导的多党合作和政治协商制度来讲，不是某一种民主形式天然地优于另一种民主形式，也并非要在二者之间做出“单项选择”，而应把这两种民主形式结合起来，相互取长补短，使两种民主形式的优点都突显出来。坚持走中国特色社会主义政治发展道路，就要坚持和完善人民代表大会制度和中国共产党领导的多党合作和政治协商制度，善于运用人民代表大会和人民政协这两种政治组织和民主形式，拓宽社会利益表达渠道，广泛凝聚社会力量，不断推动社会主义政治文明。

孙景峰、汪凤敏在《建构与重塑中国政党制度权威的时代价值》（《东疆学刊》2010 年第 4 期）一文中认为，随着政党政治的发展，政治民主化是各国政治发展的总趋势，但是由于文化背景、历史条件和具体国情的差异，不同国家的政治民主化道路不尽相同，呈现出多元化的民主化模式。由于受传统文化和具体国情的影响，我们不能照搬西方国家的经验，中国的民主化过程不适合自下而上的发展，而必须在中国共产党的领导下有序进行，坚持中国共产党的领导与政治民主化并不矛盾，中国政党制度权威的建构与重塑很好地解决了这一难题。中国政党制度权威强调的是一种制度权威，它将制度权威置于各政党组织权威之上，彰显了现代民主的特质。中国政党制度权威的树立有利于摒弃政治传统中的人治因素，改变人们对中国共产党“一党专政”的片面看法，巩固中国共产党的权威，增强其政治合法性。中国政党制度权威的树立，是政党制度法律化、制度化的结果，政治民主化体现于政党制度权威树立的过程之中。历史上形成的有中国特色的多党合作制度本身就彰显了民主的本质，“参政议政体现了社会主义民主政治的广泛性，有利于充分发挥其优势，更好地进行利益综合，实现决策的民主化和科学化，有利于形成中国政治体系内政党之间有组织的监督机制，有利于实现政党制度的社会整合功能，吸收更多的政治资源加入政治体系，协调社会利益关系”，这是发展中国特色民主政治的历史依据。

刘菊香在《中国特色政党制度与社会的关系》（《攀登》2010 年第 3 期）一文中认为，政党制度与社会之间至少存在着以下三方面的互动关系：一是政党和政党制度的产生是社会发展的产物。二是社会的发展要求政党制度必须适时创新。三是政党制度对社会的作用。在社会基础上产生的政党制度必然要作用于社会，这种作用主要表现为政党通过政治活动对国家政权的稳定、经济的发展和社会长治久安的影响。中国特色政党制度与中国社会的互动关系，除了具有一般政党制度与社会的关系外，还具体表现为中国特色政党制度与社会利益群体、社会资源和社会意识形态的关系。

黎玉林、鲍跃华在《合作治理与中国政党制度的发展》（《江苏省社会主义学院学报》2010 年第 5 期）一文中认为，中国政党制度的优势体现在各政党的合作是建立在平等基础上的真诚合作。“民主党派享有宪法规定的权利和义务范围内的政治自由、组织独立和法律地位平等”，是我国政党关系的典型特征。真正的合作行为是建立在平等

基础上的，人们之间的不平等的等级关系只能造就压迫、奴役和统治，而不是真正的合作。民主党派的存在是以自觉接受中国共产党的领导为前提的，是中国共产党的忠实拥护者。这种“亲密友党”关系，对于巩固执政党的地位、维护执政党的权威无疑是有利的，但也造成了民主党派对中国共产党的过分依赖。尤其在社会多元化的时代背景下，民主党派自身主体性的不足，使其在民众中的认同度偏低，必然导致其政党功能低下，势必在整个多元协商中处于弱势和附属角色，这对于改变权威性纵向合作结构的现状起不到应有的作用，不利于各政党之间的平等合作。因此，在多元社会的趋势下，保持政党之间的适度张力，正是推进政党合作的有效因素。

薛锋在《论中国共产党领导的多党合作制度的民主特性》（《江苏省社会主义学院学报》2010 年第 5 期）一文中认为，民主的统一性、民主的协商性、民主的和谐性是多党合作制度的三大民主特性。第一，多党合作制度体现了民主的统一性。党的建设是一个复杂的、系统的伟大工程，其中的一个重要方面就是党的民主建设，而在党的民主建设中，党内民主和党外民主又是不可缺少的两个重要内容。在多党合作制度的框架内，党内民主和党外民主两者具有相对具体的内容和涵义，并体现了民主在党内外的高度统一性。第二，多党合作制度体现了民主的协商性，这种协商性主要表现为多党合作内容和方式上。第三，多党合作制度体现了民主的和谐性。主要表现在三个方面：一是各党派之间关系的和谐性。二是各党派性质的和谐性。三是多党合作的运行机制的和谐性。

范前锋在《论中国特色政党制度中的协商民主》（《广西社会主义学院学报》2010 年第 2 期）一文中认为，协商民主既是中国共产党与各民主党派建构合作型政党关系的重要运行机制，又是中国特色社会主义民主的有效实现形式。多党合作制度中的协商民主，既合乎时代发展的潮流，又体现了中国社会发展的内在要求，具有鲜明的中国特色。第一，从社会性质看，我国是社会主义国家，人民民主是社会主义的生命，协商民主则是人民民主的重要实现形式。第二，从政党关系看，我国政党之间是合作而不是竞争关系，协商民主则是促进政党关系和谐的有效机制。第三，从权力架构看，我国实行议行合一的一院制而不是三权分立，选举民主与协商民主互不排斥，相辅相成。第四，从协商民主运行机制看，多党合作制度中的协商机制就是民主集中制。推进和发展协商民主，要做到：第一，必须以正确的态度应对世界民主化新浪潮。第二，必须坚持社会主义民主方向。第三，必须坚持多党合作的基本格局。第四，必须正确处理协商民主与选举民主两者的关系。

（四）在比较中凸显多党合作制度的特色和优势

特色就是事物所表现出来的独特风格，优势就是能压倒对方的有利形势。特色和优势只有在比较中才能充分体现出来。在这一问题的研究中，以王芳艳的《中外两种政党制度形态的比较分析》、林怀艺的《国外社会主义政党制度及其与中国的比较》最具代表性。

韩峥华在《浅析具有中国特色的当代中国政党制度》（《魅力中国》2010 第 3 期）一文中认为，中国共产党领导的多党合作和政治协商制度，是具有鲜明中国特色的政党制度。第一，与西方国家政党制度相比的优越性。西方的资产阶级民主政治包括政党制度，对于封建主义专制政治来说是有优越性的，对人类政治文明的发展做出了巨大的贡献。但同时，资本主义的社会性质决定了它也具有历史局限性。而我国的社会主义民主政治和政党制度是在超越资产阶级民主政治的基础上产生的。因此，具有巨大的优越性和生命力。第二，当代中国政党制度在形式和内容上，体现出鲜明的中国特色和中国气派。中国共产党领导的多党合作和政治协商制度是先进的中国人立足中国国情，汲取西方现代政治文明而“中西结合”的产物，是中国共产党的首创。它给西方人创造的“政党制度”这一名词添入新的涵义和内容，扩展了人们对政党概念的理解，赋予政党制度基本功能以新的实现形式，以一种全新的政党制度模式屹立于世界政党制度之林。

王莉在《文化及其差异是政党制度差异性的深层因素》（《中共石家庄市委党校学报》2010 年第 1 期）一文中认为，影响政党制度选择的因素是多元的，它可以受一个民族的地理环境、民族气质、宗教信仰的影响，也可以受政治经济、历史发展进程等因素的影响。但是，我们从人类社会漫长的历史过程中看到，政党制度可以经历无数次的更迭，政治学说也可以有无数次的变迁，但无论其如何变化，都是站在同一个文化的基石之上，文化因素是政党制度选择、确立和发展最深厚的基石。文化是有差异的。政治文化的传统影响人们不同的政治心理、价值判断和选择，产生不同的政治思想，为政党制度提供了不同的思想理论支撑。因此，文化差异是政党制度差异性的深层因素。我们今天在看待世界政党制度差异的时候，一要认同政党制度的差异的客观历史性，二要坚持、完善和发展自己特色的政党制度。

王芳艳在《中外两种政党制度形态的比较分析》（《学理论》2010 年第 5 期）一文中认为，作为社会主义类型的政党体制，它们具有与西方政党体制不同的重要特征：第一，西方国家的执政党，一般指掌握国家行政权或领导和组织政府的党，其主要活动在国家的政治领域，而苏联东欧社会主义类型的执政党，不仅掌握行政权，而且要领导所有国家政权机关的权力，对社会的政治、经济、文化和各方面的活动都要产生巨大影响。第二，西方国家的政党主要是通过每隔几年进行一次的竞选来取得执政资格或是继续执政，执政党可以不断变换；苏联东欧国家的执政党一般是通过领导人民武装斗争，进行革命，推翻本国剥削阶级的统治或外国侵略者的政权而使政权转到人民手中，由于共产党被认为是全体人民根本利益的代表者，所以共产党的执政地位是不可替代的。第三，尽管在一些东欧国家也存在几个政党，但这与西方的两党制或多党制完全不同，这些东欧国家中只有拥护社会主义和拥护共产党领导的政党的存在，而没有在野党、反对党和非社会主义政党的存在，在执政的共产党和其他政党之间是联盟、伙伴和合作的关系。就中国政党制度发展来看，既立足于中国的具体国情，立足于中国共产党领导的多党合作政治的历史、现实，又批判地借鉴西方政治文明中的某些方面和形式，才有可能最终在理论和实践上超越西方政党制度的局限性，最大限度地发挥中国政党制度的优势，推动人类文明不断向更高阶段发展。

龚旭芳在《论中国特色政党政治制度对西方多党制迷信的破除》（《咸宁学院学报》2010 年第 1 期）一文中认为，长时期以来，一些西方政要、学界、舆论界一直鼓吹多党制竞争轮流执政是现代民主政治的重要表现，不断地攻击非多党竞争轮流执政国家并进行多党民主的价值观渗透，直至逼迫它们推进实行多党制。这些做法对发展中国家的人们尤其是年轻人的政治思想观念会产生重大影响。破除部分人对西方多党制的迷信，认清其实质对于坚持和完善我国政党制度具有重大的意义。我国政党制度的特色及其优越性主要表现为：第一，中国共产党的领导是多党合作的首要前提和根本保证。第二，坚持中国共产党的领导并不是搞一党制。第三，中国共产党领导的多党合作和政治协商制度既是我国的政党制度，也是我国的一项基本政治制度。

林怀艺在《国外社会主义政党制度及其与中国的比较》（《山西社会主义学院学报》2010 年第 4 期）一文中认为，苏东剧变后，由共产党长期执政的社会主义国家还有五个，包括亚洲的中国、越南、老挝、朝鲜和拉丁美洲的古巴。这五国的政党制度在性质上都属于社会主义政党制度，但就具体类型来说，中国和朝鲜实行共产党（朝鲜称劳动党）领导的多党合作制度，越南、老挝和古巴则实行共产党（老挝称人民革命党）一党制。国外社会主义政党制度与中国政党制度相比，都强调共产党对国家和社会的领导，维护共产党的长期执政地位，但中国长期坚持多党合作制度，中国民主党派不但数量多、组织健全，而且在国家政治生活中有职有权，发挥着重要作用。中国对多党合作制度建设的探索最真诚，所取得的理论与实践成果也最丰硕。

四、多党合作制度的价值和功能

自 2007 年《中国的政党制度》（白皮书）发表以来，关于多党合作制度价值和功能的研究一直是多党合作制度研究领域里的重点和热点问题。本年度关于多党合作制度价值和功能的研究，同以往的研究相比，取得了显著进展。总体而言，有三大特点：一是具有创新性。研究中，学者们基本上以《中国的政党制度》（白皮书）提出的价值和功能为基本依据，但又不仅仅局限于《中国的政党制度》（白皮书），他们从不同角度，提出了一些新的观点或者论述。二是具有学理性。学者们从政治学、社会学等学科出发，更多地运用了学术语言，增强了研究的学理性。三是具有现实性。从转型期中国处于矛盾的凸显期出发，加强了社会整合功能的研究。

（一）多党合作制度的价值

关于多党合作制度价值的研究，学者们以发扬社会主义民主为主线，对多党合作制度的价值基础、核心价值、社会价值、制度价值、政治价值以及同构建社会主义核心价值体系的关系，进行了全面深入地探讨。其中以林尚立的《政党制度与中国民主：基于政治学的考察》、李晓鹏的《政党制度的社会基础——兼论中国特色政党制度的价值》最具代表性。

林尚立在《政党制度与中国民主：基于政治学的考察》（《武汉大学学报》2010 年第 3 期）一文中认为，基于人民民主形成的中国民主，确实是有中国特色的社会主义民主，作为根本政治制度的人民代表大会制度与作为基本制度的共产党领导的多党合作与政治协商制度都是其特定的制度表达。用毛泽东提出的关于国体与政体关系的理论来看，这种制度表达作为一种政体形式，比较好地体现了中华人民共和国的国体。从这个角度来看，中国的政党制度，首先关乎的是这个国家与社会的性质，其次关乎的是人民民主的实践与运行，最后关乎的是现代化过程中党领导下的国家与社会的协调与整合。这三个方面都直接决定着中国民主的基本性质、基本结构与基本形态。可见，中国的政党制度源于中国民主的内在本质要求，中国的民主成长离不开这套政党制度；这也决定了中国政党制度的健全与发展将对中国民主的成长以及前途产生决定性的作用和影响。从这个角度看，在中国的民主中，政党制度所处的方位是基础性的，同时也是决定性的。

王俊霞在《论中国特色政党制度的价值基础》（《辽宁省社会主义学院学报》2010年第3期）一文中认为，政党制度包括制度价值、制度设计和制度操作三个组成部分，制度价值是整个政党制度的灵魂，决定着政党制度发展的方向，并制约着政党制度功能的有效发挥。政党制度的价值基础是政党制度设计的基本指导思想，是对政党行为进行评价、判断和选择的标准，是政党行为的灵魂和导向。政党制度的价值基础体现的是政党代表最广大人民利益的本质。其基本价值理念主要有：第一，规范性的价值理念。第二，主体性的价值理念。第三，相融性的价值理念。

李晓鹏在《政党制度的社会基础——兼论中国特色政党制度的价值》（《理论观察》2010年第1期）一文中认为，中国特色的政党制度表现出以下两点主要价值：第一，政治价值，中国共产党领导的多党合作和政治协商制度吸收了前苏联“一元化”政党制度模式的经验教训，主动吸纳代表社会各阶层、利益团体权益的各民主党派参与国家公共政策的制定、实施和监督，兼顾了社会各界的利益，拓展了社会主义民主的渠道，创新了民主监督的形式，探索出一条即有利于政治稳定，又能充分维护社会各利益表达的民主政治模式；第二，社会价值，中国的快速现代化也表现出社会利益结构的多元化、政治参与要求提高的特点，中国共产党领导的多党合作和政治协商制度既使得各社会利益团体在各级国家政权中有了自己的政治代表，又为各界群众提供了组织化的参政渠道，有利于社会的利益整合和诉求表达，能够使得社会的要求以组织化的形式有效地进行反映，因而可以增进各社会利益团体的信心，加强国家政权的合法性，提升社会向心力和凝聚力。

杨爱珍、许家鹏、张亮在《多党合作制度的社会性价值——论多党合作制度在维护社会稳定中的作用》（《中央社会主义学院学报》2010年第3期）一文中认为，从政党关系的和谐性与政党制度运行机制设置的合理性这两个层面来解析，多党合作制度对维护社会稳定具有极大的优势。第一，和谐的政党关系为维护社会稳定奠定了政治基础。第二，多党合作制度为维护社会有序运行提供了机制保障。但是，多党合作制度在维护社会稳定中的功能没有得到很好的开发。第一，从政党层面上分析。在中国的语境中，中国共产党具有极大的权威性，不但拥有充沛的政治资源、广泛的组织网络，还具有先进的价值理念。但是，由于共产党产生于体制之外，政党的使命一开始就定位在拯救国家和民族、解放人民群众的历史方位，“革命党”的思维方式一直缠绕着我们，尤其是党的一些领导干部，他们只看到共产党的政治性价值，忽视或者根本认识不到政党的工具性价值，看不到在和平年代政党的社会性功能高于政治性功能。

第二，从制度层面上分析。由于受宪政发展水平的制约，我国多党合作制度的制度化程度不高，因此，限制了多党合作机制的张力和弹性。因此，提升多党合作制度社会性价值，发挥其在维护社会稳定中的作用，一是更新观念，突破“革命惯性”的窠臼。二是提升多党合作制度的制度化水平。三是打造现代政治文化，改变传统的诉求思维。

卢勇在《构建社会主义核心价值体系视阈下的多党合作制度研究》（《湖北省社会主义学院学报》2010 年第 6 期）一文中认为，社会主义核心价值体系是贯穿中国共产党领导的多党合作制度发展全过程的红线。多党合作制度在构建社会主义核心价值体系中的重要作用主要表现为：第一，巩固马克思主义在意识形态领域的指导地位，打牢建设中国特色社会主义的共同思想基础。第二，推动全社会确立中国特色社会主义共同理想，增强社会成员理想追求的现实目标性。第三，弘扬以爱国主义为核心的民族精神和以改革创新为核心的时代精神。爱国主义是统一战线的旗帜，也是民主党派团结在中国共产党旗帜下为国家为民族奋斗的思想基石。第四，发挥资政育人的功能，推动社会成员树立社会主义荣辱观。

杨建国、詹松、杨选锋在《论我国多党合作制度的核心价值——以亨廷顿政治秩序理论作为研究视角》（《中央社会主义学院学报》2010 年第 3 期）一文中认为，根据亨廷顿的政治秩序理论，政党及其体系主要通过保持政治制度化和政治参与之间的平衡关系来实现理想的政治秩序——政治稳定。在此理论视阈下，我国多党合作制度中加强民主建设与监督、扩大政治参与和利益表达渠道、加强社会整合和推进政治制度化建设等，都是作为人民民主实现的手段和途径的强化，其最终目标是为了维护稳定。因此，维护政治稳定是我国多党合作制度的核心价值。经济发展是多党合作制度实现核心价值的基本条件，保持政治稳定，多党合作制度的包容性是扩大政治参与的现实基础，有序的政治参与是维护政治稳定的必然选择，政党政治的制度化建设是维护政治稳定的制度保障，和谐的政党关系是实现政治稳定的必由之路。

高喜贵在《中国特色政党制度的民主价值》（《华章》2010 年第 12 期）一文中认为，中国特色的政党制度的民主价值，从制度上看体现了民主的实质，是社会主义民主政治的重要组成部分，人民民主既是社会主义民主政治的根本价值取向，也是中国政党制度的根本价值取向。从程序上看是选举民主与协商民主的有机结合，是社会主义民主政治的重要实现形式，选举民主与协商民主相结合，拓展了社会主义民主的深度和广度。从特点上看是一种新型的政党制度，是对社会主义民主政治的创新与发展，它所体现的民主价值：一是党际关系的平等性。二是政治协商的充分性。三是民主监督的相互性。四是政治参与的广泛性。

刘海清、张丹君在《坚持中国特色政党制度推进政治文明建设进程》（《理论导报》2010 年第 1 期）一文中认为，中国特色的政党制度是中国政治文明转型过程中的历史选择，其基本框架是在确立社会主义民主政治制度的基础上建立起来的。其功能和价值主要包括四个方面：其一，民主党派参政议政有利于体现社会主义民主的广泛性，提高人民群众的民主意识、主人翁精神和管理国家大事的能力；其二，民主党派有利于发挥中国政党制度实现政策选择的互动优势，充分发挥智力集团咨询作用，更好地实现利益综合，从而促进决策的民主化和科学化；其三，民主党派有利于形成中国政治体系的内部监督机制，党派之间的有组织的监督无疑比无组织的社会监督更为现实，更有可能使人民群众的利益通过政治过程得到充分实现；其四，民主党派有利于优化中国政党制度的社会整合功能，扩大整合的边界和张力区，吸收更多的政治资源融入政治体系，协调社会利益关系，促进政治团结、社会稳定和经济发展。

程竹汝、郭燕来在《论共产党领导的多党合作制度的功能特色》（《中国人民政协理论研究会会刊》2010 年第 2 期）一文中认为，在建国 60 年的政治实践中，共产党领导的多党合作和政治协商制度已形成或正在形成与中国社会相适应的一系列功能性价值，它包括：社会政治稳定的价值；低代价的决策优化价值；有序参与的价值；和谐政治的价值等，每种价值都有着特定的实现形式。随着这一制度的不断完善，这些价值将得到充分实现。

董树彬在《中国多党合作制度的创造性价值》（《山东社会科学》2010 年第 11 期）一文中认为，中国共产党领导的多党合作制度是在长期的革命、建设、改革实践中形成和发展起来的一项符合中国国情的基本政治制度，是具有中国特色的社会主义政党制度。中国多党合作制度具有独特的创造性价值主要表现为：一体多位的结构设计，协商民主的运行方式，非对称性的地位作用，团结和谐的政党关系。

黎玉林、鲍跃华在《合作治理与中国政党制度的发展》（《江苏省社会主义学院学报》2010 年第 5 期）一文中认为，公共利益至上性是合作治理追求的核心价值和思想精髓。中国政党制度是以多党合作为其本质特征的，多党合作实现公共利益是中国政党制度形成的共识基础，公共利益也是多党合作得以维持和发展的根基。增强政党合作的共识基础，保持多党合作的持续发展，尤其需要避免将多党合作异化为政党同盟，将公共利益演变成少数人的集团利益。在多党合作的历史资源日益薄弱的时代背景下，如何筑牢多党合作的共识基础，为多党合作提供坚实的政治合法性，需要执政党和参政党切实推进公共利益至上的公平正义，协调多元利益分化和公共利益至上之间的潜在冲突，防止特殊利益和少数利益集团绑架公共利益，借公共利益之名行利己谋私之实。

（二）多党合作制度的功能

关于多党合作制度功能的研究，在加强对政治参与、利益表达、社会整合、民主监督和维护稳定等基本功能研究的基础上，学者们提出了塑造功能、引导功能、预期与简约功能、建构功能，基本功能和附属功能等一系列新的观点。还提出了多党合作的功能不是一成不变的，而是随着历史的发展而不断发展变化的。其中，以殷啸虎的《论多党合作制度功能定位的演进》、刘强的《中西政党制度功能的再思考》和王俊霞的《论中国特色政党制度的价值基础》最具代表性。

殷啸虎在《论多党合作制度功能定位的演进》（《上海市社会主义学院学报》2010 年第 1 期）一文中认为，新中国成立 60 年来多党合作制度发展过程，也是多党合作制度功能定位的演进过程。从新中国多党合作制度发展来看，多党合作制度功能定位的演进大体上经历了四个阶段。第一阶段：新中国建立初期。在这一时期，多党合作制度的功能定位，是通过各党派平等协商，建立民主的联合政府。第二阶段：第一届全国人大召开以后。这一时期多党合作制度功能定位由建国初期的以协商建国、参加联合政府为主的功能转变为党际之间的监督功能。第三阶段：改革开放以来，在多党合作制度的功能定位方面出现了两个新的变化：一是明确了民主党派在新的历史条件下的性质和作用；二是明确了多党合作的功能定位，加强了多党合作制度化建设。第四阶段：进入新世纪以来，对新的历史条件下多党合作制度建设的功能定位提出了明确、具体的要求，即在继续完善政治协商、民主监督、参政议政功能的基础上，扩大各界人士有序的政治参与，拓宽社会利益表达渠道，促进社会和谐发展。

刘强在《中西政党制度功能的再思考》（《广东省社会主义学院学报》2010 年第 4 期）一文中认为，由于社会结构的差异，西方竞争性政党制度主要发挥利益表达的民主功能，中国的政党制度则承担着推动经济发展、实现社会整合和维护稳定的多重历史使命。西方政党制度虽然也具有社会整合、维护稳定、推动发展等功能，但与中国政党制度相比却表现出衍生特征，属于衍生功能。与此同时，中国政党制度虽然也拥有利益表达、政治参与和民主监督的功能，但明显呈现出偏弱和附属的特征，属于附属功能。总体来看，在中国政党制度的功能中，实现社会整合、维护社会稳定、推动经济现代化一直占据主导位置，利益表达、政治参与和民主监督的功能虽然偏弱，但却呈螺旋式上升的发展态势。伴随着这种变迁过程，中国政党制度的功能将出现明显的转换和调整：实现社会整合、维护社会稳定、推动经济发展的基本功能将会在一个较长的时段内呈现出逐步“消退”的现象，发展社会主义民主政治、推进社会主义政治文明将最终成为中国政党制度的主要功能或基本功能。

王俊霞在《论中国特色政党制度的价值基础》（《辽宁省社会主义学院学报》2010 年第 3 期）一文中认为，中国特色的政党制度作为国家政治制度的重要组成部分在发挥社会主义政治制度优势、提高社会主义政治文明品质和整合社会政治资源方面具有重要的塑造功能。第一，引导功能。引导功能指政党制度的价值能够引导各个政党行动指向特定的政治方向，实现共同的政治目标，在政党管理过程中，它能对各党派党员的认识、情绪、意志等按照指向去规范行为，使政党管理活动维持其稳定的态势和完整的内容，以达到各党派为所联系群众服务的目标，实现政党的利益表达功能。第二，预期与简约功能。制度价值会给政党活动提供一种行为预期，让各党派在政治活动中，事先就知道什么行为是正当合法的，什么行为是不当非法的，共同遵守国家法律和各党章程，在宪法和法律的框架内从事政治活动。第三，建构功能。建构功能指人民对政党制度变迁的建构性认同，这种认同有助于形成政党制度变迁如何可能的一致性认识，提高政党制度运行的有效性。

徐行、王海峰在《试论我国多党合作和政治协商制度的价值功能》（《中国人民政协理论研究会会刊》2010 年第 3 期）一文中认为，我国多党合作和政治协商制度在规范政党间关系的同时，也规范着社会关系。人民政协作为我国多党合作和政治协商制度的基本组织形式，是中国政治制度和中国特色政党制度的制度化平台，其价值表现能够集中体现多党合作和政治协商的制度功能。人民政协的价值所在实为其政治功能与社会功能的统一。政治功能表现为政治参与功能、利益表达与整合功能、社会整合功能、民主监督功能和维护稳定功能。社会功能表现为培育公民意识，形成共有社会价值、培育公民规则意识，理性行为能力、培育公民妥协精神等。我国多党合作制度的价值功能主要表现为：第一，扩大政治参与空间，吸纳新兴社会力量，增进各社会阶层的政治共识，形成共有的社会价值。第二，促进利益整合，实现执政党、参政党、社会关系和谐，奠定社会稳定基础。第三，发扬人民民主，实行政党间监督，丰富了监督形式。第四，凝聚社会力量，扩大社会动员，促进国家建设。

李俊在《治理视域下中国政党制度功能性价值新论》（《天津市社会主义学院学报》2010 年第 2 期）一文中认为，作为对现实公共政治生活危机的直接回应，治理与善治理论促使了政治学知识的主题由统治转向合作，这对于中国民主政治发展的制度安排也起着重要导向作用。因此，将中国政党制度研究纳入治理视域，一方面有助于发现“问题”，另一方面也能够展现“价值”。（1）在当代中国社会政治生态中，执政党与参政党无疑是最为重要的两个治理主体，实现中国善治目标，首要条件便是两大主体间合作关系的形成，这必然涉及到政党制度的设计。在中国，作为主体间关系的制度安排，中国政党制度包括三大特质：共产党领导、多党合作以及政治协商，除去共产党领导的政治要求以外，多党合作和政治协调的制度安排则直接促成了主体间的合作形成。（2）责任政党政府的打造不能脱离政党制度的边界，政党制度又为责任政党政府的建立提供了必要的政治基础和运行机制。首先，中国政党制度的确立强烈地体现了执政党的政治责任。其次，各政党都十分重视自身的现代化建设。（3）中国政党制度所具有的政治参与、利益整合、政治民主化等功能有助于公众议程的设置以及最终转化为政策议程。首先，政治参与是前提。其次，利益整合是重点。

邝志勇在《从结构和功能视角比较中西政党制度形态差异》（《吉林省社会主义学院学报》2010 年第 2 期）一文中认为，现代西方国家主要实行两党制和多党制，是以选举为首要功能的竞争性政党制度，是为资本主义服务的。这种根植于其权力制衡的政治体制中监督功能，保证了监督的力度和效度，但同时也会增加执政党执政的难度，在一定程度上会导致执政效率低下。中国政党制度是一种“共产党领导、多党派合作，共产党执政、多党派参政”的政治格局，这种格局既不同于西方国家的两党制或多党制，又有别于其他国家实行的一党制，是一种合作型的政党制度。中国共产党与各民主党派的关系，不是西方政党那种互相争斗、互相拆台的竞争关系，而是一种亲密友党和通力合作关系。与西方政党制度的功能相比，中国政党制度既有政治参与、利益表达、社会整合、民主监督和维护稳定等基本功能，充分体现了社会主义民主的本质要求，保障人民民主权利的充分行使，是实现社会主义民主的重要形式。

王远启在《中国多党合作制度结构特征分析》（《上海市社会主义学院学报》2010 年第 5 期）一文中认为，系统结构决定系统功能，结构具有基础性的地位，二者相辅相成。与西方两党制、多党制的多核多极结构相比较，当代中国多党合作制度原子型结构模式具有四个方面的功能优势。一是整体和谐的优势。二是运行稳定的优势。三是效率较高的优势。四是适应性强的优势。从政党制度的结构特点来看，多极化的结构，可能带来一种开放、竞争、活跃的格局；单极化的结构，可能造成一种封闭、垄断、压抑的局面；而单核的原子型结构，则进退灵活，适应性强。但是，任何事情都不是绝对的。虽然理想的原子结构形态具有较好的对称性、稳定性和有序性，但是，现实的原子结构实体则表现出一定的偏离。对多党合作制度结构问题，及时做出前瞻性的分析判断，可以有效防止多党合作制度陷入某种误区。一是系统同质化问题。二是系统异质化问题。三是系统非对称性问题。四是系统力学平衡问题。五是系统运转失灵问题。六是系统功能退化问题。

孙信、林萍在《中国特色政党制度与国家软实力》（《四川省社会主义学院学报》2010年第4期）一文中认为，国家软实力是指一个国家制度、文化和意识形态的吸引力和向心力。在政党政治时代，在国家政治制度中居于突出地位的政党制度，自然成为国家软实力的重要组成部分。纵观当今世界，发达国家无疑不是同成熟的政党制度联系在一起的。也就是说，成熟的政党制度或者适合国情的政党制度对一个国家的发展起着至关重要的作用，是国家最重要的软实力。中国特色政党制度是中国国家软实力的重要组成部分，是国家软实力的集中体现。第一，中国特色政党制度有利于决策的科学化、民主化。第二，中国特色政党制度有利于政治参与。第三，中国特色政党制度有利于社会整合。第四，中国特色政党制度有利于民主监督。第五，中国特色政党制度有利于维护稳定。第六，中国特色政党制度有利于集中力量进行社会主义现代化建设。

陈玲、樊东霞在《多党合作：构建和谐社会的重要政治保障》（《河北青年管理干部学院学报》2010年第1期）一文中认为，当今世界，政党制度是国家政治制度的一个重要组成部分，在政治生活中发挥着十分重要的作用。各国的政党制度纷繁多样，政党制度的形成取决于各国的社会经济基础和不同政治力量的发展程度，同时还受到该国历史环境、选举制度、社会制度、政权形式以及特定的国际环境等因素的影响。我国实行的共产党领导的多党合作制度是马克思列宁主义与中国具体实际相结合的产物，是适合中国国情的历史必然选择，是构建社会主义和谐社会的重要政治保障。

在多党合作制度功能的研究中，最大的亮点就是关于社会整合功能的研究。转型期的中国，随着社会阶级和阶层的分化，导致利益差别扩大化，利益矛盾增多，利益诉求多样化，使多党合作制度的社会整合功能面临挑战。这就要求多党合作制度发挥强大的社会整合功能，妥善处理和协调各阶层的利益关系，促进和谐社会建设。学者们围绕这一主题，进行积极的探讨，其中以常欣欣的《中国特色政党制度的政治吸纳和整合功能及其建设》和耿百峰的《社会阶层分化对中国政党制度社会整合功能的挑战与对策》最具代表性。

常欣欣在《中国特色政党制度的政治吸纳和整合功能及其建设》（《科学社会主义》2010年第4期）一文中认为，中国特色的政党制度所具有的独特制度优势，就是它有强大的政治吸纳和整合功能。第一，执政党中国共产党的先进性，是中国特色政党制度具有强大政治吸纳和整合功能的政治基础。第二，参政党各民主党派的进步性是中国特色政党制度强大政治吸纳和整合功能的社会基础。第三，中国特色社会主义的旗帜和理论是中国特色政党制度强大政治吸纳和整合功能的思想基础。第四，规范有序的组织结构是中国特色政党制度强大政治吸纳和整合功能的组织基础。第五，高度聚集的政治和社会精英是中国特色政党制度强大政治吸纳和整合功能的人才保证。进一步增强中国特色政党制度的政治吸纳和整合功能的建设路径：第一，高举中国特色社会主义伟大旗帜，注重在中国特色社会主义理论体系框架内加强意识形态整合，增进对中国特色政党制度的共识。第二，加大社会利益整合力度，整合分化的社会利益，融合不同的社会群体和社会阶层。第三，保持中国共产党的先进性和各民主党派的进步性，能够有效增大中国特色政党制度的政治吸纳和整合功能。第四，进一步优化党际关系，增强政党制度的包容性。

耿百峰在《社会阶层分化对中国政党制度社会整合功能的挑战与对策》（《中央社会主义学院学报》2010 年第 5 期）一文中认为，改革开放以来，社会阶层分化导致利益差别扩大化，社会阶层分化导致利益矛盾增多，社会阶层分化导致利益诉求多样化，使中国政党制度的利益整合功能面临挑战。发挥中国政党制度的社会整合功能，第一，发挥中国政党制度的利益整合功能。一是增强中国共产党的利益整合功能。二是增强参政党的利益整合功能。三是扩大中国政党制度进行利益整合的张力。第二，发挥中国政党制度的组织整合功能。一是增强中国共产党的阶级基础，扩大中国共产党的群众基础。二是对中国共产党整合社会的组织方式进行战略性调整。三是适应社会阶层分化，做好民主党派的组织发展工作。鉴于新的社会阶层人士加入民主党派的诉求逐步提高，从民主党派的性质出发，适应社会多样性发展的要求，民主党派可适当发展一些新的社会阶层代表人士加入组织。第三，发挥中国政党制度的意识形态整合功能。强化中国各政党意识形态上的认同，是发挥中国政党制度意识形态整合功能的前提；坚持中国共产党对意识形态工作的领导权，是发挥中国政党制度意识形态整合功能的关键；建设社会主义核心价值体系是发挥中国政党制度意识形态整合功能的根本途径。

刘惠、林伯海在《中国特色政党制度的社会整合功能探析》（《毛泽东思想研究》2010 年第 2 期）一文中认为，多党合作的政党制度是具有中国特色的一种能够发挥社会整合功能的机制，它的社会整合作用对于超大型的中国社会的稳定发展和实现社会主义现代化具有非常重要的意义。具体说来，多党合作政党制度的社会整合功能主要体现在以下三个方面，意识形态整合功能、社会利益整合功能和社会发展整合功能。强化和完善政党制度的社会整合功能，首先，要扩大主流意识形态的包容性。作为中国特色政党制度领导核心的中国共产党在意识形态多元化的今天必须在实践中不断充实和发展占主导地位的马克思主义意识形态，同时扩大其包容性，增强其代表性。只有这样，中国的主流意识形态才能更好地代表社会各阶层的利益，为社会大多数成员所接受，更好地发挥意识形态整合的功能。其次，要加强政党制度内部的民主建设。最后，要加强政党制度的规范化、制度化和法制化建设。

左琨在《论阶层分化视角下多党合作制度社会整合功能的完善》（《中共济南市委党校学报》2010 年第 3 期）一文中认为，我国当代主要的社会阶层无外乎三大类，即优势阶层、中间阶层和弱势阶层。社会阶层发生分化，使多党合作制度社会整合功能遭遇了挑战。第一，利益诉求的多样化，使当代中国政党制度的利益整合功能面临挑战。第二，社会阶层的分化，使当代中国政党制度的组织整合功能面临挑战。第三，价值观念的多元化，使当代中国政党制度的意识形态整合功能面临挑战。完善多党合作制度的利益整合功能，第一，充分发挥执政党在利益整合中的核心作用。执政党要充分发挥自身的政治优势，切实反映广大人民群众的利益诉求，有效整合广大人民群众的利益诉求。第二，加强民主党派的利益表达和协调能力建设，提高利益整合的实现程度。第三，提升多党合作的制度化水平，完善利益整合的制度保障。

崔珏在《中国政党制度的社会整合功能及其面临的挑战》（《上海市社会主义学院学报》2010 年第 2 期）一文中认为，多党合作制度作为中国特色的政党制度，具有核心一元而结构多元的特点，它坚持中共的领导，又充分发挥各民主党派和无党派人士的作用，在长期合作中形成了高度的政治认同和对政治资源的优化配置，有助于调动各方面的积极性，形成强大的社会整合力。多党合作制度的整合功能突出体现在如下几方面：第一，通过执政党的意识形态实现对全社会的整合。第二，通过多党合作的组织网络进行政治资源整合。第三，通过政策过程中的民主协商和广泛参与促进利益整合。

孙存良在《中国政党制度的社会整合功能》（《上海市社会主义学院学报》2010 年第 1 期）一文中认为，改革开放以来，中国社会结构发生了重大变化，多元社会已经形成。社会整合是多元社会中的重要问题。中国共产党领导的多党合作和政治协商制度是我国的一项基本政治制度，也是协商民主在制度层面比较成熟的载体和形式，对我国社会整合发挥着重要作用。但这种制度还不太成熟和完善，它的功能并没有得到充分发挥。因此，必须完善中国的政党制度，激发其社会整合功能。第一，中国共产党必须加强执政党建设，提高社会凝聚力，充分发挥社会整合的作用。第二，加强各民主党派参政能力建设，更好地代表所联系社会各阶层的利益。第三，加强人民政协组织建设，更好地发挥协商民主的社会整合功能。

（三）多党合作制度的价值实现和功能开发

如何深度开发多党合作制度的功能，充分体现多党合作制度的价值，是研究多党合作制度价值和功能的最终目的。学者们深入分析了影响多党合作制度价值实现和功能发挥的各种因素，提出了一系列方法和对策。其中以徐行、王海峰的《试论我国多党合作和政治协商制度的价值功能》和齐春雷的《执政党建设与中国政党制度的民主价值》最具代表性。

徐行、王海峰在《试论我国多党合作和政治协商制度的价值功能》（《中国人民政协理论研究会会刊》2010 年第 3 期）一文中认为，我国多党合作和政治协商制度功能的开发，不仅仅是其政治功能的完善，而且更应是其社会功能的开发。因为多党合作与政治协商制度功能开发若仅是其政治功能开发，而缺乏必要的社会功能开发，必会使多党合作与政治协商制度失去来自社会的动力。公民及其政治参与将会从根本上激活了当代中国的民主化进程，它不仅会重塑中国各政党的体制，密切了各政党间的关系，还驱动了各政党从国家化向社会化的回归。我国多党合作和政治协商制度价值功能开发的现存问题：第一，政治参与的扩大与参与能力的相对不足并存。第二，利益综合范围扩大与利益表达渠道的不畅相冲突。第三，政党整合力度的增强与社会力量的整合能力低下不相匹配。第四，民主监督机制不完善，政党监督力度不够。我国多党合作和政治协商制度价值功能开发的基本路径：现阶段，重点从制度层面规范权力的行使，即坚持和完善中国共产党的领导，同时保障民主党派权利的实现，充分从发挥参政党作用的角度思考多党合作与政治协商制度价值功能的开发问题。从长远角度考虑，我国多党合作和政治协商制度的功能开发，应在政治民主化的推动下，培育社会力量，促进政党、社会与公民间的合作与协商。

齐春雷在《执政党建设与中国政党制度的民主价值》（《攀登》2010 年第 2 期）一文中认为，中国政党制度的民主价值主要表现为有利于全面、完整地代表民意，有利于协调、整合民众诉求，有利于规范国家权力行使，保障民众民主权利。当代中国正处于剧烈的社会转型期，多元利益诉求引发的政治参与膨胀，对政党制度民主价值的进一步挖掘和发挥提出了更高的要求。作为执政党的中国共产党是多党合作的政党制度发挥其民主价值的主导力量和决定性因素，执政党党内民主的发展直接影响到社会民主乃至整个国家民主政治发展的进程，执政党建设存在的现实问题同样也制约着整个政党制度民主价值的发挥。因此，不断加强执政党的建设则是充分发挥中国政党制度民主价值的关键路径。第一，大力发展党内民主。第二，明晰并界定党政职责。第三，给参政党更多的自主空间。第四，执政党要始终关怀和参与社会。

任世红在《提升中国特色政党制度功能与价值的路径选择》（《中央社会主义学院学报》2010 年第 2 期）一文中认为，提升中国特色政党制度的功能与价值，必须立足于影响中国特色政党制度功能与价值的基本因素，遵循中国特色政党制度功能与价值的变动规律。坚持中国特色社会主义政治发展道路，借鉴人类政治文明发展的有益成果，扩大参与、拓展协商、加强监督，以制度创新推进中国特色政党制度的科学发展。一是发展协商民主，开发中国特色政党制度的民主价值；二是调整制度结构，释放中国特色政党制度的政治功能；三是培育政党文化，建设宽松、民主、和谐的政治生态文明；四是坚持科学发展，实现中国特色政党制度功能的动态平衡。

曹蓉在《中国特色政党制度功能与价值的实现途径》（《中央社会主义学院学报》2010 年第 1 期）一文中认为，实现和发展社会主义民主是中国特色政党制度的价值取向和本质要求。中国多党合作制度的功能与价值主要体现在政治参与、利益表达、社会整合、民主监督、维护稳定五个方面，这与中国多党合作制度下执政党组织政府、参加政府、指导政府的职能以及参政党参政议政、民主监督的职能有着必然的联系。这个联系就是执政党和参政党都是通过履行职能来实现自身价值、体现我国多党合作制度的功能与价值的，因此，中国特色政党制度的功能与价值的实现取决于政党职能履行的制度化、规范化、程序化建设，体现在执政党和参政党履行职能的特点上，而政治协商正好是执政党和参政党履行其基本职能的结合点。通过政治协商的方式来实现指导政府、组织政府和参加政府的目的，是中国执政党履行职能的一个基本特点；通过参与政治协商的方式来参政议政、民主监督，是中国参政党履行职能的一个基本特点。因此，中国政党履行其基本职能的“三化”建设主要体现在政治协商、参政议政、民主监督的建设上，必须从政党履行职能的“三化”建设入手，建立执政党与参政党的良性互动机制，促进中国特色政党制度的功能与价值的充分实现。

邓凌、万光碧《谈新时期多党合作制度的基本功能及其实现》（《团结报》2010 年 11 月 2 日）一文中认为，政党制度是政党发挥功能的载体，尽管不同国家政党制度结构存在差异，但都是为了履行政治运作所必需的一些功能，主要包括利益整合、维护稳定和民主监督等。就功能而言，我国政党制度在我国的制度环境中能够发挥比西方政党制度更大的功能优势，事实上也确实起到了重要作用。在新形势下不断发展和完善中国政党制度，为其社会功能最大限度的发挥作用探寻有效途径，以促进社会主义和谐社会建设，显得尤为必要和迫切。一是坚持多党合作和政治协商制度，和谐政党关系，更好实现中国政党制度的维护稳定功能。二是形成高度的政治认同，优化政治资源配置，协调各方利益关系，更好地实现中国政党制度的社会整合功能。三是完善民主监督机制，创新方式方法，增强实效，更好实现中国政党制度的民主监督功能。

段海凤、李中省在《多党合作制度维护政治稳定功能的实现路径——从政治结构功能分析方法入手的解析》（《天水行政学院学报》2010 年第 3 期）一文中认为，多党合作制度特殊的执政——参政的政党合作关系结构及其独特的体系功能和运行功能为维护政治平衡、实现政局稳定开拓了道路。第一，多党合作制度的体系功能。中国共产党领导的多党合作和政治协商制度与我国的人民代表大会制度、民族区域自治制度相辅相成，构成了我国民主政治制度的大框架，是我国政治局势得以稳定的重要基石。多党合作制度这一体系本身在政治社会化、社会不同利益群体的政治录用以及政治交流方面发挥了重要的功能。同时，这种体系功能又有效地保障了社会政治的稳定。第二，多党合作制度的过程功能和公共政策制定、执行过程中的监督机制。多党合作制度对各种政治要求进行加工，从而制定成政治决策，然后被执行和实践。在这个过程中，多党合作制度使得来自不同党派集团以及个人的利益要求得以充分表达、综合、讨论，最后制定成为能够被大众所广泛接受的政治决策。在政策制定和执行的过程中，立法者和执政者受到民主的监督。多党合作制度的过程功能使多党合作制度维护政治稳定的作用更加强化。

五、多党合作理论体系

关于多党合作理论体系研究，是近年来多党合作制度领域研究的一个重点内容。学者们对多党合作的思想、多党合作理论的发展脉络、多党合作制度理论的理论基础、多党合作理论的范畴、基本框架和内容以及方法等进行了有益的研究探讨。

（一）关于多党合作思想研究

关于多党合作思想的研究，主要是对马克思主义关于多党合作的思想、中国共产党人关于多党合作的思想以及列宁、邓小平、江泽民的多党合作思想进行了梳理。

王树臣在《马克思主义多党合作思想中国化解读》（《广东省社会主义学院学报》2010 年第 1 期）一文中认为，多党合作思想是马克思主义政党理论的重要组成部分，是经典、是宝典也是法典。经典：多党合作思想的阐释。从马克思主义传到中国一百年左右的时间里，中国共产党把马克思主义的多党合作思想同中国的具体国情相结合，阐明了中国革命、建设、改革的对象、动力、领导力量和革命道路等基本问题，对马克思主义关于多党合作的经典论述，进行了丰富、发展和创新。其突出表现在：一是把多党合作从力量凝聚的策略变为长远的政治战略。二是把多党合作从思想学说变为制度实践。宝典：多党合作的独特作用。一是多党合作共同缔造了共和国。二是多党合作共同推进政权的有效运行。三是多党合作加速了社会主义制度的建立。四是多党合作推进了我国社会的科学发展。法典：多党合作逐步走上法制化轨道。多党合作制度确立60年来，已经初步形成一整套较为系统和成熟的法律体系，该法律体系以宪法为根本依据，以中央文件、《中国人民政治协商会议章程》和各地方文件、人民政协各级组织规章制度等“软法”为主体内容，强化了我国多党合作法制化建设，奠定了我国多党合作法制化建设的现实基础。

华正学、马玉君在《列宁多党合作理论与实践的现实启示》(《浙江树人大学学报》2010年第6期）一文中认为，纵观列宁领导的苏维埃俄国多党合作的短暂实践，在多党合作的过程中，列宁始终坚定不移地坚持并强调了下述基本原则：第一，真心实意地邀请并欢迎其他政党与布尔什维克党一起分掌政权、联合执政的原则。第二，多党合作必须坚持由最近一次苏维埃代表大会上的多数掌握政权的原则，即保持布尔什维克党对多党合作政治领导的原则。第三，参加多党合作的政党必须拥护和坚持社会主义发展方向的原则。第四，必须尊重并照顾其他政党的具体利益，允许其组织独立、活动自由的原则。列宁多党合作理论与实践的现实启示主要有：第一，任何国家的政党制度都是具体的历史条件的产物。第二，建设社会主义确需一切愿意为之奋斗的阶级、政党和政治力量的积极参与。第三，社会主义制度条件下的多党合作必须要有巩固的政治基础。第四，社会主义制度条件下的多党合作还要找到一个各方共同认可的组织形式。

戴安林、戴华林在《论邓小平的多党合作思想》(《福建省社会主义学院学报》2010年第4期）一文中认为，邓小平的多党合作思想阐明了在新的历史时期，如何巩固和发展多党合作的一系列基本问题，是我国的基本政治制度——中国共产党领导的多党合作和政治协商制度的理论基础。第一，多党合作的必然性和必要性：中国历史条件和现实条件所决定的。第二，多党合作的政治基础：共同致力于社会主义现代化建设。第三，多党合作的前提条件：坚持中国共产党的领导地位。第四，多党合作的基本方针：“长期共存、互相监督、肝胆相照、荣辱与共”。第五，多党合作的组织形式：中国人民政治协商会议。

刘诚在《中国政党制度的理论创新与政治文明建设——学习〈江泽民思想年编〉》(《毛泽东邓小平理论研究》2010年第6期）一文中认为，江泽民同志创造性地提出“社会主义政治文明”的科学概念，对我国民主政治建设特别是政党制度建设产生了深远影响。以1989年《意见》为起点，中国政党制度完成了由实然走向应然的过程，并由此开始了政治文明视阈下政党制度理论的创新发展。第一，制度文明：政党制度坚持和完善的根本保证。1989年《意见》标志多党合作进入制度化建设的新阶段；1993年，全国人大八届一次会议通过的宪法修正案，将“中国共产党领导的多党合作和政治协商制度将长期存在和发展”载入宪法，标志着当代中国政党制度进入了法制轨道，制度文明有了新起点。提出衡量中国政党制度的标准为判断政党制度的优劣提供了依据。第二，政治观念文明：中共和民主党派长期合作的政治基础。一是在政治关系上，坚持中共对民主党派的政治领导。二是在国家政权中，中共是执政党，民主党派是参政党。三是在宪法和法律上，中共和民主党派地位平等。第三，政治行为文明：民主党派积极有序的政治参与。一是积极参政议政、政治协商和民主监督。二是加强民主程序建设，使多党合作规范化、制度化政治行为文明有待于加强程序化建设。

刘丽利在《马克思关于政党制度的主要观点及中国共产党的理论贡献》（《吉林省社会主义学院学报》2010 年第 1 期）一文中认为，中国特色政党制度形成理论基础源于马克思多党合作思想。19 世纪中叶，马克思在创立科学社会主义的同时，也创立了多党合作理论。中国共产党运用马克思主义的政党学说，在深刻总结历史经验教训的基础上，同我国各民主党派一起，创立了共产党领导的多党合作和政治协商制度。经过半个多世纪的实践磨炼，中国共产党对这项制度进行创新与完善，主要表现为：一是在实践中不断构建理论、原则和政策，丰富和发展了马克思主义政党学说。二是在科学理论指导下，促进中国政党制度在实践中发展，并逐步走上规范化、制度化的运行道路。三是从社会主义民主政治建设的高度出发，推进参政党的自身建设，提高多党合作和政治协商的质量。

（二）关于多党合作理论的发展脉络

关于多党合作理论的发展脉络的研究，在本年度的文章中基本上都是一般性的概述。有四篇文章将多党合作理论形成的历史时期分别界定为“十六字”方针的提出和十一届三中全会以后，都是以前的观点，论据也缺乏新意。

李禄俊在《试论中国特色政党制度理论的发展脉络》（《四川省干部函授学院学报》2010 年第 3 期）一文中认为，马克思主义经典作家的政党建设学说是中国特色政党制度的理论渊源，毛泽东的多党合作理论为中国特色政党制度理论的形成奠定了直接基础，邓小平多党合作重要论述为中国特色政党制度的发展提供了充分依据，江泽民“三个代表”重要思想关于中国特色政党制度的论断为中国特色政党制度的发展明确了指导思想，以胡锦涛为总书记的新一代中央领导集体又不断地创新多党合作理论制度，其关于多党合作的理论创新为中国特色政党制度的完善树立了新的根本方针。

何虹在《中国共产党多党合作理论的创新与发展》（《江苏省社会主义学院学报》2010 年第 6 期）一文中认为，中国共产党的多党合作理论在新民主主义革命时期孕育，在社会主义革命和建设时期形成和发展，是中国社会历史实践的产物。以毛泽东为核心的党的第一代领导集体创立了具有中国特色的多党合作理论；以邓小平为核心的党的第二代领导集体发展了具有中国特色的多党合作理论；以江泽民为核心的党的第三代领导集体创新了具有中国特色的多党合作理论；以胡锦涛为总书记的新一代领导集体丰富了具有中国特色的多党合作理论。

陈岩在《中国特色政党制度理论的形成新探》（《内蒙古统战理论研究》2010 年第 2 期）一文中认为，多党合作思想是毛泽东思想的重要组成部分。1956 年社会主义改造完成以后确立了社会主义基本经济制度，标志着中国共产党多党合作思想的成熟。首先，毛泽东总结了国际共产主义运动和中国革命的经验与教训，指出了在中国实行中国共产党领导的多党合作符合中国的国情。其次，毛泽东强调共产党团结民主党派是一项坚定不移的方针，提出了“长期合作，互相监督”的基本方针，成为我党在社会主义建设时期处理与民主党派关系的根本方针。再次，提出了要充分发挥民主党派在社会主义建设中的作用。

张国镛、徐冬在《论多党合作与政治协商制度的形成与发展》（《重庆三峡学院学报》2010 年第 1 期）一文中认为发展完善社会主义民主政治，是中国共产党始终不渝的奋斗目标。以毛泽东、邓小平、江泽民、胡锦涛为核心的党的四代领导集体，坚持马克思主义民主的基本理论，结合中国的具体实际，对我国的民主政治建设进行了艰辛的探索与实践，为具有中国特色社会主义民主理论的形成和发展做出了巨大贡献。（1）建国后以毛泽东为核心的党的第一代领导集体对多党合作与政治协商制度的新贡献：第一，第一届全国政协召开，多党合作制正式确立。第二，“长期共存、互相监督”方针的提出，标志着多党合作理论初步形成。（2）十一届三中全会后，以邓小平为核心的党的第二代领导集体对多党合作理论的贡献：第一，重新论述了新时期民主党派的性质、地位和作用。第二，把中国共产党领导的多党合作制度上升到国家政治制度的高度。第三，发展和完善了党同民主党派合作的基本方针。（3）以江泽民为核心的党的第三代领导集体对多党合作与政治协商制度发展完善的贡献：第一，将多党合作和政治协商制度纳入宪法。第二，阐明了我国政党制度的显著特征，提出了衡量我国政党制度的标准，明确了民主党派进步性和广泛性的内涵。以胡锦涛为核心的党的新一届中央领导集体，对进一步坚持和完善共产党领导的多党合作和政治协商制度：第一，提出了在多党合作中必须坚持和遵循的六条重要政治准则。第二，明确发展是多党合作和政治协商的根本任务。第三，将政治协商纳入决策程序。

刘雪岩在《新世纪 10 年坚持和完善多党合作和政治协商制度理论及实践的新发展》（《吉林省社会主义学院学报》2010 年第 3 期）一文中认为，以科学发展为鲜明特点的新世纪 10 年，是中国共产党领导的多党合作制度理论与实践得到不断丰富和发展新的黄金期。新世纪 10 年来多党合作和政治协商制度理论的新建树主要有：第一次提出了衡量我国多党合作制度的标准；科学地概括了我国多党合作制度的显著特征和巨大优势；科学地阐明了我国民主党派进步性与广泛性的内涵；提出坚持和完善中国共产党领导的多党合作制度是建设社会主义政治文明的重要内容；发展是多党合作和政治协商的根本任务；走中国特色社会主义政治发展道路是我国政党制度必须坚持的政治方向；巩固和发展我国多党合作的政治格局，就必须稳定中国共产党和民主党派和谐的政党关系；进一步丰富和发展了民主党派性质的内涵；第一次对无党派人士作了明确的界定，进一步明确了无党派人士在多党合作中的地位、职能和作用；对人民政协理论作了极大丰富和发展；第一次提出了中国政党制度的五项功能和价值。

（三）多党合作制度的理论基础、基本框架和基本内容

在原有研究成果的基础上，学者们对多党合作制度的理论基础、基本框架、基本范畴和基本内容进一步探讨。张瑞琨的《人民民主理论与多党合作制度再思考》和廖继红的《中国特色政党制度理论范畴体系探析》有一定的代表性。

张瑞琨《人民民主理论与多党合作制度再思考》（《上海市社会主义学院学报》2010 年第 5 期）一文中认为，人民民主理论的内容非常丰富，而与我国的多党合作制

度密切相关的主要是人民民主专政理论、民主集中制理论、政治参与、协商民主、民主监督及民主法治等理论。这些理论相互贯通，共同构成我国多党合作制度的民主理论基础。人民民主专政理论是我国多党合作制度确立和发展的依据。第一，人民民主专政理论决定了我国多党合作制度的政治格局。第二，人民民主专政为我国的多党合作奠定了政治基础。第三，人民民主专政理论确定了我国各政党在国家政权和国家政治生活中的地位。

艾那吐拉·哈力克在《我国多党合作制度的理论基础》（《湖北省社会主义学院学报》2010 年第 5 期）一文中认为，我国多党合作的基础，即多党合作赖以生存发展的根本和依托，主要由思想基础、政治基础、组织基础、理论基础、历史基础、文化基础、社会基础、法律基础和制度基础等要素构成。马克思主义政党学说是我国多党合作理论形成的思想依据。

廖继红在《中国特色政党制度理论范畴体系探析》（《四川省社会主义学院学报》2010 年第 4 期）一文中认为，中国特色政党制度理论范畴体系具有五个基本层面：第一个层面，理论体系赖以存在的基础：共产党领导、多党派合作；第二个层面，理论体系的基石：马克思列宁主义统一战线理论、政党理论、民主政治理论和中国传统文化价值理论；第三个层面，理论体系中最基本的原理、立论：协商理论、合作理论、监督理论；第四个层面，有关中国特色政党制度的方针、政策的理论概括；第五个层面，支撑、连接和表现中国特色政党制度理论的基本范畴，是对中国特色政党政治一系列重要原理的本质概括和抽象，构建而成的中国特色政党制度理论范畴体系。这五个基本层面，较完整地反映出中国特色政党制度理论体系的逻辑结构。中国特色政党制度理论蕴含了“基本政治制度与政党制度”、“执政党与参政党”、“政治基础与四项基本原则”、“领导核心与政治联盟”、“政治领导与参政议政”等基本范畴。

杨雪燕在《协商民主理论：中国特色政党制度理论的重要组成部分》（《中央社会主义学院学报》2010 年第 5 期）一文中认为，中国特色协商民主是几代中国共产党人努力探索并在多党合作实践中逐步形成和发展起来的，是中国共产党和各民主党派共同创造的符合中国国情、极具中国特色的重要民主形式。中国特色政党制度理论框架下的协商民主理论具有丰富的内涵。从文化背景看，中国协商民主与中国传统政治文化的“和合”理念相契合。从理论层面看，马克思列宁主义的人民民主理论、统一战线理论及多党合作理论是中国特色协商民主政治的理论基础。从运行机制看，中国共产党和各民主党派实行的协商政治是建立在民主集中制基础上的，是人民民主的重要体现。从价值功能看，中国特色协商民主有利于扩大公民的有序政治参与，讲求公共利益的最大化和决策的科学化、民主化、合法化。

岳世平在《政党制度理论研究对执政党建设理论研究的作用》（《广东省社会主义学院学报》2010 年第 3 期）一文中认为，新时期中国共产党执政建设理论的发展，离不开中国共产党领导的多党合作和政治协商制度这一中国特色政党制度理论的完善和发展，离不开中国特色政党制度理论的保障和助推作用。第一，加强中国特色政党制度理论研究有利于促进执政党建设理论的发展与完善。第二，坚持中国特色政党制度理论研究有利于促进政党制度发展。第三，坚持中国特色政党制度理论研究有利于加强政党民主建设。第四，坚持中国特色政党制度理论研究有利于促进党际关系和谐。

（四）多党合作理论体系的研究方法和路径

也许正是由于政党理论研究遇到了瓶颈的制约，于是学者们开始突围，探寻多党合作理论研究的方法和路径。袁廷华的《中国特色政党制度理论体系研究概述及思考》和杨爱珍的《对构建中国特色社会主义政党制度理论体系的思考》对研究多党合作制度理论体系的原则、方式、方法和路径进行了深入地探讨，对我们开展多党合作制度理论体系研究提出了一些有价值的意见和建议。

袁廷华在《中国特色政党制度理论体系研究概述及思考》（《中央社会主义学院学报》2010年第4期）一文中认为，目前中国特色社会主义政党制度理论体系研究主要集中在政党制度、政党制度理论和政党制度理论体系研究三者之间的关系、中国特色政党制度理论体系的基本框架、中国特色政党制度的理论基础、中国特色政党制度形成发展的历史文化基础、中国特色政党制度的制度结构和制度要素、中国特色政党制度的价值与功能、中国特色政党制度的发展路径等方面，观点也莫衷一是。进一步深化研究，一是要把握理论研究的方向。要深刻把握中国特色政党制度的本质特征和内在规定性，在涉及多党合作根本政治方向、重大原则和重大理论政策上与党的方针政策保持一致，在坚持正确方向基础上开展理论研究和理论创新。二是把握理论研究的重点。深入研究基本概念、基本范畴、基本命题，厘清、寻找各个范畴、概念和命题之间的内在逻辑关系和必然联系，进而揭示这一理论体系的完整性、科学性。三是把握理论研究的学理性要求。要善于创造性地运用马克思主义理论对中国多党合作实践进行理论抽象，形成新的理论概括和理论观点；要善于把哲学、政治学、社会学等多种学科的理论工具和研究方法运用到中国特色政党制度理论研究中来，提升研究成果的理论品质；要推动中国特色政党制度理论研究与政治学、政党学等学科的话语对接，在此基础上形成中国特色政党制度理论体系的新的范畴、概念和体系。四是把握一般与特殊的关系。中国特色政党制度是带有世界政党制度发展一般规律的、体现国情的政党制度，这一制度是中国的，也是世界的。中国特色政党制度理论体系如果离开了人类文明的大道，那就不可能具有科学的价值。五是把握理论与实践的关系。要重视理性思维，善于把实践内容上升到理论的高度，使之具有鲜明的理论品质和逻辑力量，同时要强化对实践的研究，加强对政治现实的回应性。

杨爱珍在《对构建中国特色社会主义政党制度理论体系的思考》（《上海市社会主义学院学报》2010年第2期）一文中认为，随着我国多党合作实践的展开和深入，构建中国特色社会主义政党制度理论体系已是水到渠成，势在必行的事了。但是怎样构建这个理论体系，却有不同的认知途径。一种是“大跃进”式的生产方式，没有很好地研究我国多党合作的客观规律，只是把关于多党合作的几个文件粘合在一起，把政策稍作理论化修饰，便成为我国特色社会主义政党制度理论体系。一种是从我国多党合作的规律出发，以思想解放为先导，突破统一战线的话语框架，突破以政策为主线的阐述方式，做到主观与客观的统一，规律与逻辑的统一。第一，尊重规律，解放思想是构建理论体系的前提和基础。要使中国特色政党制度理论体系的建立能够思想与实际相符合，主观和客观相符合，必须要从三方面打破思想枷锁。一是从过度强调“中国特色”的认识误区中解放出来。二是把多党合作制度从统一战线话语体系中解放出来。三是从急于打破西方话语垄断的心情中解放出来。第二，尊重规律是逻辑展开的必然要求。建立中国特色政党制度理论体系应该是在实践基础上对综合学科的反映。一是体现马克思主义与中国国情的结合。二是研究的方法要辩证和多元。三是要重视现实的与前瞻的研究。

刘红凛在《建构中国特色政党制度理论体系的三个基本问题》（《上海市社会主义学院学报》2010 年第 4 期）一文中认为，建构中国特色政党制度理论体系，要注意三个基本问题：第一，需注意的两种思想倾向。首先，需警惕的是按西方的政治逻辑、政党理论、分析框架或分析方法来分析我国的政党与政党制度，试图构建所谓“具有普适价值”的政党制度理论。其次，需警惕的另一种政治倾向或研究思路是：根据“斗争哲学”，延续“政党是阶级斗争的工具”这一政治逻辑来构建中国特色政党制度理论体系。第二，要树立正确的态度与观念。首先，必须尊重我国政党制度的历史，正确认识其历史合理性；必须尊重、正视当代中国政党制度现实，承认其现实合理性与客观性。其次，从马克思主义统战理论、政党理论与民主政治理论相统一的角度，从基本政治制度、构建社会主义和谐社会、发展社会主义民主政治的高度来看待我国政党制度。再次，既要具有世界眼光，更要具有中国情怀。第三，要坚持正确的民主观。首先，必须树立正确的民主观，以正确的民主观指导政党制度理论创新。其次，必须坚持处理一般与特殊的关系。建构中国特色政党制度理论体系，既要正视、尊重我国政党制度的历史与现实，用适合中国国情的逻辑方法来研究中国特色政党制度现实及其内在逻辑。

曲宏明、沈艳在《在人民政协中探索中国特色政党制度的理论创新》（《中央社会主义学院学报》2010 年第 5 期）一文中认为，中国特色政党制度理论创新的内部动力主要来自于主体自身生存和发展的需要，外部的动力则是指民众对多党合作制度发展的期望和要求。而就目前中国政党制度建设中存在的问题来看，进行理论创新的难点从根本上来说就在于主体和民众对理论的创新需求不足，创新动力不强。原因主要有以下几个方面：思想理论中心与政策制定中心的一体化；民主思想与专政思维的二元化并存；政策执行情况与民众期望疲劳的现状。人民政协是中国特色政党制度理论创新最理想的实践载体，人民政协推动多党合作理论创新需关注的几个重点问题：第一，加强政治协商的机制建设，充分发挥人民政协协商民主的特点和优势。第二，以科学发展观为指导，不断创新民主监督的理念。第三，不断加强人民政协的组织建设，提高参政议政的实效。

李雯在《中国特色社会主义政党制度理论研究——在公平观的视野中》（《天津市社会主义学院学报》2010 年第 4 期）一文中认为，公平是由经济基础决定的具有历史性和阶级性的主观评价。公平并非等同于绝对的平等和自由。不同社会、不同历史时期、不同阶级衡量公平的尺度不同。公平是现代社会进行制度安排和制度创新的重要依据，也是构建和谐社会的基石。中国特色社会主义政党制度秉持社会主义公平观，在宏观结构上遵循和体现公平的原则。中国共产党和各民主党派均以追求公平为己任，不断增强自身建设，以社会公平作为社会主义的核心价值之一，推动社会和谐发展。因此，公平理念是中国特色社会主义政党制度理论体系中不可或缺的元素。

六、多党合作和政治协商的重要机构

人民政协是中国人民爱国统一战线的组织，是中国共产党领导的多党合作和政治协商的重要机构，是中国政治生活中发扬社会主义民主的一种重要形式。作为多党合作和政治协商重要机构，人民政协与多党合作制度密切相关。在本年度的研究中，学者们围绕人民政协的性质、地位、职能、界别、人民政协的发展、人民政协同多党党合作制度的关系进行了研究，取得了一批研究成果。

（一）人民政协的地位

人民政协的地位问题，直接涉及到与多党合作制度的关系问题，人民政协作为多党合作中的重要平台，没有争议。问题的焦点在于中国共产党领导的多党合作和政治协商制度是否包括人民政协制度，对此，陈惠丰在《关于人民政协在我国政治体制中的地位问题》中给出了明确的回答。

陈惠丰在《关于人民政协在我国政治体制中的地位问题》（《中央社会主义学院学》2010 年第 3 期）一文中认为，准确把握人民政协在我国政治体制中的地位，是充分发挥人民政协在我国政治生活中作用的关键。虽然中共中央已明确“人民政协是我国政治体制的重要组成部分”，但对其内涵许多人并不清楚，因此，有必要对这个问题进一步加以厘清。文中认为，完整准确地理解“人民政协是我国政治体制的重要组成部分”，至少应当包括四层含义：第一，它是指我国实行中国共产党领导的多党合作和政治协商制度，人民政协是实行这一制度的重要政治形式和组织形式。认识这个问题有两点需要注意。第一点是应当看到，多党合作和政治协商制度是我国社会主义政党制度，人民政协是实行这一政党制度的重要政治和组织形式。第二点是应当看到，多党合作和政治协商制度的核心是社会主义政党制度，但又不仅仅是指政党制度，它还包含了一个以各级政协为实施主体的政治协商制度。第二，它是指我国有选举投票和充分协商两种社会主义民主重要形式，人民政协既是统一战线组织又是国家政治生活中的政治协商机关，是我国实行协商民主的主要载体和制度渠道。第三，从政治组织体系的角度看，它是指在我国有中共党委、政权机关和人民政协三个系统。第四，从政治运行机制的角度看，它还指人民政协是我国政治制度运行特别是决策、监督运行机制中不可缺少的重要环节。

胡筱秀在《国体与政体之间的关系研究——兼论人民政协制度的定位》（《政治与法律》2010 年第 9 期）一文中认为，《宪法》规定中国国体是“工人阶级领导的，以工农联盟为基础的人民民主专政”，显然，这一国体已经保证了政权的阶级性质。工人阶级的领导与广泛的人民民主，是人民民主专政的两大基本规定性，我国政体制度的设计必须符合这两大基本规定性的要求，才能与人民民主专政的国体相适应。既然以地域特色为特征的人民代表大会制政体，存在着与人民民主专政的国体不完全相适应的情形，需要相应的补充，而以界别特色为特征的人民政协制度的存在及运转又恰好有效填补了这一空间，两者之间的配套结合相辅相成，更充分地保障了“主权在民”的实现，体现和维护了人民民主专政的国体。那么把人民政协制度作为我国政体对国体表达的补充形式，应当是一个更加理性和明智的选择。因此，适当调整人民政协在整个国家建设方略中的地位和作用，把政协民主纳入国家民主范畴，而不是协商民主的范畴来进行战略定位，进一步完善代议制度，是完善我国政体值得思考的选择和方向。

李鲁烟在《人民政协在我国政党制度建设中的独特地位和重要作用》（《理论学刊》2010 年第 3 期）一文中认为，人民政协在我国政党制度运行中具有独特的优势。一是从人民政协的历史形成看，人民政协是中国共产党同各民主党派、无党派人士风雨同舟、团结奋斗的伟大成果。二是从人民政协的基本属性看，人民政协是我国政党制度的重要机构。三是从人民政协的工作主题看，人民政协体现了我国政党制度的价值和功能。四是从人民政协的组织构成看，人民政协体现了我国政党制度的显著特征。五是从人民政协的活动方式看，人民政协是我国政党制度发挥作用和优势的重要舞台。充分发挥人民政协在我国政党制度建设中的功能和作用。第一，要切实发挥好人民政协有序政治参与的功能。第二，要切实发挥好人民政协利益表达渠道的功能。第三，要切实发挥好人民政协维护政治稳定的功能。第四，要切实发挥好人民政协进行民主监督的功能。第五，要切实发挥好人民政协实现社会整合的功能。

（二）人民政协的职能

政治协商、民主监督、参政议政是政协的三大基本职能，学者们在研究三大职能的形成和发展、它们之间的内在逻辑联系以及如何发挥作用的同时，也有学者提出了新的观点，就是反映民意作为人民政协的非常重要的职能，应该上升为第四大职能。有关论述，以蒋德海的《人民政协应成为汇聚和引领民意的强大力量》较具代表性。

郑宪在《试析人民政协职能的发展与创新》（《新视野》2010 年第 2 期）一文中认为，政治协商、民主监督、参政议政确定为人民政协的主要职能，经历了从政治协商一项职能到政治协商、民主监督两项职能，再到政治协商、民主监督、参政议政三项职能的发展过程。这个过程同时是人民政协适应中国社会政治生活发展的需要，在职能作用方面不断明确和扩大、充实、发展的过程。人民政协三大职能是一个密不可分的统一整体。政治协商是民主监督和参政议政的基本方式，无论是民主监督，还是参政议政，都只能采取政治协商的方式，而不能采取指令性定夺方式。民主监督说到底，也是政治协商。这是因为人民政协的民主监督，不能像党政机关上级对下级那样进行批办和处分，也不能像党内开展批评与自我批评那样面对面地责令对方承认错误，做出检查。而只能以协商方式，提出批评意见，供对方参考。参政议政是政治协商、民主监督的基础，是政治协商、民主监督意见和建议的源泉。没有参政议政实践，没有微观上的参与活动及其感性认识，就不会形成科学的、有参考价值的协商意见和建议。而参政议政的成果只有通过政治协商和民主监督，才能得到反映和体现。政治协商和民主监督过程中包含着参政议政，而参政议政过程中，也包含着政治协商和民主监督。

三大职能相互促进，相得益彰，共同构成了配套的人民政协的职能体系。

齐卫平在《关于人民政协功能问题的思考》（《中国人民政协理论研究会会刊》2010 年第 2 期）一文中认为，人民政协的功能应与国家基本政治制度的功能相吻合，应与其自身的特殊性相联系，应与其职能相区分，应与其工作重点相结合。据此提出了人民政协具有发展社会主义民主政治的功能和促进社会和谐发展的功能。关于社会主义民主政治的功能，文中认为，执政后的中国共产党从一开始就为社会主义民主政治建设铺设了两条通道，一条是以投票选举人民代表，行使国家重大问题和重大决策的民主权力，另一条是通过广泛政治协商，使社会各政党、各团体、各民族、各界别所涵盖的广大人民群众能够充分表达意见和诉求。两条通道的民主建设路径才真正构成中国社会主义民主政治的特色。人民政协承载着社会主义民主运行的历史责任，它的“不可替代性”在于：有利于克服选举民主的局限性和超越授权式民主的间接性，在一定程度上为体现民主的直接性架设一条体制化的通道。

蒋作君等在《进一步加强人民政协民主监督的若干建议》（《中国人民政协理论研究会会刊》2010 年第 3 期）一文中认为，政协的民主监督是一个薄弱环节，是一个年年谈的老问题，也是一个人人谈的难问题。因此，加强政协的民主监督除了以传统的方法外，还要积极探索政协民主监督的新的思路和方法。第一，提高认识是前提。党委、政府的重视和支持尤为重要。第二，完善制度是保障。根据政协民主监督的规律和特点，主要应建立和完善党委、政府支持制度、知情制度、舆情反映制度、跟踪反馈制度。第三，创新方法是关键。要积极探索政协民主监督的创新的思路和方法，使政协的民主监督由“软”变“硬”，由“虚”变“实”，由“被动”变“主动”。一是委派民主监督小组（民主监督员）。二是开展民主评议。三是探索民主监督的合、分法。所谓“合”法，就是民主监督与其他监督相结合。所谓“分”法，就是对民主监督的内容进行分类指导。四是其他新形式。随机抽样调研点和视察点，更能了解真实情况，也就真正将民主监督寓于调研和视察之中。

王蒙在《协商民主视域中的人民政协功能的发挥及其完善》（《党政干部论坛》2010 年第 6 期）一文中认为，人民政协是我国政治生活中实行协商民主的最主要的渠道之一，当前中国协商民主主要体现在政治协商、民主监督、参政议政中。共产党作为执政党坚持重大问题在决策前和决策中同民主党派进行协商，通过人民政协这个平台，能及时地将社会各界的利益和要求提供给执政党作为决策的参考。协商民主作为中国民主政治的基本制度设计，是政治生活的重要民主形式。人民政协在结构上由政党、人民团体、社会界别及其社会精英组成，是中国各政党各人民团体大联合、各界别大合作、社会精英大交流的人民民主实现形式。而且，政协会议的小组就是按照政党、团体、界别、特邀人士来编组的，打破了区域性和行政性的壁垒，有利于充分发扬民主，是中国发展民主政治的好形式。人民政协结构上的这一特点，是其优势所在，决定了它必定要发挥自己独特的功能，在发挥民主协商方面起到独特的作用。完善人民政协的协商民主：一是进一步扩大协商的对象范围；二是努力保证协商的平等性；三是保障协商的信息对称；四是规范政协协商的内容；五是落实协商的结果；六是推进人民政协制度的法制化建设。

蒋德海在《人民政协应成为汇聚和引领民意的强大力量》（《中国人民政协理论研究会会刊》2010 年第 1 期）一文中认为，近年，网上民意成为中国民主政治的一种新生态。正确对待网上民意，既是社会主义民主政治的基本要求，也是社会主义民主法治建设的重要方面。人民政协是中国人民爱国统一战线组织，是中国共产党领导的多党合作和政治协商的重要机构，是我国政治生活中发扬社会主义民主的重要形式。人民政协具有涵盖面广和包容性强的两大特点，使人民政协和民意的表达之间存在着一种最直接、最生动的联系，使它应当成为新时期我国汇聚和引领民意的重要力量。严格意义上说，人民政协的三大职能包含着汇聚和引领民意的职能。但由于种种原因，汇聚和引领民意的作用发挥不够。在新的历史条件下，为使人民政协成为汇聚和引领民意的强大力量，人民政协需要在工作制度上作一些创新。首先，汇聚和引领民意应主要靠理性、平等的对话实现。其次，政协委员应当在汇聚和引领民意中发挥积极作用。

（三）人民政政协与社会主义民主

2006 年《中共中央关于加强人民政协工作的意见》明确提出："人民通过选举、投票行使权力和人民内部各方面在重大决策之前进行协商，尽可能就共同问题取得一致意见，是我国社会主义民主的两种重要形式。"2007 年《中国的政党制度》白皮书明确概括了"选举民主"与"协商民主"两种形式。同人大的选举民主相区别，人民政协是实行的是协商民主。本年度对协商民主进行深化研究的同时，又有专家提出了"共识民主"，见虞崇胜的《人民政协：中国式共识民主的最好实现形式》。很值得我们深思。

虞崇胜在《人民政协是实现社会主义民主的重要组织形式》（《中国人民政协理论研究会会刊》2010 年第 1 期）一文中认为，人民政协作为社会主义民主的组织形式是历史形成的，人民政协作为实现社会主义民主的重要组织形式，其最大的特点是借助人民政协这个政治平台，将选举民主与协商民主结合起来，最大限度地实现人民民主。人民政协在中国政治体系中地位独特、优势明显。仅从人民政协的实际工作来看，人们比较公认的优势就有：一是人才荟萃，智力雄厚，能够深入研究一些宏观的、重大的、深层次的问题。二是代表性强，信息量大，能够反映各方面群众的意见、愿望和要求。三是位置超脱，视野宽阔，能够比较客观地提出意见和建议。四是下联各界，上达中央，能够发挥民主渠道的作用。人民政协通过充分履行政治协商、民主监督和参政议政的职能，对于发展社会主义民主政治，改善和加强中国共产党的领导，改进和支持政府的工作，实现重大决策的民主化、科学化等方面，有着其他任何政治组织所没有的特殊优势。

虞崇胜在《人民政协：中国式共识民主的最好实现形式》（《中国人民政协理论研究会会刊》2010 年第 4 期）一文中认为，共识民主是一种新兴的民主形式。从狭义上讲，共识民主是一种谋取共同认识的民主形式。从广义上讲，共识民主相对多数民主而言，是一种高代表性、高品质和高绩效的民主形式。与多数民主比较，共识民主有四个明显的特点：其一，与多数民主的竞争性相比，共识民主的价值理念是"宽容性”。其二，与多数民主的同一性相比，共识民主的存在条件是“多样性”。其三，与多数民主的排他性相比，共识民主的存在形式是“互惠性”。其四，与多数民主的对抗性相比，共识民主的目的是“共存性”。人民政协蕴含着丰富的共识民主机理。首先，社会主义民主的本质与共识民主具有诸多圆融相通之处。其二，人民政协所依托的多党合作与政治协商制度比较充分地反映了共识民主的内在精神。其三，人民政协独特的组织形式体现了共识民主的基本要求。其四，人民政协的活动形式拓展了共识民主的组织渠道。共识民主的概念是适应现代民主发展的要求而在新近被提出来的，但是其基本精神早在不同国家的民主实践中已露端倪。应该说，中国人民政协制度从建立之日起就已经内涵了共识民主的某些成分，而且随着改革开放的深人发展，人民政协的理论和实践不断向前发展，正在逐步形成共识民主的中国形式——中国式的共识民主。

张爱军、高勇泽在《深度契合与有限疏离：人民政协与协商民主的关联性研究》（《云南行政学院学报》2010 年第 3 期）一文中认为，人民政协与协商民主具有深度契合性：协调与宽容的品质、合作与共识的精神、求同与存异的理念。人民政协与协商民主存在有限疏离性：协商主体理性程度不高，协商各方不平等；协商程序规范不健全，协商机构非专门化；协商过程较少公开，协商结果落实有难度。当前，人民政协协商民主的拓展路径是，提高协商各方平等化程度，培养协商主体理性化思维，提升协商程序法制化水平，加强协商机构专门化建设，实现协商结果有效化落实。人民政协协商民主具有中国特色，是国家层面协商民主的经典形式。

（四）人民政协工作在理论和实践上需要解决的问题

学者们对人民政协工作在理论上和实践上存在的问题进行了积极的探讨。其中以张平夫的《关于人民政协政治协商工作从理论和实践上需要解决的几个问题》和高秉雄、张江涛的《人民政协界别设置改革：问题与对策》较具代表性。

张平夫在《关于人民政协政治协商工作从理论和实践上需要解决的几个问题》（《中国人民政协理论研究会会刊》2010 年第 4 期）一文中认为，推进人民政协政治协商工作，需要认真解决好以下几个重要问题。第一，关于政治协商的两种基本形式。在我国政治协商通常讲有两种基本形式，即中国共产党同各民主党派的协商和中国共产党在人民政协同各民主党派、各人民团体和各族各界人士的协商。从执政党的角度讲的，这是对的。但从历史的发展来看，从国家政治制度的层面来看，政治协商这两种基本形式的表述还不够准确、不够全面。对我国政治协商两种基本形式，比较准确的表述应当是，中国共产党同各民主党派的政治协商和人民政协的政治协商。而中国共产党在人民政协的政治协商只是人民政协政治协商的一部分。第二，关于政治协商的主要内容。政协章程规定“政治协商是对国家和地方的大政方针以及政治、经济、文化和社会生活中的重要问题在决策之前进行协商和就决策执行过程中的重要问题进行协商。”但这些规定并未对“大政方针”和“重要问题”内涵做出详细解释。在实践中，各地对其具体内涵认识、理解上并不一致。第三，关于政治协商的主体资格政协章程规定：“中国人民政治协商会议全国委员会和地方委员会可根据中国共产党、人民代表大会常务委员会、人民政府、民主党派、人民团体的提议，举行有各党派、团体的负责人和各族各界人士的代表参加的会议，进行协商，亦可建议上列单位将有关重要问题提交协商。”这里，已经很明确地表明党委、人大、政府、民主党派、人民团体、各界政协委员等都是协商主体。但在实践中，各地对协商主体的认识不统一，实施中有差异。第四，关于人民政协政治协商制度建设。推进人民政协政治协商制度化、规范化、程序化，一是切实增强贯彻执行人民政协政治协商制度的自觉性和坚定性。二是进一步健全和完善人民政协政治协商的制度体系。人民政协政治协商从制度化、规范化、程序化走上法制化轨道，是历史的必然趋势。

李昌鉴在《六十年人民政协理论的发展与启示》(《中国人民政协理论研究会会刊》2010 年第 1 期）一文中认为，人民政协理论是在以毛泽东、邓小平、江泽民、胡锦涛为代表的中国共产党人经过不同的历史时期逐步形成、发展、充实、丰富起来的。第一，以毛泽东为核心的党的第一代中央领导集体关于人民政协的思想奠定了人民政协理论的坚实基础。一是老一辈领导人卓有远见的政治设计和制度安排独创了一条具有中国特色的政治发展道路。二是中国人民政治协商会议的召开标志着全国人民的大团结、大联合进人前所未有的“鼎盛时期”。三是协商民主建国揭开了我国民主政治建设的序幕。第二，以邓小平为核心的党的第二代中央领导集体关于人民政协的理论构筑了新时期人民政协理论的宏伟大厦。一是邓小平在全国政协五届二次会议上的“开幕词”是新时期人民政协理论的基础。二是邓小平把多党合作、政治协商上升为“中国共产党领导的多党合作和政治协商制度”，有力推动了我国社会主义政治制度的自我完善和发展。三是邓小平第一次把人民政协作为我国政治体制中发扬社会主义民主的重要形式，不仅深化了人民政协的性质和内涵，而且有力推进了我国社会主义民主政治建设。第三，以江泽民为核心的党的第三代中央领导集体关于人民政协的新观点推动了人民政协理论的新发展。一是按照统一战线“两个联盟”、“三个圈”的思想，把各方面力量团结起来、凝聚起来。二是团结和民主两大主题为人民政协长远发展指明了方向。三是人民政协在我国现行政治体制运作格局中的作用，不仅表明了人民政协政治地位的重要，而且呈现了中国特色的政治体制的优势。第四，以胡锦涛为总书记的党中央关于人民政协的新论述开辟了人民政协理论的新境界。一是马克思列宁主义统一战线理论、政党理论和民主政治理论被确认为人民政协的三大理论基石。二是社会主义两种民主形式的正式确认，不仅深刻阐明了人民政协是我国协商民主的重要载体和实现形式。三是进一步明确和拓展了人民政协的性质和任务。第五，人民政协理论所阐发的思想观点是一脉相承、相互贯通、与时俱进的，是一个独立的、完整的科学体系。第六，人民政协理论六十年的发展历程和丰硕成果给我们的重要启示。一是必须坚持以科学的理论指导政协工作。二是必须坚持从中国国情和实际出发。三是必须坚持解放思想、实事求是、与时俱进。四是必须善于借鉴人类政治文明的有益成果。

刘红凛在《合作、协商与和谐统一——简论人民政协制度的三大理论价值》(《中国人民政协理论研究会会刊》2010 年第 1 期）一文中认为，以党派合作、政治协商、参政议政为基本特征与基本内容，以大团结、大联合、大统一为基本方针的人民政协，无论是制度本身还是其政治实践，都蕴涵着丰富的合作、协商、和谐统一思想。其中，合作是态度，也是前提；协商是过程，也是合作的基本方式；和谐统一、协同共进才是根本目的。人民政协制度所蕴含的这种思想，既与马克思主义统战理论、政党理论、民主政治理论有关，也与“和谐共生、有序统一”的中国传统文化有关，因为人民政协本身就是马克思主义统战理论、政党理论、民主政治理论同中国具体实践相结合的结果。同时我们发现，人民政协所蕴涵的合作、协商、和谐统一思想，与在当今世界具有广泛影响的合作主义、协商民主理论、协同学等也有一定程度的思想契合，尽管它们在内容、形式上有一定的区别。在新的历史时期，深人研究与发掘人民政协与政党制度所蕴含的合作、协商、和谐统一思想，以及这种思想与合作主义、协商民主理论、协同学的关系，正确认识它们之间的共性与个性差异，有利于系统认识人民政协所蕴含的理论价值，有利于提高中国共产党领导的多党合作与政治协商制度在当今世界的解释力与理论说服力，有利于增强人们对这一制度的思想共识和政治认同。

高秉雄、张江涛在《人民政协界别设置改革：问题与对策》（《中国人民政协理论研究会会刊》2010 年第 2 期）一文中认为，在社会利益诉求纷繁复杂的今天，界别设置的改革是一个需要在不断探索中循序渐进的课题。第一，政协界别设置中的问题。一是界别交叉与重叠。因为划分标准的原因，现在的政协界别之间存在着很多的重叠设置。党派和团体界别是相对稳定的一部分，而职业性界别会随着社会结构的变化有较大变动。职业性界别的变化极易造成政协内社会阶层之间比例失调。二是政协委员的界别身份。在政协中，每个委员都有自己相应的界别归属，但是在实践中有些政协委员对自己的界别身份认识不够，归属感不强。三是新阶层与新界别。伴随我国市场经济的发展和社会结构的不断变化，新的社会阶层不断涌现出来，人民政协在界别上进行改革以吸纳新社会阶层的参政要求就越来越重要。四是界别内聚力差异大。人民政协是按界别设置的，也需要以界别为单位发挥参政议政的作用，但是界别之间的差异使他们发挥作用的能力相距甚远，这种差异主要就是来自于内聚力的不同。第二，政协界别设置改革的原则。一是以中国国情为基础。二是坚持中国共产党的领导。三是价值偏好选择而非手段选择。四是统一、细致的设置标准。五是以提高效率为目标。第三，政协界别设置改革的路径选择。一是界别有序合并，优化配置。二是明确委员界别身份，增强界别责任感。三是界别设置以吸纳为主，增加为辅。四是增强界别组织化。

缪合林在《人民政协政治协商的几个问题与思考》（《中国人民政协理论研究会会刊》2010 年第 2 期）一文中认为，第一，人民政协政治协商要成为公民有序政治参与的平台。第二，人民政协政治协商要发挥决策咨询的作用。第三，关于发挥人民政协政治协商主客体作用的问题。政协是政治协商的重要机构和平台；中国共产党（当然包括人大和政府）与各民主党派、各界代表人士，在政治协商中都是主体，协商双方在政治协商过程中是统一的、平等的、缺一不可的关系，单独说哪一方是主体或客体，理论上是片面的，实践上是有害的。要充分发挥政治协商中各方的作用。政治协商需要各级党委、政府、政协、各民主党派、各界代表人士之间相互支持、共同努力。其一，坚持党委主导的原则。其二，坚持政协主动的原则。三，坚持平等协商的原则。第四，努力提高人民政协政治协商的成效，必须在程序的规范性、过程的民主性、形式的开放性、结果的制约性四个方面下功夫。

张岐在《提升人民政协政治协商质量的对策建议》（《中国人民政协理论研究会会刊》2010 年第 3 期）一文中认为，提升政治协商质量有助于加强社会各界别和公民对决策合法性认同，有助于提高决策的科学化和民主化程度，有助于发挥监督作用，有助于发挥渠道作用，有助于在社会和谐中发挥促进作用。政治协商质量有待提升的空间主要有：政治协商前有待进一步完善协商的运作机制，政治协商内容有待于进一步全面、公开，政治协商的形式有待进一步多样化，政治协商有待将政策目标受众纳入政协工作互动过程。提升政治协商质量的对策为：建立和完善政治协商的法律体系，建立政治协商的运作机制，积极探索政治协商的激励机制。

肖存良在《中国的民主政治建设与扩大公民有序政治参与——以人民政协为考察对象》（《中国人民政协理论研究会会刊》2010 年第 3 期）一文中认为，我国在推动公民有序政治参与过程中没有采用西方的代议制和议会制，而是采用了三个制度，一个是人民代表大会制度，一个是基层群众自治制度，一个是政治协商制度，而党的领导贯穿在这三个制度之中，党的领导是三个制度有效运转的保障。通过这三个制度的真正运作来把民众的政治参与热情吸纳到政治范围中来。在计划经济体制下，有国家层面的民主而缺乏社会生活层面的民主，使得我国的民主政治制度难以有效运作。在社会主义市场经济体制下，个体的解放推动个体为了捍卫自己的利益和维护自己的当家作主权利而积极进行政治参与，并推动我国的民主政治制度得以全面运转，推动人民民主走向实践和深化。就政治协商制度而言，我国在建构国家制度的时候就建构了一套政治协商体系，在市场经济条件下，要充分发挥政治协商体系的功能，应做好三方面的工作：一是政党从安排政治秩序转变为整合政治秩序；二是政治协商要进行组织化协商。三是政治协商要更加具有代表性和包容性。

方伟在《思考人民政协未来发展的论逻和视角》（《中国人民政协理论研究会会刊》2010 年第 4 期）一文中认为，思考人民政协未来发展必须尊重历史逻辑，要有历史视角。人民政协并非人们主观构建的结果，是伴随中国民主的发展而产生、发展的，任何历史风雨都不能削弱和动摇人民政协的历史地位。思考人民政协未来发展必须尊重政治逻辑，要有政治视角。在社会主义中国，人民政协与党委、人大、政府一道被俗称为“四套班子”，共同架构了国家的政治格局。人民政协关乎国家与社会的性质，关乎人民民主的实践与运行，关乎现代化过程中党领导下的国家、政党与社会的协调与整合，这些政治属性直接决定了人民政协的发展必须坚持坚定正确的政治方向，要与中国政治建设相适应、相协调。思考人民政协未来发展必须尊重实践逻辑，要有创新视角。人民政协必须要善于在实践中主动呼应和顺变，以不断拓展和升级人民政协功能的时代新内涵。思考人民政协发展必须尊重理论逻辑，要有超越视角。人民政协未来发展必须有理论超越，既为政协未来发展提供厚实的理论指引，又为政协在国家政治格局中的精准定位提供条件，更为人民政协全方位反思和审视自身工作提供理论指导，而这就是我们今天必须要有的理论清醒和自觉。

（五）人民政协与多党合作制度

关于人民政协与多党合作制度之间的关系，学者们进行了深入地探讨，其中以周淑真的《人民政协与“中国模式”政党制度关系结构之内涵》较具代表性。

周淑真在《人民政协与“中国模式”政党制度关系结构之内涵》（《中国人民政协理论研究会会刊》2010 年第 1 期）一文中认为，在政党制度类型繁多复杂的当代世界，中国共产党领导的多党合作和政治协商制度以其独创性、适应性、有效性和关联性构成人民政协制度与政党制度“中国模式”关系结构的内涵。第一，创造性——中国共产党和各民主党派在共同奋斗中创建了人民政协。第二，适应性——人民政协因应时代变化的要求不断充实新的内涵。首先表现在建国初期人民政协功能的转变。从新中国建立全国人民代表大会召开前，第一届全国政协作为国家的立法机关和权力机关，代行全国人民代表大会的职权。人民代表大会制度建立，人民政协不再代行人民代表大会的职权，人民政协的职能有所转变，成为建议、咨询机关。其次，政党制度中国模式的适应性表现在进入改革开放后，经济改革先行和渐进式的政治体制改革方式相结合，在政党制度方面取得了重大进展，中国共产党在自身由革命党向执政党转变的同时，对民主党派的性质和作用有了新的认识和定位。第三，有效性——人民政协是在实现广泛有序政治参与基础上凝聚共识形成合力的平台。首先，畅通了广泛有序的政治参与渠道。其次，滋养着中国的社会政治文化。最后，实现有效的社会整合，同时维护着社会政治安定。第四，关联性——人民政协同各党派界别之间是与生俱来的互为依存关系。首先在政党制度内部，执政党、参政党互为依存，构成多党合作制度的一体两面。其次，政党制度中国模式的关联性还表现在政党制度与人民政协制度的外部关系方面。

七、多党合作制度的坚持和完善

如何坚持和完善多党合作制度，一直是多党合作领域研究的一个重点内容。同以往的研究相比，本年度关于这一内容的研究，无论是在论文的数量上还是在质量上，都取得了长足的进步。总体而言，有四个显著的特点：一是立论高。有部分学者将多党合作制度真正作为国家的一项基本政治制度，从完善国家政治制度的高度提出如何坚持和完善。二是视野宽。学者们放眼世界政党制度发展的历史潮流，结合中国转型期的实际、特别是社会阶级和阶层结构变化的具体情况，提出了一系列坚持和完善多党合作制度的原则和措施，有历史经验的总结、有现实问题的分析、也有对未来趋势的预测。三是角度新。学者们从社会生态发展的角度、演化经济学的角度、合作治理的角度、“一国两制”的角度等出发，进行了新的探索。四是理论与实践相结合。研究者们将多党合作的成功经验进行了提炼、概括和总结，并期望以此推动多党合作事业的发展。

（一）坚持中国特色社会主义政治发展道路

坚持走中国特色社会主义政治发展道路，是我们坚持和完善多党合作制度的前提条件，也是我们坚持和完善多党合作制度的最终目的。学者们在研究过程中始终以此为出发点和归宿，对与此密切相关的科学发展观、社会主义核心价值体系等内容进行了研究，其中以杜青林的《必须不断提高中国多党合作的科学化水平》、《树立和践行社会主义核心价值体系是关系多党合作事业发展的基础工程》最具代表性和指导性。

杜青林在《必须不断提高中国多党合作的科学化水平》（《中国健康月刊》2010年第3期）一文中认为，多党合作制度作为我国一项基本政治制度，在中国新民主主义革命中发端，在中华人民共和国诞生时确立，在改革开放和社会主义现代化建设的宏伟事业中发展，是中国特色社会主义的新型政党制度，是夺取全面建设小康社会新胜利的政治优势，是开创中国特色社会主义事业新局面的制度保障。着眼时代发展对社会主义民主政治提出的新要求，立足多党合作事业发展的新实践，坚持和完善多党合作制度，必须以坚持中国特色社会主义政治发展道路为根本遵循，以推进中国特色社会主义伟大事业为奋斗目标，以践行社会主义核心价值体系为精神动力，以发挥社会主义政治制度和政党制度优势作用为基本要求，不断提高多党合作的科学化水平，切实把我国政党制度坚持好、完善好、发展好。在目标取向上，要坚持实现和发展社会主义民主；在功能定位上，要坚持发挥政治参与、利益表达、社会整合、民主监督和维护稳定的优势；在运行机制上，要坚持健全政治协商、参政议政、民主监督的程序；在主体建设上，要坚持执政党建设与参政党建设相互促进。

杜青林在《树立和践行社会主义核心价值体系是关系多党合作事业发展的基础工程》（《中国统一战线》2010年第9期）一文中认为，树立和践行社会主义核心价值体系，是包括民主党派成员在内的社会各界人士的共同责任。民主党派树立和践行社会主义核心价值体系，既要遵循普遍要求，又要立足自身实际、体现党派特色，明确具体内涵和要求，始终做到坚持道路、同舟共济、参政为民、传承进步。第一，坚持道路，就是在政治方向上坚定走中国特色社会主义政治发展道路。第二，同舟共济，就是在政党关系上与中国共产党同心同德、团结合作。第三，参政为民，就是在价值取向上把实现人民利益作为发挥参政党作用的出发点。第四，传承进步，就是在品格素养上弘扬优良传统、不断与时俱进。

韩启德在《夯实多党合作的思想政治基础》（《人民日报》2010年8月23日）一文中认为，民主党派树立和践行社会主义核心价值体系，是巩固多党合作思想政治基础的需要，是坚持正确政治方向，确保组织健康发展的需要，是进一步履行好参政党职能的需要。民主党派树立和践行社会主义核心价值体系是中国特色社会主义主题学习教育活动的深化和延伸。树立和践行社会主义核心价值体系，要进一步深化对政治交接的认识。在当今中国，我们继承优良传统必须与坚持马克思主义理论的指导和坚持中国特色社会主义的共同理想结合起来，为推动中国特色社会主义事业的不断发展而积极努力；必须坚持中国共产党的领导、坚定不移地走中国特色的政治发展道路，致力于促进社会主义政治文明发展。

刘雪岩在《以科学发展观为指导巩固和完善多党合作和政治协商制度》（《中央社会主义学院学报》2010年第1期）一文中认为，科学发展观是巩固和完善中国共产党领导的多党合作和政治协商制度的科学指南。中国共产党领导的多党合作和政治协商制度作为我国的一项基本政治制度，它的形成与发展同科学发展观有着内在的、必然的联系。发展是科学发展观的第一要义，科学发展就是要符合客观规律发展。我国多党合作和政治协商制度的发展也要符合客观规律。我们应该从符合客观规律入手，健全多党合作的运行机制、完善多党合作的制度建设、实现政党关系的和谐，巩固和发展我国多党合作和政治协商制度的良好政治格局，不断推动中国共产党领导的多党合作和政治协商制度科学发展。

王皎然在《科学发展观与多党合作》（《江苏省社会主义学院学报》2010年第4期）一文中认为，落实科学发展观，首先坚持正确的政治发展方向，同向发展，为共同的政治发展目标团结奋斗。多党合作的科学发展必须有科学的理论指导。努力构建和形成具有中国特色、体现时代精神的我国多党合作理论体系，为新世纪新阶段我国多党合作事业的蓬勃发展提供强有力的指导，为抵制西方多党制、议会制的影响提供有力的武器。多党合作的科学发展从根本上将取决于多党合作主体中国共产党和各民主党派的科学发展。没有主体的科学发展，就不可能有合作的科学发展。从博奕论的观点看，多党合作实际上是一种合作博奕，要实现互利共赢，主要取决于合作的态度和成效，而合作的态度取决于主体自身建设的程度，合作的成效则来源于主体发挥作用的水平。可以说，处于领导和执政地位的中国共产党，与处于亲密友党和参政党地位的民主党派的自身建设，是实现多党合作事业科学发展的基本保证。

冯光隆在《科学民主观视阈下的中国特色政党制度》（《重庆社会主义学院学报》2010年第6期）一文中认为，中国特色政党制度是中国式民主的重要组成部分。坚持科学民主观，第一，不能以推进民主来否定中国共产党的领导。坚持共产党的领导是建设“富强、民主、文明、和谐”国家的需要。第二，不能以中国共产党的领导来否定多党合作。中国共产党的领导绝不是搞一党制。在一个有多党存在的国家里，采取一定的方式，有效地整合各政党的意志是执政党安全执政的必要基础，也是保持社会稳定的重要手段。第三，不能以政党制度的中国特色来否定民主。协商是中国政党制度的显著特征，但不能以此来否定民主。协商最有价值的部分不在形成共识以及正确性目标，而在于民主精神的发扬。民主是协商的支柱，没有民主那是通报或者命令，就没有真正的协商。第四，不能以政党制度的中国特色来掩盖对民主的认识误区。一要避免急进民主主义的认识误区。二要避免简单把个人权威和经济绩效视为合法性稳定来源的认识误区。第五，不能以政党制度的中国特色为由拒绝学习世界民主政治的优秀成果。执政的中国共产党要以开放的政治心态，积极吸收和借鉴世界政治文明的优秀成果和先进经验，完善人民民主和独具特色的政党制度。

赵广东在《我国多党合作制度建设的新成就》（《黑龙江省社会主义学院学报》2010年第3期）一文中认为，坚持和完善多党合作制度，首先，认真学习《中共中央关于进一步加强中国共产党领导的多党合作和政治协商制度建设的意见》，深刻认识坚持和完善中国共产党领导的多党合作和政治协商制度、走中国特色社会主义政治发展道路的必然性和重要性，从思想上筑起抵御西化、分化的万里长城。其次，认真贯彻执行《意见》的精神，进一步加强中国共产党领导的多党合作和政治协商制度建设，在理论上阐释坚持中国政党制度、走中国特色社会主义政治发展道路的科学性和合理性。在实践上把中国政党制度和中国特色社会主义政治发展道路坚持好、巩固好，充分发挥和显示其优越性，使这一政党制度和这条政治发展道路理论上更加成熟，政策上更加完善，制度上更加规范。其三，加大对外宣传力度，向国际社会大力宣传中国政党制度和中国特色社会主义政治发展道路的历史、特点和优点，使世界上尽可能多的人更了解中国政党制度和政治发展道路，从而消除误解，增进了解，使中国政党制度和政治发展道路顺利发展。

丁俊萍在《坚持中国共产党领导的多党合作和政治协商制度》（《湖北省社会主义学院学报2010年第4期》）一文中认为，我们必须坚持中国共产党领导的多党合作和政治协商制度，而绝不能搞西方的多党制。第一，中国多党合作制度是符合中国国情、独具特色、优势明显的政党制度。新中国成立60年来所取得的经济社会发展成就，无疑是与中国多党合作制度的坚持、发展和不断完善分不开的。我们应当倍加珍惜、自觉维护、长期坚持，并使之不断完善。第二，西方多党制具有种种弊端，我们没有必要照搬。第三，西方多党制不代表最广大人民群众的根本利益，我们不能照搬。

吕善勇在《自觉坚持和维护我国的多党合作制度》（《前进论坛》2010年第7期）一文中认为，中国共产党领导的多党合作和政治协商制度，核心是共产党领导，是有领导核心的多党合作制，没有执政党和在野党之分，执政党和参政党之间是“长期共存，互相监督，肝胆相照，荣辱与共”团结合作的关系。这种制度符合自然界事物发展运动的规律，不仅包含有发展了的马克思主义的内涵，同时也具有中国传统文化的内涵。有了核心，就有了主心骨，国家才能稳定，人民才能有凝聚力、向心力；有了合作，全国才能齐心协力，上下一盘棋，二者有机结合，改革、稳定、发展相辅相成。实践证明，这种制度是符合中国国情的，是中国人民经过多年探索后的自觉选择。一个国家特别是一个大国必须有一个领导核心，中国政党制度和中国发展成功的关键是中国共产党的先进性和不断提高执政能力，各党派每前进一步都有明确的目标、集中力量、同心同德。

（二）提高多党合作制度化、规范化、程序化、法制化水平

1989年12月《中共中央关于坚持和完善中国共产党领导的多党合作和政治协商制度的意见》颁布，标志着多党合作制度进入到了制度化建设的新阶段。此后，关于多党合作制度化、规范化、程序化、法制化研究，一直是多党合作理论研究的一个重要内容。在本年度的研究成果中，除了一般性的探讨之外，有一个崭新的观点，林尚立提出的“中国政党制度自成体系并获得相对独立发展的重要政治前提就是党政分开。只有不断明晰党的体系与国家体系的边界，政党才能够在自己的空间中建构和运行其领导和执政的制度体系，从而使政党制度不断趋向制度化”的观点，值得我们进一步思考。

林尚立在《政党制度与中国民主：基于政治学的考察》（《武汉大学学报》2010年第3期）一文中认为，中国政党制度自成体系并获得相对独立发展的重要政治前提就是党政分开。只有不断明晰党的体系与国家体系的边界，政党才能够在自己的空间中建构和运行其领导和执政的制度体系，从而使政党制度不断趋向制度化。从宏观层面来看，政党制度的健全与完善，既要与党的领导与执政体系建设相统一，同时，也必须与国家制度体系的建设相统一；从中观层面来看，政党制度的健全和完善，必须将

党的领导与执政、多党合作以及政治协商有机统一起来，这其中不仅有体制与机制问题，而且有一系列重要的理论问题。如果理论问题不解决，仅仅依靠体制与机制创新是无法有效解决问题的。从微观层面来看，政党制度的健全与完善，应该在政策、组织与机制这三个方面突破传统的观念、传统习惯和现行体制的束缚，进行必要的创新与变革。这三个层面是联动的，微观的行为要考虑宏观的效应；同样，宏观的战略选择要考虑微观的行动议程。如果中国的政党制度建设和发展能够在宏观、中观和微观三个联动中展开，那么政党制度建设过程就一定是政党制度嵌入国家制度体系的过程。中国的政党制度只有有效地嵌入国家制度体系，并融为一体，人民民主才能得到巩固与发展；同时，政党制度才能作为国家制度体系运行的内在要素而获得充分的保障与巩固。

周淑真在《观察和衡量政党制度的几个维度》（《上海市社会主义学院学报》2010年第6期）一文中认为，当代中国政党制度也同其他国家的政党制度一样，处于不断发展之中。如何在这一政党体制中切实发挥民主党派的作用，特别是民主党派的监督作用，使多党合作和政治协商进一步规范化制度化，是亟待研究的课题，也是政党制度发展中的艰巨任务。必须继承自己好的传统和做法，如从建国初至1956年之前一些行之有效的探索，充分发挥民主党派对执政党的监督作用。借鉴人类政治文明中成功的经验，对西方国家两党制和多党制的党际关系应有客观全面的认识。世界政党政治发展中执政党处理党际关系的经验教训，特别是一些在处理政党制度关系上比较成功的国家的有效做法，是人类政治文明的一部分。如英国300年来英一直维持两党制的格局，其在政党关系方面一些行之有效的成功的做法，有值得探讨和可借鉴之处。

崔珏在《多党合作制度化问题探析》（《广州社会主义学院学报》2010年第4期）一文中认为，在多党合作恢复和发展的30多年里，制度建设一直是一个核心话题。多党合作制度化问题先后有“制度化、法律化”、“规范化、制度化”、“制度化、规范化、程序化”等几种提法，但本质上都是制度化。政治制度化是政治体系的组织和程序获得价值（合法性）和稳定性（秩序）的过程，它包括制定共同的行为规则、建立稳定的组织载体、确立普遍的价值认同。结合我国政党制度的发展情况，多党合作制度化的内涵理应包括制度规则不断完善、制度运行日趋规范的过程和制度基本功能有效发挥的状态。不断提高制度化程度，增强制度有效性是多党合作进一步发展的目标。在实践中我们看到，所谓制度软弱现象在多党合作制度运行中仍明显存在，有些规则无法从文本走入实践，有的制度在执行中走样或存在很大的随意性，制度的某些功能难以有效发挥，制度设计与制度绩效之间存在距离。提高多党合作制度化程度可以着重考虑如下几方面：一是进一步规范制度运行。二是增强参政党的自主性。三是巩固和构建政治共识。四是提高政治制度之间的协调性。

吕忠梅在《论多党合作制度化、规范化、程序化的进一步推进》（《湖北省社会主义学院学报》2010年第1期）一文中认为，多党合作制度化、规范化、程序化虽然取了了很大成就，但也还存在一些问题。一方面，是宪法的原则性规定缺乏具体规则与之配套，尚未形成完善的制度体系，造成多党合作在阶段、地区、部门、行业等方面的发展极不平衡，影响和谐政党关系的形成。另一方面，多党合作制度与中国社会主义民主制度的其他内容缺乏沟通与协调，模糊了人们对于这一基本政治制度存在的重要性与必要性的认识。

要解决这些问题，必须进一步推进多党合作的制度化、规范化、程序化。第一，建立完善的制度体系。多党合作制度化的核心，一是要解决坚持中国共产党的领导与尊重民主党派在宪法和法律范围内的政治自由、组织独立和地位平等的关系问题。在可能的情况下，应制定有关党派关系的法律，明确处于领导地位的中国共产党与处于合作地位的各民主党派之间的关系，建立和谐政党关系的价值判断标准。二是要将多党合作的内容纳入其他的政治规则之中，使之成为民主制度建设的有机组成部分，要完善程序规则，明确多党合作中各民主党派的知情权、参与权、请求权、监督权等程序性权利，使多党合作制度切实得到实现。第二，构筑完备的运行机制。首先是要建立健全权力配置机制。其次是要建立健全权利保障机制。最后是监督机制。

贾耀斌在《创新多党合作和政治协商长效机制》(《中国统一战线》2010 年第 4 期)一文中认为，第一，着力提升层次、丰富内涵，不断深化中共与各民主党派的政治协商和合作共事。中国共产党同各民主党派的政治协商，体现了政党之间广泛而丰富的合作共事关系，我们坚持在提升政治协商层次、丰富合作共事内涵上下功夫，着力凸显政党合作平台的特色和优势。第二，着眼规范程序、健全制度，充分发挥各民主党派和无党派人士在人民政协中的重要作用。中国共产党在人民政协同各民主党派和各界代表人士的协商体现了参与主体的广泛性，对其组织化水平也提出了更高要求。因此，我们坚持在推进制度化、规范化、程序化上做文章，着力为各民主党派、无党派人士在政协平台上发挥作用创造条件。第三，立足加强领导、形成合力，为推动多党合作机制良性运行提供组织保障。一是加强组织领导。二是加强沟通协调。三是加强工作协同。

胡绪生在《关于中国特色社会主义政党制度运行机制研究》(《湖北省社会主义学院学报》2010 年第 1 期) 一文中认为，我国多党合作的运行机制的两条基本轨道。一条是在政党之间进行，一条是在国家政权机关中共产党的干部与民主党派成员之间进行。政党间的合作与政党在政权中的合作相辅相成，同步进行。这是我国多党合作运行机制的基本方式和特点，也构成了对其健全和完善的基础。创新共产党领导的多党合作运行机制的基本原则：一是多党合作的运行机制必须围绕合作协商来运行。二是多党合作的运行机制必须与我国政治体制的运行机制相衔接。三是多党合作的运行机制必须与加强共产党的执政能力建设相吻合。四是多党合作的运行机制必须与依法治国的基本方略相适应。创新共产党领导的多党合作运行机制的基本思路：一是创新多党合作的专项机制。二是创新多党合作的保障机制。三是创新多党合作的工作机制。

楚向红在《坚持和完善中国特色政党制度的几点思考》(《理论建设》2010 年第 1 期) 一文中认为，当前我国政党制度运行机制中存在的主要问题：一是执政党领导多党合作的能力有待进一步提高。二是参政党建设亟待加强。三是参政功能有待充分发挥。进一步坚持和完善中国特色政党制度：第一，加强和改善中国共产党的领导，提高党的执政能力。第二，加强民主党派自身建设，充分发挥其政党功能。第三，进一步完善多党合作的运行机制。完善和创新政权机构中的合作机制，一方面，在协商推荐民主党人士为人大代表候选人或领导职务候选人时，应适当引进竞争机制，以提高其从政素质，保证参政的高水平。另一方面，适当扩大参政党人士担任领导职务的人数和范围，并做到有职有权。党和国家要为加强多党合作创造有利条件：一要提供组织保障。二要提供物质保障。三要提供法律保障。我国现行宪法对政党制度没有作明确的规定，也没有政党法，这容易造成政党活动的随意性。为此，我们必须吸取国外的有益经验，以法律、法规的形式对本国政党制度加以确认，使政党活动法律化，不因领导人的政变而改变，不因领导人意志的改变而改变。

（三）创新多党合作的理念和方法

创新是一个民族进步的灵魂，是国家兴旺发达的不竭动力。创新多党合作制度的理念和方法，是多党合作事业发展的推动力。关于多党合作理念和方法的创新，是本年度政治制度研究的一大亮点。从学者们的研究题目上看，如鲁开垠、蔡冬菁的《演化经济学视角下的中国特色政党制度分析》、黎玉林、鲍跃华的《合作治理与中国政党制度的发展》、熊必军的《合作理论视域下的中国多党合作制度》、魏青松的《论“一国两制”视阈中的政党制度和政党关系》，就可略见一斑。

王彦飞在《贯彻落实科学发展观结合国情党情创新多党合作的理念和方法》（《天津市社会主义学院学报》2010 年第 1 期）一文中认为，在多党合作中贯彻落实科学发展观，关键在于能否创新与我国的国情和党情相结合并且体现科学发展观要求的执政理念上，我们的政党理念，其基本的着眼点或者说与其他一切类型的政党政治的最大区别就在于我国的政党和政党政治是非竞争性的，它所要实现的是稳定的领导权威与政党间合作协商的结合，从而最终建立起一种不同于西方的社会主义政党政治架构。这种政治理念具有以下几个特点：第一，保持中国共产党的先进性，坚持中国共产党在多党合作中的领导地位。第二，民主党派是在参与和协商中接受中国共产党领导的为人民政权服务的参政党。第三，政党制度安排以非竞争性的合作与协商为主要方式。第四，政党之间体现为体制内的合作与监督的关系。以执政理念的创新为契机，积极探索多党合作的新方法。第一，加强多党合作的制度建设，完善多党派合作共事的机制和方式。第二，多党合作的基本制度，要由行之有效的具体制度去落实。第三，坚持平等合作的原则，尊重和保障各民主党派的民主权利。第四，加强同民主党派成员之间的联系与沟通，为搞好合作共事打好基础。

詹松、李艳霞在《社会结构变化与我国多党合作制度的考量》（《福建省社会主义学院学报》2010 年第 1 期）一文中认为，政党制度社会生态环境的圈层结构主要包括政治系统、经济系统、社会结构和文化意识形态系统，它们都是政党制度产生和发展的必要根基。尽管社会生态环境中的各子系统之间存在着相互渗透的复杂关联，但任何子系统都各有其特殊的作用。社会结构在政党制度社会生态环境中处于相当重要的地位，直接关系到政党制度这一生命系统是否具有可持续性。社会生态系统是动态性的。随时间的变迁，社会生态系统会发生演变，社会生态系统的各个子系统及其内部要素、因子也会呈现“生命代谢机能”特征，这种生命态的变化，必然导致社会生态环境整体或局部的变化。这就要求生存于这一社会态环境中的政党制度自身也随时做出回应，不断实现自我调节，从而形成新的生态平衡。

鲁开垠、蔡冬菁在《演化经济学视角下的中国特色政党制度分析》（《中央社会主义学院学报》2010 年第 2 期）一文中认为，要保持中国特色政党制度的生命力，避免由于错误决策而导致制度出现路径拐点，就必须进行制度建设和制度创新，完善政党组织架构，强化正确的演化路径，维护制度的稳定性。第一，加强中国共产党和各民主党派的自身建设与意识形态建设，使中国特色政党制度继续沿着正确路径发展。第二，加强制度化、规范化、程序化建设，避免我国多党合作制度因为决策错误而朝反向演化。第三，加强执政能力建设和参政能力建设，实现中国特色政党制度的可持续发展。第四，推进政治协商制度创新，保持中国特色政党制度的生命力。

黎玉林、鲍跃华在《合作治理与中国政党制度的发展》（《江苏省社会主义学院学报》2010 年第 5 期）一文中认为，畅通政党合作的有效渠道合作渠道是政党合作的载体，是保持政党交往和沟通的重要工具。作为合作的工具，合作渠道的设置状态和运行情况，反映了政党合作的程度和效果。一般来说，合作渠道设置科学、运行合理、交流通畅，可以减少政党合作的社会成本和机会成本，进而形成政党之间稳定有序的合作关系，增进政党合作的效果。在执政党主导的多党合作格局下，合作渠道的运行有赖于执政党的自觉和参政党的主动相得益彰。我国当前的合作渠道更多是垂直型的直线式和平行式的合作，缺乏交叉和网状的多节点的互动，合作中的信息交流不足，过程性反馈效果微弱，持续性互动还相对较弱，党派成员的参与度有待提高等问题。参照网络治理的特点和优势，借鉴合作治理的运行方式，适应日益复杂和动态的合作环境，拓展我国政党合作的渠道是一个切实和合理的选择。

熊必军在《合作理论视域下的中国多党合作制度》（《社会主义研究》2010 年第 2 期）一文中认为，如何坚持和发展中国多党合作制度的合作型政党制度，除了坚持马列主义、毛泽东思想及中国特色社会主义理论中关于社会主义国家政党制度建设的指导思想之外，我们也应该借鉴国内外不同学科理论体系的研究方法，如合作理论，为我所用，来探索中国多党合作制度的完善与发展。首先我们应要从合作理论的角度加强对中国多党合作制度的理论研究和宣扬，建立中国合作型政党制度理论研究体系。其次进一步推进中国多党合作制度的制度化建设。再次就是健全和完善中国多党合作制度的合作与协商模式或机制。

魏青松在《论“一国两制”视阈中的政党制度和政党关系》（《江南社会学院学报》2010 年第 1 期）一文中认为，在“一国两制”视阈中，祖国统一之后的政党制度更具有超前性、包容性，涵盖我国政党制度的所有情况，即要考虑到，把祖国统一之后港澳台地区的政党制度纳入到“一国两制”政党制度的框架之内；“一国两制”视阈中的政党制度更具有中国一体化和地方化相统一的性质，具备历史、现实与未来相统一的特色，具有很强的可行性。“一国两制”视阈中的政党关系，可以大概分为合作型政党关系、协商型政党关系和竞争型政党关系三种，前者主要存在于中国大陆政党之间，中者主要存在于大陆与港澳台地区政党之间以及港澳地区政党之间，后者主要存在于台湾地区政党之间。目前两岸三地的政党体制比较复杂，既有相互竞争的“碰撞”之处，又有相互学习的“互补”优势。在实现祖国统一的道路上，政党关系的良性发展更有赖于两岸政党制度的创新和突破，在坚持“一国两制”的条件下，实施政党制度创新，对促进政党合作、推动两岸关系具有重要意义。

（四）完善多党合作制度的思路和路径

关于完善多党合作制度的思路和路径，可以说是百花齐放，百家争鸣。学者们从不同的角度、针对不同的问题，提出了自己的想法。其思路有相同的，也有不同的。其中林尚立的《政党制度与中国民主：基于政治学的考察》、孙景峰、汪凤敏的《建构与重塑中国政党制度权威的时代价值》提出的观点，值得我们重点关注和研究。

林尚立在《政党制度与中国民主：基于政治学的考察》（《武汉大学学报》2010 年第 3 期）一文中认为，中国政党制度的健全和完善还需要一个持久的政党制度建设过程。以人民民主为价值取向，以建立社会主义民主法治国家为时代使命的中国政治建设，决定了中国政党制度的建设和发展的基本取向就是：在制度上实现党的领导、多党合作和政治协商的三者有机统一，使得政党制度与国家的制度体系相辅相成：政党制度从国家制度体系中获得合法性与有效性的基础；与此同时，国家制度体系从政党制度中获得稳定与巩固的政治基础与制度资源。从中国政党制度的内在逻辑和发展空间来看，政党制度在自我发展与完善中，应该着力在理论、体制和机制上处理好四对基本关系：其一，党的领导与多党合作的关系。一是如何通过多党派合作来巩固党的领导；二是如何通过多党派参政来提高党的执政能力。其二，多党合作与政治协商的关系。政治协商可以在党派之间直接进行，也可以通过人民政治协商会议这个制度进行。从长远发展来看，人民政协这个制度对于完善和充实多党合作更具有实质性意义。其三，政治协商与政治监督的关系。其四，政治协商与民主决策的关系。

张安在《现代化：我国多党合作制度发展的必然趋势》（《中共云南省委党校学报》2010 年第 2 期）一文中认为，所谓我国多党合作制度的现代化，不是要从一个纯粹理论意义上的非现代的政党制度，变成一个现代性的政党制度，而是在现代制度的架构内寻找进一步生长与扩展的空间，即如何结合中国国情，从中国建设和改革的实践出发，根据时代要求的变化，适时推进自身的变革，使自身结构、功能、机制和活动方式不断制度化、规范化、科学化，以便能更好地推动中国的现代化事业，推动人民民主、民族复兴、国家发展和社会进步，而不是照搬西方多党制或两党制。它既是一个结果，也是一种过程，既昭示我们政党制度必须达到的境界，又体现了政党制度完善的方向与路径。

孙景峰、汪凤敏在《建构与重塑中国政党制度权威的时代价值》（《东疆学刊》2010 年第 4 期）一文中认为，我国政党制度设计中的种种优点和特点对我国政治稳定发挥作用的程度，最终还是要落实到执行层面。我国政党制度设计的优势要想完全发挥出来，就必须要树立起政党制度权威。作为国家的一项基本政治制度，政党制度能否得到尊重，是否具有相应的权威，与国家政治体系的稳定与否紧密相关。第一，政党制度权威具有巨大的社会整合作用。第二，政党制度权威为我国现代政治权威的确立提供了有力的保障。第三，政党制度权威的建立有利于政治参与的制度化发展。

杨绪盟、朱虹在《中国政党趋同调查与分析》（《当代世界与社会主义》2010 年第 6 期）一文中认为，中国的政党趋同，包含中国共产党和各民主党派之间、各民主党派之间的趋同，这种趋同在中国各政党的社会基础、指导思想、组织发展和功能发挥等许多方面都有表现。诚然，从理论上讲，中国政党趋同可以减少部分政治运行成本，后果却会导致中国政党制度民主活力的衰减，甚至会导致政党政治的窒息，直至毁掉中国特色的政党制度。对于中共与民主党派的趋同，周恩来早在 1950 年就指出："如果各民主党派的思想作风都和共产党一样，又何必有这几个党派存在呢？"对此，学界也普遍认为，在中国共产党的领导下，各民主党派保持各自特色，这是多党合作中“和而不同”价值理念的重要体现。它有利于民主党派在社会多样性不断发展的条件下，有效发挥利益表达功能；也有利于民主党派发挥各自的优势，在国家政治生活中充分发挥作用。

谭融在《现时期中国政党制度的适应性变革》（《天津大学学报》2010 年第 3 期）一文中认为，现时期中国的政党制度首先面对的是如何通过主导价值的再构建来对社会加以整合的问题。构建有效的、符合历史潮流的意识形态和主导价值，使之为全社会所认同和接受，成为执政党整合社会的基础性工作。其次是中国的政党制度如何通过改革和完善国家的政治体制去对社会加以整合的问题。在新形势下加大政治体制改革的力度，重新配置政治权力，消除不适应于社会发展乃至阻碍社会发展的制度因素和相应机制，成为执政党所面临的严峻挑战。再次是现时期中国政党制度所面临的社会利益表达和利益聚合问题。如何将公众所反映的散乱的多重利益加以梳理和协调整合，最终通过公共政策去实现利益关系的相对平衡，成为新时期的重要课题。基于此，各民主党派应该发挥自身作用，与中国共产党一道调整和完善我国政党制度的组织网络，使之更有利于凝聚社会力量；一道构建并疏通社会沟通与交流渠道，使之有利于各种矛盾的及时反馈和处理，促进社会的安定团结。

邓凌、万光碧在《我国社会结构变化与多党合作制度的完善》（《江苏省社会主义学院学报》2010 年第 5 期）一文中认为，我国政党制度必须适应社会结构的新变化，将各阶级各阶层以及各种利益群体的活动纳入制度化的轨道，通过执政的共产党与参政的民主党派之间的通力合作，扩大新的社会阶层的政治参与力度，充分发挥党外人士在国家政权中的作用，加强党派合作的制度化规范化程序化建设，实现各社会阶层、社会群体和各方面群众的团结合作，实现全社会的和谐。

左定超在《继往开来不断巩固和发展我国多党合作事业》（《民主》2010 年第 5 期）一文中认为，坚持和完善中国共产党领导的多党合作和政治协商制度，关键在坚持，途径在完善。只有坚持和完善中国共产党领导的多党合作政治格局，把中国共产党领导的多党合作和政治协商制度坚持好、完善好、发展好，才能更好地发扬社会主义民主，不断推进我国民主政治建设。必须始终坚持中国共产党的领导，全面提高中国共产党的领导能力和执政水平；必须进一步优化党际关系模式，完善政治协商、参政议政、民主监督的机制；必须不断加强民主党派的自身建设，不断提高民主党派参政议政的水平。

范玉双、李岩在《对改革开放以来中国政党制度的几点思考》（《经济研究导刊》2010 年第 4 期）一文中认为，坚持和完善中国共产党领导的多党合作和政治协商制度，一是解放思想，正确把握执政党与参政党的互动关系。二是注重实效，充分发挥民主协商和监督作用。三是与时俱进，不断推动马克思主义政党理论的新发展。

杨雪燕在《协商民主理论：中国特色政党制度理论的重要组成部分》（《中央社会主义学院学报》2010 年第 5 期）一文中认为，丰富和发展中国特色协商民主理论，不断推进中国政党制度建设。第一要坚持中国共产党的领导核心地位。第二，要充分尊重协商民主主体成员的自由平等权利。第三，要不断扩大社会协商范围和协商民主空间，从而不断扩大中国特色政党制度的包容性。第四，要重视协商过程的公开性、程序性及制度规范建设。第五，要加强人民政协自身建设，为协商民主提供更强大的政治舞台。第六，要加强民主党派自身建设，努力提高合作共事中的协商素质与水平。

王大文在《加强多党合作，努力营造统战工作新格局》（《四川省社会主义学院学报》2010 年第 1 期）一文中认为，加强多党合作，营造统战工作新格局的主要做法有：以协商共事为要，着力发挥职能作用；以学习提高为先，着力推进政治交接；以服务大局为重，着力服务发展要务；以夯实队伍为基，着力巩固自身建设；以营造载体为介，着力全面提升素质。

梁艳在《在实践中完善中国特色政党制度》（《内蒙古电大学刊》2010 年第 3 期）一文中认为，中国共产党是中国特色社会主义事业的领导者，是我国国家政权的组织者，在我国的现代化建设中处于核心地位，它的一言一行都关系着社会主义事业的兴衰成败，因此中国共产党必须不断加强自身建设，以更好地实现党的领导。第一，真正确立权力的监督制约机制。中国共产党是我国的执政党，对执政党权力的约束在很大程度上是靠执政党本身的力量来进行的，这个监督与约束的机制既要建立和强化党内约束监督机制，又要建立和完善国家的权力制约机制，在我国也就是实现各民主党派和人民对共产党执政权力的监督，这就需要中国共产党以非凡的勇气去接受这种对自身权力制约和监督的机制，以改革的勇气去建立这种机制。第二，借鉴别国政治文明的优秀成果。政治文明是近代中国共产党要敢于借鉴这些人类文明的优秀成果，在坚持根本原则的前提下，大胆创新，使有中国特色的政党制度发展到一个更高的水平。第三，不断提高中共党员自身素质。同时，不断加强各民主党派的自身建设，更好地实现其职能。

顾仁华在《中国政党制度与民主政治建设》（《湖北省社会主义学院学报》2010 年第 5 期）一文中认为，“共产党执政、多党派参政”是我国政党制度的基本特点，是我国社会主义制度的一个政治优势。作为执政的共产党必须在“共产党领导”这五个字上下功夫，不断完善和加强共产党执政能力和执政水平建设，逐步实施制度化、规范化、程序化，同时更要在“多党合作”和“政治协商”上加强制度化、规范化、程序化建设，要不断从多党合作、政治协商的视角来探索和研究总结如何加强和完善我国的政党制度建设，这不仅有利于多党合作制度的完善，而且有利于推进我国政治制度的完善，更有利于新世纪新阶段我国社会主义政党关系更加和谐，从而更有利于共产党执政的长期性和稳固性。

胡广坤在《加强党外人才队伍建设彰显中国特色政党制度优势》（《人民政协报》2010 年 7 月 7 日）一文中认为，从基层情况看，党外人才队伍总体情况较好，但也存在一些亟待解决的问题，主要是数量总体不足，结构亟待优化，素质有待提高，缺少有一定威信影响的代表性人士。加强党外人才队伍建设，要坚持统筹兼顾，坚持党管人才与发扬民主相统一，坚持培养为重和以用为本相促进，坚持德才兼备、以德为先的原则。发现是选人用人的第一环节，要开阔选人视野，实现人才选拔的宽领域、广覆盖。培养是增强党外代表人士代表性的主要手段，必须突出针对性、增强实效性。要强化实践锻炼，坚持和完善考察调研、岗位交流等有效形式，帮助党外代表人士弥补多岗位实践锻炼不足的“短板”。要努力拓展社会资源，结合党外代表人士的专业特长，推动有关人民团体和行业组织安排党外代表人士，为党外代表人士在不同领域施展才干、体现价值提供平台。加强对党外代表人士的管理，是确保党外代表人士健康成长的关键所在。

（五）在实践中不断完善多党合作制度

坚持和完善多党合作制度的最终目的，在于推动多党合作事业的发展。注重对多党合作实践经验的总结，是本年度多党合作研究领域的一个重要特色。来自于多党合作实际工作的成功经验，对于多党合作事业的开展具有直接的指导意义和借鉴作用。张云尧、蒋世兴的《多党合作的历史见证——“盟遂”合作的实践与思考》、谢靓的《创新机制走活多党合作一盘棋——北京市委完善同民主党派合作共事机制综述》就是这方面成果的典型代表。

张云尧、蒋世兴在《多党合作的历史见证——“盟遂”合作的实践与思考》（《中国统一战线》2010年第9期）一文中认为，从24年“盟遂”合作的实践中，我们得到许多重要启示：一是必须夯实多党合作的思想基础。在24年“盟遂”合作中，从中央到县乡、从领导到百姓、从党内到党外，同舟共济，众志成城，形成了强大合力。只要我们坚持发挥多党合作政治优势，并善于把这一优势与维护群众切身利益、促进地方经济建设结合起来，就一定能够使“盟遂”合作不断向前推进。二是必须抓住发展这个党执政兴国的第一要务。发展是中国共产党执政兴国的第一要务。24年来，“盟遂”合作紧扣发展主题，依靠民盟强大的人才智力资源，抓住“探路”、实施西部大开发、新农村建设、转变发展方式等历史机遇，不断拓宽领域，提升层次，使“盟遂”合作在不同的发展阶段显示出鲜明的时代特征。三是必须坚持把项目作为深化合作的重要载体。高起点、高质量、高标准选择、争取和实施项目，是盟遂合作的一条成功经验。四是必须把统一战线优势贯穿合作的始终。民盟组织从中央到基层，从领导干部到职能科处、普通盟员，齐心协力，务求实效，用行动诠释了民主党派参政为民的崇高情怀；遂宁历届市委、市政府从组织领导、工作机制、经费保障等方面高度重视支持“盟遂”合作。

谢靓在《创新机制走活多党合作一盘棋——北京市委完善同民主党派合作共事机制综述》（《人民政协报》2010年5月31日）一文中认为，北京市正以机制为切入点，走活多党合作这“一盘棋”，其主要做法是：一是打通调研课题的各个环节。今年，北京市委确定了30多个重点调研课题，各民主党派的主委调研课题也放进了这个大盘子里。二是畅通信息沟通和反馈渠道。北京市委和市政府定期不定期地向党外人士通报相关领域改革发展情况，扩大民主党派和无党派人士知情权。对民主党派、无党派代表人士的重要意见建议，由市委办公厅会同市委统战部将市委领导批示意见向他们反馈。三是整合特约人员力量。北京市政府每年都要聘请众多党外“特约人员”，分布在政府各部门，开展民主监督。四是规范党外干部培养选拔。北京各级党委已将培养选拔党外干部纳入干部队伍建设的总体规划，统筹考虑组织部、统战部建立了良好的沟通协调机制，市政府工作部门已安排4名党外正职。五是完善与民主党派合作共事机制，离不开各级党组织的重视。北京市委第一次把统战工作的考核责任写进了市委文件，市委每年要给各区县党建工作打分，满分100分，从2009年开始统战工作在其中占了15分，这能督促区县委领导班子把统战工作摆在重要位置，加强与民主党派、无党派人士的合作共事。

柏春林在《共产党领导的多党合作在湘实施的基本经验》（《湖南科技学院学报》2010年第2期）一文中认为，建国后，从1950年4月起国民党人士程潜担任湖南军政委员会主席或湖南省政府主席、省长，唐生智担任湖南省副主席、副省长，长达17年之久，这在全国是特例。后来又形成“湖南经验”载入国家文件。有必要研究这一个案，总结地方多党合作的经验。湖南地方多党合作60年的历史发展，积淀了许多的宝贵经验，主要是：第一，必须把理论建设和制度创新放首位。如1998年，省委办公厅印发《关于重大问题邀请民主党派工商联调查研究的实施办法（试行）》，总结出“党委出题、党派调研、政府采纳、部门落实”的模式，形成“湖南经验”。2007年发布的《中国的政党制度》白皮书写上了这一经验模式。第二，中共中央的正确领导是根本保证。第三，科学的组织发展是保障。首先是尊重组织发展规律，坚持科学发展。其次是民主党派要加强自身建设。再次是保障适当的民主党派组织规模。第四，必须正确解决合作共事的根本性问题。一是执政党的组织和干部端正认识。二是必须真正尊重党外人士。三是必须充分相信党外人士，用其所长，放手使用。第五，必须制度化、硬性化。第六，必须特别关注基层。

吴凯在《加强制度化促进规范化重视程序化——雅安市多党合作制度蓬勃发展》（《四川统一战线》2010年第12期）一文中认为，雅安市多党合作制度建设的主要做法是：第一，党委高度重视，建立完善制度。一是各级党委把多党合作和政治协商制度建设列入重要议事日程和工作目标考核。二是切实加强政治协商、民主监督、参政议政机制建设，把政治协商纳入决策程序，着重在民主监督的知情环节、沟通环节、反馈环节上完善机制。三是建立党政领导干部联系党外人士制度，密切党内外合作共事关系。第二，搞好协商通报，以利知情出力。第三，加大培养力度，搞好人事安排。充分保证党外人士在人大、政协中的规定比例。第四，充分发挥优势，服务社会发展。第五，不断强化措施，促进对口联系。

刘晓华、吕东浩在《大连市推动多党合作制度建设成效显著》（《人民政协报》2010年7月12日）一文中认为，大连市各级党委多党合作意识明显增强，切实把多党合作制度建设和民主党派工作纳入重要议事日程，把统一战线和多党合作理论政策作为党委理论学习中心组的重要学习内容，坚持定期研究民主党派工作，定期向党外人士通报情况并听取意见建议。同时，大连市高度重视帮助民主党派解决实际问题，如中山区投入930万元建成了占地面积近700平方米的民主党派活动中心，支持民主党派基层组织广泛深入开展活动。大连市政府积极为民主党派各级组织开展活动提供经费保障，大幅增加民主党派成员活动经费，统一安排民主党派基层组织活动经费，纳入各区财政预算，并建立增长机制。大连市还进一步加大了党外干部的安排使用力度，在所辖10个区（市）县全部配备了党外副区（市）县长，在10个区（市）县政府234个工作部门共安排党外干部51名，其中有6名党外干部担任正职。

中共常州市委统战部在《积极推进多党合作事业》（《群众》2010第9期）一文中认为，多党合作制度是我国的一项基本政治制度，推进多党合作事业必须放到推进科学发展中去谋划，放到所面临的时代背景中去认识，放到所承担的职责任务中去把握。第一，以新视野引领新格局。把多党合作事业建设作为一项全局性的工作。常州市委常委会每年至少两次专题研究多党合作事业建设。把多党合作事业建设作为一项多领域的工作，发挥统战部门的牵头协调作用，强化各级各部门推进多党合作事业的意识理念和职责任务。第二，以感召力提升凝聚力。大力构建民主党派知情参政的新渠道，建立了党外人士列席政府常务会议制度，建立了党外人士重要意见建议落实情况的反馈机制，构建民主党派服务发展的新载体。第三，以使命感激发责任感。举办有质量活动，引导广大成员坚定理想信念。组织大密度培训，推动代表人士提高履职能力。倡导规范化管理，帮助民主党派构建制度体系。第四，以关爱人增强向心力。关注民主党派的现实利益，在机关编制、办公经费、福利待遇等方面给予民主党派优先照顾，重视党外干部的选拔任用，关心党外人士的工作生活。

邓苏夏在《多党合作和政治协商制度的实践与思考》（《韶关日报》2010 年 4 月 10 日）一文中认为，坚持发挥人民政协作为中国共产党领导的多党合作和政治协商的重要机构作用，不断巩固和发展我国多党合作的政治格局。第一，在认识上要有新高度。一是必须在营造良好氛围中不断提高认识。二是必须在组织深入学习中不断提高认识。三是必须在加强舆论宣传中不断提高认识。第二，在运行上要有新机制。一是合作共事的保障机制得到不断完善。二是合作共事的联动机制得到不断加强。三是合作共事的工作机制得到不断健全。第三，在执行上要有新局面。一要不断加强学习，进一步巩固多党合作和政治协商的思想政治基础。二要创新履行职能，进一步提高多党合作和政治协商的科学化水平。三要继续搞好服务，进一步巩固多党合作和政治协商的良好局面。

兰小平在《高校两级管理模式下多党合作的分析与探讨》（《学理论》2010 年第 32 期）一文中认为，如何在高校更好地发挥多党合作的优良传统，充分挖掘多党合作的价值，使友好的党际关系能够在其他方面起到示范和引领作用，同样是我们需要面对和研究的课题。第一，充分认识高校两级管理模式下加强多党合作的必要性。第二，坚持民主办学思想。坚持民主办学就是要把民主管理、民主监督、民主决策贯穿于学院运行的整个活动中，使党外知识分子的民主权利都能得到保证，从而调动一切积极因素，共同促进学院的发展。第三，发挥和合文化的基础价值作用。学会运用和而不同、求同存异的基本方法，坚持一致性和多样性的统一，用“和合”思维方式来协调各种工作关系和利益关系，使学院的整体利益，各民主党派和团体组织的群体利益，教师个体的正当利益都能得到保障。第四，建立和完善多党合作工作机制。

孙　信　中央社会主义学院中国政党制度研究中心副秘书长、教授

学术著作评介和论文观点摘要

一、学术著作评介

《中国近代政党监督思想研究（1900—1927）》（朱联平著，上海人民出版社2010年版）

本书深入到政党潜在的固有功能去思索，运用政治学、历史学等理论方法，以近代中国有影响的政治家、思想家和理论家的思想言论为基本素材，深入挖掘和考析晚清、民初及北洋军阀三个时期政党政治理论中所蕴涵的“政党监督”思想成分，比较和分析其产生的政治、文化和社会背景原因，阐述其对中国政治社会产生的政治影响，从而领略中国早期政党政治理论在中国现代民主进程中丰富多彩的思想面貌和在推动政治现代化过程中的重大作用，进一步呈现政党政治在中国政治环境下形成、生长和发展的曲折历程。为欲知中国政党监督的独有特色，寻找其发展轨迹，考察其运行机制，从而预知中国政党政治在中国国情下应遵循的原则和发展形态，把握其发展方向者所宜读。

全书共六章，26万余字，以近代历史为线索，通过分析比较的方法，分别论述了晚清、民初、北洋军阀统治时期中国政党监督思想的发展演变过程，集中介绍了这三个时期具有代表性的政治家、思想家、政党领袖。第一章，中国早期政党的产生和发展；第二章，晚清时期的政党监督思想，包括政党监督的目标指向、基本内容、基本原则、力量支撑等；第三章，民国初年的政党监督思想，包括政党监督的自我目标、政治前提、基本条件、制度模式、体制模式等；第四章，北洋军阀时期的政党监督思想，包括政党监督的领导体制、政治环境、政治保障、政治手段、政治形式等；第五章，从政党监督思想的时代背景、政党监督思想的理论来源和政党监督思想的主要内容及其特征等方面对晚清、民初及北洋军阀时期的政党监督思想进行了比较分析；第六章，从政党监督的功能作用、政党监督的外部条件、政党监督的自我要求三个方面提出了三个时期政党监督思想的理论启示。

写作有关政党监督这样的论题有一定难度，因为它需要具备相当好的政治学理论素养和政党政治思想知识才能很好而透彻地阐明这一问题。也只有在此前提下，才可以进一步对政党监督思想的问题展开研究。对于中国近代政党监督的思想研究，还需要深入了解和熟悉这个特殊政治和历史时期中国政党政治的实际演进历史及其在思想理论上的政治表现。从事该论题的研究至少要正视和把握这样两个问题：一是中国早期政党政治发展的曲折性。政党政治之应用到中国的政治实践，还有一个适应于中国社会政治生态的发展过程的问题。传统的中国政治文化强势决定了现代政治文明重要标志的政党政治必然要经受重重阻碍乃至挫折，由此决定了一种期望改革传统专制政治、实现政党政治监督的现代化实践的曲折性。二是中国政治环境的复杂性。中国近代社会的三个时期，即晚清、民初及北洋军阀时期虽然分属于三个不同的历史阶段，但从中国历史发展的整个历程来看，则它们共同处在中国社会由传统向现代转型的历史时期，其间中西文化的激荡、新旧思想的冲撞、民主与专制的对垒以及理想与现实的矛盾构成了这个历史时期纷繁不定、变化万端的社会政治环境。从而决定了这个时期的政党及政党政治出现在中国政治土壤中的悲惨命运。

中国之有政党，始于晚清。19 世纪末，一批先进的仁人志士为了挽救国家和民族的危亡，仿效西方国家的做法，组织政党，开展政党政治，从事改革国家和社会的活动。从那时起到现在，已有一百多年的历史。有政党，就一定有政党监督。所谓政党监督就是指政党作为国家政治生活的主体，为了实现其既定的政治目标所从事的政治监督活动。政党监督活动的内容主要包括政党之间的监督，政党以国家权力机构议会为活动舞台而形成的对政府的监督，以及政党利用新闻媒体、社会舆论对社会的监督。此外，政党为了自身利益和斗争需要，制订相关的党纪党规，进行自我监督，等等。自中国近代政党诞生以来的一百多年中，虽然有不少政治家、思想家发表过有关政党监督方面的言论和主张，报刊上也有这方面的零星文字，但较为系统全面梳理和深入探讨中国近代政党监督的专著尚属阙如。因此，从这层意义来说，朱联平的这部著作，不仅填补了我国这一学术研究领域的空白，而且对于今天的政党建设不乏借鉴和启示。

《政党政治与政党规范》（刘红凛著，上海人民出版社 2010 年版）

政党作为现代民主政治的工具，无论是从理论还是实践上看，政党作用都具有两面性。只有当有关规范主导着政党关系与政党行为时，政党政治才是和平的、有序的、常态的。在当代，随着政党在民主政治中的地位提高与作用增强，如何规范政党、促进民主政治发展，是政党政治的一个重大理论与实践问题。《政党政治与政党规范》一书，立足于二战后世界各国政党政治实践，以对政党历史发展、政党意识、政党类型、政党概念、政党属性、政党概念等政党基本问题的科学分析为基础，立足于当代政党政治实践，从政党—国家—社会关系角度出发，把政党规范作为一种客观存在的政治现象，对政党规范进行系统的研究分析，探讨政党规范的类型、特点与价值追求，分析各种政党规范之间的关系；特别是通过对英、美、德、俄等四个代表性国家的主要政党进行比较研究，来探讨政党规范的国别与党别差异、政党规范化的共性与个性差异；在此基础上，对政党政治本质、政党法制与政党自治的关系、政党规范化与民主政治发展、党内民主与国家民主等诸多问题进行深入思考。

《政党政治与政党规范》一书共六大部分、十六章。第一章　政党与政党意识，论述了政党意识的概念、政党与意识形态、政党意识文明及其检验标准等；第二章　政党历史类型与政党概念，在探讨了政党历史发展与类型变化之后，分别分析了近代、现代、当代政党与政党概念；第三章　政党组织特点与组织属性，在论述了政党的组织特点和政党组织属性之后，论述了“公民社会—公共领域—国家领域”三分法视野中的政党属性；第四章　政党功能与类型差异，论述了政党在民主政治中的重要地位、政党的基本政治功能以及政党功能的类型差异；第五章　政党规范体系与形式，回答了什么是政党规范、政党规范体系与基本类型、政党规范基本形式之间的关系等；第六章　政党规范之价值取向与类型差异，回答了谁制定政党规范、政党规范的价值基础与根本要求、不同政党规范形式的价值偏好等；第七章　政党地位与政治合法性，论述了政党地位的确立与政治合法性、政党权利与义务、政党提名与政党地位、政党经费与政党性质地位等；第八章　政党法律地位与法律规范，概要地论述了世界各国政党法律地位、政党地位相关问题的法律规定、对英、美、德、俄政党法律地位进行了比较、提出了对政党地位法制化的理论思考；第九章　政党—社会关系与行为规范，分析了政党与社会的关系、公职候选人提名与行为规范、政党竞选与行为规范等；第十章　党政关系与行为规范，分别分析了政党—议会关系与行为规范、政党—行政关系与行为规范、政党—司法关系与行为规范；第十一章　政党关系与行为规范，论述了政党关系的基本内涵与基本内容、政党关系的类型与特点、政党结盟与行为规范；第十二章　党内关系与行为规范，论述了党内关系的内涵与实质、政党类型与党内关系、党内行为及其规范；第十三章　政党规范化与政党政治，论述了政党规范化的共性、政党规范化的个性差异与影响因素、政党法制与政党政治；第十四章“依法治党”与“以章治党”——当代中国政党治理问题，分析了党的领导与依法治国、党与法的关系、对“依法治党”进行了辨析与思考；第十五章　国家民主与党内民主，论述了民主的发展脉络与核心要义、国家民主与党内民主之关系：类型与特点、我国党内民主与人民民主的耦合与互动；第十六章　政党规范的协同作用与民主政治发展。

本书立足于政党政治的历史发展与时代特点，以“社会—政党—国家”三分法分析问题，把政党政治研究从宏观引入到中观、从抽象引入到具体过程；对政党规范体系的系统研究，与对英、美、德、俄等国的多国比较研究相结合，探究政党规范的共性与个性、政党规范化与民主政治发展之关系，堪称政党政治研究领域的一部开拓之作。关于政党政治与政党规范等问题的研究，在我国学界尚属起步，如此系统的研究专著，尚属罕见。

作者从政党的历史发展与类型变化，结合具体的政治生态，对政党观念、政党类型、政党概念、政党特点、政党属性、政党功能等政党政治基本理论问题进行考证、比较与类型分析；进而深入系统研究政党规范的基本类型、基本特点与价值追求，深刻剖析各种政党规范形式的效力范围与相互关系。在此基础上，对战后世界政党政治与政党规范情况进行概括与归纳，重点对英、美、德、俄等四个在当今世界具有重要影响的政党政治国家的政党规范情况进行比较分析，深入探讨政党规范的共性与个性差异，提出了许多创新性的、值得深思的思想观点。

比如，对政党规范的界定和分类。作者在对二战后世界政党政治与政党规范进行概览的基础上，提出所谓政党规范是关于政党的各种规范的总称，是各种规范形式组成的一个规范体系，它主要包括政党法律规范、政党社会规范、政党内部规范等三种基本类型。并且指出，不同的政党规范的制定者不同、价值取向不同，其效力范围也有所不同，应注意三者之间的区别与联系，不可相互取代。

又如，关于政党规范的基本内容。作者把它归纳为两大方面：一是政党地位及其规范，主要涉及政党的重要地位、政党地位的形成、确立与巩固，以及与政党地位相关的一些问题；二是政党政治关系及其行为规范，主要涉及政党与社会、政党与国家、政党与政党、政党内部等四大关系及其有关行为。在此基础上，作者对英、美、德、俄等四国的政党法律地位情况、政党行为规范等进行了详细的比较分析，深刻指出了世界政党规范的共性与个性差异、影响与制约因素；而且，对政党提名、政党经费、政党权利、政党类型与党内民主的关系、政党民主与国家民主的关系也有着深刻论述。

再如，作者对政党规范的效力与适用范围的分析，观点也很独到。作者通过认真考证研究，提出一个国家的民主政治发展与有无专门的政党法，二者之间没有必然关系。而且，政党立法既可以保护政党，也可以限制与禁止政党；保护大党、限制与排斥小党是世界政党立法的基本特点。加强政党立法有利于维护政党政治秩序，但并不能从根本上确保政党地位或江山永驻，因为政党合法性比合法律性更具有根本性；当一个政党失去民心之时，法律保护也无济于事。作者最后得出结论：当代政党政治的复杂性决定了，单靠任何一种规范都无法有效地维持政党政治秩序、促进民主政治发展；只有正确认识并处理好社会—政党—国家之间的关系，使政党法律规范、内部规范、社会规范相辅相成、协同作用，方利于政党之治、促进民主政治发展。

总之，无论在国内党建理论界还是政党理论界，这都是一部弥补研究空白的开拓之作。它不仅有助于我们开阔眼界，了解世界政党政治与政党规范，而且对我国党的建设与民主政治发展也有重要借鉴与启发意义。

《政党政治与政治现代性：基于马克思主义政治哲学视野的研究》（赵宬斐著，中央编译出版社 2010 年版）

本书从现代性演进的角度切入主题。作者认为，在现代性的发展过程中，随着人类政治共同体的现代性意识与诉求愈加突显，共同体内部必将因利益而产生分化、差异，因利益谋求妥协与整合，进而诉求政治参与，最终导致政党政治的生成。

全书共分为三个部分：导论、正文和结语。正文部分共分七章。第一章，现代性的演进及发展向度，论述了现代性的演进、政治现代性的展开、政治现代性的多重维度：由经典现代性的建构到后现代性的生成；第二章，政党的生成及现代性功能，论述了政党的发展演变、政党的现代性制度功能；第三章，政党现代性的内涵，论述了政党的合法性、政党的民主性、政党的法治性、政党的参与性；第四章，政党现代性嬗变的多重维度，分析了经典现代性政党的发展向度、反思现代性视域中的政党、政党转型与后现代性政党的指涉；第五章，社会转型视域中政党现代性的困惑及调整，分析了政党现代性的困惑、政党的现代性调整欧洲左翼政党的现代性调整、政党的现代性调整绿党的新走向与生态政治的突进、转型过程中政党现代性的维度之调整；第六章，中国政党现代性的生成与建构，分析了模仿的现代性与中国政党的现代性试错、自觉的现代性与本土化政党的建构；第七章，中国政党新现代性发展的几重向度，包括：自觉把握政党与国家和社会的现代性关系、以党内民主推动人民民主的发展、中国政党的公共性建构与提升、科学执政、依法执政和民主执政等。在结语中，本书作者重点论述了全球化视界中中国政党现代性的自觉意识，指出了全球化对中国政党现代性发展的影响、中国政党现代性的理论调整与转换、中国政党的现代性与民族性的双重际遇。

《政党认同问题研究》（柴宝勇著，天津人民出版社2010年版）

本书探讨了政党认同的形成基础，概括出政党意识形态、政党组织、政党领袖、政党执政绩效等作为基础的利弊得失。

政党认同是西方政治学研究中的一个重要概念，本书作者，以认同的含义及其特征为基点，综合中西方政党认同的概念，指出政党认同兼具理性和非理性因素，具有社会性、多元性、层次性和相对稳定性。本书认为政党认同的要素包括客体、主体和层次三个范畴。并进而把政党认同的客体分为三个层次：认同政党政治、认同某一政党制度和认同某一政党；将政党认同的主体分为三个层次：党员（政党组织）的政党认同、公民（选民）的政党认同与作为官员的党员（行政组织）的政党认同；将政党认同的层次分为：认知、情感、评价和行为。本书作者认为虽然中西方的政党认同观念具有一定的差异，但是我们可以借鉴西方的政党认同理论，构建自己的理论框架。

本书作者认为，政党认同是政治主体在政治和社会生活中对政党所产生的一种思想、情感和意识上的归属感，是其对政党做出的一种心理反映和行为表达。政党组织是在现实生活中由特定的人群（即党员群体）结合而成的，具有特定的宗旨和体系。政党组织与政党认同之间存在着一个互动的过程：政党组织是政党认同的制度性资源，拥有健全有效、组织严密、动员有力的组织既是政党组织制度化的结果，也是政党争取认同的有效手段；而政党认同也是政党组织发展的内在驱动力。从西方政党组织的嬗变折射出政党系统内外环境的变化，也折射出政党认同总体发展的曲线。

《孙中山政党思想研究：从近代政党与国家建设关系的视角》（邵宇著，云南大学出版社2010年版）

本书从近代政党与国家建设关系的视角，着重从近代中国建设的困境与孙中山政党思想的萌发，政党与国家建设的领导力量、指导思想、社会基础、基本途径以及目标等方面论述了孙中山的政党思想。

近代以来中国国家建设可以划分为逻辑相连的两个层次：一是现代民族国家建设；二是政治民主化建设。但近代中国国家建设面临着两个方面的政治困境：一是国家建设的领导力量孱弱；二是国家建设缺乏一套全社会都能接受的共同信仰。而政党的出现恰好为近代中国国家建设提供了以下两个前提：一是组织性政党为近代中国的国家建设提供了领导性力量；二是政党的意识形态为近代中国革命和国家建设提供了精神动力，在一定程度上起到了国家终极精神的作用。政党不但为国家建设提供了领导力量和精神力量，并通过政党的组织功能动员社会力量，从而使“以党建国”的道路成为一种历史的必然选择。孙中山是伟大的资产阶级革命家，是近代中国组建政党进行革命的第一人。他一生致力于建设一个强有力的革命性政党以回应近代中国国家建设的双重困境，有力地推动了近代中国革命与国家建设的进程。从近代中国政党史的视角来看，孙中山的建党活动最早、经验最丰富、思想变化最大，并对中国政党发生、发展产生了非常重要的影响。从近代中国现代化史的视角来看，他开创了“以党治国”的道路，也是党国体制的肇始者，从而使其成为中国近现代国家建设实践起点的人格化的代表，并通过政党实践对中国近现代的历史进程产生深远的影响。有鉴于此，《孙中山政党思想研究：从近代政党与国家建设关系的视角》以近代政党与国家建设的关系为切入点，通过孙中山政党思想的系统研究，解释中国近代政党政治的逻辑进程和演化规律，以为当下中国政党制度建设和政治发展提供某种借鉴。

《孙中山政党思想研究：从近代政党与国家建设关系的视角》分六章研究孙中山政党思想。第一章，近代中国国家建设的困境与孙中山政党思想的萌发。第一节，近代中国国家建设的困境：终极精神与社会主导力量的孱弱。作者认为，中国现代化的主题与前提是国家建设，近代中国国家建设的困境之一是终极精神的缺失，困境之二是社会主导力量的孱弱。第二节，信仰与组织：近代政党的政治应对。作者认为，信仰与组织是近代中国国家建设的政治要求，近代政党的政治应对就是要信仰重塑和组织重建。第三节，信仰重塑和组织重建：中国近代政党的创建与孙中山政党思想的萌发。论述了现代化的开启与政党产生的推动力、西学东渐与西方政党观念在中国的传播、孙中山政党思想的萌发。第二章，政党与国家建设的领导力量：孙中山政党观念与建党思想。第一节，政党在革命与国家建设中的作用。论述了政党与政党类型、政党在革命与国家建设中的作用。第二节，政党与革命党：孙中山政党观念。论述了“政党”与“革命党”区分的缘起、“政党”与“革命党”：孙中山的政党观念，并对孙中山的政党观念进行了评述。第三节，孙中山建党思想。认为组织性政党是孙中山对近代中国的革命和国家建设的政治应对，分析了孙中山建党思想的流变。第三章，政党与国家建设的指导思想：孙中山三民主义思想。第一节，三民主义：作为革命和国家建设特征的意识形态。分析了作为革命和国家建设特征的政党意识形态，指出三民主义是孙中山指导革命和国家建设的意识形态。第二节，意识形态之一：民族主义。论述了孙中山早期的民族主义思想、辛亥革命后孙中山民族思想的曲折发展以及新三民主义的民族主义。第三节，意识形态之二：民权主义。分别论述了自由平等观、五权宪法、直接民权等。第四节，意识形态之三：民生主义。分别论述了旧三民主义的民生主义和新三民主义的民生主义。第四章，政党与国家建设的社会基础：孙中山政党社会整合思想。第一节，孙中山政党社会整合与近代中国革命和国家建设。论述了政党的社会整合与近代中国革命和国家建设、近代中国的社会群体与孙中山的政党社会整合。第二节，会党：孙中山政党社会整合的借助力量。分析了会党的群体意识、结构特征及其与早期革命党的结合、孙中山对会党反满思想的借用、会党的加盟及其体制对早期孙中山所建政党的影响。第三节，华侨：孙中山政党社会整合的海外社会基础。分析了近代华侨群体的形成及其特征、孙中山对华侨群体的组织和动员、华侨群体对孙中山政党活动的作用和影响。第四节，农民：孙中山政党社会整合的基本力量。基于理论和现实分析了农民与近代中国革命、孙中山早期革命对农民的疏离与民初农民的反党意识、孙中山晚年对农民的动员和组织。第五章，政党与国家建设的基本途径：孙中山以党治国思想。第一节，以党治国思想的形成。分析了以党治国思想形成的历史背景，论述了以党治国思想形成的理论基石。第二节，以党治国思想的基本内容，包括以党建国、党在国上、主义治国、党统军队、领袖至上、政党政治等。第三节，建国程序论：以党治国的实施方案。分别论述了孙中山早期的建国程序论，即军法之治、约法之治、宪法之治，和孙中山辛亥革命后的建国程序论，即军政、训政与宪政。第六章，政党与国家建设的目标：孙中山政党政治思想。第一节，总统制、内阁制与五院制政体：孙中山政党政治的制度架构。分别论述了孙中山的总统制政体观、内阁制政体观、五院制政体观。第二节，两党制与一党制：孙中山政党政治的基本模式，包括民初孙中山政党政治的基本模式：两党制、晚年孙中山政党政治的基本模式：一党制。在结语中作者概括了孙中山政党思想的主要特点及其历史地位。

《合力推动中国复兴的政党制度》（马德秀主编，上海教育出版社2010年版）

《合力推进中国复兴的政党制度》围绕“为什么要坚持中国共产党领导的多党合作和政治协商制度而不能搞西方的多党制”这一中心命题，通过对我国和西方国家的国情对比、对不同政党制度的系统考察，在理论和实践层面上充分论证中国共产党领导的多党合作和政治协商制度是适合当今中国发展的唯一政党制度选择。

全书共分四个部分：第一部分：中国共产党的领导是中华民族的历史选择与复兴保证。从共产党是中国政党制度的核心领导力量、不可或缺的民主党派、多党合作和政治协商制度彰显中国国情与现代民主的时代特色等三个方面论述了我国的基本政党制度；从鸦片战争之后的苦难中国、资产阶级民主共和理想的破灭、为人民利益而战才能赢得人民的支持三个方面论述了共产党是民族救亡图存的领导力量；从代表先进生产力才能推动生产力的发展、社会主义民主是创造现代化奇迹的根本条件两个方面论述了共产党是国家富强与民族复兴的领导力量。第二部分：为什么西方多党制不适合中国国情。从多党竞争的政治本质、多党竞争政治的演变历史、多党政治所要求的社会环境三个方面描述了西方多党竞争政治；从利益集团操控多党政治、多党政治引发政治冷漠、多党政治下的“自由”幻影三个方面论述了多党竞争对民主政治的背离；从西方多党制搞乱发展中国家、多党政治下利益分立和冲突、多党政治无法满足发展中国家的政治需求三个方面描绘了发展中国家的多党政治群像。第三部分：富有中国特色的政党制度：中国共产党领导的多党合作和政治协商。从历史选择了共产党领导的多党合作和政治协商制度、执政党与参政党的关系是我国多党合作和政治协商制度的核心、政治协商是我国多党合作和政治协商制度的重要内容三个方面论述了我国多党合作和政治协商制度产生的历史必然；论述了通过参政议政等途径实现多党合作和政治协商的政治功能，多党合作和政治协商制度是中国特色社会主义民主政治的重要形式；在对新时期多党合作和政治协商制度面临的新挑战进行分析的基础上，提出把握机遇、迎接挑战是多党合作制和政治协商制度发展的前景。第四部分：新形势下发展与完善我国的政党制度。从民主要义和执政党角色、现代社会对执政党提出的要求等方面论述了我国的政党制度符合民主政治的根本方向；从新时期执政党领导的政治意义、执政党建设的策略与路径、新时期执政党建设的革新和创举、执政党建设的发展方向等方面探讨了在新形势下加强党的领导；从新时期民主党派参与决策的政治功能、新时期民主党派的监督功能、新时期民主党派的政治沟通功能、适合现代化进程的先进执政党制度等方面探索了建立和谐共存，相互支持的治理体系问题。

本书的研究撰写，高举中国特色社会主义伟大旗帜，坚持马克思主义立场、观点、方法，以中宣部编写的《六个“为什么”——对几个重大问题的回答》的理论阐释为基础，注重背景分析、加强比较研究、创新表述手法，通过运用最新素材和师生身边鲜活事例来说明深刻道理，对重大问题的阐述做到见事见人。在编写理念上，严格把握政治性原则和科学性原则，立足现实需要，坚持以史立论。

《中国特色政党制度理论研究》（中央社会主义学院中国政党制度研究中心编撰，时事出版社 2010 年版）

本书系中国政党制度研究中心第七届年会暨中国特色政党制度理论研讨会论文集。会议共收到论文 65 篇，经过专家认真审阅，从中精选出 56 篇，加上 3 篇主旨报告，汇编成册，以飨读者。为方便阅读，该书按论文论及内容以“中国特色政党制度理论基础”、“中国特色政党制度历史沿革”、“中国特色政党制度基本框架”、“中国特色政党制度与国家政权的关系”、“中国特色政党制度理论创新的重点、难点和热点问题”等 5 个专题归类。全书共 58 万字。

一、关于中国特色政党制度的理论基础

中国特色政党制度是马克思主义政党理论和统一战线学说与中国的实际相结合的产物，是中国特色社会主义民主政治和政治制度体系的重要组成部分，在当今世界政党制度中独具特色。这部分共收录论文 12 篇从马克思列宁主义统一战线理论、政党理论和民主政治理论、中国传统文化等多方面进行深入探索，对中国特色政党制度理论基础进行了广泛研讨。

有文章指出我国多党合作制度是实现人民民主的重要形式，也是中国特色社会主义政治发展道路的重要组成部分。我国多党合作制度符合中国国情，在社会主义民主政治建设中具有独特的优势。主要体现在三个方面：一是体现了社会主义民主政治的本质要求。我国多党合作制度以自身广泛的社会基础、组织构成和代表性为特征，畅通了利益表达渠道，有利于充分反映民意、广泛集中民智，有利于实现党的领导、人民当家作主和依法治国的有机统一。二是有利于党和国家的决策民主化、科学化。通过我国的多党合作制度，使各民主党派、无党派人士广泛参与国家和社会管理，履行参政议政、民主监督的基本职能，党和国家在作决策时，能够听到各方面的意见和建议。三是可以实现各界人士有序的政治参与。我国多党合作制度既维护人民的根本利益，又照顾各方面的具体利益，可以有效协调社会各方面的关系，使一些社会矛盾和问题能够在现有的体制框架内得到妥善化解，有利于形成全体人民各尽所能、各得其所而又和谐相处的局面，从而促进社会的和谐发展。四是有利于党的执政能力建设，加强和巩固党的领导。在我国多党合作制度中，执政党建设与参政党建设互相促进，从而提高了执政党的领导水平和参政党的参政能力。各民主党派作为共产党的亲密友党，它对中共和政府的批评监督有利于促进共产党提高执政能力。

有文章提出，“长期共存、互相监督”的“八字方针”的提出及对这一方针的理论阐述，是以毛泽东为代表的中国共产党人对马克思列宁主义关于政党和政党合作理论的创造性发展，是中国政党制度发展史上的一个重要里程碑，它科学地解决了在社会主义社会我国政党制度的若干重大的、基础性的理论问题，其理论价值在于：确立了中国共产党在社会主义整个历史阶段与民主党派长期合作的战略思想；提出了中国共产党与民主党派互相监督的重要思想；在这一方针指引下，中国共产党把作为新民主主义政治遗产的多党合作和政治协商推进到社会主义社会，从而突破了苏联一党制的政党制度模式，在社会主义政党制度上做出了符合中国国情的选择，标志着中国共产党领导的多党合作和政治协商制度在社会主义条件下得到进一步确立。

有文章提出，人民民主是当代中国政党制度的政治基石。多党合作是人民民主在政党与政党关系层面上的基本体现。统一战线是人民民主在政党与社会关系领域中的体现。政治协商是人民民主在政党同政府及国家关系上的体现。当前，我们所有推动政治改革、政治发展的努力，所有政治制度的巩固、完善和发展都是为了推进人民民主。反过来，所有这些改革和发展的努力，这些制度的巩固、完善和发展也当自觉遵循人民民主的基本原则与精神，始终与人民民主的政治实践相一致。具体到政党制度领域，各相关政治主体更应当高度重视人民民主的基础地位和作用，使中国特色社会主义政党制度自觉服务于其要求，充分发挥其功能，从而有效地支撑起人民民主政治的良性运转。

有文章提出，“民主集中”的思想理论在我国政治制度、政党制度的形成和发展过程中占有极其重要的位置，是中国特色政党制度理论的重要基石。民主集中制理论是马克思主义政党理论的重要内容。中国共产党人不仅发展民主集中制理论，还扩大了其应用范围，在国家政权的创建和政治制度的建立中充分运用了这一原则，民主集中制理论也成为我国政党制度的重要理论基础。我国政党制度既贯穿民主又体现集中，是民主与集中的统一。体现民主集中还是分权制衡是中西方政党制度的重大区别，这也决定了中国的政党制度不能照搬西方政党制度的模式。

有文章指出，中国特色政党制度理论体系的基础包括历史、理论和实践三个层面。中华民族的历史文化传统、近代以来的中国的特殊国情、中国共产党领导的多党合作和政治协商制度的形成历史，构成了理论体系的历史基础。马列主义的多党合作思想、党的三代领导集体和以胡锦涛同志为总书记的党中央关于多党合作和政治协商的思想提供了思想基础。中国共产党领导的多党合作和政治协商制度在中国的成功发展与实践则奠定了实践基础。

有文章提出，中国特色政党制度理论源于国情、合于国情、利于国情。中国的基本国情决定了中国政党制度具有与西方国家政党制度不同的特色，不同的理论，不同的目的。中国社会主义生产资料公有制、近现代经济政治的发展、阶级结构和阶级特征、社会主义制度、现实国情这五个方面为中国特色政党制度理论提供了坚实的基础。

有文章提出中国之所以选择了多党合作的政党制度，固然有诸多历史和现实缘由，但文化上的认同是一个特别值得关注的因素。按照社会认同理论，“制度认同”的内在根源和深层基础在于“文化认同”。文化上的特殊性是造成政党制度差异的关键因素。同西方文化比较起来，中国文化精神较为明显的特点就是讲“和谐”胜于讲“对立”，重“和”而不重“斗”的文化精神影响了中国政党制度运行的内韵风格。守“中”而不偏执的政治理念奠定了中国政党制度运行的结构模式，依“势”而不盲从的价值理想塑造了中国政党制度运行的基本范式。

二、关于中国特色政党制度理论的历史沿革

中国特色政党制度是在我国长期革命和社会主义建设过程中形成和发展起来的。与此相适应，中国特色政党制度的理论也有一个萌芽、形成与发展完善的历史过程。全面回顾多党合作理论发展的历程，准确把握多党合作思想的发展规律，对于推进中国特色政党制度理论研究具有重大的理论意义。这部分共收录了论文7篇。

有文章提出，马克思主义多党合作理论经历了六个历史时期：马克思、恩格斯的多党合作思想，是多党合作理论的开创时期；列宁的多党合作思想，是多党合作理论的初步实践时期；以毛泽东同志为核心的中共第一代中央领导集体的多党合作思想，是中国共产党多党合作理论的创立和在国家政权中付诸实践的时期；以邓小平同志为核心的中共第二代中央领导集体的多党合作思想，是多党合作理论的恢复发展时期；以江泽民同志为核心的中共第三代中央领导集体的多党合作思想，是多党合作理论的制度化建设时期；以胡锦涛同志为总书记的中共中央的多党合作思想，是多党合作理论的全面发展时期。其中每一时期都有着丰富的内容。

有文章以中国政党制度的诞生、中国社会主义政党制度的确立、中国特色社会主义道路的确立为界，将中国特色社会主义政党制度划分为萌芽时期、形成时期、曲折发展、发展完善四个阶段，并分别阐述了这四个阶段内中国共产党领导的多党合作制度理论建设方面的重大进展，指出我国政党制度理论已经形成为一整套与西方两党制、多党制、一党制相区别的一种新型政党制度模式理论。

有文章提出，党的十六大以来，以胡锦涛同志为总书记的党中央十分重视我国多党合作制度的发展，继往开来、与时俱进，紧紧围绕党和国家工作大局，对多党合作事业的发展做出战略部署，提出了一系列新的理论观点和政策，对多党合作制度建设和多党合作实践进行了新的理论概括和科学的总结。一是明确提出完善多党合作制度是社会主义政治文明建设的重要内容，要坚持推进多党合作的制度化、规范化、程序化；二是提出了构建和谐政党关系的崭新论断，要求巩固和发展社会主义政党关系，实现我国政党关系长期和谐；三是提出了“执政党建设与参政党建设互相促进”的思想，进一步明确建设中国特色社会主义事业的参政党的目标和原则。

三、中国特色政党制度理论的基本框架

中国特色政党制度理论的基本框架就是指那些带有基础性、全局性的重大理论问题，是构建中国特色社会主义政党制度理论的基本要素，将指导中国政党政治实践，为中国政治发展指明方向。这部分共收录论文8篇，主要从中国特色政党制度的结构、称谓、核心价值及功能方面就理论框架提出了自己的观点。

有文章提出，中国多党合作制度的主体结构包括执政党和各民主党派，在宽泛的意义上民主党派也包括无党派（民主）人士，执政党和各民主党派在规范上是平等的，在经验上则具有主次之分。在政治结构方面，中国多党合作制度包括“多党合作制度”和“政治协商制度”，两者密切联系在一起，又具有不同的涵义；“多党合作制度”具有更重要的地位。在功能结构方面，中国多党合作制度在决策功能上具有互补性，在监督功能上具有偏重性。

有文章指出，中国特色政党制度理论至少应包括如下内容：历史脉络——中国特色政党制度理论萌芽、产生、形成、发展完善和创新的过程；中国特色——中国特色政党制度理论的特点；立体架构——中国特色政党制度理论的配置组合；与时俱进——中国特色政党制度理论具有鲜明的时代性；路径选择——走中国特色社会主义政治发展道路。

有文章提出，在我国政党制度理论的研究中，对一些重要的称谓有必要提出来探讨，进一步规范化。

有文章指出，多党合作制度建立60年以来，在维护社会和政治稳定方面显现出来了巨大优势和强大生命力，促进了中国特色社会主义事业的发展。在新的历史条件下，发展社会主义民主政治，坚持和完善中国共产党领导的多党合作和政治协商制度，要始终围绕维护社会政治稳定这个核心展开，从而更充分、全方位地发挥出这一制度的各项具体价值和功能。

四、中国特色政党制度与国家政权的关系

中国特色政党制度与国家政权稳定、人民民主的实现息息相关。适应人民民主专政国体的要求，为巩固人民民主专政服务，是中国特色政党制度确立和发展的内在逻辑。这部分共收录论文5篇，围绕中国特色政党制度与国家政权的关系，从不同方面提出了自己的观点。

有文章指出，国家政权是一切阶级社会上层建筑的核心，现代国家政权一般都紧密联系着三大要素即国体、政体和政党制度。中共中央2005年颁发《中共中央关于进一步加强中国共产党领导的多党合作和政治协商制度建设的意见》指出“我国是人民民主专政的社会主义国家，同这种国体相适应的政权组织形式是人民代表大会制度，同这种国体相适应的政党制度是中国共产党领导的多党合作和政治协商制度。”这一重要表述，第一次从国家制度层面阐述了我国国体（国家政权的性质）、政体（国家政权的组织形式）和政党制度的关系。人民民主专政的国家政权孕育了中国特色政党制度，人民民主专政的国体从制度建设、政治理念、政治程序和政治行为等不同层面诠释了我国政党制度的政治理念和价值目标。人民民主专政决定我国各政党在国家政权中的功能定位和格局划分。而中国特色政党制度巩固了人民民主专政的国家政权。

有文章指出，政党与政权关系确立的基础主要取决于三个条件：一是选择什么样的民主形式，二是选择什么样的政党制度，三是选择什么样的政党。中国多党合作制度是中国特色社会主义政党制度，是为人民民主专政的国家政权服务的。这项基本政治制度在国家政治制度和政治体制中具有总体性、全局性、深层次性的重要影响，是中国特色民主政治的重要组成部分。中国多党合作制度与国体、政体有良好的匹配性和适应性。国体是国家的性质，政体是国家政权的性质，中国多党合作制度是在既定的国体和政体下对政党制度做出的一项选择和安排，这种选择具有历史必然性和现实合理性，因而，多党合作制度是中国政党制度唯一可行的路径。

有文章指出，中国特色的政党制度具有的政治参与、利益表达、社会整合、民主监督、维护稳定五大功能有效地推动着国家政权的正常运转，共产党领导、多党派合作，共产党执政、多党派参政的显著特征有力促进了国家政权建设，她广泛深厚的社会基础使国家政权具有广泛的群众基础，她具有的良好防御功能使国家政权保持独立性。

五、关于中国特色政党制度理论创新的难点、重点和热点

对于中国特色政党制度理论的研究和创新，专家学者都寄予了厚望，也从解放思想、实事求是出发，提出了许多相关研究领域存在的矛盾和困难。这部分共收录论文 24 篇，主要有以下观点：

有文章提出我们当前的绝大多数研究还处在仅仅从统一战线角度，或是党建角度进行分析，停留在对我国政党制度基本情况的介绍和对多党合作方针政策的阐释。而从更为宏观视角、一般政治学视角的研究还比较少，研究方法也过于单一，因而，更具有说服力的学理性分析还很不够，特别是从政治专业角度，能让世界范围内的理论研究者更为信服的专业理论还有待加强，这也是目前中国特色政党理论研究中急待突破的难点问题。所以，研究者应更加注重从更深层次来研究，提高其学术含量，努力建立一个科学、系统、完整的政党制度理论体系。

有文章指出，中国特色社会主义政党制度理论创新最困难的地方，在于这个人类历史上独有、独创的制度及其将形成的理论是否联系实际、是否符合客观存在。谋求政党实践与政党理论良性互动，其实就是在寻求中国社会主义特色政党制度的理论创新的持续、持久推动力；民主是中国特色政党制度理论萌生的最深厚土壤，中国特色政党制度理论萌芽是民主的产物，中国特色政党制度理论成长、成熟也都是民主的结晶；理论与实践良性互动、中共持续发扬民主、领袖积极参与是形成、完善中国特色社会主义政党制度理论所必不可少的三要素。

《人民政协制度功能变迁研究》（胡筱秀著，上海人民出版社 2010 年版）

作者在多年研究的基础上，以中国化的马克思主义为指导，以科学发展观统领执政党理论，深入调查研究，把理论与实践相结合，进行跨学科的综合研究，在深入探讨原有的人民政协理论的基础上，结合我国改革开放和社会主义现代化建设新阶段的伟大实践，从执政的视角为转型中国通过建设服务型执政党、服务型政府和构建社会主义和谐社会统一战线组织来实现现代国家，提供一条现代公共治理的理性路径。

以往关于人民政协制度的研究主要集中于两块：一块集中于对 1954 年以前政治协商会议的研究，一块集中于改革开放以后对人民政协具体工作和职能的阐述。前者主要是史学视野，后者主要是统战视野。后来有一种更新的研究倾向把协商民主理论用于研究人民政协。本书作者认为将协商民主理论用于指导人民政协事业发展，存在着某种误读和误导，并不利于人民政协制度的健康成长和长远发展。而迄今为止，把人民政协制度当作中国政治一项特有的制度安排和设计，对其进行政治学视野的整体研究和系统研究的专著尚付之阙如。无疑，在中国政治的现实版图中，人民政协制度越来越重要了，具有不可替代的重要作用。本书从学术研究的角度，展示了在我国政治制度成长的过程中，人民政协经历的从代议机构向统一战线组织再到基本政治制度的转变历程；人民政协在切实履行政治协商、民主监督、参政议政的三大职能过程中得到成长和提升；从而揭示人民政协制度如何成为中国政体的组成部分，在中国政治生活中具有了不可替代的作用；进而明确了人民政协制度在现代国家的发展方略中的确切定位。

全书 20 万字，由绪论、四章主体内容以及研究结论三部分组成。绪论部分包括：一、

问题的提出；二、概念界定；三、研究综述；四、理论创新与核心观点；五、结构安排。第一章，作为临时权力机构的人民政协（1949—1954 年）：制宪建国。作者从政权建设的原初构想与设计、建国步骤的调整与政治协商会议的筹建、中国人民政治协商会议的召开与人民政协制度的确立等论述了人民政协的诞生与制度确立；从制宪建国，构建新政权形态、通过政府组织法，草创政权行政体系、构建政权合法性、精英吸纳、政治动员，巩固国家政权等五个方面论述了功能定位：代行权力机构。第二章，作为统一战线组织的人民政协（1954—1978 年）：“服务与改造”。作者从第一届人民代表大会的召开与第一部宪法的颁布、中共对民主党派和资产阶级的政策变化、政协自身建设与地方政协的发展等回顾了人民政协制度的曲折发展；从人民民主统一战线组织、协商咨议机构、学习与思想改造场所：帮助各界人士进行自我改造等三个方面论述了人民政协的功能定位与实践。第三章，作为统一战线组织与政治体制重要组成部分的人民政协（1978 年—）：吸纳、整合与代议。作者从五次章程修改与制度入宪、职能建设的制度成果、经常性工作的制度成果等展示了文本视角的制度化进程；从人民政协是不是国家机关、人民政协组织机构的科层化发展、干部队伍纳入国家公务员制度体系、与其他国家机构之间的互动关系等四个方面论述了人民政协作为组织机构的科层化发展；从作为最广泛的统一战线组织：吸纳与整合功能、作为切实履行职能的多党合作与政治协商机构：民意表达和代议功能、作为纳入决策程序的机制：“协商于决策前”影响公共政策制定等三个方面论述了人民政协的功能定位与拓展：吸纳、整合与代议。第四章，人民政协制度功能变迁及其原因。从“统一战线组织”到“中国政治体制的重要组成部分”的发展、从“思想改造的场所”到“参政议政的重要场所”、“发扬社会主义民主的组织形式”的成长转变、民主党派性质定位变化：从资产阶级政党到参政党、界别变化：从传统行业到新阶层的延展、政协委员变化：从“被改造对象”到“红色后代”、“公民精英”等分析了人民政协制度成长与功能变迁；从党、国家与社会三者关系的深刻变化与调整、国体与政体之间的内在张力等方面分析了人民政协变迁的原因。

二、论文观点摘要

《坚持和完善多党合作制度的时代要求》（杜青林，《四川统一站线》2010 年第 4 期）

多党合作制度作为我国一项基本政治制度，在中国新民主主义革命中发端，在中华人民共和国诞生时确立，在改革开放和社会主义现代化建设的宏伟事业中发展，是中国特色社会主义的新型政党制度，是夺取全面建设小康社会新胜利的政治优势，是开创中国特色社会主义事业新局面的制度保障。

当前，着眼于时代发展对社会主义民主政治提出的新要求，立足于多党合作事业发展的新实践，坚持和完善多党合作制度必须以坚持中国特色社会主义政治发展道路为根本遵循，以推进中国特色社会主义伟大事业为奋斗目标，以践行社会主义核心价值体系为精神动力，以发挥社会主义政治制度和政党制度优势作用为基本要求，不断提高多党合作的科学化水平，切实把我国政党制度坚持好、完善好、发展好。

在目标取向上、要坚持实现和发展社会主义民主；在功能定位上，要坚持发挥政治参与、利益表达、社会整合、民主监督和维护稳定的优势；在运行机制上，要坚持健全政治协商、参政议政、民主监督的程序；在主体建设上，要坚持执政党建设与参政党建设相互促进。

《合作共赢是巩固发展多党合作事业的重要原则》（陈喜庆，《中国统一战线》2010 年第 11 期）

尽管现代政治集中体现为政党政治，但因为各国国情不同，从而形成了各具特色的政党制度。中国政党制度的一个重要“特色”就是在中国共产党领导下多党合作，而确保中国共产党与各民主党派团结合作得以巩固和发展的重要条件是合作共赢。可以说，这也是推进我国多党合作事业，巩固发展和谐政党关系，必须坚持的重要原则。

人们为什么要合作呢？人类单个个体能力的有限性与自身需求的多样性和面临自然环境的严酷性矛盾，决定了人类必须以群体合作的方式存在和发展。并且人类社会越发展、需求越多、分工越细，这种合作就越紧密，包括人们面临的困难是通过合作克服的，人们的才能是通过合作提高的，人们的需求是通过合作满足的，等等。可以说，社会性是人类的本质属性，合作是人类的刚性需求。

关乎合作的根本要素是什么呢？马克思说：“人们奋斗所争取的一切，都同他们的利益有关。”人类社会关系本质上是利益关系，人类社会矛盾本质上是利益矛盾。如果说某件事情复杂，一定是利益关系复杂；如果说某件事情难办，一定是利益取舍难办。直言之，利益是打开各种社会问题之锁的万能钥匙。同理，人类社会合作本质上是基于利益基础上的合作，人们因共同利益而合作，因不同利益而分歧，利益是关乎合作的根本要素。

实现合作的根本条件是什么呢？我们都熟知人多力量大的道理，我们也都记得一个和尚挑水吃、两个和尚抬水吃、三个和尚没水吃的民谣，而和尚吃水的民谣显然是对人多力量大道理的挑战，可以称之为和尚吃水悖论。这说明，人多力量大是有条件的，或者说任何一个具体合作都是有条件的，主要包括三条：一是必须在前进方向上同向；二是必须在拼搏奋斗上同力；三是必须在合作成果上同享。由此可以得出一个重要结论，共赢是合作得以实现、巩固和发展的根本条件。

我国政党制度是中国共产党领导的多党合作制度。在多党合作实践中，各民主党派之所以自觉接受中国共产党的领导，同中国共产党紧密合作，从而形成和谐的政党关系，最重要的就是中国共产党与各民主党派始终坚持并做到了合作共赢。一部多党合作史，就是一部中国共产党与各民主党派的合作共赢史。这种合作，既体现在革命时期，也体现在建设和改革时期；既体现在政治建设方面，也体现在经济、文化、社会建设等方面。这种共赢，既体现为中国共产党支持各民主党派分享共同利益，也体现为照顾其具体利益；既体现为照顾其物质利益，也体现为照顾其政治利益。因此，合作共赢不仅是我国政党制度的显著特征，也是多党合作的优良传统，更是中国共产党和各民主党派始终坚持的重要原则。

合作共赢日益成为人类社会的普遍共识，并正在影响着 21 世纪政党关系的发展。中国政党制度虽独具特色，但中国并不孤独。我们注意到，南非非国大与共产党和工会按照合作共赢的原则，结成了以非国大为首的三方执政联盟，保持了迄今连续16年的执政地位。马来西亚巫统保持了长达50多年的执政党地位，同样是坚持合作共赢的理念，同十几个政党结成国民阵线，实现了多党联合。

《我是怎样研究政党的》（王长江，《北京日报》2010年1月11日）

● 政党活动是有普遍规律的，完全可以以这种普遍规律为研究对象，来构建一套研究政党的理论体系。

世界上已经有不少人在从事这方面的研究。但是，国外、海外学者搞政党研究的最大问题，是他们往往把眼界局限于西方类型的党。在他们眼里，只有西方类型的政党才是本来意义的政党，苏共、中共这样的政党均属特例，甚至不能算作是政党。诚然，后来也有不少学者有意跳出这个框框，客观上却始终难以摆脱把西方政党作为坐标的窠臼。因此，虽然作为研究成果，已经出现了不少论政党的专著，有些专著迄今为止仍堪称经典，这些著作概括的却只是西方政党的活动规律，而不是所有政党的普遍性的活动规律。毫无疑问，只有不带偏见地、把各种类型的政党都放在一起进行研究，才能对政党活动及其规律有全面系统的把握。

● 政党研究属于政治社会学的范畴。

说政党活动有规律性，指的是政党政治中不以单个的个人意志为转移的、在政党活动背后起作用的逻辑。我们时常能感受到这种逻辑的力量。在一些国家，政党被放在顶礼膜拜的位置，但事实上，政党却和人们的期待相去甚远，不但未能很好地履行功能，还给国家和社会的发展带来了很大的问题。在另一些国家，政党被看作政客们勾心斗角、争权夺利的肮脏场所，是政治阴谋、政治权术的代名词。背着这样的道德包袱，政党却依然能够熟练地运用政治技术，把民众调动起来，让他们怀着像观看奥林匹克比赛一样高昂的兴趣和热情，来观看政党之间的竞争。政党政治中这些光怪陆离的现象及其背后冥冥中起作用的东西，正是政党学要研究的主要对象和内容。

作为一种客观存在，政党有两个基本的特点：第一，它是政治组织，是人们用来控制公共权力的工具；第二，它是社会组织，是人们参与社会政治生活的众多方式中的一个特殊品种。简言之，政党既是政治的，也是社会的。如果我们把政党放到现代社会的架构中，或许这个问题更容易理解一些：公共权力（也即国家或政府）和公民社会构成了现代社会的两大要素。这两大要素之间的互动，推动着现代社会的发展。政党就是促进这种互动的一种最主要形式。因此，政党研究属于政治社会学的范畴。

● 传统的党的建设研究不是完整的学术意义上的政党或政党政治研究。

在我国，新中国建立后，由于意识形态的原因，长期没有确立政治学这门学科。其中专门研究政党的政党学，自然也是不存在的。改革开放以后，政治学学科得以恢复，但专门的政党研究仍然缺乏。在研究内容上，和政党学比较靠近的，也就是“党的建设”了。相比之下，这倒是一个我们一直投入很大精力的研究方向。从中国共产党建立之初，党的建设就随着苏共和共产国际的指导一起进入中国共产党的活动中，后来成为党的重要的历史经验和党内教育的重要内容。

但是，很显然，传统的党的建设研究不是完整的学术意义上的政党或政党政治研究。

首先，党的建设中的“党”，特指的是马克思主义政党，而且大多数情况下指的就是中国共产党自己。在学科分类上，我们长期把“党建”归入“中共党史”门下，就是一个例证。对政党自身的活动进行研究，对于政党科学地开展活动、少走弯路，实现既定目标，是十分必要的。不过它也有明显的缺陷：由于研究范围所限，这种研究只能停留在经验总结上，难以把政党作为一种普遍现象和客观规律来认识。

其次，传统意义上的党的建设，是一种工作性质的研究。我们党的一条历史经验，就是把党的建设划分成若干方面，由相应部门按照这些方面分工负责，把党的建设落到实处。沿着这个思路，我们以党的思想建设、组织建设、作风建设为基本内容，同时吸收了过去按照党章规定的党的性质、党的目标、党的指导思想以及党的领导这样一种顺序进行研究取得的成果，确立了党的建设研究的框架。这种研究，在实践中对推动党建工作有重要作用。我们看到，直至今日，无论在党的代表大会报告中，还是在中央有关文件中，布置党的建设工作，依然用的是这个框架。毫无疑问，这种框架是落实党的建设任务的有效路径。

把党的建设作为一项重要工作来研究，对于在实践中推动和落实党的建设，始终是非常必要的。但是，工作研究毕竟不是理论研究，不能代替理论研究。政党研究固然由于其强烈的实践性，不能停留在纯理论研究，而应当落脚到为政党活动的科学化服务，但两者的逻辑起点却是不同的。过去我们很长时间弄不清这两者之间的区别，把工作对策研究混同于理论研究，用工作部署和布局研究来代替理论研究，忽视了对理论的研究，忽视对政党活动规律、特别是普遍规律的研究。这是执政党建设实践时常出现困境的一个重要原因。随着改革开放不断深入到政治社会层面，随着社会主义市场经济和社会主义民主政治的不断发展，把政党政治作为一门学问来研究，正在成为一个越来越迫切的呼唤。只停留在工作对策的研究，已经和实践发展的要求，和我们党科学执政、民主执政、依法执政的要求不相适应了。我们需要研究党建工作，但更需要把党的建设纳入政党政治的视野和范畴，落脚在研究和把握政党活动的规律上。

《中国特色政党制度理论体系研究概述及思考》（袁廷华，《中央社会主义学院学报》2010年第4期）

中国特色社会主义政党制度理论是中国特色社会主义理论体系的有机组成部分，加强中国特色社会主义政党制度理论研究并形成系统、完整的理论体系，对于构建中国政党制度话语体系、推进中国的政治发展和中国特色社会主义政党制度的完善，有着重要意义。中央社会主义学院政党制度研究中心自2008年以来，将中国特色社会主义政党制度理论体系（以下简称中国特色政党制度理论体系）研究作为重要课题，已经取得了许多积极成果。

一、对研究中形成的主要观点的简要归纳

（一）关于政党制度、政党制度理论和政党制度理论体系研究三者之间的关系

厘清政党制度、政党制度理论和政党制度理论体系三者之间的关系，是开展研究的出发点。

政党制度研究，就是对政党制度这个有机结构体在存续和发展中所涉及的政治生态、

政治结构、政治过程和政治功能等具体现实问题进行梳理和概括；政党制度理论研究是对与政党制度相关的政治思想、政治理念进行逻辑凝练和系统总结；政党制度理论体系研究，是政党制度理论研究的核心层次，关键就是要找寻理论原点、把握理论特质、形成理论框架，系统、深入地回答一定政治体系内的政党制度发展中有关政党与国家、政党与社会、政党与政党的关系问题，阐明中国特色政党制度及其秩序理念的现实性与合理性。

（二）关于中国特色政党制度理论体系的基本框架

确立中国特色政党制度理论体系的基本框架，是这项研究的核心工程。

构建理论体系的基本框架涉及：中国特色政党制度存在和发展的政治生态；中国特色政党制度的理论来源和理论基础；中国特色政党制度的基本范畴和概念；中国特色政党制度的制度要素和制度体系；中国特色政党制度的运行机制；中国特色政党制度的功能与价值；中国特色政党制度发展的动力；执政党与参政党的建设。

中国特色政党制度理论体系大体涵盖六个方面的主要内容，即理论基础与历史发展论；人民民主与多党合作论；制度要素与政治协商论；民主价值与政治功能论；制度建设与发展路径论；执政党与参政党建设论。

中国特色政党制度理论体系基本架构包括：第一，精神建构，即中国传统政治价值观、现代民主思想、马克思主义统一战线和政党理论；第二，实体建构，即中国特色政党制度的基本前提和中坚力量是中国共产党的领导，本质在于多党合作，形式以政治协商为主；第三，运行机制和组织建构，即通过四种形式来实现政治协商、民主监督和参政议政的主要内容。

（三）关于中国特色政党制度的理论基础

中国特色政党制度的理论基础问题，是两年来研究的重点和热点。

马克思列宁主义、现代民主理论是中国特色社会主义政党制度的理论来源和理论基础。人民民主专政理论是中国特色政党制度的重要理论基础。适应人民民主专政国体和政体的要求，为巩固人民民主专政服务，是我国社会主义政党制度确立和发展的内在逻辑。人民民主专政理论、民主集中制理论和民主监督理论，是中国特色政党制度的三块理论基石。民主集中制理论在我国政治制度和政党制度的形成和发展中占有极其重要的位置。我国政党制度贯穿民主又体现集中，是民主与集中的统一。体现民主集中还是分权制衡是中西政党制度的重大区别。“长期共存、互相监督”的思想，是中国社会主义政党制度的重要理论基础。人民内部矛盾学说为社会主义中国实行共产党领导的多党合作制度奠定了重要的理论基础。

（四）关于中国特色政党制度形成发展的历史文化基础

中国特色政党制度的形成和发展的研究，是构建中国特色政党制度理论体系的基础性工程。

中国独特的经济、社会、文化条件是中国政党制度形成与发展的现实基础。中国传统文化的“和合”思想是中国多党合作制度的文化来源之一，也是中国特色政党制度理论体系的重要来源。

（五）关于中国特色政党制度的制度结构和制度要素

中国特色政党制度的主体结构包括共产党和民主党派，在宽泛意义上也包括无党派人士。中国特色政党制度并非一种单一的制度，而是一种具有内在逻辑的制度体系，有三个层次的内容：一是宏观层面，政党制度反映了政党之间的重大政治关系，同时也反映了政党在国家政治生活中的地位和作用；二是中观层面，主要指政党制度的运行机制；三是微观层面，包括政党制度实践、运作过程中的具体制度与具体方式。中国特色政党制度结构的核心要件是多重党际关系，即领导与被领导关系、执政与参政关系、互相监督关系。

（六）关于中国特色政党制度的价值与功能

中国特色政党制度的价值体现在创造了一种符合中国国情的新型政党体制，创造了一种新型的执政与参政方式，创造了一种新型的民主实现形式。中国特色政党制度的价值分类包括基础性价值和工具性价值，具体地说，包括政治价值、社会价值和文化价值。人民民主是中国特色政党制度的核心价值取向，这一制度追求的民主，主要是协商民主而不是竞争民主。中国特色政党制度的价值体现为政治稳定性价值、发展效能性价值与和谐包容性价值。

关于中国特色政党制度的功能，《中国的政党制度》白皮书提出：政治参与功能、利益表达功能、社会整合功能、民主监督功能和维护稳定功能。

（七）关于中国特色政党制度的发展路径

加强制度建设是这一制度完善和发展的基本途径。在体制内建立正常的竞争和制约，坚持“动态有序、增量民主”的原则，是中国政党制度改革的应有步骤和目标。不断增强制度的回应能力，努力在继承优良传统和适应时代发展、促进社会进步的基础上实现制度创新，是发展政党制度的现实取向。要增强政党制度的民众认同，推进政党制度的民主功能，规范政党制度的运作空间。

二、对进一步深化研究的思考

（一）把握理论研究的方向

在研究中要准确掌握中国共产党关于多党合作理论和各项方针政策，深刻把握中国特色政党制度的本质特征和内在规定性，在涉及多党合作根本政治方向、重大原则和重大理论政策上与党的方针政策保持一致，在坚持正确方向基础上开展理论研究和理论创新。只有这样，我们的研究才能服务于当代中国的政治发展，服务于社会主义民主政治建设的大局。

（二）把握理论研究的重点

中国特色政党制度理论体系研究是在理论层面开展的高层次研究，研究的重点在于找寻理论原点，把握理论特质，形成理论框架，即深入探寻中国特色政党制度理论的元理论，科学界定和诠释中国特色政党制度的基本问题、基本概念、基本范畴、基本命题，构建中国特色政党制度理论的逻辑框架，使之具有逻辑上的内在完整性和统一性，形成一个主题鲜明、逻辑清晰、内容连贯的理论系统。

当前，应在已有的研究基础上着力做好三方面的工作：一是深入研究中国特色政党制度理论的基本概念、基本范畴、基本命题，这是研究的逻辑起点；二是对现有的各种范畴、概念进行厘清，明确其内涵，弄清楚它们之间的关系，确定哪些范畴、概念是基本的，哪些是派生的，哪些是不准确应该摒弃的；三是寻找各个范畴、概念和命题之间的内在逻辑关系和必然联系，进而揭示这一理论体系的完整性、科学性，使之理论价值最大化，能够系统地、正确地回答中国特色政党制度的一系列基本问题，并对多党合作实践发挥指导作用。

（三）把握理论研究的学理性要求

要善于创造性地运用马克思主义理论对中国多党合作实践进行理论抽象，形成新的理论概括和理论观点；要善于把哲学、政治学、社会学等多种学科的理论工具和研究方法运用到中国特色政党制度理论研究中来，提升研究成果的理论品质；要推动中国特色政党制度理论研究与政治学、政党学等学科的话语对接，在此基础上形成中国特色政党制度理论体系的新的范畴、概念和体系。

在研究中要处理好理论研究与政策研究之间的关系。一方面，多党合作制度理论研究与政策研究是密不可分的，理论研究本来就是为制定政策服务的，多党合作制度理论研究如果不能为制定政策服务，也就失去了研究的意义；另一方面，理论研究又必须具有学理性，理论体系不是现行政策表述的简单堆积，理论研究不能仅仅停留在对有关方针政策的说明和解释层面，也不能简单地把统战工作话语和政策性表述当成理论。要尽量扬弃以往那种相对粗疏的文件汇编和政策注释式的政党制度理论研究方法和研究思路，创新思维方法和理论工具，大胆开拓研究之路。

（四）把握一般与特殊的关系

中国特色政党制度是带有世界政党制度发展一般规律的、体现国情的政党制度，这一制度是中国的，也是世界的。在理论研究中要把握当代世界政党制度发展的一般规律，以世界的眼光和开放的心态研究中国特色政党制度理论体系，借鉴人类政治文明的优秀成果，推进中国特色政党制度的完善和发展。

（五）把握理论与实践的关系

当前，中国特色政党制度理论研究还处在初级阶段，理论与实践分离的倾向比较明显。一方面，一些实际工作者缺少从政治学和政治发展角度而进行的理性思考；另一方面，一些理论工作者对中国政党制度的实践了解不够，缺少理论研究的现实基础。因此，将理论与实践紧密结合，是提升研究水平的重要途径。一是要重视理性思维，善于把实践内容上升到理论的高度，使之具有鲜明的理论品质和逻辑力量；二是要强化对实践的研究，加强对政治现实的回应性。

《我国政党制度所具“特色”何在》（李金河，《湖南省社会主义学院学报》2010年第1期）

一、列宁关于多党合作的创造性实验及其特色

十月革命胜利后，列宁没有立即搞一党组阁。这是因为，十月革命后的俄国是一个小资产阶级的汪洋大海，主要是小农，此外还包括小商业者和知识分子。面对这样的国情基础，实现在政治发展一致基础上的政党联合，对于扩大布尔什维克党在农村的影响，巩固新生的革命政权尤为重要。为此，列宁一方面强调没有无产阶级政党在政治上的领导，就不能抵制和克服群众中的种种偏见和狭隘性，就不能抵制和克服广大群众中的某些小资产阶级的动摇性，不能实现无产阶级专政。另一方面，列宁提出了第二个原则，即苏维埃政府由布尔什维克党在苏维埃获取多数席位的基础上出面组阁，允许那些与工农有联系的政

党在拥护苏维埃、拥护社会主义选择的基础上存在与合作。

1917 年 12 月至 1918 年 7 月，布尔什维克党同左派社会革命党合作，按平等原则共同承担了全俄中央执行委员会的领导工作，两党分享政权，组成联合政府。7 名左派社会革命党人曾担任农业、司法、邮电等人民委员职务，形成了由布尔什维克党领导下的政治合作关系。

1918 年 3 月，全俄苏维埃第四次代表大会以多数票通过批准《布列斯特和约》，左派社会革命党持狭隘的小资产阶级爱国主义观点，认为对德签订割地赔款条约就是投降卖国，旋即退出人民委员会，但仍留在苏维埃中。同年 5 月，苏维埃政府为解决城市饥荒，发布粮食专卖法，实行余粮征集制政策，左派社会革命党指责这是对农民阶级的背叛。由此，左派社会革命党和左派孟什维克采取联合反对和共同抵制布尔什维克党的政策。同年 7 月，左派社会革命党在全俄苏维埃第五次代表大会上提出对苏维埃政府的不信任案，在其动议遭到否决之后，又铤而走险，派人刺杀了德国驻俄国大使，遂又策动近两千名士兵武装叛乱。布尔什维克党在平息各地叛乱的过程中，苏维埃政权宣布取缔并镇压一切反苏维埃党派，布尔什维克党同左派社会革命党的合作由此彻底破裂。布尔什维克党此后对左派社会革命党采取分化、镇压政策。1918 年 9 月，左派社会革命党发生分化，“革命共产主义党”、“民粹派共产主义者”被俄共吸收入党。1920 年 9 月，共产国际第二次代表大会决定，“每个国家只能有一个共产党”。1922 年，俄共（布）十一大宣布：“剥夺一切敌视苏维埃政权的政治集团的组织自由”，强调“俄国共产党是国内唯一合法的政党”。这样，俄国实现了由多党合作到一党制的转变。

虽然列宁政党合作的实验失败了，但他第一次提出实施了在社会主义国家政权中与其他党派进行合作的思想和实践，第一次提出了这种合作是建立在共产党领导和坚持社会主义基本原则之上的，认为这种合作既团结联合又批评斗争，能够实现原则坚定性和策略灵活性相统一。尽管这个实验时间很短，只有 8 个月时间，但却创造性地开启了马克思主义多党合作理论与实践尝试，丰富了马克思主义政党理论，对我国多党合作制度的确立起到了理论指导和实践示范作用。周恩来曾这样评价道，“苏联在十月革命之后，列宁也曾想争取同社会革命党合作，同少数孟什维克合作，甚至想争取资产阶级能够赞成国家资本主义。但是，由于第一个社会主义国家的苏联当时正遭到 14 个国家的武装干涉，同时又进行着国内战争，俄国资产阶级和其他党派都敌视苏维埃政权，只剩下一个俄国共产党继续把十月革命的胜利坚持下去，因此，在苏联就没有完全实现列宁提出的跟各党派合作的设想。然而，在我国的具体历史条件下，列宁的设想实现了”。

由此可见，共产党领导和多党派合作不是我国的独创和特色，共产党领导的多党合作理论和实践从苏俄时期就已开始，虽然这个合作很短暂，没有成功，但毕竟是国际共产主义运动中的一次划时代的尝试。虽然合作失败了，但列宁给我们留下了弥足珍贵、可资借鉴的政治遗产，社会主义国家在国家政权中与其他党派合作必须坚持的两个基本原则：共产党的领导和社会主义的方向。

二、二战后东欧部分社会主义国家的多党合作实践

二战结束后，东欧各国共产党当时并没有取得在国家政权中的领导地位，在联合政府中并不占有绝对多数，没能确立像苏联共产党领导的一党体制。这是由当时东欧国家的共

产党力量比较薄弱的基本状况所决定的。譬如，波兰共产党于1938年被解散，直到1942年1月才成立波兰工人党；匈牙利共产党于1943年7月自行解散，组成和平党开展活动，1944年才恢复共产党的名称，人数约2000—3000人；罗马尼亚共产党1924年被取缔，1944年战争结束后才开始崛起；保加利亚共产党在1934年被宣布为非法组织，直到1943年才与其他党派组成祖国阵线，共同抵抗德国法西斯；捷克斯洛伐克共产党1938年12月被取缔，转入地下活动，1945年进入首届民族阵线政府。当时，这些党都没有能力、也无法单独执政。由此，各国共产党领导人都认识到与其他政党联合建立政权的重要性与必要性。

二战中，各国共产党为本国解放作出了卓越的贡献，提高了声誉，扩大了影响。二战后，各党派对共产党倡导的恢复经济、实行土地改革和重要的工业部门国有化等措施也都表示赞同。这些国家的共产党还控制了政府中的关键部门，如内务部、财政部和军队。更重要的是，各国共产党背后都有苏联人的支持。这些都为共产党与其他政党的合作提供了现实的可能。在此基础上，东欧各国共产党提出了走不同于苏联的社会主义发展道路，相应地建立了“人民民主制度”。人民民主制度当中，一个突出方面就是实行多党合作的政党制度。也就是说，东欧国家战后的政党体制与苏联的政党体制是有明显区别的，它不是共产党一个政党垄断权力，而是由共产党与其他政党合作，共同管理国家事务。

在多党合作制度下，共产党是国家和社会的领导力量。人民民主制度是向社会主义过渡的一种政权形式，实行共产党的领导是客观需要。在东欧当时的社会状况下，只有共产党才能抵制群众中的小资产阶级动摇性、狭隘性、旧传统和恶习，引导群众向社会主义过渡。既然没有共产党的领导就不可能实现无产阶级专政，那么坚持共产党的领导地位就不能不成为政党合作的根本原则和基本前提。当然，这种领导作用不仅彰显为一种权力，而且是要共产党通过政治活动和斗争，不断扩自己的影响来争取的。但是东欧国家的非共产党组织有较久的历史，影响广泛，力量较大。尤其是一些资产阶级右翼政党，他们在同共产党合作的过程中始终都没有放弃对权力的觊觎，权力之争有时还十分激烈。这种状况使苏联“看管”不下去。1948年，在斯大林授意下，人民民主制度被解释为“无产阶级专政的一种形式”。而无产阶级专政就意味着只能由共产党领导，共产党不能与其他党派分掌领导权，更不能和其他政党轮流执政。在这种把无产阶级专政与一党制画等号的思想指导下，东欧一些国家不仅取缔了其他党派或把其排除在政权之外，而且与苏联一样，把共产党的领导作用化解为对国家、社会各个方面工作事无巨细的管理，强行效仿苏式“一党专政”模式，克服第二国际的影响，洗刷“社会民主党习气”。1948年，在苏联与共产党情报局的压力下，东欧一些国家将资产阶级左翼政党与共产党进行合并，并以“纯洁党的队伍”为名大规模清党，成为一党制国家。东欧社会主义国家的政党制度，除阿尔巴尼亚始终是共产党一党执政以外，匈牙利、罗马尼亚、南斯拉夫、捷克斯洛伐克都是从多党合作制转变为一党制的政治体制。

还有另外一部分东欧社会主义国家，在波兰、保加利亚和民主德国，除了处于领导地位的马列主义政党之外，还存在着两个或数个民主政党，从而形成了由共产党领导的两党或多党合作体制。这种政党制度体制从性质上说是社会主义的政党制度体制，与西方的两党或多党制有着根本性质的区别。这主要体现在：第一，以上三国在宪法和党章中都明确规定了马列主义政党在国家社会主义事业中的领导地位，其他政党也都明确承认和接受共产党是领导党。第二，这些国家中的民主政党领导人都在其人民议会中担任议长、副议长、议员，都在国家和各级政府中担负一定的领导职务。它们都是接受马列主义政党领导，与马列主义政党合作共事，与马列主义政党在政治方向上保持一致的合作型政党和友党。

简言之，剧变前东欧的政党制度基本上分作两种类型，一是以匈牙利、罗马尼亚、南斯拉夫、捷克斯洛伐克为代表的由多党合作制转为一党制。二是以波兰、保加利亚和民主德国为代表的共产党领导下的多党合作制或两党合作制。后者的基本特征是：在共产党的领导下，多党或两党联合执掌国家政权，共同致力于建设和巩固社会主义。所以，共产党领导和多党派合作也就成为波、保、德三国政党制度的基本特色。

三、我国政党制度所具有的中国特色

既然共产党的领导是社会主义政党制度的共同特征，既然东欧一部分国家也存在过多党合作的理论和实践，那么，将党的领导和多党合作视作中国政党制度的特色显然是不合适的。不仅与国际共运的历史事实不符，也与中国特色社会主义政治发展的基本逻辑不和。更进一步，所谓中国特色，也只能是体现中国社会发展和中国社会主义民族性特质的东西。因此，我国政党制度的中国特色，就应当具体展现如下内容：中国人究竟是怎样以自己的理论和实践去组织政党、处理政党关系、处理政党与国家权力和社会发展关系的。

第一，长期共存把马克思主义的多党合作思想从一种策略需要发展到一种战略需求。

马克思恩格斯所强调的多党合作，主要是指在工人阶级内部不同政治派别之间的合作问题，对于工人阶级政党与非工人阶级政党的合作是可能的和必要的，但是这种合作仅仅是一种特定阶段上的联合，因而这种联合具有阶段性与暂时性。

列宁发展了马克思恩格斯的思想，在社会主义国家政权中进行了多党合作的实验。但是，列宁的政党合作亦只是特定政治形势下的特定的政治策略，完全出于巩固无产阶级国家政权的需要。列宁的多党合作思想及实践并没有超出马克思恩格斯所强调的具有阶段性、暂时性特点，也是根据俄国革命发展的阶段性的需要，通过一定条件下的合作、“消化”、“吃掉”对方，消灭小资产阶级政党的政治影响，巩固无产阶级政党领导的国家政权，显然不是一种与之长期共存的思想。

中国共产党人从中国社会主义建设的长期性、复杂性、艰巨性的特点出发，从中国社会不同的阶级、不同的阶层、不同的群体之间利益差异性矛盾客观长期存在的历史必然性出发，从中国社会阶级关系发生重大调整之后各民主党派性质也发生转变的现实状况出发，充分汲取苏联实行一党制和东欧社会主义国家在政党制度问题上的经验教训，在深刻总结我国实行多党合作现实国情和历史经验的基础上，明确提出了中国共产党同各民主党派将长期共同存在。即共产党存在多久，民主党派也存在多久，共产党和民主党派在长期合作中同呼吸共命运，只要阶级还没有最后消灭，共产党还存在，就要坚持党和党的合作，坚持统一战线。这就为中国共产党在整个社会主义建设时期与民主党派相互携手、长期合作、联袂共进奠定了坚实的理论基础。

长期共存这一方针，把马克思、列宁关于多党合作是一种短期的、阶段性的、利益的、策略的需要发展到从长期的、根本的、战略的高度去认识实行社会主义条件下多党合作制度的必要性和重要性，这是对马克思列宁主义在社会主义时期政党关系学说的一个重大发展，是中国共产党人在长期革命和建设中积累起来的思想政治智慧的结晶，是中国自己的独创和特色。

第二，互相监督方针的提出为社会主义民主政治建设的发展指明了方向和目标。

在社会主义制度刚刚确立的情况下，新生的制度能否得到巩固和发展，关键在于执政党。中外经验反复证明，政党体制内执政党如果缺乏有效的监督，往往导致种种弊端。中国共产党要始终保持自身路线方针和政策的科学性，带领全国各族人民不断取得社会主义建设的胜利，就必需要有来自方方面面的监督，其中政党之间通过互相监督达到互相促进之目的尤为重要。

社会主义建设是个经济、政治、文化、社会建设四位一体同步发展的过程，尤其是民主政治建设必须同经济建设同步发展，这是我们用多少失误换来的深刻教训。互相监督方针的提出，为中国共产党和各民主党派开展政党之间的良性互动，扩大政治参与的有序化，党际关系的民主化和制度化，民主政治建设与安定有序的政治环境提供了可靠的政治保障。

互相监督方针的提出，不仅是对马克思列宁主义关于社会主义条件下政党关系学说的又一重大发展，而且为整个社会主义历史阶段中国共产党同民主党派的长期合作奠定了坚实的理论基础，为中国特色社会主义政党制度奠定了基础性架构，是社会主义国家政权中政党关系学说的开创之作，为中国特色社会主义政党制度的形成和发展做出了创造性的理论贡献，起到了具有基础性的奠基作用。以后各个时期各个阶段中国共产党对多党合作制度的进一步发展和完善都是立足于这个基础之上的，都是建立在这个基础之上的。同时，八字方针的提出，标志着我国的政党制度由此发生了重大转变，即由新民主主义的政党制度转入社会主义的政党制度，并使这一制度成为具有中国特色的社会主义政党制度。

第三，参政党概念的提出确定了民主党派在国家政治生活中的政治定位。

民主党派在国家政权中的政治地位决定着多党合作的性质和政治基础，是多党合作中的又一重大理论和实践问题。1989 年 12 月，《中共中央关于坚持和完善中国共产党领导的多党合作和政治协商制度的意见》，第一次从国家政治制度的高度明确了民主党派在国家政治生活中的地位是“参政党”。参政党地位的提出具有对内对外两大功效：对内而言，将各民主党派与中国共产党的执政地位明确区分开来，同时也将民主党派与国家政权的关系固定下来；对外来说，将我国的民主党派与西方国家的在野党和反对党严格区别开来，同时也和西方多党制国家和东欧一些实行多党合作制国家的联合执政党作了完全不同的切割。

我们民主党派参政的基本点是：参加国家政权，参与国家大政方针和国家领导人选的协商，参与国家事务的管理，参与国家方针政策、法律、法规的制定执行。他们在工作中享有行政管理的指挥权、处理问题的决定权和人事任免的建议权。也就是说，我国民主党派全面参政，就是全面参加国家政权和参与国家政务管理的政党。与波兰、保加利亚、民主德国的民主政党在名义上拥有执政地位相比，我们民主党派的参政议政地位更加明确，参政议政范围更加广泛，内容更为丰富，机制更有保障。

民主党派在国家政治生活中参政党地位的确定，是中国共产党人对马克思列宁主义政党理论、国家学说的丰富和发展，是我们自己的独创和特色。

第四，无党派人士群体是我国多党合作制度的有机构成。

中国的多党合作制度既包括中国共产党与各民主党派的合作，也包括与无党派人士的合作。无党派人士作为一支重要的政治力量，在中国共产党领导下，为中国革命、建设和改革开放事业的发展发挥了重要作用。

充分发挥无党派人士群体位置超脱、了解民情、化解矛盾的优势和作用，有利于维护多党合作的基本格局，有利于实现全面建设小康社会宏伟目标，有利于为和谐社会创造团结稳定的政治环境。这一点在世界政党制度中是独一无二的，是我们自己政治实践的结晶，是我们的创造和特色。

第五，人民政协是多党合作、政治协商的重要机构。

人民政协是中国共产党和各民主党派适合中国国情的伟大创造，是在中国土壤中生长发展起来的，在我国社会主义民主政治建设中发挥了不可替代的重要作用，是中国共产党领导和推进社会主义民主政治发展的重要体现，是人类政治文明发展史中的一朵绚丽的奇葩，并在国际产生了积极的影响。

综上所述，共产党领导、多党派合作是实行多党合作的社会主义国家政党制度中的共性特征、共有特色，不是我们的创造发明，而长期共存、互相监督、参政党、无党派人士、人民政协才是中国共产党的独特创造，是我国多党合作制度所具有的“中国特色”。

《政党制度与中国民主：基于政治学的考察》（林尚立，《武汉大学学报（哲学社会科学版）》2010年第3期）

本文从中国政治建设与政党制度发展之间的互动关系，探究中国政党制度的前景及其对中国民主成长的意义。

一、中国民主化孕育相对独立的政党制度

中国的政党制度，即中国共产党领导的多党合作和政治协商制度，包含三个层面：即中国共产党领导，多党派合作和由各党派、界别参与所形成的人民政协制度，概括来说，就是由领导、合作和协商三个层面构成，从领导层面到协商层面，是一个主体日益多元、参与面不断扩大的过程。

推动中国政党制度变化和发展的因素很多，如中国现代化过程中的经济的市场化、社会结构的多元化以及政治的民主化等，但最初的，也是最直接的动力是来自改革开放之后的党政分开。党政分开是针对改革开放前的党政不分而言的，其实质是要解决权力过分集中所形成的以党代政的问题。

从改革开放的具体历程来看，党政分开不是孤立的政治行动，它是与民主、法制建设统一在一起的。因而，党政分开所产生的实际效应有三：其一，改变党的领导方式和执政方式；其二，在宪法保障下，国家权力与国家制度体系获得依法运行的自主空间；其三，人民民主开始从“阶级专政”的形态向“人民当家作主”的形态转变。在民主化、法治化的大潮流推动下，这三大政治效应为中国政党制度走向制度化产生了积极的推动作用。

首先，党的领导方式和执政方式的变化使多党合作成为党领导和执政的重要政治基础。党走出一元化领导模式所产生的领导方式和执政方式的改变，使得中国共产党不可能再依靠权力集中和资源垄断来组织、整合和控制全社会，而必须充分借助包括自身组织体系在内的各种社会和政治资源来领导和整合社会。在这方面，民主党派以及各社会团体无疑是重要的政治力量，而联合与协调这些政治力量的人民政协无疑是最为有效的、也最为合法的制度机制。因而，从执政角度来看，不论民主党派还是人民政协，都是党领导和执政的重要政治基础和政治保障。

其次，国家权力与国家制度体系的依法运行使政党制度逐渐获得宪法和法律地位。党政分开的另一个重要体现就是在党和国家制度都遵循宪法的前提下，依据各自的规章运行。在这样的格局下，虽然党依然是国家的领导力量，但党的组织与运行体系逐渐地与国家权力与制度运行体系区隔开来，形成相对独立的系统。伴随执政党的领导与组织体系逐渐独立于国家权力与制度运行体系，中国的整个政党制度也逐渐获得了相对的制度与政治空间，从而为其制度化提供了必要的前提条件。

最后，人民民主的建设和发展使得政党制度成为“人民当家作主”的基本制度体现。人民民主是社会主义国家的本质规定，也是党执政的合法性基础。党政分开就是要彻底破除限制人民民主发展的樊篱，使国家权力与制度体系重回宪法和法律的空间，使社会成员重新获得自主和独立；与此同时，随着政党分开彻底破解了作为“阶级专政”极端制度形式的党的一元化领导，人民民主的价值取向也就自然从“阶级专政”回到其本质内涵，即人民当家作主。党政分开对人民民主发展所产生的制度和价值的双重效应，大大拓展了人民民主发展的空间。人民民主的发展必然要求相应的制度安排。从国家出发，人民代表大会制度、民族区域自治以及基层群众制度是现成的制度安排；从政党出发，共产党领导的多党合作和政治协商制度是适应社会多样化发展和公民多元化参与的有效制度安排。所以，中国的政党制度与人民代表大会制度、民族区域自治制度以及基层群众自治制度一样，与中国的人民民主具有高度的契合性，是人民民主的重要制度体现和发展平台。人民力图通过政党制度实现当家作主的政治要求，是中国政党制度得以不断充实和完善的内在动力。

综上所述，中国政党制度自成体系并获得相对独立发展的重要政治前提就是党政分开。只有不断明晰党的体系与国家体系的边界，政党才能够在自己的空间中建构和运行其领导和执政的制度体系，从而使政党制度不断趋向制度化。改革开放之后的中国政党制度成长说明了这一点。这个事实逻辑对中国政党制度的未来发展也是有指导意义的。然而，政党制度获得相对独立的发展空间，不是政党制度建设和发展的目的，仅仅是其走向成熟和完善的一种手段，或者说是一个过程而已。从现代国家建设的基本要求来看，政党制度建设和发展的最终目的使政党制度与国家制度运行相适应，并逐渐嵌入到国家制度体系之中，使政党制度成为特定国家制度运行的外在标识和内在规定，达到政党制度与国家制度共生共存的境界。这就要求现实中的政党制度能够随着经济与社会的发展，尤其是随着国家制度的民主化和法治化进程而得到全面的健全与完善。

二、政党制度在中国民主中的方位

就中国现行的社会主义民主，即人民民主来说，它一开始就与两大历史运动相结合：一是民族解放运动；二是解放劳动阶级的国际共产主义运动。中国共产党在新民主主义革命的旗帜下，把这两大历史运动有机结合起来，并通过统一战线，建构了以工人阶级为领导的，以工农联盟为基础的，团结一切可以团结力量的革命统一战线，创造性地提出了“各革命阶级联合专政”的国体形式。毛泽东把“各革命阶级联合”所形成的集合体概括为“人民”，并将其视为组织国家和建立政权的基础。我们看到以实现民族解放、国家独立和劳动阶级当家作主为取向的人民民主，首先要完成阶级集合体，即“各革命阶级联合”的构建，只有在中国社会组成了“人民”，人民共和国才能在中国得以确立和巩固；其次，要完成劳动阶级的彻底解放，建立人民当家作主的“大多人的民主”形态。前者关系中国国体，后者关系中国政体。

人民共和国的性质及其得以确立的内在逻辑，决定了人民民主在中国的实践，首先要完成“人民”这个集合体的构建，从而巩固国体。

仔细分析人民这个阶级集合体，我们可以看到，它实际上是一个结构有序的阶级集合体，至今为止，其内在结构始终如一：即工人阶级是这个集合体的领导力量；工人阶级与农民阶级是集合体的根本力量；集合体内各阶级或各阶层联合形成集合体的基础力量。这样的结构决定了作为工人阶级先锋队的共产党是人民这个集合体的领导核心，其使命就是要将各社会阶级或阶层力量联合为进行社会主义革命和建设的人民力量。显然，这种联合不是要消除各阶级本身，而是将各阶级凝聚为国家与政权的基本力量，凝聚为社会主义社会的基本力量。因而，这种集合体在强调领导的一元性的同时，也强调集合体组成的多元性，实践表明，要保持这样集合体的健康发展，两者不可偏废，必须有效地实现其内在的统一。中国共产党领导的多党合作与政治协商为这种统一提供了相应的制度形式。虽然这个制度是在中国共产党领导中国人民革命和建设过程中形成的，不是直接按这样的政治逻辑设计的，但从这个制度形成的历史以及相关的价值关怀和理论取向来看，这个制度形成的历史过程和具体制度设计，都没有偏离这个基本的政治逻辑。如中国共产党的统一战线的政治逻辑，如中国共产党处理与民主党派关系提出的“长期共存、互相监督、肝胆相照、荣辱与共”的十六字方针，都充分体现了这种政治逻辑，没有丝毫的偏离。

“人民”是一个政治集合体，在革命的逻辑下，它是革命主体的集合体，与革命的对象相区分，即与“敌人”相区分。在和平建设的逻辑下，它是组成社会主义国家的社会成员的集合体，既可以指称集合体本身，也可以指称集合体中的部分。所以，在和平建设年代，人民民主是针对全社会成员而言的。在现代化发展的历史过程中，面对全社会的成员，人民民主必须从两个层面来运行民主：其一，必须在作为阶级或阶层集合体的人民上运行民主；其二，必须在普遍拥有当家作主权利的每个社会成员组成的人民上运行民主。前者，人民民主必须在制度上解决领导阶级与各阶级、阶层联合之间的关系，解决一元政治领导与多元社会结构之间的关系；后者，人民民主必须在制度上解决人们基于当家作主意识和权利所形成的强大的、普遍的公民参与要求，因为，广泛而全面的公民参与是“当家作主式”民主的最基本体现。人民民主要同时在这两个层面上运行好民主，并不断地使民主制度化、法治化，就必须同时解决好三大基本政治问题：即大领导、大联合与大参与。

基于人民民主形成的中国民主，确实是有中国特色的社会主义民主，作为根本政治制度的人民代表大会制度与作为基本制度的共产党领导的多党合作与政治协商制度都是其特定的制度表达。中国的政党制度，首先关乎的是这个国家与社会的性质，其次关乎的是人民民主的实践与运行，最后关乎的是现代化过程中党领导下的国家与社会的协调与整合。这三个方面都直接决定着中国民主的基本性质、基本结构与基本形态。可见，中国的政党制度源于中国民主的内在本质要求，中国的民主成长离不开这套政党制度；这也决定了中国政党制度的健全与发展将对中国民主的成长以及前途产生决定性的作用和影响。从这个角度看，在中国的民主中，政党制度所处的方位是基础性的，同时也是决定性的。

三、政党制度与中国的协商政治

政治协商是源于人民民主的内在要求与基本实践，而基于政治协商所形成的中国共产党领导的多党合作与政治协商的基本政治制度，则是人民民主的基本制度表达。换言之，对中国民主成长来说，不是因为有中国共产党领导的多党合作和政治协商制度而形成政治协商，并使得协商成为中国民主的重要形式之一；而是因为中国推行的是人民民主，而人民民主为了创造阶级的政治联合与合作，必然对政治协商产生内在的需求，从而使得协商在中国民主的实践中成为重要的形式之一。中国共产党的政权建设实践充分证明了这一点。

是中国共产党领导的人民民主实践创造了政治协商。在中国，政治协商既源于一般民主的内在逻辑，也源于人民民主的必然要求。实践表明，政治协商使得作为人民民主基础的人民这个集合体得到不断的巩固和发展。然而，在建设与发展的时期，人民民主的实践，不仅要体现为人民的聚合与团结，而且体现为作为国家主人的人民的当家作主权利的实践。在人民具有普遍参与国家事务管理的当家作主的民主实践中，民主既要体现为利益表达与权力监督，同时还要更多地体现为人民的直接参与或共同商议决策。这就要求把以团结和凝聚人民这个政治集合体为取向的政治协商，拓展到民众的具体民主实践之中。当然，这种拓展不可能将政治协商本身拓展到民众实践中，因为，政治协商的主体是党派、界别与团体；而是将政治协商所展现出来的协商形式的民主拓展到民众的民主实践中。

实践表明，中国协商政治所涉及的这三个层面的协商都直接或间接地与中国的政党制度相关。换言之，中国的政党制度都能直接或间接地服务或贡献于这些协商形式。这也就是说，在中国的民主成长中，人民民主的发展孕育了多党合作与政治协商制度，而这个政党制度在实践中将服务和贡献于基于人民民主政治逻辑而形成的中国协商政治。

四、政党制度建设与中国民主成长

在现代化过程中，任何国家的政党制度，不论其如何形成，都与现代国家建设有关。现代国家的政治形态，即民主共和的政治形态，是以政党为中心形成与运作的，因而，必然形成一定的政党制度；反过来，现代政党制度只有与现代国家建设的内在要求相契合，才能得以确立、成长和巩固。所以，一个国家的政党制度，不简单出自民主的需求，在很大程度上还出自现代国家建设的要求。政党制度的形成与一定社会的政党生态直接相关，但政党制度的定型与巩固则取决于政党制度能否与现代国家的制度体系全面相容，换言之，政党制度只有有效地嵌入到现代国家制度体系之中，成为其中的一个重要组成部分，政党制度才能得以巩固；同时，现代国家制度体系也才能得以健全和完善。所以，政党制度的健全和完善，不是一项孤立的制度建设行为，而是政党制度与国家制度体系互动、适应和有机统一的政治建设过程。在这个过程中，政党制度的建设要积极贡献民主的成长，同时还必须从民主的成长中不断获取自我建设和发展的政治资源和制度空间。

就中国的政党制度建设来说，改革开放之后，中国的政党制度在制度上逐步成型，至今不到30年时间。政党制度的成型并不意味着政党制度的完善。中国政党制度的健全和完善还需要一个持久的政党制度建设过程。中国的政党制度建设，一方面要与中国共产党的领导和执政体系相统一；另一方面要与中国的国家制度体系相统一。落实于政党制度建设之中，政党制度要与党的领导和执政体系相统一，就必须在制度上实现党的领导、多党合作和政治协商的有机统一，使多党合作和政治协商有效地成为党的领导与执政的重要政治基础；政党制度要与国家制度体系相统一，就必须使参政议政、政治监督和决策协商转化为具体的制度安排，从而使得党的领导、多党合作和政治协商共同成为人民民主制度运行不可缺少的基础性保障。

虽然中国政党制度建设要达到预期的目标还需要做出很大的努力，但应该看到，政党制度与党的领导体系、与国家制度体系相统一的发展趋势已经出现，最典型的表现就是基于“协商在决策之前和决策执行过程中”而形成的新政治过程安排正在逐步改变中国既有的政治过程。

从中国政党制度的内在逻辑和发展空间来看，政党制度在自我发展与完善中，应该着力在理论、体制和机制上处理好四对基本关系：

其一，党的领导与多党合作的关系。党的领导与多党合作的关系主要集中于领导与合作、执政与参政这两个基本关系上。对于整个政党制度的建设和发展来说，这两个基本关系背后的核心问题是两个：一是如何通过多党派合作来巩固党的领导；二是如何通过多党派参政来提高党的执政能力。前者关系党领导的社会基础，进而关系整个政党制度的合法性基础；后者关系国家政权形态的完善以及党的执政方式，进而关系整个政党制度的有效性基础。解决这两个问题的关键是共同的：即丰富和完善多党派参政的机制与形式，从而强化多党派合作。

其二，多党合作与政治协商的关系。如何从体制和机制上全面提升人民政协政治协商的能力与水平具有战略意义。从一般的政治逻辑来看，政治协商水平的提高主要取决于参与主体的能力的提高，即政党参政议政能力的提高；但在中国的政治逻辑中，政党参政议政能力的提高则在很大程度上取决于制度所提供的平台与空间。随着协商成为中国民主发展的重要形式之一，人民政协的建设和发展将会获得更大的社会空间与政治空间，关键是要在这方面进行必要的理论创新和制度创新。

其三，政治协商与政治监督的关系。政治监督是现代政党制度的活力所在，也是中国政党制度保持其生机与活力的关键。中国的政党制度，一方面源于各社会和政治力量联合对政治协商的内在要求；另一方面源于中国共产党一党领导和执政对民主监督的内在要求。协商固然能够创造监督，但不能替代监督。充实和完善政治监督是中国政党制度建设与发展的基本战略点。提升政治监督关键在两个方面：一是监督主体的主体地位和政治能力；二是政治监督的体制、机制与程序的健全与完善。

其四，政治协商与民主决策的关系。决策是党的领导和国家治理的核心，关系到党的路线方针的制定和国家法律与重大政策的形成。政治协商被纳入决策程序所产生的政治效应是双重的：一是改变决策的程序与过程；二是改变政治协商主体之间的政治关系以及协商形式。相对来说，协商介入决策的积极性要大大强于决策吸纳协商的积极性。这之间的张力直接影响政治协商与民主决策之间的关系。

《三论社会主义国家的政党制度——关于社会主义多党制之近见》（高放，《探索》2010年第2期）

一、从多元论、多元化看多党制的必然性和合理性

多元论、多元化和多党制是三个层次，密切相关，互有联系。多元论讲的是世界观、方法论；多元化讲的是社会观、社会状态；多党制讲的是政治观、政治体制。

多元论（Pluralism），本意是复数、多数，作为哲学范畴有人又译为多元主义。一元论与多元论讲的是世界本原问题。我们坚持辩证唯物主义一元论。多元主义和当代西方哲学中的结构主义都认为世界的本原不是单一的，而是由多种互相联系的独立成分构成的。应坚持唯物史观一元论为主体，同时吸取多元论的合理因素，既不能用一元论来简单地全盘否定多元论，也不能以多元论来根本否定一元论。多元世界是客观存在，但就各元的关系和地位而言，并非各元平分秋色，而是一元为主，多元互补，主次分明，互起作用。

多元化是运用多元论的世界观、方法论观察社会的社会观，是基于系统论对社会状态的一种解释。多元化社会是指社会是一个由互相联系且彼此发展的诸要素按一定方式构成的整体。社会多元化反映在经济上有多种成分，政治上有多种利益集团，文化上有多种形态，思想上有多种观点，生活上有多种方式。在各种社会形态中都必有以某一元为主，都呈现出一元为主，多元互补。

社会主义多元化是以一元化为主导、主体，不要把一元化与多元化这二者对立、割裂开来。社会主义多元化就是，经济上以社会主义公有制为主体，同时允许私营经济和个体经济长期并存和发展；政治上以工人阶级政党为领导，由党协调各阶级、阶层、群体利益；思想上以马克思主义为主导，允许对马克思主义有不同理解，承认各种非马克思主义或反马克思主义的思想存在，通过自由竞争，逐步扩大马克思主义的影响。总之，在社会生活各个方面，都呈现出一元为主、多元互补的境况。

政治上的多元化按常规理应通行多党制，一党制只是特殊情况下的特例。社会主义国家政治多元化主要是指，居领导地位的工人阶级政党，应充分反映各阶级、阶层及群体的利益和要求，听取各种组织团体和各界人士对国家决策的意见，并接受群众监督，不能一党自作主张，独断专行。具体表现为何种制度形式，一党制还是多党合作制，应由各国实际情况决定。从苏东剧变的经验教训看，一党制的确有很多弊病。从发展趋势和世界潮流看，未来的社会主义国家必将通行社会主义多党制。

从多元论、多元化来看，多党制是适应社会发展规律要求的，它和多元论、多元化是一致的、对应的。既然世界发展和社会状态都是一元为主、多元互补，政党制度也应是一党为主、多党互补。社会主义国家理应开创比资本主义多党制更高类型的社会主义多党制。社会主义多党制比一党制能更全面代表、反映社会各阶级、阶层、群体的利益要求，做到集思广益，优势互补，有助于实现决策科学化、民主化。多党制有利于促进多元世界与多元社会协调发展，达到和谐境界。

二、一党专政是苏东剧变的体制性根源

政党制度、政党政治是现代资本主义政治文明的产物。社会主义政党制度理应继承资

本主义政党文明成果，同时要创造更高类型的社会主义政党文明。资本主义国家的政党制度为适应阶级斗争、议会斗争和商品市场经济发展的需要，通常实行多党制，一党制只是特例。20 世纪 30、40 年代资本主义遇到严重危机，法西斯政党执政时曾实行过一党制；二战后新独立的一些民族国家，没有更多政党，只有一个党，曾短期实行一党制。除这两种情况外，通行多党制。

社会主义国家要继承资本主义文明成果就应继承资本主义多党制文明成果。马克思和恩格斯晚年提出将来走上社会主义道路可能通过议会民主和平方式实现，而不一定采取巴黎公社武装起义方式。如果按他们提出的可能通过议会方式实现过渡，就更是明确要善于利用资本主义多党制并进而开创社会主义多党制：第一，工人阶级政党要善于在多党平等竞选中竭力争取占议会多数去掌权，其中很可能就要联合其他政党参与竞选；第二，工人阶级政党成为议会多数掌权以后不能就宣布实行一党专政，要善于听取其他政党意见，接受其他政党监督，甚至联合其他政党共同执政；第三，工人阶级政党不能长期一党垄断政权，须遵守宪法按期改选，重新参与多党平等竞选；第四，一个国家可能不止只有一个代表工人的社会主义政党，因而任何政党都不能自命为唯一代表工人阶级的社会主义政党，而要善于联合其他工人政党、其他社会主义政党。

真正开创社会主义多党制的是十月革命后的俄国。俄国从 1917 到 1920 年曾实行共产党领导的两党合作或三党合作制。社会主义国家共产党领导的多党合作制是列宁首先开创的。

1920 年 8 月，共产国际二大决定，为统一工人阶级力量，一国只允许建立一个共产党，有两个以上共产党的都要合并为一个。据此，俄国革命共产党又并入俄共（布）。俄国实际上从 1920 年 8 月后才成为一党制国家。俄国从 1920 年以后实行一党执政，这是俄共（布）领导人考虑不周造成的，而并非历史注定的。

从马克思主义理论原则看，社会主义国家不能搞一党专政，搞一党专政是背离马克思主义基本原则的。1848 年发表的《共产党宣言》中就含有多党制思想，文中指出：“共产党人到处都努力争取全世界民主政党之间的团结和协调。”（马克思恩格斯选集：第 1 卷［M］．北京：人民出版社，1995. 307）即是说共产党不仅要联合其他工人阶级政党，还要联合小资产阶级政党、甚至资产阶级政党进行夺权斗争。

现代意义上的政党应具有五个特性：政治性、组织性、阶级性、前沿性、民主性。其中民主性最为重要，一个政党如缺少民主性就可能成为党魁推行专制独裁的工具。民主性主要表现在：允许党内有不同观点提出和争论，党代会是党的最高权力机关，党的会议与报刊成为党内自由民主讨论的平台。政党政治也具有五个特性：公开性、群众性、竞争性、选择性、轮替性。其中轮替性不一定表现为一个政党下台，另一政党取代它执政。总结世界政党政治经验，轮替性是广义的，还包括有党内民主：党内的某一派路线、方针错误，遭到多数党员反对，党内便可更换领导。但党内领导人不能掌权后搞个人集权制和领导职务终身制，这两“制”就没有轮替性。在一党制下只要有党内民主，党内不同派别应该可以轮替，党内某一派路线错了，遭到多数党员反对，就应下台，另选出路线较正确的来取代。

鉴于政党及政党政治的五个特性，列宁时期虽然实行一党专政，但有党内民主，允许党内有不同政见者可在党代会上作副报告。斯大林时期破坏了党内民主，斯大林先变为一派专政（起于 1929 年），进而变成一人专政（起于 1938 年），不但实行个人集权制，还实行领导职务终身制、指定接班人制，形式上虽也有民主选举，但实际通过宫廷政变方式更换最高领导人。1990 年 2 月 5—7 日苏共中央全会被迫转为肯定多党制，允许各种政党林立。于是苏联政局完全搞乱，到 1991 年最终垮台。

苏联一党制有广泛国际影响，影响到 15 个后起的社会主义国家。只有中国长期实行多党合作制。波、捷、保、民德四国虽在 40 多年中都实行过共产主义执政党与民主党派的多党合作，但民主党派只作为政治花瓶摆设，不起多大监督与制约作用。由于推行苏联模式的一党制的消极影响，加上西方施行多党民主攻击一党专政战略，1989—1992 年，16 个社会主义国家已垮掉 11 个。可见当今进一步加快发展我国多党合作制是何等重要和紧迫。实践经验昭示：我国不搞源于西方那种平等竞争、轮流执政的多党制，而只有不断发展和完善共产党领导的社会主义多党合作制，才能从根本上抵制资本主义多党制的威迫利诱与和平演变。

三、多党合作制：大势所趋、大有可为

从 1923 年国共合作算起，中共先后同 12 个政党有过近 90 年合作史，时间最长，对象最多，经验教训最丰富、最深刻，最有可能进一步发展和完善多党合作制，开创社会主义多党制新模式。

当今要发展和完善多党合作制可以说大有可为，依然任重道远。从现在情况看，各民主党派政治自由、组织独立和法律平等都较难做到。当今要进一步发展多党合作，笔者认为在政治思想、政治理论上至少要明确解决三个问题。首先要明确民主党派的性质与活动原则。我们已肯定民主党派是社会主义性质政党，是联系并代表一部分劳动者与爱国者、具有政治联盟特点、致力于中国特色社会主义建设事业的政党。可是人大代表是作为各地区人民代表名义产生，不以政党名义产生，不以政党名义活动，这样民主党派的政见就难以在人大上充分表达出来。人民政协是由各党派、各民族、各界别的代表组成，然而政协目前只是统一战线组织，不是国家最高权力机关一部分。要解决这个矛盾，使各民主党派在最高国家权力机关中充分发挥作用，最切实可行的办法就是把有中国特色的人民政协升格为与人大并列的最高国家权力机关的一部分，相当于西方国家的上议院或参议院。一院制或两院制并非社会主义与资本主义政治体制的区别。其次，要明确民主党派的地位。中共现在是中国唯一的执政党，1989 年中央文件把民主党派定位为参政党，同时把参政党解释为参加政权的党。参加政权主要指参加人民代表大会，可是如上所述，各民主党派的人民代表又不作为政党代表参加人大，它们如何能代表政党参政呢？看来今后的发展趋势是要把民主党派从作为参加政权的党进一步提升为在共产党领导下参加联合执政的党。苏东的实践证明，一党执政表面上安定团结，这是高压下的安定团结。最后，民主党派如何进一步发展壮大也是一个重大问题。现在八个民主党派人数总共 70 多万，民主党派人数这么少，很难对执政党起到足够的监督作用。将来民主党派队伍进一步壮大、涌现更多杰出人才时，就能在多党合作中发挥更大作用，甚至可参与竞选某些部门和地方正职主要领导人。到那时，我国社会主义多党合作制将更完善。目前我国依法治国还缺少一部政党法，怎样制定一部符合中国情况的、使中国政党合作有法可依的法律，还是艰巨的任务，现在该提上议事日程来了。

从世界范围来看，在信息化、网络化和新科技革命迅猛发展及世界民主化大潮推动下，预计再过几十年，多党制将遍布世界各国，一党制国家将难以立足，无党制国家将只剩下一个情况特殊的梵蒂冈。随着政治文明程度的提高，未来多党制将更多形式。就目前共产主义政党发展态势看，出现了共产主义运动内部和外部多党合作与竞争的新情况、新特点。原苏东地区成立了许多新的共产党，都在争取重新执政。现在大多数原苏东国家都不止一个共产党，俄罗斯现有七个共产党，在进行平等竞争。

在当今资本主义世界，不论发达国家、发展中国家和前苏东地区 28 国，都出现了社会主义、共产主义政党多元化、多党化现象。美、英、意、印、尼、俄、保加利亚等国都出现几个共产党，这是自然发展的历史过程，是一种进步现象。它打破了 1920 年共产国际二大规定的每个国家只许有一个共产党的陈规陋习，打破了一国只能由一个党一统天下、垄断共产主义运动的旧局面，可避免党内斗争尖锐化、残酷化。各党求同存异，平等竞争，可通过合作走向联合，也可能不联合、不合作，长期对峙竞争，最终通过实践检验，靠群众选择，这预示着未来社会主义、共产主义政党体制的新模式。未来走上社会主义道路的国家可能形成几个共产党联合执政或轮流执政，这将更有利于共产党科学执政、民主执政、依法执政。共产党人一定要克服天赋党权的思想。共产党对政权的领导权是靠党不断争取到群众支持而得来的，这种争取群众支持不是一劳永逸的，要有竞争意识，要善于以显著政绩和廉洁奉公来持续争取选民支持。随着世界民主潮流的新发展，未来走上社会主义道路的国家难以再现一党执政体制。这种前景对当今依然保留一党制的社会主义国家有很大启发和挑战，如何发展党内民主是当务之急。

从世界大势看，很多国家现在都不止一个共产党，还出现了两个共产党联合执政的先例，这是世界共运的新气象。许多国家的社会党或社会民主党、工党在利用资本主义多党制争取执政并为人民谋福利方面，已做出很多成绩，积累了丰富经验，值得共产党人借鉴，并与之加强合作。总之，笔者认为多党合作是大势所趋，大有可为，社会主义多党制未来一定大显神通、大放异彩，对巩固和发展世界社会主义发挥重大作用。当今资本主义世界多党制积弊弥深，越来越引起众多选民不满。在某些国家也可能出现另外一种前景，即在社会主义政党压力之下，资本主义政党被迫采取带有社会主义因素的措施。如果我们能开创出更高水平和类型的社会主义多党制，就必能吸引资本主义世界广大人民向往、归向社会主义。到那时，不但资本主义多党制不能和平演变社会主义国家，社会主义多党制反而可能和平演变资本主义国家，使之能够较为和平地过渡到社会主义。要大力发展和完善我国的多党合作制，为可预期的世界社会主义多党制这一光明前景起表率和促进作用。

《观察和衡量政党制度的几个维度》（周淑真，《上海市社会主义学院学报》2010 年第 6 期）

一、类型与模式———相同类型的政党制度有多种模式

一个国家的政党制度不依人们的主观意志为转移，不是靠人的强力所能扭转的。世界各国的政党制度不是用简单概念的类比所能说清楚的。一个国家的政党制度由其发展历史、社会经济基础和文化传统等具体国情所决定，而非靠外力和人的主观意志所能左右。

国家差别和民族差异决定了政党制度的多样性。应该说，在世界各国，凡是能促进社会进步、经济发展、政治稳定、人民幸福的政党制度就是符合国情的政党制度，就是比较成熟的卓然挺立的政党制度。

二、“长成的”与“做成的”———政党制度“不是做成的，而是长成的”

政治制度是一个具有生命的复杂体系，它的血管与社会动脉紧紧交缠在一起。凡是由本国社会历史发展而来的政党制度都有不可模仿的特殊性，因为这样的政治制度既适合本国国情，深深根植于本民族土壤之中，又具有较强的抗风险防震荡的能力；而凡是由外力强加于这个国家或受外力影响形成的政党制度则相反，政党制度不适合国情的结果是制度断裂，而制度断裂唯有给国家和社会带来灾难。

当代中国政党制度即中国共产党领导的多党合作和政治协商制度，是在中国人民争独立求解放的斗争中形成的，也是与多党制度和一党专政在中国的破产分不开的。同西方国家200多年的政党产生发展历史相比较，中国政党产生和发展的历史则要短一些，但是与西方英、美、法等国一开始就形成单纯的两党制或多党制相比较，中国人民对于各种形态的政党制度的经历与体验，则要丰富深刻得多，探索适合国情的政党制度的道路要曲折得多。

中国的特殊历史发展道路决定了多党合作制度有既区别于一党制、又区别于多党制的特殊性。而这种特殊性建立于现实政治基础之上，是不可以逆转和假设的。而一个国家的政党制度质量，从根本上决定了其政治资源配置的能力和效率，因而决定了其竞争力的高低。

一方面政治制度是“长成的”，另一方面政治制度又是“做成的”。因为人们在政治制度面前不是无能为力的，“政治制度在很大程度上是一种人为的创造”。所以凡是比较成功的政党制度都是与时俱进而非僵化的。

三、理论与实践———实践效果是检验政党制度成功与否的唯一尺度

一个国家的政党制度，是否能促进和保障生产力的持续发展、经济建设取得成就和人民生活水平的提高，是考察其是否具有合理性、优越性的重要标志。衡量政党制度成功与否不是看它从理论上说的民主程度如何，而应看它在实践中的作用，即实践是检验真理的唯一标准。邓小平说过：我们评价一个国家的政治体制、政治结构和政策是否正确，关键看三条：第一是看国家的政局是否稳定，第二是看能否增进人民的团结，改善人民的生活；第三看生产力能否得到持续发展。

四、民族团结与社会稳定程度也是考察政党制度的重要标准

民族主义是当代最具有爆炸性的政治哲学。一个国家的统一和社会稳定，与民族问题密切相关。而民族问题，又与政党问题相联系，如许多国家、地区的民族冲突，有不少是与以民族主义势力为背景的政党团体崛起和得势有关，甚至有的政党组织就是以部族、地区、宗教为基础建立的。因此对民族关系和民族问题的处理，也就成为考验一个国家的执政党和考察这个国家政党制度的重要尺度之一。

我国是一个幅员辽阔的统一的多民族的国家。在中国共产党和各民主党派的共同努力下，我国民族团结，国家统一，社会稳定，经济发展，是世界上民族问题解决较好的国家之一。这是在民族问题上，当代中国政党制度优越性的具体体现。中国共产党领导的多党

合作和政治协商制度的力量，能够把各个阶层、各个地区、各个民族、各个不同经济发展阶段的绝大多数人民群众团结起来，形成一个强大的有共同利益的整体，不仅彻底改变了旧中国那种分崩离析、一盘散沙的状况，而且凝聚整个中华民族，维护祖国的统一，使我国步入强国之林。

五、各政党在基本政治理念和重大方针上的共识是政党制度稳定和发展的前提

在一个和平发展中的国家，各政党具有基本相同的政治理念，有基本原则和重大方针上的共识。如各政党在宪法范围内进行活动，都以维护现行的政治制度为前提，在重大原则问题上决不各执一端、完全对立。这是当代世界政党政治发展的一般规律。就政治发展而言，重要的不是政党的数量而是政党制度的力量和政党制度的适应性。政治稳定和经济发展的先决条件在于有一个保证促进现代化的政党制度。

六、凡是比较成功的政党制度都有一两个强大的政党作为国家发展的支柱

在实行多党制的发展中国家，有一个共同特点，就是政党骤生骤灭，各政党分化组合不断，没有一个强大的政党作为发展支柱。这种国家的政治局势是最不稳定的。在当代中国政党制度中，中国共产党的领导成为国家发展支柱、国家强大精神支柱的共同价值取向。

七、成功的政党制度总是在继承和借鉴中不断发展和完善

世界各国的政治制度包括政党制度都随着社会历史的发展不断地发展和完善，这是一条普遍的规律。世界各国政党所面对的形势不同，任务不同。当代中国政党制度也同其他国家的政党制度一样，处于不断发展之中。

发展和完善中国共产党领导的多党合作制度，必须继承自己好的传统和做法；同时，借鉴人类政治文明中成功的经验，对西方国家两党制和多党制的党际关系应有客观全面的认识。这些对于正确认识与把握我国多党合作中“和而不同”的分际和分寸，对多党合作建设具有重要意义。

《当代中国政党制度发轫和形成的国内政治文化生态论析》（戴玉琴、刘诚，《毛泽东邓小平理论研究》2010 年第 11 期）

所谓政治生态，是指在特定时间内，那些直接或间接地对政治的发生、存在、发展具有影响的一个国家的空间环境和社会主体所采取的独特生存方式和思维方式等构成的整体环境。在这一生态环境中，本文把社会主体在社会化过程中形成的关于政治体系的认知、态度、情感与价值取向等心理活动的总和抽取出来作为子生态，也就是本文所讲的政治文化生态。如果把当代中国政党制度看作一个行为系统，把与之相适应的政治文化当作其赖以发轫和形成的生态环境，那么，从一定意义上来说，当代中国政党制度的产生就是 20 世纪三四十年代中国社会政治文化环境孕育的产物。

一、民族意识觉醒下的力量融合

在中国沦为半殖民地半封建社会的历史过程中，中国人的政治意识发生了变化，其中最能体现这一变化的就是中华民族意识的日益觉醒。正是在这一民族意识的觉醒下，在共同的民族文化诉求下，到抗日战争全面爆发时，持各种价值追求的政治力量已经从最初的对立、对抗而逐步走向了接触与合作。

在这些价值追求各异的多元政治文化系统中，如果从社会影响力来看，实际上已经形成了与中间党派资产阶级理想相一致的自由民主主义、与国民党蒋介石集团全能政治相结合的权威主义、与共产主义运动相统一的新民主主义的三足鼎立的政治文化格局。正是这三种政治价值取向在后来中国政党制度的演进中扮演了重要角色。

对民族意识最早作出反映的是中国共产党。1931 年九一八事变日本军国主义侵占中国东北后，中国共产党就提出了以国共合作为基础组建抗日民族统一战线的政治诉求，并为之进行了长期不懈的努力。在中国共产党的强烈呼吁和热忱帮助下，国民党内具有民族意识的爱国将士首先开始觉悟起来，走上了抗日的道路。与此同时，介于国共两党之间的民主主义人士也纷纷汇集在民族主义大旗下，投身救亡运动。

以民族意识为思想基础的抗日民族统一战线，筑起了中华民族新的长城，使抗日战争成为中国历史上空前规模的全民族反侵略战争。中国共产党领导全国人民把对民族独立和人民解放的追求变为现实的努力，不仅赢得了广大普通群众的真心拥护，而且使各中间党派对中国共产党的伟大力量和正确领导有了初步的体验。

二、民主意识诉求下的力量分野

民族意识觉醒的同时是民主意识的诉求。一般来说，民主意识在一个国家处于战争状态特别是民族生存受到威胁时，往往会受到抑制，或让位于集权意识，以满足应对国难的需要。但中国的情形与此不同。战前的中国并未走上民主的轨道，为了促进各党派间的团结和全国人民的团结，为了调动全国人民的积极性去一致对外，对民主的诉求就成了当时除国民党统治集团之外的各派政治力量的政治诉求。正是因为这一诉求与当政的国民党统治集团的意图是相违背的，所以伴随民主主张要求而来的就是相关政治力量的分野与分流。

（一）共产党政治信任的渐趋提升

中国共产党自诞生之日起，就以发展人民民主为己任，而开启了中国民主政治发展新征程。作为一个奉行民主集中制原则并以建立无产阶级专政为目的的政党，它在思想体系上对西方民主更多的是持揭露和批判的态度。然而，急剧发展的形势向中国共产党提出了如何适应时势，动员更多的力量参加抗日战争，以及如何获得更有利的生存和发展空间的问题。正是出于这一需要，中国共产党适时调整了自己的理论依据和政策话语，为自己赢得中间党派和人民群众的政治信任积累了资源。

同时，中国共产党人还尝试性地将民主理念运用到敌后抗日根据地的政权建设中，通过种种民主化的具体方式去培育人民的民主意识和强化人民的民主认同。

总之，虽然共产党对民主政治的看法不同于中间党派的中间路线的民主诉求，但中间党派在反对国民党政权一党专政、建立联合政府、动员民众方面，与共产党是基本一致的，中国共产党在政治行为上的努力也日益赢得了中间党派的信任和认可。

（二）中间党派民主诉求的艰难表达

中间党派一成立，就明确提出爱国民主的进步主张，他们中的大多数民主人士相信并坚持认为民主为抗战所必需。

介于国共之间的中间党派的基本理念与国共两党都存在距离，中间色彩浓厚，相似处颇多。关于民主的内涵，在中间党派的观念里，民主政治的基本内容就是要有一个政府，保障一切党派在同等的机会和条件下的自由存在和发展。由此可见，各中间党派的民主理念既包含了某种价值认同，又体现着某种现实期待。

各中间党派提出的民主理念与国共两党的意识形态和政治价值观是不同的，他们要求建立的地道的民主国家，既不是国民党的一党专制国家，也不是共产党领导的人民民主国家，实际上是资产阶级的民主国家，这就必然决定了中间党派民主诉求的表达是艰难的，他们生存的空间是有限的。尤其是在中国面临两个命运、两个前途大决战的历史关键时期，持模棱两可、左右逢源政治主张的“中间路线”实际上是无路可走的。

（三）国民党政治威信的日益衰落

不管是中间党派的资产阶级民主政治主张，还是中国共产党的人民民主的政治主张，都与国民党蒋介石集团的政治主张相冲突，因为蒋介石集团的基本价值指向是抑制民主和漠视自由。这种价值取向必然表现为国民党政府的一党专制和消灭异己的政策，既千方百计地去抑制和扼杀中间党派要求民主宪政的呼声，又一轮接一轮地掀起反共浪潮。

国民党政府以其行政无能和政治腐败而丧失了社会的权威，独裁统治导致了政治上更加暴戾、腐朽与黑暗。特别是民盟的被迫解散，更使全国人民看清了国民党反动派所标榜实施“宪政”的“三党政府”，什么民主自由都不允许存在，从而进一步唤醒了那些对国民党蒋介石集团抱有幻想的主张“中间路线”的民主人士，也进一步认识了中国共产党领导的武装斗争的正义性和重要性。

三、宪政主张共识下的党派合作

民主是一套价值体系，一种社会制度，但其实现离不开现实运动。而宪政运动正是伴随着民族意识和民主意识的高涨展开的。所谓宪政运动，即是以实现立宪为重点，以法治为形式，以民主为基础，旨在破除人治、党治，用民主政体取代专制政体的民主运动。而在这场反对国民党一党专制统治的宪政运动中，中国共产党与各中间党派由于价值取向和政治理想的部分一致性，最终带来了两者行动上的一致性，进而实现了党派间的政治合作。

（一）“联合政府”目标下的共同诉求

第一，中间党派宪政主张的政治诉求。

为了对付国民党蒋介石集团一意孤行的独裁、迫害政策，到抗战后期，各派民主人士不得不重整力量，组建各种党派，为宪政目标而奔走呼号。提出实现民主的起码条件是国民党当局结束训政，无保留、无犹豫地给人民以各项基本自由。并结合中共提案的设想，把建立联合政府、建设民主国家作为民盟的奋斗目标，主张将中国建设成为一个“主权在民”的民主共和国。虽然就当时共和国的具体国家体制而言，他们的宪政理念，基本上还属于资产阶级宪政理念的范畴；他们所希望建立的宪政，也是西方模式的民主宪政，但这些主张却反映了战后广大人民要求民主、和平、统一的迫切愿望，是对国民党大地主大资产阶级一党专制和个人独裁的有力否定，与中国共产党提出的建立联合政府的构想以及那一时期的斗争目标是相一致的。

第二，中国共产党关于新民主主义国家制度的构想。

毛泽东指出，全国绝大多数的人同意或可能同意建立这样一个制度，那是由中国的历史和现实条件决定的。即几个民主阶级联盟的新民主主义的国家形态和政权形态。他表示，共产党“得势”后还会与其他民主阶级继续“联盟”。这些思想实际上孕育了中国共产党与其他中间党派在今后组建的国家政权中继续合作的构想。1949 年春，毛泽东在同有关人士谈话时，已经明确地提出了民主党派应“积极参政，共同建设新中国”的思想。

由此可见，在组建联合政府的政治诉求下，在创造中国式的民主宪政这一目标上，各中间党派与中国共产党日益取得了理论上的共识。正是在这一共识下，民盟领导人沈钧儒等人面对中国共产党组建联合政府的呼吁，明确表态要站在人民的、民主的、革命的立场上，为彻底推翻国民党统治集团、消灭封建土地所有制、驱逐美帝国主义出中国、实现人民的民主而奋斗。

（二）“民主宪政”运动中的双向支持

中国各中间党派的政纲同中国共产党的新民主主义革命政纲的基本一致性，客观上带来了中间党派与中国共产党不同程度的合作关系，并在斗争实践中逐步地发展了这种关系。从一定意义上来说，中国共产党与中间党派的这种合作实际上是后来中国共产党领导的多党合作制度的预演。

第一，对于中间党派的民主诉求和两次宪政运动，中国共产党始终给予了明确的支持。中国共产党把当时中间党派在宪政运动中提出的一般性政治要求，集中为成立联合政府的具体主张和总的目标。中国共产党还十分注意尊重和维护中间党派应有的政治地位和合理的利益，所有这些都表明了中国共产党对中间党派的尊重和支持。

第二，中间党派对“与中国共产党合作一事”也始终持肯定和积极的态度。各中间党派从成立之日起，就明确提出爱国民主的进步主张，具有同中国共产党合作的政治基础和意向。在中国共产党统一战线政策的影响下，中间党派不断加深对中国共产党的了解，日益形成亲密合作的关系，并在斗争实践中逐步地发展了这种关系。

综上所述，全民族抗战爆发后，为了顺应民族文化和民主价值建设的需要，当时中国国内实际上构成了多种政治文化竞争的场域，而以不同文化身份出现的各利益团体、各政党都想在这种博弈中获得主动权，增加获胜的机会。但最终以马克思主义科学思想为指导的中国共产党，因为其理论体系的科学性、与时俱进性与开放性，最终在与同时代形形色色的思想博弈中脱颖而出，掌握了文化话语的主动权。各中间党派也在对民族文化与民主价值的追求中，在对中国共产党的价值理念和国民党价值理念的比较选择中，实现了从同情和倾向中国共产党到公开表示自觉接受中国共产党领导、走新民主主义道路的根本转变。因此，从一定意义上来说，1949 年 9 月确立的中国共产党领导的多党合作和政治协商制度，实际上是当时各种政治价值和政治主张多次博弈和最终整合的产物。

《中国特色社会主义政治发展道路与制度模式》（程竹汝，《文汇报》2010 年 5 月 24 日第 012 版）

中国政治发展的核心机制是什么？从改革开放以来政治进步的历史来看，这个核心机制应该是中国共产党由革命党向执政党的转换，特别是这一转换必然包含的执政党同现代民主法治的结合，即党的领导、人民当家作主和依法治国的有机统一。

一、“道路”是概括复杂历史的经验总结，也是需要实践进一步回答的命题

改革开放 30 年来，我国政治建设取得了一系列成就。取得这些成就的历史经验以及为未来中国政治所展现的前景，理论上概括起来就是中国特色社会主义政治发展道路。

“道路”既是从复杂历史中概括出来的经验总结，也是需要在实践中进一步回答的命题。2002 年 5 月 31 日，江泽民同志在中央党校省部级干部进修班毕业典礼上发表重要讲话，第一次提出和使用“政治发展道路”这一概念。他指出，“推进政治体制改革，要从我国国情出发，坚定不移地走自己的政治发展道路，坚持社会主义政治制度的自我完善和发展。我们要发展的是有中国特色社会主义民主政治，决不照搬西方政治制度模式。要着重加强社会主义民主政治制度建设，实现社会主义民主政治的制度化、规范化、程序化”。2003 年 2 月在十六届二中全会上，胡锦涛同志指出：“推进政治文明建设，要坚持走中国特色政治发展道路”，“这条政治发展道路，是一条符合中国特色社会主义事业发展要求的政治发展道路，也是一条充分体现全国各族人民根本意愿和根本利益的政治发展道路。”十七大明确提出了中国特色社会主义政治发展道路的基本内涵，即坚持党的领导、人民当家作主、依法治国有机统一，坚持和完善人民代表大会制度、中国共产党领导的多党合作和政治协商制度、民族区域自治制度以及基层群众自治制度，不断推进社会主义政治制度自我完善和发展。

理论上，所谓中国特色社会主义政治发展道路，实际上是要揭示和描述一种在中国特有的历史传统和现实基础上，通过一条完全不同的政治发展路径形成的政治文明模式。与西方政治模式（多党政治、选举民主、司法独立）所获得的理论与成例支持不同，中国特色政治模式（党的领导、人民当家作主、依法治国有机统一）正处于不断完善的实践进程之中，它既需要实践的不断证明，更需要理论的恰当说明。发展是结构变迁的辩证法，也就是说初步形成的中国特色政治发展模式是客观存在的。

二、中国特色政治发展的核心机制

任何政治发展都有其实现发展的核心机制，中国政治发展的核心机制是什么？从改革开放以来政治进步的历史来看：这个核心机制应该是中国共产党由革命党向执政党的转换，特别是这一转换必然包含的执政党同现代民主法治的结合，即党的领导、人民当家作主和依法治国的有机统一。就这一核心机制的内在逻辑而言，人民当家作主是政治发展的价值目标，决定着发展的性质；依法治国是政治发展的基本途径和方略，决定着发展的形式；而党的领导则构成了政治发展的现实保障，是影响发展最为主动和有效的力量。党的领导、人民当家作主、依法治国之间的关系在现实性上就是党权、民权、政权、法权之间的相互关系。党的领导是这一核心机制的进一步发展与展现的关键因素：党权与民权的有机统一对实现人民当家作主具有根本性的影响，其取决于执政党“民主政党”的建设；党权与法权的有机统一对推进依法治国具有决定性影响，其取决于执政党“法治政党”的建设；党权与政权的有机统一对中国特色政治发展具有全方位的影响，其取决于执政党“责任政党”的建设。

三、中国特色政治发展的制度模式

政治制度模式表现出的特点，是政治发展最具实质的方面。中国社会已经型塑了自身独具特色的政治制度。这些制度包括：1. 区域代议与精英代议相结合的代议制度。在现实政治过程中，人民代表大会和政治协商会议的作用日益取向宪法的定位。虽然政治协商会议不具国家机构的性质，但从政治过程的理论看，它则发挥着相当强的“代议”作用：各界别精英组成的政治协商会议对国家和区域公共事务的讨论、提案影响着现实政治的实际状态。在形式上，各国的议会制度可分为一院制和两院制。而中国既非一院制，也非两院制；而是宪法一院制和政治“两院”制。2. 非竞争性的合作型的政党制度。在比较政治中，传统意义上的政党制度一般有两类：独占政权的一党制度和各政党法律地位平等的竞争性多党制度。中国的政党制度既非独占政权的一党制，也非竞争性的多党制，而是独成一个类别的非竞争性的合作型政党制度。3. 多重性的地方制度。在比较政治中，传统意义上的地方制度包括权力流向由上而下结合紧密的单一制和权力流向由下到上结合相对松散的联邦制。而经过数十年的发展，中国已经形成了自身特色的地方制度：典型的单一制地方制度、民族区域自治制度、特别行政区制度等多重性的地方制度。4. 首长负责制与委员会制相结合的行政制度。传统意义上的行政责任制主要包括首长负责制和委员会制。为了保证行政效率和科学决策，中国正在形成将二者结合起来的制度。5. 有限监督的独立司法制度。司法独立是崇尚分权的现代西方政治制度的基本特点。而分权不是中国政治体系的特征，所以中国不存在类似西方的司法独立制度。但为了保障司法公正，改革开放以来中国建立和完善了一套独立司法制度，包括法官专业化、法官独立审判、人大的有限监督等制度。

四、中国特色政治发展的历史逻辑

中国政治发展在历史过程中所展现的逻辑包括：1. 发展基础的历史独特性：任何形态的政治发展都是在特定的历史条件下形成的。中国政治传统、超大社会现实和特有的现代化境遇在很大程度上塑造了中国政治发展的独特性。不同历史起点及社会条件，将极大地影响中国政治发展过程所遇到的问题和政治体制的具体形态。2. 发展目标的有机复合性：民主、法治无疑是中国政治发展的价值目标，但民主、法治的实现过程必须与中国政治承担的现实任务即社会稳定、经济发展保持平衡。稳定、民主、法治、公正、和谐诸目标的复合构成中国政治发展的现实需求和一大特点。3. 中心增量、边缘突破、多元建构的发展路径：中心增量指基本政治制度即人民代表大会制度、共产党领导的多党合作制的不断完善以及党内民主的深化、权力监督架构的初步形成、社会主义法制的基本确立等；边缘突破表现为基层民主自治制度的兴起以及基层政权一系列体制创新所形成的发展态势；而多元建构则是指选举民主、协商民主、参与民主、宪政民主、党内民主、基层民主等多种政治形式的有序发展。4. 由治理方式到政治结构的渐进性发展方式。改革开放以来，政治理念及国家治理方式的进步非常明显，而理念与治理方式的进步必然对政治结构形成压力和影响。由治理方式的变革到政治结构的改革方式形成了中国政治发展的又一特点。同时这一特点也是中国政治改革的有序性、渐进性和适应性的主要表现。

《中国特色政党制度与国家软实力》（孙信、林萍，《四川省社会主义学院学报》2010 年第 4 期）

国家软实力是指一个国家制度、文化和意识形态的吸引力和向心力。在政党政治时代，在国家政治制度中居于突出地位的政党制度，自然成为国家软实力的重要组成部分。适合国情的政党制度对一个国家的发展起着至关重要的作用，是国家最重要的软实力。

一、中国特色政党制度是中国国家软实力的重要组成部分

政治软实力是政党运作的，政党是政治软实力构建与发挥的主体。作为现代民主政治

重要组成部分的政党制度，是现代民主政治运行的必要条件，是国家软实力的重要组成部分，也是国家软实力的集中体现。

中国共产党领导的多党合作和政治协商制度是中国的一项基本政治制度，在中国政治制度中居于核心地位，是中国国家软实力的重要组成部分。

二、中国特色政党制度凸显国家软实力

（一）中国特色政党制度有利于决策的科学化、民主化

执政党对国家和社会发展起决定性作用，因而执政党的决策对国家和社会发展的影响是及其深远的，决策总是伴有一定的风险，而决策的科学化、民主化可以最大限度地规避风险。在中国特色政党制度中，执政党与参政党之间的和谐关系，则有利于决策的民主化和科学化。一方面执政的中国共产党以自己的先进性在重大决策过程中起决定性的作用；另一方面，参政的各民主党派在政党关系和谐的氛围中，可以有效地参与国家政治生活，履行参政议政和民主监督职能，弥补执政党在决策过程中的不足。通过民主决策，最大限度地凝聚了社会共识，最大限度地降低了政策风险，使中国共产党和国家的决策更趋民主化、科学化和合理化。

（二）中国特色政党制度有利于政治参与

政治参与是政治现代化的重要标志。政党是公民政治参与的基本形式之一，政党要解决的问题是如何把公众的意志带到政府系统中去，政党把人民同政府联结起来，是利益表达和利益聚合的组织。我国的政党制度为公民进行有序政治参与提供了路径。就民主党派而言，作为参政党，其政治参与集中体现为“一个参加、三个参与”，具体体现在我国政治制度运行的各个环节中，即：中国共产党与各民主党派、无党派代表人士就国家大政方针和重大问题进行政治协商；民主党派成员在人民代表大会中发挥参政作用；举荐民主党派成员、无党派人士担任国家及政府领导职务；民主党派在人民政协发挥作用等。

（三）中国特色政党制度有利于社会整合

中国的现代化发展，尤其是社会主义市场经济发展所带来的国家与社会关系的深刻变化，已经极大地动摇了政党与社会关系的传统基础。国家与社会之间的权力关系已经超越了简单的分权与集权，转变为国家如何与日益独立自主的社会力量建立新的关系的问题。这一转变，为中国特色政党制度发挥社会整合功能提供了新的空间。

中国特色政党制度对于当代中国这样一个超大规模转型社会的整合集中体现在以下几方面：（1）组织整合。（2）政治资源整合。（3）意识形态整合。中国特色政党制度所具有的强大的社会整合功能将全党和全国人民凝聚在一面旗帜之下，催生了亿万民众的创造活力，最终创造了中国发展的奇迹。

（四）中国特色政党制度有利于民主监督

中国共产党与各民主党派之间的监督是通过提出意见、批评、建议的方式进行的政治监督。互相监督的目的是为了使各政党不断得到发展和完善。由于中国共产党处于领导和执政地位，更需要来自民主党派的监督。中国共产党和民主党派之间的监督是诤友式的监督，带来的是肝胆相照、荣辱与共的优势。

（五）中国特色政党制度有利于维护稳定

当代中国正处于社会转型期，政治生态变化与体制供给不足之间的冲突性张力不断显

现，从而可能会表现为一系列的政治性危机：即认同危机、合法性危机、贯彻危机、参与危机、一体化危机和分配危机。这些危机反过来又会影响社会转型的顺利推进。在这一背景下，中国特色政党制度的政治稳定功能显得尤为重要。

中国的多党合作政治格局中，中国共产党的坚强领导，政治体制内的广泛参与机制，是适应社会结构变迁，保持社会长期稳定的重要制度因素。

（六）中国特色政党制度有利于集中力量进行社会主义现代化建设

中国特色政党制度为执政党排除干扰，谋划跨越选举周期的长远规划，实施跨越选举周期的大型项目，并保持大政方针的连续和稳定创造了条件，有利于执政党集中力量办大事，集中精力解决大问题。

《多党合作制度是中国特色的社会主义政党制度》（黄铸，《中央社会主义学院学报》2010年第4期）

一、中国共产党领导的多党合作和政治协商制度是中国特色的社会主义政党制度

我国的多党合作制度具有以下几个特点：

（一）这种合作是走什么道路、朝什么目标前进、执行什么样的路线和纲领等方面的合作

1949年9月，在第一届中国人民政治协商会议上，我国各民主党派就在中国共产党的领导下，制定了具有临时根本大法性质的《中国人民政治协商会议共同纲领》，由此奠定了新中国的政治基础。在由新民主主义革命到社会主义革命的过渡时期，各民主党派一致拥护中国共产党在过渡时期的总路线和总方针，一同走上社会主义道路。到新的历史时期，各民主党派又在中国共产党的领导下，坚持改革开放，坚持四个现代化建设，从而走上中国特色社会主义道路，为建设中国特色社会主义事业共同奋斗。

（二）这种合作是在各项重大方针、政策和工作部署上的合作

党中央在不同历史时期制定的各项路线、方针、政策和工作部署，都是由中国共产党和各民主党派之间进行广泛协商、然后达成一致，最后共同贯彻执行的。正是基于这种广泛的团结合作，从而才能形成合力，集中力量办大事。而不像西方的多党制，在野党对执政党提出的方针政策常常是持否定态度，千方百计加以阻挠。

（三）这种合作是在政权中的合作

在政权关系上，中国共产党是执政党，各民主党派是参政党。各民主党派的职能在于参加国家政权，参与国家大政方针和国家领导人选的协商，参与国家事务的管理，参与国家方针、政策、法律、法规的制定执行。在中央和各省市国家机关，包括人民代表大会、政府机关和司法机关，都有民主党派成员参政。而不像西方的多党制，是这个党上台、那个党下台，彼此竞争、轮流执政。

（四）中国共产党和各民主党派互相监督也是一种合作关系

中国共产党和各民主党派之间实行长期共存、互相监督，彼此间既是互相监督的关系，又是合作共事的关系。不是你整我、我整你，我把你整垮、你把我推翻，继而取而代之，而是互相帮助、共同进步，把国家的改革和建设事业搞好，双方互为诤友。

二、中国共产党为加强同各民主党派的团结合作开辟了广阔的渠道

（一）加强中国共产党同各民主党派之间的合作与协商。

（二）充分发挥各民主党派成员、无党派人士在人民代表大会中的作用。

（三）举荐各民主党派成员、无党派人士担任各级政府及司法机关的领导职务。

我国各民主党派之间之所以能实行这种崭新的、独一无二的合作关系，而不像西方多党制那样互相竞争、互相对立，关键在于有中国共产党的领导。中国共产党的领导是我国多党合作的灵魂，失去中国共产党的领导，各党派之间就会四分五裂、你争我夺，就不可能为人民的事业共同奋斗。

三、中国特色的社会主义政党制度具有极大的优越性

有的人不赞成我国的多党合作制度，认为政党就应当是夺取政权，不夺取政权就不能称其为政党。这种说法其实就是对西方多党制的追求和宣扬。

事实证明，在我国搞西方的多党制是行不通的。中华人民共和国成立后，我国社会主义政治制度与西方国家的政治制度、中国共产党领导的多党合作和政治协商制度与西方的多党制，在实践中进行的无形较量，已凸显了其巨大的优越性。对这一点，不少西方人士也作出了较为客观的评价。

从西方人士的评价中我们可以清楚地看到，我国包括多党合作制度在内的社会主义政治制度远胜于西方的政治制度和多党制，包括多党合作制度在内的中国政治模式即“北京共识”，已在国际上受到广泛的关注。

有些西方人士建议我们在政治体制内提高民主程度和加强竞争。对此，我们将在政治体制内继续发扬社会主义民主，也将在干部选拔和基层民主选举中加强竞争，但是，决不能在党与党之间搞西方多党制那种相互竞争。

有人会问，共产党和各民主党派都是政党，为什么要由共产党来领导这也是由历史决定的。首先，是中国共产党的领导，并且只有中国共产党能领导中国新民主主义革命取得胜利。新民主主义革命取得胜利后，由新民主主义过渡到社会主义是中国历史发展的必然要求和全国各族人民的共同意愿，只有中国共产党才有能力带领全国各族人民完成这个过渡。尤其是在党的十一届三中全会以后，中国共产党带领全国各族人民一道走上中国特色社会主义道路，在短短三十年的时间里，把中国发展成为世界第二大经济体。就各民主党派来说，也是在中国共产党的支持、帮助下，才胜利走过新民主主义革命，迎来新中国的建立和在新中国政坛上的光荣地位，并在中国共产党的领导下走上社会主义道路，成为为社会主义服务的政治力量，与中国共产党长期共存、互相监督。这样，中国的历史发展就决定了中国共产党的领导地位。同时，中国是社会主义国家，要建设中国特色社会主义，就只能由中国共产党来领导。没有中国共产党的领导，就没有中国特色社会主义。

也有人会问，中国共产党的领导能不能不犯错误，甚至避免类似“文化大革命”那样的错误应当承认，中国共产党也难免会犯错误，并且在历史上曾犯过两次大的错误。中国共产党虽然难免会犯错误，但是，善于从中吸取教训，知错就改，从而领导中国人民走上正确的道路，取得更大的成就。事实证明，中国共产党的领导是完全可以信赖的，是得到人民衷心拥护的。各民主党派虽然在“文革”中曾受到迫害，但是，他们仍然坚信中国共产党的领导，没有动摇走社会主义道路的决心，是十分难能可贵的。

中国共产党对各民主党派的领导是政治领导，是走什么道路的领导，是重大方针、政策的领导，是核心价值观的领导。当前，在建设中国特色社会主义的伟大历史时期，主要是引导他们共同坚持中国特色社会主义道路、坚持中国特色社会主义理论体系和社会主义核心价值体系。同时，必须尊重各民主党派在宪法赋予的各项权利和义务范围内的政治自由、组织独立和法律地位平等，在平等协商的基础上达到政治上的一致，自觉地坚持走中国特色社会主义道路，坚持中国特色社会主义理论体系和社会主义核心价值体系，而不能强加于人，或干涉他们的内部事务。

《中国民主政治发展的五大经验》（李良栋，《北京日报》2010 年 5 月 10 日第 017 版）

党内民主是党的生命，人民民主是社会主义的生命，这是党的十七大提出的重要论断。近年来，我国社会主义民主政治建设取得了很大进展，积累了丰富的经验。

经验一：中国的民主政治建设必须坚持党的领导

中国社会主义民主政治制度是共产党在领导人民群众推翻了帝国主义、封建主义和官僚买办资产阶级的基础上建立和发展起来的。在新的历史条件下，通过政治体制改革进一步发展社会主义民主也是在党的领导下进行的。

同时，在中国这样一个历史悠久、现实情况错综复杂的国度里进行社会主义现代化建设，没有一个能够代表最广大人民利益、善于总揽全局、有效协调各方的政治核心作为社会生活的中坚力量，社会的稳定发展和不断进步是不可能的。特别是在目前的历史条件下，各种深层次社会矛盾同时存在，社会问题层出不穷。如果没有一个能够得到全国各族人民、各种社会阶层和各种政治力量普遍拥护和一致认可的政治领导核心，社会就难以平稳、顺利地转换和过渡。中国共产党由于它历史的贡献和现实能力，就是这样一个得到全国各族人民认可的政治核心。

维护中国共产党这个政治核心，坚持中国共产党对中国社会生活的领导地位和执政地位，对于维护各民族的团结，保持国家的统一和稳定，推动社会的发展，具有至关重要的作用。

经验二：坚持符合中国国情的政体和政党制度

作为我国政体的人民代表大会制度和共产党领导的多党合作与政治协商制度，是在中国国情的基础上产生和发展起来的，是符合我国国情的最便利的制度，是社会主义民主的重要体现。从中国国情出发发展民主，就必须坚持这些基本政治制度，不能简单照抄照搬西方的政体模式。

如果简单地照搬西方的“三权分立”，实行立法、行政、司法平行设置，人民代表大会一院制政体就会改变，人民权力高于一切就会发生变化。我国的共产党领导的多党合作和政治协商制度，既是中国历史发展的合乎规律的结果，也是当代中国现实发展的必然要求，有着自己特有的优势，应当在实践中坚持和完善，而不能简单地仿效西方的多党制。其实，即使是在西方国家，由于国情不同，政体和政党制度的形式也是不同的。在中国发展民主必须从自己的国情出发，坚持符合中国国情的社会主义政体和政党制度。

经验三：寻找适合自己国情的民主发展目标模式和实现道路

在当代中国，由于经济发展水平不高和经济结构不完善程度的制约，民主的发展进程不能不在一定程度上受到影响。首先，由于社会主义初级阶段社会生产力发展水平不高，不可避免地制约着社会成员的受教育水平和民主素质以及民主运行机制的完善程度。其次，在我国，社会主义市场经济体制还不可能一下子就成熟和完善起来。由于现阶段市场经济的不发达和不完善，影响着社会成员民主意识的增强和民主机制的健全。在这种情况下，发展社会主义民主只能从国情出发，在实践中探索中国民主发展的客观规律，实事求是地制定建设有中国特色社会主义民主的目标模式，从实际出发通过政治体制改革开拓社会主义民主发展的道路。

经验四：实事求是地吸收西方民主的合理做法

在坚持中国特色社会主义民主道路的同时，也必须看到，民主作为一种与封建专制相对立的政治制度，具有一些基本的要素，这些要素是社会主义和资本主义都共同具有的。在经济文化比较落后的国家建设社会主义，一般都没有经历资本主义发展阶段，同在经济上应当学习资本主义某些合理经验一样，在政治上也应当学习资本主义民主中某些具有全人类文明的共同成果。

从政体的层面看，我国的人民代表大会制度和西方的议会民主在性质、内容上有很大不同，但它们都是代议制却是相同的，因而，代议制中的某些做法是可以互相借鉴的。譬如选举制度中某些行之有效的做法，权力设置和权力监督中的某些有益成果。从民主的运行机制和操作程序上看，共性就更多了。资本主义在几百年的时间里，创造了一整套现代民主运行机制和操作程序，其中有许多人类文明共同成果。譬如法治的原则及其成果、新闻监督的某些形式，有许多是值得参考和借鉴的。

经验五：政治体制改革必须以经济体制改革作为基础，要始终注意维护政治稳定

我国新时期的改革实践昭示，要顺利推进社会主义全面改革，必须遵循经济决定政治、政治反作用于经济的发展规律，先在经济体制改革上有大的突破，再不失时机地展开政治体制改革；在进行各项政治体制改革的时候，必须继续加大经济体制改革的力度，并使之与政治体制改革相配套，为政治体制改革的顺利推进创造坚实的基础。

同时，在发展民主过程中应当注意维护稳定。一般地说，高度发展的社会主义民主最终有利于社会稳定。社会主义现代化是一场极其广泛的社会动员过程，它把亿万人民群众引导到这场深刻的社会变革中来。在这场变革中，社会成员有着自己不同的利益要求，但是，人们的利益要求不可能都得到实现，于是就产生了社会挫折感，形成人们的政治参与要求。譬如与坚持以公有制为主体、多种经济成分共同发展的经济制度和实行以按劳分配为主体、其他分配形式作补充的分配制度相联系的经济多样化，必然产生政治上的多元要求。在我国社会主义民主政治制度还没有高度发展，政治组织系统和政治沟通渠道还不是十分完善的情况下，某些不良的政治要求就容易引发政治动乱，影响社会的稳定。

发展民主的过程容易引发某些不稳定因素，易陷入“推进政治体制改革——政治不稳定”的两难境地。这种错综复杂的情况，要求推进政治体制改革既要解放思想，大胆突破；又要实事求是，谨慎从事，坚持在党的领导下有计划、有步骤地循序渐进地进行。

《合作理论视域下的中国多党合作制度》（熊必军，《社会主义研究》2010 年第 2 期）

一、合作理论的探索及对中国合作型政党制度研究的启示

对于合作思想与理论的研究探寻。从西方社会思想史来看，在这方面最为人们所熟知

的例子是霍布斯的“利维坦”和卢梭的“社会契约理论”。从霍布斯到卢梭，西方古典社会契约论的一个基本理论假设是，一个具有共同利益的群体会在某种外在强制力量和社会安排下为实现共同利益而采取集体行动（合作），并且这要么导致君主专制，要么导致共和独裁。然而，这是人类社会必然的选择吗？人类社会必须是否接受霍布斯的“利维坦”或卢梭的“人民主权论”的专制统治，才有在此统治下实现某种形式的社会合作吗？换句话说，人类合作的扩展秩序能否自发生成和自然成长？如果能，其自发生成和自然扩展的外在条件和社会机制又是什么？这些问题的追根溯源都会涉及到人类内部，即具体到个人之间的合作的原初发生机制和维系机制。从这个角度出发，20 世纪美国著名的经济学家曼瑟尔·奥尔森在探讨人类社会的“集体行动的逻辑”，直接面临的问题也就是人类的合作问题，只不过是把人与人之间的合作放到个人博弈的层面来考察。

霍布斯和卢梭的思想，以及奥尔森的工作，在人类思想史上无疑均有重要的历史意义。然而，人类社会的合作，远比这两位古典政治哲学家眼中的政治体制问题要宽泛得多，可以认为，没有人与人之间的合作，就没有人类的文明社会了。

究竟人类为什么要选择合作？或在人类社会生存与发展的历程中，为什么大多数情况下，人们选择了合作呢？这些都涉及人类社群组织和社会政制的深层发生机制与原理，也涉及到个人层面的道德标准和个人选择的优化问题。在这些人类合作生发机制及其道德基础的探源中，美国著名的政治学与公共政策教授、行为分析及博弈专家罗伯特·阿克塞尔罗德与其合作者的研究取得了丰硕的研究成果，认为人类社会与其他动物群体的一个重要区别是，人与人之间可以通过运用个人理性而达致某种形式的合作。人与人之间的合作，是人类文明社会的基础，也是未来人类越来越多元化社会的一个发展趋势。由此可见，罗伯特·阿克塞尔罗德教授的合作理论研究为我国合作型政党制度理论研究提供了一种新的理论借鉴视角。

二、中国合作型政党制度与西方竞争型政党制度的比较探索

西方各国的政党制度根植于西方的政治文明之中，源于西方的政治文化和思想意识之中，产生于西方现代化进程中。首先西方政党制度的人性基础是“性恶论”。西方“性恶论”来源于基督教的“原罪说”，“原罪”即人生而俱来的堕落趋势和根深蒂固的罪恶本能。正是基于这种发自对人性中与生俱来的阴暗面和人类社会根深蒂固的黑暗势力的正视和警惕的幽暗意识，使西方人很难相信人与人的合作如果不是在霍布斯的“利维坦”和卢梭的“人民主权论”的条件下，是很难出现的。其次西方社会的思想文化理念的核心是个人主义，个人主义是以追求自身利益最大化为人生终极目标的，因此个人主义文化的一个特征就是竞争。所以西方竞争型的政党制度的文化基础之一就是个人主义。再次是自由主义，自由主义萌生于古希腊的人本主义、古罗马时期的私权文化以及日耳曼民族的个人主义理念，在近代文艺复兴运动、宗教改革运动以及资产阶级思想启蒙运动中得到丰富和发展，从而形成近现代意义的自由主义，自由主义的基本含义是尊重个体自由竞争的。最后西方的现代化进程实质是一场市场化、法治化的进程，市场化的本质就是强调竞争。因此，西方的政治文化中就形成竞争为主流的竞争文化了，政党制度也就是多以竞争型为主的政党制度了，政党制度理论体系的研究标准也是如此大多数西方政党制度研究或政治学研究专家基本上都是以竞争型政党制度的理论研究标准来评判世界凡有政党政治国家的

政党制度，西方竞争型政党制度对西方世界的政治文明、经济社会的发展毫无疑问起到很大的推动作用，这是不容质疑的。但是如果普遍用产生于西方文化基础之上的西方政党制度的评判标准，来分析评价世界其他国家的政党制度应该是有失偏颇的。

中国多党合作制度就是中国共产党领导的多党合作和政治协商制度，是不同西方竞争型政党制度类型的新型政党制度：合作型政党制度。为什么在中国会形成不同于西方的合作型政党制度呢？首先中国传统文化的人性基础是“性善论”，人之初、性本善是对中国传统文化人性基础的最好描述。因此中国的一切文化中都讲人性的美好、善良，合作的意愿，讲和气生财、讲家和万事兴等等，和的核心理念其实就是人与人之间的合作，没有人与人之间合作，是不可能和气生财的，不可能家和万事兴的。中国历史上形成了传统政治文明理念中的“尚中庸、喜和谐、重合作”的思想，已经是绵延几千年了，影响着中国人的思想文化理念和行为模式。其次就是中国传统文化的集体主义，传统的中国社会是一个“治水社会，”治水社会的生产活动则需要大规模的合作，而要实施大规模的合作活动就必须要求大家具有集体至上的思想，要有强有力的集权领导，因此，集体主义就成为了中国传统文化的核心理念之一，在集体主义文化中，则表现为合作。再次就是国家至上主义，在中国传统文化里，个人与家族和国家的关系中，个人利益服从家族和国家的利益，个人是手段，家族和国家是目的。因此，中国人常说，没有国哪有家，天下兴亡，匹夫有责，国家的利益永远是至高无上，排在中国人行为选择首位的永远是国家的利益，那么单个的中国人要共同维护国家的利益，就必须精诚合作、精诚团结一致去努力拼搏奋斗。最后我国的合作型政党制度产生于近现代的救亡图存，抵御外族的侵略斗争之中，近现代中国的救亡史实质上就是一部中国人的团结合作斗争史。由于近代的中国已是一个非常落后之国家，因此靠单个的力量或一部分群体的力量都是无法完成的，所以必须集全国人民之力量，这就要求中华民族整体上必须合作团结，共同去与中华民族之敌人斗争，同时也必须要求有一个强有力的领导力量来进行集中领导指挥，才有可能采取对外的一致行动，所以中国共产党领导的多党合作和政治协商制度这种合作型政党制度虽移植于西方，但结合中国本土的文化基因，因此就形成了不同于西方竞争型政党制度的政党制度了。

所以，在中西政党制度的形成与演变的过程中，以及政党制度的研究理论体系中，形成不一样的道路和理论体系。西方政党制度研究的主流是以竞争型政党制度研究为主，其竞争型政党制度的人性基础是性恶论，文化基因是个人主义、自由主义，个人主义的一个文化特征就是竞争，所以在政党体制中的表现，竞争是主题。在中国，中国多党合作制度的文化基因是集体主义、国家主义，集体主义的文化特征就是合作，所以在中国的政党制度中，合作是主流。

三、从合作理论视域看中国多党合作制度的创造性价值及其完善

由于国家的差别和民族差异决定着政党制度的多样性，因此，我们在研究分析评价中国多党合作制度创造性价值时，不应以西方的竞争型政党制度研究分析标准来分析评价我国的多党合作制度，而是以合作理论的观点与思想作为评价标准，来评价中国多党合作制度的创造性价值。1. 中国多党合作制度创建了新型的、不同于西方竞争型政党制度的合作型政党制度，丰富了世界政党制度类型，为世界政党制度的多样性树立了一个成功的政党制度典范。2. 中国多党合作制度创新了有政党政治国家的执政形式：一党执政、多党

参与，打破要么是一党执政、无任何其他政党存在，或一党执政、一党或多党在野反对的一党独自执政形式，要么是两党竞争轮流执政或多党竞争轮流执政的轮流执政形式，以及多党联合执政的形式。3. 中国多党合作制度的三大制度安排：政治协商的各种形式，参政议政的“一个参加三个参与”以及民主监督，完善了世界民主除票决民主之外的其他民主的实现形式：协商民主、参与民主，克服了西方代议制民主中公民只是在投票、选举中参与的缺陷。使得中国成为民主形式发展比较完善的民主政治国家。4. 中国多党合作制度所建构的合作型政党制度，为世界政党制度的研究提供了除竞争型政党制度之外的新政党制度研究范本，为构建世界上新的政党制度理论研究体系：合作型政党制度理论研究体系提供了理论源泉。

《建构与重塑中国政党制度权威的时代价值》（孙景峰、汪凤敏，《东疆学刊》2010 年 10 月第 27 卷第 2 期）

随着世界政党政治的发展，政党在政治生活中的巨大作用逐渐为人们所认识，学术界对政党权威的研究也渐趋完善。我们认为，相对于政党权威，政党制度权威是一个更为根本的问题。随着中国社会的转型和世界民主政治的深入发展，政党制度权威必将在政治舞台上发挥愈来愈重要的作用。

一、中国社会转型客观上要求重塑政党制度权威

中国社会正处于由传统向现代过渡的转型时期。社会转型实际上就是一个传统型政治权威逐渐消失、法理型政治权威逐渐形成的过程。但是，我国政治改革和经济改革并不是同步进行的，或者说政治改革远远落后于经济改革，这就导致了我国政治体制、模式、管理方式与经济发展水平的不相适应，各类社会冲突的加剧直接导致人们对政治体系本身的反思和对传统政治权威的质疑。社会转型期，国家组织结构逐渐开始分化，与社会组织与政治组织的分离随之而来的就是政府政治职能的弱化和服务功能的强化，社会阶层分化的结果必然是利益的多元化，这就导致政府的任何一项特定政策都无法同时满足所有民众的利益诉求和期望。改革过程中对利益的重新分配，不可避免地会触动既得利益集团的利益，这些既得利益集团不愿放弃既得利益，必然会成为改革的最大阻力，这就使我国改革处于两难境地，政府承担着前所未有的压力。同时，国际上“中国威胁论”仍然大有市场，无形中会干扰到人们的政治认知，产生信念危机，削弱人们对我国政治体系的认同。随着社会转型的深入发展，诸如此类的社会问题、矛盾会愈来愈多，最终会成为危害社会稳定的隐患。

在传统权威逐渐弱化、新的权威尚未完全建立之际，短暂的“规范真空”最易导致政治动乱和社会失序。面对这一客观社会现实，及时建构新的政治权威是解决问题的唯一途径。在现代政党政治中，政治权威集中体现为政党制度权威，即将政党的组织、原则、活动原则制度化。以中国共产党为主导的“政党制度权威”的确立恰恰符合了社会转型的需要，顺应了世界民主化的浪潮，有效地回应了人们对我国执政党“人治”的质疑，填补了“权威真空”，符合现代政治的发展方向，是现代政治权威的体现。中国政党制度权威的树立可以坚定民众的政治信念，实现政治社会的平稳过渡。

二、政党制度权威有助于推进我国民主化进程

随着政党政治的发展，政治民主化是各国政治发展的总趋势，但是由于文化背景、历史条件和具体国情的差异，不同国家的政治民主化道路不尽相同，呈现出多元化的民主化模式。由于受传统文化和具体国情的影响，我们不能照搬西方国家的经验，中国的民主化过程不适合自下而上的发展，而必须在中国共产党的领导下有序进行，坚持中国共产党的领导与政治民主化并不矛盾，中国政党制度权威的建构与重塑很好地解决了这一难题。

（一）政党制度权威本身就是政治民主化的体现

中国政党制度权威强调的是一种制度权威，它将制度权威置于各政党组织权威之上，彰显了现代民主的特质。中国政党制度权威的树立有利于摒弃政治传统中的人治因素，改变人们对中国共产党"一党专政"的片面看法，巩固中国共产党的权威，增强其政治合法性。中国政党制度权威的树立，是政党制度法律化、制度化的结果，政治民主化体现于政党制度权威树立的过程之中。历史上形成的有中国特色的多党合作制度本身就彰显了民主的本质，这是发展中国特色民主政治的历史依据。

（二）民主党派积极参政议政，彰显了社会主义民主的本质

我国政党制度中有中国特色的多党合作本身就是民主的体现，参政议政更是真实地体现了社会主义民主政治的广泛性，政治协商和民主监督体现了社会主义民主的真实性。民主党派通过参政议政、政治协商和民主监督三种形式参与国家管理，有力地推进我国政治民主化的进程。

1. 通过参政议政，民主党派不但自身政治参与合法化，而且能带动各阶层民众积极参政，扩大我国政治参与水平。广泛且有序的政治参与是政治民主化的最直接的体现，一个国家公民政治参与水平的高低，直接反映了该国的政治民主化程度。民主党派来自社会各个阶层，能够广泛代表各阶层人民的具体利益，及时、充分地反映民众的诉求和意见，并能通过自身的组织优势，把分散的、个别的利益诉求转换成理性的、有序的政治参与，为社会政治参与提供制度化的组织、程序和途径，有利于提高民众的制度化政治参与水平；能扩大各界人士有序的政治参与，拓宽社会利益的表达渠道，保证各阶层、组织和团体参与政治的制度化。

2. 政治协商是党和国家实行民主决策的重要环节，是我国政治民主的彰显。政治协商的原则之一就是，就国家和地方的重要问题，在决策之前和决策执行过程中都要和民主党派进行协商，确保民主党派对国家重大事件决策的知情权、参与权。

3. 民主监督是我国民主党派的基本职能之一，具有其他形式监督不具备的功能。由于中国共产党处于领导和执政的地位，党内一些同志很容易沾染上主观主义、官僚主义和宗派主义的不良习性，党内出现的腐败现象不但极大地影响着中国共产党的威信，消解着民众对政治体系合法性的认同，也严重阻碍了中国的政治民主化进程。长期以来，克服这些问题的一个重要渠道，就是不断完善我国政党制度，特别是加强民主党派对中国共产党的监督。因为民主党派具有一般政党的性质，党员的素质、文化程度和知识水平相对要高，相较于一般群众的监督和新闻监督来说，这种监督更加专业，也更加有效。在共产党的领导下，民主党派以参政党的身份对共产党进行民主监督，其目的不是最终夺取政权上台执政，而是促使执政党更好地执政。政党制度权威的树立，从制度上保证了民主党派的

监督作用的有效性，极大地促进了我国社会主义民主化进程。

三、中国政党制度权威是实现社会政治稳定的重要保障

政治稳定作为国家生存和发展的基本前提，是政治体系的基本保障。政治稳定和政党制度有着密切的关系。我国政党制度设计中的种种优点和特点对我国政治稳定发挥作用的程度，最终还是要落实到执行层面。我国政党制度设计的优势要想完全发挥出来，就必须要树立起政党制度权威。作为国家的一项基本政治制度，政党制度能否得到尊重，是否具有相应的权威，与国家政治体系的稳定与否紧密相关。

（一）政党制度权威具有巨大的社会整合作用

建构与重塑中国政党制度权威，可以使政党制度的优势得到充分发挥，能最大限度地增强其本身具有的广泛凝聚力，能够调动一切积极因素，增强政治体系的政治合法性基础。我国的政党体系，就其实质来说，是一个广泛的政治联盟。执政的中国共产党代表了最广大人民群众的根本利益，而作为参政党的各民主党派则代表他们周围的一部分阶层中的社会成员的利益，这样，各阶层群众的利益均有代表，能使他们的利益最大限度地得到实现，不但消弭了政治动乱的隐患，还有利于提高民众的政治认同感，无形中将广大人民凝聚到执政党周围，从而达到社会整合的目的并促进社会政治稳定。

（二）政党制度权威为我国现代政治权威的确立提供了有力的保障

阶级社会中，政治稳定的实现离不开政治权威，抛开政治权威，政治稳定将无从谈起。政治权威表现为人们对现行政府、政治制度和政治体系的自觉认同与服从，而在政党政治条件下，政治权威集中地体现为执政党权威。而无论是政党权威还是笼统的政治权威，都不能脱离政党制度而独立存在，政党制度权威才是现代政治权威的基本保障。我国现在正处于现代化建设的关键时期，中国社会也处于一个大的转型时期，我们面临着前所未有的考验。社会变革时期需要权威，更需要现代型的权威，相较于传统的政党权威，现代型的政党制度权威更符合民主潮流与当代社会的需要。

（三）政党制度权威的建立有利于政治参与的制度化发展

政治参与的制度化是同社会的政治稳定度成正比的，政治参与制度化的程度越高，则社会的政治稳定度就越高；反之，政治参与的制度化程度越低，则社会的政治稳定度就越低。在社会转型期，我国民众的政治参与意识和热情空前高涨，但是我国不健全的政治参与机制远远达不到民众的期望。由于民众的政治参与行为受挫，便会出现大量的非制度化的政治参与、无序政治参与甚至非法政治参与，从而对社会政治稳定构成威胁。在政治参与制度不断完善的过程中，为了尽量减少政治参与扩大化可能引起的社会政治动荡，必须有强大的政党制度权威做保障。完善的政党制度为各民主党派的政治参与开辟了制度化渠道。这种制度化的政治参与方式更加有效，也起到了更好的示范作用，让民众了解了合法、有序的制度化政治参与的意义。这种开放型的、多党合作的政党制度，既能够把社会各阶层引导到建设社会主义现代化的大目标上来，又能够使各个社会阶层都有表达自己利益的组织和渠道，有效地避免了各种非制度化参与所引起的社会动荡，从而缓解当前公民政治参与热情高涨与能力不足、参与渠道狭窄之间的矛盾，从而引导人们的政治参与保持在一定的秩序之内，这样就可以在很大程度上缓解社会冲突，减少社会不稳定因素。

《多党合作：从制度规范到法律规范的新跨越》（武汉市社会主义学院课题组，《湖北省社会主义学院学报》2010 年第 2 期）

一种政党制度必须为政党及其地位、作用、政治行为提供一种架构、范式和规则，这种架构、范式和规则至少应包含三层含义：一是国家对各政党的有关宪法及法律的规定，二是政党执政或联合执政、参政或在野的政治体制，三是各政党自身制定的各种章程及制度。这三层内涵既相互联系，又有所区别，共同构成了规范政党及其地位、作用和政治行为的法律制度框架体系。然而，就我国的多党合作政党制度及其实践而言，目前主要还是涉及上述第二层含义。至于其他层面，都还做得很欠缺。事实上，当我国多党合作制度上升为国家基本政治制度时，就宪法而言，它必须对这一基本政治制度进行必要的表述和规范；而就多党合作制度而言，它也必须要寻求自己国家宪法的法理基础，由此就产生了多党合作制度宪法化问题。同时，我国全面落实“依法治国基本方略”，“实现国家各项工作法治化”，也要求多党合作制度必须不断提高法律规范的水平，实现从制度规范到法律规范的新跨越。

一、我国多党合作制度的宪法、法律基础

政党制度的宪法基础，主要就是指在国家的宪法体系中，明确包含有关于政党的性质地位、价值功能、活动规则及权利分配或权利获取方式等有关政党或政党制度等内容，就是政党规范或政党制度的宪法化。政党规范或政党制度被纳入宪法的框架体系，各政党的独立性、自主性，政党制度的稳定性和程序性就会从根本上得以保证。

（一）我国宪法条文对多党合作制度的确认

宪法是国家的根本大法，具有“宪法至上”的最高法律效力，以宪法条文的形式对多党合作制度予以确认，能够最大限度地增强和提高这项基本政治制度的权威性。我国多党合作制度的宪法化经历了一个逐步发展的过程。在新中国成立后制定修改的四部宪法中，都在序言部分强调了中国共产党的领导地位。1993 年第八届全国人民代表大会第一次全体会议通过了宪法修正案，明确地把多党合作制度写进了宪法，开创了中国政党制度宪法化的新阶段。作为中国政治制度框架体系的人民代表大会制度、中国共产党领导的多党合作和政治协商制度都被纳入了宪法这一根本大法的保障之内。

（二）中共中央政策文件对多党合作制度的规范

中共中央的文件对于国家政治生活具有重要的指导意义。新中国成立以来，中共中央历届代表大会的政治报告对于多党合作制度都做出过充分阐述，还有些专项政策文件对此更是有比较丰富的制度性规定。其中，1989 年中共中央颁布《关于坚持和完善中国共产党领导的多党合作和政治协商制度的意见》和 2005 年中共中央在 14 号文件的基础上，再次颁布《关于进一步加强中国共产党领导的多党合作和政治协商制度建设的意见》，是对多党合作制度规范的专项文件。中共中央于 2006 年专门发布《关于加强人民政协工作的意见》，对中共在人民政协同各民主党派和各界代表人士政治协商的内容、形式和程序做出制度性安排。

（三）我国其他文件对政党制度的宣示

2007 年 11 月 15 日，国务院新闻办发布《中国的政党制度》白皮书，第一次向世界全面介绍了中国政党制度的形成、特征和基本内容。这一公开发表的文件，虽然不具有中央文件的权威性，但却是一种重要的政治宣示，真实反映了我国多党合作制度从政治策略向政治制度发展的趋向和方向，反映了我国政党制度制度化、规范化和程序化的发展路向。国务院新闻办2009年向全世界发布《中国人权行动计划（2009—2010）》，提出要“适当提高党外人士担任实职，尤其是担任正职的比例”，也从一个侧面宣示了我国的多党合作政党制度。国务院新闻办2009年向全世界发布《中国人权行动计划（2009—2010）》，提出要“适当提高党外人士担任实职，尤其是担任正职的比例”，也从一个侧面宣示了我国的多党合作政党制度。

二、我国多党合作制度法律规范的必要性

近几十年来，世界上不少国家出于维护政局稳定和法律秩序的需要，也在积极推进政党制度的法律化，对政党组织及其行为加强规制和监督。二战结束以来，政党制度的法律化是越来越多国家政党制度发展的重要趋势。政党问题法律化的现象表明，当代宪法和法律所面向的政治领域和效力范围正向政党政治方向发展，制度化和法律化将是当代政党政治及其制度发展的一个重要方向。

我国现行宪法并没有完整系统地规定政党制度，对多党合作的内容、形式的规定也过于抽象和原则，在实践中存在难以操作、难以落实的状况。此外，中国共产党领导的多党合作和政治协商制度是作为“宪法惯例”而存在于《宪法》“总序”中的，这一制度实际更多地是在党的文件和各项政策中被制度化。为适应新时期新阶段政治体制改革和政治文明发展需要，推动多党合作制度法律规范势在必行。

（一）落实“依法治国基本方略”和“宪政民主”要求，凸显了多党合作法律规范的必然性

在大力推进依法治国的今天，法制国家的建设目标对我国政党制度和政党运作提出了更高要求。法治国家应首先体现在政治生活的规范化当中。而政党又是政治生活的核心，各政党之间以及政党与国家机关之间的关系需要更加明确规范、更加稳定和谐，既要保障上述几大关系的和谐稳定发展，又能使政党组织、国家机关及其工作人员的行为纳入法治轨道，成为法律监控和保障的对象。“依法治国”首先要求“依宪治国”。宪法是母法，它为国家其他立法提供依据和基础，同时，宪法规定的良好施行又有赖于其他立法的支撑。因此，多党合作制度作为我国的一项基本政治制度写入宪法，各政党在获得宪法地位之后，还应制定相应配套的法律进行补充和完善，对宪法的原则性规定予以具体化，把实行多年且行之有效的“宪法惯例”上升为法律制度，从而更好地保证、坚持和完善中国共产党的领导。

（二）我国政治制度基本框架的确立，凸显了多党合作制度法律规范的必要性

从我国政治制度基本框架体系看，人民代表大会制度、民族区域自治制度、基层群众自治制度在宪法“总纲”和“国家机构”中都已有明确的规定表述。这三项制度不仅有宪法保障，而且还都有相关的单行法律作补充和支撑。多党合作制度在宪法中并无明确规定的缺失，就使得我国的政治制度在宪法层面上不完整，同样使得我国政治制度基本框架体系失去了完整的宪法基础，实际上就损害了我国的政治制度，不利于多党合作制度宪法地位的确立和政治作用的发挥。这显然是一个重大缺憾。

（三）我国政党宪法地位的缺失，凸显了多党合作制度法律规范的紧迫性

我国宪法并无执政党和参政党的法律理念和规定，对参政党用的仍是“民主党派”这一历史称谓，实际上就产生了执政党和参政党在宪法层面上法律地位的缺失，使我们无法在宪法层面确定执政党和参政党特别是参政党相应的政治、法律地位。同时，在《中国的政党制度》白皮书“中国的一项基本政治制度”一节中又进一步提到“参政党的地位和参政权利受到宪法和法律的保护”，这实际上更直接地提出了一个法律层面的问题，即参政党及其参政权利的法律规范问题。就目前看，我们至少应在宪法层面对参政党的法律地位及参政权利作出相应的界定和规范，中国参政党的地位及参政权利才能得到法律的保障，否则，就缺少了宪法上的界定和规范，《白皮书》中所谓“受到宪法和法律的保护”就自动失去现实法律基础，流于一句空话。在未来的修宪中，我国所独有的“参政党”概念应明确写入宪法，并作出一定界定和规范，给予参政党应有的宪法地位，使我们的政党制度建立在坚实的法律基础之上。历史反复证明，参政党地位及其参政权利的弱化，不利于多党合作制度优势和作用的发挥，不利于多党合作事业健康持久发展。

三、我国多党合作制度从制度规范迈向法律规范的设想和建议

今天，人民群众“依法治国”、“宪法至上”的观念已深入人心。种种有利因素表明，在我国推进多党合作制度的法律规范并在宪法修正条文中对多党合作制度做出规定性要求，尽快出台专门的有关多党合作制度的法律的条件已然具备，时机也已成熟。对与此相关的法律，我们提出如下几点设想和建议：

从立法的内容上看，该法律应包括：中国共产党的性质、宗旨、地位、任务和作用，各民主党派的名称、性质、法律地位、任务和作用，中国共产党对各民主党派的领导方式方法，各民主党派参政议政的途径和方式，中国共产党与各民主党派及与权力机关、行政机关、司法机关、军事机关、社会经济组织之间的关系，中国共产党与各民主党派的组织及其活动规定，等等。其中，特别要体现以下“六项坚持”的基本政治原则。

从法律制定的程序上看，该法律应经过中国共产党全国代表大会和中央委员会审议通过，由中共中央向全国人大提出立法建议，并经全国人大设立专门机构认真调查研究、提出立法草案之后由全国人大审议通过。简言之，关于多党合作制度的法律的制定要严格遵守法定程序。

从法律属性和法律地位上看，该法律应以《中华人民共和国宪法》为基础和依据，旨在加强、完善和规范党的领导，规定各政党的性质、地位、任务和作用，主要协调和规范中国共产党与各民主党派、国家机关的关系等，其内容涉及国家政治生活中最基本、最重大的问题。因此，该法律和《组织法》、《选举法》等统属宪法性法律，其法律地位仅次于宪法，而高于一般性法律。

从法律特征上看，该法律应既是组织法，规定各政党的名称、章程、组织结构和内部关系等；又是行为法，规范各政党的各种政党行为。该法律应既是实体法，规定各政党及其党员的权利义务；又是程序法，规定各政党及其成员实现权利义务的方法、形式等程序。

《论中西政党制度的差异》（胡鹏，《现代商贸工业》2010年第23期）

政党制度是现代政治文明的重要标志。如果说，代议制度能有效地解决国家权力的来

源问题，那么政党制度则为国家权力的运行提供了有效途径。

政党制度主要是由国家法律规定或在实际政治生活中形成的关于政党的社会政治地位和作用，特别是有关政党执掌、参与、影响国家政权的方式、方法、程序的制度性规定，它是现代国家政治制度的重要组成部分。政党制度的形成和发展既受历史文化传统、民主团结、地域等因素的影响，又受社会利益结构、不同阶级力量和政治力量的成熟程度、政体、选举制度等因素的作用。我国的政党制度是共产党领导的多党合作、政治协商制，西方的政党制度多以两党或多党制为主，就中西政党制度比较而言，由于意识形态的影响和各国具体国情的不同，存在许多差异。

一、各政党之间的关系

由于不同政党所代表的社会利益不同、组织纲领不同，各政党之间的关系微妙而复杂。

在西方资本主义国家，现代政党主要起源于复杂的议会争斗，各利益团体在议会选举中为争夺更多的利益而互相竞争角逐。竞争是政党关系的主旋律，各政党在共同维护资本主义制度前提下，相互制衡、相互斗争、彼此倾轧、尔虞我诈。

而在我国，各民主党派是同中国共产党长期风雨同舟、患难与共的亲密战友。我国政党之间的关系主要表现在：第一，各民主党派都接受中国共产党的领导，坚持四项基本原则，维护国家宪法和法。第二，中国共产党同各民主党派合作的基本方针是“长期共存、互相监督、肝胆相照、荣辱与共”。这是中国共产党与各民主党派之间共同致力于社会主义事业建设，风雨同舟几十年的经验总结。反映了他们彼此信任、真诚合作的亲密关系。第三，中国共产党与各民主党派积极开展各项合作与协商，中国共产党积极发挥民主党派在政协中的作用，支持民主党派加强自身建设等。

二、政党和政权之间的关系

在西方资本主义国家，法西斯主义终结后，其政党政治基本上表现为两党或者多党轮流执政。由于立法、行政、司法三权分立，军队国家化，公务员制度化，政党与政权的关系，主要局限于政党与议会和政府的关系上。在内阁制国家，议会中获得多数议席的政党成为执政党，负责组阁，由执政党领袖担任首相，提出各部部长名单，组织政府，执掌国家行政权力，政府向议会负责。在总统制国家，总统所属政党即为执政党，执掌国家行政权力。通常，西方资产阶级政党的参政方式有三种：第一，参加竞选。第二，制定和推行政策。第三，执掌政权。

而在我国，民主主义革命的历史将国家政权交给了共产党手里。共产党在国家政治生活中具有终身的执政党地位，各民主党派只能作为参政党，参与国家政权的建设。首先，中国共产党作为执政党，领导国家政权建设，组织规划社会发展，代表人民处理国内外事务，以维护国家民族的尊严，保障社会的稳定安全和人民生活的富裕。中国共产党的执政范围是多方面的，包括负责组织政府，掌握国家行政权、立法权、司法权，并通过培养发展党组织方式渗透社会经济、政治组织、意识形态等各个方面，上至中央下至地方，影响无所不及。其次，各民主党派作为参政党，通过政治协商，多党合作的方式积极参与国家政权建设。在参政内容上，他们代表根本利益一致基础上的社会主义劳动者参加国家政权，参与国家大政方针和各级领导人选的协商，参与国家事务的管理，参与国家方针、政策、法律、法规的制定执行，包括从中央到地方的整个政权系统等；在参政形式上，民主党派成员往往以人民代表的身份进人国家权力机关，即各级人民代表大会，进入各级政府、司法机关和监察机关工作，包括担任领导职务；其组织参加中国人民政治协商会议，同中国共产党共商国事；还参加中共召集的各种座谈会参政议政等。

三、政党和社会资源之间的关系

社会资源是政党维持政治生命，保证政治活动的源泉。一个政党要想在国家政治生活中长久生存发展，则必须重视对社会资源的分配与整合，包括划分政党享有社会资源的范围，运用社会资源的方式等等。

在西方国家，政党与社会资源的关系，主要是由有关法律、选举制度及政党的竞选纲领所确定的。体现为以下三个方面：第一，宪法和有关法律不允许危害资本主义制度的政党存在，把社会资源强制性地全部划入资本主义政治体系中。第二，用法律等形式保障两党制或多党制，并通过选举制度将社会资源导入两党制或多党制的结构框架中。第三，靠政党竞争实现社会资源的分配。在西方国家，政党对社会资源的分配，主要以维护本政党所代表的集团利益为主，其在组织发展上多吸纳倾向于本集团利益的成员。故在利用社会资源方面，无论在范围上，还是在方式上，都具有一定的局限性。

而在我国的多党合作政党制度中，政党与社会资源的关系，主要由有关政策、中共与各政党的协议和各政党的章程所确定。中国共产党的章程明确规定："中国共产党是工人阶级的先锋队，是中国各族人民利益的忠实代表，是中国社会主义事业的领导核心。"这就决定了中国共产党的社会资源的广泛性。在我国，凡是年满 18 周岁的工人、农民、知识分子和其他社会主义事业的建设者，只要承认党的纲领和章程，愿意参加党的一个组织并在其中积极工作、执行党的决议和按期交纳党费的，都可以申请加入中国共产党。共产党的党组织遍及全国各地，掌控着社会主义事业的各条建设战线，对于广泛吸纳社会群众，及时反映群众利益具有便利性。

在我国，各民主党派散布于各条建设战线上，其社会资源有以下几个特点：一是局部性，我国各民主党派由于各自的发展重点和范围的不同，只能代表一部分社会主义劳动者、拥护社会主义的爱国者，而不可能囊括社会全体。二是联盟性，由于历史原因，我国各民主党派不是单一阶级的政党，而是一种政治联盟，包括各个阶层、社会集团的联盟。三是干部性，民主党派在吸纳成员时，多以具有一定社会地位或政治地位的人士为党员发展对象。虽然各民主党派对社会资源的利用具有一定局限性，但并不妨碍我国政党对社会资源的整体利用，而恰恰表明了我国政党对社会资源整合的多样性、丰富性。

《在人民政协中探索中国特色政党制度的理论创新》（曲宏明、沈艳，《中央社会主义学院学报》2010 年第 5 期）

制度的发展和完善需要新的理论指导，需要实践的不断创新来推动，在当前中国的政治生态环境下，政党制度理论创新的关键和前提是如何选择一条安全有效的实践路径。

一、中国特色政党制度理论创新的难点及原因分析

创新是一种更高层次的发展，理论的创新离不开动力的作用，这种动力包括来自事物内部的动力和外部的动力。中国特色政党制度理论创新的内部动力主要来自于主体自身生

存和发展的需要（共产党和各民主党派是这一制度的主体），外部的动力则是指民众对多党合作制度发展的期望和要求。而就目前中国政党制度建设中存在的问题来看，进行理论创新的难点从根本上来说就在于主体和民众对理论的创新需求不足，创新动力不强。究其原因，主要受以下几方面因素的影响：

（一）思想理论中心与政策制定中心的一体化

中国共产党领导的多党合作和政治协商制度是历史发展的必然选择，中国共产党在马克思主义政党理论的指导下，不断探索适合中国国情的政党制度，并把多党合作过程中的实践经验加以总结，形成了一系列关于中国特色政党制度的思想和政策主张，这些思想和政策构成了中国特色政党制度的基本理论，成为中国特色社会主义理论的重要组成部分。如中共中央颁布的［1989］14号文件和［2005］、［2006］两个5号文件的内容几乎包括了目前中国共产党对中国特色政党制度的所有理论和政策观点。由此可见，中国特色政党制度理论与政策二者之间是紧密相联的，甚至是一致的，这就使其他从事政党制度理论研究的力量只有等待和诠释政权中心制定和颁布的政策。理论创新严重依赖于执政党的权威部门，而政治理论的创新常常会引起社会的高度关注，尤其是政党制度方面的理论创新，必然会引起更大的社会反应（包括有利的和不利的）。因此，任何一个执政党在进行政党制度理论创新时，必然会考虑到创新的政治成本和政治安全性问题。对于中国特色政党制度的主体——执政党自身来说，在长期处于执政地位又缺乏外界力量监督的情况下，主动通过理论创新来改进目前的多党合作局面似乎是艰难的；对于中国特色政党制度的另一主体——参政党来说，在同样没有竞争压力和外界监督的束缚下，主动通过理论创新来推动多党合作的发展也是缓慢的，因此，多党合作主体对进行政党制度理论创新的主动性和热情相对缺乏，外部动力相对不足。

（二）民主思想与专政思维的二元化并存

中国特色政党制度与人民民主专政的国体之间有着内在的必然联系，是内容与形式的统一，政党制度要服从和服务于对人民实行民主和对敌人实行专政的价值理念。今天，理论上所有的公民都成为民主的拥有者和受益者。然而，由于历史的缘由和传统文化的影响，过去专政的思维至今依然存在于人们的意识中并约束和影响着人们的思维创新，再加上历史上中国长期缺乏思想上对“和而不同”文化氛围的培育，对于政党的理论创新这样政治性、敏感性强的话题，更会引起人们对安全性的担心而不敢或不愿意涉足，因此，社会研究力量从事中国政党理论创新的积极性自然也就不高。

（三）政策执行情况与民众期望疲劳的现状

理论和政策只有在实践中得到如实贯彻和收到切实效果才能激发群众的热情参与，进而随着实践的发展期待下一个政策的出台，形成实践—理论—再实践—再理论的良性发展，否则，理论和政策就是空洞的，就不会产生民众对其的吸引力和关心度。中共中央［1989］14号文件和［2005］、［2006］两个5号文件都是由实践经验总结概括而成的，然而，对文件中有些政策贯彻执行的情况却不尽如人意，使民众产生了对多党合作的期望疲劳情绪，降低了理论创新的外部积极性。

（四）思想缺乏与极端化特征明显

尽管执政党一直强调要解放思想、实事求是，但由于受“左”的思想长期影响，中国社会百花齐放、百家争鸣的学术研究氛围尚有待加强，特别是对政党制度和政党理论等政治敏感问题的探索更需要大胆地解放思想。极端化表现为本土思想与外来思想对立的现象，一方面，思想和政权结合，思想多用来解释政策，缺乏学理根基，官方思想是社会的主流意识形态；另一方面，思想与西化结合，一些人不是从中国的政治经济文化实际出发来思考政党制度问题，而是极力推崇西方的政治制度，盲目舶来西方的政党理论，有的人一提到政党制度似乎就是西方的多党竞争制，除此之外就没有其他合理的政党制度了，这种外来的思想具有很大的社会影响力。思想上的缺乏与极端化使政党制度理论创新很难有所突破，结果就是政党理论的话语权在很大程度上受到西方政治思想的影响，难以形成自己的语境体系，理论创新滞后于实践发展，使本土创新处境比较艰难。

二、人民政协是中国特色政党制度理论创新最理想的实践载体

理论创新的安全性是执政党和民众关心的重点。因此，选择体制内的实践平台，保障理论创新实践的政治安全性，是进行创新的前提。

（一）支持各民主党派和无党派人士参与国家重大方针政策的讨论协商及其履行职责的各种活动是人民政协的主要职责

人民政协与中国特色政党制度有着紧密的联系，支持各民主党派和无党派人士参与国家重大方针政策的讨论协商及其履行职责的各种活动是人民政协的主要职责，推动中国特色政党制度理论创新更是人民政协事业不断发展的重要方面。

（二）人民政协为中国特色政党制度理论创新搭建了体制内的实践平台

就我国目前的政治环境来说，进行理论创新必须把握好两个方面的问题：一方面，中国特色政党制度的发展和理论创新必须在社会主义政治制度的架构下来进行，而不能另辟蹊径在体制外推行；另一方面，政党制度的发展和理论创新决不能以破坏社会稳定和损害经济发展为代价来搞政党制度的民主改革。基于安全性和可能性的考虑，中国特色政党制度理论的创新必须以坚持共产党的领导权为前提，以实现人民民主为最高价值取向，以团结合作的政党关系为依托，通过体制内渐进式的实践活动来推动。

目前，在执政党决策层的民主政治发展意愿非常明确和坚定的情况下，通过加强人民政协中的多党合作实践来推动中国特色政党制度的理论创新是最安全、最有效的路径选择。体制内的实践，能够有效控制和规避在民主政治发育不充分的条件下进行政治理论创新可能导致的社会不稳定和政治风险。

（三）执政党高度重视人民政协的工作并寄予很大希望

人民政协是我国唯一的由所有合法政党参加并以党派名义在其中活动的多党合作组织，是中国共产党与各民主党派共商国是、互相监督的专门机构。作为中国特色政党制度的领导者——中国共产党，历来高度重视和支持人民政协的工作。

三、人民政协推动多党合作理论创新需关注的几个重点问题

在人民政协中探索中国特色政党制度的理论创新要从人民政协履行三大职能过程中存在的问题和现实需要着手，用制度来保障政治协商不流于形式，用科学的理念指导民主监督不止于表面，用人员的优化来使参政议政不落于空谈，进而推动中国特色政党制度的理论创新。

（一）加强政治协商的机制建设，充分发挥人民政协协商民主的特点和优势

第一，用制度来保障协商的精神和原则得以贯彻，使协商成为政协工作的原则和政协发展的政治资源。所谓协商的精神，即为一种民主和包容的精神。所谓协商的原则，即坚持协商在决策之前的原则。要积极探索政治协商的规范运作程序，探索协商民主的法律支撑和保障，使协商民主与选举民主一道成为国家法律规定的两种民主形式。

第二，从政协的主体结构上增强协商主体的广泛性、多元性、合法性、独立性和平等性，不断根据社会结构的变化调整人民政协的界别情况和委员构成，扩大协商主体的知情权和参与权，增强协商主体的主人翁意识。

第三，从舆论上营造百家争鸣的协商氛围，不断创新协商形式，增强人民政协应对形势变化的适应性，充分利用现代网络媒体资源，使协商活动的社会参与更全面广泛、更便捷灵活、更及时有效。逐步使人民政协成为多样性意见表达、碰撞、融合、争论与参与的政治舞台，成为探索真理的合法场所，而不要单纯成为提取同质声音的安全保险机构，满足多元利益主体的政治表达诉求。

（二）以科学发展观为指导，不断创新民主监督的理念

第一，要不断转变观念、改进作风，逐步改变主要从政治需要角度来评价政府工作的成效、政协工作的绩效，从科学发展的角度来评价工作的绩效，坚持以人为本的发展理念，坚持从人民群众的根本利益出发，从切实保障人民群众的经济、政治和文化权益出发，敢于和善于按照科学发展观的要求来履行政协民主监督的职能。

第二，任何批评和建议只要有利于生产力发展，有利于人民民主，有利于建设中国特色社会主义事业，就应该在人民政协中得到尊重和正面回应，并使之逐步成为政协的一种文化特点。只有在这样的文化氛围和导向下，民主监督才能挺起腰杆，政治协商才能敢吐真言，参政议政才能理直气壮，党的坚强领导才能有广泛的民主基础，从而使人民政协真正成为科学发展观的忠实信仰者、自觉实践者、积极推动者。

（三）不断加强人民政协的组织建设，提高参政议政的实效

第一，积极探索在县级政协增加民主党派界别。

第二，进一步优化人民政协的组织结构，增强政协组织的活力。

第三，要保证民主党派成员和无党派人士等在各级政协中占有较大比例，并且把民主党派这种人员的优势转化为参政议政的优势。

《社会分层与我国政党制度整合功能研究》（石学峰，《当代社科视野》2010 年第 3 期）

一、我国社会分层现状分析

当代中国社会正处于由传统向现代社会过渡的进程中，结构转型、机制转换、利益调整和观念转变已成为社会发展的主要基调，多元的、开放的社会结构正在形成。原来的“两个阶级、一个阶层”即工人阶级、农民阶级和知识分子阶层的社会结构分化了，一些新的社会阶层出现了。

一是农民阶级的分化。在中国历史上农民的概念有三层涵义：一是职业的农民，二是阶级的农民，三是户籍的农民。由于我国的“改革首先是从农村做起的”因而与此相一致的是，我国社会阶层的分化也必定首先从农民开始。目前，农村居民在职业、使用生产资料的方式和对所使用生产资料的权利等等的差别，使得农村的社会分层与流动日益明朗

化、动态化。根据当前农民所从事的职业不同，可以将农民阶级划分为如下几个阶层：（1）农业劳动者阶层；（2）农民工阶层；（3）乡镇企业职工阶层；（4）农村管理者阶层；（5）贫困农民阶层。而且各个阶层之间的流动依然存在，农民阶级的分化并没有停止。

二是工人阶级的分化。工人阶级是指从事第二和第三产业生产和劳务的体力和脑力劳动者的集合体。工人阶级从来就是一个历史范畴，它的内涵总是随着时代的发展而不断变化。新中国成立初始，我国的工人阶级主要是指产业工人。私有制的社会主义改造完成后，工人阶级相对人数和绝对人数都进一步扩大。工人阶级的内部构成日益丰富，管理阶层不再独立，而成为工人阶级的组成部分。改革开放30多年来，社会组织的分化和弱化、产业结构的多元化、户籍制度管理的松动等，都使得工人阶级队伍发生了分化。在以上各种因素的影响下，工人阶级内部分化为以下几个阶层：即（1）企业家阶层；（2）“白领”阶层（管理者阶层）；（3）普通工人阶层；（4）低收入职工阶层。

三是知识分子阶层的分化。按照马克思主义关于知识分子的基本观点，在阶级社会里，知识分子既不是一个独立的阶级，也不是一个统一的阶层。改革开放以来，中国知识分子的阶层结构日益复杂，数量显著增加。知识分子阶层的整体收入提高，其阶层内部的收入差距也呈现出不断扩大的趋势。当前，我国的知识分子可划分为四大阶层：（1）管理者阶层；（2）传播知识劳动者阶层；（3）干部阶层；（4）青年学生。

四是出现了新的社会阶层。新阶层是指改革开放以来，随着我国体制转轨和结构转型，从原来存在的基本的阶级阶层中剥离出来的社会利益集团，但这些新的利益群体又不能简单地归列到原有的阶级体系中。这些新的社会阶层产生于原有社会阶层的内部，但他们所从事的工作、生活方式以及思想观念等已完全不同于原有的社会阶层，而且这种社会分层将继续下去。

二、社会分层对我国政党制度整合功能造成的挑战

（一）社会分层导致利益诉求多样化，使当代中国政党制度的利益整合功能面临挑战

社会分层过程的实质是社会各阶层利益重新分配的过程。随着社会阶层发生分化，我国社会的利益结构也发生了重大变化，呈现出利益主体多元化、利益诉求多样化、利益差距扩大化等等发展态势。人们从自身利益出发要求参与政治的运作，关心政治的决策及其对自身利益带来的影响。人们利用各种利益表达渠道，向政策系统表达自己的利益诉求，力图通过公共政策制定来争取、实现和维护自身的利益。从理论上看，当代中国政党制度在利益表达上具有无比的优越性。中国共产党作为执政党和“两个先锋队”，代表最广大人民的根本利益，是所有社会阶层利益关系的总协调者。而一些特定社会阶层的特殊的具体的利益则主要由民主党派来表达。从逻辑上看，这些分析是正确的，但从实际来看，却混淆了“应然”与“实然”。这是因为社会利益多元格局已经形成，然而当前的政党制度却尚未形成能够提供足够多的利益表达渠道的政治结构。因此，对当代中国政党制度提出的挑战就是能否通过建构新的利益整合机制、制度体系，以容纳这种利益表达。

（二）社会分层导致价值观念多元化，使当代中国政党制度的意识形态整合功能面临挑战

不同社会阶级和同一阶级内部的不同群体，由于社会分工、所处地位、利益追求、受

教育程度等方面的不同，在价值观念的选择和追求上的差异是明显的。当代中国社会，价值观念的基本特征可概括为："多元并存，新旧交替。"社会再也难以用同一种尺度去要求和规范思想观念、价值取向日趋多元的各利益群体了。

一般而言，政党都有自己的意识形态，并以其独特的意识形态来吸引党员和进行社会动员。在任何一个有多党存在的现代社会中，有效、合理地整合各政党的意识形态是一个政党执政的必要基础。然而，新的社会阶层形成以后，必然有自己的政治要求和意识形态。在如此多元价值的交互作用下，无疑对当代中国政党制度的意识形态整合功能提出挑战。

（三）社会分层导致社会非稳定因素凸显，使当代中国政党制度的社会整合功能面临挑战

社会分层的过程本身孕育着新的交换模式的建立和新的整合机制的出现。但在我国社会分层发生的加速转型时期，分化与整合难免会出现失衡与失调现象，社会分层更使社会矛盾和冲突更加普遍和广泛，从而导致社会稳定难以持续维持、大量非稳定因素产生。

第一，社会矛盾与问题日趋上升。目前，我国社会矛盾呈现出一些新的特点：矛盾的利益性突出；矛盾的群体性增强；干群矛盾日益突出；矛盾的原因极其复杂，解决起来难度极大。

第二，社会犯罪沉渣泛滥。经济犯罪、暴力犯罪、抢劫、盗窃等刑事犯罪不仅上升且屡禁不止；利用高技术的智能犯罪现象也开始露头；群体性事件呈高发态势，数量不断上升，规模不断扩大。这一切都严重威胁到了社会成员基本的生存安全感。

第三，社会风气败坏现象突出。目前社会上存在的严重的奢侈浪费、消极腐败现象、官僚主义、享乐主义、拜金主义、功利主义、形式主义、封建迷信等等歪风邪气严重危害着社会的稳定与和谐。

所有这些社会问题和社会矛盾作为社会的非稳定性因素，其影响都是非常突出深刻的。当代中国政党制度能否缓和社会冲突并消解不安定因素，保持一个稳定的社会政治环境，成为新世纪新阶段考察中国政党制度优劣的具体标准。

三、当前重构我国政党制度整合功能的基本思路

（一）疏通利益表达机制，增强中国政党制度的利益整合功能

面对社会分层导致利益诉求多样化，当代中国政党制度合乎逻辑的选择应该是疏通利益表达机制，将社会上各种同质的和异质的利益诉求有机整合起来，纳入到执政党和参政党政治体系之内，形成引导公民有序的利益表达机制。

1. 推进执政党党内民主建设，上通下达。中国共产党成为执政党后，其金字塔状的组织网络遍布中国社会的每个角落，在利益表达上是任何其他政治结构组织所不可比拟的。因此，只有发扬党内民主，才能疏通沟通渠道，强化利益表达功能。首先，建立和完善党内情况通报制度。其次，建立和完善党内情况反映制度。再次，完善党内重大决策征求意见制度。

2. 强化执政党外围组织的利益表达功能。参政党组织和公民团体是执政党利益表达功能的两个主要外围组织。首先，作为参政党，主要是建立信息收集和反馈机制。其次，中国的公民团体作为执政党的外围组织和有力助手，在某种程度上扮演着利益集团的角

色，起到利益表达的作用。对这些公民团体应该在政策上引导、制度上规范、体制上完善、机制上强化，使之发挥应有的作用。

（二）整合社会意识形态，以新型的社会主义理论体系整合不同阶层的社会思想

中国政党制度本身的结构特点就决定了它比其他政党制度在发挥整合社会意识形态方面具有更大的优势。社会主义核心价值体系是社会主义意识形态的本质表现。是引领多样化社会价值观和各种思潮的一面旗帜，是新时期整合不同阶级阶层的共同的思想基础。社会主义核心价值体系坚持主导，包容多样，整合多样。

（三）提高制度整合能力，发挥中国政党制度的制度整合的功能与优势

当前我国正处于社会转型期，社会存在诸多不稳定因素，只有充分发挥制度的规范功能、凝聚功能和协调功能，才能实现制度对社会的整合。第一，正确处理新旧制度整合的关系。第二，外在制度与内在制度整合并重。

王小鸿　中央社会主义学院中国政党制度研究中心教授

执政党研究

执政党研究述评

2010年国内学术界对执政党建设的研究，在前几年研究的基础上，按照十七大关于党的建设总体部署，对党的思想、组织、作风、制度建设，尤其对反腐倡廉建设进一步深化研究，提出了一些新的理论观点。其中一个最突出的方面，就是根据党的十七届四中全会通过的《中共中央关于加强和改进新形势下党的建设若干重大问题的决定》精神和要求，着重就党的建设科学化水平、建设马克思主义学习型政党、推进干部人事改革等新论断进行了深入研究，同时围绕在社会主义市场经济与推进民主政治建设的大背景下，从长期执政的视角思考党的建设，对共产党执政理论进行较全面研究，对执政党建设规律进行深入探讨。总体来说，2010年执政党研究呈现出三个比较鲜明的特点：一是更加注重从当前的实际出发阐释马列主义建党学说的基本原理及其现实价值；二是更加注重实证研究，尤其从基层的创新实践中总结经验，推动执政党建设理论与时俱进；三是更加注重研究执政党在新的历史条件下所面对的危机与挑战，对新出现的热点、难点和敏感问题进一步作出深层的理论探讨与争鸣。

一、建设马克思主义学习型政党

党的十七届四中全会从新形势下推进党的建设新的伟大工程的战略高度，对建设学习型政党作出了部署。2010年，中共中央办公厅下发《关于推进学习型党组织建设的意见》，对进一步推进学习型政党的建设，提出具体要求和明确规定，这也为学者们对学习型政党建设的深入研究注入了新的动力。以前研究的基础上，学者紧紧围绕建设学习型政党的任务要求、学习型政党建设与党的其他建设的关系等层面，尤其是对学习型党组织建设，进行了广泛深入的探讨。

（一）关于学习型党组织建设

学习型党组织建设是学习型政党建设的基础工程。中共中央办公厅印发的《关于推进学习型党组织建设的意见》，成为研究学习型政党的新的兴奋点。学者们围绕学习型党组织的内涵、基本特征、建设途径进行了深入探讨。

刘云山在《扎实推进学习型党组织建设》（《求是》2010年第9期）一文指出，建设学习型党组织是建设马克思主义学习型政党的基础工程，是新形势下加强党的建设、保持和发展党的先进性、提高党的执政能力的重大举措。第一，明确方向目标，围绕提高思想政治素养和实践能力深化党员干部学习。第二，强化示范带动，抓住领导干部、领导班子这个关键推动党员干部学习。第三，注重改革创新，探索新的形式载体吸引和激励党员干部学习。一是打造便捷多样的学习平台，二是探索生动有效的学习方式，三是拓展个性化的学习空间。第四，建立长效机制，以科学规范的制度促进和保障党员干部学习。要进一步健全学习的组织管理制度、考核评价制度，学习型党组织建设工作的领导协调制度。

王炳林在《学习型党组织的基本特征和建设路径》（《毛泽东邓小平理论研究》2010年第3期）一文中提出，研究学习型党组织的基本特征是建设马克思主义学习型政党的重要环节。所谓学习型党组织，就是指能够树立符合时代要求的学习理念，具有健全的学习机制、浓厚的学习氛围，以学习力推动创新力和凝聚力，不断增强生机活力的集体。学习型党组织应具有以下主要特征。第一，具有先进的学习理念。一是树立终身学习的观念，二是树立团队学习的理念，三是树立学习工作化、工作学习化理念。第二，具有明确的奋斗目标：一是单位发展的目标，二是学习型党组织自身建设的目标。第三，具有健全的运行机制。一是具有激发强烈求知欲望的学习动力机制，二是具有严格的学习考核机制，三是具有完善的学习管理制度和保障体系，四是具有平等的学习交流机制。第四，具有可持续的创新能力。以学习推动创新，把学习作为创新的动力，是学习型党组织最重要的特征。第五，具有良好的社会引领功能。主要体现在以下几个方面：一是党组织具有高效的执行力，二是党组织具有自我完善功能，三是党组织是开放的团体。

高新民在《建设学习型党组织与党的建设》（《领导之友》2010年第3期）一文指出，学习型组织，就其原本意义上所说的“五项修炼”而言，它实质上是一种自组织管理理论，是提升组织力的方式之一。从这个意义上看，学习型党组织，实际上是一种管理理念的更新，一种提升党组织整体素质，提升执政能力、领导能力的管理方式和机制之一。学习型党组织并不能单独构成党的建设的一个方面，它蕴含在党的建设这一系统工程的各个方面，贯穿于党的建设整体过程之中。

齐文学、唐晓清在《学习型党组织建设的理论形态和实践路径》（《学习论坛》2010年第8期）一文谈到，建设学习型党组织要把更新学习理念、提高学习能力作为切入点，把完善学习机制作为着力点，推动党内学习不断走向科学化、制度化、规范化。第一，提高学习能力是建设学习型党组织的切入点。一是以更新学习理念为先导，推进党内学习方式创新。要推进研究式学习、推进团队式学习、推进开放式学习；二是以促进事业发展为中心，倡导“行动学习”的新方式；三是从党的建设实际出发，探索符合客观实际的学习型党组织建设模式。第二，完善学习机制是建设学习型党组织的着力点。一是健全理论学习机制，扎实有效地推进理论武装工程；二是健全学习动力机制，激发党组织学习的内在积极性；三是健全学习考核机制，形成科学完善的学习考核体系；四是健全学习转化机制，营造学习工作一体化制度平台；五是建立领导责任机制，加强对建设学习型党组织工作的领导。

齐卫平撰文《论学习型党组织建设与提高党的建设科学化水平》（《求实》2010年10期）一文中指出，建设学习型党组织必须在不断深化和把握客观规律的基础上向前推进。第一，着眼于理论素养的提高，不断深化“三大规律”的认识。第二，着眼于大局和全局意识的树立，努力提高遵循思维规律的自觉性。学习型党组织建设树立大局和全局意识，关键在于思维能力的科学取向。党中央强调要“切实提高战略思维、创新思维、辩证思维能力”，就是从思维规律意义上提出的要求，是科学价值取向在思维能力方面的体现，学习型党组织建设必须在认真把握思维规律上努力。第三，着眼于业务本领的增长，在加深认识和把握工作规律上下功夫。第四，着眼于创新素质的培育，探索研究新形势新情况下党的工作新规律。

（二）建设学习型政党的任务与要求

明确建设学习型政党的任务与要求，是建设学习型政党的关键所在。在去年学者探讨的基础上，学者对这个问题进行了更为具体深入的思考。除提出要深入研读马列主义经典著作，努力掌握马克思主义立场观点方法外，有学者提出要深化对学习型政党本身的认识以及马克思主义学习型政党建设的历史定位和理论架构。

习近平在《深入学习中国特色社会主义理论体系　努力掌握马克思主义立场观点方法》（《学习时报》2010 年 3 月 8 日）一文指出，党员干部要深入学习中国特色社会主义理论体系，努力掌握马克思主义立场观点方法。第一，坚持中国特色社会主义理论体系中贯穿的马克思主义立场，始终站在人民大众立场上，立党为公、执政为民，把服务群众、造福百姓作为最大责任，关键是必须解决好为谁掌权用权的问题。第二，坚持中国特色社会主义理论体系中贯穿的马克思主义观点，自觉运用辩证唯物主义和历史唯物主义的思想武器改造客观世界和主观世界。一要学习和掌握马克思主义关于人类社会发展规律及其历史趋势的基本观点，始终坚定中国特色社会主义信念和共产主义理想；二要学习和掌握马克思主义关于生产活动是人类社会存在和发展根本前提的观点，始终把发展作为党执政兴国的第一要务；三要学习和掌握社会主义经济政治文化社会协调发展的观点，把中国特色社会主义事业全面推向前进；四要学习和掌握马克思主义关于人的全面发展的观点，在发展中始终坚持以人为本。第三，坚持中国特色社会主义理论体系中贯穿的马克思主义方法，用唯物辩证、实事求是、群众路线的思想方法和工作方法武装头脑、指导实践，不断提高领导工作水平。

侯惠勤在《建设马克思主义学习型政党要认真研读经典著作》（《前线》2010 年第 7 期）一文提出，建设马克思主义学习型政党要认真研究经典著作，指出了学习马克思主义经典著作所具备的前提和正确态度。第一，前提是重视理论学习、保持理论兴趣。是否具有理论兴趣、能否重视思想理论建设，是衡量一个阶级、一个政党是否具有活力和前途的重要标志。第二，认真研读经典著作，关键是科学认识和正确对待马列主义和中国化的马克思主义的关系。目前存在着两种对于马列主义的“发展论”：一是“阶段论”的发展，二是“结合论”的发展。指出正确的态度是既不将两者割裂，也不用中国化的马克思主义取代马列主义。只有把马克思主义看作一脉相承和与时俱进、理想和科学、世界观和方法论、理论和实践等等的辩证统一，才可能真正读懂马克思主义，才能真正读懂中国特色社会主义理论体系。

吴志洁在《建设学习型政党需深化的几点认识》（《科学社会主义》2010 年第 4 期）一文中提出，学习型政党建设的目的到底是什么？哪些是冠以“学习型”名头的组织必须具备的基本的要素？第一，要把政党视为具有生命体征的组织。政党借鉴学习型组织理论，是为了保持生机和活力，保持创新和可持续发展。必须转变对组织的机械性认识，将政党视为具有生命体征的有机体，赋予它人性化的特点、学习和创造的能力，政党才能与时俱进，应对危机与挑战，保持生机与活力。第二，要强化对“组织学习”概念与内涵的理解。组织学习实际上就是创造性学习，只有创造性学习才能使组织拥有应变和创新能力。怎样才能实现组织学习？关键在于将组织中所有的个体都看成独立平等富有创造力的主体，强调在共享与反思中寻找共同的远景。第三，要将马克思主义的方法论和思维方式的转化作为重要路径。建设马克思主义学习型政党，关键在于党员干部能否真正坚持马克思主义的方法论，能否集全党之智慧形成与时代同步并能引领社会发展的思想观念与价值体系，党组织中的成员能否将党的创新理论真正融入头脑、融入行动。第四，要将马克思主义学习型政党作为理想的组织形态不懈追求。要把学习型组织的建设看成组织通过学习不断修炼以达到理想状态的过程，真正使组织在变革中强化应变和创新的能力，从而保持组织的生机和活力。

陈远章在《全球化视域下建设马克思主义学习型政党的战略思考》（《湖湘论坛》2010 年第 3 期）一文指出，世界正处于大变革、大转折、大发展的“千年未有之大变局”，中国处于全面转型之时，要以全球化的战略眼光建设学习型政党。第一，不忘老祖宗：从发展着的马克思主义中获得不竭动力。要紧密结合我国国情和时代特征，用发展着的马克思主义指导新的实践。第二，背靠五千年：从源远流长的中华优秀传统文化中借鉴智慧。中国优秀传统文化是中华民族的血脉，是社会主义先进文化的重要来源，是中国共产党赖以成长的土壤。作为肩负民族复兴伟大使命的中国共产党，只有植根于本国优秀传统文化，才能在全球化的进程中掌握“化”的主动权，有效地抵御西方的文化殖民。第三，放眼全世界：从人类文明的优秀成果中撷取精华。借鉴外国政党的成功经验尤其是法治经验，遵循政党政治的共同规律，完善政治体制和政党制度，不断推进党的现代化。第四，铭记前车鉴：从世界政党政治的兴衰成败中获得教益。要洞察世界政坛政党兴衰史，反思自身成长史，从中总结教训，一是警惕“政党之癌”：腐败，二是警惕“能力短板”，三是警惕“民主陷阱”，四是警惕“左右摇摆”。第五，实现新发展：从波澜壮阔的伟大实践中汲取营养。

程美东在《马克思主义学习型政党建设的历史定位和理论架构——信仰、知识、方法的有机统一》（《马克思主义研究》2010 年 9 期）一文中认为，马克思主义学习型政党的建设要学习的内容是个系统的理论架构，分为三个层次：第一个是信仰层次，即围绕马克思主义的基本理论问题开展学习，以真正地了解马克思主义，确立对于社会主义、共产主义的信仰，这是我们党作为工人阶级先锋不可缺少的理论武装和思想旗帜。第二个是知识层次，这个层次以工具性的内容为主，包括自然科学知识和人文社会科学知识，只有这些知识为基础才能制定出正确的方针政策。第三个是方法层次，这是链接知识和信仰之间的纽带，知识只有化为方法才能为信仰在实践中的具体化提供保障。作为中国共产党，所要学习和掌握的哲学方法论就是马克思主义的辩证唯物主义和历史唯物主义，所要学习掌握的具体科学方法就是与自己的工作有关的、需要借鉴的各个学科领域工作方法。

（三）学习型政党建设与党的建设的关系

在对于学习型政党的研究如火如荼之际，有学者提出要理性看待学习型政党建设，其不能代替党的其他建设；有学者提出要以学习型政党建设带动党的其他建设。

高新民在《建设学习型政党需要处理好的几个关系》（《学习时报》2010 年 1 月 4 日）一文中提出，建设学习型政党要处理好学习型政党与党的建设总体布局的关系，学习型政党建设不是万能的，其功能并不能替代党的建设其他方面的改革创新。学习型政党解决的是政党内部的“软实力”问题，更多地体现为思想建设，体现为个人、团队、组织整体的素养和能力方面。而基层党的建设问题，党内民主问题、权利运行机制问题，领导体制和工作机制问题都需要制度层面的改革来解决。党的建设作为一项系统工程，思想建设、组织建设、制度建设、作风建设、反腐倡廉建设，任何一个方面都需要有其他方面的配合，但任何一个方面的建设功能都是有限的，所以才需要有党的自身建设的整体布局。因此，建设学习型政党很有必要，但这一课题本身不是无所不包的。

蒋仁勇撰文《学习型政党建设与党的其他建设关系探析》（《长白学刊》2010 年第 2 期）认为，建设学习型政党是党的其他建设的长效机制，通过建立这种先进的机制，以系统整合党的建设各方面的资源，来解决党的建设问题。第一，学习型政党与党的思想建设持续发展的。一是通过变革学习教育观念，树立先进正确的学习教育理念，能使党的教育转化为党员的学习行为；二是通过营造全员学习、终身学习的学习氛围，激励党员持续学习；三是建立以学习创新精神为核心的先进政党文化；四是建立完善党的学习创新服务体系。第二，学习型政党与党的组织建设。学习型政党要用先进的组织治理理念、先进的组织发展模式进行党的组织建设，保持党组织的先进性。第三，学习型政党与党的作风建设。建设学习型政党要通过建立一种善于学习创新的机制，学习借鉴人类社会一切有效的权力制衡理念和防止腐败的成功经验，用先进的政党文化、组织文化包括廉洁文化与制度设计，以解决党的作风建设、反腐倡廉建设中存在的突出问题。第四，学习型政党与党的先进性建设。学习型政党建设与党的先进性建设，是优势互补的关系。学习型政党与党的先进性建设相比，具有关键性、系统性、时代性的特点。善于学习创新是保持党的先进性的基础、前提和关键因素。学习型政党建设的根本目的就是为了保持党的先进性，因而从属于服务于党的先进性建设。第五，学习型政党与党的执政能力建设。学习型政党建设通过提高党的学习力、创新力、执行力，为加强党的执政能力建设提供长效机制。

（四）建设马克思主义学习型政党建设的历史经验

中国共产党建党近 90 年的光辉历程，从弱小到强大，从农村到城市，从革命到执政，就是一个在学习中不断前进创造辉煌的历程。现在提出建设马克思主要以学习型政党，是认识上的自觉。总结学习的历史经验，对当前学习型政党建设有指导借鉴意义。

袁秉达在《理论创新视阈中的学习型政党价值取向——兼论建设马克思主义学习型政党的首要任务》（《上海党史与党建》2010 年第 1 期）一文中提出，中国特色社会主义理论体系，就是我们党通过努力学习，坚持运用马克思主义立场、观点、方法，围绕中国社会主义革命、建设和改革发展等重大问题破解难题、创新理论、指导实践的结果。第一，改造学习：破解中国革命的重大问题，分清“谁是我们的敌人，谁是我们的朋友”，开辟新民主主义革命道路，创立毛泽东思想。第二，重新学习：破解社会主义建设的重大问题，搞清“什么是社会主义、怎样建设社会主义”，开辟中国特色社会主义道路，创立邓小平理论。第三，带头学习：破解执政党建设的重大问题，弄清“建设什么样的党、怎样建设党”，推进执政党建设新的伟大工程，创立“三个代表”重要思想。第四，革新学习：破解中国进一步发展的重大问题，厘清“实现什么样的发展、怎样发展”，开拓科学发展、和谐发展、和平发展道路，创立科学发展观。

鞠正江在《中国共产党建设学习型政党的历史进程及基本经验》（《党政干部学刊》2010 年第 4 期）一文中认为，建党以来，中国共产党始终致力于探索如何建设马克思主义学习型政党，党的学习实践历程为党深入推进马克思主义学习型政党建设积累了丰富经验。第一，始终坚持把保持与强化党的性质和宗旨作为建设马克思主义学习型政党的根本方向。第二，始终把回答时代课题、指导中国实践、推进马克思主义中国化、时代化作为建设马克思主义学习型政党的首要任务。第三，始终把马克思主义基本理论与马克思主义立场、观点、方法作为建设马克思主义学习型政党的核心内容。第四，始终把用不断创新的马克思主义理论成果武装全党、特别是领导干部作为建设马克思主义学习型政党的关键抓手。第五，始终把学习制度建设作为建设马克思主义学习型政党的根本保障。

二、党的建设科学化研究

党的建设科学化重大命题和重大任务的提出，是我们党总结建党 80 多年来特别是执政 60 年来自身建设经验的结论，它标志着党对执政规律和自身建设规律的认识达到了新的高度和新的水平。尽管去年学者们对这个问题进行了深入广泛探讨，但这仍然是学者们持续高度关注的一个重大问题。一些学者围绕党建科学化的研究方法、内涵特征、提高党建科学化水平的途径和制约因素，进一步展开深入研究。

（一）党的建设科学化的内涵特征

对于党的建设科学化内涵特征的准确阐释和把握，是推动党建科学化的前提。学者们从更广阔的视角和推动实践发展的维度来阐释党建科学化内涵特征。

季明在《深刻理解和准确把握党的建设科学化的内涵特征》（《新视野》2010 年第 3 期）一文指出，如何定位和定义党的建设科学化的内涵特征，是研究分析党的建设科学化的逻辑起点。党的建设科学化，是党在科学理论指导下，适应时代、环境、任务等情况变化的需要，不断创新发展理念、调整自身结构、完善功能机制、改进活动方式，从而使党永葆生机活力的实践状态与过程。党建科学化的主要特征是：一是规律性。“科学”与“不科学”的根本区别在于是不是遵循和把握了规律，党建科学化就是要更加自觉地按照马克思主义执政党建设规律来建设党。二是人民性。党的建设科学化的根本目的，就是确保党的性质和宗旨符合人民的根本利益，完成党的使命。三是实践性。党的建设科学与否，最终要靠实践来体现和检验。四是整体性。党的建设科学化涵盖党的建设各个领域、各个方面、各个要素的全方位、多角度、立体式、宽领域的整体性概念，同时也是由党的建设整体的科学化所建构和支撑起来的模式。五是制度性。党的建设科学化的衡量必须有一个标准，以制度的形式明确规定什么样的党建模式、党建思维、党建做法才是科学的，才是符合推进党的建设科学化运行模式所要求的。六是民主性。党的建设民主化是科学化的前提与基础，没有党的建设民主化就难以保证党的建设科学化。七是创新性。创新是科学化的本质要求，也是党的建设科学化具有强大生命力和战斗力的奥妙所在。社会在不断发展，党的建设在不断地变化，这就存在着如何把握时代的发展趋势、社会发展规律的问题。党的建设就要适应这种发展变化，不断改革与创新，要按照创新的精神和要求来建设党。

蔡长水在《党的建设科学化就是规律化，就是自觉认识和运用规律》（《中直党建》2010年第3期）一文中指出，中国共产党执政和自身建设不能够想当然，而应该把符合客观实际、符合规律的东西规定下来并贯彻执行，这就是科学化。其具体内涵有三：一是科学化的问题不是说过去党的建设完全没有按规律办事，而是说科学化是一个长期实践的过程，是党的建设不断积累的过程。二是党的建设科学化要在新的实践中增强应用和遵循客观规律的自觉性，在科学理论的指导下去解释和回答党的领导所面临的重点问题、热点问题，从基本理论、制度体制、方式方法上继续推进党的建设新的伟大工程。三是党的建设科学化是一个过程。提高党的建设科学化水平是一个不断发展的过程，在这个过程中科学化标准也不是一成不变的，而是需要随着时代的发展，不断作出新的解释。

常黎峰在《刍论“推进党的建设科学化”的理论内涵及实践要求——学习党的十七届四中全会〈决定〉》（《理论导刊》2010年第3期）一文认为，“党的建设科学化”命题基本内涵有三：一是党的建设能够秉持、贯注尊重科学的态度和精神，以此作为制定行动方略的基本原则，保证党的建设实践按照合乎事物变化发展规律的原则和要求来研究、部署和推进；二是党的建设能够坚持马克思主义唯物辩证法观点，坚持主观与客观相统一原则，直面现实实际，注重在实践中探索、寻求推进党的建设的有效方式、方法和路径，努力把党的建设置于马克思主义科学理论、科学方略、科学制度的指导和规制下；三是在党内能形成探索、研究党的建设的内在本质，寻找、揭示其客观规律，并自觉地按照规律办事的浓厚氛围。

（二）提高党建科学化水平的基本要求

如何提高党的建设科学化水平？这是提出党建科学化的关键所在。学者们提出要遵循党建规律、共产党要实现自身转变、要以系统意识等思路来推进党建科学化。

刘宗洪在《遵循党建规律与提高党建科学化水平》（《中共中央党校学报》2010年第6期）一文提出，推进党建科学化，主要取决于把握和运用党建规律的水平。第一，遵循马克思主义政党建设的规律，使党始终代表最广大人民的利益。从根本上说，就是不断增强自身的合法性基础，与人民保持血肉联系。第二，遵循现代政党运行的规律，使党不断提高民主执政和依法执政的能力。一是党执政后，就要从阶级斗争的工具转变为民主政治的工具，回归政党的固有功能。实现党建科学化，就是探索党的领导、人民当家作主和依法治国的相互连接的机制，使党成为联系政府与群众的桥梁，保证人民按自己的意志进行决策并享受建设的成果。二是通过科学的制度设计防止政党走向官僚化。三是民主执政和依法执政是党建科学化的至高境界。这应当处理好三个方面的关系：首先，既要坚持党的领导，又要有党际之间的监督。其次，既要反对三权分立，又要构建权力制衡机制。再次，既要反对多党竞争，又要鼓励领导干部进行政治竞争。第三，中国共产党加强建设还需要探索自身特殊的规律。一是处理好制度建设与思想建设的关系；二是处理好发展民主与党的权威的关系，应当充分认识民主发展的历史性和阶段性，把党的意志和人民利益的高度统一起来；三是处理好利益表达与维护稳定的关系；四是处理好时代精神与优良传统的关系。

祝福恩、林德浩在《提高党的建设科学化水平要实现四个转变》（《中共中央党校学报》2010 年第 6 期）一文中认为，实现党建科学化要实现四个转变。一是由革命党向执政党转变。执政两个 30 年的经验与教训已有力证明：取得政权后的共产党只有实现由革命党向执政党、建设党、发展党的身份转变，才能有效推进党的建设的科学化、制度化、规范化，提升党建的科学化水平。二是由运动建党向制度建党转变。历史经验表明，运动建党的实质是人治，容易在进行的过程中犯“左”或右的错误，在一定意义上说违背了执政党自身建设的规律和本质要求，提高党的建设科学化水平，必须实现向制度建党的转变。三是执政方式由集权向民主和监督转变。与计划经济条件相适应的集权式的执政方式阻碍了党的建设科学化、制度化和规范化水平的提高。社会主义市场经济的建立，执政方式要由集权转向民主和监督。四是由以社会民主带动党内民主向以党内民主带动社会民主转变。党内民主建设极大地促进了党的建设科学化水平的提高，以党内民主带动社会民主是一种战略选择。

高新民在《增强忧患意识以改革创新精神推进党的建设》（《理论探讨》2010 年第 1 期）一文中提出，在新形势新任务面前，解决党的建设存在的不适应形势与任务的需求、不符合党的性质与宗旨的问题，必须改革创新，提高党建科学化水平。一是以改革创新保证党的思想理论的科学性。理论的科学性是保证党的路线、方针、政策符合发展规律的前提条件之一，要靠思维方式的科学性和改革创新精神来保证。二是以改革创新保证党的制度建设的科学性。制度的科学性是党组织健康有序运转的保障，制度要充分发挥作用，必须有科学配套的制度体系，一种制度体系的建立与健全，同样是科学性与改革创新精神的统一。三是以改革创新保证工作方式、活动方式的科学性。中国共产党的传统优势之一，就是在不同的历史阶段，主动地提出党的工作方式的转变问题。近些年来，一些地方的基层党组织的工作方式、活动方式的确发生了很大变化，特别是在社区党组织、非公经济组织和新社会组织中，党组织的活动方式已经与体制内党组织的活动方式有很大不同。但需要进一步改革创新，以达到与群众需求、与社会需求相适应。

王兆铮撰文《以系统意识推进党的建设科学化》（《岭南学刊》2010 年第 4 期）认为，推进党的建设科学化是系统工程，要用系统观念来深入理解和正确把握这一重大命题。第一，系统研究党的建设历史，深刻认识提高党的建设科学化水平是马克思主义政党一以贯之的自我追求，强化推进党的建设科学化的坚定性。第二，系统研究执政党的使命和所处环境，全面认识当今提高党的建设科学化水平的条件，充分发挥推进党的建设科学化的主动性。第三，系统研究执政党同中国特色社会主义事业的关系，提高党的建设科学化水平必须同认识和实现中国特色社会主义规律相同步，实现量力而行与尽力而为的辩证统一。第四，系统研究执政党建设内在结构，使党的建设科学化覆盖党的建设的方方面面，促进党的建设科学化协调有序进行。

（三）党建科学化的实现途径

怎样才能实现党的建设科学化？是提高党的建设科学化水平不容回避的现实问题。学者们对此提出自己的观点，其中重要的一点就是科学的方法论问题。

刘益飞在《党的建设科学化的方法论问题》（《中共中央党校学报》2010 年第 6 期）一文中提出，党的建设科学化，从根本上讲，就是要不断提升党认识和运用马克思主义执政党建设规律的水平。“化”，是一个长久的历史过程，如何“化”，就有一个方法论的问题。研究党的建设科学化问题最基本的一点，就是要在唯物辩证法指导下去科学地把握事关党的建设大局的基本的思维方式、基本的工作指导。就党的建设科学化的方法论而言，至少应注重以下几个方面。第一，坚持一切从变化了的实际出发。党的思想路线的一个基本点，就是“一切从实际出发”，而这个实际，主要就是已经变化了和正在变化着的实际。研究党的建设科学化问题，就要以此为基本的出发点。第二，把握普遍性与特殊性的关系。政党活动及政党建设是有普遍性规律可循的，中国共产党由于其面临的特殊的历史与社会条件，其活动及自身建设具有特殊性，在坚持特殊性的同时，也需要探索和遵循政党活动与建设的普遍规律。第三，坚持从群众中来到群众中去。群众路线深刻体现了历史唯物主义的方法论，用这个方法去指导党的建设，要注重两点：一是尊重党员主体地位。二是尊重党员群众的首创精神。第四，始终坚持解放思想。解决党的建设出现的新问题，就要进一步解放思想。从认识论上讲，只要党的建设的过程没有完结，解放思想就不能停步。

祝灵君在《科学的研究方法与执政党建设的科学化》（《科学决策》2010 年第 5 期）一文中谈到，只有坚持科学的研究方法才能保证党的建设各项工作有效推进，存在的问题有效解决，学科建设有效发展。第一，坚持用科学的理论指导党的建设研究。科学的理论指导是形成科学方法的前提。党的建设研究必须始终坚持以马克思主义为指导，以它的立场、观点、方法去分析、解决党的建设中出现的各种新矛盾新问题。第二，坚持用科学的态度保障党的建设研究。坚持科学的态度是形成科学方法的重要保障。党建研究的科学态度就是解放思想、实事求是、与时俱进和求真务实。坚持与时俱进，首先应该体现为研究的前瞻性、预见性；其次体现为研究的创新性、主动性；最后体现为研究的批判性和执著性。坚持求真务实，就是探求马克思主义执政党领导和执政活动的客观规律。第三，坚持用科学的观念武装党的建设研究。科学的观念是形成科学研究方法的核心。科学的观念包括中国共产党在长期的革命、建设和改革的不同时期所形成的执政理念，也包括世界及我国历史上长久积淀下来的政治智慧。第四，坚持用科学的工具推进党的建设研究。选择科学的工具是形成科学研究方法的最终表现。用科学的工具研究党的建设必须始终坚持普遍性与特殊性的有机统一。从普遍性讲，一切社会科学研究能采用的工具都可以用于党建研究；从特殊性上讲，党建研究应该坚持马克思主义的研究工具。当前，使用科学的分析工具尤其应当注意探索运用现代管理学、组织学、心理学等现代理论，利用各种网络与信息技术、心理分析、数据统计等综合开展党的建设研究。

欧阳淞在《以科学理论指导党的建设》（《前线》2010 年第 12 期）一文中提出，科学理论为推进党的建设新的伟大工程提供了世界观和方法论。坚持以科学理论指导党的建设，把科学理论体现于党的建设全过程和各领域，不断提高党的建设科学化水平。第一，以科学理论为指导，确立党的建设指导方针。而要确立正确的党的建设的指导方针，就必须坚持以科学理论为指导。第二，以科学理论为指导，明确党的建设总目标。坚持科学理论指导党的建设，必须在推进理论创新的同时，不断推进党的建设总目标的发展，把科学理论的新发展不断体现在党的建设的总目标之中。第三，以科学理论为指导，创新党的建设重大举措。推进党的建设新的伟大工程，必须坚持在科学理论的指导下，适应新形势新任务的要求，不断推进党的建设重大举措的创新发展。第四，以科学理论为指导，抓好党的建设任务的落实。第五，以科学理论为指导，总结党的建设的新鲜经验。善于总结经验，是一种科学的领导方法，也是不断提高党的建设科学化水平的必由之路。

张书林在《论党的建设科学化——兼解析党的十七届四中全会提出的“党的建设科学化”思想》（《长白学刊》2010 年第 1 期）一文中指出，目前，党的建设科学化在推进过程中受到来自党的自身建设、党的领导、党的执政等方面因素的制约与干扰，其总体状况不尽如人意。基于此，着力提升党的建设科学化水平的基本路径可以这样设计：第一，以改革创新精神全面推进党的自身建设。第二，健全完善党的领导体制与领导模式。第三，加强党的执政能力建设。第四，创新党要管党的方法路径。一是实现从微观管理向宏观管理的转型，二是坚持自上而下的管与自下而上的管这“两手管”，三是党要管党必须与从严治党相结合，四是党要管党必须与党管干部相结合。第五，着力推进党的建设现代化进程。一是党的建设现代化是包含全面整体的现代化概念，不是单指党的建设某一方面或某一领域的现代化；二是党的建设现代化之前提是党的思想观念与意识形态的现代化；三是党的建设现代化应该与国家社会的现代化进程统筹推进，以构建党的建设现代化与国家社会建设现代化的一体化格局状态。

（四）党的建设科学化的制约因素

探讨党建科学化的制约因素，是提高党建科学化水平的理性思考。只有清醒地认识到党建科学化的制约因素，才能对症下药，有的放矢地推动党建科学化建设。

张书林在《论党的建设科学化——兼解析党的十七届四中全会提出的“党的建设科学化”思想》（《长白学刊》2010 年第 1 期）一文中指出，目前，制约党的建设科学化水平提升的困境与问题主要有：第一，党的自身建设方面的制约因素。一是党的思想建设面临的最大困境是：思想理论武装的有效性问题。具体包括：如何坚持和发展马克思主义的问题；如何更有效地推进马克思主义中国化的问题；如何通过思想宣传和理论灌输改造党员群众的主观世界观问题等。二是党的组织建设面临的最大困境是：民主集中制的异化问题。将民主集中制中的民主与集中分离、对立起来，要么以强调发展党内民主为名抛弃集中，要么以强调党的集中统一领导为名忽视发扬党内民主。三是党的作风建设面临的最大困境是：行为要求与行为模式的背离。集中表现为党内不正之风甚至腐败之风屡禁不止，大有发展成为潜规则或向制度层面腐蚀渗透之势。四是党的制度建设面临的最大困境是：党内人治与法治之经常性的博弈。五是党的反腐倡廉建设面临的最大困境是：“倡廉”有余而“反腐”不足。第二，党的领导方面的制约因素。一是在实施党对国家政权的领导中，党政不分、以党代政的问题没有得到根本性解决。二是在实施对人民群众的领导中，代替人民当家作主的问题仍然存在。三是党必须在宪法和法律范围内活动的理念尚没有完全树立。第三，党的执政方面的制约因素。一是执政依据：党的执政合法性面临考验。二是执政实践：党的执政能力建设中的不适应问题。三是执政评判：执政测评和导向体系需要艰难重建。

三、反腐倡廉建设

在和平建设时期，执政党的最大危险是脱离群众，滋生各种腐败行为，如果这个问题得不到解决，或解决不理想，执政党的执政地位就会受到威胁，甚至“人亡政息”，这是执政党面临的极为严峻的重大考验。自从十七大将反腐倡廉建设提升为党的五大建设之一，反映了反腐倡廉建设的极端重要性，成为党建研究的持续热点之一。2010 年，国内学者在反腐倡廉建设研究方面，取得了丰硕成果。着重围绕反腐倡廉科学化建设、反腐倡廉的制度建设等重大问题进行了探讨。

（一）腐败的新特点及反腐面临的新挑战

认清腐败的新特点与面临的新挑战，是反腐败的前提。通过对腐败现象的长期追踪与深入研究，有学者对提出了当前腐败的七大新特点以及面临的五大挑战，为进一步反腐倡廉提供了着力点与新领域。

辛向阳在《当前我国腐败现象的新特点与反腐败的对策》（《当代世界与社会主义》2010 年第 5 期）一文中谈到，随着中国经济社会的发展和变迁，当前腐败现象出现了一些新的七大特征。第一，群体化。腐败分子在政治上拉帮结派，经济上相互牵连，结成了利益同盟，呈现出明显的群体性，即“窝案”、“串案”。其主要特征一是涉案人员众多；二是涉案人在政治上丧失党性原则，形成了具有紧密人身依附性质的关系网；三是在经济上互相利用，结成了利益共同体。第二，高管化。据公开资料统计，2003 年至 2007 年的 5 年间，共有 35 名副部级以上官员落马，年均 7 人。2009 年全年落马的省部级（含副部级）高官有 17 人。第三，巨额化。腐败涉及的金额巨大，动辄就是上千万甚至上亿元。第四，期权化。“权力期权化”交易的是一种“权力”，其不直接涉及钱物，因而形式和过程隐蔽，相互兑现往往是间接而不是直接的，如高薪任职、分给股权、优厚待遇等。第五，潜规则化。中国文化中有很多消极的因素是滋生腐败的条件，如“潜规则”文化、“消解”文化、“圈子”文化等，从追求庇护到跑官买官，并按照这一游戏规则所提供的激励机制来作出自己的行为选择，使正直的干部越来越难以生存。第六，国际化。有的腐败分子利用资本跨地域、跨行业、跨国境流动的机会，与地区外、行业外、境外的不法分子相勾结，共同犯罪；有的利用国际间法律的差异，国内犯罪，国外洗钱；有的以境外商人为合作对象，在为对方牟利后，在境外“交易”，赃款赃物滞存境外。一些涉案的党政干部特别是关键涉案人员一有风吹草动即随时出逃。第七，新型化。银行、证券、保险、信托、拍卖等方面的反腐败措施比较少导致新兴领域腐败案件频繁发生。在这些领域中，腐败呈现出金融化、虚拟化的特点。

谷宇撰文《当前反腐败面临的五大挑战》（《河南大学学报》2010 年第 1 期）指出，随着我国社会政治、经济、文化的全面发展，我国的腐败问题也不断出现新特点与新情况，当前中国的反腐败工作主要面临五大挑战。第一，如何监督公共权力与私有资本的结合。国家公共权力与社会私有资本结合逐渐成为腐败的主要形式，主要有三种类型："非法双赢"、"合法暴利" 和 "自我实现"。限制权力与私有资本的结合并非易事，单纯的制度设计也不能完全堵死两者结合的途径，这的确对当前腐败的治理工作提出了一个难题。第二，如何有效治理公务腐败。公务腐败的主要表现之一是炫耀性腐败。主要有五种类型：一是公款炫耀性消费腐败；二是形象工程腐败；三是会议腐败；四是仪式腐败；五是官员"霸占"媒体的腐败。主要有三个特点：常规化、非隐蔽性、灰色性。如何对公务腐败进行标本兼治，也是当下面临的一个艰巨而迫切的任务。第三，如何防止共谋性腐败。共谋性腐败是指，原存在于体制内的腐败监督和治理部门与其他部门沆瀣一气，对外共同牟取非法利益的现象，其主要表现是腐败窝案、串案、案中案等案件不断增多。共谋性腐败的出现对现行体制内监督机制提出了严峻的挑战。第四，高薪养廉能否真正实现。单纯地提高公务员的工资不能养廉，同时还要配合制度监督、加强教育以及增强社会环境的改善才能达到预期的效果，否则只能助长官员的贪欲。第五，如何避免腐败治理中制度与民主的迷失。制度的迷失是指，在反腐败过程中制度无法有效地发挥遏制腐败的作用；在反腐败过程中民主程度的提高也不一定能够有效地推进反腐败。

林喆在《腐败与反腐败的较量：2009 年的特点》（《中国党政干部论坛》2010 年第 2 期）一文中讲到：从总体上看，2009 年的腐败现象具有如下特点：第一，腐败向高层发展趋势的同时呈现落势化趋势，即腐败主体的级别向基层渗透。第二，随着沿海地区改革开放力度的加大和经济的迅猛发展，干部队伍、特别是年轻干部中的腐败现象比内地突出。第三，由于执法行为的偏差，出现多起群体性突发事件。第四，一些领域的腐败行为和潜规则未绝，另些领域（如高校）的腐败浮出水面。第五，不正之风依然未绝，不正之风的表现形形色色，一是奢靡之风；二是浮躁之风；三是贪占之风；四是跑官要官、买官卖官的跑要之风。第六，司法腐败依然严重。第七，官员八小时之外行为的监督仍然存在漏洞。

（二）反腐倡廉建设科学化的内涵和路径

在十七届中央纪委五次全会上，胡锦涛总书记首次明确提出要大力提高反腐倡廉建设科学化水平。这对于中国共产党站在新的高度，以新的视野和方法，研究解决党风廉政建设和反腐败工作中所遇到的深层次问题，把握新形势下反腐倡廉建设的规律，推进反腐倡廉建设的科学化、制度化和规范化，具有重大而深远的意义。学者们对反腐倡廉科学化的内涵，实现路径进行了深入探讨。

黄红平、仪建红在《反腐倡廉建设科学化的路径取向》（《领导科学》2010 年第 3 期）一文中提出，要从反腐倡廉建设科学化的基本精神、本质要求、主要特点三个层面来理解和把握反腐倡廉建设科学化的内涵。一是反腐倡廉理论体系的构建和实践模式的运作要按照客观规律开展，二是要实现理论体系和工具群域的大胆改革创新，三是要按照科学的程序规范去操作。

福建农林大学廉政研究中心撰文《反腐倡廉建设科学化的五个基本方面》(《中共福建省委党校学报》2010 年第 5 期)认为，廉政教育、制度建设、权力制约、打击惩处和方法手段等五个方面的科学化，是推进反腐倡廉建设科学化的基本框架和主要脉络，这五个方面必须加强整合配置，统筹协调，科学运作。第一，廉政教育科学化。必须增强廉政教育的深入性、注重廉政教育的层次性、抓住廉政教育的核心内容、创新廉政教育的方式方法。第二，制度建设科学化。一个良好的制度必须是几个要素的科学化配置，才能达到制度科学化的预期目的。一是制度制定者的选择要科学，二是制度内容的安排要科学，三是制度执行的监督主体要有权力和独立性，监督过程要公开。第三，权力制约科学化。一是要构建科学合理的权制结构，明晰权力边界；二是增加权力运行的透明度，使权力运行过程可以辨析；三是提升权力制约的法治化水平，打造“刚性要件”；四是严密权力运行程序，真正把权力关在“笼子”里。第四，打击惩处科学化。一是改革和完善纪检监察机关的领导体制以及建立健全纪检监察机关内部的监督制约机制，二是建立完备的廉政法制体系，三是倡导和树立“零容忍”的反腐理念，四是整合资源，形成全社会高压打击腐败的态势。第五，方法手段科学化。一是增强政府工作的透明化，二是增强传播媒体的监督作用，四是增强科技手段的广泛运用。

姜国文在《探寻反腐倡廉建设科学化的途径》(《中国监察》2010 年第 5 期)一文中谈到，推进反腐倡廉建设科学化，最根本的是要把科学发展观所倡导的价值理念、人本理念、效益理念、系统理念，内化为推进反腐倡廉建设的正确思想方法和科学态度，转变为行之有效的工作模式和具体措施。一是从树立反腐倡廉建设的科学理念上看，要以科学发展观的视野，认识和把握反腐倡廉规律，拿出符合反腐倡廉建设规律的具体措施。二是从培育反腐倡廉建设的科学态度上看，要在增强强忧患意识，保障科学发展的责任感、紧迫感。三是从强化反腐倡廉建设的科学规划上看，应针对惩防体系建设与反腐倡廉工作存在两张皮，惩防体系六项工作任务发展不平衡等问题，充分运用系统集成的思维和方法，整体统筹设计，提出系统的运行框架。四是从推行反腐倡廉建设的科学方法上看，要在借助运用现代科技手段上有新的突破。五是从完善反腐倡廉建设的科学制度上看，要着力在增强反腐倡廉制度建设的规律性和科学性上有新的探索。提高制度的执行力和实效性。

黄红平、仪建红在《反腐倡廉建设科学化的路径取向》(《领导科学》2010 年第 3 期)一文中提出，反腐倡廉建设科学化，并不是一个孤立的命题，它关系到党如何做到科学执政、如何贯彻落实科学发展观、如何加快推进惩治和预防腐败体系以及如何提高反腐倡廉建设法制化、制度化、规范化和程序化水平的问题，因而需要在逻辑上理顺它们之间的关系。第一，把推进反腐倡廉建设科学化纳入党的科学执政大范畴中来，以党的科学执政统领反腐倡廉建设科学化进程。第二，把反腐倡廉建设科学化看做是落实科学发展观的重要指标，以科学发展观指导反腐倡廉建设科学化进程。第三，正确把握反腐倡廉建设科学化与加快进惩治和预防腐败体系两者之间的关系，使惩治和预防腐败体系的科学化在反腐倡廉建设科学化进程中占据核心地位。第四，反腐倡廉建设要做到法制化、制度化、规范化、程序化。

张惠新在《加强和改进新形势下调查研究工作进一步提高反腐倡廉建设科学化水平》(《中国监察》2010 年第 12 期)一文中指出，要深入开展调查研究，大力推进反腐倡廉建设科学化。第一，要着力推进反腐倡廉实践创新。一要尊重基层干部和群众的首创精神，二要坚持科学的调研方法。第二，要着力推进反腐倡廉理论创新。紧紧围绕中央关于反腐倡廉建设的重大决策和部署，针对重大理论和实践问题，开展重点课题的调查研究，大力推进理论创新，增强反腐倡廉工作的系统性、前瞻性、针对性。第三，要着力推进反腐倡廉教育、监督、预防、惩治制度创新。第四，要着力推进反腐倡廉方法创新。一要探索运用现代科学技术的新理论新方法。二要探索完善推进方法创新的长效机制。

（三）反腐倡廉制度建设

邓小平曾说过“制度好可以使坏人无法任意横行，制度不好可以使好人无法充分做好事，甚至会走向反面。”在反腐倡廉制度建设方面，这句话尤为精辟。加强反腐倡廉制度建设，以制度管人，管事，才是反腐倡廉建设的根本。学者们针对当前腐败的新特点，提出了切实可行的制度建设建议。

包心鉴在《反腐倡廉制度建设与创新》（《廉政文化研究》2010 年第 1 期）一文中提出，反腐倡廉，既要靠伦理，更要靠制度。推进反腐倡廉制度创新，重在构建反腐倡廉制度体系，坚持用制度管权、管事、管人。第一，加大干部选拔任用体制改革和预防腐败的力度。重点是扩大民主，使一切干部的选拔任用都通过制度化运作置于阳光之下。第二，加大行政管理体制改革和预防腐败的力度。加快推进政企分开、政资分开、政府与市场中介组织分开，进一步减少和规范行政审批，从源头上防止权力对市场的渗透，是当前加强反腐倡廉制度建设和创新的一个重点问题。第三，加大财政管理体制改革和预防腐败的力度。一是要把政府所有收支全部纳入预算管理，形成覆盖政府所有收支的预算制度体系。二是要切实推进财政预算公开，通过各种渠道接受社会监督。三是要彻底清理“小金库”，确保国家财产不被少数人占为已有。第四，加大国有企业和国有金融机构体制改革和预防腐败的力度。一是要加强对国有企业和国有金融机构主要负责人的监督管理，完善和严格执行其领导人员报告个人有关事项等制度，增强透明度。二是合理确定国有企业负责人和高层管理人员基本年薪，建立健全其收入公开制度。第五，加大高等院校领导体制改革和预防腐败的力度。要切实加快高等院校“去行政化”改革力度，真正实行专家治校；要切实加大在基建、教材、招生、采购等关键环节改革的力度。第六，加大司法管理体制改革和预防腐败的力度。

任建明在《我国未来反腐败制度改革的关键：反腐败机构与体制》（《廉政文化研究》2010 年第 1 期）一文通过对新加坡和香港反腐败成功经验的分析，得出一个反腐败成功条件的分析框架，应该包括五个必要条件：领导人的政治决心、反腐败法律（立法）、反腐败机构和体制（执法）、反腐败战略、人民大众的支持。我国未来反腐败制度改革的关键是反腐败机构和体制，改革的方案应是纵向垂直、横向整合、授权充分、分步实施。第一，纵向上进行垂直化改革，中央以下的、现隶属于地方各级政府的反腐败机构从地方政府中剥离，直接作为中央反腐败机关的派出机关。第二，横向上进行整合改革，整合为只有一个反腐败机构，且内设机构按照反腐败工作专业分工的原则来设置。第三，通过体制改革和立法对反腐败机构进行充分授权；包括独立接获腐败举报，独立地对举报信息的调查价值作出判断并决定是否启动调查、秘密调查权，以及推行预防制度的强制权力等等。

第四，要通过体制改革对反腐败机构设置与其权力对应的外部和内部制约机制。对反腐败机构设置制约机制是必须的。首先，反腐败机构只拥有调查权，而对腐败犯罪的起诉权和审判权应当分别保留在检察院的公诉机关和法院。其次，反腐败机构应该受到党代表大会以及人民代表大会的监督和制约，可以在其中设立专门的监督委员会进行日常监督。三是对反腐败机构设置独立的、专门的监督机构，主要对其行使职权的例外行为进行监督和制约。四是反腐败机构内部要设置内部监督机制以及建立内控机制。第五，党纪和法律都由统一的反腐败机构来执行。

刘圣中在《廉政信用机制：网络时代反腐倡廉的模式创新》（《求实》2010 年第 4 期）一文中认为：廉政信用机制是一种反腐败方式的创新。该机制以网络时代信息和信用两大要素为杠杆，建立廉政信用档案，记录领导干部的三类信息，并及时向社会披露，以此来评定他们的信用等级。然后以信用等级来调控领导干部的行为，使得他们在信用等级的可感知压力下，遵纪守法，廉洁奉公。这样能使反腐败工作信息网络化、操作明细化、参与民主化和效能优良化。

蒋德海撰文《完善制约和监督机制建立科学的反腐制度》（《毛泽东邓小平理论研究》2010 年第 5 期）指出，制约和监督是权力约束的两种方式。制约是内部的权力约束方式，监督是外部的权力约束方式。内在制约比外部监督具有更大的优越性。腐败发生的根本原因是权力没有制约。反腐败首先是防腐败，防腐败的关键是制约，没有制约的权力必然腐败，因此，防腐败比反腐败更重要。监督也是约束权力不可或缺的。在适用监督的场合，必须突出监督者的优越地位。科学的制约和监督机制，必须以制约为主，以监督为辅，形成一种权力制约和监督的良性循环。

罗比在《以民主集中制的刚性回归破解权力运行失范难题》（《广州大学学报（社会科学版)》2010 年第 3 期）一文中指出，民主集中制对于处在执政党地位的共产党而言，直接关系到执政能力直至执政的合法性，是极其重要的为政原则和制度。当前，现实中普遍存在权力运行制度的权威性和严肃性不足的问题，其症结主要在于把“执行不执行民主集中制”这一个本属严肃的政治和组织原则问题“降格”为一般的民主作风问题，由此导致了权力运行失范。要消除由权力运行失范而来的腐败现象，不但需要针对违反民主集中制的若干突出表现进一步完善相关的制度，更要正视一些深层次的社会政治和历史因素。我们必须从原则的高度重新审视权力运行中的违规违纪现象，努力清除长期形成的认识误区，真正在政治上和组织上化“软”为“硬”，采取积极稳妥的改革与建设措施，确保和强化民主集中制的贯彻执行，有效维护权力运行制度的权威性和严肃性。

辛向阳在《当前我国腐败现象的新特点与反腐败的对策》（《当代世界与社会主义》2010 年第 5 期）一文中谈到，随着中国经济社会的发展和变迁，腐败现象出现了新特点，必须以制度建设深入推进反腐败。第一，以民主制度建设来推动反腐败的深入。一是在全国县市逐步实行党代会年会制、党代表直选制、党代表常任制、评议制，二是制定完善的、科学的常委会议事规则和制度，保证党内决策的民主化，三是利用人民民主反腐败。第二，加强选人用人的制度建设。应当建立初始提名权制度、考任分离制度、干部推荐说明书制度、推广离岗考察制度等。第三，推进领导干部个人财产申报等制度建设。一是逐步完成领导干部从个人收入申报制度向家庭财产申报制度的过渡，二是建立健全领导干部亲属出国留学、定居申报制度。第五，完善干部监督制度。建立和完善经济责任审计制度、干部选拔任用工作责任制、问责制、廉政监督员制度、班子成员相互监督制度、巡视制度等。

（四）反腐倡廉建设的整体推进

反腐倡廉建设是一个系统工程，必须整体推进。有学者提出中国反腐模式的转型问题，有学者将系统工程原理运用于反腐败，建立腐败集成管理机制，充分发挥人民群众的作用。

贺国强在《认真贯彻落实〈中国共产党党员领导干部廉洁从政若干准则〉以党风廉政建设和反腐败斗争新成效取信于民》（《求是》2010 年第 6 期）一文中指出，要认真学习、全面把握《廉政准则》的基本精神和主要内容，以贯彻实施《廉政准则》为契机，着力解决涉及领导干部廉洁自律的突出问题，进一步规范党员领导干部从政行为，以党风廉政建设和反腐败工作新成效取信于民。第一，切实解决党员领导干部利用职权和职务上的影响谋取不正当利益的问题。第二，切实解决党员领导干部私自从事营利性活动的问题。第三，切实解决党员领导干部违反规定干预和插手市场经济活动的问题。第四，切实解决党员领导干部利用职权和职务上的影响为亲属及身边工作人员谋取利益的问题。第五，切实解决党员领导干部违反规定选拔任用干部的问题。第六，切实解决党员领导干部作风方面存在的突出问题。

胡杨在《论中国特色反腐模式转型的内在逻辑与发展路径》（《马克思主义与现实》2010 年第 4 期）一文中提出，中国特色反腐模式转型处在与中国传统文化、政治体制、经济发展和社会背景等许多复杂因素交织的格局之中，呈现出鲜明的政治性、时代性、历史性和规律性。经过“运动反腐”、“权力反腐”、“制度反腐”模式的积累和发展，我国目前已经形成了具有中国特色的“体系反腐”的基本框架。针对当前我国反腐模式转型的现实困境，应从以下几个方面破解当前我国反腐模式转型的障碍，推动体系反腐模式的成功转型。第一，推进政党本位向国家本位转变，破解反腐模式转型的体制困境。要积极探索同级党委领导的体制和机制、部门各负其责的工作机制和依靠群众支持和参与的机制。第二，创新社会参与机制，消解社会参与的角色困境。要保障社会参与的平等主体地位，建立健全引导群众参与和支持的机制，规范群众自主参与的范围；第三，增强反腐手段的实效性，提高反腐倡廉建设的科学性。要正确认识各种反腐模式的功能和局限，对反腐总体方法论和战略进行科学选择，对反腐的具体手段进行科学评估。第四，大力推动廉政文化建设，构建核心廉政价值体系。要把廉洁价值体系建设纳入社会主义核心价值体系建设之中，消除腐败文化产生的社会基础。

邵景均撰文《深刻认识腐败才能有效反腐败》（《中共中央党校学报》2010 年第 5 期）认为，在如何反腐败的问题上，必须视野开阔，着眼于社会的整体进步和全面发展，从治标与治本、惩治和预防两个方面作出努力。第一，坚持全面协调可持续地推进发展。发展是解决当前中国一切重大社会矛盾和问题包括党风廉政问题的基础。第二，完善社会主义市场经济体制。我国现阶段腐败易发多发的现象，与“体制转换”有直接关系，社会主义市场经济体制越是完善，就越能减少腐败现象的发生。第三，发展社会主义民主政治制度。要铲除“绝对的权力”，根本途径是建立民主政治，实现全体人民依法共同管理国家。第四，加强对公共权力的制约和监督。首先，要科学地配置权力。其二，要扩大党务公开、政务公开、办事公开的范围，提升公开的质量。其三，要整合社会监督资源，进一步协调党内监督、人大监督、政协和民主党派监督、政府内部监督、司法监督、新闻舆论监督和群众监督等力量，健全巡视制度，实现有效监督。其四，健全发现问题机制、纠错机制和责任追究机制，着力加强事前和事中事后的监督。

江西省社会科学院课题组撰文《充分发挥人民群众在反腐倡廉建设中的作用》（《红旗文稿》2010 年第 16 期）提出，人民群众是反腐倡廉的主力军，是社会正义的“评判员”，是证据事实的“挖掘机”，新时期的反腐倡廉建设必须更加注重提高人民群众的参与力、凝聚力、监督力、影响力、舆论力。第一，要进一步强化宣传引导和教育培训，努力增强群众参与反腐倡廉的意识和本领。第二，充分保障人民群众的知情权和监督权，提高人民群众的监督力。一要尽快制定《公共信息公开法》，二要进一步完善我国的财政预算制度，制定《公共财政预算法》，三要制定《公职人员回避法》，以防范官员借亲属之手滥权经商的现象。第三，充分考虑民意在干部任免升迁以及重大决策出台中的决定性作用，提高人民群众的影响力。一要让群众参与并一定程度决定干部的任免和升迁，二要在以制度规定涉及民生等重大政策的出台时，必须先行公布草案，经过民众的充分讨论之后，再做最终决定。第四，坚持网上与网下相结合，注重提高人民群众的舆论力，充分发挥网络在反映诉求中的重要作用。

王枫云在《反腐败风险的集成管理：内涵、特征与着力点》（《广州大学学报（社会科学版）》2010 年第 3 期）一文中提出了对反腐败风险进行集成管理的思路。反腐败风险的集成管理是依据反腐败行动和反腐败行动风险的特点，应用系统工程原理，综合考虑反腐败行动从发起到取得最终成果整个生命周期中各阶段、各要素的要求和衔接关系，以及反腐败行动中各参与方之间的动态影响关系，以实现风险管理目标为目的，从系统角度出发，分析、识别和评价反腐败行动所面对的所有不确定因素，而采用的一种基于信息技术的高效率风险管理模式。反腐败风险集成管理的着力点是：第一，反腐败风险管理目标的集成。第二，反腐败风险管理组织的集成。第三，反腐败风险管理过程及方法的集成。第四，反腐败风险管理整个生命周期的集成。第五，反腐败风险管理信息系统的集成。

四、党的思想、组织、作风、制度建设

社会主义市场经济体制确立以来，我国社会处于现代化的转型过程中，党、国家、社会的关系发生嬗变与调整，党的传统建设领域面临着前所未有的新挑战。2010 年，党建学术界围绕思想意识形态领域面临的挑战，党组织的转型与转变、制度建设的完善与发展、作风建设的挑战与创新等方面进行了深入研讨。

（一）党的思想建设

在党的思想建设领域，学者们紧紧围绕学习型政党建设、科学发展观来探讨党的思想建设的科学化、时代化。

侯惠勤在《中国共产党在意识形态建设理论上的创新》（《新视野》2010 年第 2 期）一文中指出，坚持既一脉相承又与时俱进的马克思主义成为新中国的灵魂，也是新中国主流意识形态建设的基本经验。以马克思主义为核心的主流意识形态成为凝聚人心、形成共识、稳定大局的有效保障。第一，毛泽东确立了新中国主流意识形态建设的基本原则。一是必须从国家根本制度上确立马克思主义的指导地位和中国共产党的领导地位，二是必须从社会基本矛盾出发正确把握主流意识形态建设的整体定位，三是必须把学习和世界观改造作为社会主义意识形态建设的根本任务，四是必须正确开展反对错误倾向的思想斗争，注意一种倾向掩盖另一种倾向。第二，邓小平理论和“三个代表”重要思想对主流意识形态的改革式建构。一是努力塑造富于时代特征的“当代中国形象”，二是以爱国主义为核心进行意识形态话语创新，三是坚守社会主义意识形态的底线不动摇。第三，新世纪我国主流意识形态建设的伟大战略飞跃。首先把社会主义主流意识形态建设置于学习实践科学发展观的总体布局中。一是必须从发展的意义上对社会主义意识形态建设进行再定位，二是必须从“以人为本”这一核心思想上加强和改进社会主义意识形态建设，三是必须从关于发展的世界观方法论上发挥社会主义意识形态的功能。其次要以社会主义核心价值体系建设为抓手推进社会主义主流意识形态建设。要用一元化指导思想引领多样化社会思潮的有效途径，努力探索全球化背景下社会主义话语方式的创新。

蔡志强在《学习型政党与思想理论建设的科学化》（《思想理论教育》2010 年第 13 期）一文中认为指出，建设马克思主义学习型政党是党的思想理论建设科学化的重要载体和基本途径。学习型政党提供了一个现代化的执政党在工业社会的复杂性和不确定性中科学引领社会思潮、始终走在社会前列的重要组织平台和思想基础。学习型政党目标下完善党的思想理论建设需要解决的基本问题是：第一，思想理论建设应契合新形势下党的建设科学化的实践。首先，需要结合思想发展的实际，对理论如何才能够说服人即理论本身的科学性加以确证；其次，要有科学的方法来达成思想理论建设的目标要求，即有效性；再次，结合思想形成的实践和社会心理、社会意识形态建设的实践，建立思想理论建设有效性的科学评估体系，即制度化的可量化的教育评价过程。第二，推进执政党的理念发展是思想理论建设的逻辑元点。党的建设的理念要适应实践的发展，要着眼于始终走在社会前列的先进性要求，从执政规律和社会发展的本质出发，建构与时俱进的党的建设的原则、理论和方法。第三，尊重人民群众的主体性，增强理论武装的实效性。一方面体现在要能够把握社会思潮，整合社会思想，引领社会思潮；另一方面体现在党的思想理论建设要能够结合社会心理和人民的发展需要，化育社会意识形态。

唐志龙撰文《坚持用科学发展观指导党的思想理论建设》（《唯实》2010 年第 1 期）指出，党在新时期进行思想理论教育、加强思想理论建设，必须坚持用科学发展观统领其全过程。具体说来，主要有三个方面：第一，牢固树立以人为本的价值理念，筑牢人们团结和谐关系的思想基础。一方面要恪守我们党全心全意为人民服务的宗旨；另一方面在人民内部要关心人、尊重人，尊重人民群众的主体地位和创造精神。第二，坚持统筹兼顾，实现思想理论教育全面协调可持续发展的价值诉求。进行思想理论教育，必须注重从理论与实际的结合上统筹处理好思想理论教育与行为践履的关系。第三，贯彻科学发展的思想，确保人的全面发展与社会主义现代化建设又好又快发展的统一。

洪波在《改进新时期思想政治工作刍议》（《党建研究》2010 年第 9 期）一文中谈到，思想政治工作是我们党的政治优势。进入全面建设小康社会新的历史阶段，思想政治工作既迎来了新机遇，也面临着新挑战，思想政治工作方法需要积极探索，不断创新。第一，着眼于推进党的理论创新成果大众化，不断深化理论教育方法。第二，着眼于适应当前利益格局的深刻调整，加强和改进利益激励方法。第三，着眼于不断满足人们日益增长的精神文化需求，大力推广文化感染方法。第四，着眼于加强社会主义公民道德建设，深化拓展典型宣传方法。第五，着眼于适应人们主体意识、权利意识日益增强，充分运用民主沟通方法。第六，着眼于妥善解决人们日益突出的社会心理问题，探索心理咨询方法。第七，着眼于占领信息传播制高点，综合运用网络引导方法。第八，着眼于适应当代中国社会结构的深刻变动，积极倡导社会服务方法。

（二）党的组织建设

2010 年学者们对党的组织建设的研究主要关注在两个方面，一个是基层党组织建设，包括农村基层党组织所面临的困境与出路，非公有制党组织的实践创新，并对新出现的基层党建模式——楼宇党建进行了经验总结。基层党组织的大胆探索有力地推动了党建理论的创新；二是干部人事制度改革，主要对实践中出现的问题提出可操作性的对策建议。

1. 基层组织建设

朱新山在《新时期农村基层党组织的运转现状与执政转型研究》（《毛泽东邓小平理论研究》2010 年第 8 期）一文中提出，目前，中国农村基层党组织在运转形态上存在“正转、反转、空转与停转”四种现象，其中，后三种是异化形态。三种异化现象出现的根本原因，是中国农村在治理模式上长期把基层党组织作为权力单位来运作，而国家化的基层党组织没有伴随改革引发的社会转型及时完成自身结构和功能的调整，结果基层党组织的传统功能（动员与组织）被颠覆，而新功能尚未形成。农村部分基层党组织的去功能化和社会转型的不适应，必然带来其组织结构的虚化与运转形态的异化。新时期，农村基层党组织走出困境的根本之路在于，按照中央提出的“科学执政、民主执政、依法执政”的总要求，从建筑“支点转移”、“功能转换”和“活动转型”三个方面，积极推动农村基层党组织的现代转型。第一，支点转移。基层组织要将其建筑支点由权力转移到保持先进性和代表性上来。第二，功能转换。农村基层党组织的功能转换是一种结构性的转变，即从以组织或动员革命与生产为轴心的功能结构，转变为以社会关怀和利益协调为轴心的功能结构，彻底改革现有的把农村基层党组织作为权力单位来运作的治理模式。第三，活动转型。村级干部向志愿化方向发展，是解决税费改革后村级组织功能缺失和运转困境的根本性措施。

唐晓清、潘立魁在《健全和完善村级党组织领导的村民自治机制》（《探索》2010 年第 3 期）一文中认为，健全村级党组织领导的村民自治机制，是改革和完善党领导农村工作体制机制的重要内容。针对近年来农村民主政治建设出现的新情况，各级党组织积极探索，总结了“两委”交叉任职、“公推直选”、“四议两公开”等多种发挥党的领导作用的实践模式。这些实践探索，对于解决农村党的建设的矛盾和问题具有重要的理论和实践价值，但也不同程度地存在弊端和局限。发展和完善村级党组织领导的村民自治机制，不断提高村级治理的科学化、制度化、规范化水平。第一，科学定位村级党组织在村民自治中的地位作用。要把党的领导具体贯穿到民主决策、民主选举、民主管理和民主监督的各个环节。第二，构建科学化的村级党组织领导的基层治理机制。完善村级党组织领导的村民自治机制，必须从科学分解村级组织权力入手，理顺村民代表会议、村民委员会、村务监督小组的关系。党组织负责人进入村民自治体制的最好方式是通过法定程序担任村民代表会议主席，在选举期间担任选举委员会主任，并直接领导村务监督小组工作。第三，健全和完善村级“两委”组织关系协调机制。进一步明确和细化村党组织和村委会的职权范围与工作关系，重点强化党组织的政治领导和决策监督作用。第四，完善村级党组织领导的农村基层组织体系。农村党组织要从传统的以“领导群众工作”为导向的工作模式转变为以“代表群众利益”为导向的新型工作方式。第五，完善村级党组织领导的村民自治的法规体系。

桑玉成、陈家喜在《按照党建科学化的要求推进执政党组织管理创新》（《湖北社会科学》2010 年第 8 期）一文中提出，当前，中国共产党的组织管理面临到了新的挑战，如组织扩张与控制力的下降、有效管理的成本不断提高、党内民主发展的瓶颈、对社会整合力的缺失等应对这些挑战和变化，唯有以党建科学化的要求来推动执政党组织管理的创新。第一，有必要建立党组织的“进出”机制，实现党员的正常流动与组织的不断更新，保证党组织活力。第二，切实有效地推进党内民主。第三，重在强化党的组织渗透能力。执政党在新经济组织和新社会组织“组织覆盖”的同时，应当着力加强这些组织的活力和影响。第四，重塑执政党的意识形态。党的意识形态脱离党员思想与生活的实际，处于“空洞化”、“形式化”的境地，要进行意识形态的创新，将抽象的意识形态体系具体化、生活化，增加其对普通党员和社会成员的吸引力和感召力。第五，要把基层党组织由行政性的组织变为半行政半服务性的组织，甚至自治性的组织，按照政党组织的特性维系政党组织的生存和发展。

肖剑忠、史及伟在《非公有制企业党建工作创新性经验及发展对策——以杭州市萧山区为例》（《浙江学刊》2010 年第 4 期）一文中提出，杭州市萧山区非公有制企业党建工作实现了诸多飞跃，积累了许多创新性经验。第一，实行党员民主听证制度，畅通党员参与企业决策渠道，实现党员主体地位与企业科学决策水平共同提升。第二，建立党员示范岗制度，发挥党员先锋模范作用，实现增强党组织战斗力与促进企业生产经营统筹兼顾。第三，实行党组织班子成员与企业管理人员交叉任职制度，拓宽党组织作用发挥空间，实现扩大党组织影响力与促进企业生产经营互利共赢。第四，完善思想政治工作制度，发挥党组织思想政治工作优势，实现党组织内部凝聚力和外部影响力共同增强。第五，建立职工民主评议制度，创设职工监督企业高管平台，实现职工民主权利保障和企业管理水平提高有机结合。第六，重视企业文化建设，丰富职工业余文化生活，实现党组织凝聚力与职工生活品质同步提升。

陈志刚在《党员数量结构的新变化及其新挑战》（《探索》2010 年第 6 期）一文中谈到，新世纪新阶段，党员结构发生新变化。主要是党员队伍不断发展壮大，发展速度加快；党员来自不同社会阶层，流动性强，非公企业党员人数快速上升；从职业构成来看，工人、农民党员比重已呈下降趋势，机关干部、企事业单位管理人员和专业技术人员中的党员比重趋于平稳上升；年轻党员、女党员、大专以上党员和少数民族党员比例持续上升，结构趋于优化。但由于党员数量过度庞大，党员流动性增加，非公业主党员积极参与政治活动以及党员分布不平衡，又给党的建设带来了新挑战。为了迎接挑战，党必须牢固树立质量建党的方针，第一，降低党员发展速度，科学规划党员发展数量。第二，要严把“入口”，畅通“出口”，增强党的新陈代谢能力。第三，要科学确定党员队伍中各社会阶层、性别、民族、年龄的合理比例，改变党员分布不平衡的局面。

中组部组织二局调研组撰文《商务楼宇党建工作的新模式——关于北京市朝阳区加强商务楼宇党建工作的调查》（《光明日报》2010年11月11日）指出，商务楼宇已经成为许多城市非公经济组织和新社会组织的主要集中点，人才、资源、信息的主要集散地。因应这一新的形势，北京市朝阳区以服务企业、服务党员、服务员工为着力点，将党建工作、行政事务、社会管理三项职能有机融合，深入推进“党务进楼宇、政务进楼宇、社务进楼宇”，在完善城市基层治理结构、推动区域经济社会协调发展的同时，实现了党的组织和党的工作对非公经济组织、新社会组织的全面覆盖。改进组织设置和党员管理方式，让流动党员能够方便快捷地参加组织生活。一是及时设立商务楼宇党组织。二是及时接转党员组织关系。三是及时接纳流动党员参加党的活动。三是及时接纳流动党员参加党的活动。

2. 干部人事制度改革

李源潮在《全面落实〈规划纲要〉毫不动摇地推进干部人事制度改革》（《党建研究》2010年第3期）一文中指出，要把《规划纲要》提出的原则要求具体化为可直接操作的办法，花大力气抓好落实，以重点项目突破带动干部人事制度改革整体推进。第一，规范干部选拔任用提名制度。要扩大提名环节的民主和监督，做到主体清晰、程序科学、责任明确。一是明确干部选拔任用提名主体。二是规范提名形式和程序。根据干部选拔任用的不同情形确定提名形式、程序和公开范围，使隐性权力显性化、显性权力规范化。三是合理界定提名责任，建立责任追究制度。第二，健全促进科学发展的党政领导班子和领导干部考核评价机制。一是完善考核评价标准。根据不同区域、不同层次、不同类型领导班子和领导干部的特点，建立各有侧重、各具特色的考核内容和考核指标体系；二是完善考核评价办法；三是用好干部考核成果。第三，推行差额选拔干部制度。要明确适用范围，合理确定差额比例，规范具体操作办法，健全配套措施。第四，加大竞争性选拔干部力度。一是严格把握竞争性选拔干部的基本条件，二是改进考试测评，三是完善程序方法。第五，逐步扩大基层党组织领导班子成员公推直选范围。第六，坚持和完善从基层一线选拔干部制度。要打破体制性障碍，建立健全从基层一线遴选和培养党政领导干部的机制。一是注重从具有基层领导工作经历的人员中选拔上级党政机关领导干部，二是注重选拔具有基层工作经历的优秀干部充实各级党政领导机关，三是坚持和完善从基层考录公务员制度。第七，深入整治用人上的不正之风。一是完善制度体系。制定出台《党政领导干部选拔任用工作责任追究办法》等法规性文件，完善“一报告两评议”制度，加强干部选拔任用工作离任检查；二是加大查处力度；三是强化专项治理；四是加大监督力度。第八，健全调整不适宜担任现职干部制度，作为解决干部能上能下、能进能出的重要突破口。第九，探索建立拟提拔干部廉政报告制度。第十，实行干部工作信息公开制度。一是实行干部任用提名情况和民主推荐、民主测评结果在领导班子内公开制度，探索干部考核结果在一定范围内公开。二是建立健全干部工作信息向社会公开制度。三是建立干部工作社会评价机制。

中组部课题组撰文《提高干部工作民主的科学性与真实性》（《党建研究》2010 年第 5 期）提出，当前影响干部工作民主的科学性和真实性的突出问题，一是更加注重规范用人权，但选人用人由少数人说了算，“一把手点人头、组织部走程序”的问题没有得到根本解决；二是更加注重群众公认，但拉票现象屡禁不止，且在一些地方呈愈演愈烈之势；三是更加注重用制度选人，但“程序空转”、“制度失效”，形式上民主而实质上不民主的问题仍然存在；四是更加注重公开透明，但群众参与的广度和深度还远远不够，选人用人的满意度整体偏低；五是更加注重防止选人用人上的不正之风，但监督虚置、监督缺位、监督乏力的现象仍然比较突出。提高干部工作民主的科学性和真实性的总体思路和实现途径。第一，规范干部选拔任用初始提名。一是体现阳光运作。二是体现党内民主。三是体现群众公认。第二，建立综合治理拉票行为的疏堵机制。一是以科学的认定标准甄别拉票违纪行为。二是“开前门”，变拉票为公开竞争。三是“堵后门”，让拉票者不敢为、不愿为。第三，全面实行差额、竞争、择优选拔制度。第四，建立完善干部分类选拔机制。对委任制干部，要以民意为基础，在尊重民意的基础上坚持党委集中意见取人；对选任制干部，要以民意为裁定，在符合党委用人原则下坚持以票取人。第五，建立健全干部工作信息公开机制。一是建立全面系统的信息公开制度。二是建立覆盖选育激管全过程的公示制度。三是建立公众参与的干部选任社会评价制度。四是建立开放的舆论沟通机制。第六，建立健全“责任明晰、惩治有力”的干部工作监督机制。一是建立选人用人记实制度。二是建立健全内外结合的民主监督体系。三是建立初始提名责任追究制。四是建立完善考察责任追究制。五是完善廉政建设把关责任追究制。

游龙波、温敬元、徐彬在《关于防止和克服“官本位”的调查与思考》（《中共福建省委党校学报》2010 年第 4 期）一文中谈到，“官本位”意识不仅是选任用人上不正之风的重要根源，而且严重地影响了党的干部队伍建设，损害了党的形象。干部队伍建设中主要应从思想观念、制度安排、利益导向、官员主体与环境氛围等层面防止和克服“官本位”。第一，破除“四种观念”，树立“四种意识”，从思想观念层面防止和克服“官本位”。一是破除“学而优则仕”观念，树立崇尚知识意识；二是破除等级特权观念，树立民主平等意识；三是破除崇官畏官观念，树立人民公仆意识；四是破除光宗耀祖观念，树立责权对等意识。第二，进一步深化政治体制改革，从制度安排层面防止和克服“官本位”。首先深化干部人事制度改革，其次深化行政管理体制改革，再次深化权力监督制度改革。第三，优化利益分配机制，从利益导向层面防止和克服“官本位”。首先改革党政干部的职务消费机制，其次是提高社会一线员工的比较收益，再次是实现社会福利与保障的均等化。第四，加强官员的素质与能力建设，从官员主体层面防止和克服“官本位”。首先要加强官员的官德建设，其次推进干部队伍的法律责任建设，再次要培育干部的独立政治人格，最后提高干部适应多职位的技能与能力，要实现从行政型到行政与专业技术混合型官员的转变。第五、营造“四个尊重”和干事创业的社会环境，营造多元的社会价值评价氛围。从环境氛围层面防止和克服“官本位”。

赵晓呼、钟龙彪在《党政领导班子年龄结构合理化研究》(《求知》2010 年第 11 期)一文中认为，实现领导班子年龄结构合理化，是干部人事制度中的一个重要问题。针对在干部年轻化的实践中出现的问题，应注意处理好四个关系。第一，处理好大力培养选拔优秀年轻干部与合理使用其他年龄段干部的关系。既使才华横溢的“小毛驴”有奔头，也让资深年长的“老黄牛”有劲头。第二，处理好原则性与灵活性的关系。既适度定格，又不拘一格，既讲年龄，又不惟年龄。第三，处理好干部上与下、进与出的关系。既畅通“出口”，又规范“入口”，第四，处理好备与用的关系，改进后备干部队伍建设。

（三）党的制度建设

2010 年学者对民主集中制有较深入的理论探讨，成果也比较多；关于制度的科学化问题也是学者们研究的一个重点。

许耀桐的《关于民主集中制实质问题的探讨》(《上海行政学院学报》2010 年第 3 期）一文探讨了民主集中制的实质问题。从历史研究的角度考察，对列宁、《苏联大百科全书》和我国两位学者的不同解读作了扼要的介绍与评析。第一种，列宁提出的民主集中制，是从民主制和集中制派生出来的，民主集中制就是在集中制的组织体系中加入民主制部分；但其中的集中制是主要部分，民主制是次要部分，因而民主集中制的实质是集中制。从当时的历史状况出发，列宁的分析和论点，无疑是正确的。第二种，《苏联大百科全书》认为民主集中制是由集中制和民主制两个部分组成，是集中制和民主制共处于一个整体，因而民主集中制的实质在于集中制与民主制的结合。这是苏联在列宁逝世后斯大林和苏联共产党以及苏联理论界所一贯主张的观点。第三种，中国人民大学教授高放先生认为民主集中制是把民主制与集中制本来是两种对立、互相排斥的组织原则结合在一起，但在实践中各有侧重，总的说应侧重于民主制，因而民主集中制的实质是民主制。他纠正了由苏联学者把马克思、恩格斯的建党组织原则理解为也是民主集中制的错误，坚持了共产党只能实行民主制的马克思主义基本观点。第四种中央党校教授王贵秀认为民主集中制就是以少数服从多数为基础的民主集中制和以多数服从少数为基础的专制集中制或者官僚集中制的对立，因而民主集中制的实质是少数服从多数。但是，少数服从多数只是民主制的一个规定性，还有公开性、选举制、监督制等，都是不能忽略的。民主集中制在其发展进程中，经历了新的变化，进入新的形态，即在革命胜利后，它是一种民主制大于集中制并将最终完全复归于民主制的形态。因此，民主集中制的实质必须归于民主制，必然是民主制。

任学辉的《民主集中制与民主的分层》(《理论与改革》2010 年第 3 期）一文讨论了民主集中制的主要理论分歧，认为解决这些理论分歧的关键是要理解民主的分层。民主可以分为四个层次。民主的第一个层次是价值理念层次。就党内民主而言，是社会主义民主或人民民主的集中体现和必然要求。民主的第二个层次是政治制度层次，即关于政治统治权如何配置的问题，亦即政体。就党内民主而言，主要指党的领导制度和组织制度。民主的第三个层次是运行机制层次，即关于政治权力如何使用的问题。就党内民主而言，主要指党内决策机制，如“集体领导、民主集中、个别酝酿、会议决定”十六字方针、票决制等。这一层次的民主可以说是运动中的民主或过程中的民主。民主的第四个层次是作风态度层次。党员特别是党员干部的民主作风、民主态度如何，对民主集中制运行影响颇大。这一层次是民主最直观的表现，是全部制度形态的一种外在反映。

张晓燕在《提高党的制度建设科学化水平》（《理论探索》2010 年第 3 期）一文中认为，提高党的制度建设科学化水平，要从解决一党领导与长期执政条件下对执政党的监督、党内制度科学化与党的政策效率的关系等问题入手，进行理性思考和深入研究。提高党的制度建设科学化水平的原则和思路，主要有以下五个方面：第一，保证制定的制度行得通和做得到。第二，注重实体制度和程序制度的结合。第三，注重党内制度和国家法律制度的衔接。作为居于领导地位的执政党，党内制度建设还跟国家法律制度具有关联性，新出台的党内制度不仅要遵循从严治党和治理腐败的要求，还要符合国家法律制度的理念和原则，第四，注重党内制度之间的整体性、协调性、系统性。一是从学理上搞清楚制度和机制的关系，二是明确党内制度之间的整体性、协调性和系统性的操作原则，三是设立党内制度建设规划和协调机构。第五，增加党内制度的严密性，减少执行制度的自由裁量权。一是提高党内制度理论的科学性；二是要明确党内制度中确定的诸多原则之间的内在逻辑关系；三是区分和规范党内制度执行的前置条件，改变目前存在的笼而统之的模糊提法；四是明确和规范党内制度主体之间的职责边界，纠正因职责不清晰所导致的执行制度的自由裁量权过大问题。

操申斌在《党内法规与国家法律协调路径探讨》（《探索》2010 年第 2 期）一文中认为，党内法规与国家法律是两个不同的概念，两者既相互衔接，又存在一些不协调的地方，有时甚至会发生冲突。实现党内法规与国家法律间的协调要从事前、事中和事后三个层面着手。第一，化解党内法规与国家法律冲突的事前控制。可从立法原则和立法权限方面进行事前控制。一是严格遵守党内法规“不得与国家法律相抵触”的原则，二是严格区分党内立法和国家立法的权限，第二，构建党内立法与国家立法的衔接机制。一是建立党内立法机关与国家立法部门之间沟通协调的工作机制，二是适时把成熟的党内法规上升为国家法律。第三，加强党内执法和国家执法的联系与沟通。由于党员领导干部既是党员又是公民的双重身份，使得党内法规和国家法律在某些方面必然要涉及同一对象。因而，在党内法规建设中，我们要正确处理好党内执法与国家执法之间的关系，加强两者之间的联系和沟通。一是改革和完善党的纪检机关和国家司法机关执纪执法联席会议制度，二是纪检监察机关在办案时，要慎用“双规”措施。第四，解决党内法规与国家法律冲突的事后排除。一是建立和完善党内法规备案审查制度，二是适时建立党内违章审查制度。

（四）党的作风建设

党风关系党的形象，关系党和人民事业成败。党执政后，最大的危险是脱离群众。在社会主义市场经济已经确立、利益多元化的今天，如何保持党同人民群众的血肉联系，成为执政党面临的重大考验之一。学者的研究从“应然”转向“实然”，更加注重从现实利益的视角研究党群关系问题。

习近平在《努力克服不良文风积极倡导优良文风》（《求是》2010 年第 10 期）一文中指出，党风决定着文风，文风体现出党风。文风上存在的问题仍然很突出，主要表现为长、空、假。应该提倡什么样的文风？就是短、实、新。怎样大力改进文风？需要多管齐下，标本兼治。第一，各级领导机关和领导干部要起带头作用，带头讲短话、讲实话、讲新话，通过自己以身作则带出好文风来。一要学习党的基本理论，握马克思主义立场观点方法，学习古人语言中有生命力的东西，充分合理地继承和运用。二要增强党性修养。第二，把改进文风同改进干部工作作风结合起来，尤其要加强调查研究、深入了解群众呼声。领导干部改进文风，应当深入基层，在充分占有和分析第一手材料的基础上概括出新思想、新观点、新论断、新举措，把群众的创造吸收到文件、讲话、文章中来，使我们的思想和文字体现时代要求，符合实际情况，能够解决问题。第三，把改进文风同改进党风统一起来，特别要大力改进会风。不良文风的总根源，主要在于形式主义和官僚主义。改进文风会风，要努力活跃党内生活，扩大党内民主，大力倡导独立思考的风气，创造鼓励讲真话、提倡讲新话的宽松环境。

梅丽红在《增强党性教育实效性应重视的三个问题》（《学习与实践》2010 年第 8 期）一文中提出，提高党性教育的科学性和实效性，不能单纯地理解为是“教”与“学”的关系，不仅需要对党性教育体系本身进行改革和创新，而且需要研究党建理论、党性教育的理念及内容的调整和更新，更需要相关制度建设的配套推进。第一，党性教育要正视党内存在的各种利益倾向问题。党性教育不能囿于理想化的道德期待，而应该以实事求是的态度正视党内存在的各种利益倾向问题，特别是要帮助党员领导干部认清公职上代表的公共利益与其自身具有的私人利益之间的冲突，并把握其本质，着力解决党性教育存在的空洞、抽象和笼统问题，解决党员特别是党的领导干部对党性教育的信服度和认同感问题。第二，党性教育急需补充新的“营养”。长期以来我们的党性教育虽然不遗余力地宣扬党的利益与人民利益的一致性，但由于忽视民主、法治、平等、人权、正义等现代社会政治价值观的教育，忽视公权保护私权等现代社会治理理念的教育，使得党员领导干部的人格存在传统与现代失衡的现象。要型塑党员领导干部新的观念和人格，就需要在党性教育中引入更多体现现代社会政治价值观和政治理念的内容和案例，引导党员领导干部从权威人格向现代政治人格转型，并推动整个执政党的转型。第三，党性教育要与制度建设相统一。首先，要以正确的用人导向来确立党员领导干部党性修养的风向标。其次，要以科学的干部考核机制来保证党性原则的贯彻落实。最后，要以强有力的外部监督来制约党员领导干部的党性失范。权力制约机制不健全是党员领导干部党性缺失的又一制度原因。

周多刚、赵晓呼在《党群关系：新形势下党的建设必须关注的重大课题》（《唯实》2010 年第 4 期）一文中指出，随着中国社会的转型以及社会关系、社会结构的变化，人民群众对党的认同感正发生变化，党群关系面临着新的考验。全党必须用发展的眼光看待党群关系，加强和改进新形势下党的群众工作。首先，坚持党的群众路线，做好新形势下的群众工作。要认真研究我国社会生活的新变化和群众工作的新特点，把加强和改进群众工作贯穿到党的建设和政权建设的各项工作中去。其次，发挥好党的利益整合功能。一要制定并实施全面反映人民群众利益的纲领、路线、方针和政策，这是党在政治上整合社会利益的关键；二要坚持个人利益与集体利益、局部利益与全局利益、当前利益与长远利益相统一；三要健全完善社会保障体系，调节社会收入差距，区别不同情况，充分运用政治、法律、制度等手段，正确处理各种利益矛盾；四要加强民主政治建设，构建畅通有序的利益表达渠道。第三，必须贯彻落实科学发展观，让发展成果惠及全体人民群众。发展是密切党群关系的最好办法。加快改革开放的步伐，推动生产力的发展，使人民群众共享改革发展的成果，才能从根本上改善党群关系。第四，深入开展反腐倡廉建设。要以优良的党风促政风、带民风，以反腐倡廉的明显成效取信于民，营造和谐的党群干群关系。

王梅枝撰文《多元利益格局下和谐党群关系的构建》（《湖北行政学院学报》2010 年第 4 期）提出，随着改革开放的不断深入和发展，我国的利益格局发生了深刻变化，利益分化对党群关系带来了严峻的挑战，利益问题成为新时期密切党群关系的核心问题，党群关系表现为以利益关系为纽带形成的互动关系。保持同群众的密切联系应该作为一个系统来建设，必须在制度和机制建设的层面上，构建新阶段密切的党群关系运行机制。第一，构建科学合理的利益诉求机制。一是要完善和拓宽现有的人民代表大会制度和多党合作政治协商制度，积极探索在现有政治架构下解决问题的途径和方式方法；二是要发挥各种非政府组织在解决社会矛盾和纠纷中的调节作用；三是要建立起决策听证制度。第二，构建合理的利益调节机制。首先要建立健全覆盖全社会的以教育、医疗、最低生活保障为重点的社会保障制度，健全的社会保障制度让弱势群体也能共享改革开放、社会发展带来的成果。第三，建立健全利益保障机制。大量弱势群体的存在，降低了人民群众对党的信任，党和政府必须利用公共权力来保护弱势群体的利益。在密切党群关系的思路中，就不得不考虑社会利益保障机制问题。一要完善社会利益冲突回应机制。二要加强立法，从宏观上防范利益冲突的发生。三要努力构建社会矛盾纠纷大调解工作机制，形成协调利益关系、化解矛盾的强大组织网络。

五、执政理论研究

中国共产党自觉认识并努力完成从革命党向执政党的转变，执政理论研究成为近几年来党建研究的一个重要领域，取得了大量丰硕的成果。2010 年党建学者围绕执政体制、执政基础、执政意识、执政经验等进行了深入研究，进一步丰富了以前的研究成果。

（一）执政体制研究

执政体制是执政理论研究的首要问题。执政体制的设计是否科学，直接影响执政能力、执政的有效性与合法性，学者们针对构建科学的执政体制提出自己的见解。

梁道刚撰写的《论中国共产党执政体制的本质、结构与功能》（《科学社会主义》2010 年第 5 期）一文对中国共产党执政体制的本质、结构与功能作了深入分析。第一，中国共产党执政体制的本质是党组织与国家政权组织和社会组织之间所形成的权力关系结构。这一执政体制由党内体制、党政体制和党社体制三个核心要素构成。首先，党内体制是中国共产党党内权力和利益关系制度结构，它包括党员个体之间的权力关系、党员与组织的关系、党内组织结构之间的关系。鉴于中国共产党在中国社会的领导地位，党内体制在中国共产党执政体制中占有核心地位。其次，党政体制就是中国共产党与中国国家政权机关的权力结构。中国共产党所要处理好的党政关系主要就是党与人民代表大会以及行政机关、审判机关、检察机关、军事机关的关系。在中国特有的政治体制中，中国共产党与国家政权的关系还应该包括中国共产党与政协的关系。再次，党社体制在广义上指政党与社会各阶级、阶层和集团的关系，在狭义上是指政党与各种社会组织的关系。第二，中国共产党执政体制具有角色定位、制约规范、资源配置等功能。首要功能就是以法律化和制度化的形式确定执政党、国家政权和社会在民主政治框架中的角色定位，即对三者职能分工、权力配置以及对其利益和责任的明确规定。二是制约规范。执政体制成为制约和规范包括执政党在内的各政治主体运行的轨道。三是资源配置。执政体制既是社会政治资源的重要组成部分，又对其他政治资源的配置与使用起着根本性的影响和支配作用。

袁敬伟在《政党执政与中国共产党执政制度体系构建》（《长白学刊》2010 年第 1 期）一文提出政党执政制度的概念，认为科学建构政党执政制度是现代政党执政的规律性要求。构建中国共产党执政制度规则体系，能够弥补党执政的制度性缺失，实现执政理念，也是党的执政能力建设的着力点。构建党执政的制度体系，涉及的基本理论问题包括：第一，完善代表性是构建中国共产党执政制度体系的基本内容。完善代表性机制，应廓清作为执政党的代表性与一般政党的代表性的差异、代表与被代表两个方面相互关系的实质、代表性机制构建的原则等问题，以明晰理论指导，保证执政目标的实现。第二，巩固合法性是构建中国共产党执政制度体系的基本原则。执政党必须始终注意克服合法性危机，不断巩固和扩大执政的合法性基础。第三，增强系统性是构建中国共产党执政制度体基本前提。执政党、国家与社会的关系是执政党执政活动的现实基础，基于此，执政党执政制度体系建设的基本任务有五个方面：一是巩固执政党民众基础的制度建设；二是调适执政党与代表机关关系的制度建设；合理划分执政党与公共权力之间的界限，防止执政党在社会结构中的地位异化以及执政党的内部结构非常化，防止执政党在社会结构中功能的扩张和政党内部结构的集权化；三是规范执政党与政府关系的制度建设；四是完善执政党执政的社会治理制度建设。建立由各阶层为各自利益平等博弈的一套有效的社会治理机制，防止某一阶层具有剥夺另一阶层利益的绝对权力，避免阶层利益发生激烈冲突，社会发生动荡；五是调整执政党内部关系的制度建设。科学构建党内权力体系，使党内民主制度化、规范化，使执政党建立起自我更新与防错纠错机制，有效地保持其生机和活力。第四，保证有效性是构建中国共产党执政制度体系的基本要求。执政党功能的发挥与执政党的民众基础稳固程度正相关，只有执政的有效性得到充分体现，执政的合法性才更为充分。

（二）执政意识研究

执政意识是党自觉从革命党转变为执政党的自觉认识，学者认为中国的政治发展逻辑决定了中国共产党执政意识具有特殊内涵和内容。

中共吉林省委党校课题组撰文《党的执政意识的理论内涵研究》（《中共天津市委党校学报》2010 年第 1 期）认为，党的执政意识是关于党执政的出发点和落脚点以及思想观念、认识、思维模式的问题，是执政实践的先导。因此，执政意识在整体论的意义上，分别体现在主体、本质、内容、形式和外延五个层面，对执政过程具有决定性的意义。党的执政意识是以中国共产党及其党的组织和广大干部、党员为主体；以责任意识、忧患意识、公仆意识、发展意识和法治意识为基本内容；以执政思维为表现形式；以党的执政理念和执政理论为理论外延；以执政党及其成员对履行执政职能、巩固执政地位的政治责任感和历史使命感为本质特征。

刘红凛在《执政党意识的共性与中国特色》（《探索》2010 年第 1 期）一文中认为，执政党意识是政党意识在执政条件下的转化与提升，是执政党对自身的性质与地位、权力与职责、执政目标与实现方式、执政目的与价值追求、执政条件与执政环境等的全面认识与看法；在民主政治时代，民主意识、法治意识、职责意识、部分利益与整体利益相统一等应该是中西执政党意识的共性所在。对中国共产党而言，中西国情与党情、执政逻辑的差异等决定了中西执政党意识也有所差异，中国共产党执政党意识的特色是：一是先进意识。先进性是马克思主义政党的本质属性，是立党之本、执政之基、生命之源。二是公仆意识。全心全意为人民服务，立党为公、执政为民，是我们党同一切剥削阶级政党的根本区别。三是发展意识。发展是党执政兴国的第一要务。四是居安思危意识。在我国，在无政党竞选压力的情况下，始终保持党的领导地位与执政地位的唯一的条件，就是我们党要始终保持与发展党的先进性，以实现最广大的人民群众的根本利益为根本，不断增强执政的政治合法性。五是自我革新意识。对执政的中国共产党而言，需要实现由“革命党”向“执政党”思维的转变，牢固树立执政党意识；也需要始终保持马克思主义政党的“革命精神”与革命勇气，根据时代要求、人民要求、自身发展要求，断革除自身落后与保守的地方，防止与避免政党僵化、腐化、官僚化、利益集团化，始终保持党的先进性。

（三）党的执政基础

党、国家、社会关系变迁，执政基础的研究也不再是单维度的，而趋于立体与全面。有学者提认为执政基础应该从制度、观念、社会三个维度进行建构。

高军在《论社会主义核心价值体系建设与党的执政基础建设》（《思想政治教育研究》2010 年第 4 期）一文中提出，社会主义核心价值体系建设与党的执政基础建设之间是统一的，具体表现在：第一，社会主义核心价值体系建设是巩固党的执政基础的内在要求。社会主义核心价值体系是党的根本性质的要求和体现，是党获得自我认同与合法性的重要思想基础和途径。同时，社会主义核心价值体系建设有利于党对意识形态建设规律的把握。第二，党的执政基础建设推动社会主义核心价值体系建设的发展。第三，社会主义核心价值体系建设对党的执政基础建设具有能动作用。社会主义核心价值体系建设有利于巩固和发展党执政的意识形态基础，有利于巩固和发展党执政的自身基础和群众基础。

游龙波、徐彬在《执政党执政基础的三维结构探析》（《中共福建省委党校学报》2010 年第 11 期）一文中提出，执政基础内源于政党形成过程中自身资源状况和外在的社会历史条件，执政党的执政基础可以从制度形态、观念形态和社会形态三个维度进行建构和分析。第一，制度形态维度。制度形态维度的执政基础主要是指执政体制、组织机构和公共政策，它为中国共产党有效增强其执政基础提供制度性安排和坚强政治保证。一是执政体制。首先，执政体制是执政党政权运行的保障性力量；其次，执政体制直接形塑着执政主体的执政人格。执政体制上的缺陷，会影响执政主体执政人格的缺陷，从而影响执政党的形象，进而影响党执政基础的巩固。再次，执政体制影响和制约着执政党的执政合法性。二是组织机构。组织机构是执政党控制和治理国家、社会及组织成员的中介，是实现政治社会化、政治录用等政治功能的承担者。三是公共政策。其制定体现执政党的价值选择，决定着不同阶级阶层的支持认同程度；其结果影响社会公众对执政党执政合法性的认同度；其反馈决定着社会公众对执政党执政的支持储备程度。第二，观念形态维度。一是意识形态。其具有合法性论证、政治动员和社会认同的功能。二是政治价值。其具有“规训”社会政治制度和权力主体政治行为的责任，体现不同阶级阶层、党派、政治集团的政治属性，为政治行为提供某种评价标准的功能。三是政治心理。政治心理影响着社会各阶级阶层的政治参与，影响着政治力量的组合与分化，预示着政治形势的发展变化。第三，社会形态维度。一是阶级基础是政党的立党之本，二是群众基础体现着党的社会属性，是党长期执政的政治优势和强大支持力量。

（四）执政经验

中国共产党执政60多年以来，积累了成功经验，也有过失误的教训。总结执政经验，探讨执政规律，为执政提供经验借鉴，成为党建理论研究者重要的学术责任。

李君如在《中国共产党的执政经验和历史使命》（《上海师范大学学报》2010年第11期）一文中认为，中国共产党的执政历史有其自身的特殊性，由此带来了中国共产党执政经验的丰富性和复杂性。中国共产党在执政问题上经历了从局部执政到全国执政的三个执政阶段：一是在革命根据地的局部执政阶段，二是在过渡时期的全国执政阶段，三是在社会主义社会的全国执政阶段。根据中国共产党漫长的执政实践，中国共产党执政的基本经验是：第一，根据从局部执政到全国执政的漫长实践，我们认识到党之所以能够在全国范围执政，其基本经验是重视民心、民主、民生。第二，根据新中国成立以来到改革开放前的执政实践，我们认识到要为人民执好政、掌好权，最根本的是要深刻认识中国共产党的执政规律，抓好经济建设、民主政治建设和法制建设，不断从自在执政走向自觉执政。第三，根据改革开放以来的执政实践，我们认识到要按照共产党的执政规律自觉地为人民执好政、掌好权，必须正确地处理好执政党与政权、执政党与参政党、执政党与社会（人民群众）、执政党与法律等重大关系。第四，根据新中国成立以来，特别是改革开放以来的执政实践，我们进一步认识到要为人民执好政、掌好权，关键在于加强党的执政能力建设和先进性建设。

周术国在《中国共产党执政六十年来防范执政风险的基本经验》（《甘肃理论学刊》2010年第6期）一文中谈到，中国共产党执政60余年、领导改革开放30多年来，积累了丰富的防范和化解执政风险的宝贵经验。第一，坚信马克思主义，结合新的实践发展马克思主义，不断开拓着马克思主义理论发展的新境界，是党防范和战胜执政风险的根本指导原则。第二，始终坚持“两个务必”，不断增强执政的风险忧患意识，时刻保持清醒的政治头脑，是防范执政风险的思想基础。第三，坚持抓好发展这个党执政兴国的第一要务，以经济建设为中心，实施科学发展，不断增强综合国力，为防范和战胜执政风险提供坚实物质基础。第四，坚持稳定压倒一切的方针，正确处理改革发展稳定的关系，妥善协调各方面的利益关系，正确处理人民内部矛盾，努力构建社会主义和谐社会，是防范和化解执政风险的可靠保证。第五，必须坚持立党为公、执政为民，始终保持党同人民群众同呼吸、共患难的血肉联系，不断扩大和巩固党的执政基础，是应对执政风险的力量源泉。第六，形成稳定成熟、坚强有力的党的中央领导集体和领导核心，培养和造就一批又一批德才兼备的干部队伍，是防范和战胜执政风险的根本组织保证。第七，以执政能力建设和先进性建设为主线，以改革创新的精神加强和改进新形势下党的建设，不断增强党的创造力、凝聚力、战斗力，是防范和战胜执政风险的内在动力。

（五）执政能力

执政能力研究是一个必须长期关注的课题。2010 年学者主要聚焦在网络环境下、群体性事件频发的现状下党的执政能力提高的问题上，具有极强的现实意义。

张品良在《新网络环境下领导干部媒介素养的提升》（《求实》2010 年第 6 期）一文中提出，在新网络传媒环境下，加强领导干部媒介素养的提升已成为当前考验领导干部执政能力的重要内容。第一，加强领导干部的媒介教育，使他们成为新网络传媒的行家。第二，建立领导干部与新网络传媒的互动机制，学会同媒体打交道。第三，提高领导干部对新网络传媒的监管艺术，建立有法可依的运行机制。

罗峰在《论党执政能力建设中的三重要素及其科学整合》（《探索》2010 年第 2 期）一文中认为，对政党组织来说，正确的执政理念、科学的执政方式和健全的组织网络，是执政能力建设中的重要要素。本文结合执政能力的学理性概念及其建设所包含的结构性要素，提出执政能力建设中的科学整合的命题：把转型期执政党的能力建设化约为执政能力建设中的科学整合，其要义在于不仅要将理念、方式和网络融于一炉，而且要考虑执政党与国家、社会的双向需求。建立起执政党和民众间的紧密联系、注重执政党与其他主体间的制度性关系和扩大党组织覆盖面这三个方面对提升党执政能力具有重要意义。第一，“立党为公、执政为民”的价值理念是党执政能力提升进程中的价值理念，它有助于党扎根社会、推进民众参与制度化和有效回应社会。第二，执政方式的科学化要求在保证党在公共权力领域、社会领域等领域的领导核心地位的同时，要尊重这些领域的运作逻辑和具体规则，使党政关系、党与社会的关系规范化、法治化；第三，完备的组织网络是党动员和组织社会的重要组织保证和载体，也是执政能力提升的重要依托，建立和健全组织网络并推进其有效运转也是执政能力提升应关注和解决的重要议题。由于执政环境变动不居，执政党的能力建设并不是一劳永逸的，这三重要素在相互融合中逐渐积累、渐进推进。

刘红凛在《党的利益协调能力：内涵、功能与先进性要求》（《中共福建省委党校学报》2010 年第 8 期）一文中谈到，利益协调是党的执政职责所在，利益协调能力是执政能力的重要方面。一党长期执政对党的利益协调能力提出了更高要求：必须始终以满足于实现广大人民群众的根本利益为工作出发点和工作标准；不能用依法执政代替党的领导，不能用法律形式上的“合法性”来取代政治上的合法性，不能忽视党对社会的领导。中国共产党要始终保持先进性、始终保持党的领导与执政地位，就必须立党为公、执政为民，以满足与实现最广大人民根本利益为价值取向与衡量标准；就必须适应社会主义民主政治与和谐社会建设的时代要求，坚持以人为本、民主法治、公平正义、统筹兼顾等基本原则，高度重视并不断提高利益协调能力、以利益协调促进社会和谐。

《领导干部应对群体性事件须提高五种能力》（《中国党政干部论坛》2010 年第 4 期）一文提出，领导干部应对群体性事件须提高五种能力：第一，经济社会发展的驾驭能力。必须坚持以科学发展观统领经济社会发展全局，正确处理改革发展稳定的关系，推进经济社会协调发展。第二，利益关系的协调能力。利益冲突成为引发社会矛盾和突发事件的首要原因。一要高度关注民生问题，二是坚持科学决策、民主决策、依法决策，三是严格依法按政策办事。第三，群众情绪的疏导能力。必须高度重视群众情绪的疏导工作，把它作为预防和减少群体性事件发生的重要环节之一。一是坚持积极疏导方针，二是充分依靠基层组织。第四，宣传舆论的引导能力。一是正确认识和把握网络等媒体的特点和规律；二是解决“不愿说”和“不善说”的问题。在信息化的今天，对重大突发信息，要坚持公开透明，第一时间发布权威信息，占据舆论制高点，争取主动权。第五，突发事件现场的处置能力。

（六）执政道德环境研究

执政道德环境是执政理论研究的一个新概念，意在对执政党营造软约束，对提升党的执政形象、执政能力、反腐倡廉建设有一定作用。

吕本修在撰文《论共产党执政的道德环境及其治理》（《当代世界与社会主义》2010年第4期）提出，共产党执政的道德环境，是指影响与制约党执政的道德要素的总和。从结构上来看，可以分为党执政的道德意识、道德规范、道德关系以及道德行为等几方面的构成要素。总的来看，共产党执政的道德环境不容乐观，第一，执政道德意识方面，主要问题是道德认识混乱、道德情感冷漠、道德信念动摇；第二，执政道德关系方面，主要问题是党政关系不顺、党群（干群）关系错位；第三，执政道德规范方面，主要问题是无规可守、有规不依。文章认为共产党执政道德环境的治理路径是：第一，强化共产党执政的道德教育实效，重塑领导干部道德人格。一是共产党执政道德教育的内容要有科学性、针对性和时代性，二是共产党执政道德教育的方式要有灵活性、多样性，三要优化共产党执政道德教育环境，营造良好的执政道德教育氛围。第二，加快共产党执政的道德法制化进程，实现领导干部道德他律与自律的完美结合。第三，构建共产党执政的道德综合评价体系，密切关注领导干部的道德成长。第四，构建共产党执政的道德奖惩机制，激励领导干部的道德进步。一是奖惩机制要处理好物质奖惩与精神奖惩的关系，二是奖惩的设置可以运用政治、经济、文化、法律等综合手段。第五，完善共产党执政的监督机制，提升领导干部道德失范的风险成本。一是道德监督机制。首先，充分发挥媒体的作用；其次，注重培养领导干部的道德良心。二是社会监督机制。

六、党内民主建设

党内民主建设，始终是党建学术界高度关注的重要理论问题。在以前研究的基础上，2010年学者们更加注重研究党内民主的基础理论与实践创新经验，主要围绕党内民主的逻辑起点与结构功能、实践中遇到的问题、尤其是党内民主制度建设等作了进一步深入理论探讨。

（一）党内民主的理论思考

党内民主的研究可谓汗牛充栋，但多集中探讨现实问题的解决，基础理论研究比较薄弱。2010年学者们对党内民主的逻辑起点和结构功能的阐释，以及在党内民主推进过程中出现的问题思考，表明学者对党内民主的理论研究已经向纵深发展。

胡承槐在《党内民主的本体论证明及其现实意义》（《中共宁波市委党校学报》2010年第1期）一文中提出，党为什么要实行民主？为什么要实行民主的政治原则？一种是目的论解释，缺陷在于无法抵挡“精英独裁论”，另一种是功能论解释，缺陷在于无法抵挡“效率论”。唯一有逻辑效率的解释只能是从党的本质属性、党的权力结构的内在逻辑属性出发的本体论证明，亦即党内民主的本体说明。党内民主的本体论证明是马克思主义党内民主理论最为重要的组成部分，是马克思主义关于党内民主的理论基石。第一，党内民主本体论证明，是从党员主体地位出发说明党内必须民主的一种解说：党本身并没有权力，党的权力是因为党员们结合在一起，组建党的组织才产生出来，所以党的权力来源于党员权利的让渡和授予。其一，党是一种契约性组织，党的权力是一种契约权力；其二，党员是契约的订立者，是党的一切权力的来源，是产生党的权力的让渡者和委托人；其三，党的各级权力机构和党的干部是受托者，向党员负责，向党员负责是党的干部的天然责任；其四，一个合格的党员，配享“主人”、“主体”名号的党员，是一个善于向党和党的干部提出要求并加以监督的党员。党员是党的权力的来源和主权承担者，既是一种逻辑设定，亦是党的现实历史的起点。所以，党必须在党内实行民主，这是必然的一种逻辑结论。第二，当党内民主建立在党员主体地位基础上时，党内民主将按照“契约论”的在逻辑构筑和展开党内民主实体系。其一，通过委托和授权产生党的权力；其二，党的全国代表大会是党的唯一的最高权力机关；其三，坚持党员主体地位，亦即坚持党员的权利本位原则；其四，依据党员主体地位和相互间政治地位平等的原则，党员享有“在党内绝对自由地交换意见”、自由进行讨论和批评亦即党员的言论权。

高新民在《发展党内民主需要思考的几个问题》（《科学社会主义》2010年第6期）一文中指出，发展党内民主是一个渐进的过程。在这一过程中，一方面会不断积累新经验新成果，另一方面也会不断产生一些新的问题。第一，如何看待党内民主与国家政治体制的关系？党内民主无法替代政治体制改革，发展党内民主与改革政治体制可以形成互动的局面。党内民主发展到一定程度，可以对人民民主形成示范作用；而政治体制改革搞得成功，又可以成为推动党内民主发展的力量。第二，党内民主如何带动人民民主？以党内民主带动人民民主，除了由执政地位所决定的示范效应外，还可以由几个方面体现出来：一是选举制度，基层公推直选对于长期执政的党来说执政是合法性的体现形式之一；二是民主决策更好地推动社会层面公共事务民主决策；三是转变党内政治沟通模式，以双向度沟通的党内对话协商机制，带动建立健全社会对话协商机制；四是党内专职机构监督与社会监督结合起来。第三，如何党内使竞争规范化？要建立规范的竞争与整合的科学操作规则，既体现出竞争精神，又有利于整合党内意志。第四，直接选举是否削弱了党在基层的领导地位？如果基层选举能够促使党的各级组织充分体现出服务于群众的精神，能够促使各级党组织以及党领导下的政府转变领导方式执政方式，那么，党的领导不但不会因此而削弱反而会更加巩固。第五，农村家族势力对于选举的影响，是否意味着基层不适宜搞选举？只要“两委”在政治上贯彻执行党的路线、方针、政策，在行为上为村民所认可，其决策民主、合法，就对社会主义民主政治的发展有正面意义。第六，党外群众参与到党内的初选过程中是否合适？中国共产党在国家政治经济社会生活中、在重大问题上是第一决策力量，各级党组织负责人对本地、本村的发展负有极大责任。在这种特定的历史条件下，群众有权力对自己的领导者进行选择。另一方面，这也是为了应对党执政合法性的考验。第七，党代表大会常任制在当下权力结构不可能作出大的变动情况下，从党代表产生方式的转变，结组讨论方式的转变等方面加大探索，也可以在一定程度上促进体现党员的权利主体地位，实现以权利制约权力。

张浩撰文《党内民主：内涵、结构与功能》（《理论探讨》2010 年第 1 期）认为，党内民主的结构分三个层次：第一，从主体结构来看，党内民主可分为党内基层民主、党内中层民主和党内高层民主。一是党内高层民主，主要指在党的全国代表大会及其产生的中央委员会、中央纪律检查委员会、中央政治局、中央政治局常务委员会、中央书记处、中央军事委员会等日常运作中形成的民主意识、民主制度和民主行为。党的高层民主应以发展协商民主为核心，重点解决党的最高领导层产生的规范化问题及建立防范重大决策失误的机制和纠错机制等问题。二是党内中层民主，主要指党在各省、市、县等的地方各级代表大会和它们产生的各级委员会的工作和活动中所形成的民主意识、民主制度和民主行为。党内中层民主建设应以发展决策民主为核心，着重完善常委会、全委会的决策机制。三是党内基层民主，主要指党在企业、农村、机关、学校、科研院所、街道等所设的基层组织的活动中所形成的民主意识、民主制度和民主行为。党内基层民主建设应以发展参与民主为核心，切实保障党员的知情权、参与权、选择权和监督权的实现。第二，从表现层次来看，党内民主可分为党内民主意识、党内民主制度和党内民主行为。党内民主意识为内核，是建设和发展党内民主的思想前提和心理动因；党内民主行为为表象，是以民主意识引发民主制度保障的党内民主；党内民主制度为中介，是党员的民主权利和党内民主原则得以实现和落实的保障。第三，从运行环节来看，党内民主可分为党内民主选举、党内民主决策、党内民主管理及党内民主监督。党内民主的主要功能有：第一，凝聚整合功能，主要包括思想、利益、组织整合功能。第二，决策优化功能，增强决策的现实性、科学性和协调性。第三，规范约束功能。主要包括，规范制约党内权力，预防和惩治腐败，反对官僚主义。第四，新陈代谢功能，选拔优秀干部队伍，使党始终充满生机和活力。

（二）党内民主制度建设

2010 年学者们对党内民主制度的研究，主要针对当前在实践中探索的党代表质询制、党委发言人制度、党代表选举机制等进行经验总结与理论论证，为制度的进一步完善提供支撑。

何峻撰文《常任制下党代表的询问和质询权及其科学运行——以江苏省射阳县为例》（《唯实》2010 年第 10 期）指出，常任制下赋予党代表询问和质询权，是发展党内民主的现实要求和党内民主监督的制度创新。江苏省射阳县的实践探索表明，推行党代表询问和质询制度，需要创新思维和科学运行。第一，党代表询问和质询要围绕党委、政府的中心工作，形成融决策过程、执行过程和执行结果于一体的监督模式，保持事前、事中、事后全过程监督。第二，完善党代表服务和联系群众制度，在询问和质询中构建和谐的党群关系。一是搭建党代表信息平台，二是明确党代表联系对象，三是落实服务内容，四是试行专职党代表制。第三，积极探索党内民主与人民民主有效衔接的途径，以党内民主促进人民民主，实现基层党代表询问和质询权与基层群众的民主议事权良性互动。首先，常任制条件下要充分发挥人大的制度平台作用，以人大民主打通党内民主与人民民主的通道。其次，不断探索农村基层党内民主与人民民主有效衔接的新路径。在党代表询问和质询活动的人员构成上，以党代表为主体，可以适当吸收社会各界代表参与；在运行机制上，做到党代表监督和人大代表监督、群众监督、社会舆论监督有机结合。

张书林在《论建立党委新闻发言人制度》（《探索》2010 年第 1 期）一文中指出，党委新闻发言人制度是发展党内民主的重要形式，具有讲党性、真实性、针对性、及时性、连续性、导向性、主动性等特征。党委新闻发言人制度的运行要素是：第一，明确党委新闻发布的辐射对象。党委新闻发布就有两个基本的维度：组织维度和社会维度。组织维度关注的是党组织与党员个人的关系，意在保障普通党员对党内事务的知情权；社会维度关注的是执政党与人民群众的关系，意在保障人民群众对执政党活动的知情权。第二，界定党委新闻发布的主要内容。要把握一个原则：即要围绕党委工作领域展开，除需要保密的事务以外，都需要在一定范围内进行公开。第三，严格遵循党委新闻发布的程序。第四，严守党委新闻发布的宣传纪律。一是“不胡说”。新闻发布要与党中央、与党委保持高度一致，与党的路线、方针、政策、决议、决定保持高度统一。二是“不乱说”。新闻发布要围绕和服务于党委的中心工作、服务于党委正在开展的工作，不能随意发布同党委的中心工作相背离的新闻言论。三是“不瞎说”。党委新闻发布要靠党委指明方向、拟定基调、圈定路线，党委实际上就是新闻发布的领航者和督导员。

中共中央党校中青二班民主政治课题组撰文《公推直选制度及其完善》（《中共中央党校学报》2010 年第 10 期）指出，公推直选是党内民主的重大创新，它逐步成为实现党员权利的重要方式、改革干部制度的根本路径、提升领导能力的有效办法、强化执政基础的现实措施和建设政治文明的特殊手段。在目前的公推直选试点中，还存在亟待解决的现实问题：第一，重重顾虑：一是上级担心“刹不住”，下级担心“急刹车”。二是领导担心“权无用”，党员担心“选无用”。三是上级担心“自讨苦”、群众担心“白费劲”。第二，实践参差：一是候选人资格问题，二是操作程序问题，三是应急处置问题，四是适用层级的问题。第三，成本过高。第四，机制失调：一是与其他民主形式的衔接问题，二是与干部选拔任用机制的衔接问题，三是落选干部安排问题，四是与现有党内选举规章制度的衔接。第五，破坏因素：主要是宗族派性、拉票贿选和黑恶势力三大因素。进一步发展完善公推直选工作，必须：一要深化思想认识，解决重重疑虑。二要建构规范制度，防止随意操作。在公推直选的推进中，要制定统一的基本制度和操作规范，通过建立规范制度的方式来提高公推直选具体操作的科学化水平。三要许可必要成本，争取最大效益。公推直选最能解决的是群众信任问题，这是其他方式难以解决的，这也是我们必须支付相应成本的重要原因之所在。四要完善相关机制，推进党内民主。一是完善公推直选的后续配套制度，二是建立落选干部的对待制度，三是完善党内的规章制度并与宪法、法律衔接。五要打击违法犯罪，法治相伴随行。

毛政相在《进一步完善党代表选举机制》（《理论探讨》2010 年第 5 期）一文中提出，选举党代表是实行党代表任期制的关键。应适应民主政治发展的要求，逐步实现治党理念转型，健全制度体系，完善党代表选举机制：第一，规范党代表名额及其分配。一是按方便代表有效履职原则确定代表规模。从各试点情况及学者研究成果看，各级党代会代表人数减少到目前的50%左右为宜，既节约成本，也能提高代表履职效率。二是按代表广泛性优于先进性原则规范代表结构。针对当前代表结构的不合理性和代表名额分配中的欠规范性现象，强调代表产生规则设计中应坚持合法性优于有效性的原则，强调代表名额分配及代表构成应与党员结构相适应，不能倚偏倚重。三是按权利平等原则分配代表名额。四是逐步实行代表专职化。第二，创新党代表产生方式。一是推行代表竞选制，二是实行县级代表直选制，三是加强组织领导，减少组织干预。第三，规范党代表产生过程。一是合理划分选区，二是改选举登记制为申报制，三是对县级代表候选人资格的规定宜粗不宜细，四是完善代表候选人提名方式，五是健全代表候选人竞选承诺制，六是健全秘密投票制度，七是健全选举监督制度，其一要设立选举监督委员会监督选举全过程，其二间接选举党代表的过程，应向选区党员开放。

孙功在《党委会制度的发展历程与改革思路》（《当代世界与社会主义》2010年第1期）一文中提出，党委会制度改革的基本思路，是将决策权从常委会转移到全委会，使全委会的功能提升为决策机关，使常委会的功能主要定位为行政机关，从而实现党内执行权与决策权在一定范围内的适当分解。第一，健全全委会的工作制度和运行机制。一是健全定期召开全委会会议制度。二是健全常委会向全委会报告工作和接受监督的制度。第二，健全党委的议事规则和决策程序。一方面，党委会应结合实际对重大事项进行细化和量化；另一方面，党委会议事必须按照严格的程序进行。第三，建立健全党委票决制。一是要逐步扩大票决制的主体和客体范围。票决制的主体应当由目前的常委会扩大到全委会，票决制的客体应当由目前的重要干部任用扩大到包括“三重一大”的所有问题。二是不断完善票决制的环节。三是探索实行差额票决制。

七、关于党的利益

马克思曾指出，人们奋斗所争取的一切都同他们的利益有关。执政党作为一个政治主体，究竟有没有自身“利益”？应该如何看待“党的利益”？这是涉及执政党建设的重大理论问题，确需经过广泛深入的讨论加以厘清。2010年一些学者围绕这个重要问题进行了研究，提出了不同的观点，并引起了争论。

方工在《党没有自身利益应成为全党共识》（《学习时报》2010年4月12日）一文中指出，所谓党有利益说，在当前的社会和政治背景下，不具备政治上的合理性，也不符合社会实际情况。党除了为人民服务之外，没有其他目的和特殊利益，这应该成为我们全党的共识。第一，党并不存在自身利益，这符合马克思主义的观点。马克思指出“共产党没有任何同整个无产阶级的利益不同的利益。”“在无产者不同民族的斗争中，共产党人强调和坚持整个无产阶级共同的不分民族的利益。”第二，党有利益说，在政治意义上难以成立。一是中国共产党的立党之本是全心全意为人民服务。党以人民的需要为动力，以人民的愿望为目标，除了人民的福祉之外，党没有其他可追求的自身好处。二是党和人民不是平等的两个利益主体的联合和协作关系，更不能形成竞争、博弈关系，而是人民利益决定党的一切，党无条件服务于人民利益的关系。第三，在我国社会变革的现实中，党有利益说不符合社会实际。一是党既没有追求团体利益、成为利益集团的目的，党也不允许党内有人借着执政地位建立利益共同体，形成特殊利益集团；二是党的成员都是实现党的宗旨为人民服务的一分子，他们没有特权通过党组织来追求个人利益，他们合法合理的个人利益只能是作为社会成员，通过社会的发展而实现；三是如果说巩固执政地位是党在政治上的最大需要，也仅是因为只有共产党执政才符合人民需要和意愿，是人民利益的体现。四是承认党的利益与人民利益的完全一致，就是认可党与人民的利益为同一个“东西”。既然是同一客体，党有利益说也就不具有现实意义。第四，对革命领袖在历史上确曾肯定过党的利益问题，应该历史地客观地看待，作出全面准确的认识，不应绝对化地机械理解。党领导人民夺取政权的革命战争环境和现在国家建设时期执政情况完全不同。在战争条件下，强调党有利益说有其合理性和必要性。

王长江在《党有自身利益是一种客观存在》（《学习时报》2010 年 5 月 3 日）一文中，针对方工的观点进行商榷，认为：党有自身利益是一种客观实在，应该按照市场经济的基本法则、民主政治的基本规律和依法治国的根本要求，一方面理直气壮地维护自己的合法权益，而不是对利益问题采取回避的、虚无主义的态度；另一方面，对这一利益作出严格界定，避免党的利益的空泛化，不给既得利益留下任何理论的和实践的空间，这无疑将大大增强党执政的合法性基础。第一，党没有自身利益的说法，在公众对现实感受上难以得到认可。一是党作为一个客观存在的组织机体，一旦运行起来，自然会消耗一部分资源；二是政党都有自己的目标，执政才能使政党目标的实现成为可能，从这个意义上说，执政就是政党最大利益之所在。三是作为一个组织，政党由个人组成，每个个人都有自己的利益。如果说，组合成一个集体后便没有了利益，就很难说明这个逻辑过程是怎样完成的。第二，从革命领袖的论述看，他们从来没有说过党没有自身利益。其一，说共产党不和其他工人阶级政党相对立，只是表明共产党和其他工人阶级政党立场的一致性，和党有没有利益毫无关系。其二，说共产党代表作为整体的工人阶级的利益，这是对的，但并不等于说代表者和被代表者的利益是一回事。第三，承认党有利益，不等于承认党要维护自己的特殊利益。共产党不能有与人民利益相对立的“私利”、“特殊利益”，而并不否定党作为一个政治组织和人民当家作主的工具所应有的、正当的利益，第四，承认党有利益，才能使依法治国有一个科学的前提。在市场经济条件下，出现了部门利益、既得利益躲藏在“人民利益”、“国家利益”、“整体利益”的大旗下获得巨大发展的令人担忧的状况，根本原因是没有研究划清党的正当利益和特殊利益的边界。只有实事求是地承认党的利益的存在，才好客观地研究各种利益之间的关系，特别是研究人民的利益和他的代表者——党的利益的关系，把党的利益摆在恰当的位置上。

胡承槐撰文《马克思主义的党的利益观及其当代启示——兼与王长江、方工二位先生商榷》（《学习论坛》2010 年第 9 期），在分析王长江和方工的观点的基础上提出，关于阶级及其政党利益的理论是马克思主义学说中最为核心的理论。我们应该一方面肯定“党的利益”和“共产党人”个人利益的存在，另一方面又要明确界定党的利益在于提出无产阶级和广大人民群众的普遍利益要求，共产党人的个人利益不得大于或高于社会成员或人民群众的一般利益水平。第一，从利益的普遍性与特殊性出发，利益可以分为个人的特殊利益、阶级的普遍利益、社会的普遍利益。普遍性不否认特殊性，社会的普遍利益不否认阶级的特殊利益，阶级的普遍利益不否认个人的特殊利益。强调无产阶级的利益普遍性和共产党的利益普遍性不等于说共产党没有自身利益。方工没有完整地理解马克思主义的这一阶级利益分析方法，才会将马克思和恩格斯讲的共产党人“没有任何同整个无产阶级的利益不同的利益”误读为“党没有自身利益”。第二，党的利益要求与人民利益要求的一致性，讲的是二者之间的共性，但共性存在于特殊性之中，共性并不否认特殊性，不否认党的利益的存在。因而，方工所说党的利益与人民的利益为同一个“东西”，是不符合逻辑的。第三，任何个人的利益都是一种特殊利益，“自身利益”与“私利”、“特殊利益”在逻辑上是一种包容关系，而不是排异关系。而王长江的一方面认为共产党人有自身利益，另一方面又认为共产党人不能有私利、特殊利益，在概念的逻辑性上是含混的。王长江的观点与方工的观点的症结，在于没有科学地、准确地、完整地表述共产党（人）的利益问题。作者认为：第一，马克思主义是承认共产党人（作为自然人）有特殊利益的，但同时又要求其利益诉求不能与无产阶级的普遍利益相矛盾。第二，马克思主义是承认共产党有特殊利益的，但在马克思和恩格斯那里，共产党的特殊利益是指与资产阶级利益相对立的无产阶级的阶级利益。第三，从概念的涵义上来讲，从个人到阶级再到政党，是一个从具体到抽象程度不断提升的过程，亦即从特殊利益不断向普遍利益提升、利益的普遍性属性不断凸显的过程。另一方面，不论是阶级还是政党都是由个人组成的，特殊利益本身并不会因为概念的属性变化而自行消失，特殊利益依然会纠缠着普遍利益不放，并左右和影响普遍利益。第四，民主是普遍的、每一个个人的特殊利益得以实现的唯一路径。

刘序明在《党的利益：是一个学术幻影还是客观实在?》（《理论与改革》2010 年第 4 期）一文中认为，党的利益是客观存在的，是作为政党组织的政治利益，同时也是指作为一个工具的公共利益，而不是私利。但是要注意分清党的利益与党的组织的利益、党员个人利益、国家利益、人民利益的关系及与全心全意为人民服务宗旨的关系。要防止损害党的利益集团的存在，要坚持党的利益与人民利益、国家利益的统一。政党组织的共产党也是有追求利益的动机的，是有自身利益的。对无产阶级政党来说，获取政权并实现长期执政并不是为自己的私利，而是为了更好的为国家、为人民获取利益。因此，党的利益不是私利，也不是特殊利益，是一种公共利益。在党的利益与党员个人利益的关系上，作者认为党员个人利益行为，与党的利益概念完全是两码事。在探讨党的利益时，不应把认为党员有自己的利益追求就来证明党有自身的利益。在党的利益与国家利益、人民利益的关系上，作者认为党的利益是从属人民利益和国家利益的，党存在的目的就是为了人民利益和国家利益，党是代表最广大人民群众的根本利益，党只是人民利益、国家利益获取的一个工具。在应该怎样坚持与维护党的利益的问题上，作者认为防止损害党的根本利益的利益集团存在，首要的基本问题就是要明确党的利益，区分清楚党的组织的利益、党的正当利益与党的组织、党员干部的个人的特殊利益，坚持党的利益与国家利益、人民利益的有机统一。

学术著作评介和论文观点摘要

一、学术著作评介

《当代中国政治结构变迁：以执政党为中心的政党—政府—社会》，（王智著，中国社会科学出版社 2010 年版）

作者运用政治学和中共党史相结合的研究方法，对以中国共产党为核心的当代中国政党—政府—社会的结构关联与变迁，作了专门的、系统的分析。作者认为，1949 年以后，中国共产党在深刻改造中国社会的过程中，建立起以执政党为核心的政党—政府—社会的结构模式。经过新民主主义社会、苏联模式的社会主义、中国特色社会主义的三次模式转换，期间还包含人民公社和革命委员会这两种独特的亚制度形态，相应地带来党、政府与社会之间关系的结构变迁。党政社结构经历了从相对分立到同构化、又从同构化到分野化的变迁过程。在同构化的过程中，又有两次亚结构的变迁，即人民公社的结构异化和革命委员会的结构畸变，这样就形成党政社结构的四次变迁。新的历史阶段，中国党政社关系进入一个相对稳定的演展通道，同时面临一系列必须直面的现实境遇。作者从政党，政府、社会的关系角度考察了当代中国历史发展的过程，分析了党政社在建国后历史发展的四个阶段呈现出来的不同关系，尤其是面对新阶段的政党—政府—社会关系的反思与前瞻，反映了作者的独特见解。作者选题具有较强的开拓性，属于中共党史领域内尚显薄弱的前沿理论问题，选取的研究对象与研究目标明确，对党，政、社三者关系的分析既有别于西方政治学的一般论述，又有别于国内传统的党史著述的分析方法，拓宽了政治学和中共党史研究的范围和领域，具有重要的学术价值和现实意义。

《提高党的建设科学化水平》（王长江著，中共中央党校出版社 2010 年版）

党的建设科学化重大命题和重大任务的提出，标志着党对执政规律和自身建设规律的认识达到了新的高度和新的水平，是解决当前自身建设中所存在的各种问题的迫切需要，同时也是实现党在新形势下所面临的各项任务的必然要求。本书对提高党的建设科学化水平作出了全面的研究。全书分为总论和分论两部分，总论主要讨论了党建科学化的内涵、历史经验、党建科学化与公民社会发展的关系等。

分论从建设马克思主义学习型政党、改革和完善党的领导体制和工作机制、推进党内民主、建立科学的干部选拔任用机制、党对社会意识形态的科学领导、加强对执政权的制约和监督、推进党的群众工作的科学化、建设反腐倡廉体系的理论和实践、推进基层党建工作的创新、坚持和完善中国的政党体制十个方面探讨了如何提高党的建设科学化水平。对加强党的建设科学化有着重要的理论与实践价值。

《社会资本与政党领导：一个政党社会学研究框架的尝试》（祝灵君、陈方勐著，中央编译出版社 2010 年版）

本书探讨了社会转型背景下党的建设问题。作者以政治学（或社会学）中的社会资本理论为视角，着力研究了中国共产党从革命党走向执政党的种种问题，以及如何构建新型的党群关系，引领和谐社会的不断发展，构建了一个从领导革命的党向执政党转变的新的分析框架。全书从政治革命和国家建设的对应面——社会革命、社会建设入手，分析了从领导革命到党向执政党转变的另一幅图景。一般说来，如果我们从政治革命的眼光来看，中国共产党从 1949 年新民主主义革命就结束了由领导革命的政党到执政党的转变，可作者从政治革命和国家建设的对应面——社会革命、社会建设入手，分析了从领导革命的党向执政党转变的另一幅图景。作者认为政治革命夺取国家政权的任务在 1949 年基本结束，但是社会革命的进程仍在继续并一直持续到改革开放前夕。改革开放以来，社会革命的思维才开始转向社会建设的思维，同时国家建设的任务也由此转向社会建设，这个转变是领导革命的党走向执政党的内生逻辑。作者梳理了中国传统社会的社会资本特征，中国共产党在革命中对社会的改造，建国后对社会资本的重建，并提出社会转型时期，对实现社会资本的变迁，提升社会资本质量，建立以人为本、建立社会主义和谐社会的五个战略措施。本书给人的启示是：当前我们需要从社会问题入手来研究党建问题。在社会转型的大背景下，许多社会问题由于我们不够重视或处理不及时、处理方法失当，最后演变成政治问题或党的建设问题。党建研究应该由关注党与国家、党与市场的关系进一步扩展到党与社会的关系。本书融合了社会学的研究方法，提出的政党社会学的分析框架颇有见地。

《全球化背景下的中国大党建》（李慎明著，人民出版社 2010 年版）

该书汇集了作者自 1998 年到中国社会科学院工作以来在党的建设方面学习、思考的成果。全书将收录的文章分为三篇，第一篇为“马克思主义中国化研究”，论述经济全球化背景下党建工作的重要性和党建工作的指导思想；第二篇为“党的先进性建设研究”，研究如何从宏观上加强党建工作；第三篇为“中国特色社会主义若干和相关问题研究”，探讨当前党建工作的政治和文化环境。从全书 30 篇文章的宏观架构上看，从指导思想到具体措施再到分析借鉴，体现出明晰的逻辑线索，反映了作者十多年来对党建工作持之以恒的思考。作者指出，经济全球化正在深入发展，我们必须把党的建设放到广阔的经济全球化的背景下来思考。我们通常说的党建，应该有“大党建”与“小党建”之分。“大党建”其中主要包括党的理论、性质、宗旨、纲领和党的路线、方针、政策、策略等。“小党建”主要是指理论学习、组织工作、思想政治工作、作风建设、反腐倡廉等具体党务。如果这一划分成立，应能为加强党的建设的整体思路与整体部署打开一个新的天地。作者将中国化了的马克思主义——毛泽东思想和中国特色社会主义理论体系两大理论成果，从本质内涵上归纳为党的新民主主义革命理论和党在新中国执政后的执政党的建设理论。作者提出，党的建设与经济、政治、文化和社会建设是“五位一体建设”，其中党的建设与其他四项是统领和被统领的关系，党的建设更具决定性和根本性。作者认为，经济全球化正在深入发展，当前世界性的金融危机仍未见底。世界经济看似走出低谷，但新一轮更大的金融乃至经济危机极有可能就在这看似走出低谷中蕴酿与集聚。中国的“大党建”面临着前所未有的机遇与世所罕见的挑战。

《党政领导干部淘汰机制研究》（郭智强著，兰州大学出版社2010年版）

“历览古今兴衰事，成败得失在用人。”形成充满活力的中国特色社会主义干部人事制度，既需要把德才兼备、具有领导才能的人选拔到管理国家和社会的体制中，同时也需要及时把不称职、不作为、不适合领导职位要求的人从干部队伍中淘汰出去。干部能上不能下、能进不能出，是长期困扰干部工作的一个难题。解决这一问题的重要突破口，就是健全调整不适宜担任现职干部制度，建立健全干部退出机制，使新老交替、优进拙退制度化。《党政领导干部淘汰机制研究》一书，就是对这一问题的探索和研究成果。该书立足我国政治体制和干部管理体制的特点，对目前党政领导干部选拔任用工作中存在的不足及原因作了分析，并结合深化干部人事制度的形势和要求，就如何解决干部“能下、能出”问题，从机制的角度提出了系统性的对策建议，其中不乏见地和新意。书中关于党政领导干部淘汰机制实质上是一种优胜劣汰机制，能够对党政领导行为产生充分的激励作用，使党政领导干部的领导能量和领导效能得以释放和显现的观点；关于党政领导干部素质理论、激励理论、领导效能理论是党政领导干部淘汰机制的三大理论支点的观点等，具有一定的创见和启发性。

《中国共产党执政理念研究》（章越松、梁涌著，中国社会科学出版社，2010年版）

党的执政理论尚未真正形成一整套成熟的体系，它大致上是对中国共产党既往执政模式的概括，揭示了中国共产党执政的未来走向。本书系统地阐述了中国共产党执政的历史方位和中国共产党执政理念的发展历程、社会历史条件、基本内容。作者把执政理念作为一个体系来看待，从纵横两个维度剖析了执政理念的具体构成，解答了执政理念与执政方式、执政能力、执政伦理等范畴之间的关联等问题。作者认为，在坚持中国共产党领导的原则下，在尊重中国历史发展道路的基础上，党的执政理论需进一步阐明党与国家政权、党与法、执政党与参政党的关系，为形成科学的执政体制和健全的、良性互动的党政运作机制奠定基本的理论基础与政治方向，并在分析现实社会结构变化的基础上，针对现实与未来的社会发展趋势，架构党与社会、党与人民群众良性互动的关系，为巩固和扩大党的执政基础提出最基本的原则。在执政理论体系中，执政理念是基础，起着统领作用，决定着执政能力、执政方式、执政伦理等执政理论的其他内容，把握住了党的执政理念，也就把握住了党的执政理论体系的核心。所以说，只要党的执政理念能够坚持不变，那么，即使现在对于执政规律的认识还不十分深刻，现有的执政理论还不完善，也可以随着历史的发展而不断发展党的执政理论。

《中国共产党利益整合能力建设研究》（汤志华著，中国社会科学出版社2010年版）

本书主要是探讨了我国经济社会发展出现“四个多样化”和利益矛盾凸显的形势下，

如何加强执政党的利益整合能力建设，构建社会主义和谐社会的问题。作者对利益整合的基本概念、中国共产党利益整合功能的基本内涵作出了界定，并总结了中国共产党建国以来发挥利益整合功能的历史经验与教训，新时期加强党的利益整合能力建设的重要性和紧迫性。作者指出党的利益整合能力建设是一项系统工程，必须通过强化和完善思想的、机制的（包括党和国家的制度化建设）、组织的等多方面工作才能实现。其中，坚持科学发展是前提，建立和完善利益整合的相关机制是关键；同时，要在发挥和强化党现有的组织优势和思想政治工作优势的基础上，吸取借鉴国外执政党在发挥利益整合功能方面的经验教训，最终实现党的利益整合模式从过多地运用行政权力的、刚性的、一元化的传统整合方式，向法治式的、民主的、多元化的现代整合模式转变。

二、论文观点摘要

《从“打破”官僚制到超越官僚制——当代中国执政党建设的另一种逻辑分析》（祝灵君，《马克思主义与现实》2010年第5期）

改革开放以来，在法治化、制度化建设的大背景下，以干部人事制度改革、行政体制改革、公务员制度等为特征的理性官僚制正在逐步完善与发展，而与此同时，官僚主义与官僚陋习也在滋生蔓延。官僚主义与官僚陋习二者形成机理的内在矛盾要求我们必须超越官僚制，以“后官僚制”精神为指导，大胆创新执政党的工作方法和运行机制。第一，党和国家领导人深入基层调研，弥补政党或政府多层级汇报体制中存在的信息截留、信息噪音等缺陷，了解基层群众的民生问题，作为党和国家决策的最新依据。第二，党内民主蓬勃发展。第三，协商民主。中国的协商民主体现在三个层面：一是各民主党派、无党派人士对执政党和政府事务的参政议政，即政治协商的过程；二是各级政府在出台公共政策前与群众进行协商的民主恳谈、民主听证的过程；三是在基层群众自治中出现的公民性论坛即社会协商的过程。协商民主有利于扩大不同社会力量参与党和政府的公共事务与决策，有利于促进党和政府决策的科学化、民主化。第四，电子政务。随着互联网技术的发展，以党务公开为目标的电子政务在各级党委政府中被列为重要工作目标。第五，县（区）、乡两级干部进村、进社区。第六，领导干部“大接访”。为了切实为群众解决实际问题，中央要求全国市（地区）、县（区）两级党委、政府实行领导干部“大接访”制度。第七，“一对一帮扶、结对子”。第八，党内关爱与帮扶机制。为了激发普通党员、党员干部关心和帮助贫困党员，切实解决贫困党员的生产生活问题，最终实现以党内和谐促进社会和谐。

《阶级、所有制与政党：国有企业党建的政治学分析》（林尚立，《天津社会科学》2010年第1期）

作者从国有企业与阶级、所有制与政党的关系出发，对社会主义市场经济条件下党建所面临的困境指点迷津。作者认为，国有企业是社会主义革命与建设的产物，在实践社会主义公有制的同时，体现着工人阶级的领导地位，是中国社会主义制度基本结构的重要支撑力量。党对国有企业的领导，既关系到党自身的领导与执政，也关系到国家制度的巩固与发展。因而，国有企业、党的领导与国家制度建设之间存在着深刻的政治逻辑，它要求党对国有企业的领导，关键不在于控制国有企业，而在于有效推动国有企业的建设和发展。社会主义市场经济使国有企业的组织形态与管理形态发生了深刻变化，这就要求党在新的形势下对国有企业的领导，必须在战略定位和策略选择上走出既定模式，实现全面创新，从而使党的领导真正成为国有企业发展的重要组织资源与政治资源。第一，合理定位政党领导与领导体系。党对国有企业的政党领导，一方面是通过上级党组织对企业的政治领导来实现；另一方面是通过党组织在企业中的政治核心作用来实现。第二，科学重构权力基础与权力体系。对企业内党组织来说，其政治核心作用应该体现在其实际的政治作为上，而这种政治作为，一方面取决于权力基础；另一方面取决于其合理作为。要把这两方面有机统一起来，关键就是如何改变企业党组织的权力运行逻辑，即如何从一般意义上的领导权出发转变为从实实在在的代表权出发，就是从代表国家与企业职工利益的代表权出发，来组织和运行党在企业中所拥有的权力要素。在如何使企业职工凝聚在党组织的周围，同时使党的组织成为全面推动企业建设和发展的重要政治资源与组织资源问题上，国有企业党组织应该在三个方面进行努力：一是在价值上，落实职工为本的理念，充分尊重职工在国有企业中的主人翁地位，既要充分激发其积极性与创造性，同时也要依法、依章维护其合法的权益，并为其创造充分的自我实现与自我发展的空间；二是在组织上，要在建立健全党的组织的同时，建立健全工会组织、青年组织以及各类职工组织，并通过这些组织来凝聚职工、整合职工；三是在制度上，要充分推动企业民主的制度化建设，在保证党的组织与企业职工在企业建设与发展中的参与权、监督权与表达权的同时，增强国有企业管理的制度化和规范化。党的组织凝聚了广大职工，既能强化党的组织，也能强化党的阶级基础；既能维护国有企业职工的根本利益，也能通过国有企业职工民主参与规范国有企业的建设和发展，从而巩固国家根本制度的所有制基础。

《民主建设的大视野：党权、政权、民权的消长与互动问题》（王贵秀，《科学社会主义》2010 年第 1 期）

在我国，由于共产党是执政党，它所拥有的权力之大、之多，对国家和社会发展的影响之重大、之深远，在世界上绝无仅有。因此，在当代中国，研究和探讨民主问题，不能不涉及中共的“党内民主”即“党权”问题。因而，民主问题（包括党内民主与人民民主及其关系），与社会、国家、政党三个基本概念相联系，必须从理论上界定“社权”（民权）、“国权”（政权）、“党权”，在实践中处理三者之间关系。在新的历史时期，“党权”与“政权”、“民权”的关系问题日益凸显。执政党、国家、社会三者之间的关系是：党始终处于社会（人民）“之中”，既不是在其“之外”，更不是在其“之上”，也不是在国家“之中”，这是符合马克思主义关于政党、国家与社会三者关系的原理的。只有在这种模式的宏观架构下，才能真正理顺党与国家、社会的关系，建构起科学执政、民主执政、依法执政的合理的党政领导体制和社会运行机制。社会主义改革的基本取向应该是：从根本上改变“党权高于一切”，“以党治国”和“党领导一切”、“党管一切”、“党的一元化领导”（实际上也就是“党本位”）的状况，逐步实现“党还权于政”、“党还权于民”以及“政还权于民”，其中也包括实现从“为民作主”到人民当家作主、从“民之主”到“民为主”以及从“人治”到“法治”的转变，实现由“国家本位”到“社会本位”的转变。在这个进程中，必然伴随着民权与政权、政权与党权之间的良性互动和此消彼长的动态变化以及如何平稳健康地使这种动态变化得到有效实现，这是对决策者的执政能力和领导能力的一大考验。

《在组织理论的视野中——论党内民主与人民民主的关系》（任剑涛，《科学社会主义》2010 年第 1 期）

作者提出，党内民主通向人民民主需要并可以借助党际民主这一桥梁。中国共产党的党内民主是一种可控的组织民主，而人民民主是人民之作为公民个体和组织起来、各有归属的各人民团体的民主。这就意味着政党民主演进到人民民主，必须遵循组织相近性原则，借助公民组织和组织之间的民主机制，党内民主才足以推向社会并演进为人民民主。相比较而言，八大民主党派的现代政党属性不足，但它毕竟作为政治组织存活了数十年之久，因此在组织特性上它与中国共产党较为接近，但又不至于与中国共产党的组织特性混淆，因此最容易对接中国共产党的党内民主；其次，中国共产党与民主党派对于国家权力的分享和公共政策决策的行政权力的共享，具有同等的政治属性；再次，中国共产党与民主党派之间具有政治协商机制。因此，党内民主通向人民民主需要并可以借助党际民主这一桥梁。但是，从党内民主向人民民主的发展过程来讲，不会是一帆风顺的自然过渡历程。三个环节，各有困境。第一，就中国共产党的党内民主看，其间就有几个难以克服的矛盾：一是加强党的领导与推进党内民主的矛盾，导致党内民主在自主和控制的拉锯战中耗费政党能量；二是党的代表制度与党的常设机关之间在运作中的摩擦，会导致党员号召力的降低、党的组织能力的下降，党的决策机制的二元分化；三是党的民主集中原则与政党的民主原则顺畅过渡的问题，有可能导致政党的明显离心力。第二，中国共产党的党内民主要向党际推进，也有一些困难：其一，从党内民主对于民主党派民主的同等适应力起步，再到党与党之间民主相待，共享国家权力，恐怕不仅会遇到党内的强大阻力，而且会遇到民主党派间政治分肥导致的八大党派间的政治不均衡；其二，在长期定位不易的执政党与参政党的政党制度中，民主党派的政治能力是孱弱的，它们能否同时而且水平较为整齐地应接中国共产党党内民主的变革举措，恐怕也是值得分析的问题。第三，从党际民主向人民民主的推进，就更具有挑战性。由于中国民众组织化实践民主的历史资源的贫瘠，加之在现代处境中中国民众实践民主的物质条件、法治条件、智力条件、心理条件以及保护性条件的缺乏，实践民主的巨大困难可想而知。因此，中国从中国共产党的党内民主、借助党际民主推向人民民主的政治演进过程，不会是一个风卷残云的民主荡涤过程。相反，在民主演进的历程中，不仅会遭遇三个环节上的曲折，而且每一个环节的回流困难也并不能迎刃而解。这不是一个线性的发展过程，而必然是一个非线性的变迁过程。

《从分隔到统筹：沿海发达地区基层党建格局的演变》（谢方意，《理论探讨》2010 年第 3 期）

随着中国社会从城乡二元结构向城乡一体化转型的加速，城乡基层党建的重心、内容和方式都面临着前所未有的深刻变化，主要表现为：第一，两种形态的加速演进与基层党建组织体系的转型。一是城乡空间形态加速演进，城镇空间获得前所未有的拓展与扩张。

二是组织形态加速演进。在以往计划经济体制下纵向行政关系的基础上，逐渐衍生出大量的扁平化的横向关系形式。上述两种形态的演进，给以往“单位制建党”的组织架构带来了冲击。基层党建如何适应这种变迁趋势，从战略上构建具有较强社会整合力的纵向横向网格化的组织体系，突破固化、封闭的单位组织结构，实现兼容开放的组织构架，提高基层党组织在一定区域内的渗透力和调控力，是城乡基层党组织共同面临的新的前沿性课题。第二，两类资源的加速集聚与基层党建重心转移。一是人口资源向城市集聚加速。二是治理资源加速向城市集聚。社会资源的占有方式日渐向个人和社会组织倾斜，这使基层党建特别是农村党建的资源依托发生困难，活动难以有效开展，迫切要求执政党必须承担起整合城乡社会弥散性政治和组织资源的重任，以最小的成本取得基层党建整体效益的最大化。第三，两种特性的加速凸现与基层党建工作模式的转化。一种是党员的频繁流动性。二是组织的频繁变动性。这使原先主要依托城乡单一的基层党组织实施党员教育、管理的做法已难以为继，原有城乡基层党组织的设置模式和传统的组织活动方式已无法满足现实的需要。城市经济和社会结构体系深刻变革也直接引发了“两个重心”的转移和调整。一是契合城乡一体化的演进趋势，基层党建的重心由农村向城市转移和调整，党建空间布局日渐走向城乡并重，联动发展。二是顺应城市社会结构转型性变迁的趋势，传统注重以点建设、单向推进为主的封闭式小党建模式日渐向区域性、开放型大党建模式调整和转移，使基层党建的动力和重心、工作对象和方式、组织运转的逻辑和党员的个人发展路径等都发生了显著变化，传统的城乡分隔、单位、社区和“两新”组织各自为政的党建格局逐渐体现出时代局限性，越来越不适应当前城乡社会结构的转型性变迁趋势，探索与城乡经济社会一体化趋势相契合的基层党建新格局，日渐成为一种必然。构筑城乡统筹基层党建一体化新格局的路径探析。第一，变革组织构架。要顺应城乡社会结构的变动趋势，更新组织体系，调整党建重心。新格局的基本骨架或重心就是“一核心三基点”，即将城镇（街道）确立为统筹城乡党建的核心，将中心村、社区和行业协会党组织作为统筹城乡党建的三个重要基点，并强化其领导能力及整合功能。第二，拓展组织空间。可引入区域党建的理念，秉承“组织设置全覆盖、组织领导区域化、组织管理双重性”的思路，以“区域不变”应“单位万变”，突破所有制类型与单位界限，在“两新组织”和流动党员较集中的农村、社区、商务楼宇、工业园区、专业市场地域，构筑起城乡覆盖的机制开放、形态稳定的区域性组织网络。第三，实现体制共融。体制共融是构筑统筹城乡党建新格局之核心内容与制度基础。构建城乡对接的党员动态管理机制。一要构建双向互动的党员管理机制。二要构建城乡衔接的发展党员机制。三要构建党员动态信息交互平台。构建城乡协作的党组织区域性互动机制。一是组织活动实现城乡互动。二是组织生活实现城乡联动。二是组织生活实现城乡联动。三是经费保障实现城乡均衡。构建城乡均衡的干部人才资源保障机制。一是有序选派优秀高校毕业生到行政村任职，优化农村干部队伍。二是实施城乡基层干部在上下级单位之间、同级部门之间、城乡之间、乡镇之间、村村之间交叉挂职和任职工作，促进城乡干部人才有序、梯次交流。三是实行人才互培。第四，形成联动合力。要建立城乡党建工作共同推进机制，跨行政区域的协调、沟通、合作工作网络和机制，建立经常性的工作联系制度、情况通报制度，要强化“带创”责任，探索创优带动机制。

《县级党委决策机制分析与改进策略研究》（孙蔚，《求实》2010 年第 6 期）

县委决策机制是县级党委政策制定的最有力的核心平台，具有相对的稳定性。在决策机制科层规定的背后却隐藏着决策系统的隐性交易行为，形成决策过程中个人优势效应，其根本原因在于决策机制中体制性权力结构和非正式权力结构相互交杂和相互渗透。县委书记的政治权力及形成的个人优势效应是非正式权力结构中最为核心的部分。须重新塑造县级党委决策机制中所包含的权力结构，抑制非正式权力结构的负面影响，促进县级党委决策的科学化和民主化。第一，重新塑造县级党委主要领导的责任与权利，使其施加非正式的人际影响减少到最低限度。一是对“一把手”权力进行限制；二是大力发扬党内民主；三是实施责任追究。第二，改革县委常委成员特别是县委书记的任命机制，削弱其干预党委决策的影响力。通过直选方式产生的书记、副书记，显然要比任命方式或等额选举方式产生的书记、副书记更加在意决策所涉及的对象（选民）的心理反应和期望值，这是一个潜在的双向作用机制，它有助于最大限度地减少决策中的非理性因素，降低决策的外部风险，优化党内民主决策。第三，普遍推行党代表常任制，最大限度抑制非正式权力结构的影响。第四，扩大党委全委会的决策作用，通过采用适度中型的权力架构提高党委决策的公信度。第五，发展党内民主协商制度，提高党内决策科学化和民主化水平。

《论政治认同与中国共产党的“软权力”建设》（徐大超，《南京师大学报》2010 年第 1 期）

执政党要维持国家的长治久安，保持自己统治的合法性，就必须获得公民的政治认同。而执政党若要获得公民的政治认同，不仅要有坚实的“硬权力”作基础，更要有强大的“软权力”作支撑。我国正在实现由传统的计划经济向社会主义市场经济的转型，在这场深刻而复杂的社会变革过程中，各种原因导致了中国共产党“软权力”的弱化。一是现实的社会矛盾弱化了党的意识形态的“软权力”；二是干部队伍的腐败问题弱化了党执政理念的“软权力”；三是不健全的制度弱化了党的制度性“软权力”；四是社会“公平性困境”弱化了党的政策“软权力”；五是多元文化时代不健全的道德调节体系弱化了党的道德“软权力”。中国共产党加强“软权力”建设的可行路径：第一，推进马克思主义大众化，夯实意识形态“软权力”基础。一要在表述方式上摒弃过于繁琐的逻辑论证，以通俗的语言讲述马克思主义；二是在思想内容上贴近大众的现实生活，并把理论原则转化为大众的价值观念、思维方式和行为方式；三是在宣传教育上避免不切合大众生活的空谈世事，避免将其置于高高在上的位置而抽象地描述其意义；四是要坚持理论逻辑与生活逻辑的统一，把马克思主义深入到公众的生活中去。第二，加强党的先进性建设，建立“软权力”发挥效用的长效保障机制。第三，加强社会建设，落实“软权力”的制度。加强社会制度建设，关注民生问题，民生问题是社会稳定的基础，也是执政党“软权力”建设的重要内容。第四，加快执政方式转换，增强公众对党政治权威认同所需要的“软权力”。首先正确处理执政党与国家政权的关系。一是处理好党的机关与权力机关的关系，逐步实现两者关系的制度化、规范化和程序化；二是处理好党的机关与行政机关的关系，建立党的领导职能与政府行政管理职能的协调机制，保证党的纲领路线顺利地转化为政府的方针政策；三是处理好党员和行政干部双重身份的关系。其次，在适度分权的原则下，实现“民主执政、科学执政和依法执政”。一是党要实行集权与分权相结合；二是从直接掌握公共权力转为间接掌握公共权力；三是党要从传统的主要依靠政策执政转向主要依靠法律执政，实现依法治国。第五，加强社会道德体系建设，重建党的道德“软权力”。

《关于中国共产党治国理政与自身建设科学化的思考》（王韶兴，《理论探讨》2010 年第 4 期）

中国共产党治国理政与自身建设科学化，本质上要求按照党的建设规律和党的执政规律之有机统一的社会主义政党政治规律认识和把握党治国理政与自身建设的问题，是“全面认识规律”和“自觉运用规律”两个方面能力的有机统一和互动发展。中国共产党的管党治党能力、多党合作能力、执掌政权能力、领导国家和社会能力以及政党外交能力，是党治国理政与自身建设科学化的内容支撑和实现机制。一是中国共产党在获取执政地位的起点与形式、治国理政的基础与重点，以及在治国理政过程中所遇到的许多情况和问题，与其他国家的执政党相比都有很大的不同。二是马克思主义是中国共产党治国理政的理论指导，思想理论建设是党的根本建设。三是党治国理政与自身建设科学化的实践内容根源于党的执政职能。四是党内民主是党的生命，人民民主是社会主义的生命，这是中国共产党在深刻认识世界政党政治尤其是马克思主义执政党治国理政和自身建设历史的经验教训的基础上形成的重要结论。五是执政党权力是社会主义政党政治的驱动力量，是党实现治国理政与自身建设目标的必要条件。六是政党制度建设是提高党治国理政与自身建设科学化水平的关键所在。七是科学开发并有效使用执政资源，既是中国共产党综合能力建设的目的要求，也是其治国理政与自身建设科学化的实践结果。八是党内关系科学化的基本含义是以党内民主为核心价值追求的党内生活的制度设计和制度运行的合理性和有效性。九是当代中国确立的“核心一元性”与“结构多元性”相结合的政党关系模式，在社会主义政党政治史上形成了崭新的政党政治关系、崭新的政党执政方式和崭新的民主实现机制，但也存在着难以解决好政党执政权力的有效监督和制约的问题。十是党政关系是社会主义政党政治关系的重要内容，党政关系状况直接反映着马克思主义执政党治国理政的科学化水平。十一是执政党与社会的关系状况，既是马克思主义执政党自身建设水平的具体反映，也是其治国理政科学化水平的集中体现。十二是深刻认识世界变化，准确把握时代特征，由此提出符合人类文明发展大势、反映时代进步要求、体现中国人民和世界人民根本利益的内外政策，是中国共产党治国理政和自身建设的重要经验。十三是马克思主义执政党的政党外交是社会主义政党政治在国际政治领域中的重要表现形式，是社会主义政党政治发展的当然要求和必然结果。十四是改革创新是推动中国共产党治国理政与自身建设科学发展的不竭动力。

孙俐俐　中央社会主义学院中国政党制度研究中心博士

参政党研究

参政党研究述评

随着建构中国特色政党制度理论体系讨论的升温，参政党研究也开始重视基础理论研究和自身的理论建构问题，对参政党的历史、参政党的性质、参政党的政治地位等基本理论问题，都有比较深入的讨论。2010 年的参政党研究除了立足于往年的研究成果，在自身建设、履行职能等问题上继续拓展之外，还重点关注了核心价值体系和党内民主问题，表现出较强的时代性。

一、历史研究

伴随着中国特色政党制度的产生、发展与完善，中国的民主党派也经历了曲折发展与再创辉煌的基本历程。在这一伟大征程里，中国的民主党派取得了哪些宝贵经验？留下了多少可资借鉴的教训？在一些重大历史事件中，民主党派发挥了什么样的作用？参政党的理论建设有哪些积极成果？这些问题牵引着理论研究者的视线，也取得了一定的成果。

（一）重大历史事件研究

部分研究者关注民主党派所经历的重大历史事件，包括这些重大事件的时间考证、历史意义和现实意义，在这些重大事件中民主党派的政治作为等等。

肖莉在《抗日民主党派争取民主政治的斗争》（《广东省社会主义学院学报》2010 年第 4 期）一文中指出，抗日民主党派争取民主政治的斗争，从起码的民主诉求开始，发展为宪政运动，最后成为为成立联合政府而斗争。这些斗争是抗日战争胜利的重要条件，对国共两党和民主党派自身都有积极的政治影响，也为建设中国特色社会主义民主政治提供了宝贵的经验。作者认为，民主党派争取民主政治的斗争，有助于中国共产党更好地发展成为抗击异族入侵的强大力量，使国民党发生了有利于抗战、有利于民主力量发展的变化，推动了抗日民主党派逐步走向联合并不断追求进步。在多党合作、政治协商中，中国共产党和各民主党派都可以从抗战时期争取民主政治斗争中所具有的积极主动、团结合作、民主协商的精神和经验中得到启迪，把中国的民主政治建设不断地推向前进。

沈华在《20 世纪 40 年代的和平建国运动与自由主义》（《江苏省社会主义学院学报》2010 年第 5 期）一文中研究 20 世纪 40 年代的和平建国运动。作者认为，这场以民盟和其他民主党派为代表的中间力量发起的、以民主、自由为价值取向的和平建国运动，可以看成是自由主义自19世纪末传入中国后，经过半个世纪积累的结果之一。尽管这场和平建国运动到最后无疾而终，但仍然可以显示出在20世纪40年代，自由主义在当时的中国社会有着较大影响力，以及当时的自由主义者对中国民主政治的执著和努力。作者认为，和平建国运动可以无疾而终，民主党派可以被宣布为非法，但自由主义者追求民主、自由，促进民主政治的努力却不可能被抹杀，所谓薪尽而火传，今日我们要进一步推进中国的民主政治建设，那么半个多世纪以前的那场和平建国运动及其背后的自由主义精神，仍然是值得我们借鉴的。

王民在《〈华商报〉与各民主党派响应“五一口号”时间的考证》（《民主》2010年第1期）一文中认为，“五一口号”的发布，以及各民主党派和各界人士的响应，标志着各民主党派公开、自觉地接受了中国共产党的领导，走上了新民主主义革命道路，也标志着中国共产党领导的多党合作和政治协商局面基本形成，我们很有必要搞清楚这段历史。但是，各个党派响应“五一口号”的时间和宣言名称还有一些出入，值得进一步查证。作者认为，由于中共中央的“五一口号”是首先在中共在香港主办的《华商报》上刊登，12位民主党派负责人和无党派民主人士代表各党派和各界于5月6日在《华商报》上联名发表了响应中共“五一口号”的通电，因此，各民主党派在《华商报》上发表响应“五一口号”的宣言，应该是确定响应时间公开的、最主要的材料。经考证，作者列出了各党派响应“五一口号”的时间和宣言名称：1948年5月22日，《台湾民主自治同盟号召台湾同胞响应五一口号》（台北十日航讯）；5月23日，民建通过响应“五一口号”的决议；5月24日，《响应中共五一口号　不仅坐谈更应行动——中国民主促进会发表宣言》；6月9日，《致公党宣言响应五一口号——号召海内外同志加紧努力　拥护中共领导新民主革命》；6月16日，《民主同盟发表声明速展开新政协运动》；6月17日，《农工民主党发表声明——团结群众进行斗争　努力争取召开新政协》；6月25日，《推动新政协运动——国民党革委会号召同志接受中山遗教继续奋斗》；6月26日，《三民主义同志联合会响应中共五一口号》；1949年1月26日，九三学社在北平的《新民报》上发表《拥护中共“五一”口号暨毛泽东八项主张的宣言》。

韦玉凤在《澄清民主党派政治路线问题的一场大讨论》（《黑龙江省社会主义学院学报》2010年第6期）一文中指出，抗战胜利后，在国民党发动内战的形势下，民主党派内部发生了一场关于中间路线问题的大讨论。这场讨论澄清了民主党派的政治走向及政治路线问题，明确了向中共一边倒、与中共合作的路线才是民主党派应坚定执行的正确路线。这场广泛深入的讨论，牵涉各党派及广大中间阶层，为各党派实现政治路线及斗争方式的根本转变，实现与中共全面的公开的合作做了必要的充分的思想准备，生动地展现了民主党派在重要的历史关头，坚定地站在共产党革命阵线一边的历史轨迹，具有深刻的影响和重要意义。

邵雍在《民主党派与抗美援朝》（《上海市社会主义学院学报》2010年第6期）一文中分析了各民主党派在抗美援朝运动中的表现，以及当时他们与中国共产党的关系。作者认为，朝鲜战争时期，由于美国侵略者将战火烧到中朝边境，新生的人民共和国面临着生死存亡的严峻考验，民族矛盾上升，占据主导地位。国内资产阶级、小资产阶级与工人阶级的矛盾相对缓和，反映在党际关系上，各民主党派与中国共产党的关系相当融洽，处于建国以来的最好时期。作者指出，抗美援朝战争是新中国成立以后遇到的最重大的对外斗争、政治斗争与军事斗争，它考验了包括民主党派在内的中国人民。经过了抗美援朝运动，各民主党派提高了政治觉悟，增强了接受中国共产党领导的政治向心力与凝聚力。当时各民主党派与中国共产党同心同德，风雨同舟，同舟共济，共度时艰。在抗美援朝运动中，民主党派主要做了以下几方面的工作：不断抗议美国侵略的升级；为出兵抗美援朝出谋划策；赴朝作战、调查或慰问；在国内捐款；进行宣传教育，消除帝国主义在思想上、政治上的影响，强化民族自尊心、自信心与自豪感，为抗美援朝的胜利作出了积极贡献。民主党派的言行在一定程度上反映了人民的意志，体现了人民的要求，从一个侧面雄辩地证明了共产党领导的多党合作制度具有极大的优越性与强大的生命力。

房世刚在《解放战争时期民主党派对国共两党关系的影响》（《吉林省教育学院学报》2010 年第 10 期）一文中指出，解放战争时期，民主党派对国共两党关系的变化起到了不可低估的作用。民主党派是国共两党关系的积极调和者，为积极促成国共谈判，以政治方式解决国内矛盾作出了贡献；民主党派是国共两党天平的重要政治砝码，其政治取向对中国的前途和命运起到了不可低估的作用；民主党派是国共两党斗争进程的加速器，各民主党派在政治上坚决支持中国共产党的同时，积极发挥各自所拥有的优势，领导所联系的广大成员，密切配合中国人民解放军向全国进军的战略行动，开展了策反起义、搜集情报、组织武装、宣传政策、护厂护校等活动，以自己的实际行动，巩固和加深了与共产党的合作，支援和参加了人民解放战争，为推翻蒋介石国民党反动统治，建立新中国作出了艰苦卓越的贡献，加速了国共两党斗争胜负的进程。

王球云、刘大禹在《从旧政协到新政协：民盟政治态度的转变》（《求索》2010 年第 9 期）一文中分析了民盟在从旧政协到新政协这一重大历史转折关头的政治态度。作者指出，1946 年的旧政协失败后，中国民主化进程遭遇挫折，民盟总部被国民党当局解散。在中国共产党的努力与号召下，民盟为推进民主进程，根据客观形势的发展变化，政治态度发生了很大转变，由主张走第三条道路转向了接受中国共产党的领导，由以和平手段争取民主转向了赞成武装斗争反对国民党的方式，并积极参加了中共领导的新政协，奠定了此后协商民主的新型政党关系的基础，再现了民主化进程的美好前景。

王玉福在《论民主党派在新中国初期知识分子思想改造运动中的作用》（《河南师范大学学报（哲学社会科学版）》2010 年第 3 期）一文中指出，新中国初期的民主党派荟萃了知识分子的精英，担负着协助中共团结教育改造知识分子的重任。1950 年 3 月各民主党派学习座谈会的成立开启了知识分子思想改造运动。民主党派作为中国共产党的帮手，以其榜样作用推动了知识分子的思想改造，在土地改革、抗美援朝、镇压反革命三大运动和 1952 年开始的“三反”、“五反”运动中，都作出了积极的贡献。经过新中国初期的思想改造，民主党派不仅在政治上认同了中国共产党的领导，而且在思想上有了很大进步，建立起了与中国共产党长期合作的思想基础。历史告诉我们，中国共产党的执政，离不开民主党派的参政，中国共产党的决策及执行，离不开民主党派作用的发挥。

（二）民主党派的发展史研究

在半个多世纪的漫长岁月里，民主党派与共和国一起成长，伴随着多党合作制度的完善而壮大。在民主党派成长过程中，性质、地位、特征发生了什么变化？与中国共产党的关系有着怎样的变迁？民主党派的各项工作有着什么样的特点和作用？等等，对这些问题的研究，丰富了政治史的研究，也丰富了参政党理论，对深化新时期民主党派性质、地位、作用的认识，具有重要意义。

孙照红在《民主党派性质的曲折演进》（《上海市社会主义学院学报》2010 年第 2 期）一文中，分析了民主党派自成立伊始至《中共中央关于进一步加强中国共产党领导的多党合作和政治协商制度建设的意见》颁布这一段历史中性质的变化。作者认为，政党性质是一个政党所固有的特殊品质或质的规定性，政党的性质会随着历史的发展而发生改变。在民主党派成立初期，由于理论准备不足、实践斗争经验缺乏，民主党派早期章程中没有明确的关于政党性质的表述。随着中共对民主党派认识的发展以及民主党派对自身认识的加深，民主党派章程对其性质的规定也越来越明确。从章程来看，民主党派的性质先后经历了旧民主主义政党、新民主主义政党、“资产阶级性”的政党、为社会主义服务的参政党这样一个曲折演进的过程。

孙照红在《民主党派纲领的发展———基于民主党派章程的分析》（《广西社会主义学院学报》2010 年第 1 期）一文中认为，纲领是章程的灵魂和核心。随着中国社会政治、经济、文化的发展和变革以及民主党派自身建设的加强，我国各民主党派的纲领不断发展变化，在不同的历史时期呈现不同的历史内容。在民主革命时期，我国各民主党派的纲领和奋斗目标是反帝爱国、争取民主。新中国成立初期，各民主党派接受了《中国人民政治协商会议共同纲领》的基本精神并以此作为自己的纲领。1954 年 9 月，第一届全国人民代表大会第一次会议在北京召开，《共同纲领》完成自己的历史使命，各民主党派又以《中国人民政治协商会议章程》的总纲为自己的纲领。从 1988 年开始，各民主党派的章程不再简单地规定以《中国人民政治协商会议章程》的总纲为纲领，而是根据社会主义初级阶段各政党的根本利益和共同奋斗目标，比较明确地提出反映各政党特点的政治纲领。此后，1992 年、1997 年、2002 年、2007 年各民主党派修订的章程中都有关于纲领的单独的论述，并且都有各自特色的内容，其共同点是都把建设和发展中国特色社会主义作为自己的奋斗目标。民主党派纲领的发展反映了民主党派走的是一条从爱国主义走向新民主主义、从新民主主义走向社会主义，进而共同建设中国特色社会主义的历史道路，清晰的呈现了民主党派成长的历史轨迹。

艾红红在《从党派“营地”到民众“喉舌”—民主党派报刊属性与功能之变迁(1928—1949)》（《山东社会科学》2010 年第 3 期）一文中，从民主党派报刊史的视角，在梳理 1928—1949 年民主党派报刊活动进程的基础上，通过比较这些报刊与中共报刊和国民党报刊的异同，揭示其在当时的国共两党斗争中所发挥的独特作用。作者认为，民主党派创办报刊的初衷，是企图在国共两党报系之外，建构别样的参政议政空间。然而在涉及国家前途和民族命运等原则问题时，民主党派报刊一贯鼓吹并坚持的抗日、爱国、民主、和平等立场，显然又超越了一党一派的利益，具有更为广泛的“全民”性基础，因而在实质上也担当起了民众“喉舌”的角色。

王智、许晓斌在《当代中国 60 年来党际关系的变迁》（《湖北行政学院学报》2010 年第 1 期）一文中认为，从 1949 年新政协开始，中国共产党确立在国家政权中的领导者和执政党的身份与地位，与民主党派则形成了共存与监督的关系。此后60年，党际关系经历共存与监督角色的确立、反复、缺失到恢复发展的复杂历史演变。中国民主党派的地位经过长期摇摆，在1978年改革开放以后逐渐确立下来。从属性来看，民主党派应该介于以执政为目的的政党和非政府的社团之间。因此，中国共产党与民主党派之间的关系既有普通意义上党际关系的特征，又带有执政党与社团关系的特征。因此，这是一种非常特殊的政党关系。其中确定性原则有：一是中国共产党居于不变的领导地位；二是中国共产党与民主党派“长期共存、互相监督、荣辱与共、肝胆相照”。中国共产党与民主党派历史形成的党际关系，对于社会主义和谐社会建设、政治体制改革、政治发展与政治结构关系合理化，具有持久意义。60年积累的政治经验，亦对进一步探讨中国共产党执政方式转换、凝聚趋于分野的社会新阶层、推动海峡两岸政党合作等现实问题，具有重要价值。

朱江燕在《新中国成立初期的党派关系》（《上海党史与党建》2010年5月号）一文中指出，新中国成立初期的共产党与民主党派的关系，向来被视为“蜜月期”。与1954年以后的党派关系相比，1949年至1954年的党派关系有着不同特点，它建立于特定的历史基础和现实需要上。在与民主党派的合作过程中，中共内部有分歧，外部面临现实困难，但在正确的理论指导和细致入微的民主作风下取得了显著的执政效果，同时树立了民主执政的典范。作者认为，中共与民主党派的关系，经受了一个历史考验的过程。自中国共产党成立之初，到抗日战争爆发以前，中共的力量逐渐由小变大，但是除了民主党派中的一些左翼人士，中间派和右翼或者站在了国民党一边，或者既反蒋又反共。但是，抗战时期和解放战争初期，也就是在新政协召开以前，中共与民主党派已经逐渐形成了一个合作的传统。如果说早期的合作是形势所逼，具有不稳定性和表面性，那么解放战争时期的合作则是多层次的，并且在政治主张方面达成了某种共识。新政协是一个良好的开端。接下来更长的时间里，中共与民主党派、民主党派与民主党派之间的相互合作，使新政协作用的发挥取得较好效果。

李玲在《建国初期民主党派政治参与探析》（《广州社会主义学院学报》2010年第3期）一文中认为，建国初期，各民主党派积极参加国家政权建设，参与国家事务管理，投身社会改革，配合执政党推动社会进步，作出了重要贡献，留下了宝贵经验。当时各民主党派政治参与的主要形式有：以《共同纲领》为指导，全方位高层次地参加新民主主义国家政权，成为新政权政治决策的重要参与者；充分发挥自身特点和优势，全面参与国家经济文化建设，成为国家恢复和发展经济的重要力量；以思想教育运动为契机，把自我教育与政治参与紧密结合，在参与社会改革中全面提升素质和能力。重温这段历史，我们从中得出了几点启示：第一，坚持中国共产党的领导是民主党派实现政治参与的前提基础。第二，围绕中心工作是民主党派实现政治参与的关键所在。第三，具备良好素质是民主党派实现政治参与的重要保障。

（三）思想史研究

对民主党派理论研究的积极成果进行总结和回顾，是加强参政党理论建设的需要，也是完善和丰富参政党理论的需要。回应这种需要，部分研究者对参政党理论建设进行了回顾与思考，对民主党派发展史上的一些重要人物的思想进行了梳理，取得了一定的积极成果。

郑宪在《中国参政党理论建设的回顾与思考》（《上海市社会主义学院学报》2010年第3期）一文中指出，改革开放30多年来，我国各民主党派走过了恢复、起飞、开拓发展的历程；参政党建设从无序逐渐走上规范化的建设道路。伴随参政党组织恢复和工作的全面开展，参政党建设的理论研究也经历了从无到有，从被动到主动建设的过程，取得了显著进展。其发展历程大致可分为三个阶段：参政党建设理论的起步阶段（1979—1989年）；参政党理论建设的突破推进阶段（1989—2002年）；参政党建设深入创新发展阶段（2002年至今）。作者认为，参政党理论的发展一般循着以下轨迹：首先，参政党实践的不断发展，带动相关政策和措施调整，是对政策落实经验的总结，升华和推动参政党建设理论的创新和发展。其次，参政党理论上的突破，再回到实践中推动多党合作的新政策、新措施制定，政策付诸实践，进而推动我国的多党合作制度更加完善。

张献生在《中国参政党的理论价值和实践意义》（《政治学研究》2010年第2期）一文中分析了“参政党”这一概念提出后的理论意义。作者认为，中国的民主党派既不是执政党或联合执政的党，也不是在野党或反对党，而是参政党。这是中国民主党派性质和职能作用的基本定位，是中国多党合作制度中特有的政党类型，也是区别于世界各国政党的一个重要特征。参政党并不仅仅是一个新概念，而是对中国民主党派性质和特点、历史和现实、作用与贡献的深刻概括和集中反映，具有深厚的历史底蕴和深刻的政治内涵，反映了近代中国新民主主义革命发展的客观规律，是实行多党合作的必然结果。参政党概念的提出和实践，丰富和深化了对政党基本属性的认识：不谋取执政地位也是政党；丰富和深化了对政党关系性质的认识：不同政党之间可以和谐相处、相辅相成；丰富和深化了对民主实现形式的认识：合作也是民主的重要价值和实现方式。

戴雪梅在《中国民主党派追随实践理论创新的历程考察》（《社会科学家》2010年第2期）一文中认为，20世纪80年代末以来，随着民主党派作为参政党定位的日渐明晰，民主党派在学习和接受中国共产党重大理论创新成果的过程中，参政议政的实践创新成果日渐丰富。这个过程，大致可以分为六个阶段：第一，重大联合创新：成功筹备和召开中国人民政治协商会议第一届全体会议。第二，自身建设创新：民主党派的巩固与发展。从1949年到1955年，在中国共产党领导的抗美援朝、土地改革、“三反”“五反”和社会主义改造等全国性运动中，民主党派自身建设不断发展，在思想观念改造和内部制度建设上取得了显著进步。第三，头脑风暴：《论十大关系》中党与非党“长期共存，互相监督”方针的提出，民主党派呈现出良好的发展前景。第四，沟通创新失败：越过底线的“鸣”与“放”，导致中共中央在1957年6月发动了大规模的反右运动，“百花齐放、百家争鸣”的沟通创新归于失败，民主党派陷入了长达20多年的发展低谷。第五，工作创新：参政议政成效卓著。1978年十一届三中全会以来，伴随着改革开放的伟大历史进程，在十年“文革”中饱经磨难的中国共产党迎来了发展的春天，民主党派发展的春天也随之来临。民主党派作为参政党，关注国计民生，在参政议政方面取得了显著成绩。第六、实践创新：以中国共产党重大理论创新为指导。科学发展观是中国共产党应对世界第三次现代化大浪潮的重大理论创新，是指导民主党派实践创新的强大思想武器，在学习和实践科学发展观的过程中，今天的民主党派在政治参与、利益表达、社会整合、民主监督和维护稳定等方面，都有大量能够体现自身价值和功能的工作可做，这意味着民主党派参与以参政议政为重点的实践创新拥有广阔的空间。

田湘红在《中共八大对我国民主政治建设的探索》（《党史博采》2010 年第 4 期）一文中分析了八大对民主监督的探索。作者认为，八大强调扩大民主，并从三个方面保障民主的实现，其中之一就是与各民主党派进行民主政治协商，长期共存、互相监督。在《论十大关系》中，毛泽东初步提出了与民主党派长期共存、互相监督的方针。八大政治报告重申并确定了这一方针。报告批评了一部分共产党员搞“清一色”，不愿意党外人士参加国家机关的工作，或有事不同党外人士商量，不尊重党外人士的职权。指出，党外人士是社会主义建设需要的力量，因此，必须团结他们，同他们建立良好的合作共事关系。作者还认为，对扩大民主的外部保障，八大也有其独特的思考，第一次在党内提出保障民主的两条途径：民主监督和健全法制，这说明共产党已经强烈地意识到实施民主监督是使党和国家各级工作人员按照民主程序办事的强有力的保障。

钱灵犀从《内蒙古统战理论研究》2010 年第 4 期开始连续发表 3 篇文章，研究民主党派老一代领袖人物费孝通先生和他的参政党建设思想。作者认为，对于费老参政党建设思想的研究应该从不同的角度观察，应该有更深层面的思考。费老是民盟的领袖，也是大学者，研究费老具有多重意义和价值，也突出了民盟党派的特点。费老的参政党建设思想与他对中国历史、国情和现代化发展趋势的把握是密切联系的，与他对中国传统文化的理解诠释是密切联系的，与他对中国现实的认识和对中国未来发展的理想也是密切联系的。如果仅仅把费老关于参政党建设的话语串连起来，整合一下，没有深入到他的时代背景、思维方式、学术渊源中去体会、领悟，那就是不全面、不深入的研究。他给知识界和年轻学子们留下了清醒、理性、保守、改良、平和的心态；实用、人文、现实、本土的学术追求；爱国的情怀和对人类命运真切的关怀思想等精神遗产，成为中国知识界和我们民盟永远的财富。

张九海、喻洁在《论周恩来的民主监督思想》（《广西社会主义学院学报》2010 年第 6 期）一文中对周恩来关于民主监督的基本内涵、必要性、条件等问题的阐释进行了研究，作者认为，周恩来对民主监督的基本内涵的解释主要体现在共产党要能够听取不同的意见和批评；实行监督就是要扩大和发扬民主；注重共产党和民主党派之间的相互监督这三个方面。关于民主监督的必要性，作者认为周恩来主要是从实行“长期共存、相互监督”是由客观历史条件决定的；实行“长期共存、互相监督”是适应社会阶级结构变化的需要；实行“长期共存，互相监督”是巩固中国共产党执政地位的需要；民主党派的民主监督是加强社会主义民主建设的需要这几个方面来阐释的。作者认为，周恩来不仅深入分析了加强民主监督的必要性，而且还明确指出民主监督必须具备一定的条件：第一，共产党和民主党派要长期共存；第二，民主党派要有职有权，政治自由，组织独立；第三，政务公开是民主监督的客观要求，也是民主监督的必要前提；第四，广开言路，提倡讲真话。

赵太航在《试析 20 世纪 40 年代罗隆基的政党思想》（《广州社会主义学院学报》2010 年第 1 期）一文中分析了罗隆基的政党思想。作者认为，20 世纪 40 年代，罗隆基作为中间党派的重要代表人物活跃于中国政坛。在政党思想方面，他坚定地反对一党专制，主张多党并立，提倡以宪政为终极目标的政党活动范式，并形成了相对强烈的反对党意识。在实践中，罗隆基从事的政党活动亦充分体现出其政党思想的特色，并对其时中国的政治发展进程产生了重大影响。

二、民主党派的性质、地位与作用

对民主党派的性质、地位与作用进行研究，是完善参政党理论的需要，对民主党派更好的发挥参政党作用，也具有重要指导意义。2010 年理论界对这一参政党理论的基础性问题继续探讨，深化了对民主党派的认识。

（一）民主党派的性质与地位

虽然《关于进一步加强中国共产党领导的多党合作和政治协商制度建设的意见》对民主党派的性质进行了规定，把民主党派定位为各自所联系的一部分社会主义劳动者、社会主义事业建设者和拥护社会主义爱国者的政治联盟；接受中国共产党领导、同中国共产党通力合作的亲密友党；进步性与广泛性相统一、致力于中国特色社会主义事业的参政党。但是，如何深入理解这一判断，如何把民主党派的性质放在世界政党视野和中国特色社会主义建设事业的大背景下进行研究，仍然吸引着理论界的关注。

孙照红在《中国民主党派的性质与特色———与世界政党比较的视角》（《重庆社会主义学院学报》2010 年第 2 期）一文中指出，政党的性质是一个政党区别于其他政党、政治派别、社会团体等社会组织的本质特征。与世界上的各类政党相比，中国民主党派的政党特色突出地表现在三个方面：在社会基础上，民主党派的阶级性不明显，而具有鲜明的政治联盟特点；在党际关系上，民主党派不与中共竞争政权，而是接受中共领导、同中共通力合作的亲密友党；在党与政权的关系上，民主党派既不是执政党，也不是在野党或反对党，而是参政党。

黄天柱在《多党合作与社会团结———民主党派的社会属性与社会基础研讨综述》（《中央社会主义学院学报》2010 年第 3 期）一文中作者指出，与会专家紧紧围绕“多党合作与社会团结——民主党派的社会属性与社会基础”这一主题进行了深入分析和研讨，一是认为从政党的社会属性和社会基础的角度，思考和研究我国民主党派的自身建设和作用发挥具有重要价值和意义；二是认为我国各民主党派自产生以来，其社会属性和社会基础经历了一个不断发展变化的过程；三是认为从政党的社会属性和社会基础的角度观察，当今中国民主党派产生了与社会大众以及自身所代表的特定阶层和群体的两个脱离。这两个脱离使得民主党派像无根的浮萍一样飘荡在中国政治生活中，同时也使得民主党派与中国共产党的合作主要是体制性合作，而不是真正意义上的政治性合作与社会性合作。政治性合作与民主党派的主体性密切相关，它要求民主党派有相对的自主性，其参政能力可以与中国共产党的执政能力相匹配、相适应，从而与中国共产党形成协商结构，参与整个政治过程。社会性合作则是民主党派与中国共产党在社会领域共同使力，共同培育社会、整合社会。民主党派跟共产党的合作从体制性合作转变成为政治性合作与社会性合作，既取决于中国的政治生态和社会生态的发展，也取决于民主党派自身的作为。如果各民主党派完全等待体制的安排，其发展的空间将会越来越小。

魏丽红在《浅议如何发挥各民主党派的主体性地位》（《辽宁行政学院学报》2010 年第 10 期）一文中主张民主党派在构建和谐社会作中具有主体性地位，作者认为，在新的历史时期，中国共产党要贯彻落实科学发展观，构建和谐社会，就必须加强与各民主党派的协商合作，最主要的就是积极搭建各种平台，营造宽松的社会环境，充分发挥其主体性地位。

（二）参政党的作用研究

在贯彻科学发展观，构建社会主义和谐社会的过程中，参政党的政治责任和政治使命是什么，有着怎样的作用，发挥作用的方式有哪些，是理论界一直都比较关注的问题。对这些问题进行深入研究，为参政党履行职能提供理论指导，是新时期参政党研究的重要课题。

关于参政党的政治责任与政治使命，汪守军在《略论多党合作制度框架下民主党派的政治责任与政治使命》（《中央社会主义学院学报》2010 年第 2 期）一文中指出，无论是执政党、参政党还是在野党、反对党，其生存和发展都与其承担和履行的政治责任和政治使命密切相关。政党的政治责任和政治使命不是唯一的和一成不变的，而是阶段性与连续性、短期性与中期性和长期性相统一的。这是政党发挥政党功能的客观要求。执政党承担的政治责任和履行的政治使命是主导性的，但是，参政党、在野党或反对党所承担的政治责任和应履行的政治使命不是可以忽略不计的，相反，在某个特殊历史时期或特定阶段，其政治责任和政治使命与执政党还具有重合或交叉之处，在国家社会政治生活中也会发挥重要作用。

关于参政党在贯彻科学发展观中的作用，唐华生在《参政党贯彻落实科学发展观的角色定位》（《四川统一战线》2010 年第 3 期）一文中认为，新世纪新阶段，民主党派工作要与时俱进，上台阶、上水平，必须准确把握“四者角色”，以高度的历史责任感和满腔的政治热情投人学习实践科学发展观活动，不断提高服务经济社会科学发展和促进多党合作事业科学发展的能力。这四种角色是：站在新高度．把握科学发展观的精神实质，争做贯彻落实科学发展观的学习者；立足新起点，明确科学发展观的时代价值，做科学发展观的实践者；着眼新视角，对照科学发展观的根本要求，做贯彻落实科学发展观的监督者；开拓新思维，提升科学发展观的科学内涵，做贯彻落实科学发展观的研究者。周丹在《刍议参政党如何学习贯彻科学发展观》（《吉林省社会主义学院学报》2010 年第 1 期）一文中认为，参政党学习贯彻科学发展观，关键在于立足“发展”的基础，把发展作为履行职能、发挥作用的出发点和归宿点；前提在于领悟“发展”的内涵，加强学习，创新机制，不断提高自身的理论水平；重点在于站在“发展”的高度，，始终用科学发展统领参政党各项工作，树立深远的眼光、清晰的思路、科学的理念，去适应社会发展多样化、社会结构复杂化、利益群体多元化的新形势。孟凤英在《民主党派在促进我国科学发展中的作用和路径探析》（《重庆社会主义学院学报》2010 年第 1 期）一文中认为，民主党派作为同中国共产党同舟共济的参政党，在促进我国科学发展的历史进程中，有着不可替代的作用，这些作用包括政治支持、理论支持、决策支持、实践支持、监督支持。在全面建设小康社会新的历史条件下，要充分发挥民主党派在促进我国科学发展中的作用，必须重视思想建设、加强理论研究、强化组织建设、弘扬先进文化、突出履职重点。郑小燕在《学习贯彻科学发展观　树立科学参政议政理念》（《前进论坛》2010 年第 3 期）在新世纪新阶段，民主党派要履行参政党职能，最根本的就是要以科学发展观为指导，以科学发展观统领科学参政议政工作，全面提升科学参政议政的能力和水平。作者认为，科学发展观是参政党科学参政议政的思想源泉，理论依据，民主党派履行职能从“参政议政”到“科学参政议政”，不只是文字表述的变化，而是参政议政内涵的极大丰富和参政党履职理念的升华，这就必然要求参政党在履行职能的过程中，要始终如一地坚持“发展是参政议政的第一要务”的思想，把握科学发展的原则，围绕“全面协调可持续”的要求，精心做好参政议政工作。

关于民主党派在构建社会主义和谐社会中的作用，戴晓雁、张平、李华东、蔡兴国在《民主党派对构建和谐社会的几点作用》（《四川省社会主义学院学报》2010 年第 1 期）一文中指出，民主党派的进步性和广泛性以及民主党派的政治价值，决定其必然担负起为构建社会主义和谐社会作贡献的责任。当前，民主党派可以为构建社会主义和谐社会做好四个方面的重要工作：围绕构建社会主义和谐社会参政议政建言献策；围绕社会主义和谐社会发挥民主监督作用；发挥人才优势，积极开展社会服务活动；发挥民主党派成员及其所联系群众的广泛性和包容性优势，积极做好反映社情民意工作。陈友康在《民主党派在矛盾凸显期发挥作用的着力点》（《广东省社会主义学院学报》2010 年第 4 期）一文中认为，民主党派在矛盾凸显期要发挥自身优势，找准着力点发挥作用，与执政党同舟共济，克服困难，平稳度过危险，实现国家的长治久安。就目前而言，以下几点是可以重点考虑的。一是强化理性观念，增进社会共识；二是发扬诤友精神，就社会问题积极谏言献策，促进问题解决；三是强化自律意识，净化社会风气，缓解社会矛盾；四是参与塑造民族精神，为国家发展提供精神动力；五是加强文化研究和宣传，增强文化自觉和文化认同。

在具体的政治社会生活的各个领域，参政党能发挥什么作用，理论界也有所研究。周光琴在《民主党派在政府公共决策中的角色分析》（《中共贵州省委党校学报》2010 年第 1 期）一文中从公共决策的角度，分析了民主党派的作用。作者认为，现代社会利益多元化格局，使政府的公共决策过程成为多种利益集团和不同社会力量相互博弈的过程。民主党派如何有效地介入公共决策，更好地促进公共决策科学化和民主化，是一个重要的理论问题与实践问题。作者指出，参与公共决策是民主党派的政治使命，民主党派参与公共决策是决策方式民主化的体现，是决策目标民主化的客观要求，为此，民主党派要加强自身建设，提高参政能力，充分发挥在公共决策中的作用。王香丽在《民主党派在促进教育公平中的作用》（《广东省社会主义学院学报》2010 年第 1 期）一文中认为，促进教育公平是中国共产党和各民主党派的重要任务之一，民主党派应在促进教育公平方面努力发挥应有的作用。为此，要充分了解和反映广大人民群众对教育公平的看法以及对教育的需求和建议；充分利用民主党派的人才优势，为实现教育公平建言献策；充分发挥民主党派的民主监督功能；民主党派要努力提高参政议政能力。李志坚在《试论我国参政党与司法的关系》（《中央社会主义学院学报》2010 年第 6 期）一文从司法的角度分析了参政党的作用。参政党与司法的关系也具有两重性：一方面，根据当代中国的宪政体制，司法保持相对于参政党的独立性，参政党不能“以党代法”，参政党要尊重司法机关依法独立行使其职权；另一方面，根据当代中国的宪政体制和政党制度，参政党及其成员参加包括司法机关在内的国家政权，参与社会政治事务，因此，又对司法产生一定的影响。

关于参政党发挥作用的方式、方法、着力点，也产生了一批研究成果。肖建东在《试析新世纪新阶段中国参政党政治优势与作用的发挥》（《湖北省社会主义学院学报》2010 年第 2 期）一文中指出，中国参政党在中国特色社会主义政治文明建设中具备了许多独特的优势与作用，这些政治优势与作用必须体现在定好位、参好政、服好务等方面。在自身定位方面，在接受中国共产党政治领导的前提下，各参政党应拥有切合各自实际的特色政纲与独立章程。在参政党的参政议政方面，各参政党对参政党地位、性质和历史使命的认识并不是非常明确的，作为统一战线成员所具有的有序的政治参与优势并没有充分发挥出来。因此，各参政党要不断增强履行参政党职能的使命感和责任感，提高政治协商、参政议政、民主监督的综合能力和水平。在参政党的特色社会服务功能方面，要充分发挥其人力智力资源优势、社会和谐优势、祖国统一优势与海外优势，就必须在发挥优势的渠道、程序和制度建设上多下工夫。阮黄南在《参政党要为构建和谐社会发挥重要作用》（《中共银川市委党校学报》2010 年第 6 期）一文中认为，民主党派要进一步加强自身建设，进一步实现思想核心、组织基础、制度保障三者之间的和谐发展，从而使整个党派无论从政治素质方面，结构方面，还是能力方面，都能够适应和谐社会的要求，在党员个人和党组织两大方面提升为和谐社会服务的能力，才能够成为构建社会主义和谐社会的一支重要力量，才能够为构建社会主义和谐社会贡献力量。肖莉在《关于发挥民主党派在人民政协中作用问题的思考》（《广东省社会主义学院学报》2010 年第 1 期）一文中阐述了民主党派在政协中充分发挥作用所面临的良好机遇，如政策环境优化、民主党派思想建设和组织建设取得成效等等，分析了制约和影响民主党派发挥作用的各种因素，并提出了相应的对策措施。作者认为，发挥民主党派在人民政协的作用，是人民政协的本质要求。为了更好的发挥民主党派的作用，要以高度的政治责任感优化多党合作和政治协商事业发展环境，要以创新的思维完善民主党派在政协发挥作用的工作机制，以务实的精神探索民主党派在政协发挥作用的能力建设。羊淑蓉《在人民政协中充分发挥民主党派作用的思考》（《求实》2010 年第 1 期）一文也探讨了民主党派在政协中发挥作用的问题。作者认为，要充分发挥民主党派的作用，政协要为民主党派发挥作用畅通渠道、搭建平台、提供服务；党委政府要为民主党派发挥作用创造良好的环境和条件；民主党派要加强自身建设，提高参政议政、民主监督水平。

三、党际民主与参政党党内民主

以执政党的党内民主推动人民民主，作为中国民主政治建设的重要途径被提出来后，党内民主问题受到学术界的广泛关注。随着对执政党党内民主的讨论不断升温，党际民主和参政党党内民主也开始进入学者们的视野，成为 2010 年参政党研究的重要方面。

（一）党际民主问题研究

以党内民主示范和带动人民民主是中国政治民主化的重要战略选择。党际民主作为人民民主的重要组成部分，其发展和完善程度，同样会制约着中国政治民主化的进程。这一点，已经成为理论界的共识。研究者们认为，人民民主体现在政党制度层面上就是实行中国共产党领导的多党合作和政治协商制度，中国共产党与民主党派在长期的党际交往中逐步形成了领导与被领导、执政与参政和相互监督的党际关系模式，这种模式的优化与完善，是发展党际民主的重要思路。

任剑涛在《在组织理论的视野中——论党内民主与人民民主的关系》（《科学社会主义》2010 年第 1 期）一文中指出，中国共产党的党内民主是一种可控的组织民主。从党内民主推进到人民民主，必须遵循组织相近性原则。因此，党内民主通向人民民主需要借助党际民主这一桥梁。在党际民主的基础上，社会得以形成组织民主的有序民主形式，从而保证中国共产党的党内民主有序推进到人民民主。这一演变过程不是线性过程，而必然是非线性过程。

许忠明在《党际民主是从党内民主通向人民民主的桥梁》（《上海市社会主义学院学报》2010 年第 5 期）一文在中指出，党内民主、人民民主和党际民主是中国特色民主政治视野中的三个变量，三者之间互相联系、互相补充、互相促进。选择党内民主作为实现人民民主的突破口正日益成为共识，然而党内民主并非一个孤立的系统。它受到党内外各种因素的制约。就党内而言，组织自身的过度集中化倾向和凝固化倾向对党内民主就是一个严重的制约。人民民主的实现也是一个矛盾的问题，提高人民素质，克服人民内部的冷漠和极端化倾向，是搞好人民民主不可回避的问题。这两个问题的解决必须引入外变量。党际民主则由于自身的优势能够承担这一任务而成为从党内民主通向人民民主的桥梁。作者认为，确立了党际民主的桥梁作用以后，我们必须采取积极有效措施深化和扩大党际民主。当前，最为重要的就是以中央《决定》精神为指导，创造性地在政治协商、参政议政、民主监督、群众代表四个基点上下功夫，把这四个方面建设成党际民主的四根坚强支柱。

徐映奇在《当代中国党际协商民主发展现状》（《湖南省社会主义学院学报》2010 年第 5 期）一文中认为，党际民主是政党之间的民主。协商民主既可以发生在公民社会领域，也可以发生在国家政治领域。在政党政治成为世界潮流的今天，尽管各国实行不同的政党制度，但不同政党之间的协商应是一种发展趋势。党际存在竞争，也存在合作，党际民主的建设与发展，应以协商民主的视野重新考量。

（二）参政党的党内民主

以党内民主带动人民民主这一民主政治建设路线图的筹划与设想，其成功施行，有赖于各种因素，其中参政党的党内民主是其中一个重要方面。加大对参政党党内民主的研究力度，探讨参政党党内民主的实现途径，是 2010 年对参政党研究的重要拓展，对参政党的各项工作都具有重要指导作用。研究者对参政党党内民主的研究，主要集中在参政党党内民主与人民民主的关系、参政党党内民主建设如何进行等议题上。

廖继红在《参政党内部民主与人民民主》（《团结》2010 年第 1 期）一文中认为，作为政党，参政党也是人民民主发展的推进者，其内部民主的发展同样对人民民主的进程产生重大影响。作者认为，参政党党内民主与人民民主的关系主要体现在三个方面：第一，参政党与人民民主有着天然的联系，其生存发展与人民民主的进程密切相关。第二，参政党内部民主与国家层面的人民民主紧密相连，在推动国家层面人民民主的进程中具有重要地位和作用。参政党内部民主建设与发展的好坏直接影响到多党合作的成效，进而影响到人民民主政治的发展。第三，参政党内部民主是人民民主重要内容在参政党生活中的实践、派生和转化。对于参政党党内民主建设的途径，作者认为要从以下几个方面着手：第一，整合参政党的意志，营造宽松和谐的民主政治生活环境。第二，加强参政党内部民主建设，以党内各项民主制度建设为重点。第三，建立健全参政党内部监督机制，规范权力制约。第四，扩大参政党党内民主，提高参政党成员的民主政治素养。

孙瑞华在《对参政党党内民主建设的一点思考》（《上海市社会主义学院学报》2010年第5期）一文中认为，发展党内民主，是当今国内外大多数政党加强自身建设的重要组成部分。参政党党内民主是指在党内生活中，根据党章和党的其他有关规定，党员按照有关的民主程序和形式，对党的事务的参与、决定和管理。它是参政党全体党员在党内当家作主的权利再现，也是全体党员根本利益的再现。现实中，阻碍党内民主发展的主要问题，在于漠视党员的主体地位，忽视党员的民主权利。因此，加强参政党党内民主建设的关键，是要建设尊重党员主体地位、维护和实现党员民主权利，使全体党员能够自觉遵守民主制度与规范的民主文化环境。

汤序俭在《略论民主党派的党内民主建设》（《前进论坛》2010年第3期）一文中指出，参政党的地位和使命，决定了民主党派有发展党内民主的内在需求。参政党的历史和现状，决定了民主党派有发展党内民主的迫切需要。参政党的特色，决定了民主党派有发展党内民主的现实需求。作者认为，发展民主党派的党内民主必须遵守以下七项基本原则：民主集中制原则；平等原则；选举原则；多数原则和少数权利原则；公开原则；监督原则；法制原则。实现党内民主的制度化和规范化，是党内民主走向成熟的重要举措。推进党内民主建设，关键要完善以下几项制度，第一，要完善民主讨论制度，营造党内不同意见充分发表、平等讨论的制度环境；第二，要完善民主决策制度，保证广大党员和各级党组织经常性地参与党内决策。第三，要完善民主选举制度，使党内选举更好地体现选举人的意志。第四，要完善集体领导与个人分工负责相结合的制度。第五，要完善民主监督制度，保障广大党员和各级党组织有效行使监督权。

宋宁萍在《民主党派党内民主的有益尝试——上海市长宁区委会推行的述职制度》（《团结》2010年第4期）一文中，以民革上海市长宁区委会的干部述职制度为切入点，从实证角度分析了民主党派的党内民主建设问题。该文分析了为什么述职制度会在民革上海市长宁区委会率先推出，他们曾经有过哪些有益的探索和实践，到底是哪些重要因素催生了这项制度的出台，今后这项制度的推行还将面临怎样的困难与挑战等问题。作者认为，述职测评有利于加强民主党派内部的监督机制，有利于提高民主党派领导成员的履职能力，有利于推进民主党派党内民主，述职与测评是新时期党派自身建设的要求。

（三）参政党的内部监督机制建设

参政党的内部监督机制建设，作为参政党党内民主制度建设的实践，始自2007年，即各民主党派把建立健全内部监督机制的内容写入当年各民主党派代表大会修改的章程中。之后，各民主党派开始着手推进制定监督条例的工作。2008 年 12 月 1 日至 18 日，在各民主党派分别通过了内部监督条例（试行），并产生了中央监督委员会，自此，参政党的党内监督问题被正式列为参政党建设的重要内容，建立健全参政党党内监督机制问题也随之成为学者们热议的话题。2010 年学者们对参政党党内监督机制建设的讨论，在以往研究的基础上，继续关注内部监督机制的重要性、内部监督的途径等问题。

郑宪《试析参政党建立党内监督机制的必要性》（《广西社会主义学院学报》2010 年第 3 期）一文认为，各民主党派通过内部监督条例并设立中央监督委员会，是参政党党内民主建设的最新举措，也是保障民主党派科学、健康发展，进而保证多党合作制度可持续发展的重大举措。党内监督机制的建立是当代世界政党改革潮流、政党发展规律和执政党参政党相互促进的要求，是对参政党制度建设和加强领导班子建设的新探索。充分认识参政党党内监督机制建立的必要性和效能是深化参政党党内民主建设的前提和基础。

胡安泰《从民建组织结构变化谈会内监督的必要性》（《湖北省社会主义学院学报》2010 年第 2 期）一文，以民建为例，从民建组织结构的变化分析了民主党派内部监督的必要性。作者认为，民建自身队伍的不断壮大，社会认知度日益增强，其肩负的历史使命逐步提升，特别是越来越多的民建会员走上了国家、省、市、县级的领导岗位，越来越多的民建会员承担了社会的领导、管理、监督和检察职责，这种变化要求加强会内监督。从组织结构来看，民建组织会员构成发生了巨大的变化，在全体会员中经济界会员已占 77.3%，原工商业者的比例由 77% 下降至 4%，会员的成份发生了质的变化，会员的整体素质也得到了很大提高，这一重大发展变化表明，时代赋予民建的任务不断加重，成员融入社会，履行参政党民主监督、参政议政职能的深度和广度达到一个新的水平，同时也对会组织提出了更高的要求。另外，随着民建成员的年轻化、知识化和专业化，他们对社会的要求和期待会更多，一些新的思维理念和思维方式融入和影响着会组织，这都要求建立民建组织的会内监督机制，才能使会组织在自我完善中适应时代要求，健康发展。

王相红《略论健全民主党派党内民主和党内监督机制》（《湖北省社会主义学院学报》2010 年第 3 期）一文认为，民主为监督提供前提，监督为民主提供保障。由于诸多原因，民主党派内部存在一些不民主、缺乏监督的现象，因此必须针对民主及监督应遵循的原则，借鉴已有的民主监督设计成果，结合民主党派自身特点，进行民主党派党内民主机制与监督机制的建设，促进民主党派自身建设，推动中国政治民主与政治文明的发展。作者认为，进行民主党派党内民主机制与监督机制建设，应把握好民主原则、监督原则；批判地借鉴、吸收一切有益的民主、监督机制；结合民主党派的自身个性特点，从知情、决策、执行三个方面考虑民主党派的民主、监督机制的设计。

黄宁在《基于群体理论研究的民主党派内部监督制度设计理念》（《江苏省社会主义学院学报》2010 年第 6 期）一文，通过群体理论研究，分析了民主党派的特质，整个组织活动的特点以及成员的行为和心理，认为民主党派内部监督制度设计必须围绕强化组织机能、提高成员素质、促进组织良性运作、实现党派事业可持续发展来进行。作者认为，民主党派内部监督机制建设，通过成员与成员，成员与部门之间的相互监督、相互制约增强内聚力，提高工作效率。要以权力监督为核心，监督权民主产生、独立行使，以积极干预成员违规犯罪动机为主要技术手段，宽范围全过程多角度进行监督。

耿相魁在《健全民主党派内部监督机制的途径》（《团结》2010 年第 5 期）一文中认为，当前，各民主党派都成立了监督委员会，但还没能够建立一套贯穿上下的健全、科学、高效的监督机制，在工作中还存在诸多问题。为增强民主党派内部监督主体的工作主动性，提高全体党派成员尤其是领导班子成员强化监督和自觉接受监督的意识，增强监督主体及全体成员履行监督权的信心与热情，促进党内民主，形成良好的内部监督氛围，不断提高内部监督的效用，就必须根据民主党派内部监督的主要内容，选择和设置内部监督的途径。一是建立良好的学习机制；二是完善健全的制度机制；三是健全监督的理事机制；四是推行严格的执行机制；五是实施实职与党派岗位联动机制；六是创新监督的保障机制。

李美玲《论参政党会内监督的理论基础》（《云南社会主义学院学报》2010 年第 1 期）一文认为，就内涵而言，参政党会内监督是指参政党内部对其各级组织和所有成员，尤其是领导班子和工作班子的自我约束和制衡能力的运用和规范。它对于保持参政党的进步性和纯洁性，对于更好地履行参政党的职能和发挥参政党的作用，都具有十分重要的意义。参政党会内监督有着深刻的理论基础和渊源，民主论、利益论、权力论不仅为参政党会内监督的提出提供了理论依据，同时也为参政党会内监督的实施提供了理论指导。

黄光裕、彭磊《大胆探索民主党派党内监督之路——致公党长沙市委党内监督工作纪实》一文，对致公党长沙市委党内监督工作进行了回顾，以期为其他民主党派开展党内监督提供可资借鉴的经验，进一步探索适合民主党派健康发展、科学发展的党内监督之路。作者指出，为了找到一条比较适应民主党派特点的党内监督之路，致公党长沙市委经过 2007 年的探索、2008 年的试点到 2009 年的完善，已经初步摸索出了一套比较切合民主党派实际的党内监督模式。作者分析了致公党长沙市委开启党内监督工作大门的“四把钥匙”，即述职测评、履职考核、谈话谈心、“四大”公开（职责公开、人事公开、财务公开、重要会议精神公开）

四、核心价值体系与参政党

党的十七届四中全会明确提出，党员、干部要模范学习和践行社会主义核心价值体系。2010 年，各民主党派中央决定在民主党派成员中开展树立和践行社会主义核心价值体系的活动。实践的推动带来了理论的深化，2010 年理论界对于核心价值体系的研究，无论是数量和质量，都有了很大的发展。对于核心价值体系与参政党这一议题，研究者们的关注重点主要体现在两个方面：一是中国特色社会主义核心价值体系与参政党的关系问题，一是中国的参政党在坚守中国特色核心价值体系的前提之下，应该重点突出哪些价值取向，参政党应该拥有的核心价值观是什么。

（一）参政党与核心价值体系

核心价值体系在践行过程中，参政党处于一个什么位置，应该具有什么样的角色定位，是理论界比较关注的问题。学者们一致认为，参政党应该认真践行中国特色社会主义核心价值体系。在这一共识的基础上，有学者们认为，参政党在这个问题上，应该有更积极的态度，不仅是自己践行，还要推动核心价值体系在全社会的遵守，使核心价值体系变成人民群众的自觉追求。此外，还有不少学者对参政党践行中国特色社会主义核心价值体系的特点、路径等问题进行了分析，形成了一些比较有价值的理论观点。

关于核心价值体系与民主党派的关系，研究者们主要从两个方面来分析，一是民主党派对核心价值体系的构建与推广能有什么样的贡献，二是对核心价值体系的坚守对民主党派有什么重大影响和重要意义，特别是与民主党派的自身建设有什么关系。尤明青在《论社会主义核心价值体系与民主党派的关系》（《湖北省社会主义学院学报》2010 年第 5 期）一文中指出，社会主义核心价值体系与民主党派具有互动关系。民主党派是发展社会主义核心价值体系的参与者，是践行社会主义核心价值体系的参与者，同时也是丰富社会主义核心价值体系的推进者。作者一方面强调了由中国共产党发展起来的关于社会主义核心价值的理论具有先进性和指导性，另一方面也指出了民主党派对于践行社会主义核心价值体系的积极意义和应当坚持的态度。作者还认为，社会主义核心价值体系是社会成员集体选择的结果，其内涵也随着社会成员的不断选择而不断丰富。社会主义核心价值体系与民主党派的核心价值观之间互相影响，相得益彰：一方面，社会主义核心价值体系为民主党派发展自己的核心价值观提供了指引；另一方面，民主党派通过发展自身的核心价值观为丰富社会主义核心价值体系贡献独特的力量。

李仁质在《关于民主党派树立和践行社会主义核心价值体系的思考》（《湖北省社会主义学院学报》2010 年第 6 期）一文中认为，作为中国共产党领导的多党合作和政治协商制度中的民主党派，要在中国特色社会主义事业建设中大有作为，要在中华民族的伟大复兴中发挥更大的作用，就必须树立和践行社会主义核心价值体系，把社会主义核心价值体系转化为民主党派成员自觉的价值追求，最大限度地形成政治共识和社会共识，全面推进中国特色社会主义多党合作事业。作者指出，社会主义核心价值体系对于民主党派具有政治保证作用、理论支撑作用、激励凝聚作用和导向引领作用。作为中国共产党领导的多党合作制度和政治协商制度中的参政党，民主党派既是社会主义核心价值体系的建设者和参与者，也是社会主义核心价值体系的遵循者和实践者。

储建增在《充分认识社会主义核心价值体系与民主党派自身建设的密切关系》（《河北省社会主义学院学报》2010 年第 4 期）一文中认为，民主党派积极开展树立和践行社会主义核心价值体系的主题教育活动，具有积极的现实意义和深远的历史意义，有助于凝聚力量和振奋精神，是思想建设的重要内容和思想评估的重要尺度，是参政议政的重要遵循，是民主监督的行为参照，使社会服务的行动准则。

仇小乐在《践行社会主义核心价值体系更好履行参政党职能》（《湖北省社会主义学院学报》2010 年第 2 期）一文中认为，社会主义核心价值体系是科学发展观的重要组成部分，代表着中国特色社会主义主流价值观。作为中国参政党之一的中国民主建国会，要在树立和践行社会主义核心价值体系的过程中，更好地履行参政党职能。作者指出，树立和践行社会主义核心价值体系是民建加强思想建设的应有之义，要以树立和践行社会主义核心价值体系来促进民建自身建设和参政履职。

魏沙平在《社会主义核心价值体系建设与民主党派参政议政》（《重庆社会主义学院

学报》2010年第5期）一文中指出，社会主义核心价值体系决定着社会主义的发展方向、制度体制和目标任务，在所有社会主义价值目标中处于统领和支配作用。民主党派的参政议政工作对社会主义核心价值体系的建设具有不可或缺的促进作用，社会主义核心价值体系对民主党派参政议政工作具有根本的指导作用。民主党派参政议政工作应以社会主义核心价值体系为指导，进一步明确参政议政的目标、要求和策略。

姜天麟在《用社会主义核心价值体系引领民主党派思想建设》（《前进论坛》2010年第1期）一文中指出，用社会主义核心价值体系引领民主党派思想建设，牢牢把握意识形态领域的主导权、主动权、话语权，最大限度地凝聚思想共识，是新的历史条件下对民主党派提出的新要求。民主党派必须把社会主义核心价值体系融入到思想建设的各项工作之中，把开展社会主义核心价值体系的学习教育列入思想建设的重中之重，精心组织，加强领导，切实成为社会主义核心价值体系建设的倡导者、组织者和推动者。

贺俊春、周玥在《论社会主义核心价值体系　与参政党成员的文化认同》（《湖北省社会主义学院学报》2010年第6期）一文中认为，社会主义核心价值体系是社会主义初级阶段主流意识形态的集中体现，它为在全社会形成高度的思想共识和文化认同提供了一个范本。参政党作为我国政治生活中的一支重要力量，通过践行社会主义核心价值体系，可以形成其成员对具有中国特色的政治文化、目标文化、民族传统文化、时代文化和道德文化的高度认同，从而推动参政党建设，为构建和谐政党关系奠定良好的文化基础，进一步促进我国民主政治建设的发展。

关于践行核心价值体系的角色定位以及践行核心价值体系的意义，陈述涛在《切实树立和践行社会主义核心价值体系》（《黑龙江省社会主义学院学报》2010年第2期）一文中指出，树立和践行社会主义核心价值体系是民主党派的一项十分重要而紧迫的政治任务和一项长期的战略任务。民主党派切实树立和践行社会主义核心价值体系，就要努力加强自身建设，不断提高理论修养和思想觉悟，努力做中国特色社会主义的坚定信仰者、科学发展的忠实推动者、社会主义核心价值观的自觉实践者。要加强思想引导，开展自我教育，体现思想特色。要坚持创新发展，发挥优势，体现时代特色。要切实履行职能，营造和谐，体现实践特色。沈殿忠在《民主党派要努力成为社会主义核心价值体系建设的推动者》（《前进论坛》2010年第1期）一文中认为，民主党派作为中国共产党领导下的社会主义政党，在核心价值体系的建设上具有义不容辞的责任，这个责任突出地体现在要努力成为这个核心价值体系建设的推动者之一。民主党派要成为建设社会主义核心价值体系的推动者，这是同民主党派的性质相一致的，或者说是民主党派的性质所决定的。首先，这是民主党派作为一个政治联盟（具体是指“三者联盟”）的社会主义性质所决定的，既然是社会主义的政党，理所当然要搞社会主义核心价值体系。其次，这是民主党派作为接受中国共产党领导并通力合作的友党性质所决定的。第三，民主党派要为为这种建设的推动者，也是它的参政党性质所决定的，在推动社会主义核心价值体系的建设中，恰恰可以反映民主党派的进步性与广泛性的统一，可以更好地致力于中国特色社会主义事业。

王彝伟在《树立和践行社会主义核心价值体系是民主党派的责任》（《前进论坛》2010年第6期）一文中指出，树立和践行社会主义核心价值体系是各民主党派共同的历史责任、自身建设的必然要求。社会主义核心价值体系明确揭示了参政党共同思想基础的基本内涵和要求，既体现了思想道德建设上的进步性要求，又体现了思想道德建设上的广泛性要求；既坚持了先进文化的前进方向，又兼顾了不同层次民主党派成员的思想状况；既体现了一致的愿望和追求，又涵盖了不同的群体和阶层，具有广泛的适用性和包容性，具有强大的整合力和引领力，是联结各民主党派的精神纽带。学习和践行社会主义核心价值体系，能够进一步引领民主党派在新世纪新阶段保持自觉接受中国共产党领导的政治立场不变，与中国共产党亲密合作、同心同德、肝胆相照的政治态度不变，是民主党派在新时期加强思想建设的重要保障，是民主党派自身建设的必然要求，因此具有非常重要的意义。

樊玉枝在《民主党派在践行社会主义核心价值体系中的独特地位和作用》（《湖北省社会主义学院学报》2010 年第 6 期》一文中认为，社会主义价值核心体系是社会主义意识形态的核心内容和最重要的组成部分，是社会主义制度在价值层面的本质规定。各民主党派在践行社会主义核心价值体系中具有独特的地位和作用，民主党派既是社会主义核心价值体系的建设者和参与者，也是社会主义核心价值体系的遵循者和实践者。

陈文华在《民主党派要树立和践行社会主义核心价值体系》（《广西社会主义学院学报》2010 年第 6 期）一文中认为，民主党派树立和践行社会主义核心价值体系，是坚持走中国特色社会主义道路的需要，是巩固多党合作共同思想政治基础的需要，是进一步履行参政党使命的需要。民主党派树立和践行社会主义核心价值体系，要把握“坚持中国共产党的领导、坚持中国特色社会主义政治发展道路”的主题，要遵循“自觉、自主、自为”、“和而不同”、“兼容并蓄”的原则，要紧密结合民主党派实际，充分体现参政党特色。

关于参政党践行核心价值体系的方法与途径，杜青林在《树立和践行社会主义核心价值体系是关系多党合作事业发展的基础工程》（《中国统一战线》2010 年第 9 期）一文中指出，树立和践行社会主义核心价值体系，是包括民主党派成员在内的社会各界人士的共同责任。民主党派树立和践行社会主义核心价值体系，既要遵循普遍要求，又要立足自身实际、体现党派特色，明确具体内涵和要求，始终做到坚持道路、同舟共济、参政为民、传承进步。坚持道路，就是在政治方向上坚定走中国特色社会主义政治发展道路。同舟共济，就是在政党关系上与中国共产党同心同德、团结合作。参政为民，就是在价值取向上把实现人民利益作为发挥参政党作用的出发点。传承进步，就是在品格素养上弘扬优良传统、不断与时俱进。

周铁农在《学习践行社会主义核心价值体系，把民革自身建设推向新阶段》（《团结》2010 年第 2 期）一文中指出，学习践行社会主义核心价值体系，是关系我国多党合作事业的基础工程、灵魂工程，需要包括民主党派在内的社会各界的广泛参与。民革开展社会主义核心价值体系学习实践活动，着重应当抓好这样几项工作：第一，广泛发动，学好文献；第二，联系实际，突出重点；第三，健全制度，完善机制；第四，加强领导，求真务实。

陈立在《民主党派树立和践行核心价值体系的若干问题》（《广州社会主义学院学报》2010 年第 3 期）一文中认为，建设社会主义核心价值体系，既是一项十分紧迫的现实主题，又是一项长期的的战略任务，实践好这个课题，需要全党全社会共同努力。树立和践行社会主义核心价值体系是各民主党派当前和今后一个时期加强自身建设的重要任务。民主党派树立和践行社会主义核心价值体系的重点，可以概括为“爱国、民主、合作、监督”四个方面。

郑永丰在《民主党派树立和践行社会主义核心价值体系刍议》（《辽宁省社会主义学院学报》2010年第4期）一文中认为，坚持以中国化的马克思主义为指导思想，坚持中国共产党的领导，坚持把建设中国特色社会主义共同理想作为共同奋斗目标，坚持继续弘扬爱国主义教育，坚持奉行八荣八耻为核心的社会主义荣辱观。始终把握这五个坚持，就把握了民主党派树立和践行社会主义核心价值体系的根本和关键，从而把社会主义核心价值体系内化为广大成员的价值取向、外化为行为准则。

尤俊意在《关于践行社会主义核心价值体系的几点认识》（《前进论坛》2010年第11期）一文中指出，在学习和践行社会主义核心价值体系的过程中，民主党派的主要任务或其侧重点不仅要重在参与（包括学习和践行），更要重在参政议政、重在民主监督。即，除了学习和践行社会主义核心价值体系的任务外，民主党派还要就践行核心价值体系过程中的若干重大问题进行必要而及时的参政议政、民主监督。为此，民主党派首先要以社会主义核心价值体系的标准要求自身，并积极加强自身建设，提高参政议政民主监督能力。其次，在学习和践行过程中，必须把握好先进性与广泛性一致性与差异性，方向性与现实性，一元性与多样性，引领性与适用性，标准性与层次性，原则性与包容性，普遍性与特殊性，个体性与群体性、社会性、国家性等等之间的关系。作者还指出，在学习和践行核心价值体系过程中，有一个同遵循其它规范之间的互相契合和拓展的问题。之前我国已有一个20字“公民道德准则”，此后有一个国务院颁行的32字“公务员道德准则”，这两个准则的精神同核心价值体系是完全一致的，同核心价值体系的部分内容也是相同的。但前一个准则是最低要求，也是一个底线的要求；后一个准则是职务性的要求，也是中等标准的要求；而核心价值体系的要求，无论在高度上，还是在广度上、深度上都超过了前两个准则。

黄列在《参政党如何学习践行社会主义核心价值体系》（《江苏省社会主义学院学报》2010年第2期）一文中认为，各民主党派应把握新形势新任务，立足参政党定位，探索学习践行社会主义核心价值体系的途径和方法，推动参政党事业健康发展。为此，要认真学习，潜心钻研；开展活动，提高认识；知行合一，身体力行；履行职能，建言献策；健全机制，追求实效。作者认为，社会主义核心价值体系虽然是“无形”的，但践行社会主义核心价值体系的成效却必然是“有形”的。要找准学习践行社会主义核心价值体系的落脚点，不断丰富参政党学习践行社会主义核心价值体系的载体，使学习践行社会主义核心价值体系的成效在履职实践中实实在在地体现出来，使参政党工作呈现出更加强大的亲和力、感召力和渗透力，使社会主义核心价值观念真正成为推动参政党事业发展的重要力量。

姚俭建在《参政党核心价值观的认同及其路径选择》（《前进论坛》2010年第7期）一文从三个方面探讨了参政党的价值观认同也包括核心价值体系的践行路径问题：第一，借鉴共产党加强思想建设的经验，接受共产党的帮助，进一步提升民主党派思想建设的水平，是作为参政党的民主党派推进参政党核心价值观认同的重要路径之一。这一路径的选择是基于两类政党的共同性和现实性。第二，深化以坚持走中国特色社会主义政治发展道路为主题的政治交接学习教育活动。这既为民主党派加强自身建设提供了一个有效载体和广阔平台，又是民主党派各级组织在当前和今后较长时间内树立和践行社会主义核心价值体系、推进参政党核心价值观认同的重要内容。第三，加强理论建设，深化对民主党派树立和践行社会主义核心价值体系规律的认识。

唐华生在《践行社会主义核心价值体系，建设学习型参政党》（《攀枝花学院学报》2010 年第 5 期）一文中指出，树立和践行社会主义核心价值体系，是中共十六届六中全会首次提出，中共十七大、十七届四中全会作了精辟阐述和全面部署。民主党派作为参政党，在树立和践行社会主义核心价值体系的活动中，应全面深刻理解“核心体系”的丰富内涵，掌握“灵魂”、“主题”、“精髓”、“基础”之间的关系；突出“两个坚持”，即坚持中国共产党的领导，坚持中国特色社会主义政治发展道路；实现“三个充分”，即充分发挥民主党派各级领导班子的表率作用，充分发挥民主党派成员中人文社科领域专家学者的引领作用以及充分发挥形式多样、寓教于乐的自我教育作用。

郑毅在《论社会主义核心价值观与政治交接学习教育活动》（《广西社会主义学院学报》2010 年第 5 期）一文中指出，在中国特色社会主义这一大的背景下，社会主义核心价值观与民主党派的政治交接学习教育活动密切联系，相辅相成，将两者有机结合，既有利于政治交接的顺利完成，也有利于社会主义核心价值观的确立和传承。社会主义核心价值观是政治交接学习教育活动的重要内容，政治交接学习教育活动是构建社会主义核心价值观的重要途径，两者共同统一于中国特色社会主义建设实践。

张文举在《民主党派践行社会主义核心价值体系的路径选择》（《江苏省社会主义学院学报》2010 年第 5 期）一文中认为，树立和践行社会主义核心价值体系，是当前和今后一个时期民主党派思想建设的重大战略任务，应从坚持自我教育、深化理论研究、开展学习培训、加强制度建设、结合实际工作、建立评价机制、创新载体方式等路径着手。

廖继红在《民主党派树立和践行社会主义核心价值体系的特点及路径分析》（《重庆社会主义学院学报》2010 年第 4 期）一文中指出，树立和践行社会主义核心价值体系是民主党派的立足之基。民主党派践行社会主义核心价值体系，实际上是两个过程的辩证统一。一个过程是通过对社会主义核心价值体系的宣传、教育、引导，塑造广大民主党派成员的理想、道德、精神和文化的过程。另一个过程是广大民主党派成员将对社会主义核心价值体系的认知认同，内化转变为指导实践的过程。第一个过程主要靠外在的力量推动，第二个过程主要靠民主党派成员内部的动力完成，没有第二个过程的圆满完成，树立和践行社会主义核心价值体系将缺少根基。作者认为，民主党派树立和践行社会主义核心价值体系必须体现民主党派特色，着力政治交接，结合参政党的职能履行，创新民主党派思想建设。

赵吉光在《民主党派如何树立和践行社会主义核心价值体系》（《前进论坛》2010 年第 11 期）一文中指出，民主党派构建何种核心价值观和如何践行社会主义核心价值体系，成了当前和今后一个时期内民主党派推进自身建设的重要课题。对于以参政议政、民主监督为主要职能的参政党，应该有共同的政治诉求、共同的思想基础、共同的是非标准以及对事业、价值的共同追求，在具体贯彻社会主义核心价值体系的内涵的过程中，要结合党派职能特点，树立爱党爱国、民主团结的政治观，立党为公、参政为民的大局观，服务民生、改革创新的实践观。

李红霞在《民主党派树立和践行社会主义核心价值体系研究》（《山西社会主义学院学报》2010 年第 3 期）一文中指出，民主党派树立和践行社会主义核心价值体系具有重要的现实意义。要在民主党派中广泛深入地开展“树立和践行社会主义核心价值体系活动”，是教育、引导广大成员树立社会主义核心价值体系的重要抓手；要建立健全教育引导机制和激励约束机制，增强“树立和践行”的长效性；要将树立和践行社会主义核心价值体系与加强民主党派自身建设有机结合、与履行参政党职能有机结合、与开展社会服务工作有机结合，提升“树立和践行”的实效性。

杨绪盟在《论民主党派如何树立和践行社会主义核心价值体系》（《中央社会主义学院学报》2010 年第 5 期）一文中指出，社会主义核心价值体系作为我国国家软实力和民族凝聚力的重要组成部分，是国家和民族赖以存在和发展的“生命线”。建设社会主义核心价值体系，既是中共中央的要求，又是民主党派自身建设和发挥作用的要求。各民主党派树立和践行社会主义核心价值体系，既要结合党派自身特点、准确把握内涵，又要结合党派思想建设、加强教育引导；既要与时俱进、着重学习和创新，又要扎根实践、着重信念养成。

（二）参政党的核心价值观

中国的各民主党派，作为中国政治生活格局中的参政党，是作为政党而存在的，自然具有自己的政治理念与价值观念。在多党合作的长期实践中，参政党确实形成了自己的核心价值观，这构成了社会主义核心价值体系的重要组成部分。那么，参政党的核心价值观究竟是什么？理论界对这个问题进行了深入探讨。

袁廷华在《参政党核心价值观探析》（《民主》2010 年第 6 期）一文中指出，根据社会主义核心价值体系的基本内涵，结合参政党在与中国共产党长期合作的过程中形成的精神传统和价值理念，有必要明确提出“参政党的核心价值观”这一命题，以利于紧密联系参政党的实际，把学习践行活动引向深入。作者认为，民主党派的核心价值观可以用“爱国、民主、合作、求实、奉献”来加以概括。

王解峰在《民主党派核心价值体系浅析》（《山西社会主义学院学报》2010 年第 4 期）一文中认为，民主党派核心价值体系是在体现民主党派广泛性的多元价值取向中提炼出来的更能体现其进步性一面的价值认同的有机集合体，它是一种能稳定、持久地代表民主党派广大成员的基本价值认同和行为准则，制约和统摄民主党派其他价值认同，在民主党派政党意识中处于最深层、最本质的价值理念体系。这种核心价值体系是在民主党派同中国共产党长期亲密合作的历史和传统中形成的，是民主党派特有的宝贵精神财富。爱国情怀、民主科学、济世奉献、坚持党的领导等优良传统，构成了民主党派的核心价值观。

徐宗俦在《试论九三学社核心价值体系在新时期的内扩与外延》（《重庆社会主义学院学报》2010 年第 4 期）一文中指出，九三学社高屋建瓴地提出深入研究、树立和践行与九三学社党派作用相一致的社会主义核心价值体系，是一个成熟政治党派的历史自觉，其作用不亚于又一次思想解放。“多党合作”是建立在执政党与参政党政治上的一致性和价值体系多样性基础之上的。“民主与科学”作为九三学社价值体系是历史必然，只有在新时期不断内扩与外延才更有生命力。历史和现实表明，九三学社与中共在政治上有绝对一致性。九三学社坚持的民主，是中共领导的人民民主，而不是“克隆”的西式民主；所坚持的科学，是人类共创、共有、共享的文明成果。

张世坤在《新时期关于参政党核心价值观建设的探讨》（《福建省社会主义学院学报》2010 年第 6 期）一文中指出，政党价值观建设是政党在其政治实践中，自觉地调整和变革自身的价值观念的行为和过程。当前，我国正处在一个以社会主义市场经济体制的建立为特征的从传统社会向现代社会转型的关键时期，它既导致了社会物质层面的深刻巨变，又导致了包括众多参政党党员在内的人们的思想文化和价值观念的深层碰撞。作为社会建设的重要力量的参政党，必须建构一种新的适应现代市场经济发展需要、适应我国多党合作制度长远发展需要的核心价值观体系。因此，探寻我国参政党核心价值观的形成脉络和当代内涵，探讨新时期如何构建参政党核心价值观就不仅成为一种理论期盼，也成为一种现实祈求。作者认为，参政党核心价值观内涵包括立党为公的政治观、公平正义的大局观、服务民生的实践观、探求真理、推进法治的理想观。

胡照洲在《中国各民主党派的社会主义核心价值体系论纲》（《湖北省社会主义学院学报》2010 年第 5 期）一文中指出，中国各民主党派树立和践行社会主义核心价值体系，必须悉心把握胡锦涛总书记的指示精神，而不是简单地重复四个要素。中国各民主党派的社会主义核心价值体系，是中国各民主党派相辅相成的诸多价值观的概括和总合，是民主党派意识形态的本质体现。可以概括为指导思想价值观、精神力量价值观、政党价值观、发展价值观、民主价值观、目标价值观和自我价值观等七个要素。

丹东市社会主义学院课题组《中国民主党派核心价值观研究》（《辽宁省社会主义学院学报》2010 年第 1 期）一文，从价值哲学的关系范畴将中国民主党派核心价值观提炼为 5 个方面的内容，即：爱国至上、崇尚民主、以党为友、参政为民、追求进步。其中，爱国至上是基石，承载着民主党派的全部价值观；崇尚民主是核心，体现着民主党派价值观的基本精神；参政为民是本质，规定着民主党派的最高价值取向；以党为友是特色，凸现出民主党派价值观的与众不同；追求进步是灵魂，贯穿于民主党派价值观形成发展的始终。文章还从历史逻辑的角度将民主党派核心价值观的形成发展规律归纳为“一条主线、四个重点”，即：追求进步是贯穿民主党派核心价值观历史发展过程的主线；爱国至上是民主党派核心价值观形成时期的重点内容、崇尚民主是民主党派核心价值观发展时期的重点内容、以党为友是民主党派核心价值观成熟时期的重点内容、参政为民是民主党派核心价值观创新时期的重点内容。

五、参政党职能研究

参政党的基本职能和重要职能是什么，参政党如何提高履行职能的能力与实效，参政党的参政议政、民主监督、社会服务等职能在国家政治、经济、文化发展中有什么重要意义，参政党履行职能的过程中存在哪些问题，等等，这些都是参政党研究领域的重大问题，几十年来以来被理论界广泛关注。2010 年，理论界对参政党职能问题继续研究，特别是对参政党的参政议政和民主监督予以高度关注，深化和丰富了参政党理论，对参政党的参政实践也产生了较强的指导作用。

（一）参政党职能的基本理论研究

有关参政党职能的基本理论在 2010 年被持续讨论，深化了对参政党的性质地位和作用的认识，开拓了参政党理论与实践的视野。研究者们对参政党的职能、功能、作用等看上去相似但却使用于不同语境的概念进行了分析，对参政党的职能的内容进行了探讨，对参政党履职实践在中国的政治舞台上产生的重要影响进行了讨论，取得了积极的成果。

关于参政党职能与功能，大多数学者认为两者存在着很大的差异，但也有学者认为两者是一回事。如陆宏弟在《民主党派职能辨析》（《上海市社会主义学院学报》2010 年第 1 期）一文中指出，通过语言学、政治科学以及民主党派史等不同视角的综合分析可以发现：我国民主党派职能的提法几经变化，逐渐约定俗成。民主党派职能，其实就是民主党派的政党功能。建国初期以及改革开放以来，我国民主党派的职能与时俱进，对应的关键词经历了从“参、代、监、改”，到“参政”、“监督”，再到“参政议政、民主监督”的发展演变。改革开放以来，特别是近年来，我国民主党派职能正在逐步规范化、制度化。我国民主党派职能的内容涵盖了政治科学领域“政党的功能”的主要方面，而在形式或表现方式上，则具有鲜明的中国特色。这种特色，体现了矛盾的普遍性和特殊性的辩证关系，体现了人类政治文明发展的有益成果与中国国情的理性结合。

在不对参政党职能与功能进行概念厘清的基础上，也有学者在探讨参政党功能时，把参政议政和民主监督这两项基本职能视为参政党的功能，并在此基础上，对优化参政党功能问题进行了探讨。陈建中在《社会生态视阈中的参政党发展及功能调适优化》（《中共杭州市委党校学报》2010 年第 3 期）一文，在以系统论为方法论指导，解读社会生态系统与参政党科学发展及功能发挥之间的内在关联性的基础上，探索了进一步促进参政党发展和参政党功能调适优化的实现途径。作者认为，鉴于我国社会生态呈现的“一致性”与“多样性”的特点，参政党发展及功能调适优化是一个需要着重研究的问题。我们对参政党功能进行调适优化时，要根据用进废退法则并考量国家发展、政治民主、社会和谐等社会成本。从发挥系统功能的整体性来看，参政党功能的调适优化必须着眼于以下三方面：第一，进一步拓展社会关系协调功能、社会参与功能和社会联系功能；第二，强化民主监督功能，提高民主监督组织化程度；第三，进一步优化参政议政功能，着重于提高参政议政成效。齐春雷在《参政党政党功能与中国政党制度的民主价值》（《上海市社会主义学院学报》2010 年第 1 期）一文中指出，参政党的政党功能体现在发扬人民民主方面，主要是反映民意，成为民众参与的重要渠道；民主监督，作为参政党对执政党进行高层次的政治监督。作者认为，当前中国正处于社会转型期，多元利益诉求引发的政治参与膨胀对政党制度民主价值的进一步挖掘、发挥提出了更高要求。参政党是多党合作的政党制度实现其民主价值的重要组成部分，参政党政党功能的充分发挥需要参政党自身的努力，更需要执政党担负起扶持、帮助参政党发展的政治责任。

有部分学者对参政党具体的某种功能进行了研究，如肖俊奇在《参政党与利益整合》

（《中共浙江省委党校学报》2010年第4期）一文中探讨了参政党的利益整合功能。作者认为，构建社会主义和谐社会必须发挥各种政治机制的利益整合功能。作为我国政党制度重要组成部分的参政党，具有重要且强大的利益整合功能，其功能是否得到有效发挥，直接影响到政治体系的完善和政治结构的优化。我国的参政党具有利益聚合、维护稳定和资源整合三个方面的利益整合功能，从参政党与执政党、国家政权机构、社会的关系以及参政党之间的党际关系角度发掘参政党的利益整合功能，有助于在构建社会主义和谐社会的新形势下进一步认识我国参政党在有中国特色的政党制度和政治体制中的角色、地位和作用。童庆平在《参政党利益表达机制建设的路径探析》（《广州社会主义学院学报》2010年第3期）一文中探讨了参政党的利益表达机制问题。作者认为，利益表达是政党的基本功能，构建社会主义和谐社会需要参政党发挥利益表达功能。但在实际政治过程中参政党的这一功能并没有得到充分展现。为构建社会主义和谐社会，必须从多方面着手加强参政党利益表达机制建设。为此，要细化政党制度规范，以夯实参政党利益表达的制度基础；要拓宽利益表达渠道，以疏通参政党意见传输的路径；要优化政协主体结构，以突出人民政协的政党特色；要完善利益表达程序，以推进参政党利益表达的有序化。王鑫帅在《论互联网时代民主党派的政治参与》（《中央社会主义学院学报》2010年第3期）一文中讨论了互联网时代民主党派的政治参与功能。作者认为，网络信息技术的快速发展和迅猛普及，对我国政治发展产生了深刻的影响，民主党派的政治参与也面临着新的机遇和挑战。民主党派各级组织应当居安思危、与时俱进、开拓创新，科学把握网络政治的特点和规律，紧紧围绕“广泛”和“有序”两个着力点，充分发挥自身在扩大公民有序政治参与方面的特点和优势。

关于参政党基本职能的内容，大多数学者沿用传统的说法，把参政议政和民主监督视为参政党的两项基本职能，但是，也有学者认为参政党的基本职能不仅限于此。刘华在《充分发挥参政党职能 全面推进科学发展》（《江苏省社会主义学院学报》2010年第1期）一文中指出，在中国特色的民主政治体制下，各民主党派的职能作用，概括起来讲有三项基本内容，即：参政议政、民主监督和社会服务。作者认为，改进民主党派履职环境，为民主党派履职提供制度保障，促进民主党派更好地履行好职责，对推进中国特色民主政治制度的完善和发展具有重要意义。

关于参政党提高履职能力的途径与方法，郑又贤在《激发参政觉悟　健全参政平台——充分发挥民主党派参政作用的新思考》（《福建教育学院学报》2010年第5期）一文中认为，在新时期，如何充分发挥民主党派的参政议政和民主监督作用，目前最重要的是做好相互联系的两件事：一是激发民主党派的参政觉悟。即要强化其参政意识，由“听政”向“参政”转化；强化其主体意识，由“应邀参政”向“主动参政”转化；强化其履职意识，由“思想参政”向“行动参政”转化。二是健全民主党派的参政平台。即要构筑和健全民主党派的调研平台、建言平台和监督平台。刘江东在《浅论科学发展观对参政党提高履职能力之意义》（《湖北省社会主义学院学报》2010年第2期）一文中指出，科学发展观是中国特色社会主义理论体系的最新成果，是对中共几代领导集体关于发展的重要思想的继承和发展，是当今我国社会主义经济建设、政治建设、文化建设、社会建设和中共党建的重要指导方针和战略思想，也是各民主党派履行参政党职能的坐标和指南。作者认为，提高参政党履职能力必须坚持以发展为第一要义，必须以坚持以人为本为核心，必须符合全面协调可持续的基本要求，必须遵循统筹兼顾的根本方法。郑宪在《弘扬改革创新的时代精神　提高参政党履行职责能力》（《湖南省社会主义学院学报》2010 年第 2 期）一文中指出，在新形势下，民主党派树立和践行社会主义核心价值体系，尤其要注重树立和践行以改革创新为核心的时代精神，以改革创新的精神加强自身建设和参政能力建设，提高参政党履行职能和发挥作用的实效。吴晋生、冯斌在《中国特色政党制度下的参政党职能规范化研究》（《湖北省社会主义学院学报》2010 年第 4 期）一文中认为，在改革开放及中国政治生态环境下，参政党有着自身特殊的使命。执政党的建设对于参政党自身建设，特别在履行参政党职能方面也提出了要求。参政党只有正视其历史使命，规范其职责，才能缩小与作为政党的政党自觉和行为能力上的差距，达到与执政党相互匹配和优势互补。作者指出，加强参政党理论建设和理论学习，这是规范参政党职能的前提；增强参政党的政党主体意识，这是规范参政党职能的关键；提供执政党的支持，这是规范参政党职能的保障。曹蓉在《中国执政党和参政党履行职能的模式、特点和启示》（《中华文化论坛》2010 年第 2 期）一文从多党合作制度实现其功能与价值的途径这个角度，探讨了民主党派要提高履行职能组织化水平。作者认为，中国多党合作制度的功能与价值主要体现在政治参与、利益表达、社会整合、民主监督、维护稳定五个方面，这与中国多党合作制度下执政党指导政府、参加政府、组织政府的职能以及参政党参政议政、民主监督的职能有着必然的联系：政党通过履行职能来体现和实现政党制度的功能与价值。坚持和完善中国的多党合作制度，关键在于加强党内民主和党际民主建设，提高参政党履行职能的组织化水平。这就必须从三化建设入手，建立执政党与参政党的良性互动机制，促进中国特色政党制度的功能与价值的充分实现。

（二）参政议政研究

无论民主党派的基本职能是两项还是三项，或者更多，参政议政是民主党派的基本职能，这已经是理论界和民主党派实际工作部门的共识。立足于这一共识，对如何提高民主党派参政议政的科学化水平进行探讨，构成了 2010 年参政议政研究的重要内容。关于提高民主党派参政议政的水平，有学者从提高参政议政科学化水平角度立论，有学者从充分发挥基层组织参政议政作用着眼，也有学者从具体的参政议政形式如做好提案工作和社情民意工作等方面进行思考，还有学者探讨了调研工作这一参政议政的基础性工作的改进方法。

胡洪彬在《论民主党派参政议政的科学化》（《山西社会主义学院学报》2010 年第 4 期）一文中指出，参政议政的科学化是民主党派面临的一项重大历史任务，是各民主党派从完善党派的参政方式和提升参政能力的角度出发，在不断总结自身参政经验和客观规律的基础上，为实现科学、有效地参政议政奠定坚实根基的社会历史过程。当前，民主党派必须在坚持共产党领导的前提下，加强参政理论建设，完善相关法制，培育参政人才，加强合作与交流，促进民主党派整体功能的最大发挥。

许奕锋在《新世纪新阶段民主党派参政规律与参政对策研究》（《河北省社会主义学院学报》2010 年第 2 期）一文中指出，民主党派科学参政就是在党的领导下，充分认识和把握共产党执政规律、社会主义建设规律和人类社会发展规律，按照政治发展逻辑和社会客观规律参政，按照科学的理念、科学的制度和科学的方法参政。换句话来说，就是要改革和完善参政方式，综合运用经济、政策、法律等各种手段，充分利用课题调研、专题研究、提案建议、民主监督等科学的参政方法，反映社会矛盾，解决社会问题，以促进党决策的科学性、人大立法的正确性与政府行政的有效性。作者认为，在坚持中国共产党领导、支持中国共产党执政的前提下，坚持科学发展观，与时俱进，不断完善参政方式，增强参政活动的科学性和合理性，民主党派才能充分发挥政党职能，有所作为。

季婕在《注重发挥专业优势　提高参政议政能力》（《湖北省社会主义学院学报》2010 年第 4 期）一文通过对提高参政议政能力的必要性、参政议政能力现状和问题进行简要分析，从社情民意和提案的质量入手，探寻将专业优势转化为参政议政优势，从而实现提高参政议政能力的方法。作者认为，提高参政议政能力是适应多党合作发展、构建和谐政党关系在新形势下急需解决的问题。参政党要通过发挥自身专业优势，找准推动参政议政水平提高的结合点，从而从整体上提升参政议政能力。社情民意和提案是参政议政的基本途径，发挥专业优势是写好社情民意和提案的关键，为此，要立足专业与工作，把握时代主题，增强法律意识。

民建成都市委调研处《创建基层组织参政议政新模式　有效提升民主党派参政议政水平》（《山西社会主义学院学报》2010 年第 3 期）一文认为，基层组织是民主党派组织中最基本的“细胞”，是各民主党派开展各项工作的基础，也是党派集体智慧和前进动力的源泉，是党派社会立足的价值依据。民主党派要提出高质量的提案、议案、调研报告，使参政议政工作处于高水平，必须要有足够数量的社情民意和信息支持，必须有来自一线的声音和题材，因此，基层组织积极参政议政是民主党派的活力和源泉，参政议政的活力来自基层，落脚点也在基层，要积极创建有党派特色的基层组织参政议政新模式，构筑桥梁，畅通渠道，健全机制，调动会员积极参与，把民主党派参政议政水平提高到一个新高度。

黄梅在《关于民主党派基层组织参政议政情况的思考——以云南省为例》（《中央社会主义学院学报》2010 年第 3 期）一文中指出，民主党派基层组织是民主党派的基本细胞、组织基础和工作基础，担负着宣传教育、反映情况、壮大队伍、输送人才的重要任务。云南省地处祖国边疆，其特殊的地理位置使得民主党派基层组织建设具有一定的特殊性，在履行参政议政职能中存在着一些新的情况和问题。只有调动各基层组织和广大成员的参政议政积极性，提高其参政议政能力，才能充分发挥民主党派的整体职能和作用。

胡洪彬《对中国民主党派参政资源体系的系统分析》（《中国矿业大学学报（社会科学版）2010 年第 2 期》）一文认为，参政资源是民主党派履行参政党职能的根本前提。民主党派参政议政的资源内容丰富，构成复杂，是一个包含基础性资源、运行性资源和保障性资源等在内的综合性系统。民主党派进行参政议政过程也是其不断消耗自身资源的过程，积极加强民主党派作为参政党的建设，必须促进其参政议政资源体系的优化，在做到始终坚持中国共产党领导的前提下，积极加强参政理论建设，培育参政人才，完善参政议政的各项法律制度，积极借鉴西方政治文明中的有益经验。

吴锦旗在《论权力分享和运作机制下的民主党派参政议政》（《陕西行政学院学报》2010 年第 4 期）一文中指出，民主党派的参政议政是其作为参政党最重要的职能体现，参政是指民主党派人士担任政府中的实际领导职务、人大代表、政协委员，而议政则是对国家和社会政治生活中的诸多问题进行调研，发表议论、提出意见和建议。参政议政是民主党派在现有政党体制中的权力分享和运作过程，也是其政治参与的具体表现，参政相对于议政而言更具有制度化和规范化的特征。作者认为，民主党派在参政议政上呈现出参政热、议政冷，参政可预期而议政不可预期的景象，究其根源在于民主党派的参政是对以往政治惯例的制度化路径依赖，而议政则停留在大政方针上面，缺乏可操作性的程序，尽管对参政议政相提并论，但两相比较，差异显著，而要从根本上解决民主党派参政议政存在的诸多问题，就必须要制定相应的法律规范，使民主党派参政议政有法可依，以适应建设社会主义法治国家的要求。

曾仁端在《谈参政议政工作中的“四个环节”与“三个关系”》（《湖北省社会主义学院学报》2010 年第 2 期）一文中指出，党派在参政议政实践中要做好提案和反映社情民意信息工作，要在选题、调研、建议和目标等四个环节上下功夫，处理好“虚与实”、“大与小”、“冷与热”三个关系。在四个环节中，选题是关键，调研是基础，建议是核心，落实是目标。

蔡之国在《论民主党派提升提案质量的路径》（《江苏省社会主义学院学报》2010 年第 2 期）一文中指出，政协提案是民主党派履行民主监督、参政议政等职能的重要载体，提案质量是民主党派切实实现参政议政职能的保证。因此，在宏观上，提案应具有全局性，前瞻性和实效性的特征，在微观上，要把好选题关、调研关、书写关，并充分发挥党派自身的特点和优势。

朱琳妍在《参政党社情民意信息工作理论初探》（《民主》2010 年第 2 期）一文中认为，参政党要与中国共产党一道承担起中华民族伟大复兴的历史使命，就要认真研究如何履行好参政议政职能这一重要问题。社情民意信息工作，绝不仅仅是参政议政的一种形式，它服务于政府科学化民主化决策需要，是执政党拓宽社情民意表达渠道的必然要求，更是我国多党合作制度的价值和功能的体现。参政党社情民意信息工作应把握三种关系，即基础性和全局性的关系，个人参与和全员参与的关系，反映社情民意和服务决策需求的关系。参政党社情民意信息工作还应抓住三个关键，即提高认识，加强社情民意信息工作在参政议政整体工作中的地位；全员参与，将社情民意信息工作纳入参政党机关建设范畴；整合资源，注重社情民意信息工作实效。

黄文峰《重视调研工作环节　提高参政议政能力》（《湖北省社会主义学院学报》2010 年第 4 期）一文系统介绍了新形势下调研工作的基本环节，分析了当前民主党派调研工作中存在的主要问题，并就如何切实做好民主党派的调研工作提出了相应的解决办法。作者认为，进一步做好民主党派参政议政工作，为我国全面建设小康社会作出应有的贡献是每个民主党派成员的历史责任，通过调研获得准确的信息是做好参政议政工作的基本环节，因此必须上下高度重视和配合，真抓实干，通过认真了解、系统分析和提出建议和议案，形成有价值的调研成果，成为相关部门决策的依据。切实提高民主党派参政议政能力，必须充分发挥提案委员会的参政议政职能，掌握和挖掘信息资源，充分拓宽信息渠道，建立健全调研工作的长效激励机制。

（三）民主监督研究

民主监督是民主党派的一项基本职能，2010 年理论界对民主监督的研究，除了继续对民主监督的性质、地位、内容、形式和原则等基本问题进行讨论之外，还重点研究了民主监督的现状与不足、民主监督的程序与路径，以及提高民主监督实效性等问题。

关于民主监督的性质、地位、作用与特征，杭元祥在《关于民主党派民主监督的几个基本问题》（《中央社会主义学院学报》2010 年第 1 期）一文中指出，发挥民主党派的民主监督作用，是中国共产党领导的多党合作和政治协商制度的一项重要内容，是推进社会主义民主政治建设的一个重要方面。准确理解和把握民主党派民主监督的性质和定位，是正确行使民主监督职能的一个重要前提，也是衡量民主监督成效的出发点和落脚点。作者认为，民主监督是民主党派的一项基本职能，是一种政治监督，是我国社会主义监督体系的一个重要组成部分。民主党派民主监督的性质和定位，决定了民主监督具有高层次、制度化、有序性的特点，也决定了民主监督的主要内容具有全局性、政治性的特点。张淑瑛在《从软法治理视野看我国参政党民主监督》（《广西社会主义学院学报》2010 年第 6 期）一文中指出，参政党民主监督是中国共产党领导的多党合作和政治协商制度的独创之举，在社会主义民主政治进程中发挥着重要作用。参政党的民主监督是非权力监督，具有典型软法治理特征。应从“软”和“硬”两方面着手进一步完善参政党民主监督运行机制。方昀在《民主党派民主监督的宪政维度》（《求实》2010 年第 10 期）一文中指出，民主监督是我国民主党派的一项重要职能。民主党派的民主监督有宪法文本和惯例上的依据和效力。民主党派的民主监督有深刻的宪政内涵，在宪政语境中，民主监督兼具权力和权利的属性。为了让民主党派更好地履行民主监督职能，实现民主监督真正效果，应当完善民主监督的相关机制，推动民主监督法制化，实现民主监督制度化，强化民主监督程序化。作者认为，民主党派是中国宪政活动中的重要力量，民主党派的民主监督是最高层次的政治监督，具有独特的政治和法律功能。中国宪政发展历史和现实都证明，在民主化进程中，民主党派对执政党和政府的民主监督具有不可替代作用。我们应该不断创造条件，完善民主监督运行机制、程序，以让民主党派的民主监督在社会发展进步中发挥更大的作用。姜天麟在《浅析参政党民主监督的基本属性》（《中央社会主义学院学报》2010 年第 4 期）一文中指出，参政党民主监督的性质是通过它的属性表现出来的，而它的属性又是在运行和相互关系中表现出来的。参政党民主监督的属性，既具有民主监督的一般共性，即权利性、民主性、批评性、广泛性，又具有其自身的特殊属性，即目标一致性、合作共事性、党际平等性、监督相互性、组织功能性。共性和特殊性互为作用，形成缺一不可的整体，体现了民主与集中的有机统一，体现了参政党民主监督的鲜明特色。王远启在《正确认识民主党派民主监督的性质切实加强民主党派民主监督制度建设》（《黑龙江省社会主义学院学报》2010 年第 1 期）一文中指出，现阶段，相对于多党合作制度功能的愈益凸显，参政党民主监督作用发挥尚显不够。重新认识民主监督的性质，逐步厘清制约民主监督的各种系统性因素和关键性问题，为进一步健全民主监督机制，充分发挥参政党的民主监督作用，探寻一条切实可行之路，是加强民主监督建设不可缺少的内容。作者认为，民主党派的民主监督是我国基本政治制度框架内的政党监督，秉承人民民主的核心价值理念。正确认识民主党派民主监督的性质，要准确把握以下几点：第一，这种民主监督是政党之间的政治监督，是中国多党合作制度的一项重要内容。第二，这种民主监督是在四项基本原则基础上进行的，其中最核心的是，民主监督以坚持中国共产党的领导为政治前提。第三，要准确把握这种民主监督的主要内容。第四，这种民主监督具有党派性、组织性、程序性。第五，这种民主监督的方式是就有关问题提出意见、批评、建议，民主监督不是“刚性”监督，不是权力监督。第六，这种民主监督是我国社会主义监督体系的重要组成部分。第七，这种民主监督必须坚持中国特色社会主义政治发展道路。杨欣在《民主党派在民主政治建设进程中发挥的监督作用》（《学习月刊》2010 年第 2 期下旬刊）一文中认为，民主党派的民主监督的性质和特征主要体现在以下几个方面：第一，以接受中国共产党的领导为前提；第二，基于共同的利益诉求；第三，是一种高层次的监督；第四，是一种集体的、有组织的、理性的行为；第五，是人民民主政权自我完善的一支力量和环节。高智生在《论民主党派监督力度的特殊性》（《广东省社会主义学院学报》2010 年第 1 期）一文中指出，民主党派的民主监督其监督力度具有一定特殊性，这缘于四大要素：民主党派在国家政治生活中具有十分重要的地位、民主党派的民主监督历来受到执政党的高度重视和推崇、民主党派的监督渠道具有高层次性、民主党派的监督形式丰富多样。这四个因素使得民主监督不同于中国共产党自身的党内监督，不同于上级对下级的行政监督，不同于新闻媒体的舆论监督，也不同于法律监督。作为非权力监督，它与人大的权力监督相辅相成；作为一种政党监督，它与中共的党内监督相辅相成；作为一种有组织、高层次的政治监督，它又与一般的群众监督相辅相成。民主党派的民主监督以其特定的政治地位、监督内容、监督渠道和形式，有力地成为具有我国特色社会主义监督体系的重要组成部分。

关于民主监督的现状与不足，大多数研究者都认为，相对于参政议政，民主监督是民主党派工作的一个薄弱环节，民主党派的监督功能还没有充分发挥，究其原因，主要在于制度建设和程序建设的滞后。郑宪在《我国民主监督的发展、现状及其评价》（《湖南省社会主义学院学报》2010 年第 5 期）一文中指出，改革开放以来，我国的民主监督有了长足的进展。但是民主监督与多党合作制度设计的初衷，在适应现代民主政治发展的要求与与时俱进地发展方面，还存在着很多不尽如人意的地方。存在着诸如监督的主体与客体信息不对称；监督的渠道不多；监督的组织性不强，整体功能薄弱；监督的具体行为多，宏观行为少；被动监督多，主动监督少；形式的东西多，实际效果少等现象。究其原因，主要在于，第一，对民主监督存在认识误区，如“无用论”、“攀比论”、“怕麻烦论”等错误认识。第二，民主监督的制度建设相对滞后。第三，民主监督的实效难以保证。辛刚国在《关于民主党派民主监督程序缺陷的思考》（《广州社会主义学院学报》2010 年第 2 期）一文中指出，从民主党派多年的社会政治实践来看，民主监督是一项“弱项”，民主监督较之参政议政明显呈弱化之态，与当代中国民主政治发展的需要相比，民主监督职能作用的发挥存在着相当大的差距。现代民主政治是一种程序政治，民主监督不力与监督程序缺陷有关。民主监督的程序缺陷主要表现为：知情能力较差、监督行为较少、监督效果弹性过大。民主监督的基本点不明确、缺乏程序组织化保障以及长期以来粗放的政治思维是造成民主监督程序缺陷的主要因素。吴常兴在《关于民主监督的问题与思考》（《福建党史月刊》2010年第20期）一文中认为，民主监督是我国多党合作制度理论设计的核心与初衷，也是我国民主党派的主要职能和存在与发展的价值所在。由于监督主客体和监督机制等原因，导致民主监督效果差。从监督客体来看，民主党派的民主监督成效与党委政府的重视程度和接受程度有密切联系，是民主党派履行好职能的根本所在。但现实情况是民主监督的环境欠佳，当前一些党政领导，特别是有些基层干部，对民主党派民主监督的重要性和必要性缺乏认识。从监督主体来看，民主党派自身也存在着自身定位不准；监督意识薄弱、思想有顾忌，不愿监督、不敢监督；能力欠缺，监督效果差等局限。从监督机制来看，还存在着民主监督渠道不畅通，民主监督缺乏制度的约束，缺乏与权力监督和社会监督的横向合作等问题。因此，要提高民主监督实效，必须构建宽松和谐的政治环境，创造有利于民主监督的良好氛围；加强参政党建设，不断提升参政党民主监督水平；建立健全民主监督机制，推进民主监督的制度化、规范化、程序化。吴宝志、王远启在《民主党派民主监督有效性的实现路径》（《江苏省社会主义学院学报》2010年第3期）一文中指出，在当代中国政治系统和社会生态相互作用的复杂关系中，影响民主党派民主监督有效性的因素错综复杂，其中体制性问题、运行机制问题、法律保障问题、监督主动性问题等尤为突出。解决制约民主党派民主监督有效性的突出问题，探寻民主党派民主监督有效性的实现途径，是目前提升民主党派民主监督功能的一项重大课题。

关于提高民主监督实效的途径，研究者大都从制度化、程序化建设的角度立论，把完善民主监督机制、规范民主监督程序视为民主党派切实履行民主监督程序的必由之路，并在此基础上讨论了民主党派民主监督的能力问题。李微微在《谈谈我国民主党派的民主监督问题》（《中国统一战线》2010年第10期）一文中指出，要切实把民主党派的民主监督工作向广度和深度推进，必须进一步提高对民主党派民主监督的认识，建立健全民主党派民主监督机制，提高民主党派自身素质和监督能力，实现民主监督与其他监督方式的良性互动，创造有利于民主党派开展民主监督的良好氛围。林保民在《建立和完善民主党派监督机制进一步发挥参政党的民主监督作用》（《河北省社会主义学院学报》2010年第1期）一文中认为，提高民主监督的实效需要执政党和参政党的共同努力。从执政党方面看，执政党要加强民主党派监督机制的建立和完善，包括建立广泛深入的民主党派参与机制，良好的信息沟通与反馈机制，充分的民主党派建设支持机制，有力的民主党派权力保障机制，完善的民主党派成员的权益保障机制。就参政党而言，要强化民主监督的思想建设，完善民主监督的组织保障，健全民主监督的制度保障，完善民主监督的人才机制。方德实在《关于民主党派民主监督的程序民主问题》（《中央社会主义学院学报》2010年第3期）一文中指出，民主党派的民主监督是中国特色社会主义监督体系的重要组成部分，有着特别的性质和作用。新中国成立以来特别是改革开放以来，民主党派的民主监督虽然取得显著的成效，但是，仍然是民主党派职能发挥中的薄弱环节，尤其是在监督程序民主问题上明显滞后。要进一步完善民主党派民主监督的程序民主，必须提高对程序民主重要性的认识；必须着眼于提高民主党派民主监督的实效性；必须从贯彻落实中国共产党领导的多党合作和政治协商制度的高度予以不断完善。曾宪强在《浅谈参政党的民主监督》（《湖北省社会主义学院学报》2010年第3期）一文中指出，经过60年的实践和探索，作为参政党职能之一的民主监督有了较大的发展，并取得了一定的成就。但是，从参政党的现状来看，尚有些不完善之处，需要进一步从制度化、规范化、程序化的视角，不断探索完善参政党民主监督的理论和实践途径，从而更有力地推进中国特色社会主义政治文明建设。作者认为，参政党的民主监督制度化、规范化、程序化包括民主监督的活动方式、知情渠道、舆论宣传三个方面的制度化、规范化、程序化。参政党民主监督制度化、规范化、程序化建设的主要途径在于，第一，在政治体制方面，明确参政党的民主监督职能，切实提高对参政党民主监督重要性的认识；第二，在政治参与方面，扩大参政党对国家政治生活的知情范围和参与程度；第三，建立一套行之有效、有章可循、有章必循的民主监督操作办法；第四，既要从参政党自身建设上下工夫，也要给参政党民主监督创造一个好的环境和条件，支持参政党监督的实施；第五，把参政党民主监督与社会监督体系中的其他监督相结合，发挥监督的合力作用。游秀凤在《中国政党制度框架下的党际监督》（《团结》2010 年第 1 期）一文中认为，要加强党际监督制度建设，提高党际监督实效，健全和完善党际监督机制，需要加强以下几个方面的工作：一要着力推进党际监督的规范化建设，从制度上克服党际监督的随意性；二要加强民主党派开展党际监督工作的程序化建设，在知情环节、沟通环节、反馈环节上建立健全相应的制度；三要建立创新机制，创新党际监督形式，拓宽党际监督渠道；四要建立配套运行保障机制，加强与其他形式监督体系有机联系，增强监督合力。民建上海市静安区委员会《关于民主党派履行民主监督职能的思考》（《上海市社会主义学院学报》2010 年第 4 期）一文认为，实行民主监督是民主党派的职责与历史使命。从完善民主监督机制的角度出发，要营造敢讲诤言的氛围，建立鼓励讲真话的机制；扩大政务公开，建立“政绩”公开机制；畅通交流渠道，完善沟通机制；重视民主监督工作，形成相应的评价机制。在加强自身建设的同时，切实履行民主监督职能。李劲夫、陈立新在《创新民主党派民主监督运行机制的思考》（《湖南民族职业学院学报》2010 年第 2 期）一文中指出，民主监督是中国特色社会主义监督体系的重要组成部分，而民主监督运行机制是把民主监督落到实处最为重要的环节。只有建立了科学有效的运行机制，才能确保民主党派的民主监督成为一种政治常态，成为一种政治支持。民主监督运行机制应建立在民主监督的法律化、制度化的基础之上。张焕金在《增强民主党派民主监督功能效果问题探析》（《中央社会主义学院学报》2010 年第 3 期）一文中指出，充分发挥民主党派民主监督功能、增强民主党派民主监督实际效果的重点是：在坚持民主监督的固有性质基础上，必须使民主监督形成一定的约束力。基本思路是：强化意识，改善环境；讲究方法，善于监督；丰富形式，创新载体；完善制度，健全机制；加强自身建设，提升整体政治水平。笱永莉在《浅议构建民主监督长效机制》（《湖北省社会主义学院学报》2010 年第 3 期）一文中认为，民主监督是中国共产党领导的多党合作和政治协商制度的主要职能之一，其实际效果如何，直接关系到参政党对执政党执掌的公共权力的参与和制约的水平，关系到国家政治文明和民主法治的发展程度，因此，必须以科学发展观为指导，从增强民主监督法治观念、政协统一选派民主监督员、充分发挥互联网在“上传下达”国情民意中的作用等几个方面来建立民主监督的长效机制，促使民主监督发挥良好效果。梁协成在《试论民主监督法律地位的提高及运行机制的完善》（《湖北省社会主义学院学报》2010 年第 3 期）一文中认为，民主监督是对国家宪法、法律和法规的实施，重大方针政策的贯彻执行、国家机关及其工作人员的工作，通过建议和批评进行监督。在实践中，增强民主监督的作用，提高其法律地位，完善民主监督运行机制显得尤为重要。民主监督的机制要在组织上、法律上、程序上、制度上等各方面都要有所突破，要构成系统的、完善的民主监督机制。张永红在《提升民主党派民主监督效能的思考》（《湖北省社会主义学院学报》2010 年第 3 期）一文中指出，民主监督作为参政党的基本职能之一，在当前存在诸如监督理论支撑不够、监督环境欠佳、监督机制不全等问题，为加强民主党派的监督效能，必须加大各级党委对监督工作的支持力度，增强党派成员监督意识，健全监督运行机制，并加强民主党派自身建设。

2010 年对民主监督的研究，还出现了一些独特的视角，如民主监督存在基础的转换、民主监督与巡视员制度的结合等等。徐邦友《从功利到权利：参政党民主监督之存在基础的转换》（《中共浙江省委党校学报》2010 年第 2 期）一文认为，在我国参政党民主监督何以存在、何以必要问题上，我们长期以来只是单纯从政治功利的角度来认识和定位，即认为参政党民主监督对共产党正确执政、国家机关有效运行和社会主义民主政治健康发展有所益处，因而需要给予存在的空间和发挥职能作用的机会。但这种功利主义民主监督观有其局限性，会从根本上影响参政党民主监督的正常开展。因此，作者主张从政治权利的视角来看待参政党民主监督，视民主监督为参政党固有的政治权利，是维护参政党所代表和联系的那些社会阶层和群体利益的合法形式，其对执政党和国家机关的正面积极建设性作用是参政党民主监督行为的外溢效应，而不是参政党存身和得以开展民主监督的逻辑依据。作者把这种思想认识视为权利主义的民主监督观，并在此基础上，梳理出参政党民主监督得以有效开展的权利体系。曲宏明、李永生在《关于建立巡视监督与统一战线民主监督结合机制的探讨》（《辽宁省社会主义学院学报》2010 年第 2 期）一文中认为，巡视监督与统一战线监督相结合不仅是必要并具有特殊政治意义，而且具有可行性。巡视监督与统一战线民主监督相结合的具体实现形式及方式、方法，需要在实践中创建并不断完善和发展。目前，巡视与统一战线民主监督相结合还没有比较成型的实践经验和样式作为理论研究的依据和材料的支撑，它需要深入的研讨使之更加丰满，更需要实践的检验。贾孔会、王坤在《民主监督与政治磨合：我国政党关系中的辩证论》（《湖北行政学院学报》2010 年第 1 期）一文中认为，显性的民主监督和隐性的政治磨合在我国的政党关系中是一对辩证统一的事物。我们在认识民主监督与政治磨合的关系时，既要坚持区别看待，认识到它们各自具有的独立性，又要坚持相互统一，认识到它们的同一性以及它们互为存在的前提条件。只有放手开展民主监督，才能够实现参政党与执政党的政治磨合；只有积极开展政治磨合，才能够实现参政党对执政党的充分的民主监督，也只有坚持民主监督与政治磨合的辩证统一，才能够将参政党与执政党之间的合作关系在“监督—磨合—监督”的良性循环中引入佳境。

六、参政党自身建设研究

参政党的自身建设理论是参政党理论的核心内容，每年都会有大量的研究成果面世。2010 年对参政党自身建设的研究，除了思想建设、组织建设、参政能力建设这些传统的研究课题之外，参政党的文化建设、学习型党组织等新问题也进入了研究者的视野，开拓了参政党研究的新领域。

（一）参政党自身建设的基本问题

明确参政党自身建设的目标与原则，了解参政党加强自身建设的意义，把握参政党自身建设的机遇与挑战，是参政党有效开展自身建设的前提。2010 年理论界对这些问题进行了深入的探究，无论是对参政党理论的丰富与完善，还是对参政党实践的指导，都具有重要意义。

关于参政党自身建设的目标、任务、原则与意义，研究者们都注意到参政党建设对社会主义政治文明建设的意义，科学发展观对参政党自身建设的引领作用，以及自身建设要突出党派自身特色的重要性。严隽琪在《关于参政党建设的若干思考》（《民主》2010 年第 7 期）一文中指出，当前，民主党派自身建设的任务，已经从突出强调学习改造向全面提高参政党素质发展。为此，一要强调思想政治工作的实效性，二要进一步凸现理论研究的重要性，三是组织工作更需要创新性，四是更需要重视制度化、规范化和程序化的建设。朱书刚在《学习贯彻科学发展观　加强参政党自身建设》（《湖北省社会主义学院学报》2010 年第 1 期）一文中指出，参政党建设总体目标的确立回答的是“建设什么样的参政党”的问题。要回答“怎样建设参政党”的问题，必须坚持以邓小平理论、“三个代表”重要思想为指导思想，以科学发展观为统领，努力把科学发展观的要求贯彻落实到参政党建设的各个方面。齐莹、李建在《当代中国民主党派自身建设问题探究》（《三峡大学学报》人文社会科学版 2010 年第 32 卷）一文中认为，加强民主党派自身建设必须以正确的价值理念为指导，即牢固树立发展理念、充分发挥民主价值、保持自身鲜明特色。进一步加强民主党派自身建设是新形势下民主党派自身发展和履行职能的需要，是构建社会主义和谐政党关系的需要，更是推进社会主义政治文明的需要，意义十分重大。李芬在《参政党建设目标的新内涵与建设原则》（《湖北省社会主义学院学报》2010 年第 6 期）一文中指出，为回应参政党政党认同困境和多党合作制在国际社会中话语困境的挑战，各党派要突出强调建设特色鲜明的、更具主动性的、善于加强自身建设的参政党。理论建设的滞后、组织发展界别特色的淡化、职能发挥导向的偏差及履职实效与履职要求的差距是参政党实现上述目标的制约因素。为此，参政党建设应在重点把握坚持中国共产党的领导，发扬社会主义民主，体现政治联盟的特点，体现进步性与广泛性的统一这些原则的同时，把握下述原则：参政党建设既要坚持共产党的领导，又要保持政党主体地位；既要坚持组织的稳步发展，又要保持界别特色；要以参政议政为基础，以民主监督为根本履行基本职能。汤策程在《浅谈民主党派成员自身建设》（《湖南省社会主义学院学报》2010 年第 2 期）一文中认为，民主党派成员自身建设的好坏、民主党派成员素质的高低，直接关系到民主党派的整体素质和整体形象。加强民主党派成员自身建设必须坚持正确的政治方向，必须加强政治理论和业务知识的学习，并做好本职工作和党派工作，必须履行政治协商、参政议政、民主监督的职能和处理好“有为”、“有能”、“有位”的关系，必须提高政治把握能力、参政议政能力、组织协调能力、合作共事能力。魏丽萍在《生态政治构架中的参政党建设》（《湖北省社会主义学院学报》2010 年第 5 期）一文中认为，中国参政党所处的社会生态环境也已经和正在发生着全方位的深刻变化，能否适应变化了的社会生态环境，如何进一步调整和优化参政党功能，使之保持对社会生态环境的必要的适应性，实现参政党与其所处社会生态系统的良性互动，就必须加强生态政治环境中的参政党建设。为此，第一，要提高参政党利益整合和利益诉求表达的能力。第二，要提高参政党协调执政党与社会之间利益平衡的能力。第三，要切实提高参政党自身素质。张大成在《试论增强民主党派自身特色建设的原则及途径》（《辽宁省社会主义学院学报》2010年第2期）一文中指出，增强民主党派自身特色，完善民主党派自身建设是一项系统工程，也是一项长期的任务。各民主党派的发展必须着眼于中国民主政治的新发展，民主党派各级组织要充分认识加强自身建设的重要性和紧迫性，突出重点，循序渐进，不断把参政党自身建设提升到新的水平。作者认为，从现阶段的特点看，以组织建设中组织成员的培养和特定化作为切入点，以制度建设中程序性工作机制的完善和发展作为突破口，更易于突出党派特色，促进民主党派健康发展。张山在《试述加强民主党派自身建设对增强我国国家凝聚力的作用》（《广东省社会主义学院学报》2010年第1期）一文中认为，民主党派是各自联系的一部分社会主义劳动者、社会主义事业建设者和拥护社会主义爱国者的政治联盟，是接受中国共产党领导、同中国共产党通力合作的亲密友党，是进步性与广泛性相统一、致力于中国特色社会主义事业的参政党，其自身建设对增强我国国家的核心力量、竞争力、吸引力、向心力和亲和力具有重大作用。

关于高素质参政党，李志平在《高素质参政党的基本特征与主要作用》（《学术交流》2010年第1期）一文中认为，中国参政党在长期与中国共产党通力合作过程中，特别是经过各参政党的自我教育活动，已呈现出高素质参政党的基本形态。中国高素质参政党的基本特征主要有政治进步性（自觉接受领导且与中共建立和谐政党关系，党际密切合作且与中共建立良好互动关系）、履职优良性（参政议政成效显著，民主监督有位有为）、组织凝聚性（各级组织团结奋进，党派活动生机勃勃）、成员活力性（本职岗位建功立业，社会活动影响广泛）等；其主要作用有高水平政治协商、高层次民主监督、高质量参政议政、高和谐合作共事等。刘美娟在《科学发展观与参政党建设》（《黑龙江省社会主义学院学报》2010年第4期）一文中认为，高素质的参政党建设，需要有高素质的领导班子队伍，需要有坚实的群众基础。为此，要树立和落实科学发展观，用辩证的、历史的观点来全面把握和深入研究参政党建设中的各种问题，做到参政议政、建言献策应始终为民着想；处理各类关系，应考虑和谐协调；选人用人、决策办事，不忘立足长远，考虑可持续发展。要用全面、协调和可持续发展的要求去想问题办事情。

关于参政党自身建设面临的挑战与存在的问题，陈肖勤在《浅议民主党派保持自身特色》（《前进论坛》2010年第11期）一文中认为，民主党派趋同发展的倾向是客观存在的，它既有积极意义，又有负面影响。在趋同化发展的情况下，如何坚持自己鲜明的价值取向，保持自己的政治特色，对各民主党派而言，就成为一个现实而富有挑战性的课题。要解决这个问题，作者以为须从以下几个方面努力：一要在组织发展中进一步保持界别特色；二要在思想建设中进一步保持政治特色；三要在履行职能中进一步发挥比较优势；四要在理论研究中进一步明确角色定位。陆栋在《参政党建设的若干问题与对策》（《团结》2010年3期）一文中认为，近年来，由于国际政治气候的影响，由于社会生活世俗化的倾向，由于民主党派成员社会角色、心理结构变化的影响，参政党组织尤其是基层组织出现了日益松散、松弛的迹象。昔日，被称为“精英组织”、“人才库”、“智囊团”的民主党派，存在难以成为新兴公民社会的积极力量，也难成为扩大公民有序政治参与的有效形式的诸多问题。细细分析产生这些问题的原因，主要在于，第一，民主党派机关行政化。第二，民主党派功能、权利地方化。第三，民主党派党务工作者非职业化。第四，党派地位、作用边缘化。这些因素，使得民主党派在履行参政党职能的过程中有时会陷入形式主义。参政党应当避免陷人“自我设限”、“自我降格”、“自我击败”的困境，建立和完善以下几项机制：正确理念的教育机制，信息获得机制，利益诉求、协商机制，合理的监督机制。吴艳春在《参政党建设中存在的问题及成因探析》（《天津市社会主义学院学报》2010 年第 4 期）一文中认为，随着我国多党合作事业的蓬勃发展，我国参政党在国家政治生活中发挥着越来越大的作用，其自身建设也取得了辉煌的成就。但是，当前参政党建设中还存在着与所肩负的历史使命和政治责任不太适应、与履行参政党职能的能力和水平不太适应、与参政党地位和形势发展的要求不太适应的问题，需要我们认真研究探讨，以促进参政党建设更好的发展。

关于参政党的可持续发展，刘长青在《参政党可持续发展面临的机遇与挑战》（《前进论坛》2010 年第 12 期）一文中指出，新世纪新阶段，国内外形势的变化和我国多党合作事业的发展，为我国参政党的建设和可持续发展提出了许多全新的理论课题和更高的实践要求。参政党建设既面临外部环境的考验与挑战，也面临内部结构性挑战与考验。与此同时，国际社会对中国政治制度的新认识，为参政党的可持续发展提供了良好的舆论环境；执政党理论建设的不断繁荣，为参政党可持续发展提供了科学的指导理论；我国社会主义经济建设蓬勃发展，为参政党的可持续发展提供了发挥作用的广阔舞台和现实依据；参政党建设面临开放性、多样性的社会政治环境，为参政党可持续发展提供了契机和动力。为此，以科学发展观为指导，深入研究参政党可持续发展的内涵和要求，不断探索新形势下参政党加强自身建设的新途径，努力建设适应新世纪新阶段发展要求的高素质的参政党，是参政党实现可持续发展的必由之路。江滨、钟凤丽在《对中国政党模式中民主党派发展的思考》（《重庆社会主义学院学报》2010 年第 3 期）一文中指出，中国政党模式是中国特色社会主义的重要组成部分，其中各民主党派的发展对这一模式的完善具有重要的作用。同时，民主党派也要坚持在这一模式中不断地发展。在当今历史条件下，民主党派需要通过参政理念、政党关系、职能以及成员发展等角度实现科学发展。

（二）建设学习型参政党研究

随着建设学习型社会这一理念的深入人心和中国共产党建设学习型政党的实践发展，建设学习型参政党，提升履职能力水平，已成为民主党派的共识和行动，也逐渐成为理论界热议的话题，其中建设学习型参政党的意义与方法，更成为 2010 年理论界的研究重点。

关于构建学习型参政党的意义，严隽琪在《借鉴执政党建设经验努力建设学习型参政党》（《人民论坛》2010 年第 9 期）一文中指出，民主党派只有不断学习执政党建设的经验，加强自身建设，把自己建设成为学习型参政党，才能始终成为与中国共产党通力合作、致力于中国特色社会主义事业的参政党。作者认为，建设学习型参政党是坚持和完善中国共产党领导的多党合作和政治协商制度的需要，是实现执政党建设与参政党建设相互促进的需要，是解决民主党派两大历史性课题的需要。崔晓庚在《略论建设学习型参政党》（《沈阳师范大学学报（社会科学版）》2010 年第 6 期）一文中指出，建设学习型的参政党不仅是中国共产党建党和党建的重要经验，也是中国特色政党制度对参政党建设提出的标准和要求；是发挥参政党自身广泛社会联系的需要；是参政党自身所担负基本职能的要求；是参政党适应自身发展变化的必然要求。作者认为，建设学习型的参政党，是“共产党领导、多党派合作，共产党执政、多党派参政”这一中国特色政党制度完善与发展的前提条件。中国政党制度虽然在法理层面为参政党提供参政的合法性，但要使参政党对中国民主政治的发展起到作用，还要把自身建设成学习型政党，成为与中国共产党通力合作、致力于中国特色社会主义事业的参政党。张大宁在《建设学习型参政党的几点认识》（《前进论坛》2010 年第 4 期）一文中指出，作为同共产党通力合作的各民主党派，必须要把建设学习型参政党作为首要任务，切实抓紧抓好，这样才能更好地适应时代发展的要求，切实担负起历史赋予我们的改革和建设的神圣使命。作者认为，建设学习型参政党是多党合作可持续发展的必然要求，是参政党不断保持生机和活力的需要，是民主党派进步性和广泛性的现实体现。周贤山在《论民主党派建设学习型参政党》（《江苏省社会主义学院学报》2010 年第 6 期）一文中指出，作为中国特色政党制度的重要组成部分，各民主党派建设学习型参政党是顺应当代世界发展潮流、适应中国政治发展的需要，也是各民主党派保持自身可持续发展、在中国特色社会主义政治文明建设过程中发挥更大作用的必然要求。民主党派建设学习型参政党要树立合理目标、设计科学内容、开拓合适路径，需要自身重视，也需要执政党在政治范围内的支持和国家有关政治制度的完善，为各民主党派建设学习型参政党提供政治和制度保障。李晓艳在《学习型参政党组织是民主党派建设的重要目标》（《上海市社会主义学院学报》2010 年第 6 期）一文中认为，民主党派建设学习型参政党组织是顺应时代要求、保持和发展先进性和广泛性的紧迫需要；是构建和谐政党关系、坚持和完善共产党领导的多党合作和政治协商制度的时务之举；是加强自身建设、努力提高参政议政能力的必由路径。李光照在《努力建设学习型参政党》（《学理论》2010 年第 28 期）一文中指出，中共十七届四中全会，对新形势下党的建设作出重要部署，确定了当前和今后一个时期的若干任务，其中作出了“建设马克思主义学习型政党”的重大战略部署。中国共产党的这一战略部署，对参政党来说，提供了可借鉴的宝贵经验，各民主党派要成为与中国共产党通力合作，致力于中国特色社会主义事业的参政党，必须把自己建设成为学习型的参政党。

关于建设学习型参政党的方法，杨汉成在《建设学习型参政党要注意解决三个问题》（《湖南日报》2010 年 6 月 4 日）一文中指出，建设学习型参政党，要注意解决认识问题，认识到学习型参政党建设的重要意义；要注意解决能力问题，把提高自身建设的水平和履行职能的能力作为最终目的；要注意解决方法问题，建立好学习型的领导班子，建立健全学习机制，树立良好的学风，全国一盘棋，对学习活动必须制订计划、精心组织、周密安排、认真落实。陈伯怀在《学习型参政党构建方略》（《民主》2010 年第 8 期）一文中指出，激发内在需要是建设学习型参政党的关键，学以致用是建设学习型参政党的根本，全员参与、终身学习是建设学习型参政党的目标。作者认为，建设学习型参政党要长远谋划，精心设计，充分发挥党派组织的教育、引导、组织、管理、奖惩等手段和办法，做到内因和外因互相作用，使学习型参政党建设一步一个脚印，真正取得实效。黄少斌在《建设学习型政党背景下的民主党派建设》（《广东省社会主义学院学报》2010年第4期）一文中指出，创建学习型社会，学习型城市，学习型社区，学习型组织，学习型家庭的活动正在全面展开。如何把民主党派建设成学习型组织，培养学习型党派成员，发挥民主党派的作用，是摆在民主党派及其成员面前的一项十分紧迫和艰巨的任务。为此，必须深入学习实践科学发展观，用马克思主义中国化最新成果指导实践，推动自身的不断发展。冯海波在《学习型参政党的内在规定与建设原则》（《重庆社会主义学院学报》2010年第5期）一文中认为，学习型参政党的本质是高度政治性的现代学习组织，基础是中国共产党领导的团结与合作，核心是在各民主党派内部建立完善的学习机制，关键特征是政治性、时代性、科学性、创新性。学习型参政党的建设应坚持三大原则：以思想建设为先导，将学习型参政党建设与履行参政党职能相结合，转变传统学习方式和树立新型学习观。学习型参政党的学习内容包括四大方面：马列主义、毛泽东思想和中国特色社会主义理论体系，树立和践行社会主义核心价值体系、探索和形成民主党派的核心价值观，学习执政党和参政党自己的历史经验和失败教训，学习世界各国政党的经验教训。郭层城在《以主题活动为载体，建设学习型参政党》（《团结》2010年第6期）一文中认为，建设学习型参政党，要强化基础教育培训，夯实学习根基；要开展主题实践活动，深化学习效果；要切实履行参政党职能，检验学习成效；要总结积累方法经验，完善学习机制。

（三）参政党的思想建设研究

思想建设作为民主党派自身建设的核心，历来是理论界关注的一个重要问题。与往年相比，2010年关于民主党派思想建设的研究引入了心理学的研究成果，开始关注民主党派干部的心理健康和心理疏导问题。同时，研究者们对民主党派广大成员的思想状况也有了更高的关注，表现出较强的实证色彩。

关于参政党的思想建设的状况和民主党派成员的思想状况，张凤玲在《甘肃省民主党派思想建设的现状分析》（《江苏省社会主义学院学报》2010年第2期）一文以甘肃省民主党派思想建设为例，对新时期参政党的思想建设现状进行了调研分析。作者认为，新时期的参政党思想建设呈现出积极健康的一面，如参政党维护多党现代科技政治格局，参政议政能力加强，思想建设的机制正在形成等等。但也存在着理论内容陈旧、创新力度不强，新成员政治理论薄弱等问题，因此，民主党派的思想建设还需要从提高认识、完善参政党理论体系及思想建设的机制化制度化等方面作进一步的思考。2009年农工党中央思想建设调研课题组在《农工党员对社会热点难点问题的看法分析》（《前进论坛》2010年第4期）一文中，通过调研和调查数据分析，认为当前农工党党员的思想面貌呈现如下特征：一是党员关心医药卫生体制改革，反映出我党的特点和优势。二是党员关心社会治安、反腐倡廉、贫富差距的问题，这与当前人民群众普遍关心的问题相吻合。三是党员普遍关注贴近人民群众生产生活的社会问题。与此同时，在当前错综复杂的国际国内形势下，党员思想状况还呈现出新的特点，一是由于利益格局的调整而产生的思想认识问题。二是由于思维方式的定势而引起的思想认识问题。三是由于价值观念受西方的影响而引起的思想认识问题。作者认为，广大党员关心国家的发展，关心群众的民生，了解社情民意，反映群众意愿，具有一定的社会责任感，关键是我们如何正确引导，发挥广大党员政治参与的作用。钟瑞华在《高校青年教师加入民主党派动因分析——以云南省为例》（《云南社会主义学院学报》2010 年第 3 期）一文中，以云南省高校青年教师加入民主党派动因研究分析为例，对新时期高校青年教师加入民主党派动因进行了调研分析，并就进一步加强高校民主党派和党外知识分子工作提出了对策建议。作者认为，高校是民主党派和无党派人士最为集中的地方，也是培养、输送民主党派干部的重要“源头”。客观分析，准确把握高校青年教师加入民主党派动因，对于认识新形势下民主党派队伍发展变化情况，积极引导教育民主党派中青年成员队伍健康成长，推进多党合作事业具有十分重要的意义。作者指出，根据问卷调查及访问调查结果分析，高校青年教师申请加入民主党派的动因，基本上可以归纳为以下几种情况：一是为实现政治追求和自身价值，二是为了为拓展社会交往空间和视野，三是为积累政治资本，争取提拔任用，四是为了薪火相传，延续老一辈情感，五是迫于学习工作压力，六是由于组织需要而被动员加入。高校青年教师加入民主党派动因及其产生的社会影响，必然使高校统战工作面临一系列新情况、新问题和新要求，需要我们积极应对。宋琳琳在《民主党派思想建设中存在的问题及对策》（《鞍山师范学院学报》2010 年第 5 期）一文中指出，当前民主党派思想建设存在问题主要有部分民主党派成员政治诉求不够明确、部分民主党派成员参政议政的角色定位不准、部分民主党派成员政治素质不高等方面，为此，要明确指导思想、总体目标和主要任务，要积极采取有效措施，推进民主党派思想建设，拓宽培训渠道，强化学习，保证民主党派思想建设的有序性和有效性，为民主党派组织建设、能力建设等提供思想前提。

关于参政党思想建设的途径和思想政治工作的创新，宋作宇在《心理契约视角下的统一战线思想建设》（《中央社会主义学院学报》2010 年第 2 期）一文中指出，在改革开放的历史进程中，我国统一战线面临的环境、对象等都发生了深刻的变化。为了应对这一系列的新变化，我们要在继承优良传统的基础上，积极探索做好统一战线成员思想政治工作的新方法、新形式、新载体。利用组织行为学中的“心理契约”概念来分析统一战线领域的思想建设问题，可以看出，在统一战线领域存在着广泛的心理契约。明确和维护这些心理契约，对统一战线广大成员的思想建设具有重大的意义。林莉、王德斌、吴斯娜在《新时期高校民主党派思想政治工作网络信息化的思考》（《广东省社会主义学院学报》2010 年第 1 期）一文中认为，认真研究信息时代高校民主党派成员的思想政治特点，有针对性的做好民主党派的思想政治工作，是高校统战工作的重要内容。因此，发挥网络优势，创新工作方法和工作理念，将网络信息化与思想政治教育有机结合，是高校民主党派思想政治工作的必然趋势。任世红在《试论民主党派思想建设的动力》（《上海市社会主义学院学报》2010 年第 2 期）一文中认为，民主党派思想建设的内在动力存在于民主党派自身的性质和特点，主要是民主党派在历史和现实中所充分体现的进步性和广泛性的统一。进步性决定了民主党派思想建设的必然性，广泛性决定了民主党派思想建设的必要性。同时，民主党派的进步性和广泛性又是随着时代的变化和社会的变迁而不断地发展的，因此，民主党派思想建设必须与时俱进，在继承历史传统的基础上体现时代性。从理论上理清民主党派思想建设的动力，目的在于增强民主党派思想建设的主动性。从内因与外因的结合上增强主动性，是新形势下民主党派思想建设的关键所在。陈松林、张响珍在

《社会转型时期加强民主党派思想政治工作的思考》（《长江大学学报（社会科学版）》2010 年第 3 期）一文中指出，新世纪新阶段以来，随着改革的深化和社会的转型，民主党派的面貌发生了历史性变化。适应新形势新任务，必须加强参政党理论建设，开展以学习贯彻中国特色社会主义理论体系为中心的各种主题教育活动，增强用社会主义核心价值体系引领当代社会思潮的能力，建立网络思想政治工作新机制，解决民主党派成员实际问题，建立健全民主党派思想政治工作的各项具体制度，努力化解思想政治工作中的各种矛盾，以务实创新的精神加强民主党派思想政治工作。刘继华、姜朝晖在《民主党派思想政治工作研究》（《辽宁省社会主义学院学报》2010 年第 2 期）一文中认为，民主党派思想政治工作有其自身的特点和规律，加强和改进民主党派思想政治工作，必须掌握和遵循民主党派思想政治工作的基本原则，把握民主党派思想政治工作的现状、存在的主要问题及面临的新挑战，并从实际出发建立健全工作机制和措施，以不断增强民主党派思想政治工作的针对性和实效性。聂志平在《民主党派思想政治工作的长效机制探析》（《党史文苑》2010 年第 5 期）一文中认为，思想政治工作是民主党派自身建设的基础性工作，是民主党派成员整体素质提高的中心环节。它是提高民主党派成员思想认识水平的根本途径，是保证民主党派继承优良传统继续开拓前进的必要保障，是实现全面建设小康社会目标和保持社会和谐发展的重要元素。针对当前民主党派面临的各种挑战，建立长效机制，即创立制度规范、建构生态体系、改进工作方法、丰富工作形式等，可以提高民主党派思想政治工作的实效。王斌、王晓晴在《高校民主党派思想政治工作模式的创新与实践》（《辽宁省社会主义学院学报》2010 年第 4 期）一文中指出，加强五个方面的培训，是高校民主党派思想政治工作的基本途径；强化“五种意识”教育，是高校民主党派思想政治工作的必要内容；建立五项工作制度，是高校民主党派思想政治工作的重要保证，抓好三支队伍建设，是高校民主党派思想政治工作的关键所在。高校党委要加强领导、统筹规划，不断开创高校民主党派思想政治工作新局面。五个方面的培训是民主党派光荣历史培训、民主党派优良传统培训、民主党派工作职能培训、中国政党制度的培训、自觉接受中国共产党领导的培训。“五种意识”，即政党意识、国家意识、民族意识、道德意识、责任意识。五项工作制度是学习培训制度、例会通报制度、谈心交流制度、走访慰问制度、表彰奖励制度。三支队伍建设是高校各级党的领导干部队伍建设、担任高校各级领导职务的民主党派干部队伍建设、民主党派代表人物及基层组织负责人队伍建设。

关于民主党派干部的心理疏导，赵丰在《加强民主党派成员的思想引导和心理疏导》（《上海市社会主义学院学报》2010 年第 2 期）一文中指出，我国正处于改革发展的关键阶段，社会思想意识空前活跃。我们要密切关注社会思潮，坚持马克思主义的指导地位，同时尊重差异、包容多样，增强马克思主义的说服力和感召力，有针对性地加强民主党派成员思想引导和心理疏导，增进共识，不断提高用社会主义核心价值体系引领社会思潮的能力和水平，巩固全党全国各族人民团结奋斗的共同思想基础。吴红博在《党外领导干部的心理压力研究》（《重庆社会主义学院学报》2010 年第 6 期）一文中指出，党外领导干部作为中国社会主义民主架构中的一个特殊群体，与其他国家干部一样承受着一定的心理压力，但其心理压力有特殊性。党外领导干部的心理压力源来自社会舆论、能力危机、自身的心理误区等。在预防和缓解党外领导干部心理压力的具体措施方面，组织的关怀和培养是保障，加强舆论引导是必要条件，加大专业辅导力度是手段，党外领导干部自我调适是关键。

（四）参政党的队伍建设研究

2010 年对民主党派的人才队伍建设的研究，主要集中在代表性和领导班子建设等问题上。

关于民主党派的代表性与代表性建设，比较有代表性的文章有游洛屏《代表性建设是参政党建设的重要内容》（《中央社会主义学院学报》2010 年第 2 期）一文。作者认为，代表性建设是参政党建设的重要内容。加强民主党派的代表性建设，要正确认识民主党派的代表性问题，正确处理民主党派的代表性与代表性人士的关系，正确处理政治思想的进步性与成员思想观念的广泛性、根本利益的一致性与成员具体利益的多样性、一般成员与代表性人士、中共党委的肯定与民主党派成员的认同、领导班子中整体的代表性与成员个体的代表性之间的关系，正确把握理论建设、人才培养和机制建设三个主要环节。张献生在《代表性：党外代表人士的根本属性》（《上海市社会主义学院学报》2010 年第 4 期）一文中指出，加强党外代表人士队伍建设的关健，是要增强党外代表人士的代表性。代表性是党外代表人士区别于一般的党外人士和其他的统战成员的根本属性。构成党外人士代表性作用的因素主要有政治性、专业性和群众性三个方面，其中政治性是根本，专业性和群众性是基础，失去专业性和群众性也就无从谈起代表性。根据统一战线和多党合作实践的需要，在党外代表人士的选拔、培养和使用中，要分别注重考察、增强和发挥其代表性。蔡永飞在《论参政党的代表性》（《天津市社会主义学院学报》2010 年第 4 期）一文从参政党社会基础的视角、参政党与执政党关系的视角、参政党职能作用的视角分析了参政党的代表性。作者认为，参政党的代表性问题事关多党合作制度的合法性。人们可以通过对参政党性质、地位和作用的考察，来分析和了解参政党的代表性。黄爱军在《民主党派代表性问题研究》（《福建省社会主义学院学报》2010 年第 1 期）一文中认为，增强民主党派代表性，是加强民主党派自身建设，坚持和完善中国共产党领导的多党合作和政治协商制度，发展社会主义民主政治所必须解决的重大理论问题和实践问题。但是在现实政治生活中，民主党派的代表性却存在着弱化的态势：一是政党意识不强，二是各民主党派的特色逐渐变得模糊。增强民主党派代表性，应从突出各党派特色、增强参政党意识、加强民主党派各级组织和机关建设、关注各自己所联系的部分群众的利益、发扬中国知识分子的优秀传统和道德情操、培养具有独特人格魅力领袖人物等方面努力。李劲夫、陈立新在《民主党派代表人士队伍建设问题分析与对策建议》（《湖南省社会主义学院学报》2010 年第 5 期）一文中指出，根据调查的结果，可以看出，民主党派代表人士对中国特色社会主义政治制度非常满意，对我国经济与社会发展状况比较满意，对政治生活和社会、民生问题普遍关注，参与意识强。但在民主党派代表人士建设中也有不少问题，主要是因为：部分党政领导的思想认识缺乏高度；统战部门“人事安排”的职能缺乏强度；民主党派代表人士综合素质提升缺乏力度；民主党派代表人士管理制度创新缺乏深度。因此，作者建议进一步更新选人用人观念；进一步落实统战部门人事安排职能；进一步推进民主党派组织转型；进一步创新培育选任机制；进一步完善管理与考核体系。成都市社会主义学院课题组在《建设高素质党外代表人士队伍的对策研究》（《四川省社会主义学院学报》2010 年第 4 期）一文中指出，加强党外代表人士队伍建设，是一项事关全局的重要工作，是一项影响深远的战略任务，是一项十分紧迫的现实课题。要按照中央要求，以战略眼光和全局观念，采取有效措施，加大工作力度，创新培养模式，拓宽安排渠道，健全管理机制，形成党外代表人士队伍建设可持续发展的长效机制，扎实推进党外代表人士队伍建设不断向深度和广度拓展。为此，要坚持把握原则和政治方向，努力开创统战工作新局面；要分析成长规律和时代特征，增强党外代表人士队伍建设的针对性；要突出思想与能力两大工作重点，健全管理与关心兼顾的工作机制；要把握发现人才前提，拓宽选人用人视野和渠道；要打牢培养基础，抓好培训与实践两大关键环节；要围绕中心、着眼大局，构建党内外通力合作的工作格局。景世刚在《浅析民主党派的代表性》（《前进论坛》2010 年第 4 期）一文中指出，政党的“代表性”指政党具有或者体现一定阶级、阶层和集团本质属性的特质，它至少包含了三个方面的内容：一是指政党代表了哪一类社会群体的意志和利益；二是指政党所体现或具有的这一社会群体的特质是什么；三是指政党是否有效地表达和忠实的代表所属群体的意志和利益。政党的性质决定政党的代表性，代表性是政党本质属性的外在体现。作者认为，增强民主党派的政党特色是增强民主党派代表性的必然要求，健全利益整合机制是增强民主党派代表性的重要手段，完善利益表达机制是增强和实现民主党派代表性的重要保障。汪守军在《中国民主党派代表性有关问题的探讨》（《重庆社会主义学院学报》2010 年第 2 期）一文中指出，认识和弄清中国民主党派代表性的内涵、实质以及如何体现民主党派的代表性、发挥好民主党派的政党功能和作用，不仅关系到民主党派自身的生存、发展，更攸关中国政党制度、政治制度的长远可持续发展和完善，关系到中国政治发展道路的前途、中国政治文明建设的成效和对世界政治文明成果的影响。研究中国民主党派代表性的有关问题，既是个现实的政治理论问题，也是个长远的战略问题。作者认为，民主党派的代表性内涵应包括：政党代表性、政治代表性、利益代表性与整合性、利益代表的特殊性与普遍性、独立性与辅助性以及形式代表与实质代表的统一性等。沈艳在《新世纪新阶段民主党派代表性问题研究》（《辽宁省社会主义学院学报》2010 年第 3 期）一文中认为，增强民主党派的代表性是适应我国民主政治发展的新需要，满足人民群众对于政治参与的新期待，保持民主党派可持续发展的内在要求。根据中国民主党派的特点和在建设中国特色社会主义事业中所发挥的作用，民主党派的代表性主要体现为政治代表性、利益代表性、界别代表性和人物代表性。保持和发展各民主党派的代表性，需要来自中国共产党和各民主党派的共同努力。其中，中国共产党的支持和帮助，是保持和发展民主党派代表性的政治保障。各民主党派在保持各自原有特色的基础上，与时俱进地吸收新的社会力量的广泛参与，是保持和发展民主党派代表性的根本途径。

关于民主党派的领导班子建设，田秋芹在《关于加强民主党派领导班子建设的思考》（《山西社会主义学院学报》2010 年第 1 期）一文中指出，民主党派领导班子建设是参政党自身建设的关键。加强民主党派领导班子建设，对于加快民主党派自身建设、提高参政党参政能力，进而推进多党合作制度的进一步发展具有重要的现实意义。尽管改革开放以来，各民主党派自身建设特别是领导班子建设都取得了许多开拓性的进展，但仍存在很多问题，主要表现在以下几个方面：第一，先天不足，政党意识淡薄。第二，误区较多，个体素质参差。第三，合力难彰，结构多存缺陷。第四，缺乏重视，制度建设滞后。为此，要积极探索新途径，支持民主党派加强领导班子建设。首先，思想建设是加强领导班子建设的核心内容；其次，提高班子成员的参政能力是加强领导班子建设的基本要求；第三，注重结构优化是加强领导班子建设的必然要求；第四，制度建设是加强领导班子建设的根本保障。宋琳琳在《民主党派领导班子建设存在问题及对策》（《辽宁行政学院学报》2010 年第 11 期）一文中认为，当前民主党派领导班子建设中存在的主要问题在于：民主党派领导班子年龄结构不合理；民主党派领导班子思想建设有待加强；民主党派领导班子作风建设需进一步强化；民主党派领导班子各项能力仍需提升；民主党派领导班子专、兼职成员关系有待理顺；民主党派领导班子相关制度建设仍不到位等等。加强民主党派领导班子和后备队伍建设，首先要明确指导思想，充分重视民主党派领导班子的“软”实力建设；要按照梯队原则和动态原则优化民主党派领导班子的年龄结构；强化民主党派领导班子的思想建设，提高民主党派领导班子成员的政治素质；倡导学习新热潮，促进民主党派领导班子的作风建设；理论学习与实践锻炼相结合提高民主党派领导班子的各项能力；加强制度建设，为民主党派领导班子建筑提供制度保障。周健在《在科学发展观引领下全面推进民主党派领导班子建设》（《贵州社会主义学院学报》2010 年第 1 期）一文认为，推进民主党派领导班子建设首先必须提升学习科学发展观的理论水平，并在此指导下提高四种能力，而主要的途径与保障在于加强思想建设与制度建设。

关于党外干部培养问题，胡发贵在《加强党外干部评价指标体系构建　推进社会主义民主建设》（《江苏省社会主义学院学报》2010 年第 1 期）一文中认为，制定党外干部评价制度，不仅有利于党外干部脱颖而出，更事关社会主义民主政治建设的顺利推进。党外干部评价指标的设置，要以科学发展观为指导，针对党外干部的培养要求和特点，体现科学性、客观性、可比性和适用性，做到定性与定量相结合，操作简便易行。按照建设高素质党外干部队伍的要求，评价党外干部可从品德、才能、业绩、声誉四个方面设置十三项评价指标，细化为四十五项评价内容。农工党四川省委课题组在《民主党派干部考核评价指标体系研究（二）》（《四川省社会主义学报》2010 年第 3 期）一文中也探讨了民主党派干部考核评价体系的问题，并构建了一套对民主党派干部进行考核评价的指标体系。作者认为，干部队伍建设是民主党派自身建设的重要内容。用科学的分析考评办法和程序对民主党派干部进行考核评价，形成有效的激励和约束机制，将有效地规范民主党派干部的管理，提高民主党派干部素质，促使后备干部的培养和选拔更加公正、规范。吴学军《对民主党派干部“空降”的思考》（《四川省社会主义学院学报》2010 年第 3 期）一文中认为，民主党派“空降干部”现象的出现有一些复杂的原因，需要从民主党派与共产党两个方面去查找，民主党派“空降干部”的利弊互现，要避免过度“空降”，应加强民主党派后备干部选拔和培养的长效机制建设。顾思茂、王晓鸣在《理顺关系 明晰职权 各负其责——关于民主党派后备干部队伍培养、选拔、使用机制建设的思考》（《中央社会主义学院学报》2010 年第 4 期）一文中认为，当前，民主党派后备干部队伍建设中存在着党派组织、统战部、组织部三者关系不协调的问题。一是在党派后备干部选拔、培养、使用过程中，各级党派组织都程度不同地存在着自主权不足问题；二是在党派后备干部选拔、培养、使用过程中，党委有关职能部门之间责权不够明晰，缺乏有效机制，难以形成合力。长期制约党外干部培养选拔工作开展的主要瓶颈，既有历史的缘故，也有现实体制的因素。建议各级党委从完善机制入手，将民主党派后备干部的推荐权归党派组织，考察权归统战部，决定权归组织部，使用权归党委。李妮在《高校民主党派干部队伍建设研究》（《山西社会主义学院学报》2010 年第 4 期）一文中认为，高校是人才的创造地和聚集地，是向民主党派各级组织或政府有关部门培养和输送干部的重要源头。高校民主党派干部的素质直接影响着中国共产党领导的多党合作和政治协商制度的巩固和发展。目前我国的民主党派工作得到了较好发展，民主党派干部队伍建设呈现出良好的局面，民主党派干部队伍日益发展壮大。但也存在民主党派后备干部培养滞后、民主党派干部实职安排较少、民主党派干部队伍建设制度不够完善等问题，针对这些问题，我们应该积极寻求相应的解决对策。

（五）参政党组织建设的几个问题

2010 年理论界对参政党组织建设的研究，加强了对基层组织建设的关注，并对民主党派的组织发展工作、民主党派的组织趋同、民主党派的和谐机关等问题开展了讨论。

关于基层组织建设，侯天佐在《当前民主党派基层组织建设存在的主要问题及对策建议》（《大连干部学刊》2010 年第 12 期）一文中认为，民主党派的基层组织是党派夯实自身建设的基础性工程，是党派实现参政议政的力量源泉，是党派联系社会大众的纽带桥梁。加强民主党派的基层组织建设，要加强基层组织领导班子建设，优化组织核心；要加强工作机制和规章制度建设，做好刚性保障；要创新组织活动的内容和方式，激活工作载体；要加强参政议政能力建设，强化党派目标；要加强上级组织对基层组织的领导，确立根本保证。吉秀华在《加强民主党派基层组织制度化规范化建设的思考》（《湖北省社会主义学院学报》2010 年第 2 期）一文中认为，加强民主党派基层组织制度化、规范化建设不仅是民主党派自身建设的重要目标之一，也是增强组织活力和凝聚力、实现可持续发展的重要保障。加强民主党派基层组织制度化规范化建设，需要进一步明确基层组织的功能定位，考虑基层组织的特点和现实情况。张生、祝美在《民主党派基层组织的现状分析与建设思路》（《宿州学院学报》2010 年第 9 期）一文分析了宿州市及全国各民主党派基层组织建设的现状和存在问题，对如何加强民主党派基层组织建设提出了五个方面的对策建议。作者认为，总结近年来民主党派基层组织的变化和特点：从积极方面看，成员增加、组织扩大、层次提高、年龄下降、功能突显、理论升华；从消极方面看，成员分散、干部兼职、活动业余、经费短缺。基层组织活动主要靠热情，靠奉献精神，基层支部无经费、无场地、无时间，活动困难；党派成员老龄化现象严重，每年组织发展大多达不到年增长 5% 的比例，坚持高标准越来越难。因此，民主党派要加强参政能力建设，提升民主党派社会形象；加强民主党派机关建设，发挥其纽带作用；适应社会结构的变化，创新民主党派基层组织结构和方式；密切与中共基层组织的关系，增强民主党派基层组织活力；推进民主党派基层组织工作的制度化、规范化，把基础组织建设落在实处。王善平、龙薇、江子福在《民主党派的基层组织建设刍议》（《重庆社会主义学院学报》2010 年第 1 期）一文中认为，民主党派的基层组织建设，包括基层组织自身建设和基层组织的日常工作两部分。在建设中国特色社会主义伟大事业和全面实现小康社会的新时期，加强民主党派基层组织的建设，做好民主党派基层组织的日常工作，对于有效发挥民主党派的参政党职能具有重要意义。民主党派的基层组织建设，主要可从五个方面开展：成员发展“宽进严出”、组织生活的“不拘形式”、抓住提供基础性服务这个“参政议政”重点、更加讲究民主监督艺术、开展“见缝插针”的社会服务。孙晓玉在《对新时期民主党派基层组织工作的思考》（《民主》2010 年第 5 期）一文中指出，新形势下做好基层组织工作，要依靠一个好班子和有效的工作制度；要关心党派成员，搭建成长的舞台；要开展丰富多样的组织活动，增强基层组织的凝聚力；要开展好社会服务活动，增强责任感和使命感。

关于民主党派的趋同问题，杨绪盟、朱虹在《中国政党趋同调查与分析》（《当代世界与社会主义》2010 年第 6 期）一文中指出，中国的政党趋同，包含中国共产党和各民主党派之间、各民主党派之间的趋同，这种趋同在中国各政党的社会基础、指导思想、组织发展和功能发挥等许多方面都有表现。中国政党的趋同关系到中国特色政治发展道路的总体设计，有着深刻的历史和现实根源，具有不可避免性。王彝伟在《论保持参政党界别特色与组织结构的优化——关于参政党组织构成趋同现象的若干思考》（《上海市社会主义学院学报》2010 年第 1 期）一文中认为，60 年来，我国多党合作事业不断发展。民主党派鲜明界别特色是历史孕育和形成的。近年来，各民主党派界别特色逐渐弱化，成员构成逐渐出现了某些趋同现象。保持参政党鲜明界别特色是政党关系和谐的重要基础，它有利于巩固多党合作和政治协商制度，有利于形成有序政治参与的政治局面，有利于参政党不断加强自身建设与发展。新世纪新阶段，参政党巩固和发展自身特色，优化组织结构，应重点从坚持遵循多党合作的政治原则，建立健全政治沟通机制，增强党派特色意识，健全完善组织发展机制，适当扩大“不同”范围，重视吸纳新阶层人士等方面思考。王丹在《论增强民主党派特色》（《福建省社会主义学院学报》2010 年第 4 期）一文中认为，民主党派的特色是民主党派的立足之基，力量之源。要增强民主党派特色，明确民主党派特色的内涵是前提，全面把握当前增强民主党派特色的状况是关键，中共和民主党派的共同努力是根本途径和方法。增强民主党派的特色，中共必须全力支持和推动，加强自身建设，为增强民主党派特色创造有利的政治条件；进一步推动我国多党合作制度制度化、法治化，为增强民主党派特色提供制度和法律支持。民主党派自身也要民主党派自身要内强素质，外树形象，加强思想建设，增强民主党派的政治特色；加强组织建设，认真履行职责，增强民主党派的界别特色；加强制度建设，增强民主党派的地位特色；加强代表人物的队伍建设，增强民主党派代表人物的代表性特色。

关于和谐机关的构建，戚红亮在《构建和谐民主党派机关的四个重点》（《团结》2010 年第 4 期）一文中指出，民主党派机关与一般党政机关相比，在工作内容、工作对象、工作方式上都具有自己的独特性。从民主党派机关的特点来看，构建和谐民主党派机关要抓住四个重点。第一，学习是构建和谐机关的基本途径。第二，制度是构建和谐机关的保证。第三，人性化的管理是构建和谐机关的关健。第四，机关文化是构建和谐机关的基础。宋村珠在《试谈新时期参政党机关建设的重点任务》（《吉林省社会主义学院学报》2010 年第 3 期）一文中认为，新时期参政党机关建设的重点任务是着力解决机关干部换代问题，建设一支高素质公务员队伍。参政党各级组织加强机关建设，提高公务员队伍的综合素质，可以从以下几方面入手：其一，加强教育，树立坚持党的领导的信念，培养责任心；其二，加强引导，培养爱岗敬业的精神，培养事业心；其三，建立科学的管理机制。夏华祥在《新时期参政党机关工作的几点思考》（《前进论坛》2010 年第 3 期）一文中认为，牢固树立“三观”，即政党观、价值观、发展观，这是做好党派机关工作的前提；准确把握“三度”，即时代高度、思想深度、社会广度，这是做好党派机关工作的关键；做好“三立”，即“立德、立言、立功”，这是党派机关工作的根本目标。关丽霞、苏启权在《用科学发展观指导民主党派机关建设》（《团结》2010 年第 2 期）一文中认为，科学发展观为民主党派机关建设指明了方向，这就是坚持以人为本，以实现人的全面发展为目标，充分发挥人的主观能动性；坚持统筹兼顾，统筹兼顾个人利益和集体利益、局部利益和整体利益、当前利益和长远利益，充分调动各方面积极性。全面提高民主党派机关干部的综合素质，把民主党派机关建设成为“规范有序、尽责主动、协作高效”的和谐机关，要统一民主党派机关领导班子认识，加大机关建设工作力度；要成立民主党派机关建设领导小组和办公室；要成立民主党派联合办公室；要严把机关公务员进入关，夯实机关人才基础；要加大干部培训力度，提高机关专干素质；要营造宽松和谐的工作氛围，充分发挥机关专干的聪明才智；要建立健全机关各项规章制度，规范机关工作人员行为。王鲁彬在《顺应时代发展新要求推进民主党派机关执行力建设》（《民主》2010 年第 12 期）一文中指出，民主党派机关应该正视现实，以提升执行力为切入点，调整思维、推进转型、内练素质、外树形象，为民主党派充分履行职能、积极发挥作用提供有力保障。这是民主党派机关每个工作人员义不容辞的使命和责任。提升机关执行力，重在三个方面：一是精心营造专心致至谋事、干事争一流的氛围，使每个机关工作人员都能在自己的岗位上心情舒畅地贡献聪明才智，在实现组织目标的同时实现个人的自身价值。二是建立和完善科学规范实用的工作机制，并能够有效地执行好。三是公正的评价和激励。

关于民主党派的组织发展工作，林怀艺在《以改革创新精神推进民主党派组织发展》（《理论探索》2010 年第 2 期）一文中认为，民主党派组织发展历来坚持以协商确定的范围和对象为主、以大中城市为主、以有代表性的人士为主的“三个为主”方针。新时期，为更好地坚持和完善多党合作制度，应根据形势的发展变化，在坚持“三个为主”的前提下进行改革创新，包括创新界别划分形式，适当放松在县（市）发展成员的限制，严格限定成员层次等，以推进民主党派的组织发展。徐宗俦在《实现民主党派组织建设新突破的一点思考》（《贵州社会主义学院学报》2010 年第 4 期）一文中认为，民主党派应当认真学习和借鉴中国共产党建党的新鲜经验，致力于新时期的组织建设：一是发展成员要“扩域、增量、提质”；二是应在“差额、直选”领导干部上有新突破。不仅体现“权为民所赋”理念，也是建设和发展高素质参政党的必然要求，具有为实现中国特色社会主义政治民主进行探路、为执政党提供经验、助推我国民主政治进程的重要历史作用。郑浩在《做好民主党派组织发展工作的思考》（《广西社会主义学院学报》2010 年第 4 期）一文中认为，民主党派的组织建设是民主党派自身建设的基础，也是民主党派做好政治交接和增强参政党履职能力两大历史性课题的基础。做好新时期民主党派的组织发展工作，必须坚定正确的政治观念，妥善处理组织发展各项目标之间的关系；必须坚持标准，确保民主党派组织发展质量；必须根据自身特点开展有代表性的新的社会阶层人士工作；必须正确处理入党动机私利化倾向问题；必须转变思路，创新手段，突破制约民主党派组织发展的三大“瓶颈”；必须注重组织发展的后继教育，坚持思想政治工作常抓不懈。

（六）参政能力建设

参政党的参政能力建设，是一个涉及参政党建设方方面面的综合性系统工程，也是民主党派自身建设的一项长期任务。在这一共识的基础上，2010 年理论界对参政党参政能力建设的研究，深入分析了新时期民主党派参政能力建设面临的新情况，新问题，讨论了新时期民主党派加强参政能力建设的重要意义和主要方法，并对民主党派参政能力建设的效果评估进行了初步分析。有代表性的观点主要如下：

周铁农在《加强自身建设，提高参政能力，全面履行好参政党职责》（《团结》2010 年第 3 期）一文中指出，参政能力是参政党影响力、生命力所在，是参政党建设的核心内容。提高参政党的参政能力，既是执政党和人民的期望，是坚持、落实、完善、发展中国共产党领导的多党合作制度和政治协商制度的客观要求，也是民主党派自身发展的需要。参政党的参政能力建设，一般来讲，包括政治把握能力、参政议政能力、组织领导能力、合作共事能力四个内容，包含在民主党派自身建设的各个方面。也就是说，民主党派的思想建设、组织建设、制度建设以及作风建设、机关建设等，都在参政能力建设的范畴之内，都应当围绕参政能力的提高而进行。民主党派参政能力建设的途径主要在于：以思想建设为核心，树立正确观念，提高政治觉悟和思想认识水平；以组织建设为基础，注重队伍培养，建设一支高素质的干部队伍；以制度建设为保障，发挥优势，突出重点，全面做好参政议政、民主监督工作；以学习为基础、创新为先导，建设高素质、有作为的学习型参政党。

陈宗沅在《对我国民主党派参政能力建设的三点基本认识》（《福建省社会主义学院学报》2010 年第 3 期）一文中认为，我国的民主党派作为参政党，最基本的政治任务之一是参政。加强其参政能力建设，是进一步发挥中国共产党领导的多党合作和政治协商制度优越性的重要前提之一。民主党派参政能力建设要进一步取得成效，应当从理论和实践两个方面有计划、有重点地创造条件，从而推进其顺利进行。首先要推进理论创新，激发参政能力建设的主动性；其次要创新参政方式，构建参政能力建设实践平台；第三要创立科学的、行之有效的参政工作机制，确保民主党派参政工作真正上水平。

王帅在《略论我国民主党派参政能力的建设》（《淮海工学院学报（社会科学版·学术论坛）2010 年第 4 期》）一文中认为，在新的世情和国情下，各民主党派作为参政党如何加强自身的参政能力建设，逐步提高自身的参政水平，对于和谐社会的构建具有重大的理论意义和现实意义。当前，各民主党派在理论建设、参政职能发挥上面临许多困境，因此，有必要在新的历史时期，准确理解和把握民主党派参政能力建设的新特点，从巩固和完善参政党的参政主体地位、加强参政党的政党性职能建设等方面，来加强我国民主党派的参政能力建设。

丁玲在《新时期加强民主党派参政能力建设的思考》（《文教资料》2010 年 4 月号中旬刊）一文中认为，新时期加强民主党派参政能力建设的途径，首先在于以深化参政认识为主线，不断提高参政能力和水平；其次在于以完善机制为保障，构建参政能力建设的动力源泉；第三要以自身建设为根本，加强参政能力建设整体构建。

张金镝、张焕金在《加强参政党的参政议政能力建设》（《黑龙江省社会主义学院学报》2010 年第 4 期）一文中认为，新世纪新阶段，形势和任务的发展迫切需要参政党提高参政议政能力，以担负起时代赋予的历史责任。参政党应正确认识加强参政议政能力的必要性，切实加强自身建设，以创新精神引领新时期参政议政工作，不断开创民主党派参政议政工作新局面。首先，要开拓超前的工作思路，引导和开辟参政议政的新途径。其次，拓展参政议政的新领域，提高参政议政的水平和效率。

何小平在《提高参政能力的四个着力点》（《团结》2010 年第 5 期）一文中指出，提高参政能力可以从以下四个方面着手：第一，提高参政能力要善于借鉴执政党的党建工作经验；第二，在参政实践中不断总结参政经验，提高参政能力；第三，组建一支高水平的参政干部队伍；第四，抓住开展“学习和践行社会主义核心价值体系”活动的契机，有效提高参政能力。

丁玲、周琼《新时期高校民主党派参政情况的调查及思考》（《华中农业大学学报（社会科学版）》2010 年第 3 期）一文，以武汉地区教育部五所部属院校的部分民主党派成员为调查对象，从参政意愿、参政途径、参政满意度三个方面获取民主党派参政的基本情况和存在的问题，在此基础上提出了加强民主党派参政的建议：以深化参政认识为主线，不断提高参政的热情和积极性；以完善制度为保障，构建参政能力建设的动力源泉；以自身建设为根本，加强参政能力建设整体构建。

沈慧虹在《参政党能力建设成效评估若干问题初探》（《广东省社会主义学院学报》2010 年第 2 期）一文中认为，建立一套科学的参政党能力建设成效评估体系，是参政党能力建设工程的重要组成部分。相对党的执政能力评估研究，参政党能力评估研究显得相对滞后。开展参政党能力建设成效评估，必须首先明确对谁进行评估、由谁来评估以及从哪些方面来进行评估。

学术著作评介和论文观点摘要

一、学术著作评介

《当代中国政党制度格局中的参政党能力建设》（张惠康主编，中共中央党校出版社2010年版）

该书是浙江省社会主义学院参政党建设研究中心推出的国内首套“参政党建设研究丛书”之一，是在历时四年、前后两次大调研的基础上完成的。该书从学理的角度对关于参政党能力建设的一些概念和提法进行了梳理和辨析，突破了长期以来在对参政党的研究中存在着的“从我国多党合作制度的整体架构角度研究参政党少；从执政党与参政党的互动关系角度研究少；对参政党的某些问题进行零散研究多，系统研究少；政策性研究多，学术性研究少；政策性语言多，学理性语言少”的现象，让人耳目一新。该书首次提出并初步比较系统地构建起一个参政党能力建设研究框架，包括对参政党理论体系的提出，包括从加强参政党能力建设的背景和意义，参政党能力建设概念的界定与构成，加强参政党能力建设的思路、措施和路径（提升“两大能力”：影响国家公共决策的能力、利益代表和社会整合能力；构建“一大机制”：参政党能力建设机制；处理好“三大关系”：参政党能力建设与中国共产党的领导、参政党能力建设与参政党自身建设、参政党能力建设与人民政协的关系），到创建参政党能力建设成效评估体系等，是参政党能力建设研究前沿力作，是一部有分量的参政党研究学术专著。该书有以下几个鲜明特点：

第一，从坚持和完善中国特色政党制度的角度，研究参政党能力建设。该著作着眼于在我国多党合作制度的大格局中，在执政党与参政党的互动关系中，来把握和研究参政党能力建设问题，突破了以往把参政党研究与执政党研究割裂开来、局限于就参政党研究参政党的状况，使得研究视角更开阔、研究方法更科学、研究层面更深入。

第二，坚持实证性研究与学术性研究相结合，从理论与实践的结合上研究分析问题。一方面，注重实证研究是这部著作的突出特点。这部著作是在历时四个年头、前后进行两次关于参政党能力建设情况大调研的基础上写成的。不仅在浙江省内进行调研，而且在上海、广东、安徽、江西、甘肃等沿海、内地省份进行调研；不仅在各民主党派成员中进行调研，而且在中国共产党的干部中进行调研；不仅进行了问卷调查，而且进行了深度访谈；问卷和访谈的内容不仅包括参政党能力状况等内容，而且包括对我国多党合作和政治协商制度的基本认知、参政党自身建设相关问题的调查。在大量调研的基础上，从参政党能力建设面临的问题出发，立足研究新情况、总结新经验、提出新见解、回答多党合作及参政党能力建设的前沿问题，以推动参政党能力建设和多党合作制度的可持续发展。因此，这部著作的问题意识比较强，对参政党能力建设中涉及的一些前沿问题进行了比较深入的分析。另一方面，该著作理论研究的现实性、针对性、可操作性也比较强。而且，这部著作并没有停留在一般的实证研究上，也没有停留在对政策的阐释及政策性语言的表达上，而是注重运用中外多种学科理论和多种研究方法，包括国内外一些最新的理论和方法，来研究分析问题，把现实问题上升到理论层面进行思考，从理论和实践的结合上研究回答现实问题。因此，这部著作也是参政党研究中学理性较强、学术性和学术规范较强的著作。例如，运用里格斯行政生态学理论对影响参政党能力的主要因素进行系统分析；运用“国家—政党—社会”的框架，从宏观上将参政党能力分为加强自身建设的能力、影响国家的能力和影响社会的能力三大方面，并从参与公共政策过程和社会整合的角度，对参政党影响国家的能力和影响社会的能力这两大能力进行剖析；运用借鉴当前绩效评估理论研究和实践经验的最新成果，尝试着构建了一个衡量和检验参政党能力建设成效的评估体系等等。突破了以往参政党研究的一些文章著作中政策性话语多，就事论事多，对政策的阐释和注释多，学理性差，缺乏理论支撑和说服力，与国外研究者难以沟通，甚至与国内其他专业人员也不大好沟通的状况。

第三，逻辑性、系统性强，首次提出并比较系统地构建起一个参政党能力建设研究框架。比较好地做到了理论体系构建与现实问题研究相结合、系统性与现实针对性相统一，突破了以往一些研究缺乏系统性或把理论体系构建与现实问题研究割裂开来的状况。

第四，研究视野比较开阔。力求把坚定不移地走中国特色社会主义政治发展道路、坚持和完善中国特色政党制度与吸收人类创造的共同政治文明成果相结合，突破了一些文章著作对参政党研究视野较窄特别是学术视野不够开阔的状况。本书最后一章“国外政党建设主要做法及对我国参政党能力建设的启示”以及其他各章的论述都体现了这一特点。

全书除导论和附录外，正文共十章。分别是：当代中国政党制度的可持续发展与参政党能力建设；参政党能力与参政党能力建设：概念解析；参政党与政治过程：参政党影响国家的能力；参政党与社会整合：参政党影响社会的能力；参政党能力建设机制的构建；参政党能力建设与中国共产党的领导；参政党能力建设与参政党自身建设；参政党能力建设与人民政协；参政党能力建设成效评估体系的构建；国外政党建设主要做法及对我国参政党能力建设的启示。两个附录分别是访谈提纲及访谈综述、调查问卷及问卷分析报告。

《中国民主建国会简史》（民建中央宣传部编，民主与建国出版社2010年出版）

为使中国民主建国会全会同志了解会的历史，继承和弘扬民建与中国共产党风雨同舟、亲密合作的优良传统，更好地迎接新的挑战和机遇，不断把民建的事业推向前进，民建中央在2000年版《中国民主建国会史稿》的基础上，编著了《中国民主建国会简史》，在建会65周年之际出版发行。该书由民建中央宣传部组织编写，历时两年，经民建中央前任主席孙起孟、成思危审阅，现任主席陈昌智审定。中共中央统战部对该书的编写提出了指导意见。

全书翔实记录了中国民主建国会的发展历史以及在参政议政理论研究等领域的发展历史，内容较2000年版《中国民主建国会史稿》更为细致，通览全书，让会员充分了解到民建与中国共产党风雨同舟、亲密合作的历程，认识到会的发展的艰辛不易，对进一步坚定自身基本政治准则和坚持参政为民的基本理念无疑具有促进作用。该书的编写初衷虽然是为了对民主建国会的全体会员进行会史教育，但是，客观上也为社会公众更好地了解中国民主建国会的光辉历史，更好的理解中国共产党领导的多党合作和政治协商制度的历史必然性，提供了很好的素材。既丰富和完善了中国的参政党研究，也拓展了中国现代史的研究视野。

全书再现了中国民主建国会由民族资产阶级的政治团体到新民主主义的政党，到经济界一部分社会主义劳动者、社会主义事业建设者和拥护社会主义爱国者的政治联盟的三个演变轨迹，展现了民建成立65年以来积极投身中国革命、建设、改革事业，同中国共产党通力合作，为新中国的诞生，为社会主义革命和建设事业，为深化改革、促进发展、保持稳定，作出不可磨灭的贡献的光辉历程。全书的主要观点是：民建半个多世纪走过的道路，是顺应历史和时代的要求不断发展、不断前进的光辉道路。在长期的实践中，民建形成了坚持爱国主义和社会主义、坚持接受中国共产党领导、坚持自我教育的优良传统，形成了同经济界密切联系的历史特点。这些优良传统和历史特点，凝聚着65年来民建履行职能和自身建设的历史经验，是全会的精神支柱和力量源泉，是新的历史时期民建事业发展的行动指南。在全面建设小康社会，加快推进社会主义现代化建设的新的历史阶段，民建要正确认识和顺应形势的发展，准确把握机遇，发扬求真务实、开拓创新的精神，围绕贯彻落实科学发展观这条主线，努力提高自身建设的水平和履行参政党职能的能力，肩负起参政党新的历史使命和重要职责。

全书共二十章，分别是中国民主建国会的创立、致力于民主建国、迎接新中国的诞生、地方组织的建立、学习贯彻《共同纲领》、参加革命运动、调整和明确工作方针、学习贯彻国家过渡时期总路线、第一次全国代表大会、推动全行业公私合营、一届二中全会及反右斗争、第二次全国代表大会、经受十年浩劫的考验、第三次全国代表大会、第四次全国代表大会、第五次全国代表大会、第六次全国代表大会、第七次全国代表大会、第八次全国代表大会、第九次全国代表大会。正文之后是附录，收录了民主建国会成立大会理、监事名录；民建中央历届领导人名录；历届全国人大代表、政协委员、政府及司法机关任职（民建）名录。

该书的主要特点是：第一，系统完整。该书系统介绍了民建的组织发展、政治主张及在我国革命和建设史上的地位和作用。第二，重点突出。中国民主建国会成立65年来的历史内容非常广泛，头绪较多，但是，该书抓住民建成立之初的政党活动，建国初期的政党实践，新时期的重要作用和新世纪的光荣使命这些内容进行介绍，突出了弘扬民建优良传统，树立历史使命感和责任感这一主题。第三，资料翔实。全书查阅了大量档案，对会史资料的掌握非常全面，非常有说服力。

二、论文观点摘要

《学习践行社会主义核心价值体系，把民革自身建设推向新阶段》（周铁农，《团结》2010年第2期）

民革作为参政党，要认真贯彻中共十七大精神，从致力于中国特色社会主义事业、履行参政党职能的高度，把社会主义核心价值体系贯彻在参政党建设的各个方面，使之内化为全体民革党员的人生态度、行为准则和价值取向，为全面建设小康社会、加快推进社会主义现代化提供强有力的思想保证和精神支持。

建设社会主义核心价值体系，是建设中国特色社会主义事业中的一个重大课题。民革作为参政党参与学习和践行社会主义核心价值体系，首先要深刻认识社会主义核心价值体系的丰富内涵。价值体系是由一个社会崇尚和倡导的思想理论、理想信念、道德准则、精神风尚等构成的社会价值认同体系。在这个体系中居于核心地位、起主导和统领作用的就是核心价值体系。在所有价值目标中，核心价值体系处于主导和支配的地位，对社会意识和社会思潮具有强大的引领和整合功能，是社会意识形态的主体和灵魂。古今中外的历史和现实都表明，核心价值体系是一个社会的方向盘，是一个国家的稳定器，一个具有强大感召力的核心价值体系，是人心向背和长治久安的关键所在。中国共产党在马克思主义价值哲学的基础上，深入研究了中国特色社会主义的内在价值，构建了社会主义核心价值体系。这一体系抓住了社会主义意识形态建设的关键和根本，具有重大的现实意义和深远历史意义。

社会主义核心价值体系的构建，是中国特色社会主义走向完善、成熟的标志。它集社会主义价值理念之大成，把执政党倡导的基本理论、思想观念和价值取向，系统、凝练地整合在一起，揭示了社会主义制度的内在精神，反映了中国特色社会主义高度的精神自觉。社会主义核心价值体系的构建，也是国际、国内意识形态斗争、融合的结果，为进一步巩固和壮大社会主义意识形态提供了根本前提，有利于团结、凝聚和引领不同阶层、不同思想境界的人们共同前进。

我们要全面掌握社会主义核心价值体系的基本内容。社会主义核心价值体系包括四个方面，即马克思主义指导思想、中国特色社会主义共同理想、以爱国主义为核心的民族精神和以改革创新为核心的时代精神、社会主义荣辱观。这四个方面相互联系、相互贯通，各具功能、各有侧重。这四个方面把中国共产党的主张、国家意志和人民意愿统一起来，把政治与伦理、理想与现实结合起来，是一个结构完备、逻辑缜密的科学体系。

我们要深刻认识社会主义核心价值体系的鲜明特征。社会主义核心价值体系，是汲取人类思想精华、适应时代发展要求创造性提出的，体现了马克思主义价值观与中国传统价值观的有机统一，具有鲜明的科学性、民族性、时代性、开放性，拥有广泛而深厚的历史基础和现实基础。这个核心价值体系是科学的，民族的，时代的，开放的。

我们要深刻认识社会主义核心价值体系的现实目标和实践要求。核心价值体系既是精神理念，也包含现实的目标追求。社会主义核心价值体系的现实目标就是团结动员全国各族人民为建设富强、民主、文明、和谐的社会主义现代化国家而奋斗。“富强、民主、文明、和谐”八字，凝结了中国特色社会主义的要义，体现了社会主义核心价值体系的精髓。社会主义核心价值体系具有天然的实践品格，是人们建设和发展社会主义的客观实践活动的内在要求，既是社会主义事业的内在精神动力，也必然在社会主义社会的存在和发展中获得其现实性。

民革既是社会主义核心价值体系的建设者和参与者，是社会主义核心价值体系的贡献者，也是社会主义核心价值体系的遵循者和实践者。深入学习和努力践行社会主义核心价值体系，这是由民革参政党的性质和地位决定的，是民革进一步加强自身建设、不断提高参政能力的必然要求。我们必须认识到学习和践行社会主义核心价值体系对民革全党和全体党员的重要性。学习和践行社会主义核心价值体系，是民革进一步巩固多党合作思想政治基础的需要；是为民革增强组织凝聚力、履行参政党职能提供精神动力的需要；是提高民革党员思想道德素质的需要。

民革开展社会主义核心价值体系学习实践活动，着重应当抓好这样几项工作：

第一，广泛发动，学好文献。我们这一项活动“学习践行社会主义核心价值体系”，“学习”是主体的、先行的部分。努力把自己建设成为学习型政党，是我们努力的目标。学习践行社会主义核心价值体系，应当是我们建设学习型政党的一个步骤。通过认真学习，使党员干部对社会主义核心价值体系的科学内涵和精神实质从一知半解、有所了解到融会贯通，把致力于中国特色社会主义的激情转化为坚持中国共产党领导、坚持走社会主义道路的远大理想和崇高信仰，把社会主义核心价值体系的要求转化为全体党员的群体意识和自觉行动，形成奋发向上的精神力量和团结合作的精神纽带。

第二，联系实际，突出重点。学习践行社会主义核心价值体系，学习的目的是践行。核心价值观的力量只有在实践中才能得到展现和确证。我们要努力做到知行合一，使社会主义核心价值体系生动展示在党派工作的各个环节，自然流露在党员的言行举止上，使民革自身建设与党派整个事业同步伐、相适应，结出丰硕的果实。践行社会主义核心价值体系，需要我们在工作、生活各个方面都有所体现。我们要根据民革党员的思想实际，提高思想政治素质，把社会主义核心价值观念内化为民革党员的人生态度、行为准则和价值取向。对民革各级组织来说，践行社会主义核心价值体系，要联系自身实际，突出重点，在自身建设和履行职能中树立和践行社会主义核心价值体系。参政党自身建设整体水平的高低标志着参政能力的强弱，要把学习践行社会主义核心价值体系的成果转化为加强自身建设的精神动力。对民主党派来说，在学习践行社会主义核心价值体系的活动中履行好职能的同时，还要为全社会学习践行社会主义核心价值体系建言献策。

第三，健全制度，完善机制。要找准学习践行社会主义核心价值体系的落脚点，不断丰富民革学习践行社会主义核心价值体系的载体，使学习践行社会主义核心价值体系的成效，在履职实践中实实在在地体现出来，成为推动民革事业发展的重要力量。因此，我们要加强制度建设，努力形成学习践行社会主义核心价值体系的长效机制。一要积极探索建立思想引导机制，二要建立舆论导向机制，三是建立健全激励约束机制。

第四，加强领导，求真务实。加强领导是学习践行社会主义核心价值体系的重要前提和有力保证。民革各级领导要从提高参政能力、促进多党合作、发展社会主义民主政治的战略高度，进一步提高认识，加强对开展社会主义核心价值体系学习实践活动的领导，坚持以中国特色社会主义理论体系为指导，把学习实践活动纳入民革工作的重要议事日程，及时研究解决学习实践活动中的重要问题。民革各级领导干部，要切实发挥模范带头作用，树立坚定的理想信仰，提高推动科学发展、促进社会和谐、认真履行职能的过硬本领和实际能力，树立正确的地位观、权力观和利益观，重品行、树新风、作表率，加强思想道德修养，做中国特色社会主义共同理想的坚定信仰者、科学发展观的积极执行者、社会主义荣辱观的自觉实践者。在组织、开展学习践行活动的过程中，要重视各种重大活动、重要仪式、节日庆典中进一步拓展主流价值观念的教育功能和独特作用，形成有利于社会主义核心价值体系建设的良好氛围。要深入挖掘先进典型的思想和精神，大力宣传民革党员中的先进典型，为群众树立起践行社会主义核心价值体系的楷模，使社会主义核心价值体系变得更具体、更生动、更容易被人民群众所认同、所接受。

《关于参政党建设的若干思考》（严隽琪，《民主》2010 年第 7 期）

在中国民主政治进程不断推进，多党合作事业不断发展的过程中，民主党派自身也发生了深刻变化，民主党派的任务和使命发生重大转变：从具有阶级联盟性质的政党发展成为进步性与广泛性相统一的政治联盟；从与中国共产党密切合作致力于争取人民民主、实现民族独立、建立新中国的民主党派，发展成为在中国共产党的领导下致力于建设中国特色社会主义事业的参政党；从以团结教育改造为主要历史任务发展成为履行参政议政、民主监督职能并在国家政治生活中发挥越来越重要作用的政党。民主党派工作面临着新要求，参政党建设面临新情况。

在领导方式上，从主要依靠代表性人士的个人魅力向主要依靠集体领导转变。在民主党派发展的历史进程中，民主党派内部的领导体制和领导方式，是以发挥代表性人物的社会影响力为主，这种领导体制和领导方式是民主党派的历史存在。随着我国经济体制和政治体制改革的不断深入，特别是人事制度的改革和退休制度的施行，多党合作这颗“大树”不断有新人来“施肥”、“浇水”。通过 1997 年换届，在新民主主义革命时期和中国共产党风雨同舟、患难与共的民主党派老一代领导人基本退出了中央领导岗位，领导班子实现了整体性的新老交替和政治交接，又经过 2002 年、2007 年换届，一批出生在新中国成立前后、20 世纪 90 年代前后加入民主党派的同志走上领导岗位。这期间，以中共 14 号文件和两个 5 号文件为标志，多党合作制度和民主党派工作逐步走上了制度化、规范化、程序化的轨道，民主党派内部的领导体制和方式更强调集体领导成为必然。时代的进步、民主的发展和社会成员素质的提高，执政党和民主党派自身的发展变化，也客观要求参政党应更好发挥集体的力量，这是一种历史的进步。这个变化带来了一系列需要解决的问题，包括制度的完善、决策的民主、意志的统一和效率的提高等等。为此，我们要在领导班子中加强三种意识：一是大局意识，二是忧患意识，三是创新意识。同时，要在领导班子中强化三个观念：一是群众观念，二是集体观念，三是民主观念。

在履行参政议政职能方面，由主要界别特色领域向全面实现社会主义现代化的各个领域拓展。参政议政、民主监督、社会服务等是民主党派的重要职能，也是参政党的价值所在。如何更好地为我国社会主义现代化建设服务，是参政党面临的重大时代课题。随着改革开放的深入发展、中国民主政治的发展，参政党在履行职能中也面临新的机遇和挑战。挑战一来自于外部客观世界的变化。世界多极化、经济全球化的发展和中国特色社会主义事业的推进，中国在世界上发挥的作用和承担的责任越来越大，使我们面临的问题更复杂，涉及面更宽广。挑战二来自于参政党内部的变化。一方面民主党派成员多是兼职从事党务，另一方面随着社会阶层的变化，各党派成员界别特色呈现趋同化，削弱了党派界别优势。再一方面民主党派成员的年轻化及政治参与热情的提高，对民主党派的影响力、参政议政的质量有更高的期望。挑战三是中国共产党领导的多党合作和政治协商制度进一步制度化、规范化。执政党诚恳地就各种重大决策征求参政党的真知灼见，期望值很高。同时，参政党履行职能也具有独特优势。我们面临有利的外部条件，一是中共的坚强领导，二是统一战线事业的发展，三是政务公开的推进与互联网的广泛应用，信息获取渠道拓宽。我们还面临有利的内部条件，一是党派成员学历提高、眼界开阔、关注国计民生、信息渠道多元，有整合表达自己所代表和联系的群众利益和意见的能力。二是参政党的定位，使我们可以较少地受“权”、“位”与“政绩”的约束，可以较少受行政隶属和区划的约束，可以较少受学科分类、学术派别的约束，三是民主党派具有独特而且直接的进言渠道，可利用党派成员的专业资源，可以和社会资源结成优势互补的合作伙伴，以内部条件吸引外部资源。总之，要解决参政党资源有限与任务繁重、界别特点与全面参政议政的矛盾，必须开拓思路、创新机制，充分调动多方资源和力量，切实提高参政议政能力和水平。要不断完善民主党派了解社情、反映民意、集智聚力的体制和机制。要及时总结经验，有效的做法要及时转化为制度。要不断创新参政议政的方法和手段，搭建参政议政平台，整合参政议政资源，实现由主要发挥界别优势向整合会内外资源的转变。

自身建设的任务，从突出强调学习改造向全面提高参政党素质发展。1989 年中共中央 14 号文件将各民主党派明确定位为参政党，1993 年八届人大一次会议将“中国共产党领导的多党合作和政治协商制度将长期存在和发展”载入宪法，各民主党派的政党意识有所增强。市场经济的建立与发展导致利益多元分化日渐突出，新一代民主党派成员参政议政的热情提高。形势的发展要求我们必须要全面提高参政党素质。这个历史课题如何破解？一是思想政治工作要更强调实效性。二是理论研究的重要性进一步凸现。三是组织工作更需要创新性。四是更需要重视制度化、规范化和程序化的建设。

《代表性建设是参政党建设的重要内容》（游洛屏，《中央社会主义学院学报》2010 年第 2 期）

代表性是民主党派的立身之本。民主党派的代表性建设问题，是当前我国多党合作制度实现科学发展面临的重要课题。中国共产党要提高执政能力，必须重视先进性建设；民主党派要提高参政能力，必须重视代表性建设。代表性建设是参政党建设的重要内容。

民主党派代表性问题，其理论性、政策性和实践性都很强。研究这个问题，必须以中国特色社会主义理论体系为指导，依据相关的政策，总结多党合作和民主党派工作的实践经验，才能得出正确的认识。我国民主党派的发展，经历了民主革命时期和社会主义革命与建设时期。在这两个时期，民主党派代表性的内容是不同的，反映了具体历史时期的特点。在民主革命时期，关于民主党派的代表性问题有两个重要概念：第一，民主党派不是单一阶级的政党，而是一个阶级联盟。第二，民主党派是干部性集团。由中国具体的历史条件和民主党派的性质所决定，民主党派不是一个群众性的政党。民主党派可以发展，也有发展前途，但不可能发展得很大。每个党派都有自己的历史，都代表着各自方面的群众。为什么需要民主党派？换句话说，民主党派存在的理由是什么？建国初，中共领导人在论述这个问题时，往往是从民主党派的代表性来阐述的。在社会主义时期，民主党派的代表性有了新的变化。新时期，随着阶级关系的根本变化，民主党派由阶级联盟转变成为政治联盟。

民主革命时期和社会主义时期，民主党派的代表性既有共同点又有不同点。从共同点看：民主党派反映和维护其成员及所联系群众的利益；对成员及所联系的群众进行教育培训，使他们了解中国共产党的方针政策；组织有序的政治参与，完成历史赋予的革命和建设的任务。从不同点看：一是所维护的利益不同。在民主革命时期，民主党派要反映和维护成员及所联系群众的阶级利益，但这些阶级利益必然随着这些阶级的消亡而消亡。在新时期，建设中国特色社会主义是全国人民（包括各民主党派）的共同理想、根本利益，在这个根本利益的基础上，不同方面的人们又有着具体的利益。民主党派成员及所联系的群众和全国人民一样，既有共同的根本的利益，也有不同的具体的利益，但这种不同的具体的利益是与根本利益融为一体的，是随着根本利益的发展而发展的。二是发展目标不同。在民主革命时期，民主党派与共产党合作的政治基础是新民主主义，在新时期，建设中国特色社会主义是共产党与民主党派的共同目标和理想。三是所联系的群众不同。在民主革命时期，民主党派的社会基础是民族资产阶级、城市小资产阶级及其所联系的知识分子。在新时期，民主党派所联系的群众包括一部分社会主义劳动者、社会主义事业的建设者和拥护社会主义的爱国者。

民主党派有自己的代表性，同时也有自己的代表性人士。民主党派的代表性与代表性人士之间有以下关系：第一，民主党派的代表性培育了代表性人士。换句话说，民主党派的代表性人士是由民主党派的代表性决定的，民主党派的代表性是代表性人士的内涵。第二，代表性人士的言行，体现着民主党派的代表性，是民主党派代表性的外在表现。民主党派的代表性除了体现在纲领、政策方面外，很重要的方面就是体现在代表性人士的言行上。第三，要通过民主党派的思想教育和组织工作机制，民主党派的代表性才能内化于代表性人士。也就是说，只有通过民主党派的思想教育和组织工作机制，民主党派的代表性和代表性人士才能有效地实现衔接。

总结历史经验，在民主党派的代表性与代表性人士关系问题上，第一，民主党派要发挥参政党作用，不能没有代表性，也不能没有代表性人士。代表性形成代表性人士，代表性人士体现着代表性。第二，代表性人士不能脱离民主党派的代表性。要注意两点：一是必须自觉接受共产党的领导，但又要与共产党有所区别。二是既要体现民主党派的共性（共同的纲领、政策），又要体现所在民主党派的个性（反映成员的要求），要吸引所在民主党派的成员及所联系的群众。第三，代表性人士要带领成员及所联系的群众，跟着共产党走，建设中国特色社会主义。一是要坚持正确的政治方向，要接受共产党的领导。二是要带领群众前进，自己必须坚定。

代表性是民主党派的立身之本。民主党派之所以存在，之所以发挥参政党的作用，是因为其所具有的代表性。没有代表性，民主党派就没有自己的特色，就没有自己的基础，当然就没有存在的理由，其要发挥作用更是不可能的。在民主党派的代表性建设中，要注意避免三个片面认识：第一，有同志认为，民主党派代表性是客观的，因而不能提“代表性建设”，讲建设就有人为的疑问；第二，有同志认为，只有明确民主党派代表某一特定阶级或阶层，才能加强民主党派的代表性；第三，有同志认为，应当注意研究民主党派的趋同性的问题。民主党派的代表性不是自然而然获得的，也不是一劳永逸的。民主党派要保持代表性，必须加强自身建设。民主党派的代表性建设要遵循章程所规定的参政党建设的目标和原则。

加强民主党派的代表性建设，要处理好几个关系：第一，政治思想的进步性与成员思想观念的广泛性；第二，根本利益的一致性与成员具体利益的多样性；第三，一般成员与代表性人士；第四，中共党委的肯定与民主党派成员的认同；第五，领导班子中整体的代表性与成员个体的代表性。加强民主党派的代表性建设，要把握好三个环节：第一，关于民主党派的代表性的理论建设。第二，关于民主党派代表性人士的培养。重点要解决怎样培养、选拔及使用代表性人士的问题。第三，关于民主党派思想教育、组织工作机制的建设。要使思想教育、组织工作机制能适应形势发展的需要，从而实现代表性建设与代表性人士培养的有效衔接。概括地说，民主党派的代表性建设，包括理论建设、人才培养和机制建设三个主要环节。这三个环节，环环相扣、缺一不可。

《中国参政党的理论价值和实践意义》（张献生，《政治学研究》2010 年第 2 期）

参政党并不仅仅是一个新概念，而是对中国民主党派性质和特点、历史和现实、作用与贡献的深刻概括和集中反映，具有深厚的历史底蕴和深刻的政治内涵，是实行多党合作的必然结果。中国民主党派成为参政党，反映了近代中国新民主主义革命发展的客观规律。在中国社会的各阶级中，农民是工人阶级的坚固的同盟军，城市小资产阶级也是可靠的同盟军，民族资产阶级则是在一定时期中和一定程度上的同盟军，这是现代中国革命的历史所已经证明了的根本规律之一。这个现代中国革命的根本规律，决定了在统一战线中，中国共产党作为中国工人阶级的先锋队，必然成为统一战线的领导者。中国各民主党派作为中国民族资产阶级、城市小资产阶级及其知识分子的政治代表，必然是中国工人阶级的同盟者，而中国共产党与各民主党派的多党合作，则成为统一战线的核心内容。新中国成立后，中国共产党成为执政党，是中国特色社会主义事业的领导核心；民主党派成为参政党，在人大、政府和司法机关中，都有一定的比例的代表人士担任领导职务。

中国民主党派成为参政党，反映了中国民主党派的性质、特点和历史性进步。中国民主党派在新民主主义革命时期的社会基础是民族资产阶级、城市小资产阶级及其知识分子，但作为联盟性的政党，在政治上更多的是代表作为中间势力的民族资产阶级。民族资产阶级的革命性、进步性，决定了其政治代表中国民主党派可以成为中国共产党的同盟者。民族资产阶级的软弱性、动摇性，决定了它不可能成为领导力量。由于民主党派的政治纲领与中国共产党的最低纲领基本一致，从而逐步与中国共产党建立了多党合作关系。抗日战争胜利后，在中国面临两个前途、两种命运大决战的历史关头，各民主党派坚定地站在中国共产党的一边，共同为推翻国民党蒋介石的反动统治而奋斗。1948 年中国共产党发布“五一口号”后，各民主党派积极响应，自觉选择了中国共产党的领导，走上了新民主主义道路，并与中国共产党共同筹备召开中国人民政治协商会议，缔造了中华人民共和国，正式确立了中国共产党领导的多党合作和政治协商制度。各民主党派也由此实行了第一次历史性转变，即由民族资产阶级及其知识分子的政党，转变为新民主主义性质的政党。社会主义改造基本完成后，实现了我国民主党派性质的第二次历史性转变，即由新民主主义的政党转变为一部分社会主义劳动者与拥护社会主义爱国者组成的政治联盟，与中国共产党共同致力于中国特色社会主义事业。各民主党派的历史性进步，在中国革命、建设和改革事业中发挥的重要作用，成为中国共产党必须与之合作的基本理由，也成为其作为参政党的历史根据和现实基础。因此，新中国一成立，民主党派就作为参政党参加国家政权，并在国家政治生活中发挥作用。

中国民主党派成为参政党，反映了中国多党合作的内在要求。中国共产党作为中国工人阶级的先锋队，担负着解放全人类、建设社会主义，最终实现共产主义的崇高使命。这就要求中国共产党在夺取政权、掌握政权的整个历史进程中，必须联合其他革命政党、实行多党合作。中国共产党成立后，多党合作始终是中国共产党的一个基本战略。这种合作是全方位的，内容十分广泛，主要包括政治上合作和政权中合作。政治上合作，主要指中国共产党和各民主党派都是人民政协的参加单位，并通过各种形式和渠道，就中国政治、经济、文化和社会发展中的重大问题，进行政治协商和互相监督；政权中合作，主要是民主党派成员参加国家政权和国家事务管理，在人大、政府和司法机关担任领导职务，与中国共产党在国家政权中合作共事。

参政党是一个具有鲜明中国特色的新的政党类型。参政党概念的提出和实践，既是对中国多党合作理论、民主政治理论的发展和创新，也为世界政党理论、政党政治理论增添了新的内涵，具有十分重要的理论价值。它丰富和深化了对政党基本属性的认识：不谋取执政地位也是政党。中国参政党概念的提出和民主党派的实践，既体现了任何政党都必然与国家政权密切相关的共性，又鲜明地反映出区别资本主义国家政党通过竞争方式谋取执政权的个性特点，表明的是各民主党派与中国共产党在国家政权上的合作与共事，而不是对国家政权的争夺与分掌。它说明执政和参政都是政党的政治参与方式，都是政党的基本属性和发挥功能作用的重要途径。具有一定的代表性、能够实现政治参与、不谋取执政地位的党也是政党。不能把是否谋取执政地位作为衡量政党的唯一标准。

它丰富和深化了对政党关系性质的认识：不同政党之间可以和谐相处、相辅相成。一个国家存在多个不同的政党，是政党政治的基本前提。在不同的政党制度中，又形成了不同性质的政党关系。从世界各国的政党关系看，大体有三种基本模式：一是互相竞争模式，如两党制和多党制中的执政党与在野党或反对党的关系；二是一党专制模式，如一党制中的执政党独霸政权或与允许存在的政党的关系；三是既联合又竞争模式，如多党制中的政党联盟和执政联盟中的政党关系。这些政党关系模式的性质和特点虽然各不相同，但不外乎竞争与非竞争两种，从本质上讲，都不重视和崇尚政党合作。中国参政党概念的提出和民主党派实践说明，几个政党在执掌国家政权问题上，可以进行竞争，也可以实行合作，合作是政党关系的又一种基本形式。它说明，不同政党之间，完全可以和而不同、求同存异，相辅相成、互利共赢，形成一种合作型的非竞争关系，使政党关系进入一个新境界。

它丰富和深化了对民主实现形式的认识：合作也是民主的重要价值和实现方式。民主作为一种基本权利和政治制度，具有多种实现形式。政党政治作为一种民主政治，也体现了民主的基本价值，包含着民主的多种实现形式。由于政党政治兴起于西方国家，这些国家最早实行和多数实行的是以普选制、议会制为基础的竞争性的两党制或多党制，因此西方竞争性的政党制度就被认为是具有普世性的民主价值，甚至作为民主的唯一实现形式。中国参政党概念的提出和实践说明，民主的内涵是十分丰富的，其实现形式也是多种多样的。在我国，参政党不是作为反对党或在野党存在，而是以共识为基础，以合作为形式，在参与中实现政治诉求和政党功能。

它丰富和深化了对社会主义国家坚持无产阶级专政的认识：共产党与作为参政党的其他党派合作是人民民主专政的内在要求。中国参政党概念的提出和民主党派的实践，对社会主义条件下，如何确定非执政的民主政党在国家政权中的地位，如何处理执政的共产党与其他民主政党的关系，提供了一个新的思路，探索了一个成功的政党制度模式。它说明，在社会主义社会特别是初级阶段，坚持人民民主专政，保持工人阶级政党的领导权，不是只有一党制一种方式，一党制也不是最佳模式，甚至是不可取的一种模式；其它民主政党不仅可以存在，还可以与参与国家政权，与执政的共产党长期合作共事。

在多党合作的长期实践中，参政党在我国政治生活和政治发展中显示了独特的政党功能，发挥了不可替代的重要作用。它扩大了有序的政治参与，巩固了社会主义国家政权的基础；扩大了人民民主专政的社会基础；优化方针政策和重大决策，促进了执政党民主科学执政；发挥监督的建设性作用，保持了社会政治稳定。要使参政党在多党合作中充分发挥作用，还必须研究和明确其与执政党相辅相成的必要条件：实现政治诉求，是参政党发挥作用的根本保证；满足利益需求，是参政党发挥作用的内在动力；获得发展空间，是参政党发挥作用的重要基础。

《参政党核心价值观探析》（袁廷华，《民主》2010 年第 6 期）

根据社会主义核心价值体系的基本内涵，结合参政党在与中国共产党长期合作的过程中形成的精神传统和价值理念，有必要明确提出“参政党的核心价值观”这一命题，以利于紧密联系参政党的实际，把学习践行活动引向深入。民主党派的核心价值观可以用“爱国、民主、合作、求实、奉献”来加以概括。民主党派作为与中国共产党亲密合作的参政党，树立和践行社会主义核心价值体系，是提高政治素质、巩固多党合作思想政治基础的必然要求，也是参政党思想建设的重要内容。参政党开展社会主义核心价值体系教育活动，既要遵循普遍性的要求，也要立足参政党的定位，体现自身的特点，找准切入点和着力点。

民主党派从诞生之日起，其命运和兴衰就与国家和民族的命运和兴衰紧紧联系在一起。在与中国共产党一道为争取民族独立和人民解放而斗争、为实现民族复兴而奋斗的伟大历程中，参政党形成了爱国的优良传统和价值理念，成为参政党凝聚成员的精神纽带、不断发展和进步的思想基础和精神原动力。参政党在新的历史条件下弘扬爱国主义传统，就是要高举爱国主义和中国特色社会主义两面旗帜，坚持中国特色社会主义理论体系，坚定不移走中国特色社会主义道路，不断巩固多党合作的政治基础，把以爱国主义为核心的民族精神和以改革创新为核心的时代精神紧密结合起来，把个人事业与祖国的前途和民族的命运紧密联系起来，把炙热的爱国情怀转化为建设中国特色社会主义的不竭动力，以与时俱进、奋发有为的崭新姿态，在中国特色社会主义的道路上，为实现中华民族的伟大复兴而奋斗。

民主是人类进步的重要标志，也是中国共产党和各民主党派为之长期奋斗的共同目标。在民主革命时期，中国共产党高举民主的旗帜，带领中国人民为争取新民主主义革命的胜利而奋斗；各参政党为争取民主也进行了不屈不挠的斗争，先后三次掀起民主运动的高潮。新中国60年来一直在开拓这条新路，努力建设和不断发展社会主义民主政治。参政党为争取民主而进行的不懈斗争，是五四运动以来“科学与民主”精神的传承和发扬，是民主党派历史进步性的重要体现，也是参政党优良传统和核心价值的重要体现。

与中国共产党亲密合作，是贯穿民主党派历史的一条红线，是民主党派优良传统和核心价值最集中的体现。民主党派与中国共产党的合作，大致可分为四个历史阶段：第一阶段是在民主革命时期；第二阶段是1948年各民主党派响应中共中央颁发的“五一口号”，自觉地、郑重地接受了中国共产党的领导，与中国共产党一道，为推翻国民党反动统治和建立新中国而共同奋斗；第三阶段是三阶段是新中国成立以来30年；第四阶段是在社会主义现代化建设新的历史时期，建设中国特色社会主义成为中国共产党与各参政党的共同政治理想和团结合作的共同思想政治基础。回顾民主党派成立以来走过的历史道路，与中国共产党亲密合作，是各党派历史发展的一条主线。在新世纪新阶段，国际国内形势不断变化和发展，参政党成员结构也发生了深刻变化，在新的历史条件下进一步巩固和发展与中国共产党的亲密合作，是参政党继承和发扬优良传统的核心内容。

我国参政党是以知识分子为主体的政党，其成员绝大多数是中高级知识分子。知识分子群体的思想意识和价值观念，构成了其特有的价值系统，崇尚理性，求真务实，是其价值系统的重要内涵。民主党派许多老一代领导人和成员，有着中国爱国知识分子崇尚真理、求真务实的高尚品德。“铁肩担道义，妙手著文章”，是民主党派许多老一代领导人和成员的真实写照，他们的高尚人格和情操，是参政党优良传统和核心价值观重要内容，也是实现中华民族伟大复兴所必需的精神资源。今天，继承和发扬民主党派崇尚真理、求真务实优良传统，一要像参政党老一辈那样，执著于历史责任，追求时代真理，做一个高尚正直、有才学、有思想、无负社会和无负理性的人；二要以科学发展观为指导，进一步搞好参政议政和民主监督，三要承担起社会责任和学术责任两重使命。

我国参政党是以知识分子为主体的政党，中国的知识分子历来具有“天下为公”的社会理想和“为天地立心、为生民立命”的济世情怀。在社会主义现代化建设的新时期，知识分子作为掌握着先进科学文化知识的群体，其承担社会责任的崇高理念与甘于奉献的精神品质有着内在的契合性，二者紧密地联系在一起。在民主党派许多老一代领导人和成员身上，都体现着崇高的奉献精神。奉献是参政党值得珍视的优良传统和价值理念。当前，在社会利益格局和价值观念发生调整和变化的时代条件下，继承和发扬参政党老一代甘于奉献的传统和风范，显得十分重要。一要像参政党老一辈那样，树立高度的社会责任感和使命感，努力用知识为人民福祉和社会进步服务，把生命和智慧奉献给国家和人民。二要大力弘扬社会主义荣辱观，树立正确的世界观、人生观和道德观，三要修德守身，淡泊名利，要坚持理想和信念，抵制拜金主义、享乐主义、极端个人主义以及腐败现象的侵蚀。

《费孝通和他的参政党建设思想》（钱灵犀，《内蒙古统战理论研究》2010 年第 4、5、6 期）

费孝通参政党建设思想的理论基础是国情研究。学习和研讨费孝通参政党建设思想，有两个基本出发点：一是社会学的基点，就是对中国国情的深刻认知，即传统的农业社会、多民族国家和不可逆转的现代化进程；二是政治立场的基点，就是他对中国共产党和中国特色社会主义的衷心认同。两个基点的内在联系是“中国特色”。在这两个基本点基础上，费老充分发挥了他的学科特长，也充分利用了时代赋予他的机遇，弥补了 20 年冤案造成的损失，实现了他毕生的理想。

对社会学中国化原则的强调和坚持，是费孝通社会学思想的主导，也是他认知中国特色社会主义政治制度的渊缘。由“中国社会学派”到“中国特色社会主义”，对费孝通来说是个合理的逻辑发展。从个人的角度看，社会学家要以认识和改造中国为已任；从社会学角度看，要以强化中国特色即本土化为目标。这就是他对中国社会学的基本立场。费孝通一生始终主张建立为中国人民服务的中国化的社会学，在以中国为研究对象的前提和基础上，致力于社会学理论与方法的中国化。70 多年学术因缘从未脱离过这个根本。用中国化的社会学研究中国社会，在研究中国社会过程中发展中国化的社会学，这是研究费孝通学术思想的主线，也进而成为研究费老政治思想的学理基础。

费老对“中国特色”的执着追求的学术渊源，同样渗透在他对参政党建设之中，体现了他对中国基本问题的根本看法的必然逻辑。他讲中国特色是有“根”的，是一以贯之的，是举一反三的，社会结构和政治制度都是中国的历史和现实决定的。从政治话语体系讲，“中国特色”是十四大以后最重要的关键词。十七大后，“中国特色社会主义”被赋予更重大、更长远的理论和现实意义。但社会学的“中国特色”，即社会科学的本土化问题则是个早在 20 世纪 30 年代就提出来的问题。

参政党建设的理论前提是对政党制度的认同，而这个问题之所以总是不断被提出来，就是因为社会科学意义上的普世价值争论。费老在科学层面上已明确了这个问题，就是在抽象意义上的普世价值是成立的，但在具体意义上社会科学则是“本土的”、应用的。几乎在每一个谈到社会学的正式场合，他都讲这个对社会学的基本见解。而费老对社会学的理解从来都是广义的，是涵盖整个社会生活各领域的。只要是中国的事，对它的认知就是与社会学相关的。政治、政党制度也在其中。费老的“吴江讲话”是把他基本理念向中国特色社会主义政党体制的展开和引申。他突出的是“中国特色”。这个“特色”是奠基于几千年农业社会的经济、文化传统上，是历史的，也是现实的。历史的人办历史的事，这是费老对参政党能做什么、该做什么、能做好什么的出发点。

费老对参政党工作讲的最多的是参政议政，做的最多的也是参政议政。他对民主党派的知识分子定位，建言献策的基本定位，在 90 年代后成为中心和重心。费老以社会实地调查为主要特征的社会学研究成果，也就是他在参政议政方面的主要贡献。实际上，一方面，费老的学术研究就是他的参政议政的基础；另一面，费老为参政议政工作赋予政治内涵，把参政议政作为民主党派全局性工作来做、予以特别的强调。而通过对中国现实状况的实地调查是社会学中国化的主要途径，也是费老参政议政的主要途径。在他那里，实地调查是社会学的中国根，是参政党发挥好作用的主要现实途径。而费老基本上所有代表民盟的参政议政建议，都与他的社会学调查成果密切相关。

费老的参政议政，在政治上有准确的定位。而在研究方法和课题内容方面则坚持和实施他对社会学学术领域的基本原则和方法。这个方法就是他青年时期就认定的社区研究和实地调查。通过对社会发展中各类现实问题的调查，通过运用社会学知识为解决现实社会问题出谋划策，这是费孝通对社会学现实道路的回答，同时也是他对民主党派做什么、怎么做的坚定回答。他强调从生活中做学问，而不是从书本中做学问；强调社会调查就是社会科学研究，强调把人民实际生活真实全面地描述，寻求出它们的意义，加以总结就是学术，提供给决策部门参考就是参政议政。在多党合作、政治协商领域提出来，就是对民主政治的贡献。

费老的学术关注点70年不变始终在农村，他参政议政的主要着力点，他跑的最多的地方也是农村。如果说在费孝通的社会学研究中，社会本位是他的立场，社区研究是他的舞台，功能分析是他的理论，实地调查是他的方法，那么“乡土中国”和“农民社会”则是他对中国社会的根本性认识。他大部分著作的主题就是乡土中国的结构、制度、文化及相应的社会问题分析。在领导民盟组织的参政议政活动中，“志在富民”的行程，对农村发展的关注从来都是与社区建设、区域发展相联系的。

费老的社区研究是不断扩展的，从“江村”、“禄村”到边区、到世界，都在费老的社区研究视野中。他是以大视野的功能分析方法对中国各区域经济社会发展进行调查和规划。经济区域研究，是费老在实地调查和思考中提出的新课题，也是农村、小城镇调查的延伸。上世纪80年代末期以后，费先生的区域发展研究逐步扩展并趋于成熟，一步步地接近对全国一盘棋大格局的规划。费孝通提出的区域发展战略构想，有不少已通过民盟参政议政的形式向中共中央国务院提出正式建议，并被中央采纳，成为经济社会发展中长期战略的有机组成部分。新世纪后，中央对区域经济发展的思路日趋成熟，这中间有着费老和民盟的智力贡献。

民主党派的历史定位、社会定位和政治定位，是参政党建设面临的第一个问题，也是根本性的问题。费老主持民盟中央工作伊始，就反复地在民盟内部提出正确认识民主党派“历史方位”问题。一再强调要坚持共产党领导的多党合作这一中国特色的政党制度。定位是费老在主持民盟中央工作后比较重视的大问题。首先是民盟的性质，费老说要从整个中国政治格局中考察；从中华民族复兴大业，从历史发展的基本规律方面考察。费老首先明确的是，民盟是知识分子组成的政党。它的性质、特点、功能、作用的发挥及基本的定位，都从这个前提去考虑。而这种定位要确认两个问题，一是民盟与中共的关系，二是民盟由什么成份组成。

他提出共产党和民主党派“一个要纯，一个要杂”，实际指出参政党要完成制度设计的功能的话，应该具备的特征，即“杂”，要具有广泛和多样性。他对知识分子的基本定位：爱人民，为民生，才是真正的爱国主义。进入改革开放时期，费老在多个场合强调民盟的知识分子特质，认为知识分子的知识不是个人财富，而是社会财富。费老在上世纪90年代中期的一个中青年研讨班上曾突出地讲了“安身立命”是一种境界的问题，后来又突出解析了“推己及人”、“中和位育”、“和而不同”等渗透中华文化传统内涵的概念，来解释中国知识分子的责任、情怀、境界、命运。

功能分析的方法，社会本位的立场，是费老对待人生的哲学。他认为社会实体不是人的工具，它有自身完整的要求，但个人确是通过社会实体来满足他们的生物需要，社会制约的基础还是经济，是生产力发展水平。费老讨论社会问题没有离开过社会本位。但他的叙事与评论充满着两种精神：一是平和宽容的人文精神，二是超脱、客观的科学精神。他没有说教，只是说服，摆事实后再讲道理。不引经据典，也不装腔作势。他强调社会中的各人受益受惠于社会，这是主要的；同时也受制于社会，这是客观的。费老还常常谈及代际的差别和社会继替。“社会继替”概念的提出，是费老社会本位观在民盟工作中的体现，是对民盟换届工作的哲学、人类学思考。

《中国参政党理论建设的回顾与思考》（郑宪，《上海市社会主义学院学报》2010年第3期）

改革开放30多年，也是我国的民主党派恢复和稳步发展的30多年。在深化改革和现代化建设的大环境下，拓宽理论研究的视野，改进参政党自身建设研究方法，是深化参政党建设理论研究面临的一项重要的任务。

伴随参政党组织恢复和工作的全面开展，参政党建设的理论研究也经历了从无到有，从被动到主动建设的过程，取得了显著进展。其发展历程大致可分为三个阶段：第一，参政党建设理论的起步阶段（1979—1989年）。我国民主党派在建国后的很多年，其自身建设都处于自在阶段，直到民主党派组织在1979年恢复之后，成员的发展、组织机构的建立、健全被提上日程，因此参政党自觉主动的自身建设是从组织建设开始的。最早所见的文件是1983年11月，各民主党派中央向地方组织下发的《关于各民主党派组织发展问题座谈会纪要》。1986年7月，中共中央批准并转发了中央统战部《关于新时期民主党派工作的方针和任务》的报告，第一次提出了支持和帮助民主党派自身建设问题。民主党派自身建设的提法源于此，以后参政党自身建设的理论，包括对民主党派的概念、性质、思想、组织建设内涵等理论的研究逐渐全面开展起来，理论研究开始从被动走向主动，自在走向自觉。第二阶段是参政党理论建设的突破推进阶段（1989—2002年）。1989年12月底通过的《中共中央关于坚持和完善中国共产党领导的多党合作和政治协商制度的意见》，首次以文件的形式正式确认了我国各民主党派的参政党地位，并把“支持民主党派加强自身建设”专门列为一个部分，提出相关政策，体现了中共中央对民主党派自身建设的重视，也使民主党派的自身建设问题提上了重要的议事日程。文件颁发使参政党建设成为坚持和完善我国政党制度的重要组成部分，同时提出了民主党派作为与中共团结合作的参政党，同样面临建设一个怎样的参政党和如何建设参政党的问题，因此开始了关于参政党建设理论的全面探讨。此后各民主党派在加强自身建设方面制定了一系列行之有效的措施和条例，做了很多工作，摸索了一些好的做法，使民主党派建设开始逐步走向条理化、规范化、制度化阶段。第三阶段是参政党建设深入创新发展阶段（2002 年至今）。2002 年和 2007 年，各民主党派先后召开进入新世纪以来的代表大会，进行了领导班子换届和修改章程工作。2004 年 11 月、2007 年 6 月和 2009 年 4 月颁发的《关于进一步做好民主党派组织发展工作座谈会纪要》、《各民主党派中央关于加强地方组织领导班子建设座谈会纪要》和《关于协助民主党派进一步做好组织发展工作若干问题的意见》，对民主党派组织发展的政策进行了规定和调整。2005 年和 2006 年，中共中央相继颁发的《中共中央关于进一步加强中国共产党领导的多党合作和政治协商制度建设的意见》、《中共中央关于加强人民政协工作的意见》，对新世纪新阶段我国政党制度和参政党建设的理论做了进一步的论述。对于参政党建设理论的现状我们可以这样概括，如果说过去参政党的理论建设主要是解决成员在思想上接受共产党领导的自觉性的话，那么今天新起点上的参政党建设就不仅解决接受领导的自觉性，还要把握当前的时代特点和任务要求，为民主党派的传统增添新的时代精神和内涵；如果说过去参政党只需要解决统一步调“听、跟、走”，而今天则要解决如何使得参政党具备与执政党相匹配的能力，如何建设高素质的参政党。实现参政党的科学发展，实现执政党与参政党建设相互促进是对站在新起点的参政党建设的任务和要求，这样的任务和要求无疑是对各参政党提出的新挑战。

进入新世纪以来（更准确地说是 2007 年换届前后至今），参政党理论研究受到了各民主党派和社会各方面的重视，主要的表现就是对参政党理论研究的关注和学术活动进一步强化，我国参政党党建研究出现一些新气象：一是参政党建设研究中心或学术组织在党派中央和地方社会主义学院相继建立。据不完全统计，民革中央、民进中央、农工党中央、九三学社中央都相继建立了以学术研究和宣传为主要职能的研究性组织（而非专门为领导起草讲话、工作报告等文件的研究室等）和机构。地方社会主义学院单独或与地方党派组织联合建立的参政党研究机构相继成立。比如浙江社会主义学院在 2006 年建立了中国首家参政党研究中心，中央社会主义学院中国政党制度研究中心于 2003 年成立以后，每年就我国政党制度和参政党建设的有关问题召开理论研讨会年会，至今已连续 8 年。湖北省社会主义学院与湖北省民主党派联合建立参政党理论研究基地，开展参政党理论研究。二是一批高等院校政党中心建立，加入参政党问题的研究。比如 2005 年，北京市委统战部在中国人民大学设立基地，作为中央统一战线工作部政党制度的研究基地。北大政党研究中心于 2007 年建立。三是一批高等院校教师和社科理论工作者，加入到参政党建设理论研究中，开展参政党问题的专门研究。

参政党理论研究取得的显著进展，说明我们过去研究的大方向是正确的。但是，在参政党自身建设理论研究中也表现出来眼界不够宽、思路不够广、方式不够新的问题。因此，在新的历史起点上强调要以改革创新精神推进参政党建设的理论研究，就要总结改革开放 30 多年来党建理论与实践的新发展、新成就和新经验，研究、分析参政党的建设发展的规律，探讨以改革创新精神推进党的建设科学化的新思路、新方法和新举措。就目前的情况来看，参政党理论研究还应在以下四个方面进一步加强：第一，要加强历史演进研究。第二，加强宏观系统分析。第三，加强微观制度研究。第四，加强组织视角分析。

站在新的历史起点上，需要加强对中国参政党建设理论中的一些前瞻性、前沿性和热点难点问题的研究，需要关注和深入研究的课题主要有：第一，对参政党理论体系建设的深化研究。第二，对参政党功能问题的深入研究。第三，对民主党派的党内民主和监督问题研究。

《从党派“营地”到民众“喉舌”——民主党派报刊属性与功能之变迁（1928—1949）》

（艾红红，《山东社会科学》2010 年第 3 期）

1949 年前，我国政坛上先后存在过 18 个民主党派，除九三学社外，各民主党派均以创办报刊作为宣示政见、影响舆论和推动工作的重要手段。中华革命党是今中国农工民主党（简称“农工党”）的前身，该党一成立，便把开展宣传列为工作重点。其先后创办的《突击》和《灯塔》两份周刊，一方面回答了来自各方政治势力的诘难，申明了本党的政治立场；另一方面用大量事实，揭露和批判了国民党反动派屠杀共产党的暴行。但是，两份刊物只发行 5 期，就被国民党当局勾结法国巡捕房查禁停刊。该党在其他地方陆续创办的报刊也大多命途多舛：在江西，1928 年底创办的《平民日报》因宣传革命主张遭到国民党嫉恨，次年被查封；在四川，1929 年出版的《成都庸报》宣传孙中山的三民主义和三大政策，宣传反蒋抗日，发行不久即被当局查封。1930 年 8 月，中华革命党改组为中国国民党临时行动委员会（简称“行委”），并创办《革命行动》半月刊作为中央机关刊，主编邓演达。1931 年 4 月，行委又创办《行动日报》，除组织内部发行外，还免费供给各报摊，向社会发售，发行量很快由最初的几百份增加到 1 万多份，在当时政坛引起很大震动。1931 年 8 月，邓演达被捕，《革命行动》与《行动日报》随之停刊。1935 年 11 月，“行委”在香港改组为中华民族解放行动委员会（简称“解委”），同时发行《政治通讯》半月刊，通报形势发展，指挥党内工作。1938 年 2 月，在武汉创办《抗战行动》旬刊（出至 7 月 25 日停刊，共出 8 期）；1938 年 4 月，在武汉创办中央机关报《前进日报》，除报道一般战事外，还关注农民、难民、灾荒等问题；1945 年 2 月，在重庆创办中央机关刊《中华论坛》半月刊。抗战胜利后，解委又于 1946 年 3 月在香港创办《人民报》，1946 年 4 月 1 日，《人民报》迁至广州出版，1946 年 6 月 29 日被当局查封。另外，解委还在华东地区创办《铁掌》，在华北地区发行《草原》、《妇女知识》、《大学文艺》，华南地区则有《南方青年》、《南针》等。其他民主党派的报刊活动虽与中华革命党路径不同，但结局却基本类似。他们在国内创办的各类报刊，均不同程度地受到政府打压，或过早夭亡，或时断时续，来去匆匆。仅 1946 年 3 月，国民党当局就查封了《再生》、《自由世界》、《民主》、《现代生活》、《国民》和《平民周刊》等数家民主党派报刊；6 月又查封《华商报》广州分社、《人民报》和《现代日报》等报刊。至全国解放前，除投靠国民党政府的中国青年党和中国国家社会党外，国统区内民主党派的所有报刊活动都不得不转入地下或移到香港。民主党派报刊之所以不能见容于当局，一是由于时常发表一些“反”政府的言论，二是敢于披露政府意欲严密封锁的消息，这是走平稳路线的商业报刊和听命于当局的国民党系报刊所没有的，也是国民党政府最忌恨的。

在民族危难中涌现出的中国各民主党派，为了争取民主，团结抗战，可以说是毁家纾难，在所不辞。但在蒋介石“党外无党，党内无派”的体制框架下，民主党派的成立本身就是“非法”行为，其报刊活动自然受到当局排斥，这就使得民主党派及其报刊从一诞生便与国民党当局构成一种紧张对立关系。各民主党派创办报刊的初衷，就是为了在国共两党的报刊系统之外，构建别样的参政议政空间。其报刊舆论不仅体现了本党派吁求，同时也反映了城市中上层民众的意愿，是当时除国共两党外最为重要的政治话语类别。相比于党纲和政纲严密的国共两党报刊，民主党派报刊不是那么组织纯粹，纪律严明；相较于在商言商的大众报刊，民主党派报刊则显得过于热衷政治而不尚赢利。可以说，服务于本党派政治和社会目标，追求“以报参政”、“以言干政”，既是民主党派报刊的立身之本，又是其与国共两党报刊的最大区别。国民党的党报体系始终是蒋介石个人意志的忠实执行者，共产党的报刊政策在其一大会议决议中便已成型：“杂志、日刊、书籍和小册子须由中央执行委员会或临时中央执行委员会经办。”“无论中央或地方的出版物均应由党员直接经办和编辑。”“任何中央地方的出版物均不能刊载违背党的方针、政策和决定的文章。”反观各民主党派，则大多结构松散，组织体制不够完善，报社内部成员没有门槛限定，文章也没有严格的政治要求。为了在国统区取得“合法”地位，有的民主党派报刊甚至对外宣称“既无党派观念，更无政治成见，只是站在国民的立场上”发抒政见。在这一意义上说，民主党派报刊不仅反映了党派立场，一定程度上还扮演了民主“看板”和大众“喉舌”的角色。民主党派报刊在国家前途和民族命运等原则问题上所持的抗日、爱国、民主、和平等立场，显然又超越了一党一派的利益，具有更为广泛的“全民”性基础，因而在实质上也发挥了民众喉舌的职能。从传播效果看，这些党报党刊平台的相继搭建，一方面为各民主党派参政议政插上了翅膀，另一方面也扩大了它们的社会影响力。

虽然民主党派与共产党立场不同，其党报党刊与中共报刊取向不一，但在时代洪流的驱动下，从为民族民主而呼吁的基本点出发，双方还是越走越近。对于民主党派的报刊活动，中共从一开始就采取了和国民党当局不同的策略和方法，不仅在舆论上互相声援，民主党派的办报活动也得到了中共的许多实际支持：1930 年代创刊的中国民权保障同盟机关报《中国论坛》半月刊，就受到中共地下党和共产国际的支持和资助；而职教社的《国讯》则接受了周恩来的直接指导。抗战胜利后，在内地和香港新办的民主党派报刊以及在政治立场上已转向支持共产党的民主党派报刊，大都直接或间接接受了中共的政治支持与经济资助。另外，中共还通过派遣党员到这些报社工作，或者在其报刊发文的方式，随时掌握其舆论动向。在国共内战全面爆发后，各民主党派报刊一方面大力揭露国民党政府的两面手段，一方面坚决支持中共立场，与中共报刊互相应和，客观上为中共在国统区赢得“万众归心”营造了良好的舆论氛围。在中共这里，民主党派的利益表达受到高度重视，其办报活动也得到了积极回应。最终，民主党派报刊舆论纷纷倒向中共一边，为中共赢得人心进而夺取天下尽到了分内之责。

由此可见，表面上，谁掌握着媒体，谁就掌控着当下；但实质上，谁赢得了民心，谁才能拥有未来。1928—1949 年民主党派报刊的历史走向及中共在其中所践行的媒介策略，或许可以为今人提供一些有益的借鉴和参考。

《略论多党合作制度框架下民主党派的政治责任与政治使命》（汪守军，《中央社会主义学院学报》2010 年第 2 期）

任何一个政党的生存和发展都与其所承担的政治责任和履行的政治使命密切相关。从某种意义上讲，政党的政治责任和政治使命决定着该政党的最终走向和生命力。但是，政党的政治责任和政治使命不是僵化的、唯一的和一成不变的，而是根据不同社会历史阶段社会经济发展的水平、状况和人民群众的发展需要以及党和国家的发展战略来确定的阶段性与连续性、短期性、中期性和长期性相统一的奋斗目标，并且处在动态的调整过程中。

政党是代表一定阶级、阶层或集团根本利益而又不仅仅局限于此的一部分最积极分子，为了通过掌控、参与、影响国家政权以实现或维护其政治理念（或理想）而结合形成的具有共同遵守的政治纲领、组织章程、组织系统和一定群众基础的政治组织和团体。它与一般的政治团体有着根本的区别。因此，从政党的定义和特性看，政党的政治性是首要的。政党的政治性也决定了政党履行政治责任和肩负政治使命的重任。没有政治责任和政治使命的政党不能称其为政党，而最多只能称其为一般性的政治团体或社会团体。政治责任和政治使命是政党的宿命。

中国的各民主党派显然是作为“政党”而存在的，即“参政党”，而不是一般的政治组织或社会团体。因此，作为政党——参政党，民主党派就应承担起自己的政治责任和政治使命，这是发挥其在不同社会历史发展阶段政党功能的核心和客观要求，也是发挥其作为参政党功能的基础和前提。

民主党派承担起政治责任和肩负起政治使命的重要前提是必须明白自己承担的是怎样的政治责任和政治使命，特别是要有强烈的政党意识，尤其是要有参政党意识，明确自己应发挥的参政党功能：一定程度的代表及目标制定功能、利益表达功能、利益聚合功能、一定程度的政治社会化功能和影响公共权力造福民众的功能等。特别是必须明确自己在不同社会历史发展阶段在国家政治生活中和政党制度中所应扮演的角色和功能定位，时刻从大局出发、从整个国家和民族的利益出发、从人民的根本利益出发来思考问题、参政议政、民主监督，协助执政党科学执政、民主执政和依法执政。

民主党派承担起政治责任和肩负起政治使命还必须明确和牢记自己的历史使命。如果说中国民主党派刚成立时的使命主要是建立独立、统一、民主、富强的新中国的话，那么，现在看来只有第一个目标完全实现了，后面还有三个目标没有完全、充分地实现，且增加了新的历史使命。现阶段，其新的历史使命是协助执政的中国共产党在新的国际国内环境中建立更高水平和更高质量的统一、富强、民主、文明、和谐的新中国。这对参政党来说责任十分重大，历史使命十分崇高。民主党派必须时刻牢记这个责任和使命，这是民主党派发挥参政党功能的根本出发点和奋斗目标。

历史的看，中国各民主党派自成立之日起就有自己的政治责任和政治使命。在抗日战争爆发前，我国出现的民主爱国人士，即为介于国、共之间的中间势力（一些民主党派的前身），其主要政治责任和政治使命是追求国家的民主、统一和民族团结，既反对国民党一党专制、破坏团结的内战政策，又反对共产党的某些政治主张，试图以其“第三方”的政治力量来调解国共纷争，用资产阶级式的民主政治模式来平衡蒋介石国民党的独裁统治和共产党领导的无产阶级民主；在抗日战争时期，以爱国人士为主体的民主力量，包括新成立的党派（民主党派的初步形成时期），其政治责任和政治使命则变成了争取国家的民族独立和解放，实现国家的统一，争取民主，反对专制独裁；抗日战争胜利后，特别是1947年到1948年中国共产党发布“五一口号”以后，民主党派（民主党派正式确立和发展阶段）的政治责任和政治使命就变成了反内战、反分裂、反专制独裁，维护国家和民族的独立、团结、统一和追求民主；在中华人民共和国成立后，民主党派的政治责任和政治使命就是：既要继续促进国家和民族的独立、团结、统一和促进社会主义民主更大范围、更深层次、更高水平的实现，又要为国家的强盛、民族的兴旺和人民的富裕而奋斗；党的十一届三中全会以来，民主党派继续坚持中国共产党的领导并与中国共产党肝胆相照、荣辱与共，其政治责任和政治使命就是更好、更充分地发挥参政党的功能，履行参政党的职责，协助执政的中国共产党为建设一个统一、富强、民主、文明的新中国而奋斗。新世纪新阶段，在中国社会历史发展的重要关口，在中华民族迈向复兴的转折点上，民主党派应义不容辞地承担起协助执政党全面推进中国特色社会主义现代化建设的重任来，这既是实现中华民族伟大复兴的前提和保障，也是目前民主党派最大的政治责任和政治使命，即建立统一、富强、民主、文明、和谐的社会主义新中国。这是新世纪新阶段民主党派作为参政党应履行的政治责任和承担的政治使命的重新定位。

《对参政党党内民主建设的一点思考》（孙瑞华，《上海市社会主义学院学报》2010 年第 5 期）

从党内民主的发展过程，以及马克思主义经典作家关于党内民主的论述和无产阶级政党的建设实践可以看出，党内民主就是指在党内生活中，根据党章和党的其他有关规定，党员按照有关的民主程序和形式，对党内事务的参与、决定和管理。中国共产党在党内生活的长期实践中形成的民主作风、民主传统、民主方式和方法等，是党内民主的具体体现；党内的民主集中制、代表大会制、分工负责与集体领导制、民主选举与民主决策、民主监督等制度，是党内民主的制度形式。

党内民主从本质上讲，就是全体党员在党内当家作主的权利体现，是全体党员根本利益的体现。因此，党员民主权利的实现程度就成为衡量党内民主发展程度的重要标尺。离开党员民主权利的充分行使和切实保障，党内民主就无从谈起。以直接实现普通党员的民主权利为着眼点，通过切实维护党员的民主权利，真正实现党员的主体地位，真正体现党内一切权力来源于党员主体，是党内民主建设的核心。

各民主党派从建党伊始，就把“民主”作为自己的鲜明旗帜，因此在党内生活中亦十分重视民主建设问题。虽然政党的性质、地位、作用存有差异，党内民主的实现形式和程度或有不同，但是受参政党的性质所决定，参政党的党内民主指在党内生活中，根据党章和党的其他有关规定，党员按照有关的民主程序和形式，对党的事务的参与、决定和管理。这也是参政党全体党员在党内当家作主的权利体现，也是全体党员根本利益的体现。党员民主权利的实现程度是衡量参政党党内民主发展程度的重要标尺。

政党内部民主生活的实践与经验表明，处理好民主与集中、维护好党的团结和统一意志与充分尊重和实现党员民主权利的关系，是党内民主建设需要准确把握和掌控的重大问题。现实中，阻碍党内民主发展的关键问题，也就在于漠视党员的主体地位，忽视党员的民主权利。改革开放以来，中国共产党党内民主得到长足发展的重要原因，就在于通过党内民主理论、制度和实现形式的创新，尊重了党员的主体地位，保障了党员的民主权利，从而激发了党员的积极性、主动性、自觉性和创造性，使全党焕发出生机与活力。目前，参政党党内民主建设的形式和程度还落后于共产党，还需要学习借鉴共产党党内民主建设的成功经验，加大党内民主建设的力度。

党内民主必须要有严格的制度加以规范和保障，这是民主政治发展的普遍规律，也是我国建国后相当长一段时期内党内民主建设的教训总结。然而，改革开放以来，党内民主建设的实践经验也告诉我们，制度的约束力、导向性只有与人的自觉性、主动性有机结合，制度才会真正发挥作用。只有当这项制度内蕴的价值理念与人们的思想认识、利益立场相一致、相符合，人们才有可能主动制定并自觉遵守这项制度。所以，民主既是一种制度、规则，也是一种理念、信仰、习俗、知识、舆论和价值判断，是通过文字条款的规则形式对一种价值理念的再现。

因此，加强参政党党内民主建设的关键，是要拓宽建设视野，不能再把党内民主建设看成单纯的制度建设、机制创新和程序设计，更不能当成一种技术性的工作，而是要在全党建设尊重党员主体地位、维护和实现党员民主权利，使全体党员能够自觉遵守民主制度与规范的民主文化环境。在建设党内民主文化环境的过程中，特别需要注意和下大力气建设的，是全体党员的基本民主素养，即对民主内涵全面而正确的认识。同时，我们需要民主的实现条件有一个清晰、明确、全面的辨析和认识。要通过对马克思主义民主观的全面解析、人类社会民主政治发展规律的明确辨析、党内民主生活的锻炼和熏陶、党员在党内民主生活中的体验、领导干部民主作风的示范作用等，提高全体党员对民主本质内涵的认知水平，使党员主体地位的核心理念、反对特权的平等意识、合理正当的权利义务观念、服从多数尊重少数的宽容原则在党内牢固生根，内化为党员的信念，并在党内最终形成尊重党员主体地位、维护和实现党员民主权利的浓厚文化氛围与强大的舆论环境，使家长制、官本位、极端民主化等与民主本质格格不入的思想在党内生活中无存身之处、无作用市场。唯有如此，党内民主建设才有可能取得实质上的进展。

《在组织理论的视野中——论党内民主与人民民主的关系》（任剑涛，《科学社会主义》2010 年第 1 期）

中共十七届四中全会为中国民主的发展设计了路线图，这就是要先行在党内实践民主，然后从党内民主推向人民民主。这是对未来中国走向民主政治怀抱高度期待的人们，必须认真对待的一种理论陈述和实践筹划。就《决定》对党内民主基本轮廓的刻画来看，党内民主确实具备了现代民主的基本要素，权利哲学、竞争状态与理性决策都被纳入到党内民主的范畴加以通盘的考量。就总体性设计来讲，对党内民主的极端重要性加以了毫不含糊的强调，对党内民主发挥的重大社会政治效用给予了明确肯定。既对党内民主涉及到的权力体系间关系有明确的论述，也对构成现代民主的基本要素有自觉的强调，更对党内民主得以有序推进的组织纪律进行了明确规定。从对党内民主的这些设想来看，它的民主性是有保证的。同时，由于这一民主形式是在强调组织纪律的前提条件下展开的，组织的先进性与领导权紧密关联起来，因此组织内部的推展将没有太大障碍，而组织效用则有较为充分的保障。可以预期，这种以强有力的组织力量推行的民主形式，可以实现它的预期效果。但也很明显，《决定》对党内民主的规定较为详实，但对党内民主如何推向人民民主则语焉不详，这中间就留下了大量需要解释的问题，仅就组织特性上分析，从党内民主推向人民民主就必须解决组织化民主推进的前置条件、推移中介和制度供给等重大问题。

从结构特质上看，中国共产党极度重视的党内民主，乃是一种高度可控的组织民主。中国共产党作为一个现代组织，无疑是一个世俗的政治组织。但在组织特性上，中国共产党却包含了非常复杂的组织性质。作为一个以党建国的理想主义政党，它对党组织和党员的共产主义信念的强调，达到了几乎可以宗教组织媲美的状态。但同时，它对世俗国家权力的要求以及在掌握国家权力之后对权力的战略性与策略性掌控，显现出它作为世俗组织对世俗资源控制的强大能力。但是，在政党国家中运作的中国共产党早就开始为革命政党定位所困。一方面，随着党掌握国家权力，党足以号召人们积极成为其成员的理想主义开始衰变。这一衰变，产生了两种影响中国共产党控制国家权力的能力的消极效应——一是政党内部的整合日益困难，二是政党外部力量的整合日益艰巨。另一方面，政党国家促成党的行政化，这不仅需要维持一个规模十分庞大的政党组织，耗费不菲的国家财富，而且使得政党的行政化、低绩效和寡头化日益严重，因此政党试图告别强控性的组织结构，走向竞争性、民主化的现代结构，面临着组织自身转型的巨大困难。再一方面，中国共产党30年全力扑在经济建设上面，以对国家力量的全面投入，开创了一个经济高速成长的奇迹，但这使党相对忽视了与经济建设匹配的其他重要事务，执政的外部环境明显趋于紧张。党内民主就此成为难于实现预期的重大事务。

换一个角度看，人民民主就是人民之作为公民个体和组织起来、各有归属的各人民团体的民主。这就意味着政党民主演进到人民民主，必须借助公民组织和组织之间的民主机制，党内民主才足以推向社会并演进为人民民主。公民民主，意味着承诺公民个人的自由和价值，并予以可靠的制度保障；公民组织民主，意味着承诺公民的自由结社，承诺社会的自治原则，承诺免于政党组织和国家权力对公民自治的干预。在一个缺乏个人主义传统和社会自治习性的国家，不说政党组织和国家权力对个体民主与公民组织民主的承认有难以逾越的障碍，就是公民个人和公民组织的民主习性也需要长期养成。公民个体与雏生的公民组织很容易在民主推行的初期，陷入与政党和国家的情绪化对抗状态。在某种意义上讲，人民享受宪政民主制度的大餐，需要有效避免消化不良的政治病症。从严格的政党组织民主跳跃性地直奔人民民主，是一个难于驾驭的艰难政治过程。与此同时，由于人民民主意味着公民个体与公民组织竞争性地获取政治权力或监督政党与国家权力，因此，相应的公民组织建构和制度供给要求较高，而这是政党民主无法顺带解决的问题。就此可以断言，从党内民主向人民民主的演进需要中间环节。这是由政党组织的强烈政治性注定了的事情。

中国共产党党内民主要成功地发展为人民民主，必须首先推向党际民主。这里所谓的党际民主，具有两层含义，一是指中国共产党的党内民主对于八大民主党派的共同有效性，即各个党派都实施相似于中国共产党党内民主那样的、现代的政党民主制度。二是指中国共产党与八大民主党派逐渐同处于现代政党的平等位置，党与党之间不存在超级政党与边缘政党的定位，都是在国家之下的、平等谋求国家权力的政治组织。尽管中国共产党作为超级政党与八大民主党派作为边缘政党的关系是铁定不易的，但相对于下述两类组织而言，八大民主党派与中国共产党的关系具有明显的特殊性：一类组织是中国共产党的附属性组织，另一类组织是刚刚兴起的民间组织。这两类组织目前它们所具有的政治组织力、对接中国共产党的组织民主外化的能力都还很低，因此不足以承接中国共产党党内民主外推到中国社会的政治责任。相比较而言，虽然八大民主党派的现代政党属性不足，但它毕竟作为政治组织存活了数十年之久，因此在组织特性上它与中国共产党较为接近，但又不至于与中国共产党的组织特性混淆，因此最容易对接中国共产党的党内民主。

就中国共产党作为执政党描绘的从党内民主向人民民主的发展过程来讲，不会是一帆风顺的自然过渡历程。相对而言，从党内民主推进到党际民主，是一种跨度相对较小的民主推进形式，从党际民主推向人民民主则是跨度较大的民主形式的递进，因此难度绝对远超过党内民主的内部推进以及从党内民主向党际民主递进的两种民主转变形态。且不说党内民主与党际民主在其成员和组织习性上对民主的接纳与实践能力问题，即使是这种习性不是问题，两种民主的组织水准也还需要一个长期的过程才能提高和优化。至于人民民主，由于中国文化中个人主义资源的相对贫乏、政治自由理念的未曾普及、民主政治实践经验的稀少，造成中国民众组织化实践民主的历史资源的贫瘠。加之在现代处境中，中国民众实践民主的物质条件、法治条件、智力条件、心理条件以及保护性条件的缺乏，实践民主的巨大困难可想而知。当中国共产党的党内民主推向党际民主，进而推向人民民主的时候，民主的承接条件愈来愈薄弱，因此实践民主的挑战性就越来越强。

可见，中国从中国共产党的党内民主、借助党际民主推向人民民主的政治演进过程，不会是一个风卷残云的民主荡涤过程。相反，在民主演进的历程中，不仅会遭遇三个环节上的曲折，而且每一个环节的回流困难也并不能迎刃而解。于是，从中国共产党的党内民主顺利走向人民民主，将会是一个“艰难困苦，玉汝于成”的社会政治蜕变过程。这不是一个线性的发展过程，而必然是一个非线性的变迁过程。

《健全民主党派内部监督机制的途径》（耿相魁，《团结》2010 年第 5 期）

民主党派内部监督主要是指民主党派组织内部对其领导班子、工作班子，以及各级组织和所有成员的自我约束和制衡能力的运用和规范，其目的是为了保持民主党派的进步性，提高参政议政能力，切实有效地履行参政党职能，保证民主党派的政治纲领、奋斗目标、重要任务、基本准则的贯彻实施，保障从中央到基层组织每个成员的合法权益，并督促其履行相应的义务，严肃政党纪律，追究渎职、失职和不履行义务的责任，是党派各级组织领导班子以及成员的自我约束和制衡机制。当前，各民主党派都成立了监督委员会，但还没能够建立一套贯穿上下的健全、科学、高效的监督机制，在工作中还存在诸多问题。为增强民主党派内部监督主体的工作主动性，提高全体党派成员尤其是领导班子成员强化监督和自觉接受监督的意识，增强监督主体及全体成员履行监督权的信心与热情，促进党内民主，形成良好的内部监督氛围，不断提高内部监督的效用，就必须根据民主党派内部监督的主要内容，选择和设置内部监督的途径。

一是建立良好的学习机制。监督委员会应对高层和中高层领导的学习，包括学习时间、学习方式和学习内容进行检查或监督，确保各级领导班子有正确的政治信念，继承和发扬老一辈领导人的优良传统和高尚风范，不断提高政治把握能力、参政议政能力、组织领导能力和合作共事能力。二是完善健全的制度机制。首先必须加强制度建设，建立一套符合民主党派政治定位的、科学、完善、系统的内部监督制度体系。在制度设计上要突出依法监督，避免或防止“人治”，进而建立健全权力制约机制，加快民主党派生活民主化、法制化进程。另外，随着民主政治发展，应逐步将办事公开制度、重要情况通报和报告制度、述职述廉制度、职务回避制度、干部考核制度、干部任免和轮换制度、干部离任审计制度、信访处理制度、巡视制度、廉政谈话和诫勉谈话制度、询问与质询制度、惩戒处理制度、失察责任追究制度等，融入民主党派内部监督制度之中，形成全面科学的制度体系。三是健全监督的理事机制。从我国各民主党派成员人数不多，无需层层设置，增加监督成本的实际情况出发，应在各自中央建立纪律检查委员会，直属中央常务委员会领导，对中央常务委员会负责，对各级组织和领导成员进行政治监督、守法监督和工作监督，接受、调处基层成员、基层组织、地方组织对各级地方领导成员违反宪法、法律、组织章程、组织纪律的行为及以权谋私、腐败堕落等问题的举报，接受、调处基层组织和成员的各种申诉、意见和反映的问题，保障其民主权利和合法权益，地方各级组织无须再设对应的检查机构。四是推行严格的执行机制。应高度重视内部监督中的违纪处理工作。一方面，要依据各自党派章程规定，结合新时期自身建设的新情况，制定具有各自党派特点的纪律处分制度，细化处分种类与要求，明确处分运用规则和适用程序，注意突出公正、公平和规范；另一方面，要严格政策，区别不同情况，认真做好核查工作，针对不同情况给违纪责任人以适当的纪律处分，违法成员在受到国家法律惩处的同时，党派应及时给予纪律处分。五是实施实职与党派岗位联动机制。应建立实职岗位与党派岗位联动制度，使民主党派的监督条例对其实职岗位也有一定的约束力。同时，要为那些实职岗位不高、但为党派做了大量工作却很少有机会发展的同志提供机会，建立健全规范初始提名的有效机制，切实把好选人用人“第一关”，使党派旗帜性人物与党派成员都有自己在党派发展的机会空间，保证各级民主党派组织的凝聚力和可持续发展。六是创新监督的保障机制。一方面要强化专门机构的职能监督，设立自上而下的党内监督机构，如各党派中央和省级组织成立的监督委员会。另一方面应把保障成员权利与发挥自下而上的普通成员民主监督作用结合起来，通过明确的制度规定，保证普通成员均享有党派内部重要事务的知情权，对不当行为的质询权、批评权，对违纪行为的揭发检举权，要求党纪处置权等监督权力。同时，还可以实行“监督员”制度，由基层组织民主推荐，经各级地方组织委员会议选举任命，把一些热心党派事务，社会责任心强，有一定监督能力和热情的普通成员选拔到监督员岗位，让其行使与内部监督机构相同的职责，把自下而上的监督落到实处。

王彩玲　中央社会主义学院中国政党制度
研究中心副教授

重要文献

中国国民党革命委员会

孙中山与辛亥革命

（2010 年 8 月 22 日在国家图书馆“百年辛亥专题研究系列讲座”上的演讲）

周铁农

2011 年是辛亥革命 100 周年。100 年来，中国进行民族民主革命、走上社会主义现代化道路，成为政治上充满活力，经济上繁荣发展，日益对国际社会产生影响、作出贡献的社会主义强国。而 100 年前的中国，还是半封建、半殖民地的中国，外患频仍、内乱不止，国家积贫积弱，社会动荡不安。是辛亥革命推翻了数千年封建帝制，打开了进步的闸门，使中国发生翻天覆地的历史巨变。辛亥革命是划时代的伟大历史事件，它的领导者是 20 世纪中华民族的三大伟人之一孙中山。

在辛亥百年之际，怎样看待孙中山与辛亥革命的关系，如何评价孙中山在辛亥革命中的作用，如何评说辛亥革命的功过是非，看起来像是老问题，实际上却是新问题。因为从上世纪 90 年代以来，受“告别革命”论的影响，有人公开否认孙中山在辛亥革命中的地位和作用，贬低辛亥革命的重大功绩，认为辛亥革命是“改朝换代”，是“假革命”。今天，我重点讲四个问题：一是孙中山及革命党人为什么要进行反清革命，说明革命的必要性和合理性；二是孙中山怎样领导了这场新式民主革命，进而说明辛亥革命之新在何处；三是如何看待辛亥革命的成功与失败，评价辛亥革命的历史功绩；四是孙中山及辛亥革命的历史遗产问题，说明孙中山思想的现代价值；最后讲一讲纪念辛亥革命与两岸增进互信。

一、孙中山为什么要进行反清革命

孙中山是中国民主革命的先行者，是用现代革命方式进行反清革命的先觉者和先驱者。他摈弃了资产阶级维新派的上书、请愿方式，又超越了局囿于皇权主义的农民战争，发动了辛亥革命，推翻了数千年封建帝制，“为以后中国的发展开辟了道路”。回到历史的真实情境，我们看到，反清革命是必然的、革命党人发动革命的目的是为了建设。

1. 革命是客观必然的

鸦片战争拉开了中国近代史的序幕。从 1840 年到 1911 年，辛亥革命前的 70 年历史，是一部古老中国被西方列强的坚船利炮强行冲开国门，倍受欺凌、丧权辱国的灾难史，也是一部中国人艰难探索救亡振兴道路的变革史。太平天国、洋务运动、戊戌变法，不甘沦落的中国人曾一次又一次地变革图强，但是，一次又一次地惨遭失败。

首先，局囿于皇权主义的农民起义没有出路。从1850年到1893年，仅仅会党发动的大规模起义，就有30多次。其中太平天国运动声势最为浩大。历时14年，影响力遍及半个中国。然而，这些农民起义最后都归于失败。

其次，洋务运动不可能富国强兵。屈辱的《北京条约》签订后，曾国藩、左宗棠、李鸿章等一批中央和地方官员企图引进西方先进的技术设备实现自强，发起了洋务运动。他们在中国建起了第一批机器生产的兵工厂、造船厂、纺织厂、钢铁厂和煤矿、铁矿场，创办了第一家轮船公司，铺设了第一条铁路，架设了第一条电线，建立了第一支海军舰队，开设了第一批外语、科技学校，派遣了第一批留美、留欧学生，翻译了第一批科技书籍，培养了中国近代第一代科技人才，造就了中国第一代产业工人，产生了第一批从地主、官僚、买办商人转化来的近代民族资产阶级。但由于政治制度的腐败和军事体制的混乱，大清帝国还是被明治维新后迅速崛起的日本打败了。可悲的是，“天朝上国”惨败给一向臣服自己的东邻岛国，竟然丝毫没有影响慈禧太后的心情，甲午年她的60寿辰庆典整整耗去700万两白银！甲午战争的失败标志着洋务运动的夭折，也暴露出统治者的腐败与无可救药。

再次，甲午战败后兴起的维新派的上书、请愿，同样求不来政治的改良。在以康有为、梁启超、谭嗣同为代表的底层知识分子的鼓动下，1898年6月11日，光绪皇帝颁布《定国是诏》，戊戌变法自这一天开始。但是光绪所要推行的新政，无论是裁汰冗员、废八股，还是开学堂、练新军，没有哪一项被执行，反而触怒慈禧太后为首的封建顽固派。9月21日，慈禧太后重新训政，幽禁光绪、通缉康梁、废除新政。谭嗣同、杨锐、林旭、刘光第、杨深秀、康广仁六君子，被杀于菜市口。

百日维新被扼杀的事实，使清政府失去知识精英的支持。有识之士意识到，依靠腐败、顽固的清政府是不可能推进中国政治和经济现代化的，更难以挽救民族危亡。“六君子”淋漓的鲜血使大批有识之士醒悟，随后的八国联军入侵及《辛丑条约》的签订，使他们最终抛弃了幻想，走上了反清革命的道路。由此可见，革命是客观时势所逼！

此时的中国处在极端深重的民族危机中。山河破碎，国势危亟，中华民族的生死存亡处在千钧一发的危急关头。亡国灭种的威胁，像一个可怕的阴影笼罩在每个爱国者的心头。而当时统治着中国的清政府，不仅是封建势力的顽固堡垒，并且已变成“洋人的朝廷”。煌煌上谕中公然宣称要“量中华之物力，结与国之欢心”，对民众的爱国行动却一味严厉地镇压。这个反动政府的卖国和腐败，已经展现得淋漓尽致。人们实在忍无可忍，再也不能对其抱有希望了。正是帝国主义的狂妄野心和步步紧逼；封建帝制对于数千年未有之大变局的无能为力和日益成为民族复兴的巨大障碍，才使得中国的革命成为必然。

中国的民主革命从孙中山开始。毛泽东在《青年运动的方向》中指出：“中国反帝反封建的资产阶级民主革命，正规地说起来，是从孙中山先生开始的。”虽说孙中山具有明确的反清革命思想是很早的，但他并不是一开始就具有反清革命思想的，并不天生的革命家，他的思想经历了一个从改良到革命的转变过程。

1894年的孙中山，思想上还很摇摆，处于革命与改良的十字路口。他一方面鼓吹革命，并开始准备着手从事革命工作；但另一方面还想尝试，通过清政府实行自上而下的改良。孙中山上书李鸿章，提出了一个发展工商业、改革教育制度和选拔人才制度的理想蓝图。用他话来说就是要做到“人能尽其才，地能尽其利，物能尽其用，货能畅其流。”这个主张显然是温和的社会改良主张。遗憾的是，李鸿章对孙中山的上书态度极为冷淡。此时中日甲午战争正在进行，李鸿章在芦台督师，得到孙中山的上书后，只是随便地说了句：“打仗完了以后再见吧！”孙中山非常失望，由此放弃对清政府的幻想，毅然决然走上革命的道路。1894 年 11 月，他在檀香山成立了第一个中国资产阶级民主革命派的团体——兴中会。孙中山起草的兴中会章程，明确揭示了中国所面临的严重危机：“方今强邻环列，虎视鹰瞵，久垂涎于中华五金之富，物产之饶。蚕食鲸吞，已效尤于接踵；瓜分豆剖，实堪虑于目前。有心人不禁大声疾呼，亟拯斯民于水火，切扶大厦之将倾。”他在入会的秘密誓辞中提出“驱除鞑虏，恢复中华，创立合众政府”的革命目标，第一次提出推翻清政府，建立民主共和国的革命主张。1895 年的广州起义，是孙中山用革命的手段来实现资产阶级民主共和国理想的第一次。从此，孙中山真正开始了革命活动，直接采取了武装斗争的形式来进行反清革命，并开始在人们的心目中成为“革命党”的旗帜。

2. 革命是为了建设

对于孙中山的革命人生，有人提出异议，说孙中山是只会革命，只知破坏，而不知建设。有人以所谓现代化史观，把革命与现代化建设对立起来，根本否定孙中山革命活动的正当性，进而否定辛亥革命的历史功绩。在此，有必要对这种错误的观念加以澄清，说明革命的必然性、正当性及其与现代化建设的关系。

近代中国，有两大历史任务，一是求得民族独立和人民解放，一个是实现国家繁荣富强和人民共同富裕。民族独立和人民解放，是要经过革命手段来实现的；实现国家繁荣富强和人民共同富裕，就需要通过长期的建设才能实现。前一项任务是为后一项任务扫清障碍，创造必要的前提。

孙中山本人曾经讲过：革命是万不得已的事情，而且不能一直革下去。孙中山何尝不想通过改良的办法实现国家的现代化？他当然知道这样付出的代价和破坏会少些，但通过上书李鸿章，孙中山看到了清政府的腐败，意识到不推翻这样腐败的政府，是难以进行现代化建设的。因此，革命目的是为了实现现代化，要实现现代化必须首先进行一场民主革命。在和平改良的道路走不通的情况下，在中华民族处在生死存亡的情况下，孙中山才断然决然地起来革命。因此，革命党人走上革命道路是被迫无奈的，孙中山如此，黄兴、宋教仁、章太炎、蔡元培等大批知识精英又何尝不是如此？他们都是鉴于清政府之腐败无能而被迫以革命的方式挽救中国危亡的。

关于革命与建设的关系，孙中山对胡汉民说过几句很重要的话：“建设是革命的唯一目的，如不存心建设，即不必破坏，更不必言革命。”辛亥革命推翻清王朝以后，孙中山一度认为，现在革命成功了，应该可以进行和平建设了。他的关于中国现代化建设的许多设想都是在民国初年搞的。他与袁世凯会谈时说，“希望你当了大总统，10 年之内可以练 10 万兵；我在 10 年之内能够造出 20 万里铁路。”说明此时孙中山是真想搞现代化建设的。但严酷的现实是，正当他在日本考察铁路的时候，国民党代理理事长宋教仁被袁世凯派人暗杀了。这样，孙中山意识到修铁路、搞实业的民生计划不可能实现，原来现代化建设的设想也难以做到，就被迫回国发动二次革命。二次革命以后，袁世凯要做皇帝，他又组织中华革命军，反对袁世凯称帝。等到袁世凯死了，他就把中华革命军解散了。当时有人不赞同他的这种做法，说还有北洋军阀专横，不要急着把军队解散。孙中山回答：当我们还没有证据证明这些人要背叛共和的时候，我们不能保持军队。这样，他就把军队解散了，他并不是迷信武力，更不是对革命有什么特殊嗜好。张勋复辟后段祺瑞拒绝恢复《临时约法》的时候，他又发动护法运动，维护共和制度。可见，只要和平还有希望，孙中山就力求和平。只有在不得已的情况下，他才从事革命斗争。

二、孙中山如何领导这场新式民主革命

孙中山为首的革命党人以革命的方式推翻清政府的反动统治，有其客观必然性、合理性和正当性。但究竟应该怎样进行推翻清政府的革命呢？孙中山主要从三个方面着手：一是组建了新式革命政党——中国同盟会；二是提出了新式的民主革命纲领——三民主义；三是走武装夺取政权的道路——发动了一系列武装起义。

1. 组建新式革命政党

孙中山领导的辛亥革命，不是中国旧式的农民起义，更不是传统意义上的改朝换代，而是具有近代意义的资产阶级民主革命，是新式的、近代的、民主的革命。说它是新式民主革命，是因为它有着近代式的组织领导方式，有着明确的近代革命纲领，采取了新的革命斗争方式。

世界近代意义的政治活动通常都是由政党来领导的，辛亥革命是中国革命党人第一次用政党形式来组织领导的新式革命。这个新式的近代政党，就是孙中山建立和领导的中国同盟会。20 世纪初，随着革命力量的日益集结，民主革命的发展形势要求将革命的小团体合成统一的革命政党。众望所归的孙中山担起了这一使命。1905 年 7 月，他从欧洲赶到中国革命知识分子汇集的日本东京，向各革命团体中肯地分析了过去分散斗争的弱点，强调“现今之主义，总以互相联络为要”，倡导革命者联合起来，“合成大团”，建立全国统一的革命政党，以适应革命总体战略的需要。在各革命团体大多数人士的赞同下，孙中山便把兴中会、华兴会、光复会等反清革命小团体组织起来，于 1905 年 8 月在东京创建中国同盟会。

中国同盟会既不是中国传统的秘密会党，也不是先前分散的革命小团体，而是正规的近代革命政党，堪称中国第一个资产阶级革命政党。这个政党的新颖之处，体现在四个方面：

一是把孙中山的三民主义确认为革命纲领。“驱除鞑虏，恢复中华，创立民国，平均地权”的主张，是对这场民主革命的内容和目标的集中概括，堪称为完整的、自觉的民主主义革命纲领。

二是同盟会的组织机构采取了三权分立的原则，设立了评议、司法、执行三部，总理则由会员每 4 年公举一次，消除了秘密会社的封建宗法习气，具有了近代政党的形态。

三是同盟会员的主体是资产阶级、小资产阶级革命知识分子，形成了以孙中山为首的比较稳定的领导集团，除本部外，它在国内设置了东（上海）、西（重庆）、南（香港）、北（烟台）、中（汉口）5 个支部以及隶属于各支部的各省分会。在国外设置了南洋、檀

香山、欧洲和美洲4个支部，成为一个全国性的、统一的革命政党。

四是同盟会制订了比较完整的方针和政策。1906年秋，孙中山与黄兴、章太炎等制订了同盟会的《革命方略》，包括8个重要文件，供各地革命党人武装起义时应用。除《军政府宣言》具有政治纲领性质外，其他文件的内容主要关乎方针政策问题，成为革命党人在革命斗争中所遵循的准则。

同盟会的建立，成为中国民主革命高潮的起点。它不仅为辛亥革命做了组织准备和干部准备，也为它做了舆论准备和武装斗争准备，诚如孙中山所云："中华民国何以成？以有同盟会。"这个结论，是客观存在的真实写照。

2. 提出新式的革命纲领

一个领导新式近代民主革命的政党，必须确立明确的民主革命纲领。同盟会的革命纲领，就是著名的16个字："驱除鞑虏，恢复中华，创立民国，平均地权。"这是孙中山顺应世界近代化潮流在政治上所得的结晶。1905年11月，他在《民报发刊词》中，首次将同盟会的16字纲领归结为"民族"、"民权"、"民生" 三大主义。

所谓民族主义，其基本内涵就是推翻以满族贵族为首的清政府的反动统治。同盟会宣言称："满洲政府，穷凶极恶，今已贯盈。义师所指，覆彼政府，还我主权。"反满并不是反对一切满人，而是针对满人建立的反动政权。在推翻清朝政府、建立共和国以后，国内各民族"立于平等地位"，因此，其民族主义以"五族共和"作为解决国内民族问题的准则。孙中山坚持以民主主义精神处理多民族国家中的民族关系，认为任何民族不得享有特权，也不应当受到歧视和排斥，而必须实现各民族之间的平等。反满与五族共和，体现着辛亥革命前后孙中山民族主义在内容上的变化。

所谓民权主义，其基本内涵就是反对封建专制主义，建立民主共和国。孙中山对未来的共和政体作了这样的构想："国家之本，在于人民"，"凡为国民皆平等以有参政权，大总统由国民共举，议会以国民公举之议员构成之，制定中华民国宪法，人人共守。"他重申："敢有帝制自为者，天下共击之！"民族主义和民权主义，构成了辛亥革命的政治理论基础。

孙中山的民生主义，基本内涵就是平均地权、节制资本、实行集产社会主义。孙中山深感欧美资本主义各国虽然比中国先进，但是其内部却也矛盾重重、危机四伏。为了使中国避免欧美各国所出现的社会危机，他主张"举政治革命、社会革命毕其功于一役"，力图在中国消除资本主义的弊端，避免资本主义道路。孙中山提出的三民主义，是当时使中国臻于独立、民主和富强的最先进的革命纲领。辛亥革命，就是以三民主义为其指导思想的革命。

3. 走武装夺取政权的道路

坚持反清武装斗争，是孙中山和他所领导的新式民主革命的突出特点。孙中山创建兴中会后即着手策划广州起义，后又发动了著名的惠州起义。同盟会成立后，孙中山派遣会员分赴华南、西南和长江流域，准备武装起义。从1907年到1911年春，孙中山在西南地区策划了8次起义。在镇南关之役中，孙中山身先士卒，亲自发炮轰击清军。

持续不断的武装起义，沉重打击了清政府的统治，动摇了清政府的统治根基。一幕幕悲壮的革命史剧，提高了革命党人的威望，扩大了武装革命的影响。1911年4月的黄花岗起义，100 多位革命志士英勇献身，将孙中山领导的反清武装起义推上了高潮。孙中山曾指出，“是役也，碧血横飞，浩气四塞，草木为之含悲，风云因而变色。全国久蛰之人心，乃大兴奋。怨愤所积，如怒涛排壑，不可遏抑，不半载而武昌之大革命成。”这次起义，既重新唤起人民的觉醒，也是对清政府一次极为沉重的打击。广州黄花岗起义有力地促进了辛亥革命高潮的早日到来。

黄花岗的碧血，保路风潮的云起，孕育了武昌首义的成功。从 1895 年策动广州起义算起，孙中山领导革命党人进行了 17 年的艰苦斗争，前赴后继，不怕牺牲，屡蹶屡战，为辛亥革命积聚着成功因素。1911 年 10 月，武昌新军的枪声终于点燃了焚毁清王朝的燎原大火。不到 2 个月，全国有 14 省宣布独立，清朝统治土崩瓦解。1912 年 1 月，革命党人在南京建立了临时政府，孙中山就任临时大总统，宣告了中华民国的成立。1912 年 2 月 12 日，清帝宣布退位，结束了中国两千多年的封建帝制，从此，中国历史掀开了新的篇章。

三、如何看待辛亥革命的成功与失败

武昌起义的枪声，宣告了大清皇朝的覆灭。民族平等、民权自由、民生幸福的呼声在中华大地回荡。空前的民主气象，竞办实业的浪潮，形成了生机勃勃的局面。国体改变了，政体改变了，民主共和的理想就要实现了；辫子剪掉了，服饰改换了；龙旗扔掉了，五色旗飘起来了。中国在政治、经济、思想文化、社会风俗等方面发生了根本性的变化。然而大盗窃国，帝制复辟，中国又陷入了北洋军阀的黑暗统治下，有识之士仍在黑暗中摸索。人们不禁要问：辛亥革命是成功了，还是失败了？辛亥革命有着怎样的功绩？如何看待辛亥革命的成败得失？对此应该具体分析。

1. 辛亥革命有着怎样的功绩

辛亥革命推翻了封建帝制，建立了资产阶级民主共和制度，成立了亚洲第一个共和国，为中国资本主义现代化提供了政治和经济条件。从这个意义上说，辛亥革命取得了胜利。

1912 年元旦，孙中山在南京就任中华民国临时大总统后，首先仿照美国的共和制度，确立了总统制，成立了临时参议院，并着手制定国会组织法和选举法，1912 年 3 月 11 日，公布了《中华民国临时约法》，作为正式宪法制定前的国家根本大法。《临时约法》规定，中华民国的主权属于国民全体，中华民国人民一律平等，人民享有人身、居住、财产、言论、出版、集会、结社、信仰等自由。《临时约法》根据美国、法国的“三权分立”、“代议政治”原则为指导，规定了参议院、大总统、国务员、法院的各自的权限，确立了“责任内阁”制。《中华民国临时约法》是中国第一部资产阶级民主宪法，是中国历史上的伟大创举。它彻底否定了封建专制制度，在中国人民面前提出了一个崭新的民主共和体制，为使中国从封建专制政体转轨到近代民主共和政体作了法律上的保障。大总统、国会、宪法，这三者是民主共和国的象征。辛亥革命的最重要成果，就是建立起了近代西方式的资产阶级共和国，毅然决然地将中国纳入到民主共和的轨道上来。

为了将中国逐步引入近代资本主义的发展轨道，孙中山领导的南京临时政府在其存在的短短 3 个多月中，颁布了一系列除旧布新的法令，进行政治、经济、教育和社会等方面的变革。孙中山不愧为中华民国的缔造者、民主共和政体的创建者、经济现代化的强力推进者和社会风俗的积极变革者。

“自由尽是新风尚”，这是对民国初年中国社会习俗改良的最好的概括。禁缠足、禁鸦片、禁赌博，改称谓，废跪拜，禁止贩卖人口，倡女权，易服饰，倡导自由婚姻等等，成为一股时代性的社会潮流。

随着封建帝制的废除，附生于封建帝制的种种丑恶制度也被次第扫除，例如世袭制度、太监制度、包衣制度等等。所以，辛亥革命推翻帝制的实际政治影响和思想影响，远远超出了人们的预料。政治体制的革故鼎新，社会习俗的除旧布新，的确使民国初年的中国政治和中国社会面貌为之一新。

2. 如何看待辛亥革命的成败得失

针对有人贬低孙中山领导的辛亥革命“只不过赶跑了一个皇帝”，参加过辛亥革命的林伯渠在1941年时感慨地说，“对于许多未经过帝王之治的青年，辛亥革命的政治意义是常被低估的，这并不为怪，因为他们体会不到推翻几千年因袭下来的专制政体是多么不容易的事。”过去皇帝是最神圣不可侵犯的、至高无上的，如今皇帝都可以打倒，那么有什么陈旧的腐败的东西不能丢掉呢？《临时约法》破天荒第一次明确宣布：“中华民国之主权，属于国民全体。”普通老百姓从历来的“子民”、“臣民”、“蚁民”，一下子变成国家的主人，这是一个多么了不起的变化！它在整个社会生活和人们头脑中所引起的巨大震动是可想而知的。思想的闸门一经打开，这股思想解放的洪流就奔腾向前，不可阻挡了。辛亥革命把统治中国几千年的君主专制制度一举推倒了，为此后的中国革命打开了通道。这种不朽的业绩，是值得大书特书的。

辛亥革命以民国取代帝国，诚然来得过于急骤，无论从思想上还是政治组织上都缺乏充分的准备，但却是合乎世界政治现代化运动的主流和方向的。辛亥革命推翻了相沿两千多年的封建帝制，建立了近代民主共和制度，使民主主义成了正统，而帝王由人主、天子、君父变成了人民的公敌，正如梁启超所云：“任凭你像尧舜那样贤圣，像秦始皇、明太祖那样强暴，像曹操、司马懿那样狡猾，再要想做中国皇帝，乃永远没有人答应。”这无疑是中国政治现代化进程中一个质的飞跃。

就历史发展的总趋势来看，辛亥革命确实是中国历史上的一个重要的分水岭，它一方面结束了中国的传统社会，另一方面开辟了中国历史的新纪元。随着时间的推移，它的后一个方面的意义越来越显得突出。由于辛亥革命在中国历史上毕竟是前无古人的盛事伟业，没有成功的经验可以凭借，于是我们看到一个极其奇怪的现象，那就是辛亥革命的客观效果与主观意图每每严重背离，虽然不能说它使中国的现代化发展丧失了一次重要的机会，但毕竟由于其实践的客观效果不佳而给20世纪的中国投下了许多阴影，从而使人们有理由怀疑，资产阶级的共和革命是否符合中国国情？资产阶级的民主政治在中国是否有其发展前途？中国的现代化发展在当时是否必然要推翻帝制？然而，怀疑归怀疑，只要略加考察辛亥以后民主共和制度被一步步破坏的历史，就会发现问题的真正所在。

自袁世凯取得中华民国临时大总统的职位后，民国政坛上风云不断。客观地说，以孙中山为首的革命派建立的中华民国共和政体，对当上民国临时大总统职位的袁世凯来说，还是具有很大的制约力，特别是《临时约法》中规定的“责任内阁制”及同盟会在责任内阁中掌握实权的格局，多少限制了袁世凯的权力。这当然是力谋专制统治的袁世凯所不愿接受的。这样，在辛亥以后，革命民主势力与封建专制势力便围绕着独裁与民主、专制与共和、复辟与反复辟展开了一系列的斗争。

1913 年 3 月，袁世凯采取卑鄙的手段，派人暗杀了宋教仁，孙中山动员革命党人发动了“二次革命”，以维护民主共和政体。然而，由于革命党的涣散，二次革命失败，共和势力遭到重创。镇压二次革命后，袁世凯强令第一届国会选举自己为中华民国正式大总统，随后，他设立御用机关政治会议和约法会议，废除了具有近代民主色彩的《中华民国临时约法》，公布了充满独裁专制色彩的《中华民国约法》。1914 年 12 月，他颁布了《总统选举法》，规定：总统任期为 10 年，可连选连任终身；总统继承人由现任总统推荐。这样，袁世凯不仅可以做终身的总统，而且还可以传之子孙。至此，辛亥革命所建立起来的民主共和制度完全被破坏，只剩下“中华民国”这块空招牌。

就是这样一块空招牌，袁世凯也力图将它最后砸碎。1915 年 12 月 12 日，袁世凯正式发表接受皇帝位电令，次日接受百官朝贺，12 月 31 日将总统府改为新华宫，定 1916 年为洪宪元年，当上了中华帝国的洪宪皇帝。辛亥革命建立起来的资产阶级民主政体被袁世凯彻底践踏了。

如何看待辛亥革命在政治上的挫折呢？历史的发展自有其内在的逻辑。辛亥革命毕竟是一场伟大的民主主义革命。它包括民主思想的大规模传播和民主主义革命行动的急风暴雨似的推行。民主思想的大规模传播，为民主主义革命的推行起到了极其重要的舆论动员作用；而民主主义革命的实现，使全国的老百姓受到了一次极其难得的民主主义的实际教育和洗礼。人们逐渐懂得了以往认为天经地义的皇帝的专制统治，是要不得的，是可以推翻的，是可以用民主的方式来代替的。这种民主的方式，主要是一种资产阶级参与统治的方式，是较之已往的封建专制更能够推动社会发展的统治方式，对于近代中国所经历的那种深刻的社会危机和国家存在的危机来说，它又是一种救国方式，是一种可能推动中国走向现代化的方式。

正因如此，推翻封建专制，推翻皇帝统治，这种大规模的社会革命，对中国一般人的民主教育，是比较深刻和直观的。辛亥革命的意义就在于：为中国现代化的进程开辟了一条通路，斩断了中国社会任何后退的可能。

经受过辛亥革命民主共和思想洗礼的人们，自然不会容忍袁世凯如此背叛共和与复辟帝制。袁氏称帝，激起全国民众愤慨。1915 年 12 月 25 日，蔡锷在云南发动“护国战争”，孙中山也号召全国人民起来为重建民国而斗争。仅仅做了 83 天皇帝梦的袁世凯，便在全国人民的唾骂声中忧愤而死。

袁世凯窃据了辛亥革命的历史成果，居于统治的颠峰，掌握着庞大的军事机器，控制了从中央到各省的政权，其统治权威，实际上比前清皇帝还要厉害。但是，他要从共和倒退到帝制，很快就失败了。袁世凯反对民主、背叛共和失败得那么惨那么快，原因何在？

这显然是辛亥革命用实际行动向全国人民普及了民主知识的结果。从这个意义上说，辛亥革命又没有失败。历史发展尽管不是那么径情直遂，但历史发展按照一定规律朝着某种不变的方向前进，又是不能改变的。袁世凯的失败，再次证明了这个历史发展的真理！

四、如何看待辛亥革命及中山思想的现代价值

作为中华民国的国父，中国民主革命的先行者，孙中山是近代以来被纪念最多的一位革命伟人。今天回望孙中山领导的辛亥革命，它究竟给我们留下了怎样的遗产？有哪些现代性的启示？我认为，孙中山振兴中华的伟大理想，孙中山开创的革命事业，孙中山的思想理论，孙中山爱国革命不断进步的精神，以及孙中山的伟大旗帜，都是留给我们的宝贵遗产，而孙中山追求民族独立、民主自由和民生幸福的主张，孙中山“适乎世界之潮流，合乎人民之需要”的理念，孙中山以实业化为中心，以民主政治为杠杆，以科学、教育和文化的发展为必要条件，走中国特色发展道路的蓝图设计，是我们现代化建设的重要参考和借鉴。其中具有突出现实意义的有二项：一是民族平等和国家统一思想；二是关注民生幸福、实现国家富强的理念。

1. 民族平等思想

中国自古便是一个多民族国家，如何处理国内民族问题成为孙中山为首的革命党人首先要解决的问题。孙中山强调：“我们革命的目的是为众生谋幸福，因不愿少数满洲人专利，故要民族革命。”他认为，在清政府的反动统治下，中国民众处于“双重奴隶”的境地，既是封建统治者的奴隶，同时又是外国列强的奴隶，推翻专制统治，是中国人民谋求自由平等的第一步。他说：“我们三民主义中的民族主义，就是要使中国人和外国人平等，不做外国人的奴隶。”很显然，孙中山倡导革命反清，既是为了谋求去除国内各民族之间的不平等，同时也是为了去除中华民族与列强之间的不平等；在革命反清口号的背后，正体现了孙中山对民族平等的执着的追求。

辛亥革命爆发后，鉴于实行民族压迫政策的封建王朝被推翻，孙中山转而从正面阐述民族平等思想，代之以提倡“五族共和”，强调各民族在政治、宗教和经济上都应享有平等地位和平等权利。1912 年 1 月，他在致蒙古王公电中明确宣布辛亥革命推翻清政府专制统治“并非仇满，实欲合全国人民，无分汉、满、蒙、回、藏，相与共享人类之自由。”在宣传民族平等的同时，他还号召汉、满、蒙、回、藏各族人民加强民族团结。对此，他在当时有过很多次演讲。如 1912 年 9 月 3 日，他在北京五族共和合进会与西北协进会的演说中，呼吁汉、满、蒙、回、藏“五大民族相爱如亲，如兄如弟，以同赴国家之事”。同月 17 日，他在北京广济寺与旗人的谈话中语重心长地表示：“凡我国民，均应互相团结，以致共和政治于完善之域；人人之志愿，均应为人民求幸福，为国家求独立，而国家乃进于强盛，共和之目的乃可达到。”

2. 国家统一思想

中国不但自古就是一个多民族国家，而且还是一个酷爱统一的国家。历史上，中华民族虽然也出现过分裂的局面，但分裂并不是中国历史的常态，统一始终是中国历史的发展趋势。孙中山自始至终将谋求国家的统一作为民族主义的核心内涵。早在 1903 年发表的《支那保全分割合论》中，他就对列强提出的分割中国的论调作了批驳，指出“分割论”违背了中国的历史和民情，是不可行的。民国成立后，孙中山在《临时大总统宣言书》中首先将致力国家的统一作为中华民国的立国方针，并把国家的统一具体归纳为以下五个方面：民族之统一、领土之统一、军政之统一、内治之统一、财政之统一。辛亥革命以

后，面对军阀割据混战、国家四分五裂的局面，孙中山更加强调统一的重要性："中国是一个统一的国家，这一点已牢牢印在我国的历史意识中，正是这种意识使我们能够作为一个国家而被保存下来，尽管它过去遇到了许多破坏力量"。统一是全体人民的根本利益和共同希望："统一是中国全体国民的希望。能够统一，全国人民便享福，不能统一，便要受苦。"

孙中山对国家统一思想所作的阐述和他为谋求国家统一所作的努力，体现了一代伟人的宏伟的政治家气魄和崇高的爱国主义情怀。台湾与祖国大陆已经分离了数十年，这不符合中国历史发展的趋向和海峡两岸炎黄子孙的根本利益。重温孙中山关于国家统一的思想，以孙中山爱国统一思想为纽带，团结和推动海内外所有爱国的中国人共同努力，对于促进海峡两岸经济文化交流，最终实现国家的完全统一，有着十分强烈的现实意义。

3. 关注民生幸福、实现国家富强的理念

孙中山在辛亥革命前后留给后人最有价值的思想遗产，当数他重点阐释的民生主义。关注民生幸福，追求社会进步，实现国家富强，是民生主义的基本内容。

辛亥革命推翻了清政府，废除了封建专制制度，建立民主共和国，颁布了《临时约法》，孙中山认为民族主义、民权主义已经实现了，下一步应该着力于民生主义。他辞去临时大总统后，全力倡导民生主义，认为"民国巩固"要靠"振兴实业"，热衷于民生主义的实践，从事社会革命，专务现代化建设。发展生产力应该从哪里着手？他认为关键在于交通，特别是铁路建设。故他自告奋勇要当全国铁路督办，想在 10 年内修筑 20 万里铁路。

孙中山敏感地意识到，在世界资本主义发展的时代潮流之下，中国不可避免地要走上资本主义道路。中国要发展资本主义，又要避免资本家垄断社会财富、压制人民群众，办法在哪里？只要实行以土地国有和节制资本为主要内容的一系列民生主义政策，就能够避免出现大资本家，就能防止社会财富集中于少数人手中，就能防止资本家专制。民生主义的出发点，是防止垄断性的大资本家出现，反对大资本家垄断社会财富；民生主义的归结点，是社会和平协调发展，永远消弭劳资间的阶级斗争。他认为，实行民生主义，经济生活上人人平等，共同富裕，就能保证中国永远不再革命。因此，在社会发展目标上，孙中山公开声称民生主义，与马克思主义的社会主义、共产主义理想不相冲突，而且是好朋友。

孙中山民生主义中有一些与社会主义的原则相近的东西，对建设中国特色社会主义有一定借鉴意义。孙中山关于发展生产力的思想，关于发达国家资本、节制私人资本的思想，关于缩小贫富差别的思想，关于正确处理劳资关系的思想，关于全社会和平协调发展的思想，关于共同富裕的思想，明确体现了重视民生、福利民生、和谐社会的旨趣，是值得我们今天借鉴的。

五、纪念辛亥革命是两岸增进互信的交流平台

孙中山与辛亥革命的历史，留给我们丰富的思想遗产，也带给我们深刻的现代启示。她告诉我们，辛亥革命的历史，就是海峡两岸同胞为着中华民族的振兴和统一而共同奋斗的历史，是联系两岸同胞之间的一条重要精神纽带。今天，在祖国统一大业还没有完成之

际，我们更应该珍惜历史，铭记历史，以共同的历史记忆来增进民族认同感，以对辛亥革命的纪念为交流平台，增进两岸之间的互信，共谋祖国统一大业。

1. 辛亥革命是海峡两岸同胞共同的记忆、共同的精神激励

辛亥革命与台湾密不可分。中国近代史上最屈辱的一页，莫过于将台湾割让给日本。马关条约的签订使两岸人民同感悲愤，改革运动和武装起义由此风起云涌。辛亥革命爆发后，身处日本殖民统治下的台湾同胞非常振奋。一些台胞冲破阻力，回到大陆，亲身参加孙中山领导的辛亥革命。而更多的台湾同胞在大陆的革命影响下，发起了台湾岛内的抗日运动。为了“驱逐日寇，收复台湾”，他们前仆后继组织武装起义达 10 次之多。一段辛亥革命的历史，就是两岸人民为追求民族尊严、民主自由、民生幸福，同呼吸、共命运的历史，是属于两岸人民共有的历史。

孙中山与辛亥革命，是将两岸人民紧密联系在一起的强大精神纽带。辛亥革命从发生至今，已近 100 年。在这百年的时间里，台湾与大陆分了又合，合了又分，关系曲折。但是，两岸无论是在相对隔绝的时期，还是在交流往来频繁的年代，孙中山和辛亥革命都是两岸人民共同的记忆、共同的精神激励。特别是改革开放以来，海峡两岸以孙中山与辛亥革命研究为媒介，开展学术文化交流，带动经济贸易的往来。在交流往来中，两岸人民共同利益日益增多，民族认同感也得到加强。

2. 以纪念辛亥革命为交流平台，增进两岸互信，推进祖国统一

辛亥革命的历史再一次告诉我们：两岸同胞是血脉相连的共同体；中国是包括大陆和台湾在内的两岸同胞共同家园。要实现祖国统一，首先要确保两岸关系和平发展。胡锦涛总书记指出：推动两岸关系和平发展，不但要厚植共同利益，也要增强休戚与共的民族认同。

当前，两岸都在为纪念辛亥革命 100 周年积极筹备。在大陆，从中央到地方，特别是与辛亥革命相关的纪念地都准备在明年开展纪念活动。有些地方已经开始进行纪念活动。例如我今天的这个讲座，就是民革中央与国家图书馆等单位主办的，也是民革中央纪念辛亥革命系列活动的一部分。而在台湾，无论是官方，还是民间，纪念筹备活动也已经如火如荼地展开。许多组织和团体还表示愿意到大陆来参加有关的纪念活动。如台湾新党主席郁慕明说，如果大陆方面邀请新党参加纪念活动，他非常乐于率团出席。还有，台湾岛内由辛亥革命先烈后裔组成的辛亥首义同志会正在和武汉有关部门积极接洽，准备到武汉共襄盛举。……还有很多，在这里就不一一列举了。因此可以说，两岸对辛亥革命历史的共同记忆，为我们提供了一个非常好的交流平台。我们要充分发挥纪念辛亥革命这个交流平台的作用，努力增进两岸交往，增进两岸互信，共同推进祖国统一大业进程。

突出主题，明确任务，开创民革思想宣传理论研究工作新局面

（2010 年 9 月 10 日在民革全国思想宣传理论研究工作会议上的讲话）

周铁农

同志们：

民革全国思想宣传理论研究工作会议今天在北京召开，来自全国民革各省级和副省级

组织分管思想宣传理论研究工作的领导同志，各省级组织宣传部门负责人和民革中央理论研究与学习委员会委员近一百人齐集一起，将要用两三天时间，总结近年来民革思想宣传和理论研究工作的进展、成绩和经验，研究和部署今后的工作任务。我很高兴代表民革中央和我本人，向到会的各位同志致以热烈的欢迎和诚挚的问候！

近年来，在民革九届、十届中央委员会工作的基础上，在中共各级党委和统战部门的指导和支持下，在民革中央和各地领导班子的有力领导和组织下，民革的思想宣传和理论研究工作取得了新的令人瞩目的进展和成绩。这些进展和成绩，刚才修福金同志的报告中具体全面地进行了说明和总结，我这里再强调一下几个特点：一是始终抓住一条主线，就是以提高全体党员、干部的思想政治素质为目标，为保证民革自身建设和履行职能始终沿着正确的政治方向发展，保证民革这支队伍始终保持政治思想上的健康、积极、稳定、向上，作出了积极的贡献。二是大大加强了民革参政议政成果和参政议政代表性人物的宣传，使社会各界对民革作为参政党的形象，有了进一步认知。三是在理论研究，特别是在参政党建设理论、民革党史研究、孙中山和辛亥革命研究方面，取得了可喜的成绩，其中的许多成果在社会上产生了良好的影响，进一步彰显了民革的特色。一支民革理论研究队伍初步形成。四是对民革思想、宣传和理论研究工作的规律性的探索和认识进一步深化，对如何根据民革作为参政党的特点和具体条件开展工作，创造和形成了一套行之有效的方式和方法。比如，坚持把思想政治工作的重心放在基层；宣传工作要抓好“四个结合”；理论研究要以政治性为主导、学术性为基础；以开展主题活动带动和推进基层支部的政治学习；等等。所有这些方面的进展和取得的经验，都是从事民革思想宣传理论研究工作的同志们共同努力的结果，我谨代表民革中央，向在座的各位，并通过大家向所有的同志们表示诚挚的感谢！

同志们！本次会议的主要任务，是深入学习贯彻科学发展观，在《中共中央关于进一步加强中国共产党领导的多党合作和政治协商制度建设的意见》精神指导下，部署今后一个时期民革思想宣传理论研究的任务和各项工作。这就需要我们深入分析和把握形势，突出和把握主题，从而明确任务，为开创思想宣传理论研究工作新局面而努力。为此，我再谈几点意见，供大家研究。

第一，增强参政能力，是当前民革思想宣传理论研究工作的新主题。

今年5月召开的民革十一届十一次中常会，提出和研究了加强民革参政能力建设的问题，我在会上就加强参政能力建设的意义、主要内容和途径、方法，做了一个专题讲话，与会同志也提出了很好的意见。大家一致认为，加强参政能力建设，是新形势下对民革自身建设提出的新的任务。

新世纪以来，我国的社会主义现代化建设进入了一个关键时期。经过30年改革开放，我国的社会主义市场经济体制已经基本建立并不断得到完善，经济发展的速度令世人瞩目，今年6月份，我国的国民生产总值首次超过日本，位居世界第二。在经济高速发展的同时，以胡锦涛同志为总书记的中共中央高瞻远瞩，总揽全局，适时提出了全面建设小康社会和构建社会主义和谐社会的战略任务，在大力发展经济的同时整体推进我国政治、文化、社会各个领域的建设，取得了非凡的成就。去年以来，中共中央和国务院针对经济发展中的突出问题，提出了调整经济结构、转变经济增长方式的战略方针，这一方针，也正是制定国家“十二五规划”的一个重要指导思想。

在中国特色社会主义建设事业取得巨大成就的同时，应该看到我们还面临着许多繁重的任务，比如如何推进调整经济结构、转变经济增长方式的任务较快地顺利完成；如何在确保公平、兼顾效率的前提下调整国民收入分配结构，建立和完善各项社会保障制度；如何在中国特色社会主义道路上稳步推进社会主义民主政治建设；等等。在实现这些任务的过程中，还面临着许多新的困难和复杂的问题。这就要求作为参政党的民革，始终在政治上与中共中央保持一致，以强烈的使命感和责任感，加强参政能力建设，大力提高参政能力，面对社会主义现代化建设关键时期的任务和困难，在更高的水平上履行好参政党职能，发挥好参政党作用，为执政党决策的科学化、民主化作出新的贡献，彰显多党合作的优越性。这也是对国际上对我国多党合作的社会主义政党制度的攻击和怀疑的最好回答。

从民革自身来看，加强参政能力建设，提高参政能力，是民革自身建设进程的必然要求和逻辑发展。长期以来，民革中央始终十分重视自身建设问题，特别是九届、十届中央委员会以来，我们几乎每年都有一次中央常委会专题研究民革的自身建设工作，课题涉及思想建设、制度建设、领导班子建设、基层组织建设、后备干部队伍建设等自身建设的各个方面，极大地推进了民革自身建设的制度化、程序化、规范化水平，从各个方面和各个层次上促进了民革参政能力的提高，也为这次中央常委会集中研究加强参政能力建设奠定了基础。

中共十六大以来，以胡锦涛同志为总书记的中共中央从全面建设小康社会、加快推进社会主义现代化的新要求出发，高度重视参政党自身建设，特别是参政能力建设问题。胡锦涛总书记多次强调，参政党建设要与执政党建设互相促进，参政能力要与执政能力共同提高。中共中央先后颁发了《关于进一步加强中国共产党领导的多党合作和政治协商制度建设的意见》、《关于加强人民政协工作的意见》、《关于巩固和壮大新世纪新阶段统一战线的意见》等重要文件，为新世纪新阶段参政党的发展和参政能力建设，提供了重要的理论指导、政策依据和制度保障。与此同时，中共十七大又从发展社会主义民主政治、建设社会主义政治文明的战略高度，对支持、帮助民主党派加强自身建设和积极开展工作，作出了全面部署。中共中央以及中共各级组织、各级政府对民主党派工作的高度重视，为多党合作事业和民主党派提供了良好的发展机遇，为参政党大力加强参政能力建设，努力提高自己的参政能力和水平，提供了坚实的平台和广阔的空间。

为使参政能力建设真正落到实处，见到实实在在的成效，需要有自身建设各个方面，包括思想理论建设和宣传工作的支撑和推动。特别是思想建设和理论研究，能否为参政能力建设提供政治思想上的引导和理论创新的支持，至关重要。因此，我们一定要把加强参政能力建设，作为当前民革思想宣传理论研究工作的主题，这是落实民革十一届十一次中常会精神的要求，也是已有成绩和进展的基础上，把我们的思想宣传理论研究工作推向更高水平、开创工作新局面的需要。

第二，突出重点，全面推进，是当前民革思想宣传理论研究工作的新任务。

思想宣传理论研究工作负有多方面的任务，以提高参政能力建设为主题，要求我们抓准能力建设中的关键环节，突出工作重点，实现全面推进。

在思想教育方面。多年来，我们坚持用正确的理论、观念引导和教育广大党员、干部，全党同志普遍树立起正确的政党观、民主观、发展观、人生观、价值观；坚持中国共产党领导、坚持多党合作制度、坚持中国特色社会主义政治发展道路的理想信念不断巩固；广大党员、干部的政治坚定性、政治敏感性和政治鉴别能力不断加强。这就为保证民革始终与中国共产党共同团结奋斗奠定了坚实的思想政治基础。

在此基础上，从提高民革参政能力的需要出发，我们的思想政治工作要把提高广大党员、干部对形势的把握能力，特别是对政治形势的把握能力作为思想教育和理论学习的重点。只有善于从政治上观察、判断、分析形势，善于从政治上观察问题、分析问题和处理问题，在重大问题上克服错误思想的干扰，做到头脑清醒、旗帜鲜明，才能使我们的参政能力建设始终保持正确的政治方向，把民革各级组织和广大党员的积极性、主动性、创造性，引导到服务科学发展、促进社会和谐上来。

同时，我们也要重视提高观察、判断、分析经济形势和社会形势的能力。改革开放发展到今天，正如温家宝总理指出的，在经济建设和社会建设中，特别面临当前调整经济结构、转变经济增长方式的重大任务，决策的“两难问题”日益增多。为使我们的参政议政工作真正有助于执政党的科学决策、民主决策，我们的建言献策真正有助于政府解决疑难，推进工作，重视提高民革广大党员干部，特别是领导干部对经济形势和社会形势的分析、判断能力，是十分必要的。

加强参政能力建设，必须以学习为基础。中共十七届四中全会提出“要建设学习型政党”，这既是对执政党的要求，也是对参政党的要求。要把建设学习型参政党，作为思想政治理论研究工作的又一重点。要不断探索建设学习型参政党的制度和机制。在学习内容上，不仅要学习马克思主义、毛泽东思想、邓小平理论、“三个代表”重要思想和科学发展观，学习执政党的路线、方针、政策，还要学习政治理论和马克思主义政党学说，学习历史和现代管理知识，这样才能使我们在努力提高自己的理论水平和思想认识水平的同时，也丰富我们的基本学识和素养，从而为提高我们的参政能力和水平打下基础。

在理论研究方面。作为参政党的民革的理论研究，决不是泛泛的、纯学术的、纯理论的研究。我们的理论研究，必须紧密结合民革的实际，特别要围绕提高参政能力建设这一主题，重点选取事关参政能力建设的课题开展研究。比如，如何建设一个能够团结带领党员干部更好履行参政议政职能的领导班子；如何创新和完善参政议政工作机制；如何创新和完善参政议政人才的发现、培养、使用机制；如何深入研究经济社会发展中的战略性、全局性、前瞻性问题，为民革的参政议政工作提供源源不断的、富有启发性的智力支持和研究成果；如何进一步推进孙中山研究，使这项研究在突出民革特色、推进两岸交流交往方面发挥更加积极地作用，等等。要倡导敢于探索的理论研究勇气和求真务实的研究态度，面向真问题，提出真见解，得出真结论。在理论研究队伍上，我们也要根据民革的实际，充分发挥民革党内的专家的作用，同时要吸引和联合社会上的专家学者，一起进行研究。要有重点地发展学有所长的专家加入民革，充实我们的专家队伍。

在宣传工作方面。近年来，随着中共中央对多党合作宣传的进一步重视，以网络为主的宣传媒体的广泛发展，民革的宣传工作处于前所未有的有利局面。从刚才修福金同志的报告中，我们也能感受到，几年来民革的宣传工作确实取得了很大的进展，这与我们拥有这样有利局面是分不开的。今后，要更加充分利用这一大好局面提供的有利条件，把民革的宣传工作提高到一个新的水平。要围绕参政能力建设这一主题，努力宣传民革参政议政的新成绩和先进人物，宣传民革在参政能力建设上的新进展和新经验，这也是对党员进行思想教育的重要内容。

为此，要把创新作为宣传工作提高水平、增强宣传效果的关键环节抓紧抓好。要以创新的精神抓好专项宣传活动，提高宣传的影响力；以创新的精神办好民革各级报刊，改革文风，提高宣传报道的感染力；以创新的精神建立和完善宣传工作机制，充分发挥广大宣传干部的主动性、创造性。

第三，开创民革思想宣传理论研究工作新局面的若干要求。

首先，各级领导要从加强参政能力建设、提高参政能力的角度和层次，进一步认识民革思想宣传理论研究工作重要性，把研究本级组织的思想宣传理论工作，经常性地提上领导班子的重要议事日程。要突出主题，抓住重点，对思想宣传理论研究工作提出具体要求，作出规划，配备好工作干部，提供必要的经费和工作条件，支持他们积极开展工作。当前，各地的思想宣传理论工作还很不平衡。工作开展不够的地方要采取措施，及时加强。

其次，广大宣传干部，特别是宣传部门负责同志要进一步加强学习，不断提高自身的思想政治素质和业务能力、创新能力，各级领导也要重视对宣传干部的培训和指导。把民革建设成为学习型参政党，宣传干部，特别是宣传部门负责人理应先走一步，多学一点，提高的快一点。只有这样，才能做好领导班子思想宣传理论工作的参谋和助手，具体组织好广大党员的学习。提高参政能力的任务，具体到宣传干部，不是让宣传干部也来写提案、搞某个具体经济问题的调研，而是要在思想、宣传、理论研究工作中，以创新的精神和高水平的工作，为民革加强参政能力建设、提高参政能力，发挥自己的作用。

最后，民革的理论工作者，特别是民革中央理论研究与学习委员会的委员，要增强使命感和责任感，以更积极地姿态投入到本专委会的工作中来，以自己的专业水平和高质量的研究成果，为民革参政能力建设作出自己独特的贡献。随着多党合作的不断发展和完善，理论研究愈来愈显出其重要的意义和作用。民革在自身建设和履行职能方面有许多既有理论价值、又有实践意义的课题有待发现和研究，民革理论研究的局面有待开拓，境界有待提高，民革的理论研究工作者大有作为。

同志们！以提高参政能力为主题，开创民革思想宣传理论研究工作新局面，是我们面临的重要任务，任重而道远。我们一定要奋发精神，努力工作，为把民革建设成高素质、有作为的学习型参政党，为全面建设小康社会、推进中国特色社会主义事业作出自己应有的贡献。

在民革全国参政议政工作暨成果交流会议上的讲话

（2010 年 12 月 9 日）

周铁农

同志们：

很高兴与民革各地负责参政议政工作的同志在一起，总结交流民革全党一年来参政议政工作成果和经验，研究今后参政议政工作的思路。

一年来，民革全党深入学习贯彻科学发展观，努力学习和践行社会主义核心价值体系，把协助执政党和政府有效应对国际金融危机，确保经济平稳较快增长，作为参政议政工作的首要任务，充分发挥民革联系广泛、智力密集的优势，切实履行参政党职能，针对如何应对国内外环境变化，保持经济社会大局稳定，实现国家全面协调可持续发展等问题深入开展调查研究，积极建言献策，发挥了参政党应有的作用。在座的各位同志作为民革参政议政工作的重要力量功不可没。在此我代表民革中央向各位同志，并通过你们向辛勤工作在民革参政议政工作一线的全体同志表示衷心的感谢！

今年10月，中共十七届五中全会在北京胜利闭幕。这次全会是在我国即将完成“十一五”规划、进入全面建设小康社会的关键时期召开的一次重要会议，是一次总结过去、规划未来、明确发展方向和奋斗目标的重要会议。会议的召开，对于继续抓住和用好我国发展的重要战略机遇期，巩固和扩大应对国际金融危机冲击成果，促进经济长期平稳较快发展，夺取全面建设小康社会新胜利、推进中国特色社会主义伟大事业，具有十分重要的意义。

回首过去的五年，民革全党在以胡锦涛同志为总书记的中共中央领导下，牢牢把握科学发展这条主线，积极为“十一五”规划顺利实施建言献策，充分发挥民革在“三农”、祖国和平统一和社会法制建设方面的智力优势、人才优势，为实现经济发展和社会稳定作出了重大贡献，得到了执政党和政府的充分肯定。“十二五”时期是全面建设小康社会的关键时期，是深化改革开放、加快转变经济发展方式的攻坚时刻。同时，当前和今后一段时间内，也是世情、国情继续发生深刻变化，我国经济社会发展呈现新的阶段性特征的一个时期。《中共中央关于制定国民经济和社会发展第十二个五年规划的建议》明确以科学发展为主题和以加快转变经济发展方式为主线的指导思想，是对社会主义现代化建设指导思想的重大发展，也是对参政党参政议政工作提出的新的、更高的要求，摆在我们面前的任务也将更加艰巨。在此，我想就民革参政议政工作谈几点意见和建议，希望与同志们共同探讨：

一、认真学习贯彻中共十七届五中全会精神，深刻认识当前面临的国内外形势，将认识和行动统一到中共中央的战略部署上来

中共十七届五中全会明确指出，我国仍处于可以大有作为的重要战略机遇期。无论从我国发展历程看，还是从世界其他国家发展历程看，能不能抓住机遇，推进发展，是一个国家能不能赢得主动、赢得优势、赢得未来的关键所在。

当前，国内外形势的发展变化，预示着500年来东西方文明此消彼长的一个关键阶段正在到来。这个关键阶段就是中共十六大提出的我国“必须紧紧抓住并且可以大有作为的重要战略机遇期”，也是十七届五中全会提出的“我国发展仍处于可以大有作为的重要战略机遇期”。

两年前国际金融危机爆发，世界经济处于低谷，国际政治、经济格局发生重大变化。曾有人怀疑我们的重要战略机遇期是不是提前结束了，甚至怀疑这个战略机遇期根本不存在。但我国用保持经济社会又好又快发展，并成功应对国际金融危机挑战的事实告诉全世界，中共中央确定的我国仍处于发展的重要战略机遇期的战略判断是完全正确的，是中共中央在对国际国内形势进行全面分析和深刻把握的基础上作出的重大判断。

从国际形势来看，世界发展的大趋势没有变：虽然不稳定不确定因素仍然存在，地区冲突和纠纷时有发生，但和平、发展、合作仍是时代潮流，世界多极化、经济全球化深入发展，世界经济政治格局出现新变化，科技创新孕育新突破，国际环境总体上有利于我国和平发展。

从国内形势来看，我国发展的基本面没有变：工业化、信息化、城镇化、市场化、国际化深入发展，人均国民收入稳步增加，经济结构转型加快，市场需求潜力巨大，资金供给充裕，科技和教育整体水平提升，劳动力素质改善，基础设施日益完善，体制活力显著增强，政府宏观调控和应对复杂局面能力明显提高，社会保障体系逐步完善，社会政治大局保持稳定，为我们进一步推动经济社会发展和增强综合国力创造了有利条件。

不过，在前进的道路上，我们不仅面临难得的历史机遇，而且面对诸多可以预见和难以预见的风险挑战。就国际形势来说，国际金融危机余波未了，全球需求结构出现明显变化，围绕市场、资源、人才、技术、标准等的国际竞争更加激烈，各种形式的保护主义抬头等等。就国内形势来说，我国发展中不平衡、不协调、不可持续问题依然突出，比如经济增长的资源环境约束强化，投资和消费关系失衡，收入分配差距较大，科技创新能力不强，产业结构不合理，农业基础仍然薄弱，城乡区域发展不协调，就业总量压力和结构性矛盾并存，社会矛盾明显增多，制约科学发展的体制机制障碍依然较多等等。这些风险和挑战，都需要我们积极面对、妥善处理。

形势逼人，不进则退。“十二五”时期是全面建设小康社会的关键时期，是深化改革开放、加快转变经济发展方式的攻坚时期。能不能抓住并用好重要战略机遇期，是对我国发展的重大考验。民革全党要认真学习贯彻中共十七届五中全会精神，不断增强机遇意识和忧患意识，为努力开创科学发展新局面，积极开展参政议政工作。

二、集思广益，锐意创新，紧紧围绕科学发展主题，全面做好“十二五”规划开局之年的参政议政工作

明年是“十二五”规划的开局之年，也是本届民革中央参政议政工作的关键之年。本届民革中央领导班子成立之初就明确提出，要牢牢把握提高参政议政能力和水平这个关键，做好民革全党的参政议政工作。而检验我们参政议政能力是不是有长足的进步，明年是很关键的一年。近年来，民革参政议政工作取得较大进展的一条重要经验，就是紧紧围绕执政党和政府的中心工作，就是围绕经济发展、社会发展的大局，深入开展参政议政工作。

同志们常说这样一句话，“参政参到点子上，议政议到关键处”。什么叫“点子”，什么叫“关键”？其实就是执政党和政府工作的大局。“十二五”规划明确提出，以科学发展为主题，加快转变经济发展方式，以改革开放为动力，以科技创新为支撑，以保障和改善民生为出发点和落脚点。中共十七届五中全会认为我国仍处于重要战略机遇期就说明，我们仍要保持经济社会平稳较快的发展，没有发展我们前面所说的一切问题都将无从解决。但是，发展本身和发展条件都要求我们必须要转变发展方式。可以毫不客气地说，不转变发展方式就不可能保持科学发展。所以，转变经济发展方式就成为中共中央密切关注的问题，近期中共中央领导同志一系列讲话，中央一系列会议，都是围绕转变经济发展方式这一关键性问题。也就是说，“十二五”规划期间我们要集中精力抓好转变经济发展方式这项工作，在转变经济发展方式中来推进科学发展。所以我们认为，转变经济发展方式、加快科学发展、保障和改善民生就是我们参政议政的“点”，就是我们参政议政的“关键”。

参政议政成果的取得关键还在于我们参政议政工作的选题，在于题目是不是选在“点”上。如果题目没有选在“点”上，那么我们不论做了多少工作，我们参政议政的成果都可能没有意义。为什么我们很多调研报告报上去以后，中央领导同志很快就批示下来了，就是因为他们脑子里也在琢磨与我们一样的问题，看到一个有关的建议就会感到有启发，就会重视我们的建议。同志们一定要认真挑选参政议政的题目，不要出现在调查研究上、在调研报告撰写上花了很大的功夫，却在确定选题时没有下功夫的现象。

围绕执政党和政府的中心工作来开展民革的参政议政工作，既是民革参政议政工作取得成效的有益经验，也是民革参政议政工作应当牢牢把握的原则。我们参政党的精力、人力是有限的，要把主要精力放在最关键的地方，即参政议政的选题工作上面，只有这样才能体现我们参政议政工作的水平，也只有这样才能体现民革作为参政党在智力、人才等方面的优势。希望民革中央各专委会，民革的各省级组织，在进行调研准备的时候，一定要把选题工作放在更加突出的位置上。毫不夸张地说，选准了题目，我们的参政议政工作就成功了一半。

三、以加强参政能力建设为抓手，全面提高民革的参政议政能力

民革十一届三中全会明确提出，要加强民革的参政能力建设。在不久前结束的民革十一届四中全会上，民革中央又出台了《关于加强参政能力建设的意见》。参政能力包括几个方面的能力，其中最核心的能力就是参政党的参政议政能力，参政党建设的全部目的就是为了履行参政议政、民主监督职能。衡量参政党的价值，衡量参政党的工作成果，最后也是看我们参政议政工作的成果。而参政议政成果有效与否，取决于我们的参政议政能力。

提高民革全党的参政议政能力，是我们始终要抓的一件事情，也是我们参政党不断追求的一个目标。我们要做到在参政能力建设上每年都有提高。如何提高我们的参政能力水平，我认为不外乎以下三条：一是学习，学习理论、学习调查研究、学习选择调研课题和方向、学习如何写调研报告，特别是承担这方面工作的同志更要加强学习。二是加强实践。过去我们经常说在实践中增长才干，对我们参政党来说，其实就是在实践中加强参政议政的能力建设。每次实践，不论是成功的实践，还是失败的实践，对我们来说都是一次提高的机会，都是一次有益的尝试，都值得我们去认真总结。三是不断完善、创新民革参政议政工作的机制。通过加强机制建设，把民革全党的力量、优势，集中起来、调动起来，投入到参政议政工作中去。现在，我们形成的上下联动、横向联络的机制，都是在机制不断创新的前提下形成的。机制的不断完善和创新，是我们提高参政能力的一个重要保障。

同志们，宏伟的蓝图已经绘就，前行的目标已经明确，我们要紧密团结在以胡锦涛同志为总书记的中共中央周围，高举中国特色社会主义伟大旗帜，以邓小平理论、“三个代表”重要思想为指导，深入贯彻落实科学发展观，奋发努力，开拓进取，为开展创民革参政议政工作的新局面而努力奋斗！

在民革全国先进基层组织、基层工作先进个人表彰大会上的讲话

（2010 年 11 月 2 日）

厉无畏

同志们：

民革全国先进基层组织、基层工作先进个人表彰大会今天在历史名城西安开幕了。这是民革全党学习践行社会主义核心价值体系、全面加强自身建设形势下召开的关于基层组织建设的一次重要会议。我谨代表民革中央，向莅临会议的陕西省的各位领导和嘉宾表示衷心的感谢！向荣获表彰的先进基层组织和基层工作先进个人表示热烈的祝贺！并通过你们向民革全国基层组织的同志们转达诚挚的问候！

2004 年，我们在北京召开了“民革全国先进支部经验交流暨表彰会”，对一批先进支部进行了表彰。六年来，特别是中共中央颁布实施两个 5 号文件以来，民革各级组织和广大党员紧紧围绕党和国家的中心任务和改革发展大局，积极履行参政党职能，不断加强自身建设，取得了新的成绩。在民革各级领导和广大党员包括组工干部的共同努力下，民革组织建设呈现出良好的发展态势，领导班子建设、组织发展工作、基层组织建设和制度建设都取得了新的成果。特别是通过政治交接主题学习教育活动和“基层组织建设年”活动，民革全党坚持中国共产党领导、走中国特色社会主义政治发展道路的信心和决心进一步坚定，参政议政能力和自身建设水平进一步提高，基层支部的核心作用和组织生活质量进一步提高，各级组织对党员及所联系群众的凝聚力进一步增强。这些成绩的取得是与热心民革事业、甘愿奉献的基层党务工作者的辛勤工作分不开的。随着改革进程的深入和现代化建设的发展，民主党派所肩负的任务越来越重，形势对我们的要求越来越高，进一步加强基层组织建设已成为我们刻不容缓的任务。今天我们在这里召开民革全国先进基层组织、基层工作先进个人表彰大会，目的就是为了总结交流工作中取得的成绩和经验，明确今后一个时期民革基层组织建设的目标和任务，积极探索新形势下进一步加强基层组织建设的思路和方法，不断开创民革基层组织建设的新局面。

中共中央统战部、民革中央历来十分重视基层组织建设工作，始终把基层组织建设作为参政党建设的重要内容。中共中央统战部、各党派中央先后下发了《关于进一步做好民主党派组织发展工作若干问题的意见》、《各民主党派中央关于加强地方组织领导班子建设座谈会纪要》等一系列关于基层组织建设的文件。民革十一大强调了基层工作的重要性，要求高度重视基层组织建设，做到常抓不懈。民革中央领导亲自带队深入基层考察调研，与基层党员进行交流座谈，全面了解基层组织工作情况，研究解决基层实际问题。在调研基础上，去年年底，民革中央在湖南召开民革全国组织工作会议，就民革全党组织

建设包括基层组织建设进行了深入的研究和探讨。民革各省级组织贯彻落实中央会议精神，从领导班子建设、制度建设、组织发展、后备干部队伍建设等方面入手，狠抓基层组织建设工作，取得了不小的成绩。

在中共各级党委、统战部门的大力支持和指导下，在民革中央和各级领导班子领导下，通过民革各级组织和广大党员的共同努力，民革全党的基层组织建设取得了较大的发展，呈现出欣欣向荣的景象。

——领导班子建设全面加强，成效日益显著。民革各级组织全面贯彻《各民主党派中央关于加强地方组织领导班子建设座谈会纪要》精神，进一步完善基层组织领导班子思想建设、制度建设和作风建设，坚持民主集中制原则，实行集体领导与分工负责相结合的工作制度，班子作风、能力和号召力都有了显著增强。不断调整改善基层组织领导班子的年龄结构和知识结构，注重老中青结合，着力培养年富力强的后备干部，一大批政治素质过硬、业务素质优秀、热心民革事业的中青年代表性人士，通过组织的关心和帮助很快成长起来，成为基层组织领导班子的中坚力量。

——制度建设日益完善，工作机制不断创新，支部工作更加正规。各地基层组织在工作中逐渐摸索，制定出适应时代要求、符合地区实际的规章制度，保证了基层组织工作有据可依、有章可循。有的省级组织制定下发了《基层组织工作条例》，对市委会和各支部开展好基层组织建设工作作出了具体规定。有的基层组织建立了标准化支部工作制度，各支部根据工作条例制定年度工作计划、支部活动制度、参政议政制度、述职制度等，保证了支部工作的正常运转。很多地方组织切实加强机关干部联系基层制度，并要求将各级领导干部参加支部活动情况及时报告上级组织，年终作为对各级领导干部的一项考核内容。为创新领导班子工作机制，促进自身建设，有的支部实行支委“轮值”制度，即支部的每个支委定期轮流主持支部工作，集体决策，分工落实执行。一方面加强了支委和党员之间的联系，便于及时了解党员的思想动态和工作生活情况；另一方面使班子成员充分展示工作能力和水平，相互监督，相互促进，从实践中得到锻炼，共同提高履职能力，有序推进各项工作。有的市级组织在所辖基层组织中开展届中评议工作，对健全党内民主、完善党内监督机制有着积极的意义。这些措施有力推动了支部工作的有序开展。

——基层组织活动形式多样，组织凝聚力增强。民革广大基层干部和党员围绕中心、服务大局，不断创新活动的内容和方式。有的基层组织通过开展学习会、报告会、知识竞赛、调研考察等多种形式的学习教育活动，调动党员的积极性，提高党员的政治理论水平。有的基层组织把支部活动与参政议政工作结合起来，通过开展“一人一提案”、“精品提案”等活动，提案质量和数量逐年提高，有的支部定期同中共市委市政府等有关部门做专题研讨，使提案目的性更强，更具可执行性。成员行业相对集中的支部，经常开展科技文化下乡、义务医疗咨询等特色社会服务活动，赢得了社会的赞誉。有的基层支部定期走访慰问老同志和有困难的党员，帮助排忧解难，在支部内形成良好和谐的集体氛围，增强了组织凝聚力。

积极推动广大民革党员做好本职工作，协助本单位完成各项任务，是基层支部的基本任务，也是提高基层组织凝聚力和向心力的重要举措。在基层组织的教育和鼓励下，广大党员在本职岗位上兢兢业业、无私奉献，许多同志做出了突出的贡献，得到单位领导和同事的充分肯定。在做好本职工作的同时，广大基层党员、骨干充分发挥自身的专业特长，积极履行参政党职能，做好民革工作和社会服务工作，为人民群众办实事办好事，为民革组织树立了良好口碑。近年来，一大批优秀党员先后获得国家科技进步奖、“五一”劳动奖章、全国“三八”红旗手、全国劳动模范和先进工作者等国家级表彰以及省市级各项表彰。今年3月，在纪念“三八”国际劳动妇女节100周年之际，民革中央举行全国优秀女党员表彰会，对167位在各条战线上表现突出的民革优秀女党员进行了表彰。

——组织发展平稳有序推进，新党员素质逐年提高。近年来，各地基层组织克服重重困难，坚持“三个为主”以及在工作中发展和发展为了工作的原则，从民革的现实需要和长远发展需要出发，严格按照党章和组织发展程序，注重质量、保持特色，吸纳了一批能坚持中国共产党领导、政治素质高、专业水平强、有一定代表性的人士加入到民革组织，并为他们发挥作用积极创造条件。

——中共党委、统战部门和社会各界对民革的基层组织工作更加支持。中共基层组织的支持和帮助是民革基层组织搞好工作的重要因素。近年来，中共各级党委、统战部门从加强和改善党的领导、稳固党的执政基础的高度，充分认识加强民主党派工作的重要性和必要性，将民革基层组织作为工作中应该依靠的一支力量，把指导他们开展工作作为一项重要任务，推动民革基层组织不断加强自身建设，在各项工作中发挥应有的作用。有的基层党委、统战部门积极协助民革做好组织发展工作，并对党派基层组织开展活动做到政治上把关、工作上指导、经费上支持，使民革基层组织活动开展得有声有色。有的单位中共党委除主动协助民革基层组织开展学习活动外，还支持民革基层组织带领党员开展社会服务工作，既扩大了本单位的影响，也增强了民革基层组织的凝聚力。

总结以上工作，近年来民革全党在加强基层组织建设方面，主要有以下几点经验和体会：

一、中共地方党委、基层党组织的支持和帮助，是加强基层组织建设的必要前提

民主党派基层组织的建设和其他各项工作，需要得到中共党委在政治上的关心和指导，从工作上给予支持和帮助。实践证明，中共基层党委的支持帮助为民革基层组织提供了良好的外部环境和工作条件，是基层组织加强自身建设、做好各项工作的首要前提。民革广大基层组织只有紧密依靠中共地方党委、基层党组织，随时沟通交流，努力争取他们对民革工作的支持，才能更好地解决工作中遇到的问题与困难，顺利推进各项工作的开展。

二、省市级组织的领导和工作上的指导，是加强基层组织建设的重要保障

省市级组织重视基层组织工作，转变工作作风，各级领导及专职工作人员经常深入基层，支持基层组织开展工作。一方面加强了对基层组织领导班子成员提高政治素质、理论水平和领导水平的指导，另一方面对基层组织开展工作中遇到的困难尽力帮助，予以解决，以促进基层组织负责同志的工作积极性。

三、基层组织领导班子的团结稳定，是加强基层组织建设的关键

主委带领的领导班子是基层组织的核心，只有核心坚强得力，才能有力组织和带动全

体党员为做好民革各项工作而共同奋斗。坚持民主集中制，充分调动领导班子每一个成员的积极性和主动性，发扬班子成员之间的协作精神，促进领导班子的团结和稳定，才能最大限度地发挥领导班子的整体力量和集体智慧，使基层组织的各项工作协调发展、稳步推进。

四、建立健全各项工作制度，是加强基层组织建设的基础

制度建设是基层组织自身建设中带根本性、长期性和保障性的任务，是工作经验的升华和规范，是基层组织永葆生机的源泉。建立健全领导班子建设、参政议政、培训考核、党员教育管理等各项工作制度，能够保证基层支部工作正常开展，使基层组织的自身潜力和优势得到充分发挥。

五、广大基层党员的积极参与和无私奉献，是基层组织建设不断推进的根本

目前，民革全国4414个基层组织共有党员9万余人，分布在社会主义建设事业的各条战线上。在出色完成本职工作的同时，广大基层党员无私地把时间和精力奉献给民革事业。在基层组织的教育和培养下，他们始终保持坚定的政治信念，牢固树立正确的人生观、价值观，怀着强烈的社会责任感，投身参政议政，服务社会实践，不计名利、默默奉献，有力推动了民革基层组织建设和民革全党事业的发展。

在充分肯定成绩的同时，我们也要清醒地认识到，基层组织建设中还存在一些突出困难和薄弱环节。有的基层组织由于党员老龄化、“三不”党员较多等原因，支部活动出勤率不高；有的基层组织组织发展面临压力，高层次人才和代表性人士发展难度较大；有的基层组织人员编制太少，不利于正常开展工作；有的基层组织活动经费紧张、活动场所缺乏，阻碍了支部活动的正常开展；有的党员本职工作与党务工作产生矛盾，难以兼顾；少数基层组织规章制度建立不完善，工作力度不够。这些问题和不足，有客观方面的因素，也有自身方面的原因。民革各级组织领导班子要高度重视这些问题，从自身抓起，认真研究工作中的薄弱环节，着力改进，以求实效。

同志们，刚刚闭幕的中共十七届五中全会，从经济社会发展的主要矛盾和问题入手，集中审议通过了关于我国“十二五”规划的建议。今后的五年将是我国建立完善社会主义市场经济体制的关键期，一些影响全局和长远的重要改革任务将集中完成。“十二五”时期对继续抓住和用好我国发展的重要战略机遇期、保持经济平稳较快发展，对夺取全面建设小康社会新胜利、开创中国特色社会主义事业新局面，具有重大而深远的意义。随着形势的发展，作为中国共产党领导的多党合作和政治协商制度的成员，民革各级组织和广大党员面对新时期新任务，要不断加强自身建设，提高参政能力。随着形势的发展，民革基层组织建设将面临更多的新情况和新问题，这就迫切要求我们加大工作力度，进一步加强基层组织建设。我们加强基层组织建设的目标，就是要通过各级组织和广大党员的共同努力，把党章规定的基层组织的各项任务落到实处，提高基层党员的整体素质，增强基层组织的活力和凝聚力，从而为更好地坚持和完善中国共产党领导的多党合作和政治协商制度、切实履行参政党职能、不断推动全面建设小康社会伟大实践奠定坚实的基础。下面，我就当前和今后一个阶段加强基层组织建设工作谈几点意见。

一、民革各级组织要提高对基层建设工作重要性的认识

基层组织直接联系党员、组织党员，是民革组织的基本细胞，是民革生存发展的根基，在民革自身建设中起着基础性支撑作用。基层组织工作是加强民革自身建设、履行参政党职能的基础性工作，民革各级组织要深刻认识加强基层建设工作的重要意义，对基层组织建设给予高度重视。

加强基层组织建设是推动多党合作和社会主义建设事业发展的必然要求。当今世界正处在大发展大变革大调整时期，民革作为参政党所承担的政治责任越来越重大，应该发挥的作用也越来越大。民革要巩固和完善中国共产党领导的多党合作和政治协商制度，切实履行参政议政、民主监督的职责，离不开基层组织这个基础。基层组织具有社会联系广泛的优势，能够深入群众、深入实际，获取更多的参政议政素材和社情民意提供给上级组织。同时，基层组织可以充分发挥桥梁和纽带作用，协助当地政府做好化解矛盾、维护稳定、促进社会安定团结的工作，在顾全大局的同时注意反映基层党员和所联系群众的意见和要求，为促进经济社会全面发展和构建社会主义和谐社会作出贡献。

加强基层组织建设也是增强民革内部凝聚力、向心力，推进民革自身建设的需要。基层组织是联系广大党员的桥梁和纽带，具有团结和凝聚党员的重要作用。基层组织通过定期举行组织生活，结合党员的工作实际和社会实践，进行思想政治工作，帮助党员进行自我教育，关心党员的工作、学习和生活，反映党员的意见和要求，使党员们相互学习、相互帮助、相互促进，不断取得新的进步，进而提高民革全党的整体素质，增强全党的凝聚力和向心力。这些都是基层组织所发挥的不可替代的重要作用。

二、省市级组织要加强对基层组织的领导和指导，为基层组织活动提供支持

各省市级组织要高度重视基层组织建设，加强对基层组织的领导和工作上的指导。要建立健全工作机制，把基层组织工作列入领导班子的议事日程，定期研究，明确思路，确定任务，统一部署，并做好督促检查。要针对不同情况，对基层组织工作进行分类管理和具体指导。要健全完善基层联系制度，领导班子成员和机关专职干部定期下基层调研，深入基层组织，及时传达民革中央和省级组织的有关精神，了解基层党员所思所想，紧密结合基层组织和党员实际，抓住基层党员在学习工作过程中关注的重大问题，提供帮助、引导，统一到共同的政治、思想基础上来。要加强对基层组织领导班子工作的支持和指导，培养选拔政治坚定、作风正派、热心党务、乐于奉献、有群众基础和组织协调能力的同志作为基层组织领导班子成员。要有计划、有针对性地培训基层组织负责同志和工作骨干，提高他们的理论水平和工作能力。要重视研究和帮助解决基层组织存在的困难和问题，尽可能在活动场所、经费、交通等方面提供帮助，并积极向基层组织所在单位和地方党委反映情况，帮助协调关系；在疏通参政议政、社会服务渠道等方面给予具体帮助，努力为基层组织顺利开展工作创造条件。

三、基层组织要抓好自身建设，为民革全党事业的科学发展夯实基础

（一）加强领导班子建设，切实提高领导干部综合素质。基层组织领导班子成员要自觉加强学习，不断提高政治把握能力、组织领导能力、参政议政能力和合作共事能力。要

自觉贯彻执行民主集中制，切实加强民主决策机制，进一步完善各项规章制度和工作规程，坚持定期召开领导班子谈心会和民主生活会，增强领导班子的战斗力、凝聚力和感召力，增进团结，发挥领导班子的集体力量。要注意改善领导班子的年龄梯次结构和知识结构，注重发挥老同志对组织感情深厚、工作积极性高、经验丰富的优势，大力培养年富力强、知识全面的中青年后备干部，使班子新老交替有序、持续稳定发展。

（二）加强制度建设，促进基层组织工作规范化、科学化。基层组织要围绕基本任务，从本地实际出发，制定必要的工作制度，改革和完善基层组织的领导方式和工作机制，逐步实现基层工作的规范化、制度化。要把支部建设落到实处，使支部充满活力。一是建立健全基层组织工作制度，可以由省市统一建立，也可由各支部根据自身的实际情况形成必要的制度。二是进一步完善党员管理制度，充分发扬党内民主，落实党员的民主权利，保证广大基层党员充分享有参与权、知情权、选择权、建议权、监督权、选举权和被选举权，激发广大党员积极参与基层组织建设的热情。制度建设重在落实，尤其是领导干部要带头落实，确保制度在实践中发挥作用，在实践中得到完善。同时，制度建设应与时俱进，常抓不懈，随着形势、任务的变化而不断丰富，以满足基层组织工作发展的需要。

（三）加强思想建设，努力创建学习型、和谐型支部。广大基层组织要积极响应民革全国组织工作会议关于创建学习型组织的精神要求，针对基层党员的工作和思想实际，结合形势的变化，采取各种有效的形式，组织和引导广大党员加强学习，打牢思想基础，树立正确的思想观念。一是要学习多党合作政治理论、学习时事政治，进一步提高政治上的坚定性、敏锐性和政治鉴别能力，坚持中国共产党领导的多党合作和政治协商制度，共同维护共产党领导的多党合作政治格局，提高独立自主处理内部事务、解决自身问题的能力。二是要学习民革的历史和章程，强化对党章的认识和理解，严格按照党章要求规范开展各项工作，为加强民革全党思想建设夯实基础。三是要积极探索新形势下思想政治工作的有效途径，通过对广大党员的教育管理工作，增强党员政党意识，全面提高党员素质，努力建设学习型支部、和谐型支部。

当前民主党派进行思想建设的重要内容是学习和践行社会主义核心价值体系。社会主义核心价值体系是社会主义意识形态的本质体现，建设社会主义核心价值体系不仅是执政党的重要使命，参政党也承担着重要职责。为此，民革十一届三中全会作出在民革全党开展树立和践行社会主义核心价值体系的决定。民革广大基层党员学习践行社会主义核心价值体系，要找准切入点和着力点，准确把握社会主义核心价值体系的科学内涵和精神实质，坚持以中国特色社会主义理论体系为指导，坚定不移地把中国特色社会主义作为共同理想、前进方向和奋斗目标，不断巩固我国多党合作的思想政治基础；要增强社会责任感和政治使命感，以科学发展观为统领，不断提高履职能力和水平，在认真履行职能过程中学习和践行社会主义核心价值体系，要为学习践行社会主义核心价值体系积极建言献策，推动全社会学习践行社会主义核心价值体系活动的进一步深入。

（四）做好党员发展工作，为民革组织的发展提供人才保障。民革各基层组织要认真贯彻《民革中央关于进一步做好组织发展工作若干问题的意见》精神，牢固树立人才资源是第一资源的理念，遵循民革章程规定的组织发展路线，把组织发展的重点放在引进高层次人才上，积极物色、吸收符合条件的优秀人士，坚持在工作中发展、发展为了工作的原则，不断优化、提高民革党员队伍的整体素质。坚持在原有重点分工的基础上，做好社会和法制专业人员中的代表人士的发展工作。领导班子成员要担负起政治责任，带头做好高层次人才的发展工作，通过定期走访、联谊活动等方式，加强与基层单位中共党委和统战部门的沟通交流，建立良好的工作关系，争取获得更多的支持。

在积极发展党员的同时，也要注重做好党员的培训教育工作。今年年初，民革中央制定了《2010—2013 年民革全国党员、干部教育培训工作规划》，为进一步规范和促进民革全国党员、干部的教育培训，全方位提高党员、干部队伍素质指明了方向。民革各基层组织要认真落实《规划》精神，积极推荐党员参加不同层次、不同类型的培训班，全面提高党员的政治理论水平、参政议政能力和整体素质，为党员的成长发展搭建平台。

（五）加强后备干部队伍建设，推进民革组织的可持续发展。各基层组织要认真贯彻《民革第十一届中央常务委员会关于加强省级组织领导班子后备干部队伍建设的意见》精神，进一步完善工作机制，严格工作程序，努力培养一支政治素质好、代表性强、结构合理、数量充足、充分体现民革特色的后备干部队伍。要以支部为基地锻炼和培养干部，通过支部活动，发现、培养和锻炼一批骨干力量。在后备干部的物色、考察、选拔、培养的各个环节上都要保持与时俱进的工作状态，根据自身情况和条件制定工作计划，针对不同层次、不同类别的后备人才采取灵活多样的、中青年党员能够接受的方式加强培训，为他们提供民革党务工作实践和参政议政等多形式、多层次、多方面的舞台，不断提高后备干部的政治素养和履职能力。要坚持“党管干部”原则，积极向各级中共党委和统战部推荐优秀人才，为中青年干部提供尽可能多的锻炼和发挥才能的平台。要特别关注各地方的人事动态信息，善于发现机遇，积极争取推荐更多的优秀后备干部到政府各级领导岗位上，为国家发展作出最大的贡献，为多党合作事业培养更多得力的优秀干部。

（六）创新基层组织活动方式，丰富基层组织活动内容。要根据支部自身特点，采取多样化的活动方式，创造各具特色的支部活动。坚持与时俱进、改革创新，不断增强基层组织的凝聚力，提高党员参与组织活动的热情和积极性。要结合当前形势组织各种专题学习和讨论，统一思想，提高认识；要以人为本，关心帮助有困难的党员和高龄党员，增进支部的团结与和谐；充分发挥党员特长，调动党员的热情和积极性，组织党员就社会上的热点和难点问题开展力所能及的调研活动，反映社情民意，为地方经济发展建言献策，争取为中央和省级组织的参政议政和社会服务工作提供高质量的一手素材。对于确因工作繁忙无法定期参加支部活动的党员，组织上要给予理解和支持，鼓励他们爱岗敬业，做好本职工作，以优异的工作表现树立民革党员的良好形象，为促进和谐社会作出应有的贡献。

同志们，基层组织是民革全党的组织基础和工作基础，基层组织的工作抓好了，全党才有活力，才有向心力和凝聚力，党员的素质才能得到逐步的提高，才能更好地发挥参政党的作用。明年是辛亥革命 100 周年，中山先生爱国、革命、不断进步的精神是中华民族的宝贵财富，也是社会主义核心价值体系的重要内容。“十二五”时期是我国妥善应对国内外发展环境重大变化的重要战略机遇期，民革全党要继承和发扬中山精神，以中国特色社会主义理论体系为指导，深入实践科学发展观，积极应对“十二五”新挑战，开拓创新，与时俱进，不断总结，不断进步，为开创民革组织工作建设的新局面，为促进中国共产党领导的多党合作事业，为全面建设社会主义小康社会宏伟目标而共同奋斗！

关于加强参政能力建设的意见

（2010 年 12 月 6 日第十一届中央委员会第四次全体会议通过）

改革开放以来，特别是中共十六大以来，以胡锦涛同志为总书记的中共中央从全面建设小康社会、加快推进社会主义现代化的新要求出发，高度重视统一战线和民主党派工作，先后颁发《关于进一步加强中国共产党领导的多党合作和政治协商制度建设的意见》、《关于加强人民政协工作的意见》、《关于巩固和壮大新世纪新阶段统一战线的意见》等与民主党派发展密切相关的重要文件，为新世纪新阶段民主党派的发展和履行职责，提供了重要的理论基础、政策依据、制度保障。在此基础上，中共十七大又从发展社会主义民主政治、建设社会主义政治文明的战略高度，对支持、帮助民主党派加强自身建设和积极开展工作，作出了全面部署。中国共产党领导的多党合作的制度化、规范化、程序化，中共中央及各级组织对民主党派工作的高度重视，为民主党派认真学习、借鉴执政党的党建工作经验，大力加强参政能力建设，努力提高参政能力和水平，充分发挥自己在国家政治生活中的作用，提供了有力的制度保障和良好的环境条件。

为深入贯彻落实中共十七大和十七届四中全会精神，全面履行好参政党职责，根据民革十一届三中全会和十一届十一次常委会精神，现就加强民革参政能力建设问题，提出以下意见。

一、加强参政能力建设的重要意义

1. 2010 年 2 月，胡锦涛总书记在党外人士迎春座谈会上指出："加强民主党派自身建设，提高党外代表人士队伍素质，关系到坚持和完善中国共产党领导的多党合作和政治协商制度，关系到充分发挥参政党作用。" 作为在中国共产党领导下共同建设中国特色社会主义的参政党，认真学习、借鉴执政党的党建工作经验，大力加强参政能力建设，不断提高参政能力和水平，是民主党派学习贯彻中共十七届四中全会精神的题中应有之义。

2. 加强参政能力建设，是中国特色社会主义政治制度赋予民主党派的崇高政治职责。中国共产党领导的多党合作和政治协商制度，是我国一项基本政治制度。在这个制度框架内，中国共产党是执政党，各民主党派是参政党，各民主党派在共产党的领导下，拥有参加国家政权、参与社会事务管理的权利。这是中国特色社会主义政治制度赋予民主党派的崇高政治职责，也是对民主党派参政能力的基本要求。如果民主党派的参政能力不能随着新形势新任务的要求而不断提高，就不可能全面履行好参政党职责，从而必将影响民主党派在中国特色社会主义政治制度里的地位，影响中国共产党领导的多党合作和政治协商制度的发展与完善。

3. 加强参政能力建设，是执政党对参政党的殷切希望。"长期共存、互相监督、肝胆相照、荣辱与共"，是中国共产党处理与各民主党派和无党派人士的基本方针，也是中国特色社会主义建设伟大实践的客观需要。胡锦涛总书记多次在中共中央召开的党外人士座谈会上强调，希望各民主党派在"坚持执政党建设和参政党建设互相促进"过程中，大力加强参政能力建设，不断提高自己的参政能力和水平，多建推动科学发展之言，多谋推动科学发展之策，多尽推动科学发展之力，为保持经济平稳较快发展做出更大贡献。

4. 加强参政能力建设，是新形势新任务的迫切要求和参政党自身发展的客观需要。参政能力是参政党影响力、生命力所在，是参政党建设的核心内容。提高参政党的参政能力，既是新形势新任务的迫切要求，是坚持、完善、发展中国共产党领导的多党合作制度和政治协商制度的必然前提条件，也是民主党派自身发展的客观需要和参政党广大成员的殷切希望。

5. 加强参政能力建设，是参政党自身建设的一项长期任务。作为在中国共产党领导下共同建设中国特色社会主义的参政党，能否同执政党一起不断发展、共同前进，在国家各项建设中充分发挥作用，全面履行好自己的职责，关键就在于能否搞好以参政能力建设为重点的自身建设。参政党的这种性质和特点，决定了大力加强参政能力建设，不仅是民主党派自身建设的重点，更是民主党派自身建设的一项长期任务，需要坚持不懈的努力。

二、加强参政能力建设的基本内容

6. “参政”概念所包含的内容，主要指的是《中共中央关于坚持和完善中国共产党领导的多党合作和政治协商制度的意见》中所规定的“参加国家政权，参与国家大政方针和国家领导人选的协商，参与国家事务的管理，参与国家方针、政策、法律、法规的制定执行”。

7. 参政能力建设，包含在民主党派自身建设的各个方面。民主党派的思想建设、组织建设、制度建设以及作风建设、机关建设等，都在参政能力建设的范畴之内，都应当围绕参政能力的提高而进行。

8. 参政党的参政能力建设，一般来讲，包括政治把握能力、参政议政能力和民主监督能力、组织领导能力、合作共事能力四个方面，是一个综合性系统工程。

9. 政治把握能力包括政治鉴别力、政治敏锐力、政治决断力，是善于从政治上观察、判断、分析形势和据此处理问题的能力。具备了这样一种能力，参政党成员才有可能善于从政治上观察问题、分析问题和处理问题，在重大问题上克服错误思想的干扰，做到头脑清醒、旗帜鲜明。政治把握能力是参政党成员，特别是参政党的各级领导干部必须具备的最根本、最基础的能力。在错综复杂的形势和斗争面前，要做到正确认识和把握时代发展的方向，毫不动摇地坚持和维护中国共产党的领导，坚定不移地走中国特色社会主义政治发展道路，使参政党与时俱进、不断发展，提高政治把握能力至关重要。

10. 参政议政能力，是参政党在对国家经济、政治、文化和社会生活等方面的重要问题进行调查研究后，通过调研报告、提案、建议案、社情民意信息或其它形式，向执政党和国家机关提出意见、建议的能力。参政议政能力是参政党履行职能的重要能力，也是参政党各种能力的集中体现。参政党的各种能力建设搞得好不好，参政议政能力的体现是一个最主要、最直接、最客观的标准。

11. 民主监督能力与参政议政能力一起，共同成为参政党四种能力建设中的一种，是参政党的一项基本职能。民主监督能力，是各民主党派在与共产党共存合作、互相监督的基础上，通过民主方式，向执政党提出各种建设性意见、批评的能力。

12. 组织领导能力，是将参政党广大成员及其他各种资源，有效地、系统地整合起来，使其发挥出最大作用的能力。这种能力是参政党领导班子、领导干部的领导水平和整体素质最直接的体现。总体来说，组织领导能力包括两方面：一是参政党领导的水平、学识、修养、人品等个人素质，包括战略思维能力、创新思维能力、辩证思维能力、学习能力、科学决策能力、廉政勤政能力等。二是制度、机制、程序等体制性因素。参政党的组织领导能力主要由各级领导干部和领导班子来体现，并且主要是对自己党内的领导。组织领导能力是参政党做好参政议政、民主监督工作以及自身建设工作的关键。

13. 合作共事能力，包括协商能力、协调能力和团结能力。协商能力是通过与执政党等进行协商，交换不同意见后取得共识的能力。协调能力是从全局的角度来分清事情的轻重缓急，并妥善处理利益冲突的能力。团结能力是能够虚心听取别人意见，善于与其他人沟通与合作，可以促进同志之间相互和睦友好、增强组织内在凝聚力的能力。合作共事能力主要体现在如何调节管理中的各种动态因素、正确处理好各种关系等方面。具备了较好的合作共事能力，就可以统筹安排好、妥善协调好各方利益，使之达到相对平衡和稳定，从而提高组织的整体效能。

14. 在参政党所应具备的四种参政能力中，政治把握能力是根本，缺失了政治把握能力，就会迷失方向；参政议政能力和民主监督能力是核心，参政议政能力和民主监督能力不够，就承担不起参政党的职责，就会有负于人民的期待和历史的重托；组织领导能力和合作共事能力是保障，只有提高了组织领导能力和合作共事能力，政治把握能力和参政议政能力、民主监督能力的提高才有坚实的基础。对于参政党来说，四种能力是一个相互联系、相互影响的有机整体。提高参政能力，必须全面加强四种能力建设。

三、加强参政能力建设的主要途径与方法

15. 加强参政能力建设的指导思想是：坚持以邓小平理论和“三个代表”重要思想为指导，深入贯彻落实科学发展观，以政治交接为主线，以思想建设为核心，以组织建设为基础，以制度建设为保障，认真学习，勇于创新，勤于实践，切实提高参政议政、民主监督工作水平，努力体现时代性、把握规律性、富于创造性。

16. 以思想建设为核心，就是要用正确的理论、观念引导和教育广大民革党员，使他们不断提高政治觉悟和思想认识水平，不断提高政治坚定性、政治敏感性和政治鉴别能力，从而树立起正确的政党观、民主观、发展观、人生观、价值观，矢志不渝地坚持中国共产党的领导，坚持中国特色社会主义政治制度和经济制度，不断巩固与中国共产党共同团结奋斗的思想政治基础。

17. 以政治交接为主线搞好组织建设，是加强参政能力建设的基本要求。要以建设高素质、有作为的参政党为目标，大力创新和完善人才的发现、吸收、培养、使用机制，将提高广大党员特别是各级领导的素质，贯穿于参政党组织建设的各个层面。要全面提升代表人物、骨干队伍及后备队伍的组织领导能力和合作共事能力，合力建设一支素质优良、结构合理、能力全面、同中国共产党亲密合作的干部队伍，使民革各级干部都能具备较高的政治意识、政党意识、大局意识、诤友意识、发展意识、创新意识，具备较高的导向力、决策力、协调力、沟通力、亲和力，具备较高的自己解决自己问题的能力和处理好周

边关系的能力，为参政能力的提高奠定扎实的组织基础。

18. 参政议政、民主监督，是中国共产党领导的多党合作和政治协商制度的重要内容，是我国社会主义民主政治的重要体现形式，是民主党派最基本、最重要、最具本质性的政治职能，是参政党在国家政治生活中发挥作用的主要方式。它集中体现了参政党的功能和作用，是衡量参政党政治价值、工作绩效的重要标准，也是参政党扩大社会影响、树立自身形象的重要形式。以制度建设为保障，全面提高参政议政能力、民主监督能力，必须深入贯彻落实科学发展观，坚持把推动科学发展作为履行参政党职责的第一要务，牢固树立发展是参政兴国第一要务的理念，深入研究经济社会发展中的战略性、全局性、前瞻性问题，注意加强领导、完善机制、培养人才、整合资源、突出重点、强化实践，充分发挥民革优势，突出民革特色，坚持上下联动、内外结合，注重发挥整体功能作用，把各级组织和广大党员的积极性、主动性、创造性，引导到服务科学发展、促进社会和谐上。

19. 以建设学习型政党为目标，不断加强学习，进一步提高思想认识水平，是新形势新任务下加强参政能力建设的必然要求。在学习内容上，既要认真学习马克思主义、毛泽东思想、邓小平理论、“三个代表”重要思想和科学发展观，学习执政党的路线、方针、政策，学习政治理论和政党知识，也要学习历史，学习国际国内形势，学习现代管理知识，学习各种业务技能。

20. 创新是发展的先导，是推动参政党建设和提高参政能力的强大动力。参政党是否具有较强的创新意识和创新能力，对于参政党建设和参政能力的提高，有着十分重要和密切的关系。要在努力创新理论、创新观念的基础上，全面、动态、系统、持续把握参政党工作需求的变化及其要求，突出参政党工作思维模式、行为方式、运作机制、互动手段和工作流程的创新，努力创新参政党工作的体制机制和工作思路、工作方式，全面提高参政能力和水平。

21. 理论是行动的指南，是一个政党的立党之本，是参政党提高参政能力的重要基础。加强以民主党派建设规律、参政规律为研究方向的参政党理论建设，既是在新形势新任务下建设学习型、高素质参政党的必然前提条件，也是促进多党合作事业蓬勃发展的基本要求。要充分认识加强参政党理论建设的重要性和必要性，积极开展参政党理论研究，为大力加强民革参政能力建设打下坚实的理论基础。

四、加强参政能力建设的组织和实施

22. 加强参政能力建设，是民革的长期重要任务，能否搞好这项建设，关系到民革能否全面履行好自己的参政党职责。民革各级组织和领导一定要把这项工作始终放在重要议事日程上，高度重视，精心组织，全力推进，确保工作的顺利进行。

23. 加强参政能力建设，是一项涉及到参政党建设方方面面的系统性工作，理论性、政策性都比较强。民革各级组织在开展这一工作时，要认真学习、借鉴执政党的党建工作经验，在中共各级党委及统战部门的领导和支持、帮助下进行。

24. 加强参政能力建设的工作，要注意突出重点、协调发展、有序推进。要结合自身的实际和特点，积极开展多种形式的活动，努力探索提高参政能力的途径和方法。同时，及时总结经验，逐步充实和丰富有关参政能力建设的理论，进一步健全和完善加强参政能力建设的体制机制，全面提升民革的参政能力和水平。

25. 加强宣传，正确引导，是加强参政能力建设工作取得成效的重要前提条件。民革各级组织要根据本《意见》的精神，做好民革组织内的宣传教育工作，使民革广大党员充分认识加强参政能力建设的重要意义，积极投入到这一工作中来。

参政能力的强弱，参政水平的高低，是民主党派能否作为参政党长期存在和发展的重要条件，同时也是民主党派履行参政党职能、长期参政的重要条件。民革各级领导同志和广大党员一定要高度重视参政能力建设问题，在认真学习、借鉴执政党党建工作经验基础上，积极探索，勇于实践，大力加强民革的参政能力建设，不断提高民革的参政能力和水平，把民革建设成高素质、有作为的学习型参政党，为全面建设小康社会、开创中国特色社会主义事业新局面作出更大的贡献。

中国民主同盟

中国民主同盟第十届中央常务委员会工作报告

——在中国民主同盟第十届中央委员会第四次全体会议上

民盟中央主席　蒋树声

（2010 年 12 月 7 日）

各位委员、各位同志：

我受第十届中央常务委员会委托，向本次中央委员会全体会议报告工作，请予审议。并请列席会议的同志提出意见。

2010 年工作回顾

2010 年是我国经济形势最为复杂的一年，也是完成“十一五”规划各项目标的最后一年。面对国际金融危机带来的严重影响和国际国内环境的深刻变化，以胡锦涛同志为总书记的中共中央团结带领全国各族人民，有针对性地加强和改善宏观调控，努力巩固和扩大应对国际金融危机冲击取得的成果，加快转变经济发展方式，保持经济平稳较快发展，着力保障和改善民生，各项事业和各项工作取得新的显著进展。

一年来，全盟深入开展树立和践行社会主义核心价值体系活动，继承和发扬多党合作的优良传统，坚定不移地走中国特色社会主义政治发展道路；坚持把促进科学发展作为参政议政的第一要务，紧紧围绕应对金融危机、转变经济发展方式、政府职能转变等重大问题和人民群众关心的热点难点问题建言献策，较好地履行了参政党职能；更加注重制度化建设，不断完善工作机制，各项工作都取得了新的成绩，呈现出奋发有为、稳步前进的良好态势。

一、把树立和践行社会主义核心价值体系作为民盟思想建设的主线，深入开展民盟优良传统教育，不断巩固多党合作的共同政治思想基础

思想建设是盟的自身建设的核心，也是充分履行参政党职能的重要保证。一年来，全盟各级组织把树立和践行社会主义核心价值体系作为思想建设的中心工作，加强理论学习，继承优良传统，坚定理想信念，开展了形式多样的活动，取得了阶段性成果。

一是认真学习中共十七届四中、五中全会等重要会议精神。全盟各级组织按照民盟十届三中全会的部署，认真学习贯彻中共十七届四中全会精神，采取有效措施，着力加强盟的自身建设。今年全国“两会”期间，民盟十届十次中常会通过了关于学习贯彻全国“两会”精神的决议，对学习贯彻“两会”精神作了全面部署。民盟十届十二次中常会专题学习中共十七届五中全会精神，要求全盟认清形势，明确任务，为制定和实施“十二五”规划作出贡献。

二是在全盟深入开展了树立和践行社会主义核心价值体系活动。年初，盟中央转发了中央统战部《关于支持民主党派树立和践行社会主义核心价值体系的意见》的通知，在全盟深入开展树立和践行社会主义核心价值体系活动。盟中央编辑整理了社会主义核心价值体系学习视频光盘，并派员赴浙江、山西、河北等地进行宣讲；《中央盟讯》和民盟中央网站上开辟了树立和践行社会主义核心价值体系专栏，《中央盟讯》还出版专辑，刊登系列理论文章，大力宣传报道先进典型。民盟各级组织积极筹划部署，通过开展征文、演讲、报告、座谈和学习宣讲等丰富多彩的主题活动，取得了明显成效。广大盟员积极响应、热情参与，通过学习和交流，在思想上形成广泛共识。9月，盟中央下发了《关于把树立和践行社会主义核心价值体系活动不断推向深入的通知》，要求全盟立足于学、致力于行，不断总结，扎实推进，推动树立和践行社会主义核心价值体系活动不断深入。

三是以举办纪念民盟前辈活动为契机，加强民盟优良传统教育。去年以来，《建国大业》、《民主之澜》、《黄炎培》等一系列多党合作历史题材的优秀影视作品相继播映，为广大盟员学习盟史与多党合作史提供了生动形象的教材，各地积极组织盟员收看，引导广大盟员继承和发扬民盟优良传统，收到了较好效果。盟中央还先后举办了张澜先生追思座谈会、钱伟长同志逝世百日追思会，与全国人大、全国政协、中央统战部、中国科学院、中央文史馆等有关部门分别联合举办了纪念费孝通、华罗庚、萧乾同志诞辰100周年座谈会。盟中央领导出席了民盟上海市委举办的史良诞辰110周年暨中国民主同盟（上海）传统教育基地揭牌仪式；出席了四川张澜纪念馆举行的“中国民主同盟盟员教育基地”授牌仪式，并为张澜先生铜像揭幕。此外，盟中央还通过开展征文、出版纪念著作、制作专题文献片、开设专栏、领导同志发表署名文章等多种形式，缅怀民盟前辈的高尚风范，宣传民盟的优良传统，在广大盟员中引起了很大反响，扩大了民盟的社会影响。民盟江苏省委组织拍摄了反映费孝通同志早期政治活动的电影，北京、广西、浙江、甘肃等省级盟组织也开展了多种形式的纪念民盟前辈活动。

四是宣传工作取得新进展。今年全盟宣传工作紧扣各项盟务工作，确定重点，拓宽渠道，进一步增强了新闻宣传的效果，为民盟履行参政党职能营造了良好的舆论环境。春节期间，中央人民广播电台滚动播出蒋树声主席向全国人民拜年的新春贺词，社会反响热烈；全国“两会”期间，民盟组委员共接受采访350余次，中央电视台等主流媒体及英国广播公司等海外媒体播发宣传盟员及民盟提案的报道70余篇。对内宣传方面，各级组织认真办好盟讯等内部刊物，积极发挥网站作用，及时报道民盟各项工作，宣传盟员先进事迹。《群言》杂志重视抓好选题，突出民盟特色，办刊质量进一步提高。

以筹备纪念民盟成立七十周年为契机，全盟积极开展盟史资料的收集整理和研究工作。群言出版社出版了介绍建国初期广东民盟历史的《南方盟史拾零》。山西、吉林、安徽、四川、陕西等地盟组织开展了民盟口述历史采编工作，积极抢救挖掘盟史资料。许多地方还举办了盟史展览和讲座，宣传民盟光辉历史。

五是深入开展参政党理论研究工作。今年，全盟各级组织对理论研究工作更加重视，一些地方组织相继成立了理论研究会，理论研究队伍逐步壮大。盟中央创新形式，继续开展参政党理论研究课题招标和论文评审工作，并将2009年全盟参政党理论研究课题论文结集。召开了参政党理论特邀研究员座谈会，围绕提高研究水平、加强研究队伍建设等问题进行了深入研讨。各级盟组织还积极参与当地政协、统战部、社院等有关单位组织的理论研究工作，认真撰写课题研究报告，取得了丰硕成果。

二、围绕中心，服务大局，咨政建言，加强监督，参政议政的能力和水平进一步提高

民盟十届十一次中常会对新形势下如何更好地履行参政议政职能进行了专题研究和部署。全盟紧紧围绕党和国家的中心任务，把促进科学发展作为参政议政的第一要务，就我国经济社会发展中的重大问题以及人民群众普遍关心的热点、难点问题，积极开展参政议政和民主监督，收到了积极效果。

一是积极参与重大问题的协商，不断提高建言水平。盟中央主要领导多次参加中共中央、国务院及有关部门举办的协商会、座谈会，围绕政府工作、经济形势、“十二五”规划等主题，就加快转变政府职能、促进经济发展方式转变、保障和改善民生、加强农业基础设施建设、降低行政成本、加快教育改革与发展、以结构性调整为核心加快实施收入分配制度改革、大力推进防灾减灾建设等提出意见、建议，受到了中共中央、国务院和有关部门的重视。盟的地方组织负责人积极参加当地中共党委、政府举行的协商会、座谈会，提出了很多有价值的意见和建议，为地方经济和社会发展作出了贡献。

今年，民盟中央共向中共中央、国务院报送5篇政策建议信，分别就大学生就业与高等教育改革、土地管理制度改革、司法体制改革、生态环境保护等问题提出建议，均获中共中央、国务院主要领导的重要批示。

二是以各级政协会议为平台，积极建言献策。全盟各级组织以政协会议作为履行参政议政职能的重要平台，就关系国计民生的重大问题和群众关心的热点、难点问题提交了大量高质量提案。在全国政协十一届三次会议上，民盟中央提交大会发言1篇、书面发言2篇、提案25件，内容涉及转变发展方式、教育改革、农村土地管理制度改革、农村灾害防御体系建设等方面，有3件提案被列入全国政协专题提案办理协商会。地方盟组织也组织盟员委员在各级政协会议上积极参政议政，反映社情民意，得到了社会的广泛好评。

今年，盟中央继续高度关注经济发展方式转变和经济结构调整，根据多项调研成果提炼出《转变发展方式，关键在转变政府职能》、《推动科学发展应关注的几个问题》、《实施资源节约战略，加快发展方式转变》和《协调推进城镇化和新农村建设应是“十二五”时期的重要战略》等4篇发言材料，在政协大会和常委会上积极呼吁，为促进科学发展、推动加快转变经济发展方式作出了不懈努力。

三是围绕经济社会发展大局，深入调查研究，积极参政议政。2010年是我国“十一

五”的收官之年和“十二五”规划的编制之年，全盟各级组织认真调研，汇集盟员智慧，重点做好经济、教育、生态等领域的建言献策，先后就“十二五”规划制定、教育改革与发展等重大问题提出意见建议，受到党和政府及社会各界的重视和肯定。

收入分配制度改革是中共中央委托的重点调研。盟中央调研组在广东省进行调研，并同时委托上海、河南、贵州三地盟组织分别在各自省内进行辅助调研，共完成近2000份相关调查表。盟中央向中共中央、国务院递交了题为《完善收入分配机制、促进社会和谐发展》的政策建议信，提出“同时在经济、政治、社会建设等各领域共同发力，综合施政”；将“做大蛋糕”和“分好蛋糕”二者并重明确为今后公共政策的基点；深化国企、户籍、就业三大体制改革；大力调整财政、税收、社保三大宏观政策；从最低工资、社会保险等五个方面入手，扭转劳动者报酬偏低、初次分配利益失衡的格局等5项建议。胡锦涛总书记、温家宝总理对这一建议作出重要批示，国家发改委召集14个部委专门研究落实。盟中央还先后2次以书面形式、4次在高层协商会、全国政协常委会上以发言形式，提出相关意见建议。民盟对收入分配问题提出的系列建议引起社会的强烈反响，《光明日报》、《人民政协报》、凤凰卫视、《新京报》等重要媒体对此高度关注，深度报道。

盟中央调研组先后到河南、四川等地就新农村建设和城镇化问题开展调研。到河南新乡调研后，向中共中央、国务院提交了《关于重视研究新乡新农村建设和就地城镇化的经验》的建议，受到了中共中央、国务院的高度重视。中央农村工作领导小组和多个部委实地调研后对新乡模式给予充分肯定，认为新乡探索出了一条在农村人口比重大、“三农”问题突出地区发展新型城镇化的路子。10月23日《人民日报》头版头条载文全面介绍了新乡的经验。

在教育、“三农”、生态环境与资源保护等优势领域，今年继续深化选题。联合水利部等部委，先后组织甘肃、青海等省级盟组织和专门委员会专家就祁连山生态保护与综合治理、巢湖治理与保护、上海水安全与水环境保护等进行调研。应教育部要求，就《国家中长期教育改革和发展规划纲要（2010—2020年）》的制定和修改、民办教育的发展等问题提出建议。盟中央与省级组织、盟中央专委会合作的20项课题已基本完成。

今年盟中央继续加强与地方组织和政府部门联系，充分发挥专委会作用，先后成功举办灾害与社会管理专家论坛、民盟基础教育研讨会、民盟城市文化论坛等品牌活动。在青岛举办的民盟沿海省市发展海洋经济研讨会，质量有明显提高。另外，农业委员会举办了“现代农业论坛——转变农业发展方式”和农机安全互助保险研讨会，妇女委员会举办了“女性发展与社会进步论坛”，科技委员会与民盟内蒙古区委等联合举办了“智能电网技术应用与新能源发展研讨会”，经济委员会主办的“民生论坛”也即将召开。盟中央与吉林省人民政府联合举办了“地方政府合作与物流通道建设论坛”。地方盟组织结合自身优势和各地实际，开展了各具特色的论坛、研讨会等活动，不断拓展参政议政领域，取得了较好的社会反响。民盟上海市委配合世博会的举办，组织盟员开展各种活动，积极献计出力。

四是反映社情民意信息工作保持良好发展态势。盟中央不断完善反映社情民意信息报送工作机制，加强对有关人员的培训。各级盟组织和广大盟员积极参与，上报信息质量和数量保持较高水平。截至11月底，共收到省级组织、民盟中央专门委员会报送的信息

4809 条，其中报送全国政协 811 条，部分内容报送中央统战部。目前暂列全国政协反映社情民意信息工作系统第一名。《实施粉粮工程，探寻保障我国粮食安全的新途径》等 8 条信息还得到中共中央、国务院和部委有关领导批示。

五是认真履行民主监督职能。民主监督是民主党派的重要职能。全盟各级组织根据民主党派民主监督的性质和特点，积极探索将参政议政、社会服务等各项盟务工作与民主监督紧密结合，通过建议信、人大议案、政协提案、信息报送等各种方式不断深化民主监督的深度和广度，促进了政府决策的科学化、民主化。担任各级特约（邀）检察员、监察员、审计员、督导员等职务的盟员，以高度的政治责任感和认真负责的精神，参加执法检查监督、行风政风评议，在加强廉政建设，推进依法行政中发挥了积极的作用。

三、巩固传统优势，不断开拓进取，社会服务工作取得新成绩

民盟各级组织把社会服务作为参政党深入实际，参与经济社会发展的重要方式，努力做好事、做实事，社会服务工作取得了丰硕成果，在社会上产生了广泛影响。

一是积极参与新农村建设，进一步加大对贵州毕节等地的扶贫力度。今年，盟中央围绕实施“智力支持、改善民生、生态建设、示范带动”四大工程，努力打造统一战线参与支持毕节试验区建设“同心工程”品牌。盟中央领导率农业专家赴毕节调研，帮助毕节市编制农业发展项目库；协调农业部为毕节地区安排建设沼气池项目，协调国家广电总局批准毕节市设立广播电视台的申请。盟中央、民盟贵州省委帮助开展了大棚草莓示范种植、农家乐经营培训项目，增加了农民收入。民盟贵州省委协调资金帮助梨树镇上小河村改造白族特色民居。民盟中央支持四川遂宁在京召开绿色经济指标体系评审会；帮助遂宁武引蓬船灌区工程争取列入全国水利发展“十二五”规划立项并取得实质性进展。民盟四川省委帮助遂宁大英县争取到 1000 万元资金的四川省“整村推进、连片开发”扶贫项目。民盟中央帮助甘肃定西坡耕地改造项目取得新的进展；与民盟河北省委一起协调相关部门，对河北广宗五里庄新农村建设给予政策扶持、贷款优惠，组织专家传授农业技术。

二是总结经验，推动“烛光行动”可持续开展。举办“民盟烛光教育论坛”，总结“烛光行动”三年来的阶段性成果，40 多家主流媒体进行了报道。“烛光行动”专家顾问组于 5、6 月间先后赴甘肃、河南、广东调研“烛光行动”开展情况，不断丰富“烛光行动”内涵，推动“烛光行动”可持续发展。盟中央积极争取社会力量的支持，开展了一批有较大影响力的活动：由光汇石油集团捐助在 13 个中西部省份建设的“光汇烛光学校”，目前绝大部分已经完成；与新东方教育科技集团合作建立“民盟中央教育扶贫基地”，开展“烛光行动之新东方教师社会责任行”，在天津、河北、河南、江西、安徽等 10 省市培训中小学英语教师 2200 余人；与美国科技教育协会合作，在全国 9 个省市开展“认助乡村学校图书”项目，在安徽、广西两省区定点援建“乡镇多媒体教室”；与清华大学合作在黑龙江省 4 个国家级贫困县新建了远程教育扶贫教学站，在福建建立的教学站与当地党委有关部门密切合作；联合群言出版社、友成企业家扶贫基金会，向西藏那曲、贵州毕节、河北广宗的中小学捐赠了价值 33 万余元的图书。

三是开展医疗扶贫，在西部地区实施“明眸工程”。由盟中央牵头，温州医学院附属眼视光医院实施的医疗扶贫活动“明眸工程”，得到受益地区党委、政府及社会的普遍肯定。自2009年底启动以来，筹集捐款已达1300多万元，先后在贵州、云南、青海、四川四省实施免费白内障手术近500例，还捐赠眼科诊疗设备，与四所医院签署了以培训眼科医生为主要内容的共建协议。

四是帮教工作领域不断扩展，内容日趋丰富。目前全国绝大多数省（市、区）盟组织已稳步开展帮教工作。帮教内容不断深入，形式渐趋多样，工作逐步规范，政治影响和社会效益日益显现，得到了政府有关部门与社会的重视和支持。盟中央领导参加了北京、广东、福建、江西等省市盟组织在监狱举办的急救培训、文艺演出等帮教活动。

五是集中全盟力量，支援抗击重大突发灾害工作。去冬今春，西南五省遭遇了前所未有的特大旱灾，盟中央率先向毕节市发出慰问信，并募集资金300多万元，用于毕节和那坡救灾。青海玉树地震发生后，各级盟组织和广大盟员积极行动，踊跃捐款捐物支援灾区重建。民盟中央收到各地盟组织及盟员捐款以及多方筹集到的抗震救灾善款、物资近3000万元，为支援青海人民抗震救灾贡献了力量。民盟青海省委在地震发生不久，组织人员多次看望受灾群众，发动全省盟员积极捐款，组织协调各地民盟组织支援灾区项目的落实，并就灾区重建工作向省委、省政府积极建言献策，受到各方面的好评。

四、继续实施“人才强盟”战略，全面加强组织建设

干部队伍建设是关系盟的事业可持续发展的关键问题。一年来，全盟积极实施“人才强盟”战略，召开了民盟组织工作研讨会，狠抓落实组织发展五年规划和年度计划，努力推进代表性人士队伍建设、后备干部队伍建设和基层组织建设，组织工作取得新的成效。

一是组织发展稳中有升。盟中央指导各省级组织制定了2010年组织发展计划，坚持有计划、有重点地推进组织发展工作。截至2010年6月底，全国盟员总数达到207590人，净增率连续两年达到4.1%，保持了健康有序、稳中有升的良好势头。重点发展了一批高层次代表性人士、参政议政人才和有发展潜力的年轻盟员，基本实现了民盟十大提出的确保民盟在主体界别的优势，确保盟员队伍的专业结构、知识结构适应参政议政等工作的需要，确保在职盟员数量稳步增长的目标。

二是加大后备干部队伍建设力度。根据《民盟中央关于加强省级组织领导班子后备干部队伍建设的意见》的精神，盟中央加大了后备干部队伍建设工作力度。和中央统战部联合举办了中青年干部多党合作专题研究班；积极推荐骨干盟员参加中央统战部举办的境外研讨班、香港研讨班、民主党派中青班等培训项目。盟中央领导先后与来京参加各类学习班的16批盟员座谈，密切了盟中央与基层盟员之间的联系。盟中央开展了民盟代表性人士成长规律专题调研，汇总了近千名代表人士基本情况，在中央常委范围内进行了关于民盟代表性人士队伍成长规律的问卷调查，撰写了《民盟代表性人士特点和成长规律分析报告》，提出了新形势下做好代表性人士队伍建设的思路和建议。推荐优秀骨干盟员任职工作取得新进展。一批盟员进入各级政府部门、科研院所、高等院校、社会团体担任重要职务。

三是继续加强地方和基层组织建设。今年先后有12个省级组织进行了届中调整，新

建了1个市级组织。通过在陕西、安徽、河南、海南等地进行调研，梳理了全盟在基层组织建设中遇到的问题和困难，并就一些问题与有关地方和部门进行了协调。全盟基层组织建设工作呈现出新的局面，组织发展健康有序、活动形式有所创新、党盟关系更加和谐，基层组织的活力、凝聚力和影响力得到有效加强。

四是民盟中央监督委员会的工作稳步开展。当前，各省级组织都建立了谈心会、述职和民主评议制度，其中大部分省级组织领导班子进行了述职和民主评议活动，取得了很好的效果。民盟中央监督委员会认真了解各省级组织开展领导班子述职和民主评议活动情况，并安排委员参加了陕西、四川、安徽、海南四省领导班子的述职和民主评议活动。在总结各省级组织开展领导班子述职和民主评议活动经验的基础上，制定了《民盟中央关于省级领导班子及其成员述职和民主评议的暂行办法》。

五是鼓励支持广大盟员立足本职，建功立业。今年，共有32位盟员荣获2009年度国家科学技术奖，其中谷超豪获国家最高科学技术奖，这是盟员连续第三年折桂国家最高科学技术奖。吴征镒、王文采获国家自然科学一等奖，姚海林获国家科学技术进步一等奖；张明富等10位盟员荣获“全国劳动模范”和“全国先进工作者”荣誉称号；潘文石获“影响世界华人大奖”；吴良镛获2010年度陈嘉庚科学奖；贺林获发展中国家科学院生物奖，并当选为发展中国家科学院院士；吴为山获新中国城市雕塑建设成就奖，等等，广大盟员以出色的工作业绩，树立了民盟良好的社会形象。

五、加强对港澳台和海外联络工作，为祖国统一大业作贡献

一是继续成功举办“海峡两岸暨港澳地区大学校长联谊活动”。第六届联谊活动今年由香港大学、澳门大学联手承办，嘉宾人数增加至近50名。上届活动结束至今，各高校间陆续新签、续签合作交流协议29项。台湾地区三所高校主动提出为参加活动的内地大学提供70个交换生名额。第四届活动签订的《海峡两岸暨港澳地区高校联合培养高端人才合作意向书》项目，有关主管部门也正在积极考虑以设立基金的方式予以推进。联谊活动的社会影响不断扩大，得到了港、澳特区政府官员的高度评价。

二是积极参加外事活动，增进对外交流。蒋树声主席率全国人大代表团，出席在加拿大举行的二十国集团议长大会和在俄罗斯举行的第六届贝加尔经济论坛，并访问白俄罗斯；会见了俄罗斯国家杜马代表团。张梅颖第一副主席出席胡锦涛主席迎接阿根廷总统访华仪式，并参加了全国政协、外交协会举办的一系列外事活动。李重庵副主席会见了赞比亚国民议会议员和赞比亚“妇女变革”组织首席执行官，并介绍了我国多党合作制度。盟中央领导通过参加这些外事活动，展现了民盟作为参政党的良好形象，体现出我国多党合作制度的优越性。

各位委员，各位同志：一年来，中央常委会坚持解放思想，实事求是，认真贯彻民主集中制，坚持重大事项集体讨论、集体决定，推动全盟形成了民主团结、求真务实、开拓进取的工作局面。全盟一年来所取得的成绩，是中国共产党正确领导的结果，是多党合作政治格局进一步巩固的结果，是全盟各级组织和全盟同志共同努力的结果。在此，我谨代表中央常委会，向全体委员和全盟同志表示衷心的感谢和崇高的敬意！

在肯定成绩的同时，我们也要清醒地看到，与新形势新任务的要求和各位委员、广大盟员的期望相比，还有不少差距。主要是：思想建设作为长期任务，还需要更好地适应形势发展变化，进一步贴近盟员，增强实效；参政议政工作有的选题还需要进一步深入挖掘，持续关注，做成品牌；民主监督工作要密切结合参政议政、社会服务等工作，积极探索，扎实推进；代表性人士队伍还需要进一步扩大，推荐盟员担任实职工作还需要大力推进等。我们要针对这些问题和不足，进一步增强责任感和使命感，全面加强自身建设，切实履行参政党职能，努力推动全盟工作取得新的更大的进展。

对 2011 年工作的建议

2011 年是实施“十二五”规划的开局之年。全盟要认真学习贯彻中共十七届五中全会精神，抓住庆祝中国民主同盟成立 70 周年这一重要契机，继承和发扬盟的优良传统，深入开展树立和践行社会主义核心价值体系活动，全面推进盟的自身建设。坚持把促进科学发展作为参政议政的第一要务，按照“十二五”规划要求，围绕科学发展主题，努力在推动发展方式转变、改善民生、促进社会公平正义中发挥更大作用，为全面建设小康社会作出新的贡献。

一、学习贯彻中共十七届五中全会精神，深入开展树立和践行社会主义核心价值体系活动

中共十七届五中全会是在我国进入全面建设小康社会的关键时期召开的一次重要会议。会议全面总结了“十一五”时期我国经济社会发展取得的巨大成就和积累的宝贵经验，深入分析和科学判断国际国内形势，明确提出“十二五”期间仍是可以大有作为的重要战略机遇期，必须继续抓住和用好。会议强调做好“十二五”经济社会发展工作，必须以科学发展为主题，更加注重以人为本，更加注重全面协调可持续发展，更加注重统筹兼顾，更加注重保障和改善民生，促进社会公平正义。会议要求把加快转变经济发展方式作为“十二五”时期的主线，贯穿于经济社会发展全过程和各领域。全会还提出了“十二五”时期发展的目标任务和重大举措，为未来五年经济建设和社会事业发展指明了方向。

全盟贯彻落实中共十七届五中全会精神，就是要深刻领会会议的精神实质，重点把握对国际国内形势的科学判断，把握经济社会发展的主题主线，把握加快转变经济发展方式的主攻方向，把握经济社会发展的根本目的，进一步增强全面建设小康社会的责任感和使命感，明确民盟围绕中心、服务大局的工作重点和主要任务，切实把推动科学发展作为全盟履行职能的第一要务，为实现经济结构战略性调整和经济发展方式的根本转变积极咨政建言。

学习中共十七届五中全会精神要与当前树立和践行社会主义核心价值体系活动结合起来，夯实多党合作的政治思想基础。明年全盟开展树立和践行社会主义核心价值体系活动，要着重在深化上下功夫，认真总结前一阶段活动的成功经验，将一些行之有效的办法制度化、常态化，努力巩固活动成果；要在解决盟的思想建设面临的一些新问题上作文章，引导盟员在复杂情况下明辨是非，坚决抵制各种错误思想观念的影响，强化正确理想信念，努力提高活动实效。适时举办全盟践行社会主义核心价值体系先进事迹报告会和理

论研讨会，集中宣传、表彰一批先进集体和优秀个人，同时加强对社会主义核心价值体系建设相关理论问题的研究，将活动不断推向深入。

二、围绕制定和实施“十二五”规划，推进参政议政工作再上新台阶

明年是实施“十二五”规划的开局之年，使“十二五”时期经济社会发展开好局、起好步，民盟作为参政党肩负着重要责任。明年参政议政工作要在保持传统领域和优势的同时，重点围绕“十二五”规划的制定、实施，正确把握参政党的功能定位，找准参政议政的着力点，打造体现民盟特色的新亮点。

全盟要紧紧抓住科学发展主题和加快转变经济发展方式主线，围绕教育、科技、“三农”、区域发展、社会建设、生态文明等重大问题，精心选题，扎实调研，积极建言。科技进步和创新是加快转变经济发展方式的重要支撑，民盟在高教和科技界专家众多，盟中央准备发挥这一优势，明年就科技创新能力建设进行调研。民生问题事关百姓冷暖，事关科学发展和社会和谐稳定大局。民盟要把保障和改善民生作为参政议政的重要领域，认真倾听群众呼声，关心群众疾苦，深入调查研究当前与群众利益密切相关的问题。盟中央今年开展的完善收入分配机制的重点调研，取得了很好的效果，计划明年继续深化这一课题，就完善社会保障体系问题进行调研，希望能够提出一些有参考价值的建议，在推动改善民生方面发挥我们的作用。

继续举办高等教育研讨会、灾害与社会管理专家论坛、海洋经济研讨会等活动，进一步树立精品意识，加强成果转化，为建言献策提供更强有力的支持。办好第七届“海峡两岸暨港澳地区大学校长联谊活动”，推动两岸四地高等教育交流合作。努力整合盟内外的人才资源，巩固和扩大参政议政专家队伍，大力提高盟的机关干部素质，明年拟在中央社院举办民盟省级组织专职干部参政议政培训班。健全工作机制，试行民盟参政议政工作测评奖励办法，建立全盟参政议政成果资源共享网络平台，实现成果的即时交流和共享。继续加强反映社情民意信息工作，努力拓宽信息渠道，提高报送质量，保持民盟信息工作的良好发展势头。

三、努力整合全盟优势资源，扎实推进社会服务工作

明年盟的社会服务工作要紧密结合“十二五”规划的实施，发挥盟组织和盟员的力量，巩固和扩大传统优势，在坚持社会服务的政党属性和特色的基础上，积极探索新的工作机制和工作方式，增强工作的实效性和可持续性，努力为推动社会进步做好事、做实事。

参与贵州毕节实验区建设是明年社会服务工作的一个重点。毕节实验区不仅是开发扶贫、生态建设的试验区，也是各民主党派加强自身建设、促进多党合作的试验区。要充分认识参与毕节试验区建设的重大意义，不断增强帮助支持试验区建设的积极性、主动性和创造性。盟中央将安排北京、河北、辽宁等10个省级组织赴毕节召开专题会议，支持他们发挥各自优势，在教育培训、招商引资、引进技术、劳动力转移等方面参与和支援试验区建设，共同推进试验区经济社会又好又快发展。2011年是民盟中央对口帮扶河北广宗20年，要采取有效措施，加强智力帮扶力度，同时，积极参与广西百色、甘肃定西等地的社会主义新农村建设。

继续加强与合作伙伴单位的协调联合，充分发挥各级专家顾问组的作用，做好分类指导，推动“烛光行动”深入持续开展。加强帮教工作经验交流，稳步扩大覆盖面，努力将其打造成为民盟社会服务的新品牌。研究总结部分地方盟组织开展城市社区服务的工作经验，支持有条件的地方盟组织进行新探索。稳步拓展在西部地区实施“明眸工程”的区域和内涵，进一步扩大社会影响。

四、广泛开展中国民主同盟成立70周年纪念活动，团结带领广大盟员继承优良传统、坚定政治信念

明年是中国民主同盟成立70周年，也是中国共产党建党90周年。民盟自成立以来，一直与中国共产党风雨同舟，肝胆相照，共同谱写了我国多党合作的壮丽篇章。纪念民盟成立70周年，大力弘扬民盟优良传统，是明年全盟的一项重要工作。盟中央将举行一系列的庆祝活动，包括召开纪念大会，表彰先进典型，开展征文活动，举办文艺演出，续写并出版《中国民主同盟70年》，出版大型画册等。通过这些纪念活动，全面回顾民盟在新民主主义革命、社会主义建设和改革开放时期走过的不平凡道路，系统总结民盟作为共产党的挚友和诤友，为建立新中国、建设中国特色社会主义、推进社会主义民主政治建设不懈奋斗所创造的宝贵经验，缅怀民盟先辈热爱祖国、追求真理、奔走国是、关注民生的光辉业绩，激励广大盟员在新的历史条件下，继承和发扬优良传统，沿着中国特色政治发展道路不断开拓进取，创造新的辉煌。

希望地方各级组织充分认识举办民盟成立70周年纪念活动的重要意义，按照盟中央的部署，紧密结合树立和践行社会主义核心价值体系活动，结合当地实际，举办形式多样、富有成效的纪念活动，引导广大盟员牢记盟的光荣历史，弘扬盟的优良传统。利用民盟成立70周年这一重要时机，加大盟史资料的搜集、整理、研究和出版工作力度，进一步丰富和深化对民盟历史和优良传统的认识。筹备组建民盟画院和艺术团，为发挥文化艺术领域盟员的积极性搭建平台，提供服务。

五、大力加强宣传和理论研究工作，切实提高全盟思想理论水平

认真贯彻中共中央领导同志就加强统一战线先进典型表彰宣传工作的重要批示精神，结合民盟成立70周年纪念活动，做好宣传报道工作。加强对盟的主要工作的宣传报道力度，特别是针对重点调研、重大活动、重要建言，努力做到及时报道、深入报道。在重视对代表性、旗帜性人物宣传的同时，注意挖掘普通盟员的先进事迹，发挥好“身边榜样”的示范引领作用。积极探索参政党新闻宣传的规律，建立思想建设和宣传工作的长效机制，及时了解广大盟员的思想动态，增强宣传工作的针对性、实效性。明年适时召开全盟宣传工作研讨会，交流经验，沟通情况，同时对宣传干部进行培训。

各级盟组织要高度重视参政党理论研究工作，发挥理论研究在推动全盟适应大发展、大变革的时代特点，与时俱进，不断开拓工作新局面中的作用。加强盟务工作研究，认真总结全盟在自身建设和履行职能实践中创造的新经验，不断丰富和深化对参政党建设规律的认识。紧紧抓住新形势下参政党建设中的新情况新问题、盟员反映强烈的紧迫问题以及实践中长期存在的难点问题开展研究，努力形成一批对领导决策和盟务工作探索创新有较高参考价值的研究成果。各级组织要把发现、培养理论人才放到重要位置，充分挖掘盟内的研究资源，不断壮大盟的理论人才队伍。理论研究工作部门要加强组织协调，不断完善课题招标等各项制度，进一步理顺工作机制，努力推动理论研究工作深入开展。

六、高度重视干部队伍建设，为新形势下履行职能做好人才选拔培养工作

2012年民盟中央和各省级组织都要换届，统一思想，提高认识，积极稳妥地做好换届前的各项准备工作是明年组织建设的重点。盟中央将出台换届工作文件，希望各级组织认真贯彻执行。换届前的各项准备工作，要本着广泛听取意见、严格工作程序的原则，加强盟中央与省级组织和有关部门的协商沟通。部分省级组织要认真做好届中调整工作。进一步加强后备干部队伍建设，立足换届，着眼长远，加大对后备干部的选拔、培养力度。积极贯彻中共中央颁发《2010—2020年党外代表人士教育培训改革和发展纲要》，大力加强后备干部、参政议政人才和专职干部等的培训力度。

认真总结分析实施《二〇〇七年至二〇一一年组织发展规划》情况，针对薄弱环节加强工作，确保实现五年组织发展目标。继续实施“人才强盟”战略，盟的各级领导必须高度重视发展代表性人士，亲力亲为，努力壮大民盟代表性人士队伍，优化民盟人才结构，适应新形势下履行参政党职能对人才的需求。要把基层组织建设列入重要议事日程，积极探索新形势下开展基层工作的新思路新方法，推进基层组织工作创新，增强基层组织活力。稳步推进盟内监督工作，不断改进工作方法，建立和完善盟内监督工作的相关制度。

盟的机关是全盟工作运转的枢纽，机关工作水平的高低，直接影响着民盟工作全局，影响着民盟形象。要通过学习培训、轮岗交流、挂职锻炼等途径，为机关干部创造良好的学习条件，尽快提高机关干部的综合能力和业务素质。从完善内部管理入手，建立健全机关各项规章制度，规范各部门之间的协调机制，通过良好的工作秩序和规范的运行程序，提高工作效率和工作质量，努力建设团结、和谐、务实、高效的党派机关。

各位委员，各位同志：

明年将是我国把握科学发展主题，朝着全面建设小康社会宏伟目标迈进具有重要意义的一年。全盟一定要高举中国特色社会主义伟大旗帜，紧密团结在以胡锦涛同志为总书记的中共中央周围，继承优良传统，努力开拓进取，不断加强自身建设，积极履行参政议政、民主监督职能，创造新的更加辉煌的业绩，向民盟成立70周年献礼！

民盟中央2010年工作要点

（2010年1月13日民盟中央主席办公会议通过）

2010年是实施“十一五”规划的最后一年，也是民盟履行参政党职能任务十分繁重的一年。新的一年，全盟工作总的要求是：认真学习中共十七届四中全会和中央经济工作会议精神，以科学发展观为指导，在盟的自身建设中突出社会主义核心价值体系这个主题，紧紧围绕促进科学发展第一要务，就推动转变经济发展方式，促进经济平稳较快发展、保障和改善民生等关系工作大局和国计民生的重大问题，深入调查研究，积极履行参政议政、民主监督职能，推进盟的事业全面发展。

一、深入学习，提高认识，坚定走中国特色社会主义政治发展道路的信念和决心

1. 全盟各级组织要把认真学习贯彻中共十七届四中全会精神与深入贯彻落实科学发展观结合起来，开展国情和形势任务教育，继续深化坚持走中国特色社会主义道路学习教育活动，不断提高接受中国共产党领导的自觉性，不断提高运用科学理论指导工作实践的能力，努力巩固和发展多党合作的政治格局。

2. 开展“学习和践行社会主义核心价值体系”相关活动，将社会主义核心价值体系教育融入盟的自身建设全过程和履行职能的各项工作之中。

二、发挥主席会议和常委会的领导作用，加强对全局性重大问题的研究部署

3. 主席会议和常委会要充分发挥全盟领导核心的作用，贯彻民主集中制原则，不断适应形势任务要求，就党和国家政治经济生活中的重大问题和关系全盟工作的战略问题深入研究，做好规划，推动各项工作持续有效开展，提高全盟工作的科学化水平。

4. 今年常委会将重点研究全盟的参政议政工作。围绕促进科学发展这个第一要务，以制度建设为主线，健全和完善“上下联动、横向联合”的参政议政工作机制，整合盟中央和地方组织的参政议政资源，不断提高参政能力。

三、拓宽思路，优化选题，不断提高参政议政水平

5. 努力学习科学发展观，重点围绕教育、经济、“三农”、文化、构建和谐社会、生态环境、区域经济与协调发展、海外联谊等方面问题组织全盟落实好调研、论坛、研讨、海外联谊等参政议政工作。具体安排如下：2010 年 4 月初在湖南长沙召开民盟中央参政议政工作会议，部署落实全盟的调研课题；2010 年 5 月初到广东进行民盟中央大调研。

6. 完成 2010 年全国政协会议上民盟中央的大会发言、提案的组织和准备工作。准备全国政协常委会及有关专题会议的发言。

7. 为各专门委员会的创造性工作营造氛围，充分发挥各专门委员会的作用，调动盟员专家的积极性。

四、巩固既有成果，强化示范意义，进一步推动社会服务工作

8. 继续参与贵州毕节、黔西南、河北广宗、广西百色、甘肃定西等地的智力支边扶贫工作，推动当地新农村建设的开展。

9. 总结“农村教育烛光行动”开展以来取得的经验，探索“烛光行动”持续开展的方式方法，整合全盟力量加大条件支持和宣传工作力度，组建“民盟中央烛光行动人才库”，成立志愿者队伍。加强基地建设，在条件成熟的情况下考虑成立“民盟烛光基金”。组织专家顾问成员开展调研活动，策划并组织相关大型活动，把“烛光行动”不断引向深入。

10. 推动与司法部门在帮教工作方面的合作，改进帮教工作机制。对部分地市盟组织开展的帮教工作进行调研。9 月在河南召开民盟社会服务工作研讨会，重点总结帮教工作的实践经验。推动少数尚未开展帮教工作的省（区、市）在 2010 年介入开展此项工作。

11. 以地方盟组织为依托，在条件具备的城市开展城市社区社会服务工作，开辟民盟社会服务工作新领域。

五、切实加强干部队伍建设，推动组织工作规范化

12. 深入了解省级组织领导班子建设现状，及时总结经验，查找问题，促进省级领导班子不断提高履职能力。由盟中央领导带队，赴部分省市开展省级组织领导班子建设情况的调研。

13. 进一步加强盟的后备干部队伍建设，特别是省级组织领导班子后备干部队伍建设。对部分省级组织后备干部队伍建设情况进行调研，通过座谈会等形式，了解省级组织后备干部队伍建设现状，研究关于加强后备干部队伍建设的新思路新举措。为全面了解省级组织主要后备干部的情况，适时举办“盟务工作骨干研讨班”。

14. 民盟中央监督委员会赴各省开展调研，指导各级组织不断完善谈心会制度、述职和民主评议制度，推进地方领导班子建设的民主化、规范化、制度化。

15. 继续贯彻落实《中国民主同盟组织发展暂行条例》，坚持“三个为主”的方针和“在工作中发展，发展是为了工作”的原则，加强对全盟组织发展工作的指导。进一步贯彻落实民盟基层组织工作会议精神，联合各省级组织摸清民盟在大专院校、科研院所和新社会阶层等领域发展现状，在此基础上于2010年10月召开“民盟组织工作研讨会”，努力推进组织发展工作。

六、积极开展参政党理论研究，继续做好宣传思想工作

16. 贯彻落实民盟十届三中全会和民盟理论研究工作会议精神，努力加强理论政策学习，深入调查研究，继续做好多党合作和统一战线理论研究课题的组织和成果转化工作，推动全盟的理论研究工作不断深入。

17. 加强理论研究队伍建设，适时召开特邀研究员工作座谈会。

18. 围绕学习和践行社会主义核心价值体系，推动全盟思想建设和宣传工作的深入开展。对不同类型省（区、市）以社会主义核心价值体系教育为主的宣传推进工作进行调研。

19. 选择民盟历史资源丰富的省（区、市）（重庆、四川、上海、云南等）进行调研，推进民盟成立70周年纪念筹备工作。加强盟史资料抢救与研究、出版力度。

20. 做好费孝通、华罗庚诞辰一百周年等纪念活动，加大对先进模范盟员的宣传力度。

21. 加强群言杂志社、《中央盟讯》的选题策划和组稿工作，不断提高稿件的理论深度；针对人民群众关注和关心的重大热点、难点和深层次问题，召开盟内外专家学者座谈会，进行深入探讨。

22. 配合“费孝通诞辰100周年”、“华罗庚诞辰100周年”等纪念活动积极组织相关选题，继续加大“民盟历史人物丛书”和“民盟历史文献丛书”的出版力度；继续做好“灾害与社会管理专家论坛丛书”、“海洋发展研究丛书”、“文化产业发展论坛丛书”、“中国民主同盟地方资料汇编”的图书出版工作。加大民盟中央及地方盟史资料的出版合作力度。

七、创造条件，搭建平台，进一步做好对外联谊工作

23. 加强两岸四地的高教和科技交流，认真办好在香港举行的第六届两岸四地大学校长联谊工作，增进两岸四地同胞间的了解与互信。

24. 继续发挥民盟联系广泛的优势，做好台港澳同胞和海外侨胞的联谊和联络工作，积极推动祖国和平统一大业。

八、加强机关规范化管理，将机关建设提高到新水平

25. 进一步建设学习型机关，通过举办学习讲座、参加培训等多种形式，全面提高机关干部的综合素质和工作水平。

26. 机关各部门以提高能力和转变作风为重点，加强制度建设和作风建设，进一步提高办事效率。树立以人为本的管理理念，明确岗位分工和工作责任，加大制度执行和落实力度，强化约束机制，把盟的机关建设提高到一个新的水平。

转变发展方式，关键在转变政府职能

——民盟中央在全国政协十一届三次会议上的口头发言

改革开放三十年来，我国经济社会建设取得了举世称赞的巨大成就，也为发展方式的粗放付出了不菲代价。发展方式必须转变，已是全社会的共识。

我们认为，转变发展方式的关键，是政府职能的转变；没有政府职能的转变，就不可能有发展方式的转变。

在确立社会主义市场经济体制方面，我们有着显著的成绩，但政府主导型的发展模式仍未彻底扭转。政府拥有过多的资源、要素配置权力，同时，提供公共服务的制度建设又尚不完善，职能“错位”、“越位”和“不到位”的现象混杂存在，并形成了思维定式，导致对企业的过度干预和对发展的制约，某些方面已形成累积性矛盾，造成了经济结构的种种不协调。

转变政府职能，是经济体制改革与政治体制改革一个关键结合点，是中央很早就明确了的重大战略和重大任务。中共十七大报告和十七届二中全会《关于深化行政管理体制改革的意见》明确要求：深化行政管理体制改革要以政府职能转变为核心，建设服务型政府，并制定了到2020年的总体目标和五年的重点任务。

2008年下半年爆发的全球性金融危机，给我国经济带来了巨大困难，也使得政府职能转变暂时减缓。然而，金融危机冲击下我国经济暴露出的自身脆弱性，加快经济发展方式转变、创新驱动、内生增长已刻不容缓，也进一步凸现了转变政府职能的必要和紧迫。例如：仅据不完全统计，去年各地政府通过融资平台筹资的总额，已超过全年信贷总额的一半，巨额政府负债成为新的发展隐患；促进新能源产业发展刚一启动，争项目、抢地盘的无序竞争、重复建设等老问题就再度出现。

因此，当前必须紧紧抓住政府职能转变这个关键，推动发展方式转变和经济结构调

整，实现经济社会的可持续发展。

为此，我们建议：

1. 全面树立科学行政理念。把转变政府职能作为深入贯彻落实科学发展观的重要内容之一，“坚持以人为本、执政为民，把维护人民群众的根本利益作为改革的出发点和落脚点；”“加快推进政企分开、政资分开、政事分开、政府与市场中介组织分开，把不该由政府管理的事项转移出去，把该由政府管理的事项切实管好。”

2. 深化体制、机制改革，完善制度建设。既要注重机构、人事的精简整合和效率的提高，更要注重通过深化体制、机制改革，完成规范权力、依法行政、监督问责的制度建设，实现“建设服务政府、责任政府、法治政府和廉洁政府”的目标。

3. 突出重点，强化公共服务职能建设。政府最重要、最根本的职能之一，是依法推动社会的公平和正义。在当前，特别应在建立和完善社会保障体系、合理调控社会分配、提供均等化基本公共服务方面，强化职能建设。

4. 转变推动经济发展的模式和方式。主要通过发挥市场机制作用、有效执法并辅之以必要和适度的行政手段，引导和调节经济运行，规范行政审批和收费等管理制度，为建立统一、开放、竞争、公平、有序的现代市场体系，提供管理和服务。

5. 深化事业、团体、企业单位改革。这些单位中，存在着职能定位不清、与政府和市场的界限不清等问题，导致越权管制和垄断等现象。盈利性事业单位或事业单位的盈利性部门应剥离出去，进行分类的企业化改革；严格限制国有企业的垄断经营范围，并逐步使其从竞争性领域退出，为民间社团和民营企业腾出发展空间。

6. 合理界定中央与地方的事权职责。建立与事权匹配的财力、责任体系，增强地方政府、特别是基层政府的公共服务能力。

在民盟十届十一次中常会上的讲话

民盟中央主席　蒋树声

（2010 年 5 月 14 日）

各位常委：

本次中常会的主要任务是总结近年来民盟履行参政议政职能的工作情况，研究部署新形势下做好民盟参政议政工作的思路、举措，进一步提高民盟参政议政的质量和水平，为推进社会主义民主政治建设和经济社会发展作出新的贡献。

下面，我讲两个问题：

一、近年来民盟履行参政议政职能的主要成绩和经验体会

民盟十大以来，民盟工作进入了一个新的发展阶段。作为参政党，我们与执政党共襄伟业，同庆盛典，先后迎来中共中央“五一口号”发布 60 周年、改革开放 30 周年、新中国成立 60 周年、多党合作制度确立 60 周年，系统总结了多党合作制度不断发展完善、民盟履职能力和水平切实提高的历史经验。同时，作为参政党，面对国家遭受汶川地震等

一系列自然灾害影响以及国际金融危机严重冲击的复杂形势，我们与执政党肝胆相照、共克时艰，恪尽参政党之责，汇聚全盟之力，参政议政工作取得了显著成效。

1. 积极履行参政议政职能，着力在重大方针政策和重要事务的政治协商中有所作为，努力在国家政治生活中发挥作用。盟中央领导多次在中共中央、国务院召开的协商会、座谈会上，就灾后重建与灾害和应急社会管理建设、教育改革与发展、宏观经济调控、“三农”问题、执政党建设等重大问题坦诚发表意见。两年来，民盟中央16次致函中共中央、国务院，就基础教育教师队伍建设、职业教育与技能培训、坡耕地水土流失综合治理、统筹城镇化与新农村建设等问题提出政策建议，得到胡锦涛总书记和温家宝总理等领导同志的重视和批示，有的建议已被吸收采纳。前不久，我们又通过有关部门就“十二五”规划和《国家中长期教育改革和发展规划纲要》的制定，提出了意见和建议。民盟各级地方组织负责同志也通过参加当地党委、政府的协商活动，就经济和社会发展重要问题积极建言献策。这些都体现了民盟在多党合作事业中的自身价值，起到了促进执政党和政府决策科学化、民主化的积极作用。

2. 始终把政协会议作为履行参政议政职能的重要平台，就关系国计民生的重大问题提出建议，尤其是将促进科学发展观的深入贯彻落实作为主要关注内容。全国政协十一届一次会议以来，盟中央共提交大会发言12篇、提案76件，民盟组政协委员共提交大会发言140篇、提案818件，内容涉及国家经济与社会建设的方方面面；盟中央的7件提案入选全国政协提案办理协商会，受到相关单位和媒体的高度重视；盟中央关于“高等教育持续发展呼唤制度创新”等3次大会口头发言，引起社会普遍关注。去年，盟中央提出了“关于以‘转方式、调结构’推动‘保增长、扩内需’的提案”，今年，我们又在大会发言中强调转变政府职能是转变发展方式的重要内容和关键，体现了我们对于促进科学发展观深入贯彻落实的不懈努力。两年多来，地方盟组织和各级政协中的盟员同志也充分利用政协平台建言献策，提出建议，受到当地党委和政府的重视，为促进地方经济的科学发展与和谐社会建设发挥了积极作用。

在社情民意信息报送工作方面，盟中央通过完善工作机制，加强人员培训，形成了信息来源保障体系，自2003年全国政协就这一工作进行年度统计评比以来，7年间，民盟中央6次名列第一名。

3. 坚持把调研、论坛、研讨活动和社会服务工作作为履行参政议政职能的重要载体，拓展了议政建言的成果来源，扩大了民盟的社会影响。民盟中央和各省级组织就中共中央委托课题和一些关系国计民生的重大课题，奔走城乡，深入基层，调查研究取得丰硕成果，形成了一批有价值的政策建议和政协提案。换届以来，各级专委会和各省级组织活力增强，举办的论坛、研讨会的数量增加，质量提高。两年来，盟中央及专委会、省级组织共举办论坛、研讨会20余次，重点活动的影响力不断增强和扩大。去年，民盟中央和达沃斯世界风险论坛等单位共同主办了“2009中国·成都国际灾害风险大会”，体现了民盟在推进政府与社会重视灾害与应急管理问题的成效；教育、农业、海洋事业、文化、民生、法制等专题论坛、研讨会，也已成为我们集纳政策建议的重要平台。

民盟中央发起主办的“海峡两岸暨港澳地区大学校长联谊活动”，已连续举办五届。2008年、2009年的年会分别在吉林省和内蒙古自治区举行，来自两岸四地的20余所著名大学的校长莅会，就海峡两岸暨港澳地区高校联合培养高端人才达成共识并签署合作意向书。这一活动在推进两岸四地交流与合作方面，取得实质性成果，为新形势下加强海峡两岸联系，促进文化交流与祖国和平统一作出了民盟特有的贡献。

近年来，民盟各级组织适应形势任务的要求，在发扬传统的“做好事、做实事”的基础上，社会服务工作进一步拓展领域、增强成效。支边扶贫工作逐渐转入到社会主义新农村建设的轨道，甘肃定西、贵州毕节、河北广宗、广西那坡、四川遂宁成为民盟服务地方经济建设、促进社会发展的范例。“农村教育烛光行动”开展三年来，培训农村中小学教师5万多人次，捐赠款物达2500多万元，民盟为四川地震灾区援建的广元民盟烛光中学已经投入使用。帮教活动的社会效益日渐显现，受到司法部门的欢迎和社会舆论的好评。社会服务使民盟的参政议政工作得到了延伸和拓展，扩大了民盟的社会影响，同时也深化了我们对国情的认识，强化了议政建言的实践基础。

4. 全盟参政议政工作的深入开展，进一步调动了广大盟员的参与热情，增强了盟组织的凝聚力，推动了民盟的自身建设。履行参政议政职能离不开广大盟员的热情参与，离不开盟内专家的积极支持。担任各级政协委员的盟员通过政协平台发挥作用，担任各级人大代表的盟员以高度的政治使命感，切实履行法律赋予的神圣职责；担任各级政府和司法部门领导职务的盟员，牢固树立公仆意识，廉洁勤政，从政为民；担任中央和省级特约监察员、检察员、审计员等特约职务的盟员，体察民情，反映民意，认真开展行风评议和民主监督；盟员中的广大专家学者积极发挥专业特长，通过参与调研、撰写提案等多种形式参加盟组织的参政议政工作；广大基层盟员结合实际建言献策，为当地经济社会发展建设发挥了积极作用。盟的参政议政工作，是一项汇聚全盟智慧与资源的事业。通过参政议政的各项具体工作，把全盟各级组织和广大盟员有机地结合在一起，促进了盟的自身建设，增强了盟组织的凝聚力和向心力，也增强了广大盟员的自豪感和使命感。

各位常委：回顾过去的工作，我们有以下几点体会：一是坚持正确的政治方向，自觉接受中国共产党的领导，在多党合作的格局中积极建言献策，是民盟履行参政议政职能的基本原则；二是坚持以促进科学发展作为民盟参政议政的第一要务，紧紧围绕党和国家的中心工作，服务大局，努力建睿智之言，献务实之策，是民盟履行参政议政职能的着力方向；三是坚持“立盟为公、参政为民”的政治理念，高度关注民生，倾听民众呼声，努力承担参政党的社会责任，是民盟履行参政议政职能的价值取向；四是继承民盟求真务实、深入调研的优良传统，突出盟的界别特色和传统优势，紧跟当前的形势变化和中心工作，坚持讲真话，做诤友，是民盟履行参政议政职能的工作作风；五是充分发挥地方组织和广大盟员的积极性，坚持上下联动、左右互动、内外合作，不断探索建立和完善工作机制，是民盟履行参政议政职能的重要保障。

民盟的参政议政工作虽然取得了比较突出的成绩，但相对于全体盟员的期望，还有不小的差距。在总结成绩经验的同时，我们也要正视工作中存在的困难和问题。国际形势的复杂多变，国内改革、发展、稳定任务的艰巨繁重，都对我们的参政议政议工作提出了新的更高要求。进一步提升工作的质量与水平，需要我们付出更大的努力。从我们自身来讲，参政议政与经济社会改革、发展的重大问题和形势变化结合得不够紧密，工作机制不够完善，盟内资源的整合不够充分，绩效评价体系还不够健全等，都是制约参政议政工作再上新台阶的重要因素，需要我们在今后的工作中努力加以改进。

二、解放思想，开拓创新，努力做好新形势下的参政议政工作

当前，我国的经济建设和社会发展正处于重要战略机遇期，经济形势虽有很大好转，但回升向好的基础并不稳固，短期问题和长期矛盾相互交织，国内因素和国际因素相互影响，经济社会发展中“两难”问题增多，我们面临的形势甚至更为复杂。新的形势不仅要求执政党以改革创新精神加强和改进党的建设，不断提高执政能力，同样也要求参政党切实提高能力和水平，开创参政议政工作新局面。

1. 加强学习，统一思想，充分认识做好新形势下参政议政工作的重要意义。建设学习型参政党是民盟自身建设的长期目标。全盟同志要认真学习多党合作的方针政策，自觉践行社会主义核心价值体系，切实明确参政党履行职能的政治方向。要清醒认识我国所处的发展阶段，加强对国际国内形势和国家大政方针的研究，不断深化对经济与社会建设所面临的深层次矛盾的认识和把握，深化对突破矛盾的方向和解决矛盾的切入点的认识和把握，深化对社会主义市场经济的本质和建设规律的认识和把握，深化对构建社会主义和谐社会进程规律的认识和把握。

全盟同志必须明确，参政议政作为民主党派的基本职能之一，是民主党派在国家政治生活中发挥作用的重要形式。民主党派充分履行参政议政职能，是坚持中国共产党领导的多党合作和政治协商制度的必然要求。更好地履行参政议政职能，既是适应形势变化、完成改革发展重大历史任务的需要，也是民盟在多党合作事业中实现可持续发展的保证。做好新形势下的参政议政工作，不仅有利于推动经济社会的科学发展，实现经济又好又快的发展目标，而且对于扩大有序的政治参与，拓宽社会利益表达渠道，发扬社会主义民主，调动各方面的积极因素，促进社会和谐发展，也具有重要意义。

2. 整合资源，形成合力，切实加强参政议政队伍建设。人才队伍的状况，直接决定着参政议政工作的质量与水平。各级盟组织在贯彻实施“人才强盟”战略的进程中，要注意加强参政议政人才的发现和培养。要把政治素质好、有参政议政潜质、特别是参政议政工作急需的专门人才，充实到盟的人才队伍。同时，要加大对盟内现有人才资源作用的发挥，入盟不分先后，使用不拘一格，采取多种形式，努力创造条件，帮助参政议政人才搭建平台，扩大影响，并及时推荐他们到能够充分发挥作用的岗位上，为做好盟的参政议政工作发挥更大作用。

加强人才队伍建设，要注重发挥好骨干的示范带头作用。盟的各级组织领导、人大代表、政协委员、从政人员、特约人员等，是民盟参政议政工作的骨干力量。各级组织要注意提高他们的参政意识，提高他们的建言立论水平，并建立有效的激励机制，激发他们的积极性、创造性，更好地发挥其在全盟参政议政工作中的骨干和带头作用。

进一步整合盟内的人才和智力资源，形成一个分层分类、上下统一的专家人才库，是今后民盟参政议政人才队伍建设的一个努力方向。要总结推广一些省级组织好的经验做法，继续加强专委会的建设，努力把各级专委会建设成为机制灵活、富有活力、参与面广、研究力强，能够在盟的参政议政工作中发挥重要作用的智囊团队。各级组织要尽力创造条件，切实帮助专委会解决工作时间、调研经费等方面的问题，充分发挥盟内外专家的

智慧和力量，使盟的参政议政工作质量进一步提升。

同时，还要在提高盟机关参政议政专职工作人员的素质和工作水平上下功夫。各级机关是全盟工作的枢纽，参政议政职能部门在盟的参政议政工作中担负着重要责任。打造一支具有较好素质和能力的专职工作人员队伍，是实现盟内资源整合、提升全盟参政议政工作质量与水平的基础性工作。

3. 注重规范，增强实效，进一步完善全盟参政议政的工作机制。近年来，盟的各级组织普遍重视参政议政工作机制建设，对于推动参政议政成果数量的增加和质量的提升发挥了重要作用。今后一个时期，仍需进一步健全完善这些机制，推进工作质量和水平的持续提高。

对此，一是要完善选题机制。在过去的工作实践中，我们逐步建立了“专家广泛参与和领导集体决策”相结合的参政议政课题遴选办法，明确了省级组织申报、民盟中央综合协调的选题工作程序，提高了选题的科学性。还需要强化的是进一步提高操作的规范性，明确细化领导决策责任，吸收更多的专家参与，同时加强与政府部门的沟通，获取更充分的信息，提出具有全局性、战略性、前瞻性、可操作性、符合民盟特点的高质量选题。

二是要完善调研机制。重视调查研究，是盟的历届领导集体始终坚持的优良传统。深入的调研是取得高质量参政议政成果的保证。要高度重视民盟在各级政协中的作用，认真分析经济社会发展中的重要问题和人民群众普遍关心的热点与难点问题，通过深入调查研究，提出具有针对性和前瞻性的意见和建议。要进一步健全中央与地方协作调研机制，加强上下联动、左右互动，吸收更多地方组织和政府部门以适当方式参与调研，使成果具有更强的针对性。积极探索深入调研的有效方式，发挥基层盟员的积极作用，充分利用盟员专家的学术专长。做好调研成果转化，建立盟内共享机制，推动参政议政工作互相促进，共同提高。

三是要完善激励机制。逐步建立参政议政工作综合评价体系，进一步完善激励机制，大力表彰在参政议政工作中取得成绩的组织和个人，在工作条件、经费等方面给予更大的支持。同时，还要将参政议政成果与领导班子考核、后备干部推荐使用结合起来，更好地调动和激发全盟参政议政工作的积极性。

4. 解放思想，求真务实，以理论创新推动工作创新。新世纪新阶段，中国共产党根据经济社会发展新的形势和任务，不断完善、创新治国理政的理论，对执政规律的认识把握达到了新的高度。作为参政党，要清醒地看到存在的差距，高度重视在理论方面的建设和创新，并通过理论创新推动工作创新，使我们的参政议政与共产党的执政相得益彰。

理论创新要求我们进一步解放思想，突破思维定势，直面现实，追求真理，不断开拓思想的新境界。要以科学发展观为指导，深入总结全盟参政议政工作的成功经验，逐步深化对参政议政规律的认识，把具体的经验体会提炼升华，形成带有普遍性和系统性的理论观点。理论创新要密切联系参政议政工作实际，努力回答在实践中遇到的新问题。要敢于正视形势的变化对盟的参政议政工作提出的新挑战，探索履行参政议政职能的新模式。要善于把理论研究的新成果转化为现实工作中的新思路、新方法，围绕推动科学发展、促进社会和谐深入调查研究，大胆开拓创新，切实增进工作实效，使盟的参政议政工作成为实现参政党价值的重要途径。

各位常委：参政议政是参政党的基本职能，也是我们的第一要务和立足之本，希望大家围绕会议主题，畅所欲言，进一步凝聚共识，务实创新，努力推进民盟参政议政工作再上新台阶，为夺取全面建设小康社会的新胜利作出我们应有的贡献！

写在费老百年诞辰

民盟中央主席　蒋树声

费孝通先生离开我们 5 年了。今年是他的百年诞辰。作为中国民主同盟的杰出领导人，一位社会学家、人类学家、民族学家和社会活动家，他的百年人生跌宕起伏，波澜壮阔；作为一名知识分子，他的一生不仅为我们树立了光辉典范，他在学术上的成就，也为我们留下了一份宝贵遗产。

我们在这里纪念和缅怀费老，重温他的教诲，对每个人来说都是记忆深刻而又难忘的。他的为人，他的学识，他的不凡经历，都值得我们学习和铭记。回首 20 世纪的人文学者，费老的一生和他的学术生命独特而充满魅力。他的与众不同体现在诸多方面：首先，像费老那样能把学问做到浅近而平易的人并不很多；其次，像他那样能将“学人话语”化为“经世致用”行动的人就更少；而像他那样以一生心力，矢志不渝，孜孜实现着“富民”理想的人怕更不多见。而费老以他的坚韧、执著做到了，且无怨无悔，用他晚年时的话说：若天假有年，仍将一如既往。

费老出生在传统知识分子家庭，受到过良好的现代教育并留学英国，他所走的路，像那个时代大多数知识分子一样，就是想用自己所学为人类服务。这种朴素的理想，一直为他们那代人奉为圭臬。从他弃医从事社会学起，就抱定要用自己的知识“富民强国”。而当国难当头、国家危难之时，他又能忧心国事，凭借知识分子的良知挺身而出，为民请命。在历史激变的当口，是最能考验一个人的。而费老做到了。在此后的岁月里，费老不论是教书育人，主政民盟，还是以国家领导人的身份参与国是，他都无不一以贯之地坚持着自己的信念，尤其是对民生的关注，成为他一生的追求。从早年携新婚妻子深入广西大瑶山写出《花蓝瑶社会组织》，到他的博士论文《江村经济》；从他领导云大和燕京大学社会调查所写成的《云南三村》，到此后的《乡土中国》、《乡土重建》和《生育制度》等，这些学术界公认的经典社会学专著，无不体现出费老该“如何做起学问”的坚定选择。他认定，中国的社会学不能眼睛向上而要目光向下，要走入社会，走向民间，抑或要更多地深入了解农村和农民，如此，才会有中国社会学的发展与未来。

费孝通毫不讳言地说过，中国的繁荣与强盛在于中国农民走上富裕之路。在历经政治风云的变幻和袭扰之后，他未曾因磨难而灰心，更未因年老体衰而裹足，特别是改革开放之后，他为迎来自己的“第二次学术生命”而欣喜不已。他不顾年事已高，要“行行重行行”，深入进基层调查研究，足迹踏遍了大江南北。他用他的博学和睿智，“出主意，想办法，做好事，做实事”，带领民盟并发动广大盟员积极参政议政，投身社会服务。他敏锐捕捉中国社会变革发展中的每一点变化，通过亲身考察和调研，先后提出了“建立黄河上游多民族经济开发区”、“开发黄河三角洲”、“建立长江三角洲经济开发区”，以及“加快发展环渤海地区”等关乎国家战略发展的意见与建议，得到了中共中央和国务院领导的高度重视。此外，费老还“走一地，写一篇”，用他那支如椽的笔，将自己对西部大开发、中部地区崛起、浦东新区腾飞，乃至于乡镇企业发展的“苏南模式”、“温州模式”和有关小城镇建设的洞见与思考，写成一系列颇多见地的文章。他为推进中国改革开放和民主政治建设倾注了大量心血，为中国的经济社会发展作出了重要贡献，为中国共产党领导的多党合作和政治协商制度增添了新的内容，更为全盟的工作指明了方向。可以说，费老在一步步构建起他的中国社会学“费氏体系”的同时，也实现了他将学问变为推动社会进步力量的心愿。

然而，费老并未止于他的探索，愈到晚年，其思想的光芒愈加璀璨。面对世界风云激荡，社会剧烈变迁的时代，他以深邃的洞察，开始了放眼全球，面向未来，从“文化自觉”的反省，转向“从生态研究进入到心态研究”的领域。他想到进入小康社会的中国人该怎么和谐相处，与自然界又该是怎么一种关系，世界各国之间又将如何共存共荣……为此，他提出了后来广为人们认知的“各美其美，美人之美，美美与共，天下大同”的重要论断，表达出他对不同文明的价值共享和人类社会新秩序的构建与期许。这四句话，其深远意义和所阐扬的思想，不仅恰应了我们今天如何树立科学发展观，构建和谐社会的题中应有之义，而且对弥漫于全球背景下的“文明冲突论”者，也予以了积极的回应。“美美与共”思想的提出，愈发昭示出作为思想家的费老的站高知远。

最后，我想引用一篇写费老的文章中的话作结：费老不是哲学家，但他有哲学家形而上的思考；他不是理论家，却有着可以帮助人们付诸实践的理念；他给人们的感觉更像实干家。他以一个学人的聪明才智浸润进社会民众的沃土之中，在得到滋养的同时，推动并实践着自己的学术追求和人生理想。而这样富于理性的实干家是不多的。

费老不朽。时间会证明他的伟大！

科教兴中华　奔走为苍生

——深切缅怀钱伟长先生

民盟中央主席　蒋树声

7 月 30 日晨，民盟中央前名誉主席钱伟长先生与世长辞。哲人其萎，令人悲痛。钱老仙逝，使中国失去了一位优秀的科学家、杰出的教育家，民盟失去了一位好导师、领路人。这是国家的损失，也是民盟的损失。

我与钱老的交往已有多年。前年 9 月，我还专程到钱老在上海大学的家中探望。当时他精神很好，健康状况也不错，曾与我相约重聚于百年华诞。我虽不敢妄比钱老为同行，却有同学科的缘分、同属民盟的亲近。钱老对科学的严谨，对教育的坚持，对民生问题的奔走，令我深深折服。

钱老给我的突出印象，是他的“博”且“精”。从光谱分析到弹性力学，从导弹理论到空气动力学，从流体力学到穿甲力学……几乎物理学各个方面都有所涉及，并研究出当时世界先进的科技成果。可以说，钱老为中国科技进步作出了巨大贡献。周总理称他和钱学森、钱三强为“三钱”，正是钱老在中国科技界地位的写照。“钱伟长方程”、“钱码”等一个个被刻录在中国科学史上的奇迹，昭示着钱老的丰功伟绩。

作为大学校长，可以说钱老是我的导师。他提出了一套完整、丰富、系统、科学的中国高等教育理论，曾经同为大学校长的我对此感触很深。由于钱老是南大校董会的名誉董事长，在我在任南大校长期间，他曾十多次来校参加会议和活动，多次和我交流大学的教学改革和科技创新。记得有一次在东郊宾馆，他花了两个多小时阐述他对办大学的理念和思路，而我始终未能插进一句话，可见他教育改革责任感的强烈和执着。他对建设一流大学、培养全面发展的人才、培养创新人才等问题的思考，都是厚积薄发。特别是他“打破四堵墙”的论述，让我尤为受益。现在回想起来，钱老的教育思想十分符合科学发展观的要求。民盟作为以教育界别为主的参政党，应该深入领会钱老的教育理念，并加以丰富和发展，更好地为我们的参政议政工作提供理论支持。

毛泽东主席曾评价民盟前辈张澜说：“表老，你的德很好”，这句话用在钱老身上也相当合适。钱老的“德”，是民盟老一辈的精神传承，也是新时代广大盟员要传承的薪火。遥想改革开放初期，钱老为提高科学工作者的素质，连续三年组织并主持了民盟中央举办的多学科学术讲座，并于 1986 年亲自参加了授课。民盟中央前副主席吴修平曾记述过钱老在福建讲学时的盛况，作为亲历者，他切实感受到了这些讲座在社会上引起的巨大反响和取得的社会效益，也为民盟树立了良好的社会形象。

我了解到，钱老逝世当晚，贵州毕节的同志就打电话到民盟中央，询问后事怎么办，毕节人民对他的怀念如何表达，足见钱老在毕节人民心中的地位。钱老担任了“支援贵州毕节试验区规划实施专家顾问组”的第一、二、三届组长和第四届总顾问。20 多年来，他曾就贵毕公路、洪家渡电站、毕节化肥厂“6 改 12”等项目，亲自给国家和有关部委领导人写信反映情况、提出建议，对促成这些项目的立项和修建发挥了重要作用。2008 年 9 月，钱老被授予“毕节地区荣誉市民”的称号。不仅在贵州，在福建、四川、甘肃、青海、宁夏、内蒙古、云南……都留下了钱老为民生奔波的身影。钱老热心参与社会服务、智力扶贫工作，体现了民盟老一辈领导人的优良传统和高尚风范，为我们这些后来者树立了榜样。

纵观钱老传奇的一生，他真正做到了“立德”、“立功”和“立言”。他以科学和教育为重点，努力振兴中华，为苍生百姓，努力奔走。正如钱老所说，“我没有专业，国家需要就是我的专业；我从不考虑自己的得与失，祖国和人民的忧就是我的忧，祖国和人民的乐就是我的乐。”

钱老此话，值得每一个盟员想一想，学一学。钱老的离去，加深了我对自己肩负责任的思考。我愿在今后的工作中，与全盟同志一道，用工作实绩表达对前辈的怀念。

在纪念费孝通同志诞辰100周年座谈会上的发言

民盟中央常务副主席　张宝文

（2010年11月2日）

各位领导、同志们：

在中国民主同盟的卓越领导人，著名社会学家、人类学家费孝通同志诞辰一百周年之际，我们汇聚一堂，共同回顾费老热爱祖国、追求进步、与中国共产党团结合作的光辉一生，缅怀费老在政治活动及学术研究中取得的巨大成就，追思费老胸怀家国、心系苍生的高尚情怀。在此，我谨代表民盟中央，向到会的各位领导、嘉宾表示诚挚的谢意，向费老的亲属表示亲切的慰问！

费老长期担任国家和民盟的重要领导职务，为我国多党合作事业和民盟的发展作出了重大贡献，他在立德、立言、立行几方面都为我们树立了光辉典范。今天我们纪念费老、学习费老，对于继承和发扬民盟的优良传统，深入开展树立和践行社会主义核心价值体系活动，坚定不移地走中国特色社会主义政治发展道路，具有重要意义。

我们要学习费老忠贞不渝的爱国主义精神。费老一生爱国爱民，历经坎坷，矢志不渝。1945年，他参加中国民主同盟，积极投身民主爱国运动，开始了与中国共产党亲密合作的政治历程。新中国成立后，费老在共产党的领导下，发挥自己的学术专长，为我国教育事业和民族事业的发展做了大量工作。中共十一届三中全会以后，他担任了国家和民盟的重要领导职务，不顾年事已高，行行重行行，深入调查研究，带领民盟积极参政议政，为国家的发展出主意、想办法，做实事、做好事，为祖国的强盛、人民的富足呕心沥血。他身上体现出来的对国家真挚热爱的赤子之情，为祖国建设无私奉献、奋斗终生的崇高精神，永远值得我们敬仰和学习。

我们要学习费老始终坚持中国共产党领导，为社会主义事业奋斗终生的坚定信念。费老衷心拥护中国共产党的路线方针政策，以极大的热诚积极投身于中国共产党领导的统一战线和多党合作事业，即使经历了“文革”十年的艰苦磨难，他也从没有动摇过坚持走社会主义道路的信念。他同毛泽东、邓小平、江泽民三代中央领导核心和胡锦涛总书记等中共领导人建立了深厚的友谊，是中国共产党值得信赖的挚友和诤友。他曾多次表示，正是中国共产党的领导和多党合作事业，才使他为人民作贡献的理想得以真正实现。1987年开始，费老连续两届担任民盟中央主席。他审时度势，对民主党派的历史地位和在新时期的根本任务有着清醒的认识，团结和带领广大盟员坚持接受中国共产党的领导，坚定不移地走中国特色政治发展道路，为我们积累了宝贵的政治财富和精神财富。

我们要学习费老志在富民、先天下之忧而忧的崇高思想境界。费老常说自己是“一介书生”，他一生志在富民，高度关注农村和小城镇发展，孜孜以求，皓首不移。特别是新时期以来，费老获得了第二次学术生命，他十分珍惜自己的时间，为民富国强躬身践行。他坚持社会学深入实际调查研究的作风，20多年间七下甘肃定西、30余次到江苏吴江调查，足迹遍及祖国的山山水水，对中国各个经济区域进行了深入调查，提出了很多富有远见卓识的观点，先后就中国乡镇企业和小城镇发展问题、革命老区与少数民族地区发展问题、城乡关系问题、区域发展问题、民生问题等，提出了“草根工业”、“苏南模式”、“温州模式”等许多既符合地域特点，又具有全局意义的重要发展思路。费老一生著作等身，如今他的这些文字已成为我们宝贵的思想财富。他用自己的实际行动，生动演绎了中国知识分子“铁肩担道义，妙手著文章”的崇高理想追求和强烈的社会责任感，为广大盟员树立了光辉榜样。

我们要学习费老高瞻远瞩的领导才能和忘我投入盟务工作的无私奉献精神。费老作为民盟卓越的领导人，将民盟的参政议政工作与自己的学术研究和社会活动融为一体，达到日臻完美的境界。新时期以来，他致力于研究缩小地区差距，探索逐步实现共同富裕目标的方式和途径。他提出民盟要围绕国家的中心任务，“出主意、想办法、做实事、做好事”的主张，引导民盟正确履行参政党职能，并号召和带领全盟同志积极开展社会服务工作，把为民、富民的想法付诸实践。他通过开展区域发展战略研究，进行“国是咨询”，将民盟的参政议政工作不断提高到新水平。民盟各级组织在他的带领和引导下，充分发挥智力密集的优势，广泛开展办学讲学、咨询服务和支边扶贫等社会服务工作，帮助边区贫穷地区的人民逐步走上富裕之路，产生了广泛的政治和社会影响，为改革开放和经济社会发展作出了重要贡献。费老高超的领导才能、博大精深的思想、身体力行的朴实作风和一心为公的高尚人格品质，永远是我们学习的楷模。

费老晚年十分关注文化问题，他提出的“文化自觉”概念在学术界产生了重大影响。“各美其美，美人之美，美美与共，天下大同”的思想，给我们留下了智慧之光和思想的启迪，对于构建社会主义和谐社会有重要的意义。

斯人已去，精神长存。费老说过，我们的目的是使国家繁荣昌盛，人民共同富裕。民盟一直以来都以参政为民为己任。费老志在富民的理想也是民盟奋斗的目标。近年来，民盟把服务科学发展、关注民生作为我们履行职能的重要内容，在参政议政、社会服务和自身建设等各方面不懈努力，取得了一些成绩。在新的历史阶段，民盟肩负的责任更重。费老的精神和思想，是我们汲取智慧和力量的宝库，值得我们不断研究学习和继承发扬。让我们秉承费老对国家忠诚，对人民热爱，对理想执着的精神，更好地发挥民盟的参政党作用，为推进科学发展、实现全面建设小康社会的伟大历史任务作出更大贡献！

在纪念华罗庚同志诞辰100周年座谈会上的发言

民盟中央副主席　李重庵

（2010年11月12日）

各位领导、同志们：

今天我们隆重集会，纪念中国民主同盟卓越的领导人，杰出的科学家、教育家和社会活动家华罗庚同志诞辰一百周年。在此，我谨代表民盟中央，向华老表示崇高的敬意和深切的怀念，向华老的亲属表示亲切的慰问！

华罗庚同志是当代自学成才的科学巨匠，是蜚声中外的数学家，他是中国解析数论、典型群、矩阵几何学、自守函数论及多复变函数论等很多方面研究的创始人和开拓者，他的名字已经载入国际著名科学家的史册。华罗庚同志是我们民族的骄傲，也是我们民盟的骄傲。他留给我们的丰硕成果，他崇高的精神品德，永远激励着我们。

我们要学习华老崇高的爱国主义情怀，坚持国家利益高于一切。华老早年曾参加中国共产党领导的抗日民主爱国运动，是李公朴、闻一多烈士的挚友。新中国诞生时，他在美国有终身教职，待遇优厚，但他“怀着中国人应当站起来的心情”，毅然冲破重重封锁，回到祖国的怀抱。在回国途中，他写了一封《致中国全体留美学生的公开信》，说：“受了同胞们的血汗栽培，成为人材之后，不为他们服务，这如何可以谓之公平？如何可以谓之合理?”并呼吁“为了抉择真理，我们应当回去；为了国家民族，我们应当回去；为了为人民服务，我们也应当回去……为我们伟大祖国的建设和发展而奋斗!”他的爱国举动，影响了许许多多在海外的知识分子。

华老常说：“科学没有国界，但科学家是有自己的祖国的。”他晚年说要在数学方面做好两件事：一是继续从事理论方面的研究，二是继续把数学应用于实践，为发展国民经济服务。有人问他两者以何为主，他果断地说：那要看实际的需要。他说：“一滴水投进大海的时候，它就会发现要求变了，不再局限于如何不使自己干涸的问题，而是服从沧海的要求了!”华老把自己的理想、追求和行动，完完全全地和祖国、人民的利益紧紧地融合在一起。他爱国不怕险、纯真赤子心，我们学习他坚贞的爱国主义精神，在今天具有重要而深远的意义。

我们要学习华老为科学献身、为国家富强和民族复兴奋斗不息的精神。华老以他在数学领域的卓越成就，在国际数学界享有崇高的声誉，为祖国赢得了荣誉。他在理论数学上取得的累累硕果，是他在极其艰苦的条件下，通过他“非常人可及”的刻苦和勤奋，努力得来的。在应用数学领域，华老从20世纪50年代后期开始推广“优选法”和“统筹法”（简称“双法”），让数学为社会主义建设服务。在二十多年的时间里，华老拖着残腿走过了全国26个省、市、自治区，“双法”也在我国的经济建设中发挥了重要的作用，取得了显著的经济效益。

毛泽东同志曾经勉励华老“不为个人而为人民服务”，华老把这句话作为座右铭，不断鞭策自己前进。在病魔的威胁面前，他仍然东奔西跑，坚持研究和工作，甚至把病床当成了工作室。华老实践了自己“最大希望就是工作到生命的最后一刻”的誓言，把自己毕生的精力献给了祖国和人民。他可歌可泣的无私奉献和顽强拼搏精神，为我们树立了一座高山仰止的丰碑。

我们要学习华老坚持中国共产党的领导，坚持走中国特色社会主义政治发展道路的坚定信念。作为经历过新旧两个不同时代的知识分子，华老把对社会主义祖国的热爱和对党的热爱有机地联系在一起，对中国共产党怀有深厚的感情。中共中央和国家领导人毛泽东、周恩来、叶剑英、胡耀邦等也在不同时期对他的工作给予了大力支持和褒扬。毛泽东同志高度评价他推广“双法”的伟大创新，并曾两次写信给予祝贺和勉励。周恩来同志在他遭受迫害时，以大无畏的精神挺身而出，保护了他，并支持他继续推广“双法”。胡耀邦同志1982年写信给他，对于他把数学理论应用于生产实践给予了充分肯定。

华老对党的信念始终不渝，即使在十年动乱期间都不曾动摇。1979 年，在中共中央的亲切关怀下，他加入了中国共产党，此后，他以更严格的标准要求自己，更加忘我地工作，努力实现着为共产主义奋斗终身的坚定信念。

华罗庚同志是第一至第六届全国人大常委会委员，第六届全国政协副主席。他于 1951 年加入中国民主同盟，曾任第二、三届民盟中央常委，第四、五届民盟中央副主席。华罗庚同志一直把民盟看成是接受中国共产党领导、团结文教科技界知识分子更好地在社会主义建设中发挥作用的组织。他关心国家大事，积极参与国家政治生活，为经济建设和科学、文化事业的发展献计献策。他长期担任盟的领导工作，团结和号召广大盟员，紧密团结在中国共产党周围，做党的助手和诤友，为现代化建设和祖国统一大业贡献力量。他关心民盟工作的开展，积极参加民盟的活动，每到一处，他都尽力在繁忙的科研、社会活动之余，抽出时间与盟员同志座谈。他在一次座谈中说："新时期统一战线、民主党派工作十分重要，希望大家加强学习，增进团结，充分发挥民盟智力集团的特点，努力做好民盟的工作，为经济振兴和新的技术革命作出贡献。"他还利用出国访问的机会，广交朋友，在华裔知识分子中从事大统一、大团结的工作，为扩大爱国统一战线和实现祖国统一、为加强我国和各国人民的友好合作和科学文化交流，作出了可贵的贡献。

值此华老百年诞辰之际，我们纪念华老追求真理、追求进步、报国为民、无私奉献的一生，缅怀华老在学术研究及实践应用领域作出的杰出贡献，更是为了向以华老为代表的民盟前辈知识分子学习，继承和发扬民盟的优良传统，深入开展树立和践行社会主义核心价值体系活动，坚定不移地走中国特色社会主义政治发展道路，为新时期的统一战线和多党合作事业作出更大的贡献。

先生精神永存!

中国民主建国会

继承和发扬优良传统，为推进中国特色社会主义伟大事业作出新贡献

——在纪念中国民主建国会成立65周年大会上的讲话

（2010年12月16日）

陈昌智

同志们，朋友们：

今天，我们在这里集会，隆重纪念中国民主建国会成立65周年，回顾民建走过的光辉历程，展望民建事业发展的光明前景，动员全会在新的历史条件下，继承和发扬民建优良传统，切实履行参政党职能，努力为全面建设小康社会、推进中国特色社会主义伟大事业作出新贡献。

过去的65年，是中国历史风起云涌、沧桑巨变的65年。中国共产党领导全国各族人民浴血斗争、艰苦创业、开拓奋进，彻底结束了中华民族任人宰割的屈辱命运，改变了国家积贫积弱的历史旧貌，走上了建设中国特色社会主义的康庄大道。在这条道路上，我国经济迅速发展、国力愈益强盛、国际地位显著提高、社会安定团结、人民逐步富裕，取得了举世瞩目的辉煌成就。65年来，中国民主建国会也走过了曲折而光荣的奋斗历程，在波澜壮阔的中国革命、建设和改革进程中不断成长进步，不断有所贡献，留下了坚实的、无愧于伟大时代的足迹。

65年前，历经八年艰苦卓绝的抗日战争，中华民族面临建立新民主主义国家，还是维持大地主大资产阶级专政国家的两种前途、两种命运的抉择。抱有“实业救国”理想，为支援抗日、发展战时经济作出重要贡献的民族工商业者，企盼国家走上和平统一、独立富强、民主自由的道路，在良好的环境中振兴民族工商业。但当时面对的现实是帝国主义、封建主义、官僚资本主义变本加厉的压榨和摧残，大部分工商企业日趋衰落，濒于破产。为团结自救，争取应有的地位和光明前途，在中国共产党的影响下，一个主要由民族工商业者及其所联系知识分子组成的政党——民主建国会，在中国政治舞台上应运而生。民建在成立宣言中，以民主和建设为宗旨，提出了世界要和平、国家要统一、政治要民主、经济要建设、社会要公平、教育文化要发展等主张，表明了本会从诞生之日起就把自身的事业同国家民族的命运紧密联系在一起，具有爱国、革命、进步的性质。

本会成立后，积极投身于争取和平民主、反对内战独裁的爱国民主运动。为促使旧政

协会议成功召开，配合中国共产党在会议过程中的斗争，发挥了积极作用。在“沧白堂”、“校场口”、“下关”等事件中，与国民党反动派开展了针锋相对的斗争。严酷的斗争实践使民建成员逐渐认识到，在反动独裁统治下，旧民主主义革命道路在中国行不通，只有中国共产党领导的新民主主义革命才能拯救中国。1948 年本会积极响应中国共产党“五一口号”，明确作出了接受中国共产党领导的历史抉择。在解放战争中，本会积极配合大城市的解放，通过各种渠道、方式向广大群众特别是工商界，介绍解放战争形势和解放区情况，宣传解释中国共产党的经济政策，安定人心，争取进步力量，为迎接全国解放和建立新中国作出了重要贡献。

新中国成立前夕，本会参加了筹备新政协和制定《共同纲领》，为人民政协的成立、中国共产党领导的多党合作和政治协商制度的确立，作出了应有贡献。新中国成立后，本会积极宣传中国共产党的路线、方针和政策，参加政权建设，参与政治协商，教育推动会员进行自我改造，带动工商界人士爱国守法、依法纳税、认购国债，支援国家建设，为发展生产、繁荣经济做了大量卓有成效的工作。积极参加土改、镇反、“三反”、“五反”等革命运动，在抗美援朝战争中发动爱国工商界踊跃捐献飞机、大炮等物资，作出了突出贡献。1953 年国家实施对资本主义工商业进行社会主义改造政策，本会组织会员及所联系的工商业者学习贯彻过渡时期总路线，适应所有制变革要求，积极配合政府实行全行业公私合营，为顺利实现和平改造任务，确立社会主义制度，发挥了不可替代的重要作用。通过积极有效地开展自我教育，本会逐步形成了“听毛主席的话、跟共产党走、走社会主义道路”的行动纲领，确立了为社会主义服务的政治路线。

十年“文革”期间，本会被迫停止活动，许多会员受到迫害，在严峻的政治考验中，广大会员也没有动摇接受中国共产党领导，走社会主义道路的信念。

中共十一届三中全会后，我国进入了改革开放和社会主义现代化建设的历史新时期。1979 年 1 月，邓小平在人民大会堂邀见胡厥文、胡子昂、荣毅仁、周叔弢、古耕虞等工商界“五老”，就改革开放、发挥原工商业者作用、利用外资等问题征询意见。座谈中“五老”提出应该摘掉资本家帽子，调动工商界为四化服务积极性的建议，受到重视。同年 6 月，邓小平在全国政协五届二次会议上为原工商业者“脱帽加冕”，科学确定了民主党派的性质、地位和作用，极大地调动了各民主党派成员投身社会主义建设的积极性，为新时期多党合作事业的蓬勃发展奠定了基础。根据新时期的形势和任务，本会制定了“坚定不移跟党走、尽心竭力为四化”的行动纲领，坚持把中国共产党的路线、方针、政策与民建的具体实际结合起来，围绕经济建设中心，积极为推进改革开放和现代化建设献计出力。发挥组织优势和会员专长，开展了兴办企业、安置待业青年就业、经济咨询服务、工商专业培训、对外经贸联络等工作，取得了显著效益，赢得了社会赞誉。

随着改革开放的不断深入，中国共产党着眼于发展社会主义民主政治、建设社会主义政治文明，不断推进多党合作理论政策的创新和发展。1989 年，中共中央颁布的《关于坚持和完善中国共产党领导的多党合作和政治协商制度的意见》，是我国多党合作第一个完整的制度性文件，明确了民主党派的参政党地位。1993 年，本会对修宪提出的建议得到采纳，八届全国人大一次会议将“中国共产党领导的多党合作和政治协商制度将长期存在和发展”载入宪法修正案，使多党合作制度上升为国家意志。近年来，中共中央先后颁布了《关于进一步加强中国共产党领导的多党合作和政治协商制度建设的意见》、《关于加强人民政协工作的意见》、《关于巩固和壮大新世纪新阶段统一战线的意见》等重要文件，推动了多党合作的制度化、规范化和程序化。这一系列重大举措为民主党派履行参政党职能，推动自身建设，提供了有力的制度保障和广阔的实践舞台。

适应新形势新要求，本会坚持发挥密切联系经济界的特色和优势，积极投身于全面建设小康社会的伟大实践。认真组织调查研究，就宪法修改、国企改革、发展风险投资事业、引导非公有制经济健康发展、改善宏观调控、提高经济发展质量和效益、健全社会保障体系、节约能源资源和保护生态环境、提高自主创新能力、推进产业结构优化升级、统筹城乡发展、促进边境少数民族地区经济社会发展、加强职业教育等重大问题提出的意见和建议，得到中共中央、国务院和有关部门的高度重视和采纳，为促进经济社会发展发挥了积极作用。担任各级人大代表、政协委员和在各级政府、司法机关担任领导职务的会员，认真履行职责，真诚合作共事，以优良的工作业绩受到各方面好评。积极开展扶贫支边、帮困助学、抗害救灾、咨询培训、安置下岗职工再就业等社会服务活动，取得了可喜成绩。在汶川抗震救灾中，中华思源工程扶贫基金会被中央授予英雄集体称号。本会与国家有关部门及地方政府联合举办的风险投资论坛、非公有制经济发展论坛，连续成功举办多届，取得了良好成效。努力拓展与港澳台地区以及国外工商界人士的联系，为促进祖国统一作出了积极贡献。

与此同时，本会大力加强自身建设，明确提出建设理论上清醒、政治上坚定、组织上巩固、制度上健全、充满活力的致力于建设中国特色社会主义事业的参政党的建设目标，全会面貌发生了历史性变化。会员总数由改革开放初期的 1.8 万人，发展到目前的 12.8 万人。会员结构得到改善，年轻化、知识化、专业化程度显著提高。经过 1997 年、2002 年、2007 年的三次换届，实现了新老交替，推动了政治交接。全会的思想建设、组织建设、制度建设不断推进，参政议政、民主监督的能力和水平进一步提高。根据中共十七大精神，本会九大对今后一个时期工作作出总体部署，深入贯彻落实科学发展观，努力提高自身建设的水平和履行参政党职能的能力，为夺取全面建设小康社会新胜利作出新贡献。民建事业在新的历史起点上迈出新的步伐。

实践证明，中国民主建国会 65 年的历史，是一部为实现国家富强、民族振兴、社会进步、人民幸福不懈奋斗，成为建设中国特色社会主义事业一支重要力量的历史；是一部从认同中国共产党的主张，团结、靠拢，直至自觉接受中国共产党的领导，与中国共产党亲密合作、共创伟业的历史；是一部在中国共产党领导的多党合作事业中，努力继承和发扬优良传统，不断开拓进取、成长进步的历史。

值此纪念民建成立 65 周年之际，我们怀着十分深厚的感情，向伟大的中国共产党致以崇高的敬意！向长期以来关心、支持民建工作的社会各界表示诚挚的感谢！

我们深切缅怀为民建的创立与发展作出重大贡献的黄炎培、胡厥文、章乃器、施复亮、孙起孟等已故的本会领导人、老前辈，以及为国家、人民利益英勇牺牲的民建烈士。

我们向为民建事业发展付出心血、作出重要贡献的成思危等老领导、老同志表示由衷的敬意！向奋斗在各条战线的广大会员和辛勤工作的会务工作者致以亲切的慰问和衷心的感谢！

同志们，回首民建65年的奋斗历程，我们精神振奋、无比自豪，更加深刻地感到本会在长期实践中形成、丰富和发展的优良传统弥足珍贵。在65年的不断奋斗、探索中，本会积累了宝贵经验，也锤炼和形成了具有自身特点的优良传统，即坚持爱国主义，致力于建设中国特色社会主义事业；坚持接受中国共产党的领导，与中国共产党亲密合作；坚持遵从人民群众的根本利益，认真履行参政党职能；坚持与经济界的紧密联系，努力发挥会的特色；坚持与时俱进，在自我教育中不断提高会的素质。这些优良传统体现了多党合作的政治原则，涵盖了参政党在理想信念、政治立场、政党实践、界别特色、自身建设等方面的基本理念和行为规范，是本会对新的历史条件下“建设怎样的参政党、如何建设这样的参政党”这一重大问题认识的深化。这些优良传统体现了本会的性质、现阶段的政治纲领和主要任务，体现了进步性与广泛性的统一，凸显了本会的政治优势，具有鲜明的民建特色。这些优良传统，顺应了时代要求，体现了继承、发展和创新，凝结了几代民建会员不懈探索实践的智慧和心血，凝聚了民建半个多世纪自身建设的历史经验，是本会的传家之宝、精神财富和力量源泉。

继承和发扬优良传统，不仅在本会过去的实践中发挥了重要作用，在今天乃至未来都是民建事业薪火相传、接力推进的内在动力和根本保证。继承和发扬优良传统，我们的事业就会有朝气，有团结奋进的力量，就能经受住各种风险考验，取得进步和发展。继承和发扬优良传统，我们的工作就会有坚定、明确的方向和目标，能够从历史经验和当前实践中获取提高参政能力的不竭资源，切实履行好参政党职能。因此，任何时候、任何情况下，民建的优良传统不可忘、不能丢。我们一定要深刻认识优良传统的历史意义和现实价值，既要以优良传统蕴含的政治经验和精神理念推动履行职能的新实践，又要在新的实践中充实和丰富优良传统的时代内涵，使民建优良传统不断传承发展，不断发扬光大。

当前，国际环境复杂多变，综合国力竞争日趋激烈，我国深化改革开放、全面建设小康社会进入关键的攻坚时期。以胡锦涛同志为总书记的中共中央团结带领全国各族人民，以坚定的行动贯彻落实科学发展观，以坚实的步伐推进经济社会又好又快发展，以坚强的意志应对各种重大复杂局面的考验，谱写了发展中国特色社会主义的新篇章。最近召开的中共十七届五中全会，在全面把握国内外形势新变化新特点的基础上，提出了“十二五”规划的建议，描绘了国家未来五年经济社会发展的宏伟蓝图。作为我国多党合作政治格局中的参政党，本会肩负的使命艰巨而光荣。我们要以纪念本会成立65周年为契机，努力继承和发扬优良传统，坚持提倡民主、团结、创新、奉献精神，不断推进自身建设，更好地发挥参政党作用，争取新进步、创造新业绩。

一、必须始终不渝地树立和践行社会主义核心价值体系，不断巩固与中国共产党亲密合作的思想政治基础，坚定不移走中国特色社会主义政治发展道路

树立和践行社会主义核心价值体系，是关系多党合作事业发展的基础工程、灵魂工程。我们要紧密围绕坚持中国共产党的领导、走中国特色社会主义政治发展道路这一主题，深入开展树立和践行社会主义核心价值体系活动。认真学习中国特色社会主义理论体系，牢固树立中国特色社会主义共同理想，自觉做中国特色社会主义的坚定信仰者和忠实实践者。坚决维护中国共产党的执政地位，切实履行民主监督职能，本着肝胆相照、荣辱

与共的精神，做好中国共产党的挚友和诤友，促进和谐政党关系建设。坚持和发展中国共产党领导的多党合作和政治协商制度，共同维护我国多党合作政治格局，促进社会主义民主政治建设。发挥参政党在扩大公民有序政治参与中的作用，协助中国共产党和政府做好沟通思想、理顺情绪的工作，维护社会和谐稳定。继承和发扬民建老一辈与中国共产党风雨同舟、团结合作的优良传统，搞好政治交接，树立正确的世界观、人生观、价值观、荣辱观，提升思想境界，加强道德修养。切实把树立和践行社会主义核心价值体系活动成果，体现到履行职能、发挥作用中，转化成积极致力于发展中国特色社会主义事业的实际行动。

二、必须始终不渝地贯彻落实科学发展观，坚持履职为民、服务社会，进一步为实现全面建设小康社会奋斗目标献计出力

深入贯彻落实科学发展观是全面建设小康社会的重要保证。我们必须深刻领会科学发展观的时代背景、重大意义和理论内涵，切实把思想统一到科学发展的重大决策与部署上来，认真落实到参政党的各项工作中去。要把促进科学发展作为根本任务，坚持履职为民、服务社会，发挥整体优势、突出重点领域，着力打造参政议政、社会服务工作的精品和亮点，为推进我国经济建设、政治建设、文化建设、社会建设以及生态文明建设作出新贡献。要认真学习贯彻中共十七届五中全会精神，深刻认识我国发展重要战略机遇期的新特征、新要求，牢牢把握科学发展这一主题，紧紧抓住加快转变经济发展方式这一主线，始终围绕改善和保障民生这一出发点和落脚点，着力关注实现经济平稳较快发展、增加城乡居民收入、加快经济结构战略性调整、促进区域协调发展、促进科技进步和创新、促进非公有制企业转型升级、建设资源节约型和环境友好型社会、发展文化产业等重大问题，深入调查研究，为制定实施好“十二五”规划，积极建言献策。要动员引导广大会员立足本职岗位，把自己的人生价值与国家的前途命运结合起来，把个人的奋斗进取与中华民族伟大复兴结合起来，在全面建设小康社会进程中，努力建功立业。

三、必须始终不渝地推进参政能力建设，切实提高会的整体素质、强化会的整体功能，不断保持本会健康持续发展的生机和活力

不断加强自身建设，切实提高参政能力，是发展多党合作事业的要求，也是履行参政党职能的基础和保障。我们要坚持与时俱进，着眼于提高会的整体素质、强化会的整体功能，全面加强思想建设、组织建设和制度建设。要坚持自我教育的优良传统，引导广大会员自觉增强政治意识、政党意识和使命意识，进一步巩固全会团结奋斗的理想信念。坚持把学习与推进会务结合起来、与参政党实践结合起来，不断研究新情况，解决新问题，努力建设学习型参政党。加强各级领导班子建设，贯彻民主集中制原则，提高领导干部的政治把握能力、参政议政能力、组织领导能力、合作共事能力，坚持深入联系基层、服务会员群众，增强凝聚力和向心力。推进后备干部队伍建设，树立“人才强会”观念，加强基层组织作为人才基地的建设，完善人才培养、选拔、推荐和使用机制，使优秀人才不断脱颖而出，并各尽其能、各展所长。加强各级组织的联系协作，资源共享，优势互补，形成合力。推动会内民主建设，保障会员民主权利，发挥会员主体作用，调动会员参与会的各项工作的积极性、主动性和创造性。加强制度化、规范化和程序化建设，建立健全会内决策、执行和监督的体制机制，不断推动民建事业健康持续发展。

同志们！我们所处的是一个伟大的时代，展望国家、民族和人民的美好前景催人奋进。让我们更加紧密地团结在以胡锦涛同志为总书记的中共中央周围，高举中国特色社会主义伟大旗帜，深入学习贯彻科学发展观，坚持树立和践行社会主义核心价值体系，大力弘扬民建优良传统，切实发挥参政党作用，为夺取全面建设小康社会新胜利、开创中国特色社会主义事业新局面而努力奋斗！

切实加强自身建设　认真履行参政党职能　为全面建设小康社会作出新贡献

——在中国民主建国会第九届中央委员会第四次全体会议上的工作报告

（2010 年 12 月 16 日）

陈昌智

各位委员、各位同志：

我受第九届中央常务委员会委托，向本次中央全会报告工作，请予审议，并请列席会议的同志提出意见。

一、2010 年工作回顾

今年，面对复杂多变的国内外形势，在中国共产党的坚强领导下，全国人民团结一心，众志成城，战胜多种严重自然灾害，有效应对国际金融危机冲击，成功举办上海世博会，胜利完成“十一五”规划确定的主要目标和任务，社会主义经济建设、政治建设、文化建设、社会建设和生态文明建设取得重大进展。中共十七届五中全会审议通过了《中共中央关于制定国民经济和社会发展第十二个五年规划的建议》，为夺取全面建设小康社会新胜利、推进中国特色社会主义伟大事业指明了方向。一年来，本会以纪念建会 65 周年为契机，深入学习邓小平理论和“三个代表”重要思想，认真贯彻科学发展观，着力加强自身建设，认真履行参政党职能，同心协力，开拓创新，各项工作取得新成绩，为促进经济发展和社会和谐作出了新贡献。

（一）努力夯实民建事业发展基础，自身建设取得新成效

全面加强本会自身建设，进一步提高各级组织自身建设的能力和水平，是今年全会的重点工作。6 月，会中央召开全国自身建设工作会议，学习借鉴中国共产党加强自身建设的经验，深入分析民建在社会基础、成员结构等方面发生的新变化，认真研究新形势下自身建设的特点，制定下发《民建中央关于新形势下进一步加强自身建设的意见》（以下简称《意见》），对加强全会自身建设作出部署。一年来，全会着力加强思想建设、领导班子建设、组织建设和制度建设，各项工作开展得深入扎实，重点突出，成效明显。

1. 开展“弘扬民建优良传统，践行社会主义核心价值体系”主题教育活动，推进思想建设。今年是建会 65 周年，全会上下开展了多种形式的教育和纪念活动，不断深化坚

持走中国特色社会主义政治发展道路的教育，着力为民建事业的健康发展奠定思想基础。

开展“弘扬民建优良传统，践行社会主义核心价值体系”主题教育活动。会中央根据中共中央关于深入开展树立和践行社会主义核心价值体系学习教育活动的要求，结合民建实际，认真谋划，精心组织，制定下发《关于开展“弘扬民建优良传统，践行社会主义核心价值体系”系列活动的方案》，将继承优良传统与学习先进典型相结合，进一步深化树立和践行社会主义核心价值体系的学习教育。制作民建优良传统宣讲光盘，编写出版《中国民主建国会简史》，推动活动深入开展。

宣传学习民建老一代精神风范，深化主题教育活动。3 月初，民建卓越的领导人孙起孟同志逝世，会中央发出关于开展追思、学习孙起孟同志活动的通知，并于 3 月 15 日召开“孙起孟同志追思会”。会中央领导在《人民日报》上发表悼念孙起孟同志的文章，会中央网站开设了纪念孙起孟同志专栏，《民讯》编发了追思、学习孙起孟同志专刊。4 月 1 日，中央统战部召开“学习孙起孟同志优秀品质，树立和践行社会主义核心价值体系”座谈会，杜青林部长发表重要讲话，高度评价孙起孟同志追求真理、追求光明、追求进步的光辉一生。会中央支持拍摄的重大革命历史题材电视连续剧《黄炎培》在中央电视台播出，引起社会良好反响。会中央发出通知要求认真组织收看，并组织座谈、观后感征文等活动。省级组织积极行动，作出规划，制定下发活动实施意见或活动方案。许多地方组织召开了追思、学习孙起孟同志座谈会，集中组织观看《追思起孟》的专题片。一些省市在会刊或网站上开辟活动专栏，举办以树立和践行社会主义核心价值体系为主题的培训班，编发《树立和践行社会主义核心价值体系学习资料》。

通过学习纪念活动，广大会员深深感到，黄炎培、孙起孟等民建老一代领导，一生以爱国为崇高之志，以报国为终生之责，始终不渝地做中国共产党的挚友、益友和诤友，坚定不移地成为我国多党合作制度的参与者、拥护者和实践者，集中体现了民建的优良传统，是践行社会主义核心价值体系的光辉典范。大家纷纷表示，要学习和继承民建老一代的高尚品质和优良传统，牢固树立中国特色社会主义共同理想，不断增强践行社会主义核心价值体系的责任感和自觉性。

围绕总结建会 65 年来自身建设的基本经验，开展会的理论研究。一年来，共收到论文 203 篇，评选出优秀成果 40 篇。会中央网站在《理论园地》专栏刊发了 40 篇理论研究文章，研究内容涉及会的自身建设、政治交接等方面，从总结实践经验到进行理论提炼概括，取得了理论研究的新进展。

为纪念建会 65 周年，民建中央画院在上海、江苏举办了书画精品巡展，在北京承办了景德镇陶瓷艺术精品展。

2. 提升领导能力和水平，推进领导班子建设。加强会的各级领导班子建设，不断提升领导班子的领导能力和水平，使之成为民建各级组织的坚强领导核心，一直是加强全会自身建设的重点。

会中央在第三季度召开全国省级组织主委工作会议，贯彻落实全国自身建设工作会议精神，着重研究省级领导班子建设，交流搞好领导班子建设的经验，剖析目前领导班子存在的主要问题及其原因，提出进一步提高领导能力与水平的措施。各省级组织按照要求相继开展届中述职，目前已有 22 个省级组织召开民主测评会，领导班子做了对照检查，并对班子成员进行测评。

各省级组织以多种方式及时传达贯彻全国自身建设工作会议和全国省级组织主委工作会议精神，有20个省级组织制定了贯彻会议精神的实施方案。为推动各级组织学习贯彻会议和《意见》的精神，会中央印发了《民建各省级组织自身建设经验交流材料》、《民建各省级组织会员和支部情况分析》、《关于加强民建地方组织领导班子建设的思考》等材料。

会中央领导按照联系省级组织的分工，分别到22个省（自治区、直辖市）的54个地市进行工作调研，推动地方组织自身建设和参政议政工作。各地方组织也深入基层和会员企业进行实地考察，加强了工作指导和会员联系。

3. 巩固组织基础，推进组织建设。在去年重点加强基层组织建设的基础上，今年全会着力抓好会员队伍建设、代表人士队伍建设和后备干部队伍建设，取得了实效。

会员发展质量继续提高。今年，会员结构进一步改善，综合素质有所提升，到6月底，全会共有会员125374人，经济界会员占79.6%；担任各种经济实体正副董事长、总经理、厂长等高级管理人员19655人，占企业界会员25.3%，占会员总数15.7%；新社会阶层人士29318人，占会员总数23.4%。

代表人士队伍建设有新进展。会中央高度重视做好高层次代表人士发展工作，重点发展了代表性强、有威望的经济界人士和中国工程院院士入会，各级地方组织的代表人士发展质量也不断提高。会中央对会内代表人士的特点和成长经历进行了分析研究，形成了《关于民建九届常务委员有关情况的初步分析报告》等材料，为进一步做好会内代表人士工作奠定了基础。据统计，今年上半年有23名会员获得了国家和部委的表彰奖励，为本会赢得了荣誉。

做好培训工作。会中央与中央统战部在中央社会主义学院联合举办民主党派中青年干部多党合作专题研究班，30名省级组织的中青年干部参加，会中央领导为研究班作了辅导报告。会中央推荐4名省部级领导干部参加中央统战部举办的专题研究班，选派39名省市级组织的骨干参加中央社会主义学院举办的民主党派干部进修班和培训班。加强“建华课堂”网络建设，围绕经济发展、制度建设、民营企业融资等专题，在11个省（自治区、直辖市）组织培训40多场，5000多人次参加。会中央与江苏省委会合作举办了多党合作理论研讨班，探索了与地方组织合作培训骨干的新模式。

近五年来，全会涌现了一批先进组织和优秀个人。按照会中央的部署，全会开展了评选先进基层组织和优秀会员的活动。今天上午，会中央隆重召开纪念中国民主建国会成立65周年大会，表彰了153个先进基层组织、398名优秀会员。

4. 完善工作机制，推进制度建设。会中央在《意见》中就各级组织抓好制度建设提出了新要求，各级组织结合实际在推进制度化、规范化、程序化建设方面作出了积极努力。

坚持集体学习制度和务虚会制度。会中央中心组全年共组织学习8次，集中学习了中共十七届五中全会精神、《中共中央关于加强和改进新形势下党的建设若干重大问题的决定》、“社会主义核心价值体系学与行”电视电话报告会精神等内容，领导成员畅谈思想认识和工作体会，针对问题提出改进工作的建议。5月份召开主席务虚会，深入分析全会自身建设情况和存在的主要问题，对开好全国自身建设工作会议和主委工作会议形成了指导性意见。

完善省级领导班子谈心会制度，加强会内监督。会中央制定下发《民建中央关于建立健全省级领导班子谈心会制度的意见》，明确谈心会要以各级领导班子的民主建设为重点，以检查领导成员分工负责的工作和个人作风为主要内容，以开展批评和自我批评为主要方式，改进领导班子和成员的工作作风。会中央监督委员会派成员参加了部分省级领导班子的民主测评会，并向会中央监督委员会写出书面报告。在会中央的推动下，已有7个条件比较成熟的省级组织成立了监督委员会并开展工作，还有一些省级组织正在积极筹备中。

各级地方组织从切实履行好参政党职能、发挥好参政党作用的需要出发，坚持与时俱进，改革创新，逐步建立和完善具有自身特色、适应和保障组织运行的规章制度和相应机制，如《省委会领导班子谈心会制度》、《领导干部述职述廉制度》、《地方组织考核评价领导班子及其成员办法》、《机关工作制度》等，并注意加强对制度落实的督促检查，提高了制度的执行力。

进一步完善机关管理制度。会中央机关全面梳理并修订各项工作制度，机关日常管理、部门协作、会务服务等方面的机制建设得到进一步加强。坚持机关学习制度，举办了“加强党派干部自身建设”、“中华人文精神”等文化讲座，进一步促进了机关干部文化素养的提高。会中央机关工作部门联系基层支部已制度化，活动内容不断丰富，取得良好效果。

（二）紧密围绕经济社会科学发展积极建言献策，参政议政收获新成果

一年来，我们坚持以科学发展观为指导，充分发挥自身特色和优势，紧密围绕党和国家的中心工作和关系民生的重要问题，特别是编制“十二五”规划等重大决策与工作部署，深入调查研究，广泛听取民意，努力在参政议政中提出水平较高、操作性较强的政策建议和措施。

参加高层政治协商。在中共中央召开的多次高层协商会上，会中央领导代表民建围绕编制“十二五”规划、保持经济平稳较快发展、提高经济发展质量和效益、加快自主创新与产业结构调整、维护社会和谐稳定等重要问题作了发言，提出具有针对性、可操作性的意见和建议，受到中共中央的重视。全国政协十一届三次会议期间，胡锦涛总书记参加民建、工商联界委员的联组讨论，对民建参政议政工作给予充分肯定，指出，过去的一年里，民建作为中国共产党的亲密友党认真地参与国家大政方针和重大问题的协商，重点在加强社会信用体系建设、加强农民工职业技能培训、加强境外资金流入监管、扶持中小企业走出困境等方面建言献策，为中共中央和国务院决策提供了重要参考。会中央还向中共中央和国务院专门报送了关于“十二五”期间促进经济社会科学发展的7个方面建议。

政协大会提案和发言质量进一步提高。在全国政协十一届三次会议上，会中央提交提案34件，占各民主党派中央、全国工商联提案总数的12.7%。其中，大会发言材料《加快节能减排，促进可持续发展》得到了李克强副总理的批示；《进一步推进职业教育改革与发展》的提案被列为全国政协重点调研提案；《转变经济发展方式，以低碳技术推动新型产业发展》等4件提案被全国政协《重要提案摘报》采用；《加快金融体制改革，切实

化解中小企业融资难》等5件提案参加了全国政协提案办理协商会。会中央在全国政协常委会上提出“大力支持黄河上中游地区发展”等4项建议，在全国政协专题协商会上提出“大力发展战略性新兴产业，加快推进产业调整”的建议，得到国家有关部门的肯定。

调查研究取得较好成果。今年，会中央确定了4个重点调研专题，分别由会中央领导牵头深入调研，形成了《大力发展战略性新兴产业，推进产业结构调整，加快经济发展方式转变》、《中西部地区经济发展亟须提高环境监测能力》、《立足国情，积极应对人口老龄化挑战》、《后危机时代中小企业转型与创新的调查与建议》等专题调研报告。为增强调研的时效性，会中央及时向中共中央和国务院报送了以上调研成果。温家宝总理在报送的《关于大力发展战略性新兴产业，推进结构调整，加快经济发展方式转变的建议》上作出重要批示；李克强副总理在报送的《关于加快提高中西部地区环境监测能力的建议》上作出批示；报送的《关于加快实施“走出去”战略的政策建议》、《关于加快健全三江源国家生态保护试验区生态补偿机制的建议》、《关于积极推进平潭综合实验区建设的建议》等，分别得到中共中央领导的批示；近期还报送了《关于加快大别山革命老区一体化发展的建议》。

会中央专门委员会和地方组织的作用得到较好发挥。经济委员会、财政金融委员会、对外联络委员会联合召开“促进房地产业健康发展研讨会”，形成了《关于促进我国房地产业健康发展的政策建议》；经济委员会组织部分委员对区域协调发展问题开展调查研究，参加了“黄河上中游兰西银多民族经济发展论坛”，赴鄂豫皖大别山革命老区调研；财政金融委员会研讨了毕节试验区跨越式发展的经济金融政策等专题，形成了《关于将毕节地区列为我国建立现代农村金融制度试验区的建议》；理论委员会完成了关于加强民建地方组织领导班子建设的课题研究；科教委员会与中华职教社联合举办“2010海峡两岸终身教育论坛”；文化委员会参与筹办纪念建会65周年文艺演出；企业委员会与福建省委会联合举办“第三届海峡物流论坛”；法制委员会为会中央领导参加最高法、最高检座谈会认真准备发言材料，并对《中华人民共和国人民调解法（草案）》提出修订意见；妇女委员会专门召开会议研讨推广家政服务带动就业等问题；人口资源环境委员会参加了2010年“两岸新能源产业发展研讨会”。10个专门委员会共提交14份调研课题报告。各省级组织根据会中央《关于做好2010年会中央四个重点专题调研工作的通知》要求，结合本地区实际选择相应课题开展调研，向会中央提交了课题调研报告。社情民意信息工作继续扎实开展，截至11月底，收到社情民意信息2561篇，其中省级组织报送2495篇，占来稿总数的97.42%，会中央报送信息被全国政协采用63篇，其中8份信息得到中共中央领导的批示。

成功举办“2010（第十二届）中国风险投资论坛”和“2010’中国（陕西）非公有制经济发展论坛”。海内外专家、企业家1400多人参加中国风险投资论坛，其中有150多名会员企业家。1800多名会员和企业家参加非公有制经济发展论坛，论坛期间，收到论文230篇，实际签约38个项目，签约金额236.5亿元，还首次举办了企业家培训讲座，受到欢迎和好评。许多会员为上海世博会的成功举办作出了努力和贡献。

积极做好对会中央重点调研、重要提案、重大活动的宣传报道。两会前夕，会中央召开记者通气会，通报民建在两会期间有关提案、发言的情况，主动提供新闻素材，人民日报社、新华社、中央电视台等30多家媒体做了相关报道。《人民日报》先后刊载了会中央领导撰写的《打赢节能减排攻坚战》、《老龄产业一座待挖的“金矿”》等文章。

（三）发挥优势，注重实效，服务社会作出新贡献

社会服务工作是本会参政议政的重要实践活动，也是服务经济发展、建设和谐社会、增强组织凝聚力、扩大社会影响的有效途径。

及时开展支援灾区救灾工作。今年，我国发生了西南地区大面积干旱、青海玉树地震和甘肃舟曲特大泥石流等严重自然灾害，会中央高度重视，及时研究和部署全会做好支援灾区抗灾救灾工作。各级组织广泛发动，开展了捐款捐物、义演义卖等活动，广大会员和机关干部纷纷向灾区奉献爱心，表达对灾区人民的深情厚谊，全会共向灾区捐款捐物2.24亿元，其中中华思源工程扶贫基金会捐款捐物3425万元。在全国人民相互支援、相互协作英勇抗击严重自然灾害的斗争中，民建各级组织和广大会员表现了无私奉献的高尚情操，特别是灾区的地方组织和会员为抗灾救灾作出了贡献。各主要新闻媒体报道了我会参与救灾的情况，我们的工作受到社会各界好评。

为新疆发展献计出力。中共中央新疆工作座谈会召开后，会中央迅速贯彻会议精神，要求民建各级组织动员和组织会员企业家积极参与新疆的开发建设。8月，会中央领导带领民建企业家考察团赴新疆开展调研和投资项目考察，就搞好新疆建设和发展提出5点建议，签订3个投资项目，现已开工建设，投资总额达91亿元，产生了良好社会影响。

继续推动定点帮扶工作。会中央组织会内专家对河北丰宁县的旅游资源和政策环境情况进行调研，帮助该县制定“十二五”旅游发展规划，并召开专家研讨会进行论证；帮助扶贫重点村实施葫芦种植和加工的产业化，目前种植面积已达3000亩，成为丰宁县农业产业化龙头项目之一。经会中央积极协调，水利部已将贵州黔西县列入全国小型农田水利建设重点县，并批准该县附廓水库加高扩建工程。会中央还分别组织医疗卫生专家赴黔西县和丰宁县开展送医药下乡活动，受到当地群众好评。

帮助会员企业发展搭建融资平台。会中央召开“会员企业融资经验交流会”，推动各省成立小额贷款和担保公司。目前，已有16个省级组织协助会员成立小额贷款和担保公司等32家投融资机构，为会员企业提供贷款4亿元。

今年，会中央在对外联络工作中，注重与境外工商经济界的交流，积极开展对港澳台各阶层民众的工作。会中央领导率内地经济界人士访问团赴港澳，出席“香港与内地经济融合发展”论坛，拜会港澳政要，参访港澳商会及企业，推动了港澳与内地工商经济界的交流与合作，《文汇报》、《澳门日报》、《大众报》等媒体做了报道，扩大了在港澳的影响。与台湾世新大学在北京共同举办“两岸新能源产业发展研讨会”，就推动两岸在新能源产业领域的发展进行了广泛研讨。全年共接待台湾乡里长、教育专家、经济专家和香港会友等5个团组来大陆访问交流，组织会内农业、职业教育和经济等方面的专家4个团组赴港澳台访问交流，组织会内专家及企业界人士等3个团组赴非洲、东欧和印度就环境保护与资源利用、社会保障制度、高科技与文化产业等进行考察。

各位委员、各位同志，一年来，经过全会同志共同努力，本会各项工作取得新的进展。各级组织和广大会员以高度的政治责任感和饱满的工作热情，创造性地开展工作，为

本会履行好参政党职能作出了积极贡献。在这里我代表会中央向全会同志致以诚挚的敬意！

今年，我们把加强自身建设作为全会的重点工作，努力提高各级组织自身建设的能力和水平。实践中，我们体会到：

1. 只有与时俱进，深刻认识时代赋予的历史使命，自身建设才能不断加强。新形势新任务和多党合作事业的不断发展向我们提出了更高要求，必须加强会的自身建设。我们认真学习借鉴中国共产党加强自身建设的经验，分析本会自身建设的新情况新特点，研究如何不辱使命、跟上时代前进步伐，对加强自身建设的重要性和紧迫性达成共识。

2. 只有立足会情，继承和发扬会的优良传统，民建事业才能薪火相传。自我教育是民建立会的宝贵经验，我们把学习民建老一代的高尚品德与树立和践行社会主义核心价值体系学习教育活动有机结合，不仅使会员从生动感人的事迹中加深对民建优良传统的认知，而且激励大家把老一代的历史选择转化为新一代的自觉行动，广大会员接受中国共产党领导的自觉性不断提高，走中国特色社会主义政治发展道路的坚定性普遍增强。

3. 只有真抓实干，充分调动各级组织和全体会员的积极性，会的活力和凝聚力才能不断增强。我们通过各种形式和途径，将全国自身建设工作会议精神和工作部署及时传达到全会各级组织和广大会员，形成统一认识，化为实际行动。各级领导主动深入基层，认真倾听会员呼声。各级组织相互联动，密切联系，协调合作，运用行之有效的方式和载体，不断丰富活动内容。尊重基层首创精神，提高会员参与程度，注意总结和推广基层组织的新鲜经验，会的活力和凝聚力进一步增强，全会履行职责的能力和水平得到提高。

各位委员、各位同志，在充分肯定成绩的同时，我们也要清醒地看到工作中存在的问题和不足，主要是：高素质后备干部数量还不充足，新发展高层次代表人士还不多，在政府任职会员的数量与民建履行职能的需要还不相适应，一些地方推进工作的力度不够。对此，必须引起全会各级组织特别是各级领导班子的高度重视，制定措施，抓好落实，努力把全会各项工作提高到新水平。

二、2011 年工作部署

2011 年是中国共产党成立 90 周年，也是我国实施“十二五”规划的开局之年。中共十七届五中全会对制定和实施好“十二五”规划、加快推进社会主义现代化建设作出战略部署，对于深刻认识和准确把握国内外形势的新变化新特点，巩固和扩大应对国际金融危机冲击取得的成果，加快转变经济发展方式，促进经济长期平稳较快发展和社会和谐稳定，推进全面建设小康社会的进程，具有十分重要的意义。全会要把学习贯彻中共十七届五中全会精神作为当前和今后一个时期的重大政治任务，深入学习贯彻科学发展观，把握大局，拓展思路，紧密围绕制定和实施“十二五”规划，认真履行参政党职能，扎实做好各项工作，以优异的工作成果庆祝中国共产党成立 90 周年。

（一）以中共十七届五中全会精神为指导，为制定实施好“十二五”规划献计出力

“十二五”时期是实现 2020 年全面建成小康社会奋斗目标的重要阶段。全会要认真学习贯彻中共十七届五中全会和中央经济工作会议的精神，深刻理解以科学发展为主题，以加快转变经济发展方式为主线的内涵，围绕制定和实施“十二五”规划，搞好会中央

和地方组织的重点专题调研，加强与政府相关部门的对口联系，及时转化调研成果，充分发挥民建的参政党作用。

深入做好参政议政工作。全会各级组织要密切关注国际经济形势变化和国内经济运行情况，围绕加快转变经济发展方式、实现经济平稳较快发展、经济结构战略性调整、深化改革开放、保障和改善民生、稳定物价、推动文化产业发展等重大问题，确定重点调研专题，深入开展调查研究，形成有水平、有影响的调研报告及相关成果。同时，协调和组织好会内外资源，为会中央参加高层协商、全国政协重要会议等提供有分量的材料支撑。充分发挥民建密切联系经济界的优势，关注我国非公有制经济发展，对“十二五”期间拟出台的促进非公有制经济发展的政策措施等提出建议。认真履行民主监督职能，积极参与国家法律法规的制定和修改，关注法律法规在执行过程中出现的问题和偏差，提出有针对性、操作性强的建议措施。加强对重点调研成果的跟踪，推动有关方面抓好落实。努力拓宽信息来源，提高社情民意信息工作的质量。要认真总结经验，精心筹备，办好“2011’中国风险投资论坛”和“2011’中国（河北）非公有制经济发展论坛”。

重视和发挥好专门委员会的作用。认真检查《民建中央关于加强专门委员会工作的意见》落实情况，指导和协助专门委员会进一步完善各项工作制度，推动专门委员会工作的制度化建设、程序化运行、规范化管理。专门委员会要发挥专家学者的专长，尽早确定年度调研课题，精心组织，深入调研，提交高质量的调研成果。

（二）巩固树立和践行社会主义核心价值体系学习教育活动的成果，深入做好新形势下的思想宣传工作

继续把树立和践行社会主义核心价值体系，作为中国特色社会主义主题教育活动的延续和深化。要紧紧围绕坚持中国共产党的领导、走中国特色社会主义政治发展道路，丰富活动内容，突出自身特色，创新形式载体，使树立和践行社会主义核心价值体系活动更加深入，更加贴近实际。要积极探索深化思想宣传教育的新思路、新途径，巩固树立和践行社会主义核心价值体系教育活动的阶段性成果，为全会开展好各项工作提供有力的思想政治保证。

切实加强理论学习和研究。各级组织要通过学习报告会、理论辅导讲座、专题研讨会等形式，系统学习统一战线和多党合作的理论，深化坚持走中国特色社会主义道路教育，使各级干部和广大会员进一步增强政治意识。要重视理论研究工作，认真总结本会建设和发展的新经验，在理论上加以概括和提炼。

集中开展会章、会史和会的优良传统学习宣讲活动。各级组织要把继承会的优良传统作为树立和践行社会主义核心价值体系的重要内容，采取各种生动活泼的形式开展宣讲活动。各级领导班子成员要起好表率作用，带头学习、宣讲辅导和撰写文章，带动基层组织和广大会员掀起学习热潮，不断增强坚持中国共产党领导的多党合作和政治协商制度的自觉性，始终不渝地走中国特色社会主义政治发展道路。

积极开展学习宣传先进典型活动。要继续深入学习黄炎培、孙起孟等民建老一代的光辉历程和感人事迹，不断巩固社会主义核心价值体系的思想基础。要积极宣传先进基层组织和优秀会员的事迹，为广大会员树立和践行社会主义核心价值体系提供看得见、摸得着、做得到的榜样，切实发挥好榜样的示范引领作用。要充分运用会内外资源，争取媒体

支持，通过广泛宣传向社会展示民建的精神风貌。

2011 年是中国共产党成立 90 周年，也是辛亥革命 100 周年。全会各级组织要通过举行各种纪念活动，进一步增强广大会员接受中国共产党领导的自觉性，继承和发扬民建与中国共产党团结合作的优良传统，坚定不移地把中国特色社会主义作为全会的共同理想、前进方向和开展各项工作的奋斗目标，积极为推动科学发展、促进社会和谐作出贡献。

（三）认真贯彻落实《民建中央关于新形势下进一步加强自身建设的意见》，不断增强各级组织的凝聚力

各级组织要根据《意见》提出推进自身建设的任务和要求，继续高度重视和切实加强对自身建设的领导，毫不松懈地加强领导班子建设、会员队伍建设、代表人士队伍建设、后备干部队伍建设和基层组织建设，层层抓好落实，务求实效，为全会履行好参政党职能打下坚实基础。

认真做好市级组织换届工作，为 2012 年省级组织和会中央的换届奠定基础。明年全会有 248 个市级组织陆续换届（已有 26 个市级组织换届，新成立 13 个市级组织），省级组织要高度重视，加强领导，认真做好市级组织领导班子的分析和摸底工作，及早动手起草换届工作的相关文件，明确工作程序，主动与有关部门协商沟通，协助市级组织制定周密的换届工作方案，积极稳妥地做好换届工作。要充分发扬民主，广泛听取意见，搞好人事协商，严格遵守纪律，坚持按程序办事，切实加强换届工作中的会内监督，杜绝不正之风和腐败行为的发生。

切实加强代表人士队伍和后备干部队伍的建设。认真学习贯彻《2010—2020 年党外代表人士教育培训改革和发展纲要》，在中共党委的统一领导下，配合统战部门做好代表人士的教育培训工作，切实做好高层次有代表性和影响力的经济界人士的发展引进工作，扩大代表人士的队伍。贯彻落实“三个为主”的基本方针，把握注重质量、注意数量、保持特色、优化结构的组织发展原则，突出代表性和经济界特色，注意培养、选拔中青年干部。不断完善后备干部队伍建设的工作机制，既要着眼于 2012 年的换届准备工作，又要着眼于会的长远发展，加大对后备干部的推荐和使用力度，进一步做好在政府任实职的举荐工作。重视对后备干部的教育培训，根据不同类别、不同层次后备干部的特点，有计划、有针对性地进行培训和实践锻炼，努力建设一支政治可靠、素质优良、结构合理的后备干部队伍。

继续积极稳妥地推进会内监督工作。及时总结会内监督工作的实践经验，加强工作交流和理论研究，进一步完善会内监督的配套制度，探索加强会内监督的有效途径，继续推进省级监督委员会的建立和建设工作。

进一步加强机关建设。认真贯彻落实《2010—2020 年深化干部人事制度改革规划纲要》，不断提高机关干部的政治素质和业务能力。加强机关作风建设，增强机关干部服务大局、服务会员、服务基层的意识和责任，切实提高机关工作的质量和水平。继续推进信息化建设，提高机关办公平台的使用效率和安全性。

（四）围绕经济社会发展的新任务和新要求，进一步做好社会服务工作

要根据进一步推进开发式扶贫和发展非公有制经济的新任务和新要求，扎扎实实做好全会社会服务工作。明年，会中央将召开全国社会服务工作会议，总结近几年来社会服务

工作和实施“思源工程”的经验，制定进一步加强和改进全会社会服务工作的意见，动员全会力量广泛开展好服务社会的实践活动，为服务经济发展和建设和谐社会贡献力量。

继续扩大“思源工程”的社会影响力。要整合会内外资源，形成中央与地方、会内与会外的合力，以中华思源工程扶贫基金会为平台，打造好“思源工程”品牌，团结和引导广大会员、社会爱心人士参与“思源工程”活动，并在开展活动的广度和深度上下功夫。要抓好“思源水窖”、“扬帆计划”等项目的实施，切实加强领导，明确工作职责，做好跟踪检查，确保质量。要关注和推进职业教育发展，组织实施好培训教师的“园丁计划”，不断扩大会的社会影响。

努力做好定点帮扶工作。认真总结定点帮扶特别是参与支持毕节试验区建设的经验，积极探索服务贫困地区科学发展的新举措、新模式。以智力扶贫为主，以帮扶黔西县为重点，为会中央定点帮扶县制定和实施“十二五”规划提出建设性的意见。各级地方组织要在巩固以往社会服务工作成果的基础上，拓展领域，勇于创新，为促进贫困地区经济社会发展献计出力。

扎实做好为非公有制经济发展服务的工作。要积极反映会员企业遇到的问题和困难，竭尽所能提供帮助。要搞好会员企业家的培训，引导会员企业践行依法经营理念，努力提高企业素质和增强竞争力，积极参与社会事业建设，开辟新的就业渠道，构建和谐劳动关系。

继续积极参与新疆发展。充分发挥民建人才荟萃、智力密集的优势，积极动员和组织一批有志于投身新疆建设的会员企业到新疆考察投资。19 个对口支援省的地方组织要积极配合当地党委和政府推进新一轮援疆工作，在新疆开展“思源工程”活动，促进新疆实现跨越式发展和长治久安。

拓展对外联络工作的新领域。继续加强与海外经济界、工商界和教育界人士的交流，为国内经济建设服务。要根据会中央参政议政的实际需要组织考察团组，把考察任务落到实处。在对外联络和交往中，大力宣传我国政党制度的优越性和经济社会发展取得的辉煌成就，积极传播和弘扬中华民族的优秀传统和文化。继续推动两岸三地人员往来和交流，为推进祖国和平统一大业作出积极努力。

2011 年全会的工作任务繁重而艰巨。完成好各项任务需要全会共同努力，加强协作，密切配合，充分调动和发挥各级组织、各级干部和广大会员的积极性、主动性，结合实际创造性地开展工作。让我们紧密地团结在以胡锦涛同志为总书记的中共中央周围，带领广大会员在新的一年里再接再厉，奋发进取，开拓创新，为推进中国特色社会主义伟大事业作出新贡献！

弘扬民建优良传统　树立和践行社会主义核心价值体系

陈昌智

树立和践行社会主义核心价值体系，是关系统一战线和多党合作事业持续健康发展的基础工程、灵魂工程，是坚持走中国特色社会主义道路主题学习教育活动的深化和延伸，是我们当前和今后一个时期的一项重要政治任务。

一、深刻认识树立和践行社会主义核心价值体系的重大意义

社会主义核心价值体系的提出，始于2006年10月召开的中共十六届六中全会，会上通过的《中共中央关于构建社会主义和谐社会若干重大问题的决定》中，第一次提出“建设社会主义核心价值体系”这一重大战略任务。2007年10月，在中共十七大报告中，胡锦涛总书记指出：社会主义核心价值体系是社会主义意识形态的本质体现。强调要大力建设社会主义核心价值体系，巩固全党全国各族人民团结奋斗的共同思想基础。2009年10月，中共十七届四中全会提出开展社会主义核心价值体系学习教育。在2010年党外人士迎春座谈会上，胡锦涛总书记对民主党派推动社会主义核心价值体系建设提出了希望和要求。

社会主义核心价值体系包括马克思主义指导思想、中国特色社会主义共同理想、以爱国主义为核心的民族精神和以改革创新为核心的时代精神、社会主义荣辱观四个方面的内容。它是以胡锦涛为总书记的中共中央立足新世纪新阶段不断变化的世情、国情和党情，继科学发展观、社会主义和谐社会之后又一重要理论创新成果，是中国共产党积极应对国际国内形势发展变化趋势，增强社会主义意识形态吸引力和凝聚力的重大举措。坚定不移地坚持和建设社会主义核心价值体系，牢固树立科学的指导思想、共同的理想信念、强大的精神力量和良好的道德风尚，对于巩固全党全国各族人民团结奋斗的共同思想基础，夺取全面建设小康社会新胜利，具有重大现实意义和深远历史意义。

民建作为致力于中国特色社会主义事业的参政党，既是社会主义核心价值体系建设的参与者，也是遵循者和践行者。努力树立和践行社会主义核心价值体系，是我们坚持走中国特色社会主义道路的需要，是巩固多党合作思想政治基础的需要，是坚持正确方向健康发展的需要，是更好地履行参政党使命的需要。为我们积极应对国内外形势深刻变化，抵御国际敌对势力西化分化图谋，提高参政党建设水平，凝聚智慧和力量，努力为推动科学发展、促进社会和谐献计出力，提供坚实的思想基础和政治保障。

二、当前民建开展树立和践行社会主义核心价值体系活动的进展情况

开展树立和践行社会主义核心价值体系活动，工作切入点在哪里？以什么为抓手？这是我们首先要明确的问题。民建结合自身实际，确立了“大力弘扬优良传统，紧密结合工作实际”的基本思路。各级组织按照这一思路，及时研究制定活动方案，采取切实有效措施，有计划地组织实施，推动了活动的顺利开展，取得了阶段性成效。

1. 精心部署、有序推进。去年12月召开的民建九届三中全会上，我们提出将树立和践行社会主义核心价值体系作为当前全会的一项重要政治任务，贯穿到会的各项工作中去。今年3月3日和9日，民建中央先后召开了九届十一次主席会议、九届十次中常委会议，传达并认真学习了胡锦涛总书记在党外人士迎春座谈会上的重要讲话精神。3月19日，民建中央制定下发了《关于开展“弘扬民建优良传统、努力践行社会主义核心价值体系”系列活动的方案》，安排了四个阶段工作，贯穿全年，有序推进。4月21日至22日，民建中央召开宣传思想工作会议，及时对树立和践行社会主义核心价值体系前一阶段工作进行总结交流，对今后工作进行部署。6月上旬召开的民建全国自身建设工作会议和民建九届十一次中常会，进一步强调把社会主义核心价值体系贯穿于思想建设、组织建

设、制度建设以及领导班子建设等各个方面，以此推动会的自身建设水平不断提高。

2. 树立典型、示范引导。3 月 2 日，民建的卓越领导人孙起孟同志逝世。孙老既是多党合作优良传统的优秀践行者，也是社会主义核心价值体系的模范体现者。民建中央于 3 月 15 日组织召开了“孙起孟同志追思会”，号召全会学习和继承孙老等民建老一辈的高尚品质，和与中国共产党风雨同舟、亲密合作的优良传统。我与张榕明同志共同撰写纪念孙老文章在《人民日报》刊发。民建网站开设了“孙起孟同志纪念专栏”、《民讯》编发了纪念专刊，引导广大会员从老一辈的精神风范中不断加深对民建优良传统的理解，加深对社会主义核心价值体系的认识。

同时，民建中央发出关于开展追思、学习孙起孟同志活动的通知，要求民建各级组织，以学习孙起孟同志的优秀品质和高尚风范为切入点，深入开展社会主义核心价值体系系列活动。4 月 1 日，统一战线“学习孙起孟同志优秀品质，树立和践行社会主义核心价值体系”座谈会的召开，进一步增强了民建广大会员弘扬优良传统、践行社会主义核心价值体系的自觉性和责任感。

3. 明确内容、丰富载体。为了配合活动的开展，民建中央列出了具体学习参考书目，如《社会主义核心价值体系学习读本》、《六个“为什么”——对几个重大理论问题的回答》、《中国民主建国会基本知识》等；编发民建优良传统的宣讲材料，制作民建优良传统宣讲光盘、编写《中国民主建国会简史》。特别是在民建中央支持下，二十五集电视连续剧《黄炎培》摄制完成，并在央视成功播出。民建中央及时部署全会认真组织收看，并作为树立和践行社会主义核心价值体系活动的重要内容之一，组织开展座谈、观后感征文等活动，引导广大会员树立正确的世界观、人生观和价值观，把老一辈领导人的必然历史选择转化为新一代成员的自觉行动，把政治归属感升华为政治责任感，进一步增强接受中国共产党领导，坚持走中国特色社会主义政治发展道路的信心和信念。

4. 督促指导，注重实效。活动开展以来，民建中央主席、驻会副主席分别带队，先后深入广东、吉林、天津、浙江、江苏等十几个省市进行调研，督促指导，落实任务。省级组织纷纷行动起来，通过抓理论学习，强化宣传教育，加强组织引导，积极推动树立和践行社会主义核心价值体系活动有效开展。

三、对下一步工作的几点意见

弘扬优良传统，树立和践行社会主义核心价值体系活动，既是民建思想建设的重大战略任务，又是传承会的优良传统、推动会的事业开拓进取的关键所在，必须立足长远、坚持不懈、扎实推进。

（一）今年后几个月要重点做好的几项工作

一是集中开展会章、会史和会的优良传统学习宣讲。会的优良传统是社会主义核心价值体系学习教育活动的生动教材。各级组织要把会的优良传统作为树立和践行社会主义核心价值体系的重要内容，领导班子成员要发挥表率作用，带头学习、带头宣讲辅导，撰写文章，带动各级组织和广大会员掀起学习热潮。要深入基层调研，切实了解会员思想动态，有针对性地解决实际问题。

二是组织好纪念民建成立 65 周年活动。今年是本会成立 65 周年。会中央将以建会

65周年为契机，把各项纪念活动作为对会的优良传统再学习、再认识的过程，作为形成共识、推动全会努力践行社会主义核心价值体系的过程，作为凝聚全会的智慧和力量，推动会的事业实现新的科学发展的过程。

三是做好先进典型的评选宣传工作。评选和学习宣传先进典型，是开展思想建设的重要途径，也是推动社会主义核心价值体系学习教育活动的有力抓手。会中央将结合年底纪念大会的筹备召开，组织好全会五年一次的先进典型的评选表彰和宣传工作，为广大会员践行社会主义核心价值体系提供看得见、摸得着、学得来的榜样。

（二）对深化学习教育活动的几点意见

一是切实加强理论学习，着力解决思想问题。开展社会主义核心价值体系学习教育活动，主题是坚持中国共产党的领导，坚持中国特色社会主义政治发展道路。要深刻理解社会主义核心价值体系的重大意义、科学内涵、精神实质和基本要求，认真领会中共十七大和十七届三中、四中全会精神，全面学习统一战线和多党合作理论、方针和政策，切实增进理论认知，增强政治意识，筑牢思想防线。引导广大会员始终高举中国特色社会主义伟大旗帜不动摇，进一步坚定理想信念；正确看待名、权、位，正确处理个人与组织的关系，进一步提升道德情操。

二是紧密结合工作实际，着力提高参政能力。开展社会主义核心价值体系学习教育活动，既要遵循普遍性要求，又要立足本会实际，体现自身特色，凸显时代性、思想性和实践性，找准切入点和着力点，切实提高实效。一方面要与履行参政党职能的实践相结合，着眼于科学发展观的要求，紧密联系国计民生如“十二五”规划、转变经济发展方式、区域发展等重大问题，探索参政议政新举措，开拓民主监督新形式，提高履职能力和质量。另一方面要与自身建设相结合，着眼于建设适应新世纪要求参政党，注重制度建设，使符合核心价值体系的行为得到鼓励、违背核心价值体系的行为受到约束，营造和谐向上的氛围，建立规范有效的工作机制。

三是认真做好动态调研，着力创新方法手段。开展社会主义核心价值体系学习教育活动，要深入开展调查研究，把握动态形势，适时交流总结，推动工作。要坚持以正面教育为主，以实践养成为重，根据会员特点，注意区分层次，做好分类指导，积极探索行之有效的方法手段，增强吸引力和感染力，真正形成广大会员热情参与的局面。

我们相信，随着树立和践行社会主义核心价值体系学习教育活动的深入开展，民建全会的凝聚力将进一步加强，多党合作的思想基础进一步巩固，参政议政能力进一步提升，民建事业也必将焕发出新的蓬勃生机。

在民建中央学习贯彻胡锦涛总书记重要讲话精神座谈会上的发言

陈昌智

今天，会中央召开民建会员企业家学习贯彻胡锦涛总书记重要讲话精神具有十分重要的意义。刚才，大家结合学习总书记讲话和本企业发展谈了学习体会，讲得很好，表达了民建会员听了总书记讲话备受鼓舞的心情和为国家经济发展作出新贡献的态度。

去年，受全球金融危机的影响，国家经济发展和企业生存受到严重考验，是我国经济发展最困难的一年，在此情况下，胡总书记能来看望我们民建和工商联界别的同志，并对我国非公有制经济发展作出重要指示，充分体现了党和国家对非公有制经济发展的重视，对我们民营企业家的关怀。锦涛总书记的讲话站在全局和战略的高度，内容十分丰富、思想极为深刻。他在讲话中对金融危机给我们带来的机遇，我国内需潜力释放为非公经济发展提供的更大空间，非公经济发展环境及规模持续向好等方面，做了深刻的阐述，让我们切实感到：当前我国的非公有制经济发展将站在一个新的起点上，使我们民建企业家在内的非公经济人士受到莫大的鼓舞和激励。

围绕进一步促进非公有制经济发展，使广大民营企业认清形势，把握机遇，切实增强进取意识和紧迫意识，努力实现非公有制经济自身又好又快发展，锦涛总书记在讲话中为我们提出了殷切的希望和更高的要求。

就如何学习好、贯彻好总书记的讲话精神，在这里我谈几点意见：

一、认真学习胡锦涛总书记讲话的精神，把企业发展和国家经济发展密切联系起来

这次国际金融危机的影响，让我们看到了我们现在应该在关注 GDP 增速的同时，更应该关注 GDP 的构成和质量，看到了我国经济发展方式转变的重要性。长期以来，我们是重国际市场、轻国内需求，重低成本优势、轻自主创新能力，重物质投入、轻资源环境，重财富增长、轻社会福利水平提高，这就是我们长期形成的传统发展方式。这样的发展方式不够注重结构的优化、效益的增加、过程的可持续和成果的共享，难以实现质与量的统一、快与好的统一、物与人的统一、人与自然的统一。这已经成为制约我国经济和社会发展的瓶颈。转变经济发展方式已经到了刻不容缓的时候。正如胡锦涛总书记所强调的“加快经济发展方式转变是适应全球需求结构重大变化、增强我国经济抵御国际市场风险能力的必然要求，是提高可持续发展能力的必然要求，是在后国际金融危机时期国际竞争中抢占制高点、争创新优势的必然要求，是实现国民收入分配合理化、促进社会和谐稳定的必然要求，是适应实现全面建设小康社会奋斗目标新要求、满足人民群众过上更好生活新期待的必然要求。”民建作为联系非公经济人士的参政党，我们的会员企业在抵御金融危机中能够取得胜利，是在国家采取一系列宽松的政策环境下取得的，是抱着民建会员高度的政治和社会责任感，主动为国家分忧解难，把企业发展紧紧和国家经济发展联系在一起取得的。那么，在即将进入十二五规划时期，国家要转变经济发展方式，调整经济结构，我们的企业也要顺势而为，在后国际金融危机时期的竞争中，按照国家产业政策的导向，自觉地调结构、转方式、上水平，不断提升市场竞争能力、抵御风险能力、可持续发展能力，在企业发展方向上跟上国家发展形势，按照总书记的期望，在加快经济发展方式转变上发挥作用，做好表率，实现又好又快发展。

二、学习总书记的讲话，进一步增强履行社会责任的意识

我国非公经济企业在企业越做越好的情况下，履行社会责任的意识也越来越强。就我们民建企业家来说，在去年的金融危机冲击下迎难而上，把危机当“契机”，寻求发展的新思路新模式。许多会员企业在自身经营遇到困难的情况下，仍然顾全大局，坚持“不

裁员、不减薪”，为保增长、促就业，积极缓解国家就业形势，为维护社会稳定发挥了积极的作用。还有就是我们会中央的两个扶贫县，大家为了使这些贫困落后地区的老乡们早日脱贫，过上好日子，纷纷在这两个贫困地区投资兴业、捐款捐物、献计出力。非公经济企业是我国吸纳劳动力的重要力量，这就需要我们民建会员和广大非公企业一道谨记总书记的希望，为构建社会主义和谐社会贡献自己的力量，做到更多地创造就业岗位、按时发放员工工资、加强劳动安全保护、自觉保障员工合法权益等。同时也要积极投身公益事业、慈善事业，关注我们会的思源工程，履行好自己的社会责任。同时，也要结合自己企业的发展情况和自己看到的和感受到的社会问题，通过会中央企业委员会及各专业组、非公有制经济发展论坛等平台积极为国家建言献策，提交社情民意，为国家经济的发展，建良言，献良策。

三、学习总书记讲话，进一步提高会员企业的自身素质

我国经济水平在不断提高，企业参与国际竞争越来越频繁，这就要求我们的民营企业在自身素质的提高上要迈出更大步伐。一个企业的管理水平很大程度上决定了一个企业的市场竞争力，党和政府一直把引导和支持中小企业加强管理作为一项重要工作。民建中央也在为提升会员企业家的自身素质以及促进中小企业发展，做着不懈的努力，为此我们做了很多有意义的事情，如召开非公有制经济发展论坛、风险投资论坛、举办建华企业家课堂等，这些都是为会员企业素质提高搭建的平台。我们每年都开展中小企业调研，就中小企业发展中出现的问题向有关部门提出建议。尝试以各种形式为民建企业服务，如在南京召开投融资经验交流会介绍推广淮安市信联咨询担保有限公司好的经验，以缓解中小企业融资难的问题等等。但最重要的，归根到底还是需要企业家的自身努力，建立适合自己发展的企业制度、调整产品结构、规范经营模式、优化生产要素、找准在市场中的定位、建立健全内部激励约束机制、吸引和用好人才，为实现自身的持续健康发展，打下扎实基础。

民建作为密切联系经济界的参政党，各级组织要把认真学习和贯彻胡锦涛总书记的讲话精神作为我会当前的一项重要政治任务，各级组织要采取多种形式，抓好传达学习，切实将总书记的重要讲话精神落到实处。今天来参加会议的是民建的企业家代表，我希望大家不仅要自己学习好贯彻好总书记的讲话精神，更要带动和影响周围的会员企业家一起学习、领会总书记的殷切希望，把握当前大好机遇和有利条件，坚定不移调结构，脚踏实地促转变，不断提高自主创新能力，力争为推动我国经济社会又好又快发展贡献更多的智慧和力量。

弘扬传统　求实创新　建设适应新世纪要求的参政党

——在民建全国自身建设工作会议闭幕会上的讲话

陈昌智

这次全国自身建设工作会议是一次十分重要的会议。会议听取了培华同志的工作报告，9个省级组织作了大会交流，大家结合加强自身建设意见稿分组进行了讨论，经过同志们的共同努力，这次会议开得很成功，达到了预期目标。可以说这次会议既是一次自身建设工作的总结会，也是一次加强自身建设工作的动员会，对全会进一步加强自身建设将会起到一个极大的推动作用。同时我们也要看到，加强会的自身建设是贯穿本会事业发展始终的任务，需要我们坚持不懈地努力。

刚才三个小组的召集人汇报了小组讨论的情况，从总体上肯定了《意见》稿，同时提出了很多很有价值的建议，我们将研究采纳。这次会议准备了很长时间，主席们去了20个省市进行自身建设调研。《意见》稿也经过多次讨论，草稿基本成型后还经过主席务虚会讨论，发给各省级组织和中央常委广泛征求意见，北京、河北、吉林、江苏、浙江、安徽、江西、湖南、广西、重庆、四川、贵州、陕西等13个省级组织提交了书面意见。会中央在上海、湖北等地调研时直接听取了意见，陈政立副主席，吴国华、王曦、郝明金、李晓林等四位常委提供了书面意见。根据大家的意见，先后对《意见》稿进行了多次修改。在之后的九届十一次中常委会上还将进一步讨论修改，然后表决通过。

下面，我就加强会的自身建设问题谈几点意见，供大家参考。

一、充分认识加强会的自身建设重要意义

加强自身建设是本会建设高素质参政党的首要前提，是履行参政党职能、发挥参政党作用的重要基础，是实现会的各项任务的根本保证。

去年我们庆祝了建国60周年，共同见证了改革开放以来我国经济社会发展的巨大成果。同时我们又面临着国际金融危机对经济发展的冲击。目前从国际上看，虽然世界经济走出国际金融危机最困难的时期并出现复苏，但国际金融危机的影响依然存在，各种全球性问题相互交织，影响世界经济全面复苏的不确定因素依然不少。从国内看，尽管我国经济总量已经居世界前列，但生产力水平总体上还不高，发展方式、经济结构不合理，工业化、城镇化快速发展同能源资源和生态环境的矛盾突出，不少民生问题和社会矛盾需要解决。如何应对复杂多变的国际形势、完成艰巨繁重的改革发展任务，实现十七大描绘的宏伟蓝图，迫切需要执政党以改革创新的精神进一步加强党的建设的伟大工程，提高领导水平和执政能力。因此中共十七届四中全会专题研究自身建设，也正是新形势下执政党进一步加强自身建设的积极举措。

下面从两个方面说明本会自身建设重要性和紧迫性。一方面，当前国际国内形势复杂多变，甚至可以说是捉摸不定的。去年的经济形势变化很快，国务院常务会议也空前频繁。形势的剧烈变化对我们参政党提出了更高的要求。我们要能够准确地把握形势，提出有针对性和建设性的意见，这是不容易的。我们必须加强自身建设，提高自身水平，才能适应这种变化的形势。另一方面，执政党为了应对形势的变化，已经充分认识到加强自身建设的重要性，因此去年中共中央召开的十七届四中全会专门研究了党的自身建设问题，并作出了决定。本会作为执政党的亲密朋友，作为参政党，在执政党加强自身建设提高执政能力的情况下，也必须加强自身建设，跟上执政党的前进步伐，适应执政党给我们提出的要求。

本会作为与执政党通力合作的参政党，我们应紧紧围绕国家经济建设这个中心，充分发挥民建联系经济界参政党的作用，面对新形势新任务和新要求，不断加强自身建设，努力成为高素质的参政党，肩负起参政党的神圣职责，承担起时代赋予的历史使命。所以加强民建自身建设是民建适应形势发展变化的需要。

随着中共两个5号文件的深入贯彻落实，多党合作的进一步推进，民主党派参政议政的舞台更广阔，要求也更高。民建要履行参政党职能，必须在实践中，把中共的路线、方针、政策同本会的具体实际紧密地结合起来，理论联系实际，积极建言献策，必须全面提高会的各级领导成员的政治把握能力、参政议政能力、组织领导能力和合作共事能力，要准确把握正确的政治方向以及正确把握参政党的工作性质和要求，把我们的人才和智力优势转化为参政议政优势；必须提高我们应对复杂局面的能力，使我们能在面对困难和挑战时团结带领广大会员和所联系群众，坚定不移地接受中国共产党的领导，积极投身于中国特色社会主义的各项事业。因此，全面加强本会自身建设是我国多党合作事业发展的必然要求，是关乎多党合作发展的长远战略。

重视自身建设是本会一贯坚持的好传统，也是民建自身发展的内在要求。在民建成立40周年时，总结了高举爱国主义旗帜，坚持中国共产党的领导，坚持自我教育的三大优良传统，在民建成立60周年时总结了“五个坚持、四种精神”的优良传统并写入民建章程。通过十几年加强自身建设的实践，本会初步回答了建设什么样的参政党，怎样建设参政党的问题。明确提出了建设一个“理论上清醒、政治上坚定、组织上巩固、制度上健全、充满活力的致力于建设中国特色社会主义事业的参政党”的目标并写入了章程。这是本会不断加强自身建设取得的重大成果。

九届以来民建开展的政治交接教育活动以及今年以来开展的社会主义核心价值体系的系列学习教育活动，是新形势下本会加强自身建设的实践和延伸。尽管我们在自身建设工作中取得了较好的成效，但我们要看到在加强自身建设工作中，我们还存在不少不适应形势发展要求的问题。培华同志的报告中已有分析，我不再重复。但我要强调的是各级领导班子特别是主委对会务工作要更加投入，认真分析会情，有针对地采取措施。同时对本级组织的建设的目标任务要做到心中有数，通过一届工作，对会的组织程度和会员的素质提高要有规划，要有评价和分析。只有各级组织都加强会情研究，采取积极的措施，才能实现本会的建党目标。

二、加强会的自身建设需要强调的几个方面

中共十七届四中全会对参政党建设起着积极的引领和推动作用。因此，我们要认真学习贯彻中共十七届四中全会精神，在加强自身建设上迈出新步伐，会的各级组织要认真研究在思想建设、组织建设、制度建设、领导班子建设中遇到的新情况新问题，在发展中要不断认识自己、完善自己、提高自己，真正实现本会的建党目标。

（一）深入学习中国特色社会主义理论体系，努力提高全会政治思想素质

一是加强理论学习。我会建党目标首先是要做到理论上清醒，政治上坚定。因此学习中国特色社会主义理论体系，目前特别要学习贯彻科学发展观，掌握其精神实质，把本会建设成为学习型参政党，是加强思想建设的首要任务。

要充分发挥各级领导集体的带动、示范作用，认真组织中心组学习，坚持建立健全学

习制度，在学习中要充分发扬理论联系实际的学风，要注意将理论学习与思想实际相结合，要采取不同方式增强学习的针对性、吸引力和系统性，确保学习实效。通过深入学习，不断提高全会的思想政治素质，增强广大会员特别是各级领导成员的政治敏锐性和政治鉴别力，增强走中国特色社会主义政治发展道路的自觉性和坚定性；使广大会员牢固树立起正确的世界观、人生观和价值观，始终保持理论上的清醒和政治上的坚定。

二是深化思想教育。思想教育是思想建设的核心，会的各级组织要针对会员思想特点，结合形势任务要求，学习践行社会主义核心价值体系，深入开展会章、会史和会的优良传统教育，引导会员继承和发扬民建老一辈与中国共产党在长期团结合作中形成的政治信念、优良传统和高尚风范，做到在重大问题上明辨是非、立场坚定，不断增进对中国特色社会主义的政治认同和思想认同，不断增强走中国特色政治发展道路的自觉性和坚定性。以爱国主义、社会主义教育为重点，引导会员弘扬以爱国主义为核心的民族精神和以改革创新为核心的时代精神。以基本道德规范为基础，深入开展社会主义荣辱观教育，引领会员树立高尚的道德情操和健康的生活情趣，始终保持昂扬向上的精神状态。以建设高素质参政党为目标，深入开展国情、会情教育，使会员认清所肩负的责任和使命，为实现中共十七大描绘的宏伟蓝图作出贡献。

这里我要强调一下，4 月初会中央下发了要求各地学习孙老高尚品德，开展多种形式追思活动。但到了 5 月份，有的地方没有任何举动，只是将会中央文件层层转发。省级组织不能带头就不可能要求市级组织和支部开展这项活动。最近中央又下发了组织会员观看《黄炎培》电视剧的通知。全国政协、中央统战部也都发文要求各级政协、统战系统观看。民建更要搞好组织会员讨论观后感，更好领会黄任老创建民建，选择跟共产党走的历程，更好了解会史。希望各省及时将学习情况报中央。核心价值体系学习系列活动还有两个阶段，我们即将印发会史和传统教育的光盘，希望各地认真组织学习。

四季度我们即将迎来 65 周年纪念活动，我们要认真总结建会 65 年来的经验成绩，研究进一步推动民建事业发展的意见。我们还要表彰优秀会员和先进支部，也要抓好评选工作。希望大家共同总结，明确今后努力方向。

（二）扎实推进组织建设工作，努力提高会的组织程度

组织建设是自身建设的基础。会中央按照本会九大确定的“在组织建设中要加强各级领导集体建设、增进基层组织活力、建设骨干队伍、发扬会内民主”等工作方针和会中央五年工作规划纲要关于“加强组织建设，不断提高整体素质”的总体要求，我们要正确认识和把握加强组织建设与推进会的事业发展的关系，各级组织要明确思路、突出重点、稳步推进、讲求实效，在发展会员、加强制度建设、领导班子建设、后备干部队伍建设和会内监督以及基层组织建设等方面，大家还要作出切实努力。当前，我们要努力把握新形势下会的组织建设规律，要积极探索加强组织建设的新思路、新机制，认真研究落实进一步提高会的组织程度和整体素质的方法与措施，推进组织工作创新，增强各级组织的生机和活力。

要认真做好组织发展工作。坚持“注重质量、注意数量”的原则，坚持“三个为主”的方针。近年来经过大家努力，会员素质得到进一步提高。但是从会员结构、素质分析来看，高层次代表人士总量不足；非经济界人士中普通教育人士不少，有 10 个省普通教育

人士的比例反而高于高等教育人士，而且发展了一批小学教师；科技界的比例逐年下降；中高级职称会员比例逐年下降，比 10 年前下降 16.9 个百分点，这必须引起我们高度重视。这次会议上给大家发了会员情况分析，同时也给各省发了本地区会员情况分析及需重视的问题建议，请大家认真研究。希望各省在分析会情后，有针对性采取措施，不断提高会员素质，使会员结构趋于合理。同时主委要亲自做代表人士的工作，以三顾茅庐的精神，吸纳高素质人才入会。在“注重质量”的前提下，发展数量也要引起高度重视。

要加强对基层组织工作的研究。基层组织状况的好坏，活动开展得如何，不仅影响会员参与活动的热情和积极性，而且关系到会的组织在当地的形象。会中央于 04 年制定了《关于进一步加强基层组织建设的意见》并先后召开了民建南、北片基层组织建设工作研讨会。目前，支部活动的出席率、覆盖率有了明显提高，大部分基层组织在参政议政、建言献策、社会服务、团结互助等方面做了大量工作，各地也涌现出很多优秀支部，创造出了许多好的经验。但同时我们也看到由于受国有企业改制和重组、城市拆迁等影响，有些会员遇到轮岗及外出创业等情况，影响了部分会员不能正常参加支部活动，致使有些支部活动受到影响。还有部分支部缺乏有效的组织形式、活动内容单一、缺少活力，支部活动质量不高，缺少凝聚力，出现会员参与度不高等现象。为此，各级组织要针对存在的问题，抓住关键，认真研究和积极解决问题。一是中央和省市组织要继续加强基层组织建设工作调研，增强工作的针对性和指导性。各级组织领导要认真分析每个支部的活动情况，要适应新形势、新任务以及会员情况的新变化，努力创新、积极探索丰富基层组织工作的内容和形式，针对活动不正常的支部要提出具体改进方案，下功夫解决部分支部活动不正常、作用发挥不够好的问题，不断增强基层组织的凝聚力和活力。二是加强对基层组织的指导，选拔热心会务、乐于奉献的会员进入支部领导班子，积极调动骨干会员的工作热情，充分发挥模范带头作用，将基层组织的各项任务落到实处。真正把基层组织建设成为自我教育的学校、团结互助的集体、参政议政的桥梁、培养人才的基地。三是各级组织要认真履行基层组织建设的领导职责，研究探索分类管理和指导的办法。要把加强基层组织建设纳入重要议事日程，每年要定期进行专题研究，建立联系基层组织等各项制度。四是省级组织要履行培训支部主任的职责，坚持对支部主任加强培训。市级组织要总结交流支部经验，对不能正常活动的支部要采取得力措施予以调整、充实。五是各级领导班子成员要关心支部活动经费、活动场地的问题，积极与中共市委领导同志沟通，争取解决实际困难。积极推荐优秀支部主任，妥善解决政治安排及使用问题。

（三）积极探索自我约束机制，稳妥推进会内监督体系建设

2008 年 12 月 17 日，中央监督委员会正式成立，会内监督条例应时出台，确定了会内监督工作的指导思想、监督对象、监督内容以及工作要求等。会内监督对民主党派来说，既是一项新的课题，也是一项长期的重要任务。会内监督体系的建设才刚刚开始，还有许多亟待解决的困难和问题，需要通过进一步健全和完善各项制度，稳妥推进会内监督体系建设。

一是要充分认识会内监督体系建设的重要性。会内监督是新形势下保持会的活力、提高会的参政议政能力的必然要求，是本会自我约束、自我完善，不断发展进步的重要途径，是保持会的肌体健康的重要手段，也是发扬会内民主、维护会的团结的有力保障。各

级组织要结合自身特点，认真贯彻《中国民主建国会会内监督条例（试行）》，要进一步吸收和借鉴中国共产党的成功经验，明确和细化会内监督条例的有关实施细则，使其更具有可操作性，保证各项制度落到实处，增强会内监督的效果，积极稳妥推进会内监督体系建设。

二是要逐步建立健全会内监督机制，保障监督工作有序进行。首先，要健全集体领导与个人分工负责相结合的工作目标责任制，切实做到重大事项的决定按照集体领导、民主集中、个别酝酿、会议决定的原则进行，对决策的范围、程序、时限等作出进一步具体的规定，针对不同的决策议题设置相应的具体操作规程，使民主集中制落到实处。第二，要进一步完善领导班子谈心会和民主评议制度，谈心会和民主测评会是目前会内监督的重要实现形式，很好地体现了会内监督的方针和原则。去年三月会中央出台了《民建中央关于建立健全省级领导班子谈心会制度的意见》，各级组织要按照意见的要求对谈心会加以规范和引导，要坚持以总结所分工负责的工作和检查个人领导作风为主要内容，以批评与自我批评为主要形式，着重加强思想教育，改进作风，化解矛盾，增强领导班子的凝聚力，更好地促进班子的民主建设。第三，要切实将监督工作落到实处，稳步推进《关于中国民主建国会中央监督委员会委员分工联系省级组织工作的方案》。中央监督委员会成员要通过参加所联系的省级组织涉及监督内容的重要会议，如民主评议会或民主测评会等，及时掌握有关情况，发挥监督效能。要充分总结现有经验，进一步细化相应方案，明确内容，积极探索，形成符合本会自身特点的有效的监督途径和方法。

三是要规范有序稳妥推进试点工作，进一步健全会内监督体系。目前内蒙古、四川、湖北三个省级组织监督委员会已相继成立，很多省级组织也在积极开展相关工作的准备。在条件成熟的省级组织，将进一步推进试点工作的开展。试点工作的基本原则是要在会中央的指导下，与当地党委有关方面充分协商，严格按照程序，统筹部署，逐步推进。

（四）努力加强领导班子建设，以班子建设带动队伍建设

2007 年换届后，省级组织领导班子成员的素质进一步提高。为更好地继承民建的优良传统和学习老一辈的高尚品质，更好地履行参政党职能，各省级组织领导班子要继续以科学发展观为指导，要坚持把深入推进政治交接学习教育活动与弘扬“五个坚持、四种精神”紧密结合起来，努力做到以班子建设带动队伍建设。

要坚持深入基层，继续改进工作作风。会中央领导坚持联系地方组织的做法得到了各省市级组织的积极响应。目前各省级组织纷纷建立了联系基层制度，形成了省市级组织领导班子成员分工联系各市委会、专委会及支部工作机制，会中央机关和省市级机关干部深入支部，改进了机关工作作风。据统计，各省级组织领导班子成员按照分工，已经走遍了所有的市级组织。有的省级组织不仅走访了市级组织，而且还走访了筹委会、工委、直属支部等。据我了解，部分省委要求领导班子成员在谈心会上，就各自分管的工作及联系基层组织情况进行报告，做到了工作有目标、有检查，并初步取得成效。随着这项工作的不断深入开展，各级组织领导班子新的风气、各级组织机关的新的工作作风得到会员的认可和赞赏。会的凝聚力和向心力得到进一步加强。希望各级组织要在总结经验的基础上，继续深入基层了解掌握和分析会情，建立会务信息互通渠道，定期召开会情分析会，加强指导并帮助基层组织和会员解决困难。

随着形势和任务的要求，领导班子自身建设的任务更加艰巨。为此，一是要继续提高领导干部队伍的素质。领导班子成员的素质和能力在很大程度上决定着一个组织自身建设的水平。因此，会的各级组织要继续以搞好政治交接为主线，以提高政治素质和领导水平为重点，努力提高各级组织领导班子成员的政治把握能力、参政议政能力、组织领导能力与合作共事能力，注重工作创新，努力推进组织领导的科学化和民主化，使会的自身建设得到强有力的领导保证。二是要坚持贯彻民主集中制原则，要实行集体领导下的个人分工负责制。同时要搞好领导班子内部团结合作，坚持领导班子充分发扬民主，认真开展批评和自我批评，真正达到沟通思想、增进团结、改进工作的目的。希望各级组织认真贯彻落实“九大”提出的各项任务，在自身建设上取得新成绩。

后备干部队伍建设是发挥参政党作用的基础，是我会提高参政能力的人才保障。我会一直高度重视后备干部队伍建设，2007 年换届时，一批德才兼备的优秀人才走上领导岗位，充实到各级组织领导班子中，在工作中发挥着重要作用，增强了会的活力和凝聚力。2008 年民建中央九届五次主席会议通过了《关于加强省级组织领导班子后备干部队伍建设的意见》，提出了加强后备干部队伍建设的指导思想、工作原则、后备干部人选需要具备的条件、建立后备干部队伍名单的程序和工作要求。在后备干部的物色、考察、培养、选拔等各个环节提出了具体措施，进一步完善了后备干部选拔和培养机制。我们要充分认识到加强后备干部队伍建设是本会的一项经常性工作。一是要认真贯彻落实《关于加强省级组织后备干部队伍建设的意见》，下大力气抓紧选拔后备干部。以制度化、规范化健全选拔工作机制，做好中长期计划和短期安排，使后备干部的数量、结构、素质与自身建设的需要相适应。二是要从入会抓起，建立培训、锻炼、提高的系统的培训体系和培养机制。各级组织要对后备干部进行比较系统的理论与实践教育和多党合作优良传统的教育，要有计划地选派参加有关培训学习和挂职锻炼，全面提高政治素质。根据不同类别、不同层次的特点和个人实际情况，为后备干部的成长铺台阶、搭舞台。三是要建立和加强与中共地方党委和统战部门的协调沟通机制。各级组织要结合《国家中长期人才发展规划纲要》，做好对既有专业优势，又具备参政议政、政治协商能力的优秀人才的发现、培养、推荐工作，要积极参与到各部门、各地方的人才发展规划制定过程中，努力将本会优秀后备干部纳入党委干部考察体系，为后备干部成长提供机会和平台。

三、加强组织领导，强化责任，确保自身建设取得实效

会的自身建设事关会的发展全局，事关多党合作事业。各级组织都要加强领导，高度重视，强化责任，把加强自身建设作为当前一项重要任务抓紧抓好，抓出成效。

（一）从会的发展战略高度出发，提高自身建设认识

各级组织要从战略和全局的高度，进一步充分认识加强和改进自身建设工作的重大意义，认真贯彻本次自身建设工作会议精神，制定具体落实方案，把加强和改进自身建设的各项任务真正落到实处。各级组织要大力加强坚持中国共产党领导的多党合作和政治协商制度和“五个坚持”优良传统教育，在继承和发扬民建的优良传统上，开拓奋进，努力开创民建发展新篇章。

（二）切实加强各级组织主要领导对自身建设的领导责任

加强自身建设是基础性很强的工作，是紧迫而持久的重要任务。中央和各级地方组织一定要把自身建设放在突出的位置，根据加强自身建设的总体要求，要明确领导工作责任，建立一级抓一级，层层抓落实的工作格局，树立加强自身建设长期意识。各级组织的主要领导要切实履行好抓自身建设第一责任人的责任，要认真对全会或本地区会情进行一次全面的分析，重点要掌握了解会员的新的思想状况、会员结构、骨干会员数量、会员企业影响力、专家学者会员情况、市级组织建设及支部活动评价等方面的会情，了解会员对组织的要求，有针对性地采取措施，并带领领导班子共同研究，达成共识。主要领导同志要特别处理好本职工作和会务工作的协调关系，克服本职工作比较忙的实际困难，加大对会务工作精力投入，要认真制定届内自身建设发展任务，谋划好会的长远发展规划，提高民建工作水平，努力通过抓自身建设促进会的各项工作全面开展。

（三）努力探索自身建设发展规律

加强自身建设研究工作，为加强和改进会的自设建设提供理论支持。中央和各级地方组织要把自身建设重大课题列入研究规划，结合纪念本会成立 65 周年，认真总结建会以来加强自身建设的基本经验，深入分析自身建设面临的新情况新问题，着眼于解决好自身建设、提高履行职能的能力这两大课题，努力探索参政党建设规律，研究新形势下加强自身建设的思路和措施，按照参政党建设的目标和要求，推进自身建设的制度化、规范化、程序化，切实提高自身建设的水平，推进自身建设工作的新发展。

（四）提高参政议政能力，履行参政党职能

参政议政是本会的重要职能，加强自身建设为本会提高参政议政能力、履行好参政党职能提供保障。在自身建设中要通过会的各级组织参政议政工作，努力发现、培养、锻炼和选拔一批参政议政骨干会员，培养一支高素质的参政议政队伍。各级组织要充分发挥民建联系经济界的参政党优势，调动广大会员的积极性，紧紧围绕党和国家的中心工作，认真履行好参政议政职能。

让我们更加紧密地团结在以胡锦涛同志为总书记的中共中央周围，高举中国特色社会主义理论伟大旗帜，深入学习贯彻科学发展观，继承和发扬民建优良传统，与时俱进，不断加强自身建设，努力在继承中发展，在发展中创新，建设适应时代要求的高素质参政党，与中国共产党携手并进，共同致力于全面建设小康社会、实现中华民族的伟大复兴，为坚持和发展中国特色社会主义作出新的更大的贡献，以优异的成绩迎接建会 65 周年！

在民建省级组织主委工作会议上的讲话

陈昌智

主委工作会历时一天，就要结束了。这次工作会是 6 月份加强自身建设工作会的延伸和深化，主题就是研究进一步加强领导班子建设，以更好带动队伍建设，履行好参政党的职能。会前大家作了认真的准备，有 9 位同志作了经验介绍，其他同志也结合本地实际作了很好的发言。会议达到了预期的目的，相信这些经过实践检验的经验，必将进一步推动各级领导班子的建设，更好地实现我会的建党目标。

下面我讲三点意见：

一、加强领导班子建设是新形势下会的事业发展与参政党履职的重要保证

进入新世纪以来，国际国内形势发生了深刻变化，我国改革开放和经济建设进入攻坚阶段，无论对执政党还是参政党都提出了新的要求和任务。本会确立了建设理论上清醒、政治上坚定、组织上巩固、制度上健全，充满活力的致力于中国特色社会主义事业的参政党的目标。

本会九大提出全会要始终不渝地“坚持爱国主义，致力于建设中国特色社会主义事业；坚持接受中国共产党的领导，与中国共产党亲密合作；坚持遵从人民群众的根本利益，认真履行参政党职能；坚持与经济界的紧密联系，努力发挥会的特色；坚持与时俱进，在自我教育中不断提高会的素质”的“五个坚持”和弘扬“团结、民主、创新、奉献”四种精神，这些既是本会在长期实践中形成的优良传统，又是新的历史时期发展会的事业的精神动力和行动指南。

本会作为中国共产党领导的多党合作总格局中的参政党，肩负着两大使命，一方面要不断巩固政治交接教育活动的成果，继承发扬本会的优良传统，增强全会的组织程度，加强自身建设，提高全会的整体素质；一方面要不断提高参政能力，切实履行好参政议政、民主监督职能，围绕中心，服务大局，充分发挥参政党的作用。实现两大使命的关键在于加强会的各级领导班子的建设。这就要求我们要树立高度的历史使命感和强烈的政治责任感，高举爱国主义和社会主义旗帜，以邓小平理论和“三个代表”重要思想为指导，深入学习贯彻科学发展观，以思想建设为核心，认真学习践行社会主义核心价值体系，弘扬民建优良传统，调动广大会员积极性，搞好参政议政，反映社情民意，投身到实现全面建设小康社会的宏伟事业中去。

实践证明，有了一个团结、务实的领导班子，就会汇聚一批会员骨干，进而形成组织的巨大凝聚力，就会在履职方面取得明显成效。反之，由于班子不团结、组织涣散，就失去人心，工作效果甚微，会员不满意，党委也不满意。因此，领导班子建设是本会建设和履职的重中之重，是根本保证。

2007 年换届至今，已经有三年时间。我们一起经历了将近两年的以坚持走中国特色社会主义政治发展道路为主题的政治交接学习活动。各级组织认真贯彻中共十七大精神和本会九大精神，开展了形式多样的继承和发扬优良传统的教育活动。通过谈心会，查找差距，落实整改措施。通过学习教育活动，使本会各级组织和广大会员进一步坚定走中国特色社会主义政治发展道路的信念，增强党派意识和历史使命感。面对无数特殊事件，08 年初冰雪灾害、5·12 汶川大地震、国际金融危机、09 年玉树地震、今年的旱灾、舟曲泥石流，本会各级组织勇于承担责任，带领广大会员积极投入到抗灾斗争和灾后重建工作中，踊跃捐赠钱物，还开展“我为应对金融危机献一策”等活动，取得很好的社会效益，大大提升了本会的社会影响力，广大会员也从中得到了实践锻炼，陶冶了道德情操。

在迎奥运会、庆祝中华人民共和国建国 60 周年、中国人民政治协商制度 60 周年、观世博等活动中，各级组织抓住机遇，广泛开展爱国主义教育活动，大大增强会员的民族自

豪感和坚定不移接受中国共产党领导的信念。

尤其值得肯定的是，各级新一届领导班子特别注重工作的规范化、制度化、程序化的建设，修订和完善了各项会务规章制度并予以实施。各级组织认真贯彻民主集中制原则，加强中心组学习，班子明确分工，落实联系基层制度，开展述职评议和谈心会活动等，扎扎实实推进领导班子建设。这次会议上，各地介绍了很多好的经验和做法值得推广，如：

在中心组学习方面：各省级组织以中心组学习为工作抓手，制定了中心组的学习目标和任务，确定了学习次数和形式，确保中心组学习的制度化、规范化。比如：湖南省委会每年拟定学习主题，请会有关方面专家作辅导报告或由领导班子成员轮流授课，在班子成员中组织学习交流。广东省委会把中心组学习与主委会议有机结合起来，组织了 20 多次学习活动，2007 年创办“广东民建学习论坛”，班子成员积极参与并作主讲人，至今已举办主题鲜明的论坛 19 期。天津市委会、内蒙区委、河南省委会、青海省委会坚持中心组学习制度，在每季度一次的常委会议后，坚持开展中心组学习。

在分工负责及合作方面：各省级组织建立健全领导班子分工负责制，班子成员职责明确，工作分工清楚、具体，也使班子成员的工作规范有序，初步形成了以制度管人、按职责行事、有规可依、有章可循的工作局面。比如：吉林省委会建立领导班子分工责任制，强调主委是“抓班子、带队伍、出思路”的第一责任人，在工作上把关定向，带动整体工作上水平，明确驻会副主委、秘书长工作职责，工作规范化水平进一步提高。江西省委会建立了《省委主委、副主委、秘书长工作职责》，进一步明确了领导班子成员工作职责、目标要求、工作程序、议事规则，从机制上、程序上为推进工作规范化打下了基础。湖北省委会在不驻会副主委之间实行 AB 角分管工作，领导班子分工协作，加强了领导班子的能力建设。北京市委会、黑龙江省委会建立了集体领导下的分工负责制，重新修订了主委会议和常委会议规则，进一步明确了议事程序、决策方式和成员职责，将集体领导和个人分工负责结合起来，保证了省（市）委决议和各项工作的贯彻落实。

在民主集中制方面：各省级组织按照“集体领导、民主集中、个别酝酿、会议决定”的民主集中制原则，在工作中建立和完善了各项议事规则、工作程序、会议制度，领导班子工作决策民主化、科学化程度不断提高。比如：贵州省委会制定了领导班子及领导干部会务工作报告制度，坚持“议有据、议而决、决而行、行而果”，增强了领导班子贯彻民主集中制的自觉性，避免个人决策的随意性，提高了领导集体决策力和执行力。浙江省委会、海南省委会、甘肃省委会坚持集体领导和个人分工负责相结合，主委注意发扬民主，调动班子成员的积极性，班子整体合力发挥得比较好。

在联系基层方面：各省级组织加强与地方和基层组织联系，推进了各级领导班子作风建设。大部分省级组织在领导分工、联系次数等方面作出具体规定，加强了对地方组织、基层组织工作的指导，帮助解决实际问题，各级领导班子的凝聚力得到加强。比如：上海市委会建立完善了领导班子分工联系各级组织的工作制度和常委会组成人员联系支部的制度，对主委、副主委分工联系范围作出了明确规定，提出“横向到边，纵向到点”原则，实现了领导班子联系基层“全覆盖”。重庆市委会明确主委、副主委所联系的区县、基层组织和专委会，按照各自分工，相互配合协作，相互查漏补缺，做到事事有人管，处处有人抓。宁夏区委会制定了《区委会联系基层组织工作制度》，安排班子成员到基层支部，按支部年度工作计划参加活动，并将联系基层组织工作情况作为考核内容之一。三年来，区委会领导先后到基层组织参加活动43次，召开了12次基层组织工作研究会。河北省委会、广西区委会、云南省委会、四川省委会班子成员分赴各市级组织听取工作汇报，为有针对性开展工作打下良好基础。

在谈心会方面：大部分省级组织班子成员能够在民主、和谐的气氛中坦诚交流思想，认真开展批评与自我批评，找出问题，明确方向，达成共识。通过谈心会，领导班子更加团结，更有凝聚力。比如：安徽省委会每年召开一次领导班子谈心会，围绕工作情况、自身建设情况等进行谈心交流，对贯彻民主集中制和分工联系基层组织情况进行检查，查找不足，提出整改措施，并将整改意见发送给常委、委员和市级组织，接受检查监督。山西省委会、辽宁省委会、山东省委会制定了《领导班子谈心会制度》，每年召开谈心会前，明确谈心会主题，并向各级组织发放征求意见表，有针对性地开谈心座谈，提出整改措施。

在分析会情方面：许多省级组织开展了有关本地区会情分析工作，有的地方还制定了工作方案。比如：江苏省委会定期召开全委会议、常委会议、主委会议，坚持每年年底全委会议召开前先召开全省的会务工作务虚会，总结阶段工作，广泛听取改进工作的意见建议；次年年初召开会务工作会议，根据全委会议决议，进一步细化部署全年工作安排。福建省委会领导班子成员分别带队赴各区、市委会调研，通过召开会员座谈会等形式，倾听基层会员的意见建议，进一步摸清了市级组织自身建设和会务工作情况，针对存在的问题，提出具体指导意见。陕西省委会召开务虚会，形成了工作上的共识，班子成员对地方组织事清、人熟、指导有力。新疆区委会领导班子坚持和把握正确的政治方向，乌鲁木齐"7·5"事件后，认真分析会员思想状况，开展了"热爱伟大祖国建设美好家园"活动，加强"四个认同"教育，引导广大会员认清形势，旗帜鲜明反对分裂、维护祖国统一和民族团结。

总的来看，我会各级领导班子建设取得了较好的效果，会的凝聚力进一步增强。近年来，会中央主席和各位副主席在各地调研过程中，都感到会员爱国爱会的热情高涨，各地的工作特色突出，得到当地党委的充分肯定。这些成绩的取得，与加强领导班子建设分不开，与在座各位主委的辛勤付出分不开，也与班子成员的支持配合分不开。在这里，我代表会中央向大家表示衷心的感谢！

在充分肯定成绩的同时，我们也要看到在领导班子建设上还有不足之处，有些方面还不适应新形势发展的要求。主要表现在：

1. 有些地方对本地区会情分析不透。对会员结构、代表性人士队伍、会员思想动态、基层组织情况缺乏分析，更没有在领导班子中形成共识，从而缺乏有针对性的措施。

2. 一些地方在调动领导班子成员的积极性方面还有差距，非驻会副主委作用发挥有待加强。

3. 有的主委因本职工作繁重，使得对会务工作的研究及精力受到局限，对基层指导力度不够。

4. 有的领导班子集体学习坚持不够，对会史、会的传统了解学习不够。还有个别领导班子不团结，谈心活动开展欠缺。

这些问题都有待在今后工作中逐步解决。

二、进一步加强领导班子建设，在提高“四种能力”上狠下功夫

加强领导班子建设是一个系统工程。首先，要根据本会建党目标要求和本地区实际，加强对本地区会情的分析，有针对性采取可操作性的措施，确定领导班子建设的重点。当前，要在总结三年来领导班子取得成绩的基础上，确定今后两年的工作任务及目标。其次，要注重领导班子整体作用的发挥，通过省级班子带动市级组织领导班子的建设。第三，要对贯彻民主集中制的情况进行一次检查，促进领导班子加强团结，坚持重大决策会前听取意见，会上充分发表意见，不以简单票决否定不同意见，特别对于推荐人选、评优、晋升等方面工作，坚持按程序办事。

锦涛同志对民主党派提出了“加强政治把握能力、参政议政能力、组织领导能力、合作共事能力”的要求。关于加强“四种能力”建设，我谈几点意见与大家共勉。

1. 做到理论上清醒、政治上坚定，增强政治把握能力。加强领导班子建设，首先要提高班子成员的政治把握能力。只有这样，我们才能方向正确，目标明确，统揽全局，有所作为。要认真学习中国特色社会主义理论体系和社会主义核心价值体系。我们正准备迎接民建成立65周年，会中央正在印制传统教育的光盘，出版民建会史，领导班子要认真学习并带动会员学习，发扬民建优良传统，坚定不移地走中国特色社会主义政治发展道路，在全面建设小康社会、推动经济社会又好又快发展中建功立业。

2. 深入调查研究，学习经济、社会等各方面知识，增强参政议政能力。当前，世界经济发展存在着极大的不确定性，国内经济正面临转变经济发展方式的考验，我们面临的经济形势较为复杂。如何为党和政府分忧，提出好的意见建议，是对参政党能力和水平的检验。这就要求领导班子必须加强经济、社会知识的学习，了解世界新兴产业发展走势，深入分析研究我国经济社会发展存在的突出问题，提出破解对策和建议。要大兴调查研究之风，主委要亲自参与调研，还要善于听取会内专家学者意见，加强与政府部门的联系，在地方党委政府协商时，提出有见地的意见建议。同时，积极在“两会”上做好大会发言，提出高质量的建议、提案、议案，反映我会会员及所联系的会友的呼声。

3. 贯彻民主集中制，加强班子团结，增强组织领导能力。发扬民主，凝聚共识，加强团结，是提高组织领导能力的关键。在会内开展各种形式的谈心活动，统一思想认识，团结协作，步调一致。要学会通过民主协商的办法，对会的工作达成共识，发挥班子整体作用，形成战斗力，树立领导集体的威信。同时，善于听取各方面的意见建议，切实帮助市级组织及困难会员解决问题，增强会的凝聚力；还要不断总结经验，不断改进工作方法，团结带领全体会员，实现既定的工作目标和任务。

4. 加强沟通协调，处理好各方面关系，增强合作共事能力。会沟通、善协调，取得各方面工作上的支持，是我们必须具备的基本功。首先，要加强与党委及统战部门的联系沟通，争取党委的支持。第二，要加强班子成员之间的协调，形成和谐的氛围。第三，要加强同市级组织、专委会及机关各部门的联系，充分调动各方面的积极性，形成合力。第四，要正确处理好本职工作与会务工作的关系，做到“两不误、两协调、两发展”。

三、做好换届准备工作，抓好代表性人士队伍的建设

明年各市级组织换届即将开始，后年上半年省级组织换届，年底中央换届。按年龄和任满两届测算，省级组织到后年将有9位主委72位副主委退出领导岗位，从现在起换届工作已摆上日程。本届省级班子中新担任主委的有22位，新任驻会副主委有21位，这些同志只是参与了部分换届工作，还未主持或参与换届工作的全过程。所以我要强调一下做好换届准备工作的有关事项。鉴于中央换届还有两年时间，一些相关政策正在制定之中，今天主要讲一下省市换届准备工作。

1. 学习换届的相关文件，明确工作程序。换届是一个系统工程，比较复杂，必须坚持按程序办的原则。上次换届时会中央给各省发了工作范本，这次会议，我们把这个范本再次发给大家，请认真学习，熟悉换届的程序和要求。

2. 摸清底数，增强工作的主动性。特别明年开始的市级组织换届，有多少主委、副主委将退出，候选人选准备情况，领导班子结构问题，要与市级统战部门积极沟通，了解动向，做好会员的工作和退出领导班子同志的工作。坚决制止跑官要官和非组织活动。

如果按照上届规定，省级班子有9个主委要在明后两年退出，希望加强与党委沟通，尽早确定候选人人选并为该同志创造向会员展示的机会，确保选举顺利。省级组织驻会副主委除因年龄关系退出的外，年龄不到但满两届的只有一位，相对工作量小一些。

3. 发现问题要及时与会中央组织部和所联系的主席沟通。问题越早发现就越容易解决，工作做得越细越超前越好。

待中央正式下发文件后，我们还会专题研究这方面的问题。

最后讲一下代表性人士队伍建设问题。

目前我会在中央部委有3位副部级领导同志，在省里有4位副省长，有113位副市长、副厅局长、法检副院长。随着政府换届，部分同志因年龄原因将退出政府领导机构，转任人大政协或退休。下一届政府任职的同志能否保持本届水平或超过本届水平？这是摆在全会面前的重要课题。我们要增强忧患意识和危机感。目前各省政府任职安排极不平衡，担任副厅级实职最多的省（市）有9人，还有一个省一个没有。同时，我会还缺少著名经济学家和企业家，所以培养会员骨干和抓好代表性人士入会的任务迫在眉睫。

尊重人才、爱护人才、用好人才，进一步改进优秀干部选拔推荐机制，注意培养、提携会的年轻一代，切实推动代表性人士队伍建设。要按照“把培养选拔素质优良、结构合理、数量充足、同中国共产党同心同德的党外代表人士作为加强参政党建设的重要内容”的要求，积极做好代表人士发展工作。各级组织要层层抓，主要领导要亲自抓，拓宽视野发现人才，推心置腹了解人才，有力推动代表性人士的发展工作，改变高层次、有威望人才发展相对滞后的状况。同时，要贯彻落实《2010—2020年党外代表人士教育培训改革和发展纲要》精神，认真做好会内人才发现培养的工作，创造条件，让素质好、有潜力的同志在实践中得到锻炼和提高，使他们尽快成长起来，扩大代表性人士队伍。要采取切实有效的措施，加强对代表人士的培养、推荐和使用工作，努力发挥优秀人才的作用。

让我们共同努力，不断学习，加强领导班子建设，带动全会的自身建设，在以胡锦涛

同志为总书记的中共中央领导下，切实履行好参政党的职能，为把我国建设成为富强民主文明的社会主义现代化国家，实现中华民族伟大复兴贡献我们的力量。

民建中央关于新形势下进一步加强自身建设的意见

（2010年6月11日中国民主建国会第九届
中央常务委员会第十一次全体会议通过）

中共十七届四中全会对加强和改进新形势下执政党的建设作出了战略部署。中国民主建国会作为中国共产党领导的多党合作总格局中的参政党，必须认真学习贯彻中共十七届四中全会精神，学习借鉴执政党建设的经验，研究新形势下自身建设的特点和规律，努力把本会建设成为适应新世纪要求的参政党。全会必须从时代和历史的高度，充分认识加强自身建设的重要意义，增强责任感、使命感和紧迫感，动员全会力量，与时俱进，切实把本会自身建设提高到一个新水平。为此提出如下意见。

一、新形势下加强自身建设的重要性和紧迫性

长期以来，本会各级组织和广大会员团结奋斗，认真履行参政党职能，为我国改革开放、经济发展、社会进步和政治稳定作出了不懈努力和重要贡献，本会自身也获得了新发展。到2009年底，全会共有会员123478人，地方组织365个，基层组织5717个，呈现出不断进取的新面貌。

在奋斗实践中，本会形成了坚持爱国主义，致力于建设中国特色社会主义事业；坚持接受中国共产党的领导，与中国共产党亲密合作；坚持遵从人民群众的根本利益，认真履行参政党职能；坚持与经济界的紧密联系，努力发挥会的特色；坚持与时俱进，在自我教育中不断提高会的素质和发扬民主、团结、创新、奉献精神等优良传统，确立了把本会建设成为理论上清醒、政治上坚定、组织上巩固、制度上健全，充满活力的致力于建设中国特色社会主义事业的参政党的建党目标。这些优良传统和建党目标的确立是本会政党实践的历史总结和宝贵财富，是顺应历史潮流，不断成长进步，不断作出贡献的基础和保障。

当今世界正处在大发展大变革大调整时期，给我国发展带来新的机遇和挑战。随着我国经济社会的不断发展和改革开放的深入推进，利益格局和社会结构发生了新的变化，各种矛盾交织，利益诉求复杂。同时，本会在发展前进的过程中，也遇到了许多新课题，存在不少与当前形势任务要求不相适应的地方：有的领导班子贯彻民主集中制不力，不够团结；有的领导班子成员的“四种能力”与多党合作的要求存在距离，而且作风不够深入，缺乏对会务的研究和创新精神；有的地方组织对上级的决议、决定和工作部署不能及时传达贯彻；有的地方组织对会员思想动态了解把握不够，缺乏对基层组织和会员的指导、帮助；有的基层组织不能正常开展活动，影响会员的积极性；会员中高层次有代表性的人士偏少，发展和培养力度不够；有的组织和会员履行参政党职能的能力和水平还有待进一步加强和提高等等。这些问题都不同程度地影响了本会参政党作用的发挥。

面对新形势，本会参政议政、民主监督的任务日益繁重。如何适应形势发展的要求，

加强自身建设，坚持与时俱进，使本会的事业健康发展；如何围绕党和国家的中心工作，团结带领广大会员更好地履行参政党职能，作出更大的贡献，已成为当前本会自身建设面临的重大而紧迫的任务。

二、以思想建设为核心，提高全会思想政治素质

要坚持以思想建设为核心，坚持从会的实际出发，把学习中国特色社会主义理论体系、树立和践行社会主义核心价值体系作为思想建设的主要内容，把继承和发扬会的优良传统作为思想建设工作的切入点，针对会员队伍结构发展变化的新特点，围绕实现政治交接的中心任务，积极探索新形势下思想建设的新途径和新方法，努力把本会建设成为学习型参政党。

1. 坚持用中国特色社会主义理论体系武装全会思想。中国特色社会主义理论体系是包括邓小平理论、“三个代表”重要思想和科学发展观等重大战略思想在内的科学理论体系，是全国各族人民共同奋斗的思想理论基础。全会各级组织和广大会员要认真学习、深刻领会这一理论体系的科学内涵、精神实质和根本要求，增强贯彻的自觉性和坚定性。同时，要结合学习新时期统一战线和多党合作的理论方针政策，准确把握多党合作的基本特征，始终坚持多党合作的政治准则，提高对参政党地位、性质和历史使命的认识，坚定接受中国共产党领导、走中国特色社会主义政治发展道路的决心和信念。

要加强本会理论建设，围绕“建设一个什么样的参政党、怎样建设这样的参政党”这一基本问题，在本会长期实践已作出回答的基础上，不断总结经验，加强研究，探索规律，丰富和发展参政党建设理论，以指导会的实践。

2. 以树立和践行社会主义核心价值体系，引领会的思想建设。社会主义核心价值体系的基本内容包括：马克思主义指导思想、中国特色社会主义共同理想、以爱国主义为核心的民族精神和以改革创新为核心的时代精神、社会主义荣辱观。会的思想建设必须以这一体系为引领，高举社会主义和爱国主义两面旗帜，引导广大会员树立正确的人生观和价值观，体现积极的精神风貌，形成良好的行为规范。要结合建会六十五周年，在全会开展努力践行社会主义核心价值体系的系列学习教育活动，继承和弘扬民建老一辈与中国共产党风雨同舟、团结合作的优良传统，搞好政治交接，增强荣誉感、使命感，努力把会的思想建设推上一个新台阶。

3. 坚持以人为本，做好思想教育工作。坚持从社会主义初级阶段的实际出发，从广大会员的思想实际出发，把进步性要求与广泛性要求结合起来，尊重人、理解人、关心人、爱护人、最大限度地团结人。要相信和依靠会员，按照自己提出问题、自己分析问题、自己解决问题的“三自”精神，通过讨论和交流，和风细雨、循序渐进，做好思想工作。要面向实际、深入基层调查研究，了解并分析会员思想动态，倾听会员呼声，维护会员的合法权益，注意解决会员的实际问题，多做得人心、暖人心、稳人心的工作。同时有针对性地做好思想宣传工作，提高思想教育的效果，增强会的凝聚力。

4. 坚持理论联系实际，创建学习型参政党。必须使会员树立终身学习的意识，不断提高学习的自觉性。要组织会员重点学习中共的路线方针政策和国家法律法规，学习时事政治、会章会史，广泛学习现代化建设所需要的各方面知识。领导班子中心组学习每年不

少于4次，可以举行各种专题报告会，充实学习内容、活跃学习方式，以领导班子学习带动会的学习。要坚持理论联系实际，注重学习效果。把学习与研究会务结合起来，与实践锻炼结合起来，寓思想教育于参政议政、民主监督、社会服务等会务工作之中。在全会推进学习和创新，不断研究新情况、解决新问题、总结新经验、提出新举措，在学习中实现自我教育、自我发展、自我提高。

三、加强组织建设，夯实组织基础

组织建设是基础，要围绕履行参政党职能，加强会员队伍建设、代表人士队伍建设、后备干部队伍建设、基层组织建设等，夯实组织基础，为实现会的建党目标提供人才保证。抓好组织建设，注意了解和把握会情，深入研究分析，明确方向任务。

1. 认真抓好会员队伍建设。组织发展是会的一项基础建设，对会的前途和事业具有十分重要的意义。各级组织要依据《会章》，坚持“三个为主”，坚持注重质量、注意数量、保持特色、优化结构的组织发展原则，按程序做好发展工作。要注意发展前的考察、教育、引导工作。进一步改善会员分布结构、知识结构、专业结构和年龄结构，努力建设以企业经营管理者和专家学者为主体的两支基本队伍。各级组织要研究制定会员培训规划，进一步丰富培训内容，创新培训方式，拓宽培训渠道，不断提高会员的综合素质。会中央每届要举办新任省级组织主委、专职副主委培训班；举办市级组织主委培训班；举办若干期会员骨干培训班。省级和市级组织每届都要开展对支部主任、后备干部和新会员的培训。

2. 大力加强代表人士队伍建设。按照坚持德才兼备，以德为先的原则，“把培养选拔素质优良、结构合理、数量充足、同中国共产党同心同德的党外代表人士作为加强参政党建设的重要内容”的要求，认真学习贯彻《国家中长期人才发展规划纲要》精神，积极做好代表人士工作。各级组织要高度重视，领导带头，把它作为一项硬任务来抓。要制定规划，明确职责，采取措施，切实做好高层次有代表性和影响力的经济界人士的发展引进工作。同时，认真做好会内素质好有潜力的人才发现培养工作，创造条件使他们在工作中得到锻炼，尽快成长起来，扩大代表人士的人才队伍。要积极加强对代表人士的培养、推荐和使用工作，努力发挥优秀人才的作用。

3. 切实加强后备干部队伍建设。认真贯彻落实《关于加强省级组织领导班子后备干部队伍建设的意见》精神，按照民主推荐、组织考核、酝酿协商、集体决定的程序选拔后备干部。在与有关方面认真协商的基础上，建立后备干部队伍名单，并实行动态管理。加强与中共有关部门的沟通联系，积极推荐使用后备干部。切实推进后备干部的发现、培养、考察、选拔和举荐工作制度化、规范化。

4. 不断推进基层组织建设。继续贯彻落实《民建中央关于进一步加强基层组织建设的意见》精神，努力把基层组织建设成为自我教育的学校、团结互助的集体、参政议政的桥梁、培养人才的基地。根据会员成分和从业特点，创新活动内容和活动形式。加强基层班子建设，注意培养、选拔政治坚定、作风正派、热心会务、乐于奉献、有群众基础和组织协调能力的同志作为支部主任人选。各级组织要把加强基层组织建设纳入重要议事日程，积极推广各地基层组织好的经验和做法。组织开展创优争先活动，树立基层组织和会员先进典型，以点带面，推进工作。活动不正常的支部比例每年要减少一个百分点。

四、加强领导班子建设，带动队伍建设

领导班子建设是组织建设的关键所在，要以班子建设带动队伍建设；充分发挥中央和地方各级常委会、全委会领导集体的作用，促进自身建设全面发展。

1. 努力提高“四种能力”。各级组织要着力提高领导班子的政治把握能力、参政议政能力、组织领导能力和合作共事能力。在领导班子内，要把学习放在重要位置，在全面、正确掌握科学发展观上下功夫，深化对人类社会发展规律、社会主义建设规律和中国特色政党制度的认识，坚定信念，增强政治敏锐性，提高政治把握能力。要围绕国家经济社会发展重大战略部署、当地中心工作和民生问题，开展调查研究，建诤言、献良策，不断提高参政议政能力。要把握会情，全面分析，加强宏观指导和统筹协调，按制度规定办事，善于运用科学的领导方法和工作方法开展工作，提高组织领导能力。要准确把握参政党的定位，自觉维护执政党的领导地位，发挥主观能动性，不断提高合作共事能力。

2. 坚持贯彻民主集中制。坚持贯彻民主集中制是本会各级领导班子和领导集体能够实现民主、团结、高效运转的重要保障。要始终坚持“集体领导、民主集中、个别酝酿、会议决定”的工作原则，坚持会务公开，坚持重大问题必须提交会议集体讨论决定，充分发扬民主，广泛听取意见，严格执行程序，不断提高各级领导班子科学决策、民主决策的水平。要实行集体领导下的分工负责制，在明确分工的同时，确定职权范围、工作任务、议事程序、决策方式和分级管理等。班子成员要按照分工安排，切实履行好各自的职责。集体决定的事项，要认真贯彻，各负其责，落实到位，不能互相推诿。凡是分工负责范围内的事项，都要独立负责地抓好，凡是权限之内的事项，都要敢于负责，善于决策。领导班子成员要树立一盘棋思想，各司其职，相互支持，团结协作，发挥整体合力。

3. 加强领导班子作风建设。要学习中共理论联系实际、密切联系群众、批评和自我批评的优良作风。在会内大力倡导民主求实、深入实际、联系群众、集思广益、群策群力的求真务实之风。各级组织领导班子成员要定期深入基层开展调查研究，了解情况，研究问题，提出指导性意见和建议。要努力帮助解决基层组织的困难和问题，并认真做好思想政治工作。树立为会员服务的思想，转变作风，提高效率。要研究会务，真抓实干，开拓创新，取得会员的信任。要自觉践行社会主义荣辱观，正确处理个人与事业的关系，培养高尚的道德情操和健康生活情趣；增强自律意识，以身作则，发挥表率作用。

4. 加强对领导班子及成员工作的监督检查。按照会内监督条例和《民建中央关于建立健全省级组织领导班子谈心会制度的意见》要求，以领导班子会情分析会、谈心会、述职评议会为依托，以批评与自我批评和群众评议为主要方式，结合年度工作总结，加强对各级领导班子及班子成员工作的监督检查。主要内容包括：领导班子贯彻落实上级组织工作部署、完成本级组织年度工作包括参政议政在内的目标任务、执行民主集中制和班子自身建设等方面情况；班子成员履行岗位职责、完成重点工作、思想政治状况和领导作风情况等。上级组织要加强对下级组织的监督和指导，班子年度工作总结和班子成员个人总结或述职报告要报上级组织备案。

加强机关建设。机关是会的枢纽和窗口，其宗旨是为会员和完成会的任务服务，在一定程度上决定会的工作效率和反映会的精神面貌。要按照公务员法及其配套法规，结合实际，制定机关运行的工作规则并严格贯彻执行，以保证机关工作协调统一、规范有序。要完善机关干部选拔和考核制度，健全培养机制；创造条件，加大培训交流力度，提高干部整体素质。深化机关工作部门及干部与支部的联系，相互促进，共同提高。围绕建设“民主、团结、创新、敬业”的机关文化，树立大局意识，增强服务观念，提倡奉献精神，讲学习、讲正气、讲贡献，建设学习型、和谐型、创新型、服务型机关，切实提高机关工作效率和水平，使机关成为会员之家。

五、切实推进制度建设，进一步完善工作机制

制度建设是本会加强自身建设的保障，重在抓好落实。要着眼于推进多党合作和政治协商的制度化、规范化、程序化建设的要求，制定和健全各项切实可行的工作制度。

1. 认真抓好制度的制定与落实。制度建设要坚持科学性和可行性相统一的原则，循序渐进，不断把实践中的成功经验用制度形式固定下来，逐步形成一套适合自身特点、涵盖各个方面、有利于促进各项工作规范化运行的制度体系。

各级组织要加强规范，制定办法，对会中央和上级组织的决定和工作部署及时传达，认真贯彻，抓好落实，并将传达贯彻情况报告上级组织，上级组织要采取多种形式督促检查并不定期通报落实情况。

为适应工作发展需要，各级组织应对现有规章制度进行清理，根据不同情况，废止、修订和完善，并将情况报告常委会或全委会。

要维护制度的权威性和严肃性，把制度贯彻执行到位。领导班子成员要率先垂范遵守和执行制度，并将其纳入领导班子考核内容。要加强制度教育，加大对制度落实情况的检查力度，切实保障制度的有效执行。

2. 积极稳妥推进会内监督。各级组织和广大会员要充分认识会内监督在发扬会内民主，维护会的团结，严肃会的纪律，履行会的职能，保证会的肌体健康，促进会的事业长远发展方面所起的重要作用。坚持“会要管会”，认真贯彻落实《中国民主建国会会内监督条例（试行）》，以推进会的事业持续健康发展为目标，积极稳妥，注重实效，建立健全各项配套制度，把会内监督的任务落到实处。在省级组织监督委员会试点工作的基础上，稳步推进各省级组织监督工作，逐步形成会内监督体系。会的各级委员会要切实发挥领导作用，有计划有步骤，积极稳妥地抓好会内监督工作。按照《中国民主建国会信访工作规定》，改进会员来信来访和权益保护工作，促进会内和谐。

加强新形势下会的自身建设，是全会的重大政治任务。会的各级组织都要高度重视和切实加强对自身建设工作的领导，强化意识，落实责任，把它作为一项长期任务来抓，列入重要议事日程，确保自身建设工作取得实效，为履行参政党职能打好基础。

各级组织的主要领导要亲自抓自身建设工作，对本级组织自身建设工作负总责。要建立起一把手亲自抓、分管领导具体抓的工作机制，形成层层抓落实的责任体系。

上一级组织要加强对下一级组织的工作指导。要定期研究和部署，定期督促和检查，定期总结和交流经验，推动会的自身建设工作不断向前发展。

各省级组织要结合实际，制定贯彻落实本《意见》的具体实施办法。

民建中央2010年工作要点

2010年，全会要以中国特色社会主义理论体系为指导，服务科学发展，促进社会和谐，推进全会自身建设，认真履行参政党职能，切实做好各项工作，以自身建设的新成效、参政议政的新成果、服务社会的新贡献向建会65周年献礼。

1. 加强思想建设，提高政治素质。今年是中国民主建国会成立65周年，全会要以此为契机，以加强和改进思想建设为主题，继续深入开展学习贯彻科学发展观、社会主义核心价值体系的教育活动，坚持以科学发展观指导参政履职实践，以社会主义核心价值体系引领价值取向和道德风尚。开展以学习会章、会史、会的优良传统为主题的教育活动，增强广大会员坚定走中国特色社会主义道路的信念。完善和落实各级中心组学习制度，切实提高各级干部特别是领导干部的综合素质。为配合学习，会中央将出版《中国民主建国会简史》并发至各地。第四季度，召开民建中央理论研讨会，总结建会65年自身发展的基本经验，努力丰富参政党的理论研究。各级组织要本着节俭、隆重的原则，开展丰富多彩的纪念建会65周年活动，宣传会的各项工作新成绩，继承和发扬会的优良传统，增强会的凝聚力。年底，会中央将举行建会65周年纪念大会，表彰优秀会员和先进集体。

2. 加强自身建设，提高组织程度。认真贯彻《民建中央关于进一步做好组织发展工作若干问题的意见》精神，重点做好具有代表性、高素质人才的发展工作，并加强对组织工作数据库的动态管理。落实《关于加强省级组织后备干部队伍建设的意见》精神，注重以政治把握能力、参政议政能力、组织领导能力和合作共事能力的标准考察后备干部，认真做好后备人才的培养和举荐工作。加强对基层组织建设的指导，及时总结和推广基层组织建设的成功经验，增强基层组织的活力和凝聚力。认真贯彻《中国民主建国会会内监督条例（试行）》，建立相关制度，在总结省级组织监督委员会试点工作经验基础上，稳步推进省级组织监督工作的开展。继续坚持领导成员联系基层制度，创新联系会员的方式，深入基层，深入会员，积极反映会员的诉求，维护会员的合法权益。认真做好培训工作，加强对后备干部、中央委员、地方组织领导成员和骨干会员的培训，充分运用会中央培训中心的资源，提高对会员的培训水平和质量。做好全会表彰优秀会员、先进集体和学习先进的工作，进一步调动广大会员参与会务活动的积极性。

为了适应新时期中国共产党领导的多党合作和政治协商制度发展的新要求，今年要把自身建设作为全会工作的重要任务，认真研究新形势下自身建设的规律和特点，学习借鉴中国共产党加强自身建设的有益经验，6月召开民建全国自身建设工作会议，制定进一步加强本会自身建设的意见，提高全会自身建设的水平。9月召开以领导集体建设为主题的省级组织主委工作会议，总结交流搞好班子建设的经验，研究探讨进一步加强领导班子建设的思路，促进全会各级组织的领导集体建设。

3. 发挥优势，不断提高参政议政水平。围绕保持经济平稳较快发展、提高经济发展质量和效益、加快自主创新与产业结构调整、扩大内需增长空间、维护社会和谐稳定，特别是“十二五”规划的编制等中共中央和国务院的重大决策与工作部署，搞好会中央和地方组织的重点专题调研。针对国家经济社会发展中具有前瞻性、战略性和人民群众关心的重大问题，发挥会中央和地方组织相互协作、资源共享的优势，为会中央参加中共中央举行的高层政治协商会、全国政协十一届三次会议、政协专题协商会等做好发言和提案的准备工作。密切关注经济形势发展态势，继续开展经济形势分析研究，为政治协商中的建言献策提供依据。各级组织要高度重视、积极做好反映社情民意工作，不断扩大信息渠道，努力提高报送信息的质量。做好专门委员会的工作，认真贯彻《民建中央关于加强中央专门委员会工作的意见》精神，完善专门委员会的各项工作制度，落实专门委员会的年度调研课题，富有创造性地开展工作，形成高质量的调研成果。认真履行民主监督职能，积极为推进决策的科学化、民主化，切实预防和治理腐败，维护社会稳定和谐提出建设性的意见、建议。认真筹备拟于5月在深圳举办的“2010’中国风险投资论坛”和9月举办的“2010’中国（陕西）非公有制经济发展论坛”，办好论坛，扩大社会效应。

4. 巩固成果，进一步做好社会服务工作。以服务县域经济发展为重点，积极做好会中央定点帮扶县的工作，围绕促进当地产业结构调整、改善生产生活条件、提高农民收入等方面搞好扶贫开发，组织相关专家协助开展对当地“十二五”规划的科学论证工作，帮助开展招商引资活动，继续帮助乡、村发展特色产业，并将定点帮扶县作为本会思想教育的基地、参政议政实践的基地和干部培养锻炼的基地，为全会的定点帮扶工作做好示范，提供经验。扎实推进和实施好“思源工程”，充分发挥基金会和“思源工程”办公室的作用，做好宣传与募捐工作；树立品牌意识，打造“思源工程”品牌项目，加强制度建设，实行规范管理；指导和推动省级组织开展内容丰富的“思源工程”活动。深入会员企业，了解发展情况，反映企业诉求，协助解决困难，促进会员企业健康发展。

5. 拓展领域，进一步做好对外联络工作。以港澳台工作为重点，继续推动港澳地区与内地的经贸往来与交流合作，加强同两岸三地经济界、工商界、教育界代表人士的联系，举办海峡两岸新能源论坛，为促进两岸三地同胞密切关系、融洽感情、深化交流作出贡献。把组织出境考察活动与参政议政调研课题相结合，及时将考察成果转化为参政议政的意见、建议。积极探索与国外工商界联系交流合作的新途径。

6. 加强各级机关建设。健全各级机关领导体制，明确工作职责和权限，加强工作检查督促，抓好工作落实，建设工作高效、服务周到的参政党机关。加强政治理论和专业知识学习，提高机关干部素质，努力建设一支理论素养好、知识水平高、业务能力强的机关干部队伍。进一步加强机关与基层组织的联系。

风范长存　精神永志

——沉痛悼念孙起孟同志

陈昌智　张榕明

敬爱的孙起孟同志离我们而去了。

3月2日上午，当我们再次匆匆赶到医院时，孙老已处于弥留之际。我们在他的病榻前，望着这位为国家民族的命运前途奋斗了一个世纪、领导中国民主建国会致力于中国特色社会主义事业60余年的百岁老人，安详地与世长辞了。孙老虽然走了，但他毕生爱国奋斗，无私奉献，为国为民的风范和业绩，仍然时时萦绕心头。

一、伟大的爱国主义者

孙老出生于上个世纪初。那时的中国外受帝国主义列强的侵略和掠夺，内受封建主义的腐朽统治和盘剥，国家风雨飘摇，人民濒于绝境。许多志士仁人，在苦难中多方寻求富国强民之路。孙老和不少同时代的人，认识到落后就要挨打这个基本事实，抱着教育救国的理想，开始了他的教育生涯。此后，他始终把自己的命运同国家民族的前途联系在一起，审时度势，与时俱进，脚踏实地实践自己爱国、救国、建国的抱负。

青年时期，孙老进入江苏省立苏州女子师范学校任教，以其进步的思想，团结青年学生与国民党的反动教育政策进行斗争，并逐步形成了教育救国的志向。九一八事变后，面对日本侵略者的暴行，苏州女子师范学校的学生在孙老等进步、爱国教师的指引下，手拿小旗，身背竹筒，走向街头，向群众宣传抗日救国的道理，募捐支援东北抗日义勇军。由于孙老当时的思想和行动与国民党反动当局的旨意相悖，受到国民党当局的迫害，被迫离职到贵阳从事爱国民主运动，后辗转来到重庆。

抗日战争胜利后，在中华民族面临两种前途、两种命运抉择的形势下，为组织广大民族工商业者及其所联系的知识分子，团结自救，争取光明前途，孙老与黄炎培等人一起，发起组织民主建国会，团结爱国工商业家和有联系的知识分子，配合中国共产党，为建立和平、民主、统一、富强的新中国而斗争。1942年至1946年，他在昆明中华职业教育社任职期间，帮助过不少共产党员，并掩护共产党的地下电台，积极参加民主运动，成为中国共产党忠实的朋友。1949年2月，他由沈阳抵达北平，参加新政治协商会议筹备工作，随后，他出任中国人民政治协商会议筹备委员会副秘书长，为新政协的胜利召开做了大量具体工作。

新中国成立后，孙老怀着极其兴奋的心情投入到中国共产党领导的建立和巩固政权、恢复和建设国家的崭新事业，他以对国家和人民高度负责的精神，在参加国家政权建设和国家事务管理中，做了大量卓有成效的工作。中共十一届三中全会以后，他重新回到民建中央、全国工商联和中华职业教育社的领导岗位，并先后在全国政协、全国人大担任领导职务。他激情满怀，忘我工作，推动民建始终不渝地遵从人民群众的根本利益，紧紧围绕党和国家的工作中心，人民群众普遍关心的热点、难点问题，积极参政议政、建言献策。特别是国有大中型企业改革，一直是民建参政议政活动中长期关注的重点问题。1993年，经过大量调查研究，在全国政协八届一次会议上，民建中央作了《把转换国有企业经营机制作为建立社会主义市场经济体制的中心环节来抓》的大会发言。会后，民建中央组织调查组，由孙老带队，赴武汉对长江动力公司（集团）汽轮发电机厂进行调查研究，总结写出《成功属于勇于改革创新的人们》的调查报告。王兆国在看了报告后说："民建中央领导亲自深入基层，调查国有大中型企业在向社会主义市场经济体制转变过程中，如何探索出一条新路，调查报告写得很清楚，很有启发。"随后，调查报告在《经济日报》全文发表。在此后的几年里，民建各级组织就国有大中型企业深化改革、建立现代企业制度等问题，广泛开展调查研究，向有关部门提出意见和建议。

及时了解和准确反映社情民意是履行参政党职能的基础性工作。上世纪 90 年代，在孙老的倡导下，民建把这项工作作为履行参政党职能的一个重要方面进行大力推动，为中央和地方的科学决策与民主决策、为推进我国的改革开放和现代化建设作出了积极贡献。

孙老长期担任职教社的领导工作，为推动和发展我国的职业教育事业，作出了毕生的努力和突出的贡献。特别是 1995 年，他根据我国剩余劳动力安置就业遇到的困难，从中华职业教育社自身特点出发，提出并倡导实施温暖工程。温暖工程把扶助弱势群体作为基本任务，坚持为国分忧、为民效力，急人所急、雪中送炭，灯亮一盏、光洒成片的指导思想，累计培训 50 余万人次，帮助 10 余万人就业，为贫困生减免学费 8000 余万元，为和谐社会的建设作出了贡献，赢得了社会的广泛赞誉。

纵观孙老的一生，是在爱国主义的道路上步步前进的一生，是更富理性，更深沉的爱国奋斗的一生。

二、多党合作制度的坚定实践者

孙老亲历了响应中国共产党“五一口号”这一民建发展道路上的历史性转折，参与了新政治协商会议的筹备，出席了中国人民政治协商会议第一届全体会议。他不但是我国多党合作制度形成和发展的参与者和见证者，也是这一制度的坚定拥护者和实践者。

民建成立初期，孙老被推选为中央常务理事兼秘书处主任，负责日常工作。他通过多种渠道积极投身于争取和平民主、反对内战独裁的斗争，在受到国民党当局镇压、民建被迫转入地下的情况下，仍然坚持斗争，声援配合人民解放战争，并积极推动民建逐步摆脱“不右倾、不左袒”的中间路线影响。1947 年以后，他与章乃器被推派为民建驻港代表，建立与中国共产党以及其他民主党派的联系。1948 年 5 月，他积极响应中国共产党“五一口号”，代表民建赴东北解放区，走上接受中国共产党领导、与党亲密合作的道路，为新中国建立作出了积极贡献。

新中国成立前后，民建积极参加了新政协的筹备和《共同纲领》的制定。孙老与其他民建、工商联领导人一道，积极团结带动工商界人士爱国守法，发展生产，繁荣经济，支援国家建设，参加反帝爱国和争取祖国统一的斗争。特别是在社会主义改造过程中，他一方面广泛宣传党的方针、政策，帮助工商业者认清社会发展规律，主动接受社会主义改造，推动全行业公私合营；另一方面，及时反映他们的意见和要求，做了大量沟通、联系和教育工作，协助党和政府制定与完善对工商业者的政策，为顺利完成社会主义改造付出了极大的辛劳。他创造性地贯彻毛泽东同志关于正确处理人民内部矛盾的思想，在工商界中大力倡导以自愿为基础、以批评和自我批评为基本方法的自我教育，推动成员学习社会主义的理论和政策，逐步形成了“听毛主席的话、跟共产党走、走社会主义道路”的行动纲领，为民建优良传统的形成和发展作出了特殊贡献。

“文化大革命”期间，孙老虽然受到监护审查，身处逆境，甚至他的子女也吃了很多苦头，但他对马列主义、毛泽东思想的信念，对走社会主义道路的信心，对党和人民事业的忠诚，始终坚定不移。他曾坚定而乐观地说：“我从来没后悔过。”

中共十一届三中全会以后，孙老与其他民建领导人一起，团结带领民建各级组织和广大会员，认真贯彻以经济建设为中心，坚持四项基本原则，坚持改革开放的基本路线，确定了“坚定不移跟党走、尽心竭力为四化”的行动纲领，积极兴办企业，安置待业青年，开展支边扶贫工作，并结合民建的特点和优势，探索形成了以经济咨询服务、工商专业培训为主要形式的为社会主义现代化服务的新路子，极大地调动了广大会员的积极性，开创了具有自身工作特色的新途径，取得了显著的经济和社会效益。

孙老在担任民建中央主席，领导民建工作的实践中，坚持把中国共产党的路线、方针、政策与民建的具体实际相结合，并注重在结合上下功夫。他倡导大兴调查研究之风，推动民建紧密围绕经济建设，发挥联系经济界的特色和优势，积极参与国家大政方针的协商讨论，就改革和建设中的重大问题深入调研，向党和政府提出意见和建议，得到了党和国家领导的充分肯定。

孙老始终不渝地坚持中国共产党领导的多党合作和政治协商制度，并为不断发展好、落实好、宣传好这一制度作出了积极贡献。对于多党合作制度，孙老曾这样说过：“中国共产党领导的多党合作制是从哪里来的？是从人家那里抄袭来的吗？不是。当今世界上可以说还只此一家。是谁凭空想出来的吗？不是。它是从我国长期革命和建设实践中形成和发展起来的，是中国具体历史条件和现实条件的产物。这个基本政治制度，植根于中华大地的沃土之中，铭记在中国人民的心上，具有历史发展的必然性和不可摇撼的可靠性。”

1993 年，民建提出将多党合作制度纳入宪法的建议，则集中体现了孙老对我国多党合作制度的深切体会和深刻思索。

孙老曾说，要充分认识中国共产党领导的多党合作制度是我国政治制度中的一个特点和优点，特点就在于这个政党制度是中国共产党领导的，又是共产党以肝胆相照、荣辱与共的关系与八个民主党派亲密合作的，符合中国国情的社会主义政党制度；优点则在于这个政党制度有利于维护、巩固和发展我国安定团结的政治局面，有利于调动一切积极因素，同心同德地为建设中国特色社会主义服务，有利于加强和改善中国共产党的领导，有利于增强我们国家处理应变的巨大民族合力。

正是基于这样的认识，早在 1989 年全国政协七届二次会议上，在孙老主持下，民建首次以党派名义作了题为《在坚持的前提下逐步完善、丰富、发展中国共产党领导的多党合作制度》的大会发言，强调了坚持中国共产党领导、坚持多党合作的历史必然性，以及二者密不可分的联系。1992 年 12 月，孙老提出，八届人大一次会议将讨论修改宪法，这是一件大事，民建应当积极参与。1993 年 1 月，孙老邀请部分民建会内外法律工作者，就中国共产党领导的多党合作和政治协商制度写入宪法的问题举行座谈，随后民建中央开展了调查研究工作。2 月 22 日，孙老委托李崇淮在七届全国人大常委会第 30 次会议上发言，建议“在宪法序言中增加‘中国共产党领导的多党合作和政治协商制度’”。3 月 1 日，民建中央向中共中央提出了《关于在宪法中明确规定中国共产党领导的多党合作和政治协商制度的建议》。建议，“把中国共产党领导的多党合作和政治协商制度，明确写进宪法。”3 月 6 日，在中共中央总书记江泽民主持的民主协商会上，孙老再次提出把中国共产党领导的多党合作和政治协商制度写进宪法。民建的建议，得到中共中央的采纳。3 月 14 日，中共中央向八届人大一次会议主席团提出了《关于修改宪法的补充建议案》。其中第一条就是在宪法序言第十自然段增加“中国共产党领导的多党合作和政治协商制度将长期存在和发展。”3 月 18 日，八届人大一次会议正式通过把“中国共产党领导的多党合作和政治协商制度将长期存在和发展”作为补充条款写进中华人民共和国宪法。宪法的这一修改，具有重要的现实意义和深远的历史意义。把中国共产党领导的多党合作和政治协商制度上升为国家意志，向世界昭示了中国共产党和各民主党派坚定不移地坚持这一制度的信念，要求各政党、各团体和所有公民必须认真遵从。

孙老认为，坚持和发展中国共产党领导的多党合作和政治协商制度，一个坚持，一个发展，二者缺一不可。不坚持，发展就会失去前提或基础，正确的方向也就难以保证；不发展，坚持就容易流于僵化，丧失其应有的生命力。因此，必须在坚持的基础上，不断促进这一制度的发展。他还认为，坚持和发展多党合作这一政治制度，中国共产党的领导起着决定的作用，同时也和民主党派的自身努力有着深切的关系。为此，他高度重视民建的自身建设，推动全会努力提高会员的觉悟程度和组织程度，为促进我国多党合作制度长期存在和发展作了大量卓有成效的工作。

新时期新阶段，多党合作实践有了很大发展，民建在这一制度的实施中无论是履行职能还是自身建设，都得到了长足发展。2003 年底，孙老提出，要在总结 14 号文件颁布十几年来多党合作经验的基础上，出台一个新的文件。在 2004 年中共中央召开的党外人士迎春座谈会上，民建中央主席成思危向中共中央提出了建议。胡锦涛同志在座谈会上明确指出，要在认真总结贯彻中共中央［1989］14 号文件 15 年经验的基础上，使多党合作进一步制度化、规范化、程序化。据此，中共中央于 2005 年年初颁布了《中共中央关于进一步加强中国共产党领导的多党合作和政治协商制度建设的意见》，《意见》对于推进多党合作事业进一步制度化、规范化和程序化发展，为民主党派更好地发挥参政党作用，提供了有力的制度保证和广阔的实践舞台。

三、统一战线和多党合作领域的理论家

半个多世纪以来，孙老在民主党派工作和多党合作的长期实践中，不断探索、深入思考，撰写了大量关于统一战线、多党合作以及民建工作的著述文章，为多党合作事业的发展、也为我们留下了许多宝贵的精神财富。

1949 年 8 月 5 日，美国国务院发表了《美国与中国的关系》白皮书，书中充满了对中国人民的诬蔑和仇恨，并把颠覆新中国的梦想寄托在发展“民主个人主义”上。针对美国的白皮书，民建主要领导成员经过集体讨论，由孙老执笔，起草了《加强内部团结和警惕，答告美帝好梦做不成的声明》，发表在 8 月 24 日的《人民日报》上。声明揭露和驳斥了美帝国主义企图利用“民主个人主义者”颠覆人民革命的阴谋。声明认为，中国的民族资产阶级从它出现在历史舞台开始，“就受到封建的阻碍和帝国主义的摧残”，“中国近百年史黯淡的一页也就是中国民族资产阶级受尽帝国主义打击的一页”。中国民族资产阶级“懂得跟着中国共产党走，”“只有新民主主义，才是它唯一的光明幸福的道路”。这一声明，阐明了我国民族资产阶级接受中国共产党领导，走新民主主义道路的历史必然性。声明的发表，受到中国共产党的高度评价。毛泽东同志称赞“民建发言人对白皮书的声明写得极好，这对于民族资产阶级的教育作用是极大的，民建的这一类文件（生动的积极的有原则的有前途的有希望的），当使民建建立了自己的主动性，而这种主

动性是一个政党必不可少的。”“民建此次声明，不但是对白皮书的，而且说清了民族资产阶级所以存在和发展的道理，即建立了理论，因此建立了民建的主动性，极有利于今后的合作。”这一声明在民建自身发展的道路上有着极为重要的地位和作用，为民建参加中国人民政治协商会议，参与制定和接受《共同纲领》，奠定了思想基础。

孙老担任民建领导工作以来，坚持理论联系实际、工作结合学习，从理论与实践的结合上回答了多党合作领域的许多重大问题。如关于坚持和发展多党合作、正确处理党与民主党派关系的思想，关于民主党派自我教育的理论，关于贯彻民主集中制的论述，关于领导工作的系统阐述，关于社会主义条件下的同异观，等等，字里行间饱含着辩证唯物主义和历史唯物主义思想，反映出他深厚的理论功底和丰富的实践经验，不仅对民建工作，而且对认识和理解我国经济社会发展、民主政治建设，推进统一战线和多党合作事业都产生了积极影响。1996 年 12 月他从领导岗位退下来以后，年事虽高，但仍然坚持学习，坚持研究，撰写了“总结经验与时俱进”、“关于‘两个务必’的优良传统”、“关于领导工作的若干问题”、“关于科学发展观”等文章。最近几年，孙老尽管久病在床，但仍思维清晰。在与病魔作斗争的同时，他仍关注着多党合作理论的研究。2007 年下半年，三卷本的《孙起孟文稿选编》出版后，他由于病情严重已不能说话，但仍坚持让身边的工作人员从头至尾读给他听，这种生命不息、战斗不止的执着精神使人由衷敬佩。

孙老一生奉行责在人先、利居众后，清正廉洁、克己奉公。他高风亮节，光明磊落，谦虚好学，待人宽厚。一向生活节俭，居家简朴，家里的床铺、桌椅、书柜多是五十年代初政协机关配置的、六十年代折价卖给个人的老式家具。他晚年深居简出、平静恬淡，他从不祝寿，更不收礼品。但他念念不忘因灾受困的人民、家境贫寒的失学儿童，每每捐赠都慷慨解囊。他的高尚品德，保持了一个共产党人不断进取的活力。

孙老以 100 岁高龄在北京逝世，他不平凡的人生轨迹，见证了百年中国的沧桑巨变。作为这一伟大变革的积极参与者和先驱，他把毕生的精力都献给了祖国，献给了人民。在他的身上，集中了我们民建的优良传统。我们要把他的高尚品德和崇高风范学到手，并在实践中努力发扬光大，在发展中国特色社会主义事业的征程中创造新的辉煌。只有这样才真正是化悲痛为力量，才能告慰孙老的英灵。

安息吧，敬爱的孙老！

中国民主促进会

集智聚力，加强专委会建设不断提高参政议政水平

（2010 年 11 月 1 日）

严隽琪

同志们，朋友们：

按照会中央的计划，每年在一个大的区域内办一次参战议政年会，去年是华北片的河南郑州，今年是西北片的宁夏银川，这是大型的参政议政会议首次在西北召开，既是会中央对新一轮西部大开发的呼应和支持，也是对宁夏民进工作的肯定和鼓励，我们对此次年会抱有很高期待。

“千里黄河富宁夏，塞上江南‘新天府’”。宁夏抓住重要战略机遇期，实施“建设沿黄城市带、打造黄河金岸”战略，着力构建黄河“生命保障线、便民交通线、经济命脉线、生态景观线、特色城市线、黄河文化展示线”六大功能线，构建西部最具潜力、最有特色、最富魅力、最适宜人居的精品城市群，赋予“塞上江南”新内涵和元素，获得了“十大新天府”的美誉。让世人感受了“美丽宁夏和富饶宁夏”的风采，又领略了“开放宁夏和奋起宁夏”的精神。我这几天在宁夏考察，对此印象非常深刻。

宁夏的改革发展插上了腾飞的翅膀。民进宁夏区委会在其中作出了自己独特的贡献，尤其是在一些关键问题上提出有前瞻性的建议并产生了实效，我们为次感到骄傲。令我们高兴的还有宁夏民进的参政议政成果与会中央产生了很好的互动，放大了实际效果。如会中央在新领域参政议政工作中高度关注的“统筹城乡发展，加快中小城镇建设，稳步推进城镇化进程”课题，姚爱兴主委亲自深入调研，在胡锦涛总书记参加民盟、民进界委员联组讨论时献策；并在全国政协重点提案办理协商会上代表民进中央建言。梅廷彦副主委关于加紧研究与完善现有的统计指标体系的建议，得到会中央高度重视，会中央经过进一步调研，与国家统计局由此还开始了良好的互动，向中共中央直接提出了关于完善和改进国家统计工作的比较系统中肯的建议，成为民进“集智聚力、顺势而为”，开拓统计领域参政议政新天地的范例。

年会每年研讨一个主题，去年的主题是“改进和加强提案工作”，今年的主题是“改进和加强专门委员会工作”，我的报告也重点围绕该主题展开。此外，本届中央委员会五年的任期已到届中，民进全会集智聚力开展参政议政的基本工作格局已经形成，我们也及

时作个回顾。

第一部分，我简要谈一下本次年会召开的有关背景情况，这是谋划我会参政议政工作所必须思考的。

一、中共第十七届五中全会在北京胜利闭幕，为我会在新时期的参政议政指明了方向

中共十七届五中全会是在我国即将完成“十一五”规划，进入全面建设小康社会的关键时期，召开的一次极为重要的会议。《中共中央关于制定国民经济和社会发展的第十二个五年规划的建议》全面部署了下一个五年中国经济和社会发展的重大战略，做出了“十二五”时期是我国“重要战略机遇期”和“深化改革开放，加快转变经济发展方式的攻坚时期”的战略判断，提出了“以科学发展为主题，以加快转变经济发展方式为主线，以改革开放为强大动力，以保障和改善民生为根本目的”的指导思想和五个“坚持”的基本要求，对未来五年我国改革、发展的关键环节、重要领域、重点问题，提出了明确、可行的思路和措施，为推动下一个五年我国国民经济和社会建设科学发展提供了指南。这对于全国人民在中共十七大精神指引下，进一步解放思想、落实科学发展观，继续抓住和用好我国发展的重要战略机遇期，开创改革开放的新局面，加快推进社会主义现代化建设，推进中国特色社会主义伟大事业，具有十分重要的意义。

十七届五中全会的基本精神，中共中央《决议》提出的指导思想和基本要求正是我们当前和今后一个时期参政议政工作的指导思想、努力方向和关注重点。我们要把思想和行动统一到五中全会精神和中共中央的决策部署上来，围绕“十二五”的目标任务，履行好我会的参政议政职能。

二、树立和践行社会主义核心价值体系是参政党履行参政议政职能的动力与灵魂所在

社会主义核心价值体系是中国共产党深刻把握时代发展要求、与时俱进地推进社会主义意识形态建设的重大举措，对中国共产党、对中国特色社会主义事业、对各民主党派都具有非常紧迫而现实的意义。树立和践行社会主义核心价值体系，是包括民主党派成员在内的社会各界人士的共同责任，是关系多党合作事业发展的基础工程、灵魂工程。是深入贯彻科学发展观、切实履行参政党职能的动力源泉。

参政议政、民主监督是民主党派的基本职能，是民主党派的立身之基和价值的体现，是民主党派具有凝聚力的关键。会中央提出要自觉地、全面地把树立和践行社会主义核心价值体系的活动贯穿于履行参政议政、民主监督职能之中，将理论学习融入到为党分忧、为国尽力、为民服务的具体实践之中（在后面会讲到具体内容）。

三、正逢中国民主促进会成立65周年，以及雷洁琼同志105华诞，激励我们在参政议政工作中发扬我会优良传统

今年我们迎来了民进成立65周年和雷洁琼老105华诞。65年来，民进的事业融入了党和人民建设社会主义的伟大实践里，写入了中华民族实现复兴的历史篇章中。65年来，民进同中国共产党风雨同舟、荣辱与共；与全国人民一起努力奋斗、同甘共苦。65周年会庆和雷老华诞是我们缅怀老一辈民进事业的开拓者和领导人做出的杰出贡献、学习和继承老一辈的坚定信念、优良传统和高尚风范、继承和发扬我会优良传统的很好契机。9月

12 日，贾庆林同志代表中共中央到雷老家中向她祝贺生日，并称赞她是“我们党值得信赖的亲密朋友，是统一战线和民主党派成员的一面旗帜。”会中央举行了“我的幸福观——庆祝雷洁琼 105 华诞座谈会”，并开展了学习新时期身边的先进会员动人事迹的活动。我们要把继承民进优良传统、学习先进榜样的效果体现在树立坚定政治信念、正确地全面地看到我国发展和改革所取得的成绩以及尚存在的困难和问题、与党同心同德、提高履职能力、为应对挑战和抓住机遇积极建真言、献良策的参战议政工作之中。

第二部分，民进全会“集智聚力”参政议政的基本工作格局已经形成，特色鲜明，成效显著。

当前，一方面，随着社会主义现代化的不断推进，要提出具有战略性、全局性、前瞻性或者关键性的意见和建议是对参政党是更大的挑战；另一方面，随着多党合作的制度化、规范化，中国共产党高度重视各民主党派的意见，参政党参政议政的渠道畅通，协商的安排也较频繁。我们必须“家事”（民生）、“国事”（政治、经济、文化、社会与生态）、“天下事”（金融危机、国家主权）“事事关心”。但参政党掌握的资源有限，而且比较分散和薄弱。我们一直在思考，如何发挥参政党独特的优势，弥补不足，创造条件，形成合力，使参政议政的能力和水平有新的提高，适应形势和任务的要求。

2008 年，会中央明确提出了“集智聚力”开展参政议政工作的指导思想。通过几年来全会上下不断努力和创新，“集智聚力”的基本工作格局已经形成。实践证明，“集智聚力”使我会参政议政取得多方面的成果。

一、提高了高层政治协商的能力

会中央全力服务国家的科学发展，由于采取了集智聚力的的新机制，使民进在高层政治协商中，建言献策的质量和水平得到提高、成效显著。

在今年中共中央、国务院召开的一系列党外人士座谈会上，会中央提出了一系列宏观的政策建议。包括：要保持宏观经济政策的连续性和稳定性，提高政策的调适性；要充分调动社会各方面投资的积极性，开放民间资本投资新领域；要加大统筹力度，稳步推进城镇化进程，扩大国内消费需求，促进城乡协调发展等。在为“十二五”规划制订建言献策的过程中，会中央既向中共中央提出了“十二五”时期的经济社会发展应强调“科学发展、协调发展、绿色发展”，以“推动加快转变发展方式，促进经济社会全面、协调、可持续发展”为主线的宏观思路，也提出了“十二五”时期关于多项重点任务和重大举措的建议，其中包括：要加强综合管理，保护水资源的可持续利用；完善计划生育基本国策与普惠性政策的衔接机制；加大知识产权战略实施力度，推进创新型国家建设；加强省级统筹，完善义务教育经费保障机制等等。我们初步统计了一下，单就借助参政议政网上平台为高层政治协商服务征询的意见和建议，就达到了 3000 余件，还不算召开的各类座谈会 20 余场。真是“一个人在台上讲十分钟，众人要在台下做十分功”。

会中央每年的年度大调研形成报送国家的建议的过程也越来越成为集智聚力的过程。会中央虽然只选择一个省开展正式调研，但鼓励和组织更多的地方组织进行同一个题目的预先调研和补充调研，得到大家的积极响应和参与，形成资源共享、成果共享的良好效果，提高了大调研的质量。

二、以新作为巩固老阵地

（一）教育领域

今年，会中央下大力气搭建了集智聚力为教育建言献策高端研究平台，先后与北师大共同组建了“中国教育政策研究院”，与中央教科所、华东师大等单位建立了资源共享、优势互补，多元合作、互利共赢的合作关系，深入研究国家教育改革和发展中的关键问题，为中央和地方政府重大教育决策提供科学支持。这样的合作使得学术研究成果向参政议政成果的转化、争取国家有关课题的支持等方面取得了显著的成效。

会中央今年举办了“中国教育政策高层论坛”、“深化教育体制机制改革创新、促进教育公平与质量提升——落实全国教育工作会议及《国家中长期教育改革和发展规划纲要（2010—2020）》精神专题研讨会”、“中国教师发展论坛”等一系列有影响、见成效的活动；开展“义务教育教师绩效工资政策及其实施：问题、原因与对策建议研究”的调研，并向国务院领导呈交了研究与建议报告；配合教育规划纲要公开征求意见，集中力量研究完成了中国基础教育改革与发展的成就、问题和发展思路的主导论文；向全国政协大会提交了《完善财政保障机制，落实义务教育教师绩效工资》、《建立竞技体育新举国体制》《建立地震灾区儿童青少年心理援助长效机制》等由教授们的研究成果转化而成的党派提案。

（二）文化领域

中共十七届五中全会明确提出，“文化是一个民族的精神和灵魂，是国家发展和民族振兴的强大力量。要推动文化大发展大繁荣、提升国家文化软实力，建设中华民族共有精神家园，增强民族凝聚力和创造力”。

中共中央在民进“十大”的贺词中，对民进提出了“要为推动社会主义文化大发展大繁荣作出独特贡献”的希望和要求。这是对民进的信任、强调了民进的特色，但也是对我们的压力。改革开放30年，民进在文化领域的建言献策从没有间断过。近期来讲，会中央在履行参政议政职能最重要的平台——年度大调研上，先后于2006年以“文化体制改革和文化事业发展”、2007年以“加强社区文化建设”、2008年以“完善文化投入机制、保障人民文化权益”为题，开展了年度大调研。2009年的题目是“农村教育综合改革”，但其中仍包含农村文化建设的内容。今年2010年，会中央又以“完善制度、落实政策，推进文化‘走出去’战略”为年度大调研的题目。如此力度，在民进参政议政历史上前所未有。5年的调研成果使我们先后形成了报送中共中央、国务院的7份建议书、10余份两会发言和20余份提案、40余份调研报告、近百份反映社情民意的信息。这其中，有19个民进地方组织、6个国家部委、11个社会团体、科研院所、高等院校，30余位会内外专家参与。我们也希望在座各位能够群策群力，积极探索“集智聚力”进行文化领域建言献策更好的方式。

（三）出版领域

近几年，从中央到地方，都加大了出版界会员发展的力度，有了人才的支撑，就会有作为。近期，京津冀、苏浙沪、东三省等地民进组织一直在坚持开展出版方面的参政议政的地区性活动。去年6月，会中央和一些地方组织参与了在石家庄举行的“京津冀民进第三届出版业改革与发展论坛”，效果显著。

今年8月，会中央首次介入了世界最具影响力的四大国际书展之一的北京国际图书博览会，并和新闻出版总署、国务院新闻办公室共同主办了主题为“全球出版合作与中国市场机遇”——2010北京国际出版论坛。此前，连续10年，会中央与国家新闻出版总署双方高层互访，围绕出版领域改革发展问题加强沟通与合作。我们也先后完成了“要从国家战略高度认识和支持我国出版业‘走出去’”、“我国出版走出去现状、问题、对策”等重点调研课题。当前，民进全会出版界会员队伍的建设在加强，我们希望在出版界有更多民进的声音。

三、顺势开拓新领域

我们开拓新领域中有新成绩。中共十七届五中全会提出，“要促进区域协调发展、积极稳妥推进城镇化，实施区域发展总体战略，实施主体功能区战略，完善城市化布局和形态，加强城镇化管理”。近些年来，民进全会正是围绕这些内容积极建言献策，成为新领域中的新亮点。

如会中央和广西、江西、河南、云南、天津、海南、河北、福建、湖北、四川、重庆、宁夏等民进地方组织相互促进，地方借中央之“势”，中央集地方之“力”，先后就促进广西北部湾经济区发展、加大鄱阳湖生态经济区建设力度、中原经济圈建设、实施云南桥头堡大战略、进一步加快海洋经济发展促进滨海新区产业结构调整、建设海南国际旅游岛、将河北省沿海地区发展规划纳入国家区域发展总体战略、建设海峡西岸经济区、推进武汉城市圈和湖南长株潭“两型”社会综合配套改革试验区建设、打造黄河金岸经济带、推动成渝经济圈建设、长江流域经济社会发展与水环境保护等等，提出促进区域协调发展有价值的意见和建议。

此外，我们把在新领域中进行的多个“点”上的调研，连成了几条“线”，从而在“面”上有所作为，形成“长短结合”（课题的中长期规划与短期计划）的局面。如我们顺势而为，持久关注的“三农”问题、中小城镇建设，中小企业发展、水资源水环境安全、生态文明建设、计划生育等问题。不断产生的新成果造就我们新领域中的“老阵地”。

四、提案工作的新突破

单拿出提案讲，是因为去年河南郑州年会主题是“改进和加强提案工作”。而今年，会中央的提案工作取得重要突破。如我们提出的《实施绿色发展战略，推进经济发展方式转变》、《加大统筹力度，稳步推进中小城镇建设》、《促进农村职业教育发展》、《完善政府支撑服务体系，促进我国中小企业发展》、《规范推进农村土地管理制度改革》等提案，被全国政协大会提案协商会、重点提案调研、重点提案办理、重点提案摘报纳入，成效显著。目前，在我们全年产生的提案素材稿中，来自民进省级组织和会外资源的部分已占到60%以上。今年8月，我们首次代表8个民主党派中央在全国政协第六次提案工作大会闭幕式上，以《集智聚力，有思有行，稳步推进提案工作的可持续发展》为题发言。全国政协的评价是：“民进中央提案工作干得好，材料写得好，经验提炼得好”。这是对我们提案工作的充分肯定。

会中央认为提案工作是参政议政中全局性、经常性的重要工作，要求常抓不懈、采取有效措施，完善机制，稳步推进提案工作的可持续发展。明年“两会”的提案已在谋划，希望大家一起努力，力促提案工作再上一个新台阶！

五、信息工作有新气象

反映社情民意的信息工作是民主党派参政议政的基础性工作。过去的一个信息年度中，我们向全国政协报送《民进信息》534 期，向中央统战部报送《民进信息》120 期，多份信息得到党和国家领导人的重要批示，在八个民主党派和全国工商联中排名第 3 位。

目前，全国政协正在筹备召开信息工作座谈会，谋划实现“突破性进展”。可以预见的是：作为新时期政协职能方式的一大创新，信息工作的地位和作用一定会得到进一步提升。当前，各个省级组织的信息工作发展不平衡的格局没有得到明显改变。面对新的形势，不进则退，我们要认真思考和研究，谋而求变。

第三部分，关于集智聚力的体制与机制创新。

“集智聚力”的实质就是群众观点、群众立场和群众工作方法，关系到能否真正坚持民进“立会为公参政为民”的立会宗旨。“集智聚力”是个美好愿望，是会重要开展参政议政工作的指导思想，但要成为现实，要得到有效贯彻落实，还必须通过体制与机制的建设和创新来保障。

会中央在认真总结以往经验的基础上，认真分析参政党的定位与特点，认真考量民进的会情，近三年来加大了更开放的、更制度化的、更多种方式的“集智聚力”参政议政工作机制和制度的建设，目前基本构架已经形成。概括起来就是，一方面是内部的各种积极性的调动与整合，如会中央与地方组织的联动，参政议政职能与其他职能的互动，专职干部队伍与兼职专家队伍的互动；另一方面是扩大与加强会内外的合作，如搭建会中央与会外机构多种形式的合作平台，又如寻找或造就我会专家的专职业务工作与参与我会参政议政工作之间重合及互相借力的可能。

目前，已建成一个开放的网上参政议政平台，用信息化手段有效整合民进全会参政议政资源；已形成了参政议政课题申报、提案形成和成果奖励三项机制，使提案工作始终按计划有序有效开展；还完善了调研选题民主决策、专题考察分多阶段多地区开展和整体集成、参政议政年会、走访国家部委及反映社情民意信息五项制度。

我们认识到，参政议政工作“走出去”，借助社会资源和力量是克服会内资源不足，尽快提高我会参政议政水平及成果质量的有效途径。因此在今年会中央下大力气建立和拓展教育领域参政议政平台，先后与北师大合作建立了中国教育政策研究院，与中央教科所、华东师大建立了较固定的合作关系，使得这些中国一流的师范类高校和科研机构积累的学术成果有直接的通道转化为参政议政成果，加工成对国家的政策建议，同时较大地丰富了民进在教育领域建言献策的源泉和提升了参政议政成果的水平和质量。在经济和社会建设领域，会中央分别与上海社科院、清华大学政治经济学研究中心合作建立了“一南一北”两个研究中心，定期交换意见和信息、召集全国有关专家座谈，使得我会在经济形势分析与对策研究、社会建设的问题和解决途径等方面有了较为稳固的“智库”。

近年来，会中央与地方组织在参政议政工作上的互动出现了活跃的局面。会中央组织的多项重要参政议政活动都因为有地方组织的积极参与、社会资源的广泛利用而开展得有声有色，开阔了视野，拓宽了领域，取得了高质量、有实效的成果。以今年为例，会中央与省级组织共同开展了10余项参政议政专题调研活动，在此基础上形成了向中共中央、国务院提出的5份《建议》并受到相关方面的重视与肯定。设想如果只是会中央在有限时间和有限地点内单独开展调研形成的成果，其质量肯定不能达到现在的水平。

近年来在社情民意信息工作、社会服务工作等方面的许多成果也积极向参政议政的需要转化，进一步拓宽了提案来源渠道。可以说，“集智聚力”已成为做好参政议政工作的重要前提和民进全会上下的积极共识。同志们，我们对形成“集智聚力”工作框架的努力十分宝贵，我们克服各种困难取得的参政议政成果来之不易，凝聚着民进会员们的智慧与心血，也离不开会外各方力量，包括政府机关、社会团体、研究机构的支持和参与。在此，我们对所有付出过努力、给予过帮助的会内外同志们表示衷心感谢！

最后，谈谈加强和改进专委会工作。

为围绕“专委会”的主题开好本次年会，早在去年河南郑州年会之后，会中央就开始了筹备工作。一方面先后通过参政议政网上平台和召开专题会议，就改进和加强专委会工作征询省级组织和专委会意见；另一方面开展京外调研，了解掌握地方组织专委会开展工作的实际情况；同时还与兄弟党派中央沟通交流，取长补短；问计于全国政协专门委员会，请教探讨。这期间，中央统战部一局高度重视党派中央专委会工作，首次主持召开党派专委会工作专题座谈会，沟通情况，研究问题。在上述工作的基础上，会中央参政议政部提出了一份总结材料，加上各地报送的专委会工作总结，现编印成册供与会同志们交流参考，也算是本次年会的成果之一。下面，我就新时期民进全会专委会工作，谈些意见。

第一，会中央对专委会高度重视，明确定位。

如果说参政议政需要一支大队伍，会中央参政议政部发挥着参谋部和后勤部的作用，各地方组织都是一支支地方军团，会外合作单位是友邻部队。那么，专委会可算是中央直属的特殊支队了，它有时发挥智囊团的作用，有时成为生力军。民进“九大”后，会中央将专委会定位为“参政议政工作第一线上的基本单位”，这是民进有专委会以来前所未有的定义，具有非常重要的意义，影响深远。在民进十一届九次中常会上，会中央首次把“加强专委会工作”作为专题进行研究，特别强调要“作为全会加强参政议政能力建设的重要抓手”，以此促进专委会工作的不断发展。在民进“十大”报告中，专委会工作取得的成绩和经验前所未有地单独成篇，对全会起到了指导作用。本届会中央领导班子召开的第一个工作会议，就是新一届专门委员会成立大会。会议强调，“新一届专委会是在民进中央常务委员会和主席会议领导下参政议政的工作机构”；指出“专委会的工作及其水平在很大程度上决定着民进参政议政的力度和建言献策的质量”；还明确提出，“做好参政议政工作必须依靠专委会这一支重要力量，专委会工作要继承传统，发扬成绩，集智聚力，逐步向提高质量，讲求实效转变”。

第二，专委会已成为我会参政议政的生力军和凝聚参政议政人才的重要渠道。

从中央和大多数地方组织的情况来看，专委会深度参与我会的参政议政工作，成效显著。一方面表现在对会中央组织的活动的参与和贡献：（1）参与年度专题调研和重点课题调研活动，利用专业优势，发表真知灼见，发挥骨干作用；（2）参与高层政治协商材料的准备工作，提供重要研究成果或参考意见，发挥智囊团作用；（3）为全国政协大会、政协常委会和专题协商会提供素材稿，成为党派发言和提案的重要来源；（4）反映社情民意，扩大信息工作覆盖面，进一步提升信息工作水平；（5）参与走访国家部委，增加对话的深度和促进更实质性的交流，帮助了解政府部门工作动态；（6）积极参加参政议政年会，各种类型的务实务虚会议或专题论坛；（7）对参政议政课题的立项指南提出建议，并组织或参加课题的立项评审，提高课题立项水平。另一方面表现在以专委会或以委员为主体，积极自主地策划和开展活动，如：（1）进行专题调研或形式多样的学习培训活动，与地方组织进行沟通交流，（2）发挥自身资源优势，促进与港澳台地区以及海外华人和华侨的联系与合作，增进友好往来，拓展社会关系；（3）积极投入支边扶贫、社会办学、抗震救灾，奉献力量；（4）举荐民进之友，发展人才入会，壮大我会参政议政骨干队伍。

我们认为，会中央对专门委员会定位的调整是必要的，近年来的工作思路是正确的，取得的是实效是显著的。

第三，务实创新，与时俱进。

当前国际国内形势出现新变化新特点，我国全面建设小康社会处于关键时期．我会要履行好参政议政的职能，就必须科学分析时代特征，准确把握发展趋势，研究破解发展难题，找准推动十二五规划实施的切入点，和促进落实十二五规划的着力点．会中央对专委会寄于厚望。

首先希望各位认真学习领会中共十七届五中全会精神，把我们的思想和行动统一到共同的目标任务上来；希望将树立和践行社会主义核心价值体系体现到加强参政议政的责任感，积极务实地投入参政议政的工作之中。二是充分认识到专委会面临的任务十分繁重，而自身资源总是有限的，我们必需下大力气创新和完善开放合作的体制机制，拓展全会和社会资源，形成推动科学发展的合力，提升专委会的能量。专委会的专家的专职都很忙，但都有独到的造诣，我们尤其希望在专家的专职工作和我会的参政议政工作间形成契合点，达到资源共享，事半功倍的效果。三是希望顺势而为，突出重点，提高质量。我们的实践证明，培育参政议政品牌对形成高质量成果是十分有效的．如教育委员会精心组织的“中国教师发展论坛”已经举办了三届，科技医卫委员会精心培育的“长江保护与发展研讨会”也已经举办了三届，目前参与这两项活动的单位达八个国家部委、九所师范大学、十一个科研院所、四个社会团体，其成果引起社会广泛关注，形成较大的社会影响力。其他的专委会也在积极建立与国家相关部委的合作，承担相关的调研课题。从地方组织总结的材料也反映了，搞开放，有特色，抓重点，育品牌是出成果、提质量、扩影响的有效途径。目前，各专委会之间横向协作，老阵地、新领域之间通力配合，共同就改革发展中面临的复杂性综合性问题开展联合调研，还有待于突破，专委会骨干和群体之间的关系有待于加强。

第四，为专委会提供更有力的支持。

人才资源是我们开展参政议政工作的第一资源。我们讲“集智”和“聚力”，“智力”来自哪里，就来自人才。专委会是人才集中的组织，我们谈改进和加强专委会工作，实质上就是研究参政议政人才工作。从民进全会专委会名单看，人才荟萃、智力密集、层次渐高、领域广泛，这表明我们参政议政的人才网络在不断更新和壮大，更多的年富力强、学有所专、有较强参政议政能力的同志加入到骨干队伍中来，保持着一股鲜活的动力，这是非常可喜的。但改进和加强专委会工作是一项长期任务。无论是会中央专委会，还是地方组织的反映，仍然存在一些如经费不够、人力不足、活力不大、方法不多、工作不力等问题。所以，加强对专委会的重视和支持，是摆在我会中央和省级组织面前的课题。

专委会的成员都是兼职开展参政议政工作。他们在立足于做好繁重的本职工作外，还要克服各种困难参政议政，反映出来的是专家们对社会的关切、对组织的热爱、对国家的责任，反映出来的是大家忧国忧民的参政党意识和无私奉献的人格品德。我们要注意爱护和发挥专家的积极性，尊重专家的劳动，不断探索更符合实际情况，更有效的专委会工作方式、工作机制。一是多搭建平台，使专家入会后能有更多的用武之地，对专委会有归属感。二是多沟通信息，充分肯定和反馈专家的贡献，使专家对工作有成就感、对报效国家有自豪感。三是多联络感情，会中央领导班子尽可能参加专家务虚会等活动，交流思想和信息，直接听取意见和建议，增进互相的了解与友谊。四是多请教专家，我们必须考虑到专家们“业余闹革命”的实际情况，以见缝插针的主动性，利用务虚会，春节餐叙会，骨干学习班等多种专家们容易接受和参加的方式，问计于专家、就教于学者。特别是务虚会上虚实结合，早谋划、长打算，对参政议政应重点关注的领域和调研方向，提出宝贵意见，是会中央近来探索的一种方式，感到效果很好。

专委会的工作需要得到机关的支持和协助，专委会的工作成果需要通过机关来汇总和应用。因此机关与专委会的合作与默契，互相尊重与理解就十分重要。从机关建设来说，要着力提高全局观念、增强服务意识，为专委会顺利开展工作提供有力保障；在机关里努力培养造就一支政治坚定、作风优良、勤学敬业，业务熟练的高素质参政议政专职干部队伍。

要把专委会专家的选拔培养和使用纳入民进全会干部队伍建设总体规划，使专委会成为向各级党委、政府推荐使用人才的平台，形成急需人才跟得上、后备人才后劲足的良好局面，这是民进在当前和今后一个时期关键而紧迫的任务。

关于机制措施保障的问题，有些专委会和一些地方组织有呼吁，反映出的是我们开展参政议政工作存在的实际困难。我们还是要开动脑筋，主动积极地想办法克服困难，从开放合作找资源，从机制创新增力量，创造条件干工作，会中央一些专委会的做法具有启发意义。有些客观困难和问题提出来后，需要分别情况进一步梳理和思考，供有关方面研究和决策。会中央将认真总结经验、研究问题、改进工作，期望能够同时对地方工作起到促进作用。在此，也衷心希望得到中央统战部和各级统战部的指导与支持。

同志们，参政议政工作是参政党的生命线，要求高，影响大，头绪多，任务重。在各方高度重视和大力支持下，民进参政议政工作逐步实现了根本性的转变，即：由少数人参与向多数人参与的转变；由产生范围狭窄向拓宽来源渠道的转变；由自我内部循环向积极寻求外部力量支持的转变；由偏重增加成果数量向侧重提高质量的转变。参政议政工作正在实现创新发展。借此机会，我谨代表民进中央向所有为我会参政议政工作付出辛劳的同志们表示诚挚的问候和衷心感谢！

同志们，紧紧抓住我国发展的重要战略机遇期，为全面建成小康社会打下具有决定性意义的基础，是“十二五”承上启下的历史方位所在，也是我们民进与全党全国各族人民共同奋斗的历史使命所在。在这个新形势下，民进全会应该也完全可以在参政议政中有新的作为，开创参政议政工作的新局面。

会议期间，希望大家围绕主题，结合实际，认真研讨，集思广益。预祝会议取得成功！

借鉴执政党建设经验　努力建设学习型参政党

（2010年3月10日）

严隽琪

中共十七届四中全会作出了“建设马克思主义学习型政党”战略部署。民进作为与中国共产党团结合作的亲密友党，学习贯彻中共十七届四中全会，首要的重要任务就是以中国共产党为师，借鉴执政党建设经验，按照学习型政党建设的基本要求，立足民进实际、突出民进特色，努力把民进建设成为与中国共产党的马克思主义学习型政党相适应的学习型参政党。去年底召开的民进十二届三中全会把建设学习型参政党作为全会今后的一项战略任务，要求各级组织以创建学习型机关为抓手，以树立和践行社会主义核心价值体系为重点，通过营造浓厚的学习氛围，提供丰富的学习载体，采取学习型组织的有效方法，切实增进理论认知和思想共识。

一、建设学习型参政党的必要性和重要意义

建设学习型参政党是坚持和完善中国共产党领导的多党合作和政治协商制度的需要。我国的这一基本政治制度是具有中国特色的社会主义政党制度，是社会主义民主政治的重要组成部分，是同我国的人民民主专政的社会主义国家这一国体相适应的政党制度，这一政党制度是中国共产党同各民主党派、无党派人士的共同选择，反映了人民当家作主的社会主义民主的本质，体现了我国政治制度的特点和优势，具有巨大的优越性和强大的生命力。民主党派只有努力建设学习型参政党，不断学习、善于学习，才能从历史的视角认识到，中国共产党的领导地位是在长期的革命斗争中形成的，是民主党派的自觉选择；才能从现实的视角认识到，中国共产党是中国特色社会主义事业的领导核心，从而增强坚持接受中国共产党领导自觉性和坚定性。

建设学习型参政党是实现执政党建设与参政党建设相互促进的需要。多党合作事业的发展，取决于执政党建设和参政党建设两个方面，两方面不可或缺，要相互促进、共同发展、相得益彰，民主党派的基本职能是民主监督、参政议政，如果参政党建设的水平不提高，怎么能履行好自己的职能呢？民主党派只有不断学习执政党建设的经验，加强自身建设，把自己建设成为学习型参政党，才能始终成为与中国共产党通力合作、致力于中国特色社会主义事业的参政党。

建设学习型参政党是解决民主党派两大历史性课题的需要。不断加强自身建设，切实

解决好政治交接、提高参政党履行职能和发挥作用能力，是民主党派面临的两大历史性课题。进入新世纪新阶段以来，民主党派新成员大量增加，新一代代表人物已成为民主党派的主体，其成员的价值观念和思维方式等方面的多样性特征更加明显，这使得搞好政治交接更为重要、更为迫切，搞好政治交接，最主要的手段是加强学习，向执政党学习、向民主党派的前辈学习、向书本学习、向实践学习、向群众学习等等，只有不断加强学习，才能解决参政本领恐慌的问题，提高参政的能力和水平。

二、建设学习型参政党的原则

坚持把思想建设作为建设学习型参政党的核心。思想建设是民主党派自身建设的核心，也是建设学习型参政党的核心，思想建设是民主党派根本性的建设，不仅是民主党派实现政治交接、巩固和完善共产党领导的多党合作和政治协商制度的重要基础和保证，也是民主党派提高履行职能和发挥作用的重要前提条件。首先要学习中国特色社会主义理论体系，筑牢团结合作、共同奋斗的思想政治基础；其次要坚持求同存异、体谅包容，使中国共产党的政治主张成为广大民主党派成员的广泛共识；再次要发掘民主党派思想文化资源，突出民主党派特色。

坚持把树立和践行社会主义核心价值体系作为建设学习型参政党的重要内容。社会主义核心价值体系是中共十六大以来继科学发展观、社会主义和谐社会之后又一重要理论创新成果，是中国共产党深刻把握时代发展要求、与时俱进地推进社会主义意识形态建设的重大举措。社会主义核心价值体系，是社会主义意识形态的本质体现，就性质而言，它是社会主义的，不是封建主义、资本主义的；就地位而言，它是价值的核心部分，不是价值的全部；就内容而言，它集社会主义价值观之大成，包括马克思主义指导思想、中国特色社会主义共同理想、以爱国主义为核心的民族精神和以改革创新为核心的时代精神、社会主义荣辱观，构成一个相互联系和贯通、具有内在统一性的科学体系。核心价值体系对于民主党派具有政治保证作用、理论支撑作用、激励凝聚作用和导向引领作用，民主党派树立和践行社会主义核心价值体系，是巩固多党合作思想政治基础的需要，是坚持正确方向、健康发展的需要，是进一步履行参政党职能的需要，是坚持民主党派进步性的需要，在建设学习型参政党的过程中，只有坚持把树立和践行社会主义核心价值体系作为重要内容，才能真正在服务国家科学发展和实现自身科学发展的同时，体现出参政党的自身价值。

坚持把提高自身建设的水平和履行职能的能力作为建设学习型参政党的最终目的。学习的目的在于改善与提高，一个人如此，一个政党也如此。自身建设是履行职能的基础和保证，履行职能的能力和水平反过来又验证了自身建设的成果，只有不断加强学习型参政党建设，从根本上解决自身建设和履行职能的“动力”问题，把建设学习型参政党的成果和经验转化为自身建设的举措和成效、转化为履行职能的方向和思路，才能切实提高参政党自身建设的科学化水平和履行职能的能力与水平。

三、把建设学习型参政党落到实处

一是各级领导班子要提高认识、作出表率。建设学习型政党，领导干部是关键。一要带头提高认识、统一思想。有的同志认为“参政党建设不是学习的问题”，有的同志认为

“学习只是个人的事情”，有的同志认为“参政党成员都是知识分子，有必要这么强调学习吗”，思想认识不统一，势必造成实施过程中的惰性和阻力。各级组织的领导班子首先要走出这些认识误区，把握学习型组织的理念、特征和要求，提高对建设学习型政党目的、任务的认识，带着责任学、带着问题学、带着要求学。二要坚持和完善领导班子的学习制度。多年来，民进中央主席会议和中心学习组坚持通过学习会、座谈会、报告会、谈心会等进行集体学习，各级领导班子也结合实际，开展丰富多彩的学习活动，收到了很好的效果。三要担当起领学之责，做好各级组织开展学习的“设计师、指导员和服务员”。领导班子成员要切实担负起带领广大会员学习的重任。做好思想动员和典型引导，在各级组织中营造崇尚学习、善于思考和研究的浓厚氛围。

二是要与履行参政党职能结合。我会履行参政党职能要坚持与时俱进、紧紧把握国际国内两个大局。当今世界正处在大发展大变革大调整时期世界经济格局发生新变化，国际力量对比出现新态势，全球思想文化交流交融交锋出现新特点，国际环境中不稳定不确定因素增多，我国发展的外部条件复杂多变，既面临着前所未有的机遇，也面临着前所未有的挑战；我国经济、政治、文化、社会和生态文明建设全面推进，工业化、信息化、城镇化、市场化、国际化深入发展，我国正处在进一步发展的重要战略机遇期，在新的历史起点上向前迈进。当前，国际金融危机使得转变经济发展方式成为我国刻不容缓艰巨任务。民进作为参政党，履行职能所涉及的领域越来越广，参政议政的全局性、综合性、前瞻性要求越来越强，面临的人才瓶颈和知识难题亟待破解。我会要积极适应执政党和人民群众的新要求、新期待，努力学习新思想、新理论、新知识，进一步提高我会履行职能的能力和水平。

三是要以建设学习型机关和创建先进基层组织为重要抓手。我会履行职能的能力如何，自身建设的成效如何，建设学习型参政党的水平如何，在很大程度上取决于机关建设的水平、取决于建设学习型机关的成果。只有学习，机关干部才能开阔知识视野、增加知识储备、优化知识结构，积聚创造力；才能总结经验和教训、摸索更好的工作思路和方法，提升执行力。当前我会各级组织机关要加强能力建设：一是提高学习研究的能力，更好地为领导班子决策发挥参谋作用；二是提高执行的能力，高效务实地把领导班子的意图、决策和计划从蓝图转化为现实；三是创新发展能力，创造性地开展工作，敏锐地提出新思路，善于采取新举措，不断提高工作效率；四是提高服务的水平，更好地为基层和会员做好服务工作。建设学习型参政党要做好强基固本的工作，大力加强基层学习型组织建设。基层组织直接接触会员和群众，基层组织建设得好坏，直接影响到我会的形象。我会正在全会开展的创建先进市级组织和先进基层组织活动，其目的就是要激活基层组织的活力、提高广大会员的综合政治素质，因此，要将创建活动与建设学习型参政党相结合，把创建活动作为建设学习型参政党的一个重要抓手，在创建活动中探索基层组织建设新方法、新经验，为建设学习型参政党提供一个个鲜活案例。

四是要与继承和弘扬民进的优良传统、充分挖掘和利用我会的学习资源相结合。从价值观上讲，“立会为公”是最具民进特色的民主党派优良传统，这是民进前辈留给我们的最为宝贵的精神财富之一，与民进其他的优良传统是紧密相连的。今年是我会成立 65 周年，我们要以此为契机，在建设学习型参政党过程中，既要将学习、继承和弘扬我会的优良传统作为重要内容，又要在实践中不断地挖掘、总结和提升优良传统的现代价值和时代价值。当年，马叙伦、周建人、叶圣陶、雷洁琼等民进老一辈领导人不怕难、不怕死，不为名、不为利，为了民族独立、国家富强废寝忘食，作出了重大贡献。在当代，“国宝老师”霍懋征、“扶贫状元”马恩正、抗击非典英雄王广发、“素斋”创办人谢严森等民进会员立足本职，甘于奉献，全身心地投入到社会主义事业的建设中。他们既是广大民进人践行社会主义核心价值体系的典型代表，又是我们在建设学习型参政党过程中学习的榜样、行为的示范、前进的动力。我们要继续充分挖掘民进前辈们的崇高精神和感人事迹，发现、培养和宣传民进各级组织特别是基层组织和广大会员的先进典型，作为我们开展学习教育活动的最好教材，使广大会员感到模范人物就在身边，学有榜样、行有示范，让民进的好传统、好作风代代相传，在全会中倡导“立会为公”的价值观，引导广大会员和机关干部在本职岗位上建功立业，在平凡的工作中无私奉献。

认清形势　明确任务　开拓创新　推动我会社会服务工作再上新台阶

——在民进全国社会服务工作会议开幕式上的讲话

（2010年5月23日）

严隽琪

同志们：

刚才佐书同志作了一个全面、实在的报告；通过参观制作的社会服务工作展板感受到了大家付出的辛劳，作出的成绩和对今后的思考打算。我代表会中央向组织协调开展社会服务的各级组织、积极参与并大力支持社会服务的广大会员表示感谢。这里我谈谈会中央对社会服务的思考。

当今世界正处在大发展大变革大调整时期，我国正处在改革发展的关键阶段，参政党的建设面临更高的要求和新的问题，可以说，世情、国情、会情都在发生深刻变化。在肩负繁重任务的情况下，我们在这里召开民进全国社会服务工作会议，会议的主要目的：一是进一步提高全会对社会服务工作重要性的认识；二是在交流和总结近年来我会在社会服务工作中取得的成绩和经验的基础上，提高对参政党社会服务工作规律的认识；三是研究和部署下一阶段的工作。此次会议的成果将体现在《民进中央关于进一步加强新形势下社会服务工作的意见》中。希望这次会议有助于回答好“为什么做社会服务工作?”“有哪些工作内容?”“如何在新形势下做好这项工作?”这三个问题。希望此次会议的召开，能推动我会的社会服务工作上一个新台阶，相信会议的成果对于推动我会深入贯彻落实科学发展观，树立和践行社会主义核心价值体系，建设高素质的参政党，为实现全面建设小康社会的目标，为中国特色社会主义事业新胜利贡献力量，具有十分重要的意义。

一、充分认识社会服务工作的重要性

社会服务是参政党服务国家和人民的重要职责，是了解国情民意的重要渠道，是增加党派社会影响力与组织凝聚力的重要抓手，是体现立会宗旨的重要形式。它既是时代的客观需要，也是民主党派自身发展的内在要求。

（一）开展社会服务是民进的优良传统

社会服务作为民主党派的一项重要职责，是随着中国共产党领导的多党合作和政治协商制度不断发展的过程，随着中国经济社会的进步而明确地位、凝聚共识、丰富内容及形式的。自民进成立时，老一代民进人就积极参与社会实践，主动投入社会救济，帮助难民解决困难。解放后，民进积极参与社会调查，为国家恢复重建作贡献。“文革”结束后，会中央提出：“立足本职，服务四化”，并正式成立社会服务部，发挥优势，拾遗补缺，开展以办学、咨询和支边扶贫、“三下乡”等为主要形式的服务社会工作，取得了积极的社会效益。上世纪八十年代中期，中共中央颁布了59号文件，明确支持鼓励民主党派开展不以盈利为目的的为四化建设服务工作，民主党派的社会服务工作开始走上规范化制度化的轨道。中共中央［1989］14号文件，首次在正式文件中提出了社会服务这个名词，指出民主党派开展社会服务工作“要以服务为宗旨，注重社会效益”。会中央按照文件精神，在社会服务工作中形成了“六个西进”和三个海峡两岸论坛的品牌。同时，民主党派社会服务的工作机构和队伍建设方面也得到加强。进入新世纪后，中共中央又发布（2005）5号文件，明确规定要拓宽民主党派发挥作用的渠道，要支持民主党派紧密围绕全面建设小康社会开展各种形式的社会服务活动。我会的社会服务工作得到新的发展，在内容上形式上都有了极大的丰富和发展。民进“十大”以来，我会高度重视社会服务工作，在多年探索的基础上，不断开拓创新，形成了“集智聚力，有思有行，顺势而为”的工作思路。各级组织和广大会员积极主动发挥政治优势、智力优势和人脉优势，全会形成了以支边扶贫、抗灾救灾、联系新阶层会员、为促进祖国统一服务等为主要内容的社会服务工作格局。相应的制度与平台也在完善和加强，社会服务越来越系统化、规范化、制度化。

由此可见，社会服务工作是坚持和完善中国共产党领导的多党合作和政治协商制度的一个重要内容，是民主党派履行参政党职能的重要组成部分，民主党派社会服务工作是一项传统的工作，也是一项与时俱进、不断创新的任务。在我国改革开放和社会主义现代化建设的重要战略机遇期，其意义一定会更加凸显出来。

（二）社会服务是民进的职责所在

中共中央（2005）5号文件指出：衡量我国的政治制度和政党制度，最根本的是要从我国的国情出发，以能否促进社会生产力持续发展和社会全面进步，能否保持和发挥社会主义制度的特点和优势，能否实现和发展人民民主、增强党和国家的活力，能否保持国家政局的稳定和社会安定团结，能否实现和维护最广大人民的根本利益为标准。民主党派开展社会服务工作，直接参与经济、社会和文化的发展，开展社会公益活动，对促进社会生产力的发展，对保持社会安定团结，对实现和维护人民的根本利益，直接发挥党派的作用，是坚持中国共产党领导的多党合作和政治协商制度的实际行动，是参政党的重要的政治任务。

“立会为公，参政为民”是全会的共识，社会服务工作正是体现了参政党的立会宗旨与存在价值。为经济建设和社会发展服务，是新时期民主党派服务党和国家的中心工作、服务大局的必然要求。在社会服务的实践过程中，我们可以深入社会、深入群众，取得一手资料和实际感受，这可以为我们了解国情民意、做好参政议政和民主监督工作提供重要信息、线索或者依据。因此，社会服务工作不单单是对社会直接献爱心，还可以通过社会服务工作，由表及里、由局部想全局，既有行又有思，从而发现参政议政的素材，启发我们更好地就全局问题、就体制和机制问题、就政策问题建言献策，有利于参政党履行参政议政、民主监督的职责。

（三）社会服务工作是党派自身建设的内在需求

民主党派的基本职能是参政议政、民主监督，两者的内容和形式决定了其工作对象是各级党委和政府。而社会服务的工作对象则是基层群众，要通过广泛联系群众、深入社会实际，开展调查研究，找准群众最关心、最希望办、又最难办的事，积极为人民群众排忧解难，使社会服务工作真正成为广大会员奉献社会的载体和平台；成为民主党派发挥自身优势，体现社会价值的有效途径；成为民主党派加强同社会联系，树立政党社会形象的重要抓手。比如我们在贵州的毕节、黔西南、河北的滦平等地组织支边扶贫，山区里老百姓，对山外的事知道得不多，但他们知道有一个中国民主促进会，知道民进是为人民做好事做实事的。他们对民进是感激的，是有感情的。通过我们的社会服务工作，我们把民进的形象，把中国共产党领导的多党合作和政治协商制度，刻在了老百姓心中。

社会服务是增强民主党派凝聚力的一个非常有效的途径。因为我们的会员有自己的职业、不同的经历，以及不同的条件，但希望民进组织为他们搭建学习、交流、奉献社会的机会或平台的愿望是共同的。社会服务工作内容丰富、形式灵活多样，恰好为会员各尽所能提供了这样一个平台。多年的实践表明，这个平台已经成为各级组织和广大会员深入社会，了解国情，了解基层，联系群众，服务人民的重要渠道；成为增强我会影响力和凝聚力的重要抓手；成为锻炼和提高我会各级组织、广大干部的有效途径；成为广大成员参与全会工作，服务社会，体现人生价值的重要舞台。通过组织广大会员参与社会服务工作，可以引导会员正确认识社会发展规律，树立正确的人生观、价值观，激励会员把个人前途命运与国家强盛、民族振兴紧密联系起来，把个人奋斗融入实现祖国现代化的伟大实践中，进一步增强心系百姓、奉献社会的责任意识，并且在工作中发现人才、培养锻炼人才，从而促进我会的思想建设和组织建设。

通过开展社会服务工作，可以发挥各级组织的作用，锻炼和体现组织的精神状态、能力水平，提高我会的战斗力、创造力和凝聚力。

所以社会服务既服务国家和人民（大局、民生、发展、稳定、和谐），又服务会员（体现价值、排忧解难、业务发展、接受教育），也服务了组织（自身素质、基层活力、会员凝聚力、树立形象）。

二、把握好开展社会服务工作的重要原则

在科学发展观的指导下，在紧紧围绕国家中心任务和民生需要开展社会服务工作的实践中，我会逐步凝炼成具有共识的社会服务工作的几个重要原则。

（一）坚持社会服务工作的政治性原则

作为参政党，民进的任何工作都必须从坚持和完善中国共产党领导的多党合作和政治协商制度的高度来考虑。否则，我会的社会服务工作就容易迷失方向，就会等同于一般的社会团体和慈善机构的公益活动。

社会服务工作的政治性原则，体现在要坚持不懈地大力增强广大会员的三个“认同”上：一是“政治立场”上的认同，通过社会服务工作坚定我们走中国特色社会主义政治

发展道路的信念，使之成为“政治交接”的有机组成部分。二是“目标任务”上的认同，围绕党和国家中心工作，把成员和所联系的群众的智慧和力量凝聚到实现全面建设小康社会的奋斗目标上来。致力于发展，在促进发展的过程中，把协调关系、化解矛盾、理顺情绪、维护稳定、改善民生作为工作重点，并为维护港澳繁荣稳定、促进祖国统一发挥应有作用。三是“价值道德”上的认同，在社会服务中树立和践行社会主义核心价值体系，弘扬我会“立会为公”的优良传统。要教育和引导会员秉持感恩的情怀，社会服务工作不是施舍，而是我们对国家和社会发展的一种责任、一种义务，是对党和人民培养、养育我们的一种回报。我们所做的，远远无法与我们所得到的相比。常怀感恩之心，我们就能积极主动、带着爱心、充满感情地去做社会服务工作。因此，社会服务是参政党服务国家中心工作的重要职责，也是党派的一项重要政治任务。

（二）坚持以智力服务为主的优势发挥原则

做好社会服务工作，必须发挥我会的特色和优势，尤其是要充分发挥我会在教育、文化、出版方面的特色和智力密集、联系广泛的优势。经济社会发展的主战场还是要靠执政党和各级政府，参政党在人力、物力、财力等方面的资源毕竟有限，因此，我会社会服务工作必须注重发挥智力优势，通过发挥智力优势把其他资源集成起来。长期以来，在这一原则指导下，我们在社会服务工作中形成了很多品牌，凝聚了民进人多年的心血，是民进全会弥足珍贵的经验和财富。我们不仅要从前人的业绩中汲取前进的力量，而且要把民进传统优势发扬光大，赋予新的时代内涵，体现新的时代精神。

社会服务应与参政议政紧密结合。参政议政是民主党派的生命线，是民主党派履行职能的最重要的形式；社会服务是民主党派深入群众、服务社会、参与实践、锻炼队伍的直接途径。两者互相促进、互相依存，一方面社会服务可以为参政议政提供实际案例、信息线索、试点经验，帮助我们“参政参到点子上”，提出针对性强、切实可行的建议。另一方面参政议政又可以促进社会服务，使之在更深的考虑、更全局的视角、更宏观的背景下开展，能够增强政策性、针对性和自觉性。两者紧密结合，以小见大，由点及面，可使民进在履职中发挥更加切实有效的作用。会中央和一些地方组织，在社会服务工作与参政议政结合方面取得了很好的效果。如在贵州毕节的石漠化治理、甘肃民勤的沙漠化治理、金沙江干热河谷治理、生态家园富民工程等多个项目中，参政议政与社会服务工作互相配合，资源共享，成果相互转化，取得了相得益彰的效果。

（三）坚持顺势合力的务实原则。

当前的形势需要社会服务工作发挥出更大的效应，社会服务的客观需求非常广泛，因此我们要有所为有所不为，而且要顺势而为。党派成员都有自己的业务和专长，我们要努力帮助会员在事业上排忧解难，鼓励会员们以自己的专长特色、业务资源，用力所能及的方式来回报社会。要充分发挥各级组织的引导与集成作用、会员的主动作用和机关的枢纽作用。努力把会中央与省市地方组织和基层组织的智慧凝聚起来，把各级组织和广大会员的工作热情激发出来，把各级机关与专门委员会的力量整合起来，把代表人物、专家、学者与专职干部和广大会员的作用发挥出来，把会内力量与会外资源整合调动起来，摸索出符合规律性的路子和模式，使工作统筹协调发展，既巩固已有成果，又能拓展创新。同时要鼓励各级组织在开展社会服务工作中，围绕国家大局和中心任务，配合会中央的协调，根据各地组织的特点和优势，紧密结合当地实际，确定工作重点，在内容、组织方法、活动形式、规模程度及效果等方面不强求完全相同，务实为重。

三、与时俱进，推动我会社会服务工作再上新台阶

（一）新形势对参政党的社会服务工作提出了新要求

和平与发展仍然是时代主题。但国际关系调整变化深刻，国际力量消长加速，国际体系演变加快，世界和平与发展面临诸多难题与挑战。一方面，世界多极化不可逆转，经济全球化深入发展，各国相互依存日益紧密，国际力量对比朝着有利于维护世界和平的方向发展；另一方面，霸权主义和强权政治依然存在，局部冲突和热点问题此起彼伏，全球经济失衡加剧，传统安全威胁和非传统安全威胁（疾病蔓延、气候变化、资源短缺等）相互交织，世界依然很不安宁，使人类的发展和正常生活面临严重威胁。当前，大国关系的演变和战略竞争的走向，新兴大国对世界格局的影响，世界经济发展面临的重大风险，全球生态环境问题，海洋、极地、太空等领域的国际战略竞争，加强全球性问题治理，国际社会“中国责任论”调门升高，等等，都是很重大的动向，尤其需要我们高度关注、准确把握。

我国经济回升向好的基础进一步巩固，市场信心增强，扩大内需和改善民生的政策效应继续显现，企业适应市场变化的能力和竞争力不断提高。当前，我国的经济社会发展仍处在重要的战略机遇期和社会矛盾凸显期，新机遇新挑战都很突出，各种积极变化和不利影响同时存在，短期问题和长期矛盾相互交织，国内因素和国际因素相互影响，经济社会发展中“两难”问题增多，保持经济平稳较快发展、实现经济发展方式转变、维护社会和谐稳定的任务艰巨而繁重。我国社会变化呈现出复杂化、多元化的特征，深层次矛盾日益凸显，解决这些问题的难度加大。人们的民主意识、参与意识、竞争意识日益增强，多元的意识形态互相碰撞。两岸关系既有出现和平发展的新局面所带来的新机遇，也有阻碍进一步实现祖国和平统一的新挑战。对国际国内两个大局以及它们之间的关系，我们要力求有一个清醒的、全面的、正确的、辩证的认识。

在这样的形势下，一方面随着改革开放的深入，科学发展观日益深入人心，特别是随着我国社会建设的进展，社会管理的工作多了，社会和谐的要求高了，社会建设的任务重了，给民主党派的社会服务工作也提出了更多的需求；另一方面，社会慈善事业、社会公益事业和社会保障事业也在不断发展，日益健全，使参政党一些传统的社会服务工作领域和工作方式不可避免地面临新情况，对参政党开展社会服务工作的层次和水平，提出了更高的要求。我会的社会服务工作必须适应新形势，从实际出发，开拓创新，集智聚力、有思有行，顺势而为，开创我会社会服务工作的新局面。

（二）在继承的基础上开拓创新，促进我会社会服务工作再上新台阶

我们需要认真总结和继承发扬我会在多年社会服务工作中形成的好经验、好作风。特别要继承老一辈民进人“立会为公，参政为民”的光荣传统；感恩人民、报效祖国的赤子情怀；求真务实、深入群众的优良作风；存在优势、被社会需要的工作基础。同时又要用开拓创新的精神积极面对社会服务工作的新需求、新问题，改革和优化社会服务工作的体制和机制，争取更多更广的合作资源。紧紧围绕党和国家的中心任务，适应时代的变化

和社会需求的转移，在继承的基础上开拓创新，不断推动我会社会服务工作取得新成效。

一是理念创新，拓宽工作思路。要树立政治理念，增强参政党意识。民主党派的社会服务工作是一种政治行为、政党行为，不是可有可无、可做可不做的事，而是必须做并且要做好的事；要树立发展理念，把促进发展作为社会服务工作的第一要务；要树立和谐理念，把促进社会和谐作为履行参政党社会职能的出发点和落脚点，作为评价这项工作质量和水平的重要标准；要树立合作理念，充分利用会内外资源，集智聚力，开展社会服务工作。

二是制度创新，长效机制和应急机制相结合。社会服务工作需要做的事很多，既有长期性的工作，也有应对突发事件的临时性工作，这就要求我们不断建立健全社会服务工作的长效机制和各类的应急机制。实践证明，制度建设是做好社会服务工作的有力保障。

在对待长期性、日常性工作时，如定点扶贫，我会各级组织要根据自身的优势，结合会中央的中心工作以及本省的社会服务实际，做到提前规划、长远规划，建立长效机制，逐步实现社会服务工作的制度化、规范化、程序化，克服随意性，增强导向性、典型性、示范性，让帮扶对象得到实实在在的实惠，并产生辐射效应。

同时，在对待临时性、应急性工作时，如面对自然灾害和突发事件，要做到政治敏感、反映迅速、决策科学、效果显著。过去几次抗灾救灾工作中，我会各级组织和广大会员都表现出强烈的社会责任感，纷纷捐款捐物，积极参与救灾工作。但在工作中也出现协调不及时、信息不畅通等问题，为此，要建立健全应对自然灾害和突发事件的应急机制，确保我会社会服务工作更有序有效地开展，保护各级组织和广大会员的积极性。

三是内容创新，适应时代需要。社会服务工作的内容创新包括两方面，一方面要以新作为巩固老阵地，更加突出民进特色和优势。比如去年在发挥民进教育资源优势支边扶贫方面，会中央和省级组织联动，使分散、随意性较强的教育支边力量整合起来，开展了“彩虹行动”，以教师队伍建设为切入点，有计划、系统性、全方位帮助毕节金沙县的教育事业，以教育支持和人力资源开发带动全县发展。又比如对于民营企业家会员，提出“充分尊重、广泛联系、加强团结、热情帮助、积极引导”的工作方针，新建立“民进全国企业界会员联谊会轮值主席制度”，加强了企业界会员的自我管理。再比如为了顺应海峡两岸局势的新变化，我们的对台工作从“请进来”为主发展到“请进来”与“走出去”并重。另一方面，要在顺势中开拓新领域，为促进经济平稳较快发展、加快转变经济发展方式，为促进城乡区域、人与自然的协调发展发挥应有作用。要贴近社会、贴近群众、贴近民生、深入企业。努力把产业结构的优化，把生态环境的保护，把保障和改善民生作为重要着力点，协助党和政府做好协调关系、化解矛盾、增进团结的工作。特别是近期中央新疆工作座谈会召开以后，我们要增强政治敏感性，加强学习，充分认识到新疆的重要战略地位；全国各地都有支援新疆发展的责任，要把利用特色优势为新疆发展稳定服务作为民进下一阶段的一项重要任务，高度重视，认真思考，出谋划策，集智聚力。

四是方法创新，搭建服务平台。社会服务工作不仅仅是社会服务部门的工作，而是全会共同的任务。因此，要使社会服务工作走上可持续发展轨道，使社会服务工作的质量和水平不断提升，必须为广大会员服务社会搭建平台，引导他们有序参与。近年来，会中央在积极探索、搭建的组织平台，如企业界会员联谊会、开明画院、叶圣陶研究会，都发挥了重要作用。还有已建立的多个项目平台，如两岸的专业论坛、彩虹行动等，也为地方组织和广大会员的参与提供了机会，使社会服务工作与会员自身事业发展结合起来成为了可能。大家可以不拘泥于这些形式，希望结合实际，集思广益，不断创新。（如能否建立开明基金会？民办教育界会员是否也可以成立一个联谊会?）

（三）加强学习与研讨，推动社会服务工作的理论研究

建设学习型参政党，是民进十二届三中全会从执政党建设与参政党建设相互促进的要求出发，为建设适应时代要求的高素质参政党，提出的一项重大举措。会中央提出要把学习作为我会的基本特征，作为我会组织活动的重要内容，作为提高参政能力的关键环节，作为我会的整体性要求和共同责任，以有效的学习提高全会的凝聚力、创造力和执行力。社会服务工作是一项实践性很强的工作，也正因为如此，从事社会服务工作的同志往往容易重实践，轻理论；开展活动、联络协调的能力表现突出，调动发挥会内外力量，“集智聚力”工作做得不错，但经验总结和理论思考少一些，没时间或者不重视，简言之，就是“行”多“思”少。但是民主党派的社会服务工作，是一项政治性、政策性都很强的工作，离开了对理论的学习，对政策的把握，对时局的预见和对中国共产党领导的多党合作和政治协商制度、中国特色社会主义的正确认识，工作就会被动，缺乏全局观和开创性。“磨刀不误砍柴工”，只有加强理论学习，注重经验总结，认识事物规律，关注国家大局与中心任务，向执政党学习，向我会的前辈学习，向书本学习，向实践学习，向群众学习，我们的社会服务工作才会更加主动，更加有效，更加出色。希望从事社会服务工作的同志，在行动中不忘学习、不忘思考，及时总结经验，上升为对规律的认识，即理论成果，并且用理论进一步指导社会服务的实践。把学习和思考的习惯内化到思维里，渗透到工作中。

总之，全会要进一步提高对社会服务工作重要意义的认识。各级组织要把社会服务工作列入议事日程，做好工作规划，精心研究，抓出实效；主要领导要亲自过问社会服务工作，经常督促、检查和指导，帮助从事社会服务工作的同志解决工作中遇到的困难和问题。广大会员要树立社会服务是应尽的义务和职责的思想，积极投身到社会服务工作中去。全会上下一起努力，积极融入社会，服务社会，奉献社会，为坚持和完善中国共产党领导的多党合作和政治协商制度，为夺取全面建设小康社会新胜利、开创中国特色社会主义事业新局面而不懈奋斗！

中国民主促进会第十二届中央常务委员会工作报告

（2010 年 12 月 10 日）

中国民主促进会第十二届中央委员会第四次全体会议于 2010 年 12 月 8 日至 10 日在北京举行。会议认真学习贯彻中共十七届五中全会精神，听取、审议了严隽琪主席代表中央常务委员会所作的工作报告。全会认为，工作报告对 2010 年工作的总结实事求是，对 2011 年工作的部署切实可行。全会同意这个报告。会议还听取了潘贵玉副主席代表民进中央监督委员会所作的 2010 年度工作情况报告。

全会认为，中共十七届五中全会作出的《中共中央关于制定国民经济和社会发展第十二个五年规划的建议》，是指导今后五年我国经济社会发展的纲领性文件。我会各级组

织和广大会员要认真学习中共十七届五中全会精神，将思想和行动统一到中共中央的决策部署上来，深刻认识我国发展仍处于可以大有作为的重要战略机遇期，进一步增强机遇意识和忧患意识，紧紧围绕科学发展的主题和加快经济发展方式转变的主线，深入调查研究，积极建言献策，为实现“十二五”时期我国经济社会发展目标团结奋斗。

全会充分肯定中央常务委员会2010年的工作。一致认为，在过去的一年中，在中央常务委员会的领导下，我会坚持“有思有行、集智聚力、顺势而为、开拓创新”的工作方针，以树立和践行社会主义核心价值体系为主线，以创建先进地方组织、基层组织和加强机关建设为载体，切实加强自身建设；以促进经济发展方式转变和改善民生为着力点，积极履行参政党职能，各项工作取得了新进展。

全会强调，2011年是我国实施“十二五”规划的开局之年，是会中央和省级组织做好换届筹备工作的关键之年。我会要高举中国特色社会主义伟大旗帜，深入学习贯彻科学发展观，以深入开展树立和践行社会主义核心价值体系、进一步提高我会履职能力为重点，不断推进适应时代要求的高素质参政党建设。要围绕“十二五”规划的制定和实施，更加重视民意、关注民生，在经济社会发展的重大问题上，提出具有前瞻性、战略性的意见建议，更好地发挥参政党作用，努力开创我会各项工作的新局面。

全会号召，我会各级组织和广大会员要更加紧密地团结在以胡锦涛同志为总书记的中共中央周围，坚定信心，振奋精神，扎实工作，为促进经济发展方式转变、保持社会和谐稳定，为实现全面建设小康社会的宏伟目标做出新贡献！

民进中央2010年工作要点

（2010年2月5日民进中央十二届十次主席会议审议通过）

按照会中央总体工作部署，结合民进十二届三中全会提出的任务，2010年民进中央工作总的要求是：高举中国特色社会主义伟大旗帜，以中国特色社会主义理论为指导，深入学习贯彻科学发展观，学习中共十七届四中全会精神，按照“有思有行、集智聚力、顺势而为”的工作思路，进一步坚定信心、务实创新，继续推进执政党建设和参政党建设相互促进、会中央工作和地方组织工作相互促进、自身建设和履行职能相互促进、实际工作与理论研究相互促进，动员全会力量，发挥我会优势，积极履行参政党职能，建设学习型政党，全面推进适应时代要求的高素质参政党建设，切实提升我会的整体素质和能力，推动我会工作上新台阶新水平。据此，提出民进中央2010年工作要点如下：

一、努力建设学习型政党，切实加强思想建设

坚持以中国特色社会主义理论体系为指导，深入学习贯彻中共十七届四中全会精神，努力建设学习型政党，以民进成立65周年为契机，以落实民进全国宣传思想工作会议精神为抓手，提高宣传工作的实效性，切实加强全会的思想政治工作。

1. 加强对建设学习型政党的指导，提高全会的理论水平和政治思想素质。起草《民

进中央关于建设学习型政党的意见》，指导全会树立学习理念，营造学习氛围，改善学习机制，促进学习交流，实现工作学习化，学习工作化，建设学习型政党。继续深入学习贯彻科学发展观和中共十七届四中全会精神，进一步提高全会学习贯彻科学发展观的水平，努力把学习成果转化为服务科学发展和促进自身科学发展的思路和举措，编发《民进全会学习贯彻科学发展观成果汇编》。

2. 开展社会主义核心价值体系主题教育。指导全会认真研读《六个为什么》，深刻理解、准确把握社会主义核心价值体系的基本内容和精神实质。利用会中央网上交流平台，面向社会热点和难点问题，有针对性地开展对广大会员的思想引导。结合民进成立65周年和创建民进全国先进地方组织、先进基层组织活动，组织开展宣讲活动和有奖征答活动，巩固和深化走中国特色社会主义道路主题教育活动的成果。

3. 推进网站建设和网络宣传。召开民进全国网络宣传工作会议，研究网络传播的动态与对策，交流网络宣传的经验和做法。加强与省级组织的联动与互动，形成网络宣传的合力。加强网站管理和编辑作者队伍建设。

4. 进一步完善宣传思想工作机制。认真落实《民进中央关于加强新形势下我会思想建设的意见》，积极推进“三个共享”工程：学习共享工程、宣传共享工程、培训共享工程，努力促进中央、地方和基层宣传思想工作的统筹协调发展。

二、大力加强组织建设，优化我会整体结构，激发组织活力和凝聚力

认真贯彻落实民进全国组织工作会议精神，坚持中央和地方工作相互促进、自身建设与履行职能相互促进，不断健全工作机制、探索工作规律、促进工作创新，推动全会组织工作迈上新台阶。

1. 推动民进全国先进地方组织、先进基层组织创建活动，召开“民进全国先进地方组织、基层组织表彰大会”，进一步激发地方组织和基层组织的活力和凝聚力。

2. 加强后备干部队伍建设。扩大培训资源与培训力度，贯彻落实《民进中央关于加强省级组织领导班子后备干部队伍的意见》，举办“民进全国骨干会员培训班”，通过举办培训班培养人才，充实后备干部队伍人才库。

3. 做好届中调整工作。完成中央委员的届中增补工作，指导和帮助省级组织完成届中调整，进一步加强各级领导班子建设的组织保证。

4. 有序推进会内民主。进一步贯彻落实《各民主党派中央关于加强地方组织领导班子建设座谈会纪要》精神和继续实施《民进全国代表大会代表联系办法（试行）》，指导地方组织开展届中述职和贯彻落实代表联系办法，建立省级组织监督委员会试点，进一步推进会内监督机制建设，稳步推进会内监督。

三、以科学发展观为指导，进一步提高参政议政、民主监督能力

加强对国际形势和我国基本国情的了解，在一些事关全局和民生的重大问题上，提出具有全局性、前瞻性、可操作性的意见和建议，为保持经济平稳较快发展、转变经济发展方式、保障改善民生、维护社会稳定和制定国家“十二五”规划作出积极贡献。

1. 围绕中心，抓住重点，做好课题立项与实施。重点围绕教育、文化、出版、科技创新和节约资源等方面，为国家制定“十二五”规划建言献策。以民进中央年度专题考

察为重点，以各专委会和地方组织调研为基础，继续做好参政议政课题立项和实施，完善参政议政课题立项工作，加大跟踪督促力度。

2. 继续加强信息工作。深入学习领会 2009 年“民进中央参政议政年会”主要精神，采取多种形式，利用各种渠道，不断提高全会提案和信息工作质量。

3. 进一步完善集智聚力的参政议政工作机制。继续建设好网上参政议政平台，扩大其使用范围。完善与上海社科院、清华大学政治经济学研究中心的参政议政课题合作机制，与北师大合作建立中国教育政策研究院。根据实际，进一步办好“中国教师发展论坛”、“长江保护与发展研讨会”和“民进中央参政议政年会”。

4. 进一步加强参政议政骨干人才队伍建设。支持和加强会中央专委会工作，重视参政议政骨干人才队伍建设。充分利用会中央和地方各种参政议政工作会议，加大培训力度，支持地方组织开展工作。

四、发挥我会特色和优势，与时俱进地推进社会服务工作

按照“找准角度，求真务实，力所能及，竭尽全力，务求实效”的要求，充分发挥各级组织和广大会员的积极性和主动性，与时俱进地创新工作方式，开展社会服务工作。

1. 召开民进全国社会服务工作会议。交流社会服务工作经验，研讨新形势下如何开展社会服务工作，培训专干人员。适时开展民主党派社会服务工作理论征文活动。

2. 把参与毕节试验区建设作为支边扶贫工作的重点。发挥界别优势，依靠地方组织资源，开展支持毕节教育的“彩虹行动”。开展医疗、文化、教育“三下乡”活动；在国务院定点扶贫县——安龙县开展石漠化治理和新农村建设；继续关注石羊河流域重点治理以及节水农业和防沙治沙等工作。

3. 加强与拓展海外联谊的渠道及方式。在原有对台工作的基础上，加强文化、教育和企业等方面入台交流工作。召开“第八届海峡两岸传统文化与现代化（电影专题）研讨会”；组织民进教育界会员入台开展教育交流活动；组织民进书画界会员入台开展文化交流活动。联委会开展一项对台专题调研。

4. 加强平台建设。举行叶圣陶研究会换届大会；举办民进民办教育工作研讨会，为民进民办教育界会员提供交流的平台；举办民进企业家联谊会联席会议，为民进企业界会员提供沟通与学习的平台；积极推进“开明基金会”筹备工作。

五、纪念民进成立 65 周年，努力开展理论研究和会史工作，积极为会中央领导决策服务

按照“实际工作与理论研究互相促进”的要求，加强参政党理论研究，切实指导和推动各项工作，为我会建设高素质参政党和履行职能提供理论支持。增强大局意识、全局意识、服务意识，积极为会中央领导决策服务。

1. 努力提高为会中央决策服务的水平。密切关注国际国内形势发展，学习掌握国家大政方针、多党合作理论和实践的新发展，进一步完善《决策参考》（试刊）的编辑工作。继续利用好南北两个“合作中心”，以灵活多样的形式，采集研究成果，及时、准确地为会中央领导提供适用的信息和资料。

2. 积极推动参政党理论研究。坚持以应用理论研究为主，围绕全会工作重点，下发参政党理论研究课题，指导全会理论研究工作。紧密依靠我会理论研究人才，广泛联系相关理论专家和学者，不断提高理论指导实践的水平。为地方统战理论研究机构提供服务，交流成果。编辑出版“纪念多党合作制度确立60周年论文集”。

3. 纪念民进成立65周年，开展优良传统教育。召开纪念民进成立65周年座谈会，重印会章并收入会章宣讲资料，编印民进会史学习资料，编辑《民进会史教育基地简介》，充分运用会章会史和教育基地，开展优良传统及其时代意义教育。重视会史工作队伍建设，对省级组织会史工作联络员进行网络培训。编辑出版《中国民主促进会年鉴2009》（试刊）。收集整理《会史资料选辑（第五辑）》，编辑出版《许广平》、《叶至善》、《徐伯昕》传略。

六、创建学习型机关，切实提高工作能力和服务水平

按照《公务员法》的要求，以促进机关干部的成长和发展为出发点，创建学习型机关，实现机关的新老交替和政治交接，加强制度化、规范化建设，改进机关作风，提高机关工作效率，促进机关工作创新。

1. 进一步加强机关干部队伍建设。坚持以学习能力、工作创新能力为重点，继续加强干部培训工作，提高机关干部综合素质，进一步夯实工作基础；继续完善各项工作制度，规范工作程序。适时召开有关机关工作研讨会。

2. 加强机关文化建设。推动机关干部树立和践行社会主义核心价值体系，加强机关文化建设；丰富文化活动载体，构建文化活动平台，增强机关凝聚力。

3. 进一步加强信息化建设。进一步完善机关网络安全体系，提高网络安全水平。努力做好“民进中央信息资源管理平台”、“民进组织管理应用系统”、“民进参政议政网站平台”的推广、应用、培训工作。

会中央机关各部门结合上述工作要点，并结合部门的工作职责，制定本部门工作计划。

民进中央关于树立和践行社会主义核心价值体系推进学习型参政党建设的意见

（2010年3月19日）

民进各省、自治区、直辖市委员会：

树立和践行社会主义核心价值体系、建设学习型参政党，是民进十二届三中全会提出的一项重大战略任务，是我会积极应对世情、国情和会情的深刻变化，加快建设适应时代要求的高素质参政党的重大举措。会中央要求全会各级组织，把这一举措作为近年来开展的中国特色社会主义主题教育活动的深化和延续，做好长期规划和近期安排，切实抓紧抓好，落到实处。

一、树立和践行社会主义核心价值体系、推进学习型参政党建设的意义和内涵

在大发展大变革大调整的时代，在新情况、新问题、新矛盾不断涌现的新阶段，在全

球思想文化交流交融交锋、各种挑战和考验纷繁复杂的社会环境中，树立和践行社会主义核心价值体系、推进学习型参政党建设，是民进适应时代发展要求，与时俱进的需要，是巩固全会多党合作共同思想基础、保持进步性和广泛性的需要，是进一步履行参政党职能、发挥作用的需要。实现这一重大战略任务，对于我会解决好自身建设的两大历史性课题，具有非常紧迫而现实的意义。

树立和践行社会主义核心价值体系，是用社会主义本质和主导的意识形态，包括马克思主义指导思想、中国特色社会主义共同理想、民族精神和时代精神、社会主义荣辱观，指引我会前进的方向、道路和目标，引领广大会员的思想行动，为推动多党合作与民进事业的蓬勃发展提供强大的精神力量。

建设学习型参政党，是把学习作为全会的基本特征，作为全会自身建设的战略任务，作为提高参政能力的关键环节；作为各级组织活动的重要内容，作为会员干部的重要标志，作为全会的整体性要求和共同责任，坚持全会学习、全员学习、终身学习，把学习制度化、机制化，以有效的学习提高全会的凝聚力、创造力和执行力。

二、树立和践行社会主义核心价值体系、推进学习型参政党建设的指导思想和目标

高举中国特色社会主义伟大旗帜，坚持以邓小平理论和“三个代表”重要思想为指导，深入贯彻落实科学发展观，全面贯彻中共十七大和十七届三中、四中全会精神，落实民进十二届三中全会精神，以提高思想政治素养、弘扬优良传统作风、优化知识结构、增强创新能力、提升道德修养为目标，以建设学习型组织、学习型领导班子、学习型机关为抓手，在全会继续巩固中国特色社会主义政治发展道路的道路认同、全面建设小康社会的目标认同和中华优秀文化的价值认同，进一步形成重视学习、崇尚学习、坚持学习的浓厚氛围，建立健全管用有效的学习工作制度，进一步提高全会的学习能力和实践能力，增强应对各种风险和挑战的能力，更好地服务国家科学发展，促进自身科学发展。

三、树立和践行社会主义核心价值体系、推进学习型参政党建设的内容和重点

（一）坚持用中国特色社会主义理论体系武装全会思想。组织广大会员干部努力学习马列主义、毛泽东思想，深入学习邓小平理论、“三个代表”重要思想，认真学习领会科学发展观，全面学习统一战线和多党合作理论、方针和政策。提倡阅读原著，系统地掌握马克思主义中国化最新成果，深刻领会贯穿其中的马克思主义立场、观点、方法，不断增强学习贯彻中国特色社会主义理论体系的自觉性和坚定性。

（二）学习践行社会主义核心价值体系。树立和践行社会主义核心价值体系，是建设学习型参政党的重要任务。要把握社会主义核心价值体系的灵魂、主题、精髓和基础，切实增进理论认知。要突出坚持中国共产党的领导、坚持中国特色社会主义政治发展道路这一主题，牢固树立中国特色社会主义共同理想，矢志不移坚持我国社会主义政治制度和经济制度，大力弘扬我国多党合作事业的优良传统，不断巩固共同团结奋斗的思想政治基础。

要把社会主义核心价值体系作为我会推进政治交接的重要载体和新内容，体现在民进的指导思想、政治纲领、素质作风和组织制度等各个方面，内化为广大会员的价值取向，外化为行为准则。引导广大会员进一步树立正确的世界观、人生观和价值观，坚定中国特色社会主义的理想信念，弘扬民族精神和时代精神，培养高尚道德情操和健康生活情趣，保持昂扬向上的精神状态。

（三）学习中国民主促进会的章程和会史。在全会大力宣传和普及会章会史知识，深入开展民进优良传统教育。引导广大会员认清参政党的地位和性质，明确我会的政治纲领和基本任务，遵循会的工作总则和组织制度，履行自己的权利与义务。牢记民进成立65年来的光荣历史、重大贡献和基本经验，继承和发扬我会的优良传统，并不断赋予新的时代内涵。

（四）学习掌握履行参政党职能所必需的各方面知识。积极推动广大会员干部学习人类创造的文明成果，学习现代化建设所需要的经济、政治、文化、科技、社会和国际等多方面的知识，学习国家法律法规，了解国情和形势政策。各级领导干部要努力掌握科学的新思想、新知识、新经验，成为带领各级组织参政议政的行家里手。

（五）学习总结实践中的成功经验。既要向书本学习，又要向实践学习、向群众学习。各级组织和领导干部要深入改革开放的生动实践，深入基层组织，加强调查研究，虚心向群众和会员请教，善于集中、总结他们的智慧和创造的经验。要善于学习借鉴中共党组织、兄弟党派的好经验、好做法，丰富和拓展自身工作的思路和办法。

四、树立和践行社会主义核心价值体系、推进学习型参政党建设的原则和要求

（一）坚持解放思想、实事求是，鼓励大胆探索。各级组织要适应时代条件、社会环境、生活方式和会员状况的新变化，不断创新学习工作的理念、内容、方法和手段，开展各种形式的学习、践行和创建活动，使这项工作富有时代特点，更加生动活泼。

（二）坚持理论联系实际，务求实效，切实推动实际问题的解决。各级组织开展这项工作，要与推进政治交接、履行参政党职能、加强自身建设相结合。要把学习、践行的成果转化为运用科学理论、科学知识和正确价值观分析与解决实际问题的能力，形成学以致用、用以促学、学用相长的良性循环。

（三）坚持领导干部作表率，调动广大会员的积极性主动性。各级领导干部要坚持把学习作为提高素养、增长本领、做好领导工作的根本途径，先学一步，学深一些，作不断学习、善于学习的表率，推动会组织和会员的学习。要充分发挥广大会员的主体作用，激发会员的学习热情，满足会员多方面的学习需求。

（四）坚持“自觉、自主、自为”，营造宽松和谐的氛围。各级组织要注意发扬民主党派自我教育的传统，坚持自己提出问题，自己分析问题，自己解决问题，在尊重差异中扩大认同，在包容多样中增进共识。

全会各级组织和领导班子，要进一步提高认识、统一思想，切实加强对这一重大任务的组织领导。各级领导干部要带头强素质，讲风范，比贡献，作表率。各级宣传、组织、研究和行政部门及专职干部要形成工作合力，动员和吸引广大会员积极参与，把我会树立和践行社会主义核心价值体系、推进学习型参政党建设的工作扎实有效地向广度和深度推进。

中国民主促进会中央委员会
二〇一〇年三月十九日

中国民主促进会第十二届中央委员会第四次全体会议决议

（2010 年 12 月 10 日）

中国民主促进会第十二届中央委员会第四次全体会议于 2010 年 12 月 8 日至 10 日在北京举行。会议认真学习贯彻中共十七届五中全会精神，听取、审议了严隽琪主席代表中央常务委员会所作的工作报告。全会认为，工作报告对 2010 年工作的总结实事求是，对 2011 年工作的部署切实可行。全会同意这个报告。会议还听取了潘贵玉副主席代表民进中央监督委员会所作的 2010 年度工作情况报告。

全会认为，中共十七届五中全会作出的《中共中央关于制定国民经济和社会发展第十二个五年规划的建议》，是指导今后五年我国经济社会发展的纲领性文件。我会各级组织和广大会员要认真学习中共十七届五中全会精神，将思想和行动统一到中共中央的决策部署上来，深刻认识我国发展仍处于可以大有作为的重要战略机遇期，进一步增强机遇意识和忧患意识，紧紧围绕科学发展的主题和加快经济发展方式转变的主线，深入调查研究，积极建言献策，为实现“十二五”时期我国经济社会发展目标团结奋斗。

全会充分肯定中央常务委员会 2010 年的工作。一致认为，在过去的一年中，在中央常务委员会的领导下，我会坚持“有思有行、集智聚力、顺势而为、开拓创新”的工作方针，以树立和践行社会主义核心价值体系为主线，以创建先进地方组织、基层组织和加强机关建设为载体，切实加强自身建设；以促进经济发展方式转变和改善民生为着力点，积极履行参政党职能，各项工作取得了新进展。

全会强调，2011 年是我国实施“十二五”规划的开局之年，是会中央和省级组织做好换届筹备工作的关键之年。我会要高举中国特色社会主义伟大旗帜，深入学习贯彻科学发展观，以深入开展树立和践行社会主义核心价值体系、进一步提高我会履职能力为重点，不断推进适应时代要求的高素质参政党建设。要围绕“十二五”规划的制定和实施，更加重视民意、关注民生，在经济社会发展的重大问题上，提出具有前瞻性、战略性的意见建议，更好地发挥参政党作用，努力开创我会各项工作的新局面。

全会号召，我会各级组织和广大会员要更加紧密地团结在以胡锦涛同志为总书记的中共中央周围，坚定信心，振奋精神，扎实工作，为促进经济发展方式转变、保持社会和谐稳定，为实现全面建设小康社会的宏伟目标作出新贡献！

在奉献中感受幸福　在“我的幸福观——庆祝雷洁琼 105 华诞座谈会”上的讲话

（2010 年 9 月 11 日）

严隽琪

各位领导，各位来宾，各位同志：

今天，我们怀着十分崇敬和喜悦的心情在这里隆重集会，共同庆祝雷洁琼先生 105 华诞。首先，我代表民进中央和民进11万7千多名会员，衷心地祝愿敬爱的雷老生日快乐、健康更长寿！

9月8日，中共中央政治局常委、全国政协副主席贾庆林，代表中共中央到雷老家中向她祝贺生日，并作了重要讲话。对雷老伟大的一生，给予了高度的肯定。赞扬雷老“德高望重”，“赢得了大家的尊重和爱戴”，指出雷老与中国共产党长期亲密合作、肝胆相照，“是党值得信赖的亲密朋友，是统一战线和民主党派成员的一面旗帜”。

贾庆林同志希望民主党派广大成员学习雷洁琼同志等老一辈领导人为祖国、为人民、为事业执着追求、无私奉献的精神，不断增强对社会主义核心价值体系的理解和把握，使老一辈领导人的坚定信念、优良传统和高尚风范代代相传，巩固多党合作的共同思想政治基础，推动统一战线和多党合作事业持续健康发展。贾庆林同志的讲话体现了中共中央对多党合作的高度重视和对民主党派同志的亲切关怀，有很强的指导意义，我们要认真学习。

敬爱的雷老在105年的人生历程中，经历了近现代祖国从衰弱到奋起、从新生到繁荣、从积贫积弱到全面建设小康社会的不平凡过程，她是我国著名的社会学家、妇女运动的领导者、社会活动家、中国共产党的挚友和中国民主促进会的杰出领导人。

雷老是伟大的爱国主义者。“爱国”二字，她一生践行。一二·九运动中，她与学生冒着凛冽寒风并肩游行，是燕京大学唯一参加游行的女教师。抗战爆发后，在抗日民族统一战线的感召下，她毅然来到江西农村，宣传抗日救国。她撰写文章，举办讲座，创办刊物，发动群众，培训妇女，为抗日救亡运动作出了积极贡献。抗战胜利后，她对国民党政府的独裁统治和内战阴谋深感失望，又积极投入到反对内战、争取和平的斗争之中。1946年6月，上海人民团体联合会组织上海各界人士赴南京和平请愿团，41岁的雷洁琼是请愿团中最年轻的一位。在南京下关车站，请愿团遭到国民党特务暴徒的毒打，她血洒现场、身负重伤。血淋淋的现实，使她更加深刻认识到国民党政府的反动本质，坚定了跟中国共产党走的决心。

雷老是中国共产党的亲密朋友。在参加抗日救亡运动期间，就和中国共产党有密切的交往。1948年，她积极响应中共中央“五一口号”，1949年初奔赴西柏坡与中国共产党人共商国是，受到毛泽东等中共领导人的亲切接见，开始了在中国共产党领导下，与中国共产党肝胆相照、亲密合作的生涯。1949年9月，她出席了第一届全国政协全体会议，并参加了开国大典。新中国成立后，无论岗位如何变化，遭遇怎样波折，她对中国共产党和新中国的热爱都坚定不移。在革命和建设事业中，她与毛泽东、邓小平、江泽民、胡锦涛等中共中央领导人建立了深厚的友谊。她曾深情地回忆说，几十年的经历充分表明，没有共产党就没有新中国，只有共产党才能救中国，这是千真万确的真理。

雷老是中国民主促进会的创始人之一并长期担任民进的领导工作。抗战结束后，中国面对两种前途、两种命运的抉择。1945年12月30日，雷老和马叙伦、王绍鏊、周建人等人在上海发起成立了中国民主促进会，坚决主张实现和平、民主和统一，同国民党反动派展开了针锋相对的斗争。新中国成立后，雷老协助马叙伦、周建人、叶圣陶三任民进中央主席带领民进全会制定和贯彻社会主义的政治纲领，积极促进社会主义各项事业的发展。1987年雷老当选为第七届民进中央主席，她带领民进全体成员，在我国社会主义现代化建设和多党合作的新形势下，服务改革开放大局，在教育文化出版、科技医卫及精神文明建设等方面积极参政议政，努力为改革、发展和社会稳定做实事，主动开展社会服务和海外联谊工作。中共中央 1989 年 14 号文件颁布后，雷老高度重视在全会开展学习与贯彻落实，她指出："《意见》明确了民主党派参政的基本点，明确了发挥民主党派监督作用的总原则，也明确提出了要支持民主党派加强自身建设。我会要积极进取，努力工作，真正担负起参政党的历史责任。"她强调："发挥参政党作用和加强自身建设，是我会面临的双重任务，这两者必须全面安排，有机结合，不要偏废。这个精神，我们全会各级组织都要有明确的认识。"晚年从民进中央领导岗位退下来后，雷老仍关心民进的新老交替和政治交接，关心广大民进会员特别是青年会员的成长，多次嘱咐年轻一代要发扬优良传统，以党为师、立会为公、参政为民、服务为本。

雷老是著名的社会学家、法学家、社会活动家和教育家。早在上世纪二十年代，她赴美研读社会学，回国后在燕京大学教书，经常带学生到乡村进行社会调查，致力于解决中国的社会问题。新中国成立之初，百废待兴，雷老极为关注社会民生，为我国教育事业、社会主义法制的建立健全、妇女解放、儿童保护和社会进步等各项事业做出了不懈努力。为 1950 年颁布的新中国第一部法律《中华人民共和国婚姻法》、1954 年颁布的《中华人民共和国宪法》等重要法律的制定，做了大量工作，并撰写了一系列文章，维护、宣传、阐释社会主义法制精神，促进和提升民众的法制观念。她在担任全国人大和全国政协领导职务期间，积极参加国家政治生活，参与国家大政方针和重要事务的协商。她先后担任香港和澳门特别行政区基本法起草委员会委员，为实现香港、澳门回归祖国做出了贡献。对外交往方面，从 1953 年到 1997 年，雷老先后 20 多次参加或率团出国访问、参加国际会议，足迹遍及五大洲，她广交海内外朋友，在国际讲坛上一次次发表演讲，传播和展示我国改革开放和现代化建设成就，为促进国际合作交流，促进中国人民与世界各国人民的友谊发挥了积极作用。

雷老把全部心血献给了祖国和人民，在她的人生轨迹中始终贯穿着一条红线——爱国、爱人民、爱真理、爱社会主义、爱中国共产党。雷老的人生哲学是无私的奉献，是不懈的追求。在《我的幸福观》一文中，雷老说"为了他人，为了集体，为了人民，为了国家的利益，甘愿或多或少的作出自我牺牲，自己从中得到满足，得到快乐，从而得到人们的尊敬和爱戴，我认为这是最高的荣誉，是最大的幸福。""不断地追求，不断地奉献，从而得到满足和快乐，这就是我最大的幸福。"这正是雷老为国为民持续操劳的内在动力，是她人格魅力的基础。雷老的人生历程、雷老爱国爱民的精神和无私奉献的高尚情操，是民进优良传统的典范。我会全体同志都要以雷老为楷模，树立高尚的幸福观。

当前，民进全会正在开展树立和践行社会主义核心价值体系，推进学习型参政党建设。建设社会主义核心价值体系，是中国共产党深刻把握时代发展要求、与时俱进地推进社会主义意识形态建设的重大举措，对中国共产党、对中国特色社会主义事业、对各民主党派都具有非常紧迫而现实的意义。作为中国共产党领导下的参政党，民进要从致力于中国特色社会主义事业、履行参政党职能的历史使命出发，把社会主义核心价值体系贯彻在参政党建设的各个方面，正确把握社会主义核心价值体系的深刻内涵，充分发挥其在凝聚力量、引领风尚、教育参政党成员方面的重大作用，努力把它转化为广大成员的人生态度、行为准则、价值取向、愿望要求和自觉行为，进一步形成统一的指导思想、共同的理想信念、强大的精神支柱和基本的道德规范，为全面建设小康社会、加快推进社会主义现代化提供强有力的思想保证和精神支持。

树立和践行社会主义核心价值体系是近年来开展的中国特色社会主义主题教育活动的深化和延续。要与继承和弘扬民进优良传统相结合。今年是民进成立65周年，在65年的民进历史中，马叙伦、周建人、叶圣陶、雷洁琼等民进老一辈领导人团结和带领全会一道前进，形成了坚持接受中国共产党的领导，坚持爱国民主团结求实，坚持立会为公的优良传统；形成了以党为师、立会为公、参政为民的共同价值理念；形成了“知行合一、爱民亲民、淡泊名利、不尚空谈”的“老实党”作风。民进的每一位创始人都是一本大书，作为后来者，应该老老实实地去读。今天我们正是要从雷老这部大书中汲取精神的营养，不断完善自身，推进政治交接。政治交接是民主党派的一项长期的战略任务。政治交接的重点是继承和发扬民主党派老一辈长期与中国共产党团结合作形成的政治信念、优良传统和高尚风范。我们民进的后来人要不断增强对优良传统的理解和把握，在工作实践中不断赋予优良传统以时代内涵，保持和增强民进组织的进步性、凝聚力和活力，这是一个历久弥新的主题。

树立和践行社会主义核心价值体系要与履行参政党职能相结合。树立和践行社会主义核心价值体系，是深入贯彻科学发展观、切实履行参政党职能的重要保障。我们要把促进经济平稳较快发展、加快转变经济发展方式作为履行职能的首要任务，自觉围绕中心，服务大局；把实现科学发展、社会和谐的目标使命转化成为党分忧、为国尽力、为民尽责的实际行动。要系统总结民进履行参政议政、民主监督职能，开展社会服务工作的成功经验，根据科学发展观的要求，提高民进参政议政的能力和水平，开拓民主监督新形式，研究改善履行职能的有效机制。要引导广大成员把本职岗位作为践行社会主义核心价值观的基本平台，甘于奉献，在岗位上体现价值，在工作中实现理想。在不断的追求，不断的奉献中得到满足和快乐，实现人生的幸福。

我心中的雷老温良而又睿智，这一定与中国优秀传统文化的浸染不无关系，但雷老的温良敦厚之中又蕴含着火一般的热情和钢铁一般的意志，这是一位经历中国人民求独立、求解放与社会主义现代化建设的历史洪流锻造而成的伟大现代女性。雷老始终保持着关心国家大事、关注社会民生的习惯，这不仅因为雷老的专业背景，更出自她对祖国和人民的满腔热情与赤子之心。雷老曾经赞颂赵朴老：“平易谦和，诚朴敦厚，谨言慎行，表里如一”，这不也正是雷老自己的真实写照吗！马克思说：“经验赞美那些为大多数人带来幸福的人是最幸福的人。”所以，充满爱心、不懈追求、勤奋奉献的雷老是幸福的。孔子在《论语·雍也》中指出：“仁者寿。”所以，胸怀坦荡、宽容大度、乐观豁达的雷老健康长寿。

雷老的榜样，将一直激励和鞭策我们继续前进，为我国多党合作事业的发展、为民进事业的发展书写新的篇章。

让我们再次祝福我们敬爱的雷老健康幸福更长寿！

中国农工民主党

中国农工民主党第十四届中央常务委员会2010年工作报告

（2010年12月11日）

桑国卫

各位委员、各位同志：

我受中央常委会委托，向第十四届中央委员会第四次全体会议报告工作，请予审议。并请列席会议的同志提出意见。

一、2010年工作

过去的一年，我党中央认真贯彻中共中央的决策部署，学习贯彻中共十七大和中共十七届三中、四中、五中全会精神，以邓小平理论和“三个代表”重要思想为指导，学习贯彻科学发展观，坚持把发展作为参政议政的第一要务，落实我党十四届三次中央全会确定的2010年工作任务，各项工作都取得了新成绩。

（一）紧密围绕中共中央的决策部署参政议政

一年来，我党中央认真学习贯彻胡锦涛总书记今年2月10日在党外人士迎春座谈会上的重要讲话精神，紧密围绕中央经济工作会议确定的2010年经济工作重点参政议政，把促进经济发展方式转变作为重要任务，把促进保障和改善民生作为重要着力点，把促进社会和谐作为重要责任，开展调查研究，反映社情民意，积极建言献策。至11月底，我党中央以提案、调研报告、社情民意信息等形式提出的意见和建议，有19件中共中央、国务院领导同志作了重要批示。

积极参与政治协商。今年以来，中共中央、国务院先后就关于党风廉政建设和反腐败工作、关于政府工作报告、关于国家经济工作、关于制定“十二五”规划，以及其它关系国家全局的重大问题，召开了6次党外人士座谈会，每次座谈会我党中央都高度重视，认真准备，在调查研究的基础上，积极提出意见和建议。

在中共中央7月中旬召开的党外人士座谈会上，我党中央就加快经济发展方式转变和经济结构调整、搞好宏观调控和保持经济平稳较快发展提出三点建议：一是发挥消费对经济增长的更大拉动作用是一个渐进的过程，保持经济平稳较快发展，需要继续加强投资结构的调整；二是积极利用资本市场促进加快经济发展方式转变；三是加速发展生物与医药产业，促进加快经济发展方式转变。

中共中央高度重视各民主党派对制定“十二五”规划的意见和建议。8月中旬，胡锦涛总书记主持召开党外人士座谈会，听取各民主党派中央、全国工商联、无党派人士的意见，我党中央就培育发展战略性新兴产业、增强科技创新能力和完善科技创新体制机制、实施区域发展战略和深入推进西部大开发、保障和改善民生、加快医疗卫生事业改革发展等五个方面提出建议。在全国政协8月份召开的关于“十二五”规划的专题协商会上，陈勋儒副主席代表我党中央作了题为《加快收入分配制度改革是拉动内需和转变发展方式的必由之路》的发言，就收入分配制度改革问题提出建议。

我党中央领导人应邀参加重要外事和国事活动，列席国务院重要会议。我党地方组织的领导人，出席中共党委和政府召开的协商会、座谈会，参与地方重大方针政策的协商，分别就政府工作、经济工作、“十二五”规划、保障和改善民生等事关经济和社会发展的重大问题积极提出意见和建议，为科学决策作贡献。

调研工作取得新成果。今年6月初，我党中央邀请发改委、科技部、财政部、国家海洋局等单位的领导和专家，赴天津开展了“我国海水淡化和综合利用产业发展”调研，在北京召开了“规划建设海洋公园体系、促进海洋生态文明建设”专题座谈会，研究探讨我国海洋环境保护与开发的新模式。在深入调研的基础上，向中共中央报送了《关于尽快将海水淡化作为解决我国水资源紧缺的重要举措的建议》，胡锦涛总书记、温家宝总理、李克强副总理等中共中央、国务院领导同志作了重要批示。建立国家基本药物制度是我国医改的一个重要目标，今年我党中央组织开展了关于“国家基本药物制度基层试点情况”的大考察。7月中旬，我党中央在北京主持召开了“国家基本药物制度基层试点情况”专题座谈会。7月下旬，我党中央领导率考察团赴河南安阳、焦作、郑州等地调研考察，8月上旬赴山东济南、烟台等地调研考察。中共中央统战部、发改委、工业和信息化部、财政部、人力资源和社会保障部、商务部、卫生部、国家食品药品监管局、国家中医药管理局、中国药学会、中国医疗保险研究会等单位的领导和专家应邀参加了调研。

我党中央领导2008年赴青海调研基础上向国务院报送的《关于促进柴达木循环经济试验区又好又快发展的建议》，温家宝总理等国务院领导同志作了重要批示，发改委根据国务院领导同志的批示组织开展论证工作，2010年3月15日，国务院正式批复《青海省柴达木循环经济试验区总体规划》。我党中央领导2009年赴陕西、福建、江西等地调研基础上向国务院报送的《关于用好后危机时代新机遇，积极扶持革命老区加快发展的建议》，2010年2月份，国务院领导同志作了重要批示。2009年我党中央领导在赴黑龙江调研的基础上向中共中央、国务院报送的《关于立足国家资源战略需求，推动对俄贸易升级的建议》，2010年1月份，中共中央、国务院领导同志作了重要批示。今年8月份，我党中央领导率调研组再次赴黑龙江哈尔滨、大兴安岭等地，就对俄贸易等问题进一步开展调研，实地考察黑龙江省对俄贸易的发展情况，积极推动对俄贸易战略的调整升级。

在政协会议上积极建言。在今年3月份召开的全国政协十一届三次会议上，以我党中央名义提交大会书面发言15件、提案28件，王新陆常委代表我党中央作了题为《关于公立医院改革有关问题的建议》的大会发言。我党中央提出的《关于公立医院改革有关问题的提案》入选《重要提案摘报》。《关于合理开发新能源，发展绿色经济的提案》、《关于提高居民收入水平，扩大居民消费需求的提案》、《关于加快住房保障立法，完善住房制度的建议》等3件提案，全国政协列为重点办理提案。在全国政协十一届十一次常委会上，冯炯华常委代表我党中央作了题为《统筹规划，协调推进西部地区跨越式发展》的发言。

社情民意信息工作取得新成绩。中央和地方各级组织继续加强社情民意信息工作，许多省级组织、地市级组织的主委、副主委亲手收集、撰写社情民意信息。广大党员把反映社情民意作为履行职能的重要方式，结合岗位工作，积极反映群众意愿和各方面的真实情况。今年以来，中央研究室共收到中央机关各部门、各专委会、地方各级组织和党员报送的社情民意信息1977件，遴选后向全国政协报送585件，全国政协精选71件专报中共中央和国务院领导同志，有16件国务院领导同志作了重要批示，这是近几年来比较多的，其中浙江3件，四川、福建各2件，山西、广西、安徽、江苏、湖北、重庆、云南各1件，为科学决策作出了贡献。

继续举办中国生态健康论坛。9月份，我党中央与全国政协人口资源环境委员会、环境保护部、河北省人民政府共同主办了以“生态健康与生态城市”为主题的“第六届中国生态健康论坛”。在河北省委会的精心组织下，100多位专家学者围绕论坛主题进行了深入探讨。此外，8月份，我党中央与全国政协人口资源环境委员会、黑龙江省政协在大兴安岭联合举办了“2010中国（大兴安岭）低碳经济论坛”；10月份，与河南省政协、中共河南省委统战部联合主办了“构建中原经济区与加快商丘发展高层研讨会”。10月下旬，与全国政协教科文卫体委员会、民政部、卫生部、中国残联在北京联合主办了“精神卫生工作现状和对策”专题研讨会。11月份，我党中央支持山西省委会举办了“推进生态兴省建设、实现绿色转型发展研讨会”。

积极开展联络交流工作。中央和地方各级组织深入学习胡锦涛总书记在纪念《告台湾同胞书》发表30周年座谈会上的重要讲话精神，贯彻中共中央关于台港澳工作的方针政策，把加强两岸交流、促进两岸关系发展列为履行职能的重要工作。6月下旬，我党中央组团赴台湾开展工作交流，与台湾同行举行了有关健康保险制度、药师制度等方面的交流座谈会，参访了医药大学附设医院等机构，增进了相互了解。江西、河南、福建、北京、湖北、广东等地方组织和广大党员，通过参加世界客属恳亲大会、黄帝故里拜祖大典、海峡两岸中医药学术交流、京台学生学习交流、海峡两岸关系史与台湾史学术研讨会、《海峡两岸经济合作框架协议》签订后的两岸关系研讨会等活动，以多种方式开展与香港、澳门、台湾同胞及海外侨胞的专业交流和亲情联谊，努力为两岸关系和平稳定发展、促进祖国完全统一积极作贡献。

（二）以群众受益为宗旨积极开展社会服务

过去的一年，社会服务工作坚持以科学发展观为指导，坚持把群众受益作为出发点和落脚点，坚持与促进发展密切结合，取得了新的进展和成绩。

积极支援抗震救灾。4月14日青海玉树发生强烈地震后，我党中央响应中共中央号召，积极支持抗震救灾工作。各级组织和广大党员迅速行动，通过多种方式和途径支持抗震救灾，共计捐赠了价值2000多万元的资金、药品和物资，许多农工党员在灾区第一线参与救治伤员、防疫、重建等工作。我党中央和地方各级组织为甘肃舟曲等其他灾区也进行了多次捐款。落实我党各级组织和党员捐款援建的四川汶川地震灾区卫生项目，完成了资金使用监督、项目检查和竣工验收等工作。2008 年各级组织和党员的爱心捐款和党员“特殊党费”合计 960 多万元，已全部用于援建四川、陕西、甘肃地震重灾区的 13 个乡镇卫生院、50 个村卫生室和 1 个兽医站。

进一步加大参与毕节试验区建设工作的力度。我党中央认真学习贯彻中共中央领导同志关于毕节试验区建设的重要讲话和批示精神，成立了农工党中央参与毕节试验区建设工作领导小组，进一步加大了工作力度。一是积极推动毕节试验区的交通建设。近年来，我党中央领导人积极建言加快毕节试验区的资源开发、产业发展和交通建设等，推动促进毕节试验区加快发展。关于铁路建设的建议，铁道部高度重视。今年 6 月中旬，铁道部主要领导同志专程赴毕节试验区开展调研，之后与贵州达成了意向，形成了在贵州毕节“构建铁路综合枢纽，建设现代物流中心”的铁路建设方案。这一方案的实施，必将大大加快毕节试验区的发展步伐。二是实施“贵州毕节贫困山区助医工程”。为提高乡村医药卫生人才的业务能力，我党中央联合中国红十字总会、中国医药卫生事业发展基金会启动了“贵州毕节贫困山区助医工程”，至 11 月份已完成了第一期项目，共培训 1100 多人。三是动员东部地区参与毕节试验区建设。8 月中旬在吉林省延吉市召开了“农工党部分省级组织对口帮扶大方县项目座谈会”。四是继续协调有关方面支持毕节试验区。协调科技部将毕节市鸭池镇中心卫生院列入“国家科技支撑计划重点项目”。协调环境保护部在大方县鸡场乡大坝村实施“农村环境综合整治项目”。协调“爱德基金会”在大方县大山乡实施“农村社区综合发展扶贫项目”，该项目已完成生态林建设 1500 亩、脱毒马铃薯种植 1000 亩、杂交玉米和向日葵种植各 500 亩，以及建设沼气池、人畜饮水工程等，项目资金 350 多万元。此外，我党中央组织力量完成了中共中央统战部安排的关于《毕节试验区农村医疗卫生事业发展研究》课题。我党贵州省委会帮助大方县完成了《大方县中草药产业发展规划（2010—2020）》。

继续开展“中国环境与健康宣传周”活动。5 月底至 6 月上旬，我党中央联合教育部、科技部、国土资源部、环保部、水利部、农业部、卫生部、国家林业局等 9 个部门，举办了以“土壤环境与健康”为主题的“第三届中国环境与健康宣传周”活动。在我党江苏省委会、江苏省环保厅、中国科学院南京土壤研究所的支持下，在南京举办了“土壤环境与健康高峰论坛”。各主办单位在全国近 200 座城市张贴宣传画 3 万多张，发放宣传手册 2 万多册。中央社会服务部与有关方面合作举办了“少儿版画展”、“低碳农业”研讨会、“环保宣传进校园”、“百姓环保戏剧展演”等活动。各级组织以多种形式开展了环境与健康宣传活动，使“中国环境与健康宣传周”逐步成为我党服务科学发展的一项重要活动。

国际科学与和平周、定点帮扶乡镇卫生院、安顺地区帮扶工作、新农村建设服务点、和谐社会联系点、“三下乡”、心理咨询、法律援助、慢性病防治进社区、中青年医师创新发展论坛等各种形式的社会服务工作，也都取得了新的进展和积极成果。

（三）举办我党成立 80 周年系列纪念活动

今年是我党成立 80 周年。80 年来，我党同志前赴后继，为中华民族的解放事业和新中国的繁荣富强作出了重要贡献，为统一战线和多党合作事业发展作出了重要贡献。在我党成立 80 周年之际，中央和地方都组织开展了系列纪念活动。

举行我党成立 80 周年纪念大会。8 月 9 日，我党中央在人民大会堂隆重举行了我党成立 80 周年纪念大会。中共中央政治局委员、国务委员刘延东代表中共中央出席大会并致贺词，全国政协副主席、致公党中央主席万钢代表兄弟民主党派中央、全国工商联致贺词，全国政协副主席、中共中央统战部部长杜青林，全国人大常委会副委员长、民建中央主席陈昌智，以及各民主党派中央、全国工商联和国家部委的负责同志到会祝贺。在中共中央的贺词中说："中国农工民主党自 1930 年成立至今，走过了一条从爱国主义到社会主义的历史道路，形成了爱国革命的优良传统，为中华民族的解放事业，为社会主义革命、建设和改革开放事业，作出了重要的历史贡献。""80 年的光辉历程充分证明，农工民主党是同中国共产党风雨同舟、荣辱与共的亲密友党，是建设中国特色社会主义、实现中华民族伟大复兴的一支重要政治力量。"这是中共中央对我党历史地位和作用的高度评价，我们深受鼓舞。

"邓演达纪念园"和"季方史料陈列馆"先后建成。邓演达烈士家乡的中共惠州市委、市政府，多年来高度重视邓演达故居的保护工作。由中共惠州市委、惠州市政府规划建设的"邓演达纪念园"第一期工程于今年 9 月份竣工。园区占地 100 多亩，总投资 5800 多万元，园内设陈列馆，展示邓演达烈士的革命功绩和我党的历史。我党各级组织的党员和机关干部的捐款 200 万元也已转交中共惠州市委，用于"邓演达纪念园"的建设。在季方主席家乡的中共海门市委、海门市委统战部等方面的关心支持下，由我党中央、江苏省委会、南通市委会和海门市人民政府共同出资建立的"季方史料陈列馆"，也于今年 8 月份建成。

开展了系列纪念活动。为纪念我党成立 80 周年，我们编印了纪念画册《光辉历程》，召开了老同志座谈会，举办了党史图片展、书画展、知识竞赛等活动，协调中国邮政制作发行了"中国农工民主党成立 80 周年"纪念邮资信封并在纪念大会上举行了首发仪式。中央研究室还精选了 300 多幅党史照片分送各省级组织供图片展览使用。各地方组织纷纷举办纪念大会、图片展、文艺演出、知识竞赛、演讲比赛、征文、座谈会等形式的纪念活动。我党中央宣传部、江苏省委会及南京光曦影视有限公司联合拍摄了电影《铁血丹心——邓演达》，并在纪念大会后首映。在保定军校纪念馆内设立了"中国农工民主党党史教育基地"。我党中央对已出版的《中国农工民主党党员读本》的修订工作正有序开展，等等。

通过开展形式多样的纪念活动，广大党员普遍接受了一次党史教育和优良传统教育，进一步提高了对中国政党制度的形成过程和历史必然性的认识。

（四）专委会工作成果显著

中央各专门工作委员会发挥"专家库"和"智囊团"的重要作用，服务我党中央的参政议政和其他重点工作，取得了显著成果。

为我党中央参政议政工作提供智力支持。一年来，各专委会提出的提案，有 11 件被选为中央提案提交全国政协十一届三次会议，占中央提交提案的 40%。经济、医卫、教育等专委会委员，发挥专业特长，多次召开座谈会，及时为我党中央领导出席重要会议提供参政议政资料。各专委会先后开展了关于精神卫生立法现状与对策、建立资源节约、环境友好型交通体系、烟台发展蓝色经济、建立生态宜居城市、国家碳税政策、贫困地区人口和计划生育政策、我国艺术市场状况、民办教育和职业教育发展、加强学前教育、建立国家基本药物制度、实施国民收入倍增计划、调整“土地出让金”分配政策以及司法创新等 20 多个专题的调研。

发挥专业优势开展各项活动。医卫委联合重庆市委会、重庆医科大学附属第一医院召开了“公立医院改革与医院管理”研讨会。科技委、人资环委协办了“第六届中国生态健康论坛”。文化委与云南省委会艺术团举办了纪念我党成立 80 周年专场演唱会。联络委组织医药专家与北京中医药大学的台湾学生举行“中秋座谈会”。妇委会组织开展了以“感恩母亲”为主题的促进“中华母亲节”设立宣传活动。经济委向我党中央在贵州的帮扶点捐赠 10 万元。社会与法制委在贵州毕节地区举办了“和谐社会与环境法制”专题讲座，等等。

（五）思想理论建设和社会宣传工作取得新进展

一年来，我们坚持把思想建设作为政治交接和自身建设的核心，把树立和践行社会主义核心价值体系作为中国特色社会主义主题学习教育活动的深化和延伸，着力建立政治交接的长效机制，不断增强发展中国特色社会主义的政治共识。

继续深化中国特色社会主义主题学习教育活动。一是加强学习、领会精神。在中央理论学习中心组、中央主席会议、中央常委会议上，深入学习胡锦涛总书记 2010 年 2 月 10 日在党外人士迎春座谈会上的重要讲话精神，深入学习 2010 年 8 月 11 日“社会主义核心价值体系学与行”电视电话报告会的精神。二是精心安排、制定方案。5 月份，我党中央制定了《树立和践行社会主义核心价值体系三年工作规划》，在 10 月份召开的中央主席会议上再次作了部署。三是结合我党成立 80 周年纪念活动，开展优良传统教育。四是注重典型示范，丰富活动载体。各省级组织向中央推荐了一批树立和践行社会主义核心价值体系的优秀典型，党刊《前进论坛》、中央网站开辟了学习专栏。五是把社会主义核心价值体系作为培训学习的重要内容。六是开展理论研究。中央宣传部在湖北召开了专题研讨会。各地方组织根据中央宣传部下发的《2010 年理论研究课题计划》，完成研究论文 200 余篇。七是结合工作实际，丰富活动内容。各地方组织通过举办学习班、培训班、报告会、研讨会，开辟学习专栏，开展知识竞赛，编印学习资料，制作图片展板，出版图书画册，参观革命史迹等方式，开展了丰富多彩的活动。总体上讲，我党开展的社会主义核心价值体系树立践行活动取得了积极成效，探索了思想政治工作的新举措，激发了广大党员的履职热情，有效抵御了不良思想的影响，进一步坚定了走中国特色社会主义道路的政治信念和共同理想。

社会宣传工作进一步加强。各级宣传部门结合我党成立 80 周年进一步加强社会宣传工作。据不完全统计，今年以来，首都各大媒体刊载有关我党的报道文章 900 余篇。从 7 月下旬开始，《科技日报》、《团结报》、《人民日报》、《人民政协报》等报刊上陆续刊出纪念我党成立 80 周年的专版。8 月 9 日《人民日报》、《中国政协》2010 年第 8 期，分别刊登了我党中央领导人的署名文章。《团结报》在头版显著位置开设“纪念中国农工民主党成立 80 周年”专栏，人民网和新华网也开辟了专栏网页。为纪念我党成立 80 周年，8 月 10 日，《人民政协报》发表了社评，《团结报》发表了社论。8 月 11 日，人民网以

“中国农工民主党 80 年的发展与奋斗”为题访谈我党中央领导人。《前进论坛》举办了征文活动。为《中国政协》杂志“党史人物栏目”组稿，宣传我党重要历史人物的革命事迹。

加强宣传干部培训。5 月下旬，我党中央宣传部在中央社会主义学院举办了全国宣传干部培训班，130 多位宣传骨干参加了培训。党刊《前进论坛》坚持正确的舆论导向，办刊质量不断提高。

（六）组织建设进一步加强，党内监督工作稳妥推进

截至 2010 年 9 月底，我党党员人数 115155 人。其中，医药卫生界占 59.9%，文化教育界占 18.5%，科学技术界占 7.7%，其他界别占 13.8%。目前，我党有 600 多位党员在各级政府和司法机关任职，1800 多位党员当选各级人大代表，9800 多位党员担任各级政协委员，还有许多党员被各级政府部门及司法机关聘为特约检察员、监察员、审计员、教育督导员等，他们在各自岗位上认真履行职责，积极发挥作用。

领导班子建设继续加强。今年有 7 个省级组织进行了届中调整，增补了 2 名省委副主委、5 名省委常委和 17 名省委委员，一批德才兼备、年富力强的优秀干部充实到省级组织领导班子中。本着工作需要、少量增补的原则，我党十四届十四次中央主席会议对中央专门工作委员会进行了调整，增补了 24 名专委会副主任和 34 名专委会委员，为一批骨干党员搭建了施展才华的平台。新建省辖市级组织工作取得进展，今年新成立了 7 个省辖市级委员会，另有 12 个省辖市级委员会已列入规划，将于 2013 年前成立。10 月份，重庆市委会成立了第一个环境保护支部委员会。

开展了代表人士成长规律课题调研。为加强民主党派代表人士队伍建设，根据中共中央统战部的安排，我党中央组织部作为“民主党派代表人士队伍建设课题”调研组成员单位，参加了调研工作。在收集完善我党代表人士基本情况的基础上，建立了涵盖我党各方面代表人士共 640 多人的数据库。并以我党中央常委为样本，综合分析我党代表人士在成长过程中、特别是成长关键点的时代背景、党派特色、政策推动、组织培养、个人魅力、社会影响等方面所起的作用，形成了关于我党代表人士特点及成长规律的研究报告。该报告内容翔实、分析有据，受到中共中央统战部领导的充分肯定。

干部培训工作进一步加强。5 月份，在浙江富阳举办了“省级组织驻会领导干部研讨班”。7 月份，中共中央统战部和我党中央联合举办了“民主党派中青年干部多党合作专题研究班（农工党班）”。中共中央统战部和各民主党派中央联合举办专题研究班，这是第一次，体现了中共中央对党外代表人士队伍建设的高度重视。10 月份，在郑州举办了组织部长工作会议，交流研讨了地市级组织换届和组织发展工作，采取以会代训方式加强了政策和业务培训。加强了对代表人士的联系工作，我党中央组织部先后在北京、河南举办了 3 次代表人士座谈会。推荐了一批党员担任社团职务和司法机关、政府部门的特约人员，推荐了一批党员参加民主党派干部进修班、培训班、出国研修班和赴港班的学习等。

广大党员立足岗位建功立业。广大党员勤奋工作，爱岗敬业，涌现出许多先进人物和优秀人才，2010 年又有一批成果显著、贡献突出的党员获得重大奖励和荣誉。由我党中央领导人担任技术总师和实施管理工作的“国家创新药物重大专项”，今年取得重大进展，并主持制定了“十二五”创新药物重大专项规划，为发展我国生物医药产业作出了

重要贡献。党员王子健荣获国家自然科学二等奖，沈中阳、陈子江、吴以岭、李夕兵、何加铭荣获国家科技进步二等奖，魏林、牛锁成、李政成、单际平等160多位党员分别获得“全国劳动模范”、“全国先进工作者”等由国务院和省部级单位颁发的奖项和荣誉称号。党员王玮为我国环保事业作出了突出贡献，因病去世后被追授中央国家机关“五一劳动奖章”。还有许多党员在不同领域获得多种奖励和荣誉，为推动科技创新作出了积极贡献。

党内监督工作稳妥推进。3月份，中央监督委员会召开了第三次全体会议，学习了中共中央纪律检查委员会的有关文件精神，强调要进一步加强监督制度建设和预防制度建设。在我党十四届十三次中央主席会议上，审议通过了《关于建立健全中国农工民主党省级组织领导班子谈心会制度的意见（试行)》，明确了开展谈心会活动的规范和要求。在去年调研的基础上，中央监督委员会先后赴北京、重庆、湖南等地进一步开展了工作调研。通过列席会议、召开座谈会、查阅文件制度、拜访当地中共党委统战部等方式，对领导班子遵循多党合作政治准则、贯彻执行我党中央工作部署、加强领导班子制度建设和开展谈心会的情况进行调研。根据党章和党内监督条例有关规定，按程序处理了个别涉嫌违纪违法的党员领导干部。根据中共地方党委的统一规划，严格程序，加强联系和沟通，支持湖南省委会、重庆市委会建立了省级监督委员会。

机关建设进一步加强。以和谐机关建设为目标，以能力建设为重点，进一步加强机关建设。发扬优良传统，中央坚持开展慰问老党员活动，1月份我党中央领导带领机关同志前往湖北省委会、广西区委会慰问老党员。10月份，中央研究室在南宁召开了网站编辑工作会议。中央和地方组织的党务网站，进一步成为展示我党自身建设和参政议政工作成果的平台。11月份，中央办公厅在西安召开了办公室主任工作座谈会，交流了文档管理和办公室工作经验。中央机关党团组织、工会等在机关工作中发挥了积极作用。机关工作制度化、规范化、程序化渐趋完善。机关工作人员认真履行岗位职责，积极进取，求真务实，服务参政议政和党务工作的能力不断提高。

各位委员、各位同志：

在过去的一年里，我们的工作在原有基础上继续发展和进步，参政议政、社会服务、思想建设、组织建设等各方面的工作，都是富有成果的。同时，我们也要深刻认识到，为适应多党合作事业发展的新要求，我们的参政议政能力建设、思想理论建设、组织发展和后备干部队伍建设等方面都还需要进一步加强。我们要不断总结新经验，研究新问题，继续推动全党工作不断向前进。

各位委员、各位同志：

10月份召开的中共十七届五中全会，是在国际国内形势出现新变化新特点、我国全面建设小康社会处于关键时期召开的一次重要会议。全会通过的《中共中央关于制定国民经济和社会发展第十二个五年规划的建议》，立足国内外形势的新变化，顺应人民群众过上更好生活的新期待，科学分析时代特征，准确把握发展趋势，研究破解发展难题，是与时俱进、强国富民、求真务实的重要行动纲领，对于抓住和用好重要战略机遇期、保持经济平稳较快发展、夺取全面建设小康社会新胜利，具有重大而深远的意义。我们完全赞同、衷心拥护。

即将过去的“十一五”是极不平凡的5年。在以胡锦涛同志为总书记的中共中央领导下，全国人民深入贯彻落实科学发展观，加快转变发展方式，有效应对了国际金融危机巨大冲击，战胜了汶川特大地震等重大自然灾害，成功举办了北京奥运会和上海世博会，胜利完成了“十一五”规划确定的主要目标和任务，国家经济社会发展取得新的巨大成就，我国经济社会发展进入了一个新的更高的发展阶段。

2001年，我国国内生产总值达到10万亿元人民币，折算成美元，全国人均1000美元左右。依据国际经验，在从低收入国家向中等收入国家迈进的时期，即人均国内生产总值从1000美元到3000美元的时期，经济社会发展可能出现两种前途：一方面，由于社会财富快速增加，需求旺盛，将推动经济加快增长；另一方面，由于收入分配差距不断扩大，处理不好可能引发矛盾冲突，发展停滞不前，甚至引发动荡。面对国家发展的新阶段，2002年11月召开的中共十六大作出了“21世纪的头20年，对我国来说，是一个必须紧紧抓住并且可以大有作为的重要战略机遇期”的重大战略判断。中共十七大强调，机遇前所未有，挑战也前所未有，机遇大于挑战。中共十六大、十七大以来，以胡锦涛同志为总书记的中共中央，着眼于紧紧抓住和用好战略机遇期，在国际上，积极营造有利于我国的国际环境，维护国家安全和国家利益；在国内，坚持把发展作为执政兴国的第一要务，以科学发展观引导发展内涵的与时俱进，积极构建和谐社会，促进各方面的协调发展，引导国家进入全面协调可持续发展的轨道，取得了巨大成就。这些成就突出表现在以下两个方面：一是国家经济连续保持平稳较快增长；二是国家经济实力快速增强，我国国内生产总值先后登上20万亿元、30万亿元两个台阶，2009年国内生产总值达到33万亿元，折算成美元，全国人均3700美元左右，顺利跨越了人均国内生产总值1000美元到3000美元的阶段。这些成就的取得，充分体现了以胡锦涛同志为总书记的中共中央执政为民、锐意改革、与时俱进的执政理念，以及驾驭国际国内全局、领导国家发展的卓越能力。

2010年，我国国内生产总值将达到38万亿元人民币，折算成美元，全国人均4000美元左右。国际经验表明，人均国内生产总值从3000美元向10000美元提升的阶段，既是中等收入国家向中等发达国家迈进的重要阶段，又是矛盾增多、爬坡过坎的关键阶段。在这个阶段，随着人均收入的继续增加，消费结构将持续升级，投资结构、产业结构也将随之调整变化，将为进一步的发展提供有力支撑。同时，在快速增长变动中，经济结构升级的约束将增多，社会结构平衡的难度将加大，经济和社会转型进程中需要解决的矛盾和问题也将增加。因此，“十二五”时期，是我国全面建设小康社会的关键时期，也是深化改革开放、加快转变经济发展方式的攻坚时期。

中共十七届五中全会强调指出，我国发展仍处于可以大有作为的重要战略机遇期，既面临难得的历史机遇，也面对诸多可以预见和难以预见的风险挑战。中共中央要求要科学把握发展规律，主动适应环境变化，有效化解各种矛盾，更加奋发有为地推进我国改革开放和社会主义现代化建设。这是在新的时代背景下中共中央对重要战略机遇期思想的进一步阐述，是指导我们正确把握国际国内形势的重大战略判断。

今年以来，以胡锦涛同志为总书记的中共中央领导全国各族人民，积极应对来自国内国外的各种重大挑战，经济社会发展取得了新的巨大成就，应对国际金融危机冲击的一揽子计划成效显著，内需对经济增长的拉动作用进一步增强，改善民生的政策措施效果明显，经济社会向好势头进一步巩固。我们深刻感受到，在内外环境如此困难复杂的情况下取得这些成就，是极其不易的。明年是“十二五”重要的开局之年，我国要面对的全球经济和贸易环境可能更加复杂，各种经济和非经济的干扰以及国际市场竞争可能更加激烈，要实现保持经济平稳较快发展、推进结构调整和控制通胀的预期目标任务艰巨、挑战严峻。我们要认真学习贯彻胡锦涛总书记的重要讲话精神，学习贯彻中央经济工作会议精神，充分发挥广大党员的积极性、主动性和创造性，紧密围绕国家发展大局，履行职能、作出贡献。

我党至今已走过了80年的风雨历程。80年来，我党同志在中国共产党的影响、帮助和指引下，为中华民族的解放事业作出了贡献，为新中国的繁荣富强作出了贡献，展现了我党的革命性和进步性，形成了我党的优良传统，积累了许多宝贵经验，体会最深刻的主要有以下几点：第一，必须坚持接受中国共产党的领导，坚持在中国共产党领导的多党合作事业中发挥作用。第二，必须高举中国特色社会主义伟大旗帜，坚持中国特色社会主义道路不动摇，坚持中国特色社会主义理论体系不动摇，坚定不移地把中国特色社会主义作为共同理想信念、共同前进方向、共同奋斗目标。第三，必须立足国家发展大局，坚持把发展作为参政议政的第一要务，以科学发展观指导参政议政工作，不断提高履行参政党职能的能力和水平，为实现国家发展战略和发展目标贡献智慧和力量。第四，必须注重自身建设，不断提高参与政治协商，履行参政议政、民主监督职能的能力，始终作为同中国共产党通力合作、致力于中国特色社会主义事业的积极健康的力量，在国家政治生活中发挥积极作用。以上经验和体会，是我党今后开展工作的重要指导方针和工作原则。

当前，世界经济正在经历深度变革和调整，世界主要经济体正在重塑国家实力，一场新的全方位综合国力竞争正在全球展开。国际敌对势力把我国的发展壮大视为其称霸世界的障碍，在政治、经济、军事、外交等方面对我国多方施压，在意识形态领域对我国“西化”、“分化”图谋和政治文化、思想观念的渗透从未间断，矛头突出指向我国政党制度和政治制度，对此我们要有清醒的认识。我们要深刻认识到，在国家发展的新阶段，对参政党的工作提出了更高的要求，我们的组织建设、思想建设、参政议政、社会服务等各项工作，只能进一步加强，而不能有所削弱；我们对各项工作的要求，只能进一步提高，而不能有所降低。我们要认真履行好参政党的职能，发挥好参政党的作用，努力为推进中国特色社会主义事业贡献智慧和力量。

二、2011 年工作任务

2011 年我党工作的指导思想是：高举中国特色社会主义伟大旗帜，深入学习中共十七大和中共十七届三中、四中、五中全会精神，坚持以邓小平理论和“三个代表”重要思想为指导，学习贯彻科学发展观，学习贯彻中共中央的各项决策部署，坚持把发展作为参政议政的第一要务，树立和践行社会主义核心价值体系，围绕制定和实施“十二五”规划及2011年国家经济工作的重点任务积极建言献策，继承和发扬优良传统，团结广大党员在中国共产党领导的多党合作道路上奋勇前进，为推动经济社会又好又快发展作出新贡献。

（一）深入学习贯彻中共十七届五中全会精神

要把学习贯彻中共十七届五中全会精神作为当前和今后一个时期的重要政治任务，并与学习中共十七大、十七届三中、四中全会精神相结合，与我党的工作实际相结合。通过学习，深刻认识"十一五"时期我国经济社会发展取得的巨大成就，深刻认识"十二五"时期是必须紧紧抓住并且大有作为的重要战略机遇期，深刻领会"十二五"时期发展的主题、主线、目标任务和重大举措，深刻认识关于加强社会主义民主政治建设的重要任务，深刻认识关于做好新形势下群众工作的重要要求，切实把思想和行动统一到中共中央的决策部署上来，充分发挥我党人才优势，分析把握我党在实施"十二五"规划中的功能定位，找准推动"十二五"规划实施的对接点，探索落实"十二五"规划要求的着力点，打造体现我党特色的新亮点，更加坚定地推进科学发展，更加主动地推进加快转变经济发展方式，积极为"十二五"规划的制定实施献计出力。

（二）继续深入开展树立和践行社会主义核心价值体系活动

要结合庆祝中国共产党成立90周年深入推进"社会主义核心价值体系学与行"活动。要按照《三年工作规划》的安排，突出坚持中国共产党的领导、坚持中国特色社会主义政治发展道路的主题，继续卓有成效地推进有关工作和活动。要结合庆祝中国共产党成立90周年、纪念辛亥革命100周年等重要活动，开展专题学习和交流，积极颂扬中国共产党的丰功伟绩。要继续加强政治引导工作，引导广大党员充分认识我国政治制度与西方政治制度的本质区别，厘清种种诸如"多党制"、"三权分立"、"两院制"的迷雾，始终保持政治上的清醒和坚定，在事关大局、政治方向、根本原则的问题上，做到立场坚定，是非分明。要把树立和践行社会主义核心价值体系与我党履行职能相结合，与做好换届工作相结合，体现在参政议政、社会服务、报效国家的工作实践中，广泛动员我党广大党员及所联系的群众，形成推动科学发展、促进社会和谐的合力，使我党始终作为一支积极健康的力量，在国家政治生活中发挥作用。

要结合树立和践行社会主义核心价值体系活动加强社会宣传工作，要组建"宣讲团"开展宣讲活动，要大力宣传中央和地方各级组织开展的重大活动和广大党员的先进事迹，加大参政议政、社会服务、思想建设、组织建设等工作成果的宣传报道。2011年是党刊《前进论坛》创刊50周年，要认真总结经验，进一步把党刊办好。

（三）紧密围绕"十二五"规划参政议政

要紧密围绕国家"十二五"规划及2011年国家经济工作的重点任务建言献策。围绕扩大内需战略、保持经济平稳较快发展；推进农业现代化、加快社会主义新农村建设；发展现代产业体系、提高产业核心竞争力；促进区域协调发展、积极稳妥推进城镇化；加快建设资源节约型环境友好型社会、提高生态文明水平；实施科教兴国战略和人才强国战略、加快建设创新型国家；着力保障和改善民生、完善基本公共服务体系；推动文化大发展大繁荣、提升国家文化软实力等方面的目标和任务参政议政。

进一步突出我党特色、突出重点参政议政。进一步发挥我党在医药卫生和人口资源环境领域的人才优势，发挥专委会的作用，把"十二五"规划建议提出的关于要着力保障和改善民生，完善符合国情、比较完整、覆盖城乡、可持续的基本公共服务体系，提高政府保障能力，推进基本公共服务均等化，加快医疗卫生事业改革发展，做好人口资源、生态环境等方面的目标任务，列为今后一段时期的重点调研内容。要充分发挥我党科技人才的作用，继续为推进“国家创新药物重大专项”作贡献，积极推动以新能源、新材料、节能环保、生物医药等为重点的战略性新兴产业发展。

（四）以参与毕节试验区建设为重点开展社会服务工作

继续参与毕节试验区建设。要认真学习贯彻中共中央领导同志关于毕节试验区建设的重要讲话和批示精神，加大力度进一步参与毕节试验区建设，支持贵州毕节试验区加快发展，继续实施“贵州毕节贫困山区助医工程”。继续协调国家有关部委对毕节试验区和大方县交通、水利、旅游等重大项目的支持，落实省级组织对口帮扶大方县发展项目。继续协调推进爱德基金会在大方县大山乡开展“农村社区综合发展扶贫项目”。继续开展智力支边服务西部大开发，积极联络开展为贵州毕节地区、安顺市以及广西百色市等贫困地区的引智、引资、引项目和技术等工作。

继续开展多种形式的社会服务项目。积极支持参与灾后恢复重建工作，继续做好定点帮扶乡镇卫生院项目、中国环境与健康宣传周、国际科学与和平周、新农村建设服务点、和谐社会联系点、“三下乡”、心理咨询、法律援助等各种形式的社会服务工作项目。有条件的地方要积极为下岗职工、农民工提供智力支持和生活服务，帮群众解难、为政府分忧。

（五）认真做好各级组织换届的准备工作

要切实加强对地市级组织换届工作的领导。我党地市级组织的换届工作将于 2011 年全面展开。地市级组织的换届是省级组织换届的序幕。这次换届，既是五年一次的例行换届，也是落实民主党派领导班子实行任期制的第一次换届。换届工作不仅仅是组织人事上的调整，更重要的是继续推进领导班子的政治交接，通过政治交接保证新一届领导班子能够继承和发扬我党的优良传统、能够带领我党同志继续沿着中国共产党领导的多党合作道路不断前进。全党同志，特别是各位中央委员和各级领导干部，都要充分认识换届工作的重要性及其深远意义。总结以往换届工作的经验，就是要紧紧抓住“三个落实”：一是思想落实，把深入细致的思想政治工作贯穿于换届工作的始终，加强对各级领导班子成员的思想教育，为换届工作打好思想基础；二是组织落实，坚持人选的政治标准和德才标准，选好人、用好人；三是措施落实，换届的每项工作、每个环节都要有计划、有步骤、按程序进行。各省级组织要切实加强对地市级组织换届工作的领导，保证换届工作有条不紊，顺利成功。

进一步加强代表人士队伍建设。要坚持“高层发展高层，骨干发展骨干”的做法，进一步形成比较完善的高层次人才队伍建设的制度和机制。要认真贯彻落实《2010－2020 年党外代表人士教育培训改革和发展纲要》，完善人才的培训、使用、推荐和管理机制，努力建设一支政治坚定、结构合理、数量充足、充分体现我党特色的代表人士队伍。

进一步完善党内监督机制。中央监督委员会要以加强省级领导班子建设为重点，继续开展工作调研，进一步推动领导班子谈心会工作，继续开展党内监督的理论研究和探索，探索符合党内监督特点的调研方式和工作方法。要从工作实际出发，不断完善党内监督制度。要总结建立省级组织监督机构的经验，在中共地方党委的领导下，在条件成熟的省级组织稳妥有序建立党内监督机构。

进一步加强机关能力建设。要充分认识多党合作事业发展对机关干部能力建设提出的新要求。机关工作人员要进一步加强学习，进一步提高学习领会重大理论政策的能力、调查研究和分析问题的能力，进一步提高服务参政议政和党务工作的能力和水平，进一步形成职责明确、运转有序，积极向上、奉献争先的和谐机关良好局面。

（六）继续开展联络交流工作

要继续深入学习贯彻中共中央关于对台工作的方针政策，贯彻“一国两制”、“港人治港”、“澳人治澳”、高度自治的方针。要坚持把促进两岸关系和平发展作为履行职能的重要工作，牢牢把握两岸关系和平发展主题，积极开展两岸医卫、科技人员专业交流、亲情联谊等活动，促进两岸同根同祖的文化认同，加强调查研究，了解台情民意，努力为推动两岸关系和平发展、促进祖国完全统一多做工作。

各位委员、各位同志：

让我们紧密团结在以胡锦涛同志为总书记的中共中央周围，高举中国特色社会主义伟大旗帜，深入学习贯彻科学发展观，树立和践行社会主义核心价值体系，统一思想，凝聚力量，同心同德，奋发有为，为建设中国特色社会主义伟大事业继续作出新贡献。

在中国农工民主党成立80周年纪念大会上的讲话

（2010年8月9日）

桑国卫

尊敬的各位来宾、各位朋友、同志们：

今天，我们在这里隆重集会，纪念中国农工民主党成立80周年。在中国共产党领导的多党合作事业蓬勃发展的今天，回顾农工党走过的历程，对于继承和发扬优良传统，更好地履行参政党职能，发挥好参政党作用，有着重要的意义。农工党的工作，始终得到中共中央的亲切关怀，得到有关方面的大力支持。今天，中共中央政治局委员、国务委员刘延东同志，全国政协副主席、中共中央统战部部长杜青林同志，全国人大常委会副委员长、民建中央主席陈昌智同志，全国政协副主席、致公党中央主席万钢同志，全国人大、国务院、全国政协、中共中央统战部、各民主党派中央、全国工商联等单位和部门的领导同志，亲临大会祝贺，我们倍感亲切。首先，我谨代表农工党中央，向莅临大会的各位来宾和朋友们表示衷心的感谢！借此机会，代表农工党的同志，向伟大的中国共产党致以崇高的敬意！向所有关心、支持农工党工作的各级人大、政府、政协，各民主党派、工商联，社会各界朋友表示诚挚的感谢！

农工党80年发展的历史，是一部对中国共产党在认识上不断深化、政治上不断认同、行动上不断靠拢的历史；是一部在中国共产党的影响、帮助、指导下不断进步的历史；是一部逐步走向同中国共产党团结合作、走向接受中国共产党领导的历史；是一部始终为中华民族的解放事业和新中国的繁荣富强贡献力量的历史。

1927年，国民党右派蒋介石、汪精卫相继背叛革命，第一次国共合作形成的轰轰烈烈的大革命失败，邓演达等国民党左派领导人为继承孙中山先生的遗教，坚持“联俄、联共、扶助农工”三大政策，主张建立新的革命政党。1930 年 8 月 9 日，邓演达在上海主持召开了第一次全国干部会议，宣告成立“中国国民党临时行动委员会”，提出了反帝反封建的纲领，积极开展反蒋活动。在尖锐的斗争中，邓演达不幸被捕，在威胁利诱之下，英勇不屈，被蒋介石反动政权秘密杀害。邓演达遇害后，农工党同志继承邓演达烈士的遗志，继续坚持反蒋斗争。1931 年“九・一八”事变后，针对国民党政府推行的“攘外必先安内”的“不抵抗”政策，提出了“倒蒋抗日”的政治口号和行动纲领，积极参加 1932 年的“一・二八”淞沪抗战、1933 年的察绥“民众抗日同盟军”抗战和 1933 年 11 月的“福建事变”。但这些斗争都先后失败了。中国共产党领导的工农红军取得了“长征”的伟大胜利，使遭受多次失败与挫折而陷入“迷茫”的我党同志看到了光明，我党同志深刻地认识到：“共产党是革命的主力”，“要革命必须与红军取得联系”。1935 年 8 月，中国共产党发表《八一宣言》，呼吁停止内战、一致抗日，我党同志从中看到了重新组织起来的希望。1935 年 11 月，在香港召开了第二次全国干部会议，改党名为“中华民族解放行动委员会”，响应中国共产党的《八一宣言》，确定了“反蒋、联共、抗日”的总方针，在中国共产党抗日民族统一战线的旗帜下，走上同中国共产党合作抗日的道路。在中国共产党的帮助和鼓励下，我党积极为推动形成抗日民族统一战线、开展抗日救亡运动而努力，为中国人民抗日战争的胜利作出了一份贡献。抗战胜利后，在中国面临两种命运、两个前途大决战的历史转折关头，我党拥护国共和平谈判，支持中国共产党的和平谈判立场和主张，坚决反对内战，反对国民党的独裁统治，积极为旧政协的召开和通过政协决议发挥作用。国民党顽固派坚持发动全面内战，坚持扼杀民主、迫害民主人士、打击民主党派的反动立场，使我党同志进一步认清了国民党顽固派的反动面目，更加坚定地靠拢在中国共产党一边。1947 年 2 月，在上海召开了第四次全国干部会议，改党名为“中国农工民主党”。1948 年 5 月，我党与其他民主党派和无党派人士一道，积极响应中国共产党“五一口号”提出的关于召开新政治协商会议、讨论成立民主联合政府的号召，参加新政协，接受中国共产党的领导，成为我党的新起点。在中国共产党的领导下，我党积极开展推翻国民党反动独裁统治的斗争，在血与火的考验中，为新民主主义革命的胜利和新中国的建立作出了贡献。

新中国成立后，我党于 1949 年 11 月在北京召开了第五次全国干部会议，明确提出接受中国共产党的领导，以政协《共同纲领》为行动纲领，表示要“在中国共产党领导下”，“努力巩固人民民主专政，努力于新民主主义的建设”。随后，我党积极投身巩固人民政权和恢复国民经济的工作，先后参加了土地改革、抗美援朝和镇压反革命运动，参加了“三反”、“五反”和增产节约运动。1956 年，我国社会主义改造取得了决定性的胜利，社会主义制度基本确立，中国共产党在总结我国多党合作经验的基础上，提出了同民主党派“长期共存、互相监督”的方针，在这一方针的指引下，我党努力为社会主义建设事业作出新贡献。

中共十一届三中全会以来，中国共产党领导的多党合作和政治协商制度在改革开放进程中不断创新和发展。以邓小平同志、江泽民同志为核心的中共中央第二代、第三代领导集体和以胡锦涛同志为总书记的中共中央领导集体，着眼于加强和改善中国共产党的领导、发扬社会主义民主和充分发挥民主党派的作用，坚持走中国特色社会主义政治发展道路，总结新的实践经验，大力推进多党合作理论和政策的创新和发展。1979年10月，邓小平同志指出：在中国共产党的领导下，实行多党派的合作，这是我国具体历史条件和现实条件所决定的，也是我国政治制度中的一个特点和优势。从而把多党合作纳入政治制度的范畴。1989年12月，中共中央颁布的《关于坚持和完善中国共产党领导的多党合作和政治协商制度的意见》，是我国多党合作制度的第一个完整的制度性文件。1993年全国人大八届一次会议通过的宪法修正案，第一次将“中国共产党领导的多党合作和政治协商制度将长期存在和发展”载入宪法。2005年和2006年，中共中央又颁布了《关于进一步加强中国共产党领导的多党合作和政治协商制度建设的意见》、《关于加强人民政协工作的意见》，把我国多党合作制度提到建设社会主义政治文明的全新高度，为我国多党合作和政治协商制度的发展提供了强大的理论支撑和广阔的制度空间。

中国共产党领导的多党合作事业的发展，为我党发挥作用提供了广阔的舞台。我党坚持把发展作为参政议政的第一要务，深入贯彻落实科学发展观，高度重视深入实际考察调研。近年来，在深入调研基础上，我们提出了《关于神府煤炭出口港应选在黄骅港的建议》、《关于在西藏等西部省区加强广播覆盖能力，以抵制境外电台广播的建议》、《关于优化医疗执业环境的若干建议》、《关于支持“5·12”地震灾区重建工作的若干建议》、《关于建设直通印度洋国际大通道的建议》、《关于设立“基层卫生机构医疗器械装备技术改造”和“医疗器械创制”专项，提升基层医疗服务能力，拉动内需的建议》、《关于加强三峡水库后续管理工作，建设和谐稳定新库区的建议》等等。中共中央、国务院领导同志对我们提出的意见和建议高度重视，作出重要批示，有的被吸收到国家有关规划、政策和职能部门的工作中，为促进国家和地区经济社会加快发展作出了贡献。我们以服务和谐社会建设、服务社会主义新农村建设为目标，积极开展智力支边扶贫、助学支教、法律援助、健康咨询等社会服务活动，积极支持贵州毕节试验区的加快发展。最近，为了贯彻落实“加快支持毕节科学发展步伐”的批示精神，我们就加快毕节铁路建设积极建言献策，铁道部高度重视，形成了在贵州毕节“构建铁路综合枢纽，建设现代物流中心”的铁路建设方案。同时，在贵州毕节地区开展“助医工程”等等，为改善民生积极贡献智慧和力量。

建设一个始终坚持与中国共产党长期亲密合作、致力于中国特色社会主义事业的参政党，是我党自身建设的根本目标。我党坚持把思想建设作为政治交接的重要任务，坚持正确的政治立场和政治方向，始终保持政治联盟的进步性，始终作为一支积极健康的力量在国家政治生活中发挥作用。我党11万多党员在各自工作岗位和专业领域，努力创造新业绩，不断作出新贡献。近10年来，先后有3000多位农工党员分别获得国家级、省部级荣誉称号及重大科研成果奖项，为社会主义建设作出了突出贡献。

新中国建立以来，特别是改革开放30多年来，在中国共产党的坚强领导下，全国各族人民走上了发展中国特色社会主义的伟大道路，中国人民实现了千百年来期盼过上的小康生活，中华儿女共同分享了祖国强大的荣耀与尊严。回顾农工党与中国共产党风雨同舟、患难与共的历程，使我们更加珍惜今天的和平美好生活，更加深刻地认识到中国共产党的伟大、光荣、正确，更加深刻地体会到农工党老一辈领导人响应“五一口号”，作出接受中国共产党领导的政治抉择，是历史的抉择。

我们深刻地认识到，在国家发展的新阶段，对参政党工作也提出了更高的要求。我们要以纪念我党成立 80 周年为契机，认真总结我党与中国共产党团结合作的历史轨迹和经验，继承和发扬我党爱国革命的优良传统，不断增强走中国特色社会主义政治发展道路的自觉性和坚定性，在新的历史起点上，进一步搞好政治交接、进一步提高履行参政党职能的能力和水平。

第一，我们要认真学习贯彻胡锦涛总书记关于巩固和发展多党合作事业的重要讲话精神，进一步为发展中国特色社会主义作出新贡献。在 2007 年 12 月 24 日中共中央举行党外人士座谈会上，胡锦涛总书记就巩固和发展多党合作事业发表了重要讲话。胡锦涛总书记强调："中国共产党领导的多党合作和政治协商制度，体现了我国社会主义民主政治的本质要求，符合中国特色社会主义事业的发展要求。要坚定不移地坚持长期共存、互相监督、肝胆相照、荣辱与共的方针，巩固共产党领导、多党派合作、共产党执政、多党派参政的多党合作的良好政治格局，发展我国各政党民主团结、生动活泼的和谐政治关系，同心同德坚持和发展中国特色社会主义。"我们要认真学习贯彻胡锦涛总书记的重要讲话精神，深刻认识中国特色社会主义道路是历史的选择、人民的选择，深刻领会中国特色社会主义理论体系凝结着中国人民不懈探索实践的智慧和心血，把中国共产党领导的多党合作和政治协商制度坚持好、完善好、发展好，为发展中国特色社会主义作出积极贡献。

第二，我们要树立和践行社会主义核心价值体系，进一步打牢同中国共产党亲密合作的思想政治基础。要把树立和践行社会主义核心价值体系作为我党开展的中国特色社会主义主题学习教育活动的深化和延伸，突出坚持中国共产党的领导、坚持中国特色社会主义政治发展道路这一主题。我们要坚持用科学理论武装头脑，遵循多党合作的政治准则，自觉抵制西方多党制、两院制的影响，不断加强自身建设，进一步搞好政治交接，使我党的政治纲领、政治路线得以持久的延续和发展，我党与中国共产党同心同德、荣辱与共的亲密合作关系得以不断的巩固和提高，我党老一辈领导人的政治立场、优秀品质、优良作风得到进一步的继承和发扬。

第三，我们要深入贯彻落实科学发展观，进一步为实现全面建设小康社会奋斗目标献计出力。我们要坚持把发展作为参政议政的第一要务，要切实增强贯彻落实科学发展观的自觉性和坚定性，努力把我党广大成员的积极性引导到科学发展上来、落实到实现全面建设小康社会奋斗目标的各项要求上来。我们要紧紧围绕改革发展稳定大局，紧紧抓住加快经济发展方式转变这个重点，突出界别特点，发挥专业优势，努力在协调关系、汇聚力量、建言献策、服务大局方面积极发挥作用，为深化医药卫生体制改革和推动生物医药等战略性新兴产业的发展，为促进经济又好又快发展、构建社会主义和谐社会积极贡献智慧和力量。

我们要更加紧密地团结在以胡锦涛同志为总书记的中共中央周围，高举中国特色社会主义伟大旗帜，深入学习贯彻科学发展观，树立和践行社会主义核心价值体系，不断巩固和发展同中国共产党团结合作的思想政治基础，始终不渝地把中国特色社会主义作为共同理想信念、共同前进方向、共同奋斗目标，为发展中国特色社会主义不断作出新的更大贡献。

农工党中央树立和践行社会主义核心价值体系三年工作规划

（2010 年 5 月 13 日）

树立和践行社会主义核心价值体系，既是一项长期的战略任务，又要与阶段性要求结合起来，认真部署、扎实推进。为此，中央提出如下三年工作规划。

一、意义目的

社会主义核心价值体系是社会主义意识形态的本质体现，是社会主义制度的内在精神和生命之魂，反映了全国各族人民的核心利益和共同愿望。作为与中国共产党通力合作，共同致力于中国特色社会主义事业的参政党，树立和践行社会主义核心价值体系是关系我党发展的基础工程和灵魂工程，对于各级组织和广大党员积极应对国内外形势深刻变化，进一步提高参政党自身建设水平，更好地凝聚智慧和力量，为推动科学发展、促进社会和谐献计出力，具有极端重要的意义。

要通过各级组织和全体党员的共同努力，在三年左右的时间内实现五个阶段性目标：一是广大党员，特别是各级组织领导班子成员和骨干党员对社会主义核心价值体系的认识理解进一步提高；二是坚持中国共产党的领导，坚持走中国特色社会主义政治发展道路，多党合作思想政治基础进一步巩固；三是自觉践行社会主义核心价值体系，提高履行参政党职能的水平，在参政议政、民主监督等方面取得新的成绩；四是进一步巩固政治交接成果，推动届中调整和换届工作平稳顺利进行；五是初步形成有利于树立和践行社会主义核心价值体系的体制机制。

二、基本原则

树立和践行社会主义核心价值体系，是我党正在开展的中国特色社会主义主题学习教育活动的深化和延伸。要突出坚持中国共产党的领导、坚持中国特色社会主义政治发展道路这个主题，不断增进政治共识，不断夯实多党合作的思想基础。

树立和践行社会主义核心价值体系，要始终坚持“知行合一”，充分体现实践特色。要继承和发扬我党自我教育的优良传统，坚持“自觉、自主、自为”，提倡自己提出问题、自己分析问题、自己解决问题。要坚持进步性与广泛性相统一，以正面教育为主，倡导“和而不同”、“兼容并蓄”，在尊重差异中扩大认同，在包容多样中增进共识。

树立和践行社会主义核心价值体系，领导干部和骨干党员是重点。要充分发挥表率作用，带头学习、实践社会主义核心价值体系，正确看待名、权、位、利，不断提升道德情操和品格修养，进一步提高推动科学发展、促进社会和谐的过硬本领和实际能力。

三、工作安排

我党树立和践行社会主义核心价值体系活动的总体思路是：精心组织、统筹安排，把树立和践行社会主义核心价值体系活动融入我党履行职能和自身建设的工作实践；夯实基础、突出重点，努力使践行社会主义核心价值体系成为全党的思想共识和自觉行动；完善机制、务求实效，力争用三年左右的时间，使树立和践行社会主义核心价值体系活动取得显著的阶段性成果。

（一）2010年：学习宣传年

以纪念建党80周年为主线，把社会主义核心价值体系贯穿于各项纪念活动之中，认真总结我党的光荣历史和优良传统，全面开展社会主义核心价值体系的学习宣传教育活动。具体做法是：

1. 广泛学习动员。通过召开动员会、纪念会、报告会、座谈会、研讨会、理论征文等活动，推动全党认真学习、准确把握社会主义核心价值体系的基本内容、现实目标、鲜明特征和实践要求。继续组织开展好《社会主义核心价值体系学习读本》、《六个为什么》的学习宣传工作。

2. 开展知识竞赛。以纪念建党80周年为契机，以社会主义核心价值体系为主要内容，以《前进论坛》为平台，开展一次党员广泛参与的知识竞赛，宣传和普及社会主义核心价值体系基本内容。

3. 举办图片展览。通过历史图片、新闻图片及书画作品的集中展示，系统再现我党八十年的奋斗历程，全面反映新世纪新阶段以来我党参政议政、社会服务、自身建设取得的新成绩。

4. 研讨优良传统。邀请统一战线知名专家及党内理论工作者、党务工作者、老同志代表，从理论和实践层面共同研讨我党的发展历程、主要经验和优良传统。推动中青年党员自觉学习继承我党优良传统。

5. 开好实职干部座谈会。中央将邀请部分任实职的我党党员干部座谈参政议政和履职情况的感想，交流经验、取长补短，从理论和实践层面研讨在中国共产党领导下如何更好地发挥民主党派成员的作用，为我国经济社会发展多做贡献，从而达到更好地坚持中国共产党领导的多党合作和政治协商制度、自觉坚持走中国特色社会主义政治发展道路的目的。

6. 办好教育基地。中央机关将设立党史陈列室，综合运用图片、文字、雕塑、多媒体等各种形式，系统展示我党的发展历程。充分发挥上海一千会议会址、江苏南京邓演达烈士墓、重庆中国民主党派历史博物馆等党史教育基地的作用，支持建设广东惠州邓演达纪念园。

7. 摄制影视作品。进一步丰富社会主义核心价值体系的宣传教育手段，推动完成四集电视文献纪录片《中国农工民主党》的后期编辑制作，支持拍摄重大革命和历史题材电影《铁血丹心——邓演达》。

8. 培训工作骨干。中央将举办省级组织驻会领导干部研讨班、全国宣传干部培训班等，把社会主义核心价值体系作为主要内容，通过培训一批工作骨干，推动全党工作的开展。

（二）2011年：整体推进年

以学习型参政党建设为主线，切实推动提高参政党工作科学化水平；以学习宣传先进典型为重点，形成党员自觉践行奋勇争先的生动局面；以参政党理论建设为抓手，深入开展当代民主党派核心价值观研究。具体做法是：

1. 认真学习党章。在基层组织广泛开展“学习党章、遵守党章”活动，对照党章要求，以社会主义核心价值体系为准绳，明确价值追求和行为规范，进一步提高树立和践行社会主义核心价值体系的自觉性、坚定性。

2. 加强理论引导。充分发挥各参政党理论研究点的作用，围绕当代民主党派核心价值观等重大理论问题进行联合攻关，有针对性地加强理论武装和政治引导。

3. 修订党员读本。以2004年版《中国农工民主党党员读本》为基础，增加充实社会主义核心价值体系等有关内容，修订再版后印发全党作为基本学习教育材料。

4. 宣传先进典型。要大力宣传各级组织特别是基层组织中涌现出来的在本职岗位上贡献突出、参政议政成效显著的先进典型和优秀人物，中央将适时组织树立和践行社会主义核心价值体系先进事迹巡回报告团，切实发挥先进典型的示范引领作用。

5. 积极履行职能。各级组织要深入学习贯彻科学发展观，积极为转变经济发展方式、破解发展难题深入调研，建言献策；认真扎实地搞好社会服务工作，把促进保障和改善民生、促进社会和谐作为重要责任；要深入了解和反映社情民意。中央将组织开展参政议政、社会服务成果展示和提高参政党工作科学化水平经验交流活动。

6. 开展经验交流。中央将深入开展学习型参政党建设情况调研，并通过举行经验交流会、现场学习会等，及时总结和宣传推广各地组织树立和践行社会主义核心价值体系的好经验、好做法，推动主题教育活动深入进行。

（三）2012年：总结提高年

以省级委员会和中央换届为契机，总结经验，表彰先进，完善制度，推动形成有利于树立和践行社会主义核心价值体系的体制机制，进一步巩固政治交接长效机制。具体做法是：

1. 建立思想建设联系点。中央将选取部分有代表性的省、市级组织建立思想建设联系点，积极探索反映和了解党员思想动态的新渠道、新模式，切实加强思想建设在自身建设中的核心作用。

2. 加强制度引导。中央将进一步规范理论中心组学习制度，提高学习效果；制定《农工党中央关于加强学习型参政党建设的意见（暂拟名）》，进一步推动学习型参政党建设。要把践行社会主义核心价值体系情况作为表彰和干部考核选拔的重要标准，充分发挥制度的导向作用。

3. 形成教材体系。以我党党史资料和参政党理论研究成果为重点，初步形成一套比较完整的党员自我学习、自我教育的教材体系，作为学习宣传社会主义核心价值体系的有效载体。

4. 推动换届工作。结合地方和中央换届，引导各级组织领导干部讲团结、讲大局、讲奉献，重事业兴衰、轻个人进退，自觉做践行社会主义核心价值体系的模范，努力营造团结和谐、风清气正的政治环境，确保换届工作平稳顺利进行。

5. 加强党内监督。以树立和践行社会主义核心价值体系为主题，开展多种形式的警示教育活动，把遵章守纪、廉洁自律的理念和要求融入到党务工作和本职工作中去。切实加强和完善党内监督制度建设，逐步建立健全预防违法违纪的长效机制。

6. 总结表彰先进。中央将全面总结树立和践行社会主义核心价值体系活动情况，表彰开展活动的先进集体和优秀党员，对下一阶段树立和践行社会主义核心价值体系作出部署。

四、基本要求

1. 树立和践行社会主义核心价值体系，是我党的一项十分重要而紧迫的政治任务，必须加强领导、统一部署，长期规划、突出重点，体现特色、务求实效。中央在主席办公会议领导下，由宣传部牵头，各部门共同参与。为加强对树立和践行活动的指导，中央主席、副主席将分别重点联系若干省级组织；各地方组织也可建立领导班子成员重点联系制度。

2. 各级地方组织要高度重视，把树立和践行社会主义核心价值体系列入重要议事日程，主要领导要亲自研究部署、狠抓贯彻落实。基层组织要因地制宜，生动活泼地开展活动，努力使广大党员通过参加主题学习教育活动取得实实在在的收获。广大党员也要积极主动参与，树立坚定的理想信念，陶冶高尚的道德情操，保持昂扬的精神状态，自觉担负起时代赋予的崇高使命。

3. 树立和践行社会主义核心价值体系，要充分发挥科学理论的教育和引导作用，努力在回答疑难问题上有新突破、研究重大课题上有新成果、推动各项工作上有新举措。要以国家的重大事件和我党的重要纪念活动为契机，善于运用广大党员喜闻乐见的形式，发掘利用各种教育资源，积极传播社会主义核心价值体系。要注重发挥新闻媒体和网络的宣传引导作用，构筑有效平台和重要阵地。要凝聚全党力量，着力办好《前进论坛》和中央网站，通过开设主题专栏、宣传先进典型、设立互动话题、发表学习文章，充分发挥主阵地、主渠道的作用，形成树立和践行社会主义核心价值体系的良好舆论环境。

4. 各级组织要积极争取中共党组织和统战部门的支持，学习借鉴兄弟党派的有效做法和先进经验，按照中央的工作规划和原则要求，创造性地开展工作。需要中央协调支持的重要活动、重大事项，要及时报告中央宣传部。

关于建立健全中国农工民主党省级组织领导班子谈心会制度的意见（试行）

（2010 年 6 月 12 日农工党十四届十三次中央主席会议通过）

领导班子谈心会是我党各级领导班子成员的重要组织生活方式，也是进一步发扬党内民主，总结经验，增进团结，不断提高领导班子履行职能的重要措施。现就建立健全省级组织谈心会制度，提出以下意见：

一、参加范围

省级组织领导班子谈心会由主委召集，领导班子全体成员参加。谈心会须以正式会议形式，每年至少召开一次。

二、主要内容

（一）学习中国特色社会主义理论和统一战线理论政策，遵循多党合作政治准则的情况。

（二）遵守本党章程和贯彻执行中央各项决定、决议及工作部署的情况。

（三）贯彻民主集中制，发扬民主、科学决策和履行职责、发挥作用的情况。

（四）加强作风建设和遵守廉洁自律的有关规定的情况。

三、工作要求

（一）立足工作实际。开展谈心会要与实际工作紧密结合，特别是要结合各自思想状况、作风建设和履职情况，结合基层组织和广大党员反映的问题，坦诚交换意见，共同研究解决。

（二）讲究工作艺术。认真协商，了解情况，搞好引导；倡导领导班子坚持自觉、自主、自为的原则，自己提出问题，自己分析问题，自己解决问题。

（三）抓好主要环节。在谈心会前，要通过个别谈心或广泛征求意见等方式，掌握真实情况，确定谈心会主题；开展谈心会时要充分发扬民主，营造良好氛围，寓民主团结于谈心会活动之中。

（四）发挥主委作用。主委要发挥好领导班子第一责任人的作用，加强与班子成员的沟通，增进共识，带头发扬民主，坦诚相见，畅所欲言，开好谈心会。

（五）谈心会一般不请假，因特殊情况不能参加会议的领导班子成员可以请假，但应根据会议的要求，提交书面报告或意见、建议。

（六）谈心会情况要有较为完整的会议记录。

本党市（地）级组织领导班子开展谈心会活动可参照此意见进行。

切实加强民主党派自身建设，努力提高农工党履职能力和水平

——在中央社会主义学院第三期民主党派中青年干部多党合作专题研究班上

（2010年7月8日）

陈宗兴

同志们：

很高兴能够在这次多党合作专题研究班上，和大家共同交流加强农工民主党自身建设的有关问题。不久前在上海举行的我党十四届九次中常会上，桑国卫主席再次强调，十四大以来我们形成的一个共识，就是一定要把我们党建设好，把党的队伍管理好，把党员教育好，把全体党员团结好。加强民主党派自身建设是民主党派自身发展的基本主题，也是履行参政党职能、发挥参政党作用的根本保障。自身建设工作理论性和实践性都很强，也有必要在理论与实践的结合上从理论层面进行系统的探讨、梳理和概括。在座的许多同志都有丰富的理论基础和党务工作经验。今天，我就此谈几点自己的认识，与大家共同探讨。我讲的如有不妥之处，欢迎大家批评指正。

一、把握形势，明确任务，不断增强民主党派自身建设的责任感和使命感

当今世界正处在大发展大变革大调整时期，我国正处在进一步发展的战略机遇期，在

新的历史起点上向前迈进，多党合作事业面临着新的发展机遇。作为与中国共产党长期亲密合作，共同致力于中国特色社会主义事业的参政党，切实加强自身建设，充分发挥参政党作用，具有十分重要的意义。

（一）加强自身建设是发展社会主义民主政治、建设社会主义政治文明的需要

随着世界多极化、经济全球化、信息网络化深入发展，科技进步日新月异，国际金融危机影响深远，综合国力竞争更趋激烈，不稳定不确定因素增多。我国发展呈现一系列新的阶段性特征、面临一系列新情况新问题。特别是人民群众的民主意识、自主意识、政治参与意识日益增加，对政治体制改革的期望越来越强烈。这些都对我国社会主义民主政治建设提出了新的要求。

今年的“两会”上，中共中央领导同志强调，我们的改革是全面的改革，没有政治体制改革，经济体制改革和现代化建设就不可能成功。人民当家作主是社会主义民主的本质要求，在新的历史条件下，发展社会主义民主政治，其中一个重要方面就是坚持和完善多党合作制度，为此，加强民主党派自身建设，正确引导广大成员参与民主政治建设，推进公民有序的政治参与，拓宽社会利益表达渠道，促进社会和谐，具有重要意义。

（二）加强自身建设是坚持和完善中国共产党领导的多党合作和政治协商制度的需要

这项制度是我国的基本政治制度。新世纪新阶段以来，以胡锦涛同志为总书记的中共中央从发展社会主义民主、建设社会主义政治文明的战略高度，不断加强中国共产党领导的多党合作和政治协商制度建设，我国多党合作事业呈现出蓬勃发展的生动局面。大家知道，2005 年和 2006 年，中共中央相继颁发了《关于进一步加强中国共产党领导的多党合作和政治协商制度建设的意见》、《关于加强人民政协工作的意见》以及《关于巩固和壮大新世纪新阶段统一战线的意见》等具有里程碑意义的重要文件，就加强多党合作和政治协商制度建设提出了许多新政策新措施。几年来，各地中共党委也陆续出台了一千多项配套措施，多党合作和政治协商的制度化建设进入一个全新的阶段。具体表现在：

一是政治协商更加规范有序。据统计，仅从 2002 年 11 月至 2009 年 8 月，中共中央、国务院及委托有关部门召开的协商会、座谈会、情况通报会达 142 次，其中胡锦涛总书记亲自主持召开的就有 37 次。二是支持民主党派、无党派人士在国家政权机关和人民政协中发挥作用。目前，在全国各级人大代表中，有 18.7 万名为民主党派和无党派人士；在全国各级政协委员中，有 37.8 万名为民主党派和无党派人士；在政府机关中，有 2 名民主党派和无党派代表人士出任正部级领导；最高人民法院、最高人民检察院或国务院部委办、直属局担任领导职务副职 18 人；全国 31 个省、自治区、直辖市中，有副省长、副主席、副市长 30 人。三是积极支持民主党派履行参政议政和民主监督职能。各民主党派就国家政治、经济、社会生活中的全局性、战略性、前瞻性重大问题开展考察调研，向中共中央、国务院及有关方面提出许多重大书面建议，多数都被采纳，产生了重要的经济效益和社会效益。四是积极支持民主党派广泛开展社会服务工作。各民主党派围绕中心、发挥优势，探索新形式，开辟新领域，广泛开展招商引资、扶贫帮困、科技兴农、医疗服务、捐资助学等社会服务活动，特色明显，富有成效。此外，还进一步加强了反映社情民意工作。

（三）加强自身建设是履行参政党职能、发挥参政党作用的需要

在新世纪新阶段，巩固和发展多党合作政治格局，既需要共产党加强和改善党的领

导，充分发挥民主党派的作用，也需要各民主党派提高参政议政能力与水平，为共产党领导和执政提供支持。我们在党派工作的很多同志都有一个共同的感受，就是现在参政议政、民主监督的任务越来越重、难度越来越大。其原因：一是当前我国改革已进入“深水区”，在发展中呈现一些新的阶段性特征，许多新情况新问题新矛盾本身就格外复杂；二是随着互联网的快速普及、信息化的爆炸式发展，知识更新速度越来越快。如果我们不及时学习，跟上前进步伐，不懂的东西就会越来越多；三是中国共产党的执政能力和政府的行政能力不断提高，各级党政领导拥有丰富资源，在知识层次和工作能力等方面普遍都具有较高水平，也对我们民主党派的参政能力提出了更高的要求。

可以预见，未来我们民主党派在国家政治生活中发挥作用的舞台会越来越宽广，肩负的职责也会越来越重要。面对新机遇新挑战，如何通过加强自身建设提高成员素质，如何通过完善体制机制凝聚集体智慧，提供履职能力、发挥参政党作用，将会成为影响多党合作成效的重要因素。

（四）加强自身建设是与中国共产党的建设“互相促进”的需要

随着时代发展和形势变化，民主党派自身发生了深刻变化：一是成员结构深刻变化，老一辈领导人已经光荣完成历史使命，一大批新中国成长起来的民主党派中青年成员走上各级组织领导岗位，政治交接任务更加紧迫。以我们农工党为例，截止到去年年底，党员总数为113259，平均年龄51.1岁，其中50岁以下、新中国成立后出生、改革开放以来加入我党的中青年党员干部已经占到了全党总数的一半以上，成为全党党员干部队伍的主体力量。二是民主党派的组织结构发生变化，成员分布地区更广、基层组织数量增加。1979年民主党派恢复活动时，八个民主党派加起来有成员6.5万（比1956年下降了约3.5万），有272个地方组织，其中省级组织92个，市级组织133个，县级组织47个，基层组织1852个。现在，仅我们农工党一个党派就有30个省级组织，269个地级市组织，51个县级市组织，基层组织（包括基层委员会、总支委员会、支部、小组）共5565个。成员行业分布趋向多个方向，工作领域逐步扩大。越来越多的新社会阶层的代表人士和留学归国人员加入民主党派，党派的政治包容性必须相应增强。三是民主党派成员在价值观念和思维方式方面的多样性特征更加明显，政治引导亟待加强。从中央去年开展的问卷调查统计来看，绝大多数党员的思想状况呈现出团结和谐、积极向上的良好态势，但是也有7.6%的受访党员认为中国共产党对民主党派的领导是“共产党自己决定的”；有1%的受访党员认为多党合作制度不适合中国国情，5%的受访党员认为这个问题说不清；有6.3%的党员认为西方敌对势力对我国实行的西化、分化图谋没有什么影响等等，虽然比例很小，也要引起我们高度重视。

早在2005年中共中央举行的党外人士迎春座谈会上，胡锦涛总书记就首次明确提出：“要坚持执政党建设和参政党建设互相促进”。在今年的“两会”期间联组会上，贾庆林主席与我们农工党、九三学社全国政协委员共商国是时再次强调，民主党派必须加强自身建设，“使参政党建设和执政党建设相互促进，共同进步”。这既是对我们民主党派的殷切期待，也提出了很高的要求。我们要切实增强忧患意识和责任意识，充分认识加强民主党派自身建设的重要性和紧迫性，扎扎实实地推进参政党自身建设，全力以赴发挥好参政党作用。

二、突出重点，发挥优势，进一步提高参政能力和水平

参政议政、民主监督是民主党派的基本职能。参政议政的工作成果，直接衡量着自身建设的成效。加强参政党自身建设，要求我们要进一步提高参政议政、建言献策水平，做好反映社情民意、社会服务等工作。从中央的体会来看，要提高履职能力和水平，应当在五个方面下功夫：

一是要在围绕中心、服务大局上下功夫。

推进改革开放和社会主义现代化建设，维护安定团结的政治局面，是当前我们国家的大局。民主党派只有自觉围绕中国共产党和国家决策部署谋划工作，围绕中国共产党和国家中心工作开展活动，才能更好地履行自己的使命，体现自身的价值。我们要始终保持敏锐的政治意识，善于从大局出发观察和判断问题，选准、选好工作重心和切入点。

从近年来我们的工作看，举例说，2008 年国际金融危机爆发后，我们紧密围绕中共中央、国务院出台的关于扩大内需促进经济增长的政策措施，把促进经济平稳较快发展和社会和谐稳定作为我党的首要任务，充分发挥自身优势，积极建言献策。在调研的基础上，向中共中央、国务院报送了《关于加快推进福建对台经济合作的建议》、《关于合理开发新能源，发展绿色经济的建议》、《关于支持连云港设立保税港区的建议》、《关于推进直达印度洋的国际大通道建设，实施一江两翼三洋战略的建议》、《关于研究制定和实施碳税政策，促进低碳经济稳步发展的建议》等，为中共中央、国务院科学决策提供参考。仅去年一年，我党中央以提案、调研报告、社情民意信息等形式提出的意见和建议，经由中共中央、国务院领导同志作出重要批示的就有 12 件。今年“两会”期间我党中央提交的 28 件提案中，《关于公立医院改革有关问题的建议》入选《重要提案摘报》，《提高居民收入水平，扩大居民消费需求》、《关于加快住房保障立法，完善住房制度的建议》、《关于合理开发新能源，发展绿色经济的建议》等 3 件列为专题协商办理的提案。

重大事件和重要关头，是我们与中国共产党同心同德、共同奋斗的关键时刻，必须毫不犹豫，全力以赴。2008 年四川汶川特大地震发生后，我党中央积极响应中共中央的号召，迅速动员起来，积极投身抗震救灾和灾后重建工作。我们支持党员参加各地组织的医疗救护队，直接到一线参加救死扶伤、灾后防疫、心理辅导；我们广泛开展了捐款捐物活动，据不完全统计，我党中央共接收各级组织和党员的爱心捐款 228. 86 万元，党员缴纳“特殊党费”738. 71 万元，合计 967. 57 万元，在各民主党派中名列前茅；我们还积极宣传抗震救灾中涌现出来的先进集体和优秀农工党员，弘扬抗震救灾精神，推动了中国特色社会主义主题教育活动的开展。同样，今年的青海玉树强烈地震发生后，我党中央也是响应最快的党派之一：地震发生当天，青海省委会就向全省农工党员发出倡议书，号召广大党员积极投身抗震救灾工作；第二天，我党中央办公厅下发了紧急通知，并迅速筹集了 50 万元直接汇至青海。

这里我想介绍一下毕节试验区的情况。1988 年，在时任贵州省委书记胡锦涛同志的倡导下，经国务院批准，建立了毕节地区“开发扶贫、生态建设”实验区。22 年来，围绕“开发扶贫、生态建设、人口控制”三大主题，实验“三位一体”综合治理，生产、生活、生态等方面取得历史性进步。可以说，毕节实验区是胡锦涛总书记在贵州工作期间

亲自推动成立的科学发展先行试验区。在实验区中各民主党派发挥各自优势，除积极参与毕节实验区多项建设外，还与相关区县建立了定点帮扶关系。我党中央也已经在毕节地区连续开展帮扶工作 20 多年，取得了不少成绩。以我们帮扶的大方县鸡场乡大坝村为例，中央和贵州省委会共同帮助村里制定了经济发展规划，两年来共协调资金 200 多万元，实施科技滚动养牛扶贫项目和推广半夏、刺梨科技种植项目，使 100 多户农民年均增收 2000 元以上。去年协调县里资金近 200 万元修通了 7 公里的通村油路，这是毕节地区唯一一条通村油路，《人民政协报》发表了“大坝村有条致富路”的报道，受到全国政协领导的赞扬。在村卫生室建设上也给予了很多支持，使农民得到了实惠。农民群众的精神面貌也发生了很大的变化，一户农民的门上贴的对联是：“沾共产党天恩丰衣足食歌盛世；托农工党洪福焕然一新乐太平”。横批“明天更好”。基层群众得到了实惠，《人民日报》两次报道了大坝村的变化。

最近，胡锦涛总书记、贾庆林主席在中共中央统战部上报的关于毕节试验区工作的报告中再次作了重要批示，对各民主党派中央、全国工商联和中央统战部积极支持毕节试验区的发展所取得的成效和经验给予充分肯定，希望继续努力，把各项安排落到实处，加快支持毕节科学发展步伐。我党积极响应，在 6 月 11 日举行的十四届九次中常会上，桑国卫主席强调，要切实提高对支持毕节试验区建设工作的认识，有条件的地区和东部发达地区要积极行动起来，配合我党中央进一步做好支持毕节试验区建设的工作。12 日，我党中央召开了参与毕节试验区建设领导小组会议，对有关帮扶工作作了具体部署。为了帮助加快毕节试验区农村医疗卫生事业的改革与发展，我党中央桑国卫主席亲自挂帅，由我党中央联合卫生部、中国红十字会、中国医药卫生事业发展基金会在毕节地区开展“贵州毕节贫困山区助医工程”乡村卫生人员培训等项目。目前已经筹集培训资金 200 万元，其他资金还在继续筹集当中；今年计划培训乡村医生 1000 多人。

2010 年是继续应对国际金融危机，保持经济平稳较快发展，加快转变经济发展方式的关键一年。我们要切实把思想和行动统一到服务科学发展上来，把积极性、主动性、创造性引导到推动科学发展上来，共同为转变经济发展方式、破解发展难题献计出力，形成推动科学发展的强大合力。要密切关注国际金融危机对世界经济的影响，注重研究国外经济环境变化和国内经济运行新情况新问题，着重围绕扩大内需、结构调整、自主创新、节能减排、改善民生、生物医药产业发展、医药卫生体制改革、生态文明建设等，深入开展考察调研，积极参政议政，为编制好国家“十二五”规划作出贡献。

二是要在充分发挥界别优势上下功夫。

2007 年 12 月，贾庆林主席代表中共中央在致我党十四大的贺词中，希望农工党“发挥在医药卫生界联系广泛的优势，就推进医疗卫生事业改革发展、实施环境保护基本国策、加强生态文明建设等问题加强调研、建言献策”，这是新的历史时期中共中央对我党工作提出的新希望和新要求。

医药卫生体制改革是涉及 13 亿人口的重大民生工程，也是坚持以人为本，贯彻落实科学发展观的重要方面。作为以医药卫生界中高级知识分子为主要成员的参政党，我们在医药卫生领域既拥有一大批专家学者，也有许多在一线工作的普通党员，在这方面农工党不能无所作为，不能没有声音，我们应当能够在推动医疗卫生体制改革，缓解群众“看病贵”、“看病难”方面，在关注民生、体察民情、反映民意上发挥独特的作用。2005年，我党中央由蒋正华主席、李蒙常务副主席率团，到江西考察调研新型农村合作医疗试点情况，为国家在试点工作基础上进一步完善制度、全面推广新型农村合作医疗作出了积极贡献。2006年，针对当时医患关系紧张、医疗执业环境恶化的情况，我党中央领导，桑主席等赴四川进行了以“优化医疗执业环境，构建和谐医患关系”为主题的重点调研，并向中共中央、国务院提交了《关于优化医疗执业环境的若干建议》的调研报告。胡锦涛总书记、国务院领导同志十分重视，作了重要批示。9月下旬，时任国家卫生部部长的高强同志亲自带领卫生部相关司局负责人，到我党中央机关听取意见，进一步研究优化医疗执业环境问题。此后有关措施陆续出台，医卫界的同志十分支持，广大患者也得到了实惠，可以说是为建设和谐医患关系做了一件实实在在的好事。我党十四大以来，我们继续巩固和加强医药卫生这一参政议政的优势领域。2008年年初，桑国卫主席不顾南方雨雪冰冻灾害的危险，两次亲自到贵州毕节考察调研村卫生室建设，并向胡锦涛总书记当面作了汇报，为推动村卫生室建设和农村卫生事业发展积极建言献策。在今年的全国“两会”上，中央的大会发言《关于公立医院改革有关问题的建议》也产生了较大的社会反响，为公立医院改革试点工作和新医改的顺利推进作出了贡献。

2009年以来，经过各方协商，我党中央《关于进一步做好组织发展工作的若干意见》明确了“在保持界别特色，坚持原有重点分工基础上，可以重点发展环境保护和人口资源领域的代表性人士”。界别分工的拓展，为我党履行参政党职能也开辟了新的舞台。实际上，这与我们这些年做的工作分不开。例如，从2004年到2009年，我党中央连续举办了五届“中国生态健康论坛”。第一届论坛于2004年12月在北京举行，主题是“生态健康与科学发展观”；第二届论坛于2005年10月在内蒙古自治区乌海市举行，主题是“生态健康与循环经济”；第三届论坛于2006年11月在广西自治区桂林市举行，主题是“生态健康与社会主义新农村建设”；第四届论坛于2008年9月在山东省青州市举行，主题是“生态健康与生态文明建设”；第五届论坛于2009年11月在湖北省武汉市举行，主题是“生态健康与两型社会建设”。不久前举行的第三届“中国环境与健康宣传周”活动，也是由我党中央牵头，联合教育部、科技部、国土资源部、环保部、水利部、农业部、卫生部、国家林业局等九个部委，以“土壤环境与健康”为主题的大型主题宣传活动。应当说，这些活动既充分发挥了我党医药卫生界人才众多的优势，又在选题上凸显了我党界别分工的新特色，因而能够发挥实实在在的作用，引起良好的社会反响。

三是要在凝聚人才智慧和力量上下功夫。

历史和现实都表明，人才是社会文明进步、人民富裕幸福、国家繁荣昌盛的重要推动力量，是我国经济社会发展的第一资源，也是我们民主党派提高参政议政能力和水平的基础性资源。从历史上说，我们民主党派最宝贵的资源就是人才资源和智力优势，但是经过建国以来60多年的发展，执政党及政府内部积聚了众多的专家学者，许多中共领导干部本身也都是专家学者型的，参政党人才优势的发挥显得更加重要和紧迫。

要在参政议政工作实践中搭建人才成长的平台，大胆使用人才、不断锻炼人才，农工党中央各专门工作委员会就是这样的平台。十四大后，中央对专门工作委员会机构设置进行了增加和调整，一是根据我党界别分工的调整，增设了“人口资源环境工作委员会”，二是适应构建社会主义和谐社会、加强社会建设的需要，将原“法律工作委员会”更名为“社会与法制工作委员会”。中央现有医药卫生、科技、人口资源环境、教育、文化、联络、妇女、经济、社会与法制九个专门工作委员会，集中了各领域德才兼备、经验丰富、知识渊博的专家和骨干。委员平均年龄47.9岁，其中50岁以下委员占56.1%，具有研究生、大学学历的占93.5%，人员结构得到进一步优化。由原来的201名委员，扩大到293名，目前正在调整，拟增加到350名左右。这几年来，专委会作为中央参政议政“参谋”和“智囊”作用更加突出，已经成为我党参政议政的骨干力量。以第十三届中央专委会为例，从2003年至2007年，共向农工党中央提交调研报告91篇，被采用为全国政协会议大会发言和提案48篇，占中央报送大会发言和提案总数的40%；其中还有一份荣获了十届全国政协优秀提案奖。第十四届中央专委会在2008年至2010年的三年中，已经完成调研报告52篇，被采用为全国政协会议提案40篇，占中央报送提案数的77%。

当然，这方面我们还有很多工作要做。发挥人才作用，首先是要充分发扬党内民主，形成尊重人才、“人尽其才、才尽其用”的良好氛围。只要创造出有利于人才作用发挥的机制和环境，自己拥有的人才就能够脱颖而出，自己没有的人才也能够吸引进来。其次，要积极运用互联网、手机短信等打造现代化信息沟通平台，广泛吸取基层组织和普通党员的智慧，形成有利于党内人才发挥作用的工作机制。此外还要完善有利于人才发挥作用的激励机制。要有目的有计划地到参政议政的重点领域去发展新党员，除医卫界外，要大力发展环境、人口、资源方面的人才；此外，还应适当发展经济、法律、文化艺术等方面的代表性人士，逐步改善党派的知识结构和专业结构，以适应我党履行职能的新形势、新要求。

四是要在调动中央和地方两个积极性上下功夫。

从我们工作的实际效果来看：中央通常应当能够把握全局，建言献策的渠道更加畅通；地方组织贴近基层，更加了解实际情况。可以说是各有优势。十四大以来，我们充分发挥全党的整体优势，不断提高参政议政质量，初步形成了全党各级组织之间协调、合作的机制。实践证明，中央组织的多项重要参政议政活动都是因为有地方组织的积极参与而开展得有声有色。

这方面的例子很多。以天津滨海新区的开发为例，开发建设天津滨海新区，是中共天津市委、市政府早在1994年就提出的跨世纪战略举措，但是由于缺少“龙头”带动和强有力的政策支持，长期发展滞后。进入新世纪，滩涂地的优势逐渐显现，我党天津市委会对此高度重视，作了大量前期调研。2004年2月，我党中央原主席蒋正华同志、原常务副主席李蒙同志率队到天津专程调研后，向中共中央、国务院提出了《关于支持天津市实施滨海新区发展战略的建议》。在2004年“两会”联组会期间，张大宁副主席代表中央就支持天津实施滨海新区发展战略作了发言，到会的中共中央政治局常委、国家副主席曾庆红同志对此给予了充分肯定；在大会发言上也获得较大反响，有力推动了滨海新区建设上升为国家战略。如今滨海新区已经成为国家新的经济增长极。海峡西岸经济区的建设也有我们的贡献，在2006年全国“两会”期间，吴邦国委员长出席农工、九三联组会时，就曾经讲到：“中央在制定‘十一五’规划建议的时候，关于海峡西岸经济区的建设问题就曾反复讨论，到底要不要写，最后采纳很重要的原因是农工党有这个建议”。2008

年1月，国务院批准实施《广西北部湾经济区发展规划》，北部湾开放开发由此上升为国家战略，这和我们农工党连续多年的呼吁、推动也是分不开的。从2006年起，我党中央多次赴广西进行专题调研，通过全国政协联组会、专题协商会等途径向中共中央提出建议。前年我们在赴青海调研的基础上向国务院报送的《关于促进柴达木循环经济实验区又好又快发展的建议》，温家宝总理等国务院领导同志分别作了重要批示，发改委根据国务院领导同志的批示精神，组织开展了大量的调研论证工作。今年3月15日，国务院正式批复《青海省柴达木循环经济实验区总体规划》。当然也有一些调研成效不显著，这与大环境、大趋势以及角度、深度有关，要跟踪、积累，最后方显“临门一脚”或“助攻”之效！

重庆和黑龙江省先后与我党中央签订了合作纪要，开创了党派中央参与地方经济社会发展的新模式。10多年来，我党中央一直关注三峡库区的建设和发展，以库区移民、环境保护等专题开展了多次调研。2008年，我党中央向中共中央、国务院报送的《关于做好三峡库区后续工作的建议》，国务院领导同志作了重要批示。中共重庆市委受中共中央政治局委员、中共重庆市委书记薄熙来同志委托，专门致电我党中央，感谢对重庆市及三峡库区工作的关心和支持，认为我党中央的调研深入，掌握情况准确，建议报告及时，对三峡库区建设起到了积极的推动作用。去年7月，我们再次赴重庆考察调研后报送的调研报告《关于加强三峡水库后续管理工作，建设和谐稳定新库区的建议》，温家宝总理，李克强、回良玉副总理等领导同志作出了重要批示，有关部委正在研究落实。去年10月，我党中央与重庆市政协联合主办“2009三峡库区发展论坛”，为加快三峡库区全面建设、构建库区生态文明建言献策，社会反响也很大。

我党中央在2004年赴黑龙江调研基础上，向中共中央、国务院报送的“资源型城市转型的对策建议”，也促成了黑龙江省哈大齐工业走廊的规划建设，以及大庆市、伊春市分别作为石油、林业资源城市经济转型试点，中共黑龙江省委、省政府对此给予了高度评价。去年我们到黑龙江，围绕推进建立国家现代农业综合实验区、确保国家粮食安全进行了调研，其他一些省级组织也配合开展了同步调研。回良玉副总理在我党中央《关于进一步巩固我国粮食安全基础的建议》上作了重要批示。为了推动对俄贸易战略升级，促进我国东北地区与俄远东地区经贸合作，我们赴黑龙江省就“黑龙江省东北亚经济区和哈牡绥东对俄贸易加工区建设”等问题进行了专题调研，结合中俄关系的新形势、新变化，向国务院和国家有关部委提出了意见建议，温家宝总理、贾庆林主席、王岐山副总理对我们的报告都作出了重要批示。

现在我党地方组织向中央提出联合调研的申请比较多，我们的态度是一贯而明确的，只要有利于经济结构调整和区域经济协调发展，有利于人民群众生活改善和社会和谐稳定，地方组织做好与地方中共党委、政府的沟通工作，选题具有全局性、战略性、前瞻性，选准角度和时机，有比较好的前期调研基础，中央一定大力支持，积极参与。

五是要在整合社会资源、发挥最大效益上下功夫。

我们民主党派虽然人才荟萃，但不少同志在本职工作以外还有兼职工作，工作任务繁忙；虽然联系广泛，但自身资源相对有限，客观上要求我们必须发挥联系广泛的优势，统筹整合党内外各种资源、力争发挥最大效益。要按照“为我所用，而不必为我所有”的原则，积极吸纳社会力量参与民主党派工作。这些年，我们在日常工作中与全国政协人资环委员会、全国政协教科文卫体委员会、国家发改委、卫生部、科技部、环保部、国务院三峡办、国家海洋局、中国科学院、中国社会科学院、北京大学、北京师范大学、中国药学会等单位建立了多项长期合作机制，定期走访交流，及时沟通信息，在相关调研、座谈会中都邀请各界专家献计出力，共同推动我党工作的开展。

举办论坛活动是近几年来我党中央发挥优势，逐步形成的具有鲜明特色和广泛社会影响的参政议政新形式。通过组织论坛，为政府和专家学者搭建良好的沟通的平台，可以使专家学者的研究成果转化为党派参政议政意见建议，实现参政议政的社会价值最大化。去年以来，“生态健康论坛”主办单位除以往的农工党中央、地方党委或政府外，固定增加了环保部、全国政协人资环委员会。去年与吉林省政府联合主办了“中国（吉林）医药产业发展高峰论坛”，与全国政协教科文卫体委员会、卫生部、国家食品药品监督管理局、国家中医药管理局联合召开了“慢性非传染性疾病防治”专题研讨会，等等。通过论坛广泛吸纳各方意见，为推动科学发展、促进社会和谐献务实之策、建有用之言，既拓展了我党参政议政的渠道，又密切了与中央部委、地方政府的沟通合作，扩大了农工党的影响。

我们自身的工作也有很多潜力可挖。我党中央的社情民意信息工作起步比较晚，过去与兄弟党派相比，总体上还比较靠后。情况在去年有了显著改变：2009 年全年共收到来稿 1459 篇，向全国政协信息局编报《信息专报》253 件，全国政协信息局采用了 39 件，中央研究室被全国政协办公厅评为 2009 年度政协社情民意信息工作先进单位三等奖。今年上半年共收到来稿 1529 篇，向全国政协信息局编报《信息专报》453 件，全国政协信息局采用了 46 件，已经超过了去年全年的采用量，中央领导有批示的也很多。这项工作能够迅速改变落后面貌的一个重要原因，就是初步理顺了工作机制，把考察调研工作与反映社情民意信息有机结合，特别是在调研中发现的一些反映全局性的重大问题、关系群众利益的突出问题、带有倾向性、苗头性的问题以及新情况，采用社情民意信息的方式及时反映。这样既最大限度地挖掘了各级组织在调研中的成果，又增加了议政建言的重要渠道，起到了事半功倍的作用。这方面也希望中央和地方加强沟通合作，多做调研成果的转化工作。

同样，中央在筹划、安排一些重大活动时，不仅着眼于活动本身，还特别重视宣传报道工作的尽早介入，努力扩大社会影响、塑造我党形象。中央一些重大考察调研活动，都邀请全国性媒体记者全程参与报道，比如围绕新型农村合作医疗、发展海洋经济、资源枯竭型城市转型、村卫生室建设和农村饮水安全等调研活动中，《人民日报》、《科技日报》、《人民政协报》、《团结报》等报刊都分别刊登了专版、专题。这样既报道了我们的工作，也宣传了中国共产党领导的多党合作和政治协商制度。我们还特别重视活动成果的整理、采用和推广，作为我们进一步调研和建言的基础，同样收到了一举多得的成效。

三、与时俱进，开拓创新，不断提高参政党建设科学化水平

去年 9 月举行的中国共产党十七届四中全会，全面分析形势和任务，提出了提高党的建设科学化水平这个重大命题和重大任务，这是对马克思主义执政党建设规律的新认识，也对我们加强民主党派自身建设提出了新的更高要求。提高参政党建设科学化水平，就是要以科学发展观为统领，以科学理论指导自身建设，以科学制度保障自身建设，以科学方法推进自身建设，努力提高参政党建设的科学化、制度化、规范化水平。

（一）以社会主义核心价值体系为引领，加强思想政治建设

今年 2 月 10 日，在中共中央举行的党外人士座谈会上，胡锦涛总书记讲话中强调，建设社会主义核心价值体系，形成全民族奋发向上的精神力量、团结和睦的精神纽带，是增强民族凝聚力和国家软实力的必然要求。他希望我们民主党派把树立和践行社会主义核心价值体系作为中国特色社会主义主题学习教育活动的深化和延伸，突出坚持中国共产党的领导、坚持中国特色社会主义政治发展道路这一主题，牢固树立中国特色社会主义共同理想，矢志不渝坚持我国社会主义政治制度，大力弘扬我国多党合作事业的优良传统，不断巩固共同团结奋斗的思想政治基础。

建设社会主义核心价值体系具有十分重要的意义（大家已听过专题讲课）。当前，随着我国经济体制深刻变革、社会结构深刻变动、利益格局深刻调整、思想观念深刻变化，在社会思想空前活跃、主流积极健康向上的同时，一些错误的、消极的、颓废的思想意识也有所滋长，各种价值观念相互交织、相互碰撞、相互影响，一些人在信仰上出现某种危机，在精神上无所归依，对丑恶现象丧失了基本的判断。因此，我们要有效应对激烈的国际文化竞争，抵御西方意识形态渗透，维护国家文化安全，引领社会思潮、引领社会风尚、引领个人价值取向，就必须把建设社会主义核心价值体系作为提高国家文化软实力的战略举措，更好地凝神聚气、强基固本。

胡锦涛总书记对我们民主党派提出树立和践行社会主义核心价值体系的要求，有着深刻的内涵，充分体现了中共中央领导同志对我们民主党派的高度信任和殷切期待。我党中央对搞好这项活动高度重视。今年五月，中央制定下发了《树立和践行社会主义核心价值体系三年工作规划》。这项活动的定位很明确，就是要把树立和践行社会主义核心价值体系作为中国特色社会主义主题教育活动的深化和延伸，作为我们今后几年思想政治建设的首要任务。中央《规划》还提出：2010 年为“学习宣传年”，就是要以纪念建党 80 周年为主线，把社会主义核心价值体系贯穿于各项纪念活动之中，认真总结我党的光荣历史和优良传统，全面开展社会主义核心价值体系的学习宣传教育活动；2011 年为“整体推进年”，要以学习型参政党建设为主线，切实推动提高参政党工作科学化水平，以学习宣传先进典型为重点，形成党员自觉践行奋勇争先的生动局面，以参政党理论建设为抓手，深入开展当代民主党派核心价值观研究；2012 年为“总结提高年”，要以省级委员会和中央换届为契机，总结经验，表彰先进，完善制度，推动形成有利于树立和践行社会主义核心价值体系的体制机制。希望大家按照中央要求，根据各地实际，认真贯彻落实。可从以下几个方面来抓好这项工作：

一是要高度重视发挥典型示范作用。树立和践行社会主义核心价值体系不能空对空，要让大家学有榜样、赶有目标。主要是宣传好三个方面的典型：首先要结合建党 80 周年纪念活动，注意向老领导、老同志学习，充分挖掘他们身上所蕴含的政治信念、优良传统、高尚风范；其次要宣传树立一批活跃在政治舞台上的代表人物，他们的典型事迹对广大党员有更大的号召力，对全社会有更大的影响力；此外还要在普通党员中发掘一些闪光

点，这样身边的典型大家感到更亲切，学起来更容易。

二是要充分发挥科学理论的武装和引导作用。理论建设包括理论的学习运用，理论的宣传教育，理论的研究创新，理论的成果转化，是建设学习型参政党的重要抓手。近年来我们相继建立了上海、重庆、四川、湖北、黑龙江、江苏等六个参政党理论研究点，产生了一批理论成果，如《中国特色和谐政党关系论》、《中国特色参政党理论概论》等。我们还要进一步加强理论建设，特别是要理论联系实际，在理论的学习运用和成果转化上下功夫。各级组织领导班子成员应当重视理论、带头学习理论；理论工作者要围绕广大党员关心的重大理论问题，努力在回答疑难问题上有新突破、研究重大课题上有新成果、推动实际工作上有新举措，不断增强思想理论工作的创造力、说服力、感召力；尤其是要对抽象的理论进行再创造，创作更多反映党员主体地位和现实生活、群众喜闻乐见的优秀精神文化产品，展现社会主义核心价值体系的丰富内涵，使之成为党员内心的价值追求。

三是我们各级组织领导同志要身体力行，以身作则。李瑞环同志也曾经说过："什么叫领导？简单地说，'领'就是带领，就是走在前边，干在前边，身先士卒，'导'就是引导、教导。只有'领'好了，'导'才能起作用。自己满脸脏东西，怎么号召人家讲卫生？你在台上讲人、人在台下讲你，你讲的还管什么用?"榜样的力量是无穷的，领导的行动是无声的命令，我们民主党派的领导干部要带头树立社会主义核心价值观，并自觉用以规范自己的言行，要党员做的自己带头先做，要党员不做的自己首先不做，这样党员就会看在眼里，敬佩在心中，自觉加以效法。

（二）以实施"人才战略"为契机，加强组织建设

人才队伍建设是农工党永葆生机活力、实现可持续发展的根本保证。换届以来，各级坚持把组织发展和后备干部队伍建设作为组织工作的重中之重，大力推动领导班子建设和基层组织建设，取得了显著的工作成绩。但是从上半年我党中央组织部对代表人士队伍建设的调研分析情况看，我党代表人士队伍建设中的一些问题需要引起我们高度重视：

一是全党代表人士队伍中的旗帜性人物还不够多，高层次人才储备不足。例如，目前全党只有 12 名两院院士，且大多年龄偏大，平均年龄达 73. 2 岁；2002 年以后获得国家自然科学奖、科技进步奖和技术发明奖的只有 22 人次，数量相对较少；特别是在作为重点分工的医药卫生界和环境保护、人口资源领域仍缺少在国内外拥有较高知名度和较大影响力的专家学者；目前只有两位同志担任副省长，在政府和司法机关担任副厅以上实职 83 人，在高等院校、科研院所担任副厅以上实职的 53 人，与其他民主党派相比，数量也相对较少；新生一代代表人士中有潜力成为行业领军人物的人才匮乏。二是代表人士自身在多角色转换过程中仍然存在一定程度的不适应现象。我们的代表人士往往身兼数职，如何统筹兼顾，处理好成为专家学者、领导干部、社会活动家和政治活动家之间的关系，还需要进一步锻炼。三是代表人士的选拔、培养、使用和管理还没有形成比较规范的制度。四是从事代表人士队伍建设的工作队伍力量比较薄弱。

"事业兴衰在用人"。我们要切实增强忧患意识，充分认识新形势下加强民主党派代表人士队伍建设的重要性和紧迫性，把建设一支政治坚定、素质优良、结构合理、代表性强、同中国共产党亲密合作的代表人士队伍放到更加突出的位置上来。

一要重点发展高层次、有代表性的人士。这是由民主党派的参政党特点决定的。我国

的民主党派是由一部分高中级代表性人士组成的参政党，是“干部性集团”。从这一特点出发，民主党派政党功能的大小主要不在于人数多少，而取决于成员素质的高低和代表性的大小。我们要坚持“高层发展高层，骨干发展骨干”的方法，推行“领导出面做工作，组织部门跟进发展”的方法。各级领导班子成员特别是主要负责同志，要担负起政治责任，与统战部门和当地党委加强协调联系，带头做好高层次人才的发展工作，把一些政治上靠得住、工作上有本事、作风上过得硬的高层次人才发展到农工党来，在党内营造一种求贤若渴、知人善任的宽松和谐环境，不断扩大农工党在广大知识分子中的影响。

二要继续坚持把主体界别作为组织发展的重点，保持农工党的特色。中央《关于进一步做好组织发展工作的若干意见》提出，要继续坚持重点分工内的人士占党员总数的70%左右。要实现这一目标，首要的就是必须重视高等院校、科研院所和医疗机构等农工党主体界别人才集中地方的组织发展工作。要通过定期走访、联谊活动等方式，加强与这些单位中共党委和统战部门的沟通交流，建立良好的工作关系，争取获得更多的支持。目前我党医药卫生界党员占59.7%，文化教育界占18.8%，科学技术界占7.8%，其他界别占13.7%。新增的环境保护和人口资源领域党员还非常少，远远不能适应自身建设和参政议政工作的需要，我们要高度重视发展这些领域的代表性人士。

三要在做好主体界别组织发展的同时，用一定的比例，继续稳妥发展经济、社科、金融、法律、管理和新社会阶层等非重点界别的代表性人士，在改善结构性人才短缺问题上下功夫，既要把原有的优势变成强势，又要积极开辟新的增长点，满足新形势下更好地履行参政党职能的需要。发展新的社会阶层人士要坚持原则，做到注重素质、保持特色、适量发展、协调有序，重点在大中城市发展高中层次、符合我党界别特色、有代表性的专业知识分子。对非公有制经济人士，我党按规定及程序可个别发展其中政治素质和社会影响好，符合我党特色的代表性人士。

四要积极发展有潜力的年轻党员，为农工党的长远发展做好人才储备。在当前党员队伍不断变化的情况下，组织发展必须保证一定的速度。发展年轻人才入党，决定着我们的发展后劲，关系到五年、十年之后农工党的发展。要在注重质量的前提下，用发展的眼光，积极大胆地吸收政治素质强、学历高、年纪轻、潜力大的人才入党，同时在入党后要注意对他们加强培养，要在政治上严格要求，鼓励他们在学术上、业务上发展，做好本职工作前提下，引导他们关注民生、积极参加农工党的参政议政工作，使他们早日成长为后备干部队伍中的一员。

五要完善人才的培训、使用、推荐和管理机制。要从入党抓起，精心安排学习内容，善于从中发现选拔人才并建立跟踪培养机制；要按照分类施教、按需培训的原则，改进培训方法，提高培训的针对性和实效性，拓宽培训渠道。要加强与中共党委和统战部门的协调、沟通，加大对后备干部推荐的力度，适时将后备干部选拔推荐到各级领导岗位任用；还可以通过扩大各级专委会的规模等方式，通过参加调研等活动，为后备人才提供施展才华的舞台。平时要定期向有关部门推荐我们的优秀人才，注意了解党外干部的安排情况，一旦有岗位空缺，适时推荐；对已经得到一定安排的后备干部，也要瞄准位置，继续往上推荐。要加强与骨干党员的联系，建立不定期走访慰问和约见谈心制度；实行动态管理，及时选优汰劣；继续加强党员数据库建设，注重数据的更新和维护。人才的培训、使用、推荐和管理应该成为一个有机的整体，形成一个良性循环，使我们的人才队伍越来越壮大。

此外，组织建设的常规工作内容还包括领导班子建设、后备干部队伍建设、基层组织建设以及机关建设等内容，除机关建设下面还会单独讲以及领导班子建设在第四部分会谈到外，其他方面我就不一一细讲了。

（三）以促进党务工作规范化、程序化为目标，加强制度建设

制度具有稳定性、全局性和强制性的特点。尽管随着届次的更替，领导班子会部分交替甚至整体性换代，但只要有了制度作为保证，农工党的政治理念和宗旨，农工党的各项工作秩序，都不会轻易改变。近年来，中央高度重视制度建设，取得了一定的成果。主要有：

在思想理论建设方面，在深入开展政治交接学习教育活动基础上，制定了《中国农工民主党关于加强思想政治建设的意见》，对思想政治建设的意义、内涵、任务和基本原则，思想政治建设的主要内容，思想政治建设的主要措施都做了明确具体的规定。前些年，我们还制定了《中国农工民主党中央关于加强参政党理论建设的意见》，对参政党理论建设的内涵、任务、原则等作了明确规定，并根据情况的发展进行了补充完善。

在组织建设方面，这些年来我们制定了《中国农工民主党中央委员会关于加强省级组织领导班子后备干部队伍建设的意见》、《中国农工民主党党内监督条例（试行）》、《中国农工民主党中央委员会关于进一步做好组织发展工作的若干意见》、《关于建立健全中国农工民主党省级组织领导班子谈心会制度的意见（试行）》等一批规章制度。

通过制度建设贯彻民主集中制，是我们进一步加强领导班子建设的重要举措。在我党十四届三次中央常委会上，审议通过了《中国农工民主党中央常务委员会会议规程》和《中国农工民主党中央主席会议规程》。对《中国农工民主党中央主席办公会议规程》和《中国农工民主党中央机关工作会议规程》也进行了修订。从实践效果看，这些制度的制定、完善和落实，既促进了各项工作的有序开展，也显著增强了领导班子的团结和谐。

制度建设是一项需要付出长期努力的工作。现在的关键问题是缺乏制度化的机制，因而在工作中还会出现随意性，不能持之以恒。这里我想重点强调三个问题：

第一，制度建设重在落实。制度建设不仅仅在于规章制度的建立和制定，更重要的是该项制度能够在各项工作中贯彻执行。再好的制度如果不去落实，就形同虚设，成了废纸一张。尤其是领导要带头落实，保证制度在落实中发挥作用，在落实中得到完善。

第二，制度建设要搞好程序化。长期以来，我们在制度建设中还存在着重实体、轻程序、重形式、轻操作的倾向，以及于一些好的制度因缺乏科学规范的程序而无法操作。因此必须提高程序意识，加强程序建设，增强可操作性。

第三，制度建设应常抓不懈。制度虽然具有稳定性和长期性的特点，但制度、规章建立后也不是一成不变的。一方面制度本身可能还有需要进一步完善的地方，另一方面，它要随着形势、任务的变化而不断丰富和发展，否则该制度就成了一项死的制度，难于满足工作发展的需要，因此制度建设要与时俱进，常抓不懈。

（四）以提高服务意识和执行能力为重点，加强机关建设

把机关建设单独列出来和大家讨论，是我们感到机关建设的不适应问题亟待改进。党

派机关是履行参政党职能的工作枢纽，是展示党派形象的重要窗口，也是落实自身建设任务的关键环节。我们领导班子再好的工作思路和工作部署，如果离开机关的贯彻执行，也会成为一纸空文。

中央机关是由中央委员会下设的职能部门组成。这里简单介绍一下农工党中央的部门和职能情况，供大家了解和各地方组织参考。2003 年“三定”确定中央机关共有六个局级机构，分别是：办公厅，负责机关内外联系及综合协调工作、中央各种会议的会务和后勤保障工作，下设主席办公室、秘书处、文书档案处、财务处、行政处、人事处 6 个处室。组织部，负责贯彻执行我党中央有关组织工作的决定和意见，协同有关部门开展对后备干部的物色、考察、培养、选拔等工作，下设综合处、地方组织处、党员干部处三个处室。宣传部，负责宣传、贯彻中共中央的路线、方针、政策，指导、推动全党的思想建设和宣传工作，主办我党中央机关刊物《前进论坛》，下设综合处、宣传教育处、理论研究处三个处室。社会服务部，负责我党中央承担的定点扶贫地区的各项支持工作，承担全党支边扶贫工作的宏观指导工作，下设综合处、文教卫处、经科法处三个处室。参政议政部，负责我党中央领导人调查研究、建言献策活动的服务工作，我党中央在全国政协大会、常委会的大会发言、提案、建议的起草、报送，负责中央专门委员会的联络工作，负责中央领导人参政议政方面的部分文稿的起草，下设综合处、调研处、联络处三个处室。研究室，负责组织我党中央重要会议文件的起草，社情民意信息的收集、整理和上报工作，党史研究，搜集、整理、保管，机关网站、机关局域网的建设和维护，下设综合处、信息处、党史研究出三个处室。

十四大以来，中央主席办公会议根据新时期多党合作事业发展需要，进一步强调要抓好中央机关干部队伍建设，在注重教育、培养干部不断提高思想理论水平和综合素质的同时，积极营造有利环境，为干部多做工作、施展才干提供条件；激励干部爱岗敬业、奋发有为，努力建设一支高素质的农工党中央机关干部队伍。几年来，中央机关根据工作需要和职位空缺情况，通过内部选拔任用、跨部门轮岗，外部选调、公开招录等多种方式，积极改善机关干部队伍结构，切实加强机关干部队伍建设。截止到目前，农工党中央机关公务员平均年龄 41 岁；硕士研究生以上学历占 23.4%，本科学历占 66.7%，大专学历占 7.4%，中专及以下占 2.5%。在全体工作人员的共同努力下，中央机关和谐团结、健康向上，积极进取，求真务实的风气更加浓厚，机关工作人员认真履行岗位职责，讲学习，讲团结，讲奉献，服务参政议政工作和党务工作的能力进一步提高。

但是是否可以这样说，总的来看我们各级机关还不能适应或远不能适应新形势新任务对参政党机关工作的新要求。从当前机关建设的薄弱环节来看，提高执行能力、增强服务意识仍是机关建设的重点，需要我们按照“政治坚定、业务精通、团结协作、作风务实”的要求，有针对性地采取措施。

一是提高机关干部服务党务工作的能力。新时期党务工作的任务重、要求高，而机关的人员编制又普遍偏少，需要机关干部具备多方面的知识和能力，一人多岗、一专多能。我们的机关既要形成多种人才结构，又要求每位工作人员成为多面手。机关能力建设是机关建设的重点，包括提高机关干部学习、领会重大理论问题和重大方针政策的能力，调查研究和分析问题的能力，撰写文稿的能力，服务参政议政和党务工作的能力。各级组织要高度重视这个问题，在工作安排、经费计划等方面，要为提高干部的理论和实践能力提供机会。要推动机关干部养成在实干中勤于思考，在忙碌中善于总结，下工夫摸索规律、把握规律、运用规律。机关要按照《公务员法》的要求，做好机关干部的教育培训、轮岗交流、挂职锻炼和选拔任用等工作，通过多种途径，为机关干部提供政治理论和业务知识培训学习的机会，在实践中经受锻炼，积累经验，增长才干。

二是健全工作制度，建设高效、务实、民主、团结的机关。工作制度是工作秩序的保证，是工作分工、岗位责任的依据，也是考核工作成果的依据。要从机关实际出发，建立和完善适合机关自身特点的、适应组织运行需要的工作制度。机关的工作制度，要由多数人参与制定、使多数人能够接受，使机关的各项工作制度成为高效、务实、民主、团结的机关工作环境的保障。机关工作需要有两种类型的制度：一种是实体性制度。实体性制度主要规范工作标准和工作规则；另一种是程序性制度。程序性制度主要规范工作过程和工作程序。以民主的方式制定制度，以纪律的要求执行制度。部门内的工作制度也要加强。机关工作的制度化、程序化，有利于建立正常的工作秩序，提高工作效率。进一步通过制度规范，形成职责明确、运转有序、积极向上、奉献争先的机关工作良好局面。

四、加强学习，勇于实践，在做好党务工作中建功立业

加强参政党自身建设，提高履职能力和水平，是当前和今后一个较长时期的任务。在座各位许多是多年从事党务工作的干部，有些同志将来可能会从事更重要的党务工作，肩负着重要的职责。希望大家能够通过参加这次专题研讨班，进一步提高认识，明确任务，做好本职工作。

第一，要不断加强学习，提升个人综合素质。建设学习型参政党是我党当前一项十分重大而紧迫的战略任务。当前，随着中国共产党执政能力的提高、政府治理能力的提高、社会监督能力的提高，如前所述，对参政党的参政议政能力也提出了新的更高的要求。作为民主党派领导干部，我们要多读书、多思考、多研究，努力增强做好党务工作的本领。一是要率先学习理论、提高理论素养，做到理论上清醒，全面系统、完整准确地掌握中国特色社会主义理论体系的重大意义、时代背景、实践基础、科学内涵和历史地位，深刻领会贯穿其中的马克思主义立场、观点、方法。二是要切实增强用社会主义核心价值体系引领党员思潮的本领。要切实增强政治敏锐性和政治鉴别力，带头弘扬民族精神和时代精神，培养高尚道德情操和健康生活情趣，保持昂扬奋发的精神状态。三是要学习掌握现代化建设特别是适应履行参政党职能要求所必需的政治、经济、法律、哲学、历史、科技、管理、国际和信息网络等方面的知识，结合工作需要，不断调整和优化知识结构、开阔思路眼界。四是要认真研究多党合作的发展历程和农工党的光辉历史，深入学习多党合作理论政策，熟悉农工党章程及各项规章制度。

第二，要把维护领导班子团结放在更加突出的位置。团结是领导班子建设的生命线，也是做好各项工作的基础。一般情况下，对于领导班子成员而言，团结就是原则。长期的工作实践证明，哪一级领导班子团结搞好了，哪一级的工作就开展得有声有色、有成绩，反之就会影响工作的开展，严重的甚至可能会导致工作瘫痪。班子内部要加强团结，关键是要按制度办事。要按照“集体领导、民主集中、个别酝酿、会议决定”的原则，认真贯彻民主集中制，确保班子团结协调、高效运转。凡属重要决策、干部任免和重要事项，都必须领导班子集体讨论并形成决议，有关重大事项，应按章程规定，经常委会或全委会讨论通过。要通过完善党内监督制度，推动建立健全领导班子谈心会制度、述职和民主评议制度，重点对领导集体及其组成人员遵守章程、执行组织决议、贯彻民主集中制、人事安排和干部选用、廉洁自律等情况进行监督。对于各级地方组织而言，主委、专职副主委和秘书长，是党派工作中关键的三把手，应成为一个整体，团结、理解、支持是最为重要的。从事党务工作的领导，要具备忍辱负重的素质，要胸怀坦荡，有容人容事、不计恩怨的雅量，有闻过则喜、从谏如流的胸襟，大事讲原则，小事讲风格，善于顾全大局、维护大局。工作中要充分尊重其他班子成员的意见，共同创建民主、团结、协调的工作环境和心情舒畅、和谐融洽的气氛。

第三，要认真探索经验规律，努力做党派工作的行家里手。民主党派工作与我们以前所从事的教学、科研或行政工作相比，有很大的特殊性；不同组织或机关的工作基础和人员状况，也是各有千秋。但是党派工作还是有规律可循的，只要掌握并运用好这些规律，工作中就一定能够更加得心应手。为此，我们一方面要以中国共产党为师，积极借鉴其他兄弟党派的好经验、好做法；一方面要向老领导、老同志学习，经常看望他们，虚心向他们请教，继承和发扬老一辈领导人党务工作的优良传统和有益经验；还要向地方和基层组织学习，尊重基层组织和广大党员的创造，及时总结上升为指导我们工作的规律性认识。农工党是一个有着爱国革命光荣传统的民主党派，我们能作为她的一员，继承老一辈领导人开辟的事业，真的是使命光荣、责任重大。尤其是作为农工党的领导干部，既要在本职岗位上建功立业，也要始终如一地关心党的全面工作，兢兢业业地履行好广大党员赋予我们的神圣职责。要对广大党员充满感情，满腔热忱地了解、反映并帮助解决他们在工作中、生活中遇到的困难。也要对上下级同事充满感情。近年来我党中央形成一个好的习惯，每次有党员到中央社会主义学院或中共中央党校等来学习，我们都要邀请大家到中央机关来座谈，吃顿便饭、合张影。也希望大家以后不管是公事、私事到北京来，尽量到中央机关来与我们见一见、聊一聊，沟通情况、增进感情。

第四，要淡泊名利，严于律己，甘于奉献。同志们在农工党党内担负着重要职责，在社会上代表着农工党的形象，可以说职位越高，责任也就越大。我们一定要有清醒的自我意识和参政党意识，不管环境、心境如何，都要保持一以贯之、一丝不苟的工作热情和工作态度。老一辈领导人“重事业兴衰，轻个人进退”，已经给我们作出了表率。明天桑国卫主席还要就我们党的历史道路和优良传统专门作报告，我这里就不多讲了。希望大家要进一步巩固政治交接学习教育活动的成果，正确对待自己，正确对待组织，讲政治、讲大局、讲奉献，大家共同努力营造一个风清气正的环境，按照有关政策搞好届中调整和换届工作，推动更多年富力强、德才兼备的中青年骨干走上领导岗位。要积极践行社会主义核心价值体系，自觉做到自重、自省、自警、自励，坚持做人与做事、修身与立德相统一，努力塑造品格，提高修养，陶冶情操，以良好的个人形象增强农工党组织的凝聚力和吸引力。

同志们，工作常干常新，实践永无止境。做好民主党派的各项工作，不可能一蹴而就，就像接力赛一样，每个人跑好并把棒传好，尽到自己最大努力，无愧于时代。通过我们一代又一代农工党员的共同努力，正如前面所讲，就一定能够把我们党建设好，建设成适应新世纪需要、符合新世纪要求的高素质的参政党。我们要在中国共产党的领导下，按照科学发展观的要求，以求真务实、改革创新的精神全面加强自身建设，不断提高履行职责的能力和水平，在多党合作伟大事业中继续谱写新的篇章！

中国致公党

中国致公党第十三届中央常务委员会工作报告

（2010 年 12 月 2 日）

万　钢

各位委员、同志们：

我受第十三届中央常务委员会委托，向全会作工作报告，请予审议，并请列席会议的同志提出意见。

2010 年工作回顾

2010 年是我国完成“十一五”规划，制定“十二五”规划的重要一年。面对国际国内形势的深刻变化和极为严重的自然灾害，以胡锦涛同志为总书记的中共中央总揽全局、科学决策，团结带领全国各族人民坚定信心、砥砺奋进，社会主义经济建设、政治建设、文化建设、社会建设以及生态文明建设取得重大进展。一年来，致公党高举中国特色社会主义伟大旗帜，以树立和践行社会主义核心价值体系为主线，以纪念致公党成立 85 周年为契机，深化优良传统教育，坚持服务科学发展，认真履行参政党职能，切实加强自身建设，各项工作均取得了新成绩。

一、以思想理论建设为中心，牢固树立和践行社会主义核心价值体系

一年来，本党中央带领全党同志深入学习贯彻科学发展观，坚持以社会主义核心价值体系为引领，扎实推进政治交接长效机制建设，进一步统一思想、坚定信念，为推进多党合作发展凝聚思想共识。

一是以开展树立和践行活动为主线，全面加强学习型参政党建设。本党中央下发《关于树立和践行社会主义核心价值体系，推进本党基层组织建设的通知》，将基层组织建设作为树立和践行社会主义核心价值体系活动的一个重要抓手。组织宣讲团在部分地方组织进行党史党章、多党合作基本知识等内容的巡讲。同时，号召各级组织结合自身实际，通过多种形式，扎实开展树立和践行社会主义核心价值体系活动，把学习作为推动工作的重要方法，切实巩固多党合作的思想政治基础。

二是加强理论学习和研究。认真学习贯彻全国“两会”和中共十七届五中全会精神，号召全体党员在领会精神中统一思想，在把握实质中明确方向，在深化认识中推动实践。着力加强与老党员、各省级组织及海外洪门社团的联系，深入研究党史，进一步修订《中国致公党简史》。组织编写《中国致公党党员学习读本》，努力推进全党的理论学习。

三是寓思想教育于活动之中，加强优良传统教育。围绕纪念本党成立85周年，各级组织举办了主题征文、演讲比赛、专题座谈会等活动。中央编写了《致公党先进集体和先进个人事迹汇编》，收录了80多个组织和160多名同志的先进事迹。同时，组织在京文艺界部分优秀党员举办专场文艺演出，热情讴歌致公党85年的光辉历程。中国致公画院和中国致公摄影社联合举办书画摄影展。这些活动扩展了树立和践行活动的内涵，增强了全党的凝聚力。

四是加强思想调研，把握党员思想动态。本党中央领导先后到广东、辽宁、山东、天津等十多个省、市、自治区进行调研，深入基层，走访地方组织和基层党员，直接与党员面对面交流，了解和掌握党员的思想状况。今年，本党中央还在北京、上海和福建三地围绕社会主义核心价值体系认知状况开展了专门的问卷调查活动，为正确分析党员思想动态、增强宣传思想工作的针对性和实效性创造了条件。

二、围绕经济社会发展中的重大问题，积极建言献策

本党中央坚持把推动科学发展作为履行职能的第一要务，以新作为巩固老阵地，新机制开拓新领域，努力形成全党合力，深入调查研究，积极建言献策。

一是努力提高高层政治协商建言议政的质量。今年以来，中共中央、国务院先后就《政府工作报告》、中共十七届五中全会文件、国家经济工作以及其他关系国家全局的重大问题，召开了5次党外人士座谈会。每次座谈会前，本党中央都高度重视、认真准备，分别就民生和社会稳定、自主创新、生态环境、产业结构调整、经济增长方式转变、农村农业发展等重大问题发表了意见，着重针对大力发展战略性新兴产业、促进房地产业健康发展、切实加强公共外交等方面提出了建议，其中不少意见和建议受到中共中央、国务院的重视。此外，本党中央还十分重视在全国政协常委会、政协专题协商会上的发言工作，并积极参与全国人大、全国政协组织的专题调研。先后十几次参加中央统战部举办的座谈会、情况通报会、学习会，及时了解形势、掌握情况。

二是认真做好政协大会发言和提案工作。在全国政协十一届三次会议上，本党中央提交大会发言18件。其中，大会口头发言《调结构，抓转移，促进长三角区域合作新发展》引起良好反响。提交大会提案34件。其中，《关于加快推进小城镇建设的提案》被编入全国政协重要提案摘报，得到国务院领导同志的批示。《关于建立合理的保障性住房管理机制的提案》、《关于进一步加强转基因食品安全性认知的提案》、《关于规范网络文化市场，促进未成年人健康成长的提案》被列入全国政协重点办理提案。

三是深入开展专题调研工作。一年来，本党中央就生物质能源的科技创新与产业化发展、自主创新和区域创新体系建设、西部发展与攀西战略资源开发、推进留学人员科技企业孵化器建设、科技农业发展、草原自然保护区建设、湿地保护、沿淮地区农业与农村发展、海岛保护及港口发展等10个方面的课题，到14个省、市、自治区进行了调研，形成

了专题调研报告和建议。其中《关于推进攀西战略资源综合开发与西部发展的建议》、《关于进一步推进科技企业孵化器建设，积极营造留学人员创新创业良好环境的建议》及《关于切实加强湿地保护的建议》得到中共中央和国务院领导的批示；《关于加快合芜蚌自主创新综合配套改革试验区建设步伐，完善安徽区域创新体系的建议》受到安徽省委书记及省长的高度重视和采纳。

四是注重发挥专门委员会和地方组织的作用。本党中央高度重视、大力支持和积极鼓励专门委员会在各自的工作领域，充分利用各种资源，努力寻找专兼职工作的契合点和参政议政的着力点，通过召开研讨会、举办论坛、组织调研等各种活动，取得了很好的成果。本党中央也十分重视与地方组织加强合作，实现资源共享、优势互补。先后与北京市委会就推动北京国家现代农业科技城建设进行调研，与山东省委会共同举办“中国发展·潍坊2010—生物医药产业创新发展论坛”，与辽宁省委会共同举办“中国发展论坛·2010—辽宁沿海经济带和环渤海合作与发展”，与江苏省委会共同举办“中国发展论坛——留委会论坛”。

五是及时反映社情民意信息。本党中央加强对地方组织的指导，注意利用信息化手段提高工作效率，提高了信息质量和利用率，被全国政协评为社情民意信息先进工作单位。截至11月底，本党中央通过报送系统共收到社情民意信息1190篇，整理编辑432篇上报有关部门。其中，《关于推动国家经济发展需要解决的几个问题的建议》、《新型农村社会养老保险要做好五个对接》等6篇信息得到了中共中央、国务院领导同志的批示。

六是参政议政工作机制进一步完善。召开全党参政议政工作会议，对本党下一阶段的参政议政工作进行全面部署。举办致公党中央第五期参政议政干部培训班，进一步巩固和提高反映社情民意信息及撰写提案工作的能力和水平。加强参政议政平台建设，组建中国（致公）发展研究院，《中国发展》杂志被列入中文社会科学引文索引扩展版经济类来源期刊。编印《参政议政工作通讯》和《参政议政工作会议材料汇编》，切实加强全党参政议政工作的信息交流。

三、发挥优势，广泛开展海外联谊工作

根据国内外侨情的变化，我们积极探索新形势下海外联谊工作的规律，认真研究落实进一步开拓本党海外联谊工作新局面的方法与措施。

一是继续加强与海外侨团的联谊工作。一年来，本党中央共组织4个团组，赴菲律宾、英国、意大利、奥地利、美国等8个国家和地区访问或出席会议，共接待来自20多个国家和地区的9个代表团访华。在交往过程中，我们进一步团结海外爱国洪门团体，着重培养对我友好力量，“海外致公联谊会”正式成立。加强与中南美洲未建交国家侨团的广泛接触，与一批新侨领建立了沟通渠道。同时，出访过程中注重利用我驻外使领馆平台，介绍我国多党合作制度，产生了较好的影响。

二是积极促进两岸科技文化交流。我们紧紧抓住两岸签订经济合作框架协议的契机，在福建首次举办“海峡科技论坛”，台湾制造业界的专家、学者和企业家代表近百人应邀出席论坛，实际签约20个项目，签约金额近18亿元。同时，作为第二届“海峡论坛”的主办单位，本党中央积极参与论坛的筹备与组织工作，协调组织了700余名台湾南部民

众来大陆参加交流活动。此外，本党中央派中华武术交流团赴台参加第四届两岸武术论坛，并在台北、台中、嘉义、花莲四地巡回交流演出，在岛内产生了较大的反响。

三是努力开展海外留学人员和华裔新生代工作。本党中央首次举办“海外留学人员子女夏令营”，来自美、英等国的20名留学人员子女参加了夏令营。着力强化与海外留学人员的联系，加强对新成立的“北美致公协会”的联系与支持。同时，在出访过程中，先后举办5场海外留学人员座谈会，及时将留学人员的意见通过多种形式反映给国内有关部门。此外，继续办好洪门中青年人士培训班，引导海外洪门新生代进一步加强团结与合作，增进与祖（籍）国的感情。

四是召开专题会议研究部署海外联谊工作。7月，第十一次中常会专题研究海外联谊工作，会议总结了近年来本党开展海外联谊工作的总体情况，并对今后做好海外联谊工作进行了总体部署。12月，本党中央还将召开全党海外联谊工作会议，落实本党中央有关会议精神，进一步推进新形势下的海外联谊工作。

四、注重实效，积极开展社会服务工作

本党中央根据新形势下社会工作的需求和特点，挂牌设立社会服务部，加强和改进对全党社会服务工作的指导和统筹协调，充分发挥地方组织的积极性和创造性，在服务社会中锻炼组织、培养党员。

一是继续做好毕节地区的帮扶工作。专门召开致公党中央加强毕节试验区建设工作会议，向本党东部六省三市组织传达了中共中央有关会议的精神，力争在帮扶毕节试验区方面上一个新台阶。积极协调北大青鸟集团及贵州省有关方面，在毕节地区招收了20名贫困小学生到北大附属实验学校进行初一至高三6年的免费学习；并联系新东方教育科技集团，第七年为毕节地区优秀贫困高中毕业生发放奖学金10万元。

二是发扬致力为公精神，积极为灾区群众奉献爱心。继续关注灾后援建工作，本党中央领导亲赴四川彭州、都江堰、乐山等地实地考察灾后重建工作并慰问当地群众。倾情开展“致公爱心鼓号队结对仪式——纪念5.12地震恢复重建两周年”活动。据统计，自2009年以来，本党共向四川地震灾区50多所中小学捐建了53支“致公爱心鼓号队”和13个爱心图书室，受益学生达5万多人。全力支援青海玉树地震灾区，本党中央第一时间向灾区捐助人民币10万元，并号召全体党员和所联系的海外侨胞奉献爱心。积极响应西南地区的抗旱救灾行动，努力捐水捐资，帮助灾区人民渡过难关。

三是深入推进“致西合作”、“致泸合作”和“致福工程”。会同重庆有关方面，举行“致西合作”20周年纪念大会，组织国内主流媒体对“致西合作”20年进行专题报道。深入推进“致泸合作”，积极联系香港汉荣书局向泸州市图书馆捐赠书籍。进一步拓展“致福工程”的覆盖面，在酉阳新建成8个“致福工程”农民学电脑培训点，进一步推进农村信息化建设。

五、努力加强自身建设，不断推进党务工作

宣传工作取得新成效。各级宣传部门通过多种渠道宣传本党的重大活动和重要工作。据不完全统计，今年以来，国家级主要新闻媒体对本党工作的有关报道近200篇，有力地宣传了本党参政议政成果和优秀党员的先进事迹。党刊《中国致公》和网站在文章内容和版式方面都进行了调整，质量和影响力有所提高。中国致公出版社积极贯彻落实中共中央有关文化体制改革的要求，转企改制工作正在按计划稳步推进。

组织建设取得新进展。按照“人才兴党”的战略要求，制定了《中国致公党组织发展工作规划（2009—2013）》，并下发了《关于认真学习贯彻落实全国人才工作会议精神的通知》，就发展代表性人士、制定新建省辖市级组织规划、组织发展速度和保持界别特色等问题作出了明确规定。加快建立党员信息数据采集工作。截至2010年10月底，全党人数为34669人，党员结构和整体素质进一步改善。

同时，着力加强领导班子和后备干部队伍建设，顺利完成对湖北、江苏省委会的届中调整工作。认真开展落实任期制工作及领导班子情况的调研，分析总结各级组织的基本情况，及时向有关部门提出意见建议。抓好骨干党员培训工作，推荐部分党员参加6个批次的中央社会主义学院举办的民主党派干部培训班、进修班。此外，继续积极筹建新的地方组织，湖北襄樊、湖南常德正式成立市委会，北京通州、上海嘉定、天津滨海新区正式成立区（工）委会，广西河池成立筹委会。

党内监督工作迈出新步伐。制定《中国致公党中央监督工作委员会工作规则》和《关于建立健全领导班子谈心会制度的意见》，进一步研究建立和完善党内监督工作的相关制度。召开党内监督工作研讨会，在总结已有试点经验的基础上，对党内监督工作进一步深入研究，努力找出适合本党的、可操作性强的工作方法，推动党内监督工作的发展。

机关建设步入新局面。倡导建设学习型、服务型机关，通过举办学习讲座、参加培训、挂职锻炼、干部轮岗和选拔推荐等形式，为机关干部特别是年轻干部成长提供条件。中央机关进一步推行人事制度改革，切实加强中央机关规范化建设。

各位委员、同志们，一年来，本党取得的各项工作成绩是中国共产党正确领导的结果，是多党合作政治格局进一步巩固的结果，是全党同志齐心协力、开拓进取的结果。在此，我谨代表中央常务委员会，向全体中央委员和广大党员的热忱支持和辛勤付出表示真挚的感谢！

各位委员，同志们，在去年的全会上，我们指出本党工作面临着八个方面的挑战和难题。经过一年的努力，本党在团结归国留学人员工作上，更加注重把他们作为本党服务和发展的对象，并专门召开常委会研究如何团结和发挥他们力量的问题；在社会服务工作上，经过我们多次与中央统战部、中编办的沟通与协调，在现有编制内挂牌设立社会服务部；在加强中央与地方联动上，我们高度重视发挥地方组织的作用、听取地方组织的建议，并共同合办调研和论坛等；在发展高层次、代表性人物方面，全党大力推进“人才兴党”战略；在加强基层组织工作方面，全党开展了“树立和践行社会主义核心价值体系，推进基层组织建设”活动；在发挥专门委员会工作上，本党中央进一步修订了相关规章制度并对中央专门委员会的设置和组成人员进行了适当调整；在加强两岸交流方面，除了加强已有工作的基础上，首次举办了“海峡科技论坛”；在机关建设上，中央机关加大干部挂职、轮岗和选拔推荐工作力度。通过这些努力，我们增强了应对这八项挑战的能力，为继续破解这些难题奠定了基础。在这个过程中，我们也深深地感到，要继续切实推进全党的工作：

第一，必须牢牢把握树立和践行社会主义核心价值体系的基本要求，坚持道路、同舟共济、参政为民、传承进步，始终把思想建设作为建设高素质参政党的核心。

第二，必须把提高参政能力作为致公党建设的首要任务。要深刻认识到提高参政能力是增强参政党影响力、凝聚力的关键所在，是体现我国政党制度优越性的一个重要方面。

第三，必须充分发挥整体功能和群体优势。坚持依靠全党的力量，整合全党的资源，集中全党的智慧，充分发挥各级组织的作用和各方面人才的优势，充分发挥广大党员的积极性、主动性和创造性，共同推进致公党事业的发展。

第四，必须充分激活组织活力，增强感召力、凝聚力和执行力，用我们共同的事业来鼓舞人、激励人，用我们共同的信念来吸引人、团结人，让党员都以自己是致公党人而感到自豪。

同志们，致公党成立已经 85 年了。85 年来，致公党虽历经风雨，但始终不渝地为我国革命、建设和改革事业而不懈奋斗。作为新时期的参政党，全党必须深刻认识到我们将长期面临政治交接和发挥好参政党职能两大任务，全党同志要进一步增强忧患意识和紧迫感。特别是在当前国内外形势变化的条件，要着重研究解决以下几个问题：

一是如何保持致公党的特色。保持政党的特色是政党存在和发展的基础，没有特色就没有活力。本党组织特色鲜明，当前的问题在于如何形成与组织特色相适应的参政特色，拓展能够发挥本党特色和优势的领域。

二是如何加强参政议政的理论研究和基础性工作。当前，需要我们不断创新，努力探索有系统、有重点地组织本党和外单位专家参与研究的新途径，形成各部门调研报告和论文资料共享的新方法，及时研究社会公众关心问题的新机制，以及根据总结实践、形成理论并提出用于解决问题的建议措施的新模式。

三是如何进一步加强社会服务。社会服务是民主党派的职能和社会责任。近几年来，本党在积极开展“致西合作”、“致泸合作”、“致福工程”等方面取得了一定的成绩，但是还未形成具有社会影响力、能体现本党特点的社会服务优势项目，这需要我们进一步加以探索。

四是如何创新机制，凝聚吸引人才。人才建设是一项强本固基的战略性工作，事关本党参议议政水平和各项工作的顺利开展，也关系到本党作为参政党在国家政治生活中的地位、作用和声誉。本党中央提出了“人才兴党”的战略，今后的关键在于创新党内优秀人才的培养和使用机制，使优秀的人才愿意加入致公党，并能在本党积极发挥作用。

五是如何服务基层，增强基层组织的活力。基层组织是全党工作的组织基础，也是全党加强自身建设的重点和难点。今年，全党开展了基层组织建设年活动，各地对基层组织工作普遍增强。但相较于全党的自身建设来讲，基层组织还是比较薄弱的。这就需要我们切实加强对基层组织的领导和服务能力，特别是要提高各级机关对党员的服务能力，引导基层组织真正成为党员之家。

上述这些问题需要我们认真研究，积极应对。希望全党各级组织和党员增强使命感和责任心，不懈不怠，继往开来，努力在新的起点上把本党的各项工作做得更好。

2011 年工作部署

2011 年全党工作的总体思路是：高举中国特色社会主义伟大旗帜，深入学习中共十七届五中全会精神，以邓小平理论和“三个代表”重要思想为指导，深入贯彻科学发展观，树立和践行社会主义核心价值体系，把促进科学发展作为首要任务，把维护社会和谐稳定作为重要责任，认真履行参政党职能，把致公党的各项工作推上一个新台阶。

一、深入学习中共十七届五中全会精神，进一步明确政治责任感和使命感

学习贯彻中共十七届五中全会精神，是致公党当前和今后一个时期的重大政治任务。要积极开展主题鲜明、形式多样、生动活泼的学习研讨、宣传教育活动，进一步把思想统一到五中全会精神上来，把智慧和力量凝聚到中央的决策部署上来。要把学习贯彻与夯实共同思想政治基础结合起来，毫不动摇地坚持走中国特色社会主义政治发展道路，深化树立和践行社会主义核心价值体系，进一步增强接受中国共产党领导的自觉性和坚定性。要把学习贯彻与全面提高参政能力结合起来，加深对新形势新任务的认识，围绕五中全会提出的任务要求，结合自身优势和特点，大胆实践加强参政能力建设的新途径、新方法，把全党的参政能力建设提升到一个新的高度。要把学习贯彻与加强本党品牌建设结合起来，深入总结近些年来的工作实践，积极探索服务科学发展的新举措、新模式，在参政议政、海外联谊、社会服务及自身建设等方面，努力打造新亮点，形成致公党的“品牌效应”。

二、围绕推动科学发展，不断提高参政议政水平

参政议政工作要继续把保持经济平稳较快发展作为首要任务，围绕“十二五”规划的实施与落实，深入研究经济社会发展中的战略性、全局性、前瞻性问题，把积极性、主动性、创造性引导到推动科学发展上来。重点围绕以下问题展开：一是研究如何加快经济发展方式转变和经济结构调整，实现经济平稳较快发展；二是要围绕“科学发展、创新驱动”，加强在促进自主创新、大力发展战略性新兴产业等方面的调研；三是深化农村改革与农业发展问题调研；四是围绕提高可持续发展能力，研究如何推进节能减排，应对气候变化，实现资源能源的合理开发与利用；五是围绕民生改善，加大在劳动就业、社会保障、医疗卫生、教育文化等方面的调研；六是要研究如何加强我国公共外交建设，切实发挥本党在这方面的优势。我们要围绕这些问题进行深入调研，注重基础性、理论性和系统性研究，强化信息共享和知识积累，集思广益，锐意创新，力争拿出有水平、有特色的调研报告和建议。继续加强专门委员会和社情民意工作，创新工作方法，注重工作实效，努力把参政议政工作提高到一个新水平。

三、着眼人才兴党，大力加强组织建设

要从“人才兴党”战略出发，着眼于明后两年的换届工作，对各级领导班子的构成进行研究分析，下大力气加强后备干部队伍建设，做好后备干部的发展、推荐、选拔和培养工作。各级组织要认真执行《中国致公党组织发展工作规划（2009—2013）》，进一步加强高层次人才的发展工作。要认真总结和推广基层组织建设年的成功经验，建立健全联系基层制度，继续加大对基层组织建设的指导力度，增强基层组织的活力和凝聚力。要畅通党务信息互通渠道，进一步提高党员对党内事务的参与程度，切实保障党员的主体地位和民主权利。要稳妥推进党内监督工作，继续开展工作调研，不断建立完善党内监督工作的相关制度，保证党内监督工作健康有序的发展。

四、彰显侨海报国精神，扎实做好社会服务工作

本党十一次中常会专门就“侨海报国”问题进行了研讨，会议认为“侨海报国”的基本要求在于团结全体党员，发挥本党“侨”“海”的界别特色，体现“侨”“海”的工作优势，努力报效我国的改革和建设事业，为全面建设小康社会服务。这是与“致力为公”一脉相承的致公精神。明年的社会服务工作要率先实践这一致公党的时代精神，努力发挥致公党的特色与优势，注重社会服务工作的政党属性和示范意义。要进一步支持毕节试验区建设，积极参与“同心工程”，深化开展“一帮一”帮扶贫困学生项目。要继续抓好“致福工程”的推广工作，力争使“致福工程”成为本党一个社会服务品牌。要继续深化“致西合作”、“致泸合作”，切实加强对黔西南的帮扶工作。

五、服务公共外交，积极开展海外联谊工作

海外联谊工作要积极为国家公共外交建设服务，努力发挥对外宣传、和平使者、联谊交流和调查研究等作用，着力向海外介绍中国，帮助国外公众理解真实的中国，为我国发展营造良好的国际环境。要按照国家外交工作的总体方针和部署，有计划、有重点、多层次、多领域地开展对外交流活动，重点做好以下五类人的联络和服务工作：一是华裔新生代，二是新兴主要侨社的领军人物，三是传统侨团新一代接班人，四是海外侨胞中的精英人士，五是往来于国内和海外之间的创业人士、留学人员和投资者等。要坚决贯彻中央对台工作的大政方针，牢牢把握两岸关系和平发展主题，不断扩大与岛内相关社会组织和各界人士的联系，促进两岸科技、文化和民间交流与合作，继续办好两岸科技论坛。要密切同港澳重要政团、社团和各界人士的联系，努力拓宽与港澳各界人士的沟通渠道。

六、坚持正确导向，加强社会宣传工作

各级组织要从多党合作事业发展的高度，提高对做好社会宣传重要性的认识，切实加强宣传工作。要紧密结合党务工作和重大活动，加强对参政议政、海外联谊、社会服务、思想建设、组织建设等工作的宣传报道。要大力拓展宣传阵地，进一步办好《中国致公》，继续加强网站建设，切实强化与统战系统报刊以外的主流媒体及科技、教育、农业、涉侨等媒体的联系，努力形成全方位的宣传格局。本党中央和地方组织的宣传部门要加强合作与联系，共同组织做好典型代表性人物、重要党务活动、重大参政议政成果的宣传报道工作。广大宣传干部要进一步加强学习，提高政治素质和业务能力，坚持以人为本，增强宣传思想工作的主动性和针对性，努力推进宣传思想工作的创新。

七、提高服务能力，进一步强化机关建设

各级组织要以加强制度化、规范化为基础，以提高机关工作人员素质为重点，以改进作风和提高工作效率为重要切入点，切实提高机关工作的质量和水平。要以建设“学习型、服务型”机关为目标，采取多种形式提高机关工作人员的政策把握能力、调查研究和分析问题能力、撰写参政议政和党务工作文稿的能力、服务参政议政和党务工作的能力。要关心机关工作人员的工作和生活。继续做好机关干部交流挂职锻炼工作，探索本党中央与地方组织机关干部的交流学习机制。

各位委员、各位同志，新征程承载新使命，新目标赋予新任务。让我们紧密团结在以胡锦涛同志为总书记的中共中央周围，高举中国特色社会主义伟大旗帜，深入贯彻落实科学发展观，同心同德、锐意进取，努力开创致公党工作新局面，为建设中国特色社会主义事业作出新的贡献！

关于印发《致公党中央关于学习贯彻中共十七届五中全会精神的决议》的通知

致公党各省、自治区、直辖市及中央直属组织：

现将《致公党中央关于学习贯彻中共十七届五中全会精神的决议》印发给你们。请认真组织学习，贯彻落实。

二〇一〇年十一月十一日

致公党中央关于学习贯彻中共十七届五中全会精神的决议

（2010 年 10 月 23 日在中国致公党第十三届中央常务委员会第十二次全体会议上通过）

中国致公党第十三届中央常务委员会第十二次全体会议于 2010 年 10 月 23 日在北京举行。会议认真学习了中共十七届五中全会精神，完全拥护中共十七届五中全会审议通过的《中共中央关于制定国民经济和社会发展第十二个五年规划的建议》，完全拥护胡锦涛同志受中共中央政治局委托所作的工作报告和重要讲话。

会议认为，“十一五”时期是我国发展史上极不平凡的五年。在中共中央正确领导下，我国社会生产力快速发展，综合国力大幅提升，人民生活明显改善，国际地位和影响力显著提高，谱写了中国特色社会主义事业新篇章。“十二五”时期具有承前启后的重要历史地位，要为全面建成小康社会打下具有决定性意义的基础，必须以科学发展为主题，以加快转变经济发展方式为主线，坚持把经济结构战略性调整作为加快转变经济发展方式的主攻方向，坚持把科技进步和创新作为加快转变经济发展方式的重要支撑，坚持把保障和改善民生作为加快转变经济发展方式的根本出发点和落脚点，坚持把建设资源节约型、环境友好型社会作为加快转变经济发展方式的重要着力点，坚持把改革开放作为加快转变经济发展方式的强大动力。

会议指出，中共十七届五中全会审议通过的《中共中央关于制定国民经济和社会发展第十二个五年规划的建议》站在历史的新高度，从战略全局出发，明确提出了“十二五”规划的指导思想、基本要求、奋斗目标、主要任务、重大举措，描绘了我国在新世纪第三个五年经济社会发展的宏伟蓝图，是动员全党全国各族人民全面建设小康社会、加快推进社会主义现代化的纲领性文件。

会议强调，“十二五”时期是全面建设小康社会的关键时期，是深化改革开放、加快转变经济发展方式的攻坚时期，也是参政党积极发挥作用、大有可为的重要时期。《建议》所描绘的宏伟蓝图，对我们履行职能提出了新的任务和更高要求。当前，本党各级组织和广大党员一定要深入学习和认真贯彻中共十七届五中全会精神，把全党思想和行动统一到中共中央的决策部署上来。我们要紧紧围绕科学发展第一要务，开展参政议政，把深入学习贯彻全会精神与本党进一步树立和践行社会主义核心价值体系结合起来，切实发挥本党优势，围绕加快发展方式转变、推进经济结构调整、增强我国自主创新能力等重点课题，积极建言献策；要坚持促进民生改善，积极探索服务科学发展的新举措、新模式，努力打造社会服务的品牌与亮点；要抓住契机，注重引导发挥海外侨胞在我国开展公共外交中的独特作用，广泛开展民间交往，通过他们协助做好文化交流、增进友谊和外宣工作；要按照新形势新任务的要求，积极履行参政党职能，大力加强自身建设，进一步推进全党各项工作，更好地服务于改革发展稳定的大局。

会议号召，全党要紧密团结在以胡锦涛同志为总书记的中共中央周围，高举中国特色社会主义伟大旗帜，认真学习贯彻全会精神，解放思想、实事求是、与时俱进、开拓创新，为实现国民经济和社会发展第十二个五年规划和全面建设小康社会宏伟目标而奋斗！

关于贯彻落实“身边的榜样——树立和践行社会主义核心价值体系先进人物事迹报告会”精神的通知

致公党各省、自治区、直辖市及中央直属组织：

12 月 3 日，“身边的榜样——树立和践行社会主义核心价值体系先进人物事迹报告会”在北京举行。中共中央政治局常委、全国政协主席贾庆林出席会议并讲话，全国政协副主席、中共中央统战部部长杜青林主持会议。报告会上，包括致公党党员尹良红在内的 9 位民主党派和无党派人士先进人物先后发表了热情洋溢、感人至深的事迹报告。他们的先进事迹，代表了全国 80 多万民主党派成员、无党派人士的优秀品质、崇高精神，折射出他们政治立场坚定、爱国敬业、无私奉献、自强不息，勇于创新的执著追求。这些先进典型的先进事迹既是践行社会主义核心价值体系的切实实践，也丰富了树立社会主义核心价值体系的内涵，是非常生动的现实教材，有力地推动了践行活动的深入开展，有力地激发了民主党派成员的学习热情，有力地营造了学与行的浓厚氛围，扩大了社会主义核心价值体系在广大民主党派成员中的感召力和在社会上的影响力。

树立和践行社会主义核心价值体系是巩固多党合作共同思想政治基础的重要举措，是推进多党合作事业发展的基础工程和灵魂工程，为此全党各级组织要积极行动起来，深化学习、巩固成果、深入实践，切实将树立和践行社会主义核心价值体系内化于心，外化于形，固化于制，实化于行。

一、各级组织要及时组织广大党员学习领会贾庆林主席的重要讲话精神，认真学习 9

位先进人物的典型事迹。组织党员通过观看和研读有关“报告会”的光盘、书籍，以及《中国致公党党员学习读本》和新修订的《中国致公党简史》，进一步加深对多党合作制度及社会主义核心价值体系的理解和把握，更好地履行参政党党员职责。

二、要充分利用纪念中国致公党成立85周年和迎接中国共产党建党90周年的契机，进一步总结、继承和发扬致公党与中国共产党团结合作的优良传统，并不断赋予优良传统以新的时代内涵。要认真梳理和挖掘民主党派老一辈领导人的感人事迹和光辉历程，学习他们的优秀品质和高尚风范，引导广大党员从他们的言传身教中汲取营养，将树立和践行社会主义核心价值体系体现在政治交接的不断推进中。

三、各级组织要切实加强宣传工作，充分利用各级组织的内刊、网站以及社会媒体大力宣传各地的典型人物，组织好各地方树立和践行社会主义核心价值体系先进人物事迹报告会，使广大党员感受到榜样就在身边。本党中央也将继续在《中国致公》和中央网站上开辟专栏，结合致公党中央编辑的《致公党树立和践行社会主义核心价值体系，推进基层组织建设活动先进集体和先进个人材料汇编》进一步搞好典型示范，努力营造树立和践行社会主义核心价值体系的良好氛围。

四、各级领导要带头宣讲全国与地方“十一五”时期取得的伟大成绩，宣传“十二五”规划的宏伟蓝图。各级组织要把加快发展方式转变、推进经济结构调整、促进民生改善作为今后一个时期的重点调研课题，同时结合致公党的“侨”“海”特色和专家优势，突出重点，体现特点，打造参政议政精品，引导广大党员把树立和践行社会主义核心价值体系体现到履行职能、发挥作用中，为促进“十二五”时期地方经济社会又好又快发展献计出力。

二〇一〇年十二月十七日

九三学社

九三学社第十二届中央常务委员会 2010 年工作报告

（2010 年 12 月 11 日）

韩启德

各位委员、同志们：

我受九三学社第十二届中央常务委员会委托，向全会作工作报告，请予审议。

2010 年工作回顾

即将过去的 2010 年，九三学社高举中国特色社会主义伟大旗帜，认真贯彻中共十七届四中、五中全会精神，牢固树立和践行社会主义核心价值体系，以促进科学发展为重点建言献策，积极履行参政议政和民主监督职能，扎实推进社会服务，切实加强自身建设，各项工作均取得了可喜成绩。

一、树立和践行社会主义核心价值体系，思想建设取得新成效

全社以社会主义核心价值体系为统领，结合学习贯彻全国“两会”精神、纪念建社 65 周年、学习中共十七届五中全会精神等重要活动加强思想建设，努力提高社员对建设中国特色社会主义的共识，夯实多党合作的共同思想基础。

一是积极开展树立和践行社会主义核心价值体系活动。树立和践行社会主义核心价值体系，是中国特色社会主义主题学习教育活动的继续和延伸，全社立足实际，起步稳健，工作扎实，特色明显，势头良好。社中央组成专题调研组赴四川、陕西、广东和广西等地，通过召开地方和基层组织社员座谈会、个别交谈等形式，深入了解社员对社会主义核心价值体系的认识情况。社中央先后召开 9 次理论研讨会，邀请社内外专家学者和机关干部，结合中国传统文化与人类文明发展，结合我社爱国、民主、科学的优良传统，分别就社会主义核心价值体系的科学内涵、时代背景、重大意义、树立和践行活动的着力点、如何增强思想建设针对性和实效性等问题深入研讨。5 月初，社中央在唐山召开主题常委会，对树立和践行活动进行了专题研究和部署。会议的 9 个大会发言中，既有围绕树立和践行社会主义核心价值体系的理论思考，也有近年来地方组织思想建设特别是开展政治交接主题学习教育活动的有效方法和途径的经验交流。会议又请陈堃銶、洪绂曾、杨佳以及四川省委作典型事迹宣讲，师昌绪作书面发言。社中央还制定了《树立和践行社会主义核心价值体系实施方案》，在全社开展了征文活动。在“社会主义核心价值体系学与行”电视电话报告会上，中央统战部安排我社作了活动情况介绍。

二是增强宣传报道工作的针对性和实效性。围绕树立和践行社会主义核心价值体系活动，推出“讲述身边人故事”人物专访系列，目前已推出求伯君、杨佳、童丽、赵广远、赵永华、唐小琪等一批先进典型，充分展现了社会主义核心价值体系的真善美。结合参政议政和社会服务工作，组织发表了《凝心聚力献良策——九三学社倾力打造提案精品》等6篇有一定深度的综合报道。在西南地区大旱、玉树地震、舟曲泥石流、南方部分省区洪涝等突发性灾情发生后，采用现代通讯手段进行远距离采访，并派人实地拍摄玉树抗震救灾情况，及时组织撰写相关报道，生动展示了社员的风采。《民主与科学》杂志突出办刊理念，强调精品意识，办刊质量不断提高。

三是深入开展参政党理论研究和社史研究工作。社中央不断深化对社会主义核心价值体系的基础理论和相关问题的研究，努力回答广大社员关心的重大理论和实际问题，并取得一定的理论成果；9月在京召开了许德珩诞辰120周年暨九三学社成立65周年座谈会，10月在陕西召开了九三学社理论研究与社史研究暨纪念建社65周年理论研讨会，并启动了参政党理论研究课题招标活动，制定了《九三学社中央社史研究五年规划》。社史工程取得较大进展。“九三人物系列丛书”首批招标立项的25个课题中，《谢立惠传》等9个课题已基本完成，其余16个课题大部已进入后期阶段。出版《社史研究通讯》两期。社史专题片前三集已制作完成，第四集正在后期制作。

二、以科学发展为主题建言献策，参政议政和民主监督成绩显著

一年来，九三学社深入贯彻落实科学发展观，紧紧抓住科学发展这个新时期参政议政的主题，围绕我国经济社会发展中的重大问题以及人民群众普遍关心的热点问题开展参政议政和民主监督，提出了不少有价值的意见和建议，取得了较好成绩。

一是努力提高高层政治协商建言议政质量。社中央主要领导多次应邀参加中共中央、国务院就《政府工作报告》、经济形势和经济工作、“十二五”规划建议等举行的高层政治协商活动，分别就切实抓好科技重大专项的组织实施、加强涉农投入的管理和监督、大力推进小城镇发展、完善政策促进高校毕业生就业创业、将优化收入分配作为重大的国家战略、推进国家核心自主创新能力建设、加快规范地方政府债务、高度重视潜在美元危机、健全住房保障体系、转变财政投入重点、加快社会保障体系建设、调整产业布局、鼓励民间投资健康发展、做好“十二五”规划、深化行政体制改革、加快财税体制改革、加快资源环境税改革、深化重点领域和关键环节改革等问题在高层协商会上发言，针对存在的问题，提出具有操作性的建议，受到中共中央、国务院的重视。

二是深入开展专题调研。应对气候变化、发展低碳技术、保护生态环境等是我社确定的长期调研的重大战略课题。5月，社中央主要领导率队赴辽宁就“低碳经济与绿色建筑发展”课题调研，向中共中央、国务院报送了《关于促进绿色建筑发展的调研报告》，温

家宝、贾庆林、李克强等同志作出批示。6 月，社中央主要领导以“直通车”建议形式报送了《关于加大农村清洁工程建设力度的建议》，胡锦涛、温家宝、李克强等同志作出批示。青海玉树地震发生后，社中央就“青海玉树地震灾后重建”进行调研，形成了《关于玉树地震灾区重建与三江源保护工作的建议》，得到温家宝同志的批示以及有关部门的重视。9 月，社中央主要领导再次率队赴青海调研，以“直通车”建议形式报送了《关于三江源生态保护与建设调研报告》，胡锦涛、李克强等同志作出批示。7 月，社中央领导率队就“牧区生态建设”赴内蒙调研，形成了《关于加强草原生态建设的调研报告》，对国务院制定草原牧区生态保护政策起到了积极作用，并得到回良玉同志的批示。11 月在福建举行“第七届中国生态旅游发展论坛暨首届海峡两岸生态旅游高峰论坛”。

突出科技特色，围绕“促进科技发展和自主创新”开展调研。10 月，社中央领导率队就“科技自主创新”课题赴广东、湖北调研；此外，社中央还就“医疗器械产业创新”开展调研；召开了“转制科研院所改革”等一系列专题研讨会，完成了“我国公立科研院所”问卷调查，课题取得阶段性成果。

针对一些区域经济发展问题以及重大工程开展调研。4 月，社中央主要领导率队就“边疆民族地区发展”课题赴云南、广西调研，形成了《关于推进西南桥头堡战略的调研报告》。为深化去年南水北调水源保护的调研成果，6 月，“南水北调中线水源区生态文明建设论坛”在西安举行，形成了《关于加快南水北调中线工程水源区生态建设的建议》，温家宝同志作出批示。社中央还就“农产品深加工”在重庆、四川等地开展调研，形成了《关于农产品加工业的调研报告》。

三是在政协充分发挥作用。在全国政协十一届三次会议上，以社中央名义提交口头发言 9 篇、书面发言 11 篇，其中，《深化改革，进一步提高自主创新能力》和《加大行政信息公开与监督力度》两篇口头发言被全国政协选作大会发言；提交提案 39 件，占各民主党派中央和全国工商联提案总数的 15%，其中《关于把握机遇，走中国特色的低碳发展道路的提案》被全国政协列为大会一号提案，由此掀起的“低碳热”在两会期间引起公众的广泛关注；以九三学社界别名义提交提案 27 件，占界别、小组提案总数的 64.3%；委员联名提交提案 20 件。会议期间，有两件社中央提案入选全国政协提案现场协商办理会；有 9 件社中央提案和 3 件九三学社界别提案，入选全国政协《重要提案摘报》报送中共中央和国务院。中共中央组织部还专门就我社提出的《关于进一步改进“千人计划”的提案》召开提案办理座谈会。

四是信息工作效果良好。围绕党和国家重大决策出台前后以及实施过程的情况和问题，围绕经济社会发展过程中出现的热点、难点问题，围绕广大社员及所联系群众带有普遍性、倾向性的情况和问题，及时反映情况，提出意见建议。从近 2000 篇来稿中采编形成《九三信息》、《九三信息专报》，向全国政协、中央统战部等部门报送 448 篇有情况、有分析、有建议、质量较高的社情民意信息，产生了良好的效果，部分信息得到中央统战部、全国政协、国家有关部门的高度重视。

五是民主监督工作有所作为。社中央高度重视履行民主监督职能，并在实践中将参政议政、自身建设与民主监督紧密结合，通过高层协商、“直通车”建议、政协提案议案、“九三信息”，以及反映社员诉求、维护社员利益等方式来实现民主监督。今年政协大会我社提交的相关提案，对我国的宏观科技管理体制、行政信息公开制度和高校行政化等问题提出批评，得到提案承办单位的高度重视。社员提交的相关信息，就当前各地村镇银行建设、国内灾害保险补偿模式中存在的弊病提出批评和建议，得到国家领导人的重视和批示。九三学社担任各级特约监督员、监察员、检察员、审计员和教育监督员的同志，以高度的政治责任感，认真参加有关执法检查和执法监督工作，参与有关法律法规制定的研究，参与对重大案情的调查，充分发挥了特约人员作用。近一年来，社中央积极发挥桥梁纽带作用，累计处理各类社员来信来访（来电）400 余人次。向最高人民法院、最高人民检察院及其他相关部委、地方省级组织转移信访件 20 余件，不少损害社员权益的案件得到了较好解决。通过接待来信来访，社中央将社员的合法合理诉求向有关部门反映，既维护了所联系群体的利益，也履行了民主监督职能。

三、发挥智力优势，社会服务工作更加深入扎实

7 月在江西召开了社会服务工作会议，研究工作，表彰先进。今年的社会服务工作亮点突出，内容充实，成效显著。

一是“九地合作”从内容到形式不断延伸。据不完全统计，目前已有 21 个省级组织与 50 多个地方政府开展“九地合作”，社会影响不断扩大，合作内容更加具体。特别是省际跨区域合作成效显著，社上海市委与社河南省委开展的“沪豫科技合作”今年增加了 11 个项目，并在上海举行了“2010 年沪豫科技合作项目商洽”活动。社山西省委和社河南省委今年 4 月签署了“晋豫合作”协议，促进了两省相关产业的发展。社山西省委在山东、黑龙江、吉林、广东、山西等地推广绿色农业新技术面积达 10 余万亩。四川、云南开展“九校地合作”、“九院地合作”，充分发挥了“产学研相结合”的优势。

二是扶贫工作向深层次发展。社中央在今年两会提交了《关于毕节草海治理与保护的建议》，继续推动草海治理与保护工作。建立对口帮扶机制，组织社河北、上海、江苏、浙江、福建、广东六省市分别对口帮扶威宁县黑石头等六乡镇，在中药材和经果林种植、产业结构调整、师资培训、城镇规划等方面开展工作，取得了初步进展。成立了“九三学社支教团”，组织北京、上海、贵州等省市近 20 名教师社员，对威宁县 1000 名教师分批进行英语和教学培训。社中央与参加对口帮扶的六省市、贵州省社组织共支援帮扶经费 70 余万元用于威宁县教育、抗旱救灾等工作。社四川省委和广西区委分别为广元市旺苍县和百色市凌云县、乐业县争取各方支持 380 万元和 60 万元，帮助发展教育事业和农民致富产业，并组织专家为三县经济发展出谋划策。

三是大规模“亮康行动”圆满成功。6 月中下旬，社中央组织山东、河北两支医疗队赴贵州省威宁县，配合卫生部门实施大规模“亮康行动”，免费为 948 例贫困白内障患者实施复明手术，无一例失败或不良反应。7 月下旬，两医疗队又分赴内蒙古、青海少数民族地区，免费为 109 名贫困白内障患者实施复明手术。社广东省委组织专家赴河源市为贫困白内障患者实施复明手术，共完成 100 例。全年“亮康行动”累计完成贫困白内障患者复明手术 1158 例，在社内外产生了广泛影响，取得了良好的社会效益。

四是“百名专家进乡村入学堂”活动逐步深化。今年全社有 25 个省级组织参与这项活动，共组织各类送科技、讲科普活动近 3000 次，受益群众达 52 万多人次。各地在开展这项活动过程中不断摸索，使活动内容不断扩展延伸，如社江苏省委在全省范围内建立了21个“九三专家工作站”；社北京市委于上半年启动了“科技服务直通车”活动；社上海市委于今年10月启动了“科普之旅”活动；社山东省委与山东省科协联手，启动了“百名专家企业行”活动。许多地方组织还将“百名专家进乡村入学堂”活动与“国际科学与和平周”活动相结合。

五是“多党合作社会主义新农村建设”效果显著。社中央开展的试点工作成效显著。北京市“苹果、樱桃优质高效栽培示范村建设与推广应用”项目带动了周边果农新技术的普及与推广；重庆市万州区五土村实施的红桔园改造等项目，带动资金500多万元，红桔改造项目扩大到15000亩；贵州省安顺市张家寨村通过发展茶产业带动了农民致富增收；河南漯河市坡高村采取优化种植结构、发展养殖业，使农业大幅增效；湖北黄石市南山村发展了波尔多羊种羊养殖、引进种植日本甜柿，实现农民人均增收800元；黑龙江省兰西县新阳村实施的150亩“盐碱地改良天然草原封区育草”试验项目取得了预期效果，改善了草原生态环境。10月下旬，社中央在京召开“多党合作新农村建设试点”交流会，对进一步做好“多党合作新农村建设试点”工作进行了研究和部署。

六是“九三论坛”的影响日益扩大。今年“九三论坛”以“转变经济发展方式刻不容缓”为主题，在江苏徐州成功举办。论坛共收到论文279篇，经筛选采用138篇并结集出版。“九三论坛”还以组织院士、专家团的方式，应邀到地方考察调研，为地方政府开展高层次咨询。今年社中央先后组织10余名院士、专家赴黄石、潜江、宜昌，就地方经济转型升级、区域经济发展、编制“十二五”规划等问题进行调研，问诊把脉，建言献策，受到地方政府的高度重视。11月在重庆万州举办“万州古红桔产业论坛”。

四、细致周密做好届中调整工作，组织建设健康发展

社中央高度重视届中调整工作，加强与各省级组织的沟通和联系，严格按程序办事，制定周密的届中调整工作方案。结合各省级组织届中调整和2012年换届工作的实际情况，对领导班子成员的提名年龄进行了测算分析，就贯彻落实领导干部任期制问题进行了调查研究，为做好省级组织的届中调整工作奠定了基础。

组织发展工作健康有序，组织结构优化初见成效。截至2010年6月30日，我社共有社员121716人，高级职称社员占社员总数的60.1%。今年上半年新发展社员2342人。经济发达地区和边远地区的净增率差距缩小，中西部部分地区的发展势头良好。在广泛调研的基础上，制定下发了《九三学社中央关于加强基层组织建设的意见》。

进一步加强领导班子成员与后备干部的培训工作。除举办两期民主党派干部进修班和两期民主党派干部研究班以及出国、出境培训班外，还有针对性地在中央社会主义学院举办一期民主党派中青年干部多党合作专题研究班和一期省部级党外领导干部专题研究班，累计培训学员80余人。通过培训工作贯彻人才强社战略，开展我社代表人士队伍建设调研，汇总出代表人士基本情况统计表，撰写我社代表人士特点和成长规律的分析报告，为有关部门研究制定政策性文件提供了决策依据。

社中央监督委员会在中央委员会领导和地方组织支持下，深入调查研究，完善规章制度，指导成立机构，积极探索监督机制。制定下发了《九三学社中央关于地方组织建立

健全领导班子谈心会制度的意见》。在江苏召开了九三学社内部监督理论研讨会。

五、抓学习、抓制度，机关工作效率和水平有所提高

全社机关建设呈现出稳步发展的好形势，主要表现在思想建设进一步加强，工作制度逐步健全，干部素质有所提高，服务意识不断提升，工作条件有较大改善。社中央派调研组赴地方组织调研机关建设工作；在哈尔滨召开了全国机关建设工作会议；着重抓好机关干部政治理论及业务知识学习培训，坚持办好“九三讲堂”，相继邀请周其仁、刘正荣、高登义等著名专家主讲；继续开展干部到基层挂职锻炼，启动地方机关干部到中央机关挂职锻炼工作，鼓励机关干部自学和接受在职教育；注重加强机关制度化规范化建设，制发了相关的制度文件，进一步规范了公务员管理工作；积极稳妥地推进学苑出版社的转制工作；王选基金会顺利开展2010年度资助工作，召开“技术创新、产业创新、资本创新”研讨会，基金会资金有较大增长，与中国建设银行建银国际公司就基金会的资金保值增值达成初步协议；社中央书画院成功组织书画家开展文化进社区活动，多次举办书画展及书画联谊活动。

六、加强港澳台和海外联络工作，为扩大爱国统一战线作贡献

社中央加强与中国科协、欧美同学会等团体的合作，为扩大爱国统一战线做了很多有益工作。组团赴印度、印尼就人口统计调查制度与城市化进程相关问题进行了考察和交流；组团赴台湾参加“两岸应用统计实务座谈会”，贺铿副主席会晤连战先生。成功主办“薪火相传——建设中华民族共有精神家园”系列文化活动。

各位委员、同志们，一年来，我社的各项工作成绩都是在中共中央领导下，在中央统战部的支持下，也是在各位中央委员和全社同志共同努力下取得的，在这里我谨代表九三学社中央常务委员会，向中共中央、中央统战部，向各位中央委员和全社同志表示衷心感谢！

同时也要清醒看到，我们在工作中还存在某些问题，例如：思想理论建设的针对性有待进一步加强；参政议政的科技特色有待进一步彰显，整合全社力量的机制有待进一步完善；基层组织建设和发展不平衡，有些省级以下组织开展工作有一定困难，等等。这些问题必须引起全社的高度重视，并在今后的工作中认真加以解决。

2011 年工作安排

2011 年九三学社中央工作的指导思想和主要任务是：高举中国特色社会主义伟大旗帜，深入学习贯彻中共十七届五中全会精神，牢固树立和践行社会主义核心价值体系，深入贯彻落实科学发展观，大力弘扬爱国、民主、科学的优良传统，紧密围绕“十二五”规划的制定和实施，认真履行参政党职能，切实加强自身建设，做好 2012 年换届的各项准备工作，努力开创九三学社各项工作新局面。

一、深入学习贯彻中共十七届五中全会精神，进一步树立和践行社会主义核心价值体系

深入学习贯彻中共十七届五中全会精神，是九三学社的一项重要政治任务。要抓好全会文件的学习，深刻领会《中共中央关于制定国民经济和社会发展第十二个五年规划的建议》的精神实质，重点把握继续抓住和用好战略机遇期的科学判断，增强机遇意识和忧患意识；把握坚持科学发展和加快转变经济发展方式的主题主线，牢固树立科学发展理念；把握经济结构战略性调整的主攻方向，增强创新意识；把握保障和改善民生的根本目的，更加关注民生、体察民情，促进社会公平正义；把握深化改革开放的强大动力，坚定深化改革开放信念。通过学习，把广大社员的思想和行动统一到中共中央的决策部署上来，不断增强贯彻“十二五”规划的责任感和使命感。

要把学习贯彻中共十七届五中全会精神与正在开展的树立和践行社会主义核心价值体系活动有机结合起来。按照社中央实施方案的要求，要进一步树立先进典型和弘扬优良传统，要以社的各级领导班子成员、后备干部、骨干队伍和机关工作人员为重点，紧密结合履行职能和自身建设，采取理论中心组学习、组织研讨班、举办报告会、座谈会，利用组织生活会等多种形式，扎实有效地开展学习。召开全社树立和践行社会主义核心价值体系经验交流会，总结做法经验，交流阶段成果，把树立和践行活动不断引向深入。

二、紧密围绕“十二五”规划的制定和实施，进一步提高参政议政质量

着力强化科技特色，做好重点课题调研工作。一是确定“交通节能减排”为一年一度的大调研课题。以“交通节能减排”为切入口，对加快经济发展方式转变和应对气候变化提出切实可行的对策建议。二是围绕推进城镇化特别是发展小城镇这一战略任务，就统筹城乡发展与小城镇建设中的城乡规划、产业布局、农村富余劳动力转移、耕地保护、土地流转等问题进行调研。三是深化“科技发展与自主创新”课题研究，将“产业自主创新的金融支持和服务体系建设”确定为明年调研的重点，针对创业投资基金发展、第三板市场、创业板市场、民间融资等突出问题进行调研。四是选择与重点调研有关的课题以及对经济社会发展有重大意义的问题，联合相关政府部门和学术团体举行专题论坛，扩大我社参政议政的影响力。

加强基础研究和成果积累。围绕“十二五”期间的主要任务，针对制约转变发展方式的重点领域和关键环节，如要素价格改革和资源税改革、国有企业和垄断行业改革、收入分配改革、财税体制改革、政府职能转变等问题，开展基础性、持续性研究，从而为进一步提高高层协商、直通车建议、“两会”提案质量奠定基础。争取公开发表一批具有前瞻性、战略性的高质量研究报告，以提高我社参政议政的社会影响。

进一步完善参政议政的工作制度和机制。一是开展参政议政和信息培训工作，组织各级地方组织有关同志以及骨干进行专门培训。二是定期选择一些重大问题和热点问题，邀请社内外专家学者及相关政府部门负责人座谈和研讨。三是进一步完善上下互动、左右联动和资源整合机制，拓宽与社省级组织、政府部门、社内外专家之间联系和交流的渠道，建立健全参政议政与信息工作之间的结合机制。四是加强平时提案工作，围绕中心和大局跟踪研究，并将成果以提案形式随时报送全国政协。

三、着眼于2012年换届，认真做好组织工作

召开全社社务工作会议，着重研究部署2012年的换届工作。出台指导省级组织换届和部署社中央换届的文件；与各省级组织的组织部门就换届工作的程序、环节等内容充分沟通，拟出一整套通行的换届工作流程，进一步严格规范换届工作；与各省级中共党委、统战部门就换届人选进行充分沟通协商，广泛听取意见，争取支持和帮助，为做好换届工作创造良好的氛围；加强调研工作，着重掌握各省级组织领导班子的情况，特别是对部分有难点的省级组织，要提前做好调研，疏通化解难题；继续积极稳妥地建立健全省级组织监督机构；深入开展领导班子集体谈心、述职和民主评议活动，重点监督班子成员履行职责和章程情况；加强调研交流，探索内部监督的有效方法和形式；做好信访工作，畅通内部监督渠道。

根据《九三学社中央树立和践行社会主义核心价值体系实施方案》的部署，2011 年是基层建设年，重在抓好基层，夯实基础。要找准树立和践行社会主义核心价值体系与加强我社基层组织建设的契合点，以学习贯彻《九三学社中央关于加强基层组织建设的意见》为重点，以搞好地（市）级组织和基层组织换届工作为抓手，加强基层组织领导班子建设、创新组织生活内容与形式、激发履职热情、提高合作共事能力，使树立和践行工作融入基层组织建设各项活动之中。各级领导要带头参与、以身作则，经常深入基层，努力解决基层在树立和践行活动中的各种困难。在基层组织中开展“学习社章、遵守社章”活动，对照社章要求，以社会主义核心价值体系为准绳，明确价值追求和行为规范，进一步提高社员树立和践行社会主义核心价值体系的自觉性；在基层组织中开展“讲述身边人故事”活动，以典型人物和典型事迹的宣讲增强感染力和说服力；基层组织要经常主动向中共党组织汇报树立和践行工作的开展情况，争取支持和帮助。

四、突出工作重点，进一步做好社会服务

要着手做好《2011—2015 年社会服务工作发展规划》的编制工作。“九地合作”要持续推进，抓好落实。进一步修改和完善《九三学社中央关于加强和完善“九地合作”工作的意见》；发挥社会服务咨询委员会的作用，开展调查研究，提供智力支持；建立项目、成果库，加快科技成果在九地合作地的转化和产业化；牵线搭桥，引导各地之间的横向合作，推广成熟的技术和项目。进一步加强和落实扶贫工作。协助威宁县制定“十二五”经济社会发展规划的咨询建议工作，打造民族特色旅游示范村和新农村示范点建设，帮助培训中小学教师和医护人员，大力支持九三学社六省市对口帮扶工作，积极参与威宁喀斯特地区扶贫开发综合治理协调小组工作。组织专家到百色市凌云、乐业县进行有针对性的技术咨询服务，加大培训力度，做好示范茶园推广工作。增强旺苍县“一村一校一基地”的示范带动作用，帮助农民增收致富。在全社继续开展“百名专家进乡村入学堂”活动，探索和推广新形式、新内容，争取更显著的实际效果。将积极参与社会主义新农村建设作为相当长的一段时期内社会服务工作的中心任务，继续在有关地区选点，把示范工作做好。继续在贫困地区开展“亮康行动”，在做好规划和实施计划的基础上，将“亮康行动”的重点放在少数民族地区。召开社会服务工作研讨会议，办好第六届“九三论坛”，继续开展“国际科学与和平周”活动，编辑出版《社会服务工作通讯》。

五、整合各方力量，推进宣传和思想理论建设工作

明年是中国共产党成立 90 周年，又是辛亥革命 100 周年，同时还是“十二五”规划的开局之年。宣传工作要进一步克服渠道不宽、表现形式单一、社会影响力较弱的状况，

继续加强重要社情和典型事迹的深度报道；要大力拓展宣传阵地，进一步密切与政协、统战系统报刊的联系，同时加强与人民日报、光明日报等中央主流媒体和相关领域媒体的联系，力争推出一批有一定社会影响的新闻报道和有分量的新闻评论；建立新闻宣传工作激励机制，定期对优秀新闻作品进行表彰；增强学苑出版社转制为全民所有制企业后的发展活力，提高市场竞争力；继续审编《九三讲堂》录像并适时下发，续编《九三学社社员风采录》第五卷，搞好《九三学社院士风采》修订再版工作；继续办好《民主与科学》和《九三中央社讯》。

要充分发挥社中央参政党理论研究中心、思想建设研究中心和社史研究中心的作用，加强三个中心的密切合作，加强社中央与地方各级组织的联合研究，加强与高校、研究院所等社会学术机构的联系，整合各方力量，逐步形成一支高素质高水平的研究队伍；思想建设要通过科学的方法和扎实的工作，准确了解社员的真实思想动态和愿望诉求；紧密配合树立和践行社会主义核心价值体系活动，紧密联系社员关注的重大问题、出现的思想困惑，开展深入调研和深层次研讨，搞好参政党理论研究课题招标工作；启动社内重大历史事件和重要历史人物纪念设施分布情况的调查统计工作，分批确定“九三学社传统教育基地”；加强对《九三人物系列丛书》编纂工作的指导，抓紧完成第一批图书的编辑出版；加快社史专题片工作进度，抓紧完成审片工作；编写两期《社史研究通讯》；加快推进口述史项目，明年争取完成两项；启动社史文物征集工作，做好社史陈列室的筹备工作；各省级组织要安排专人负责理论研究和社史研究工作，可成立理论研究和社史研究的研究中心或研究会，以发挥兼职专家的作用，整合有关方面的力量；各级地方组织要积极承担理论研究课题，抓紧开展本地口述史项目，尽快完成本地社史或社志的撰写或修订工作。

六、加强有关合作，积极开展港澳台和海外联络工作

联络工作要与参政议政、社会服务工作有机结合，加强与中国科协、欧美同学会等团体的合作，广泛开展对外交流，顺利完成社中央外事出访任务。进一步加强与港澳的科技、教育和文化交流，为维护香港和澳门的长期繁荣稳定作出贡献。积极宣传“和平统一、一国两制”的基本方针，促进台海两岸科技、农业、文化和民间交流与合作，为推动两岸和平统一作出贡献。

七、加强机关建设，进一步完善工作制度、规范工作程序

要进一步加强学习，办好“九三讲堂”，拓宽培养渠道，继续做好机关干部挂职锻炼和培训工作，不断提高机关干部的综合素质和业务技能；进一步加强制度建设，规范机关工作程序，严格遵循规章制度、按章办事；进一步加强机关作风建设，培养求真务实、严谨细致、讲究效率的优良作风，增强服务意识、提升服务水平；进一步加强机关建设问题的理论研究和实践探索，总结经验，建立长效机制，增强机关工作的活力，不断提高工作效率和水平；进一步加强王选基金会的资本运作，扩大基金会业务规模，探索把王选基金会的发展与参政议政有机结合起来的机制。社中央机关要高标准、严要求，努力建设学习型、和谐型、服务型、高效率机关，为地方各级机关建设作出表率。

各位委员、同志们，我们有幸处于这样一个伟大的时代，面临着中华民族伟大复兴的历史机遇；我们有幸参与建设这样一个伟大的时代，肩负着参政党神圣而又光荣的历史使命。让我们更加紧密团结在以胡锦涛同志为总书记的中共中央周围，高举中国特色社会主义伟大旗帜，以邓小平理论和“三个代表”重要思想为指导，深入贯彻落实科学发展观，牢固树立和践行社会主义核心价值体系，大力弘扬爱国、民主、科学的优良传统，紧紧围绕国家经济社会发展的全局，坚定信心，求真务实，锐意进取，开拓创新，扎实工作，为实现“十二五”规划和全面建设小康社会宏伟目标而不懈努力！

九三学社中央监督委员会2010年度工作报告

（2010年12月11日）

九三学社中央监督委员会

2010年度九三学社中央监督委员会按照“围绕社的中心任务，服务社的工作大局，探索内部监督工作的规律，推动全社内部监督工作迈出新步伐”的总体思路，积极开展内部监督工作，在中央委员会领导和地方组织的大力支持下进行了一些有益尝试，取得了一定成效。

一、严格程序，逐步有序建立省级组织内部监督机构

积极稳妥地推进地方组织建立省级组织监督机构是2010年中央监督委员会的重要工作。中央监督委员会对条件比较成熟的省级组织进行梳理，加强联系和沟通，在筹备时给予必要的工作支持和指导。另外，明确了中央审批机构，对审批程序进行了补充和完善，为地方组织成立监督机构做好制度上的准备。今年上半年九三学社辽宁省委严格按照《九三学社中央监督委员会工作条例》的规定，成立了九三学社辽宁省委员会监督委员会，这是九三学社第一个省级组织监督机构。目前，部分具备条件的省级组织也在积极筹建内部监督机构。

二、进一步完善监督工作制度，规范工作程序

社中央监督委员会自成立以来已制定了工作规则、工作流程等基础性的制度规范，2010年社中央监督委员会把制度建设重点放在建立健全地方组织领导班子谈心会制度上。2月底，中央监督委员会结合社的实际情况，起草了《九三学社中央关于地方组织建立健全领导班子谈心会制度的意见》（征求意见稿），经中央监督委员会办公会议几次讨论修改后，4月6日发出通知，征求各省级组织和中央监督委员会委员对谈心会制度的意见。在收集和整理了各地反馈意见后，再一次对谈心会制度进行了较大的修改，并提交主席办公会议审议。在主席办公会议讨论的基础上，九三学社中央委员会第十四次主席会议审议通过了这一文件。目前，谈心会制度已经印发给各省、自治区和直辖市委员会。这个制度的建立和实施对我社各级领导班子谈心会制度化、规范化、科学化将起到积极的推进作用。

三、以领导班子建设为重点，开展谈心会、述职和民主评议工作

在总结2009年各地开展谈心会、述职和民主评议活动经验的基础上，今年我们在制

定下发《九三学社中央关于地方组织建立健全领导班子谈心会制度的意见》的同时，还通过印发社内监督《学习资料》，宣传报道各地开展内部监督工作情况等形式，督导地方组织谈心会和述职、民主评议工作的开展，通过这些举措更好地促进领导班子的民主建设。据不完全统计，今年上半年度已有11个省级组织开展了领导班子谈心会，有15个省级组织进行了述职和民主评议。目前，全国各省级组织都已通过各种形式展开过民主谈心会、民主评议等活动。

四、深入开展调查研究，掌握各地实际情况

上半年，我们共组织调研活动4次，分别到辽宁省、山东省、黑龙江省和江西省进行调研。在调研活动中，我们参与了地方组织领导班子述职和民主评议活动，召开了省级组织的领导班子座谈会，参加了十几个市级组织的领导班子和骨干成员专题座谈会。通过调研活动，我们及时了解和掌握各地社内监督工作的情况和地方领导班子履行职责情况，加强了对各级领导班子和成员的督察，为有针对性的做好内部监督工作提供可靠的依据。

五、加强参政党内部监督理论研究，促进工作开展

根据10年度工作计划安排，6月份社中央监督委员会以“参政党内部监督理论的探索和研究”为主题，向各省、自治区、直辖市委员会发出《关于征集参政党内部监督理论的探索和研究论文的通知》，在全社范围内展开参政党内部监督理论的探索和研究，共收到社员论文118篇，从中遴选出31篇编辑了《九三学社内部监督理论研讨会交流论文汇编》。9月16日，社中央监督委员会在征文活动的基础上于江苏省南京市召开了九三学社内部监督理论研讨会。会议期间，社中央监督委员会、部分省级组织分别介绍了近年来内部监督工作的情况和做法，论文作者在大会和分组会做了交流发言。与会人员在理论思考和实践探索的基础上对内部监督的对象、内容和所要建立的机制进行了认真讨论，明确了当前内部监督工作开展面临的困难和主要问题，对我社内部监督工作的开展起到了积极推动作用。

六、认真做好信访工作

社中央监督委员会办公室对收到的社员来信来访分类归档，及时按照社中央领导的批示与地方组织及时沟通处理，并将受理情况给社员回信回电明确答复，督促地方组织做好整改工作。

2010年，中央监督委员会在中央委员会领导下在内部监督机构筹建、制度制定、理论研讨等方面取得一定成绩，中央统战部一局对此给予了充分肯定。2010年9月14日《团结报》以《九三学社内部监督工作稳步推进》为题详细介绍了我社内部监督工作开展情况。但当前内部监督工作仍存在基础薄弱、经验不足、人员编制和工作条件有待改善等问题。2011年度，中央监督委员会将在现有工作的基础上加大工作力度、深入调研实际、加强经验交流、总结工作规律，在全社范围内进一步推动内部监督工作的开展。

九三学社中央监督委员会2011年度工作要点

（2010年12月11日）

九三学社中央监督委员会

根据社中央整体工作安排和《九三学社中央树立和践行社会主义核心价值体系实施方案》部署，九三学社中央监督委员会2011年将着重做好以下工作：

一、学习践行社会主义核心价值体系

按照全社统一部署，在2010年对社会主义核心价值体系认真学习研讨的基础上，结合领导班子建设和内部监督工作实际认真践行，通过谈心会等形式发挥社会主义核心价值体系凝聚力量、教育成员的作用，使之成为社内各级领导干部的行为指南和精神动力，促进社内监督工作的开展。

二、继续积极稳妥地建立健全省级组织监督机构

目前社中央已经建立了省级组织监督机构，部分具备条件的省级组织也在积极筹建。根据《九三学社中央监督委员会工作条例》要求和地方工作的实际情况，要借鉴现已成型的经验，继续积极稳妥地在条件成熟的省级组织建立内部监督机构，推动组织建设和领导班子建设。

三、深入开展领导班子集体谈心、述职和民主评议活动，重点监督班子成员履行职责和章程情况

社内监督重点是监督领导班子成员履行职责和履行章程情况。当前社内存在着部分领导干部责任意识不强、不能很好履职的问题，中央监督委员会将按照社中央有关文件要求重点推动各地方组织领导班子深入开展述职、民主评议活动，督促建立领导班子履职的规章制度，加强对地方组织监督工作的检查指导，重点听取省级以下地方组织对省级组织领导班子的意见和建议；以调研等方式积极参与，了解情况、解决问题，为做好届中调整和换届工作创造条件。

四、加强对社内监督工作的调研交流，探索内部监督的方法和形式

在2010年九三学社中央内部监督理论研讨会的基础上进一步深入研讨交流，允许地方组织（基层组织）根据自己的情况大胆探索、自主创新，探索内部监督的方法和形式。通过召开会议、编印《学习资料》等方式进一步加强对社内监督工作的交流学习、宣传教育。学习借鉴兄弟党派的好经验、好做法，推动工作的开展。

五、不断完善工作制度，规范工作程序

在工作中要认真贯彻和落实已建立的工作制度，根据实际工作的开展加强对全社内部监督工作的总结，以各地实践为基础完善有关制度，及时出台指导性的意见，规范、完善工作制度和程序。

六、继续做好信访工作，畅通监督渠道

规范信访工作程序，加大信访工作宣传力度，畅通信访渠道，改进社员参与监督的途径与方法，进一步发挥信访工作的作用。

九三学社第十二届中央常务委员会十一次全体会议闭幕讲话

（2010 年 5 月 15 日）

韩启德

各位副主席、各位常委、同志们：

经过大家三天的努力，本次常委会就要闭幕了。我认为，这次会议开得很好。首先是会议的主题选的好，是在当前情况下发挥九三学社参政党的作用，加强自身建设所迫切需要的。常委会选择这个主题是要有点勇气的，大家曾对主题的选择有不同意见，包括我自己也担心这次会议能不能开得有成果，让大家觉得有实效。事实证明，大家还是满意的，常委们在讨论中都认为民主党派树立和践行社会主义核心价值体系很重要，参加这次会议也都有收获。其次是会议内容的安排比较丰富，尤其是做了充分的准备。虽然以往的主题常委会前都做准备，但此次常委会的准备工作最为充分。社中央研究室专门进行了调研，举行了六次理论研讨会，还为本次常委会准备了“学习参考材料”。许多地方组织也开展了丰富多彩、形式多样的活动。第三是会议组织得很好，各位常委积极参与，讨论非常热烈，联系九三学社的思想建设和工作实际进行了深入的研讨。总之，学习、树立和践行社会主义核心价值体系的问题已经引起了大家的重视，并开始对此进行思考、探索。因此，我相信，这次会议必将对加强九三学社的思想建设、对进一步树立和践行社会主义核心价值体系起到积极的推动作用。

刚才，听了两位小组召集人的汇报，很受启发。汇报全面反映了大家的讨论情况，并且进行了凝炼和有深度的归纳。在去年的全会闭幕讲话中，我从六个方面对树立和践行社会主义核心价值体系的重要意义、必要性、历史继承性、时代性等问题作了比较全面的阐述，现在看来，还是适用的。为了准备这次常委会闭幕讲话，我又认真看了一些材料，深入考虑了一些问题。关于树立和践行社会主义核心价值体系，如果现在就要做一个总结，难度很大，我想还是提出一些问题供大家讨论研究。对于这些问题，我没有明确答案，但我认为这些问题值得大家在今后的学习中认真思考和研究。

一、准确把握社会主义核心价值体系的基本概念、内涵和实质

首先，要弄清楚一些基本概念。要搞清楚什么是价值观？什么是价值体系？什么是核心价值体系？什么是社会主义核心价值体系？它们之间的存在什么样的关系？还有，什么是理想？什么是精神？什么是伦理？什么是道德？什么是意识形态？它们与价值观、价值体系之间是什么关系？再有，共同理想和个人理想之间是什么关系？社会价值体系与个人价值体系及人类价值体系之间是什么关系？价值观的基本属性是有用性和实效性，它与根本利益和远大理想之间是什么关系？所有这些最基本的问题，我们都应取得大致共识，然后才有可能深入学习和讨论。关于社会主义核心价值体系的内容应该包含什么？我认为中共中央提出四个方面的内容是比较全面的，包括指导思想、共同理想、民族精神和时代精神、荣辱观，都属于价值观精神领域的范畴。这四个方面的内容之间是什么关系？为什么说有灵魂，有主题，有精髓，有基础，怎样去理解呢？另有一种说法是，社会主义核心价值体系在国家意识形态层面上突出马克思主义的理论指导，在社会层面上强调中国特色社会主义共同理想，在精神层面上确立以爱国主义为核心的民族精神和以改革创新为核心的时代精神，在公民个体层面上确立社会主义荣辱观的道德基础，这四个方面共同构成社会主义核心价值体系。在讨论中，有的同志提出能不能对这四个方面的内容进行抽象、概括、提炼，有的同志也进行了尝试。比如：邵鸿副主席就概括了 40 个字："实事求是、以人为本、共同富裕、民主正义、爱国奉献、与时俱进、艰苦奋斗、崇尚科学、诚实守信、团结和谐。"我比较赞同这个概括，当然是否合适，能否再精炼点，大家可以再讨论。

此外，还要对社会主义核心价值体系的时代背景、精神实质以及重要意义进一步加深认识。中共十七大的主题是科学发展观，科学发展观第一要义是发展，我们还要以经济建设为中心，这与树立社会主义核心价值体系是什么关系？也需要我们去深入思考。

结合大家讨论中的观点和想法，我认为，九三学社特别可以针对以下四个方面的问题深入研究，提高认识。

（一）正确认识社会主义核心价值体系和中国特色 BT 社会主义的关系

中国特色社会主义是中国人民历经一百多年艰难曲折道路后作出的正确选择，代表着全中国人民的根本利益，是当今中国社会价值体系中最根本最重要的价值观。它既不同于新中国之前不同历史发展阶段的核心价值观，也不同于当今时代其他国家的核心价值观。回顾鸦片战争以来的历史，1840 年后，中国国门被西方列强打开，一步步沦为半殖民地半封建社会，国力衰微，饱受列强侵略欺凌。先辈们开始考虑中国如何摆脱落后，寻求民族自主自强，一批有识之士认为应该向西方学习，实现现代化，接受现代科学技术。魏源提出"师夷长技以制夷"，曾国藩、李鸿章、张之洞等在"自强、求富"的口号下开展了洋务运动，创办了一批近代军事工业和民用工业。结果如何呢？在甲午海战中，清朝的海军实力是世界第四，吨位远远超过日本，但却遭到惨败，签订了不平等条约。洋务运动遭到彻底失败，使得人们去思考政治制度变革问题。之后，维新派提出"救亡图存"、"变法维新"的政治主张。戊戌变法失败后，孙中山提出振兴中华，领导辛亥革命，推翻了满清政府，但共和并没有在中国实现，也无力赶走帝国主义列强。十月革命一声炮响，马克思主义传入中国，诞生了中国共产党。中国共产党领导人民历经艰难，取得了抗日战争的胜利，推翻了国民党的独裁统治，建立人民共和国。在建设社会主义的过程中，又出现了曲折，犯了错误，也使得我们对"什么是社会主义，怎样建设社会主义"的问题进行了深入思考，从而确立了中国特色社会主义道路。改革开放 30 年的实践充分证明了只有中国特色社会主义才能发展中国，这是实现中华民族伟大复兴的必由之路和根本保证。中国特色社会主义是中国共产党在领导人民进行长期革命和建设过程中，以马克思主义为指导，针对中国具体情况探索出的适合中国国情的发展道路，是中国人民最根本的选择和价值观，只有在这个价值观指导下，我们才可能实现民族独立、国家富强和人民幸福。

中国特色社会主义是中国历史发展的产物，当代中国，因为有了社会主义制度，才保证了最广大人民群众的根本利益，离开建设中国特色社会主义的伟大实践，就不可能形成社会主义核心价值体系。社会主义核心价值体系是一个结构明晰和内在组成部分密切相关的有机整体，其中，当代中国的马克思主义就是建设中国特色社会主义理论，民族精神和时代精神也统一于中国特色社会主义，荣辱观在当前时代背景下也具有中国特色社会主义的背景。因此，我们必须要加深对中国特色社会主义的认识。

中国特色社会主义是属于政治社会制度的范畴，树立和践行社会主义核心价值体系，必须认可我们的政治制度，必须坚持中国特色政治发展道路。对参政党的思想建设来讲，树立和践行社会主义核心价值体系就是中国特色社会主义主题学习教育活动的自然深化和延伸，在内涵上是一脉相承的，其核心就是坚持中国共产党的领导、坚持中国特色社会主义政治发展道路。我们要通过树立与践行社会主义核心价值体系来进一步增强自觉接受中国共产党领导、坚定走中国特色社会主义道路的信心，努力提高广大社员思想道德素质，使广大社员从思想到理论得到新的升华，不断增进政治共识，夯实多党合作的思想政治基础。

（二）正确认识社会主义核心价值体系与改革开放的关系

在纪念改革开放 30 周年活动中，大家热情讴歌 30 年来我国社会翻天覆地的变化。但有人看到当前各种价值观念相互交织、相互碰撞、相互影响，社会某些领域诚信缺失、道德失范，一些错误的、消极的、颓废的思想意识有所滋长，就把这些不良价值观的出现归罪于改革开放，认为这些问题都是改革开放导致的。诚然，问题是在改革开放后出现的，但是不是改革开放本身有错误呢？我认为，要回答这个问题，必须审视一下改革开放 30 年来中国社会的价值体系是进步还是退步了？改革开放极大地解放了生产力，解放了人的创造性和主动性，中国社会充满生机和活力。改革开放首先就是思想和精神上的解放，是价值观的解放，社会由革命的价值观转向了发展的价值观，社会意识更加多样、多元、多变，为社会发展进步注入了活力，这是巨大的进步。

我们这一代人中多数同志都经历过“大跃进”、“人民公社”和“文革”，那个时代全面剥夺私权和人权，“宁要社会主义的草，不要资本主义的苗”就是当时一种价值观。改革开放首先破除了原有的“姓社姓资或姓公姓私”的价值判断标准。邓小平说：“不管黑猫白猫，抓住老鼠就是好猫”，这对于打破教条主义的意识形态束缚、打破个人崇拜的迷信，起到了巨大的作用。无疑这是价值观的进步。当然，这只是邓小平的价值观中的一点，并不是邓小平全部的价值观。但是，就是这一最简单的价值观促进了中国社会各个方面发生了前所未有的历史性变化。改革开放前，我在农村基层生活过 14 年，那个年代的农民非常辛劳，但生活很苦，每个劳动日才有几分钱的收入，根本谈不上什么积极性。改革开放后，“劳动致富”观念的提出，一下子就把资本、技术和知识等生产要素解放出来了，把农村劳动力的积极性、创造性解放出来了。今年“五一”期间，我到浙江省安吉县考察，1965 年，我参加农村“四清”运动时到过那里。同样是安吉县，同样是盛产毛竹，当时的老百姓，只能把原材料——毛竹放在江里漂流而下，为国家提供初级材料。今天，农民自己想办法，不断延长毛竹的产业链条，提高产品附加值，农民的收入增加了几十倍。这一切都是价值观解放带来的结果。再来看看知识分子精神上的解放历程，作家张贤亮曾写过一篇文章，讲述了他从青少年时期到右派，到作为囚犯劳动改造，再到平反后的经历，他详细描述了改革开放后思想突然解放时的精神感受，我想在座诸位都有这样的感受。郑祖康同志在发言中提及社会中存在的“端起饭碗吃肉，放下饭碗骂娘”现象，这是一种客观情况，说明我们在分配制度中还存在一些问题。但是这与我们经历过的“饭碗中没有肉，还不准骂娘”的时代相比，哪个更好呢？哪种更进步呢？很明显，多元化比一元化更能解放人的思想，更能促进社会的发展。

从世界现代化的历史来看，现代化的过程就是一个“除魅”的过程，是由神圣化的社会变成世俗化的社会，是由神统治的社会、由皇帝统治的社会变成每个公民都参与管理的社会，这是人类社会发展的必然趋势。欧洲的文艺复兴、宗教革命、启蒙运动，鼓起了人们彻底摆脱传统观念而倡导理性思考的勇气，解放了人们的思想，推动了生产力的解放。一百多年来，中国的无数先进分子、仁人志士都在追求现代化，作出了巨大牺牲和努力，今天中国终于开始走向现代化，开始由一元化的价值观转向多元化的价值观，这是个伟大的转变。我们为什么反而又害怕这种转变呢？当然，承认多元化的价值观是个进步，并不是要无视多元化价值观中负面的东西。社会的价值观中确实有落后、腐朽的东西，确实有西化、分化的内容，但那是前进道路上出现的问题，可以通过社会主义核心价值体系来引领、统摄、整合多元化价值观，通过倡导积极的，支持有益的，改造落后的，抵制腐朽的来实现社会主义核心价值体系主导下的不同价值观的和谐。从这个角度也可以说明树立和践行社会主义核心价值体系的重要性。因此，我们绝不能因为社会上出现矛盾和问题就否定改革开放。这是个政治问题，对参政党来讲，必须旗帜鲜明地表明态度。胡锦涛总书记在十七大报告中提出要坚定不移地推进改革开放，他指出：事实雄辩地证明，改革开放是决定当代中国命运的关键抉择，是发展中国特色社会主义、实现中华民族伟大复兴的必由之路；只有社会主义才能救中国，只有改革开放才能发展中国、发展社会主义、发展马克思主义。改革开放作为一场新的伟大革命，不可能一帆风顺，也不可能一蹴而就。最根本的是，改革开放符合党心民心、顺应时代潮流，方向和道路是完全正确的，成效和功绩不容否定，停顿和倒退没有出路。我们要深刻理解，坚定不移地推进改革开放事业。

（三）正确认识社会主义核心价值体系和中国传统文化的关系

关于这个问题我在去年三中全会上已经比较着重地讲过。从学术界的讨论情况来看，弘扬中国传统文化在树立和践行社会主义核心价值体系建设中的作用问题，是一个热门而又复杂的问题。大家都承认既要继承和弘扬中国文化的优良传统，同时又要吸收人类文明发展的共同成果；但是涉及到社会主义核心价值体系建设中的具体问题时，往往存在着尖锐的对立和矛盾。要正确理解它们的关系，首先要明确回答一个问题，即：推动近代中国发展的究竟是中学还是西学？是传统文化还是现代化思想？中学为体、西学为用是否可行？对这样的争论已经持续了100多年，现在还在延续讨论。但遗憾的是，当前学者的争论似乎都没有超过北洋和民国时期争论的范围和水平。尽管总是争论不休，但历史的车轮照样滚滚向前，现代化的进程还在不断加快。对于在树立和践行社会主义核心价值体系的过程中如何认识这个问题呢，我提供以下两个切入点：

第一，要回答三个“问题”。即：一是黄炎培提出的历史周期率问题。1945年7月，在延安的窑洞里，毛泽东主席与黄炎培先生有过一次颇有历史意义的谈话。黄炎培说："我生60多年，耳闻的不说，所亲眼看到的，真所谓'其兴也浡焉，其亡也忽焉'。一人、一家、一团体、一地方乃至一国，不少单位都没能跳出这周期率的支配力。大凡初时聚精会神，没有一事不用心，没有一人不卖力，也许那时艰难困苦，只有从万死中觅取一生。继而环境渐渐好转了，精神也渐渐放下了。……一部历史，'政怠宦成'的也有，'人亡政息'的也有，'求荣取辱'的也有。总之，没有能跳出这个周期率。中共诸君从过去到现在，我略略了解的，就是希望找出一条新路，来跳出这个周期率的支配。"黄炎培这一席耿耿诤言，掷地有声。毛泽东高兴地答道："我们已经找到了新路，我们能跳出这周期率。这条新路，就是民主。只有让人民来监督政府，政府才不敢松懈；只有人人起来负责，才不会人亡政息。"这个问题是否已经得到解决？请同志们思考。二是李约瑟问题。为什么资本主义和现代科学起源于西欧而不是中国或其他文明？这就是著名的李约瑟之谜。李约瑟问题实质是：为何近现代科技与工业文明没有诞生在当时世界科技与经济最发达繁荣的中国。这是偶然性还是必然性？在这个问题上，至今尚未取得共识。但我想历史已经说明，近代科学没有产生在中国并非偶然。三是梁启超问题。梁启超于1904年在《新民丛报》上写道："而我则郑和之后，竟无第二之郑和，噫嘻，是岂郑君之罪也？"梁启超是思想改革家，他从这一问题中发现了中国闭关自守造成落后的现实。但是，"梁启超问题"在当时提出来并没有引起国人足够的重视。"梁启超问题"对中国而言非常重要，明朝郑和能远航到非洲，航海技术那么发达，为什么在郑和之后没有第二个郑和？非常值得我们深思。

第二，如何对传统文化"扬其精华，弃其糟粕"。中华传统文化有精华，又有糟粕；要弘扬优秀的精华部分，同时又要与时俱进，抛弃落后的糟粕部分，对此大家似无大的分歧（尽管还有持两极端者）。但对中华传统文化中哪些是精华，哪些是糟粕，以及如何扬弃，实际上是存在不同意见的。现在看到的文章，多数是强调精华部分的，对糟粕则论之甚少，深度也不够。传统文化可以说是中华民族的基因，不管你喜欢它还是不喜欢它，它是客观存在的，总是在影响着中国人的思维、情感、行为和生活方式以及价值取向，甚至到了日用而不知的地步。既然如此，当前更重要的是不是应该更加重视研究中华传统文化中哪些是不符合社会主义核心价值体系的，是不应该继承的，当前究竟如何来消除和克服这些东西的负面影响。这就象我们清理自己的房间，究竟是从认定哪些东西需要保留着手，还是从认定哪些东西不需要保留着手更为实际和有效呢？这个看法不知对否，请大家指正。

（四）正确认识社会主义核心价值体系与九三学社"爱国、民主、科学"的优良传统之间的关系

"爱国、民主、科学"是九三学社在长期的历史当中形成的优秀传统，是经过一代又一代九三人的努力，长时期积淀而成的稳定的、共同的追求和信念。这个传统本身就是价值观。是与社会主义核心价值体系相吻合的。我只要举出两段话，就可以得到很有力的证明。九三学社在1945年《成立宣言》当中有这样总结性的一段话："'五四'所号召于国人者，为科学与民主，今时间过去虽已二十余年，而民主与科学之要求实较前迫切，本社同人，即本'五四'的精神，为民主与科学之实现而努力，始终不懈，谨此宣言。"这是

我们成立宣言中最后的宣誓。能进一步说明问题的是1956年2月16日，许德珩主席在九三学社第一次全国社员代表大会上的讲话。这段讲话真的是发人深醒，他指出："在过去10年中，社曾经参加了党所领导的新民主主义革命斗争，并在新民主主义革命胜利之后，进一步地为社会主义革命胜利而斗争。这是在半殖民地半封建的旧中国生长起来的、爱祖国、爱人民、追求民主与科学的知识分子在党的领导和教育下的必然归趋。因为在我们伟大的新中国里，真正要求民主的必然归趋于社会主义民主，真正追求科学的必然归趋于革命的科学的马克思列宁主义，真正爱祖国、爱人民的必然归趋于无剥削、无贫困、繁荣富强的社会主义。"大家看，九三学社的"爱国、民主、科学"的传统和前面所提到的树立和践行社会主义核心价值体系的指导思想、主题是多么的契合！我们坚持爱国民主科学，必然趋向于承认马克思主义的指导，必然趋向于拥护社会主义。既然"爱国、民主、科学"已成为九三人的共同追求和价值观，对九三学社成员具有如此强大的精神魅力、号召力和凝聚力，能不能认为"爱国、民主、科学"就是九三学社的核心价值观？是不是以弘扬优良传统为九三学社树立和践行社会主义核心价值体系的主要切入点和着力点？具体怎样做？请大家研究。

同时，我也认为，必须深刻认识在新时期新形势"爱国、民主、科学"内涵的与时俱进，自觉地把弘扬传统纳入到社会主义核心价值体系的框架当中，坚持走中国特色社会主义政治发展道路。要把弘扬九三学社的传统落实到行动中去，而不仅仅在精神层面，或者在价值的认同层面上。要找出九三学社在弘扬传统、加强自身建设中存在的差距，向前辈学习，真正用热情和人生来践行，真正像老一辈优秀科学家那样在本职工作中去感知、领悟和认同，真正做到像竺可桢先生说的"只问是非，不计利害"，切实用行动来传承我们的优良传统。

以上是我学习社会主义核心价值体系的体会，以及结合会议讨论情况所进行的初步总结。关于上面说的四个问题，我也没有很好的答案，还需要和大家一起研究。

二、如何在全社学习、树立和践行社会主义核心价值体系

树立和践行社会主义核心价值体系是一项艰巨而繁重的工作，也是一项循序渐进、润物无声的长期细致工作，对于九三学社如何做，我在去年的全会上已经谈过。结合形势的发展，我再提几条原则性意见。

第一，认真学习，解决实际思想问题。结合九三学社成员的思想实际，来凝炼出若干个问题，这些问题必须是广大社员所关心的，值得讨论的，又是涉及树立和践行社会主义核心价值体系本质性的问题，然后围绕这些问题下功夫来研究和组织学习。当前，社员的思想状况究竟如何，还需要我们认真调研。以前针对这方面也做了一些调研，主要是问卷调查，但不够深入，结果并不理想，需要总结经验教训，进一步提高问卷的质量，使其真正能反映社员的思想实际。我还要强调一点，必须正视思想建设中存在的问题，尽管有些问题很敏感，但不要回避问题。另外，树立和践行社会主义核心价值体系在一定意义上是哲学层面的问题，大家要从哲学层面来认识和思考。而了解历史，也大有助于拓展我们的视野。我们是不是在全社开展"学哲学、学历史、读经典"这样一个读书运动？九三学社的社员大多都是科技专业人才，由于教育体制的问题，很多同志在哲学和历史方面的知

识不足，要在这方面进行补课。建议在座同志要读一些哲学、历史方面的经典之作，把读经典作为一种人生追求、一种社会责任、一种生活时尚，率先垂范，精读细读，学以致用，努力提高领导水平和工作能力。

第二，从每位社员做起。九三学社的优良传统是由一位又一位优秀的先驱前辈塑造而成的，我们传承优良传统，树立和践行社会主义核心价值体系，关键还在于每个人的行动。各级组织要号召社员加强世界观、价值观、人生观的修养，在各自的岗位上为中国特色社会主义事业建功立业。现在全社有12万多社员，只要有一批人真正在自己岗位上兢兢业业、扎扎实实地工作，取得成绩，真正树立起九三人的形象，那么全社树立和践行社会主义核心价值体系活动就会出现另外一种风貌。因此，为了有效地推动树立和践行社会主义核心价值体系活动深入开展，要发现、培养和宣传各级组织特别是基层组织和广大社员中树立和践行社会主义核心价值体系的典型，把社会主义核心价值体系的要求融入到先进典型的示范和引领作用中，使广大社员见贤思齐，学有榜样，行有示范，带动广大社员把践行要求转化为个人行为。同时要注意树立的典型要真实，实事求是，不要求是完人。平时我在工作中接触到很多优秀的社员，他们的事迹感人至深，只要我们努力发掘，我相信一定能树立起一批先进模范典型。

第三，建设树立和践行社会主义核心价值体系的工作平台。我们领导班子成员大多兼职从事党派工作，要在树立和践行社会主义核心价值体系方面取得实效，就必须建设起好的工作平台，找到抓手，重点抓好几件事情，发挥导向和示范作用。在这方面，很多地方组织已经有了一些经验。比如：浙江坚持采用思想政治工作会议的形式加强思想建设，从1984年至今，每年举办全省思想政治工作会议，作为思想建设的重要平台和抓手，取得明显成效；广西建立了践行核心价值体系的实践基地，引导社员在实践基地开展各种形式的社会服务活动，扩大了社的影响力；江苏开展了“百名专家进乡村”行动，建立了17个“九三学社专家工作站”，为农业科技成果转化建立了平台，促进了农民素质提高、农业增收和农村发展，等等。都值得大家借鉴。

第四，创新学习和活动方式，创造优良的学风和文风。如何学习、树立和践行社会主义核心价值体系，用老的思想工作、学习方式显然是不适应的，要充分发挥主动性和创造性，找到适合九三学社实际情况的活动方式。要改进学风文风，提倡理论联系实际，提倡理论创新、制度创新，提倡学习上的与时俱进与解放思想。活动要具有九三学社的特色，提倡活泼生动、富有新意的文风，提倡说真话、说自己的话、说有新意的话，不要追求表面文章。树立和践行社会主义核心价值体系是价值观层面的行为，只讲“大道理”是没用的，大家反感那些空话套话。这次常委会的特邀报告效果很好，就在于它生动鲜活。树立和践行社会主义核心价值体系要坚持和体现社员的主体地位，尊重社员的意愿和感情。坚持贴近生活、贴近社员、贴近实际，在核心价值体系和广大社员心理之间架起一座桥梁，减少居高临下的说教方式，努力使社员感到亲切，能够为社员自觉自愿地接受。要采用广大社员喜闻乐见的方式，激发社员对于宣传内容的兴趣，使核心价值体系真正成为广大社员的心理认同。这次会上发言的省级组织在树立和践行社会主义核心价值体系的宣传教育中，也有一些好的做法，值得大家借鉴。比如：江苏把无锡王选事迹陈列馆等作为思想教育基地，举办社史资料和社务工作情况影像巡回展；黑龙江经过实践确立了“三心、三开、量力”的做好老龄社员思想建设的“感动”式工作方法；青海、浙江、广西等通过挖掘、宣传社员的先进事迹，确立践行核心价值体系的典型，来推动思想建设工作，等等。希望每个省级组织都去探索去创造好的活动方式，并及时交流。

第五，深入开展社史工程。既然大家认同九三学社的优良传统是树立和践行社会主义核心价值体系的重要内容，那么我们就要更加重视社史工作，发挥社史的资政育人功能。继续充分挖掘前辈们的崇高精神和感人事迹，以继承和弘扬历史传统中符合核心价值体系的思想资源和精神财富。做好社史工作要有专业精神，要让人物具体化，不能概念化，不能急功近利，不要过分强调社史资源的即时教育作用。历史不是“面团”，不能任人揉捏，不可随意编造，一些社史人物也许并不像想象中的那样完美，但要尊重历史，实事求是，把社史上的一些重大事件、重要人物的有关史实弄清弄准，写出真实可靠的社史。九三学社的历史和传统就是一个个的人物和事件组织的，不是概念的集合，我认为社史的重要性就在这里。不仅社中央要下大力气做社史工作，各级组织也都要重视社史，着力去做。

第六，要同履行参政党职能紧密结合。树立和践行社会主义核心价值体系不是为了装饰自己，而是要学有所用，不断提高自身素质，力争把践行活动的成果用于指导各项社务工作，履行好参政党职能，特别是做好参政议政工作。不仅在参政议政时要体现社会主义核心价值体系，更重要的是在社会主义核心价值体系的激励下来加强参政议政工作。参政议政中提出战略性、前瞻性、可行性的建议不容易，讲真话、进诤言不容易，突破现有框框、建言立论更不容易，需要极大的智慧和勇气。而这样的智慧和勇气来自于树立和践行社会主义核心价值体系，来自于我们的信仰，来自于对中国特色社会主义的认同。此外，我们九三学社的组织建设工作、社会服务工作等也都应该与社会主义核心价值体系紧密结合。

第七，各级领导干部要起表率作用。我们国家是一个具有德治传统的国家，我们的民族也历来重视领导的榜样作用。孔子就要求统治者要一身正气，“政者正也，子帅以正，孰敢不正。”“其身正，不令而行；其身不正，虽令不从。”社的各级领导干部是九三学社的骨干力量，可以说树立和践行社会主义核心价值体系能否取得成效，关键就在于各级领导干部能否成为身体力行地实践社会主义核心价值体系的模范。如果说我们的领导干部在这方面做得不好，就没有办法动员、引导社员参与到活动中去。反之，如果大家认为你是模范，是榜样，那么“桃李不言，下自成蹊”，活动就容易取得实实在在的效果。各级领导干部都要增强政治把握能力、参政议政能力、组织领导能力、合作共事能力，努力增强自我修养的自觉性和责任感。为保证树立和践行社会主义核心价值体系的顺利开展，我们在制度上要加强社内民主和监督制度建设。最近，主席会议通过了《地方组织领导班子谈心会的意见》，在制度上保证领导干部表率作用的发挥。各位常委们要带头行动，把谈心活动做好，同时不断完善内部监督机制，为树立和践行社会主义核心价值体系提供制度保证。

最后，再次感谢中共唐山市委、市政府、市人大、市政协对本次常委会的支持，他们承担了大量的会务工作，保证了会议顺利进行，新唐山翻天覆地的变化也让我们对中国特色社会主义更加充满信心，充满激情。还要感谢为会议服务的九三学社中央和省委机关的同志，他们的辛勤工作，也是此次常委会顺利进行的重要因素，建议大家以热烈的掌声向他们表示感谢！

谢谢大家！

在九三学社第十二届中央委员会第四次全体会议闭幕会上的讲话

（2010年12月13日）

韩启德

各位委员、同志们：

九三学社十二届四中全会很快就要闭幕了。这次全会开得很紧凑，效果也很好。大家对中央常委会的工作报告进行了认真而热烈的审议，并给予了充分的肯定。有的同志说看到九三学社在过去的一年做了那么多工作，深受鼓舞。大家对工作报告提出了一些修改意见。我们对每位委员的意见都作了记录，将认真考虑大家的意见，对工作报告进行修改，可改可不改的都要改。大家对社中央工作提出的建议，我们会认真吸收，注重落实。有些关于组织、人事和办公条件方面的意见，我们整理后将向中共中央反映。社中央领导将尽量多到地方与当地中共和政府领导协商，帮助大家解决一些问题。总之，这次大家对工作报告的审议，会给我们的工作带来很大的帮助。这是各位中央委员对九三学社工作的重要贡献，也是各位中央委员履行职责的充分表现。这次全会还进行了届中选举，大家选举丛斌同志担任专职副主席，他将到北京工作。许仲梓同志是江苏省委的主委，根据工作需要增补为常委。贺主席为社中央做了大量工作，因为年龄关系要从这个岗位上退下来，大家写了一封表达我们内心敬意的致敬信。令我们非常感动的是，他在即将离开这个岗位时又为我们作了一次贡献。他刚才一番由衷的讲话使我们大家都受益匪浅，促使我们对人生，对自己的工作，对九三学社怎样坚持光荣传统进行思考，我们再次对贺主席表示敬意和感谢！

关于明年的工作安排，已充分体现在工作报告中。由于篇幅限制，有的地方表述得不够。譬如关于明年参政议政的调研工作部分，我们写了四项工作。这四项工作是根据当前形势和原有工作基础决定的。在审议过程中，我听到有委员提出这四项计划与中央转变经济发展方式、调整经济结构有点脱节。我想这里有我们写报告需要改进的地方，但由于受篇幅限制，要写清楚也确实比较难。例如我们把“应对气候变化与交通节能减排”列为明年中央统战部组织的大调研的题目。具体要做什么呢？因为篇幅有限就没有说清楚。我们做交通节能减排调研，绝不是仅仅为了解决交通中的科学技术问题。调结构、转方式需要有具体的突破口，我们想从这个方面来突破。举例来说，汽车工业应该摆在什么样的战略地位？现在汽车越来越多，11月北京的汽车销量增加了27%。于是就实行单双日限行。这样的限行又促使不少用户买数辆车，结果交通没有好转，只是卖出了更多的车。有人说这不是很好吗？促进了汽车的销量，汽车工业又可以拉动各项产业，促进修更多的路和桥，起到了保增长、创就业、刺激内需、增加消费的作用。但另一方面的结果却是资源消耗，交通越来越拥堵，空气越来越污染，节能减排的压力也越来越大。这里牵扯到一个根本的战略问题：我国汽车工业要不要大发展？发展到什么程度？我认为解答这样的问题，关系到转变经济发展方式、调整经济结构的根本，比泛泛地提转变经济发展方式要好。我希望大家按照工作报告里列出的内容去做，当然如有问题我们还会不断调整。工作报告主要是反映社中央的工作，各省、市级组织明年究竟怎么做？还要分别作出计划来，以此来推动工作。工作报告中已经有的，我就不再多重复，下面我想就三个方面再补充强调我的一些想法。

一、政治上要坚定

政治坚定，最主要是要对中国特色社会主义抱有坚定的信念。

强调坚定，是因为事实上我们常常动摇。我们有时相信，有时不太相信；原则上相信，具体事情上有时不太相信；看到成绩时相信，看到困难、挑战和缺点时又有点不相信。这种动摇是有原因的。首先，社会已发生了很大变化，已是一个非常多元的社会，社会的思想、文化等各个方面都是多元的，比原来要复杂得多。多元的社会思想文化对每人都产生着这样或那样、正面或负面的各种影响；而我们从事的又是前无古人的事业，一个拥有 13 亿人口的经济落后、长期半殖民地半封建的社会，要转变成一个现代化的国家，这在世界其它国家历史上是没有的；我们正处在转型时期，在很多事情上，往往是既不像计划经济，又不像市场经济，中国特色社会主义的制度还在完善过程中；与此同时我们又受到国际环境的巨大影响，这个世界是一个很不公正的世界，发展中国家要发展，受到发达国家的限制，而这个世界是由发达国家说了算，多数规则是他们制定的，包括话语权也在人家手中，他们常常在意识形态上以各种形式侵蚀着我们；从我们自己方面来看则受思想水平的限制，刚才贺主席说，要坚持“道”，而坚持“道”的前提是要认识“道”，如果对“道”的认识不够清醒，在行动上就不容易坚定。我们要坚持中国特色社会主义，首先要加深对它的认识，不断增强对它的信念。中国共产党领导的多党合作和政治协商制度是我国的基本制度，作为参政党，我们身上承担的坚持中国特色社会主义的责任是极其重大的。如果在这个最根本的政治问题上不坚定的话，就无法履行参政党的基本职责和完成参政党的历史使命。那么我们怎样才能不断增强对中国特色社会主义的信念呢？只有不断加强学习，不断在实践中思索和体会。这方面我有一些个人的体会，讲出来供大家参考。

第一，要放大时空尺度来思考问题。首先是从时间尺度上，要从世界现代化的进程，中国两百年以来的历史看中国的崛起。西方发达国家已经实现了现代化，它们的现代化过程值得我们考察，它们中每个国家，如英国、法国、美国、德国，最先发展起来的西班牙、葡萄牙，后来的荷兰，现代化的过程都不一样。有个片子叫《大国的崛起》，值得大家去看。当然它们也有共同之处。文艺复兴到现在多少年了？思想启蒙运动到现在多少年了？它们的现代化过程花了短则 300 年、长则 500 年的时间，其间走过了多少曲折的道路，法国的现代化是多么的血腥，有多少杀戮！再看中国，鸦片战争以后，经历了 70 年的时间，才推翻了 2000 多年的封建专制，中间有多少仁人志士感人的事迹。辛亥革命后我们用了大概 40 年的时间，建立了新中国。改革开放才 30 年，这 30 年我们取得如此举世瞩目的成就靠的是什么？我们走过的道路和西方有什么差别？怎么会走上这条道路？如果放到几个世纪的画卷上看，很多问题就容易看清楚多了。

从空间尺度上，要放眼看全世界。要看这个世界，不管是发达国家，发展中国家，还是新兴国家在往什么地方走，看朝着所谓西方民主道路上走的后进国家，现在是什么情况。我们并不是说人家都不好，也不是说我们都好，但从世界范围讲，都是有着广泛联系的，不能孤立起来看。把人家的经验，人家的教训，跟我们现在走过的道路连在一起看就容易看明白。放大时间、空间尺度，从历史、世界看问题，和仅从个人的眼光看问题，绝对是不一样的。我常常感到，只有联系历史，联系世界时，自己才能有足够的气场和足够的耐心。人就活那么几十年，所以看什么事情都容易着急；而对历史来讲，几十年算不了什么。我们不能强求这么大一个国家，一定要在个人眼里看到今天明天的变化；不是你觉得什么事情不对，它马上就可以改过来，我们必须要有足够的耐心。

第二，要全面、动态、辩证地思考问题。我们要全面掌握材料，下任何结论前要问自己：我究竟看到了多少？在这点上有的知识分子不够谦虚，认为自己知道得很多。但我的体会是，当一个人知道得越多的时候才越发现自己知道得可怜。每个人的眼界都很片面，经常是像瞎子在摸大象。我们什么时候才能看到这个大象呢？从个人认识来讲，其实是很难的。信息社会再发展，个人也是受限制的。当然并不是说永远不能有自己的主见，而是要努力掌握更多的材料，看到事物的方方面面。我这些年到的地方多一点，接触的事情多一点，不再仅仅是原来接触较多的医疗卫生和高等教育，看问题较以前稍微全面了一点。如果只看到一点就下结论，往往是要犯错误的。我认为还有一个很好的办法，就是经常回头看看 30 年、20 年、10 年、5 年前的情况和走过的路。回头看时，有些问题也容易明白。昨天晚上我在饭桌上与上海的同志聊天，说到究竟是现在好，还是文革前好？有的同志总抱怨现在的一些事，念改革开放前的好。我开玩笑说是好了伤疤忘了疼。我并不是否定现在存在的问题，而是认为要客观、全面地来比较，看到历史的进程，看我们在往什么方向走？在以什么速度走？为什么中国会有这么快速度的发展呢？原因就是我们执行的一系列方针、政策和我们走的道路是正确的。我们往往看得太近，没有看到历史的进程；我们往往走得太远，反而忘记了我们是从哪里走来的。我还有个建议，因为我们不可能掌握太全的资料，所以要从自己熟悉的领域去看。譬如在高校工作，就可以重点看看高校的情况，不仅看局部，还要看全部；不仅看现在，还要回过头去看发展。从自己熟悉的领域放大看中国特色社会主义道路，就容易有更全面的认识。要破除非此即彼的思维程式：好的都好，坏的都坏；现代文明都好，传统文化都不好；先进的就是先进的，落后的就是落后的；西方的就是西方的，中国的就是中国的。其实，世界上的事情，特别像社会和政治这样复杂的事物，常常不是非此即彼的。中国人的传统思想，中国哲学的方法确实有先进之处，如果从中庸哲学来看，往往会看得更全面一点、更客观一点。我们也要看到事物从量变到质变，从渐变到突变的过程。我们大多数同志是从事自然科学工作的，受到现代科学“还原论”思维方式的影响很深，完全按这样的思维方式来看我们的社会，来看中国特色社会主义道路，我认为是欠缺的。

第三，要有自信。我们不能盲目自大，但要做成一件事，一定要有自信。狭路相逢勇者胜，要在世界列强的压制下崛起，没有自信是不行的。没有自信就没有勇气，没有勇气就不可能做成事，自信心往往决定胜负。对中国特色社会主义一定要有充分的自信心。杜维明先生说得好，丧失自信心的民族是无力、无气、无理的，也不可能向西方学习真正有意义的东西。首先要自己立得住，才可能向人学习，才可能去战斗。把自己全否定掉了，一点好处都没有。我们不能盲目自大，但对我们基本成功的东西还是要有信心。不能总是用自己的糟粕去和别人的精华比较，用自己的弱处和别人的长处比较，而要全面比较。我们有时自我陶醉，但有时又走到另一个极端而盲目自卑，这些都是没有自信心的表现。包括我们对国际上的一些事件，有时表现出强烈的狭窄民族主义情绪，其实这恰恰是没有自信心的表现。我们要树立正确的心态：可以有意见，但不能有成见；可以不满意，但不能怨天尤人；可以批评，但要多一些建设性的建议；要多一些理性，少一些情绪；多一些分析，少一些帽子和棍子。

第四，要有政治意识。九三学社是一个参政党，必须要有政治意识。什么是政治意识？起码是局部服从全局，眼前服从长远，要讲究策略和路径的关系，愿望和可能的关系，动机和效果的关系。我们的思想和行动要有利于民族、国家兴旺发达，有利于和谐的政治局面，有利于国家大局，这都是政治意识。九三学社章程里，明确写着拥护中国特色社会主义。一个政党成员要讲政治，要遵守党的章程，要遵守政治纪律。有些问题我们在内部可以充分讨论乃至辩论，应该容忍各种想法并存；但在政治场合，在会影响全局时，我们一定要遵守政党纪律。

二、履职要坚实

履职要坚实，就是要弘扬九三学社的优良传统，突出以科技界为主政党的特色，为国家科学决策、民主决策建诤言、献实策，作出实实在在的重要贡献。

中共十七届五中全会强调继续推动科学发展，要以加快转变经济发展方式为主线，把经济结构战略性调整作为主攻方向。而要实现经济发展方式转变和经济结构战略性调整，科技和自主创新是支撑和关键。九三学社是以科技界为主体的参政党，当前的形势为我们弘扬爱国、民主、科学的优良传统和发挥优势作用提供了最好的用武之地。对我们九三学社建言献策要不要突出科技特色，在审议工作报告时似乎还有不同的意见，但多数同志还是持肯定意见的。我认为从我们九三学社的历史、传统、成员构成、多党合作全局需要等多方面出发，坚持科技特色有其必然性和必要性。当然我们是一个政党，而不是一个科技群众组织，不是一个科学共同体，我们的科技特色要落到参政议政上，即落到“政”上，而不是落到“科”上，这个度也要掌握好。

九三学社要突出科技特色，当然要对科技体制机制的改革提出重大建议。譬如说，关于科技资源分配机制问题。现在我国的科研经费增长很快，中科院和某些高校中部分实验室的设备，已经达到世界一流水平。但现在的经费分配得是否合理？是否用在恰当处？经费浪费现象明显增多，到底是什么造成的？与体制机制改革是什么关系？怎么来改？又譬如现在的科技金融跟不上发展需要，一方面社会的流动资本没地方去，另一方面很多科技型的企业，很多成果的转化又得不到贷款。真正的科技风险基金目前国内基本没有。能不能让民间资本找到一个好的办法和平台，投入到科技企业中来呢？这个课题我们在明年的工作要点里已把它列进去了。此外，知识产权保护、产学研结合、科技成果转化、防止学术不端和改变学风等等，这些都牵扯到国家科技发展的机制、体制甚至于瓶颈的问题。九三学社如果能在这些问题上提出重大建议，起到重要作用，是有利于突出科技特色的。

我在这里想强调的是，九三学社突出科技特色不仅要体现在直接为科技体制机制改革建言献策，还应该体现在对国家重大发展问题建言献策时，更注重科技方面的考量，更注重发扬实事求是和严谨的科学精神。拿应对气候变化和节能减排来讲，去年我们就这个问题给总书记写了直通车报告，当时哥本哈根会议召开在即，我国面临的国际压力很大，国内各种意见的争论很激烈。我们根据调研情况，向总书记建议：我国应理直气壮地提出低碳发展。我们的建议应该说在当时具有实实在在的战略层面的推动作用，但现在看来这个课题还有很多值得我们深入研究的问题。譬如说生物质能源，社中央在前几年开展过一次重点调研，后来我们尽管写了一个建议，但发现还存在不少拿不准的问题。例如我们到吉林看了一个利用秸秆的发电厂，当时我们问是否要国家补贴？他们说 1 度电需要国家补贴 8 角钱，而等到大规模收购秸秆时，秸秆会涨价，成本还要继续提高。此外，各种生物质能源发展中还存在关系到粮食安全、生态环境影响等多方面的复杂问题。我们的参政议政并不要求我们去解决具体的科学问题，但要提出我国生物质能源在“十二五”期间的发展目标以及重点发展哪一方面，则是需要科学作为背景的，并以此彰显九三学社的科技特色。又譬如说新能源汽车的发展，这也是当前的一个热点。但要正确制定我国新能源汽车的发展战略，同样包含很多的科学问题。例如燃料电池技术有无可能在近期取得突破，由此决定燃料电池汽车在我国新能源汽车发展中应占据什么样的地位。当前某一品牌的电动汽车，究竟充一次电能跑多少公里，应该是很容易确定的事，但却始终没有一个明确的结论，这里就有科学精神的问题。中央强调抓住机遇发展新兴产业，于是 LED 光源、太阳能风能发电、煤化工、物联网与云计算等，都有各地一哄而上、“百团大战”的情况发生，不花力气攻克核心技术，而热衷于圈地、投资、重复建设，以致现在已经开始在那些领域发生新的产能过剩。我想这些都是科学发展的问题，都牵涉到科学精神、科学态度和科学方法，都是九三学社的参政议政中彰显自己科技特色的着力点。

九三学社在发挥科技特色方面是有优势的，但我们一定要在今后更加自觉和主动发挥这个优势。

九三学社在参政议政中还要进一步弘扬民主精神。这首先体现在我们的参政议政不应只靠个别人，而应把广大社员和基层组织都发动起来。这里有一个动员机制问题，对此我们已经提了好多年，到底能不能做得更好呢？这不仅是为了提高建言献策的质量，而且是为了实现九三学社根本的宗旨，更加体现我们民主科学的传统和作风。我们将会努力采取一些新的举措，这里先说其中一个：我们已确认了明年的重点课题，如果这次全会同意的话，那么我们将在全社招标。不管是省级组织、地市级组织还是个人，都可以来投标。我们要在更大范围内吸纳大家来参与这些重点课题的工作。最后，我们还要解决参政议政中点和面的问题。我们要力争一年取得几个重大的参政议政成果；但同时也要照顾到面，特别是每个省都应有重要的参政议政成果。

九三学社的社会服务工作也要突出科技特色。这方面今年社会服务工作做得比较好。例如，上海和河南开展的科技合作，今年又多了 11 个项目；山西九三开始做“九企合作”，他们利用煤化工技术的优势，与河南省的企业建立合作关系，可以看到很好的合作前景；各地农业技术推广的项目做得很多，如山西在山东、吉林、广东等地开展了十几万亩的技术推广；云南的“九校地合作”，有些示范的项目做得很有起色；汶川地震灾后住房重建，我们在重点支援的青川县援助点搞轻钢龙骨住宅，两年多的实践证明在各种结构中最具优越性。今年亮康工程走进威宁，一次做了近 1000 例白内障手术，在地方产生了较大影响；以及江苏的九三学社专家工作站、北京的科技服务直通车、上海的科普之旅，这些都是在社会服务中突出科技特色的好做法。我们应不断地总结经验，推广这些好的做法。另外根据大家审议工作报告过程中的意见，希望明年全社能有效地整合力量，统一组织若干有特色的项目，以突出重点，增强实效。

三、组织上要坚强

组织上要坚强，就是要建立一支由高素质人才组成的、紧密团结的、能战斗的队伍。

这里我想强调三点：

第一，人才强社战略是根本。2003 年我们正式提出人才强社战略，现在越来越彰显出这个战略的重要性。在人才里我觉得最重要的是旗帜性人物和社务骨干，这两方面的人才都要发展，而且要把最好的人才，最有潜力的人才努力发展进来。不是停留在嘴边，而是要真正下功夫去做。小军副主席担任重庆市主委，对这项工作抓得很紧，他把发展代表性人物作为任务落实到自己和每一位副主委，结果近年来发展了一批出色的人才。落实人才强社战略，对优秀人才需要一个一个去物色，一个一个下功夫去做工作。在讨论中大家还讲到新社员发展的比例。我们确实要注意我们的发展速度不能太慢，因为发展的数量是一个基础，特别是在没有组织或者组织很弱的地方，发展社员的数量显得更重要一些。各省都要有一个规划，像围棋一样布点，选择合适的地方建立新组织，发展新社员。同时，我认为最重要的还是掌握质量。大家说九三学社门槛高，我们就是要坚持高门槛，把最优秀的人才吸收进来。临近换届，我们的后备干部工作要做得很细，要精心计算，科学安排，为换届工作打好基础。

第二，明年是我们树立和践行社会主义核心价值体系活动的基层组织建设年，一定要在基层组织建设方面有所推进。要想推进这项工作，首先要做好调研工作。各省、各地市组织要把自己基层组织的底摸清楚，到底有多少是好的与较好的？多少是不开展活动，是有和没有一样的？对长期不开展活动的基层组织，要逐个研究到底是什么原因？能不能改善？实在无法改善，就要调整，该合并就合并，该取消就取消，要有组织措施。在这方面北京市的做法值得借鉴。同时我们还要大力表彰和宣传先进基层组织，推广先进经验。

第三，要充分发挥各级领导和骨干的作用。领导班子一定要建立完善的工作制度。中央主席和副主席将带头开展民主生活会和谈心活动，把我们的情况向常委会报告。明年我们要开展中央常委工作和经验交流，不仅要汇报省委会的工作，还要汇报自己的工作。还要探索中央委员如何进一步发挥作用的机制和具体措施，除了开好全委会以外，要在参政议政和其它活动中发挥中央委员的作用。我们还要积极稳妥地推进和完善内部监督机制，今年有一个工作汇报，确定了明年的工作要点，目标应该说是明确的。希望有更多的省级组织能开展谈心活动、述职、民主评议等方面的工作。成熟的省级组织应该成立内部监督组织，完善内部监督制度。

同志们，明年工作的重点已经确定，现在关键是落实。我刚才讲的三个方面是我个人的一些体会，没有经过主席会议的讨论，仅供大家参考，也许会有错误的观点，希望得到大家批评。我主要的目的是引起大家的讨论和思考，保证九三学社政治更加坚定，履职更加坚实，组织更加坚强。这次会议大家非常积极认真，对工作报告提出了很多很好的意见，我对各位委员表示衷心的感谢。会议组织者也下了很大功夫，确实非常辛苦，我也表示衷心的感谢。

新年就要到了，明年是兔年，兔年是个好年份，衷心祝愿大家在新的一年里，身心愉快、工作顺利、阖家欢乐！

九三学社中央关于加强基层组织建设的意见

（2010 年 5 月 15 日九三学社第十二届中央
常务委员会第十一次会议通过）

基层组织建设是我社组织工作的一项重要内容。多年来，社的各级组织高度重视基层组织建设，认真贯彻《九三学社章程》和《九三学社中央关于加强组织建设的若干规定》的精神，一些省、市级组织制定了切实可行的基层组织管理制度和办法，保证了大部分基层组织活动的正常开展，也涌现出一大批成绩突出的优秀基层组织，目前我社基层组织的总体状况是好的。有六点经验值得我们重视。一是加强基层组织领导班子建设是关键；二是不断创新基层组织活动的内容和形式；三是适应新时期社会结构的变化，调整基层组织结构；四是推动基层组织工作的制度化、规范化；五是提高政党意识，做好参政议政工作；六是主动与中共党组织亲密合作，建立和谐的政党关系，寻求更多的支持和帮助。但基层组织发展不平衡的状况仍比较突出，基层组织建设中依然存在一些不足和问题。为更好推动基层组织工作的开展，在总结经验和充分研讨的基础上，就加强基层组织建设提出如下意见。

一、进一步提高对加强基层组织建设重要性的认识

基层组织是我社组织的基础，是完成政党政治任务的基础。根据社章对基层组织提出的六项任务，基层组织主要承担了做好教育社员、参政议政、社员管理以及为广大社员和上级组织服务四项基本工作，从而达到激发活力，凝聚人心，推动发展，促进和谐的作用。不断加强基层组织建设，对于增强社组织的生机与活力，牢牢把握政治方向，提高组织凝聚力和号召力，具有十分重要的意义。对此必须高度重视，认真研究，常抓不懈，推动基层组织工作创新。

二、进一步明确基层组织建设的指导思想和总体要求

基层组织建设要以邓小平理论和“三个代表”重要思想为指导，深入学习贯彻科学发展观，坚持中国共产党的基本理论、基本路线、基本纲领和基本经验，有利于坚持和完善中国共产党领导的多党合作和政治协商制度，有利于贯彻“长期共存、互相监督、肝胆相照、荣辱与共”的方针，有利于更好地发挥参政党作用，有利于加强自

身建设。

基层组织建设的总体要求是，建设一个团结民主的领导班子，特别是选配好热心社务、认真负责的主委；工作思路明确，作用充分发挥；各项制度健全，解决自身矛盾能力强；组织生活活跃，社员参与程度高。通过不懈努力，把基层组织建设成为服务社员、联系群众、团结和谐、具有较强凝聚力的坚强集体。

三、切实加强基层组织领导班子和制度建设

基层组织领导班子是加强基层组织建设的关键。一是要选好主委。在充分发扬民主，广泛征求广大社员和中共党委意见的基础上，选拔有一定政治水平，熟悉统一战线理论、方针、政策，热心社务，关爱社员，有较强事业心、组织领导能力、合作共事精神和一定群众基础的社员担任基层组织主委。二是要配好班子。按照民主集中制原则，建立集体领导与分工负责相结合的制度，明确领导班子成员的分工和职责，通过完善岗位责任制、领导班子年度考核和民主生活会等制度，保证社员的知情权、参与权、选举权和监督权，提高社员对社内事务的参与度，自觉接受社员的监督，建设一个相互支持、相互理解、社员信赖、具有较强凝聚力的基层领导班子。

基层组织建设需要一定的制度作为保障。在实践中探索建立基层组织领导班子每年向社员大会报告工作、学习座谈、组织生活、组织发展、社籍管理、联系走访等各项规章制度。基层组织活动一年不少于四次，确保活动有较高的出席率和覆盖率。对于在暂住地居住一年以上的社员，暂住地的基层组织应吸收他们参加活动并收缴社费。

四、努力创新基层组织的活动内容与形式

开展各项活动是加强基层组织建设的中心工作。要适应新形势新任务的要求，不断创新活动内容与形式，突出自身特色，力求丰富多彩，注重提高质量，在讲求实效上下功夫。

做好基层组织工作事在人为，贵在活动，重在推动，要把维护多党合作政治格局、凝聚力量、服务大局、提高社员素质贯穿基层组织活动始终。以社会主义核心价值体系为引领，采取座谈会、报告会、学习会等形式，组织学习重大理论和有关方针政策，学习社章社史，增强社员坚持中国特色社会主义道路的自觉性和坚定性；提高政党意识，结合参政议政工作，围绕本单位、本系统、本地区的中心任务开展调查研究，反映社情民意，提出意见和建议，积极参与实践，为促进发展作出贡献；关心爱护社员，维护他们的正当权益，帮助他们解决工作和生活中遇到的实际困难，鼓励社员立足本职，建功立业；组织社员开展扶贫帮困，送文化、送科技、送温暖活动，服务社会，促进和谐。有条件的地方可利用互联网等科技手段开辟新的活动平台。加强各基层组织之间的横向联系，通过联合活动，提高效率，交流工作，取长补短，互相促进。对一些因所在单位结构变化造成难以开展活动的基层组织，可采取合并、重组等方式尽快进行结构上的调整。

五、积极稳妥做好基层组织发展工作

明确新建基层组织审批程序。新建基层组织，由上一级地方组织根据工作需要，经过与中共党委、统战部门沟通协商后确定成立筹备小组。筹备小组在广泛听取社员意见的基础上提出筹备方案，报上一级地方组织审批同意后，召开社员大会选举成立基层组织，并

将选举结果报上一级地方组织备案。改建、合并基层组织参照新建基层组织程序进行。没有社组织但已有社员的县（县级市）需要成立直属小组和支社时，上一级地方组织要严格审批，加强管理。

基层组织领导班子每届任期五年。任期届满后应及时进行换届。基层组织换届时，由该基层组织提出换届方案，报上一级地方组织审批同意后，召开社员大会选举产生新一届领导班子，并将选举结果报上一级地方组织备案。

组织发展要继续坚持以大中城市为主，以科学技术界为主，以有一定代表性的高中级知识分子为主的原则，坚持注重质量，保持特色，组织发展与后备干部队伍建设相结合的原则。

发展新社会阶层人士，要坚持原则，注重素质、保持特色、适量发展、协调有序，重点在大中城市发展高中层次、符合我社特色、有代表性的知识分子。对政治素质和社会影响好，有较强代表性的非公有制经济人士，可个别发展其中符合我社特色的优秀人士。考察工作在有关部门协助下由省辖市级以上地方组织负责。

六、加强对基层组织建设工作的领导

加强对基层组织的领导是各级地方组织的重要工作，是保持务实工作作风的主要内容。地方组织特别是领导成员要经常深入基层，参加活动，联系社员，了解社情，考察工作。要加强对基层领导班子成员的教育培训，努力提高他们的政治素质和领导水平。要定期召开基层工作会议，做好总结、表彰、推广经验等工作。要采取相应措施，尽可能帮助解决缺少活动场所、经费不足等实际困难，积极为基层组织创造有利的工作条件。要定期走访基层组织所在地区或单位的中共党委及其统战部门，征求意见，协调关系。各级地方组织要建立健全领导成员对基层组织的领导责任制，明确目标和工作任务，有条件的地方组织要建立机关工作人员分工联系基层组织制度。

七、密切保持与中共党组织的联系

做好基层组织工作要与中共党组织密切联系，保持良好关系。作为基层组织的领导班子成员应该具备善于处理和谐政党关系的基本素质。要深入学习，深刻领会中国共产党领导的多党合作和政治协商制度的理论，不断提高自身的政治把握能力、参政议政能力、合作共事能力和组织领导能力。要主动向中共党组织汇报工作，邀请他们参加活动，做到与中共党组织多联系、多沟通，积极争取支持和帮助。

九三学社中央关于地方组织建立健全领导班子谈心会制度的意见

（2010年5月11日九三学社第十二届
中央委员会第十四次主席会议通过）

领导班子谈心会是我社领导班子成员的重要组织生活方式，是实现社内监督的基本形式之一。为了使领导班子谈心会制度化、规范化、科学化，具有可操作性并能够取得实

效，提出以下实施意见：

一、指导思想

以社会主义核心价值体系为指导，不断促进领导班子建设。通过谈心会进一步总结工作经验，沟通思想，统一认识，增进团结，努力提高我社各级领导班子及其成员解决自身问题的能力和履行职责的水平。

二、参加范围

领导班子谈心会由主委召集，领导班子（地方组织主委会）全体成员参加，一般每年召开一次。会前应报上级组织和有关部门，上级监督委员会可视情况派人参加下一级组织的谈心会活动。

三、主要内容

（一）学习中国特色社会主义理论体系和统一战线理论政策、遵循多党合作政治准则的情况。

（二）贯彻执行中共中央和地方中共党委的方针政策、《九三学社章程》、社的决定、决议和工作部署的情况。

（三）领导班子贯彻民主集中制，发扬民主、科学决策，履行职能和发挥作用的情况；领导班子成员顾全大局，分工协作，团结共事等个人履职和社务工作的情况。

（四）加强作风建设，密切联系基层组织和社员，注重调查研究以及遵守廉洁自律有关规定的情况。

（五）其他重要问题。

四、工作要求

（一）立足工作实际

开展谈心会要与实际工作紧密结合，特别是要结合各自思想状况、作风建设和履职情况，结合基层组织和广大成员反映的问题，坦诚交换意见，共同研究解决。

（二）抓好主要环节

会前要精心准备，加强沟通，利用个别谈话等形式，广泛征求意见，掌握情况，确定谈心会主题，为开展谈心会打好基础；谈心会上要充分发扬民主，营造良好氛围，坦诚相对，畅所欲言，把民主、求实、团结寓于谈心会活动始终；谈心会后，针对谈心会反映的问题，要认真制定改进措施，切实加以整改落实。

（三）发挥主委作用

主委作为领导班子第一责任人，要带头发扬民主，坦诚相见，畅所欲言。不回避矛盾，不推卸责任，切实担负起落实整改的领导责任，真正使谈心会开出成效。

（四）召开谈心会的情况应向上级监督委员会和本级常委会报告。

（五）注意总结经验，逐步完善提高。

在纪念许德珩诞辰120周年暨九三学社成立65周年座谈会上的讲话

（2010年9月3日）

韩启德

今天我们满怀崇敬之情召开座谈会，隆重纪念伟大的爱国主义者、著名的政治活动家、九三学社的创始人和杰出的领导者许德珩同志诞辰120周年，深切缅怀他追求真理、与中国共产党团结合作的光辉一生，追思和学习他为追求民主科学不懈奋斗的崇高风范。这对于进一步继承和弘扬九三学社“爱国、民主、科学”的优良传统，树立和践行社会主义核心价值体系，始终不渝地走中国特色政治发展道路，具有重要意义。在此，我谨代表九三学社中央，向到会的各位领导、嘉宾表示诚挚的谢意，向许老的亲属表示亲切的慰问！

许老一生经历了中国旧民主主义革命，新民主主义革命，社会主义革命和建设以及改革开放多个历史时期。许老从青年时代起就追求救国救民的真理，立志匡扶社稷，投身民主革命。在中学期间，他秘密加入了反清革命组织“同盟会”，辛亥革命爆发后，他投笔从戎，参加孙中山先生领导的讨伐袁世凯的斗争，从此踏上了不断革命的征程。在“五四”运动中，他负责起草了《五四宣言》，并参加了示威游行，被北洋政府逮捕。五四运动后，许老曾赴法国勤工俭学，接受了马克思主义。1927年，回到广州，投入大革命的洪流。大革命失败后，他虽身处险恶环境，仍然无所畏惧，热情地从事社会主义理论写作和翻译工作，宣传马克思主义。“九·一八”事变后，许老义无反顾地投入到抗日救亡运动中，为此遭到国民党当局逮捕。后获营救出狱。1935年，许老根据共产党地下组织的要求，积极支持、推动学生发起“一二·九”运动。全面抗战爆发后，许老坚决支持中国共产党的主张，回到江西，动员抗战，保卫家乡，为团结抗战积极工作。

许老是九三学社主要的创始人，为九三学社的成立作出了突出贡献。在抗战后期，担忧时局的许老响应中国共产党的号召，联合重庆的一部分文教、科技界的高级知识分子发起成立了“民主科学座谈会”，讨论民主与抗战问题。他们主张团结民主，抗战到底，发扬“五四”反帝反封建的精神，为实现人民民主与发展人民科学而奋斗。后来，在毛泽东同志的关怀鼓励下，许老等人在“民主科学座谈会”的基础上创建了“九三学社”。从此，九三学社作为一支重要的政治力量，汇入了中国共产党领导的浩浩荡荡的新民主主义革命洪流。1949年中国人民政治协商会议召开时，许老作为九三学社的代表光荣地参加了会议，并担任《共同纲领》起草组副组长，参与了新中国的筹建工作。全国解放后，许老长期担任九三学社中央主席，为加强九三学社的思想建设、组织建设和制度建设，开创九三学社工作的新局面，殚精竭虑、呕心沥血，付出了艰苦努力，赢得了广大社员的尊敬与爱戴。

新中国成立后，许老先后担任过政务院法制委员会副主任委员（代主任委员）、水产部长、全国政协副主席、全国人大常委会副委员长等领导职务。为《中华人民共和国宪法》（草案）以及《婚姻法》等主要法律法规的制订以及中国水产事业的创立和发展作出了积极贡献。中共十一届三中全会以后，许老不顾年事已高，仍以顽强的拼搏精神继续为国家和人民兢兢业业地工作，可谓生命不息、战斗不止。“豪杰捐躯志已酬，史册光辉旧辈流。越过人间六十载，誓将白首再从头。”这是许老晚年写下的诗句，也是他当时精神风貌的生动写照。

许老的一生是追求真理、不懈奋斗的一生。他在长期的实践中认识到只有中国共产党才能领导中国人民走上光明的道路。大革命时期，许老就曾经要求加入共产党，虽因时局的变化未能如愿，但他一直都同共产党患难与共、并肩战斗。直至晚年，许老仍胸怀加入共产党的真挚渴望，终于在 89 岁时实现了几十年的夙愿，由一个爱国的民主主义者转变为共产主义者。他在自己回忆录的最后写到：“我能在垂暮之年，由一个爱国的民主主义者转变为共产主义者，我感到无限光荣。我要永远为党工作，为共产主义事业奋斗终生，死而后已。”

许老把毕生的精力都献给了祖国和人民，献给了民主科学事业。他的人生道路，凝结了 20 世纪中国一代知识分子上下求索、不懈奋斗的历程，是中国先进知识分子的杰出代表。他的历史功绩、崇高精神和伟大风范，像一座丰碑永远耸立在九三学社的历史上，永远铭刻在广大九三学社成员的心里。许老是我们九三学社全体社员学习的楷模。

当前，九三学社正在开展树立和践行社会主义核心价值体系的学习活动，重点之一就是继承和弘扬我社的优良传统，为全面建设小康社会、推进中国特色社会主义事业而奋斗。今天，我们纪念许老，就是要汲取他的政治智慧和精神财富，学习他的优秀思想、崇高风范，激励和鼓舞广大社员继承老一辈领导人的优良传统，更好地履行参政党职能。

我们纪念许老，就要学习他忠贞不渝的爱国主义精神。许老是一个真诚的爱国主义者，他一生爱国情深、矢志不渝，他身上体现出的时刻牵挂国家兴亡、时刻不忘人民疾苦并为之奋斗的爱国精神和临危不惧、坚贞不屈的崇高风范，永远值得我们敬仰和提倡。从青年时代，投身革命，讨袁护国，到五四运动成为学生领袖，从“九·一八”事变后投身到抗日救亡运动，到支持、推动学生发动“一二·九”运动，从创立九三学社参与新中国筹建工作，到作为国家领导人为祖国建设呕心沥血，许老都表现出忧国忧民、祖国至上的赤子情怀。正是在这种爱国主义精神的驱动下，许老从民主主义走向共产主义，为中华民族的独立、解放和富强贡献了自己的一生。今天，我们正在为建设社会主义现代化国家，实现中华民族的伟大复兴而努力奋斗，学习许老祖国至上、毕生奉献的爱国主义精神，就要以满腔的爱国热情，毕生的精力和实际行动，实践爱国报国的伟大理想，将聪明才智全部奉献给祖国和人民。

我们纪念许老，就要学习他对民主科学的不懈追求。许老是“五四”精神的开创者和践行者，民主与科学是许老毕生所追求的理想与信念，许老一生所走过的道路正是追求民主科学，为民主科学奋斗的道路。九三学社的成立就深深打上了许老等老一辈领导人的烙印，他们在《成立宣言》中提出：“中国虽号称民主国家，而人民长期慑伏于封建暴力，基本自由，从无保障，科学之进步与人权之发展，更无可期!”“‘五四’所号召于国人者，为科学与民主，今时间过去虽已二十余年，而民主与科学之要求实较前迫切，本社同人，即本‘五四’的精神，为民主与科学之实现而努力，始终不懈，谨此宣言。”在民主革命时期，许老一直始终不懈地为民主与科学的实现努力着，在反对国民党一党专政、争取民主自由的斗争中，勇往直前，坚持真理，视死如归。新中国成立后，许老又赋予民主科学新的时代内涵。他在九三学社第一次全国社员代表大会上指出：“在我们伟大的新中国里，真正要求民主的必然归趋于社会主义民主，真正追求科学的必然归趋于革命的科学的马克思列宁主义，真正爱祖国、爱人民的必然归趋于无剥削、无贫困、繁荣富强的社会主义。”今天我们继承和发扬民主科学的优良传统，就必须坚持中国共产党的领导、坚定不移地走中国特色的政治发展道路，致力于促进社会主义政治文明发展。

我们纪念许老，就要学习他始终接受共产党领导，为党的事业而奋斗的坚定信念。理想信念是个人追求的精神支柱和思想动力。许老从青年时代开始就与具有共产主义思想的青年关系密切，虽然由于多种原因与党失之交臂，但他始终心向共产党，一直作为党外的革命者在中共的旗帜下为中国革命的胜利而努力奋斗。新中国成立后，他作为民主党派的领导人，更是始终自觉坚持接受共产党的领导。严济慈同志曾经回忆，“在每次社中央领导人研究工作的时候，德珩同志总是告诉大家要自觉地接受党的领导，为做好统一战线的工作发挥我社应有的作用。”许老经历了新旧两个社会的沧桑巨变，深深地感到没有共产党就没有新中国，只有社会主义才能救中国。他说：“只有中国共产党，才能承担起历史的重任，领导我国人民走向繁荣富强。我们只有在中国共产党的领导下，和全国人民共同奋斗，才有力量，才有前途。坚持接受党的领导，是我们同党‘长期共存，互相监督’，‘肝胆相照，荣辱与共’的必要前提。”理想信念的坚定与否，尤其体现在困难和挑战面前。即使是在文革十年的艰苦磨难面前，在九三学社被迫停止活动的严峻考验面前，他也没有对党、对走社会主义道路失去信心：“在那‘黑云压城城欲摧’的日子里，我坚信乌云终将过去。”纵观许老一生的光辉历程，可以清晰地看到，他对中国共产党是忠诚热爱的，源自内心，没有一点矫揉造作；对走社会主义道路是无比坚定的，义无反顾，没有任何犹豫动摇；对共产主义事业是执着追求的，矢志不渝，充满信心。他以自己的实际行动实践了“我要永远为党工作，为共产主义事业奋斗终生，死而后已”的誓言。

我们纪念许老，就要学习他公私分明、严于律己的高尚情操。许老毕生慷慨奉义，高风亮节。他在学校任教期间，只要知道学生生活困难，总会伸手相助。有的学生因为搞爱国运动而被迫离校或投身革命，只要找到许老夫妇，二人就会提供资费和盘缠。许老说：“我当年就是靠蔡元培先生的支持，得以完成学业。今天我也有责任帮助和我一样的学生。”九三学社成立初期活动经费没有来源，许老经常自掏腰包。笪移今同志回忆说：“据我所知，社中央未向政府领经费之前，所有为数很少的社务活动经费是由许老承担的。”许老克勤克俭，廉洁奉公，在新中国成立后虽然身居高位，但在生活上从不搞特殊化。他在担任法制委员会副主任委员时，主动不拿补贴，直到次年五月经劝说才仅领取车马费。1980 年 10 月，九三学社中央在一次会议上用公款买了生日蛋糕为他祝寿。许老为此专门给九三学社中央秘书处写了一封信，表示自己从不做寿，并将蛋糕钱奉上作为个人请客。他曾说：“我一生爱花，最爱的是兰花。兰花高雅，具有不与邪恶共存的君子之风。当然，我也喜欢出泥而不染的莲花，富丽堂皇的牡丹，傲骨的梅花。但是，我最喜欢的还是兰花。”许老的品德也正如他喜爱的兰花一样高尚和坚贞，堪称楷模。

同志们，今年是九三学社成立 65 周年，在这样一个有着特殊意义的年份，我们缅怀许老的光辉业绩，追思许老的崇高风范，对于我们继承九三学社老一辈的优良传统，坚持和完善中国共产党领导的多党合作和政治协商制度，更好地履行参政党职能，加强参政党建设，都具有重要的现实意义。许老的伟大精神和崇高风范，感召和哺育着一代又一代九三学社的后来人，已经成为推进我社事业发展的巨大动力。今天，历史的接力棒已经传到我们的手中。我们对许老的最好纪念，就是把他那一代的优良传统继承和发扬好，把他历经千辛万苦开创的伟大事业继续推向前进，这是历史赋予我们的神圣使命。我们的事业伟大而艰巨，我们的前程光明而美好。让我们紧密团结在以胡锦涛同志为总书记的中共中央周围，高举中国特色社会主义伟大旗帜，以邓小平理论和“三个代表”重要思想为指导，深入贯彻落实科学发展观，为开创中国特色社会主义事业新局面而不懈奋斗！

台湾民主自治同盟

第八届中央常务委员会工作报告

——在台盟第八届中央委员会第四次全体会议上

（2010 年 12 月 6 日）

林文漪

各位委员：

现在，我代表台湾民主自治同盟第八届中央常务委员会，向全会作工作报告，请予审议，并请列席的各位同志提出意见。

一、2010 年工作回顾

2010 年是我国继续应对国际金融危机、保持经济平稳较快发展的关键一年，是全面实现“十一五”规划目标、为“十二五”规划开局打好基础的一年。一年来，面对深刻复杂变化的国内外形势，中国共产党团结带领全国各族人民，巩固和发展应对国际金融危机冲击的成果，着力保障和改善民生，成功举办上海世博会、广州亚运会，胜利召开中共十七届五中全会，推动国家各项事业取得新的显著进展。

台盟作为参政党，一年来，围绕中心、服务大局，积极参与国家政治生活。在中国共产党的领导下，台盟八届中央常务委员会高举中国特色社会主义伟大旗帜，坚持以邓小平理论和“三个代表”重要思想为指导，深入学习贯彻科学发展观，团结带领全体盟员及所联系的台胞，认真履行参政党职能，圆满完成了台盟八届三中全会提出的各项任务，各方面工作都取得了新的成绩。

一年来，我们主要开展了以下五个方面的工作：

（一）体现特色，积极参与政治协商

常委会高度重视参与高层政治协商工作。在集成台盟各级组织调研成果的基础上，台盟中央以国家发展大局与对台工作大局的结合为切入点，重点围绕国家区域经济发展战略、两岸经贸文化交流等全局性问题，渐次深入地提出政策建议，充分体现出台盟的参政党特色。在今年的高层政治协商会议上，台盟中央从不同角度相继提出创建两岸经济合作试点链，大力发展海洋经济，开发台湾海峡的港口资源等建议，不断充实和丰富构建海峡经济区的战略设想；围绕着西部大开发十周年，台盟中央先后提出发挥台资在西部地区构建现代产业体系中的作用、优先发展信息产业等建议，助推国家深入实施西部大开发战略；台盟中央还以推动经济发展方式转变作为建言献策的一个重点，相继提出大力发展循环经济、着力解决“三个差距”和“三个短缺”等政策建议，为中共中央科学民主决策提供了重要参考。

全国政协十一届三次会议期间，吴邦国等中共中央领导同志参加了政协民革、台盟、台联界别的联组会，与委员们进行了面对面的交流。联组会上，台盟界别的委员立足于近年来参政议政和对台研究的成果，就加快海峡西岸经济区建设、鼓励台资西进、解决台资企业融资难等问题做了专题发言，受到与会中央领导同志的高度重视。吴邦国委员长特别对台盟作为参政党在国家经济社会发展中所做的工作，在推动两岸关系发展中所起的作用给予了充分肯定。此次政协大会期间，台盟中央共提交大会发言 3 篇，党派提案 21 件，台盟组全国政协委员提交个人提案 123 件。其中，关于促进台湾农民创业园健康发展以及严厉打击涉农职务犯罪的提案得到回良玉副总理的批示，请中农办等相关部门参阅。此外，台盟中央特别加强了党派平时提案工作，及时转化调研成果，得到了全国政协提案委的充分肯定。

台盟各级组织还充分运用人民政协的各种协商方式，参与对国家和地方大政方针的协商讨论。今年的全国政协常委会与专题协商会上，台盟中央在重庆、上海、辽宁等地方组织专题调研的基础上，就大力发展公共租赁住房、完善住房保障体系，探索建立自由贸易区、加快东北老工业基地振兴步伐等问题做了大会发言，提出许多务实和前瞻性较强的建议，受到媒体的广泛关注，产生了较大的社会影响。

（二）扎实推进，认真履行参政议政职能

今年是“十二五”规划编制的启动之年，常委会把为编制“十二五”规划建言献策作为全年参政议政的中心任务。年初，台盟中央确定了构建海峡经济区、引导台湾产业向中西部地区转移、建设辽宁沿海经济带、深化两岸农业合作、传承海峡西岸文化遗产以及保护涉台文物史迹六个年度重点调研课题。台盟各级组织也结合当地实际，选择了推动产业结构调整、建立基本公共服务体系等重大经济民生热点问题开展考察调研，全年共形成调研报告 216 份。

为贯彻国家深入实施西部大开发战略的决策部署，因应两岸经济合作中台资西进的新趋势，今年，台盟中央赴重庆围绕“引导台湾产业和资本向西部扩展，助推西部产业结构优化升级”开展了民主党派大考察。在深入实地调查研究的基础上，台盟中央就推动中西部地区承接台资转移、完善台资企业入驻发展平台、完善相关金融服务以及交通物流配套等问题形成了一系列政策建议。其中，《关于优先发展信息产业，促进西部地区产业结构调整和优化升级的几点建议》以及相关调研报告报送中共中央后，温家宝、贾庆林、李克强等中央领导同志分别作出重要批示，指示国家发改委、工信部、西部办等部门针对台盟的建议予以认真研究。贾庆林同志的批示还特别提到台盟“进行了深入调研，提出了积极建议”，对全盟开展的参政议政工作给予了高度肯定。

今年以来，台盟各级组织以完善创新工作机制为抓手，坚持“上下联动、横向联合”，进一步整合盟内资源，形成参政议政工作多边协作、整体推进的良好局面。台盟中央首次尝试将六个年度重点调研课题，分别委托福建、重庆、上海、北京、辽宁等地方组织牵头负责，多个地方组织共同参与，联合开展调研，既整合了资源，又锻炼了队伍，取得了很好的效果。

台盟各级组织还注重通过信息等时效性强的参政议政形式，对经济社会发展以及两岸关系发展中的新情况新问题作出快速反应，及时提出意见建议，为政府分析判断形势提供参考。一年来，台盟各级地方组织为台盟中央提供信息素材300余篇，在此基础上，台盟中央综合编发《台盟信息》15期，《台盟社情民意信息》63期，《台盟情况反映》17期。

担任各级人大代表、政府和司法机关领导职务以及特约人员的盟员，充分发挥参政议政、民主监督职能。其中，担任全国人大代表的盟员，认真履行人民代表的职责，反映人民意愿，参与了台湾同胞投资保护法、工会法、妇女权益保障法等的执法检查和视察工作。担任国土资源部、公安部、教育部、审计署等部门特约人员的盟员，认真参加有关执法监督工作，发挥了参谋咨询作用和联系人民群众的桥梁纽带作用。

（三）明确重点，大力拓展对台工作的深度和广度

一年来，常委会按照中共中央对台工作的统一部署，坚持对台联络"专、精、深、久"的工作方针，以推动两岸专业领域的交流合作为重点，广泛邀请接待岛内台胞代表人士，组织专题性赴台访问团，举办主题鲜明的两岸交流活动，为推动两岸大交流、大合作开展了大量卓有成效的工作。

一年来，台盟各级组织热情接待了海内外233批4222人次的台胞来访，全盟的对台联络工作呈现出层次清晰、特点鲜明、重点突出的立体格局。其中，台盟中央在台盟上海市委、福建省委、浙江省委的密切配合下，邀请接待了台南县市医师公会、台湾原住民社会发展协会、台南大中学生、台湾桃园县教育辅导团、美国加州大学伯克利分校及台湾新竹清华大学参访团、台港澳及海外台胞国庆参访团等团体。在所邀请团员的安排上，既有台湾科教、医疗界精英，也有热心社区事务的普通基层民众、青年学生；既有台盟长期联系的老朋友，也有首次邀请的政治态度偏绿人士。在参访内容的设计上，既有参观考察，感受祖国经济社会的发展进步，也有专程赴上海，亲身参与首次由中国人主办的世博盛会；既有访问医院、学校，与大陆同行进行专业对口交流，也有拜访统战部、国台办等单位，详细了解祖国大陆的多党合作制度以及善意务实的对台政策。

在组团入岛方面，今年，台盟中央先后以教育、医疗、民间信仰、农业、妇女交流为主题，组织5批团组赴台专题访问考察。通过这些交流活动，密切了两岸民众间的感情，进一步加深了对于台湾社会的了解。此外，台盟中央还组团赴德国、法国等地访问，支持海外反"独"促统运动，进一步推动了与海内外台胞的交往。

去年开始在福建省举办的"海峡论坛"已经成为两岸民间交流的一个重要平台。今年，台盟中央与国台办等相关国家部委、福建省人民政府以及台湾相关民间机构，共同主办了第二届海峡论坛。本次论坛更加突出民间性、大众性和广泛性，仅来自台湾的民众总数就达万人以上。作为论坛的重要分活动之一，台盟中央还参与举办了"第二届海峡论坛·平潭旅游开放开发研讨会"，为深化两岸旅游交流、为平潭的开放开发出谋划策。今年以来，台盟中央还在福建、海南、上海等台盟地方组织的大力支持下，围绕着两岸共同保护传承闽南文化、发展观光休闲农业、建设低碳城市、弘扬船政文化等丰富多彩的主题，举办了形式多样的论坛、研讨会、座谈会等活动。此外，台盟中央还积极支持北京、

天津等地方组织开展了“交流与共享”、“津台休闲农业研讨会”等形式多样的两岸文化经贸交流活动。这些两岸交流活动，主题鲜明，针对性强，为推动两岸合作深入基层、深入文化层面、深入专业领域发挥了积极作用。

为充分发挥台盟的对台联络优势，今年初，台盟中央与农业部签署合作备忘录，共同推动台湾农民创业园发展、推动两岸农业交流。为此，8 月，台盟中央与农业部、重庆市人民政府共同主办了“台湾农民创业园实践与发展研讨会”，围绕着两岸农业合作中的热点问题，安排了形式多样的交流活动。海峡两岸农业界人士、全国 25 个台湾农民创业园管委会负责人，部分台商代表等 200 余人参加了研讨会。9 月，台盟中央还与农业部、国台办以及江苏省人民政府，共同参与举办了“第二届两岸乡村座谈”，促进两岸基层乡村农渔民交流。此外，为支持台资向内陆转移，更好地服务于国家中部崛起战略，台盟中央还选择将河南省焦作市作为调研工作联系点，组织台商赴焦作开展实地考察，切实推进豫台产业合作。

围绕台湾光复 65 周年以及台湾人民“二・二八”起义 63 周年，台盟中央及各级地方组织举办了形式多样的纪念活动，以传承弘扬台湾同胞爱国爱乡的光荣传统，表达期盼祖国统一的强烈心声。在今年 10 月 25 日，即台湾光复 65 周年纪念日，台盟中央与重庆市人民政府共同树立了台湾光复纪念碑，藉此客观还原台湾光复的历史史实，促进两岸同胞铭记历史、共创未来。

结合台海局势和两岸关系的发展变化，台盟中央就 ECFA 签署后两岸关系发展面临的机遇和挑战、五都选举的新情况等热点问题，召开全盟范围的研讨会以及盟内专家、台湾问题学者、台生台商座谈会，从不同角度为政府决策部门提供信息和对策建议。同时，为提高盟员和机关干部的台情研究与分析能力，台盟中央还召开了全盟台情研究调研骨干培训班，为盟内从事具体工作的同志提供了一个学习交流经验的平台。台盟中央的《海峡快讯》、《台情分析》两份刊物，坚持快捷客观的特点，及时分析报道岛内重大事件，为涉台研究工作提供了丰富的信息和重要的参考。

（四）整合资源，进一步做好社会服务工作

常委会注重整合全盟资源，本着发挥优势、注重实效的原则，积极投身社会服务工作。围绕支持贵州毕节试验区建设，在第二届海峡论坛召开期间，台盟中央利用海峡两岸企业家云集福建的机会，在台盟福建省委的大力配合下，举办了招商引资推介会，为毕节地区的招商引资与台资企业和民营企业投资西部地区进行对接，取得了很好的效果。推介会共邀请了 70 余位台商及闽商参会，成功签约 17 个产业项目，辐射范围涵盖毕节的 8 个县市。

台盟中央还多次组织台商赴毕节实地考察，就建设农产品加工厂、发展观光农业、旧城区改造等多个项目，与当地政府洽谈合作意向。同时，还积极联系台资科技企业，向赫章中学捐赠了价值 10 万元的电脑设备，支持校园网络和远程教育建设。此外，台盟福建省委也协同福建知名企业，向赫章县捐赠款物 325 万元，台盟上海市委等也积极捐款，用于发展教育卫生事业，受到当地群众的热烈欢迎。

今年，我国遭遇了异常气候和玉树强烈地震、舟曲特大山洪泥石流等严重自然灾害。在各种灾害面前，全盟表现出了高度的政治责任感和使命感。广大盟员、机关干部以及所联系的台湾同胞积极行动，采取捐款捐物等方式救助灾区群众。据不完全统计，台盟各级组织共向灾区捐款捐物合计近百万元。

（五）围绕主题，扎实推进自身建设

常委会坚持把加强自身建设作为一项基础性工作扎实推进。今年以来，通过把树立和践行社会主义核心价值体系活动与切实加强自身建设紧密结合，广大盟员进一步增强了坚持中国共产党领导、坚定走中国特色社会主义政治发展道路的信念和决心。

一年来，台盟各级组织高度重视开展树立和践行社会主义核心价值体系活动。台盟中央成立了由主席担任组长的领导小组，向全盟印发了《关于开展树立和践行社会主义核心价值体系活动的意见》和《台盟盟员社会主义核心价值体系专题学习问卷》。通过组织讲座、报告会、内部交流讨论、宣传典型经验以及参观考察等不同形式的活动，全盟树立和践行社会主义核心价值体系活动取得了显著成效。其中，以盟史教育为切入点，台盟中央组织机关中青年干部撰写了一批具有较高质量的盟史研究文章，集结成书，并赴重庆、天津、陕西、北京、湖北等地方盟组织开展了一系列宣讲活动，使盟员进一步加深了对台盟与中国共产党团结奋斗历史进程的了解，不断传承弘扬老一辈坚定的政治信念和光荣的爱国传统。

为推动树立和践行社会主义核心价值体系活动深入开展，台盟中央召开了全盟宣传思想工作会议，为各地及时总结交流经验搭建了平台。台盟中央的盟刊、网站开辟专栏，选登相关文章，为地方组织和广大盟员掌握信息、提出建议提供了窗口。同时，台盟中央还与人民日报、人民政协报、团结报等媒体积极沟通，刊登了主席、副主席的署名文章，并及时报道相关活动情况和理论研究成果，有力地扩大了台盟的社会影响。

在中共各级党委的大力支持下，安徽、辽宁等台盟地方组织建设与江西等地盟员发展工作取得了一定进展，后备干部队伍建设和人才培养的力度也不断加强。台盟中央与中共中央统战部联合举办了首期中青年干部多党合作专题研究班，还举办了组织工作干部培训班等，为盟员干部创造学习提高的机会，取得了良好的效果。台盟中央还首次编发了《台盟组织工作文件汇编》，有力地推动了组织工作的制度化、规范化、程序化建设。

台盟各级组织的机关建设稳步推进。全盟办公室工作会议的召开，进一步明确了新形势下加强办公室工作的新思路和新举措，为全面加强机关建设打下了坚实的基础。今年7月份，按照中共中央统战部的统一安排，台盟中央选派了两名机关干部赴贵州省毕节地区赫章县挂职，进一步拓宽了机关干部实践锻炼的途径。

各位委员！

回顾一年来的工作，我们在各方面所取得的成绩，确实来之不易。这是中国共产党正确领导的结果，是我国多党合作政治格局日益巩固的结果，是全盟各级组织齐心协力、团结奋斗的结果。在此，我谨代表八届中央常务委员会，向全体中央委员和全体盟员，以及机关工作人员表示衷心的感谢！

在看到成绩的同时，我们也清醒地认识到，与新形势新任务的要求和各位委员的期望相比，我们的工作还存在许多不足之处。主要是，参政议政的深度和广度尚需进一步拓展，对台联络交流的层次有待进一步提升，台情研究工作需要进一步深化，宣传工作的渠道需要进一步拓宽，社会服务工作力度还应进一步加大，制度建设依然需要进一步完善，等等。这些不足都需要在今后的工作中采取有效措施加以解决。

二、2011 年工作部署

当前，世界经济正在经历深度变革和调整，世界主要经济体正在重塑国家实力，一场新的全方位综合国力竞争正在全球展开，我国经济社会发展呈现出新的阶段性特征。在全面建设小康社会的关键时期，中共十七届五中全会胜利召开，为“十二五”宏伟蓝图确立了战略方位，提供了奋斗目标。台盟各级组织要以学习贯彻中共十七届五中全会精神为主线，以服务经济发展方式转变和两岸关系和平发展为着力点，以树立和践行社会主义核心价值体系为动力，全面提高履职能力和自身建设的水平，为实现“十二五”规划提出的宏伟目标作出贡献。为此，八届中央常务委员会建议，2011 年全盟应着重做好以下四个方面的工作：

（一）深刻领会中共十七届五中全会精神，切实把思想和行动统一到中央的决策部署上来

中共十七届五中全会是在国际国内形势出现新变化新特点、我国全面建设小康社会处于关键时期召开的一次重要会议。胡锦涛同志在会上发表的重要讲话以及全会通过的《中共中央关于制定国民经济和社会发展第十二个五年规划的建议》，科学分析时代特征，准确把握发展趋势，研究破解发展难题，是与时俱进、强国富民、求真务实的重要行动纲领，对于抓住和用好重要战略机遇期、保持经济平稳较快发展、夺取全面建设小康社会新胜利，具有重大而深远的意义。

台盟各级组织要把深入学习贯彻中共十七届五中全会精神，作为当前和今后一个时期的重大政治任务，切实把思想统一到中央的部署上来，把力量凝聚到实现“十二五”时期的目标任务上来。学习贯彻五中全会精神，关键是要深刻领会中央对形势的科学分析和准确判断，深刻领会中央明确的指导思想和重要原则，深刻领会中央确定的战略目标和总体部署，在领会精神中统一思想，在把握实质中明确方向，在深化认识中推动实践。要大力发扬理论联系实际的学风，紧密结合台盟的工作实际和盟员的思想实际，学以致用、知行合一，切实以全会精神武装头脑、指导实践、推动工作。

（二）围绕“十二五”规划确定的目标任务，切实履行参政议政职能

中共十七届五中全会鲜明提出以科学发展为主题，以加快转变经济发展方式为主线，明确了“十二五”时期我国经济社会发展的奋斗目标和主要任务，为当前和今后一个时期台盟履行参政议政职能指明了方向。全盟各级组织要围绕中共十七届五中全会确定的目标任务，找准参政议政工作的切入点和着力点，深入实际考察调研，探讨思路对策，为“十二五”规划的制定和实施发挥积极作用。

参政议政要继续突出重点。在着眼于国家区域发展总体战略时，重点关注海峡经济区的构建、新一轮西部大开发、东北老工业基地体制机制创新等课题的调研活动；在着眼于经济发展方式转变时，重点关注经济结构调整、城市资源循环再利用、城乡统筹发展、建设现代农业等课题研究；在着眼于推动社会事业发展时，重点关注完善基本公共服务体系、推动全民终身教育等重大民生措施的完善与落实。

要进一步落实台盟中央与重庆市政府、农业部签订的合作协议。要不断加强与各级地

方党委和政府部门的联系与互动，切实提高参政议政实效，真正把参政议政成果转化为推动科学发展的动力，努力树立台盟良好的参政党形象。

要继续完善参政议政的工作机制。通过激励引导和资源整合，确保全盟的参政议政工作协调发展、形成合力。要以重点课题为纽带搭建合作平台，以各地方组织的一线骨干为主体整合人才资源，以量化评价体系为导向集成全盟智慧，努力做到上下联动、横向联合、优势互补、成果共享。

（三）按照"十二五"规划的对台工作部署，推动两岸经贸合作与民间交流

中共十七届五中全会提出，要牢牢把握两岸关系和平发展主题，深化两岸经济合作，积极扩大两岸各界往来，推进两岸关系和平发展和祖国统一大业。台盟各级组织要按照中共十七届五中全会的对台工作部署，充分发挥与台湾同胞联系广泛的优势，致力于推动两岸经贸合作与民间交流，关注研究并及时反映岛内民情，为两岸关系和平发展作出新的贡献。

要以推动两岸专业领域交流为主线，以更多的岛内中南部民众参与为着力点，积极争取与国家部委、地方政府的合作，重点围绕闽台区域文化、资源环境保护、经贸交流、农业合作等主题，举办各种两岸专题论坛、交流会、研讨会。要统筹规划，突出特色，力争形成一些实际效果和社会影响俱佳的品牌活动。要围绕辛亥革命100周年、孙中山诞辰145周年暨台盟创建64周年、台湾人民"二·二八"起义64周年、台湾光复66周年等重大事件，举办形式多样的纪念活动，表达生活在祖国大陆的广大盟员和台胞期盼祖国早日统一的心声。

要坚持"专、精、深、久"的工作方针，重点在"精"、"深"两字上下功夫，继续拓展与台湾环保界、教育界、知识界人士的工作渠道，不断深化与台盟长期保持联络接触的台南医师公会等特色对象群体的交流交往。要加大力度贯彻落实中央"4.14"会议精神，继续挖掘潜力，积极调动力量，整合资源，大力投入社会服务和智力支边工作。要积极探索对台联络与社会服务紧密衔接的工作方式和方法，利用台盟特色和优势，加强与岛内企业界人士的沟通和联络，引导台商参与到社会服务工作中来。

台情研究是与现实问题关联密切的政策研究工作，要兼顾学术探讨与对策研究，在做好规划的基础上，集中全盟力量，重点围绕ECFA实施效果、五都选举后的岛内政局，特别是2012台湾"大选"等重大背景事件，广泛征集意见建议，协助有关部门分析判断形势、作出科学决策。

（四）以学习贯彻中共十七届五中全会精神为契机，全面加强参政党自身建设

在我国多党合作的政治格局下，执政党建设与参政党建设是相互作用、相互促进的。台盟各级组织要以学习贯彻中共十七届五中全会精神为契机，认真借鉴和汲取中国共产党不断推进自身建设伟大工程的成功经验和做法，结合正在全盟深入开展的树立和践行社会主义核心价值体系活动，全面加强思想、组织和制度建设，不断提高履行参政党职能的能力和水平。

要继续深入开展树立和践行社会主义核心价值体系活动。立足于学，准确把握社会主义核心价值体系的科学内涵和时代特征，以认识深化增进行动自觉，进一步增强开展树立践行活动的主动性。致力于行，紧密结合履行参政党职能的实践，切实转化为投身中国特

色社会主义事业的实际行动，努力实现“参政议政出精品”、“社会服务创品牌”。要坚持继承与创新相结合，不断探索新的方法和手段，建立健全思想建设的各项机制和制度，切实提高开展树立践行活动的实效。要创造良好的舆论氛围，积极参与中国共产党建党90周年等重大纪念活动，表达台盟作为参政党，坚决拥护中国共产党的领导，坚定走中国特色社会主义道路的政治立场和政治态度。

要结合贯彻落实中共中央办公厅颁布的《2010—2020年党外代表人士教育培训改革和发展纲要》，持续做好后备干部队伍的教育培训工作。要充分认识《纲要》在党外代表人士队伍建设中的里程碑意义，进一步增强实现台盟后备干部队伍教育培训工作新突破的责任感、使命感和紧迫感。要深刻领会和把握《纲要》的主要内容和精神实质，结合落实《台湾民主自治同盟组织发展规划（2010—2012年)》，以不断增强政治共识为核心，坚持理论培训与实践锻炼相结合，加强与各级社会主义学院的联系与合作，培养和造就一支政治坚定、专业突出、群众认同的台盟代表人士队伍，为不断开创台盟事业发展新局面提供坚实的人才支撑。

要积极筹备，认真做好台盟地市级组织的换届工作。要全面落实台盟中央办公室工作会议精神，进一步加强中央机关与地方机关的交流与互动，不断提高机关服务工作的质量和水平，努力营造高效机关、和谐机关。

各位委员！

“十一五”时期我国经济社会发展取得重大成就，中国特色社会主义事业谱写了辉煌篇章。站在新的历史起点上，我国发展仍处于可以大有作为的重要战略机遇期。让我们紧密团结在以胡锦涛同志为总书记的中共中央周围，高举中国特色社会主义伟大旗帜，以邓小平理论和“三个代表”重要思想为指导，深入贯彻落实科学发展观，团结奋进，开拓创新，为实现祖国的和平统一和全面建设小康社会的宏伟目标而努力奋斗！

台盟中央关于开展树立和践行
社会主义核心价值体系活动的意见

建设社会主义核心价值体系，是中国共产党着眼于新形势，从全面推进中国特色社会主义事业全局出发提出的一项重大战略任务。坚定不移地坚持社会主义核心价值体系，在全社会牢固树立科学的指导思想、共同的理想信念、强大的精神力量和良好的道德风尚，对于巩固全国各族人民团结奋斗的共同思想基础，夺取全面建设小康社会新胜利，具有重大现实意义和深远历史意义。

作为与中国共产党通力合作，共同致力于中国特色社会主义事业的参政党，包括台盟在内的各民主党派既是社会主义核心价值体系的建设者和参与者，也是社会主义核心价值体系的遵循者和实践者。为此，台盟中央决定在全盟范围内开展树立和践行社会主义核心价值体系活动。全盟要着眼推进统一战线和多党合作事业的稳步健康发展，深入贯彻落实中共中央总书记胡锦涛在2010年党外人士迎春座谈会上的讲话精神，切实把这项工作抓实抓好。现就有关工作提出以下意见。

一、提高认识，准确把握工作定位

树立和践行社会主义核心价值体系是关系多党合作事业发展的基础工程和灵魂工程，对于积极应对国内外形势深刻变化，抵御国际敌对势力西化分化图谋，提高参政党建设水平，凝聚智慧和力量，努力为推动科学发展、促进社会和谐献计出力，具有重大意义。

1. 社会主义核心价值体系，主要内容包括马克思主义指导思想、中国特色社会主义共同理想、以爱国主义为核心的民族精神和以改革创新为核心的时代精神、社会主义荣辱观四个方面。全盟要准确把握社会主义核心价值体系的时代背景和科学内涵，立足台盟定位，明确实践要求。

2. 树立和践行社会主义核心价值体系，主题是坚持中国共产党的领导、坚持中国特色社会主义政治发展道路。作为中国特色社会主义主题学习教育活动的深化和延伸，全盟要根据形势发展需要，进一步丰富内容、创新形势，使主题学习教育活动不断向深度和广度推进。

二、结合实际，充分体现台盟特色

树立和践行社会主义核心价值体系，要紧密结合台盟实际，找准结合点，切实提高实效。

1. 加强思想建设，坚持走中国特色社会主义道路。全盟要认真学习我国多党合作的光辉历史，总结政治交接主题学习教育活动的经验，继承台盟老一辈与中国共产党亲密合作的优良传统，把爱国主义精神作为不断前进的力量源泉，把中国特色社会主义作为共同理想，不断增进政治共识，夯实接受中国共产党的领导，走中国特色社会主义政治发展道路的思想基础。

2. 结合履职实践，彰显改革创新的时代精神。全盟要深入学习贯彻科学发展观，自觉投身改革开放的伟大实践，积极为加快转变经济发展方式、破解发展难题，发挥优势，深入调研，建言献策。要紧密联系经济社会和两岸关系发展实际，把促进经济社会发展作为重要任务，把促进社会和谐作为重要责任，把推动两岸关系发展作为重要使命，为全面建设小康社会和促进祖国和平统一作出应有的贡献。

3. 提高道德修养，营造风清气正的氛围。全盟要以社会主义荣辱观为准绳，明确价值追求和行为规范。要正确看待名、权、位、利，正确处理个人与组织的关系，不断提升道德情操和品格修养。

三、多措并举，积极探索方式方法

树立和践行社会主义核心价值体系，要以正面教育为主，坚持继承与创新相结合，探索方法手段，形成台盟全体盟员积极热情、主动参与的局面。

1. 认真学习中共中央关于建设社会主义核心价值体系的要求和胡锦涛总书记对民主党派树立和践行社会主义核心价值体系的重要论述。全盟要充分发挥各级领导班子的表率作用，带动各级组织和广大盟员的学习热情。要充分运用盟员喜闻乐见的形式，以重要纪念活动、重大事件为契机，利用各种教育资源，传播主流价值理念。

2. 坚持把澄清思想认识作为着力点和切入点。全盟要通过座谈研讨、网络论坛、主题交流等形式，加强对中国特色社会主义的认识，有效抵制“两党制”、“多党制”的侵蚀，在重大原则、是非问题上保持坚定立场，始终高举中国特色社会主义伟大旗帜。

3. 树立宣传先进典型，切实发挥示范引领作用。全盟要继续弘扬老一辈代表人物与中国共产党风雨同舟的光辉事迹和高尚风范。要大力宣传新时期涌现的先进盟组织和典型盟员代表。

4. 注重发挥刊物、网络的宣传引导作用，构筑有效平台和重要阵地。各级组织要充分发挥各自刊物、网站的作用，开设主题专栏、宣传先进典型、设立互动话题、发表学习文章，增强刊物、网站的信息量和可读性，增强社会主义核心价值体系的辐射力。

各地开展树立和践行社会主义核心价值体系活动的情况请及时反馈台盟中央宣传部。

台湾民主自治同盟中央委员会

二〇一〇年三月三十日

关于学习贯彻中共十七届五中全会精神的通知

台盟各省（直辖市）委、南京市委、安徽总支、成都支部：

日前，中国共产党第十七届中央委员会第五次全体会议在北京胜利闭幕。这次会议是在我国即将完成“十一五”规划，进入全面建设小康社会的关键时期召开的一次重要会议。会议听取和讨论了胡锦涛受中央政治局委托作的工作报告，审议通过了《中共中央关于制定国民经济和社会发展第十二个五年规划的建议》（以下简称《建议》），胡锦涛总书记在会上作了重要讲话。认真学习贯彻中共十七届五中全会精神，是当前和今后一个时期台盟各级组织的重要政治任务。为学习贯彻好全会精神，现通知如下：

一、认真学习，深刻领会中共十七届五中全会精神

中共十七届五中全会是在国际国内形势出现新变化新特点、我国全面建设小康社会处于关键时期召开的一次重要会议。全会鲜明提出以科学发展为主题，以加快转变经济发展方式为主线，必将开启我国经济社会发展的崭新局面，为全面建成小康社会打下具有决定性意义的基础。全会审议通过的“十二五”规划建议，明确提出了“十二五”规划的指导思想、基本要求、奋斗目标、主要任务和重大举措，适应国际经济政治格局深刻调整的新形势，因应巩固和扩大应对国际金融危机冲击成果的新要求，顺应全国人民过上美好幸福生活的新期待，必将激励和指引全国各族人民更加奋发有为，共同夺取中国特色社会主义事业新胜利。

学习贯彻五中全会精神，关键是要深刻领会中共中央对形势的科学分析和准确判断，深刻领会中央明确的指导思想和重要原则，深刻领会中央确定的战略目标和总体部署，在领会精神中统一思想，在把握实质中明确方向，在深化认识中推动实践。台盟各级组织要通过多种形式，组织广大盟员、机关干部认真学习会议文件精神，特别是要认真学习和领会胡锦涛总书记重要讲话和《建议》精神。要通过学习，把全盟的思想行动统一到全会精神上来，把智慧和力量凝聚到完成全会提出的各项任务上来。

二、积极履职，增强贯彻“十二五”规划的责任感和使命感

“十二五”时期是全面建设小康社会的关键时期，是深化改革开放、加快转变经济发展方式的攻坚时期，我国的发展处于可以大有作为的重要战略机遇期，既面临难得的历史机遇，也面对诸多可以预见和难以预见的风险挑战。台盟各级组织要准确把握自身在实施“十二五”规划中的功能定位，找准参政议政工作的切入点，突出自身的优势和特点，为实现“十二五”规划提出的宏伟目标发挥积极作用。

参政议政工作要着眼于促进区域协调发展的新要求，关注新一轮西部大开发、东北老工业基地振兴、中部崛起和东部率先发展等总体战略，带领和鼓励广大盟员踊跃投身推进区域经济协调发展的具体实践。要把推动加快转变经济发展方式作为参政议政工作的着力点，围绕经济结构战略性调整，加强与政府相关部门的对口联系，开展专题调研，提出意见建议，为经济发展方式转变取得实质性进展尽心出力。要关注保障和改善民生的重点、难点和热点问题，协助政府深入细致地做好统筹城乡发展、完善基本公共服务体系、构建和谐劳动关系等工作，为我国经济社会全面协调发展作出新的贡献。

三、发挥优势，为推动两岸关系和平发展献计出力

中共十七届五中全会为未来两岸关系发展勾勒出了主轴：牢牢把握两岸关系和平发展主题，深化两岸经济合作，积极扩大两岸各界往来，推进两岸关系和平发展和祖国统一大业。推动两岸关系和平发展，符合两岸同胞的共同利益，是民意所在，大势所趋，更是台盟作为台籍人士组成的参政党应承担的历史重任。台盟各级组织要继续发挥桥梁纽带作用，拓展与台湾岛内各界人士的交往，通过座谈会、研讨会、论坛等多种形式，特别是要发挥海峡论坛、闽南文化节等已经形成规模和影响的两岸互动平台的作用，为推动两岸经贸、文化、科教、环保等领域的合作作出贡献。要主动关心台胞在大陆的情况，协助他们解决在生活、投资、经营、学习中遇到的各种困难，切实维护广大台湾同胞的利益和福祉。

四、提高素质，建设适应新时期要求的参政党

台盟各级组织要以学习贯彻中共十七届五中全会精神为契机，认真借鉴和汲取中国共产党不断推进自身建设的伟大工程以永葆马克思主义政党先进性的成功经验，结合正在全盟深入开展的树立和践行社会主义核心价值体系活动，结合即将开始的换届工作，以政治交接为主线，切实加强思想、组织、制度、作风和机关建设，团结和带领广大盟员及所联系的台胞，不断开创台盟各项事业的新局面，为实现“十二五”规划提出的任务和全面建设小康社会的宏伟目标作出新的更大的贡献。

各地学习贯彻全会精神情况请及时报台盟中央宣传部。

台湾民主自治同盟中央委员会
2010 年 10 月 20 日

在台盟八届十二次中常会上的讲话

（2009年12月8日在台盟第八届中央委员会第三次全体会议上）

（2010年10月12日）

林文漪

各位常委、各位同志：

中国共产党第十七届中央委员会第五次全体会议已定于10月15日至18日在北京召开，这将是我国今年政治生活中的一件大事。刚才召开的台盟八届十次主席会议认为，学习贯彻中共十七届五中全会精神，特别是《中共中央关于制定国民经济和社会发展第十二个五年规划的建议》（以下简称《规划建议》），将是当前和今后一个时期全盟的重要政治任务；决定将研究部署全盟学习贯彻中共十七届五中全会精神列为本次常委会的首要议题，希望各位常委率先垂范，就如何推动全盟深入学习贯彻中共十七届五中全会精神积极提出意见和建议。

下面，我就全盟如何深入学习贯彻中共十七届五中全会精神，谈几点想法，与大家共同探讨。

一、要统一思想，全面深刻地认识全盟认真学习贯彻中共十七届五中全会精神的重要意义

即将召开的中国共产党第十七届中央委员会第五次全体会议，是在我国全面建设小康社会进入关键时期，深化改革开放、加快转变经济发展方式进入攻坚时期召开的一次重要会议。特别是全会将站在历史的新高度，从战略全局出发，审议通过的《规划建议》，以邓小平理论和“三个代表”重要思想为指导，深入贯彻落实科学发展观，适应国内外形势新变化，顺应各族人民过上更好生活新期待，制定描绘了我国在新世纪第三个五年经济社会全面发展的宏伟蓝图。

此次党外人士座谈会前，中共中央统战部组织各民主党派中央、全国工商联负责人到部里阅读了《规划建议（征求意见稿）》等相关文件。通过初步学习领会，我们认为《规划建议》的指导思想体现民意，发展目标符合民情，总体部署集中民智，重大举措贴近民生，将是激励和指导全国人民在新的发展起点上继续夺取全面建设小康社会新胜利、开创中国特色社会主义事业新局面的纲领性文件。

台盟各级组织、广大盟员和机关干部认真学习贯彻以《规划建议》为主要内容和体现的中共十七届五中全会精神，有利于进一步巩固和发展统一战线团结合作的思想政治基础，更加坚定地高举中国特色社会主义伟大旗帜；有利于进一步增强贯彻落实科学发展观的坚定性，更加自觉地提高履行参政党职能的水平和能力；有利于进一步认清两岸关系实现和平发展的重要性，更加积极地开展对台联络交往和研究工作；有利于进一步强化建设适应时代发展要求参政党的紧迫性，更加全面地加强自身建设，为全面建成小康社会、实现祖国完全统一和中华民族伟大复兴作出新贡献。

二、要结合实际，知行合一地贯彻落实中共十七届五中全会精神于全盟各项工作中

全盟要大力发扬理论联系实际的学风，紧密联系全盟的工作实际和全体盟员的思想实际，学以致用、用有所成，扎扎实实地以中共十七届五中全会精神武装头脑、指导实践、推动工作。

全盟要坚定不移地走中国特色社会主义政治发展道路，积极推进民主监督，不断提高合作共事能力，努力构建和谐政党关系，致力于巩固统一战线团结和谐、开拓奋进的局面。

要深入贯彻落实科学发展观，紧紧围绕加快转变经济发展方式、切实保障和改善民生的新要求，深入调研，周密论证，为巩固和扩大应对国际金融危机冲击成果，促进经济长期平稳较快发展建言献策。

要积极贯彻落实国家对台工作的大政方针，充分发挥桥梁和纽带作用，促进两岸人员往来和经贸交流合作，致力于实现两岸关系和平发展。

要充分挖掘台盟自身优势，努力创造并保持台盟对台工作方面的特色品牌。要继续贯彻落实“专、精、深、久”的对台联络工作方针，进一步加强与台南医师公会、台湾科技界人士、台湾少数民族的联络交往，不断增进他们对于祖国大陆的认识和了解。要积极参与并努力做好海峡论坛、海峡两岸闽南文化节以及各地举办的海峡两岸各种交流交往活动，切实推动两岸基层民众的大交流、大合作，为促进两岸和平发展作出更大的贡献。

要借鉴和汲取中国共产党不断推进党的建设伟大工程永葆马克思主义政党先进性的成功经验，以即将全面启动的盟各级组织换届为契机，以政治交接为主线，全面加强自身建设，努力建设理论上清醒、政治上坚定、组织上巩固、制度上健全的高素质的参政党。

三、要加强领导，兼顾并举地推动开展学习贯彻活动和践行活动

当前正在全盟深入开展的树立和践行社会主义核心价值体系活动，是关系多党合作事业发展和统一战线工作进步的基础工程、灵魂工程，意义重大、影响深远，已经成为全盟过去和今后一个时期的重要政治任务。这就要求全盟科学认识践行活动与学习贯彻活动之间内在的、本质的、必然的联系，准确把握二者相辅相成、依存共生的辩证关系，合理安排、兼顾并举，努力以学习贯彻中共十七届五中全会精神推动全盟深入开展树立和践行社会主义核心价值体系活动，又以践行活动的成果检验学习贯彻活动的成效，融合互动、相得益彰，进而有机统一于全盟坚持中国共产党的领导、坚定走中国特色社会主义政治发展道路的决心和信念。

学习好、领会好、贯彻好中共十七届五中全会精神，关键在领导。盟各级组织领导班子成员要增强政治意识、大局意识和责任意识，不仅要带头认真研读全会文件、全面掌握基本观点、深刻领会精髓要义，还要统筹规划，周密部署，通过报告座谈、专题研讨、学习交流和在机关刊物、网站上开辟专题、专栏等形式多样的活动，努力在全盟形成认真学习贯彻中共十七届五中全会精神的浓厚氛围，并不断把学习贯彻活动引向深入，以更好地团结和带领全盟共同前进，谱写台盟与中国共产党通力合作、与全国人民一道胜利推进中国特色社会主义伟业的历史新篇章。

各位常委、各位同志！中共中央一贯高度重视党外代表人士的教育培训工作，于近日由中共中央办公厅正式印发了《2010—2020年党外代表人士教育培训改革和发展纲要》（以下简称《纲要》）。这是中共中央首次专门就加强党外代表人士的教育培训工作颁布的纲领性文件，具有重要的里程碑意义。中共中央为此于今年9月初在北京召开了“全国党外代表人士教育培训工作会议暨全国社会主义学院工作会议”（以下简称教育培训会议），中共中央政治局常委、全国政协主席贾庆林会见与会代表并发表重要讲话，全国政协副主席、中共中央统战部部长杜青林出席会议并讲话，体现了中共中央推动多党合作事业科学发展的高瞻远瞩，反映了中共中央巩固和壮大爱国统一战线的深谋远虑，昭示了中共中央坚持走中国特色社会主义政治发展道路的坚强决心。

中共十六大以来，以胡锦涛同志为总书记的中共中央创造性地继承和发展了中共三代中央领导集体的思想和理论，已经陆续制定颁布了四个纲领性文件，促进统一战线工作和多党合作事业实现了新的历史性飞跃，进入历史上最好的发展时期之一；另一方面，经由两岸同胞的共同努力，两岸关系终于实现了历史性转折，开始进入“大发展、大合作、大交流”的新阶段，呈现出和平发展的光明前景。作为由居住在祖国大陆的台湾省人士组成的参政党和统一战线的组成部分，台盟身逢其时，躬逢其盛，深感台盟事业的发展机遇前所未有，发展前景无比广阔。“国以才立，政以才治，业以才兴”。新世纪新阶段以来全盟各项工作取得的长足进步已经并将继续证明，努力培养和造就高素质的台盟党外代表人士及其后备队伍，既是全盟履行参政党职能、发展两岸关系和加强自身建设的重要组织保障，更是今后全盟把握难得的发展机遇，实现广阔的发展前景的一项基础性、战略性工程。

因此，未来一个时期，希望全盟一是要见机而谋，深刻认识统一战线工作面临的新形势，认真分析多党合作事业进步的的大背景，准确把握和平发展的两岸关系赋予台盟的新使命，在此基础上，进一步增强在新的起点上实现台盟党外代表人士教育培训工作新突破的责任感、使命感和紧迫感；二是要乘势而为，以学习贯彻《纲要》和教育培训会议精神为契机，认真总结全盟近年来选拔和培养党外代表人士的工作经验和规律，进一步创新教育培训理念，完善教育培训机制，改革教育培训形式，注重提高教育培训的针对性和实效性；三是要借力而行，进一步加强与各级社会主义学院的联系与合作，充分借重社会主义学院作为统一战线人才培养基地、理论研究基地、方针政策宣传基地的作用，有计划、分领域、多层次地开展台盟党外人才的教育培训工作，以期培养和造就一支政治坚定、专业突出、群众认同的台盟党外代表人士队伍，为不断开创台盟事业发展的新局面提供坚实的人才支持。

谢谢大家!

在台盟八届四中全会上的讲话

林文漪

（2010年12月7日）

各位委员、同志们：

我们这次全会安排了这个专门的时间，交流台盟各级组织开展树立和践行社会主义核心价值体系活动的有关情况，我认为十分必要。大家都知道，建设社会主义核心价值体系，是中国共产党着眼于新形势，从全面推进中国特色社会主义事业全局出发提出的一项重大战略任务。新中国成立60年以来，特别是改革开放30多年以来，我国的经济建设、社会发展取得了举世瞩目的辉煌成就。为了把中国特色社会主义事业继续推向前进，在现阶段，就更需要进一步巩固全国人民的共同思想基础。为此，中共中央提出了建设社会主义核心价值体系。建设社会主义核心价值体系，涵盖了指导思想、理想信念、精神力量和道德风尚各个层面，不但在当前具有引领社会思潮、引导价值取向、规范行为准则的重大现实意义，也必将在建设富强、民主、文明、和谐的社会主义现代化国家，实现中华民族伟大复兴的进程中显现出深远的历史意义。

台盟作为一个参政党，既是社会主义核心价值体系的建设者和参与者，也应该是社会主义核心价值体系的遵循者和实践者。一年来，我们不仅开展了一系列形式多样的学习活动，而且在工作实践中更加注重贯彻和落实，努力做到在思想层面上，用社会主义核心价值体系来武装头脑，在工作层面上，用社会主义核心价值体系来指导实践。

在这里，我向大家简要介绍一下台盟中央开展的几项重点工作。

首先，对树立和践行社会主义核心价值体系活动作出细致周密的部署。

年初，经主席会议研究，台盟中央专门成立了领导小组，并及时下发了《关于开展树立和践行社会主义核心价值体系活动的意见》，统筹指导全盟的学习实践活动。同时，我们对近期、中期和长期的学习实践活动都提出了详细的工作计划，并且分解到月。比如说，我们要求，3、4月份开展专题调研，与地方组织的负责同志进行交流，了解地方组织在开展活动方面的计划、思路和建议。5月份编写并下发《台盟盟员社会主义核心价值体系专题学习问卷》，组织盟员进行答题，了解和分析盟员的思想态势。6、7月份结合台盟的常委会会议和各类工作会议，总结阶段性经验，进一步研究适合台盟特点的学习形式和工作方法。8月份以后台盟中领导和有关机关干部到地方组织进行宣讲、交流和研讨，了解各地学习践行情况，促进活动深入开展。在实际工作中，我们也是一步一步推进，一项一项落实。台盟中央网站、刊物也开辟了专栏，及时报道各地活动开展情况，交流盟员学习心得体会。到目前为止，我们已经顺利完成了事先部署的各项任务。

其次，通过开展丰富多彩的学习活动，加深全盟对社会主义核心价值体系的认识。

比如说，5月初，我们举办了“发扬爱国爱乡光荣传统，树立和践行社会主义核心价值体系”的主题日活动，邀请了中央社会主义学院的教授为在京盟员和机关干部作辅导报告。部分台盟地方组织的领导同志也应邀来京参加活动并进行了座谈。通过这次主题日活动，大家不仅在思想认识上得到了提高，而且通过相互交流、相互启发，对于今后更好地开展学习活动也提出了许多好的意见和建议。再比如说，台盟中央在6月份和7月份相继召开了宣传思想工作会议和办公室工作会议。这两次会议不仅把学习践行社会主义核心价值体系活动作为会议的一项主要内容，开展了专题的研讨，而且还特别组织了与会的全体代表参观了北京台湾会馆和台湾街。今年的5月7日，我们台盟中央的几位负责同志十分荣幸地应邀参加了翻修一新后的北京台湾会馆的揭幕仪式。北京台湾会馆是我们许多大陆台胞的先辈们到京后的第一个落脚处，是一个真正体现两岸同胞密不可分血缘关系的历史见证，也是在台胞中开展爱国爱乡光荣传统教育的一个很好的基地。所以，我们利用这两次工作会议组织大家进行参观，对盟员、台胞和机关干部进行爱国主义教育，大家的收获还是很大的。许多同志表示，参观之后内心感到十分震撼和激动，为自己的先辈感到骄傲和自豪，也进一步增强了自身的责任感和使命感。这样的活动我们今后还将继续开展，同时也会向岛内和海外的台胞介绍台湾会馆，请他们也去看一看，加深他们对台湾与祖国大陆历史渊源的认识和了解。此外，我们也适时地开展了盟史和光荣传统教育，如组织盟员和机关干部参观重庆特园、安排集中学习、开展盟史研究等等，了解多党合作的光荣历史，了解台盟的光荣历史，了解台盟与中国共产党亲密合作的优良传统。通过这些活动的开展，大家进一步统一了思想，坚定了信念，也为我们更好地开展学习实践活动注入了强大动力和新的活力。

第三，特别注重把开展树立和践行社会主义核心价值体系活动与台盟的实际工作紧密结合。

检验学习实践活动的成效，关键要看是否落实到了工作实际中去。前一段时间，台盟各级组织的工作都很繁忙，会议多、活动多、调研多、接待多，但是，通过学习实践活动的开展，极大地激发了我们广大盟员和机关干部的工作热情和积极性，以自己的实际行动出色地完成了各项任务。比如说，今年是西部大开发十周年，中央提出了新的战略部署，特别强调要更加注重经济结构调整和自主创新，着力推进特色优势产业发展。配合这一战略部署，我们特别选择了重庆市作为台盟中央考察的重点，围绕西部地区发展信息产业的课题进行了调研，并就支持西部地区信息产业公共技术服务平台建设、信息基础设施建设以及优化产业布局等提出了意见和建议，得到了中央领导同志的重要批示，也受到重庆市和有关部委的高度重视。再比如说，今年的6月份，台盟中央与国务院台办、福建省人民政府等共同主办了第二届“海峡论坛”。论坛会议期间，我们不仅组织人员参加大会和各项分会，了解信息，掌握情况，而且充分利用海峡两岸企业家云集福建的机会，与贵州省毕节地区行政公署在福州共同举办了“贵州毕节试验区招商引资推介会”，为毕节试验区的招商引资、寻求合作搭建平台。此外，今年正值上海世博会隆重举办，仅6、7月份，我们就接待了来自岛内和海外的台胞参访团体百余人。通过参观访问，海内外台胞朋友对祖国大陆的发展成就有了更深的了解。特别要提到的是，我们的盟员和机关干部冒着酷暑，六进六出世博园区，很好地完成了接待任务，以自己的实际行动践行了社会主义核心价值体系，他们展现出的精神风貌，在台胞中也产生了良好的影响。

从前一阶段的情况来看，台盟各级组织对树立和践行社会主义核心价值体系活动高度重视，作出了及时的安排部署，开展了积极主动的工作。台盟的广大盟员和机关干部不仅在理论认识上得到了提高，而且也展现了新的精神风貌，工作更加积极主动。台盟的各项工作也取得了新的成绩。可以说，通过台盟各级组织和全体盟员的共同努力，我们开展的学习实践活动，已经初见成效。

各位委员、同志们：

根据会议的安排，刚才，北京、南京和成都等地方组织的负责同志已经向大家介绍了自身学习实践活动的开展情况和经验体会，希望大家互相学习、互相启发，以期推动这项工作的深入开展。现在，我想就如何进一步开展好树立和践行社会主义核心价值体系活动谈几点自己的体会，与大家共同探讨。

首先，要把开展树立和践行社会主义核心价值体系活动与学习贯彻中共十七届五中全会精神紧密结合起来。

中共十七届五中全会是在我国即将完成“十一五”规划，进入全面建设小康社会关键时期召开的一次十分重要的会议。学习贯彻全会精神，是全国各族人民的一件大事，也是台盟当前和今后一个时期的一项重要政治任务。全会闭幕后，台盟中央第一时间就联合台盟北京市委召开了学习贯彻五中全会精神座谈会并发出通知，对全盟学习贯彻全会精神进行了部署。《通知》要求全盟大力发扬理论联系实际的学风，紧密结合台盟的工作实际和盟员的思想实际，切实以全会精神武装头脑、指导实践、推动工作。我们认为，学习贯彻中共十七届五中全会精神与深入开展树立和践行社会主义核心价值体系活动是有机统一、相辅相成的。我们要合理安排、兼顾并举，努力以学习贯彻全会精神推动树立践行活动的深入开展，又以树立践行活动的成果检验学习贯彻全会精神的实效，融合互通、相得益彰，进一步增强台盟坚持中国共产党领导、坚定走中国特色社会主义政治发展道路的决心和信念。

第二，要立足于学，通过开展系统的理论学习，帮助广大盟员掌握社会主义核心价值体系精神实质和时代特征。

我们开展学习活动，形式上应该是多样的。可以组织盟员通过集中学习、理论讲座、辅导报告、专题研讨、撰写文章等多种形式，激发盟员的学习热情，提升对社会主义核心价值体系内涵和外延的理解。同时，学习活动的内容应该是广泛全面的，包括中共中央关于建设社会主义核心价值体系的要求和胡锦涛总书记对民主党派树立和践行社会主义核心价值体系的重要论述；统一战线、多党合作理论以及国家对台方针政策；爱国主义、社会主义教育，优良传统和盟章盟史教育，等等，从而提高盟员的政策理论水平，增强践行社会主义核心价值体系的主动性和自觉性。

第三，要致力于行，紧密结合台盟履行参政党职能的实践，努力推动各项工作更上一个新台阶。

大家知道，台盟成员的数量在八个民主党派中是最少的。但是，我们和其他兄弟党派一样，都肩负着为中国特色社会主义事业贡献力量的重要使命，承担着为执政党科学决策出谋划策，为推动科学发展、促进社会和谐献计出力的重要职责。同时，作为一个台籍人士组成的参政党，我们更是把促进祖国和平统一作为自己义不容辞的责任和义务。我们认为，检验台盟开展活动成效的一个重要标准，就是要看参政议政、对台联络、社会服务等工作做得好不好，有没有实效。因此，在今后的工作中，我们将把学习实践活动的开展不断地落实到自身履职的实践中去，特别是结合“十二五”规划的制定实施，结合推动两岸关系和平发展的目标要求，切实发挥好自身优势和特点，为经济社会建设和两岸关系发展贡献力量。比如说，我们应当着眼于国家区域发展总体战略，重点围绕在海西地区开展两岸深化合作试点，发挥先行先试功能；推动老工业基地体制机制创新，打造对外开放新高地等课题深入了解情况，提出意见建议。应当把推动加快转变经济发展方式作为参政议政工作的着力点，特别是总结上海世博会的成功经验，围绕在城市试点推行资源循环再利用等课题开展专题调研，并努力推动成果转化。当然，我们也应进一步发挥好海峡论坛等已经形成规模和影响的两岸民间交流平台的作用，继续拓展与岛内各界人士的交往，广交朋友，深交朋友，加强沟通，增进友谊。要以闽南文化为纽带，通过举办两岸民众能共同参与的民间节庆、礼俗以及文化寻根活动等，让两岸同胞共同传承和保护中华民族的精神家园。

第四，要坚持继承与创新相结合，不断探索新的方法和手段，建立健全各项机制和制度。

要做好工作，我们首先要知道广大盟员想什么，关注什么，对热点问题有什么看法，了解他们对国际国内特别是有关两岸关系和台湾岛内重大事件的反映。所以，我们一定要把开展树立和践行社会主义核心价值体系活动和加强自身建设有机地结合起来，通过这项活动的开展，探索建立和完善自身建设的各项制度和机制。比如，我们应当努力探索建立一个盟员的思想动态分析机制，及时掌握情况，解决问题，让广大盟员心往一处想，劲往一处使。同时，我们可以通过丰富多彩的活动形式，逐步形成盟员思想引导机制，特别是要注意以重要纪念活动和重大事件为契机，如台湾人民“二二八”起义周年、台湾光复周年等，构筑多层次的平台，通过召开座谈会、研讨会、学习报告会等多种形式，加强爱国主义和社会主义教育，引导盟员提高思想认识。此外，我们也要进一步发挥北京的台湾会馆、重庆的特园、浙江的金华台湾义勇队纪念馆等革命教育基地的作用，适时开展主题教育，进一步加深广大盟员对台湾人民光荣爱国传统的理解，对中国共产党与民主党派风雨同舟、荣辱与共的光荣传统的理解，加深对我国多党合作制度历史必然性、伟大独创性和巨大优越性的认识。同时，我们也要结合即将开始的台盟各级组织的换届工作，以政治交接为主线，切实加强思想、组织、制度和机关建设，团结和带领盟员及所联系的台胞，不断开创台盟各项事业的新局面。

各位委员、同志们：

树立和践行社会主义核心价值体系活动，是关系到多党合作事业发展和统一战线进步的基础工程、灵魂工程。让我们共同努力，通过形式多样、内容充实、成效明显的学习实践活动，进一步统一思想、凝聚力量、振奋精神、开拓创新，努力建设适应新时期要求的参政党，为实现祖国统一和中华民族的伟大复兴而继续奋斗。

谢谢大家。

在“学习贯彻中共十七届五中全会精神座谈会”上的讲话

（2010 年 10 月 19 日）

林文漪

同志们：

昨天，中国共产党第十七届中央委员会第五次全体会议在北京胜利闭幕，这是我国今年政治生活中的一件大事。今天，台盟中央就联合台盟北京市委在这里共同举办“学习贯彻中共十七届五中全会精神座谈会”，旨在动员和部署全盟迅速掀起学习贯彻中共十七届五中全会精神的热潮，努力把思想和行动统一到全会精神上来，把智慧和力量凝聚到完成全会提出的各项任务上来。

中共十七届五中全会是在我国全面建设小康社会进入关键时期，深化改革开放、加快转变经济发展方式进入攻坚时期召开的一次重要会议。全会充分肯定了中共十七届四中全会以来中央政治局的工作，高度评价了“十一五”时期我国经济社会发展取得的巨大成就，并站在历史的新高度，从战略全局出发，审议通过了《中共中央关于制定国民经济和社会发展第十二个五年规划的建议》（以下简称《建议》)。《建议》以科学发展为主题，以加快转变经济发展方式为主线，适应国内外形势新变化，顺应各族人民过上更好生活新期待，因应巩固和扩大应对国际金融危机冲击成果新要求，制定描绘了我国在新世纪第三个五年经济社会全面发展的宏伟蓝图。胡锦涛总书记在会上发表重要讲话，在科学分析时代特征、准确把握发展趋势、研究破解发展难题的基础上，明确提出了贯彻落实全会精神的具体要求，为正确制定和全面实施“十二五”规划指明了方向。全会还决定增补习近平同志为中央军事委员会副主席。

今年 8 月 16 日，中共中央在中南海召开党外人士座谈会，就《建议（征求意见稿)》听取意见和建议。台盟中央经过深入调研，在会上提出一是希望《建议》突出发展战略上的阶段性，将经济社会协调发展摆在更加重要的位置，着力缩小收入差距、城乡差距和地区差距等“三个差距”，解决水资源短缺、石油资源短缺和土地资源短缺等“三个短缺”；二是希望《建议》更有针对性、更突出重点地制定规划目标，推动形成各具特色的区域经济战略布局；三是希望《建议》进一步强调以文化交流促进两岸融合，构筑台湾同胞向往的“原乡”。胡锦涛总书记充分肯定并高度重视包括这三条建议在内的各民主党派中央、全国工商联提出的各种意见和建议，明确指示有关方面认真整理吸纳，切实体现到《建议》的修改中。这些都进一步彰显了中共中央坚持协商于决策之前和决策执行过程中的坚定性和自觉性，充分展现了中国共产党领导的多党合作和政治协商制度的特色和优势。

此次党外人士座谈会前，中共中央统战部曾组织各民主党派中央、全国工商联领导到部里阅读了《建议（征求意见稿)》等相关文件。虽然只是初步学习领会，我们仍真切感受到《建议》的指导思想体现民意，发展目标符合民情，重大举措集中民智，“五个坚持”的基本要求贴近民生，必将是激励和指导全国人民在新的发展起点上夺取全面建设小康社会新胜利、推进中国特色社会主义伟大事业的纲领性文件。

台盟中央完全赞同中共十七届五中全会通过的《建议》和胡锦涛总书记发表的重要讲话，拥护全会关于增补习近平同志为中央军事委员会副主席的决定。根据几天前召开的台盟八届十二次中常会的研究部署，台盟中央决定把认真学习贯彻中共十七届五中全会精神，列为当前和今后一个时期全盟的重要政治任务，以期指导和推动全盟各级组织、广大盟员和机关干部深化认识，明确方向，自觉与中国共产党在思想上形成共识，与全国人民在行动上汇成合力，把握“十二五”承上启下的历史方位，紧紧抓住我国发展的重要战略机遇期，为加快推进改革开放和社会主义现代化建设，为全面建成小康社会打下具有决定性意义的基础而努力奋斗。

为此，希望全盟大力发扬理论联系实际的学风，紧密结合台盟的工作实际和盟员的思想实际，学以致用、知行合一，切实以中共十七届五中全会精神武装头脑、指导实践、推动工作。全盟要坚定不移地走中国特色社会主义政治发展道路，切实履行民主监督职能，不断提高合作共事能力，致力于构建和谐政党关系，巩固统一战线团结和谐、开拓奋进的局面；要牢固树立科学发展理念，紧紧围绕加快转变经济发展方式、切实保障和改善民生的新要求，深入调研，周密论证，为巩固和扩大应对国际金融危机冲击成果，促进经济长期平稳较快发展建言献策；要准确把握广大人民群众尤其是台湾同胞关注的社会热点、难点问题，协助各级中共党委和政府做好化解矛盾、协调关系、理顺情绪、团结鼓劲的工作，确保全体人民共享改革发展的成果，积极维护社会和谐稳定；要牢牢把握两岸关系和平发展主题，充分发挥桥梁和纽带作用，促进两岸经济合作和各界往来，致力于推进两岸关系和平发展和祖国统一大业；要借鉴和汲取中国共产党不断推进党的建设伟大工程以永葆马克思主义政党先进性的成功经验，结合即将全面启动的盟各级组织换届工作，以政治交接为主线，全面加强自身建设，努力建设适应时代发展要求的高素质的参政党。

当前正在全盟深入开展的树立和践行社会主义核心价值体系活动，是关系多党合作事业发展和统一战线工作进步的基础工程、灵魂工程，意义重大、影响深远，已经成为全盟过去和今后一个时期的重要政治任务。这就要求全盟科学认识践行活动与学习贯彻工作之间内在的、本质的、必然的联系，准确把握二者相辅相成、依存共生的辩证关系，合理安排、兼顾并举，努力以学习贯彻中共十七届五中全会精神推动全盟深入开展树立和践行社会主义核心价值体系活动，又以践行活动的成果检验学习贯彻工作的成效，融合互动、相得益彰，进而有机统一于全盟坚持中国共产党的领导、坚定走中国特色社会主义政治发展道路的决心和信念。

学习好、领会好、贯彻好中共十七届五中全会精神，关键在领导。盟各级组织领导班子成员要增强政治意识、大局意识和责任意识，不仅要带头认真研读全会文件、全面掌握基本观点、深刻领会精髓要义，还要统筹规划，周密部署，通过报告座谈、专题研讨、学习交流和在机关刊物、网站上开辟专题、专栏等形式多样的活动，努力在全盟形成认真学习贯彻中共十七届五中全会精神的浓厚氛围，并将学习贯彻工作不断引向深入，推动全盟各项工作迈上新台阶。

同志们！中共十六大以来，以胡锦涛同志为总书记的中共中央创造性地继承和发展了中共三代中央领导集体的思想和理论，包括不久前首次专门就加强党外代表人士的教育培训工作而印发的《2010—2020 年党外代表人士教育培训改革和发展纲要》在内，已经陆续制定颁布了四个纲领性文件，有力地促进统一战线工作和多党合作事业实现了新的历史性飞跃，进入历史上最好的发展时期之一。另一方面，经由两岸同胞的共同努力，两岸关系终于实现了历史性转折，开始进入“大发展、大合作、大交流”的新阶段，呈现出和平发展的光明前景。

作为由居住在祖国大陆的台湾省人士组成的参政党和统一战线的组成部分，台盟身逢其时，躬逢其盛，倍感台盟事业的发展机遇前所未有，发展前景无比广阔。今后，全盟惟有更加紧密地团结在以胡锦涛同志为总书记的中共中央周围，以认真学习贯彻中共十七届五中全会精神为契机，以深入开展树立和践行社会主义核心价值体系活动为抓手，有机结合中共十七大和十七届三中、四中全会精神的学习贯彻工作，融会贯通《中共中央关于进一步加强中国共产党领导的多党合作和政治协商制度建设的意见》等四个纲领性文件精神，在全面建设小康社会、构建社会主义和谐社会和促进祖国和平统一的历史征程中，在发展中国特色社会主义的伟大道路上，锐意进取，奋发有为，不断开创台盟事业发展的新局面，为全面实现“十二五”规划的目标和任务，为继续推动统一战线工作和多党合作事业的科学发展作出新的更大的贡献！

台盟中央2010年工作要点

2010年台盟工作总体要求是：全面贯彻中共十七大和十七届三中、四中全会精神，以邓小平理论和“三个代表”重要思想为指导，深入学习贯彻科学发展观，全面落实台盟八届三中全会的工作部署，齐心协力，围绕全面加强自身建设、切实履行参政议政职能、进一步推动对台工作、开创支边扶贫工作新局面等中心任务，积极有序地开展工作。

一、全面加强自身建设

1. 学习贯彻落实中共十七届四中全会精神。按照《台盟中央关于学习贯彻中共十七届四中全会精神的意见》要求，切实把四中全会精神学习好、贯彻好、落实好。开展以传达两会精神为主题的学习活动，举办有关培训讲座。

2. 进一步加强思想政治建设。继续深化政治交接学习教育活动，开展“牢固树立和践行社会主义核心价值体系”的活动。学习贯彻今年全国“两会”精神和高层协商会议上中共中央领导同志的讲话精神。加强盟史研究和盟史教育。进一步健全全盟在宣传思想工作中的上下联动、横向联合机制，开展宣传思想工作专题调研并举办全盟宣传思想工作会议。充分发挥电子媒介和传统媒介在宣传思想工作中的作用，完成有关宣传品的制作。

3. 进一步加强组织建设。开展组织建设工作调研并举办台盟组织建设工作研讨会，编写台盟组织工作文件汇编。健全内部监督机制，通过召开谈心会等形式探讨加强盟员沟通交流的工作机制，适时召开台盟中央监督委员会第二次全体会议。

4. 进一步加强干部队伍建设。重点增强后备干部的政治素质和业务能力，举办在人大、政府及其部门、事业单位、大型国有企业单位盟员骨干培训班。着重能力培养，适时分别举办台盟组织、宣传和台情研究骨干培训班。

5. 进一步完善台盟机关办会、办事、公文处理等各项制度。提高办会质量，更好地为台盟总体工作服务。今年除了全会、常委会等常规会议，重点组织筹办好各民主党派中央、全国工商联、无党派人士与全国省级统战部长联谊会等大型会议。完善公文处理的拟制、办理、管理、归档等有关工作，不断提高工作效率和工作质量。

6. 进一步加强机关建设。召开台盟办公室主任工作会议，提高台盟各级组织办公室服务于机关的能力。加强机关服务中心建设，推动其工作尽快步入正轨。加强财政预算管理，严控财政预算执行进度比例。强化保密安全工作，提升信息化水平。加快推进机关新办公楼的装修改造工作。

二、切实履行参政议政职能

7. 积极参加与中共中央的高层政治协商。加强专门问题的调查研究，努力做好成果转化工作。进一步整合盟内的研究力量，充分发挥参政议政专委会的作用。定期召开并委托部分台盟地方组织协助召开有关经济社会发展方面的专题研讨会，注重整合盟内外优势资源，努力提高建言献策的质量和水平。

8. 开展深入的调查研究。组织落实台盟中央 2010 年党派大调研和专题调研活动。集中力量重点围绕海峡经济区的构建以及建立具有两岸特色的经济合作机制等课题开展调研活动。组织协调台盟地方组织按期完成其所承担的课题调研工作任务。召开台盟中央 2010 年调研课题协调会、重点课题研讨会。

9. 认真做好全国政协会议相关工作。组织台盟界别的政协委员围绕国家经济社会发展的重大问题积极建言献策，更好地履行参政议政职责。围绕全国政协十一届三次会议、常委会、专题协商会提出的相关要求，做好大会发言、党派提案的起草、撰写及反馈工作。根据年度调研工作的进展情况，及时整理形成党派平时提案报送全国政协提案委。

10. 办好专题论坛、文化节等重要活动。积极参与第二届“海峡论坛”，协助地方组织办好论坛相关活动。以弘扬中华文化、增强民族意识为主线，推动闽南文化生态保护实验区的发展，办好台盟中央与泉州市人民政府联合举办的首届“海峡两岸闽南文化节”。推动琼台农业交流与合作，办好台盟中央与海南省人民政府联合举办的“海峡两岸观光休闲农业（海南）论坛”。

11. 努力做好反映社情民意信息工作。建立社情民意信息报送工作制度，建立全盟社情民意信息员和特约信息员队伍，健全完善相关激励约束机制。推动社情民意信息工作与课题调研、提案工作的联动与互通，适时召开全盟社情民意信息工作会议。

三、进一步推动对台工作

12. 积极主动地开展对台联络工作。继续深化与台湾各界人士的交流合作，做好医师、科技、农业交流等团体的访台安排及其他外访工作。以世博会为契机，扩大与台湾少数民族、中南部民众、民间信仰代表人士、青年学生以及妇女团体等的接触面，为台湾志愿者服务世博会做好联系和培训等工作。做好台南医师公会团组、台湾少数民族及中南部青年团组、加州大学伯克利分校和台湾清华大学等台胞校友参访团、政治受难者团体、台湾统派参访团和国庆观礼团的接待工作。

13. 关注台资企业发展。协助国家有关部门引导台湾产业和资本向中西部地区转移，推动台资融入大陆经济发展过程。继续落实台盟中央与重庆市政府签订的合作协议。加强与农业部的合作，共同推动大陆台湾农民创业园的发展。

14. 进一步加强台情研究工作。关注岛内政情民情，为国家开展对台工作提出好的思路和建议。进一步加强与涉台研究机构的联系，汇集盟内外专家学者的力量，共同参与台情研究调研，适时组织召开台情研讨会。

15. 做好涉台纪念活动的组织筹办工作。宣传和继承台湾人民的爱国传统，举办“二·二八”63 周年、台籍音乐家江文也诞辰 100 周年、台湾光复 65 周年等纪念活动。

四、开创支边扶贫工作新局面

16. 促成盟内外的人才资源与毕节地区社会事业发展相结合。引导台商参与当地经济社会建设，落实毕节地区赫章县中学电教设备援建工作。对赫章县可乐遗址详规的制定进展动态予以关注。

17. 进一步加强与毕节地区在扶贫工作方面的沟通联系。深入开展招商引资工作，落实赫章县台商招商会已签意向的项目，帮助协调解决赫章县环保、工业等项目问题。

18. 促成先进农业技术与毕节地区赫章县农业资源优势相结合。变救济式扶贫为开发式扶贫，继续开展有关农业项目的技术咨询、培训工作，为推动当地农业结构调整、发展特色农业搭建平台。

在台盟宣传思想工作会议上的讲话

（2010 年 6 月 10 日）

林文漪

各位代表、同志们：

大家上午好！

首先，我代表台盟中央对前来参加此次宣传思想工作会议的全体代表和同志们表示热烈的欢迎！对支持台盟工作的中共中央统战部的同志表示诚挚的感谢！

台盟各级宣传部门最重要的两大任务，一是宣传工作，二是思想教育工作。宣传工作是台盟作为参政党的政治表达。台盟是中国共产党领导的多党合作和政治协商制度中的重要组成部分，需要向社会各界表达自己的政治立场、政治态度、政治言论和政治行为。这种政治表达是要展现台盟坚决拥护中国共产党的领导，坚定走中国特色社会主义道路的政治立场。所以，台盟的宣传不能等同于一般的宣传，不是简单地表现自己所做的事情，而是需要提高到一定的政治高度，严肃认真对待。在工作方法上，台盟的宣传也要做到正确、准确和及时，要注意把握角度、尺度和分量，从而向社会各界发出台盟的声音，树立台盟良好的政治形象。

思想教育工作承担着提高我们全盟政治思想素质的重任，是台盟自身建设的重要组成部分。随着形势的变化和社会的进步，随着盟员队伍的成长更新和新盟员的日益增多，我们的思想教育工作一定要注重创新，用多样、有效、盟员喜闻乐见的形式，不断提高全盟的理论水平和思想素质。所以，我们今天在这里召开会议，及时地总结宣传和思想教育工作的成果，充分地交流经验和体会，并对下一阶段全盟如何更好地开展宣传思想工作进行研究和部署。与会代表都是最有发言权的一线工作者，台盟中央将认真听取大家的意见和建议。在这里，我想就当前正在全盟深入开展的树立和践行社会主义核心价值体系活动谈一些看法和体会，与大家共同探讨。

建设社会主义核心价值体系，是中国共产党着眼于新形势，从全面推进中国特色社会主义事业全局出发提出的一项重大战略任务。作为与中国共产党通力合作，共同致力于中国特色社会主义事业的参政党，台盟既是社会主义核心价值体系的建设者和参与者，也是社会主义核心价值体系的遵循者和实践者。为此，开展好树立和践行社会主义核心价值体系活动，是当前和今后一个时期内我们台盟的一项重要政治任务。

经过前一阶段的工作开展和信息反馈，我们了解到，台盟各级组织均对开展树立和践行社会主义核心价值体系活动作出了及时的安排部署，开展了积极主动的工作，并且初见成效。总结前期的做法和经验，我想，今后的工作中，我们还是应该继续在以下几个方面下功夫、做文章，共同把树立和践行社会主义核心价值体系活动推向深入。

一、加强学习，用社会主义核心价值体系武装头脑

提出建设社会主义核心价值体系是十六大以来中国共产党在理论创新上的又一重大成果，包含着丰富的内容。只有通过系统的学习，掌握其精神实质和时代特征，才能形成树立和践行的自觉意识，从而坚定理想信念。我们开展学习活动，形式应该是多样的，可以组织广大盟员通过集中学习、理论讲座、辅导报告、专题研讨、撰写文章等多种形式，激发盟员的学习热情，提升对社会主义核心价值体系内涵和外延的理解，加强对政策理论的把握。同时，我们开展学习活动，内容应该是广泛而全面的，包括中共中央关于建设社会主义核心价值体系的要求和胡锦涛总书记对民主党派树立和践行社会主义核心价值体系的重要论述；统一战线、多党合作理论以及国家对台方针政策；爱国主义、社会主义、优良传统和盟章盟史教育，等等。希望各级组织根据自身的特点，安排好各种形式的学习活动，不断提高广大盟员的思想认识和践行社会主义核心价值体系的自觉性。

二、立足实践，激发全盟履行参政党职能的热情

牢记历史使命，发挥自身优势，突出党派特色，更好地履行参政党职能，是检验台盟树立和践行社会主义核心价值体系成效的重要标准。我们要把社会主义核心价值体系的丰富内涵和时代要求体现在台盟工作的总体思路中，把以爱国主义为核心的民族精神落实在履职的行动中，把以改革创新为核心的时代精神落实在履职的实践中。在台盟的实际工作中，作为一个致力于中国特色社会主义事业的参政党，我们要深入贯彻落实科学发展观，紧紧围绕中国共产党和国家的中心工作，认真开展调查研究，为执政党的科学决策建言献策，为推动科学发展、促进社会和谐献计出力。同时，作为由台籍人士组成的参政党，我们更要以服务于祖国和平统一大业为己任，发扬爱国爱乡的光荣传统，为增进两岸同胞的了解与沟通，为促进两岸经贸文化的合作与交流贡献心力。比如，再过几天，台盟中央就要和国务院台办、福建省人民政府等部门、单位再次共同主办第二届“海峡论坛”。这是一个把树立和践行社会主义核心价值体系落实到台盟履职实践中去的很好的机会。通过论坛的举办，一方面，我们可以加强与国家部委、地方政府的交流，建立沟通渠道，了解当前社会关注的重点和热点，从而使台盟今后的参政议政工作能更好地为国家和地区经济社会发展服务；另一方面，我们可以结交更多的岛内外台胞朋友，密切彼此的联系，增进彼此的友谊，从而使台盟今后的对台联络工作能更好地为两岸关系发展服务。台盟的盟员都是生活在大陆的台湾籍人士。我们要发挥好乡情、亲情的优势，坚持“专、精、深、久”的原则，利用上海世博会等契机，加强与广大台湾同胞特别是岛内中南部人士和基层民众的交往，让更多的台湾同胞了解祖国大陆经济社会的发展成就和对台方针政策，逐步增强他们对大陆的认同感和向心力。希望各级组织在开展树立和践行社会主义核心价值体系活动的过程中，设计和组织一些专题活动，注意与台盟履行参政议政、对台联络等职能和加强自身建设工作紧密结合起来，不断提升全盟的政治素质和工作水平。

三、多措并举，继承和弘扬台盟的光荣爱国传统

树立和践行社会主义核心价值体系，是台盟思想建设的一项长期战略任务，要坚持继承与创新相结合，不断探索方法和手段，建立机制和制度，从而形成全体盟员积极热情、主动参与的局面。当前，随着国内外形势的不断发展变化，我们可以探索建立盟员思想动态分析机制，通过定期的专题调研、问卷调查等形式，掌握广大盟员的思想状况，了解他们对国际国内特别是台湾岛内重大活动和事件的反映，及时发现问题，解决问题，从而达到统一思想，提高认识的目的。同时，我们应该继续建立健全盟员思想引导机制，抓住重要纪念活动和重大事件的契机，如台湾人民“二二八”起义周年、台湾光复周年等活动，构筑多层次的平台，加强爱国主义教育，引导盟员提高思想认识。此外，我们应当更好地利用革命教育基地来开展主题教育。广大台湾同胞历来就具有光荣的爱国传统，并曾经在革命战争时期作出了巨大的贡献。要更好地发挥像北京台湾会馆、重庆特园、浙江金华台湾义勇队纪念馆等革命教育基地的作用，适时组织盟员尤其是中青年盟员参观学习和考察交流，以了解历史，弘扬传统，把爱国爱乡精神化为不断前进的力量源泉。前不久，北京台湾会馆翻修一新，隆重揭幕。这是一个真正体现两岸同胞密不可分血缘关系的历史见证。台盟中央和台盟北京市委组织了部分在京盟员、台胞和机关干部参观了台湾会馆。希望今后能有更多的盟员去看一看，进一步加深对我们的故乡台湾与祖国大陆历史渊源的认识和了解。开展树立和践行社会主义核心价值体系活动的方法是多样的，希望各级组织在实践中积极探索，不断运用适合自身特点的，行之有效的方式使这项活动收到更大的成效。

四、做好宣传，扩大台盟的社会影响

及时准确的宣传报道，既能为广大盟员热情学习、积极参与提供良好的氛围，也能树立和扩大台盟的社会影响。一方面，我们要发挥好各自报刊、杂志和网站的作用，通过开设专版、专栏、专题等多种形式，着力就活动开展进程进行报道，就重大理论和现实问题进行阐述。同时，对有特色的活动形式和内容进行及时整理和报送信息，争取有关部门的指导和支持。同时，以简报、通讯等形式进行盟内交流，为各级组织相互学习、交流情况、借鉴经验提供渠道。目前，台盟中央机关刊《台盟》和网站都已经在显著位置开辟了树立和践行社会主义核心价值体系专栏，选登有关活动报道、理论探讨的文章，并向中央统战部报送了学习活动专题信息 6 篇，给地方组织发送了专题简报 6 期。地方组织和广大盟员可以以此为窗口，了解情况、交流经验、发表意见和建议。另一方面，我们也要积极争取社会主流媒体的合作的支持，如人民日报海外版、人民政协报、团结报等等，通过他们来向社会各界介绍台盟开展活动的情况，宣传先进人物和典型事迹。这里特别要提到的是，我们开展宣传时，尤其要加强对盟员先进典型的发现和报道。台盟有许多在自身从事的专业领域中，在民主党派的参政舞台上无私奉献，为我国经济社会和科学文化事业的发展，为促进两岸民间交流作出了积极贡献的盟员。这些先进人物的先进事迹既是践行社会主义核心价值体系的实践，也丰富了树立社会主义核心价值体系的内涵，是非常生动的教材，应在日常工作中予以发现、总结和大力宣传，让全体盟员学习并从中受到熏陶和感悟，让社会各界了解他们，尊重他们，并通过他们的事迹更好地展示台盟的风采。

各位代表、同志们：

开展树立和践行社会主义核心价值体系活动，是台盟一项长期的战略任务。希望大家能够充分利用这两天的宝贵时间，通过大会交流、小组讨论等形式，放开思路，畅所欲言，相互交流启发，相互学习借鉴，共同为如何深入开展好这项活动献计出力。我相信，在台盟各级组织和全体盟员的共同努力下，全盟一定能进一步统一思想，振奋精神，发挥优势，积极创新，不断提高政治素质和工作水平，为海峡两岸关系发展和中国特色社会主义事业建设作出新的更大的贡献。

最后，预祝会议圆满成功，祝与会的各位代表和同志们学习、生活愉快！

谢谢大家！

政党活动纪要

中国共产党

2010年，面对复杂多变的国内外环境，中国共产党领导和团结全党全国各族人民，高举中国特色社会主义伟大旗帜，团结一心、开拓进取，成功举办上海世博会、广州亚运会，战胜青海玉树强烈地震、甘肃舟曲特大山洪泥石流等重大自然灾害，改革开放不断深化，改善民生成效显著，经济保持平稳较快发展，社会主义经济建设、政治建设、文化建设、社会建设以及生态文明建设和党的建设取得新的重大进展。

一、重要会议及活动

（一）隆重举行国家科学技术奖励大会。1月11日，中共中央、国务院在北京隆重举行国家科学技术奖励大会。党和国家领导人胡锦涛、温家宝、李长春、习近平、李克强出席大会并为获奖代表颁奖。温家宝代表党中央、国务院在大会上讲话。中共中央政治局常委、国务院副总理李克强在主持大会时强调，提高自主创新能力、建设创新型国家是国家发展战略的核心和提高综合国力的关键。希望广大科技工作者以获奖者为榜样，继续发扬求真务实、勇于创新的科学精神，不畏艰险、勇攀高峰的探索精神，团结协作、淡泊名利的团队精神，报效祖国、服务社会的奉献精神，承担起历史赋予的重任，为推动我国社会主义现代化建设伟大事业作出更大的贡献。

（二）中共中央国务院召开第五次西藏工作座谈会。1月18日至20日，中共中央、国务院在北京召开第五次西藏工作座谈会。胡锦涛、吴邦国、温家宝、贾庆林、李长春、习近平、李克强、贺国强、周永康出席会议。胡锦涛、温家宝、贾庆林分别作了讲话。这次会议是在我国全面建设小康社会进入关键时期、西藏跨越式发展进入关键阶段召开的。会议全面总结西藏发展稳定取得的成绩和经验，深刻分析西藏工作面临的形势和任务，明确当前和今后一个时期做好西藏工作的指导思想、主要任务、工作要求，对推进西藏实现跨越式发展和长治久安作出了战略部署。会议还对加快四川、云南、甘肃、青海省藏区经济社会发展作出全面部署。胡锦涛在会上发表重要讲话强调，做好西藏工作，是深入贯彻落实科学发展观、全面建设小康社会的迫切需要，是构建国家生态安全屏障、实现可持续发展的迫切需要，是维护民族团结、维护社会稳定、维护国家安全的迫切需要，是营造良好国际环境的迫切需要。推进西藏跨越式发展和长治久安，把雄伟辽阔的青藏高原建设得更加美丽富饶、安定祥和，是全党全国各族人民的共同心愿。全党同志一定要站在党和国家工作全局的战略高度，进一步认识做好西藏工作的重要性和紧迫性，认真落实中央关于西藏工作的一系列方针政策，不断开创西藏工作新局面。

（三）中共中央国务院召开新疆工作座谈会。5 月 17 日至 19 日，中共中央、国务院在北京召开新疆工作座谈会。胡锦涛、吴邦国、温家宝、贾庆林、李长春、习近平、李克强、贺国强、周永康出席会议。胡锦涛、温家宝发表重要讲话，周永康作总结讲话。胡锦涛强调，当前和今后一个时期新疆工作的指导思想是：高举中国特色社会主义伟大旗帜，以邓小平理论和“三个代表”重要思想为指导，深入贯彻落实科学发展观，坚持中国共产党领导，坚持社会主义制度，坚持民族区域自治制度，坚持各民族共同团结奋斗、共同繁荣发展，深入实施稳疆兴疆、富民固边战略，始终把推动科学发展作为解决一切问题的基础，始终把改革开放作为促进发展的强大动力，始终把保障和改善民生作为全部工作的出发点和落脚点，始终把加强民族团结作为长治久安的根本保障，始终把维护社会稳定作为发展进步的基本前提，努力推进新疆跨越式发展和长治久安。

（四）中共中央国务院召开全国人才工作会议。5 月 25 日至 26 日，中共中央、国务院在北京召开全国人才工作会议。胡锦涛、吴邦国、温家宝、贾庆林、李长春、习近平、李克强、贺国强、周永康出席会议。胡锦涛、温家宝发表重要讲话，习近平作总结讲话。胡锦涛强调，切实做好人才工作，加快建设人才强国，是推动经济社会又好又快发展、实现全面建设小康社会奋斗目标的重要保证，是确立我国人才竞争比较优势、增强国家核心竞争力的战略选择，是坚持以人为本、促进人的全面发展的重要途径，是提高党的执政能力、保持和发展党的先进性的重要支撑。全党全国要统一思想，真抓实干，全面落实加快建设人才强国各项战略任务，努力培养造就数以亿计的高素质劳动者、数以千万计的专门人才和一大批拔尖创新人才，进一步开创我国人才事业新局面，为全面建设小康社会、加快推进社会主义现代化、实现中华民族伟大复兴提供有力人才保证。温家宝在讲话中指出，当今世界，国际竞争日趋激烈，突出表现为科技、教育和人才竞争。科技是关键，教育是基础，人才是根本。《国家中长期人才发展规划纲要》与已经发布实施的《国家中长期科学和技术发展规划纲要》和即将发布实施的《国家中长期教育改革和发展规划纲要》相互支撑、紧密联系又各有侧重，一定意义上讲，属于国家发展的顶层设计和系统规划。习近平在总结讲话中指出，这次全国人才工作会议是我国社会主义现代化建设在新的起点上向前迈进、人才工作面临新形势新任务的大背景下召开的一次重要会议。各地区各部门要迅速行动起来，科学制定当前和今后一个时期人才发展规划和具体措施，抓紧实施重大人才政策和重大人才工程，为人才成长和发挥作用创造良好环境。

（五）中国科学院第十五次院士大会、中国工程院第十次院士大会隆重开幕。吴邦国、温家宝、贾庆林、习近平、李克强、周永康出席会议。胡锦涛出席会议并发表重要讲话。他强调，建设创新型国家，加快转变经济发展方式，赢得发展先机和主动权，最根本的是要靠科技的力量，最关键的是要大幅提高自主创新能力。在加快转变经济发展方式的进程中，我国科技界肩负着重大使命。我们必须把握机遇，审时度势，科学谋划，顺势而为，全力建设创新型国家，为加快转变经济发展方式提供强大科技支撑。胡锦涛就当前要重点推动的科技发展工作提出 8 点意见。

（六）中共中央、国务院召开西部大开发工作会议。7 月 5 日至 6 日，中共中央、国务院在北京召开西部大开发工作会议。胡锦涛、吴邦国、温家宝、贾庆林、李长春、习近平、李克强、贺国强、周永康出席会议。胡锦涛、温家宝发表重要讲话，李克强作总结讲话。胡锦涛强调，深入实施西部大开发战略是实现全面建设小康社会宏伟目标的重要任务，事关各族群众福祉，事关我国改革开放和社会主义现代化建设全局，事关国家长治久安，事关中华民族伟大复兴。今后10年是全面建设小康社会的关键时期，也是深入推进西部大开发承前启后的关键时期。全党全国一定要从大局出发，深刻认识深入实施西部大开发战略的重要性和紧迫性，奋力将西部大开发推向深入，努力建设经济繁荣、社会进步、生活安定、民族团结、山川秀美的西部地区，为实现全面建设小康社会奋斗目标、实现中华民族伟大复兴作出新的更大的贡献。胡锦涛在讲话中提出了今后10年深入实施西部大开发战略的总体目标以及当前和今后一个时期深入实施西部大开发战略的六项重点工作。

（七）中共中央、国务院召开全国教育工作会议。7月13日至14日，中共中央、国务院在北京召开全国教育工作会议。胡锦涛、温家宝、贾庆林、李长春、习近平、李克强、贺国强、周永康出席会议。胡锦涛、温家宝发表重要讲话，李克强主持会议。胡锦涛强调，全党全国要积极行动起来，坚持育人为本，以改革创新为动力，以促进公平为重点，以提高质量为核心，推动教育事业在新的历史起点上科学发展，加快从教育大国向教育强国、从人力资源大国向人力资源强国迈进，为中华民族伟大复兴和人类文明进步作出更大贡献。胡锦涛就推动教育事业科学发展提出五项要求。

（八）中共中央国务院中央军委隆重举行青海玉树全国抗震救灾总结表彰大会。8月19日上午，中共中央、国务院和中央军委在青海西宁市隆重举行全国抗震救灾总结表彰大会。国务院副总理回良玉，中宣部部长刘云山，中央军委副主席徐才厚，全国人大常委会副委员长李建国，全国政协副主席钱运录出席大会，国务院秘书长马凯主持大会。回良玉发表讲话，刘云山宣读表彰决定。

（九）党和国家领导人参观中国人民抗日战争纪念馆。9月3日上午，为纪念中国人民抗日战争胜利65周年，党和国家领导人胡锦涛、吴邦国、温家宝、贾庆林、李长春、习近平、李克强、贺国强、周永康等与首都各界群众代表参观中国人民抗日战争纪念馆，并向抗日战争烈士敬献花篮。胡锦涛在参观时指出，抗日战争是近代以来中国人民反抗外敌入侵第一次取得完全胜利的民族解放战争，抗日战争的胜利对于中华民族发展和世界文明进步都具有重大而深远的意义。他强调，抗日战争胜利已经65年了，但中国人民在抗日战争中焕发出来的伟大民族精神，仍然是激励我们奋勇前进的强大精神力量。面对新形势新任务，我们要在全党全社会大力弘扬伟大民族精神，尤其要教育引导广大青少年牢记历史、不忘过去、珍爱和平、开创未来，从而进一步凝聚全民族力量，万众一心推进中国特色社会主义事业，为实现中华民族伟大复兴、为推动建设和谐世界而不懈奋斗。

（十）深圳经济特区建立30周年庆祝大会在深圳隆重举行。9月6日上午，深圳经济特区建立30周年庆祝大会在广东深圳隆重举行。胡锦涛出席庆祝大会并发表重要讲话。胡锦涛强调，我们要胜利实现既定战略目标，必须坚定不移坚持中国特色社会主义道路，坚定不移坚持中国特色社会主义理论体系，勇于变革、勇于创新，永不僵化、永不停滞，不为任何风险所惧，不被任何干扰所惑，继续奋勇推进改革开放和社会主义现代化建设的伟大事业。胡锦涛希望经济特区适应国内外形势新变化、按照国家发展新要求、顺应人民新期待，面向现代化、面向世界、面向未来，继续解放思想，坚持改革开放，努力当好推动科学发展、促进社会和谐的排头兵，在改革开放和社会主义现代化建设中取得新进展、实现新突破、迈上新台阶。胡锦涛对经济特区提出五点要求：第一，继续加快转变经济发展方式，努力为推动科学发展探索新路。第二，继续深化改革开放，努力为推动科学发展提供制度保障和动力源泉。第三，继续加强社会主义精神文明建设，努力为推动科学发展提供良好文化条件。第四，继续促进社会和谐，努力为推动科学发展营造良好社会环境。第五，继续推进党的建设，努力为推动科学发展、促进社会和谐提供坚强保证。胡锦涛强调，经济特区要进一步增强服务全国的大局意识，积极支持和参与西部大开发、东北地区等老工业基地振兴、中部地区崛起等区域发展战略实施，加大对口支援和帮扶工作力度。要加强同香港、澳门、台湾地区的交流合作，为保持香港和澳门长期繁荣稳定、推动两岸关系和平发展发挥更大作用。

（十一）党和国家领导人同首都各界代表一起向人民英雄纪念碑敬献花篮。10 月 1 日上午，在举国上下欢度国庆之际，胡锦涛、温家宝、贾庆林、李长春、习近平、李克强、贺国强、周永康等来到天安门广场，同首都各界代表一起，向人民英雄纪念碑敬献花篮，深切缅怀为民族独立和人民解放、国家富强和人民幸福建立不朽功勋的革命先烈，充分表达全党全国各族人民继承先烈遗志、建设富强民主文明和谐的社会主义现代化国家的坚定信念。

（十二）召开中国共产党第十七届中央委员会第五次全体。10 月 15 日至 18 日，中国共产党第十七届中央委员会第五次全体会议在北京举行。中央委员会总书记胡锦涛作了重要讲话。全会听取和讨论了胡锦涛受中央政治局委托作的工作报告，审议通过了《中共中央关于制定国民经济和社会发展第十二个五年规划的建议》。温家宝就《建议（讨论稿）》向全会作了说明。全会决定增补习近平为中央军事委员会副主席。全会认为，“十二五”时期是全面建设小康社会的关键时期，是深化改革开放、加快转变经济发展方式的攻坚时期。深刻认识并准确把握国内外形势新变化新特点，科学制定“十二五”规划，对于继续抓住和用好我国发展的重要战略机遇期、促进经济长期平稳较快发展，对于夺取全面建设小康社会新胜利、推进中国特色社会主义伟大事业，具有十分重要的意义。全会指出，制定“十二五”规划，必须高举中国特色社会主义伟大旗帜，以邓小平理论和“三个代表”重要思想为指导，深入贯彻落实科学发展观，适应国内外形势新变化，顺应各族人民过上更好生活新期待，以科学发展为主题，以加快转变经济发展方式为主线，深化改革开放，保障和改善民生，巩固和扩大应对国际金融危机冲击成果，促进经济长期平稳较快发展和社会和谐稳定，为全面建成小康社会打下具有决定性意义的基础。全会综合考虑未来发展趋势和条件，提出了今后五年经济社会发展的主要目标：经济平稳较快发展，经济结构战略性调整取得重大进展，城乡居民收入普遍较快增加，社会建设明显加强，改革开放不断深化，使我国转变经济发展方式取得实质性进展，综合国力、国际竞争力、抵御风险能力显著提高，人民物质文化生活明显改善，全面建成小康社会的基础更加牢固。全会强调，党的领导是实现“十二五”时期经济社会发展目标的根本保证。必须加强党的执政能力建设和先进性建设，不断提高党领导经济社会发展能力和水平。各级党委要准确把握发展趋势，科学谋划发展蓝图，努力创新发展模式，加强对发展的统筹协调，切实提高发展质量。全体共产党员要坚定不移贯彻党的理论和路线方针政策，牢固树立科学发展理念。切实加强党的基层组织建设，深入开展创先争优活动，带领广大群众推动经济社会又好又快发展。各级领导干部要坚持全心全意为人民服务的根本宗旨，坚持党的群众路线，始终保持同人民群众的血肉联系，树立正确政绩观，努力作出经得起实践、人民、历史检验的实绩。要加强反腐倡廉建设，大力弘扬党的光荣传统和优良作风，以优良党风凝聚党心民心，形成推进中国特色社会主义事业的强大力量。全会提出，坚持党的领导、人民当家作主、依法治国有机统一，发展社会主义民主政治，加快建设社会主义法治国家，巩固和壮大最广泛的爱国统一战线。全会号召，全党同志和全国各族人民要紧密团结在以胡锦涛同志为总书记的党中央周围，认真学习、深刻领会、切实贯彻全会精神，解放思想、实事求是、与时俱进、开拓创新，万众一心为实现“十二五”时期经济社会发展目标任务而奋斗！

（十三）中共中央国务院隆重举行全国防汛抗旱暨舟曲抢险救灾总结表彰大会。12 月 7 日上午，中共中央、国务院在甘肃省兰州市隆重举行全国防汛抗旱暨舟曲抢险救灾总结表彰大会。国务院副总理、国家防汛抗旱总指挥部总指挥回良玉出席并讲话，中宣部部长刘云山主持大会，中央军委副主席徐才厚，全国人大常委会副委员长司马义·铁力瓦尔地，国务院秘书长马凯，全国政协副主席阿不来提·阿不都热西提出席大会。

（十四）中央经济工作会议在北京举行。12 月 10 日至 12 日，中央经济工作会议在北京举行。胡锦涛、吴邦国、温家宝、贾庆林、李长春、习近平、李克强、贺国强、周永康出席会议。胡锦涛、温家宝在会上发表重要讲话。会议强调，明年是中国共产党成立 90 周年，也是“十二五”时期开局之年，做好经济社会发展工作具有十分重要的意义。会议提出，明年经济工作的总体要求是：全面贯彻党的十七大和十七届三中、四中、五中全会精神，以邓小平理论和“三个代表”重要思想为指导，深入贯彻落实科学发展观，正确把握国内外形势新变化新特点，以科学发展为主题，以加快转变经济发展方式为主线，实施积极的财政政策和稳健的货币政策，增强宏观调控的针对性、灵活性、有效性，加快推进经济结构调整，大力加强自主创新，切实抓好节能减排，不断深化改革开放，着力保障和改善民生，巩固和扩大应对国际金融危机冲击成果，保持经济平稳较快发展，促进社会和谐稳定。会议提出了明年经济工作的主要任务。一是加强和改善宏观调控，保持经济平稳健康运行。二是推进发展现代农业，确保农产品有效供给。三是加快经济结构战略性调整，增强经济发展协调性和竞争力。四是完善基本公共服务，创新社会管理机制。五是加大改革攻坚力度，推动经济发展方式转变。六是坚持互利共赢的开放战略，拓展国际经济合作空间。会议指出，完成明年经济工作各项任务，要紧紧围绕科学发展这个主题和加快转变经济发展方式这条主线，加强和改善党对经济工作的领导，切实把思想和行动统一到中央对国际国内形势的科学判断上来，统一到中央对经济社会发展作出的决策部署上来，编制和实施好“十二五”规划。会议强调，全党全国各族人民要紧密团结在以胡锦涛同志为总书记的党中央周围，坚定信心、锐意进取，着力促进经济长期平稳较快发展和社会和谐稳定，以优异成绩迎接中国共产党成立 90 周年！

（十五）中共中央国务院中央军委举行大会隆重庆祝我国探月工程嫦娥二号任务圆满

成功。12 月 20 日上午，中共中央、国务院和中央军委在人民大会堂举行大会，隆重庆祝我国探月工程嫦娥二号任务圆满成功。胡锦涛发表重要讲话。他强调，嫦娥二号任务圆满成功，是我国探月工程取得的又一成就，是我们建设创新型国家取得的又一成果，是中国人民攀登世界科技高峰的又一壮举，谱写了中华民族自强不息、锐意创新的壮丽篇章。这一重大成就，对推动我国航天事业发展、引领我国科技创新，对激励全党全军全国各族人民意气风发地投身改革开放和社会主义现代化事业具有十分重要的意义。中共中央政治局常委、全国人大常委会委员长吴邦国主持庆祝大会。温家宝、贾庆林、李长春、习近平、李克强、贺国强、周永康出席大会。

（十六）中国 2010 年上海世博会总结表彰大会。12 月 27 日上午，中国 2010 年上海世界博览会总结表彰大会在人民大会堂隆重举行。胡锦涛在会上发表重要讲话。胡锦涛强调，上海世博会的成功举办，实现了中华民族百年世博梦想，向世界展示了中华民族五千年灿烂文明，展示了新中国 60 年特别是改革开放 30 多年的辉煌成就，展示了我国各族人民为实现全面建设小康社会目标而团结奋斗的精神风貌，增强了全国各族人民的民族自豪感、自信心、凝聚力。要大力弘扬上海世博会精神，进一步动员全党全国各族人民为全面建设小康社会、坚持和发展中国特色社会主义而继续奋斗。吴邦国、温家宝、贾庆林、李长春、习近平、李克强、贺国强、周永康出席大会。大会由温家宝主持。王岐山宣读《中共中央、国务院关于表彰中国 2010 年上海世博会先进集体和先进个人的决定》、《国务院关于表彰香港特区参与中国 2010 年上海世界博览会督导委员会的决定》、《国务院关于表彰南光展览工程有限公司布展团队的决定》。

二、经济政治文化社会建设及生态文明建设

（一）经济建设

1.《国务院关于推进海南国际旅游岛建设发展的若干意见》发布。1 月 6 日，国务院新闻办公室在北京举行新闻发布会，《国务院关于推进海南国际旅游岛建设发展的若干意见》日前发布，标志着海南国际旅游岛建设正式上升为国家战略。《意见》的出台，是国务院着眼我国改革开放和现代化建设大局，作出的一项重大战略决策，是继 1988 年建省办特区之后，海南发展史上又一件具有里程碑意义的大事。《意见》明确提出了海南国际旅游岛建设的发展目标，即到 2020 年，海南旅游服务设施、经营管理和服务水平与国际通行的旅游服务标准全面接轨，初步建成世界一流的海岛休闲度假旅游胜地，旅游业增加值占地区生产总值比重达 12% 以上，第三产业增加值占地区生产总值比重达 60%，第三产业从业人数比重达 60%，力争全省人均生产总值、城乡居民收入和生活质量达到国内先进水平，生态环境质量保持全国领先水平，可持续发展能力进一步增强。

2. 中共中央政治局就我国财税体制改革进行集体学习。1 月 8 日下午，中共中央政治局就世界主要国家财税体制和深化我国财税体制改革进行第十八次集体学习。中国社会科学院财政与贸易经济研究所高培勇教授、财政部财政科学研究所贾康研究员就这个问题进行讲解，并谈了他们的意见和建议。中共中央政治局各位同志认真听取了他们的讲解，并

就有关问题进行了讨论。胡锦涛在主持学习时发表讲话强调，当前，我国继续处在经济社会发展重要战略机遇期和社会矛盾凸显期，改革发展稳定任务艰巨繁重。我们要深刻认识新形势下深化财税体制改革的重大意义，全面贯彻党的十七大和十七届三中、四中全会精神，以邓小平理论和“三个代表”重要思想为指导，深入贯彻落实科学发展观，立足我国国情，借鉴国外有益经验，坚定不移深化财税体制改革，更好为改革发展稳定大局服务。

3. 国家统计局发布2009年我国GDP增长数据。1月21日，国家统计局局长马建堂在国务院新闻办发布会上宣布，据初步测算，2009年我国国内生产总值335353亿元，按可比价格计算，比上年增长8.7%，增速比上年回落0.9个百分点。联合国发表的2009年世界经济报告指出，如果中国能够在2009年实现8%的经济增长，对世界经济增长的贡献将达到惊人的50%。这意味着中国经济当之无愧地成为了2009年带动全球经济复苏的最强引擎。

4.《中共中央国务院关于加大统筹城乡发展力度进一步夯实农业农村发展基础的若干意见》发表。2月1日，《人民日报》发表《中共中央国务院关于加大统筹城乡发展力度进一步夯实农业农村发展基础的若干意见》。《意见》提出，2010年农业农村工作的总体要求是：全面贯彻党的十七大和十七届三中、四中全会以及中央经济工作会议精神，高举中国特色社会主义伟大旗帜，以邓小平理论和“三个代表”重要思想为指导，深入贯彻落实科学发展观，把统筹城乡发展作为全面建设小康社会的根本要求，把改善农村民生作为调整国民收入分配格局的重要内容，把扩大农村需求作为拉动内需的关键举措，把发展现代农业作为转变经济发展方式的重大任务，把建设社会主义新农村和推进城镇化作为保持经济平稳较快发展的持久动力，按照稳粮保供给、增收惠民生、改革促统筹、强基增后劲的基本思路，毫不松懈地抓好农业农村工作，继续为改革发展稳定大局作出新的贡献。《意见》包括五个部分：第一，健全强农惠农政策体系，推动资源要素向农村配置；第二，提高现代农业装备水平，促进农业发展方式转变；第三，加快改善农村民生，缩小城乡公共事业发展差距；第四，协调推进城乡改革，增强农业农村发展活力；第五，加强农村基层组织建设，巩固党在农村的执政基础。

5. 中共中央举办深入贯彻落实科学发展观加快经济发展方式转变研讨班。2月3日上午，省部级主要领导干部深入贯彻落实科学发展观加快经济发展方式转变专题研讨班开班式在中央党校举行。中共中央政治局常委习近平主持开班式。吴邦国、温家宝、贾庆林、李长春、李克强、贺国强、周永康出席开班式。胡锦涛发表重要讲话。他强调，我们必须紧紧抓住机遇，承担起历史使命，把加快经济发展方式转变作为深入贯彻落实科学发展观的重要目标和战略举措，毫不动摇地加快经济发展方式转变，不断提高经济发展质量和效益，不断提高我国经济的国际竞争力和抗风险能力，使我国发展质量越来越高、发展空间越来越大、发展道路越走越宽。胡锦涛强调，加快经济发展方式转变是我国经济领域的一场深刻变革，关系改革开放和社会主义现代化建设全局。全党全国必须增强主动性、紧迫感、责任感，深化认识，统一思想，加强规划引导，突出战略重点，明确主要任务，兼顾当前和长远，处理好速度和效益、局部和整体的关系，调动各方面积极性，推动经济发展方式转变不断取得扎扎实实的成效。胡锦涛指出，转变经济发展方式，关键是要在“加快”上下功夫、见实效。他就加快经济发展方式转变重点工作提出八点意见。习近平在主持开班式时指出，胡锦涛总书记的重要讲话准确把握国际国内经济形势发展变化和我国改革发展稳定大局，系统回顾了前一个时期我国应对国际金融危机冲击、保持经济平稳较快发展的决策过程和实践历程，深刻阐述了加快经济发展方式转变的重要性和紧迫性，进一步提出了加快经济发展方式转变的工作要求。胡锦涛总书记的重要讲话对我们办好研讨班，对我们取得应对国际金融危机冲击全面胜利、保持经济平稳较快发展、不断开创改革开放和社会主义现代化建设新局面，具有十分重要的意义，我们要认真学习、深刻领会，用讲话精神指导研讨班的举办，推动深入贯彻落实科学发展观、加快经济发展方式转变的实践。

6. 温家宝主持会议研究深入实施西部大开发战略的重点任务和政策措施。4 月 7 日，国务院总理温家宝主持召开国务院常务会议，研究深入实施西部大开发战略的重点任务和政策措施。会议指出，实施西部大开发战略，是党中央、国务院在世纪之交作出的重大决策。十年来，在国家大力支持和西部地区干部群众共同努力下，西部大开发取得巨大成就。西部地区经济社会加快发展，城乡面貌发生历史性变化，人民生活水平明显提高，也为全国发展开辟了更为广阔的空间。会议强调，今后十年是西部大开发承前启后的关键时期，必须以增强西部地区自我发展能力为主线，以保障和改善民生为核心，以科技进步和人才开发为支撑，进一步完善政策、加大投入、强化支持，坚定不移地深入实施西部大开发战略。会议再次强调了深入实施西部大开发战略的七项工作重点工作。

7. 第二轮中美战略与经济对话开幕。5 月 24 日上午，第二轮中美战略与经济对话在人民大会堂开幕。中国国家主席胡锦涛出席开幕式并发表重要讲话。美国总统奥巴马向开幕式致辞。胡锦涛强调，中国高度重视发展对美关系，发展长期健康稳定的中美关系，符合两国人民共同意愿，顺应时代发展潮流，也有利于亚太地区乃至世界和平、稳定、繁荣。中国国家主席胡锦涛特别代表国务院副总理王岐山和国务委员戴秉国与美国总统奥巴马特别代表国务卿希拉里·克林顿和财政部长蒂莫西·盖特纳共同主持对话。

8. 全国人大常委会专题询问粮食安全工作情况，国务院九部门负责人到会回答询问。8 月 27 日上午，十一届全国人大常委会第十六次会议召开联组会议，审议国务院关于国家粮食安全工作情况的报告，并进行专题询问。粮食安全是关系我国经济发展、社会稳定和国家自立的全局性重大战略问题，全国人大常委会组成人员对此高度关注。受吴邦国委员长的委托，全国人大常委会副委员长华建敏、周铁农分别主持了两个联组会议。全国人大常委会副委员长乌云其木格和 21 位常委会委员发表了审议意见，并就 20 多个重要问题提出询问。受国务院委托，国家发展和改革委、财政部、国土资源部、水利部、农业部、中国人民银行、银监会、保监会、国家粮食局等九部门负责人到会听取意见，并对提出的询问一一作了回答。

9. 中共中央政治局召开会议研究深入实施西部大开发战略。5 月 28 日，中共中央政治局召开会议，研究深入实施西部大开发战略的总体思路和政策措施。中共中央总书记胡锦涛主持会议。会议认为，今年是实施西部大开发战略 10 周年。实施西部大开发战略是党中央高瞻远瞩、总揽全局，面向新世纪作出的重大决策。经过 10 年不懈努力，西部大开发取得巨大成就，西部地区已站在新的历史起点上。西部大开发不仅有力促进了西部地区发展，也为全国发展开辟了更为广阔的空间。实践充分证明，中央关于实施西部大开发战略的重大决策是完全正确的。同时也要清醒地看到，西部地区与东部地区发展水平的差距仍然较大，西部地区仍然是全面建设小康社会的难点和重点。会议指出，今后10年是深入推进西部大开发承前启后的关键时期。西部地区繁荣、发展、稳定，事关各族群众福祉，事关我国改革开放和社会主义现代化建设全局，事关国家长治久安，事关中华民族伟大复兴。全党必须站在党和国家事业发展全局的高度，充分认识深入实施西部大开发战略的重大意义，以邓小平理论和“三个代表”重要思想为指导，深入贯彻落实科学发展观，把西部大开发放在区域协调发展总体战略的优先位置，进一步解放思想、开拓创新，进一步加大投入、强化支持，以增强自我发展能力为主线，以改善民生为核心，以科技进步和人才开发为支撑，更加注重基础设施建设，更加注重生态环境保护，更加注重经济结构调整和自主创新，更加注重社会事业发展，更加注重优化区域布局，更加注重体制机制创新，推动西部地区经济又好又快发展和社会和谐稳定，努力实现全面建设小康社会奋斗目标。会议强调，西部地区具有特殊重要的战略地位，应该给予特殊的政策支持。会议要求，西部地区各级党委和政府要进一步统一思想、提高认识，求真务实、真抓实干，团结带领广大干部群众扎实推进西部大开发各项工作，确保各项工作落到实处。各部门要密切配合、通力协作，加强对西部开发工作的指导，抓紧制定政策实施细则，全面落实各项任务。东中部地区和社会各界要积极支持和参与西部大开发。全党全国要奋力将西部大开发推向深入，为实现全面建设小康社会奋斗目标、为实现中华民族伟大复兴作出新的更大贡献。

10. 中共中央政治局召开会议分析研究2011年经济工作。12月3日，中共中央政治局召开会议，分析研究2011年经济工作。中共中央总书记胡锦涛主持会议。会议强调，做好2011年经济社会发展工作，对于“十二五”开好局、起好步，以优异成绩迎接建党90周年，具有十分重要的意义。要全面贯彻党的十七大和十七届三中、四中、五中全会精神，以邓小平理论和“三个代表”重要思想为指导，深入贯彻落实科学发展观，正确把握国内外形势新变化新特点，以科学发展为主题，以加快转变经济发展方式为主线，实施积极的财政政策和稳健的货币政策，增强宏观调控的针对性、灵活性、有效性，加快推进结构调整，大力加强自主创新，切实抓好节能减排，不断深化改革开放，着力保障和改善民生，巩固和扩大应对国际金融危机冲击成果，保持经济平稳较快发展，促进社会和谐稳定。

11. 中央农村工作会议在京举行。12月21日至22日，中央农村工作会议在北京举行。会议认真贯彻落实党的十七大和十七届三中、四中、五中全会以及中央经济工作会议精神，系统总结2010年农业农村工作，科学谋划“十二五”时期农业农村发展，重点研究加快水利改革发展问题，全面部署2011年农业农村工作。党中央、国务院高度重视这次会议。会前，中央政治局常委会议、国务院常务会议和中央农村工作领导小组会议专门研究了会议文件，对做好明年农业农村工作提出了明确要求。会议讨论了《中共中央、国务院关于加快水利改革发展的决定（讨论稿）》。中共中央政治局委员、国务院副总理回良玉出席会议并讲话。会议指出，“十二五”时期，农业农村工作的指导思想是：全面贯彻党的十七大和十七届三中、四中、五中全会精神，以邓小平理论和“三个代表”重要思想为指导，深入贯彻落实科学发展观，牢固树立“重中之重”战略思想，按照在工业化、城镇化深入发展中同步推进农业现代化的要求，在经济结构战略性调整中着力夯实农业农村发展基础，在收入分配格局调整中着力促进农民增收，在保障和改善民生中着力强化农村基础设施和公共服务，不断加大强农惠农政策力度，深入推进农村改革创新，加快转变农业发展方式，加快推进社会主义新农村建设，加快形成城乡经济社会发展一体化新格局，为促进经济长期平稳较快发展和社会和谐稳定提供有力支撑。会议强调，2011年是“十二五”时期开局之年，做好农业农村工作具有特殊重要的意义。2011 年农业农村工作的总体要求是：大兴水利强基础，狠抓生产保供给，力促增收惠民生，着眼统筹添活力。我们要坚决贯彻中央部署，采取有力措施，加大落实力度，力争“十二五”时期农业农村发展有个良好开局。会议提出了明年农业农村工作的六项重点任务。会议指出，必须进一步加强和改善党对“三农”工作的领导，充分发挥党的政治优势和组织优势，不断提高党领导农村科学发展的能力和水平，为促进农村经济社会又好又快发展提供根本保证。会议强调，夺取明年农业丰收，保持农村发展好势头，打好“十二五”时期第一仗，意义非凡，任务艰巨，使命光荣。我们要紧密团结在以胡锦涛同志为总书记的党中央周围，高举中国特色社会主义伟大旗帜，坚定信心，开拓进取，扎实工作，圆满完成农业农村发展各项任务，以优异成绩迎接中国共产党成立 90 周年。

12. 中共中央政治局就推动我国经济社会又好又快发展问题进行集体学习。12 月 28 日下午，中共中央政治局就在新的历史起点上推动我国经济社会又好又快发展问题进行第二十五次集体学习。国家发展和改革委员会宏观经济研究院王一鸣研究员、中国社会科学院人口与劳动经济研究所蔡昉研究员就这个问题进行讲解，并谈了他们的意见和建议。中共中央政治局各位同志认真听取了他们的讲解，并就有关问题进行了讨论。胡锦涛在主持学习时强调，党的十七届五中全会着眼于在新的历史起点上全面建设小康社会、加快推进社会主义现代化，提出了未来 5 年我国经济社会发展的指导思想、主要目标、重要任务、重大举措。全党同志一定要把思想和行动统一到中央决策部署上来，扎扎实实把党的十七届五中全会精神贯彻落实好。他指出，党的十七届五中全会强调，全党全国要坚定信心、埋头苦干、开拓进取，在“十二五”时期为全面建成小康社会打下具有决定性意义的基础。确保完成这项战略任务，对推进改革开放和社会主义现代化建设，对坚持和发展中国特色社会主义、实现中华民族伟大复兴具有十分重要的意义。我们要适应全面建设小康社会关键时期和深化改革开放、加快转变经济发展方式攻坚时期的新形势，顺应各族人民过上更好生活新期待，以邓小平理论和“三个代表”重要思想为指导，深入贯彻落实科学发展观，以科学发展为主题，以加快转变经济发展方式为主线，深化改革开放，保障和改善民生，促进经济长期平稳较快发展和社会和谐稳定。胡锦涛强调，要坚持抓住主题、把握主线。以科学发展为主题，以加快转变经济发展方式为主线，必须贯穿“十二五”时期经济社会发展全过程各环节，始终扭住不放，努力不断取得实质性进展。以科学发展为主题，是时代的要求，关系我国改革开放和社会主义现代化建设全局。以加快转变经济发展方式为主线，是推动科学发展的必由之路。

（二）政治建设

1. 中共中央政治局召开会议讨论《政府工作报告》稿，审议《国家中长期人才发展规划纲要（2010—2020年）》。2月22日，中共中央政治局召开会议，讨论国务院拟提请第十一届全国人民代表大会第三次会议审议的《政府工作报告》稿，审议《国家中长期人才发展规划纲要（2010—2020年）》。中共中央总书记胡锦涛主持会议。会议强调，2010年是继续应对国际金融危机冲击、保持经济平稳较快发展、加快转变经济发展方式的关键一年，是全面实现“十一五”规划目标、为“十二五”时期发展打好基础的重要一年。全党全国要在党中央领导下，凝聚起亿万人民的智慧和力量，再接再厉，开拓进取，全面完成“十一五”规划各项任务，不断夺取改革开放和社会主义现代化事业新胜利。会议认为，制定并实施《国家中长期人才发展规划纲要（2010—2020年）》，是贯彻落实科学发展观、更好实施人才强国战略的重大举措，是在激烈的国际竞争中赢得主动的战略选择。实现全面建设小康社会的奋斗目标，必须加快建立人才竞争比较优势，努力建设人才强国。要坚持服务发展、人才优先、以用为本、创新机制、高端引领、整体开发的指导方针，加强人才资源能力建设，推动人才结构战略性调整，创新人才工作体制机制，实行人才投资优先，实施更加开放的人才政策，加快人才工作法制建设，加强和改进党对人才工作的领导，培养造就宏大的高素质人才队伍。

2. 全国政协十一届三次会议开幕。3月3日下午，中国人民政治协商会议第十一届全国委员会第三次会议在人民大会堂开幕。胡锦涛、吴邦国、温家宝、李长春、习近平、李克强、贺国强、周永康等出席，祝贺大会召开。贾庆林代表政协第十一届全国委员会常务委员会，向大会报告工作。他说，一年来，在以胡锦涛同志为总书记的中共中央亲切关怀、坚强领导下，人民政协高举爱国主义、社会主义旗帜，牢牢把握团结和民主两大主题，认真履行政治协商、民主监督、参政议政职能，团结动员各党派、各团体、各民族、各阶层和各界人士，齐心协力谋发展，尽心竭力惠民生，凝心聚力促和谐，为有效应对国际金融危机冲击、推进全面建设小康社会进程、促进祖国和平统一大业作出了重要贡献，人民政协事业呈现出团结和谐、务实进取、蓬勃发展的良好局面。贾庆林从6个方面总结了过去一年人民政协的工作。贾庆林强调，2010年是应对国际金融危机冲击、保持经济平稳较快发展的关键一年，也是人民政协服务科学发展、实现自身科学发展的重要一年。我们要全面贯彻中共十七大和十七届三中、四中全会精神，以邓小平理论和“三个代表”重要思想为指导，深入贯彻落实科学发展观，认真学习贯彻胡锦涛同志在庆祝人民政协成立60周年大会上的重要讲话精神，牢牢把握团结和民主两大主题，更好地协调关系、汇聚力量、建言献策、服务大局，在推动科学发展、促进社会和谐上创造新业绩，在促进祖国和平统一大业、扩大对外交流交往上发挥新作用，在加强自身建设、提高政协工作科学化水平上迈出新步伐。

3. 第十一届全国人民代表大会第三次会议开幕。3月5日，第十一届全国人民代表大会第三次会议在北京人民大会堂开幕。会议由大会主席团常务主席、执行主席吴邦国主持。胡锦涛、温家宝、贾庆林、李长春、习近平、李克强、贺国强、周永康等出席。温家宝代表国务院向大会作政府工作报告。报告分两个部分：一是2009年工作回顾；二是2010年主要任务。温家宝指出，2009年，在异常困难的情况下，全国各族人民在中国共产党的坚强领导下，从容应对国际金融危机冲击，在世界率先实现经济回升向好，改革开放和社会主义现代化建设取得新的重大成就。实践再次证明，任何艰难险阻都挡不住中华民族伟大复兴的历史进程。温家宝说，2010 年是继续应对国际金融危机、保持经济平稳较快发展、加快转变经济发展方式的关键一年，是全面实现“十一五”规划目标、为“十二五”发展打好基础的重要一年。报告提出了 2010 年经济社会发展的主要预期目标和要重点抓好的八个方面工作。

4. 纪念“三八”国际劳动妇女节 100 周年大会举行。3 月 7 日上午，纪念“三八”国际劳动妇女节 100 周年大会在人民大会堂举行。党和国家领导人吴邦国、温家宝、贾庆林、李长春、习近平、李克强、贺国强、周永康出席大会。胡锦涛出席大会并发表重要讲话。他强调，在新的历史条件下，我们要抓住机遇、迎接挑战，积极推动科学发展、促进社会和谐，不断夺取全面建设小康社会新胜利、开创中国特色社会主义事业新局面，需要包括广大妇女在内的全国各族人民携手并肩、不懈奋斗。我国广大妇女要以更加开阔的眼界、更加务实的精神、更加昂扬的姿态，推动我国妇女运动继续扬帆远航、破浪前进，努力创造无愧于祖国、无愧于人民、无愧于时代的新业绩。

5. 国务院召开第三次廉政工作会议。3 月 23 日，国务院召开第三次廉政工作会议，中共中央政治局常委、国务院总理温家宝在会上发表讲话，他强调，今年我国改革发展稳定任务繁重，各级政府要认真落实中央关于反腐倡廉的各项部署，标本兼治、综合治理、惩防并举、注重预防，以重点领域和关键环节为突破口，加强制度建设，强化对行政权力运行的监督和制约，推动反腐倡廉取得新成效。中共中央政治局常委、国务院副总理李克强，国务院副总理张德江、王岐山，国务委员梁光烈、孟建柱、戴秉国出席会议。国务委员兼国务院秘书长马凯主持会议。中共中央政治局常委、中央纪委书记贺国强，中共中央书记处书记、中央纪委副书记何勇应邀出席会议。

6. 全国人大常委会首次进行专题询问。6 月 24 日上午，十一届全国人大常委会第十五次会议分组审议国务院关于 2009 年中央决算报告时进行了专题询问。受国务院委托，财政部多位负责人到会回答询问。这是全国人大常委会首次进行专题询问。2010 年 3 月，十一届全国人大三次会议审议通过的全国人大常委会工作报告提出，今年将选择代表普遍关心的问题听取国务院有关部门专题汇报，请国务院有关部门主要负责同志到会听取意见、回答询问、答复问题。为了督促国务院有关方面加强和改进预决算管理工作，全国人大常委会决定在今年 6 月审议中央决算报告时就相关问题进行专题询问。出席十一届全国人大常委会第十五次会议的常委会组成人员在人民大会堂分为 6 组审议中央决算报告等。审议中，全国人大常委会组成人员充分肯定中央决算报告，对决算报告涉及的社会普遍关注的问题进行专题询问。许多常委会组成人员就加强和改进预决算管理工作、优化转移支付结构、均衡拨付预算资金、加大保障和改善民生的投入、深化财税体制改革等提出了问题，财政部负责人一一认真作了回答。进行专题询问，是贯彻落实十一届全国人大三次会议精神的重要举措，是提高常委会会议审议质量、增强监督工作实效的积极探索。到会回答询问的财政部负责人表示，接受全国人大常委会组成人员询问，有利于进一步加强和改进财政工作，更好地实现为国理财、为民服务的宗旨。财政部将认真梳理研究全国人大常委会组成人员提出的意见和建议，进一步深化财政体制改革，提高预决算管理工作水平，更好地发挥财政职能作用。

7. 温家宝在全国依法行政工作会议上强调加快建设法治政府。8 月 27 日，国务院召开全国依法行政工作会议，温家宝总理作重要讲话，李克强等出席。温家宝强调，依法行政是现代政治文明的重要标志。贯彻依法治国基本方略，推进依法行政，建设法治政府，是我们党治国理政从理念到方式的革命性变化，是我国政治体制改革迈出的重要一步，具有划时代的重要意义。各级政府和所有工作人员要牢固树立法治观念，严格遵守宪法和法律，严格依法办事，不断推进法治政府建设取得新成效。温家宝强调，要继续深入贯彻落实《全面推进依法行政实施纲要》，推进依法行政、建设法治政府。一是加强政府立法和制度建设。二是深入推进科学民主决策。三是严格依法办事。四是全面推进政务公开。五是健全行政监督体系和问责制度。

（三）文化建设

1. 李长春出席全国宣传部长会议并讲话。1 月 4 日，全国宣传部长会议在北京举行。中共中央政治局常委李长春出席会议并讲话强调，宣传思想文化战线要按照高举旗帜、围绕大局、服务人民、改革创新的总要求，着力在服务党和国家中心工作、夺取应对国际金融危机冲击全面胜利上作出新贡献，在推进马克思主义学习型政党建设、提高全党思想政治理论水平上取得新成效，在加强社会主义核心价值体系建设、进一步凝聚全国各族人民团结奋进的强大精神力量上开创新局面，在深化文化体制改革、促进社会主义文化大发展大繁荣上实现新突破，在提高舆论引导能力和国际传播能力、掌握话语权赢得主动权上迈出新步伐，在推动中华文化“走出去”、提升国家文化软实力上取得新进展，引导和激励全国各族人民为夺取全面建设小康社会新胜利、开创中国特色社会主义事业新局面而奋斗。

2. 温家宝主持召开国务院常务会议审议并通过《国家中长期教育改革和发展规划纲要（2010—2020 年）》。5 月 5 日，国务院总理温家宝主持召开国务院常务会议，审议并通过《国家中长期教育改革和发展规划纲要（2010—2020 年）》。会议听取了国家中长期教育改革和发展规划纲要领导小组办公室关于《纲要》编制工作的汇报。会议强调，今后 10 年我国教育改革发展要贯彻优先发展、育人为本、改革创新、促进公平、提高质量的方针。会议强调，为确保《纲要》目标如期实现，要进一步强化教育改革发展的保障措施。特别是继续增加教育投入，逐步提高国家财政性教育经费支出占国内生产总值比例，到 2012 年达到 4%。

3. 中共中央政治局召开会议审议并通过《国家中长期教育改革和发展规划纲要（2010—2020 年）》。6 月 21 日，中共中央政治局召开会议，审议并通过《国家中长期教育改革和发展规划纲要（2010—2020 年）》。中共中央总书记胡锦涛主持会议。会议指出，教育是民族振兴、社会进步的基石，是提高国民素质、促进人的全面发展的根本途径，寄托着亿万家庭对美好生活的期盼。强国必先强教。中国未来发展、中华民族伟大复兴，关键靠人才，基础在教育。制定并实施国家中长期教育改革和发展规划纲要，优先发展教育，加快提高教育现代化水平，对满足人民群众接受良好教育需求，对全面实现小康社会目标、建设富强民主文明和谐的社会主义现代化国家具有决定性意义。会议强调，面对全面建设小康社会的新要求、人民群众的新期盼、国际竞争的新形势，必须高举中国特色社会主义伟大旗帜，以邓小平理论和“三个代表”重要思想为指导，深入贯彻落实科学发展观，全面贯彻党的教育方针，坚持社会主义办学方向，面向现代化、面向世界、面向未来，遵循教育规律和人才成长规律，认真落实优先发展、育人为本、改革创新、促进公平、提高质量的工作方针，全面推进教育事业科学发展，办好人民满意的教育，建设人力资源强国。

4. 中共中央政治局就文化体制改革研究问题进行集体学习。7 月 23 日上午，中共中央政治局就深化我国文化体制改革研究问题进行第二十二次集体学习。上海社会科学院文学研究所蒯大申研究员、中央宣传部全国宣传干部学院李伟教授就这个问题进行讲解，并谈了他们的意见和建议。中共中央政治局各位同志认真听取了他们的讲解，并就有关问题进行了讨论。胡锦涛在主持学习时强调，深入推进文化体制改革，促进文化事业全面繁荣和文化产业快速发展，关系全面建设小康社会奋斗目标的实现，关系中国特色社会主义事业总体布局，关系中华民族伟大复兴。我们一定要从战略高度深刻认识文化的重要地位和作用，以高度的责任感和紧迫感，顺应时代发展要求，深入推进文化体制改革，推动社会主义文化大发展大繁荣。胡锦涛强调了当前和今后一个时期要重点抓好的 4 项工作。

5. 中共中央国务院发出通知要求认真贯彻执行《国家中长期教育改革和发展规划纲要（2010—2020 年）》。新华社 7 月 29 日发布消息，中共中央、国务院近日印发了《国家中长期教育改革和发展规划纲要（2010—2020 年）》，并发出通知，要求各地区各部门结合实际认真贯彻执行。

6. 人大常委会就我国非物质文化遗产保护的若干问题举行专题讲座。8 月 28 日下午，十一届全国人大常委会在北京人民大会堂举行第十七讲专题讲座，题目是《我国非物质文化遗产保护的若干问题》。吴邦国委员长主持讲座。十一届全国人大常委会第十六次会议初次审议了非物质文化遗产法草案。为了使全国人大常委会组成人员更好地审议、修改这部法律草案，全国人大常委会安排了这次讲座。讲座主讲人是中国社会科学院荣誉学部委员、中国民俗学会理事长刘魁立。他从非物质文化遗产问题的提出、我国非物质文化遗产保护工作的现状、国家非物质文化遗产保护工作面临的主要困难和问题、进一步加强非物质文化遗产保护工作的建议等四个方面作了深入讲解。他提出了完善非物质文化遗产保护和传承机制，加强包括传承人、工作管理人员、研究人员在内的队伍建设，加快立法进程、为非物质文化遗产保护工作提供法律保障，加强领导、加大投入，加强宣传引导等方面的意见和建议。

7. 中共中央政治局就从上海世博会看世界发展的新趋势新理念问题进行集体学习。12 月 3 日下午，中共中央政治局就从上海世博会看世界发展的新趋势新理念问题进行第二十四次集体学习。上海市社会科学院黄仁伟研究员、同济大学公共管理系诸大建教授就这个问题进行讲解，并谈了他们的意见和建议。中共中央政治局各位同志认真听取了他们的讲解。中共中央总书记胡锦涛在主持学习时强调，上海世博会给我们留下了丰厚物质成果和宝贵精神财富。我们要紧密结合贯彻落实党的十七届五中全会精神，认真总结上海世博会经验，弘扬上海世博会精神，努力把上海世博会成果转化为推动科学发展、促进社会和谐的新优势。

8. 贾庆林出席树立和践行社会主义核心价值体系先进人物事迹报告会并讲话。12 月 13 日，“身边的榜样——树立和践行社会主义核心价值体系先进人物事迹报告会”在北京人民大会堂举行。全国政协主席贾庆林出席会议并讲话。贾庆林说，社会主义核心价值体系是社会主义意识形态的本质体现，是全党全国各族人民团结奋斗的共同思想基础。中共中央高度重视社会主义核心价值体系建设，提出了一系列重大方针政策，作出了重要工作部署。今年2月，胡锦涛同志在党外人士迎春座谈会上对各民主党派树立和践行社会主义核心价值体系提出了殷切希望。实践证明，树立和践行社会主义核心价值体系是巩固多党合作共同思想政治基础的重要举措，是推进多党合作事业发展的基础工程和灵魂工程。贾庆林指出，当前我国正处在全面建设小康社会的关键时期，统一战线和多党合作事业前景广阔、任重道远。我们要认真学习贯彻中共十七届五中全会和中央经济工作会议精神，切实把思想和行动统一到中共中央的决策部署上来，坚持以社会主义核心价值体系为引领，在深化学习、巩固成果、典型激励和服务大局上下功夫，为全面建设小康社会作出新的贡献。

（四）社会建设

1. 贾庆林对全国宗教工作会议作出重要指示。1月12日，2010年全国宗教工作会议在京召开。全国政协主席贾庆林对这次会议作出重要指示，要求各级党委、政府进一步加强对宗教工作的领导和支持。各级统战和宗教部门要认真学习贯彻党的宗教工作的方针政策和中央对宗教工作的决策部署，认真贯彻实施《宗教事务条例》，做好今年各项宗教工作，更好地服务于党和国家的中心任务。国务院副总理回良玉出席会议并讲话。

2. 周永康主持中央政法委员会会议强调扎实推进三项重点工作。2月3日下午，中央政法委员会第十次全体会议在京召开。中央政法委书记周永康主持会议并强调，各级政法机关要进一步提高认识，细化实化各项部署要求，扎实推进社会矛盾化解、社会管理创新、公正廉洁执法三项重点工作，确保取得实实在在的成效，为实现国家长治久安奠定坚实基础。各级党委、政府和政法机关要结合实际，上下联动，点面结合，扎实推进。要明确目标任务、明确工作措施、明确责任主体、明确时间要求，力争每年办成几件大事、解决一些突出问题，三年取得明显成效。要尊重基层首创精神，鼓励引导各地各部门大胆探索，及时总结推广经验并上升为制度规范，形成长效机制。要把推进三项重点工作纳入领导班子和领导干部绩效考核范围，加强督促检查，对工作扎实、成效显著的予以表彰，对措施不力、成效不大的予以批评。

3. 李克强强调加大食品安全监管力度，维护人民群众切身利益。2月9日，国务院食品安全委员会召开第一次全体会议。中共中央政治局常委、国务院副总理、国务院食品安全委员会主任李克强在会上讲话时强调，食品安全是重要的民生问题，要下更大的决心，采取更有力的措施，依法加强治理整顿，依法加大监管力度，切实提高食品安全水平，保障人民群众身体健康，维护改革发展稳定大局。国务院副总理、国务院食品安全委员会副主任回良玉、王岐山出席会议并讲话。

4. 中共中央政治局就医药卫生体制改革问题进行集体学习。5月28日下午，中共中央政治局就世界医药卫生发展趋势和我国医药卫生体制改革问题进行第二十次集体学习。卫生部统计信息中心饶克勤研究员、国务院发展研究中心社会发展研究部葛延风研究员就这个问题进行讲解，并谈了他们的意见和建议。中共中央政治局各位同志认真听取了他们的讲解，并就有关问题进行了讨论。胡锦涛在主持学习时强调，医药卫生事业关系亿万人民健康，关系千家万户幸福，关系经济发展和社会和谐，关系国家前途和民族未来，是一个十分重大的民生问题。建立健全覆盖城乡居民的基本医疗卫生制度，为群众提供安全、有效、方便、价廉的医疗卫生服务，是党和政府义不容辞的责任，是保障和改善民生、促进人的全面发展的必然要求，是全面建设小康社会、加快推进社会主义现代化的重要任务。

5. 贾庆林出席省部级领导干部民族工作专题研讨班结业式并讲话。9 月 21 日，中央组织部、中央党校、国家民委共同举办的省部级领导干部民族工作专题研讨班在北京结业。全国政协主席贾庆林在结业式上强调，要深入贯彻落实科学发展观，牢牢把握各民族共同团结奋斗、共同繁荣发展的主题，认真贯彻落实中央关于民族工作的决策部署，深刻理解和准确把握事关全局的重大问题，着力在重点工作和关键环节取得新突破，切实提高民族工作的科学化水平，进一步谱写民族团结进步事业新篇章。贾庆林说，我们要深刻理解和把握中央关于当前民族工作形势的科学判断和民族工作的重大举措、整体思路、新论断、新要求，更加积极主动地应对各种可能出现的复杂局面，更加科学地谋划民族工作，更加扎实地推进民族工作。

6. 中共中央政治局就正确处理新时期人民内部矛盾问题进行集体学习。9 月 29 日上午，中共中央政治局就正确处理新时期人民内部矛盾问题研究进行第二十三次集体学习。中国社会科学院财政与贸易经济研究所高培勇教授、政治学研究所房宁研究员就这个问题进行讲解，并谈了他们的意见和建议。中共中央政治局各位同志认真听取了他们的讲解，并就有关问题进行了讨论。中共中央总书记胡锦涛在主持学习时强调，正确处理新时期人民内部矛盾，要以邓小平理论和“三个代表”重要思想为指导，深入贯彻落实科学发展观，强化责任，创新机制，统筹兼顾，落实措施，认真解决影响社会稳定的源头性、根本性、基础性问题，加快推进以改善民生为重点的社会建设，依法保障人民权益，不断提高正确处理人民内部矛盾能力和水平，扎实做好正确处理人民内部矛盾各项工作。胡锦涛就扎实做好正确处理人民内部矛盾工作提出 4 点要求。

7. 李克强考察中国疾控中心艾滋病预防控制中心。11 月 22 日，国务院副总理、国务院防治艾滋病工作委员会主任李克强考察了中国疾控中心艾滋病预防控制中心，并现场主持召开防治艾滋病工作委员会全体会议。在认真听取大家的意见和建议后，李克强指出，我国艾滋病防控取得积极进展，但形势依然严峻复杂，防治工作正处于攻坚阶段。各地区和有关部门必须进一步提高对这项工作重要性和紧迫性的认识，以高度负责的精神、科学认真的态度，采取更有力的措施，控制艾滋病传播。李克强强调，做好艾滋病防治工作，是一场持久战，必须坚持不懈地抓。

8. 贾庆林会见出席中国扶贫开发协会第四届会员大会与会代表并讲话。12 月 1 日上午，贾庆林在全国政协礼堂会见了前来出席会议的全体代表和“千人千村星火扶贫工程”贫困地区大学生村官代表。贾庆林说，党的十七大提出了到 2020 年基本消除绝对贫困现象的奋斗目标。前不久召开的党的十七届五中全会，就深入推进开发式扶贫提出了新的要求。我们要充分认识做好扶贫开发工作的重要性、紧迫性和艰巨性，坚持开发式扶贫方针，全面提高减贫成效，推动贫困地区经济社会又好又快发展。贾庆林对做好新时期扶贫开发工作提出四点希望。

9. 人大常委会专题询问深化医改工作情况。12 月 24 日上午，十一届全国人大常委会第十八次会议在人民大会堂召开联组会议，专题询问国务院关于深化医药卫生体制改革工作情况。这是全国人大常委会今年以来举行的第三次专题询问，也是规模最大的一次联组会议。受吴邦国委员长的委托，全国人大常委会副委员长兼秘书长李建国主持了这次联组会议。在联组会议上，常委会 10 位委员就深化医改中的重要问题特别是广大人民群众关心的基本医疗保障制度、基本药物制度、公立医院改革、农村和社区基层医疗卫生服务等突出问题提出询问。受国务院委托，国家发展改革委、财政部、人力资源和社会保障部、卫生部、国家食品药品监管局、国家中医药管理局等部委局负责人对提出的询问一一作了回答。

（五）生态文明建设

1. 温家宝主持召开国务院常务会议讨论并原则通过《国家环境保护“十一五”规划中期评估报告》。1 月 27 日，温家宝主持召开国务院常务会议，讨论并原则通过《国家环境保护“十一五”规划中期评估报告》。会议指出，《国家环境保护“十一五”规划》发布后，各地区、各部门综合运用法律、经济、技术及必要的行政手段，积极推动环境质量改善。部分地区生态环境质量有所改善。会议强调，虽然我国环境保护工作取得积极成效，但环境污染总体尚未得到遏制，环境监管能力依然滞后，形势依然严峻。必须进一步强化政府和企业的责任，严格落实环境保护目标责任制，毫不松懈地推进治污减排工作，确保实现“十一五”期间环境保护目标。

2. 中共中央政治局就控制温室气体排放问题进行集体学习。2 月 22 日下午，中共中央政治局就关于实现 2020 年我国控制温室气体排放行动目标问题进行第十九次集体学习。中国社会科学院城市发展与环境研究所潘家华研究员、国家发展和改革委员会能源研究所徐华清研究员就这个问题进行讲解，并谈了他们的意见和建议。中共中央政治局各位同志认真听取了他们的讲解，并就有关问题进行了讨论。胡锦涛在主持学习时强调，我们要从全面建设小康社会、加快推进社会主义现代化的全局出发，科学判断应对气候变化对我国发展提出的新要求，充分认识应对气候变化工作的重要性、紧迫性、艰巨性，统一思想，明确任务，坚定信念，扎实工作，把应对气候变化作为我国经济社会发展的重大战略和加快经济发展方式转变和经济结构调整的重大机遇，进一步做好应对气候变化各项工作，确保实现 2020 年我国控制温室气体排放行动目标。

3. 习近平出席博鳌亚洲论坛开幕式并发表主旨演讲。4 月 10 日上午，博鳌亚洲论坛 2010 年年会在海南博鳌开幕。国家副主席习近平出席开幕式并发表主旨演讲。他强调，绿色发展和可持续发展是当今世界的时代潮流。亚洲各国要坚持凝聚共识，加强团结合作，在实践中走出一条绿色发展和可持续发展之路，以造福亚洲、造福世界。习近平说，本届年会以“绿色复苏：亚洲可持续发展的现实选择”为主题，对促进全球经济复苏和持久繁荣具有重要意义。习近平表示，中国愿意同亚洲各国一道，进一步从六个方面携手推进亚洲绿色发展和可持续发展。

4. 李克强出席绿色经济与应对气候变化国际合作会议。5 月 8 日上午，中共中央政治局常委、国务院副总理李克强出席在北京举行的绿色经济与应对气候变化国际合作会议开幕式并发表主旨演讲。李克强说，当今世界，发展绿色经济已经成为一个重要趋势。在经济发展与资源环境矛盾日益突出的情况下，发展绿色经济不仅可以节能减排，而且能够充分利用资源、扩大市场需求、提供新的就业，是保护环境与发展经济的重要结合点。中国从自身实践出发，借鉴国际经验，坚持走以人为本、全面协调可持续的科学发展道路，推动绿色发展，这是中国这样一个有13亿人口的大国破解能源资源瓶颈制约难题，实现和平发展和现代化的客观要求和必然选择。李克强就发展绿色经济与应对气候变化国际合作提出三点建议。

5. 李克强主持召开国际生物多样性年中国国家委员会全体会议并讲话。5月18日，李克强主持召开国际生物多样性年中国国家委员会全体会议并讲话。他强调，要按照建设生态文明的要求，遵循自然规律和发展规律，把保护生物多样性与优化发展结合起来，把资源有效保护与合理利用结合起来，加快经济发展方式转变，推动可持续发展。李克强指出，在新的形势下，做好生物多样性保护工作，应立足我国国情，借鉴国际经验，坚持保护优先、合理利用、惠益共享的目标和方针，建立健全生态保护体系。

6. 李克强参观中国环境宏观战略研究成果展示并主持召开成果应用座谈会。12月20日，李克强参观了中国环境宏观战略研究成果展示，并主持召开研究成果应用座谈会。座谈会上，中国工程院院长周济、环境保护部部长周生贤、江苏省副省长徐鸣、沈国舫院士、陈吉宁教授发了言。李克强认真听取意见，不时与大家交换看法。他说，“十一五”时期我国环境保护取得新的积极进展，主要污染物减排任务已经完成。但环境容量有限的基本国情没有改变，环境对发展的瓶颈制约仍十分严重。我国面临的环境压力比世界上任何国家都大。他强调，要认真贯彻落实党的十七届五中全会和中央经济工作会议精神，把强化生态环保作为调整经济结构、保障改善民生的重要抓手，把解决好突出的环境问题作为促进社会和谐、推动可持续发展的重点任务，不断提高经济发展和人民生活的质量。

三、多党合作和政治协商

1. 中央纪委监察部召开向党外人士通报党风廉政建设和反腐败工作情况会议。1月26日，中央纪委监察部召开会议，向各民主党派中央、全国工商联负责同志和无党派人士通报党风廉政建设和反腐败工作情况并听取意见。贺国强出席会议并讲话强调，要充分发挥包括各民主党派、工商联和无党派人士在内的各方面积极作用，不断把党风廉政建设和反腐败斗争引向深入，为改革发展稳定提供坚强保证。贺国强强调，中国共产党与各民主党派之间长期共存、互相监督、肝胆相照、荣辱与共的关系，是一个有机联系、密不可分的整体。长期共存、荣辱与共本身就内含着要肝胆相照、互相监督，特别是参政党要加强对执政党的监督；只有肝胆相照、互相监督，执政党和参政党才能够相互促进、提高领导水平和执政、参政能力，从而实现长期共存、荣辱与共。长期以来，中国共产党高度重视发挥各民主党派、工商联和无党派人士在反腐倡廉建设中的重要作用，各民主党派、工商联和无党派人士对党风廉政建设和反腐败工作也十分关心和支持，做了大量卓有成效的工作。希望各民主党派、工商联和无党派人士进一步发挥自身优势，认真履行参政议政、民主监督职能，继续关心、支持、参与和监督纪检监察机关的工作，在加强对中央重大决策部署贯彻执行情况监督检查中发挥积极作用，在参与反腐倡廉民主监督中发挥积极作用，在加强反腐倡廉制度建设中发挥积极作用，在推进反腐倡廉理论创新中发挥积极作用，同时加强自身作风建设和内部监督机制建设，为推进党风廉政建设和反腐败斗争作出新的更大贡献。杜青林在主持会议时指出，统一战线要深入学习贯彻胡锦涛同志在中央纪委第五次全会上的重要讲话精神，认真学习贺国强同志的讲话和这次会议精神。各民主党派、工商联和无党派人士要充分履行参政议政、民主监督职能，充分利用层次高、范围广、形式活的特点，报实情、建诤言、献良策，为推进反腐倡廉，促进社会和谐贡献智慧和力量。要把加强内部监督作为民主党派自身建设的一项重要内容，加强组织和干部队伍建设，努力使参政党建设与执政党建设相适应，与中国共产党一道，共同推进中国特色社会主义伟大事业。

2. 温家宝主持召开座谈会征求对《政府工作报告》的意见。1 月 22 日至 2 月 1 日，温家宝在中南海主持召开五次座谈会，征求对即将提请十一届全国人大三次会议审议的《政府工作报告》的意见。各民主党派中央、全国工商联负责人和无党派人士代表，经济、社会领域专家学者，科技、教育、卫生、文化、体育界代表，企业界代表和工人、农民、学生等基层群众代表，分别出席了座谈会。在座谈会上，民革中央主席周铁农、民盟中央主席蒋树声、民建中央主席陈昌智、民进中央主席严隽琪、农工党中央主席桑国卫、致公党中央主席万钢、九三学社中央副主席王志珍、台盟中央主席林文漪、全国工商联主席黄孟复、无党派人士陈章良在发言中，高度评价去年政府工作所取得的成绩，对今年政府工作的各项部署表示赞成。他们还分别就扩大就业、加快转变经济发展方式、调整收入分配关系、稳步推进城镇化、深入推进西部大开发、支持中小企业发展、深化医药卫生体制改革、进一步转变政府职能等方面提出了许多好的建议。

3. 中共中央举行党外人士迎春座谈会。2 月 10 日下午，中共中央在中南海召开党外人士迎春座谈会，邀请各民主党派中央、全国工商联领导同志和无党派人士代表共商国是。座谈会上，民革中央主席周铁农、民盟中央主席蒋树声、民建中央主席陈昌智、民进中央主席严隽琪、农工党中央主席桑国卫、致公党中央主席万钢、九三学社中央主席韩启德、台盟中央主席林文漪、全国工商联主席黄孟复、无党派人士代表陈竺等先后发言。胡锦涛在认真听取大家的发言后发表了重要讲话强调，发展是中国共产党执政兴国的第一要务，也是各民主党派、工商联和无党派人士参政议政的第一要务。希望同志们把促进经济发展方式转变作为重要任务，紧紧围绕提高宏观调控水平、推进经济结构调整、夯实“三农”发展基础、增强经济发展动力、加强社会建设等重大课题深入开展调查研究，积极为加快转变经济发展方式、破解发展难题建言献策，形成推动科学发展的强大合力。要把促进保障和改善民生作为重要着力点，把促进社会和谐作为重要责任，深入了解和及时反映社情民意，推动营造良好社会环境。胡锦涛希望各民主党派、工商联和无党派人士把树立和践行社会主义核心价值体系作为中国特色社会主义主题学习教育活动的深化和延伸，突出坚持中国共产党的领导、坚持中国特色社会主义政治发展道路这一主题，牢固树立中国特色社会主义共同理想，矢志不渝坚持我国社会主义政治制度和经济制度，大力弘扬我国多党合作事业的优良传统，不断巩固共同团结奋斗的思想政治基础。胡锦涛强调，加强民主党派自身建设，提高党外代表人士队伍素质，关系到坚持和完善中国共产党领导的多党合作和政治协商制度，关系到充分发挥参政党作用。希望同志们坚持德才兼备、以德为先，把培养造就素质优良、结构合理、数量充足、同中国共产党同心同德的党外代表人士作为加强参政党建设的重要内容，为我国多党合作事业发展提供充足人才保证。

4. 中共中央政治局常委送别孙起孟同志。著名的教育家和社会活动家，中国民主建国会和全国工商联的卓越领导人，第七届、八届全国人民代表大会常务委员会副委员长，中国民主建国会第七届、八届中央委员会名誉主席，中华职业教育社名誉理事长，中国共产党的优秀党员孙起孟同志，因病于 2010 年 3 月 2 日 12 时 30 分在北京逝世，享年 100 岁。3 月 9 日，胡锦涛、吴邦国、温家宝、贾庆林、李长春、习近平、李克强、贺国强、周永康等前往八宝山送别送别孙起孟同志。

5. 中共中央召开党外人士座谈会。7 月 20 日，中共中央在中南海召开党外人士座谈会，就当前经济形势和下半年经济工作听取各民主党派中央、全国工商联领导人和无党派人士的意见和建议。中共中央总书记胡锦涛主持座谈会并发表重要讲话。温家宝、贾庆林、习近平、李克强出席座谈会。温家宝通报了上半年经济工作有关情况，介绍了中共中央、国务院关于做好下半年经济工作的考虑。座谈会上，民革中央主席周铁农、民盟中央主席蒋树声、民建中央主席陈昌智、民进中央主席严隽琪、农工党中央主席桑国卫、致公党中央常务副主席王钦敏、九三学社中央主席韩启德、台盟中央主席林文漪、全国工商联主席黄孟复、无党派人士陈章良先后发言。他们表示赞同中共中央、国务院对当前我国经济形势的分析和对下半年经济工作的考虑，并就优化投资结构、加快转变经济发展方式、加快培育战略性新兴产业、加强农田水利建设、推进城镇化建设、保障和改善民生、深化改革开放等提出意见和建议。在认真听取了大家的发言后，胡锦涛作了重要讲话。他表示，同志们在发言中充分肯定了上半年经济工作取得的成绩，并提出了许多很好的意见和建议。对大家提出的意见和建议，我们将认真研究、积极采纳。

6. 全国政协召开专题协商会。8 月 17 日，全国政协在政协礼堂召开“着力扩大内需，促进发展方式转变”专题协商会。中共中央政治局常委、全国政协主席贾庆林出席并讲话。他强调，要深入贯彻落实科学发展观，自觉地把思想和行动统一到中央对形势的分析判断和对工作的总体部署上来，充分发挥人民政协人才荟萃、智力密集、联系广泛的优势，为保持经济平稳较快发展，全面完成今年经济社会发展各项任务，为制定和实施好“十二五”规划，发挥应有的积极作用。全国政协副主席黄孟复、张梅颖、张榕明、钱运录、郑万通、厉无畏、王志珍出席会议。16 位政协委员、常委和民主党派中央、全国工商联、政协专门委员会的代表作了大会发言，国务院有关部门负责同志作了交流发言。

7. 全国政协召开第六次提案工作座谈会。8 月 18 日，全国政协第六次提案工作座谈会在京举行。中共中央政治局常委、全国政协主席贾庆林会见与会人员并讲话。中共中央政治局委员、全国政协副主席王刚出席会议并讲话。贾庆林强调，要认真学习贯彻胡锦涛同志在庆祝人民政协成立 60 周年大会上的重要讲话，深入贯彻落实科学发展观，继承和发扬提案工作的优良传统，积极探索新形势下做好提案工作的方法和途径，努力提高提案工作科学化水平，更好地发挥提案在促进我国经济社会发展中的重要作用。贾庆林指出，提案工作是人民政协履行职能的有效方式，是一项具有全局意义的重要工作。多年来，各级党委、政府和政协组织紧紧围绕提案工作的全局性定位和要求，积极探索、勇于实践，为我国经济社会发展作出了积极贡献，提案工作呈现出党委重视、政府支持、政协主动、各方参与、社会关注的良好局面。贾庆林就进一步做好政协提案工作提出了四点要求。

8. 贾庆林会见党外代表人士教育培训工作会议暨社会主义学院工作会议代表并作重要讲话。9 月 1 日，中共中央政治局常委、全国政协主席贾庆林在北京会见全国党外代表人士教育培训工作会议暨全国社会主义学院工作会议代表并讲话。贾庆林说，中共中央一贯高度重视党外代表人士的教育培训工作。最近，中央办公厅印发了《2010—2020 年党外代表人士教育培训改革和发展纲要》。这是指导党外代表人士队伍建设的纲领性文件，在统一战线发展史上具有里程碑意义。我们要把贯彻落实《纲要》精神作为当前和今后一个时期的重要任务，认真学习领会，精心组织实施，不断提高党外代表人士教育培训工作科学化水平，为推进统一战线和多党合作事业科学发展提供坚实的人才支持。贾庆林就贯彻落实《纲要》精神，做好党外代表人士教育培训工作提出四点希望。一是加强理论培训，增进政治共识。要以不断增强政治共识为核心，把系统深入开展中国特色社会主义理论体系和社会主义核心价值体系教育作为培训的首要任务，贯穿于党外代表人士教育培训工作的全过程，引导党外代表人士不断增强坚持中国共产党领导、走中国特色社会主义道路的自觉性和坚定性。二是加强实践锻炼，着力提高素质。要着眼党和国家事业发展需要，适应党外代表人士履行岗位职责的要求，按照“缺什么补什么、用什么学什么”的原则，把理论培训和实践锻炼结合起来，通过多岗位的社会实践，努力培养造就一支政治坚定、专业突出、群众认同的党外代表人士队伍。三是加强社会主义学院建设，发挥教育培训主阵地作用。各级社会主义学院要坚持社会主义的办学方向，深化教学改革，加强师资队伍建设，不断提高教学质量和办学水平，充分发挥社会主义学院作为统一战线人才培养基地、理论研究基地、方针政策宣传基地的作用。各级党委和统战部门要高度重视社会主义学院工作，认真研究解决社会主义学院建设发展中的困难和问题，切实加大投入，积极帮助改善办学条件，提高办学水平。四是加强党的领导，健全工作机制。各级党委要加强对党外代表人士教育培训工作的领导，纳入当地干部教育培训工作整体规划，及时研究解决存在的困难和问题。统战部门要积极发挥牵头协调作用，推动有关问题的解决和目标任务的落实。各民主党派、工商联和无党派人士要充分发挥自身的优势和作用，共同协商做好教育培训工作。各级社会主义学院要充分认识担负的职责，出色完成各项培训任务。

9. 贾庆林亲切看望雷洁琼。9 月 8 日上午，中共中央政治局常委、全国政协主席贾庆林来到中国民主促进会原主席、著名社会学家雷洁琼家中，亲切看望这位即将迎来 105 岁华诞的老人，代表中共中央向她表示诚挚问候和美好祝愿。全国人大常委会副委员长、民进中央主席严隽琪，全国政协副主席、中央统战部部长杜青林，全国政协副主席、民进中央常务副主席罗富和一同前往看望。

10. 贾庆林会见中国统一战线理论研究会第五届会员代表大会代表。9 月 27 日，中国统一战线理论研究会第五届会员代表大会在北京召开。中共中央政治局常委、全国政协主席贾庆林会见全体代表时强调，要加大对统一战线重大理论和实践问题的研究力度，不断提高统战理论研究的整体水平，为丰富和发展党的统战理论、推动统一战线事业发展作出积极贡献。当前，统一战线肩负着艰巨繁重的任务，时代呼唤着统一战线理论的大发展大繁荣。我们要坚持以邓小平理论和“三个代表”重要思想为指导，深入贯彻落实科学发展观，加大对统一战线重大理论和实践问题的研究力度，多出成果，多出精品，多出人才，不断提高统战理论研究的整体水平，为丰富和发展党的统战理论、推动统一战线事业发展作出积极贡献。贾庆林对中国统一战线理论研究工作提出四点希望。

11. 中共中央召开党外人士座谈会，征求对制定第十二个五年规划的建议的意见。新华社 10 月 19 日消息：中共中央日前在中南海召开党外人士座谈会，就中共中央关于制定国民经济和社会发展第十二个五年规划的建议听取各民主党派中央、全国工商联领导人和无党派人士意见和建议。中共中央总书记胡锦涛主持座谈会。温家宝、贾庆林、习近平、李克强出席座谈会。座谈会上，胡锦涛介绍了中共中央对起草中共十七届五中全会文件的考虑和文件稿形成过程。他希望各民主党派中央、全国工商联领导人和无党派人士畅所欲言，对文件稿提出修改意见和建议。民革中央主席周铁农、民盟中央主席蒋树声、民建中央主席陈昌智、民进中央主席严隽琪、农工党中央主席桑国卫、致公党中央主席万钢、九三学社中央主席韩启德、台盟中央主席林文漪、全国工商联主席黄孟复、无党派人士陈竺先后发言。在认真听取了大家的发言后，胡锦涛发表了重要讲话。他说，同志们一直十分关心我国改革开放和社会主义现代化建设，对涉及我国经济社会发展的一些重大问题进行了深入调查研究。大家对文件稿提出了很多有价值、有见地的意见和建议，对修改好文件稿很有帮助，我们将认真研究和吸收。胡锦涛强调，我们要继续巩固和发展最广泛的爱国统一战线，团结一切可以团结的力量，为全面建成小康社会携手奋斗。希望各民主党派、工商联和无党派人士坚持围绕中心、服务大局，充分发挥人才荟萃、智力密集优势，履行好参政议政、民主监督职能，为实现“十二五”时期我国经济社会发展目标任务作出新的更大的贡献。

12. 贾庆林出席全国加强和改进工商联工作电视电话会议并讲话。11 月 15 日，全国加强和改进工商联工作电视电话会议在北京召开。会议由全国政协副主席、中共中央统战部部长杜青林主持。全国政协主席贾庆林出席会议并讲话。贾庆林强调，各级工商联组织要认真学习党的十七届五中全会精神和《中共中央国务院关于加强和改进新形势下工商联工作的意见》精神，深刻认识做好新形势下工商联工作的重大意义，准确把握《意见》的精神实质，扎实做好《意见》精神的贯彻落实，在新的历史起点上不断开创工商联工作新局面。贾庆林强调，当前和今后一个时期，要把贯彻落实《意见》精神作为各级党委政府的一项重要工作，作为统一战线工作的一项重要内容，作为工商联组织的首要任务，把《意见》精神不折不扣地落到实处。

13. 中共中央召开党外人士座谈会征求对经济工作的意见和建议。11 月 30 日，中共中央在中南海召开党外人士座谈会，就当前经济形势和明年经济工作听取各民主党派中央、全国工商联领导人和无党派人士意见和建议。中共中央总书记胡锦涛主持座谈会并发表重要讲话。温家宝、贾庆林、习近平、李克强出席座谈会。温家宝通报了经济工作有关情况，介绍了中共中央、国务院关于做好明年经济工作的考虑。民革中央主席周铁农、民盟中央主席蒋树声、民建中央主席陈昌智、民进中央主席严隽琪、农工党中央主席桑国卫、致公党中央主席万钢、九三学社中央主席韩启德、台盟中央主席林文漪、全国工商联主席黄孟复、无党派人士胡四一先后发言。在认真听取了大家发言后，胡锦涛总书记作了重要讲话。他表示，大家实事求是地评价和分析了今年经济工作取得的成绩和面临的问题，提出许多好的意见和建议，对我们安排好明年经济工作很有帮助。胡锦涛强调，明年是“十二五”开局之年，做好明年经济工作十分重要。希望各民主党派、全国工商联和无党派人士紧紧围绕经济社会发展重大问题深入调查研究，提出建设性意见和建议；紧紧围绕保障和改善民生等重点问题，深入了解社情民意，协助党和政府做好团结群众、联系群众、服务群众工作。

14. 贾庆林出席全国统战部长会议并讲话。12 月 14 日，全国统战部长会议在北京举行。中共中央政治局常委、全国政协主席贾庆林在会上强调，要进一步深化对我国发展重要战略机遇期的认识，切实增强机遇意识和忧患意识，统筹各方资源和力量，扎实推进各领域统战工作，使重要战略机遇期成为统一战线的全面提升期、创新发展期和大有作为期。贾庆林强调，把握好科学发展这个主题和加快转变经济发展方式这个主线，就抓住了服务经济社会发展的核心和根本。要团结引导统一战线广大成员，把思想和行动统一到主题主线上来，把智慧和力量凝聚到主题主线上来。贾庆林指出，隆重纪念中国共产党成立 90 周年，是明年党和国家的一项重要工作。统一战线要以此为契机，开展多种形式的纪念活动，热情讴歌党领导中国革命、建设和改革的丰功伟绩，全面展示各民主党派和中国共产党肝胆相照、携手共进的光辉业绩，广泛宣传统一战线各界人士参政议政、服务大局的显著成绩，从而引导统一战线广大成员继承和弘扬优良传统，坚定在中国共产党领导下走中国特色政治发展道路的信念和信心。要隆重纪念辛亥革命 100 周年，发扬光大辛亥革命精神，继承孙中山先生等革命先烈的遗志，促进海内外中华儿女的大团结，共同推动祖国和平统一大业、实现中华民族的伟大复兴。

四、港澳台工作

1. 贾庆林出席 2010 年对台工作会议并作重要讲话。1 月 28 日至 29 日，2010 年对台工作会议在北京举行。全国政协主席贾庆林出席会议并作重要讲话。贾庆林强调，胡锦涛总书记提出的两岸关系和平发展重要思想，充分体现了总揽全局的战略思考，充分体现了奋力开拓两岸关系前进道路的政治智慧和务实思路，充分体现了对台工作以人为本的科学理念，是新形势下做好对台工作的根本指针。一年来，我们认真贯彻落实胡锦涛总书记关于推动两岸关系和平发展的六点意见，对台工作取得了新成效，两岸关系打开了新局面。贾庆林强调，两岸关系和平发展正处在进一步向前推进的重要机遇期，同时，在前进道路上也面临困难和阻碍。我们要客观、全面、辩证地把握台湾局势和两岸关系形势，以坚定的信心、创新的精神、务实的作风，不断开拓进取，积极应对挑战，推动各项工作取得新进展，为进一步开创两岸关系和平发展新局面、促进祖国和平统一作出更大的贡献。

2. 贾庆林会见台湾民意代表交流参访团。3 月 18 日下午，全国政协主席贾庆林在人民大会堂会见了饶颖奇先生率领的台湾民意代表交流参访团。贾庆林表示，赞同两岸开展平等协商和互利合作、支持两岸关系和平发展，越来越成为台湾民意的主流，成为两岸同胞的普遍共识。实现两岸关系和平发展，是两岸同胞共同的事业。希望两岸双方、社会各界继续努力，保持两岸关系发展的正确方向和改善发展的良好势头，推动两岸关系不断取得新进展。饶颖奇说，台湾的主流民意希望两岸关系和平发展，希望通过与大陆的交流，增进了解，扩大合作，共同为推动两岸民间交流贡献力量，为两岸关系和平发展、促进中华民族复兴奉献力量。

3. 贾庆林会见台湾新同盟会退役将领访问团。4 月 7 日下午，全国政协主席贾庆林在北京人民大会堂会见了由许历农率领的台湾新同盟会退役将领访问团一行。他表示，新同盟会组织台湾退役将领来访，是两岸关系不断改善和发展的一个标志，为两岸各界大交流增添了新的内涵。贾庆林高度评价许历农等新同盟会人士长期以来坚持民族大义和为维护两岸同胞根本利益作出的贡献，希望新同盟会积极带动和促进更多的台湾同胞参与两岸交流，共同推动两岸关系保持良好发展势头，不断取得新的进展。许历农表示，我们认同两岸同属一个中国，主张和平统一。这次来访，与大陆有关方面进行了有益的交流。新同盟会愿为促进两岸关系和平发展作出积极努力。

4. 习近平出席《粤港合作框架协议》签署仪式。4 月 7 日，广东省人民政府和香港特别行政区政府在人民大会堂正式签署了《粤港合作框架协议》。国家副主席习近平出席签署仪式，并会见了香港特别行政区行政长官曾荫权和广东省省长黄华华等出席签署仪式的粤港双方代表。黄华华、曾荫权分别代表广东省人民政府和香港特别行政区政府签署协议。

5. 贾庆林看望台湾医疗救援队成员。4 月 26 日下午，全国政协主席贾庆林在青海省西宁市第一人民医院看望台湾医疗救援队成员，代表胡锦涛总书记、大陆同胞尤其是灾区群众，向台湾医疗救援队全体成员表示诚挚的感谢，并请他们向所有关心和支持抗震救灾的台湾同胞转达真诚的谢意。

6. 贾庆林会见出席全国台企联会员代表大会代表。5 月 14 日下午，全国政协主席贾庆林在北京会见了前来参加全国台湾同胞投资企业联谊会第二届会员代表大会的台商代表。贾庆林对台企联成立三年来，为帮助台资企业发展、促进两岸经济交流与合作，以及推动两岸关系实现历史性转折所做的工作和取得的成绩表示肯定；对台企联会员在两岸发生重大自然灾害的时候，对灾区同胞所给予的倾力相助表示赞赏。贾庆林表示，台企联承载了广大台商的重托与期望，肩负着维护两岸关系和平发展的重任，应该为广大台商多做实事，多办好事。希望大家共同努力，为深化两岸经济交流合作、推动两岸关系和平发展作出新的更大贡献。

7. 贾庆林出席第二届海峡论坛大会并致辞。6 月 20 日上午，第二届海峡论坛大会在厦门海峡会议中心举行。全国政协主席贾庆林出席并致辞。贾庆林指出，两年多来两岸关系发展取得重要积极成果，得益于两岸双方抓住难得机遇，以两岸同胞福祉为念，增进互信，排除干扰，平等协商，推进合作。更重要的是，两岸关系改善和发展符合两岸民众的利益和愿望，得到了两岸同胞普遍认同和有力支持。我们应该顺应两岸主流民意，牢牢把握两岸关系和平发展的主题，继续保持两岸关系发展的正确方向，继续巩固两岸关系改善发展的良好势头，继续按照先易后难、先经后政、把握节奏、循序渐进的思路，务实推进两岸关系发展进程，力争取得更多实际成效，不断增进两岸同胞的福祉。同时，还应当着眼于今后逐步破解两岸关系前进道路上的难题，在反对“台独”、坚持“九二共识”的基础上进一步增强两岸的政治互信。

8. 两岸经济合作框架协议签署。6 月 29 日，海峡两岸关系协会会长陈云林与台湾海峡交流基金会董事长江丙坤在重庆举行两会恢复协商以来的第五次领导人会谈。双方商谈并确认了两岸经济合作框架协议、两岸知识产权保护合作协议等两项协议，会谈结束后举行了签字仪式。在两岸经济合作框架协议中，双方确立了开展合作的基本精神、合作范围和推进步骤。同意逐步减少或消除彼此间的贸易和投资障碍，创造公平的贸易与投资环境；进一步增进双方的投资贸易关系，建立有利于两岸经济繁荣与发展的合作机制。第一阶段，签署框架协议；第二阶段，就框架协议中各项规定目标进行商谈，逐一签署单项协议。

9. 胡锦涛会见中国国民党荣誉主席吴伯雄。7 月 12 日下午，中共中央总书记胡锦涛在钓鱼台国宾馆会见了中国国民党荣誉主席吴伯雄一行。会见中，胡锦涛高度评价吴伯雄为促进两党和两岸关系发展作出的积极贡献。胡锦涛强调，两岸经济合作框架协议是一份为民谋利、互利双赢、影响深远的好协议，符合两岸同胞共同利益，符合中华民族整体利益。协议的签署是两岸关系和平发展的重要成果，标志着两岸经济合作进入新的阶段。真诚希望两党都从中华民族长远利益出发，通过增进互信，求同化异，为两岸关系和平发展创造更有利的条件。吴伯雄表示，国共两党高层交往对促进两岸关系发展具有不可替代的作用。我受马英九主席委托前来与胡锦涛总书记会面，表明了中国国民党对保持我们两党高层对话的重视。两岸经济合作框架协议的签署，更是两岸关系和平发展大步向前的关键时刻，期盼协议早日生效，造福两岸人民。马英九主席希望两岸双方正视现实、累积互信、求同存异、续创双赢，以不断开启两岸关系发展新局面。中国国民党对两岸关系和平发展的正确路线很有信心，会坚持下去。会见中，吴伯雄转达了马英九主席对胡锦涛总书记的问候。胡锦涛也请吴伯雄转达对马英九的问候。

10. 贾庆林会见香港中华厂商联合会访问团。7 月 20 日，全国政协主席贾庆林在人民大会堂会见了以黄友嘉为团长的香港中华厂商联合会访问团全体成员。贾庆林指出，去年底以来，围绕 2012 年行政长官和立法会产生办法，香港社会理性务实讨论，努力凝聚共识，特区政府推出的政改方案最终获立法会超过 2/3 的多数表决通过，使香港的政制发展向前迈出实质性步伐。这符合香港公众的普遍愿望，也是中央政府乐于看到的。实践充分证明，“一国两制”方针是完全正确的。香港同胞完全有智慧、有能力管理好、建设好香港。实践证明，香港中华厂商联合会是贯彻“一国两制”方针、保持香港繁荣稳定的重要力量，是行政长官和特区政府可以倚重和信任的重要力量。他希望香港中华厂商联合会发扬爱国爱港光荣传统，为实践“一国两制”作出新贡献；抓住发展机遇，为提振香港经济展现新作为；增进社会团结，为建设和谐香港凝聚新力量；提升自身素质，为社团建设增添新活力。

11. 贾庆林出席台胞社团论坛开幕式并讲话。9 月 10 日上午，台胞社团论坛开幕式在上海展览中心举行。全国政协主席贾庆林出席并讲话。贾庆林首先代表中共中央，代表胡锦涛总书记，对台胞社团论坛的举办表示热烈的祝贺，向与会的各位嘉宾致以诚挚的问候。他说，台胞社团论坛是在两岸关系和平发展历史潮流中应运而生的两岸同胞交流的又一重要平台。本次论坛以“服务乡亲、沟通两岸、促进两岸关系和平发展”为主题，充分表达了台胞社团为两岸同胞谋福祉的真诚愿望，体现了台胞社团推动两岸关系和平发展的坚定决心，对于推动全球台胞社团大合作，推动两岸同胞大交流，推动两岸关系大发展，具有十分重要的意义。贾庆林指出，今年6月《海峡两岸经济合作框架协议》的签订，是继两岸实现全面直接双向“三通”之后，两岸关系发展进程中又一新的里程碑，符合两岸同胞的共同利益，符合中华民族的整体利益，标志着构建两岸关系和平发展框架在经济领域取得重大进展，必将为深化两岸交流合作带来新的机遇。实践进一步证明，只要两岸双方坚持“九二共识”、反对“台独”，坚持以民为本、为民谋利，通过良性互动、平等协商，切实推动两岸各领域交流合作，就能够让越来越多的两岸同胞共同分享两岸关系和平发展的成果，共同开创两岸关系和平发展的崭新局面。贾庆林就推进两岸大交流提出三点意见。

12. 贾庆林向全球华侨华人促进中国和平统一大会发贺信。9月21日下午，以“推进和平发展，促进和平统一，实现民族复兴”为主题的全球华侨华人促进中国和平统一大会（2010·中国香港）在香港开幕。全国政协主席、中国和平统一促进会会长贾庆林向大会发贺信。贺信说，长期以来，广大香港同胞、澳门同胞和海外侨胞心系祖国统一大业，是反“独”促统的重要力量。希望通过这次大会，更加广泛地联系全球华侨华人，更加紧密地团结台湾同胞一道推动两岸关系和平发展、实现祖国和平统一，为中华民族伟大复兴作出新的贡献。

13. 温家宝会见澳门各界人士代表并发表演讲。11月14日下午，国务院总理温家宝在澳门旅游活动中心会见澳门各界人士代表，并发表题为《同呼吸·共命运·心连心》的演讲。温家宝在演讲中首先代表中央政府，对澳门各界人士代表长期以来为澳门繁荣稳定所作出的重要贡献表示衷心感谢和崇高敬意，向广大澳门同胞致以亲切问候和良好祝愿。他说，回归祖国以来，是澳门历史上发展最快的时期，澳门同胞分享了祖国的尊严与荣耀。澳门的发展进步，是“一国两制”科学构想的又一次成功实践，是中华民族迈向伟大复兴的一个标志。温家宝表示，目前，澳门的发展正站在新的历史起点上，既有难得的机遇，也面临严峻的挑战。不管前进的道路上有多少艰难险阻，伟大祖国永远是澳门繁荣、稳定和发展的坚强后盾。中央政府将继续坚定不移地贯彻“一国两制”、“澳人治澳”、高度自治的方针，严格按照澳门基本法办事，全力支持行政长官和特区政府依法施政，全力支持社会各界人士在爱国爱澳旗帜下实现最广泛的大团结，全力支持澳门推动经济适度多元发展，加强同祖国内地的交流合作，扩大对外交往。温家宝希望澳门提高政府科学施政水平，努力建设一个勤政、廉洁、高效、为民的服务型政府；大力发展旅游、会展、金融、文化创意等现代服务业，规范博彩业适度有序发展，努力把澳门建设成为世界旅游休闲中心；努力保障和改善民生，让广大澳门居民分享澳门发展的成果；重视维护社会和谐安定，为澳门各项事业发展营造良好的社会环境和氛围。

五、党际交往活动

1. 中共中央致电越共中央祝贺越南共产党成立80周年。2月3日，中国共产党中央委员会致电越南共产党中央委员会，热烈祝贺越南共产党成立80周年。

2. 中国共产党中央委员会电贺老挝人民革命党成立55周年。3月22日，中国共产党中央委员会致电老挝人民革命党中央委员会，热烈祝贺老挝人民革命党成立55周年。

3. 贺国强会见挪威工党代表团。3月22日，中共中央政治局常委、中央纪委书记贺国强在人民大会堂会见了由总书记雷蒙德·约翰森率领的挪威工党代表团。贺国强说，中挪党际交往是两国关系的重要组成部分，为夯实两国政治基础、增进了解与互信发挥了重要作用。希望两党继续本着独立自主、完全平等、互相尊重、互不干涉内部事务的原则，深化交流与合作，不断充实交往内涵，为增进中挪友好合作作出更大贡献。贺国强还简要介绍了刚刚结束的全国两会和中国共产党加强自身建设的有关情况。约翰森说，工党高度重视发展与中国共产党的关系。两党都致力于增进人民福祉和促进社会和谐，在应对国际金融危机的过程中展现了相似的理念。当前挪中关系面临新的发展机遇，工党希望在相互尊重、扩大共识的基础上，与中共加强治国理政经验交流，推动两国关系全面发展。

4. 习近平同俄罗斯总理、统一俄罗斯党主席普京会谈。3月23日，正在俄罗斯访问的中共中央政治局常委、国家副主席习近平在莫斯科同俄罗斯联邦政府总理、统一俄罗斯党主席普京举行会谈。习近平首先转达了中共中央总书记、国家主席胡锦涛和国务院总理温家宝的诚挚问候。他说，推动中俄战略协作伙伴关系长期健康稳定发展，是中国共产党和中国政府的既定方针。关于两党合作，习近平说，中国共产党和统一俄罗斯党建立关系11年来，双方合作内容不断丰富，合作水平日益提高。希望两党利用高层对话，交流党的建设和治国理政经验；利用政党论坛，就双边合作重大问题进行探讨；加强两党干部特别是青年政治家交往，为两党两国关系培养可靠接班人；通过政党交往推动大项目合作，推动地方合作。普京感谢并请转达他对中共中央总书记、国家主席胡锦涛和国务院总理温家宝的亲切问候，表示完全同意习副主席发展两国、两党关系的主张。他说，俄罗斯政府和统一俄罗斯党高度重视发展与中国党和政府的关系，高度评价双方共同举办的“俄语年”和“汉语年”等人文交流活动。认为两党交流是深化俄中战略伙伴关系的重要平台。俄愿意与中方加强战略协作，推动双方关系持续深入向前发展。

5. 习近平会见美国两党代表团。4月1日，中共中央政治局常委、国家副主席习近平在人民大会堂会见了以美国前国务卿马德琳·奥尔布赖特和前助理国务卿理查德·威廉姆森为团长的美国民主党和共和党代表团。习近平对首次中美政党高层对话成功举行表示祝贺。他说，中国共产党高度重视与美国两党的交往，愿意在“独立自主、完全平等、互相尊重、互不干涉内部事务”的原则基础上，加强接触和对话，加深相互理解和信任，使党际交往成为两国建设21世纪积极合作全面关系的重要纽带和推动力。习近平指出，中美建交31年来，两国关系取得长足发展，合作基础不断巩固，共同利益持续扩大，给两国人民带来了实实在在的利益。希望两国政府、政党和政治家总结历史经验，珍惜当前机遇，以更广阔的视野和与时俱进的方式审视和处理彼此关系，克服困难、排除干扰，推动中美关系长期健康稳定发展，为两国乃至世界人民造福。奥尔布赖特说，美中关系是最重要的双边关系之一，两国政党交流与对话十分重要，我们希望通过党际机制化交往，为增进两国人民的理解、扩大两国利益汇合点和务实合作发挥更大作用。威廉姆森说，相信两国政党通过对话，能够在求同存异基础上，不断扩大美中合作领域。

6. 习近平会见马耳他工党代表团。4月7日下午，中共中央政治局常委、国家副主席习近平在人民大会堂会见了由领袖约瑟夫·穆斯卡特率领的马耳他工党代表团。习近平对中国共产党与马耳他工党签署合作备忘录表示祝贺。他说，当前国际政治、经济形势发生深刻变化，全球性问题日益突出，各国政治家需要加强沟通和交流，政党交往是一个重要平台。中马两国两党可就治党治国经验进一步加强交流，不断探索两党交往的新形式、新方法，推动两党关系务实发展。穆斯卡特说，马耳他工党为在执政期间实现马中建交而感到自豪。中方援建项目在马耳他经济社会中发挥着非常重要的作用。马耳他是中国在欧盟值得信任的朋友，愿为推动两国及欧中关系的发展继续作出应有的努力。

7. 胡锦涛同金正日举行会谈。5月3日至7日，应中共中央总书记、国家主席胡锦涛的邀请，朝鲜劳动党总书记、国防委员会委员长金正日对中国进行非正式访问，并在北京、天津、辽宁等省市参观考察。在北京期间，胡锦涛同金正日举行会谈并举行欢迎宴会，陪同金正日参观北京博奥生物有限公司。中共中央政治局常委、全国人大常委会委员长吴邦国，中共中央政治局常委、国务院总理温家宝分别会见金正日。中共中央政治局常委贾庆林、李长春、习近平、李克强、贺国强、周永康分别陪同金正日参观或参加有关活动。

8. 习近平会见俄共中央主席久加诺夫。5月19日，中共中央政治局常委、国家副主席习近平在人民大会堂会见了俄罗斯联邦共产党中央委员会主席久加诺夫。习近平表示，中俄政党交往是两国关系的重要组成部分。中国共产党愿同俄共进一步加强交流与合作，共同为增进两国和两国人民间的友谊与合作作出更大的贡献。久加诺夫说，俄中互为重要的邻国。历史上曾并肩抗击法西斯侵略势力，现实中面对深刻变化的国际形势拥有广泛的共同利益。俄共是俄中战略协作伙伴关系的坚定支持者，愿通过加深与中共的交流与合作，增进两国人民的相互理解与友谊，推动双边各领域的务实合作不断向前发展。

9. 中欧政党高层论坛在北京开幕。5月24日，中国共产党倡议并主办的中欧政党高层论坛在北京开幕。中共中央政治局常委李长春出席开幕式并发表了题为"加强政党对话，推动共同发展"的主旨讲话。李长春代表中国共产党向出席中欧政党高层论坛的各位欧洲政党领导人表示欢迎。他说，中欧政党领导人齐聚一堂，就共同关心的重大问题深入交流，意义非同寻常。这充分表明中欧政党交流与对话又迈上了一个新台阶，中欧战略性沟通和全方位合作又增加了一个新的重要平台。李长春说，在世界大发展、大变革、大调整的新时期，中欧共同利益空前增多。为进一步加强中欧政党对话，推动中欧共同发展，他提出四点建议。他表示相信，论坛的成功举办一定能加深中欧政党的相互了解和互信，为推动中欧全面战略合作作出应有贡献。欧洲自由党主席奈茨，欧洲左翼党主席、欧洲议会左翼联盟党团主席比斯基，欧洲议会社会党党团副主席塞维林，欧洲议会绿党党团副主席彼蒂科费尔，拉脱维亚新时代党领袖、政府总理东布罗夫斯基斯作为欧方政党领导人代表也先后在开幕式上致辞。

10. 贺国强会见意大利民主党代表团。5月25日，中共中央政治局常委、中央纪委书记贺国强在人民大会堂会见了由全国书记贝尔萨尼率领的意大利民主党代表团。贺国强代表中共中央对贝尔萨尼来华参加中欧政党高层论坛并访华表示热烈欢迎。贺国强表示，中国共产党重视发展党际交往，愿进一步加强同包括民主党在内的意各政党的友好交往，共同推动中意国家关系向前发展。贺国强积极评价中欧政党高层论坛对发展中欧关系、推动世界和平与发展的重大意义，希望中欧政党加强交流与对话，为加强各自党的自身建设、推动经济社会问题的解决、推动中欧关系长期稳定健康发展、推动和谐世界的建设献计献策，贡献智慧和力量。贺国强还向客人介绍了当前我国经济发展形势和加强党的自身建设情况。

11. 贺国强会见挪威工党总书记雷蒙德·约翰森。当地时间 6 月 11 日，正在挪威进行访问的中共中央政治局常委、中央纪委书记贺国强在奥斯陆会见了挪威工党总书记雷蒙德·约翰森。贺国强说，中国共产党和挪威工党同为两国的执政党。相互借鉴治国理政经验，是两党友好交流的重要内容。作为领导 13 亿人民的执政党，中国共产党高度重视党风廉政建设，在实践中采取了加强对党员干部理想信念教育和廉洁从政教育、扩大党内民主、加强对权力的约束监督、严肃查办腐败案件、坚决纠正侵犯群众利益的不正之风以及加强制度建设等一系列措施，努力构筑惩治和预防腐败体系。中国党和政府在推进反腐败工作中十分重视借鉴国际社会经验，积极发展与各国的合作。约翰森说，反腐败工作是一个全球性的难题。挪威工党高度评价中共在此领域所作出的巨大努力和取得的显著成效，十分重视中共积累的宝贵经验。约翰森表示，一场金融危机引发了国际社会对发展模式的深入思考。挪威和中国是最早走出危机阴影的两个国家，建议两党今后也可就发展模式、实现现代化的途径等问题进行专题研讨。

12. 习近平会见老挝人民革命党中央总书记、国家主席朱马利。6 月 16 日下午，正在老挝访问的国家副主席习近平在万象会见了老挝人民革命党中央总书记、国家主席朱马利。习近平转达了中共中央总书记、国家主席胡锦涛的诚挚问候。他说，老挝党实行革新开放近 20 年来，面对复杂多变的国际形势，牢牢把握社会主义方向，不断探索符合本国实际的发展道路，带领人民一心一意搞建设，在经济社会发展方面取得巨大成就，中方对此感到由衷的高兴。习近平表示，中老两国都是共产党领导的社会主义国家。无论国际风云如何变幻，中国党、政府和人民都坚定不移地站在老挝党、政府和人民一边，一如既往地支持老挝坚持社会主义道路、推进革新开放、维护国家稳定、促进经济发展。相信老挝人民一定能够在社会主义建设和革新开放事业中取得新的更大成就。

13. 贺国强会见土库曼斯坦民主党第一书记。当地时间 6 月 18 日下午，正在土库曼斯坦进行访问的中共中央政治局常委、中央纪委书记贺国强，在阿什哈巴德会见土库曼斯坦民主党政治委员会第一书记巴巴耶夫。贺国强积极评价两党交往对促进两国关系发展的重要作用，并就进一步深化两党交流与合作提出三点建议。巴巴耶夫对贺国强此访取得的重要成果表示祝贺并赞同贺国强就深化两党关系提出的建议。他说，与中国共产党的交流与合作，在土民主党的对外工作中占有十分重要的地位。两党可以发挥社会动员力强的优势，通过密切合作，共同促进中土关系的全面发展。

14. 习近平会见博茨瓦纳执政党主席。7 月 2 日，中共中央政治局常委、国家副主席习近平在人民大会堂会见了由主席丹尼尔·奎拉霍贝率领的博茨瓦纳民主党代表团。习近平欢迎奎拉霍贝就任党主席后首次访华，并积极评价中博关系。他说，中共与博民主党建立党际关系 30 年来，两党开展了形式多样的交往，增进了相互了解和友谊，推动了中博国家关系持续发展。习近平表示，中国共产党愿进一步深化与博民主党的友好交流与合作关系。奎拉霍贝对博中各领域友好合作取得的重要成果感到高兴，并感谢中国党和政府对博经济社会发展事业的支持。他说，博政府和执政党高度评价中国在当今国际事务中所发挥的重要建设性作用，认为这是对广大发展中国家的鼓舞。在双边关系上，博方将继续坚定坚持一个中国政策，支持中国党和政府为实现祖国和平统一所作出的努力。

15. 胡锦涛会见朝鲜劳动党高级代表团。10 月 2 日上午，中共中央总书记、国家主席胡锦涛在人民大会堂会见了由中央政治局委员、书记局书记崔泰福率领的朝鲜劳动党高级代表团。胡锦涛代表中共中央再次祝贺朝鲜劳动党代表会议胜利举行和金正日被推举为朝鲜劳动党总书记。胡锦涛说，朝鲜劳动党代表会议的胜利举行是朝鲜党和人民政治生活中的一件大事。我们相信，在以金正日总书记为首的朝鲜劳动党新的中央领导集体的带领下，朝鲜党、政府和人民一定能够开创国家发展的新局面，在建设强盛国家的事业中取得新成就。胡锦涛表示，中国共产党高度重视中朝关系，愿同朝鲜党新的领导集体一道，本着继承传统、面向未来、睦邻友好、加强合作的精神，积极推进和扩大各领域交流合作，加强在地区和国际事务中的沟通与协调，为维护地区和平稳定，促进共同发展而共同努力。崔泰福对新中国喜迎 61 周年国庆表示热烈祝贺。他说，朝鲜劳动党代表会议是朝革命事业和社会主义强盛国家建设事业进入重要历史时期召开的一次重要会议，会议圆满完成了推举金正日同志为党的总书记、修改党的章程和选举产生新一届中央领导机构等三项议程，为朝鲜人民世世代代继承并完成金日成主席开创的革命事业奠定了坚实的基础。崔泰福强调，金正日总书记决定在会议结束后立即派高级代表团访华，充分体现了朝对落实双方领导人共识的高度重视。我们确信，在双方的共同努力下，朝中传统友谊一定会遵循两党两国最高领导人的崇高意志，一如既往得到巩固和发展。

16. 温家宝会见越共中央总书记农德孟。10 月 30 日，国务院总理温家宝在河内会见了越共中央总书记农德孟。温家宝首先转达了胡锦涛总书记和中国其他领导人对农德孟的亲切问候，并祝贺越南成功举办东亚领导人系列峰会。温家宝表示，今年是中越建交 60 周年，中越传统友谊是两国老一辈领导人共同缔造和亲手培育的，我们必须传承下去，发扬光大。在国际政治、经济格局发生深刻变化的背景下，中越加强互信和团结尤为重要。中方愿与越方保持高层交往，巩固睦邻友好；相互学习和借鉴发展经验，推进各领域合作；加强在地区事务中的沟通协调，推动中越全面战略合作伙伴关系、中国与东盟关系、东亚合作深入发展。农德孟请温家宝转达对胡锦涛总书记等中国领导人的问候。他说，温家宝总理出席在河内举行的东亚领导人系列峰会，并在会议上发挥重要作用，体现了中方对东亚合作的重视和对东道主越南的支持，越南党和政府对此表示感谢。农德孟说，越南在争取民族独立和国家建设中一直得到中国的关心和帮助，越方珍视两国传统友谊，愿与中方共同努力，使越中友好世代相传。温家宝表示，中越成功解决了陆地边界和北部湾问题，积累了宝贵经验。双方要本着友好协商的精神，坚持通过双边谈判寻求解决南海争议的办法。农德孟表示赞同，相信双方能够妥善解决两国关系中的问题。农德孟介绍了越共十一大的筹备情况，温家宝预祝越共十一大圆满成功。

六、自身建设

1. 中国共产党第十七届中央纪律检查委员会第五次全体会议召开。1 月 11 日至 13 日，中国共产党第十七届中央纪律检查委员会第五次全体会议在北京举行。会议全面贯彻党的十七大和十七届四中全会精神，高举中国特色社会主义伟大旗帜，以邓小平理论和“三个代表”重要思想为指导，深入贯彻落实科学发展观，总结了 2009 年党风廉政建设和反腐败工作，研究部署了2010年的任务。全会审议通过了贺国强同志代表中央纪委常委会所作的《全面贯彻党的十七届四中全会精神，深入推进党风廉政建设和反腐败斗争》的工作报告。中国共产党中央委员会总书记胡锦涛出席全会第二次大会并发表了重要讲话。吴邦国、温家宝、贾庆林、李长春、习近平、李克强、贺国强、周永康等党和国家领导人出席了会议。

全会认真学习了胡锦涛同志的重要讲话，一致认为，讲话高举中国特色社会主义伟大旗帜，以邓小平理论和“三个代表”重要思想为指导，深入贯彻落实科学发展观，从党和国家事业发展全局和战略的高度，全面、科学地分析了当前的反腐倡廉形势，明确提出了今年党风廉政建设和反腐败工作的总体要求和主要任务，着重阐述了加强反腐倡廉制度建设的重要性、紧迫性和基本要求，强调要以建立健全惩治和预防腐败体系各项制度为重点，以制约和监督权力为核心，以提高制度执行力为抓手，加强整体规划，抓紧重点突破，逐步建成内容科学、程序严密、配套完备、有效管用的反腐倡廉制度体系，切实提高制度执行力、增强制度实效。胡锦涛同志的重要讲话，是指导当前和今后一个时期反腐倡廉建设的纲领性文献，对于进一步统一思想认识，坚定工作信心，全面贯彻落实党的十七大和十七届四中全会精神，深入开展党风廉政建设和反腐败斗争，加强和改进新形势下党的建设，具有重大而深远的意义。全党同志和广大纪检监察干部一定要认真学习、深刻领会，全面贯彻落实。

全会提出，2010年，全党要全面贯彻党的十七大和十七届三中、四中全会精神，高举中国特色社会主义伟大旗帜，以邓小平理论和“三个代表”重要思想为指导，深入贯彻落实科学发展观，坚持标本兼治、综合治理、惩防并举、注重预防的方针，加强以保持党同人民群众血肉联系为重点的作风建设，加强以完善惩治和预防腐败体系为重点的反腐倡廉建设，抓紧解决反腐倡廉建设中人民群众反映强烈的突出问题，着力推进反腐倡廉制度建设，围绕中心、服务大局，开拓创新、狠抓落实，不断取得党风廉政建设和反腐败斗争新成效。第一，深入学习贯彻党的十七届四中全会精神，保证中央重大决策部署的贯彻落实。第二，抓紧解决反腐倡廉建设中人民群众反映强烈的突出问题，以党风廉政建设的新成效取信于民。当前，要结合实际，下大气力抓好以下六项工作：（一）进一步加大查办案件工作力度，严厉惩处腐败分子和整治消极腐败现象。（二）认真落实并抓紧完善党员领导干部报告个人有关事项制度，把住房、投资、配偶子女从业等情况列入报告内容。（三）坚持勤俭节约，反对铺张浪费，整治奢靡之风。（四）深入开展工程建设领域突出问题和“小金库”等专项治理工作。（五）积极推进党务公开特别是基层党务公开工作，落实党员的知情权、参与权、选举权、监督权。（六）拓宽群众参与反腐倡廉工作渠道，加强反腐倡廉舆情网络信息的收集、研判和处置，积极回应社会关切。全会号召，全党同志要更加紧密地团结在以胡锦涛同志为总书记的党中央周围，恪尽职守、清正廉洁，求真务实、开拓进取，深入推进党风廉政建设和反腐败斗争，为夺取全面建设小康社会新胜利、开创中国特色社会主义事业新局面作出新的更大贡献。

2. 习近平在北京调研新社会组织学习实践活动。改革开放以来，我国新社会组织发展迅速，在民政部门依法登记的社会团体、基金会、民办非企业单位等新社会组织已达40多万个，在促进经济发展、提供公共服务、反映公众诉求、维护社会稳定、推动精神文明建设等方面发挥着重要作用。在新社会组织中开展学习实践活动，是第三批学习实践活动的重要组成部分。1月29日，中共中央政治局常委、中央书记处书记、国家副主席、中央深入学习实践科学发展观活动领导小组组长习近平在北京调研新社会组织开展深入学习实践科学发展观活动的情况。他强调，各地各部门党委（党组）要坚持抓好新社会组织学习实践活动整改落实阶段的工作，着力加强长效机制建设，再接再厉、乘势而进，在新的起点上全面推进新社会组织党的建设，进一步扩大党的组织覆盖和工作覆盖。

3. 中共中央办公厅印发《关于推进学习型党组织建设的意见》。2月8日，新华社全文播发《关于推进学习型党组织建设的意见》。《意见》强调，建设马克思主义学习型政党，是党的十七届四中全会从全面推进中国特色社会主义伟大事业和党的建设新的伟大工程的全局出发，提出的一项重大战略任务。把各级党组织建设成为学习型党组织，是建设马克思主义学习型政党的基础工程。《意见》包括六个部分：一是充分认识建设学习型党组织的重要意义；二是总体要求和主要原则；三是学习的主要内容；四是立足实际，务求实效；五是不断探索学习型党组织建设的方法和途径；六是切实加强组织领导。

4. 中共中央印发《中国共产党党员领导干部廉洁从政若干准则》。2月23日，新华社播发消息，中共中央近日印发《中国共产党党员领导干部廉洁从政若干准则》，并发出通知，要求各地区各部门认真贯彻执行。通知要求，各级党组织要从加强和改进新形势下党的建设的高度，充分认识贯彻实施《廉政准则》的重要性，结合贯彻落实科学发展观和党的十七大、十七届四中全会精神，深入学习宣传，认真组织实施。

5. 中共中央政治局召开会议总结全党深入学习实践科学发展观活动。3月19日，中共中央政治局召开会议，总结全党深入学习实践科学发展观活动，研究部署巩固扩大学习实践活动成果工作。中共中央总书记胡锦涛主持会议。会议指出，按照党的十七大部署，全党深入学习实践科学发展观活动自2008年3月开始试点，2008年9月正式启动，到2010年2月底基本结束。在党中央正确领导下，在各级党组织精心组织、广大党员积极参与、人民群众大力支持下，这次学习实践活动紧扣党和国家中心工作，着力服务改革发展稳定大局，紧紧围绕党员干部受教育、科学发展上水平、人民群众得实惠的总要求，取得了丰富的认识成果、实践成果、制度成果，广大党员干部受到深刻教育，科学发展水平得到有效提高，人民群众得到更多实惠，基层组织得到明显加强，基本实现了提高思想认识、解决突出问题、创新体制机制、促进科学发展、加强基层组织的目标。会议强调，各级党组织要继续深化对科学发展观的学习，把中国特色社会主义理论体系作为理论武装的重要内容，扎实推进学习型党组织建设。要继续抓好学习实践活动整改落实后续工作，切实兑现向群众作出的承诺，以整改落实的实际成效取信于民。要总结运用学习实践活动的好经验好做法，着力解决影响和制约科学发展的深层次矛盾和问题，不断健全体现科学发展观要求的长效机制。要在党的基层组织和党员中深入开展以学习实践科学发展观为主题的创先争优活动，不断巩固和拓展学习实践活动成果。

6. 贺国强出席中央巡视机构工作总结暨巡视干部培训会议并讲话。3月24日，中共中央政治局常委、中央纪委书记、中央巡视工作领导小组组长贺国强今天出席中央巡视机构工作总结暨巡视干部培训会议并讲话，他强调要充分认识制定实施《中国共产党巡视工作条例（试行）》及《中央巡视工作领导小组工作规则》、《中央巡视工作领导小组办公室工作规则》、《中央巡视组工作规则》、《关于被巡视地区、单位配合中央巡视组开展巡视工作的暂行规定》等法规文件的重要意义，准确把握主要内容，全面落实各项规定，积极探索工作规律，不断推进巡视工作制度建设，努力提高巡视工作水平，以做好巡视工作、加强党内监督的新成效为推动科学发展、促进社会和谐作出应有贡献。

7. 中共中央办公厅发出通知要求认真贯彻执行《党政领导干部选拔任用工作责任追究办法（试行）》。3 月 31 日，新华社播发消息，中共中央办公厅近日印发了《党政领导干部选拔任用工作责任追究办法（试行）》（以下简称《责任追究办法》），并发出通知，要求各地区各部门认真贯彻执行。通知要求，各级党委（党组）及纪检监察机关、组织人事部门，要按照《责任追究办法》的要求，切实履行职责，强化监督检查，完善举报措施，严格责任追究，发挥制度应有的作用。通知还提出，为健全干部选拔任用工作监督机制，切实加强对干部选拔任用工作全过程的监督，经中央领导同志同意，中央组织部制定了《党政领导干部选拔任用工作有关事项报告办法（试行）》、《地方党委常委会向全委会报告干部选拔任用工作并接受民主评议办法（试行）》、《市县党委书记履行干部选拔任用工作职责离任检查办法（试行）》。这 3 个试行办法与《责任追究办法》配套衔接，共同构成事前要报告、事后要评议、离任要检查、违规失责要追究的干部选拔任用监督体系。各地区各部门要在认真贯彻执行《责任追究办法》的同时，一并抓好上述 3 个试行办法的贯彻落实，切实提高干部选拔任用监督工作水平。

8. 全党深入学习实践科学发展观活动总结大会隆重举行。4 月 6 日上午，全党深入学习实践科学发展观活动总结大会隆重举行。中共中央总书记、国家主席、中央军委主席胡锦涛在大会上发表重要讲话。他强调，要坚持把党的执政能力建设和先进性建设作为主线，以解决影响和制约科学发展的突出问题为重点，把开展学习实践科学发展观活动的成功经验和有效做法运用到经常性工作中去，不断提高党的建设科学化水平，为推动科学发展提供坚强保证。中共中央政治局常委吴邦国、温家宝、贾庆林、李长春、李克强、贺国强、周永康出席大会。大会由中共中央政治局常委习近平主持。习近平在主持会议时指出，胡锦涛总书记的重要讲话全面总结了在全党开展的深入学习实践科学发展观活动的鲜明特点和取得的丰硕成果，深刻阐述了这次学习实践活动的重要经验和有益启示，对以改革创新精神加强党的建设、为深入贯彻落实科学发展观提供坚强保证提出了明确要求，各级党组织要组织党员认真学习、深刻领会、全面贯彻。要把学习贯彻讲话精神落实到扎实做好今年工作上来，进一步做好经济社会发展各项工作；落实到做好新形势下党的建设工作上来，不断提高党的建设科学化水平；落实到做好学习实践科学发展观活动后续工作中来，进一步巩固学习实践活动成果。各级党组织要坚持从实际出发，把在党的基层组织和党员中深入开展创先争优活动抓实抓好、抓出成效。

9. 中共中央政治局就加强党的基层组织建设问题进行集体学习。6 月 21 日下午，在中国共产党成立 89 周年前夕，中共中央政治局就加强党的基层组织建设问题进行第二十一次集体学习。国防大学军队建设与军队政治工作教研部吴杰明教授、中央组织部党建研究所高永中研究员就这个问题进行讲解，并谈了他们的意见和建议。中共中央政治局各位同志认真听取了他们的讲解，并就有关问题进行了讨论。胡锦涛在主持学习时发表了讲话。胡锦涛就加强党的基层组织建设提出 4 点要求。

10. 中共中央组织部发布最新党内统计数据。6月28日，中央组织部发布的最新党内统计数据显示，截至2009年底，中国共产党党员总数为7799.5万名，比上年净增206.5万名。其中，女党员1694万名，占党员总数的21.7%；少数民族党员513万名，占党员总数的6.6%；具有大专以上学历的党员2787.3万名，占党员总数的35.7%。从党员的年龄来看，35岁以下的党员1847.3万名，占党员总数的23.7%；36岁至45岁的党员1687.6万名，占21.6%；46岁至59岁的党员2283.5万名，占29.3%；60岁以上的党员1981.1万名，占25.4%。从党员的入党时间看，新中国成立前入党的67.5万名，新中国成立后至"文革"前入党的760.6万名，"文革"期间入党的1211.5万名，粉碎"四人帮"至党的十六大前入党的3857.8万名，党的十六大以来入党的1902.2万名。从党员的职业看，工人693.7万名，农牧渔民2402万名，党政机关工作人员659.6万名，企事业单位管理人员、专业技术人员1772.5万名，学生226.9万名，离退休人员1452.5万名，其他职业人员592.3万名。

11. 胡锦涛会见全国先进基层党组织和优秀共产党员代表并作重要讲话。6月30日，在中国共产党成立89周年之际，中共中央在北京召开深入开展创建先进基层党组织、争当优秀共产党员活动座谈会。会前，中共中央总书记、国家主席、中央军委主席胡锦涛会见与会的全国先进基层党组织和优秀共产党员代表并作重要讲话。胡锦涛强调，党的基层组织是党全部工作和战斗力的基础。我们党89年来团结带领全国各族人民取得的一切成就，都是同广大基层党组织和共产党员的不懈奋斗紧密联系在一起的。任何时候任何情况下，我们都要高度重视并切实做好抓基层打基础的工作，不断提高基层党组织建设科学化水平。胡锦涛强调，深入开展创建先进基层党组织、争当优秀共产党员活动，是加强党的基层组织建设的一项经常性工作，也是新形势下加强党的先进性建设的有效载体和有力抓手。各级党委都要认真开展这项活动。习近平、贺国强参加会见并出席座谈会。

12. 中共中央办公厅印发《2010—2020干部教育培训改革纲要》。新华社8月17日消息：近日，中共中央办公厅印发了《2010—2020年干部教育培训改革纲要》（以下简称《纲要》），并发出通知，要求各地区各部门结合实际认真贯彻执行。通知指出，《纲要》根据党的十七大和十七届四中全会精神，对2010—2020年干部教育培训改革作出全面部署，是深化干部教育培训改革的重要指导性文件。《纲要》的颁布实施，对于进一步增强干部教育培训的针对性实效性，切实提高干部教育培训科学化水平，扎实推进马克思主义学习型政党建设，更好地服务科学发展和干部成长，具有十分重要的意义。通知要求，各级党委（党组）要结合实际，解放思想，大胆探索，研究提出贯彻落实《纲要》的具体意见。要深入学习宣传，加强统筹协调，充分调动各有关方面积极性，形成推动干部教育培训改革的整体合力。要加强督促检查，及时研究解决干部教育培训改革中的困难和问题，把《纲要》确定的各项任务落到实处。

13. 中共中央政治局召开会议研究部署党的基层组织实行党务公开工作。8月20日，中共中央政治局召开会议，审议并通过《关于党的基层组织实行党务公开的意见》。中共中央总书记胡锦涛主持会议。会议强调，党的基层组织实行党务公开，要高举中国特色社会主义伟大旗帜，以邓小平理论和"三个代表"重要思想为指导，深入贯彻落实科学发展观，坚持围绕中心、服务大局，坚持党要管党、从严治党，尊重党员主体地位，推进党内基层民主建设，不断提高党的基层组织的创造力、凝聚力、战斗力，为推动科学发展、促进社会和谐提供有力保证。

14. 中共中央国务院印发《关于实行党风廉政建设责任制的规定》。新华社 12 月 15 日消息：中共中央、国务院近日印发了《关于实行党风廉政建设责任制的规定》，并发出通知，要求各地区各部门认真贯彻执行。通知强调，《规定》是深入推进党风廉政建设和反腐败斗争的一项重要基础性法规，对于强化各级领导班子和领导干部抓反腐倡廉建设的政治责任，保证党中央、国务院关于党风廉政建设和反腐败斗争各项决策部署的贯彻落实，进一步提高管党治党水平，为推动科学发展、促进社会和谐提供有力的政治保障，具有十分重要的意义。通知要求，各级党委和政府要从提高党的执政能力、巩固党的执政地位的高度，充分认识贯彻实施《规定》的重要性，结合贯彻落实党的十七大和十七届四中、五中全会精神，扎扎实实地抓好组织实施工作。

15. 中共中央政治局召开会议研究部署党风廉政建设和反腐败工作。12 月 28 日，中共中央政治局召开会议，听取中央纪律检查委员会 2010 年工作汇报，分析当前党风廉政建设和反腐败工作形势，研究部署 2011 年党风廉政建设和反腐败工作。中共中央总书记胡锦涛主持会议。会议强调，2011 年，各级党委、政府和纪检监察机关要全面贯彻党的十七大和十七届三中、四中、五中全会精神，高举中国特色社会主义伟大旗帜，以邓小平理论和“三个代表”重要思想为指导，深入贯彻落实科学发展观，坚持标本兼治、综合治理、惩防并举、注重预防的方针，加强以保持党同人民群众血肉联系为重点的作风建设，加强以完善惩治和预防腐败体系为重点的反腐倡廉建设。会议指出，要统筹兼顾，整体推进，抓好党风廉政建设和反腐败斗争的长期性、基础性工作，当前要着力抓好三方面工作。一是要严明党的政治纪律，围绕科学发展和加快转变经济发展方式，加强对党的十七届五中全会精神和“十二五”规划落实情况的监督检查，保证中央政令畅通。二是要扎实推进党的作风建设，坚持以人为本、执政为民，坚持和发扬党的优良传统和作风，加强群众观点和群众立场教育，开展对党的群众路线执行情况的监督检查，着力解决党员干部作风方面存在的突出问题。三是要整体推进党风廉政建设和反腐败斗争各项工作，加强对领导干部的教育和监督，加大查办违纪违法案件工作力度，坚决纠正损害群众利益的不正之风，深入推进改革和制度创新。会议强调，要集中力量解决反腐倡廉建设中人民群众反映强烈的突出问题。要深入推进专项治理工作，继续深化工程建设领域突出问题和“小金库”专项治理，深入开展庆典、研讨会、论坛过多过滥问题和公务用车问题专项治理。要认真落实《中国共产党党员领导干部廉洁从政若干准则》，促进领导干部廉洁自律。要严肃组织人事工作纪律，匡正选人用人风气。要加强基层党风廉政建设，着力解决发生在群众身边的腐败问题。要严格执行党风廉政建设责任制，不断提高反腐倡廉建设科学化水平，为顺利实施“十二五”规划、促进经济社会又好又快发展提供有力保证，以党风廉政建设和反腐败斗争新成效迎接中国共产党成立 90 周年。

贾小明　中央社会主义学院中国政党制度
研究中心副秘书长

中国国民党革命委员会

2010 年，中国国民党革命委员会（以下简称“民革”）认真学习贯彻中共十七大和十七届三中、四中、五中全会精神，学习胡锦涛总书记在党外人士迎春座谈会上发表的重要讲话，以科学发展观为统领，紧紧围绕中共中央提出的各项目标、任务，根据“三个牢牢把握”的民革工作方针，以加强参政能力建设为重点，以学习、树立和践行社会主义核心价值体系活动为助推力，着力健全参政议政工作机制，突出参政议政工作重点，深入推动祖统工作的“四个转变”，各项工作都取得了新的进展，为进一步深化体制改革，扩大对外开放，大力转变经济发展方式，保障和改善民生，努力实现“十一五”规划目标任务，全面推进社会主义经济建设、政治建设、文化建设、社会建设以及生态文明建设，作出了应有的贡献。

一、重要会议及活动

2010 年，民革中央领导机构根据党章规定，通过召开中常会、中央监督委员会会议、中全会、全国代表会议和专题工作会议来领导全党工作，同时中央还在本年的有关重大事件和纪念日召开了各种形式的座谈会和纪念会。

（一）中央常务委员会会议

2010 年，民革第十一届中央常务委员会根据党章规定和履行职能需要，共召开了 4 次会议。

1. 十一届十次中常会

民革十一届十次中常委于 3 月 7 日在北京召开。会议学习座谈了十一届全国人大三次会议和全国政协十一届三次会议精神，通过了关于学习贯彻十一届全国人大三次会议和全国政协十一届三次会议精神的决议。会议报告了关于民革中央自十一届三中全会以来工作情况和 2010 年第二季度工作安排，通过了关于民革党员党纪处分的备案事项。

周铁农主席在会上作重要讲话，就学习贯彻全国“两会”精神，做好民革 2010 年的工作提出四点意见：（1）认真学习贯彻“两会”精神，为完成“两会”提出的目标和任务作贡献；（2）切实履行参政党职能，不断提高履职能力，共同为转变发展方式、破解发展难题献计出力；（3）结合筹备“辛亥革命 100 周年”纪念活动，充分发挥自身优势，为推进祖国和平统一大业贡献力量；（4）深入开展思想教育，树立和学习、践行社会主义核心价值体系，坚定不移地走中国特色社会主义政治发展道路。

2. 十一届十一次中常会

民革十一届十一次中常会于 5 月 20 日—22 日在云南省保山市腾冲县召开，会议的主题是研究如何进一步加强参政能力建设。

周铁农主席在会上作了题为“加强自身建设，提高参政能力，全面履行好参政党职责”的重要讲话。讲话首先阐述了加强参政能力建设的重要意义：作为在中国共产党领导下共同建设中国特色社会主义的参政党，认真学习、借鉴执政党的党建工作经验，大力加强参政能力建设，不断提高参政能力和水平，是民主党派学习贯彻中共十七届四中全会精神的题中应有之义。加强参政能力建设，是中国特色社会主义政治制度赋予民主党派的崇高政治职责，是执政党对参政党的殷切希望，是广大民主党派成员和新形势新任务的迫切要求，是民主党派自身建设的一项长期任务。

讲话指出，参政党的参政能力建设，一般来讲，包括政治把握能力、参政议政能力和民主监督能力、组织领导能力、合作共事能力四个方面，是一个涉及参政党建设方方面面的综合性系统工程。政治把握能力包括政治鉴别力、政治敏锐力、政治决断力，是善于从政治上观察、判断、分析形势和据此处理问题的能力。参政议政能力，是指参政党在对国家经济、政治、文化和社会生活等方面的重要问题进行调查研究后，通过调研报告、提案、建议案、社情民意信息或其它形式，向执政党和国家机关提出意见、建议的能力。民主监督能力，是指在我国多党合作体制内，在各民主党派与共产党共存合作、互相监督的基础上，通过民主方式，向执政党提出各种建设性意见和批评的政治监督。组织领导能力，是将参政党广大成员及其它各种资源，有效地、系统地整合起来，使其发挥出最大作用的能力。合作共事能力包括协商能力、协调能力和团结能力。协商能力是通过与执政党等进行协商，交换不同意见后取得共识的能力。协调能力是从全局的角度来分清事情的轻重缓急，并妥善处理利益冲突的能力。团结能力是能够虚心听取别人意见，善于与其他人沟通与合作，可以促进同志之间相互和睦友好、增强组织内在凝聚力的能力。对于参政党来说，四种能力是一个相互联系、相互影响的有机整体。提高参政能力，必须全面加强四种能力建设。

讲话强调，加强参政能力建设，要以思想建设为核心，树立正确观念，提高政治觉悟和思想认识水平；要以组织建设为基础，注重队伍培养，建设一支高素质的干部队伍；要以制度建设为保障，发挥优势，突出重点，全面做好参政议政、民主监督工作；要以学习为基础、创新为先导，建设高素质、有作为的学习型参政党。

谢克昌副主席在会上作了“关于加强参政议政能力建设，助推绿色低碳转型发展”的专题报告。与会同志围绕周铁农主席的重要讲话、谢克昌副主席的专题报告，就进一步加强参政能力建设问题进行了充分讨论。会议印发了关于民革中央 2010 年第二季度工作情况和第三季度工作安排的报告，通过了关于民革党员党纪处分的备案事项。

厉无畏常务副主席在闭幕式上作重要讲话，对民革今后一个时期的工作提出四点要求：（1）要充分认识加强参政能力建设的重要性和紧迫性，大力加强参政能力建设，全面履行好参政党职责；（2）要清醒认识当前国际国内的经济形势，深入贯彻科学发展的理念，为我国转变发展方式、推动经济社会的全面协调发展继续作好参政议政工作；（3）要准确把握新形势下思想建设的规律，引导广大党员继承和发扬民革的优良传统，树立和践行社会主义核心价值体系；（4）要深刻理解当前对台工作形势，充分发挥民革的特色优势，不断深化促进祖国和平统一工作。

3. 十一届十二次中常会

民革十一届十二次中常会于10月20日在北京召开。与会同志就学习贯彻中共十七届五中全会精神进行了座谈。会议通过了《民革十一届中央常委会关于学习贯彻中共十七届五中全会精神的决定》、《民革十一届中央常委会关于召开十一届四中全会的决定》、《民革十一届中央常委会关于召开民革全国代表会议的建议》和《关于开展纪念辛亥革命100周年活动的决定》。会议书面报告了民革中央2010年第三季度工作情况和第四季度工作安排，通过了民革党员党纪处分备案事项。

周铁农主席在会上作重要讲话。讲话指出，刚刚胜利闭幕的中共十七届五中全会，是在我国即将完成“十一五”规划、进入全面建设小康社会的关键时期召开的一次重要会议。会议审议通过的《中共中央关于制定国民经济和社会发展第十二个五年规划的建议》，站在历史的新高度，从战略全局出发，明确提出了“十二五”规划的指导思想、基本要求、奋斗目标、主要任务、重大举措，是动员全国各族人民全面建设小康社会、加快推进社会主义现代化的纲领性文件。民革全体同志对中共十七届五中全会精神和《建议》表示衷心拥护。

讲话指出，深刻认识中共十七届五中全会重要意义，特别是深入学习贯彻《中共中央关于制定国民经济和社会发展第十二个五年规划的建议》，对进一步做好民革的各项工作有着重要的指导作用。讲话就学习和领会好中共十七届五中全会精神，并在此基础上做好各项工作提出三点意见：（1）把学习贯彻中共十七届五中全会和《建议》精神，作为民革各级组织当前和今后一个时期的首要政治任务；（2）以科学发展观为指导，深入贯彻中共十七届五中全会精神，积极就事关加快转变经济发展方式、保障和改善民生等重大课题深入开展参政议政、民主监督工作；（3）以科学发展观为统领，准确把握中共十七届五中全会精神，不断提高参政能力，按照践行社会主义核心价值体系的要求，建设高素质、有作为的参政党。

4. 十一届十三次中常会

民革十一届十三次中常会于12月3日在北京召开。会议书面报告了民革中央2010年第四季度工作情况和民革十一届四中全会、民革全国代表会议筹备工作情况及2011年第一季度工作安排。审议并通过了民革十一届四中全会议程草案、关于召开民革全国代表会议的决定草案、民革全国代表会议议程草案、民革十一届四中全会和全国代表会议日程，审议了第十一届中央常务委员会向十一届四中全会作的工作报告，审议并通过民革十一届四中全会、全国代表会议小组召集人名单，审议了有关人事事项及提交民革十一届四中全会和全国代表会议的其他有关文件和事项。

（二）中央监督委员会会议

民革中央监督委员会第四次全体会议于12月3日在北京召开。民革中央常务副主席、中央监督委员会主任厉无畏，民革中央副主席、中央监督委员会副主任何丕洁及中央监督委员会委员参加会议。会议通过了提交民革十一届四中全会审议的民革中央监督委员会2010年工作报告，总结了监督委员会2010年的工作，并就2011年的工作进行了部署。

（三）全国代表会议

民革全国代表会议于12月4日在北京召开。周铁农主席，厉无畏常务副主席，钮小明、万鄂湘、齐续春、谢克昌、修福金、刘凡、程崇庆、傅惠民、何丕洁副主席及全国代表会议代表出席会议。厉无畏常务副主席主持会议，何丕洁副主席作了关于增选第十一届中央委员会委员事项的说明。会议通过了关于增选第十一届中央委员会委员选举办法。会议经过选举，增选陈莉同志为民革第十一届中央委员会委员。

（四）十一届四中全会

民革十一届四中全会于12月4日—6日在北京召开，会议的主题是学习贯彻中共十七届五中全会精神，审议第十一届中央常务委员会工作报告。

厉无畏常务副主席主持会议开幕式并致开幕词指出，中共十七届五中全会通过的《中共中央关于制定国民经济和社会发展第十二个五年规划的建议》，明确提出了“十二五”规划的指导思想、基本要求、奋斗目标、主要任务、重大举措，描绘了我国在新世纪第三个五年经济社会发展的宏伟蓝图，是动员全国各族人民全面建设小康社会、加快推进社会主义现代化的纲领性文件。民革各级组织和广大党员，要把学习贯彻中共十七届五中全会精神，作为当前和今后一个时期的重要政治任务，要切实把思想和行动统一到中共中央的决策和部署上来，进一步提高参政议政、民主监督工作的质量和水平，协助执政党做好加快转变经济增长方式、保障和改善民生等重点工作，为实现“十二五”时期经济社会发展目标任务，作出民革应有的贡献。

周铁农主席代表第十一届中央常务委员会作工作报告。报告回顾总结了2010年民革全党工作：2010年里，民革全党认真学习贯彻中共十七大和十七届三中、四中、五中全会精神，学习胡锦涛总书记在党外人士迎春座谈会上发表的重要讲话，以科学发展观为统领，紧紧围绕中共中央提出的各项目标、任务，根据“三个牢牢把握”的民革工作方针，以加强参政能力建设为重点，以学习、树立和践行社会主义核心价值体系活动为助推力，着力健全参政议政工作机制，突出参政议政工作重点，深入推动祖统工作的“四个转变”，各项工作都取得了新的进展。

报告对民革2011年的工作提出五项任务：（1）认真学习中共十七届五中全会精神，全面、深刻认识加快转变经济发展方式的必要性和重要性；（2）大力加强参政能力建设，切实提高思想建设、组织建设水平，为换届工作打下坚实的思想基础和组织基础；（3）创新思路、凝聚力量、突出重点，全面做好“十二五”规划开局之年的参政议政、民主监督工作；（4）以隆重纪念辛亥革命100周年为契机，进一步深化促进祖国和平统一工作；（5）深入开展参政党理论研究，提高民革理论建设水平。

何丕洁副主席在开幕式上代表中央监督委员会作工作报告，报告回顾了中央监督委员会2010年开展的主要工作，并就进一步提高对做好民革内部监督工作的认识、继续推动领导班子谈心会等制度落到实处、营造风清气正的换届环境、加大对省级监督委员会的工作指导力度等方面对2011年的工作进行了部署。

在闭幕会上，会议通过了增选第十一届中央委员会副主席、常务委员选举办法。会议经过选举，增选田惠光、郑建邦同志为第十一届中央委员会副主席，增选陈莉同志为第十一届中央委员会常务委员。会议通过了《关于接受钮小明同志提出不再担任中央领导职务请求的决定》、《关于接受林道芸同志提出不再担任中央常务委员职务请求的决定》、《关于加强参政能力建设的意见》、《民革十一届四中全会决议》。厉无畏常务副主席在闭幕会上作重要讲话，对做好下一步的工作提出三点意见：（1）认真学习贯彻中共十七届五中全会精神，以科学发展为主题，以加快转变经济发展方式为主线，全面做好“十二五”开局之年的参政议政、民主监督工作；（2）深入贯彻落实科学发展观，以加强参政能力建设为抓手，全面提高民革的自身建设水平和履职能力；（3）深刻理解当前对台工作新形势、新任务，充分发挥民革优势，以隆重纪念辛亥革命100周年为契机，开创民革促进祖国和平统一工作新局面。

（五）中央中心学习组学习活动

1. 建设学习型参政党专题报告会（扩大）

6月11日，民革中央中心学习组就“致力建设学习型参政党，全面推进参政党自身建设”主题召开专题报告会（扩大），邀请全国人大外事委员会副主任委员、新华社原总编辑南振中作《把学习培养成为一种爱好》的专题报告。南振中同志从自己的学习经历和感悟出发，就把学习培养成个人爱好、工作需求推动可持续学习、制订学习计划、学与用的关系、如何看待网上阅读等问题进行了阐述，并就学习中经常遇到的问题与大家进行了交流。

周铁农主席在报告结束后作重要讲话。讲话指出，面对日益复杂的国际国内环境和新形势新任务，民革要始终与中国共产党通力合作，共同担负起建设中国特色社会主义，实现中华民族伟大复兴的历史使命，必须努力把自己建设成为与学习型执政党相适应的学习型参政党。民革各级机关是民革组织开展活动的载体、反映意见建议的窗口和工作运转的枢纽；是履行参政党职能、发挥参政党作用的领导机关和办事机构，担负着参谋、管理、组织、协调和服务等项重要职能。建设学习型参政党，首先就要建设学习型机关。

讲话指出，建设学习型参政党要继承民革努力学习的优良传统，加强理论武装。要认真学习马克思主义经典理论，学习中国特色社会主义理论，学习掌握中国特色社会主义现代化建设所必需的各方面知识，学习中国优秀传统文化。要善于学习，树立理论联系实际的学风，善于把学到的理论和实际相结合，理论应用于实践。要在认真学习的基础上，勇于进行理论创新，尤其要善于通过把中国特色社会主义理论与多党合作的实践相结合，进行参政党理论的建设与创新。在建设学习型政党、学习型机关的过程中，要十分注意培养同志们对学习的爱好，努力在创造良好学习条件和营造良好学习氛围上下功夫，各级组织和领导干部要在组织学习过程中注意给予引导、指导和帮助。

关于如何学习践行社会主义核心价值体系，进一步加强和谐机关建设，讲话强调，要把学习践行社会主义核心价值体系作为全党和各级机关思想政治教育工作的重点抓紧抓好。广大党员，特别是领导干部和机关干部要通过认真学习，把社会主义核心价值观念内化为人生态度、行为准则和价值取向，把社会主义核心价值体系的要求转化为在工作中的自觉行动，形成奋发向上的精神力量和团结合作的精神纽带。

讲话最后指出，要以加强参政能力建设为统领，进一步加强自身建设，包括机关建设。参政能力是参政党影响力、生命力之所在，是参政党建设的核心内容。加强参政能力建设，要以政治交接为主线，以思想建设为核心，以组织建设为基础，以制度建设为保障，努力体现时代性、把握规律性、富于创造性。民革全党要高度重视参政能力建设，民革各级机关更是责无旁贷。希望机关的同志都来研究思考这一课题，既要研究民革机关如何为全党参政能力建设发挥作用的问题，也要研究探索机关自身能力提升的问题。

2. 学习中共十七届五中全会精神座谈会（扩大）

10 月 26 日，民革中央中心学习组召开学习座谈会（扩大），专题学习中共十七届五中全会精神，并部署在民革全党范围内的学习贯彻工作。

周铁农主席在会上作重要讲话。讲话指出，举世瞩目的中共十七届五中全会是在我国即将完成“十一五”规划、进入全面建设小康社会的关键时期召开的一次重要会议，是一次总结过去、规划未来、明确发展方向和奋斗目标的重要会议。全会提出并通过的《中共中央关于制定国民经济和社会发展第十二个五年规划的建议》，描绘了我国在新世纪第三个五年经济社会发展的宏伟蓝图，是动员全国各族人民全面建设小康社会、加快推进社会主义现代化的纲领性文件。《建议》确定的“十二五”时期经济发展的目标和任务，符合我国基本国情，顺应时代要求，反映了人民愿望，必将对加快推进我国改革开放和社会主义现代化建设产生重要作用。

讲话就民革全党学习和领会中共十七届五中全会精神，并在此基础上做好各项工作提出三点意见：（1）民革各级组织和广大党员特别是领导同志要高度重视，在全党掀起学习贯彻全会精神的热潮，把学习贯彻全会和《建议》精神，作为民革各级组织当前和今后一个时期的首要政治任务；（2）《建议》所描绘的宏伟蓝图，为民革展示自身价值提供了难得的机遇和更广阔的空间。我们要以科学发展观为指导，充分发挥自身特色，积极就事关加快转变经济发展方式、保障和改善民生等重大课题深入开展参政议政、民主监督工作，切实履行参政党职能；（3）《建议》所描绘的宏伟蓝图，对民革履行参政党职能提出了新的任务和更高要求。我们要不断提高参政能力，将民革建设成高素质、有作为的学习型参政党，更好地为“十二五”规划的制订和实施献计出力。

傅惠民、何丕洁副主席及中央有关工作部门负责同志也在会上发言，畅谈了学习中共十七届五中全会精神的感受。

（六）中央专题工作会议

2010 年，民革中央召开了一系列专题工作会议，通过这些会议总结经验、指导和推动工作。

1. 全国优秀女党员表彰大会

3 月 1 日，民革全国优秀女党员表彰大会在北京举行。何鲁丽原主席，厉无畏常务副主席，钮小明、齐续春、何丕洁副主席及来自全国各地的 50 余名优秀女党员代表出席会议。

厉无畏常务副主席在会上作重要讲话。讲话首先回顾了宋庆龄、何香凝、何鲁丽等民革老一辈领导人在民族解放事业、社会主义建设事业和中国妇女儿童事业中作出的重大贡献。讲话指出，在我国社会发展进步的过程中，越来越多的女性成为社会的中坚力量，在各条战线上作出了突出贡献。在全国各地的普通民革女党员中，同样涌现出了一批先进分子。她们自强不息、锐意进取，勇于开拓、善于创新，在本职工作和民革工作中取得了突出成绩，不少同志获得各级政府、部门的表彰。

讲话指出，受到表彰的女党员在科研、教育、医疗、经济、文化、党务等不同领域从事着各自的工作，大部分同志都工作在基层，但是大家有一个共同的特点，那就是热爱民革，自觉维护中国共产党领导的多党合作和政治协商制度；有理想、有抱负，热爱本职工作；热爱生活、甘于奉献。受到表彰的女党员在认真做好本职工作的同时，还积极参加民革参政议政、民主监督的相关活动，为国家建设和社会发展建言献策，她们的突出表现为民革增添了光彩，树立了良好的社会形象。因此，她们获得的成绩不仅是个人的荣誉，更是民革的荣誉。

讲话指出，民革中央选择在“三八”国际劳动妇女节100周年这个特殊的时间进行表彰活动，就是要鼓励全国的女党员，以优秀同志为榜样，树立自尊、自信、自立、自强的时代女性精神，培养爱岗敬业、立足本职、服务社会的优秀品质，追求积极向上、不断超越的时代风采，树立民革党员的优良形象，为民革更好的行使参政党职能作出更大贡献。希望大家把民革中央的勉励和祝福转达给当地的女党员，并带动全体女党员不断进步。

2. 全国专门委员会工作会议

7月11日—12日，民革全国专门委员会工作会议在内蒙古呼伦贝尔市召开，周铁农主席，厉无畏常务副主席，万鄂湘、齐续春、修福金、何丕洁副主席，中央各专委会有关负责同志，各省级组织分管专委会工作的负责同志出席会议。民革中央经济委员会、祖国和平统一促进委员会、教科文卫体委员会、人口资源环境委员会、社会和法制委员会、理论研究与学习委员会、妇女和青年工作委员会负责同志在开幕会上作本专委会工作报告。

周铁农主席在开幕会上作重要讲话。讲话充分肯定了民革中央各专委会近年来的各项工作。讲话指出，民革十一届中央领导班子组成以来，在重视参政议政工作方面形成了高度一致，而专委会工作恰恰是民革做好参政议政工作的重要抓手。因此，民革全党要高度重视专委会工作在民革全局工作中的地位，特别是在参政议政工作方面的重要作用。现阶段，各级组织要切实把专委会工作抓紧、抓好、抓实，将做好专委会工作作为提高民革参政能力建设的重要手段和途径。

讲话强调，民革专委会工作虽然取得了长足的进步，但是与广大党员的期望，与民革的参政议政工作开展的整体情况还有一定的差距。因此，要在已有经验的基础上进一步做好以下三项工作：（1）各省级组织要加强专委会的领导工作，建议各省级组织每年都召开一次专门讨论专委会工作的主委会，并把专委会工作和参政议政工作结合起来进行讨论。（2）各省级组织要为专委会工作开展解决一些实际问题，如经费、人员配备问题等。要在经费使用上适当照顾专委会工作的开展。在专委会人员的配置上，要进一步配强、配好专委会的领导，要将有参政议政热情，并且已经取得成果的党员遴选到专委会中来。

（3）进一步创新工作机制，完善工作制度。首先应当加强专委会内部整合与外部合作的工作，将专委会工作与民革其他工作更好的整合到一起，相互促进。同时，利用专委会的专业优势，加强与外部专业力量的联系、合作，更好地发挥民革作为民主党派的政治优势。在合作的过程中，民革组织自身也会得到进一步的提高和发展。其次，各专委会要选择几个有代表性的课题，作为长期性、战略性课题进行研究，在某些方面形成理论上比较独到的见解，以更好地发挥专委会专家、学者的作用。这些工作的开展对扩大民革组织的影响，凝聚民革自身的专业力量都会有不可估量的作用。

厉无畏常务副主席在会议闭幕时作总结讲话。讲话指出，专委会工作是民革各级组织做好参政议政工作的重要抓手和平台，也是加强参政能力建设的重要组成部分。民革十一大以后，民革中央的参政议政工作形式，由以前的参政议政职能部门为主导逐渐转变为由专委会主导。民革中央还以专委会的名义展开了多次的专项调研，并多次由专委会和地方组织联合召开专题论坛，不仅挖掘了专委会工作的深度，也拓宽了专委会工作的广度和影响力。委员们充分发挥专委会联系广泛、智力聚集的优势，紧紧围绕国家的经济建设和社会发展，积极献计出力，围绕民革工作的重点和特色领域切实履行参政议政职责，在民革的参政议政工作中发挥了重要的作用，为民革的参政能力建设作出了积极的贡献。

讲话指出，我们要清醒地认识到，民革的专委会工作目前还存在着一些问题和不足，委员的积极性需要进一步调动；工作思路需要进一步开拓创新；工作机制需要进一步健全和完善；经费保障需要进一步加强和落实；委员的参与度与参与面、参政议政的深度与广度都需要进一步拓展；参政议政、建言献策水平和质量还需要进一步提高和深化。为进一步做好民革中央专委会工作，要着重做好六方面工作：一是领导要高度重视，二是要不断加强学习，三是要继续完善机制，四是要抓好人才队伍建设，五是要坚持不断创新，六是要突出民革特色。

北京、内蒙古、山东、广东、四川、贵州等省级组织代表在会上作交流发言。与会同志就如何进一步履行专委会职能，发挥专委会作用进行了热烈讨论。

3. 全国机关建设工作研讨会

8 月 12 日—13 日，民革全国机关建设工作研讨会在贵州省贵阳市召开。齐续春副主席出席会议，部分省级组织驻会副主委、各省级组织秘书长和办公室负责人，中央各工作部门及办公厅各处（室）负责人参加会议。

齐续春副主席代表民革中央在开幕会上作重要讲话。讲话指出，民革中央领导同志历来高度重视学习问题，始终把学习摆在各项工作的首位，把加强学习作为思想建设的首要任务。在民革各级机关大力推进学习型机关建设，既是继承和发扬民革优良传统的重要内容，也是加强民革自身建设的必然选择，同时也是建设学习型社会、学习型参政党的重要组成部分。要充分认识建设学习型机关的必要性和重要性，增强新形势下加强学习的紧迫感、责任感。建设学习型机关，是民革适应时代发展变化、加强自身建设的重要环节；是为民革履行参政党职责更好服务的必然要求；是民革提高参政能力和水平、加强机关建设的紧迫任务。

讲话强调，建设民革学习型机关，就是根据民革组织履行职责、民革机关工作人员个人全面发展的需要，形成机关各个部门、所有工作人员认真学习、不断学习的局面和机制。一是机关学习必须具有广泛参与性，二是机关学习必须具有制度强制性和引导性，三是机关学习必须具有针对性和持续性，四是机关工作人员的学习应当具有主动性和自觉性。

讲话要求，切实推进学习型机关建设，必须强化机关工作人员认真学习、不断学习的责任感，引导大家树立认真学习、不断学习的价值观；建立和完善促进、引导机关工作人员有组织学习和个人学习的体制机制；在学习内容上力求做到“广、新、专、深”；在学习形式上要有所创新，注重实效；在学习实效上要注重学以致用、用以促学、学用相长。

与会同志听取了全国人大外事委员会副主任委员、新华社原总编辑南振中同志所作的《把学习培养成为一种爱好》专题报告，大家围绕学习型机关建设的经验和体会以及当前机关建设中面临的问题进行了热烈的讨论。黑龙江、浙江、江西、湖北、重庆、四川、贵州、甘肃等省级组织的参会同志分别代表各自省级组织在闭幕会上作大会交流发言，各小组召集人分别代表各组介绍了小组讨论情况。民革中央秘书长兼办公厅主任李惠东在总结讲话中总结了本次会议的主要成果，并就进一步加强机关建设提出了要求。

4. 中央画院第四次理事会

8 月 20 日—23 日，民革中央画院第四次理事会在上海召开。周铁农主席、何丕洁副主席，民革中央原副主席、中央画院顾问朱培康，民革中央画院院长宋雨桂及来自全国各地的民革中央画院理事、著名书画家 150 余人参加会议。中共上海市委常委、统战部部长杨晓渡，民革上海市委会主委高小玫到会祝贺。

周铁农主席在开幕式上讲话说，自民革中央画院第三次理事会召开至今，理事们认真履职，踊跃参加社会活动，尤其是民革党内众多的优秀书画家，为庆祝中华人民共和国 60 周年华诞，抒发自己热爱祖国的炽热心情，积极进行创作，参与了“盛世风采——庆祝中华人民共和国成立 60 周年民革全国书画展览”。在青海玉树发生强烈地震后不久，民革中央画院、北京中山书画社在民革中央机关举办“支援玉树抗震救灾公益笔会”，书画家们用手中的笔表达对灾区人民的关爱。此次笔会收到的作品和捐款已向民革青海省委会转交，用于支援灾区。民革中央画院还成功创刊发行了院刊《中山艺术》，在社会上产生很大反响。讲话指出，2011 年是辛亥革命 100 周年，民革中央画院正在认真筹备举办书画展览来纪念这一伟大事件，希望各位理事继承孙中山先生“爱国、革命、不断进步”的精神，创作出更多融合时代精神和传统文化底蕴的优秀艺术作品，并继续为画院建设出谋划策，提出建议，运用高雅的书画艺术，为我国经济社会多贡献智慧和力量。

何丕洁副主席作画院工作报告。会议进一步研讨部署了画院下阶段工作，听取了理事们对画院工作的意见和建议，举办了学术讲座和交流活动，并向获得“盛世风采——纪念中华人民共和国成立 60 周年民革全国书画展览”组织工作优秀奖的单位进行了颁奖。会议期间，与会理事还为甘肃舟曲灾区举行了公益笔会。画院负责同志表示，民革中央画院多次举办公益笔会，但是这次规模最大，参与人数最多，充分展现了民革画家情系百姓、爱国爱民的精神。

5. 全国企业家会议

8 月 31 日—9 月 1 日，民革全国企业家会议在吉林省长春市召开。周铁农主席，修福金、傅惠民、何丕洁副主席，民建中央副主席辜胜阻出席会议，部分省市民革组织负责人及企业家代表100余人参加会议。会议主题是探索民革非公经济继续为深化改革、促进经济发展和社会进步服务的有效方式和途径，全面推进社会服务工作。

周铁农主席在开幕式上作重要讲话。讲话指出，民革中央多次组织举办一系列有关非公经济方面的全国性会议、培训及调研活动，很多地方组织也通过各种方式激发和调动广大党员报效祖国、回报社会的政治热情和奉献精神，这项工作已成为全党社会服务工作的一项重要内容。民革党员在做大做强企业的同时，认真履行参政议政职能，积极建言献策，热心投入捐资助学、扶贫济困等社会公益事业，这些党员已成为民革队伍中不可或缺的有生力量。讲话就下一步如何加强非公经济工作提出，民革各级组织要进一步加强对民革党员中新社会阶层人士的团结、引导和帮助，积极维护他们的合法权利，帮助他们提高综合素质、创新经营理念，努力为他们搭建施展才华的舞台。

修福金副主席在开幕式上致欢迎辞，何丕洁副主席作工作报告。与会同志听取了民建中央副主席、经济学家辜胜阻和有关经济专家关于经济形势和民营企业发展的报告。

6. 全国思想宣传理论研究会议

9月10日—13日，民革全国思想宣传理论研究会议在北京召开。会议的主题是落实民革十一届三中全会、十一届十一次中常会和民革中央专委会工作会议精神，总结近年来民革思想宣传理论研究工作的进展、成绩和经验，明确今后一个时期民革思想宣传理论研究工作的形势和任务，具体部署今后一个阶段的工作。周铁农主席、修福金副主席出席会议。民革全国各省级、副省级组织分管思想宣传理论研究工作的负责同志，各省级组织宣传部门负责人、民革中央理论研究与学习委员会委员等80余人参加会议。

周铁农主席在开幕式上作了题为“突出主题，明确任务，开创民革思想宣传理论研究工作新局面”的重要讲话。讲话强调了增强参政能力是当前民革思想宣传理论研究工作的新主题，论述了增强参政能力的重要性。讲话指出，加强参政能力建设，提高参政能力，是民革自身建设的必然要求和逻辑发展。为使参政能力建设真正落到实处，见到实实在在的成效，需要由自身建设各个方面，包括思想理论建设和宣传工作的支撑和推动。特别是思想建设和理论研究，能否为参政能力建设提供政治思想上的引导和理论创新的支持至关重要。因此，一定要把加强参政能力建设作为当前民革思想宣传理论研究工作的主题，这是落实民革十一届十一次中常会精神的要求，也是在已有成绩和进展的基础上，把民革思想宣传理论研究工作推向更高水平，开创工作新局面的需要。

讲话指出，思想宣传理论研究工作以提高参政议政能力建设为主题，要求我们抓准能力建设中的关键环节，突出工作重点，实现全面推进。在思想教育方面，要从提高民革参政能力的需要出发，把提高广大党员、干部对形势的把握能力，特别是对政治形势的把握能力作为思想教育和理论学习的重点，要重视提高观察、判断、分析经济形势和社会形势的能力，要把建设学习型参政党，作为思想政治理论研究工作的又一重点；在理论研究方面，必须紧密结合民革的实际，特别要围绕提高参政能力建设这一主题，重点选取事关参政能力建设的课题开展研究，要倡导敢于探索的理论研究勇气和求真务实的研究态度，面向真问题，提出真见解，得出真结论，同时，理论研究要根据民革实际，充分发挥民革党内专家作用，吸引和联合社会上的专家学者，一起研究；在宣传工作中，要把创新作为宣传工作提高水平、增强宣传效果的关键环节抓紧抓好。

修福金副主席在工作报告中全面具体地总结了近年来民革思想宣传理论研究工作取得的成绩，并对当前民革思想宣传理论研究工作的任务和若干重要工作作了部署和安排。他说，近年来，在中共各级党委、统战部门的大力支持和指导下，在民革中央和各级领导班子领导下，认真落实《民革思想宣传工作五年规划》，通过民革各级组织和广大党员，尤其是各级宣传部门同志的不懈努力，民革思想宣传理论研究工作取得了显著的成绩和进展，对其中的规律有了较为深入的认识，形成了一套体现民革参政党性质较为系统的经验。他指出，现阶段民革思想宣传理论研究工作的任务和当前的主要工作是始终坚持思想政治工作在民革自身建设中的基础性地位，巩固已有成果，进一步整体推进思想政治教育各项工作；围绕加强民革参政议政能力建设这一自身建设主题，整合民革全党的理论研究力量，重点开展对多党合作理论和参政党建设理论研究；以办好民革中央和地方组织工作网站为重点，拓宽宣传渠道，把民革宣传工作推向新的高度和水平；坚持正确政治导向，大力提升孙中山研究的学术性和影响力，做好纪念辛亥革命100周年有关工作。

北京、天津、黑龙江、上海、福建等省级组织的代表作了大会发言，交流了各自思想宣传理论研究工作的经验和体会。

7. 全国先进基层组织、基层工作先进个人表彰大会

11月2日—3日，民革全国先进基层组织、基层工作先进个人表彰大会在陕西省西安市召开。会议的主题是总结交流基层工作中取得的成绩和经验，明确今后一个时期民革基层组织建设的目标和任务，积极探索新形势下进一步加强基层组织建设的思路和方法，不断开创民革基层组织建设的新局面。厉无畏常务副主席，钮小明、何丕洁副主席，各省级组织分管组织工作的负责同志、组织部门负责人，民革中央组织部负责人及部分受表彰先进基层组织、先进个人代表参加会议。

厉无畏常务副主席在会上作重要讲话。讲话指出，近年来，在中共各级党委、统战部门的大力支持和指导下，在民革中央和各级领导班子领导下，通过民革各级组织和广大党员的共同努力，民革全党的基层组织建设取得了较大的发展，呈现出欣欣向荣的景象。主要体现在：（1）领导班子建设全面加强，成效日益显著；（2）制度建设日益完善，工作机制不断创新，支部工作更加正规；（3）基层组织活动形式多样，组织凝聚力增强；（4）组织发展平稳有序推进，新党员素质逐年提高；（5）中共党委、统战部门和社会各界对民革的基层组织工作更加支持。

讲话指出，近年来民革全党在加强基层组织建设方面，主要有以下几点经验和体会：（1）中共地方党委、基层党组织的支持和帮助，是加强民革基层组织建设的必要前提；（2）省市级组织的领导和工作上的指导，是加强基层组织建设的重要保障；（3）基层组织领导班子的团结稳定，是加强基层组织建设的关键；（4）建立健全各项工作制度，是加强基层组织建设的基础；（5）广大基层党员的积极参与和无私奉献，是基层组织建设不断推进的根本。

讲话就当前和今后一个阶段加强基层组织建设工作提出三点意见：（1）民革各级组织要提高对基层建设工作重要性的认识；（2）省市级组织要加强对基层组织的领导和指导，为基层组织活动提供支持；（3）基层组织要抓好自身建设，为民革全党事业的科学发展夯实基础。

何丕洁副主席在会上宣读了《民革中央关于表彰民革全国先进基层组织、基层工作先进个人的决定》，民革北京市东城区第五支部等162个基层组织被授予“民革全国先进基层组织”荣誉称号，万建中等286位同志被授予“民革全国基层工作先进个人”荣誉称号。14位先进基层组织代表和先进个人代表作了大会交流发言。会议还对民革各省级组织的组织部门负责人进行了业务培训。

8. 前辈纪念场馆暨辛亥革命史迹研讨会

11月25日—27日，民革中央在广西梧州召开民革前辈纪念场馆暨辛亥革命史迹研讨会。民革中央副主席修福金、民革广西区委会主委刘新文、民革甘肃省委会主委郭层城，广西省、梧州市有关方面负责同志，全国政协文史委、民革中央宣传部有关同志及部分民革前辈纪念场馆负责人、纪念场馆主管单位负责人出席会议。

修福金副主席在会上讲话指出，在辛亥革命这一伟大事件中，许多民革前辈为孙中山先生的理想和精神所感召，追随孙中山先生不怕牺牲、英勇奋斗，为推翻封建专制、建立共和作出了重要的贡献。虽然参加过辛亥革命的民革前辈都已经故去，但他们的精神、气质及其独有的人生内容，还保存在他们生活、战斗过的地方，因此民革前辈纪念场馆和辛亥革命史迹对于民革、对于社会都弥足珍贵，是传承爱国主义精神的重要载体，是宝贵的政治资源、文化资源，是联结海峡两岸、全世界华人的精神纽带。民革中央组织召开这次会议，目的就是想借此引起各方面的关注和重视，推动相关工作的开展和深化，以更好地继承和发扬革命前辈的爱国主义精神，激发我们为中国特色社会主义建设事业努力奋斗的信心和决心。

针对如何保护、利用、开发民革前辈纪念场馆和辛亥革命史迹；如何使民革前辈纪念场馆适合人民群众日益增长的精神文化需求；如何利用民革前辈纪念场馆和辛亥革命史迹繁荣社会主义文化事业，践行社会主义核心价值体系，讲话提出三点意见：（1）要全面提升民革前辈纪念场馆的品位；（2）要加强民革前辈纪念场馆和辛亥革命史迹的研究；（3）要充分发挥爱国主义教育基地的作用。

讲话提出，希望通过与会同志的共同努力，民革前辈纪念场馆和辛亥革命史迹将在辛亥革命100周年之时更加亮丽，成为辛亥革命100周年纪念中十分重要的活动内容，成为使辛亥革命精神代代相传的教育基地。

与会人员以大会交流和小组讨论等形式，围绕主题展开深入探讨。会议召开期间，与会代表还参观了全国第一个孙中山纪念堂——梧州市中山纪念堂及苍梧县李济深故居等地。

9. 全国参政议政工作暨成果交流会议

12月9日—10日，2010年度民革全国参政议政工作暨成果交流会议在北京召开。周铁农主席，齐续春、修福金、傅惠民、何丕洁、郑建邦副主席出席会议。

周铁农主席在会上作重要讲话。讲话指出，过去的五年，民革全党在以胡锦涛同志为总书记的中共中央领导下，牢牢把握科学发展这条主线，积极为“十一五”规划顺利实施建言献策，充分发挥民革在“三农”、祖国和平统一和社会法制建设方面的智力优势、人才优势，为实现经济发展和社会稳定作出了重大贡献，得到了执政党和政府的充分肯定。“十二五”时期是全面建设小康社会的关键时期，是深化改革开放、加快转变经济发展方式的攻坚时刻。同时，当前和今后一段时间内，也是世情、国情继续发生深刻变化，我国经济社会发展呈现新的阶段性特征的一个时期。《中共中央关于制定国民经济和社会发展第十二个五年规划的建议》明确以科学发展为主题和以加快转变经济发展方式为主线的指导思想，是对社会主义现代化建设指导思想的重大发展，也是对参政党参政议政工作提出的新的、更高的要求，摆在我们面前的任务也将更加艰巨。

讲话就进一步做好民革参政议政工作提出三点意见：（1）认真学习贯彻中共十七届五中全会精神，深刻认识当前面临的国内外形势，将认识和行动统一到中共中央的战略部署上来；（2）集思广益，锐意创新，紧紧围绕科学发展主题，全面做好“十二五”规划开局之年的参政议政工作；（3）以加强参政能力建设为抓手，全面提高民革的参政议政能力。

齐续春副主席在会上作工作报告。报告总结了2010年民革参政议政工作取得的主要成绩：（1）国是建言得到中共中央、国务院、全国政协的高度重视和采纳；（2）围绕促进祖国和平统一、“三农”问题和社会法制建设积极建言献策，成效显著；（3）搭建平台，集聚智力，专委会工作全面深入开展；（4）广泛调动，重点突出，反映社情民意信息工作取得不断进步。报告就做好民革2011年的参政议政工作提出四点意见：（1）认真学习中共十七届五中全会精神，全面、深刻理解加快经济发展方式转变的必要性和重要性；（2）发挥优势，突出特色，紧紧围绕国家发展大局，为推动科学发展、保障和改善民生献计出力；（3）进一步健全和完善参政议政工作机制，加强参政议政机构和队伍建设；（4）整合资源，提高质量，切实做好反映社情民意信息工作。

会议对为民革中央提案工作作出贡献的民革北京市委会等8个省、市级组织和王京京等19名同志进行了表彰；授予民革浙江省委会等5个省级组织“2010年度为民革中央反映社情民意信息工作作出贡献先进集体”荣誉称号。会上，部分省、市级组织代表作了交流发言。与会同志结合周铁农主席的讲话和齐续春副主席的工作报告，围绕各地参政议政工作的经验和体会进行了交流讨论。

（七）中央举办的有关纪念会、座谈会

1. 2010年迎春茶话会

2月2日，民革中央在机关举行2010年迎春茶话会，周铁农主席在茶话会上发表讲话，代表民革中央向关心、支持民革工作的各界人士，向台湾同胞、海外侨胞及海内外友人致以新春祝福。讲话指出，过去的2009年，民革全党认真学习贯彻中共十七大和十七届三中、四中全会精神，以科学发展观为统领，紧紧围绕国家改革、发展、稳定大局，全面做好参政议政、民主监督、促进祖国和平统一和自身建设工作，为积极应对世界经济和金融危机、促进经济社会平稳较快发展作出了努力。讲话指出，2009年里，海峡两岸关系稳步推进，取得了突破性进展，两岸和平发展呈现强劲势头。2010年，两岸关系发展将面临新的希望和挑战，对我们进一步做好祖统工作提出了新的更高要求。民革要继续坚持“和平统一、一国两制”的方针和现阶段发展两岸关系、推进祖国和平统一进程的八项主张，牢牢把握两岸关系和平发展的主题，以科学发展观为指导，不断创新工作思路，不断拓展工作范围，充分发挥民革特色和优势，努力开创两岸关系和平发展新局面。

海峡两岸关系协会副会长王在希出席茶话会并致辞，他在致辞中回顾了2009年两岸关系发展取得的重大进展、海协会和海基会协商进程，对民革中央对台工作取得的成绩表示衷心的赞许并简要介绍了海协会2010年的工作重点。他希望民革中央在新的一年里继续支持海协会的工作，共同为开拓两岸关系和平发展新局面作出贡献。

2. 孙中山先生逝世85周年纪念仪式

3月12日，民革中央在北京中山公园中山堂隆重举行孙中山先生逝世85周年纪念仪式。厉无畏常务副主席主持纪念仪式，全国政协副主席阿不来提？阿不都热西提、民革中央主席周铁农、中共中央统战部副部长楼志豪、北京市副市长程红、民革北京市委会主委傅惠民在纪念仪式上分别代表全国政协、民革中央、中共中央统战部、北京市人民政府、民革北京市委会向孙中山先生像敬献花篮。与会同志向孙中山先生像三鞠躬，缅怀这位伟大的民主革命先行者。

3.《中山艺术》创刊号发行仪式暨新闻发布会

7月9日，民革中央画院院刊《中山艺术》创刊号发行仪式暨新闻发布会在民革中央机关举行。周铁农主席、何鲁丽原主席、何丕洁副主席、朱培康原副主席，民建中央副主席张少琴，民革中央画院院长宋雨桂等出席新闻发布会。周铁农主席在发布会发表讲话中指出，《中山艺术》的创办，是学习践行社会主义核心价值体系的重要行动。对于继承和发扬孙中山先生爱国、革命和不断进步的精神，弘扬中华民族优秀传统文化，推进社会主义精神文明建设，促进祖国和平统一，促进海内外的文化交流，具有重要意义。他希望画院的全体书画家们继续发扬民革的优良传统，通过《中山艺术》这个平台，联系并团结民革各地书画组织，积极培养和推介民革的优秀中青年书画艺术家，更好地学习、研讨中国的书画艺术，为宣传我国优秀的民族文化，增进与各民主党派、全国工商联以及海内外书画艺术家之间的交流，共同为弘扬祖国的传统文化艺术作出新的贡献。

民革中央画院副院长、《中山艺术》杂志社社长宋旭在会上介绍了《中山艺术》的办刊宗旨、读者对象、栏目设置、规格、发行周期及发展方向等情况。《中山艺术》作为民革中央画院院刊，内容除介绍民革历史上有艺术成就的艺术家、民革中央画院画家以及作品外，还关注社会上其他杰出艺术家的创造。《中山艺术》以加强各党派之间的文化艺术交流，加强与广大书画家的学术交流为目的，力求成为展示全社会艺术家风采的一个平台。中共中央统战部、各民主党派中央、中央文史研究馆、社会艺术名家、民革中央各工作部门和民革中央画院有关负责人、部分在京理事、书画家以及有关新闻媒体等100余人参加新闻发布会。

（八）中央领导出访活动

9月16日—25日，为加强与美国、加拿大侨界的联系，进一步学习研讨孙中山思想，应美国海外中山学社荣誉理事长韦玉华先生的邀请，齐续春副主席率中华中山文化交流协会代表团于赴美国芝加哥出席由海外中山学社主办的第六届孙中山思想国际学术研讨会，并应加拿大华人促进中国统一联盟邀请顺访加拿大。

代表团一行先后走访了芝加哥、纽约、华盛顿、渥太华、多伦多、温哥华等6个城市。在美国期间，代表团参加了由国民党传统侨社海外中山学社和三民主义大同盟联合举办的“第六届孙中山思想国际学术研讨会暨三民主义大同盟美加第二十七届年会”。来自海峡两岸，美国华盛顿、纽约、密西根、洛杉矶、旧金山、美中及加拿大多伦多地区的60多位专家学者参加了会议。会议围绕孙中山思想、中华民族复兴、两岸关系发展及中华文化等议题进行了研讨。齐续春副主席在会上作了《民革研究宣传孙中山的概况和特点》专题报告，民革中央宣传部负责同志作了《孙中山研究与“中山学”建设》报告。

访问期间，代表团一行广泛宣传祖国大陆对台方针政策、中国改革开放30余年来所取得的巨大成就；介绍中国共产党领导的多党合作和政治协商制度；同时还向侨界朋友通报了国内抗灾救灾的情况。代表团拜会了纽约中国和平统一促进会、加拿大华人促进中国统一联盟、加拿大中国统一促进会等海外华人社团；拜会了中国驻美国、加拿大大使馆，驻芝加哥、多伦多、温哥华领事馆，并与他们进行了广泛的交流。本次参访进一步深化和扩大了与美、加侨界有关人士的交流交往，特别是加强了与当地传统侨社的联系，为共同营造海外华侨华人促进和维护中国和平统一的氛围创造了良好条件。

10月15日—27日，应欧洲华侨华人社团联谊会和欧洲中国和平统一促进会邀请，钮小明副主席率中华中山文化交流协会代表团赴意大利，出席欧洲华侨华人社团联合会第16届大会暨全球华侨华人推动中国和平统一大会10周年纪念大会，并在会后顺访西班牙、法国。

钮小明副主席在纪念大会开幕式上发表讲话，对大会的召开表示热烈祝贺，并介绍了当前国内经济社会发展形势和中国共产党领导的多党合作和政治协商制度。讲话指出，多年来，广大海外华侨华人同胞继承和发扬中华民族的传统美德，为所在国经济社会发展作出了积极贡献。同时广大侨胞身居海外，不忘故土，热忱无私地支持祖国的建设事业，充分体现了海内外中华儿女血浓于水的骨肉亲情。民革多年来发挥自身优势和特色，通过形式多样的交流互访，与台湾岛内和海外各国反“独”促统力量建立了广泛联系，与台湾各界人士和广大海外华侨华人同胞结下了深厚友谊。希望与欧华联会及海内外反“独”促统力量加强合作，共同努力，继续增进两岸政治互信，不断增强两岸关系和平发展的推动力；继续扩大两岸各界交流，不断激发两岸关系和平发展的生命力；继续深化经济合作，不断提高两岸经济的竞争力；继续推动两岸关系和平发展，不断增强中华民族的凝聚力。

访问期间，代表团一行拜会了中国驻意大利、西班牙、法国大使馆，与各国华侨华人社团进行了广泛接触。

二、参政议政

2010年是我国继续应对国际金融危机、保持经济平稳较快发展、加快转变经济发展方式的关键一年。这一年里，为更好地协助执政党和政府转变经济发展方式、保障和改善民生、维护社会和谐稳定，民革中央积极整合各方资源，组织党内外专家、学者，围绕科学制定“十二五”规划、调整国民收入分配结构、提高农业发展水平、保障国家粮食安全、推进城镇化建设、发展战略性新兴产业、推进节能减排、发展低碳经济、促进区域协调发展、扩大民间投资、少数民族地区职业教育和就业等问题，进行深入调研。2010年，民革各级组织和广大党员深入贯彻落实科学发展观，充分发挥联系广泛、智力密集的优势，积极履行参政议政职能，取得了显著的成绩。

（一）在高层政治协商和征求意见座谈会上提出意见和建议

2010年，中共中央、国务院，最高人民检察院、最高人民法院，中共中央纪委、监察部等分别就《政府工作报告（征求意见稿）》、经济形势和经济工作、《最高人民法院工作报告》、检察工作情况、人民法院工作情况、党风廉政建设和反腐败工作情况等重大问题举行高层政治协商和征求意见座谈会，民革中央主要领导参加会议并就协商的专题发表了意见和建议。以下是部分座谈会民革中央领导发言的情况。

1月12日，修福金副主席出席最高人民检察院召开的，向各民主党派中央、全国工商联和无党派人士通报检察工作情况，并征求对检察工作的意见和建议的座谈会。最高人民检察院检察长曹建明主持座谈会。修福金副主席代表民革中央发言说，最高人民检察院新一届领导班子上任以来，高度重视与各民主党派中央、全国工商联和无党派代表人士的协商与联系工作，连续两年举办座谈会。我们感到最高人民检察院实实在在将政治协商、民主监督作为加强自身建设的一项重要保障。特别是2009年初出台的《最高人民检察院与各民主党派中央、全国工商联和无党派人士联络工作办法》，从制度上把这一做法固定下来，将民主党派对国家司法机关的民主监督制度化、常态化，为发扬中国特色社会主义民主探索了新路。发言就更好地履行参政党对国家司法工作的民主监督职能，推进检察机关的法律监督同民主监督的有机结合提出四点意见：（1）继续加大聘请特约人员工作力度；（2）加大对渎职侵权犯罪的侦办力度；（3）加大监所检察工作力度；（4）不断加强检察机关内部建设，做好对自身的监督工作。

1月29日，周铁农主席、厉无畏常务副主席出席国务院召开的党外人士座谈会。国务院总理温家宝主持座谈会，就即将提请十一届全国人大三次会议审议的《政府工作报告（征求意见稿）》，征求各民主党派中央、全国工商联负责人和无党派人士意见。周铁农主席代表民革中央发言说，《政府工作报告（征求意见稿）》对2009年的工作和取得的成绩、经验，作了全面和实事求是的总结和肯定。民革中央领导班子全体同志完全赞同这个《报告》，完全赞同《报告》确定的政府工作原则、主要任务和2010年国民经济、社会发展的主要预期目标。《报告》公开发表后，我们将组织民革全体同志认真学习，把大家的思想认识统一到中共中央对形势的科学判断和准确把握上，正确认识当前我国经济社会发展所面临的极其复杂的形势，围绕推动科学发展和促进社会和谐这条主线，围绕《报告》所确定的目标和任务，进一步做好参政议政、民主监督工作。周铁农主席还对《政府工作报告（征求意见稿）》提出了修改意见。

1月26日，周铁农主席，厉无畏常务副主席，修福金、何丕洁副主席出席中共中央纪委、监察部召开的向党外人士通报党风廉政建设和反腐败工作情况会议。中共中央政治局常委、中央纪委书记贺国强出席会议，中央纪委副书记张惠新通报了当前党风廉政建设和反腐败工作情况。周铁农主席代表民革中央在会上发言说，中共中央纪委历来高度重视与各民主党派中央、全国工商联和无党派代表人士的协商与联系工作。通过举办情况通报会，通报反腐倡廉工作最新进展，我们感到中纪委实实在在将政治协商、民主监督作为加强自身制度建设的一项重要保障，努力将民主党派对国家纪检监察机关的民主监督制度化、常态化，为发扬中国特色社会主义民主探索了新路。我们完全赞同中共中央、中纪委对今年和今后反腐倡廉工作的部署，决心更加努力地做好相关方面的参政议政、民主监督工作。周铁农主席就进一步开展好反腐倡廉工作提出两点建议：（1）以健全惩治和预防腐败体系各项制度为重点，大力推进反腐倡廉制度建设；（2）健全民主监督体系，充分发挥民主党派在反腐倡廉制度建设中的作用。

2月9日，周铁农主席出席最高人民法院召开的，向各民主党派中央、全国工商联负责人和无党派人士通报人民法院工作情况，征求对即将提请十一届全国人大三次会议审议的《最高人民法院工作报告》的意见和建议的党外人士座谈会。最高人民法院院长王胜俊出席会议。周铁农主席代表民革中央发言说，最高人民法院高度重视各民主党派中央、全国工商联和无党派人士对人民法院的民主监督工作。2009年里，各级人民法院以《关于深化司法体制和工作机制改革若干问题的意见》为指导，积极推进司法体制和工作机制改革，以实际行动践行了胡锦涛总书记提出的“党的事业至上、人民利益至上、宪法法律至上”的司法工作新要求。周铁农主席结合在调研中了解的情况，对最高人民法院工作提出三点建议：（1）坚持以科学发展观为指导，贯彻以人为本理念，将“三个至上”落实到实际工作中去，确保司法公正；（2）尽快出台法官分类管理的相关政策，稳定法官队伍，为依法治国方略的实施奠定良好的人才基础；（3）进一步落实公开审判制度，提高司法透明度。

2月10日，周铁农主席、何鲁丽原主席、厉无畏常务副主席出席中共中央在中南海召开党外人士迎春座谈会。中共中央总书记、国家主席、中央军委主席胡锦涛出席会议并作重要讲话，中共中央政治局常委、全国政协主席贾庆林主持座谈会，中共中央政治局常委习近平、李克强等出席会议。周铁农主席代表民革中央在会上发言，对中共中央在2009年中给予民革的支持和帮助表示衷心的感谢，对2009年中共中央领导全国各族人民万众一心、共克时艰，各项事业取得重大进展给予高度评价，并就做好2010年的工作提出四点建议：（1）加大发展党内民主和反腐倡廉的宣传教育力度，使全党同志特别是广大领导干部都能对此有高度的重视；（2）在加快城乡统筹发展和推进城镇化建设的进程中，要把工作重点放在发展相对滞后的中西部地区，使其缩短与东部沿海地区的发展差距；（3）大力提高全社会对循环经济的理解和认识，尽快建立健全循环经济发展所需要的制度保障体系；（4）加大对中央社会主义学院建设的支持力度，充分发挥其多党合作理论研究基地的作用，为民主党派培养更多高素质的干部。

7月20日，周铁农主席、厉无畏常务副主席出席中共中央在中南海召开的，就当前经济形势和下半年经济工作听取各民主党派中央、全国工商联领导人和无党派人士的意见和建议的党外人士座谈会。中共中央总书记胡锦涛主持座谈会并发表重要讲话，中共中央政治局常委温家宝、贾庆林、习近平、李克强出席座谈会。温家宝副总理通报了上半年经济工作有关情况，介绍了中共中央、国务院关于做好下半年经济工作的考虑。

周铁农主席代表民革中央在会上发言说，进入2010年以来，各地区、各部门在中共中央、国务院的正确领导下，坚持实施应对国际金融危机的一揽子计划，国民经济呈现出增长速度较快、结构逐步优化、就业持续增加、价格基本稳定、改革开放积极推进、人民生活进一步改善的良好态势。我们完全赞同中共中央、国务院对经济社会发展形势的分析和判断，完全同意下半年经济工作的总体要求、工作重点和具体安排。我们将动员和组织广大民革党员按照中共中央、国务院的决策部署，进一步统一思想，提高认识，为实现今年国民经济发展的各项目标、任务，全面做好参政议政、民主监督工作。

周铁农主席就做好下半年的各项工作提出以五点建议：（1）要注意加大我国城镇化建设进程的推进力度，按照统筹城乡发展的要求，积极探索和研究进一步推进城镇化建设的新思路、新政策、新方法。在这项工作之中，要注意在农村土地政策这个关键问题上有所创新和突破；（2）在处理经济平稳较快发展、调整经济结构和管理通胀预期三者之间的关系时，要注意相互之间的平衡；（3）在新一轮西部大开发和统筹地区发展的工作中，应充分借鉴东部地区的发展经验，进一步提升沿边开放的水平和规模，加强区域性的国际合作；（4）建议有关部门尽快开始建立、发展民间科研基金组织的调研，积极探索民间科研基金组织发展的形式与方法，更好地推进我国的自主创新工作；（5）对关乎民生的市场调控，一定要下大力气坚持搞好，尤其是对房地产市场的调控，要在防范好风险的前提下，顶住压力，克服阻力，坚持宏观调控不动摇、不松劲，切实解决好房地产市场健康发展的问题。

11 月 30 日，周铁农主席、厉无畏常务副主席出席中共中央在中南海召开的，就当前经济形势和 2011 年经济工作听取各民主党派中央、全国工商联领导人和无党派人士意见和建议的党外人士座谈会。中共中央总书记胡锦涛主持座谈会，中共中央政治局常委温家宝、贾庆林、习近平、李克强出席座谈会。温家宝副总理通报了经济工作有关情况，介绍了中共中央、国务院关于做好明年经济工作的考虑。周铁农主席代表民革中央在会上发言说，完全赞同中共中央对 2011 年经济社会发展形势的总体判断，经济工作的总体要求、政策取向和经济发展的主要预期目标和经济社会发展的主要任务。在 2011 年工作中，民革中央将动员各级组织和广大党员，以科学发展观为统领，按照中共中央的决策部署，为加快转变经济发展方式、保持经济平稳较快发展、促进社会和谐稳定，进一步做好参政议政、民主监督工作。周铁农主席结合 2010 年调研中了解到的情况，对 2011 年经济社会发展提出四点建议：（1）坚持在科学发展中解决矛盾和问题；（2）注意产业比例关系和产业融合；（3）将物价上涨总水平控制在合理范围内；（4）全面做好保障和改善民生的工作。

12 月 23 日，郑建邦副主席出席最高人民检察院召开的，听取各民主党派中央、全国工商联负责人和无党派人士对一年来检察工作的意见和建议的党外人士座谈会。最高人民检察院检察长曹建明主持座谈会，最高人民检察院常务副检察长胡泽君通报了 2010 年初以来检察工作的主要情况和 2011 年检察工作的总体安排。郑建邦副主席代表民革中央发言，就检察机关在 2011 年更好地履行司法职能提出四点建议：（1）继续加大人民监督员工作力度，着力加强监督制约机制建设；（2）进一步加强反渎职侵权工作；（3）积极做好修改后国家赔偿法实施的准备衔接工作；（4）促进公正廉洁执法、提高执法公信力。

（二）以民革中央名义向中共中央和国务院提交专项建议

2010 年，民革中央先后就返乡农民工创业与就业工作、农村土地流转、建立健全非正常上访终结机制、在我国西南喀斯特岩溶山区继续实施退耕还林试点工作、进一步做好汶川特大地震灾后重建工作、大力推进基层农技推广体系改革与建设、进一步扶持粮食主产区确保我国粮食安全、新农村建设中环境污染与保护、构建海峡经济区促进两岸共同繁荣等问题作了专题调研，并以调研成果为基础向中共中央、国务院提出专项建议。主要有：

1 月 18 日，民革中央通过中共中央统战部向中共中央、国务院报送了《关于进一步开发建设齐齐哈尔江桥抗战爱国主义教育基地的建议》。民革中央多年来一直关注齐齐哈尔江桥抗战爱国主义教育基地的开发和建设，多次派出调研组进行实地考察，并在此基础上形成该《建议》。《建议》介绍了江桥抗战的历史地位和作用、江桥抗战爱国主义教育基地建设情况及下一步建设规划，并就进一步扩大江桥抗战爱国主义教育基地影响、筹集建设资金、加强媒体宣传、加强专业部门指导等问题提出了建议。

5 月 15 日，民革中央通过中共中央统战部向中共中央、国务院报送了《关于进一步推进城镇化建设的建议》。4 月 12 日—15 日，周铁农主席、厉无畏常务副主席率民革中央调研组赴河南省，就进一步推进农村城镇化建设问题开展调研。副主席钮小明、修福金，民革河南省委会主委李英杰以及中共中央统战部、住房和城乡建设部城镇建设司、农业部产业政策与法规司有关负责同志、河南省有关方面负责同志参加了调研。在调研基础上形成的《建议》，总结了河南省加快推进城镇化建设取得的成绩和总体趋势，并针对当前存在的问题提出六点建议：（1）以科学发展观为指导，充分认识城镇化建设对中国经济社会发展的长期战略意义，努力引导城镇化建设的科学发展。（2）按照统筹城乡发展要求，遵循功能性布局和差异化发展的原则，做好城乡规划工作。（3）出台相关政策制度，积极扶持小城镇产业发展，增强小城镇发展的内生动力。（4）以深化户籍制度改革为抓手，积极探索就业、教育、医疗等社会福利制度改革，努力推进基本公共服务均等化。（5）通过完善财税制度和增加融资渠道，为地方顺利推进城镇化提供财力支持。（6）进一步完善土地流转制度，积极研究和探索农民宅基地和承包地资产化的有效途径，切实维护农民利益。中共中央政治局委员、国务院副总理回良玉对该《建议》作出重要批示，要求中农办对所提建议进行研究。

7 月 27 日，民革中央通过中共中央统战部向中共中央、国务院报送了《关于进一步促进新疆对外开放，推动新疆跨越式发展的建议》。为推动新疆加大实施沿边开放力度，更好地推动新疆跨越式发展，6 月 12 日—15 日，周铁农主席率民革中央调研组赴新疆，先后在乌鲁木齐市、伊犁哈萨克族自治州等地进行考察和调研，并在此基础上形成了该《建议》。《建议》分析了新疆当前对外开放和外经贸发展呈现出的良好势头和存在的主要问题，并就认真贯彻落实中共中央推进新疆跨越式发展和长治久安的各项政策措施，全面提升新疆对外开放水平提出七点建议：（1）充分利用新疆地缘优势，进一步提升国家向西开放总体水平。（2）支持产业聚集园区建设，扩大外商投资领域，扶持服务外包产业发展。（3）制定进一步的优惠政策措施，促进边境贸易发展。（4）实行出口特殊政策，大力支持新疆本地产品出口。（5）支持新疆企业积极开展对外投资合作，鼓励发展加工贸易。（6）加快新疆商贸物流中心建设，打造国际物流大通道。（7）参照中国—东盟自由贸易区的模式，尽快启动建立中国—中亚自由贸易区的前期工作。

8 月 25 日，民革中央通过中共中央统战部向国务院报送了《关于进一步支持甘肃引洮工程建设的建议》。7 月 5 日—8 日，周铁农主席率民革中央调研组在甘肃兰州市就经济社会发展和引洮工程建设情况进行调研，并在此基础上形成了该《建议》。《建议》分析了引洮供水一期工程的进展情况及工程建设中存在的主要问题和困难，并对下一阶段工程建设提出三点建议：（1）鉴于甘肃定西、白银财政困难，16 亿配套工程投资无法到位，建议将地方配套资金由国家解决。（2）协调国家发改委及水利部，按照国家水利工程投资概算调整的有关政策标准，调整引洮一期工程投资概算。（3）甘肃水利部门将在今年底完成引洮供水二期工程可行性研究报告，并上报国家发改委及水利部，建议国家加大二期供水工程的投入力度，并尽早批准。

10 月 15 日，民革中央通过中共中央统战部向国务院报送了《关于将兰州建成西北商贸物流中心的建议》。7 月 5 日—8 日，周铁农主席率民革中央调研组在甘肃兰州市就经济社会发展和引洮工程建设情况进行调研，并在此基础上形成了该《建议》。《建议》分析了兰州市在区域经济发展中的重要地位和作用，并就将兰州建成西北商贸物流中心提出以下建议：（1）在基础设施建设方面进一步增加资金投入。（2）在产业布局和重点产业发展方面进一步加大支持力度。（3）在城市空间拓展方面进一步给予政策倾斜。（4）在改革创新方面进一步创造有利条件。中共中央政治局委员、国务院副总理回良玉对该《建议》作出重要批示。

10 月 18 日，民革中央通过中共中央统战部向国务院报送了《关于进一步推进产粮大县城乡一体化的建议》。9 月 2 日—5 日，周铁农主席率民革中央调研组赴黑龙江就农村城镇化建设问题开展专题调研。黑龙江省人大副主任申立国、民革黑龙江省委会主委何小平及民革中央调研部负责同志等参加调研。在调研基础上形成的《建议》，分析了产粮大县工业化、城镇化进程中存在的问题，并就保持粮食产区经济的可持续发展，保障国家粮食安全大局提出以下建议：（1）在“十二五”规划中，把产粮大县优先纳入城乡一体化发展的试点范围。（2）建立多元化投入方式，为产粮大县城乡一体化建设提供多渠道的资金保障。（3）要在“普惠”基础上实施“特惠”，为产粮大县的城乡一体化建设提供政策支持。（4）要根据现代化农业发展和城乡一体化建设的需要，合理促进产粮大县的土地流转和劳动力分流。（5）要支持产粮大县率先实行户籍制度改革和发展二、三产业，为实现城乡一体化发展扫除障碍。中共中央政治局委员、国务院副总理回良玉对该《建议》作出重要批示。

11 月 11 日，民革中央通过中共中央统战部向中共中央、国务院报送了《关于进一步发展都市型现代农业的建议》。8 月 17 日—18 日，周铁农主席率民革中央调研组在北京就新农村建设情况进行实地考察调研，副主席傅惠民、何丕洁等参加调研。在调研基础上形成的该《建议》，总结了北京市发展都市型现代农业的主要经验，并就在其他地区发展现代农业提出四点建议：（1）解放思想、与时俱进，充分认识发展都市型现代农业的示范意义。（2）积极探索农村土地流转的途径与方法，进一步推进农村金融改革。（3）大力扶持农民合作经济组织，注重对农民的培训。（4）加快产业融合发展进程，发展创意农业，推动都市型现代农业体系的建设。中共中央政治局常委、全国政协主席贾庆林，中共中央政治局常委、国务院副总理李克强、回良玉分别就该《建议》作出重要批示。

12 月 21 日，民革中央通过中共中央统战部向中共中央、国务院报送了《关于建立健全公益诉讼制度，进一步加强水资源司法保护的建议》。6 月 18 日—25 日，民革中央、最高人民法院、环境保护部、全国政协社会和法制委员会等单位组成联合调研组，先后赴福建省厦门市、上海市、江苏省无锡市、湖北省武汉市、贵州省贵阳市等地就“水资源司法保护及环境公益诉讼”等问题开展专题调研。厉无畏常务副主席参加了在厦门市的调研，万鄂湘副主席参加了在贵阳市的调研。在调研基础上形成的《建议》，总结了各地方人民法院在当地政府的指导和支持下进行加强水资源司法保护的有益探索，分析了当前水资源司法保护工作中存在的主要问题，并就有效解决现阶段水资源司法保护工作中存在的突出问题提出以下建议：（1）完善法律法规，建立健全公益诉讼制度。（2）建立健全水资源保护司法诉讼机制。（3）完善相关配套机制。（4）建立健全环境污染损害评估机制。（5）进一步加强环境监测能力建设。

（三）在全国政协十一届三次会议和常委会议上的提案和发言

3 月 4 日，中共中央政治局常委、全国人大常委会委员长吴邦国看望出席全国政协十一届三次会议的民革、台盟、台联界别委员并参加联组讨论。周铁农主席、厉无畏常务副主席等参加联组会，民革界别委员傅惠民、汤维建、陈重华、张守志、夏涛在会上发言，就进一步做好台湾人民工作、两岸司法互助、两岸三地金融合作、增强西北地区抵御气候灾害能力、促进生物技术产业发展等问题发表了意见。

民革中央向全国政协十一届三次会议提交大会发言 4 件，分别是：《纪念辛亥革命 100 周年，努力振兴中华民族》（修福金副主席在会上作口头发言）、《加强药品安全监管，保障人民群众生命健康安全》、《以城乡贫困人口为目标，建立我国适应气候变化社会救助机制的建议》、《关于在全国范围进行地震风险评估的建议》；提交提案 40 件，分别是：《关于在两岸关系和平发展新形势下进一步推动两岸青少年交流的建议》、《关于在两岸关系和平发展新形势下进一步拓展台湾南部基层群众工作的建议》、《关于如何应对美国奥巴马政府对台政策的几点建议》、《关于厦门—金门便利行旅游的建议》、《关于完善期刊审批制度，推进我国文化产业发展的建议》、《关于加强沪港台金融合作的建议》、《关于隆重纪念中国辛亥革命 100 周年的几点建议》、《关于进一步开发建设齐齐哈尔江桥抗战爱国主义教育基地的建议》、《关于加快促进我国低碳技术创新的建议》、《关于加快我国页岩气勘探开发的建议》、《关于加快我国海上风能资源开发利用的建议》、《关于继续实施陡坡耕地和严重沙化耕地退耕还林的建议》、《关于加强农产品流通领域安全的建议》、《关于加大孤残儿童救助财政投入的建议》、《关于加强孤残儿童救助和权利保护的立法建议》、《如何破解公车改革之困局》、《关于大力发展我国农村新型合作经济组织，为推进农村改革发展服务的建议》、《关于完善〈环境信息公开办法（试行）〉的建议》、《加快修订〈行政处罚法〉，完善行政处罚制度》、《健全行政复议制度，启动〈行政复议法〉修订工作》、《加快制定〈住房保障法〉，完善住房保障制度》、《关于全面实施“农产品质量认证”的建议》、《关于切实加强宏观调控，努力构建和谐楼市的建议》、《关于进一步加强和完善我国农业保险的建议》、《关于保障并扩大民间投资空间，防止“国进民退”扭转改革方向的建议》、《关于促进住宅产业化，构建绿色住宅体系的建议》、《关于推进“绿色中国”建设的若干建议》、《关于推进京津冀晋蒙区域经济协调发展的建议》、《关于大力发展我国生物产业的建议》、《关于加快新型农村社会化服务体系建设的建议》、《关于促进农村生源高校毕业生就业的建议》、《关于加强农村集体资产管理的几点建议》、《关于完善我国保健食品注册审批及市场监督的建议》、《关于重视人民币跨境流通对边境地区金融安全影响的建议》、《关于进一步做好农民工工伤保险工作的建议》、《关于有机垃圾资源化和生物质能产业一体化发展的建议》、《加强国家林业行政机构，应对林业发展新形势》、《关于进一步改革收入分配制度，调整我国国民收入分配结构的建议》、《关于进一步深化垄断行业收入分配制度改革的建议》和《关于改革收入分配制度、提高农民工收入的建议》。

6 月 23 日，何丕洁副主席在全国政协十一届常委会第十次会议上，代表民革中央作题为“认真落实国家中长期教育改革和发展规划纲要，促进民办教育健康发展”的大会发言。发言对提高民办教育的办学水平，促进我国民办教育事业健康、有序、可持续地向前发展提出七点建议：一是根据《国家中长期教育改革和发展规划纲要》要求，加快对《民办教育促进法》、《实施条例》等涉及民办教育的法律、法规进行修订和完善。二是政府应设立专门民办教育管理部门对民办学校实施管理和监督，以切实保障民办学校的办学自主权。要消除生源行政壁垒，保证民办学校的自主招生权利。对具备学位授予条件的民办学校，应赋予学位授予权。三是结合贯彻《国务院关于鼓励和引导民间投资健康发展的若干意见》，积极引导民间资本投入民办教育事业。四是民办教育要走特色发展道路，重点满足教育对象的特色需求。国家要制定相应政策，鼓励民办学校提供优质和多样化的选择性教育服务，形成自身特色。五是打造民办教育精品，走可持续发展道路。民办教育主管部门需要在战略定位和发展路径上适时作出调整，制定中长期战略发展规划，并积极采取“走出去”发展策略，增强核心竞争力。六是坚持以公办职业院校为主导，积极扶持民办职业教育发展，逐步形成适应社会发展需要的、灵活多样的职业教育办学格局。七是打破教育壁垒，整合教育资源，实现东、中、西部教育的协调发展。建议国家教育主管部门配合西部大开发战略，积极引导东部的优秀民办教育院校向中西部地区转移，鼓励东西部地区民办学校间合作办学，科学合理地整合民办教育资源。中共中央政治局委员、国务委员刘延东就何丕洁副主席代表民革中央的这一发言作出重要批示。

（四）专门委员会参政议政工作会议、专题研讨会

1. 专门委员会工作会议

专门委员会是民革各级组织做好参政议政工作的参谋和助手，是民革参政议政工作的重要平台和依托。民革中央各专委会在 2010 年分别召开会议，部署具体工作。

9 月 3 日，民革全国妇女和青年工作调研课题研讨会暨民革中央妇女和青年工作委员会第三次全体会议在上海召开。民革中央副主席、妇女和青年工作委员会主任钮小明出席会议并作题为“总结经验，提高水平，推进合作，进一步加强妇女和青年委员会的参政议政工作”的讲话。讲话总结了近年来民革中央妇女和青年工作委员会的各方面情况，介绍了民革中央妇青会以及各省妇青会的工作特色和调研成果。讲话指出，民革中央妇青会委员应不断加强自身建设，努力提高参政议政能力和水平，主要通过以下三个方面来实

现：一是要加强学习，提高自身能力和素质；二是要增强责任意识，提高参政议政的主动性和积极性；三是要加强联系，积极参加专委会的各项活动。她还对各省级组织的妇青会或妇委会提出了五点建议：第一，各省应尽可能建立与中央对应的专门委员会，从而更好地实现中央与地方的工作联动；第二，要肩负起参政议政职能；第三，加强学习，完善工作机制；第四，积极推进人才队伍建设，为参政议政提供人才支持；第五，发挥优势，突出民革特色，在工作中不断创新。

参加会议的中央妇女和青年工作委员会委员以及各省妇委会或妇青会的负责同志，就如何做好参政议政课题调研工作以及加强青年委员的作用进行了热烈的讨论，各省同志还介绍了本省的优秀调研成果，委员还就专委会工作提出了建议。会议还总结了近年来特别是2008 年妇女和青年工作委员会转变职能以来的课题调研成果，为今后的专委会调研工作提供了重要的参考依据。委员们纷纷表示要在做好本职工作之余，努力履行委员职责，为民革的参政议政工作贡献力量。

11 月 19 日—20 日，民革十一届中央社会和法制委员会第三次全体会议在北京召开。民革中央副主席、社法委主任万鄂湘出席会议并讲话。讲话总结了社法委 2010 年在提交政协大会发言和提案、开展专题调研、反映社情民意等方面取得的主要成果，并就 2011 年的工作提出四点要求：一是认真学习贯彻中共十七届五中全会精神，积极就社会建设、民主法制建设等问题建言献策。二是不断加强参政能力建设，建设高素质、有作为的专委会。三是整合资源，创新形式，不断增强社法委工作的生机和活力。四是认真做好反映社情民意信息工作，为执政党和政府提供可靠、及时的信息。与会委员分别就政府依法行政、社会管理及保障制度改革、农村养老保险制度完善、法律工作者与人大代表政协委员结对子开展法律咨询服务、两岸民商事法律合作等方面的情况进行了交流、讨论。会议还邀请中国法学会专家围绕法律风险管理与控制方面的课题进行了专题演讲。

11 月 20 日—23 日，民革十一届中央祖统委员会第三次全体会议在山西省太原市召开。民革中央副主席、祖统委员会主任修福金出席会议。会议通报了近期台湾政局和两岸关系形势，总结了一年来的工作，并就 2011 年工作提出了设想和安排意见。中央联络部负责同志分别作了台情报告和 2010 年民革祖统工作情况汇报。

11 月 24 日—26 日，民革十一届中央人口资源环境委员会第三次全体会议在天津市召开。民革中央副主席、人口资源环境委员会主任何丕洁出席会议。何丕洁副主席在会上讲话，肯定了专委会一年来的工作成绩，并对专委会今后工作提出了具体要求。讲话指出，近几年来，人资环委委员怀着高度责任感和使命感，发挥各自专业优势，在节能减排、绿色低碳等与国家战略部署密切相关的领域问题积极建言献策，参政议政水平不断提高，使专委会在民革中央参政议政工作中发挥越来越重要的作用。在民革中央 2010 年向全国政协十一届二次会议提交的大会发言和提案中，人资环委撰写的部分大会发言和提案得到了国家有关部委的高度重视。委员们在会上围绕 2010 年民革全国专委会工作会议的工作报告、2011 年全国“两会”提案信息情况以及专委会下一步工作进行了讨论、发言。会议初步确定 2011 年拟就我国西南水电开发与环境保护战略等方面课题开展调研。会议期间，委员们还考察了天津风电设备制造企业，并就保障性住房和城镇化建设用地开发利用管理与有关专家进行了专题座谈。

12 月 12 日—13 日，民革十一届中央经济委员会和教科文卫委员会第三次全体会议在北京召开。民革中央副主席、经济委员会主任齐续春，民革中央副主席、教科文卫委员会主任傅惠民出席会议并分别代表经济委员会和教科文卫委员会作工作报告。

齐续春副主席在报告中指出，2010 年，经济委员会委员们积极建言献策，为民革中央提交全国政协大会的提案提供了高质量的素材；积极参与民革中央的调研活动，形成了丰硕成果；积极反映社情民意信息，为社会和谐和稳定作出了贡献；多位委员提供的稿件被《专委会通讯》采用，充分体现了委员们参政议政的热情和水平。专委会与地方联合承办多场专题研讨会和高层论坛，开拓了专委会工作的新模式、新思路。齐续春副主席对经济委员会 2011 年的工作提出以下四点要求：第一，进一步深刻理解和认识专委会工作对于加强民革参政能力建设的重要性。第二，认真学习贯彻中共中央十七届五中全会精神，为“十二五”规划的开局之年做好各项参政议政工作。第三，进一步健全工作机制，不断提高参政议政工作的科学化水平。第四，进一步突出民革特色，继续把“三农”这一民革参政议政的品牌做实做大。

傅惠民副主席在报告中指出，在 2010 年教科文卫委员会委员加强了理论学习，提高了自身素质；紧贴经济社会发展实际，关注热点难点问题，积极撰写提案和反映社情民意；积极履行专委会职责，认真完成日常性工作；发挥专委会优势，承办了国家自主创新示范区建设论坛。在 2011 年里，教科文卫委员会要进一步加强理论政策学习，坚持正确的政治方向；增强责任意识，不断提高履行职责的能力和水平；发挥专业优势，为推动科学发展积极建言献策。

两个专委会的委员围绕着过去一年的工作进行了热烈讨论。会议针对 2011 年的重点调研课题进行了部署。

12 月 29 日，民革中央在机关召开反映社情民意信息工作座谈会，就如何进一步提高民革中央反映社情民意信息工作质量和水平进行研讨。齐续春副主席、全国政协办公厅研究室信息局副巡视员谷斌、民革中央各专门委员会驻会副主任及办公室负责人参加会议。谷斌同志在会上介绍了全国政协信息工作的主要情况、反映社情民意信息应注意的几个问题并就如何编报社情民意信息提出了意见和建议。齐续春副主席在会上指出，当前民革反映社情民意信息工作需要着力解决提高认识、注重质量和扩大来源三个问题。首先要提高对信息工作的认识，这是参政党的一项重要工作。现阶段民革中央反映社情民意信息工作主要问题还是质量问题，表现为多而杂、平而淡、慢而缓等。为了提高质量，需要增加两个形式的工作方式，一是专委会形式，二是专人负责形式。这次座谈会之所以邀请中央各专委会驻会副主任以及办公室负责同志参加，就是考虑到民革中央的参政议政工作已经开始由以前的参政议政职能部门主导向专委会主导转变。要充分发挥专委会的优势和积极性，真正使专委会成为开展包括反映社情民意信息工作在内的各项参政议政工作的重要抓手和平台。

2. 参政议政协商座谈会

1 月 28 日，厉无畏常务副主席、齐续春副主席率队走访农业部，与农业部领导同志围绕 2009 年农业工作情况和 2010 年工作计划，就进一步加强合作进行了深入交流座谈。

农业部部长韩长赋在座谈中指出，民革中央多年来积极为“三农”工作建言献策，为解决农业发展中的重点难点问题发挥了重要作用，希望民革中央对农业发展中存在的问题继续给予重点关注并积极呼吁解决。农业部副部长陈晓华介绍了农业部2009年工作情况和2010年工作总体设想，并重点就民革中央关注的农村土地流转、农村剩余劳动力转移就业、基层农技推广体系改革、粮食安全等问题进行了详细说明。

厉无畏常务副主席对农业部长期以来的大力支持和帮助表示感谢。他说，民革中央与农业部保持了非常良好的合作关系，建立了真挚、深厚的友谊。民革中央采取多种形式，围绕“三农”领域开展工作，取得了许多重要成果。他指出，2010年是“十一五”规划的收官之年，也是制定“十二五”规划的关键之年。当前农业农村发展面临的形势依然十分严峻，长期制约因素尚未根本消除、有些还会进一步加重，新的矛盾问题也会不断显现。如何让“三农”工作在“十二五”期间有更加长足的发展，农业部可谓任重而道远。民革中央希望能够与农业部进一步加强交流，开展更加广泛而深入的合作，把“三农”方面的参政议政工作做实做强，为农村社会经济发展和小康社会目标的早日实现贡献更大力量。

齐续春副主席向与会人员介绍了民革中央在“三农”领域的参政议政工作情况。他说，民革中央充分发挥党员智力密集的优势，积极探索新课题，为农业农村发展、农民生活提高寻找新途径，将向全国政协十一届三次会议提交发展生物产业、加强农产品流通安全、全面实施农产品质量认证、做好农民工工伤保险等多件“三农”问题提案。此外，民革中央2010年还准备就推进农村城镇化建设、促进转基因农产品科学发展、农村社会保障体系建设等课题开展调研。

2月2日，周铁农主席，齐续春、傅惠民、何丕洁副主席在民革中央机关会见教育部部长袁贵仁一行并进行座谈，就教育事业发展问题交换意见。民革中央机关有关部门负责人、教育部有关司局负责人参加座谈。

周铁农主席对教育部领导同志的来访表示感谢。他说，教育一直是全社会关注的热点问题，也是包括民革在内的各民主党派关注的重点领域之一。改革开放30多年来，我国教育事业取得的成就有目共睹。正在制定中的《国家中长期教育改革和发展规划纲要》是关乎全局、影响深远的一件大事，所提出的“优先发展、改革创新、促进公平、提高质量”的方针很有针对性，所提出的具体措施也具有很强的可操作性，希望《纲要》能够得到顺利圆满的实施。

周铁农主席指出，中共十七大报告提出了“优先发展教育，建设人力资源强国”的目标，我国的教育事业已经进入到一个新的发展阶段。教育不仅仅是教育主管部门的事情，而是全社会都应该关注的事情。民革中央多年来一直十分关注教育事业的发展，先后就发展和促进我国基础教育、职业教育，加强农村教育等问题开展专题调研，并提出意见和建议。尤其针对农村义务教育和农村职业教育的情况，曾多次开展调研，向全国政协会议提交提案。今后民革将继续全力以赴配合教育部的工作部署，充分发挥参政党的作用，为促进我国教育事业的长足发展积极建言献策。

袁贵仁部长介绍了教育部2010年的工作重点以及《国家中长期教育改革和发展规划纲要》的制定进展情况，并对民革中央多年来对教育事业的关心、支持表示感谢。他说，民革中央就教育问题曾提出过很多提案和建议，发挥了重大作用。教育部将和民革中央保持密切联络，共同研究解决问题，并希望民革中央对教育经费投入、教师队伍建设、农村学校基本建设、农村学前教育发展、创新型人才培养等问题提出更多更好的建议。

3. 专题研讨会

1月6日，民革中央与上海市社科院在上海联合举办“2010年经济社会形势分析座谈会”。厉无畏常务副主席、齐续春副主席，中共上海市委宣传部副部长、上海社科院党委书记潘世伟及上海市社科院和民革党员中的专家学者出席会议。厉无畏常务副主席在座谈中指出，2010年是国家“十二五”规划的制订年，我国目前在发展过程中面临着许多问题，因此需要解放思想，转变观念，更好地建言献策，发挥智囊团的作用。他希望上海市社科院继续与民革中央共享资源、积极合作，帮助提升参政党的水平，共同为国家经济社会建设作出新的贡献。与会同志共同围绕“涉台”参政议政、“三农”问题、社会主义法制建设和房地产市场等当前社会热点问题展开深入探讨，交流了各自学术领域中的最新研究成果，并就民革中央进一步完善2010年全国“两会”提案和建言国家“十二五”规划提出了意见建议。

5月28日，为促进天津市经济社会科学发展、和谐发展、率先发展，民革中央经济委员会、天津市委会联系主办的民革组织为天津市“解难题、促转变、上水平”作贡献主题研讨会在天津市召开。厉无畏常务副主席出席并就当前我国经济形势与结构调整发表讲话，何丕洁副主席出席会议并致辞。中共天津市委统战部，民革天津市委会负责同志及来自国家发改委、财政部、中国人民大学、上海社会科学院、天津滨海新区等单位的专家和民革党员近100人出席会议。与会专家学者提交了会议交流材料并进行了大会发言，主要内容包括创意产业的上海经验及对天津的启示，关于天津市国际化发展战略的初步思考，天津市可持续发展的竞争战略与产业目标，国家“十二五”规划思路和天津发展定位，滨海新区现代服务业的发展与产业结构调整，文化产业的深化等。与会同志紧紧围绕“调结构、促转变、增实力、上水平”进行了认真研讨，提出了富有针对性的意见和建议。

10月9日，由民革中央、湖北省政府联合主办的“中国湖北·国家自主创新示范区建设论坛”在武汉市举行。周铁农主席、厉无畏常务副主席、齐续春副主席，中共湖北省委书记、省人大常委会主任罗清泉，省委副书记、省长李鸿忠，科技部副部长杜占元等出席论坛。周铁农主席在开幕式讲话中指出，创新是一个民族进步的灵魂，是一个国家兴旺发达的不竭动力。我国正处于改革发展的关键阶段，机遇前所未有，挑战也前所未有。为在激烈的国际竞争中赢得主动，推动我国经济社会又好又快发展，我们必须不断提高自主创新能力，切实推进经济发展方式转变和产业结构优化升级，实现从“中国制造”向“中国创造”转变，谋求经济长远发展主动权，提升参与国际竞争的能力，使我国发展质量越来越高、发展空间越来越大、发展道路越走越宽。提高自主创新能力、建设创新型国家是我国经济和社会发展的一项重大战略举措。这一战略的不断推进和积极落实，将对我国经济生活的各方面产生深远而重大的影响。

讲话指出，作为致力于建设中国特色社会主义事业的参政党，民革长期以来坚持把发展作为参政议政的第一要务，紧紧围绕经济社会发展中的重大问题，围绕人民群众关心的热点问题，广泛开展调查研究，积极建言献策。今后，民革将充分发挥联系广泛、智力密集的优势，持续关注武汉东湖国家自主创新示范区建设，为提升示范区的自主创新和辐射带动能力，推进武汉城市圈资源节约型、环境友好型社会建设和湖北经济社会发展献计出力。

李鸿忠省长代表中共湖北省委、省政府致辞说，国务院批复同意东湖高新区建设国家自主创新示范区后，中共湖北省委、省政府和中共武汉市委、市政府抢抓机遇，积极行动，国务院有关部门为支持示范区建设成立了部际协调小组，部省合作、省市一体、高校科研院所和企业合力推进示范区建设的格局已经形成，并在股权激励、科技金融、人才引进等方面取得积极进展。

论坛期间，厉无畏常务副主席等 12 位专家学者作了大会交流报告。与会代表围绕“加强自主创新，建设创新型国家战略”主题，就国家自主创新示范区建设的战略规划、目标任务、政策措施和工作重点等问题进行了交流研讨。

10 月 28 日，民革中央和重庆市政协在重庆联合举办“助推万盛资源型城市可持续发展座谈会”。厉无畏常务副主席出席座谈会并讲话。讲话指出，2009 年万盛区被纳入国家第二批资源枯竭型城市，为此民革中央和重庆市政协结合自身优势，决定就重庆万盛资源型城市可持续发展开展助推活动。资源型城市的转型对我国来讲是一个很大的课题，万盛是典型的资源型城市，在西部资源型城市当中具有很强的代表性。万盛在城市转型过程中，首先要把科技创新贯穿始终，关注可再生资源开发、产业链的延伸，保护好生态环境；其次要注意将文化创意产业的发展贯穿转型始终，和旅游业相结合，引入创意产业，为城市建设注入文化原色，提升城市的知名度和影响力；此外，还要提倡全民创业，重点培育创业的主体，提供创业培训服务以及配套政策，通过这些措施加快万盛资源型城市转型和可持续发展。国务院和重庆市有关部门负责人及相关专家学者围绕资源型城市可持续发展这一主题在座谈会上作了演讲或发言。

（五）促进祖国和平统一工作

2010 年里，在两岸关系和平发展新形势下，民革全党以胡锦涛总书记在纪念《告台湾同胞书》发表 30 周年座谈会上的重要讲话精神为指针，锐意进取，乘势而为，进一步加大做好台湾人民工作和涉台参政议政工作的力度，努力把各项工作做新、做实、做深、做细，为进一步拓展两岸关系改善发展势头，作出积极贡献。

对台交流工作，一直是民革促进祖国和平统一工作的一个重点，在 2010 年里，民革中央开展了多项“请进来走出去”交流活动。1 月 18 日，厉无畏常务副主席、修福金副主席在民革中央机关会见了台湾第一届中华文创青年大陆参访团一行。厉无畏常务副主席代表中华中山文化交流协会对参访团的到来表示欢迎并发表讲话。讲话指出，2010 年是两岸关系和平发展并进一步向前推进的重要机遇期。我们将坚持“和平统一、一国两制”的方针，牢牢把握两岸关系和平发展的主题，继续秉持建立互信、搁置争议、求同存异、共创双赢的精神，推动两岸保持良性互动，努力扩大共识；我们将继续按照先易后难、先经后政、把握节奏、循序渐进的思路，稳步扎实地推进两岸协商和两岸关系发展进程；我们要坚持以人为本，鼓励更多的两岸同胞支持并参与推动两岸关系和平发展、维护增进两岸同胞的切身利益。讲话强调，全面推动两岸关系和平发展，任重而道远。我们相信，只要两岸同胞牢牢把握和平发展的主题，携手同心，共同努力，不为任何困难所惧，不被任何干扰所惑，就一定能够迎来中华民族伟大复兴的光明前景，不断谱写两岸关系和平发展的崭新篇章。座谈会上，厉无畏常务副主席还就金融危机下的中国文化创意产业发展向参访团作了演讲。台湾第一届中华文创青年赴大陆参访团于 1 月 17 日—21 日在北京进行了为期 4 天的参访。

1 月 28 日，厉无畏常务副主席、修福金副主席在民革中央机关会见了第八届台湾高校杰出青年赴大陆参访团，与团员们亲切交流并座谈。厉无畏常务副主席在座谈时表示，2009 年在两岸同胞的共同努力下，两岸关系在实现历史性转折基础上，步入了和平发展轨道，取得了突破性进展。两岸良性互动的积极态势已经形成，两岸的大交流、大合作、大发展已经成为两岸民心所向，大势所趋，希望今后能有更多的机会与来访的青年朋友共同合作，为台海地区谋和平，为两岸同胞谋福祉。厉无畏常务副主席还为杰青团成员阐释了文化和产业兼容并蓄的发展模式与内涵，他期望两岸携手，共同把中华文化在世界上发扬光大。参访团团长张建斌表示，杰青团一直秉承着“中华青年，振兴中华”的理念和宗旨，在台湾的青年中深受欢迎，更期待以此次参访为契机，继续拉宽视野，加深思维内涵，共筑长远的大道康庄。应中华中山文化交流协会邀请，第八届台湾高校杰出青年赴大陆参访团一行于 1 月 27 日—2 月 6 日到北京、河南、浙江等地参访。

5 月 26 日，民革中央副主席、中华中山文化交流协会副会长修福金在民革中央机关会见了以李玉文为团长的第五届南台湾社团菁英大陆参访团一行。修福金副主席在欢迎辞中说，“众人拾柴火焰高”，两岸交流最重要的根基和动力来源基于基层民众。我们非常珍视参访团的来访，并殷切地希望能够通过这次活动，使我们成为亲密无间的好朋友，共同推动两岸关系的和平发展，共同为两岸人民谋幸福。参访团团长、中华工商业联合会理事长李玉文说，两岸交流日趋热络，“三通”也已经全面实现，这些都引起了台湾社会内部的深刻变化。在这股历史潮流中，两岸民众应进一步增进了解、化解误会，共同创造大合作、大发展的中华盛世。本届参访团成员来自台湾南部县市和基层社团组织。座谈会上，大家针对共同关心的多项议题交换了意见。民革中央有关部门负责同志、部分在京祖统委员参加会见并与台湾客人进行座谈。

6 月 6 日，周铁农主席在民革中央机关会见了以江玲君为团长的中国国民党青年菁英大陆参访团一行并座谈。齐续春副主席、民革中央机关有关部门负责人及部分党员代表参加会见并座谈。周铁农主席在座谈中指出，近两年来，两岸关系发生了重大而积极的变化，取得了一系列重要进展和突破，呈现和平发展的良好势头。我们应进一步扩大和深化交流合作，不断凝聚推动两岸关系和平发展的共识，共同享有两岸和平发展的成果。周铁农主席表示，我们对国民党反对“台独”、坚持“九二共识”、推动两岸关系和平发展、扩大和深化两岸各界交流合作的努力表示高度赞赏。我们愿与国民党加强合作，共同推动两岸关系和平发展，为使两岸关系的明天更美好、两岸同胞的生活更幸福共同努力。

参访团团长、国民党中常委江玲君表示，近两年来，两岸交流日益频繁，不论是在经贸、文化，还是学术方面的交流都比以往有更紧密的合作。两岸血浓于水，无法分割。昔日对立严重的两岸关系，能在今天有如此频繁的交流，可以无所不谈地提出各自的建议，这在几年前是难以想象的。台湾年轻一辈对于两岸历史既亲切又陌生，希望台湾年轻人多来大陆，通过各种形式的两岸交流消除误会、解开疑惑，共同推动两岸关系发展，携手开创更美好的未来。基于两党共同的历史背景，希望双方关系在未来进一步加强交流，增进了解，为两岸未来的和平、稳定、繁荣、发展作出贡献。参访团副团长黄国瑞表示，基于同文同种的优势，两岸合作是未来创造更大成就的基础，透过两岸交流，看到了中国人的潜力和未来。中国国民党青年菁英大陆参访团是民革中央第三次以中华中山文化交流协会的名义，邀请国民党内高层中青年代表人士来访大陆。该团 20 余人中，有国民党中常委 3 人、中央委员 7 人。

8 月 3 日，由中华中山文化交流协会与台湾社团法人中华杰出青年交流促进会等部门共同主办两岸青年创新创业高端论坛在北京举行。民革中央主席周铁农、中共中央统战部副部长楼志豪、民革中央副主席修福金，中共北京市委常委、统战部部长牛有成等出席论坛。周铁农主席在论坛上讲话表示，近年来，在两岸同胞共同努力下，两岸关系实现了历史性转折，取得了一系列积极成果。特别是 2010 年 6 月海峡两岸经济合作框架协议的成功签署，为进一步促进两岸经济合作、稳步推进两岸关系和平发展提供了重要的制度保障。协议的签署和实施，将为两岸青年创新创业提供更为有利的发展环境。讲话指出，两岸青年是中华民族未来经济社会发展的中流砥柱。为两岸青年创新创业提供有益的机制和平台，为两岸经济提供强大活力，进而提升两岸经济的竞争力，是两岸同胞的共同责任。青年创业既需要有资金和政策支持，也需要有创业技能和创业智慧。虽然海峡两岸的经济、社会环境不尽相同，但两岸青年在创新创业过程中积累的许多宝贵经验是可以互相借鉴的。讲话希望两岸青年在创新创业过程中，要勇于开拓、把握历史新机遇，相互交流、共享创业心得经验，共同携手，开创事业新未来。

9 月 10 日，周铁农主席、修福金副主席在民革中央机关会见了以黄和平为团长的台湾高雄市警察之友会第八届理监事北京考察团一行。修福金副主席在接待晚宴致辞中指出，近年来，在两岸同胞的共同努力下，两岸关系实现了历史性转折，呈现和平发展的良好势头，大交流的局面已经形成。2010 年 6 月两岸签署了经济合作框架协议，这是载入两岸关系发展史册的重大事件，意义深远，影响重大。今天两岸往来之便捷，交流之活跃，合作之深入是 60 多年来从未有过的。事实充分证明，和平发展日益成为深入民心、顺应民意的两岸关系主旋律。修福金副主席还向台湾客人介绍了大陆的政治制度和民革的历史。民革中央有关部门负责同志参加会见。

9 月 13 日—9 月 15 日，奇美文化基金会一行应中华中山文化交流协会邀请，率旗下的奇美管弦乐团到大陆交流演出。9 月 13 日，周铁农主席、副主席修福金在北京会见了台湾奇美文化基金会董事长许文龙及奇美集团董事长廖锦祥一行。周铁农主席在会见时指出，近年来，在包括两岸企业家在内的两岸同胞的共同努力下，两岸关系发生了重大积极变化，实现了历史性转折，两岸在和平发展的轨道上不断取得新的突破和进展。台湾奇美集团之所以能在大陆不断创造佳绩，正是由于成功把握了两岸和平发展、共创双赢的历史机遇，顺应了时代潮流，成为了两岸和平发展的受益者。周铁农主席表示，海峡两岸同属中华民族，具有共同的血缘和文化，这是促进两岸加强合作交流的最大动力。随着两岸经贸关系的不断发展，进一步推动两岸文化交流、更加广泛地凝聚两岸同胞弘扬中华文化的共识，是下一阶段两岸和平发展的重要任务之一。9 月 14 日，台湾奇美爱乐管弦乐团

“名家、名琴、名曲巡回音乐会”在国家大剧院举行首场演出，齐续春、修福金、何丕洁副主席，原副主席李赣骝、朱培康及首都各界人士共同观看演出。乐团的艺术家们为观众演绎了多部世界名曲，给大陆的广大音乐爱好者留下了深刻印象。9 月 15 日，修福金副主席陪同全国政协主席贾庆林会见了奇美集团主要负责人及奇美爱乐管弦乐团一行。离开北京后，奇美爱乐管弦乐团还赴宁波、上海、南京、佛山等地进行了交流演出。

11 月 2 日，修福金副主席在民革中央机关会见了以陈志奇为团长的第四届台湾新同盟会中南部会员（会友）大陆参访团一行。修福金副主席在会见时说，近年来，两岸关系全面改善发展，步入和平发展新阶段。特别是 2010 年签署的两岸经济合作框架协议，构建了两岸经济合作的制度化平台，标志着两岸经济合作揭开互利双赢的新篇章。在面对全球性的金融危机时，两岸携手合作、共渡时艰，相继走出了金融危机的阴影。实践证明，推动两岸关系和平发展是一条正确的道路，我们应坚定不移地沿着这条道路走下去。修福金副主席强调，民革继承和发扬孙中山先生爱国、革命和不断进步的伟大精神，把促进祖国和平统一作为工作重点。民革与新同盟会共同继承着中山先生的伟大精神，民革愿与新同盟会加强合作，发挥各自优势，牢牢把握两岸关系和平发展的主题，共同推动两岸民间交流，促进两岸的大交流、大合作与大发展，为两岸人民共谋幸福。台湾新同盟会中南部会员（会友）大陆参访团是应民革中央邀请来大陆参访的，参访团由来自台南、云林、嘉义三县的妇女会、社区组织、职业公会等民间机构的 30 多位台胞组成。多数团员是首次来京，在北京参观时，团员们对北京的经济社会发展和城市建设表示由衷的赞叹。离开北京后，参访团还赴广西进行了参观考察。

民革中央还高度重视“走出去”开展促进祖国和平统一工作。为加强对海外侨界的联谊工作，民革中央领导同志 2010 年分别率团赴美国、加拿大、意大利、法国、西班牙等地区和国家，出席“孙中山思想学术研讨会”、“全球华侨华人促进中国和平统一大会”、“欧华会”等会议，与台、港同胞和各国侨界进行广泛的交流，扩大了民革在海外的影响。另外，民革中央还组织参访团赴台开展交流。

4 月 16 日—25 日，叶莉君副秘书长兼组织部部长率中华中山文化交流协会代表团赴台湾访问。代表团先后访问了台北、台中、高雄等十余个县市，参加了“秉德守真——2010 年中华插花艺术展”，与中华花艺文教基金会、台中市中华花艺推广协会、高雄花艺基金会、台湾新同盟会、中华杰出青年交流促进会和两岸人民服务中心等友好团体及负责人进行了交流，拜会了部分国民党高层人士、部分台湾企业负责人，与部分原“杰青团”成员进行了联谊。参访过程中，代表团成员与台湾各界人士就两岸三通、大陆惠及台湾民众的多项优惠政策、大陆民众赴台旅游、两岸经贸往来新形势、恢复两岸民间传统节日“祭花神”活动、加大对在大陆台胞服务力度、完善台生到大陆求学政策、进一步扩大两岸企业交流发展等话题进行了充分的交流。

12 月 16 日—24 日，民革中央以中华中山文化交流协会的名义，率 15 个民革省级组织的 23 位祖统工作骨干及《团结报》优秀记者赴台湾进行培训考察。在台期间，考察团一行先后拜会了台湾中华杰出青年交流促进会、孙文学会、新同盟会、中华教育交流推广协会、狮子会、青商会、《中央日报》等社团和单位，与中国国民党中央副秘书长、大陆事务部主任、《中央日报》社董事长张荣恭、中国国民党大陆事务部副主任徐新生、新同盟会会长许历农、中华两岸和平促进会会长冯沪祥、中国国民党高雄市党部副主委李玉文等岛内各界人士，并就如何进一步推动两岸关系和平发展进行了广泛的交流，深入交换了意见和看法。

2010 年，民革中央在祖统工作研究和机制建设方面还开展了以下工作。2 月 24 日—25 日，民革中央在北京召开台湾问题与国际问题专家研讨会。修福金副主席及 20 余位知名台湾问题和国际问题专家、学者出席会议。与会同志就两岸关系和平发展新形势下对台工作面临的新挑战、当前国际政治经济形势对两岸关系的影响、进一步做好台湾人民工作等问题进行了探讨。修福金副主席对与会专家、学者长期以来对民革中央对台工作的大力支持表示感谢，并评价本次会议研讨内容“广、深、实”，对民革中央进一步掌握台情、做好对台工作，提供了重要的启示和帮助。

为深入贯彻民革中央提出的祖统工作“四个转变”要求，进一步提升民革祖统工作队伍素质，全面推动民革祖统工作迈向新水平，7 月 15 日—17 日，民革中央在辽宁省大连市召开民革祖统工作领导干部培训会议。培训期间，民革中央联络部主要负责同志为大会作报告，介绍了民革祖统工作的历程、成绩和经验。报告指出，自民革成立以来，促进祖国和平统一是民革一贯的重点工作，民革历代领导人带领全党同志为祖国和平统一大业作出了重要贡献。在不同历史时期，民革全党以高度的政治责任感和使命感，认真学习并深入贯彻中共中央对台方针政策，围绕国家对台工作大局，开展了卓有成效的工作。民革各省级组织及部分基层组织负责祖统工作的同志参加会议。会议期间，与会同志还听取了海峡两岸关系协会副会长王在希和中国社科院台研所副所长张冠华所作的关于当前台海形势的报告。

12 月 13 日—15 日，民革中央在北京召开台湾问题和国际问题专家学者专题研讨会。郑建邦副主席、部分研究台湾问题和国际问题的专家学者及民革中央联络部有关同志参加会议。与会同志就台湾岛内“五都”选举后台湾政局和台湾对大陆政策走向、近期国际因素变化对两岸关系和平发展的影响、“十二五”规划关系两岸经济关系产生的积极影响以及当前对台工作面临的新机遇、新挑战等问题进行了热烈的讨论。

三、社会服务

2010 年里，民革各级组织在认真总结经验的基础上，根据新形势、新任务的要求，继续加大智力支边扶贫工作力度，推动非公经济工作上台阶，努力创新社会服务工作新形式、新内容，开创民革社会服务工作的新局面。

（一）智力支边扶贫工作

3 月 16 日—20 日，民革中央社会服务部调研组率同贵州大学有关专家、学者赴贵州省毕节地区纳雍县开展扶贫调研活动。调研组一行先后考察了纳雍县董地乡、寨乐乡、乐治镇经果林示范基地，并深入到民革中央定点扶贫联系村阳长镇核桃寨村，了解村庄规划、基础设施及水利工程建设等情况，走访了村养殖示范户。随行的贵州大学专家在田间指导农户果树管理及抗旱技术。调研组专家结合当前旱情为阳长镇作了“节水农业与石漠化地区水资源高效利用”的专题讲座，受到当地干部群众的欢迎。调研组一行还赴龙场镇转交了海外兴中会向兴中希望小学捐助的1500美元助学金，向纳雍县教育局捐赠了青少年科普图书。调研组还与县教育局、上海新纪元教育集团在纳雍县的挂职干部进行了座谈，详细了解纳雍县与新纪元教育集团开展的教育扶贫合作项目。7月，民革中央与国务院扶贫办合作，举办“扶贫协作优势产业推介暨招商引资洽谈活动”，为纳雍县直接引进项目资金约5亿多元。

7月19日—23日，民革中央、中国医学基金会、民革内蒙古区委会在内蒙古赤峰市举行“阳光绿道济困行动”设备捐助暨定点援助协议签字仪式。民革中央原副主席、中国医学基金会理事长朱培康出席签字和挂牌仪式并参加调研。调研组一行还赴翁牛特旗医院、阿鲁科尔沁旗同济医院举行定点帮扶挂牌仪式，并对前期向以上医院以及克什克腾旗妇幼保健所捐赠的医疗设备的使用情况进行了调研，听取了基层医疗部门对帮扶工作的意见和建议。“阳光绿道济困行动”项目是中国医学基金会和民革中央社会服务部密切合作共同推进医疗扶贫工作的新途径、新举措，旨在进一步发挥中国医学基金会和民革中央的桥梁及公益性优势，整合和调配社会优势资源，从技术培训、设备配套、医院管理等方面对赤峰地区医疗卫生事业的发展进行对口支援和深入帮扶。在民革中央和民革内蒙古区委会联系和支持下，中国医学基金会4月份向赤峰市捐助了7台彩色B超机、5台生化仪以及试剂等医疗物资，总价值约500万元。9月，民革中央与上海社科院合作，完成“黔西南文化创意产业规划”编写工作，为推进黔西南“星火计划、科技扶贫”试验区工作，发挥了积极作用。

10月29日—11月2日，齐续春副主席率考察组赴贵州省纳雍县就扶贫开发工作进行考察调研，民革中央有关部门负责人及民革贵州省委会负责人参加考察。考察组一行与纳雍县负责同志进行了座谈，听取了当地经济社会发展情况暨民革中央帮扶纳雍工作情况的汇报；出席了民革中央科技生态示范林基地揭牌仪式，走访慰问了贫困户，并前往博爱小学就校园建设、“村校一体化”工作进行了考察调研，还向纳雍县教育局捐赠了笔记本电脑。河北省民革党员翟志海创立的精英集团向纳雍县捐赠20万元，用于生态建设、教育及产业扶贫。齐续春副主席在考察中希望纳雍深入学习贯彻胡锦涛总书记2009年就各民主党派中央、全国工商联继续参与毕节试验区建设作出的重要批示精神，紧紧抓住国家深入实施西部大开发战略的宝贵机遇，在转变经济发展方式上取得突破性进展。

2010年里，民革领导同志相继出席由民革组织援建的4所小学相关仪式。4月12日，由民革中央援建的原四川崇州市安阜小学举行揭牌仪式，正式更名为中山小学。周铁农主席亲笔为学校题写校名，民革四川省委会主委王宇坤等出席揭牌仪式。2008年汶川地震发生后，民革中央高度关注灾区学生的教育问题。在得知崇州市安阜小学灾后的困难情况后，民革中央决定从党员的捐款中拿出100万元为安阜小学建设“中山图书馆”。此后，安阜小学向崇州市教育局提出申请更改校名，由原来的“崇州市羊马镇安阜中心小学校”更名为“崇州市中山小学校”。

4月26日，由民革中央捐建的宁夏回族自治区海原县九彩乡民革中山马圈希望小学举行奠基仪式，民革宁夏区委会主委张守志、民革中央有关部门负责同志出席仪式。马圈小学所在的海原县是国家级贫困县。马圈小学始建于1956年，是一所民族完全小学，现有教学班6个，在校学生210名。学校因年久失修，在2009年宁夏校舍安全排查中被确定为危房。民革中央经考察后，决定将马圈小学作为民革中央2010年援建贫困地区希望小学对象。

5月17日，由民革中央援建的四川广元市利州区中山博爱小学揭牌典礼在原大石小学举行，钮小明副主席、朱培康原副主席出席典礼。2008年汶川地震发生后，经民革广元市委会积极联系，民革中央、民革四川省委会、浙江省委会，浙江省民革党员陈伟志、辽宁省民革党员宋旭共同筹资260万元援建利州区大石小学。2010年学校竣工后，更名为利州区中山博爱小学。钮小明副主席在典礼上讲话表示，今后有关民革组织将继续做好中山博爱小学的教育援建工作，把中山博爱小学作为长期联系支持的基地学校。民革党员陈伟志与学校签订了长期对接帮扶协议。

5月20日，周铁农主席、修福金副主席出席云南腾冲盈水完小“宁州教学楼”捐赠和奠基仪式，周铁农主席为该校题写校名。盈水完小为上世纪三四十年代修建的土木结构危房，教学楼由海南省民革党员卢宁州出资30万元捐建。

（二）非公经济工作

7月6日，由民革中央和国务院扶贫办外资中心共同主办的“全国扶贫协作优势产业推介暨招商引资洽谈活动民革定点联系县专场”在北京广西大厦举行。何丕洁副主席，国务院扶贫办党组成员、副主任王国良等出席会议。何丕洁副主席在讲话中说，解决好农业、农村、农民问题是中国共产党全党工作的重中之重。面对新形势新任务，民革中央社会服务部和国务院扶贫办外资中心密切合作，发挥各自优势，以产业扶贫为抓手开展了扶贫优势产业对接系列活动。这些活动的举办，有利于调动社会各界力量，特别是企业界参与“大扶贫”格局的建立；有利于发挥各自的特点和优势，从市场经济的角度做好产业扶贫工作；有利于消除国际金融危机带来的不利影响，抓住东部地区产业调整和转移的有利时机，加快推进西部贫困地区社会经济发展。何丕洁副主席希望参会的企业和县能够充分沟通交流，在相互信任的基础上共同推进合作对接，通过深化合作，共同谋求发展。民革各级组织要积极发挥协调服务的作用，配合做好对接洽谈的跟踪服务工作，帮助解决项目合作中遇到的困难和问题，为签约项目和资金的落实作出最大努力。今后民革要进一步发挥专家优势，在贫困地区的产业规划和设计、可持续发展方面提供智力支持。来自民革定点联系的12省17个县的近80名代表与近100名企业家进行了现场对接洽谈，签订意向协议35份，资金总额166亿元。

10月31日—11月9日，应台湾中华经贸文化交流协会的邀请，中华中山文化交流协会组织部分民革党员中的企业家组成经贸考察团，赴台湾开展经贸考察活动。此次考察活动的主要目的是促进大陆与台湾企业界交流，学习台湾企业先进的管理模式，为民革党员开阔视野以及企业拓展海外市场、提高发展能力提供学习机会。在台湾期间，考察团一行先后赴台北市南港生技育成中心，嘉义县爱之味食品厂、高雄市友荃科技实业股份有限公司等3家台湾企业进行参观考察。企业负责人向考察团一行介绍了企业发展情况和管理理念，展示了先进的设备装备和现代化的生产线。考察团在台中市拜会了汇隆集团执行总裁陈亚綸先生，并参观了花莲县议会。考察团一行还出席了在台北举行的两岸经贸座谈会，与40位台湾企业家进行了面对面交流洽谈。两岸企业家在会上分别介绍了自己的企业和产品，为今后双方开展合作创造了有利机遇。

（三）书画工作

1月24日，民革中央画院在广州市召开第九次院务委员会会议。民革中央副主席、画院秘书长何丕洁，画院院长宋雨桂，副院长邵大箴、龙瑞、毛国伦、宋旭等出席会议。与会同志对中央画院2009年工作进行了认真总结，研究通过了2010年主要工作计划。会议通报了“纪念辛亥革命100周年民革全国美术展览”筹备工作进展情况，就作品征集、作品内容以及评选等工作进行了认真研究；通报了中央画院院刊《中山艺术》出版创刊号的准备情况和中央画院第四次理事会有关筹备工作情况；研究确定了“盛世风采——庆祝中华人民共和国成立60周年民革全国书画展览”优秀组织奖名单。会议增补了5位专家艺术委员会委员、1位中央画院副秘书长；原则通过了地方组织变更中央画院团体理事单位和增补中央画院个人理事的申请；通过了山东泰安市中山书画研究院“关于建立民革中央画院泰山创作写生基地”的申请。会议期间，与会书画家在民革广东省孙中山书画院创作基地举行了小型笔会。

4月21日，民革中央副主席、民革中央画院秘书长何丕洁率考察组赴江苏省苏州市考察设立民革中央画院写生创作基地情况。考察组深入到拟设立写生创作基地的嘉荫山庄，走访了展示创作、生活休闲、园林景观等功能区域，查看了部分在建区域的施工进展情况，实地听取了建设负责人对基本情况和未来规划的介绍，并就未来基地管理模式和发展方向进行了深入探讨并提出了指导性意见。考察组有关同志还参观了中国美术家协会苏州胥口会展中心及其附属的部分知名画家工作室，学习了中国美协设立艺术基地的相关经验。民革江苏省委会、苏州市委会有关负责同志陪同考察。

6月7日，民革中央画院在民革中央机关召开第十一次院务委员会会议。民革中央副主席、民革中央画院秘书长何丕洁，画院院长宋雨桂及院务委员会成员参加会议。会议通报了“纪念辛亥革命100周年民革全国美术展览”和“纪念辛亥革命100周年民革全国书法展览”筹备工作进展情况，研究了下一步工作安排，通报了画院第四次理事会筹备工作情况和具体事宜、画院院刊《中山艺术》创刊号出版情况及组织画院理事写生等工作。

四、自身建设

（一）思想建设

加强自身建设，思想建设是核心。一年来，民革中央把学习、树立和践行社会主义核心价值体系，作为民革全党思想建设工作的重点，认真准备，精心部署，积极开展多种活动，帮助广大党员深刻认识开展学习、树立和践行社会主义核心价值体系的重要意义，进一步巩固多党合作思想政治基础，增强民革组织凝聚力，不断提高思想道德素质。

为进一步指导、帮助民革各地组织深入学习、树立和践行社会主义核心价值体系，民革中央组织编写了《民革学习践行社会主义核心价值体系辅导读本》。《读本》的内容分为序言和三个部分：序言为周铁农主席关于民革学习践行社会主义核心价值体系的重要讲话。第一部分为学习文献，包括中共十六届六中全会、中共十七大、中共十七届四中全会的文件节选，中共中央统战部部长杜青林的有关讲话；第二部分为扩展阅读，包括阐述社会主义核心价值观的理论文章；第三部分为思考讨论题，供民革党员在学习的基础上进行思考和探讨。在组织学习《读本》基础上，根据“领导抓点、以点带面、整体推进、扎实有效”的方针，中央领导同志分赴 18 个省市区作专题辅导报告，就民革广泛开展学习、树立和践行社会主义核心价值体系的活动，提出明确、具体的意见。在民革中央的具体指导下，民革各级组织积极开展问卷调查、征文等多种形式的学习活动，掀起了学习、树立和践行社会主义核心价值体系高潮。

研究、宣传孙中山精神，继承、发扬孙中山爱国、革命和不断进步精神，是民革学习、树立和践行社会主义核心价值体系的重要内容，更是民革的优良传统和基本特色。2010 年，为深入研究孙中山，更好地继承和发扬孙中山精神，民革中央开始组织编写《中山学概论》，力求从学术史的角度，系统梳理当前国内外学术界在孙中山研究方面的成果，进一步拓展和深化孙中山研究。6 月 13 日—16 日，由民革中央宣传部主办的《中山学概论》编写研讨会在江苏省镇江市召开。修福金副主席出席会议并作讲话指出，孙中山先生是杰出的爱国主义者、民主革命的伟大先行者，对近现代中国产生了巨大而深远的影响，受到海内外亿万中华儿女的崇敬。民革作为中国特色政党制度中的参政党，有义务、有责任组织编写一部探讨“中山学”的书。希望《中山学概论》成为孙中山研究道路上一座重要里程碑，为今后的孙中山研究开拓一个新思考领域。民革中央孙中山研究学会理事、民革中央宣传部负责人、学术界有关专家学者 20 余人参加了本次研讨会。与会专家学者经过讨论，对《中山学概论》编写指导思想、编写要求及体例、框架结构、章节设置等达成了共识。

2011 年是辛亥革命 100 周年。在伟大的民主革命先驱孙中山先生领导下，辛亥革命推翻了封建清王朝的腐朽昏庸统治，结束了中国绵延两千余年的君主专制制度，开创了比较完全意义上的反帝反封建民族民主革命，为中国打开了进步的闸门，对推动中国的社会进步和促进中国人民的思想解放，起到了不可估量的巨大作用。100 年前，何香凝等民革前辈跟随孙中山，积极投入辛亥革命，为我们留下了宝贵的精神财富。在 3 月举行的全国政协十一届三次会议上，修福金副主席代表民革中央作的题为《纪念辛亥革命 100 周年，促进中华民族伟大复兴》的大会发言，在海内外特别是台湾岛内产生了强烈反响。民革中央提交的《关于隆重纪念辛亥革命 100 周年的建议》，也被评为全国政协重点提案。

8 月下旬开始，为纪念辛亥革命 100 周年，民革中央与国家图书馆等单位合作，面向社会推出了为期一年的“百年辛亥专题研究系列讲座”，民革中央领导及中国辛亥革命研究会、孙中山研究学会的专家学者陆续登台开讲，在社会上产生了较大的影响。8 月 22 日，民革中央主席、中国辛亥革命研究会会长、民革中央孙中山研究学会会长周铁农担任首讲嘉宾，并作《孙中山与辛亥革命》主题演讲。周铁农主席围绕着在辛亥百年之际怎样看待孙中山与辛亥革命的关系，如何评价孙中山在辛亥革命中的作用，如何评说辛亥革命的功过是非、纪念辛亥革命与两岸增进互信等几个历久弥新的热点话题作了精彩阐述。“百年辛亥专题研究系列讲座”选题涉及辛亥革命时期中国政治、经济、军事、文化和社会生活状况等专题，突出孙中山先生等重要历史人物的贡献，探讨辛亥革命深远的历史影响。

10 月 28 日—31 日，修福金副主席率中国辛亥革命研究会和民革中央孙中山研究学会有关同志一行，赴澳门参加由中国辛亥革命研究会与澳门辛亥革命和中山文化研究会共同举办的“中山思想与国家统一”报告会。在澳门期间，修福金副主席一行分别拜访了全国政协副主席、澳门特别行政区前行政长官何厚铧，行政长官崔世安、澳门中联办副主任高燕。修福金副主席在向他们介绍活动情况时说，民革与孙中山先生有很深的渊源关系，民革的许多前辈都亲身追随中山先生投身于辛亥革命轰轰烈烈的斗争。继承和发扬孙中山先生爱国、革命、不断进步精神，是民革的优良传统和基本特色。明年是纪念辛亥革命100 周年，也是国家“十二五”规划开局之年，是中华民族实现伟大复兴承前启后、意义重大的一年。在全国政协十一届三次会议上，民革中央作了题为《隆重纪念辛亥革命 100 周年，促进中华民族伟大复兴》的大会发言，建议国家举办一系列纪念活动，以隆重纪念这一伟大的历史事件为契机，深切缅怀孙中山先生等民主革命先驱，大力弘扬爱国主义精神，进一步推动两岸关系和平发展，更加坚定全世界中华儿女振兴中华的信心与决心。民革中央和各地方组织为纪念辛亥革命 100 周年精心安排，准备在全国各地开展一系列纪念活动。

何厚铧副主席、崔世安行政长官、高燕副主任在听取介绍后表示，民革中央与澳门辛中会在澳门共同举办“中山思想与国家统一”报告会，对于青年一代更好地学习和了解这一段历史很有必要，对于不断推进中华民族的伟大复兴意义重大。作为纪念辛亥革命100 周年系列活动的前奏非常及时。澳门回归以来，以祖国大陆为坚强后盾，政治安定，经济发展，社会和谐，充分体现了“一国两制、澳人治澳”方针政策的优越性，而这一方针政策，和孙中山先生的国家统一思想有内在的相通之处。明年是孙中山先生领导的辛亥革命 100 周年，希望中国辛亥革命研究会与澳门辛亥革命和中山文化研究会在澳门举办有关纪念活动，为早日实现两岸和平统一作出努力。在 10 月 30 下午举行的报告会上。民革中央宣传部负责同志作了专题报告。

民革中央还注意把学习、树立和践行社会主义核心价值体系，与积极开展多党合作理论研究相结合。9 月，在北京召开民革全国思想宣传理论研究工作会议，认真总结了几年来民革思想宣传理论研究工作的实践与经验，为深入开展民革思想宣传理论研究工作打下了基础。与此同时，《团结》杂志还联合中央编译局政党研究中心、上海师范大学，共同举办“党建科学化与中国特色政党制度发展学术研讨会”，提升了民革的理论研究水平。9 月 27 日，“党建科学化与中国特色政党制度发展”学术研讨会在上海成功举办。修福金副主席出席会议并致辞指出，推进中国共产党领导的多党合作和政治协商制度的理论研究和宣传，是以胡锦涛同志为总书记的中共中央提出的重要任务和要求。民革中央历来十分重视多党合作和参政党建设理论研究，希望进一步加强与各学术机构和专家学者共同推进研究工作。希望通过这次研讨会，促进党建科学化和中国特色政党制度研究，深入探讨中国共产党党建理论科学化对中国特色政党制度发展的作用和影响。来自中共中央组织部、中国人民政协理论研究会、中央编译局、中央党史研究室、中央社会主义学院、上海市政协、上海师范大学，以及中共中央党校、中国人民大学、清华大学等单位的 80 多位专家学者参加本次研讨会。民革党内的学者参加研讨会并在会上作了主题演讲。与会同志就马克思主义中国化与中国特色政党政治实践、党建科学化与中共（执政党）党建理论创新、党建科学化与中国特色政党制度发展完善、人民政协与中国特色社会主义民主政治发展等三个子课题进行了热烈讨论。

为保证学习、树立和践行社会主义核心价值体系活动收到显著成效，民革中央着力加强宣传阵地建设，不断加大宣传力度。2010 年，民革各级宣传部门在组织好常规报道的同时，围绕民革的参政议政成果、祖统工作实绩、社会服务重要进展等内容，加大报道力度。由于加强了与主流报刊、电视、网络等多种媒体密切联系和合作，大量民革的提案、建议和大会发言，在全国“两会”期间得到深度报道，产生了广泛而积极的社会影响。10 月 18 日—22 日，民革中央网站特约编辑培训班在重庆市社会主义学院举办，民革中央有关部门负责同志，民革重庆市委会负责同志出席开班仪式。民革各省级组织中央网站特约编辑，重庆市、区民革组织专职干部和重庆市党员代表 110 余人参加培训。民革中央办公厅负责同志在开班仪式上对民革中央网站特约编辑工作提出三点意见：其一，要注意把握正确的政治方向，增强政治敏锐性和新闻敏感性。其二，要认真总结民革中央网站特约编辑工作的经验，积极探索促进网站宣传工作更好开展的规律。其三，要不断提高自身的政治思想素养和专业水平。民革中央宣传部负责同志作了关于民革宣传工作目前形势和任务的辅导讲座。他指出，当前民革的宣传工作要侧重三个方面：一要突出参政能力建设主题，为提高民革全党参政能力服务；二要努力创新，不断提高宣传工作质量和水平；三要推出一批国家级水平的理论作品、报道作品，培养一批民革知名、社会知名的研究人才和宣传人才。培训班学员围绕民革中央网站建设工作、《民革中央网站新闻稿件编辑撰写上传规范》、《民革中央网站专题制作规范》进行了研讨，并听取中共中央统战部宣传办公室、《人民政协报》社、民革山东省委会有关负责同志关于多党合作宣传、新闻写作和编辑等方面的辅导报告。民革中央社会服务部和北京、吉林、上海、江苏、重庆等省级组织的特约编辑作了大会发言，介绍了特约编辑工作的经验和体会。

（二）组织建设

加强自身建设，必须以组织建设为基础。1 月 7 日，民革中央组织部在中央机关召开民革组织工作座谈会。何丕洁副主席出席座谈会，中央组织部负责同志及一批具有丰富组织工作经验的地方组织负责同志和相关专家参加座谈会。座谈会就推进《民革中央关于进一步做好组织发展工作若干问题的意见》的贯彻落实及执行中的有关问题进行了深入的研究。与会同志结合实际工作经验和专业知识对这些问题进行了深入的分析讨论。何丕洁副主席指出，社会和法制专业人员中的代表人士新增为民革的发展主体，对民革自身的建设和发展具有重大意义。我们要深入思考如何把握这个概念的内涵和外延，才能在今后的工作中更加积极主动。与会同志还就党员年轻化、基层组织管理优化、任期制的执行等组织工作相关问题进行了讨论，提出了很有价值的意见和建议。

为贯彻全国人才工作会议精神，进一步培养民革后备干部，加强民革与有关单位的联系沟通，7 月 6 日，民革中央在北京召开组织建设工作座谈会，邀请在京部分中央国家机关和高等院校、医疗机构等有关单位中共党委或统战部负责同志共商民革组织人才建设规划。厉无畏常务副主席，傅惠民、何丕洁副主席出席会议。厉无畏常务副主席在座谈会上指出，参政党建设的基础是组织建设，组织建设最关键的就是发展党员、储备人才，从而形成总量不断扩大、素质不断增强、效能不断提高的后备人才队伍。中共各级党委和各国家机关、高等院校、医疗机构等有关单位的中共党委或统战部门的大力协助和支持，是民主党派做好组织发展工作的有力保证。希望继续保持沟通，把一些政治素质好、层次高、代表性强、有发展潜力的代表人士，及时地推荐给民革，为促进民革组织更快更好地发展，为多党合作事业的可持续发展打好坚实基础。与会各单位中共党委及统战部负责同志分别介绍了本单位民主党派成员开展活动等情况，并就相关工作提出了意见和建议。

全面提高党员素质，是组织建设的重要内容。2010 年初，民革中央制定了《2010—2013 年民革全国党员、干部教育培训规划》。根据《教育培训规划》的要求，为提升中青年干部的“四种能力”，5 月，民革中央与中共中央统战部联合举办“民主党派中青年干部多党合作专题研究班”；9 月 10 日—16 日，民革中央与中央社会主义学院联合举办第六期中青年干部培训班，傅惠民、何丕洁副主席分别出席开班式及结业式，来自民革全国 30 个省级组织的 86 名学员参加了该期培训班学习。3 月和 11 月，民革中央分别在北京、西安召开“民革全国优秀女党员表彰会”和“民革全国先进基层组织、基层工作先进个人表彰会”，167 名同志获得“民革全国优秀女党员”荣誉称号，162 个先进基层组织和 286 位基层工作先进个人得到表彰。6 月 11 日，在中国工程院第十次院士大会上，谢克昌副主席当选为中国工程院副院长。他长期从事煤化工研发工作和煤炭清洁能源利用战略规划研究，是我国煤化工科技领域的开拓者之一。连续两次作为首席科学家承担国家关于煤热解、气化和多联产应用的“973”项目，提出气化煤气与热解煤气共制合成气多联产模式。

2010 年民革中央继续推进党内监督工作，重点落实《民革内部监督条例》中关于述职和谈心会方面的规定，并赴多地就组织工作情况调研。民革中央组织部调研组 3 月 22 日—28 日赴广西，4 月 6 日—9 日赴天津市，就《民革中央关于加强省级组织领导班子后备干部队伍建设的意见》、《民革内部监督暂行条例》、《2010—2013 年民革全国党员、干部教育培训工作规划》及《民革中央关于进一步做好组织发展工作若干问题的意见》执行情况开展调研。6 月—12 月，民革中央组织部调研组先后赴安徽、山东、山西、黑龙江、新疆、宁夏等地，就组织发展、基层组织建设、领导班子建设、后备干部队伍建设等问题开展调研。8 月，为监督和及时了解各省级领导班子执行《条例》的情况，民革中央向各省级组织下发《关于民革各省级组织书面报送〈民革内部监督条例〉贯彻执行情况的通知》，推动了这项工作的具体落实。

2010 年，民革全党组织发展工作健康平稳，全年共发展新党员 4600 余人，党员总数达到 92200 余人。民革地方组织共有 340 个，其中省级委员会 30 个，市级委员会 259 个，县级委员会 51 个。民革基层组织共有 4414 个，其中基层委员会 9 个，总支委员会 350 个，支部 3988 个，小组 67 个。

截至 2010 年底，民革党员在人大、政府、司法、政协任职情况如下：在人大方面，全国人大常委会副委员长 1 人、常委 4 人、代表 38 人，省级人大常委会副主任 6 人、常委 43 人、代表 203 人，市级人大常委会副主任 39 人、常委 176 人、代表 601 人，县级人大常委会副主任 80 人、常委 183 人、代表 467 人；在政府及司法机关方面，国务院有关部门领导 2 人、司局级 3 人，地方司局级 42 人、地市级 27 人、县处级 570 人；在政协方面，全国政协副主席 1 人、常委 24 人、委员 67 人，省级政协副主席 18 人、常委 190 人、委员 709 人，市级政协副主席 176 人、常委 828 人、委员 3336 人，县级政协副主席 190 人、常委 1190 人、委员 4015 人。

（三）制度建设

机关建设是加强自身建设特别是制度建设的一个重要内容。2010 年，民革中央以建设学习型、服务型、节约型和谐机关为主要目标，不断强化机关的协调、服务和保障职能，努力提高各项工作服务质量和水平。

1 月 23 日，民革中央办公厅、机关工会、民革总支、中共支部和共青团支部在北京联合举办《公务员法》系列学习讲座，邀请北京大学临床心理中心副主任唐登华教授作情绪管理问题讲座。周铁农主席、厉无畏常务副主席，修福金、齐续春、何丕洁副主席及机关全体干部职工听取讲座。唐登华教授在讲座中介绍了情绪的产生原因和表现形式，并针对如何合理控制情绪作了深入浅出的讲解。8 月，民革中央在贵阳召开“民革全国机关建设工作研讨会”，专题研讨学习型机关建设问题，推动了民革各级组织的机关建设。

6 月—7 月，民革中央办公厅负责同志先后率调研组，分赴浙江、陕西、辽宁、四川、重庆、宁夏、青海、山东等省、区、市，就民革省级组织机关建设情况开展调研。调研组先后与各省级组织及部分市、县级组织机关同志进行座谈和交流，听取近年来省级组织机关建设情况介绍，深入了解了各级组织在机关建设特别是学习型机关建设工作中的做法、经验、体会、存在的问题，以及下一步工作的打算和对民革中央工作的建议。调研组认为，各地民革组织认真落实民革中央关于机关建设的部署和要求，正在积极、有序地推动学习型机关建设，主要表现在：各级组织充分认识建设学习型机关的重要意义；领导同志高度重视学习型机关建设；建立健全学习机制；学习内容丰富，学习形式有所创新；建设学习型机关以提高参政能力为落脚点。调研组希望各级组织进一步提高对学习型机关建设重要性的认识，采取切实可行的措施，更加扎实有效地推进学习型机关建设。

另外，民革中央还就参政议政机制建设进行调研。5 月 27 日—28 日，民革中央齐续春副主席率队赴贵州贵阳、安顺等地，就进一步推动民革参政议政工作、加强参政能力建设问题进行调研。民革贵州省委会有关负责同志陪同调研。在调研座谈会上，民革贵州省委会、安顺市委会负责同志分别汇报了换届以来的总体工作情况。在听取情况介绍后，齐续春副主席讲话指出，民革各级组织要按照周铁农主席在民革十一届十一次中常会上提出的要求，重视参政能力建设问题，积极探索和大胆实践加强参政能力建设的新理论、新途径、新方法，把民革全党的参政能力建设提升到一个新的高度。要围绕推动科学发展、促进社会和谐的任务，把参政议政工作做深做实，尽力作出有前瞻性和影响力的调研课题，为中共党委、政府建睿智之言，献务实之策。齐续春副主席强调，地方民革组织除了做好有民革特色的促进祖国和平统一、“三农”、社会法制重点领域的参政议政工作外，还应逐步建立和完善专委会工作机制，结合中共党委、政府的“十二五”规划，将参政议政工作的着力点放在新农村建设中的农田水利基础设施建设及农业科技推广、少数民族地区的社会法制人才队伍建设、民族文化旅游创意产业、打造西南内陆物流中心、老龄基地等方面。

五、抗震救灾工作

2010年以来，我国相继发生西南地区特大旱灾、青海玉树强烈地震、甘肃舟曲特大山洪泥石流等严重自然灾害。每当这些自然灾害发生，民革中央总是在第一时间号召各级组织和广大党员积极投入抢险救灾工作，并广泛动员民革中央机关和中央画院的书画家开展捐款、捐书画作品、举办公益笔会活动。民革各级组织也积极响应号召，纷纷通过各种渠道、各种形式往灾区捐款捐物，表达了民革广大党员对灾区人民的支持和关爱。

1. 青海玉树强烈地震抗震救灾工作

4月14日，青海省玉树藏族自治州玉树县发生7.1级强烈地震，给当地人民生命财产造成重大损失，灾情牵动着全体民革党员的心。

14日上午玉树地震发生时，民革中央周铁农主席、厉无畏常务副主席正率领民革中央调研组在河南调研考察。周铁农主席在得知地震消息后，立刻指示民革中央办公厅联系民革青海省委会，询问和了解有关情况；同行的厉无畏常务副主席，钮小明、修福金副主席以及在外访问、视察的齐续春、何丕洁副主席在得知这一消息后，也十分关注灾区情况。

4月15日中午，民革中央办公厅与全国各省级组织进行联系，沟通相关情况。4月16日上午，民革中央机关紧急召开部门负责人会议，研究部署抗震救灾工作，并号召机关全体同志立即行动起来，积极投身到抗震救灾和帮助灾区人民重建家园的实际行动中。同日下午，周铁农主席以个人名义致信中共青海省委书记强卫表示慰问，民革中央办公厅向民革青海省委会发出慰问信，并要求省委会一定要按照青海省委、省政府的统一部署，全力配合，做好抗震救灾及稳定工作。4月17日，民革中央机关、团结报社、团结出版社干部职工向玉树捐款11万余元。随后民革中央画院、北京中山书画社在民革中央机关举办了“支援玉树抗震救灾公益笔会”，此次公益笔会共收到现场创作的书画作品84幅，筹款13万元。这两项款物均委托民革青海省委会转交相关部门。

玉树发生地震灾害以后，民革北京、上海、四川、浙江、河南、江西、山西、云南、黑龙江、辽宁、河北、湖北、陕西、甘肃、宁夏、贵州、广东、广西、安徽、山东、新疆、重庆、内蒙古等省级组织及一些市委会，陆续向民革青海省委会发出慰问信、打去慰问电话，表示要积极组织民革党员为灾区捐款捐物。民革四川省委会“震在青海、痛在我心，感同身受、情系灾区”，民革宁夏自治区委会“全力配合、肝胆相照”，民革陕西省委会“身在陕西、心系灾区”等慰问话语，表达了对灾区群众的深切关心和慰问。

全国各地的民革组织和广大党员们纷纷行动起来，紧紧围绕抗震救灾展开工作，有钱的出钱，有力的出力，并充分发挥联系广泛的优势，发动所联系的海内外人士和企业，为灾区募集善款和物资。民革北京市委会副主委于雪鹰，带着北京市民革组织和党员干部捐赠的2000条毛毯，500床棉被、10吨大米等价值45万元的救灾物资赶赴西宁。民革甘肃省委会主委郭层城率机关干部一行驱车来到西宁，将装有棉被、方便面等价值25万元的

2 车物资和 5 万元现金捐给玉树灾区。

在获悉青海玉树发生 7.1 级地震后，民革四川省委会立即采取行动，号召四川全省民革组织和党员向玉树同胞伸出援助之手。民革四川省委会，自贡、内江、遂宁、绵竹、泸州、攀枝花、广元、绵阳、绵竹、达州、凉州等市委会，省直机关支部的民革党员怀着感恩的心，纷纷解囊相助，累计为灾区人民捐款 20 多万元。四川省民革组织在为玉树灾区捐款捐物的同时，把一支凝聚着全国各族儿女的爱心接力棒，稳稳地交到了玉树人民手中。

面对这场突如其来的自然灾害，全国民革各级组织和广大党员，在最短的时间里，以自己的实际行动，从异地捐款到实地救助，从组织安排到个人行为，用真诚的关怀和强烈的责任感，为玉树灾区人民献上了无疆大爱。据不完全统计，截至 2010 年 6 月 15 日，民革青海省委会共接收到民革全国各级组织、党员干部及所联系人士捐来款项 136 万余元和价值 75 万余元的救灾物资。对于以上款物，民革青海省委会都及时妥善地移交给了民政等相关部门。

2. 甘肃舟曲特大山洪泥石流救灾工作

8 月 8 日甘肃舟曲特大泥石流灾害发生后，民革中央领导同志牵挂着舟曲灾区人民的生活和灾后重建工作情况，周铁农主席、厉无畏常务副主席第一时间致电民革甘肃省委会了解灾区情况，时时关注着当地人民群众生产自救和和灾后重建工作，并且带头捐款，表达对灾区人民的深情关怀。

民革中央机关、团结报社、团结出版社干部职工和中共、民革支部也纷纷伸出援手，帮助灾区人民渡过难关，重建家园。截至 8 月 26 日，民革中央机关干部职工捐款 22300 元，民革中央机关中共支部捐款 10200 元，团结报社和团结出版社在职职工分别捐款 4356 元和 5000 元。民革中央画院在上海举办“伸出博爱之手——情系舟曲公益笔会”，画院院长宋雨桂等参加笔会并创作多幅作品，充分展现了民革画家情系舟曲人民的博爱胸怀。笔会共收到捐赠和现场创作书画作品 74 幅，将由民革甘肃省委会转交给舟曲灾区有关部门。

8 月 15 日是全国哀悼日，民革中央领导同志及机关工作人员分别以各种方式向遇难同胞表示哀悼，寄托对遇难同胞的哀思。

吴先宁　民革中央宣传部部长
张海鸿　民革中央宣传部《团结》杂志编辑部主任

中国民主同盟

2010年是我国经济形势最为复杂的一年，也是完成“十一五”规划各项目标的最后一年。一年来，中国民主同盟深入开展树立和践行社会主义核心价值体系活动，继承和发扬多党合作的优良传统，坚定不移地走中国特色社会主义政治发展道路；坚持把促进科学发展作为参政议政的第一要务，紧紧围绕应对国家经济社会发展中的重大问题和人民群众关心的热点难点问题，建言献策，较好地履行了参政党职能；更加注重制度化建设，不断完善工作机制，各项工作都取得了新的成绩，呈现出奋发有为、稳步前进的良好态势。

一、重要会议及活动

（一）民盟十届四中全会

12月7日—8日，中国民主同盟第十届中央委员会第四次全体会议在京举行，会议的主要议程是学习中共十七届五中全会精神，听取并审议民盟第十届中央常务委员会工作报告，补选民盟中央副主席。全国政协副主席、民盟中央第一副主席张梅颖主持开幕会。

全国人大常委会副委员长、民盟中央主席蒋树声在开幕会上作工作报告，蒋树声主席在回顾和总结2010年工作时说，一年来，全盟深入开展树立和践行社会主义核心价值体系活动，把树立和践行社会主义核心价值体系作为民盟思想建设的主线，继承和发扬多党合作的优良传统，坚定不移地走中国特色社会主义政治发展道路，不断巩固多党合作的共同政治思想基础；较好地履行了参政党职能，紧紧围绕应对金融危机、转变经济发展方式、政府职能转变等重大问题建言献策，围绕中心，服务大局，咨政建言，加强监督，参政议政的能力和水平进一步提高；巩固传统优势，不断开拓进取，社会服务工作取得新成绩；继续实施“人才强盟”战略，全面加强组织建设；加强对港澳台和海外联络工作，为祖国统一大业作出贡献。民盟各级组织更加注重制度化建设，不断完善工作机制，各项工作都取得了新的成绩，呈现出奋发有为、稳步前进的良好态势。蒋树声主席指出，2011年是实施“十二五”规划的开局之年，全盟要学习贯彻中共十七届五中全会精神，深入开展树立和践行社会主义核心价值体系活动；围绕制定和实施“十二五”规划，推进参政议政工作再上新台阶；努力整合全盟优势资源，扎实推进社会服务工作；广泛开展民盟成立70周年纪念活动，团结带领广大盟员继承优良传统、坚定政治信念；大力加强宣传和理论研究工作，切实提高全盟思想理论水平；高度重视干部队伍建设，为新形势下履行职能做好人才选拔培养工作。

副主席李重庵主持选举会。会上，接受了张圣坤同志辞去民盟中央副主席、常务委员、委员职务的请求，补选郑惠强同志为民盟中央副主席。

副主席索丽生主持闭幕会。在闭幕会上，常务副主席张宝文作总结讲话。他说，贯彻落实好民盟十届四中全会精神，抓好明年工作，全盟要做到以下三点：一要把深入学习贯彻中共十七届五中全会精神与树立和践行社会主义核心价值体系活动紧密结合起来，进一步巩固全盟多党合作的共同政治思想基础；二要审时度势，努力开拓，进一步做好参政议政工作；三要以纪念民盟成立70周年为契机，进一步推动自身建设等各项工作再上新台阶。会上还审议并通过了《中国民主同盟第十届中央委员会第四次全体会议决议》。

副主席吴正德、郑兰荪、张平、丁仲礼、陈晓光、徐辉、温思美、欧阳明高，秘书长高拴平及全体中央委员出席会议，盟中央机关各部门负责人列席会议。

（二）民盟中央常务委员会会议

1. 民盟十届十次中常会

3月10日，民盟十届十次中常会在京举行。会议的主要内容是学习和贯彻十一届全国人大三次会议和全国政协十一届三次会议精神，部署2010年有关工作和任务。主席蒋树声主持会议并讲话。

蒋树声主席强调，民盟出席全国“两会”的代表和委员回到各地要带动各级组织和盟员认真学习和领会“两会”精神，深入贯彻和落实中共中央的决策和部署，围绕“两会”提出的目标和任务切实履行参政党职能。在参政议政工作中要注意结合当地实际，提出具有前瞻性、战略性、可操作性的建议。继续做好社会服务和“烛光行动”工作。大力推进民盟的自身建设，抓紧做好后备队伍和领导班子建设工作。要求全盟要树立和践行社会主义核心价值体系，教育和引导广大盟员继续发扬民盟的优良传统，保持民盟的优势和特点，共同努力做好全年工作。

会议讨论通过了《民盟中央关于学习贯彻十一届全国人大三次会议和全国政协十一届三次会议精神的决定》。会议还听取了高拴平秘书长关于九次中常会以来的主要工作的汇报。

第一副主席张梅颖，常务副主席张宝文，副主席吴正德、张圣坤、李重庵、郑兰荪、张平、索丽生、丁仲礼、陈晓光、徐辉、温思美和民盟中央常委出席会议。盟中央机关各部门负责人、部分专门委员会主任列席会议。

2. 民盟十届十一次中常会

5月14日—15日，民盟十届十一次中常会在湖北武汉举行。会议的主要内容是：总结近年来民盟履行参政议政职能的经验，研究下一个时期如何进一步做好全盟参政议政工作。主席蒋树声出席会议并讲话。第一副主席张梅颖出席会议并主持开幕会。中共湖北省委书记、湖北省人大常委会主任罗清泉到会祝贺并致辞。

蒋树声主席在讲话中回顾了近年来民盟履行参政议政职能的主要成绩和经验体会。他强调，坚持正确的政治方向，自觉接受中国共产党的领导，在多党合作的格局中积极建言献策，是民盟履行参政议政职能的基本原则；坚持以促进发展作为参政议政的第一要务，紧紧围绕党和国家的中心工作，服务大局，努力建睿智之言，献务实之策，是民盟履行参政议政职能的着力方向；坚持“立盟为公、参政为民”的政治理念，高度关注民生，倾听民众呼声，努力承担参政党的社会责任，是民盟履行参政议政职能的价值取向；继承民盟求真务实、深入调研的优良传统，突出盟的特色和优势，坚持讲真话，做诤友，是民盟履行参政议政职能的工作作风；充分发挥地方组织和广大盟员的积极性，坚持上下联动、左右互动、内外合作，不断探索建立和完善工作机制，是民盟履行参政议政职能的重要保障。蒋树声主席还对下一步全盟参政议政工作作了安排和部署。他要求全盟，要加强学习，统一思想，充分认识做好新形势下参政议政工作重要意义；要整合资源，形成合力，切实加强参政议政队伍建设；要注重规范，增强实效，进一步完善全盟参政议政的工作机制；要解放思想，求真务实，以理论创新推动工作创新。

会上，民盟中央常委进行了热烈、深入的小组讨论。秘书长高拴平汇报了上次中常会以来的主要工作。

张宝文常务副主席主持闭幕会议并讲话，要求全盟重点在以下五个方面做好谋篇布局：一是要扣紧“转方式、调结构”这个主题，提出具有前瞻性、战略性、可操作性的建议，帮助执政党和政府破解经济领域的难题，促进经济又好又快发展；二是要更深入地关注民生，体察民情，高度关注社会和人民群众关注的热点、难点、焦点问题，在深入调研的基础上，提出建议；三是发挥界别优势，大力推动教育改革和发展。当前，要着力做好对“中长期教育改革与发展规划纲要”制定和实施的参政议政工作；四是积极围绕“三农”工作献计出力；五是在汇聚、提炼过去参政议政成果的基础上，有针对性地开展调查研究，争取对“十二五”规划的制定提出一些有价值的建议。

副主席吴正德、张圣坤、李重庵、郑兰荪、张平、索丽生、丁仲礼、陈晓光、徐辉、温思美和民盟中央常委出席会议。机关各部门负责人列席会议。

3. 民盟十届十二次中常会

10 月 22 日，民盟十届十二次中常会在京举行。会议的主要内容是：学习贯彻中共十七届五中全会精神，研究分析“十二五”期间民盟参政议政面临的形势、任务，进一步明确工作思路，同时研究部署下一阶段全盟深入开展树立和践行社会主义核心价值体系活动。主席蒋树声出席会议并讲话，第一副主席张梅颖主持会议。

蒋树声主席在讲话中指出，学习贯彻中共十七届五中全会精神，为科学制定和实施“十二五”规划献计出力，是民盟各级组织今后一个时期的中心任务。全盟各级组织要认真组织五中全会精神的传达、学习，统一思想，提高认识，结合各地实际，研究“十二五”期间参政议政工作的方针、思路，确定工作任务、着力点和主要措施。他指出，要加强学习，认真研究，切实把思想和行动统一到中共中央的决策部署上来；要结合民盟优势，重点突破，研究确定民盟今后五年的参政议政思路和重点工作；要加强领导，统筹安排，积极做好调查研究、人才整合等工作，为“十二五”期间的参政议政工作做好准备。

蒋树声主席还总结了全盟前一段树立和践行社会主义核心价值体系取得的阶段性成果，他指出，树立和践行社会主义核心价值体系作为中国特色社会主义主题教育活动的深化和延续，是民主党派一项长期的政治任务，也是新形势下加强盟的思想建设的核心工作。他特别强调，全盟各级组织要按照《民盟中央关于把树立和践行社会主义核心价值体系活动不断推向深入的通知》要求，认真总结前一阶段开展活动的经验，结合各地工作实际，精心组织好今后一个时期的活动，不断深化学习内容，创新活动形式，提高活动效果，真正使社会主义核心价值体系成为全体盟员共同的行为准则和自觉的价值追求，巩固多党合作事业永续发展的思想政治基础。要突出重点，结合民盟优良传统，进一步深化学习内容；要创新形式，结合盟员思想实际和工作实践，努力提高活动成效。

会上还听取了高拴平秘书长关于自上次中常会以来主要工作的汇报。

常务副主席张宝文、副主席吴正德、张圣坤、郑兰荪、索丽生、丁仲礼、陈晓光、徐辉、温思美、欧阳明高和民盟中央常委出席会议，机关各部门负责人列席会议。

4. 民盟十届十三次中常会

12 月 7 日，民盟十届十三次中常会在京举行。会议的主要内容是研究召开民盟十届四中全会有关事项。主席蒋树声主持会议。第一副主席张梅颖，常务副主席张宝文，副主席吴正德、李重庵、郑兰荪、张平、索丽生、丁仲礼、陈晓光、徐辉、温思美、欧阳明高，秘书长高拴平及中央常委共 61 人出席会议。民盟中央部分专门委员会主任、机关各部门负责人列席会议。

（三）民盟中央监督委员会会议及活动

2 月 6 日，常务副主席、民盟中央监督委员会主任张宝文出席民盟陕西省委十届十三次常委会议，听取盟省委领导班子及副主委述职。民盟陕西省委主委张道宏主持会议，并代表盟省委第十届委员会领导班子进行了届中述职。张宝文常务副主席对 2009 年盟省委的工作给予了高度评价，对陕西民盟领导班子建设和 2010 年工作提出三点希望：一是要提高政治理论水平，建设学习型参政党；二是要把握好形势，积极做好参政议政工作；三是要继承发扬盟的优良传统。会后，张宝文常务副主席走访盟省委机关并亲切看望机关全体同志。盟中央副秘书长兼组织部部长、民盟中央监督委员会办公室主任陈幼平出席活动。

7 月 2 日，副主席索丽生代表民盟中央监督委员会出席民盟海南省委领导班子述职会，听取民盟海南省委主委康耀红代表海南省委领导班子作届中述职报告。民盟中央委员、民盟中央监督委员会委员孙丰月等出席会议。索丽生副主席在听取述职报告后发表讲话，对民盟海南省委领导班子给予了高度评价，并对民盟海南省委提出了希望和要求。他强调，民盟中央非常关注盟的省级组织领导班子建设，省级组织领导班子建设要重点抓好制度建设、素质建设和作风建设这三方面工作。

12 月 7 日，民盟中央监督委员会一届三次全体会议在京召开。常务副主席、民盟中央监督委员会主任张宝文作 2010 年民盟中央监督委员会工作报告，副主席、监督委员会副主任索丽生出席会议。

张宝文常务副主席在报告中指出，按照《民盟中央监督委员会 2010 年工作要点》要求，监督委员会今年主要做了两方面工作：一是加强指导，推进省级组织领导班子述职和民主评议制度建设；二是及时认真地处理好盟员违反盟章的行为和有关监督问题的来信来访。对于明年的工作，他提出，监督委员会要继续坚持以中国特色社会主义理论为指导，努力提升监督水平，为不断完善盟的制度建设献计出力，有力推动盟的各项工作更好开展。民盟十届十三次主席会议刚刚通过了《民盟中央关于省级领导班子述职和民主评议的暂行办法》，明年是《暂行办法》实施的第一年，各位委员要按照《暂行办法》的要求，积极参与、深入调研，推进《暂行办法》实施和完善。

（四）部门专题会议

1. 民盟参政议政工作会议

3 月 30 日—31 日，民盟参政议政工作会议在湖南长沙召开。主席蒋树声，副主席索丽生，中共湖南省委常委、统战部部长李微微，民盟湖南省委主委杨维刚等出席开幕式。开幕式由秘书长高拴平主持。

蒋树声主席代表民盟中央，对中共湖南省委、省政府和长沙市委、市政府以及省市两级人大、政协等有关部门长期以来给予民盟工作的支持和帮助表示衷心感谢。他说，参政议政是参政党的第一要务，也是参政党在多党合作事业中的立足之本。事实证明，我国的政党制度，为参政党履行职能提供了广阔的舞台和空间，只要我们继承和发扬民盟“关注民生、奔走国是”的优良传统，坚持民盟前辈领导人深入基层调查研究的传家宝，坚持民盟讲真话、做实事的履职作风，我们的参政议政就能取得具有实效的成果，体现出作为参政党的价值和作为。

索丽生副主席作参政议政工作报告。他指出，2009 年，全盟以高度的政治责任感和历史使命感，努力做好特殊情况下的参政议政工作，围绕应对国际金融危机的挑战，精心论证参政议政选题，不断创新工作机制，形成了一批见解深刻、可操作性强的参政议政成果。他说，2010 年是我国深化改革，为“十二五”规划启动实施创造良好条件至关重要的一年。全盟要在保持传统领域参政议政优势的同时，不断拓展工作视野和范围。要围绕保持经济平稳较快发展、加快发展方式转变与经济结构调整、调整收入分配机制、千方百计关注民生、维护社会和谐稳定，特别是“十二五”规划编制等党和国家的重大决策与工作部署，找准参政议政的切入点，搞好重点专题调研，提高论坛和研讨会的质量，努力总结提炼出水平高、时效性强、价值大的意见、建议和信息，争取形成一批有重大社会影响的参政议政成果。

会议对 2009 年度民盟社情民意信息工作先进集体和个人进行了表彰。民盟湖南、云南、河北、四川省委和民盟文化委员会的代表作了大会发言，介绍交流了各自开展参政议政工作的情况。出席本次会议的有民盟各省、自治区、直辖市委员会负责参政议政工作的领导和部门负责人，民盟中央各专门委员会、机关各部门和《群言》杂志社的负责同志。民盟湖南省委、各地市和省直民盟组织的负责人列席了会议。

2. 民盟组织工作研讨会

10 月 24 日—26 日，民盟组织工作研讨会在京举行。会议总结了 2008 年威海会议以来全盟组织工作的经验和做法，分析了新形势下组织工作面临的困难和问题，研究了进一步加强组织建设的思路和举措。张宝文常务副主席出席会议并讲话，高拴平秘书长主持开幕式，来自全盟 30 个省级组织的领导和组织部门负责人共 60 多位同志参加了会议。

张宝文常务副主席在开幕讲话中，对全盟组织工作提出了三点要求：一是要把深入学习贯彻中共十七届五中全会精神与加强盟的组织建设紧密结合起来；二是要把树立和践行社会主义核心价值体系与做好组织工作紧密结合起来；三是要将全国人才工作会议、《国家中长期人才发展纲要（2010—1020 年）》、《2010—2020 年党外代表人士教育培训改革和发展纲要》精神与组织工作紧密结合起来。最后，他用“奋斗没有终点”、“学然后知不足”、“态度决定一切”、“善养浩然之气”这四句话与大家共勉，希望通过这次会议，使盟的组织发展提高到一个新水平，组织工作再上一个新台阶。

会议期间，民盟陕西省委主委张道宏、民盟湖南省委主委杨维刚等 8 位代表在会上发言，从发挥主委带头作用、推荐盟员担任政府实职、组织发展、理论建设、基层组织建设、组织工作制度化规范化建设等方面，介绍了他们在组织工作方面的经验和体会。

3. 民盟中央参政党理论特邀研究员座谈会

11 月 4 日—5 日，民盟中央参政党理论特邀研究员座谈会在京举行。会议的主要任务是分析研究民盟理论研究工作面临的形势和任务，探讨如何更好地发挥特邀研究员的作用，进一步加强全盟理论研究人才队伍、体制机制建设，提高全盟理论研究的质量和水平。常务副主席张宝文出席开幕会并讲话，高拴平秘书长主持开幕会。

张宝文常务副主席在开幕讲话中，肯定了特邀研究员制度是有成效的。对做好今后的参政党理论研究工作，他提出了五点要求：一是参政党理论研究必须加强政治引导、把好方向。二是参政党理论研究必须紧紧围绕中心、突出重点。三是参政党理论研究必须坚持与时俱进、开拓创新。四是参政党理论研究必须注重联系实际、突出学理。五是参政党理论研究必须凝聚人才、壮大队伍。

在闭幕会上，北京、山西、浙江、福建、广东、甘肃等省市的代表先后发言，盟中央研究室负责人作了总结讲话。会议期间，中央统战部政策理论研究室张献生主任应邀到会作了《关于参政党建设的几个问题》的报告。来自全盟 29 个省级组织的参政党理论特邀研究员、各省级盟组织机关理论研究部门负责人共 40 余人参加了会议。

（五）其他重要会议及活动

1 月 17 至 18 日，第一副主席、李公朴研究会名誉会长张梅颖出席由中共常州市武进区委等单位举办的“李公朴家乡行”教育学习活动。活动内容包括参观李公朴故居；为李公朴小学揭牌；观看并出席“学公朴精神、做时代新人”汇报演出暨李公朴光彩基金成立仪式。期间，还实地考察了常州科教城，参观了高职教育园区现代工业中心数控技术实训基地、武进职业教育中心和江苏省前黄高级中学，并听取了武进经济社会发展情况介绍和李公朴研究会工作汇报。在武进经济社会发展座谈会上，张梅颖第一副主席发表了重要讲话，分析了当今的经济形势和对策，呼吁大家继续发扬公朴精神，在新时期有新作为，勇于承担更多的政治责任。民盟江苏省委主委曹卫星出席活动。

1 月 27 日，民盟中央专门委员会新春联谊会在京举行。蒋树声主席、张宝文常务副主席、李重庵副主席、索丽生副主席、高拴平秘书长出席活动。各专门委员会主任、副主任、部分委员及参政议政部同志近 50 人参加联谊。索丽生副主席代表民盟中央讲话。

3 月 8 日，民盟中央群言杂志社在京召开“推进分配制度改革共享改革成果”专题座谈会。出席全国政协十一届三次会议的部分民盟组委员出席会议，副主席温思美主持座谈会并讲话。温思美副主席说，分配制度的改革与改革开放以来的许多变革不同，因为它直接涉及的是利益调整。所以，要通过系统的基础制度建设，在财政、税收、社会保障等方面建立长效机制，才能逐步解决收入分配失衡问题。与会者对收入分配失衡的主要表现、原因、对社会和经济发展的影响、解决收入分配失衡的制度等问题进行了深入的讨论和交流。

3 月 8 日，民盟中央群言杂志社在京召开“重农爱农强农惠农”专题座谈会。与会专家学者围绕转变农业增长方式、城镇化发展、农村土地管理制度改革以及发展草原低碳经济、国有林场改革等问题，畅所欲言，进行了深入探讨。常务副主席张宝文主持会议并讲话，他就“三农”发展提出六点建议：加强农业基础设施建设，提高农业综合生产能力；继续完善农业研发、转化、推广和服务体系；培养新型农民，提高农业组织化程度；深化土地制度改革；建立农业投入的稳定增长机制；完善补贴政策框架，深化农业行政管理体制改革。

4 月 7 日零时 45 分，中国共产党优秀党员，第六、七届全国政协常委，民盟第一、二、三届中央委员、第四、五届中央常委、第一、二、三届中央参议委员会副主任、第八、九届顾问，山西省人大常委会原副主任，山西省政协原副主席，民盟山西省委原主委冯素陶先生逝世，享年 105 岁。冯素陶同志去世后，胡锦涛、习近平、王刚、李源潮等分别发唁电对冯素陶同志的逝世表示哀悼，对家属表示慰问。民盟中央、中共中央组织部、全国政协办公厅，以及民盟北京市委等全国 23 个省、自治区、直辖市民盟组织也分别发了唁电。民盟中央在唁电中充分肯定了冯素陶同志为中国统一战线和多党合作以及教育事业作出的重要贡献，高度评价了他的高尚风范和优良品德，表达了全国广大盟员的怀念之情。4 月 11 日上午，冯素陶先生遗体告别仪式在山西太原永安殡仪馆举行。常务副主席张宝文，副主席、民盟山西省委主委张平参加遗体告别仪式。张宝文常务副主席代表民盟中央和蒋树声主席向冯素陶先生家属致以深切慰问。

4 月 18 日 16 时 38 分，著名经济学家、教育家和社会活动家，民盟第一、第四届北京市委副主委、第五、六、七届主委、民盟第一、二届候补中央委员、第四届中央委员、第五、六、七届中央副主席、第八、九届中央名誉副主席，《群言》杂志社编辑委员会主任陶大镛先生因病在北京不幸逝世，享年 93 岁。陶大镛先生逝世之后，胡锦涛、温家宝、贾庆林、李长春、习近平、李克强、周永康、王刚、王兆国、王岐山、刘淇、李源潮、张高丽、乔石、朱镕基、尉健行、吴官正、杜青林、丁石孙、许嘉璐等同志通过各种形式表示沉痛哀悼并向其亲属表示深切慰问。4 月 24 日上午，陶大镛先生的遗体告别仪式在八宝山革命公墓举行。9 时 30 分，中共中央政治局委员、国务委员刘延东、主席蒋树声、第一副主席张梅颖、常务副主席张宝文、原副主席吴修平等同志依次向陶大镛先生的遗体告别，并向家属表示慰问。

6 月 3 日下午，各民主党派中央组织部长座谈会在民盟中央机关召开。座谈会的主题是交流研讨民主党派代表人士队伍建设调研情况。中央统战部一局局长吴晓礼、副局长易玉娟、邵刚，各民主党派中央组织部负责人出席了会议。座谈会上，各民主党派中央组织部负责人结合代表人士队伍建设调研工作，交流了近年来代表人士队伍建设情况，探讨了代表人士成长规律，总结了代表人士队伍建设的经验和做法，分析了当前代表人士队伍建设中存在的困难和问题，并对今后如何进一步做好代表人士队伍建设进行了讨论。

7月30日6时20分，我国近代力学奠基人之一，著名的科学家、教育家，杰出的社会活动家，民盟的卓越领导人，中国共产党的亲密朋友，中国人民政治协商会议第六届、七届、八届、九届全国委员会副主席，民盟第五届、六届、七届中央委员会副主席，第七届、八届、九届名誉主席，中国科学院资深院士、上海大学校长钱伟长因病在上海逝世，享年98岁。钱伟长病重期间和逝世后，胡锦涛、江泽民、吴邦国、温家宝、贾庆林、李长春、习近平、李克强、贺国强、周永康等同志，前往医院看望或通过各种形式对钱伟长逝世表示沉痛哀悼并向其亲属表示深切慰问。8月7日上午，钱伟长遗体在上海龙华殡仪馆火化。受中共中央委托，贾庆林、俞正声、路甬祥、蒋树声、杜青林、张梅颖、钱运录专程前往上海为钱伟长送别，并慰问其亲属。中共中央办公厅、全国政协办公厅、中央和国家机关、中国民主同盟、中国科学院、上海市等有关方面负责同志，以及钱伟长生前友好和家乡的代表也前往送别。

11月27日，经济学理论和中国道路研讨会——民盟中央原副主席厉以宁教授八十华诞暨从教五十五周年庆典在北京大学举行。全国政协主席贾庆林、国务院副总理李克强向论坛和厉先生发来贺信。全国人大常委会副委员长乌云齐木格出席了活动。张梅颖第一副主席出席庆典并致贺词，高度赞扬了厉先生精湛的专业素养、高尚的学者风范和高度的社会责任感，祝愿厉先生学术生命长青。在开幕式上，厉以宁教授本人作了题为“论中国经济发展的动力”的主题演讲，并首发了英文文集 *Economic Development: the Chinese Way*。

12月7日，民盟中央群言杂志社在京召开“聚焦‘十二五’规划”专题座谈会。民盟中央副主席徐辉主持座谈会并讲话。徐辉副主席在谈到“十二五”教育发展时指出，“十二五”规划的制定，应该与《国家中长期教育改革与发展纲要（2010—2020年）》很好地衔接起来。《纲要》提出的基本要求、重要原则以及到2015年的教育事业发展主要目标和人力资源开发主要目标，均应在“十二五”规划中得以体现，并有所突破。与会专家学者从不同角度，围绕“十二五”规划中的政府转型、城镇化发展、“三农”问题、基本公共服务体系建设以及人口、科技、海洋规划等多个方面各抒己见、畅所欲言，进行了深入探讨。

二、参政议政

2010年，民盟紧紧围绕党和国家的中心任务，把促进科学发展作为参政议政的第一要务，就我国经济社会发展中的重大问题以及人民群众普遍关心的热点、难点问题，积极开展参政议政和民主监督，收到了积极效果。

（一）积极参与高层政治协商、民主监督

1月29日，蒋树声主席、张梅颖第一副主席、张宝文常务副主席出席中共中央举行的党外人士座谈会，会议听取了各民主党派中央、全国工商联及无党派人士对《政府工作报告（征求意见稿）》的意见、建议。蒋主席代表民盟中央发言，提出加快转变政府职能，促进经济发展方式转变；加强规划，突出重点，切实加强农业基础设施建设；狠下决

心，标本兼治，切实降低行政成本等建议。

1月12日，索丽生副主席出席最高人民检察院召开的各民主党派中央、全国工商联代表座谈会。会议征求了对检察工作和检察队伍建设的意见、建议。索丽生副主席代表民盟中央发言，提出要关注网络披露的犯罪线索、遏制贿赂、对法院执行难问题开展法律监督，建立专门的未成年人检察综合机构试点等四点建议。

1月26日，蒋树声主席，张梅颖第一副主席，张宝文常务副主席，李重庵、索丽生、欧阳明高副主席出席中共中央纪律检查委员会召开的党外人士情况通报会，听取中央纪委书记贺国强同志的讲话和中央纪委副书记张惠新同志关于反腐倡廉工作情况的通报。蒋树声主席在会上代表民盟中央发言，肯定了反腐工作取得的成绩，并提出了抓住制度建设这个关键，为反腐倡廉建设打下坚实基础；进一步提高和完善执行力，严格执行党纪国法；尽快在重要领域、关键环节、突出问题的制度建设和遏制腐败上，取得较大进展和明显成效；深化行政管理体制改革，切实推进政府职能转变，最大限度地减少腐败滋生的土壤和条件等四条建议。

2月9日，副主席李重庵出席最高人民法院召开的各民主党派中央、全国工商联负责同志和无党派人士座谈会，会议征求了对《最高人民法院工作报告（征求意见稿）》的意见建议。李重庵代表民盟中央发言，提出加强对中国特色社会主义司法制度的研究，提高司法审判工作的理论、思想指导；从制度上切实解决办案经费短缺和法官人才断层问题；强化司法实务与法学教育之间的互动，从源头上做好司法人才的准备工作；加强内外教育和宣传，在公众中树立全面、正面的司法社会形象等4条建议。

2月10日，蒋树声主席、张梅颖第一副主席、张宝文常务副主席出席中共中央举行的各民主党派中央、全国工商联领导人和无党派人士代表迎春座谈会，蒋主席代表民盟中央发言，从教育和民生角度提出两条建议：一要大力发展社会事业，努力拓展新的就业领域；二要从国家战略的高度对职业教育与技能培训给予应有重视。

6月28日，蒋树声主席、张梅颖第一副主席代表民盟中央向中共中央递呈了《关于促进高校毕业生就业工作的建议》，提出四条建议：一是将大学生就业与高等教育改革和高校内涵发展结合起来，实现教学质量、学生综合素质和就业能力的根本提高；二是将大学生就业与产业升级和结构调整结合起来，实现大学生就业创业与经济发展的良性互动；三是将大学生就业与社会建设结合起来，着力提高社会公共管理和服务的水平与质量；四是建立长效机制，制定、完善优惠政策，加大贯彻执行力度，努力建设科学、成熟的大学生就业体系。建议得到温家宝总理等党和国家领导人的批示。

7月12日，蒋树声主席、张梅颖第一副主席代表民盟中央向中共中央递呈了《关于建设和完善未成年人涉罪司法体系的建议》，提出四条建议：一是尽快完善涉罪未成年人的法律，建立未成年人司法制度；二是完善涉罪未成年人的矫治制度；三是推进司法机构体系改革，完善未成年人刑事司法体系；四是完善刑事司法分流措施，健全非审判处置方式。建议得到中共中央常委周永康同志的批示。

7月20日，蒋树声主席、张梅颖第一副主席、张宝文常务副主席出席中共中央党外人士座谈会。会议征求各民主党派中央、全国工商联领导人和无党派人士对经济工作的意见。蒋树声代表民盟中央发言，就下半年经济工作提出两点建议：一是把握主要矛盾，坚持加快推进“转方式、调结构”，实现经济平稳、快速增长；二是改革和完善社会收入分配机制，促进社会和谐发展。

8 月 16 日，蒋树声主席、张梅颖第一副主席、张宝文常务副主席出席中共中央党外人士座谈会。会议征求各民主党派中央、全国工商联领导人和无党派人士对《中共中央关于制定国民经济和社会发展第十二个五年规划的建议（征求意见稿）》的意见。蒋主席代表民盟中央发言，就“十二五”规划的制定，提出三点建议：一是努力实现“办好人民满意的教育”重要目标，加快教育改革与发展；二是以结构性调整为核心，加快实施收入分配制度改革；三是高度重视，科学安排，大力推进防灾减灾工作。

11 月 30 日，蒋树声主席、张梅颖第一副主席、张宝文常务副主席出席中共中央党外人士座谈会。会议的主要内容是征求各民主党派中央、全国工商联和无党派人士对经济工作的意见。蒋主席代表民盟中央发言，提出统筹采取各种调控措施，应对物价总水平上涨和流动性问题；协调推进城镇化和新农村建设，加快经济发展方式转变两条建议。

2010 年，民盟中央共向中共中央、国务院报送五篇政策建议信，分别就大学生就业与高等教育改革、土地管理制度改革、司法体制改革、生态环境保护等问题提出建议，均获中共中央、国务院主要领导的重要批示。

（二）在全国政协十一届三次会议上积极建言献策

在全国政协十一届三次会议上，民盟中央提交大会发言 1 篇、书面发言 2 篇、提案 24 件，内容涉及转变发展方式、教育改革、农村土地管理制度改革、农村灾害防御体系建设等方面。副主席张圣坤代表民盟中央作了《转变发展方式，关键在于转变政府职能》的口头发言。发言提出，在确立社会主义市场经济体制方面，我们有着显著的成绩，但政府主导型的发展模式仍未彻底扭转。当前，必须紧紧抓住政府职能转变这个关键，推动发展方式转变和经济结构调整，实现经济社会的可持续发展。建议：全面树立科学行政理念，把转变政府职能作为深入贯彻落实科学发展观的重要内容之一；深化体制、机制改革，完善制度建设；突出重点，强化公共服务职能建设；转变推动经济发展的模式和方式；深化事业、团体、企业单位改革；合理界定中央和地方的事权职责。

3 月 5 日上午，全国政协民盟五、六组委员进行联组讨论，委员们围绕文化、测绘和食品药品安全等内容提出意见、建议，与列席联组会的文化部、国家测绘局、国家食品药品监督局负责人进行了交流。3 月 12 日上午，全国政协民盟五组委员讨论最高人民法院和最高人民检察院工作报告，最高人民检察院侦查监督厅有关负责人列席会议。

3 月 8 日，全国政协举行“加快经济发展方式转变大力发展战略性新兴产业”提案办理协商会。民盟中央《关于调整西部荒漠地区发展模式、发展新能源增加碳汇潜力的提案》入选。副主席温思美代表民盟中央出席会议并发言，就如何发展战略性新兴产业谈了三点意见：第一，制定完善的规划是基础，人才的使用与培养是关键，体制机制的改革与创新是保障；第二，打造政府规划、市场引导、全社会积极参与的发展模式；第三，重视能力建设，以战略性新兴产业的发展为切入点和突破口，着力推动自主创新建设，以实现战略性新兴产业的可持续发展。民盟内蒙古区委主委董恒宇、民盟宁夏区委主委安纯人作为提案人，出席了会议。协商会上，国家发改委、科技部、工业和信息化部、财政部、环境保护部、住房和城乡建设部、交通运输部、国家能源局作为提案承办单位，到会听取意见，并作出答复。

据不完全统计，民盟组委员共提交书面发言 61 篇，提交大会提案 262 篇，社情民意 14 篇。会议期间，民盟组委员共接受采访 350 余次，中央电视台等主流媒体及英国广播公司等海外媒体播发宣传盟员及民盟提案的报道 70 余篇。

（三）调查研究成果丰硕

3 月 28 日—4 月 2 日，张梅颖第一副主席率领部分盟内专家到河南省新乡市就协调推进新农村建设和城镇化问题开展调研。调研组深入到新乡市有关社区，认真调研了新乡市城乡统筹发展的情况、做法和经验，了解了目前城乡统筹发展中的问题以及政策支持情况。调研取得了丰硕成果。4 月 29 日，蒋树声主席、张梅颖第一副主席代表民盟中央向中共中央递呈了《关于总结、推广新乡市城乡统筹发展经验和做法的建议》，提出推广新乡市统筹城乡发展经验，将其确定为全国统筹城乡发展试验区；继续加大对农村基础设施和公共服务设施建设的投入力度；进一步推进土地管理制度改革；努力破除城乡二元体制性障碍等四条建议。

4 月 1 日，副主席索丽生在结束民盟参政议政（长沙）工作会议后到湖南衡阳欧阳海灌区考察水利设施建设。中共衡阳市委常委、耒阳市委书记袁延文以及耒阳市相关部门主要领导陪同调研。索丽生副主席一行来到欧阳海灌区的大坝，听取了灌区管理局负责人的汇报，细致询问了灌区的经费情况以及存在的困难，并到坝下厂房看望了工作人员，与他们亲切交谈。索丽生副主席指出，水利设施建设是关乎农业丰收的前提保障，灌区要加强周边环境保护，注重安全生产，促进和谐发展。调研期间，索丽生副主席还与民盟衡阳市委委员和部分支部主委进行了座谈，他要求广大盟员立足本职工作，树立政治意识，努力参政议政，增强组织的凝聚力。民盟机关要发挥枢纽、桥梁作用，为广大盟员做好服务工作，把盟市委建成盟员之家。

5 月 4 日—10 日，张梅颖第一副主席率队在四川省就“不同地区协调推进城镇化和新农村建设问题”开展调研。调研组在南充、遂宁和成都三个城市深入调研考察，探索不同经济发展水平、不同资源禀赋、不同地理条件地区形式各异的城镇化道路。在调研中，张梅颖第一副主席强调，不同发展水平、资源禀赋和地理区域的地区，推进城镇化和新农村建设的路径也是不一样的，要从实际出发，因地制宜，从中探索出一套适合自己特色的城镇化和新农村建设道路。她还指出，城镇化的核心是“化”农民，城镇化和新农村建设要“双轮驱动”。调研期间，张梅颖第一副主席还出席了在南充市张澜纪念馆举行的张澜先生铜像揭幕暨盟员教育基地授牌仪式和在蓬溪县黑龙凼水库举行的盟遂合作生态林揭牌仪式。副主席吴正德、温思美，盟员郑功成、彭于发、董祚继以及国家发改委、住房和城乡建设部的有关同志参加调研。

5 月 15 日—16 日，蒋树声主席赴湖北省黄石市就资源枯竭型城市建设问题进行调研。副主席索丽生，民盟湖北省委主委郭生练等随行考察。蒋主席一行参观了黄石国家矿山公园、大冶铁矿博物馆、棋盘洲港区一期工程项目等地，实地考察矿区植被保护与恢复项目、棋盘洲长江大桥等重点交通基础设施项目，了解资源枯竭型城市推进转型建设的工作情况和遇到的问题。16 日下午，与当地市委、市政府领导和有关部门负责同志进行座谈。蒋树声主席表示，目前，黄石正处于转型时期，转型思路非常清晰，相信借建市 60 周年的契机，通过几年的不懈努力，黄石的城市面貌将会有较大改善。民生问题与经济社会发展、构建和谐社会具有非常密切的关系，在谋发展、促转型的同时，一定要牢记和重点考虑老百姓的民生问题。此外，要重视教育、重视人才培养、重视科技创新，大力培养和引进各类人才，这是黄石实现未来可持续发展的基石所在。

5 月 20 日—26 日，受中共中央委托，主席蒋树声、常务副主席张宝文率专题调研组赴广东，就“完善收入分配机制，促进社会和谐发展”进行实地调研。副主席李重庵、索丽生、温思美，盟员专家郑功成、徐一帆等参加调研。调研组兵分两路，在清远、肇庆、阳江、惠州、河源、广州等地，共召开座谈会 15 次，重点调研现阶段居民收入的总体情况，劳动报酬在初次分配中的比重，以及劳动报酬的区域、行业以及群体差异。23 日，调研组到达阳江市阳东县，参观了民盟中央与当地政府合作的农村安全社区建设试点，观摩了该县村、镇两级突发公共事件应急预案培训，观看了灾害防御物资储备现场和东城镇应急队消防演练。与盟中央调研组在广东实地考察相配合，还委托上海、河南、贵州三地盟组织在各自省内进行辅助调研，共完成近 2000 份相关调查表。这些专题调研成果各自完成后，民盟中央汇总了相关样本和数据，召开“完善收入分配机制，促进社会和谐发展”专题研讨会，集思广益，形成了专题报告。为确保对策建议的针对性、可操作性，还邀请了国务院有关部委专家座谈，听取意见建议，形成最终调研报告，并向中共中央、国务院递交了题为《完善收入分配机制、促进社会和谐发展》的政策建议信。胡锦涛总书记、温家宝总理对这一建议作出重要批示，国家发改委召集 14 个部委专门研究落实。盟中央还先后 2 次以书面形式、4 次在高层协商会、全国政协常委会上以发言形式，提出相关意见建议。民盟对收入分配问题提出的系列建议引起社会的强烈反响，《光明日报》、《人民政协报》、凤凰卫视、《新京报》等重要媒体对此高度关注，深度报道。

5 月 27 日—6 月 3 日，张梅颖第一副主席率队赴安徽视察推进义务教育均衡发展问题。视察团先后赴合肥、铜陵、黄山等市，与当地党政领导及教育主管部门负责同志，中小学校校长、教师广泛交流、深入座谈，着重就促进城乡教育资源均衡配置、解决义务教育阶段“择校”问题、保障弱势群体平等接受义务教育的权利等问题，开展了有针对性的调研。民盟安徽省委主委刘光复及部分盟员政协委员参加调研。在皖期间，张梅颖还看望了民盟安徽省委会领导班子成员和机关干部。

6 月 9 日，主席蒋树声，副主席李重庵在西宁市与青海省的主要领导和各有关部门负责人就祁连山水源涵养区生态保护与综合治理情况进行座谈。中共青海省委书记、省人大常委会主任强卫主持座谈会，副省长邓本太作了详细汇报。座谈中，蒋树声主席对青海省的有关思路给予高度肯定。他说，大力加强祁连山的生态保护与建设，有利于推动青海经济社会建设的科学发展，有利于社会和谐稳定，有利于增强各民族之间的团结，民盟将发挥参政党的职能作用，尽全力支持。他指出，在加强生态保护与建设的同时，如何加强当地的民生建设，处理好减少资源开发和加快民生建设的关系，是相关规划中的重要课题，也是生态保护与治理项目能否顺利实施的关键。李重庵副主席就完善、丰富相关规划提出建议。强卫书记听完蒋树声主席、李重庵副主席的发言后表示，这些意见和建议抓住了青海省生态保护与建设的关键，十分具有针对性。意见和建议的内容，正是青海省在此前相关工作中的一些教训。他们将在此后的工作中，予以吸收、落实。中共青海省委常委、省委秘书长沈何，民盟青海省委主委鲍义志，青海省有关厅局负责同志参加座谈。

8 月 5 日—9 日，蒋树声主席、索丽生副主席率队在甘肃省调研祁连山生态保护与综合治理问题。调研组行程两千多公里，沿祁连山脉进行考察，还深入山区腹地，考察了祁连山国家级自然保护区、西大河水库上游草原、石羊河源头、天祝县哈溪镇双龙沟金矿植被破坏现场、古浪县东滩异地扶贫搬迁示范园区等地，并在调研结束后与甘肃省委、省政府座谈，了解祁连山地区的生态环境现状及其环境保护对西北各省经济发展的重要意义。调研期间，适逢舟曲泥石流发生，因此蒋树声主席特别强调了生态安全的重要性。民盟甘肃省委主委张世珍陪同调研。10 月，蒋树声主席、张梅颖第一副主席将调研成果以建议信的形式上报中共中央，就进一步保护祁连山的生态环境提出五条具体建议：一是加强组织领导，统筹生态保护与综合治理工作；二是设立生态特区，建立生态保护与补偿机制；三是加大财政投入，实施系列重点工程；四是大力支持河西地区推进节水型社会建设；五是加强监测与研究，实施科学保护与治理。

9 月 13 日—18 日，索丽生副主席应邀在上海调研水资源与水环境保护问题。“水资源与水环境保护”是民盟上海市委承接的民盟中央 2010 年度委托调研课题。索丽生副主席在上海市人大副主任、民盟上海市委主委郑惠强，上海市政协、民盟上海市委会、水利部太湖局等有关领导的陪同下，先后实地考察了黄浦江上游水源地，太浦河、青浦水源地，淀山湖生态修复工程，无锡太湖杨湾蓝藻治理站、小溪港清淤示范点，苏州吴江市的东太湖清淤工程、吴江水厂和水源地，并与调研组专家和领导进行座谈，发表了意见。索丽生副主席建议：一要“两源并重”（太湖、太浦河水源）；二要进行“河网治理”；三要“节约用水”；四要对水资源保护区进行“生态补偿”；五要“科技支撑”。他还特别告诫，太湖综合治理中会有阵痛，会有局部利益的牺牲，也会有反复，水质好转需要较长的周期，一定要有决心和信心，彻底地把太湖治理好。

7 月 12 日—16 日，副主席索丽生带领相关专家到东营、烟台、威海、青岛等地调研，深入了解山东半岛蓝色经济区建设情况，为第七届民盟沿海省市发展海洋经济研讨会做准备。调研组先后实地考察了黄河三角洲高效生态农业示范区、中国科学院烟台海岸带研究所、新船重工、中科院青岛生物能源与过程研究所、中国海洋大学、海洋石油工程（青岛）有限公司、青岛北海船舶重工有限责任公司等地后，并在青岛召开了座谈会。座谈会由民盟青岛市委主委王修林主持。索丽生副主席在座谈会上发言指出，民盟中央将充分发挥地位超脱、渠道畅通的优势，经过细致深入的调研提出更多好的意见建议，为山东半岛蓝色经济区建设贡献力量。民盟中央经济委员会副主任董祚继、民盟中央科技委员会副主任施平等参加调研并在座谈会上发言。民盟山东省委副主委仪平策、董利忠等随同调研。

9 月 25 日—29 日，蒋树声主席，索丽生副主席和水利部胡四一副部长率民盟中央、水利部科技委联合调研组，在安徽省调研巢湖治理与保护问题。调研组实地考察了湖区水质、相关生态修复工程与水利设施、引江济巢和引江济淮线路等，并与安徽省有关部门负责人座谈、召开专家咨询会，重点了解巢湖水污染现状、现阶段的治理成果及在保证水安全上所做的努力。民盟安徽省委主委刘光复等参加调研。在皖期间，调研组成员听取了关于巢湖现状和治理情况的介绍，在安庆、巢湖、合肥市实地考察了湖区水质、相关生态修复工程与水利设施、引江济巢和引江济淮线路等，与省有关部门负责人进行座谈，并召开了专家咨询会。在28日下午的座谈会上，蒋主席进一步阐述了对水安全问题的思考。他说，应将水安全问题上升到国家战略高度，放到与粮食安全、能源安全同等重要的地位；这一重大问题应在“十二五”规划中有所体现。28日晚，中共安徽省委书记张宝顺，省委副书记、省长王三运会见蒋主席一行。调研结束后，相关调研成果经整理后，分别报送中共中央、国务院和安徽省、水利部，以供参考。

8月15日—18日，为了做好“民盟2010中国城市文化（南宁）论坛”的筹备工作，李重庵副主席率民盟中央文化委员会在广西南宁就城市建设、文化产业发展状况、文化旅游产业项目等问题进行调研，为“民盟2010中国城市文化（南宁）论坛”作准备。民盟中央文化委员会主任梁晓声，副主任范芳、万捷等随同调研。调研组一行到南宁市规划局详细了解了南宁市城市建设的整体情况并参观考察了五象广场、会展中心、广西体育中心、昆仑山战役纪念馆、程思远故居、蔡氏书香古宅、广西民族博物馆等文化设施。16日下午，调研组召开座谈会，与南宁市政府及相关部门进行了磋商。李重庵副主席在座谈会上发言说，对民盟来说，可以通过解剖个案对全国城市文化建设的共性问题进行深入探讨，在实践中把城市文化论坛建设成民盟参政议政和为地方做实事的平台，扩大民盟组织的社会影响。期间，李重庵一行会见了民盟广西区委机关干部。

11月27日—30日，索丽生副主席率调研组赴福建省就“海峡西岸经济区开发”问题进行调研。调研组先后在福州市、平潭综合实验区以及漳州市东山岛实地了解了海西经济区开发的进展情况、开发过程中遇到的困难和问题，并就开发区的进一步发展提出了意见和建议。在平潭综合实验区，索丽生副主席针对实验区总体规划提出两点建议：一是总体规划要与平潭岛本地群众生产、生活紧密联系，处理好改革开放与本地群众民生改善之间的关系，让本地群众真正享受到开放、开发的成果；二是规划中特别强调了要大力发展低碳和节能产业，建议应多提绿色环保，减少对人体有害的污染物排放。如果过分强调低碳概念，反而有可能制约我们的经济发展，甚至提高了能耗。在讨论会上，大家形成共识，认为海西经济区目前在发展的关键时刻，民盟中央应在推动海西经济区发展方面作出持续的努力。在榕期间，调研组一行还走访了民盟福建省委机关。

12月27日，蒋树声主席、索丽生副主席率民盟中央调研组赴北京市大兴区就统筹城乡、整合资源、实现经济发展的创新驱动工作进行调研。调研组一行来到北京经济技术开发区，听取开发区情况汇报，实地考察了诺基亚通信有限公司、瀛海镇12平方公里拆迁指挥部和中关村科技园区大兴生物医药产业基地招商服务中心。在调研座谈会上，蒋主席就亦庄北京经济技术开发区和大兴区行政资源整合、推进南部地区加快发展谈了看法。他说，“十二五”是两区融合最关键的战略机遇期，应认真制定好联合的、一体化的“十二五”规划，加快推进两区深度融合，力争在“十二五”期间成为上海浦东、天津滨海新区之后的我国另一个现代化产业新区。中共中央政治局委员、北京市委书记刘淇，中共北京市委副书记、市长郭金龙，市人大常委会主任杜德印，在调研开始前会见了调研组一行。民盟北京市委主委、北京师范大学副校长葛剑平，民盟北京市委副主委田静，民盟中央农业委员会副主任、北京市农委副主任李成贵，民盟北京市委专职副主委刘玉芳，大兴区副区长、盟员王荣彬等参加调研，中共北京市委常委、统战部部长牛有成陪同调研。

（四）论坛研讨不断深入

3 月 18 日，为纪念三八国际劳动妇女节 100 周年，由民盟中央妇女委员会主办的女性发展与社会进步论坛在京举行。张宝文常务副主席出席论坛，索丽生副主席致开幕词。论坛旨在探讨当前女性发展问题，推动女性权益保障与和谐社会建设，为女性发展与社会进步献计献策。索丽生副主席在致词中说，民盟历来关注妇女问题，始终把争取妇女解放、维护妇女权利作为盟的重要政治目标之一。他希望大家在关注歧视妇女、虐待妇女等传统现象的同时，也要关注经济社会发展过程中所出现的新的女性问题；在关注城市女性问题的同时，也要关注弱势群体中妇女的生存现状；在分析各类女性问题的同时，也要分析与此相关的经济、社会、历史、文化等问题，在大环境中寻求解决问题的综合措施；在参与女性问题理论研讨的同时，也要参与促进男女平等、推动女性发展的社会实践。民盟北京市委副主委刘玉芳等 6 位代表在论坛上作了主题报告，分别就职业女性发展、婚姻家庭建设、弱势群体扶助、女性参政议政等问题进行了深入研讨。会后，盟中央以此次论坛内容为基础，提炼出意见建议提交有关部门。

8 月 2 日，民盟中央“灾害与社会管理专家论坛”第八次年会在民盟中央机关举行，本次年会的主题是“防灾减灾与可持续发展”。主席蒋树声出席会议，常务副主席张宝文出席会议并致词。论坛由副主席索丽生主持。联合国秘书长全球减灾事务特别助理、联合国国际减灾战略秘书处主任玛格丽特女士和联合国儿童基金会驻华副代表麦洛克也出席了会议。张宝文常务副主席在致词中说，论坛作为民盟中央近年来着力打造的参政议政的知名品牌，今后更要从为国家经济社会发展和人民安居乐业保驾护航的高度，密切关注国家防灾减灾事业的重大进展，并就有关重大问题积极建言献策，使这一参政议政的知名品牌更加亮丽，发挥更大的作用，在建设更加安全的和可持续发展的社会上作出更大的贡献。水利部副部长胡四一、民盟中央常委郑功成等 8 人分别就“以人为本科学防控，全力做好今年防汛抗旱工作”、“构建科学的灾害社会动员与灾害保障机制”等专题作报告。会后，民盟中央以会议成果和所收到的论文为蓝本，凝练升华，向中共中央、国务院及有关部门提出相关意见与建议，并将会议成果和高质量的论文编辑成书出版。民盟中央各专门委员会委员，民盟北京市部分盟员、机关各部门以及媒体记者共 100 余人参加会议。

8 月 18 日，张宝文常务副主席出席由民盟中央农业委员会、陕西省农机安全监理总站主办的“农机安全互助保险研讨会”。会议邀请中央财经工作领导小组办公室、财政部、农业部等单位的领导同志和湖北、四川等十多个省市区农机监理总站（所）的负责人参加，旨在通过实地考察、工作汇报介绍并推广陕西省农机安全互助保险的成功经验，通过论坛研讨、专家交流为农机安全保险事业的发展提供智力支持。针对农机安全互助保险未来的发展，张宝文常务副主席提出了五点建议：第一，必须认识到，安全管理、风险互助和保险保证是一套整体的组织制度创新；第二，要做好对农民的宣传和组织工作；第三，要做好农机跨省、跨区域作业的组织协调和安全保障；第四，要做好安全互助保险的治理结构建设；第五，要为农业保险立法提供实践经验。陕西省农机部门在民盟中央农业委员会专家的协助下创新组织和管理形式，成立合作型农机安全协会，建立服务型农机安全监理部门，已在20个区、县开展保险试点工作。

8月30日，由民盟中央农业委员会主办的民盟“现代农业论坛——转变农业发展方式”在京举行。张宝文常务副主席出席会议并作主题报告。他说，目前我国农业基础依然薄弱，还存在着很多深层次矛盾，诸如资源短缺与确保主要农产品基本供给的矛盾、农业基础设施建设薄弱与发展现代农业的矛盾、农业小规模生产与大市场大流通的矛盾、城乡收入差距扩大与全面建设小康社会的矛盾、农村要素外流与建设社会主义新农村的矛盾、城乡二元体制与建立城乡经济社会一体化发展格局的矛盾等。在我国农业发展依然面临诸多问题的大背景下，举办关于现代农业发展的论坛，非常及时，非常必要。他说，此次论坛时机好、主题好，“十二五”规划即将开始实施，如何转变农业发展方式，实现农业健康持续发展，需要各位专家学者拓宽思路、解放思想，进务实之言，献有识之策，为加快我国农业的发展作出贡献。民盟中央农业委员会主任钱克明、副主任李成贵分别主持上下半场的会议。来自盟内外的专家、学者100余人出席会议。与会人员围绕“转变农业发展方式”、“资源循环技术在都市型生态农业中的实践”、“贸易开放环境下的中国农业发展”、“实现两型现代农业”等主题发表意见、提出建议。

9月2日，在“第六届东北亚投资贸易博览会”期间，民盟中央与吉林省人民政府在长春市联合举办“地方政府合作与物流通道建设论坛”。民盟中央副主席、吉林省副省长、民盟吉林省委主委陈晓光，商务部副部长易小准，联合国开发计划署官员苏比尼、罗黛琳等国内外专家、学者及民盟黑、吉、辽、内蒙古组织代表共200余人出席论坛，就区域经济合作发表建设性意见。陈晓光副主席在主旨发言中指出，世界经济的中心正由环大西洋地区向亚太地区转移，使东北亚地区成为极具发展潜力的经济合作区，促进这一区域的经济融合有助于世界的繁荣和稳定。在世界经济度过金融危机，进入复苏阶段的新形势下，东北亚区域合作对稳定国际经济形势，促进经济快速复苏具有重要意义。民盟与政府合作，就区域发展的战略问题联合举办论坛，是民盟参政议政工作的拓展和延伸，是将调研成果迅速转化为政府决策力的有效途径，也为参政议政工作提供了有益模式。

10月20日—21日，由民盟中央教育委员会和民盟浙江省委主办的民盟基础教育研讨会在浙江省绍兴市举办。会议主题是：深化体制改革创新，推进基础教育发展。蒋树声主席向会议发来贺辞，索丽生、徐辉副主席出席会议并讲话，高拴平秘书长主持会议。蒋树声主席在致辞中对民盟基础教育研讨会给与了充分肯定。他说，教育研讨会是民盟自改革开放以来连续每年召开、持续时期最长的参政议政活动，也是民盟最重要、取得成果最多、发挥作用最大的参政议政平台。来自30个省级盟组织、民盟中央教育委员会及机关部门负责人共100余人出席会议，围绕城乡教育一体化与资源均衡配置，素质教育实施中的问题与挑战，高中、中职教育的公益性与投资多样化，教师素质、待遇的提升与制度完善，中小学生的身心健康等议题进行了研讨。本次会议贯彻“规模建设基本到位、质量建设应放首位”的办会思路，重点在提升会议效果和论文质量上下功夫。经过专家评审，最终有15篇论文被遴选为大会发言。15位大会发言代表深刻剖析了当前基础教育发展面临的新形势、新问题，并提出了科学、可行的解决思路。

10月31日—11月1日，民盟第七届沿海省市发展海洋经济研讨会在青岛召开。蒋树声主席出席会议并讲话。他指出，刚刚闭幕的中共十七届五中全会通过的《中共中央关于制定国民经济和社会发展第十二个五年规划的建议》，把“发展海洋经济”作为发展现代产业体系，提高产业核心竞争力的重要内容，体现了党中央、国务院对发展海洋经济的高度重视。深入研讨蓝色经济发展之路，是民盟中央深入贯彻十七届五中全会精神的具体行动，对于推动山东半岛蓝色经济区建设提升为国家战略具有重要意义。会议期间，国家海洋局有关领导、民盟青岛市委主委王修林作了特邀报告。中国海洋大学管华诗院士等专家分别从经济社会发展与全球变化、海洋生物制药业、国家海洋牧场建设、推进渤海海峡跨海通道建设等方面做了主题报告。来自各省市的 13 名专家代表先后作大会发言。会议共收到论文 65 篇。山东省委主委温孚江、经济委员会主任郑功成及海洋研究方面的专家学者等 100 余人参加会议。

11 月 4 日，由民盟中央文化委员会和民盟南宁市委共同举办的民盟 2010 中国城市文化（南宁）论坛在广西南宁举办。论坛围绕现代宜居城市文化内涵和文化传承、现代城市文化与文化产业、南宁市“中国水城”建设的文化内涵、南宁市现代城市文化与区域性国际城市建设等专题进行研讨、交流。副主席李重庵代表民盟中央向论坛的开幕表示祝贺并讲话。他表示，“绿城” + “水城”，描绘出南宁城市文化发展的秀美蓝图，开启了打造宜居城市的新思路。如果说上海世博会是集全国全球之力展示出“城市让生活更美好”的前景，今天的南宁则是全市人民用自己的心血和智慧打造“城市生活真是美好”的一个现实样板。在主题报告会上，民盟中央文化委员会副主任万捷、吴为山等人先后就“将南宁打造为东盟当代文化艺术中心”、“从城市文化谈南宁”等主题作报告。在下午的专题报告会上，与会专家和代表围绕现代宜居城市文化内涵和文化传承、现代城市文化与文化产业、南宁市“中国水城”建设的文化内涵、南宁市现代城市文化与区域性国际城市建设等专题展开广泛而深入的研讨、交流。广西区委主委刘慕仁、文化委员会主任梁晓声与民盟各省、市组织的领导及专家学者近 200 人出席了论坛。

12 月 9 日，由民盟中央经济委员会主办、民盟北京市委协办的“首届民生论坛（2010）：收入分配与民生”在京举行。主席蒋树声出席论坛并致词，副主席索丽生、秘书长高拴平等以及来自有关部委、盟中央机关、盟中央经济委员会、各省级民盟组织、民盟北京市属组织、首都学术界专家学者和代表约 200 人出席论坛。蒋主席在致词中指出，在民盟成立以来的七十年历程中，“奔走国是、关注民生”已成为民盟的优良传统。面临七十大庆，最好的纪念方式，就是以民盟前辈为楷模，传承与光大以天下为己任的道义追求，切实履行参政党职能，促进我国民生事业更好、更快地发展；而这也正是我们召开此次论坛的目的。副主席索丽生做了题为“完善收入分配机制，促进社会和谐发展”的主旨报告，中国经济体制改革研究会会长宋晓梧作了题为“贫富差距与改善民生”的主旨报告。随后，徐一帆、郑功成、高培勇、贾康、田小宝、苏海南、丁元竹、蔡洪滨、谢卫、王雪莲等专家学者和实业家，分别围绕城镇化、财税改革、劳动保障、健康卫生、居民金融、住宅民生等主题做了报告，受到了与会者的热烈欢迎。“民生论坛”是以“关注民生、研究民生、服务民生”为宗旨的学术交流和参政议政平台，目的在于弘扬民盟“关注民生、奔走国是”的传统，联系盟内外专家，为国家健康发展和持续改善民生贡献力量。“民生论坛”自 2010 年 12 月创设后，以后将每年举办一次，均将围绕国家发展与改善民生这一主题，力求对公众关注的民生问题作出相应的理论回应。

11月21日，由民盟中央科技委员会、民盟内蒙古区委、中科院高技术局等单位共同主办的“智能电网技术应用与新能源发展研讨会”在呼和浩特举行。民盟内蒙古区委主委董恒宇出席研讨会并致词。研讨会上，专家们分别就智能电网与新能源方面的技术发展作了报告，主要涉及智能电网技术研究与示范、工业传感器网络在智能电网中的应用、可再生能源发电技术、大型风电叶片与空气储能技术研发与产业化、钠硫电池储能应用等，并针对内蒙古资源特点分析了技术合作的前景，提出了许多宝贵建议；并与内蒙古电力及新能源产业的企业代表进行了技术交流，同时提出双方进行示范合作的初步方案，针对内蒙古资源特点分析了双方进行技术合作的前景，为内蒙古的智能电网与新能源产业发展提供了技术支撑。来自民盟中央、民盟内蒙古区委、中科院、内蒙古电力（集团）有限责任公司等单位的领导、专家70余人参加了研讨会。

（五）信息工作继续保持领先

2010年，民盟中央共收到30个省、自治区、直辖市和民盟中央各专门委员会报送信息5181件，较2009年同比增加9.44%。从中选编、报送全国政协843件，虽然同比减少3.55%，但质量有明显提高，全国政协采用91篇，同比增加11%。截至2010年底，民盟中央全年信息工作列全国政协反映社情民意信息工作系统第一名。其中，《关于老有所养的几点建议》等10篇信息分别得到了回良玉副总理、张德江副总理、国务委员兼秘书长马凯、教育部副部长陈小娅的批示。

11月18日，索丽生副主席出席了各民主党派中央和全国工商联反映社情民意座谈会，并代表民盟中央发言。会议的议题是深入学习贯彻中共十七届五中全会精神，回顾总结十一届全国政协以来反映社情民意信息工作的成绩和经验，研究和探讨提高人民政协反映社情民意信息工作的科学化水平。索丽生副主席在发言中指出，十一届全国政协以来，民盟以“立盟为公，参政为民”的一贯作风，充分调动各级盟组织和广大盟员的积极性，围绕国家重大方针政策和人民群众关心的重大问题反映情况、提出建议，民盟反映社情民意工作保持了良好势头，发展快速，涌现了一批先进集体和先进个人，大量有价值的信息得到党和国家领导人的重视，为党和政府决策民主化、科学化提供了有益参考，显现了多党合作、政治协商制度的优越性。

（六）对外联谊扎实开展

2月26日，李重庵副主席在民盟中央机关会见了随赞比亚总统班达访华的代表团成员、赞比亚国民议会议员本·姆维拉和赞比亚“妇女变革”组织首席执行官玛丽因·姆因达。双方就中国共产党领导的多党合作和政治协商制度进行了交谈。李重庵首先带领客人参观了中国民主同盟盟史图片展，向他们简单介绍了民盟的成立、发展历史和现阶段履行职能等方面情况。之后，双方进行了友好交谈。李重庵就对方感兴趣的中国政党制度等话题回答了客人的提问。告别时，李重庵副主席向客人们赠送了《中国的政党制度》白皮书英文版以及《中国民主同盟盟员美术作品集》画册等礼物。我国外交部和赞比亚驻华使馆官员参加座谈。

7月24日—29日，第六届“海峡两岸及港澳地区大学校长联谊活动”在香港、澳门两地举办。蒋树声主席、索丽生副主席、高拴平秘书长及两岸四地24所高校的校长参加活动。活动中，大家深入了解了港澳地区大学的办学理念、学科发展和人才培养模式、高等教育的历史沿革和近年发展情况，大陆校长也介绍了一年来本地高等教育改革与发展情况以及近年来在提高教育质量、人才培养水平方面所做的努力。25日上午，联谊活动的核心项目——“两岸四地大学校长论坛”在香港大学举行，南京大学陈骏校长、澳门大学赵伟校长共同主持，香港大学徐立之校长、台湾大学李嗣涔校长、北京大学周其凤校长和复旦大学杨玉良校长、台湾政治大学吴思华校长作主题发言，分别介绍了香港和台湾地区高等教育的历史沿革和近年发展情况、大陆地区一年来高等教育改革与发展情况以及北大、复旦、政大近几年来各自在提高教育品质、人才培养水平方面所作的努力。自2009年活动结束的一年里，两岸四地高校间合作取得实质成果：各高校间陆续签订了29项协议，其中校际合作项目13个、交换生项目16个。2008年第四届活动中由各参与大学的校长们共同签订的《海峡两岸暨港澳地区高校联合培养高端人才合作意向书》项目，有关主管部门也正在积极地考虑以设立基金的方式予以推进。在推进两岸四地高校间交流与合作方面，联谊活动所起的作用日趋明显。论坛期间，澳门特区政府行政长官崔世安、香港特区政府财政司曾俊华司长分别会见与会代表。

9月2日—15日，应加拿大参议长金塞拉、俄罗斯联邦委员会主席米罗诺夫和白俄罗斯国民会议代表院主席安德烈琴科的邀请，全国人大常委会副委员长、民盟中央主席蒋树声率全国人大代表团，出席了在加拿大举行的二十国集团议长大会、在俄罗斯举行的第六届贝加尔经济论坛、访问了白俄罗斯。3日，蒋树声主席出席在渥太华召开的二十国集团首次议长大会，会见了加拿大参议长金塞拉，并转达了全国人大常委会委员长吴邦国对金塞拉的问候。大会以粮食安全为主题，蒋树声主席在大会发言时提出中方的建议：树立合作共赢的粮食安全观；制定以发展为导向的粮食安全战略；创造平等互利的国际环境；建立公平合理的全球治理机制；实现全面均衡的农业发展。7日—8日，蒋树声主席在俄罗斯伊尔库茨克市出席第六届贝加尔国际经济论坛，发表了题为《开拓思路，创新模式，全面推进中俄地区合作》的主旨演讲。期间，还分别会见了俄罗斯联邦委员会主席米罗诺夫和伊尔库茨克州州长梅津采夫，双方就发展中俄双边关系、加强两国议会交往、扩大地方合作等问题深入交换了意见。12至14日，蒋树声主席率全国人大代表团对白俄罗斯进行正式访问。13日，蒋主席与白俄罗斯国民会议代表院（下院）主席安德烈琴科举行了会谈。14日中午，会见了白俄罗斯总统卢卡申科，转达了国家主席胡锦涛对他的问候和祝愿。蒋树声主席还分别会见了国民会议共和国院（上院）副主席克鲁佩茨和政府第一副总理谢马什科。双方就发展中白两国政治、经贸、人文等其他领域合作关系交换了意见。

三、社会服务

一年来，民盟把社会服务作为参政党深入实际，参与经济社会发展的重要方式，努力做好事、做实事，社会服务工作取得了丰硕成果，在社会上产生了广泛影响。

（一）积极参与新农村建设

2010年，中共中央统战部要求各民主党派中央围绕实施“智力支持、改善民生、生态建设、示范带动”四大工程，努力打造统一战线参与支持毕节试验区建设“同心工程”品牌。民盟中央2010年参与毕节试验区工作主要有几件实事。

1.6月10日—12日，为贯彻落实中共中央领导同志重要批示和2009年“4·14”座谈会精神，常务副主席张宝文带队赴毕节地区，就农村沼气建设项目进行了专题调研。项目组一行深入到毕节地区黔西县、大方县、毕节市、赫章县等4县5乡（镇）5村，与沼气用户、服务网点工作人员以及有关部门负责人就沼气项目建设情况、存在问题、“十二五”需求等进行交流，认真听取各方面意见。12日上午，项目组召开由毕节地区地委、行署和有关部门参加的座谈会。座谈会上，张宝文常务副主席强调要认真落实好中央统战部关于推进毕节试验区农村沼气项目建设的有关部署，按照“政府主导、农民自愿，规划先行、因地制宜，强化服务、建管并重，注重实效、综合利用”的方针，加快推进毕节试验区农村沼气建设和“十二五”农村沼气建设规划编制工作，加快毕节试验区生态循环农业发展，促进农业增产、农民增收。根据中央统战部的分工，张宝文常务副主席担任“农村沼气建设项目组”组长，他亲自协调农业部为毕节地区安排沼气项目。今后连续五年，毕节试验区每年将得到农业部8077万元项目资金支持，每年新增沼气池5.1万口。6月28日，常务副主席张宝文出席在北京举行的统一战线参与支持毕节试验区建设联席会议第3次全体（扩大）会议，并代表“农村沼气建设项目组”发言。

2. 民盟中央、民盟北京市委和中国农业大学党委统战部合作，共同为毕节市农业发展出谋划策。10月29日，李重庵副主席率领中国农业大学专家组赴毕节调研农业发展问题，并根据毕节市委、政府的要求，帮助毕节市制定农业中长期发展规划。专家组经过调查研讨及与毕节市有关方面协商，提出了各产业共同发展、积极引进新品种、推广新技术、加强对农村专业合作组织的扶持等多项建议，受到当地政府的好评。调研期间，李重庵副主席还考察了民盟毕节地区工委机关和民盟贵州省委新农村建设联系点雷山县，并与当地盟员、教师亲切座谈。

3. 毕节市委、市政府请民盟中央帮助协调，争取设立市级电视台、广播电台。民盟中央为此专门致函国家广电总局，民盟中央社会服务部负责同志三访传媒司进行沟通，最终使毕节市设立广播电台和电视台的申请于10月份获得批准。

4. 民盟中央与北京新东方教育科技集团合作开展“农村教育烛光行动”。2010年为毕节地区培训中学英语教师500余人，其中初中教师400人，高中教师100多人；邀请民盟盟员徐方瞿教授为毕节市百余名初中数学教师进行了平面几何教法培训。

5. 民盟贵州省委2010年从省内落实专项资金100万元，其中50万元用于毕节市梨树镇上小河白族村特色民居改造，年内已有66户完成；50万元用于梨树镇老年公寓建设项目。

6. 民盟中央、民盟贵州省委着眼于提高当地农民收入，以发展观光农业和农家乐旅游为突破口，引导毕节市梨树镇上小河村村民开展了大棚草莓种植示范项目，种植示范户2010年试种草莓10个大棚（近4亩），取得了良好的经济效益；并以此为依托，积极引导农民发展农家乐旅游项目和观光采摘农业，扶持农家乐旅游示范户，帮助其争取到旅游部门的专项支持，列为旅游部门农家乐旅游扶持重点户，民盟组织还给予一定资助，对其进行经营培训。该户月收入已近万元。

1 月 20 日—21 日，李重庵副主席赴河北省广宗县五里庄村调研大棚蔬菜产业和农村学校建设，并走访慰问困难群众。河北省广宗县五里庄村是民盟中央和民盟河北省委的新农村建设示范村。调研中，李重庵副主席表示，广宗的发展要坚持以人为本，尤其关注民生问题，把促进人的全面发展作为发展的根本目标，同时要遵循科学发展理念，提高决策的科学性。根据当地农业特点和农民群众的要求，扶持该村发展设施农业，2010 年共建成占地 170 亩的大棚 64 个，还出资 10 万元为该村打机井一眼，并配套机井房、铺埋管线。协调相关部门，对该村给予政策扶持、贷款优惠，组织农业专家现场传授蔬菜、葡萄、西瓜种植及病虫害防治技术。

为拓展“盟遂合作”的新领域，3 月，民盟中央支持协助遂宁市在京召开绿色经济指标体系评审会，帮助武引蓬船灌区工程争取国家立项并取得实质性进展。

（二）深入开展“烛光行动”，努力打造精品工程

自 2007 年下半年在全盟开展“农村教育烛光行动”以来，共培训农村骨干教师 86000 余人次，参与援建学校 60 余所，取得了良好的成效和广泛的社会影响。

1. 援建农村学校，改善办学条件

1 月 31 日—2 月 1 日，主席蒋树声，副主席李重庵、副主席温思美出席“民盟烛光行动——光汇石油之夜”专场活动，并考察了光汇石油公司油库码头。民盟广东省委副主委李竟先、民盟中央社会服务部、民盟湖南省委和民盟深圳市委负责同志等陪同考察。光汇石油集团捐赠 600 万元用于援建“光汇烛光学校”及农村教师培训工作，为推动城乡教育公平作出积极贡献。确定在安徽、江西、贵州、甘肃、云南等 13 个中西部省份援建 13 所“光汇烛光学校”。通过与有关方面沟通协调，确定了学校的选址及援建工作，大部分学校援建工作已基本完成，在改善当地农村学校的硬件设施和办学条件的同时，让社会对民盟有了更加良好的认知。

2. 通过调研推进“烛光行动”

5 月 6 日—13 日，为系统总结全盟“农村教育烛光行动”开展三年来取得的经验和成效，研究行动中存在的困难和问题，以便对各地开展的“烛光行动”进行分类指导，保证行动的实效、持久和特色，副主席李重庵率民盟中央教育委员会、民盟中央“烛光行动”专家顾问组一行赴甘肃、河南调研“烛光行动”工作。调研组一行实地考察了“烛光行动”定点帮扶学校和教师培训基地，听取甘、豫两省盟组织开展“烛光行动”的工作汇报，与“烛光行动”培训者、接受过“烛光行动”培训的定点帮扶学校校长、教师进行座谈交流，座谈讨论实践中的好思路、好做法，梳理工作体会，总结有益经验，分析存在的问题和困难，并征求对今后深入持续开展“烛光行动”工作的意见建议。这次调研是为民盟“农村教育烛光行动”论坛作前期准备。调研期间，李重庵副主席一行还看望了蒋树声主席夫妇资助的天祝县 10 位贫困小学生，并赠送了学习用品。调研期间，中共甘肃省委书记陆浩和省人大、政府、政协领导会见了李重庵副主席一行。民盟甘肃省

委主委张世珍、民盟河南省委主委储亚平分别陪同调研。

5 月 20 日，主席蒋树声，副主席李重庵，副主席、民盟广东省委主委温思美出席中国民主同盟农村教育烛光行动广东培训基地揭牌仪式。中央统战部一局副局长孙凌雁，广东省政协原副主席、民盟广东省委原主委韩大建等参加揭牌仪式。揭牌仪式由温思美副主席主持。李重庵副主席在揭牌仪式上受蒋树声主席的委托，代表民盟中央对基地的落成表示热烈的祝贺。李重庵在致辞中介绍了民盟农村教育烛光行动的宗旨，充分肯定了民盟广东省委组织烛光行动所做的工作和成效，并提出了进一步的希望。希望民盟广东省委充分利用好、发展好这个基地，加强与教育部门和社会各界的联系与合作，加强与全盟各地烛光行动培训基地的交流，工作中注重三个结合：帮助教师专业发展与教师人的自由全面发展结合；做实事与议政调研建言献策结合；做好基地服务工作和基地校（新华教育学院）的发展结合；不断探索持续有效开展烛光行动的有效途径和长效机制。

6 月 18 日—21 日，副主席李重庵率民盟中央教育委员会、民盟中央“烛光行动”专家顾问组一行赴广东调研“烛光行动”工作。期间，调研组先后实地考察了民盟广东省委“烛光行动”教师培训基地、民盟广州市委“烛光行动”定点帮扶学校、民盟深圳市委“烛光行动”教师培训基地，听取了当地开展“烛光行动”的工作汇报，并与参与“烛光行动”的部分培训教师和专家以及定点扶贫学校的校长进行深入座谈交流，探讨行动中工作思路的更新、工作方法的选择、工作模式的创新，总结交流经验，查找问题困难，征求意见建议。调研组成员对民盟广东省委及各地方盟组织开展“烛光行动”工作给予了高度评价，认为民盟广东省委高度重视，省市联动，充分调动盟组织和盟员的积极性，发挥自身优势，依托“烛光行动”教师培训基地，东西互助合作，开展了形式多样，内容丰富的培训活动，取得了明显成效和良好的社会影响。民盟广东省委专职副主委李竟先，民盟深圳市委主委吴以环等陪同调研。

11 月 14 日—20 日，李重庵副主席一行赴江西、福建调研“烛光行动”等当地社会服务工作。调研组先后赴江西吉安、赣州、南昌和福建福州、宁德等地，考察了江西省安福县光汇烛光学校、赣州市伦敦街区英语学校、南昌市青云谱区洪都街道洪西社区、福建省宁德市蕉城区八斗畲族村，出席了福建省未成年人劳动教养人员管理所福州新萌学校揭牌仪式、福安市湾坞中学“烛光行动”支教点揭牌仪式、福安市清华大学远程培训班结业仪式，并与宁德等地盟员举行座谈，深入调研了当地民盟组织开展“烛光行动”、社区服务、监狱帮教和新农村建设等工作。调研组对大家在这些工作上取得的成绩给予了肯定，并提出了进一步做好这些工作的意见和建议。

3. 举办烛光教育论坛，努力扩大社会影响

8 月 30 日，“民盟烛光教育论坛”暨 2010 年度社会服务工作研讨会在京举办。论坛的主题是研讨社会力量关注和推进农村教师队伍建设的意义和途径，以及如何将“烛光行动”进一步推向深入。蒋树声主席出席论坛并致贺词，李重庵副主席作总结讲话，索丽生副主席与中共中央统战部副部长楼志豪，教育部副部长陈小娅，北京师范大学校长钟秉林及民盟北京市委主委葛剑平等 80 余人共同出席了论坛。俞敏洪常委主持了开幕式。本次论坛既是“烛光行动”启动三年来的阶段性小结会，也是对社会力量关注和推动农村教师队伍建设的理论与实践研讨会。中央统战部、教育部及有关方面领导都对民盟

“烛光行动”给予高度评价，认为这项工作对于促进教育公平和义务教育均衡发展，具有重要意义，同时希望把“烛光行动”打造成“精品工程”。论坛上，民盟中央发布了《民盟“农村教育烛光行动”工作方案》。搜狐网作了现场直播，《中国教育报》、《人民政协报》等40多家主流媒体进行了深入报道，产生了良好的社会影响。

4. 与多方合作，共同参与“烛光行动”

民盟中央与新东方教育科技集团连续三年合作开展“烛光行动——2010年新东方教师社会责任行”活动，2010年在天津、河北、河南、江西、安徽等10省市联合开展共培训中小学英语教师2200余人。8月26日，民盟“教育扶贫基地”揭牌暨“烛光行动”骨干英语教师新东方进修班开班仪式在京举行，张梅颖第一副主席和盟员、新东方教育科技集团董事长兼首席执行官俞敏洪共同为基地揭牌。

2010年，民盟中央继续与美国科技教育协会（ESS）合作，在全国9个省市的23所乡镇中小学开展“认助乡村学校图书”项目，共捐赠图书1万余册，价值12万元，ESS还投入20万元，与民盟中央合作，在安徽、广西两省区援建“乡镇多媒体教室”项目。

民盟中央社会服务部2010年与清华大学教育扶贫办公室在黑龙江省4个国家级贫困县建成了清华大学远程教育扶贫教学站。

2010年民盟中央社会服务部联合群言出版社、友成基金会，向西藏那曲、贵州毕节、河北广宗的中小学捐赠图书，价值33万余元。

8月9日，“民盟共建法制和谐民族自治县向民族自治地区赠阅报刊活动”在京举行。副主席李重庵，民盟中央法制委员会主任贾庆国出席活动。此次活动是由民盟中央社会服务部、民盟中央法制委员会共同发起，为广西壮族自治区河池市巴马瑶族自治县的农村中小学免费订阅《法制文萃报》、《中国民族报》、《民主与法制》等报刊，以帮助民族地区提高法制教育水平，促进当地法制建设和民族团结。李重庵副主席在讲话中说，民盟作为以高教界知识分子为主体的民主党派，关注教育发展、关注法制建设是民盟的优良传统。民盟中央愿意与各界有识之士加强合作，将此项活动与民盟农村教育烛光行动相互结合，为促进民族地区的民主法制建设和民族团结进步作出更大贡献。民盟中央法制委员会、北京市律师协会、北京炜衡律师事务所、《法制日报》等单位的代表出席活动。此次活动计划五年完成，覆盖120个民族自治县。12月30日，李重庵副主席出席河北省承德市宽城满族自治县“共建法制和谐民族自治县，向民族地区中小学捐赠法制报刊”活动。

（三）在西部地区实施“明眸工程”，积极开展医疗扶贫工作

“明眸工程”是由民盟中央牵头协调，在温州各爱心机构和爱心人士的支持下，由温州医学院附属眼视光医院具体实施，旨在帮助中西部贫困地区眼病患者重见光明，提高中西部贫困地区医疗机构眼视光诊疗水平的医疗扶贫活动。2009年12月启动至2010年底，“明眸工程”先后在贵州、云南、青海、四川等省开展免费白内障手术529例，共协调资金1346万元，捐赠眼科诊疗设备一套，与四所医院签署合作协议，开展以培训眼科医生（已培训80余人次）为主要内容的共建合作，为贫困地区群众送去了福音。

4月16日，民盟“明眸工程”云南行暨“爱心温州·善行天下”活动启动仪式在云南省昆明市举行。李重庵副主席出席活动并讲话。本次“明眸工程”云南行在昭通共筛

查眼疾患者百余名，成功实施白内障复明手术58例。

6月9日，主席蒋树声，副主席李重庵出席在西宁举行的“携手同行·抗震救灾·民盟在行动”暨“爱心温州·善行天下·明眸工程青海行”启动仪式。李重庵副主席代表民盟中央致贺词。民盟中央委员、温州医学院附属眼视光医院执行院长王勤美介绍了明眸工程的有关情况。启动仪式上，蒋树声主席、李重庵副主席分别为“明眸工程”合作共建医院、定点帮扶医院揭牌，并见证温州医学院附属眼视光医院与青海大学附属医院签署合作共建协议。

（四）帮教工作领域不断扩展，内容日趋丰富

3月9日，正值全国“两会”召开之际，民盟中央和民盟北京市委组织盟员医卫专家冒雪来到延庆监狱开展义诊活动，并对监狱医院的医护人员进行了关于急救常识的培训。张澍、郭玉芬、于扬、李刚等盟员医卫专家参加义诊。副主席李重庵出席义诊活动启动仪式并发表讲话。他说，此次义诊作为民盟帮教工作的具体实践，是民盟社会服务工作的一项重要内容，是民盟对构建社会主义和谐社会的具体贡献，也体现了民盟对国家司法建设和进步的实际支持。今后，民盟将继续依照法律、法规、政策和司法行政部门的统筹，发挥民盟组织和盟员的优势，配合开展教育和社会活动，不断探索帮教工作的新思路、新方法，坚持开拓创新，推动全盟的帮教工作更深入、更全面、更系统、更持久、更有效的开展。北京市监狱管理局副局长张冠群、延庆监狱监狱长张洪建在活动启动仪式上致辞。在全天的义诊中，有55名服刑人员和30余名干警接受医疗咨询义诊。

6月29日，民盟中央、民盟北京市委组织盟员艺术家到北京市柳林监狱开展“传承文明、共创和谐”主题帮教活动。副主席李重庵，民盟北京市委副主委刘玉芳、民盟中央法制委员会副主任吕铮等参加活动。盟内外著名艺术家为监狱干警和服刑人员们带去了精彩的文艺演出，表达了对干警的敬意和慰问，也传递了社会各界对服刑人员的鼓励和期望，呼唤服刑人员未泯的良知及早复苏。演出开始前，副主席李重庵、民盟北京市委副主委刘玉芳分别代表民盟中央和民盟北京市委向柳林监狱赠送了传统文化图书。

（五）全力投入抗击重大突发灾害工作

去冬今春，西南五省遭遇了前所未有的特大旱情，民盟中央第一时间向毕节市发出慰问信并捐款10万元用于抗旱减灾，民盟中央和民盟北京市委组织中国农业大学、北京农学院的盟员专家为毕节抗旱减灾提出建议。3月份，民盟中央还联合友成企业家扶贫基金会发出倡议，在广西选择那坡等五个受灾严重的县市，向150所学校各捐赠1个10吨不锈钢储水柜，每天可以解决13万人次的用水问题。

4月15日下午3点，民盟中央机关动员全体干部职工为青海玉树地震灾区踊跃捐款，奉献爱心，帮助灾区人民度过难关。2010年4月14日7时49分许，青海省玉树藏族自治州玉树县发生7.1级强烈地震，造成重大人员和财产损失。灾情牵动着民盟中央机关所有干部职工的心。蒋树声主席，张梅颖第一副主席，张宝文常务副主席，李重庵副主席，索丽生副主席，高拴平秘书长率先捐款。民盟中央机关、群言杂志社、群言出版社和机关服务中心全体干部职工纷纷解囊，场面十分感人。机关离退休人员也以不同方式踊跃捐款，奉献爱心。4月16日，民盟中央向全体盟员发出倡议书，号召大家发扬中华民族“一方有难、八方支援”的优良传统，积极为灾区捐款捐物献爱心。同时，为更有效地组织和调动各级盟组织，带领广大盟员积极投入抗震救灾工作，民盟中央成立了抗震救灾工作领导小组。蒋树声主席亲任组长，领导小组办公室下设联络组、项目组、宣传组、捐款管理组四个工作小组，为全盟上下一心做好抗震救灾工作提供组织保障。4 月 21 日，民盟中央降半旗哀悼青海玉树地震遇难同胞。

青海玉树地震发生后，各级民盟组织和广大盟员积极行动起来，用爱心和行动，谱写了人间大爱的动人篇章。据不完全统计，民盟中央共收到各地盟组织及盟员捐款以及多方筹集到的抗震救灾善款、物资近 3000 万元，为支援青海人民抗震救灾贡献了力量。

四、自身建设

（一）思想建设、理论建设不断深入

思想理论建设是民盟的自身建设的核心，也是充分履行参政党职能的重要保证。一年来，民盟不断加强理论学习，通过举办纪念座谈等形式多样的活动，进一步继承优良传统，坚定理想信念，把树立和践行社会主义核心价值体系活动不断推向深入。

3 月 24 日，民盟中央转发了中共中央统战部《关于支持民主党派树立和践行社会主义核心价值体系的意见》的通知，在全盟深入开展树立和践行社会主义核心价值体系活动。6 月 28 日和 9 月 20 日，民盟中央又两次下发通知，要求各级盟组织及广大盟员加强学习、精心组织、大力宣传、认真履职，推动树立和践行社会主义核心价值体系活动取得实效。与此同时，民盟中央编辑整理了社会主义核心价值体系学习视频光盘，并派员赴浙江、山西、河北等地进行宣讲；《中央盟讯》和民盟中央网站开辟了树立和践行社会主义核心价值体系专栏，《中央盟讯》还出版专辑，刊登系列理论文章，大力宣传报道先进典型。

3 月 1 日，电视剧《民主之澜》首播发布会在全国政协礼堂举行。全国政协副主席、民盟中央第一副主席张梅颖，全国政协副主席郑万通，民盟中央副主席李重庵等出席发布会。电视剧《民主之澜》以反映张澜先生为追求民主、富强和民族独立而顽强奋斗的一生为主线，浓缩了中国近百年波澜壮阔历史中的重大事件，真实地再现了以张澜先生为代表的一代知识分子的爱国民主思想、忧国忧民的崇高品质、清正廉洁的作风，感人至深，寓意深刻。全国“两会”期间，这部电视剧在央视八套黄金时间播出。为此，民盟中央特于次日即下发了《关于观看电视剧〈民主之澜〉、重温民盟光荣历史和多党合作优良传统的通知》，希望各省级组织结合本地实际，及时观看该剧，将其作为树立和践行社会主义核心价值体系主题学习教育活动的一项内容。民盟中央和各级组织利用这一有利契机，积极部署，号召盟员认真观看，并结合树立和和践行社会主义核心价值体系，广泛开展交流、讨论、座谈等活动，引导广大盟员更好地了解民盟光荣历史和多党合作的光辉历程，继承和发扬民盟优良传统，进一步坚定走中国特色社会主义政治发展道路的决心和信念。9 月 21 日，在第二十五届中国电视金鹰奖颁奖晚会上，电视剧《民主之澜》荣获第二十五届中国电视金鹰奖——组委会特别奖。

3月23日，民盟中央召开座谈会，老中青三代盟员以及专兼职干部、专家学者代表齐聚一堂，交流观看电视剧《民主之澜》的感想和体会。座谈会由常务副主席张宝文主持。亲历过共和国成立那段历史、和张澜先生一起参加过开国大典的老盟员封松筠，以及梁晓声、何茂春、刘玉芳、赵力江等盟员先后发言。最后，张宝文常务副主席总结说，张澜先生布衣长衫，长须美髯，一身正气，两袖清风，不仅受到中共主要领导人的高度评价，而且受到全社会的广泛赞誉。他的座右铭“四勉一戒”至今还有重要的现实意义，鞭策我们淡泊名利、胸怀坦荡、脚踏实地地做事。观看《民主之澜》，不仅有助于更好地了解民盟创建和发展的历史，了解民盟在中国民主主义革命时期和新中国的建立中所做的贡献，了解民盟和中国共产党风雨同舟、和衷共济的优良传统；也可以在缅怀民盟前辈丰功伟绩的同时，从他们的道德文章中领悟到什么是中华文化的真谛，什么是知识分子的良知，什么是民盟赖以薪火相传的精神，从而站在更高的历史和人生境界起点上，推进多党合作事业的发展。秘书长高拴平、机关各部门负责人出席座谈会。

3月30日，副主席李重庵出席民盟上海市委举办的史良诞辰110周年暨中国民主同盟（上海）传统教育基地揭牌仪式。今年3月27日是我国杰出的爱国民主战士、著名的政治活动家和法律学家、中国妇女运动著名领袖之一、中国民主同盟卓越领导人、中国共产党的亲密战友史良同志诞辰110周年纪念日。民盟上海市委主委郑惠强，民盟上海市委专职副主委沈志刚等领导出席。民盟上海市委基层近200位盟员参加活动。当天下午，民盟上海市委与上海市律师协会共同召开了纪念史良诞辰110周年座谈会。李重庵副主席、郑惠强主委出席。民盟上海市委专职副主委沈志刚主持会议。李重庵副主席在会上讲话，缅怀了史良不断追求时代真理，执着历史责任的一生。他指出，史良有着强烈的热爱祖国和人民，追求正义与进步的激情，而这一激情也是始终如一地贯穿着她的一生。史良全面光彩照人的一生，正是我们学习的典范。李重庵副主席希望民盟的同志要像费老嘱咐我们的那样：着重自我修养，心里怀着民盟前辈“不趋时、不趋势一以贯之的榜样”，“走过这样剧烈变化的社会，而一贯地坚持一个信念，保持一个始终如一的形象”，从而更好地履行民盟在中共领导的多党合作事业中参政党的职能。

4月2日是民盟中央前主席张澜的生日。当天上午，受主席蒋树声和常务副主席张宝文之托，秘书长高拴平率民盟中央机关干部和盟员代表，怀着崇敬的心情来到八宝山张澜先生墓前祭扫，表达对表老的缅怀之情并敬献花圈。民盟中央机关和盟支部的部分同志等参加了祭扫。下午，民盟中央机关举办了缅怀追思张澜座谈会，张宝文常务副主席主持追思会并讲话。他首先回顾了民盟的历史，特别强调张表老在创立民盟和建设新中国的过程中所起到的巨大历史作用。他说，张表老有鲜明坚定的政治理想和追求，始终如一地拥护中国共产党并与之肝胆相照、同舟共济，领导和带领民盟为国家和人民事业而努力奋斗，这也是张表老等民盟前辈用一生的政治活动实践留给我们的宝贵精神财富。他强调，作为民盟中央机关干部，要学习和继承民盟前辈自觉接受中国共产党领导的鲜明政治态度和对社会主义必定胜利的坚强信念；学习他们崇高的爱国主义思想和勇于献身革命精神；学习他们追求真理和与时俱进的高尚人品；学习他们光明磊落，克已奉公，一生清廉，心系人民的高尚道德情操，把民盟老一辈开创的革命事业坚持下去，为中华民族的伟大复兴贡献力量。会上，机关退休干部和在职干部从不同角度发言，结合各自工作，缅怀追思张澜，高度赞扬张表老为国家民族独立、民主和平而奋斗的一生。

6月7日，由民盟中央和中国作家协会、中央文史研究馆共同主办的萧乾百年诞辰纪念座谈会在中国现代文学馆隆重举行。副主席李重庵，原副主席、中央文史研究馆馆长袁行霈，萧乾夫人、民盟盟员文洁若女士出席座谈会并讲话。李重庵副主席在讲话中回顾了萧乾先生与国家民族命运紧紧相连的一生，从当年的热血青年，到后来的耄耋老者，不管是在面临人生与事业抉择的十字路口，还是在长期承受不公正待遇的困境中，萧乾先生始终坚持了自己“当中国人就得分享中国的命运并且尽力改善那命运”的崇高信念，他对祖国和人民的热爱，虽历经坎坷却始终不变。作为一名优秀的知识分子，萧乾先生关注着民族的发展和国家的进步，并积极“建言献策”，对国家的改革开放、文化建设和民主制度建设提出了很多积极的意见和建议，为祖国的物质文明和精神文明建设，为促进祖国的和平统一大业作出了宝贵的贡献。萧乾先生生前好友、相关作家学者纷纷在会上发言。来自中国作家协会、中央文史研究馆和首都各界的作家、学者等百余人应邀出席座谈会。

今年是费孝通同志诞辰100周年，各地纷纷举办纪念活动。7月7日至8日，李重庵副主席在浙江调研社会服务工作并出席温州市纪念费孝通诞辰100周年座谈会。9月29日，张宝文常务副主席出席民盟北京市委与中央民族大学联合举办的纪念费孝通百年诞辰座谈会并讲话。10月22日，张宝文常务副主席在江苏吴江出席费孝通诞辰100周年纪念座谈会。

11月2日上午，全国人大常委会、中共中央统战部、民盟中央共同主办了“纪念费孝通同志诞辰100周年座谈会”，回顾费老跌宕起伏、波澜壮阔的一生，缅怀他胸怀祖国、情系人民的爱国主义精神；衷心拥护和坚持中国共产党领导、矢志不渝走中国特色社会主义道路的坚定信念以及勤奋求实、身体力行的优良作风。中共中央政治局常委、全国人大常委会委员长吴邦国，中共中央政治局委员、全国人大常委会副委员长王兆国，中共中央政治局委员、国务委员刘延东出席会议。全国政协副主席、中共中央统战部部长杜青林主持座谈会。王兆国在会上作了讲话。蒋树声主席、张梅颖第一副主席、李重庵副主席、高拴平秘书长出席会议，张宝文常务副主席代表民盟中央发言。原副主席吴修平、王维城，原顾问邬沧萍及有关方面负责人和费孝通同志亲属、生前友好、生前工作单位和家乡代表及在京民主党派人士代表等应邀出席座谈会。下午，民盟中央机关举行了费孝通百年诞辰追思会。高拴平秘书长出席追思会并讲话。费老亲属、生前友好、家乡代表及民盟中央机关干部参加座谈并发言。

11月6日，中国优选法统筹法与经济数学研究会、中国科技政策与管理科学研究所共同举办了“华罗庚先生诞辰100周年纪念大会”，李重庵副主席出席会议并代表民盟中央讲话。11月10日，“全国华罗庚金杯少年数学邀请赛”总决赛和颁奖典礼在江苏省金坛市举行，张梅颖第一副主席出席活动并为华罗庚纪念馆“中国民主同盟爱国主义教育基地”揭牌。

11月8日，钱伟长同志逝世百日追思会在民盟中央机关举行，常务副主席张宝文代表民盟中央和蒋树声主席出席并讲话，副主席李重庵主持追思会。张宝文常务副主席在追思会上就钱老在科技界的地位、对我国教育的贡献、作为民盟领导人的政绩和钱老的爱国精神四个方面高度赞扬了钱老光辉的一生。他号召大家像钱老那样生活、学习与工作，

"自强不息"、"活到老、学到老、做到老"，以加倍的努力为中华民族的伟大复兴贡献智慧与力量。机关离退休老干部、钱老亲属等先后发言，从不同角度表达了对钱老的追思之情。副主席李重庵主持会议时说，近几年与钱老、费老同时代的民盟前辈谈家桢、千家驹、冯素陶、陶大镛、唐弘仁、季羡林、任继愈、吴冠中、丁聪、项堃等星光灿烂的大师们，都随着历史发展的自然演变规律先后离开了我们。这些在各自领域独树一帜的科学家、教育家、经济学家、文学家、哲学家、画家、艺术家们虽已溘然长逝，但他们的风范将永存天地间。秘书长高拴平、钱老之子钱元凯，机关各部门负责人和全体干部参加追思会。

11 月 12 日，全国政协、中共中央统战部、民盟中央共同主办了"纪念华罗庚同志诞辰 100 周年座谈会"。回顾华老追求真理、追求进步的一生，缅怀他为国分忧、为民尽责的坚定信念；自强不息、顽强拼搏的敬业精神；甘当人梯、无私奉献的崇高品德。中共中央政治局常委、全国政协主席贾庆林出席座谈会，全国政协副主席兼秘书长钱运录在座谈会上讲话，全国人大常委会副委员长、中国科学院院长路甬祥主持会议。蒋树声主席、张梅颖第一副主席、索丽生副主席出席会议，李重庵副主席代表民盟中央发言。原副主席吴修平、秘书长高拴平及有关方面负责人和华罗庚同志亲属、生前友好、生前工作单位和家乡代表及在京民主党派人士代表等出席座谈会。

12 月 13 日，张梅颖第一副主席、张宝文常务副主席、李重庵副主席及 40 名民盟中央机关干部出席中共中央统战部"身边的榜样——树立和践行社会主义核心价值体系先进人物事迹报告会"。会上，民盟中央常委、中国科学院院士、清华大学水利系教授王光谦作了《把论文写进祖国的江河》的报告，他声情并茂的语言、曲折艰辛的故事深深地打动了在场的每一位听众。王光谦同志是水力学与河流动力学专家，他爱国为民，爱岗敬业，在汶川地震堰塞湖的抢险、三峡大江截流、黄河的治理等关乎国计民生的水利工程中，倾注了大量心血，其中多项技术成果荣获国家科技进步一等奖、二等奖。他的先进事迹生动具体地体现了社会主义核心价值体系所倡导的价值观。各省、自治区、直辖市和副省级城市民盟组织负责同志在分会场参加会议。

（二）组织建设、机关建设稳步推进

一年来，全盟积极实施"人才强盟"战略，狠抓落实组织发展五年规划和年度计划，努力推进代表性人士队伍建设、后备干部队伍建设和基层组织建设，组织工作取得新的成效。根据《民盟中央关于加强省级组织领导班子后备干部队伍建设的意见》的精神，盟中央加大了后备干部队伍建设工作力度。和中央统战部联合举办了中青年干部多党合作专题研究班；积极推荐骨干盟员参加中央统战部举办的境外研讨班、香港研讨班、民主党派中青班等培训项目。盟中央领导先后与来京参加各类学习班的 16 批盟员座谈，密切了盟中央与基层盟员之间的联系。盟中央开展了民盟代表性人士成长规律专题调研，汇总了近千名代表人士基本情况，在中央常委范围内进行了关于民盟代表性人士队伍成长规律的问卷调查，撰写了《民盟代表性人士特点和成长规律分析报告》，提出了新形势下做好代表性人士队伍建设的思路和建议。

1 月 28 日，民盟中央机关召开全体会议。张宝文常务副主席总结了盟中央机关过去

一年的工作，并对2010年的机关工作提出了要求。他在回顾了盟中央机关过去一年的工作，主要包括抓学习，不断强化思想建设，努力提高机关干部的综合素质；抓创新，求实效，切实履行参政党职能；抓和谐，树导向，机关风气进一步改善。他还对新的一年机关工作提出了要求，学习要更加注重实效，努力建设学习型机关；工作要更加富有活力，努力建设绩效型机关；服务要更加热情，努力建设服务型机关；风气要更加和谐，努力建设和谐型机关。秘书长高拴平主持会议。盟中央机关、群言出版社、群言杂志社以及机关服务中心全体同志参加了这次会议。

1月30日，民盟中央机关新春联欢会在京举行。主席蒋树声、常务副主席张宝文、副主席李重庵、索丽生，原副主席吴修平、俞泽猷出席。联欢会由秘书长高拴平主持。中共中央统战部一局局长吴晓礼等应邀出席联欢会。蒋树声主席在联欢会上致词。他说，民盟同志在过去一年中，以高度的政治责任感和使命感，用我们的热诚和智慧，在各自工作岗位上，恪尽参政党之责，为经济的科学发展，社会的和谐稳定作出了应有贡献。蒋主席代表民盟中央的主要领导对机关全体同志表示衷心感谢！对曾为民盟事业打下坚持基础的老同志表示崇高敬意！随后，高拴平秘书长宣读了民盟中央机关2009年度先进集体和优秀个人名单。联欢会上，机关部分同志还表演了精彩的文艺节目。民盟中央机关、《群言》杂志社、群言出版社、机关服务中心和机关离退休人员约200余人参加联欢会。

2月24日，民盟中央机关举行中青年干部读书会成立仪式，常务副主席张宝文出席并讲话。他说，读书学习的水平在很大程度上决定着一个人的工作水平。他勉励大家要珍惜宝贵时间，自觉养成读书学习的习惯，爱读书、读好书、善读书，真正把读书学习当成一种生活态度、一种工作责任、一种内在追求，使读书学习成为工作、生活的重要组成部分，努力把自己塑造成为“通才”、“杂家”，成为盟务工作的行家里手，也使我们的机关建设和机关工作提高到一个新的水平。机关读书会成员30余人参加成立仪式。2010年，读书会相继组织了关于社会主义核心价值体系、职业道德与责任、机关公文写作等内容的交流和研讨，参观了故宫博物院，阅读讨论《最后的儒家：梁漱溟与中国现代化的两难》，出席民盟北京市委举办的“树立和践行社会主义核心价值体系”报告会、演讲会等。

3月19日，民盟中央机关召开学习贯彻“两会”精神报告会。副主席索丽生，副秘书长、组织部部长陈幼平分别传达了十一届全国人大三次会议和全国政协十一届三次会议精神。会议由秘书长高拴平主持。索丽生详细介绍了十一届全国人大三次会议的概况、政府工作报告、选举法的修改、人大常委会工作、最高人民法院和最高人民检察院工作和大会决议六个方面，并就如何学习贯彻大会精神提出建议。陈幼平介绍了全国政协十一届三次会议的概况，民盟中央、民盟组委员的大会提案发言、小组讨论、提案办理协商会、记者会及新闻采访等情况。最后，高拴平秘书长指出，今天的会议只是学习的开始，在以后的工作中，各部门都要学会抓关键，参政要参到点子上，议政要议到关键处，切实做好参政议政工作。盟中央机关各部门、群言出版社、群言杂志社、机关服务中心的全体同志参加了会议。

8月27日，民盟中央机关召开全体工作人员大会，传达中共中央统战部8月11日召开的“社会主义核心价值体系学与行报告会”电视电话会议精神。常务副主席张宝文传达了会议内容，秘书长高拴平主持会议并讲话。张宝文传达了中共中央统战部部长杜青林的讲话、中共中央宣传部副部长翟卫华的报告等内容，并结合报告会精神，从民主党派实际情况出发，深入阐述了社会主义核心价值体系的灵魂、主题、精髓和基础，并阐述了民主党派成员如何树立和践行社会主义核心价值体系。秘书长高拴平根据民盟中央主席办公会议精神，就全盟下一阶段认真学习和践行社会主义核心价值体系的工作作了具体部署。

12 月 21 日，民盟中央机关举行社会主义核心价值体系学习心得交流会，张宝文常务副主席出席交流会并讲话。张宝文常务副主席首先总结了一年来全盟深入开展树立和践行社会主义核心价值体系活动的基本情况。他提出，在树立价值，体现风尚的树立和践行社会主义核心价值体系活动当中，机关干部首先要从多党合作事业发展的高度，把树立和践行社会主义核心价值体系活动与参政议政，社会服务，统一战线的理论研究，宣传工作等等各项工作结合起来；第二，树立和践行社会主义核心价值体系，要从民盟事业持续发展的目标，与继承和发扬民盟的优良传统结合起来；第三，要从干部自身成长角度，把树立和践行社会主义核心价值体系活动与提高机关干部的综合素质、业务水平和道德修养结合起来。会上，机关各部门负责同志与大家交流了他们对社会主义核心价值体系的认识。交流会由秘书长高拴平主持。

（三）盟员及组织概况

截至 2010 年底，民盟共有成员 214207 人，平均年龄 54.9 岁，其中女盟员 88073 人，本年度新发展盟员 10853 人。从界别分布上看，高等教育界占 25.0%，普通教育界占 32.9%，科学技术界占 9.8%，医药卫生界占 8.3%，文化艺术界占 5.1%，新闻出版界占 0.8%，公有制经济界占 4.9%，新社会阶层人士界占 4.1%，机关、团体和其他界别约占 9.1%。

民盟地方组织共有 433 个，其中省级委员会 30 个，市地级委员会 306 个，县市区级委员会 97 个。民盟基层组织共有 7368 个，其中基层委员会 432 个，总支委员会 610 个，支部 6131 个，小组 195 个。

盟员中担任各级人大代表的共有 2555 人，其中全国人大代表 72 人，省级人大代表 370 人，市地级人大代表 1210 人，县市区级人大代表 1078 人。

盟员中担任政府及司法机关县处级以上领导职务的共有 848 人，其中在中央政府及司法机关担任领导职务 10 人，在地方政府及司法机关担任省级领导职务 6 人，司局级 54 人，地市级 52 人，县处级 726 人。

盟员中担任各级政协委员的共有 13987 人，其中全国政协委员 135 人，省级政协委员 1225 人，市地级政协委员 5932 人，县市区级政协委员 6695 人。

盟员中担任中央有关部门特约（邀）工作的共有 19 人次，其中最高人民检察院特约检察员 4 人，最高人民法院特约监督员 3 人，监察部特邀监察员 3 人，国家审计署特约审计员 1 人，国家特邀国土资源监察专员 4 人，教育部特约教育督导员 1 人，国家税务总局特邀监察员 1 人，环境保护部国家环境特约监察员 1 人。

盟员中担任中国科学院院士的共有 35 人。盟员中担任中国工程院院士的共有 20 人。其中 2 人为双院士。盟员中担任大学校长、院长的共有 155 人。盟员中承担教育部“长江学者奖励计划”特聘教授的共有45人。

广大盟员立足本职，建功立业，以出色的成就为盟组织争得了荣誉。

1月11日，国家科学技术奖励大会在京隆重举行。中国科学院院士、复旦大学教授、民盟盟员谷超豪同志喜获2009年度国家最高科学技术奖。这是继2007年度吴征镒、2008年度徐光宪之后，民盟盟员连续第三年荣获国家最高科学技术奖。谷超豪同志专长偏微分方程、微分几何和数学物理，撰有《数学物理方程》等专著，研究成果“规范场数学结构”、“非线性双曲型方程组和混合型偏微分方程的研究”、“经典规范场”分别获全国科学大会奖、国家自然科学二等奖、三等奖。另外，吴征镒、王文采获国家自然科学一等奖，姚海林获国家科学技术进步一等奖，还有29位盟员分获其他各类奖项。民盟中央向他们发去贺信，鼓励他们再攀科技新高峰。

2月14日，由中央电视台举办的“感动中国2010年度人物”评选活动结果揭晓，民盟中央原名誉主席钱伟长当选“感动中国2010年度人物”。评选委员会给钱伟长的颁奖辞是：从义理到物理，从固体到流体，顺逆交替，委屈不曲，荣辱数变，老而弥坚，这就是他人生的完美力学！无名无利无悔，有情有义有祖国。

3月27日，在“世界因你而美丽——2009—2010影响世界华人盛典”颁奖典礼上，盟员潘文石获得“影响世界华人大奖”。

4月27日，在2010年全国劳动模范和先进工作者表彰大会上，张明富等10位盟员获2010年“全国劳动模范”和“全国先进工作者”荣誉称号。李重庵副主席出席表彰会。

2010年，获得重大奖项的盟员还有，吴良镛获2010年度陈嘉庚科学奖，贺林获发展中国家科学院生物奖，并当选为发展中国家科学院院士，吴为山获新中国城市雕塑建设成就奖，等等，广大盟员以出色的工作业绩，树立了民盟良好的社会形象。

周　荣　民盟中央研究室理论处副处长
马向东　民盟中央社会服务部主任科员

中国民主建国会

2010 年是民建以中国特色社会主义理论体系为指导，深入学习贯彻科学发展观，努力提高履行参政党职能水平和自身建设能力的重要一年。民建中央团结带领广大会员，坚持树立和践行社会主义核心价值体系，不断巩固多党合作思想政治基础，着力推进自身建设；紧密围绕国民经济和社会发展第十二个五年规划的制定和实施，充分发挥密切联系经济界的特色和优势，认真履行职能，积极为全面建成小康社会献计出力。

一、重要会议及活动

（一）民建成立 65 周年纪念大会

12 月 16 日上午，中国民主建国会成立 65 周年纪念大会在全国政协礼堂隆重举行。全国人大常委会副委员长、民建中央主席陈昌智作了题为“继承和发扬优良传统，为推进中国特色社会主义伟大事业作出新贡献”的讲话，全国政协副主席、民建中央第一副主席张榕明主持会议。

陈昌智在讲话中回顾了民建 65 年的光辉历史。他说，过去的 65 年是中国历史风起云涌、沧桑巨变的 65 年。中国共产党领导全国各族人民浴血斗争、艰苦创业、开拓奋进，彻底结束了中华民族任人宰割的屈辱命运，改变了国家积贫积弱的历史旧貌，走上了建设中国特色社会主义的康庄大道。在这条道路上，我国经济迅速发展、国力愈益强盛、国际地位显著提高、社会安定团结、人民逐步富裕，取得了举世瞩目的辉煌成就。65 年来，中国民主建国会也走过了曲折而光荣的奋斗历程，在波澜壮阔的中国革命、建设和改革进程中不断成长进步，不断有所贡献，留下了坚实的、无愧于伟大时代的足迹。

陈昌智指出，中国民主建国会 65 年的历史，是一部为实现国家富强、民族振兴、社会进步、人民幸福不懈奋斗，成为建设中国特色社会主义事业一支重要力量的历史；是一部从认同中国共产党的主张，团结、靠拢，直至自觉接受中国共产党的领导，与中国共产党亲密合作、共创伟业的历史；是一部在中国共产党领导的多党合作事业中，努力继承和发扬优良传统，不断开拓进取、成长进步的历史。

陈昌智强调，民建要以纪念建会 65 周年为契机，努力继承和发扬优良传统，始终不渝地树立和践行社会主义核心价值体系，不断巩固与中国共产党亲密合作的思想政治基础，坚定不移走中国特色社会主义政治发展道路；始终不渝地贯彻落实科学发展观，坚持履职为民、服务社会，进一步为实现全面建设小康社会奋斗目标献计出力；始终不渝地推进参政能力建设，切实提高整体素质、强化整体功能，不断保持健康持续发展的生机和活力。

民建中央常务副主席马培华宣读了《中国民主建国会中央委员会关于表彰全国优秀会员、先进基层组织的决定》。有153个先进基层组织、398名优秀会员受到了表彰。此次表彰也是民建开展“弘扬民建优良传统，践行社会主义核心价值体系”主题教育活动的重要内容之一，旨在通过表彰先进，树立榜样，激励各级组织和广大会员在新的历史条件下，继承和发扬民建优良传统，与时俱进，更好地履行参政党职能，在全面建设小康社会的实践和推进民建事业发展中不断建功立业。

中共中央统战部副部长尤兰田，其他兄弟党派、全国工商联负责同志，民建中央副主席王少阶、陈政立、张少琴、辜胜阻、宋海、李谠、周汉民出席大会。

（二）九届四中全会

12月16日下午，中国民主建国会第九届中央委员会第四次全体会议在北京召开。民建中央主席陈昌智代表民建第九届中央常务委员会作工作报告，民建中央第一副主席张榕明主持开幕式。会议的主要内容是认真学习贯彻中共十七届五中全会和中央经济工作会议精神，审议民建第九届中央常务委员会工作报告，审议民建中央监督委员会工作报告，审议民建中央专题调研报告，部署明年工作及其他事项。

陈昌智在回顾民建2010年工作时指出，一年来，民建以纪念建会65周年为契机，着力加强思想建设、领导班子建设、组织建设和制度建设，各项工作开展得深入扎实，重点突出，自身建设取得了新成效；坚持以科学发展观为指导，充分发挥自身特色和优势，紧密围绕党和国家的工作重心和关系民生的重要问题，特别是编制“十二五”规划等重大决策与工作部署，深入调查研究，广泛听取民意，提出水平较高、操作性较强的政策建议和措施，参政议政收获了新成果；发挥优势，注重实效，全力支援灾区救灾工作，积极帮扶定点扶贫县，为新疆发展献计出力，服务社会作出了新贡献。陈昌智强调，2010年民建把加强自身建设作为工作重点，努力提高各级组织自身建设的能力和水平。通过实践深刻体会到，只有与时俱进，深刻认识时代赋予的历史使命，自身建设才能不断加强；只有立足会情，继承和发扬会的优良传统，民建事业才能薪火相传；只有真抓实干，充分调动各级组织和全体会员的积极性，会的活力和凝聚力才能不断增强。陈昌智在报告中对2011年的工作提出了要求。他指出，民建全会要以中共十七届五中全会精神为指导，为制定实施好“十二五”规划献计出力；要不断巩固树立和践行社会主义核心价值体系学习教育活动的成果，深入做好新形势下的思想宣传工作；要认真贯彻落实《民建中央关于新形势下进一步加强自身建设的意见》，不断增强各级组织的凝聚力；要围绕“十二五”规划提出的经济社会发展新任务，进一步做好社会服务工作。

会议审议了民建中央常务副主席马培华所作的民建中央监督委员会工作报告。会议听取了《大力发展战略性新兴产业，推进产业结构调整，加快经济发展方式转变》、《中西部地区经济发展亟需提高环境监测能力》、《立足国情，积极应对人口老龄化挑战》、《后危机时代中小企业转型与创新的调查与建议》等四个专题调研报告的说明。民建中央副主席王少阶、陈政立、张少琴、辜胜阻、宋海、李谠、周汉民出席开幕式。

16日会议通过关于程贻举、王少阶不再担任民建中央副主席、委员职务的决定，18日上午会议补选吴晓青、王永庆为民建中央副主席。会议还邀请国家发展和改革委员会秘书长杨伟民作了题为“加快转变经济发展方式，为全面建成小康社会打下具有决定性意义的基础”的报告。

12月18日下午，民建九届四全会议在北京闭幕。会议通过了《关于中央常务委员会工作报告的决议》，批准了工作报告。陈昌智在闭幕会上讲话指出，2011年，民建要以中共十七届五中全会精神为指导，为制定实施好“十二五”规划献计出力；要不断巩固树立和践行社会主义核心价值体系学习教育活动的成果，深入做好新形势下的思想宣传工作；要认真贯彻落实《民建中央关于新形势下进一步加强自身建设的意见》，不断增强各级组织的凝聚力；要围绕“十二五”规划提出的经济社会发展新任务，进一步做好社会服务工作。民建中央第一副主席张榕明，常务副主席马培华，副主席陈政立、张少琴、辜胜阻、周汉民、吴晓青、王永庆出席了会议。民建中央副主席李谠主持会议。

（三）追思学习孙起孟同志的活动

著名的教育家和社会活动家，中国民主建国会和全国工商联的卓越领导人，第七届、八届全国人民代表大会常务委员会副委员长，中国民主建国会第七届、八届中央委员会名誉主席，中华职业教育社名誉理事长，中国共产党的优秀党员孙起孟同志，因病于2010年3月2日12时30分在北京逝世，享年100岁。孙起孟同志病重期间和逝世后，胡锦涛、江泽民、吴邦国、温家宝、贾庆林、李长春、习近平、李克强、贺国强、周永康等同志，前往医院看望或通过各种形式对孙起孟逝世表示沉痛哀悼并向其亲属表示深切慰问。

3月9日，孙起孟同志遗体在北京八宝山革命公墓火化。胡锦涛、吴邦国、温家宝、贾庆林、李长春、习近平、李克强、贺国强、周永康、王刚、王兆国、王岐山、回良玉、刘延东、李源潮、张德江、李瑞环、何勇、令计划、路甬祥、韩启德、华建敏、陈至立、周铁农、李建国、陈昌智、桑国卫、马凯、曹建明、杜青林、黄孟复、张梅颖、张榕明、钱运录、郑万通、万钢和王汉斌、布赫、曹志、司马义·艾买提、何鲁丽、成思危、许嘉璐、蒋正华、顾秀莲、热地、盛华仁、孙孚凌、李贵鲜、罗豪才、李蒙等同志，以及中央和国家机关有关部门负责同志、孙起孟同志的生前友好和家乡的代表前往送别。

民建中央主席陈昌智，第一副主席张榕明，常务副主席马培华，副主席程贻举、王少阶、陈政立、张少琴、辜胜阻、宋海、李谠、周汉民，部分来京参加“两会”的民建会员、在京老同志代表和民建中央机关全体工作人员参加了孙起孟同志遗体送别仪式。

3月15日上午，民建中央在京召开孙起孟同志追思会。民建中央主席陈昌智，原主席成思危，第一副主席张榕明出席会议。

陈昌智主持会议并作讲话。他说，我们举行追思会，缅怀孙起孟同志爱国奋斗、无私奉献的一生，寄托我们的哀思，这将激励民建全体成员继承孙起孟等老一辈民建成员的优良传统和高尚风范，进一步增强接受中国共产党领导的自觉性和坚定性，坚定不移地走中国特色社会主义政治发展道路，与全国人民一道，为国家发展、人民幸福、民族复兴作出我们新的更大贡献。陈昌智强调，孙起孟同志身上，集中体现了民建坚持爱国主义、致力于中国特色社会主义事业，坚持接受中国共产党的领导、与中国共产党亲密合作，坚持遵从人民群众的根本利益、认真履行参政党职能，坚持与经济界的紧密联系、努力发挥会的特色，坚持与时俱进、在自我教育中不断提高会的素质的优良传统。我们学习孙老，就要学习他对中国共产党、对社会主义的坚定信念；学习他热爱祖国、心系人民，为中华民族的伟大复兴殚精竭虑、竭诚奋斗的爱国情操；学习他为民建事业呕心沥血、不懈探索的执著精神；学习他责在人先、利居众后、清正廉洁、克己奉公的崇高品德；我们要把孙起孟同志的高尚品德和崇高风范学到手，并在实践中努力发扬光大，在发展中国特色社会主义事业的征程中创造新的辉煌。

成思危追忆了孙起孟同志的生前事迹，特别是 1996 年 12 月，为推进民建领导集体的新老交替，他主动辞去主席职务，被推选为名誉主席，赢得了全体民建成员的尊敬和爱戴。孙起孟同志从领导岗位退下来以后，年事虽高，但仍然坚持学习，坚持研究，撰写了许多多党合作的理论文章。这种生命不息、战斗不止的执着精神使人由衷敬佩。他认为，孙起孟同志是一个政治家、一位卓越的民主党派领导人、一位杰出的教育家、一位仁厚的长者，我们要深入学习其理论著作和宝贵精神。作为一个退休的老同志，就要以孙起孟同志为榜样来鞭策自己，生命不息、努力不止，为民建多作贡献。

张榕明在发言中，深情缅怀了孙起孟同志为中华民族的解放、富强、进步而不懈奋斗的一生。她说，孙起孟同志是忠诚的爱国者，是民建的卓越领导人，是多党合作事业的实践者和理论家，是民建德高望重的楷模。孙起孟同志一生致力于中国特色社会主义事业，积极践行中国共产党领导的多党合作和政治协商制度。我们要牢记孙起孟同志的嘱托，坚持以中国特色社会主义理论体系为指导，着眼于服务科学发展、促进社会和谐，进一步加强参政能力建设，认真履行参政党职能，为全面建设小康社会、实现中华民族伟大复兴作出新的更大的贡献。

3 月 19 日，民建中央发出《关于开展追思、学习孙起孟同志活动的通知》，指出孙起孟同志的逝世，是民建的重大损失，广大成员无限哀思。当前，化悲痛为力量，追思、学习孙起孟同志，弘扬民建优良传统，对于树立和践行社会主义核心价值体系，推进自身建设，履行参政党职能，为发展中国特色社会主义事业作出新贡献具有重要意义。孙起孟同志是伟大的爱国主义者，著名的社会活动家和教育家，是民建主要的创始人和卓越的领导人。他把毕生心血和精力献给了祖国，献给了人民，在他身上集中体现了民建的优良传统。我们追思、学习孙起孟同志，就要学习他热爱祖国，甘于为国家和人民牺牲一切的崇高情怀；学习他热爱中国共产党，带领民建与中国共产党风雨同舟，患难与共的坚定信念；学习他热爱民建事业，为推动民建的发展呕心沥血、竭诚奋斗的高尚精神；学习他热爱学习，孜孜不倦，坚持以科学理论指导工作和行动的优秀品质。特别是孙起孟同志在中国共产党领导的多党合作长期实践中，不断探索、深入思考，撰写了大量关于统一战线、多党合作以及民建工作的著述文章，留下了宝贵的精神财富。民建全会同志要倍加珍视，认真学习，深刻理解，努力实践。各级领导班子成员要带头学习，自觉以孙起孟同志等老一辈为楷模，不断提高自身修养水平，不辜负广大会员的重托，推动民建事业薪火相传、发扬光大。

4 月 1 日，统一战线“学习孙起孟同志优秀品质，树立和践行社会主义核心价值体系”座谈会在北京召开。全国人大常委会副委员长、民建中央主席陈昌智主持座谈会，全国政协副主席、中共中央统战部部长杜青林出席座谈会并发表讲话。

杜青林指出，孙起孟同志深厚的爱国情怀，激励我们矢志不渝实现民族复兴伟业。他与共产党亲密合作的精神风范，激励我们坚定不移走中国特色社会主义政治发展道路。他对事业的执著追求，激励我们顺应时代潮流、勇担历史责任。他严于律己的优秀品质，激励我们昂扬拼搏、奋发向上。孙起孟同志身上充分体现了民主党派老一代领导人的人格魅力，集中展示了民主党派的优良传统，是弥足珍贵的精神财富，是树立和践行社会主义核心价值体系的生动参照。杜青林表示，希望各民主党派认真学习贯彻胡锦涛总书记在今年党外人士迎春座谈会上的重要讲话精神，牢牢把握坚持中国共产党的领导、坚持中国特色社会主义政治发展道路这一鲜明主题，牢固树立中国特色社会主义共同理想，切实树立和践行社会主义核心价值体系。要认真继承优良传统，不断夯实思想基础。要围绕大局发挥作用，推动民主党派广大成员自觉投身改革开放的伟大实践，为加快转变经济发展方式、破解发展难题建言献策。要大力弘扬先进典型，切实发挥榜样的示范引领作用，把学习典型，弘扬正气作为树立和践行社会主义核心价值体系的有效方法。要充分体现践行效果，不断创新方式方法，把民主党派践行社会主义核心价值体系的具体经验和成功做法制度化，贯穿于工作的各个环节，落实到履行职能的各个方面。

民建中央原主席成思危，全国政协副主席、民建中央第一副主席张榕明以及四位民建成员先后发言。全国政协副主席、农工党中央常务副主席陈宗兴出席座谈会，各民主党派中央、全国工商联负责人和无党派人士代表，中共中央统战部有关部门和中华职业教育社负责人以及中央社会主义学院部分学员等 100 余人出席了座谈会。

在此期间，陈昌智与张榕明共同撰写了纪念孙起孟同志的文章，在《人民日报》刊发。民建中央网站开设了“孙起孟同志纪念专栏”，《民讯》编发了纪念专刊。民建地方组织也通过组织座谈、收看《追思起孟》专题片、学习孙起孟同志生平事迹和讲话著述，进一步增强广大会员弘扬老一辈优良传统、践行社会主义核心价值体系的自觉性和责任感。

（四）中央常务委员会

1. 九届十次中常会

3 月 9 日民建九届十次中常会在京举行。本次会议原则通过了《民建中央关于认真学习贯彻十一届全国人大三次会议和全国政协十一届三次会议精神的决议》、《纪念民建成立 65 周年活动方案》；听取了民建河南省委会和民建青海省委会工作汇报；通报了会中央 2010 年重点调研题目。民建中央主席陈昌智主持会议并讲话。

陈昌智在讲话中指出，胡锦涛总书记在 2 月 10 日党外人士迎春座谈会上和 3 月 4 日看望出席全国政协十一届三次会议民建、工商联界委员并参加联组讨论时，都发表了重要讲话，内容丰富、思想深刻，对如何深入贯彻落实科学发展观、巩固和发展多党合作事业、更好地发挥民主党派的作用具有重要指导意义。民建一定要把学习胡锦涛总书记的重要讲话精神，作为当前的一项重要政治任务，作为指导参政议政工作的强大思想武器，贯穿到各项工作中去。

陈昌智强调民建要进一步为推进我国经济社会发展献计出力，把促进经济发展方式转变作为重要任务，紧紧围绕提高宏观调控水平、推进经济结构调整、夯实“三农”发展基础、增强经济发展动力、加强社会建设等重大课题深入开展调查研究，积极为破解发展难题建言献策，形成推动科学发展的强大合力。要把促进保障和改善民生作为重要着力点，把促进社会和谐作为重要责任，深入了解和及时反映社情民意，推动营造良好社会环境。要紧密结合自身特点，把树立和践行社会主义核心价值体系作为中国特色社会主义主题学习教育活动的深化和延伸，突出坚持中国共产党的领导、坚持中国特色社会主义政治发展道路这一主题，矢志不渝坚持我国社会主义政治制度和经济制度，大力弘扬多党合作优良传统，不断巩固共同团结奋斗的思想政治基础。要进一步加强自身建设，特别是党外代表人士队伍建设，在全面抓好思想建设、组织建设、制度建设的同时，抓好党外代表人士队伍建设。要坚持德才兼备、以德为先，把培养造就素质优良、结构合理、数量充足、同中国共产党同心同德的党外代表人士作为加强参政党建设的重要内容，为我国多党合作事业发展提供充足的人才保证。

民建中央第一副主席张榕明，常务副主席马培华，副主席程贻举、王少阶、陈政立、张少琴、辜胜阻、宋海、李谠、周汉民出席会议。

2. 九届十一次中常会

6 月 11 日，民建九届十一次中常会在厦门召开。会议审议通过了《民建中央关于新形势下进一步加强自身建设的意见》，听取了会中央宣传部、民建青海省委会的工作汇报。民建中央主席陈昌智主持会议并讲话。

陈昌智在讲话中对民建今后一段时期的主要工作提出了具体要求：一是要提高认识、加强领导，切实加强自身建设。加强自身建设是今年民建的重点工作，民建各级组织要高度认识加强自身建设的重要意义，切实加强领导，认真贯彻《民建中央关于新形势下进一步加强自身建设的意见》，确保取得实效。当前，要通过追思学习孙起孟同志，积极开展树立和践行社会主义核心价值体系学习教育活动。结合收看《黄炎培》电视连续剧，深入学习会章会史，学习老一辈领导人与中国共产党风雨同舟的优良传统，引导广大会员树立正确的价值观、人生观和世界观。要以夯实人才基础为重点，继续推动组织建设，特别要做好明年市级组织换届工作。要坚定不移地以制度建设保障自身建设水平的不断提高。要锲而不舍地以领导班子建设带动队伍建设。二是结合当前经济形势，深入调查研究，为编制“十二五”规划建言献策。要着力围绕“十二五”时期的经济社会的主题、主线，以及经济社会发展的重点任务、需要采取的重大措施等方面来调查研究，议政建言。三是发挥特色优势，为支援新疆发展献计出力。民建作为密切联系经济界的参政党，要发挥自己的特色和优势，为促进新疆发展作出自己的贡献。以强烈的政治责任感、历史使命感，齐心协力、扎实推进新一轮对口支援新疆工作。围绕新疆加快推动资源优势向经济优势转化、大力发展特色优势产业、从战略层面扩大新疆内外开放等问题开展调查研究，提出意见建议。要动员组织一批有志于投身新疆建设的会员企业家，积极到新疆考察投资。要号召广大会员致富思源、富而思进，通过中华思源工程扶贫基金会这个平台，认真开展扶贫济困活动。

陈昌智强调，今年是民建成立 65 周年，民建全会要更加紧密地团结在以胡锦涛同志为总书记的中共中央周围，高举中国特色社会主义理论伟大旗帜，深入学习贯彻科学发展观，继承和发扬民建优良传统，为发展中国特色社会主义作出应有贡献。

民建中央第一副主席张榕明，常务副主席马培华，副主席程贻举、王少阶、陈政立、张少琴、辜胜阻、宋海、周汉民出席会议。

3. 九届十二次中常会

9 月 7 日，民建九届十二次中常会在南昌召开。会议听取了民建中央经济委员会、财政与金融委员会、企业委员会对当前经济形势的分析，并进行了讨论；听取了民建吉林省委会、民建贵州省委会的工作情况汇报；会议决定于 12 月中旬在北京召开民建九届四中全会。民建中央主席陈昌智主持会议并讲话。

陈昌智在讲话中对今年以来民建中央和地方组织着力推动自身建设工作情况给予充分肯定。他说，各级组织认真学习贯彻全国自身建设工作会议精神，抓得比较紧，力度比较大，贯彻比较及时。具体体现在会中央领导带头抓，到地方宣讲会议精神，了解学习贯彻情况，并认真督促检查。会中央各工作部门积极工作，通过多种形式了解情况，督促上报有关加强组织建设的具体办法和相应措施。各地方组织高度重视，各省级组织通过全委会、常委会、主委会、自身建设工作会、机关大会、基层会议等多种形式，传达学习全国自身建设工作会议精神，认真组织学习《民建中央关于新形势下进一步加强自身建设的意见》，有的已制定出《实施方案》。民建全会上下掀起了加强自身建设工作的高潮。

陈昌智强调，进一步贯彻民建自身建设工作会议精神，当前重点要做好人才的教育培训工作。他说，最近，中共中央办公厅印发了《2010—2020 年党外代表人士教育培训改革和发展纲要》，就党外代表人士教育培训工作颁布《纲要》是统一战线历史上的第一次，《纲要》是指导党外代表人士队伍建设的纲领性文件。作为新世纪新阶段爱国统一战线的组成部分，民建各级组织和广大会员要认真学习和贯彻《纲要》精神，努力做好自身的教育培训改革和发展工作，培养更多政治上坚定、专业上突出、群众中认同的高素质代表人士，为推进统一战线和多党合作事业科学发展，提供坚实的人才支持。

陈昌智对民建进一步推动树立和践行社会主义核心价值体系活动提出几点要求：一要精心组织，加强学习。要在思想上再重视、认识上再提高，把践行活动与搞好政治交接、加强代表人士培养和自身建设等工作结合起来，相互促进、相得益彰。二要挖掘典型，层层宣讲。要学习民建老一辈的精神风范和崇高品格，还要学习新时期民建涌现出的许多先进典型。通过广播电视、报纸杂志、网络媒体等形式，加大对民建先进典型的宣传力度，进一步增强广大会员弘扬优良传统、践行社会主义核心价值体系的自觉性和责任感。三要结合履职，扩大成效。要紧密结合工作实际，不断提高参政能力，突出重点，打造精品。陈昌智希望大家振奋精神、再接再厉，带领广大会员共同把今年的各项工作做好，以昂扬向上的精神风貌和优良的工作业绩迎接民建成立 65 周年。

民建中央常务副主席马培华，副主席程贻举、陈政立、张少琴、辜胜阻、宋海、李说、周汉民出席会议。

4. 九届十三次中常会

12 月 15 日下午，民建九届十三次中常会在北京举行。民建中央主席陈昌智主持会议并讲话。

会议审议通过了民建九届四中全会议程（草案）、日程（草案）、分组名单（草案）；审议通过了中央常务委员会工作报告和报告人；审议了会中央监督委员会工作报告（书面）；审议了第九届中央委员会相关选举总监票人、监票人名单（草案）及人事事项等。

陈昌智在讲话中强调，民建要认真学习贯彻中共十七届五中全会和刚刚闭幕的中央经济工作会议的精神，以科学发展为主题，以转变经济发展方式为主线开展参政议政工作。继续开展弘扬民建优良传统、践行社会主义核心价值体系活动，不断巩固多党合作思想政治基础，不断推进自身建设，努力提高参政议政的能力和水平。

民建中央第一副主席张榕明，常务副主席马培华，副主席王少阶、陈政立、张少琴、辜胜阻、宋海、李谠、周汉民出席会议。

（五）中央工作会议

1. 自身建设工作会议

6 月 9 日—10 日，民建全国自身建设工作会议在福建省厦门市举行。加强自身建设是民建中央确定的今年工作重点，这次会议全面总结交流了近年来各级组织自身建设的经验和存在的问题，部署了进一步推动自身建设的思路和举措。民建中央主席陈昌智，第一副主席张榕明出席会议。

会议讨论修改了《民建中央关于新形势下进一步加强自身建设的意见（稿）》，并提交九届十一次中常委会议审议。陈昌智在讲话中指出，这次会议是民建加强自身建设工作的总结会、交流会，也是进一步动员会。大家要充分认识加强自身建设的重要意义，继续深入学习中国特色社会主义理论体系，努力提高全会政治思想素质；要不断扎实推进组织建设工作，努力提高会的组织程度；要积极探索自我约束机制，稳妥推进会内监督体系建设；要努力加强领导班子建设，以班子建设带动队伍建设。他要求民建各级组织从会的发展战略高度出发，提高自身建设认识，切实加强各级组织主要领导对自身建设的领导责任，努力探索自身建设发展的规律，提高参政议政能力，更好地履行参政党职能。

中共福建省委书记、省人大常委会主任孙春兰，省委副书记于广洲等省领导出席会议开幕式。孙春兰对民建全国自身建设工作会议的召开表示祝贺。她说，长期以来，民建中央高度重视、大力支持福建发展，积极建言献策，为推动海峡西岸经济区建设作出了贡献。于广洲代表省委、省政府在会上致欢迎辞，并介绍了福建的省情和海峡西岸经济区建设的基本情况。民建中央常务副主席马培华在会上做了《扎实推进民建自身建设　努力建设适应新时期发展要求的参政党》的报告。

民建中央副主席程贻举、王少阶、陈政立、张少琴、辜胜阻、宋海、周汉民出席会议。

2. 网站编辑工作会议

4 月 17 日，民建中央网站编辑工作会议在绍兴举行。民建中央常务副主席马培华出席会议。

马培华在讲话中指出，网络具有及时性、互动性、资料性等不可替代的特点和优势，决定了网站建设作为民建宣传工作的基本组成部分，给我们的工作带来广泛而深刻的影响。我们重视和加强网站建设，就是要适应信息现代化发展趋势的必然要求。同志们要不断提高自身的责任感和使命感，以一名新闻工作者的标准严格要求自己，不断提高稿件的质量和数量。马培华要求各省级民建组织要对网络建设作出规划，明确发展目标和步骤，推动各地网络建设可持续发展；民建各地方组织要做好会议精神落实，为网站建设创造条件；网站编辑人员要加强学习，提高素质，勤奋敬业。

浙江省人大常委会副主任、民建浙江省委主委吴国华出席会议。民建中央秘书长张皎主持会议。民建中央网站各省级组织兼职编辑、民建中央信息中心工作人员四十余人参加了会议。

3. 思想宣传工作会议

4 月 21 日—22 日，民建中央在京召开思想宣传工作会议。本次会议探讨交流了近年来民建宣传思想工作的经验和体会；研究部署了推动开展树立和践行社会主义核心价值体系活动。民建中央副主席张少琴出席会议并讲话。

张少琴在讲话中充分肯定了近年来民建各级组织在宣传思想工作方面取得的成绩，并对今后的工作提出几点要求：一要充分认识到新形势下做好宣传思想工作是本会适应新形势、保持自身特点、更好地发挥参政党作用的必然要求。二要突出重点、集中力量，认真抓好当前宣传思想工作的重点：一是开展好“弘扬民建优良传统，努力践行社会主义核心价值体系”的活动。二是认真做好建会 65 年来自身建设尤其是思想建设方面基本经验的研究和总结工作。三要努力建设一支高素质的宣传思想工作者队伍，要建立充满生机和活力的宣传思想工作者培养机制，真正从政治上、思想上、工作上、生活上关心宣传思想工作者。切实关心宣传思想工作者的成长，使他们创新有机会、干事有舞台、发展有空间，不断优化宣传思想工作者队伍结构。张少琴强调，我们要牢记做好宣传思想工作，核心是始终坚持正确的政治方向，坚持用马克思主义中国化的最新成果武装全会，着眼于促进会员理解和把握党的基本理论路线、重大方针政策，调动会员投身于改革开放和社会主义现代化建设事业的积极性、主动性和创造性，为中华民族的伟大复兴作出新的贡献。

民建中央宣传部部长孟孝忠主持会议。来自 29 个省级组织宣传部门负责人参加了会议。

4. 财政金融委员会全体会议

5 月 23 日—24 日，民建中央财政金融委员会全体会议在贵州省毕节地区黔西县召开。原民建中央主席成思危，民建中央副主席张少琴、宋海出席会议。

成思危就当前国内外经济形势发表观点。他指出，目前国内经济形势积极因素与不利影响此消彼长。去年完成 GDP33. 5 万亿，实现全年“保八”的增长目标，人民收入与经济发展同步增长，粮食进一步增产，10 万亿货币投放产生实效。与此同时，也存在产能过剩、通货膨胀压力加大、地方政府和国有企业部分投资风险逐步显现等问题，这些主要是由短期矛盾和长期体制性弊端相互交织而成，这就需要正确处理人治和法制、公平和效率、政府和市场、集权与分权等关系。他还就国内房地产市场、主权国家负债、贸易保护主义以及汇率等热点问题提出见解。

宋海就完善房地产市场制度设计、促进其健康可持续发展发表了看法。他认为要把握好调控房地产市场的力度和节奏，变政策调控为规划引导。同时根据住房的双重属性对其采取区别政策，加强税收和土地出让等长期制度建设，充分运用市场手段构建健康的房地产市场秩序。

民建中央财政金融委员会主任黄泽民主持会议。与会委员围绕宏观经济形势、财税政策、金融政策、金融市场、房地产市场等问题开展了交流研讨。

5. 人口资源环境委员会全体会议

8 月 24 日—26 日，民建中央人口资源环境委员会全体会议在云南省昆明市召开。民建中央副主席王少阶出席会议。

王少阶对委员会今年课题报告的质量和委员们积极参会的热情给予了充分肯定，并对今后的工作提出要求，希望各位委员多了解实际、多做调查研究，切实做好参政议政工作。会议认真总结了委员会上半年工作，研究并部署了下半年工作重点：围绕会中央重点专题“加强中西部地区水污染防治，提高环境监管能力”，以及专委会课题煤矸石资源化利用、公共场所戒烟、厨余垃圾治理以及建筑节能等有关课题报告展开热烈讨论。委员们还就“抚仙湖保护”、“滇池治理”等问题进行了实地调研考察。

民建云南省委主委高峰出席会议并致欢迎辞。人资环委主任王曦，副主任沈金强、马力分别主持了会议。人资环委委员近 20 人参加会议。

6. 法制委员会全体会议

8 月 28 日—30 日，民建中央法制委员会全体会议在北京召开。民建中央副主席程贻举、辜胜阻出席会议。

程贻举在讲话中对法制委员会的工作提出三点意见：一是要更好地与会中央参政议政工作相结合，围绕会中央每年的参政议政工作重点，更有针对性地开展工作。二是要进一步与发挥委员的专业特色相结合，在重要法律文本的修改、法律监督及执行等方面开展调查研究，提出意见建议。三是要与围绕国家建设大局相结合，紧密围绕国家建设大局，站准位置，选好角度，在参政议政工作中取得实效。

辜胜阻在讲话中指出，法制委员会为会中央在有关司法方面的参政议政提供了许多意见建议，发挥了重要作用。司法是保障社会公平正义的最后一道防线，作为民主党派，位置超脱，要敢于发表自己的意见和建议。辜胜阻还就委员们提出的关于涉诉涉法上访、国家粮食安全、人口老龄化等参政议政选题方向表示肯定并进行了点评。

会议对 2010 年参政议政选题方向进行了讨论，并就“民主党派如何开展对司法机关的民主监督”课题进行了讨论，提出了修改建议。法制委员会主任李峰、副主任李汉宇分别主持了会议。

7. 省级组织主委工作会议

9 月 8 日，民建中央在南昌召开省级组织主委工作会议。这次会议是民建加强自身建设工作会的延伸和深化。会议期间，民建各省级组织主委，就领导班子建设的经验、存在的薄弱环节以及今后改进的措施进行了交流探讨。民建中央主席陈昌智，第一副主席张榕明出席会议。

陈昌智在会议上针对进一步加强领导班子建设问题指出，加强领导班子建设是新形势下发展民建事业与履行职能的重要保证。近年来会中央注重工作的规范化、制度化、程序化的建设，修订和完善了各项会务规章制度并予以实施。在认真贯彻民主集中制原则，加强中心组学习，明确班子分工，落实联系基层制度，开展述职评议和谈心会活动等方面，取得了成果和经验。进一步加强领导班子建设，要着力在提高“四种能力”上狠下功夫。一是做到理论上清醒、政治上坚定，增强政治把握能力。二是深入调查研究，学习经济、社会等各方面知识，增强参政议政能力。三是贯彻民主集中制，加强班子团结，增强组织领导能力。发扬民主，凝聚共识，加强团结，是提高组织领导能力的关键。四是加强沟通协调，处理好各方面关系，增强合作共事能力。陈昌智还特别强调了代表性人士队伍建设问题。他说，要尊重人才、爱护人才、用好人才，进一步改进优秀干部选拔推荐机制，注意培养、提携会的年轻一代，切实推动代表性人士队伍建设。

会议由民建中央常务副主席马培华主持，民建中央副主席程贻举、王少阶、陈政立、张少琴、宋海、周汉民出席了会议。

8. 中央企业委员会全体会议

9 月 25 日，民建中央企业委员会在西安举行全体会议。民建中央副主席陈政立出席会议并讲话。

陈政立副主席在讲话中表示，一是企业委员会工作要紧密与会中央参政议政任务相结合，体现企业委员会特点，反映企业在经济发展中存在的问题和诉求。参政议政工作要有高度、广度和深度，完成会中央交给的工作任务。每年 9 月会中央常委会要听取经济形势的分析报告，希望委员们积极参与，提供第一手资料和好的想法及建议。二是要积极参加企业委员会组织的各项活动。民建作为联系经济界的参政党，企业委员会是会的重要力量之一。民建现有会员近 13 万，其中企业界会员占 62%，担任企业正、副董事长、总经理、厂长的近 2 万人，各位企业委员会委员是企业界会员中的优秀代表，大家要珍惜这样的荣誉，珍惜企业委员会这个平台，把企业委员会工作做好。对积极参加企业委员会活动的要表彰，对三年不参加活动的，要自然淘汰。三是促进委员间的合作，推动委员间的经验交流。在企业发展中有好的经验，甚至是教训，大家可以分享，提高企业抗风险能力，提高企业可持续发展能力。

会议由企业委员会主任刘汉元主持。与会委员就 2011 年工作任务进行讨论，一致认为要关注西部发展，关注中小企业发展，及时反映非公经济发展中深层次问题，加强学习，开展国内外考察交流活动，借助企业委员会平台，互相帮助，为会员服务。

9. 全国组织处长会议

10 月 14 日—15 日，民建全国组织处长会议在安徽省合肥市召开，会议以学习贯彻民建全国自身建设工作会议和民建省级组织主委工作会议为主要内容，研讨了有关组织建设工作。民建中央常务副主席马培华出席会议并讲话。

马培华在讲话中充分肯定了几年来组织建设方面取得的成绩，并对勤勤恳恳从事组织工作的同志表示感谢。同时，对今后工作提出了五点要求：一要深刻认识，切实贯彻自身建设工作会议精神。要认真学习《民建中央关于新形势下进一步加强自身建设的意见》，认真学习陈昌智主席重要讲话精神，深刻认识新形势下进一步加强自身建设的重要意义，统一思想、提高认识、明确方向、坚定信心、振奋精神，将有关组织发展工作做稳做实；二要精心组织，努力做好省市换届工作。要严格执行民主集中制，按程序办事。要及早组织相关调研，摸清底数，增强工作的主动性。要坚持以德才兼备的标准作为选拔任用干部的基本原则。要广泛听取各方面的意见，发扬会内民主。要积极争取和依靠地方中共党委和有关部门的支持、帮助；三要常抓不懈，建设一支优良的后备干部队伍。要认真执行《关于加强省级领导班子后备干部队伍建设的意见》，坚持正确的用人导向，积极推进后备干部发现、考察、培养、选拔和举荐工作的经常化。要将工作前置，优化后备干部队伍结构。要上下联动，完善各级后备干部队伍建设。要备用结合，形成良好导向。四要高度重视，扎实推进代表性人士队伍建设。要按照“把培养选拔素质优良、结构合理、数量充足、同中国共产党同心同德的党外代表人士作为加强参政党建设的重要内容”的要求，积极做好代表性人士工作；五要积极稳妥，努力做好组织发展工作。要注意数量，注重质量，制定发展规划，积极发展优秀人才。

民建安徽省委主委方兆本出席会议。民建中央组织部部长李世杰主持会议。全国30个省级组织的组织部门负责人参加了会议。

10. 参政议政工作会议

10月19日—23日，民建全国参政议政会议在湖北省武汉市召开。民建中央副主席辜胜阻出席会议并讲话。

辜胜阻说，民主党派在参政议政工作中要处理好六个关系：一是在参政议政的定位上要处理好党派的优势和特色的关系；二是在权利保障方面要处理好话语权和知情权的关系；三是在参政议政选题上要处理好必要性和可能性的关系；四是在参政议政功能方面要处理好协商功能和监督功能的关系；五是要处理好参政议政成果质量和数量的问题；六是在奖励机制方面要处理好物质奖励和精神奖励的关系。

与会者就如何进一步做好参政议政工作和反映社情民意信息工作进行了交流研讨。来自全国28个省级组织的调研部门负责人、反映社情民意信息工作人员，以及14个副省级组织分管参政议政工作的副主委近80人参加会议。

11. 中央监督委员会全体会议

12月15日，中国民主建国会中央监督委员会第三次全体会议在北京举行。民建中央主席陈昌智出席会议并讲话。

陈昌智在讲话中充分肯定了中央监督委员会2010年的工作，认为中央监督委员会在完善制度建设、履行日常工作职能、加强对述职评议会的监督和深入指导省级监督委员会试点等方面工作富有成效。陈昌智对下一阶段的会内监督工作提出了四点意见：一是要继续推动对省级组织的监督工作，按照规定认真搞好各地谈心会和述职评议会。二是要创新工作方法，拓展思路，进一步深化会内监督工作。三是要找好课题，积极开展监督理论研究。四是要加强对地方组织监督工作的指导，组织各地交流工作方法，及时总结监督经验。

民建中央常务副主席、中央监督委员会主任马培华作了题为“结合民建自身建设实际，深入开展会内监督工作”的工作报告。马培华指出，一是要坚定信心，充分认识会内监督的重要意义。二是要以市级组织换届为契机，实质性地推动监督工作。三是要结合贯彻落实会内监督条例，积极开展调查研究，形成理论成果，并适时召开省级组织监督工作交流会。四是要继续推进省级组织监督委员会的成立工作。

民建中央副主席、中央监督委员会副主任李谠主持会议，并通报了《中国民主建国会省级组织监督委员会成立办法》、《中国民主建国会第九届中央委员会主席会议关于批准成立省级组织监督委员会的决定》和中央监督委员会委员参加省级组织领导班子述职评议会的情况。

（六）主要论坛、座谈会、研讨会等

1. 风险投资论坛

由民建中央、科学技术部、广东省人民政府、深圳市人民政府共同主办的“2010（第十二届）中国风险投资论坛”于2010年6月4日至6日在深圳隆重举行。这次论坛的主题是“促进科技与金融合作、培养战略性新兴产业”。

全国人大常委会副委员长、民建中央主席陈昌智作了《大力发展风险投资、加快培养战略性新兴产业》的主旨演讲。他指出，培育和发展战略性新兴产业是中共中央、国务院全面分析当今世界经济格局大变革、大调整趋势，着眼于我国经济社会可持续发展作出的重大战略部署。围绕这一主题进行深入的探讨、对话和交流，有助于我们更系统地分析我国宏观经济发展方向，有助于我们更深刻地把握加快发展战略性新兴产业为我国创业风险投资事业提供的历史机遇。陈昌智说，促进战略性新兴产业发展，必将成为新时期我国风险投资的重要使命与机遇，而风险投资也必将在培育战略性新兴产业的发展过程中不断发展壮大。国务院“新36条”的出台，为推进我国风险投资行业发展提供了良好机遇。他建议从四个方面推进风险投资行业发展：一是大力发展创业投资引导基金；二是推动风险投资行业的中介组织发展；三是积极探索发展场外交易市场；四是贯彻实施创业风险投资的人才培养和储备战略。

本届论坛围绕促进科技与金融合作、培育战略性新兴产业的主题，共设有14个热门议题，着重分析了后危机时期我国经济发展趋势及战略性新兴产业发展路径，新形势下中国风险投资行业的自律与监管；深入探讨了风险投资领域“培育LP群体”、“VC/PE机构品牌塑建”等热议话题；探求“清洁技术”、“医疗保健”等战略性新兴产业的投资机会。本届论坛围绕如何为民建会员企业提供有针对性的服务进行了相关探索：一是专门召集了18家有融资及上市需求民建会员企业家与十多家风投机构代表进行了融资洽谈会；二是安排哈尔滨顺达实业发展有限公司、广西飞模式网络科技有限公司、南宁庞博生物工程有限公司、河北国大连锁商业有限公司等4家民建会员企业参加项目对接会上的路演活动；三是民建广西区委的大力推动下，组织了广西自治区11家企业举办广西路演专场。通过以上活动，多家民建会员企业与风投机构建立了联系，正在进一步沟通洽谈中。此次论坛的相关活动安排在与会会员企业家中产生热烈反响。论坛期间，还举办了创业企业家培训班、风险投资家培训班、项目对接会、科技金融高级人才对接会等活动。

科技部党组成员、科技日报社社长张景安，民建中央副主席、广东省副省长宋海，深圳市委常委、常务副市长许勤等出席论坛开幕式。出席此次论坛的民建会员140多人，是历年来参会人数最多的一次，会员来自国内17个省市自治区。

8月26日，2010中国风险投资论坛——振兴东北投资高峰会在辽宁沈阳开幕。本届风险投资论坛紧扣沈阳发展热点，以“发展新型工业化，建设国家创新型城市”为主题，邀请国内外业界精英精彩论道，互动交流，共同探讨东北经济特别是沈阳经济区发展战

略。全国人大常委，民建中央副主席辜胜阻，科技部党组成员、科技日报社社长张景安出席开幕式并作主旨演讲。中国中小企业协会会长李子彬出席开幕式。沈阳市市长陈海波致辞。

辜胜阻在演讲中指出，后危机时代，中国经济转型需要大力发展战略性新型经济。培育和发展战略性新兴产业有利于培育新的增长点，引领经济持续增长；有利于实现内生增长、创新驱动；有利于推动结构升级，促进结构调整；有利于建设创新型国家；有利于掌握未来发展的主动权，增强国家的竞争力。他提出五点建议：一是调整结构要改变两个过度依赖——增长对房地产的依赖和发展动力对公共投资的依赖。二是扩大民间投资要掌握两个着力点——解决资本无出路和企业融资难。三是发展新兴产业要依靠两个轮子的驱动——技术创新和金融创新。四是金融创新要把握两个重点——发展 BA、VC、PE 股权投资链和资本市场的场外交易，也就是新三板市场。五是发展战略性新兴产业要重点构造两大支点——绿色经济和信息产业。

本次论坛由民建中央、科技部、辽宁省人民政府、沈阳市人民政府共同主办，自 2006 年起已经连续举办了五届，为促进沈阳及东北地区风险投资事业发展，加快高新技术自主创新及其产业化，推动沈阳老工业基地全面振兴发挥了重要作用，已经成为国内外科技界、金融界和企业届交流合作的重要平台。

2. 非公有制经济发展论坛

9 月 26 日，由民建中央、工业和信息化部、陕西省人民政府共同主办的 2010’中国（陕西）非公有制经济发展论坛在西安隆重开幕。全国人大常委会副委员长、民建中央主席陈昌智出席开幕式并作主旨演讲，中共陕西省委书记、省人大常委会主任赵乐际致辞，省委副书记、代省长赵正永，工业和信息化部党组成员、总工程师朱宏任作演讲，副省长姚引良主持会议。

陈昌智在发表主旨演讲时指出，改革开放以来，我国民营中小企业从无到有，发展迅速，已成为经济增长的驱动力，也是技术创新的生力军，在发展经济、增加就业、推动创新、改善民生、维护社会稳定等方面发挥着越来越重要的作用。但是，中小企业在发展速度加快，质量提升，效益回升的同时也面临诸多困难和问题，各级政府和部门尽管制定出台了不少扶持鼓励政策，由于这些政策受限制，无细则，难落实，因此，中小企业难以从中得到实惠。陈昌智强调，要解决好这些问题，要充分发挥国务院促进中小企业发展工作领导小组的作用，加强对促进工作的组织领导和统筹协调，编制好中小企业成长“十二五”规划，有关部委要尽快出台“新 36 条”实施细则，逐步扩大中央财政预算扶持中小企业发展的专项资金规模，建立中小企业创业投资发展基金，同时分行业实行不同的减税，用财税政策支持中小企业成长壮大。他说，“十二五”是我国建立完善的社会主义市场经济体制的关键期和攻坚期，要完善中小企业健康发展的政策环境，鼓励中小企业进入战略性新兴产业，加强对中小企业的金融服务，支持中小企业发展。同时，中小企业要提高自主创新能力，实现由“制造”向“创造”的转型，不断开拓市场，积极参与国际竞争，加强企业和行业信用体系建设，通过自我完善，实现中小企业在创新中发展。陈昌智表示，民建作为联系经济界的参政党，今后将一如既往地关心中小企业的健康成长，竭尽努力帮助他们实现发展。相信随着扶持中小企业发展各项政策措施的细化和配套落实，中小企业必将迎来新一轮的更大发展。

民建中央常务副主席马培华，陕西省政协主席马中平，民建中央副主席王少阶、陈政立、张少琴、辜胜阻、周汉民，民进中央副主席王佐书等也出席了开幕式。

本届论坛的主题是“中国非公有制经济成长与发展方式转变”，论坛设置“企业家培训讲座”、“产学研成果推介与交流”等两个分论坛及房地产业，IT 产业，旅游餐饮业，生物工程、加工制造业、物流联动发展，《关中—天水经济区发展规划》，文化产业等六个专题沙龙，同时还安排有投资合作推介及签约仪式等一系列丰富的内容。在主题论坛上，王少阶、辜胜阻、王佐书、白重恩、李兴山、杨成长、周新生、刘汉元、冯军、杨小平、苗连生等著名经济学家和企业家围绕后危机时代中小企业的困境与机遇，市场的权力是经济利益的制高点，利用财税政策杠杆推进结构转型等主题，分别发表了精彩演讲。李兰、丁义安就中小企业发展作了调查问卷和发展情况报告。

本届论坛邀请了 30 个省（自治区、直辖市）代表团、1000 多家非公有制企业参加。

3. “靠山居基金”启动仪式

2 月 2 日，中华思源工程扶贫基金会在民建中央机关举行“靠山居基金”启动仪式。

民建中央主席、中华思源工程扶贫基金会理事长陈昌智接受了由民建会员、北京靠山居投资管理集团董事长郝文书捐赠的 800 万元善款，并向捐赠者颁发了捐赠证书。该款将作为“靠山居基金”的启动资金，用于资助新农村扶贫项目建设。陈昌智指出，基金会成立至今恪守宗旨，围绕教育、医疗、环保及新农村建设方面开展了一系列扶贫济困活动，累计公益支出 1.3 亿元，使 26 个省、百余个市县、50 余万贫困百姓得以受益，“饮水思源，回馈社会”的理念和行动得到社会的好评。

民建中央常务副主席马培华、副主席张少琴、社会服务部部长包瑞玲、基金会副理事长兼秘书长李晓林出席了启动仪式。

4. 中央中心组学习扩大会议

2 月 23 日下午，民建中央中心组学习扩大会议在会中央机关举行。会上，民建中央副主席、民建上海市委会主委、上海世博会执行委员会副主任周汉民同志作了“世博会与和谐社会建设”专题报告。民建中央主席陈昌智，第一副主席张榕明，副主席辜胜阻出席。会议由民建中央副主席张少琴主持。

周汉民在报告中从往届世博发展史给我们的思考；举办世博会面临的三大历史转折；世界选择了中国、选择了上海；上海世博园区建设；筹备上海世博所面临的挑战和世博会对和谐社会建设的意义等六方面内容进行了详细的介绍。报告旁征博引、生动形象、引人入胜，赢得全场阵阵掌声。

民建中央机关干部、民主与建设出版社职工、中华思源工程扶贫基金会办公室和中国风险投资公司的同志以及来自民建北京市委会、中华职教社的同志，共计 130 余人参加了学习。

5. 中小企业与创业就业座谈会

3 月 7 日，民建中央在机关会议室召开了“中小企业与创业就业座谈会”，民建中央副主席辜胜阻出席了会议并讲话。

辜胜阻指出，民建作为经济界参政党，企业家会员众多，其中又以中小企业家为主。

因此对中小企业的发展状况民建一直保持高度的关注。中小企业是我国经济的重要组成部分，在繁荣经济、促进增长、增加就业、扩大出口、推动创新等方面发挥着越来越重要的作用。尤其是在就业方面解决了我国近 80% 的城镇就业岗位，成为扩大就业的主渠道。当前我国就业状况仍不乐观。创业是就业之源，要缓解我国就业压力、转变发展模式，就必须大力发展中小企业，优化中小企业发展环境，鼓励居民及大学生创业以带动就业，保持广大中小企业的生机和活力。积极发展中小企业，有利于扩大就业提升居民消费能力，有利于激活民间投资，增强经济增长内生动力，进而构建我国内需主导、消费支撑型经济发展模式。

部分民建会员中的人大代表和政协委员参加了座谈会。会上，辜胜阻和参会的人大代表和政协委员还与 20 多家媒体就中小企业的相关问题进行了交流互动。

6. 学习贯彻胡锦涛总书记重要讲话精神座谈会

3 月 19 日下午民建中央在京召开座谈会，认真学习贯彻中共中央总书记胡锦涛 3 月 4 日在全国政协民建、工商联界别联组会上的重要讲话精神。民建中央主席陈昌智出席座谈会并讲话。

陈昌智在讲话中指出，各级组织要把认真学习贯彻胡锦涛总书记的讲话精神作为当前的一项重要政治任务，采取多种形式，抓好传达学习，结合实际，抓紧落实。广大民建企业会员要认清形势，把握机遇，切实增强进取意识和紧迫意识，按照总书记的要求，在企业发展方向上跟上国家发展形势，在加快经济发展方式转变上发挥更大作用，做好表率，实现健康持续发展。在保障和改善民生上要顾大局、讲奉献，在缓解国家就业形势，促进社会事业发展，维护社会和谐稳定上多作贡献。在提升企业自身素质上，要加快建立现代企业制度，提高经营管理者素质，吸引和用好人才，为推动我国经济社会又好又快发展，贡献更多的智慧和力量。

民建中央副主席张少琴、辜胜阻出席会议。民建中央企业委员会部分委员，各专业组部分成员及来自京、津、冀的部分企业家代表共 40 余人出席了座谈会。

7. 促进房地产市场健康发展研讨会

3 月 27 日，由民建中央经济委员会、财政金融委员会、对外联络委员会和企业委员会联合主办、民建广西区委承办的“促进房地产市场健康发展研讨会”在广西南宁召开。民建中央副主席辜胜阻出席会议并作主题演讲。

辜胜阻在主题演讲中指出，要促进房地产业健康发展，首先要认识到房产具有公共产品和商品、消费品和投资品的双重属性，要做到居者有其屋，人人有房住，同时建立多层次的房地产供给体系，通过加强制度建设保障房地产市场有序运行。目前，我国正处于城镇化发展的加速阶段，中小城市将是未来房地产投资的重点。应把加强中小城市和小城镇发展作为重点，根据各自条件建设不同规模的城市，依托县城发展一批中小城市，放宽中小城市和城镇户籍限制，满足城市农民工和农村居民的买房需求。

民建中央财政金融委员会主任、华东师范大学金融研究所所长黄泽民，对外联络委员会主任、北京林达集团董事长李晓林等 10 位会内的专家、企业家围绕促进房地产业健康发展的金融、土地和调控政策等问题分别做了精彩演讲。与会者还就如何抑制房价过快增长、促进农民工城市化转移等问题开展了研讨。

中共广西区委常委、统战部部长黄道伟，民建广西区委主委钱学明出席会议。民建中央经济委员会、财政金融委员会、对外联络委员会、企业委员会房地产组和部分广西会员等70多人参加会议。

8. 中央机关部门联系支部座谈会

4月23日，民建中央召开机关部门负责人与部门所联系的民建北京市九个支部主任座谈会。民建中央主席陈昌智出席会议并作讲话。

陈昌智对会中央机关部门联系支部工作给予了肯定。他指出，由于会中央机关部门和支部对这项工作都有明确认识，联系支部工作双方都有具体的落实措施，所联系的支部本身有很好的基础，此项工作取得了三方面成果：一是推动了双方加强自身建设。通过相互联系活动，会中央机关各部门同志了解了基层支部情况，提高了会务工作水平，支部在活动内容和活动方式等方面得到了进一步加强。二是通过共同研究参政议政的课题，促进了双方参政议政水平的提高。三是通过相互之间的交流，增强了会的向心力和凝聚力。陈昌智希望大家继续总结和发扬好的经验和做法，思考今后如何更有利于紧密联系和参政议政工作，发挥自身优势和特点，推进此项工作上新台阶，取得更大的实效。

在座谈会上，九个支部负责人分别介绍了所属支部情况，与会中央机关六个部门联系活动情况及对今后加强联系工作的建议。他们都感到会中央机关部门联系支部的做法，对加强支部建设起到很大的促进作用，会员们加深了对会中央的了解，提高了参政议政的水平，激发了为社会服务的热情，增加了荣誉感和凝聚力。

会议由民建中央组织部部长李世杰主持。民建中央宣传部部长孟孝忠、调研部副部长蔡玲、联络部副部长金德安、办公厅副主任谷娅丽出席了座谈会。

9. 两岸新能源产业发展研讨会

2010年5月14日上午，由民建中央与台湾世新大学联合举办的2010年“两岸新能源产业发展研讨会”在北京开幕。此次研讨会是民建中央与台湾世新大学联合举办的第12次经济系列研讨会。会议围绕推动我国经济结构的调整和增长方式的转变，加快推进节能减排和环境保护，促进海峡两岸在新能源产业领域的交流与合作等议题进行了深入研讨。

民建中央主席陈昌智出席开幕式并致辞。他回顾了1998年以来民建中央与世新大学联合举办经济系列研讨会的主要情况。他说，两岸经济系列研讨会先后就抵御亚洲金融危机、风险投资、两岸中小企业融资、文化创意产业发展、股指期货的推出等重要问题开展研讨，并向有关部门提出了政策建议。他认为两岸经济系列研讨会的举办，密切了两岸民间的交流与交往，较好地推进了两岸在相关产业领域内的合作。陈昌智对两年来两岸关系的发展与改善给予了积极评价。他希望两岸各界进一步加强互信、扩大合作，不断增进两岸同胞福祉，保持海峡两岸和谐互动、和平发展的良好势头。

世新大学董事长成嘉玲博士在开幕式上代表世新大学致辞。她说新能源问题是一个非常重要的问题，温家宝总理在许多重要的会议上提出了大陆节能减排的目标。这次在上海举办的世博会非常重视减碳工作，她很高兴地看到展览会上不少的节能设备是由台湾的新能源企业提供的。她表示我们应该爱护地球，爱护我们的生存环境。希望结合两岸学界的智慧，为政府提供政策参考。

原民建中央主席成思危作了题为“新能源与低碳经济”的主旨演讲。国家能源局总工程师吴贵辉作了题为“加强海峡两岸交流积极推进能源合作”的发言。世新大学经济系教授周济、台湾工业技术研究院顾问彭成鑑、台湾绿源科技有限公司董事长寿明骅、台湾绿能科技有限公司总经理林和龙等业界人士也先后就台湾太阳能光电产业的竞争力，太阳能电池技术的发展趋势，能量采集技术与应用，我国新能源产业的战略选择，两岸新能源的合作等发言。与会专家学者还就新能源面临的挑战，两岸能源领域常态化合作机制的建立，新能源的未来发展等重要课题提出了不少建设性的意见建议。

研讨会由民建中央副主席辜胜阻等主持，辜胜阻对各位专家学者的精彩发言进行了简要的点评。他指出，当前我国经济的近忧是全球金融危机对我们的影响问题，是房价问题。远虑是能源危机与新能源战略问题。在节能减排和新能源的发展战略中我们应该做到开源节流。在新能源产业发展上既要重视技术进步、产业结构的调整，又要重视政府政策的引导。

民建中央副主席张少琴，世新大学校董牟宗灿，世新大学校长赖鼎铭，民建中央秘书长张皎以及来自两岸新能源技术研发、生产以及政策主管部门的专家学者企业家，民建中央专委会部分委员等100多位两岸来宾出席了研讨会。

10. 民建中央召开当前经济形势分析座谈会

7月14日下午，民建中央召开当前经济形势分析座谈会。民建中央主席陈昌智，副主席辜胜阻出席会议并讲话。座谈会由民建中央调研部副部长蔡玲主持。

陈昌智在讲话中说，当前宏观经济工作的重点在于经济结构调整，提高经济发展质量，促进经济又好又快发展，尤其要做到“好”字当头。在发展经济的过程中，要注重节能环保，降低能耗，防止片面追求GDP的发展观。自主创新是经济发展的内在动力。要着力提高企业自主创新能力，让企业成为技术创新的主体。要提倡尽快制定战略性新兴产业的总体规划和准入标准，避免各地政府在发展战略性新兴产业的过程中一哄而上、盲目发展，造成新的低水平重复建设和产能过剩。

来自会中央经济委员会、财政金融委员会和企业委员会的部分会员专家参加了会议。与会者根据各自研究领域和工作实践，针对当前我国宏观经济形势、宏观调控政策、战略性新兴产业发展与经济结构调整、中小企业发展、人民币汇率改革等问题提出了意见和建议。

11. 学习中共十七届五中全会精神座谈会

10月19日下午，民建中央召开学习中共十七届五中全会精神座谈会。民建中央主席陈昌智、第一副主席张榕明出席会议。

陈昌智在讲话中说，中共十七届五中全会是在我国即将完成“十一五”规划，进入全面建设小康社会的关键时期，召开的一次重要会议。民建全会对这次会议的精神完全赞同、衷心拥护，也坚信在会议精神指引下，中国共产党带领全国各族人民在全面建设小康社会的征程上，必将取得新的进步，创造新的辉煌。陈昌智指出，民建各级组织和广大会员要把学习贯彻十七届五中全会精神作为当前的首要任务，以会议精神统一思想和行动，在中国共产党领导下与全国人民一道，为制定好、落实好“十二五”规划，为全面建设小康社会、加快推进社会主义现代化而团结奋斗。陈昌智对民建学习中共十七届五中全会精神提出具体要求：第一，全会要认真组织学习，全面理解把握中共十七届五中全会的精神实质。深刻认识“科学发展”这一主题和精髓；深刻认识“加快转变经济发展方式”这一主线和任务；深刻认识“保障和改善民生”这一出发点和落脚点。第二，全会要充分发挥密切联系经济界的特色和优势，为制定实施好“十二五”规划献计出力。要紧密围绕中共十七届五中全会提出的实现经济平稳较快发展、经济结构战略性调整、增加城乡居民收入、深化改革开放、加强社会建设、推动文化产业发展等今后五年经济社会发展的主要目标和任务，深入调查研究，多建有用之言、多献务实之策，为中共和政府科学决策提供有价值的参考。第三，全会要自觉坚持和维护中国共产党领导的多党合作制度，促进稳定和谐的社会政治局面。

民建中央第一副主席张榕明传达了中共中央十七届五中全会精神党外人士通报会的主要精神。民建中央常务副主席马培华主持座谈会。机关局处级干部共50多人参加了会议。

12. 黄河上中游兰西银多民族经济区发展论坛

10月20日上午，由民建中央经济委员会主办、民建甘肃省委员会承办的“黄河上中游兰西银多民族经济区发展论坛”在甘肃省兰州市举行。民建中央主席陈昌智出席会议并作主旨演讲。

陈昌智在演讲中认为，兰州、西宁、银川同处于黄河上游，以这三个城市为中心的沿黄河分布的带状区域，是我国黄河上游多民族省份的核心地区，黄河上中游地区的开发是继续推进西部大开发的重要战略举措，利用有限的人力、物力、财力，让有条件的地区率先发展起来，这样不仅有利于加快增大全地区的经济总量，使后进地区获得有力的经济支撑，也有利于形成经济的势差和经济的势能，带动后进地区发展，还有利于让封锁和沉淀的生产要素流动起来，流向发展程度较好和回报率较高的地区，使要素在流动中创造价值，最终形成区域间互相促进，优势互补的良性互动机制，极大地改善该区域产业的配套环境，增强甘、宁、青三省区的自我发展能力。

陈昌智强调，黄河上中游地区甘、青、宁三省区要充分发挥区位优势，打破经济壁垒，整合区域经济资源，构建无边界的黄河上中游经济区，实现区域间的互惠多赢，带动西部地区成为我国改革开放全局中新的经济增长极。他建议，甘、青、宁三省区要推进制度创新，打破行政壁垒，互助合作，共谋发展，运用市场机制指导经济区的构建和运作。在区域内开放市场，取消市场壁垒，为各成员方进入对方市场提供方便。扩大非国有经济成分进入各大产业市场范围，引入竞争，提高效率。要科学制定黄河上中游多民族经济区发展规划，积极推动纳入国家“十二五”发展规划，并上升为国家发展战略。通过建立相应的组织机构，定期举行各成员之间的对话，协商制定统一的发展规划。要加强与西部各经济区的协作，密切同关中、成渝、新疆等经济区的联系，加强经贸、技术等各方面的互动与合作，从全局出发，统筹思考，发挥各自特色，优势互补，全面协调，形成合力，带动西部地区真正成长为我国改革开放全局中新的经济增长极。

论坛开幕式由全国政协常委、民建甘肃省委主委宁崇瑞主持。中共甘肃省委常委、省委统战部部长刘立军致辞。青海省副省长、民建青海省委主委高云龙出席论坛并发表演讲。本次论坛还安排了两场专题对话会。民建中央经济委员会专家学者、甘青宁三省发改委领导、民建甘青宁三地专家学者共9位嘉宾，与与会代表进行了近4个小时的交流和互动，侧重从操作层面探讨了如何促进兰西银多民族经济区发展问题。

民建中央调研部及经济委员会专家学者，民建甘肃、青海、宁夏有关领导及会内专家学者等共250人参加了论坛。

13. 促进中华传统文化产业化课题研讨会

10月29日，民建中央画院“促进中华传统文化产业化”课题研讨会在江苏常州召开。民建中央常务副主席、民建中央画院院长马培华出席并主持会议。

研讨会上，与会人员围绕“促进中华文化产业化发展”这一课题，结合自身工作的所感所悟，纷纷发表意见，气氛热烈，讨论深入。最后，马培华作了总结讲话。他指出，在促进中华传统文化产业化过程中，要关注以下六点：一是注重发扬中华文化精神，培育中华文化的认同感，这是中华传统文化产业化的基础所在；二是提倡精品市场和大众市场并重，既要树立精品意识，也要培育大众市场；三是多手段、多方式地促进文化产品中介市场的健康、繁荣发展；四是尊重并正确引导文化产品的价值规律；五是保持和维护传统中华文化的资源，其中既要重视技艺等无形资源的传承，也要重视相关物质资源的可持续开发和利用；六是加强政府的规划和引导，把中华传统文化的发展上升到国家文化战略层面加以重视。

民建中央画院副院长陆大有、周鸣秋以及画院艺术委员会成员共13人参加了会议。

14. 京津冀晋蒙区域经济发展研讨会

10月30日，“民建首届京津冀晋蒙区域经济发展研讨会”在京开幕。来自北京市、天津市、河北省、山西省和内蒙古自治区五省市民建领导和会员代表汇聚一堂，围绕“加强区域合作，实现共赢发展”主题，共商发挥地方优势、推动区域发展，在加强和深化合作中谋求又好又快发展大计。民建中央主席陈昌智出席会议并作重要讲话。

陈昌智指出，区域经济协调发展是关系我国经济社会发展全局的一个重大问题。刚刚结束的十七届五中全会对区域协调发展提出更高的要求。本次京津冀晋蒙区域经济发展研讨会是深入贯彻中共中央十七届五中全会精神，认真落实关于促进区域协调发展、实施区域发展总体战略的工作要求，为华北五省区市制定好十二五规划建言献策的一次重要会议。他强调此次研讨会是推动区域合作与发展的良好开端。民建地方组织要进一步加强联系，努力形成一套协作有力、操作规范、富有成效的运转机制，为区域经济协调发展提出更多更好的意见、建议。同时他希望京津冀晋蒙民建地方组织领导高度重视，利用好这种研讨形式，长期坚持，注重成果，创造好的经验，为推动区域科学协调发展献计出力。

与会者分别从调整产业结构、发展循环经济、加强旅游合作等多个角度阐述了促进区域经济科学发展的认识和见解。研讨会期间，五省区市民建组织签署了《京津冀晋蒙民建省级组织区域合作议定书》，就新形势下进一步拓展区域经济合作问题形成共识。与会代表达成一致：将京津冀晋蒙区域经济发展研讨会固定为常态工作机制，每年举行一次，五省区市民建组织轮流主办。使民建京津冀晋蒙区域经济发展研讨会发展成为增进五省区市民建组织间交流与合作、推动民建工作创新的重要载体。为促进区域间科学发展和推动民建事业科学发展，提供有益的借鉴。

民建北京市委主委王永庆、天津市委主委欧成中，河北省委主委武四海，山西省委主委王宁，内蒙古自治区委主委郝益东出席会议。会议由民建北京市委常务副主委任学良主持。

15. 全国优秀会员、先进基层组织代表座谈会

12 月 16 日晚，民建中央在京举行全国优秀会员、先进基层组织代表座谈会。民建中央主席陈昌智、常务副主席马培华出席会议。

在当天上午民建成立 65 周年纪念大会上，民建中央对 153 个先进基层组织、398 名优秀会员进行了表彰。此次表彰是全会开展“弘扬民建优良传统，践行社会主义核心价值体系”主题教育活动的重要内容之一。这次评选坚持公平、公开、公正的原则，在广泛听取各方面意见的基础上，各省级组织按照《民建中央关于评选表彰全国优秀会员、先进基层组织的方案》采取自下而上的方式，根据分配名额及评选条件，对本地区评选出的全国优秀会员、先进基层组织候选名单进行了认真地审议，达到了优中选优，树立优秀典型的目的。

座谈会上十几名全国优秀会员、先进基层组织的代表畅叙了各自在工作实践中总结积累的经验体会和参加表彰大会的感想。陈昌智听完大家的发言后说，由衷地为各位获奖同志感到高兴、骄傲和自豪。你们的面貌反映了民建的面貌，大家在不同的战线上作出了优秀成绩，树立了个人形象也为民建增光添彩，是值得全会学习的榜样。他亲切地嘱咐大家，成绩只能说明过去，要将成绩看做是一个新起点。一定要坚持树立政党意识、政治意识、会员意识，继承和发扬会的优良传统，践行社会主义核心价值体系，与时俱进，更好地履行参政党职能，在全面建设小康社会的实践和推进会的事业发展中继续建功立业。

（七）中央领导其他重要活动

1 月 18 日，全国人大常委会副委员长、民建中央主席陈昌智率团出席在新加坡召开的亚太议会论坛第 18 届年会。陈昌智在大会上作主旨发言。他指出，亚太议会论坛成立 17 年来，已成为本地区最具影响的议会间组织之一，为各国议会加深信任、协调立场、增进共识发挥了重要作用。他强调，亚太区域各国应树立新安全观，增进政治互信，促进经济发展，加强文化交流，为推动建设持久和平、共同繁荣的亚太地区而努力。陈昌智表示，中国是亚太和平与安全的坚定维护者，为亚太地区应对国际金融危机、实现经济发展作出了贡献。中国全国人大愿与论坛各成员加强协作，增进各国议会和人民之间的交流，使亚太议会论坛成为亚太各国人民沟通的桥梁、合作的纽带。

1 月 21 日，民建中央副主席张少琴在北京会见了马来西亚 INS 生物科技集团、易健集团首席执行官拿督叶绍全先生、GD Dev Sdn Bhd 公司董事洪捷彪先生、凯登集团公司董事长邹荣春先生等一行 11 人。张少琴向客人介绍了中国的基本政治制度，以及民主党派的参政议政渠道；介绍了民建的组织构成、历史发展。宾主双方探讨了中、马的经济形势与发展，表示今后要加强企业界的交流与合作。

1 月 23 日—26 日，全国人大常委会副委员长、民建中央主席陈昌智率全国人大代表团于对萨摩亚进行了正式友好访问。代表团在萨摩亚期间，分别会见了萨摩亚国家元首埃菲、总理图伊拉埃帕、议长托洛富艾瓦莱莱。会见中，双方均积极评价双边关系，一致认为自 1975 年建交以来，中萨关系蓬勃发展，历久弥新，合作基础日趋坚实，发展前景十分广阔。双方表示愿在相互尊重、平等相待的基础上保持高层交往势头，不断扩大各领域

合作，推动两国关系进一步向前发展。萨方重申将继续奉行一个中国政策。双方表示，两国立法机构愿共同努力，保持议会高层交往，丰富双方合作内涵，夯实两国友好的民意和社会基础。

4月7日—14日，民建中央副主席辜胜阻率高科技与文化产业考察团赴印度、以色列、法国进行了为期12天的访问。访问期间，考察团参观了印度国家信息学院、班加罗尔软件园区、Shirat投资有限公司、Novatrans高科技公司、特拉维夫科技孵化中心，并与其主要负责人就IT产业人才培训、融资、政府相关政策、与中国的合作发展状况及前景等问题开展交流。考察团还与以色列亚洲商会召开圆桌会议，辜胜阻副主席做了中国风险投资业发展状况的介绍，与会企业家交流探讨了两国在高科技领域合作的可能性和模式。辜胜阻在以色列大使馆作了后经济危机时代中国经济形势的发展报告。在法期间，考察团访问了麦兰瑞珠宝公司、泛欧交易所、爱马仕公司，与法国精品联合会、法国家族企业联盟、法国中小企业融资机构、法国Natixis银行、法国电力，以及法国CAP数码投资公司进行座谈，就法国经济、高科技发展现状、奢侈品及家族产业的历史、规模、管理模式及海外市场的开拓状况等进行了探讨。

5月5日，民建中央副主席辜胜阻在京会见了罗马尼亚企业家联合总会主席、罗马尼亚雇主协会联盟主席乔治·康斯坦丁·帕乌内斯库（Paunescu George Constantin）先生率领的罗马尼亚工商界访问团一行9人。宾主双方就感兴趣的经济课题以及中罗经贸关系开展了交流。辜胜阻向来宾介绍了金融危机背景下我国经济社会发展状况，介绍了中国共产党领导的多党合作制，介绍了中国全国人大推进社会主义法制建设情况以及近年来的立法工作。双方表示，要进一步加强两国工商企业界的交流与合作，推动两国经贸关系深入发展，推进两国民间的友好往来。

8月10日—11日，全国政协副主席、民建中央第一副主席、中华职业教育社理事长张榕明到四川，就四川省职业教育情况进行调研，并出席“2010海峡两岸终身教育论坛”。张榕明在论坛上指出，终身教育是世界未来发展的大趋势，也是中国教育事业发展的重要目标。按照终身教育理念发展职业教育，是《国家中长期教育改革和发展规划纲要》对职业教育事业提出的基本发展方向。职业教育要遵循终身教育理念，必须坚持“面向人人、面向终身、面向未来”的方针。大力发展职业教育，要加大社会宣传力度，树立正确的人才观；完善就业准入制度，执行“先培训，后就业”、“先培训，后上岗”制度。在职业教育方面进一步加大投入，解决中西部薄弱地区、少数民族地区职业教育的建设和师资等问题。同时进一步支持民办职业院校的发展，动员社会各方面力量共同发展职业教育。促进校企合作。制定法规，实施鼓励政策，鼓励企业为学生和教师实训实践提供条件。职业院校自身也要为适应经济发展方式转变和产业结构调整，大力整合调整专业，以更好适应社会发展需求。

9月12日—24日，以民建中央常务副主席马培华为团长的环境保护与资源利用考察团一行11人对南非、肯尼亚、埃及三国进行了访问。期间，考察团拜访了位于肯尼亚首都内罗毕的联合国环境规划署（UNEP）总部，并与早期预警和评估司司长Peter T. Gilruth博士进行了交流。马培华介绍了近年来中国在环保方面的政策措施，特别是结合自身工作经历介绍了西部省份保护环境取得的效果。他表示，中国需要把社会经济发展与环境保护更加紧密有效地结合，也需要同世界各国一起努力来实现负责任的环境治理工作。

10 月 12 日，全国政协副主席、民建中央第一副主席、中华职业教育社理事长张榕明出席在京召开的中华职业教育社十届二次理事会。张榕明在讲话中对职教社的未来发展提出了期望和要求。她要求，要认真学习全国教育工作会议精神和《国家中长期教育改革和发展规划纲要》等政策文件，深入贯彻回良玉副总理在温暖工程实施 15 周年座谈会上的讲话精神，深刻总结工作中创造的一些鲜活经验，重点抓好温暖工程和组织建设工作，进一步提高建言献策水平，加强部门合作，努力开创职教社工作的新局面。

10 月 22 日，民建中央主席陈昌智出席在成都举行的第一届中国西部金融论坛。陈昌智在讲话中指出，西部大开发是党中央、国务院 10 年前着眼全局作出的战略决策。过去的 10 年中，西部地区的产业结构不断调整与优化，基础设施建设取得突破性的进展，生态环境保护取得显著的成效，人民生活水平和城市面貌也发生了历史性的变化。他建议，优化信贷结构，防范金融风险；改变发展的理念，合理创新，着重发展“绿色金融”；加大与国际金融业的合作，特别是加强与国际金融组织和国际资本机构的合作，解决中小企业融资难的问题，优化与完善西部地区证券、金融业结构，进一步推动实体经济的发展。

10 月 26 日—27 日，中华职教社副理事长、民建中央常务副主席马培华出席在南京举行的“第三届中国职业教育振兴论坛”，并代表主办单位作《助推职业教育为区域经济社会协调发展注入持续动力》的主旨演讲。他强调：职业教育是提高人力资源水平的重要途径；是区域经济社会发展的重要支撑；是促进城乡经济社会协调发展的关键环节；是应对严峻就业形势的长久之计。只有将职业教育与区域经济发展密切联系起来，才能实现区域经济社会的持续发展。几乎所有经济发展迅速的区域，都有优质的职业教育做人才支撑。为此，必须以全新的视角来审视职业教育的社会价值，用全新的举措来提升职业教育的服务能力，用全新的思路来谋求职业教育的内涵发展。

12 月 2 日，民建中央副主席辜胜阻在京会见了法中委员会秘书长、法国谢阁兰基金会执行主席 Laure Mellerio 女士和法国奢侈品协会前主席、法国家族企业协会主席 Oliver Mellerio 先生等一行 3 人。宾主双方就近期欧洲经济、政治局势的热点问题特别是全球性金融危机给法国带来的影响以及中法两国商会体系的异同、法国家族企业的发展等问题深入交换了看法。谢阁兰基金会对中华思源工程扶贫基金会“扬帆计划”持续关注，曾为该计划募资 1 万余欧元。辜胜阻感谢谢阁兰基金会长期以来支持中国发展，特别对基金会新近开展的一项关于中法国际形象研究的项目表示赞赏，也希望基金会能与民建会员企业家建立交流与合作的渠道。

12 月 9 日，民建中央主席陈昌智出席民建清华大学委员会成立大会。他在讲话中指出，清华大学是我国著名高等学府，有着光荣的历史和辉煌的成就，为我国培养了大批优秀人才。希望新一届委员会班子和会员在工作中认真落实中共党委的要求，努力做好各项工作。当前特别是组织会员认真学习中共十七届五中全会精神，联系实际搞好参政议政，切实加强自身建设。

二、参政议政

2010年，民建坚持以科学发展观为指导，充分发挥自身特色和优势，紧密围绕中国共产党和国家的工作重心和关系民生的重要问题，特别是编制“十二五”规划等重大决策与工作部署，深入调查研究，广泛听取民意，通过政协提案、政协发言、高层协商、专项建议、社情民意信息等渠道努力在参政议政中提出水平较高、操作性较强的政策建议和措施。

（一）群策群力，做好全国两会上的提案、议案工作

全国政协十一届三次会议期间，民建界别的全国政协委员围绕加快转变经济发展方式、保障和改善民生等问题，积极提交大会发言、提案和社情民意。民建中央及民建界别的全国政协委员在本次大会的发言和提案情况如下：

1. 发言、提案情况。全国政协十一届三次会议共印大会发言材料734件，口头发言48件，书面发言686件，其中各民主党派、工商联所作的发言为368件。民建界别共提交大会发言68件，占大会发言总数的9.26%，占各民主党派、工商联发言总数的18.48%。民建中央共提交大会发言4件，包括口头发言《加快节能减排，促进可持续发展》，《推动沿边开放，促进边境少数民族地区经济发展》，书面发言分别为《完善市场机制，促进我国煤炭市场健康发展》、《关于中小企业后危机时代转型升级，实现可持续发展的对策建议》。民建界政协委员中，王少阶作大会口头发言《应着力提高统计数据的公信力》，马国湘作大会口头发言《加强职业教育的软实力建设，推动职业教育科学发展》。民建界别65名全国政协委员中，有28位委员参与了大会发言，委员参与率为43.08%。按政协大会发言组的分类，民建界别的68件大会发言中，经济类的发言40件，占58.82%；政治类的发言10件，占14.71%；文化类的发言10件，占14.71%；社会类的发言7件，占10.29%；统战政协类的发言1件，占1.47%。

截至2010年3月7日，全国政协十一届三次会议共收到提案5430件，立案5163件。民建中央、民建界及民建界别的委员为第一提案人的立案提案226件，占立案提案总数的4.38%。其中，民建中央提案34件，占大会立案提案总数的0.66%。各民主党派中央、全国工商联提案268件，其中民建中央占12.69%。民建界别小组提案2件，民建界别的委员为第一提案人的立案提案190件。以第一提案人名义向大会提交提案的民建界别委员56人，委员参与率为86.15%。根据政协对提案内容的分类，民建界别的226件提案可分为3大类14方面内容，其中经济建设方面的提案占62.39%，教科文卫体方面的提案占14.60%，政治法律社会保障方面的提案占23.01%。

民建中央提案中《关于转变经济发展方式，以低碳技术推动新型产业发展的提案》、《关于发展绿色低碳建筑促进节能减排的提案》、《关于发展科技保险提高我国自主创新能力的提案》、《关于改革收入分配格局，构建和谐社会的提案的提案》等4件提案被全国政协《重要提案摘报》采用，其中关于改革收入分配制度的提案得到了中共中央领导批示，大会口头发言《加快节能减排，促进可持续发展》得到了李克强副总理的批示。《关

于转变经济发展方式以低碳技术推动新型产业发展的提案》、《关于改革国民收入分配格局构建和谐社会的提案》、《关于促进村镇银行健康快速发展的提案》、《关于创新思路以网络化方式缓解中小企业融资难的提案》、《关于加快金融体制改革切实化解中小企业融资难的提案》等5件提案参加全国政协提案办理协商会，《关于进一步推进职业教育改革与发展的提案》被列为全国政协重点提案调研。

2. 议案、建议情况。十一届全国人大三次会议期间，担任全国人大代表的民建会员紧密围绕贯彻落实科学发展观、构建社会主义和谐社会、促进经济社会健康发展等重要问题和百姓关注的热点问题建言献策，积极提交议案、建议和发言，据不完全统计，会议期间，担任全国人大代表的民建会员提交议案、建议、发言300余份，内容涉及经济、文化、教育、环保、三农等多个方面。

从反馈情况来看，代表们反映的议案、建议不仅数量多而且质量好，很多议案、建议都得到了有关部门的重视与认可。例如，来自浙江的车晓端代表，在会议上共提交19份建议，其中有关因地制宜科学设计行政区划的建议被确定为全国人大2010年部门办理重点建议之一，全国人大办公厅、国家有关部委领导和专家组成的调研组专门到绍兴与车晓端代表交流意见，并召开座谈会听取当地相关部门意见。来自山东的宋心仿代表，每年两会期间都积极提出建议，2010年两会上他独立撰写提交了45份建议，内容涉及民生多个方面，其中《关于构建养老网络，应对老龄社会的建议》被全国人大选为重点建议，并参与了民政部等部门组织的专项调研。来自江西的胡振鹏等代表提出的《关于建立畜禽养殖污染防治长效机制的议案》，根据全国人大资源环境保护委员会报告，已经纳入2011年国务院行政法规立法计划。马力代表在2010年两会上提交了7件建议，内容涉及控烟、基层公共文化、流动人口服务、建立抗美援朝名录碑等多项内容，会议期间接受新华社、人民日报、光明日报等国内和朝日新闻等国际新闻媒体的采访20余次，7件建议均得到有关部门答复和重视，例如，关于制定全国公共场所禁烟法的建议，国务院法制办召集有关部门进行《公共场所禁烟法》专题研究，全国人大教科文卫委员会从400多名代表提交各类控烟提案中，挑选出马力代表提交的《公共场所禁烟法》作为控烟立法的题目和内容，并列入2011年重点立法调研项目。

（二）积极参与政治协商，及时提出专项建议

在深入展开调查研究和精心准备的基础上，会中央领导代表民建中央在中共中央召开的多次高层协商会上，围绕经济社会发展和人民群众普遍关心的重要问题作了发言，并提出有针对性的意见、建议。民建中央还根据平时调研中发现的情况，及时提出相关意见建议报送中共中央，2010年整理了《关于加快健全三江源国家生态保护试验区生态补偿机制的建议》、《关于积极推进平潭综合实验区建设的建议》、《关于加快实施“走出去”战略的政策建议》、《关于加快提高中西部地区环境监测能力的建议》、《关于加快大别山革命老区一体化发展的建议》、《关于将毕节地区列为我国建立现代农村金融制度试验区的建议》等6份专项建议经中央统战部报送中共中央，其中前5份分别得到了中共中央领导同志的批示。

（三）围绕“十二五”规划的制定，积极建言献策

2010 年是全面实现“十一五”规划目标、为“十二五”发展打好基础的重要一年，民建中央将为编制“十二五”规划建言献策作为一项重要工作部署，深入调查研究，广泛听取民意，积极建言献策。一年来，积极向会员专家和地方组织征集“十二五”规划的课题调研成果，并专门召开座谈会，为“十二五”规划的制定积累素材。4 月份，向中央统战部报送了“十二五”规划有关建议材料；9 月份，形成民建中央《关于“十二五”期间进一步完善中央与地方财政体制的建议》、《关于“十二五”期间加快金融业发展的建议》、《关于“十二五”期间推进基本公共服务均等化的建议》、《关于“十二五”期间进一步加强农田基础设施建设的建议》、《关于“十二五”期间加快农民工市民化推进城乡一体化建设的建议》、《关于“十二五”期间加强保障性住房制度建设以解决住房公平问题的建议》、《关于在“十二五”期间进一步促进非公有制经济发展的建议》等 7 份专门建议材料，经中央统战部以《民建中央关于制定十二五规划的若干建议》为题报送中共中央，得到了温家宝、李克强同志的批示。

（四）以年度课题为主线，深入开展调研活动

围绕会中央确定的“大力发展战略性新兴产业，推进产业结构调整，加快经济发展方式转变”、“加强中西部地区水污染防治，提高环境监管能力”、“完善社会保障制度，应对社会老龄化问题”、“中小企业转型与创新”四个重点调研专题，向民建各省级组织、各位中央委员发出了《关于做好 2010 年会中央四个重点专题调研工作的通知》，大部分省级组织和中央委员选择了至少一个课题进行研究。在四位牵头主席的领导下，分别确定了工作计划、研究方案，组建了专家队伍，并赴广东、陕西、湖北、江西、江苏、山东、福建、浙江等地调研，走访了工业和信息化部等政府有关部门。在各方面力量共同努力的基础上，形成了《大力发展战略性新兴产业，推进产业结构调整，加快经济发展方式转变》、《中西部地区经济发展亟需提高环境监测能力》、《立足国情，积极应对人口老龄化挑战》、《后危机时代中小企业转型与创新的调查与建议》等 4 份调研报告，提交九届四中全会讨论，并转化为民建中央提案、发言报送至全国政协大会。其中，调研阶段性成果《民建中央关于大力发展战略性新兴产业，推进产业结构调整，加快经济发展方式转变的建议》，经中央统战部送中共中央、国务院，温家宝总理作了重要批示。

5 月份，在中央统战部的组织下，陈昌智带队赴安徽、山东两省考察农村土地整治工作。根据考察情况形成的书面建议报送国务院，得到了多位领导同志的批示。11 月上旬，民建中央副主席王少阶带领民建中央调研组就“推动大别山革命老区一体化发展”课题赴湖北、河南、安徽等地进行调研，形成了调研报告和《民建中央关于加快大别山革命老区一体化发展的建议》报送中共中央，得到了中共中央领导同志的批示。

（五）广泛动员，发挥专委会和地方组织作用

注重发挥专委会委员的作用，经常就有关热点问题向专委会委员征求意见，例如为会中央领导参加高层协商准备发言材料和提供专项建议等；在会中央重点专题的调研和报告撰写过程中，重视发挥专委会委员的力量；同时，在调研和日常工作中还注意收集委员反映的社情民意信息，报有关部门。民建中央每年分春秋两季面向各省级组织进行年度调研成果征选，据统计，2010 年春季征选收到 21 个省级组织报送的 107 份材料，秋季征选收到 25 个省级组织报送的 269 篇文字材料，共计 376 份。

2010 年民建中央经济委员会、财政金融委员会、对外联络委员会联合召开“促进房地产业健康发展研讨会”，形成了《关于促进我国房地产业健康发展的政策建议》；经济委员会组织部分委员对区域协调发展问题开展调查研究，参加了“黄河上中游兰西银多民族经济发展论坛”，赴鄂豫皖大别山革命老区调研；财政金融委员会研讨了毕节试验区跨越式发展的经济金融政策等专题，形成了《关于将毕节地区列为我国建立现代农村金融制度试验区的建议》；理论委员会完成了关于加强民建地方组织领导班子建设的课题研究；科教委员会与中华职教社联合举办“2010 海峡两岸终身教育论坛”；文化委员会有关专家致力于北京源文化研究，在全国政协礼堂举行了图片展和座谈会；企业委员会与福建省委会联合举办“第三届海峡物流论坛”；法制委员会为会中央领导参加最高法、最高检座谈会认真准备发言材料，并对《中华人民共和国人民调解法（草案）》提出修订意见；妇女委员会专门召开会议研讨推广家政服务带动就业等问题；人口资源环境委员会参加了 2010 年“两岸新能源产业发展研讨会”。10 个专门委员会共提交 14 份调研课题报告。

（六）围绕中心，举办相关会议与论坛

10 月份在湖北召开 2010 年民建全国参政议政会议，来自民建各省级组织调研处长、社情民意信息工作人员、副省级城市的驻会副主委参加了会议。会议主要内容是交流参政议政工作经验，针对参政议政和社情民意工作存在的问题进行研究并展开讨论，并邀请相关专家邀做了关于当前经济形势的报告。

对我国房地产市场形势不断发生变化，2010 年 3 月，会中央经济委员会、财政金融委员会、对外联络委员会在广西联合举办“促进房地产业健康发展研讨会”，围绕房地产行业如何健康发展进行讨论。

（七）与国务院有关部门和司法机关开展联系合作

1. 与国务院有关部门联系情况。民建中央一向重视与国务院有关部门保持沟通联系。一是在重点专题调研过程中邀请有关部委参加，或者走访有关单位。2010 年，“大力发展战略性新兴产业，推进产业结构调整，加快经济发展方式转变”重点专题赴广东、陕西调研时，邀请了发改委产业协调司、工信部规划司领导参加调研，参与专题组讨论。“加强中西部地区水污染防治，提高环境监管能力”重点专题赴湖北、江西调研时，环境保护部副部长吴晓青，环境保护部规划财务司、污染物排放总量控制司领导同志等参加调研和讨论，并对专题调研报告提出意见建议。“立足国情，积极应对人口老龄化挑战”重点调研专题组专门邀请国家发改委、民政部、国家计生委、人力资源和社会保障部以及国家老龄办等部门和单位的有关负责同志座谈，对老龄工作中遇到的突出问题进行交流。会后，专题组又与国家老龄办进行了联系，双方交流了阶段性的调研成果和观点。二是在课题报告形成后向有关部门征询意见。6 月 18 日，民建中央常务副主席马培华带专题组走访工业和信息化部，就拟提交中共中央、国务院的建议稿征求了工信部的意见，工信部党组成员、总工程师朱宏任及 6 个司的领导同志参加了座谈，充分肯定了建议稿，介绍了工

信部在推动战略性新兴产业发展方面所作的工作和计划出台的政策措施，并感谢民建中央对这一问题的关注和呼吁。“中小企业转型与创新”重点专题调研报告形成后，及时向工信部中小企业司、证监会、银监会、发改委等有关部门征求了意见。三是日常工作中及时就有关热点问题进行沟通，形成建议。2010 年 5 月，民建中央第一副主席张榕明接待商务部来访，国资委大型国有企业监事会主席、商务部国际合作司原司长李志群及商务部外资司、国际合作司领导和同志参加座谈会。李志群介绍了“走出去”战略的实施情况，并听取了张榕明的意见。会后，张榕明根据了解到的情况，形成专项建议《关于加快实施“走出去”战略的政策建议》向温家宝总理报送，并得到批示。

2. 与司法机关开展联系合作情况。2010 年 2 月 9 日，最高人民法院召开与各民主党派中央、全国工商联负责人和无党派人士代表座谈会，听取对最高人民法院工作报告的意见和建议，民建中央副主席辜胜阻参会并发言；2010 年 1 月 9 日和 12 月 23 日，最高人民检察院分别召开与各民主党派中央、全国工商联负责人和无党派人士代表座谈会，分别通报了最高人民检察院 2009 年和 2010 年工作情况，民建中央副主席辜胜阻两次参加会议并发言。

会中央高度重视与最高人民法院和最高人民检察院的座谈，为准备好相关意见建议，切实履行党派的民主监督职能，辜胜阻专门带队赴河北等地调研，并组织召开座谈会，听取民建会员中法律界人士对人民法院、检察院工作的意见建议；还积极向民建中央法制委员会全体委员以及部分在地方法院、检察院任职的会员征询有关意见建议。

（八）反映社情民意情况

反映社情民意是民主党派发挥参政议政作用的重要内容和渠道。2010 年，民建中央共收到中央及地方的社情民意来稿 2796 篇，编辑并向全国政协、中央统战部报送 571 期，被全国政协采用 74 期，其中《建立加快实施“走出去”战略的政策体系》、《当前鼓励农村金融供给的政策具有较大局限性》、《对促进工业气体行业健康发展的几点建议》等 9 期得到了中央领导批示，《关于切实禁止和预防刑讯逼供的建议》、《建议尽快修改〈诉讼费用交纳办法〉》等 4 期被全国政协转送有关部门后收到回函。

不断完善社情民意工作激励机制。2010 年，民建中央对民建四川省委调研处等 14 个省级组织的社情民意职能处室进行了表彰和奖励。同时，民建中央还对采用稿件给予一定的稿费奖励，提高会员反映信息的积极性。

注重加强对社情民意信息工作人员的培训。2010 年 10 月，民建召开 2010 年民建全国参政议政会议，会议印发了《反映社情民意信息工作参考材料选编》，对各省级组织信息一线工作人员进行培训，部分先进单位做了经验交流。此外，会中央还专门派人参加地方组织的培训，一年来到北京、上海、江西、浙江、湖南等地对地方组织社情民意信息员及一线工作人员进行有针对性的辅导。

此外，民建中央积极推动社情民意信息报送系统的升级改造，保证报送网络的稳定性与安全性。

三、社会服务

社会服务工作是民建参政议政的重要实践活动，也是服务经济发展、建设和谐社会、增强组织凝聚力、扩大社会影响的有效途径。2010 年民建全会发挥优势，注重实效，在服务社会工作方面作出新贡献。

（一）因地制宜，为促进定点扶贫县的经济发展、民生改善献计出力

民建中央组织会内专家对河北丰宁县的旅游资源和政策环境情况进行调研，研讨论证，帮助该县制定“十二五”旅游发展规划。同时组织部分企业家进行相关考察，对促进丰宁旅游产业，带动县域经济发展起到了一定推动作用。帮助扶贫重点村天桥镇前沟门村实施葫芦种植和加工的产业化，目前种植面积已达 3000 亩，成为丰宁县农业产业化龙头项目之一。同时为该村捐建了 80 口沼气池、一个卫生室、一辆医用汽车。通过多次联系协调，促成了上海光明集团与丰宁县合作开展农产品加工项目。9 月上旬，民建还组织了妇科、眼科、心脏内科等学科的专家到丰宁县开展医药下乡活动，当天共为 180 多位患者进行了义诊，还与当地医生开展了学术交流活动，为提高当地的医护水平提供了帮助。活动期间，民建中央向丰宁捐赠了价值 1. 2 万元的药品、1. 2 万元的文化设备和 35 台电脑，受到了当地干部群众的欢迎和好评。

继续帮助贵州省黔西县发展县域经济，积极开展招商引资活动。民建中央组织人员加强了调研走访的力度，深入黔西乡村的田间地头，与当地群众促膝座谈，了解农民的生产生活情况，取得了第一手资料。针对黔西化屋村农家乐旅游虽初具规模却缺乏经营经验的现状，民建协调资金 1. 5 万元，帮助新仁乡政府组织农户代表到贵州省内乡村旅游开展较好的地区考察，收到了良好的成效。此外，还为化屋村的文化室采购了 500 多册农业应用书籍，价值 4000 多元，把知识和科技送到当地农民手中。为帮助新仁乡养殖户和种植户提高科学种植、养殖水平，民建积极与贵州省农广校联系，聘请农业专家、教师到新仁乡对当地 150 余名农民开展实用技术技能培训，取得了良好的效果。帮助黔西县落实了 1050 口水窖建设工程，投入使用后，极大地缓解了当地群众生活饮水问题。6 月中旬，民建还组织北京和贵州两地的心血管科、妇科、眼科、骨科等医学专家到黔西县开展大型医疗下乡义诊活动，共接诊 347 人次，实施外科手术两例，发放了价值 5000 余元的药品。义诊活动为当地缺医少药的农民群众送去了健康，帮助促进了当地医疗卫生水平的提高。12 月初，在民建中央机关组织召开了“民建中央为黔西县‘十二五’规划咨询论证会”，邀请国务院发展研究中心、中科院地理所和人民大学的专家学者与黔西县有关负责同志交流座谈，为黔西县“十二五”规划提出修改意见，为黔西县制定科学可行的“十二五”规划献计献策。

（二）帮助毕节试验区开展招商引资、基础设施建设等工作

为促进毕节试验区非公有制经济的快速发展，民建继续发挥密切联系经济界的优势，组织企业家赴黔西开展考察投资。4 月份，民建组织北京、贵州等地 24 名会员企业家随民建中央副主席张少琴赴毕节试验区参加“一节两会”活动，并实地考察了投资项目。

民建会员刘汉元投资1400多万元的黔西饲料厂如期竣工，于7月底正式投产，此项目将极大地促进毕节地区养殖行业的发展。民建会员李相才与黔西县政府合作推广魔芋种植进展顺利，全县现已落实魔芋种植面积3010亩，有望成为当地农业产业化的支柱性产业。民建社会服务部联系水利部，成功申报将黔西县列入了全国小型农田水利建设重点县。项目实施后，累计投资将达8800万元，惠及13个乡镇92个行政村20余万人，这将使黔西县农田水利基本建设得到彻底改观，迈上一个新台阶。

（三）积极参与抗灾救灾工作

1. 开展西南抗旱救灾。今年年初以来，我国西南地区遭遇几十年不遇的持续旱灾，当地人民生产生活受到了极大的影响。灾情发生后，民建中央领导高度重视，专门召开会议部署抗旱救灾工作，要求民建中央社会服务部和思源工程基金会要扎实做好参与西南地区抗旱救灾的各项工作。立即向黔西县捐赠11.5万箱、价值223万元的矿泉水，缓解当地孤老、学生和留守儿童的饮水困难。思源工程扶贫基金会联合有关单位发起了“思源·甘泉”行动计划，为受灾地区捐建水窖。民建中央下发了《关于积极参与中华思源工程扶贫基金会“思源·甘泉”行动的通知》，动员各级组织和广大会员集中力量，为“思源·甘泉”行动奉献爱心。活动得到了民建各省级组织的积极响应，纷纷以认捐或援建的形式，迅速参与到为西南旱灾地区援建思源水窖的行动中来。据不完全统计，思源工程基金会为西南旱灾地区共筹集款物941.88万元，包括善款873.38万元，物资68.5万元，可捐建水窖2910个。在民建爱心力量的感召下，西南地区的水窖建设得到了当地政府的高度重视，有力地推动了广西、云南、贵州等地的人畜饮水工程建设。

2. 参与玉树抗震救灾。4月，青海玉树发生强烈地震，民建中央迅速向全会发出了《关于做好抗震救灾及捐款工作的通知》，各地方组织和广大会员积极响应。思源工程扶贫基金会及时为青海玉树抗震救灾募集善款2222.84万元，物资124.93万元，送达灾区。陈昌智亲自到青海考察，期间思源工程扶贫基金会再次向青海灾区捐款1800万元。联系组织书画艺术家的义卖活动，共筹得善款250多万元，全部用于玉树地区灾后重建。截至年底，民建通过各种渠道，向玉树地区捐款捐物合计达1.5亿多元。

3. 参与舟曲特大泥石流灾害救灾。8月，甘肃甘南藏族自治州舟曲县突发特大泥石流，造成重大人员伤亡。民建中央捐款100万元，加上民建甘肃省委及会员企业家捐款，共计174万元。这是灾害发生后第一时间甘肃省收到的来自外省市的最大一笔捐款，得到了民政部的肯定，在灾区也引起了反响。

在全国人民相互支援、相互协作英勇抗击严重自然灾害的斗争中，民建各级组织和广大会员表现了无私奉献的高尚情操，特别是灾区的地方组织和会员为抗灾救灾作出了贡献。各主要新闻媒体报道了民建参与救灾的情况，受到社会各界好评。

（四）为新疆发展献计出力

中共中央新疆工作座谈会召开后，民建中央迅速贯彻会议精神，要求民建各级组织动员和组织会员企业家积极参与新疆的开发建设。8月，民建中央主席陈昌智带领民建企业家考察团赴新疆开展调研和投资项目考察，就搞好新疆建设和发展提出建议，签订3个投资项目，现已开工建设，投资总额达91亿元，产生了良好社会影响。

（五）推动实施“园丁计划”

2010 年民建在大连举办了“园丁计划”第三期民建援建学校骨干教师培训班，来自河北、内蒙古、辽宁、吉林、黑龙江五省的近百名民建援建学校校长和骨干教师参加了培训。培训从参训学员的实际情况出发，用丰富的教学实例向老师们讲授学校管理理念和教学技巧。学员们表示，培训课程设计合理、内容全面、教学质量高，通过这次培训，开阔了眼界、丰富了实用的教学理论和管理知识，有助于自身教学水平的提高和学校管理的完善。

（六）积极做好所联系的非公有制经济代表人士工作

1. 组织专题座谈，帮助会员企业家提高政治素质、开展行业交流。

为进一步做好所联系的非公有制经济代表人士工作，“两会”之后，民建中央组织召开座谈会，深入学习胡锦涛总书记在全国政协十一届三次会议民建、工商联委员联组会上的重要讲话精神，来自京、津、冀等地的民建企业委员会委员和专业组成员共 40 余人参加会议。6 月，召开了民建物流企业会员座谈会，围绕我国现代物流业的发展问题深入研讨。7 月初，召开了会员企业融资经验交流座谈会，来自河北、上海、山东、安徽、湖北等地的会员，就各地推动解决中小企业融资问题开展交流。会议还邀请了工信部中小企业司的同志对有关政策法规进行了详细的介绍和讲解，为推动解决会员企业融资问题进一步开拓了思路，打下了基础。目前，已有 16 个省级组织协助会员成立小额贷款和担保公司等 32 家投融资机构，为会员企业提供贷款 4 亿元。

2. 走访会员企业，关心会员企业发展，帮助会员企业实现合作和投资。

8 月上旬，民建中央主席陈昌智亲自带领企业家队伍一行 40 余人赴新疆考察投资发展环境、调研会员企业发展情况。民建中央还组织人员先后走访了福建五齐学校，了解职业教育领域会员企业的发展情况；走访了上海凯普狄诺服饰有限公司，了解会员企业在发展中的现状和困难。为江苏会员企业来京投资发展牵线搭桥，在北京亦庄经济开发区了解投资政策和环境。全年接待会员企业家来访 30 人次，帮助他们联系融资和投资项目，并向风险投资公司推荐发展前景看好的会员企业，促成双赢发展。

四、联络工作

2010 年民建以港澳台工作为重点，积极开展联络工作。继续推动港澳地区与内地的经贸往来与交流合作，积极探索与国外工商界联系交流合作的新途径。全年共接待台湾基层干部访问团、台湾世新大学访问团、台北开平餐饮学校访问团、台湾地方经济发展专家访问团、香港会友思源学校访问团、台湾日盛金控金融专家访问团等 6 个来访团组，共计 62 人；组织大陆农业专家访问团和大陆职业教育访问团赴台、内地经济界人士访问团赴港澳访问，共计 52 人；组织环境保护与资源利用考察团赴非洲、社会保障制度考察团赴东欧、高科技与文化产业考察团赴印度等 3 个境外团组，共计 30 人。

10 月 11—16 日，民建中央主席陈昌智率内地经济界访问团访问港澳。访问团参访了香港中华总商会、香港中华厂商联合会、香港贸发局、香港中华出入口商会、中远香港国际货柜码头有限公司、香港工会联合会、澳门中华总商会、澳门厂商联合会等12家机构，会见了全国政协副主席、澳门前行政长官何厚铧以及澳门署理行政长官张国华。在港期间，陈昌智广泛接触了香港工商经济界上层人士，围绕大陆和香港经济社会发展前景等问题开展交流。在"香港与内地经济融合发展"论坛上，陈昌智作了题为"促进香港与内地经济进一步融合发展"的主旨演讲，高度评价了香港各界在特区政府的领导下，贯彻实施《基本法》所取得的显著成就。从发展战略性新兴产业、加强金融服务合作、参与西部大开发、参与国企改造等方面，分析了香港在国家经济发展总格局中的重要战略地位和独特优势，勉励香港同胞用好用活 CEPA，建设繁荣稳定的香港。这次访问，得到了香港和澳门各界的热烈欢迎和极大关注，宣传了中央政策，加深了民建与港澳工商界的联系和友谊，还促成了内地 IT 行业和服装制造业与香港澳门相关产业合作意向的达成，取得了良好的交流效果，《文汇报》、《澳门日报》、《大众报》等媒体做了生动报道。

深化对台湾中南部基层民众的工作。近年来，民建加强与台湾中南部具有影响力的重点人物联系，逐步扩大对台交往的深度和广度。2010年民建接待了台湾基层干部访问团，访问团成员均来自台湾中南部基层，包括多名民进党党员，他们中绝大部分是首次访问大陆。访问团拜访了中共中央统战部、国台办和民建中央等单位，参观了上海世博会。陈昌智在会见访问团时就中国共产党领导的多党合作制度等问题做了精彩解答。访问团员惊叹大陆取得的经济成就，并感谢民建中央的盛情邀请，使他们有机会从政治、经济、文化等多个方面了解大陆，同时我们也倾听到台湾基层百姓和不同党派的声音。

5月中旬民建与台湾世新大学在京共同举办"两岸新能源产业发展研讨会"。此次研讨会是民建中央与台湾世新大学联合举办的第12次经济系列研讨会。会议围绕推动我国经济结构的调整和增长方式的转变，加快推进节能减排和环境保护，促进海峡两岸在新能源产业领域的交流与合作等问题开展研讨。期间，民建为世新大学与中国人民大学建立校际合作牵线搭桥，两校签订了合作协议。民建还相继帮助联系台湾嘉义大学和中国农业大学、西北农林科技大学、新疆农业大学签署校际合作协议；帮助台湾南开科技大学与中国老龄研究中心、北京大学人口研究所建立合作联系；帮助会员企业四川现代教育集团与台北开平餐饮学校达成合作意向。

加强与国外工商经济界交流。4中旬，民建组织高科技与文化产业考察团参观了印度班加罗尔软件园区、以色列特拉维夫科技孵化中心、法国泛欧交易所近10家科研机构和公司，并与以色列亚洲协会、以中关系协会、法国精品联合会、法国家族企业联盟等机构建立了联系。考察团还与以色列工贸劳工部副部长、法国经贸部官员以及法国数字经济发展事务国务秘书进行了深入交流。此次出访为民建企业家"走出去、引进来"创造了机会，作为后续成果，以色列的风险投资企业已经通过民建开始在湖北实地考察投资环境和项目。民建中央领导先后会见了以色列驻华大使、马来西亚易健集团首席执行官、罗马尼亚企业家联合总会主席、泰国泰华农民银行总裁等驻华使节、政府官员和工商经济界高层人士。这些活动开拓了民建与国外企业、国际商会交往的渠道，为民建开展参政议政、搭建会员企业对外合作平台起到了积极作用。

五、自身建设

2010 年民建各级组织着眼于多党合作事业发展，结合自身实际，以继承和发扬民建优良传统作为切入点和抓手，以推动自身建设作为落脚点和归宿，积极在全会组织推动树立和践行社会主义核心价值体系活动，参政能力建设取得新的进展。

（一）深入开展树立和践行社会主义核心价值体系活动

民建认真开展树立和践行社会主义核心价值体系活动，各级组织深入学习贯彻中共十七大、十七届五中全会精神、胡锦涛总书记重要讲话精神，落实民建九大精神，紧紧围绕坚持中国共产党领导、走中国特色社会主义政治发展道路这一主题，周密部署、精心组织，开展了形式多样的活动，广大会员积极响应、热情参与，取得了显著成果。

3 月 3 日和 9 日，民建中央先后召开了九届十一次主席会议、九届十次中常委会议，传达并认真学习了胡锦涛总书记在党外人士迎春座谈会上的重要讲话精神。民建中央主席陈昌智强调，民建作为致力于中国特色社会主义事业的参政党，既是社会主义核心价值体系建设的参与者，也是遵循者和践行者。民建一定要把树立和践行社会主义核心价值体系活动组织好、开展好，并取得实效。经过认真研究，民建确立“大力弘扬优良传统，紧密结合工作实际”的基本思路，围绕树立和践行社会主义核心价值体系这一主线，把加强自身建设作为全年工作重点。3 月 19 日，民建中央制定下发了《关于开展“弘扬民建优良传统、努力践行社会主义核心价值体系”系列活动的方案》，详细安排了学习孙起孟同志、学习民建的优良传统、学习会章会史、纪念民建成立 65 周年等四个阶段工作，贯穿全年，有序推进。4 月 21 日至 22 日，民建中央召开宣传思想工作会议，及时对树立和践行社会主义核心价值体系活动前一阶段工作进行总结交流，对今后工作进行部署。活动开展以来，民建中央主席、副主席分别带队，先后深入广东、吉林、天津、浙江、江苏等十几个省市进行调研，督促指导，落实任务，并结合会的历史和现实，带头宣讲社会主义核心价值体系，宣讲民建优良传统，使广大会员深受教益，取得了明显成效。

民建以学习孙起孟同志爱学、爱国、爱党、爱会的优秀品质为切入点，深入推动树立和践行社会主义核心价值体系系列活动。3 月 15 日，民建中央组织召开了“孙起孟同志追思会”。4 月 1 日，统一战线“学习孙起孟同志优秀品质，树立和践行社会主义核心价值体系”座谈会召开，杜青林部长发表了重要讲话，高度评价孙起孟同志追求真理、追求光明、追求进步的光辉一生。民建地方组织也通过组织座谈、收看《追思起孟》专题片、学习孙起孟同志生平事迹和讲话著述，进一步增强广大会员弘扬老一辈优良传统、践行社会主义核心价值体系的自觉性和责任感。在统战系统“身边榜样——树立和践行社会主义核心价值体系先进人物报告会”上，民建会员刘汉元宣讲了自身奋斗经历，展现了民营企业家爱国、守法，致富思源、富而思进的时代风采。民建把树立和践行社会主义核心价值体系与纪念建会 65 周年活动、评选和学习先进典型有效结合起来，部署在民建全会开展了评选先进基层组织和优秀会员活动。各级组织积极响应，经过一年的细致工作，评选出为会内有突出贡献的 398 优秀会员和 153 先进基层组织，在纪念建会 65 周年大会上进行表彰，极大地鼓舞了广大会员立足本职、报效祖国的热情和积极性。

民建各级组织注重广泛发动，以学习为先导，加强教育培训，通过领导和骨干的表率作用，影响和带动广大会员，不断提高活动的参与度和覆盖面。配合活动的开展，民建中央列出了学习参考书目：《社会主义核心价值体系学习读本》、《六个“为什么”——对几个重大理论问题的回答》、《中国民主建国会简史》、《中国民主建国会基本知识》等，编发了民建优良传统的宣讲材料，制作了民建优良传统宣讲光盘，确保基层学习有内容、有依据。各级中心学习组把社会主义核心价值体系作为学习的重要内容，集中学习了“社会主义核心价值体系学与行”电视电话报告会精神，开展座谈讨论、辅导讲座，带动广大成员提高学习积极性和主动性，形成民建全会学习的热潮。民建结合纪念建会65周年，围绕总结自身建设经验、推进参政能力建设主题，积极开展理论研究。一年来共收到论文203篇，评选出优秀成果40篇。民建中央与中央统战部在中央社会主义学院联合举办民主党派中青年干部多党合作专题研究班，30名省级组织的中青年干部参加，民建中央领导为研究班作了辅导报告。选派39名省市级组织的骨干参加中央社会主义学院举办的民主党派干部进修班和培训班。各级组织通过坚持不懈地推动广大会员开展学习，使中国特色社会主义“一面旗帜、一条道路、一个理论体系”深入人心，使中国特色社会主义共同理想成为广泛共识，不断巩固和发展全会团结奋斗的思想基础。

民建各级组织积极探索，勇于创新，用会员乐于参与、易于参与的活动吸引会员、凝聚会员、引导会员。6月上旬民建召开了全国自身建设工作会议，进一步强调把树立和践行社会主义核心价值体系贯穿于思想建设、组织建设、制度建设以及领导班子建设等各个方面。会中央组织机关干部通过集中培训、深入基层调研、知识问答等形式，强化学习教育效果。民建浙江省委组织了全省机关干部暑期读书会，重点学习社会主义核心价值体系和会的优良传统。民建江苏省委推动实施富有特色的自身建设计划，开展大调研、大培训、大宣传活动，增强组织的创新活力、履职能力、发展动力。民建贵州省委会组织开展了“学理论、学传统、学典型”和“参政议政比质量，促进发展比贡献”活动。民建上海市委会编发了《树立和践行社会主义核心价值体系学习资料》，并号召会员积极参与世博、服务世博，人人争当世博志愿者，以实际行动践行社会主义核心价值体系活动。民建青海省委把树立和践行社会主义核心价值体系活动与抗害救灾紧密结合，号召会员为支援灾区重建献计出力。民建福建省委注重发挥会内老领导、老同志的作用，通过他们的言传身教，使广大会员不断增强对民建优良传统的理解和把握。民建重庆市委充分利用当地统战历史教育资源，组织会员学习会史，学习老一辈的优良传统。民建四川省委举行了弘扬民建优良传统，努力践行社会主义核心价值体系演讲比赛。这些行之有效的举措，使学习教育活动开展得生动活泼，富有生机。

民建积极利用会内外媒体和宣传渠道，着力营造树立和践行社会主义核心价值体系活动的浓厚舆论氛围，扩大学习教育活动的影响力。民建中央主席陈昌智、副主席张少琴分别在《团结报》发表了关于树立和践行社会主义核心价值体系的理论学习文章。各级组织充分利用网站和会内刊物，交流学习活动情况，介绍典型经验，选登辅导材料。《民讯》、民建中央网站开辟了树立和践行社会主义核心价值体系活动专栏。目前已经刊发有关学习体会文章、经验材料400多篇。特别是一些基层组织和会员的先进事迹，生动感人，在会内产生了良好的示范带动作用。在民建中央支持下，25 集电视连续剧《黄炎培》摄制完成，并在中央电视台播出，用艺术形式再现民建老一辈与中国共产党风雨同舟、荣辱与共、共创伟业的史实，在统战系统和社会上产生了较大影响。民建中央及时部署全会认真组织收看，并作为树立和践行社会主义核心价值体系活动的重要内容之一，组织开展座谈观后感、征文等活动，征文活动共收到各地来稿 580 多篇，评选出 60 篇优秀作品，发挥了积极的舆论引导作用，营造了良好的思想宣传氛围。

通过各级组织和广大会员的共同努力，树立和践行社会主义核心价值体系活动取得重要成果。一是坚持把中国特色社会主义理论体系作为开展活动的指导思想，切实把握社会主义核心价值体系的科学内涵和时代要求，广大会员践行社会主义核心价值体系的自觉性和坚定性进一步加强。二是坚持把自我教育作为开展活动的重要原则，探索宣传思想工作新途径，多党合作的思想政治基础进一步巩固。经过多年探索，民建逐步形成了“以开展主题教育活动为抓手、以组织系统学习培训为重点、以建立完善制度为保障”的自我教育新模式。三是坚持把履行职能作为开展活动的落脚点，牢固树立参政为民、服务社会的履职理念，全会为全面建设小康社会献计出力的责任感和使命感进一步增强。四是坚持把推进参政能力建设作为活动的重要内容，切实提高会的整体素质，全会健康持续发展的生机和活力进一步提高。

（二）积极开展理论研究和舆论宣传工作

民建紧密围绕加强自身建设这一全年工作重点，深入开展调查研究，在参政党理论建设和会史工作方面，取得了一些重要成果。民建中央组织专门人力，在《中国民主建国会史稿》的基础上，对民建八大以来履行参政党职能和推动自身建设的实践进行梳理总结，最终编辑完成《中国民主建国会简史》。这部简史时间跨越半个多世纪，总计二十章，31 万字，为各级组织和广大会员学习会史、会的优良传统，推动树立和践行社会主义核心价值体系活动提供了重要素材，是民建历史研究的新成果，也是向民建成立 65 周年的献礼。此外，民建结合纪念建会 65 周年，围绕总结自身建设经验、推进参政能力建设主题，推动全会开展理论研究。一年来共收到各地提交的论文 203 篇，评选出优秀成果 40 篇。

在新闻宣传方面，一是做好日常会务活动报道。组织了对民建中央常委会、全委会、自身建设工作会议等的宣传报道。二是做好全国两会的报道。两会前夕，在京召开记者通气会，通报民建有关提案、发言情况，驻京 30 多家媒体的记者到会。据统计，两会期间主要报刊、网站有关民建的报道达 400 多条。三是做好重点调研课题、重要建议和重大活动的报道。联系记者对民建中央确定的今年四个重点调研课题进行了报道。9 月 15 日《人民日报》刊载了陈昌智的《打赢节能减排攻坚战》。7 月 7 日，《人民日报》刊载了张榕明的《老龄产业一座待挖的“金矿”》。10 月 21 日，《人民日报》刊登了马培华的《新兴战略产业：靠什么带动?》。人民日报海外版对民建中央领导带队就三江源生态补偿机制建设情况调研也作了深入报道。政协报、团结报等媒体今年先后推出《小水窖储满“爱心泉”》、《凝心聚力，共渡艰危》等文章，充分反映民建中央扶贫支边工作和抗震救灾情况取得的显著成绩。此外，对孙起孟同志追思活动、《黄炎培》电视连续剧观后情况，树立和践行社会主义核心价值体系活动、学习中共十七届五中全会精神座谈会、中小企业与创业就业座谈会、两岸新能源产业发展研讨会等进行报道，均产生了良好反响。四是圆满完成纪念民建成立60周年大会新闻报道工作。据统计，全年在人民日报、人民网、新华社、新华网、中央电视台、光明日报、人民政协报、团结报等主要媒体上，有关民建的新闻报道达600多条。

此外，民建画院成功筹备举办了民建中央画院纪念民建成立65周年书画精品上海、江苏巡展；成立了民建画院常州和沧州分院。

（三）夯实基础，加强组织建设工作

为进一步掌握组织发展动态，民建中央组织部门在汇总、录入、核对各省级组织半年统计表的基础上形成《2009年各省级组织会员情况分析》和《民建省级组织及发展会员情况之最》。汇总各地上报2009年省、市级人大代表、政协委员、厅局级政府任职、特邀职务、获国家级奖励、增减会员名单，便于动态地掌握代表性人士的信息。针对会员整体现状和地区突出问题，通过数据分析、横向纵向比较，形成《2009年会员情况分析》，着重对知识结构、年龄结构、界别分布、在职情况、经济界会员比例、新社会阶层、中高级职称、大中城市的情况进行分析比较，为各省采取措施，合理控制各类会员比例提供依据和参考。专门开展了对会内代表人士特点和成长轨迹的分析研究，特别是综合研究他们成长过程中的时代背景、党派特色、政策推动、组织培养、个人魅力、社会影响等方面内容，撰写了《关于民建中央九届常务委员有关情况的初步分析报告》。编印《中国民主建国会组织工作文件汇编》，下发到市级组织。

为推动会员信息的动态管理，对全会组织管理系统的现状进行分析。继去年对组织管理系统进行完善升级后，结合当前形势，今年在会员信息系统中，征求地方组织意见，对“职称”、“专业专长”、“查询”部分进行了调整，优化了功能。同时，半年报表添加了“发展经济界”、“发展政府任职”“长江学者”的人数统计，一方面是适应有关部门统计数据的需要，另一方面着眼于未来的动态管理，尽可能提高系统的使用效率。加入政府管理网站后，每个省级组织有一位负责人和一位操作人员具体管理会员信息系统。不定期对各省级组织会员信息的录入工作进行检查，促进省、市级组织对系统的使用，并与操作人员沟通情况，随时处理使用中存在的操作问题。

（四）进一步推进会内监督工作

一年来，在民建中央委员会领导下，按照民建九届三中全会的部署，民建中央监督委员会深入学习贯彻科学发展观，围绕全会的工作大局，以推动贯彻落实会内监督条例为主要任务，从会的实际出发，积极稳妥开展工作，会内监督工作取得了新进展。

抓住契机，进一步营造监督工作良好氛围。面对新时期民建肩负的历史使命和民建自身发展的时代要求，民建中央召开了全国自身建设工作会议，出台了《民建中央关于新形势下进一步加强自身建设的意见》，提出了“会要管会”的主张，要求全会同志充分认识会内监督在发扬会内民主，维护会的团结，严肃会的纪律，履行会的职能，保证会的肌体健康，促进会的事业长远发展方面所起的重要作用，真正把会内监督作为加强自身建设的一条重要渠道和有效措施。陈昌智在工作会议上作了重要讲话，着重强调会内监督的重要意义、方针原则、指导思想和工作要求，进一步明确了会内监督的方向任务，对于在全会构建内部监督的浓厚氛围，营造开展监督良好环境，起到了重要的指导和引领作用。民建中央监督委员会以此为契机，深入推动各级组织认真学习贯彻会议精神，切实提高思想认识，在全会树立正确的监督理念，形成加强会内监督是新形势下保持会的活力的必然要求，是民建自我完善、不断发展进步的重要途径，也是会的事业健康发展的有力保障这一广泛共识，为会内监督工作的稳步开展奠定了良好的思想舆论基础。

务求实效，逐步推进会内监督工作。今年，民建中央监督委员会以协助推进领导班子建设为目标，从推动地方组织落实会内监督条例和加大实践探索力度两个方面入手，做了一些新的尝试。一是推动省级领导班子述职评议。今年恰逢届中，在中央监督委员会的建议和指导下，各省级组织认真部署，精心安排，积极开展届中述职。截至年底，已有22个省级组织开展了述职评议工作。中央监督委员会成员按照分工，先后参加了安徽、浙江、江苏、广西等省级组织的民主测评会，及时了解相关情况，并形成书面材料报送中央监督委员会办公室，切实履行监督职责。二是慎重处理涉及监督内容的信访。全年共处理此类信访13件次，这些信访内容比较敏感，背景较为复杂。中央监督委员会办公室在处理过程中坚持按原则办事，注意工作方法，通过多种渠道进行处理，并及时督促检查，取得了较好效果。三是结合具体情况发挥监督职能。

加强领导，试点工作稳步开展。建立省级组织监督委员会是健全会内监督体系的重要内容，会中央领导高度重视省级组织监督委员会试点工作。在会中央领导下，中央监督委员会深入指导，内蒙古、四川、湖北三个省级组织积极探索，试点省级监督委员会运转有序，各项机制不断健全，试点工作稳步推进。民建内蒙古区委会监督委员会通过发放问卷的形式了解会员对会内监督工作的意见和建议，建立了信息员联系制度，向会员公布了监督电话，制订了《民建内蒙古区委对全区直属组织进行督察考核工作的方案》，强化了会员的监督意识。民建四川省委会监督委员会就会内监督的内容和实践广泛开展调研，制定了《民建四川省委关于贯彻〈会内监督条例（试行）〉的意见》、《关于加强领导班子谈心会制度建设的意见（试行）》等8项制度，并参与了民建四川省委推荐全国优秀会员、社会服务等重大事项、活动决策程序上的监督。民建湖北省委会监督委员会制订了《民建湖北省委监督委员会关于贯彻落实〈会内监督条例（试行）〉的实施方案》，通过召开不同层次和范围的座谈会、恳谈会，发放征求意见表和调查问卷以及知识测试等形式，积极推动地方组织学习贯彻会内监督条例精神，并以条例为指导，督促市州委员会完善监督机制，使工作更加规范化、制度化。此外，三省（区）监督委员会还深入基层，参加地方组织谈心会和述职评议会，围绕换届工作履行监督职责，取得了很好的效果。

立足实际，切实加强会内监督制度建设。围绕《中国民主建国会会内监督条例（试行）》的贯彻实施，逐步建立完整配套的会内监督制度体系，是会内监督工作的重要方面。制度建设不仅要使会内监督工作有章可循，有法可依，逐步迈上制度化、正规化的轨道，而且必须从会的实际出发，切实可行，行之有效。谈心会是会内监督的重要实现形式之一。会中央对各省级组织召开谈心会的情况进行了调查分析研究，认为各地谈心会总体效果较好，但也有一些需要改进的地方，本着沟通思想、改进作风、增进团结、不断提高自身解决问题能力的精神，今年3月，会中央出台了《民建中央关于建立健全省级组织领导班子谈心会制度的意见》，对谈心会进行了规范。另外，在认真总结省级监督委员会试点工作的基础上，中央监督委员会研究起草了《中国民主建国会省级组织监督委员会成立办法》，围绕条件、程序和机构三方面提出了规范要求。这些制度都是在深入调研基础上形成的，具有较强的针对性和可操作性，为会内监督工作提供了保障。

规范有序，认真做好办公室工作。按照中央监督委员会的部署和办公室工作规则，中央监督委员会办公室认真开展各项工作。在完成日常工作的同时，走访兄弟党派，交流监督工作经验，并积极与有关部门加强沟通，交换意见。办公室将有关会内监督方面的6项制度编辑成册，发放省级组织以供参考，不定期编制中央监督委员会情况通报，便于大家了解会内监督工作的新情况、新进展。

（五）民建组织发展概况

截至2010年12月底，民建共有地方组织371个。其中包括省级组织30个，省辖市级组织287个，县级组织54个。基层组织6006个，其中基层委员会113个，总支490个，支部5403个。会员总数129873人。

经济界会员102895人，占79.2%。其中企业界会员80890人，占会员总数的62.3%。企业界会员中担任各种经济实体的正、副董事长、总经理、厂长等高级管理人员21775人，占企业界会员的26.9%，占会员总数的16.8%；其中私营企业主16280人，占企业界会员的20.1%，占会员总数的12.5%。新社会阶层人士31548人，占会员总数的比例24.3%。会员中人大代表3163人，政协委员18867人。担任县处级以上政府及司法领导职务的1108人，担任各级特邀（约）职务的4337人。

全年入会7359人，其中有大专以上学历的占96.4%；有大本以上学历的占70.0%；有研究生以上学历的占14.0%；有中、高级职称的占39.1%。

孟孝忠　民建中央宣传部部长

王永飞　民建中央宣传处处长

中国民主促进会

2010 年，中国民主促进会认真学习中共十七届四中、五中全会精神，根据形势发展变化及其对参政党的要求，坚持以树立和践行社会主义核心价值体系为主线，以创建先进地方组织、基层组织和加强机关建设为载体，建设学习型参政党；坚持“有思有行、集智聚力、顺势而为、开拓创新”的工作方针，以促进经济发展方式转变和改善民生为着力点，努力实现执政党建设与参政党建设、会中央工作与地方组织工作、自身建设与履行职能、实际工作与理论研究的相互促进，自身建设有新面貌，履职能力有新提高，各项工作取得了新进展。

一、重要会议及活动

2010 年，为加强对民进全会工作的指导，根据民进会章的规定，民进举行了中央全会 1 次、中常会 4 次。根据工作需要举行了一系列专项工作会议和纪念座谈会，研究部署并推动各项工作的开展。

（一）十二届四中全会

12 月 8 日—10 日，民进十二届四中全会在北京召开。这次会议的主要内容是：学习贯彻中共十七届五中全会精神，审议中国民主促进会第十二届中央常务委员会工作报告，听取中国民主促进会第一届中央监督委员会 2010 年度工作情况报告等。

民进中央主席严隽琪受民进第十二届中央常务委员会委托作工作报告。她从树立和践行社会主义核心价值体系，推动思想理论建设；开展创建民进全国先进地方组织、先进基层组织活动，全面推进组织建设；围绕经济社会发展中的重大问题建言献策，积极履行参政议政、民主监督职能；发挥优势，体现特色，努力提高服务社会的能力与水平；努力加强机关建设，为建设高素质参政党提供坚强保障等五方面对民进 2010 年的工作进行了总结。

报告对 2011 年工作进行了部署。提出，2011 年是我国实施“十二五”规划的开局之年。民进全会要高举中国特色社会主义伟大旗帜，以中国特色社会主义理论体系为指导，深入学习贯彻科学发展观，认真学习中共十七届五中全会精神，以纪念中国共产党成立 90 周年、辛亥革命 100 周年等活动为契机，巩固深化树立和践行社会主义核心价值体系、建设学习型参政党活动的成果，做好换届筹备工作，全面推进适应时代要求的高素质参政党建设。要坚持“有思有行、集智聚力、顺势而为、开拓创新”的工作方针，紧紧围绕“十二五”规划的制定与实施，找准履行职能的着力点和切入点，发挥优势、体现特色，为促进经济发展方式转变、保持社会和谐稳定作出新贡献。

开幕式上，民进中央副主席、民进中央监督委员会副主任潘贵玉向民进十二届四中全会作民进第一届中央监督委员会2010年度工作情况报告。

10日，民进十二届四中全会闭幕。民进中央副主席兼秘书长朱永新主持会议。严隽琪出席闭幕式并讲话，对贯彻落实民进十二届四中全会精神提出明确要求：第一，继续深入学习贯彻中共十七届五中全会精神；第二，切实搞好换届筹备工作，大力加强组织建设；第三，坚持用社会主义核心价值体系引领全会工作。会议通过了《中国民主促进会第十二届中央委员会第四次全体会议决议》。

（二）中常会

1. 十二届十次中常会

3月9日，民进十二届十次中常会在北京举行。会议的主要内容是学习十一届全国人大三次会议和全国政协十一届三次会议精神，研究部署建设学习型参政党与树立和践行社会主义核心价值体系的工作。罗富和主持会议并讲话。

罗富和向常委会传达了十二届十次主席会议精神，以及主席班子成员就树立和践行社会主义核心价值体系进行专题学习的情况。他说，对民进各级组织和广大会员来说，树立和践行社会主义核心价值体系，最重要的就是坚持中国特色社会主义发展道路，特别是中国特色社会主义政治发展道路。社会主义核心价值体系关键在践行，民进各级组织要教育和引导广大会员把社会主义核心价值体系内化为价值理念和道德观念，外化为行为规范和行为准则，使全会不断凝聚奋发向上的精神力量，不断巩固团结和睦的精神纽带。

会议审议通过了《民进中央关于学习贯彻十一届全国人大三次会议和全国政协十一届三次会议精神的通知》。《通知》要求，全会各级组织要指导广大会员认真学习两会精神，清醒认识当前国际国内形势，深刻理解我国面临的新机遇、新挑战，进一步树立大局意识、忧患意识和责任意识，把思想和行动统一到中共中央和国务院关于做好今年工作的决策部署上来，自觉地承担起参政党肩负的历史使命和重大责任。

民进中央副主席王佐书在会上报告了民进全国社会服务工作会议的筹备情况。

2. 十二届十一次中常会

6月8日—9日，民进十二届十一次中常会在山东省日照市召开。本次会议的主要内容是总结民进全会上半年工作，听取社会主义核心价值体系专题报告，并就开展树立和践行社会主义核心价值体系、推进学习型参政党建设的情况和经验进行交流。

严隽琪主持开幕式并讲话。罗富和向常委会报告民进中央2010年上半年工作，指出，半年来，民进中央进一步学习贯彻科学发展观，深入学习中共十七届四中全会精神，落实民进十二届三中全会的工作部署，以树立和践行社会主义核心价值体系为动力，以建设学习型机关和创建先进市级组织、基层组织为抓手，以促进经济发展方式转变与保障和改善民生为着力点，全面提高民进自身建设的水平和履行职能的能力，推动各项工作取得新进展，呈现新亮点。罗富和还报告了民进全国先进地方组织、基层组织创建活动的情况和表彰大会的筹备情况。

6 月 9 日，民进十二届十一次中常会闭幕。王佐书主持闭幕式。严隽琪出席并讲话。她说：要继续深入开展树立和践行社会主义核心价值体系、建设学习型参政党活动，坚持主题、联系实际、建立健全机制、善于总结经验。要以“届中调整”为重点、以先进地方组织、先进基层组织创建活动为抓手，切实加强组织建设，继续稳步开展会内监督、有序推进会内民主，切实加强机关建设。要以科学发展观为指导，进一步完善集智聚力的工作机制，用好已有的平台，办好各种活动，做好参政议政和社会服务工作。要将树立和践行社会主义核心价值体系活动自觉地、全面地渗透到民进履行职能的各项工作之中，把履行职能的各项工作和活动，作为树立和践行社会主义核心价值体系的生动实践，做到既服务于经济社会发展，又服务于民进的自身建设，履行职能和自身建设互相促进。

会议期间，民进 29 个省级组织就树立和践行社会主义核心价值体系的工作情况进行了交流。

民进部分省级组织负责人列席会议。

3. 十二届十二次中常会

10 月 18 日—19 日，民进十二届十二次中常会在北京召开。严隽琪主持会议并讲话。

会议围绕学习中共十七届五中全会精神的主题，听取了《“十二五”时期的主要战略导向和基本思路》的辅导报告并座谈；审议通过了《民进中央关于学习贯彻中共十七届五中全会精神的通知》、《民进中央关于树立和践行社会主义核心价值体系的实施方案(2010—2012 年)》。

民进中央副主席贺旻主持报告会，副主席刘新成主持闭幕会，朱永新报告了民进中央 2010 年重点调研项目成果。

严隽琪在闭幕式上讲话。她在讲话中要求，民进各级组织和广大会员要进一步解放思想，更新观念，拓展视野，加强合作，围绕这些重大改革任务，找准切入点和抓手，在保持经济平稳较快发展、转变经济发展方式、保障和改善民生、维护社会和谐稳定等方面，就教育、文化、出版领域的重要问题和节约资源、保护环境、自主创新、社会建设、反腐倡廉等有关国计民生的重大问题，进一步深入开展调查研究，反映社情民意和会员及所联系群众的利益诉求，积极建言献策，提高参政议政、民主监督、社会服务等工作的有效性，切实为促进“十二五”规划的实施贡献力量。

严隽琪提出，民进全会各级组织要以中共十七届五中全会精神为指导，及时谋划好 2011 年的工作。在 2011 年的工作中，要将树立和践行社会主义核心价值体系引向深入；要切实加强组织建设，做好换届的筹备工作；要围绕“十二五”规划的实施，切实履行参政党职能，为促进经济发展方式转变、推动经济社会和谐发展作出贡献。

4. 十二届十三次中常会

12 月 7 日，民进十二届十三次中常会在北京召开。严隽琪主持会议并作讲话。

会议认真学习贯彻了中共十七届五中全会精神；审议通过了中国民主促进会第十二届中央委员会第四次全体会议议程和日程（草案）；听取了关于《中国民主促进会第十二届中央常务委员会工作报告（草案）》的起草说明；审议通过了《中国民主促进会第十二届

中央常务委员会工作报告（草案）》，并提交民进十二届四中全会审议；审议通过了中国民主促进会第十二届中央委员会第四次全体会议小组召集人名单（草案）。

会议指出，本次常委会是民进十二届四中全会召开之前的一次重要会议，对于统一思想，提高认识，开好这次全会具有重要意义。民进十二届四中全会将审议的《工作报告》，全面总结了民进 2010 年的工作，部署了 2011 年的工作，对统一思想、振奋精神，推进工作至关重要。与会同志要以高度负责的精神，确保会议顺利完成各项议程，并努力把大会开成一个民主团结、求真务实、开拓奋进的会议。

会议号召，全会要高举中国特色社会主义伟大旗帜，深入学习贯彻科学发展观，进一步树立和践行社会主义核心价值体系、建设学习型参政党，进一步加强人才队伍建设、制度建设和作风建设，全面推进适应时代要求的高素质参政党。坚定信心，同心同德、振奋精神，扎实工作、切实履行参政党职能，为促进经济发展方式转变、保持社会和谐稳定、实现全面建设小康社会的宏伟目标作出新贡献。

（三）民进中央监督委员会第五次全体会议

12 月 7 日，民进中央监督委员会晚间在北京召开第五次全体会议。民进中央常务副主席、民进中央监督委员会主任罗富和出席会议，民进中央副主席、民进中央监督委员会副主任潘贵玉主持会议。民进中央监督委员会委员出席会议。

会议审议了《中国民主促进会第一届中央监督委员会 2010 年工作情况报告（草案）》（以下简称“报告”）。报告指出，民进中央监督委员会（以下简称为“中监委”）自成立以来，始终坚持在中央委员会的领导下开展会内监督工作，以邓小平理论和“三个代表”重要思想为指导，深入贯彻落实科学发展观，树立和践行社会主义核心价值体系，坚持民主集中制，认真履行职责，积极有序推动会内民主。一是高度重视积极探索，切实履行监督职责；二是加强部署切实推进，积极协助民进省级组织开展会内监督试点工作；三是认真研究有序推进，加强民进省级组织领导班子建设。

会议还讨论了 2011 年中监委的工作计划，围绕两项重点工作，确定了工作进度，并对中监委今后的工作提出了改进建议。会议推举潘贵玉为报告人，向民进十二届四中全会作 2010 年工作情况的报告。民进中央监督委员会办公室成员列席会议。

（四）专项工作会议

1. 民进中央开明画院第一届第一次院长会议

1 月 16 日，民进中央开明画院在京召开第一届第一次院长会议。民进中央常务副主席罗富和，民进中央副主席、画院院长冯骥才，民进中央副主席兼秘书长、画院常务副院长朱永新出席会议并讲话。朱永新主持会议。

开明画院副院长徐圭逊对 2009 年工作作了总结，共包括四个方面：一是举行画院第一次理事会议和成立大会；二是配合民进中央举办“共庆辉煌——庆祝中华人民共和国成立 60 周年、纪念人民政协成立 60 周年民进全国书画展”；三是加强画院自身建设，启动画院网站，创办院刊，实现工作制度化、规范化和程序化；四是与兄弟党派画院和有关社会书画组织加强联谊沟通。

2. 民进网站年度工作会议

1 月 29 日，民进网站年度工作会议在民进中央召开。会议总结了民进网站 2009 年度工作，讨论了 2010 年网站工作计划。民进中央副主席、民进网站管理委员会主任王佐书，民进中央副主席兼秘书长朱永新出席会议并讲话。

王佐书对今后的网站工作提出了明确要求：必须提高责任意识，正确看待、重视网站工作；要提高网站活力，充分体现编辑的创新能力，使网站图文并茂、“由死变活”；民进网站要加强与地方的联系，通过推广地方组织网站来激励和帮助他们的网站工作；注意网络安全，及时填补网站内容、运行中的漏洞；网站工作要实事求是，针对存在问题，加强领导、不断改进、提高质量。要以“准”（准确）、“实”（实在）、“活”（灵活）、“效”（效益）、“特”（特色）五个字来指导和衡量网站工作。

朱永新强调，网站是外界了解民进的重要渠道，要将网站的工作放在重要位置。他建议，深入挖掘民进已有的资源，通过网站对其进行全面展示；网站要配合民进各部门的中心工作，通过多种形式，加大对民进重大会议、活动的宣传力度；关注民进会员的会外工作报道，并对其他媒体的相关报道进行二次创造。要通过不断努力，使民进网站真正成为民进全会的网站。

3. 民进中央机关第九次部门工作研讨会

2 月 8 日—9 日，民进中央机关第九次部门工作研讨会在北京召开。严隽琪、罗富和、王佐书、朱永新出席并讲话。民进中央机关各部门负责人参加会议。

本次研讨会重点围绕学习型机关建设进行研讨，与会同志理论联系实际，提出了建设学习型机关的意见和建议。会议认为：要深刻认识建设学习型机关的重要意义，正确理解学习的主要内容和方式，认真把握基本要求，把建设学习型机关的重大任务落到实处。

严隽琪在讲话中对部门负责人提出了希望。她说，建设学习型机关，部门负责人要切实负起责任，要有大局意识。一要作出表率，通过不断学习，努力使自己成为专家型的干部，把学习的效果转化为工作能力和良好的工作作风，从而带动部门同志一起学习和提高。二要带好队伍，增强服务意识，传承民进历届领导集体的优良传统和作风。三要营造民主和谐的气氛，为建设和谐、高效、规范、阳光的机关作出努力。

4. 民进全国社会服务工作会议

5 月 23 日—25 日，民进全国社会服务工作会议在北京召开。会议总结了社会服务工作经验和规律，对进一步做好社会服务工作进行了部署。

民进中央主席严隽琪、中央统战部副部长楼志豪出席开幕式并讲话。民进中央副主席王佐书作社会服务工作报告，民进副主席兼秘书长朱永新主持开幕式。

严隽琪在会上就民进开展社会服务工作的重要性、开展社会服务工作的重要原则，以及民进社会服务工作的开拓创新等问题进行了深入阐述。严隽琪在讲话中总结了民进社会服务工作逐步凝炼成具有共识的几个重要原则：一是坚持社会服务工作的政治性原则。二是坚持以智力服务为主的优势发挥原则。三是坚持顺势合力的务实原则。

严隽琪说，当前的国际和国内形势，对民进社会服务工作的层次和水平，提出了更高的要求。面对新形势，民进必须从实际出发，开拓创新，集智聚力，有思有行，顺势而为，开创社会服务工作的新局面。一方面要在继承老一辈民进人光荣传统的基础上，推动理念、制度、内容、方法创新，促进民进社会服务工作再上新台阶。另一方面，要加强学习与研讨，不断推动社会服务工作的理论研究，使民进的社会服务工作更加主动、更加有效、更加出色。

楼志豪在讲话中说，民进的社会服务工作围绕中心、服务大局，更多地关注民生、弱势群体、贫困地区和少数民族地区，充分发挥自身的界别特色和优势，以教育、文化、科技和项目扶贫为主，在促进地区经济发展，改善当地人民生活条件、推进民主政治建设等方面发挥了重要作用。他指出，社会服务工作是民主党派体现自身价值的一个重要方面，也是民主党派提高自身素质的重要实践形式。他希望民主党派在社会服务工作中了解社会，锻炼提高能力，更好地服务于党和国家的工作大局，为中国特色社会主义事业作贡献。

王佐书作社会服务工作报告，系统总结民进社会服务工作的成绩和经验，并部署下一阶段的工作。

25 日，民进全国社会服务工作会议在京闭幕。民进中央常务副主席罗富和出席闭幕式并讲话，对全会贯彻落实会议精神提出了明确要求：一是认真传达会议精神，大力宣传会议成果；二是结合当地与自身实际，明确工作思路和举措；三是认真贯彻会中央文件精神，完成计划，做好今年的社会服务工作；四是端正态度，搭建平台，以服务为本，改进机关工作。

会议期间，与会同志听取了国务院扶贫办张磊司长的辅导报告，交流了各地社会服务工作经验，讨论修改了“民进中央关于进一步加强新形势下社会服务工作的意见”和“民进中央关于进一步推进‘彩虹行动’实施的工作方案”。

民进会内有关专家，各省级组织分管副主委、社会服务部门和企业家联谊会负责人等共 100 余人参加会议。

5. 民进全国网络宣传工作会议

6 月 21 日—22 日，民进全国网络宣传工作会议在武汉召开。会议总结 2004 年民进全国网络宣传工作会议以来各级组织开展网络宣传工作的情况，交流经验、探索规律，统一思想、提高认识，进一步提升全会各级组织宣传网站的功能，提高网络宣传工作的水平。

民进中央副主席、民进网站管理委员会主任王佐书出席会议并作工作报告，全面总结了民进网络宣传工作的成绩和经验，部署了下一阶段的工作。

会上，3 位同志从不同角度介绍了省级组织开展网络宣传工作的基本情况和经验体会，探讨了进一步做好网络宣传工作的思路，提出了很多有建设性的意见建议。会议就“加强网站管理、保障网站安全”和“网站内容管理和运营”两个主题对与会人员进行了培训。

民进网站管理委员会、民进中央办公厅、宣传部宣传处负责人，民进 29 个省级组织分管网络宣传工作的负责人，从事网络宣传工作的专职干部，民进网站总编室成员共 70 余人参加了会议。

6. 参政议政务虚会

9 月 27 日—29 日，民进中央连续召开四场不同领域、不同主题的参政议政务虚会。严隽琪、罗富和、朱永新出席会议。

27 日，举行了以会外专家学者为主的“文教和社会”、“经济科技”专场，讨论分析当前经济社会发展的若干热点问题、改革与发展的方向和任务，并对 2011 年度及以后一段时期民进中央参政议政课题和调研选题提出建议。28 日和 29 日，分别召开了民进“老阵地”（教育文化出版）和“新领域”参政议政务虚会，就 2011 年民进中央的参政议政课题、调研选题和 2011 年全国政协大会发言和提案听取意见。

7. 2010 年民进中央参政议政年会

11 月 1 日—2 日，民进中央参政议政年会在银川召开。会议围绕“改进和加强专门委员会工作”的主题，认真学习贯彻中共十七届五中全会精神，总结交流民进全会改进和加强专门委员会工作的经验和体会，并对民进中央 2010 年度参政议政成果进行表彰。

严隽琪作题为“集智聚力，加强专门委员会建设，不断提高参政议政水平”的主题报告。她说，希望各专委会进一步树立和践行社会主义核心价值体系，增强参政议政的责任感，务实创新、与时俱进地开展工作。要大力创新和完善开放合作的体制机制，拓展全会和社会资源，形成合力，达到资源共享、事半功倍的效果。要顺势而为，突出重点，提高质量。要为专委会提供更有力的支持，不断探索更符合实际情况、更有效的工作方式和工作机制。要把专委会专家的选拔培养和使用纳入民进全会干部队伍建设总体规划，使专委会成为向各级党委、政府推荐使用人才的平台，形成急需人才跟得上、后备人才后劲足的良好局面。

罗富和出席闭幕式并作总结讲话，提出了进一步做好专委会工作的意见：一要坚持学习与践行社会主义核心价值体系，深刻领会中共十七届五中全会精神，特别是制定“十二五”规划建议的主题主线，更好地把握参政议政的方向。二要坚持前瞻与实策、务虚与务实相结合。三要坚持人才队伍和工作机制建设。四要坚持做好专委会的支撑与服务工作。

会议对民进中央 2010 年度参政议政成果进行了表彰，获得一等奖成果 7 项，二等奖成果 9 项，三等奖成果 9 项。

8. 民进省级组织负责人会议

12 月 10 日，民进省级组织负责人会议在京举行。严隽琪、罗富和出席会议。朱永新主持会议。罗富和作重要讲话。他针对 2011 年的重点工作指出，民进全会要把握主题、总结经验，继续深入开展树立和践行社会主义核心价值体系和建设学习型参政党活动；切实做好加强组织建设的工作，深入开展会内监督；紧紧围绕“十二五”规划，积极履行参政党职能；进一步加强机关建设，提高机关干部政治素质和业务能力。民进全会要发挥中央和地方两个积极性，抓紧抓好落实，切实为促进科学发展，为“十二五”规划的制定和实施贡献力量。

朱永新对《民进中央 2011 年工作要点》（草案）作了简要说明。会议对省级组织专项工作和《六个“为什么”》网上有奖征答活动优秀组织进行了表彰。民进各省级组织负责人，民进中央及部门负责人出席了会议。

（五）民进中央各类纪念会、座谈会

1. 深切缅怀霍懋征同志座谈会

2 月 25 日，民进中央办公厅、民进北京市委在京联合召开深切缅怀霍懋征同志座谈

会。严隽琪主持会议。罗富和，王佐书，朱永新出席会议。

严隽琪指出，霍懋征老师是职业与事业、国家需要与个人价值的完美统一。民进全会要向霍懋征老师学习，把学习活动作为树立和践行社会主义核心价值体系的重要内容。学习霍懋征老师的崇高精神和先进事迹，就是要学习她爱孩子、爱教育，无比忠诚于事业、无私奉献的人生价值理想；学习她爱真理，与时俱进、锐意进取、坚持改革的创新精神；学习她爱民进，立会为公、参政为民的高尚风范，自觉肩负起参政党的职责和使命。罗富和说，民进开展向霍懋征同志学习的活动，要与搞好全会政治交接、树立和践行社会主义核心价值体系相结合；要与教育和引导广大会员爱岗敬业、在本职岗位争先创优相结合；要与更好地履行参政党职能、积极投身教育改革和发展的实践相结合。

座谈会上，多位同志先后发言，缅怀霍懋征老师的为人处世、品德情操、教育思想与实践，追思与她相处的点点滴滴，寄托无限思念之情。

会前播放了霍懋征同志生前所作的师德报告视频《没有爱，就没有教育》。

2. 我的幸福观——庆祝雷洁琼 105 华诞座谈会

9 月 11 日，民进中央在京举行“我的幸福观——庆祝雷洁琼 105 华诞座谈会”。严隽琪出席会议并讲话。座谈会由罗富和主持。

全国人大常委会有关领导，民进中央在京副主席，中央统战部一局领导出席座谈会。

严隽琪在讲话中说，雷洁琼在 105 年的人生历程中，经历了近现代祖国从衰弱到奋起、从新生到繁荣、从积贫积弱到全面建设小康社会的全过程。她把自己的全部心血都献给了祖国和人民，在她的人生轨迹中始终贯穿了一条红线——爱国、爱人民、爱真理、爱社会主义、爱中国共产党。她曾在“我的幸福观”一文中写道：“不断地追求，不断地奉献，从而得到满足和快乐，这就是我最大的幸福。”这正是她为国为民持续操劳的内在动力，是她人格魅力的基础。

严隽琪说，雷洁琼爱国爱民的崇高精神和无私奉献的高尚情操，是民进优良传统的典范。当前民进树立和践行社会主义核心价值体系，要与继承和弘扬民进优良传统，学习民进前辈坚定的政治信念和高尚的精神风范相结合。民进的后来人要不断增强对优良传统的理解和把握，在工作实践中不断赋予优良传统时代内涵。广大会员要立足本职岗位树立和践行社会主义核心价值体系，在岗位上体现价值，在工作中实现理想。

座谈会上，民进会员代表、雷老的学生、雷老家乡民进支部的代表、曾与雷老共事的民进中央老同志、雷老身边工作人员分别发言。他们的讲述从不同侧面，展现了雷洁琼在不同时期为祖国、为人民、为事业执着追求、无私奉献的精神。大家认为，雷老是幸福的，中国民主促进会因为拥有雷老这样的榜样、楷模，也倍感幸福与自豪。

中央统战部有关同志，民进中央部分老同志、有关负责人、机关干部，北京市民进会员代表也参加了座谈会。

3. 庆祝中国民主促进会成立 65 周年座谈会

12 月 7 日，庆祝中国民主促进会成立 65 周年座谈会在北京召开。严隽琪出席并讲话。罗富和主持座谈会。民进中央在京副主席、老领导，中央统战部一局领导出席会议。

严隽琪在讲话中回顾了中国民主促进会 65 年来的风风雨雨。她说，中国民主促进会走过的 65 年，是与中国共产党亲密合作、风雨同舟、荣辱与共的 65 年；是坚持与时俱进，不断加强自身建设、提高履职能力的65年。民进在长期的革命、建设和改革事业中，形成了坚持接受中国共产党领导、坚持“爱国、民主、团结、求实”、坚持“立会为公”的优良传统。这一优良传统教育和鼓舞着民进的后来人，为祖国的繁荣昌盛、人民的幸福安康和民主政治的发展，辛勤耕耘、无私奉献，一代又一代民进人在薪火相传中，也赋予民进优良传统以新的时代内涵。

严隽琪强调，中共十七届五中全会审议通过的“十二五”规划建议，提出了未来五年我国发展的目标和任务。民进作为参政党，要以高度的责任感和使命感，不断提高履行职能的能力和水平，紧紧围绕科学发展的主题，为加快转变经济发展方式、促进社会和谐稳定献计出力。各级组织和广大会员要继承和弘扬民进优良传统，始终坚持走中国特色社会主义政治发展道路，努力建设适应时代要求的高素质参政党，为推动统一战线和多党合作事业的持续健康发展，为实现全面建设小康社会的奋斗目标作出新的贡献。

民进各省级组织、民进中央各专委会及各部门负责人，民进中央部分老同志等70多人参加了座谈会。

二、参政议政

2010年，民进把推动科学发展作为履行职能的第一要务，将着力加快经济发展方式转变和经济结构调整，着力保障和改善民生促进社会和谐稳定，着力推进教育和文化事业发展作为参政议政的重要任务，建睿智务实之言，谋科学发展大计。

（一）积极参与高层协商

在中共中央召开的经济工作党外人士座谈会上，严隽琪代表民进中央提出了一系列宏观政策建议，包括：要保持经济政策的连续性和稳定性，提高政策的调适性；要着力推进体制机制改革，加强政策的针对性、系统配套性；要充分调动社会各方面投资的积极性，开放民间资本投资新领域等。

在中纪委关于反腐倡廉的党外人士座谈会上，严隽琪代表民进中央提出要坚持“制度反腐”和“全面反腐”的工作思路，将建设反腐倡廉制度体系作为反腐败工作的首要任务和根本举措，将深入开展腐败重灾区专项治理与全面反腐相结合等建议。

在中共中央召开的制定“十二五”规划党外人士座谈会上，严隽琪代表民进中央提出了要提高国家文化软实力、建立区域发展协调机制、加大知识产权战略实施力度、明确民办教育的发展战略与发展规划等建议。

在最高人民检察院关于检察工作的党外人士座谈会上，罗富和代表民进中央提出了检察工作要与以改善民生为重点的社会建设相结合、推进检察官的职业化与专业化等建议。

（二）在全国政协十一届三次会议、常委会议和专题会议上的发言与提案工作

1. 全国政协十一届三次会议

在全国政协十一届三次会议期间，民进中央提交1份大会口头发言，2份书面发言，主要关注推进我国城镇化进程、竞技体育的“新举国体制”和重大项目建设的“阳光监督”问题。蔡继明代表民进中央作了题为《加大统筹力度，稳步推进城镇化进程》的大

会口头发言。民进中央提交党派提案19份，其中《关于促进农村职业教育发展的提案》被全国政协列为重点调研提案；《关于建立竞技体育新举国体制的提案》、《关于改革我国中小企业融资体制的提案》等3件提案被列为重点办案提案；《关于规范垃圾焚烧处理产业发展的提案》、《关于促进学前教育发展的提案》等5件提案列入重要提案摘报。

2. 全国政协常委会会议

在全国政协十一届十次常委会上，李国璋常委代表民进中央作了《实施绿色发展战略，推进经济发展方式转变》的发言，提出了要以“绿色发展”来统领相关的发展理念，在实现工业化、城市化的同时，促进经济发展方式的转变和资源节约型、环境友好型社会建设。

（三）反映社情民意的信息工作

2010年，民进中央向全国政协报送信息534期，向中央统战部报送120期，被全国政协采用68期，在各参加单位中位列第三。其中《建立保障国家安全和国家利益的政府决策机制》、《关于实施社区居家养老服务保障工程的建议》等7篇信息得到有关领导的批示，《有关民族问题的采访报道应尽量使用民族语言》等信息得到有关部门的答复。在全国政协召开的各民主党派中央和全国工商联反映社情民意信息工作座谈会上，民进中央提出要把组织建设、参政议政、社会服务工作与信息工作结合起来；要注意体现党派特色；要加强信息收集报送的主动策划和信息的二次开发；要建立信息的跟踪和反馈机制等经验。

（四）各种论坛、研讨会、座谈会

1. 2010年基础教育改革座谈会

1月25日，由民进中央办公厅和中国教育学会高中教育专业委员会联合主办的2010年基础教育改革座谈会在京举行。会议的主题是：高中教育多样化发展的政策诉求。严隽琪，罗富和出席会议。朱永新主持会议并讲话。严隽琪指出，一方面，高中教育要实现多样化，解放思想至关重要，高中多样化的方向性要明确，定位要精准，优质高中和优才高中要有所区分。另一方面，从人才成长的过程看，高中应该是人生中立志的阶段，这个“志”指得是精神、志向、境界和人格，而不是简单的知识。因此高中教育多样化发展万变不离其宗，都要建立在这个不变的“核心”基础上。教育部副部长陈小娅出席座谈会并针对与会校长提出的问题作了解答，同时对我国当前普通高中发展状况、深化办学体制改革和高中课改等问题进行了介绍。

2. 教育改革与发展座谈会

3月30日，教育改革与发展座谈会在华东师范大学召开。严隽琪、罗富和、蔡达峰出席并讲话。华东师范大学党委书记张济顺主持座谈会。严隽琪在讲话中强调，当前社会发展正处于转型期，一些教育问题的解决非常复杂，不能完全定量化和标准化；我国的区域广阔、发展不均衡，也不能急躁地搞简单均衡化，更加不能急功近利。民进与华师合作，既可以进一步发挥民进的参政议政作用，又可以充分运用华东师大教育政策科研的丰厚资源，建设一个资源共享、优势互补的开放的平台，希望双方加强合作，通过体制和机制的创新，通过加强人员交流、项目合作、成果资源共享、共同举办品牌论坛等途径形成教育政策研究合力，共同为我国教育事业的发展贡献智慧和力量。

罗富和向与会人员介绍了民进中央的教育渊源，民进全会在促进教育发展与改革方面所作的持续努力，向中共中央、国务院建言献策的方式、途径以及新一届领导班子集体主持工作以来民进在为教育改革与发展、教育决策科学化等方面建言献策所做的工作。

3. 长江流域的区域经济社会发展与水环境保护研讨会

5 月 27 日—29 日，长江流域的区域经济社会发展与水环境保护研讨会在重庆召开。严隽琪出席开幕式并讲话。罗富和主持开幕式。朱永新出席研讨会。

严隽琪在讲话中指出，林业发展关乎长江上游生态屏障建设。作为全国重要的水资源战略储备库、长江中上游重要生态屏障区，三峡库区的生态环境建设与保护关系到三峡库区特别是长江中下游的生态安全。森林正是确保三峡水库的水量和水质，最直接最有效的办法。充分发挥森林涵养水源、净化水质的功能，才能实现“一库碧水，两岸青山”的愿景。她强调，建设生态文明必须具有相应的文化价值观。要从更深的思想文化层面解决问题，构建健康的生态文化体系，让全社会积极践行党的十七大报告提出的生态文明建设目标，才能从根本上消除生态危机，推动经济社会实现科学发展。民进希望和大家一起弘扬生态文化，倡导绿色生活，共建生态文明，使之能够逐渐成为构建社会主义和谐社会的一种主流力量。

开幕式上，水利部长江水利委员会主任蔡其华作了题为“加强三峡水库管理，促进流域经济社会可持续发展”的主题报告。

会议期间，与会专家围绕三峡库区生态屏障建设与城乡统筹发展，三峡及长江中上游水库的建设、调度与防洪抗旱，水环境承载力、绿色经济与区域发展方式转变，推进流域综合管理，跨行政区水污染综合防治的协调机制与区域发展，以及淡水生态系统对气候变化的适应性等问题进行了主题发言和深入交流探讨，为长江流域的区域经济社会发展与水环境保护出谋划策。

4. 2010 北京国际出版论坛

8 月 29 日，由新闻出版总署、国务院新闻办公室和民进中央共同主办的 2010 北京国际出版论坛在北京举行。严隽琪出席并致词。

本届论坛的主题为“全球出版合作与中国市场机遇”。论坛在探讨出版全球化的基础上，更侧重数字化时代的图书发展之路，并紧紧围绕中国市场的巨大潜力，为与会者提供建议与良策，成为国内外出版业探索未来发展方向的导航灯。论坛采取主分论坛相结合的会议形式，上午设主论坛，下午设大众图书出版、儿童图书出版、科技教育图书出版分论坛。

主论坛上，与会的中外出版企业嘉宾针对全球合作背景下出版行业发展，分别就全球数字出版新趋势、出版业重组和兼并经验与教训以及中国出版市场的国际合作等热点话题进行了主题演讲，并与与会代表进行了交流与讨论。在分论坛上，来自十余家国内外出版企业相关负责人就大众图书、儿童图书、科技教育等领域进行了充分地交流与互动。

5. 第二十六个教师节暨第三届中国教师发展论坛

9 月 8 日，由民进中央、北京师范大学共同主办的庆祝第二十六个教师节暨第三届中国教师发展论坛在京举行。论坛的主题是落实《教育规划纲要》，推进教师队伍建设政策制定。严隽琪、罗富和、朱永新出席会议。王佐书主持会议。

严隽琪在讲话中说，民进作为一个以从事教育、文化、出版工作的高中级知识分子为主的参政党，关注教育，投身教育，直接参与推动教育事业的发展与改革是民进的优良传统，是民进人坚持不懈的使命。民进坚持发挥自己的特色，在推动教育立法，促进教育改革，推进教育公平和均衡发展，促进教育结构优化和提高教育质量，加强教师队伍建设等方面积极参政议政，作出了应有的贡献。

严隽琪强调，《国家中长期教育改革和发展规划纲要（2010—2020）》中提出，要保障教师地位，维护教师权益，提高教师待遇，使教师成为受人尊重的职业。我们要继续发扬中华民族尊师重教的优良传统，不断提高教师的政治地位、社会地位和生活待遇，把广大教师的积极性、主动性、创造性更好地发挥出来。

朱永新在论坛上就农村教师队伍建设问题作研讨发言。他说，促进教育公平的关键在农村，关注农村教育，关注农村教师是一项战略性的工作。农村教师队伍建设，重要的是应建立起正常的补充机制。

四川地震灾区的优秀教师代表，北京师范大学的学生代表在庆祝活动上发言。北京优秀教师代表，北京师范大学、民进中央、西南大学、新疆师范大学、东北师范大学等单位的领导和专家先后在论坛上作研讨发言。

严隽琪会前会见了与会专家，希望专家们一如既往地关心国家重大教育问题，就国家教育政策提出更多的建议和意见。

三、社会服务

2010 年，民进召开了全国社会服务工作会议，分析形势，统一思想，交流经验，明确原则和任务，推动民进社会服务工作取得新进展。

（一）积极参与“毕节试验区”建设，“彩虹行动”等智力支边扶贫工作

1. 完善“彩虹行动”工作机制，努力推动毕节试验区建设

坚持以智力服务为主的原则，依托各级组织，继续推进“彩虹行动”等项目的落实；与试验区、金沙县进一步加强交流与合作，协调组织 12 个省市级组织和会中央联络委员会 400 余人次到金沙县进行调研接洽；举行“彩虹行动”签约捐赠仪式，进一步扩大“彩虹行动”实施范围，共有 11 个省市级组织与金沙县教育局和 9 个乡镇建立了对口支援关系；举办培训班、讲座等，培训教师、医务工作者 3500 人次；捐赠教学设备、医疗器械折合人民币 1153. 8 万元；积极申报科技部部长专项，支持金沙县做好民心有机农业试验示范园品种引进、石漠化治理科技示范工作；帮助金沙争取到国家农业综合开发高标准农田建设项目资金达 2000 多万元；协调文化部为金沙县艺术团配置流动演出车；对金沙县中医院引进医疗设备进行部分帮扶，协助金沙县解决中小企业融资难问题。

2. 谋划定点扶贫工作

根据河北省滦平县已基本脱贫的现实，经国务院扶贫办同意，2010 年民进中央定点扶贫县由河北省滦平县调整为贵州省黔西南州安龙县。民进中央领导带队进行工作考察，启动新一轮扶贫工作，从教育、医卫等入手为安龙县兴办实事。积极支持黔西南州 30 万

亩金银花种植项目，帮助当地建立金银花专业合作委员会，开拓金银花销售市场。

5 月 4 日—6 日，民进中央副主席王佐书赴黔西南州安龙县进行工作考察和抗旱救灾捐赠活动。此次捐赠的现金和物资总计 150 万，将全部用于安龙县部分中小学的饮水工程建设和村卫生室的建设及设备添置。考察期间，考察组与黔西南州、安龙县相关领导和部门座谈，听取安龙县经济社会发展和抗旱救灾情况的汇报，先后深入到该县戈塘中学、平乐中学、兴隆小学、德卧镇中心医院、大水井村金银花种植基地和平安村金银花种植基地进行实地考察，并参加了由民进中央捐助的平乐乡索汪村卫生室的奠基仪式。

3. “手拉手助学活动”开展十周年

10 月 8 日，王佐书出席在甘肃省平凉市举行的民进纪念“手拉手助学活动”开展十周年暨民进组织捐赠活动现场会，现场会上，民进北京、天津、杭州、温州、湖州等省市级组织，及甘肃民进企业家联谊会等为当地学校捐赠了物品。

据统计，十年来，东部各省市民进组织为甘肃免费培训教师六批次近百人，举办教学讲座数十场，资助贫困学生 2000 余人，捐赠图书 6 万余册、衣物 2.5 万余件，合计金额达 200 万元。

（二）全力应对重大突发灾害，积极参与社会公益慈善事业

青海玉树地震发生以后，民进企业界会员迅速行动起来，通过各种途径共捐款 3000 余万元。西南旱灾发生后，民进中央第一时间作出部署，向西南旱区捐款 120 万元，王佐书两次赴贵州考察灾情。民进中央还联合贵州省消防总队、省红十字会到干旱严重地区安龙县为当地中小学生捐赠现金、物资共计 150 万元；民进企业界会员累计为西南地区抗旱工作捐款 75 万余元。

民进中央联络委员会积极与全国防盲指导组、同仁医院等机构共同主办“2010 新疆喀什光明行”和“2010 中非光明行”活动，分别为新疆喀什近 1000 名各族贫困白内障患者和东南非的马拉维和津巴布韦两国的近 800 名白内障患者进行免费复明手术，对推动民族团结和中非人民的友好关系作出了应有贡献。

1. 积极投入抗旱救灾工作

4 月 1 日，为支援西南旱灾地区人民渡过难关，支持国家有关部门组织开展抗旱救灾工作，民进中央机关发动了捐款活动。严隽琪、罗富和、王佐书、朱永新等领导带头捐款，机关全体员工积极响应，部分离退休老同志也参加了捐款活动。民进中央机关、开明出版社共捐款 2.27 万元。

4 月 2 日，民进中央召开秘书长扩大会议，研究部署抗旱救灾工作。民进各级组织认真贯彻中共中央、国务院的决策部署，积极响应民进中央的号召，组织动员广大会员以各种形式积极投身抗旱救灾工作。

4 月 9 日，民进中央十二届二十一次主席办公会议研究决定，向西南旱灾地区捐款 120 万元。4 月 16 日，抗旱救灾资金已分别拨往民进云南、广西、贵州、四川、重庆等省级组织，该笔捐款的分配重点向受灾严重的乡镇和学校倾斜，主要用于解决灾区人民急需的生活、生产用水困难和修建水利设施、饮水工程，改善一些学校的饮水条件。

4 月 23 日，受民进中央委托，民进广西区委主委陈自力代表民进中央、广东民进省

委和广西民进区委，向干旱重灾区河池市巴马瑶族自治县西山乡 3 个村屯的人畜饮水工程建设捐款 34.6 万元。

5 月 4 日—6 日，王佐书与贵州省消防总队、省红十字会负责人再次赴黔西南州安龙县进行工作考察和抗旱救灾捐赠活动。

2. 与全国防盲指导组、同仁医院等机构共同主办“光明行”活动

7 月 17 日至 24 日，由全国防盲指导组、民进中央联络委员会主办的“2010 年新疆喀什光明行”在新疆喀什市启动。

11 月 18 日，民进中央副主席刘新成在北京首都国际机场出席“2010 中非光明行”启动仪式并致词。由中国民主促进会、全国防盲指导组、中国民间组织国际交流促进会、海航集团有限公司、安徽省外经建设（集团）有限公司和北京同仁医院共同组织的这项公益行动，将在 1 周左右时间里，完成近 1000 例复明手术，并将开展防盲技术交流和指导。

12 月 6 日，受严隽琪委托，罗富和、王佐书、刘新成、朱永新，下午在京会见“2010 中非光明行”成员。

3. 积极参与玉树地震灾区抗震救灾活动

8 月 16 日—21 日，民进中央在京举办了 2010 年民进校长暑期培训班，来自 28 个省、市、自治区的 60 多位校长参加了培训。玉树地震灾区 15 位藏族校长参加了此次培训，他们的培训费用来自民进广东省委会为灾区的捐款。培训班聘请了首都师范大学、北京师范大学的专家教授对教育中长期规划纲要进行了解读，作了题为“教师的职业与境界”、“校长领导力的提升”等讲座；王佐书作了题为“教育与教学目的研究”的讲座；朱永新作了题为“文化为学校立魂”的讲座。

（三）积极发挥企业界和民办教育界会员的作用，为促进社会和谐稳定作贡献

1. 民进中央联合中国民办教育协会召开民进民办教育研讨会，积极推动民办教育界会员的交流与合作，取得积极成果。民进各级组织主动联系会员学校，帮助解决实际困难，对民办学校带有共性的问题加以反映。目前民进各级组织和会员举办的各类民办学校共 341 所，办学质量不断提高，社会影响越来越大。

7 月 7 日—8 日，中国民主促进会和中国民办教育协会共同主办，民进陕西省委、西京学院、西安外事学院承办的民进民办教育研讨会在西安召开。这次会议的主题是：“交流、合作，办好一批高水平民办学校”。研讨会着重围绕贯彻落实《国家中长期教育改革和发展规划纲要》，展开“当前我国民办教育面临的突出问题与发展对策；中国民办教育的政策完善与制度建设；我国民办学校的育人模式与人才培养机制创新；我国民办教育的国际化与中国特色发展之路”主题演讲和讨论。

严隽琪出席开幕式并讲话。针对当前我国民办教育发展的现状，她阐述了对民办教育的三点重要认识。关于发展民办教育的重要性和迫切性，她指出，只有站在国家发展的战略高度，才能更全面、更深刻地认识民办教育的价值和功能，才能改变将其仅仅看作公共财政投入不足、教育资源不够时的“拾遗补缺”，是一种权益之计的片面、短视的认识。关于民办教育应遵循的原则，她指出，民办教育应当坚持公益性、非赢利的理念，要坚持正确的办学方向，按教育规律办学。希望所有办学者都要认真履行社会责任，增强自律意

识，依法办好每一所学校。关于教育改革，她指出，加大教育改革的力度，既是民办教育的生存之道，也是民办教育对中国教育事业改革发展具有的重要意义，对于增强国家教育能力，增加教育服务品种，促进教育公平具有不可替代的作用。教育改革的关键是体制改革，民办教育在促进我国教育事业发展和教育体制改革方面的重要作用，将引起全社会更加广泛的重视。

罗富和出席闭幕式并讲话。他要求，民进各级组织要努力做民办教育的促进派，做民办教育界工作者的服务员，做民进民办教育界会员的坚强后盾；衷心希望全社会关注支持民办教育，广大民办教育界工作者抓住机遇，把握形势，与时俱进，开拓创新，坚持诚实守信的职业道德，克服困难与挑战，为推进民办教育事业跨越发展作出新的贡献。

会议期间，与会人员围绕主题展开广泛深入的研讨，就民办教育可持续发展、民办教育发展的政策法制环境、民办学校的体制和机制创新、民办学校办学方向和特色等问题进行了深入交流，提出了有针对性的意见和建议。

2. 贯彻“团结、引导、支持、服务”的工作方针，鼓励会员企业不断发展壮大的同时，积极引导他们服务社会。

9 月 2 日至 3 日，民进 2010 年企业家联谊会联席会议在太原召开。本次会议以“为转变经济发展方式作贡献”为主题，旨在总结部署工作，交流培训骨干，把民进企业界会员和企业家联谊会的工作提高到一个新水平。严隽琪发来贺词。罗富和出席开幕式并讲话，王佐书主持开幕式。

严隽琪在贺词中说，希望民进企业家继承和发扬民进“爱国、民主、团结、求实”和“立会为公”的优良传统，把自身企业的发展与国家的发展联系起来，把个人富裕与全体人民的共同富裕结合起来，把遵循市场法则与树立和践行社会主义核心价值体系统一起来，自觉承担社会责任，全面展现当代中国特色社会主义事业建设者的风采。

罗富和在回顾一年来的工作时指出，我会企业界会员和企业家联谊会为民进履行参政党职能发挥了重要作用，作出了突出贡献。一是联谊会机构不断健全，联席会议制度不断完善，优秀企业家不断涌现；二是企业界会员全力投入抗击重大突发灾害工作，为国分忧，为民解难；三是积极参与支边扶贫工作，为发展教育文化事业办实事。

罗富和对今后企业界会员和企业家联谊会的工作提出了几点建议：一是民进企业界会员要自觉践行社会主义核心价值体系，努力提高自身素质，包括思想政治素质、社会责任感和参政议政意识；二是民进企业界会员要为促进科学发展、加快转变经济发展方式献计出力；三是民进企业界会员要为保障和改善民生、促进社会和谐稳定多做实事。他还要求民进组织要坚持服务为本，加强和改进企业界会员和企业家联谊会工作。

会议以“用世界眼光看我国非公有制经济成长和发展方式的转变”为主题，关注经济转型期企业的发展方向，就转变发展方式的内涵、内容、难点、途径和前景等问题，安排了多场报告会，引发了企业界会员的深入思考。大会还举办了民进企业家重点招商项目推介会，签署了 20 个重大项目，项目总金额达 58.21 亿元，到位资金 43.11 亿元。

（四）充分发挥民进优势，积极开展海峡两岸交流交往活动

1. 3 月 4 日，朱永新在京会见台湾佛教慈济慈善事业基金会副总林碧玉一行。

2. 3 月 18 日下午，以饶颖奇为团长的台湾民意代表交流参访团做客民进中央。严隽琪、罗富和、许嘉璐、王佐书、朱永新盛情接待参访团并亲切座谈。

3. 4 月 13 日，罗富和在民进中央会见台湾国民党高雄市副主任委员施明豪。

4. 6 月 13 日—15 日，第八届海峡两岸中华传统文化与现代化研讨会暨海峡两岸四地电影产业发展论坛在上海市和苏州市举办。本届论坛旨在继续发挥研讨会以中华传统文化为纽带，搭建海峡两岸四地学人持续沟通的桥梁作用，运用电影这一独特的文化形式为两岸四地的交流和沟通作出贡献。会议主题为海峡两岸四地电影产业发展，议题为：推动两岸四地多元文化交融，探讨电影文化发展趋势；开创两岸四地电影发展新环境，扶持电影创作新生力量；繁荣电影产业，扩大中华文化影响力。严隽琪出席并讲话。罗富和主持开幕式。

严隽琪在讲话中说，中国民主促进会一直致力于推动文化事业与文化产业的发展，希望海峡两岸电影界专家学者积极开拓影视合作与交流的渠道和方式，共同开发适应国际市场需求的华语电影，输出积极向上、体现民族精神和时代精神的影片，努力提高华语影片的国际影响力、竞争力和市场占有率，为推进中华优秀文化走出去、丰富人类文明作出贡献。

罗富和出席闭幕式并讲话。他说，希望两岸四地要共同重视创作，进一步完善相关的法律法规，两岸电影文化界同仁要以坚定的信念，坚毅的勇气、深邃的智慧和务实的态度，坚定不移地推动两岸文化的交流与合作，共同谱写我们中华民族历史的新篇章。

中央统战部、国台办有关领导，国家广电总局、上海市委、市政府、中国电影家协会、中国电影基金会、中国文联、两岸电影交流委员会等方面负责人，海峡两岸四地电影界的知名专家、学者近 200 人出席论坛。16 日和 17 日下午，“第二届两岸电影展——台湾电影展”在苏州市和太仓市举行了影展开幕式。

5. 6 月 18 日，由民进中央开明画院主办的“游子心、故乡情——严隽泰伉俪北京油画展”在中国美术馆一号圆厅开幕。该展览于 7 月 15 日至 8 月 15 日在苏州市继续展出，是苏州博物馆新馆举办的第一个来自祖国宝岛台湾的画展。

6. 6 月 21 日，朱永新在民进中央会见台湾大块文化公司董事长郝明义。

7. 12 月 12 日—20 日，应台湾中华海峡两岸客家文经交流协会的邀请，民进中央主席、叶圣陶研究会名誉会长、开明画院名誉院长严隽琪率叶圣陶研究会暨开明画院代表团访问台湾。民进中央副主席、叶圣陶研究会理事、开明画院院长冯骥才，民进中央副主席兼秘书长、叶圣陶研究会常务副会长、开明画院常务副院长朱永新一同访问。严隽琪在台期间会见了中国国民党荣誉主席连战、吴伯雄，海基会董事长江丙坤，双方就发展两岸关系、加强文化交流等问题坦诚交换意见。

四、自身建设

（一）坚持把树立和践行社会主义核心价值体系作为建设学习型参政党的重要内容，推动思想理论建设

1. 以树立和践行社会主义核心价值体系为主线，推动学习型参政党的建设

（1）2 月 20 日，民进中央发出关于举办学习《六个“为什么”》有奖征答活动的

通知。

（2）3 月 19 日，民进中央发出《民进中央关于树立和践行社会主义核心价值体系、建设学习型参政党的意见》及《民进中央关于树立和践行社会主义核心价值体系推进学习型参政党建设的方案》。

（3）7 月 16 日，民进树立和践行社会主义核心价值体系暨电影《第一书记》放映活动在民进北京市委举行。严隽琪、罗富和出席活动。刘新成主持活动。

民进会员、影片《第一书记》的主演杨立新，影片制片人张旸等部分影片主创人员与会员见面，并分别简要介绍了影片幕后的故事及他们的感悟。

（4）7 月 21 日，王佐书为民进吉林省骨干会员培训班学员作题为《树立和践行社会主义核心价值体系的体会》专题辅导报告。

（5）8 月 17 日，民进中央与部分省市民进组织社会主义核心价值体系专题研讨会在北京召开。本次会议旨在推动民进对社会主义核心价值体系的理论研究，加强理论指导，进一步推动民进树立和践行社会主义核心价值体系的深入开展。

王佐书出席并讲话。他说，树立和践行社会主义核心价值体系属于国家软实力建设，是强国的规律，也是社会永恒的主题。同时，树立和践行社会主义核心价值体系是一项系统的工程，涉及国家的方方面面各个阶段，既要有理论的指导，也要有实践的积累，不可能一蹴而就。树立社会主义核心价值体系是做人的思想工作，必须符合思想工作的规律。我们一方面要学习、树立社会主义核心价值体系，另一方面也要清楚地认识到现实中阻碍树立和践行社会主义核心价值体系的因素有哪些。当前，腐败现象、两极分化、公平正义等问题，一定程度上影响着群众对社会主义核心价值体系的认同，消除这些阻力也是对社会主义核心价值体系的树立和践行。

参加民进中央“社会主义核心价值体系与民进的实践”课题研究的民进北京、天津、安徽、河南、杭州等 5 个地方组织课题负责人或课题组成员，以及民进广东省委的专家代表进行了研讨交流。与会同志从民主党派树立和践行社会主义核心价值体系的重要性、必要性及独特优势，民进树立和践行社会主义核心价值体系要着重解决的问题，民进的优良传统与社会主义核心价值体系，民进树立和践行社会主义核心价值体系的基本原则、切入点、着力点与路径层次问题，民进树立和践行社会主义核心价值体系的经验，以及民主党派的核心价值观等方面作了主题发言，并进行了热烈的沟通交流。

（6）12 月 10 日，民进省级组织负责人会议在京举行，会议对 2010 年省级组织专项工作和《六个“为什么”》网上有奖征答活动优秀组织进行了表彰。

2. 坚持把树立和践行社会主义核心价值体系同继承和弘扬民进优良传统相结合，做好会史工作

（1）2 月 4 日，“民进会史展览”改建告竣。民进中央部分领导同志参观学习。

（2）7 月 1 日，民进网站发布《民进会史教育基地简介》。

（3）7 月 23 日，民进中央发出《关于在全会开展“口述会史”工作的通知》、《民进中央关于确定首批“民进会史教育基地”的决定》。

（4）9 月 11 日，民进中央在京举行“我的幸福观——庆祝雷洁琼 105 华诞座谈会”。

（5）11 月 18 日，雷洁琼同志统一战线与民进工作的思想和实践座谈会在民进中央机

关举行。本次座谈会是搜集和研究雷老统一战线与民进工作的思想和实践资料的系列活动之一。多位与雷老共过事的民进中央机关老同志参加座谈会并发言。不能参会的老同志也寄来书面发言，积极支持雷老有关资料的搜集工作。

与会者认真回忆并讲述了在雷老领导下有意义的工作经历和重要事件、与雷老交往中的一些“大事”和“小事”，交流了对雷老统一战线与民进工作思想和实践的感受体会，并提供了许多鲜为人知的资料、图片和线索。与会者一致认为，雷老是民进的一面旗帜，她强烈的爱国精神、无畏的斗争精神、扎实的工作作风、严谨的治学态度、崇高的道德操守，都体现出了民进老一辈领导人与中国共产党长期团结合作的坚定信仰、优良传统和高尚风范。学习和研究雷老的政治思想和道德风范是民进建设高素质参政党的需要，也是继承老一辈领导人优良传统的需要，因此通过多种形式和途径总结归纳雷老统一战线与民进工作的思想和实践是促进民进发展的重要工作。雷老的思想和实践是一个内涵十分丰富的精神宝库，需要我们去认真研究和发掘。对于每一个民进会员来说，雷老的思想和实践是一部大书，应该认真学习。

3. 发挥先进典型的激励、带动作用

（1）2 月 22 日，民进中央向民进各省、自治区、直辖市委员会发出关于学习霍懋征同志的通知。

（2）2 月 25 日，民进中央办公厅、民进北京市委下午在民进中央联合召开深切缅怀霍懋征同志座谈会。

（3）7 月 13 日，民进树立和践行社会主义核心价值体系先进会员事迹宣讲大会在民进北京市委举行。严隽琪，罗富和出席大会。罗富和在宣讲大会上作总结讲话。他强调，树立和践行社会主义核心价值体系，是关系多党合作事业发展的基础工程。民进不仅要积极参与社会主义核心价值体系的建设，更要在自身建设和履行职能各项工作中积极践行社会主义核心价值体系，把社会主义核心价值体系内化为广大会员的价值取向，外化为行为准则。树立和践行社会主义核心价值体系有两个重要的环节，一是需要学习理论，领会社会主义核心价值体系的时代背景、科学内涵和精神实质，做到在理论上认知和认同。二是需要学习先进会员，从身边人、身边事中，切实感受到社会主义核心价值体系的内容和要求，并以优秀会员为榜样，在自己的生活工作中自觉地实践。会上，北京市民进会员、当代著名教育家、我国首批特级教师霍懋征老师的女儿、北京 156 中学原校长赵萱，辽宁省民进会员、铁岭市“素斋报刊阅览室”创办人、铁岭市教师进修学院退休教师谢严森，山西省民进会员、民进山西省委农林工作委员会主任、国家农业部果树病虫害防治协作组专家组首席植保专家马恩正，浙江省民进会员、浙江省建德秋梅食品有限公司董事长潘秋梅先后发言，宣讲了霍懋征老师以及他们自己敬业奉献、立足本职工作履行参政党成员职责的动人事迹。

4. 推动全会理论研究工作深入开展

（1）2010 年 1 月 11 日，民进中央参政党理论研究会在京召开会长会议，民进中央副主席、民进中央参政党理论研究会会长王佐书主持会议，并部署民进 2010 年参政党理论研究会的工作，审议通过了民进 2010 年参政党理论研究课题，决定在全会开展理论研究课题招标活动。民进中央及宣传部、研究室、参政党理论研究会负责人参加会议。

（2）2010 年 4 月 9 日，民进中央参政党理论研究会招标课题论证及评审委员会会议在民进中央举行。王佐书主持会议，朱永新出席会议。会议对各省市级组织申报“民进中央参政党理论研究会 2010 年度招标课题”的标书进行评审，最终确定安徽、北京、河南、天津、杭州等 5 个课题组中标。

民进中央参政党理论研究会此次招标题目为《社会主义核心价值体系及民进的实践研究》。自 2 月 8 日下发招标课题活动的通知后，共有 18 个省的 22 个课题组参与此次招标课题活动。

（二）开展创建民进全国先进地方组织、先进基层组织活动，全面推进组织建设

1. 深入开展创建活动，进一步增强各级组织的活力和凝聚力

11 月 4 日至 5 日，民进全国先进地方组织、先进基层组织表彰大会在北京召开。会议的主要任务是，总结创建活动，交流近年来加强地方组织和基层组织建设的经验和体会，表彰一批成绩突出的先进地方组织和基层组织，分析研究地方组织和基层组织建设存在的困难和问题，探讨今后工作的思路和做法，进一步增强地方组织和基层组织的活力和凝聚力。这是继 2004 年召开民进全国基层组织建设工作暨先进基层组织表彰大会之后，召开的又一次重要的推动地方组织和基层组织建设的会议。

严隽琪出席开幕式并讲话，罗富和主持开幕式，王佐书宣读了《民进中央关于表彰民进全国先进地方组织、先进基层组织的决定》。

严隽琪在讲话中强调，在新的历史时期，国家发展和改革的新形势和新任务，使参政党的建设面临着新的机遇和挑战。这就要求我们实事求是、与时俱进、开拓创新，不断探索工作规律，努力把基层组织建设提高到新水平，为建设高素质参政党提供坚实的基础。要加强学习，推进学习型参政党基层组织建设；要加强领导班子建设，充分发挥领导班子在基层组织工作中的重要作用；要加强制度建设，保障基层组织各项工作；要抓好组织发展，培养选拔人才；要提高基层组织活动质量和实际效果，增强基层组织活力；要加强领导，积极争取中共各级组织的支持。

罗富和出席闭幕式，并结合学习严隽琪主席讲话精神、听取大会经验交流和会上会下征求的意见建议，对如何加强民进地方组织和基层组织建设提出了四点意见：一是要进一步加深增强对基层组织建设重要性的认识；二是要进一步加强市级组织的建设；三要进一步活跃支部生活；四是要大力服务基层、服务会员。

民进朝阳区委员会等 64 个地方组织被授予“民进全国先进地方组织”称号，民进清华大学委员会等 299 个基层组织被授予“民进全国先进基层组织”称号。来自重庆、山西、广西、四川、云南、宁夏的全国先进地方组织代表和全国先进基层组织代表，结合创先活动的工作实践，作了经验交流发言。

会议期间，中国民主促进会网站根据会议进程同步制作了专题网页，集中宣传报道此次大会表彰的先进地方组织和先进基层组织的做法，号召民进全会各级组织共享优秀组织经验，形成全会学习先进，争当先进的良好局面。

民进各省级组织分管组织工作的副主委及组织部门负责人，先进地方组织、先进基层组织代表 200 余人参加了开幕式。

2. 指导推动届中调整工作，巩固领导班子建设成果

民进中央对民进各级领导班子的构成进行认真研究分析，积极与各级党委和统战部门进行协商，指导和督促省级组织充分发扬民主，广泛听取意见，规范办事程序，搞好人事协商，做好思想政治工作，保证了届中调整工作的稳妥有序进行。截至 2010 年底，全国部分省、市级组织顺利完成了届中调整，一批年富力强、政治素质好、德才兼备的中青年骨干会员进入了各级领导班子，进一步改善了各级领导班子的年龄结构、知识结构，为 2012 年换届奠定了良好的基础。

3. 加强培训与管理，进一步促进民进人才队伍建设

民进中央根据《2010—2020 年党外代表人士教育培训改革和发展纲要》精神，从人才强会的战略高度，立足 2010 年“届中调整”，着眼 2012 年换届工作，坚持培养为重、以用为本，根据后备干部、骨干会员和机关干部的类别、层次、特点的不同，对他们进行有计划、有针对性培养和培训，充实了骨干人才储备，提高了干部综合素质。

在 2010 年中央统战部、中央社会主义学院与八党派联合举办的“中青年干部多党合作专题研究班”中，30 余名民进会员通过培训。民进中央还举办了“民进全国骨干会员培训班”，50 余名骨干会员参加了培训，就提高民主党派领导干部的“四种能力”进行了研讨。民进中央共推荐了 47 名骨干会员参加中央社会主义学院的学习，推荐了 13 名骨干会员担任国家环境特约监察员、监察部特邀监察员、全国青联委员等职，通过培训发现和培养人才，并给以锻炼和施展才能的平台。

民进中央根据中央统战部加强民主党派代表人士队伍建设的工作部署，将代表人士队伍建设与后备干部队伍建设相结合，对民进代表人士基本情况进行了摸底、统计和分析，建立了 800 余人的代表人士名单，充实了后备人才库。对代表人士的时代特点、成长路径、成长规律进行了研究，为进一步推进代表人士队伍建设提供了科学指导。

4. 发挥监督委员会的作用，切实推动会内监督有序开展

2010 年民进中央监督委员会继续坚持积极稳妥、循序渐进、惩防并举、重在预防的方针，工作稳步推进、制度不断完善，在加强领导班子建设、有序推进会内民主等方面取得了一定成绩。

在民进中央的指导下，广东、山西、北京、河北、福建、上海、广西、重庆等八个省级组织相继成立了省级监督委员会，并制定了工作条例，建立健全了相关机构，开始了省级组织开展会内监督工作的有益探索。

民进中央下发了《民进中央建立健全领导班子谈心会制度的有关规定》，并推行述职和民主评议制度，明确了谈心会、述职和民主评议的范围、内容、原则、程序，要求各级领导班子把举行谈心会、定期述职和接受民主评议与加强领导班子建设相结合、与开展会内监督工作相结合，进一步营造公正团结的领导班子氛围，有序推进会内民主。目前民进中央领导班子谈心会已经制度化、常态化，部分省级组织已开始了制定建立谈心会制度，试行述职和民主评议的工作。

（三）2010 年年底民进组织及成员情况统计

截至 2010 年底，民进共有地方组织 352 个，其中省级组织 29 个，市级组织 266 个，

县级组织 57 个；基层组织 6386 个，其中基层委员会 138 个，总支委员会 423 个，支部 5665 个，小组 160 个。当年新建地方组织总数为 2 个，其中市级委员会 2 个，县级委员会 0 个；当年新建基层组织总数为 185 个，其中基层委员会 9 个，总支委员会 16 个，支部 147 个，小组 13 个。

截至 2010 年底，民进共有会员 122530 人。从界别分布上看，教育界占 65.9%（其中，高教占 13.5%，普教占 52.4%）；文化艺术界占 5.9%；新闻出版界占 2.1%；科学技术界占 2.4%；医药卫生界占 6.2%；经济界占 8.4%（其中，公有制经济占 3.6%，新的社会阶层人士占 4.8%）；机关、团体和其他界别占 9.1%。

会员担任人大代表共 1950 人，其中全国人大副委员长 1 人，全国人大常委 5 人，全国人大代表 56 人，省级人大代表 286 人，市级人大代表 836 人，县级人大代表 766 人。

会员担任政协委员共 10631 人，其中全国政协副主席 1 人，全国政协常委 13 人，全国政协委员 67 人，省级政协委员 843 人，市级政协委员 4544 人，县级政协委员 5163 人。会员担任县处级以上政府及司法机关实职 794 人。

梁红星　民进中央研究室二处处长
沈轶筠　民进中央研究室干部

中国农工民主党

2010年是中国农工民主党成立80周年。一年来，中国农工民主党（以下简称“农工党”）继承和发扬爱国革命的优良传统，认真贯彻中共中央的决策部署，以邓小平理论和“三个代表”重要思想为指导，深入学习贯彻科学发展观，坚持把发展作为参政议政的第一要务，落实农工党十四届三次中央全会确定的2010年工作任务，各项工作都取得了新成绩。

一、重要会议及活动

（一）中央全会

12月11日—12日，农工党第十四届中央委员会第四次全体会议在北京召开。会议学习中共十七届五中全会精神，听取并审议了农工党第十四届中央常务委员会2010年工作报告。全国人大常委会副委员长、农工党中央主席桑国卫代表农工党第十四届中央常务委员会作工作报告。全国政协副主席、农工党中央常务副主席陈宗兴主持开幕式并作闭幕讲话。

桑国卫主席在总结2010年农工党全党工作时指出，过去的一年，农工党中央认真学习贯彻胡锦涛总书记2月10日在党外人士迎春座谈会上的重要讲话精神，坚持把思想建设作为政治交接和自身建设的核心，把树立和践行社会主义核心价值体系作为中国特色社会主义主题学习教育活动的深化和延伸，着力建设政治交接的长效机制，不断增强发展中国特色社会主义的政治共识。紧密围绕中央经济工作会议确定的2010年经济工作重点参政议政，把促进经济发展方式转变作为重要任务，把促进保障和改善民生作为重要着力点，把促进社会和谐作为重要责任，开展调查研究，反映社情民意，积极建言献策。

桑国卫主席还对农工党成立80周年来的历史经验进行了总结回顾。

展望2011年工作，桑国卫主席强调，2011年是“十二五”开局之年，农工党要高举中国特色社会主义伟大旗帜，深入学习中共十七大和十七届三中、四中、五中全会精神，坚持以邓小平理论和“三个代表”重要思想为指导，学习贯彻科学发展观，以中共中央的决策部署统一思想和行动，团结广大党员在中国共产党领导的多党合作道路上奋勇前进，为推动经济社会又好又快发展继续作出新贡献。要以庆祝中国共产党成立90周年为契机，深入推进“社会主义核心价值体系学与行”活动，把树立和践行社会主义核心价值体系与履行参政议政、民主监督职能相结合，进一步发挥农工党在医药卫生和人口资源环境领域的人才优势，紧密围绕国家“十二五”规划和2011年国家经济工作重点任务，以及医疗卫生事业改革发展、保障和改善民生等积极提出意见和建议，形成推动科学发展、促进社会和谐的合力。

陈宗兴常务副主席在闭幕会上强调，农工党要把学习贯彻中共十七届五中全会精神作为当前和今后一个时期的重要政治任务，切实把思想和行动统一到中共中央对形势的分析判断和对工作的决策部署上来，把力量凝聚到推动完成中共中央确定的各项任务上来，努力为中国特色社会主义事业作出新的贡献。要围绕“十二五”目标任务，把发展作为第一要务，努力在推动科学发展上作出更大贡献，团结带领广大党员，努力在促进社会和谐稳定上发挥更大作用。要树立和践行社会主义核心价值体系，坚定不移地走中国特色社会主义政治发展道路，继承农工党爱国革命的优良传统，突出工作重点和特色。要切实加强组织领导，确保各级组织换届工作顺利进行。

农工党中央副主席张大宁、王宁生、陈勋儒、汪纪戎、刘晓峰、陈述涛、何维、姚建年、杨震，以及农工党中央委员等200余人出席会议。

（二）中央常务委员会会议

1. 农工党十四届八次中常会

3月10日晚，农工党第十四届中央常务委员会第八次会议在北京召开。会议审议通过了《中国农工民主党中央关于认真学习贯彻十一届全国人大三次会议和全国政协十一届三次会议精神的通知》，部署了农工党成立80周年纪念活动。桑国卫主席出席会议并作了讲话，陈宗兴常务副主席主持会议。

会议认为，2009年是新世纪以来我国经济发展最为困难的一年。在以胡锦涛同志为总书记的中共中央领导下，全国各族人民万众一心、共克时艰，充分发挥中国特色社会主义制度的政治优势，从容应对国际金融危机的严重冲击，在世界率先实现经济回升向好，改革开放和社会主义现代化建设取得新的重大成就。2010年是我国继续应对国际金融危机、保持经济平稳较快发展、加快转变经济发展方式的关键一年，是全面实现“十一五”规划目标，为“十二五”发展打好基础的重要一年。会议要求全党同志既要充分认识我国经济社会发展的基本态势和向好趋势，也要切实增强政治意识、大局意识、责任意识和忧患意识。进一步增强贯彻落实“两会”精神的自觉性和主动性，进一步把思想和行动统一到中共中央对形势的分析判断和对工作的决策部署上来。

会议强调，在新的一年里，农工党要继续把推动科学发展作为履行职能的第一要务。要紧紧地抓住加快经济发展方式转变这个重点，围绕推进经济结构和产业结构的调整，医药卫生体制深化改革、推进节能减排和生态文明建设等重大问题，以及“十二五”规划所涉及的一些综合性、全局性、前瞻性的课题，深入调查研究，积极建言献策，为中国共产党和政府科学决策、民主决策提供参考和依据。

会议指出，今年是农工党成立80周年。各级组织要本着隆重、热烈、务实、节俭的原则，广泛开展各种形式的纪念活动。要引导广大农工党员深刻认识多党合作的发展历程，进一步树立和践行社会主义核心价值体系，自觉继承和发扬老一辈领导人的优良传统，不断增强走中国特色社会主义政治发展道路的自觉性和坚定性，推动农工党各项工作取得新的成绩。

会议号召，农工党要更加紧密地团结在以胡锦涛同志为总书记的中共中央周围，高举中国特色社会主义伟大旗帜，以邓小平理论和“三个代表”重要思想为指导，深入贯彻落实科学发展观，同心同德、和衷共济、开拓创新、砥砺奋进，为贯彻落实“两会”提出的各项发展任务，实现全面建设小康社会的宏伟目标作出更大贡献。

出席会议的有农工党中央副主席张大宁、王宁生、陈勋儒、汪纪戎、刘晓峰、陈述涛、何维、姚建年、杨震及农工党中央常委。部分省级组织主委以及农工党中央机关各部门负责人等列席会议。

2. 农工党十四届九次中常会

农工党第十四届中央常务委员会第九次会议于6月12日—13日在上海举行。这次会议的主要内容是研究部署农工党下半年重点工作，结合纪念农工党成立80周年，交流树立和践行社会主义核心价值体系活动的情况。桑国卫主席出席会议并讲话，陈宗兴常务副主席主持了会议。

桑国卫主席指出，加快经济发展方式转变，根本出路在于自主创新。农工党要深刻认识加快经济发展方式转变的战略意义，充分发挥本党派科技人才的作用，继续发挥医药卫生界别优势，加强调研，汇聚智慧，为推动以新能源、新材料、节能环保、生物医药等为重点的战略性新兴产业发展，深化医药卫生体制改革建睿智之言，献务实之策，为加快经济发展方式的转变贡献智慧和力量。

桑国卫主席说，树立和践行社会主义核心价值体系，认同和倡导中国特色社会主义理论体系、理想信念、道德准则和精神风尚，牢固树立中国特色社会主义共同理想，是农工党进一步搞好政治交接、与中国共产党长期亲密合作的政治保证。要把树立和践行社会主义核心价值体系作为中国特色社会主义主题学习教育活动的深化和延伸，结合纪念农工党成立80周年，认真回顾和总结农工党与中国共产党团结合作的历史经验，引导广大农工党员进一步加深对农工党爱国革命优良传统的认识，进一步增强走中国特色社会主义政治发展道路的自觉性和坚定性。

桑国卫强调，要适应多党合作事业发展的新要求，适应农工党保持界别特色、发挥智力优势和履行职能的需要，进一步重视和加强人才队伍建设。要认真贯彻落实《关于建立健全中国农工民主党省级组织领导班子谈心会制度的意见（试行）》，进一步加强领导班子建设。

会议听取了题为“后危机时代中国经济走势与管理创新”的报告。农工党中央副主席张大宁、王宁生、陈勋儒、汪纪戎、刘晓峰、陈述涛、姚建年、杨震，农工党中央常委、部分省级组织负责人以及农工党中央机关各部门负责人50余人出席、列席了会议。

3. 农工党十四届十次中常会

12月10日下午，农工党中央第十四届中央常务委员会第十次会议在北京举行。农工党中央主席桑国卫主持会议，常务副主席陈宗兴，副主席张大宁、王宁生、陈勋儒、汪纪戎、刘晓峰、陈述涛、姚建年、杨震，以及农工党中央常委出席会议。会议审议了《中国农工民主党第十四届中央委员会第四次全体会议议程（草案）》、《中国农工民主党第十四届中央常务委员会2010年工作报告（草案）》，审议通过了《中国农工民主党第十四届中央常务委员会2011年工作要点（草案）》以及其他有关决定，审议通过了农工党中央医药卫生工作委员会主任人选。非农工党中央常委的省级组织主委和中央机关各部门负责人列席会议。

（三）中央监督委员会会议

1. 农工党中央监督委员会第三次全体会议

3月10日晚，农工党中央监督委员会第三次全体会议在北京召开，农工党中央常务副主席、中央监督委员会主任陈宗兴出席会议并宣布了有关人事决定。农工党中央副主席、中央监督委员会副主任刘晓峰主持会议并作讲话。中央监督委员会委员金国生、肖燕军、杜黎明、侯欣一、杨忠岐、曲凤宏参加会议，杨小娟、刘然等列席会议。

刘晓峰副主席在讲话中指出，过去的一年来，农工党中央监督委员会把自身建设作为工作重点，制定完善了一系列文件制度，开展了有关调研工作，积累了党内监督工作的宝贵经验，这些都为做好今后工作打下了良好基础，值得充分肯定。同时，也要清醒地认识到，加强农工党自身建设，特别是加强领导班子成员思想、作风建设，健全党内监督机制和制度仍将是一项长期而艰巨的任务。

他强调，今后一个时期要着力做好以下几个方面工作：一是加强廉洁自律宣传教育工作，增强领导班子成员党纪意识，强化党性原则。二是要进一步加强监督制度建设，认真执行和不断完善各项监督制度，健全完善党内监督体制。三是进一步加强预防制度建设，要坚持以正面教育为主，以自我监督为主，以预防为主，坚持好教育、制度与监督并举，重在预防的原则。做到对党员个人负责，对党的组织负责。

刘晓峰副主席对农工党各级组织的负责同志和担任重要领导职务的党员提出了两点希望和要求：第一，管好自己是关键。我们党内的很多领导同志都是公众人物，一定要洁身自好，加强修养，管好自己。要始终保持政治上的清醒，不断改造主观世界，消除私心杂念，做政治上的明白人。要团结和自己意见不同的人，公开透明，自觉接受监督。按制度办事，就不会出大错，要在执行制度上以身作则，不搞特殊化。要自觉按照党纪国法规定的原则、程序规范行使权力，身体力行，坚守原则，自觉接受党员和群众监督。第二，带好队伍是责任。民主党派的工作具有特殊性，领导班子成员也多为兼职，但主要负责同志仍然要自觉承担起抓好廉政建设的职责，承担起政治责任和领导责任。各省级组织的主要负责同志既要了解班子成员的参政议政和本职工作情况，也要关心班子成员的廉政情况，要经常性地提醒、诫勉，把廉洁自律工作与党务工作一起部署，真正做到管好自己、抓好班子、带好队伍。

刘晓峰副主席指出，今年是农工党成立80周年。各级领导班子要通过各种学习教育和纪念活动，继承和发扬农工党的优良传统，加强思想道德修养，进一步增强政党意识、责任意识，密切与基层组织和广大党员的联系，虚心倾听和接受组织及党员的批评建议，同心同德，积极进取，使党的自身建设和各项工作取得新的成绩。

2. 农工党中央监督委员会第四次全体会议

12 月 10 日晚，农工党中央监督委员会第四次全体会议在北京召开。农工党中央常务副主席、中央监督委员会主任陈宗兴，农工党中央副主席、中央监督委员会副主任刘晓峰和中央监督委员会全体委员出席会议。会议由刘晓峰副主席主持。

会议审议通过了刘晓峰副主席所作的中央监督委员会 2010 年工作报告，审议通过了中央监督委员会 2011 年工作计划，通报了十四届十次常委会《关于撤销吴正虎农工党第十四届中央委员职务的处理决定》。陈宗兴常务副主席在讲话中指出，农工党中央监督委员会在今后工作中要继续坚持正确的政治方向，坚持正确的职责定位，一是要以民主作风建设为重点，主要抓好领导班子贯彻执行谈心会制度，推进省级领导班子建设。通过开展谈心会、述职和民主评议工作，加强全委会、常委会对领导班子的日常监督，扩大基层党员对全委会、常委会工作的知情权和参与权，拓宽监督渠道，增强监督合力，加大监督制度的创新力度，建立健全决策权、执行权、监督权既相互制约又相互协调的权力结构和运行机制，树立党内民主和谐的政治氛围，提高党的凝聚力。二是要以提高认识为基础，加强党内监督宣传教育工作。要以纪念农工党成立 80 周年为契机，以树立和践行社会主义核心价值观体系为主题，积极配合各级组织特别是领导班子继续深入开展党性党风党纪教育，大力开展对党章的学习教育活动，加强党性修养和党性锻炼，牢固树立马克思主义的世界观、人生观、价值观，坚持正确的权力观、地位观、利益观，树立和弘扬优良作风。要结合实际加强防范警示教育活动，提高教育的针对性、实效性。三是要以成立省级监督委员会为契机，不断完善党内监督机制。党内监督是一项新的工作，既不能盲目向前，也不能停滞不前，要以在实践中学习，在学习中实践的探索精神，脚踏实地努力把党内监督的工作做好。中央监督委员会将继续推动条件成熟的省级组织成立监督委员会，并加强与他们的沟通，多进行业务交流、工作研讨，在重要的政策问题上加强指导。

陈宗兴常务副主席希望中央监督委员会全体成员共同努力，结合明后两年的地方组织和中央换届，不断积极稳妥的推进农工党党内监督工作。

（四）部门工作会议

1. 农工党全国宣传干部培训班

5 月 25 日—31 日，农工党中央宣传部在中央社会主义学院举办了“农工党全国宣传干部培训班”。农工党中央领导对这次培训班高度重视，陈宗兴常务副主席亲切接见了培训班全体学员并同大家合影留念，汪纪戎副主席代表中央出席开班仪式并讲话，刘晓峰副主席出席了在农工党中央机关举行的结业仪式并讲话。

汪纪戎副主席在开班式上对于办好这次培训班及全体学员提出了要求和希望。她指出，这次全国宣传干部培训班，是在国际形势继续发生深刻复杂变化，国内经济社会发展处于重要战略机遇期的形势下举办的，是在全国人民深入学习贯彻科学发展观，农工党全面开展树立和践行社会主义核心价值体系学习教育活动、农工党成立 80 周年纪念活动筹备工作进入关键阶段的形势下举行的，具有十分重要的意义。在学习期间，学员们要坚定理想信念，保持清醒头脑；强化责任意识，树立全局观念；加强学习思考，提高文化修养；密切联系实际，改进工作作风；注重实践锻炼，增强工作本领。要通过此次培训提高宣传干部的政治素质、理论水平和业务能力，真正能够达到农工党中央领导的要求，把建设一支高素质的宣传干部队伍，作为落实宣传思想工作任务、加强参政党自身建设的组织基础和人才保障。她强调，宣传干部要多读书、多思考、多研究，努力成为学习型参政党建设的排头兵。她希望各位学员集中精力、遵守纪律、博览勤思，以学习开拓视野，以学习丰富人生，以学习赢得成功，书写精彩人生。

来自农工党全国各省市组织的宣传干部130余人参加了此次培训。在为期7天的培训活动中，学员们系统听取了包括统一战线和多党合作理论政策、参政党建设、农工党发展历史，民主党派树立和践行社会主义核心价值体系、传统文化与现代化、民主党派与新闻宣传，传播危机与危机公关，危机处理和媒体应对、如何办好党刊、统战新闻宣传、新闻摄影实践、政务公文起草等方面的课程。

2. 农工党全国社会服务工作会议。8月17日上午，农工党全国社会服务工作会议在吉林省延吉市召开。会议学习了农工党中央领导有关讲话精神，交流了各地组织开展社会服务工作所取得的成绩、经验，研究部署农工党今后的社会服务工作。

汪纪戎副主席出席了会议并讲话。她在讲话中指出，近几年，农工党社会服务工作继承优良传统、保持鲜明特色、充分发挥自身优势，在医药卫生、支边扶贫、环境保护、文化教育、抗灾救灾等诸多领域作出了突出贡献。农工党社会服务领域不断拓宽，社会服务形式不断创新，社会服务队伍不断加强，社会服务影响不断扩大。

她强调，进一步做好社会服务工作，就要突出特色、抓住重点，巧力打造社会服务品牌项目；多方参与、上下联动，调动基层组织和党员专家的积极性；加强沟通、善于协作，争取政府部门与社会各界的支持；定点服务、互利多赢，建立长期稳定的合作关系；横向联合、互相促进，社会服务与参政议政、自身建设有机结合。在未来几年的社会服务工作中，要广泛动员、集结力量，一如既往地支持毕节试验区建设工作；深入实际关注民生、尽己所能倡导环保；在继承中创新，有计划、有步骤地开拓社会服务工作新局面；树立典型、打造品牌，着力加强社会服务的宣传工作。

会上还宣读了《中国农工民主党中央委员会关于表彰2007年—2009年全党社会服务工作先进集体和先进个人的决定》，对北京市委员会等先进省级组织、天津市委员会咨询服务部等先进省级组织社会服务工作机构和北京市朝阳区委员会等先进市县级委员会、北京大学委员会等先进基层组织、常近时等先进个人予以了表彰。来自北京、上海、江苏、广东、贵州、陕西等先进省级组织的代表作了发言。

农工党全国30个省级组织分管社会服务工作的领导和社会服务部门的负责同志，特邀部分基层委员会和有关部门代表参加了会议。

8月17日下午，农工党部分省市级组织对口帮扶大方县项目座谈会在吉林省延吉市召开。会议就进一步加强对毕节地区大方县的帮扶工作进行了探讨。汪纪戎副主席出席了会议。

3. 农工党宣传部长会议

9月21日—22日，农工党宣传部长会议在四川成都召开。会议的主要内容是总结交流纪念农工党成立80周年活动情况；研究推进开展树立和践行社会主义核心价值体系工作；研究部署宣传工作和党刊工作。刘晓峰副主席出席开幕式并作了主题讲话。

会议认为，社会主义核心价值体系要立足于学：农工党同志要认真学习、深刻领会社会主义核心价值体系的科学内涵和重大意义，切实用社会主义核心价值体系凝聚共识、筑牢根基，不断巩固共同思想政治基础，把中国共产党领导的多党合作和政治协商制度坚持好、完善好、发展好。社会主义核心价值体系要致力于行：一要把树立和践行社会主义核心价值体系与建立学习型参政党相结合，二要把树立和践行社会主义核心价值体系与提高农工党自身建设科学化水平相结合，三要把树立和践行社会主义核心价值体系与农工党履行参政议政、民主监督职能相结合。

会议决定，要以社会主义核心价值体系引领农工党宣传思想工作。一要发挥优秀党员的示范引导作用，适时组织党员践行社会主义核心价值体系先进事迹宣讲团。二要发挥科学理论的指导作用，确定一批重点研究课题，组织骨干力量进行科研攻关，力争取得一批新的理论研究成果，不断研究探索践行社会主义核心价值体系的新举措，形成更多理论研究成果供各级组织领导班子决策参考。三是发挥领导干部的带头作用。

会议指出，要充分发挥农工党党刊《前进论坛》在树立和践行社会主义核心价值体系的重要作用。党刊要充分发挥舆论导向作用，党刊最大的特色就是具有鲜明的党性原则，因此要把政治标准和社会效益放在办刊的第一位；党刊要充分发挥阵地平台作用，要从巩固和发展农工党的思想阵地的高度出发，充分发挥其政治优势和组织优势，各有关方面也要齐心协力，共同努力，保证党刊的社会覆盖面；党刊要充分发挥桥梁纽带作用。要更好地坚持贴近基层、贴近生活、贴近党员的方针，拿出更多的版面来反映基层组织和基层党员。

来自农工党各省级组织宣传部长等30余人参加了会议。

4. 农工党省级组织部长工作会议

10月23日—25日，农工党省级组织部长工作会议在河南郑州召开。刘晓峰副主席出席开幕式并发表讲话。农工党各省级组织组织部（处）负责人共计40余人参加了会议。

刘晓峰副主席在讲话中指出，当前我国多党合作事业正处于蓬勃发展的大好时期，农工党组织工作正面临着十分紧迫繁重的任务。学习贯彻好中共中央办公厅今年8月印发的《2010—2020年党外代表人士教育培训改革和发展纲要》精神，是农工党各级组织部门当前和今后一个时期的重要工作内容。今年是本届的届中之年，换届工作将陆续展开，组织工作任务繁重。组工干部队伍是农工党组织工作的具体承担者和实施者。广大组工干部的素质高不高、能力强不强，直接关系到组织工作各项任务的完成。就进一步加强农工党组工干部队伍建设，刘晓峰副主席提出三点希望：一要增强服务意识，坚持为农工党中心工作服务、为党员干部服务，真正把组织部门建设成为和谐温暖的党员之家、干部之家；二要提高执行能力，提高组工干部自身素质和能力，加强制度建设，严格规范程序，并确保在要在严格程序、确保质量的前提下不断提高效率；第三，要树立良好形象，坚持做人与做事、修身与立德相统一，严于律己，宽以待人，自觉培养高尚的道德情操，树立公道正派、真诚待人的形象。

这次会议采取以会代训方式对农工党省级组织部的负责同志进行了政策培训和业务培训，交流研讨了地市级组织换届遇到的新情况新问题，研究了新形势下的组织发展工作，增进了中央组织部和省级组织部之间的沟通交流，有力推动了地市级组织换届的顺利进行。

5. 农工党网站编辑会议

10 月 27 日，农工党网站编辑会议在广西南宁召开。农工党中央办公厅、研究室相关领导出席会议。会议认为，近年来农工党中央和地方的网站建设取得了扎实的成效。宣传的及时性、内容的丰富性都有长足进步，反映参政议政的成果、展示农工党党员风采等方面的栏目内容越来越丰富，网站用稿的质量和数量都有新的提高。会议强调，农工党各级组织的网站，是一个政治性的政党网站，不是一个学术团体的网站，不是一个娱乐消遣的网站。政党网站，讲政治是第一要求、最根本的要求，要突出政治立场、政治观点、和谐政党关系等重大政治问题。会议总结并通报了农工党中央网站改版工作和农工党中央网站 2010 年前三季度各省级组织及中央各部门的网站工作情况。

6. 农工党全国办公室主任工作座谈会

11 月 6 日—8 日，农工党全国办公室主任工作座谈会在陕西省西安市召开。农工党中央办公厅主任游宏炳出席会议并作学习中共十七届五中全会精神的报告，农工党中央办公厅副主任王素芳主持会议。农工党中央办公厅有关人员和各省（市）委会办公室主任、副主任或办公室工作人员共 40 余人出席会议。

会议期间，与会人员就办公室的工作机制、档案管理、网络保密技术等方面进行了深入讨论和交流。与会代表还围绕总结和把握办公室工作的特点和规律，进一步做好办公室工作，在机关建设中发挥更大的作用，以及进一步加强农工党中央办公厅与各地方组织办公室的联系沟通和协调等问题进行了广泛深入的交流和讨论。

（五）纪念农工党成立 80 周年活动

农工党自 1930 年 8 月 9 日在上海成立以来，一代又一代党员前赴后继，为中华民族的解放事业和新中国的繁荣富强作出了重要贡献，为统一战线和多党合作事业发展作出了重要贡献。在农工党成立 80 周年之际，各级组织都本着隆重、热烈、务实、节俭的原则，开展了一系列内容丰富、形式多样的纪念活动。

1. 隆重举行纪念大会

8 月 9 日上午，农工党中央在人民大会堂隆重举行了成立 80 周年纪念大会。中共中央政治局委员、国务委员刘延东代表中共中央出席大会并致贺词；全国政协副主席、致公党中央主席万钢代表兄弟民主党派中央、全国工商联致贺词；全国政协副主席、中共中央统战部部长杜青林，全国人大常委会副委员长、民建中央主席陈昌智，以及各民主党派中央、全国工商联和国家部委的负责同志到会祝贺。

刘延东在贺词中强调，中国共产党将坚定不移地高举中国特色社会主义伟大旗帜，坚定不移地坚持完善中国共产党领导的多党合作和政治协商制度，坚定不移地坚持“长期共存、互相监督、肝胆相照、荣辱与共”的基本方针，团结带领全党全国各族人民，为全面推进中国特色社会主义伟大事业努力奋斗。刘延东充分肯定了农工党的光荣历史和重要贡献。她指出，农工民主党成立至今，走过了一条从爱国主义到社会主义的历史道路，形成了爱国革命的优良传统，为中华民族的解放事业和社会主义革命、建设与改革开放事业作出了重要贡献。80 年光辉历程充分证明，农工民主党是同中国共产党风雨同舟、荣辱与共的亲密友党，是建设中国特色社会主义、实现中华民族伟大复兴的一支重要政治力量。刘延东指出，当前我国正处在经济社会发展的重要战略机遇期，建设中国特色社会主义、实现中华民族的伟大复兴，需要包括各民主党派在内的全国人民同心同德、艰苦奋斗。刘延东说，我们真诚希望包括农工民主党在内的各民主党派，高举中国特色社会主义伟大旗帜，一如既往地与中国共产党亲密合作，一如既往地走中国特色社会主义道路，认真学习和自觉践行社会主义核心价值体系，进一步巩固多党合作的共同思想基础；坚定不移地走中国特色社会主义政治发展道路，更好地履行参政议政和民主监督职能，为坚持和完善多党合作和政治协商制度、推进社会主义民主政治建设贡献智慧和力量；深入贯彻落实科学发展观，充分发挥民主党派人才荟萃的优势，围绕国家经济社会发展的战略目标和任务，在加快经济发展方式转变、改善民生、促进社会和谐等方面积极建言献策；继承和发扬民主党派的优良传统，把参政党建设提高到一个新水平。

桑国卫主席在纪念大会上回顾了农工党的光辉历史，号召广大农工党党员继承和发扬爱国革命的优良传统，深入贯彻落实科学发展观，不断增强对中国特色社会主义的政治认同和思想认同，增强走中国特色社会主义政治发展道路的自觉性和坚定性，提高履行参政党职能的能力和水平，进一步为实现全面建设小康社会奋斗目标贡献力量。

大会由陈宗兴常务副主席主持。农工党北京市委会、河北省委会、天津市委会的新老党员代表、中央机关全体工作人员和离退休同志共800余人参加会议。

2. 举行老同志座谈会

8月9日下午，农工党在京召开纪念成立80周年老同志座谈会。农工党中央主席桑国卫，常务副主席陈宗兴，原常务副主席李蒙出席会议。

座谈会上，农工党七位老同志代表畅谈了对中共中央致农工党成立80周年贺词的感想体会，总结回顾了农工党80年来与中国共产党肝胆相照、荣辱与共的光辉历程、历史经验和优良传统。

陈宗兴常务副主席在听取大家发言后讲话。他在重温了农工党的光辉历史、改革开放以来农工党对经济社会作出的重要贡献之后说，农工党各项事业能够取得如此丰硕的成果，凝聚着农工党先辈们的鲜血和汗水，饱含着各位老领导、老同志的无私奉献与忘我奋斗。结合学习贯彻中共中央的贺词精神，陈宗兴常务副主席提出几点意见：第一，认真继承和发扬农工党的优良传统，切实树立和践行社会主义核心价值体系，是引导全体党员坚定地走中国特色社会主义政治发展道路的重要举措。第二，建设一支素质优良、结构合理、数量充足、同中国共产党同心同德的干部队伍，是农工党更好地履行参政党职能的人才保证。第三，切实围绕执政党和国家的中心任务开展工作，是农工党体现自身价值、为社会作出应有贡献的必然要求。我们要深入贯彻落实科学发展观，把促进经济发展方式转变作为当前参政议政的重要任务，为实现加快经济发展方式转变和保持经济平稳较快发展的有机统一作出贡献。

座谈会由刘晓峰副主席主持。出席会议的还有农工党中央副主席王宁生、汪纪戎、刘晓峰、陈述涛、何维，原副主席章师明、阎洪臣、朱兆良。农工党上届中央常委及部分老同志代表共50余人参加了会议。

3. 编辑出版了《光辉历程》大型画册，并举办了图片展

《光辉历程》以体现农工党爱国革命精神、体现农工党在中国共产党的影响、指导、帮助下逐步走向与中国共产党团结合作、接受中国共产党领导的历史进程为主线，充分利用农工党中央和地方近年来的党史抢救工作获得的资料，全面反映农工党在民主革命时期和社会主义时期的各项工作成就，再现农工党 80 年的奋斗历程，反映新世纪新阶段以来农工党参政议政、社会服务、自身建设取得的新成绩。许多珍贵的农工党历史资料都是第一次对公众公开。

4. 举行知识竞赛

以纪念农工党成立 80 周年为契机，以社会主义核心价值体系（包括农工党党史、党章等）为主要内容，以《前进论坛》为平台，农工党中央在全党范围开展了一次知识竞赛活动。截至 11 月 8 日，30 个省级组织答题卡全部寄到中央，共收到答题卡 67897 份，约占党员总数的 59.2%。11 月 24 日，陈宗兴常务副主席，汪纪戎副主席出席知识竞赛抽奖仪式并为此次知识竞赛抽取了“优秀个人奖”一等奖。有 10 个省级组织被评为“先进组织奖”，有 80 人获“优秀个人奖”。

5. 联合拍摄了电影故事片《铁血丹心——邓演达》及电视文献纪录片《中国农工民主党》

农工党中央宣传部、江苏省委会和南京光曦影视有限公司联合摄制了电影故事片《铁血丹心——邓演达》，其主创人员及投资人均为农工党员，影片在农工党成立 80 周年纪念大会上举行了首映，收到了很好的效果。四集电视文献纪录片《中国农工民主党》经过几年的努力，也于今年审定制作完成，这是一部反映农工党 80 年奋斗历程和辉煌成果的生动影视教材。

6. 制作发行了农工党成立 80 周年邮资纪念封

经申请，中国邮政于 8 月 9 日正式发行了《中国农工民主党成立 80 周年》邮资纪念封一套 1 枚，邮资纪念封以庆祝“中国农工民主党成立 80 周年”为主题，以农工党创始人邓演达烈士的肖像和一干会议会址为主要设计元素，展现了中国农工民主党与中国共产党风雨同舟、亲密合作的光辉历史。纪念邮资信封首发揭幕仪式在同日的纪念农工党成立 80 周年大会上举行，桑国卫主席和中国邮政集团公司总经理刘安东共同为邮资纪念封首发揭幕。

7. “邓演达纪念园”、“季方史料陈列馆”、保定军校纪念馆内“中国农工民主党党史教育基地”等先后建成

农工党中央积极支持广东惠州“邓演达纪念园”和“邓演达陈列馆”建设。农工党主要创始人邓演达烈士家乡的中共惠州市委、市政府，多年来高度重视邓演达故居的保护工作。由中共惠州市委、惠州市政府规划建设的“邓演达纪念园”第一期工程于今年 9 月份竣工。园区占地 100 多亩，总投资 5800 多万元，园内设陈列馆，展示邓演达烈士的革命功绩和农工党的历史。农工党各级组织的党员和机关干部的捐款 200 万元也已转交中共惠州市委，用于“邓演达纪念园”的建设。

2010 年 7 月 4 日上午，农工党党史教育基地揭牌仪式在保定军校纪念馆举行。刘晓峰副主席出席了揭牌仪式并讲话。来自农工党中央、中共河北省委统战部、农工党河北省

委会、中共保定市委统战部、农工党保定市委员会、保定军校纪念馆以及有关部门的领导和人士100多人参加了揭牌仪式。揭牌仪式上，刘晓峰副主席深情回顾了农工党的主要创始人邓演达、黄琪翔、季方先后在保定军校的学习经历及创建农工党的历史经过，要求建设好这个基地，教育广大农工党员继承和发扬爱国革命的优良传统，自觉接受中国共产党的领导，增强走中国特色社会主义政治发展道路的共识。

在季方主席家乡的中共海门市委、海门市委统战部等方面的关心支持下，由农工党中央、江苏省委会、南通市委会和海门市人民政府共同出资建立的"季方史料陈列馆"，也于8月份建成。

8. 其他纪念活动

6月13日，农工党第十四届中央领导班子成员赴上海农工党一干会址向邓演达烈士雕像敬献花篮，缅怀革命先驱，重温光荣历史，并在一干会址集体合影留念。6月20日，"庆祝中国农工民主党成立80周年——迟静杰书法展"在中国美术馆隆重开幕。7月13日，在农工党中央机关举行了纪念农工党成立80周年暨邓演达烈士铜像落成揭幕仪式、中国农工民主党中央委员会匾额揭幕活动；举办了纪念农工党成立80周年《光辉的历程》书画展。由农工党中央、江苏省委会、南通市委会共同出资建立的"季方史料陈列室"也于7月份完工。农工党中央党史陈列室的建设也正在稳步推进中。同时，农工党中央加强了宣传工作，讴歌中国共产党领导的多党合作和政治协商制度。从7月23日开始，《科技日报》、《团结报》、《人民日报》、《人民政协报》等报刊陆续刊发了庆祝农工党成立80周年专版。《前进论坛》杂志社也同时举办了"八十风雨谱华章——纪念中国农工党民主党成立80周年"征文活动。

此外，农工党各地方组织也都积极响应农工党中央号召，切实加强领导，认真筹划安排，根据当地实际情况，结合当地具体工作，精心组织了一系列内容丰富多彩、形式多种多样的纪念活动。这些活动包括召开纪念座谈会、报告会、学习会、开展党史研究和宣传、理论研究、举办图片展书画展、文艺演出、知识竞赛、演讲比赛、摄影比赛、征文活动、表彰先进、扶贫义诊、慰问老党员等。纪念活动得到了广大农工党员的积极支持和广泛参与，无论是有多年党龄的老同志还是刚刚入党的新同志，都积极参与到纪念活动中来。据不完全统计，许多省级组织参加纪念活动的农工党党员人数占党员总数的70%以上，有的省份还达到了90%以上。纪念活动也得到了各地主流新闻媒体的密切配合，很多地方的电视台、电台、报刊、网站等主要媒体对纪念活动做了宣传报道，扩大了农工党的影响。

（六）其他重要会议和活动

1. 农工党中央、北京市委会2010年春节团拜会

2月4日上午，农工党中央机关大楼张灯结彩，一派喜气洋洋，农工党中央机关、北京市委会机关2010年春节团拜会在此举行。桑国卫主席出席团拜会并讲话。

桑国卫主席指出，刚刚过去的2009年是我国发展史上非比寻常的一年。中共中央、国务院果断决策、科学应对历史罕见的国际金融危机冲击，统筹保增长、保民生、保稳定各项工作，充分体现了中共中央驾驭经济社会发展的坚强领导能力，体现了社会主义凝聚

力量、万众一心的制度优势。我们隆重庆祝了新中国成立60周年、人民政协成立和中国共产党领导的多党合作和政治协商制度确立60周年。60年来，伟大的社会主义中国取得了举世瞩目的发展成就，统一战线事业、多党合作制度显示了巨大的优越性，鼓舞着全国各族人民坚持走中国特色社会主义道路的信心和决心。过去的一年中，农工党的各项工作取得新成绩，在深化医药卫生体制改革、加强环境保护和发展"低碳经济"等方面反映社情民意，积极建言献策，为科学决策、民主决策作出了贡献。扎实开展社会服务工作，为落实地震灾区卫生援建项目、支持贵州毕节试验区建设、促进环境保护和群众健康事业，积极发挥作用。

桑国卫主席强调，2010年是国家实施"十一五"规划的最后一年，也是中国农工民主党成立80周年。我们要认真学习贯彻胡锦涛同志在中央经济工作会议和全国政协新年茶话会上的重要讲话精神，把保持经济平稳较快发展作为服务科学发展的首要任务，充分发挥政治优势、组织优势和智力优势，充分发挥广大党员的积极性、主动性和创造性，深入实际、深入基层调研，积极反映社情民意，建睿智之言、献务实之策，为全面完成今年经济社会发展各项任务献计出力，为开创农工党工作新局面、夺取全面建设小康社会新胜利、实现中华民族伟大复兴而不懈奋斗，作出新的更大贡献。

农工党北京市委会主委于文明在发言中回顾了北京市委会一年的成绩，向过去一年中给与大力支持的农工党中央、中央统战部、中共北京市委等单位表示衷心的感谢。团拜会上，农工党中央机关、北京市委会机关工作人员和文艺工作者表演了精彩的文艺节目。

农工党中央常务副主席陈宗兴，原常务副主席李蒙，原副主席宋金升、陈建生，副主席汪纪戎、刘晓峰、何维、姚建年等出席团拜会。农工党中央机关、北京市委会机关工作人员及离退休同志，部分在京农工党员200余人观看了演出。

2. 在京中青年党员骨干座谈会

9月14日，农工党中央组织部与北京市委会联合举办的在京中青年党员骨干座谈会在中央机关召开。刘晓峰副主席参加了座谈。

参加本次座谈会的党员是农工党在各行各业具有代表性的人士，在各自的本职岗位上作出了一定的成绩，在社会上展示了农工党的良好形象，在农工党内也都发挥了很好的作用，是农工党加强自身建设、履行参政党职能的一支重要依靠力量。会上，大家介绍了自己的基本情况和个人成长经历，畅谈对党派工作的认识，对组织建设和参政议政工作提出了一些中肯的意见和建议。

刘晓峰副主席在座谈会上对与会党员提出三点希望：一是增强政党意识，强化政治责任，把自己的人生理想和农工党的事业紧密联系在一起，做到知党、爱党。二是坚持读书学习，树立终身学习的观念，把学习当成一种生活态度、一种工作责任、一种精神追求，通过学习，明世界大势，通古今之变，提高自身修养，提升精神境界，不断提高工作能力和水平。三是做好本职工作。他鼓励大家合理借助农工党的组织优势，成长为各自工作领域的排头兵和领军人物。

3. 2010年中央工作通报会

9月29日上午，农工党中央老领导老同志通报会在北京召开。桑国卫主席出席会议并代表十四届中央领导集体对各位老领导老同志始终关心支持农工党中央的工作表示真诚的感谢。他详细介绍了纪念农工党成立80周年系列活动的情况，并通报一年来的重点工作，希望老领导老同志对农工党中央的工作提出意见建议，共同推进农工党的建设和发展，为中国共产党领导的多党合作事业和实现中华民族的伟大复兴作出更大贡献。陈宗兴常务副主席在主持会议时强调，老领导老同志是农工党的宝贵财富，农工党中央将不断提高对老领导老同志的服务质量和服务水平，努力为老领导老同志发挥余热、安享晚年提供良好的条件。汪纪戎、刘晓峰副主席，章师明、宋金升原副主席，中央机关离休老同志王大鲁、石楚、李牧生、孟庆厚、蒋春松、周涤凡、赵翰东、江苇出席通报会。中央机关各部门负责人等列席会议。

4. 农工党中央原常务副主席方荣欣逝世

优秀的爱国民主人士，中国共产党的亲密朋友，中国人民政治协商会议第六、七、八届全国委员会常务委员兼副秘书长，中国农工民主党第九、十届中央委员会副主席，第十一届中央委员会常务副主席，第十二、十三届中央委员会名誉副主席方荣欣同志，因病于9月4日在北京逝世，享年98岁。方荣欣病重期间和逝世后，中共中央有关领导同志以不同方式表示慰问和哀悼。

9月10日上午，方荣欣同志遗体告别仪式在八宝山殡仪馆举行。农工党中央主席桑国卫、常务副主席陈宗兴，原主席蒋正华、原常务副主席李蒙，全国政协副秘书长杨崇汇、孙怀山，中共中央统战部副部长楼志豪，九三学社中央副主席邵鸿，农工党中央副主席汪纪戎、刘晓峰，原副主席宋金升等出席告别仪式。农工党中央机关在职和离退休干部职工及北京、天津市委会部分领导和干部等参加。

5. 农工党中央原副主席姚峻逝世

优秀的爱国知识分子，中国共产党的亲密朋友，中国农工民主党第九、十、十一、十二届中央委员会副主席，第十三届名誉副主席姚峻同志，因病于2010年5月18日在北京逝世，享年85岁。姚峻病重期间和逝世后，中央有关领导同志以不同方式表示慰问和哀悼。

5月28日，姚峻同志遗体告别仪式在八宝山革命公墓举行。桑国卫主席、陈宗兴常务副主席，农工党中央原主席蒋正华、原常务副主席李蒙，副主席汪纪戎、刘晓峰、姚建年，原副主席宋金升等出席告别仪式。中央机关全体工作人员、部分离退休同志及相关单位代表参加告别仪式。

6. 外事和出访活动

1月20日下午，桑国卫主席在人民大会堂陪同国家主席胡锦涛出席欢迎奥地利总统费舍尔来华访问的欢迎仪式及宴会。

4月8日，桑国卫主席在人民大会堂宴请澳大利亚众议长詹金斯一行。

4月15日下午，桑国卫主席在全国人大会议中心接见并宴请美国南加州中国和平统一促进会联盟参访团一行。

4月28日下午，刘晓峰副主席在人民大会堂陪同国家主席胡锦涛出席欢迎法国总统萨科齐访华欢迎仪式及宴会。

5月17日下午，陈宗兴常务副主席在人民大会堂陪同国家主席胡锦涛出席欢迎德国总统霍斯特·克勒访华欢迎仪式及晚宴。

6 月 18 日上午，陈宗兴常务副主席在人民大会堂会见玻利维亚争取社会主义运动代表团。

7 月 6 日—11 日，汪纪戎副主席随全国人大组团赴法国进行了为期 6 天的访问。

7 月 13 日下午，桑国卫主席在人民大会堂陪同国家主席胡锦涛出席欢迎阿根廷总统克里斯蒂娜·费尔南德斯·德基什内尔访华欢迎仪式。

8 月 2 日下午，陈宗兴常务副主席在北京钓鱼台国宾馆会见越南党政干部考察团。

8 月 24 日晚，汪纪戎副主席在北京出席全国人大中法友好小组会见并宴请法国议会代表团。

8 月 30 日—9 月 5 日，农工党中央机关部分领导干部赴法国、德国进行饮用水安全和水资源保护考察活动。

9 月 2 日下午，桑国卫主席、陈宗兴常务副主席在人民大会堂陪同国家主席胡锦涛出席欢迎乌克兰总统维克托·亚努科维奇访华欢迎仪式及晚宴。

9 月 6 日上午，汪纪戎副主席在全国人大会议中心会见丹麦来访团。

9 月 8 日下午，汪纪戎副主席在人民大会堂陪同国家主席胡锦涛出席欢迎缅甸联邦国家和平与发展委员会主席丹瑞访华欢迎仪式及宴会。

10 月 26 日下午，桑国卫主席在人民大会堂陪同国家主席胡锦涛出席欢迎意大利总统纳波利塔诺访华欢迎仪式及晚宴。

10 月 29 日，桑国卫主席在北京出席第四届亚洲制造业论坛招待晚宴。

11 月 1 日下午，桑国卫主席在北京会见美国 PHARMA 代表团。

11 月 10 日，汪纪戎副主席在北京出席中国环境与发展国际合作委员会 2010 年年会开幕式。

12 月 2 日—22 日，农工党中央公立医院管理培训班赴美国培训考察。

二、参政议政

农工党各级组织坚持把促进经济发展方式转变作为重要任务，把促进保障和改善民生作为重要着力点，把促进社会和谐作为重要责任，开展调查研究，反映社情民意，积极建言献策。一年来，农工党中央以提案、调研报告、社情民意信息等形式提出的意见和建议中，有 19 件中共中央、国务院领导同志作了重要批示，为科学决策作出了贡献。

（一）在高层政治协商中提出意见和建议

2010 年，中共中央、国务院先后就关于党风廉政建设和反腐败工作、政府工作报告、国家经济工作、制定“十二五”规划等重大问题举行高层政治协商和征求意见座谈会。农工党中央主要领导高度重视，认真准备，在调查研究的基础上，积极提出意见和建议。

1 月 26 日，中央纪委监察部在中央统战部召开向党外人士通报党风廉政建设和反腐败工作情况会议。中共中央政治局常委、中央纪委书记贺国强出席会议并讲话。中共中央书记处书记、中央纪委副书记何勇出席会议。全国政协副主席、中央统战部部长杜青林主持会议。中央纪委副书记张惠新通报了当前党风廉政建设和反腐败工作情况。桑国卫主席出席会议并发言，充分肯定了近年来党风廉政建设和反腐败工作取得的成绩，并就进一步加强反腐倡廉建设提出了意见和建议。陈宗兴常务副主席，汪纪戎、刘晓峰、何维副主席出席会议。

1 月 29 日，国务院总理温家宝在中南海主持召开党外人士座谈会，征求对《政府工作报告（征求意见稿）》的意见建议。桑国卫主席出席会议并代表农工党中央发言认为，《政府工作报告（征求意见稿）》用凝练的语言，紧凑的篇幅，全面总结了 2009 年的政府工作；对 2010 年政府工作的部署，思路清晰，任务明确，重点突出，政策措施操作性强，农工党完全赞同；特别是对 2010 年政府工作面临的困难和挑战的分析阐述，有利于统一思想，凝聚力量，同心同德应对各种挑战和风险，夺取新一年经济社会发展的新胜利。桑国卫主席结合报告稿，围绕公立医院改革试点、继续深入推进西部大开发、推进主体功能区规划等工作提出了意见建议。陈宗兴常务副主席出席了会议。

2 月 10 日，在中国人民的传统节日春节即将到来之际，中共中央在中南海召开党外人士迎春座谈会，邀请各民主党派中央、全国工商联领导同志和无党派人士代表欢聚一堂，共商国是，畅叙友情，喜迎新春。胡锦涛代表中共中央、国务院，向各民主党派中央、全国工商联领导同志和无党派人士，向统一战线广大成员，致以诚挚的问候和新春的祝福。座谈会由中共中央政治局常委、全国政协主席贾庆林主持。中共中央政治局常委、书记处书记、国家副主席习近平，中共中央政治局常委、国务院副总理李克强，中共中央书记处书记、中央办公厅主任令计划，全国政协副主席、中央统战部部长杜青林出席。桑国卫主席出席座谈会并发言说，过去的一年，在中国共产党的坚强领导下，应对国际国内严峻挑战，我国经济社会发展取得了新的巨大成就，充分体现了中共中央科学应对危机、驾驭经济社会发展的坚强领导能力，展示了中国社会主义的制度优势和中华民族的伟大凝聚力。新的一年里，农工党将以中共中央的决策部署统一思想和行动，认真履行好参政党职能，发挥好参政党作用，为促进经济平稳较快发展和社会和谐稳定继续贡献智慧和力量。桑国卫主席就毕节试验区的发展和建设谈了认识和看法，表示农工党将深入学习贯彻胡锦涛同志的重要批示精神，不断深化对“三大主题”深刻内涵的认识，赋予时代新的内容，明确发展的新要求。进一步增进与毕节地区广大人民群众的感情，持之以恒，扎实推进，积极探索毕节试验区经济社会发展新路子，为中西部欠发达地区实现科学发展提供有益借鉴。陈宗兴常务副主席，农工党中央原主席蒋正华、原常务副主席李蒙出席座谈会。

7 月 20 日，中共中央在中南海召开党外人士座谈会，就当前经济形势和下半年经济工作听取各民主党派中央、全国工商联领导人和无党派人士的意见和建议。中共中央总书记胡锦涛主持座谈会并发表重要讲话。中共中央政治局常委温家宝、贾庆林、习近平、李克强出席座谈会。温家宝通报了上半年经济工作有关情况，介绍了中共中央、国务院关于做好下半年经济工作的考虑。桑国卫主席出席座谈会并发言，就加快经济发展方式转变和经济结构调整、搞好宏观调控和保持经济平稳较快发展提出三点建议：一是发挥消费对经济增长的更大拉动作用是一个渐进的过程，保持经济平稳较快发展，需要继续加强投资结构的调整；二是积极利用资本市场促进加快经济发展方式转变；三是加速发展生物与医药产业，促进加快经济发展方式转变。陈宗兴常务副主席出席了座谈会。

8 月 16 日，中共中央在中南海召开党外人士座谈会，就中共中央关于制定国民经济和社会发展第十二个五年规划的建议听取各民主党派中央、全国工商联领导人和无党派人士意见和建议。中共中央总书记胡锦涛主持座谈会。中共中央政治局常委温家宝、贾庆林、习近平、李克强出席座谈会。座谈会上，胡锦涛介绍了中共中央对起草中共十七届五中全会文件的考虑和文件稿形成过程。他希望各民主党派中央、全国工商联领导人和无党派人士畅所欲言，对文件稿提出修改意见和建议。桑国卫主席出席座谈会并发言，就培育发展战略性新兴产业、增强科技创新能力和完善科技创新体制机制、实施区域发展战略和深入推进西部大开发、保障和改善民生、加快医疗卫生事业改革发展等五个方面提出建议。陈宗兴常务副主席出席座谈会。

11 月 30 日，中共中央在中南海召开党外人士座谈会，就当前经济形势和明年经济工作听取各民主党派中央、全国工商联领导人和无党派人士意见和建议。中共中央总书记胡锦涛主持座谈会并发表重要讲话。中共中央政治局常委温家宝、贾庆林、习近平、李克强出席座谈会。温家宝通报了经济工作有关情况，介绍了中共中央、国务院关于做好明年经济工作的考虑。桑国卫主席、陈宗兴常务副主席出席座谈会。桑国卫主席代表农工党中央在座谈会上发言提出三点建议：继续采取有力措施控制物价非理性上涨；稳妥推进实施“国家基本药物制度”，鼓励医药产业创新领域的发展；研究支持山区发展的政策措施，制定“山区发展专项规划”。

12 月 3 日，中共中央统战部在京召开党外人士情况通报会，邀请中国银行业监督管理委员会主席刘明康通报银行业发展与监管现状，并听取各民主党派中央负责同志关于“十二五”期间进一步推进银行业改革发展与科学监管的意见建议。陈建国秘书长参加通报会并代表农工党中央发言。

一年来，农工党地方组织的领导人，也出席中共党委和政府召开的协商会、座谈会，参与地方重大方针政策的协商，分别就政府工作、经济工作、“十二五”规划、保障和改善民生等事关经济和社会发展的重大问题积极提出意见和建议。

（二）开展考察调研，提出专项建议

6 月，为了更好地贯彻落实中共中央、国务院关于转变经济发展方式、大力发展战略性新兴产业的战略部署，积极探索应对我国水资源危机的新举措，农工党中央在北京组织召开了“规划建设海洋公园体系、促进海洋生态文明建设”专题座谈会，围绕加快经济发展方式转变，积极探索我国海洋环境保护与开发的新模式。随后，农工党中央领导率团并邀请国家发改委、财政部、科技部、国家海洋局等单位的领导和专家，赴天津开展了“我国海水淡化和综合利用产业发展”调研。此后不久向中共中央报送了《关于尽快将海水淡化作为解决我国水资源紧缺的重要战略举措的建议》。《建议》在实际调研和充分论证的基础上，深入分析了我国海水淡化和综合利用产业发展面临的问题和困境，论述了我国发展海水淡化产业的重要性，提出了明确海水利用的战略定位、设立海水利用专项资金、尽快出台促进海水利用发展的优惠政策、强化海水利用综合管理等建议。中共中央、国务院领导对此高度重视并作了重要批示。

建立国家基本药物制度是我国医改的一个重要目标，今年农工党中央组织开展了关于

“国家基本药物制度基层试点情况”的大考察。7 月中旬，农工党中央在北京主持召开了“国家基本药物制度基层试点情况”专题座谈会。7 月下旬桑国卫主席率领农工党中央考察团赴河南省实地调研了安阳、焦作和郑州三个试点市，深入与基本药物制度实施有关的乡镇卫生院、社区卫生服务中心、药房和药品生产经营企业，认真聆听直接参与改革实践，履行基本药物制度的第一线的代表们在实施国家基本药物制度过程中遇到的困难、问题和相关的政策诉求。8 月，赴山东省济南、烟台等地重点调研了山东绿叶制药有限公司和大舜医药物流有限公司，召开了药品生产经营企业专题座谈会，详细了解了基本药物的生产经营和供应保障的相关情况。11 月农工党中央参政议政部又赴安徽进行了补充调研。中共中央统战部、国家发改委、工业和信息化部、财政部、人力资源和社会保障部、商务部、卫生部、国家食品药品监管局、国家中医药管理局、中国药学会、中国医疗保险研究会等单位的领导和专家应邀参加了调研。在深入调研的基础上，2010 年 12 月，农工党中央向中共中央、国务院报送了《关于进一步完善基本药物制度的建议》。提出了七项建议：第一，完善基本药物目录遴选和配备使用机制；第二，进一步完善、落实基本药物招标采购制度中的“双信封”制度；第三，厘清基本药物招标采购过程中政府、医疗机构和企业之间的法律关系；第四，拓宽实施基本药物制度的基层医疗机构补偿渠道和补偿方式；第五，建立基本药物统一配送体系，保证边远、农村地区的居民用得上基本药物；第六，建议尽快将基本药物制度扩展到村卫生室；第七，协调推进医药卫生体制的其他改革措施。

2009 年农工党中央领导在赴黑龙江调研的基础上向中共中央、国务院报送的《关于立足国家资源战略需求，推动对俄贸易升级的建议》，2010 年 1 月，中共中央、国务院领导同志作了重要批示。8 月 12 日—15 日，陈宗兴常务副主席率调研组再次赴黑龙江省，深入哈尔滨、大兴安岭等地，实地考察了黑龙江省对俄贸易的发展情况，积极推动对俄贸易战略的调整升级。12 月，在实地调研和认真研究的基础上，农工党中央向中共中央、国务院报送了《关于加快中俄两国经贸合作的建议》，引起了中央领导高度重视。该建议对调研中发现的主要问题进行了认真分析，在与商务部等有关部委专家进行认真研讨论证的基础上，提出了以下建议：探索我国沿边对外开放新模式，推动中俄跨境经济区建设；加强对俄经贸科技合作，落实振兴东北老工业基地的战略部署；加大宏观调控和管理支持力度，加快建立对俄投资保障机制。

8 月中下旬，农工党中央常务副主席陈宗兴赴宁夏、青海就西部大开发战略实施十年来重大成就进行调研。在此基础上，为深入贯彻落实《中共中央关于制定国民经济和社会发展第十二个五年规划的建议》中给予西部地区特殊政策支持的要求，11 月 16 日上午，农工党中央在京召开了“把特殊政策支持落到实处，切实推进西部地区崛起”专题座谈会，国家发改委、工信部、财政部、环保部、国家税务总局、国务院发展研究中心等有关部门的同志应邀参加了座谈会。陈宗兴常务副主席出席会议并讲话指出，西部大开发十年来，西部地区经济社会发展取得了举世瞩目的成就，但由于起点低、基础薄弱，要真正实现西部的崛起仍然是一项长期的战略工程。特别是能源资源消耗与生态环境保护已经成为西部深度开发的主要瓶颈。如何使西部地区在承接产业转移的过程中坚持走环境保护和可持续发展之路，避免在承接转移产业中走牺牲资源、破坏环境的老路，是新一轮西部大开发应该认真思考的一个关键问题。同时，也应更加注重加强和完善跨区域合作机制，使东西部实现良性互动，协同发展。

11 月 10 日—12 日，陈宗兴常务副主席带队赴山西省就“推进生态兴省，实现绿色转型”课题进行调研。陈宗兴常务副主席在调研中指出，当前我国正处在实践可持续发展战略的新时期，生态文明建设已成为时代的重要特征。山西实施生态兴省在全国具有重要意义。推进生态兴省是一个时间和空间跨度很大的系统工程，政府部门应建立良性互动的长效工作机制，完善目标责任考核，完善社会监督机制，使山西步入环境和经济双赢轨道。他对山西促进生态兴省和绿色转型提出建议：作为国家明确的生态建设试点省份，山西要强化节约能源和降低温室气体排放强度的要求，推进重点行业和重点领域节能减排，实现资源开发利用从传统“高开采、低利用、高排放”向“低开采、高利用、低排放”转变；要积极推广低碳技术，从源头上遏制经济活动对生态环境的破坏，大范围推进造林绿化，提高生态涵养水平；要改善区域经济结构，实现由单一煤电“基地”向以节能环保、生物医药、信息网络、研发设计、装备制造、文化旅游等为主体产业的立体能源“中心”的转变；要强化煤炭开采塌陷区综合整理研究，推动矿区接续发展、土地治理和生态恢复。

11 月 15 日上午，“推进中越中老中缅跨境经济合作区建设”专题座谈会在北京举行。陈宗兴常务副主席出席会议并讲话。陈勋儒副主席介绍了调研报告有关情况。外交部、商务部、海关总署、国家税务总局、广西壮族自治区商务厅、中国社科院以及农工党中央、农工党广西区委会、农工党云南省委会等与会同志围绕跨境经济合作区的有关问题进行了讨论。陈宗兴常务副主席指出，在云南、广西等西南边境省市设立跨境经济合作区对于实施我国全方位开放战略，提升沿边对外开放水平，建设我国与周边国家经济交往和对外贸易的“桥头堡”，培育沿边开放城市新的经济增长点，带动腹地经济发展和全国改革开放都具有重要意义。通过边境地区的经济合作，带动政治、社会、文化等其他领域的合作，对于落实“与邻为善、以邻为伴”的周边外交方针，维护西南陆上边疆安全，确保能源资源安全将产生深远影响。

（三）在全国政协会议提交提案和发言

3 月 3 日—12 日举行的全国政协十一届三次会议，是农工党履行参政党职能的重要平台。3 月 6 日，在农工党、九三学社联组会上，中共中央政治局常委、全国政协主席贾庆林亲切看望各位委员，并参加了讨论。在这次政协大会上，以农工党中央名义提交书面发言 15 件、提案 28 件。其中，关于医疗卫生、生态文明的大会发言和提案占据了近一半的数量。公立医院改革是当前国务院正在推进的一项重大改革，《关于公立医院改革的建议》是农工党精心准备的大会发言。除此之外，农工党中央还提交了《关于完善我国城乡医疗保障制度管理体制的建议》、《科学制定国家药物政策迫在眉睫》、《关于进一步加强慢性非传染性疾病防控工作的建议》、《关于加强职业病防治维护劳动者健康和权益的建议》等多份提案，从不同角度对我国医疗卫生事业建言献策，这也是农工党发挥在医疗卫生领域传统优势的结果。在生态文明建设领域，农工党中央的发言和提案更注重实效性和可操作性，如《关于在南水北调中线水源区建立“生态试验区”的建议》，《加快制定和实施碳税政策、促进低碳经济稳步发展》,《加快建立环境绩效评估制度》,《关于建立四湖流域农业面源污染控制国家级试点区的建议》等等。过去的一年,农工党中央认真贯彻中共中央的决策部署,为应对国际金融危机积极建言献策,做了大量实地调研,此次《关于把深入推进西部大开发战略作为应对国际金融危机的重要抓手》、《用好后危机时代新机遇、积极扶持革命老区加快发展》等提案都是调研成果的体现。农工党中央还积极关注民生问题,准备了《关于加快住房保障立法、完善住房制度的建议》、《关于预防和减少未成年人违法犯罪的建议》、《采取有力措施、促进农民工维权》等大会发言和提案。

3月9日,在全国政协十一届三次会议第三次全体会议上,全国政协常委、农工党山东省委会主委、山东省政协副主席王新陆代表农工党中央作了题为“关于公立医院改革有关问题的建议”的大会发言。发言认为,公立医院是体现医药卫生事业公益性的重要载体,是解决老百姓“看病难”问题的关键环节,更是深化医药卫生体制改革的核心和难点。公立医院改革要坚持公益性方向,以体现公平和提高效率为目标,在发挥政府主导作用的同时注重引入市场竞争机制,通过不断完善政策,明确各方职责,引导市场选择,构建以公立医院为主体、多种所有制为补充的城乡医疗卫生服务网络,积极稳妥地推进公立医院改革试点工作。为此,发言提出两点建议:一是统一管理和配置全社会医疗资源,建立分级医疗服务体系,有效缓解“看病难”的问题。二是鼓励、引导和规范社会力量发展医疗卫生事业,增加医疗卫生筹资渠道,尽快形成多元化办医格局。

政协会议期间,农工党中央提出的《关于公立医院改革有关问题的提案》入选《重要提案摘报》第1期。《关于合理开发新能源,发展绿色经济的提案》、《关于提高居民收入水平,扩大居民消费需求的提案》、《关于加快住房保障立法,完善住房制度的建议》等3件提案,被全国政协列为重点办理提案。刘晓峰副主席出席了全国政协于3月11日上午举行的“实现国民收入分配合理化,促进社会和谐稳定”提案办理协商会。

在全国政协8月17日召开的关于“十二五”规划的专题协商会上,陈勋儒副主席代表农工党中央作了题为“加快收入分配制度改革是拉动内需和转变发展方式的必由之路”的发言,就收入分配制度改革问题提出建议。发言认为,由于收入分配制度改革滞后,分配不公加剧了社会矛盾,消费不振导致内需拉动乏力,已成为影响社会稳定和经济发展方式转变的重要因素。为此,农工党中央提出以下建议:第一,加快建立符合我国国情的、公平合理的收入分配制度;第二,深化改革工资收入分配制度;第三,加快财税改革力度,充分发挥财政、税收在缩小贫富差距促进社会公平中的作用;第四,加大公共服务投入,尽快建立健全保障和改善民生长效机制;第五,建立健全公平分配的有关法律法规体系。

在10月21日举行的全国政协十一届十一次常委会上,冯炯华代表农工党中央作了题为“统筹规划,协调推进西部地区跨越式发展”的发言。发言认为,“十二五”期间是促进我国东西部协调发展、从根本上提升西部自我发展能力的战略机遇期,建议:一是把差别化的产业政策落到实处,助推西部地区实现跨越式发展。要在确保技术质量、环境标准、安全标准的前提下,可适当优先布局一些事关全局、必须发展的高能耗产业;鼓励和引导西部转变资源依赖型发展方式,实施资源就地转化战略,提高资源加工深度和综合利用程度，提高产品附加值，培育其造血机制和自我发展能力；科学制定节能减排考核指标，对关系西部地区生存发展的资源和能源开采行业制定与东部金融、服务、高科技等行业不同标准的考核指标。二是建议将黄河上游经济带列为国家“十二五”规划和西部大开发第二轮规划的重要内容。把黄河上游经济带列入国家资源税改革试点，加大资源有偿使用和生态补偿等政策支持；鼓励黄河上游经济带各级政府积极探索区域一体化协调机制。

为做好在政协的提案、发言工作，农工党中央有关部门注重充分发挥和调动全党的智慧和力量，一是在各专门工作委员会、各省级组织和广大农工党员中广泛征集提案，更加客观全面地反映国家和区域、部门发展的关键问题和人民群众普遍关注的重点问题；二是加强与国务院有关部门、全国政协有关专委会以及各界专家学者的联系沟通，集思广益，增强提案的科学性和可操作性；三是组建提案评审委员会和提案工作小组，对提案进行认真遴选、重点修改，进一步提高提案的质量。

（四）举办论坛活动

由农工党中央主办的中国生态健康论坛自2004年以来，分别在北京市、内蒙古自治区、广西壮族自治区、山东省、湖北省举办了五届，取得了显著的成效，成为农工党参政议政的品牌项目。论坛探索了党派与学术团体及地方政府合作、专家学者和决策管理人员及企业家对话的新途径，为推进我国生态健康的系统研究，促进全民生态健康意识的树立作出了积极努力。

9月1日—3日，农工党中央与全国政协人口资源环境委员会、环境保护部、河北省人民政府共同主办的以“生态健康与生态城市”为主题的第六届中国生态健康论坛在河北省唐山市隆重举行。陈宗兴常务副主席出席论坛并致开幕辞。全国政协人口资源环境委员会主任张维庆，国家环境保护部副部长李干杰，河北省委常委、统战部长刘永瑞出席论坛并致辞。汪纪戎副主席主持开幕式。

陈宗兴常务副主席在开幕辞中指出，当今世界，人类正面临着三大生态风险：一是以气候变化、经济振荡和社会冲突为标志的全球生态安全恶化；二是以资源耗竭、环境污染和生态破坏为特征的区域生态服务功能退化；三是以贫穷落后、过度消费和复合污染为诱因的总体人群生态健康变化。快速发展的工业化和城市化，在显著改善人类福祉的同时，也在显著改变着我们赖以生存的人居环境。当前，大多数城市存在着人的不文明生产、流通、消费与逆生态的认知、规划和管理等行为，加剧了这三大生态风险。因此，必须转变不可持续的经济发展方式和消费行为模式，实现城市的健康发展，建设新型的生态文明。

陈宗兴常务副主席强调，由于长期受传统文明发展模式的影响，要推进生态城市建设，将会是一项长期而艰巨的历史任务和走向可持续发展的渐进历程，同时也是一场技术、体制、文化领域的社会变革，是一项艰巨的社会—经济—环境系统工程。当前，亟需从观念更新、体制革新和技术创新入手，促进城市经济社会与生态环境协调发展，让自然融入城市、让社区充满生机、让市民享受自然、让环境休养生息。希望来自全国各地的专家学者能够畅所欲言，集思广益，深入探讨生态城市建设的理论，交流借鉴生态城市建设的经验，逐步丰富我国生态城市建设的实践，为促进唐山经济社会的可持续发展，推动我国生态城市建设，促进我国生态文明发展，积极建言献策。

会议期间，农工党中央副主席陈勋儒、农工党山东省委会主委王新陆、中国科学院院士陆大道以及王如松、王宏广、王景福等专家们围绕生态城市指标与技术支撑体系、资源型城市生态建设案例与生态健康工程、产业生态转型与生态产业园建设、饮食生态健康与生态食材产业、唐山湾及首都生态圈北翼发展方略等议题作专题报告，为我国的生态健康与生态文明建设积极建言献策。来自全国各地的100多位专家学者出席会议并围绕论坛主题进行了深入研讨。论坛召开前夕，论坛组委会已精选一部分优秀论文结集出版。

此外，8月份，农工党中央与全国政协人口资源环境委员会、黑龙江省政协在大兴安岭联合举办了“2010中国（大兴安岭）低碳经济论坛”，论坛结束后，联合向全国政协领导报送了《关于发展低碳经济的建议》。10月份，与河南省政协、中共河南省委统战部联合主办了“构建中原经济区与加快商丘发展高层研讨会”。10月下旬，与全国政协教科文卫体委员会、民政部、卫生部、中国残联在北京联合主办了“精神卫生工作现状和对策”专题研讨会，分析研讨我国精神卫生工作中存在的困难、问题及对策，提出进一步做好精神卫生工作的意见和建议，会后向中共中央、国务院报送了专题报告《关于进一步做好精神卫生工作的意见和建议》，并编印了《精神卫生工作现状和对策专题研讨会论文集》。11月份，农工党中央支持农工党山西省委会举办了“推进生态兴省建设、实现绿色转型发展研讨会”。

（五）反映社情民意

反映社情民意信息是民主党派履行参政议政职能的一项重要工作。农工党中央和地方各级组织继续加强社情民意信息工作，许多地方组织主要领导亲手收集、撰写社情民意信息。广大农工党员结合岗位工作，积极反映群众意愿和各方面的真实情况。2010年，农工党中央共收到中央机关各部门、各专委会、地方各级组织和党员报送的社情民意信息1977件，遴选后向全国政协报送585件，全国政协精选71件专报中共中央和国务院领导同志，有16件国务院领导同志作了重要批示，为科学决策作出了贡献。

农工党中央有关部门加强组织领导，健全工作机制，调动起各级组织和广大党员反映社情民意信息的积极性，使社情民意信息的质量和数量都有了明显的提高。

加强领导，为做好信息工作提供组织保障。为使社情民意信息工作顺利开展，农工党中央研究室加强组织领导，不定期地召开有关人员会议，明确工作任务和目标，研究存在的问题，找出存在的差距，提出解决的办法。在人员减少的情况下，及时调整人员，做到相互交接，使工作保持连续性。为了推动工作向深入发展，于2010年6月在山西太原召开社情民意信息联络员座谈会，明确工作任务，交流工作经验和体会。会议还特别请全国政协信息局贾燕庚副巡视员做了专题讲座，并对信息联络员如何进一步做好工作提出了要求。为了推动工作交流，中央研究室把上报给全国政协信息局的社情民意信息整理成册，分别出版了《2008年信息专报汇编》和《2009年信息专报汇编》（不包括保密的部分）。编辑出版了《农工党反映社情民意信息案例选》，将近几年的优秀信息案例汇编成册，作为学习交流资料。

健全工作机制，为做好信息工作打下坚实基础。机制建设是开展社情民意信息工作的基础。农工党中央研究室在总结经验的同时，重点抓对外联系机制和对内工作机制的建设。对外联系机制：建立了不定期走访全国政协信息局的制度，与他们密切配合，建立感情，沟通工作情况，了解工作重点，做到有的放矢，提高针对性和可行性。对内工作机制：不断健全“六个有”机制，即：“有分管的主要领导、有负责的处室和人员、有规范的工作程序、有健全的工作网络、有严谨的工作制度、有计划的组织培训”，不断推进社情民意信息工作的制度化、规范化、程序化，形成可持续的长效工作机制。

找准“五个结合”，作为搞好信息工作的重要途径。一是把反映社情民意信息与农工党的实际工作结合起来，寓于农工党的各项工作之中，拓宽社情民意信息的反映面。二是把反映社情民意信息与工作协调联系机制结合起来，农工党中央重点抓信息员队伍建设，与各省级组织建立起了良好的合作共事关系。三是把反映社情民意信息的质和量结合起来，通过抓重点、抓个案的方式逐步提高质量。四是把反映社情民意信息与走党员路线结合起来，做党员的知心朋友，深入基层，深入实际，收集和了解情况。五是把反映社情民意信息与调查研究结合起来，找出有共性的重点、难点问题给予立项，进行调查研究，提出综合性意见和建议。

（六）专委会参政议政

作为农工党参政议政骨干力量之一的专门工作委员会，正发挥着越来越重要的作用。一年来，各专门工作委员会作为参政议政“专家库”和“智囊团”，突出各委员会的专业特点，发挥委员的专业特长，服务于农工党中央的参政议政和其它重点工作，发挥了重要作用，取得了新的成果。

为农工党领导人的重要参政议政活动提供智力支持。在多次党外人士座谈会、专题通报会前，专委会召开相关议题专题研讨会，形成观点和意见，为农工党中央领导提供发言素材。今年专委会先后围绕“十二五”规划制定、公立医院改革、宏观经济形势分析以及《中华人民共和国侵权责任法（征求意见稿）》、《关于进一步促进民办教育发展的若干意见（征求意见稿）》等组织专题研讨，撰写建议。

开展课题调研。全国政协十一届三次会议期间，专委会的提案有11件作为中央提案，占中央提交提案的40%。4月至5月各专委会召开年度委员会议，讨论确定了20多个调研议题。议题围绕社会热点和民生问题，深入调研。医卫委与全国政协联合开展了精神卫生立法现状与对策调研；科技委进行了建立资源节约、环境友好型的交通体系调研；人资环委继续关注我国碳税政策和人口问题；文化委开展了我国艺术市场状况的调研；教育委进行了民办教育和职业教育发展的调研；联络委进行了建立国家基本药物制度的调研；妇委会进行了贫困地区人口和计划生育政策问题的调研；经济委以建议实施国民收入倍增计划和关于调整“土地出让收金”的分配政策为题进行调研；社法委进行了司法创新议题调研。

拓宽合作渠道，积极开展各项活动。医卫委联合重庆市委会、重庆第一附属医院召开了“公立医院改革与医院管理”小型研讨会，聚集党内各大公立医院的院长广泛交流，共同深入探讨；科技委协助农工党中央在河北唐山举办了以“生态健康与生态城市”为主题的第六届中国生态健康论坛；人资环委在山东烟台开展了“发展蓝色经济，建立生态宜居城市”主题调研；文化委配合农工党成立80周年纪念系列活动，与云南省艺术团举办了“我心永爱——抒情女高音歌唱家陈维演唱会”；联络委为加强与台港澳的联络，在中秋节邀请在北京中医药大学读书的学生举行茶话联谊，与党内医药专家共叙传统医药的博大精深；妇委会“三八”妇女节向全党各妇委会组织发出了弘扬中华传统文化，促进中华母亲节创立的倡议，全国十多个省市共同开展了以“感恩母亲”为主题的宣传活动、与全国妇联、各党派妇委会联合开展了“加强学前教育”的调研；经济委向中央定点扶贫点贵州省大方县捐赠10万元，用于支持农工党中央的助医工程。组织调研考察深圳证券交易所，了解我国资本市场发展的现状与问题；社法委为贵州毕节地区500多名干部举办了“和谐社会与环境法制”专题讲座，等等。

三、社会服务

过去的一年，农工党社会服务工作坚持以科学发展观为指导，坚持把群众受益作为出发点和落脚点，坚持与促进发展密切结合，取得了新的进展和成绩。8月份在吉林省召开的农工党全国社会服务工作会议，总结概括了社会服务工作的五条工作经验（即突出特色、抓住重点，巧力打造社会服务品牌项目；多方参与、上下联动，调动基层组织和党员专家的积极性；加强沟通、善于协作，争取政府部门与社会各界的支持；定点服务、互利多赢，建立长期稳定的合作关系；横向联合、互相促进，社会服务与参政议政、自身建设有机结合），提出了四条工作原则（即坚持围绕中心、服务大局的原则；坚持以特色优势为主的原则；坚持社会服务社会化的原则；坚持不断创新的原则），为今后几年社会服务工作的开展提出了新的思路、指明了方向。

（一）抗灾救灾工作

今年年初，我国西南五省发生的旱情不断加重。农工党中央积极组织各种形式的捐款抗旱工作，截至2010年4月累计向毕节地区大方县捐助抗旱救灾资金15万元。江西省委会副主委杨世林个人捐款10万元，为大方县抗旱工作作出贡献。农工党中央帮助协调18万元资金建设的大坝村饮水项目，解决了大坝村自来水问题，同时在抗旱中也发挥了重要作用。全国各地的农工党基层组织积极响应中央号召捐款捐物，为灾区捐赠了大量捐款和物资。

4月14日早晨，青海省玉树藏族自治州玉树县发生7.1级地震，使玉树县遭受重大人员伤亡和财产损失。地震发生后，农工党中央高度重视，积极支持玉树抗震救灾。地震发生不久，农工党中央主席桑国卫，常务副主席陈宗兴，副主席汪纪戎、刘晓峰立即作出指示，要求全党认真做好支持青海玉树抗震救灾工作。地震发生后第二天，农工党中央立即筹集资金50万元捐助青海玉树地震灾区，并向全党发出了《关于积极支持青海玉树抗震救灾工作的紧急通知》，要求各级组织和全体党员大力发扬“一方有难、八方支援”的精神，急灾区人民群众之所急，解灾区人民群众之所难，尽力支持灾区开展抗震救灾工作，为政府分忧、为百姓服务。

农工党青海省委积极响应农工党中央和青海省委、省政府号召，在向全省各级农工党组织和广大党员发出倡议书的基础上，积极发挥医药卫生界别的优势，号召医药卫生界的党员积极报名参加所在单位组织的赴灾区医疗队。多位农工党员日夜奋战在抗震救灾第一线，为全省农工党员树立了光辉的学习榜样。农工党各级地方组织和党员积极响应中央号召，迅速动员起来，除捐赠了价值2000多万元的资金、药品和物资外，还充分发挥党内拥有较多医药界高级知识分子的优势，组织党员赶赴灾区一线参与救治伤员和灾后防疫等工作。

8月7日，甘肃省甘南藏族自治州舟曲县发生特大山洪泥石流灾害，造成了重大人员伤亡和财产损失。农工党中央高度重视，桑国卫主席、陈宗兴常务副主席第一时间向甘肃省委会询问舟曲灾情，发去慰问信，以转达对灾害中罹难同胞的深切哀悼和对灾区干部群众的诚挚慰问。农工党中央机关，各省委会机关，各地方组织，基层组织广大干部、党员及初级卫生保健基金会积极为舟曲灾区捐款，共计629600元，并先后有数十名农工党员赶赴灾区，直接投入到抗洪救灾和灾后重建工作中。

继续落实农工党各级组织和党员捐款援建的四川汶川地震灾区卫生项目，完成了资金使用监督、项目检查和竣工验收等工作。2008年各级组织和党员的爱心捐款和党员“特殊党费”合计960多万元，已全部用于援建四川、陕西、甘肃地震重灾区的13个乡镇卫生院、50个村卫生室和1个兽医站。

（二）参与毕节试验区建设

“4·14”、“6·28”会议以来，胡锦涛总书记、贾庆林主席和杜青林部长分别就民主党派参与毕节试验区建设作出了重要批示或讲话。农工党中央认真学习贯彻中共中央领导同志关于毕节试验区建设的重要讲话和批示精神，成立了农工党中央参与毕节试验区建设工作领导小组，进一步加大了工作力度，两次在中央常委会上对全党进行了动员，要求“把支持和推动毕节试验区快速发展作为全党的一项重要工作来抓”，并启动了“五个一工程”（即建立一套工作机制；开一个动员会；组织一批专家到毕节试验区进行考察；落实一批帮扶项目；帮助制定一个发展规划）。

积极推动毕节试验区的交通建设。近年来，农工党中央领导人积极建言加快毕节试验区的资源开发、产业发展和交通建设等，推动促进毕节试验区加快发展。关于铁路建设的建议，铁道部高度重视。今年6月中旬，铁道部主要领导同志专程赴毕节试验区开展调研，之后与贵州达成了意向，形成了在贵州毕节“构建铁路综合枢纽，建设现代物流中心”的铁路建设方案。这一方案的实施，必将大大加快毕节试验区的经济社会发展步伐。

助力毕节试验区医药卫生事业发展。一是为提高乡村医药卫生人才的业务能力，农工党中央联合中国红十字总会、中国医药卫生事业发展基金会启动了“贵州毕节贫困山区助医工程”，至11月份已完成了第一期项目，共培训5个类别13个班共计1158人，覆盖全毕节地区所有乡镇卫生院医务人员及乡村医生，全面提升了当地医卫人员的业务技能。第二期在大方县开展基层医疗卫生体制改革试验示范工作年内启动。二是经过近六个月的考察调研，完成了《毕节试验区医疗卫生事业发展研究》课题研究报告并提交中共中央，为毕节地区医疗状况的改善和医疗事业的发展打下了基础。三是由农工党社会服务部引进的世界防盲组织（CBM）出资75万元，在毕节开展的白内障免费手术项目今年上半年结束，共实施完成2852例白内障手术并帮助毕节建立了三个眼科中心，培养起一批眼科手术医疗队伍，使得2800多个残疾人家庭获得解脱，推动了毕节地区眼科医疗发展。

继续协调有关方面支持毕节试验区。8月中旬在吉林省延吉市召开了“农工党部分省级组织对口帮扶大方县项目座谈会”，动员东部地区组织和农工党员参与毕节试验区建设。协调科技部将毕节市鸭池镇中心卫生院列入“国家科技支撑计划重点项目”。协调环境保护部在大方县鸡场乡大坝村实施“农村环境综合整治项目”。协调“爱德基金会”在大方县大山乡实施“农村社区综合发展扶贫项目”，该项目已完成生态林建设1500亩、脱毒马铃薯种植1000亩、杂交玉米和向日葵种植各500亩，以及建设沼气池、人畜饮水工程等，项目资金350多万元。农工党贵州省委会帮助大方县编制完成了《大方县中草药产业发展规划（2010—2020）》。

（三）开展“中国环境与健康宣传周”、“国际科学与和平周”等活动

5月30日至6月5日，农工党中央联合国家教育部、科技部、国土资源部、环境保护部、水利部、农业部、卫生部、国家林业局在全国范围内成功开展了以“土壤环境与健康”为主题的第三届“中国环境与健康宣传周”活动。陈宗兴常务副主席、汪纪戎副主席出席了5月30日上午在全国政协礼堂举行的第三届“中国环境与健康宣传周”启动仪式。

“宣传周”活动期间，相继举办了“土壤环境与健康”高峰论坛、低碳农业论坛、中国资源型城市可持续发展论坛、“能源、环境与健康”（伊春）论坛；与中国少年儿童版画研究会、江苏省美术家协会少儿艺委会以及东海县政府，联合举办了“绿色环境·健康家园”全国少儿版画作品展；和中华环境保护基金会、北京大学团委联合开展了“宣传周”进校园宣传活动；邀请权威专家讲授“环境与健康一堂课”；协办了“百姓环保戏剧展演”活动，连续多场次上演原创环保戏剧《桃花源》和环保儿童剧《电池小七》。

本届“宣传周”活动自各主办单位正式发文以来，全国各地有关部门积极响应农工党中央的号召，高度重视、认真组织，在短短的一周内掀起了活动高潮。据不完全统计，活动在全国31个省、自治区和直辖市的近200个城市开展了形式多样、内容丰富的宣传活动，活动形式包括启动仪式、街头宣传、文艺演出、讲座报告、各种媒体访谈节目、义诊咨询、考察调研、“宣传周”进校园和社区等；在全国各地的各个公共场所中共张贴了宣传画近3万张，在各类活动中发放了宣传手册20000多册（其中包括各级各地相关部门自行编印的宣传册）。本届“宣传周”活动直接受益群众可到十几万人。中央电视台、新华社、中新社、《人民日报》、《人民政协报》等十余家媒体对宣传周作了新闻报道。“中国环境与健康宣传周”已经逐步成为农工党服务科学发展的一项重要活动。

农工党中央作为“国际科学与和平周”活动的主办单位之一，已连续成功举办了18届“和平周”活动，获得了良好的社会效益，展现了参政党的良好形象，推动了各级组织的参政议政和自身建设工作，同时也深化了“和平周”活动的内涵。11月8日—15日，由农工党中央、九三学社中央、中国红十字会等39个人民团体、民主党派、科技界和新闻界的单位共同主办的第21届中国“国际科学与和平周”活动在全国范围内全面开展。

本届“国际科学与和平周”活动的主题是“弘扬科学，关注民生，发展公益，促进和谐”。据不完全统计，在活动期间，农工党各级组织在30个省、市、自治区，190多个城市，邀请了2500余名医学、法律、科技等各个领域的专家开展了内容丰富、形式多样的社会公益活动，在活动中共发放宣传资料7万余份，捐赠了价值580余万元的药品，捐赠其它物质折价和现金近220万元，受益群众人数已超过10万人。

（四）发挥界别优势，服务群众健康

联合主办“慢性病防治知识进社区系列宣传活动”。结合当前慢性病低龄化、普遍化的快速蔓延趋势，农工党中央联合全国政协教科文卫体委、卫生部、民政部和国家中医药管理局联合主办“慢性病防治知识进社区系列宣传活动”，通过新闻媒体、网络、知识手册、张贴画、宣传栏等形式，在全国部分重点社区宣传普及慢性病防治知识，并举办以社区为单位组织的慢性病防治知识电视竞赛等通俗易懂、大众参与的方式广泛宣传、普及慢性病的防治常识，让更多的人认识慢性病，自觉选择低糖、低脂、低盐饮食，自觉选择低碳生活方式，有效预防慢性病的发生。农工党的许多基层组织参加了这个活动。

继续加强对定点帮扶乡镇卫生院的帮助。农工党各级组织捐助乡镇卫生院和村卫生室380多个，组织乡镇卫生院长和乡村医生培训达3万余人次，注重提升定点帮扶乡镇卫生院的管理和医疗技术水平。农工党河南省委会实施了“百千万农村健康行动计划”，将100个乡镇卫生院、1000个村卫生室、1万名农村卫生技术人员、卫生管理人员和广大农村群众联系起来，在开展帮扶活动中，探寻全省农村医疗卫生事业改革发展的思路和农村居民健康素质的现状及对策，形成了100多篇有价值的调研报告，为中共党委、政府的科学决策提供重要参考。广东省委会建立定点帮扶卫生院后，建立了专家每周下乡坐诊制度，重在提升卫生院的内在功能，取得很好的经验。吉林省委会开展了以邀请医疗专家到基层医疗单位授课，提高基层医护人员的技术水平为主要内容的“杏林工程”，开办了8期培训班，获得了良好的效果。

四、自身建设

加强自身建设是民主党派自身发展的基本主题，也是履行参政党职能、发挥参政党作用的根本保障。7月8日，在中央社会主义学院民主党派中青年干部多党合作专题研究班，陈宗兴常务副主席围绕加强民主党派自身建设进行了专题授课。他深刻阐述了加强民主党派自身建设的重要意义，系统总结了新世纪新阶段以来农工党自身建设的成功经验和有益做法，对不断提高参政党自身建设科学化水平提出了明确要求，在理论和实践上对于农工党各级组织加强自身建设都具有十分重要的指导意义。

（一）思想理论建设

深入开展树立和践行社会主义核心价值体系活动。一是农工党中央高度重视，切实加强领导。农工党中央主席办公会议专题研究，中央理论学习中心组专题认真学习社会主义核心价值体系。在中央全会、中央常委会上，中央领导多次部署树立和践行社会主义核心价值体系活动。尤其是6月份在上海举行中央常委会，围绕树立和践行社会主义核心价值体系的主题，交流经验、研讨问题、部署工作，四个省级组织代表作了发言。二是制定下发了《树立和践行社会主义核心价值体系三年工作规划》。规划提出，2010 年为“学习宣传年”，以纪念农工党成立 80 周年为主线，把社会主义核心价值体系贯穿于各项纪念活动之中。2011 年为“整体推进年”，以学习型参政党建设为主线，切实推动提高参政党工作科学化水平；以学习宣传先进典型为重点，形成党员自觉践行奋勇争先的生动局面；以参政党理论建设为抓手，深入开展当代民主党派核心价值观研究。2012 年为“总结提高年”，以省级委员会和中央换届为契机，总结经验，表彰先进，完善制度，推动形成有利于树立和践行社会主义核心价值体系的体制机制。三是结合纪念活动，推动思想建设。通过举行中国农工民主党成立 80 周年纪念大会、举行纪念农工党成立 80 周年知识竞赛等活动，深入挖掘和充分利用农工党 80 年奋斗历程中蕴含的丰富教育资源，把继承和发扬农工党爱国革命的优良传统与树立和践行社会主义核心价值体系结合起来。四是注重典型示范，丰富活动载体。用先进典型的事迹、精神和思想教育广大党员，是树立和践行社会主义核心价值体系的重要抓手。农工党各省级组织推荐了一批树立和践行社会主义核心价值体系的优秀典型，通过精心挑选，报送 12 位先进典型到统一战线进行宣传。12 月 13 日，“身边的榜样——树立和践行社会主义核心价值体系先进人物事迹报告会”电视电话会议在人民大会堂隆重举行，农工党党员沈中阳在报告会上作了“攻坚克难，勇攀高峰”的报告。党刊《前进论坛》作为树立践行活动的重要载体，特别开辟了“学习和践行社会主义核心价值体系”专栏，重点刊登了农工党在树立和践行社会主义核心价值体系活动中涌现出的大量先进典型，中央网站也开辟了专题网页，充分利用网络媒体进行广泛地宣传。五是培训工作骨干。5 月 25 日至 31 日举行的“农工党全国宣传干部培训班”，把社会主义核心价值体系作为主要内容，引起了学员们的深入思考。通过培训提升了广大宣传干部的理论素养，拓宽了知识面、增长了见识、坚定了理想信念、强化了责任意识、增强了工作本领，进一步推动全党工作的开展。六是认真深入研究，广泛宣讲报告。宣传部年初组织力量专题研究社会主义核心价值体系的科学内涵，民主党派树立和践行社会主义核心价值体系的重要意义，形成了七个方面的系统报告材料（时代呼唤社会主义核心价值体系；社会主义核心价值体系的科学内涵；核心价值体系与核心价值观；中华文化与核心价值体系；农工党人与核心价值；树立和践行社会主义核心价值体系的着力点；农工党中央树立和践行社会主义核心价值体系三年工作规划。），并精心制作了图文并茂的课件，农工党中央宣传部负责人应邀先后赴吉林、上海、河北、天津、福建、重庆等省市作专题报告或培训班讲课，受到普遍欢迎。通过一年来开展树立和践行社会主义核心价值体系学习教育活动，探索了思想政治工作的新思路、新举措，激发了广大党员的政治热情，有利于抵御不良思潮的影响，有利于坚定走中国特色社会主义道路的政治信念和共同理想，社会主义核心价值体系树立践行活动取得了初步成效。

不断加强参政党理论建设。农工党中央制定下发了《中国农工民主党关于认真学习贯彻中共十七届五中全会精神的通知》，先后围绕学习贯彻“两会”精神和中共十七届五中全会组织了两次理论中心组学习，推动全党理论学习的深入进行。在湖北召开了树立和践行社会主义核心价值体系专题理论研讨会，赴河南省调研“推进学习型参政党组织建设”，并撰写了调研报告。充分发挥理论研究点的带头作用，积极支持重庆市委会理论研究点研究撰写《科学发展观与参政党建设》，湖北省委会理论研究点研究撰写《核心价值体系与参政党建设》。大力培养研究骨干队伍，制定理论建设机制，成果推广机制。注重理论研究成果的宣传，加强理论成果转化工作。制定并发布2010年理论课题计划。认真做好2009年理论研究先进组织和优秀成果的评选表彰工作，组织评审小组评选出理论研究优秀组织奖10名，并从185篇论文中评出优秀论文45篇，汇编出版《2009理论研究优秀论文集》。积极组织稿件，提高《理论研究参考》的质量，为中央领导和各省级组织提供理论参考。出版了5期《理论研究参考》，精选刊发16篇高质量的优秀理论文章和调研报告，并下发到300多个市级组织。

社会宣传工作进一步加强。各级宣传部门结合农工党成立80周年进一步加强社会宣传工作。据不完全统计，一年来仅首都各大媒体刊载有关农工党的报道文章就有900余篇。从7月下旬开始，《科技日报》、《团结报》、《人民日报》、《人民政协报》等报刊上陆续刊出纪念农工党成立80周年的专版。8月9日《人民日报》、《中国政协》2010年第8期，分别刊登了农工党中央领导人的署名文章。《团结报》在头版显著位置开设“纪念中国农工民主党成立80周年”专栏，人民网和新华网也开辟了专栏网页。为纪念农工党成立80周年，8月10日，《人民政协报》发表了社评，《团结报》发表了社论。8月11日，人民网以“中国农工民主党80年的发展与奋斗”为题访谈我农工中央领导人。《前进论坛》举办了征文活动。为《中国政协》杂志“党史人物栏目”组稿，宣传农工党重要历史人物的革命事迹。

农工党各级组织还围绕参政议政、社会服务重点工作，强化策划意识，加强深度报道，注重做好亮点挖掘和重点调研的策划报道。农工党中央多次邀请人民日报、人民政协报等媒体记者参与重点考察，加大对考察调研的报道力度。每次由主席、常务副主席、副主席带队进行的考察调研，均以图文并茂的形式及时在人民网、农工党中央网站报道。考察结束后，向新华社、中新社、《人民日报·海外版》、《光明日报》、《经济日报》、《科技日报》、《人民政协报》、《团结报》等主要媒体发送消息稿、专题报道。把第三届环境与健康周活动、第六届生态健康论坛作为宣传工作的重点，主动邀请有关新闻单位的记者采访，连续发表了一系列高质量的报道文章，收到了很好的效果。农工党中央还加强与中央机关部门之间的联系，搭建新闻宣传的综合平台，扩大稿源，资源共享。继续发挥中央机关各部门联络员的作用，强化宣传观念，主动提供新闻线索和素材，积极配合搞好宣传报道工作。

党刊工作取得新的突破。一是研究党刊工作重点，适时调整栏目。如：“理论研究”改为“理论月刊”，“参政论坛”改为“参政议政”，“自身建设”改为“党建视线”。新设栏目，如：“观察与思考”、“秘书长笔谈”、“调研报告”、“前进讲堂”、“生态聚焦”等。二是围绕农工党中央重点工作开展报道。如：围绕两会设置“两会专栏”；围绕树立和践行社会主义核心价值体系问题设置专栏，组织文章解疑释惑并宣传典型；围绕庆祝农工党成立80周年开设专刊、专栏，举办庆祝农工党成立80周年征文活动，组织刊发一批党史文章。围绕农工党十四届三中全会、农工党一干会址挂牌活动、农工党中央领导的重要考察调研活动等进行报道，对中央及部分专家学者的部分参政议政建议、党员关注的一些问题和社会问题等予以研讨争鸣。三是征订发行工作取得了可喜成绩，订阅份数达6万余册，在去年的基础上又增加了2千余册，订阅率达到党员总数的55%。有22个省级委员会和106个省辖市级委员会被评为发行工作先进集体，4个省级委员会受到表扬，26位党刊征订负责人被评为发行工作先进个人。四是进一步开展《前进论坛》制度化、规范化建设：修订了部分规章制度，制定了《前进论坛》版式设计规范及档案管理制度，形成定期召开编务会议制度，并编写相关会议纪要。

（二）组织建设

截至2010年12月底，农工党党员人数118132人，一年来新发展农工党党员5128人。其中，医药卫生界占59.4%，文化教育界占18.7%，科学技术界占7.6%，其他界别占14.3%。目前，农工党共有600多位党员在各级政府和司法机关任职，1800多位党员当选各级人大代表，9800多位党员担任各级政协委员，还有许多党员被各级政府部门及司法机关聘为特约检察员、监察员、审计员、教育督导员等，他们在各自岗位上认真履行职责，积极发挥作用。

开展代表人士队伍建设调研。为加强党外代表人士队伍建设，中共中央统战部今年分六个专项调研课题开展党外代表人士队伍建设大调研工作。农工党中央组织部作为民主党派代表人士队伍建设调研课题组成员单位之一，积极开展了对农工党代表人士队伍建设的调研。经过3个月的努力，通过数据统计、实地调研、查阅资料、个别谈话、认真分析，建立了农工党中央代表人士640多人的数据库，并形成了9000多字反映代表人士特点及成长规律的研究报告。该报告内容翔实、分析缜密，被转载到《民主党派工作交流》（第22期）。通过此次大调研，农工党中央更新和完善了有关代表人士的信息资料，对代表人士的成长规律、存在问题和改进措施有了更清晰的认识，极大地促进了代表人士队伍建设工作。

加强代表人士培养、使用和管理。根据干部培训要求和各省干部队伍的实际状况，认真选调第23、24期民主党派干部进修班、培训班，第49、50期党外领导干部市场经济研修班，以及省部级党外领导干部专题研究班的学员，共7期、46人。5月，采取点名的学习方式，在富阳干部培训基地举办一期省级组织驻会领导干部研讨班（30人），加强党务工作沟通交流，丰富党务工作思路，进一步推动自身建设，取得良好效果。7月，农工党中央、中共中央统战部、中央社会主义学院联合举办了“第三期民主党派中青年干部多党合作专题研究班（农工党班）”。这期研究班着眼于培养民主党派高层次代表人士，采取了共同遴选学员的方式，是新形势下加强民主党派代表人士教育培训工作的一次创新。农工党中央分管组织工作的刘晓峰副主席任班主任，中央组织部抽调工作人员全程跟班。在统一课程的前提下，农工党中央安排了1/3的课程，桑国卫主席、陈宗兴常务副主席亲临研究班授课，给学员们以极大的鼓舞。这种自我教育、自我管理的模式得到一致好评。

认真做好代表人士选拔和推荐工作。严格标准、执行程序，完成环境保护部国家环境特约监察员、监察部特邀监察员、全国青联委员、国家教育咨询委员会委员、中国计生协常务理事以及干部挂职推荐工作；按照农工党中央统一部署，本着工作需要、少量增补的原则，对中央专委会进行适当调整，共增补副主任24人、委员34人，为一大批骨干力量搭建了施展才华的平台，创造了必要的成长锻炼机会。

加强对代表人士的联系和管理。1月召开在京农工党中青年党员新春座谈会，3月、9月分别邀请第23、24期民主党派干部进修班、培训班的农工党学员到中央机关座谈，9月联合农工党北京市委会召开在京中青年党员骨干迎“中秋、国庆”双节座谈会，10月联合河南省委会召开河南省骨干党员座谈会；此外，还先后邀请四川、甘肃、内蒙古、山东等地在京学习的党员来中央机关座谈。通过面对面的座谈，及时沟通思想，交流感情，更好地掌握代表人士的“所思、所想、所盼”，了解他们的思想脉搏和工作状况。同时，运用电子邮件和手机短信方式，建立和党内代表人士的联系渠道，初步建立代表人士直接向我部报告任职变动和汇报工作的机制。

做好新一轮换届相关准备工作。根据有关部署，农工党中央组织部参照2007年换届政策，对中央委员会和省级领导班子进行了多次分析测算。针对新一轮换届将首次涉及任期制问题，开展了任期制调研，对落实任期制问题进行了分析研究，形成了“关于民主党派领导职务任期制的意见建议”。加强对省级组织届中调整的指导，认真做好沟通和批复工作。先后批复同意农工党湖北、安徽、内蒙古、宁夏、北京、贵州、山西等7个省级组织的届中调整人选，共增补2名省委副主委、5名省委常委和17名省委委员。10月，在河南郑州召开了省级组织部长工作会议，30个省级组织部的负责同志参会。会议采取以会代训方式对省级组织部的负责同志进行了政策培训和业务培训，交流研讨了地市级组织换届遇到的新情况新问题，研究了新形势下的组织发展工作，增进了中央组织部和省级组织部之间的沟通交流，推动地市级组织换届顺利进行。继续开展组织工作调研。先后深入四川、天津等地，通过拜访当地中共党委统战部，与省、市级组织领导班子成员、骨干党员和基层组织负责同志座谈等方式，深入了解当地组织建设的情况和存在的困难，特别是省级领导班子有关情况，帮助反映问题，推动地方组织建设。

做好组织数据统计和新建省辖市级组织审批工作。在日常统计的基础上，农工党中央加强了对统计数据的挖掘，对全党组织发展数据进行分析和研究，为制定全党组织发展规划提供依据。为规范入党程序，增进身份认同，增强政党意识，按照庄严美观、便于保存查阅的要求，设计印制了新版《入党批准通知书》，自2010年8月9日农工党成立80周年之日起启用。根据有关要求，对新建省辖市级组织规划问题进行了调研，上报了调研报告。经反复沟通、积极争取，一年来，共批复同意新成立7个地市级委员会，另有12个省辖市级组织已列入2013年前的新建规划，待条件成熟，即可批复同意。

稳妥推动内部监督工作。3月在北京召开了农工党中央监督委员会第三次全体会议，学习了中共中央纪律检查委员会领导讲话精神，部署了2010年的党内监督工作。会议提出要着力加强廉洁自律宣传教育，加强监督制度建设和预防制度建设，要求各级领导班子成员管好自己、带好队伍。领导班子谈心会是领导班子成员的重要组织生活方式，是发扬党内民主、加强沟通、增进共识、促进团结、增强领导班子履职能力的重要措施。根据有关工作部署，结合农工党实际，研究制定了《关于建立健全省级组织领导班子谈心会制度的意见（试行）》，明确了领导班子谈心会的参加范围、主要内容和工作要求，推动谈心会制度化、规范化、科学化，已经农工党十四届十三次中央主席会议审议通过。继续开展监督工作调研。先后赴北京、重庆、湖南等地，通过列席会议、召开座谈会、查阅文件制度、拜访当地中共党委统战部等方式，对省级领导班子遵循多党合作政治准则、贯彻执行农工党中央工作部署、加强领导班子制度建设和开展谈心会的情况进行考察。陈宗兴常务副主席、刘晓峰副主席和所有在京中央监督委员会委员参加了赴北京市的调研，刘晓峰副主席参加了赴重庆市的调研。在湖南调研期间，召开了党内监督理论研讨会，围绕领导班子谈心会、党内监督工作的调研形式以及党内监督工作试点等内容集思广义，进行了有益的探讨。根据党章和党内监督条例有关规定，按程序处理了个别涉嫌违纪违法的党员领导干部。根据中共地方党委的统一部署，严格程序，加强联系和沟通，对建立农工党重庆市监督委员会和湖南省监督委员会给予工作支持和指导。

（三）机关建设

2010 年，农工党以和谐机关建设为目标，以能力建设为重点，进一步加强机关建设。各级机关工作制度化、规范化、程序化渐趋完善。机关工作人员认真履行岗位职责，进一步加强学习，进一步提高学习领会重大理论政策的能力、调查研究和分析问题的能力，进一步提高服务参政议政和党务工作的能力和水平，进一步形成了职责明确、运转有序，积极向上、奉献争先的和谐机关良好局面。

发扬优良传统，中央坚持开展慰问老党员活动，1 月份农工党中央领导带领机关同志前往湖北省委会、广西区委会慰问老党员。高度重视并切实加强网站建设，中央研究室 10 月份在南宁召开了网站编辑工作会议，中央和地方组织的党务网站，进一步成为展示农工党自身建设和参政议政工作成果的平台。11 月份，中央办公厅在西安召开了办公室主任工作座谈会，交流了文档管理和办公室工作经验。12 月 20 日—22 日，农工党中央机关公务员学法用法培训班在中央机关举办。中央秘书长陈建国在开班式上讲话。培训班邀请农工党党员侯欣一、常纪文、焦洪昌教授分别就我国新时期法治发展进程回顾、环境资源法的基础理论与前沿问题和宪法学习相关知识为中央机关处级及以下公务员授课。中央机关党团组织、工会等在机关工作中发挥了积极作用。

石光树　农工党中央宣传部部长
王鑫帅　农工党中央宣传部理论研究处副处长

中国致公党

2010 年是我国完成“十一五”规划，制定“十二五”规划的重要一年。一年来，致公党高举中国特色社会主义伟大旗帜，以树立和践行社会主义核心价值体系为主线，以纪念致公党成立 85 周年为契机，深化优良传统教育，坚持服务科学发展，认真履行参政议政、民主监督职能，积极开展海外联谊和社会服务，切实加强自身建设，各项工作均取得了新成绩。

一、重要会议及活动

（一）十三届四中全会

12 月 2 日—3 日，中国致公党第十三届中央委员会第四次全体会议在北京召开。会议听取并审议了《中国致公党第十三届中央常务委员会工作报告》，部署 2011 年工作。

全国政协副主席、致公党中央主席万钢代表致公党第十三届中央常务委员会作工作报告。会议指出，2010 年是我国完成“十一五”规划，制定“十二五”规划的重要一年。面对国际国内形势的深刻变化，面对极为严重的自然灾害，以胡锦涛同志为总书记的中共中央总揽全局、科学决策，团结带领全国各族人民坚定信心、砥砺奋进，社会主义经济建设、政治建设、文化建设、社会建设以及生态文明建设取得重大进展。

一年来，致公党各级组织以思想理论建设为中心，牢固树立和践行社会主义核心价值体系，全面加强学习型参政党建设，着力为服务科学发展和实现自身科学发展提供精神动力和思想保证；坚持把推动科学发展作为履行职能的第一要务，围绕经济社会发展中的重大问题，深入开展专题调研工作，为执政党和政府有关决策提供了重要参考；继续加强与海外侨团的联谊工作，积极促进两岸文化科技交流，努力开展海外留学人员和华裔新生代工作，认真研究落实进一步开拓致公党海外联谊工作新局面的方法与措施；加强和改进对全党社会服务工作的指导和统筹协调，充分发挥地方组织的积极性和创造性，在服务社会中锻炼组织、培养党员；努力加强自身建设，不断推进宣传工作、组织建设工作、党内监督工作和机关建设工作等取得新进展。

会议指出，2011 年是我国全面实施“十二五”规划的开局之年。全党要深入学习贯彻中共十七届五中全会精神，继续深化树立和践行社会主义核心价值体系，围绕“十二五”规划的贯彻与落实，继续把保持经济平稳较快发展作为参政议政工作的首要任务，深入研究经济社会发展中的战略性、全局性、前瞻性问题，认真履行参政议政、民主监督职能，要积极开展海外联谊工作，为国家公共外交建设服务，发挥侨海报国精神，扎实做好社会服务工作，要坚持中央工作与地方组织工作相互促进、自身建设与履行职能相互促进、实际工作与理论研究相互促进，把致公党的各项工作推上一个新台阶。

会议审议通过了《中国致公党第十三届中央委员会第四次全体会议关于中央常务委员会工作报告的决议（草案)》，会议还进行了届中增补。会议期间，还举行了庆祝中国致公党成立85周年书画摄影展开幕式及文艺演出。

致公党中央常务副主席王钦敏，致公党中央副主席王珣章、程津培、杨邦杰、严以新、黄格胜、李卓彬和中央委员及列席会议的近200名同志出席了会议。

（二）中央常务委员会会议

2010年，致公党十三届中央常务委员会根据党章规定和履行职能需要，共召开了4次会议。

1. 3月9日，中国致公党第十三届中央常务委员会第十次全体会议在京召开。会议认真学习了2010年全国“两会”精神，通报了《致公党中央2010年工作要点》。全国政协副主席、致公党中央主席万钢出席会议并讲话。

万钢在讲话中要求全党要把树立和践行社会主义核心价值体系作为致公党建设学习型参政党的一项重要任务。要在认知、认同上下功夫，使社会主义核心价值体系转化为党员的价值取向和行为准则；要在贯穿、融入上下功夫，切实把社会主义核心价值体系体现到党员、干部教育培养的全过程；要在践行、示范上下功夫，通过领导班子成员率先垂范推动社会主义核心价值体系建设。

万刚指出，不断提高履行参政议政职责的能力和水平，是从根本上巩固多党合作的政治基础，体现致公党在国家政治生活中的地位和价值的必然选择。他强调要以加快经济发展方式转变和经济结构调整、“十二五”规划编制中的一些重大问题以及战略性新兴产业发展等为主题开展今年的调研活动，并要求全党要进一步重视民意、体察民情、关注民生，为促进社会和谐稳定作贡献。

万刚强调，“人才兴党”战略对于致公党不断加强自身建设、切实履行参政党职能具有重大意义。他要求各级组织要着眼于培养青年人才；要重视后备干部的锻炼；要关心和关注民营企业家和在非公企业中工作的同志；要重视和加强基层组织建设；要继续加强对机关干部的培养和锻炼。

会议审议通过了《致公党中央关于学习贯彻“两会”精神的决议》，号召全党同志在即将迎来致公党成立85周年的重要时刻，把学习贯彻“两会”精神同致公党2010年的工作紧密结合起来，深入学习贯彻科学发展观，树立和践行社会主义核心价值体系，为完成致公党十三届三中全会提出的2010年工作部署而努力奋斗。

会议由致公党中央常务副主席王钦敏主持。致公党中央副主席王珣章、程津培、杨邦杰、严以新、黄格胜、曹小红、李卓彬等30名中常委出席会议，参加全国“两会”的致公党人大代表、政协委员及中央机关局级干部列席会议。

2. 7 月 16 日，中国致公党第十三届中央常务委员会第十一次会议在南宁召开。会议认真学习了中共中央有关会议精神，全面总结了致公党近年来海外联谊工作的总体情况，并就进一步做好全党的海外联谊工作进行了深入研讨，审议通过了《中国致公党简史》编辑委员会名单。全国政协副主席、致公党中央主席万钢出席会议并讲话。

万钢在讲话中指出，近年来，致公党各级组织和广大党员紧紧围绕执政党和国家大局，充分发挥优势、调动资源，积极开展海外联谊工作，取得了显著成绩。到目前为止，致公党与世界五大洲 60 多个国家和地区的社团建立了友好的联系与往来；自 2005 年至今，致公党各级组织以“致公党代表团”名义先后前往近 40 个国家和地区访问了逾百批次，各级组织接待了 260 多个来访团组，为数逾 5000 人。这些数字表明这些年致公党的海外联谊工作是扎实的，富有成效的。

万钢强调，在肯定成绩的同时，还需要正确认识当前海外联谊工作面临的挑战，致公党中央要根据形势发展变化的需要，加强对地方开展海外联谊工作的专项指导，要更加重视侨情调研和分析工作，努力形成海外联谊工作与参政议政工作的良性互动。对于如何做好新形势下的海外联谊工作，万钢提出要全面提高公共外交意识，努力开拓海外联谊工作新局面：在工作思路上要配合国家总体外交，在继续做实、做深海外侨胞的工作基础上，加大对海外重要智库、社会各界人士工作的力度；在工作布局上，要统筹好国内、海外两个大局，整体把握；在工作重点上，要着力做好增进友谊、促进共识的工作，把工作重心放到做好与老侨、新侨的交心工程上；在工作平台上，要立足“侨”“海”特色，努力探索建立新载体、新平台。万钢要求全党各级组织要进一步总结经验，群策群力，针对海内外侨情的新发展，不断拓展工作领域，把海外联谊工作继续推向前进。

会上，致公党中央副主席李卓彬就致公党近年来开展海外联谊工作的总体情况作报告。致公党中央常务副主席王钦敏，副主席王珣章、程津培、杨邦杰、严以新、黄格胜等 20 余位中常委出席会议。广西壮族自治区主席马飚，自治区政协主席马铁山，自治区党委常委、自治区副主席陈武，自治区党委常委、统战部部长黄道伟，自治区人大常委会副主任刘新文等亲切会见了全体与会常委。自治区党委常委、统战部部长黄道伟出席会议并致词。

3. 10 月 23 日，中国致公党第十三届中央常务委员会第十二次会议在北京召开。会议认真学习了中共中央十七届五中全会精神，全面总结了致公党近年来树立和践行社会主义核心价值体系的总体情况。全国政协副主席、致公党中央主席万钢出席会议并讲话。万钢强调，“十二五”时期是全面建设小康社会的关键时期，是深化改革开放、加快转变经济发展方式的攻坚时期，也是参政党发挥作用、大有可为的重要时期。《中共中央关于制定国民经济和社会发展第十二个五年规划的建议》所描绘的宏伟蓝图，对我们履行职能提出了新的任务和更高要求。当前，致公党各级组织和广大党员一定要深入学习和认真贯彻中共十七届五中全会精神，把全党思想和行动统一到中共中央的决策部署上来。我们要紧紧围绕科学发展第一要务，开展参政议政，把深入学习贯彻全会精神与致公党进一步树立和践行社会主义核心价值体系结合起来，切实发挥致公党优势，围绕加快转变经济发展方式、推进经济结构调整、增强我国自主创新能力等重点课题，积极建言献策；要坚持促进民生改善，积极探索服务科学发展的新举措、新模式，努力打造社会服务的品牌与亮点；

要抓住契机，注重引导发挥海外侨胞在我国开展公共外交中的独特作用，广泛开展民间交往，通过他们协助做好文化交流、增进友谊和外宣工作；要按照新形势新任务的要求，积极履行参政党职能，大力加强自身建设，进一步推进全党各项工作，更好地服务于改革发展稳定的大局。

会议号召，全党要紧密团结在以胡锦涛同志为总书记的中共中央周围，高举中国特色社会主义伟大旗帜，深入学习贯彻全会精神，解放思想、实事求是、与时俱进、开拓创新，为实现国民经济和社会发展第十二个五年规划和全面建设小康社会宏伟目标而奋斗！

会议通过了《致公党中央关于学习贯彻中共十七届五中全会精神的决议》。

会上，致公党中央副主席严以新就致公党树立和践行社会主义核心价值体系总体情况作报告。致公党中央副主席王珣章、程津培、杨邦杰、黄格胜、曹小红、李卓彬等 20 余位中常委出席会议。

4. 12 月 2 日，致公党第十三届中央常务委员会第十三次会议在北京召开。万钢主席主持会议。会议认真学习了中共中央有关会议精神，审议通过了致公党十三届四中全会的日程安排，会议议程和常委会报告，讨论通过了《届中增补致公党中央委员、致公党中央常务委员会委员人员名单》，讨论通过了《致公党中央有关专门委员会调整情况》。致公党中央常务副主席王钦敏，副主席王珣章、程津培、杨邦杰、黄格胜、严以新、李卓彬及其他中央常委出席了会议。

（三）致公党中央监督委员会会议

1. 致公党党内监督工作研讨会

5 月 10 日—11 日，致公党中央监督委员会和致公党中央党务研究委员会在湖南省长沙市联合召开了致公党党内监督工作研讨会。致公党中央常务副主席、中央监督委员会主任王钦敏，致公党中央副主席、中央监督委员会副主任杨邦杰，致公党中央党务研究委员会主任王宋大，致公党中央党务研究委员会顾问吴明熹出席了本次会议。

会议在总结广东省委会和长沙市委会试点工作经验基础上，就党内监督的性质、对象、内容、方式等理论问题和实际工作中遇到的问题展开了热烈的讨论，同时对积极稳妥开展省、市级组织监督工作的途径和方式，进一步建立健全监督工作相关制度等问题进行了深入的研讨。

王钦敏常务副主席在闭幕式上的讲话中指出建立健全党内监督制度，是加强致公党自身建设，发展党内民主的客观需要。自成立中央监督委员会以来，致公党中央一直积极推进党内监督工作不断向纵深发展。中央监督委员会一方面不断从制度上规范监督工作，建立完整的工作架构；另一方面，及时总结试点单位的工作经验，为建立健全党内监督制度梳理出较为清晰和全面的工作思路、方法和步骤。在具备了一定条件的省级组织，可以本着实事求是、积极稳妥的原则，尝试进行党内监督工作的探索。王钦敏常务副主席还对 2011 年省级组织党内制度建设检查工作提出了初步设想。

2. 致公党中央监督委员会第三次全体会议

12 月 4 日，中国致公党第十三届中央监督委员会第三次全体会议在北京召开。致公党中央常务副主席、中央监督委员会主任王钦敏做中央监督委员会 2010 年工作报告。致公党中央副主席、中央监督委员会副主任杨邦杰主持会议。

王钦敏常务副主席在报告中指出，2010年是致公党党内监督工作逐步走向深入的一年。2010年，全党上下继续深入学习实践科学发展观，并努力把成功经验和有效做法运用到经常性工作中去，从而提高了参政党建设的科学化水平，为推动致公党科学发展提供了有力保证。2010年，在湖南长沙召开的党内监督工作研讨会对中央监督委员会成立以来的工作进行了系统梳理，明确了下一步工作方向，对工作方法的改进达成了一致共识。根据此次研讨会精神，中央下发了《关于转发〈关于建立健全致公党省级组织领导班子谈心会制度的意见〉的通知》，决定尽快在省级组织领导班子内推行谈心会制度。王钦敏常务副主席还对2011年党内监督工作提出了新的要求。他强调，2011年要在全党范围内开展对省级组织党内制度建设的检查工作，同时要在试点单位工作基础上，进一步探索党内监督工作，推动省级组织监督机构的建立。

（四）中国发展论坛·2010

1. 中国发展论坛·潍坊2010——生物医药产业创新发展论坛

6月8日—9日，由致公党中央主办，致公党山东省委会和潍坊市人民政府承办的“中国发展论坛·潍坊2010——生物医药产业创新发展论坛”在山东潍坊召开。全国政协副主席、致公党中央主席、科技部部长万钢，山东省委书记、省人大常委会主任姜异康，山东省政协副主席、致公党山东省委主委王志民等出席开幕式。

万钢在讲话中指出，进入21世纪，生物技术领域的快速进步，成为当前新的科技革命最为活跃、最为重要的力量之一，加快生物技术领域的创新，大力推进生物医药产业的发展，已成为各国优先发展的战略重点。长期以来，中共中央、国务院一直把生物技术为代表的高新技术的发展放在非常重要的战略位置，不仅把生物医药产业等生物技术作为推动我国经济转型发展的重要力量，也把它作为改善民生的重要支撑。按照建设创新型国家、加快培育战略性新兴产业的总体要求，科技部将进一步加大工作力度，加快推进重大新药创制、重大传染病防治等国家重大科技专项的实施，加速生物医药领域产、学、研联盟建设，加快建设一批国际一流的研发和产业化平台，加强尖子人才的引进和培养，推动我国生物医药产业快速健康发展。山东的生物医药产业基础良好，生物医药产业化取得了长足发展。潍坊市作为国家创新药物孵化基地的建设单位之一，已基本形成了“研发、孵化、转化、加速产业化”的较为完整的创新链条，产业园区发展初见成效，持续发展的势头良好。今天，我们在这里举办中国发展论坛·潍坊生物医药产业创新发展论坛，共同研究和深入讨论生物医药产业创新发展的热点和难点问题，必将对我国生物医药产业的健康快速可持续发展产生积极的推动作用。

论坛期间，国家食品药品监督管理局安全监督管理司司长孙咸泽就生物医药监管形势作了报告；中国科学院院士、上海中医药大学校长陈凯先等专家学者分别就生物医药领域的重点问题作了演讲；潍坊高新区管委会介绍了生物医药公共技术支撑平台和生物医药产业发展情况。与会相关专家学者围绕生物医药产业创新发展的热点难点问题，就生物医药产业如何把握机遇加快发展的应对措施，引导技术、资金和人才等要素向生物医药产业集聚，促进产业结构优化升级，促进我国生物医药产业持续、快速发展等问题进行了深入探讨，反响强烈。

2. 中国发展论坛·辽宁2010——辽宁沿海经济带和环渤海地区合作与发展论坛

8月21日—22日，以辽宁沿海经济带和环渤海地区合作与发展为主题的中国发展论坛在辽宁省大连市召开。

致公党中央常务副主席王钦敏，致公党中央副主席杨邦杰，中共辽宁省委常委、大连市委书记夏德仁，辽宁省政府副省长、致公党辽宁省委会主委滕卫平，辽宁省政协副主席、中共辽宁省委统战部部长高鹏等致公党中央和辽宁省领导出席了开幕式。王钦敏做主旨报告，夏德仁代表中共辽宁省委、省政府讲话。开幕式由杨邦杰副主席主持。

王钦敏常务副主席在报告中指出，致公党作为参政党，始终坚持中国共产党领导的多党合作和政治协商制度，积极投身于我国的社会主义改革和现代化建设，为祖国的经济和社会发展贡献了力量。环渤海经济圈是我国重要的经济增长极，辽宁沿海经济带作为环海经济圈中重要的组成部分，拥有丰富的海岸线资源和良好的区位条件，更有雄厚的工业基础、广阔的腹地经济和深厚的文化积淀，在新的历史机遇与挑战面前，自身的综合优势一定会得到更充分的发挥，必将以崭新的姿态参与和推进环渤海区域经济合作进程。他说，建设辽宁沿海经济带是贯彻落实科学发展观、落实振兴东北老工业基地战略的重要举措；要融入环渤海经济圈，实现创新驱动的发展；要点线结合，加速沿海经济带城市集群化发展。他强调，大连在辽宁沿海经济带建设过程中，要提升核心地位和发挥龙头作用，进一步增强综合实力，完善服务功能，带动区域加快发展，服务东北老工业基地振兴。

论坛举行期间，致公党中央常务副主席王钦敏、致公党中央副主席杨邦杰、辽宁省副省长滕卫平就本次论坛召开的重要意义及辽宁沿海经济带和环渤海地区发展中的一些问题接受多家新闻媒体联合采访。

论坛组委会邀请了国家部委有关领导、全国知名专家学者和辽宁省有关部门领导出席，他们围绕论坛主题，就辽宁沿海经济带和环渤海地区合作与发展的规划实施、战略定位、空间布局、发展重点、政策措施、项目安排、体制创新、基本途径和工作重点等重大问题开展学术交流和工作研讨。论坛取得了预期成果。

本次论坛由中共辽宁省委统战部、致公党辽宁省委会、大连市人民政府、致公党中央环境与可持续发展委员会、《中国发展》杂志社承办，由中共大连市委统战部、致公党大连市委会、大连高新区管委会协办。

3. 中国发展论坛·南京2010——战略性新兴产业培育与发展论坛

11月19日，主题为“战略性新兴产业培育与发展”的“中国发展论坛——南京栖霞论坛”在江苏南京隆重举行。全国人大常委、致公党中央副主席、留学人员委员会主任严以新出席论坛开幕式并致辞。江苏省政协副主席、致公党江苏省委会主委黄因慧，中共南京市委统战部副部长李克勤等出席论坛。

严以新副主席在讲话中指出，近年来，越来越多的海外留学人员在学成之后选择归国创业、报效祖国，成为我国建设自主创新型国家的一支生力军。致公党中央长期高度关注海归人才回国创业，通过发挥党派参政议政职能为此做了大量工作，并借助举办论坛等形式努力为广大留学归国人员搭建交流平台，提供帮助与支持。他强调，中共十七届五中全会将促进经济发展方式转变、培育战略性新兴产业确定为未来五年我国经济发展的主要方向，本次论坛牢牢把握“十二五”时期中国经济发展中的关键问题，探讨战略性新兴产业的培育与发展，具有十分重要的意义。希望与会专家学者能够从不同的视角和领域对国家经济社会发展，对留学归国人员个人创新创业提出真知灼见，为推进我国科技创新成果产业化，推动产学研结合，出谋划策、贡献力量。

会上，来自国家发展与改革委员会、外国专家局、中国人事科学研究院等单位的专家学者分别围绕促进经济发展方式加快转变、战略性新兴产业发展中的人才环境、“十二五”规划研读等课题进行了演讲，部分专家还就留学人员创业政策、新材料产业现状评估及发展方向、科技企业孵化器在培育新兴产业中的作用等问题与现场听众进行了互动交流。南京市致公党员代表、南京经济技术开发区企业及留学归国创业人员代表等逾百人参加了此次论坛。

论坛由致公党中央主办，致公党江苏省委会、致公党中央留学人员委员会、中国留学人员创业园联盟承办，中共南京市栖霞区委、南京市栖霞区人民政府协办。

4. 中国发展论坛·武汉 2010——汽车与新能源的开发利用高层论坛

12 月 23 日，由致公党中央、国家科技部和武汉市人民政府联合主办的“中国发展·武汉 2010——汽车与新能源的开发利用高层论坛”在武汉召开。全国政协副主席、致公党中央主席、科技部部长万钢，湖北省委常委、省委统战部长苏晓云等领导参加论坛开幕式并致辞。全国人大常委、致公党中央副主席严以新主持开幕式。

万钢对湖北武汉在新能源汽车产业方面的发展给予了充分肯定。他说，湖北省、武汉市大力扶持发展电动汽车，通过政策创新、机制创新，营造了有利于人才聚集和产业发展的环境。万钢指出，新能源汽车产业是国家重点培育和发展的战略性新兴产业，要加强科技资源的整合，探索新型高效的创新模式，提高研发效率和技术创新的效率；加强动力电池、燃料电池等关键核心技术的基础研究和前瞻性研究，积极培育下一代技术产品的研发，特别是注重持续创新能力建设和人才队伍的建设；切实做好电动汽车的示范推广，企业要发挥创新主体作用，进一步加强国际交流与合作。

全国政协常委、民盟中央副主席欧阳明高，武汉市副市长邵为民等专家学者分别就新能源汽车示范推广、创新建设智能充电网络、车用燃料电池耐久性解决策略、锂电子动力电池及其关键材料，万向电动汽车进展及其在世博期间新能源汽车的应用等内容作了发言。

本次论坛旨在围绕我国新能源汽车发展战略，探讨我国新能源汽车自主研发和产业化问题，为增强汽车自主创新能力，推动我国新能源汽车产业加快发展凝聚智慧。致公党中央、科技部、湖北省委省政府、致公党湖北省委等派员出席会议。来自国内外有关汽车与新能源专家学者及企业代表近 200 人参加了会议。来自国内外有关汽车与新能源专家学者及企业代表近 200 人参加了会议，引起较大反响

（五）其他重要会议及活动

1. 致公党中央宣传部理论研究会第一次工作会议

1 月 13 日—15 日，致公党中央宣传部理论研究会第一次工作会议在广州召开。

会议重点研究并讨论了致公党如何结合自身特点和实际工作，树立和践行社会主义核心价值体系以及致公党员读本的编写工作等有关内容。致公党中央副主席严以新出席会议并为理论研究会成员颁发聘书。

会议期间，与会党员专家集思广益、畅所欲言，提出了很多有价值的意见建议。与会同志一致认为，树立和践行社会主义核心价值体系一定要结合致公党的实际和党情，与致公党的悠久历史、侨海特色、致力为公的宗旨以及今年的工作重点，特别是和致公党成立85周年纪念活动、“基层组织建设年”等活动结合在一起开展，通过组织问卷调研、开展党内讨论、举办培训班、组织讲师团等形式来深化此项工作，同时要以社会主义核心价值体系引领参政党工作，在履行职能、发挥作用的实践中体现和落实，积极引导全党各级组织和广大党员为全面实现小康社会的奋斗目标作出新的贡献。

与会同志充分肯定了编辑致公党员读本一书的必要性和重要意义，在对该书的框架设计、表现形式、内容安排等进行充分研讨的基础上，达成了共识，同时就具体工作进行了分工，制定了工作时间表。会议还就致公党发展战略的内涵进行了研讨，并对理论研究会工作规则和中期研究规划进行了讨论。

致公党中央原秘书长邱国义等10余名理论研究会成员参加了此次会议。

2. 中国致公党组织工作研讨会

4月7日—9日，中国致公党组织工作研讨会（南方片会）在海南省海口市召开。4月22日—21日，中国致公党组织工作研讨会（北方片会）在山东省济南市召开。各省、自治区、直辖市及中央直属组织分管组织工作的（副）主委和组织部门的负责同志分别参加了此次会议。

与会同志认真学习了致公党中央领导的有关讲话精神，结合新建省辖市级组织有关问题，讨论、修改了《中国致公党组织发展规划（2009—2013年）（讨论稿）》，并就致公党的代表人士队伍建设、落实领导职务任期制和党员发展等问题进行了研讨。

3. “致公爱心鼓号队结对仪式——纪念5·12地震恢复重建两周年”活动

5月27日—28日，“致公爱心鼓号队结对仪式——纪念5·12地震恢复重建两周年”活动在四川省彭州市举行。全国政协常委、致公党中央副主席李卓彬率致公党中央及来自致公党16个省级组织的代表共同出席该活动。

李卓彬在讲话中对四川人民不屈不挠、取得抗震救灾及灾后重建工作的伟大成绩表示高度称赞，他希望致公党各地方组织继续加大帮扶力度，与致公党四川省委会继续加强合作，共同为中西部地区发展作出新的贡献，并希望“致公爱心鼓号队”将致公爱心传递下去，让广大灾区学生在鼓号声中奋发图强，回报社会。据统计，自2009年致公党开展向四川地震灾区赠送鼓号设备活动以来，致公党中央和有关省级组织先后向四川地震灾区50多所中小学校捐赠了少先队鼓号设备，组建“致公爱心鼓号队”53支，受益学生达4万人，受到了师生们的热烈欢迎。

4. 中国致公党宣传干部培训班

6月22日—23日，中国致公党宣传干部培训班在辽宁沈阳举办。来自致公党各省、自治区、直辖市及中央直属组织的40余名宣传干部参加了此次培训。

此次培训包括刊物编辑和网站建设两个方面，来自辽宁大学以及致公党中央网站承建公司的有关专家分别围绕刊物编辑、网站建设进行授课。参训人员还带来了本级组织的刊物进行展示，就杂志定位、选题策划等内容进行交流。参训人员还介绍了本组织在期刊编辑、网站建设方面的具体做法和所取得的经验、成果，并就工作中遇到的一些的问题和困难提出相关建议。

参训人员普遍反映，培训活动增进了各级组织宣传部门之间的沟通与交流，为大家提供了取长补短、相互学习的平台。

5. 海外留学人员子女夏令营

7 月 20 日—28 日，致公党中央在京举办“海外留学人员子女夏令营”。来自美国、英国、加拿大、德国等国的近 20 名海外留学人员子女参加了夏令营。在为期 9 天的时间里，营员们不仅通过各种讲座了解中国文化和历史，还通过参观北京、天津等城市和学习太极拳、空竹、书法、画脸谱等活动切身感受中华文化内涵，了解博大精深的中华悠久历史和优秀文化。丰富多彩的活动内容及周到的照顾安排，给孩子及他们的父母留下了深刻印象。致公党中央通过首次举办夏令营，一方面增强海外留学人员对祖（籍）国的认识和感情，一方面增强海外留学人员中高层次人才对祖（籍）国的向心力。

6. 海峡科技论坛

8 月 30 日，由致公党中央主办，福建省科技厅、致公党福建省委会承办的“海峡科技论坛”在福州举行。

全国政协副主席、致公党中央主席、科技部部长万钢，福建省省委书记、省人大常委会主任孙春兰，福建省省长黄小晶，福建省政协主席梁绮萍，致公党中央常务副主席王钦敏，国务院台湾事务办公室副主任陈元丰，科技部副部长曹健林，致公党中央副主席李卓彬，福建省副省长李川，福建省政协副主席叶家松等出席论坛开幕式。

万钢在致辞中对论坛的成功举办表示祝贺。他说，两岸经济合作框架协议的签订标志着两岸经济关系进入新的阶段，两岸各项科技交流活动正日渐频繁，领域和规模在不断扩大。他强调，两岸科技发展各有所长，要抓住机遇、合作共赢，在科技交流和产业合作上再上一个台阶；要充分运用两岸启动建立经济合作机制的有利条件，共同推进两岸科技进步和创新；要把科技交流合作与推动经济合作框架协议的实施结合起来，通过多种形式共同分享两岸在研究开发方面的先进经验；要发挥科技支撑作用，协力推进两岸产业的发展、调整与振兴。万钢希望两岸科技界、产业界紧紧围绕和平发展大局，充分发挥各自优势，在科技成果转化应用机制、科技园区的建设和发展、新兴产业和中小企业发展等方面进一步深化交流与合作，共同促进两岸产业的持续健康发展，不断开创两岸科技交流合作更加美好的图景。

此次论坛积极响应两岸经济合作框架协议，扩大和深化了两岸科技交流合作，增进了两岸科技界人士的往来与交流。来自两岸制造业领域的专家、学者和企业家代表等 300 多人应邀参加了论坛，其中台湾方面来了近百名业者。两岸 40 家企业、研究机构、高校参加合作签约，签约金额近 18 亿元。

7. 致公党中央第五期参政议政干部培训班

9 月 18 日—19 日，致公党中央举办第五期参政议政干部培训班，就开展参政议政工作、反映社情民意信息、撰写提案等内容进行培训，致公党全国 19 个省、市、直属组织参政议政工作基层的60多位同志参加了培训。

18日上午，培训班举行开幕式。全国人大常委、华侨委副主任、致公党中央副主席杨邦杰，全国政协办公厅研究室信息局副巡视员谷斌，厦门市委统战部副部长曾汉中，福建省委会副主委卢炬甫、刘珂出席开幕式。

杨邦杰在开幕式致辞中谈到，今年致公党中央精心选题，就生物质能源的科技创新与产业化发展、湿地保护、草原自然保护区建设、西部发展与攀西钒钛战略资源开发等课题进行了十三项调研，根据这些调研形成的相关建议，上报中共中央、国务院后，得到了有关领导的高度重视。其中，《关于推进攀西战略资源综合开发与西部发展的建议》、《关于进一步推进科技企业孵化器建设，积极营造留学人员创新创业良好环境的建议》等调研报告，分别得到了中共中央、国务院有关领导的亲笔批示。

在总结成绩的同时，杨邦杰也提醒与会同志，致公党参政议政工作还有许多不足和问题，与新形势和新任务的要求，还存在不少差距，这都有待于全党同志进一步努力。为此，他建议大家，认真学习，积极交流，深入思考，共同进步，通过培训，不断提高服务科学发展的水平，不断增强投身参政议政的能力，在参政议政、建言献策方面作出更大贡献。

开幕式结束后，杨邦杰从参政议政的有关政策法规、致公党近年来参政议政工作、2010年调研、参政议政与海外联谊、组织发展和宣传工作等方面，为大家作了一场图文并茂、内容丰富的讲座，开拓了学员的视野，增长了知识。

随后，全国政协提案办巡视员张怡、致公党江苏省委会副主委、经济与科技委员会副主任杨德才、全国政协办公厅研究室信息局副巡视员谷斌等分别就做好提案工作、当前我国经济形势及政策、反映社情民意信息工作等内容做讲座。

在厦期间，中共福建省委常委、厦门市委书记于伟国，中共厦门市委常委、市委统战部部长欧阳建亲切会见了参加培训班的致公党中央领导。

8. “致西合作”20周年纪念活动

9月21日，“致西合作”20周年纪念活动在重庆市酉阳县隆重举行，全国政协副主席、致公党中央主席、科技部部长万钢亲自率队出席。全国政协常委、致公党中央副主席李卓彬主持纪念大会。

纪念大会上，万钢指出，20年来，致公党在科技扶贫、教育扶贫、新农村建设等方面见证、参与了酉阳的发展，与酉阳人建立了深厚的感情。酉阳通过自身的努力和实践，找出了一条人与自然和谐相处、经济与环境统筹协调、各民族团结奋斗致富发展的科学发展之路，也为走出一条欠发达、欠开发地区走向开放、富裕、繁荣、和谐的希望之路作出了巨大贡献。对于酉阳的发展，万钢还提出以下几点希望：一是要注重科技创新，努力推进酉阳经济社会实现跨越发展；二是积极推进农村信息化，进一步加快新农村建设；三是大力发展教育事业，努力建设教育强县。万钢还表示：今后致公党和科技部将继续加大对酉阳的循环农业和科技创新工作支持力度，在高新技术企业、现代农业和信息化发展上给予酉阳高度关注和大力支持，为酉阳的现代化建设作出应有的贡献。

“致西合作”20年的伟大成绩得到了中共中央政治局委员、重庆市委书记薄熙来的高度赞扬，薄熙来专门抽出时间与万钢一行进行了会谈，并对“致西合作”给予了高度评价。人民日报等各大媒体及重庆日报等纷纷就“致酉合作”20 年开展情况进行了集中采访和报道，取得了较好的社会效应。

在纪念活动中，经致公党中央协调，北京中联亚房地产开发有限公司董事长、致公党中央社会发展与服务委员会副主任史维学为酉阳县捐赠了农民培训专用电脑200 台，使得酉阳县的“致福工程”农民学电脑培训点由 3 个增加到 11 个，对酉阳农村信息化建设起到了有力的推动作用。

9. 致公党中央加强毕节试验区建设工作会议

10 月 17—18 日，致公党中央加强毕节试验区建设工作会议在贵州省毕节试验区召开，致公党中央联络部（社会服务部）、致公党东部六省三市（北京、上海、天津、广东、福建、江苏、浙江、山东、辽宁）组织有关代表及致公党中央社会发展与服务委员会部分成员出席会议。会议传达学习了中央统战部 6. 28 会议精神，全国政协常委、致公党中央副主席李卓彬出席会议，并要求致公党各级组织要坚持发挥以智力支持为主要内容和特点、以长期共同支持一个贫困地区为形式的“毕节模式”的独特优势，努力推动引导广大致公党员积极参与到支持毕节试验区建设中来，使民主党派在服务经济社会发展中不断探索新路子、新载体，提高服务科学发展的整体水平。会议还就如何凝聚全党力量、进一步科学系统开展毕节扶贫工作进行了深入讨论。

会议期间，与会成员还就毕节试验区大方县宣尉府重建工程，毕节市大新桥办事处小河村“致公万泽小学”、倒天河二期治理工程、力帆骏马二期工程及小坝镇水塘村贫困农民生活状况进行了调研，与会成员调研后对毕节地区的贫困现状有了初步了解，表示要在致公党中央统一协调下，充分发挥各自地区特色，为毕节试验区发展贡献力量。

10. 致公党中央第十三届社会发展与服务委员会第三次会议

10 月 19 日—20 日，致公党中央第十三届社会发展与服务委员会第三次会议在四川省泸州市召开，全国政协常委、致公党中央副主席李卓彬出席会议并指出，扎实推进社会发展与服务工作是致公党参政议政、履行参政党职责的重要途径和实现平台，专委会成员要进一步发挥智力优势，各尽所能，服务大局，做好东西部之间的对接、协作与联动，以高度的责任感，在党中央推进“十二五规划”的新形势下，取得社会发展与服务工作的更大成绩。与会成员也结合调研情况就专委会工作下一步开展进行了深入的交流，对今后专委会工作开展提供了指南。

会议期间，与会成员还就“致泸合作”开展情况前往泸州酒业园区、纳西棋盘小学及“致公林”等致公党帮扶项目进行了调研。

11. 中国致公党参政议政工作会议

11 月 23 日，致公党中央在安徽召开了全党参政议政工作会议。会议认真学习贯彻中共十七大和十七届五中全会精神，梳理、总结了近年来致公党中央及地方各级组织在参政议政工作中所取得的成绩、经验和做法，对致公党下一阶段的参政议政工作进行了总体部署。本次会议的主题是：学习中共十七届五中全会精神，听取致公党中央参政议政工作报告，总结、交流各省级组织开展提案、信息、调研等参政议政工作的经验和做法，研讨 2011 年工作。

全国人大常委、全国人大华侨委副主任、致公党中央副主席杨邦杰，安徽省政协副主席、省委统战部部长沈素琍，安徽省人民政府副省长、致公党安徽省委会主委谢广祥出席开幕式并致辞。四川省政协副主席、致公党四川省委会主委陈杰出席会议。沈素琍代表安徽省委统战部向会议的召开表示热烈祝贺，对出席会议的领导、专家表示欢迎。她向与会者介绍了安徽省省情，并对致公党在参政议政方面的成绩给予肯定。

杨邦杰致开幕词。他指出，《中共中央关于制定国民经济和社会发展第十二个五年规划的建议》所描绘的宏伟蓝图，对参政议政工作提出了新的任务和更高要求。他建议大家按照新形势新任务的要求，积极履行参政党职能，把深入学习贯彻十七届五中全会精神与参政议政实际工作结合起来。

开幕式结束后，杨邦杰作参政议政工作报告。他从协商国是、调研、提案发言、积极反映社情民意、专委会活动、中国发展论坛及中国发展杂志、工作会议和培训等七方面对2010年致公党参政议政工作进行了总结。他提出，总结做好参政议政工作的经验，主要是：一要紧紧围绕国家中心工作、选好课题，二要重视中央与地方的配合与合作，三要利用好专家与专委会，四要重视每年召开的参政议政工作会议、参政议政干部培训班以及中国发展论坛等三次全国性会议，加强培训、交流与学习。他建议从参政、专家、组织等方面入手，进一步提高工作水平与实绩。

来自致公党19个地方组织分管参政议政工作的副主委、秘书长及有关负责同志参加了会议。

12. 树立和践行社会主义核心价值体系，推进基层组织建设活动总结表彰会

12月3日，致公党树立和践行社会主义核心价值体系，推进基层组织建设活动总结表彰会在北京隆重举行。致公党中央常务副主席王钦敏，致公党中央副主席王珣章、杨邦杰、严以新、黄格胜、李卓彬出席了会议。

会议首先由严以新副主席宣读了《致公党中央关于树立和践行社会主义核心价值体系，推进基层组织建设先进集体和先进个人的决定》，并由出席会议的领导向致公党全党85个先进集体和161名先进个人颁发了奖状及证书。北京市委会国家知识产权支部、福建省委南安水头支部、湖北省委武汉市委会等3个先进集体代表和许振东、陈帮国、胡臣杰、陈光标等4名先进个人代表在大会上作了发言。

王钦敏常务副主席在会上做报告。他指出2010年，致公党中央以基层组织建设年活动为载体，以社会主义核心价值体系为指导，进一步加强全党基层组织建设工作。致公党中央领导高度重视此次活动，亲自带队深入到各级组织了解这次活动的部署和实践情况。各级地方组织认真贯彻中央部署，根据本地区实际情况，采取措施，整合资源，改善结构，积极开展形式多样的活动，增强基层组织活动力。经过一年的努力，全党上下在党员队伍建设、基层组织建设等方面都取得了显著成绩。基层组织在服务党员、凝聚人心、促进和谐等方面的作用得到进一步发挥，党内形成了和谐一致、团结奋进的良好局面。王钦敏常务副主席在报告中强调，加强和改进基层组织建设要坚持把正面教育和典型示范教育贯穿始终，把查找问题和解决问题贯穿始终，把建章立制、巩固成果贯穿始终。加强和改进基层组织建设必须坚持解放思想、实事求是、与时俱进，必须以改革创新精神来推进。只有适应新形势新任务的要求，不断推进理念思路、工作内容、方式方法、体制机制的改

革创新，致公党自身建设才能体现时代性、把握规律性、富于创造性。

13. 致公党中央专门委员会工作会议

12 月 4 日，致公党中央专门委员会工作会议在京召开，致公党中央常务副主席王钦敏出席会议并讲话，会议由致公党中央副主席杨邦杰主持。

在听取了致公党中央各专委会的年度工作报告后，王钦敏常务副主席指出，专委会工作是致公党履行职能的重要方式，也是致公党中央工作的重要组成部分，具有非常重要的意义。一年来，各专委会在致公党中央主席会议、常委会议领导下，积极发挥自身优势，围绕致公党中央的中心任务开展形式多样活动，如针对热点问题开展调查研究和反映社情民意、积极参与高层政治协商相关准备工作，开展各种专题论坛、研讨会、座谈会和联谊、演出活动和从事社会服务等，取得了良好成效。针对下一步工作，王钦敏指出，加强组织建设是基础，要进一步加强专委会的组织领导和机构建设；创新工作模式是途径，要推出重点课题，实现合作交流；加强理论研讨是支撑，要增强学习意识和政治责任感，不断总结工作经验，对专委会职能定位和工作机制进行深入分析，指导专委会工作的科学开展。

致公党中央各专委会有关领导和部分在京委员出席了此次会议。会议学习了中共十七届五中全会和致公党十三届四中全会精神，总结、交流了各专委会的工作，并就专委会下一步工作思路进行了研究。

14. 海外及岛内洪门中青年人士研讨班

12 月 18 日—19 日，致公党中央在广州举办了第四届海外及岛内洪门中青年人士研讨班。来自美国、澳大利亚、加拿大、菲律宾及台湾等国家和地区的 24 位洪门中青年人士参加了研讨班。

致公党中央副主席李卓彬出席开幕式并讲话。他向与会洪门人士介绍了近年来中国致公党海外联络工作有关情况，海外侨情变化新特点、新形势。他希望海外洪门今后为推进住在国与中国的经贸往来，推动两岸关系和平发展，反对藏独疆独等方面贡献聪明才智。

在为期两天的研讨班学习中，中央统战部二局副局长袁莎，广东省政协外侨委主任吕伟雄，中国社会科学院台湾研究所副所长谢郁分别作了有关民族宗教、侨情、台情的讲座。培训课程结束后，与会洪门人士代表赴广西、广东等地参观考察。

15. 海外联络工作干部培训班

12 月 18 日—19 日，致公党中央在广东举办了海外联络工作干部培训班。致公党各省、自治区、直辖市、计划单列市海外联络工作干部参加了培训班学习。

培训班上，与会人员听取了广东省政协外侨委主任吕伟雄所作的《侨情新变化及侨团新任务》，中央统战部二局副局长袁莎所作的《当前中国宗教现状和中国的宗教政策》，中国社会科学院台湾研究所副所长谢郁所作的《当前的台湾政局与两岸关系形势》等讲座，并就实际工作中遇到的问题进行了讨论。同时，与会人员还与参加第四届海外及岛内洪门中青年人士培训班的代表进行了交流。

16. 中国致公党海外联络工作会议

12 月 19 日—21 日，中国致公党海外联络工作会议在广州召开。全国政协常委、致公党中央常务副主席王钦敏，广东省统战部副部长唐晓萍，致公党中央副主席、广东省政协副主席、致公党广东省委会主委王珣章，致公党中央副主席李卓彬，致公党中央秘书长曹鸿鸣出席开幕式。致公党各省、自治区、直辖市分管海联工作的领导和部门负责同志、各副省级城市专职领导、中央机关部门负责人及中央海联会委员共 70 人出席会议。会议学习贯彻致公党第十三届中常会第十一次会议和第十三届中央委员会第四次全体大会的会议精神，总结近年来致公党海外联络工作取得的成果和经验，并对 7 个先进集体和 35 名先进个人进行了表彰。

致公党中央常务副主席王钦敏致开幕词。他说，中国致公党是一个具有“侨”“海”特色的参政党，海外联络是致公党的一个特色，也是致公党人应当承担的社会责任。近年来，在国内外新形势要求下，在统战部、外交部和其他有关部门的支持、指导和帮助下，致公党各级组织和广大党员紧紧围绕国家大局，积极开展海外联络活动，在推动与海外侨团往来、促进与留学人员合作、增进各国友好往来等方面取得了很好的成绩。他指出，全党要借此次会议之机，回顾总结换届以来致公党海外联络工作的成绩与不足，努力开创致公党海外联络工作的新局面。

李卓彬副主席向与会人员作海外联络工作报告。他说，十三届以来，致公党全党上下不断“走出去”、“请进来”，积极开展传统侨团工作，巩固老阵地；结交新朋友，积极拓展新移民、新侨团的工作；为促进双边关系发展，积极开展对未建交国家工作；牢牢把握“海”的特色，积极开展海外留学人员工作；围绕大局，发挥优势，积极开展对台工作；以文化为纽带，积极开展港澳地区工作；推动侨务资源可持续发展，做好华侨华人新生代及侨领接班人工作等，海外联谊工作整体取得了较好成绩。这些成绩的取得与准确的工作定位、全党上下的共同努力、良好的工作机制、有效的工作平台和一支能战斗的队伍分不开的。他希望，今后致公党的海外联谊工作以科学发展观为指导，紧紧围绕国家工作的大局，为服务国家公共外交，服务华侨华人，增进海内外交流，促进两岸和平稳定发展作出新的更大的贡献。

17. 致公党中央海外联谊委员会 2010 年工作会议

12 月 19 日，致公党中央海外联谊委员会（以下简称海联会）在广州召开工作会议。会议主题是总结海联会 2010 年工作情况，讨论海联会 2011 年工作构想。致公党中央副主席、海联会主任李卓彬，海联会副主任吴毅及部分委员出席了会议。

致公党中央副主席李卓彬在讲话中指出，2010 年，海联会配合致公党海外联络工作部署，积极履行职责，发挥作用，为全党海外联络工作更好地开展作出了积极贡献。特别是在建言献策等方面，几位委员的提案都得到了有关部门的重视，专门召开办公会对提案进行答复，取得了良好的效果。希望海联会今后进一步发挥作用，发挥每位委员的自身优势，把工作做得更好。

会议通报了 2010 年致公党中央海外联络工作情况及海联会工作情况。与会人员围绕 2011 年致公党即将开展的海外联络工作项目进行了讨论，并就今后一段时期海外联谊委员会如何更好地开展工作提出了意见建议。

二、参政议政

2010年，致公党中央坚持以邓小平理论和“三个代表”重要思想为指导，深入学习贯彻科学发展观，密切关注经济发展态势，把经济社会发展领域的重大问题作为参政议政工作的重点，在深入开展调查研究的基础上，积极建言献策，在政治协商、建言献策、民主监督等方面取得显著成绩。

（一）在高层政治协商和征求意见座谈会上提出意见和建议

2010年以来，致公党中央密切关注经济发展态势，先后六次在党外人士座谈会上就民生和社会稳定、后金融危机时代的经济对策、调整产业结构，促进经济增长方式转变、促进房地产业健康发展、节能减排等问题等重大问题发表了意见，着重针对大力发展战略性新兴产业、加快国民收入分配立法、切实加强公共外交等方面提出了建议，其中不少意见被采纳。

（二）在全国人大和全国政协会议上的议案、提案和发言情况

1. 担任全国人大代表的致公党党员向全国人大提出的议案和发言情况

在致公党员中，担任十一届全国人大代表的有37名。他们在2010年十一届全国人大三次会议期间，踊跃提交了多篇有关经济社会发展方面的大会议案，引起良好反响。在2010年第十一届全国人民代表大会常务委员会历次会议上，担任全国人大常委的致公党党员程津培、杨邦杰、严以新积极配合人大立法工作，先后就《全国人大常委会关于修改〈中华人民共和国国家赔偿法〉的决定（草案）》、《中华人民共和国保守国家秘密法（修订草案）》、《中华人民共和国石油天然气管道保护法（草案）》、《国务院关于提请审议〈中华人民共和国水土保持法（修订草案）〉的议案》等20多个法律文件提出相关意见建议。

2010年8月27日上午，十一届全国人大常委会第十六次会议首次以联组会议形式审议国务院关于粮食安全工作情况的报告并向国务院负责人进行专题询问。受国务院委托，发改委、财政部、国土资源部、水利部、农业部等九部门负责人到会应询。杨邦杰、严以新等致公党担任人大常委的同志参加了此次会议，并就粮食安全、土地保护等重大问题提出询问。

2. 致公党中央和担任全国政协委员的致公党党员向全国政协提出的提案和发言情况

2010年，致公党中央向全国政协报送提案34件、发言18件。这52件提案发言涉及包括财贸金融、城乡建设、交通运输、医药卫体在内的10大门类，既有突出致公党“侨”、“海”特色的内容，也承接了去年“一号提案”的关注点，对气候变化、后金融危机时期、家电下乡等社会热点也给予了关注。同时，对2010年政府提出的转变经济发展方式和调整国民收入分配的政策方针也积极建言献策。

据不完全统计，在这次会议上，致公党的政协委员向大会提交个人提案100多件。

政协会议期间，大会举办了两场提案协商办理会，致公党中央作为相关提案的提出者，都被邀请参加提案的集体协商办理。在3月8日举行的主题为“加快经济发展方式转

变、大力发展战略性新兴产业”的首场提案办理协商会上，致公党中央《关于构建再生资源回收利用体系，推动经济发展方式转变的提案》得到了重点办理。在3月11日举行的第二场“实现国民收入分配合理化、促进社会和谐稳定”提案协商办理会上，致公党中央提出的《关于完善我国个人所得税制度，实现国民收入分配合理化的提案》入选。此外，《关于建立合理的保障性住房管理机制的提案》、《关于进一步加强转基因食品安全性认知的提案》、《关于规范网络文化市场，促进未成年人健康成长的提案》被列入全国政协重点办理提案，《关于科学推进“走出去”国家战略实施的提案》、《关于构建国家信访信息共享服务平台的提案》、《关于加大流域水污染防治力度，保障生态安全的提案》等多件提案也先后得到了国家发改委、国家信访局、国家环保部等相关部门的重点办理。

“两会”后，致公党中央又以平时提案的方式，根据调研成果，报送了《关于设立海外合资基金，有序引导中国企业“走出去”的提案》等4篇提案。截至10月底，收到相关部委书面提案答复27件，其中，《关于建立合理的保障性住房管理机制的提案》、《关于进一步加强转基因食品安全性认知的提案》、《关于规范网络文化市场，促进未成年人健康成长的提案》等8件提案被列为全国政协重点办理提案，《关于加快推进小城镇建设的提案》被录入全国政协重要提案摘报后，得到国务院领导同志的亲笔批示。

在2010年6月份召开的全国政协常委会上，致公党中央副主席曹小红代表致公党中央作了题为《发展生物质能源产业促进经济结构调整》的口头发言，在10月份召开的全国政协常委会上，全国政协经济委副主任徐晓兰代表致公党中央作了题为《加快合芜蚌自主创新综合配套改革试验区建设步伐，完善安徽区域创新体系》的口头发言，皆取得了很好的反响。

（三）以致公党中央名义向中共中央和国务院提交的专项建议

一年来，致公党中央精心选题，就生物质能源的科技创新与产业化发展、湿地保护、草原自然保护区建设、西部发展与攀西钒钛战略资源开发、科技农业发展、科技创新和区域创新体系建设、海岛保护、推进留学人员科技企业孵化器建设、港口发展等十个方面的课题进行了十五项调研，范围涉及京、津、冀、鲁、豫、皖、苏、粤、桂、川、甘、辽、黑、新等多个地区。根据这些调研形成的相关建议，由于调查深入、针对性强，上报中共中央、国务院后，得到了有关领导的高度重视和亲笔批示。

1. 关于促进生物质能源的科技创新与产业化发展的建议

2010年，致公党中央大考察的题目为“生物质能源的科技创新与产业化发展”。该课题分为一个主调研，四个分调研，3月至6月期间，致公党中央主席万钢，常务副主席王钦敏，副主席程津培、杨邦杰、严以新、曹小红分别率调研组赴山东、河北、京津、两广和东北就生物质能源的科技创新与产业化发展进行调研。调研组深入工厂车间、田间地头实地考察生物质能源的生产情况，走访有关研究单位、高等院校和企业，并与当地政府部门座谈，共同探讨生物质能源的产业发展。

根据调研结果，致公党中央向中共中央、国务院提交了《关于促进生物质能源的科技创新与产业化发展的建议》建议：充分认识发展生物质能源的重要意义，结合“十二五”规划制定，加快推进生物质能源产业发展。加大科技支撑力度，加强产学研结合，组织联合攻关，储备技术人才，突破关键技术和核心装备的制约。选择适合我国国情的产业化道路。进一步完善财政补贴政策，逐步从建设投资补贴为主转向原料补贴、产品补贴、消费补贴、投资补贴四管齐下。

2. 关于进一步推进科技企业孵化器建设，积极营造留学人员创新创业良好环境的建议

4 月 19 日—24 日，致公党中央副主席、留委会主任严以新率领由致公党中央、科技部、教育部、国家税务总局、国家外国专家局、中国留学人员创业园联盟秘书处等多家单位共同组成的联合调研组，辗转皖、苏、甘三省，走访了合肥、南京、兰州等地 6 家孵化器和 15 家留学生企业，深入调研科技孵化器建设和留学人员归国创业状况及问题，并围绕相关问题，广泛听取了各地孵化器工作人员和留学创业人员代表的意见，最终形成《关于进一步推进科技企业孵化器建设积极营造留学人员创新创业良好环境的建议》，建议：国家在宏观层面上进一步明确支持和扶植科技企业孵化器事业的发展；逐渐形成创新创业的良性循环资助机制；国家财政设立孵化器专项资金，政府采购科技孵化服务；落实并完善孵化器的税收扶持政策；鼓励支持孵化器及在孵企业人才的培养与发展。

该建议通过中央统战部上报中共中央、国务院后，得到了国务院有关领导的重要批示。

3. 关于推进攀西战略资源综合开发与西部发展的建议

5 月 15 日—21 日，杨邦杰副主席率致公党中央与四川省政协联合调研组就“西部发展与攀西钒钛战略资源开发”问题赴四川攀枝花、凉山自治州开展调研。根据这次调研情况形成的建议稿《关于推进攀西战略资源综合开发与西部发展的建议》，建议：要把推进攀西地区战略资源综合开发提升为国家战略，尽快批准建设攀西战略资源创新开发试验区，并纳入国家“十二五”发展规划纲要，加强攀西地区资源开发工作的组织协调，建立国家、省、市（州）联动的协调机制。同时，加强政策支持力度，完善生态补偿机制，加大财政转移支付力度。积极组织重大科技攻关，推进创新体系建设。强化攀西地区资源综合开发利用的基础设施建设，加快攀枝花—西昌城市带建设，带动川滇黔三省交汇处经济发展。

该建议通过中央统战部上报中共中央、国务院后，得到国务院多位领导的亲笔批示。

4. 关于切实加强湿地保护的建议

7 月 18 日—24 日，杨邦杰副主席率致公党中央与国家林业局联合调研组赴甘肃就“湿地保护”问题进行调研，调研组一行深入祁连山保护区、永靖黄河湿地、甘南夏河湿地、碌曲尕海湿地和玛曲黄河首曲湿地等地进行了调研。根据这次调研情况形成《关于切实加强湿地保护的建议》，建议：加快推进湿地保护立法进程，尽快出台湿地保护条例。积极探索建立湿地生态效益补偿制度。切实加强湿地保护的科技支撑。组织编制好湿地保护“十二五”规划。

建议稿报送后得到了国务院有关领导的亲笔批示。

5. 关于加强草原自然保护区建设，维护生物多样性的建议

7 月 27 日—8 月 3 日，全国人大常委、全国人大华侨委副主任、致公党中央副主席杨邦杰率致公党中央调研组，在农业部畜牧业司、农业部草原监理中心的配合与支持下，赴

新疆维吾尔自治区就“加强草原自然保护区建设、维护生物多样性”开展了专题调研。

调研组先后考察了福海县金塔斯草原自然保护区和新源县草原自然保护区，走访了两地的农牧民，听取了自治区畜牧厅、草原总站、草原监理站以及阿拉泰地区、伊犁州等有关部门的建议和意见。通过调研，调研组看到，在国家、地方各级政府和有关部门的支持下，草原部门干部职工克服重重困难，保护区工作取得了一定成绩。但也存在着资金缺乏、周边社区发展与保护区建设存在矛盾、资源类型和管理权限划分不清等问题。

为此，调研组建议：加快推进草原管理体制改革；尽快出台《全国草原自然保护区发展建设规划》；建立草原保护区长效投入机制；强化草原自然保护区科技支撑能力；加强草原监理体系建设。

6. 关于加快合芜蚌自主创新综合配套改革试验区建设步伐，完善安徽区域创新体系的建议

8 月 3 日—6 日，王钦敏常务副主席、程津培副主席率致公党中央调研组在安徽省合肥、芜湖、蚌埠等市考察“科技创新”。此次调研形成了《关于加快合芜蚌自主创新综合配套改革试验区建设步伐，完善安徽区域创新体系的建议》，建议：总结经验、精致规划，提升合芜蚌自主创新综合配套改革试验区示范和引领作用。加强部际协调和省部会商，完善配套政策，适度倾斜支持试验区发展。将科技创新示范和经济结构调整、产业结构升级、“两型社会”建设结合起来。探索高效率的科技成果转化机制和产业化支持方略，并使之制度化。充分发挥政府和市场机制的双重作用。

7. 关于加强中原地区自主创新能力建设的建议

8 月 12 日—13 日，万钢主席与王钦敏常务副主席率致公党中央调研组赴河南调研科技创新和区域创新体系建设工作。此次调研形成了《关于加强中原地区自主创新能力建设的建议》，建议：在国家“十二五”规划中坚定不移地把自主创新作为调结构、转方式的着力点；解决制约自主创新的若干体制机制问题；加大对河南省等中原地区自主创新政策扶持力度。

（四）其他调研活动

1. 科技农业发展调研

4 月 14 日，王钦敏常务副主席、杨邦杰副主席、致公党北京市委主委李昭玲率致公党调研组对北京顺义国际鲜花港、昌平国家农业科技园区等地进行了调研，并与北京市科委等相关部门进行座谈。调研组认为，北京市积极推动高端农业与生态保护紧密结合，高起点、高标准推动农业发展方式转变，积极发展高端、高效、高辐射的现代农业，加快城乡一体化进程，促进城乡区域协调发展，具有很好的示范意义。在各方面的共同努力下，2010 年 8 月，科技部与北京市人民政府签署在京共建国家现代农业科技城协议。北京昌平国家农业科技园区（原小汤山现代农业科技示范园）和北京国际鲜花港将作为先行试点，建设科技城，计划用 5 至 10 年的时间将科技城建设成为全国农业科技创新中心和现代农业创业服务中心，面向世界，立足首都，服务全国。

2. 海岛保护调研

致公党中央长期关注海岛保护工作，在积极促成相关法律的出台后，继续就海岛保护

问题开展深入调研。2010 年 4 月，杨邦杰副主席率致公党中央调研组赴广西北海市涠洲岛调研海岛的发展规划与扶贫开发问题。2010 年 8 月，杨邦杰副主席又率调研组赴长山群岛进行海岛开发与保护调研，研究加强海岛生态保护等促进海岛经济社会的可持续发展的有效途径。

3. 港口发展调研

10 月中旬，严以新副主席率队在环渤海地区调研港口发展情况。调研组先后在大连、秦皇岛、天津、青岛等地进行调研，与各地政府主管部门、港口企业进行座谈，并深入港口考察集疏运系统、信息化、综合服务等硬件设施和软环境建设情况。

4. 沿淮农业调研

11 月下旬，杨邦杰副主席率致公党中央调研组就"沿淮农业与农村"问题赴安徽省蚌埠、滁州等地调研。调研组实地考察了蚌埠市怀远县涡北新城区何巷村和滁州市凤阳县小岗村的农业与农村发展情况，参观了蚌埠市的蚌埠闸枢纽工程和城市防护工程，并与当地政府相关部门进行了深入座谈。调研组认为，要进一步提高对加快沿淮地区农业与农村发展重要性的认识，研究推进沿淮农业区上升为国家发展战略的可行性，为促进沿淮地区农业与农村发展建言献策。

（五）与国务院有关部门和司法机关开展联系合作情况

长期以来，致公党中央领导班子始终保持与国家政府部门的互访，通畅信息渠道，加强联系合作，争取帮助支持，深化调研课题，保证成果质量。此外，致公党中央参政议政的重要调研课题都得到了国家有关部委的大力支持。2010 年 8 月，由致公党中央和辽宁省政府共同主办的"中国发展论坛"在大连召开，中共中央统战部、国家发改委、科技部、商务部、环境保护部、城乡建设部、海洋局、交通部、海关总署等国家部委及辽宁省有关方面的领导和专家学者共同出席了论坛。至此，致公党中央主办、始于 2007 年的"中国发展论坛"已经坚持举办了四年，可以说是致公党中央与国家部委、地方政府、科研院所、社会团体建立长效合作机制的成功范例。

随着我国多党合作和民主协商制度的日益发展，"两高"部门对民主党派的意见和建议越来越重视。每年都要召开座谈会，听取民主党派领导人对"两高"工作的意见和建议。2010 年 1 月，最高人民检察院举行座谈会，征求对检察院相关工作的建议；2010 年 2 月，最高人民法院召开各民主党派中央、全国工商联负责同志和无党派人士座谈会，通报人民法院工作情况，听取对《最高人民法院工作报告》（征求意见稿）的意见和建议；2010 年 7 月，最高人民法院召开与各民主党派中央、全国工商联和无党派人士联络工作座谈会，听取对改进和完善联络工作的意见建议。为了做好相关工作，致公党中央组织法制建设委员会相关专家，积极提供发言素材和建议材料，由此形成的建议稿件质量高、可操作性强，得到了"两高"相关领导的肯定。

（六）反映社情民意情况

2010 年致公党中央继续把提高信息质量作为重要工作方向，着重把握信息的真实性和时效性问题，在信息质量上下功夫。截至 12 月底，致公党中央通过报送系统共收到社情民意信息 1382 篇，整理编辑 482 篇上报有关部门，编辑《建言策》12 辑，其中被中央统战部采用43篇，全国政协采用25篇。其中浙江的《关于进一步加强转基因食品安全性认知的建议》、北京的《关于推动国家经济发展需要解决的几个问题的建议》、湖北的《新型农村社会养老保险要做好五个对接》、福建的《中小学校舍抗震加固工作不能搞运动》、《关于进一步贯彻落实〈民办教育促进法〉的建议》、重庆的《富士康事件对中国制造的冲击与政府的危机公关》等7篇信息得到了中共中央、国务院相关领导同志的批示。2010年的信息工作不但保持了较高的领导批示数量，而且在信息产生的效果方面取得了显著成绩。7月初，北京市委会报送的《关于建议中关村成立知识产权战略研究院》的建议得到了中共北京市领导的重要批示，中关村管委会及相关单位负责同志先后与信息反映人进行了沟通联系，并最终促成了中关村知识产权研究院即将挂牌成立。

（七）发挥专门委员会的作用

致公党中央设有十一个专门委员会，其成员主要由致公党内热心专委会工作、在各自专业领域有代表性的专家学者、骨干党员组成。多年来，致公党中央高度重视、大力支持和积极鼓励专门委员会在各自的工作领域，充分利用党内外资源，努力寻找参政议政工作的着力点，通过召开研讨会、组织调研等各种活动，取得了很好的成果。各专门委员会为致公党中央履行参政党职能起到了参谋、助手和智囊团的作用。致公党中央法制建设委员会、文化与体育委员会和致公党北京市委会联合就“发展有中国特色少年司法制度、完善司法救助”课题进行调研，调研报告上报有关方面后，2010年初得到最高人民法院沈德咏常务副院长的专门批示，认为这些建议“兼具重要的理论价值和实践价值，对人民法院进一步加强少年法庭工作，深化少年司法改革亦具有积极的参考作用”，并“请少年法庭指导小组及其办公室认真研究逐项建议并尽可能转化为决策或工作指导意见”；致公党中央经济委员会围绕“十二五规划”的制定和我国经济社会中的重点热点问题，多次开展研讨活动，积极提出相关建议；2010年8月，就“共同推进辽宁生态省建设”这一课题，致公党中央环境与可持续发展委员会和辽宁省环境保护厅举行了签约仪式，双方将根据辽宁生态省建设实际需求，每年具体确定合作内容。

三、海外联谊和港澳台工作

（一）通过出访活动，进一步推动致公党在海外侨胞中的影响

2010年，致公党中央派出四个团组，参与一个团组完成了五次访问活动。

4月，全国政协副主席、致公党中央主席万钢率全国政协代表团赴菲律宾访问，并顺访香港地区，致公党中央参团出访。此次访问是万钢主席首次以全国政协副主席、致公党中央主席身份率团出访。万主席访问菲律宾期间，出席了海外致公联谊会第一届恳亲大会、菲律宾洪门进步党成立100周年启动仪式。来自于美国、加拿大、澳大利亚、多米尼加、巴拿马等10多个国家和地区200多位洪门代表，以及当地主要侨团负责人和侨胞一千多人参加了海外致公联谊会第一届恳亲大会。我驻菲大使刘建超陪同万主席出席。万钢主席鼓励海外洪门因应形势发展促进改革的讲话引起了海外洪门团体的强烈共鸣和热烈回应。他们表示，海外洪门必须凝聚力量，成为海外反“独”促统的一支生力军。在香港，

万钢主席先后访问了香港中华总商会、香港侨界社团联合会，会见了香港商务及经济发展局局长，并与香港专业联盟、香港科学家分别进行座谈。座谈中，万钢主席认真听取了专业人士、科学家们对国家科技发展等方面的意见和建议。

6月，杨邦杰副主席率领代表团访问了奥地利、捷克两国。访问期间，代表团参加了由欧洲杭州联谊总会举办的“海外华侨华人和谐社团创新论坛”。论坛上，杨邦杰副主席作了题为“建设和谐社团，促进和谐发展”的主题演讲。代表团在大使馆的协助下，分别举办了两场座谈会，广泛听取了当地侨胞的意见和建议，并与奥地利议会和政府有关人士进行了会谈。

10月，王钦敏常务副主席率团访问英国、意大利、西班牙。访问期间，代表团出席了欧洲华侨华人社团联合会第十六届大会和欧洲中国和平统一促进会举办的“柏林‘反独促统’十周年纪念大会”。王钦敏常务副主席在会上做了题为“推动中国和平统一、促进侨胞和谐融入”的讲话。代表团广泛走访了意大利、英国和西班牙三国的侨团，在走访中积极宣传了中国改革开放所取得的辉煌成就，深入介绍了中国共产党领导的多党合作和政治协商制度以及中国致公党在国家政治中发挥的作用。代表团还在意大利、英国两国分别举办了科技界留学人员座谈。应驻曼彻斯特总领馆的邀请，王钦敏常务副主席还为驻曼彻斯特总领馆工作人员做了题为“中国致公党的历史现状与中国多党合作制度的发展情况”的报告，驻曼彻斯特总领馆全体人员和利物浦部分侨领出席。

11月，李卓彬副主席率团访问美国、加拿大。代表团出席了在美国旧金山举办的“全美中国和平统一促进会联合会2010年会暨中国海峡两岸和平发展论坛”，积极支持海外华侨华人的反“独”促统工作，增进了与众多旅美侨团和侨领的交流。在加拿大，代表团拜会了当地主要侨团，其中包括在今年9月初进行换届的加拿大洪门民治党，通过访问进一步增进交流、加深友谊，同时促进加拿大洪门民治党在海外致公联谊会中的作用，推动新一代领导人员在侨社改革发展、反“独”促统等方面发挥更大的作为。

（二）通过邀请和接待活动，进一步增进致公党与广大海外侨胞、港澳台同胞和国外友人之间的沟通和联谊

3月9日，万钢主席在中央会见并宴请了列席政协十一届会议的海外侨胞。38位海外侨胞分别来自于21个国家，在侨界有一定的代表性。万主席高度赞赏海外侨胞长期以来付出的积极努力。他希望各位列席代表积极参政议政，多为国家发展提供宝贵意见和建议。

5月6日，王钦敏常务副主席、李卓彬副主席在京会见并宴请了出席第五届华侨华人社团联谊大会的部分海外侨胞。通过会见活动，进一步增进了致公党与有代表性侨胞的沟通与联系，扩大了在侨界的影响。

5月17日，受中央统战部委托，李卓彬副主席会见应全国青联邀请来华访问的澳大利亚政治交流理事会代表团；7月28日，严以新副主席会见了应国务院侨办邀请来华访问的美国参政华人访问团。在两场座谈中，分别向代表团成员着重介绍中国共产党领导的多党合作和政治协商制度，介绍致公党在中国特色社会主义现代化建设中的地位与作用。会谈使海外政界人士从民主党派角度，更深入地了解了中国民主政治制度发展状况，取得

了良好效果。

致公党通过派员出席重要会议和开展日常接待工作，广泛接触未建交国家侨领和拉美地区人士。先后与巴拿马中华总会、阿根廷洪门学会、阿根廷华侨华人联合会、多米尼加洪门总堂、多米尼加华商会、巴西洪门协会、巴西华人协会等进行了联谊。

（三）发挥优势，有针对性地开展港澳工作

8 月，香港南区议会组织议员代表团到内地访问。据南区议员林启晖介绍，这是本届南区议会组织的最大规模、最高层次的赴内地交流团。交流团成员包括香港南区议会主席马月霞，副主席朱庆虹，中联办港岛工作部副部长冼源等 35 人。访问期间，经致公党中央协调联系，在致公党上海市委会、江苏省委会、浙江省委会的配合以及各地统战部的大力支持下，代表团参观了上海世博会，拜会了致公党上海市委会、江苏、浙江省委会以及上海市委统战部、浙江省委统战部、苏州市委统战部等有关单位领导。活动结束后，林启晖议员专门致函致公党中央，表示通过访问使议员们加深了对内地的了解，促进了与内地有关单位的交流，大家纷纷表示希望能够与致公党建立更紧密的联系，今后继续加强交流与合作。

致公党党员、剪纸艺术家卢雪，长期以来一直致力于在香港推广剪纸艺术，弘扬优秀传统文化。今年 7 月，在香港地质公园申报联合国非物质文化遗产之际，卢雪又在香港举办了以自然生态为主题的剪纸展览，并且举办了剪纸大赛，吸引了大量香港民众参与，为在香港传播传统文化作出了积极贡献，也得到了香港特区政府的认可和支持。

（四）积极发挥优势，有理、有利、有节开展对台工作

3 月，致公党中央副主席李卓彬率中华武术交流团入岛参加第四届两岸武术论坛。论坛自 2006 年开办，影响不断扩大。与以往几届论坛相比，本届论坛规格最高。致公党中央首次派出副主席以上代表团入岛访问。同时，交流团邀请了武当、青城、崆峒等门派的掌门人参团。岛内方面，国民党荣誉主席吴伯雄担任大会荣誉会长，亲民党秘书长秦金生担任大会总顾问。宋楚瑜、吴伯雄、王金平、江丙坤等人为论坛特刊撰写了题词。台湾岛内著名书画家欧豪年为大会题写条幅。同时，论坛在台北、台中、嘉义、花莲四地巡回交流演出，通过座谈、表演等方式，进一步在岛内扩大了覆盖面，增强了在岛内民众中的影响力。论坛受到台湾各界的广泛关注，十多家媒体对论坛给予报道。

四、社会服务

2010 年，致公党中央社会服务工作在致公党中央领导带领下，深入贯彻落实科学发展观，认真学习领会党中央和国务院关于加强西部贫困地区扶贫工作有关会议精神，广泛联系和发动海内外人士，发挥部门特色，围绕科技扶贫、智力培训、教育发展、医疗保障等方面积极开展工作，努力为促进贫困地区经济社会发展做贡献；并响应党中央国务院号召，热心发动地方组织和广大成员开展对灾区的抗灾救灾、抚慰灾民工作。

（一）致公党中央支持和参与毕节试验区建设工作情况

为了让毕节市困难群众过上一个祥和的春节，1 月 28 日，全国政协常委、致公党中央副主席李卓彬率致公党中央及致公党贵州省委有关人员前往当地开展送温暖慰问活动，慰问队深入到毕节市大新桥办事处、野角乡、青场镇多个山村及所属学校，来到贫困群众家中为他们送去慰问金及节日的祝福，此次慰问活动共向毕节市大新桥办事处、青场镇及野角乡 100 户困难群众送去慰问金 3 万元，受到了当地群众的欢迎。

6 月，致公党中央与新东方教育科技集团联系，为毕节试验区成功考上大学的 20 名优秀贫困高中毕业生发放了 2010 年度“新东方”奖学金 10 万元，这项公益活动自 2004 年起已开展 7 年，共为 140 名优秀贫困学生继续深造缓解了经济压力。

7—9 月，致公党中央与北大青鸟集团总裁、致公党中央社会发展与服务委员会委员许振东，通过贵州省教育厅、共青团贵州省委及致公党贵州省委会协调，在贵州省招收贫困小学毕业生 53 名，其中特别在毕节地区招收了 20 名，来到北大附属实验学校进行初一至高三六年的免费学习。9 月初，在北京大学举行了隆重的开班典礼，全国政协常委、致公党中央副主席李卓彬及中央统战部有关领导出席活动。

10 月，致公党中央为捐建的“致公万泽希望小学”完善教学课桌椅设备。

10 月 17 日—18 日，致公党中央加强毕节试验区建设工作会议在贵州省毕节试验区召开，致公党中央联络部（社会服务部）、致公党东部六省三市（北京、上海、天津、广东、福建、江苏、浙江、山东、辽宁）组织有关代表及致公党中央社会发展与服务委员会部分成员出席会议。会议期间，与会成员还就毕节试验区大方县宣尉府重建工程，毕节市大新桥办事处小河村“致公万泽小学”、倒天河二期治理工程、力帆骏马二期工程及小坝镇水塘村贫困农民生活状况进行了调研。

（二）“致西合作”开展情况

1 月 29 日—30 日，全国政协常委、致公党中央副主席李卓彬率致公党中央及致公党重庆市委慰问队前往重庆市酉阳县开展送温暖慰问活动，李卓彬一行深入到酉阳县多个山村，来到贫困群众家中，为他们送去慰问金及节日的祝福，并详细了解每个家庭的经济收入、子女上学情况，此次慰问活动共向酉阳县 130 余户群众送去慰问金 4 万元。

3 月，致公党中央出资为酉阳县农村信息化建设购买电脑及配套设备。

9 月 21 日，“致西合作”20 周年纪念活动在重庆市酉阳县隆重举行，全国政协副主席、致公党中央主席、科技部部长万钢亲自率队出席。全国政协常委、致公党中央副主席李卓彬主持纪念大会。活动期间，中共中央政治局委员、重庆市委书记薄熙来专门抽出时间与万钢一行进行了亲切会谈，并对“致西合作”给予了高度评价。人民日报等各大媒体及重庆日报等纷纷就“致西合作”二十年开展情况进行了集中采访和报道。

在纪念活动中，致公党中央协调北京中联亚房地产开发有限公司董事长、致公党中央社会发展与服务委员会副主任史维学，为酉阳县捐赠了农民培训专用电脑 200 台，使得酉阳县的“致福工程”农民学电脑培训点由 3 个增加到 11 个。

（三）支援灾区重建工作情况

1. 四川地震灾区支援工作情况

1月31日，全国政协常委、致公党中央副主席李卓彬率队在四川地震灾区开展春节前慰问活动，慰问队来到什邡市红白镇五桂坪村，为当地生活困难的老人送去了慰问金，同时还为当地341户群众送去了米、油、年画等生活物资和新年礼物，并祝愿乡亲们的生活越过越红火。

4月，全国政协副主席、致公党中央主席、科技部部长万钢率队赴四川彭州、都江堰、乐山等地震灾区考察灾后重建工作，对致公党上海市委会捐建的安龙科普活动中心项目给予高度评价。5月，全国政协常委、致公党中央副主席李卓彬率致公党中央及来自致公党16个省级组织的代表在四川省彭州市共同出席了“致公爱心鼓号队结对仪式——纪念5·12地震恢复重建两周年”活动，据统计，自2009年致公党开展向四川地震灾区赠送鼓号设备活动以来，致公党中央和有关省级组织先后向四川地震灾区50多所中小学校捐赠了少先队鼓号设备，组建“致公爱心鼓号队”53支，受益学生达4万人。

在“5·12”地震二周年之际，由致公党中央社会发展与服务委员会副主任、大连实德集团董事长徐明捐资重建的位于都江堰、乐山、攀枝花的三所卫生室也全面竣工。

2. 青海玉树地震灾区支援情况

4月14日，青海玉树又发生地震灾害，致公党中央紧急向灾区捐助10万元爱心款，并迅速向中共青海省委、省政府发出慰问信。致公党中央还向所联系的海外侨胞和国内各级组织发出为地震灾区捐款的倡议书，并号召致公党广大党员伸出援助之手。

地震发生后，致公党中央全体机关干部在致公党中央机关举行了大型奉献爱心捐款活动，活动中致公党中央副主席杨邦杰、李卓彬等带头慷慨解囊，万钢主席、罗豪才原主席、王钦敏常务副主席以及其他几位未能出席仪式的副主席，都通过秘书将捐款送到现场，所有机关干部也踊跃捐款。在致公党中央号召下，致公党中央社会发展与服务委员会副主任、悦康药业集团总经理于圣臣向玉树捐赠价值500余万元的救灾药品。

4月21日，致公党中央再次在京举行了为玉树地震灾区捐款仪式，致公党中央社会发展与服务委员会副主任、北京中联亚房地产开发有限公司董事长史维学向玉树捐赠善款300万元。

致公党中央社会发展与服务委员会副主任、江苏黄埔再生资源利用有限公司董事长陈光标再一次带着员工亲赴灾区，带去大型救灾机械投入救灾工作，拯救被困群众，并多次为灾区捐赠大量物资和资金。

3. 西南地区抗旱救灾情况

2月，致公党中央社会发展与服务委员会副主任、北京中联亚房地产开发有限公司董事长史维学通过云南侨办云南旱区捐赠人民币200万元。

今年夏季，在毕节市遭受特大旱灾之际，致公党中央紧急向毕节市发去慰问信，并拨出专款5万元用于缓解当地灾情和解决群众生活困难。江苏黄埔再生资源利用有限公司董事长陈光标向含毕节地区在内的云贵旱区捐赠矿泉水5300吨，并积极组建工程队在云贵旱区打水井170余口。

（四）其他公益活动

9月，致公党中央与香港汉荣书局保持联系，争取到二千余册书籍两套，分别赠予“致泸合作”开展地泸州市图书馆及致公党中央机关图书馆。

五、自身建设

2010年，致公党努力加强自身建设，不断推进党务工作。

（一）思想建设

2010年，致公党以开展树立和践行社会主义核心价值体系活动为主线，加强理论研究队伍建设，积极开展宣传工作，切实巩固多党合作的共同思想政治基础。

1. 开展树立和践行社会主义核心价值体系活动

2月份，致公党中央下发《关于树立和践行社会主义核心价值体系，推进致公党基层组织建设的通知》并制定工作方案，分三阶段在全党部署社会主义核心价值体系的学习和实践。随后，致公党中央成立以万钢主席为组长的中国特色社会主义主题学习教育活动领导小组。

为了配合各级组织开展活动，致公党中央组织人员编写了《中国致公党党员读本》一书、修订了《中国致公党简史》并组织宣讲团在地方组织进行党史、党章、多党合作基本知识等内容的巡讲。

为了进一步了解致公党基层组织对社会主义核心价值体系的学习和实践情况，由致公党中央副主席带队的调研组，先后到辽宁、山东、天津、湖北、湖南、安徽、北京、四川、福建、云南、贵州等地进行调研。在此期间，调研组先后召开20余次座谈会，深入基层，走访地方组织和基层党员，直接与党员面对面交流，了解和掌握党员的思想状况。

8月份在北京、上海、福建等地开展“致公党员关于社会主义核心价值体系认识状况”的问卷调查，为正确分析党员思想动态、增强宣传思想工作的针对性和实效性创造了条件。

12月9日，致公党在北京召开致公党树立和践行社会主义核心价值体系，推进基层组织建设活动总结表彰会，总结成果，交流经验，同时对在活动中涌现出来的先进集体和先进个人进行表彰。

2. 加强理论研究队伍建设

为了加强对重大理论和现实问题的研究，推动全党理论研究队伍建设，1月份，致公党中央召开宣传部理论研究会第一次工作会议，聘请致公党党内10余名专家学者组成致公党中央宣传部理论研究会。会议对致公党发展战略的内涵进行了研讨，并对理论研究会工作规则和近、中期研究规划进行了讨论。

3. 宣传工作取得新收获

2010年，致公党各级宣传部门通过多种渠道宣传致公党的重大活动、参政议政成果和广大党员的先进事迹。据不完全统计，今年以来，国家级主要新闻媒体对致公党工作的有关报道200余篇，起到了塑造形象、指导工作、鼓舞士气的作用。

6月份，致公党在沈阳举办了致公党宣传干部培训班。致公党各省、自治区、直辖市及中央直属组织的40余名宣传干部参加了刊物编辑和网站建设培训。参训人员还带来了本级组织的刊物进行展示、交流，详细介绍了本级组织在期刊编辑、网站建设方面的具体做法和所取得的经验、成果，并对工作中遇到的一些问题和困难提出建议。经过一年的努力，党刊《中国致公》和网站在文章内容和版式方面都进行了调整，质量和影响力有所提高。

（二）组织建设

2010年致公党组织工作紧紧围绕致公党十三届三中全会及2009年组织工作会议的总体部署展开。在这一年里，组织工作以抓好组织建设，抓好制度完善，抓好人才培养等几方面为重点，力求在组织发展和基层组织建设上实现全新的突破，从而为全党各项工作提供坚强的组织保证和人才支持。

1. 加强组织发展

2010年上半年，组织部在2009年多次调研，广泛征求意见的基础上，起草致公党《2009—2013年组织发展工作规划》。同时，分片召开全党省级组织组织工作研讨会，研究如何做好党员发展工作。各省结合实际，制定组织工作规划和年度计划。

2010年，致公党全党组织发展工作健康平稳。2010年新建6个市级地方组织，新发展党员2239名，党员总人数达35698名。截至2010年底致公党地方组织共有154个，其中省级委员会18个，中央直属组织1个，市级组织120个，县级委员会16个；基层组织1809个。截至2010年底，致公党党员在人大、政协任职情况如下：在人大方面，全国人大常委3人，代表35人，省级人大副主任1人，常委22人，代表108人，市级人大副主任18人，常委82人，代表260人，县级人大副主任18人，常委54人，代表211人；在政协方面，全国政协副主席1人，常委6人，委员46人，省级政协副主席9人，常委81人，委员276人，市级政协副主席53人，常委353人，委员1221人，县级政协副主席64人，常委403人，委员1271人。

2010年是面向2012年换届的关键一年。组织部首先是做好部分省级组织主委和副主委调整工作，以确保各项工作能够顺利交接，平稳有序地进行。其次对于2012年换届前需要调整的一些省级组织领导班子进行测算，积极主动地提前与省委统战部沟通情况，交换意见，物色人选。组织部同时积极准备2012年换届工作，对各地方组织现任主委、副主委基本情况进行重新梳理、完善和统计分析。

2. 建立健全党内监督制度

建立健全党内监督制度，是加强致公党自身建设，发展党内民主的客观需要。2010年5月，组织部在长沙召开党内监督工作研讨会，在总结已有试点经验的基础上，对党内监督工作进一步深入研究，找出适合致公党的、可操作性强的工作方法，在全党范围内推广，推动党内监督工作的发展。会后组织部研究制定了《关于建立健全领导班子谈心会制度的意见》和《中国致公党中央监督工作委员会工作规则》。

3. 开展基层组织建设年活动

2010年组织工作以基层组织建设年活动为载体，以社会主义核心价值体系为指导，加强全党基层组织建设工作，推动基层组织健康有序地发展。12 月，在北京召开基层组织建设总结表彰大会。通过总结经验、推介典型的方式，增强和巩固一年以来的工作成果，并将整个活动的成果内化为树立和践行社会主义核心价值体系、进一步加强基层组织建设的强大动力。

4. 做好人才培养工作

2010 年组织部起草并下发了《关于认真学习贯彻落实全国人才工作会议精神的通知》，号召全党各级组织要紧密结合万钢主席提出的“人才兴党”战略思想，深刻认识颁布实施《人才规划》的重大意义，统一思想，明确任务，推进工作，在全党营造关心人才工作、支持人才发展的良好氛围。同时要求各地各级组织要通过学习、落实《人才规划》，大力加强致公党人才队伍建设，为致公党的改革发展提供坚强有力的人才保证和智力支持。

（三）机关建设

2010 年，致公党中央机关倡导建设学习型、服务型机关，机关建设步入新局面。以提高机关工作人员素质为重点，以推进人事制度改革、改进作风和提高工作效率为重要切入点，切实提高机关工作的质量和水平。进一步加强制度化、规范化建设和信息化建设，通过举办各种形式的学习讲座、系统培训，提高机关工作人员政治理论和业务知识水平。

1. 中央机关进一步推行人事制度改革，认真执行《公务员法》，继 2009 年中央机关局级干部轮岗后，2010 年进行了机关处级干部轮岗，充实了一批年轻干部进入领导岗位，进一步优化了干部结构，并选派年轻干部到基层挂职。中央机关通过干部轮岗、挂职锻炼和选拔推荐等形式，为机关干部特别是年轻干部成长提供条件，调动了干部工作的积极性，有效推动机关工作，为建设学习型、服务型机关夯实了基础。

2. 为进一步促进机关公务员树立良好学习风气，全面提高参政议政工作水平，采取多种形式提高机关工作人员的政策把握能力、调查研究和分析问题能力、撰写参政议政和党务工作文稿的能力、服务参政议政和党务工作的能力。中央连续三年组织开展了机关公务员论文竞赛活动，并覆盖到省级组织和中央直属组织机关。在中央和各地方组织的领导高度重视下，活动取得了良好效果。在 2010 年度论文竞赛活动中，中央机关公务员全部参与论文撰写，共提交论文 53 篇；有 14 个地方组织参与论文撰写，共选送论文 69 篇。经组织评选，中央机关的《关于住房和房地产问题的几点思考》等 16 篇论文被评为优秀论文，地方组织的《党外领导干部要在树立和践行社会社会主义核心价值体系中提高合作共事能力》等 31 篇论文被评为优秀论文。致公党中央主席万钢为中央机关优秀论文获得者颁发了优秀论文奖励证书，同时在《中国致公》及中央网站上刊发了优秀论文获得者名单及部分优秀论文。

3. 进一步推动机关信息化建设，中央机关专门召开了加强数据库建设全体会，王钦敏常务副主席就数据库建设做了动员报告并提出具体要求，为将数据资源与电子文档管理结合起来，提高办公效率，逐步实现机关数据库信息共享和信息互动提供了保证。中央机关同时将数据库建设列入年终机关公务员考核内容，使每个人都重视这项工作，有力的推动了机关规范化、信息化建设。

4. 2010 年，根据新形势、新变化的要求，致公党中央对中央专门委员会进行了调整，将教育与卫生委员会调整为教育委员会、医药卫生委员会。把专门委员会办公室调整到中央办公厅系统，以加强专委会办公室综合、协调、联系、服务的功能。

周　慧　致公党中央联络部处长
刘　曦　致公党中央宣传部主任科员
宋亚轲　致公党中央办公厅主任科员
董巍伟　致公党中央参政议政部主任科员
黄鹏飞　致公党中央社会服务部副主任科员
曹若愚　致公党中央组织部副主任科员

九三学社

2010年，九三学社高举中国特色社会主义伟大旗帜，认真贯彻中共十七大、十七届三中、四中、五中全会精神，牢固树立和践行社会主义核心价值体系，以科学发展为重点建言献策，积极履行参政议政和民主监督职能，扎实推进社会服务，切实加强自身建设，各项工作均取得了可喜成绩。

一、重要会议及活动

（一）中央全会

12月11日—13日，九三学社第十二届中央委员会第四次全体会议在北京召开。全国人大常委会副委员长、九三学社中央主席韩启德代表十二届中央常务委员会作工作报告。韩启德在回顾了九三学社一年来的主要工作以后指出，2011年，九三学社要认真学习贯彻中共十七届五中全会精神，牢固树立和践行社会主义核心价值体系，紧密围绕“十二五”规划的制定和实施，进一步提高参政议政质量，突出工作重点，进一步做好社会服务，切实加强自身建设，做好2012年换届的各项准备工作。

会议认真学习了中共十七届五中全会精神，听取和审议了中央常务委员会工作报告并通过了《关于第十二届中央常务委员会2010年工作报告的决议》，表彰了建社65周年优秀基层组织和优秀社员，信息工作先进单位和先进个人。

会议决定，同意贺铿同志辞去九三学社中央副主席职务，补选丛斌为九三学社中央副主席，许仲梓为九三学社中央常委。

全国政协副主席、九三学社中央副主席王志珍，九三学社中央副主席冯培恩、邵鸿、谢小军、张桃林、赖明、马大龙、丛斌和中央委员共200余人出席会议。九三学社各省级组织专职副主委和秘书长、九三学社中央机关各部门负责人列席会议。

（二）中央常务委员会会议

1. 十二届十次中常会

3月6日，九三学社第十二届中央常务委员会第十次会议在北京召开。会议审议通过了《九三学社中央关于学习贯彻十一届全国人大三次会议和全国政协十一届三次会议精神的决议》。会议由九三学社中央主席会议主持。全国人大常委会副委员长、九三学社中央主席韩启德出席会议并讲话。

韩启德指出，胡锦涛总书记在中央党校省部级主要领导干部深入贯彻落实科学发展观加快经济发展方式转变专题研讨班的讲话中强调，必须紧紧抓住机遇，毫不动摇地加快经济发展方式转变，不断提高经济发展质量和效益，不断提高我国经济的国际竞争力和抗风险能力，使我国发展质量越来越高、发展空间越来越大、发展道路越走越宽。温家宝总理在政府工作报告中提出四个“着力”，即着力搞好宏观调控和保持经济平稳较快发展，着力加快经济发展方式转变和经济结构调整，着力推进改革开放和自主创新，着力改善民生和促进社会和谐稳定。这是中共中央在综合分析国际国内经济形势基础上作出的一系列科学判断，具有非常丰富的内涵，全社同志特别是九三学社中央常委会组成人员要认真学习领会、提高思想认识，进一步增强做好各项工作的责任感和使命感，密切结合各自实际，共同为转变发展方式、破解发展难题献计出力，把加快经济发展方式转变真正落到实处。

韩启德指出，树立和践行社会主义核心价值体系是九三学社当前和今后一个时期加强思想建设的关键。要认真回顾总结我社在新的历史时期，特别是2007年开展坚持走中国特色社会主义政治发展道路以来，全社各级组织深入学习中国特色社会主义理论，通过多种形式引导广大社员树立和践行社会主义核心价值体系，坚持中国特色社会主义道路，传承我社爱国民主科学优良传统的好做法好经验，深入挖掘九三学社历史和社员中先进典型的感人事迹，大力弘扬爱国民主科学优良传统，扎实推进树立和践行活动。

全国政协副主席、九三学社中央副主席王志珍，九三学社中央副主席冯培恩、贺铿、邵鸿、谢小军、张桃林、赖明、马大龙，九三学社中央常委出席会议。九三学社江苏省委主委许仲梓，九三学社中央机关各部门负责人等列席会议。

2. 十二届十一次中常会

5月12日—15日，九三学社第十二届中央常务委员会第十一次会议在河北唐山召开。会议审议通过了《九三学社中央关于加强基层组织建设的意见》，印发了《九三学社中央关于地方组织建立健全领导班子谈心会制度的意见》。全国人大常委会副委员长、九三学社中央主席韩启德出席会议并作重要讲话。

韩启德指出，民主党派树立和践行社会主义核心价值体系，首先要廓清社会主义核心价值体系的内涵和实质等一系列基本概念和逻辑关系，把提出社会主义核心价值体系的时代背景搞清楚；要着重把社会主义核心价值体系与中国特色社会主义、与改革开放、与中国传统文化、与九三学社爱国民主科学优良传统的关系研究透彻、加强认识。韩启德还就九三学社树立和践行社会主义核心价值体系提出了七个方面的要求。

会议期间，重庆、上海、广东、青海、浙江、广西、新疆、江苏等8个九三学社省级组织和九三学社中央研究室作大会交流。会议特邀九三学社中央已故副主席王选夫人陈堃銶，九三学社中央原副主席洪绂曾，中国盲协副主席、九三学社社员杨佳，九三学社德阳市委主委王玉华代表九三学社四川省委分别作典型事迹发言，著名金属学及材料科学家、中科院和工程院院士、九三学社社员师昌绪作书面发言。

全国政协副主席、九三学社中央副主席王志珍，九三学社中央副主席冯培恩、邵鸿、谢小军、张桃林、赖明、马大龙，九三学社中央常委、列席及特邀人员共50余人参加会议。

3. 十二届十二次中常会

10 月 21 日，九三学社第十二届中央常务委员会第十二次会议在北京召开。会议审议通过了《九三学社中央关于学习贯彻中共十七届五中全会精神的决议》。全国人大常委会副委员长、九三学社中央主席韩启德主持会议并讲话。

韩启德说，中共十七届五中全会是在国内外形势出现新变化新特点，我国全面建设小康社会正处于关键时期召开的一次重要会议。要准确把握中央对国际国内形势的科学判断，继续抓住和用好我国发展的重要战略机遇期。准确把握坚持科学发展的主题和加快转变经济发展方式的主线，准确把握做好新形势下群众工作的重要性，牢固树立群众观点。韩启德指出，深入学习贯彻中共十七届五中全会精神是九三学社当前和今后一个时期的重大政治任务。要把学习贯彻十七届五中全会精神当作主要工作来抓，将其作为思想建设、组织建设的重要一环。

会议决定，12 月中旬在北京召开九三学社第十二届中央委员会第四次全体会议。全国政协副主席、九三学社中央副主席王志珍，九三学社中央副主席冯培恩、邵鸿、谢小军、赖明、马大龙及社中央常委出席会议。九三学社中央机关各部门负责人列席会议。

4. 十二届十三次中常会

12 月 10 日，九三学社第十二届中央常务委员会第十三次会议在北京召开。全国人大常委会副委员长、九三学社中央主席韩启德出席会议并讲话。

会议审议通过了常委会议程、常委会 2010 年工作报告，审议了十二届四中全会议程（草案）和日程（草案）并决定提交全会审议通过、中央监督委员会 2010 年工作报告（草案）和 2011 年工作要点（草案）、关于增选中央常委、副主席候选人建议名单和选举办法（草案）、关于贺铿同志不再担任中央副主席、常委、委员职务的决定（草案）和给贺铿同志的致敬信（草案）。会议决定由韩启德代表九三学社中央常务委员会向十二届四中全会做工作报告，委托主席会议审议关于常委会 2010 年工作报告的决议（草案）并提交全会通过。

全国政协副主席、九三学社中央副主席王志珍，九三学社中央副主席冯培恩、贺铿、邵鸿、谢小军、张桃林、赖明、马大龙出席会议，九三学社中央机关各部门负责人列席会议。

（三）中央监督委员会会议

12 月 11 日，九三学社中央监督委员会第三次全体会议在北京召开。会议审议了九三学社中央监督委员会 2010 年度工作报告，研究了九三学社中央监督委员会 2011 年度内部监督工作要点。全国人大常委会副委员长、九三学社中央主席韩启德出席，九三学社中央监督委员会全体委员参加会议。

韩启德肯定了中央监督工作委员会 2010 年度工作中取得的进步。韩启德指出，监督委员会在过去一年工作中积极稳妥地开展工作，全国各省级组织积极开展述职、民主评议和谈心会活动，有些省级组织也成立了内部监督机构，取得了不错的效果。中央监督委员会成立以来的工作方向是正确的，2011 年还要朝着这个方向继续努力，推动工作开展。

会议由九三学社中央副主席、中央监督委员会副主任邵鸿主持。邵鸿通报了中央监督委员会2010年工作情况，并就2011年中央监督委员会工作要点向与会委员征求意见。会议决定要在今后的工作中探索内部监督工作方式，加强对地方组织监督工作的检查指导，重点听取省级以下地方组织对省级组织领导班子的意见和建议以发挥领导班子战斗力、推动班子成员履行职能。会议还研究了信访工作；决定在九三学社第十二届中央委员会第三次全体会议上以书面形式报告中央监督委员会2010年度工作情况。

（四）其他重要会议及活动

1月8日，九三学社中央医药卫生委员会在社中央机关召开全体会议。会议传达了九三学社十二届三中全会精神、九三学社中央2009年在参政议政方面所开展的主要工作、取得的成绩以及2010年参政议政工作计划和安排，对2009年医药卫生委员会的工作进行了总结，讨论了医药卫生委员会工作机制，制定了年度工作计划，确定了活动内容和时间，并对每位委员参与医药卫生委员会的工作提出了要求。

1月12日，全国人大常委会副委员长、九三学社中央主席韩启德在北京人民大会堂会见以印中议员论坛主席拉奥为团长的印度跨党派资深政治家代表团。韩启德说，中印双方和平友好、互利合作、共同发展，不仅符合两国和两国人民的根本利益，对世界的和平与发展也具有重大影响。今年是中印建交60周年，我们愿以此为契机，与印方共同努力，推动两国战略合作伙伴关系取得更大发展。韩启德还向外宾介绍了中国经济社会发展和应对国际金融危机有关情况。

1月30日，九三学社中央书画院、北京九三书画院联合组织了“送文化进社区”的活动，走进北京大兴西红门镇的瑞海、宏大园等社区。九三学社中央副主席邵鸿参加了本次活动。九三学社书画家挥毫泼墨，用心书写了近百幅对联和书画作品，赠送给社区居民，祝福新年的到来，受到居民们的热烈欢迎。

2月24日，九三学社中央主席韩启德，副主席邵鸿、赖明在社中央机关会见教育部部长袁贵仁一行，并就教育中长期发展规划纲要的修改完善问题进行了座谈。韩启德对袁贵仁一行来访表示热烈欢迎。韩启德说，教育部就教育中长期发展规划纲要的制定多次向我们征求意见，并采纳了九三学社提出的建议，令我们感动。教育中长期规划纲要集中了从中央领导到教育界专家的智慧，符合中国当前的实际，具有超前性和可操作性。韩启德表示，九三学社一直非常关注国家的教育问题，希望能与教育部加强交流与合作，为我国的教育事业出一份力。韩启德还就高校毕业生就业问题谈了自己的看法。

3月8日，九三学社中央在机关举行九三学社出席全国“两会”代表、委员茶话会。九三学社中央主席韩启德，副主席王志珍、贺铿、邵鸿、谢小军、张桃林、赖明、马大龙，原副主席闵乃本、刘应明、洪绂曾出席。

3月16日，九三学社中央主席韩启德，副主席贺铿、邵鸿、赖明在社中央机关出席全国“两会”精神学习传达会。贺铿传达了十一届全国人大三次会议精神，邵鸿传达了全国政协十一届三次会议精神。韩启德发表重要讲话。会议由赖明主持。

3月23—26日，全国人大常委会副委员长、九三学社中央主席韩启德一行赴天津考察调研。韩启德对天津经济社会发展取得的成绩表示高度赞扬。他说，天津注重发展的质量和效益，高端化高质化高新化的产业结构正在形成，经济发展方式加快转变，滨海新区开发开放不断加快，民计民生明显改善，城乡面貌发生显著变化。在津期间，韩启德一行与九三学社社员进行了座谈，出席了九三天津书画院成立典礼仪式，考察了天津市第五中心医院、泰达国际心血管病医院、国家细胞产品工程研究中心、南开大学、东丽区体育训练中心、天津科技馆等。

5 月 1 日，全国人大常委会副委员长、九三学社中央主席韩启德在上海集体会见了来华出席上海世博会开幕式的马其顿议长韦利亚诺夫斯基和欧洲议会欧中友好小组主席德瓦。韩启德说，相信在各方努力下，上海世博会一定会举办成一次成功、精彩、难忘的盛会，各国优秀的传统文化、风土民情和发展成就通过世博会能够得到充分展示。韩启德表示，中国全国人大愿与马其顿议会和欧洲议会加强友好交往，密切多层次、多渠道的交流与合作，为推动中马关系和中欧关系发展作出新的贡献。

5 月 21 日，全国政协副主席、九三学社中央副主席、中国国际交流协会副会长王志珍在京会见坦桑尼亚总统夫人萨尔玛・基奎特一行。王志珍对萨尔玛・基奎特夫人作为非洲代表来华参加 2010 年全球妇女峰会表示欢迎。王志珍指出，中坦两国有着兄弟般的传统友谊。建交 44 年来，始终互相尊重，相互支持，是全天候合作伙伴，国家关系始终健康顺利向前发展，堪称中非乃至发展中国家间真诚相待、团结合作的典范。她相信在两国人民的共同努力下，中坦友好合作关系必将迎来更加美好的明天，必将会更好地造福两国人民。王志珍还向基奎特夫人简要介绍了中国妇女进步状况以及儿童教育事业发展状况。

5 月 29 日，由九三学社中央委员会和王选关怀基金会共同举办的“技术创新、产业创新与资本创新研讨会”在北京召开。研讨会以“应对国际金融危机挑战、促进中小企业自主创新、推动王选关怀基金会的创新发展”为主题。全国人大常委会副委员长、九三学社中央主席韩启德出席会议并讲话。韩启德指出，九三学社中央多年来高度重视参政议政工作，围绕大局，服务中心，在充分调研的基础上，找准切入点，找到关键环节，针对改革开放过程中遇到的问题提出了许多好的意见和建议，得到了中共中央、国务院及有关部委的高度重视，取得了良好的效果。今后，在推动创新型国家建设，探索技术创新、产业创新和资本创新的过程中九三学社将继续发挥积极的推动作用。座谈会由九三学社中央副主席赖明主持。

6 月 3 日，由九三学社中央主办、国务院南水北调办公室和陕西省人大常委会协办、九三学社陕西省委和陕西省发改委承办的南水北调中线水源区生态文明建设论坛在陕西西安召开。全国人大常委会副委员长、九三学社中央主席韩启德出席论坛并讲话。韩启德强调，南水北调工程是一项造福社会的综合性生态工程，是生态文明建设具体而生动的实践。在南水北调中线水源区建立生态文明建设试验区，把与生态文明建设相关的改革措施在这里先行先试，不仅对南水北调中线水源区生态安全、水源保护具有重要作用，而且对辐射和带动全国生态文明建设，以生态文明理念加快发展方式转变具有重要意义。论坛由全国政协常委、九三学社中央副主席赖明主持。来自全国人大环资委、农业部、财政部、水利部、长江流域水资源保护局和陕、鄂、豫三省相关部门及市县的负责人和专家学者，就加快推动南水北调中线水源区生态文明建设发言，提出了很多具有针对性的见解和建议。

7 月 6 日—8 日，九三学社全国社会服务工作会议在江西井冈山举行。这次会议的主要任务是：深入学习贯彻科学发展观，落实九三学社十二届三中全会精神；总结四年来在社会服务领域取得的成绩，交流社会服务工作经验，探讨新形势下如何加强社会服务工作；表彰四年来在社会服务工作中作出突出贡献的先进集体和先进个人，更好地发挥参政党职能，为全面建设小康社会贡献力量。九三学社中央副主席贺铿出席会议，并作了题为“开阔思路　不断探索　推动社会服务工作向深层次发展”的工作报告。贺铿在报告中对近年来开展的“九地合作”、“智力支边”、“抗震救灾”、“多党合作新农村建设”、“亮康行动”、“百名专家进乡村入学堂”、“九三论坛”等工作做了回顾。贺铿要求，在继续做好上述工作的同时，要继续做好毕节试验区对口帮扶工作。会议期间，江西等 13 个九三学社省级组织的代表作了典型发言，分别介绍了在社会服务工作方面的成功做法和经验体会。与会人员围绕贺铿所作的工作报告，就今后社会服务工作如何实现可持续发展等问题进行了研讨。会议还表彰了社会服务工作先进集体和先进个人。九三学社中央、全国 30 个省级组织社会服务工作负责人及部分特邀代表共 80 余人出席了会议。

8 月 2 日—3 日，九三学社参政议政和信息工作会议在长春召开。会议总结了 2009 年参政议政和信息工作，表彰了 2010 年参政议政先进省级组织、先进个人，交流了开展参政议政和信息工作的经验，布置了下一阶段参政议政和信息工作，并围绕如何进一步开展好参政议政和信息工作进行了研讨，探索新形势下做好参政议政工作的新方式新方法。全国政协副主席、九三学社中央副主席王志珍出席并作重要讲话。她总结了一年来参政议政和信息工作取得的主要成绩，分析了不足，并指出围绕中心、服务大局，就是围绕执政党的中心工作，服务于执政党的工作大局，这是九三学社作为参政党履行参政议政职能的基本原则，也是新时期多党合作的必然要求。她强调，九三学社以科技界高中级知识分子为主体，人才荟萃，智力密集是我们的优势，在参政议政工作中应当坚持体现我社特色，把主要视角定位在科技发展的重大问题上，不断完善机制，探索参政议政与信息工作结合途径，通过开展多种活动、搭建平台，吸引社内外广大参政议政人才积极参与，注重基础材料的积累，加强调查研究的力度，提出具有远见卓识的意见建议。全国政协常委、九三学社中央副主席赖明出席并作总结讲话。九三学社中央机关有关部门负责人及九三学社各省级组织和副省级市组织负责人参加了会议。

8 月 10 日，“三江源生态保护”座谈会在九三学社中央机关召开。会议围绕近年来三江源生态保护和建设工作取得的成效、存在的问题以及建议对策进行了座谈。全国人大常委会副委员长、九三学社中央主席韩启德主持会议并作重要讲话。韩启德在讲话中指出，三江源生态保护的意义重大。自 2003 年以来，九三学社一直高度关注三江源的生态保护与建设，多次就此问题进行调研、座谈，向中共中央、国务院提出建议，受到中共中央主要领导的高度重视并推动了三江源保护工程的启动及政策制定和完善。韩启德强调，希望联合政府部门、有关地方、科研院所和大专院校的力量，通过近期的座谈与调研进一步凝练其中的焦点问题，从战略性、全局性角度提出有针对性、建设性的建议。九三学社中央副主席赖明出席座谈会。

8 月 26 日，九三学社中央在机关召开“如何树立正确的人生观”学习研讨会。九三学社中央主席韩启德、副主席邵鸿出席并讲话。研讨会上，韩启德主席、邵鸿副主席首先为戴红等 12 名《英雄大爱》读书征文活动获奖者颁发了获奖证书。近 20 位同志结合社会主义核心价值体系、《英雄大爱》的读后感及个人工作、生活经历，就如何树立正确的人生观进行了热烈讨论。在认真听取了大家发言后，韩启德作了重要讲话。韩启德表示，社会主义核心价值体系的核心就是中国特色社会主义。当代中国的马克思主义就是建设中国特色社会主义理论，民族精神和时代精神也统一于中国特色社会主义，荣辱观在当前时代背景下也具有中国特色社会主义的背景。韩启德说，人是有社会性的。每个人都会考虑自我，同时人的社会性又会使人考虑别人，只有考虑别人才能真正实现自我。人之所以高贵，就是因为他要考虑这些问题。我们应该从更高的层次来学习、思考，争取达到人生更高的境界。九三学社中央机关工作人员共 30 多人参加了研讨会。

9 月 3 日，许德珩诞辰 120 周年暨九三学社成立 65 周年座谈会在北京召开，全国人大常委会副委员长、九三学社中央主席韩启德出席会议并讲话。韩启德在讲话中深情回忆了许德珩追求真理、与中国共产党团结合作的光辉一生。韩启德说，今年是九三学社成立 65 周年，在这样一个有着特殊意义的年份，我们缅怀许老的光辉业绩，追思许老的崇高风范，对于我们继承九三学社老一辈的优良传统，坚持和完善中国共产党领导的多党合作和政治协商制度，更好地履行参政党职能，加强参政党建设，都具有重要的现实意义。我们对许老的最好纪念，就是把他那一代的优良传统继承和发扬好，把他历经千辛万苦开创的伟大事业继续推向前进，这是历史赋予我们的神圣使命。九三学社中央原常务副主席徐采栋、许德珩的学生马句、许德珩秘书于永水、许德珩之孙许进从不同角度追忆了许德珩为统一战线和多党合作事业作出的卓越贡献，对真理、对民主与科学的执著追求，以及他扶弱济困、慷慨奉义、热爱学习、生活简朴的高尚精神。会议由九三学社中央主办，九三学社中央副主席邵鸿主持会议。九三学社中央副主席王志珍、赖明、马大龙，九三学社中央原常务副主席王文元、陈抗甫，九三学社中央原副主席赵伟之、洪绂曾以及来自全国人大、全国政协、中央统战部等有关单位负责同志共 100 余人参加座谈会。

10 月 9 日—12 日，九三学社 13 个副省级城市联合召开“基层组织建设和机关建设研讨会”。九三学社中央副主席邵鸿出席并作重要讲话。邵鸿说，副省级城市在九三学社组织内具有特殊的地位。其社员数量占全国社员总数的比例约 40%。由于副省级城市多是省会城市或经济发达城市，这使他们在社员结构、社务工作等许多地方都具有相同之处，而他们的工作环境和面临的问题又与其他地市不同。因此，通过副省级城市联席会议这种形式，相互交流情况，研讨问题，联络感情，开展工作，不仅对副省级城市的社务工作是很好的促进，对全国九三学社的社务工作也起到了很好的推动作用。邵鸿还重点分析了当前基层组织存在的“三化”（老化、弱化、异化）问题，希望与会同志集思广益，紧密联系基层组织建设的实际情况，提出改进工作的意见和建议。会议由九三学社厦门市委承办。

10 月 13 日—15 日，九三学社理论研究与社史研究暨纪念建社 65 周年理论研讨会在陕西西安召开。会议以纪念建社 65 周年为契机，结合树立和践行社会主义核心价值体系，深入探讨了九三学社面临的重大理论和实际问题，交流了理论研究和社史工作经验，研究了工作中存在的困难和问题，讨论了《九三学社中央社史研究五年规划》，进一步明确了今后一段时期内理论研究和社史研究工作的目标和方向。九三学社中央副主席邵鸿出席会议并作主题报告。邵鸿在报告中总结了过去两年来九三学社理论研究与社史研究工作情况，对今后进一步加强理论研究和社史研究工作提出了意见和要求。研讨会前，九三学社中央研究室对省级组织和副省级组织进行了理论研究及社史研究征文活动，并评出了一、二、三等奖共42篇论文。会上为获奖作者颁发了证书。

10月13日—15日，九三学社中央妇女工作委员会“招聘与录用中的性别平等课题研讨会”在陕西西安召开。九三学社中央副主席邵鸿出席会议并讲话。邵鸿对九三学社中央妇委会结合实际，对招聘录用中的性别平等进行专题调研工作给予高度评价，对社中央妇委会和课题组的工作给以关怀和支持。他要求将会议的意见建议认真归纳总结，进一步充实完善《职业招聘中禁止性别歧视的法律政策研究报告》，并对将此报告转化为参政议政的调研成果提出了具体意见和建议。

10月23日—25日，九三学社中央思想建设研究中心工作会议在湖南张家界召开。会议深入学习了中共十七届五中全会精神和九三学社思想建设工作的有关文件精神，总结了全社思想建设研究工作的经验，交流了工作成果，并对下一阶段工作进行了部署。九三学社云南省委思想建设研究中心、安徽省委思想建设研究小组、北京市委思想建设研究组、哈尔滨市思想建设研究中心、湖南省委思想建设研究中心的代表先后作了大会发言。与会人员围绕近年来各地思想建设研究机构的主要工作及存在的问题和困难进行了研讨，并就加强培训力度、整合各研究机构力量、丰富思想教育的载体形式等方面，对今后的思想建设工作提出了意见和建议。9个九三学社省市级思想建设研究机构的代表，九三学社张家界市委委员，以及九三学社湖南省委机关部分工作人员，共计30余人出席了会议。

10月28日，九三学社中央与九三学社北京市委联合召开学习贯彻中共十七届五中全会精神座谈会。全国人大常委会副委员长、九三学社中央主席韩启德出席会议并讲话。韩启德说，中共十七届五中全会是在国内外形势出现新变化新特点，我国全面建设小康社会正处于关键时期召开的一次重要会议。九三学社要以更加饱满的热情和昂扬向上的精神状态投入到贯彻落实中共十七届五中全会的各项工作中去。当前是中华民族100年来最好的时期，也是重要转折时期。九三学社要弘扬爱国民主科学的优良传统，为民族大义挑起重担。要重点突破。要选择科技领域的重大问题加强研究，要加强参政议政机制上的创新，把智慧和力量凝聚起来，充分调动广大社员的积极性，创造性地开展工作，在“十二五”期间作出应有贡献。座谈会由九三学社中央副主席邵鸿主持。九三学社思想建设研究中心在京研究员，部分在京社员，九三学社中央和九三学社北京市委机关工作人员40余人出席会议。

12月9日，九三学社中央副主席邵鸿在社中央机关会见了来访的全国妇联党组书记、副主席、书记处书记宋秀岩一行。邵鸿对宋秀岩一行的到来表示欢迎，对全国妇联长期以来对九三学社中央妇委会工作的关心和支持表示感谢。同时表示九三学社将一如既往地支持全国妇联的工作，进一步加强与全国妇联的沟通和交流，通过民主党派的渠道和九三学社中央妇委会的平台积极呼吁政府和社会更多的关注妇女问题。全国妇联、九三学社中央机关有关负责同志出席座谈会。

12月11日，九三学社中央第十二届妇女工作委员会第三次全体会议在北京铁道大厦举行。会议总结了2010年妇女工作委员会所做的各项工作，汇报了2010年妇委会重点课题调研及报告形成情况，研究通过了《职业招聘中性别歧视》调研及政策建议，讨论研究了妇委会2011年的工作重点。九三学社中央副主席邵鸿出席会议并讲话。邵鸿转达了韩启德主席对妇委会及全体成员的问候，高度肯定了妇委会过去一年所做的各项工作，表示新的一年里社中央将会加大对妇委会的支持力度，促进妇委会发挥应有的作用。会议由九三学社中央第十二届妇女工作委员会主任赵雯主持。

12月13日，“身边的榜样——树立和践行社会主义核心价值体系先进人物事迹报告会”在北京人民大会堂举行。报告会上，九三学社社员、联合国残疾人权利委员会副主席杨佳作为报告人之一介绍了自己的事迹，生动诠释了爱国、为民、敬业、奉献的崇高精神，充分展现了九三学社树立和践行社会主义核心价值体系活动开展以来所取得的重要成果。全国人大常委会副委员长，九三学社中央主席韩启德等出席会议。

12月23日，九三学社中央“产业自主创新座谈会”在北京交通大学举行。会议围绕“从首套国产轨道交通信号系统的研发应用看如何促进我国产业自主创新”进行了座谈。全国政协副主席、九三学社中央副主席王志珍出席会议并讲话。王志珍在讲话中指出，今年九三学社中央将促进产业自主创新作为研究重点，已在广东、湖北等地开展了系列调研，拟向中共中央提出建议，推动我国经济发展更多依靠科技创新驱动。王志珍指出，今年年底我国首条基于自主知识产权信号系统的轨道交通线——北京轨道交通亦庄线开通试运营，标志着我国自主创新的轨道交通信号系统将进入产业化阶段。该系统在产学研结合以及自主创新体制机制建设等方面对促进我国产业自主创新有很好的借鉴意义，值得及时总结和推广。座谈会由九三学社中央副主席赖明主持。

二、参政议政

2010年，九三学社深入贯彻落实科学发展观，紧紧抓住科学发展这个新时期参政议政的主题，围绕我国经济社会发展中的重大问题以及人民群众普遍关心的热点问题开展参政议政和民主监督，提出了不少有价值的意见和建议，取得较好成绩。

（一）努力提高高层政治协商建言议政质量

1月26日，全国政协副主席、九三学社中央副主席王志珍在北京出席中央纪委监察部召开的向党外人士通报党风廉政建设和反腐败工作情况会议，并代表九三学社中央发言。王志珍充分肯定了过去一年党风廉政建设和反腐败工作取得的成绩，并就推进反腐倡廉制度建设提出三点建议：第一，深化人大预算制度改革；第二，切实落实《政府信息公开条例》；第三，加快推进党政官员家庭财产申报制度实施。

1月29日，全国政协副主席、九三学社中央副主席王志珍在北京中南海出席国务院总理温家宝主持召开的征求各民主党派中央、全国工商联和无党派人士对政府工作报告修改意见的座谈会，并代表九三学社中央发言。王志珍认为，中共中央、国务院将加强和改善宏观调控与保持经济平稳较快发展、加快转变发展方式与调整经济结构、推进改革开放与协调政策措施、改善民生与促进社会和谐稳定结合起来，展现了驾驭复杂局面的高超能力。对政府工作报告，王志珍提出五点建议：第一，切实抓好科技重大专项的组织实施工作；第二，加强涉农投入的管理和监督；第三，大力推进小城镇发展；第四，完善政策，促进高校毕业生就业创业；第五，将优化收入分配作为重大的国家战略。

2 月 10 日，全国人大常委会副委员长、九三学社中央主席韩启德在北京中南海出席中共中央举行的党外人士迎春座谈会并代表九三学社中央就促进房地产健康发展发表意见和建议。韩启德说，在当前形势下，开征物业税，不仅是形成合理消费观念、稳定市场预期的要求，也是缓解买房难、买不起房的要求，更是稳定房地产市场、巩固国民经济回升向好的要求。韩启德认为，征收物业税的基础条件已经具备，应把握时机，尽快开征。韩启德就开征物业税提出如下建议：第一，强化研究，夯实基础；第二，循序渐进，分步实施；第三，制定应对风险预案；第四，严密程序，加强监督；第五，改善中央与地方财权、事权关系；第六，明确思路，加强宣传。全国政协副主席，九三学社中央副主席王志珍，九三学社中央原常务副主席王文元出席会议。

7 月 20 日，全国人大常委会副委员长、九三学社中央主席韩启德在北京中南海出席中共中央召开的党外人士座谈会，并代表九三学社中央就当前经济形势和下半年经济工作发表意见和建议。韩启德表示，九三学社赞同中央关于目前经济形势的判断以及工作部署。韩启德说，下半年我国经济变数增多，尤其是欧美经济走向复杂多变，将进一步加大调控的难度。我们既要保持宏观经济政策的连续性、稳定性，又要加快发展方式转变；既要增强宏观调控的针对性、灵活性，又要深化体制机制改革，解决发展中的深层次矛盾。韩启德就下半年经济工作提出四点建议：第一，标本兼治，着重解决突出问题；第二，全面总结，做好“十二五”规划；第三，深化改革，着力解决深层次矛盾。第四，整合资源，提高自主创新能力。全国政协副主席，九三学社中央副主席王志珍出席会议。

8 月 16 日，全国人大常委会副委员长、九三学社中央主席韩启德在北京中南海出席中共中央召开的党外人士座谈会，就《中共中央关于制定国民经济和社会发展第十二个五年规划的建议》征求意见稿发表意见和建议。韩启德说，“十二五”时期，是深化改革、转变发展方式的关键时期，也是国际政治经济格局变革的复杂时期，制定好“十二五”规划至关重要。韩启德就“十二五”规划提出如下建议：第一，全面总结“十一五”规划；第二，提高经济社会发展质量要求，并强化其约束性；第三，下定决心、循序渐进，深化重点领域、关键环节改革；第四，做好城镇化这篇大文章。全国政协副主席，九三学社中央副主席王志珍出席会议。

11 月 30 日，全国人大常委会副委员长、九三学社中央主席韩启德在北京中南海出席中共中央召开的党外人士座谈会，并代表九三学社中央就当前经济形势和明年经济工作发表意见和建议。韩启德表示，九三学社十分赞同中央关于重要战略机遇期的科学判断，赞同明年经济社会发展的总体部署。韩启德就明年经济工作提出三点建议：第一，长短结合，积极调整宏观经济结构；第二，标本兼治，深化行政管理体制改革；第三，营造环境，着力提高自主创新能力。全国政协副主席、九三学社中央副主席王志珍出席会议。

（二）深入开展专题调研

3 月 30 日—4 月 5 日，全国人大常委会副委员长、九三学社中央主席韩启德率九三学社中央调研组赴云南调研边疆少数民族地区发展及“九校楚”合作开展情况。韩启德在调研时指出，应从全局高度总结边疆民族地区发展的成功经验，进一步加大对少数民族地区的扶持，维护社会和谐稳定，促进区域经济社会均衡发展。就“九校楚合作”项目，韩启德指出，九三学社和云南农业大学要充分发挥智力、人才优势，全力支持楚雄州的发展，优先在绿色环保循环经济示范项目上取得突破，推动绿色食品加工、彝药产业加快发展，促进彝州科学发展。九三学社中央副主席赖明陪同调研。调研期间，九三学社中央、九三学社云南省委、云南农业大学还向旱灾地区楚雄市东华镇捐款20万元。

4月5日—10日，全国政协副主席、九三学社中央副主席王志珍率九三学社中央调研组赴广西就边疆少数民族地区发展问题进行调研。调研组一行听取了自治区领导就广西边疆少数民族地区经济社会发展情况的介绍。王志珍充分肯定了广西的经济建设和民族地区发展所取得的显著成绩。她表示，期望通过此次调研，从全局高度梳理和总结广西的基本做法和成功经验，在一些战略性、关键性的问题上，为加快边疆民族地区发展，为国家边疆稳定、民族繁荣贡献一份力量。九三学社中央副主席赖明等参加调研。

5月3日—10日，全国政协副主席、九三学社中央副主席王志珍率九三学社中央调研组赴四川、重庆就农产品深加工等内容进行调研。在分别听取了四川、重庆的汇报和专题座谈后，王志珍对四川、重庆在农产品加工方面的丰富实践和成功经验表示肯定。王志珍强调，农产品深加工做好了，对解决“三农”问题会有极大的帮助；要做好农产品深加工业，必须依托科技支撑，鼓励企业自主创新，要科技、创新“两手抓”；企业在一定科技实力的支持下，要积极发展高档次、高附加值的产品，提高国家竞争力，加快转变经济发展方式，提高农业现代化水平。九三学社中央副主席赖明等参加调研。

5月24日—28日，全国人大常委会副委员长、九三学社中央主席韩启德率九三学社中央调研组赴辽宁就“低碳经济与绿色建筑产业发展”课题调研。考察团听取了辽宁省政府、沈阳市和大连市发展绿色建筑的情况汇报，并进行了实地考察。韩启德在座谈中指出，此次调研重点集中在三个方面：一是如何创新发展体制机制，建立有效的政府激励和约束机制，完善推动绿色建筑政策法规体系和财政、税收和金融等方面的政策，解决绿色建筑的经济外部性问题；二是如何完善绿色建筑技术体系，需要创新集成哪些符合国情的先进适用的绿色低碳技术，包括如何推动高端绿色建筑材料、可再生能源、垃圾处理和绿色建筑装备及产品的生产等。三是如何培育绿色建筑产业，从绿色建筑的规划、设计、建造、运行管理全寿命周期培育和扶持绿色建筑产业的发展，形成与之相应的市场环境、投融资机制，带动绿色建材、节能环保和可再生能源等相关行业的发展。在调研基础上，九三学社中央向中共中央、国务院报送了《关于促进绿色建筑发展的调研报告》，温家宝、贾庆林、李克强等领导同志作出批示。

6月2日—4日，全国人大常委会副委员长、九三学社中央主席韩启德率九三学社中央调研组赴陕西调研，先后就打造川陕渝“西三角”经济区、城乡统筹与小城镇发展召开专题座谈会。九三学社中央副主席赖明等参加了调研。

7月12日—17日，全国政协副主席、九三学社中央副主席王志珍率九三学社中央调研组赴内蒙古自治区呼伦贝尔市就牧区生态建设问题进行调研。王志珍在调研中指出，我国草原生态环境加速恶化的趋势得到有效的遏止，但草原退化、沙化的现象依然十分严重，牧区生态环境不容乐观，而抓好牧区生态建设的关键是要充分调动牧民的积极性。因此，采取何种措施和模式增加针对牧民的牧区生态建设补贴，以实现生态保护和牧民增收的“双赢”是当前急需解决的重要问题。在调研基础上九三学社中央形成了《关于加强草原生态建设的调研报告》，对国务院制定草原牧区生态保护政策起到了积极作用，并得到回良玉同志的批示。

9 月 4 日—7 日，全国人大常委会副委员长、九三学社中央主席韩启德率九三学社中央调研组赴青海就“三江源生态保护”问题进行调研。九三学社中央副主席赖明参加调研。调研期间，韩启德听取了中共青海省委、省政府“三江源生态环境保护建设”情况汇报会，与专家和基层干部进行了座谈，并赴玉树地震灾区视察灾后重建及三江源生态保护情况。韩启德认为，三江源生态保护，必须以科学的态度，从国家经济社会发展和生态文明建设的高度，立足当前、兼顾长远，做好三江源生态保护和战略定位，统筹兼顾生态环境保护、民族文化传承、经济社会发展和民生改善等方面的工作。在调研基础上，九三学社以“直通车”建议形式报送了《关于三江源生态保护与建设调研报告》，报告得到了中共中央同志的批示。

10 月 26 日—11 月 1 日，全国政协副主席、九三学社中央副主席王志珍率九三学社中央调研组赴广东深圳、珠海和湖北武汉就“产业自主创新”问题进行调研。九三学社中央副主席冯培恩、赖明、马大龙参加调研。调研组分别在深圳、珠海和武汉召开了由当地有关政府部门和创新型企业参加的“产业自主创新”专题座谈会，听取了相关政府部门和企业关于产业自主创新的情况介绍，并与相关政府部门负责人和企业代表就自主创新当中遇到的主要问题和障碍及对策建议进行了座谈。

（三）在政协充分发挥作用

在全国政协十一届三次会议上，九三学社以社中央名义提交口头发言 9 篇、书面发言 11 篇，其中，《关于把握机遇，走中国特色的低碳发展道路的提案》被全国政协列为大会 1 号提案，由此掀起的“低碳热”在两会期间引起公众的广泛关注；《深化改革，进一步提高自主创新能力》和《加大行政信息公开与监督力度》两篇口头发言被全国政协选作大会发言；提交提案 39 件，占各民主党派中央和全国工商联提案总数的 15%；以九三学社界别名义提交提案 27 件，占界别、小组提案总数的 64.3%；委员联名提交提案 20 件。

3 月 4 日，九三学社中央在北京举行新闻发布会，全国政协常委、九三学社中央副主席赖明等就九三学社中央提交的《把握机遇　走中国特色的低碳发展道路》提案接受媒体联合采访。新华社、人民日报、人民政协报等 20 多家媒体记者参加了发布会。

会议期间，全国政协提案委员会先后就“加快经济发展方式转变，大力发展战略性新兴产业”和“实现国民收入分配合理化，促进社会和谐稳定”召开两次提案办理协商会。九三学社以社中央名义提交的《关于把握机遇，走中国特色的低碳发展道路的提案》和《关于优化国民收入分配结构，推动经济社会持续健康发展的建议》两件提案入选。同时，会上以九三学社中央名义提交的《关于采取有效措施应对贸易摩擦的提案》也入选了全国政协《重要提案摘报》，报送中办国办。会后又有九三学社中央名义提案《关于深化宏观科技管理体制改革的建议》等 13 件提案入选全国政协重点提案，对相关政策的制定和完善起到了促进和推动作用。中共中央组织部还专门就九三学社提出的《关于进一步改进“千人计划”的提案》召开提案办理座谈会。

（四）信息工作效果良好

2010 年，九三学社中央围绕党和国家重大决策出台前后以及实施过程的情况和问题，围绕经济社会发展过程中出现的热点、难点问题，围绕事关发展、稳定大局的情况，围绕广大社员及所联系的各界群众带有普遍性、倾向性的情况和问题，努力建睿智之言，献务实之策，从近 2000 篇来稿中采编形成《九三信息》、《九三信息专报》，向全国政协、中央统战部等部门报送了 448 篇有情况、有分析、有建议、质量较高的社情民意信息，产生了良好的社会效益和参政议政效果，部分信息得到中央统战部、全国政协、国家有关部门的高度重视。1 月 5 日，《人民政协报》头版头条用“九三学社信息工作成绩斐然”的题目对九三学社信息工作进行了报道。

2010 年九三学社信息工作还进行了一些新的尝试，如信息与调研紧密结合，在调研中走进社会，从实践中获取第一手材料；信息工作与参政议政工作会议相结合，加强提案与信息的相互转化；进一步改进和完善信息表彰奖励办法等，通过创新进一步提高了信息工作的活力。

（五）民主监督工作有所作为

2010 年，九三学社中央高度重视履行民主监督职能，并在实践中将参政议政、自身建设与民主监督紧密结合，通过高层协商、“直通车”建议、政协提案议案、“九三信息”，以及反映社员诉求、维护社员利益等方式来实现民主监督。

在全国政协十一届三次会议上，九三学社提交的相关提案对我国的宏观科技管理体制、行政信息公开制度和高校行政化等问题提出批评，得到提案承办单位的高度重视。九三学社社员提交的相关信息，就当前各地村镇银行建设、国内灾害保险补偿模式中存在的弊病提出批评和建议，得到国家领导人的重视和批示。九三学社担任各级特约监督员、监察员、检察员、审计员和教育监督员的同志，以高度的政治责任感，认真参加有关执法检查和执法监督工作，参与有关法律法规制定的研究，参与对重大案情的调查，充分发挥了特约人员作用。九三学社中央积极发挥桥梁纽带作用，累计处理各类社员来信来访（来电）400 余人次。向最高人民法院、最高人民检察院及其他相关部委、地方省级组织转移信访件 20 余件，不少损害社员权益的案件得到了较好解决。通过接待来信来访，九三学社中央将社员的合法合理诉求向有关部门反映，既维护了所联系群体的利益，也履行了民主监督职能。

（六）加强港澳台和海外联络工作，为扩大爱国统一战线做贡献

2010 年，九三学社中央加强与中国科协、欧美同学会等团体的合作，为扩大爱国统一战线做了很多有益工作。

3 月 22 日—29 日，应台湾辅仁大学应用统计所、中华资料采矿协会邀请，九三学社中央副主席贺铿于率团赴台参加两岸应用统计实务座谈会，并开展两岸文化交流活动。在两岸应用统计实务座谈会上，贺铿介绍了此次赴台参访交流的目的及大陆应用统计发展现况。代表团一行还先后与台北县政府及主计处、台东县议会、台东县主计处、高雄致远管理学院、台东大学、台酒公司等机构、组织和一些个人进行了接触与交流，向他们介绍了

大陆政党制度以及经济、教育、科技、文化发展等方面的情况。通过交流，双方互通了信息，加深了了解，结交了朋友，增进了友谊。在台期间，贺铿还拜会了国民党荣誉主席连战。湖南省统计局、湖南省岳阳市、湖南大学、成都信息工程学院及九三学社中央的有关同志随团访台。

5 月 15 日—25 日，应印度统计和计划实施部中央统计局、印度尼西亚中央统计局的邀请，九三学社中央副主席贺铿率团对印度、印度尼西亚进行了考察访问，就两国的人口统计调查制度与城市化进程相关问题进行考察和交流。在印度中央统计局，贺铿与印度中央统计局局长就人口统计调查制度、印度农村人口转移、统计上判断农民的标准、印度统计学院的师资和学员情况等问题进行了深入探讨。在印度城市发展部，双方探讨了劳动力转移过程中城市压力的解决、耕地占用等中印共同面对的问题，贺铿介绍了中国的城市化情况。在印度国家抽样调查办公室，考察团深入了解了调查数据中印度的收入分配情况、人口普查的登记标准、普查员的培训、交流了中印两国住户调查的方式方法异同，并对当前社会经济的有关数据进行了分析。在印度尼西亚，考察团走访了印度尼西亚中央统计局等部门，并与印尼中央统计局相关负责人进行会谈。考察团了解了印尼国家发展中贫富差距的情况及政府对缩小差距采取的措施，交流了贫困的标准和各自城市化率情况，探讨了如何区分和界定城市人口和农村人口等人口调查的方式方法。双方还就工业化和农村劳动力转移的城市化过程中的城市住房、社会分配情况、政府对教育的投入等问题进行了交流。九三学社中央机关、九三学社安徽省委等有关负责同志等陪同考察。

三、社会服务

2010 年，九三学社社会服务工作坚持围绕中心、服务大局，不断努力创新社会服务工作新形式、新内容，在九地合作、支边扶贫、九三论坛、亮康行动、“百名专家进乡村入学堂”、“多党合作社会主义新农村建设”等方面做了大量有益的工作。

（一）“九地合作”从内容到形式不断延伸

据统计，已有 21 个九三学社省级组织与 50 多个地方政府开展“九地合作”，社会影响不断扩大，合作内容更加具体。

3 月 15 日—21 日，九三学社中央原副主席洪绂曾率团赴四川省绵阳、广元、南充、自贡等市考察“九地合作”项目及“新农村建设”农业示范点。在考察中，洪绂曾指出，农业发展前景广阔，各级政府和相关部门应多吸引懂技术、有勇气的大学生投身到农业生产当中，大力培养人才，建立园区和企业发展的长效机制，进一步加大对农产品的深加工，提高产品附加值，促进农业发展、农民增收。

4 月 1 日—5 日，九三学社中央副主席贺铿率九三学社中央院士专家组赴湖北省潜江市、黄石市，就地方经济转型升级、区域经济发展、编制“十二五”规划等问题进行调研，问诊把脉，建言献策，受到地方政府的高度重视。

4 月 15 日，九三学社“沪豫科技合作”项目第二次商洽会在上海召开。会上，沪豫两地相关专家二十余人开展了多个科技合作项目的洽谈。九三学社上海市委与河南省委自2008年9月签订“沪豫科技合作协议”后，于2009年3月在上海举办九三学社“沪豫科技合作”项目首届商洽会，并于2009年7月在河南鹤壁市举行了九三学社“沪豫科技合作”项目启动仪式，上海的10位专家与对口单位签定了合作框架协议，使“沪豫科技合作”工作有了实质性的进展。此次通过商洽，双方进一步达成共识，及时沟通合作进展情况，互通进展信息，共同做好跟踪服务工作。

5月13日，九三学社“晋豫合作”签字仪式在河北唐山举行。九三学社中央主席韩启德出席签字仪式并讲话。九三学社中央副主席冯培恩、邵鸿、张桃林、赖明等出席签字仪式。签字仪式由九三学社中央副主席贺铿主持。韩启德首先对“晋豫合作”协议的签署表示热烈的祝贺。他说，“晋豫合作”是九三学社开展省际合作的又一重要举措，合作模式很有特点，是九三学社开展社会服务工作的一种新形式。希望合作双方能够认真落实好协议内容，找准着力点，发挥各自优势，服务于两省经济社会发展。“晋豫合作”是九三学社山西、河南两省省委，为充分发挥晋豫两省地域优势，有效整合和实现社内资源共享，促进自身建设和“九地合作”工作向深层次发展，更好地服务两地经济社会发展，双方将在农业产业化和新农村建设等方面，开展发展战略论证、人才培训、科技成果转化和科技普及等合作。

7月，九三学社中央帮助四川地震灾区灾后恢复重建的项目之一——德阳什邡市南泉镇农村新能源项目全面完成。九三学社帮扶德阳什邡市南泉镇农村新能源项目验收组根据《九三学社帮扶德阳什邡市南泉镇农村新能源项目协议书》，对“九三学社帮扶德阳什邡市南泉镇农村新能源项目”作了竣工验收。

8月19日，九三学社“晋豫合作”项目签约仪式在河南煤化集团隆重举行。签约仪式后，晋豫双方就进一步加强合作等有关问题达成了共识。

8月22日，九三学社辽宁省委和朝阳市政府联合召开加强“九地合作”促进朝阳酒葡萄产业发展研讨会。九三学社辽宁省委相关领导，辽宁省发改委、林业厅、农委等相关部门负责人和省内科研院所专家共同为朝阳市酒葡萄产业发展建言献策。

8月30日，九三学社中央副主席贺铿在机关会见了中共娄底市委负责人一行，并就九娄合作问题进行了座谈。贺铿说，九地合作要做好，关键在于负责的同志是否有责任心在做。目前全国开展的九地合作项目不少，一些地方工作开展的不错，主要原因在三个方面：一是当地党政领导的积极性高，二是当地九三省委工作得力，三是合作切入点找得准。关于开展九娄合作的合作项目，要继续精选，“先易后难”，要充分突出双方的优势，定好位。九三学社中央将尽力为娄底市的发展提供相关的支持。九三学社中央有关同志参加会见。

（二）扶贫工作向深层次发展

4月6日—8日，九三学社中央副主席贺铿率九三学社中央及九三学社上海、河北、广东、浙江、江苏、福建6省市委主要领导在威宁自治县对口帮扶乡镇考察调研，并出席九三学社中央赴毕节试验区威宁县对口帮扶座谈会暨抗旱救灾捐赠仪式。贺铿代表九三学社向威宁自治县捐赠了27万元（其中九三学社贵州省委3万元）抗旱救灾款。会上，九三学社6省市委领导与对口帮扶乡镇签订了对口帮扶工作协议书。截至2010年底，九三学社浙江、江苏、广东、上海等省级社组织已多次赴对口乡镇考察调研，开展中药材和经果林种植、产业结构调整、土壤分析、师资培训、城镇规划等方面的工作，并捐赠现金10万元，物品价值1.35万元。

6月11日，九三学社中央向威宁县五里岗中学捐款10万元，九三学社贵州省委捐助试卷速印机一台和文化部三下乡图书1000余册，并协调贵州省教育厅解决20万元的办学经费改善该校办学条件。此外，还协调九三学社广东省委向炉山一中捐款10万元，用于学校多媒体教室的建设。

10月，九三学社贵州省委调研组到毕节试验区威宁县进行考察调研，并决定将该县草海镇大马城村确定为九三学社贵州省委新农村建设援建点，捐赠20万元，同时，支持九三学社毕节地区工委5万元用于大马城村5户农户“黔西北民居”房屋改造工程。九三学社还在威宁启动了“九三支教团”，支教团将利用半年时间，邀请来自北京、上海等发达地区以及毕节地区的教师赴威宁进行不定期的教师培训活动，以提升教师的教育教学能力和水平。

2010年，九三学社四川省委和广西区委分别为广元市旺苍县和百色市凌云县、乐业县争取各方支持380万元和60万元，帮助发展教育事业和农民致富产业，并组织专家为三县经济发展出谋划策。

（三）“九三论坛”影响日益扩大

4月16日—18日，由九三学社中央主办、九三学社成都市委承办的“2010彭州论坛——感恩暨灾后科学重建”会议在四川彭州举行。论坛邀请了在抗震救灾中给予成都大力支持和援助捐助的全国14个省、市的九三学社组织，以及成都市的对口援建省市的九三学社组织参加会议，向他们表达成都人民对他们的感恩之情，向他们展示成都灾后科学重建所取得的伟大成就；论坛深入探讨了持续援建的问题，并向来宾们宣传成都建设“世界现代田园城市”的宏伟蓝图。九三学社中央副主席贺铿出席论坛。

6月29日，第三届“江苏九三论坛”在江苏省淮安市举行。九三学社中央副主席贺铿出席论坛并致辞。贺铿首先对论坛的举行表示祝贺，并代表九三学社中央主席韩启德对与会社员、专家表示了慰问。随后，还向与会人员作了题为《后危机时代的经济问题与转变经济发展方式》的主题报告。贺铿先后从“后危机时代如何总结经验教训”、“宏观调控的主要任务”、“当前热点问题”（通货膨胀、房地产、外贸与人民币汇率）、“转变经济发展方式”等四个方面阐述了自己的观点，并针对当前热点房价问题提出了解决方案，如政府可参照所得税开征房产税以打击房地产投机，同时加大廉租房建设，保障“居者有其所”。

11月2日，第五届九三论坛在江苏省徐州市开幕。全国政协副主席、九三学社中央副主席王志珍出席开幕式并讲话。王志珍指出，加快转变经济发展方式是我国经济领域的一场深刻变革，关系到改革开放和社会主义现代化建设全局。中共十七届五中全会审议通过的“十二五”规划建议在提出要以科学发展为主题的同时明确提出，制定“十二五”规划要以加快转变经济发展方式为主线。作为参政党，围绕中心、服务大局、积极开展工作是九三学社的职责和任务。九三学社各级组织和全体社员要紧密结合自身的优势和特点，在加快转变经济发展方式的历史进程中，努力研究问题、积极参政议政，履行好职能，发挥好作用。本届九三论坛以“转变经济发展方式刻不容缓”为主题，旨在学习贯彻十七届五中全会精神，并结合当前国内国际经济形势大局，集思广益，从多角度切入，积极建言献策，为经济社会发展服务。论坛共收到论文279篇，经筛选采用138篇并结集出版。九三学社中央原副主席洪绂曾，江苏省政协副主席、九三学社江苏省委主委许仲梓等领导以及来自九三学社各级组织的社员及相关领域的专家学者近200人参加论坛。

11月29日，九三学社中央与重庆市人民政府在万州联合主办“古红桔产业论坛”。论坛主题是“振兴传统产业与移民致富”。九三学社中央副主席、九三学社重庆市委主委、重庆市政府副市长谢小军主持论坛开幕式。九三学社中央原副主席洪绂曾主持论坛，九三学社中央副主席赖明出席论坛并代表九三学社中央致辞。赖明指出，论坛以振兴万州古红桔产业为主题，旨在充分利用万州红桔种植历史悠久、品质名扬四海、自然条件良好、市场前景广阔的优势，进一步推进红桔产业的持续发展和深度开发，力争把红桔培育成为当地移民增收致富的支柱产业。希望通过此次论坛，推动库区和移民安置地积极挖掘当地优势资源，因地制宜探索发展，走出各具特色的移民致富奔小康的可持续发展道路。同时，也希望吸引更多的企业家来支持库区和移民安置地的经济社会发展，帮助移民提高生活水平。

（三）“亮康行动”、“百名专家进乡村入学堂”、“多党合作社会主义新农村建设”等活动顺利开展

6月10日—14日，九三学社中央副主席邵鸿在贵州省威宁县出席九三学社“亮康行动”威宁行（2010）启动仪式。邵鸿在启动仪式上说，要让这项行动起到“复明一个人，幸福一家人”的良好作用，并使之成为我国扶贫助残、防盲治盲事业的一个组成部分，从而为建设社会主义和谐社会作出贡献。

6月中下旬，九三学社中央组织山东、河北两支医疗队赴贵州省威宁县实施大规模“亮康行动”，免费为948例贫困白内障患者实施复明手术，无一例失败或不良反应。7月下旬，两医疗队又分赴内蒙古、青海少数民族地区，免费为109名贫困白内障患者实施复明手术。九三学社广东省委组织专家赴河源市为贫困白内障患者实施复明手术，共完成100例。全年“亮康行动”累计完成贫困白内障患者复明手术1158例，产生了广泛影响，取得了良好的社会效益。

2010年，九三学社25个省级组织参与“百名专家进乡村入学堂”活动，共组织各类送科技、讲科普活动近3000次，受益群众达52万多人次。各地在开展这项活动过程中不断摸索，使活动内容不断扩展延伸。九三学社江苏省委在全省范围内建立了21个“九三专家工作站”；上半年，九三学社北京市委会启动了“科技服务直通车”活动；10月，九三学社上海市委会启动了“科普之旅”活动；11月，九三学社山东省委在临沂市启动“百名专家企业行”活动，组织院士、专家深入企业开展技术咨询、技术服务、学术交流、科学普及等活动，为企业发展搭建科技服务桥梁。

九三学社开展的“多党合作社会主义新农村建设”试点工作成效显著。北京市“苹果、樱桃优质高效栽培示范村建设与推广应用”项目带动了周边果农新技术的普及与推广；重庆市万州区五土村实施的红桔园改造等项目，带动资金500多万元，红桔改造项目扩大到15000亩；贵州省安顺市张家寨村通过发展茶产业有效带动了农民致富增收；河南漯河市坡高村采取优化种植结构、发展养殖业，使农业大幅增效；湖北黄石市南山村发展了波尔多羊种羊养殖、引进种植日本甜柿，实现农民人均增收800元；黑龙江省兰西县新阳村实施的150亩“盐碱地改良天然草原封区育草”试验项目取得了预期效果，改善了草原生态环境。10月下旬，九三学社中央在京召开“多党合作新农村建设试点”交流会，对进一步做好“多党合作新农村建设试点”工作进行了研究和部署。

四、自身建设

2010年，九三学社以树立和践行社会主义核心价值体系为引领，结合学习贯彻全国“两会”精神、纪念建社65周年、学习中共十七届五中全会精神等重要活动，不断加强思想建设、组织建设和机关建设，成效显著。

（一）思想建设

1月7日，九三学社中央发出《关于征集“九三学社树立和践行社会主义核心价值体系研讨会”论文的通知》，在全社范围内开展九三学社树立和践行社会主义核心价值体系征文活动，共收到论文261篇。

1月9日，九三学社中央思想建设研究中心召开会议，总结部署工作。会议决定以研究如何树立和践行社会主义核心价值体系为全年工作重点，调查研究社员思想动态，为九三学社“强身健体”提供建议。九三学社中央副主席贺铿参加会议并讲话。贺铿说，要将老一辈优秀社员做人、做事、做科学研究的精神传承下去，弘扬九三学社优良传统，树立正确的人生观、价值观。他要求认真调查研究社员思想动态，了解社员在想什么，对重大问题的倾向如何。

3月23日，九三学社中央研究室在机关召开第三次“社会主义核心价值体系”理论研讨会。九三学社中央副主席邵鸿出席研讨会并讲话。邵鸿认为，社会主义核心价值体系可以概括为40个字：实事求是，以人为本，共同富裕，公平正义，爱国奉献，与时俱进，艰苦奋斗，崇尚科学，诚实守信，团结和谐。研讨会上，与会人员围绕着“九三学社树立和践行社会主义核心价值体系的着力点”的主题先后发言，畅抒己见。

4月1日，九三学社中央研究室在机关召开第四次“社会主义核心价值体系”理论研讨会。九三学社中央副主席邵鸿出席研讨会。研讨会上，10余位与会同志先后围绕“九三学社树立和践行社会主义核心价值体系的着力点”，结合普世价值、对马克思主义和中国特色社会主义的认识、个人的亲身经历、关于社会主义核心价值体系的认识误区等方面，畅谈了自己对社会主义核心价值体系的体会和看法。在认真听取了大家发言后，邵鸿作了重要讲话。邵鸿说，今天有三个突出感受，一是感觉在今天的研讨会上大家畅所欲言，实实在在，说自己想说的话，有交流、有讨论，气氛很好；二是感觉今天的会议体现了较高的水平，与会同志都进行了精心的准备；三是感觉听了大家的发言深有启发，很有收获。邵鸿针对大家的研讨提出了三个问题：一是怎么把社会主义核心价值体系说得更明白？二是怎么更自觉的来树立和践行社会主义核心价值体系？三是作为九三学社中央机关，究竟应该怎么做？邵鸿表示，希望大家今后进一步思考这三个问题，继续深入对社会主义核心价值体系的学习和研究。

4月6日—17日，九三学社中央研究室组成专题调研组赴广东和广西等地，通过召开地方和基层组织社员座谈会、个别交谈等形式，深入了解社员对社会主义核心价值体系的认识情况，掌握了大量的第一手资料。

4月26日，九三学社中央研究室在机关召开第五次"社会主义核心价值体系"理论研讨会，研讨主题是"如何结合工作实际树立和践行社会主义核心价值体系"。九三学社中央副主席邵鸿出席研讨会。邵鸿说，树立和践行社会主义核心价值体系，从机关的角度来讲有三件事是最重要的：一是创新活动方式；二是加强制度建设；三是进一步加强对领导干部的要求。树立和践行社会主义核心价值体系，从个人的角度来讲要做到以下几点：一是敬业勤思，做好本职工作；二是是非分明，弘扬正气；三是努力学习，提升品味。

4月29日，九三学社树立与践行社会主义核心价值体系西南片区研讨会于在四川省巴中市举行。会议由九三学社四川省委和九三学社中央研究室共同主办。九三学社中央副主席邵鸿出席研讨会并讲话。邵鸿指出，在开展树立和践行社会主义核心价值体系活动中，需要注意以下几点：首先是要有好的计划和主题，明确需要着力解决的问题，以有利于活动开展，保障活动成效；其次，各级组织的领导是关键，要在活动中有所作为，做先行者；第三是必须与各项社务工作尤其是履行参政议政、社会服务等职能相结合；第四是要充分依靠和借重统战部和地方党委的支持。来自广西、云南、贵州、陕西和重庆以及省内各市级九三学社组织的领导和部分论文作者参加了研讨会。

5月6日—7日，九三学社树立和践行社会主义核心价值体系研讨会在天津召开。会议认真学习贯彻胡锦涛同志在今年党外人士迎春座谈会上的重要讲话精神，深入研讨在全社树立和践行社会主义核心价值体系的重要意义、科学内涵和实践要求，探讨用社会主义核心价值体系作为精神引领、增强思想建设吸引力凝聚力的有效途径。九三学社中央副主席贺铿出席会议并讲话。贺铿指出，树立和践行社会主义核心价值体系，是着眼于多党合作和九三学社事业持续健康发展的基础工程，是积极应对国际国内形势发展变化，增强中国特色社会主义理论吸引力和凝聚力的重要抓手，是深化坚持中国特色社会主义道路主题学习教育活动的重要举措。与会人员围绕九三学社核心价值观与九三学社历史及其爱国民主科学优良传统的关系，树立和践行社会主义核心价值体系与九三学社思想建设、组织建设、参政党文化建设的关系做主题发言。九三学社中央宣传部、研究室有关人员，九三学社中央思想建设研究中心部分研究员，部分参会论文作者、九三学社省级组织宣传部门负责人等近80人出席会议。

8月11日，社会主义核心价值体系学与行电视电话报告会在北京举行。全国人大常委会副委员长、九三学社中央主席韩启德出席会议，九三学社中央副主席邵鸿在会上做报告。邵鸿在报告中介绍了九三学社树立和践行社会主义核心价值体系的基本情况、主要特点和下一步的工作考虑。邵鸿表示，九三学社将在中共中央统战部和各级中共党委统战部的指导帮助下，认真学习借鉴各兄弟民主党派的作法和经验，切实抓好方案的贯彻落实，努力使九三学社树立和践行核心价值体系取得更显著的成绩。

（二）组织建设

2010 年，九三学社中央高度重视届中调整工作，加强与各省级组织的沟通和联系，严格按程序办事，制定周密的届中调整工作方案。结合各省级组织届中调整和 2012 年换届工作的实际情况，对领导班子成员的提名年龄进行了测算分析，就贯彻落实领导干部任期制问题进行了调查研究，为做好省级组织的届中调整工作奠定了基础。在广泛调研的基础上，制定下发了《九三学社中央关于加强基层组织建设的意见》。

6 月 26 日—27 日，九三学社中央在河南登封召开了组织工作研讨会。九三学社中央副主席邵鸿出席会议并讲话。全国 30 个省级组织的副主委、组织部门负责人和社中央组织部约 60 余人参加会议。会议对九三学社地方组织领导的任期制、省辖市级组织的建立及规划以及如何加强社内监督等问题进行了研讨，并对全社组织工作的重点作了安排部署。

7 月 5 日—12 日，第三期民主党派中青年干部多党合作专题研究班在中央社会主义学院举办。全国人大常委会副委员长、九三学社中央主席韩启德出席开学典礼并作重要讲话。韩启德说，此次专题研讨班的举办，对坚定民主党派成员走中国特色社会主义道路的信念，坚持中国共产党领导的多党合作和政治协商制度，提高民主党派参政议政的水平，加快民主党派中青年干部的成长，具有积极的推动作用，是非常必要的。培训期间，韩启德还专程参加了学员的分组讨论并就树立和践行社会主义核心价值体系、加强自身建设提高参政议政能力和水平与学员进行座谈。九三学社中央原常务副主席陈抗甫、副主席邵鸿、赖明先后就提高合作共事能力、加强社史学习和研究、提高参政议政能力和水平等专题为进行授课辅导。九三学社中央副主席邵鸿作为专题研究班班主任参加了全程的学习。此次专题研究班为期 6 天，由中央统战部和有关党派中央联合举办。参加本期研究班的九三学社学员共 38 人。

九三学社中央监督委员会在中央委员会领导和地方组织支持下，深入调查研究，完善规章制度，指导成立机构，积极探索监督机制。制定下发了《九三学社中央关于地方组织建立健全领导班子谈心会制度的意见》。

9 月 16 日—18 日，九三学社中央监督委员会在江苏南京召开内部监督理论研讨会。会议是在九三学社“参政党内部监督理论的探索和研究”征文活动的基础上召开的，也是九三学社中央监督委员会成立以来第一次全国性理论研讨会。九三学社中央副主席、中央监督委员会副主任邵鸿出席会议并讲话。邵鸿指出，当前社内监督工作开展主要面临着监督意识淡薄，认识模糊；监督机制缺失，措施办法少，制度不完善等问题。会议期间，九三学社中央监督委员会向会议通报了社中央近年来内部监督工作情况；九三学社辽宁省委等六个省级组织专职副主委在会议上分别介绍了本省开展内部监督工作的做法；论文作者分别在大会和分组会做了交流发言。

截至 2010 年 12 月 31 日，九三学社社员总人数已达 125122 人，平均年龄 54.14 岁，其中女社员占 38.64%，离退休社员占 39.04%，大学以上学历占 92.93%，高级职称占 59.95%。共拥有 30 个省级组织，280 个省辖市级组织，28 个县级市组织，4979 个基层组织。

社员中担任各级人大代表的共有1880人。其中全国人大常委会副委员长1人，常委5人，代表57人；省级人大常委会副主任1人，常委41人，代表253人；市级人大常委会副主任72人，常委194人，代表620人；县级人大常委会副主任66人，常委131人，代表439人；

社员中担任各级政协委员的共有9034人。其中全国政协副主席1人，常委22人，委员86人；省级政协副主席19人，常委240人，委员779人；市级政协副主席163人，常委1038人，委员3250人；县级政协副主席201人，常委941人，委员2294人。

社员中担任县处级以上政府及司法机关领导职务的共有803人。其中在中央政府及司法机关担任领导职务的部级1人，司局级4人；在地方政府及司法机关担任领导职务的省级5人，厅局级83人，地市级57人，县处级653人。

社员中担任各级各类特约人员的共有2000余人，其中国家各部委特约人员14人。

（三）机关建设

九三学社机关建设呈现出稳步发展的态势。加强和完善了中央机关规范化建设。明确了中央机关各部门工作职责，修订和印发了九三学社中央机关公文处理、报刊图书、文印，印章和介绍信使用管理，上网稿件审批，文书档案，丧事办理等7个制度文件。继续贯彻《九三学社中央关于机关干部挂职锻炼工作的实施意见（试行）》精神，选派干部到基层挂职锻炼，启动了机关干部社内挂职锻炼工作。认真按照《公务员法》的要求，结合实际，制定了九三学社中央机关公务员调任、任职定级、职务任免与职务升降、考核和奖励等有关规定，进一步规范了公务员管理工作。加强了九三学社中央电子邮件系统建设，为九三学社中央委员、省级组织、中央机关各部门及工作人员等提供公务电子邮件服务。制定了《九三学社中央国际互联网电子邮件系统使用管理规定》。

4月上旬，九三学社中央办公厅调研组赴安徽省、湖南省及所属8个市级组织调研机关建设工作。调研组通过认真听取机关建设工作情况介绍，了解两省及市级组织机关领导班子结构、人员编制和配置、缺编情况，机关建设中存在的主要问题和突出困难，察看了机关办公条件，收集了经验做法及意见建议，并与机关工作人员进行了交流和座谈。

8月12日—13日，九三学社全国机关建设工作会议在黑龙江哈尔滨市召开。会议的主要任务是：认真学习贯彻中共十七届四中全会和九三学社中央十一次常委会精神，总结交流机关建设工作经验，分析九三学社机关建设的现状和面临的主要问题，研讨《九三学社中央关于加强机关建设的意见》（讨论稿），进一步推动和加强社机关建设。九三学社中央副主席邵鸿出席会议并讲话。邵鸿在会上强调，重视和加强机关建设，既是贯彻落实《中共中央关于进一步加强中国共产党领导的多党合作和政治协商制度的意见》和《公务员法》的重要措施，也是充分发挥机关职能作用的必然要求。针对当前九三学社机关工作和建设中存在的矛盾和问题，必须切实抓好6个方面的工作：坚持把思想建设放在首位，认真开展树立和践行社会主义核心价值体系活动；开动脑筋，下大力气破解人员经费难题；持之以恒，抓好机关各项制度的完善和落实；多策并举，努力建设高素质的机关干部队伍；坚持标准，着力抓好机关的学习和作风建设；以人为本，进一步改善机关工作和生活条件。北京等11个省级和副省级组织的代表在会上作了交流发言，其他省级和副省级组织作书面交流发言。与会代表分组对《九三学社中央关于加强机关建设的意见》（讨论稿）等内容进行了讨论，提出了修改意见和建议。会议邀请了国家行政学院理论研究室主任李拓教授作题为《提升执行力，打造高绩效团队》的报告。来自全国九三学社省级和副省级组织机关专职负责人，九三学社中央办公厅及各处（室）负责同志共80余人出席会议。

着重抓好机关干部政治理论及业务知识学习培训，坚持办好“九三讲堂”，不断推进学习型机关建设。5月12日，北京大学中国经济研究中心主任、央行货币政策委员会委员周其仁为在唐山出席九三学社中央十二届十一次常委会的九三学社中央常委作题为《全球大势与中国机会》的报告。8月27日，国务院新闻办公室互联网新闻研究中心主任、网络局副局长刘正荣作客九三讲堂，作《新信息环境下的挑战与应对》报告。10月26日，中国科学院大气物理所研究员、中国科学探险协会主席高登义作客九三讲堂，作题为《地球三极变化与可持续发展》报告。12月23日，国防大学教授、军事史专家徐焰少将作客九三讲堂，作《我国的国防建设历程和安全环境》报告。

乔发进　九三学社中央研究室综合处副处长

台湾民主自治同盟

2010 年是我国继续应对国际金融危机、保持经济平稳较快发展的关键一年，是全面实现“十一五”规划目标、为“十二五”规划开局打好基础的一年。一年来，面对深刻复杂变化的国内外形势，中国共产党团结带领全国各族人民，巩固和发展应对国际金融危机冲击的成果，着力保障和改善民生，成功举办上海世博会、广州亚运会，胜利召开中共十七届五中全会，推动国家各项事业取得新的显著进展。

台盟作为参政党，一年来，围绕中心、服务大局，积极参与国家政治生活。在中国共产党的领导下，台盟八届中央常务委员会高举中国特色社会主义伟大旗帜，坚持以邓小平理论和“三个代表”重要思想为指导，深入学习贯彻科学发展观，团结带领全体盟员及所联系的台胞，认真履行参政党职能，圆满完成了台盟八届三中全会提出的各项任务，各方面工作都取得了新的成绩。

一、重要会议及活动

（一）第八届中央委员会第四次全体会议

12 月 6 日，台湾民主自治同盟第八届中央委员会第四次全体会议在北京召开。全国政协副主席、台盟中央主席林文漪出席会议并代表第八届中央常务委员会作工作报告。

报告指出，2010 年是我国继续应对国际金融危机、保持经济平稳较快发展，全面实现“十一五”规划目标，为“十二五”规划开局打好基础的关键一年。一年来，台盟围绕中心、服务大局，重点围绕国家区域经济发展战略和两岸经贸文化交流等全局性问题提出政策建议，认真履行参政党职能；以推动两岸专业领域合作为重点，举办主题鲜明的交流活动，积极推动两岸大交流、大合作；把深入开展社会主义核心价值体系活动与切实加强自身建设紧密结合，广大盟员进一步增强了坚持中国共产党领导，坚定走中国特色社会主义政治道路的决心与信念。圆满完成了台盟八届三中全会确立的各项任务，各方面工作都取得了新的进展。

2011 年是全面实施“十二五”规划的开局之年。报告要求，全盟要把深入学习贯彻中共十七届五中全会精神作为当前和今后一个时期的重要政治任务，切实以全会精神武装头脑、指导实践、推动工作；要突出科学发展的主题，围绕促进经济发展方式转变的主线，找准参政议政的切入点和着力点，为实现“十二五”规划提出的宏伟目标发挥积极作用；要按照“十二五”规划制定的对台工作部署，充分发挥台盟与台湾同胞联系广泛的优势，致力于推动两岸经贸合作和文化交流，为两岸关系和平发展作出新贡献；要继续深入开展树立和践行社会主义核心价值体系活动，不断加强参政党思想、组织和制度建设，努力提高履行参政党职能的能力和水平。

报告号召，全盟要紧密团结在以胡锦涛同志为总书记的中共中央周围，高举中国特色社会主义伟大旗帜，以邓小平理论和“三个代表”重要思想为指导，深入学习贯彻科学发展观，团结奋进、开拓创新，为实现祖国和平统一和全面建设小康社会的宏伟目标而努力奋斗。

台盟中央常务副主席汪毅夫，副主席吴国祯、陈蔚文、杨健、黄志贤，秘书长张宁出席会议，台盟中央各专门工作委员会主任及机关各部门负责人列席会议。

（二）中央常务委员会会议

1. 八届十次中常会

3 月 11 日，台湾民主自治同盟第八届中央常务委员会第十次全体会议在北京会议中心召开。会议学习了十一届全国人大三次会议、全国政协十一届三次会议精神和近期高层协商会议上中共中央领导同志的讲话精神，研究了关于开展“树立和践行社会主义核心价值体系”活动的有关工作，审议通过了《台盟中央 2010 年工作要点》。全国政协副主席、台盟中央主席林文漪主持会议。

台盟中央常务副主席汪毅夫，副主席陈蔚文、杨健、黄志贤，秘书长张宁及台盟八届中央常务委员出席了会议。台盟中央各专门委员会主任、机关各部门负责人及部分地方组织负责人列席会议。

2. 八届十一次中常会

6 月 29 日—30 日，台湾民主自治同盟第八届中央常务委员会第十一次全体会议在辽宁省沈阳市召开。全国政协副主席、台盟中央主席林文漪出席会议并讲话。

台盟中央常务副主席汪毅夫向常委会报告台盟中央二季度工作，副主席黄志贤报告了台盟宣传思想工作会议情况和前一阶段全盟开展树立和践行社会主义核心价值体系活动的进展。常委们围绕深入开展树立和践行社会主义核心价值体系活动和进一步推动对台交流工作进行了研讨。

林文漪在讲话中表示，台盟的参政议政工作一定要围绕国家的中心工作开展。在多边协作、整体推进的基础上，进一步创新和完善工作机制，为促进经济发展方式转变、促进社会和谐，为“十二五规划”的制定积极建言献策，尽参政党的责任。

林文漪要求全盟按照中央部署，协助国家有关部门进一步推动两岸经济文化的交流与合作。一方面围绕两岸商签经济合作框架协议的新形势，协助推动台资进一步融入大陆市场；另一方面，继续以世博会、闽南文化、民间信仰、涉台文物等为平台，组织丰富多彩的两岸文化交流活动，不断扩大同台湾岛内各界人士特别是基层民众的交流交往。

会议要求，台盟各级组织要突出特色，创新形式，把树立和践行社会主义核心价值体系的学习教育活动成果转化为履职参政的实践行动，圆满出色地完成全年的各项工作任务。

会议期间，还邀请了在沈阳的盟员同与会人员一起听取了汪毅夫所作《台湾民主自治同盟创建初期若干问题》的报告。

台盟中央副主席吴国祯、陈蔚文、杨健，秘书长张宁及台盟中央常委出席会议。台盟中央各专门工作委员会主任、部分地方组织负责人和台盟中央机关各部门负责人列席了会议。

3. 八届十二次中常会

10 月 12 日，台湾民主自治同盟第八届中央常务委员会第十二次全体会议在北京召开。全国政协副主席、台盟中央主席林文漪出席会议并讲话。

会议研究部署了全盟学习贯彻中国共产党十七届五中全会精神的工作；传达了全国党外代表人士教育培训工作会议暨全国社会主义学院工作会议精神；通报了台盟盟史研究编撰工作和全盟第三季度工作情况；并就全盟进一步落实“社会主义核心价值学与行报告会”精神作出了部署。

会议指出，即将召开的中共十七届五中全会，是在我国全面建设小康社会进入关键时期，深化改革开放、加快转变经济发展方式进入攻坚阶段召开的一次重要会议。全会将站在历史的新高度，从战略全局出发，审议通过《中共中央关于制定国民经济和社会发展第十二个五年规划的建议》（以下简称《规划建议》）。《规划建议》以邓小平理论和“三个代表”重要思想为指导，深入贯彻落实科学发展观，适应国内外形势的新变化，顺应各族人民过上更好生活的新期待，描绘我国在新世纪第三个五年经济社会全面发展的宏伟蓝图。会议强调，全盟各级组织要把学习贯彻中共十七届五中全会精神，作为当前和今后一个时期的一项重要政治任务。

会议要求，学习贯彻中共十七届五中全会精神，要落实到履职参政的实践之中。各级组织和广大盟员要紧紧围绕加快转变经济发展方式、切实保障和改善民生的新要求，深入调研，周密论证，为巩固和扩大应对国际金融危机冲击的成果，促进经济长期平稳较快发展建言献策。要充分发挥自身优势，继续坚持“专、精、深、久”的对台联络工作方针，推动两岸经济、科技、文化交流与合作。进一步扩大交流领域，深化交流内涵，为不断巩固两岸关系和平发展的政治基础、物质基础、文化基础和社会基础作出贡献。

台盟中央常务副主席汪毅夫，副主席陈蔚文、杨健、黄志贤，秘书长张宁及台盟中央常委出席了会议。台盟中央各专门工作委员会和机关各部门负责人列席了会议。

（三）中央监督委员会会议

12 月 14 日—15 日，台盟中央监督委员会第二次全体会议在浙江杭州召开。监督委员会委员王天戈、连介德、李钺锋、江尔雄、蔡国斌等出席了会议。

受监督委员会主任汪毅夫、副主任黄志贤委托，委员兼办公室主任蔡国斌在会上汇报了台盟中央监督委员会 2010 年的主要工作和 2011 年的工作设想。委员们对工作报告予以充分肯定，并就工作报告内容展开热烈讨论。委员们一致认为，2010 年委员会的监督工作开展有序、成效显著，并认为 2011 年应继续逐步推进监督检查工作，进一步认真落实盟内监督制度；严格执行信访制度，切实维护盟员合法权益；扎实开展反腐倡廉教育，切实加强干部作风建设；指导台盟省级组织建立内部监督机构，指导地方盟组织在同级中共党委领导下加强内部监督工作。委员们还就一些具体问题提出了可行的建议和意见。

会上委员们认真学习了中共中央总书记胡锦涛在中共十七届中央纪律检查委员会第五次全体会议上的重要讲话精神，和《建立健全惩治和预防腐败体系2008—2012年工作规划》，为创新工作思路、完善工作机制、更加科学有效地开展盟内监督工作开辟了新途径。

台盟中央多党合作理论研究委员会主任陈昭典受邀专程到会上，以其参加台盟后的亲身经历为各位委员讲授了台盟的光荣革命传统。委员们听后深受教育，表示将把老一辈坚定的政治信念和光荣的爱国传统不断传承弘扬下去。

（四）重要国事和外事活动

2010年，台盟中央领导同志多次应邀参加重要外事、内事活动，其中包括参加纪念中国人民抗日战争胜利65周年系列活动、庆祝中华人民共和国成立61周年招待会、第16届亚洲运动会开幕式等重要庆典、慰问、纪念活动，陪同中共中央和国家领导人会见奥地利总统费舍尔、加纳总统米尔斯等外宾。

（五）专题工作会议

3月27日—29日，台盟中央2010年调研课题协调会在云南省昆明市召开。台盟中央副主席黄志贤出席会议。台盟中央副秘书长、研究室主任宋焱主持会议。云南省政协副主席倪慧芳、中共云南省委统战部副部长童凤华出席了会议的开幕式。童凤华在致辞中介绍了云南省的经济社会发展情况。黄志贤在答谢辞中，对云南省委、省政府、省政协对台盟工作的支持表示了感谢，并表示将充分发挥参政党的作用，支持云南省当前的抗旱救灾工作，通过参政议政、对台联络等渠道，在促进云南的开发开放，促进云南农业、工业等领域的建设中出一份力，特别是在云南建设面向西南开放的桥头堡过程中积极建言献策。会议期间，与会代表围绕着台盟中央2010年课题调研方案、2010年参政议政先进评选实施细则等内容展开了热烈的讨论，并就今年的调研实施方案基本达成了共识。会议还专题研讨了当前经济社会发展的热点问题与台盟参政议政工作的重点方向。台盟中央参政议政工作委员会的主任、副主任分别围绕着医疗体制改革、发展观光休闲农业、调整收入分配结构、发展低碳经济、转变经济发展方式等问题，做了精彩的主题发言。黄志贤在会议总结中，充分肯定了此次调研课题协调会的成果，认为会议为台盟各级组织提供了一个上下联动、横向联合的沟通平台，有利于全盟的参政议政工作形成目标一致、步调一致、同心协力、密切合作的良好局面。台盟各省级组织参政议政工作的主管领导以及台盟中央参政议政委员会成员30余人参加了会议。

6月10日—11日，台盟宣传思想工作会议在北京召开。全国政协副主席、台盟中央主席林文漪出席开幕式并讲话。林文漪指出，参政党的宣传工作肩负着让社会各界了解参政党在中国共产党领导的多党合作和政治协商制度中发挥作用的重大任务，能及时反映和表现参政党的立场、态度和行为。要从参政党政治表达的高度，进一步认识加强宣传工作的重要性。长期以来，宣传工作一直是台盟工作的一个重要内容。及时、准确、正确的宣传报道，既能为广大盟员热情学习、积极参与提供良好的氛围，也能树立和扩大台盟的社会影响。近年来，全盟的宣传意识、大局意识不断提高，各项工作在整体推进中实现了重点突破、在改革创新中焕发出新的活力。林文漪指出，树立和践行社会主义核心价值体系，是台盟思想建设的一项长期战略任务，要坚持继承与创新相结合，不断探索方法和手段，建立机制和制度，从而形成全体盟员积极热情、主动参与的局面。建设社会主义核心价值体系是十六大以来中国共产党在理论创新上的又一重大成果，包含着丰富的内容，广大盟员只有通过系统的学习，掌握其精神实质和时代特征，才能形成树立和践行的自觉意识，从而坚定理想信念。为期两天的会议回顾总结了2008年以来台盟宣传思想工作，研究加强宣传思想工作的方法和机制；讨论交流树立和践行社会主义核心价值体系活动的基本做法和基本经验，并对今后一个时期台盟宣传思想工作的工作方针和主要任务进行部署。台盟中央副主席黄志贤出席开幕式。来自台盟中央、台盟各省、市级组织的60余名代表参加会议。

6月23日—25日，台盟台情研究调研骨干培训班在福建漳州东山举办，台盟中央秘书长张宁作开班讲话。东山县委书记刘建顺介绍了东山发展情况；漳州市人大副主任、台盟漳州市委主委李珊珊介绍了台商在漳州地区投资发展情况。培训班邀请有关专家、学者就两岸关系及两岸经贸交流情况作了报告。吉林台盟主委王天戈、上海台盟副主委王中及台盟中央联络部副部长潘新洋，副巡视员唐涓及各地盟组织相关负责人40余人参加了此次培训班。

7月6日，台盟组织工作干部培训班在南京召开。全国人大常委、台盟中央常务副主席汪毅夫，台盟南京市委主委胡有清出席开班仪式。台盟中央秘书长张宁作开班动员讲话。汪毅夫同志以“台盟的光荣历史和光荣传统”为题，对台盟创建前后的重要历史事实进行回顾，归结出台盟“追求民主、追随革命，爱国爱乡、反对台独，拥护中共、接受领导，参加合作、争取进步”四大光荣传统，为学员们上了一堂精彩的盟史教育课。蔡国斌、李钺锋、连介德、陈军、骆沙鸣、孙南雄等同志也先后为学员授课。这是台盟第一次举办专门的组织工作干部培训班，来自台盟各省市委员会组织处的30多名工作人员参加培训。学员们普遍反映，这期培训班举办的很必要也很及时，授课老师水平高、视野广，授课内容丰富、可操作性和针对性很强，对今后更加规范地做好台盟的组织工作必将起到很好的指导作用。

7月13日—14日，台盟办公室工作会议在北京召开。会议的主题是以邓小平理论和“三个代表”重要思想为指导，深入贯彻落实科学发展观，总结全盟办公室工作的主要成绩和经验，分析当前全盟办公室工作面临的新形势和新任务，研讨进一步加强和改进全盟办公室工作的新思路和新举措，从而动员全盟办公室全体干部振奋精神，扎实工作，努力开创全盟办公室工作的新局面。全国政协副主席、台盟中央主席林文漪出席开幕式并发表主题讲话，高度评价了本次台盟办公室工作会议召开的重要意义，充分肯定了近年来全盟办公室工作取得的成绩和经验，并站在台盟事业发展进步的的战略高度，明确提出了新形势下进一步加强和改进全盟办公室工作的基本原则和具体要求：一要讲政治以引领全盟办公室工作方向；二要善学习以增强全盟办公室工作能力；三要求创新以提高全盟办公室工作水平；四要重服务以改进全盟办公室工作作风；五要促和谐以树立全盟办公室整体形象。林文漪主席强调，盟各级组织领导班子要进一步重视和关心办公室工作。一方面要坚持以人为本，在政策允许和制度规定的范围内，积极创造条件帮助解决办公室干部的后顾之忧，确保他们全身心地投入到办公室工作中；一方面要注重搭建人尽其才、才尽其用的办公室工作平台，坚持德才兼备、以德为先的原则，培养、选拔勤勉敬业、任劳任怨的优秀办公室干部，以期建设一支政治合格、业务精湛、品质优良、作风扎实的办公室干部队伍。另外，作为盟各级组织机关首长的秘书长还要着力推动建立顺畅有序的机关运转工作机制，积极协调机关其他部门大力支持、有效配合办公室的工作，力求形成围绕中心、立足全局、整体联动、各方协同的机关工作新格局。公出未能出席会议的全国人大常委、台盟中央常务副主席汪毅夫于会前多次就会议的筹备工作作出批示。全国政协常委、台盟中央副主席黄志贤出席开幕式和闭幕式，并受汪毅夫常务副主席的委托，在开幕式上作了题为“发扬优良传统，加强队伍建设，开创全盟办公室工作的新局面”报告。黄志贤副主席在报告中通过简要回顾四年来全盟办公室工作取得的主要成绩，概括总结全盟办公室工作不断进步发展的经验和启示，归纳凝练了全盟办公室所特有的优良传统，即自觉服务大局的政治觉悟、不计名利的高尚情操、埋头苦干的思想境界、严谨细致的工作作风、严于律己的组织纪律、团结和谐的团队精神。最后，黄志贤副主席从历史唯物主义出发，着重就建设一支素质更高、能力更强、作风更好的全盟办公室干部队伍，明确提出要求和希望。台盟各省级组织分管办公室工作的副主委和办公室主任参加了会议，围绕会议主题先后作了大会交流发言，并在分组讨论中纷纷表示回到工作岗位后一定要组织机关全体干部认真学习贯彻本次会议精神，特别是林文漪主席的讲话精神，充分认识办公室工作的重要地位和作用，积极创新思路和举措，继续推动办公室工作取得新的成绩和进步。

9 月 7 日—9 日，台盟第八届中央委员会妇女工作委员会第二次全体会议在上海召开。会议认真总结了一年来妇委会各项工作的开展情况，深入学习了《台盟中央关于开展树立和践行社会主义核心价值体系活动的意见》，并就下一阶段妇委会的工作重点进行了研究讨论。台盟中央副主席杨健出席会议并致辞。杨健在致辞中说，台盟中央妇委会以其鲜明的特色，在促进两岸交流等方面发挥了独特的作用。向妇委会各位女领导、女委员认真、细致的工作态度，以及在台盟各项工作中所作出的贡献表示由衷的钦佩。会议由台盟中央妇委会副主任高美琴主持，台盟中央妇委会主任郭理作了妇委会工作报告。报告围绕妇委会一年来开展的组团赴台交流、开展妇女问题调研、接待岛内和海外台胞、组织台胞妇女联谊活动等工作进行了总结。吴国华副主任传达了全国妇联十届二次执委会会议精神。与会委员们结合本地的妇女工作情况，对台盟中央妇委会开展赴台交流考察等活动的主题、活动方式，以及如何将两岸妇女交流活动做成品牌提出了许多好的意见和建议。会议期间，与会委员还参观了第 41 届上海世博会，并赴崇明岛就湿地保护等环境保护工作情况进行了考察。

9 月 13 日—15 日，台盟中央在京召开小型台情研讨会，就《海峡两岸经济合作框架协议》正式签署后两岸关系面临的机遇和挑战，以及五都选举等岛内热点话题深入研讨。全国人大常委、台盟中央常务副主席汪毅夫，全国政协常委、台盟中央副主席黄志贤，台盟中央盟史研究委员会主任蔡世彦、两岸关系研究委员会主任陈正统等出席。

10 月 13 日，两岸台胞民间交流促进会二届二次常务理事会在北京召开。全国政协副主席、两岸台胞民间交流促进会会长林文漪，两岸台胞民间交流促进会常务副会长汪毅夫，副会长陈蔚文、杨健、黄志贤、张宁及常务理事共21人出席。两岸台胞民间交流促进会副会长黄志贤主持会议。会上，陈蔚文就促进会去年七月换届以来的工作情况向会议做了工作报告，获得常务理事会通过。在讨论交流环节，常务理事畅所欲言，研究在两岸关系和平发展新形势下，如何进一步发挥促进会社会团体的优势和作用，拓展渠道、创新方法，提高对台联络工作的水平和实效。黄志贤对会议进行了简要的总结，并传达了贾庆林主席今年9月在上海出席台胞社团论坛时的重要讲话精神。台盟中央各专门委员会和机关各部门负责人列席了会议。

11月26日，台盟中央2010年参政议政评优工作座谈会在北京召开。台盟中央副主席黄志贤出席会议并讲话。黄志贤指出，台盟中央参政议政工作先进集体、先进个人的评选对全盟参政议政工作产生了良好的激励作用。在全盟各级组织的共同努力下，台盟中央参政议政工作取得了显著的成效，并得到了中共中央有关领导的高度评价。会议期间，与会代表就台盟中央2010年参政议政工作先进集体、先进个人候选名单进行了审核，并就进一步完善参政议政评优机制提出了许多意见、建议。台盟中央参政议政工作委员会主任孙南雄，副主任郭理、孔令人、王中、骆沙鸣，台盟吉林省委主委王天戈，台盟中央副秘书长兼研究室主任宋焱，以及部分台盟中央参政议政工作委员会委员和台盟地方组织代表参加了会议。

11月27日—12月1日，台盟中央台情研讨会在北京召开。台盟中央副主席黄志贤出席。研讨会由台盟中央联络部承办，主题是综合评析2010年岛内及两岸关系形势；分析“五都”选举结果对2012年台湾大选的影响；并对下一阶段的对台工作提出意见、建议。出席会议的有台盟各地方组织的领导和干部，以及台盟中央联络部的同志。研讨会分两个阶段进行。第一阶段有开幕式和收看“五都”选举片段组成。开幕式由台盟中央联络部副部长潘新洋主持，台盟中央副主席黄志贤致开幕词，并代表全国政协副主席、台盟中央主席林文漪向大家的到来表示热烈欢迎。开幕式后，大家收看了由台盟中央宣传部连夜剪辑的台湾“五都”选举片段，联络部的同志还就当前岛内形势和“五都”选举情况做了简要说明。第二阶段为大会发言和小组讨论。大家纷纷在小组讨论中发言，并同与会人员进行交流。

12月9日—10日，台盟中央多党合作理论研究委员会第一次全体会议分两次先后在杭州市、上海市举行。全国政协常委、台盟中央副主席黄志贤出席并发表讲话。台盟中央多党合作理论研究委员会主任陈昭典主持，副主任王琼瑛、孙桂芬、许佩琴，委员宋焱、江尔雄、陈清玲、吕湘、周朝东出席。

12月22日—25日，台盟中央2010年参政议政工作会议在海南省海口市召开。台盟中央副主席黄志贤出席开幕式并讲话。台盟各级组织的参政议政议政主管领导、具体负责人，以及台盟中央参政议政工作委员会全体委员、台盟中央机关部门领导等80余人参加了会议。台盟中央秘书长张宁主持开幕式。黄志贤在会上作了题为“开拓创新，集智聚力，切实增强台盟参政议政履职能力”的工作报告，在总结2010年工作成绩的同时，就下一阶段的参政议政工作作出了重要部署。黄志贤指出，一年来，台盟中央深入贯彻“上下联动、横向联合”的工作方针，不断探索改进工作方式、方法，扎实推进参与政治协商、组织调查研究、促进成果转化、开展社会活动等各项工作，在集智聚力、整合全盟各级组织资源，切实履行参政党职能方面取得了显著成效。黄志贤强调，在全盟各级组织的共同努力下，台盟中央的参政议政工作逐步迈上了新的台阶，在充分发挥组织优势，整合全盟的资源和力量方面也积累了一定的经验，即统一思想，将参政议政作为全盟的工作重点；抓住重点，选准全盟参政议政工作的着力点；健全机制，促进全盟参政议政工作形成合力。关于2011年的参政议政工作，黄志贤提出，要贯彻落实台盟八届四中全会精神，进一步明确参政议政工作的目标和任务。要紧紧围绕全会提出的工作目标和任务，重点关注区域发展总体战略、经济发展方式转变以及社会事业发展等重大问题，深入开展调查研究。要积极探索创新工作方式，进一步提高参政议政工作的效率和水平。要不断完善课题调研工作机制，切实提高调研工作质量，并促进调研成果共享；不断改进台盟中央参政议政先进集体、先进个人评选工作，充分发挥对全盟各级组织的激励作用。要不断加强盟内外资源的整合力度，进一步增强履行参政议政职能的能力。要通过加强专委会作用，促进台盟各地方组织之间的交流、合作，从而增强盟内参政议政资源的整合力度。

（六）座谈会、纪念会

1月7日，全国人大常委、台盟中央常务副主席汪毅夫，全国政协常委、台盟中央副主席黄志贤在台盟中央礼堂会见了来访的中央社会主义学院党组书记、第一副院长叶小文一行11人。双方就在新形势下如何进一步做好党外代表人士的培养工作、如何进一步发挥社会主义学院在党外代表人士培养方面的作用、如何提升社会主义学院建设的科学化水平进行了深入交流和探讨。中央社会主义学院副院长王京治、张峰、袁廷华、黄易宇，教务长刘旺，台盟中央秘书长张宁，副秘书长宋焱、吴国华以及台盟中央机关各部门负责人参加了会见。

1月11日，全国政协副主席、台盟中央主席林文漪，全国人大常委、台盟中央常务副主席汪毅夫，全国政协常委、台盟中央副主席黄志贤在台盟中央机关礼堂会见中共毕节地委副书记、行署专员张吉勇一行，并就进一步加强合作，推动台盟中央支边扶贫工作迈上新台阶座谈交流。台盟中央秘书长张宁、副秘书长兼研究室主任宋焱、副秘书长兼办公厅主任吴国华及机关各部门局级干部参加。

1月19日，台盟中央在机关礼堂召开在京涉台专家学者座谈会，邀请有关部委、大专院校、研究机构的专家学者就当前台海形势等问题研讨交流。全国政协常委、台盟中央副主席黄志贤出席，台盟中央副秘书长兼研究室主任宋焱、副秘书长兼办公厅主任吴国华，联络部副部长潘新洋、副巡视员唐涓参加。

1月21日，台盟中央举办2010年专家迎春座谈会，邀请相关专家就推进经济结构调整、加快经济发展方式转变、改善民生、促进社会和谐等问题座谈交流。全国政协副主席、台盟中央主席林文漪，全国政协常委、台盟中央副主席黄志贤出席，台盟中央副秘书长兼研究室主任宋焱参加。

1月25日，台盟中央与全国台联在中共中央统战部礼堂共同举办“2010年在京台胞新春同乐会”。全国政协副主席、台盟中央主席林文漪，全国人大常委、台盟中央常务副主席汪毅夫，全国政协委员、台盟中央秘书长张宁，来自全国人大、全国政协、中共中央统战部、国台办、北京市相关部门的领导出席，全国政协常委、台盟中央副主席黄志贤代表台盟中央和全国台联致辞。台盟中央副秘书长兼办公厅主任吴国华、宣传部部长郑世凯、办公厅巡视员陈坚坚、组织部副部长蔡国斌，联络部副部长潘新洋和副巡视员唐涓，以及机关全体干部，在京大陆台胞、台商、台生等400多人参加。

2月1日，全国政协常委、台盟中央副主席黄志贤在机关礼堂会见来访的中共赫章县委副书记、县长王洪全一行，并与他们亲切座谈。在座谈中，黄志贤首先代表林文漪主席、汪毅夫常务副主席，对王洪全县长一行的来访表示了热烈的欢迎。他说，赫章县是台盟中央的对口帮扶县市，在过去的几年中，台盟中央与赫章县结下了深厚的友谊，也奠定了良好的合作基础。2010年，台盟中央将会继续发挥与台资企业联系密切的优势，以招商投资会等形式，继续积极促进台资企业对赫章县的考察投资。并在以往工作的基础上，进一步整合全盟资源，支持和推动赫章县有关项目的建设、落实和实施。王洪全代表中共赫章县委、县政府，对台盟中央多年来给予赫章县的大力支持和帮助表示了衷心的感谢。围绕胡锦涛总书记等中共中央领导对毕节试验区的重要批示和“4·14”会议精神，他重点就赫章县2009年的经济社会发展和台盟中央帮扶项目的落实情况做了相关介绍，并就下一阶段的开发扶贫工作与台盟中央进行了交流。会议由联络部副部长潘新洋主持，台盟中央秘书长张宁以及机关各部门负责人出席座谈会。

2月6日，台盟中央、全国台联、台盟北京市委和北京市台联在京西宾馆联合举办“2010年在京台胞春节联欢会”。全国政协常委、台盟中央副主席黄志贤，全国政协委员、台盟中央秘书长张宁出席，台盟中央副秘书长兼办公厅主任吴国华，台盟中央宣传部部长、北京市台联副会长郑世凯，台盟中央组织部副部长、台盟北京市委副主委蔡国斌参加，黄志贤、张宁、蔡国斌和郑世凯还分别代表台盟中央、台盟北京市委和北京市台联登上主席台向与会人员拜年。

2月25日，台盟中央、全国台联在台盟中央礼堂召开纪念台湾人民“二·二八”起义63周年座谈会，缅怀“二·二八”起义中牺牲的革命先烈，弘扬台湾同胞爱国爱乡的光荣传统，畅谈两岸关系和平发展的前景。全国政协常委、台盟中央副主席黄志贤在讲话中指出，“二·二八”起义是台湾同胞反对当时国民党统治的爱国民主运动，是台湾同胞爱乡爱土光荣传统的集中体现，与大陆“反独裁、反内战、反饥饿”斗争一脉相承，是中国人民争取民主解放斗争的重要组成部分。黄志贤说，两岸关系和平发展符合两岸同胞的根本利益。2008年，两岸关系实现历史转折；2009年，两岸关系得以全面改善。展望新的一年，我们对两岸关系的前景充满信心。他表示，只要两岸同胞携手并进，继承爱国爱乡的光荣传统，就一定能克服任何阻碍，排除各种干扰，推动两岸关系不断前进，努力开创两岸关系和平发展的新局面。郑坚、林为民、蔡国斌等台胞代表在座谈会上发言，回顾“二·二八”起义的历史地位和意义，展望两岸关系和平发展的前景和未来。座谈会由全国台联副会长纪斌主持。参加过“二·二八”起义的老台胞，台盟中央涉台政策策略咨询委员会委员，台盟北京市委、北京市台联相关负责同志40余人出席座谈会。

2月25日，全国政协常委、台盟中央副主席黄志贤在机关会见国家教育部副部长、党组成员郝平一行，就《国家中长期教育改革和发展规划纲要》相关情况座谈交流。台盟中央副秘书长兼研究室主任宋焱、联络部副巡视员唐涓陪同。

3月1日，由台盟中央妇委会和农工党中央妇委会联合举办的庆祝“三八”妇女节

100 周年联谊会在北京台资企业天福茶文化馆举行。台盟中央副秘书长、办公厅主任、妇委会副主任吴国华主持会议。会上向与会姐妹介绍了我国妇女运动的发展，并回顾了新中国成立以来妇女社会政治地位不断提高的历史。农工党中央妇委会主任孙晓梅在发言中介绍了“三八”妇女节的由来。联谊会还邀请了部分在京女台商参加。女台商代表、北京圣惠曾科技发展有限公司董事长吕惠仙女士在发言中，深情回顾了自己到祖国大陆 18 年来切身感受到的繁荣与发展，以及祖国大陆妇女在社会中所享有的地位与权利。与会的两岸女同胞们在袅袅茶香中，闲话家常，畅叙友情，欢声笑语此起彼伏，大家在祥和、欢乐的气氛中共同迎接百年“三八”妇女佳节的到来。台盟中央与农工党中央妇委会的部分委员、台盟北京市委与农工党北京市委的女领导及在京部分女台商、女台胞共五十多人出席了联谊会。

3 月 2 日，台盟中央在中共中央统战部礼堂轮值主办“2010 年各民主党派中央、全国工商联、无党派人士与全国省级统战部长联谊会”。全国人大常委、台盟中央常务副主席汪毅夫代表各民主党派中央、全国工商联和无党派人士致辞，中共中央统战部副部长、全国工商联党组书记、第一副主席全哲洙代表中共中央统战部讲话，中共北京市委常委、统战部长牛有成代表全国省级统战部长发言，全国政协常委、台盟中央副主席黄志贤主持。中共中央统战部部长、副部长和各厅、室、局负责同志，各民主党派中央、全国工商联主席、副主席、秘书长和无党派人士代表，中央统战系统单位负责人，以及中共各省、市、自治区委员会统战部负责同志共二百余人出席。全国政协常委、台盟中央副主席杨健，全国政协委员、台盟中央秘书长张宁出席，副秘书长兼研究室主任宋焱、副秘书长兼办公厅主任吴国华、宣传部部长郑世凯、组织部副部长蔡国斌、联络部副部长潘新洋参加。

3 月 24 日上午，台盟中央在机关礼堂召开机关全体干部大会，传达学习 2010 年全国“两会”精神。全国政协常委、台盟中央副主席黄志贤出席并主持会议。全国政协委员、台盟中央秘书长张宁在会上传达了十一届全国人大三次会议精神。他说，今年的政府工作报告内容丰富、全面，大会更加开放、透明，除了传统媒体之外，还有手机网络、微博等新媒体的加入，大大丰富了信息的传播与共享。关于人大常委会工作报告、“两院”工作报告及盟员中的人大代表向大会提交的议案、建议等，张宁也作了简要介绍。张宁谈到，今年人大会议的一项重要议程，就是《选举法》的修改，《选举法》是按照中共十七大报告中“逐步实行城乡按相同人口比例选举人大代表”的精神来修改的，《选举法》修正案的高票通过，对坚持和完善人民代表大会制度、发展社会主义民主政治具有重要的意义。会上，张宁还介绍了吴邦国委员长看望民革、台盟、台联组政协委员并参加联组讨论会的情况及国台办、民航总局、海关总署领导参加台盟、台联小组讨论会，听取委员意见建议的情况。全国政协委员、台盟中央组织部副部长蔡国斌传达了全国政协十一届三次会议精神。蔡国斌介绍了政协会议的基本情况，台盟中央、台盟组委员的大会发言、提案及政协委员们的有关讨论情况。台盟中央机关各部门负责人及机关全体工作人员参加了会议。

4 月 9 日，台盟大连市委召开庆祝台盟大连地方组织成立 60 周年大会。全国政协副主席、台盟中央主席林文漪为大会题词“履行台盟光荣使命，致力两岸和平发展”，中共辽宁省委常委、大连市委书记夏德仁题写了贺词，大连市政协主席刘俊文、大连市委副书记里景瑞、台盟辽宁省委主委王松为纪念大会题词。全国政协常委、台盟中央副主席黄志贤出席纪念大会并讲话。黄志贤首先代表台盟中央向大连台盟组织成立60周年表示热烈祝贺，向为大连建设发展作出贡献的盟员和台胞致以亲切慰问。黄志贤指出，多年来，台盟大连市委在中共大连市委的领导下，积极建言献策，认真履行参政议政职能，为促进地方经济社会发展和海峡两岸民间交流作出了贡献。祖国统一是海内外中华儿女的共同心愿，作为由居住在祖国大陆的台湾省人士组成的参政党，做好台湾人民工作，促进祖国和平统一是台盟义不容辞的使命。相信台盟大连市委一定能够团结和带领大连市的全体台盟盟员和所联系的台胞，为促进大连市的经济社会发展，为构建社会主义和谐社会和推进祖国和平统一进程作出新的更大的贡献。大连市政协副主席、大连市委统战部部长董长海，台盟辽宁省委主委王松、大连市委主委胡军，以及大连市各民主党派、群团组织代表先后致辞。台盟中央秘书长张宁、组织部副部长蔡国斌，大连市人大常委会副主任鞠文华、市政协副主席王艺波，各民主党派市委负责同志，大连市全体台盟盟员以及部分台胞出席纪念大会。

4月19日，全国人大常委、台盟中央常务副主席汪毅夫主持召开台盟中央机关盟史研究工作座谈会。汪毅夫指出，《台盟中央2010年工作要点》明确提出，要进一步加强盟史研究和盟史教育，并将其作为“牢固树立和践行社会主义核心价值体系”系列活动之一。汪毅夫简要介绍了台盟的创建过程、台盟积极响应中共中央发布的“五一口号”、台盟被确立为新政协参加单位之一等相关盟史情况。汪毅夫鼓励机关干部围绕台盟华北总支、华东总支等组织机构的发展，以及谢雪红、蔡子民、李伟光、林铿生、蔡孝乾等重要盟史人物开展深入研究，通过挖掘和整理宝贵的盟史资料，了解台盟与中国共产党团结奋斗的历史过程，进一步传承和发扬台盟前辈们坚定的政治信念和光荣的革命传统。

5月6日，台盟中央在机关礼堂举办“发扬爱国爱乡光荣传统，树立和践行社会主义核心价值体系”专题活动。邀请中央社会主义学院副院长张峰教授作辅导报告并召开座谈会进行座谈。全国政协常委、台盟中央副主席黄志贤出席并主持上午的报告会。台盟中央秘书长张宁主持下午的座谈会。台盟中央和台盟北片地方组织的同志参加了活动。张峰教授的辅导报告从中共中央关于社会主义核心价值体系的有关重要文件讲起，对社会主义核心价值体系的相关问题和涵义进行了阐述。他具体讲了三个方面内容，一是树立和践行社会主义核心价值体系的重大意义。二是社会主义核心价值体系的主要内容。三是探索形成民主党派和无党派人士的核心价值观，根据社会主义核心价值体系的基本内涵，结合民主党派和无党派人士在与中国共产党长期合作的过程中形成的精神传统和价值理念，形成民主党派和无党派人士的核心价值观。下午的座谈会上，台盟北京市委常务副主委陈军、台盟天津市委主委叶惠丽、台盟吉林省委主委王天戈、台盟陕西省委副主委王二虎、台盟辽宁省委巡视员彭士熙先后发言，就各自地方组织“学习践行社会主义核心价值体系活动”方案做了详细阐述。大家一致表示，要把学习和践行社会主义核心价值体系作为台盟地方组织盟员思想建设的重要内容，通过开展系列活动，着力加强中华优秀文化传统和台盟优良传统的教育，弘扬民族精神和时代精神，使台盟盟员把社会主义思想观念、道德观念、文明理念内化为自觉追求，做社会主义荣辱观的自觉实践者。黄志贤作总结讲话。他强调，建设社会主义核心价值体系，是中国共产党着眼于新形势，从全面推进中国特色社会主义事业全局出发提出的一项重大战略任务，是当前台盟十分重要的一项政治任务。

黄志贤要求，各地盟组织要多开展具有台盟特色的主题活动，注意挖掘优秀盟员特别是老盟员的先进事迹和典型事例，激发基层组织在学习工作中的能动性，切实把这项工作抓实抓好。黄志贤表示，树立和践行社会主义核心价值体系，既要策划和组织一些专题学习、宣传和教育活动，又要与各级组织日常工作紧密结合，通过开展活动，提高各方面工作水平和能力，更好地发挥参政党作用。台盟中央、台盟北京市委领导及机关干部，台盟天津市委，台盟辽宁、吉林、陕西省委领导及宣传部门负责人参加了上述活动。

5 月 7 日，具有百年历史的台湾会馆重张揭幕仪式在崇文区大江胡同隆重举行。中共中央政治局委员、北京市委书记刘淇，中国国民党荣誉主席连战和夫人，全国政协副主席、台盟中央主席林文漪，中共中央台办、国务院台办主任王毅，海峡两岸关系协会会长陈云林，中共北京市委副书记、市长郭金龙等出席台湾会馆重张和台湾街开街仪式。台湾会馆位于古都风貌保护区——崇文区大江胡同，至今已有 110 多年的历史，是大陆唯一一所台湾会馆，是台湾与祖国大陆联系的历史见证。修缮后的台湾会馆，在保留明清四合院建筑风貌的同时，充分利用地下空间，使总建筑面积由原来的 400 平方米增至 3800 多平方米。地上由砖木结构的四合院组成，保留了明清时代的建筑风貌。全国人大常委、台盟中央常务副主席汪毅夫，全国政协常委、台盟中央副主席吴国祯、黄志贤，北京市政协副主席、台盟北京市委主委蔡国雄，台盟中央秘书长张宁，中央和北京有关单位，岛内嘉宾，部分在京台商及在京台胞，台盟北京市委和北京市台联领导及各界来宾约 200 人参加了上述活动。

5 月 11 日，由中共中央统战部、民革中央、台盟中央与中央社会主义学院共同举办的“第一期民主党派中青年干部多党合作专题研究班”在中央社会主义学院举行开班仪式，中共中央统战部副部长楼志豪主持，全国政协副主席、台盟中央主席林文漪出席并发表讲话，全国人大常委、台盟中央常务副主席汪毅夫出席。为期一周的“第一期民主党派中青年干部多党合作专题研究班”由汪毅夫常务副主席亲任台盟中央研究班班主任。学习期间，林文漪主席出席台盟中央研究班组织的“发扬台盟的光荣传统，搞好自身建设”专题座谈会；汪毅夫常务副主席讲授“台盟创立初期几个问题”主题讲座；全国政协常委、台盟中央副主席吴国祯作“我在台盟的履职经历”专题报告。台盟中央秘书长张宁担任台盟中央研究班班长，副秘书长兼办公厅主任吴国华、组织部副部长蔡国斌参加台盟中央研究班学习。

5 月 25 日，台盟中央和台盟重庆市委在重庆市共同举办“发扬爱国爱乡光荣传统，树立和践行社会主义核心价值体系”座谈会。全国人大常委、台盟中央常务副主席汪毅夫出席座谈会并作题为“台湾民主自治同盟创建初期的若干问题”的报告。座谈会由全国政协常委、台盟中央副主席黄志贤主持。汪毅夫在报告中以大量详实的历史资料，从台盟的创立；响应中共“五一”口号，反对“台独”；加入新政协的时间问题；台盟总部同岛内组织的分离和接受中共领导，走上民主党派的进步道路等五个方面论述了台盟创建初期的主要工作和政治主张。汪毅夫指出，台盟在创建初期就表现了热烈拥护中国共产党、强烈反对“台独”的政治态度。同时，台盟创建初期的政治主张、盟员的思想认识也存在着某些错误。正是在中国共产党的领导下，台盟走上了爱国爱乡、民主奉献的进步之路。黄志贤说，台盟必须更好地继承和发扬爱国爱乡的光荣传统，把爱国主义作为不断前进的力量源泉；必须进一步激发盟员的履职热情，自觉投身于改革开放的伟大实践。黄志贤对全盟深入开展树立和践行社会主义核心价值体系活动提出了三点要求：一是发挥盟员典型的引领示范作用，及时发现和宣传盟员中的典型人物与先进事迹；二是利用革命教育基地开展主题教育，传承老一辈光荣爱国传统；三是激发盟员主观能动性，突出台盟的自身特点和优势。台盟辽宁省委主委王松、重庆市委主委李钺锋和重庆市盟员代表分别在座谈会上发言。台盟中央有关负责同志及在渝盟员 40 余人参加座谈会。

6 月 13 日，台盟中央在机关礼堂举办“促进两岸农业交流合作专题座谈会”，邀请国台办和重庆市台办有关同志、重庆市北碚台湾农民创业园台商以及相关农业专家，就推动台湾农民创业园发展、促进两岸农业交流合作等进行研讨。全国政协常委、台盟中央副主席黄志贤出席，台盟中央副秘书长兼研究室主任宋焱参加。

7 月 13 日，台盟中央在机关会议室召开专家座谈会，研讨总结国家上半年经济社会发展态势，分析下半年经济社会发展趋势。全国政协常委、台盟中央副主席黄志贤出席，台盟中央副秘书长兼研究室主任宋焱参加。

9 月 19 日下午，台盟中央、全国台联在京举办“2010 年在京台胞中秋茶话会”。全国政协副主席、台盟中央主席林文漪，十届全国政协副主席、台盟中央原主席张克辉，中共中央统战部副部长尤兰田，全国人大常委、台盟中央常务副主席汪毅夫，国台办副主任孙亚夫，全国台联原会长林丽韫等出席。全国人大常委、全国台联会长梁国扬主持茶话会。全国政协常委、台盟中央副主席吴国祯代表台盟中央、全国台联致辞。吴国桢说，过去一年，两岸关系良性互动，稳步推进。特别是两岸的交流范围不断扩大，内容日益丰富，海峡两岸大交流、大合作、大发展的局面已经形成。今年 6 月份《海峡两岸经济合作框架协议》的签订，是继两岸实现全面直接双向“三通”之后，两岸关系发展的又一新的里程碑。该协议自 9 月 12 日已经正式生效，我们相信，这必将为深化两岸交流合作带来新的机遇。吴国桢表示，两岸关系和平发展的大好局面来之不易，相信两岸同胞一定会珍惜难得的历史机遇，同心实现中华民族的伟大复兴，共同开创中华民族灿烂辉煌的美好未来。茶话会上，大家欢聚一堂，兴致勃勃地观看了《孔雀舞》、川剧变脸、京剧《贵妃醉酒》、民乐合奏等精彩节目。在京台胞、台商、台生等约 400 人参加了茶话会。

9 月 28 日，台盟中央、全国台联在北京国际饭店举行庆祝中华人民共和国成立 61 周年招待会。全国政协副主席、台盟中央主席林文漪出席，全国政协常委、台盟中央副主席黄志贤主持，全国台联会长梁国扬代表台盟中央、全国台联致辞。台盟中央 2010 年国庆参访团全体嘉宾及部分在京台胞参加。

10 月 19 日下午，台盟中央、台盟北京市委在京召开“学习贯彻中共十七届五中全会精神座谈会”。全国政协副主席、台盟中央主席林文漪出席并讲话。全国政协常委、台盟中央副主席黄志贤，北京市政协副主席、台盟北京市委主委蔡国雄，台盟中央秘书长张宁出席。全国人大常委、台盟中央常务副主席汪毅夫主持会议。林文漪说，中共十七届五中全会是在我国全面建设小康社会进入关键时期，深化改革开放、加快转变经济发展方式进入攻坚时期召开的一次重要会议。胡锦涛总书记在会上发表重要讲话，在科学分析时代特征、准确把握发展趋势、研究破解发展难题的基础上，明确提出了贯彻落实全会精神的具体要求，为正确制定和全面实施“十二五”规划指明了方向。林文漪表示，台盟中央完全赞同中共十七届五中全会通过的《建议》和胡锦涛总书记发表的重要讲话，拥护全会关于增补习近平同志为中央军事委员会副主席的决定。根据几天前召开的台盟八届十二次中常会的研究部署，台盟中央决定把认真学习贯彻中共十七届五中全会精神，列为当前和今后一个时期全盟的重要政治任务。全盟各级组织、广大盟员和机关干部要进一步深化认识、明确方向，自觉与中国共产党在思想上形成共识，与全国人民在行动上汇成合力，把握“十二五”承上启下的历史方位，紧紧抓住我国发展的重要战略机遇期，为加快推进改革开放和社会主义现代化建设，为全面建成小康社会打下具有决定性意义的基础而努力奋斗。林文漪强调，当前正在全盟深入开展的树立和践行社会主义核心价值体系活动，是关系多党合作事业发展和统一战线工作进步的基础工程、灵魂工程，意义重大、影响深远，已经成为全盟一项重要政治任务。各级组织要科学认识践行活动与学习贯彻工作之间内在的、本质的、必然的联系，合理安排、兼顾并举，努力以学习贯彻中共十七届五中全会精神推动全盟深入开展树立和践行社会主义核心价值体系活动，又以践行活动的成果检验学习贯彻工作的成效，不断增强广大盟员坚持中国共产党的领导、坚定走中国特色社会主义政治发展道路的决心和信念。林文漪表示，作为与中国共产党风雨同舟、共同致力于中国特色社会主义事业的亲密友党，台盟要认真学习贯彻好全会精神，通过学习，使全盟充分认识中共十七届五中全会的重要意义，领会全会的精神实质，并在履职实践中发挥台盟的优势作用，紧紧围绕《建议》所提出的各项目标，把推动加快转变经济发展方式作为参政议政的着力点，围绕建立扩大消费需求的长效机制、实施区域发展总体战略和主体功能区战略等重点难点问题，开展专题调研，提出科学建议。同时，作为由生活在祖国大陆的台籍人士组成的参政党，台盟将一如既往地发挥好自身特点和优势，牢牢把握两岸关系和平发展的主题，为深化两岸经济合作，扩大两岸各界往来，推动两岸关系和平发展和祖国统一大业贡献力量。台盟北京市委主委蔡国雄、台盟中央联络部副部长潘新洋和在京盟员王涛也在会上作了发言。台盟北京市委常务副主委陈军，台盟中央老同志田富达、陈仲颐、李敏宽等，台盟中央机关各部门负责人，台盟中央、台盟北京市委机关干部约50人参加了会议。

10月25日，在台湾光复65周年纪念日之际，以台盟中央、重庆市人民政府名义修建的台湾光复纪念碑揭碑仪式，在重庆市南岸区重庆抗战遗址博物馆广场隆重举行。国台办主任助理龙明彪，重庆市领导范照兵、刘学普、彭永辉，台盟重庆市委主委李钺锋，副主委骆亚非、许沛出席揭幕仪式。台盟中央副主席黄志贤出席并致辞。黄志贤在致辞中说，作为抗战时期国民政府的陪都和世界远东反法西斯指挥中心，重庆是抗日民族统一战线的重要政治舞台，也是抗日复台力量整合的主阵地。事实证明，重庆是当年台湾光复的历史见证地，并且为光复台湾作出了重要贡献，功不可没。充分挖掘和利用重庆得天独厚的涉台工作资源，在当年直接指挥收复台湾的中枢之地建立台湾光复纪念碑，既是尊重历史、还原历史的客观需要，也是深化两岸交流、推动两岸关系和平发展、促进祖国和平统一的必然要求。黄志贤强调，我们要通过客观还原台湾光复的历史史实，铭记历史教训，展望发展前景，让我们和我们的子孙后代都要永远铭记：台湾自古以来就是中国领土不可分割的一部分，台湾光复是两岸中国人共同的光荣和自豪，共同维护两岸关系来之不易的新局面、共同推动中华民族的伟大复兴是两岸中国人共同的历史使命。重庆市人民政府副秘书长艾扬主持揭碑仪式。来自重庆市政协、统战和涉台工作等部门300余人参加了揭碑仪式。揭碑仪式上，黄志贤和国台办及重庆市相关领导共同按动电子触摸球，为台湾光复纪念碑揭幕。随后，黄志贤还兴致勃勃地参观了纪念台湾光复65周年专题展览。在渝期间，中共中央政治局委员、中共重庆市委书记薄熙来，中共重庆市委常委、统战部部长范照兵分别会见了黄志贤一行。

11月9日，台盟中央在机关礼堂召开在京专家座谈会，就当前经济社会发展形势征求有关专家学者的意见、建议。全国政协常委、台盟中央副主席黄志贤出席，台盟中央副秘书长兼研究室主任宋焱参加。

11月10日，台盟中央在北京高技术创业服务中心召开在京台商座谈会。全国政协常委、台盟中央副主席黄志贤出席，台盟中央联络部副部长潘新洋、副巡视员唐涓参加。

（七）论坛、研讨会

2月27日—3月1日，由泉州市政府、台盟中央、中国闽台缘博物馆、台湾成功大学、中华闽南文化研究会共同主办的“首届海峡两岸闽南文化节”在在泉州举行。全国政协副主席、台盟中央主席林文漪，全国政协常委、台盟中央副主席黄志贤出席。2月27日晚8日，林文漪主席宣布文化节开幕。中国国民党副主席林丰正，中共中央委员、国务院侨办主任李海峰，中共中央候补委员、全国侨联主席林军，海峡两岸关系协会会长陈云林，中共中央统战部副部长尤兰田，文化部副部长、中华文化联谊会会长赵少华，全国政协常委、台盟中央副主席黄志贤，海峡两岸关系协会副会长王富卿，海峡两岸关系协会副会长张铭清，福建省和泉州市的有关领导以及来自6大洲28个国家和地区的海内外嘉宾、泉州市社会各界人士3000多人参加开幕式。本届闽南文化节开幕前夕，2月27日下午5时许，林文漪主席会见了受邀前来参加文化节的中国国民党副主席林丰正一行。林文漪说，自己是台南人，今天见到这么多台湾来的好朋友，有一种亲人团聚的心情。对于即将举行的两岸闽南文化节，林文漪表示，“文化节之所以在泉州举办，是因为这里是两岸文化一个很重要的根源地。台湾近80%的人是从闽南过去，其中很大一部分是从泉州去的，这次举办的文化节对于探讨两岸根源及加大交流方面都很有意义”。本届闽南文化节紧紧围绕“弘扬闽南文化，增进交流合作，推动海西先行，加快泉州发展”这一主题，从文艺晚会、研讨、展演会唱、联谊、比赛、旅游、展示等多个层面，集中展现了闽南戏剧文化、旅游文化、茶文化、瓷文化、石文化、民俗文化等闽南文化精粹。其中，来自台湾的6个南音社团和歌仔戏剧团109人、3个南少林武术团64人、专家学者23人、各界人士168人参加了文化节的活动。

3月18日，由台盟中央与海南省人民政府共同主办的“海峡两岸观光休闲农业（海南）论坛”在海口开幕。全国政协常委、台盟中央副主席黄志贤出席会议并致辞。海南省副省长符跃兰，海南省政协副主席邱德群，全国政协委员、全国工商联九届副主席、中国西部发展促进会理事长程路，全国政协委员、全国台联副会长史茂林，全国政协委员、台盟海南省委主委连介德，老干部王琼瑛等出席会议。台盟中央副秘书长兼研究室主任宋焱主持了论坛研讨会。本次论坛内容包括“台湾地区乃至国内外观光休闲农业发展趋势与海南的借鉴选择”等十多个议题，旨在充分挖掘农业的文化、生态、观光、休闲、旅游等多重功能，推动旅游休闲农业又好又快发展，促进农村产业结构转型，推进新农村建设；深化琼台农业合作，探讨以“区域对区域”合作为基础的“共建琼台观光休闲农业”新模式，为建设琼台农业自由合作奠定基础；加快海南国际旅游岛建设，促进两岸“大交流、大发展、大合作”。来自海峡两岸的专家学者、政府官员、院校师生和中央驻琼媒体、海南省内主要媒体的300名嘉宾参加论坛开幕仪式，海南台商代表、国内外院校教授等17位专家学者作了交流发言。

6月19日—25日，由台盟中央与国台办等相关国家部委、福建省人民政府以及台湾相关民间机构，共同主办的“第二届海峡论坛”在福建举行。全国政协副主席、台盟中央主席林文漪，全国人大常委、台盟中央常务副主席汪毅夫出席开幕式。作为论坛的重要分活动之一，台盟中央还参与举办了“第二届海峡论坛·平潭旅游开放开发研讨会”。6月19日—21日，研讨会在福州隆重举行。此次研讨会由国家旅游局和福建省人民政府联合举办，台盟中央支持，福建省旅游局、平潭综合实验区管委会共同承办，台盟福建省委协办。国家旅游局副局长杜江，台盟中央秘书长张宁，福建省旅游局局长郭恒明，平潭综合实验区党工委副书记、管委会副主任杜源生等领导出席了研讨会。来自联合国世界旅游组织、加拿大、韩国、日本、台港澳以及清华大学、中国旅游研究院等18位境内外知名旅游专家学者，以及闽台旅游业界和院校代表100多人齐聚一堂，纵论平潭旅游开放开发。本次研讨会以“平潭旅游开放开发”为主题，以两岸“共同规划、共同开发、共同管理、共同经营、共同受益”为目标，以打造具有国际竞争力的海岛旅游休闲胜地为重点，以实地考察与专题研讨相结合，组织境内外专家学者、业界代表就平潭旅游开放开发发展模式、《平潭综合实验区旅游专项规划》等内容进行深入研讨。研讨会期间，与会专家、学者围绕“平潭旅游开放开发”主题进行探讨，为充分发挥福建独特的旅游资源和对台区位优势，加快平潭综合实验区旅游开放开发步伐，就平潭旅游开发的核心资源及潜力分析，平潭旅游产品定位及创新开发，平潭旅游开放开发合作机制构建，平潭旅游开放开发的发展模式及可行路径等内容展开了广泛而深入的交流。平潭岛作为福建省第一大岛、中国第五大岛，地处大陆距离台湾最近的区域，旅游资源景观独特，旅游发展前景广阔，是海峡西岸经济区和“海峡旅游”品牌的一颗璀璨明珠。研讨会的各项成果，为推动平潭综合实验区旅游的跨越式发展、为完善“海峡旅游”产品体系提供科学的决策依据，奠定坚实基础。会议期间，组委会还组织与会嘉宾赴平潭深入牛寨山、坛南湾、石牌洋等各景点进行实地调研考察。

6月22日，由台盟中央、台盟福建省委、贵州省毕节地区行署主办的“贵州毕节试验区招商引资推介会”在福州市世纪金源大饭店召开。来自贵州省毕节地区的9个县、市、区有关负责人、海峡两岸的60多位企业家参加了推介会。会议由台盟中央秘书长张宁主持。他表示，台盟作为有着鲜明“台”字特色的参政党，致力于密切两岸各界交流合作，并注意充分发挥民主党派联系广泛的优势，推动毕节地区招商引资工作。此次借助海峡论坛的平台邀请台湾岛内和福建省的企业界人士和毕节试验区的有关负责人共聚，就是希望进一步加深了解，深化合作，将发达地区先进的技术和资金优势与毕节地区的资源优势结合起来，促成更多合作，创造互利双赢。台盟福建省委副主委陈宜安在致辞中倡议福建省企业踊跃到毕节投资兴业，加强两地合作共谋发展。贵州省毕节地委副书记、行署专员张吉勇向与会企业家全面介绍了毕节地区的资源分布、基础设施建设和招商引资工作情况，热情邀请海峡两岸的企业界人士到毕节考察、投资。毕节试验区是1988年6月由时任贵州省委书记的胡锦涛同志亲自倡导并报经国务院批准建立的毕节“开发扶贫、生态建设”试验区。其中，赫章县是台盟中央对口帮扶的重点县。自上世纪80年代起，台盟中央就组织全国台盟的力量对毕节地区和赫章县进行帮扶。台盟福建省委多年来积极参加台盟中央对贵州毕节地区的扶贫工作，并先后捐资近50万元用于该地区的饮水、茅草屋改造工程、小学校建设等扶贫项目。通过台盟中央及台盟福建省委的组织与牵线，此次推介会成功签约基础设施、工业、煤及煤化工、能源、建材、旅游服务等产业项目17个，项目总投资21.2亿元。

7月18日—24日，由台盟中央主办，台盟福建省委会承办，台盟厦门市委会、台盟漳州市委会、台盟南平市委会、厦门大学统战部、厦门市思明区委统战部协办的“2010年台南大（中）学生海西乡土文化研习营”在福建省举行。在7月19日的开营式上，全国政协政协常委、台盟中央副主席黄志贤出席并讲话、宣布开营。他代表主办单位台盟中央向研习营师生表示热烈欢迎。他说，福建是台湾岛内近80%民众的祖籍地，在福建举办以“血脉相连、海西乡土文化之旅”为主题的“2010年台南大（中）学生海西乡土文化研习营”是一项非常有意义的活动，有助于增进台胞青年对祖国大陆历史文化的了解和认识，亲身体味两岸同根同源的手足之情，进一步认识祖国大陆的社会经济发展和改革成就，进一步增强对祖地文化的了解，共同承担弘扬中华文化，促进两岸交流合作，建设共同家园，造福两岸人民的历史责任。开营式由台盟中央联络部副部长潘新洋主持。台盟福建省委副主委江尔雄，台盟厦门市委主委陈昭强、副主委陈紫萱以及中共厦门市委统战部副部长曾汉中、党派处处长郑成贵，厦门大学党委副书记陈国凤、统战部部长林辉等参加了开营式。此次研习营共有来自台湾南部的75名大中学师生参加，他们于7月19日至24日在厦门、南平武夷山、漳州南靖分别研习闽南文化、朱子文化、客家文化。厦门是此次活动第一站，营员们参观厦门大学、游览南普陀、胡里山炮台等风景古迹、参观环岛路等市政建设项目。台南大（中）学生海西乡土文化研习营是继2008、2009年夏季连续两次成功举办后，第三次邀请来自台湾南部、从未到过祖国大陆的大中学生来闽研习。“台南大（中）学生海西乡土文化研习营”的影响不断扩大，现在已发展成为台湾青少年了解福建、认知祖国的重要窗口，成为两岸青少年交流沟通的重要平台。

8月18日—19日，由农业部、台盟中央和重庆市人民政府共同主办，重庆市农委、重庆市台办、台盟重庆市委和北碚区人民政府承办的“台湾农民创业园实践与发展”研讨会在重庆市北碚区举行。全国政协副主席、台盟中央主席林文漪，全国政协常委、台盟中央副主席黄志贤，农业部总经济师陈萌山，中共重庆市委常委、常务副市长马正其，市委常委、统战部部长范照兵，市政协副主席吴家农，以及农业部、国务院台办、台盟中央和市政府相关部门负责人出席开幕式。林文漪在研讨会开幕式上致辞。林文漪强调，中华民族自古以来以农业为主脉，几千年历史长河创造了辉煌的农耕文明，海峡两岸的农业发展延续了中华民族的悠久传统。两岸交流从无到有、蓬勃发展，共同推动了中华文明不断的传承与创新，增进了两岸同胞的友谊。林文漪表示，随着两岸经济合作框架协议（ECFA）在重庆的签署，将有更多台湾特色的农产品进入大陆市场，也为两岸农业深化合作开拓了空间和领域。台湾农民创业园作为两岸产业技术人才荟萃的平台，近年来，在推动两岸农业合作转型升级中，发挥了重要的作用，也为入园的台企带来了实在的利益。相信在当前两岸大交流、大合作的背景下，台湾农民创业园一定会更好地发挥集聚和扩散的功能，推动海峡两岸农业合作，共同谱写交流与合作的新篇章。马正其在致辞中表示，悠悠华夏数千年，海峡两岸是一家。重庆与台湾有着特殊的历史情结，渝台的交流合作源远流长。重庆市自成为直辖市以来，渝台两地的经济文化交流更为紧密，宽领域、多行业的渝台经贸合作格局逐渐形成。马正其表示，重庆台湾农民创业园将坚持“以台为主、以农为主”的发展定位，极力打造集现代农业、示范、休闲、观光为一体的特色台湾农业创业园。重庆将深化两岸经济合作框架协议和两岸知识产权保护协议，创造性地构筑两岸常态化的交流平台，将两岸经济合作的新模式、新成果运用到农业农村发展的实践中。台湾财团法人二十一世纪基金会董事长高育仁，台湾农民创业园荣誉顾问孙明贤，以及海峡两岸从事农业管理、教育、研究、开发、生产的相关部门负责人和专家学者，相关省市台办和台湾农民创业园管委会负责人、部分台商代表，共计200余人参加会议。在开幕式后的研讨会上，两岸专家学者分别围绕“台湾农民创业园实践与发展”、“农业专业合作社发展与农业服务体系建设”、“拓展农业功能与休闲农业发展”、“农产品产销履历制度与农产品可追溯制度”等主题进行了专题发言，开展了互动交流。台盟中央副秘书长兼研究室主任宋淼，台盟中央常委、台盟重庆市委主委李钺锋，台盟中央常委、台盟吉林省委主委王天戈，台盟上海市委副主委王中，台盟重庆市委副主委骆亚非、许沛，以及广东、海南、云南、南京、成都等部分台盟地方组织代表参加了研讨会。

9月19日，第二届“两岸乡村座谈”在江苏省昆山市举行。全国政协常委、台盟中央副主席黄志贤出席并代表台盟中央在开幕式上致词。本届两岸乡村座谈以“促进基层农渔民交流，推动两岸现代农业合作”为主题，力求以两岸现代农业合作为切入点，切实推动两岸农业交流深入基层、深入乡村、深入渔区，使活动成为两岸农渔业互利共赢的桥梁，更成为传递两地人民友谊的纽带。活动内容包括，嘉宾致辞、主题报告、大会交流、两岸乡村结对子签字仪式以及实地考察等。农业部副部长高鸿宾、总经济师陈萌山、海峡两岸农业交流协会会长于永维，江苏省副省长黄莉新，国台办交流局局长李维一以及台湾省农会总干事张永成、台湾财团法人二十一世纪基金会董事长高育仁等出席。台盟中央副秘书长、研究室主任宋淼参加。来自海峡两岸农渔业领域的业界人士、专家学者以及政府官员近300人参加了上述活动。

9月25日，由台盟中央和上海市政协共同主办的“2010年沪台城市发展与合作论坛”在上海举行。全国政协副主席、台盟中央主席林文漪，上海市政协主席冯国勤，中国国民党副秘书长张荣恭出席开幕式并致辞。上海市政协副主席李良园、吴幼英，台湾世界凤凰文化基金会董事长周海伦出席开幕式。开幕式由台盟中央副主席、台盟上海市委主委杨健主持。林文漪说，上海世博会倡导低碳环保的理念，汇聚了来自世界各地包括海峡两岸最新的环保理念、科学技术和实践案例，是世博会历史上的一个创举。本次论坛正是希望乘上海世博会的东风，集聚两岸专家学者与业界人士，共同推动沪台两地在科技环保、城市环境治理等方面率先开展合作，以期为实现两岸经济结构转型升级发挥示范和带动作用。作为由生活在祖国大陆的台湾人士组成的参政党，台盟以服务国家经济社会建设和两岸关系和平发展为己任。在当前两岸关系进入大交流、大合作的新时期，台盟愿意为加快提升两岸经济竞争力，推动两岸共同走出一条绿色发展和可持续发展之路，发挥更加积极的作用。冯国勤在致辞中说，近年来，上海以筹备和举办世博会为契机，进一步加大了节能减排和环境保护力度，推动经济社会持续和谐发展和城市环境同步改善。加快建设资源节约型、环境友好型城市已成为上海社会各界地共识。台湾作为低碳理念的积极践行者，在推广可持续城市发展成功实践和创新技术方面取得了令人瞩目的成绩。上海与台湾在发展低碳经济、建设低碳城市等方面有不少经验值得交流分享，有不少做法值得相互学习借鉴。上海市政协高度重视促进沪台合作，这次与台盟中央共同举办“沪台城市发展与合作”论坛，探讨未来城市发展模式，寻找建设低碳城市的路径，对进一步深化世博会主题，弘扬世博会成果，具有重要意义。希望大家畅所欲言，为促进沪台城市发展与合作，推动沪台交流交往，积极建言献策。张荣恭在致辞中说，此次论坛主旨在于让两地的专家提供沪台城市发展的经验，是一次高度专业性的交流。在当前两岸交流不断深入化、扩大化、群众化的同时，这次论坛为两岸交流再增加了专业化的特色，使两岸的合作更加具有全面性。两岸交流合作是顺天应人的大事好事，他必然能够形成两岸共创和平、共促稳定、共谋发展、共享繁荣的大好局面。此次论坛的主题是“环保——低碳城市的路径与选择”，上海市政府副秘书长尹弘、台湾台北县政府环境保护局局长邓家基、同济大学环保专家诸大建等5位专家学者先后作了主题演讲。下午，与会专家分别围绕“城市垃圾收集、运输与处置”和“低碳城市的路径与选择”两个议题展开讨论，共同为上海的环境保护和城市发展出谋划策，为促进沪台交流与合作贡献力量。上海海外联谊会、市政府台办、市政协港澳台侨委员会、台盟市委、市妇联、市台联、市社联、嘉定区政协、上海市政府各有关部门、各区县政府、各高校研究院所和来自岛内环保领域的官员、专家学者和企业界人士共250余人出席了论坛。

10月25日，台盟中央、全国台联、中国社会科学院和海研中心在北京台湾会馆共同举办“纪念台湾光复65周年学术研讨会”。全国政协副主席、台盟中央主席林文漪，国台办副主任、海研中心主任孙亚夫，中国社会科学院副院长李扬，全国政协常委、台盟中央副主席吴国祯出席。中央统战部副部长尤兰田在研讨会上致辞。全国人大常委、全国台联会长梁国扬代表主办单位致辞。全国人大常委、台盟中央常务副主席汪毅夫主持会议。尤兰田说，历史昭告世人，台湾从被割让到光复这段历史无可辩驳地证明，台湾从来就是中国领土神圣不可分割的一部分。台湾同胞与大陆同胞是血脉相连的命运共同体，是任何力量无法分割的。台湾的前途系于两岸关系和平发展，系于中华民族伟大复兴。尤兰田表示，我们将继续按照先易后难、先经后政、把握节奏、循序渐进的思路，务实推进两岸关系发展进程，安排好两岸协商的步骤，力争取得更多实际成果，同时要为今后破解长期困扰两岸关系发展的政治难题积极创造条件、积累共识、预作准备。我们期待两岸双方按照两岸经济合作框架协议的规划，实施早期收获计划，成立两岸经济合作委员会，启动各项后续议题协商，开始新一轮两岸经济合作，造福两岸同胞，提升中华民族整体利益。尤兰田强调，要更广泛、深入、持久地推动两岸大交流，使两岸同胞进一步增进相互了解，融洽彼此感情，共享两岸和平发展的成果，不断为两岸关系和平发展注入蓬勃生机。两岸同胞应当不断增强对中华文化和中华民族的认同，在此基础上克服偏见误解，摈弃历史恩怨，超越政治分歧，凝聚推动两岸关系和平发展的共同意志，形成共谋中华民族伟大复兴的精神力量。梁国扬说，在被日本殖民统治50年的苦难岁月里，台湾同胞从来不甘心做亡国奴，从来不愿意从祖国分离出去。为推翻日本殖民者的残暴统治，在大陆同胞的支援下，台湾同胞进行了可歌可泣、不屈不挠的英勇斗争，有65万人牺牲罹难，涌现出许多名垂青史的爱国英雄。可以说，台湾同胞抗日的时间最早，抗日的时间最长，条件极为艰苦，牺牲极为惨烈。台湾同胞反抗日本殖民统治的历史，在中华民族波澜壮阔的反侵略斗争史上写下了浓墨重彩的一页。梁国扬指出，台湾光复是两岸同胞共同团结奋斗所取得的伟大胜利，这一胜利强化了两岸人民血脉相连的民族纽带，揭示了中华民族始终无法分割、永远不能分离的历史渊源。两岸人民在反侵略斗争中积累的宝贵历史经验和精神财富，是激励中华儿女战胜一切艰难险阻、不断奋发进取的强大动力。梁国扬强调，两岸同胞应当铭记历史教训，真诚携手合作，持续推动两岸关系和平稳定发展，才能为两岸带来共同繁荣，才能为两岸和平统一创造条件，进而实现真正意义上的全民族的伟大复兴。研讨会分三个议题进行了研讨：一是台湾是中国领土不可分割的一部分的法理和事实不容改变；二是台湾同胞在反抗日本殖民统治、参加全民族抗日战争中发扬了爱国爱乡的光荣传统，为抗战胜利作出了贡献；三是两岸同胞共同努力，构建两岸关系和平发展框架，开创两岸关系和平发展新局面，共创中华民族美好未来。来自海峡两岸的专家学者王晓波、汪朝光、孙若怡、戚嘉林、徐博东等先后在研讨会上发言。各主办单位领导和工作人员及两岸专家学者共60多人参加了会议。

10月25日，“福州船政文化与近代中国海军史研讨会”在福建会堂隆重召开。研讨会由台盟中央指导，台盟福建省委、福州市政协、福建省社科联、福建省文史馆共同主办，中国社科院台湾史研究中心、福建师范大学社会历史学院、福州海峡两岸交流协会、台盟福州市委、福州晚报社、福马海军联谊会联合协办。全国政协副主席、台盟中央主席林文漪给大会发来贺词。全国政协常委、台盟中央副主席杨健，福建省政协副主席叶家松出席。福州市政协主席陈扬富主持研讨会开幕式。林文漪在贺词中说，福州船政文化历时140多年，在中国近代海军史、造船史、航空史、教育史、工业史、思想文化史等方面都留下深刻的印迹，它促进了中国近代化进程，其历史地位是不可磨灭和替代的。林文漪指出，研讨会开幕恰逢台湾光复65周年纪念日，举办以“福州船政文化和近代中国海军史”为主题的研讨会十分必要也极有意义。来自海峡两岸的船政精英、船政名人后裔与专家学者齐聚福州，进行研讨与座谈，并实地参观了位于福州马尾的中国船政文化博物馆和马尾造船厂。他们研讨福州船政在创立、发展、壮大近代中国海军进程中发挥的独特作用，从历史与现实的角度挖掘福州船政与台湾的渊源，再度证明两岸同根同源、兄弟情深的真实。研讨会还收到来自海内外三十余篇近20万字论文并结集出版，多角度探索了福州船政在中国近代海军史的重要地位以及在抗击外侮、保卫中国海疆中发挥的重要作用，特别是对福州船政在保卫、开发和建设台湾中重大贡献的探讨也有新发现和新观点。中共福建省委统战部常务副部长翁卡，福州市委常委、副市长朱华，台盟中央副秘书长兼研究室主任宋焱，台盟福建省委副主委简少玉、陈宜安、江尔雄和福建省台盟各地方组织负责人，专事研究福州船政及近代中国海军史的两岸专家学者，福州船政学堂及后来福州海军学校培养出来的将领，沈葆桢、丁日昌、魏瀚、严复、叶祖、萨镇冰、黄钟瑛、陈兆锵、蒋拯、林建章等船政精英的后人代表，以及刘冠雄、吕文经、曾国晟、陈季良、贾凝禧、杨世甲、高宪申、梁序昭、黄炳承、任兆贵等福州著名海军世军的代表等250余人参加了研讨会。

11月16日，由福建省人民政府、台盟中央等有关方面联合主办的“第四届海峡两岸茶叶博览会暨武夷山茶节”在世界自然与文化遗产地——武夷山隆重开幕。应邀参会的嘉宾近万人，其中大陆参展商达500多家、台湾参展商100多家，采购商1000多家。全国人大常委、台盟中央常务副主席汪毅夫出席，台盟中央副秘书长兼研究室主任宋焱，台盟福建省委副主委江尔雄、原副主委陈正统，台盟中央联络部副部长潘新洋，台盟南平市委主委简少玉、副主委陈培仁参加。

12月2日，由台盟中央科教医药交流委员会和中华口腔医学会共同主办，台盟上海市委、沪港澳台口腔医学交流协会和同济大学儿童口腔医学研究所共同承办的“两岸医务交流论坛”在福建省厦门市国际会展中心举行。来自两岸四地的200多位口腔医学界人士围绕着行业发展和合作开展了探讨。台盟中央副主席、台盟上海市委主委杨健出席，台盟中央常委杨思泽、台盟厦门市委主委陈紫萱、台盟泉州市委主委骆沙鸣、台盟上海市委秘书长李碧影和台盟中央组织部副部长蔡国斌、联络部副部长唐涓参加。

12月4日，由国务院研究发展中心、台盟中央、经济日报社等单位指导，国务院发展研究中心管理世界杂志社、台盟福建省委、中华工商时报社、台湾竞争力论坛学会等单位共同主办的“第四届海峡经济区高层论坛”在福建省福州市举行，来自海峡两岸的知名专家学者就“先行先试：ECFA后海峡经济区的新机遇、新机制、新亮点、新探索”主题，研讨推动海峡两岸经济的融合发展。全国人大常委、台盟中央常务副主席汪毅夫出席，台盟福建省委副主委江尔雄参加。

二、参政议政

2010年是“十二五”规划编制的启动之年，常委会把为编制“十二五”规划建言献策作为全年参政议政的中心任务。年初，台盟中央确定了构建海峡经济区、引导台湾产业向中西部地区转移、建设辽宁沿海经济带、深化两岸农业合作、传承海峡西岸文化遗产以及保护涉台文物史迹六个年度重点调研课题。台盟各级组织也结合当地实际，选择了推动产业结构调整、建立基本公共服务体系等重大经济民生热点问题开展考察调研，全年共形成调研报告216份。

（一）积极参与政治协商

台盟各级组织积极参与国家及地方的重大方针政策和重要事务的政治协商，为推进决策的科学化、民主化作出了贡献。据统计，2010年全盟各级组织参加各级中共党委、政府召开的各种协商会、座谈会、情况通报会共计243次。其中，台盟中央领导参加由中共中央、国务院召开及委托有关部门召开的协商会、座谈会、情况通报会等24次，围绕着政府工作报告、“十二五”规划等重要文件，以及国民经济运行情况等事关国计民生的重大问题提出意见和建议。在集成台盟各级组织调研成果的基础上，台盟中央以国家发展大局与对台工作大局的结合为切入点，重点围绕国家区域经济发展战略、两岸经贸文化交流等全局性问题，渐次深入地提出政策建议，充分体现出台盟的参政党特色。

1月26日，中央纪委监察部召开向党外人士通报党风廉政建设和反腐败工作情况会议，向各民主党派中央、全国工商联负责同志和无党派人士通报党风廉政建设和反腐败工作情况并听取意见。台盟中央主席林文漪出席座谈会并发言。发言围绕进一步完善国有企业信息公开制度、通过法律形式对预防职务犯罪工作加以规范、加快推进检察机关提起公益诉讼制度等问题提出了具体建议。

1月29日，国务院总理温家宝在中南海主持召开党外人士座谈会，听取各民主党派中央、全国工商联负责人和无党派人士代表对即将提请十一届全国人大三次会议审议的《政府工作报告》的意见。台盟中央主席林文漪出席座谈会并发言。发言围绕大力发展循环经济、在海西经济区创建经济合作试点链、将台湾农民创业园构建成两岸农业合作的宣传推动平台、积极引导扶持台资企业开拓内需市场等问题提出了具体建议。

2月10日，中共中央在中南海召开党外人士迎春座谈会，邀请各民主党派中央、全国工商联领导同志和无党派人士代表欢聚一堂，共商国是，畅叙友情，喜迎新春。台盟中央主席林文漪出席座谈会并发言。发言围绕调整经济结构、加快中国文化与汉语的国际推广、推动两岸交流深入基层等问题提出了具体建议。

7月20日，中共中央总书记胡锦涛在中南海主持召开党外人士座谈会，就当前经济形势和下半年经济工作听取各民主党派中央、全国工商联领导人和无党派人士的意见和建议。台盟中央主席林文漪出席座谈会并发言。发言围绕推动西部地区产业结构调整和优化升级、加大力度推进城乡保障性安居工程、推动台湾海峡地区加快发展海洋经济等问题提出了具体建议。

8月16日，中共中央总书记胡锦涛在中南海主持召开党外人士座谈会，就中共十七届五中全会文件听取各民主党派中央、全国工商联领导人和无党派人士的意见和建议。台盟中央主席林文漪出席座谈会并发言。发言围绕更加注重经济社会协调发展、形成各具特色的区域经济战略布局、进一步以文化交流推动两岸融合等问题提出了具体建议。

11月30日，中共中央总书记胡锦涛在中南海主持召开党外人士座谈会，就当前经济形势和明年经济工作听取各民主党派中央、全国工商联领导人和无党派人士的意见和建议。台盟中央主席林文漪出席座谈会并发言。发言围绕进一步带动东北老工业基地全面振兴、推动构建绿色城市、进一步引导台湾产业和资本向中西部地区拓展等问题提出了具体建议。

（二）在全国政协会议上的发言和提案

全国政协十一届三次会议期间，吴邦国等中共中央领导同志参加了政协民革、台盟、台联界别的联组会，与委员们进行了面对面的交流。联组会上，台盟界别的委员立足于近年来参政议政和对台研究的成果，就加快海峡西岸经济区建设、鼓励台资西进、解决台资企业融资难等问题做了专题发言，受到与会中央领导同志的高度重视。吴邦国委员长特别对台盟作为参政党在国家经济社会发展中所做的工作，在推动两岸关系发展中所起的作用给予了充分肯定。会议期间，台盟中央共提交大会发言3篇。其中，全国政协委员、台盟重庆市委主委李钺锋代表台盟中央和全国台联作了题为“支持台资西进，密切产业合作，助推西部地区建立健全现代产业体系”的大会口头发言。发言提出了加大开发力度，为台资西进奠定基础；拓宽开放领域，为台资西进提供市场；深化合作交流，为台资西进拓展渠道；创新扶持政策，为台资西进提供支撑等政策建议。会议期间，台盟中央共提交党派提案21件，台盟组全国政协委员提交个人提案123件。其中，关于促进台湾农民创业园健康发展及创建海西区两岸特色经济合作机制试点链的提案被列入全国政协《重要提案摘报》；关于促进台湾农民创业园健康发展以及严厉打击涉农职务犯罪的提案得到回良玉副总理的批示，请中农办等相关部门参阅；关于推进低碳产业发展的提案入选提案办理协商会，与国家发改委、科技部等多家承办单位进行了面对面交流，共同协商提案办理。

全国政协十一届常委会第十次会议上，全国政协常委、台盟中央副主席杨健代表台盟中央作了题为“完善住房制度，扩大保障范围，帮助城镇更多困难家庭实现住有所居”的发言。发言提出，随着我国工业化、城市化、城乡一体化进程的快速推进，城镇住房保障需求人群激增。约占城镇住房需求总人数20%左右的新生代城镇居民、新就业大中专毕业生、进城务工常住农民等群体，其住房困难缺乏公共福利政策的支持和照顾，成为被住房保障制度忽视的“夹心层”。发言建议，创新发展住房保障体系，适度扩大住房保障范围，促进城镇普通群众的住房问题得到全面改善。发言提出了科学谋划，健全住房保障体系；以“租”为主，扩大住房保障范围；统筹兼顾，落实住房保障责任；多管齐下，筹集住房保障资金；积极探索，开展公共租赁住房建设试点；制定法规，加快住房保障法制建设等具体建议。

全国政协十一届常委会第十一次会议上，全国政协常委、台盟中央副主席黄志贤代表台盟中央作了题为“设立自由贸易区，加快东北老工业基地振兴步伐”的发言。发言提出，东北地区在国家振兴战略的引领下，虽然发展态势良好，但仍需要在改革开放力度、体制机制创新等方面有进一步的突破，尤其是迫切需要一个特色鲜明、充分体现创新和领跑效应的增长极和先行区。发言建议，“十二五”时期可以探索在大连长兴岛设立自由贸易区，推动体制机制创新，打造对外开放的新高地，以此引领东北老工业基地的振兴步伐。

（三）与政府部门、国家部委和司法机关开展联系合作情况

1. 与农业部签署合作备忘录

为充分发挥台盟的对台联络优势，台盟中央与农业部于2010年初签署合作备忘录，共同推动台湾农民创业园发展、推动两岸农业交流。为此，8月，台盟中央与农业部、重庆市人民政府共同主办了“台湾农民创业园实践与发展研讨会”，围绕着两岸农业合作中的热点问题，安排了形式多样的交流活动。海峡两岸农业界人士、全国25个台湾农民创业园管委会负责人，部分台商代表等200余人参加了研讨会。9月，台盟中央还与农业部、国台办以及江苏省人民政府，共同参与举办了“第二届两岸乡村座谈”，促进两岸基层乡村农渔民交流，产生了良好的社会反响。

2. 加强与司法部门的联系沟通

台盟中央重视加强与最高人民法院、最高人民检察院的联系和沟通，积极发挥参政议

政、民主监督的作用。2 月 9 日，最高人民法院召开各民主党派中央、全国工商联负责人和无党派人士座谈会，通报人民法院工作情况，征求对即将提请十一届全国人大三次会议审议的《最高人民法院工作报告》的意见和建议。台盟中央副主席黄志贤出席会议并发言，围绕推进两岸司法互助、加强两岸司法合作等问题提出了建议。12 月 23 日，最高人民检察院召开各民主党派中央、全国工商联负责人和无党派人士代表座谈会，听取对一年来检察工作的意见和建议。台盟中央就完善看守所法律监督体制、严厉打击涉农职务犯罪等问题提出了建议。

（四）专题调查研究

1. 党派大考察

为贯彻国家深入实施西部大开发战略的决策部署，因应两岸经济合作中台资西进的新趋势，台盟中央将 2010 年的民主党派大考察题目确定为“引导台湾产业和资本向西部扩展，助推西部产业结构优化升级”，并选择了重庆作为切入点。

为组织好这次调研，台盟中央作了精心准备，提前进行了“预调研”，确保调研工作的有序进行。4 月 12 日—13 日，全国政协常委、台盟中央副主席黄志贤一行四人赴重庆市开展预调研。自去年与重庆市人民政府签署合作协议以来，台盟中央充分发挥涉台工作资源优势，大力促进台资项目到重庆发展，先后多次深入重庆各地区，就促进“台资西进”开展调研，相关调研报告得到国务院领导和有关部委的高度重视。在重庆期间，黄志贤一行视察了台盟重庆市委的办公场所，看望了盟市委机关全体干部，听取了台盟重庆市委主委李钺锋有关调研工作的情况汇报，参观了特园中国民主党派历史陈列馆，考察了重庆台资信息产业园。13 日，中共重庆市委常委、统战部部长翁杰明会见了黄志贤一行，双方就加强重庆与台盟中央合作，共同打造台商在大陆投资第三集聚区进行了深入交流。翁杰明感谢台盟中央对重庆工作的支持，希望台盟中央一如既往关注重庆发展，推进渝台合作先行先试，帮助引进更多的台商来渝投资，共同推动两岸特别是渝台两地在更多领域开展交流与合作。黄志贤表示，重庆在推动两岸交流方面做了大量工作，取得的成效有目共睹，台盟中央将充分发挥自身特色，加强与重庆的合作，积极推动台资西进，努力促进渝台经贸、科技和文化交流深入发展。黄志贤代表台盟中央，向重庆市统战部多年来给予台盟重庆市委的关心、指导与支持表示感谢。台盟中央副秘书长、研究室主任宋焱，宣传部部长郑世凯等参加了调研。

经过充分的前期准备，5 月 20 日—26 日，全国人大常委、台盟中央常务副主席汪毅夫率领台盟中央考察团一行，赴重庆市就“引导台湾产业和资本向西部拓展，助推西部产业结构优化升级”开展了民主党派大考察活动。

5 月 20 日上午，台盟中央考察团与中共重庆市委、市政府及相关部门进行了座谈，中共重庆市委常委、统战部部长翁杰明出席座谈会并致辞。重庆市政府、市发改委、市经信委、市台办和西永微电子产业园管委会的负责同志在座谈会上分别介绍了重庆市经济社会发展以及渝台产业合作的相关情况。

汪毅夫代表台盟中央向中共重庆市委、市政府对此次大考察活动的高度重视和大力支持表示感谢。汪毅夫说，重庆与台湾有着深厚的历史渊源，1949 年之前从大陆去台湾的人员当中有数十万人曾在重庆为抗战建功，今天又有大批的台湾同胞来到重庆创业发展，为两岸交流合作做贡献。血缘亲情、故土乡情成为渝台经济文化交流与合作的纽带。近年来，渝台合作的进一步深化已成重庆经济社会发展的一大亮点。台盟中央去年已经与重庆市人民政府签署了合作协议，今后将继续在深入调研的基础上，把重庆市开展渝台合作的有益经验和意见建议通过高层协商会、政协会议等各种渠道，及时反映给中共中央、国务院以及有关部门，并进一步发挥参政党作用，积极为促进渝台交流合作，助推重庆产业结构优化升级献计出力。

调研期间，台盟中央考察团还赴西永台资信息产业园、北部新区和寸滩保税港区、北碚区台湾农民创业园等地进行了实地考察，赴九龙坡区和武隆县就农村、农业发展情况进行了深入了解，邀请了十余家在渝台资企业负责人召开座谈会、交换意见并参观了其中的部分企业。

全国政协常委、台盟中央副主席黄志贤，中共中央统战部、国务院台办、国家发改委、工业和信息化部、农业部等部门的相关负责同志，以及台盟中央参政议政工作委员会和部分台盟地方组织负责人等参加了此次考察调研活动。

在深入实地调查研究的基础上，台盟中央就推动中西部地区承接台资转移、完善台资企业入驻发展平台、完善相关金融服务以及交通物流配套等问题形成了一系列政策建议。其中，《关于优先发展信息产业，促进西部地区产业结构调整和优化升级的几点建议》以及相关调研报告报送中共中央后，多位中央领导同志都作出重要批示，请发改委、工信部、西部办等部门针对台盟的建议予以认真研究。贾庆林同志的批示还特别提到台盟“进行了深入调研，提出了积极建议”，对台盟开展的参政议政工作给予了高度肯定。

2. 区域经济发展专题调研

（1）2月2日，全国政协副主席、台盟中央主席林文漪赴崇文区就台资企业发展、台湾会馆建设等情况进行调研。

林文漪一行首先来到中共崇文区委、区政府所在地，同区委、区政府有关部门的负责同志座谈。中共崇文区委书记夏强同志向林主席介绍了崇文区的概况和近年来的发展，有关部门的同志汇报了崇文区台资企业经营与发展状况及台湾会馆整修、扩建的有关情况。会后，林文漪一行前往前门大街实地考察了台资企业天福茶庄。

林文漪对崇文区近年来取得的发展成就表示充分肯定。她说，崇文区在区委、区政府的正确领导下，通过全区人民的共同努力，经济、政治、文化、社会、生态文明各项建设事业全面发展，已逐渐成为特色经济繁荣、古都风貌彰显、生态环境优美、人民富裕安康的现代化都市文化休闲区。崇文区蕴含着深厚的历史和人文底蕴，近年来更加注重将弘扬传统文化特别是民间民俗文化与推动经济发展有机结合，经过修缮和改造后的前门大街，民族特点和古都风貌更加突出，传统文化和现代商业完美融合。林文漪强调，台湾文化是中国传统文化的重要组成部分，近年来，崇文区政府非常重视对台交流、合作的各项工作，为台资企业提供了优越的投资环境，成功引进了一批有影响的台资企业落户崇文、创新发展。台湾会馆的重建，更是崇文区为推动两岸交流、促进两岸关系和平发展作出的重要贡献，台湾会馆建成后，必将成为京台两地又一个重要的政治、文化、商务的交流合作平台。

林文漪表示，台盟作为台籍人士组成的参政党，始终坚持将服务国家中心工作与推动两岸关系发展相结合，把促进经济社会发展，推动两岸经贸文化交流和维护广大台胞合法权益作为使命与责任，努力作出自己应有的贡献。台盟愿意进一步发挥自身特色，积极推动崇文区对台各项交流合作的开展，为崇文区、为北京市经济社会更好更快发展尽一份力量。

台盟中央副主席黄志贤、秘书长张宁陪同调研。北京市台资企业协会会长林清发先生参加了调研活动。

（2）2月28日—3月2日，在首届海峡两岸闽南文化节隆重举办之际，全国政协副主席、台盟中央主席林文漪一行先后到德化、安溪等地调研。福建省政协副主席叶继革，台盟福建省委副主委江尔雄，中共泉州市委常委、统战部长王亚君，泉州市政协副主席、台盟泉州市委主委骆沙鸣以及德化县、安溪县等有关领导陪同考察。

在德化调研期间，林文漪实地参观考察了鼎晟红陶瓷有限公司、宏益陶瓷研究所、陶瓷博物馆和月记窑国际陶艺创作中心，了解德化陶瓷业发展情况，详细了解德化陶瓷产品研发设计、生产、销售、人才培养和用工等情况。在月记窑国际陶艺创作中心，林文漪详细了解了德化县底蕴深厚的陶瓷文化，亲身体验了陶瓷制作工艺，并欣然题词“古窑口新生命”。她勉励德化县要继续深入挖掘陶瓷文化，加快创意产业发展步伐，努力把月记窑国际陶艺创作中心打造成具有重大影响力的国际陶艺展示交流中心、国家级陶瓷文化产业基地和区域文化创意产业中心，最后还兴致勃勃地为政协德化县三十周年纪念活动题词“助力海西促发展以德治县化和谐”。

在安溪调研期间，林文漪参观考察了魏荫茶业、富华工艺品有限公司和八马茶业，了解安溪茶产业和藤铁工艺业发展情况。实地了解铁观音深厚的历史文化和精湛的铁观音制作技艺，听取了企业负责人有关铁观音的生产种植与加工、企业的创办与发展、生产经营理念、企业对铁观音传统制作技艺的传承与创新等情况的介绍。林文漪指出，闽南茶文化与台湾茶文化一脉相承，源远流长，她鼓励企业负责人要加强与台湾茶业界的交流和合作，促进中华茶文化的发展。调研期间，林文漪一行还登上凤山森林公园，感受安溪县悠久的文化历史、良好的生态宜居环境，了解安溪县经济社会发展、民俗特色、文物保护等方面的情况。林文漪对安溪县经济社会发展及在茶产业发展、非物质文化遗产保护等方面所取得的成绩给予了充分肯定，并希望安溪县继续努力，为促进闽台产业对接和互动发展、推动海峡西岸经济区进一步做大做强、推进两岸经济文化更紧密融合作出应有贡献。

（3）4月15日—19日，全国政协副主席、台盟中央主席林文漪赴河南省考察，并先后会见了中共河南省委书记卢展工，河南省政协主席王全书、副主席袁祖亮，中共河南省委常委、统战部部长刘怀廉，中共河南省委常委、洛阳市委书记连维良以及焦作市市长孙立坤，就台盟中央与河南省政协以及洛阳市政府、焦作市政府加强联系，共同开展相关调研工作达成初步合作意向。台盟中央副秘书长兼研究室主任宋燚、组织部副部长蔡国斌和联络部副巡视员唐涓随行。

（4）9月8日—11日，台盟中央副主席黄志贤率台盟调研组一行，赴辽宁省围绕辽宁沿海经济带开发开放情况开展专题调研。

通过与辽宁省政府、大连市政府有关部门的深入座谈，以及在大连长兴岛临港工业区的实地考察，台盟中央形成了“十二五时期探索在大连长兴岛设立自由贸易区，推动体制机制创新，打造对外开放新高地”的初步设想以及相关政策建议。台盟中央认为，浦东、滨海、两江新区在拉动区域经济发展方面发挥了重要作用，同样，在东北建设一个充分体现创新和领跑效应的增长极，对于加快东北老工业基地振兴步伐，对于提高我国在东北亚地区的国际竞争力都将产生重大而深远的影响。

在深入调研的基础上，台盟中央于10月召开的全国政协十一届十一次常委会上，作了题为“设立自由贸易区，加快东北老工业基地振兴步伐”的大会发言，为国家区域经济协调发展提出许多务实性和前瞻性强的建议。

（5）11月17日—22日，全国人大常委、台盟中央常务副主席汪毅夫，全国政协常委陈明义等一行12人赴闽进行海峡经济区港口群专题调研。调研组考察了厦门国际邮轮中心、海沧保税港区、五通码头，漳州古雷开发区、古雷2#码头、二甲苯（PX）项目，泉州石狮石湖港和福州福清江阴港（福州新港）等主要港区及重点建设项目，了解海峡经济区的港口群发展建设、产业布局现状，就两岸在港口及其相关产业发展中的互补与合作需求、两岸港口及相关海洋资源整合等进行调研。

在厦期间，调研组一行听取了相关情况介绍。11月18日下午，就调研议题进行了座谈。厦门市港口局、交通委、海洋渔业局、航空港集团、港务集团、远洋集团、海投集团等单位介绍了厦门港口和海洋发展情况，并就加强厦台两地港口和海洋的合作与交流提出了建设性意见和建议。汪毅夫表示，台盟中央近年来一直关注海峡西岸经济区的发展，并为此进行了相关调查研究和努力推动工作。台盟中央一直把推动海西经济区建设作为自己内部的事务，今后仍将这项工作视为我们义不容辞的责任，切切实实地做些实事。

11月20日，调研组一行赴泉州，调研考察海峡西岸经济区港口。调研组一行考察了石狮石湖港太平洋集装箱码头，并与泉州市相关部门进行座谈，听取泉州港对台航线运行情况及存在瓶颈问题的汇报，就如何整合两岸港口及相关海洋资源、节约运营成本，更好地发挥对台港口优势，做好两岸在港口及其相关产业发展中的互补与合作等问题进行深入交流。

11月22日，调研组在福州召开座谈会，听取由福建省委统战部、省台办、省发改委、省交通厅、省海洋与渔业厅、福州海关、福建出入境检验检疫局、福建海事局及福州市交通局、港务局等部门的情况介绍。

在闽期间，汪毅夫还在厦门为台盟盟员作《台盟的光荣历史和光荣传统》专题报告，近百名在厦盟员听取报告。

台盟中央参政议政委员会主任孙南雄、原台盟福建省委会副主委陈正统、台盟中央副秘书长兼研究室主任宋焱、台盟中央联络部副部长潘新洋、台盟福建省委副主委江尔雄、骆沙鸣、陈紫萱，福州市政协副主席、台盟福州市委主委郑建闽以及厦门大学有关专家学者、台盟中央机关工作人员等也参加了在闽的调研活动。

3. 保护涉台文物史迹专题调研

为加强涉台文物史迹的保护和利用，进一步展现海峡两岸历史文化渊源，增强台湾同胞的民族认同，6月5日—10日，全国政协常委、台盟中央副主席吴国祯率领台盟中央调研组一行五人赴上海、浙江和南京，就“加强涉台文物史迹文化内涵的开发与展示”开展专题调研。

6月5日，吴国祯一行与上海文物管理部门、台盟上海市委等举行了座谈。台盟上海市委副主委王中、高美琴，秘书长李碧影以及台盟上海市委部分基层组织负责人、机关干部近20人参加座谈并发言。吴国祯在座谈中强调，台盟中央将在整合利用丰富的涉台文物资源方面进行持续深入的调研，形成有参考价值的成果报送国家有关部门，最终推动涉台文物在两岸人文交流中发挥应有作用。

6月7日上午，吴国祯一行与浙江省文物局进行了座谈。台盟浙江省委副主委陈清玲，省台联副会长郑博光及盟中央、台盟浙江省委等有关同志参加。浙江省文物局副局长吴志强根据“加强涉台文物史迹文化内涵的开发与展示”课题要求，详细介绍了有关情况。吴志强谈到，近年来，在各级政府的高度重视和在社会各界的支持下，涉台文物保护与利用工作取得了积极的成果。如杭州连横纪念馆的建立，金华台湾义勇队旧址的修复等，为扩大两岸交流发挥了积极的作用。吴国祯表示，文化交流包括文物、宗教等交流，是联系两岸同胞民族情感的重要纽带，台湾人自称河洛人，在看到黄河时不管政治立场如何，都会心潮澎湃。与经济交流相比，文化交流能更深层次影响岛内的统独势力，甚至政局变化。岛内台独势力一直鼓吹的“去中国化”本质是去除两岸共同历史记忆。因此，加深台湾第二代、第三代对历史理解，基础工作是文化交流。台盟将会协助文物局不断推动涉台文物的保护与利用工作。浙江是南宋古都，有非常好的条件开展涉台文物的交流，白蛇传的歌仔戏在岛内家喻户晓。吴国祯强调，文化是永恒的，只有开阔历史视野，融合两岸历史记忆，才能增进两岸同胞相互了解。在浙期间，吴国祯一行还参观了连横纪念馆，在仔细参观每个展厅后，吴国祯对纪念馆提出了两点宝贵意见，一是建议纪念馆增加1748年作巡台御史白瀛呈供乾隆皇帝御览手绘台湾全岛地图，二是增加乾隆提写的台湾嘉义地名两个重要内容。

在南京期间，调研组先后参观了孙中山纪念馆、美龄宫等重要涉台文物史迹，并与南京市有关职能部门和专家学者召开了座谈会，就涉台文物的内涵、保护和开发的重要意义、目前存在的主要问题等进行了研讨交流。吴国祯指出，要加强对涉台文物的保护和利用，进一步发掘其文化内涵，充分发挥涉台文物在促进两岸文化交流上的重要作用，为海峡两岸和平发展贡献力量。

台盟中央副主席、台盟上海市委主委杨健，台盟浙江省委主委张泽熙，台盟南京市委主委胡有清，台盟中央参政议政工作委员会主任孙南雄等参加调研，台盟中央副秘书长宋焱陪同调研。

4. 城乡统筹专题调研

10月13日—18日，以台盟中央副主席、台盟广东省委主委陈蔚文为组长的台盟中央调研组一行来到重庆，就农户万元增收、户籍制度改革等城乡统筹工作展开调研。

10月13日，调研组一行在重庆市政府召开调研座谈会。会议由市政府办公厅副主任凌凡主持。台盟中央副秘书长、研究室主任宋焱首先介绍了调研组一行此次调研工作的由来、主要安排和工作目标。重庆市农委、市发改委分别介绍了“两翼”农户万元增收、户籍制度改革情况，市公安局、市科委、市林业局、市供销合作社、市商委等相关部门也进行了交流发言。在随后进行的互动交流环节中，政府相关部门详细回答了调研组成员提出的了许多具体问题。

陈蔚文在座谈会上表示，重庆开展统筹城乡综合配套改革试验，既有战略意义，也有示范作用，尤其在“两翼”农户万元增收、户籍制度改革等方面成效显著。他说，“两翼”农户万元增收工程做好了，将带动第三产业的发展，要通过“两翼”农户万元增收工程，探索经济发展方式如何转变，研究怎样把城乡结合起来、把各产业调控起来，并且可以在农民中推广“订单农业”的经营模式，调动农民种植的积极性，提高农民的组织化程度和抵御市场风险的能力。他强调指出，台盟中央将积极把重庆统筹城乡配套改革试验中的经验、问题等向中央建言献策，重庆也应继续大胆探索创新，进一步研究新情况新问题，在更广层面、更深领域推动城乡统筹发展。

调研期间，陈蔚文率调研组一行还深入重庆市万州区、巴南区，实地走访了解农户万元增收、户籍制度改革等城乡统筹工作情况，并与当地政府部门和干部群众座谈交流。

台盟中央常委、台盟吉林省委主委王天戈，台盟中央常委、台盟重庆市委主委李钺锋，台盟重庆市委副主委许沛等台盟地方组织的负责人和机关干部参加了调研。

（五）反映社情民意

台盟各级组织注重通过信息等时效性强的参政议政形式，对经济社会发展以及两岸关系发展中的新情况新问题作出快速反应，及时提出意见建议，为政府分析判断形势提供参考。一年来，台盟各级地方组织为台盟中央提供信息素材300余篇，在此基础上，台盟中央综合编发《台盟信息》15期，《台盟社情民意信息》63期，《台盟情况反映》17期。其中，向全国政协报送的63期《社情民意信息》中，《关于完善廉租房退出机制的建议》、《重视三峡外迁移民“回流”现象，保持三峡库区稳定发展》、《关于进一步改进世博会运行工作的建议》、《关于修订中医执业医师考试及执业范围相关法规的建议》、《关于改善中等职业教育的建议》等信息被全国政协以综合形式采用并上报中共中央、国务院，或以转送稿形式采用，供国家有关部门参考。

为进一步加强反应社情民意信息工作，台盟中央高度重视信息员队伍建设，将其作为拓展信息来源、提高信息质量的重要基础。目前，台盟中央已在全盟各省级组织初步建立了一支信息员队伍，并通过信息化手段，通过内部通讯等方式培养信息员的政策水平、信息意识和政治敏锐性，使他们及时了解国家形势、政策等相关信息，特别是对台方面的形势和政策情况。

（六）开展民主监督

担任各级人大代表、政府和司法机关领导职务以及特约人员的盟员，充分发挥参政议政、民主监督职能。其中，担任全国人大代表的盟员，认真履行人民代表的职责，反映人民意愿，参与了台湾同胞投资保护法、工会法、妇女权益保障法等的执法检查和视察工作。担任国土资源部、公安部、教育部、审计署等部门特约人员的盟员，认真参加有关执法监督工作，发挥了参谋咨询作用和联系人民群众的桥梁纽带作用。

三、对台工作

2010年，台盟各级组织按照中共中央对台工作的统一部署，坚持对台联络“专、精、深、久”的工作方针，以推动两岸专业领域的交流合作为重点，广泛邀请接待岛内台胞代表人士，组织专题性赴台访问团，举办主题鲜明的两岸交流活动，为推动两岸大交流、大合作开展了大量卓有成效的工作。

（一）对台联络交流

一年来，台盟各级组织热情接待了海内外233批4222人次的台胞来访，全盟的对台联络工作呈现出层次清晰、特点鲜明、重点突出的立体格局。

1. 着力打造对台交流特色品牌，做台湾中南部民众工作

（1）强化与台湾医学界交流

2007年以来，台盟连续三年邀请台湾台南县市医师公会组团来大陆参访，与之建立了良好的联系。为进一步深化感情，今年6月30日—7月6日，应台盟中央再次邀请，以王正坤理事长为团长的台南县市医师公会参访团一行57人参访上海、北京。同时这也是台南县和台南市的医师公会首次联合组团参访大陆。在京期间，全国政协常委、台盟中央副主席黄志贤会见并宴请了参访团一行。7月1日，参访团来到上海瑞金医院，与院方进行了工作交流。台盟中央科教医药交流委员会会主任石四箴、台盟上海市委副主委高美琴出席了相关座谈活动。会上，瑞金医院朱正纲院长向团员们介绍了医院的基本情况，王正坤理事长也代表参访团向大陆的同行介绍了台湾健保制度的发展和运行情况。宾主双方还就关心的一些医学话题进行了专业讨论。7月4日上午，参访团在北京拜会了国务院台湾事务办公室和中共中央统战部。在座谈中，团员们踊跃交流，并重点就台湾医师在大陆开办诊所的可能性、大陆行医执照期限、在大陆开展巡回医疗救助、医疗长期护理机制机构的设立等问题提出了相关意见和建议。通过交流，团员们也切实感受到大陆有关部门对他们的关心和重视，同时也对大陆的政治体制和政府运行有了更进一步的理解。参访期间，团员们还重点考察了上海世博会，感受祖国大陆的发展与进步。

（2）连续举办台南大中学生海西乡土文化研习营

7月19日，由台盟中央主办、台盟福建省委承办的2010台南大中学生海西乡土文化研习营在厦门大学开营。全国政协常委、台盟中央副主席、两岸台胞民间交流促进会副会长黄志贤在开营式上致辞并宣布开营。研习营自2008年开始举办以来今年已是第三届，三年以来，研习营共计邀请了来自台南大学、台南大学附中的二百余名师生，到福建感受浓郁的八闽文化，领略高速发展的城市建设的魅力，并与厦门大学等高等学府的师生座谈联谊，不断增进台湾青少年对祖国大陆的了解和认识，加深两岸青少年的同胞情谊。

2. 深入持久做好传统联络对象的工作

台盟始终重视开展台湾原住民工作。今年6月，台盟中央继续邀请台湾原住民社会发展协会访问团一行21人赴上海、浙江参访。此次访问团成员大部分为台湾基层民众，从事高山茶、高冷蔬菜、温带水果的种植和观光休闲农业的经营。1970年后出生的年轻团

员占了近半。该团拜会了上海海外联谊会、台盟上海市委，以及浙江省委统战部、浙江省台盟、台联。台盟上海市委副主委高美琴和高山族全国人大代表、台盟浙江省委副主委胡亚芳等参加了交流活动，让团员倍感亲切。交流中，着重向台湾客人介绍了中国共产党的统一战线政策和我国多党合作制度，着重介绍了祖国大陆的少数民族政策和对台政策，让台湾原住民团体对大陆的政治制度、民族政策等有了正面的了解和认识。

8 月 4 日—11 日，继 2009 年后，台盟中央第二次邀请台湾桃园县教育辅导团一行 22 人赴北京市、内蒙古自治区参访，了解大陆教育事业发展及台商子女教育现状。台盟中央副主席黄志贤会见并宴请了参访团，就两岸文化及教育事业的合作与发展进行了友好交流。

今年国庆期间，台盟中央继续邀请所联系的台湾政治受难人互助会及工商企业界等台湾各界代表人士，旅居海外的台胞参加台盟中央国庆 61 周年参访团，使岛内、海外台胞亲身感受和了解祖国改革开放及社会主义现代化建设的伟大成就和新中国走向繁荣发展、民主进步、文明开放的光辉历程。

3. 挖掘联络资源，重点做台湾代表性人士工作

近年来，台盟中央认真贯彻中央关于“做台湾人民工作”、促进两岸人民大交流的战略思想，一方面继续做好已建立联系的老朋友的工作，另一方面注意发掘新的联络资源，努力拓展工作渠道，广交新朋友，并着力与台湾各领域代表性人士建立联系，下功夫做台湾高层人士工作。

今年 5 月 22 日—29 日，台盟中央邀请由高雄应用科技大学校长、太平洋文化基金会副执行长吴建国先生带领的美国加州大学伯克利分校校友团和由台湾新竹清华大学医环系兼任教授苏青森先生带领的台湾新竹清华大学校友团一行 32 人共同组团到北京、上海参访。参访团的成员中包括台湾著名大学的学者，知名企业的高层人员、前政府官员，各位团员在各自的领域打拼，已成为台湾社会的中坚力量。在为期八天的行程中，参访团拜会了中央统战部、台盟中央、上海市委统战部、台盟上海市委等单位，与同济大学就两岸文化教育合作问题交流座谈，并参观上海世博会。5 月 24 日，台湾新竹清华大学校友参访团到台盟中央机关拜会，林文漪主席亲切会见大家。林主席首先向各位乡亲介绍了台盟。她说，宝岛台湾是我们每一位盟员魂牵梦萦的故乡，台盟从成立之日起，就始终坚持努力为往来于两岸投资的台商、求学的台生、寻亲祭祖的台胞排忧解难，为海峡之间更深一些理解，多一点共识穿线搭桥。她以一位清华大学校友的身份深情的说：“我记得梁启超先生曾经说过，清华人当‘吸收新文明，改良我社会，促进我政治’，出膺大任，则应‘挽既倒之狂澜，作中流之砥柱’，希望我们能以此共勉，在彼此的事业中，在两岸关系前进道路上作出积极努力和贡献。”林主席亲切的话语引起了在场台湾清华大学校友们热烈的掌声。参访团成员表示，非常感谢台盟中央这次的邀请和接待，并希望今后能加强与台盟中央的交流，并与大陆的清华大学建立联系，两岸清华学子共同为发展两岸关系贡献力量。5 月 27 日，参访团拜会上海同济大学，就加强两岸教育、文化交流，大学课程设置、硕博点设立等问题座谈，并参观了同济大学环境科学和工程学院。台盟中央副主席、台盟上海市委主委、同济大学环境科学和工程学院教授杨健、及同济大学相关领导参加座谈。参访团成员在座谈中纷纷表示希望两岸进一步加强教育、文化交流，这对两岸民众来说都

是好事。除了拜会活动和专业交流，参访团特别参观了上海世博会中国馆、台湾馆，感受大陆经济社会发展成就。上海世博会的宏大与精彩；司马台长城的险峻壮观；碧云寺、卧佛寺的庄严雄伟；上海黄埔江的瑰丽繁华，朱家角古镇的古朴素雅都给参访团成员留下了深刻的印象。

（二）外事出访工作

在组团入岛方面，今年，台盟中央先后以教育、医疗、民间信仰、农业、妇女交流为主题，组织5批团组赴台专题访问考察。通过这些交流活动，密切了两岸民众间的感情，进一步加深了对于台湾社会的了解。

为进一步发挥台盟优势，推动两岸专业领域的民间交流，以同济大学环境科学与工程学院教授、台盟中央副主席杨健为团长的台盟教育参访团一行7人，于2009年12月30日—2011年1月8日赴台进行了为期10天的交流参访活动。在台期间，参访团拜会了台湾地区前“外交部长”、“监察院长”，现国泰人寿慈善基金会董事长钱复先生，并与钱复先生就两岸关系及台湾政局发展交换了意见。参访团还拜会了新党主席郁慕明先生及新党前“立法委员”谢启大女士。郁慕明先生向参访团介绍了新党的立党宗旨与发展现状，并与团员们围绕着两岸关系和平发展的有关问题进行了交流。参访团一行还访问了台湾开南大学、树德科技大学等高校。在开南大学，参访团了解到学校是由校友基金筹议创建，在专业设置上紧扣电子资讯、保健养生等当下社会热点需求，并鼓励学生在校期间考取专业证照，增强就业竞争力；在树德科技大学，参访团重点参访了设计学院，了解到学院立足产业发展需求，设置了流行设计、生活产品设计、建筑与室内设计等系所，以培养业界优先选用人才为目标，强调理论与实务均衡发展，强调学用合一。通过与台湾教育界的专业交流，参访团一行深入了解了台湾地区发展高等教育的做法与经验，并向台湾同行介绍了大陆教育事业的发展情况，双方都对共同推动两岸教育合作的前景充满了期待。此次台盟教育参访团中的很多团员都是第一次回到故乡台湾，大家动情地表示，“回家的梦想多年来始终在心头萦绕，随着两岸关系实现历史性转折，今天终于得以圆梦。衷心地希望两岸能够共享持久和平，两岸骨肉能够早日团聚。”

应中华医疗科技协会的要求，1月17日—26日，台盟中央副主席陈蔚文率台盟中央医学交流团一行9人赴台，对台湾医疗卫生机构进行为期10天的参访考察。在台期间，参访团一行拜访了长庚纪念医院台北分院、林口总院、嘉义分院，花莲佛教慈济综合医院等。在长庚纪念医院台北分院、林口总院、嘉义分院，大家详细了解了长庚纪念医院的建院初衷和工作流程，知道了长庚纪念医院是王永庆先生为纪念其父王长庚先生而建，目的就是为了让普通民众看得起病，看得好病；了解到长庚纪念医院是岛内第一个住院不需要保证金的医院，至今，岛内医院都已基本取消交纳住院保证金制度，维护了患者的利益；长庚纪念医院还专门成立疑难杂症如癌症、肝病等治疗中心，把相关科室的医生集中到一处，努力做到为患者全面、系统、有效的治疗，让大家印象深刻。在花莲佛教慈济综合医院，大家被慈济巨大的规模、有效的动员力深深震撼，被慈济众多义工以慈济为家、积极奉献的精神感动，慈济医院不以赢利为目的，处处为患者着想的宗旨和服务意识让大家印象深刻。此次参访团很多团员都是第一次到台湾，有些团员虽然以前到过台湾，但是这次的印象更加深刻。谈起家乡，大家纷纷表示，两岸同胞亲情割不断、还相连，祖国大陆政治稳定，经济发展迅速，只要两岸多交流、多交往，台湾同胞对大陆的隔阂和误解一定会逐渐消除。大家相信，两岸的未来一定更美好。

4 月 24 日—5 月 3 日，由台盟中央副主席黄志贤为团长的访问团一行 4 人赴台出席“2010 海峡两岸保生文化祭”系列活动。期间，黄志贤先后出席迎青礁慈济祖宫保生大帝活动、“2010 海峡两岸保生文化祭”开锣仪式、保生大帝圣诞祭典等，参观台北大龙峒保安宫、台南学甲慈济宫，拜访政治事件处理协会、台湾原住民社会发展协会、台南县市医师公会等机构。台盟中央联络部副部长潘新洋陪同。

7 月 13 日—22 日，以台盟中央常委、台盟吉林省委主委王天戈为团长的台盟农业考察团一行 8 人赴台开展了为期 10 天的专题考察。考察团先后赴台北市农会、香格里拉休闲农场、龙云休闲农场等地进行了实地参观考察，并就台湾休闲农业发展情况开展了座谈活动。参访团取得了丰富的交流成果，为学习借鉴台湾休闲农业好的经验和做法提出了一系列有针对性的意见建议，达到了以专业交流为契机，深化两岸领域合作，密切两岸民众感情的参访目的。

12 月 9 日—18 日，应中华友好城市交流协会邀请，台盟中央组织妇女工作委员会赴台参访团，以两岸台胞民间交流促进会名义赴台交流考察。

此外，台盟中央还组团赴德国、法国等地访问，支持海外反“独”促统运动，进一步推动了与海内外台胞的交往。11 月 20 日—12 月 1 日，应法国华侨华人会、意大利中国和平统一促进会、德国华侨华人中国和平统一促进会的邀请，台盟中央组团赴法国、意大利、德国交流访问。此次为台盟中央首次组团赴欧洲访问，开拓了台盟与欧洲侨界、台胞社团的联系渠道。访问团拜会了中国驻德国大使馆、德国华侨华人中国和平统一促进会、法国华侨华人会、法国华商会、意大利中国和平统一促进会、意大利罗马华侨华人联谊总会等华侨华人社团，并与全德华人社团联合会、中国驻法国大使馆、法国中华会馆、中国驻意大利大使馆、意大利宋庆龄基金会等社团相关领导餐叙。参访团了解了在两岸关系和平发展的新形势下，欧洲侨界促进中国和平统一工作开展情况，听取了当地台胞对我对台工作特别是对台盟中央如何进一步紧密团结海外台胞、共同做台湾人民工作的意见建议。

（三）台情研究工作

结合台海局势和两岸关系的发展变化，台盟中央就 ECFA 签署后两岸关系发展面临的机遇和挑战、五都选举的新情况等热点问题，召开全盟范围的研讨会以及盟内专家、台湾问题学者、台生台商座谈会，从不同角度为政府决策部门提供信息和对策建议。同时，为提高盟员和机关干部的台情研究与分析能力，台盟中央还召开了全盟台情研究调研骨干培训班，为盟内从事具体工作的同志提供了一个学习交流经验的平台。台盟中央的《海峡快讯》、《台情分析》两份刊物，坚持快捷客观的特点，及时分析报道岛内重大事件，为涉台研究工作提供了丰富的信息和重要的参考。

四、社会服务

（一）积极参与贵州毕节试验区建设

台盟各级组织一年来认真学习贯彻全国政协贾庆林主席、中共中央统战部杜青林部长在“4·14”会议上的重要讲话精神，按照“统一战线参与毕节试验区建设联席会议第三次会议”的重要部署，在中共中央统战部的大力支持和统一协调下，紧密围绕“智力支持、改善民生、示范带动、生态建设”四大工程，整合资源，突出“台”字特色，重点在“改善民生、智力支持”两方面，进一步加大了工作力度。

1. 招商引资、捐款捐物，致力于改善民生

台盟中央着力发挥广泛联系台资企业的优势，为毕节试验区招商引资，致力于服务民生。一年来，台盟各级组织以及所联系的企业家、爱心人士向毕节地区赫章县捐助现金和物资共计353万元人民币，其中用于捐建卫生所20所，村级小学6所，教学设备720台。

年初，台盟中央主席林文漪在台盟中央机关会见前来新春拜会的毕节地区专员张吉勇一行时指出，可以在今年第二届海峡论坛召开期间，抓住海峡两岸企业家云集福建的机会，邀请毕节地区的各位领导到福建与部分台湾企业家及大陆的民间企业家见见面，商谈投资意向。经过近半年的周密准备，6月22日，台盟中央、台盟福建省委与毕节地区行政公署共同主办的“贵州毕节试验区招商引资推介会”在福州召开。此次会议邀请了海峡两岸70多位有实力的台商、闽商前来交流合作、洽谈项目。台盟中央秘书长张宁出席并主持会议。毕节地委副书记、行署专员张吉勇率毕节八个县市的主要领导出席会议并亲自推介毕节试验区。在此次推介会上，毕节地区和福建省的台商、闽商在基础设施、工业、煤及煤化工、能源、建材、服务业等各领域成功签约17个产业项目，项目总投资21.1亿元，辐射毕节八个县市。会议取得的丰硕成果，源于台盟中央充分发挥自身特色，努力将社会服务工作与对台联络工作紧密结合起来，利用海峡论坛这个大平台，展示毕节、推介毕节，从而有力的推进了毕节地区对台的招商引资工作。

2010年全年，台盟中央常务副主席汪毅夫、副主席黄志贤分别先后三次携台盟各级地方组织或联系的企业家亲赴毕节试验区，捐款捐物，慰问百姓，指导台盟支边工作开展。

5月27日—29日，“六·一国际儿童节”前夕，台盟中央副主席黄志贤赴贵州省毕节地区赫章县河镇海雀村慰问当地小学师生，并赠送书籍、日用品和体育用品等以祝节日快乐。在简短的“六·一”庆祝仪式上，黄志贤代表台盟中央向学校赠送价值1.2万元的书籍和体育用品，勉励同学们不断成长、天天进步，早日成为国家栋梁之材。学生代表向黄志贤副主席一行敬献了锦旗，对台盟中央多年来关心海雀少年儿童成长表示了深深地感谢。在海雀村，黄志贤一行在赫章县有关领导的陪同下，还考察了台盟中央援建的海雀村卫生室、茅草房改造、人畜饮水工程、沼气池建设等项目设施的运行情况，并实地走访农户，详细了解他们的生产生活情况，鼓励大家积极发展生产，走上致富道路。

9月24日—27日，全国人大常委、台盟中央常务副主席汪毅夫率队赴贵州省毕节地

区赫章县考察调研并开展扶贫活动。在黔期间，汪毅夫一行听取了毕节地区、赫章县工作汇报及招商引资优惠政策、优势项目介绍，赴台盟中央对口扶贫联系点赫章县，了解当地经济发展情况，考察当地有关镇村的新农村建设、民居改造等情况，专门就村级卫生室、村小学的选址建设进行调研，同时还走访慰问了台盟中央驻乡挂职干部和基层干部群众。9 月 26 日，在赫章县举行了对口捐建的捐赠仪式。全国政协委员、万利达集团有限公司董事长吴惠天捐赠价值 104 万元的 500 台学生电脑和 200 台点读机给赫章县的中小学校，许清池代表全国政协委员、福建恒安集团有限公司董事局副主席、首席执行官许连捷捐赠人民币 100 万元用于修建村级小学 5 所，泰禾（福建）集团有限公司董事长黄其森捐赠人民币 100 万元用于修建村级卫生室 20 所。台盟福建省委捐款 20 万元用于修建 1 所村级小学。参与捐赠的福建籍企业家都是全国知名民营企业家。他们艰苦创业多年，并在企业发展同步始终坚持回馈社会的慈善之举，于捐资助学、抗洪救灾、扶贫济困、捐赠兴办公益事业等活动中多有义举，表现出民营企业家高度的社会责任感和致富思源、富而思进、扶危济困的精神。对此次的捐赠善举，企业家们都表示：支持西部地区建设，既是配合国家西部大开发战略的实施，也是企业家服务社会、回馈社会的应有之举，今后将积极参与西部地区的投资开发建设工作，同时积极牵线搭桥，让更多福建的企业家直接和深入的了解毕节试验区，寻求合作商机，进而达到互惠互利合作共赢的目的，切实为毕节试验区、为西部地区的跨越式发展作出更多的贡献。中共贵州省委常委、省委统战部部长龙超云在贵阳市会见了汪毅夫一行。台盟中央秘书长张宁、台盟中央两岸关系研究委员会主任陈正统、台盟福建省委副主委江尔雄及台盟中央、台盟福建省委有关工作人员等参加陪同考察调研。

11 月 22 日，台盟中央副主席黄志贤邀请台商黄一钟先生与台盟机关一行 6 人来到毕节地区赫章县进行工作考察。考察期间，黄志贤副主席代表上海市 300 多名盟员以及青年钢琴家毛翔宇先生向赫章县教育系统捐资 6.924 万元。他说，近年来，台盟中央发挥民主党派优势，致力于赫章的发展，见证了赫章的可喜变化，我们感到很欣慰。今后，台盟将举全盟之力，进一步加大帮扶力度，助推赫章的经济社会发展迈上一个新台阶。考察期间，黄志贤一行专程看望在赫章挂职的两位台盟干部，详细了解了他们的办公、住宿和生活情况，结合赫章县领导的反馈，黄志贤对他们挂职期间的表现给予了充分的赞扬和肯定。同时，黄志贤一行还实地查看了野马川镇“同心水窖”工程的实施情况。台商黄一钟也实地考察了该镇农特产品加工工业园区建设情况，初步了解赫章县的投资环境。

此外，台盟中央常务副主席汪毅夫非常关注海雀村儿童的学习情况，他个人继 2008 年、2009 年后，第三次通过中国红十字会总会以个人名义向毕节地区赫章县河镇彝族苗族乡海雀小学捐款 1 万元整，用于资助该校贫困学童。另外，针对今年初的贵州省旱情，台盟中央从并不宽裕的办公经费中拿出 10 万元捐助赫章县，全力支持赫章人民抗旱保粮。

2. 智力支持，着重改善教育环境

台盟中央积极联系台资企业威盛电子（中国）有限公司，就赫章县中学的电教室、校园网络和远程教育建设予以帮扶支持。2010 年，威盛电子公司向赫章二中捐赠了价值 10 万元的 20 台电脑设备，建立“中国优生优育协会摇篮工程威盛中国芯成长数字营贵州赫章分站”。分站建成后，威盛电子公司与赫章二中的教师一起逐步开展各项计算机基础知识培训及活动，组织学生参加由工业和信息化部电子信息司、卫生部科技教育司等单位联合主办的《中国儿童青少年计算机表演赛》，搭建了赫章县青少年儿童学习现代信息技术的平台，对改善赫章二中的办学条件、推进学校信息技术教育和多媒体教学、促进青少年的健康成长等方面均起到积极作用。

（二）发挥对台联络及资源优势，积极促进豫台合作

为充分发挥台盟的对台联络优势，支持台资向内陆转移，更好地服务于国家中部崛起战略，2010 年，台盟中央选择将河南省焦作市作为工作联系点，组织台商赴焦作开展实地考察，切实推进豫台合作。

8 月 30 日，《台湾民主自治同盟中央委员会联络部与河南省焦作市人民政府关于建立合作关系的协议》签字仪式在北京举行。全国政协副主席、台盟中央主席林文漪，河南省人民政府副省长宋璇涛出席。签字仪式暨项目推介会由中共焦作市委书记路国贤主持。签字仪式暨项目推介会前，全国政协副主席、台盟中央主席林文漪会见了河南省人民政府副省长宋璇涛一行。林文漪说，台盟作为参政党，积极参加中央高层协商，把台盟调研的成果和地方工作中总结的好经验向有关部门予以反映，努力建言献策。河南的同志提出中原经济区的概念，希望台盟中央多调研，就中原的经济发展向中央建言。我们愿为促进河南经济的发展多做努力。全国政协常委、台盟中央副主席黄志贤，河南省人民政府副省长宋璇涛分别代表台盟中央和中共河南省委、河南省政府致辞。黄志贤表示，台盟是由台湾省人士组成的参政党，与岛内经济、科技、文化等领域都有着密切的联系。近年来，台盟不断加强与各级政府部门和社会各界的合作与互动，积极推动台胞到祖国内地投资兴业，促进地方经济发展和民生改善。台盟中央将进一步加强与焦作市的联系，努力搭建焦台两地经济合作平台，促进两地经济优势互补，创造互利双赢。宋璇涛表示，豫台经贸合作领域逐步拓宽，对台招商引资工作成效明显，台商投资园区建设得到加强，台商权益保护工作效果良好。此次，台盟中央联络部和焦作市人民政府签订合作协议，并在这里举行项目推介，不仅是一次有益的尝试，为中央部门与地方政府的合作探索了一种新的模式，而且作为一个良好的开端，为双方进一步加强交流合作、实现互助互利打下了坚实的基础。在项目推介会上，中共焦作市委副书记、市长孙立坤介绍了焦作市的经济社会发展状况和招商引资的重点项目。河南省及焦作市相关领导、台盟中央有关部门负责人及部分在京台商参加了此次活动。

为进一步落实台盟中央联络部与焦作市人民政府签订的关于建立合作关系的协议，10 月 16 日—18 日，台盟中央副主席黄志贤携北京市台资企业协会人士一行 14 人赴河南省焦作市考察调研。10 月 17 日，焦作市委副书记、市长孙立坤会见黄志贤一行，双方进行了亲切友好的座谈。黄志贤说，此次来焦作市考察很高兴。焦作市历史悠久、文化厚重，焦作市委市政府带领焦作市人民不断辛勤努力、开拓进取，经济社会建设高速发展。今年 9 月，台盟中央联络部与焦作市政府签订了合作协议，非常关注焦作市的对台招商引资工作开展情况。此次台盟中央邀请北京台资企业协会多位领导、台资企业家来焦作考察，就是为了让台湾企业家深入了解焦作，为下一步的项目对接及台盟中央在焦调研工作打下基础。相信在台盟中央与焦作市的共同努力下，双方的合作一定会取得实际成果，实现互利

双赢。孙立坤对黄志贤一行表示热烈的欢迎，表示焦作市委市政府高度重视与台盟中央的合作协议，已及时成立高规格的领导小组，规划台湾工业园，酝酿出台具体的对台招商引资优惠政策，营造良好投资环境。相信在台盟中央的大力支持下，台资企业一定会在焦作这片热土上成功投资创业。座谈会后，黄志贤一行先后考察了焦作市工业产业集聚区、部分在焦投资企业，及焦作市台湾工业园区建设情况，重点了解了台资企业投资环境。

（三）开展捐资救灾等社会服务工作

今年，我国遭遇了异常气候和玉树强烈地震、舟曲特大山洪泥石流等严重自然灾害。在各种灾害面前，全盟表现出了高度的政治责任感和使命感。广大盟员、机关干部以及所联系的台湾同胞积极行动，采取捐款捐物等方式救助灾区群众。据不完全统计，台盟各级组织共向灾区捐款捐物合计近百万元。

4 月 19 日，台盟中央在机关礼堂举行“台盟中央机关职工向青海玉树地震灾区捐款仪式”，并在仪式开始前集体肃立为青海玉树地震中遇难的同胞默哀以示哀悼。台盟中央主席林文漪、常务副主席汪毅夫等未能出席仪式的领导委托专人代为捐款，台盟中央副主席黄志贤、秘书长张宁出席捐款仪式。台盟中央机关、台海出版社全体干部职工慷慨解囊，踊跃捐款，场面十分感人。离退休老同志也纷纷送来捐款，积极奉献爱心。此次募集善款共计 17180 元，已通过中国红十字会总会送往青海玉树地区，帮助灾区人民抗震救灾、重建家园。4 月 21 日，台盟中央专职主席办公会议在机关举行。台盟中央主席林文漪、常务副主席汪毅夫、副主席黄志贤出席会议，台盟中央秘书长、副秘书长列席会议。会议开始前，与会人员全体起立，神情凝重，为青海玉树地震中遇难的同胞默哀三分钟，表达广大盟员对玉树地震中遇难同胞的哀悼之情。

8 月 7 日夜 22 时左右，甘肃甘南藏族自治州舟曲县发生特大泥石流灾害，给灾区人民的生命财产造成了巨大的损失，灾区的情况时刻牵动着台盟中央全体人员的心。8 月 15 日，台盟中央降半旗，对甘肃舟曲遇难同胞表示深切哀悼。8 月 17 日，台盟中央在机关礼堂举行向甘肃舟曲灾区捐款仪式，并在仪式开始前集体肃立为甘肃舟曲特大泥石流灾害中遇难的同胞默哀。全国政协副主席、台盟中央主席林文漪，全国人大常委、台盟中央常务副主席汪毅夫，全国政协常委、台盟中央副主席黄志贤专门委托工作人员交来爱心捐款。台盟中央秘书长张宁、副秘书长吴国华及台盟中央、台海出版社全体工作人员踊跃捐款。包括台盟中央原副主席田富达、李敏宽等在内的很多离退休老同志不顾年迈体弱、路途遥远，特地从家里赶来捐款，奉献爱心。此次募集善款共计 19020 元，已通过中国红十字会总会送往甘肃舟曲地区，为帮助灾区人民抗害救灾、重建家园尽绵薄之力。

五、自身建设

台盟各级组织坚持把加强自身建设作为一项基础性工作扎实推进。一年来，通过把树立和践行社会主义核心价值体系活动与切实加强自身建设紧密结合，广大盟员进一步增强了坚持中国共产党领导、坚定走中国特色社会主义政治发展道路的信念和决心。

截至 2010 年底，台盟共有省、直辖市组织 13 个，市级组织 23 个，盟员 2518 人，10

年内发展 103 人。台盟盟员在人大、政府、政协、司法部门任职情况和担任特约人员的情况如下：在人大方面，全国人大常委 2 人，代表 13 人；省级人大常委会常委 13 人，代表 18 人；市级人大常委会副主任 3 人，常委 16 人，代表 27 人；县级人大常委会常委 5 人，代表 16 人。在政府及司法机关方面，中央司局级 2 人，地方厅局级 7 人。在政协方面，全国政协副主席 1 人、常委 6 人、委员 25 人；省级政协副主席 3 人、常委 28 人、委员 76 人；市级政协副主席 3 人、常委 49 人、委员 145 人；县级政协副主席 5 人、常委 39 人、委员 79 人。

（一）开展树立和践行社会主义核心价值体系活动

一年来，台盟各级组织高度重视开展树立和践行社会主义核心价值体系活动。台盟中央成立了由主席担任组长的领导小组，向全盟印发了《关于开展树立和践行社会主义核心价值体系活动的意见》和《台盟盟员社会主义核心价值体系专题学习问卷》。通过组织讲座、报告会、内部交流讨论、宣传典型经验以及参观考察等不同形式的活动，全盟树立和践行社会主义核心价值体系活动取得了显著成效。其中，以盟史教育为切入点，台盟中央组织机关中青年干部撰写了一批具有较高质量的盟史研究文章，集结成书，并赴重庆、天津、陕西、北京、湖北等地方盟组织开展了一系列宣讲活动，使盟员进一步加深了对台盟与中国共产党团结奋斗历史进程的了解，不断传承弘扬老一辈坚定的政治信念和光荣的爱国传统。

此外，台盟中央还开展了一系列专题调研。4 月 2 日—4 日，全国政协常委、台盟中央副主席黄志贤一行五人在浙江省开展调研，与台盟浙江省委领导座谈，征求“开展树立和践行社会主义核心价值体系活动”与“上下联动、进一步加强宣传工作”的意见建议。4 月 3 日，在“征求意见座谈会”上，张泽熙、陈清玲向盟中央调研组具体汇报了台盟浙江省委基本情况、组织发展情况、近年来的主要工作和今年的工作安排，并结台盟浙江省委实际，对即将在全盟开展的“树践活动”提出了意见、建议。会上，黄志贤作了讲话。他指出，台盟浙江省委班子对开展树践活动有一个很好的认识，对盟员的情况、动态了解深入，对台盟浙江省委今后的发展，有想法、有思路、有行动，各项工作开展扎实有效。这对进一步制订和完善盟中央关于“树践活动”的指导意见，很有参考价值。开展树立和践行社会主义核心价值体系活动，是今年各民主党派加强自身建设的重要举措，是对政治交接学习教育活动的进一步深化，对于进一步动员和凝聚各方智慧和力量，维护好、建设好、发展好中国特色的社会主义政治发展道路具有十分重要的意义。他说，开展“树践活动”，要与各地方盟组织的思想建设实际紧密地结合起来，有针对性地开展教育，把盟员的思想统一到中央的精神上来。要与各地方盟组织的组织建设实际紧密地结合起来。针对台胞人数少，分布散，人才储备不足的现状，进一步挖掘、发展、总结、宣传台胞队伍中的优秀人才。要与各项具体工作紧密地结合起来，把“树践活动”融入到时势学习、对台交流、扶贫帮困、参政议政等各项具体工作中，做到两促进，两提高，不断开创学习教育的生动形式，努力推动盟组织建设的发展进步。调研组一行还考察了杭州玛瑙寺连横纪念馆、台盟浙江省委曾提案呼吁保护的杭州西溪湿地国家公园。全国政协常委、台盟浙江省委主委张泽熙，台盟浙江省委副主委兼秘书长陈清玲全程陪同调研。4 月 4 日—

5日，全国政协常委、台盟中央副主席黄志贤率台盟中央调研组一行五人赴上海就如何“开展树立和践行社会主义核心价值体系活动”及“如何进一步做好宣传工作”等两个主题开展调研。5日上午，台盟上海市委召开调研工作座谈会，全国政协常委、台盟中央副主席杨健、黄志贤出席。台盟上海市委副主委王中、高美琴、吴敏，秘书长李碧影，各基层组织主委、副主委及机关处级干部共20余人参加会议。会上，高美琴代表上海台盟汇报了近年来台盟上海市委宣传工作的主要情况。黄志贤在会上讲话，他指出，社会主义核心价值体系是社会主义意识形态的体现，是中华传统文化的体现，我们要进一步继承和发扬。我们要围绕一系列重大历史事件和重大的社会活动、结合实际开展树立和践行社会主义核心价值体系活动。在工作中要注意挖掘先进人物和先进事迹，同时善于总结和提高，使其成为先进典型，通过总结来教育和激励全体盟员共同进步。台盟上海市委副主委吴敏主持会议。在沪期间，黄志贤还专程看望了台盟上海市委老领导石四箴同志。

为推动树立和践行社会主义核心价值体系活动深入开展，台盟中央召开了全盟宣传思想工作会议，为各地及时总结交流经验搭建了平台。台盟中央的盟刊、网站开辟专栏，选登相关文章，为地方组织和广大盟员掌握信息、提出建议提供了窗口。同时，台盟中央还与人民日报、人民政协报、团结报等媒体积极沟通，刊登了主席、副主席的署名文章，并及时报道相关活动情况和理论研究成果，有力地扩大了台盟的社会影响。

（二）组织建设

在中共各级党委的大力支持下，安徽、辽宁等台盟地方组织建设与江西等地盟员发展工作取得了一定进展，后备干部队伍建设和人才培养的力度也不断加强。台盟中央与中共中央统战部联合举办了首期中青年干部多党合作专题研究班，还举办了组织工作干部培训班等，为盟员干部创造学习提高的机会，取得了良好的效果。台盟中央还首次编发了《台盟组织工作文件汇编》，有力地推动了组织工作的制度化、规范化、程序化建设。

（三）机关建设

台盟各级组织的机关建设稳步推进。全盟办公室工作会议的召开，进一步明确了新形势下加强办公室工作的新思路和新举措，为全面加强机关建设打下了坚实的基础。今年7月份，按照中共中央统战部的统一安排，台盟中央选派了两名机关干部赴贵州省毕节地区赫章县挂职，进一步拓宽了机关干部实践锻炼的途径。

郑世凯　台盟中央宣传部部长
朱　焱　台盟中央宣传部处长
郭　婷　台盟中央研究室干部

学术会议　学术人物

学术会议

中国共产党党内民主建设经验学术研讨会

2010 年 5 月 14—16 日，由教育部人文社会科学重点研究基地山东大学当代社会主义研究所主办的基地年会暨“中国共产党党内民主建设经验”学术研讨会在山东大学举行，来自中央党校、中央编译局、中国社科院、北京大学、中国人民大学、华中师范大学、山东大学等 18 个单位的 40 余名专家学者参加了会议。

会议围绕建党 90 年来党内民主面临的困境与出路，党内民主发展的动力，党内民主的制度保障，巩固基层党内民主实验的成果，党内民主与社会民主的关系，借鉴国外政党党内民主建设经验等问题进行了研讨。

（一）中国共产党党内民主建设的历史经验与教训

部分专家学者对中国共产党建党近 90 年来在党内民主建设方面的经验教训进行了认真总结，对今后进一步加强党内民主、完善党内民主制度进行了深入思考，提出了一些建设性的对策与建议。

中央党校教授、山东大学当代社会主义研究所学术委员会主任赵曜在会议的主题发言中，结合中国共产党历史经验强调指出，党的建设是中国共产党克敌制胜的重要法宝，而党内民主建设则是党建工作的最重要内容之一。在发扬党内民主、完善党内民主制度的过程中，我们必须坚持马克思主义的指导地位，自觉划清马克思主义和反马克思主义的界限，紧密结合中国的国情、党情，推进党内民主建设的良性发展。

山东大学终身教授、当代社会主义研究所名誉所长赵明义在题为“关于我党现行党章中民主集中制问题的若干思考”的发言中，在对我党自建党以来所通过的 14 个党章中关于民主集中制的规定进行系统研究和分析后指出，在大多数党章中都强调党的民主集中制的基本原则是个人服从组织、少数服从多数、下级服从上级、全党服从中央，这显然只是体现了集中的原则，只是强调了服从，没有体现出党内民主的原则。因此，为全面体现和贯彻党的民主集中制原则，还应在这“四个服从”后面再加上体现党内民主的“四个监督”，即个人监督组织、下级监督上级、多数保护少数、全党监督中央。

国家行政学院教授许耀桐在提交会议的论文《民主集中制的实质及其与党内民主发展的关系》中，首先分析了人们对民主集中制实质的四种不同解读，认为列宁提出的民主集中制实际上是从民主制和集中制派生出来的，是民主制和集中制两部分的结合。在革命斗争时期，是其中的集中制起决定作用，民主集中制的实质只能是集中制；在革命胜利后，是其中的民主制大于集中制并将最终完全复归于民主制。因此，在社会主义建设时期，在共产党执政的条件下，民主集中制的实质必须归于民主制，必然是民主制，这一方面是对马克思主义关于共产党组织原则和制度规定的尊重和恢复，另一方面也符合列宁关于民主集中制未来发展方向的预示。

山东大学教授、当代社会主义研究所所长王建民在题为“我们时代的困境——中共党内民主问题及相关思考”的发言中认为，中国共产党在组织上具有双重性，它既是一个政党，同时也是一个国家化的组织。因此，党内缺乏民主的问题是由党的国家机器属性造成的，党内民主问题实质上是国家政治民主的问题，撇开国家机构民主建设而谈党内民主是没有意义的。我们所面临的时代困境是：一方面，我们没有发育良好的公民社会，也就没有从这种公民社会中产生的自发维系社会秩序和国家安定的力量；另一方面，执政党内以及整个国家政治生活的不民主，造成了非常严重的问题，已经和正在严重影响着社会安定和国家发展，长此以往必然威胁到国家的长治久安。而这类问题的克服，又只能依靠民主的发展，依靠从我们的社会中生长出对执政党和政府进行有效监督和制约的力量。

当代中国研究所研究员罗燕明在题为《再谈陈云与延安的干部审查制度》的发言中，结合延安时期陈云所创立的干部审查制度及其实践，以及后来康生对这一制度的破坏，探讨了党内监督与制约制度对党的组织建设的重要性。

陕西师范大学副教授任晓伟在题为“‘七千人大会’期间中国共产党对党内民主的思考”的发言中认为，“七千人大会”期间，中国共产党在总结“大跃进”以来的教训、加强对社会主义建设规律的认识方面取得重大成果，也在承认党的失误、发扬党内民主、开展批评与自我批评方面取得重大进步。但从以后历史的发展来看，“七千人大会”只是正确地提出了问题，并没有正确地探索到解决问题的方法。虽然大会提出了领袖的责任、广大党员群众对党的工作的批评、通过广泛的民主来保证正确的集中等重大问题，但却没有形成对党的权力的有效制度制约，更没有形成对党的领袖权力的有效制度约束，这是“七千人大会”留下的一个重要教训。

此外，还有学者对中央革命根据地苏维埃时期、华北临时人民代表大会时期中国共产党在党内民主建设以及处理党政关系方面的经验教训进行了回顾与总结。

（二）关于党内民主建设的理论探索

部分专家学者结合对历史与现实问题的考察，围绕加强党的民主建设、完善党内民主制度进行了理论思考，提出了自己的观点与见解。

山东大学政党研究所所长王韶兴教授在题为“当代中国民主发展的逻辑起点是社会民主而不是党内民主”的发言中，着重探讨了当代中国民主发展的路径选择问题。他认为，由党内民主经由党际民主、国家民主到社会民主，以及由社会民主经由国家民主、党际民主到党内民主，是中国民主发展的两条不同路径。在中国民主发展的总体布局中，比较而言，社会民主具有基础性、战略性和目的性。由于政党组织与社会组织的组织功能、利益结构和运行规范的不同，党内民主与社会民主的发生机理、内容构成和价值指向也不一样。在民主的具体形式上，党内民主对社会民主有一定的示范作用，但从根本上讲，当代中国民主发展的逻辑起点不是党内民主而是社会民主。

中央编译局世界所研究员季正聚在题为“党内选举制度存在的问题与完善对策”的发言中认为，中国共产党在选举方面存在的问题，首先表现为目前党内选举的有关具体条例还不够健全和完善，既有的一些条例规定也不明确或者不合理；另一方面，在党内选举过程中也存在着很多不符合民主要求的现象，如党内选举的运作方式不够透明、公开，直接选举的范围相对过小，差额选举的范围小、层次低、差额比例不大，候选人提名制度单一，党代会没能发挥最高权力机关的职能和作用，群众选民的比例太小等。为此，我们要在党的建设中采取各种科学、有效的措施，不断加以完善，使之更为科学、民主，如继续深化广大党员尤其是党的领导干部对党内选举的认识、在逐步推行直选的基础上扩大直选的范围、适当扩大差额选举的比例和范围、改进候选人提名方式、实施党代会常任制、建立健全与党内选举相配套的制度等。

中央编译局世界所研究员朱昔群在题为“科学的党内民主观”的发言中认为，发展党内民主要解决的是政党民主化的问题，党内民主就是在党内一切事务上全体党员拥有最终的决定权。党内民主必须符合民主的一般属性：多数的统治、对多数权力的限制、对少数和党员个体的制度保护、代表制及其程序化等。党内民主的核心是合法性和权力制衡。在中国共产党一党执政和党政不分的条件下，党内民主是人民民主的一种特殊形式，人民民主高于党内民主。

（三）关于新时期党内民主建设的实践

针对改革开放以来中国共产党党内民主建设在各个层面上的现实实践，一些专家学者进行了认真研究总结，既肯定了成绩，也指出了不足。

中国社科院农村所研究员于建嵘在题为“当前中国基层政治改革的困境和出路”的发言中，结合他近年来实地考察、调研的大量案例指出，从改革的动力、空间和制度化这三个方面来分析，可以说目前中国基层政治改革的困境是十分明显的，而要解决这些问题，首先需要对基层政治改革的重要性和必要性有一个基本的共识，同时需要有一些必要的制度安排，积极应对来自各方面的风险和压力。特别是，在基层政治改革中，县级政治改革是关键和核心。由于中国政治发展的非均衡性，在中国的大多数地区，形成了一个以县城为中心、周边包括众多农村而组成的县域社会，这构成了目前中国政治的基本单元。从中国政治发展的角度出发，目前的一个重要选择应以县级政权改革为突破口，建立自治性县政体制，改变目前的权力来源和责任体制；以强化国家的法制为基础，建立司法制衡制度，重构民众对国家威权的认同。

华中师范大学教授王建国在题为“改革开放以来党内民主建设的基本经验研究”的发言中指出，改革开放以来，中国共产党在30年的党内民主探索中积累了丰富的理论成果和实践经验，这是新时期党内民主建设的重要资源，主要表现在：不断解放思想，以理论创新引领党内民主发展；用发展的眼光看待党内民主建设；以健全的制度保障党内民主的健康持续发展；循序渐进，积极稳妥地推进党内民主建设；尊重党员主体地位，保障党员民主权利，夯实党内民主的基础；以党内民主带动人民民主，党内民主与人民民主互动发展等。

浙江省江山市委党校陈昂辉在题为“欠发达地区基层民主现状及思考”的发言中，

结合他在江山市部分地区的问卷调查数据，着重分析了农村村民自治和基层民主建设中取得的成绩和存在的不足。前者如村党支部作为村民自治领导核心发挥着重要作用，村民的民主素质和自治能力在自治过程中得到提升等；后者如民主选举有待进一步规范，民主管理有待进一步健全，民主决策有待进一步完善，民主监督有待进一步加强等。据此，他提出的对策与建议是：加强党的领导，确保村民自治健康发展；完善法律制度，确保村民自治科学有序；提升村民素质，夯实村民自治基础。

浙江省余姚市委党校吴小华在提交会议的论文《沿海发达地区坚持农村无职党员主体地位研究》中，结合在浙江一些地区的调查情况，对目前沿海发达地区农村无职党员主体地位落实中存在的问题、原因及对策进行了思考。她认为，在这方面存在的主要问题是：党员的主体意识比较薄弱，党员民主权利保障不到位，党员的主体作用发挥不充分。这些问题的产生，既有文化与制度方面的原因，也同党员整体素质偏低有关，同时还受到经济利益和社会风气的影响。为此，必须提高党员的主体意识，从制度上保障党员各项民主权利的落实，同时，各级党组织的高度重视也是实现农村无职党员主体地位的重要保证。

（四）基层党组织党内民主建设个案研究

部分专家学者和来自基层的理论工作者，对我国一些地方基层党组织特别是试点单位，在推进党内民主建设方面的经验进行了个案研究。

季正聚研究员在题为“成都市基层民主与党内民主建设调研报告”的发言中，介绍了成都市近年来在基层民主建设尤其是党内基层民主建设方面的一些先进经验，如：以公推直选乡镇党委书记为重点，完善民主选举；全面推行“三会”开放，促进民主决策；以“三务”公开为重点，推进民主管理；积极推行社会评价，搞好民主监督；积极建立保障党员主体地位的机制等。这些举措及制度创新收到了很好的成效，但也存在一些需要解决的问题：在民主选举方面，过于强调组织意图，有的选举是例行公事的“确认型”选举；在开放“三会”方面，宣传不够充分，开放的氛围不够浓厚，长效机制还没有建立起来；在“三务”公开方面，有些地方和单位领导重视程度不够，开放程度不够，公开的内容重点不突出；在民主评议方面，评议方式和程序不够科学合理，评议成本很高，相关的评议信息不够权威和准确，参会代表的综合素质和参政议政能力有待提高等。

浙江省温岭市委党校朱圣明在题为“党内民主恳谈之温岭地方经验”的发言中，介绍了由温岭市党组织首创的党内民主恳谈制度。2003 年以来，中共温岭市委在试行党代会常任制的过程中，将本地原创的民主恳谈方式引入党代会，为与会代表的意见表达和矛盾调处找到了一个有效的载体。2008 年 1 月，温岭市委出台了《关于党内民主恳谈的若干规定（试行）》，对党内民主恳谈的议题、召集人、对象、程序和结果的运用作了明确规定。实践表明，温岭市党内民主恳谈制度的创新之处在于，为党代会期间党内充分发扬民主找到了一个有效的途径，但其不足之处也是显而易见的：首先，仍然无法破解“精英政治”模式，目前在党代表的选举中，领导干部身份的代表比例远远高于普通党员代表；其次，仍然存在着恳谈议题虚化与泛化的现象，“民主恳谈是个筐，什么议题都往里面装”；再次，也会出现“众口难调”的问题，对于分歧较大的议案，尚需建立党代表投票表决机制等。

山东大学副教授马奔、四川农业大学副教授雷志敏，都以四川省雅安市党代表常任制和党代表大会年会制的试点工作为例，探讨了与党内民主建设相关的问题。马奔认为，雅安市实行党代表常任制以后，增强了党代表的党员意识和民主意识，促进了党委决策的科学化与民主化，提高了党代表和领导干部的责任心，激发了基层党组织的活力，巩固了党执政地位的合法性。雷志敏认为，雅安市在全国率先实行的党代表选举和罢免新机制，有利于保障党员的民主权利，有利于促进党内民主建设，并将有力地推进政治体制改革向纵深发展。

浙江省委党校的吴兴智在提交会议的论文《党内协商民主：运行机制与制度绩效》中，以浙江省椒江市党代表常任制的实践为例，探讨了党内协商民主这一新机制。他认为，所谓党内协商民主，就是将协商民主理论的原则、机制及原理运用到党内民主运作过程中形成的一种党内民主运行模式，意味着广大党员能够就共同关注或涉及共同利益的问题进行自由平等的协商，以达成共识或共同接受的决策、意见、方案。在椒江市党代表常任制 20 余年的实践过程中，其党内协商民主的运行得益于在制度保障、程序设计以及内容安排等方面的不断发展和完善，其党内协商民主的制度绩效在于寻求民主与威权的平衡。

（五）中国共产党与其他工人阶级政党党内民主建设之比较

还有一些专家学者对我党和国外其他工人阶级政党在党内民主建设方面的理论与实践进行了比较研究，并从中得出了有益的启示。

中央党校教授左凤荣在题为“新经济政策时期俄共（布）民主化建设的滞后及其后果”的发言中指出，列宁逝世后不久，新经济政策开始发生逆转，苏联开始向斯大林模式的社会主义过渡。发生这种逆转的原因很多，但党的建设和政治体制改革没有跟上经济改革的步伐是一个重要原因，这突出表现在俄共（布）未能改造成为一个民主的政党，未能实现党内民主化。可以说，俄共（布）民主化建设的滞后，直接导致了新经济政策的夭折和社会主义建设史上首次改革的失败。从这次改革失败中我们看到，经济改革必须与政治改革相配套，否则很难保证经济改革不发生逆转。

中国社科院马克思主义研究院副研究员于海青在题为“西欧共产党党内民主建设的经验与启示”的发言中指出，苏东剧变后，西欧共产党在不断扩大和完善党内民主的过程中走了两条不同的发展路径，因此在党建的实践成效上也呈现出两种截然不同的发展局面。一是以法共、意共、西共为代表，倡导在“民主运转”的原则基础上发展党内民主，但由于过分强调民主而在很大程度上忽视了集中，从而导致党内出现了严重的团结问题；二是以希共、葡共为代表，仍坚持民主集中制原则，但主张随着时代发展赋予这一原则以新的时代内容，由于兼顾了民主和集中问题，因而能比较平稳地推进党内民主建设，其政党自身的运行也良好。由此我们可以得出以下启示：必须根据时代变化以及党的处境和任务，积极通过扩大党内民主来探索使党发挥作用的有效组织形式；党内民主采取什么样的原则，是攸关党建成效的一个大问题，在党内民主建设中，集中和民主同等重要；党内民主建设要从本国、本党实际出发，稳步地、有计划地推进。

山东大学当代社会主义研究所教授崔桂田在题为“越共党内民主建设的新进展”的发言中，回顾了越共从 2001 年党的九大以来，在建立和健全党的各级代表大会制、中央委员会工作制、集体领导制、党内选举制、党务和信息公开制、质询制、干部交流制、基层民主制、权力监督制等党内民主制度建设方面的实践，并介绍了其为迎接2011年党的十一大而在党内民主建设方面推出的一些新理念和新举措，如营造党内民主建设的社会氛围、革新党的领导体制和领导机构、试点党代会直选省委书记、注重提高党支部的民主生活质量等。越共的这些举措，对于我党加强党内民主建设颇具启发。

山东大学当代社会主义研究所教授臧秀玲在题为“冷战后欧洲社会民主党的组织变革”的发言中谈到，冷战结束后，欧洲社会民主党为了适应变化了的国际、国内形势，在组织上进行了大刀阔斧的改革，如大众党特征减弱，“全方位党”特征突出；淡化阶级色彩，向中产阶级靠拢；成员作用减少，媒体作用突出；简化机构形式，强化中央权力；组织原则上实行直接民主与基层民主相结合；严格党的纪律，加强党的监督等。经过十几年的不懈努力，欧洲社会民主党组织变革的成效初见端倪，但也造成了一些消极影响，如党的长远目标被逐渐淡化、某些组织职能发挥的效果不佳等。因此，欧洲社会民主党在变革党组织的过程中，既有成功经验，也有失败教训，考察这些经验教训将有助于我们把握现代西方主流政党的最新发展变化，探讨政党执政的一般规律。

民盟贵州省委参政党理论研究工作会议

5月22日，民盟贵州省委宣传工作暨参政党理论研究工作会议在贵阳召开。会议总结了民盟贵州省委、各市（州、地）委员会（工委）2009年宣传工作暨参政党理论研究工作情况，学习了2010年盟中央思想建设和宣传工作会议、理论研究工作会议精神，讨论了如何进一步提高《盟讯》质量、如何发挥参政党理论研究小组的作用等问题，并布署了2010年盟省委宣传工作暨参政党理论研究工作。会议由民盟贵州省委副主委崔文玉主持。民盟贵州省委专职副主委冉霞、秘书长黄先明出席会议。民盟各市（州、地）委员会（工委）、省直属各基层委员会、各支部主委、副主委或宣传委员参加会议。

黄先明秘书长总结了民盟省委2009年宣传工作暨参政党理论研究的工作情况，并强调搞好宣传和理论研究工作首先要明确政治方向，在价值和思想多元的新时代，尤其要坚持共产党领导下的中国特色社会主义道路；要加强与社会各界的联系，同时每个盟员都要树立大宣传意识，树立盟的良好形象；要解放思想，要继承盟的有信念、有追求、说真话、敢想敢讲的光荣传统，发挥盟的特色优势，形成自已的风格；要上下一心，结合盟省委“学理论、学传统、学典型，参政议政比质量、促进发展比贡献”的“三学两比”活动推进的宣传和理论研究工作。

会议进行了小组讨论，一些同志提出了很多具有建设性的意见。贵阳、遵义、安顺、六盘水市委、民盟黔西南州委、民盟毕节工委分别在会议上总结交流了2009年宣传工作暨参政党理论研究工作情况。

民盟贵州省委专职副主委冉霞对2010年宣传工作暨理论研究工作进行了安排布署。她说，我们在总结经验的同时，要找到工作中的不足，在这些以下方面需要加强和突出：第一在认识方面，需要挖掘宣传和理论研究工作的深度，不断增强这方面的意识；第二在宣传和理论研究工作的模式化和程序化方面需要取得突破，在工作中要有创新、有理论、有文化，通过学习和研究取得效果；第三在利用现代媒体宣传方面需要加强，希望各地方能克服困难，把各级网站建立起来，加大宣传步伐；第四在队伍建设方面，希望各地方、各支部尽快建设一支有理论、有水平、重实效的宣传队伍。她强调，在宣传和理论研究工作中要把握方向性、认识重要性、增强联动性、讲究时效性、具有针对性、注重方法性。希望各地方委员会、各支部结合今年的“文化建设年”，把会议精神落实到今后的工作中，努力开创宣传和理论研究工作新局面。

中欧政党高层论坛

由中国共产党倡议并主办的首届中欧政党高层论坛5月24日—25日在北京举行。论坛期间，中共中央政治局常委李长春出席开幕式并发表了题为“加强政党对话，推动共同发展”的主旨讲话，中共中央政治局委员、中央书记处书记、中宣部部长刘云山和中共中央政治局委员、中央书记处书记、中组部部长李源潮分别出席有关活动。来自欧洲地区性政党、欧洲议会党团和部分欧洲国家主要政党的50多位高层领导人和政要出席论坛。

论坛期间，与会代表围绕“全球性挑战与中欧合作”的主题，就金融危机后国际经济金融体制改革与全球治理、气候变化与环保问题及中欧关系、中欧政党合作在中欧关系中的作用进行了坦诚深入的交流和探讨，取得积极成果：

一是增进了中欧双方的相互理解与战略互信。双方围绕国际形势、国际体系变革、全球性挑战及中欧关系的未来发展等重大议题广泛深入交流看法，增进了中欧相互理解与信任，为中欧在国际秩序改革过程中加强协调与合作、进一步深化中欧关系提供了动力。

二是在一系列重大问题上达成广泛共识。大家一致认为，当今世界正发生深刻变化，全球性挑战日益增多，各国需携手合作。新形势下，中欧之间的全面战略合作更加重要，双方的合作领域更加广阔。中欧政党可以在中欧合作中发挥重要的引导和促进作用，为中欧关系的健康稳定发展作出积极贡献。

三是携手推动中欧政党交流取得新进展。本次论坛是中欧政党间的首次高层论坛，是中欧政党交流中的一个创新性尝试，为中欧政党交流各自理念、交换对共同关心问题的看法、促进共同发展提供了重要平台。论坛的成功举办及中欧政党领导人在论坛期间开展高质量交流，进一步推动了中欧党际关系的发展，为促进中欧合作发挥了建设性作用。

民盟上海市委与上海市社会主义学院联合举办社会主义核心价值体系研讨会

由民盟上海市委、上海市社会主义学院联合主办，上海市统战理论研究会、民盟上海市委多党合作理论与盟史研究会协办的社会主义核心价值体系研讨会于2010年5月28日在上海市社会主义学院举行。市、区社会主义学院干部、教师，民盟盟员，市统战理论研究会和民盟多党合作理论与盟史研究会理事、会员等60余人参加了会议。

会议由上海市社会主义学院副院长、市统战理论研究会副会长张颖主持。上海市人大常委会副主任、民盟上海市委主委、市统战理论研究会副会长郑惠强，中共上海市委统战部副部长吴捷，民盟上海市委专职副主委沈志刚，秘书长方荣出席会议并讲话，另有七位同志在会上作了交流发言。

民盟上海市委主委郑惠强在会上指出，当前形势下民主党派树立和践行核心价值体系的现实性和必要性，最主要体现在“三个必然要求”：一是不断巩固多党合作共同思想政治基础的必然要求；二是继续做好政治交接的必然要求；三是进一步提高参政党履职能力的必然要求。树立和践行社会主义核心价值体系要与弘扬民盟优良传统紧密结合，与建设高素质参政党紧密结合，与履行参政党职能紧密结合。要在制度机制完善、人才培养、方法创新等方面狠下功夫，找准参政领域，突出民盟特色，注重调查研究，促进成果转化，不断提高参政议政的影响和成效。

民盟上海市委多党合作理论与盟史研究会会员、华东师范大学教授章义和，市社会主义学院教授、《上海市社会主义学院学报》副主编杨爱珍，民盟上海市委多党合作理论与盟史研究会会长、市社科院法学所副所长、市统战理论研究会理事殷啸虎，市社会主义学院教研室副主任、市统战理论研究会理事蒋连华，民盟上海市委多党合作理论与盟史研究会会员、上海大学研究员秦钠，民盟上海市委多党合作理论与盟史研究会会员、上海社科院思想文化研究中心研究员马驰等在会上共同讨论了社会主义核心价值体系的科学内涵、历史演进、现实目标和实践要求等，在对话中探索新形势下以核心价值体系引领民主党派工作的有效途径和方法。

会上，上海市政协理论研究会副会长兼秘书长徐海鹰就《论完善与改进人民政协在公民有序政治参与中的平台作用》、《发挥民主党派在人民政协中的重要作用研究》、《关于改革开放以来上海政协事业发展的特点研究》等三个课题的研究思路及大纲给予肯定，传达了专家评审对中标课题的意见，并同参会课题负责人就相关问题进行了初步探讨。民盟上海市委理论与盟史研究会将于近日召开课题论证及研讨活动，以着手推进相关工作的及时开展。

执政党与宗教学术研讨会

由中国社会科学院世界宗教研究所和江苏省委党校联合举办的“执政党与宗教：伊斯兰教与和谐社会”学术研讨会 6 月 9 日—11 日在南京举行，江苏省政协主席张连珍，省委统战部副部长、省宗教局局长王军，中国社会科学院世界宗教研究所党委书记曹中建，江苏省委党校常务副校长黄文虎教授，中国社会科学院世界宗教研究所所长卓新平研究员等领导出席开幕式，来自全国各地的 90 多位相关专家、学者参加了此次学术研讨会。

张连珍主席强调，在建设社会主义和谐社会的进程中，要发挥宗教在促进社会和谐方面的积极作用，努力发掘和弘扬宗教文化中有利于社会发展、时代进步和健康文明的内容，使信教群众和不信教群众团结起来，共同成为增进社会和谐的积极力量。爱国爱教的宗教团体和宗教界人士要自觉主动地发挥作用，坚决抵御境外敌对势力利用宗教对我国进行渗透，维护好我国的宗教和谐与社会和谐。

这次研讨会以伊斯兰教与和谐社会为切入点，围绕执政党与宗教、伊斯兰教与和谐社会、伊斯兰教与宗教对话、伊斯兰教的思想历程、伊斯兰教与国际政治、社会转型期的伊斯兰教等六个方面进行了有益的探讨。

民主党派如何树立和践行社会主义核心价值观研讨会

6月10日，中共中央统战部邀请六位民主党派专家学者代表，举行民主党派如何树立和践行社会主义核心价值观理论研讨会。中央统战部一局局长吴晓礼、副局长陈延武、副局长孙凌雁出席了会议。来自中国国民党革命委员会、中国民主同盟、中国民主建国会、中国农工民主党、九三学社等的廖继红、孙津、陆杰华、赵静、张人佶，以及中华人才思想道德网执行会长关乐原同志参加了会议，并就主题进行了发言。

各位专家学者分别就如何进一步明确民主党派的地位和职责，明确社会主义核心价值观的独特内涵、强化民主党派参政党意识、如何更好地履行参政议政职责、创新民主党派的各项自身建设、重视人才体制建设、加大党外干部培养和选拔力度等一系列问题发表了意见并进行了深入的探讨。

会上，中共中央统战部第一局局长吴晓礼同志表达了中国共产党充分支持各民主党派积极行动、树立和践行社会主义核心价值体系的态度，对各位民主党派的专家学者提出的建议表示感谢，并表示许多专家提出的问题已经列入统战部2010年工作重点之中，中国共产党和各民主党派将继续携手，继续加强和完善多党合作政治协商的基本政治制度，进一步做好执政为民。

政党联系民众的经验国际研讨会

由德国艾伯特基金会与上海行政学院政党研究所联合举办的政党联系民众的经验国际研讨会于6月11日在上海行政学院隆重举行。艾伯特基金会上海办公室主任鲁道夫·特劳普·梅茨博士和上海行政学院副院长杨俊一教授分别在开幕式上致欢迎词。

来自德国、墨西哥、日本、韩国、新加坡、中国等国的学者专家分别就不同国家、不同政党体系中“政党联系民众”所面临的难题、联系方法、采取的有效措施、发展趋向等问题做了深入的探讨。国外的专家分别就“政党与公民社会——共存、竞争与合作”、“欧洲的公民社会及其对党派和政府的作用”、“墨西哥：从一党独大到多党竞争的格局/公民社会的角色”、“新加坡：独大型政党制度下的去政治化公民社会”、“政治冷漠、选举参与及公民组织作用：以韩国为例”、“政治改革后的日本自民党：新瓶装旧酒”、“政党、入党动员和权利管理：德意志联邦共和国实证”等专题发表了主题学术演讲。中方学者就“当代中国党国关系的重构”、“构建政党联系民众的新基础——古美社区案例”、“党内民主与中国实践”等专题作了主题演讲。期间共有40多人次发言参加讨论和点评。

会议指出，不存在固定统一的政党模式适用于全世界每一个政党制度国家；不同国家的政党联系民众方面都存在不同程度的问题；对年轻一代缺乏吸引力成为很多国家政党面临的问题；让民众在政治参与中获得自身的利益是政党有效开展政治活动一种很好的渠道；政党制度的成熟与公民社会的成熟相辅相成等学术观点。

来自上海市委党校政党研究所的专家学者、复旦大学的教授、党校系统的学者、古美社区的干部等 80 人参加了研讨会。

中国印尼政党研讨会

在中共中央对外联络部的倡议下，在印尼各主要政党的热烈响应下，以“加强党际交往，促进中印尼战略伙伴关系发展”为主题的中印尼政党研讨会于 2010 年 6 月 24 日在北京召开。中印尼来宾共计 40 余人参加了研讨会。印尼驻华大使易慕龙亲率使馆外交官出席研讨会。参加研讨会的还有我国外交部、商务部、社科院、北京大学、中石油等政府、学术机构和企业。

中联部副部长艾平在开幕式上致辞，他指出：中国共产党与印尼各政党的交流已成为中印尼战略伙伴关系的重要组成部分，进一步深化中印尼政党的友好关系，将为新形势下两国关系持续、健康、稳定发展打下更为坚实的基础。易慕龙大使在致辞中热烈祝贺研讨会成功召开，并回顾了两国建交 60 年来所走过的不平凡历程，表示两国稳固的政治关系为进一步扩大双边各领域合作搭建起更为宽广的平台。政党作为民意的代表者，加强相互交流与合作将为推动双边关系发展发挥战略性作用。出席研讨会的中印尼来宾纷纷对两国政治关系、政党交往、经贸投资、人文交流等合作领域取得的巨大成绩给予高度赞扬，提出了很多的真知灼见。

研讨会达成了三项重要共识：一是中印尼关系是具有重要影响的双边关系，双方有责任维护好、发展好这对关系；二是中印尼各领域合作拥有广泛的发展前景，关键是要始终坚持互利共赢原则，把握发展主流；三是中印尼政党交往是促进两国关系的重要渠道，两国政党应为此作出自己的贡献。

政党制度与中国特色学术研讨会

“政党制度与中国特色——21 世纪初政党发展与变革”全国学术研讨会 7 月 8 日在京举行。会议就新世纪以来世界政党的发展趋势、政党制度比较与借鉴、政党体制转轨与政治转型、当代中国的政党制度建设等问题行了深入探讨，就汲取和借鉴当代世界政党发展中的经验教训，进一步从学术理论上阐释中国特色的政党和政党制度，推动中国特色社会主义政党制度与统一战线理论的研究作出新的探索。

中共中央统战部副部长陈喜庆，北京市委常委、统战部长牛有成，中国人民大学校长纪宝成出席会议并致辞。中国统一战线理论研究会政党理论北京研究基地负责人周淑真教授主持会议。各民主党派中央、北京市有关部门负责人，来自全国各地的知名高校、科研机构和中央社会主义学院的专家教授共 80 多人出席研讨会。

中央统战部副部长陈喜庆代表中央统战部对研讨会召开表示祝贺，在阐述了中国特色政党制度体现的“合作共赢”显著时代特征后，他希望各位专家学者能够结合中央有关文件精神，进一步做好政党理论研究，为统一战线工作和构建和谐社会作出新贡献。北京市委常委、统战部长牛有成分析了中国政党制度的特点和优势，他希望北京研究基地能够统筹力量、联系各地、集中智慧、服务决策，体现北京的文化优势，在政党理论研究方面有更加突出的成就。中国人民大学校长纪宝成分析了中国政党制度的特点和特色，指出要在中西比较、中西借鉴、中西交流的语境下进一步推动中国的政党建设。他说，中国人民大学将同政党政治领域的专家学者进一步提升研究实力、以多种形式推动政党理论研究，为进一步推动我国政党理论的学科建设作出自己的努力。

考察国外政党的兴衰轨迹，寻求国外政党执政参政的有益启示，与会专家分析了德国左翼政党的发展情况，从德国统一前左翼政党的发展情况到今天改变德国政治版图的脉络进行了梳理；以新加坡、马来西亚、菲律宾、印度尼西亚、韩国和台湾地区的政治发展模式为例，比较了体制内民主化、政权更迭导致民主化等两种发展模式的特征和基本动因；剖析了国外政党监督运行机制，分析了对我国政党监督制度的几点启示；考察了国外政党在遵循民意、集中民智、引导民情等方面的好经验好做法，分析了执政党赢得民众持续支持的策略实践。与会学者指出，要从比较、借鉴的角度看待国外政党的发展情况，学习国外政党执政参政的可取经验，推进中国的政党政治发展。

与会专家以当代中国政党格局开始论述，分析了当代中国的政党制度和政党格局，指出中国政党政治创制了新型的复数政党概念和政党执政的体系形态；分析了党内民主和人民民主，提出要有效地推进中国社会主义民主建设，必须准确把握好党内民主与人民民主的关系，始终抓住人民民主这个本质和核心；分析了多党合作与和谐社会的关系，指出构建和谐社会，坚持中国共产党的领导是关键，多党合作制度是政治基础；从多党合作和政治协商制度的法律化、人民政协的本质属性和角色定位、加强参政党建设与提高参政能力、规范政治协商内容与方式、调整政协界别代表等方面提出了完善多党合作和政治协商制度的若干建议。

与会专家回顾了中国共产党执政的光辉历程，分析了民主党派参政议政、践行社会主义核心价值体系、做好基层思想政治和组织工作的经验和案例。提出要进一步提高中国共产党的执政能力，进一步发挥参政党的参政议政作用，进一步引导社会新阶层实现政治参与。

在加强政党理论研究方面，与会专家分析了政治学教科书中“政党”内容的演变轨迹，分析了中国政党理论研究的发展情况。有关专家提出，我国政党理论研究从研究中共党史和民主党派史肇始，有关学者分别从共产党的建设、多党合作制度和政治协商制度、政治学与比较政治等不同角度开展研究，称之为“党的学说”、“党的建设理论”，分门别类加以研究。对照今天我们国家的发展实践和政党理论的不断发展，有必要将各种类型和各种模式政党和政党制度的比较及其相互关系的研究，以及由此产生的政治现象的研究统一起来，总称为“政党政治学”。

中国统一战线理论研究会政党理论北京研究基地负责人周淑真教授在总结发言中表示，本次研讨会主题鲜明、观点明确、交流充分、氛围和谐，与会学者思想解放、讨论热烈，以问题的眼光、国际的眼光探讨了政党发展的新形势和进一步推进中国政党政治建设需要着力的几个要点，为进一步推动政党研究和政党建设提供了有益的建议和意见。她希望各位学者能在研讨会的基础上进一步整合思想、凝练主题，取得更好的研究成果，为推进政党领域的相关研究工作作出新贡献。

全国社会主义学院系统理论研讨会暨中国政党制度研究中心第八届年会

2010 年 7 月 12 日至 14 日，全国社会主义学院系统理论研讨会暨中国政党制度研究中心第八届年会在四川成都召开，会议主题是“中国特色政党制度理论研究”，来自全国社院和其他相关单位共 47 个单位 100 多位专家学者出席了会议。四川省政协副主席曾清华，中共四川省委统战部常务副部长尧斯丹，中共四川省委统战部副部长、省社会主义学院党组书记、副院长刘仁勇，中央社会主义学院党组副书记、副院长周宁，中央社会主义学院副院长、中国政党制度研究中心主任袁廷华，中央社会主义学院统战教研部主任、中国政党制度研究中心副主任兼秘书长李金河等出席开幕式。

中央社会主义学院党组副书记、副院长周宁在讲话中指出，本次会议主题是以中国特色社会主义理论为指导，解放思想，实事求是，开拓创新，继续深化对中国特色社会主义政党制度理论体系问题的研究，为构建中国特色社会主义政党制度理论体系、推进中国共产党领导的多党合作事业的发展作出贡献。他强调，坚持和完善多党合作制度需要进一步加强对这一制度的基础理论研究，对多党合作的必然性、优越性作出科学、系统的阐述，对多党合作面临的新课题作出科学的解答，为多党合作制度的完善和发展提供强有力的理论支撑。

中央社会主义学院副院长、中国政党制度研究中心主任袁廷华作中国政党制度研究中心第八届年会工作报告，总结了一年来中国政党制度研究中心的主要工作及三年来“中国政党制度理论体系研究”的主要成果，并提出了深化体系研究的方法和要求，明确了中心下一步的工作思路。他指出，深化中国特色政党制度理论体系研究要注意以下五点：一是把握理论研究的方向；二是把握理论研究的重点；三是把握理论研究的学理性要求；四是把握一般与特殊的关系；五是把握理论与实践的关系。这样，在自身实践基础上，建构一整套既符合政治学、政党理论一般原则、能够与世界接轨，又准确反映中国政治发展现状和要求、具有中国风格和气派的话语体系，为中国特色制度的巩固和发展奠定强有力的理论基石。

复旦大学国际关系与公共事务学院副院长林尚立教授作“人民民主与中国政党制度”专题学术报告，从三个方面具体论述了人民民主与中国政党制度之间的关系，即人民民主根本体现是人民当家作主、人民民主在中国的实践、复合民主是人民民主的实践形态。他认为，中国政党制度中的一党领导即共产党领导的内涵跟其他的一党领导内涵不一样，至少有四个层面：一是以人为本的治国理念；二是合作协商的制度基础，中国共产党力图实现领导、合作、协商三者的统一，领导建立在合作与协商基础之上，协商与合作必须有领导结构，政党通过合作协商把社会凝聚为一个有机体；三是党内民主，党内民主最根本的一点是集体领导；四是群众路线的工作原则。对于中国的人民民主来说，复合民主的实践形态，本质上就是人民当家作主的实践形态。

中央社会主义学院统战教研部副主任、中国政党制度研究中心副秘书长郑宪教授作会议总结。

大会共收到论文66篇。与会专家就中国特色政党制度的基础理论、中国特色政党制度的功能与价值、中国特色政党制度与国家政权的关系、中国特色政党制度与社会的关系、参政党理论和建设，以及中外政党制度比较等问题展开了深入的讨论。在小组讨论中与会专家一致认为，要进一步发挥社会主义学院的研究优势，在教学科研中采用科学的研究方法深入研究中国特色政党制度理论，找出其内在的规律，形成理论体系，以科学的政党制度理论推动中国政党制度建设和发展，不断加强中国特色社会主义政党制度理论体系建设，为推进中国特色政党制度及人民民主政治的稳步发展作出新努力、新贡献。

亚洲政党扶贫专题会议

7月15日至18日，亚洲政党扶贫专题会议在昆明召开。中共中央总书记、国家主席胡锦涛向会议发来贺辞。中共中央政治局委员、国务院副总理回良玉出席开幕式并发表主旨讲话。来自亚洲28国55个政党的代表和部分非洲国家政党、亚洲议会大会以及联合国机构的观察员120多人与会，体现了亚洲各国政党对发展和减贫问题的高度重视。本次会议有力促进了中国和亚洲各国政党在减贫发展领域的交流，为深化务实合作构建一个更高层次的新平台。

中共中央总书记、国家主席胡锦涛向会议发来贺辞。中共中央政治局委员、国务院副总理回良玉出席开幕式并发表主旨讲话。中共中央对外联络部部长王家瑞主持会议并宣读了胡锦涛总书记的贺辞。

胡锦涛在贺辞中代表中国共产党和中国政府向会议召开表示热烈祝贺。他指出，减贫和发展是国际社会面临的共同挑战，实现联合国千年发展目标，推动各国共同发展，是发展中国家和人民的普遍期盼，也是发展中国家各政党义不容辞的责任。亚洲政党国际会议成立以来，坚持把消除贫困、促进发展作为重要议题。亚洲各政党高度重视国际减贫和发展事业，并为此做出积极努力。胡锦涛表示，中国共产党愿同亚洲各政党携手努力，不断推进亚洲减贫和发展事业，共同推动建设持久和平、共同繁荣的和谐世界。

会议通过了《亚洲政党关于扶贫事业的昆明倡议》。《昆明倡议》强调，消除贫困，共同发展，是人类梦寐以求的崇高理想，是国际社会的共同责任，也是亚洲乃至广大发展中国家的当务之急和各国政党所肩负的历史使命。各国政党、政府、议会、民间组织、社团组织以及国际社会下定决心，推动落实联合国千年发展目标，切实缓解贫困。

辽宁省民主党派、工商联提案工作研讨会

7月19日，辽宁省民主党派、工商联提案工作研讨会在辽阳市召开。来自辽宁省各民主党派、工商联及省政协提案委员会的负责人，就提高提案工作质量、切实发挥提案作用进行研讨。

辽宁省政协副主席程亚军在讲话中指出，要深化对提案工作政治性的认识，充分发挥党派团体提案的作用，为促进我省经济社会的发展建言献策。要把握正确方向，围绕党委政府的中心工作，热切关注经济建设、社会民生等重要问题，选准提案题目，突出特色，

提出精品提案。要深入调查研究，充分科学论证，增强提案的厚重感，进一步提高提案质量。各党派团体要高度重视并抓好提案工作，推动提案工作整体水平的提高。

与会的省各民主党派、工商联负责人就如何提高提案工作质量进行了座谈交流，探讨了进一步做好提案工作的方法和途径。辽阳市政协副主席、民革辽阳市委会主委张晓波代表我市各民主党派、工商联作了关于提高集体提案质量的研讨发言。

九三学社全国机关制度建设研讨会

九三学社全国机关制度建设研讨会7月22日至23日在呼和浩特市举行。九三学社中央副主席邵鸿出席会议并讲话，九三学社中央秘书长徐国权、办公厅副主任穆建民分别主持会议。九三学社各省级组织秘书长和办公室负责人共60余人到会。

这次会议的主要任务是，深入学习贯彻中共十七大精神，以科学发展观为指导，总结交流全社机关制度建设的成绩和经验，研讨存在的不足和问题，把九三学社社机关制度建设推上一个新台阶。

九三学社新疆区委会副主委李安民以“新时期做好民主党派制度建设的几点思考”为题做了大会交流发言。他从进一步健全和规范各级领导班子工作制度、建立和完善成员考察培养制度、进一步健全民主生活会制度，建立党派内部监督机制、进一步完善参政议政工作制度、建立健全机关工作制度等方面同与会人员进行了研讨。

全国党的执政能力建设理论研讨会

7月27日—29日，中央党校党建教研部、青海省委宣传部、青海省委党校在西宁联合召开了全国党的执政能力建设理论研讨会。全国党建研究会、中央党校、青海省委、中宣部理论局的领导同志及中央有关单位、全国宣传和党校系统、部分高校的理论工作者和专家学者100余人参加了会议。

一、加强党的执政能力建设的重大意义

大家认为，中国共产党在中国执政是历史的选择，人民的选择。党的执政能力建设是我们党执政后的一项根本建设，是加强和改善党的领导的核心问题。在新的历史条件下，进一步加强党的执政能力建设是时代的要求，人民的要求。党的十六大作出的加强党的执政能力建设的重要决策，体现了我们党对新的历史方位和历史使命的清醒认识和科学判断，体现了我们党对当前新形势、新任务、新要求的准确把握，体现了我们党对自身历史经验的科学总结，体现了我们党对世界上一些执政党丧失政权的深刻反思。这是我们党充分利用所面临的难得机遇，正确应对所面临的严峻挑战，从而完成所担负的历史使命的现实需要，它关系社会主义事业的兴衰成败，关系中华民族的前途命运，关系党和国家的长治久安，具有重大的战略意义。有的同志指出，加强党的执政能力建设是全面建设小康社会，实现三大历史任务的需要；是保持党的先进性，提高党的战斗力，把我们党建设得更加伟大、更加坚强的需要；是坚持立党为公、执政为民，保持党同人民群众密切联系的需要；是粉碎国际敌对势力对我进行“西化”、“分化”战略图谋的需要。我们只有进一步增强紧迫感、责任感和使命感，不断加强党的执政能力建设，才能使党的执政地位不断巩固，才能不辜负人民群众对我们的期望。

二、切实加强党的执政能力建设

会议重点对怎样加强党的执政能力建设进行了认真研讨，大家在一些重大问题上发表了有益的见解：

要以马克思列宁主义、毛泽东思想、邓小平理论和“三个代表”重要思想为指导，全面贯彻党的基本理论、基本路线、基本纲领和基本经验，坚持解放思想、实事求是、与时俱进，体现时代性、把握规律性、富有创造性。与会同志指出，“三个代表”重要思想，既决定了党的执政能力建设的基本内容，又为解决党的执政能力建设中的各种问题提供了理论武器。用当代中国马克思主义的最新理论成果——“三个代表”重要思想武装全党，是提高党的执政能力的根本要求。

要科学把握党的执政能力建设的内涵，按照推动社会主义物质文明、政治文明、精神文明协调发展的要求，认真研究解决党的执政能力建设中存在的一些问题，从整体上推进党的执政能力和执政水平的提高。有的同志认为，“党的执政能力建设”是一个内涵十分丰富的概念。它至少包含两个大的方面：从它的主体讲，既涉及各级党组织，也涉及党员、干部，还涉及党的整体；从它的内容讲，既指党的各级领导干部贯彻党的路线方针政策和处理执政过程中遇到的问题、推动社会发展的能力，也指党作为一个政治组织通过执政完成所担负的历史使命的能力。只有从这种广泛的意义上来认识，才能准确把握党的执政能力建设的科学内涵，才能对把党的执政能力建设作为党的建设的重点有更加深刻的理解，也才能把党的执政能力建设的地位真正突出出来。

要以确立科学的执政理念和增强执政意识为前提，以保持党与人民群众的血肉联系为核心，以不断强化执政主体的作用为关键，以改革和完善党的制度体系和健全工作机制为重点，不断研究新情况，解决新问题，创新新机制，增长新本领。有的同志指出，加强党的执政能力建设，从根本上说，就是要解决好为谁执政、靠谁执政和怎样执政的问题。我们党执政，首先必须解决好为了人民、代表人民、造福人民这个根本出发点和落脚点的问题，这是立党为公、执政为民的内在要求。其次，在任何时候、任何情况下，都必须始终保持同人民群众的血肉联系，紧紧依靠最广大人民来执政。第三，要在新的历史条件下，做到科学执政、民主执政、依法执政。

要以提高党的执政能力为重点，以改革的精神全面推进党的建设，把思想建设、组织建设和作风建设有机结合起来，把制度建设贯穿其中，既立足于做好经常性的工作，又抓紧解决存在的突出问题，不断提高党的创造力、凝聚力和战斗力。

要深化干部制度改革，围绕提高政治意识、大局意识和执政能力，大规模地培训干部，建设高素质的干部队伍，加强党的基层组织建设，增强党的阶级基础和扩大党的群众基础。

要坚持党的执政理论与执政的具体实践相结合，认真总结党执政的历史经验，借鉴世界各地政党的有益做法，不断完善我们党的执政理论体系，探讨研究共产党的执政规律。

党的执政能力建设当前应当围绕执政兴国和执政为民这两个重点来展开和推进。抓住这两个重点，把握发展这个党执政兴国的第一要务和立党为公、执政为民这一本质要求，既是对党的建设两大历史性课题认识的深化，也使党的执政能力建设建立在实践要求的基础之上，研究问题也就具有实际的意义，就能够取得实际的效果。

提高领导干部和领导班子的执政能力，主要有两个途径：一是要抓好理论武装；二是要抓好实践经验总结。理论武装要做到两个转化：一是把“三个代表”重要思想转化为路线方针政策和工作思路；二是把“三个代表”重要思想转化为干部的形象。经验总结要实现两个上升：一是把实践经验上升为理论认识；二是把群众的意志和智慧上升为党的主张和策略。

三、深入研究加强党的执政能力建设的重大问题

会议认为，广大理论工作者要增强责任感和使命感，抓住党的执政能力建设的一些重大问题进行深入研究：要研究党的执政理念、执政基础、执政方略、执政体制、执政方式、执政资源等基本理论问题，完善党的执政理论体系，为加强党的执政能力建设提供强有力的理论指导；要研究如何正确评价和认识中国共产党执政的历史，解决好共产党执政的合理性、合法性和有效性问题；要深入研究和认真总结党在领导人民治国理政长期实践中积累的丰富经验，研究和借鉴世界上其他政党治国理政方面的有益做法，深化对党的执政规律的认识；要深入研究我国历史文化、社会制度、发展水平对党的领导方式和执政方式提出的新要求，研究改革开放和社会主义市场经济条件下党执政面临的新情况新问题，为加强党的执政能力建设提供理论支持；要深入研究如何把发展这个党执政兴国的第一要务和牢固树立科学发展观，体现到提高我们党科学判断形势、驾驭市场经济、应对复杂局面、依法执政和总揽全局这五种能力中去；要深入研究如何把坚持立党为公、执政为民落实到党和国家制定和实施方针政策的工作中去，落实到各级领导干部的思想和行动中去，落实到关心群众生产生活的工作中去。通过研究，深化党的执政理论建设，使党的执政能力建设建立在对客观规律的深刻认识和自觉运用的基础之上。

中国农工民主党成立80周年纪念大会

中国农工民主党8月9日在京举行成立80周年纪念大会。中共中央政治局委员、国务委员刘延东出席大会并代表中共中央致贺词。刘延东在贺词中强调，中国共产党将坚定不移地高举中国特色社会主义伟大旗帜，坚定不移地坚持完善中国共产党领导的多党合作和政治协商制度，坚定不移地坚持“长期共存、互相监督、肝胆相照、荣辱与共”的基本方针，团结带领全党全国各族人民，为全面推进中国特色社会主义伟大事业努力奋斗。

刘延东指出，当前我国正处在经济社会发展的重要战略机遇期，建设中国特色社会主义、实现中华民族的伟大复兴，需要包括各民主党派在内的全国人民同心同德、艰苦奋斗。

刘延东说，我们真诚希望包括农工民主党在内的各民主党派，高举中国特色社会主义伟大旗帜，一如既往地与中国共产党亲密合作，一如既往地走中国特色社会主义道路，认真学习和自觉践行社会主义核心价值体系，进一步巩固多党合作的共同思想基础；坚定不移地走中国特色社会主义政治发展道路，更好地履行参政议政和民主监督职能，为坚持和完善多党合作和政治协商制度、推进社会主义民主政治建设贡献智慧和力量；深入贯彻落

实科学发展观，充分发挥民主党派人才荟萃的优势，围绕国家经济社会发展的战略目标和任务，在加快经济发展方式转变、改善民生、促进社会和谐等方面积极建言献策；继承和发扬民主党派的优良传统，把参政党建设提高到一个新水平。

全国人大常委会副委员长、农工党中央主席桑国卫在纪念大会上回顾了农工党的光辉历史，号召广大农工党党员继承和发扬爱国革命的优良传统，深入贯彻落实科学发展观，不断增强对中国特色社会主义的政治认同和思想认同，增强走中国特色社会主义政治发展道路的自觉性和坚定性，提高履行参政党职能的能力和水平，进一步为实现全面建设小康社会奋斗目标贡献力量。

全国政协副主席、致公党中央主席万钢代表民革、民盟、民建、民进、致公党、九三学社、台盟等兄弟民主党派和全国工商联致贺词。

大会由全国政协副主席、农工党中央常务副主席陈宗兴主持。全国人大常委会副委员长、民建中央主席陈昌智，全国政协副主席、中共中央统战部部长杜青林和蒋正华、李蒙，以及各民主党派中央、全国工商联和国家机关有关部门的负责同志也到会祝贺。

社会主义核心价值体系理论研讨会

8 月 9 日，由民盟上海市委和民进上海市委联合主办的“社会主义核心价值体系理论研讨会”在上海民主党派大厦召开。来自上海各高校和科研院所的多位专家围绕社会主义核心价值体系概念的内涵、外延与特征、特性，构建社会主义核心价值体系与多元价值的关系，邓小平以民为本的思想对社会主义核心价值体系的启迪，以及核心价值体系的要素等，多层次、多视角进行了剖析和研讨。来自民盟上海市委理论与盟史研究会、民盟上海市各区委的部分盟员以及民进上海市各区委的部分会员近 70 人参加了本次研讨会。此次会议进一步推动了党派各基层树立和践行社会主义核心价值体系活动的开展。

一、社会主义核心价值体系的特性和要素

复旦大学谢遐龄教授认为，社会主义核心价值体系的特性包括五个紧密相连的方面。一，社会主义核心价值体系必须是有生命力的，即活生生地在民众的日常生活中发挥作用的；二，它应该是大众性的，核心价值必须是普通民众人人奉行的，而且通常是不知不觉地奉行，即所谓“百姓日用而不知”；三，它是日常性的，核心价值必须是普通民众时时奉行的。道不可离，可离非道也。核心价值不能须臾离，否则不成其为核心价值；四，具有崇高性，核心价值必须在人们心目中具有高于一切的地位；五，具有社会主义性质，社会主义核心价值体系必须是社会主义的。

华东师范大学谭帆教授认为，社会主义核心价值观既是一个理论形态的命题，同时更是一个全民实践履行的准则，从现阶段情况来看，在充分论证核心价值观内涵的前提下，关注其“实践性”似乎更为重要。当下在建设社会主义核心价值观的过程中，要注意两个问题：一是“注重基础教育”；二是“注重基本教育”。基础教育之弊已尽人皆知，而总其要者，乃是被“功利”重重包裹，成绩、升学渐成基础教育之旨归，一切均围绕其展开，“素质教育”提倡已多年，但成效甚微。学生身心俱疲，得不到全面发展是当下基础教育的根本弊端。故在建设核心价值观的前提下，克服基础教育之弊乃刻不容缓，要寻求符合人发展本性的教育方式，将素质教育真正落到实处。注重基本教育是要关注基本素质之养成，“宏大理想的灌输与基本素质的欠缺”是我们长久以来的历史教训。故在核心价值观的建设中，提倡“平凡”，从“大处着眼、小处着手”应该是我们积极提倡的。“永远做一个读书人”、“永远做一个好人”，这些看似基本和平淡的语言其实蕴含着“至理”，是我们应该践履的准则。

华东政法大学蒋德海教授认为，社会主义核心价值体系应该包含三方面的要素。一是民主。没有民主就没有社会主义，这是“文革”结束后最重要的结论，也是我国社会主义建设最大的教训。从我国改革开放来看，民主发展不充分，就会出现强势群体左右改革，改变改革的方向。民主是马克思主义理论应有之义，也是共产党人始终不渝的追求。民主发展的不足，是我国腐败越来越多的根本原因。腐败案件出现了集体性、前赴后继性、全方位等新特点，反腐败如果再没有新的起色，社会主义建设是十分危险的。二是科学。包括科教兴国意义上的科学和民主意义上的科学。从我国今天来看，科学的民主更为重要，是真理和民主的统一。民主的原则是少数服从多数，而真理往往掌握在少数人手中。因此，坚持和发展好民主，就是科学的民主，必须保障言论自由。三是权利保障，主要包括政治权利和经济文化权利。民主、科学都涉及到权利保障。权利没有保障，就没有社会主义。权利保障首先就要保障民主权利。“让人民监督政府”应该成为常识和共识。同样，公民网上表达，也是一项权利，应严格保护。民主权利的保障必然向经济文化权利延伸。权利保障要求司法公正。司法公正是社会公正的最后堡垒。司法公正的本质是程序公正。没有司法程序公正，和谐社会就是一句空话。

二、社会主义核心价值体系与传统的关系

谢遐龄教授认为，马克思主义中国化不仅要扎根民众，还要扎根传统。中国文化传统可表述为儒道互补、以儒为主。宋代儒学提出“圣人与天地万物为同体”。仁是核心价值，仁总括了核心价值体系，可以作为核心价值体系的代表性概念。尽管社会结构发生了变迁，但是今后的仁政，在古代儒家、宋儒、墨家三者中，最接近的看来还是宋儒。

谭帆教授指出，社会主义核心价值观的建设固然要重视“民族性”（或“传统性”），但“民族性”（或“传统性”）在当下现实中的表现不容乐观，“传统道德观念的淡薄”、“传统礼仪的缺失”和“经典阅读的淡化”已成一个普遍现象。因此，“重估和扬弃传统道德观念、部分回归传统礼仪、提倡阅读经典”乃当今核心价值观建设中必须重视的一个重要内涵和实践环节。

三、社会主义核心价值与多元价值的关系

上海社科院殷啸虎研究员认为，整合多元价值结构，选择、形成并维系主导价值已经成为社会发展与稳定的必然要求，是中国政府及执政党必须承担并完成的使命。社会主义核心价值体系的确立，是中国共产党对社会转型时期价值多样化基本事实深刻反思的结果，也是对多元价值进行整合的努力与尝试。这一核心价值体系就是改革开放以来，中国共产党在价值观建设的实践中逐步选择、确立起来的社会主义主导价值观，是全体社会公民的价值共识。这一新型的价值体系既继承优良传统又体现时代精神，既立足本国又面向世界，既尊重差异化又宽容多样性，既具有崇高性又包容大众化，体现了求同存异、和而不同的整合性品格。

多元价值是核心价值的基础，核心价值应包容多元价值。一方面，多元的社会价值观念有利于我们在理论和实践上解放思想，大胆创新，突破陈规，不断增强全社会的创造活力；为丰富社会主义价值体系提供了深厚的思想文化资源。目前我们的中国特色社会主义事业发展处于新的历史起点上，现在比任何时候，都更加需要尊重差异、包容多样，在尊重差异中扩大社会认同，在包容多样中增进思想共识，团结不同阶层、不同认识水平的人们共同前进。另一方面，必须看到，社会价值观的多元化又存在一定的盲目性逆反性和无序性，彼此之间还存在有对抗性和冲突性。一个国家和民族要稳定和有序发展，不仅需要包容和吸纳多元价值观念，更主要的是要在多元价值观念中凸现出主导价值观念，并对多元价值观念进行整合与引领，在多元化中求得最大限度的共识，在多样性中求得统一。同时，要构建核心价值的认同机制，即建立公民社会。总之，以核心价值引领多元价值，应包括三层含义：一是执政党应做核心价值引领的表率；二是动员社会力量，健全价值整合机制；三是关怀物质诉求，引领精神追求。

四、邓小平社会主义核心价值观的启示

上海社科院马驰研究员认为，邓小平以人为本的价值观同马克思主义关于人的全面发展的理论是一脉相承的。他以马克思主义的科学的世界观和方法论为指导，以关于人的全面发展的理论为基础，根据现代人类发展要求和中国国情，继承和发展了马克思主义关于人的全面发展理论，阐述了以人为本的发展观。

第一，人民利益高于一切是邓小平人民为本的价值核心。邓小平坚持马克思主义关于人民群众是历史创造者的基本观点，坚持把人民群众作为社会价值和社会利益的主体。他把人民利益作为观察、思考和处理一切问题的出发点和归宿。（1）人民利益是形成邓小平改革思想的最基本的动因；（2）邓小平关于社会主义的一系列基本观点，都是建立在人民利益基点上的；（3）他要求党和国家的干部要对人民负责，为人民造福，取信于民。

第二，共同富裕是邓小平人民为本的价值目标。（1）他反复强调共同富裕是社会主义目的、原则、特点和本质；（2）他强调为人民的共同富裕而奋斗是每个领导者的根本职责；（3）为人民规划了走向共同富裕的“三步走”；（4）他提出了实现这一目标的方法。即让一部分人和一部分地区通过诚实劳动和合法经营先富裕起来，带动更多的人富起来。同时，又要防止两极分化。

第三，“三个有利于”是邓小平人民为本的价值标准。邓小平人民为本的价值思想，最突出地体现在以人民为最高的评价主题，以人民群众的利益、要求和实践作为判断一切工作成败得失的最高评价标准。“三个有利于”的根本标准，是人民利益这个最高标准的具体化，为人民谋利益就要具体体现在发展生产力、增强综合国力和提高人民生活水平上。

第四，尊重人民群众的首创精神是邓小平人民为本的价值精髓。

五、建设社会主义核心价值体系从何入手

复旦大学余源培教授认为：

第一，从提高认识抓起。当下，我国在经济迅速发展和社会深刻变革时期，核心价值观建设尤其重要。这种必要性一方面来自对人类生存状态的关注；另一方面来自对社会健康转型的思考。社会转型时期在价值观上的反映，表现为各种思想文化相互激荡。社会发生剧烈变化产生的价值观嬗变，既给各种价值观提出严峻的挑战，更为新价值观的建设提供了巨大动力和历史机遇。这就突出了新时期社会主义核心价值体系建设的迫切性。

第二，从“大人”们抓起。这里所言的“大人”有三层含义：一是指相对“小孩”而言的成年人；二是指相对群众而言的干部和公众人物；三是指相对一般干部而言的大干部。价值观的最重要特性，就是以“实践精神”来把握世界。从历史上看，任何价值观都必须首先有“大人”们的身体力行，将其内化为有血有肉的人格、外化为实践活动的行为准则，才能对别人、对社会、对国家发生积极影响。建设社会主义核心价值体系，虽然是全社会的事情，但是关键是搞好执政党的核心价值观建设。

第三，从切实落实“以人为本”抓起。我们今天面临着驾驭资本和完善社会主义市场经济体制的任务，必须坚持“以人为本”的核心价值观，并且结合好社会主义初级阶段的实际。处理好“义”与“利”的关系，充分肯定物质利益的基础作用，努力促进人的全面发展。把握好三个维度：人民为本、国家为基、天下为怀。要重视公平与正义原则。我们应当肯定并维护个人合法利益，但要反对极端个人主义；体现社会角色多元性，但要防止无政府主义；重视生产的经济效益，但绝对不能忽视社会公平和正义；充分发挥竞争的作用，但不能实践弱肉强食的“社会达尔文主义”；努力提高人们的物质生活，但不能片面地将人变为经济动物。“以人为本”不是以自利的“经济人”为本，而是以广大人民群众为本；不是只以人的金钱追求和物质享受为本，而是以努力促进人的全面发展为本；不是以原子态的个人为本，而是以生活于社会集体中的现实个人为本。

第四，从诚信建设抓起。对于诚信的认识不能仅局限于经济层面，需要提升到哲学的高度。诚信归根到底是与人的社会性存在相关联。社会是由人与人之间的现实联系组成的共同体。社会一旦如果缺少诚信，就不可能真正落实社会主义核心价值观建设，也不可能真正构建社会主义和谐社会。

山东省各民主党派工商联负责人暑休研讨会

8 月 20 日，山东省各民主党派工商联负责人暑休研讨会在山东省济南市举行。

会议期间，中共山东省委副书记、省政协主席刘伟出席会议并做重要讲话，中共山东省委常委、济南市委书记焉荣竹向与会人员介绍了济南市经济社会发展情况，山东省政协副主席、省委统战部部长张传林作了总结讲话。

刘伟说，一年来全省各民主党派、工商联围绕中心、服务大局，充分发挥优势，认真履行参政议政、民主监督职责，大力加强自身建设，为推动经济社会发展作出了积极贡献。希望省各民主党派、工商联在新的形势任务面前，以高度的事业心和责任感，发扬优良传统，创新工作思路，不断提高参政议政的质量和水平，为加快推进经济文化强省建设作出更大贡献。要把加强思想政治建设作为首要任务，认真开展树立和践行社会主义核心价值体系活动，深入学习邓小平理论和“三个代表”重要思想，深入学习实践科学发展观，打牢参政议政的思想政治根基。要把服务大局作为参政议政的根本出发点和落脚点，围绕加快经济发展方式转变、实施重点区域带动战略等事关长远发展的重大问题和经济社会发展中的难点问题、群众反映强烈的突出问题开展工作，为推动全省科学发展、和谐发展、率先发展发挥更大作用。要坚持建言献策贵在求真、重在务实，敢于讲实情、讲真话，敢于讲批评、提醒的话，善于发表不同的意见和见解，善于提出具有操作性的建议，当好中国共产党的挚友、诤友，为各级科学民主决策提供参考，监督促进各项工作落实。要善于发挥自身优势，做好结合文章，做好构建载体、整合资源的工作，努力形成各民主党派、工商联参政议政的特色和品牌。要大力加强民主党派、工商联自身建设，努力提高代表人士队伍整体素质，为参政议政提供有力保证。中共各级党组织、各级政府和有关部门要全面贯彻统一战线和多党合作的方针政策，努力为各民主党派、工商联履行职能、开展工作、发挥作用创造良好条件。

致公党山东省委会主委王志民、副主委肖培树、秘书长安骊出席会议。省各民主党派、工商联负责人出席会议。

九三学社内部监督理论研讨会

9 月 16 日—18 日，九三学社中央监督委员会在江苏省南京举办了内部监督理论研讨会。九三学社中央副主席、中央监督委员会副主任邵鸿出席会议并讲话。江苏省政协副主席、九三学社江苏省委主委许仲梓到会致辞。社中央监督委员会委员丛斌、刘政奎、叶勇、杨慧琼出席并主持了会议。

本次会议是在九三学社“参政党内部监督理论的探索和研究”征文活动的基础上召开的，也是九三学社中央监督委员会成立以来第一次全国性理论研讨会。

邵鸿对会议的召开予以了充分的肯定。他说，当前形势下大力推进民主党派内部监督工作、建立健全内部监督机制是参政党自身建设的必然要求和重要举措。社各级组织和广大社员积极开展对内部监督工作的理论思考和实践探索，为会议召开奠定了良好基础；与会人员认真准备、广泛交流、深入探讨，明确了当前内部监督工作开展面临的困难和主要问题，提出了很有见的的意见和建议。

邵鸿指出，当前社内监督工作开展主要面临着监督意识淡薄，认识模糊；监督机制缺失，措施办法少，制度不完善等问题。通过会议研讨，与会人员认识到要破解以上问题，首先要进一步提高对内部监督的认识，明确推进社内监督工作是建设适应新形势发展的参政党的必然要求。从长远看执政党与参政党发展相互促进是大趋势，内部监督工作应该在问题凸显之前及早开展。第二要认清内部监督的基本对象是各级领导班子及其成员，重点是他们履行职责和遵守社章的情况。当前有的领导班子成员不履职、不作为，应该予以重视。第三要从实际出发，积极稳妥推进内部监督工作开展。目前除社中央外，社辽宁省委已成立社内监督委员会，部分具备条件的省级组织也在积极筹备。地方组织可以在《九三学社中央监督委员会工作条例》的原则下大胆创新内部监督工作的方法和机制。总的来讲，进一步推动社内监督的开展可以概括为“积极开展工作、认真探索规律、典型经验带动、建立健全机制”。坚持从实际出发，不搞一刀切、不设时间表；以谈心会和民主评议活动为重点，总结推广各地方比较成熟的经验和做法，在工作的过程中不断探索规律、大胆实践。

会上，九三学社辽宁省委等六个省级组织专职副主委分别介绍了本省开展内部监督工作的做法。其中，叶烈窑代表九三学社浙江省委作了发言。她说，2007 年换届以来，九三学社浙江省委领导班子按照社中央和中共浙江省委统战部的有关规定，以高度的政治责任感和良好的精神状态，以政治交接学习教育活动、树立和践行社会主义核心价值体系为主线，通过开展“修订与创新并举，完善制度体系；学习和活动并重，狠抓思想建设；调研和倾听并行，广泛征求意见；剖析和评议并用，实现自我提升”等一系列扎实有效的工作，取得了一定的成绩。叶烈窑指出，建立健全内部监督机制，既是社会的发展对我们提出的具体要求，也是领导班子重视自身建设、注重自我完善、实现自我跨越的具体体现。九三学社浙江省委将在以往基础上进一步总结经验，健全制度，通过学习交流、自省反思、沟通协商等方式不断加强自身建设，从而推动各项社务工作不断向前发展。

九三学社各省级组织的代表，部分论文作者等共 70 余人参加了会议。

党建科学化与中国特色政党制度发展研讨会

2010 年 9 月 26 日—29 日，由中央编译局政党研究中心、民革中央《团结》杂志以及上海师范大学联合举办的第六届政党研究论坛暨“党建科学化与中国特色政党制度发展”学术研讨会在上海召开。

中央编译局副局长俞可平，全国政协常委、民革中央副主席修福金，上海师范大学党委书记周鸿刚分别作了大会致辞。中共上海师范大学党委副书记黄刚主持开幕式，中国人民政协理论研究会秘书长原冬平和来自全国人民政协、中组部、中央党校、中央党史研究室、中央编译局、中国浦东干部学院、中国延安干部学院、中央社会主义学院、民革中央、清华大学、山东大学、北京联合大学、上海市委党校、上海交通大学、西华师范大学、江苏大学等地的 80 多名专家学者参加了会议。

与会专家学者围绕“党建科学化与党建创新”、“中国政党制度的建设和发展”、“政党和政党制度的比较研究”等主题展开了热烈的讨论。

关于党建科学化与党建创新

与会专家学者认为，“党建科学化”是党的十七届四中全会关于党建理论的重要内容，加强对党建科学化的研究具有重要的理论与现实意义。有学者概括为如下五点：（1）有助于进一步完善中国特色的政党制度；（2）有助于实现“立党为公、执政为民”的根本宗旨；（3）有助于党的执政方式的转变；（4）有助于探索党的发展规律；（5）有助于更加全面地理解中国的政治发展道路，推进中国特色政治学理论的发展。

关于如何实现党建科学化，有学者提出政党的建设要遵循其规律性，搞好党的建设要构建科学的政党观、党建观。科学的政党观，首先要明确政党的功能定位，并在此前提下进行研究；要解决党建科学化的问题，必须加强政党理论研究，加强民主政治研究。

还有学者强调党建研究要重视方法的科学化。当前，在研究的具体实践中，中国共产党党的建设有三种含义，分别是：作为一项工作的党的建设，作为一门学科的党的建设，作为一个研究对象的党的建设。针对不同含义，党的建设研究所使用的方法不同，这也决定了其研究成果或结论的差异。作为一门学科，党的建设要在两方面有所突破：（1）强调历史研究这一基础方法。要在吃透党的文献的基础上有所创新。（2）打开视野，用政治学的眼光来看党的建设。作为一个研究对象，党的建设一方面要强调多种研究方法的共同介入，同时重视比较研究，在此过程中尤其要关注西方的中国问题研究。作为一项工作，党的建设伟大工程还要处理好十大关系。

与会学者还指出，要按照政党发展的规律推进党的建设，党建科学化的标准之一在于民主。党建科学化与中国民主政治的发展紧密相关，在这方面民主党派将发挥重要作用。

关于中国政党制度的建设和发展

研究中国政党制度，首先必须搞清楚中共提出的党建科学化与政党现代化、法治化、规范化之间的关系。有学者指出，比较而言，党建科学化与西方政党现代化有一定的相似性。我们提出党的建设科学化这一时代命题，实际上也是以党的历史方位的转变为前提，以我国三大历史转变为基础或基本国情，以党在新时期面临的四大严峻考验为时代背景；面对世情、国情、党情的发展变化，党也存在一个现代化问题。这种相似性，主要是由中外政党共性、执政规律与执政党建设规律的共性决定的。然而，中外执政逻辑不同，执政党建设规律必然有所不同；只有既遵循世界政党执政的普遍规律，又注意中国特殊性，使“合规律性”与“合目的性”相统一，才能继续保持一党长期领导、长期执政。

有学者指出，在我国要实现党的建设科学化，加强政党制度建设，只有把政党规范作为一个体系，正确认识政党法律规范、社会规范、政党内部规范等各种政党规范形式的特点与效力范围，树立系统而协调的政党治理观——政党政治秩序的维护与发展，既需要国家法律来匡正政党行为，也需要不断提高政治伦理来匡正人心，还需要健全的党内规章制度来整合政党内部秩序，更需要政党法律规范、社会规范、内部规范的协调与相互配合；还“必须有相关之法制及民主政党政治体制与文化条件相互配合，始能尽善”。只有这样，才能有效地进行政党治理，建立一个有序、自由、民主、平等的政党政治局面，才能促进社会和谐与民主政治发展。

与会专家学者认为，中国共产党领导的多党合作和政治协商制度是我国的一项基本政治制度。中国共产党与各民主党派之间团结合作的新型政党关系是双方在长期的共同奋斗中形成的，是中国社会历史发展的必然选择。以抗美援朝时期党际关系的良性互动为例，有学者分析了中国共产党与各民主党派亲密的友党关系，提出了新时期加强与各民主党派的广泛合作、充分发挥其参政议政作用的新思考，强调中国共产党的重视、各民主党派的积极主动参与是多党合作和政治协商制度不断发展的重要保障。

另有学者从民主党派的视角，对参政党的政治责任和政治行为进行研讨。指出，多党合作制度要求各民主党派充分发挥其参政议政的作用。这种作用的发挥需要参政党充分认识其所承担的政治责任，包括进行政治监督及其制度建设，要在中国共产党的领导下保持各自的特点，提出自己的政治主张。政治责任的实施要通过政治行为表现出来，即要不断地完善自身的理论体系，进行制度建设，发挥政治监督的职能。只有中国共产党和各民主党派一起努力，多党合作的中国特色政党制度才会不断完善发展，中华民族也才能取得更大的进步。

关于政党和政党制度的比较研究

与会学者认为，比较研究方法是研究政党和政党制度的重要方法。有学者在指出当前政党制度比较研究难以走向深入这一现象的同时，分析政党制度比较亟需厘清的两个问题，即可比性问题和切入点问题。同时，为推动政党制度比较研究走向深入，进一步建构起我们的政党制度比较研究的理论和方法体系。学者指出可以从如下几个维度出发：一是继续目前已经基本展开的结合政治体系来考察政党制度的基本进路；二是对于政党政治过程的研究；三是从社会分歧和政治发展的角度展开相关研究。坚持体系、过程和发展三个向度的结合，坚持科学的态度和方法，才能真正坚持当代中国的政党制度。

还有学者分别以当今欧洲社会民主党、越南共产党等为具体案例，考察国外政党的兴衰轨迹，寻求国外政党执政参政的有益启示。与会学者指出，要从比较、借鉴的角度看待国外政党的发展情况，学习国外政党执政参政的可取经验，推进中国的政党政治发展。

民盟中央参政党理论特邀研究员座谈会

11 月 4 日—5 日，民盟中央参政党理论特邀研究员座谈会在北京举行。盟中央实行特邀研究员聘任制度已历两届，举行特邀研究员座谈会尚属首次。这次会议的主要任务是分析研究民盟理论研究工作面临的形势和任务，探讨如何更好地发挥特邀研究员的作用，进一步加强全盟理论研究人才队伍、体制机制建设，提高全盟理论研究的质量和水平。张宝文常务副主席出席开幕会并讲话，高拴平秘书长主持开幕会，民盟中央研究室主任刘圣宇主持闭幕会并作总结。

张宝文常务副主席在开幕讲话中，肯定了特邀研究员制度是有成效的。他认为，在新世纪新阶段，我国多党合作制度面临着新的形势、新的挑战、新的课题和新的任务。适应形势发展的要求，直面新要求、新挑战、新课题、新任务，推进和深化我国政党制度和参政党理论研究，是盟的理论工作者肩负的神圣使命和责任。他指出，加强参政党理论研究，是构建中国特色社会主义政党制度理论体系的必然要求，是提高参政能力、推动履行参政党职能的重要环节，是巩固多党合作的思想基础，实现多党合作可持续发展的有效途径。总之，加强参政党理论研究、科学把握参政党建设的规律是十分必要的。对做好今后的参政党理论研究工作，他提出了五点要求：

一是参政党理论研究必须加强政治引导、把好方向。要把有利于坚持中国共产党的领导，有利于充分发挥参政党的作用，有利于推进我国政党制度的完善和发展，作为理论研究的根本出发点和落脚点。二是参政党理论研究必须紧紧围绕中心、突出重点。当前，要着重就参政党服务科学发展、促进社会和谐履行职能进行深入研究，特别是围绕制定和实施“十二五”规划、加快经济发展方式转变等重大课题，进行专题研究，努力提出既有科学性又有操作性的研究成果。三是参政党理论研究必须坚持与时俱进、开拓创新。参政党理论研究不能老生常谈，人云亦人，应该准确分析新时期参政党面临的时代背景和所处的历史方位，创造性地回答新形势下参政党的社会基础、发展战略、政策举措等重大问题，使参政党理论在内容、形式、方法上彰显时代精神。四是参政党理论研究必须注重联系实际、突出学理。要大力弘扬调查研究的优良传统，把调研视为理论研究的生命，更多地采用实证研究的方法，在调研中发现问题、选择课题，在实践中把握特点、掌握规律，真正使思考的理论问题与工作需要相吻合。五是参政党理论研究必须凝聚人才、壮大队伍。各级组织要把发现、组织、培养理论人才作为重要工作，同时，要进一步整合力量，努力搭建研究平台。

高拴平秘书长在主持讲话中说，理论研究工作就是要做到“五个坚持”：坚持正确的指导思想，不偏离；坚持根据中心工作选题，不盲目；坚持不断推进理论创新，不保守；坚持理论联系实际，不空谈；坚持扩展研究队伍，重协作。他还就如何概括民盟优良传统，如何评价参政议政的声音，如何理解参政议政能力的内涵，如何搞好调查研究，如何概括盟内人物的精神财富等当前理论研究中的一些重大问题，提出了自己的想法。

在分组讨论中，与会同志围绕张宝文常务副主席的讲话精神和刘圣宇主任传达的中国统一战线理论研究会第五届会员代表大会的有关精神，联系个人研究体验，畅所欲言，就新形势下如何更好地搞好理论研究工作，进行了广泛的交流与深入的探讨。在闭幕会上，民盟北京市委副主委李怀芳，山西大学教授梁丽萍，杭州电子科技大学人文学院副院长、民盟浙江省委信息与咨询委员会副主任丁小萍，福建师范大学传播学院副院长、民盟福建省委文化工作委员会副主任刘泓，民盟中央常委、民盟广东省委专职副主委兼秘书长李竟先，甘肃社会主义学院副院长辛刚国等六位代表先后做了发言，刘圣宇主任就会议做了总结讲话，并与大家交流了自己在理论研究工作中的一些体会和看法。

会议期间，中央统战部政策理论研究室张献生主任还应邀到会作了“关于参政党建设的几个问题”的报告，他从参政党的理论价值和实践意义、我国政党制度的民主价值、我国民主党派的核心价值等三个方面，进行了详细的分析，逻辑严密，论证深刻，使与会人员深受启发。

来自全盟29个省级组织的参政党理论特邀研究员、各省级盟组织机关理论研究部门负责人共40余人参加了会议。

国外政党制度情况报告会

11月29日，中国人民政协理论研究会举行了国外政党制度情况报告会。应邀作报告的中联部团队长期研究国外政党制度，既有实践经验又有理论功底。报告人分别就国外政党制度的发展和演变及中外政党制度比较等问题进行了阐述和交流。基本观点是：

欧洲：政党制度面临碎片化社会结构冲击

欧洲作为近代政党的发源地，其政党制度的发展演变受到冷战之后政治民主化、经济全球化、社会信息化和思想多元化带来的强烈冲击。报告人指出，目前欧洲社会结构碎片化，对传统政党的阶级基础造成了很大冲击。传统政党党员人数下降，社会成员非政治化倾向日益明显，政党的影响力下降。公民社会的发展挤占了政党的政治空间，众多的非政府组织雨后春笋般出现，社会成员更多地通过加入各种类型的非政府组织实现政治理想，表达政治愿望。投票人数日益减少，选民忠诚度下降。其次，媒体的影响力日渐加大，甚至超过了传统政党的影响力。再次是随着人口老龄化进程加快，传统政党党员老龄化加剧，一些政党党员平均年龄50至60岁，30岁以下年轻党员所占比重很低。

报告人指出，为了摆脱困境，欧洲传统政党采取了一系列调整举措，一是建设开放性政党，政治倾向向中间靠拢；二是调整政党的纲领政策，以适应时代发展；三是革新政党组织，有针对性地培养和发展年轻党员、妇女党员；并充分利用各种新闻媒体，宣传政党的主张，树立政党的形象。

非洲：西方多党制民主模式水土不服引起反思

报告人指出，20 世纪 80 年代末，西方国家以经济为杠杆施压，使不少非洲国家实行了多党制。经过 20 多年的实践，证明多党制度与非洲发展并未实现良性互动。在经济层面，多党制没有促进非洲国家的发展反而制约了经济发展，多党制竞选耗费了大量的财政资源，加大了执政成本。执政党在决策时往往不是着眼于国家发展的长远利益，而是着眼于争取选票，表现出急功近利的趋势。

近年来，非洲国家开始对西方的民主模式在非洲水土不服的现象进行反思，经过对西方多党制给非洲带来的利弊权衡，非洲国家开始努力探索符合自己实际的政治发展模式。他们认识到，不顾一切、无秩序的民主化只会导致无穷的争权夺利，重新使非洲国家陷于混乱之中。非洲与西方国家经济社会发展差距较大，不应盲目照搬西方的民主模式。不少非洲国家对西方民主进行本土化改造。执政者认为，在经济社会相对落后的非洲，要实现跨越式的发展必须要有一个强有力的政府和相对稳定的领导核心，一党主导、多党参与的政治发展模式更具优势。

中国：坚持和完善中国特色政治发展道路

“应该把政党制度研究和政治体制研究与历史的进程结合起来，与不同阶段的历史使命结合起来，在不同的发展阶段，政党的作用也在发展变化。”报告人认为，“从哲学的角度，没有什么主义比马克思主义更深刻、客观、准确地分析了现实社会。我们面临的迫切任务就是以马克思主义、历史唯物主义为指导，深入研究国外政党制度的发展演变，建立有中国特色的政治科学理论框架。”

国际金融危机以后，国外对中国发展模式的重视程度空前提高，中国体制的力量引起了广泛关注。没有一个稳定高效的政治体制，就没有经济的高速发展和社会的和谐稳定。而政党制度作为政治系统的重要部件显得尤为重要。从改革开放 30 多年取得的巨大成就来看，中国政治体制发挥了重要的作用。

国际金融危机不仅引起对新自由主义广泛的深思和质疑，并且激活了种种思潮。各政党都在为本国摆脱危机、谋求发展寻找出路。与会同志认为，复杂多变的国际形势不仅增强了我们坚持中国特色社会主义政治发展道路的自信，而且提高了我们关注和研究外国政党制度的必要性。大家强调，中国特色的政治发展道路需要与时俱进，不断完善。我们不搞‘“多党制”也不搞“三足鼎立”，但全面深入分析研究国外政党制度、政治体制的发展与演变，对我们进一步坚持和完善中国特色的政治发展道路很有借鉴作用。在这方面，中国人民政协理论研究会应与各有关部门加强沟通合作，有所作为。

毛泽东、朱德与马克思主义政党建设学术研讨会

由中国中共文献研究会毛泽东思想生平研究分会、朱德思想生平研究分会和中共北京市委党史研究室共同主办的“毛泽东与马克思主义政党建设”、“朱德与马克思主义政党建设”学术研讨会，于 2010 年 10 月 28 日至 29 日在北京召开。来自国内各研究机构、高等院校、党校、军队院校等方面的近百名专家学者出席了会议。

中央文献研究室副主任、中国中共文献研究会毛泽东思想生平研究分会会长、朱德思想生平研究分会会长李捷同志在开幕式上讲话指出：我们要以党的十七届四中全会、五中全会精神为指导，认真开好这次研讨会。刚刚闭幕的十七届五中全会指出，我国发展仍处于可以大有作为的重要战略机遇期，既面临难得的历史机遇，也面对诸多可以预见和难以预见的风险挑战。要实现加快转变经济发展方式这场我国经济社会领域的深刻变革，就必须比任何时候都要高度重视加强和改进党的建设，就必须进一步弘扬毛泽东、朱德等老一辈革命家关于马克思主义政党建设的宝贵精神财富，增强党的意识、宗旨意识、执政意识、大局意识、责任意识，以优良党风凝聚党心民心，形成推进中国特色社会主义事业的强大力量。

开幕式上，济南军区原政委宋清渭上将、中央党校原副校长李君如、中央党史研究室原副主任石仲泉、解放军后勤学院邵维正少将等作了大会发言。

开幕式后，分两个会场举行了学术报告会和研讨会。来自全国的征文入选作者和毛泽东思想生平研究分会的部分专家学者围绕“毛泽东与马克思主义政党建设”这个主题，从党的组织建设、政治建设、作风建设、思想建设等领域多侧面、多角度地探讨毛泽东的党建思想，还从中国共产党的创立和井冈山时期、中央苏区时期、延安时期、建国初期、社会主义建设时期等若干历史时段，来探讨毛泽东对党的建设和发展所作出的重要贡献，总结其对建设马克思主义学习型政党，推进马克思主义中国化时代化大众化的指导作用。

通过研讨，大家一致认为，毛泽东对马克思主义政党建设作出了独创性的贡献。主要有四点：一是提出思想建党，找到了落后国家马克思主义政党永葆先进性的途径；二是确立实事求是的思想路线，使马克思主义政党有了夺取胜利的基石；三是倡导发扬三大作风，使马克思主义政党有了立于不败之地的法宝；四是提出“民主”新路和“两个务必”，这是马克思主义政党防治腐败的根本之道。会议指出，毛泽东首次把党的建设称为中国革命的三大法宝之一和伟大工程，准确表达了党的建设在革命事业和党的工作全局上的特殊地位。在他的党建思想中，包含着丰富的关于学习的思想。他总是根据形势的需要向全党提出学习的内容，强调在学习过程中，要坚持理论与实际相结合、历史与现实相结合，并强调学好哲学是党的理论建设的根本，这对当前正在开展的马克思主义学习型政党建设，具有十分重要的现实指导意义。

来自朱德思想生平研究分会的学者和论文作者，围绕“朱德与马克思主义政党建设”这一主题，从朱德对党的思想政治建设、理论建设、干部队伍建设、党风廉政建设、纪检监察思想与实践等多个领域，围绕朱德对党的团结统一、如何防范党的执政风险、人民军队中党的建设、朱德的学习观以及朱德对毛泽东党建思想的丰富和补充等多个方面，进行了认真的研讨。通过研讨，大家一致认为：朱德同样对马克思主义政党建设作出了卓越的贡献。他和毛泽东一起共同为创建党领导下的新型人民军队、探索中国革命道路而奋斗。同毛泽东强调思想建党一样，朱德也一贯强调加强思想武装、提高政治觉悟对于人民军队建设的极端重要性。他是新中国成立后首任中央纪律检查委员会书记，对党的纪检工作做了许多奠基性的工作，为在执政条件下加强党纪党风建设积累了重要经验，为防范执政风险作出了不少努力。

通过深入研讨，会议一致认为，毛泽东、朱德等老一辈革命家的党建思想和执政党建设思想，都是在艰辛探索中获得的，都是我们党的宝贵财富。今天，深入研讨他们的党建思想和执政党建设思想，对于我们全面总结中国共产党的历史经验，进而研究中国共产党的执政规律，加强新时期的执政党建设，使党为人民执好政、用好权、治好国，都具有十分重要的现实指导意义。

民盟江苏省委统战理论研讨会

11 月 6 日—8 日，民盟江苏省委 2010 年统战理论研讨会在吴江召开。南通市人民政府副市长、民盟江苏省委副主委杨展里主持会议，民盟江苏省委副主委于琨奇、民盟江苏省委原副主委任江平等出席会议。

本次研讨会以费孝通先生、华罗庚先生百年诞辰为契机，通过民盟江苏省委今年开展的系列活动为推手，结合民主党派如何在新的历史条件下树立和践行核心价值体系，缅怀二老的光辉人生和历史贡献，学习他们为国家、为民族、为人民不懈奋斗的崇高品格和伟大精神。

于琨奇副主委首先作主题发言，他简单介绍了二老和江苏的密切关系。他说费孝通同志曾担任第七、八届全国人民代表大会常务委员会副委员长、中国人民政治协商会议第六届全国委员会副主席，是著名的社会学家、人类学家和社会活动家，中国民主同盟卓越的领导人，中国共产党的亲密朋友。江苏是费孝通同志的家乡。他生前十分关心江苏的经济社会发展，先后 40 多次到江苏各地考察调研或参加社会活动，30 多次到吴江调查，26 次访问开弦弓村，对江苏的经济社会发展发表了很多高瞻远瞩、很有指导性的意见。他始终大力支持江苏的改革事业，创造性地提出“苏南模式”的概念，使发端于苏南地区的这一经济现象饮誉海内外。他一直热情关怀江苏的教育事业，积极推动南京大学和东南大学的发展。作为民盟中央主要领导人，他十分关心我省统一战线和人民政协事业。他大力促进江苏的对外交流和交往，进一步扩大了江苏的国际影响。

于琨奇在讲话中说，华罗庚同志曾担任第一至六届全国人大常委会委员、第六届全国政协副主席、中国民主同盟中央副主席，是中国共产党优秀党员、中国民主同盟卓越领导人，伟大的爱国主义者，杰出的科学家、教育家和社会活动家。华罗庚同志是一位在国际上享有盛誉的伟大科学家。他一生为我们留下 200 篇学术论文，10 部学术专著，其中 8 部为国外翻译出版，有些已列入 20 世纪数学经典著作之列。他关于完整三角和的研究成果，更是被国际数学界称为“华氏定理”。华罗庚还是我国最早把数学理论和生产实践紧密结合作出巨大贡献的科学家。他富有创造性地把数学方法应用于国民经济领域，筛选出以改进生产工艺和提高质量为内容的“优选法”和处理生产组织与管理问题为内容的“统筹法”，广泛应用于生产生活等许多领域，使中国应用数学的发展跨出了历史性的一步。

于琨奇指出，二老不仅仅是民盟的骄傲，也是江苏人民的骄傲。今天我们在这里隆重纪念二老百年诞辰，追忆他们的光辉一生和重要贡献，就是要进一步学习老一辈民盟前辈的精神风范，把自己的思想、行为、追求和理想融入祖国、党和人民的事业中，努力在各自的岗位上创先争优、多做贡献，努力把江苏建设成创新型省份，为率先全面建成小康社会、率先基本实现现代化而不懈奋斗。

于琨奇副主委还针对基层组织发展、理论研究队伍建设、民主党派参政议政方法研究等方面的问题做了透彻分析。

与会人员也就如何学习二老的思想遗产纷纷提出自己的见解和看法，并结合江苏正处于全面建设更高水平小康社会、率先基本实现现代化的新形势，号召广大江苏盟员学习二老的精神风范，学习他们热爱祖国、回报祖国的崇高品质，学习他们热爱家乡、回报家乡的真情实举，把江苏的各项事业不断推向前进，在科学发展的道路上不断铸造新辉煌。

民主党派树立和践行社会主义核心价值体系理论与实践研讨会

中共北京市委统战部、北京社会主义学院、北京统战理论研究基地于11月18日下午联合举办了民主党派树立和践行社会主义核心价值体系理论与实践研讨会。来自中央社会主义学院、各民主党派市委、部分高校、区县统战部、区县社院等单位的150余位领导和专家学者参加了研讨会。中共北京市委统战部副部长、北京社会主义学院党组书记李卫东出席会议并讲话。研讨会由北京社会主义学院副院长卢晓华主持。

在研讨会上，民革北京市委副主委于雪鹰介绍了民革北京市委注重发挥党派优势，举办系列宣传活动，积极探索参政议政、民主监督和社会服务的有效方式，树立和践行社会主义核心价值体系的实践经验。中央社院教授王继宣阐述了“树立和践行社会主义核心价值体系”与参政党制度建设的现实结合点和着重点即逐步建立和健全“有利于促进民主党派工作规范化和科学化运行的制度，健全参政党的工作机制”。民进北京市委宣传处副处长张瑞芳将民进北京市委树立和践行社会主义核心价值体系活动的基本路径和主要经验概括为“十个结合”，即把树立和践行社会主义核心价值体系与挖掘、总结、梳理、继承、弘扬民进优良传统、增强基层组织凝聚力、建立健全科学的参政党制度体系有机结合、提升参政党履职能力、建设中国特色参政党文化等工作有机结合。东城区委统战部办公室主任王彦高代表东城区委统战部课题调研组总结了“民主党派树立和践行社会主义核心价值体系”课题的调研成果，并从民主党派和中国共产党如何加强和改进工作两个方面提出了十一条意见建议。北京社院教授孙瑞华提出，党外人士学习和践行社会主义核心价值体系，要坚持社会主义核心价值体系的主导性，坚持核心与多样、先进与广泛的有机统一；要坚持传统与时代、民族与世界、继承与发展的有机统一；要坚持理想与现实、科学精神与以人为本的有机统一。

李卫东部长在讲话中指出，这次研讨会从不同层面、不同角度对民主党派树立和践行社会主义核心价值体系的理论和实践问题进行了阐述和总结，五位专家的发言既是对社会主义核心价值体系理论问题的探讨，也是对一年来民主党派开展树立和践行社会主义核心价值体系教育实践活动的总结。

他强调，民主党派树立和践行社会主义核心价值体系在下一阶段要处理好以下几个关系：一是处理好学与行的关系。民主党派要重视理论研究和理性思考，解决好思想共识问题，同时要把树立和践行社会主义核心价值体系落实到提高履职能力、参与社会实践的实际工作和行动中来。二是处理好普遍性与特殊性的关系。民主党派树立和践行社会主义核心价值体既要把握住普遍性特征，又要体现参政党自身特色，总结和挖掘民主党派的核心价值观。三是处理好常规性和创新性的关系。民主党派既要按照中央的精神抓好树立和践行社会主义核心价值体系的常规活动，同时又要在实践中不断创新活动方式和载体。四是要处理好阶段性和长期性的关系。既要把握好每个阶段的目标，同时又要将树立和践行社会主义核心价值体系当作一项长期任务持续不断地开展，并在实践中不断完善、丰富社会主义核心价值体系。

云南省民主党派、工商联社会服务工作研讨会

11 月 22 日—24 日，云南省民主党派工商联社会服务工作研讨会在楚雄召开。云南省委常委、省委统战部部长黄毅出席会议并作讲话，省委统战部童凤华副部长主持会议，各民主党派、工商联主委、主席作了研讨发言。总结近年来社会服务工作的成效和经验，研讨探索开创社会服务工作新局面的思路、途径和方法。

黄毅在会上指出，近年来，我省各民主党派、工商联深入贯彻落实科学发展观，围绕全省经济社会发展全局，把开展社会服务工作作为参政议政的重要内容和延伸、作为加强自身建设的有效途径，坚持“发挥优势、突出重点、量力而行、尽力而为”的方针，组织成员积极参与全省经济建设、文化建设、社会建设和生态文明建设，多层次多形式开展智力支边、科技扶贫、招商引资、文化交流和捐资助学、抗灾救灾等公益性活动，积极搭建社会服务平台，形成了一批具有统一战线特色的社会服务品牌。

黄毅强调，今后一个时期，统一战线开展社会服务工作要以科学发展为主题，以加快转变经济发展方式为主线，以改善民生为重点，坚持智力支持、科技扶贫和项目扶贫相结合，整合资源力量，创新活动载体，做强做大特色品牌，着力打造统一战线服务科学发展和多党合作的示范工程，为建设绿色经济强省、民族文化强省和中国面向西南开放的桥头堡作出新贡献。希望我省各民主党派、工商联要统筹规划、协调联动，整合资源、优势互补，点面结合、突出特色，建立机制、形成合力。努力搭建平台、创新工作方式、丰富工作内容、深化活动内涵，切实增强社会服务工作的吸引力、凝聚力、影响力。一是要结合“十二五”规划的实施和我省编制“十二五”规划献策献计，推动调研成果转化；二是要深入推进树立和践行社会主义核心价值体系“学与行”活动、“百名专家院士云南行”活动；三是要围绕深入实施西部大开发战略和中国面向西南开放桥头堡建设等重要任务，统筹谋划各项工作，把参政议政和社会服务工作提高到一个新水平。

黄毅要求，全省各级统战部门要重视、支持统一战线社会服务工作，在统筹规划、协调联动、整合资源等方面发挥好牵头协调作用，加强指导，及时研究解决社会服务工作中面临的新情况新问题，促进社会服务工作的有效开展。

会上，各民主党派省委、省工商联负责人就近年来社会服务工作取得的成绩和经验作了交流发言，并围绕会议主题，畅所欲言，提出了建设性的意见建议。会议向全省各民主党派、工商联各级组织和广大成员提出了社会服务倡议书。

亚洲政党国际会议第六届大会

亚洲政党国际会议第六届大会12月2日在柬埔寨首都金边开幕。大会由柬埔寨人民党和奉辛比克党联合主办，大会主题是“建设亚洲更美好的明天”。来自亚洲36个国家的89个政党参加本届大会，21个政党和机构作为观察员应邀与会。中共中央政治局委员、中央书记处书记、中组部部长李源潮率中国共产党代表团出席大会开幕式并致辞。

李源潮代表中国共产党向亚洲政党国际会议成立10周年和第六届大会的召开表示热烈祝贺。他积极评价亚洲政党国际会议10年来的发展，表示会议已成为亚洲各国政党平等交流、坦承对话、增进共识、密切合作的重要多边政党论坛，为推动亚洲各国国家关系发展、维护地区和平稳定发挥了重要作用。他指出，进一步深化亚洲合作，符合各国根本利益和共同需要，也是亚洲各国政党所肩负的共同责任和重要使命。希望亚洲政党国际会议坚持开放包容，深化政治互信；坚持共同发展，促进互利共赢；坚持务实创新，拓展合作领域。中国共产党愿意与亚洲各国政党一道，为建设亚洲更加美好的明天作出更大贡献。

李源潮指出，中国坚定不移地走和平发展道路。中国是亚洲一员，中国的发展离不开亚洲，也给亚洲带来了机遇。坚持和平发展、建设和谐世界是中国共产党和中国人民的一致主张和追求。无论现在还是将来，中国都将奉行睦邻友好的周边外交政策，与亚洲各国人民一道，共同分享发展机遇，齐心携手应对挑战，为促进亚洲持久和平、共同繁荣而不懈努力。

亚洲政党国际会议第六届大会组委会主席、柬埔寨政府副首相索安在大会闭幕式上表示，本届大会一致通过的《金边宣言》表明了亚洲各政党对亚洲追求更加美好明天的坚强决心。索安说，亚洲各政党成功举行了跨国界会议并达成了广泛共识。各政党代表一致认为，亚洲发展机遇与挑战共存，促进各国和各政党相互交流与合作对亚洲未来发展意义重大。

大会通过的《金边宣言》指出，与会各方坚持加强交流与合作，积极推动地区发展，共同应对面临的挑战，呼吁各国在努力发展国家的同时，应重视气候变化、自然灾害管理、发展再生能源和保护生态环境等。

宣言表示，亚洲政党国际会议坚持开放机制，以推动亚洲和平、安全、繁荣为目标，促进不同意识形态政党之间在相互尊重主权、互不侵犯、不干涉内政的前提下进行交流，增进相互谅解与信任，为建立亚洲更加美好的明天而努力。

在谈到朝鲜半岛目前的局势问题时，宣言呼吁所有有关各方立即通过对话和谈判消除紧张状况。宣言还认为，柬埔寨和平、和解与整合武装派别的“柬埔寨模式”为解决亚洲其他国家和地区的冲突提供了可借鉴的方式。

两天大会期间，各政党代表还举行了首届世界生态安全大会、妇女政治领袖会议、青年政治领袖会议等系列会议。

亚洲政党国际会议创立于2000年9月，是亚洲地区政党组织交流对话的论坛机构。它的宗旨是促进亚洲政党交流与合作，增进各国和各国人民之间的相互理解，推动地区合作，为本地区的持久和平与共同繁荣创造良好环境。

民进新疆区委会参政党理论研讨会

12 月 22 日，中国民主促进会新疆区委会 2010 年参政党理论研讨会在乌鲁木齐召开，这次研讨会以“树立和践行社会主义核心价值体系推进学习型参政党建设”为主题。民进新疆区委会副主委童兆玲出席会议并讲话。

童兆玲指出，改革开放 30 年来，在中国共产党的领导下，我国各项事业取得了举世瞩目的伟大成就，形成了中国特色社会主义的旗帜、道路和理论体系。民进新疆区委会的参政党理论研究工作要以马列主义、毛泽东思想、邓小平理论和“三个代表”重要思想为指导，深入贯彻落实科学发展观，牢固树立“坚持中国共产党领导，坚定不移地走中国特色社会主义道路”的信念，围绕中国特色社会主义理论体系，解放思想，坚持改革开放，推动科学发展，促进社会和谐，以改革创新的精神，加强我会的参政党理论研究工作，更好地履行参政党职能。

开展参政党理论研究是参政党加强自身建设、提高参政议政水平的重要内容和途径。多年来，民进新疆区委会坚持理论来源于实践、进而指导实践的主导思想，把开展参政党理论研究的出发点放在增强工作的预见性和针对性上，各级班子成员努力将学习理论的体会和收获转化为谋划工作的思路、促进工作的措施、指导工作的本领，促进了各项工作的可持续发展。每年根据自治区党委、政协、统战部、民进中央的工作部署，结合民进新疆区委会的特点和工作实际，提出相关理论研究课题，并确立集中调研课题。各级理研会成员也不断增强职责意识，积极参与课题研究和调研活动；全区广大会员的素质得到提高，各级干部的政治把握能力得到增强，参政议政水平得到提升，研究成果多次在民进中央和自治区统战系统参政党理论研究成果评比中获得奖励。

童兆玲强调，作为民主党派成员要充分认识到自己肩负的历史使命和高度的政治责任感，要以正在开展的树立和践行社会主义核心价值体系学与行活动、“热爱伟大祖国建设美好家园”的主题教育活动为实践载体，正确把握新疆的区情，不断探索新形势下参政党理论研究工作的新动向，牢固树立“团结稳定是福、分裂动乱是祸”的思想，持之以恒地加强马克思主义“五观”、“四个认同”、“三个离不开”的民族团结教育，不断增强中华民族意识、国家意识、法制意识、公民意识，提高作为参政党的政治把握能力、参政议政能力、组织领导能力和合作共事能力。进一步坚定坚持中国共产党领导、坚持走中国特色社会主义道路的信念，围绕自治区党委和政府的工作大局，做好本职工作，围绕经济、社会发展的重大问题，人民群众关注的热点难点问题开展调研，真实反映社情民意，切实履行参政议政、民主监督职能，为促进实现新疆跨越式发展和长治久安建有用之言、献务实之策。

童兆玲要求，要抓好制度管理、加强研究网络和队伍建设，必须适时选择“走出去、请进来”的策略，凝聚社会各方人才，以研究课题为纽带、以组织推动为手段、以社会力量为依托，充分调动各方面积极性和创造性，做到优势互补、资源共享。要从多党合作事业不断发展的高度，来认识开展参政党理论研究的重要性；从推动科学发展、实现政党和谐的高度，来认识从事参政党理论研究工作的意义；从实现民进新疆区委会各项工作可持续发展的高度，来认识运用理论成果指导、检验实践的迫切性，通过一年一年卓有成效的努力，切实在健全机制上多下功夫，在推动研究上多作探索，在成果转化上多想办法，让参政党理论研究的成果真正成为民进新疆区委会建设学习型参政党、切实推进思想建设的强劲动力，为推进实现新疆跨越式发展和长治久安做贡献。

此次研讨会征集到有关推进民主党派建设学习型参政党的研究、社会主义核心价值体系与民进工作研究、提高参政党建设科学化水平研究、新形势下民主党派组织建设工作研究、参政议政工作研究、社会服务工作研究、机关建设工作研究等方面的论文36篇。

民盟北京市委传承民盟精神　提高参政党履职水平研讨会

12月29日，民盟北京市委召开传承民盟精神提高参政党履职水平研讨会暨民盟北京市统战理论研究会2010年会。民盟北京市委主委葛剑平，副主委、研究会会长贾庆国，副主委刘玉芳等出席会议。民盟北京市委副主委、研究会副会长李怀方主持会议。各区级组织理论研究会负责人、会员及部分盟员等40余人参加会议。

贾庆国从三个方面总结了研究会2010年工作。一是领导带头开展理论研究，推进工作机制建设。领导班子在树立和践行社会主义核心价值体系活动中，带头开展理论学习与研究，促进了理论研究工作的开展，在今年完成的6个重点理论研究课题中，有5个课题由班子成员担任负责人。工作的制度化、规范化建设得到加强。年初召开统战理论研究会长工作会议，研究确定年度理论研究方向及30个理论研究课题。之后，相继召开统战理论研究课题研讨会、重点课题启动会、理论研究课题中期推动会和理论研究工作交流会。二是深入研究多党合作理论与实践问题，取得显著成果。以“传承民盟精神，践行核心价值，提高参政党履职水平”为主题，组织会员撰写理论文章28篇，有三篇分别中标民盟中央、北京市政协、北京市统战理论研究基地重点理论研究课题。经过遴选，上报民盟中央19篇、北京市政协10篇、中共市委统战部5篇、北京市统战理论研究基地5篇。《浅谈中国特色政党的优势和作用》一文荣获民盟中央2009年理论研究课题一等奖。在全市统战系统理论研究与调查研究评比中，《新中国成立60年来多党合作理论与实践》一文荣获一等奖，《浅谈中国特色政党制度的优势和作用》一文荣获三等奖，民盟北京市委荣获优秀组织奖。三是加强理论研究队伍建设，保持研究工作可持续发展。近年来，民盟北京市委的重视和支持下，研究会加大了理论研究工作的平台建设，已有3个区委、3个区工委成立了理论研究会，形成了一支热爱民盟事业、热衷理论研究的人才队伍。市区两级研究会的工作日趋活跃，以理论学习和研究推动自身建设和履行职能工作。贾庆国还对研究会2011年工作提出了建议。

葛剑平主委在讲话中充分肯定了研究会的工作。他说，一年来，研究会工作开展得扎实而富有成效，取得了可喜的成绩。实践证明这项工作已经成为民盟北京市委加强思想建设的有效途径，是我们自身建设工作中的一个亮点和优势。研究会今年所取得的成果，为民盟北京市委加强思想建设提供了有力的理论支撑。葛剑平对研究会做好明年工作提出了三点意见。一是适应多党合作新形势，明确开展统战理论研究工作的方向和定位。要坚定不移地坚持中国共产党领导的多党合作和政治协商制度，把这一政治准则作为开展统战理论研究工作的根本出发点和落脚点。统战理论研究工作要自觉服务于参政党的思想建设。理论研究要与盟务工作实践紧密结合，研究成果对推动盟务工作具有先导性和引领性。要研究加强参政党制度建设方面的课题，推动参政党可持续发展。各级统战理论研究会要逐步成为凝聚队伍、发现人才，培养人才的重要平台。二是与时俱进，开拓创新，促进统战理论研究工作适应参政党建设新实践的需要。在社会主义市场经济体制逐步完善，民主法制和政治文明建设逐步加强的环境下，建设一个什么样的参政党，怎样建设参政党的问题，需要我们去探索，去实践。我们在盟务工作实践中要锐意进取，奋发有为，同时参政党理论研究工作要与时俱进地跟上时代前进的步伐，适应盟务实践发展的新需要。三是以盟务工作为基础，推动理论研究工作与盟务工作实践紧密结合。理论研究工作内容要贴近盟务工作的实际需要，以在自身建设过程中遇到理论和实践问题，以参政议政、民主监督、自身建设等工作面临的新形势、新要求等课题为中心，不断探索加强民盟自身建设和提高参政议政水平的新思路、新途径、新方法。

研讨会上，王明进、沈正华、王鉴岗、陈家葆等4名同志作了大会研讨发言。部分同志作了自由发言。

民盟上海市委多党合作理论与盟史研究年会

12月31日，民盟上海市委理论与盟史研究会召开2010年年会。来自上海大学、上海市统战理论研究会、上海市政协理论研究会、上海市委统战部研究室的有关专家学者以及来自研究会的三十余位专家参加本次会议。会议由民盟上海市委专职副主委方荣主持。

民盟中央副主席、上海市委主委郑惠强出席本次会议并讲话。他指出研究会今年工作呈现了“把握思想主线，突出工作重点，强化人才机制，注重成果转化”的四大特点。研究会在整合盟内理论与盟史研究队伍后，在新的史论结合的工作机制下，以学习践行社会主义核心价值体系为主线引领各项工作开展；以民盟重要历史人物纪念及学术思想研讨活动为抓手，整合盟史与理论研究成果；以发掘中青年研究人才为着力点，初步形成核心专家队伍及后备中青年理论与盟史研究人才库；及在理论、盟史研究领域注重结合实际，将成果向参政议政领域转化所取得的各项成绩。同时，他对研究会今后的工作提出了三点建议及希望：一要把握主线，继续以社会主义核心价值体系的学习践行活动引领各项研究工作开展；二要突出重点，以理论与盟史研究成果为思想建设和组织建设提供学习素材和理论助力；三要强化队伍，以人才发掘机制和培养机制为盟市委理论与盟史研究夯实智力基础。

会上，民盟上海市多党合作理论与盟史研究会会长殷啸虎代表研究会做年度工作总结，并提出2011年工作设想。方研翔、周忆、徐连明、张一平等研究会新成员在会上发言，汇报研究成果，交流研究思路。

学术人物

吴先宁，中国国民党革命委员会中央常委、宣传部部长，《团结》杂志主编。文学博士。1957 年 9 月出生，汉族，浙江省诸暨人。1978 年考入绍兴师范专科学校（今绍兴文理学院前身）中文系学习，毕业后在中学任教。1984 年考上厦门大学中文系攻读硕士研究生，1988 年毕业获厦大硕士学位，随后留该校任教。不久考上中国社科院研究生院攻读博士生，1991 年获博士学位。后在民革中央办公室工作，曾任民革中央机关处副处长、处长，宣传部副部长、部长等职。担任的主要社会职务有中国统一战线理论研究会理事，中国统一战线理论研究会创新成果评审委员会委员，中国人民政协理论研究会常务理事，第十一届全国政协委员，民革中央孙中山研究学会秘书长，绍兴文理学院北京校友联谊会会长，中央社会主义学院、上海师范大学兼职教授等。

近几年主要研究方向为中国特色政党制度、参政党建设等，主持的“参政党理论与实践”课题获中国统一战线理论研究会 2006 年优秀成果奖，发表有《中国特色政党制度理论体系形式化研究》、《论参政党制度建设》等论文。目前主持 2010 年国家社科基金项目“人民政协与中国特色社会主义民主政治研究——以政协提案有效性为中心”课题研究。

从事古代文化文学研究，曾主编了《日晷文库》中国文学史研究系列丛书，出版专著《北朝文化特质与文学进程》，发表有关论文十余篇。

刘圣宇，中国民主同盟中央研究室主任。文学博士。1963 年 10 月生，汉族，山东莘县人。1982 年参加工作，在原籍当中学教师。1987 年—1990 年山东大学中文系中国现代文学专业硕士研究生。1990 年—1995 年在中共河南濮阳市委统战部工作。1995 年—1998 北京大学中文系中国现当代文学专业攻读博士学位研究生。1998 年 3 月到民盟中央工作，曾任主席秘书，民盟中央宣部副部长、研究室副主任，2010 年任民盟中央研究室主任。

长期参与民盟中央报告、讲话等重要文稿起草。2008 年起负责民盟中央理论研究课题组织工作。曾在人民日报、人民政协报、中央社会主义学院学报等报刊发表《感受科学精神——记在丁石孙先生身边做秘书二三事》、《加强自身建设，更好地履行参政党职能》等民盟人物及多党合作制度研究文章多篇。

公开发表《历史与小说写作——对“新历史小说”现象的反思》、《矛盾结构：对话和戏剧性》、《文本的裂隙与诗人的矛盾》、《历史边缘处人的道德抒情》等多篇研究论文。

主要社会兼职：任中国人民政协理论研究会理事，中国统一战线理论研究会理事。

孟孝忠，中国民主建国会中央宣传部部长，民建中央委员，监察部特邀监察员。1955 年 12 月出生于河北怀安，汉族。1974 年初参加工作，先后在河北省怀安县财税局、张家口地区行署财税局供职。1977 年恢复高考后入上海复旦大学学习，获哲学学士学位。1982 年初分配到地质矿产部工作，先后在宣传部、办公厅担任副处长、处长、副局级秘书。1993 年初调民建中央任宣传部副部长，1998 年 6 月起任宣传部部长。

孟孝忠同志前 20 年主要从事执政党思想政治工作的实践和研究，形成了不少研究成果。主持编写的《改革家列传（地矿卷）》获全国丛书评比一等奖，《光荣在于奉献》获全国优秀政工专著奖。从 1993 年开始，转向对政党制度、特别是参政党建设的研究。多年来，重点推动对中国民主建国会的传统、历史、人物以及理论进行总结和探讨工作，形成了大量研究成果，并主持编写了相关的著述。将民建优良传统的研究成果写入民建章程、并制作了宣传手册和光盘，出版了《中国民主建国会会史》、《中国民主建国会概论》、《中国民主建国会基本知识》、《孙起孟文稿选编》、《成思危论民建工作》、《中国民主建国会画册》以及一些影视作品。主持开展了有关民主党派内部监督问题的研究，得到会中央的采纳。总结长期的实践经验，对民建思想建设的规律以及宣传部门的职能进行了概括，对于提高全会思想建设水平起了积极作用。

高友东，中国民主促进会中央副秘书长兼办公厅主任，民进中央参政党理论研究会副会长、“民进中央—上海社会科学院合作中心”副主任。汉族，1958 年 12 月出生，河南项城人，研究生学历。1978 年 10 月—1982 年 7 月，在兰州大学中文系读书；1982 年 10 月毕业自愿申请到西藏工作，曾任西藏自治区人大常委会督察委员会办公室、人大办公厅办公室，西藏自治区人大教科文卫（民族宗教）委员会办公室副主任，秘书处副处长，办公室主任。1996 年 7 月至 2003 年 5 月调中央统战部工作，曾任二局一处、五处处长，兼任中国少数民族培训中心秘书长。2003 年 5 月后调民进中央，历任社会服务部副部长，组织部副部长，研究室第一副主任、主任，办公厅主任。2004 年 9 月—2006 年 7 月在中国人民大学社会学系学习。

长期从事统一战线、参政党理论研究和实际工作。在西藏自治区工作期间，撰写多篇调查报告、视察报告，参与自治区人大常委会工作报告的起草和《西藏自治区自治条例（草案）》的起草工作，创刊《人大工作通讯》并任主编。在中央统战部工作期间，起草中共中央、国务院有关文件，参与编著《西藏知识简明读本》，撰写“关于民族地区发展社会主义市场经济的思考”、“按辩证法办事，正确把握宗教工作方向”、“喇嘛教在内蒙的传播”、“噶玛巴灌顶”、“藏传佛教寺庙现状与对策”、“加强培养新一代民族代表人士”等研究文章，受到有关领导的重视和肯定。到民进中央工作后，对“民主党派的目标和原则”、“民主党派自身建设的主要内容及对策”、“新一代党派成员思想特点和对策”、“民主党派社会服务工作”、“民主党派基层组织建设”、“党派领导班子建设和后备干部队伍建设”等重要课题作深入细致的研究，为中共中央［2005］5号文件的制定提供了参考依据。其中，《准确把握参政党理论建设方向，切实加强应用理论研究》获中央统战部理论征文一等奖。《以科学发展观引导民主党派组长建设》被上海浦东干部学院评为优秀论文，推荐中央领导同志参阅。

主要社会兼职：全国政协理论研究会理事、叶圣陶研究会理事、海峡两岸法学研究会理事。

石光树，中国农工民主党中央宣传部部长、《前进论坛》杂志社社长、主编。湖南古丈人，苗族，1955年12月生，1982年毕业于中央民族大学历史系，毕业后长期在中共中央统战部工作，历任李维汉、阎明复同志秘书，党派局副处长、处长等职务，2000年底调中国农工民主党中央宣传部，先后任副部长、部长。为中国统一战线理论研究会理事，中国人民政协理论研究会理事，长期从事统一战线和民主党派工作及研究。编著有《五星红旗从这里升起》、《迎来曙光的盛会》、《李维汉纪念集》，先后主持编写《全国统战工作会议文件资料汇编暨有关多党合作理论政策学习讲话》、《中国农工民主党党员读本》、《中国特色和谐政党关系论》、《中国特色参政党理论概论》等著作。

邱国义，中国致公党中央党务研究委员会委员、致公党中央宣传部理论研究会成员。1936年10月生，汉族，江苏常州人。1958年7月毕业于天津大学电力工程系，长期从事电力系统及其自动化学科的教学与研究工作。1970年至1990年，任合肥工业大学教授、系副主任、校研究生部主任。此期间曾任中国电机工程学会第四、五届理事，国家机械部科技进步奖评委，国家自然科学基金和国家教委科学基金评审专家等职。在科研工作中，先后取得6项重要科技成果，在国家一、二级学术刊物上发表学术论文30篇。

1990年调入中国致公党中央委员会工作。曾任中国致公党中央常务委员、秘书长兼组织部长、中央专门委员会办公室主任。曾任全国政协第七、八、九、十届委员，曾任中央社会主义学院兼职教授、中国政党制度研究中心特邀研究员。先后在人民日报、光明日报、法制日报、科技日报、人民政协报、中国统一战线、中国致公等报刊和全国政协会议上发表政治、经济、社会等方面的文章80余篇。

2009年起，先后参加《中国致公党简史》（第二版）（担任副主编、统稿人）、《中国致公党党员读本》（担任执行主编、统稿人）的编写，并编著《民主党派履行职能和自身建设十讲》一书。近十年来，先后应邀在中央统战部、中央社会主义学院、致公党中央及地方组织举办的培训班、进修班上进行有关民主党派履行职能和自身建设的讲课并获得一致好评。

岳庆平，九三学社中央研究室主任，中共中央统战部机关党委常委，北京大学历史系教授、博士生导师。汉族，中共党员，山东省荣成市大岳家村人。1953 年 8 月 1 日生于山东省青岛市，1969 年 8 月参加工作，1982 年 7 月获山东师范大学历史系学士学位，1984 年 3 月加入中国共产党，1985 年 7 月获北京大学历史系硕士学位后留校任教，1995 年 8 月晋升教授，1998 年 4 月任博士生导师。2003 年 5 月调入九三学社中央研究室任副主任（主持工作）、主任至今。

兼任中央社会主义学院教授和高级职称评委，项羽文化研究会会长，中国农民战争史研究会副会长，中国人民政协理论研究会常务理事，中国统一战线理论研究会理事兼副秘书长，中国和平统一促进会理事，中华炎黄文化研究会理事，中国国际徐福文化交流协会常务理事兼副秘书长，大学文化研究与发展中心副秘书长，《文史知识》编委等。曾任北京大学工会副主席，北京大学分房审议委员会主任，北京大学政策研究室主任，北京大学发展规划部部长，北京大学人才研究中心主任，中国秦汉史研究会副会长，《中国社会科学文摘》学术咨询委员，《文史》编委等。1997 年被评为北京市青年社会科学学科骨干（又称“百人工程”）。中共北京市委刊物《前线》1999 年第 4 期曾刊登专文介绍其学术成就。

主要从事历史学、政治学、文化学、社会学和教育学的研究，单独承担过四项国家社会科学基金项目和国家教委博士点基金项目。已出版《中国秦汉习俗史》、《中国秦汉艺术史》、《中国民国习俗史》、《中国的家与国》、《中华文化通志・婚姻志》、《汉代家庭与家族》、《家庭变迁》等著作 10 余本，发表论文 100 余篇，主编辞书、丛书多部。其中担任常务副主编的《毛泽东周恩来刘少奇朱德邓小平陈云著作大辞典》，由江泽民主席题写书名；也是担任常务副主编的《马克思恩格斯列宁斯大林毛泽东著作大辞典》，由陈云、薄一波、宋任穷等领导题词。参加撰写的《中华文化通志》，1999 年获第四届国家图书奖荣誉奖；参加撰写的《中华文明史》，2008 年获北京市第十届哲学社会科学优秀成果特等奖。还获得其他各类奖励十余次。共访问过 20 多个国家。

在政党制度研究方面公开发表《五四运动与创新精神》、《对社会主义民主政治建设的探索》、《“以人为本”若干问题的审视与思考》、《坚持党的领导，推进社会主义民主》、《重视“硬软约束”结合，加强机关文化建设》、《宣传多党合作理论要注重话语方式》、《“九三学社传统”的表述及其演变》、《九三学社历史人物与核心价值观》、《中国政党制度理论研究的“两个坚持”与“两个突破”》、《社史人物与核心价值观》、《抽象学理与具体建议》等数十篇论文。

潘新洋，台盟中央联络部副部长。1962 年 3 月 30 日生，汉族，台湾省台中县人。台盟盟员，台盟中央政策策略咨询委员会委员、北京市政协委员、台盟北京市委委员、北京市东城区政协常委、委员。

1984 年 8 月，毕业于南开大学中文系汉语言文学专业，同年参加工作。先后在台盟中央宣传部任科员、副主任科员；1995 年 12 月至 2001 年 7 月，任台盟中央研究室副处长。其间，负责台盟中央研究室对台研究、调研工作，主编《台情分析》内部刊物，自 1999 年至2003年连续五年台盟中央机关公务员考核优秀。

2000年参与撰写国台办委托的《台湾社会阶级、阶层分析》基础性调研课题，并负责文章统稿编审工作。《台湾社会阶级、阶层分析》基础性调研课题，是台盟中央研究室成立以来，承担的第一个由国家部委级单位委托的重要涉台调研课题，该调研课题得到中台办、国台办领导批示和重视，课题论证过程中受到在京专家学者普遍好评，国台办刊物《台湾工作通讯》对该报告做了转载。

2003年9月任台盟中央研究室台情调研处处长。其间，先后完成国台办及海研中心委托的基础性调研课题《50年来台湾社会演变及主要矛盾研究》、《历史因素对台湾民众统独心态的影响》、《未来三年台湾主要政党发展趋势》等重要调研课题，担任撰稿人和文章统稿编审工作。其中《50年来台湾社会演变及主要矛盾研究》一文，国台办刊物《台湾工作通讯》做了部分转载。

2003年中央统战部在互联网公开招标调研课题《在祖国大陆台商投资现状、特点及在实现祖国统一中的作用》，潘新洋同志独立负责该调研课题的策划和招标工作，并任课题组组长。该课题报告获中央统战部颁发的优秀调研成果奖。

任国台办海研中心兼职研究员、北京联合大学台湾研究院客座教授，多次参加“两岸关系论坛”、“海峡两岸关系研讨会”、“台湾民情研讨会”等国内重要台湾问题学术会议，在第十二、十三届“海峡两岸关系研讨会”上提交的论文内容，《人民日报. 海外版》、台湾《中央日报》等媒体均做了介绍和报道。

任《台湾知识百科》编委、《东城政协报》编委。2009年，撰写出版《台湾百问》一书，担任该书主编。长期在台盟中央机关刊物《台盟》及台盟北京市委盟刊上发表有关台湾问题的研究、评论文章和涉台宣传报道文章近几十万字。对战后台湾历史的演变历程、台湾民主运动、选举与政党政治有较为深入的理解和研究。长期关注、追踪自1987年两岸开放交流以来台海问题的势态发展，对两岸民间交流和人员往来以及台商投资大陆的状况与特点有较为深入的了解。踊跃参加台盟北京市委和东城区委的各项工作，积极为北京市及东城区的建设建言献策，并获先进个人表彰。

参政议政案例选

中国国民党革命委员会参政议政案例

一、关注城镇化建设，为化解“三农”问题献计

“三农”问题是关系我国经济社会发展最重大的问题之一，“三农”问题的核心是过多的人口和劳动力依附于农村和农业，以及由此造成的农业生产率低下和大量隐性失业的问题。解决“三农”问题的关键就在于如何稳步、渐进的把大部分农村劳动力从农业和农村转移到非农行业。但是，我国的人口数量和城乡分布情况决定了单依靠城市新增就业岗位，不可能满足数量庞大的农村劳动力的转移需求。因此，大力推进城镇化建设，促进农村劳动力的就地和就近转移，是解决“三农”问题的重要政策思路。

根据中共中央《关于加大统筹城乡发展力度，进一步夯实农业农村发展基础的若干意见》精神，为深入了解我国城镇化建设现状，探索进一步推进城镇化建设和统筹城乡发展的基本对策，2010 年 4 月 12 日至 15 日，民革中央主席周铁农、常务副主席厉无畏率领民革中央调研组，赴开展城镇化建设有一定典型意义的河南省，先后在郑州、洛阳、济源、新乡等地就相关问题进行了考察和调研。

通过考察和调研，调研组了解到，近几年来全国各地按照中共中央、国务院的总体部署，积极采取各种措施，加快推进城镇化建设和城乡统筹工作，取得了较大的成绩。河南省也在结合本省情况加快推进城镇化建设方面做了大量工作：一是坚持以规划为引导，以编制完善和实施省域城镇体系规划、城市总体规划、控制性详细规划和村镇规划等作为重点，努力构建河南现代城镇体系；二是在破除体制机制障碍方面进行积极尝试和探索，通过开展城乡一体化试点、设立统筹城乡发展试验区等，在全省范围内建立城乡平等就业制度，改革户籍管理模式，完善社会保障制度，保障外来从业人员子女的平等义务教育权利，深化土地使用制度改革等，走新型城镇化道路；三是全力做好产业集聚区建设工作，突出城市与产业的融合发展，着力构建以城带乡、产业转移的发展格局，提升产业集聚水平和人口承载能力，促进城镇化建设和城乡统筹发展。通过这些工作，目前河南省在提高城镇化水平，改善农村生产、生活条件和公共服务水平等方面取得明显成效，受到了广大农民群众的普遍欢迎。

调研组也了解到，虽然各地推进城镇化建设的总体趋势是好的，但也存在一些不容忽视的问题，主要表现为：中心镇建设与发展步伐仍然缓慢，城镇规模普遍较小，对农村的

带动力不强；城镇建设缺乏产业支持，基础设施和公共服务设施建设相对滞后，城镇功能和承载能力较低；由于城乡居民在财政补贴、计划生育、宅基地和责任田等方面存在一些差距，目前既有多年在城镇定居却不能落户的情况，也在一些地方出现了农民进城定居后不愿在城镇落户的情况，使户籍制度改革复杂而困难，城镇化动力不足；农村宅基地及承包地缺乏合法的资产化渠道，置换难度大，不能给进城定居的农民提供创业、就业资金支持，同时也造成了农村土地利用的效率低下，不利于现代农业的发展。

上述情况说明，农村城镇化建设作为统筹城乡发展的重要内容，是一项艰巨复杂的系统工程，需要周密部署，精心安排，协调处理好城镇化建设中的诸多关系问题。为此，民革中央就城镇化建设向中共中央、国务院提出以下建议：

第一，以科学发展观为指导，充分认识城镇化建设对中国经济社会发展的长期战略意义，努力引导城镇化建设的科学发展。以人为本、全面协调可持续的科学发展观，是中国城镇化建设的基本指导思想。各级政府和领导干部要以科学发展观为指导，深刻认识搞好城乡一体化工作的重要性，准确把握城镇化建设的客观规律，统一认识，加强领导，积极作为，强化政府责任，不断提高领导城镇科学发展的能力和水平。同时，在城镇化建设过程中要尊重广大农民群众的意愿，充分发挥他们的积极性、主动性和创造精神，切实保障城镇化建设进程中农民的主体地位和合法权益，让广大农民真正成为城镇化建设的主人。

第二，按照统筹城乡发展要求，遵循功能性布局和差异化发展的原则，做好城乡规划工作。城镇化建设是我国当前保持经济平稳较快发展和打破城乡二元结构、破解“三农”难题的一项重要工作。因此，在进行城镇化建设中，要将城镇建设纳入国家及地区整体发展规划之中，按照统筹城乡发展的要求，根据功能定位的不同，坚持走差异化发展道路：大中城市通过大力发展现代制造业和生产性服务业，提高城市对农村的反哺实力，充分发挥中心城市的辐射能力；小城镇通过加快发展劳动密集型加工业和服务业，大量吸纳农村富余劳动力，发挥城乡经济发展与交流的纽带作用；农村地区则通过扎实推进新农村建设，发展现代农业，繁荣农村经济，努力改善农村生产、生活条件。另外，国家在开展这项工作时，还应将处于不同发展水平的中西部和东部地区区别对待，把工作的重点放在发展相对滞后的中西部地区，使广大中西部地区通过加快推进城镇化建设的进程，尽快缩短与东部沿海地区的发展差距。在经济相对发达、城镇化发展水平较高的东部沿海地区，则以推进跨省区的大区域一体化发展为重点，着力深化区域合作与协调发展方面的工作。

第三，出台相关政策制度，积极扶持小城镇产业发展，增强小城镇发展的内生动力。产业是小城镇发展的生命线，产业的发展水平直接影响到小城镇的结构、功能和素质，决定着小城镇的辐射力、带动力和影响力。目前，由于小城镇既缺少城市资源要素聚集和比较效益的优势，又无法享受国家建设新农村的优惠政策，产业发展困难重重。建议国家抓住当前经济结构战略性调整的难得机遇，及时研究出台扶持小城镇产业发展的相关政策制度，加大对小城镇产业发展的资金支持力度，引导资金、技术、人才等要素向小城镇聚集，帮助增强小城镇内生动力，促进小城镇健康发展。

第四，以深化户籍制度改革为抓手，积极探索就业、教育、医疗等社会福利制度改革，努力推进基本公共服务均等化。社会结构的调整是打破城乡二元结构的必由之路，而深化户籍制度改革，则是当前进行社会结构调整的最好抓手。在深化户籍制度改革的工作中，一是要对计划生育、最低生活保障、社会保险、义务教育，特别是农村土地承包和集体经济收益分配等与户籍改革相关的现行法规、政策进行全面清理，及时制定出相应的法律规定和政策措施。二是要有计划有步骤地解决好农民工在城镇的就业和生活问题，逐步实现农民工在劳动报酬、子女就学、公共卫生及社会保障方面与城镇居民享有同等待遇，并以此为突破口，探索全面推进基本公共服务均等化的有效途径。三是要打破城保、镇保、农保的壁垒，加快“三保”一体化。

第五，通过完善财税制度和增加融资渠道，为地方顺利推进城镇化提供财力支持。当前，地方政府事权与财权不完全匹配的矛盾，严重制约了城镇化建设工作的进程。建议通过完善现行财税制度、改革相关税制的方式，使地方政府增加推进城镇化建设的财力。如可以考虑将“城市维护建设税”改为“城乡维护建设税”，按照独立税种、稳定税金、同一税率原则逐步征收，为城镇化建设发展提供一个比较稳定的资金渠道。另外，还要积极创新农村金融体系，拓宽融资渠道，整合各类涉农资金，从实现各地基本公共服务均等化着眼，加大一般性转移支付力度，多方化解资金困局。

第六，进一步完善土地流转制度，积极研究和探索农民宅基地和承包地资产化的有效途径，切实维护农民利益。要进一步做好推进城镇化建设工作，还应当在农村土地政策这个关键问题上有所创新和突破。首先，要对农民的土地权利作出更加明确、具体、严格的法律界定，明确农民的土地产权。其次，进一步完善土地流转制度，积极研究农民宅基地、承包地资产化的有效途径和方法，努力探索农民宅基地、承包地合理流转、有序退出的合理市场机制，让农民的宅基地和承包地合法、有序地流转起来，使农民享有土地流转的正当收益，切实维护农民的土地权益。再次，在确保耕地占补平衡、只增不减、质量不降的前提下，适当调整土地政策，延长土地周转时间，增加周转指标，这样既符合新型农村社区建设实际，又能积累建设投资，减少财政压力，最终实现土地集约节约利用。

调研报告提出后，中共中央和国务院非常重视，回良玉副总理对报告作出了重要批示。

二、隆重纪念辛亥革命100周年，缅怀先烈丰功伟绩

1911年爆发的辛亥革命，推翻了清王朝统治，终结了绵延两千多年的封建帝制，使中国发生了翻天覆地的历史巨变，对中国历史进程产生重大影响，开辟了中国历史的新纪元。

辛亥革命是一场伟大的爱国主义运动。自1840年鸦片战争以来，中华民族屡屡遭受西方列强坚船利炮的欺凌。在满清的愚昧统治之下，在列强的不断侵略之下，20世纪初的中华民族遭遇了前所未有的亡国灭种的慎重危机。以孙中山为代表的革命党人，在山河破碎、民族危亡的生死关头，以高度的责任感和使命感，领导和发动了辛亥革命，建立了民主共和，打开了中国进步的闸门。辛亥革命促进了民族危机意识、救亡图存意识、民主共和意识的积聚和爆发，促进了爱国主义精神的空前高涨。从此，爱国革命的精神激励着一代又一代的中华儿女为争取民族独立和人民解放、实现国家富强而努力奋斗。这是辛亥革命伟大精神之所在，也是中华民族伟大精神之所在。

辛亥革命是一场伟大的思想解放运动，革命消灭了一直以来似乎不可撼动的专制皇权，宣布国家主权属于全体国民，使共和和民主成为不可逆转的伟大潮流。辛亥革命也猛烈冲击了以皇权为中心的旧制度、旧思想、旧习俗。思想解放的洪流从此奔腾向前，不可阻挡。中国人民在精神上获得了一次空前的大解放，中国的发展从此进入了一个新的历史时期。

辛亥革命是一场海内外华人携手合作，为着中华民族的振兴和统一而共同奋斗的伟大运动。身处异域的海外同胞，凭着对祖国的热爱，冲破重重阻力，毁家纾难支援革命，甚至不惜牺牲自己宝贵的生命。辛亥革命是海内外华人不分贫富、不分老幼、不分地域，携手追求民族尊严、民主自由、民生幸福伟大篇章。

民革中央认为，2011 年是辛亥革命 100 周年，在这样一个重要的时间节点上隆重纪念辛亥革命具有十分重大的意义。

首先，隆重纪念辛亥革命对国民是一种重要的历史教育和爱国主义教育，使国民更加了解祖国的历史变迁，增强国家和民族认同感。同时，纪念辛亥革命，缅怀革命先烈为救亡图存、为国家进步发展、为共和宪政而前赴后继不畏艰险，不怕牺牲的高尚情操和伟大事迹，也是一次进行爱国主义教育的良好时机。

其次，辛亥革命推翻清王朝，建立中华民国，是台湾现政权的历史渊源，也是两岸共同的历史记忆。隆重纪念辛亥革命，以此为纽带，增加交流，强化两岸的情感共鸣，对于维护两岸和平，推动祖国统一大业，具有重要作用。

为此，民革中央在全国政协十一届三次会议上提出了《关于隆重纪念中国辛亥革命 100 周年的提案》，提案建议：

把辛亥革命 100 周年纪念活动作为一个重要的系列工程，由中共中央负责，吸纳相关民主党派、人民团体等各界代表及有关专家学者，共同成立“辛亥革命 100 周年纪念活动筹备委员会”，统一筹划、组织各种纪念活动。

在北京和辛亥革命重要发生地，分别举办纪念大会、拜谒参观、论坛、学术研讨会、辛亥革命文物展和书画展等纪念活动。活动主要体现中华民族紧密团结向未来和振兴中华的爱国主义精神，重点宣传辛亥革命在中国历史尤其是近代史上的划时代意义，宣传中国共产党人对辛亥革命的继承与发展。

利用当前两岸关系和平发展的有利时机，充分发挥国共两党沟通平台作用，以继承和发扬辛亥革命精神、共同振兴中华为主题，协调两岸举办的辛亥革命 100 周年纪念活动，达到增进历史共识、体现两岸 和解的目的。各地举办的各种纪念活动，应注意邀请台湾有关政党、团体及知名人士、学者参加。

广泛邀请海外华人华侨代表人士及辛亥革命参加者后人，回国参加辛亥革命 100 周年纪念活动，进一步提升中华民族的向心力和凝聚力，推动全世界华人华侨在促进祖国统一和全面振兴中华目标下的大团结。

在全国进行一次辛亥革命文物的普查活动。对原有和新发现的辛亥革命重要文物，要分级进行管理保护和妥善维修。重要的辛亥革命纪念场所，要及时列为爱国主义教育基地。

搞好辛亥革命 100 周年纪念的宣传教育活动，特别是要注意宣传海外华人华侨对辛亥革命的重大贡献，宣传台湾人民对辛亥革命的贡献。从今年下半年开始，有计划地在各种媒体上开展对辛亥革命的宣传，营造好纪念气氛。明年辛亥革命100周年纪念日前后，集中推出一批反映辛亥革命波澜壮阔场景、有较强艺术感染力的影视、文学作品。同时，国家邮政、金融部门发行中国辛亥革命100周年纪念邮品、纪念币等。

提案的承办单位全国政协对该提案非常重视，于2010年12月对提案内容作出回复，便是对提案所提出的各项具体建议，将充分吸收，届时予以实施。2010年10月，全国政协第十一届常务委员会第十一次会议通过了《关于举办辛亥革命100周年纪念活动的决定》，成立辛亥革命纪念活动筹备办公室，民革中央作为筹办单位之一参与工作。

三、建言农村新型合作经济组织的建设和发展

农业是国民经济的基础，农民是经济社会建设的重要力量。发展农业，实现农民富裕，稳定农业经济和农村社会，是党和政府的一项重要目标。但是，进入1990年代以来，我国农村经济发展逐步趋缓，农民收入增长呈阶段性递减态势，城乡差距逐步拉大，“三农”问题成为我国实现全面小康社会的最大问题。

1980年代以来，在农村经营体制创新和农业产业化的实践中，我国农村涌现出大量新型合作经济组织。这些新型合作经济组织建立在农民自愿的基础之上，对合作组织的管理以经济和法律手段为主，贯彻“入社自愿、退社自由”的原则，实行民主管理。我国农村新型合作经济组织的基本类型包括专业合作社、股份合作社、专业协会三种基本形式。目前，农村合作经济已经涉及我国农业生产的各个方面，成为我国农业经济甚至是国民经济的重要组成部分，在社会政治经济等方面具有重大影响。特别是2007年7月《中华人民共和国农民专业合作社法》正式实施，为农民专业合作社的顺利运行提供了法律保障，保护了合作社及社员的根本利益。但毋须讳言的是，由于现实中的各种局限和问题，我国新型合作经济组织的发展仍存在诸多障碍，同时新型合作经济组织的法律体系也并不完善，使得我国新型合作经济组织面临以下几个问题：

第一，政策支持力度不够。在我国现行体制下，土地、资本、劳动力、技术等各类生产要素市场的发育受到来自各种政策的制约，因而在一定程度上限制了生产要素的自由组合，客观上不利于各类合作组织独立自主发展。尤其是在城市和工业导向的金融体制下，农村合作经济的建立与发展很难得到政府的资金支持，导致农村合作经济组织的发展面临资金短缺的问题。

第二，体制环境不顺。在现行政策和法律环境下，由于行政介入管理，合作经济组织与政府及其相关部门的关系仍不明晰，管理主体混乱，各政府部门相互缺乏协调，甚至所谓的管理成为更多地向农村合作经济组织收取和摊派各种费用的借口。

第三，农村合作经济组织的法律体系不完善。专业合作社仅是农民专业合作经济组织的基本形式之一，农村合作经济组织另外两种基本形式，股份合作和专业协会尚缺乏法律体系的保障。即便是专业合作社立法也存在不足，如成员资格受限、缺乏合作社联社或合作社合作的相关规定等。

第四，思想文化环境欠佳。由于我国长期处在自然经济环境中，广大农民合作意识淡

薄，对参与农业合作经济组织热情不高。有的地区农民就算是参加了合作经济组织，也因组织的自发性，以及农民的自身社会意识、文化程度的局限，很难产生合理的制度规范。

为此，民革中央经过调研，经党内外专家学者充分讨论之后，在全国政协十一届三次会议上提出《关于大力发展我国农村新型合作经济组织，为推进农村改革发展服务的建议》的提案，针对上述问题提出四方面意见建议：

一是明确发展农村合作经济组织的原则。该原则应包括农民自愿和政府推动相结合原则；因地制宜和形式多样原则；典型示范与规范发展原则；循序渐进原则等。

二是进一步完善农村合作经济组织法律保障体系，通过农村合作经济组织法律体系的构建，对农村合作经济组织的法人地位、权利和义务、内部治理结构等进行明确的规定。同时，建立和完善政府支持体系，明确政府对合作社的支持重点，为农村新型合作经济组织的进一步发展保驾护航。加大金融支持力度，建立农村合作经济组织与农村金融机构的良好衔接，做好金融惠农服务。并在此基础上完善自律机制，规范农村合作经济组织内部治理结构、合作行为、利益分配机制和内部监督机制，确保农村合作经济组织的健康发展。

三是加强宣传和教育，为进一步促进农村新型合作经济组织的完善与发展奠定坚实的思想基础。首先，应加大普及相关法律知识的力度，让广大农民知道有法可依。其次，教育与培训的对象不应局限于合作经济组织的普通成员，合作经济组织的领导或者任何有需求的农民都可以使教育培训的对象，培训的内容、形式也应多元化。最后，教育培训的方式也应多种多样，以更好的适应形势的需求。

四是建立健全自我发展机制，通过改善管理，多元化筹资，搞好服务和经营活动。加强联合，建立与政府及其相关部门的良性合作关系，把合作经济组织与农业产业化集合起来，推动农村新型合作经济组织的快速发展。

2010 年 8 月，农业部向民革中央正式就提案予以答复。提案答复详细阐述了建议所涉及相关方面的情况，并表示将以中共十七届三中全会精神为指导，创新农业经营体制机制，全面贯彻《农民专业合作社法》，加强研究，认真落实，促进各类农村合作经济组织又快又好发展。

四、关注住房保障制度建设，力促住房保障立法

住房保障制度是国家通过立法，对中低收入家庭，特别是生活特殊困难家庭基本住房权力给予保障的制度，是关系国计民生和社会稳定的重大问题。目前，我国初步建立了以住房公积金、经济适用房和廉租房为主要内容的住房保障制度，虽然一定程度缓解了中低收入家庭住房困难，但在具体运作中也累积了诸多亟待解决的问题。

目前，我国住房保障方面存在的主要问题：

住房保障制度不健全，缺乏统一法律指导和约束。目前我国《宪法》中还没有公民住房权利的相关规定。现有的《经济适用住房管理办法》、《已购公房和经济适用房上市出售管理暂行办法》、《关于解决城市低收入家庭住房困难的若干意见》等，也都属于行政法规或部门规章文件，立法层次较低，其有效性和权威性不能对相关部门和地方政府构

成强力约束。另外，住房保障制度建设滞后，政策连续性差，变化快，也导致政策预期目标和实施效果错位。

保障性住房供需失衡，保障范围覆盖面狭窄。一方面，保障性住房建设规模严重供不应求，保障范围过小，另一方面，保障性住房退出机制缺失，导致原本稀缺的保障性住房大量流失，加剧了保障性住房供需矛盾。而且伴随房价飙升，“夹心层”比例进一步扩大，“住房难”问题更加凸现。

住房保障建设资金匮乏，资金支持体系不完善。首先，保障性住房建设资金不到位，各地财政每年列入财政预算内的住房保障建设资金很少或没有一分钱。其次，保障性住房资金来源单一，缺乏稳定的资金渠道，很难满足多层次的住房保障需求。再次，住房公积金使用效率低，其增值收益缺乏连续性和有效性。

住房保障责任制度缺失，监督追究机制不健全。有些地方政府对住房保障政策执行乏力，落实不到位。在许多地方，保障性住房甚至已变相为投资产品，虚假骗购保障性住房事件屡屡发生，出现“开着宝马买经济适用房”、廉租房非法转租等扭曲现象。

针对上述问题，民革中央经过调研认为，加快制定出台“住房保障法”，从立法层面明确各级政府的职责和地位，为住房保障制度实施提供法律依据，已经迫在眉睫。民革中央在全国政协十一届三次会议上提出《加快制定“住房保障法”，完善住房保障制度》的提案，提案建议：

第一，加快住房保障立法建设，尽早出台《住房保障法》。住房权是公民一种基本权利，应以法律形式保障公民的住房权和基本住房需求。要明确各级政府在住房保障方面的法定职责和地位，规定保障范围和标准、保障性住房的准入与退出、保障资金的来源以及各级政府职责分工等，实现对各级政府履行住房保障职责的最大约束力和强制力。建议在《宪法》中增加“国家保障公民的基本住房权”条款，提高国家和社会对于公民住房权的重视和责任。

第二，明确以财政资金为主要来源，实现住房保障资金渠道多元化。要建立中央和省级财政对住房保障资金的支持制度，明确中央政府和地方政府在住房保障上的事权和财权；加大中央财政支持力度，确保地方住房保障建设资金落实到位，专款专用。明确规定住房保障建设资金支出在地方财政中的固定渠道和相对稳定比例，不可直接与土地收益挂钩。进一步完善住房公积金制度，拓宽住房公积金使用渠道，利用住房公积金闲置的部分资金支持保障性住房建设。同时，通过政策工具和金融创新，引导拉动社会资金参与保障性住房建设。

第三，扩大住房保障范围，建立多层次保障性住房体系。首先是增加保障性住房供给，扩大保障覆盖面。将“夹心层”、无住房的非户籍常住人口住房问题纳入住房保障范围。二是采取租售并举和货币补贴等方式，建立包括廉租房、经济适用房、限价房、公共租赁房在内的保障性住房体系。三是加大保障性住房的土地供应和监管力度，确保保障性住房用地的有效供应。

第四，建立责任追究制度，强化行政问责制。一是建立住房保障责任追究制度，规范责任主体行为，对住房保障制度实施中的玩忽职守、徇私舞弊、滥用职权、弄虚作假、欺诈瞒骗等追究行政责任或刑事责任。二是健全监督管理机制，强化对公共权力的监督制约，将住房保障情况纳入地方政府官员政绩考核体系，作为考评、测评政府官员升迁的硬指标，执行不力的要予以问责。

提案承办单位住房与城乡建设部对该提案非常重视，于 2010 年 8 月予以专门回复。在提案回复中，住建部表示“基本住房保障法”已经在抓紧起草中，对民革中央所提合理的意见建议，将在草案中予以充分吸收。

五、保障和扩大民间投资空间，防止“国进民退”影响改革方向

2008 年以来，面对国际金融危机对我国经济的严重冲击，中共中央、国务院科学判断形势，积极采取宏观调控政策，及时出台了一揽子经济刺激计划及相关政策措施，使经济初步呈现企稳之势。但是，中国经济在本轮全球经济危机中表现“好”主要是依赖货币信贷的高速增长和政府主导的投资，而这两种手段的持续运用，无疑会助长资产价格泡沫，积累金融风险，使经济结构更加扭曲。此外，在本轮迅速扩大投资、稳定宏观经济的过程中，政府主要倚重了国企队伍，银行的大量信贷流入国有企业，尤其是大型国有企业。这些大型国企依靠雄厚的资金实力不断扩张，不仅在既有领域吞并收购，甚至收复之前已经被民营资本控制的领域，使近几年出现的“国进民退”之势在 2009 年更加突出。如近期一些城市土地拍卖中，央企“地王”频出，这与 2007 年“地王”多为民营企业的情形大不一样，因为央企根本无需考虑资金不足的难题；又如在一些市场充分竞争的行业如消费品等，近年以来也出现了国企大举并购民企的势头。国有企业不是单纯的经济主体，它们的扩张常常呈现不计成本、不虑后果的特征。同时，国有企业作为行政系统的衍生系统，从来都缺少发展现代经济所需要改善经营、创新发明的企业家精神。国有企业的扩张不仅与既有的改革趋势相悖，而且造成大量的经济资源浪费、资源分配和社会结构发展的失衡，以及民营经济发展空间的萎缩，削弱经济发展和创新的动力。这些都将对我国改革发展产生历史性的负面影响。

经过 30 年的改革开放，民营经济已经成为中国经济的重要力量，成为经济增长和创新的主要动力以及就业的主要提供者。尤其是近十年以来，民营企业完成的投资占中国固定资产投资的比重从 46% 上升至 70%，创造的工业增加值占全国工业增加值的比重由 43% 上升至 64%。过去十年间，中国加入世界贸易组织，推动住房体制改革，为出口制造业和房地产业打开了广阔的发展空间，大量民营资金的进入使这两个行业成为中国经济增长的重要支柱。如今对民间资本开放更多的服务业和基础产业，也对我国经济产生了巨大的拉动作用。当前，在发达国家经济增速长期放缓、税率提高，从而导致中国未来出口增长大幅下降的情况下，如果不能为民营企业提供新的经营和成长空间，民营资金将大量涌入股市和房地产市场等“虚拟经济”，助长资产价格泡沫风险，对我国金融和经济稳定产生不利影响。因此，巩固目前经济企稳势头，实现中国经济长期可持续发展，应在国企之外更大程度地依靠民间资本，保障并进一步扩大民间投资的空间。

目前，民营经济的发展除了市场准入限制外，还面临其他较多的约束。为更加促进民间投资快速发展，民革中央经过调研、充分探讨之后，在全国政协十一届三次会议上提出了《关于保障并扩大民间投资空间，防止“国进民退”扭转改革方向的建议》的提案，

提案建议以下几方面做好统筹规划：

其一，各级政府应当为民间投资创造便利的条件。要严格贯彻《国务院关于鼓励支持和引导个体私营等非公有制经济发展的若干意见》的精神，进一步细化执行细则。对民间资本、国有资本应坚持一视同仁、公平对待，打破行业垄断，降低民间投资准入门槛。如在投资管理体制上，更充分发挥市场配置作用，减少政府核准的方式，扩大备案管理范围；同时缩减民营投资的行政审批制流程，等等。

其二，拓宽民间投资的融资渠道。间接融资方面，鼓励金融机构加强针对民间投资的融资服务；直接融资方面，支持发展产业投资基金，推动基础设施投资资产证券化，鼓励民营企业向社会募集股份和发债，创业板也可以向民营企业适度倾斜。

其三，税收政策鼓励民间投资。凡是国有企业、外资企业享受的各项税收减免政策，民营企业也应同样享有。

其四，对于目前受管制的一些行业的产品与服务价格，包括公用事业（水、电），资源品、铁路交通等，逐步实现市场化，使得民间资本投资有合理的盈利空间。

提案承办部门国家发改委在收到民革中央的提案之后予以重视，并在2010年9月予以回复，表示将吸收民革中央的合理建议，继续贯彻落实国家鼓励引导民间投资健康发展的相关政策和法规。

张　栋　民革中央宣传部《团结》杂志编辑部干部

中国民主同盟参政议政案例

一、就进一步加强和巩固农业基础地位向全国政协递交提案

党中央、国务院高度重视“三农”工作，坚持在应对国际金融危机中巩固和加强农业基础地位，粮食连续6年实现增产、农民连续6年较快增长、农村民生明显改善，为保增长、保民生、保稳定提供了有力支撑。但2010年及今后一段时期制约农业农村经济稳定发展的深层次矛盾仍然存在，促进农业持续增长和农民较快增收的难度越来越大，推进农业生产方式转变和破除城乡二元结构的任务越来越重。要实现农业农村经济的又好又快发展，就必须进一步加强和巩固农业基础地位，继续做好确保农产品有效供给、促进农民持续增收的工作。

为此，2010年3月，民盟中央向全国政协十一届三次会议递交了《关于进一步加强和巩固农业基础地位的提案》，建议：

第一，加大农业补贴力度。按照“扩大范围、提高标准、完善办法”的原则，及时研究提出完善各项补贴制度，积极推动各项补贴政策的落实。一是扩大粮食直补规模，启动实施种粮大户补贴政策，对达到一定规模的农户给予适当补贴。二是扩大农作物良种补贴的实施范围，对主要农作物实行良种补贴全覆盖，适当提高农作物和天然橡胶良种补贴标准。三是完善农机具购机补贴、农资综合直补，逐步建立与农业生产资料价格上涨挂钩的农资综合补贴动态调整机制。四是提高渔业柴油补贴标准，探索建立渔船管理与渔业用油补贴挂钩机制。

第二，完善农产品价格支持保护制度。一是完善粮食最低收购价政策。逐步提高粮食最低收购价水平，其中稻谷提价幅度可略高于小麦，适度拉开粳稻与籼稻的价差，缩小白麦和红麦的价差；将最低收购价与农业生产成本（物质投入、人工及租地费用等）挂钩。二是继续实施临时收储政策。继续在主产区对油菜籽、棉花、天然橡胶等农产品实行国家临时收储政策，并及早公布，合理设置收购库点。三是尽可能采取国际通行的“市场形成价格、政府调节收入”的改革取向，尽快研究并逐步采取“差价补贴”或“反周期补贴”的政策操作办法。四是加强农产品进出口调控。做好农产品进口的跟踪预警，有效利用反倾销、反补贴、保障措施等合法手段，及时实施贸易救济；做好多双边贸易谈判，争取必要的政策调控空间。

第三，建立农业基础设施投入稳定增长机制，确保固定资产投资农业的比例逐年增长。一是加强农田基础设施建设，搞好农田渠系配套，加强丘陵山区抗旱水源建设，推广使用旱作节水技术，对农民购置小型农田节水设备给予补贴。二是加强耕地质量建设，继续实施沃土工程、测土配方施肥工程，启动实施保护性耕作工程，建立灾毁基本农田复建投资补助机制。三是支持和引导农民开展农村基础设施建设，对农民直接受益的村内农田水利建设、道路修建和农民认为需要兴办的公益性基础设施，国家按一定比例给予适当资金补助或材料补贴。

第四，通过加快公共服务体系建设，保障现代农业产业发展。一是扩大基层农技推广改革与示范支持范围，鼓励涉农专业的高校毕业生到基层农业技术推广机构工作。二是加大阳光工程实施力度，加强职业农民培训，安排示范性培训任务并给予相应的财政资金补助。三是加大粮油高产创建资金扶持力度，增加高产创建万亩示范片数量，实现高产高效目标。四是按照优势农产品区、特色农产品区、大中城市郊区三大类别，在全国创建国家现代农业科技示范园区，发挥示范带动作用。

第五，尽快扭转农村职业教育“九龙治水，有治无序”、农民技能培训“有培训、无就业”的局面，成立各级综合协调机构，整合政府各部门、劳动力输出和输入地以及社会培训资源，构建统一协调高效的农村职业教育与农民技能培训平台。

第六，参照外商投资和城市下岗工人再就业政策，为返乡创业的农民工制定专门的扶持政策；通过以奖代补、以工代赈、小额贷款和政府补贴等方式，组织和鼓励农民开展新农村建设和现代农业建设；在大中专毕业生就业促进工作中，将推动农村出身的毕业生就业作为工作的重点。

该提案受到了国家有关部委的高度重视，农业部、国家发展和改革委员会、人力资源和社会保障部均对此作出提案答复。

二、就调整西部荒漠地区发展模式、发展新能源增加碳汇潜力向全国政协递交提案

我国西部地区生态环境脆弱，却又是能源主要生产地，现在的经济发展模式任其下去，生态环境势将进一步恶化，不仅完不成我国减排二氧化碳的计划，为满足经济发展需要而进行的对煤等资源的大量开采，反而会使生态更加恶化。有必要对现有生产模式进行调整，力争发展新能源，增加碳汇潜力。

制定新的发展模式，首先要建立符合中国国情的碳汇体系。西方发达国家森林面积大，覆盖率高，碳汇主要指森林碳汇。我国森林面积只有 29.3 亿亩，覆盖率只有 20.36%，碳汇概念不能照搬西方的一套。应把森林、草原、荒漠、湿地、干地、农田等产生的碳汇价值都计算在内，建立自己的碳汇体系标准、碳汇会计和碳汇交易规则。其次，西部地区目前高耗能、高污染、低效益产业比重较大，必须破解经济建设与生态保护、节能减排协调发展的难题。发展绿色经济，一方面要确保经济增长，为国家提供充足的资源、能源，另一方面要节能减排，保证完成每年减少温室气体排放量的任务；同时要保护生态环境，确保国家生态安全，增加碳汇潜力。

为此，2010 年 3 月，民盟中央向全国政协十一届三次会议递交了《关于调整西部荒漠地区发展模式、发展新能源增加碳汇潜力的提案》，建议：

制定西部荒漠地区特殊政策，引进民间资金种草种树。西部地区的广大沙漠、戈壁生态环境恶劣、面积大，国家无力进行大规模的投资进行改造，可考虑制定西部荒漠地区特殊政策，引进民间资金，发展高效滴灌技术，进行种草、种树、牧业、旅游等经营活动，政府在税收、贷款方面给予优惠，争取做到国家受益、民间资本得益，促进西部地区生态、生态方式良性发展。

重视草原保护，发展以草业旅游为主的第三产业。占我国国土面积 41% 的草原，承载着草原地区生态、经济、社会、文化发展的重任。草原保护建设决不是恢复草原植被的单纯农艺措施，它涉及农牧民生产生活方式的转变，涉及经济结构的调整。草原地区大多数地区开阔平坦，且拥有独特的自然景观和民族风情，这为发展以草业旅游为主的第三产业提供了良好的基础；反过来说，发展以草业旅游为主的“无烟工业”，对推动草原保护建设、科学合理地利用草地资源和促进地区经济的发展也将发挥巨大的作用。

加大对煤炭地下气化研究的科技投入，尽量不扩大西部地下采煤量，以保护生态和提取清洁能源。煤炭地下气化，是将高分子煤在地下原地用高温转变为低分子的燃气，并输送到地面的化学采煤方法，它具有成本低、污染小，热值高的特点。目前，我国煤炭地下气化技术已具有一定基础。应进一步加强相关技术的投资研发力度，在当前国外急需资金的情况下加大这方面技术的引进力度，以保障能源供给安全，从而促进经济和环境和谐发展、保护西部生态。

因地制宜在西部发展风能、太阳能发电。要充分发挥风能、太阳能发电在西部的巨大潜力，应做好风能资源、太阳能光照资源的勘测统计工作，为发电场的建设奠定基础；应加大风电产业的投资力度和科研力度，以推动风能、太阳能核心技术发展，逐渐降低发电成本；加大政策扶持，形成较完善的清洁能源技术支撑体系。

加强碳汇研究，建立评估和交易机构。加强对西部地区森林、草原、湿地、农田、沙漠等生态系统碳循环的科学研究，通过长期定位观测，获取生态系统碳汇数据，摸清碳汇家底，提出生态系统固碳、减排的方案，提出增加碳汇的具体办法举措。建立碳汇科研机构，开展基础研究和政策研究，建立碳汇基金、碳汇评估机构和交易机构，引导碳汇产业健康发展。

该提案入选了全国政协“加快经济发展方式转变、大力发展战略性新兴产业”提案办理协商会，民盟中央在会议上建议：国家发展改革委及相关部门在发展战略性新兴产业之前要认真调研，做好新兴产业的规划。国家林业局、国家旅游局、农业部、国家能源局均对此提案作出提案答复。

三、完善收入分配机制，促进社会和谐发展

收入分配改革事关基本民生和经济社会的持续、健康发展全局，是党和政府在新的发展阶段深化改革的重点领域，也是亿万人民深切关注的热点与焦点。2010 年政府工作报告中明确提出“改革收入分配制度”的任务，强调“合理的收入分配制度是社会公平正

义的重要体现”，“不仅要通过发展经济，把社会财富这个‘蛋糕’做大，也要通过合理的收入分配制度把‘蛋糕’分好”。

受中共中央统战部委托，2010 年 5 月 19 日—26 日，民盟中央主席蒋树声、常务副主席张宝文率领民盟中央调研组在广东省就“完善收入分配机制，促进社会和谐发展”课题进行实地考察。20 日上午，调研组听取了广东省委、省政府就广东省收入分配总体情况所做的介绍。当天下午即分东西两路，在广东省 6 个市进行调研，6 天时间内共召开了 15 场座谈会，并到多个企业、事业单位进行实地考察。5 月 26 日上午，调研组就调研情况、初步意见与中共广东省委、省政府进行了交流。

调研过程中，调研组共发放并回收 200 多份调查问卷。与此同时，民盟中央还委托民盟上海市、河南省、贵州省委员会就收入分配问题进行调研，3 个省级组织分别召开座谈会，发放、回收近 2000 份调查问卷。6 月 6 日、7 月 9 日，民盟中央又先后在机关分别召开了盟内和盟外专家学者座谈会，听取了盟内、外专家学者的意见、建议。

通过这一系列活动，调研组对收入分配问题形成了以下基本认识：在国民经济持续高速增长、财富积累迅速膨胀的背景下，普通居民收入占国民收入比和劳动报酬占初次分配比却持续下降、各群体之间收入差距持续拉大、收入分配秩序失范严重，而且，这种状态仍在恶化之中，导致公众对社会公平认可度严重偏低，不满情绪持续扩散，引发各种社会矛盾乃至群体事件，社会风险因素在加速累积。收入分配的严重失衡与失范，还直接影响国民收入水平和消费结构，使经济发展方式转型受到严重制约。同时，“三公”消费、贪污腐败、国有资产流失、国有企业垄断性经营、特殊利益集团形成等，又成为民众普遍不满的焦点，进一步扩大着公众对收入分配失衡、失范的感受。因此，收入分配问题源于民生问题，源于经济层面，但已经超出了经济层面，与社会问题、政治问题纠结在一起、互为影响。

7 月，调研组在实地考察、问卷调查和专家研讨基础上撰写了《“完善收入分配机制，促进社会和谐发展”调研报告》，并据此撰写了给中共中央和国务院的《关于完善收入分配机制促进社会和谐发展的建议》。

民盟中央在建议中指出：推进收入分配改革已是刻不容缓，建议中央宜尽早下定政治决心，采取一揽子的有力措施予以解决；同时，还须保持理性，既要尽快从根本上扭转普通居民与劳动者收入低、收入差距大、分配不规范的持续恶化之势，也要针对不同分配环节采取有区别的政策措施，避免带来不良的连锁反应和重大波折。民盟中央还就此提出了五项建议：

第一，同时在经济、政治、社会建设等各方面、各领域共同发力、综合施政。在反腐倡廉、财政收支预算和监管、官员个人情况报告制度等方面，采取切实措施，让社会公众看到成效。同时，加快推进社会建设，完善工会职能和作用的定位，将与“资本”博弈的一些必要功能赋予劳工阶层，强化劳方与资方的谈判权等。

第二，将“做大蛋糕”和“分好蛋糕”二者并重明确为今后公共政策的基点，突出“合理分配财富”和“普惠民生”的发展理念，明确收入分配改革基本指标的目标预期。一方面，在国家及地方制定“十二五”规划及更加长远的发展规划中，将合理分配财富放到与鼓励创造财富同等重要的位置，将普惠民生作为各级政府的重大职责。一方面，在

“十二五”及以后的发展规划中，将基尼系数、劳动者报酬占初次分配的比重、用于民生的财政支出、就业、社会保障建设等基本相关因素量化，作为约束性指标，明确目标预期。此外，还应改革和完善干部考核、任免、升降指标体系，纳入上述相关因素，改变干部考核中偏重 GDP 的现象。

第三，深化国企、户籍、就业三大体制改革，为构建长久公正的收入分配制度奠定坚实基础。一方面，继续深化国企改革，加快消除行政性垄断，在推动国有资本向关系国家安全和经济命脉等关键领域集中的同时，将省以下竞争性领域的国企股份化乃至民营化；完善国有资本经营预算制度，规范其与国家的关系，提高国企税后利润上缴比例，并对垄断行业工资、福利待遇切实加以调节。一方面，加快推进户籍制度改革，将城镇化与新农村建设紧密结合。在有条件的地方加快城镇化步伐，放开中小城市与镇的户籍管制，使之成为城镇化、工业化的主体；对大城市、特大城市以先严后松为原则，尽快明确户籍准入政策，逐步实现城乡之间、城镇之间人口平等、自愿的双向、多向有序流动。此外，尽快启动第二次劳动就业体制改革。以农民工为主体的“体制外”劳动者各种权益受到损害，是导致劳动报酬长期偏低的制度性缺陷；须尽快通过强化劳动就业平等法定权益监察、消除农民工身份烙印等，在“十二五”期间实现就业领域的同工同酬同制同权。

第四，大力调整财政、税收、社保三大宏观政策，充分发挥再分配对利益格局的重大调节作用。首先，继续坚持财政收入“增量（年新增部分）倾斜”和“存量（原支出结构）调整”双发力的政策做法，将关系城乡居民收入增长和社会保障事业发展的公共资源投向比重，在现有基础上再增加一倍以上；将民生福利投入增长高于财政收入增长列为刚性约束指标，争取到 2020 年达到占财政支出的 30% 左右。切实扭转财权上移、事权下沉，部分地方政府公共服务能力不足的现状，调整各级政府责任与支出关系，以政责定财权，使财权与事责相匹配，同时，以实现基本公共服务均等化为目标，减少专项转移支付，增加一般性转移支付，完善现行转移支付制度。其次，加快调整税收政策，深化个人所得税制度改革，尽快提高个人所得税起征点，推进以“个人税”为主向以“家庭税”为主的税制过渡，同时进一步落实慈善公益捐赠的税收优惠政策；调整企业税收政策，在优化税种结构的同时，对微利行业、中小企业及劳动密集型企业等，实行税收优惠政策，对社会公益事业单位可以给予财政补贴，扶持其发展；完善资源税等政策，构建资源收益分享机制、生态环境与资源使用补偿机制，以目前试点为基础，加快总结资源税由从量计征改为从价计征的经验并加以推广；调整税收比重和增加税种，选择合适时机，及时出台调节高收入群体收入的新税种，如物业税或不动产税及相应的财产税、消费税等，切实扭转目前个人所得税在国家税收中占比低、且主要来自工薪阶层的现状。最后，健全社会保障体系。加快农民养老保险发展步伐，推进职工基本养老保险向全国统筹层次提升，整合新型农村合作医疗与城镇居民医疗保险，在“十二五”期间实现养老保险、医疗保障、最低生活保障、住房保障、老年服务等基本保障制度的全覆盖。同时，逐步提高社会保障水平，争取在 2020 年时将贫困线标准与国际标准接轨，确保城乡居民社会保障待遇与经济增长、物价上涨水平等相适应。大力发展包括老年人福利、残疾人福利、妇女福利、儿童福利在内的各项社会福利事业，尽快适应人口老龄化加速发展需要，建立覆盖城乡的老年服务体系。

第五，从就业质量、最低工资、社会保险、职业福利、工资谈判五个方面入手，扭转劳动者报酬偏低、初次分配利益失衡的格局。努力提高就业质量，是工资正常增长的基础与依据。淡化流动就业、灵活就业等主张，大力推进劳动者规范就业、稳定就业，以劳动合同签订与劳动关系稳定作为劳动就业监察的重点，促使劳动者就业质量得以提升；改进最低工资制度。将月最低工资标准逐步提高到相当于当地社会平均工资标准40%—50%的水平，实行全国统一比率，确保其伴随工资水平的上升而正常增长。此外，实行全国统一的比率，可促进先进地区的产业升级换代与地区之间经济结构的接替转移，促进我国工业化水平快速提升；将社会保险制度建设作为调整初次分配关系的重要工具，坚持权利义务相结合的缴费型保险制度，实现社会保险全覆盖；引导和规范职业福利，构建工资、社会保险和职业福利三位一体的劳动所得体系；完善政府、劳方、资方构成的三方协商机制，积极推进薪酬集体协商。在强化工会维权的同时，尽快完善三方协商机制，将雇主组织或其利益代表（如工商联、商会等）吸入其中，将薪酬协商作为重要内容，通过定期谈判取得有约束力的成果；同时，将薪酬集体协商提升到行业或地区一级，建立工会的理性施压机制。

该建议得到了中共中央和国务院的高度重视，并获中共中央和国务院领导的重要批示。9月17日上午，国家发改委牵头召集有关部委召开会议，落实与会单位有：国家发改委、中共中央组织部、公安部、监察部、民政部、财政部、人力资源和社会保障部、农业部、卫生部、国资委、国家税务总局、统计局、全国总工会、中共中央统战部。

民盟中央还四次在高层协商会、全国政协常委会以发言形式就收入分配问题提出相关意见建议。在向中共中央提交的关于制定“十二五”规划的建议中，民盟中央也专门阐述了收入分配问题。民盟对收入分配问题提出的系列建议引起社会的强烈反响，《光明日报》、《人民政协报》、凤凰卫视、《新京报》等重要媒体高度关注，深度报道。

四、进一步研究和推动海峡西岸经济区建设

民盟中央一直关注海西经济区建设，并作具体研究和推动工作。2006年，应中共福建省委、省政府邀请，张梅颖常务副主席带领有关专家前往福建考察。考察团实地考察了我国第五大岛平潭岛和三都澳港湾，了解福建的对台工作情况，听取了市（县）委、市（县）政府的工作情况介绍，并在此基础上形成了《关于进一步加强福建省开展对台工作条件的建议》。2008年12月，民盟中央由蒋树声主席带队，赴福建考察了海峡西岸经济区建设问题，之后形成了《关于进一步加强海峡西岸经济区建设的建议》。《建议》中指出：福建对台湾具有“地缘相近、血缘相亲、文缘相承、商缘相连、法缘相循”的“五缘”优势，在两岸关系发展中具有特殊的重要地位。新中国成立以来，福建作为距台湾最近的省份，为促进实现两岸统一作出了很大贡献。现在福建作为两岸和平统一的最得力平台，仍可发挥较为突出的作用。以福建为主体的海峡西岸经济区建设构想已提出了四年，被海峡两岸广泛认同。海峡西岸经济区的发展壮大是今后实现两岸统一、形成海峡两岸经济区一体化的重要条件。它的建立，对中国未来新的区域经济格局将产生较大影响。考虑两岸直接“三通”已基本实现的新情况，希望中央加大支持福建实施海西发展战略

的力度，支持福建努力探索一条在海西更开放的探索之路。以上建议都得了到中央、国务院主要领导的高度重视。

2010 年 11 月 27 日—30 日，民盟中央副主席索丽生率领调研组再赴福建省福州市，对平潭综合实验区以及漳州市东山岛就“海峡西岸经济区开发”进行调研。在平潭综合实验区，索丽生副主席针对实验区总体规划提出两点建议：一是总体规划要与平潭岛本地群众生产、生活紧密联系，处理好改革开放与本地群众民生改善之间的关系，让本地群众真正享受到开放、开发的成果，只有这样才能得到群众的真心支持；二是规划中特别强调了要大力发展低碳和节能产业。建议应多提绿色环保，减少对人体有害的污染物排放。如果过分强调低碳概念，反而有可能制约我们的经济发展，甚至提高了能耗。

通过此次调研，调研组对海峡西岸经济区开发问题形成了以下基本认识：当前制约海峡西岸经济区进一步深入、快速发展的主要问题，首先在于区域协调合作机制、体制有待建立。海峡西岸经济区以福建 9 市为主体，涵盖涉及江西 4 市、浙江 5 市、广东 5 市，包括革命老区、山区、边缘区、贫困区、沿海发达地区、经济特区等。而在这些经济类型、发展水平均存在极大差异的地区之间，尚未形成有效合作机制，合作磋商沟通和协调机制尚处于框架协议层面，具体部门间的协作机制尚未建立；其次，23 个城市之间合作交流主要还依靠政府行政推动，源于经济、市场的内生动力明显不足；另外，海西交通基础设施还不够完善，对台优势还没有得到有效体现，台资吸引力度也有待加强。

为此，民盟中央在递交给中共中央、国务院的《关于探索建立海峡西岸经济区建设机制和体制的建议》中提出以下建议：

其一，强化区域内政府合作与互动机制。

首先，建立高层间联系和部门间合作的协商机制。以签署《海西战略合作备忘录》为基础，建立省、市、局级联席会议制度，设置轮值主席，每两年举办一届“区域经济协调会与省长联席会”，深入研究合作的相关措施，解决区域发展和双边多边合作中的重大问题；各成员方设立海西办公室，负责联席会确定事项与合作任务的落实，推进区域合作向实质性阶段迈进。

其次，建立次经济合作区或者城市联合群。一方面，突出对台优势，在全区与台湾整体性合作尚无法展开的情况下，可尝试建立次经济合作区，如在汕头和高雄之间，商定分阶段合作目标，促进形成共同市场；另一方面，在不扩大既定区域范围的条件下增强辐射力，可安排外围城市与区内城市、特别是中心城市搭建交流合作平台，如温州与福州、厦门、泉州、汕头等，衢州、丽水与南平、宁德等，形成双边或三边合作机制。

其二，强化区域内产业互动机制。

首先，构建统一协调的市场竞争规则。区内各地方政府应实行统一的非歧视性原则、市场准入原则、透明度原则和公平贸易原则，逐步消除妨碍区域市场一体化的地方性规定，取消一切妨碍商品和要素自由流动的地方壁垒与歧视性规定。

其次，构建区域经济特色和产业竞争优势。逐步形成统一的区域产业政策，明确地方政府的职能、责任，为企业的跨地区扩张和竞争创造良好的市场条件，通过竞争实现整合，逐渐形成以分工协作为基础的区域性产业网络，进而形成整体优势。

最后，以实现区域经济一体化为目标制定总体产业规划。对区域内要素资源的开发利用情况进行科学调查评价，制定和修改总体发展规划、区域规划、控制性详细规划、项目规划；对重点项目可打破省界，通过国际、国内招标，争取规划制定的高起点；同时加强整个规划的监督力度，未经规划论证的项目不予实施。

其三，强化海西基础设施建设的一体化。

首先，实现沿海与内陆的无缝隙对接。一方面充分发挥港口功能，积极发展临港产业，形成辐射带动能力；另一方面充分利用陆路通道优势，加快布局和发展港口引导型产业，以区域腹地的快速发展支撑临港产业的振兴，促进路、港经济共生共荣，协调发展。推进跨省铁路、公路、港口等重大基础设施项目统筹规划布局和协同建设，畅通海西与大陆内地的通道。

其次，加快信息化基础设施和应用工程建设。按照统筹规划、资源共享、面向应用、保障安全的要求，组织实施“数字海西”工程；加快建设一批服务企业信息化和支撑电子商务、先进制造的公共服务平台，完善物流信息、信用认证、支付网关等平台，推进物流信息平台跨省联网；加强海峡两岸交流信息系统、数字城市网格化管理系统、海洋资源开发管理系统、环境保护监测管理系统等重点应用系统的先期筹备与建设。

其四，强化海西对台合作的互动机制。

首先，推动两岸共同建立研发中心，深化两岸技术标准合作；推动台湾企业在区内设立地区总部、配套基地、采购中心和研发中心。

其次，推动建立两岸区域性金融服务中心、金融业监管合作机制，开办对台离岸金融业务，拓展台湾金融资本入区渠道和方式，推动台资银行、保险、证券等金融机构在区内设立分支机构或参股金融企业，设立两岸合资的海峡投资基金。

再次，实行更加开放的对台贸易政策，研究制定有利于进一步推进小额贸易发展的政策，推动对台贸易口岸查验监管模式创新，积极开展台商投资区和台资企业密集地区的海关保税物流中心试点，加快建设海峡西岸现代物流中心，推进物流配送中心的合作建设，设立对台保税物流园区和对台农产品物流加工保税区；在充分发挥现有海关特殊监管区域政策优势的基础上，推动在平潭等有条件的岛屿设立两岸合作的海关特殊监管区域，实施更加灵活优惠的政策，开展两岸区域合作试点；加快推进福州（平潭）综合实验区的开放开发，努力把平潭建设成为探索两岸合作新模式的示范区和科学发展的先行区。

再次，发挥海峡两岸农业合作试验区、现代林业合作实验区的窗口、示范和辐射作用，促进对台农业资金、技术、良种、设备等生产要素的引进与合作，建立两岸合作农产品出口加工基地和台湾农业技术、新品种推广中心；加快江西、福建内陆等地的农业种植点引进台湾良种繁育中心和示范推广基地建设，鼓励和支持有条件的地方增设台湾农民创业园，吸引台湾农民来区内投资创业；继续支持闽台农产品市场、台湾水果销售集散中心、台湾水产品集散中心、海峡两岸花卉集散中心等建设，促进台湾农产品贸易常态化经营。

最后，建立完善两岸旅游合作机制，着力培育“海峡旅游”品牌，共推双向旅游精品线路，把“金马澎旅游”办成大陆居民赴台旅游的先行示范品牌。

五、就巢湖治理与保护开展调查研究

巢湖是我国五大淡水湖之一，是哺育江淮大地的母亲湖，同时也是国家水污染重点治理的“三河三湖”之一。国家和安徽省高度重视巢湖治理与保护工作，加大了投入，采取了多项措施，取得了积极的进展，一些问题有所缓解；但污染状况仍然严重，局面相当严峻，主要表现为流域经济快速发展带来越来越大的环境压力，污染源尚未得到有效控制，水体污染严重，大面积蓝藻爆发时有发生，管理机制尚未理顺等。

2010 年 9 月 25 日—29 日，民盟中央主席蒋树声，水利部副部长胡四一和民盟中央副主席索丽生率民盟中央、水利部科技委联合调研组，在安徽省调研、考察巢湖治理与保护问题。在皖期间，调研组成员听取了安徽省和长江水利委员会关于巢湖现状和治理情况的介绍，在安庆、巢湖、合肥市实地考察了湖区水质、相关生态修复工程与水利设施、引江济巢和引江济淮线路等，与安徽省有关部门负责人进行座谈，并召开了专家咨询会。

通过此次调研，调研组认识到：巢湖水污染已成为区域发展的重大环境制约，也成为影响长江下游地区水资源安全、生态安全的重要因素，制定和实施整体战略安排，加大治理与保护力度迫在眉睫。同时，巢湖水体污染典型和样本作用突出，兼有中部和东部湖泊污染演变的特征，其治理与保护可为全国湖泊治理提供有益示范。保护巢湖水资源，改善巢湖水环境，修复巢湖水生态，综合治理和控制污染排放是关键措施，恢复和调整江湖关系也是重要途径。

为此，民盟中央在递交给中共中央、国务院的《关于巢湖治理与保护的建议》中提出以下建议：

一是高度重视巢湖治理与保护，积极推动《巢湖流域水环境综合治理总体方案》实施。

进一步改善巢湖流域水环境，加强水污染防治效果，流域内的综合治理势在必行。为贯彻 2007 年国务院召开的“三湖”会议精神，安徽省组织编制并上报了《巢湖流域水环境综合治理总体方案》，提出了未来一个时期巢湖污染综合治理的总体目标、六大主要任务、八大重点工程和六项保障措施。该方案突出了“点源治理、面源控制、调水引流、生态修复、产业调整、强化监管”综合治理的整体性与系统性，是巢湖“十一五”水污染防治规划的可行性拓展和延伸，希望有关部门尽快加强政策研究与落实，早日批复该总体方案，推动巢湖水污染综合治理工作。

二是加强统筹协调，创新管理模式，积极推进巢湖水资源保护与水污染综合治理。

流域水资源保护与水污染防治应以流域为对象，充分考虑流域水循环的自然特性。巢湖流域地跨合肥、巢湖等四市，事涉水利、环保、农业、交通等多个部门，水事复杂、矛盾交织，目前在全国“三河三湖”中，只有巢湖流域没有设立统一的流域管理机构。建议以巢湖流域为单位，强化流域综合管理，尽快建立高层次的跨区域、跨部门的巢湖流域日常管理机构，明确其管理和协调职能，建立各部门之间的水质监测、预报信息共享平台，完善信息通报机制、联合会商机制和联手行动机制，创新湖泊流域管理模式，大力推进巢湖水资源保护与水污染综合治理进程。

三是编制流域水资源利用和污染源控制规划，着力实施最严格水资源管理制度。

建议参照国家主体功能区的划分要求，根据巢湖水资源和水环境条件，深入研究巢湖的水资源承载能力和水环境承载能力，科学划定功能区划，合理确定湖区治理、开发和保护的功能定位，编制流域水资源利用和污染源控制规划；实行最严格的水资源管理制度，围绕水资源的配置、节约和保护，确立用水总量控制、用水效率控制、水功能区限制纳污“三条红线”。统筹点源治理与面源控制、外源减排与内源处置，从严核定水域纳污能力，严格控制入湖污染物总量，建立水功能区水质达标评价体系，完善监测预警监管制度。

四是认真组织力量，加快引江济淮（巢）工程前期论证工作。

引江济淮工程是国家水资源战略性配置工程，着眼于安徽省乃至黄淮海平原水资源合理配置和高效利用。引江济巢工程是引江济淮的一部分，在为引江济淮提供水源保障，满足和改善巢湖防洪、排涝和供水条件的同时，通过调整江湖关系，增强水资源调控和巢湖水体环境容量和自净能力，为水环境改善和水生态修复创造条件。鉴于引江济淮（巢）工程情况复杂、问题敏感，建议组织力量，结合工程前期论证，对几条规划线路的调水水量、调水水质、调水对巢湖的影响、调水对长江的影响、调水对生态的影响、调水工程运行成本、调水工程的分期目标等进行系统研究和综合论证，尽快编制完成引江济淮（巢）工程规划。

五是紧密结合实际，扎实开展有关重大问题和关键技术研究。

湖泊治理与保护是一项复杂的系统工程，需要不断的实践探索和科技创新。建议结合生产实际需求和重大工程论证，进一步开展以下重大问题和关键技术研究。如，江湖关系及其对长江下游水环境影响，利用现有水利设施及河湖水系进行湖泊生态调度与水环境改善的试验，湖滨带生态恢复与生态缓冲带建设，底泥生态清淤及淤泥固化、钝化技术，蓝藻防治及应急处置，农村面源污染防治，污染水体的生物—生态修复技术，等等。

六、就祁连山生态保护与综合治理开展调查研究

祁连山耸立在青藏高原的东北部，地跨甘肃、青海两省，位于青藏、蒙新、黄土三大高原交汇处，它不仅阻挡着来自库姆塔格、柴达木盆地、巴丹吉林和腾格里四大沙漠风沙的入侵，而且是西部干旱地区最重要的水源地。

党中央、国务院始终高度重视祁连山的生态环境保护问题，近年来，国家和甘青两省通过制定政策、安排投资项目，对祁连山进行保护与治理，取得了一定的成效。但是，由于自身生态系统十分脆弱，加之受全球气候变化的影响，尤其是人为活动的侵扰，祁连山生态系统持续退化的趋势尚未得到根本遏制，加快祁连山生态环境保护和综合治理已经迫在眉睫、势在必行。

2010 年 8 月 5 日—9 日，民盟中央主席蒋树声，副主席索丽生率由民盟中央及水利部、国家林业局、农业部、国家发改委相关部门负责人及专家组成的联合调研组，在甘肃省调研、考察祁连山生态保护与综合治理的当前情况及面临问题。此次调研分两路进行。数天时间，整个调研组总共奔波两千多公里，在酒泉市、张掖市、武威市和青海省的门源县沿祁连山脉几出几进，并深入山区腹地，先后考察了敦煌市阳关国家级自然保护区、疏

勒河水资源管理局双塔水库、酒泉风电设备制造公司、祁连山国家级自然保护区、西大河水库上游草原、皇城草原、石羊河源头、天祝县哈溪镇双龙沟金矿植被破坏现场、古浪县东滩异地扶贫搬迁示范园区和林业部濒危动物研究中心、石羊河流域防沙治沙现场、武威市中心灌溉试验站。

9 日上午，调研组全体成员在兰州与中共甘肃省委、省政府座谈，就调研情况交换意见。蒋树声主席指出，祁连山是甘、青、蒙三省区经济社会发展和上千万人民生产、生活的命脉，西北乃至全国重要的生态安全屏障。祁连山的生态保护和治理，直接关系着我国西部经济社会的可持续发展，对于促进西北地区民族团结、繁荣发展和边疆稳固，尤为重要。祁连山生态保护与综合治理是一项重要而急迫、长期而艰巨的任务。应坚持以科学发展观为指导，将祁连山生态保护与综合治理上升为国家战略，特别是要建立生态保护与补偿机制，以保护与治理并重、保护优先为原则，甘肃、青海两省积极协调配合，共同决策，统一行动，大力实施保护与治理工程，推动当前严峻的局势逐步缓解、扭转。要确立这样一个认识和工作思路：宁可牺牲当前暂时的 GDP，也要为西部的可持续发展、为保护生态安全奠定坚实基础。

蒋树声主席还表示，就在调研期间的 7 日晚，甘南藏族自治州舟曲县因强降雨引发滑坡泥石流，造成重大人员伤亡；参加此次座谈会，心情因此格外沉重，这也更加说明加强生态安全建设的重要性。就舟曲山洪地质灾害与环境生态功能的减弱和退化、特别是人为干扰所造成破坏之间，是否存在直接关系，蒋主席特地向与会的中科院专家请教。

索丽生副主席在座谈发言中谈了两个问题。他说，第一，对于祁连山的生态保护，不能孤立地看，而应与整个河西走廊的经济社会发展和生态保护全局联系起来。生态系统是一个有机整体，山区/水源区 - 绿洲/用水区 - 荒漠沙漠区三者之间存在着紧密的相互依赖、相互影响关系，联系三者的纽带是河流，其核心要素是水，而最活跃的因素是人；在对水资源的计划使用中，必须考虑留出生态用水的余地。因此，对于生态保护区的功能要定位准确，要反映出水资源涵养区的重要特征。第二，在综合治理中，要明确几个关系：保护与治理并重，保护优先；自然修复为主，人工治理为辅；以人为活动破坏导致的生态退化为修复对象，不要搞改变原有自然生态类型的人工系统；远近结合，坚持不懈；软硬兼施，相互配合，在应用工程手段时，一定要有法律法规、体制机制、人才等各个方面的配合。

座谈会上，国土资源部、水利部、国家林业局、农业部、国家发改委相关部门的负责人一致认为，祁连山生态保护与综合治理意义重大，形势急迫，应完善机制、整体规划，加大投入、整合资金，科学治理、整区推进，争取尽快取得成效。他们也都表示，对于祁连山生态保护与综合治理，其所在部门一定积极配合、全力支持。

在实地考察和专家研讨的基础上，民盟中央撰写了给中共中央和国务院的《关于祁连山生态保护与综合治理的建议》，提出了以下意见建议：

第一，加强组织领导，统筹协调祁连山生态环境保护治理工作。一是建立部省联席会议制度，由国家发改委牵头、协调林业、水利、农牧、国土等部门以及甘、青地方政府，定期召开祁连山区生态环境保护治理联席会议，商定重大事项，协调统一行动。二是将甘、青两省祁连山区主要河流的源流地区均划为国家级自然保护区，成立统一的保护区管理机构，由国家林业局主管，甘、青两省林业主管部门协调管理，并将祁连山国家级自然保护区升格为副厅级建制。由国家林业局和甘、青两省政府共同研究制定进一步加强祁连山生态保护与管理的政策制度，编制统一的规划，颁发保护区林权证，明确林地权属。三是整合现有单设的内陆河流域管理机构，建立由水利部直属的祁连山内陆河流域协调管理机构，统一管理祁连山内陆河流域水资源的开发与利用，统一调配生产、生活、生态用水，协调解决上、中、下游之间的供需矛盾。

第二，设立生态特区，建立祁连山区生态保护与补偿机制。将祁连山自然保护区和生态退化比较严重以及破坏后难以恢复的生态脆弱区设立为生态特区，优先制定、实施生态保护、补偿的政策。选择甘肃天祝、肃南县和青海门源、祁连县，实施祁连山国家生态保护、水源涵养、生态补偿试点示范工程，通过生态补偿方式、机制等探索研究，在森林、草原、湿地和矿产资源开发等领域建立生态补偿机制。突出政府在生态补偿中的主体作用，通过征收资源税、植被恢复费、财政功能性转移支付，加大中央和省级财政对重要生态功能区、水系源头区、水源涵养区和自然保护区的生态补偿力度。

第三，统一审批规划，实施祁连山区生态保护、修复、治理重点工程。启动实施《甘肃祁连山北麓水源涵养区生态环境保护与综合治理规划》和《青海省祁连山水源涵养区生态环境保护和综合治理规划》。重点实施以下工程和治理措施：祁连山冰川湿地生态保护与综合治理工程；在重点生态脆弱区和重要生态区，提高投资标准，延长补助年限，继续稳步推进退耕还林、退牧还草工程；在林地、湿地、草地实施生物多样性保护工程；将各内陆河源流地区划入祁连山国家级自然保护区，扩大保护区范围，保护区的定位由“森林和野生动物类型”扩展为“生态系统保护和水源涵养类型”；有计划的将祁连山自然保护区核心区、缓冲区的农牧民转为生态管护人员，把沿山区贫困乡村纳入重点扶贫范围，加快生态特区农村剩余劳动力转移，实施生态移民工程；加大财政转移支付力度，免除祁连山生态环境保护和综合治理工程项目的地方配套资金，设立政府主导、市场推动、社会参与、多渠道筹措的祁连山生态环境保护和综合治理基金，建立健全长效投融资机制；在祁连山—河西走廊实施人工增雨（雪）工程；将山丹马场整体移交甘肃省，其原有的生态管护职能划归祁连山国家级自然保护区管理局。

第四，优化产业结构，发展高效节水的现代绿洲循环农业。坚持“以水定产业结构”的原则，转变发展方式，围绕提高水资源利用率，进行水权、水价改革，把河西地区率先建成国家水权、水价改革实验示范区和高效节水的现代绿洲循环农业示范区。一是调整优化产业结构。以提高整体效益为目标，以水价为杠杆，减少农业用水量，大力发展二、三产业，构建与水资源状况相适应的产业结构布局，促使一、二、三次产业结构向最优化转变。完善“以电控水，以水定地”和水权交易等制度，发挥阶梯式水价的市场调控作用，优化产业用水结构，压缩高耗水作物种植规模，发展高效节水的精深加工业、现代服务业，不断增加生态用水。二是大力开展节水农业科技研究与推广。积极发展现代设施、循环农业和沙产业，在祁连山效益区发展高效节水的现代绿洲循环农业，推广高效旱作节水技术和集成技术，积极推进旱作农业新品种、新机具的研发和转化应用，推广日光温室，推动高效节水设施农业科技示范工程与科技发展支撑体系建设。

第五，加大投资力度，加快祁连山内陆河下游防沙治沙步伐。祁连山内陆河流域下游荒漠化和土地沙化，是下游区域经济社会发展的主要制约因素，也是祁连山生态保护与综合治理的重要组成部分。请国家尽快批准实施石羊河、黑河和疏勒河三大内陆河流域防沙治沙及生态恢复规划，在三北防护林体系建设五期工程中把防沙治沙作为一个重点，加强石羊河、黑河生态恢复技术体系的研发和推广，扶持三大内陆河流域盐碱化及沙化治理。以国家投资为主，实施祁连山北部风沙区防沙治沙工程。

第六，科学保护治理，确保祁连山生态系统逐步恢复。设立祁连山生态监测研究中心，以及东中西三个长期生态定位监测站；建立和完善地质、水文、气候、生态及生物多样性监测网络和预警机制，实施动态监测和预警报告；将“祁连山水源涵养生态系统结构功能及优化调整技术研究”列为国家重点科技支撑项目，同时整合地方科研资源，开展跨学科联合攻关，深入研究祁连山不同生态系统水源涵养机理、水土气生循环及涵养水源结构优化调整技术，为科学保护治理提供科技支撑。

七、创新参政议政模式，举办农机安全互助保险研讨会

论坛、研讨会是建言献策的重要平台。专家们通过论坛、研讨会交流经验、碰撞思想，提出问题、发现问题，共同探讨解决问题的办法，为做好参政议政工作提供了智力支持。民盟中央历来重视论坛、研讨会在参政议政方面的重要作用，一方面不断探索与完善既有的系列论坛，推动灾害与社会管理、海洋经济、城市文化等方面研讨的不断深入，促进论坛和研讨会的品牌化；另一方面充分利用基层组织、专委会的专业特色和人才优势，围绕时事热点，举办了许多新的论坛和研讨会。“农机安全互助保险研讨会”便是其中之一。在此项工作的过程中，民盟中央立足长远，勇于创新，围绕已经取得阶段性成果的课题开展研讨，形成了“地方政府试点、民盟专家参与、民盟中央适时下情上达”参政议政新模式。

农机安全互助保险是陕西省在借鉴我国渔业互助保险和日韩农机保险成功经验基础上的探索出的新型农机保险模式。近几年，随着农机数量的快速增长、农机作业种类的增多、作业范围的扩大，农机手在作业过程中面临的经济损失、人身伤害风险在增加。目前的农机强交险，只能解决出现事故后对对方的经济赔偿问题，农机手受伤、农机因事故损毁缺少相应的补偿机制。而商业性保险，则又存在着保费水平高、农民交费困难、保费水平低、保险公司难经营、农机户缺少基本风险保障等问题，已无法满足农民日益增长的农机风险补偿需要。近年来由陕西省农机安全监理系统、省农机安全协会在民盟专家帮助下开展的农机安全互助保险，则较好地解决了这些不足。

民盟专家前期以个人身份加入到了该保险模式的试点工作中。2009 年，在民盟专家的协助下，陕西省农机部门创新组织和管理形式，成立合作型农机安全协会，建立服务型农机安全监理部门，开展保险试点工作。在经过近两年的发展，已在近 60 个区、县开展试点工作，并制定出了一整套较为完善的规章制度，形成了保险监督管理部门监管、农机监理部门主导、协会组织协调、农民互助互保、服务站提供服务的基本模式。截至去年七月底，试点区县会员超过 1.4 万多人（车），互助保险金增加到 360 多万元，为事故农民实施救援维修 283 次，为农民补偿损失 69 万多元。

农机安全互助保险模式取得了阶段性的成功，但要想进一步发展，仍面临着经费不足、行政支持欠缺和跨省作业农机难入保等问题。民盟中央开始参与到该保险的推广工作中来。2010 年 8 月 16 日—18 日，民盟中央农业委员会与陕西省农机安全监理总站在陕西临潼联合主办农机安全互助保险研讨会，邀请来自中央财经工作领导小组、国务院农村综合改革办公室、农业部等多位中央、国家部委的领导专家和 12 个省市区的农机部门代表进行实地调查和论坛研讨。民盟中央张宝文常务副主席出席会议，他先后听取了陕西省农机安全协会、渭南地区农机安全互助保险示范点负责同志的汇报，并深入互助合作社、农机修理车间与工作人员进行面对面交流。

通过实地考察，与会人员对陕西省农机安全互助保险的特点有了较为全面的认识和了解：

首先，成本低、效率高。农机安全协会依托监理部门直接在试点区县设立服务站，利用年度农机检验和“三夏”、“三秋”农机外出作业时节，宣传安全风险互助，为农机户集中办理互助保险手续。由于服务站工作人员主要隶属于农机监理部门，无需增加工资投入。

其次，保费低，档次多，补偿比例高。农机驾驶员安全互助保险会费分别为每人 50 元、100 元两个档次，最高补偿金额分别为 5000 元、10000 元，补偿金额为会费的 100 倍，互助保险期限与参加互助保险的拖拉机、收割机相同；拖拉机安全互助保险会费从 100 元到 400 元，分七个档次，最高补偿金额从 12000 元到 58000 元，补偿金额为会费的 120 倍以上，互保期限为一年；收割机互助保险会费从 300 元到 1000 元，互保期限为 3－6 个月，最高补偿金额为 60000—100000 元。参加哪个档次的互助保险，由农机户自主选择。

再次，建立会员权益积分制度，使其从根本上区别于商业保险。当年的互助保险资金除去补偿会员的事故损失和工作费用外，结余的仍归会员所有，通过会员权益积分记载在会员名下，积分分值可以换算为农机手下年度应交的互助保险费，也可以继承、转让。

最后，协会、区县会员服务站、乡村农机专业合作社形成了以农民互助为基础，系统扁平化垂直管理为统领的体系构架。农民通过会员服务站参加互助，农机合作社为农民提供相当于 4S 店式的综合服务，包括互助保险、技术培训、农机采供、紧急救援、维修和配件保障等。

在 18 日上午的研讨会上，与会人员均对农机安全互助保险模式表示了认同。张宝文常务副主席也表示，安全互助保险组织制度体系，把风险管理、农机监理、事故查勘、救援维修服务、损失补偿组合成了对农民的“一条龙”保障服务，把政府农机管理部门的资源、协会合作社的资源、江泰保险专家管理资源有机结合在一起，发展农机安全互助保险事业，开辟了一条非盈利性的新型保险发展道路，破解了多年来农机保险“老大难”的问题。

专家们和农机部门的代表们还就该保险的发展和完善提出了意见和建议：第一，建议以陕西、湖北为示范，扩大农机互助保险试点范围，逐步实现全国联网，建立中国农机互助保险组织体系，为广大农机户提供基本的人身意外伤害和农机损毁经济补偿。第二，建议相关部门能参照对渔业互助保险支持的办法，拨专款对参加农机互助保险的农机户给予保费补贴，引导农机户积极参加互助保险。第三，建议筹建全国农机互保协会。在陕西、湖北试点中，跨省作业的收割机事故相互勘查定损和救援存在着诸多难题，需要由全国性互助保险组织来衔接各省之间农机流动作业的互助保险工作。

此次研讨会产生了较大的影响，湖北省目前已经大范围地开始了农机安全互助保险的试点工作，另有多个省市区的农机部门也即将开展试点工作。

此次研讨会取得了丰硕的成果，相关材料和有关建议被转送国家有关部委办、陕西省政府，10 月 29 日，陕西省主管农业的副省长作出批示："应全面采纳，推而广之。请金融版商请农业厅（农机）、财政厅提出意见。"农业部在《2011 年农业农村经济工作的意见》中特意指出："要探索发展互助、合作等多种形式的农机保险方式，支持探索农机互助保险，协同保险工作部门开办特色农机安全保险业务。"

姚　远　民盟中央参政议政部干部

中国民主建国会参政议政案例

一、为大力发展战略性新兴产业建言

培育和发展战略性新兴产业，是中共中央、国务院全面分析当今世界经济格局大变革、大调整趋势，着眼于我国经济社会可持续发展而作出的重大战略部署，对我国实现经济社会又好又快发展具有重要意义。国际金融危机为全球经济结构调整提供了机遇和挑战，大力发展战略性新兴产业，有利于推动我国经济逐步走上创新驱动、内生增长的发展轨道，有利于扩大就业、提高经济发展质量。无论是从美国、日本等国家的经验看，还是立足我国当前实际，发展战略性新兴产业都是推进产业结构调整、加快转变经济发展方式最科学、最有效的方式之一。

2010 年，民建中央将“大力发展战略性新兴产业，推进产业结构调整，加快经济发展方式转变”作为年度重点调研专题，民建中央主席陈昌智亲自负责。3 月 19 日，部分在京专家召开了开题论证会，制定了专题调研方案。4 月 9 日至 15 日，专题组赴广东，在广州、佛山、东莞、珠海进行实地调研，分别与中共广东省委、省政府和 4 个市委、市政府进行了座谈，听取了战略性新兴产业发展、产业结构调整相关情况介绍；与佛山、东莞、珠海部分企业家进行了座谈，听取了企业家在产业转型升级中的情况反映和意见建议；实地考察了广日工业园区、佛山创意园、松山湖高科技产业园等产业基地；到华德工业有限公司、日立电梯（中国）公司、昭信光电科技有限公司、易事特电源股份有限公司、格力电器等 7 个优秀企业进行了调研。考察结束前，专题组与中共广东省委、省政府交换了意见，广东省政府作了回应。5 月 4 日至 8 日，专题组赴陕西，先后在宝鸡、杨凌、西安和咸阳等地调研，分别与中共陕西省委、省政府和宝鸡、西安、咸阳市委、市政府进行了座谈，听取了战略性新兴产业发展和产业结构调整等情况介绍；与宝鸡、西安部分企业家进行了座谈，听取企业家在发展过程中的困难和建议；实地考察了宝钛集团、中铁电气化局集团、杨凌现代农业示范区、科森生物医药股份有限公司、西安比亚迪汽车有限公司等有关企业和产业基地。此专题在调研过程中得到了国家有关部委的大力支持，国家发改委、工业和信息化部的领导和同志不仅参加了调研过程，还参与专题组讨论会并积极提出意见建议，在调研结束后也一直与民建中央保持良性互动。6 月 18 日，专题组走访工业和信息化部，工信部党组成员、总工程师朱宏任及 6 个司的领导同志参加了座谈。

专题组就拟提交中共中央、国务院的建议稿征求了工信部的意见，工信部领导充分肯定了建议稿，介绍了工信部在推动战略性新兴产业发展方面所作的工作和计划出台的政策措施。在此基础上，民建中央形成了《关于大力发展战略性新兴产业，推进产业结构调整，加快经济发展方式转变的建议》（以下简称《建议》）。

《建议》指出：我国已具备基础条件，应大力推动战略性新兴产业发展，加快调整产业结构和转变经济发展方式。随着工业化、信息化和城镇化快速推进，我国部分领域的科技水平已经跻身世界先进行列，市场空间巨大。目前世界各国的战略性新兴产业多处于起步阶段，我国在不少领域的技术研发启动较早，有的与国外差距很小甚至同步，部分领域还具有领先优势。在光伏电池、太阳能硅材料、生物农药、生物肥料、燃料乙醇、物联网、电动车动力电池等行业，我国都具备很强的竞争力和相当大的发展潜力。

建议分析了我国发展战略性新兴产业存在的困难和问题。（1）战略性新兴产业和产品缺乏统一、权威的技术标准、市场准入标准和示范推广机制。地方对“战略性新兴产业”的内涵和外延存在不同划分标准。（2）地方投资冲动强烈，都想在“抢先发展、先行先试”中争取主动，从全国范围来看，产品的市场容量还比较有限，存在出现新的重复建设和产能过剩的隐患。（3）缺乏关键技术，许多核心元器件和重要基础件严重依赖进口。科技资源难以整合，综合利用效率低，科技成果市场化程度差，经济、科技“两张皮”现象突出。（4）市场发育程度较差，缺乏有效国内市场需求。（5）产业投资体制尚不健全，资金投入不足，中央和地方的科技投入缺乏有机衔接。资本市场不完善，企业融资渠道单一，创新和创业投资的环境急需改善。（6）体制机制不配套、不完善，一些重要领域改革滞后，政策在具体实施中还未落实。

为此民建中央建议：

第一，科学界定战略性新兴产业内涵，尽快出台国家推动战略性新兴产业发展规划。制定技术标准，明确产业发展方向、技术路线、发展布局等，为地方各级政府培育战略性新兴产业指明方向。加强战略性新兴产业的政策协调和分工协作，建立适应战略性新兴产业发展要求的决策机制。构建分层次、分区域、分领域、分类指导、差别化的战略性新兴产业区域布局和发展政策体系。充分发挥行业协会在沟通政府与企业、制定行业标准、规范行业秩序、协调行业纠纷等方面独特的功能作用，鼓励并规范行业协会和企业参与制定行业和技术标准。加快建立健全相关统计、评估体系和标准，加强对战略性新兴产业发展形势的跟踪分析研究，建立和完善产业分类统计、监测、分析和发布制度，及时公开产业政策、行业动态等信息。科学规划，大力发展金融业、物流业、会展业、信息服务业、技术服务业等高端服务业。

第二，因地制宜，合理布局，避免新一轮低水平重复建设。从国家层面合理规划部署，发挥各地比较优势，因势利导、因地制宜、实事求是地发展战略性新兴产业，避免一哄而起、急于求成之后造成重复建设，再一哄而散，贻误宝贵的发展时机。要切实考虑东中西部各地区的差异，根据各地产业基础、现有条件、市场前景等引导地方发展符合经济规律的行业，实现错位发展。选择一些新兴产业发展较快、技术水平领先、政府推动得力的地区，建立国家级战略性新兴产业发展试点或示范区，争取实现率先突破，再总结经验，逐步推广。

第三，把新兴产业发展与市场需求相结合，着力培育和创造国内市场需求，发挥政府示范效应。一是发展战略性新兴产业要高度重视需求的拉动作用，制定相应的需求激励政策。对于已具备一定规模的新兴产业自主创新产品，加大政府采购力度。二是结合我国新批的区域性创新主体功能区和实验区，以及产业基地和中央地方组织的各类科技创新专项行动。鼓励通过产业联盟方式促进战略性新兴产业的大发展。三是切实转变目前存在的单纯以投资拉动发展战略性新兴产业的短期行为。改变单纯追求 GDP 增长的发展思路和政绩观，转向依靠扩大内需，促进经济可持续发展的新思路。

第四，支持企业成为技术创新主体，提高科技成果产业化率。加快实施战略性新兴产业高技术产业化和示范工程专项，加强产学研联合，加大对技术市场、企业孵化器、留学生创业园等扶持力度，探索建立跨区域的国家高技术成果交易中心，加速科研成果向生产力的转化步伐。加强企业联合技术攻关和资源整合，帮助企业在关键领域形成一批技术联盟，构建垂直产业链。把技术创新能力作为国有企业考核的重要指标，把技术要素参与分配作为高新技术企业产权制度改革的重要内容。结合科技重大专项等科技计划，把掌握核心技术的自主知识产权和自主标准作为提高产业竞争力的突破口，支持企业技术中心建设，完善产、学、研、用密切合作的渠道和机制，加快研发成果的产业化。注重军用技术向民用领域转化。

第五，加大创新人才的培养和引进力度。加快人才培养，重视人才引进可以促进战略性新兴产业的加速发展。一是在相关高等院校设立与战略性新兴产业相配套的专业和方向，重点支持，建立起战略性新兴产业人才培养的长效机制。二是在重大项目实施和产业发展的实践中，创造良好环境，着力在科研院所和企业内自主培养起一批创新人才。三是抓住金融危机出现的高端人才引进成本低的机遇，继续大力引进海外高层次人才和研究团队。四是既要重视科技型人才的引进和培养，也要重视金融、管理和创业型人才的培养，以优化人才结构。

第六，拓宽融资渠道，加大金融支持力度。切实加强金融支持力度，利用多层次资本市场，发展新兴产业。加大政府扶持力度，设立战略性新兴产业发展引导基金，统筹扶持战略性新兴产业关键技术、共性技术研发，加快战略性新兴产业重点领域、重点企业和重点项目的技术改造和技术创新。加快风险投资体系建设，鼓励地方设立和引进风险投资基金，通过参股、融资担保、跟进投资和风险补助等方式，积极扶持、壮大一批风险投资机构。加大对战略性新兴产业企业的倾斜力度，优先安排符合条件的骨干企业上市。支持高新技术企业发行企业（公司）债券，鼓励优质科技型中小企业发行集合债券，利用境内外产权交易市场进行股权融资。引导各金融机构建立适应战略性新兴产业特点的信贷体系和保险、担保联动机制，促进知识产权质押贷款等金融创新。完善担保风险补偿机制。制定战略性新兴产业税收减免政策。

第七，深化体制改革，加强机制创新。加快推进“三网融合”、电力体制、医药管理体制、新能源价格机制、卫星应用管制、新能源汽车市场准入、转基因农产品管理等重点领域的制度改革。认真落实国务院“新三十六条”，消除行业垄断和体制壁垒，鼓励民间资本进入新兴产业，对国有企业和民营企业给予同等支持，公平竞争。政府的优惠政策、研发补贴、消费补贴、公共资源配置等扶持向新兴产业集中，重点支持拥有自主知识产权、在国际市场上能够形成优势的高新技术产业，支持并带动企业加强研发投入，真正实现基础研发领域的突破。创新企业的组织模式和管理模式，在产业集中度较高的地区鼓励企业成立行业协会，形成产业联盟、技术联盟。避免恶性竞争，加强企业间的信息沟通，实现技术共享，发挥行业组织的协调和自律功能，按照市场内部运行机制引导企业差异化发展，促进产业链不断延伸、完善，提高国际市场竞争力。鼓励有条件的地区建设战略性新兴产业园区。

7月，民建中央向中共中央、国务院报送了《民建中央关于大力发展战略性新兴产业，推进产业结构调整，加快经济发展方式转变的建议》，得到了温家宝总理的批示。7月5日，民建中央在全国政协专题协商会上作了《大力发展战略性新兴产业，推进产业结构调整》的口头发言。10月18日，国务院下发《关于加快培育和发展战略性新兴产业的决定》，民建的建议与中共中央的政策方向保持了一致。12月，有关调研报告提交民建九届四中全会审议，并转化为政协大会发言、提案。

二、呼吁中西部地区经济发展亟需提高环境监测能力

2010年是我国继续应对国际金融危机、保持经济平稳较快发展、加快转变经济发展方式的关键一年，也是全面实现“十一五”规划目标、为“十二五”发展打好基础的重要一年。这就要求2010年的环境监测工作更系统、更全面，更规范，方能客观总结“十一五”减排工作的情况，同时为编制“十二五”规划提供科学的依据。因此民建中央将“加强中西部地区水污染防治，提高环境监管能力”作为本年度的重点专题。

3月，民建中央第一副主席张榕明主持召开专题开题会，研究确定专题调研组成员以及调研方案。5月，专题调研组赴湖北调研，先后在恩施州和荆门市进行了实地调研，分别与恩施州州政府、州政协，利川市政府、市政协，荆门市政府、市政协进行了座谈，听取了水污染防治以及提高环境监管能力相关情况介绍，实地考察了恩施市水源保护区鸭松溪藻水分离站、恩施市城市污水处理厂、恩施市环保局、利川市环境监测站、荆门市格林美再生资源股份有限公司、荆门市天鹅广场质量电子显示在线监控屏、荆门市环境保护监测站、钟祥市环境监测站等。6月，专题调研组赴江西调研，听取了省政府关于加强水污染防治提高环境监管能力情况的介绍，先后在景德镇市、上饶市和九江市进行调研，实地考察了景德镇市环保局、乐平市环保局、乐安河水质监测、婺源县环保局、婺源县生活污水处理厂、九江市环保局、九江市蓝天碧水环保有限公司、德安县环保局、江西省危险废物处置中心和婺源江湾、李坑新农村建设、国电九江电厂等。同时，专题调研组也了解了安徽、陕西、云南、贵州环境监测能力建设的有关情况。专题调研组邀请了环保部副部长吴晓青，环保部规划财务司副司长张士宝、污染物排放总量控制司副司长刘炳江等同志参加调研。通过调研，专题组成员深切体会到各级政府重视统筹协调经济发展与生态环境保护的关系，加大环境保护投入力度，取得了一定的成效。但中西部地区环境监测能力建设仍存在一些薄弱环节，不能满足当地经济发展对环境保护和监管方面的要求。7月，专题调研组在前期调研的基础上撰写完成了专题调研报告初稿。此后，在广泛征求有关部门和专家意见的基础上，专题调研组修改形成了《中西部地区经济发展亟需提高环境监测能

力》调研报告。

调研报告简要描述了中西部地区环境监测能力建设与经济增长双促进的总体局势。中西部地区各级政府深入贯彻落实科学发展观，认真落实《国家环境监管能力建设“十一五”规划》的要求，在追求经济快速发展的同时，高度重视环境保护工作，努力实现全面、协调和可持续发展：（1）统筹协调经济发展与生态环境保护；（2）加大环境监管能力建设投入力度；（3）环境监测能力正在逐步改善。

调研报告着重分析了中西部地区环境监测能力建设与当地经济发展要求之间存在的差距：（1）环境监管法制化建设滞后。（2）环境监管管理体制亟待理顺。（3）环境监测站标准化建设滞后：一是监测执法业务用房严重不足；二是环境监测设备配备水平有待进一步提高；三是机构编制尚未达标；四是人员素质和业务培训欠缺；五是业务经费缺乏有效保障。（4）突发性环境事故应急监测工作基础薄弱。

调研报告提出了提高中西部地区环境监测能力的对策建议：

第一，合理规划“十二五”中西部环境监测的整体布局。一是加大对中西部地区环境监测能力建设的支持力度。在编制国家“十二五环境规划”过程中，应结合中西部地区环境保护需求，合理布局和规划中西部环境监测的整体布局，加大对中西部地区环境监测投入，国家环境监测能力建设资金也应向中西部地区倾斜，支持中西部地区环境监测能力建设。二是要突出对中西部地区基层环保监测能力建设的支持。结合中西部地区环境监测能力建设存在的薄弱环节，制定基础能力建设与运行保障具体工作方案，适度调整基础能力建设的架构和布局，将地市级环境监测能力建设作为未来一段时间环保系统能力建设的主要内容和国家支持的重点，明确地市级、县级环保人员队伍、设备、监测用房逐年具体达标进度。

第二，推进环境监管法制化建设。在现有法律制度的基础上，进一步完善《环境监测标准化建设资金管理办法》、《环境监测工作制度》、《环境监测工作程序》、《环境监测报告制度》、《环境监测机构内部管理制度》、《环境监测仪器设备管理制度》、《环境监测人员招聘、培训与考核制度》、《环境监测工作监督和考核办法》、《环境监测责任追究制度》等。各级地方有关部门也应制定《环境监测站标准化建设实施方案》、《环境监测站标准化建设责任制》、《环境监测站经费、人员管理办法》等，并根据国家制定的有关制度，完善实施细则。

第三，理顺管理体制。一是建立部门合作机制，各类行业性环境监测站与环保部下属的环境监测站信息要互通，数据要共享，研究成果要互惠，但环境监管执法权应放在环保部下属的环境监测站，应建立环保部门下设的环境监测站与各类行业性环境监测站合作工作机制及协调工作机制。二是建立统一的环境监测信息发布，即各省统一布点，对环境基础数据的获取、整理和统计制定统一的标准和规范，基层政府环境信息和数据垂直上报至省级政府。各级环保部门要定期发布本辖区的环境监测报告。

第四，推进环境监测标准化建设。主要包括：

一是加强对中西部地区基层环境监测业务用房支持力度。解决业务用房达不到标准要求的基层监测站，重点是中西部地区的市、县级监测站，改善中西部地区环境监测业务用房条件，保障环境监测业务活动能够正常开展，重点是西部地区的县级监测站和部分困难的地市级监测站。

二是加强对中西部地区基层环保监测人员培训力度。安排中西部地区监测人员培训经费，以灵活多样的形式，对中西部基层监测人员开展多层次、多领域的技术培训。结合国家、省配置的设备仪器，有针对性的对西部基层监测站人员进行仪器设备操作培训，使配备的仪器设备真正发挥作用，形成战斗力。要加强专项技术培训交流，扩大业务培训范围，特别是加强县市级专题培训（包括实际操作培训）和工业行业污染防治的专项培训，逐步实施资质管理，优化队伍结构，提高环保队伍业务水平和综合素质。

三是切实落实基层环境监测机构人员和经费保障。建议中央编制管理部门、人事管理部门、财政部门和环境保护部门共同研究环境监测机构问题和人员保障问题，理顺环境监测机制。继续加大经费保障工作力度。可采取企业部分出资、中央和地方共同补贴的方式解决污染源在线自动监测的运行费用问题。将企业在线监测设备、监控网络等运营维护费用与业务经费纳入各级财政予以重点保障，并由中央资金予以重点支持。每年可从中央财政中直接下拨经费，解决应急监测仪器设备的备品备件和易损易耗件购置及设备质量管理费用问题，或将应急监测仪器设备的备品备件和易损易耗件购置及设备质量管理费用纳入地方财政每年的预算中，固定下拨运行费用。

第五，加快环境污染事故应急监测网络建设。完善并建成省、市、县三级组成的突发性污染事故应急监测网络。各市政府要为当地市站配置含有大型车载仪器的应急监测车，作为流动实验室，所有样品均能在现场分析，使之成为本区域辐射作用的区域性应急监测装备和技术中心；各县（市）政府要为当地的县（市）站配置必要的便携式应急监测仪器，为环境应急处置提供科学依据。

调研报告通过各种渠道及时报送，得到了有关领导的重视和肯定。其中，《关于加强中西部地区环境监测能力的建议》得到了李克强副总理的批示；《关于加强中西部地区基层环保监测能力的建议》作为民建中央在全国政协常委会的发言材料。12 月，有关调研报告提交民建九届四中全会审议，并转化为政协大会发言、提案。

三、为积极应对人口老龄化挑战献策

我国在人口转变、社会转型、经济转轨时期便迎来了“银发浪潮”，规模和速度在世界上都是罕见的，人口年龄结构的重大调整还将继续伴随我国现代化的全过程。人口老龄化已成为我国未来经济、社会发展过程中最基本的国情之一，将给中国经济社会发展带来全局性、战略性的重大改变，对我国未来繁荣发展的源泉和动力机制将产生深远影响。

为此，民建中央将“立足国情，积极应对人口老龄化挑战”列为重点调研专题。5 月份，组织会内专家学者成立了专题调研组；6 月底，就应对人口老龄化问题与国家发改委、民政部、国家计生委、人力资源和社会保障部以及国家老龄办等部门进行了座谈；7 月起，调研组分别赴江苏、山东、山西等地进行实地调研，考察了城市社区养老服务机构、社会福利院、老年公寓和农村敬老院，了解目前我国人口老龄化过程中的现实状况和主要问题。在调研过程中，调研组逐渐形成了解决问题的总体思路、战略目标及具体措施，并提交了调研报告。

调研报告介绍了中国人口老龄化的现状及发展趋势。第一，老年人口规模庞大。截至2009年，我国60岁以上的老年人口达到1.67亿，到2026年达3亿，到2051年将达到4.37亿人口的峰值。第二，未富先老特征明显。我国在2000年人均收入仅为800美元、处于中等偏低收入国家行列时，便迈进了人口老龄化社会。第三，城乡老龄化差距逐年加大。农村率先进入重度人口老龄化平台期。同时，东部沿海发达地区老龄化速度明显快于西部欠发达地区。第四，人口老龄化发展呈现出新的特点。即中国人口老龄化进程速度加快，老龄人口预期寿命不断提高，老龄人口中高龄人口比例上升，养老方式由家庭养老向社会养老转变等特点。

调研报告指出了我国老龄化社会养老体制存在的问题。第一，老龄工作体制机制亟待理顺。一是应对人口老龄化问题缺乏全国性战略筹划，二是老龄工作运行机制尚不健全。第二，老龄产业发展滞后，缺乏相应的政策支撑，老龄产业的投资动力不足。老龄产业发展的环境、制度和政策急需优化。第三，基本养老服务体系建设落后。社区养老服务网络缺失，养老设施供需矛盾突出，养老服务队伍专业化建设滞后。第四，养老保障制度亟需完善。一是社会统筹基金与个人账户基金账目管理比较混乱，二是行政管理与投资运营职能不分，三是转轨成本和支付压力日益增大，四是统筹水平低与制度碎片化相互交织。第五，医疗保障制度对弱势群体的覆盖率亟待提高。

调研报告提出了应对人口老龄化问题的战略选择。我国应对人口老龄化问题不能照搬西方已经破产的高福利模式，需要走一条中国特色“积极、健康、保障、和谐”的老龄化应对之路，构建中国特色养老保障战略。为此建议：

建立社会统筹基金、个人账户基金与商业保险基金组成的“三支柱”养老保障制度。一是社会统筹采用现收现付制，通过政府强制性缴费或征收社会保障税等形式组成第一支柱。老年人有无缴费记录都将获得基本养老金，构筑普惠保障底线，解决贫困老年人口问题，实现代际间及不同收入阶层间的分配公平。二是个人账户采用积累制，从基本养老保险制度中剥离出来，通过强制性积累与自愿建立职业、企业年金组成第二支柱，实现个人收入在时间上的转移、一生内的平衡，保障老年人生活稳定。三是商业保险作为第三支柱，采用自愿性投保方式，保障不因退休导致生活水平降低，满足不同收入层次人群养老需要，增加养老金供给，解决老年人尊严问题。

加快省级统筹，努力实现全国统筹。合理界定政府、企业、个人责任。政府财政承担社会统筹基金部分，中央财政承担历史债务和新制度中贫困老人责任，以财政补贴方式逐年消化历史债务；地方财政承担现实责任，支付60岁以上老年人口社会统筹基金部分，调整统账比例和管理方式；增加企业和个人缴纳个人帐户责任，降低财政支出压力；鼓励建立老年长期护理险等多种形式的商业养老保险制度，制定相应的税收、金融等优惠政策，在国力不足、保障水平低的情况下，发挥商业保险的补充作用。提高社会统筹层次，在更大范围内实现养老保障的公平。以中央、省财政转移支付方式，加快缩小省内养老保障水平差距，以加大省级养老统筹推广力度，在全国统筹不具备条件的情况下，建立养老金异地接续制度，尽早实现跨省劳动力养老账户自由流动，为全国统筹创造条件；同时，通过社会统筹基金现收现付制，规避基金投资、预期寿命延长、通货膨胀等风险。

实现将“统账结合”运作模式向社会统筹与个人帐户独立运行模式转变，确保个人账户独立性，改变由于社会统筹不足、被挪用造成的个人账户“空账”运行状况，确保养老保障制度运行效率，建立稳定、可持续制度体系。将养老保障资金纳入社会预算体系，实现社会保障预算编制权、执行权和监督权分离，财政部门编制预算，税务部门征收社会保障费，劳动和社会保障部门运作管理，各级人民代表大会对资金预算和运行进行监督；加大财政支付力度，提高老年人口参保率，着力解决农民工养老保障制度建设难点，将失地农民、农民工纳入城镇养老保障体系，加快建立养老保障接续制度；确定适宜养老保险替代率，由于我国收入结构中非工资收入比例较高，在养老保险替代率60%基础上逐步提高，提高老年人口生活质量。

养老服务社会化。在国家统一规划和支持下，调动各方积极性，加快建设以家庭养老为基础、社区养老为依托、机构养老为补充、社工服务为载体的养老服务体系。构建老年人健康、舒适、便利与尊严的生活空间。提高医疗保险统筹层次，探索三大医疗保险体系统一运作机制，提高整体管理效率，降低运作风险；加大医疗保险公共投入，扩大老年人口医疗保障制度覆盖面，农村60岁以上老年人及城乡贫困人口医疗保险自缴部分由财政承担，加大城乡自主就业人员基本医疗保险财政补贴力度，引导低收入人群参保。

大力支持和发展老龄产业。将老龄产业纳入新兴产业发展序列、国家产业发展规划，提升老龄产业在国民经济中的地位，大力发展以高品质实用性为主的老龄制造业、以自动化可及性为主的老龄高新科技产业、以专业化便利性为主的老龄服务业，扩展老龄关联产业、延伸老龄产业链。制定老年产品税收减免、金融扶持、技改贴息、土地优惠等政策，动员社会力量参与、鼓励民间资本进入老龄产业；建立老年人失能等级划分标准，按等级制定相应产品、服务优惠政策；通过政策引导各类生产、服务性企业升级改造、兼并重组，培育一批老龄龙头企业，打造一批老龄知名品牌。

调整产业结构、促进技术进步、提高劳动力素质是增加就业、提高抚养能力的基本因素，通过实施人力资源综合开发战略，为人口老龄化创造丰厚的财富。通过实施就业优先策略，实现潜在人口红利向现实人口红利转变；通过优先投资于人的全面发展，实现由人口大国向人力资源强国转变，延长人口红利期；通过健康老年人参与社会及启动老年人消费，实现社会发展动力由外生型向内生型转变，挖掘二次人口红利。

从政策扶持、公共投入等方面入手，强化以家庭为单元的社会福利框架体系，通过弘扬中华文明文化、重构道德文化体系，制定提升老年人收入水平、家庭养老服务货币化等政策，全面推进居家养老服务，巩固和发展家庭养老。

10月中旬，《积极应对人口老龄化，完善我国养老保障体系》作为民建中央的书面发言材料提交给全国政协常委会。12月，有关调研报告提交民建九届四中全会审议，并转化为政协大会发言、提案。

四、关注后危机时代中小企业转型与创新

改革开放以来，我国中小企业不断发展壮大，已成为国家财税收入的重要支柱和创造社会就业岗位的主要渠道，在国民经济中发挥着日益重要的作用。但是由于当前我国中小企业发展的外部环境复杂，既要应对后危机时代的多重变迁和高成本时代的挑战，又面临

经济转型和国家大力发展战略性新兴产业的历史机遇。2009 年《中国百位企业 CEO 调查报告》显示，93% 的 CEO 认为企业必须转型升级，49% 的 CEO 已经开始着手带领企业转型，这表明转型升级已经成为我国企业发展重大趋势。

2010 年“两会”期间胡锦涛总书记出席政协民建工商联联组讨论会时表示，希望企业加快自主创新。会后民建中央把“中小企业转型与创新”作为重点调研专题。3 月份以来，由民建中央副主席辜胜阻带领的专题调研组就此重点专题先后赴福建、浙江、广东、北京、天津、吉林、黑龙江、河北、江西、安徽、山西、云南、湖北等 13 个省市进行调研，召开了 20 多场专题座谈会，与 200 多名企业家进行了面对面的交流。同时还组织会内一批企业家到海外进行考察交流。专题调研组还与几十名学者和相关政府官员就此问题进行了讨论交流。在这些调研、讨论的基础上，专题调研组形成了调研报告和有关建议。

调研报告分析了当前我国中小企业发展面临的困境。2008 年金融危机爆发以来，中共中央国务院采取了多项政策措施，促进中小企业发展，并取得了比较显著的成效。但是我们也应看到，当前复杂的时代特征使我国中小企业主要面临六大困境：（1）招工融资难。（2）准入门槛高。（3）税费负担重。（4）企业利润薄。（5）转型压力大。（6）发展环境差。根据《2010 年千户民营企业跟踪调查报告》显示，73% 的受访企业表示“人工成本上升”是“当前企业经营发展中遇到的最主要困难”，比 2009 年提高了 11.7 个百分点，排在所有 16 个选项的第一位。

调研报告指出，后危机时代我国非公经济的发展仍存在重大发展机遇。危机往往意味着契机，复杂的时代给我国中小企业带来多重发展困境的同时，也提供了非常好的发展机遇。具体来说，我国中小企业主要面临以下机遇：（1）人口城镇化创造巨大内需。（2）发展低碳化创造绿色经济产业革命新机遇。（3）产业高端化会促进中小企业价值链升级。（4）企业信息化会大大提升中小企业的经营效益。（5）经济服务化将拓展中小企业发展新空间。（6）经营国际化为中小企业带来“走出去”和“引进来”的双重机遇。

调研报告提出，要大力落实“新 36 条”，为中小企业创新转型营造良好环境。落实“新 36 条”关键是要推动中小企业转型，从发达国家或地区的经验来看，转型升级使企业能够成功应对外部环境的变化。“新 36 条”也明确提出要推动中小企业加强自主创新和转型升级，这就需要发挥政府的引导和支持作用。对于政府来讲，还要将鼓励民间投资的政策措施进一步明确和细化，切实解决政策细则缺乏、退出机制缺失、投资服务缺陷和执行监督缺位等问题：（1）进一步制定配套措施，切实放宽民资市场准入，拓展中小企业发展空间，解决民间资本有钱“无处可投”的问题。（2）深化金融体制改革，切实化解小企业融资难，解决中小企业投资有需求但“无资可融”的问题。（3）大力实施结构性减税，解决中小企业负担重、成本高、创业难问题，使中小企业轻装上阵。

调研报告最后提出了我国中小企业战略转型的方向与对策。转型升级是尊重国际规律、顺应经济发展趋势的必然选择。后危机时代，中小企业要实施企业战略转型来迎接机遇、应对挑战。转型升级现已成为我国企业发展重大趋势，在我们的调研中也发现了很多好的案例。当前我国中小企业要实施以下几个方面的战略转型：（1）要从低成本战略走向差异化战略，实现拼劳力、拼资源、拼低价格向追求高价值的转变。江西煌上煌集团有限公司是一家以畜禽肉食品加工为主业的企业，公司始终坚持品牌发展战略，依靠科技创新，推进产品差异化，自主研发的农副产品已形成5大系列100多个品种。同时公司还建立了完善的分销渠道，在全国设立了2500多家连锁专卖店，把“小产品”做成“大品牌”。(2) 要改变过度多元化倾向，做好核心主业。在当前的市场环境下，过度多元化的企业需要实施“归核”战略，降低多元化经营程度，将有限的资源集中于最具竞争优势的行业上或者将经营重点收缩于价值链上，培育企业核心竞争优势。(3) 要从偏重规模扩张走向注重质量提升，实现粗放式的发展方式向集约式的发展方式转变。如长春金鹰智谷科技集团公司投入近亿元资金，历经6年努力，依靠技术创新研发成功煤矿可抵御井下事故破坏的救援信息及辅助系统，攻克了煤炭产业安全管理难题，取得了很好的社会效益和经济效益。又如北京金和软件股份有限公司通过组织管理创新建立了一支同时掌握多种相关专业技术的团队，打破了软件业内产品研发传统单一技术的模式，从而可以针对不同的产品和用户定位，采用不同的技术设计开发，全面满足不同领域、不同层次的客户需求，公司的企业软件业务也得到了快速的发展。(4) 企业要坚持走可持续发展之道，保障基业常青。目前，我国中小企业的平均寿命只有3.7年，而欧洲和日本企业平均为12.5年、美国企业平均为8.2年，德国500家优秀中小企业有1/4都存活了100年以上。因此，当前中小企业要改变盲目求快的发展思路，重视可持续发展，实现“基业常青”。(5) 要从“单打独斗”走向“合作共赢”，由个体分散竞争向联盟竞合转变。如厦门明翰电器有限公司与知名跨国公司ABB结成战略性合作伙伴，与ABB公司合作生产ABB品牌六个系列高低压电气产品。在合作的过程中，明翰引进了许多ABB先进的管理理念，拓展产品的知识、优化产品的技术、改进产品的生产，从而大大提升了公司的竞争力。(6) 要从低层次参与国际分工的战略走向高层次国际运营战略，由世界工厂的“打工者”向全球资源的“整合者”转变。如河北英利集团早在四五年前就开始实施国际化战略，一面培养员工学英语，一面大量招聘外籍员工，在全球设立了10多个分支机构和办事处，员工超过7000人。2009年英利的销售额达72.549亿元，其中95%来自海外市场。

该调研报告的部分内容分作4份社情民意，报送全国政协。同时，调研报告的部分内容分别被吸纳在7月和11月召开的中共中央党外人士高层协商会议民建的发言中。12月，调研报告提交民建九届四中全会审议，并转化为政协大会发言、提案。

五、为加快大别山革命老区一体化发展献计

横跨鄂豫皖三省的大别山区面积约7.5万平方公里，人口约2500万，先后有近百万人为新中国的建立英勇牺牲，诞生了多支红军主力部队。为深入贯彻中共十七届五中全会精神，民建中央成立调研组，于2010年11月上旬赴大别山革命老区湖北省黄冈市和麻城市、河南省新县、安徽省金寨县进行专题调研，实地考察了老区经济社会发展，召开座谈会听取了20余县市的汇报。

调研组欣喜地看到，改革开放以来，大别山区人民在中共中央、国务院的亲切关怀下，发扬老区革命精神，加快脱贫步伐，取得明显成效，如贫困人口不断减少，基础设施

明显改善，社会事业发展较快等。但与全国相比，这里经济社会发展依然落后。在大量实地材料和多次召开讨论会的基础上，形成了调研报告和《民建中央关于加快大别山革命老区一体化发展的建议》。

调研报告如实评估了当地经济社会发展滞后的现状：

一是发展速度缓慢，人均水平较低。据统计，大别山区 2009 年人均 GDP 为 9365 元，仅为全国的 41.5%、三省的 51%，均处于所在省下游水平，与发达地区的差距呈持续扩大之势。财政增收乏力，2009 年 29 个县（市、区）地方财政一般预算收入只占 GDP 的 6.3%，分别比全国、三省低 17.3% 和 13.24%。人均地方财政一般预算收入仅 605 元，相当于全国、三省的 12.9% 和 38.7%。

二是贫困人口较多，贫困程度较深。大别山区共有 18 个国家级贫困县和 6 个省级贫困县，是集中连片贫困地区。2009 年农民人均收入 4122 元，比全国和三省分别低 1713 元和 572 元。城镇居民人均可支配收入 9887 元，比全国、三省分别低 6238 元和 3022 元。人均年收入不足 1196 元的贫困人口达 300.3 万人，还有 67.9 万低保、五保人群及为数不少的残疾人和艾滋病患者。近年来虽然贫困人口在减少，但返贫现象突出。2005 年以来的 5 年间，由于疾病、灾害、移民等因素，返贫人口占贫困人口存量比重达到 65%。

三是生态保护任务繁重，生态补偿不足。大别山核心区森林覆盖率达 70% 以上，是长江、淮河两大水系重要支流的发源地，是长三角经济区、陇海经济带的重要生态屏障，生态影响面积约 40 万平方公里，人口近 2 亿人。由于生态保护限制了资源开发，导致农民生活比较困难。如建国初期为治理淮河等，大别山区修建了大型水库 21 座，淹没良田 247 万亩，移民 15.7 万户，69 余万群众失去耕地、移居深山。库区移民作出了重大贡献和巨大牺牲。

四是基础设施落后，水利设施失修。交通方面，南北向和东西向的铁路、公路偏少，密度偏低，省际间还有不少断头路。尚有 900 多个村不通公路，且现有乡村公路等级低、路况差。水利方面，绝大多数水库年久失修，有效灌溉面积逐年减少，100 万余人饮水困难。此外，仍有 6 万余贫困户居住在有重大隐患的危房草房内，教育、医疗、文化等社会事业投入也严重不足。

五是工业化起步晚，城镇化水平低。大别山区工业化水平普遍较低，产业结构不优。如麻城市 2008 年一、二、三产占 GDP 的比重分别为 39.2%、25.8% 和 35.0%，当地干部群众认为大别山区处于“工业化初期的初级阶段”。产业集聚度低，龙头企业少。29 个县市产品销售收入过 3 亿元的企业只有 42 个，且多以原材料加工和资源开发等传统产业为主。此外，城镇化率平均只有 30% 左右，大大低于三省和全国平均水平。

六是行政区划分割，发展被边缘化。大别山革命老区地处三省交界，交通不便，经济不发达，不是各省重点发展区域。由于行政区划分割，各省关注不尽相同，缺乏统一规划，难于实现一体化发展。

调研报告指出，大别山革命老区已成为我国中部地区经济社会发展的“洼地”。这既不符合以人为本的指导思想，也与“中部崛起”战略要求相差甚远。大别山区作为淮河和长江支流的发源地，是我国中部重要生态屏障和战略通道，在全国发展大局中具有重要地位，老区干部群众都有着加快发展的强烈愿望。“十二五”期间，国家应采取特殊措施，参照陕甘宁革命老区的发展模式，以一体化开发为理念，以区域经济协调发展为抓手，集中优势资源，力争在较短时间内，实现大别山革命老区跨越式发展。为此提出建议：将大别山革命老区作为区域协调发展重点，纳入“十二五”规划纲要，制定《大别山革命老区振兴规划》。建议国家发改委会同相关部门对大别山地区发展现状、区域定位及政策需求等进行调研，比照《陕甘宁革命老区振兴规划》，出台《大别山革命老区振兴规划》。如有可能，应在振兴规划中明确提出到 2015 年大别山老区人均 GDP 至少达到全国平均水平 70% 的要求。此外，鄂豫皖三省要按照规划纲要，细化本省大别山革命老区“十二五”期间发展目标。

设立“大别山生态建设试验区”。加强大别山生态建设，完善生态补偿机制，设立“大别山生态建设试验区”。按生态建设要求，进行经济规划和工业布局，研究生态经济发展模式，探索经济发展和环境保护双赢之路。积极发展农产品深加工和特色农业，打造农特产品品牌。落实生态补偿政策，完善生态补偿机制，提高森林生态效益补偿基金标准和水库淹没区以及水库超水位蓄水淹没土地的补偿标准。科学开发矿产资源，扩大资源税征收范围。

继续加大扶贫力度，出台特殊扶持政策。大别山区贫困人口多，人均财政少，贫困集中连片。“十二五”期间国家要继续加大扶贫力度，出台特殊扶持政策。因农民人均收入与贫困人口多少无直接关联，国家对现有贫困县最好实行五年连续帮扶。增加扶贫投入，扶贫资金应与 GDP 增长同步。增加财政转移支付，核销部分地方政府债务，取消扶贫项目中对县级以下财政配套的要求。

加强基础设施建设，优先发展绿色能源。加强交通基础设施建设，加快随州—麻城—安庆、黄冈—安庆、南京—西安复线等铁路建设；尽快打通麻城—金寨、英山—岳西等东西方向的高速公路及省际出口路、断头路。继续实施农村公路改造工程，将大别山交通建设纳入国家革命老区公路建设示范工程，与延安等老区同等对待。设立专项支持老区城镇基础设施建设。大别山缺乏煤油气等资源，且生态保护任务重，应优先发展核能、生物质能和抽水蓄能发电等绿色能源。积极扶持农村沼气建设、秸秆利用和太阳能热水器等可再生能源技术的应用，改变能源消费结构。

积极扶持产业转移，加快发展特色旅游。认真落实《国务院关于中西部地区承接产业转移的指导意见》，积极引导发达地区产业向大别山区转移。支持工业园区建设，在土地、金融和税收方面加大吸引企业落户老区和培育重点企业的政策扶持力度。如制定进入大别山老区的企业在 5—10 年内享受所得税、增值税减免优惠政策等。通过加快工业化和城镇化，以产业促经济，使老区具备发展的内生动力。充分利用大别山丰富的旅游资源，加快发展红色、绿色与人文旅游。建议国家支持修建大别山旅游公路，开发一体化的国家级旅游景区。

建立协调保障机制，大力开展对口支援。加强和完善跨区域合作机制，由国家发改委“中部办”牵头，建立由相关部门和鄂豫皖三省参加的大别山革命老区一体化发展协调机制。完善人才保障机制，选派优秀干部到老区任职，提高政治和生活待遇，确保干部任职稳定。鼓励高校和科研院所为大别山区培养急需的专业技术人才。实行地区互助，大力开展多种形式对口支援。组织国家有关部门、省市和企业与大别山革命老区建立对口支援机制，开展全方位、多层次的帮扶工作。

《民建中央关于加快大别山革命老区一体化发展的建议》于12月中旬报送中共中央、国务院，得到了中共中央领导同志的批示。

孟孝忠　民建中央宣传部部长
王永飞　民建中央宣传部宣传处处长

中国民主促进会参政议政案例

一、推进“文化走出去”战略，加强国家文化软实力建设

为深入贯彻中共中央“推动社会主义文化大发展大繁荣”、“提高国家文化软实力”的精神，民进中央将“完善制度、落实政策，推进‘文化走出去’战略”作为2010年年度重点调研课题。

多年来，民进中央始终关注国家的文化建设，积极参政议政，先后就民族民间文化保护、文化体制改革和文化产业发展、社区文化建设、公共文化服务体系建设等问题开展专题调研，并取得阶段性成果。就推进“文化走出去”战略开展调研，不仅是民进贯彻落实中共十七届四中全会精神的一次具体实践，也是民进文化领域课题研究的延续和深化。

围绕该课题，民进中央主席严隽琪、常务副主席罗富和率考察团于2010年5月赴浙江省杭州、宁波、温州三市进行调研，期间举行了4场专题座谈会，实地调研了15个国有和民营文化企业。民进中央主席严隽琪还率考察团在北京市进行调研，期间举行了2场专题座谈会，实地考察了2个文化企业。此外，民进中央还分别在广东省和重庆市进行了前期调研，在湖南省和辽宁省进行了补充调研。北京、上海、江苏、安徽、湖南、广东、重庆、辽宁、福建等9个省级民进组织也在本地进行了调研，并向民进中央提交了调研报告。

在综合各地调研成果的基础上，民进中央形成了《关于推进“文化走出去”战略，加强国家文化软实力建设的建议书》（以下简称《建议书》）。

《建议书》认为，近年来，在中央的正确指导下，深入推进“文化走出去”战略已成为从中央到地方的共识和行动。从国家层面看，推进“文化走出去”的战略部署日渐清晰，支持保障政策取得显著突破。从地方层面看，各级政府支持力度大，文化企事业单位的市场主体能力迅速增强。总体上说，在中央的政策支持和地方政府的大力推动下，“文化走出去”的步伐不断加快，呈现出品牌化、精品化、规模化发展，文化交流与文化贸易并重、经济建设与文化建设互相促进的大好局面。

但是，实施“文化走出去”战略，无论是政策制度、还是体制机制，乃至文化企事业的运作层面都存在着一些亟待解决的问题。首先，国家层面还需要加强统一部署。目前，在国家层面对推进“文化走出去”战略还没有相应的发展规划，没有明确的中长期

发展目标、政策支持体系、重点任务和工程，以及实施线路图。其次，政府部门间还需要加强协调配合。国家层面有多个部委负责“文化走出去”工作，由于统筹、协调和指导力度不够，致使信息未能充分共享，一些行业和文化单位各自为政，在“走出去”过程中未能形成整体合力。再次，支持“文化走出去”的具体政策措施还有待进一步完善。国家还未建立起相对完善的对外文化贸易的政策扶持体系。调研中，文化企事业单位普遍反映现在的政策是“处处高压线，就是不带电”，还需要在资金支持、税收减免、审批程序等方面加大支持力度。最后，“文化走出去”的平台和渠道还有待进一步整合、拓展。目前，文化交流项目多为政府主导的非营利性项目，“送出去的多，卖出去的少”，市场化程度偏低，平台和渠道狭小。在文化出口的指导方面，文化出口贸易方面的研究不够，文化贸易进出口的数据信息统计方面有所欠缺，不能为文化企业及时提供全方位的、有效的信息服务。

对进一步推进“文化走出去”战略，《建议书》认为有几个问题要予以重视和明确：一是要将文化纳入国家发展战略高度予以重视，把对文化“软实力”的重视提升至与军事实力、经济实力等“硬实力”同等重要的地位，树立以文化安全、意识形态安全为核心的“新文化安全观”。二是要深刻理解实施“文化走出去”战略的意义。“文化走出去”战略既是一个文化战略，更是一个政治战略。作为一种政治战略，“文化走出去”是中国参与全球化时代话语权争夺的重要举措，是在“非传统安全”成为国家主要安全威胁的背景下，维护中国“文化安全”和“意识形态安全”重要举措。三是准确把握中国“文化走出去”的战略重点。从“文化走出去”战略的内涵来看，应包括以下三个方面：有形的文化产品走出去；文化服务活动走出去；无形的文化价值观念走出去。推进“文化走出去”战略，尤其不能忽视第三个方面的工作。对于能够在境外传播和展现中华文化核心价值、当今中国社会主流文化价值、社会主义核心价值体系的作品（文学、艺术作品以及哲学社会科学成果），应集中力量给予扶持。四是要正确处理“文化走出去”与国内文化建设的关系。“走出去”是一个厚积薄发的过程。尽管我国拥有丰富的文化资源，但从文化传播规律来看，实施“文化走出去”战略还需夯实国内文化建设的基础。

为了更好地推进“文化走出去”战略，民进中央也提出了具体的建议：

第一，制订“文化走出去”战略规划，明确“文化走出去”的战略目标和战略重点。

从国家层面来讲，要结合“十二五”规划的制定，科学编制“文化走出去”的战略发展规划，并作为“十二五”期间文化建设的重要战略任务来部署。规划中要明确“文化走出去”的中长期战略目标，明确政策导向和重点工程、重点任务，列出线路图和时间表。要结合我国文化多样性、发展多阶段的特点，合理选择我国文化贸易的目标市场，明确国家与地方、东部沿海与中西部地区，以及边疆省份的分工和任务，做到各有侧重，各有目标，避免重复建设和不良竞争。国家要注重从全局层面疏通渠道、搭建平台、整体推进，地方则注重内容建设，提供有地方和民族特色的文化产品和服务，打造一批具有国际影响力和竞争力的文化企业。此外，要把中国哲学社会科学“走出去”作为“文化走出去”战略的重要内容，推动具有中国特色、中国风格和中国气派的社会科学理论，对当前中国问题特别是“中国故事”的跨学科深度研究成果，以及中国优秀哲学文化传统走向世界。

第二，理顺文化管理体制机制，加强对文化事业和文化产业的组织领导。

加强对外文化贸易的体制和机制建设，发挥政府强有力的调控和推动作用至为重要。为加强对这项工作的领导，国务院建立了以文化部为牵头单位的“对外文化工作部际联席会议”，但其对部门工作的整合力度还有待加强。建议该部际联席会议由国务院分管领导牵头，以加强协调整合力度。在省市层面，应建立由分管领导牵头，相关部门参与的“文化走出去”协调机构，领导和管理全省“文化走出去”工作。

第三，加快海外中国文化中心建设，建立对外文化宣传阵地。

建立海外文化中心是世界很多国家，特别是西方国家的通行做法。美国、英国、德国等在世界上都有上百个文化中心，其传播本国文化和价值观念、塑造国家形象的作用是不可替代的。我国已在非洲、欧洲和亚洲的 9 个国家建立了中国文化中心（南北美洲和大洋洲尚无中国文化中心）。据了解，目前已经在建、商建和提出希望建设中国文化中心的还有将近 40 个国家。海外中国文化中心要根据我国外交的总体需要，加强与驻在国文化机构的合作，面向国外主流社会，以展示我国悠久文明和当代经济、文化建设成就为主要任务。在建设布局上，要以欧美和周边国家为重点，辐射广大亚非拉国家，以形成海外中国文化中心网络。要解放思想，探索建设中国文化中心的多层次、多方式模式，加快中国文化中心的建设步伐。就层次来说，可以官方、半官方、民间并存；就方式而言，可以和当地友好组织合作举办文化中心。

第四，完善文化产品出口的配套政策，进一步加大扶持政策的实施力度。

从国家层面来讲，已经制定出台了一些有利于文化企业“走出去”的经济政策，但还需要将相关配套政策进一步完善和落实到实处。我们认为，近期可以从以下几个方面着手推进：一是完善相关法律法规体系，以法律的形式明确政府、社会组织和个人建设文化事业的责任和义务，为推进“文化走出去”提供法制保障；二是研究制订文化产品、文化资产评估办法，尽快建立文化企业无形资产评估体系，促进文化产业和金融资本对接；三是建立文化产业分类标准、数据统计体系，以及对外文化贸易数据库，为政府的制定政策和企业决策提供服务；四是简化审批程序、放宽审批条件，对从事文化产品和服务出口的文化企业的销售人员、演出人员，在办理出国（境）手续上，可实行一次审批、全年有效的做法。

第五，整合、拓宽渠道，建立国际市场的营销网络和走出去服务平台。

从国家和省市层面，要为推广我国的文化产品做好宣传、服务工作。一是要加大政府牵头、文化企业参加的各种国际和国内的展会的力度，多组织一些像中国（深圳）国际文化产业博览交易会、2009 年法兰克福书展这样的大型展会和活动，以提高中国文化产业在世界范围内的知名度。二是要充分发挥中国驻外文化机构（包括使领馆文化处）的作用，为国内文化产品和项目牵线搭桥，进行各国和地区文化环境、广告政策、媒体结构关系、消费者喜好倾向的调查研究，定期出台“企业投资海外文化产业指导目录”，为文化企业投资海外提供导向和指南。三是建立健全行业协会，组织国内文化产业机构与海外中介机构的合作，包括国际专业会展机构、经纪代理机构、专业刊物等，与其建立合作伙伴关系。对已经过市场检验的优势项目，不仅要进行商业运作，且要大胆尝试虽有风险但收益更大的运作方式。还可借助现有海外华人文化传播资源，采取投资、合作、参股等方式，经营各类海外“中国文化城”、“中国书城”等，建立文化产品国际连锁经营网络。四是以国家财政支持的方式成立文化产品编译工作室，为文化产品提供高水平、高性价比的编译服务。

二、建议大力发展农村职业教育，推动农村经济与社会发展

当前，我国农村经济社会已进入一个新的发展时期，工业化、城镇化、农业现代化的加快推进产生了巨大的人才需求，需要农村职业教育为其提供强有力的人才支撑。最近几年，农村职业教育虽然在规模、数量等方面取得了巨大发展，但也存在一些不适应新形势的地方。针对这一情况，民进中央在调研的基础上，于2010年3月，向全国政协十一届三次会议提交了《关于促进农村职业教育发展的提案》，提案被全国政协列入《重要提案摘报》，得到了回良玉同志的批示，提案还被全国政协列为重点调研提案，并组织调研组赴重庆、贵州开展调研。

该提案认为，农村职业教育目前存在的问题主要表现在：

一是农村职业教育发展滞后于农村经济社会发展。当前农村职业教育的发展现状相对于农村经济社会发展的需求来说还存在较大差距。目前，农村职业学校基本上是为城市和东部地区输送劳动力的“就业教育”；一些学校由于不了解企业的需要，存在招生、用工“两张皮”的现象。不少地方的农村职业学校停办涉农专业，为当地经济社会发展服务功能严重弱化。

二是办学经费不足，办学条件较差。在农村职业教育规模大幅度增加的同时，职业学校的办学条件并没有得到同步扩大和改善。如中部地区某省，按照教育部《中等职业学校设置标准》，全省农村职业学校占地面积、校舍建筑面积、图书总数、专任教师数、仪器设备总值五项办学条件全部达标的为零。在办学经费方面，不少地方没有职业教育专项经费，教育费附加中用于职教部分也没有得到很好的落实。一些省市未制定中等职业教育生均公用经费标准，收费标准又一直偏低，导致学校办学经费不足，严重制约了农村职业教育发展。此外，各省市职业教育生均公用经费投入差距较大，按2008年统计数据，最高的北京市（5155元）和最低的湖北省（204元）相差25倍。

三是师资队伍薄弱，办学质量有待提高。据中部某省统计，全省普通中专师生比例为1∶30.37，职业高中师生比例为1∶26.66，按照教育部1∶16的要求，全省职业学校缺2万多名教师，其中尤为缺乏“双师型”教师。由于生活比较艰苦，大中专毕业生不愿意去农村，致使农村职业学校的师资力量较城市学校更为薄弱。同时，农村职业学校的一些教师知识结构老化、单一，教学方法陈旧，对教学质量的提高有很大影响。

四是中等农业职业学校生源缺乏、毕业生就业难。随着农业产业结构调整和乡镇机构改革，农业类专业中专毕业生原有的就业市场基本消失殆尽。加之农业类专业毕业生由于行业、专业等因素限制，其出路相对较窄，就业难度较大。特别是种植类专业毕业生几乎没有就业市场，回乡从事农业生产，又缺乏相应的政策支持。出口不畅，入口就不会旺，严重影响了初中毕业生学习农业类专业的积极性。

促进农村职业教育的发展，既需要市场调节，又需要政府支持，这是农村职业教育发

展的客观要求。为此，提出了以下建议：

第一，坚持政府主导，鼓励社会力量参与，形成多元化投入体系。一是要强化政府主导和投入的责任，建立健全职业教育发展的保障机制。建议国家教育部参照义务教育，明确农村职业学校最低生均经费标准，提高教育费附加用于发展职业教育的比例。二是要完善相关制度、优惠政策，鼓励社会力量积极参与，支持公办与民办共同发展，形成多元投入渠道。

第二，整合城乡职教资源，优化农村职业教育资源配置，创新农村职业教育办学体制机制。一是通过城乡职业教育的联合办学、一体化办学，优化农村教育布局和结构。可借鉴各地已有的职业教育集团模式，推动建立市、县范围内的职业教育联合体，实现城乡职业教育师资队伍、实训基地的资源共享。二是通过与厂矿企业、高等院校及国内、外劳务输出公司等联合办学，实现农村职业教育办学的社会化。此举既可解决农村职校办学经费不足、实习条件较差、师资力量欠缺等问题，还能增强学校吸引力、提高毕业生对口就业率以及拓宽改造专业设置。三是针对农村实际需求，农村职业学校在办学形式上可实行"长班与短班相结合，固定办班与流动办班相结合"的多样化办学之路。

第三，结合农村人力资源需求修订中等职业学校专业目录。据了解，国家教育部已经依据新职业和产业升级等对职业教育专业设置的需求，对《中等职业学校专业目录》进行了修订。但对于农村职业教育来说，服务农村经济社会发展也是职业教育的重要职能。随着农业产业化发展，农业社会化服务水平的提高，一些过去不存在的涉农职业岗位，如农机服务、免疫服务、农产品营销等应运而生。建议国家有关部门（如教育、农业、科技、劳动人事）联合组成调研组，对农村经济社会发展的人才需求进行调研，在修订中等职业学校专业目录中体现农村人力资源的需求。

第四，加强农村职业教育师资队伍建设，提高农村职业教育质量。一是拓宽农村职教专业教师来源的渠道。实行开放式教师培养体制，挑选各类高校毕业生到职业技术教育师资培养培训基地接受教育专业学习和技能训练，并通过考核取得教师资格后，到农村职校的一线任教。从社会聘请一部分兼职教师，实行专兼结合，使职教师资队伍中保持适当比例的兼职教师；二是举办高质量的职业教育师范大学，培养专业师资人才。目前国家教育部已尝试在少数师范院校或工科类院校中建设职业师范学院。这些职教师资培养基地虽各有其优势，但也所不足。应遴选 1—2 所优质高职院校，建设专门的职业教育师范大学；三是加强职业教育专业教师的培训工作。目前农村职业教育专业师资队伍中学历达标者不多，从文化课改教专业课者多，没学习过师范课程者多。应根据《教师法》和教师资格证书制度的要求，抓紧进行学历补偿教育。同时，建立专业教师继续教育证书制度，促进专业教师定期参加培训，不断进修提高。

第五，制定中等农业职业教育振兴计划，扩大涉农专业招生规模。一是制定中等农业职业教育振兴计划。涉农专业纳入重点专业建设，列入职业学校的"三重"（重点学校、重点专业和重点实习实训基地）。由中央财政支持在全国范围扶持一批国家重点示范中等农业职业学校，成为中等农业职业教育的国家队；由省、地两级财政支持办好一批办学条件好、培养质量高的中等农业职业学校和涉农专业。同时，明确规定对农村职业学校开办涉农专业的，各级财政予以一定比例的补助；二是在农村职业教育免费的基础上，对涉农专业的学生给与一定数额的奖学金。对接收涉农专业学生实习的企业给予一定的税收优惠政策，解决农职学生顶岗实习期间的劳动保障问题等等，以支持培养农业人才；三是实行涉农专业毕业生创业扶持政策，对到农村创业、从事农业产业的毕业生，在土地、资金、技术等方面予以支持，拓宽农业类专业毕业生就业渠道。

三、建议加强综合管理，促进水资源保护与合理利用

“十二五”时期，中国可持续发展面临众多挑战，其中国内资源环境问题将成为制约发展的瓶颈之一。在众多资源中，水资源在一定意义上说，对生态环境、经济发展的重要影响远高于其他资源，而且不可能像石油、天然气和矿产等资源那样通过国际贸易来实现保障。

我国水资源总量为28000亿立方米，但人均水资源占有量仅为世界人均水平的1/4，且分布不均衡，南多北少，有16个省、市人均占有量低于严重缺水线，2/3的大中城市面临缺水。同时，水污染进一步加剧了有限水资源的供需矛盾，在水资源相对丰富的南方，由于污染造成的水质型缺水现象也十分严重。可以说，我国是一个水资源严重短缺的国家，加强用水需求管理、实现水资源可持续利用、保障水资源安全，是我国适应气候变化的重要基础工作。

民进中央对水资源保护与合理利用的关注始于1997年，民进中央经长时间深入调研和探讨，先后向中共中央、国务院以及全国政协大会报送了《关于建立长江防洪新体系的建议》、《关于长江中游湿地保护与合理利用的建议》、《关于长江中下游水土保护与修复的建议》、《关于推进流域综合管理，重建长江生命之河的建议》、《关于加快长江沿岸重化工产业布局调整和污水处理设施建设，保障长江流域水环境安全的建议》、《关于实施水库清淤工程，促进水资源可持续利用的建议》等等，得到党和国家领导人的高度重视并显现很好的效果。2010年在重庆召开的研讨会，也是继2007年在湖北武汉召开“长江流域水环境安全与保障研讨会”、2009年在江西南昌召开“长江流域湖泊保护与管理研讨会”之后，民进中央和水利部及长江水利委员会主办、世界自然基金会协办的第三次长江保护与发展系列研讨会。

2010年是民进中央开展长江保护与发展参政议政工作的第14个年头。5月27日，由民进中央和水利部长江水利委员会主办的“长江流域的区域经济社会发展与水环境保护研讨会”在重庆召开，近百名与会专家学者围绕三峡库区生态屏障建设与城乡统筹发展，三峡及长江中上游水库建设、调度与防洪抗旱，水环境承载力、绿色经济与区域发展方式转变，推进流域综合管理，跨行政区水污染综合防治的协调机制与区域发展，以及淡水生态系统对气候变化的适应性等问题进行主题发言和深入交流探讨，为长江流域的区域经济社会发展与水环境保护出谋划策。

在深入调研和研讨的基础上，民进中央向中共中央报送了关于在“十二五”期间加强水资源保护与合理利用的建议书。在全国政协十一届十一次常委会上，陈凌孚常委代表民进中央作了题为“‘十二五’，时期必须加强综合管理，促进水资源保护与合理利用”的大会发言。

民进中央提出，在“十二五”期间，要高度重视水安全，将水资源的保护与合理利用作为重中之重，通过制度和管理的创新，建全水资源配置体系，加强用水需求管理和水污染防治，推进流域综合管理，推进涉水产业发展，建设节水型城市，发展节水型农业，实现水资源的可持续利用，保障当前乃至今后的中国“有水可喝、有水可用”。

民进中央还提出了五点具体建议：

第一，加快涉水立法进程，推进依法治水。目前我国在涉水立法方面有两个较为突出的问题：一是涉水法律之间不协调，体系不够完善；二是流域综合管理的理念在相关法律中没有得到充分体现。在“十二五”期间，必须加快水管理与流域管理的立法进程。要研究修订《水法》的可行性，并使之成为涉水上位法，以统筹各类涉水法律法规；优先制定国务院有关流域综合管理的指导意见；在现行法律法规的修改中，增加有关流域综合管理的相关规定，总结地方流域立法和流域综合管理试点经验，不断完善流域综合管理的法律法规体系。

第二，推进以实现水资源的综合保护与合理利用为目标的流域管理体制改革。实施流域综合管理是一个长期的过程，需要遵循“统筹设计，因地制宜，试点先行，分步推进”的原则，系统、渐进地开展各项工作。要加强国家层面上跨部门的协调，完善各涉水部门及其流域机构的职能，探索建立跨部门、跨省区的协调机制。逐步整合现有的水利、环保、林业等部门的资源和环境保护职能，组建委员会制的流域管理机构，构建符合中国实际的流域综合管理机构体系。

第三，严格用水需求、完善水利设施，提高应对气候变化能力。为应对全球气候变化的挑战，我国水资源策略必须立足于开源和节约并举，发展循环利用和再生回用，在有条件地区进一步开发非传统水源，以严格的需水管理和多水源的综合调配来实现水资源的供需平衡。“十二五”期间，要制定节水的相关法规，为需水管理提供法律规范；健全社会水循环调控的基础设施与管理体系；加强中小型水库及山塘的除险加固和水库清淤工作；加强农田水利和节水灌溉设施体系建设；建立气候变化敏感缺水地区的水资源战略储备制度。

第四，完善相关政策，促进涉水环保产业发展。在“十二五”期间应大力发展涉水环保产业，保障水资源的安全。一是拓宽水产业投融资渠道；二是完善规范环保产业标准体系和环保产业税收和用地、用电优惠政策；三是完善污水处理收费与排污征费（税）制度；四是普及污水治理专业化运营模式。

第五，加大支流污染治理力度，切实扭转水质型缺水局面。可推广一些地区实行的“河长制”，让地方政府领导“守水有责”，重视本地污染企业治理，保证本地水质安全，使已污染河道水质得到改善。

四、建议加大统筹力度，稳步推进城镇化进程

加快城镇化进程，是扩大国内消费需求，促进城乡协调发展的重要途径。1998 年《中共中央关于农业和农村工作若干重大问题的决定》曾把“发展小城镇”确认为带动农村经济和社会发展的一个“大战略”，2010 年中共中央、国务院一号文件再次强调“当前

要把加强中小城市和小城镇发展作为重点”。在全面落实科学发展观的今天，重提加快城镇化进程，对于转变经济发展模式，推进新农村建设，实现城乡统筹发展，具有重大的意义。为此，民进中央与重庆、宁夏、江苏、广东、湖北等民进省级组织共同就推进中小城市和小城镇发展进行了调研，形成了调研报告，并向有关方面提出多项建议。2010 年 3 月，在全国政协十一届三次会议上，全国政协委员蔡继明代表民进中央作了题为“加大统筹力度，稳步推进城镇化进程”的大会口头发言，民进中央还以此为题提交了党派提案，并被全国政协列入《重要提案摘报》。

提案认为，当前中小城市和小城镇（以下简称中小城镇）发展中需要重点加强的是以县城为主的中小城市和近 2000 个具备相应基础设施、就业条件的重点镇，而不是遍地开花。如果不区分重点，没有科学合理的规划，城镇无论大小一哄而上，必然造成土地资源严重浪费，加剧城市建设用地和保护耕地的矛盾。

自 2000 年中共中央、国务院颁布《关于促进小城镇健康发展的若干意见》以来，有关部门虽然也作出规划，提出了“十五”期间全国小城镇建设的发展目标。但由于没有形成推进的合力，仍然是“规划规划、图上画画、墙上挂挂”。当前中小城镇发展中还存着如下制约因素：一是政策支持不到位，重点镇在城乡统筹发展中处于“不农不城”的政策真空地带；二是缺乏科学规划和有力引导，一些城镇一味谋求空间扩展，造成大量建设用地无效使用；三是基础设施建设资金严重不足，城镇集聚与辐射功能难以发挥；四是产业发展滞后，就业渠道狭窄，难以吸收农村剩余劳动力。

中小城镇的建设纵向涉及到中央、省、地、县各级政府，横向涉及发改委、建设部、教育部、卫生部等十几个部委，需要中央政府加大政策、项目和资金的统筹力度，形成支持中小城镇发展的合力。

民进中央就中小城镇的发展提出了具体的建议：

一是明确“把加强中小城市和小城镇发展作为重点”的内涵、外延，防止小城镇建设遍地开花。当前，中小城市和小城镇发展中需要重点加强的是以县城为主的中小城市和近 2000 个具备相应基础设施、就业条件的重点镇，对此应予以明确强调。

二是把中小城镇建设纳入“十二五”规划重点。国务院在制定“十二五”规划中，要把统筹城乡发展、加快城镇化进程作为主导战略，在制度安排、政策引导、措施落实等方面给予中小城镇发展更多的支持和保障。

三是建立协调机制。国务院设立城镇化部际协调机构，制定新形势下我国中小城镇发展的总体指导意见和专项扶持政策；在各省市层面，由各级政府主要领导牵头，建立跨部门协调沟通机制和联席会议制度，形成推进中小城镇建设的统一格局。

四是制定发展规划。中央政府要协同地方政府，按照东、中、西部不同的经济发展水平和城镇化的总体战略目标，科学编制省域城镇体系规划，优化中小城镇空间布局；修订中小城市和重点镇指标体系，除经济和人口指标外，要增加诸如教育、医疗、社会保障等社会发展指标。从城镇区位、资源特点、功能定位和自然历史条件出发，集中力量建成一批工业带动、资源开发、商贸流通、旅游度假等特色突出、各具优势、设施良好的中小城镇群，构筑以县城为龙头、重点镇为重点的新型城镇体系。

五是设立专项工程。国家设立专项资金，同时将分散在教育、文化、科技等不同部门的用于农村公共服务建设的项目资金整合打包，由地方政府统筹，集中用于中小城镇建设；实施城镇农民工居住和生活条件改善工程，加快适用的基础设施建设、改善农民工创业条件。

六是集成政策支持。一是在严格保护耕地的前提下，通过探索农村存量集体建设用地改革为中小城镇建设提供土地支持。在土地利用规划中要有专门用于中小城镇的额度，支持中小城镇建设和园区用地。二是建立符合中小城镇特点的公共财政管理体制，加强对中小城镇发展的金融政策的支持。三是通过税收减免等优惠政策，引导更多信贷资金和民间资本投向中小城镇建设。四是按照“新城镇新体制”的要求，建立一个责权相配、职能明确、结构合理的中小城镇管理体制。

七是加强基础建设。基础设施是中小城镇的硬环境，可以以中小城镇为中心，逐步完善道路、电网、上下水、供气供暖、垃圾处理、通讯广播网络等设施，切实改善中小城镇的生产条件、居住条件和生态环境。这其中尤为迫切的，要加快城镇间道路，特别是一级公路的建设。

八是注重产业发展。中小城镇的发展需要产业的支撑，要注重把发展小城镇与发展产业、工业园区建设有机结合起来，同农村市场体系建设、农业产业化经营和社会化服务有机结合起来，大力发展第三产业，大力发展农业服务业，引导鼓励各类企业向中小城镇聚集，形成城乡统筹、产业互动的格局。

总之，“加强中小城市和小城镇发展”，需要中央政府加大统筹力度，加强规划，建立协调机制，集成政策支持。要坚持大中小城市和小城镇协调发展的战略，探索出一条具有中国特色的城镇化道路。

五、建议加强高校国际研究机构建设

面对全球经济贸易网络覆盖世界所有角落、形势又复杂多变的挑战，我国需要对世界各个国家和地区的政治、经济、社会、文化都有较为深入的、高水平的、长期跟踪的研究，唯有如此，才能为我国制定比较完善的、主动的国际战略，提供足够的基础支撑和充分的准备。

但是当前我国对域外的研究，无论是理论建树，还是研究方法；无论是对国际重大现象作出合理解释，还是为解决现实中的国际问题提供解决思路和方案，都显得力量不足。如中国社会科学院是我国域外研究最为集中的最高级别机构，也只设立了区区 7 个研究所，其中更只有美国所和日本所以单一国家为研究对象，余下的几个则以跨国、甚至跨洲的区域研究所冠名：如“亚太所”、“东欧中亚所”、“欧洲所”、“拉美所”、“西亚非洲所”。这些研究所普遍存在研究范围过宽、人员编制严重不足的问题，致使研究难以深入。虽然目前我国已有 50 余所高校建立了各类国际研究机构，“老三校”（北大、人大、复旦）在历史上曾为我国的国际研究和决策发挥过相当重要的作用，但总体而言，在新的历史时期，其影响力不仅没有得到增强，反而有所减弱。总之，依托现有体制和研究机构，我国的域外研究将难以满足新时期国家发展的需要。

2010 年，民进中央与北京师范大学共同就“高校国际研究机构建设”进行了调研，并形成了《关于加强高校国际研究机构建设的建议书》（以下简称《建议书》），得到胡锦涛同志的批示。

《建议书》认为，为改变研究机构局限于少数大国、研究人员和经费匮乏的现状，可以借鉴美国的经验。上世纪中期，美国政府出于战略需要，作出大力加强区域研究（AreaStudies）的决策。其具体做法是：设立或鼓励基金会投入有兴趣和有能力的大学承担区域研究的任务，一所大学成立一个（少数大学成立数个）以某一国家或地区为研究对象的研究中心。经过十几年的发展，这种中心遍布美国逾百所大学，且先后发育成熟。在当今美国，世界上几乎没有一个地区或国家被“遗弃”在她的区域研究范围之外。大学里的这些研究中心与美国政界、商界保持密切联系，为美国政府制定外交政策和美国商人开辟经济渠道发挥了不可替代的咨询作用。

由国际经验来看，高校的国际研究往往走在最前沿，成为主力军。与政府部门和智囊部门相比，高校具有明显的从事国际研究的优势：一是高校具有相对较强的独立性，有利于研究人员对一些重大的国际问题作出相对独立、中性的分析和判断；二是高校具有集人才培养、科学研究和社会服务于一体的独特优势和大学科研管理体制相对稳定而可持续的特点、以及大学机构对外学术交流的特殊便利条件；三是高校拥有众多的、各领域的和源源不断的人力资源，有利于对一些问题进行深入、细致、长期的调查研究。

因此，建议中共中央和国务院高度重视并采取积极措施，对我国高校的国际研究进行全面的布局并加大建设力度，充分发挥高校在国际研究中的中坚作用。具体建议如下：

第一，将高校国际研究机构明确定位为国家的国际战略“智库”。要求高校国际研究机构在实现和保护国家利益上，在我国国际战略的酝酿、形成、决策和评估中承担应有的责任。

第二，由国务院一位副秘书长牵头，会同外交部、教育部、发改委、财政部、人力资源与社会保障部和文化部等部委，深入研究我国国际或区域研究中心的布局、设置机制、设置规模、管理机制与组织方式等。争取在一年内提出我国关于加强高校国际研究的专项规划，并纳入十二五计划；三年内初步落实，五年内取得比较显著的成效；再经五至八年时间，即到2025年在全国完成比较合理的高校国际研究体系的布局。

第三，根据国家战略需要，并考虑各校所在的地理位置、研究基础和人才结构等因素，合理确定各高校国际研究中心的研究方向和定位。要求“专”、“精”、“深”，而不要大而泛，要避免重复设置。每个研究中心应着力将一个地区或一个国家的研究做深做透。在百余所大学（不一定都建在重点大学）建设百余个“中心”，形成百余支专业队伍。

第四，改革我国现行高校国际研究机构的管理结构，创新多元的管理体制。打破目前高校国际研究机构只单一地直接从属于某一学校的固化模式；尝试建立部校合作、校际合作、区域合作，乃至部—校—企或财团合作的多种模式。值得指出的一点是，在管理体制和运行机制的设计上，努力去行政化，以充分保持学术研究的独立和自主。

六、建议实施绿色发展战略，推进经济发展方式转变

随着经济发展及国际地位的迅速上升，中国已经成为世界经济增长以及可持续发展的一支重要力量。在全球化时代，由于人口和经济规模效应，中国的发展经验及存在问题都具有世界意义。世界不仅希望中国继续成为全球经济增长的引擎，而且也希望一个绿色的中国能在重塑世界可持续发展的进程中起到举足轻重的作用。

2010 年 3 月，民进中央向全国政协十一届三次会议提交了《关于实施绿色发展战略，推进经济发展方式转变的提案》，提案引起高度关注，并被全国政协列入了《重要提案摘报》。

提案指出，当前，中国的可持续发展面临的三重挑战：一是全球金融危机的持续性挑战。战略性新兴产业远未成熟，加快转变发展方式的任务依然繁重。二是应对气候变化的长期挑战。作为碳排放大国，中国面临着节能减排的巨大压力。三是国内资源环境问题的多样性挑战。作为一个发展中大国，中国可持续发展面临最严峻的挑战还是日趋深化的资源环境问题。

挑战同时也孕育着机遇。在国际社会转向后金融危机时代、后化石燃料时代以及后工业化时代的过程中，如何在战胜危机的同时，寻找到新的战略机遇，占领新的制高点，重组新的经济架构，争取新的竞争优势，以最小的成本及综合、协同的手段共同应对上述三重危机，是我们面临的重要课题。

自 2002 年以来，在科学发展观的指导下，我国已经提出了与绿色发展有关的众多新概念，包括新型工业化、节能减排、绿色经济、循环经济、低碳经济、战略性新兴产业、资源节约型和环境友好型社会等等，其中很多内容是相互包容的，同时又由多个政府部门执行和监管。因此，在“十二五”期间以及未来十年的关键时间里，为了同时应对上述三重挑战、保证经济的可持续增长，有必要以“绿色发展”来统领相关的发展理念，以在实现工业化、城市化以及转变发展方式的既定目标的同时，实现建设绿色中国的构想。

该提案还就实施绿色发展战略提出了具体的建议：

制定中国绿色发展的综合战略规划和“十二五”优先行动计划。在“十二五”期间，除了应把绿色发展作为“十二五”规划的一个重要指导思想外，还应制定一个综合的战略规划框架，把上述相关内容统筹起来，包括绿色发展的战略、路线图和优先领域，以及绿色投资、绿色创新等相关鼓励政策、制度安排和示范工程，优先布局向低碳能源转型等与长期结构调整相关的战略性任务。

制定国家层面的“关于绿色发展的指导意见”。提出绿色发展的基本内涵及与其他概念的相互关系，明确政府、企业及各利益相关方的责任和义务，突出政府在绿色发展中的主导地位。

建立国家绿色发展的综合协调机制。建议成立国家绿色发展委员会，综合协调发展绿色经济、循环经济、低碳经济、节能减排等相关事务，该委员会应由国务院总理担任主任，各有关部门作为成员单位；委员会下设办公室和工作组，负责具体议题的技术解决方案的制定、初步的部门沟通及决策咨询。

优先解决资源、能源及环境要素的价格形成机制。要改变资源配置扭曲的现状，使其价格能够真实反映资源稀缺程度、市场供求关系，以及污染排放的外部成本。为此，应通过公正透明的程序听取利益相关方对于资源环境定价机制的意见，减少行政干预，依靠市场来进行调节。此外，在涉及资源环境税收的议题上（如能源税、环境税、碳税等）应统筹考虑，配合相关财政金融政策及整体税制改革步伐有序推开，同时减少人力资源相关税收，使税负总体水平保持平衡，以减少对企业竞争力的影响。

加大投入，推动绿色科技创新。政府应继续加强绿色发展方面的科技投入，提高国家绿色创新的整体能力。特别是注重通过合理的制度安排提高研发的效率，建立产学研相结合与公私合作伙伴关系的模式，特别要整合相关研究机构、企业以及资本市场的力量，采取协调行动，促进企业创新能力和竞争力的提高以及战略性新兴产业的发展。建议实施绿色发展的重大科技专项，协调节能环保、低碳技术等相关内容的研发项目，优先制定绿色发展科技路线图，并在其指导下安排其他相关专项。

加快发展资源节约、环境友好的战略性新兴产业。这些产业包括新能源、节能环保、电动汽车、新材料等与绿色工业、建筑、和交通相关的产业。在国家和地区两个层面制定专项规划，明确发展方向、技术路线、空间布局和激励政策，加强人才好技术储备，避免重复建设。在落实规划、加快示范和创建市场的基础上逐步形成产业化规模。

在全社会营造有利于绿色发展的舆论氛围。要在科学发展观的指导下逐步建立可持续发展的道德观，建立环境友好的生产方式和消费方式。要通过对绿色发展观念的倡导和宣传使大众认识自己对社会和子孙后代的崇高责任，并能自觉地为社会的长远利益而牺牲一些眼前利益和局部利益。

马　宪　民进中央参政议政部干部

中国农工民主党参政议政案例

一、关注基层群众用药，建言完善基本药物制度

国家基本药物制度与广大人民群众的健康权益和医药产业的创新、可持续发展紧密相连，是中共中央、国务院关于深化医药卫生体制改革的重要组成部分，涉及重大的利益调整，是一个需要各方积极参与的系统工程，难度非常大。

多年来，农工党中央十分重视和关注我国医药卫生事业的改革发展。2010 年 7 月，全国人大常委会副委员长、农工党中央主席、中国工程院院士桑国卫同志率农工党中央调研组赴河南省实地调研了安阳、焦作和郑州三个试点市，深入与基本药物制度实施有关的乡镇卫生院、社区卫生服务中心、药房和药品生产经营企业，认真聆听直接参与改革实践，履行基本药物制度的第一线的代表们在实施国家基本药物制度过程中遇到的困难、问题和相关的政策诉求。8 月，赴山东省济南、烟台等地重点调研了山东绿叶制药有限公司和大舜医药物流有限公司，召开了药品生产经营企业专题座谈会，详细了解了基本药物的生产经营和供应保障的相关情况。11 月农工党中央参政议政部又赴安徽进行了补充调研。

为了更好地完成调研任务，调研组特别邀请了国家发改委、科技部、工业和信息化部、财政部、人力资源和社会保障部、商务部、卫生部、国家食品药品监督管理局、国家中医药管理局的领导和专家共同调研。全国政协常委、全国政协副秘书长、农工党中央副主席刘晓峰，卫生部副部长兼国家食品药品监督管理局局长邵明立，卫生部副部长兼国家中医药管理局局长王国强，工业和信息化部党组成员、总工程师朱宏任和中共中央统战部有关领导分别参加了调研。

据调研了解的情况看，各级政府认真贯彻中共中央、国务院的指示精神，攻坚克难，通过一年多的试点工作，基本药物制度实施工作取得了很大的进展，直接推动了药品价格和门诊住院药品费用不同程度的下降和基层医疗机构运行机制的不断完善，群众看病就医得到了实惠。例如，安徽省在 2010 年 9—10 月乡镇卫生院的次均门诊费用下降了 19. 82% ，次均门诊药品费用下降了 26. 05% ，门诊人次上升了 8. 4% 。特别是国务院针对基本药物集中招标采购和基层医疗机构补偿问题连续发布《建立和规范政府办基层医疗卫生机构基本药物采购机制的指导意见》和《关于建立健全基层医疗卫生机构补偿机制的意见》两个文件后，基本药物制度的政策框架、实施步骤和关键环节进一步明确，大

大促进了基本药物制度的实施和对政府办基层医疗机构的全覆盖进程。国家基本药物制度自实施以来，已经取得了比较明显的进步和初步效果，但也出现了一些亟待解决的问题：

一是基本药物的遴选和配备使用机制还有待完善。基本药物的遴选尚需更为明确、更具针对性，现有基本药物目录尚不能完全有效满足人民群众的临床基本医疗需求，尤其表现在儿科、妇科及慢性病用药方面。由于我国地域辽阔，各地区疾病谱及基层医疗机构覆盖服务的群体实际情况存在差异，有些列入目录的品种在基层不需要，有些基层急需的品种又没有进入目录。当前政策要求政府举办的基层医疗机构只能配备使用基本药物，这就会导致部分基层患者返流上级医院。另外，由于地方基本药物的增补不规范，有的地方增补品种已经超过或者接近国家基本药物目录的品种数，增补品种太多，既难于管理，也不利于国家基本药物在基层的推广使用。

二是基本药物的招标采购制度还有待健全。“双信封”制度是世界卫生组织采用的基本药物招标采购制度。在国内推广使用时需要关注两个问题：一是由于当前国内基本药物生产企业数量众多，药品质量标准偏低，不同的企业生产的药品质量和临床疗效参差不齐；而各地在集中招标采购试点过程中对这些质量差异缺乏统一的评判标准，有可能导致“双信封”制度中的经济技术标书因门槛太低而流于形式，起不到优胜劣汰的作用。二是商务标书评审由最低价者中标的做法在实施中尚应具体分析、谨慎决断，应按照国务院“安全有效、价格合理、方便可及”的原则，避免走向“唯低价是取”的做法。

三是村卫生室未能纳入基本药物制度的试点实施范围，会有碍基本药物制度公平可及的实现和人民群众基本医疗需求的满足。村卫生室是 8 亿农民健康的守门人和就近就便就医的重要保障，尤其在边远贫困地区。如果村卫生室继续被游离在政策外，不仅会使基本药物制度存在盲区，国家“保基本、强基层、建机制”的战略目标将难于达到，人人享有基本医疗卫生服务的目标也难以实现。

在深入调研的基础上，2010 年 12 月农工党中央向中共中央、国务院报送了《关于进一步完善基本药物制度的建议》，主要提出了七点建议：

第一，完善基本药物目录遴选和配备使用机制。基本药物应当与基本医疗服务相配套，建议在明确基本医疗服务包的基础上，从基本医疗需求出发科学遴选基本药物，从而真正保证人民群众的健康权益。基本药物的遴选需要考虑我国的经济发展水平，政府、群众的承受能力，各地实际健康需求和相对成本效益，建立健全循证医学、药物经济学评价标准和工作机制，科学合理地制定目录。国家在确定基本药物目录时应当考虑地区差异，给省级政府预留一定比例的增补品种，同时也应要求各地在国家规定的比例范围内进行增补，避免地方大面积增补目录。

第二，进一步完善、落实基本药物招标采购制度中的“双信封”制度。一是建议国家建立一套统一的、可量化的，包括创新能力指标、企业规模与抗风险能力指标、基本药物生产供应能力指标、质量保障体系指标、诚信与社会责任指标等在内的药物生产企业综合评价指标体系，作为经济技术标书中对药品生产企业进行客观评分的依据，同时完善针对具体药品品种的主观评分环节，建立公开透明的专家评分机制，确保有实力、有责任心和规范的制药企业进入基本药物招标采购范围。二是建议在完善的药品市场价格监测体系基础上，确定基本药物合理中标底价，对于投标价格高于或者低于中标底价的幅度超出合理范围的药品，不予中标。

第三，厘清基本药物招标采购过程中政府、医疗机构和企业之间的法律关系。根据国务院办公厅发布的《建立和规范政府办基层医疗卫生机构基本药物采购机制的指导建议》的规定，政府确定的采购机构已经成为基本药物购销合同的购买主体，承担着向基本药物的实际购买者基层医疗卫生机构收取货款和代为付款的责任。这种做法对加强政府对于基本药物制度实施工作的领导、强化基本药物购销合同的履行很有意义。但是，这样一种制度设计在操作层面上有可能给政府带来风险。由于文件要求市（地）及以下不设采购平台，不指定采购机构，这意味着省级卫生行政部门指定的采购机构承担了向全省的基层医疗卫生机构收取货款的责任。只要有任何一家基层医疗卫生机构没有交付货款，采购机构将构成违约，企业可以根据基本药物购销合同起诉采购机构；由于采购机构由政府财政承担工作经费，因此，最终承担责任的还是政府。因此，建议尽快出台相关的实施细则或者通过其他方式，厘清政府、基层医疗卫生机构和基本药物供应企业之间的法律关系，使基本药物的招标采购工作更加合理、合法、顺畅。

第四，拓宽实施基本药物制度的基层医疗机构补偿渠道和补偿方式。国务院办公厅发布的《关于建立健全基层医疗卫生机构补偿机制的意见》强化了地方政府尤其是市、县政府对基本医疗的投入责任。由于各地社会和经济发展水平不一，各地方政府尤其是县级政府的财政保障水平不一，建议中央财政不仅要通过“以奖代补”等方式，还要通过加大转移支付力度，特别是加大对老、少、边、穷等贫困地区的财政转移支付力度，缓解由于补偿不到位导致的基本药物制度公平性的问题，最大限度克服地区间及城乡间的健康不公平现象。总之，要拓宽补偿渠道，建立一个有保障的、可持续的基本药物保障机制。

第五，建立基本药物统一配送体系，保证边远、农村地区的居民用得上基本药物。为了防止边远、落后地区因路途远、运输成本高而使基本药物配送费用高导致药品价格高于其他地区的现象发生，切实保障基本药物的覆盖面，建议建立全国统一的基本药物配送体系，可以考虑按照过去计划经济体制下的药品流通一级站的模式，由社会责任意识强、具有覆盖全国的网络和配送能力的中央国有药品流通企业来承担全国的基本药物配送，以控制不同地区的基本药物配送平均成本，降低基本药物的流通成本，让边远、农村地区的居民真正用得上价格合理、质量可靠的基本药物。

第六，建议尽快将基本药物制度扩展到村卫生室。建议国家尽快出台政策，将村卫生室纳入基本药物制度的试点范畴。在乡镇卫生院的财政补偿政策还不能真正落实到位的情况下，基本药物制度“乡村联动”要稳步推进，可考虑率先在财政上具备较强补偿能力、已经实行乡村一体化管理的村卫生室率先实施。在试点过程中，应加强对试点的跟踪，及时总结经验、发现问题，完善政策措施，为下一阶段基本药物制度的全面推广积累经验。

第七，协调推进医药卫生体制的其他改革措施。要准确界定基本药物制度，分清基本药物与非基本药物。基本药物制度只是关于基本药物的制度，不能赋予太多的责任和内容，不能把医药卫生体制改革中需要解决的其他问题，如人事制度、卫生筹资制度、财政保障等，都放入到基本药物制度中。医改五项重点任务是一个整体，应当相互支撑。只有妥善处理好各方面的利益关系，做好政策协调和综合配套，才能稳步、有效地推进基本药物制度的顺利实施。医改要取得成功还有赖于国家下决心推进“医药分业”和公立医院改革；要切实在改革体制、机制方面进行探索，防止在实施基本药物制度过程中自觉或不自觉地把“以药养医”理所当然地转变成“以政府财政养医”。

二、建议强化社会管理创新，预防和减少未成年人违法犯罪

预防未成年人违法犯罪关系千万家庭，关系社会和谐稳定，关系民族的进步和未来，人民群众普遍关心。长期以来，中共中央、国务院高度重视对未成年人的教育和培养，不断加大思想建设力度，努力营造良好的社会环境，引导和鼓励全社会力量关心和帮助未成年人，取得了非常明显的成效。但由于各方面因素的的影响，未成年人违法犯罪呈现上升趋势，成为一个不可忽视的社会问题。

2009 年农工党中央妇女工作委员会联合农工党部分省、市妇委会组成“未成年人犯罪现状调查及对策研究”课题组，在全国部分省、市对近三年的未成年人违法犯罪情况进行调查，资料收集覆盖全国 11 个省、市 105 个县、市、区，整群抽样正在少管教所服刑的 3000 名未成年犯进行调查问卷；走访了公、检、法、司及部分镇（街道）、学校，接触了部分未成罪犯和家长。

2009 年 9 月 8 日—11 日，全国人大常委、农工党中央副主席、全国妇联副主席汪纪戎带领农工党中央妇委会，在农工党宁夏区委会的支持下，对宁夏未成年人犯罪问题进行了调研，与宁夏司法厅、公安厅、法院、检察院、团委、妇联、关心下一代委员会、未成年犯罪研究会等相关部门进行了细致的座谈，收集了大量的数据资料。调研组发现，未成年违法犯罪呈现出农村高于城市、西部高于东部、男性多于女性、团伙犯罪和犯重罪比率高、犯罪年龄低、文化程度低等特点。经过深入分析，课题组认为，未成年人犯罪是个人、家庭、学校、社会中多方面不良因素共同作用的结果。

一是自身因素。未成年人心理发育不成熟是未成年人犯罪的根本原因。未成年人正处于生理和心理发育的特殊阶段，心理不成熟，人生观、道德观、法制观尚未成型；辨别是非的能力低，自控能力较差；受教育程度低，法律意识不强，经不起诱惑；社会经验不足，涉世的无知性、盲目性使他们难以谋职，一旦生活出现困境很容易就走上犯罪道路。

二是家庭因素。家庭教育“失当”、家庭关系“失和”是造成未成年人犯罪的重要原因。家庭结构残缺，缺少关怀，容易导致未成年人个性扭曲或畸形；家庭成员的不良行为，对未成年人产生直接的负面影响。此外，“留守少年”由于得不到良好的家庭监护和教育，一旦遭到坏人的引诱，很容易走上犯罪道路。

三是学校因素。学校教育中存在的偏差，是未成年人犯罪的重要因素。有些学校片面追求升学率，忽视道德和法制教育，对差生放任自流，甚至对思想差、学习差的双差学生轻视、歧视，动辄开除、劝退，将他们推向社会，成为闲散未成年人，在犯罪分子的教唆下，很容易走上犯罪的道路。

四是社会因素。不良的文化环境对未成年人犯罪起到催化剂的作用。暴力、色情、黑社会等内容的游戏卡、书刊杂志、影视作品在各种影视厅、网吧、电子游戏室等娱乐场所到处都有。有关数据显示，未成年犯中犯罪前频繁接触网络的比例高达 81.8%，因网络成瘾或受网络色情、暴力内容影响而诱发盗窃、抢劫、杀人等严重犯罪达到 50.8%。各

地预防青少年犯罪研究会多是无人、无编、无资金的“三无”机构，无法起到应有的作用，辍学、待业的未成年人基本处于失控状态。

预防和减少未成年人违法犯罪，是推进社会管理创新的重要内容。2010 年，农工党中央针对调研中发现的问题，结合国情和有关法律、行政法规，为创新社会管理体制机制，完善未成年违法罪犯这个特殊人群的管理和服务政策，向全国政协十一届三次会议提交了《关于预防和减少未成年人违法犯罪的建议》的提案，提出以下建议：

第一，完善预防未成年人犯罪的相关法律。随着互联网的发展，预防未成年人犯罪工作面临着新的问题和新的挑战。建议尽快修订和完善《预防未成年人犯罪法》的有关规定，与《未成年人保护法》等法律的内容相衔接，并进一步明确法律责任，增强法律的强制性和可操作性。

第二，完善未成年人犯罪的司法保护。一是实行暂缓起诉制度。对已构成犯罪，罪行较轻不宜直接作出不诉决定的未成年人，可责令在一定时间内履行一定的义务劳动。二是审判时适用简易程序并尽量减刑。尽量少判监禁刑，把更多的未成年犯放到社区进行改造和矫正，给他们更多改过自新的机会，减少社会歧视。三是建立“前科消灭”制度。通过合理程序注销未成年人的犯罪记录，使未成年犯能顺利地回归社会，重新做人。

第三，发挥学校的重点教育作用。教育行政部门应将预防未成年人犯罪工作效果列入考核学校工作的一项重要内容。学校应对未成年人进行道德和社会公德教育，将法制教育作为必修课纳入教学计划，切实提高学生的法律素质，增强学生的法制观念；对有不良行为的未成年人，采取积极的帮教措施，加强对未成年人的心理健康教育，及时矫治心理障碍，防止发生意外事件。

第四，重视家庭预防的作用。倡导和鼓励各地教育管理机构、各级妇联组织、共青团组织和学校通过举办“家长学校”等形式，教授先进的教育理念和教育方法，帮助家长正确认识家庭教育对孩子成长的重要性，提高家长的教育素质，强化家庭教育功能。家庭应给子女提供良好的成长环境，发现子女有不良行为，要对进行管制和约束。对子女的越轨行为要及时予以纠正和制止，不能姑息纵容。同时，父母对子女的违法犯罪行为应寻根溯源，寻求国家和社会的帮助。

第五，加强社区教育，优化外部育人环境。加强失学、失业、失管状态的闲散未成年人的管教工作。对父母离异家庭子女、父母双亡家庭子女、父母均外出家庭子女、单独外出打工的未成年人及辍学的未成年人，社区应负起责任，成立帮教小组，想方设法切实解决未成年人再就学和就业问题，关心他们的生活，注意他们的思想变化，及时施教，做好被判处非监禁刑的未成年人的帮教工作；建立相应的帮教机构，实行对口管理，组织未成年犯参加社区的公益劳动，通过实施人性化的惩戒达到改造的目的；注重解决未成年人中“两劳”释放人员的就业问题，认真执行“不歧视，给出路”的政策，巩固改造成果。

第六，铲除诱因，净化社会环境。社会应共同参加，齐心协力，采取堵疏结合的方式，为未成年人健康成长构建良好的社会环境。各职能部门要在地方党委和政府的领导下，协调合作，加大对营业性歌舞娱乐场所、电子游戏厅、网吧等社会文化场所的监督和管理，坚决查禁传播淫秽、色情、凶杀、暴力、封建迷信活动的出版物、网站，铲除毒害未成年人身心健康的不良文化。严格对学校周边环境进行治理，严禁学校周边开设围网吧、游戏室、录像厅等。新闻媒体要落实节目审查制度，杜绝渲染暴力、色情、赌博、恐怖活动内容的节目进入流通媒体，消除文化市场的丑恶现象，营造有利于未成年人身心健康的文化环境。

最高人民检察院结合农工党中央《关于预防和减少未成年人违法犯罪的建议》的提案反映的问题和建议进行了深入调查研究，修订了《人民检察院办理未成年人刑事案件的规定》，制定了《关于在检察工作中贯彻宽严相济刑事司法政策的若干意见》等文件，并就设立未成年人犯罪附条件不起诉制度、扩大简易程序适用范围和建立未成年人轻罪犯罪记录消灭制度等问题，向全国人大常委会法工委报送了专题研究意见。

徐战英　农工党中央参政议政部调研处主任科员

三、关于“十二五”期间加快城乡社会保障一体化发展的建议

社会保障制度是社会公平的均衡器，建立健全同经济发展水平相适应的社会保障制度，既是完善社会主义市场经济体制的重要内容、更是维护社会稳定和国家长治久安的重要保证。目前，社会保障城乡分割，固化了城乡二元结构，不利于改善和保障民生，不利于社会主义和谐社会建设，是亟需着力破解的突出现实难题。2010 年 3 月，农工党湖北省委与农工党湖北省鄂州市委会组织调研组对“如何在‘十二五’期间加快城乡社会保障一体化建设”进行了专题调研。

长期以来，中共中央、国务院高度重视社会保障体系建设，采取了一系列重大措施，我国城乡社会保障获得了长足进步，逐步形成了较为健全的社会保障制度体系。1951 年 2 月，政务院发布了《中华人民共和国劳动保险条例》，奠定了我国社会保障制度的基础。改革开放以来特别是近十几年来，在养老保障制度和农村社会保障体系建设方面采取了一系列重大措施，其中，缴费型的社会保险制度已经形成了相对稳定的政策框架。1997 年国家统一了全国城镇企业职工基本养老保险（简称“企业养老保险”）制度，确立了社会统筹与个人账户相结合的制度模式，覆盖范围逐步扩大到城镇个体工商户和灵活就业人员；2003 年启动实施了新型农村合作医疗（简称“新农合”）和农村医疗救助制度；2005 年进一步完善城镇企业职工基本养老保险制度。在农村，始终坚持实行五保供养制度，为“三无”老年人提供基本生活保障；2007 年全面实施农村最低生活保障制度；2009 年国务院决定开展新型农村社会养老保险（简称“新农保”）试点，并下发了《国务院关于开展新型农村社会养老保险试点的指导意见》，明确了新农保试点的基本原则、制度模式、筹资方式等重要政策。

目前，我国实际运行的社会保障由养老保险、医疗保险、工伤保险、生育保险、失业保险、最低生活保障等组成，其中，养老保险、医疗保险和最低生活保障是保障参保人员的基本生活和生命健康的基础。基本养老保险由企业职工基本养老保险、机关事业单位养老保险、新型农村社会养老保险等体系构成，分别覆盖企业职工、机关事业单位职工、农村居民。基本医疗保险由城镇职工基本医疗保险、城镇居民基本医疗保险、新型农村合作医疗保险等体系构成，分别覆盖城镇职工、城镇居民和农村居民。最低生活保障由城镇居

民低保和农村居民低保等体系构成，分别覆盖城镇居民和农村居民。

调研组了解到，由于长期以来二元制结构的影响，我国城乡社保一体化发展所面临的问题和困难仍然十分突出，进一步加大了城乡之间业已存在的差距，造成了社会成员不能公平分享社会经济发展成果的局面，制约了社会保障总体水平的提高，主要表现在以下几个方面：

第一，以身份为标准的社保体系继续固化了城乡二元结构。城乡居民社保待遇差距较大，乡村地区社保覆盖率还不高，城乡社保还存在许多“制度空白”。例如，城镇60岁以上未参保老人缺乏制度保障、各级财政对新农保的补贴资金缺乏刚性约束、被征地农民生活保障问题没有相关措施和办法出台等。

第二，社保管理体制没有完全理顺。就新农保而言，目前大部分地区只有市级新农保办公室，区、乡镇、街办没有新农保工作机构，乡、镇、街、村也无专职人员，对开展新农保工作影响较大，并且新农保实行过程中还存在着与其他制度如何实现有效衔接的难题。

第三，社保基金监管不够规范。如何实现社会保障基金有效管理和保值增值是一个普遍性、复杂性、长期性的问题。现行社保基金财会制度不够规范，尤其是“内控制度”和“基金稽核制度”不够健全，基金筹集和支付信息不够公开透明。财政、监察、审计等外部监督不够有力的问题比较突出，存在较大的基金安全风险。

2010年3月，农工党中央向全国政协十一届四次会议提交的《关于“十二五”期间加快城乡社会保障一体化发展的建议》（以下简称《建议》），被评为“一号提案”，引起了良好的社会反响。

对此，农工党中央《建议》深入分析了调研中发现的问题，在认真征求国家有关部委专家意见的基础上，经过充分探讨和研究，提出了以下建议：

其一，切实解决影响和制约新农保制度运行的突出问题。

新农保制度是实现社会化养老和统筹城乡社会保障体系构建的重要方面，必须高度重视新农保制度的长期可持续发展问题，切实破解新农保制度运行面临的突出难题。一是切实解决新农保制度中市、区、乡镇三级财政的责任分担问题，着力避免基层财政补贴尤其是配套补贴空壳化。二是切实解决新农保制度与其他制度的有效衔接问题，使新农保制度与老农保制度、农民工养老保险、农村低保制度、农村计划生育家庭奖励扶助政策等实现有效衔接。三是切实解决农民缴费意愿难问题。加大信息透明度，充分尊重农民的知情权、参与权、表达权和监督权，增强农民对个人账户资金安全保值增值的信心。

其二，完善适应城乡社保一体化发展要求的基层社保机构。

社保管理体制的创新和再造，是社会保障制度有效运行的前提条件。长期以来，社会保障改革重政策、轻管理的问题比较突出。因此，必须立足于统筹城乡社会保障制度构建要求，对现行基层社保机构进行改革完善和重构。就新农保而言，农村人口众多、居住分散、流动性大，新农保与其他制度相交织的条件下，其管理难度更不应低估。目前，许多地区省政府、省编办已经发文，明确要求设立新农保机构。各区、乡镇、街办，特别是试点区，要尽快建立起区农保经办机构——乡镇人力资源和劳动保障服务中心——村级新农保协管（代办）员的管理构架。同时，加强社保机构能力建设和人才培养，以促进城乡社会保障工作的可持续发展。

其三，建立纵向分权、相互制约的社保基金管理模式。

建议医保机构推广实行“医院用钱不管钱、医保管钱不拨钱、财政拨钱不用钱”的分权制约、阳光操作的基金管理模式，推动建立由有关职能部门负责政策制定、经办机构负责业务执行、税务部门负责社保税（费）征缴、财政部门负责社保资金管理、审计部门负责社保资金监管的管理模式。通过建立纵向分权、相互监督制约的管理模式，进一步促进社会保障资金管理的规范性、安全性和透明度。

其四，多渠道筹集社会保障基金。

推进城乡社会保障一体化可持续发展，既要高度重视社保基金的监管，也要着力解决社保基金的来源渠道问题。目前，最关键的是要从制度层面厘清和固化各级政府在社会保障中的财政责任，加大公共财政投入。一是要鼓励和引导参保人员积极缴纳社会保险费，积极鼓励社会捐赠；二是要增加财政对社会保障必要的投入力度；三是在资金的筹集上要灵活。针对养老保险年轻农民参保率不高的情况，应结合农民的实际经济情况，制定灵活的个人筹资方案。既允许一次性缴纳，也可采取分期定额缴纳的模式。特别是对年轻农民参加新型农村养老保险，可以采取不定期的灵活缴费方式，提升年轻农民参保热情。四是要完善财政转移支付制度，使中央和省级财政切实担负起推动地区间基本社会保障服务均等化的责任，有效破解社会保障的城乡差别、地区差别难题。此外，要逐步构建规范、稳定、可控的社保基金社会化、市场化筹集机制。

四、关于尽快将海水淡化作为解决我国水资源紧缺的重要战略举措的建议

目前，我国正处于工业化和城市化发展的关键时期，经济社会发展对各种资源尤其是水资源的需求日益增大。作为基础性自然资源和战略性经济资源，水资源的可持续利用不仅是维护社会繁荣稳定的重要民生问题，更是关系到我国经济社会发展和民族振兴的重大战略问题。但是，目前我国面临的水资源可持续利用形势已十分严峻，人均淡水资源量仅为世界人均水平的1/4。在全国660多个城市中，有400多个城市缺水，其中100多个为严重缺水城市。沿海地区是我国经济发展的前沿核心，也是我国人口密集、水资源极度短缺的地区。据测算，环渤海地区的北京、天津、山东、辽宁、河北三省两市到2015年缺水规模为180亿立方米，其中工业和城镇居民用水缺口68亿立方米，属极度缺水地区。我国不仅水资源严重缺乏，且水资源时空分布不均，北方资源性和南方水质性缺水共存。特别是近年来频发的干旱灾害，更加突显了我国面临的水资源危机。

2010年6月上旬，为了更好地贯彻落实中共中央、国务院关于转变经济发展方式、大力发展战略性新兴产业的战略部署，积极探索应对我国水资源危机的新举措，在对海洋国土开发和海洋经济调研的基础上，全国人大常委会副委员长、农工党中央主席桑国卫，全国政协副主席、农工党中央常务副主席陈宗兴，应邀率调研组深入产业第一线，从拓展发展空间和海洋资源可持续利用的战略高度，就我国海水淡化与综合利用产业发展等问题进行了专题调研。

调研组了解到，目前我国应对水资源短缺的传统方式已经难以为继。超量开采地下水

不仅不能满足日益增长的水资源需求，而且不断引起环境恶化和地质灾害频发等严重问题。与传统方式相比，海水淡化与综合利用是水资源开源增量的有效替代技术，能够增加淡水资源总量，可以对我国地表、地下淡水的输送调运体系予以良性调节，应当成为我国应对水资源危机、保障水资源可持续利用的重大战略举措。同时，对于抢占世界经济技术制高点，发展战略性新兴产业、推动产业结构升级调整具有重大的战略意义。

第一，海水淡化和综合利用技术可以形成产水供应和装备制造两大产业，海水利用业可带动钢铁、机械、电子、零部件和清洁能源等产业发展；其技术不仅可以用于淡化海水，还可将苦咸水和含有有害物质等不能饮用的水源转化为饮用水和工业用水，并可以直接应用于处理净化地表污染水源，特别是遇到突发的水污染事件时，只需一套小型海水淡化设备即可解决居民安全用水的问题，市场前景十分广阔。

第二，海水利用可与电厂余热及风能、太阳能、核能等有效结合，进一步降低资源能源消耗，并带动电力、化工、石化等产业实现技术升级和结构转型，促进资源节约型社会的建设；淡化后的剩余浓海水还可实现综合利用，可从中提取溴素、钾盐、镁盐等基础化工原料及铀、氘、锂、碘等重要战略资源。

第三，发展海水利用业对远洋经济活动的补给和国家海洋权益的保障具有十分重要的意义。我国海军只有少数舰船配备海水淡化设备，不从根本上解决大型海水淡化设备国产问题，很可能会受制于人。

调研组了解到，目前我国海水淡化和综合利用技术基本成熟，国内海水利用市场已基本形成。但是，由于长期投入不足，与国际先进水平的差距正在扩大，面临的困难和问题十分突出：一是我国海水利用自主技术已完成实验室和工业试验研究，建成了具有自主知识产权的千吨级和万吨级示范工程。但由于投入不足，缺乏自主创新，造成大型海水利用工程核心技术难以突破，关键设备亟待工程验证。现有的万吨级以上大型海水淡化工程大多由国外公司建造，国内自主技术生存发展环境艰难，自主产业亟待发展；二是目前海水利用综合协调机制尚不健全，缺乏具体可操作的政策规范。特别是与自来水相比，海水淡化因缺乏科学合理的水价体系和运行机制，无法进入市政管网而制约了发展进程；三是国家要积极引导海水利用技术的应用，加大对海水利用单项技术的支持力度，特别是对公益性、基础性和战略性都十分突出的海水利用技术，政府要加大资金投入和政策扶持力度。

面对全球海水利用市场产能加速增长、应用领域不断扩大和国际间竞争加剧的新趋势，美国、日本、法国、以色列等发达国家已开始进军和抢占我国海水利用市场，这不仅影响我国海水淡化与综合利用产业的健康发展，还将构成潜在的资源和战略威胁。2010年7月27日，在深入调研、认真研究的基础上，农工党向中共中央、国务院报送了《关于尽快将海水淡化作为解决我国水资源紧缺的重要战略举措的建议》（以下简称《建议》）。中共中央、国务院领导高度重视，并作出了重要批示。《建议》在实际调研和充分论证的基础上，深入分析了我国海水淡化和综合利用产业发展面临的问题和困境，论述了我国发展海水淡化产业的重要性，提出了以下建议：

第一，明确海水利用的战略定位。建议从国家安全战略的高度上推动海水利用产业发展，加快海水资源化和相关立法，将海水利用列入国家战略性新兴产业体系发展规划，研究制定发展海洋战略性新兴产业的“十二五”产业发展规划。同时，应当按照“陆海统筹”的观念，将海水淡化利用纳入国家水资源配置体系和区域水资源规划，明确淡化海水在沿海城市水资源配置中的份额和作用，确立淡化海水作为海岛“第一水源”、沿海缺水城市“第二水源”的战略定位。允许淡化海水进入市政管网，享受与自来水同等待遇，并逐步确立形成科学合理的淡化海水水价体系，使淡化海水能够走进千家万户。

第二，设立海水利用专项资金。建议参照国家可再生能源发展专项资金的做法，研究设立国家海水利用专项资金，加大对自主创新技术的支持力度，实现我国海水利用战略性新兴产业规模化发展。一是实现自主创新关键技术突破。支持基础性、前瞻性海水利用技术的探索，加大对核心关键技术的研发投入，建设具有世界先进水平的创新平台，攻克大型化、集成化海水利用关键技术、关键设备研发及装备制造。二是以示范效应带动产业发展。针对目前万吨级国产海水淡化技术缺乏示范、发展受阻，建议全部使用国有资金集中支持典型大规模海水淡化工程，为沿海企业应用国产技术，以及通过海水淡化实现安全供水示范，带动整个产业发展。三是建立产业孵化示范基地。加快推进海水利用自主创新成果产业化计划，整合上下游产业，强化海水利用技术装备关联度，建立产业孵化基地和示范基地，形成产业联盟，促进产业规模化发展。

第三，尽快出台促进海水利用发展的优惠政策。当务之急是要在国务院层面出台促进海水利用业发展的政策，并在此基础上，研究制定出台《海水利用管理条例》。鼓励性政策可包括：

一是国家应鼓励采用国内设备和技术，对定购和使用首台（套）以及第二、三套国产海水利用重大技术定型装备的工程，国家分别予以50%、30%、10%的资金补助，同时对国内已经成熟的技术和装备，应取消同类进口设备的税收优惠政策；二是应允许经检验合格的淡化海水进入城市管网，并规定市政供水部门以合同价格购买淡化海水，国家和地方政府按1∶1的比例对淡化海水与自来水的差价予以补贴；对海水利用项目配套的公用海水取水、净化、输送等配套管网及基础设施，国家和地方按1∶1的比例予以全额经费支持；三是在立法方面要制定出台海水利用相关企业减免税实施细则和用海、用地等配套措施，严格海水利用工程的取、排水管理，保护海洋生态环境。

第四，强化海水利用综合管理。鉴于我国海水利用工程建设和产业发展的实际情况，为理顺关系、推进产业协调有序发展，建议成立由国家相关部委组成的国家海水利用领导小组，强化国家海水利用综合协调管理力度，并逐步建立起上下联动、左右协调的海水利用分级管理体系。同时，进一步强化海水利用的市场监管，对海水装备产品进行严格把关，规范市场准入，保障海水利用产品质量和水质安全，引导规范产业健康发展。

五、关于加快中俄两国经贸合作的建议

目前，我国经济社会发展正处在改革更加深入、环境更加复杂、任务更加艰巨的关键时期。随着我国融入世界经济一体化的步伐不断加快、参与国际分工和竞争的程度不断加深，世界经济发展的各种风险和国际上各种势力对我们经济社会发展产生的影响日益增大，国内外发展的新形势和复杂局面，向我们提出了更新、更高的要求。一方面，需要立足于国家的长远发展，积极推进经济结构调整和经济发展方式的转变，健全经济平稳运行

的体制机制，培育壮大经济健康发展的内生性力量，逐步增强我国经济抵御国际风险和参与国际竞争的综合实力；另一方面，也需要着眼于国际形势发展的趋势，积极调整对外发展战略，综合统筹各种政策，更加娴熟合理地运用国际规则，通过经济、贸易、文化交流等方式，进一步加强与周边国家和主要贸易国家的联系，积极营造有利于我国发展的国际环境，促进国内市场与国际市场的统筹协调发展，进而推动我国经济社会平稳健康可持续地发展。因此，在这样的新形势、新要求下，积极推动对俄贸易战略的调整升级、促进两国经贸关系的健康可持续发展就显得更加迫切和务实。

中俄两国不仅互为最大邻国，更是十分重要的贸易伙伴。积极推动两国经贸关系的健康发展，对于维护我国周边国际环境的安全稳定，深化和加强两国在各领域的合作具有十分重要的战略意义。近年来，农工党中央一直十分关注中俄经贸关系发展情况。2009 年，农工党中央组织调研组就中俄贸易发展问题赴黑龙江调研，调研结束后向中共中央、国务院报送了《关于立足国家资源战略需求推进对俄贸易战略升级的建议》，中共中央、国务院领导高度重视并作出重要批示。为了更好地贯彻中共中央、国务院的决策和部署，持续推动中俄经贸关系健康发展，2010 年 8 月中下旬，全国政协副主席、农工党中央常务副主席陈宗兴再次应邀率调研组赴黑龙江省就如何加快中俄两国经贸合作问题进行了专题调研。

2010 年以来，胡锦涛主席与梅德韦杰夫总统已经三次会晤，就推进中俄关系和加强各领域合作坦诚深入交换意见，达成多项重要共识。在中俄总理第十五次定期会晤上，温家宝总理强调，中俄的务实合作是全方位的，具有广阔前景。双方不仅要深化能源合作，还要着力扩大贸易和投资规模，开拓新的合作领域，认真落实《中国东北地区与俄罗斯远东及东西伯利亚地区合作规划纲要》。从调研情况看，不断深化两国毗邻地区的合作、积极推动对俄沿边开放带建设，对于推动中俄经贸关系健康发展、振兴东北老工业基地、促进我国周边国际环境的稳定和深化国家沿边开放战略具有十分重要的意义。

调研组了解到，在双方共同努力下，目前中俄双边关系内涵日益丰富，各领域合作继续扩展深化，金融合作潜力逐渐释放，贸易秩序不断改善，两国经贸合作正呈现出迅速恢复、继续调整、趋势向好的发展态势。但是，由于俄方政策不稳定，贸易结构不尽合理，合作协调和投资保障机制不完善，以及中俄两国在利益诉求方面存在客观差异等问题，进一步加大了我对俄企业投资经营的风险，削弱了我对俄贸易的优势，影响了中俄贸易合作的持续稳定健康发展。2010 年 12 月，在实地考察和认真研究的基础上，农工党中央向中共中央、国务院报送了《关于加快中俄两国经贸合作的建议》（以下简称《建议》），引起了中共中央领导高度重视。《建议》对调研中发现的主要问题进行了认真分析，在与商务部等有关部委专家进行认真研讨论证的基础上，提出了以下建议：

第一，探索我国沿边对外开放新模式，推动中俄跨境经济区建设。应统筹规划我国对俄沿边开放开发战略，探索建立新的管理、协调、合作体制机制，研究制定沿边省份对外开放的新政策。对此，我们建议借鉴霍尔果斯跨境经济区建设的经验，积极推进中俄跨境经济区建设，通过中俄高层会晤机制，尽快就有关问题进行磋商。同时加快研究建立跨境经济区的运行模式和配套管理政策，给予特殊政策和资金支持，允许率先在体制创新、平台创新、通道创新，境外园区建设、口岸经济发展模式等方面先行先试，积极探索我国沿边对外开放开发的新模式。

第二，加强对俄经贸科技合作，落实振兴东北老工业基地的战略部署。建议国家把加强对俄经贸合作作为振兴东北老工业基地战略实施的重要举措。一是把以黑龙江省为主体的东北地区对俄沿边开放带建设上升为国家战略，并纳入国家“十二五”规划予以统筹考虑，“十二五”期间在沿中俄边境我方一侧，布局建设一批新材料、钢铁、有色金属、林产品深加工、化肥、农产品深加工、石油天然气等项目，进一步优化产业链结构，打造国家战略资源和能源的保障基地。二是对以黑龙江省为主体的东北地区对俄沿边开放带、吉林省长吉图开发开放先导区和内蒙古自治区满洲里地区进行统筹规划，建立地区间协调合作机制，逐步形成协调发展、优势互补、合作共赢的发展格局。

第三，加大宏观调控和管理支持力度，加快建立对俄投资保障机制。一是通过中俄高层会晤机制，推进双方建立切实有效的投资保障机制，提高投资者的信心，更好地保障我对俄企业的正当合法权益；二是进一步加强中俄两国大项目合作，积极推动我国企业参与俄基础设施建设、电网改造、高速铁路等项目建设，在俄远东地区建设2—3个国家级境外投资合作园区，带动我企业对俄投资；三是鼓励和引导我对俄企业特别是民营企业加强自身建设，积极尝试强强联合、“集成式”走出去的思路，注重资源、技术、市场并举策略，凭借产业金融、集群优势开拓俄方市场，联合突破对俄合作中遇到的资金、技术、市场、管理、人脉关系等方面的瓶颈；四是构建营销渠道和物流体系，打造自主品牌。要积极投资、参股、收购俄罗斯大型批发市场、物流中心、折扣店、大型综合超市，大力发展汽车、家电、鞋类、化妆品、体育用品等专业连锁店，通过构建营销渠道、建立制造和采购平台、提高精深加工水平等途径，打造我国自主品牌，提升中国商品的市场占有率和形象，巩固我对俄经贸优势，积极推动中俄经贸合作的持续稳定健康发展。

王善学　农工党中央参政议政部调研处处长
苏耀光　农工党中央参政议政部调研处副主任科员

六、农工党浙江省委建言架构海洋蓝色屏障，促进海洋经济新腾飞

21世纪是海洋的世纪。拥有26万平方公里海域、3061个海岛，海岸线长达6696公里的浙江，紧紧抓住全国海洋经济发展试点省的有利契机，积极谋划海洋经济发展战略，把海洋经济发展作为缓解浙江资源能源小省制肘，实现经济产业转型升级的“起跳点”，引领浙江经济“海阔天空”。农工党浙江省委领导班子敏锐地意识到：大力发展海洋经济，将成为浙江经济新一轮快速发展的突破口。如何在新一轮海洋经济大发展的同时，既能充分挖掘“海洋生产力”，实现浙江从海洋资源大省向海洋经济大省的转变，又能贯彻落实中共浙江省委十二届七次全会通过的《关于推进生态文明建设的决定》精神，切实保护好海洋生态环境，推进近岸海域污染防治和“碧海生态建设”，为海洋经济大发展撑起蓝色屏障，将是实现未来海洋经济腾飞的关键。经主委会议研究决定，把海洋生态保护作为农工党浙江省委2010年的调研重点课题。

课题组以暗访、实地调研、座谈、查阅文献资料、征求专家意见等多种形式深入开展调研。农工党浙江省委会分管参政议政的副主委张波带领课题组专程走访了省环保厅，并

与环保厅相关职能处室举行了座谈。此外，课题组还分头走访了省海洋渔业局，暗访了钱塘江等多处入海排污口，通过查阅浙江省海洋环境公报等文献资料，进一步发现浙江近岸海域环境形势严峻。经过前期大量基础性工作和实地调研后，课题组六易其稿完成了《关于推进我省海洋生态建设的调研报告》。在审阅把关后，农工党浙江省委将此调研报告专报中共浙江省委省政府，为浙江制定“十二五”规划和海洋经济发展战略提供决策参考。调研报告提交后，立即被分送至省委省政府领导参阅并作出了重要批示，相关意见建议得到了浙江省环保厅的高度重视。

在调研报告中，农工党浙江省委建议要高度重视浙江近岸海域海洋生态保护存在的主要问题：

第一，近岸海域环境形势严峻，海洋生物多样性受到严重威胁。浙江省近岸海域已成为全国受污染最严重、污染面积最大的海域，I 类海水面积只占 3%，劣 IV 类海水面积占 33%，严重污染海域面积高达 28%，而陆源污染已成为近岸海域污染的元凶。近海海域的严重污染，造成渔业资源衰退明显，全省三分之一海域成为底栖生物绝迹区，生物体内铅、镉、砷和石油烃等有毒有害物质残留超标，严重威胁海产品的食品安全性。如椒江化工园区附近的滩涂，曾经是良好的养殖基地，每年可以提供大量的天然蟹苗，由于受工业废水排放影响，近年来蟹苗数量锐减，产量和品质大为下降。又如 2009 年 9 月，宁海县西店镇某金属加工厂酸洗废水两次排放入海，致使邻近的 102 亩海水养殖塘 2 万多公斤梭子蟹死亡。污染已成为威胁我省海洋经济可持续健康发展的最大威胁，严重影响海洋生态系统的生物多样性、完整性和丰富度。

第二，海域使用过度无序，海洋生态退化严重。临港重化工业、海岸工程以及围填海等活动的无序过度，导致沿海滩涂、滨海湿地面积大量丧失，海岸线趋于平直，海水交换能力下降，环境容量减少，海湾沉积速率加剧，海湾淤积状况严重，大量滨海湿地和生态自修复能力消失，海洋生态价值、景观价值丧失或降低，海洋生态逐渐脆弱化，渔业资源明显衰退。

第三，监管体制条块分割，海洋环境保护不力。涉海部门涉及到环保、海洋、海事、渔政、国土、水利、军队等众多部门，管理政出多门、权责不清，推诿扯皮，管理脱节，部门掣肘等现象依然存在。海洋环境执法能力薄弱、执法手段偏“软”，无法有效解决海洋环境保护的公共性和外部性问题，导致海洋环境保护监管不力。

为引领“十二五”浙江海洋经济的大发展，农工党浙江省委建议必须坚持以海定陆、陆海统筹、河海兼顾，加快建立长效监管机制，率先探索海洋生态补偿试点，拓宽海洋生态损害补偿融资渠道，多措并举，协同推进我省近岸海域污染防治、海洋生态修复和保护工作。为此建议：

第一，加快建立长效监管机制。鉴于海洋污染物 80% 以上来自陆源污染，农工党浙江省委提出，控制和减少陆源污染物是改善近岸海域环境状况的根本之策。建议建立切实有效的区域性共同防治污染合作机制，有效遏制海洋环境的进一步恶化。加强海洋环境保护管理部门力量，组建一个综合性的协调机构，或建立海洋环境保护管理部门联席会议制度，定期举行会议，分工合作，尤其要加大协调力度，重点解决陆海监管脱节问题，建立起一套科学的地方性海洋环保管理规范。

控制和减少陆源污染物是改善近岸海域环境状况的根本之策。农工党浙江省委建议建立切实有效的区域性共同防治污染合作机制，用铁律削减陆源入海污染物，将陆源污染控制列入各级政府的绩效考核之中。

第二，加快海洋生态损害补偿立法。抓住“全国海洋经济试点省”和“海洋经济发展带”的有利契机，在开展“海洋生态与渔业资源损害赔偿补偿制度”实践探索基础上，率先进行海洋生态损害补偿地方立法试点。农工党浙江省委呼吁要加快海洋生态损害补偿立法，重点厘清海洋生态补偿范围、补偿对象、补偿标准、补偿方式、补偿资金来源以及补偿资金管理等问题。建议对海洋陆源污染、海洋（海岸）工程污染、滨海湿地围垦和围海造地、海洋倾废等行为征收海洋生态补偿金。补偿形式上，采取政策补偿、资金补偿、智力补偿等多种方式，以保证海洋生态损害补偿机制的实施效果。在海洋生态损害补偿融资渠道方面，建议通过立法引导企业、民间资本广泛参与海洋生态损害补偿机制的建设，设立海洋生态损害补偿专项基金，由各级海洋行政管理部门统一管理支付，专款专用，同时开展广泛合作，争取国际援助。还建议建立明确的处罚机制，对海洋资源的占用应缴纳补偿费，对海洋资源的破坏应缴纳比补偿更高的罚金，保证海洋经济可持续发展。

第三，加快现代海洋监测预警应急体系建设。只有坚持河海统筹、陆海兼顾，才能逐步解决陆地、水域和海洋的生态破坏和环境污染，有效遏制海洋环境的进一步恶化。农工党浙江省委建议当务之急亟须加强海洋监测能力建设，加强跨区域海洋生态环境建设联合调控力度，重点加大入海污染源联合监控与预报、海洋污染协同治理、重大海洋污损事件防范应对、涉海环境联合执法监察、赤潮应急监视观测和海洋倾废监控等领域展开合作。加快建立省、市、县三级海洋生态环境监测和灾害预警体系，优化统一监测站点布局，充分利用“浙江省涉海环境监测观测网络”这一平台，实现省级部门间监测资源共享和监测资料综合集成。建立和完善海洋环境突发事件的预警机制，提高海洋环境突发事件的应急处置能力，完善应急指挥体系，突发环境事件应急专家决策系统和溢油等重大海洋污损事故应急处理体系，提高海洋污染重大事故和灾害应急处理能力。

第四，协同捍卫海洋蓝色屏障。海洋环境保护工作，最根本的是要全面推进环境保护依法行政。农工党浙江省委建议强化环境依法行政，加大环境执法力度，加大对沿海各业海域使用、海洋（海岸）工程建设项目环境保护、海洋倾废、海洋生态保护的执法检查；完善联合执法和重点环保案件移送督办机制，实行严格的执法责任制和过错责任追究制，通过挂牌督办、事后督察、责任追究等措施，加大海洋环境执法稽查力度，依法及时惩处各类海洋环境违法行为；强化环境监察执法能力建设，提升环境监察执法机构核查能力；完善海洋环境保护政策机制，加快地方性海洋环保法规建设，授予海事法院对于陆源污染案件的完全管辖权，协同捍卫海洋蓝色屏障，促进浙江海洋经济健康可持续发展。

李海仙　农工党浙江省委会调研室主任

中国致公党参政议政案例

一、推进攀西地区战略资源综合开发

在祖国大西南川滇黔交界的莽莽横断山脉中，在奔腾咆哮的金沙江、碧翠静恬的雅砻江和大渡河流域，坐落着两座美丽的城市——攀枝花和西昌，以二市为中心，涵盖22个县（区、市），幅员6.7万平方公里，居住着以彝族为主的少数民族约580万人，被统称为攀西地区。攀西地区矿产富集，其中尤以饮誉世界的钒钛稀土战略资源而闻名。其中钛资源储量占全国的93%，占世界的35%；钒资源储量占全国的69%，占世界的11.6%，并伴生多种稀有矿产资源，是关系国防安全和经济安全的重要战略资源。加快攀西战略资源开发，创新发展思路，对于建设西部经济发展高地、推进西部地区稳定发展意义重大。

为进一步促进我国攀西地区钒钛等战略资源的科学开发利用，加强对战略资源的保护，推动攀西地区经济社会的可持续发展，2010年5月，致公党中央副主席杨邦杰副主席率致公党中央与四川省政协联合调研组就“攀西战略资源综合开发与西部发展”问题赴四川攀枝花市、凉山自治州开展调研。调研组先后深入攀枝花兴辰钒钛有限公司、东方钛业有限公司、华铁钒钛有限公司、攀钢轨梁厂、攀钢钒氮合金生产线、攀研院、攀枝花钒钛产业园区以及西昌冕宁县稀土工业园区实地考察，并就钒钛等战略资源开发利用情况听取了中共攀枝花市委、市政府，中共凉山州委、州政府以及攀钢集团的工作汇报。

调研组认为，西部大开发的前10年，国家以加强西部基础建设为主，以西部输出资源为主，推动了西部发展。但随着西部大开发的深入推进，这一模式必将随之调整。攀西地区地处西南边陲，是我国最大的彝族聚集区，也是我国贫困人口面积相对集中区域。要实现经济跨越式发展，需要探索新的发展模式，实现资源就地转化。加快攀西地区战略资源开发利用，必将带动相关产业发展，增加就业机会，以工带农，改善人民生产生活条件，有利于促进民族团结、社会稳定，有利于西部大开发战略的稳步推进，有利于我国东、中、西部地区的区域协调发展。经过多年的开发建设，攀西地区钒钛稀土资源开发取得了较大成效，产业规模化趋势明显，科技创新体系初步形成，取得了一批重要科研成果，形成了一定的技术优势和产业基础。

同时调研组也发现，攀西地区存在的问题也比较突出，许多单位对攀西战略资源的重大意义认识不深，缺乏统筹协调。开发方式落后，资源规模化、集约化开发程度较低。对钒钛稀土资源深度开发不够，综合利用程度较低。政策支持不够，配套政策环境欠佳。基础设施落后，缺乏中心城市辐射带动，少数民族群众生活贫困。

为此，调研组建议：

一是战略资源的开发需要战略的高度。新形势下攀西地区战略资源的开发，必须集约配置资源，集合创新要素，加快推进产业技术升级和结构优化，走出一条“科技含量高、经济效益好、资源消耗低、环境污染小”的资源开发新路子，在西部大开发中开创依靠科技创新、加大资源综合开发利用、促进民族地区和谐发展的开发新格局。

二是要把推进攀西地区战略资源综合开发提升为国家战略，尽快批准建设攀西战略资源创新开发试验区，并纳入国家“十二五”发展规划纲要，加强攀西地区资源开发工作的组织协调，建立国家、省、市（州）联动的协调机制，并通过加强科技攻关、政策扶持、重大产业项目推进、基础设施建设等重大问题的组织和协调，共同推进攀西战略资源综合开发利用。同时，加强政策支持力度，完善生态补偿机制，加大财政转移支付力度。积极组织重大科技攻关，推进创新体系建设。强化攀西地区资源综合开发利用的基础设施建设，加快攀枝花—西昌城市带建设，带动川滇黔三省交汇处经济发展。

根据这次调研情况形成的《关于推进攀西战略资源综合开发与西部发展的建议》，通过中央统战部上报中共中央、国务院后，得到有关领导的亲笔批示。目前，在攀枝花建立国家级资源开发协调机制、建立钒钛资源创新开发试验区等建议已被国家发改委列入议事日程。

二、切实加强湿地保护：像保卫耕地红线一样保护湿地红线

湿地作为陆地和水域的过渡地带，与森林、海洋并称为全球三大生态系统。湿地不仅具有涵养水源、降解污染、净化水质、蓄洪防旱、调节区域气候等巨大的生态功能，也是生物多样性的富集地区，为许多珍稀濒危野生动植物种提供了繁衍栖息的家园。人们常把湿地称为“地球之肾”、天然水库和天然物种库。湿地的作用是别的生态系统无法替代的。

我国是世界上湿地类型齐全、数量丰富的国家之一，湿地面积居亚洲第一，世界第四位。维护和保障湿地生态系统的健康，对于构建国家生态安全体系和实现经济与社会可持续发展具有十分重要的意义。

但近几十年来，我国湿地面积大幅度减少，现在我国自然湿地面积为 3620 万公顷，仅占国土面积 3.77%，与世界平均水平 6% 相比还有很大差距。20 世纪后半期的 40 年间，全国有 219 万公顷、50% 的滨海湿地和 130 万公顷、13% 的湖泊湿地被围垦。我国最大的沼泽集中分布区——黑龙江三江平原，原有天然沼泽 500 多万公顷，如今面积已缩减到 113 万公顷，东北地区严重水旱灾害发生率因此而大幅上升。再比如，有“海洋卫士”之称的沿海红树林已由 20 世纪 50 年代 5 万公顷下降到目前的 2.2 万公顷，56% 以上的红树林丧失。在经济社会快速发展的今天，更需要关注湿地。关注湿地，就是关注人类自己、关注人类的未来，保护湿地，也是保护我们的家园。

为此，2010 年 7 月，致公党中央副主席杨邦杰率领致公中央调研组赴甘肃省就湿地

保护问题开展调研。调研组一行深入祁连山保护区、永靖黄河湿地、甘南夏河湿地、碌曲尕海湿地和玛曲黄河首曲湿地等地进行了实地调研。

经过调研，调研组认为：中共中央、国务院一直高度重视湿地保护工作，相继出台了一系列湿地保护政策，经过多年努力，我国湿地保护工作已取得了显著成效：湿地保护体系初步形成并逐步完善，全国共有1795万公顷，约49.6%的自然湿地得到了有效保护；湿地立法和标准的制定工作稳步推进，9个省区已出台了省级湿地保护条例；全国湿地保护"十一五"规划顺利实施，湿地保护、湿地恢复、可持续利用示范和能力建设等工程建设取得了初步成效；湿地生态效益补偿试点工作已经启动；《湿地公约》履约和国际合作进展良好；湿地宣教工作产生了良好的社会影响。

但是，从全国的情况看，由于我国湿地保护起步较晚，对湿地的功能和价值缺乏足够认识，湿地保护法律不完备，保护资金投入不足，湿地保护科技支撑薄弱等原因，湿地面积不断减少、功能不断退化的趋势仍未得到根本性扭转，个别地区肆意破坏湿地、征占用湿地的现象屡禁不止，湿地保护工作仍然任重道远。

为切实加强湿地保护，调研组建议：

第一，加快推进湿地保护立法进程，尽快出台湿地保护条例。湿地保护涉及各级政府林业、农业、水利、国土、环保、海洋等部门，现行各部门制定的法规政策对湿地的管理处于单要素涉及状态，经济发展和生态环境保护目标不尽协调，没有一部法律能将湿地作为一个独立、整体的保护对象加以考虑，没有反映湿地生态系统的特殊性和规律，难以形成整体性、综合性、系统性治理的合力，因而对湿地保护作用甚微，已无法有效约束破坏湿地、征占用湿地的行为。建议国家有关部门进一步加大沟通协调力度，尽快出台全国湿地保护条例，使湿地保护在法律的监控下进行。

要在现有湿地保护政策的基础上，根据湿地生态系统的特点，有针对性设计新的法律制度，如湿地资源开发审批许可制度，湿地环境影响评价制度，湿地占补平衡制度、湿地资源恢复制度、湿地生态用水保障制度、湿地生态效益补偿制度、湿地生态系统监测评价制度等，强化湿地综合保护治理机制，着眼解决依赖于湿地的农牧民的长远生计问题，妥善解决保护生态与发展生产之间的矛盾。

第二，积极探索建立湿地生态效益补偿制度。加大投入力度，加快推进湿地保护补助试点工作，及时总结试点的成功做法，逐步推广。紧紧抓住国家开展试点和《生态补偿条例》立法的时机，进一步强化湿地生态效益补偿政策研究工作，推进湿地生态效益补偿制度化、常态化。

第三，切实加强湿地保护的科技支撑。应重点在湿地与气候变化、水资源安全、生物安全等方面开展基础研究。同时，积极探索湿地保护与恢复的技术，为湿地保护与恢复提供有力科技支持。此外，根据世界上一些国家的做法，非常有必要开展国家层次的大型湿地研究项目，解决国家急需的湿地保护关键技术。

第四，组织编制好湿地保护"十二五"规划。在湿地保护"十二五"规划中，应当进一步明确湿地保护的总体目标，把湿地保护与生态文明建设、社会经济可持续发展结合起来统筹考虑，统一布局。在加大湿地生态系统整体保护的同时，以流域为单元进行保护布局。在项目安排上重点考虑对全局工作有重要影响的国际及国家重要湿地、各级湿地保护区和国家湿地公园，同时对沿海湿地、高原湿地、鸟类迁飞网络、对气候变化有重大影响的泥炭湿地以及跨流域、跨地区湿地给予优先考虑，形成国家层次示范效果。加大机构队伍、科研、宣传、管理、培训以及执法的能力建设，加强湿地保护的对外交流与国际合作，加强对社区的扶持力度，开展湿地资源合理利用的示范，促进湿地保护事业的健康发展。

根据这次调研情况形成的建议稿《关于切实加强湿地保护的建议》，报送后得到了国务院有关领导的亲笔批示。

三、进一步推进科技企业孵化器建设，积极营造留学人员创新创业良好环境

近年来，留学人员通过回国创办高新技术企业，积极推动了我国自主创新事业的发展，成为我国建设创新型国家的一支重要力量。据统计，2009 年我国科技企业孵化器在孵的 50510 家企业中，留学回国人员已达 14935 人，其中由留学人员创办的科技企业 7369 家，涌现出了百度、无锡尚德等一批优质上市公司。当前，一大批留学人员企业在电子信息、生物医药、新能源新材料、光机电等领域，正以高速的发展势头引领和推动着我国企业自主创新进程。

2010 年 4 月 19 日至 24 日，在科技部、教育部、国家税务总局、国家外国专家局等单位的支持下，全国人大常委、致公党中央副主席严以新率领联合考查组，辗转皖、苏、甘三省，考察了合肥、南京、兰州等地的留学生企业，深入调研科技孵化器建设和留学人员归国创业状况。

考查组在调研中了解到，作为国家火炬计划创业孵化体系的重要组成部分，我国留学人员创业园在促进高新科技成果转化、培育留学人员企业和企业家等方面取得了显著成效。孵化器集聚了海内外大批高层次创新创业人才，造就了一大批本土高科技企业和高素质企业家；孵化器促进了科技成果直接转化为现实生产力，是建设创新型国家的重要力量，是培育战略性新兴产业的企业源头；孵化器形成的“创业导师 + 专业孵化 + 天使投资”模式，为国家高新技术产业化“育苗造林”和广大留学人员创新创业提供了系统支撑。

自我国第一家留学生创业园——南京金陵海外学子科技工业园诞生以来的 15 年时间里，科技企业孵化器在自身取得快速发展、不断为留学人员创新创业提供支持的同时，也出现了诸如国家宏观层面对孵化器的战略地位、作用有待进一步突出、对孵化服务的财政扶植有待落实、孵化器的税收减免政策有待完善和延续等等问题。结合调研中了解的实际情况，调研组建议：

第一，以培育战略性新兴产业和具有国际竞争力的高新技术企业、吸引海内外高层次人才特别是留学人员创业为着眼点，国家在宏观层面上进一步明确支持和扶植科技企业孵化器事业的发展，在立法、政策和计划制定上重视和支持孵化器建设，强化孵化器的法律地位和国家政策的支持力度，逐步形成创新创业的良性循环资助机制。

第二，国家财政设立孵化器专项资金，政府采购科技孵化服务，促进孵化器的健康发展，推动区域产业结构调整和传统产业的技术升级。

为孵化器厂房及配套基础设施建设等提供一定的贴息贷款或投资补贴，以引导社会资金、特别是民间资本投入孵化器建设，国家有关支持科技型小企业的基金和计划，应当重点向孵化器内的初创企业倾斜。

支持建立创业辅导体系和政府采购机制，完善项目评估、创业辅导、企业诊断、管理咨询、场地租金补贴等保障机制，为孵化器的公益性服务提供财政补贴，提高为在孵企业服务的能力和水平。

支持孵化器整合异地资源，形成联盟服务，促进资源的优化配置，提高创业企业的存活率、成长率，支持孵化器向专业化发展，引导全国孵化器围绕区域优势产业，加速成果转化，促进区域产业升级。

在有条件的地方推动建立科技企业加速器，延伸孵化器的功能，培育并助推高成长性企业发展的产业服务项目，保障创业企业的尽快成长和壮大。

第三，继续实施孵化器税收扶持政策，加强对孵化器的日常税收管理和服务。建议对孵化器现有税收政策执行效果进行评估，针对孵化器运行发展情况和国家产业政策的需要，进一步研究《财政部国家税务总局关于科技企业孵化器有关税收政策问题的通知》于2010年底到期后延续执行并作必要调整等问题。

第四，进一步引导和支持孵化器及在孵企业的人才培养。建议设立专项基金，吸引并资助有专利、有项目的科技人才创新创业，完善孵化器培训服务体系，充分发挥创业导师机制对企业人才培养的引导和支撑，推动企业开展人员培训，加强对企业技术及管理人才的储备。

根据这次调研情况形成的建议稿《关于进一步推进科技企业孵化器建设积极营造留学人员创新创业良好环境的建议》，报送后得到了国务院有关领导的亲笔批示。

四、加快合芜蚌自主创新综合配套改革试验区建设步伐，完善安徽区域创新体系

科技自主创新能力是国家竞争力的核心。安徽作为承接长三角产业转移的龙头，2008年作出了建立合芜蚌自主创新综合配套改革试验区的决策，中共中央领导和国家发改委、科技部等有关部委也给予了大力支持。三年来，合芜蚌自主创新综合配套改革试验区将自主创新作为发展战略的核心，取得了阶段性成果。为更好地推动安徽产业转移和结构优化升级，完善区域创新体系，致公党中央常务副主席王钦敏、副主席程津培率调研组于2010年8月赴安徽，深入企业车间、科研机构座谈并听取了政府有关情况介绍，实地考察了合芜蚌自主创新综合配套改革试验区。

通过考察，调研组认为，合芜蚌自主创新综合配套改革试验区建设取得了不少成绩和经验，科技创新已经成为安徽区域经济转型和发展的主要推进器和企业发展的共识。涌现了一批如奇瑞、海螺等创新型企业，区内高科技创业园、新兴技术企业孵化器、留学生创业园、原创动漫园等建设有力推动了试验区乃至安徽省高新技术产业、文化创意产业的发展，正逐步形成新的经济增长点，对创新主体——企业的培育力度加大，创新载体建设进程加速，产学研企一体化建设步伐加快，科技创新成果加速涌现。高新技术产业发展对经

济增长的贡献令人瞩目。

与此同时，调研组也发现安徽省科技创新进程中存在着一些问题。如，激励自主创新和政府引导社会资金参与科技创新、促进科技金融结合的体制机制仍有待完善；生物医药、电子信息、新能源等新兴产业虽然发展势头不错且颇有亮点，但整体上较分散，规模不大；自主创新能力区域发展不平衡，在一些经济发展相对滞后的市和县，科技支撑条件和手段还比较薄弱，创新环境还有待优化等。

为加快合芜蚌自主创新综合配套改革试验区建设步伐，完善安徽区域创新体系，发挥其辐射效应，带动周边区域的自主创新，调研组建议：

第一，总结经验、精致规划，提升合芜蚌自主创新综合配套改革试验区示范和引领作用。继续学习和贯彻胡锦涛总书记“安徽在自主创新上应有更大作为”的指示精神。合芜蚌自主创新综合配套改革试验区与北京中关村、武汉东湖两个国家自主创新示范区相比，其综合配套改革试验区空间范围更大、综合性更强，更具有区域示范和推广应用意义。建议将合芜蚌区域科技发展规划纳入国家“十二五”科技发展规划编制序列，在总结试验区三年来成功经验和示范意义的基础上，在更高起点上精细谋划合芜蚌试验区科技发展规划的编制工作；不仅把合芜蚌地区建设成为国家自主创新体系建设的示范区，同时还要把它建设成为体制机制创新的示范区，经济发展转型的示范区，对推进安徽乃至中部地区的区域创新体系建设、加快承接长三角产业转移步伐、实现经济全面转型发挥引领作用。

第二，加强部际协调和省部会商，完善配套政策，适度倾斜支持试验区发展。一是尽快召开由科技部等部委参加的部际协调小组会议，从国家层面上加强对合芜蚌自主创新综合配套改革试验区工作的指导。二是支持合芜蚌自主创新综合配套改革试验区在创新人才激励机制、设立创业投资引导基金、制定支持试验区创新创业的税收政策和战略性新兴产业培育等方面，开展政策试点，先行先试。三是加快推动区域体制机制改革，探索制定具有区域特色的自主创新激励政策和区域创新要素协调机制，建立以自主创新为导向的党政领导干部政绩考核办法，完善自主创新的制度环境。四是通过安徽省与科技部的省部会商，优先支持合芜蚌综合配套改革试验区发展具有区域特色的战略性新兴产业，加大对试验区内重大研发项目、重要平台建设、重大高新技术成果转化和产业化项目的分类支持，建立以自主创新实现区域经济社会发展方式转变的示范。

第三，将科技创新示范和经济结构调整、产业结构升级、“两型社会”建设结合起来。一是通过推动示范区特色产业和骨干企业的技术进步和产品结构、投资结构调整带动区域产业结构的调整。在发展战略性新兴产业的同时，注重对传统产业进行升级改造和振兴的支持。通过推动高新技术产业化和传统产业的技术创新，提升区域经济的科技内涵和竞争力。二是充分发挥安徽高校和研究机构人才密集的优势，加强区域性技术创新平台建设和科技服务模式创新，注重知识密集型的生产性服务业的发展，进而带动第三产业健康发展，优化区域产业结构。三是在推动区域科技创新的同时，积极推动区域“两型社会”建设，把科技创新作为建设资源节约型社会和环境友好型社会的原动力。

第四，探索高效率的科技成果转化机制和产业化支持方略，并使之制度化。认真研究并借鉴国外成熟的科技成果转化、交易机制和产业化发展模式，结合区域特点，探索官、产、学、研、用、资之间利益关系和有机结合的有效途径。特别是通过自主创新综合配套改革示范，组建产业技术创新联盟、共建研究开发机构、联合成立项目公司等实体化运作方式，建立合作紧密的利益共同体，疏通科技成果评估、交易、转化和产业化生产的科学发展链条，提高科技创造和技术创新活动的效率和效益；充分发挥科技创新在经济社会发展中的引领和支撑作用，实现综合示范和应用推广的目的。

第五，充分发挥政府和市场机制的双重作用。一是利用政府和市场“两只手”的作用，优化创新资源配置和创新要素整合，促进试验区自主创新体系建设健康、平稳、可持续发展。积极发挥政府资金的引导作用，深入探索科技创业的多元化投融资机制，建立产业化项目投融资评估体制机制，充分调动社会资金参与高新技术产业化和企业技术的创新进程。二是多方面扶持创新型骨干企业的发展。多方鼓励和支持企业参加国家级产业技术创新研发活动，培育企业的核心竞争力；通过税收优惠、财政补贴等手段支持企业创新行为和自主创新成果。对拥有自主知识产权的产品和民族品牌产品要优先考虑列入政府采购目录。三是做好合芜蚌试验区和皖江城市带承接东部产业转移示范区规划的对接，充分发挥安徽的区位特色，主动融入泛长三角大区域大发展的产业布局规划，推动企业主动对接泛长三角同类企业构建产业联盟，发挥区内资源、环境、产业、人才等方面的相对优势，推进泛长三角产业结构调整与产业链对接，协调泛长三角的创新要素配置，整合泛长三角市场资源，避免区域内的恶性竞争，优化泛长三角的生态环境，进而提高泛长三角的自主创新能力、综合竞争力和协调与可持续发展的综合实力。

五、加强自主创新能力建设，促进中原地区发展

2010 年 8 月 12 日至 15 日，全国政协副主席、致公党中央主席、科技部部长万钢，全国政协常委、副秘书长、致公党中央常务副主席王钦敏率致公党中央调研组，赴河南省就“科技创新与区域创新体系建设”问题进行调研。通过调研，调研组认为，近年来自主创新在河南省经济社会发展中发挥了重大作用，以自主创新驱动中原崛起的发展道路日渐清晰。目前看来，中原地区自主创新的潜力还很大。我国要实现中部地区崛起，必须进一步高度重视中原地区的自主创新能力建设。因此，调研组提出以下建议：

1. 在国家“十二五”规划中坚定不移地把自主创新作为调结构、转方式的着力点。

“十二五”是我国从“制造大国”向“制造强国”乃至“创造大国”跨越的关键时期，自主创新的重要性更加凸显。近年来，有些人甚至有些权威专家以国际合作、对外开放、技术协作等理由来否定自主创新，我们认为是一种误导。自主创新与开放、合作并不矛盾，而是相互支持、相辅相成的，事实上也只有自主创新才可能具备平等地参与国际合作的资本。我国要增强综合国力，必须坚定不移地走自主创新的发展道路。建议在国家“十二五”规划中，把自主创新作为调结构、转方式的着力点，彻底落实《国家中长期科学和技术发展规划纲要（2006—2020 年）》及配套政策，破除自主创新的体制机制障碍，调动全民自主创新热情，激发企业自主创新的积极性，建设创新型国家。

2. 解决制约自主创新的若干体制机制问题。

第一，对《国家中长期科学和技术发展规划纲要（2006—2020 年）》的 60 条配套政

策落实情况进行检查评估，对未能落实的条款找出原因和解决办法，尽快予以落实。

第二，协调发改委、财政部、科技部等有关部门，落实对自主创新产品的政府首购采购政策，以及对自主创新产品首购的风险补贴政策。在政府采购招标中，鼓励优先使用自主创新产品和技术，对高新技术企业和自主创新产品适当降低投标门槛，不必附加太多的资质、业绩要求。

第三，在国家科技专项和技术创新工程中，加强对产学研用合作的支持。积极探索产业技术创新战略联盟建设与发展的体制机制，应允许政府研发创新资金在产学研用各环节的分配使用。解决目前产学研资源相互分割的问题，改变当前科研院所为争取研究经费而研究、大量高校人才为评职称而研究、企业为短期利润而模仿抄袭的局面，变“三元结构”为产学研一体化的创新体系。以国家支持的重点项目为依托，让用户参与研发创新过程，增加对自主创新产品用户的财政金融支持，促进产学研用的深度结合。

第四，进一步强化企业自主创新的主体地位。国家支持自主创新的项目资金要重点向企业倾斜，引导技术和人才等创新要素向企业聚集，培育以企业为主体的自主创新链，形成新的经济增长点。

第五，加强金融对自主创新的支持。扩大信用质押、贷款担保、科技保险等试点工作，完善支持中小企业的多层次科技金融体系，使更多的金融资本投入到科技创新中。完善风险投资体系，鼓励战略性新兴产业相关企业上市融资。对创业板变“审批制”为“登记制”，只要符合规定，就可以允许上市。引导银行等金融机构加大对高新技术企业的资金支持力度。充分借助风险投资、银行贷款、产权交易、公开上市等多种金融手段支持自主创新能力建设。

第六，加大知识产权保护力度。把知识产权的保护作为基本国策，简化知识产权纠纷案件处理程序，为知识产权所有人维护权益提供便利，在法律法规上加大对侵犯知识产权行为的惩罚力度，保护企业、个人的创新成果和经济利益，明确专利转化为生产力的利益分配，明确专利发明人的报酬和技术入股的规则，引导社会形成尊重他人知识成果、尊重他人的创造力的氛围。

3. 加大对河南省等中原地区自主创新政策扶持力度。

河南省是全国人口大省、农业大省，为国家粮食安全作出了巨大贡献，但河南省自主创新底子较薄、投入不足、能力较弱。建议国家进一步统筹各类资源特别是科技资源，优先支持河南省在自主创新方面已经具备比较优势的几个领域的发展。促进河南省进一步提高自主创新能力，使中原地区的经济发展尽快走上创新驱动的道路。如：在农业科技方面，建议国家重点支持河南省的粮食、畜牧业有关的科研实验室建设，集成优良育种科技成果，做大做强现代种业，加大对河南省实施粮食丰产科技工程的支持力度；在重大关键技术研发方面，建议支持“大容量锂电池生产装备的自主研发”、“褐煤提质技术及高压成型装备”等项目。

董巍伟　致公党中央参政议政部主任科员

九三学社参政议政案例

一、关注气候变化问题，建言走中国特色低碳发展道路

在2010年的全国政协十一届三次会议上，九三学社中央提交的《关于把握机遇，走中国特色低碳发展道路的提案》，被列为政协大会一号提案。2010年3月4日，九三学社中央在北京举行新闻发布会，全国政协常委、九三学社中央副主席赖明等就该提案接受媒体联合采访。新华社、人民日报、人民政协报等20多家媒体记者参加了发布会。由该提案掀起的一股"低碳热"，在两会期间引起公众的广泛关注。

早在2007年，九三学社中央人口资源环境专门委员会委员张德二给九三学社中央写了一个建议，希望九三学社中央关注气候变化问题，低碳经济的课题首次进入九三学社中央的视野。2008年，九三学社中央确定将"全球气候变化对我国经济社会的影响"作为一项战略性课题长期跟踪调研，并联合有关部委、专家开展了一系列调研。经过将近两年的调研和论证，在2009年全国政协十一届二次会议上，九三学社中央首次提交了《发展低碳经济提升综合国力》的大会发言和《关于发展低碳经济的建议》的提案，提出要加强低碳经济关键技术和共性技术科技攻关，抓紧开展低碳经济试点。

2009年两会闭幕后不久，全国人大常委会副委员长、九三学社中央主席韩启德即率队奔赴广东调研低碳经济发展情况，在广州、珠海、东莞、深圳等地考察了16家企事业单位，召开了10场专题座谈会，深入探讨如何发展新能源、提高能源效率、推广绿色建筑、推进循环经济以及建设低碳城市低碳社会等课题。在九三学社十二届七次中常会上，九三学社中央又将发展低碳经济确定为四个重点调研课题之一。2009年11月，九三学社中央还与辽宁省政府联合举办低碳经济与绿色建筑产业发展高峰论坛。韩启德在论坛上指出，在坚持"共同而有区别的责任"原则下，以提高能效、发展清洁能源为核心，以转变发展方式、创新发展机制为关键，以经济社会可持续发展为目标的低碳发展应该成为国际社会的共同行动。

九三学社中央在认真调研后认为，气候变化正深刻影响着人类的生存与发展，已成为全球可持续发展面临的最严峻挑战之一。气候变化问题是当今世界政治、经济、外交的热点和焦点，也对我国现代化进程提出了严峻挑战。一方面，一些发达国家，将气候变化问题作为钳制中国等发展中国家发展的工具和手段；另一方面，气候变化已对我国经济社会

发展产生了很大影响。因此，以提高能效、发展清洁能源为核心，以转变发展方式、创新发展机制为关键，以经济社会可持续发展为目标的低碳发展，应该是今后我国经济社会发展的必然战略取向。

九三学社中央就推动经济社会低碳发展，提出以下建议：

第一，将中国特色低碳发展道路确定为经济社会发展的重大战略。一是深入研究低碳发展与节能减排、清洁生产、循环经济、两型社会建设、生态文明建设、可持续发展等战略部署的关系，明确中国特色低碳发展道路的核心要求、实现方式和战略目标。二是将中国特色低碳发展道路作为应对气候变化、推动经济发展方式转变的重大战略。根据资源环境承载能力，从经济社会发展全局出发，在基于我国2020年控制温室气体排放行动目标制定“十二五”规划的同时，考虑更长远的发展规划。大力做好节约能源、提高能效工作，不断提高应对气候变化能力。以发展新能源、节能环保、绿色建筑、新能源汽车等低碳产业为抓手，加快推进产业结构调整，加快经济发展方式转变。

第二，尽快启动相关基础性工作，做到心中有数。一是把低碳发展与节能减排等有关战略部署结合起来，尽快将温室气体排放纳入监测指标。二是迅速普及碳排放测算技术，着手摸清区域、行业的排放水平，建立和完善全国性的温室气体排放普查、统计、监测管理体系，为逐步将其作为控制指标奠定基础。三是根据国情和发展预期，结合未来气候变化会谈的可能结果，进行多情景分析，重新审视或调整我们经济社会发展规划的一些约束性指标，如节能减排目标等。四是尽快开展地方碳排放指标核定工作。

第三，实施若干重大行动计划。一是重点实施能源结构调整、绿色能源开发利用、绿色建筑、公共交通、农村沼气化和陆地生态碳循环等重大行动计划。二是强化区域限批等行政手段，坚决遏制高能耗、高排放项目上马，避免高碳排放锁定。三是政府采购带头向低碳排放产品倾斜，限制高碳排放产品进入政府采购目录。四是在东、中、西部经济发展水平不同的地区，建立若干低碳发展试验区，探索低碳发展经验。五是开展将外汇储备转化为低碳技术、装备、人才投入的战略可行性研究，并择机实施。

第四，大力增强科技支撑能力。低碳技术是低碳发展的重要要素，是低碳发展的核心驱动力，是支撑经济发展方式转变、实现可持续发展的重要保证。为此建议：一是从众多的低碳技术中，选择符合国情和发展需求的关键、共性技术，尽快制定低碳技术重点发展战略规划，并列入“十二五”科技发展计划及相关产业技术创新计划。二是巨额投入比较效益高、占据技术制高点的前沿低碳技术研发。三是重点加强农业、水资源、能源等领域适应气候变化和应对极端天气事件的科技支撑能力。四是出台企业低碳技术研发与推广的投入抵税等激励政策，鼓励低碳技术创新与产业化应用。五是针对一些量大面广的碳减排技术，加快相关方法学研究，以争取更多国际碳交易的技术、资金和能力建设合作。六是开展包括碳捕捉封存、二氧化碳资源化利用等技术研究。

第五，创新低碳发展体制和机制。瑞典的经验值得借鉴，它是通过对化石能源课以重税，引导企业主动降低能耗和寻找低成本的新能源，避免政府陷入补贴什么节能技术、补贴什么新能源、补多少、如何防止权力寻租的困境。为此建议：一是将国家能源局升格成立能源部，整合相关工作，形成合力，统筹协调能源及低碳发展相关事务。二是权衡经济发展利弊，尽快调整能源价格形成机制，逐步达到利用价格杠杆来刺激经济活动转向提高能效、发展清洁能源的低碳发展道路。三是尽快整合完善已出台的能源、产业、金融、财政、税收及贸易等法律法规，制定清晰稳定的激励和约束政策，形成低碳发展的长效机制。四是重点修改完善能源法、节约能源法和循环经济法等法律，为低碳经济立法做准备。五是逐步建立行业、重要产品、服务的碳排放限额标准，配套出台相关约束与激励措施，强化企业的社会责任感。

第六，调动全社会力量建设低碳社会。一是积极推动全社会参与，利用各种途径和方式，宣传普及低碳发展知识。二是创新宣传方式，通过政策法规制定的公众参与，让公众全面了解低碳发展的概念、内容及责任，增加全社会对低碳发展的认同。三是倡导健康文明的消费理念，抑制奢侈消费，引导社会公众消费方式转变。

二、建言优化国民收入分配结构，推动经济社会持续健康发展

近十余年来，投资、出口对我国经济发展贡献巨大，尤其是扩大投资对我国应对金融危机发挥了重要作用。与此同时，国家也已深刻地认识到，经济社会的可持续发展不仅要稳定外需，更要大力调整国民收入分配结构，提高居民、企业收入，扩大内需。

九三学社中央在调研中发现，我国收入分配结构中的一些问题值得高度重视。一是居民收入占国民总收入比重逐年下降。劳动者报酬比例从1995年的51.4%下降到2007年的39.7%。居民收入占GDP的比重，从1992年的68.6%下降到2007年的52.3%。二是贫富差距不断扩大。收入最高10%群体和收入最低10%群体的收入差距，从1988年的7.3倍上升到2007年的23倍。在中低收入居民消费能力普遍低下的同时，我国的奢侈品消费近两年年均增长达22%，升至世界第二。

九三学社中央在认真调研后认为，我国收入分配结构失衡的原因是多方面的。一是初次分配畸重效率。劳资机制不健全。在中低劳动力市场总体供大于求、企业负担较重的情况下，劳动者始终处于弱势。作为居民收入主要渠道的工资收入，在生产要素中的分配比例偏低，仅占企业运营成本不到10%，远低于发达国家的50%。工资增长指导线、最低工资标准等制度形同虚设。因报酬引发的劳动争议案件数量急剧增加，仅2008年就增长了106.6%，严重影响社会稳定。企业税负较重。从财政收入结构来看，企业承担的生产税是国家主体税种，占税收总额的近80%。垄断行业改革滞后。2008年电力、石油、烟草等垄断性质的行业职工平均收入是全国的5到10倍。同时，在垄断企业的挤压下，中小企业发展较为艰难。资源收益分配不公。如矿产资源的勘探、开采等收益分配不公，土地流转、置换、征用利益分配不合理等问题普遍存在。二是再分配机制加剧收入分配结构失衡。地方政府体制外收入加重企业负担。由于地方政府财权事权不对等，财政难以支撑，导致“三乱”现象屡禁不止，给中小企业带来了沉重负担。税收逆向调节。当前我国工薪阶层的个税比重达50%，而美国10%的最高收入者缴纳个税占总额的80%以上。没有实施具有调节功能的税种，如物业税、遗产税、赠与税等。政府支出结构失衡。表现为：公共支出比例仍然偏低。近几年国家大幅增加了公共支出，但与其他发展中国家相比仍有较大差距。2008年我国教育、医疗和社会保障三项公共支出仅占财政支出的29.7%，与人均GDP3000美元、3000—6000美元国家相比，分别低13.0%和24.3%。行政支出比

例偏高。据估算，2007 年党政事业工资、退休、医疗、“三公”、办公等经费总支出相当于同年财政支出的 59.1%。三是三次分配规模小。我国现有慈善机构 100 多家，但掌握的慈善资金不到 GDP 的 0.5%，而美国却高达 9%。在我国逾 1000 万家企业中，有过捐赠记录、履行慈善义务的不到 1%。

2010 年 3 月，九三学社中央根据调研情况，向全国政协十一届三次会议提交了《优化国民收入分配结构，推动经济社会持续健康发展》的提案，提出以下建议：

第一，将优化收入分配结构作为重大的国家战略。高度重视国民收入分配结构对“保增长、扩内需、调结构”的重要作用，将优化收入分配结构、提高居民收入作为经济社会发展刚性的、长期的约束性指标，在“十二五”规划中充分体现。逐步缩小居民收入增速与 GDP 增速、财政收入增速之间的差距，并将城乡居民收入增长作为各级政府重要的政绩考核指标。

第二，以效率兼顾公平原则指导初次分配。建立可行的劳资集体谈判机制，使劳动者能分享企业效益。降低企业，特别是有利于就业的中小型、服务型企业的营业税、增值税税率，鼓励居民创业。对具有战略性或自然垄断的资源定价实行有效监管，深化资源价格改革；推进资源税改革，扩大资源税征收范围；完善资源管理体制，明确资源权利及其转让方式；建立健全城乡土地资源利益合理分配机制。深化垄断行业改革。制定反垄断法的配套法规，逐步清除垄断行业的各种壁垒；规定垄断企业最低产品供应量、最高限价；将国有企业利润纳入财政预算；加强国有垄断企业的薪资监管，建立增长约束机制。

第三，转变政府职能，完善再分配机制。建立财权事权匹配的财税体制。重新界定各级政府支出责任，将提供基础教育、基础医疗、社会保障明确纳入中央政府的管理范畴；调整税收分配，培育地方税主体税种，扩大地方的共享税分成；加快“费改税”进程，加大对地方政府体制外收入的管控；加快推进各级政府财政信息公开。加大税收调节力度。根据各地实际情况调整个税起征点、超额累进税率和层级。提高高消费征税税率并扩大征税范围，尽快试点推广物业税，择机开征遗产税、赠与税。调整政府支出结构。进一步加大农村基础教育投入，加强城乡职业技能培训和公共就业服务；加大建设城乡社会保障、医疗保险、住房保障体系投入，做好保障接续工作；加大对欠发达地区和生态功能区财政补贴和一般性转移支付力度，规范并压缩专项转移支付；大力压缩行政开支。

第四，积极推进第三次分配。尽快健全和完善相关的税收减免、登记监管、法律保护、政策扶持等制度，鼓励并积极发展慈善事业。树立“社会主义核心价值体系”，强化企业和高收入群体的社会责任意识。

2010 年 3 月，九三学社中央向全国政协十一届三次会议提交的《优化国民收入分配结构，推动经济社会持续健康发展》的提案入选全国政协现场协商办理会。

三、关注玉树地震灾区重建，建言三江源保护工作

2010 年 4 月 14 日，青海省玉树地区发生 7.1 级强烈地震，人民群众生命财产遭受严重损失。地震发生后，九三学社青海省委领导班子立即召开紧急会议，发动成员积极参与抗震救灾工作，并在全省成员中开展抗震救灾捐赠活动。九三学社中央也在第一时间致信

慰问九三学社青海省委和奋战在抗震救灾一线的广大社员，采取各种方式向灾区伸援手、献爱心、送温暖。

玉树地震灾区地处三江源自然保护区。2003 年 8 月，九三学社中央曾向中共中央提出《关于加大三江源生态保护和建设的建议》，在中共中央、国务院的高度重视下，国家于 2005 年正式批准实施《三江源自然保护区生态保护和建设总体规划》。多年来，九三学社中央持续关注三江源地区的生态保护与建设，进行过一系列跟踪调研。

玉树地震发生后不久，九三学社中央立即派员赴青海就“玉树地震灾后重建”进行调研。9 月，全国人大常委会副委员长、九三学社中央主席韩启德又亲率九三学社中央调研组赴玉树调研。调研期间，韩启德听取了中共青海省委、省政府“三江源生态环境保护建设”情况汇报会，与专家和基层干部进行了座谈，并赴玉树地震灾区视察灾后重建及三江源生态保护情况。韩启德充分肯定了三江源生态保护工程实施五年来青海省在生态保护建设取得的成绩。他表示，青海省坚持“生态立省”的发展战略，在三江源生态保护工程中取得显著的成绩实属不易。但是，三江源生态保护和建设是一项长期、艰巨的系统工程，在实施过程中出现了一些新问题，需要认真思考、总结，探索解决的办法，以更好地推进三江源保护和建设工作。

在深入调研的基础上，九三学社中央在 2010 年先后形成《关于玉树地震灾区重建与三江源保护工作的建议》、《关于三江源生态保护与建设调研报告》，《关于三江源生态保护和建设的几点建议》，报送中共中央、国务院，得到了国家领导的批示及国务院有关部门的重视。

关于玉树灾后重建和三江源生态保护，九三学社中央提出如下建议：

第一，将灾后重建和生态保护、生态移民结合起来，科学规划移民布点及后续产业发展。自 2005 年国务院启动《青海三江源自然保护区生态保护和建设总体规划》以来，三江源自然保护区的生态保护和建设工程取得了积极的成效。实践表明，三江源生态保护和建设工程成败的关键在于生态移民，而生态移民能否成功，则取决于后续产业的发展。自工程实施以来，生态移民工作取得了很大成绩，但也面临一些问题。特别是相当数量移民的生产、生活困难，靠吃补助生存，实际生活水平与搬迁前相比有所下降，逐渐成为新的弱势群体，甚至出现少数移民回迁的现象。造成这种状况的原因是多方面的。从移民布点和产业布局情况来看，有的移民居住分散偏远，移民点布局与城镇结合不紧密，一些移民点前不着村、后不靠店，缺乏自我发展能力；有的安置区自然条件恶劣，交通不便，不具备发展畜牧业和农业的条件；有的发展规划与经济特色脱节，基础设施建设落后，导致后续产业发展乏力，等等。为此，九三学社中央提出：一是高度重视玉树地区的生态承载能力，将生态环境作为重建规划的重要控制指标。应在规划环评的基础上，规划灾后重建和产业发展，实现玉树的生态发展、绿色发展。二是在制定灾后重建规划时，统筹考虑生态移民和后续产业发展，将灾后重建、灾民安置与处理前期生态移民遗留问题有机结合起来。三是在安置方面，对灾区中生存环境恶劣的移民集中安置点，撤并到条件较好的安置点。四是在城镇建设规划上，适当扩大宜集中居住区域的城镇规模，保持其地域特色、文化特色和民俗特色，构建功能齐备、设施完善、就业有序、生活便利、环境优美的宜居城镇。五是在基础设施建设上，着重解决前期生态移民过程中的遗留问题，配套完善水、电、路、有线电视、学校、医疗服务点、宗教活动场所等设施。六是因地制宜，在对功能分区科学分析的基础上规划后续产业发展。如，在缓冲区，应大力发展生态畜牧业，加大优质牧草与当年生优质燕麦的种植力度，大力发展舍饲和半舍饲畜牧业；在中小城镇和试验区，重点支持民族生态旅游业、民族手工业、畜产品加工业等劳动密集型产业，突出特色，走生态经济的发展模式。

第二，结合灾后重建，创新移民工作思路。实践证明，三江源地区的生态移民较之其他地区的生态移民或工程移民要复杂得多，它涉及藏族传统游牧社会向现代城镇定居社会的生产方式、生活方式的重大转变。相当一部分藏族群众特别是中年以上的藏族群众，由于语言障碍、宗教和文化传统差异、职业技能等原因，很难适应新的生活环境和就业要求；同时，玉树藏区生育率高达千分之三十，不少家庭有五个以上的子女，人口增长过快，这在一定程度上制约了地方的经济发展；加之当地自然条件限制，可替代产业难以在短时间内发展起来。在此情况下，冀望将这部分牧民迁到城镇，转向二三产业并实现脱贫致富，是不大现实的。因此，在灾后重建过程中，要创新工作思路，探索就地安置与外迁移民相结合、保护藏民族文化传统与提高藏族青少年素质相结合的道路。为此建议：一是开辟草原和森林管护的公益型岗位。在控制牲畜数量的基础上，尽量让世居于核心区的中年以上的牧民不搬迁，转而从事种草植树、灭鼠、防火、核查牲畜数量等草原管护工作，使他们成为当地生态环境的守卫者，既保护了生态环境又促进了民族文化的传承。二是制定长远的教育和培训规划，使牧民后代接受高等教育或中等职业教育，以逐步转移到外地城镇就业安家。三是加大牧区计划生育政策宣传和执行力度，减少牧区的人口环境压力。四是利用各地援助灾后重建机会，实施教育生态移民计划。鼓励“两江一河”中下游生态受益区域接收三江源地区的儿童就读，开设三江源生态移民班，承担生态移民子女培养任务，并实行优惠政策鼓励和安排他们在当地就业。

第三，在重建中建立有利于三江源生态保护的长效机制。目前实施的三江源生态保护工程基本上是应对生态恶化的抢救性工程。工程实施以来，局部地区生态恶化状况初步得到遏制，但从总体上讲，三江源地区的草原退化、土地沙化、水土流失等仍在恶化。三江源生态修复是一项长期的系统工程。此次地震对三江源地区的生态环境以及当地群众的生命财产造成了很大的破坏和损失，进一步加大了生态治理和社会救助难度。因此，在重建中应将短期的救灾与建立长期、稳定的投入机制结合起来，将灾后救助与建立完善稳定的生态移民政策结合起来。为此建议：一是尽快开征水资源税，为三江源生态保护提供资金支持，构建横向生态补偿机制。二是建立三江源地区生态补偿制度，由中央财政建立专项资金，使三江源地区的生态补偿制度化、规范化和长期化，为在全国范围实行生态补偿制度积累经验。三是结合各省区救灾援助，建立“两江一河”中下游发达省区对口支援三江源地区机制，在项目、资金、科技、教育、医疗、劳动培训等方面进行长期援助。四是结合灾民救助，进一步调整和完善生态移民的补偿和安置政策。如：调整对生态移民按户补助饲料粮款政策，实行按人户相结合的补助办法，并将饲料粮补助和取暖补助期限由10年延长至20年；移民家庭成员另立门户的，亦纳入按户补偿范围；将迁入城镇的生态移民纳入城镇最低生活保障范围，并实行属地化管理；在三江源地区率先全面推行农村医疗保险、最低生活保障和养老保险制度。

四、为促进绿色建筑发展建言献策

2007年，在全国人大常委会副委员长、九三学社中央主席韩启德的倡导下，九三学社将“气候变化对我国经济社会的影响”作为一项长期性战略研究课题跟踪调研。几年来，九三学社联合有关部委、专家，围绕节能减排和应对气候变化，通过系列的调研、论坛、专家座谈等方式，对西南水电开发、南水北调中线水源区保护、三江源生态保护、农业节水、两型社会建设、生物质能源发展、可再生能源及新能源开发、能源资源价格改革、绿色建筑发展等问题开展了大量的调查研究，积极推进符合国情的低碳技术发展，努力探索中国特色的低碳发展道路。

2010年，九三学社中央继续将低碳问题的切入口具体化，将关注的目光投向节能建筑。5月24日—28日，全国人大常委会副委员长、九三学社中央主席韩启德率九三学社中央调研组赴辽宁省就“发展低碳技术，推动绿色建筑发展”开展专题调研。参加调研的还有国家发改委、住建部、科技部、财政部、工信部、环保部、国家税务总局等部委相关司局的负责同志和有关科研机构的专家。期间，调研组听取了辽宁省及有关城市政府的情况介绍，考察了沈阳中德低能耗节能示范园、辽宁省建筑科学研究院既有建筑节能改造项目、大连长兴岛绿色建筑产业园等十余个项目，并召开了两次专题座谈会。

通过调研九三学社中央认为，加快绿色建筑发展是节能减排和应对气候变化的重要抓手。首先，我国高耗能建筑量大面广、发展绿色建筑前景广阔。我国既有建筑达400多亿平方米，同时每年新建16—20亿平方米。然而，我国建筑95%以上是高耗能建筑，如果达到同样的室内舒适度，单位建筑面积能耗是同等气候条件发达国家的2—3倍。截至2009年底，全国绿色建筑仅2000多万平方米，不到既有建筑面积的0.05%，发展绿色建筑的节能减排潜力巨大。“十一五”期间，建筑节能承担了我国全部节能任务的20%，如果切实执行50%的节能标准，局部地方执行65%的节能标准，到2020年，能节约3.54亿吨标准煤，占同期国家节能目标任务的30.7%。其次，绿色建筑投入低、比较效益高。据测算，达到同样的节能效率，建筑要比工业投入少。联合国政府间气候变化专门委员会于2007年发布的《第四次评估报告》指出：至2030年，全球建筑行业可分别以小于0美元、20美元和100美元/吨CO_2当量成本每年分别减少45亿吨、50亿吨和56亿吨CO_2当量，大大低于工业节能的投入。第三，绿色建筑技术相对成熟。欧盟学者针对80项减少建筑温室气体排放技术的调查结果表明，就投入和节能效益而言，高能效照明技术是几乎所有国家建筑物温室气体减排最有效的措施之一。就节能量而言，改进寒冷气候区的隔热和分区供暖系统，在温暖气候区提高制冷和通风能效，注重遮阳、自然通风、隔热措施，以及改进发展中国家炊事炉灶，是有效的节能措施。高能效比的设备、太阳能热水装置、节能型家用电器和能源管理体系等均是成熟的建筑节能技术。我国从“十五”开始，就组织实施了“绿色建筑关键技术研究”、“城镇人居环境改善与保障关键技术研究”等国家科技支撑计划项目，在节能、节水、节地、节材和建筑环境改善等方面取得了一大批研究成果，并逐步推广，产生了良好的效果。

九三学社中央认为，节能减排和应对气候变化是我国必须长期应对的艰巨任务。建筑行业的“用能锁定”特性，决定了目前城乡建设高投入、高消耗、低产出的粗放发展模式以及居民生活水平的日益提高，将导致建筑能耗快速增长，建筑将超越工业等其他行业成为未来20年用能的主要增长点。绿色建筑在全寿命周期内，最大限度地节能、节地、节水、节材，减少室内外污染，保护环境，改善居住舒适性、健康性和安全性，是节能减排和应对气候变化的重要抓手，并对转变城镇建设模式、促进新兴产业发展以及转变经济发展方式具有深远影响，应采取切实可行措施大力推广。

根据上述调研情况，九三学社中央提出以下建议：

第一，将发展绿色建筑列入“十二五”规划。一是将发展绿色建筑作为扩大内需、促进新兴产业发展、转变城镇发展方式的重要战略，列入“十二五”规划。“十二五”期间，重点构建适合不同气候特征地域的绿色建筑技术和市场推广体系，促进绿色建筑规模化发展；完善节能改造关键技术体系，加快既有建筑节能改造；强力实施供热计量收费制度，加快供热体制改革。二是制定绿色建筑发展阶段性目标，明确到2020年绿色建筑在新建建筑中应达到的刚性比例。三是将发展绿色建筑纳入政绩考核目标。建议在《单位GDP能耗考核体系实施方案》、《主要污染物总量减排考核办法》、《省级人民政府节能目标责任评价考核计分表》中，增加对绿色建筑的考核指标。

第二，完善政策法规。一是完善相关法规。尽快修订《建筑法》，增加绿色建筑规划、设计、审批、施工、管理、运营等方面内容；在《城乡规划法》、《节约能源法》、《可再生能源法》、《城市房地产管理法》、《固体废弃物污染环境防治法》、《循环经济促进法》等相关法律中增加绿色建筑方面内容。二是出台系统的财政、税收、金融、行政等方面激励政策。通过财政补贴、税费减免、低息贷款、能源合同管理等激励手段，解决绿色建筑经济外部性问题；建立民用建筑能耗定额、超定额加价等强制制度，实施“节能量购买”等激励政策；加大节能改造财政补贴力度；对建造绿色建筑的企业，减免部分营业税、所得税；对绿色建筑减免房改基金和减收水资源建设费、垃圾处理费、电增容费等配套费用以及交易费税；对达到节能能效标准的建筑返还固定资产投资方向调节税；制定促进新型建筑节能材料推广的配套政策，扶持新型墙材及节能材料、产品产业化。

第三，加快绿色建筑技术体系建设。一是加大科技投入。将绿色建筑作为科技发展的重要领域，列入“十二五”科技发展计划。二是加强集成创新。在绿色建筑单项技术开发应用基础上，着重推动符合中国国情、注重地域气候特征的绿色建筑技术集成，因地制宜、因时制宜地推动绿色建筑集成技术不断进步。三是加快对引进核心技术的消化吸收和再创新，形成符合国情的绿色建筑适宜性技术、产品和设备；加快具有自主知识产权的绿色建筑关键技术开发应用及产业化进程。四是参照对战略性新兴产业的扶持政策，重点支持一批绿色建筑研发建造企业、设计院所、科研机构对绿色建筑的技术集成、推广及应用。

第四，健全绿色建筑标准和评价体系。一是健全绿色建筑标准规范。按照绿色建筑全生命周期要求，完善绿色建筑规划、设计、施工、监理、检测、竣工验收、维护使用等各环节标准；完善绿色建筑技术标准，制定适合不同气候区的绿色建筑应用技术规范、设备产品适用性评价指南。二是完善绿色建筑评价体系。加快产品能效分级认证和能效标识管理制度实施，推广建筑能耗性能和绿色建筑性能评级，扩大绿色建筑评价标识范围，强化绿色建筑评价的能力建设；明确监管机构和监管手段，加强绿色建筑的后评估和运营过程的综合评估。

第五，扶持绿色建筑设计研究队伍发展。设计是绿色建筑的关键。设计的理念、质量和精细程度直接决定了绿色建筑的性能，甚至决定了绿色建筑的成败。因此，应对从事绿色建筑设计的机构予以鼓励。一是细化建筑设计收费标准，改变以建筑类型进行分类“一刀切”的收费标准，增加绿色建筑的收费专项，并对绿色建筑设计费用实施税收减免。二是相关企业和专业人员申请资质、升级或执业资格时，对有绿色建筑认证项目咨询、设计、建造业绩的单位和个人予以加分。三是对绿色建筑设计咨询成效突出的设计机构，鼓励其扩大业务范围，允许其从事绿色建筑的项目管理、代建或 BOT 等业务。四是将绿色建筑有关要求纳入建筑工程师教育培训、资格认证、职称评定、资质申请等。五是完善绿色建筑人才培养体系。在高校增设绿色建筑课程，强化职业培训和考核，建立绿色工程师、能源管理师执业资格制度等。

第六，实施绿色建筑专项行动。一是大力促进住宅产业化。实践表明，产业化是推动绿色建筑的有效途径，各级政府应在每年住宅建设计划中安排一定比例的产业化住宅以推动绿色建筑发展。二是大力推广全装修房。根据各地实际，制定可行的计划，将房地产开发业和室内装修业结合起来，强力推进新建住宅一次装修到位或菜单式装修模式，促进个性化装修和产业化集成相统一，以有效减少建筑垃圾和资源浪费，提高住宅装修品质和安全性，延长住宅寿命。三是加快建筑节能改造。制定时间表逐步在地级以上城市全面建立国家机关办公建筑和大型公共建筑能耗统计、能源审计、能效公示、能耗定额和超定额加价制度，加快节能改造，加强监督检查，强化监管体系建设，出台相应的惩罚细则；扩大北方采暖地区既有建筑节能改造范围，提高补贴标准。四是大力推广绿色建筑和社区。强制将重大项目、政府投资建设项目和超过一定面积（如超过 10 万平方米）的居住区等作为绿色建筑示范项目；鼓励有条件的城市、社区发展绿色低碳城区，推动区域性绿色发展模式。

在调研基础上，九三学社中央向中共中央、国务院报送了《关于促进绿色建筑发展的调研报告》，得到了中共中央领导同志作出的重要批示。

五、关注草原生态保护与建设，呼吁建立草原长效生态补偿制度

近些年来，国家出台了一系列惠农政策，对推动“三农”问题的解决起到了重要作用。目前农民每人年享受的各种补贴近千元，即使大灾之年，农村发展也比较稳定。九三学社内蒙古区乌兰察布市委副主委、乌兰察布市副市长赵永华参与了这些政策在基层的具体实施，但他在实践中发现，由于这些惠农补贴是按农区项目补，针对性强，牧区几乎享受不上，牧民生活仍然困难。2007 年，赵永华在广泛调研和深入思考的基础上，写成《关于加大对少数民族地区涉牧补贴政策扶持力度的建议》，就促进牧区生态保护、经济发展和安全稳定提出六项措施：一是实行禁牧补贴，二是实行草畜平衡补贴、三是实行良种公畜和优良冷冻精液补贴，四是实行牧区劳动力转移培训补贴，五是实行住校生补贴，六是实行牧业机械补贴，并对具体落实作了详细的说明和解释。该项建议作为九三学社内

蒙古区委提案报送自治区政协。此后，赵永华拟就了《关于对牧区实施补贴的建议》，报送内蒙古自治区政府和国务院有关部门。

九三学社内蒙古自治区委高度重视该提案及建议。九三学社内蒙古自治区区委主委、自治区政府副主席刘新乐多次召开会议安排部署，并带领相关人员赴基层牧区进行调研。该提案被列为政协的重点调研课题，引起了内蒙古自治区党委和政府的高度重视。随后，内蒙古自治区人民政府以2010年一号文件的形式出台了《关于促进牧民增加收入的实施意见》。

全国人大常委会副委员长、九三学社中央主席韩启德看到赵永华《关于对牧区实施补贴的建议》后作出重要批示，认为此建议值得认真考虑。九三学社中央副主席赖明也作出批示，并为九三学社中央去牧区调研做了具体安排。农业部原副部长、九三学社中央原副主席、著名草原专家洪绂曾将该建议分别批转给农业部畜牧司和草原监理中心的领导。

2010年7月12日，全国政协副主席、九三学社中央副主席王志珍率九三学社中央调研组赴内蒙古自治区，就牧区生态建设及牧区生态建设补贴进行了专题调研。农业部有关司局和草原监理中心的负责同志，以及相关专家参加了调研。调研组考察了内蒙古自治区呼伦贝尔市三个牧业旗县，分别听取了自治区、呼伦贝尔市及有关旗县的情况介绍，并深入牧区走访了牧民家庭。

通过调研九三学社中央了解到，2000年以来，国家在内蒙古实施了退牧还草、京津风沙源治理工程。内蒙古自治区也加大了草原生态保护力度。在国家的大力支持下，通过各级政府和广大牧民的不懈努力，草原生态恢复取得明显成效，草原生态较本世纪初退化最严重时期有所改善，生态持续退化趋势有所减缓。但是，由于草原生态系统脆弱、气候变化影响加剧、保护动力不足和人为活动加大等诸多因素，草原生态系统仍然面临很大危机，生态环境恶化、草原退化趋势尚未根本扭转，草原生态保护和建设任务十分艰巨。

九三学社中央发现，目前草原生态保护和建设主要存在以下一些问题：

第一，经济发展与生态保护矛盾突出。近年来，随着煤炭、石油、有色金属、硅石、石灰石、锗等矿产资源不断探明，内蒙古草原掀起了资源开发热。资源开发与生态保护矛盾日益突出，仅煤炭开采就占用了大量草原，如呼伦贝尔伊敏河露天煤矿2009年规划面积就超过20万亩。工业污染、与草争水现象越来越严重。内蒙古乌拉盖河流域上游有数十家工业企业，其中仅一家尿素生产企业每年就耗水3000万吨，整个流域水资源被这些企业消耗殆尽；由于缺水，位于下游的乌拉盖湿地已干涸，乌珠穆沁草原也面临干涸的威胁。

第二，生态保护投入不足，生态补偿机制不完善。一是生态保护投入不足。2000年以来，国家对内蒙古草原生态保护和建设投入约92亿元，按照全区10.2亿亩可利用草原计算，每年每亩投入不足1元。国家《西部大开发“十一五”规划》提出2006—2010年要完成退牧还草7.5亿亩，目前仅安排4.88亿亩，且中央投入主要集中在几个重大生态工程上，以实施草原围栏措施为主，与牧民生产直接相关的人工种草、牲畜棚圈和青贮窖建设等投资少；已实施的舍饲、半舍饲方式，也由于基础设施不配套，面临饲草料短缺和饲养成本增加的问题。二是生态补偿制度不完善。内蒙古实行禁牧休牧草原面积已达

7.81 亿亩，国家安排的禁牧休牧补贴面积不足 2.5 亿亩，其余近 70% 的草原未列入工程范围，但仍实施强制性禁牧休牧，补偿很少或没有补偿；目前牧区享受退牧还草补贴户数不到 10%，而且现有补偿标准太低，人均只有 5000 元，不能充分补偿禁牧休牧给牧民带来的损失；生态补贴期限仅为 5 年，多数植被 5 年时间只能得到初步恢复，如果到期后恢复放牧，将加剧“三化”反弹。同时，生态移民缺乏生产扶持、就业培训、社会保障等方面的配套政策，难以做到移得出、稳得住、不反弹。三是惠牧政策力度较弱。由于二三产不发达，牧民增收的渠道窄，增收困难；而且牧民居住分散、交通不便，生活成本远高于农区农民；加之惠牧政策与惠农政策差距较大，牧民增收更为困难。从内蒙古自治区的情况来看，目前出台的惠农政策共有 14 项，农民每人年均补贴近 1000 元，而针对牧民的补贴仅 4 项，牧民每人年均补贴仅 90 多元，二者相差达 10 倍。据统计，2005—2008 年，农民年人均纯收入增长 9.2%，而牧民仅 2.6%。惠牧政策力度不足，导致草畜平衡措施难以有效执行。

第三，政策法规不落实。近年来，国家出台了一系列草原生态保护和建设的政策法规。2002 年，国务院制定《关于加强草原保护与建设的若干意见》；2003 年，修订颁布《草原法》；2007 年，国务院批准印发《全国草原保护建设利用总体规划》，等等。但由于多个部门难以协调、部分政策法规缺乏操作性、项目规划不完善等原因，草原保护建设的政策法规难以落实。《全国草原保护建设利用总体规划》涉及九大工程，目前除退牧还草、沙化草原治理、西南岩溶地区草原治理、游牧民定居工程外，其他五大工程基本没有启动；已启动的退牧还草工程也仅在 179 个县旗实施，占全国 264 个牧区半牧区县旗的 67.8%；一些禁牧休牧区将牲畜转移到非工程区，导致新的草畜失衡，禁牧休牧难以有效落实。

第四，草原保护出现一些新问题。一是过牧偷牧现象严重。1953—2000 年，内蒙古人口密度增长了 295.67%，是同期全国人口密度增长的 2.62 倍，人口压力不断增大。由于生态补偿水平较低，牧民为了生存只有增加牲畜数量，导致草原超载过牧。2009 年，内蒙古草原牲畜超载率达 30%。同时，由于就业渠道窄、社会保障差、监管力度弱，大量城镇无业人员、单职工家庭、生态移民以及一些外来人员偷牧现象严重。二是已实施的草原生态保护项目出现一些新问题。如，一些草场围栏阻碍牲畜和野生动物的饮水通道和迁徙路径；一些人工草场建设、生畜棚圈建设以及舍饲、半舍饲项目，缺乏配套设施建设；在确定禁牧、休牧、轮牧草原时，缺乏科学的标准，随意性大。

九三学社中央认为，草原生态保护与建设，对于国家生态安全具有十分重要的功能。我国是世界第二大草原国，拥有天然草原 60 亿亩，占国土面积的 41.7%，其中可利用草原面积约 50 亿亩，是耕地面积的 3.2 倍，森林面积的 2.3 倍，在我国绿色植被生态系统中占 63%，是面积最大的生态屏障。草原具有气候调节、防风固沙、涵养水源、保持水土、净化空气以及维护生物多样性等重要生态功能，是维护国家生态安全的重要资源。尤其重要的是，草原生态保护和建设对我国民族团结、边疆稳定和国防安全具有十分重要的意义。边疆民族地区是融国家政治、经济、军事战略地位为一体的门户。我国 70% 以上的草原集中在内蒙、新疆、西藏、青海、甘肃、四川等边疆或少数民族地区，保护好草原这个边疆民族地区人民赖以生存和发展的根本，处理好保护草原生态环境与当地群众的民生改善关系，有助于增强边疆民族地区群众的凝聚力和向心力，提高安疆固边的自觉性和主动性，不仅对加强民族团结、促进边疆社会稳定和巩固国防具有重要的意义，更关系到改革开放和经济社会发展的大局。

根据上述调研情况，九三学社中央提出了以下几点建议：

第一，将草原生态保护和建设上升为国家战略。鉴于草原生态系统对维护国家生态安全、维护边疆稳定、促进少数民族地区民生改善的极端重要性，建议将草原生态保护和建设上升为重要的国家战略，纳入“十二五”规划，设立专项基金，出台专项政策，实施专项工程，加大投入，扩大保护与建设覆盖面，强化保护力度，以切实扭转草原生态恶化的趋势。

第二，切实解决草原保护建设中的民生问题。一是完善补偿办法。鉴于牧民承包草场面积差距悬殊，而大部分牧民承包草场面积少的现状，建议在制定补偿标准和办法时，应实行按户、按人补贴与按草场面积补偿相结合的办法，以确保承包草场少的牧民的生活质量。二是加大补偿标准和范围。根据各地实际情况，在科学确定草畜平衡、减畜数量的基础上，提高退牧、休牧和轮牧的补偿标准，使其能够补偿减牧的损失；将生态保护区内的牧民补偿标准提高到当地牧民平均收入水平，且补偿期限不设上限；将针对“三农”的优惠政策扩展到“三牧”；制定鼓励牧民移居城镇的优惠政策，促进牧业小户和无草场户移居城镇；强化移民技能培训，鼓励自主创业；加大对后续产业，尤其是高端生态产业、劳动力密集型产业扶持力度；通过增加投入、政策扶持等多种途径，鼓励现代生态畜牧业发展。三是完善牧区的社会保障体系。通过加大中央转移支付力度，尽快实现牧区教育、医疗、养老等公共服务和社会保障均等化。

第三，建立草原长效生态补偿制度。一是在中央财政设立草原生态补偿转移支付科目，建立稳定的长效生态补偿机制。二是建立草原生态保护基金，通过中央财政拨款、发行生态公益彩票、接受社会捐赠等多种渠道筹集基金。三是改革资源税，将更多的资源税留给地方用于生态恢复和保护。四是逐步实行碳汇交易，通过横向转移支付解决部分补偿资金。

第四，完善草原生态保护的体制机制。一是进一步完善草原保护法律法规，强化执行力度。尽快制定《草原保护条例》；出台《草原法》司法解释，重点解决开垦和非法占用草原“入罪”的量刑标准；明确草原监管机构的法律地位，加大草原执法力度。二是建立多部门协调的草原保护建设机制。全面实施《全国草原保护建设利用总体规划》，抓紧启动尚未实施的其他5项重大工程。建立农业、林业、水利、环保等相关部门协调机制，改变目前部门分割、项目之间缺乏协调的状况，整合草原生态建设项目，加强草原生态保护建设资金的统筹安排和使用，优化完善管理机制，提高生态建设效率。三是建立有利于草原生态保护的政绩考核制度。在牧区实行以生态保护和建设为主的政绩考核制度。

第五，发挥科技支撑作用。一是围绕草原生态保护建设的关键共性技术研究，加强应用基础研究、成果转化、技术示范和人才培养等工作，建立和完善科研、示范、推广及培训相结合、产学研一体化的草原科技支撑体系。二是完善科技支撑基础体系建设，完善反映草原生态状况的基础数据，建立草原生态数据库，为草原生态保护提供科学依据；制定草原生态保护和治理技术标准；科学确定草原生态保护路线。三是建立健全以政府投入为主的多元化草原生态保护科技投入体系，加大投入力度。重点加强牧草良种、优良畜种的培育与推广，节水技术、生物防治虫害、鼠害技术的研究与推广，等等。

在调研基础上，九三学社中央向国务院报送了关于《加强草原生态建设的调研报告》。国务院认真研究并且采纳了九三学社的意见。2010 年 10 月 12 日，国务院总理温家宝主持召开国务院常务会议，决定从 2011 年起，国家每年安排 134 亿元，在内蒙古、新疆、西藏、青海、四川、甘肃、宁夏、云南等 8 个省区的草原牧区建立草原生态保护补助奖励机制，实施禁牧补助、实施草畜平衡奖励、落实对牧民的生产性补贴政策、加大对牧区教育发展和牧民培训的支持力度。至此，九三学社连续数载的努力终于取得成效。

乔发进　九三学社中央研究室综合处副处长

台湾民主自治同盟参政议政案例

一、关注台资西进，助推中西部地区产业结构优化升级

为贯彻落实国家关于西部大开发及中部崛起重大战略的决策部署，因应两岸经济合作中台资西进的新趋势，台盟中央将“引导台湾产业和资本向中西部地区拓展，助推中西部地区产业结构优化升级”作为2010年度重点调研课题，整合重庆、湖北、陕西、安徽、四川等省市的台盟地方组织力量，共同开展了党派大考察及联合调研。

2010年5月20日至25日，台盟中央考察团赴重庆市开展了民主党派大考察活动。重庆作为国共合作的重要政治舞台，曾见证了国共两党合作抗战的历史，与台湾有着深厚的历史渊源。1949年以前从大陆到台湾的200万人中，有60万曾在重庆工作和生活过。血缘亲情、故土乡情至今联系着渝台两地近8万个家庭、35万人。改革开放以来，尤其是重庆直辖以来，渝台联系更加紧密，交往更加频繁，双方都从中得到了更多的便利和实惠。为了进一步了解渝台交流合作以及重庆市促进经济结构转型升级的有关情况，台盟中央还邀请了中共中央统战部、国务院台办、国家发改委、工业和信息化部、农业部等部门的负责同志共同参与考察。

在渝期间，考察团听取了重庆市政府、市发改委、市经信委、市台办和西永微电子产业园管委会等负责同志所作的关于渝台产业合作情况的介绍，赴西永台资信息产业园、北部新区和寸滩保税港区、北碚区台湾农民创业园等地进行了实地考察，赴九龙坡区和武隆县就农村、农业发展情况进行了深入了解，还邀请了十余家在渝台资企业负责人召开座谈会、交换意见并参观了其中的部分企业。

通过深入实地的调研，考察团了解到，作为西部重镇的重庆，正在加快开发开放的步伐，经济社会发展稳步推进的同时，渝台之间也呈现出良好的互动态势，台资集聚效应得到持续提升。重庆市在促进两岸产业合作、文化交流等方面，已经作出了许多有益尝试，积累了一定的经验，包括：

一是把握战略机遇，充分发挥优势吸引台资落户重庆。作为中西部地区唯一的直辖市，重庆既是西部工商业重镇和综合交通枢纽，也是西部大开发的重点地区。2007年3月，胡锦涛总书记提出了重庆发展的“314”总体部署，明确三大定位，要努力把重庆加快建成西部地区的重要增长极、长江上游地区的经济中心、城乡统筹发展的直辖市。

“314”总体部署的“导航定向”进一步为重庆的开发开放提供了重要的战略机遇。与此同时，近年来随着国家西部大开发战略的实施以及国家加工贸易“新政”的出台，台商投资开始出现沿长江西进，向西部地区扩张的态势，西部地区逐步成为台商投资的新热点。正是在此背景下，2009 年初，中共重庆市委、市政府提出，要自觉服务中央政府的对台工作大局，抢抓机遇，乘势而上，努力将重庆打造成承接台商投资转移的示范基地、西部地区最大的台商投资密集区，提升重庆对外开放水平，促进重庆经济又好又快发展。重庆把握战略机遇，充分发挥区位、交通、产业基础、人才储备等方面的优势，在承接台湾资本和产业转移上取得了显著成效。目前，台商在渝投资领域广泛，尤其在电子信息产业、农业、运输物流业、房地产业、汽车摩托车等产业领域已形成一定的集聚效应。如，西永台资信息产业园成立一年来，已经成功吸引了惠普、富士康、思科、英业达、广达相继落户重庆，助推信息产业成为重庆的第一支柱产业。北碚台湾农民创业园作为全国首批设立的 4 家台湾农民创业园之一，目前已启动了台湾精致水果种植、精品花木基地、葛根种植与深加工、亚洲“银花王”等项目，协议引资达 10 亿元。

二是创新工作思路，不断拓展渝台交流合作领域。重庆市各级领导班子以强烈的责任感和使命感，勇于创新，多措并举，以建设内陆开放高地为目标，积极推动渝台交流合作迈上新台阶。一方面，重庆市将争取中央政策扶持与地方惠台措施先行先试相结合，为深化两岸交流合作提供了有力的政策支撑。2008 年，重庆市成功取得了中西部地区唯一同时具有对台直航、台胞落地签证、台胞证 5 年换发签注、组团赴台旅游的涉台“四权合一”；2009 年 2 月，重庆市发布了关于台商融资、税收和参与扩大内需项目等 8 项惠台政策；7 月，国台办与重庆市政府正式签订《两岸综合性经济合作先行先试纪要》，明确支持重庆在两岸货币清算便利化、金融合作等多领域先行先试。另一方面，重庆市将搭建两岸合作平台与入岛宣传交流相结合，不断深化两岸经贸、文化等多领域的合作。2009 年 2 月，第五届海峡两岸信息产业技术标准论坛在重庆成功举办，作为两岸最高规格的产业论坛，活动吸引了众多的两岸专家学者、企业代表齐聚重庆，产生了广泛的社会影响。重庆市着力打造对台交流的常态化平台，于 2009 年 5 月与国台办共同举办了首届“重庆？台湾周”，中国国民党主席吴伯雄率近千名岛内嘉宾出席，签约项目达 49 个，金额 383 亿元。此外，重庆市还组织了多批赴台团组，就渝台经贸、抗战历史文化等主题开展了卓有成效的入岛宣传交流活动。仅 2009 年一年赴台团组就达 171 个、1447 人次，渝台人员往来数量列居西部第一。

三是强化服务理念，不断夯实渝台产业合作基础。两岸同胞是血脉相连的命运共同体，加强两岸交流合作符合两岸同胞的根本利益。重庆市在全面贯彻落实中央一系列惠台政策措施的基础上，进一步强化服务理念，努力创造有利于台湾同胞融入西部大开发的机会，努力营造有利于台湾同胞融入大陆发展的环境。重庆市政府专门成立了台商投诉协调中心和台商权益保障工作领导小组，并于 2005 年对《重庆市台湾同胞投资保护条例》进行了修订，为切实保障台胞的合法权益提供了有力保障。重庆市还积极建立长效机制，切实解决台胞工作生活中的具体困难。建立了“七台”联席会议制度，即市人大民宗侨外事委员会、市政协港澳台侨外事委员会、市委统战部、市台办、民革重庆市委、台盟重庆市委、市台联等七家涉台单位，每季度举行联席会议，围绕一个主题，互通信息、通报情况。同时，建立“三会制度”，即台胞定期会访制度、台胞权益保障秘书长联席会议制度、台商权益保障工作领导小组会议制度，主动关心并协调解决台胞在生产、经营、生活中遇到的实际困难和问题。在重庆市各级政府的努力推动下，渝台合作呈现出了台商投资势头强劲，台资企业蓬勃发展的良好局面。

在赴重庆深入了解渝台交流合作情况的同时，台盟中央还组织协调台盟湖北省委、陕西省委、安徽总支、成都支部等地方组织分别在当地开展调研，并综合形成了《关于优先发展信息产业，促进西部地区产业结构调整和优化升级的几点建议》以及相关调研报告等一系列成果。

台盟中央在调研报告中提出，优先发展具有先导性、基础性、高关联性和高成长性的信息产业，对于西部地区加快产业结构调整、培植特色优势产业、提高内生增长动力，对于扩大内陆开放、缩小东西差距、实现全国均衡发展，都具有重要的现实意义。报告认为，中共中央深入推进西部大开发的系列举措，国际国内产业转移的总体趋势，以及西部自身的产业发展水平和信息化水平、教育科研和人才储备，都为西部优先发展信息产业提供了良好的机遇与支撑。

为此，报告提出大力支持西部建设信息产业发展平台、大力支持西部加快信息基础设施建设、大力助推西部改善信息产业物流环境、制定支持西部信息产业发展的优惠政策、加快西部人力资源开发等政策建议。

专题报告报送中共中央后，温家宝、贾庆林、李克强等中央领导同志都作出重要批示，请发改委、工信部、西部办等部门针对台盟的建议予以认真研究。

与此同时，在胡锦涛总书记等中共中央领导同志主持召开的高层政治协商会议上，台盟中央也提出了优先发展信息产业，推动西部地区产业结构调整和优化升级，进一步引导台湾产业和资本向中西部地区拓展等政策建议，为中共中央深入实施西部大开发战略与中部崛起战略建言献策。

二、建言涉台文物史迹保护，留存两岸共同的历史记忆

两岸关系进入大交流大发展阶段之后，除了经贸、文化交流之外，更需要在价值观、文化认同等方面深层次交流、融合，其核心就在于恢复共同的历史记忆。两岸之间曾经因为长期隔绝和人为扭曲，造成了部分台湾民众在国家认同和共同历史记忆上的混淆。同时，也直接影响到他们在两岸关系中的自我定位。比如，对于中国近现代诸多历史事件，包括辛亥革命、民国历史乃至1949年后两岸关系的认知与评价，两岸之间都存在着很大分歧。

以祖国大陆遗存的大量涉台文物史迹为媒介，通过还原文物背后的历史事实，促使两岸同胞重新审视和阅读先人留下的遗迹，共同缅怀和追溯血浓于水的历史，恢复心中共同的历史记忆，无疑是打开两岸政治对立的一把钥匙。

为此，2010年，台盟中央联合北京、上海、重庆、浙江、湖北、南京等台盟地方组织，就“加强涉台文物史迹文化内涵的开发与展示”这一课题开展了联合调研。

2010年6月5日至10日，台盟中央副主席吴国祯率台盟中央调研组一行赴上海、浙

江和南京，就涉台文物保护利用情况开展了专题调研。调研组先后与上海、浙江、南京的有关文物管理部门以及专家学者进行了深入座谈，并实地走访了孙中山纪念馆、美龄宫、连横纪念馆等重要涉台文物史迹。在台盟中央专题调研的基础之上，由台盟北京市委牵头负责，多个台盟地方组织又开展了联合调研，形成了综合性调研报告。

通过调研，课题组发现，近年来，涉台文物保护得到了国家有关部门的高度重视。在国家文物局主导下，在各地涉台部门的大力支持下，各地的涉台文物普查和保护工作不断深入，分别发现和整理出一批涉台文物点。同时，各地区的涉台文物呈现出明显的地区历史特点，如北京作为明、清两朝政治中心，其涉台文物史迹主要涉及到官方、民间的政治与文化交流；湖北武汉作为辛亥革命的“首义之区”，主要是与辛亥革命相关的大量历史遗迹；南京作为原“中华民国”的首府，重庆作为原“中华民国”的“陪都”，则以国民党统治时期留下的遗迹为主；上海作为中国现代史上的重要城市，拥有众多与台湾或国民党有关的名人故居和文物史迹；浙江因其地理位置与台湾接近，文物史迹主要反映民间的经济、文化交流交往等。

在调研过程中，课题组还发现了一些对涉台文物史迹保护和利用较好的典型事例。比如，北京台湾会馆自 2010 年 5 月 7 日隆重重张以来，已成功举办《北京的台湾人》、《台湾少数民族抗日展》、《南投艺术展》3 个大型展览，成为涉台展览和在京台胞历史资料的收集和保藏重地。同时，会馆还接待了来京访问游览的多个台湾团组，成为北京台胞的重要活动场所。以会馆为中心的台湾文化商务区也不断完善，其经济文化交流作用正在逐渐显现。

但是，课题组在实地调研中也发现，目前涉台文物史迹的保护还存在着一些问题，主要包括：涉台文物的界定不清晰，界定不清保护范围，则资金投入等一系列问题都无法确定；由于涉台文物管理机制尚不健全，维护、管理所需经费缺口较大等原因，造成许多有重要价值的涉台文物保护状况堪忧；对涉台文物保护的重视和宣传工作有待加强；涉台文物史迹的研究、发掘和提升历史文化内涵等方面的工作需要加强；此外，还有绝大多数的涉台文物史迹未被列入国家或地方涉台文物的保护之中，包括旧居、书札、日记、物品、事迹、口述历史等。

通过深入实地的调查研究，课题组就保护开发涉台文物提出了若干政策建议：

第一，关于涉台文物保护方面：

加强对涉台文物保护的统一管理与规划。国家文物部门和涉台主管部门及时对各地涉台文物保护工作给予指导，并根据各地特点对涉台文物保护形成统一的规划，及时对共性的问题加以指导解决。

健全和完善涉台文物保护的法规条文。在国家级的相关文物保护法规里对涉台文物给予明确定义，并建立相应管理机构，明确管理责任，完善管理制度。各地以国家法规为依据，制定相应实施办法和细则，从而使涉台文物保护工作有法可依，有序开展。

开拓渠道，为涉台文物保护利用工作提供支持保障。建议采取“两条腿”走路的办法：一是中央财政和各级地方财政的支持，对重要的涉台文物及时修缮和保护；二是拓展经费的来源渠道，积极支持社会力量参与投资修缮和建设开发，鼓励私人、企业、海内外华侨、台湾同胞捐款投资，在文物部门的监督指导下，共同保护历史文物。

开展未被列入国家和地区保护范围的涉台文物史迹的保护。散落在民间，未被列入国家和地区保护范围的涉台文物史迹是一笔重要的两岸交流财富，建议祖国大陆一些涉台文物史迹丰富的地方政府支持台盟台联组织，对当地台湾同胞的历史资料进行收集和整理，必要时也可建立收藏保存和展示平台，有效保护当地的涉台史料。

第二，关于涉台文物文化内涵的开发与利用方面：

积极推动现有涉台文物的对外开放，创造条件使能开放的一律开放，暂时无法开放的通过树立标识牌、印发宣传品等方式宣传其文化内涵。

鼓励和支持设立涉台文物史迹的展览馆、纪念馆等，使其成为文物保护、涉台教育、台胞旅游的文化点。有条件的地区可以设计旅游专线，引导有兴趣的游客对当地的涉台历史进行深度了解，把历史与旅游有机地结合起来。

第三，关于加强对涉台文物史迹的研究方面：

引导对台研究机构对台湾问题进行分类研究，包括台湾史研究、两岸交流历史研究、重点人物研究等，将遗存民间尚未被发掘的文物史迹以及现有文物史迹中关注不够的内涵进一步开发出来。为两岸交流服务。

搭建两岸涉台文物的交流平台。涉台文物史迹的研究与交流具有广泛的前景，一些史迹是非常好的研讨题材。各地的涉台部门可以组织这方面的交流和研讨会，许多文物还可以组织到台湾展出。

三、关注台湾农民创业园发展，推动两岸农业交流

台湾农民创业园（简称台创园）的设立是近年来中共中央、国务院出台的惠及台湾同胞的重要政策措施之一。经过几年来的发展，台创园已经成为台湾农业技术、资源、产业转移大陆的主要集聚地。推动台创园稳步发展，使之成为增进台湾经济对大陆依存度的工作平台、增强两岸人民了解和感情的交流平台，对于深化两岸农业交流与合作，促进祖国和平统一大业具有重要作用和深远意义。为此，台盟各级组织连续多年围绕台创园的发展开展调研，积极建言献策。在此基础上，2010 年初，台盟中央与农业部签署了《关于共同推进台湾农民创业园发展的备忘录》，发挥各自优势，共同推动台创园发展、推动两岸农业交流。

2010 年，台盟中央联合台盟上海市委、福建省委、广东省委、重庆市委、湖北省委、云南省委、南京市委、安徽总支、成都支部、吉林省委、海南省委等 11 个台盟地方组织，共同围绕“以台湾农民创业园为切入点，深化两岸农业合作”这一课题开展调研。课题组分别对福建漳浦、广东珠海金湾、广东汕头潮南、广东梅州梅县、南京江宁、安徽和县、湖北黄陂、重庆北碚、四川新津、云南昆明石林、山东栖霞等 11 个台创园进行了实地调研，并由台盟上海市委汇总形成了课题总报告。

课题组在调研中了解到，大陆 25 个台湾农民创业园的总辐射面积已远大于台湾全岛的面积，总规划面积近 14 万亩/个（212 平方公里/个），核心区面积近 5500 亩/个。台创园已经成为台湾农民、农企投资祖国大陆的“热土”，其经济和社会效益正在逐步显现，包括：台湾农民、农企投资额和项目数的不断增加，发挥了项目的带动作用和产业集聚效

应，形成了规模化的台企集中区，推动了各台农园的发展，带动了当地经济的发展；引进了一批台湾良种和技术，提供了丰富的育种资源，促进了大陆相关各省现代农业的发展；台湾农民、农企带来了先进的经济组织模式、经营理念，有效促进了地方特色产业和新农村建设，带动了大陆企业的发展；台创园提供的优越投资条件和优惠政策，使台湾农民多数获得了高效益的回报，从而吸引了越来越多的台农到祖国大陆投资，或入股创业园企业，极大地提高了广大台湾农民对祖国大陆的向心力和凝聚力。

课题组通过实地调研与比较研究，总结归纳了各地推动台创园发展的几点主要经验：一是发挥各级政府的作用，相关部门通力合作，尤其是所在省市领导和当地领导重视；二是强化服务体系，具体落实优惠政策，以提升园区的凝聚效应；三是重视科学规划，加强基础设施建设；四是搞好宣传推介，着力招商引资等。

课题组也发现了当前台创园发展中遇到的一些困难和问题，主要是由于两岸农业经营理念的差异、政府辅导方式的差异、管理水平的差异、金融和保险服务的差异、农村生产生活环境的差异等因素，使得台湾农民、农企产生不适感，制约了台创园功效的发挥，削弱了其试验、示范、辐射和带动作用的发挥。具体表现在：体制、机制不健全，政策措施的扶持力度不够、具体性不强、可操作性不足，如通关滞后、检验检疫繁琐，台创园生产用电价格偏高，农业技术服务滞后，项目申报等服务滞后；建设用地不配套；投资的软、硬环境尚需改善；园区建设的整体规划有待细化；园区金融服务严重滞后，融资比较困难；两岸科技合作项目不多，台创园的科技经费投入不足；台湾农民、农企的技术溢出效应较低，带动作用不明显等。

在开展实地调研的基础上，2010 年 8 月，台盟中央与农业部、重庆市人民政府在渝共同主办了“台湾农民创业园实践与发展研讨会”，邀请海峡两岸农业界人士、25 个台创园管委会负责人、部分台商代表等 200 余人参加会议。研讨会上，两岸的专家学者们围绕着“台湾农民创业园实践与发展”、“农业专业合作社发展与农业服务体系建设”、“拓展农业功能与休闲农业发展”、“农产品产销履历制度与农产品可追溯制度”等主题进行了交流研讨，形成了很多共识。

在考察调研和研讨活动取得的丰富成果基础之上，台盟形成了进一步推动台创园发展的几点对策建议：一是完善政策，强化自身农业发展的体制、机制建设，尤其要大力推进农民专业合作组织建设，加强农业金融、农业保险、农业技术推广等体制、机制建设，增强对接台湾现代农业的能力；二是适当加大台创园建设用地政策的倾斜力度，解决用于园区发展所需的建设用地问题；三是进一步优化投资环境，加强管理，增强对台吸引力；四是进一步细化台创园开发的整体规划，体现和发挥其特色和优势，使之与各地新农村建设规划、基本农田保护区规划、现代农业发展规划等相衔接；五是加强对台湾农民、农企的金融支持，提供全方位的金融服务；六是积极探索科技合作交流方式，主动引进拥有农业关键技术的台湾农民、农企到台创园，提升产业科技合作层次；七是加强对台湾现代农业的研究，有的放矢地借鉴台湾地区相关经验，特别是在农业经营体制、农产品运销制度、农业科技研发与推广制度、农业金融服务体系、农民组织制度等方面积累的经验，作为推动现代农业和新农村建设的重要示范；八是稳定台创园的数量，有针对性地分类指导、引领现有 25 个台创园均衡发展，全面提升台创园质量，可对台创园的发展进行阶段性评估，适时出台深化两岸现代农业合作交流、全面促进台湾农民创业园健康发展的指导性意见。

2010年3月，全国政协十一届三次会议期间，台盟中央将相关调研成果转化为政策建议，提交了《关于进一步促进台湾农民创业园健康发展的提案》，得到了回良玉副总理的重要批示。在温家宝总理召开的政府工作报告征求意见座谈会上，台盟中央也围绕着进一步发挥台创园的示范效应等问题提出了政策建议，为国家开展相关工作提供参考。

四、建言海洋经济发展，推动构建“海峡经济区”

继2008年向中共中央提出构建“海峡经济区”的战略设想以来，台盟中央持续围绕着推动海西先行先试、构建“海峡经济区”的课题开展了一系列参政议政工作。

2010年，台盟中央以发展海洋经济为切入点，确定了年度重点调研课题“海洋经济对构建‘海峡经济区’的作用”，并联合福建、广东、浙江等台盟地方组织共同开展了考察调研。11月中旬，全国人大常委、台盟中央常务副主席汪毅夫率台盟中央调研组一行12人，赴闽就海峡经济区港口群建设开展专题调研。调研组考察了厦门国际邮轮中心、海沧保税港区、五通码头，漳州古雷开发区、古雷2号码头、二甲苯（PX）项目，泉州石狮石湖港和福州福清江阴港（福州新港）等主要港区及重点建设项目，了解海峡经济区的港口群发展建设、产业布局现状，就两岸在港口及其相关产业发展中的互补与合作需求、两岸港口及相关海洋资源整合等进行调研。在厦期间，调研组一行听取了相关情况介绍。11月18日下午，就调研议题进行了座谈。厦门市港口局、交通委、海洋渔业局、航空港集团、港务集团、远洋集团、海投集团等单位介绍了厦门港口和海洋发展情况，并就加强厦台两地港口和海洋的合作与交流提出了建设性意见和建议。汪毅夫表示，台盟中央近年来一直关注海峡西岸经济区的发展，并为此进行了相关调查研究和努力推动工作。台盟中央一直把推动海西经济区建设作为自己内部的事务，今后仍将这项工作视为我们义不容辞的责任，切切实实地做些实事。11月20日，调研组一行赴泉州，调研考察海峡西岸经济区港口。调研组一行考察了石狮石湖港太平洋集装箱码头，并与泉州市相关部门进行座谈，听取泉州港对台航线运行情况及存在瓶颈问题的汇报，就如何整合两岸港口及相关海洋资源、节约运营成本，更好地发挥对台港口优势，做好两岸在港口及其相关产业发展中的互补与合作等问题进行深入交流。11月22日，调研组在福州召开座谈会，听取由福建省委统战部、省台办、省发改委、省交通厅、省海洋与渔业厅、福州海关、福建出入境检验检疫局、福建海事局及福州市交通局、港务局等部门的情况介绍。

通过实地考察，调研组了解到，海峡西岸从北到南分布着温州、宁德、福州、莆田、泉州、厦门、漳州、汕头八大港口，岸线资源特别是大型深水岸线资源在国内是独一无二的。随着铁路、公路、航空与港口共同组成的立体交通运输网络日益完善，海峡西岸港口经济的发展前景十分广阔，临港工业、港口物流业等产业近年来发展迅速。而海峡东岸的台湾区位优势明显，处于亚太六大主要港口（包括新加坡、东京、上海、马尼拉、香港、台湾）间平均海运航行时间，即任何一港到其他各港的航行时间平均值最短的位置，不仅是我国沿海南北海运的走廊，而且还是北美线、北欧线、地中海线、亚洲线、环球航线等世界主要航线必经之地，是太平洋地区海上联系的重要交通枢纽。海峡两岸的港口间不仅地理位置靠近，而且资源互补性强。西岸港口的岸线资源丰富，拥有广阔的潜在腹地，但港口的建设与管理稍显滞后，集疏运系统不够完善，临港工业、物流业的发展还处于起步阶段；而东岸台湾的主要港口在硬件设施上较为完备，信息化程度和物流标准化水平较高，运营管理经验丰富，但港口腹地只是台湾本岛，地域十分有限。积极促进海峡两岸港口群的交流与合作，逐步推动两岸港口资源的整合，打造海峡经济区组合枢纽港，对于实现两岸优势互补，共同开拓国际市场、应对国际竞争，形成世界海洋经济发展新的重点区域具有重要的意义。

在全国政协十一届十次常委会上，台盟中央以“加快发展海洋经济，构建台湾海峡港口群”为题提交了书面发言。发言提出，在目前我国海洋经济发展的布局中，环渤海、长三角和珠三角三大经济区起着龙头作用。但同样值得注意的是，近年来，海西经济区的海洋经济发展速度非常快。随着两岸经济合作不断深化，台湾海峡地区发展海洋经济极富潜力，应该作为“十二五”期间我国海洋开发战略的重点规划区域。发言认为，台湾海峡地区发展海洋经济最具战略意义的资源是港口。两岸如果能够优势互补，分工协作，互相配合，统一规划港口建设与经营运作，将有利于最大限度地发挥台湾海峡的港口资源和区位优势，打造具有全球辐射能力的航运枢纽中心。发言提出了三点政策建议：一是打造台湾海峡港口群。首先要合理规划海峡西岸的港口资源，积极推进海峡西岸跨区域的港口综合管理，实施差别定位，明确各港口的主要功能区分，实现多层次互补、多层次联合的协同发展。其次要加强两岸港口资源的整合，以组合港的形式拓展海峡西岸与台湾港口间的协作。目前，海峡西岸的海关特殊监管区与台湾自由贸易港区的合作已呈现出良好的发展态势，今后还需进一步加强资源整合，合作建设统一的港口信息网，加强高水平的航运科技和管理人才的培育工作，推动实质性合作。二是建设国际性综合物流中心。以台湾海峡港口群建设和统一港口信息网建设为基础，以相应的港口保税港区和自由贸易港区为依托，促进两岸港口物流业的对接和配套协调发展，把台湾海峡建设成为以航运为龙头的国际综合性物流中心。三是推动两岸临港产业对接。在加强港口群网络紧密联系的同时，优化两岸临港工业的产业结构，加强临港工业合作，共同拓展台湾海峡地区的经济腹地，实现向大陆内陆地区其它纵深省份的辐射影响。要特别发展如电子信息、新材料、新能源等能够利用临港区位优势的战略性产业，以海峡港口群总体规划为依托进行合理布局。发言提出，希望能够通过两会商谈和民间合作的渠道，推动开展海峡两岸港航业的交流合作，包括合作开通新航线、成立合资船运公司、合作建设港口信息网络、制定相应的政策鼓励台商到海峡西岸投资参与港口的建设和经营等，促进两岸港口之间逐步建立分工协作关系，共同开发利用台湾海峡这个丰富的海洋资源宝库。

在今年胡锦涛、温家宝等中共中央领导同志主持召开的高层协商会议上，台盟中央也从不同角度，渐次深入地提出了创建两岸经济合作试点链，大力发展海洋经济，开发台湾海峡的港口资源等建议，不断充实和丰富构建“海峡经济区”的设想，为国家开展相关工作提供了重要参考。

郑世凯　台盟中央宣传部部长
朱　焱　台盟中央宣传部处长
郭　婷　台盟中央研究室干部

附　录

附录一：台湾政党制度研究

一、研究综述

2010年台湾政党政治的发展整体上呈现出趋向稳定和成熟的迹象。一年间，岛内外公众舆论关注的相关政治热点问题基本上集中在改革和政策领域。当年台湾政党政治最引人注目的事件是：选举，包括年初的“立委”补选和年底的五都选举；对ECFA协议的论争和签署；国民党、民进党分别召开“全代会”及各自推进本党内部的改革。这些重要事件纷纷指向如下的特点：一年间岛内主要政党的政治活动、政治行为也在形式上越发突出政策导向，在内里上则是与政党自身的反思、改革密切关联。简言之，不论国民党、民进党，谁先取得自身改革上的突破，谁就能够制定和执行深孚民意的政策方略，进而能够因此赢得政治上特别是选举上的优势。这一点，正是2010年从事台湾政党政治研究的学者们所一再关注和强调的焦点。

（一）关于国民党研究

在这一领域，大陆学者的研究一如既往，既注重历史比较研究，又关注当前的热点问题。相比较而言，台湾学者对此却着墨不多。究其原因，盖因国民党执政的特点是“其政闷闷”的务实风格，一反陈水扁时期“其政察察”的高调激越，因而较难勾引出浓郁的研究兴趣。当然，学者们研究重点发生了转移，这也是极为重要的原因之一。

从历史维度出发研究国民党的论述，主要有刘景岚的《国民党与台湾政治转型的内在关联性探析》，刘安伟、刘佳宏《中国国民党在台执政权失而复得的启示》，以及王建民、刘红、曾润梅《李登辉如何搞垮了国民党》等，从史实和逻辑两个方面进一步深化了研究的领域，触及了许多此前相关研究并未涉及的重大问题。学者们从中收获的许多经验教训，特别是关于政党政治须得清廉、不得欺骗、必须强化政党间监督的结论，关于政党内部必须要有民主的体制以制约政治强人寡头弄权倾向的经验，以及政党体制、政治体制须得保持适当弹性方能因应和促进政治平稳发展的启示等研究结论，其理论和实践的意义已经不仅仅局限于国民党和台湾政党政治的范畴，更是指向了中国政治以至世界政党政治的一般层面。

从政治现实角度出发的相关研究文章，内容主要集中在国民党的两岸政策、自身改革特别是党产处理等问题上。国民党的党产问题，从排满革命时期以及后来反北洋军阀时期曾经面对过的艰难境况来看，以及从其光复并接收台湾的具体历史情境看，确曾存在某些情理的可宥性，但它毕竟又是后来导致国民党严重腐败的渊薮所在，而且也早就是影响未来国民党政治前景的罩门所在。汪曙申《党产怪兽走向终结?》、李恩侠《中国国民党党产的由来与处理始末》、钟岷源《马英九的“整党”难题》、耿荣水《改革不能置现实于不顾！立委补选国民党三席全输的省思》等文章都或多或少地涉及这一重大党务问题。相关研究的结论在国民党必须出清党产以彻底摆脱黑金牵扯的问题上是一致的。但在操作层面，看法又有所分歧。特别是在将党产和国民党基层组织及其动员能力结合起来考虑时，更有论者突出强调策略的重要性，指出不宜简单处置、操之过急。这一论调固然有关照国民党现实的选举利益的因素，但却未免有意在沛公之嫌。其实，国民党党产处置不是过急了而是过缓了，国民党现实存在的种种不良状况，归根结底还是太过脱离社会公众，后者之关键又在于国民党自身拥有包括党产在内的可以不必依赖社会公众而存活的手段，国民党的惰性、自致性，以及它难能适应民主体制运转的原因也大多集中于此。对于这一点，学者们都已有了较为全面的认识。正如论者所言，国民党党产问题对于改革难题的破解，关键是要处理好当前利益与长远发展之间的关系。如果始终斤斤计较于当前一城一地的得失而不断延宕改革的进程，国民党还是难免于历史惩戒或淘汰的厄运。

至于国民党的两岸政策，台湾著名学者石之瑜教授提出了“国民党到底要不要面对共产党政治需要”的问题。其实，这个问题也是台湾政党政治整体上终须作出明确回应的问题。学者们固然对国民党重返执政以来两岸关系的和平发展感到欣慰，但同时也注意到国民党当局在两岸关系上捉襟见肘的窘境。学者们的研究揭示出这样的事实：一方面受制于岛内民众的意见表达，另一方面也受制于民进党的强力牵制，国民党两岸政策战略上有所突破的空间的确不大；至于“先经后政”、讳言统一，侧重低阶问题的解决，竭力避免触及高阶政治问题的策略，虽然其情可悯，但也始终面临来自统独两方面力量的质疑和挑战，因而难免会在岛内政治和两岸关系上陷入全面的被动。

（二）关于民进党研究

2008 年败选后，特别是蔡英文出任民进党党首以来，民进党的改革问题也逐渐成为该党内部及台湾社会公众广为关注的问题。时至今日，民进党的改革似已与国民党改革形成了一种竞争关系、一种可以捉对比较的关系。或许正是出于这一原因，2010 年学者们对民进党的兴趣也越来越多地集中在它的改革领域。历史上民进党的改革往往离不开、绕不开其“台独”路线和大陆政策的调整。所以，有关该党意识形态中“台独”理念的追溯和分析，仍然是其当前改革中最受党内各方关注的焦点问题。此外，与民进党改革、路线调整相关的五都选战问题、民进党内部派系的流变问题等，也纷纷进入学者们研究的视野。蔡英文出任民进党主席并于 2010 年成功获得连任，以及此间她能够以柔性姿态重整民进党气势、微调民进党政治策略的成就，使学者深信民进党改革和转型实是以所谓“蔡英文时代”的到来为标志。有论者指出，蔡英文在党内地位的上升，将会有利于民进党新生代的崛起，也将催生民进党政治结构的新变化。与此相关联，随着 2012 年马英九、蔡英文“双英对决”日趋明朗化，民进党的改革将不得不走向深入，同时也将展现出越来越丰富的政策内容。当然，这也并非就意味着该党所有的相关举措都将是明智的和带有突破性的。

关于民进党的改革，王建民《“蔡英文时代”到来》、郭建芳《影响现阶段民进党政治转型的因素分析》、杨泽军《民进党“全代会”透出的新讯息》和《民进党十年政纲意在“蔡公”?》、党朝胜《民进党在“变”吗》等文章，从不同的侧面展开考察，指出当前民进党的政治转型、政治改革虽然动静不小，但就其内里而言，实际上还是举步维艰的。阻滞民进党改革走向深入并形成突破的关键在于“台独”路线及附着于其上的包括民进党在内的泛绿阵营的政治利益。换言之，不仅“台独党纲”和“台湾前途决议文”，还有深绿的基本盘，都是民进党政治改革不得不审慎面对的东西。论者指出，特别是在当前两岸之间互信的基础依然脆弱、深层次的矛盾依然存在、“台湾主体意识”在岛内还根深蒂固的现实条件下，民进党依然是两岸关系和平发展的主要牵制力量。实际上，台湾社会也有相当一部分人希望民进党继续充当这么一个脚色。这就反映出，当前民进党转型所面临的政治困境和改革难度其实并不亚于国民党。

上述因素及状况直接、间接地体现在民进党最新的政治行为、政治举措当中。铁声回顾了民进党对2009年两岸关系和平发展的影响，认为民进党一方面体认到了目前岛内民众对两岸经贸文化、民间交流的赞成与参与，另一方面也把握到了相当多的台湾民众一时间难以减弱其对“台湾主体意识”的认同的矛盾心理。因此，该党在可见的将来可能会采取一方面展开党内大陆政策辩论，另一方面继续全面牵制国民党的大陆政策的两手策略。有学者研究了民进党新近抛出的“十年政纲”，认为民进党的基本路线不会变，但会在具体的两岸事务上更趋于务实。当然，具体如何务实，还是要取决于党内力量和意见的平衡。也有学者注意到蔡英文在党内以通过“十年政纲”同参选新北市长做交易的举动，认为她抛出该政纲的目的是要为自己角逐2012大选创造条件、奠定基础。至于“十年政纲”能否如当年“台湾前途决议文”一样高度凝聚党内共识，并推动民进党重返执政，不仅取决于蔡和民进党的努力，还要看时空情境的推移。还有学者注意到，陈水扁下台及遭羁押、求刑后，民进党“扁系独大”的派系格局已然被新潮流卷土重来所取代，同时也为党内新世代的上位提供了较好的契机。新潮流、新世代迭加的效应，似是目前和将来民进党政治改革、政治转型策动力的渊薮。

关于民进党“台独”理论的研究，岛内有学者本着“同情的理解”的立场，运用历史研究的方法，结合政治学与国际法理论进行了分析，认为不同历史时期台湾民众的国家认同皆各具当时的时代特征。二二八事件确乎是“台独”运动发轫的契机。1990年以来，尽管中华民族主义与“台湾民族主义”的对垒仍在延续，但国、民两党皆出于选战考虑把“台湾”和“中华民国”糅和，但实际上却都面临着逻辑上自相矛盾的境况。针对相同问题，也有学者从法理学、宪法学的角度，分析了“法理台独”的实体层面和程序层面，指出台湾“所谓民族国家”、“住民自决”等理论，无一不是“台独”分子遂己所愿的工具。

（三）关于政党治理与政治发展研究

对存在于政党之间，以及政党与国家和社会之间的诸多开放持续的、多元互动的治理关系的研究，辅之以同政党政治相关的政治发展的研究，可以大致涵括政党政治研究中除政党个案研究外的所有内容。2010 年，台湾学者的相关研究大多集中在在这一领域，大陆学者也多所涉猎。其中，最值得人们关注的内容，莫过于台湾政治转型中“民主化”与本土化的关系、台湾公众政治意识的嬗变、选举研究、ECFA 引发的政党政治效应、政党与台湾年轻世代的关系，以及政治体制革新的问题。

由于政党政治在很大程度上可以被诉诸选举政治的关系，也由于 2009—2010 年台湾一连串设计政治版图划分的重要选举的关系，海峡两岸学者都非常关注选举问题的研究。2008 年以来，学者们比较敏感地把握到了选民对经济的关注在台湾选举中正在起到越来越微妙的影响。有论者指出，目前两岸关系主题和经济政策主体在台湾选举中所产生的影响正在交互激荡，选民对政党政府促进经济发展绩效的回顾性投票曾在 2008 年起到决定性作用，但未来是否能够继续发挥如此作用尚属不可预知之列。可以确定的是，未来台湾主要政党的政策倾向将因此而逐渐趋向相近的立场。有论者继续检视了台湾新选制——单一选区两票制现实适用的相关效应，特别研究了其中选民分裂投票的政治趋向。研究发现，台湾部分选民的分裂投票并非出于分立政府的目的，而是出于选票效用最大化的考虑，在确保选区票不成为废票的同时，尽可能地关照自己所满意的同一蓝绿政治阵营中的某些小党。一般来讲，采取分裂投票策略都是年轻的高学历的人。我们从中可以看到，台湾年轻世代的政治理念中具有鲜明的突出分权和制衡的色彩，这在未来或可成为推动台湾民主深入发展的积极因素。还有论者比较了台湾两大政党选举策略上的异同，相关结论倾向于支持如下这一带有规律性的东西：政治资源的获取极其配给方式，决定政党自身的活力及其相对于选战对手的竞争力。若以此来检验台湾政党的实际，人们不难看出，民进党在很多方面还是领先于改革步履蹒跚中的国民党。

ECFA 引发的台湾政党互动，或曰党争，无疑是 2010 年台湾政党政治研究的重头戏，国民党、民进党两党党首破天荒头一次展开直接的辩论，这种审慎民主的运作形式也为台湾政党政治增添了全新的内容。除了公开辩论，两大政党还分别在体制内外展开了政策上的攻防战。有学者依据政治过程研究的相关理数，对此进行了全方位的考察，分别揭示了两大政党在“立法院”内部的互动、在“立法院”和“行政院”之间的互动，以及围绕同一政策问题在公众和传媒领域直至街头游行等方式的互动过程，很好地反映了台湾主要政党是如何各自将维护公众利益和维护本党政治利益协调起来的完整过程，人们不仅可以从中领略到现代政党政治体制下民主决策过程的种种基本特质，也可以由此窥见国民党、民进党分别在其政治理念与政治实践之间的差距以及它们各自不同的协调此种差距的风格。

其实，国、民两党的党争不仅体现在政策领域，还体现在争取社会支持的组织过程和政治营销过程上。这种常态化的诉诸公众支持的运作，也是政党竞争的基本领域之一。有论者比较研究了国民党、民进党同青年选民的互动关系，揭示了谁赢得青年，谁就赢得政权这样一个基本的道理。我们也可以由此延伸思考，青年人身上承载了新的生活方式，新的政治理念和价值评判标准。正因其如此，政党迎合青年、争取青年的过程，不仅仅是一种促进政治社会化和塑造青年政治意识、政党倾向的战术过程，同时更是自己不断适应社会发展要求继而与时俱进变革图存的战略过程。这其中的关键，在于政党与青年的互动，这种互动应当是双方皆因此而发生显著变化的双向的、互补的政治过程。

政党政治变迁不是孤立存在的，它总是政治发展的一个环节，也总是受制于特定的政治生态特别是制度环境。因此，对于政党制度的研究始终不能局限于它所内涵的几方面关系，而应将其纳入到宏观的政治体制、制度架构中予以整体上的审视。苏子乔关于宪政体制与选举制度关系的研究，当是体现上述意图的一种有代表性的努力。其相关论述把握住了一个深入政党政治的核心层面的问题，廓清了次生现代化社会、民主化社会中人们对民主体制认知和把握上仍然存在的盲区，揭示了由于不同“宪政体制”、“选举制度”、“政党体系”、“政府型态”各具特质的关系，因此它们之间的组合一定不能想当然随意组合，否则不仅会造成扭曲的政党体制，同时也会严重影响民主体制的整体效率。也有论者以小见大，从台湾司法当局对于贿选案件裁判的龃龉出发，引伸出司法领域以至整个法制体系之与政党政治的关系问题，认为只有法制环境合理优化才可能确保政党政治的健康发展。

（四）整体评估

2010 年人们对台湾政党政治的研究具有这样一个特点：相关研究所涉及的面向、领域都有所紧缩，但研究所触及的理论深度较以往有所增强。这固然与台湾政党政治正在逐步走向稳定、成熟相关，更与人们对民主理论和实践的理解和把握不断趋向完整和深入相关。台湾民主政治自 2000 年来始终给人以乱象不断的印象，但其内里上却还蕴含着政治发展的逻辑为自己找寻合理出路的努力。国民党重返执政两年来的努力更是为台湾政治实践的积淀、盘整提供了较好的契机。但是，这是否就意味着未来台湾民主政治、政党政治就能够如此一劳永逸地稳健发展下去？对此，相关研究很难给出明确的答案。国民党、民进党斗争处于关键的转型的途中，台湾基本的政治矛盾、政治格局也未发生本质变化，反复、回流是完全可能的。对此，展望 2011 年及以后的台湾政党制度研究，人们或许能够依据台湾政党最新的政治实践作出更加明晰的解答。总揽 2010 年及以前相关研究的著述成果，我们还可以从中发现两岸学者、论者在研究目的、方法策略和研究风格上的明显的不同。整体上看，大陆学者的研究思路比较传统，且基本上侧重于历史研究、政策研究的路数，有不少相关研究的成果甚至带有明显的主观想象的性质。就思维方法和工具运用而言，台湾学者相关研究的成果更富于某些科学色彩，研究的问题也极为侧重于具体问题的解决，但也存在过于零碎、格局不够的问题。究其原因，意识形态深处的习惯性掣肘大概是两岸学者、论者在台湾政党制度研究领域所展现出来的共同的短板。在这里，研究的客观性、科学性与相对保守的意识形态的正确性产生了尖锐的冲突。其实，恰恰应当超越种种不相干的束缚，才能够得出真正科学且有益于政治发展和两岸关系发展的研究成果。长期以来，人们在这一问题上不乏正反两个方面的经验和教训。简言之，越是科学的研究、摒除了先入之见的研究，越有益于政治实践、有益于参与相关政治实践的政党主体。

二、主要研究论文提要

（一）国民党研究

刘景岚《国民党与台湾政治转型的内在关联性探析》（《社会科学战线》2010年第6期）

文章从国民党宪政制度的调适弹性、国民党高度组织的调适弹性两方面入手，考察国民党与台湾地区民主转型的内在关系，从不同的视角来观察国民党的政治品质，探讨国民党与台湾地区政治转型存在较高的内在关联性。文章认为，以往人们在谈及台湾民主转型时，最多提及的是国际社会的压力、党外势力的冲击、大陆对台政策的调整等岛内外因素的交互作用，而作为转型主导方的国民党在这一政治过程中的主动作用却很少被提及。诚然，内外压力固然是国民党开始认真面对民主改革议题的首要因素，但这最多只是促使国民党主动改革的必要条件而非充分条件，“历史上有很多威权体制的领导者在内外形势交相逼迫的情况下，常常选择拖延手段，或甚至采取高压手段来回应改革舆论与反对运动的挑战，而不一定选择主动进行体制改革”。国民党能选择主动推进渐进民主改革，同时实现政权体制与政党体制的双重转型，创造了“低社会成本”的转型模式，既未出现严重的政治动荡，也未对既有的社会秩序与经济发展产生大的冲击，这与国民党自身的政治特质有着密不可分的关联。

“中华民国宪法”具有较高的调试弹性，是最终使台湾地区的政治转型存在“回归宪政”的制度选项。该“宪法”并不直接否定多党竞争，不挑战民主宪政的基本原则，使台湾地区的政体转型在制度变革上存在着一个“回归宪法”的选项。无论从总纲有关国体的规定来看，还是从政权与治权的划分来看，“中华民国宪法”所体现出的宪政理念，特别是保障“人民的自由权利”的理念都是符合民主宪政特质的。这就使得“中华民国宪法”文本本身具有一定的调适弹性，这就为宪法的回归与修正奠定了基础。至于国民党在台湾40余年的威权统治，它是国民党以“动员戡乱时期临时条款”、“非常时期”法令体系凌驾于宪法之上造成的。但要看到，退台后的国民党为了主张对整体中国的主权、维护其统治的正当性，一贯采取“中华民国宪法可以被冻结，但却不可以废止”的做法。及至20世纪80年代，外在紧急情况逐渐消失，在需要认真考虑政治开放时，国民党很难拒绝回归宪政体制的主张，台湾政体转型在制度变革上也还存在着一个“回归宪法”的选项。蒋经国主导的国民党在内外压力下选择了主动推进而不是拖延或采取高压做法，把政治转型放在一个既定的制度轨道上朝向可预测的方向推进，避免政体转型中出现严重的政治动荡，对既有的社会秩序与经济秩序产生较小的冲击，走出一条“低社会成本”的转型之路，应该说，这是国民党宪政体制内所蕴涵的调适弹性发挥了正面作用。

国民党自身在内外压力下完成“本土化”、民主化的转型，通过改造实现“体面再生”，表现出较高的组织调适弹性。国民党的本土化政策启动较早。为了解决党“国”体制在台湾面临尖锐的省籍矛盾，以及隐含在省籍矛盾背后的国家认同分歧，国民党的领导者很早就开始采取大力吸收台籍党员、在国民党中常会和“行政院”部会首长中增加台籍比例、实行“国会”增额选举、“开放地方”政治系统等措施，开启了国民党“本土化”的进程。与国民党本土化相伴随的是国民党的民主化。1986 年民主转型正式启动后，国民党的执政地位逐渐失去威权体制的法律荫庇，必须定期接受民意检验与反对党的公开挑战。尽管国民党的社会支持基础因此受到侵蚀，但国民党基本上能够透过竞争性选举来维持它在政治上的支配地位。虽然在 2000 年的“总统”大选中从执政党沦为在野党遭遇空前挫败，但是导致这次挫败的主因是国民党的内部分裂，而非民进党的政治版图大幅扩充。选后，国民党、亲民党以及新党组成的“泛蓝阵营”，在“立法院”仍控制 2/3 多数。同时，原国民党主导下所建构的宪政秩序也并未出现断裂，民进党政府的权力行使仍然受到既有宪政体制的约束。简言之，较高的组织调试弹性使国民党面对改革呼声是能够采取主动推进而不是推延或镇压的姿态，加之两蒋时期国民党对台湾地区的经济贡献，一起成为当时国民党政治合法性的基础和政党轮替后仍然保持政治集团动能的根本原因。

刘安伟、刘佳宏《中国国民党在台执政权失而复得的启示》（《陕西青年职业学院学报》2010 年第 2 期）

关于国民党重返执政的历程及其经验教训，文章认为，历史的诡谲之处在于不是简单的重复，而是有迹可循。中国国民党的兴衰荣辱，为人们提供了一面历史的镜子。人们从中可以发现如下政党执政的规律性的东西：1. 清廉是政党兴衰的生命线。国民党和民进党的兴衰，再次论证了清廉对于现代政党的重要性。没有了清廉，现代社会中的政党就会失去选民的支持，就失去了政党的生命。无论执政还是在野，保持清廉、远离贪腐始终是任何政党都不可逾越的界限。2. 民众不可欺骗。台湾的选举是从不成熟中蹒跚起步。这种不成熟，体现在原始制度设计上的不尽合理，表现在一些政治家为胜选而不择手段，而且在很大程度上也与人民尚无经验、不够成熟、政治辨别力较低以及易受蛊惑有关。然而，人民是不可欺骗的，民众会在政治实践中慢慢走向成熟的。民众在早期的选举过程中偶尔会被欺骗、被蒙蔽，甚或被民进党骗去“总统大位”，使地区发展在一个时期内停滞不前。但这是历史前进所付出的必要代价，是正常的。长远来看，“骗得了一时，骗不了一世”。毕竟，民众在选举中是一步步走向成熟的，初次进行民主历练总归有这样那样的问题，但民众最终还是决定着台湾的未来，决定着台湾政治的逐渐好转。3. 政党间的监督尤为重要，对执政党尤其要进行全方位、近乎苛刻的监督。从台湾的实践可以看到，在陈水扁执政期间，国民党团、亲民党团等党派群体，新闻媒体、报刊杂志、网络等对陈水扁的批评从未间断，一些爆料大王不时捅出猛料，使扁当局头痛不已却又无可奈何。这其中反对党的监督力度最大、影响直接、效果最好。台湾在野党正是通过“立法”机构等合法途径开展质询和监督，及时揭露了腐败，遏制了它的大面积发生。试想如果民进党上台了，国民党就消失了，扁当局的贪污腐化将不知离谱到哪里。正是由于政党间的强力监督，台湾的巨大灾难得以避免。4. 注意防范政治强人的冲击。国民党与民进党都没有摆脱党内政治强人对党内合理制度的冲击，党内监督也都曾被党内政治强人击垮。两党在保持清廉方面不是没做努力，也不是没有严格的党内监督体系和党内处罚纪律。然而，在李登辉、陈水扁这些政治强人涉及贪腐时，这些针对一般党员的规章制度变成了“摆设”：党内监督机制反应迟钝、十分缓慢，对贪污事实视而不见、不敢下手；党内要角的监督话语集体的无意识消失，出现了对党内腐败的集体性沉默。为此，政党内部必须有针对性地强化监督和制约，予以有效的预防、抵制。

文章最后指出，台湾的民主政治发展实践为我们近距离的观察西方民主政治在东方地区的具体实践提供了现实窗口。谨记中国国民党从执政到在野又重新执政的复杂历程，也为我们党加强执政能力建设、发展社会主义民主政治提供了有益的启迪。

王建民、刘红、曾润梅《李登辉如何搞垮了国民党》（《领导文萃》2010 年第 23 期）

在台湾发生第一次政党轮替 10 周年之际，文章回顾了当时执政的国民党及其领导人如何自毁长城的历史过程。文章强调指出，李登辉的一切荣耀都是他所背叛的国民党给的。蒋经国逝世后李登辉抓到了“总统”和代理党主席大权。不久，他就开始了巩固权力与政治清算的斗争。一是巩固拥李派的权力，尽快占据权力峰层；二是削弱亲蒋派的权力，消除威胁。

李登辉运用“本土化”、“民主化”策略，斗而有序、争而不败，将亲蒋派彻底击溃，在国民党第十三次代表大会上，把权力中心由蒋家阵地转移到李家阵地。他的具体做法，一是严把党代表关，二是严把中央委员关，三是严把中常委关，终于把 12 个亲蒋的中常委换掉。这一切都是在发扬“党内民主”的旗帜下进行的。此时，亲蒋势力出现分化。中央党部秘书长李焕倒向李登辉，蒋经国信任的宋楚瑜更是充当了倒蒋、拥李的先锋。第十三次代表大会也亮出了李记“本土化”的招牌，出发点是把国民党视为“外来政权”。为了改造“外来政权”，必须以本土势力来取代外省籍势力，巩固权力基础，同时为推行“两岸分裂分治”、建立“台湾中华民国体制”做准备。十三大会后，李登辉党内领导地位得到巩固，他开始全方位、多层次打压党内异己，国民党、台湾政坛从此不得安宁。

李登辉要弄权谋，先以“国防部长”职位把蒋系色彩浓郁的郝柏村从具有调动、指挥军队权力的最高军令长官“参谋总长”的职位上拉下来，又在 1990 年 2 月国民党临时中全会提名“总统”候选人期间，与亲蒋势力展开权斗，挑起“二月政争”。在政争热潮中，亲蒋派被称为非主流派，李登辉的亲信势力被称为“主流派”。在此次全会上，非主流派提出要以“不记名投票方式”决定候选人，主流派则提出依照惯例“起立、举手方式”决定候选人，最后主流派的意见获得通过，“双李配”获得党内通过，竞争者蒋纬国未获党内提名，非主流的拥蒋派系遭遇挫折。这次会议是国民党逃台 40 年来党内爆发的一场最大的公开权力斗争。以这次会议为标志，国民党内部分裂成“主流派”与“非主流派”两大政治派别。

1990 年 3 月 21 日，李登辉高票当选“总统”。李登辉为首的“本省台独”势力主政时代的正式确立。此后，李登辉立即改组任期不到一年的“李焕内阁”，迫使李焕退出政治中心。非主流派一致对外，展开一连串的院长职位保卫战。最后，李登辉提名郝柏村任“行政院长”。其后，国民党中常会例会通过该提名案后，旋即引发民进党和舆论抨击这是“军人干政”、“恢复军事统治”。其实，这不过是李登辉一石三鸟的权宜之计：堵住非主流派的嘴，拔除李焕，封杀林洋港。郝柏村赴任后，府院矛盾日趋尖锐。1992 年 3 月，两人终于在“修宪”中围绕“总统选举”方式问题严重对立。李登辉站在民进党一边，郝柏村站在国民党一边，到了摊牌的地步。最后，李登辉运用手中大权，结合民进党势力，迫使郝柏村“内阁”总辞。1993 年 2 月 10 日，国民党中常会通过了连战出任“行政院长”的决议。

郝柏村的下台，是李登辉策划、推行的“非蒋化运动”的结果，是非主流派的重大挫折。自此以后，李登辉利用国民党，放手推行“本土化”和“台独”政策，也埋下了日后国民党失去政权的重要根源。

杨婉莹、林佩婷《她们为什么投给马英九？探讨2008年总统大选的性别差距》（台湾《选举研究》2010年第1期）

文章分析了2008年“总统”大选中支持国民党候选人的女性投票人的政治心理。作者认为，此次选举是台湾领导人直选以来，首次出现大规模且显著的性别差异，女性选民以选票支持马英九，影响了此次大选的结果。文章试图探讨此次投票过程中造成性别差距的主要原因。为此，作者透过理论探讨，结合数据分析，首先比较了一般投票研究中的相关解释因素——候选人、政策议题、个人社会经济条件与政党认同是否存在性别差异；再就是透过多元逻辑回归的数理模型分析，分别检视这些因素的性别差异是否就是解释此次投票性别差异的主要因素。研究结果表明，虽然两性在候选人评价、某些政策议题、部分社会经济条件，以及政党认同上皆存在显著的性别差异（自变量确实存在性别差异），然而这些并不必然会完全转化为投票上的性别差异。解释两性投票性别差距的主要因素，在于男性相对于女性更容易受到政党认同的影响。相比较而言，女性不太认同泛绿、民进党，即使认同泛绿、民进党的女性也较男性有跨党投票的倾向，此即解释两性投票差异的关键所在。文章进而分别检视了政党认同因素与候选人因素，以及政党认同与政策议题的关系，数据结果显示，候选人因素并非影响政党认同和投票性别差异的主因。相应地，在社会福利以及环保经济政策议题上，女性选民与蓝绿政党大都保持相等的距离，有可能会动摇既有的政党认同对投票的影响力，而这或许是进而造成投票性别差异的背后原因。

汪曙申《党产怪兽走向终结?》（《世界知识》2010年第13期）

文章回顾了国民党党产问题的由来，指出国民党党产的形成与发展虽有其特殊的历史背景，但却呈现明显的威权性和非正当性。党产一直是国民党维持和巩固权力以及参与选举活动的重要经济支撑。而在另一方面，它又备受各界诟病，始终是国民党走向现代化民主政党的重要包袱。2000年国民党失去执政权，开始研究处理党产问题，专门成立“党产项目小组”。根据当年的数据，国民党党产涵盖党营事业、海外财产及在各地拥有的土地、建筑物资产等，价值共计799亿元新台币。经过审慎研究，国民党专门出台了“党产公开化、透明化”，“将过去因捐赠而取得、有争议的土地房舍归还当局或捐给地方”，以及“将该党中央党部大楼转型为公益性大楼”这么三项处置原则。然由于涉及错综复杂的各方面利益，处理进度与社会期待相距甚远，公众对其“全世界最富有政党”的印象难以抹灭，给陈水扁当局留下抹黑、打击国民党的操弄空间。2005年马英九首任党主席后，大动作提出党产处理方案，但因“市长特别费案”被迫中断。2007年，国民党准备标售“中投”公司，但因民进党政府恐吓买家而不了了之。重新执政后国民党再次提出处理党产，但适逢金融危机，岛内经济疲弱，党产出售无人问津。2009年下半年经济景气回升，马英九预判岛内经济将继续上行，且党产出清不宜再拖，遂于10月接任党主席后高调承诺尽速处理党产，并称：处分“中投”后，“除保留党工退职金与党务运作与发展经费外，剩余将捐作公益之用，未来竞选经费将以募款为主，不再经营任何营利事业”。2009 年 12 月，国民党中常会正式通过党营事业最终处理方案，但最终如何完成出售则还要视实际情况而定。出清党产是马英九兼任国民党主席后推行党务改革的重要内容，也是国民党重塑形象的重要举措，对国民党未来发展有着相当重要的影响。首先，对提升国民党的政党形象具有重要积极意义。国民党不但可以因此祛除自己长期带有的“黑金政治”形象，也可以扩大中间选民尤其是年轻选民的支持。其次，将有助于推动国民党组织朝精化和效率方向转型。党产改革也唯有与强化组织工作有效衔接才能发挥最大效果。国民党在出清党产后将面临资金的硬约束，为弥补经费缺口，马英九及其秘书长金溥聪积极推动国民党向选举机器转型，在大幅精简人事、组织瘦身的同时，强化组织与文宣部门的作用。目前，国民党正在推行以提升地方党部和基层组织效能为指向的改革措施，其实施成效将直接影响到国民党在未来所谓“党产归零”时代的发展走向。再次，中介党产问题对国民党 2010 年底“五都”选举及 2012 年“大选”的影响不可低估。目前，虽然马英九、金溥聪主推的党务改革已确立了总体架构与方向，但缺乏具体可行的完整论述和实际做法，而且手法相对粗糙，导致党内意志并不统一，很多长期支持国民党的基层党工不仅感觉无所适从，而且对精简组织和裁员相当不满，认为马执政、国民党国过河拆桥，“拿自己人开刀”，对马英九和国民党的支持热情减退。总体上看，国民党的党产改革必会遭遇强大阻力，亦必会产生“阵痛”。但若能趋利避害，有效调整适应，国民党或将有望朝岛内媒体所言之“脱胎换骨、焕然一新”迈出重要一步。

李恩侠《中国国民党党产的由来与处理始末》（《理论与改革》2010 年第 3 期）

文章指出，所谓“党产归零”，并不是一个政党没有一点党产，而是作为政党不得具有经营性党产，即政党不得经商办企业等等。一个政治组织，特别是政党，没有经费是无法运行的，但是今后竞争性政党制度下国民党的活动经费不再由经营事业取得，而来自于党员的党费、政党补助（竞争性政党制度下依法注册成立的合法政党根据该党在议会中的席位的多少由政府提供活动补助金）、各界捐助（这种捐助是合法的，但是收支必须是透明的，受各政党以及民众媒体的监督）等。

金奕《国民党第 18 次全代会临时会议观察》（《两岸关系》2010 年第 8 期）

国民党 2010 年 8 月 7 日召开的“第 18 次全党代表大会临时会议”是国民党五都选举的誓师大会，将对国民党年底选情以及未来政策走向产生一定影响。文章介绍，本届国民党全代会主要有以下三个任务：一是宣扬国民党两年来执政政绩，包括“推动反贪促廉”、“经济快速复苏”、“政府组织再造”、“文教福利改革”、“台海和平繁荣”、“扩大国际参与”等六大政绩，希望澄清民进党的抹黑和攻击、增强选民对国民党政府的信心。二是为五都选举造势，会上国民党通过现阶段政治任务案，要求全党力拼年底选举，务必使当选席次极大化，尤其是确保原有直辖市执政权，进而拓展南部版图。三是通过人事调整案，追认通过国民党主席马英九提名副主席任命案，增聘朱立伦为国民党副主席。会中同时追认通过马主席增聘中央评议委员会委员和主席团主席的名单。此外，由于最重要的国民党中常委选举在 9 月 18 日举行，所以全代会也成为参选人拉票的平台。鉴于 2009 年中常委选举贿选传闻不断，秘书长金溥聪表示，为避免负面社会观感，今年严禁送礼请客行为。他强调，有时“非过正不足以矫枉”，相信会赢得多数选民支持。考纪会主委阮刚猛也指出，首长或委员请乡亲吃饭，可经过报备与登记；党会派纠察小组到餐厅纠察。

本届国民党全代会主要有以下几个特点：一是马英九“转守为攻”展现强硬风格。国民党执政两年来虽倍加努力，但台湾民众经济状况没有根本改善，马英九的满意度始终低迷不振，直接冲击年底五都选举。因此马英九选择“以攻为守”的策略，一改过去温良恭俭让的形象，开始强硬出击，希望以此塑造蓝绿对决的态势，唤回泛蓝支持者的热情。二是两岸事务成为焦点。本届会议有党代表提案“国营事业”应在南京设置办事处；还有人提议邀集两岸政党召开政治协商。由于本届会议不谈论议案，提案均被大会决议保留。但是两岸议题仍成为国民党主打议题。马英九表示，民进党执政8年的结果，让台湾成为国际社会眼中的“麻烦制造者”，国民党执政后恢复两岸协商，将台湾海峡由冲突对立的热点，变成和平繁荣的大道。马还细数ECFA为五都带来的经济效益，鼓励候选人好好倡导ECFA，使之成为年底选战主轴，五都候选人也纷纷表达对ECFA的支持态度。三是全党动员难脱外热内冷印象。首先是党代表出席率较低。本届全代会应出席2760人，实际出席的只有2015人，而且许多人在会议进行一半时便早早离席，显示国民党整体热情不高。其次是党内不满声音频现。高雄党代表批评党中央“没有整合”才导致选情低迷，要求不要“用北部辅选方式看南部”。也有人要党中央重视党代表意见，“不要重视那些一塌糊涂的上级”。青年党代表直言，国民党虽选出50席青年党代表，但除青年团外“完全没有其他舞台”，青年在国民党看不到未来。再就是查贿选引发党代表反弹。由于本届会议查贿选严厉，不少党代表认为党中央“矫枉过正”，不该像防贼一样防自己同志，对党代表缺乏尊重。

文章最后指出，本届“国民党全党代表大会临时会议”是一次年底五都选举的总动员，马英九火力全开拉高蓝绿对决态势，希望炒热蓝营选情。岛内民众对两岸签署ECFA的支持度不断上升，也给马当局足够的信心和勇气在选战中打两岸牌。但是，国民党内部整合问题仍未妥善解决，蓝营的热情仍然低迷，国民党能否有效解决这些难题还有待观察。

钟岷源《马英九的“整党”难题》（《南风窗》2009年第24期）

文章除了探讨国民党党产问题而外，着重分析了国民党内历史悠久的贿选问题、地方派系问题。10月17日，国民党“十八全”召开，马英九重掌国民党帅印。10月11日，国民党举行中常委选举。选举期间，有党代表反映“选风很坏，送礼买票情形严重”。随后，国民党“考纪会”以“快刀斩乱麻”气势，一致决议取消了两位中常委的当选资格。受其波及，新出炉的另30名国民党中常委两周之内悉数请辞。国民党自建党以来出现前所未有的中常委请辞潮，并将进行名为补选，实为全面改选的中常委选举。

打击贿选不正之风，削弱地方派系实力，适当处理党产，是马英九重新获任党主席之后的三个改革火力点，也是顺应台湾政治潮流和民意的正确之举。但是，相关改革道路并不平坦，并困难重重。马英九惩治贿选的举措在党内引发的争议，反对者大有人在，甚至有中常委指出选举送礼是“历史共业”，更是党内约定成俗的惯例。随着马英九党务改革力度的不断深入，党内反对力量将会全面反弹，党内有大佬直白地将其定性为“马英九是想成立马家军”的派系斗争。百年老店国民党自其成立之始就是一个派系林立，各色人等和利益纠葛难以尽言的政党组织。尤其李登辉时代，国民党染上黑金顽疾，且操纵党籍族群矛盾，玩弄借力打力之招，导致国民党两次分裂，丢掉政权。马英九大选获胜后，国民党内部依然矛盾重重，尤其府院常唱对台戏，国民党立委对行政的杯葛掣肘并不亚于陈水扁时代。马英九一方面要打击派系，一方面在选举中又要受制于地方派系，难度可想而知。目前，国民党内典型的反弹声音就是：“如果在政治上不违法乱纪，而是志同道合，这样政治理念相同的团体为什么还不能走在一起？说白了，马英九消灭不了派系，消灭了派系，也就消灭了国民党。”事实证明，马英九祭出党鞭开除违规参选公职的做法，来自地方基层的对抗已经传导至中央层面，加上中常委改选带来的权力斗争，蠢蠢欲动的反马派系会不会和马英九决裂很难预料。国民党已经为几次分裂搞得伤痕累累，再分裂的结果就是政权再次沦丧。

国民党的所有党务改革均有诸多难题，岛内社会也很难在短期内感受到国民党的“起色”。但是，对于国民党来说，“整顿是必要的，不做的话，政党政治没有希望，台湾政治也没有前途。”如何凝聚国民党内部力量，是国民党的当务之急。如何处理好国民党的长远利益与当务之急的矛盾，则是马英九面临的挑战。

耿荣水《改革不能置现实于不顾！立委补选国民党三席全输的省思》（台湾《海峡评论》2010 年第 2 期）

文章检讨了继 2009 年底三合一选举国民党得票不理想后，2010 年 1 月 9 日“立委”补选国民党全军尽墨的原因。文章认为，此次国民党败选的原因，除了投票率偏低，蓝军支持者动员不力外，在先天条件上国民党就处于不利地位：桃园县二选区和台中县三选区所以改选皆因国民党籍“立委”贿选之故，民进党提名原先的候选人参选，在多数选民认知里，应还给民进党候选人一个公道，加上国民党新提名的人选又缺乏竞争力，所以两席都没能保住。台东县提名的邝丽贞，则被指为与县长当选人黄健庭职位交换，是典型的政治分赃，引发中间多数选民不满而败选。诚如民进党主席蔡英文所言，国民党是败在正当性不足。如进一步深究，国民党此次全败的原因还与蓝绿基层动员方式有别相关。蓝绿基层组织型态差异较大。蓝军基层组织较松散，凝聚力较弱，动员效果较差，甚至在传统的农村乡下，还得靠发“走路工”才动得起来。相形之下，绿军基层虽然党员不多，但凝聚力较强，动员效果强，其主动性和积极性，远非蓝军基层可比。这也使绿营人士得以嘲讽国民党“不买票就不会选举！”国民党以往选举多赖地方派系支撑。地方派系的经营若果财力不继，基层就动员不起来，派系将会逐渐萎缩，甚至解组。至于绿军，它们在地方的经营对财力的依赖则相对较少。文章最后点出败选与国民党近期加速改革之间的内在关系。认为，改革是双刃剑，尽管国民党站在提升台湾民主质量的角度，在败选后喊出“坚持改革”口号，极具决心和魄力，且国民党也当彻底自省改革才能让人民感动，但是，地方派系毕竟盘根错节，不是一句口号就能终结的。国民党在处理地方派系时应小心谨慎，若刈除派系不成，反将伤及自身。为此，必须要有高明政治艺术，必须要讲究策略手段，绝不可侈言改革而置现实于不顾。

王燚《国民党与民进党的大陆政策比较》（《两岸关系》2010 年第 10 期）

文章按照高阶议题、低阶议题两分的方法对国民党、民进党的大陆政策进行了比较研究。文章认为，国民党在高阶议题上的原则和策略是中庸调和、以退为进；在低阶议题上则是积极开放，严格把关。至于民进党，它在高阶议题上是积重难返，欲做还休；在低阶议题则是因私废公，有限反对。在政治议题上，国民党与民进党最大的不同就是承认"九二共识"，宣示"不统、不独、不武"，这一立场对于李登辉、陈水扁主政二十年的台湾来说，客观上具有拨乱反正的作用。但国民党大陆政策是模糊（所谓"创造性模糊"）的，缺乏方向感的，只是回答了不要怎样，却没有回答要怎样，因而是一种多方妥协权宜之策，未能真正解决问题。在现行政策上，国民党的立场基本上能为大陆所接受，但在政治理念上，两者的分歧则难以调和：国民党所讲的"统一"意涵是依据"中华民国""一中宪法"订定的"三民主义统一中国"。马英九及国民党有十分顽固的"反共"情结，又接受了西式民主的洗礼，对大陆的政治理想更是不认同。简言之，维持现状是国民党当局目前最大的政策诉求，但它并不必然导向和平统一。军事上，马英九一改扁时代挑衅大陆的冒险做法，"积极防御、有效吓阻"，更加务实理性，台海军事斗争总体趋于缓和。在"外交"与"国际空间"问题上，马英九也一改扁时代的"烽火外交"、"全民外交"，而是推行"活路外交"、"外交休兵"，收到了以退为进的效果。在低阶议题上，国民党政府首重经济交流与合作，成果丰硕，也最受关注，两岸实现"直接三通"、签订 ECFA、大陆民众赴台旅游等，马政府扮演了积极推动者的角色，但同时也设置了重重关卡，强调"台湾优先"、"对台湾有利"。文化方面是台湾最为自信的领域。首先，马英九深受中华传统文化的熏陶，一向以中华文化为荣，国民党上台之后纠正陈水扁主政时期"去中国化"的做法；其次，国民党向以中华文化"正宗"自居，以台湾民主化为荣，马英九一直试图向大陆输出这两种文化。在社会交往领域，国民党当局持积极开放的支持态度，鼓励两岸各方面的交流合作，特别是青少年之间的交流。相形之下，沦为在野党的民进党如果要重新夺回执政权，就必须对其大陆政策进行调整，以争取中间选民的认可与支持。因此，民进党的大陆政策不是要不要调整的问题，而是如何调整以及调整幅度的问题。首先，在高阶议题上，要民进党完全放弃"台独党纲"，彻底接受"九二共识"是不切实际的。其次，在低阶议题上，民进党因私废公，将自身的政党利益置于台湾人民的整体利益之上，从政党利益出发，身为在野党的民进党更是片面夸大负面效应，"反国民党所支持"。总的看，两岸经济融合，区域经济一体化已是历史潮流，随着大陆快速发展，台湾对大陆的依赖将愈来愈深，这都是不可阻挡的趋势，国民党顺势而为，迈出了步伐，未来即使民进党重新执政，也不可能将已建立起来的经济、文化、社会联系全盘否定和推翻。所以，民进党若重新上台执政，两岸在高阶议题上可能出现反复，而两岸的低阶议题将会对其产生强有力的牵制作用。

梁惠延《春江浩荡逐浪高——国民党重新在台执政以来两岸关系述评》（《统一论坛》2010 年第 3 期）

文章认为，国民党重返执政两年来，两岸双方秉持"建立互信、搁置争议、求同存异、共创双赢"的精神，遵循"先易后难、先经后政、把握节奏、循序渐进"的基本思路，大力推进两岸经济、文教等多领域交流，两岸关系发展取得累累硕果。一是两岸双方形成良性互动。二是两岸协商形成制度化安排。三是人员往来更加频繁。四是经济联系更加密切。五是文化教育交流更加活跃。作者进而总结指出，马英九大陆政策的具体内涵主要包括以下几方面内容：一是强调两岸同属中华民族，确认大陆13亿人民是“同胞”。二是提出“正视现实、建立互信、搁置争议、共创双赢”的16字方针，主张在“九二共识”原则下恢复两岸中断多年的协商谈判。三是反对以“台湾”取代“中华民国”。四是主张“不统、不独、不武”，维持两岸关系现状。五是突出两岸生活方式与制度之争。六是搁置分歧，推动经济交流。

这些混杂了积极与消极因素的政策内容，主要受制于以下方面：一是岛内政局。尽管马英九能够立足台湾主流民意，制定、调整大陆政策，但民进党强力通过“意识形态竞争”方式牵制、杯葛国民党执政，而国民党在“府院党”之间整合效能有所欠缺，公共政策执行也不够到位。这都制约马英九的大陆政策。二是大陆因素。祖国大陆牢牢把握两岸关系和平发展的主题，恪守一个中国的立场，积极扩大两岸交流，出台一系列惠及台湾同胞的政策措施，稳步推进两岸关系和平发展。虽然两岸在推进政治谈判、台湾国际活动空间、军事互信等重大敏感议题上仍存在结构性矛盾，但两岸关系和平发展是大势所趋，大陆的综合实力与对台政策是马英九当局必须正视的。三是国际因素。美、日借台湾问题阻遏中国大陆发展的战略未变。马英九当局奉行“经济依中、安全靠美”的政策，在一些议题上希望获得美、日的支持，因而其大陆政策的广度与深度都受美、日牵制。

文章也分析了现阶段民进党对两岸关系的影响。它指出，尽管民进党丢失政权后，内部有一些反思，但仍停留在选举层面。蔡英文担任党主席后，调整了部分政策，但仍重申“台湾前途决议文”中“互惠而非歧视、和平而非冲突、对等而非从属”的两岸关系主张，“台独”本质并未改变。对于急欲重返执政之路的民进党来说，大陆政策的缺失成为其最大的硬伤，将导致其因在两岸交流方面缺乏话语权而日趋边缘化。正因如此，民进党急于对马英九的大陆政策施压，以求重新进入主流视野。其主要牵制手段包括，一是走议会路线。二是走街头路线。三是利用媒体煽动民意。通过亲绿媒体、地下电台等展开宣传战，炒作“国家认同”、“主权独立”等话题，利用绿营民众的“恐中”心理大做文章，激发“台湾主体意识”。蔡英文等人以民众代言人自居，声称要担负起对外传递台湾民意的责任，扬言要精确传达台湾民众观点，具有较大欺骗性和迷惑性。

在岛内朝野两党的交互作用下，台湾同胞对两岸关系的主要看法总的看还是趋于积极。虽然他们对两岸关系的最终走向认知不一，但对中华民族的认同有了很大的提高，这是两岸关系和平发展成效的显现，必将成为两岸关系持续、深入发展的坚实基础和有力支撑。

石之瑜《国民党要不要面对共产党的政治需要?》（台湾《海峡评论》2010年第8期）

文章分析了国民党重返执政后的两岸政策及其对大陆方面两岸政策和对美政策的影响。文章认为，除了对华府，大陆政府也可能在对台政策方面制造台北的压力。比如，可以在外交休兵的问题上进行调整。国民党在2008年执政后屡次释放近乎是敲诈的讯息，亦即外交上若大陆对台湾不让步，导致两岸继续缠斗的话，所有大陆方面其他的善意就付之一炬，以至于在罗马教廷与拉丁美洲等地外交关系的突破方面，都有所节制。大陆官方的意图，当然是配合国民党来争取台湾民众对大陆的好感，或起码是降低对大陆的排斥。但是如果外交休兵一再被国民党扭曲成是国民党成功管理大陆对台敌意的成就，并且用“台独”作为后盾来要胁大陆继续扩大让步，却不肯在同时对大陆的政治需要有所回应，则后者在自己在台形象不能改善，且无论如何都一直要被锁在与台敌对的情况下，为何要继续配合国民党的外交休兵？相反，大陆如果在外交休兵上稍微紧缩，让台北感到压力，则以民进党为首的台独势力一定伺机而动，对国民党造成困扰。简言之，既然国民党毫不顾及共产党的政治需要，共产党当然可以也故意忽视国民党的政治需要作为回馈。

（二）民进党研究

王建民《“蔡英文时代”到来》（《世界知识》2010 年第 12 期）

文章指出，蔡英文在 2010 年 5 月民进党主席竞争连任大获成功不仅影响当年五都选举，而且牵动 2012 年台湾领导人大选，台湾政治与政局将产生新的重要变化。蔡英文有着很强的政治智慧与运筹能力，而且颇有政治野心，民进党的蔡英文时代正式来临。作者认为，蔡英文将书写民进党的新论述。蔡要成为一个政治家、台湾领导人，不能没有自己的一套政治思想与主张。蔡自去年底就开始思考民进党发展的新论述，最后提出了一套所谓的“十年政纲”。尽管在党内备受争议甚至批判，但蔡英文推广它的决心不变。据透露，蔡英文以答应参选新北市作为换取党内支持其“十年政纲”的条件。事后的发展也充分证明了这一点。蔡后来明确表示实践“十年政纲”是她参选新北市的主因，也是民进党五都选举的政见主轴。这预示着，“十年政纲”正式成为蔡英文的政治新论述，这是她为角逐 2012 年台湾领导人所作的最重要的政治准备。显然，两岸议题是蔡英文面临的最大挑战。蔡英文的技巧性做法，可以迷惑岛内部分民众，从不同群体中找到不同的支持者，但两岸问题仍然无解，终须面对。近年来，民进党内原来的四大天王只剩下苏贞昌尚有余力，其余人等已逐渐淡出。不仅蔡英文成为民进党内最具影响力与权力的新一代政治领袖，民进党地方党部中新生代也正纷纷崛起，60 后、70 后逐渐进入民进党权力中枢。这些都催生着民进党政治结构的新变化，预示着民进党的世代交替进展顺利，标志着民进党进入一个全新的发展阶段。作者预测，由于上述原因，以及蔡英文与马英九在履历、形象、品质等各方面的高相似性，2012 年台湾地区领导人选举中的“双英对决”似乎已成定局。

郭建芳《影响现阶段民进党政治转型的因素分析》（《重庆社会主义学院学报》2010 年第 6 期）

文章认为，现阶段民进党的政治转型应是指民进党为了重新赢得执政权所做的各种政治革新，包括政治论述、政治实践等。转型的目标是，由“为反对而反对”的草根性在野党转变为以“和解—沟通”为导向的精英型执政党，由激进、冒险的“台独”党转化为稳定两岸关系、对台湾前途负责的中道力量。2008 年以来蔡英文任民进党主席，成为民进党派系平衡的杠杆和政治转型的契机。文章认为，民进党能否最终成功转型，关键在于它的两岸政策能否发生重大的变革。但就目前来看，民进党政治转型尚处于混沌阶段，受到“台独”党纲、“台独基本教义派”以及深绿选民结构等诸多因素的制约。首先，尽管出于确立民进党的未来发展方向和吸引中间选民的考虑，以蔡英文“十年政纲”为代表的各种转型论述纷纷浮上台面，但它能否为民进党内不同派系和草根党员所接受，值得进一步观察。同时，对于两岸关系发展问题，民进党中央始终还是坚持顽固保守立场，与该党地方执政者所倡导的务实开放政策迥然不同。其次，党内外相关因素也使民进党政治转型步履维艰。新潮流系掌控党机器成为影响民进党政治转型的党内因素，权力至上的新潮流系是政治转型的派系障碍。“台独党纲”和“台湾前途决议文”是政治转型的制度约束。在新的选举制度下，选战中对“台独”基本盘的依赖是民进党政治转型利益上的硬约束。此外，“九二共识”政治前提是影响民进党政治转型的大陆因素。在岛内朝野互信严重不足的背景下，要求民进党接受国民党的“九二共识”难度很高。因此，在可以预期的将来，民进党还是会退缩在40%的深绿基本盘里动弹不得。

杨泽军《民进党“全代会”透出的新讯息》（《两岸关系》2010 年第 8 期）

文章追踪分析了 2010 年 7 月 18 日民进党顺利改组权力核心的第十四届“全代会”。作者认为：从表面上看，此次会议一切如常；但就深层次分析，这次会议亦透出不少新讯息：一是党权已成香饽饽引发激烈争夺。2008 年民进党失去政权，成为在野党，一时间党的地位严重下降，权力核心如同“鸡肋”。但随着民进党实力回升、气势上扬，党的地位提升，尤其是新任中常委两年任期，跨越“立委”和“总统”选举且攸关提名规则的主导权，权力核心又重新被看重。二是苏系、前新潮流系成为此次选举大赢家。三是扁系势力逐渐没落趋于边缘化。四是民进党世代交替仍面临严峻考验。2008 年民进党失去政权，“美丽岛律师世代”均低调退居二线，离开政坛。蔡英文临危受命出任党主席，一大批青、壮派精英占据要津，民进党似乎开始了由中生代唱主角的新时代。但是，民进党老人们全力反扑，民进党世代交替之路依然漫长。五是蔡英文面临苏贞昌强力挑战。蔡英文虽临危受命成功率领民进党走出低谷，但其领导地位并不稳固，尤其是面临着苏贞昌的强力挑战，后者完全可与党主席蔡英文分庭抗礼，对蔡形成有力制衡。此外，这次会议党内三位实力雄厚的现任县市长——苏焕智、许添财及杨秋兴因不满初选党中央的不公平对待悉数缺席，既表明民进党五都选举初选裂痕未能抚平，也反映出党主席蔡英文党内调控力的不足。

张文生《民进党“五都”选战中的选举策略》（《两岸关系》2010 年第 12 期）

文章指出，首次“五都”选举中民进党取得不俗的战绩，一定程度上要归功于它的异乎传统的选举策略，正如《中国时报》社论指出的：“蔡英文此次打的是一场非常不民进党的选举，不挑拨族群、尽量不爆粗口、不激情谩骂，甚至不正面攻击对手，这是 10 年来民进党表现最温和的一场选举。”由于经济和管理方面的一些因素，即便台北市和新北市也出现了对国民党执政不满意的中间选民，但是他们也对民进党存有高度的疑虑，担心民进党的“台独”主张，质疑民进党的冲突性格。为了打动中间选民，为了化解中北部地区中间选民的疑虑，民进党在“五都”选战中的选举策略和选举风格作了较大幅员的调整，为了回避统独议题、突出治理能力，民进党第一是避免造成蓝绿对决的选战局面，第二是主打民生治理议题，第三是广泛利用小众传播。当然，这种调整也符合民进党主席蔡英文强调温和、理性的从政风格。具体的做法，民进党在“五都”选举的过程中有意识地淡化两岸议题、淡化意识形态的冲突，在选战议题中不断地突出公共政策，对国民党在台北市、新北市和台中市的执政成绩进行检验，提出挑战。在公共政策的诉求上，民进党将目标瞄准了中产阶级、中下阶层和青年选民。选举结果表明，民进党争取中间选民的策略在一定程度上是奏效的。但是，蔡英文领导的民进党在“五都”选举中的“非典型战法”，是否能在民进党未来的选举中持续下去，舆论仍不乏怀疑与质问。第一，“五都”选举毕竟是地方型的选举，选民重视地方建设与治理能力是理所当然，民进党回避两岸议题具有一定的合理性，但是2012年台湾地区领导人选举事关内外政策，民进党无可回避。第二，民进党在“五都”选举中的战法带有一定的蔡英文的风格，然而蔡英文本人在民进党内的领导地位受到苏系、谢系、扁系、公妈派等党内不同政治山头的挑战，蔡英文能否代表民进党在2012年出马参选，仍值得观察。

铁声《民进党对2009年两岸关系和平发展的影响》（《统一论坛》2010年第1期）

文章认为，2009年两岸关系在国民党重新执政、岛内政局发生转折性变化的背景下，取得了积极进展。但同时，两岸之间互信的基础依然脆弱，深层次的矛盾依然存在，“台湾主体意识”在岛内根深蒂固，民进党依然是两岸关系和平发展的主要牵制力量。回顾民进党一年来在两岸关系中的作为，展望其新一年里在两岸关系上的表现，可以得出以下五点结论：1. 民进党将争夺对两岸关系的发言权。面对经济自由化、区域一体化的大趋势，两岸关系将日趋紧密，并走上制度化的轨道。作为台湾最大的反对党，民进党不会甘于在两岸关系议题上被边缘化，必将积极发声，以凝聚和扩大支持其的民众。2. 民进党将利用街头抗争的方式凸显其政治能量。民进党在岛内失去行政和立法主导权后，被迫以街头抗争的方式显示其作为反对党的角色。在民进党全面夺回执政权前，其走上街头的频率将越来越大。3. 民进党将对马英九的大陆政策产生牵制性影响。民进党担心台湾“主权”流失，将用放大镜来审视马英九在两岸关系上的作为，并运用其在台湾社会的影响力对马英九实施牵制。4. 民进党与祖国大陆严重缺乏互信。民进党人坚持“台湾前途由2300万台湾民众决定”的理念，他们扮演台湾“主权”守护者角色也一定程度上受到认同。这说明，一方面，目前岛内民众对两岸经贸文化、民间交流的赞成与参与，一时难以减弱其对“台湾主体意识”的认同；另一方面，转变民进党人的思想观念，确非易事。5. 民进党内部围绕大陆政策的转型将展开争论。政党的发展必须以民意为依归。民进党要想重新执政，将不得不寻找与祖国大陆接触和相处相容的办法，民进党内要求检讨其大陆政策的声音将不断浮现。如何处理好两岸关系，如何正确地对待祖国大陆，将是民进党未来发展的关键之一。

李家泉《民进党认识上的“八大盲点”》（《统一论坛》2010年第5期）

民进党自1986年9月成立以来至今已24年了，虽然东闯西斗组织上有所发展，但却始终没有走上正轨。虽曾在台湾岛内执政8年，也不过是历史的侥幸，并没有因此而走向正规。它的草莽性仍强，行动上与自称的“民主进步”名实不符，其所代表的绝非主流民意。它的上台有偶然性，下台则有必然性。民进党为什么不能走上正常轨道，成为新时代一个良性和理性的政党？主要是在认识上还存在“八大盲点”：一是不了解台湾人民的真正利益所在。民进党凡事都要政治化和“主权”化，根本不懂得、也不想懂得台湾人民对经济利益的看重。二是不了解所谓“主权”的真正内涵。民进党人天天喊“主权”、“维护台湾主权”，但不懂得“主权在民”，在于全体中国人民，是包括台湾同胞在内的13亿人。三是不了解作为国家主权的法律常识，不懂得中国的领土主权范围，当然包括台湾，完全有法理根据，绝不可以因为旧政府被推翻了，作为它的一个部分台湾，就可以趁机变更领土主权的归属。四是不了解两岸有不可分割的历史关系，老是炒作什么“本省人”、“外省人”的矛盾，十分荒唐。五是不了解全体中国人的民族感情。只有中国台湾的局部的小悲情，讳言整个中华民族的大悲情，把当时中国统治者的过错与大陆人民混为一谈，把过去的事情与今天的情况搅在一起。六是不了解两岸三政党为何变动的关系，不懂得人民利益、民族利益在政党政治发展中的地位和作用。七是不了解自己所谓“爱台”实乃“祸台”。“爱台”还是“祸台”，应该由主流民意，由客观实践来检验。台湾的主流民意是什么？是“求和平、求安定、求发展”，“人心思和”，“人心思安”，“人心思治”。民进党的分裂路线与这个主流民意是相悖的。八是不了解两岸统一是历史发展的必然。统一是大势所趋，民进党的反对最多只能拖长或延缓两岸统一的时间，而绝无可能阻止这种发展趋势。何况，形势比人强，相信他们中的许多人还会有变化。

汪曙申《试析民进党“十年政纲”》（《世界知识》2010年第8期）

文章指出，蔡英文一手主导的民进党“十年政纲”已然呼之欲出。总揽改政纲的基本特点，首先，是民进党的根本路线不会变。尽管民进党急欲突破现在的基本盘结构，争取中间选民的认同与支持，扩大社会基础，但它也清醒地认识到，民进党的发展与“台湾本土性”息息相关，因此新的“十年政纲”肯定摆脱不了“台独”逻辑，也一定会涉及所谓的“台湾主体性”、“台湾主权”、“台湾人民自决权”等内容。而且，“十年政纲”也只不过是蔡英文巩固领导权威、推动民进党世代交替的重要手段。其次，民进党对两岸关系将会更趋务实。“十年政纲”的形成将依序分为“形成问题意识”、“举办各项研讨会，开放各界意见参与”、“政策纲领的撰写与沟通”、“经由全代会讨论通过后形成党的正式文件”四个阶段，其侧重点将会放在强化民进党的执政能力及两岸关系问题上。改政纲一是会提出台湾未来发展的愿景，强调民进党的执政能力；二是要提出民进党对两岸关系的最新主张。民进党认识到，两岸关系和平发展的新局获得岛内多数民众的肯定与支持，若再一味干扰破坏的话就回难免被边缘化的危机。“十年政纲”虽不会放弃“台独党纲”，但会强化所谓“反映国家发展需要的部分”。由此，不排除民进党会在“台湾前途决议文”的基础上，对两岸经贸、人员往来等采取更有弹性的立场。文章最后认为，蔡英文已将“十年政纲”作为民进党走向重新执政的竞选纲领，亲自参与政纲的规划与研拟全程。由于民进党和绿营内各派势力反应不一，“十年政纲”最终呈现何种面貌，还将取决于党内“天王”、“台独基本教义派”及中间务实派间的拉扯矛盾。

杨泽军《民进党十年政纲意在“蔡公”?》（《两岸关系》2010年第5期）

文章认为民进党十年政纲似乎有些先天不足，不仅没有成型，还在党内引起非议，面临严峻考验。民进党内各路人马因自身利益所系，对政纲反应并不积极、热烈，“兴趣缺缺”。而且，民进党内对蔡搞十年政纲的政治企图心也多有质疑。由于政纲未涉“台独”理念，深绿不依不饶。民进党中央原本的考虑是塑造民进党务实、温和、理性形象，争取中间选民支持，希望未来能够从务实面出发，强调“国家治理”问题，而对于“国家定位”及“台湾前途”等敏感的政治问题，则有意不去碰触。但“台独”势力不会答应，对政纲回避敏感的“国家定位”问题极为不满，甚至表示：政纲若回避“台湾”与“中华民国”关系，排除“公投制宪”及“独立建国”等议题，民进党将会走向灭亡。预计未来“台独”势力的反弹必将持续增大。“十年政纲”被视为蔡英文党主席任内最重要的政策蓝图，作为民进党重返执政的理论基础。蔡英文选在当前这个特殊时候提出十年政纲，具有明显的为自己角逐2012大选创造条件、奠定基础的考虑。问题是，岛内的时空条件已大不不相同。而且，民进党内2012卡位战愈演愈烈，蔡英文党内地位尚难与当年的陈水扁相提并论，十年政纲也很难如同当年的“台湾前途决议文”一般能在党内获得高度共识。所以，十年政纲能否一如当年决议文那样，在民进党重新成为执政党、在蔡英文登上“总统”宝座上发挥重要作用，有待观察。

党朝胜《民进党在“变”吗?》（《世界知识》2010年第5期）

文章指出，自去年底县市长“三合一”选举以来，民进党在处理党内外的诸多事务时，形象上出现了不少新变化，似乎开始变得理性、成熟与自信。很明显，民进党正在进行全方位的调整，少了一些激情做法，多了一些理性设计，民进党中央并体现出一定的摆脱“基本教义派”束缚的企图。一是高调宣示“十年政纲”，刻意将自己打扮成“理性问题”、“负责任”的在野党形象。二是全面树立蔡英文的威信，极力展示民进党的团结形象。三是在两岸议题方面，将重点由过去的“反中”逐步转为现在的“反马”，以求淡化“逢中必反”印象。四是企图通过拉抬蒋家后人，化解外省人对该党的恐惧心理。再就是通过种种细微手法，继续作出与陈水扁“柔性切割”的姿态。文章继而强调，这些变化基本仍停留在浅层次的表象，而并未涉及深层次的本质性的调整。总的来看，民进党干扰破坏两岸关系和平发展的本性没有变；党内派系斗争的恶质不会轻易消除；对于贪腐问题的鸵鸟心态没有变；该党一切为了选票的功利性嘴脸丝毫没有改变。目前的调整，可能会加速民进党向中间理性调整，但“急独”势力在岛内仍有相当实力，民进党仍然会长期维持其旧有的政治本质。特别是两岸政策上，还是会自相矛盾，出现甚至自己都无法说服自己的现象。

余国华《试论台湾民进党派系的演变及大选失利后的发展》（《学理论》2010年第14期）

文章通过分析民进党内部各派系产生和发展的过程，探讨了民进党的派系格局及其影响。作者认为民进党的派系演变过程大致经历了四个阶段：一是20世纪80年代的康系、美丽岛系、新潮流系和前进系“三大一小混战”时期。二是20世纪90年代从美丽岛、两系对垒到它们与台独联盟、正义连线和、福利国连线五系共治。第三阶段是2000—2004年间的“扁系独大”时期。第四阶段则是2004年5月至今的“恢复派系混战”时期。其间，2006年7月“解散派系案”通过后，尽管各派系相继撤下了招牌，但办公机构的派系运作职能没有发生质变。纵观台湾民进党的演变，其派系发展呈现出以下特点：

一是派系活动都是公开的，且组织性很强。二是民进党各派系的政治纲领由路线斗争转变为权力争夺。三是民进党的选举胜负决定着派系兴衰。四是民进党的派系较量以“立法院”为主战场。关于民进党派系存在和发展的原因，文章认为：从历史上看，民进党源于反对国民党一党威权统治的党外“彩虹式”的组织结盟，民进党内部派系矛盾是党外时期各势力派系斗争的延续。从社会上看，民进党的党员因出身、经历、理念的不同，形成不同的政治理想和道路，这也使得他们成立或加入不同的派系。从政治斗争上看，民进党最直接、最现实的斗争就是争夺权力和利益，没有派系支持就不能跻身党内核心权力层。为了争夺有限的权力资源，党内势必会组成派系并相互倾轧。从文化上看，民进党派系斗争又是中国传统派系文化与西方民主政治冲突和融合的结果。中国传统政治文化注重“关系”和人情，拉帮结派，组建利益小团体。这种派系文化与西方的民主政体甫一结合，自然形成类似民进党这样的派系生态文化。文章还分析了陈水扁下台对台湾民进党派系的影响，指出：陈水扁下台，使民进党的“扁系独大”格局面临挑战，为新潮流系重整雄风创造条件，也为民进党的“新世代”主导党务扫清障碍。作者认为，“新世代”的这些行动符合民进党支持者对民进党的期待，有利于民进党的恢复和发展。倘若“新世代”力量能够持续做大并获得党务主导权，必将对民进党的未来走势和两岸关系产生重大影响。

陈仪深《台独主张的起源与流变》（台湾《台湾史研究》2010 年第 2 期）

文章根据政治学和国际法的研究方法，按历史发展的脉络，一方面整理以往相关研究的看法，一方面分析台湾岛内现在的争议，梳理和评价了“台独”主张的演变过程。作者首先将“台独”定义为主张以台湾（包括台、澎，或台澎金马）为范围，建立一个主权独立的国家。文章继而指出，主权国家是来自近代西方的观念，而台湾在二战以后才有比较清楚的、延续的、近代的“独立建国”主张，皆有其时代背景。文章分阶段分别检视了台湾地区在“前近代”时期、日治时期、戒严时期、民主化时期和当前“台独”理念的不同发展。文章认为：其一，“前近代”时期的两岸政治性质尚不属近代主权国家的模式。清、郑之争的性质，仍然是中国封建统治阶级中不同集团之间的矛盾。至于乙未抗日运动中昙花一现的“台湾民主国”运动则主要是草根民众保乡卫民的精神，既没有明确的理念，也缺乏强力且献身的指导者，自然谈不上近代意义的“独立建国”。其二，日治时代台湾民众自觉为“台湾人”的共同体意识萌芽，但很明显也只是强调被日本国家、日本人歧视并压抑，该认同也只是“对抗这种歧视、压抑”抗日的台湾人认同，它相对于“日本人”的界线是很清楚的，但相对于“中国人”的界线却没有被明白定义。其三，二二八事件是 20 世纪台独运动最重要的起源，而 1949 年之后的戒严时代形格势禁，“台独”主张兵分两路，一是流亡日本、美国的知识分子如廖文毅、史明、王育德、黄昭堂、卢主义、张灿鍙、蔡同荣等在组织上、理论上都有较为明显的进展；另一方面则是岛内发生此起彼落的“台独”政治案件。其中，除 1964 年彭明敏师生的“台湾自救运动宣言”较有理论价值，余皆因环境不允许提出具体“台独”主张，故其存在的意义仅为彰显台湾人受难，以及国民党政府非“自由中国”、是“外来政权”的性质。其四，1980 年以后，特别是解除戒严、开放党禁前后，以及李登辉时代的来临，众多党外人士与本省籍文化界人士逐渐成为台湾民族主义者，经过党外政论杂志及群众运动过程中的“反复讨论与操练”，“台湾民族主义”逐渐成为与国民党的中国民族主义相抗衡的政治理想。但是，直到1986年民主进步党诞生为止，党外顶多提出“新党新气象、自决救台湾”的诉求，并没有明揭“台独”旗帜，从而未将“统独”之争搬上台面；其后，在民进党成立之初的头几年，虽有新潮流系为主的“激进独派”不断在全代会中提出“台独”主张制度化的方案，却总是被党内零星统派与温和派藉由“决议文”之类的替代方案阻挡。只有在1986年至1991年通过“台独”公投党纲后，民进党才经历了一段“台独”主张的强化期。其五，20世纪90年代国民党、民进党相继“转型”后，各种类型的“已经独立说”、“尚未独立说”可谓琳琅满目，大体反映出台湾经验作为国际法和政治发展特例的情形，以及两岸关系、台美中三角关系的复杂现状。由于这一阶段民主化和李登辉本土化政策的影响，民进党与国民党的“国家定位”竟在1999年达到空前共识。然则，两党把“台湾”和“中华民国”糅和，主要是内部选举与外部大陆方面威吓双重压力的结果，但在理论上仍然存在不能自圆其说的困难。

文章指出，中华民族主义与“台湾民族主义”的对垒，仍是当前蓝绿政治的基调，只是为了选票双方都必须往中间挪移，明了此一背景才能看清上述“台独”理论的“琳琅满目”。归根结底，如果宣称台湾“主权独立”，就不会是“中华民国”；如果坚持“中华民国”，就不会有台湾“主权独立”，所谓台湾已经“独立”了，它的名字叫“中华民国”，不免有想两面讨好却自欺欺人的嫌疑，也不会是可长可久的“现状”。

朱松岭、许崇德、易赛键《“法理台独”理论根源之批判》（《福建师范大学学报（哲学社会科学版）》2010年第3期）

文章从宪法学的角度，仔细检讨了作为民进党基本意识形态的“法理台独”理论渊源。文章将“法理台独”的基础理论归纳为实体论、程序论和方法论，并着重探讨了其中的实体论、程序论。实体论包含“台湾地位未定论”、“自决论”和“事实主权论”。“台湾地位未定论”是1949年中华人民共和国成立后，特别是韩战爆发后，美国政府公然背弃《开罗宣言》和《波茨坦公告》，在同时排除大陆、台湾国共两方政府参与“旧金山和约”条件下，无中生有炮制出来的。该说法强指台湾从日本统治下解放出来后，就变成了一块无主土地。由于没有任何条约言明日本已将台湾归还中国，所以要重新确定这块土地的归属。就本质而言，该理论是指美国基于反共和冷战需要，为将台湾纳入其势力范围，在国际法中编织漏洞，借以制造矛盾，阻碍中国统一的理论的总称。这一理论后来在“台独分子”中被利用和发展，并成为“法理台独”的理论根源之一。而民进党创党时即提出的“住民自决”也是建立在“台湾地位未定论”基础之上的。“事实主权论”渊源于1990年民进党第四届第二次全体党员代表大会决议：“台湾事实主权不及于中国大陆及外蒙古”，该论调将所谓主权界定在“事实层面”，并将“国家”改为地理名词。这一主张否定了“台湾是中国的一部分”与两岸政权主张的“法理主权”，成为1995年时任民进党主席施明德所谓“民进党如果执政，不必也不会宣布台湾独立”的立论基础。此后，民进党维持了“现状”即“台独”的论述，不仅为“法理台独”理念奠定了基础，也为“防御性公投”提供了“合理性”。所谓“法理台独”的程序论，主要包括

“自决论”和“公民投票”两个方面。“住民自决论”直接来自于“台湾地位未决论”，宣扬所谓住民自决以至“民族自决”，有着复杂的背景，既有美国干预的因素、“台独”精英和民进党炒作的因素，也反映了部分台湾同胞对形势评估的复杂心态。至于民进党政府积极推动的“公民投票”，实系“住民自决”的一种变体，其主旨在于推动“新国家”的独立行动，并非一般民主自由体制下常规化的直接民主或公民投票，而非孙中山先生“权能区分”主张之下藉“直接民权”以促进“政府善治”的民主手段，它看起来故弄玄虚，实质上无非是“住民自决”，或把“住民”改成“公民”，称之为“公民自决”，其本质在于推动“台独”。总之，“法理台独”理论体系试图从根本上颠覆台湾属于中国的历史事实，重新构建一套“台独”理论并运用到实践中。这套东西在理论上是错误的，在实践上是反动的。它对两岸关系的和平发展已经造成了严重的挑战和巨大的风险。

（三）政党治理与政治发展研究

郑振清《“本土化”与当代台湾地区政治转型的动力与进程》（《政治学研究》2010 年第 6 期）

文章探讨了本土化背景下台湾主要政治力量博弈和促进政制演变的方式，重新审视了台湾政治转型的动力与进程，分析了本土化与民主化的关系问题。文章认为，台湾政治体制转型的主要内容，不仅包括解严、开放选举、多党竞争、权力制衡机制等“民主化”变革，还有深层次的政治—社会变迁——以台湾为主体的本土认同兴起，并发展成排斥中国国家认同的政治社会思潮。这个现象，超出了民主的范畴，其实是另一场深刻的政治变革——本土化，主要内容包括“中华民国”政治体制和政治认同的台湾化。作者认为，蒋经国时的本土化，本质上是吸纳台湾省籍精英进入“中央政权”的人事政策，以加强国民党统治台湾地区的合法性。在此基础上启动的“政治革新”旨在改革原有“戒严”体制和威权体制的弊端，保证“中华民国”政治体制持续生存与发展，客观上引发了国民党威权体制向自由化方向的渐变，而台湾所谓的“宁静革命”，亦即渐进、温和的政治转型方式才有可能空间。本土化政策为蒋经国启动政治革新和李登辉推进民主化奠定政治基础。此外，国民党长期坚持“中华民国宪法”可被冻结但却不可废止的立场，也与台湾民间社会和反对派的政治诉求有一致性，也使得“革新”能迅速冲破国民党内部保守派的掣肘，并且在蒋经国去世后继续下去。1988 年元月，蒋经国突然去世后李登辉继位，不可避免地引发了国民党内部权力重新洗牌，进而深刻影响地影响了台湾政治发展的走向。带有严重“台独”倾向的李登辉赢得党内斗争的胜利，国民党开始了新一轮的本土化，它的新的任务是重建“台湾主体性”。1990 年 6 月，李登辉召开“国是会议”，一方面排斥党内非主流派和保守力量，另一方面则促成了国民党体制内外本土政治力量的联合，透过“修宪”，完成了台湾政治转型进程中的关键阶段。台湾政治民主化转型的明显的渐进性、阶段性，与国民党联合党内外本土力量，通过体制内“修宪”控制转型进程，约束激进力量有关。“修宪”实际上是部分地重建了台湾的政治制度。由于当时国民党还能够通过过去几十年的制度建设与治理绩效主导改革进程，加上李登辉的政治手腕，改革最后回归到国民党政权体制内进行，“修宪”也成为通过小成本取得大改进的共识性改革方案。经过“修宪”，台湾的政党政治形态发生了很大的改变。国民党在台湾政局中扮演第一大党和主导力量，新党、亲民党和台湾团结联盟（台联党）等小党曾经短暂性地崛起，但在实行“单一选区两票制”后，影响力大幅萎缩。此后，国、民两大政党主导台湾政坛。总的看，在独特的社会历史背景下，中国台湾地区政治的本土化与民主化具有很多共同点。首先，具有相同的对立面，亦即“中央政权”必须体现本土民众的利益代表，实现本土的民主政治参与。其次，具有相同的问题意识，亦即解散“万年国会”，重建台湾本土民意的代表制度。最后，具有相同的社会基础，亦即台湾本省籍政治精英和民众成为政治转型的直接推动者。由于这些共同点，在台湾政治转型进程中，本土化与民主化是共生发展、双面一体的。这种本土化、民主化共生互动的特殊形态，对台湾民众的“国家认同”产生了意外的影响。在国民党威权统治时期被压制的台湾本土意识和本土利益在历次选举动员中急剧反弹。部分政客利用这种形势、刻意操作，宣扬“本土”对抗“外来”、“台湾”对抗“中国”的二元认同结构和政治氛围，误导台湾地区民众偏离两岸同属一个中国的国家认同方向。于是，本土化和民主化共生发展的特殊现象，为“台独”分裂活动提供了政治温床，而“台独”反过来毒害了台湾地区新生的民主政治和脆弱的两岸关系。

庄文忠《台湾民众公民意识的变化：2008 年政权二次输替前后的比较分析》（台湾《人文及社会科学集刊》2010 年第 2 期）

文章认为，从政治发展的角度来看，台湾在 2000 年的总统大选出现首次的政权轮替，由民进党取代执政逾半个世纪的国民党，到了 2008 年的总统大选，国民党再次取得执政权，透过选举和平地完成政权二次轮替，虽然出现了亨廷顿所定义的“第三渡民主化”的事实，但是公民在这个民主转型过程中，是否实质上淬炼出了成熟而稳定的公民意识，值此民主巩固与深化的关键时刻，仍然是一个值得高度关注的问题。作者的研究以台湾民众在政权二次轮替前后的公民意识为分析对象，结合定量与定性分析的方法，利用固定样本追踪调查的方法，分别从反权威意识、政治功效感、政治信任感、民主价值认同及民主深化认同等公民意识的构造型层面，探讨了台湾社会中公民意识的消长变化。研究的分析结果发现：第一，就单项指标而论，在政权二次轮替后，与前述几个层面相关的绝大多数指标不是呈现上升就是持平。综合这些指标的表现可以推论，无论是政权二次轮替前、后，民众对表达个人意见这一权利的认同度最高，而对政治人物与政府部门的信任度则是最低；第二，在政权二次轮替前、后两次调查中，在前述五大构造性层面中，台湾民众的反权威意识和民主价值认同是认同度相对较高，也较稳定的两个方面。至于政治信任感与政治功效感，则是其中变化最大的两个方面。第三，台湾民众的公民意识变化与其政治立场、党派偏好的关联相当高，尤其是在涉及政治信任感和政治功效感方面，当个人所支持的候选人或政党取得执政权时，他们对其领导者或政府部门会有较高的信任感。同样地，他们也倾向认为自己有影响政治的能力，并且能够感受到特定政党及政府部门在政策上对其政治偏好的具体响应。

张华《1996 年以来台湾地区领导人选举中的经济投票行为研究》（《台湾研究集刊》2010 年第 2 期）

文章首先检视了路易斯·贝克（Lewis Beck）的经济投票（economic voting）理论，

亦即：当选民肯定（不肯定）过去的经济表现时，他们便会投票支持（不支持）执政党。该理论意味着，选民的投票偏好深受选举前后选民所处经济大环境影响，除了把执政党经济表现作为投票行为的依据外，对未来经济发展的评估也是影响投票行为的重要经济因素，同样属于经济投票理论的重要方面。从时间向度分析，当选民根据政府过去的施政表现进行投票时，称之为回顾性投票（retrospective voting），如根据未来经济发展的趋势进行投票，则称之为展望性投票（prospective voting）或议题投票（ issue voting）。从评价或评估范围向度分析，选民评价和评估经济情况时如以个人经济情况为投票依据，则属于个人向度投票或口袋投票（pocket voting）；如以整个社会经济发展繁荣与否作为投票标准进行投票，则称为社会投票（sociotropic voting）。这些的投票取向都是反映选民政治态度、进而影响其投票抉择的政治温度计。运用上述理论工具分析台湾选举，作者认为：选民在1996—2004 年"大选"中都没有表现出明显的经济投票取向。尽管陈水扁执政 4 年期间台湾经济明显恶化，但在蓝绿阵营高度对决，两岸关系议题牢固主导台湾社会主要分歧线的背景下，经济理性因素无法超越"统独"认同为核心的两岸关系议题对选民产生的影响力。因此，经济投票也始终没有成为选民投票的主要取向。而在 2007—2008 年初，台湾经济衰退态势比以往三次"大选"前更为严重，加上民进党高层弊案丛生，经济因素对选民投票行为的影响在 2008 年"大选"中发挥了重要作用。此次选战，一方面选民对民进党政府进行了回顾性投票，另一方面选民的政党认同取向趋弱，政见趋向增强，这是发生二次政党轮替的重要原因。但是，作者也指出：在省籍、族群、政党认同以及两岸关系议题对选民投票取向有重要影响的情况下，经济发展的好坏尚非决定选民投票意向的唯一依据。在评估经济情况的同时，还存在着其他的重要变量，包括政党、族群、国家等认同因素，选民的政治成熟度和政治信任感等因素。2008 年选举时的情况是：第一，两岸关系议题严重制约了存在严重歧异的台湾社会中选民的经济投票行为，但后者仍第一次与候选人形象、两岸关系议题同时成为 2008 年"大选"时选民投票的主要取向。第二，蓝绿政党意识形态的严重分歧，导致选民在投票时还是容易以政党认同而非经济问题进行投票。第三，岛内特殊政经环境容易给民进党提供掩盖执政不佳的借口。第四，台湾民主政治尚处于转型期，民主制度尚不成熟，选民的民主素质尚未达到一定高度，选民的投票行为仍缺乏理性。第五，台湾社会分歧线决定未来选民经济投票行为常态化趋势。因此，未来在台湾社会仍存有严重"统独"认同分歧的政治态势下，经济投票取向能否回归常态，还是取决于台湾当前的政治人物对社会分歧线的认知与引导。但在另一方面，由于岛内"台湾人认同"和"台湾主体意识"不断上升，以及在两岸关上维持现状的选民比例缓步上升，使得政党及其候选人基于选票的考虑，不得不在台湾位及"统独"立场主张方面逐渐往中间立场靠拢。在这种情况下，经济因素而非意识形态等政治因素在影响选民投票取向中的作用将不断加大。而台湾选举政治的不断完善，也将促使选民的经济投票行为逐渐回归常态。

张华《台湾地区中间选民投票行为分析》（《台湾研究集刊》2010 年第 6 期）

文章试图在厘清台湾地区中间选民概念、类别的基础上，分析 1996 年以来台湾地区领导人选举中间选民的人口特征、投票行为及影响其投票取向的主要变量。文章认为，台湾特殊的历史背景和政治结构决定了中间选民成分复杂、政治立场变动不居，投票取向表现出相对分歧、不稳定、易受动员等特点，与具有特定政党认同及立场倾向的选民投票取向完全不同。其基本表现是：其一，政治无知者以投票支持民进党及其候选人为主。其二，理性投票者以经济投票或候选人取向为主。其三，立场游离者投票行为倾向“顺势而为”，易受突发事件影响，最后投票取向一般仍支持胜选几率较大的一方。其四，投票前拒绝就投票倾向表态者的投票行为倾向于“北绿南蓝”。其五，政治冷漠者多拒绝投票或投废票。政治冷漠选民或对政治毫无兴趣而放弃投票，或对所有参选人都极不满意而放弃投票，甚至投废票。文章认为。影响台湾地区中间选民投票行为的主要变量有如下方面：一是经济表现、执政者施政优劣及候选人的竞选政见。二是政党动员力度。一般来讲，动员力度愈大的政党，愈容易得到立场游离者、政治无知者以及部分未表态中间选民的支持，但理性中间选民不易受政党动员影响。三是政党及候选人的形象。政党及候选人的形象好坏对蓝绿阵营的基本教义派来讲重要性不大，但对中间选民影响较为明显。候选人和政党形象越差，中间选民对其投票支持的可能性就越小。四是突发事件。在候选人基本盘较为稳固的形势下，突发事件在选举的关键阶段，尤其是最后关头，对选民投票行为以及最终的选举结果往往具有决定性作用。

萧怡靖、黄纪《单一选区两票制下的一致与分裂投票——2008 年立法委员选举的探讨》（台湾《台湾民主季刊》2010 年第 3 期）

文章认为，2008 年立委选举首次改采单一选区两票制，因而具有较强的指标意义和研究价值。在单一选区两票制下，台湾选民首度有机会针对同一职位投下两张选票，自然也因此会出现选区票和政党票投票对象不一致的分裂投票的现象。文章利用民意调查数据建立与多层模型，逐一检视了选民采取一致与分裂投票的各种型态及其影响因素。研究结果发现，此次台湾地区选举中，有高达 76.5% 的选民采取一致投票，其中 47.6% 一致投给国民党，28.7% 一致投给民进党，台联及客家党的一致投票则仅合占 0.2%。而采取分裂投票的选民，不论“有无机会”采取一致投票，都出现投票意向以蓝绿光谱为主的“联盟投票”型态。此外，分裂投票、策略性投票不仅发生在小党认同者的第一票（选区票）上面，即便在政党票上也会有策略投票的考虑，在联盟席次最大化的考虑下，有一部分国民党或民进党认同者，甚至会将政党票转投给同一联盟中的小党。多层模型建构的结果显示，在此次投票中，年纪愈轻、政治知识愈高，以及对选区候选人的偏好与自身党性冲突越强的选民，越是有显著偏高的相对机率采取分裂投票的策略。相形之下，党性愈强的人，采取分裂投票策略的相对机率越低。而当本选区中有脱党参选或强势独立的候选人参选时，选民也是表现出显著偏高的采取分裂投票的相对机率，相应地凸显出个人选票在单一选区中的影响效果。再就是，在那些农业人口比例相对较高、政党版图势力不甚明显的选区中，选民采取分裂投票的相对机率也也是相对高的。

李锦河、温敏杰、陈盈太《“品牌知名度”理念应用于选举预测之探讨——以台湾选举民意调查资料为例》（台湾《选举研究》2010 年第 1 期）

文章指出，综合选举民意调查情况可以发现，即使到选前几天，往往仍会有近三成左右的受访者对相关民调表示“无意见”、“不知道”或者“拒答”。但是，正是这群未表态者的投票动向，实为选战胜负的关键所在。作者由此认为，在政党及其候选人拟定选战策略时，他们所发展的选举预测模型是否能够有效地推算出现有及潜在支持者的比率，是格外重要的。有鉴于此，作者从营销理论中关于“品牌知名度”的相关理念出发，尝试搭建预测选举结果的理论模型，并以相关民意调查中“表态者”的资料为基础，加上对那些“未表态者”相关情形的分析及推估，形成最后的预测值。作者强调，所谓“品牌知名度”是指消费者是否容易想到与所认识品牌的某些特性。品牌知名度是协助消费者简化产品信息，方便购买决策的一项有利工具。如果品牌知名度很高，则消费者在进行购买决策时，该品牌进入消费者“唤起集合”的可能性就会提高，亦即该品牌会进入“考虑购买”的名单中，而被购买的机会也会增加。上述原则同样适用于政治市场。在竞争性选举中，选民相当于拿自己选票去“购买”自己感兴趣的政党及其候选人和政策。于是，政党及其候选人和政策的“品牌知名度”也就成为影响“购买行为”和选举结果的重要因素。作者结合所谓“品牌知名度”、“唤起集合”理念，以及此前自己关于运用营销学中“产品属性”理念所建构的“选民需求指针法选举预测模型”中关于“流出与流入”的概念、公式，共同建构了新的选举预测模型，并且藉由2005年中国国民党党主席选举、2008年台南市第二选区立委选举等地区性调查，以及2008年“总统”选举中的全台湾范围内的调查，进一步验证了预测模型之有效性。研究结果发现，以“品牌知名度”理念为出发点所建构的新的选举预测模型，的确能够充分掌握选民对候选人之投票意愿，并且能够因应外在与内在环境变化所造成的对投票结果的种种影响。文章的结论是，新模型确实能达到操作简易、精确、快速反映事实的目的，因而是一个良好的选举预测模型。

熊俊莉《从政治献金视角看台湾政党的选举策略》（《两岸关系》2010年第10期）

文章认为，政治献金是“民主选举”中不可或缺的资源。因此，观察各政党政治献金的取得、调度、运用及管理规律，有助于研究该政党的竞选策略及成效。选举策略往往具有一定的继承性和延续性，政党过去的选举策略对观察未来的选举有借鉴作用。文章进而从竞选经费的角度，初步分析了国民党和民进党在过去几次重要选举中的选举策略。作者首先指出，由于金钱对选举有重大影响，人们一方面肯定政治献金制度存在的必要性，另一方面又要预防政治不平等，使金钱对于政治和决策过程的影响保持在最低限度。因此，政治献金不仅在许多国家或地区合法化，也呈现公开化和透明化的趋势。台湾早在2004年即颁布了“政治献金法”，“监察院”依“法”主管的政治献金专户对象已涵盖“正副领导人”、“立法委员”、“直辖市长”、“县市长”、“乡镇市长”、“乡镇市议员”、“村里长”等各级选举的拟参选人。透过台湾监察部门定期（每年或每个选举期）审查各政党或参选人“政治献金”账户后公开的收支情况分析，人们可以窥见国民党、民进党如下的选举策略：第一，从“政治献金”的来源看，很明显，国民党参选人竞选经费存在过分依赖政党资助的现象，而民进党参选人强大的“民间”筹资能力则反映了其不容小觑的“民意”基础。第二，从政党对各个选区经费补助的配给方式看，国民党中央表现出的选举策略是“重保轻攻”，在传统的蓝营具有优势的选区积极注资，而对“偏绿”的南部县市（如云林县等）则表现出消极态度。民进党恰恰相反，采取“以攻为主”的策略，将有限的经费基本都投入到弱势地区去“拼”，分配给传统优势选区的经费资源则很少。第三，从“政治献金”产生的效果来看，民进党“政治献金”的投资回报率明显高于国民党；而国民党“高成本低收益”的特点也证明了其“重保”的策略不仅是正确的而且是相当必要的，否则选举结果更不容乐观。文章最后总结道，国民党在过去的选举暴露出诸如参选人过度依赖政党经费补助、竞选耗费巨额费用但收效不大等问题，故不得不采取“以保为主”的选举策略。未来随着“处理党产”等提上日程，国民党将面临更严峻的组织经营上的困境：失去了政党的巨额补助，国民党籍参选人势必要提高“民间”筹款能力，要提高竞选经费的使用效率，而国民党中央是否会进行新一轮选举策略的调整也需要进一步观察。

段皎琳《ECFA 议题下台湾政党互动分析》（《世界经济与政治论坛》2010 年第 2 期）

文章指出 ECFA 一经提出，就遭到民进党的强烈反对和产业界多层面的疑虑。“朝野”两党争论的焦点是 ECFA 是否涉及“主权”，从而引申出两岸签订 ECFA 之前是否需要“公投”的争论。文章进而分析了国民党和民进党围绕 ECFA 议题展开的体制内外的攻防竞争。体制内的两党互动，可分两个层面观察：一是“立法院”内部，国民党“立委”和民进党“立委”之间的互动；另一个是“立法院”和“行政院”的互动。关于前者，从质询的频率看，国民党“立委”在第三会期对 ECFA 的质询频率远远低于民进党“立委”。相比较而言，“立法院”第四会期针对 ECFA 提出质询的“国民党籍立委”的频率增多了。从质询内容看，一方面国民党和民进党“立委”有许多相似的地方；另一方面国民党的“立委”表现思想矛盾，可能受到民进党“立委”的影响。关于后者，围绕 ECFA 议题“行政院”一直处于被动的局面。民进党党团一直强调 ECFA 议题要经过“产业参与、社会辩论、‘国会’审查、人民‘公投’”后才能够在两岸之间进行签订。对此，吴敦义 10 月 20 日在“立法院”答复民进党“立委”柯建铭质询时表示，签订 ECFA 之前一定会经过“国会”把关。海基会要签之前，必须协同“陆委会”先到“立法院”报告，有增删也一定要回来报告，最终把关在“立法院”。就算最后签字了，也要“立法院”通过才生效。对此马英九也出面强调、背书。由此可见，民进党动员其体制内的力量，通过多层面的运作，使“立法院”内部以及“行政院”对 ECFA 议题不同程度受到民进党的影响。至于体制外的互动，两党一起推动 ECFA 成为全民关注的议题，民进党广泛利用传播工具，借助台湾“统独意识”，将 ECFA 和“主权”联系在一起推动“ECFA 公投”，使连署人数达到 15 万，远超“公投法”所规定的 8 万人。但终于 8 月 27 日被刚成立的“公投审议委员会”以 13 票对 4 票否决。总之，在针对 ECFA 议题中，国民党和民进党的互动方式并没有大的改变。主要表现在两党在大众媒体上的论战，在宣传方面相互影响，在是否“公投”上你来我往。但在两党的互动中出现了一些新的变化：民进党在“反制”国民党推行大的游行活动在逐渐减少，而是诉诸更加细致和深入的基层活动。文章最后概括了新形势下国民党和民进党互动的特征：一是当前的民进党在“行政资源”以及财力方面都远远的落后于“执政”的国民党，使得两党的互动呈现不平等的特点。二是由于国民党内部矛盾重重，民进党在“立法院”中的影响力不容小视，以及台湾民意倾向的复杂波动，两党之间的互动充满复杂性和不确定性。

艾明江《近年来台湾主要政党与青年选民群体的互动分析》（《世界经济与政治论坛》2010 年第 3 期）

文章认为，近来年，台湾青年选民逐渐成为影响台湾政治生态的重要政治力量，对台湾选举有至关重要的影响，任何一个政党要想取得执政权，都离不开青年选民的支持。文章分析了台湾青年选民如下的政治文化特征：第一，在政治情感，台湾青年选民基本上没有政治意识形态的包袱，没有明显的政党好恶，具有较大的可塑性、灵活性、游离性，在选举中对候选人的认可更超过对政党的认可。第二，在政治认知上，青年选民政治冷漠、缺乏激情、不愿投票，虽然其自我意识开始增强、对台湾本土化的认同日益提升，但激进的“省籍 - 族群”议题几乎都难以吸引他们。第三，在政治评价方面，青年选民对民生问题的关注更要远远超过对“统独”议题的程度。文章继而从政党的组织化运作、选举营销和政策营销等方面分别检视了国民党、民进党针对青年选民的特点而采行的相关举措。两党都建立了专门的青年组织领导、发动青年群体，通过组织化运作建立广泛的网络，积聚青年的政党认同。2000 年大选后，国民党重组青年组织。2006 年国民党青年团成立，首任总团长林益世并出任国民党副主席。青年团一改国民党传统的运作模式，更多使用互联网络，加强青年团员与青年人的互动，更能及时了解台湾青年人的想法，不仅提升了国民党与青年群体的互动关系，也培养了党内世代交替人才。民进党也以政党名义组织青年。1996 年成立青年发展部，举办“跨世纪新生代政治领袖营”、“国会助理研习营”等项目，从中培养、招募重要党工。2008 年“大选”后，民进党进一步整合青年组织，主办“青年论坛”，讨论民进党未来改革方向、学生运动组织等议题；推行“组训”计划，举办“民主志工营”，建立“台湾青年志工队伍”；在大专院校和一般社会团体中设立代表。2009 年底，民进党开始集中培训青年代表，在全台布置青年部队，从事志工服务，宣传党的政治理念，最终推动党的世代交替。在政党及政策营销上，2004 年“大选”，国民党政党营销迈出很大步伐，开始在选举中大量使用“青年军”，在造势活动中打娱乐牌，利用偶像明星吸收青年。2008 年“大选”，马英九一方面积极塑造国民党新的“积极、变革、清廉”形象，并大量使用创意元素，动员青年群体投入选举，成立青年军、使用美女助选团、组织“青年出来台湾不宅”培训营队。另一方面，在与青年选民直接利益相关的问题上，不仅提出诸如增设“进修特别扣除额”、“万马奔腾计划”等政策构想，还打破偏重就学的传统，改从支持青年就业、创业的角度提出包括 4 年内倍增志工服务预算、鼓励青年投入国土永续发展、设立新台币 100 亿元的青年创投基金鼓励创业等设想。这些营销手段，积极扭转了国民党在青年心中的形象。民进党一直善于选举包装。从 2000 年大选民进党即大力倡导“年轻台湾、活力政府”，“扫除黑金、清廉执政”，“政党轮替、扫除黑金”，突出民进党的年轻、清廉吸引年轻选民。当时，陈水扁作为超人气的政治明星，推出颇具新意的“扁帽工厂”、“铁汉柔情”，还推出“阿扁网站”，进行全方位的文宣营销。2008 年大选，谢长廷也对个人形象营销做了精心设计。民进党主办、谢长廷积极参与纸风车剧团表演、台湾维新 ING 校园演讲、台湾维新柑仔店等各种青年活动、型男正妹网络后援会，开办网络博客，使用 MSN 等网络聊天工具与青年在线交流，努力换回青年选民对民进党及其候选人的信心。在政策营销上，民进党的“政策牛肉”如大幅降低就学贷款利率、“青年购屋低利贷款修正方案”、“青年职场体验计划”等笼络青年人心的政策理念也是源源不断。文章预见，为了争取青年群体，未来台湾政党必然会随着青年选民群体持续性的成长、变迁调整政党的选举策略，它们与青年的互动关系也将进一步深入、密切。

苏子乔《宪政体制与选举制度的配套思考》（台湾《政治科学论丛》2010 年总第 44 期）

文章提出并探讨了一个关乎政党政治及民主政治走向及整体效率的重要问题。作者指出，宪政体制与选举制度的优劣无疑是政治制度研究的重要议题，然而论者却经常将这两个议题彼此切割，分别探讨各种宪政体制或选举制度的优缺点。文章强调，宪政体制与选举制度这两种政治制度应该搭配在一起进行观察，才有可能明确判断一个国家究竟应当采用何种宪政体制和选举制度才比较适宜。由于不同的选举制度会塑造不同的政党体系，不同的政党体系则会与不同的宪政体制搭配组合成不同的政府型态，而不同的政府形态又会各自展现出正面与负面的政治效应，因此，以“宪政体制”、“选举制度”、“政党体系”、“政府型态”四个变项所形成的分析架构为基础，探讨不同宪政体制与选举制度搭配下所可能造成的利弊得失，将是非常明智的和非常必要的。文章结合台湾的情况分析指出，就台湾的宪政体制走向而言，假若台湾未来的宪政体制将走向总统制，在“立委选举”制度上则应避免采取比例代表制或联立制，以免陷入政治僵局；而假若台湾未来仍希望维系双首长制的宪政体制，则“立委”选举制度似应采取比例代表制或联立制，同时设定政党可分配席次门坎以防小党林立造成政治不稳定，同时，也应赋予立法院阁揆同意权以避免出现缺乏施政效率的少数政府。

陈朝政从《李乙廷案省思贿选认定之问题》（台湾《东吴政治学报》2010 年第 2 期）

文章分析了国民党“立法委员”李乙廷贿选案的矛盾判决：尽管刑事诉讼部分的一、二审皆被判无罪，但民事诉讼的一、二审却都被认定假借捐助名义行求贿选罪罪名成立而被判当选无效，并宣告解除其“立法委员”职务。作者认为，法官对李乙廷是否贿选问题作出上述截然不同的认定，将使相关法律的可预见性降低，并进而产生下列问题：第一，从个人的方面来看，这样的判决不但使候选人、选举人感到难以适从，而且也使当事人的权益与名誉深受影响。第二，从法治的层面来看，这一判决或将留下“政治因素影响法院贿选诉讼审理”的可质疑空间，不利于台湾社会民主法治教育的实施和司法公信力的建立。第三，从政治的面向来看，上述问题连带产生了民主选举的公平性问题。问题来自于两大因素。一是法律规范的因素。由于法律对贿选的界定与解释不明确，致使法官有极大的依据自由心证予以裁判的空间。一俟自由心证因法官个人的政治取向而违背经验法则与伦理法则，则必将影响判决的质量。二是司法结构的因素，在法官独立审判的基本原则下，法官判决自然会经常有不同的法律见解，再加上民事、刑事裁判中心证门坎标准的不同，也很容易造成民、刑事判决结果的歧异。作者因此感受到修改相关选举法规，将贿选标准具体化的必要性。文章认为，修法应是解决类似此类案件的有关贿选定义不明确问题的根本方法。但若在短期内修法可能性不高的话，尽速落实司法改革，提升裁判质量、统一法律见解及改革审判体系等方式，也是解决贿选裁判歧异问题的可选途径。

三、主要的学术会议

厦门大学台湾研究院举行30周年庆暨“台湾研究新跨越”学术研讨会

“台湾研究新跨越——增进两岸政治互信”学术研讨会由厦门大学台湾研究院、厦门大学台湾研究中心举办，2010年7月9日—12日在厦门大学召开。来自中央、福建省、厦门市的领导，以及海内外的专家、学者近600人与会。会议由台湾亚太和平研究基金会董事长赵春山先生和台湾研究院院长刘国深教授主持，先由九位专家作“台湾研究新跨越”学术研讨会大会发言，内容涉及海峡两岸政治、经济、历史等各学科。其后，会议按议题分为“两岸政治互信”、“两岸军事互信”、“ECFA与两岸经贸关系”、“海西战略与两岸区域经济整合”、“两岸产业合作”、“台湾历史上的移民与社会”、“台湾文学的发展脉络”等七个分论坛，分别围绕如何增进两岸政治互信，以及如何增进两岸军事互信这么两大主题展开探讨。刘国深教授就政治互信问题发表论文，指出它是一个相对的概念，是政治行为者之间彼此包容和合作的心理基础和共同承诺。两岸政治互信可以分为“基础性互信”、“成长性互信”和“融合性互信”三个不同层级。国民党一党执政时期两岸达成的“92共识”，并没有很好地解决双方对“国家中国”的具体内涵以及两岸在一国之内彼此政治定位等问题。只有从根本上消除台湾各方面对“一个中国”的疑虑，才是增进两岸政治互信的关键。为此，他提出具有原创性的“国家球体理论”，认为该理论可能为解决两岸政治难题提供新的解释和思考路径。亦即，在两岸达成国家“领土主权一体”和“治权差序并存”共识基础上，双方的基础性政治互信将得以强化，两岸有可能更加顺利地进入“成长性互信”阶段，使两岸关系步入良性循环的历史新阶段。严安林先生认为，两岸两会的制度化协商的恢复就是两岸初步建立基本政治互信的标志。由于两岸过去60年的冲突与对立所积累的结构性的矛盾与相互对立的社会心理不可能在短短几年时间中完全化解，所以目前的两岸协商尽管包含了很多政治元素，但并不涉及政治议题，“先经济后政治”仍是交流合作与对话的基本框架。再者，两岸双方在一些敏感的政治议题上交集有限，还没有探讨出双方都可以接受的解决之道。比如台湾的政治定位问题、对外交往、台海安全等等问题，即使在具体问题的处理上有默契但仍称不上共识。第三，台湾内部不同政治势力在这一问题上也还存在较大分歧。张文生教授指出，政治互信就是双方在政治上的相互信任。台湾民众的政治认同才是影响两岸政治互信的基础因素。台湾社会绝大多数民众认同“台湾化的中华民国”。为此，有必要在相互对立的政治体系之上重构新的政治认同对象，这应当是巩固两岸政治互信的有效途径。台湾综合研究院董事长黄辉珍认为，“台湾内部面对两岸关系巨大变化的崭新局面，源于背景不同、立场互异，加以利益结构因此大幅调整，思想意识因此深刻变换，在政治上难免出现纠葛于历史与现实的生态激荡。”铭传大学公共事务学系教授杨开煌先生认为，2008年后两岸认同差距持续扩大的根源，在于“国民党的政策论述陷入巨大的矛盾”，表现在“经济政策跟北京要”、“政治论述跟民进党走”。“国民党第一个问题就是没有建立起可以跟民进党对抗的主体论述，也就是没有建立起跟民进党对抗的认同观。”

两岸关系：共同利益与和谐发展——全国台湾研究会2010年学术研讨会

会议于2010年8月31日在北京召开，主办方是全国台湾研究会。来自海峡两岸的五十余位专家学者齐聚一堂，深入探讨增进共同利益之方略，共同谋划两岸和谐发展之路径。中国社会科学院台湾研究所研究员王建民认为，要解决两岸的矛盾与分歧，厚植共同利益、实现共同发展是最重要的一步。首先要政治上暂时搁置争议，求同存异，求同化异，共同维护中华民族的整体利益；其次，在经济上积极合作，相互扶持，共同发展；再次，共同弘扬中华文化，增进中华文化与中华民族的认同。曾任民进党中央政策会执行长的台湾清云科技大学颜建发先生认为，为人民创造安乐和乐利的生活环境应是两岸之核心，两岸双方务须以此为理念，才能为两岸良性互动建立可长可久的互信基础。关于政党政治，部分学者分别对现阶段民进党的状况及其政策走向，以及国民党改革、台湾政党体系发展等问题发表论文，展开讨论。关于近期国民党的改革，有学者指出，虽然改革的初衷很好，但国民党还是面临地方派系反弹、人事精简缺乏配套措施、清理党产导致财务压力严重、中央地方及党意民意脱节，以及部分政务官缺乏大局意识等问题，显示出改革方式过于简单、改革方向未能深入人心的特点。为此，国民党正在进行策略上的调整，推动政务改革和党务改革配套进行、协调“府院党”的关系及相关政策声音、协调组织与文宣的关系促进党机器平稳运转，同时调整地方党部主委以努力增强地方动员能力。关于台湾政党体系发展的前景，林岗、万东青利用迪维尔热的政党政治定律，结合台湾选举制度的变化，得出了未来两党制将成为台湾政党政治常态的结论。陈从新分析了民进党大陆政策的走向，指出民进党受政治理念限制，其大陆政策将呈现出“小讨论、小调整、无转型”的总体特征。杨剑指出大陆未来将越来越多地面临如何与民进党“务实台独派”打交道的问题，进而分析了和平发展阶段民进党内“务实台独派”的存续及其困境，概括了他们在理论上、策略上的特点，认为这一政治流派的根本转变需要时间、时机，也需要利益的获得。林劲围绕民进党下台以后整体的气势状况、两岸政策路线和本土化表述以及党内派系的最新沿革等问题，分析了目前民进党的基本态势。陈星讨论了民进党的世代交替问题，认为虽然民进党世代交替随着派系解散和“天王”淡出而越发紧迫，但在既有结构束缚下，年轻时代要想取得民进党的主导权，还有很长的路要走。这无疑会对民进党的发展前景产生重要影响。未来民进党的“山头化”倾向将越来越明显，与之相伴的，是该党内部注重政策务实的一部分力量的逐渐集结和壮大。

四、相关的研究性著作

《改造的诞生》（王良卿著，台湾高雄复文出版公司2010年版）

该书对国民党1950年的党务改造运动进行了全方位深入的历史探讨。全书分作国民党的内在秩序与危机（1927—1945）、战后革新运动与党团统一（1946—1948）、徘徊于重整与分立之间（1948）、政权流离中的改造蓝图（1949）和国民党迈向威权改造

（1950）五章，突出了这样一个主题：政党改造往往不太可能是个一次到位的事业。对于国民党而言，改造尤其不是一个足以一劳永逸的特定工程。本书指出，国民党1949年遭遇的大溃败经常被学界描述成一种“启示录”一样的刺激力量，而1950年的党务改造运动则是该党生聚教训之后的有力回应。对此，作者提出了两方面的观点修正：第一，1949年的局势固然与1950年的改造时间有着密不可分的联系，但人们仍然不能忽视国民党早在这两个年份之前就已经在积极呼吁和探讨改革的努力。与此相关的呼声和尝试如果离1949年越久远，越能主动说明国民党当时所处年代的动荡，而非仅仅是溃败的原因，最终导致了国民党的再造运动。第二，1949年的历史境况之于国民党在台的再造运动的关键意义，充其量只能严格限定在短期内的应届外部挑战的解释性效果上。表面上，国民党透过改造回应了挑战，但从回应的方式和形态来看，它还是超出了当时的情境。实际上，改革更多地还是国民党透过自省既往经验而引发的内在的逻辑结果，是该党自身发展长期积累、变化的结果，因而绝非一种应急的策略作为。作者强调指出：1950年国民党的在台改造不是一项脱离历史条件的产物，它的存在自有长期和深远的时空结构，以及诸多的人为局势和要素的支撑，它反映了国民党在统治中国和迁台初期党国体制的主观愿望和现实利益格局彼此杂揉、交互激荡的复杂过程。

《联合内阁理论：内阁制下的多党竞争》（陈坤森著，台湾韦伯文化出版公司2010年版）

全书分作绪论、研究文献的检视、联合内阁的制度成因（宪政体制的影响、社会分歧结构的影响、选举制度的影响、多党竞争的影响）、联合内阁的持久性与政治稳定等八章，将联合内阁理论与台湾的多党竞争政治体制结合起来，进行深入的理论探讨。作者认为，内阁制政府是目前民主国家经常采用的宪政体制之一。从西方国家实施内阁制的经验来看，多党联合内阁的政府组合型态，是内阁制国家选后最常见的政党势力结合形式。由此，作者选定18个先进的内阁民主制国家（占全世界55个内阁制国家的三成左右）作为研究对象，将研究时间限定在1945年至2000年7月初，总揽、分析了其间共计563次政党内阁的组成结果，从中找寻内阁制下多党合作的基本规律。该书采取新制度主义（neo－institutionalism）的研究途径，在总体制度层面上采取“法制的和比较的研究途径”展开比较研究。先对各国的政府结构、社会结构和选举制度先行了解，掌握静态法制面的成因，同时还进行动态的统计数据分析，针对“有效政党数目”以及其他相关变项（如“不成比例性”、“议题面向数目”、“内阁存活率”、“内阁型态发生率”等）进行统计上的回归分析，努力找出这两方面变项之间逻辑上的相关性。通过比较研究，作者结论指出：台湾地区在宪政体制上倾向于法国第五共和的“半总统制”，未来同样有可能出现联合内阁的多党竞争态势。所谓“他山之石，可以攻错”，这也是该书著述的基本目的。

《政党体系变迁与宪政体制发展》（何振盛著，台湾时英出版社2010年版）

该书以政党变迁与宪政发展为主题，校验了美国政党重组理论适用于台湾个案的局限性，试图发展解释台湾政党体系变迁的概念模型。同时，作者也是通过探讨台湾政党体系变迁影响宪政体制发展的方式与过程，尝试建构两者间因果关系的理论假说。该书首先评介了国内外学界有关“政党重组”与“政党变迁”的相关理论，指出：学界在解释台湾政党体系变迁时，经常沿用美国政党重组理论，在政治生态条件不同的情况下容易发生适用上的谬误。为了消除这一现象并满足上述的研究目的，利用摩尔根·佩特森（Morgan Pedersen）计算"选举浮动性"的公式，结合德尔菲法与深度访谈法，深入分析了台湾历年的选举情况。其研究发现指出，台湾在解严之后并没有发生美国学界定义下的"政党重组"。"政党重组"与选民"政党认同"的转移有关。但在台湾，除民进党选民的政党认同较为稳定之外，其他政党选民的认同稳定性均不高，他们的投票倾向频繁变化，泛蓝选民的情况尤为明显。如此既没有长期稳定的政党认同，自然也就没有所谓政党认同的"转移"可言。该书在以"自主性"与"系统化"两项指标考察台湾政党与政党体系制度化的程度时又发现，台湾主要政党呈现"个人化"的低度制度化现象以及政党结盟的高度不确定性，这也间接证明了台湾尚未形成"政党重组"现象的推论。作者也看到，尽管"政党重组"并未发生，但是台湾的政党体系确实发生了明显变化。该书提出了"政党新组"、"双组效应"以及"政党体系重组"三个原创概念，刻画了台湾政党体系变迁的特殊现象。所谓"政党新组"，是指在台湾新生政党体系中，选民尚未形成稳定的政党认同，因此选举浮动性很高，不同政党的选民组合就会经常发生变化。所谓"双组效应"系"政党新组"期间，容易发生旧政党"解组"与新政党"重组"（部分重组）的现象，两者在新旧政党之间来回激荡，难能形成之长期稳定的权力平衡关系。"政党体系重组"则指台湾新生政党不断新陈代谢，形成政党体系类型的不断转换。"政党体系重组"的结果对选举制度、政府体制与政府组成产生明显的影响。

《中国国民党民族理论与民族政策研究》（赵学先、彭谦、杨文顺著，中央民族大学出版社 2010 年版）

该书系中央民族大学国家"985 工程"民族理论与政策研究中心项目成果，全书分作中国国民党发展史简介、中国国民党民族理论与民族政策基础、国民党民族理论的形成与发展、国民党民族理论的缺陷与偏误、国民党时期的民族政策，以及对国民党时期民族政策的历史评价（包括对国民党在台湾地区实行的民族政策，特别是 1949 年后国民党的中华民族政策的评价）等几部分。该书指出，国民党的民族理论随着形势发展不断变化，从最初的"革命排满"到"五族共和"以至"民族同化，建设国族"，再到最后承认各民族的平等地位，主张"民族自决自治"及相关具体政策的制定和民族管理机构的设置等，都反映出国民党对中国民族问题的认识过程及思想的发展，看到了民族问题的客观性、复杂性和重要性。国民党认识到用，简单的民族同化融合与建设国族的理论政策不足以解决中国的民族问题，只能用"民族平等"的原则，让少数民族实行"自决自治"、"因俗而治"，并以法律的形式"予以合法之保障"、"特别予以扶植"。国民党民族理念与政策的发展变化，在一定程度上缓解了当时的民族矛盾，对于巩固国家统一、领土完整和边疆稳定，加强各民族的团结和促进各民族的发展起到了积极作用。但是，由于国民党是代表中国大地主、大资产阶级利益的政党，剥削阶级的本性决定了国民党的民族观是资产阶级民族主义，而资产阶级民族主义的核心内含是民族歧视、民族压迫和民族剥削。

《台湾研究新跨越：政治思辨》（张文生主编，九州出版社 2010 年版）

该书系厦门大学台湾研究院近年来有关台湾政治问题研究的论文集，主要内容含括了五个方面的问题：台湾宪政问题，台湾政治文化问题，民进党问题，台湾政治参与问题和台湾对外关系理论。具体内容涉及：台湾地区“宪政改造”对国家统一的影响，“修宪”、“制宪”、“行宪”之争与台湾“宪政秩序”塑造中的“国家认同”影响，台湾地区政治文化变迁的外部因素分析，信任危机对台湾政治生态发展的影响，台湾难以实现政治稳定的政治文化根源，民进党发展变革的组织行为模式分析，民进党当局政治危机频发的制度性因素分析，台湾政治转型中的“台独”运动演变，台湾政坛“第三势力”的发展空间分析，台湾社会的政治参与研究，当代“台湾民族主义”浅析，以及新制度主义视角下的社会资本和两岸关系等诸多内容。

徐　锋　中央社会主义学院副教授
宋淑玉　北京联合大学台湾研究院政党所所长、副教授

附录二：国外政党制度研究

2010 年的国内学界对世界政党与政党制度的研究进一步深化，研究领域稳中有扩，主要研究领域包括国外政党建设与执政经验研究、中外政党制度比较研究、国外政党政治及政党制度发展研究以及政党理论引介等方面。虽然研究领域相对稳定，但是侧重点却略微有些变化：国外政党执政经验研究仍维持既有的研究热度，国外政党建设、国外政党政治及政党制度发展研究愈益升温，中外政党制度比较研究相对降温，政党理论引介力度进一步加大，等等。对西方政党理论的引介力度加大彰显了国内学界力图进一步丰富研究方法的努力。另外，围绕某一领域或某一主题集中涌现出系列成果是 2010 年研究的又一特点。

一、国外政党建设与执政经验研究

当今世界正处在大发展大变革大调整时期，政党所处的生态环境不断发生变化。政党生态环境的持续变化给各国政党尤其是执政党带来前所未有的机遇与挑战。对各国政党尤其是执政党应对生态环境变化及其挑战的经验进行研究仍然是 2010 年国内学界的热点。具体而言，一方面，各政党主要通过调整自身亦即加强自身建设的方式应对生态环境的挑战。例如，面对民主政治的潮流，多数政党不断加强自身党内民主建设；面对网络技术为代表的新科技的日新月异，各政党均纷纷采取举措，力图将网络为己所用。国外政党应对环境挑战的举措能够为中国共产党在新形势下加强和改进自身建设提供借鉴。另一方面，2009 与 2010 年是很多国家的大选之年。在此过程中，既有执政党保持优势、继续执政的喜剧，也有执政党痛失民心、黯然下台的悲剧。发掘悲喜剧背后的故事，总结其中的经验教训，探讨执政党执政规律，能够帮助中国共产党从世界政党执政的正反经验中汲取养分，发现和遵循社会主义国家执政党建设与执政规律。

（一）政党加强自身建设的举措

此类研究中有对国外政党加强各方面建设的研究，如张金霞、毕晓光的《卡斯特罗的建设思想研究》（载《马克思主义研究》2010 年第 6 期）一文介绍了古巴共产党在思想、组织、作风建设及思想政治工作方面的主要举措。尹文清在《全球化背景下日本共产党党建研究》（载《中国特色社会主义研究》2010 年第 4 期）中认为，全球化背景下日本政治生态发生变化，日本共产党因而面临诸多严峻挑战：新型社会阶层的兴起动摇了日共的阶级基础，其他政党的迅速发展挤压了日共的生存空间，党员年龄结构严重老化，年轻党员数量减少，制约了党的参政能力。日本共产党加强党的建设来积极应对挑战。日共的党建举措有：审时度势，及时调整党的纲领和路线；将党组织建设的发展规模与质量的提高相结合；把制度建设作为规范党建的重要途径；将改善国民生活作为参政理念，稳定、扩大党的社会基础；活跃党际关系，提升日本共产党的国际地位。

不过多数研究重点介绍、分析了国外政党的某方面建设，包括其党内民主建设、意识形态建设、伦理或道德建设、软实力建设、组织建设与资源建设等。

党内民主建设涉及世界政党党内民主比较、党内选举、党员权利的维护等方面。谢峰的《中西政党党内民主发展态势比较》（《记者观察》2010 年第 10 期）认为党代表大会功能的演变反映出西方政党党内呈现民主化与集权化共同发展态势，而民主化与集权化并存表明西方政党在党内代议制民主长期发展之后进入向直接民主发展的阶段。此阶段的任务之一是恰当运用直接民主与间接民主两种形式，任务之二便是在已有的较好基础之上平衡民主与集中的关系。方柏华、王景玉的《世界政党发展视角下的党内民主》（《科学社会主义》2010 年第 4 期）则系统梳理了资产阶级政党党内民主建设的成功做法与教训、社会主义政党党内民主建设的优点与不足。陆怡清的《国外政党党内民主选举建设的实践》（《党政论坛》2010 年 12 月号）认为不论其性质如何，各政党都把规范完善党内选举作为发展党内民主必不可少的关键一环。国外政党党内民主选举的主要做法有通过减少候选人资格限制扩大党内选举的民主基础、通过完善党内选举方式确保党员的民主权利、通过加强制度建设党内选举的规范化、通过发展电子党务推进民主选举的信息化。而赵珂在《国外一些政党党内选举的新举措、特征及其启示》（《上海党史与党建》2010 年 4 月号）中则认为由于各国政党性质不同，其党内民主的价值取向存在差异，导致不同政党在党内选举各环节上的着力点明显不同。但是，注重党内选举的制度性建设是国外政党发展党内民主的基本选择。党内选举不仅仅是体现党内民主的一种技术手段，更应体现一个政党对民主的价值追求。代金平、唐海军在《国外政党是如何维护党员主体地位的》（《共产党员》2010 年第 15 期）一文中指出，鉴于党员对于党的生存与发展至关重要，许多国家的传统政党及一些新兴政党都日益重视党员的作用，注重维护党员在党内生活中的主体地位。共同点表现在扩大党员的政治参与力度、进行党内的相关制度与体制改革、发挥基层组织作用、保障党员的知情权等权利、扩大党员的监督质询等权利等方面。

范秋迎在《国外政党加强主流意识形态建设的做法、特点及启示》（《扬州大学学报》2010 年第 1 期）一文中介绍了国外政党加强主流意识形态的做法。作者指出，西方各国政党都高度重视加强主流意识形态建设，其主要做法是以法律手段强化意识形态、以政府主导掌控意识形态、以思想教育引导意识形态、以宗教形式塑造意识形态、以各种组织推广意识形态等，表现出不断扩大意识形态包容性、增强意识形态实用性、模糊意识形态阶级性、强调意识形态普适性等特征。西方政党加强主流意识形态建设的启示有：必须巩固马克思主义在意识形态领域的指导地位，坚决批判和抵御各种错误思潮；必须坚持“尊重差异，包容多样”原则，努力实现主旋律与多样性的统一；必须坚持用社会主义核心价值体系引领社会思潮，大力加强思想政治工作；必须占领舆论宣传阵地，努力增强意识形态工作合力等。

高奇琦在《政党道德与公民道德——基于“精神党建”的政治哲学思考》（《中共福建省委党校学报》2010年第5期）一文中通过对西方德性研究的回溯，得出麦金太尔的德性思想对政党道德研究有重要启示意义的结论。政党道德内在于社会实践当中，而且更为体现在政党对内在善的追求之中。政党的道德实践是一种基于政治共同体的整体生活，具体的道德诉求和价值理想都需要放在政党的整体历史叙事中去理解。而且，政党的道德养成需要从传统中吸取给养，这一传统不仅指政党一贯的历史定位和追求，还包括政党赖以存在的政治社会文化。蔡咏梅在《政党伦理建设的基本原则》（《科学社会主义》2010年第3期）一文中则指出，政党伦理是政党建设的重要组成部分，它是不同于政治伦理、公共伦理、职业伦理及公民道德伦理的特殊形态。所谓政党伦理，是指政党作为政治组织所具有的道德倾向和特征，是政党整体性的尊严、价值取向、道德品质和行为方式的总和。政党伦理的范围涉及到执政党与其他党派的关系、执政党与民众的关系、党的各级组织之间的关系、党的领导与普通党员的关系、党员与党员之间的关系、本国执政党与外国执政党的关系等等。政党伦理建设的基本原则有：合法性原则是政党依法执政的基础条件，民主性原则是政党长期执政的根本保障，服务性原则是政党“立党为公，执政为民”服务理念的体现，利益性原则是政党一切工作的出发点和归宿点。

宁德强、雷屿在《国外政党软实力建设对中国共产党的借鉴和启示》（《西安社会科学》2010年第1期）认为政党的软实力则体现在其吸引力、组织包容力、亲和力、社会动员力以及国际影响力等方面。各国政党在全球化背景下建构软实力的有益经验体现为淡化意识形态，扩大社会基础，增强政党的包容性；重视以人为本，关注百姓生活，增强政党的亲民性；整合多种资源，优化运作模式，增强政党的吸引力；重视网络技术，广辟宣传路径，传播政党的良好形象。

魏伟在《外国政党塑造自身公众形象的动因及做法》（《当代世界》2010年第12期）一文中认为，政党的公众形象是指党展现给公众的风貌和公众对其一种综合性、整体性的印象和评价。政党的公众形象是衡量公众信任度和支持度的重要尺码，也是构成政党政治影响力的重要指标，关系着政党的政治前途和命运。外国政党塑造自身公众形象的动因是：一些党的政治理念和政策主张僵化、守旧，影响公众对政党形象的感知；许多党的官僚主义作风盛行，党的公众形象受到损害；政党腐败问题缠身，公众形象受到玷污；大众媒体的传播导向给公众评价政党形象带来影响。为此，政党采取以下举措塑造自身全新形象：以公众喜闻乐见的方式生动地宣传党的政策理念，树立特色鲜明的政党形象；全方位包装领导人，塑造政党公众利益“代言人”形象；发挥基层组织和党员干部联系民众、服务民众的主力军作用，着力打造党的公众利益“守护者”形象；严惩党内腐败，塑造政党清正廉洁的公众形象；完善党的信息发布机制，向外界传递党的客观信息，助力党的形象建设；顺应媒体社会发展趋势，利用媒体影响民众对政党形象的认知和判断；建立健全党的形象评估和修复机制，以民意取向为参考指导党的形象塑造工作。

陈小斌在《国外一些政党基层组织建设新举措及启示》（《上海党史与党建》2010年3月号）中介绍了国外一些政党加强基层组织介绍的举措，包括：扩大政党的代表性和开放性，创新吸收党员方式，增强基层党组织的吸引力和凝聚力；扩大党内基层民主，发挥党的基层组织在保障党员民主权利方面的作用；推进基层组织建设，实现政党与民众沟通联系的制度化；利用现代信息技术推动政党组织结构和基层组织动员方式的新转变。这些举措的启示有：要以提高素质为重点大力加强基层党员队伍建设，增强党员队伍的生机活力；要保障党员的民主权利，充分发挥党员主体作用；在基层组织建设中，要建构政党与民众的制度化的联系机制；积极实施“网络党建”，推进基层党组织工作信息化。

在《西方主要政党开发意识形态资源的探索与实践》（《毛泽东邓小平理论研究》2010 年第 4 期）、《国外主要政党经济资源建设的经验借鉴》（《中共天津市委党校学报》2010 年第 4 期）、《国外主要政党社会资源建设的经验借鉴》（《南阳师范学院学报社会科学版》2010 年第 5 期）、《国外主要政党制度资源建设的经验借鉴》（《天津行政学院学报》2010 年第 4 期）等文章中，蒯正明等人详细探讨了国外政党的意识形态资源、经济资源、社会资源及制度资源建设问题。作者认为资源固有的特征决定了政党也要面对资源的紧张或短缺、资源过度消耗、资源流失、资源开发利用率不高、资源浪费、资源开发的并发症等问题。因此，政党应该树立资源安全意识，定位资源开发重点。西方主要政党开发意识形态资源的探索与实践主要包将意识形态内部结构适度分离，实现稳定“内核”与调整“外围”的统一；依据政党所处外部环境的变化，适时地进行意识形态的创新；坚持柔性化的资源开发方式，实现意识形态资源开发与民众利益相结合；突破政党意识形态只代表部分的局限性，扩大意识形态的包容性；注重发挥意识形态载体的功能，增强意识形态的影响力。经济建设的经验借鉴主要包括注重增加经济资源的总量，提高政党执政的绩效资源；注重经济资源分配的平衡性，正确处理效率与公平的关系；注重经济资源开发的创新性，增强经济发展的活力；注重经济资源开发的协调性，实现经济发展的可持续性；重视科技和人才对经济资源开发的作用，增强经济发展潜力。社会资源建设的经验借鉴主要包括发挥利益集团的作用，拓展民众表达利益诉求的渠道；发挥民间组织的功能，正确处理政党与民间组织的关系；发挥媒体运载和传递信息的作用，强化政治沟通能力。制度资源的建设主要表现在加强政党内部制度建设，实现政党自身的制度化；加强执政制度建设，实现执政党与公共权力的良性互动；加强社会工作制度建设，密切执政党与群众之间的关系三个方面。

（二）政党执政经验一般意义上的总结

在目前国外执政党面临的主要挑战与应对之策系列四篇文章即《国外执政党自身建设面临的挑战及其应对》、《公民社会的崛起与国外执政党的应对之道》、《社会利益多元化与国外执政党维护社会公正之策》、《国外执政党对发展模式的选择与创新》（《当代世界与社会主义》2010 年第 1 期）中，当代世界研究中心课题组系统梳理了国外执政党当前所面临的主要挑战及其应对之道。针对自身建设过程中的挑战——党的思想理论建设难以跟上形势发展的要求，对党员和传统选民的凝聚力有所下降；国家政治、经济、社会发展的新形势给党的组织建设带来许多新问题；党的领导体制机制缺乏活力，运作方式有待革新；普遍存在党群关系向官民关系演变的现象，一些执政党腐败问题多发，对党的执政前途带来巨大风险。国外执政党主要采取了顺应时代发展和社会变迁的要求，加强执政党理论纲领的灵活性和包容性；重视吸纳社会精英和青年充实党的组织队伍；加强党内民主建设，妥善处理民主与集中的关系；探索信息化社会构建新型党群关系的新方法；采取有力措施切实预防和惩治腐败的应对之策。而面对公民社会崛起对自身带来的竞争与挑战，国外执政党采取了有意展示执政理念、施政决策和方式的“公民社会化”，主动引导和培育公民的社会意识，进行必要的约束和管理以及顺应公民社会形势发展改进党的自身建设的政策与策略。针对社会民生、利益关系、思想文化、治安领域的诸多挑战，国外执政党的主要举措是以民生为重，着力维护社会公正，完善社会保障体系建设，促进经济和社会协调发展，不断提高人民生活水平；注重协调社会不同群体的利益关系，加强对话沟通，促进社会和谐；打造社会主流文化，增强社会共识，通过思想认同维护社会稳定；通过法律、司法以及行政等途径，保障社会安定。面对效率与公平的两难选择、可持续发展的压力及全球化加深发展带来的困难，国外执政党不断对发展模式进行调整与创新，即在发展理念上，普遍强调发展是经济、社会、自然环境的全面发展，不断丰富发展模式的功能；在选择发展模式时，尽可能避免陷入非左即右的极端“陷阱”，走适度、平衡的“中间道路”；以保持适当的经济增长和社会稳定为出发点，根据本国发展阶段和比较优势，创新发展模式；在发展模式调整与创新的过程中，重视发挥科技优势和人才作用。在《当今部分发展中国家执政党面临的政治民主压力及应对方略》（《当代世界与社会主义》2010年第5期）中，代金平、唐海军则重点考察了部分发展中国家面临的政治民主压力及执政党的应对举措与制度安排。发展中国家执政党的政治民主压力不仅来自国内也来自国外，且均呈现不断增多与凸显的趋势。为缓解来自国内外的民主压力，部分国家的执政党采取了实行多党制并结合国情进行制度改造、确立并不时调整适合本国国情的权力体制与运作方式、确立具有一定包容性的意识形态和主流价值观、稳妥处理与反对派等各类势力的关系以及综合应对西方的分化和渗透同时注意吸纳国际上的一些进步思想理念及基本做法的措施。

在《国外执政党加强执政体制建设的主要做法》（《中国浦东干部学院学报》2010年第3期）一文中，柴尚金指出国外各主要政党根据变化的形势，不断改革政党功能结构和运行机制，努力通过执政或参与国家政权实现自己的政纲。对执政党而言，加强执政体制建设以维护和巩固自己的执政地位是核心问题，为此，要处理好执政党与政府、与民众、与其他政党、与新闻媒体等一系列关系。国外执政党的主要做法包括依靠政治法律制度，强化执政体制建设；争取人民群众支持，夯实执政体制基础；处理好各种关系，保障执政体制良好运行；借助媒体力量，创新执政体制。

付夏婕的《西方政党依法执政模式中的经验考察》（《岭南学刊》2010年第6期）认为，在任何类型的执政模式中，执政党与国家法制都存在着密切联系。依法执政模式与其他类型执政模式的关键区别在于法必须在执政模式中得到正确定位，直接关系到党法关系应当如何界定。

中央社院课题组在《国外政党监督运行机制剖析及对我国民主监督的启示》（《中央社会主义学院学报》2010年第5期）中系统梳理了国外政党监督的运行机制，并比较了中西政党监督的异同。课题组认为国外政党监督主要是在政治系统的制度框架下，围绕政党选举和议会监督政府进行，同法律监督、行政监督、舆论监督和公民的个体监督互相结合，共同组成一套完整的、严密的监督体系。政党监督实际上是一种政治权力运行的控制机制，是在社会公共治理过程中对公共权力的控制和约束。刘光明则在《西方发达国家执政党党际监督的实践经验和启示》（《云梦学刊》2010 年第 3 期）一文中考察了党际监督体系对推动执政环境良性循环的意义。西方发达国家党际监督的主要方式包括议会监督、竞选监督、媒体监督与社会监督。这些党际监督制约使西方国家政党执政方式形成了较为固定的模式，有效地维护执政权力的稳健运行。牛艳香在《西欧社会党党内监督特点探析》（《上海党史与党建》2010 年 7 月号）一文中则探讨了西欧社会党党内监督制度在运行中表现出的特点：监督主体的独立性、制度设计的科学性、监督体系的完整性、监督程序的规范性。作者认为这些特点确保了西欧社会党党内监督的有效性，抑制了政党腐败的发生，促进了政党的良性发展，值得我们学习和借鉴。

（三）国外共产党的经验与教训

潘金娥的《越南共产党的政治革新》（《中共中央党校学报》2010 年第 3 期）从四个方面介绍了越共的政治革新情况：总结革新理论体系，修订党的纲领性文件；重新审定发展阶段，确定中长期发展目标；深化政治系统革新，发挥公民社会的监督作用；扩大党内民主，加强党风建设。

在《国外一些共产党通过议会选举上台执政》（《新湘评论》2010 年第 14 期）一文中，仝山从现实情况、历史传统、共产党自身等方面分析了共产党通过选举上台的社会背景和现实原因。再次明确了“社会主义的实现方式可以是多种多样的”及“坚持推翻资本主义制度搞马克思设想的社会主义，还是在资本主义体制内进行社会变革搞本国特色的社会主义，必须由各国共产党根据本国国情和各自实际状况自主选择决定”的道理。

在《也谈拉美共产党未能获取政权的原因——基于内部生态资源的视角》（《社会主义研究》2010 年第 2 期）、《再谈拉美共产党未能获取政权的原因——基于外部生态资源的视角》（《社科纵横》2010 年第 11 期）两篇文章中，靳呈伟从生态资源的角度，分析了拉美共产党未能获取政权的原因。拉美共产党未能获取政权的原因可以概括为“所图甚大而所有甚少”，即其拥有的资源不足以支撑其获取国家政权。具体而言，体现在：理论资源方面的教条主义顽疾的长期困扰、“一言堂”与思想混乱并存、缺乏本土思想的滋养，政策资源方面的不能提供替代各国执政当局政策的可行的方案、政策的不符合实际及缺乏连贯性，组织资源方面的党员人数少、未形成稳定的领导核心、党内宗派主义严重、缺乏党内团结、党的组织原则在操作过程中经常出现异化、党员干部的领导方式存在诸多缺点；未能获得最重要的外部资源提供者广大人民群众的支持，苏联与共产国际的消极影响，其他主体的竞争增加了拉美共产党获取资源的难度，国内外各种敌对势力的围剿削减了共产党获取资源的机会等方面。其中理论、政策与组织资源方面的问题属于内部生态资源方面的问题，而其他的则属于外部生态资源的问题。资源的不足不仅包括资源绝对量上的匮乏，还意味着拉美共产党整合资源的能力有待提高。只有提高自身整合资源的能力，政党才能更好地提高自身的适应性，才能通过获取政权实现自身价值的更大实现。

二、中外政党制度比较研究

中外政党比较研究一直是国内学者研究国外政党制度的一个重要的出发点。比较研究的目的在于通过比较更好地认识某一政党制度的特点，因为有比较才有鉴别。比较研究目的还在于通过比较更好地发现各种政党制度存在和发展的规律，使得各种政党制度能够相互借鉴。2010年的中外政党制度比较研究向更为深入、更为具体的方向发展。例如有学者从文化基础和政治生态环境的角度讨论中外政党制度的异同。又如更多的学者比较中外政党的某些具体方面：价值认知、党内民主、党政关系、执政理念等。还有学着用政党比较的方法分析了中国民主党派。

秦国辉在《试论中西方政党制度的异同》（《江苏社会主义学院学报》2010年第3期）中认为，中西方政党制度都是人类的政治文明成果，它们遵循着某种特定的模式，遵循着政党制度的一般规律，它们之间具有某些共同点。同时，政党制度不是孤立的，受到其他因素的影响。由于各国的历史文化状况、现实国情、政治生态环境等存在差异，政党制度存在差异。中西政党制度的共同点表现在：每个政党在组织上都是互相独立的、平等的，都自主管理本党内部事务，自主开展活动；每个政党的活动都为自己所代表的那部分人的根本利益服务；都为公众参与政治提供了制度内的渠道；政党之间都存在监督，使执政党有一定的忧患意识。不同点表现在：政党内部的组织性、纪律性不同；政党的政治独立性不同；政党制度的基本格局不同；政党制度在政治生活中的作用不同。

邝志勇在《中西政党制度结构与功能的差异》（《广西社会主义学院学报》2010年第2期）则认为中西方政党制度形态的差异主要表现在不同的政治文化基础是中西政党制度形态差异的根本原因、不同的价值取向直接决定了中西政党制度结构的生成和设计、不同的政治体制是中西政党制度形态差的又一重要因素等方面。

易灵娟在《从中西党政关系比较思量我国党政关系未来走向》（《重庆科技学院学报社会科学版》2010年第14期）中比较了中西党政关系。作者认为，片面地强调“合”即党政不分或以党代政，与片面地强调“分”即党政分家、党只管党，都存在问题，都不符合党政关系的内在要求和发展趋势。新型的党政关系必须是既坚持党政分开又坚持党政不分的党政关系，即要明确什么情况下应该实行党政不分，什么情况下应该实行党政分开。

顾文浩在《中美政党制度之价值认知比较》（《上海市社会主义学院学报》2010年第3期）一文中认为，一个国家的政党制度，是在特定政治、经济、文化环境下产生和确立的，因此，各国的政党制度形式各异，区别很大。中美两国的政党制度，在形式上差异很大，但都体现了现代民主，两种政党制度的建立、发展和完善过程，反映人们对民主的不断追求和推进。中美两国政党制度的差异，主要体现在：产生的社会历史条件不同，经济基础不同，发展阶段不同，政治文化背景不同。

张荣臣在《政党民主的中西比较》（《人民论坛》2010年01期下）中比较了中西政党民主问题。作者认为，比较起来，西方民主政治框架内的党内民主无论是动力、目标和原则和马克思主义政党都是不同的。不仅如此，西方政党党内民主的运作也和我们有很大的不同。

孙照红在《中国民主党派的性质与特色——与世界政党比较的视角》（《重庆社会主义学院学报》2010年第2期）一文中认为，政党的性质是一个政党区别于其他政党、政治派别、社会团体等社会组织的本质特征。与世界上的各类政党相比，中国民主党派的政党特色突出地表现在三个方面：在社会基础上，民主党派的阶级性不明显，而具有鲜明的政治联盟特点；在党际关系上，民主党派不与中共竞争政权，而是接受中共领导、同中共通力合作的亲密友党；在党与政权的关系上，民主党派既不是执政党，也不是在野党或反对党，而是参政党。

黄明哲在《国外政党执政理念与中国共产党执政理念发展轨迹的启示》（《福州党校学报》2010 年第 5 期）一文中考察比较了各国执政党执政理念的发展动因。作者认为，政党执政是在具体的社会环境中展开的。随着社会环境的变化，执政党的执政理念也需要与时俱进，不断增添新的内容。各国不同的历史文化传统、发展水平、思维观念和认识水平，决定着不同类型政党的执政理念的形成、调整和演进趋势，并深刻影响着执政党的执政绩效乃至党和国家的前途命运。这是各国执政党执政理念发展的根本动因。执政党的执政理念要：其一，适应历史方位的变化；其二，回应时代的挑战；其三，总结并借鉴他党的经验教训。

三、国外政党政治及政党制度发展研究

国内有部分学者一直跟踪研究国外政党的发展变化，包括某个政党的发展和世界政党政治发展的整体形势。2010 年这方面的研究也有所深入，范围有所拓展，比如出现了专门研究另类政党的论文，还有一些研究小党如毛里求斯工党的文章。在跟踪研究世界政党实践的同时，另外有不少学者在探讨世界政党和政党制度变化发展的深层次原因，研究世界政党制度建设和发展规律。2010 年度这方面的研究在使用新的理论和方法上明显有所进展。

（一）国外政党发展研究

国外政党发展研究涉及国外政党发展的现状、趋势、特点、影响因素等多个方面。

1. 世界政党发展形势

萧虎的《在动荡和变化中向前发展——2009 年第四季度世界政党形势回顾》（《当代世界》2010 年第 1 期）、《2010 年第一季度世界政党形势综述》（《当代世界》2010 年第 4 期）、《2010 年第二季度世界政党形势综述》（《当代世界》2010 年第 7 期）、《2010 年第三季度世界政党形势综述》（《当代世界》2010 年第 10 期）描述了 2009 年、2010 年的世界政党形势。2009 年第四季度的政党形势表现为：国际金融危机后续效应发作，多国执政党处境艰难；气候变化议题大幅升温，牵动政党相互博弈；一些发展中国家政党形势出现复杂变化；面临复杂内外形势，不少政党及政党组织加大反思、调整力度。2010 年第一季度的政党形势为：经济社会形势不佳冲击多国执政党，朝野理论围绕发展理念和政策取舍激烈博弈；多国选举亮点频现，一些国家选战激烈开打；党争引发多国政党形势深刻复杂发展，政坛阴云密布；多国政党党内问题纠结，不少政党着力强党建、练“内功”。第二季度的形势为：债务危机政治和社会效应迸发，发达国家主流政党积极探索发展新思路；多国选举平稳推进，但选举结果牵动一些国家政党政治格局发生较大变化；中国周边多国政党纷争总体有所降温，但恶化风险仍存；多国政党危机深刻发展，前景尚待观察；

一些国家政党着力调整、改革，固基础、促发展。第三季度的形势为：多国大选顺利完成，选举结果引人瞩目；社会主义国家执政党着力加强党建、巩固执政地位；欧洲右翼政党“右倾”活动增多，社会党处境愈益尴尬；发展中国家政党政治深入复杂发展；一些政党重视领导层建设、深化改革。

2. 国外政党发展演变过程、趋势等问题的一般性考察

陈崎在其所著的《衰落还是转型——当代西方政党的发展变化研究》（中国传媒大学出版社 2010）一书中，围绕“政党衰落”问题，借助西方学界对政党组成部分的经典划分，从选民中的政党、作为组织的政党和政府中的政党三方面出发，阐述了政党模式的演变造成的政党组织结构及功能变化的情况，并对这些变化给政党带来的影响进行了评价，对政党的发展变化意味着“政党衰落”还是“政党转型”给出了判断。作者认为，西方“政党衰落”实际上是非常笼统的说法，中外学界对其概念的内涵与外延缺乏共识。尽管如此，在把握“政党衰落”问题时需要注意：其一，“政党衰落”问题的涉及面不能仅限于某一个西方国家政党政治格局的重大变化或者原有政党体制的崩溃；其二，“政党衰落”的着眼点不在于政党能否获得或保持执政地位；其三，不能静止地看待西方的“政党衰落”；其四，判断“政党衰落”与否不能仅仅依据政党在某一层面上的变化，必须对政党与选民关系的变化、政党组织的变化以及政党与政府关系的变化及其含义进行通盘考虑，才能得出总的结论。作者的结论主要包括：从 20 世纪 50 年代的群众党到今天的全方位党及卡特尔党，西方政党无论在结构层面还是在功能层面都发生了重大变化。在政党模式演变的过程中，西方政党寻求更广泛的社会基础、包容性更强的意识形态、更开放的组织结构、更强大的“制度性功能”的种种努力，无不反映出它们抛却历史包袱、获得和维持政权的强烈愿望。这些变化使它们更适合西方国家变化了的选举市场，至少在可预见的将来，“政党衰落”不会成为现实，以政党制度为基础的西方民主制度的运行也不会受到严重的威胁。

胡伟、孙伯强在《政党模式的理论建构：以西方为背景的考察》（《马克思主义与现实》2010 年第 5 期）中借鉴卡茨和梅尔的政党模式理论，从政党与公民社会及国家之间的关系、政党在选举竞争中的特征以及政党组织体系内部特征等三个维度，对干部型政党——大众型政党——全民型政党——卡特尔型政党的模式嬗变进行了考察和分析。作者认为，政党模式嬗变显示出如下特点和趋势：在政党与公民社会之间的关系方面，政党在公民社会中的选民基础不断拓展，逐渐从较为狭隘、单一的选民基础向开放、多元的选民基础发展；政党对公民社会的依赖程度不断下降。在政党与国家之间的关系方面，在从大众型政党到全民型政党再到卡特尔型政党的发展过程中，政党与国家日益接近，且相互之间的渗透日益加强，政党与国家之间的关系呈现出愈来愈密切的趋势。在政党竞争方面，西方政党的意识形态色彩逐渐淡化，根据现实政治需要采取实用主义的政党竞争战略和策略成为西方政党发展的趋势，同时，政党的选民基础和经费来源呈现逐步多元化的趋势，政党竞选的模式逐步从人力密集型竞选向资本密集型竞选方向发展。在组织方面，西方政党组织逐渐从业余的、非专业化的政党组织发展成为高度专业化的政党组织，专业化成为政党组织发展的一个方向；与此同时，在从大众型政党到全民型政党再到卡特尔型政党的发展过程中，公职部门中的政党组织的地位和权力逐步提高，普通党员在政党组织内的实际

作用日益弱化，在实行党内民主的同时，寡头统治趋势在实际的党内政治过程中日益增强。西方政党模式嬗变是多种动力共同作用的结果。其中，经济社会结构、选民的政党认同、公民社会、政治沟通技术等外部环境因素的变化是其基础动力，选举制度、政党体制、政党竞争等政党政治规则系统的直接构成因素的变化是其中介动力，而政党和政党领袖的行为以及政党内部的派系斗争等内部因素则是其直接动力。西方政党发展是一个长期的过程，在特定的时空条件下还会不断形成新的模式。但无论怎样演变，政党作为国家与社会之间的中介和纽带的基本属性不会改变。

高奇琦在《泰国政党模式的变迁与民主巩固》（《南洋问题研究》2010 年第 2 期）中借用西方学者在界定民主巩固内涵时的 3 种主要路径——政治制度路径、民主文化路径和多元综合路径考察了泰国政党模式的变迁与民主巩固的关系。作者认为，1997 年泰国宪法及之后的泰爱泰党的兴起为泰国第二波民主化之后的民主巩固创造了条件。然而，泰爱泰党并没有专心于群众型政党的建设，而跨越式地去学习全方位政党、卡特尔政党和商业公司型政党的经验和特征。这一学习模式在促使泰爱泰党迅速崛起的同时，也埋下之后在喧嚣中退场的隐患。泰爱泰党的政党学习实践反映出后发国家的一种学习困境，也揭示了政党模式的次序变迁与民主巩固之间的密切关联。

高奇琦在《试论欧洲政治中政党与公民社会的相互转化趋势》（《社会主义研究》2010 年第 5 期）一文中认为上世纪中后期以来欧洲政治中出现了政党与公民社会相互转化的趋势。政党的公民社会化表现在组织结构的扁平化、行为取向的议题化、民主模式的参与化等三方面；公民社会的政党化主要表现为公民社团在组织制度化和议题扩展之后直接以政党的身份进入政治领域。作者指出，从未来来看，欧洲政治中政党公民社会化的程度可能要远远低于公民社会政党化的程度。政党可能会吸收公民社会的某些沟通方式和社会动员技巧，而并非完全转变为公民社会的松散政治模式；而公民社会政党化则可能成为未来欧洲政党政治中的一个重要趋势。

赵宬斐在《西方另类政党的发展向度及后现代性特质浅析》（《领导科学》2010・10 月中）中认为，伴随二战后出现的新社会力量对西方后现代化阶段产生的新矛盾提出的多元权力的新抗争，在传统主流政党的发展理路上，出现了单一问题党、反复无常的抗议党、平民党、自然法党、狂野疯人党、新千禧豆党、金发美女党和“恋童癖”党等另类或非主流政党。这类政党的不断涌现，从不同侧面给主流政党的政治垄断地位带来挑战。另类政党以相对新颖、激进、搞怪甚至是杂耍式无厘头的政策主张，不仅触及了一些公众所关心的问题，对部分弱势群体、下层选民和极端主义团体相当有吸引力，而且激起了人们埋藏在心底、压抑很久的对政治的欲望。另类政党有可能成为西方主流政党政治发展的历史转折点，从而构成与后现代性文明时代相适应的新型政党生态观。

杨云珍在《当代西欧极右翼政党研究评述》（《国际关系学院学报》2010 年第 2 期）一文中梳理了西欧极右翼政党研究。作者指出，近些年来，西方学者围绕着极右翼政党的概念和认同、意识形态、极右翼政党的领袖与适应困境、极右翼政党兴起的原因等对其进行了多方面的研究评述，其中涉及的很多问题值得人们思索。西欧极右翼政党的兴起，从一个侧面折射出在全球化和后工业社会来临之际，以及在欧洲一体化的大背景下，西欧正经历着重大的社会变迁。

李宏在《欧盟层面政党：构成、功能及其走势》（《当代世界社会主义问题》2010 年第 1 期）中认为，欧盟的政党体系是由民族国家层次与欧盟层次即超国家层次两个层次构成的。从政党的架构来看，欧盟层次的政党已经与民族国家政党相类似，但是，就政党的地位与功能而言，欧盟层次的政党却难以发挥类似政党在民族国家中的那种核心作用。欧盟层面的政党难以发挥民族国家政党那种核心作用首先应归因于欧洲议会跨国特性本身所固有的缺陷，即欧洲议会的跨国特性使这一机构难以完全履行相关功能。其次，欧盟特有的选举制度也限制了跨国层面政党作用的发挥，欧洲议会选举的二流性质影响到党团的稳定性及其在欧盟政治中作用的发挥。再次，欧盟层面的政党本身存代表性和授权问题。

3. 共产党、社会党等不同类型政党的发展变化

刘淑春撰写的《金融危机爆发以来国外共产党的新动态》（《红旗文稿》2010 年第 4 期）重点把握了各国共产党对金融危机的认识及应对。文章指出危机爆发之际，各国共产党迅速作出反应，纷纷发表声明表明立场。各国共产党根据新的形势变化，从思想理论、行动策略、队伍建设和国际联合等方面进行积极调整，以迎接这一历史机遇。于海青撰写的《西欧共产党发展变化的几个新动向》（《马克思主义研究》2010 年第 6 期）一文指出，西欧共产党近年来有所发展和变化，即政治战略的左转、左翼联合政策的调整、党内民主的推进、经济危机下对社会主义相关问题的理论反思。这些新动向表明各党仍在根据实际情况积极进行理论政策的革新和调整，但在实现战略转向的连续性、完善左翼联合政策、正确处理民主与集中的关系以及危机形势下更好地实现共产党的作用等方面，需要进行更加深入的思考和探索。

刘保国在《冷战后法国共产党对共产主义道路的新探索》（《江汉大学学报（人文科学版）》2010 年第 2 期）一文中介绍了法国共产党冷战结束以来对共产主义道路的探索。法共的探索有：其一，否定苏联模式社会主义。为了改变过去长期亲苏、僵化和保守的形象，适应冷战结束后的新形势和新斗争的需要，法共放弃长期实行的“法国色彩的社会主义”，进行了冷战结束后的重大调整，这种调整首先表现在对苏联社会主义模式的否定上。法共认为，苏联模式是共产主义理想的一种变种，也是国际共产主义运动处于低潮的原因之一。法共在反思传统的社会主义理论并在开展全党讨论的基础上，认为法国在选择社会主义的道路和途径方面不能采取苏联的暴力革命模式。其二，确立社会变革的主体。法共认为，法国资本主义出现了新变化，但资本主义的深刻危机并没有根除，社会变革的力量依存在。党必须超越传统的思想，扩大自己的支持者群体。法共据此提出了建立左翼进步力量联盟的主张。其三，采取和平方式“超越资本主义”。“超越资本主义”是法国共产党在政治、经济、文化等一切领域开展对资本主义变革运动的总提法。其中最重要的就是反对一切为金钱的资本主义逻辑，揭露资本主义的落后性，用“人的发展第一”的逻辑超越“金钱第一”的逻辑，实现社会互助、责任分担、权力分享的目标。其四，提出“新共产主义”构想。“新共产主义”的基本构想是：在总的目标方面否定苏联社会主义模式，“超越资本主义”，实现共产主义。在经济和社会方面，反对国家干涉主义，摆脱金融资本的统治，对公用事业部门和国有企业实行革新和民主，发挥其动力作用。建立新的劳动关系，建立保障终生就业和培训的机制。在政治方面，革新国家机构，使国家和全部社会生活实现民主化，保证公共生活的透明度。赋予工薪阶层、公民和民选代表拥有

监督、参与和决策权，确保公民的自由与平等。在国际政策方面，建立一个共同发展的欧洲与世界，开展反对贫困、争取发展的斗争，保护生态，争取人类的可持续发展。

瘳坚在《印共（毛）的崛起及发展前景》（《当代世界》2010 年第 10 期）一文中不仅描述了印共（毛）的崛起及特点：在组织上，印共（毛）试图将自身的活动与广大中下层民众的利益相结合；在活动范围上，印共（毛）活动区域主要集中在印度东部、北部，以及中部的广大农村地区、偏远森林地区和部落地区；在活动方式上，印共（毛）组织严密，目标明确。分析了印共（毛）崛起的深层原因：印度国内的尖锐社会矛盾成为毛派兴盛的温床、印度国内激烈的政治斗争为毛派崛起提供了机会、印度政府内部意见不一影响了对毛派的遏制。还分析了印共（毛）崛起的复杂影响：印共（毛）的崛起给印度现政府带来了安全与政局上的困扰、印共（毛）的崛起影响到印度经济的开放与发展、印共（毛）的活跃给南亚一些国家的安全带来了不稳定因素。并预测了其发展前景：从长远来看，印度的改革在一定程度上会导致社会张力巨大，矛盾丛生，给印共（毛）的进一步发展壮大留下了较大空间。另外，印共（毛）的行动组织有力，纪律严密，目标定位也十分准确。但是，印共（毛）也面临着武装力量薄弱、不能获得外界援助及内部分裂等发展障碍。

王志连、姬文刚在《东欧国家共产主义后继党：概念、演变与影响因素》（《科学社会主义》2010 年第 5 期）中探讨了东欧各国共产主义后继党的问题。东欧共产主义后继党是指东欧各国原执政的共产党在组织上的主要继承者。剧变后 20 余年中，共产主义后继党作为左翼政治力量的重要组成部分，在东欧各国经济转型和政治发展中发挥了重要作用。贺蕊玲则在《中东欧“共产主义后继党”执政的经验教训》（《学术论坛》2010 年第 10 期）中明确了中东欧“共产主义后继党”执政的经验教训。中东欧国家“共产主义后继党”执政经历的启示是，在政治经济转轨带来的机遇和挑战面前，左翼政党要争取和维护执政地位，就必须做到：适应时代和国际环境的变化，积极参与政治转轨；提出正确的经济纲领政策，取得良好的经济业绩；实施积极的社会政策，改善社会福利；积极改善与其他左派政党之间的关系，实现左翼团结；加强自身建设，努力塑造良好的社会形象。

秦德占、钟文在《后冷战时期世界社会党发展与变革考量》（《北京行政学院学报》2010 年第 4 期）一文中指出，冷战结束以来，社会党和社会民主主义出现了深刻调整和变化，其曲折历程反映着国际政治思潮博弈的一个缩影。冷战结束后社会党的深刻变化表现为：各国社会党的力量经历了一种螺旋式的变化发展过程；社会党同共产党的关系经历了由对峙到接触、对话的曲折转变；社会民主主义日益弱化意识形态，淡化对社会主义的诉求。各国社会党当前面临的困难与挑战主要有：同保守党相比，社会党在力量对比上处于明显弱势境地；社会党的传统发展模式与理念面临重大挑战；社会党传统的党建模式在新形势下面临深刻挑战。冷战后社会党应对挑战的调整与变革有：进行纲领与传统理念的重大调整，走“第三条道路”；改革传统发展模式，降低传统模式的运作成本；促进社会党自身建设的改革，加快党的现代化；联合世界一切进步力量，努力推动全球治理；利用当前金融危机反新自由主义。沈丹的《苏东剧变 20 年来西欧社会民主党意识形态的发展变化》（《科学社会主义》2010 年第 3 期）则主要梳理了苏东剧变后西欧社会民主党意识形态的发展变化问题。作者将 20 年分为前后两个十年。前十年西欧社会民主党积极应对苏东剧变带来的负面影响，提出了“第三条道路”，承认资本主义是唯一选择，在资本主义框架内实行改革，取得了巨大的成绩；后十年社会民主党纷纷丧失执政地位，又重新陷入困境，但是并没有放弃变革的道路，只是变革不再涉及意识形态领域，仅限于具体策略的变动。石晓虎在《对欧洲社会党进一步衰退的几点看法》（《当代世界》2010 年第 8 期）中分析了欧洲社会党衰退的原因：其一，经济社会形势发生了不利于欧洲社会党的变化。一方面，继续维持高昂社会福利的经济基础遭到削弱，社会党陷入两难；另一方面，经济全球化相对有利于右翼政党。其二，欧洲右翼政党的“现代化”挤压了社会党的空间。其三，欧洲社会党自身建设面临严峻挑战。虽然面对国内外形势的变化，社会党普遍强调通过革新应对挑战，但多提不出左翼的替代方案；自身定位摇摆，实际政策经常变化、难以分辨政策导向；难以突破思想束缚，扩大左翼合作，实现联合执政；西欧发达国家社会党过分迎合媒体需要，使党的建设流于“媒体化”甚至“娱乐化”也带来了消极影响。

徐世澄在《委内瑞拉统一社会主义党的成立及特点》（《当代世界社会主义问题》2010 年第 4 期）一文中介绍了委内瑞拉统一社会主义党成立的经过和两次党代会的情况，并根据该党基本文献和实际情况对其特点和性质进行了分析。作者认为，目前尚不能把委内瑞拉统一社会主义党看作一个由科学社会主义指导的马克思主义政党，它也不是一个成熟的左派执政党，在党的建设方面还面临诸多艰难的挑战：在思想建设方面，查韦斯和该党提出的“21 世纪社会主义”理论尚处于初创阶段，是众多思想的“大杂烩”，尚未形成系统的理论体系；在组织建设方面，党内缺乏一个坚强的领导集体，组织机构不够完善，运作不顺畅，加之党员队伍庞杂，其中不乏形形色色的机会主义者；在作风建设方面，新党并仍未从根本上摆脱宗派主义、官僚主义和腐败等痼疾，如何整顿党的纪律和作风并有力打击腐败现象，是该党自身建设必将面对的一大难题。

张凡在《巴西劳工党——盛开在拉丁美洲的一朵左翼政党奇葩》（《党建》2010 年第 9 期）中介绍了巴西劳工党的情况。巴西劳工党目前已发展成为拉丁美洲最大、最重要的左翼政党，是巴西和拉美进步力量的大本营和重要支柱，在国家和地区政治生活中发挥着重要作用。劳工党建设与发展的情况是：奉行“社会主义”和“民主”理念；形成了自己的一套组织结构和运作机制，为了保证党内民主和党员参与党的政策决定，确立了代表会议制度并且建立了党的“核心小组”；遵循在“在现行体制内从事合法斗争”的原则；实行的方针力求“顺应时势”；采取“现实主义”策略。执政方面的情况是：发展经济，向实力大国迈进；关注民生，向普通民众倾斜；重视外交，向发展中国家靠拢。劳工党面临的危机与挑战有：向何处去的问题，劳工党由一个对现行制度采取批判姿态的政党转变为执政党以后，党的工作重点和政治取向都面临着一个转型的问题；腐败丑闻的拖累；缺乏新的魅力型领导人。

霍淑红在《罗马尼亚社会民主党的政治转型及其前景分析》（《国际论坛》2010 年第 1 期）中指出，罗马尼亚社会民主党是在民主救国阵线的基础上逐步演变而来的。作为共产主义后继党，罗马尼亚社会民主党表现出明显的特点：虽然宣称自己是原执政党罗共的继承者，但并未承继后者的组织体系；向社会民主主义政党的政治转型显得比较迟缓；在剧变后罗马尼亚政坛上长期保持了举足轻重的地位，在国家经济转型和政治演变中发挥了不可替代的作用。社会民主党发展演变的种种特点是历史与现实、内部与外部多种因素共同作用的结果。

向文华、朱生志在《毛里求斯工党的民主社会主义实践》（《当代世界与社会主义》2010 年第 3 期）一文中介绍了毛里求斯工党的民主社会主义实践。作者指出，毛里求斯工党是毛里求斯独立后的主要执政与参政党。它结合毛里求斯特殊国情，推行民主社会主义的实践：在政治上，推行共识政治；在经济上，因地制宜发展经济、追求充分就业；在社会政策上，推动社会全面发展、建设福利国家，取得了一定成效。不过，工党的民主社会主义政策也面临着全球化的挑战。

孙敬亭在《中东欧国家的右翼政党：特点和意识形态》（《马克思主义研究》2010 年第 8 期）中探讨了中东欧国家右翼政党的特点与意识形态问题。作者认为中东欧国家右翼政党是社会经济转轨以及欧洲一体化和全球化进程中的政治产物，它们既不是二战前该地区右翼政党的回归，也不是对西方意识形态的简单照搬。意识形态褊狭的右翼政党在政治竞争中逐步被淘汰，而把民族主义和自由主义有效结合的政党能扩大支持基础，成为该地区成功的右翼政党，这也是主流右翼政党的发展方向。阶级基础错位是一个特殊转轨时期的暂时政治现象，工人阶级的利益诉求还是会在左翼政党的政治主张中体现出来。相对于西欧右翼政党，中东欧右翼政党更具民族主义特色。反共只是右翼政党政治斗争的工具，越来越不具备意识形态内涵。

李兴耕在《俄罗斯四大议会政党的意识形态比较研究》（《中共天津市委党校学报》2010 年第 5 期）中介绍了当今俄罗斯四大议会政党的意识形态。作者指出，苏联解体至今近二十年间，俄罗斯政党的意识形态经历了引人注目的嬗变过程。在 20 世纪 90 年代，俄罗斯的政党为数众多，其意识形态五花八门、模糊不清。进入 21 世纪以来，随着《政党法》的制定及实施，政党数量大大减少，各党之间的意识形态分野逐渐明朗化。统一俄罗斯党主张俄罗斯保守主义，俄共坚持共产主义，公正俄罗斯党信奉社会民主主义，俄罗斯自由民主党鼓吹民族主义。右翼自由主义政党没有进入议会，但自由主义在社会上仍有一定影响。俄罗斯各议会政党的意识形态之间存在原则性差别，也有一些共同之处。

周承在《以色列国内苏联犹太移民政党的成因及影响》（《西亚非洲》2010 年第 8 期）一文中关注了以色列移民政党的问题。作者认为，苏联犹太移民及其政党在当今以色列政治生活中占据着重要位置，对 20 世纪末和 21 世纪初的以色列政局产生了突出影响。苏联犹太移民政党的建立，反映出该移民群体经过多年的适应和发展，已经逐步融入以色列本土社会，并力图借助现代犹太国家的政治体制维护和保障本群体的生存与发展权益。这既是苏联犹太移民政党建立的直接动因，也是它们制定政策的依据和检验政策效果的标准。

唐慧在《印度尼西亚伊斯兰教政党的崛起及其发展前景》（《东南亚纵横》2010 年第 5 期）一文中认为，伊斯兰教政党的崛起是后苏哈托时代印度尼西亚政局出现的重要变化之一，标志着印尼政党制度进一步走向完善和成熟。但由于历史和现实种种因素的影响，在未来短时间内伊斯兰教政党还不太可能在该国政治舞台上发挥主导作用。

4. 政党发展的影响因素

郑春勇在《从政治参与的角度看中产阶级崛起对政党的影响》（《理论与现代化》

2010 年第 3 期）中考察了中产阶级崛起对政党发展的影响。作者认为，中产阶级在政治参与上有其自身的特点，从而对政党的许多方面都产生了深刻影响。转型是政党对中产阶级政治参与要求的典型回应，但是，政党转型的结果却可能是政党的衰落。虽然中产阶级参与政治在不同的政党制度下对政党有着不同的影响，但总的来说，中产阶级的崛起与政党的衰落之间存在着某种程度的必然联系。

徐海燕的《俄罗斯政党发展与社会政治心态》（《重庆社会主义学院学报》2010 年第 3 期）明确了政党发展与社会政治心态的关系。作者认为，政党的沉浮发展与社会政治心态有一定联系。民众需要代表其利益的政党来表达自己的政治诉求，而政党也需要它们作为自己的社会基础。对政党而言，能否对当前的社会政治心态进行认知与把握，是争取民众支持，做大做强的重要因素之一。能否顺应现实而作出主动积极的回应，为政党立足政坛起到主要的作用。近 20 年来活跃在俄罗斯政坛上的政党对社会政治心态的回应主要有以下几个方面：政党思想顺应现实需求、价值取向跟踪个性化要求、注重与当局的良好关系。

（二）世界政党制度研究

周淑真在《观察和衡量政党制度的几个维度》（《上海社会主义学院学报 2010 年第 6 期》）一文中认为，分析政党制度的利弊得失，相同类型的政党制度有多种模式，政党制度“不是做成的，而是长成的”。实践效果是检验政党制度的重要尺度，民族团结与社会稳定程度是考察政党制度的重要标准，各政党在基本政治理念和重大方针上的共识是政党制度稳定和发展的前提。成功的政党制度都有一两个强大的政党为支柱，并在继承和借鉴中发展和完善。

朱昔群在《当代世界政党制度：制度类型与运行机制的相关性研究》（《当代世界与社会主义》2010 年第 5 期）中依托“相关性政党”的标准，详细梳理了当今世界政党制度的各种类型与运行机制。作者认为，政治体系之中合法存在的“相关性政党”的数量，是衡量政党制度竞争性的主要指标。引入政治市场的模型分析，按照政治体系中有影响力的合法政党的数量及政党间竞争的程度，政党类型可以分为完全竞争型、垄断竞争型、寡头竞争型和完全垄断型四类。一个国家的“相关性政党”的数量及其相互关系决定其政党制度结构。不同的结构产生不同的功能，政党制度结构不同，政党制度的运行机制就会不同。不仅如此，不同的政党制度结构下各个政党的内部运作机制也会相应地发生改变。世界政党制度比较研究的一个重要结论是：没有一种政党制度是适用于所有国家的，合适的政党制度与政治体系所处的国情有一定的相关性。在世界政党政治实践中，在不同的国家，有效率的政党制度并不都是相同的。世界政党制度的发展史表明，比较健全的政党制度的建立有如下几个前提：一是公民社会的发育和民权的确立，二是法治的建立，三是政治精英的组织化。关于政党发展的另一个重要结论是：在某个国家公民社会和法治发展的某一阶段，只有一种虽然不是最好的但是一种最合适的政党制度。因为特定政党和政党制度赖以存在的国情本身就是一个极其活跃的变量，在剧烈变动的现代社会尤其如此。

齐春雷在《西方政党制度的民意代表及其启示》（《中央社会主义学院学报》2010 年第 4 期）中考察了西方政党制度的民意代表功能。作者认为，西方政党制度对民意代表实现的积极促进表现在竞选压力对政党民意代表的促进、议员与选民联系密切促进政党的民意代表、扩大意识形态的包容性以增强代表性、加强党的群众基础以增进代表性等方面。西方政党制度对民意代表实现的消极影响表现为：利益代表块状多元致完整性不足、竞争性政党关系对政党制度民意代表的消极影响、选举无法体现“多数决定”的民主规则等方面。

周淑真、冯永光在《美国政党组织体制运行机制及其特点》（《当代世界与社会主义》2010年第3期）中考察了美国的政党组织体制运行机制。作者认为，美国政党可从三个不同角度进行定位：政党组织、选民中的政党以及执政中的政党。政党组织包括联邦的即全国性的政党组织以及州和地方的政党组织，包括政党领袖、党员、党务人员和各级组织机构。选民中的政党是指与选举活动相联系的政党成分，包括总统选举与国会选举中对某一政党认同的选民，由于美国政党是以选举为纽带的，因此选民中的政党成为学者们研究的重要对象。而执政中的政党是从政党与政府关系的角度，即在政治决策中真正起作用的政党，包括赢得总统选举的民主党或共和党和国会参、众两院中的两党，也包括贴有政党标签的公职人员。政党组织形态决定着政党体制的内部结构，像骨骼一样存在于与美国选举相适应的各个层次：投票区、选区、市、县、州及国家。

冷慧在《从“两个半政党制”到“流动五党制”——德国政党体制的类型转变?》（《德国研究》2010年第2期）一文根据尼德梅耶确定“两党主导”的温和多党制的标准考察了德国政党制度问题。作者认为，2009年大选使得德国完成了从“两党主导”型到多元化型的类型转变，延续了二十余年的“两个半政党制”被“流动五党制”取代。

李寒梅在《三十年来日本的政治转型与政党体制变化》（《国际政治研究》2010年第1期）中梳理了日本30年来政党体制的变化。作者指出，20世纪70年代末到本世纪初的30年是日本政治、经济和社会结构发生重大转型的时期。从政治发展的宏观过程来看，这一转型经历了三大转变，即国家发展的指导思想从“经济中心主义”向“政治中心主义”转变，国家发展模式从“国家主导型”向“市场主导型”转变，国家发展战略从“经济大国”向“政治大国”转变。从政治发展的微观角度来看，则经历了从“五五年体制”、“八六年体制”到“九六年体制”的转变；政党结构从保守与革新对立模式转向保守模式。在这一转变过程中，政治意识形态及政党均走向趋同化。目前，日本新的国家发展模式尚未最终定型，向后现代社会的转型仍在进行中。

陈金英在《社会结构与政党制度——印度独大型政党制度的演变》（上海人民出版社2010年版）一书中，从印度的社会结构入手，分析了独立以来印度政党制度从国大党一党独大体制走向多党竞争的过程，揭示了印度政党制度演变的社会根源。作者认为，印度国大党最初利用历史资源在高度异质的社会结构中建立起一党独大的政权。但是随着现代化的发展，宗教、种姓、阶级、地区等分裂结构在政治生活领域的凸显，国大党的全方位路线无法维持，从而导致国大党的衰落。而在宗教、种姓、阶级和地方主义动员下成长起来的印度人民党和地方政党顺势填补了国大党 衰落留下的权力真空。由于印度社会分裂结构的多样性，政治中的行动者可以建立新的政治联盟，形成新的稳定的政党结构。而且印度特有的联邦—地方政党制度的双轨制也为政治参与提供了不同的渠道，减少了政党制度演变对政治体系稳定性的冲击。20世纪90年代以来，印度的政党制度正在朝着稳定的两党制下的多党竞争格局发展。高奇琦在《迪维尔热法则在印度政党体系中的应用及其修正》（《国际论坛》2010 年第 2 期）中指出，迪维尔热法则的适用性在印度案例中受到挑战。自 1952 年起，印度人民院选举一直采取相对多数决制，但在 1952 年到 1989 年间，印度政党制度却表现为国大党一党独大的多党制。中央与地方关系、政党空间竞争方式、社会分野程度、政党标识的稳定性以及现代化程度都是解释印度案例独特性的重要因素。1989 年之后，印度政党体系向两党制转型的趋势则从另一角度证明迪维尔热法则的强大解释力和适用性。

王鹏的《巴西大选和巴西政党格局》（《拉丁美洲研究》2010 年第 6 期）介绍了巴西的政党格局。作者认为，从 20 世纪 80 年代启动再民主化进程以来，政党在巴西国家政治生活中发挥的作用日趋重要，政党成为政治精英获取权力的必要途径，政治“局外人”（outsider）赢得总统选举的可能性变得微乎其微，克里斯玛型领导人受到越来越有力的限制。巴西的政党格局具有碎片化的特点，具体表现为：政党数量众多、内部派系林立，政党分化组合频繁，新的政党不断涌现。选举制度的低门槛使许多小党可以比较轻松地在国会获得席位。因此，任何单一政党都无法在国会两院控制多数席位或是获得执政权。

宋效峰在《历史合力作用下的马来西亚政党制度》（《东南亚南亚研究》2010 年第 3 期）中认为，马来西亚政党制度的形成是东西方因素合力作用的结果。一方面，在殖民统治时期，英国从自身利益出发对马来亚进行了制度移植，在非殖民化过程中，马来（西）亚主要政党顺势而生；另一方面，本土因素在这一过程中发挥了深刻的塑造作用，从而使政党制度这一最重要的现代性因素逐渐适应后殖民时代马来西亚的社会政治发展。

韩隽在《哈萨克斯坦政党体制变迁的影响因素分析》（《新疆社会科学》2010 年第 2 期）中分析了哈萨克斯坦政党体制变迁的影响因素。作者认为，哈萨克斯坦政党体制的演进有自己的特殊轨迹，其政党体制的形成和变迁过程受到各种因素的长期影响。哈萨克斯坦政党体制的形成不仅与总统纳扎尔巴耶夫本人的政治威望和运筹帷幄直接相关，而且受制于哈萨克斯坦国内的社会阶层分化、国内精英的制度化权力分享模式的变化以及大国因素和地区因素的影响。可以肯定，今后哈萨克斯坦政党体制的走向也将长期受到上述因素的影响。

（三）世界政党政治发展过程与趋势研究

张志尧在其所著的《西方国家政党政治与政治发展》（中国社会科学出版社 2010 年版）一书中，以纵向历史发展为背景，以权力机制、政治机制和社会机制及全球化背景作为政党政治的生态环境因素来解释政党政治的产生、发展，尤其是其现代困境。作者认为，政党政治的产生是近代政治机制革命性转型的要求和结果；政党政治的产生、发展与权力机制、政治机制和社会机制因素息息相关。其现代困境从权力机制角度讲，是西方国家权力结构及重心转移的结果；从政治机制角度说，是政治机制多元化的反映；从社会机制的角度说，是社会机制的现代转型，尤其是在信息社会条件下政党的社会基础变异的结果；从全球化的角度说，是全球化所带来的民族国家社会政治变化的结果。

何勤华在其主编的《现代西方的政党、民主与法治》（法律出版社 2010 年版）一书中，围绕二战以后尤其是 20 世纪 80 年代以来欧洲以及日本等西方主要国家的执政党建设、民主制度完善和法律制度的改革，对英、美、法、日等国政党政治的完善、民主体制的健全、日本政党与政府结构的变化等内容展开了论述。

徐锋在《政治伦理审视下的政党、责任政治与民主》（《长白学刊》2010 年第 6 期）一文中认为，现代民主需要政党来驱动运转，这一点已是常识；政党本质上是民主的，这一点却容易被割裂。民主对政党、政党政治而言，不仅是一种外在的制度形式，更是一种内在的伦理要求。政治伦理问题对每一个政党而言都是兴亡攸关的大问题。政党必须真正肩负起对民主发展的责任，政党政府必须始终站在道义的立场上。只有民主、开放的现代治理才能适应现代市场社会的要求，才能永续满足公民、社会的权力和利益要求，才能实现并长久延续政党存在的合理性、统治的合法性和正当性、政策的证成性以及治理的有效性。也只有保持政党内部民主和社会民主的协同发展，上述政治目标才能得以实现。对于政党、政党政治而言，民主不仅是制度问题，也是伦理问题。而责任政治、有回应的责任政治（通过政策及其过程体现出来并被检验），则是将政党民主的形式因和目的因衔接起来的重要过程，也是将制度和伦理有机统一起来的关键场域。

周淑真在《宪政体制与政党政治的关系分析》（《中国人民大学学报》2010 年第 5 期）一文中指出，政党制度与宪政体制之间的关系十分直接。在现代国家中，宪政体制支配政治权力形成和行使的过程，规范社会政治体制，决定政党政治的状态和作用；而政党是宪政体制的推动者和实践者，政党政治的得失对国家宪政体制的成败产生重要影响。刘爱芳、陈宇宙在《西方国家政党与宪政关系探析》（《太平洋学报》2010 年第 10 期）一文中认为，从近代西方的立宪史来看，政党曾被作为派系斗争的工具或纯粹的市民社会组织，而为立宪实践所敌视或漠视。随着政党国家现象和政党异化现象的出现，通过立法实践和司法实践将政党纳入宪政体制之中遂成为现代西方立宪实践的潮流。从政党与宪政的逻辑关系来看，现代西方国家普遍认为政党不仅是基于公民自由结社的市民社会组织，更因其组织的准国家机构特性和党权的准公共权力性质而在宪政体制中发挥着不同于一般市民组织的宪政功能，理应获得“宪法机构”之公法地位，成为宪政规范的对象。

刘红凛的新著《政党政治与政党规范》（上海人民出版社 2010 年版），立足于二战后世界各国政党政治实践，从政党—国家—社会关系出发，结合政治生态、政党政治过程、基本政党政治关系来系统研究政党规范问题。对战后世界政党政治与政党规范的情况进行了概括与归纳，对英、美、德、俄四个在当今世界具有重要影响的政党政治国家的政党规范情况进行了比较分析。作者认为，在西方乃至整个政党政治世界，尽管政党是结社自由、民主政治的产物，却无往不在规范之中。只有当规范主导政党关系与政党行为时，政党政治才能是和平、有序的。二战以来，许多国家开始重视政党立法、试图通过法律来规范政党与政党政治。政党政治与法治政治的耦合点在于规则政治。政党理应树立法治意识、遵循法治精神、贯彻法治原则。在政党内部，存在着不同于国家法律、社会规范的内部规范。任何一种政党规范都不是万能的，单靠一种规范无法有效维持政党政治秩序。只有正确认识国家民主、政党民主、社会民主之间的关系，以权利制约权利、以权力制约权力、以实力制约实力；只有正确认识政党法律规范、内部规范、社会规范之间的区别与联系，协调三者的关系，才有利于政党政治秩序的维护与发展。

高奇琦在《西方政党政治中的弱势群体正义与协商民主》（《广东行政学院学报》

2010 年第 3 期）一文中认为，带有选举至上主义特征的西方传统政党政治，并未给予弱势群体的正义问题以足够关注。正在兴起的协商民主通过拓展民主参与的包容性，以及要求福利国家俯身对话，而更为积极地正视弱势群体问题。然而，后现代主义并不满足于协商民主的这些进步，而将批评的矛头指向协商民主所内含的协商共识原则和理性审议原则。宪政社群主义和协商至善主义的结合，可以为弱势群体的正义问题提供更加合理的解决方式。

吴克峰在《论政党政治的世界性与民族性的交融与互动》（《当代世界与社会主义》2010 年第 5 期）一文中认为，政党政治的世界性是指在政党政治的实践过程中所形成并具备的普遍特征，可以归纳为政党执政的基础必须建立在民众同意这一现代政权的合法性基础上。而政党政治的民族性是指在政党政治的实践过程中所形成并具备的民族特征。尚未恰当地认识到政党、民众、国家公共权力之间的关系，或者尽管认识到了，但在其政治制度的设计中还没有理顺这种关系是发展中国家政党政治民族性最为突出的表现。政党政治的世界性与民族性相互交融和影响，共同塑造着今日的世界，并规制着政党政治的未来发展方向。

董卫华在《冷战结束 20 年后的世界政党政治发展趋向》（《当代世界与社会主义》2010 年第 2 期）一文中指出，冷战结束以来，国际形势和力量格局发生重大调整，全球化加速发展但也遭遇间歇性衰退，各国经济社会结构深刻变迁。在此背景下，世界政党政治的发展演进呈现出复杂多变的特点，在差异性问题始终存在的同时，共同性问题也在增多。许多国家的政党体制在经历了“西方化”阶段后，出现了反思性回调，世界政党体制的多样化发展态势更加明显；20 年来，政党的传统政治功能遭逢多重挑战，但政党政治的自我调节机制也持续发挥作用，显示出强大的同化、包容能力；近 20 年来全球化的迅猛发展，使政党的社会治理功能面临来自传统与非传统因素的双重挑战；20 年来，世界政党政治与国际形势复杂互动，常常折射着话语权与发展权之争。未来世界政党政治至少将呈现以下一些趋向：一是人类政治文明的多样性将继续发展，各国经济社会的发展水平和差异将使政党体制乃至民主模式的调整与演变更富有差异性，而不是同一性；二是经济全球化趋势不可逆转，但间歇性衰退和震荡不可避免，由全球化引发的各种问题仍将是引发国别、区域乃至世界政党政治变动的主要诱因；三是政党间的国际交流与合作将更趋广泛、务实。

杨鲁慧、宋国华在《民主转型中的韩国政党政治》（《东北亚论坛》2010 年第 5 期）一文中认为，对于权威主义时期的东亚国家来说，上层的政治精英和政党领袖在很大程度上主导着国家的民主化进程，因此也在实质上决定了这些国家政党和政党体制的重塑过程。在政治转型之前的权威主义统治时期，掌握国家政权的政治精英由于拥有强大的、与市民社会相比极不相称的国家工具，所以，他们可以一方面毫无顾虑地放手压制政治活动，竭力阻止政党的发展，尤其是具有强烈民主诉求的反对党的发展，以使整个国家的政治参与水平和政治权力总量处在统治阶层可以掌控的范围之内而不至于威胁到其统治的巩固和存续。另一方面，政党政治所拥有的可以为权威主义统治提供“合法性”的便利条件，又使得统治阶层可以培植自己的政党，通过为政党竞争制造一个有利于执政党而不利于其他政党的不平等环境，试图把具有实质性参与意义的政治团体“局限在统治集团内部派系组合的范围之内”，从而也就在实际上重塑了国家的政党体制。

哈全安在《土耳其共和国政党政治的演变》（《南开学报哲学社会科学版》2010 年第 5 期）一文中认为，政党政治是现代政治的重要组成部分，是政治民主化进程中不可或缺的基本要素。然而，政党政治的实践并非与民主化进程表现为必然的同步状态。换言之，政党政治未必等同于民主政治。综观历史，政党政治大体上可以划分为一党政治和多党政治两种基本模式。自上而下的一党政治通常构成独裁者控制社会和排斥民众政治参与的御用工具，多党制的政治实践标志着民众政治参与的扩大。土耳其共和国是中东地区民主化程度最高的伊斯兰国家，而政党政治的演变集中体现土耳其共和国民主化的发展历程。凯末尔时代，共和人民党是土耳其共和国的执政党，也是唯一合法的政党，政党政治构成个人独裁和极权统治的重要基础。二战结束后，民主化进程逐渐启动，多党制取代一党制成为推动民主化进程和扩大民众政治参与的有力杠杆。20 世纪末伊斯兰政党与世俗政党之间的权力角逐，集中体现土耳其共和国政治生活多元化与政治制度民主化的历史走向。

王彦敏在《以色列政党政治演变中宗教政党角色地位的变化》（《历史教学》2010 年第 24 期）一文中认为，以色列政党政治经历了由工党主导，到利库德和工党两大政党竞争对抗，再到大党势衰、小党势增体制的转变，宗教政党在这种演变中其角色地位不是简单地由弱变强，也不是通常所说的“四两拨千斤”所能概括的。其角色地位的变化是复杂的，经历了由弱变强，由虚变实，由最初的防御到最后的攻势地位的变化。以色列政党政治演变及宗教政党角色地位的变化与以色列移民社会的发展、变动密切相关。

四、国外政党理论引介

2010 年出现了一些翻译和介绍西方政党理论和和研究方法的著作和论文，这是国外政党研究领域的一个很好的现象，有利于中国政党研究获得更多更好的理论和方法支撑，例如对西方政党经济学和政党适应性理论的引进将使国内政党研究获得更好的分析工具。

李秀梅翻译了史蒂芬·E. 弗兰泽奇著的《技术年代的政党》（商务印书馆 2010 年版）。该书内容丰富，以技术性年代为背景，对政党的作用、组织结构、候选人提名、美国政党制度的起源与发展、政党的未来等诸多问题进行了考察。该书的主要观点有：政党曾主宰美国政治生活中的诸多程序，在技术性环境下逐渐丧失了大部分控制权；但政党会重新获得它们合适而且合意的地位。对新的通信技术的合适的运用，允许政党以一种有效的方法来适应现代的选举环境的潜力。比起重新获得政党过去的某些光荣的形象来，政党继续作为一个对于投票人和当选官员都同样有意义的组织更为重要。为政党重新建立广泛的基础，并且保证党组织对那个广泛的基础的回应性，更可能发生。未来的挑战在于，在寻求一些方法来保证政党的政策动议基于广泛支持的同时，要维持住政党在技术上的优越性。

向文华在《国外政治学界主导政党体制研究述评》（《当代世界社会主义问题》2010 年第 2 期）一文中梳理了国外政治学界有关政党体制的研究。作者指出，国外政治学界一直有学者关注主导政党体制现象。冷战结束后，国外政治学界更是对这一体制进行了广泛讨论，形成了不同观点。国外学界关注的相关问题主要有主导政党体制的定义、测量主导政党体制的不同标准、主导政党体制的特点、主导政党体制的形成原因及主导政党体制衰落的原因。

聂平平、武建在《西方政党适应性问题理论述评》（《新视野》2010 年第 4 期）一文中评述了西方学界关于政党适应性问题的研究。作者指出，自 1980 年代以来，西方学者对政党转型及其适应性问题进行了一系列的讨论与研究。从理论上说，无论何种类型的政党，其组织形态的变迁是必然的。政党变迁的主要动力来源于政党对环境的适应性，即政党组织的弹性或灵活性。政党适应性的强弱，从某种意义上是衡量一个政党能否在不同环境中生存和发展的重要标准之一。政党的适应性主要体现在政党组织的结构性变化和功能性调整两个方面。对环境变化的应对是政党组织结构调整的重要内容，也是政党理念变革的基本要求。在政党变革或政党适应性问题上，许多从事政党理论问题研究的学者作了比较深入的思考。

高奇琦在《西方政党经济学理论研究综述》（《晋阳学刊》2010 年第 6 期）一文中梳理了西方学界政党经济学理论。作者指出，西方的政党经济学是西方新政治经济学中的一部分。从已有研究成果来看，西方学界在政党经济学领域已经形成 4 种研究路径：唐斯的政党空间竞争路径、赖克的政党联盟经济学路径、丽斯·马斯蒙的政党营销学路径、霍普金和保罗西的政党类型学路径。在这 4 种路径中，前两种较多体现了社会科学科学化的特征，后两种则更多表现出向传统社会科学回归的特征。经济学方法的优势在于一种精妙的简化。将经济学方法引入政党分析，可以将政党竞争中的行为简化为政党与选民之间的选择和策略行为。当然，用经济学方法研究政党问题也有其不足之处。

高奇琦在《西方协商民主理论中政党因素的缺位及其修正》（《华东政法大学学报》2010 年第 2 期）一文中认为，西方协商民主理论中公共协商的主体是公民及其社团，这种理论倾向导致了政党因素在协商民主论争中的缺席。然而，公共协商与政治决策之间的非连续性和断裂性，要求公共协商在政治决策领域寻找合适且有力的政治代议者，这就为政党因素在协商民主理论中的重新出场创造了机会。

朱昔群　中央编译局副研究员

靳呈伟　中央编译局助理研究员

附录三：中国政党制度年鉴文献目录

本目录共收录论文1478篇，分为政党制度研究、执政党建设研究、参政党建设研究、国外政党制度和比较研究四部分。收录图书150种。

一、论文

1. 政党制度研究

刘雪岩. 以科学发展观为指导　巩固和完善多党合作和政治协商制度. 中央社会主义学院学报，2010，(1).

杨爱珍，朱立斌，张静. 浦东新区坚持中国共产党领导的多党合作和政治协商制度的实践和思考. 上海市社会主义学院学报，2010，(1).

魏青松. 论“一国两制”视阈中的政党制度和政党关系. 江南社会学院学报，2010，(1).

熊磊，李建东. 坚持和完善中国共产党领导的多党合作和政治协商制度的思考. 内蒙古农业大学学报（社会科学版），2010，(1).

周韬. 中国选择共产党领导的多党合作和政治协商制度的历史必然性分析. 当代世界与社会主义，2010，(1).

许屹山. 建国后毛泽东党际关系理论及实践. 长春工业大学学报（社会科学版），2010，(2).

李中华. 多党合作　共创未来. 安阳日报，2010－01－30（003).

刘占兴. 夯实多党合作的思想基础. 团结报，2010－02－02（008).

张安. 现代化：我国多党合作制度发展的必然趋势. 中共云南省委党校学报，2010，(2).

郑宪. 党际关系理论的创新成果——读《中国特色和谐政党关系论》. 前进论坛，2010，(2).

吴新叶. 依法执政的法治基础与实现路径——以政党文化为视角. 华东政法大学学报，2010，(1).

陈剑安. 中国政党关系在凝聚力工程中的地位和作用. 广东省社会主义学院学报，2010，(1).

梁玉玮. 中国特色政党制度雏形的缘起探析. 党史博采，2010，(1).

刘海清，张丹君. 坚持中国特色政党制度　推进政治文明建设进程. 理论导报，2010，(1).

徐东辉. 邓小平新型党际关系原则形成的条件分析. 党史文苑，2010，(2).

许奕锋. 基于多党合作的政党关系协调研究. 湖南省社会主义学院学报，2010，(1).

殷啸虎. 论多党合作制度功能定位的演进. 上海市社会主义学院学报，2010，(1).

齐春雷. 参政党政党功能与中国政党制度的民主价值. 上海市社会主义学院学报，2010，(1).

王大文. 加强多党合作，努力营造统战工作新格局. 四川省社会主义学院学报，2010，(1).

林祥庚. 党的第一代领导集体与新中国的多党合作. 中共福建省委党校学报，2010，(1).

马桂萍，丁明强. 中国多党合作制度的社会整合功能探析. 党史研究与教学，2010，(1).

曹蓉. 中国特色政党制度功能与价值的实现途径. 中央社会主义学院学报，2010，(1).

仲昭慧，杨建. 新时期我国多党合作制度运行机制的发展与完善. 河北青年管理干部学院学报，2010，(1).

温春继，温俊轶. 坚持中国共产党领导的多党合作和政治协商制度. 廊坊师范学院学报（社会科学版），2010，(1).

袁慧. 试论多党合作制度的突破与发展. 陕西社会主义学院学报，2010，(1).

陈立. 关于我国多党合作法制化建设的若干问题探讨. 广州社会主义学院学报，2010，(1).

陈玲，樊东霞. 多党合作：构建和谐社会的重要政治保障. 河北青年管理干部学院学报，2010，(1).

申亚力. 论民主党派意识形态认同与我国多党合作制度的形成和发展. 湖北省社会主义学院学报，2010，(1).

陈睦富. 开国、奠基、创制——毛泽东对多党合作与政治协商制度的开拓性贡献. 贺州学院学报，2010，(1).

李启先. 继承发扬优良传统　坚持完善多党合作. 贵州社会主义学院学报，2010，(1).

王树臣. 马克思主义多党合作思想中国化解读. 广东省社会主义学院学报，2010，(1).

张国镛，徐冬. 论多党合作与政治协商制度的形成与发展. 重庆三峡学院学报，2010，(1).

乔谦，韩博. 论人民政协与我国基本政治制度. 中共济南市委党校学报，2010，(1).

李金河. 如何认识我国政党制度所具有的中国特色. 当代世界与社会主义，2010，(1).

任武娟. 坚持和完善多党合作制　推动我国政治文明建设. 辽宁行政学院学报，2010，(2).

梁晓宇. 新一届党中央开创了多党合作的新时代. 四川统一战线，2010，(2).

杨仲航，马进. 论中国多党合作制的特色. 社科纵横，2010，(1).

刘菲. 坚持多党合作　促进社会主义市场经济发展. 江苏省社会主义学院学报，2010，(1).

李格. 中国共产党领导的多党合作与政治协商制度的建立. 当代中国史研究，2010，(1).

陈水林. 建国初期人民政协制度的巩固与转型. 嘉兴学院学报，2010，(1).

康民. 建国以来我国政党关系的和谐发展. 中共成都市委党校学报，2010，(1).

吕忠梅. 论多党合作制度化、规范化、程序化的进一步推进. 湖北省社会主义学院学报，2010，(1).

任武娟. 坚持和完善多党合作制　推动我国政治文明建设. 辽宁行政学院学报，2010，(2).

孙存良. 中国政党制度的社会整合功能. 上海市社会主义学院学报，2010，(1).

邓凌. 中国政党制度60年的发展历程与经验启示. 重庆社会主义学院学报，2010，(1).

杨仲航，马进. 论中国多党合作制的特色. 社科纵横，2010，(1).

冯志军. 近年来我国政党制度创新研究综述. 广东省社会主义学院学报，2010，(1).

王继宣. 政党制度必须作为“制度”进行建设. 广州社会主义学院学报，2010，(1).

周建华. 论全面建设小康社会与完善多党合作制度. 企业家天地，2010，(2).

本刊通讯员. 携手共进　团结奋斗——“携手共进·中国共产党领导的多党合作和政治协商制度确立60周年”理论研讨会综述. 群众，2010，(1).

胡绪生. 关于中国特色社会主义政党制度运行机制研究. 湖北省社会主义学院学报，2010，(1).

王业兴. 关于党同民主党派合作共事机制的再思考. 广东省社会主义学院学报，2010，(1).

李金河. 我国政党制度所具“特色”何在. 湖南省社会主义学院学报，2010，(1).

姚伟，李曙新. 论中国特色和谐政党关系的基本内涵. 大连干部学刊，2010，(1).

刘复. 汇集智慧　凝聚力量　推动发展. 南宁日报，2010-01-01 (001).

中国的政党制度（三）. 统一论坛，2010，(1).

孙凌雁. 光辉的里程碑——纪念中央14号文件颁发20周年. 中国统一战线，2010，(2).

任世红. “携手共进·中国共产党领导的多党合作和政治协商制度确立60周年”理论研讨会综述. 江苏省社会主义学院学报，2010，(1).

范玉双，李岩. 对改革开放以来中国政党制度的几点思考. 经济研究导刊，2010，(4).

刘玉琼. 论新形势下中国共产党与民主党派之间的关系. 重庆电子工程职业学院学报，2010，(2).

龚旭芳. 论中国特色政党政治制度对西方多党制迷信的破除. 咸宁学院学报，2010，(1).

黄卫平，陈文. 协商民主与多党合作和政治协商制度. 中国政协理论研究，2010，(1).

阳沐乎韧. “一元领导”与“多元参与”相统一的实践探索. 重庆社会主义学院学报，2010，(1).

颜斌，张新磊. 浅谈政党关系发展六十年的基本经验. 赤峰学院学报（汉文哲学社会科学版），2010，(2).

朱兆华. 以党内民主促进党际合作模式的优化. 云南社会主义学院学报，2010，(1).

蔡鹏飞. 社会主义核心价值体系是社会主义和谐政党关系的基石. 协商新报，2010－01－29 (B01).

张瑞琨. 民主集中制理论：我国政党制度的重要理论基石. 中央社会主义学院学报，2010，(1).

周淑真. 人民政协与“中国模式”政党制度关系结构之内涵. 中国政协理论研究，2010，(1).

孙存良. 中国政党制度的社会整合功能. 上海市社会主义学院学报，2010，(1).

杨仲航，马进. 论中国多党合作制的特色. 社科纵横，2010，(1).

丛培英. 我国多党合作制度的创造性价值研究. 辽宁省社会主义学院学报，2010，(1).

詹松，李艳霞. 社会结构变化与我国多党合作制度的考量——以政党制度生态环境为视角. 福建省社会主义学院学报，2010，(1).

胡绪生. 关于中国特色社会主义政党制度运行机制研究. 湖北省社会主义学院学报，2010，(1).

楚向红. 坚持和完善中国特色政党制度的几点思考. 理论建设，2010，(1).

蒲东恩. 多党合作制度的发展历程和宝贵经验. 清江论坛，2010，(1).

冯志军. 近年来我国政党制度创新研究综述. 广东省社会主义学院学报，2010，(1).

李晓鹏. 政党制度的社会基础——兼论中国特色政党制度的价值. 理论观察，2010，(1).

游秀凤. 中国政党制度框架下的党际监督. 团结，2010，(1).

刘朋. 中国政党政治研究析论. 黑龙江社会科学，2010，(1).

马桂萍，丁明强. 中国多党合作制度的社会整合功能探析. 党史研究与教学，2010，(1).

贾孔会，王坤. 民主监督与政治磨合：我国政党关系中的辩证论. 湖北行政学院学报，2010，(1).

姚伟，李曙新. 论中国特色和谐政党关系的基本内涵. 大连干部学刊，2010，(1).

蔡冬菁. 政治文化与当代中国政党制度的发展. 广东省社会主义学院学报，2010，(2).

刘惠，林伯海. 中国特色政党制度的社会整合功能探析. 毛泽东思想研究，2010，(2).

孙丽娟. 试论中国政党制度之传统文化的内在规定性——继续以中国传统文化历史为路径进行的思考. 湖北省社会主义学院学报，2010，(2).

李启先. 继承发扬优良传统　坚持完善多党合作. 贵州社会主义学院学报，2010，(1).

刘雪岩. 以科学发展观为指导巩固和完善多党合作和政治协商制度. 中央社会主义学院学报，2010，(1).

王彦飞. 贯彻落实科学发展观结合国情党情创新多党合作的理念和方法. 天津市社会

主义学院学报，2010，(1).

杨懂. 政党制度的“中国道路”. 人民政协报，2010－03－31 (C04).

杨爱珍. 对构建中国特色社会主义政党制度理论体系的思考. 上海市社会主义学院学报，2010，(2).

黄铸. 多党合作制度是中国特色的社会主义政党制度. 中央社会主义学院学报，2010，(2).

解永强. 中国特色政党模式的比较优势研究. 陕西社会主义学院学报，2010，(2).

杨建国，詹松，杨选锋. 论我国多党合作制度的核心价值——以亨廷顿政治秩序理论作为研究视角. 中央社会主义学院学报，2010，(2).

何虹. “三三制”政权形式对形成中国特色政党制度的影响. 陕西社会主义学院学报，2010，(2).

范前锋. 多党合作：从制度规范到法律规范的新跨越. 湖北省社会主义学院学报，2010，(2).

柏春林. 共产党领导的多党合作在湘实施的基本经验. 湖南科技学院学报，2010，(2).

翟小纯，王思成. 构建和谐政党关系推进多党合作事业新发展——访全国政协委员、中共湖北省委常委、统战部部长苏晓云. 团结报，2010－03－04.

石学峰. 社会分层与我国政党制度整合功能研究. 当代社科视野，2010，(3).

齐春雷. 执政党建设与中国政党制度的民主价值. 攀登，2010，(2).

任世红. 提升中国特色政党制度功能与价值的路径选择. 中央社会主义学院学报，2010，(2).

漆佳. 坚持和完善中国共产党领导的多党合作和政治协商制度的思考. 民办高等教育研究，2010，(3).

李新一，田彩芬，王彦飞，魏丽红. 贯彻落实科学发展观努力创新多党合作的观念与方法. 天水行政学院学报，2010，(3).

毕红芳. 中国政党制度发展的必然性. 南昌工程学院学报，2010，(2).

孙明奇，朱玉玲. 对发展民主与坚持中国特色政党制度的思考. 山东省农业管理干部学院学报，2010，(2).

王克群. 延安时期多党合作民主政治建设探讨. 天津市社会主义学院学报，2010，(3).

郑春勇. 从政治参与的角度看中产阶级崛起对政党的影响. 理论与现代化，2010，(3).

熊必军. 多党合作和政治协商制度结构的效率分析. 湖南工业大学学报（社会科学版），2010，(2).

吕馨慧，王岱，祁星，汪奇文，王志斌. 中国智慧：多党合作制度. 新华每日电讯，2010－03－11 (011).

鲁开垠，蔡冬菁. 演化经济学视角下的中国特色政党制度分析. 中央社会主义学院学报，2010，(2).

李廷学. 关于“把政治协商纳入决策程序”的思考. 贵州政协报，2010－03－05（A03）.

刘惠，林伯海. 中国特色政党制度的社会整合功能探析. 毛泽东思想研究，2010，（2）.

毕红芳. 中国政党制度发展的必然性. 南昌工程学院学报，2010，（2）.

刘丽利. 马克思关于政党制度的主要观点及中国共产党的理论贡献. 吉林省社会主义学院学报，2010，（1）.

王良永. 我国政党制度特征与和谐政党关系的构建. 长白学刊，2010，（2）.

范前锋. 论中国特色政党制度中的协商民主. 广西社会主义学院学报，2010，（2）.

熊必军. 合作理论视域下的中国多党合作制度. 社会主义研究，2010，（2）.

张强，黄志军. 构建和谐社会必须坚持和完善中国共产党领导的多党合作和政治协商制度. 学理论，2010，（10）.

童庆平. 中国多党合作制度的基本结构及其相互关系. 上海市社会主义学院学报，2010，（2）.

李俊. 治理视域下中国政党制度功能性价值新论. 天津市社会主义学院学报，2010，（2）.

中国的政党制度（四）. 统一论坛，2010，（2）.

崔珏. 中国政党制度的社会整合功能及其面临的挑战. 上海市社会主义学院学报，2010，（2）.

闫东伟. 对新时期“党际和谐”的历史考察. 世纪桥，2010，（5）.

梁保稳. 我国多党合作和政治协商制度的发展历史、特点及经验教训. 企业导报，2010，（3）.

向鑫. 近五年来我国多党合作制度研究综述. 重庆社会主义学院学报，2010，（2）.

熊必军. 六十年多党合作制度历程及其作用. 天津市社会主义学院学报，2010，（1）.

杜青林. 坚持和完善多党合作制度的时代要求. 四川统一战线，2010，（4）.

廖继红. 中国特色政党制度理论范畴体系探析. 四川省社会主义学院学报，2010，（4）.

王彦飞. 创新多党合作的观念和方法必须借鉴国际经验. 湖南社院学报，2010，（4）.

张容华，陈国富. 加强执政能力建设　构建和谐政党关系. 南方论刊，2010，（3）.

王长才. 政党和谐与“和而不同”——中国当代政党和谐之浅见. 江苏省社会主义学院学报，2010，（2）.

张莉莉，万曦. 中国政党制度的特色和优势. 天津市社会主义学院学报，2010，（2）.

陈岩. 中国特色政党制度理论的形成新探. 内蒙古统战理论研究，2010，（2）.

韩峥华. 浅析具有中国特色的当代中国政党制度. 魅力中国，2010，（3）.

郑黔玉. 对我国多党合作制的再认识. 贵州大学学报（社会科学版），2010，（3）.

张颖，杨爱珍. 民主的发展　文明的进步——解读《中共中央关于进一步加强中国共产党领导的多党合作和政治协商制度建设的意见》. 上海市社会主义学院学报，2010，（3）.

潘慧春，张伟. 试论胡锦涛的政党关系和谐思想. 湖南省社会主义学院学报，2010，(3).

张耀生. 深入学习贯彻中央 5 号文件精神 不断推动多党合作事业向前发展. 朔州日报，2010 - 06 - 14 (002).

段海凤，李中省. 多党合作制度维护政治稳定功能的实现路径——从政治结构功能分析方法入手的解析. 天水行政学院学报，2010，(3).

吕善勇. 方向的力量——在实践中认识中国共产党领导的多党合作和政治协商制度. 联合日报，2010 - 05 - 10.

刘诚. 政治文明与中国政党制度理论的新构建. 扬州日报，2010 - 05 - 10 (A03).

王荣. 不断创新多党合作工作机制. 团结报，2010 - 06 - 17.

卢勇. 构建社会主义核心价值体系视阈下的多党合作制度研究. 湖北省社会主义学院学报，2010，(6).

刘诚. 中国政党制度的理论创新与政治文明建设——学习《江泽民思想年编》. 毛泽东邓小平理论研究，2010，(6).

张宏伟. 论和谐社会视野下的当代中国政党关系. 阿坝师范高等专科学校学报，2010，(2).

余天武. 多党合作制度六十年历程和基本经验研究. 湖北省社会主义学院学报，2010，(2).

聂阿山. 关于中国特色政党制度理论创新热点、难点和重点问题的思考. 中央社会主义学院学报，2010，(3).

梁艳. 在实践中完善中国特色政党制度. 内蒙古电大学刊，2010，(3).

黄智尾. 构建社会主义和谐社会与中国多党合作制度的健全和完善. 福建省社会主义学院学报，2010，(3).

刘雪岩. 新世纪 10 年坚持和完善多党合作和政治协商制度理论及实践的新发展. 吉林省社会主义学院学报，2010，(3).

张宝义. 对中国共产党领导的多党合作和政治协商制度合理性的认识——从民主的本源谈起. 前进论坛，2010，(6).

邓苏夏. 多党合作和政治协商制度的实践与思考. 韶关日报，2010 - 04 - 10.

杨爱珍，许家鹏，张亮. 多党合作制度的社会性价值——论多党合作制度在维护社会稳定中的作用. 中央社会主义学院学报，2010，(3).

李静. 刍议我国政党关系的和谐建设. 贵州社会主义学院学报，2010，(2).

刘菊香. 中国特色政党制度与社会的关系. 攀登，2010，(3).

林尚立. 政党制度与中国民主：基于政治学的考察. 武汉大学学报（哲学社会科学版)，2010，(3).

田圣斌. 多党合作：关于政党和谐与监督的思考. 湖北省社会主义学院学报，2010，(3).

谭融. 现时期中国政党制度的适应性变革. 天津大学学报（社会科学版)，2010，(3).

李鲁烟. 人民政协在我国政党制度建设中的独特地位和重要作用. 理论学刊，2010，(3).

袁廷华. 中国特色政党制度理论体系研究概述及思考. 中央社会主义学院学报，2010，(4).

邱秀华，杨雪. 中国特色政党制度的形成与发展. 河南师范大学学报（哲学社会科学版)，2010，(4).

吕善勇. 自觉坚持和维护我国的多党合作制度. 前进论坛，2010，(7).

吴晋生，冯斌. 中国特色政党制度下的参政党职能规范化研究. 湖北省社会主义学院学报，2010，(4).

梁晓宇. 中国特色政党制度理论形成新探. 长春市委党校学报，2010，(4).

任思国. 中西政治制度的主要异同. 边疆经济与文化，2010，(7).

宋连胜，董树彬. 中国政党关系和谐问题研究现状与趋势. 理论探讨，2010，(4).

戴安林，戴华林. 论邓小平的多党合作思想. 福建省社会主义学院学报，2010，(4).

贾耀斌. 创新多党合作和政治协商长效机制. 中国统一战线，2010，(4).

王皎然. 科学发展观与多党合作. 江苏省社会主义学院学报，2010，(4).

谢靓. 创新机制走活多党合作一盘棋——北京市委完善同民主党派合作共事机制综述. 人民政协报，2010 -05 -31.

齐卫平. 政治协商制度的中国特色在于协商之制度性. 人民政协报，2010 -07 -07 (C04).

胡广坤. 加强党外人才队伍建设　彰显中国特色政党制度优势. 人民政协报，2010 -07 -07 (C04).

刘晓华，吕东浩. 大连市推动多党合作制度建设成效显著. 人民政协报，2010 -07 -12.

张蕴玉，姜健. 加强教育提高素质　夯实多党合作基础. 牡丹江日报，2010 -08 -09 (001).

常欣欣. 中国特色政党制度的政治吸纳和整合功能及其建设. 科学社会主义，2010，(4).

孙信，林萍. 中国特色政党制度与国家软实力. 四川省社会主义学院学报，2010，(4).

丁俊萍. 坚持中国共产党领导的多党合作和政治协商制度. 湖北省社会主义学院学报，2010，(4).

梁晓宇. 中国特色政党制度理论形成新探. 长春市委党校学报，2010，(4).

孙俊杰. 中国特色政党制度探析. 郑州大学学报（哲学社会科学版)，2010，(4).

王皎然. 科学发展观与多党合作. 江苏省社会主义学院学报，2010，(4).

李雯. 中国特色社会主义政党制度理论研究——在公平观的视野中. 天津市社会主义学院学报，2010，(4).

周宁宁. 中国特色政党制度的理论纲领和行动指南. 重庆科技学院学报（社会科学版)，2010，(13).

宋连胜，董树彬. 中国政党关系和谐问题研究现状与趋势. 理论探讨，2010，(4).

左琨. 论阶层分化视角下多党合作制度社会整合功能的完善. 中共济南市委党校学报，2010，(3).

岳世平. 政党制度理论研究对执政党建设理论研究的作用. 广东省社会主义学院学报，2010，(3).

金刚. 政党关系和谐与中国特色政党制度发展的新境界. 中央社会主义学院学报，2010，(4).

曲宏明，沈艳. 在人民政协中探索中国特色政党制度的理论创新. 中央社会主义学院学报，2010，(5).

艾那吐拉·哈力克. 我国多党合作制度的理论基础. 湖北省社会主义学院学报，2010，(5).

黄景钧. 中国的政党和政党制度. 北京政法职业学院学报，2010，(3).

崔珏. 多党合作制度化问题探析. 广州社会主义学院学报，2010，(4).

朱兆华. 中国特色政治发展道路与中国特色政党制度研究——从发展党内民主的角度分析. 理论建设，2010，(5).

黎玉林，鲍跃华. 合作治理与中国政党制度的发展. 江苏省社会主义学院学报，2010，(5).

李禄俊. 试论中国特色政党制度理论的发展脉络. 四川省干部函授学院学报，2010，(3).

杨雪燕. 协商民主理论：中国特色政党制度理论的重要组成部分. 中央社会主义学院学报，2010，(5).

宋俭. 关于发展和完善共产党领导的多党合作和政治协商制度的若干思考. 湖北省社会主义学院学报，2010，(5).

邓凌，万光碧. 我国社会结构变化与多党合作制度的完善. 江苏省社会主义学院学报，2010，(5).

左定超. 继往开来不断巩固和发展我国多党合作事业. 民主，2010，(5).

薛锋. 论中国共产党领导的多党合作制度的民主特性. 江苏省社会主义学院学报，2010，(5).

朱联平，陈志强. 从中国传统文化的视角解读当代中国政党制度. 重庆社会主义学院学报，2010，(5).

潘越. 中国特色政党制度理论创新的难点、重点和热点问题. 江苏省社会主义学院学报，2010，(5).

苏雅拉图. 中国共产党领导的多党合作制度的特点和优势. 内蒙古统战理论研究，2010，(5).

韩恩山. 浅议中国共产党领导的多党合作与政治协商制度的现实意义. 天津市社会主义学院学报，2010，(3).

杜青林. 树立和践行社会主义核心价值体系是关系多党合作事业发展的基础工程. 中国统一战线，2010，(9).

王蕙．中国特色政党制度视野下的参政党建设．世纪桥，2010，（17）．

崔珏．多党合作制度化问题探析．广州社会主义学院学报，2010，（4）．

张云尧，蒋世兴在．多党合作的历史见证——“盟遂”合作的实践与思考．中国统一战线，2010，（9）．

顾仁华．中国政党制度与民主政治建设．湖北省社会主义学院学报，2010，（5）．

孙津．中国政党政治创制及相关思考．新视野，2010，（5）．

朱兆华．中国特色政治发展道路与中国特色政党制度研究——从发展党内民主的角度分析．理论建设，2010，（5）．

赵广东．我国多党合作制度建设的新成就．黑龙江省社会主义学院学报，2010，（3）．

朱铭来．论如何正确认识中国共产党领导的多党合作和政治协商制度．天津市社会主义学院学报，2010，（3）．

张宏艳．关于完善中国特色政党制度理论的几点思考．黑龙江省社会主义学院学报，2010，（3）．

王俊霞．论中国特色政党制度的价值基础．辽宁省社会主义学院学报，2010，（3）．

徐行，王海峰．试论我国多党合作和政治协商制度的价值功能．中国人民政协理论研究会会刊，2010，（3）．

刘红凛．建构中国特色政党制度理论体系的三个基本问题．上海市社会主义学院学报，2010，（4）．

韩启德．夯实多党合作的思想政治基础．人民日报，2010－08－23．

耿百峰．社会阶层分化对中国政党制度社会整合功能的挑战与对策．中央社会主义学院学报，2010，（5）．

徐映奇．当代中国党际协商民主发展现状．湖南省社会主义学院学报，2010，（5）．

徐文杰，王兰．人民代表大会制度与中国共产党领导的多党合作和政治协商制度互动研究．江苏省社会主义学院学报，2010，（5）．

张瑞琨．人民民主理论与多党合作制度再思考．上海市社会主义学院学报，2010，（5）．

栗慧英．从有效应对金融危机看中国特色政党制度的优势．河北日报，2010－09－08（010）．

孙景峰，汪凤敏．建构与重塑中国政党制度权威的时代价值．东疆学刊，2010，（4）．

周玉文．毛泽东处理无产阶级政党关系的基本准则．文史博览（理论），2010，（8）．

樊玉枝．构建和谐党际关系与促进党内民主建设．鄂州大学学报，2010，（4）．

周淑真．观察和衡量政党制度的几个维度．上海市社会主义学院学报，2010，（6）．

中共大连市委统战部．加强多党合作制度建设推动政党关系和谐发展．民主，2010（6）．

徐成芳，闫义夫．论中国特色政党制度的优越性．社会主义研究，2010，（6）．

何虹．中国共产党多党合作理论的创新与发展．江苏省社会主义学院学报，2010，（6）．

肖存良．中国政党制度的再解释——现代化视野下中国政党制度的必然性．岭南学刊，2010，(6).

张文举，唐星梅. 中国特色政党制度创新价值探究. 中央社会主义学院学报，2010，(6).

王瑜. 时代的变迁对中国特色政党体制的挑战及应对. 宁夏党校学报，2010，(6).

徐阳. 试论中国共产党领导的多党合作制度. 改革与开放，2010，(24).

王义保. 当代中国多党合作制度的历史嬗变和未来走向. 学海，2010，(6).

戴玉琴，刘诚. 当代中国政党制度发轫和形成的国内政治文化生态论析. 毛泽东邓小平理论研究，2010，(11).

冯光隆. 科学民主观视阈下的中国特色政党制度. 重庆社会主义学院学报，2010，(6).

章舜钦. 论中国特色政党制度下的党际和谐. 广西社会主义学院学报，2010，(6).

兰小平. 高校两级管理模式下多党合作的分析与探讨. 学理论，2010，(32).

邓凌，万光碧. 谈新时期多党合作制度的基本功能及其实现. 团结报，2010－11－02(008).

董树彬. 中国多党合作制度的创造性价值. 山东社会科学，2010，(11).

徐特，孙焕. 浅析中国特色政党制度的形成与发展. 东方企业文化，2010，(15).

高喜贵. 中国特色政党制度的民主价值. 华章，2010，(12).

韩春平，饶昱崴. 实践的原则与原则的实践——多党合作的历史诠释. 求实，2010(11).

陈喜庆. 合作共赢是巩固发展多党合作事业的重要原则. 中国统一战线，2010，(11).

李嘉凤. 毛泽东、邓小平、江泽民和胡锦涛关于党际关系的思想及实践. 攀登，2010，(6).

章舜钦. 论中国特色政党制度下的党际和谐. 广西社会主义学院学报，2010，(6).

杨万君. 以科学发展观审视和指导我国多党合作制度的发展. 福建省社会主义学院学报，2010，(6).

杨绪盟，朱虹. 中国政党趋同调查与分析. 当代世界与社会主义，2010，(6).

董树彬. 论中国政党关系和谐的衡量标准. 河北大学学报（哲学社会科学版），2010，(6).

张明军，龚少情. 中国政党研究的科学化诉求与范式转换. 理论探讨，2010，(6).

彭承尧. 试论坚持和完善中国特色政党的多党合作制度建设问题. 改革与开放，2010(12).

吴凯. 加强制度化促进规范化重视程序化——雅安市多党合作制度蓬勃发展. 四川统一战线，2010，(12).

孙继红. 民主党派参政议政与党的整合能力的研究. 改革与开放，2010，(20).

乔谦，韩博. 论人民政协与我国基本政治制度. 中共济南市委党校学报，2010，(1).

刘玉党. 政协工作应当处理好的几个关系. 光明日报，2010－01－24（007).

张冲生. 政协事业需要务实之风. 云南政协报，2010－01－15（004).

吴金河. 社会结构多元背景下人民政协制度功能的作用再探. 重庆社会主义学院学报，2010，(1).

段明学. 坚持“政协就是政协”——对人民政协性质的几点思考. 云南社会主义学院学报，2010，(1).

辛刚国. 增强政协界别政治代言和民主协商的有效性. 人民政协报，2010-01-06 (C04).

邢元敏. 人民政协就是人民团结. 人民政协报，2010-01-07 (A03).

何伟志. 推进人民政协履行职能科学化的思考. 人民政协报，2010-01-13 (C04).

修福金. 充分发挥人民政协促进各党派和无党派人士团结合作的积极作用. 人民政协报，2010-01-16 (A03).

曾瑜. 不断拓展政协的履职空间. 云南政协报，2010-01-18 (006).

刘鸿庥. 人民政协要为促进社会和谐发挥重要作用. 贵州政协报，2010-01-29 (A03).

孙培超. 发挥政协优势服务科学发展. 菏泽日报，2010-01-31 (004).

齐卫平. 政治协商：中国特色社会主义民主政治制度的品牌. 中国井冈山干部学院学报，2010，(3).

黄龙云. 探索完善政治协商程序 积极推进社会主义民主政治建设. 人民政协报，2010-06-23 (C04).

羊淑蓉. 在人民政协中充分发挥民主党派作用的思考. 求实，2010，(S1).

郝宇青. 科学发展观与人民政协工作的资源开发. 联合时报，2010-05-14 (005).

陈惠丰. 关于人民政协在我国政治体制中的地位问题. 中国政协理论研究，2010，(2).

贺佳. 加速推进政治协商 程序化建设. 湖南日报，2010-08-13 (001).

张岐. 提升人民政协政治协商质量的对策建议. 中国政协理论研究，2010，(3).

丁全民. 积极推动基层人民政协工作创新与发展. 协商论坛，2010，(8).

李显阳. 政协履行职能与扩大公民有序政治参与. 文史博览（理论），2010，(7).

游洛屏. 加强政治协商对于实现和巩固党的领导权意义重大. 人民政协报，2010-11-17 (C04).

李昌鉴. 政治协商规程制定与人民政协软法实践. 人民日报，2010-12-08 (020).

张幼福. 把政治协商纳入决策程序的思考. 重庆行政（公共论坛），2010，(6).

刘学军. 推进政治协商制度建设研究. 中国政协理论研究，2010，(4).

张平夫. 关于人民政协政治协商工作从理论与实践上需要解决的几个问题. 中国政协理论研究，2010，(4).

张海英. 刍议人大与政协之比较. 辽宁省社会主义学院学报，2010，(4).

华静. 总揽全局 协调各方 积极推动政协事业大发展. 江苏政协，2010，(11).

陈惠丰. 关于人民政协在我国政治体制中的地位问题. 中央社会主义学院学，2010，(3).

胡筱秀．国体与政体之间的关系研究——兼论人民政协制度的定位．政治与法律，2010，(9)．

周清．风雨60年人民政协政治地位的再探讨．中央社会主义学院学报，2010，(4)．

郑宪．试析人民政协职能的发展与创新．新视野，2010，(2)．

蒋德海．人民政协应成为汇聚和引领民意的强大力量．中国政协理论研究，2010，(1)．

齐卫平．关于人民政协功能问题的思考．中国人民政协理论研究会会刊，2010，(2)．

周清．论强化人民政协政治协商职能的重要着力点．新视野，2010，(4)．

蒋作君等．进一步加强人民政协民主监督的若干建议．中国人民政协理论研究会会刊，2010，(3)．

王蒙．协商民主视域中的人民政协功能的发挥及其完善．党政干部论坛，2010，(6)．

虞崇胜．人民政协是实现社会主义民主的重要组织形式．中国人民政协理论研究会会刊，2010，(1)．

周国富．论人民政协协商民主．中共浙江省委党校学报，2010，(6)．

虞崇胜．人民政协：中国式共识民主的最好实现形式．中国人民政协理论研究会会刊，2010，(4)．

张爱军、高勇泽．深度契合与有限疏离：人民政协与协商民主的关联性研究．云南行政学院学报，2010，(3)．

刘红祥，林国锦．信息化与推进人民政协协商民主新发展探析．中国信息界，2010，(12)．

本刊编辑．我国的民主政治与人民政协——访中央编译局副局长俞可平．中国人民政协理论研究会会刊，2010，(4)．

李昌鉴．六十年人民政协理论的发展与启示．中国人民政协理论研究会会刊，2010，(1)．

孙俐俐．人民政协60年理论发展．上海市社会主义学院学报，2010，(3)．

高秉雄、张江涛．人民政协界别设置改革：问题与对策．中国人民政协理论研究会会刊，2010，(2)．

缪合林．人民政协政治协商的几个问题与思考．中国人民政协理论研究会会刊，2010，(2)．

张岐．提升人民政协政治协商质量的对策建议．中国人民政协理论研究会会刊，2010，(3)．

肖存良．中国的民主政治建设与扩大公民有序政治参与——以人民政协为考察对象．中国人民政协理论研究会会刊，2010，(3)．

方伟．思考人民政协未来发展的论逻和视角．中国人民政协理论研究会会刊，2010，(4)．

2. 执政党建设研究

王贵秀. 民主建设的大视野：党权、政权、民权的消长与互动问题. 科学社会主义，2010，(1).

钟天娥，吕姝琦. 新时期执政党建设的创新与发展. 河北北方学院学报（社会科学版），2010，(1).

任剑涛. 在组织理论的视野中——论党内民主与人民民主的关系. 科学社会主义，2010，(1).

姜崇辉. 科学发展观视域下党的建设探析. 中共宁波市委党校学报，2010，(1).

李相彬. 建设马克思主义学习型政党的路径探析. 理论与当代，2010，(2).

聂新海. 中国共产党政治视角下的执政资源巩固和扩充. 世纪桥，2010，(1).

徐大超. 论政治认同与中国共产党的"软权力"建设. 南京师大学报（社会科学版），2010，(1).

执政党面临机遇与挑战. 同舟共进，2010，(1).

王思敬. 论中国共产党执政的组织资源. 湖南师范大学社会科学学报，2010，(1).

杨杰. 论陈云关于执政党的生死存亡观. 新西部，2010，(1).

李军. 社会利益多元化与国外执政党维护社会公正之策. 当代世界与社会主义，2010，(1).

张国蓉. 新时期加强党的作风建设的思考. 经济与社会发展，2010，(1).

王国维. 科学发展观是中国共产党理论创新的最新成果. 学理论，2010，(3).

肖蓉. 论执政党党风廉政建设的重要地位. 法制与社会，2010，(5).

邓毅. 实施党内选举战略管理进一步推进党内民主建设. 新疆社会科学，2010，(1).

韩宏亮. 按照具有世界眼光的要求建设学习型政党. 中国党政干部论坛，2010，(1).

苏文宁. 论新媒体与党的执政能力建设. 宁夏党校学报，2010，(1).

杨成虎. 公众参与和执政党政策的合法性. 攀登，2010，(1).

王春梅. 新形势下加强执政党能力建设的必要性. 法制与社会，2010，(2).

刘莉娟. 浅论加强党执政能力建设的重要性. 今日南国（理论创新版），2010，(1).

王海稳，张扬金. 新时期执政责任实现机制探讨. 行政与法，2010，(2).

虞崇胜. 党内民主应与人民民主共同推进. 同舟共进，2010，(2).

林吕建. 论新的历史起点上党的思想理论建设. 浙江学刊，2010，(1).

桑玉成. 党建科学化的核心与关键. 求知，2010，(2).

李春贤，展金霞，彭喜保. 新时期执政党建设的新思考. 山西广播电视大学学报，2010，(1).

张炼. 科学发展观是中国共产党对执政规律探索的新成果. 经营管理者，2010，(4).

刘华，李英仙. 学习实践科学发展观　加强党的执政能力建设. 延边党校学报，2010，(1).

吴惠琳. 浅谈转型期党的执政能力建设. 学理论，2010，(4).

张洪萍，邓彦. 试论中国共产党的政治包容性——以历史的视角切入. 宜春学院学报，2010，(1).

莫诗浦，莫勇波. 构建和谐社会条件下党的执政能力的构成要素分析. 广西师范学院学报（哲学社会科学版），2010，(1).

闫莹雪. 官德建设——执政伦理建设的重要内容. 中共贵州省委党校学报，2010，(1).

周志文. 试论现阶段腐败现象的危害及反腐对策. 郧阳师范高等专科学校学报，2010，(1).

李君如. 新形势下执政党建设的纲领性文献——学习党的十七届四中全会《决定》的几点体会. 广东社会科学，2010，(1).

耕夫. 政治信任：转型期党和政府应当关注的一个问题. 南方国土资源，2010，(2).

李抒望. 一切能力都是为人民执政——学习十七届四中全会《决定》. 南方论刊，2010，(1).

陈文林，王付昌. 科学发展观：执政党建设理论的分析与解读. 韶关学院学报，2010，(2).

胡国义，谢嘉梁. 新时期中国共产党执政规律若干问题研究述要. 十堰职业技术学院学报，2010，(1).

陈同庆. 大学生村官：执政党人才战略的挑战与出路. 学校党建与思想教育，2010，(4).

祝福恩，谢璐妍. 党内民主建设成败关系党的兴亡. 理论探讨，2010，(1).

张荣臣. 坚持真理、修正错误——论构建党执政的防错纠错机制. 理论视野，2010，(1).

刘朋. 论胡锦涛执政党建设思想的内容及特征. 中共云南省委党校学报，2010，(1).

王红艳. 试论巩固和增强党执政的思想理论基础的重要性. 学校党建与思想教育，2010，(1).

张广辉. 有效性：执政党建设的新视角. 中共南京市委党校学报，2010，(1).

曹鹿琪，王琴. 依托网络平台构建党群关系新机制. 湖南城市学院学报，2010，(1).

邱世绪. 中国共产党执政60年的基本经验. 社科纵横，2010，(2).

石云霞. 加强党的思想理论建设的基本经验研究. 思想理论教育导刊，2010，(2).

苏青场. 魅力型到法理型：中国共产党政治权威的演变与推进. 湖湘论坛，2010，(1).

刘晓明. 论唯物史观视野下中国共产党执政回应能力. 黑河学刊，2010，(1).

杨军. 提高党的建设科学化水平的基本要求. 学校党建与思想教育，2010，(2).

李抒望. 论中国共产党执政能力建设. 创新，2010，(1).

宋福范，李娜. 论提高党的建设的科学化水平. 中共青岛市委党校. 青岛行政学院学报，2010，(1).

杨仲林. 论发展党内民主的历史逻辑和现实要求. 中共浙江省委党校学报，2010，(1).

韩海岩. 加强国企党员干部作风建设. 实践（思想理论版），2010，(1).

殷开. 执政六十年的经验与启示——“新中国60年与执政党建设”理论研讨会论点

摘编．党的文献，2010，(1)．

韩慈．从执政党建设视角看 20 世纪 60 年代初全党调查研究．毛泽东思想研究，2010，(1)．

杨绍华．努力提高党的建设科学化水平．理论学刊，2010，(1)．

王星举．浅议中国共产党在 1954 年制宪过程中的领导作用．今日南国（理论创新版)，2010，(1)．

李抒望．一切能力都是为人民执政．重庆社会主义学院学报，2010，(1)．

孙春兰．努力提高党的建设科学化水平　扎实推进全省党的建设．福建理论学习，2010，(1)．

石云霞．加强党的思想理论建设研究的理论意义和价值．学校党建与思想教育，2010，(4)．

冯志峰．以学习为载体　提高党的建设科学化水平．中共银川市委党校学报，2010，(1)．

李平贵．科学化：新形势下党的建设新目标．学理论，2010，(4)．

罗大蒙，周建军．构建党内民主与人民民主的衔接机制的思考．传承，2010，(6)．

王增杰．我党推进党的建设科学化的历史经验．胜利油田党校学报，2010，(1)．

张建军．对《中共中央关于加强和改进新形势下党的建设若干重大问题的决定》的理解和认识．大庆社会科学，2010，(1)．

周知民．论中国崛起与加强中国共产党的建设．长白学刊，2010，(1)．

李沛武．全球化时代中国共产党执政意识形态建设的基本规律探析．理论与改革，2010，(1)．

陈传善．社会主义公民社会与党的民主执政方式的契合．社会主义研究，2010，(1)．

孙杰．执政党建设的纲领性文献——《中共中央关于加强和改进新形势下党的建设若干重大问题的决定》解读．实践（思想理论版)，2010，(1)．

冯志峰．切实提高党的建设科学化水平．学习月刊，2010，(3)．

麻秀荣．试论当代中国社会转型期党的执政基础状况．理论探讨，2010，(1)．

郭海龙．党政关系的历史变迁及对如何理顺二者关系的创新性思考．哈尔滨市委党校学报，2010，(1)．

李守超．对加强党的软实力建设的几点思考．学理论，2010，(4)．

迟全华．“建设马克思主义学习型政党”的科学内涵．浙江学刊，2010，(1)．

黄宇．以改革创新精神推进党内民主建设．浙江学刊，2010，(1)．

陈华兴．在推进党的事业中加强党的建设——浙江党建的一条重要经验．浙江学刊，2010，(1)．

杨邦荣．深刻认识党执政条件下加强自身建设的基本经验．军队政工理论研究，2010，(1)．

段若鹏．党的建设要避免“选举党”和“革命党”两种倾向．中国延安干部学院学报，2010，(1)．

刘立岩．浅谈建设学习型政党的理论基点．世纪桥，2010，(3)．

徐民华，刘希刚．党的建设科学化的基本内涵及实现路径．群众，2010，(1)．

余源培．论坚持和完善党的领导制度中的统一战线——学习《中共中央关于加强和改进新形势下党的建设若干重大问题的决定》．上海市社会主义学院学报，2010，(1)．

吴伟生．加强“四力”建设　提高执政能力．衡阳通讯，2010，(2)．

丁俊萍，甘信奎．1978 年以来农村基层党政关系的历史考察及其启示．江苏行政学院学报，2010，(1)．

王庭大．党执政以来制度建设的成就和经验．党建研究，2010，(2)．

沈建红．城乡统筹党建新格局：基层党建社会化培育及其现实意义．浙江学刊，2010，(1)．

肖湘．执政以来党的先进性建设制度创新的成就与启示．湖湘论坛，2010，(1)．

吴德慧．十六大以来胡锦涛党风廉政建设思想研究．党史文苑，2010，(2)．

果辉．建设学习型政党的时代价值．南方论刊，2010，(2)．

潘孝金．关于新形势下加强和改进国有企业领导干部作风建设的思考．福建理论学习，2010，(1)．

林凌贵．加强党的思想建设　提高思想政治工作的有效性．福建理论学习，2010，(2)．

张建设．切实把从严治党方针落实到领导干部作风建设中．政工学刊，2010，(2)．

刘振清．发展党内民主的新路径与着力点．学理论，2010，(3)．

曾少华．推进“三化”提高党建科学化水平．当代江西，2010，(1)．

王思林．网络时代中国共产党执政能力建设面临的挑战与应对．大连干部学刊，2010，(2)．

陈波，赵宬斐．毛泽东建党思想中的现代性意蕴．毛泽东思想研究，2010，(2)．

李守超．马克思主义中国化视域下中国共产党的学习理论．法制与社会，2010，(2)．

窦毅豪．倡导宪法思维，用宪法思维执政．资治文摘（管理版），2010，(2)．

涂小雨．十六大以来中国共产党执政经验初探．厦门特区党校学报，2010，(1)．

唐建强，钟德智．县域非公有制企业党组织组建形式的实践与思考——以浙江省建德市为例．中共杭州市委党校学报，2010，(1)．

党忠．在改革创新中加强和改进党的建设　提升执政党建设科学化水平．中共四川省委党校学报，2010，(1)．

杨卫平．增进党内和谐要正确处理党内矛盾．党建研究，2010，(2)．

张润枝，郑东升．中国共产党对马克思主义价值观的继承和发展．当代世界与社会主义，2010，(1)．

李晓娥，张杨．建国以来中国共产党党内监督制度的发展与完善．中共青岛市委党校．青岛行政学院学报，2010，(1)．

王光华．建国以来执政党建设的历程与启示．中共四川省委党校学报，2010，(1)．

张永江．对抓好文教系统基层党组织建设的思考．党史博采（理论），2010，(2)．

於遒．浅议中国共产党执政能力评估在方法论上对民主党派参政能力建设的借鉴意义．江苏省社会主义学院学报，2010，(1)．

张惠新. 加强和改进新形势下党的作风建设. 中国监察，2010，(1).

唐晓燕. 多元价值观视域下社会主义核心价值观建构初探——兼与新加坡共同价值观相比较. 丽水学院学报，2010，(1).

李君如. 执政党建设遇到的“新形势”是什么. 北京日报，2010-01-04 (017).

李清海. 执政后共产党建设的特征与基本经验. 湖南省社会主义学院学报，2010，(2).

王瑞芳. 新形势下加强党的意识形态建设的现实思考. 经济与社会发展，2010，(3).

徐治彬. 正确认识和把握党执政以来加强自身建设的基本经验. 学习论坛，2010，(3).

朱夫夫. 刘少奇对执政党基层组织建设的探索. 广西青年干部学院学报，2010，(2).

徐强. 执政党应树立意识形态成本意识. 宜春学院学报，2010，(3).

黄学权. 适应建设马克思主义学习型政党的要求进一步做好干部教育培训工作. 桂海论丛，2010，(2).

孙颜民，袁景华. 论陈云关于党的执政能力建设思想. 中国石油大学学报（社会科学版），2010，(2).

周德群. 对新时期加强基层党组织建设的思考. 辽宁省交通高等专科学校学报，2010，(2).

金红. 构建新形势下党政关系新模式. 探索与争鸣，2010，(3).

邵景均. 腐败是和平时期执政党的大敌. 学习月刊，2010，(10).

杨松菊. 中国共产党优化执政环境的基本经验初探. 湖南科技大学学报（社会科学版），2010，(2).

罗峰. 论党执政能力建设中的三重要素及其科学整合. 探索，2010，(2).

王少华. 浅谈构建和谐政党关系与正确发挥参政党的作用. 福建省社会主义学院学报，2010，(2).

包仕国. 科学发展观是党的先进性在当代中国的集中体现. 大连干部学刊，2010，(4).

张富田，李正春. 执政党建设理论的继承、创新和发展——从党的建设理论发展的历史视角来理解《决定》. 天水行政学院学报，2010，(2).

李年鑫，马维振. 中国共产党前后两个30年执政能力建设的比较和启示. 湖北第二师范学院学报，2010，(4).

易承志. 论党在基层有效执政与社会主义和谐社会的构建. 湖南科技大学学报（社会科学版），2010，(2).

吕红梅. 论新形势下加强党风廉政建设的重要性. 人力资源管理，2010，(3).

孙立国. 常怀忧患意识　加强党的建设. 山西党校报，2010-03-15 (B03).

邓岩. 一部适应新形势需要的党建研究的力作——《全球化背景下的中国大党建》评介. 马克思主义研究，2010，(3).

祝福恩，林德浩. 实现政党成功转型的标志——学习党的十七届四中全会《决定》的体会. 理论探索，2010，(2).

徐承英. 党的第二代第三代领导人执政思想研究. 重庆三峡学院学报，2010，(2).

谢方意. 从分隔到统筹：沿海发达地区基层党建格局的演变. 理论探讨，2010，(3).

秦正为. 四个“不等于”：执政党建设的历史考察与未来启示. 学术论坛，2010，(4).

全家悦. 浅谈构建学习型政党在党的意识形态建设中的作用. 山西社会主义学院学报，2010，(1).

张玉冰. 试论邓小平关于党执政合法性建设的理论与实践. 绥化学院学报，2010，(2).

张洪丽. 依法执政是依法治国的政治保证. 价值工程，2010，(12).

邹育根，汪永成. 基层党组织在化解社会矛盾中的作用. 特区实践与理论，2010，(2).

张滨辉. 新时期农村基层民主政治建设思考——以浙东农村为例. 中共福建省委党校学报，2010，(3).

吴辉. 用世界眼光看执政党建设的基本经验. 理论参考，2010，(3).

娄丽娜. 浅论“八大”对执政党建设的理论贡献. 理论界，2010，(3).

刘峰. 思想政治工作是党的重要政治资源. 才智，2010，(8).

张昊. 关于党内民主建设历史经验的初步总结与思考. 企业导报，2010，(4).

朱健. 把握执政党建设规律应注意“四个必须”. 求知，2010，(4).

王韶兴. 关于中国共产党治国理政与自身建设科学化的思考. 理论探讨，2010，(4).

吴家庆，罗凌波. 论中国共产党在和谐社会构建中社会整合机制的完善. 湖南师范大学社会科学学报，2010，(2).

朱夫夫. 论刘少奇执政党建设理论的着力点. 中共山西省直机关党校学报，2010，(2).

李茹. 建国后中国共产党的执政历程和执政经验. 河北青年管理干部学院学报，2010，(2).

龚晨. 提高领导干部媒体运用能力价值的思考. 传承，2010，(9).

孟凤英. 统一战线在促进政党关系和谐中的作用和路径探析. 湖南省社会主义学院学报，2010，(2).

肖妮. 中国传统政治文化的弊端及对当代政党执政方式的影响. 理论界，2010，(3).

戴跃侬. 马克思主义执政党建设理论的中国化. 扬州大学学报（人文社会科学版），2010，(2).

全家悦. 构建学习型政党在党的意识形态建设中的作用. 理论学习，2010，(3).

张容华，陈国富. 加强执政能力建设　构建和谐政党关系. 南方论刊，2010，(3).

全家悦. 构建学习型政党是加强党的意识形态建设的重要途径. 实事求是，2010，(2).

李会欣. 中国共产党执政文化建设中的问题及对策分析. 理论导刊，2010，(3).

黄明哲. 胡锦涛对党的执政理念的创新与发展及其启示. 重庆邮电大学学报（社会科学版)，2010，(2).

马宁. 试论推进政协制度建设对发展协商民主的重要性. 天津市社会主义学院学报，2010，(1).

张滨辉. 新时期农村基层民主政治建设思考——以浙东农村为例. 中共福建省委党校学报，2010，(3).

王必胜. 我国社会主义意识形态建设的大众视野. 社会主义研究，2010，(2).

黄一军. 论科学发展观的宪政价值. 牡丹江大学学报，2010，(4).

黄明哲. 胡锦涛创新发展党的执政理念的内容、特色与实践要求. 学习与实践，2010，(3).

谢嘉梁，廖芳玲. 中国共产党执政能力若干问题研究的最新进展. 淮南职业技术学院学报，2010，(1).

梁振国. 论中国共产党对执政规律的把握和深化. 中共宁波市委党校学报，2010，(2).

常黎峰. 刍论"推进党的建设科学化"的理论内涵及实践要求——学习党的十七届四中全会《决定》. 理论导刊，2010，(3).

《人民日报》评论员. 提高科学化水平　推动党的建设创新. 理论参考，2010，(3).

冯志峰. 以学习为载体　提高党的建设科学化水平. 江苏省社会主义学院学报，2010，(2).

张玉莲. 中国共产党执政合法性的挑战与维护. 张家口职业技术学院学报，2010，(1).

祝宝钟，徐中，张品彬，孙九一. 建设马克思主义学习型政党的若干思考. 中共天津市委党校学报，2010，(2).

周作武. 执政党执政有效性的多维透视及立体构建. 湖南行政学院学报，2010，(2).

汤海生. 中国共产党制度伦理的人性化特色. 新西部，2010，(8).

苏青场. 以科学的制度为保障　提高党的建设科学化水平. 当代贵州，2010，(7).

黄智尾. 坚持执政合法性和执政能力的辩证统一——党的建设必须遵循的一个重要规律. 福建党史月刊，2010，(8).

周立新. 执政党要加强自身建设. 江汉大学学报（社会科学版)，2010，(2).

李新生. 正确把握党的建设科学化. 理论参考，2010，(3).

张昊. 关于党内民主的研究状况与概念界定. 现代交际，2010，(4).

丁如锦. 改革开放以来党的思想理论建设与时俱进的历程研究. 江苏行政学院学报, 2010, (2).

田培炎. 提高党的建设科学化水平四题. 理论参考, 2010, (3).

秋石. 在新的起点上提高党的建设科学化水平. 理论参考, 2010, (3).

凌彤炜. 从完善机制的角度加强学习型政党建设. 江汉大学学报（社会科学版）, 2010, (2).

冯志峰. 以学习为载体提高党的建设科学化水平. 理论学习, 2010, (3).

王冬花. 坚持把思想理论建设放在首位. 学理论, 2010, (10).

石云霞. 加强党的思想理论建设的重要现实意义. 学习月刊, 2010, (9).

李春辉. 中国执政党建设经验的哲学思考. 边疆经济与文化, 2010, (3).

呙生泽. 党内基层民主建设的解难思路. 领导科学, 2010, (7).

张志明. 马克思主义学习型政党建设也要科学化. 理论视野, 2010, (4).

王军丽, 李培培. 试论“八大”对社会主义民主政治建设的探索. 才智, 2010, (9).

高新民. 一个全新的重大命题：提高党的建设科学化水平. 理论参考, 2010, (3).

马艳春. 思想理论建设是党建经验之本. 世纪桥, 2010, (5).

马兰. 以民心为基　把党建在人民心上. 上海党史与党建, 2010, (3).

李晓明. 毛泽东社会主义建设思想的当代价值. 河北学刊, 2010, (2).

孙洁. 加强学习型党员干部队伍建设. 实践（党的教育版）, 2010, (4).

郭奔胜. 执政党建设新使命. 理论参考, 2010, (3).

芦石磊, 李红. 对高校后勤党员干部作风建设的思考. 高校后勤研究, 2010, (2).

李安清. 把握时代脉络　推进党建工程. 中国高新区, 2010, (3).

叶梧西. 增强忧患意识：执政党建设的永恒课题. 中共天津市委党校学报, 2010, (2).

何益忠. 民主革命时期党内巡视制度的回顾与反思. 理论学刊, 2010, (3).

何美然. 能力社会与执政党建设的能力本位取向. 职业时空, 2010, (3).

周多刚, 赵晓呼. 党群关系：新形势下党的建设必须关注的重大课题. 唯实, 2010, (4).

骆正林. 党政干部的媒介素养与执政能力建设. 岭南学刊, 2010, (2).

高阳, 郭春领. 浅论“以德治党”在党建中的重要性. 传承, 2010, (12).

周尚文, 陆迪民. 居安思危：中国共产党自觉的执政理念. 中共宁波市委党校学报, 2010, (2).

张宪文, 蒲小娟. 试论马克思主义中国化的困境及出路. 法制与社会, 2010, (8).

张万军, 张本青. 论突发事件处置中发挥党员先锋模范作用. 湖南科技学院学报, 2010, (3).

薛梅. 中国共产党对民主执政的探索与启示. 新视野, 2010, (2).

张书林. 党内监督的立论依据、制约因素及创新路径. 攀登, 2010, (2).

罗建顺. 突出工作创新　提升党建科学化水平. 当代江西, 2010, (3).

王长春. 加强执政党能力建设　提高党的建设科学化水平. 河北省社会主义学院学报，2010，(2).

中国共产党党员领导干部廉洁从政若干准则——52 个“不准”规范党员干部行为. 陕西林业，2010，(2).

任娟玲. 如何从系统论的视角探究党内监督最优化. 求知，2010，(4).

陈燕. 科学建党刍议. 湘潮（下半月)，2010，(4).

臧献甫. 探索反腐倡廉科学化的有效途径. 人民论坛，2010，(12).

唐晓腾. 新经济组织党建工作新格局：问题、机制与理念——以东部 H 市为例的调查与思考. 中共宁波市委党校学报，2010，(2).

徐鸿武，袁金辉. 关于近年来非直接利益冲突事件频发原因的思考——从加强执政党建设角度的研究. 新视野，2010，(2).

李坤. 优化执政环境　积极应对社会群体性事件. 中共太原市委党校学报，2010，(2).

彭兴业. 创新机制　拓宽渠道　提高民主监督质量和成效. 新视野，2010，(2).

冯朝军. 提升党政组织学习能力的有效途径. 人民论坛，2010，(11).

廖有明. 倍加珍惜和长期坚持执政党建设的基本经验. 金融时报，2010－04－19(007).

牛月永. 执政党视角下政党文化建设刍议. 理论建设，2010，(3).

蔡咏梅. 政党伦理建设的基本原则. 科学社会主义，2010，(3).

罗志勇. 新时期党的执政文化建设初探. 党史文苑，2010，(12).

路云辉. 改革视野下党的公信力建设. 特区实践与理论，2010，(3).

吕华. 浅谈如何加强党的作风建设. 中国商界（上半月)，2010，(6).

李建军. 践行“八荣八耻”　加强执政道德建设. 潍坊学院学报，2010，(3).

蔡永飞. 论革命党、建设党、执政党. 中国延安干部学院学报，2010，(3).

钟强，汪路勇. 毛泽东关于执政党廉政建设的思想. 文史博览（理论)，2010，(5).

吕为华. 建设马克思主义学习型政党的路径分析. 宜春学院学报，2010，(5).

王永华. 党在执政初期宣传工作的历史考察——以南昌市宣传党在过渡时期的总路线为视角. 运城学院学报，2010，(3).

彭萍萍. 深入探讨党的建设科学化. 学习时报，2010－10－11 (005).

樊睿. 执政资源：党内民主建设的新视角. 南方论刊，2010，(6).

姚萍. 理论创新与党的执政能力建设. 学理论，2010，(13).

孙青. 陈云对毛泽东的廉政建设思想的继承与创新. 清华大学学报（哲学社会科学版)，2010，(S1).

张玉芝. 执政党软权力建构探析. 齐鲁学刊，2010，(3).

张书林. 论党的执政责任建设. 桂海论丛，2010，(3).

江先锋. 认识和理解“建设马克思主义学习型政党”的四个基本视角. 桂海论丛，2010，(3).

刘序明. 网络反腐：执政党反腐倡廉建设的新课题. 唯实，2010，(6).

刘会军．生态党建：现代党建的必然选择．郑州轻工业学院学报（社会科学版），2010，（3）．

覃翠生，覃飞．加强农村党员培训是建设学习型农村基层党组织的重要途径——对广西农村党员培训情况的调查与思考．桂海论丛，2010，（3）．

张书林．党的执政责任建设论析．唯实，2010，（5）．

陈勋儒．努力提高党派建设科学化水平．前进论坛，2010，（5）．

周铁农．加强自身建设，提高参政能力，全面履行好参政党职责．团结，2010，（3）．

李良栋．论协商民主在中国民主建设中的定位．湖南社会科学，2010，（3）．

唐小芹．共产党执政各国提高党员素质以加强执政能力建设的比较研究．湖南师范大学社会科学学报，2010，（3）．

徐彬．论加强党的执政能力建设的几个维度．岭南学刊，2010，（3）．

王金柱．中国特色的党企关系难点探析．领导科学，2010，（17）．

陶国根．善治理论视野下党的执政能力提升．中共成都市委党校学报，2010，（3）．

张晓燕．提高党的制度建设科学化水平．理论探索，2010，（3）．

李抒望．一切能力都是为人民执政——学习十七届四中全会决定．楚天主人，2010，（5）．

郑悦．执政文化与执政道德建设．党政干部学刊，2010，（5）．

陶建新．网络民意与执政能力建设探析．河南社会科学，2010，（3）．

马西恒，夏军．党建文化及其社会化——中国共产党党建文化初探．中国延安干部学院学报，2010，（3）．

李晶燕．宪政建设与依法执政关系研究．红河学院学报，2010，（3）．

徐彬．论加强党的执政能力建设的几个维度．桂海论丛，2010，（3）．

马津泉．浅谈如何创建学习型党支部．天津市财贸管理干部学院学报，2010，（2）．

蔡一宁．论新时期参政党政党文化建设与我国民主政治建设的关系．上海市社会主义学院学报，2010，（3）．

张红．对建设马克思主义学习型政党的几点认识和体会．中国商界（上半月），2010，（6）．

俞树彪．新媒体背景下党的执政能力建设思考．中国广播电视学刊，2010，（6）．

张文化．论新时期执政党建设的理论创新与重大意义．江西师范大学学报（哲学社会科学版），2010，（3）．

袁修雨．浅议社会主义政治文明建设中的民主执政．江淮论坛，2010，（3）．

李轶楠．应对国际金融危机是提高党的执政能力的新契机．党史纵横，2010，（5）．

董志霄，吴宝瑞，康小莉，宋杉岐．党政干部选拔任用制度创新的政治功能分析．河北学刊，2010，（3）．

潘振兵．论十七届四中全会《决定》中的党内民主建设思想．黑龙江史志，2010，（9）．

刘杰．廉政文化建设是理念升华和思维创新．冶金企业文化，2010，（3）．

吴建伟．关于党的建设科学化的几点认识．中共郑州市委党校学报，2010，（3）．

孙蔚. 县级党委决策机制分析与改进策略研究. 求实，2010，(6).

薛存心. 中国共产党执政理论与实践的启示. 社科纵横，2010，(6).

邓海平. 毛泽东领导中华苏维埃共和国建设的精神追求. 湖南第一师范学院学报，2010，(3).

王兆铮. 党性修养与执政党历史使命. 中共杭州市委党校学报，2010，(3).

薛军. 应探索建立党员领导干部基层服务日制度. 大连日报，2010-05-27 (A05).

孙应帅. 建国以来中国共产党“统一战线”理论与实践的创新发展. 学习与实践，2010，(6).

张传鹤. 党群关系的经验反思与借鉴. 理论学刊，2010，(6).

林尚立. 阶级、所有制与政党：国有企业党建的政治学分析. 天津社会科学，2010，(1).

杨帆. 加强城乡结合部基层党组织执政能力建设的几点思考. 延安职业技术学院学报，2010，(3).

张峰林. 社会生态视角下高校民主党派建设问题的研究意义. 攀登，2010，(3).

薛凤伟，袁景华. 试论党的优良传统和作风的时代价值. 许昌学院学报，2010，(3).

阴燕云. 试论毛泽东关于党在经济建设上的执政能力思想. 世纪桥，2010，(11).

朱柏清，陈琼. 执政党作风建设重大意义论析. 法制与社会，2010，(14).

房尚文. 新社会阶层政治参与和中国政治现代化. 福建论坛（社科教育版），2010，(6).

陈治良. 执政经验总结：中共八大执政党建设理论新探. 中国商界（上半月），2010，(6).

杨军. 论多维视域下党的执政能力建设. 当代教育理论与实践，2010，(3).

齐卫平. 学习型政党建设：着眼于创新素质的培育. 中共宁波市委党校学报，2010，(3).

邹建锋. 党内民主的完善与中国政治发展. 长白学刊，2010，(3).

徐崇温. 建设学习型政党　推进思想理论建设. 学理论，2010，(19).

张钦朋. 改革开放以来党的建设的新鲜经验. 中共云南省委党校学报，2010，(3).

方立. 汲取执政党建设的伟大历史经验　提高新时期党的建设科学化水平. 思想政治工作研究，2010，(6).

谢巧稚. 提高党的建设科学化水平的基本路径. 长白学刊，2010，(3).

胡伟. 从科学发展到科学建党的新视阈——兼论中国共产党民主建设的科学化取向. 科学发展，2010，(5).

牛月永. 执政党视角下建设政党文化的当代价值. 唯实，2010，(5).

李铀. 建设学习型参政党组织探析. 四川统一战线，2010，(5).

齐卫平. 从中国政党制度特点看增强党的基层执政能力. 学习时报，2010，(6).

本刊编辑部. 不断提高党的建设科学化水平. 福建理论学习，2010，(6).

张全景. 党建科学化水平水涨船高. 今日中国论坛，2010，(5).

刘雪影，朱新现. 略论提高党的建设科学化水平. 思想理论教育导刊，2010，(5).

张珂，崔乃学．对提高党建科学化水平问题的思考．中共山西省直机关党校学报，2010，(3)．

唐皇凤．大国民主的成长：基于中国经验的阐释．武汉大学学报（哲学社会科学版），2010，(3)．

华雅丽．论邓小平在新时期对党的思想建设的新贡献．才智，2010，(14)．

刘先春，李睿．论新形势下中国共产党的执政风险及对策．宁夏党校学报，2010，(3)．

王同昌，陈琛．列宁时期俄共（布）中央机构的创立和权力结构的运行．榆林学院学报，2010，(3)．

夏东民，陆扬．中国特色社会主义科学发展论——党的十六大以来马克思主义中国化理论创新的新体系．浙江学刊，2010，(3)．

祝灵君．科学的研究方法与执政党建设的科学化．科学决策，2010，(5)．

唐洲雁，王骏，郝首栋．党的历代中央领导集体探索执政党建设经验．前线，2010，(5)．

齐卫平．制度管党治党的科学化党建道路——《中国共产党党员领导干部廉洁从政若干准则》的重要意义．长白学刊，2010，(3)．

尹学朋．以党内民主推动人民民主的可行性探究．理论研究，2010，(3)．

刘建洲．党员主体地位：理论反思、实践张力与实现路径．思想理论教育，2010，(9)．

祝彦，杨鑫洁．中国共产党执政初期反腐倡廉的思想与实践．中共中央党校学报，2010，(3)．

周感华．论建设马克思主义学习型政党的新愿景．理论与当代，2010，(5)．

蒋建，季建林，查燕华．服务居民——社区党组织的生命力所在．群众，2010，(6)．

潘福金．以坚强的党性和优良的作风贯彻落实《廉政准则》．中共石家庄市委党校学报，2010，(5)．

叶麒麟．政党国家转型的内在逻辑——改革开放以来中国共产党的适应性研究．中共天津市委党校学报，2010，(3)．

陈勇．刍议“党员意识”．湖北电业，2010，(3)．

知果．以优良党风促校风带教风正学风．中国高等教育，2010，(10)．

沈建聪．共产党员保持“四大之风”的思考．福建理论学习，2010，(5)．

姚桓．以世界眼光认识中国执政党建设规律．北京日报，2010－05－17（017）．

陈建越．执政党建设的重要战略抉择．湖南日报，2010－06－01（009）．

邹谨，姚红，齐德全．科学发展观：中国共产党集体智慧的结晶．高职论丛，2010，(2)．

胡伟．从科学发展到科学建党的新视阈——兼论中国共产党民主建设的科学化取向．科学发展，2010，(5)．

谢六玲．中国共产党发展理念的嬗变．哈尔滨学院学报，2010，(6)．

赫曦滢．建国六十周年以来中国共产党价值观的发展与超越．吉林广播电视大学学报，2010，(5).

甘信奎. 党的建设科学化：中国共产党走向现代化的根本标志. 理论探讨，2010，(3).

王宏，杨雪峰. 以人为本：中国共产党科学执政理念的价值诉求. 贵州社会科学，2010，(6).

丁晋清. 理论创新是中国共产党永葆生机的源泉. 中国审计报，2010 - 06 - 23 (005).

吴灿新. 重视和加强执政党领导干部道德建设. 岭南学刊，2010，(4).

益众. 执政党反腐倡廉建设研究的新视角——《执政党拒腐防变机制研究》简介. 理论界，2010，(7).

吴海平. 从应对生态问题看党的执政伦理建设. 吉林广播电视大学学报，2010，(8).

程扬. 树立执政学习理念　建设学习型政党. 中国党政干部论坛，2010，(7).

张圣友. 以建设学习型政党推进服务型政府建设. 社会主义研究，2010，(4).

方世荣. 论执政党主张成为国家意志的科学化建设. 法学，2010，(7).

孟凤英. 论党的执政能力建设的基本经验. 世纪桥，2010，(13).

季建林. 政党软实力和社会核心价值观论. 吉林省经济管理干部学院学报，2010，(4).

陶庆. 党员主权与政党主权：常任制改革的双重目标——以浙江台州椒江的地方性知识为例. 社会科学，2010，(7).

王红霞. 党的执政能力特殊性问题探讨. 中共山西省直机关党校学报，2010，(4).

樊玉枝. 构建和谐党际关系与促进党内民主建设. 鄂州大学学报，2010，(4).

姚桓. 论提高党的建设科学化水平. 哈尔滨市委党校学报，2010，(4).

俞剑英. 毛泽东、邓小平执政党建设思想的共同点及其当代启示. 传承，2010，(24).

高汝伟. 民生视域下中国共产党执政能力建设的基本经验. 学术论坛，2010，(7).

李静. 提高党的执政能力关键在于搞好党的建设. 中国校外教育，2010，(S1).

肖东波. 新中国成立初期执政党建设要论. 江汉论坛，2010，(7).

王秀媛. 密切党群关系，构建和谐党群. 改革与开放，2010，(14).

都玉霞. 宪政视域下的党内民主. 政法论丛，2010，(4).

秦爱丽. 关于发展党内民主的若干思考. 黑龙江史志，2010，(13).

蒯正明，杨新宇. 中国共产党执政资源系统良性运行的路径探析. 中国石油大学学报(社会科学版)，2010，(4).

王兆铮. 以系统意识推进党的建设科学化. 岭南学刊，2010，(4).

包世琦. 试析新形势下中国特色党风建设. 黑河学刊，2010，(7).

吕雅范. 公共服务：在执政能力建设中的功效及其发展对策. 行政与法，2010，(7).

岳世平. 政党制度理论研究对执政党建设理论研究的作用. 广东省社会主义学院学报，2010，(3).

刘景旺. 论密切党群关系的根本途径. 中国商界（上半月），2010，(8).

刘明. 从服务型政党到服务型政府——中国政府职能转变的关键因素. 上海党史与党

建，2010，(8).

张维功. 基于群体性事件视野下的执政安全研究. 党史博采（理论），2010，(7).

谢嘉梁，黄岩. 当前中国共产党执政规律研究的概况及建议. 党政干部学刊，2010，(7).

朱佩明，孟永华. 不断提高党的建设科学化水平——“提高党的建设科学化水平”研讨会综述. 理论探索，2010，(4).

吴辉. 用世界眼光看执政党建设的基本经验和趋势. 求知，2010，(8).

季冬晓. 论科学发展观与执政党建设的关系. 中共石家庄市委党校学报，2010，(7).

石云霞. 加强党的思想理论建设经验研究的思考. 思想理论教育，2010，(13).

李木旺. 提高党建科学化水平的探索与实践. 中国电力教育，2010，(24).

李守超. 中国共产党软实力建设问题研究. 党政干部学刊，2010，(8).

陈文胜. 从六次党代会报告看党的反腐倡廉建设战略思路的变迁. 实事求是，2010，(4).

黄存金. 十六大以来党的干部队伍建设的新思路、新举措. 理论探索，2010，(4).

李守超. 中国共产党软实力建设问题研究. 南方论刊，2010，(7).

吕芳. 党的建设科学化问题探讨. 中共山西省直机关党校学报，2010，(4).

蒙汉明，刘绍卫. 党史工作对执政党建设的政治意义与资政育人路径. 广西教育学院学报，2010，(4).

李新生. 从战略高度思考党的建设科学化. 领导文萃，2010，(14).

王爱雄. 浅谈对党务公开的认识. 价值工程，2010，(21).

范义. 党风内外部环境构成与党风环境策略优化. 理论探讨，2010，(4).

在大发展大变革中不断加强党的建设. 实践（思想理论版），2010，(7).

张洁，吴晓波. 思想理论建设是党建经验之本. 黑龙江科技信息，2010，(24).

王家云，金你. 陈云对推进党建工程的奠基性贡献——从党的十七届四中全会《决定》谈起. 南京理工大学学报（社会科学版），2010，(4).

黄刚. 社会建设与中国共产党执政理念创新. 理论研究，2010，(4).

王晓梅，马子飞. 关于我国党政关系问题的探讨与思考. 聊城大学学报（社会科学版），2010，(4).

桑玉成，陈家喜. 按照党建科学化的要求推进执政党组织管理创新. 湖北社会科学，2010，(8).

李贵荣. 邓小平在解放思想的论述中阐发的党建思想. 学理论，2010，(21).

秦方进. 浅谈领导干部如何提高执政能力. 衡阳通讯，2010，(7).

叶庆丰. 政党政治研究的新视角——读《政党民主建设——马克思主义执政党的理论与实践》. 科学社会主义，2010，(4).

周玉文. 毛泽东处理无产阶级政党关系的基本准则. 文史博览（理论），2010，(8).

虞崇胜. 党内民主与人民民主关系探析. 学习论坛，2010，(7).

陈文联. 中国共产党维护和巩固执政合法性的探索历程. 南通大学学报（社会科学版），2010，(4).

刘春平．中国共产党科学发展思想的历史考察与现实意义．福建党史月刊，2010，(14)．

庹平．从中国共产党指导思想发展的新高度认识和理解科学发展观．毛泽东思想研究，2010，(4)．

黄刚．社会建设与中国共产党执政理念创新．理论研究，2010，(4)．

陈翀．坚持科学发展观　加强党的作风建设．医学信息（中旬刊），2010，(8)．

姜岩，李福生．论中国共产党民生思想的时代传承．吉林省教育学院学报（学科版），2010，(7)．

丁晋清．理论创新是中国共产党永葆生机的源泉（下）．湛江日报，2010－08－01(A04)．

孙洁．提高党的建设科学化水平．实践（党的教育版），2010，(10)．

李君如．中国共产党的执政经验和历史使命．中国延安干部学院学报，2010，(5)．

韩能跃．时代的呼唤——从革命党到执政党意识转变历史轨迹的考察．才智，2010，(28)．

杨爱华．社会政治生态变革背景下的中国共产党软实力建设．理论导刊，2010，(10)．

侯万锋．和谐党群关系与党的执政能力建设．实事求是，2010，(5)．

李君如．论中国共产党的执政经验．中国井冈山干部学院学报，2010，(5)．

蒯正明，杨新宇．网络政治参与对党执政的影响及其应对．理论探索，2010，(5)．

左宪民．认真解决执政能力建设的新课题．新视野，2010，(5)．

蔡振华．社会转型期中国执政党的权威建设．江西教育学院学报，2010，(5)．

祝宪伟．社会团体中党建工作现状及对策探索．佳木斯教育学院学报，2010，(5)．

王媛媛．论网络时代执政党在社区文化建设中的作为．辽宁行政学院学报，2010，(10)．

曾长秋．我国执政党的政治伦理建设及其实现途径．学习论坛，2010，(9)．

马力宏．从执政党使命看学习型党组织建设．江南论坛，2010，(9)．

刘辉．论执政党建设的基本经验．学理论，2010，(27)．

陆岩．建设社会主义核心价值体系　巩固党执政的文化基础．学校党建与思想教育，2010，(25)．

邹菊如．从“传统型政党”到“现代性政党”——论中国共产党执政能力建设的科学布局．九江学院学报（哲学社会科学版），2010，(3)．

齐卫平，吴海红．增强党的基层执政能力：党组织建设的重大命题．中共天津市委党校学报，2010，(5)．

郑海呐，徐中．论发展完善党的执政方略的路径．湖北社会科学，2010，(10)．

蒯正明，杨新宇．网络社会与中国共产党的政治权威．桂海论丛，2010，(5)．

郎建梅．论政治合法性与加强党的执政能力建设．现代农业，2010，(9)．

高兰芳．建设学习型政党：党建创新的重大课题．中共银川市委党校学报，2010，(5)．

陶国根．善治理论视野下党执政能力的提升．哈尔滨市委党校学报，2010，(5)．

亢飞．浅析刘少奇执政党党员队伍建设思想．传承，2010，(30)．

李光．拓宽途径　加强领导干部党性修养．中国煤炭工业，2010，(10)．

王思林．中国共产党形象建设须要注意的几个问题．学理论，2010，(26)．

李廷宪．青年马克思主义者的培养与党的执政资源配置．毛泽东邓小平理论研究，2010，(9)．

王海峰．党的指导思想的科学化．重庆社会科学，2010，(10)．

王海鹏．浅论毛泽东品德风范与党的作风建设．中共铜仁地委党校学报，2010，(5)．

王志立．对建设马克思主义学习型政党的再思考．理论观察，2010，(5)．

赵大朋，王建国．论党内民主发展的动力系统．社会主义研究，2010，(5)．

梁道刚．论中国共产党执政体制的本质、结构与功能．科学社会主义，2010，(5)．

朱兆华．中国特色政治发展道路与中国特色政党制度研究——从发展党内民主的角度分析．理论建设，2010，(5)．

陈答才．论刘少奇的执政党建设思想．西北大学学报（哲学社会科学版），2010，(5)．

蒙伟凡．新时期加强党员干部民主素质建设简论．学校党建与思想教育，2010，(29)．

蒋国海．论建国初期党执政的历史经验．当代世界与社会主义，2010，(5)．

祝灵君．从“打破”官僚制到超越官僚制——当代中国执政党建设的另一种逻辑分析．马克思主义与现实，2010，(5)．

管传林．谈社会阶层分化条件下民族凝聚力的增强与提升．世纪桥，2010，(17)．

谢嘉梁．中国共产党执政理念基本理论问题研究论纲．淮南职业技术学院学报，2010，(3)．

赵增彦．以科学化统领新形势下党的先进性建设．广西社会科学，2010，(9)．

洪伟成．党风廉政建设与反腐败工作的“三把剑”．改革与开放，2010，(18)．

蒯正明，杨新宇．网络时代下的中国共产党意识形态资源建设．燕山大学学报（哲学社会科学版），2010，(3)．

杨晓玲．如何以党内民主推进人民民主．人民论坛，2010，(29)．

张秀芹，黄明理．马克思主义学习型政党的内在逻辑及其路径选择．中共南京市委党校学报，2010，(5)．

李莉，王淑华．加强执政党自身建设　搞好对民主党派的政治引导．河北省社会主义学院学报，2010，(4)．

张富营．网络对执政党执政的新挑战及其应对．山东省农业管理干部学院学报，2010，(5)．

杨俊，王泉．简论邓小平关于执政党监督的思想．网络财富，2010，(19)．

吕峰．政治发展视阈下的政党动员：反思与重构．学理论，2010，(27)．

韩宏亮．党对新社会阶层整合的价值思考．广西社会主义学院学报，2010，(5)．

杨亚非．民生政治视域中的执政党合法性建设研究．中共桂林市委党校学报，2010，

(3).

张宁．“六个坚持”：推进执政党建设科学化的理论基石——学习党的十七届四中全会《决定》．理论导刊，2010，(10).

胡世锋．论十六大以来党的建设总体布局的三个层次．学习论坛，2010，(10).

刘以顺．党的十一届三中全会前后陈云对党的建设的重要贡献．理论建设，2010，(5).

韩恩山．浅议中国共产党领导的多党合作与政治协商制度的现实意义．天津市社会主义学院学报，2010，(3).

马丽，马国钧．论党的建设科学化的三个核心支点．学术交流，2010，(9).

黄兆坤．对建设学习型干部队伍的思考．红河探索，2010，(5).

吕为华．提高党的建设科学化水平的路径分析．安阳工学院学报，2010，(5).

徐治彬．论党的建设科学化的基本内涵和主要特征．中共石家庄市委党校学报，2010，(9).

邹信．论党性修养与党的作风建设．世纪桥，2010，(17).

雷厚礼．干部队伍建设与执政安全．理论与当代，2010，(10).

邢树欣．关于新时期国有企业政工队伍建设的几点思考．法制与社会，2010，(25).

郭瑞．建国前后党的建设的历史经验与启示——以党的组织建设为例．宁夏党校学报，2010，(5).

吴德慧．党的十六大以来胡锦涛同志党风廉政建设思想研究．毛泽东思想研究，2010，(5).

朱前星．社会整合与执政党的功能调适．马克思主义与现实，2010，(5).

李江．培养高素质人才是新时期党的基层组织建设的新任务新使命．学理论，2010，(25).

季丽楠，谷春祥．科学发展观是对党的建设理论认识的深化．赤峰学院学报（汉文哲学社会科学版），2010，(9).

张统政．关于加强党的执政能力建设的几点思考．知识经济，2010，(20).

戴荣寿．党内民主视角下协调人际关系探讨．南京医科大学学报（社会科学版），2010，(3).

王勇．论邓小平党内民主思想形成发展的历史基点．网络财富，2010，(17).

陈根．论江泽民对马克思主义的理论贡献．前沿，2010，(18).

彭健．建国以来我党对社会主义民主法制认识的历史演进．党史博采（理论），2010，(10).

夏东民，金朝晖．中国共产党近九十年来发展壮大的核心要素．苏州大学学报（哲学社会科学版），2010，(5).

郭婷婷．“两个先锋队”思想的当代意蕴．广西青年干部学院学报，2010，(5).

胡刚起．强教育　抓管理　调结构　不断开创党建工作新局面．党史博采（理论），2010，(10).

张秀芹，黄明理．马克思主义学习型政党的内在逻辑及其路径选择．学校党建与思想教育，2010，(26).

程志奎. 新时期中国共产党政治领导特点浅析. 开封大学学报，2010，(3).

王剑飞，张洪杰，宋玉成. 刘少奇关于共产党员先进性思想的现实意义论析. 才智，2010，(25).

李斌雄. 探寻执政党建设理论研究的新视域——评《政党的魂灵：中国共产党政党文化研究》. 学习与实践，2010，(9).

曾越. 勤政廉政为民，端正“党风、政风、民风”. 改革与开放，2010，(18).

龚先庆，沈晖. 防止党内出现“既得利益集团”的思考. 内蒙古大学学报（哲学社会科学版），2010，(5).

任铁缨. 执政党建设的评判标准有哪些. 学习时报，2010－09－13（005).

黄占华，宋建钢. 努力推动党的建设科学发展问题研究. 宁夏党校学报，2010，(5).

季丽楠，谷春祥. 科学发展观是对党的建设理论认识的深化. 赤峰学院学报（汉文哲学社会科学版），2010，(9).

刘新安. 用科学发展观统领新时期党建工作. 决策探索（下半月），2010，(9).

王世禹. 中国共产党延安时期的文化教育及其当代启示. 重庆科技学院学报（社会科学版），2010，(18).

杨燕妮. 中国共产党民生思想的历史发展及主要特点论析. 经营管理者，2010，(17).

王春来. 试论以人为本是中国共产党的重要执政理念. 吉林建筑工程学院学报，2010，(5).

张兰英. 现代性与中国共产党执政合法性资源的维护与重构. 福建省社会主义学院学报，2010，(5).

薛晓明，庄岩. 以建设学习型政党为契机加强党员党性修养. 南方论刊，2010，(9).

肖芸. 关于新形势下建设学习型政党的思考. 中共郑州市委党校学报，2010，(5).

马德成. 中共十六大以来的民生理论与实践创新. 重庆社会主义学院学报，2010，(5).

许苏静. 建设学习型政党的首要任务. 社会科学家，2010，(10).

王国麟，杜怀亮，刘如梅. 统一战线与党的建设研究. 贵州社会主义学院学报，2010，(3).

黄占华，宋建钢. 努力推动党的建设科学发展问题研究. 宁夏党校学报，2010，(5).

季丽楠，谷春祥. 科学发展观是对党的建设理论认识的深化. 赤峰学院学报（汉文哲学社会科学版），2010，(9).

刘新安. 用科学发展观统领新时期党建工作. 决策探索（下半月），2010，(9).

薛晓明，庄岩. 以建设学习型政党为契机加强党员党性修养. 南方论刊，2010，(9).

肖芸. 关于新形势下建设学习型政党的思考. 中共郑州市委党校学报，2010，(5).

黄芳. 改革开放以来党的发展观的历史演进. 齐齐哈尔师范高等专科学校学报，2010，(5).

许苏静. 建设学习型政党的首要任务. 社会科学家，2010，(10).

韩永生. 加强当前执政党意识形态建设的思考. 学理论，2010，(35).

陈锦琪. 坚持改革创新　积极推进党内民主建设. 知识经济，2010，(23).

李君如. 中国共产党的执政经验和历史使命. 上海师范大学学报（哲学社会科学版），2010，(6).

蔡振华. 社会转型期中国执政党的权威建设. 中共四川省委省级机关党校学报，2010，(4).

张蕾. 毛泽东关于执政党的群众基础思想及其现实意义. 南京工业大学学报（社会科学版），2010，(4).

辛丹红. 浅谈中国共产党的“职能”与“功能”. 法制与社会，2010，(16).

杨亚非. 转型期中国共产党执政合法性建设研究. 山西高等学校社会科学学报，2010，(11).

方立明. 落实科学发展观　推进党的先进性建设. 温州大学学报（社会科学版），2010，(6).

王启海. 提高执政党处理宗教问题能力初探. 重庆社会主义学院学报，2010，(6).

曹一萍. “两个务必”思想的提出及其意义. 兰台世界，2010，(24).

张书林. 增强党的五种意识　贯彻落实“十二五”规划. 党政论坛，2010，(12).

涂小雨，翟明清. 转型期执政党制度整合与法理型执政模式的构建. 河北师范大学学报（哲学社会科学版），2010，(6).

胡荣荣. 执政党与新社会组织关系研究：基于政党认同的视角. 江淮论坛，2010，(6).

祝福恩，林德浩. 提高党的建设科学化水平要实现四个转变. 中共中央党校学报，2010，(6).

游龙波，徐彬. 执政党执政基础的三维结构探析. 中共福建省委党校学报，2010，(11).

陶林，左用章. 论毛泽东关于党的执政能力建设的思想. 沧桑，2010，(12).

俞文冉. 新历史条件下加强党的建设探讨. 现代商贸工业，2010，(22).

杨士生，于长泽. 当前加强党风廉政建设的重要意义及对策. 求知，2010，(11).

龚晨. 执政党建设与主流媒体互动关系探究. 福州党校学报，2010，(6).

董伦强. 新时期惩治与预防腐败的制度体系建设问题. China′s Foreign Trade，2010，(22).

马树民. “善政”——党的建设科学化的必然选择. 社科纵横，2010，(12).

黄林. 推进党内民主建设要从实际出发讲求实效. 领导科学，2010，(34).

刘武根. 近年来国内学术界执政伦理研究述评. 延边大学学报（社会科学版），2010，(6).

李庆. 党的执政力探析. 内蒙古农业大学学报（社会科学版），2010，(6).

王锦栋，太华，翟广瀛. 从文风、党风、社会风气说开去. 中共石家庄市委党校学报，2010，(12).

刘宗洪. 遵循党建规律与提高党建科学化水平. 中共中央党校学报，2010，(6).

任铁缨. 对执政党建设科学化的几点思考. 岭南学刊，2010，(6).

陈宏. 加强党的建设是推进新疆跨越式发展和长治久安的根本保证. 新疆财经大学学报，2010，(4).

易戈平. 推进执政党建设科学化的思考. 福建论坛（社科教育版)，2010，(12).

黄文燕. 提高党的建设科学化水平的两点思考. 上海党史与党建，2010，(11).

魏家旺. 党的政治合法性建设——以统一战线为视角. 重庆科技学院学报（社会科学版)，2010，(24).

岳世平. 中国特色政党制度理论研究对执政党建设理论研究的作用. 山西社会主义学院学报，2010，(4).

吴桂韩. 加强党内文化研究　开辟党建研究新领域. 江苏省社会主义学院学报，2010，(6).

乔文奇. 试析民主党派民主监督在中国共产党执政能力建设中的作用. 山西社会主义学院学报，2010，(4).

杨亚非. 转型期中国共产党执政合法性建设研究. 学术论坛，2010，(11).

杨军剑. 论忧患意识在当代中国共产党执政中的作用. 科技信息，2010，(36).

王兴. 建国初期毛泽东对执政党建设的探索. 理论月刊，2010，(12).

崔俊男. 新一代中央领导集体对执政党建设思想的新飞跃. 辽宁工业大学学报（社会科学版)，2010，(6).

谢嘉梁，黄岩. 中国共产党执政能力及其建设研究回顾及展望. 淮南职业技术学院学报，2010，(4).

谷正. 论改革开放以来中国共产党发展理路的嬗变. 重庆工商大学学报（社会科学版)，2010，(6).

朱联平. 基层党建开放式评价体系的构建模式与分析. 党政论坛，2010，(11).

张婷，黄娥娇. 信息网络化环境中执政党建设的对策研究. 中共贵州省委党校学报，2010，(6).

龙心刚. 建国初期中共加强执政能力建设的理论与实践. 黑龙江史志，2010，(21).

于雪丽. 加强党的执政能力建设必须坚定不移地反腐败. 理论观察，2010，(6).

钱立洁. 建设学习型政党　创建教育反腐体系. 经济与社会发展，2010，(12).

李肇忠. 政治认同和执政地位. 桂海论丛，2010，(6).

牛月永. 对党的制度体系的几点思考. 领导科学，2010，(32).

颜廷平. 近 10 年来党的社会整合能力建设研究综述. 江南社会学院学报，2010，(4).

何正玲. 论党的执政资源的流失与整治. 辽宁工业大学学报（社会科学版)，2010，(6).

赵进才. 发展党内民主的若干思考. 内蒙古电大学刊，2010，(6).

贺方彬，李建柱. 推动马克思主义有效传播——基于中国共产党执政视角的省察. 宁夏党校学报，2010，(6).

谢敬. 反右派斗争严重扩大化与民主法制建设. 理论视野，2010，(12).

甄小英. 一部研究参政党能力建设的力作. 中央社会主义学院学报，2010，(6).

朱培松. 从巩固执政党地位的高度推进党的高校阵地建设. 吉林省教育学院学报（学科版），2010，(12).

毕德. 以改革创新精神加强执政党建设的若干理论思考. 理论月刊，2010，(11).

朱夫夫. 建国后刘少奇关于党的执政方式建设思想探析. 长春工程学院学报（社会科学版），2010，(4).

陈世瑞. 以学习型政党建设为契机　增强党员干部的忧患意识. 理论探讨，2010，(6).

杨俊，王泉. 邓小平的执政党监督思想. 中共云南省委党校学报，2010，(6).

梅丽红. 党的制度建设的演进与趋向. 中共杭州市委党校学报，2010，(6).

李蓉. 党内民主与人民民主关系研究. 传承，2010，(36).

杨俊. 试论改革开放以来中国共产党政治资源的整合. 湖北工业大学学报，2010，(6).

李新挪. 在化解非物质利益矛盾中推进党的思想理论建设. 科学社会主义，2010，(6).

韩宏亮. 党对新社会阶层整合的价值思考. 重庆社会主义学院学报，2010，(6).

王建国. 对构建城乡统筹的基层党建新格局的几点思考. 社会主义研究，2010，(6).

赵笑蕾. 毛泽东科学建党思想及对当代的启示. 山西高等学校社会科学学报，2010，(11).

覃凤阳. 对建设学习型政党的必要性，作用及方法的浅析. 商业文化（学术版），2010，(11).

徐治彬. 论党的建设科学化的基本特征. 学理论，2010，(32).

李春来，任冬梅. 刘少奇关于党的理论建设的思想. 中共云南省委党校学报，2010，(6).

刘方涛. 党的作风建设的思考. 学校党建与思想教育，2010，(36).

王剑飞，张洪杰，王伟. 刘少奇关于共产党员先进性思想的历史地位论析. 吉林省教育学院学报，2010，(12).

赵光侠. 转型期低收入群体执政党认同的建构理路. 甘肃理论学刊，2010，(6).

阮黄南. 树立和落实科学发展观　强化执政能力建设. 中共成都市委党校学报，2010，(6).

卢先福. 关于党建理论研究的几点看法. 理论探讨，2010，(6).

刘序明. 加强执政党软实力建设的思考. 理论学习，2010，(12).

柳斌杰. 学习是执政党建设的战略工程. 党建，2010，(12).

李明忠. 全面提高机关党建科学化水平的途径探析. 党史文苑，2010，(22).

胡太平，敬平. 民生为本：党执政和建设的根基. 商品与质量，2010，(SB).

孟宪尧. 党风廉政建设的法治思考. 今日科苑，2010，(22).

徐晨光. 党的建设与执政安全. 湖湘论坛，2010，(6).

郭纯平. 在社会转型期构建和谐党群关系的新思路. 重庆工商大学学报（社会科学

版)，2010，(6).

高贵全. 基层党组织要时刻担负起教育党员的重任. 企业导报，2010，(12).

谷正. 新时期中国共产党发展理路演进探析. 重庆科技学院学报（社会科学版），2010，(24).

翁有为. 中共建党以来对县委组织及其领导人之管理. 史学月刊，2010，(12).

张晓红. 当前农村发展党员工作存在的问题及对策——以 A 市农村为例. 科教导刊(上旬刊)，2010，(12).

鞠健. 论新时期陈云对维护党的执政合法性的重大贡献. 学理论，2010，(32).

黄继红. 论新时期中国共产党的反腐倡廉建设. 才智，2010，(33).

金怡顺. 论以增进党内和谐促进社会和谐的依据及现实举措. 延安大学学报（社会科学版)，2010，(6).

岳奎. 党的八大对中央党内民主制度的积极探索. 社会主义研究，2010，(6).

张靳. 马克思主义中国化进程中的民生逻辑——中国共产党执政的合法性资源. 工会论坛（山东省工会管理干部学院学报)，2010，(6).

金怡顺. 关于党内和谐运行机制若干问题的思考. 青海社会科学，2010，(6).

李静，朱方长. 中国共产党代表先进生产力发展要求的理论探析. 湘潮（下半月)，2010，(11).

贺蕊玲. 党内民主是党的生命　集中统一是党的力量保证. 濮阳职业技术学院学报，2010，(6).

梁振国. 社会主义核心价值体系理应成为党执政的理念的主要内容. 宁波广播电视大学学报，2010，(4).

冷小青，曾长秋. 中国共产党实现党群关系和谐的路径选择. 中南大学学报（社会科学版)，2010，(6).

党玲，曲少杰. 中国共产党发展观的历史演进和创新. 天水师范学院学报，2010，(6).

牛建红. 提高机关党建科学化水平的思考. China's Foreign Trade，2010，(24).

曲少杰. 中国共产党发展观的历史演进和创新. 天水师范学院学报，2010，(6).

张宏志. 从“三个代表”重要思想到科学发展观. 党的文献，2010，(6).

龚建国. 以科学发展观为指导　加强党的建设. 学理论，2010，(33).

郑来春，刘明君. 从“以人民为本”到以人为本——新时期中国共产党政治哲学的演进逻辑. 兰州学刊，2010，(12).

梁军. 科学发展观下创建学习型党组织的现实意义. 决策探索（下半月)，2010，(11).

谷正. 新时期中国共产党发展理路演进探析. 重庆科技学院学报（社会科学版），2010，(24).

3. 参政党建设研究

范前锋. 二十年来参政党建设研究综述——纪念中发［1989］14 号文件颁行 20 周

年．河北省社会主义学院学报，2010，(1)．

刘巧莲．为建设新时期合格的参政党而努力．西部法制报，2010－01－09 (006)．

李洁．加强民主党派自身建设的思考．团结报，2010－01－19 (008)．

沈殿忠．民主党派要努力成为社会主义核心价值体系建设的推动者．前进论坛，2010，(1)．

潘志建　赵蔷．把参与毕节试验区建设作为实现民主党派自身科学发展的试验基地．贵州政协报，2010－01－29 (A03)．

罗大放，张欧阳．科学发展观对参政党建设的新要求及其实现途径．湖北省社会主义学院学报，2010，(1)．

翁杰明．参政党建设也要在提高科学化水平上下功夫．中国统一战线，2010，(1)．

张山．试述加强民主党派自身建设对增强我国国家凝聚力的作用．广东省社会主义学院学报，2010，(1)．

杨欣．民主党派在民主政治建设进程中发挥的监督作用．学习月刊，2010，(6)．

阳沐乎韧．构建参政党文化体系是政治交接的更高境界．广西社会主义学院学报，2010，(1)．

肖莉．关于发挥民主党派在人民政协中作用问题的思考．广东省社会主义学院学报，2010，(1)．

朱书刚．学习贯彻科学发展观　加强参政党自身建设．湖北省社会主义学院学报，2010，(1)．

王善平，龙薇，江子福．民主党派的基层组织建设刍议．重庆社会主义学院学报，2010，(1)．

孙照红．民主党派纲领的发展——基于民主党派章程的分析．广西社会主义学院学报，2010，(1)．

赵丰．加强民主党派成员的思想引导和心理疏导．上海市社会主义学院学报，2010，(2)．

王鑫．民主党派的两次历史性转变及原因分析．现代经济信息，2010，(2)．

杭元祥．关于民主党派民主监督的几个基本问题．中央社会主义学院学报，2010，(1)．

刘雪君．农工党基层组织思想建设的现状与分析．前进论坛，2010，(2)．

梁晓宇．参政党文化建设初探——纪念多党合作制度确立六十周年．陕西社会主义学院学报，2010，(1)．

黄爱军．民主党派代表性问题研究．福建省社会主义学院学报，2010，(1)．

姜天麟．用社会主义核心价值体系引领民主党派思想建设．前进论坛，2010，(1)．

孟凤英．民主党派在促进我国科学发展中的作用和路径探析．重庆社会主义学院学报，2010，(1)．

陈大明，孙基志，曾昭富，鲁昌宏．民主党派党内监督论探．湖北省社会主义学院学报，2010，(1)．

杨欣．民主党派在民主政治建设进程中发挥的监督作用．学习月刊，2010，(6)．

罗大放，张欧阳. 科学发展观对参政党建设的新要求及其实现途径. 湖北省社会主义学院学报，2010，(1).

景世刚. 浅析民主党派的代表性. 四川统一战线，2010，(1).

尹大新. 加强民主党派机关岗位责任制建设. 人民政协报，2010-01-06 (C04).

姚致光. 民主党派后备干部队伍建设之我见. 团结报，2010-02-02 (008).

王彝伟. 论保持参政党界别特色与组织结构的优化——关于参政党组织构成趋同现象的若干思考. 上海市社会主义学院学报，2010，(1).

王香丽. 民主党派在促进教育公平中的作用. 广东省社会主义学院学报，2010，(1).

李志平. 高素质参政党的基本特征与主要作用. 学术交流，2010，(1).

刘华. 充分发挥参政党职能　全面推进科学发展. 江苏省社会主义学院学报，2010，(1).

陆宏弟. 民主党派职能辨析. 上海市社会主义学院学报，2010，(1).

喻晓钢，袁孟军，叶玲，张逊，官超云，姜显琪，杨泽露. 民主党派在人民政协中的作用探析. 四川省社会主义学院学报，2010，(1).

陈大明，孙基志，曾昭富，鲁昌宏. 民主党派党内监督论探. 湖北省社会主义学院学报，2010，(1).

林保民. 建立和完善民主党派监督机制　进一步发挥参政党的民主监督作用. 河北省社会主义学院学报，2010，(1).

李微微. 以改革创新精神推进民主党派的民主监督. 新湘评论，2010，(4).

高智生. 论民主党派监督力度的特殊性. 广东省社会主义学院学报，2010，(1).

戴雪梅. 中国民主党派追随实践理论创新的历程考察. 社会科学家，2010，(2).

邱继勇，杨浩. 以科学发展观为指导　提高民主党派参政议政能力. 辽宁省社会主义学院学报，2010，(1).

高磊. 科学发展观下的高校民主党派民主监督路径选择. 重庆社会主义学院学报，2010，(1).

金青哲，潘秋琴，王兴国. 充分发挥民主党派在高等教育改革中的作用. 江苏省社会主义学院学报，2010，(1).

吴平魁. 关于加强高校民主党派基层组织自身建设的思考. 陕西社会主义学院学报，2010，(1).

徐丹，王勤懿. 在趋同发展中保持政治特色是民主党派存在和发展的价值所在. 黑龙江省社会主义学院学报，2010，(1).

刘巧莲. 为建设新时期合格的参政党而努力. 西部法制报，2010-01-09 (006).

王慧卿. 加强思想建设是自身建设之根本. 团结报，2010-01-05 (008).

许怡平. 切实增强责任感使命感. 安庆日报，2010-01-15 (001).

哈进宣. 民主党派思想政治工作研究. 团结报，2010-01-19 (008).

姜刚杰. 民主党派也要树立和践行社会主义核心价值体系. 贵州政协报，2010-02-05 (A03).

瞿金龙. 试论民建会内监督与自我教育的关系. 江苏省社会主义学院学报，2010，

(1).

张献生. 中国参政党的理论价值和实践意义. 政治学研究，2010，(2).

李永军. 党派成员参政议政的三个重要前提. 联合日报，2010－01－11（003).

刘兆泉. 不断提高参政议政的水平和能力. 济宁日报，2010－01－17（A03).

王珏. 突出三个特色搞好参政议政工作. 人民政协报，2010－02－03（C04).

姚致光. 民主党派后备干部队伍建设之我见. 团结报，2010－02－02（008).

吴栋梁，姜巽林. 积极建言献策　共推科学发展. 温州日报，2010－02－25（001).

叶小文. 参政党自己的“党校”. 人民日报海外版，2010－02－27（001).

傅绍平. 增强政治素质　提高履职水平. 常德日报，2010－03－22（004).

周光琴. 民主党派在政府公共决策中的角色分析. 中共贵州省委党校学报，2010，(1).

高贤芳. 浅谈民主党派政治体制改革的历程及其丰硕成果. 贵州政协报，2010－02－25（A03).

周芳. 努力建设高素质的学习型参政党. 张家界日报，2010－03－04（005).

张军才，张媛，李勇. 努力建设学习型参政党. 湖南日报，2010－04－16（002).

杨汉成. 建设学习型参政党　注意解决三个问题. 衡阳日报，2010－04－19（006).

刘江东. 浅论科学发展观对参政党提高履职能力之意义. 湖北省社会主义学院学报，2010，(2).

吴扬雪，汪叶兵. 建设学习型参政党　提高参政议政水平. 钦州日报，2010－04－16（002).

龚振东. 学习贯彻科学发展观　提高参政党参政能力. 江苏省社会主义学院学报，2010，(2).

沈慧虹. 参政党能力建设成效评估若干问题初探. 广东省社会主义学院学报，2010，(2).

张凤玲. 甘肃省民主党派思想建设的现状分析. 江苏省社会主义学院学报，2010，(2).

游磊. 发挥党派群体优势　切实做好提案工作. 江苏政协，2010，(2).

阳沐乎韧. 构建参政党文化体系的重要意义. 前进论坛，2010，(3).

郑宪. 弘扬改革创新的时代精神　提高参政党履行职责能力. 湖南省社会主义学院学报，2010，(2).

游洛屏. 代表性建设是参政党建设的重要内容. 中央社会主义学院学报，2010，(2).

加强理论建设　积极践行社会主义核心价值体系. 前进论坛，2010，(4).

王帅. 略论我国民主党派参政能力的建设. 淮海工学院学报（社会科学版），2010，(4).

汤序俭. 略论民主党派的党内民主建设. 前进论坛，2010，(3).

汪守军. 中国民主党派代表性有关问题的探讨. 重庆社会主义学院学报，2010，(2).

许奕锋. 新世纪新阶段民主党派参政规律与参政对策研究. 河北省社会主义学院学报，2010，(2).

汪守军. 略论多党合作制度框架下民主党派的政治责任与政治使命. 中央社会主义学院学报，2010，(2).

邓凌. 论民主党派在新的社会阶层中的成员发展. 广东省社会主义学院学报，2010，(2).

王少华. 浅谈构建和谐政党关系与正确发挥参政党的作用. 福建省社会主义学院学报，2010，(2).

刘辉. 加强自身建设　提高参政水平. 汕头日报，2010-04-05 (004).

任世红. 试论民主党派思想建设的动力. 上海市社会主义学院学报，2010，(2).

徐邦友. 从功利到权利：参政党民主监督之存在基础的转换. 中共浙江省委党校学报，2010，(2).

孔少琼. 建设学习型机关　进一步加强民主党派机关建设. 广州社会主义学院学报，2010，(2).

王远启. 正确认识民主党派民主监督的性质　切实加强民主党派民主监督制度建设. 黑龙江省社会主义学院学报，2010，(1).

严隽琪. 借鉴执政党建设经验　努力建设学习型参政党. 人民论坛，2010，(9).

周健自. 在科学发展观引领下全面推进民主党派领导班子建设. 贵州社会主义学院学报，2010，(1).

田秋芹. 关于加强民主党派领导班子建设的思考. 山西社会主义学院学报，2010，(1).

吉秀华. 加强民主党派基层组织制度化规范化建设的思考. 湖北省社会主义学院学报，2010，(2).

汤策程. 浅谈民主党派成员自身建设. 湖南省社会主义学院学报，2010，(2).

李代钰. 强化政治引导　促进自身建设——江油市民主党派工作迈上新台阶. 四川统一战线，2010，(3).

张献生，徐小凤. 试论提高民主党派的“四个能力”. 黑龙江省社会主义学院学报，2010，(1).

卢展工. 提升民主党派领导班子参政议政的层次和水平. 中国统一战线，2010，(3).

关丽霞，苏启权. 用科学发展观指导民主党派机关建设. 团结，2010，(2).

佟一. 民主党派要致力于树立和践行社会主义核心价值体系. 中国统一战线，2010，(4).

刘江东. 浅论科学发展观对参政党提高履职能力之意义. 湖北省社会主义学院学报，2010，(2).

曾锋，黄永礼. 加强民主党派领导班子建设. 安徽日报，2010-04-10 (A02).

范盛任. 加强机关建设是民主党派生存发展之大问题. 团结报，2010-04-13 (008).

龚振东. 学习贯彻科学发展观　提高参政党参政能力. 江苏省社会主义学院学报，2010，(2).

郑小燕. 学习贯彻科学发展观　树立科学参政议政理念. 前进论坛，2010，(3).

辛刚国. 关于民主党派民主监督程序缺陷的思考. 广州社会主义学院学报，2010，(2).

汤策程. 浅谈民主党派成员自身建设. 湖南省社会主义学院学报，2010，(2).

蔡之国. 论民主党派提升提案质量的路径. 江苏省社会主义学院学报，2010，(2).

詹思佳. 重点突出参政议政和民主监督. 银川晚报，2010－03－29 (002).

曾仁端. 谈参政议政工作中的“四个环节”与“三个关系”. 湖北省社会主义学院学报，2010，(2).

民革云南省委. 对民主党派调研工作的几点思考. 云南政协报，2010－03－01 (003).

郭英剑. 民主党派参政议政应突出系统性与专业化. 人民政协报，2010－03－24 (C04).

潘为民. 民主党派机关在参政议政中的组织作用. 团结报，2010－03－30 (008).

秦友莲，黄玲清. 走出党派参政议政的新路. 政协天地，2010，(4).

郑彤艳. 民主党派要在服务“后发先至”中献智尽力. 镇江日报，2010－03－22 (005).

王永庆. 人民政协——民主党派发挥作用的主要平台. 团结报，2010－03－16 (008).

王琳. 开拓民主党派社会服务工作新局面. 团结报，2010－03－16 (008).

黄国先. 浅议如何提高民主党派提案的质量. 团结报，2010－03－16 (008).

高贤芳. 试论马克思主义是民主党派的指导思想. 贵州政协报，2010－04－16 (A03).

游秀凤. 有效发挥民主党派监督作用. 团结报，2010－03－30 (008).

杨汉成. 建设学习型参政党要注意解决认识问题. 齐齐哈尔日报，2010－06－09 (007).

李幸. 要协助参政党建立考核评价和内部监督制度. 重庆日报，2010－06－09 (A02).

李铀. 参政党要建设成为学习型组织. 四川省社会主义学院学报，2010，(2).

梁晓宇. 用社会主义核心价值体系引领参政党文化建设. 山西社会主义学院学报，2010，(2).

刘芳. 建设学习型参政党　建设学习型机关. 团结报，2010－06－12 (001).

曾宪强. 浅谈参政党的民主监督. 湖北省社会主义学院学报，2010，(3).

姚俭建. 参政党核心价值观的定位与构建. 前进论坛，2010，(6).

晓宇. 参政党建设与社会主义政治文明. 四川统一战线，2010，(6).

陈宗沅. 对我国民主党派参政能力建设的三点基本认识. 福建省社会主义学院学报，2010，(3).

张永红. 提升民主党派民主监督效能的思考. 湖北省社会主义学院学报，2010，(3).

张焕金. 增强民主党派民主监督功能效果问题探析. 中央社会主义学院学报，2010，(3).

陈大明，孙基志，曾昭富，鲁昌宏. 从“参政议政三件大事”看民主党派参政能力建设. 政协天地，2010，(6).

胡洪彬. 对中国民主党派参政资源体系的系统分析. 中国矿业大学学报（社会科学版），2010，(2).

黄梅. 关于民主党派基层组织参政议政情况的思考——以云南省为例. 中央社会主义学院学报，2010，(3).

钟勤建，陈智. 民主党派干部考核评价指标体系研究（一）. 四川省社会主义学院学报，2010，(2).

蔡一宁. 论新时期参政党政党文化建设与我国民主政治建设的关系. 上海市社会主义学院学报，2010，(3).

韩芸. 研究进一步加强参政能力建设. 团结报，2010－05－22（001）.

陆栋. 参政党建设的若干问题与对策. 团结，2010，(3).

何志斌. 浅谈新时期参政党学习型机关建设. 江苏省社会主义学院学报，2010，(3).

尹大新. 以岗位责任制为核心　加强民主党派机关建设. 团结报，2010－05－11（008）.

黄天柱. “多党合作与社会团结——民主党派的社会属性与社会基础”研讨综述. 中央社会主义学院学报，2010，(3).

陈永亮. 建立和完善内部监督机制，探索党派机关建设新途径. 团结，2010，(3).

宋琳琳. 关于民主党派组织建设的若干思考. 辽宁省社会主义学院学报，2010，(2).

严凌云. 加强“三力”建设，促进自身发展. 团结，2010，(3).

陈勋儒. 努力提高党派建设科学化水平. 前进论坛，2010，(5).

农工党福建省委会课题组. 以科学发展的理念促进农工党思想建设. 前进论坛，2010，(5).

张大成. 试论增强民主党派自身特色建设的原则及途径. 辽宁省社会主义学院学报，2010，(2).

聂志平. 民主党派思想政治工作的长效机制探析. 党史文苑，2010，(10).

熊长春. 健全机制　加强民主党派队伍建设. 当代江西，2010，(6).

王相红. 略论健全民主党派党内民主和党内监督机制. 湖北省社会主义学院学报，2010，(3).

马鹏程. 务实求真　履职尽责　把党派机关建设提升到新水平. 前进论坛，2010，(6).

钟长安. 大力支持民主党派加强自身建设. 四川统一战线，2010，(5).

陈宗沅. 对我国民主党派参政能力建设的三点基本认识. 福建省社会主义学院学报，2010，(3).

林怀艺. 民主党派在国家政治生活中应发挥的作用. 新视野，2010，(3).

董哲. 民主党派工作的“变与不变”. 天津市社会主义学院学报，2010，(2).

杨佑均. 提高民主党派参政议政水平. 中国统一战线，2010，(5).

王彝伟. 树立和践行社会主义核心价值体系是民主党派的责任. 前进论坛，2010，

（6）.

郑宪. 试析参政党建立党内监督机制的必要性. 广西社会主义学院学报，2010，（3）.

陶迎春. 切实发挥民主党派作用　努力提高创新能力. 内蒙古统战理论研究，2010，（3）.

姚卓文，穗统宣. 加强对成员的思想教育素质培训把民主党派建设成高素质参政党. 广州日报，2010－05－19（001）.

姚俭建. 参政党核心价值观的定位与构建. 前进论坛，2010，（6）.

吴宝志，王远启. 民主党派民主监督有效性的实现路径. 江苏省社会主义学院学报，2010，（3）.

方德实. 关于民主党派民主监督的程序民主问题. 中央社会主义学院学报，2010，（3）.

何从新. 试论将"民主党派代表性"的学理性纳入社会主义核心价值体系. 辽宁省社会主义学院学报，2010，（2）.

方彦明. 和谐社会构建中的民主党派地位功能——基于党际和谐视角. 吉林工商学院学报，2010，（3）.

高美琴. 加强民主党派的监督作用　推进社会主义民主政治进程. 上海市社会主义学院学报，2010，（3）.

方彦明. 利益多元化下的民主党派政治稳定功能探析. 延边大学学报（社会科学版），2010，（3）.

袁斌才. 提高民主党派参政议政水平. 甘肃日报，2010－05－05（007）.

金昊. 对民主党派调研工作的思考. 团结报，2010－05－11（008）.

孙晓玉. 对新时期民主党派基层组织工作的思考. 民主，2010，（5）.

于鹏翔. 如何发挥民主党派在转变方式、科学发展中的作用. 四平日报，2010－06－09（003）.

何志斌，何新军. 民主党派内部监督需完善. 团结报，2010－05－25（008）.

张金榜. 浅谈民主党派践行社会主义核心价值体系的现实意义. 孝感日报，2010－05－24（002）.

胡洪彬，吴玲玲. 论中国民主党派参政资源系统及其优化路径. 福州党校学报，2010，（3）.

张亚娟. 提高参政党民主监督能力是社会主义政治文明建设的必然要求. 人民政协报，2010－07－14（C04）.

童庆平. 参政党利益表达机制建设的路径探析. 广州社会主义学院学报，2010，（3）.

本刊记者. 参政党理论研究的进展与课题. 前进论坛，2010，（7）.

李其春. 建设适应时代要求的参政党机关. 前进论坛，2010，（8）.

王美珍. 当前民主党派自身建设的几个问题探析. 新东方，2010，（4）.

黄文峰. 重视调研工作环节　提高参政议政能力. 湖北省社会主义学院学报，2010，（4）.

陈立. 民主党派树立和践行核心价值体系的若干问题. 广州社会主义学院学报，

2010，（3）.

孙先明. 关于新形势下加强参政党自身建设若干问题的思考. 湖北省社会主义学院学报，2010，（4）.

严以新. 切实加强致公党思想理论建设工作. 团结报，2010－08－17（008）.

姚俭建. 参政党核心价值观的认同及其路径选择. 前进论坛，2010，（7）.

钱灵犀. 费孝通和他的参政党建设思想（上）. 内蒙古统战理论研究，2010，（4）.

吴晋生，冯斌. 中国特色政党制度下的参政党职能规范化研究. 湖北省社会主义学院学报，2010，（4）.

周铁农. 把民革自身建设推向新阶段. 人民日报，2010－08－23（016）.

李玲. 建国初期民主党派政治参与探析. 广州社会主义学院学报，2010，（3）.

农工党四川省委课题组. 民主党派干部考核评价指标体系研究（二）. 四川省社会主义学院学报，2010，（3）.

张义恒. 加强培养民主党派后备干部——自贡市民建后备干部队伍建设调查. 四川统一战线，2010，（8）.

戚红亮. 构建和谐民主党派机关的四个重点. 团结，2010，（4）.

顾思茂，王晓鸣. 理顺关系　明晰职权　各负其责——关于民主党派后备干部队伍培养、选拔、使用机制建设的思考. 中央社会主义学院学报，2010，（4）.

严隽琪. 关于参政党建设的若干思考. 民主，2010，（7）.

张开朗. 积极推动民主党派加强自身建设. 中国统一战线，2010，（8）.

何婉. 完善民主党派培训制度，做实可持续发展基础——关于社会主义学院协助民主党派构建政治交接长效机制的若干思考. 上海市社会主义学院学报，2010，（4）.

吴晋生，冯斌. 中国特色政党制度下的参政党职能规范化研究. 湖北省社会主义学院学报，2010，（4）.

肖俊奇. 参政党与利益整合. 中共浙江省委党校学报，2010，（4）.

郑浩. 做好民主党派组织发展工作的思考. 广西社会主义学院学报，2010，（4）.

胡祥明. 社区民主党派工作的探索与思考. 上海市社会主义学院学报，2010，（4）.

何元庆. 对民主党派加强参政议政能力建设的思考. 上海市社会主义学院学报，2010，（4）.

廖继红. 民主党派树立和践行社会主义核心价值体系的特点及路径分析. 重庆社会主义学院学报，2010，（4）.

杨才明. 对新世纪新阶段民主党派参政议政的思考. 重庆社会主义学院学报，2010，（4）.

王健. 改革开放以来高校民主党派若干问题研究综述. 湖南省社会主义学院学报，2010，（4）.

吴学军. 对民主党派干部"空降"的思考. 四川省社会主义学院学报，2010，（3）.

许道权. 以建设学习型参政党为抓手　推进参政党建设科学化工程. 重庆社会主义学院学报，2010，（4）.

彭镇秋. 学习践行核心价值体系　推动党派参政能力建设. 上海市社会主义学院学

报，2010，（4）.

李建平. 顺应时代发展要求　提高参政议政能力——关于发挥民主党派参政议政作用的思考. 内蒙古统战理论研究，2010，（4）.

张引群，刘丽洁. 新一代民主党派干部培养机制研究. 特区实践与理论，2010，（4）.

陈伯怀. 学习型参政党构建方略. 民主，2010，（8）.

尹红敏. 创新民主党派机关建设　做好后备干部选拔培养. 民主，2010，（7）.

蒋增科. 加强民主党派自身建设巩固统一战线思想基础. 咸阳日报，2010－07－01（002）.

民建上海市静安区委员会. 关于民主党派履行民主监督职能的思考. 上海市社会主义学院学报，2010，（4）.

崔民主. 关于参政党民主监督职能发挥的思考. 云南社会主义学院学报，2010，（3）.

任世红. 民主党派民主监督的历史根据及思想渊源. 江苏省社会主义学院学报，2010，（4）.

民建江苏省学习与理论研究委员会课题组. 构建新型的会内监督机制刍议. 江苏省社会主义学院学报，2010，（4）.

崔来远. 提高民主党派基层组织参政议政能力. 中国统一战线，2010，（7）.

严兴亚. 关于民主党派如何提高参政议政能力的思考. 贵州政协报，2010－07－02（A03）.

田继万. 提升民盟在协商中的参与度影响力——民盟省委加强参政议政能力建设综述. 四川统一战线，2010，（8）.

季婕. 注重发挥专业优势　提高参政议政能力. 湖北省社会主义学院学报，2010，（4）.

胡荣桂. 参政党的广泛性和参政议政职能的发挥. 湖北省社会主义学院学报，2010，（4）.

郑浩. 做好民主党派组织发展工作的思考. 广西社会主义学院学报，2010，（4）.

王丹. 论增强民主党派特色. 福建省社会主义学院学报，2010，（4）.

李霞，葛菁. 谈民主党派践行社会主义核心价值体系的实践途径. 团结报，2010－07－06（008）.

杜青林. 深刻领会和把握民主党派树立践行社会主义核心价值体系的基本内涵. 人民日报，2010－08－27（008）.

蔡兴国. 试析民主党派服务统筹城乡科学发展. 四川统一战线，2010，（8）.

践行社会主义核心价值体系　更好地履行参政党的使命. 焦作日报，2010－08－25（006）.

李光照. 努力建设学习型参政党. 学理论，2010，（28）.

赵雪. 提升能力　促进创新——农工党着力提高省级组织驻会领导干部能力和水平. 前进论坛，2010，（8）.

孙瑞华. 对参政党党内民主建设的一点思考. 上海市社会主义学院学报，2010，（5）.

童若春. 参政党内部监督机制建设探讨. 团结报，2010－09－28（008）.

孙瑞华. 参政党的理论建设与参政党建设理论. 前进论坛，2010，(10).

黄丽滨. 加强参政党能力建设的思考. 前进论坛，2010，(10).

郭福基. 关于民主党派全面加强自身建设的几点认识. 贵州社会主义学院学报，2010，(3).

何志斌. 浅谈新时期参政党机关干部的养成教育. 江苏政协，2010，(9).

张玉秀. 提高民主党派干部自身素质，努力配合执政党中心工作. 海南广播电视大学学报，2010，(3).

钱灵犀. 费孝通和他的参政党建设思想（中）. 内蒙古统战理论研究，2010，(5).

何小平. 提高参政能力的四个着力点. 团结，2010，(5).

许洪玲. 深入学习贯彻科学发展观　不断加强参政党能力建设. 天津市社会主义学院学报，2010，(3).

罗新宪. 试论民主党派基层组织思想建设. 四川统一战线，2010，(10).

崔晓庚. 学习型政党视角下的高校民主党派建设. 辽宁教育行政学院学报，2010，(9).

杨凯宁，刘雅文，王宏. 自身建设结硕果　履行职能谱新篇. 辽宁省社会主义学院学报，2010，(3).

储建增. 充分认识社会主义核心价值体系与民主党派自身建设的密切关系. 河北省社会主义学院学报，2010，(4).

宋琳琳. 民主党派思想建设中存在的问题及对策. 鞍山师范学院学报，2010，(5).

吴棉国. 加强致公党基层组织建设不断推进基层组织工作深入开展. 福建省社会主义学院学报，2010，(5).

民主党派践行社会主义核心价值体系的实践探索. 内蒙古统战理论研究，2010，(5).

杨瑾琪. 试论民进树立和践行社会主义核心价值体系的实践途径. 陕西社会主义学院学报，2010，(4).

郑又贤. 激发参政觉悟　健全参政平台——充分发挥民主党派参政作用的新思考. 福建教育学院学报，2010，(5).

由立宏. 浅析新时期参政党思想建设的特点与着力点. 天津市社会主义学院学报，2010，(3).

彭华. 加强参政能力建设　为社会发展贡献力量. 雅安日报，2010－10－29（001).

王永霞. 加强自身建设　积极建言献策. 酒泉日报，2010－09－14（001).

林仪，张琪. 积极加强自身建设 努力提高履职水平. 人民政协报，2010－10－30（A01).

沈艳. 新世纪新阶段民主党派代表性问题研究. 辽宁省社会主义学院学报，2010，(3).

黄少斌. 建设学习型政党背景下的民主党派建设. 广东省社会主义学院学报，2010，(4).

李劲夫，陈立新. 民主党派代表人士队伍建设问题分析与对策建议. 湖南省社会主义学院学报，2010，(5).

李尊. 当前我国民主党派参政议政能力建设面临的问题及其途径. 东方企业文化，2010，(12).

戚福康. 儒家“和而不同”思想对民主党派党建理论体系建构的认识价值. 湖南科技学院学报，2010，(9).

郭维丽. 加强民主党派基层组织建设的思考. 天津市社会主义学院学报，2010，(3).

刘洋子，郑毅. 论民主党派政治交接中的思想建设. 社会科学家，2010，(10).

张生，祝美. 民主党派基层组织的现状分析与建设思路. 宿州学院学报，2010，(9).

卫小春. 关于建设学习型参政党地方组织的思考. 山西社会主义学院学报，2010，(3).

魏沙平. 社会主义核心价值体系建设与民主党派参政议政. 重庆社会主义学院学报，2010，(5).

刘菊香. 论以文化认同推进民主党派自身建设. 山西社会主义学院学报，2010，(3).

孙学君. 加强民主党派自身建设　切实履行参政党职能. 前进论坛，2010，(10).

杨绪盟. 论民主党派如何树立和践行社会主义核心价值体系. 中央社会主义学院学报，2010，(5).

张文举. 民主党派践行社会主义核心价值体系的路径选择. 江苏省社会主义学院学报，2010，(5).

创建基层组织参政议政新模式　有效提升民主党派参政议政水平. 山西社会主义学院学报，2010，(3).

王淑华. 深入贯彻十六字方针　充分发挥民主监督职能. 辽宁省社会主义学院学报，2010，(3).

周仲天. 民主党派学习社会主义核心价值体系的三重境界. 江苏省社会主义学院学报，2010，(5).

唐华生. 践行社会主义核心价值体系　建设学习型参政党. 攀枝花学院学报，2010，(5).

张辉，杨朔. 宣讲民主党派优良传统. 团结报，2010－10－19（002).

方昀. 民主党派民主监督的宪政维度. 求实，2010，(10).

周洪宇. 论民主党派参政议政及民主监督作用的发挥. 湖北省社会主义学院学报，2010，(5).

田晓玉. 大连市民主党派在民主监督过程中存在的问题及对策研究. 大连干部学刊，2010，(10).

李微微. 谈谈我国民主党派的民主监督问题. 中国统一战线，2010，(10).

李进权. 做好参政议政工作，是民主党派最基本最重要的政治任务. 民主，2010，(10).

陈文胜. 论新形势下的民主党派监督与反腐败斗争. 唯实，2010，(10).

陈紫英. 树立和践行社会主义核心价值观　开拓民盟参政议政工作新局面. 内蒙古统战理论研究，2010，(5).

李庆诚. 新时期参政党成员政治修养与能力培养思考. 天津市社会主义学院学报, 2010, (3).

白娜, 沈丹萍. 哲学视域下民主党派核心价值观研究意义解析. 辽宁省社会主义学院学报, 2010, (4).

冯海波. 学习型参政党的内在规定与建设原则. 重庆社会主义学院学报, 2010, (5).

钟瑞华. 试论民主党派参政议政的合法性. 江苏省社会主义学院学报, 2010, (5).

黄少斌. 建设学习型政党背景下的民主党派建设. 广东省社会主义学院学报, 2010, (4).

罗新宪. 试论民主党派基层组织思想建设. 四川统一战线, 2010, (10).

张玉秀. 提高民主党派干部自身素质, 努力配合执政党中心工作. 海南广播电视大学学报, 2010, (3).

史津. 浅谈民主党派成员如何在新时期发挥重要作用. 天津市社会主义学院学报, 2010, (3).

耿相魁. 健全民主党派内部监督机制的途径. 团结, 2010, (5).

冯筱白. 关注民生是民主党派基层组织履职重要内容. 团结报, 2010-10-19 (008).

李光照. 努力建设学习型参政党. 学理论, 2010, (28).

魏茂森, 林晖. 新时期民主党派成员思想态势浅析. 汕头日报, 2010-09-06 (006).

何建昆, 石光树. 继承优良传统　坚定理想信念. 科技日报, 2010-11-25 (011).

常楷. 试论协商民主视野中的参政党建设. 浙江传媒学院学报, 2010, (6).

刘美娟. 科学发展观与参政党建设. 黑龙江省社会主义学院学报, 2010, (4).

李晓艳. 学习型参政党组织是民主党派建设的重要目标. 上海市社会主义学院学报, 2010, (6).

郭层城. 以主题活动为载体, 建设学习型参政党. 团结, 2010, (6).

张世坤. 新时期关于参政党核心价值观建设的探讨. 福建省社会主义学院学报, 2010, (6).

徐波. 民革地方组织建设中存在的几个问题. 团结, 2010, (6).

农工党河北省委会. 民主党派建言献策与自身建设. 前进论坛, 2010, (11).

李芬. 参政党建设目标的新内涵与建设原则. 湖北省社会主义学院学报, 2010, (6).

何一立. 坚持"四个着眼", 把握"四个抓手", 加强参政能力建设. 团结, 2010, (6).

张美云. 民主党派思想建设方法论. 江苏省社会主义学院学报, 2010, (6).

刘芳. 新时期加强民主党派参政能力建设探析. 长春理工大学学报, 2010, (11).

李波. 关于参政党理论建设问题的思考. 辽宁省社会主义学院学报, 2010, (4).

吴艳春. 参政党建设中存在的问题及成因探析. 天津市社会主义学院学报, 2010, (4).

陈肖勤. 浅议民主党派保持自身特色. 前进论坛, 2010, (11).

王智华. 民主党派机关在参政议政中的义务和作用. 辽宁省社会主义学院学报，2010，(4).

杨雪燕. 民主党派在人民政协服务祖国统一大业中大有可为. 四川省社会主义学院学报，2010，(4).

胡洪彬. 论民主党派参政议政的科学化. 山西社会主义学院学报，2010，(4).

胡洪彬. 挑战与应对：民主党派参政议政的科学化. 黑龙江省社会主义学院学报，2010，(4).

李仁质. 关于民主党派树立和践行社会主义核心价值体系的思考. 湖北省社会主义学院学报，2010，(6).

贺俊春，周玥. 论社会主义核心价值体系与参政党成员的文化认同. 湖北省社会主义学院学报，2010，(6).

杨雪燕. 新形势下参政党基层组织建设若干问题的思考. 福建省社会主义学院学报，2010，(6).

刘长青. 参政党可持续发展面临的机遇与挑战. 前进论坛，2010，(12).

阮黄南. 参政党要为构建和谐社会发挥重要作用. 中共银川市委党校学报，2010，(6).

赵荣国，张亚娟. 参政党内部监督机制的构建是我国监督体系的进一步完善. 前进论坛，2010，(12).

徐宗俦. 实现民主党派组织建设新突破的一点思考. 贵州社会主义学院学报，2010，(4).

崔晓庚. 略论建设学习型参政党. 沈阳师范大学学报（社会科学版），2010，(6).

丁晓丽. 关于构建参政党内部监督制度的探索. 天津市社会主义学院学报，2010，(4).

李志坚. 试论我国参政党与司法的关系. 中央社会主义学院学报，2010，(6).

李物让，李弦. 论参政党成员的社会主义核心价值体系培育. 湖北省社会主义学院学报，2010，(6).

汪俞佳. 做好参政议政的生力军. 人民政协报，2010－11－19（A03).

徐宗俦. 实现民主党派组织建设新突破的一点思考. 贵州社会主义学院学报，2010，(4).

郑永丰. 民主党派树立和践行社会主义核心价值体系刍议. 辽宁省社会主义学院学报，2010，(4).

张运能. 完善民主党派经费保障机制. 会计师，2010，(12).

钱灵犀. 费孝通和他的参政党建设思想（下). 内蒙古统战理论研究，2010，(6).

周贤山. 论民主党派建设学习型参政党. 江苏省社会主义学院学报，2010，(6).

袁廷华. 参政党核心价值观探析. 民主，2010，(6).

尉英. 人才自古要养成，放使干霄战风雨——用社会主义核心价值体系锻造民主党派干部队伍. 传承，2010，(33).

蒙研. 社会主义核心价值体系建设与民主党派实践. 民主，2010，(11).

王斌，王晓晴. 高校民主党派思想政治工作模式的创新与实践. 辽宁省社会主义学院学报，2010，(4).

王娟，李凡. 加强高校民主党派基层组织建设的思考. 黑龙江省社会主义学院学报，2010，(4).

齐莹，李建. 当代中国民主党派自身建设问题探究. 三峡大学学报（人文社会科学版），2010，(S2).

民主党派建言献策与自身建设. 前进论坛，2010，(11).

民主党派的一项长期战略任务——树立和践行社会主义核心价值体系浅谈. 前进论坛，2010，(12).

王智华. 民主党派机关在参政议政中的义务和作用. 辽宁省社会主义学院学报，2010，(4).

王鲁彬. 顺应时代发展新要求　推进民主党派机关执行力建设. 民主，2010，(12).

林时平. 加强民主党派自身建设须从基层抓起. 汕头日报，2010－11－22（006).

童萱. 不断推进参政党自身建设. 团结报，2010－11－16（002).

李亦恩. 民主党派建设高素质参政党. 岳阳晚报，2010－11－09（002).

张金镝，张焕金. 加强参政党的参政议政能力建设. 黑龙江省社会主义学院学报，2010，(4).

苏文金. 用科学发展观指导地方党派领导班子建设. 前进论坛，2010，(12).

张宏艳. 充分发挥民主党派的参政党功能. 湖北省社会主义学院学报，2010，(6).

侯天佐. 当前民主党派基层组织建设存在的主要问题及对策建议. 大连干部学刊，2010，(12).

吴锦旗. 论权力分享和运作机制下的民主党派参政议政. 陕西行政学院学报，2010，(4).

陈肖勤. 浅议民主党派保持自身特色. 前进论坛，2010，(11).

赵吉光. 民主党派如何树立和践行社会主义核心价值体系. 前进论坛，2010，(11).

朱桂华. 构建新时期民主党派核心价值观的思考. 华兴时报，2010－11－11（002).

民主党派建言献策与自身建设. 前进论坛，2010，(11).

曹雪蓉. 民主党派要切实履行参政党职能. 南充日报，2010－11－18（001).

杨君武. 民主党派成员参政素质探究. 文史博览（理论），2010，(12).

孟凤英. 民主党派树立和践行社会主义核心价值体系的途径探析. 重庆社会主义学院学报，2010，(6).

韦荣庆，兰建丽. 以政治交接促进民主党派履行职能. 团结报，2010－02－23（008).

刘洋子，郑毅. 论民主党派政治交接中的思想建设. 社会科学家，2010，(10).

李江. 推动高校民主党派组织顺利实现政治交接的思考. 学理论，2010，(31).

中共张掖市委统战部. 凝聚党派力量 推动科学发展. 民主协商报，2010－10－22（007).

孙燕平，郑剑辉. 对民主党派新成员成长机制的探索. 上海市社会主义学院学报，

2010，(6).

张引群，刘丽洁. 新一代民主党派干部培养机制研究. 特区实践与理论，2010，(4).

陈松林，张响珍. 社会转型时期加强民主党派思想政治工作的思考. 长江大学学报（社会科学版），2010，(3).

吴娟. 加强自身建设　提高参政议政能力. 泸州日报，2010-01-21（002).

李洁. 加强民主党派自身建设的思考. 团结报，2010-01-19（008).

周芳. 努力建设高素质的学习型参政党. 张家界日报，2010-03-04（005).

钱波东. 长期共存八十载 肝胆相照谱新篇. 孝感日报，2010-08-04（005）

桑国卫. 继承和发扬优良传统　积极发挥参政党作用. 人民日报，2010-08-09（012).

桑国卫. 坚持把发展作为参政议政的第一要务. 人民日报，2010-08-23（016).

黄志贤. 全面加强台盟自身建设. 团结报，2010-08-31（008).

曾瑜. 向着高素质的参政党不断迈进. 云南政协报，2010-07-05（008).

徐侃. 增强参政意识　认真履行职能. 安庆日报，2010-08-10（001).

李德强. 继承和发扬民革优良传统 为中国特色社会主义事业作出新贡献. 联合日报，2010-09-27（003).

杨汉成. 建设学习型参政党　注意解决三个问题. 衡阳日报，2010-04-19（006).

严隽琪. 努力提高自身建设和履行职能的水平. 人民日报，2010-08-23（016).

吴凌平. 履行参政党职能　积极建言献策. 广西日报，2010-01-30（003).

杨绍求. 认真践行核心价值体系　深化民进会员思想建设. 贵州政协报，2010-05-14（A03).

卫小春. 以核心价值体系指导民主党派工作. 团结报，2010-07-06（008).

杨蕊，姜健. 发扬优良传统　履行参政职能. 牡丹江日报，2010-08-07（001).

严以新. 切实加强致公党思想理论建设工作. 团结报，2010-08-17（008).

刘培现. 加强自身建设 积极建言献策. 大同日报，2010-08-28（001).

陈治平，吕瑞东. 加强自身建设　提高履职能力. 吉林日报，2010-09-26（002).

韩金伟. 加强参政能力建设. 团结报，2010-12-07（001).

宋琳琳. 民主党派领导班子建设存在问题及对策. 辽宁行政学院学报，2010，(11).

张义恒. 加强培养民主党派后备干部——自贡市民建后备干部队伍建设调查. 四川统一战线，2010，(8).

郑浩. 做好民主党派组织发展工作的思考. 广西社会主义学院学报，2010，(4).

马天利. 关于做好参政议政工作的几点体会. 团结报，2010-02-02（008).

刘芳. 建设学习型参政党　建设学习型机关. 团结报，2010-06-12（001).

刘立，初霞. 履行职能更好参政议政. 哈尔滨日报，2010-07-16（002).

周铁农. 学习践行社会主义核心价值体系 把民革自身建设推向新阶段. 团结报，2010-08-10（001).

卫小春. 用社会主义核心价值体系指导民主党派工作. 山西政协报，2010-08-27（00C).

靳文. 参政党成员要有三种意识. 团结报, 2010－09－23 (001).

李亦恩. 民主党派建设高素质参政党. 岳阳晚报, 2010－11－09 (002).

陈建中. 社会生态视阈中的参政党发展及功能调适优化. 中共杭州市委党校学报, 2010, (3).

胡少云. 民主党派进步性问题研究. 前进论坛, 2010, (6).

4. 国外政党研究和比较研究

代金平, 唐海军. 前苏东社会主义国家多党合作制的实践及其影响探析. 当代世界与社会主义, 2010, (1).

刘艳. 新加坡执政党经验对我党建设的启示. 理论学习, 2010, (4).

秦国辉. 试论中西方政党制度的异同. 江苏省社会主义学院学报, 2010, (3).

顾文浩. 中美政党制度之价值认知比较. 上海市社会主义学院学报, 2010, (3).

揭晓海, 张晓波. 试论现代政党制度与民主的政治性. 中国电力教育, 2010, (7).

高奇琦. 西方协商民主理论中政党因素的缺位及其修正. 华东政法大学学报, 2010, (2).

代金平, 唐海军. 当今部分发展中国家执政党面临的政治民主压力及应对方略. 当代世界与社会主义, 2010, (5).

严海兵. 从迪韦尔热法则到混合选举制: 西方学界对选举制度与政党制度关系的研究. 中国社会科学报, 2010－04－15 (006).

孙照红. 中国民主党派的性质与特色——与世界政党比较的视角. 重庆社会主义学院学报, 2010, (2).

宋效峰. 历史合力作用下的马来西亚政党制度. 东南亚南亚研究, 2010, (3).

赵晓昕. 台湾地区政党制度演变原因浅析. 思想理论教育导刊, 2010, (6).

高奇琦. 迪维尔热法则在印度政党体系中的应用及其修正. 国际论坛, 2010, (2).

游宏炳. 美国的政治制度为何其他国家难以效仿. 前进论坛, 2010, (2).

高放. 三论社会主义国家的政党制度——关于社会主义多党制之近见. 探索, 2010, (2).

丁忠兰, 余艾力. 试论瑞典的政党制度与议会选举的模式. 中央社会主义学院学报, 2010, (6).

孙琳. E. E. 谢茨施耐德生平及其政党思想产生背景. 法制与社会, 2010, (6).

王志连, 姬文刚. 东欧国家共产主义后继党: 概念、演变与影响因素. 科学社会主义, 2010, (5).

安静静. 关于俄罗斯政党制度的思考. 知识经济, 2010, (11).

李燕, 何宛昱. 苏维埃政权初期列宁的基层党组织建设理论与实践. 西伯利亚研究, 2010, (1).

靳晓光. 中西方执政党党内民主发展的差异性及经验启示探析. 求实, 2010, (4).

陶元浩. 试论新加坡政党体制及经验启示. 东南亚南亚研究, 2010, (2).

林怀艺. 国外社会主义政党制度及其与中国的比较. 山西社会主义学院学报, 2010,

(4).

林晓光．2009年日本众议院选举与日本政治的发展变化．和平与发展，2010，(2).

任思国．中西政治制度的主要异同．边疆经济与文化，2010，(7).

齐春雷．西方政党制度的民意代表及其启示．中央社会主义学院学报，2010，(4).

邝志勇．中西政党制度结构与功能的差异．广西社会主义学院学报，2010，(2).

邝志勇．从结构和功能视角比较中西政党制度形态差异．吉林省社会主义学院学报，2010，(2).

王莉．文化及其差异是政党制度差异性的深层因素．中共石家庄市委党校学报，2010，(1).

关贵海．俄罗斯政治变迁的历史和思想基础及其走向．国际政治研究，2010，(1).

李寒梅．三十年来日本的政治转型与政党体制变化．国际政治研究，2010，(1).

杨鲁慧，宋国华．民主转型中的韩国政党政治．东北亚论坛，2010，(5).

蒯正明，杨新宇．国外主要政党制度资源建设的经验借鉴．天津行政学院学报，2010，(4).

孙承．试析日本鸠山内阁的政治与外交．国际问题研究，2010，(2).

周淑真，冯永光．美国政党组织体制运行机制及其特点．当代世界与社会主义，2010，(3).

徐海燕．俄罗斯政党发展与社会政治心态．重庆社会主义学院学报，2010，(3).

马岭．政党执政后的存在形式．南阳师范学院学报，2010，(5).

项焱．政党执政方式比较研究．求索，2010，(10).

杨云珍．当代西欧极右翼政党研究评述．国际关系学院学报，2010，(2).

蒯正明．国外主要政党关于意识形态资源建设的经验启示．理论与改革，2010，(1).

周承．以色列国内苏联犹太移民政党的成因及影响．西亚非洲，2010，(8).

宁德强，雷屿．国外政党软实力建设对中国共产党的借鉴和启示．西安社会科学，2010，(1).

贾旭阳．外国政党动态．当代世界，2010，(7).

李少金．吸取世界政党沉浮教训　不断加强党的自身建设．黑龙江省社会主义学院学报，2010，(2).

孙敬亭．中东欧国家的右翼政党：特点和意识形态．马克思主义研究，2010，(8).

熊俊莉．从政治献金视角看台湾政党的选举策略．两岸关系，2010，(10).

王彦敏．以色列政党政治演变中宗教政党角色地位的变化．历史教学（下半月刊），2010，(12).

董永在．当代世界政党的民生实践及其启示．江南社会学院学报，2010，(3).

王芳艳．中外两种政党制度形态的比较分析．学理论，2010，(13).

朱松岭．ECFA生效后台湾政党发展趋势．观察与思考，2010，(10).

Findlay A. Nicol．英国选举面面观．走向世界，2010，(16).

黄政．南非选举制度简介．西亚非洲，2010，(7).

陈爱茹．波罗的海三国共产主义政党发展现状．党建，2010，(4).

邵平和. 以色列议会制特点探析. 山东人大工作, 2010, (12).

任严. 瑞士的协商民主. 吉林人大, 2010, (11).

李军. 公民社会的崛起与国外执政党的应对之道. 当代世界与社会主义, 2010, (1).

仇朝兵. 选举援助与民主发展: 美国的选举援助对印度尼西亚民主化进程的影响. 哈尔滨工业大学学报（社会科学版）, 2010, (6).

拉法兰・西蒙, 张春颖. 为什么西方没有向左走. 当代世界与社会主义, 2010, (4).

蒯正明, 杨新宇. 国外主要政党社会资源建设的经验借鉴. 南阳师范学院学报, 2010, (5).

朱世海. 论香港的政党演进与政治发展的关系. 中央社会主义学院学报, 2010, (3).

埃利斯・S. 克劳斯, 罗伯特・J. 佩卡宁, 刘智利. 日本自民党的兴衰. 国外理论动态, 2010, (6).

张春颖. 法国社会党活动分子的转变. 国外理论动态, 2010, (1).

范秋迎. 国外政党加强主流意识形态建设的做法、特点及启示. 扬州大学学报（人文社会科学版）, 2010, (1).

张延. 美国两党制的困境. 法制与社会, 2010, (17).

刘聚. 左翼溃败　右翼独大——2010 年匈牙利议会大选初析. 当代世界, 2010, (6).

靳呈伟. 政党研究的生态分析视角. 当代世界与社会主义, 2010, (6).

张莉. 再议"海德尔现象". 国际论坛, 2010, (4).

雷钰. 以色列议会选举制的特点. 世界历史, 2010, (3).

杨鲁慧, 宋国华. 民主转型中的韩国政党政治. 东北亚论坛, 2010, (5).

张宁. 日本公明党"人性的社会主义"浅析. 聊城大学学报（社会科学版）, 2010, (2).

李宏. 欧盟层面政党: 构成、功能及其走势. 当代世界社会主义问题, 2010, (1).

聂平平, 武建强. 西方政党适应性问题理论述评. 新视野, 2010, (4).

王鹏. 巴西大选和巴西政党格局. 拉丁美洲研究, 2010, (6).

李华锋. 英国工党政坛沉浮特点的宏观解读. 淮北煤炭师范学院学报（哲学社会科学版）, 2010, (1).

葛丽. 英国工党组织体系现代化改革论析. 学校党建与思想教育, 2010, (5).

莫里斯・罗萨比, 陈高华. 蒙古人民革命党的转变. 国外理论动态, 2010, (4).

韩隽. 哈萨克斯坦政党体制变迁的影响因素分析. 新疆社会科学, 2010, (2).

高奇琦. 政党信任研究的缘起与内涵——兼论中国政党信任模式的转型. 探索, 2010, (3).

卞晶. 当代韩国政党政治民主化的变迁特征——以卡特尔政党理论为分析视角. 当代韩国, 2010, (2).

高奇琦. 试论欧洲政治中政党与公民社会的相互转化趋势. 社会主义研究, 2010, (5).

刘红凛. 政党提名制分类与比较. 当代世界与社会主义, 2010, (5).

刘向东. 当代日本利益集团对政党政治的影响分析. 资治文摘（管理版）, 2010,

(3).

靳呈伟. 再谈拉美共产党未能获取政权的原因——基于外部生态资源的视角. 社科纵横，2010，(11).

范鸿达. 关于伊朗人民党的探讨. 当代世界社会主义问题，2010，(4).

陶元浩. 试论新加坡政党体制及经验启示. 东南亚南亚研究，2010，(2).

刘宝全. 韩国的地方选举和政党参与. 当代韩国，2010，(2).

朱昔群. 当代世界政党制度：制度类型与运行机制的相关性研究. 当代世界与社会主义，2010，(5).

胡鹏. 论中西政党制度的差异. 现代商贸工业，2010，(23).

徐海燕. 社会政治心态视角中的俄罗斯政党政治. 当代世界社会主义问题，2010，(2).

王建波. 试论魁北克的政党集资立法. 上饶师范学院学报，2010，(1).

樊睿. 中西政党涵义比较. 赤峰学院学报（汉文哲学社会科学版），2010，(8).

李斌. 通向社会主义的波兰道路的启示——以政党执政规律为视角. 价值工程，2010，(22).

吴克燕. 劳里埃与加拿大自由党. 黑龙江史志，2010，(1).

刘红凛. 政党规范的形式与效力. 上海行政学院学报，2010，(3).

刘志明. 列宁的无产阶级政党思想及其当代意义. 马克思主义研究，2010，(11).

赵雪. 政党体制计数标准浅析——兼评 G. 萨托利《政党与政党体制》. 人民论坛，2010，(35).

徐艳. 政党执政权力的产生和实现——基于国家与社会关系的研究视角. 学理论，2010，(11).

王芳艳. 中外两种政党制度形态的比较分析. 学理论，2010，(13).

刘雪影，朱新现. 对政党执政规律的探源与反思. 长白学刊，2010，(3).

安静静. 关于俄罗斯政党制度的思考. 知识经济，2010，(11).

龚妍，兴盛. 世界政党发展走势与我国政党的现代化建设. 新长征，2010，(1).

魏伟. 外国政党塑造自身公众形象的动因及做法. 当代世界，2010，(12).

高奇琦. 西方协商民主理论中政党因素的缺位及其修正. 华东政法大学学报，2010，(2).

高奇琦. 泰国政党模式的变迁与民主巩固. 南洋问题研究，2010，(2).

赵宬斐. 西方另类政党的发展向度及后现代性特质浅析. 领导科学，2010，(29).

邓亦武，张木森. 国民党以党治国政治体制研究——以威权主义为视角. 武汉理工大学学报（社会科学版），2010，(5).

管华. 绿党对传统政党的超越与回归. 郧阳师范高等专科学校学报，2010，(5).

许晓光. 明治前期日本“政党”观念的产生. 日本学刊，2010，(6).

徐海燕. 俄罗斯政党发展与社会政治心态. 重庆社会主义学院学报，2010，(3).

李斌. 战后初期波兰工人党与社会党基本主张的相近性及其启示. 价值工程，2010，(16).

哈全安. 土耳其共和国政党政治的演变. 南开学报（哲学社会科学版），2010，(5).

高敏娥. 理性看待西方政党的执政方式. 党政干部学刊，2010，(1).

林怀艺. 国外社会主义政党制度及其与中国的比较. 山西社会主义学院学报，2010，(4).

刘强. 中西政党制度功能的再思考. 广东省社会主义学院学报，2010，(4).

徐锋. 巴西、阿根廷政党政治与经济社会发展之关系. 上海市社会主义学院学报，2010，(6).

高奇琦. 迪维尔热法则在印度政党体系中的应用及其修正. 国际论坛，2010，(2).

朱世海. 香港政党与香港特别行政区政府的关系取向. 岭南学刊，2010，(3).

赵晓昕. 台湾地区政党制度演变原因浅析. 思想理论教育导刊，2010，(6).

方旭飞. 试论拉美印第安人运动与左派政党. 拉丁美洲研究，2010，(4).

卞晶. 朝鲜半岛南北关系发展与韩国政党政治演变. 辽东学院学报（社会科学版），2010，(1).

陈慧斌. 日本政党制度改革及发展趋势. 中共太原市委党校学报，2010，(6).

林冈，储俊庚. 台湾政党再次轮替的深层原因. 台湾研究集刊，2010，(1).

唐慧. 印度尼西亚伊斯兰教政党的崛起及其发展前景. 东南亚纵横，2010，(5).

冷慧. 从“两个半政党制”到“流动五党制”——德国政党体制的类型转变?. 德国研究，2010，(2).

郑宪. 国外政党监督运行机制剖析及对我国民主监督的启示. 中央社会主义学院学报，2010，(5).

徐晓冬，曹洋. 西方政党现状分析. 沈阳干部学刊，2010，(5).

轩传树. 欧洲左翼政党现状分析——基于欧洲议会选举的研究. 社会科学，2010，(1).

方柏华，王景玉. 世界政党发展视角下的党内民主. 科学社会主义，2010，(4).

周尚文. 苏共在党建中的疏失及其教训. 毛泽东邓小平理论研究，2010，(5).

徐伟杰. 从列宁号召学习到建设学习型政党. 中国商界（上半月），2010，(10).

顾玉兰. 论列宁关于执政党密切联系群众的重要思想. 盐城师范学院学报（人文社会科学版），2010，(5).

杨萍. 论列宁对无产阶级政党党内民主建设的理论贡献. 东岳论丛，2010，(11).

付夏婕. 西方政党依法执政模式中的经验考察. 岭南学刊，2010，(6).

陆怡清. 国外政党党内民主选举建设的实践. 党政论坛，2010，(12).

徐斌. 政党在美国政治生活中的作用和影响. 当代世界，2010，(3).

段皎琳. ECFA议题下台湾政党互动分析. 世界经济与政治论坛，2010，(2).

赵宬斐，宋坚刚. 西方政党意识形态的发展理路. 学术界，2010，(5).

蒯正明. 国外主要政党经济资源建设的经验借鉴. 中共天津市委党校学报，2010，(4).

向文华. 国外政治学界主导政党体制研究述评. 当代世界社会主义问题，2010，(2).

詹素平，张西山. 马克思主义执政党建设理论创新发展研究述评. 深圳大学学报（人文社会科学版)，2010，(4).

王翠娟. 论马克思主义执政党的思想理论建设. 学理论，2010，(23).

李兴耕. 俄罗斯四大议会政党的意识形态比较研究. 中共天津市委党校学报，2010，(5).

吴茜. 苏联解体后外高加索三国的社会主义运动：现状和前景. 当代世界社会主义问题，2010，(3).

王本立. 19 世纪英国犹太人政党取向的演变. 探索与争鸣，2010，(11).

轩传树，朱美荣. 全球金融危机背景下的欧洲极左政党现状分析. 科学社会主义，2010，(6).

陈小斌. 国外一些政党基层组织建设的新举措及启示. 上海党史与党建，2010，(3).

赵珂. 国外一些政党党内选举的新举措、特征及其启示. 上海党史与党建，2010，(4).

徐海燕. 俄罗斯政党政治发展的另类视角——从社会政治心态的角度分析. 当代世界，2010，(5).

董卫华. 冷战结束 20 年后的世界政党政治发展趋向. 当代世界与社会主义，2010，(2).

刘丽利. 马克思关于政党制度的主要观点及中国共产党的理论贡献. 吉林省社会主义学院学报，2010，(1).

李华锋. 英国工党性质的三维解读. 理论导刊，2010，(7).

蒯正明，杨新宇. 论李普塞特执政合法性与执政有效性理论与启示. 中共四川省委党校学报，2010，(3).

李果仁，王雪. 西方政党党内民主的主要做法及启迪. 上海党史与党建，2010，(8).

吴克峰. 世界政党政治发展中的反对党理论与实践研究述评. 理论学刊，2010，(8).

谢峰. 中西政党党内民主发展态势比较. 记者观察（上半月)，2010，(10).

贾旭阳. 外国政党动态. 当代世界，2010，(9).

李华锋. 论第一次世界大战与英国工党政坛崛起的关系. 聊城大学学报（社会科学版)，2010，(5).

黄明哲. 国外政党执政理念与中国共产党执政理念发展轨迹的启示. 福州党校学报，2010，(5).

金波. 论作为法国共产党理论创新的“新共产主义”. 国际关系学院学报，2010，(5).

张殿兴. 俄共体制对中国国民党改组的影响. 广东社会科学，2010，(6).

何良苏. 国外执政党自身变革的经验给我们的思考. 理论与当代，2010，(2).

张书林. 论马克思主义政党先进性与阶级基础的互动——基于对革命导师党的先进性思想进行探究的视角. 大连干部学刊，2010，(3).

乔林生. 从“世袭政治”看日本民主的实像. 南开学报（哲学社会科学版)，2010，(1).

兰世保. 评析西方政党之间的“潜规则”：合法反对原则. 哈尔滨学院学报，2010，

(1).

刘长江. 政党的转型与政党的卡特尔化. 江苏行政学院学报，2010，(1).

何良苏. 国外执政党自身变革经验给予我们的思考. 中共山西省委党校学报，2010，(2).

何良苏. 关于国外执政党自身变革经验的思考. 攀登，2010，(2).

吴常柏. 浅析西方发达国家政党执政方式及其启示. 河南科技，2010，(4).

林晓光. 2009 年日本众议院选举与日本政治的发展变化. 和平与发展，2010，(2).

顾文浩. 中美政党制度之价值认知比较. 上海市社会主义学院学报，2010，(3).

高奇琦. 西方政党政治中的弱势群体正义与协商民主. 广东行政学院学报，2010，(3).

曹天禄，余维海. 民主党执政与日本共产党的新定位. 当代世界与社会主义，2010，(4).

牛艳香. 西欧社会党党内监督特点探析. 上海党史与党建，2010，(7).

张才国. 冷战后发达资本主义国家共产党意识形态研究. 天津师范大学学报（社会科学版），2010，(4).

张凡. 巴西劳工党——盛开在拉丁美洲的一朵左翼政党奇葩. 党建，2010，(9).

席丹丹. 俄罗斯政治转型中的俄共角色探析. 世纪桥，2010，(17).

邱少明. 新加坡人民行动党组织建设科学化析论. 中共桂林市委党校学报，2010，(3).

郝宇青. 苏共缘何不能成为学习型政党?. 马克思主义与现实，2010，(5).

贾旭阳. 外国政党动态. 当代世界，2010，(11).

任中义，马素贞. 新中国中国共产党与西方社会党的关系流变与启示. 重庆交通大学学报（社会科学版），2010，(5).

李军. 国外执政党对发展模式的选择与创新. 当代世界与社会主义，2010，(1).

李军. 社会利益多元化与国外执政党维护社会公正之策. 当代世界与社会主义，2010，(1).

李军. 国外执政党自身建设面临的挑战及其应对. 当代世界与社会主义，2010，(1).

静好. 日本新党林立现象令人瞩目. 当代世界，2010，(9).

林怀艺. 列宁关于党的中央机关设计思想. 马克思主义研究，2010，(3).

郭小沙. 德国社民党锐意改革：重塑“全民党”形象. 当代世界，2010，(4).

胡水，李军刚. 论马克思恩格斯的党内民主思想及其现实意义. 边疆经济与文化，2010，(4).

刘书林. 论共产党与社会党名称蕴含的本质区别. 马克思主义研究，2010，(4).

毛杰. 费边社对初期英国工党的影响（1900—1918）. 网络财富，2010，(6).

赵伯英. 英国大选和新政府面临的挑战. 当代世界，2010，(6).

张莉. 全民党危机、政治机会与德国左翼党的前景. 当代世界与社会主义，2010，(3).

罗凌莎，贺安民. 革新开放以来越南共产党加强自身建设举措探析. 传承，2010，

(18).

李斌. 波兰工人党与社会党合作的思想基础及其启示. 商洛学院学报，2010，(3).

杨智平. 中越党内马克思主义理论教育比较研究. 湘潮（下半月），2010，(7).

刘景岚. 国民党与台湾政治转型的内在关联性探析. 社会科学战线，2010，(6).

李果仁. 西方网络党的发展轨迹及借鉴意义. 天津行政学院学报，2010，(6).

王月金. 泰国：弥合社会裂痕还有多长的路要走. 中国经济时报，2010－05－25(004).

贺蕊玲. 中东欧"共产主义后继党"执政的经验教训. 学术论坛，2010，(10).

董翊彤. 列宁晚年对执政党建设理论的探索. 学理论，2010，(34).

鲁洋，李景平. 列宁时期党内民主研究述评. 延边党校学报，2010，(6).

丁忠兰，余艾力. 试论瑞典的政党制度与议会选举的模式. 中央社会主义学院学报，2010，(6).

王建礼. 苏东剧变以来巴西共产党对社会主义的新探索. 当代世界社会主义问题，2010，(4).

李广民，欧斌. 从与日本民主党的交流看中共政党外交. 中共党史研究，2010，(2).

向国华. 21世纪初法国社会党对社会主义理论的探索. 社会主义研究，2010，(1).

夏纪媛. 保加利亚社会党2009年大选失利的原因. 国际关系学院学报，2010，(2).

庞卫东. 行动党参加1964年马来西亚大选及其影响. 东南亚南亚研究，2010，(1).

靳呈伟. 也谈拉美共产党未能获取政权的原因——基于内部生态资源的视角. 社会主义研究，2010，(2).

吴辉. 用世界眼光看执政党建设的基本经验. 理论参考，2010，(3).

贾旭阳. 外国政党动态. 当代世界，2010，(5).

西方政党建设和利用网络的特点及启示. 吉林省社会主义学院学报，2010，(1).

王喜满. 希腊共产党的社会主义观. 江西师范大学学报（哲学社会科学版），2010，(2).

康晏如. 白俄罗斯共产主义运动的理论与实践. 马克思主义研究，2010，(5).

李伟. 欧洲社会民主党的历史嬗变及其阶级基础分析. 湖北社会科学，2010，(6).

田德文. 英国告别两党制?. 中国企业家，2010，(11).

富荣. 关于德国绿党新生态理论的新思考. 改革与开放，2010，(8).

马俊威. 从民主党更换首相看日本政局走向. 亚非纵横，2010，(4).

柴尚金. 国外执政党加强执政体制建设的主要做法. 中国浦东干部学院学报，2010，(3).

张维为. 西方民主已经演变成"游戏民主". 求是，2010，(14).

龚云. 一部全面了解墨西哥政党政治发展的重要著作——评《墨西哥革命制度党的兴衰》. 拉丁美洲研究，2010，(3).

尹文清. 全球化背景下日本共产党党建研究. 中国特色社会主义研究，2010，(4).

贾旭阳. 外国政党动态. 当代世界，2010，(8).

徐万胜. 论政官关系与日本民主党政权. 日本学刊，2010，(4).

黄建明. 苏共权力监督的历史教训及其启示. 中共青岛市委党校. 青岛行政学院学报，2010，(4).

项平. 国外共产党组织基本情况. 新湘评论，2010，(14).

钟合. 希腊共产党：坚持为社会主义不懈奋斗. 新湘评论，2010，(14).

吴昊. 恩格斯正确开展党内斗争思想探析. 中共南昌市委党校学报，2010，(4).

高晓惠. 俄罗斯政党发展的新变化. 国外理论动态，2010，(8).

陈虹. 浅析日本民主党的崛起及其对我国的启示. 广东工业大学学报（社会科学版），2010，(4).

王楠. 列宁的执政党建设思想及指导意义. 传承，2010，(33).

张荣臣. 政党民主的中西比较. 人民论坛，2010，(3).

李薇，张伯玉，高洪，林晓光，冯昭奎，吕耀东，吴怀中. 参议院选举后的日本政局. 日本学刊，2010，(5).

李筠. 2010 年大选后的英国政党政治. 国外理论动态，2010，(9).

禚明亮. 澳大利亚共产党对社会主义的最新探索. 红旗文稿，2010，(17).

李晓辉. 苏共爱国主义教育工作失败原因探析. 思想政治教育研究，2010，(4).

黄明哲. 国外政党执政理念与中国共产党执政理念发展轨迹的启示. 福州党校学报，2010，(5).

吴建伟. 列宁关于执政条件下党的建设的思想及启示. 理论界，2010，(4).

李斌. 战后初期波兰工人党的政治力量状况及其影响因素. 价值工程，2010，(26).

王燚. 国民党与民进党的大陆政策比较. 两岸关系，2010，(10).

张晋丽. 新加坡人民行动党的执政理念探析. 民营科技，2010，(10).

桑尼·塔鲁韦达加，许丽丽. 印尼政治伊斯兰和伊斯兰政党——伊斯兰政治衰退证据的批判性评价. 南洋资料译丛，2010，(3).

刘光明. 西方发达国家执政党党际监督的实践经验和启示. 云梦学刊，2010，(3).

余维海. 近年来选举政治中的美国共产党. 当代世界社会主义问题，2010，(3).

张汉双. 浅析英国艾德礼工党政府的帝国殖民主义理论. 现代交际，2010，(9).

赵敏，肖凤. 浅析列宁的党建理论及其现代意蕴. 科教导刊（中旬刊），2010，(8).

张广辉. 有效性：执政党建设的新视角. 党政论坛，2010，(1).

霍淑红. 罗马尼亚社会民主党的政治转型及其前景分析. 国际论坛，2010，(1).

谢峰. 提高政党代表性：国外政党发展党内民主的重要途径. 学习时报，2010－10－11（005）.

陈言. 鸠山辞职背后：日本政党政治的症结何在?. 21 世纪经济报道，2010－06－07（024）.

王韶兴，杨立志. 社会转型推动国外政党变革. 中国社会科学报，2010－07－01（A13）.

董卫华. 世界主流政党加快反思与调整. 人民日报，2010－09－16（023）.

华正学，马玉君. 列宁多党合作理论与实践的现实启示. 浙江树人大学学报（人文社会科学版），2010，(6).

胡鹏．论中西政党制度的差异．现代商贸工业，2010，(23)．

张振，刘炜．苏共丧失政权原因新论——基于执政党执政伦理建设的视角．当代世界与社会主义，2010，(5)．

顾训宝．近二十年来国内列宁党建思想研究综述．天津行政学院学报，2010，(5)．

凌锐燕．越南共产党加强党内民主建设的主要措施及启示．广东工业大学学报（社会科学版），2010，(6)．

马永义．苏共垮台的原因及启示——基于意识形态合法性角度探析．党史文苑，2010，(24)．

姜希伦．苏联解体苏共亡党的原因及启示．内蒙古民族大学学报（社会科学版），2010，(6)．

董超，冉然．列宁的执政党建设思想及其对新形势下加强党的建设的启示．中外企业家，2010，(12)．

万赛．老挝人民革命党组织机构存在的问题及其完善．传承，2010，(24)．

二、著作

中国政党制度年鉴（2009）．中央社会主义学院中国政党制度研究中心主编．中央编译出版社，2010．

从第五项修炼到学习型政党．钟国兴．中共中央党校出版社．2010．

政党民主论．祁刚利．中央编译出版社，2010．

社会结构与政党制度——印度独大型政党制度的演变．陈金英．上海人民出版社，2010．

参政党理论研究论文集．第四辑．仇小乐主编．湖北人民出版社，2010．

现代西方的政党、民主与法治．何勤华主编．法律出版社，2010．

政党体系变迁与宪政体制发展．何振盛著．台北：时英出版社，2010．

政党政治与政党规范．刘红凛著．上海人民出版社，2010．

城市草根政治的治理逻辑与展开．执政党与非政府公共组织研究．吴新叶著．上海人民出版社，2010．

中国共产党执政期间执政党与社会关系研究．师晓霞著．人民日报出版社，2010．

技术年代的政党．（美）斯蒂芬·E．弗兰泽奇著；李秀梅译．商务印书馆，2010．

西方国家政党政治与政治发展．张志尧著．中国社会科学出版社，2010．

建设马克思主义学习型政党．戴焰军主编．中共中央党校出版社，2010．

中国近代政党监督思想研究．1900—1927．朱联平著．上海人民出版社，2010．

政党认同问题研究．柴宝勇著．天津人民出版社，2010．

党内民主的制度创新与路径选择：基于基层和地方党内民主试点的实证研究．王勇兵著．中央编译出版社，2010．

当代中国政治结构变迁．以执政党为中心的政党—政府—社会．王智著．中国社会科学出版社，2010．

社会资本与政党领导：一个政党社会学研究框架的尝试．祝灵君著．中央编译出版社，2010.

新中国成立初期执政党建设研究. 肖东波，曹屯裕著. 浙江大学出版社，2010.

政党政治与政治现代性. 基于马克思主义政治哲学视野的研究. 赵宬斐著. 中央编译出版社，2010.

孙中山政党思想研究. 从近代政党与国家建设关系的视角. 邵宇著. 云南大学出版社，2010.

转型社会中的中国共产党. 陈方勐著. 中央编译出版社，2010.

执政党建设创新研究. 陈秀源主编. 广东经济出版社，2010.

政党政治统一战线. 纪念福建省社会主义学院建院 50 周年论文集（2010）. 陈飞主编. 厦门大学出版社，2010.

合力推动中国复兴的政党制度. 马德秀主编. 上海教育出版社，2010.

中国特色政党制度理论研究. 中央社会主义学院中国政党制度研究中心编. 时事出版社，2010.

国外政党专题研究报告. 第四卷，国外一些政党党内民主建设研究. 中共中央组织部党建研究所编. 党建读物出版社，2010.

媒体与执政党关系研究. “宁波广电杯”征文获奖作品选. 中国广播电视协会编. 中国广播电视出版社，2010.

执政党与大众传媒. 基于党的执政能力建设的研究. 丁柏铨等著. 江苏人民出版社，2010.

美国共产党的社会主义理论与实践. 丁淑杰著. 中国社会科学出版社，2010.

中国共产党执政经验研究. 何云峰著. 中国社会科学出版社，2010.

中国共产党苏区执政的历史经验. 余伯流，凌步机著. 中共党史出版社，2010.

中国共产党理想信念建设研究. 刘付春著. 华文出版社，2010.

党性教育科学化研究. 刘宗洪主编. 上海三联书店，2010.

管理型与活动型相结合的基层党组织建设研究. 刘宗洪，金林泉，袁峰主编. 上海三联书店，2010.

尊重党员主体地位研究. 刘建明著. 湖北人民出版社，2010.

学习型党组织建设理论与实践. 刘德海主编. 江苏人民出版社，2010.

协同与共赢. 论当代中国的多党合作与执政能力建设. 刘红凛编著. 江西人民出版社，2010.

学习型党组织建设的探索与实践. 吉利主编. 清华大学出版社，2010.

党纪学概论. 吴传国编著. 陕西科学技术出版社，2010.

中国共产党的执政能力建设现实取向研究. 吴毅君著. 西南交通大学出版社，2010.

携手共进. 中国共产党领导的多党合作和政治协商制度确立 60 周年理论研讨会论文集. 周和平主编；江苏省社会主义学院编. 河海大学出版社，2010.

中国共产党执政资源初探. 周长鲜，雷玉翠，梁占方编著. 人民日报出版社，2010.

战后英共的社会主义理论及英共衰退成因研究. 商文斌著. 中国社会科学出版社，2010.

中国特色社会主义科学发展论．党的十六大以来马克思主义理论创新体系研究．夏东民，田芝健，陆树程等著．人民出版社，2010.

中国共产党执政运行中的若干关系研究．冷小青著．武汉出版社，2010.

学习型党组织建设考评体系研究．孙航，张春昕著．辽宁人民出版社，2010.

中国共产党与当代中华民族精神．宫厚英著．山东大学出版社，2010.

党内基层民主建设专题调研．尹德慈主编．广东经济出版社，2010.

规范党委与人大关系的长效机制．张建民著．经济日报出版社，2010.

党政领导干部选拔任用制度研究．斯务著．同心出版社，2010.

日本共产党的“日本式社会主义”理论与实践．曹天禄著．中国社会科学出版社，2010.

关于党的建设工作．曾庆红著．党建读物出版社，2010.

探索中的法国共产党理论与实践．李周著．中国社会科学出版社，2010.

以改革创新精神加强党的建设的有益探索．李新泰，李永清，赵洪祥主编．中共党史出版社，2010.

新时期党内民主问题研究．李飞著．辽宁大学出版社，2010.

尊重党员主体地位的机制构建研究．杨东广著．中央编译出版社，2010.

探索与创新．党的建设科学化．杨军著．九州出版社，2010.

中国共产党历史．杨凤城主编．中国人民大学出版社，2010.

新时期党建思想研究．杨腾，张兰玲主编．辽宁大学出版社，2010.

新时期农村基层党风廉政建设研究．江玉桥著．黑龙江人民出版社，2010.

中国共产党利益整合能力建设研究．汤志华著．中国社会科学出版社，2010.

探索的路径．新时期党建和思想政治工作的创新实践与理性思考．沈明达著．上海社会科学院出版社，2010.

我国多党合作制度理论体系．游洛屏著．中共中央党校出版社，2010.

新时期中国共产党村级组织建设研究．王久高著．人民出版社，2010.

中国民主建国会简史．民建中央宣传部编．民主与建国出版社，2010.

社会转型期党的基层组织建设研究．王海峰著．湘潭大学出版社，2010.

党政领导干部个人素质与心理健康．王登峰著．西泠印社出版社，2010.

党的先进性建设论．祝福恩著．黑龙江人民出版社，2010.

中国共产党执政理念研究．章越松，梁涌著．中国社会科学出版社，2010.

当代资本主义国家共产党的理论与实践研究丛书．聂运麟主编．——中国社会科学出版社，2010.

网络党建原理与实践．荆门市网络党建模式阐述．胡功民，吴有信编著．湖北人民出版社，2010.

逃——面对变局的国民党．石之瑜著．海峡学术出版社，2010.

新时期高校党建与思想政治工作思考与启示．姜波主编．哈尔滨工业大学出版社，2010.

中国共产党与当代中华民族精神．宫厚英著．山东大学出版社，2010.

新时期中国共产党阶级基础研究．张冠军著．中国社会出版社，2010.

建设学习型党组织必读经典．徐文钦编著．国家行政学院出版社，2010.

党政领导干部选拔任用制度研究．斯务著．同心出版社，2010.

1945—1949 中国共产党与自由主义力量．曹建坤著．上海人民出版社，2010.

新时期党性锻炼与修养．专著．朱大富编著．江西人民出版社，2010.

党内法制与反腐倡廉．李乐刚著．湖北人民出版社，2010.

全球化背景下的中国大党建．李慎明著．人民出版社，2010.

高校党代会代表任期制研究．杜志淳等著．上海人民出版社，2010.

中国共产党执政环境研究．杨松菊著．知识产权出版社，2010.

党内民主的制度创新与路径选择基于基层和地方党内民主试点的实证研究．王勇兵著．中央编译出版社，2010.

党政领导干部淘汰机制研究．郭智强著．兰州大学出版社，2010.

英美两国党政关系比较研究．王国新著．新疆人民出版社，2010.

和谐之治．中国共产党在新时期的伟大使命．王宇，耿超锋，天籁著．中央文献出版社，2010.

中国共产党“劳资两利”政策研究．王强著．中央文献出版社，2010.

党的先进性建设与执政党的意识形态建构．石本惠著．上海人民出版社，2010.

党建精细化管理模式研究．程同军著．河南人民出版社，2010.

中国共产党执政理念研究．章越松，梁涌著．中国社会科学出版社，2010.

中国共产党执政资源建设研究．蒯正明，杨新宇著．同济大学出版社，2010.

费孝通与多党合作．费孝通著．中国社会科学出版社，2010.

中国国民党民族理论与政策研究．赵学先，彭谦，杨文顺编著．中央民族大学出版社，2010.

社区党建工作热点难点问题研究．赵晓呼，贾锡萍主编．天津人民出版社，2010.

加强党的执政能力建设的制度保障．赵淑梅，杨德山著．中共党史出版社，2010.

机关党建工作的认识与实践．邢春宁主编；中共江苏省委省级机关工作委员会编．江苏人民出版社，2010.

努力提高党的建设科学化水平．郑传芳主编．中国农业出版社，2010.

中国共产党六十年执政理念的探索与实践．郭大方，李明辉著．国防工业出版社，2010.

党员在居住地发挥作用机制研究．一个全国基层党建的经典案例．金林泉等著．上海三联书店，2010.

衰落还是转型．当代西方政党的发展变化研究．陈崎著．中国传媒大学出版社，2010.

民主革命时期国共两党政纲之比较研究．陈方南著．吉林人民出版社，2010.

党建之魂．古田会议开辟党建成功之路．陈杭芹著．中央文献出版社，2010.

中国共产党党员主体地位研究．陈绍义，张秀振，孙元君著．黑龙江人民出版社，2010.

全球化背景下中国共产党人价值观研究．韩华著．光明日报出版社，2010.

党内民主发展问题研究．颜杰峰著．黑龙江人民出版社，2010.

提高党的建设科学化水平．王长江著．中共中央党校出版社，2010.

党内民主．高建、佟德志主编．天津人民出版社，2010.

加强和改进新形势下党的建设理论与实践．高德明主编．经济日报出版社，2010.

新时期党的建设理论与实践创新研究．黄元全著．西南交通大学出版社，2010.

重视学习崇尚学习坚持学习．加强党委（党组）中心组学习，推进学习型党组织建设．中共河南省委宣传部编．河南人民出版社，2010.

新时期党的建设研究．李建新，邓一鸣，吴家淼等著．湖南人民出版社，2010.

江阴城乡党建一体化的实践与探索．中共江阴市委组织部，中共江阴市委党校编著．南京：江苏人民出版社，2010.

区域化党建在宁波的实践发展与理论创新．《区域化党建在宁波的实践发展与理论创新》课题组著．中央文献出版社，2010.

中共早期组织在中国革命进程中的地位与作用．中共北京市委党史研究室编．中共党史出版社，2010.

加强和改进新形势下党的建设研究．学习贯彻党的十七届四中全会精神理论研讨会论文集．四川省党校系统党建党史学会，四川省委党校党建研究中心主编．四川大学出版社，2010.

中国共产党十三届四中全会以来思想政治工作理论研究．计毅波著．光明日报出版社，2010.

党建研究纵横谈．2009．中共中央组织部党建研究所编著．党建读物出版社，2010.

新中国六十年党的建设成就．本书编写组编写．党建读物出版社，2010.

推进党内基层民主建设研究．全国党的建设研究会课题组编．党建读物出版社，2010.

中国共产党历史与建设的思考．谭水容著．中共中央党校出版社，2010.

构建县域党建工作动力机制．山东省广饶县“落实县委管党职责途径和办法”的实践与探索．中共中央党校党建部课题组编．党建读物出版社，2010.

中央国家机关基层党组织建设工作创新经验征文汇编．中央国家机关工委组织部编．党建读物出版社，2010.

新时期党建工作热点难点问题调查报告．第十三卷，关于党管农村工作若干问题研究．中共中央组织部党建研究所课题组编著．党建读物出版社，2010.

提高机关党建工作科学化水平．理论与实践．中央国家机关工委研究室，中央国家机关党建研究室，紫光阁杂志社编．中共中央党校出版社，2010.

党的建设总体部署与工作重点．商志晓，李剑主编．中共中央党校出版社，2010.

中国共产党政治思想探析．1997—2002．赵秀芳著．中共中央党校出版社，2010.

新时期党建工作热点难点问题调查报告．第十二卷，推进组织工作改革创新问题研究．中共中央组织部党建研究所课题组编著．党建读物出版社，2010.

检察机关党的建设理论研讨文集．中共最高人民检察院机关委员会编．中国检察出版社，2010.

当代中国政党制度格局中的参政党能力建设. 张惠康主编. 中共中央党校出版社，2010.

党性党风党纪教育读本. 本书编写组编. 中国方正出版社，2010.

机关党建研究文集. 2009. 全国党建研究会机关专委会编. 中共中央党校出版社，2010.

冷战后欧盟诸国社会民主党政坛沉浮研究. 林建华. 人民出版社，2010.

中国共产党执政思想专题研究. 杨章钦. 同济大学出版社，2010.

党员. 党权与党争——1924—1949 年中国国民党的组织形态（修订增补本）. 王奇生. 华文出版社，2010.

中国共产党苏区执政的历史经验. 余伯流，凌步机. 中共党史出版社，2010.

从民主社会主义到社会民主主义——当代欧洲社会民主党的理论与实践. 刘玉安等著. 人民出版社，2010.

乡村政治视域中的党建研究——天津武清区村民自治实践中的农村党建. 翟昌民主编. 中共党史出版社，2010.

党的执政理论体系研究. 白河，詹玲主编. 广东教育出版社，2010.

新工党. 新福利国家？——英国社会政策中的第三条路.（英）鲍威尔著. 林德山，李姿姿，吕楠译. 重庆出版社，2010.

党内干部监督制度建设论. 董瑛著. 人民出版社，2010.

以改革创新精神加强党的建设. 全国党的建设研究会课题组编. 党建读物出版社，2010.

服务型党支部建设. 廖晓文编著. 中共党史出版社，2010.

学习型党支部建设. 李少军编著. 中共党史出版社，2010.

创新型党支部建设. 廖晓文编著. 中共党史出版社，2010.

改革开放以来中国共产党政治发展思想研究. 姜志强著. 中国社会科学出版社，2010.

2009 年无锡党建研究论丛. 周建军，郭贯新主编. 中央文献出版社，2010.

以人为本实践创新：高校党建与思想政治工作研究. 刘黎，叶菊珍主编. 电子科技大学出版社，2010.

朱　虹　中央社会主义学院

中国政党制度研究中心编辑

图书在版编目(CIP)数据

中国政党制度年鉴:2010/中央社会主义学院中国政党制度研究中心编.
—北京:中央文献出版社,2011.10
ISBN 978-7-5073-3410-4
Ⅰ.①中…
Ⅱ.①中…
Ⅲ.①政党-政治制度-中国-2010-年鉴
Ⅳ.①D665-54
中国版本图书馆 CIP 数据核字(2011)第 205699 号

中国政党制度年鉴:2010

策划编辑 / 朱　虹
编　　者 / 中央社会主义学院中国政党制度研究中心
责任编辑 / 李月兰

出版发行 / 中央文献出版社
地　　址 / 北京西四北大街前毛家湾 1 号
网　　址 / http://www.zywxpress.com
邮　　编 / 100017
经　　销 / 新华书店
经销热线 / 63097018
编 辑 部 / 66552779
排　　版 / 醍醐(北京)文化发展有限公司
印　　刷 / 北京嘉恒彩色印制有限责任公司

787×1092 毫米　16 开　　65.375 印张　1469 千字
2011 年 10 月第 1 版　　2011 年 10 月第 1 次印刷

ISBN 978-7-5073-3410-4　　定价:290.00 元